LAROUSSE

DICCIONARIO POCKET

ESPAÑOL
INGLÉS

INGLÉS
ESPAÑOL

D1012767

LAROUSSE

Es una obra / Produced by

LAROUSSE

© **Larousse-Bordas, 1999**
21, rue du Montparnasse
75283 Paris Cedex 06, France

ISBN 2-03-420801-3
Diffusion/Sales : Larousse Kingfisher Chambers Inc , New York
Library of Congress Catalog Card Number
98-75572

ISBN 84-8016-113-2
© 1999, Larousse Editorial, S A
Avda Diagonal 407 bis, 10ª, 08008 Barcelona
Tel : 93-292 26 66 Fax: 93-292 21 62
Editorial@larousse es / www larousse es

LAROUSSE

POCKET
DICTIONARY

SPANISH
ENGLISH

ENGLISH
SPANISH

LAROUSSE

A NUESTROS LECTORES

El Diccionario POCKET Larousse es ideal para todas las situaciones lingüísticas, desde el aprendizaje de idiomas en la escuela y en casa hasta los viajes al extranjero.

Este diccionario resulta muy manejable y está pensado para responder de manera práctica y rápida a los diferentes problemas que plantea la lectura del inglés actual. Con sus más de 55.000 palabras y expresiones y por encima de las 80 000 traducciones, este diccionario permitirá al lector comprender con claridad un amplio espectro de textos y realizar traducciones del inglés de uso corriente con rapidez y corrección.

De entre las características de esta obra, nueva en su totalidad, cabe destacar el tratamiento totalmente al día de las siglas y abreviaturas, nombres propios y términos comerciales e informáticos más comunes.

A través de un tratamiento claro y detallado del vocabulario básico, así como de los indicadores de sentido que guían hacia la traducción más adecuada, se permite al usuario escribir en inglés con precisión y seguridad.

Se ha puesto especial cuidado en la presentación de las entradas, tanto desde el punto de vista de su estructura como de la tipografía empleada. Para aquellos lectores que todavía están en un nivel básico o intermedio en su aprendizaje del inglés, el POCKET es el diccionario ideal.

Le invitamos a que se ponga en contacto con nosotros si tiene cualquier observación o crítica que hacer; entre todos podemos hacer del POCKET un diccionario aún mejor. EL EDITOR

TO OUR READERS

The Larousse POCKET dictionary is ideal for all your language needs, from language learning at school and at home to travelling abroad

This handy dictionary is designed to provide fast and practical solutions to the various problems encountered when reading present-day Spanish. With over 55,000 references and 80,000 translations, it enables the user to read and enjoy a wide range of texts and to translate everyday Spanish quickly and accurately. This new dictionary also features up-to-date coverage of common abbreviations and acronyms, proper names, business terms and computing vocabulary.

Writing basic Spanish accurately and confidently is no longer a problem thanks to the POCKET's detailed coverage of essential vocabulary, and helpful sense-markers which guide the user to the most appropriate translation

Careful thought has gone into the presentation of the entries, both in terms of layout and typography. The POCKET is the ideal reference work for all learners from beginners up to intermediate level.

Send us your comments or queries – you will be helping to make this dictionary an even better book. THE PUBLISHER

ABBREVIATIONS _____ ABREVIATURAS

abbreviation	*abbr/abrev*	abreviatura
adjective	*adj*	adjetivo
adjective only used in feminine form	*adj f*	adjetivo femenino
adverb	*adv*	adverbio
aeronautics, aviation	AERON	aeronáutica, aviación
agriculture, farming	AGR	agricultura
American English	*Am*	inglés americano
Latin American Spanish	*Amer*	español latinoamericano
anatomy	ANAT	anatomía
Andean Spanish	*Andes*	español andino
– Bolivia, Chile, Colombia, Ecuador, Peru		– Bolivia, Chile, Colombia, Ecuador, Perú
before noun	*antes de sust*	antes de sustantivo
– indicates that the translation is always used directly before the noun which it modifies		– indica que la traducción siempre se utiliza en inglés antepuesta al sustantivo al que modifica
archeology	ARCHEOL	arqueología
architecture	ARCHIT	arquitectura
Argentinian Spanish	*Arg*	español de Argentina
architecture	ARQUIT	arquitectura
article	*art*	artículo
astronomy	ASTRON	astronomía
automobile, cars	AUT(OM)	automovilismo, coches
biology	BIOL	biología
botany	BOT	botánica
British English	*Br*	inglés británico
Central American Spanish	*CAm*	español centroamericano
Canadian English	*Can*	inglés canadiense
Caribbean Spanish	*Carib*	español caribeño
– Cuba, Puerto Rico, Dominican Republic, Venezuela		– Cuba, Puerto Rico, República Dominicana, Venezuela
chemistry	CHEM	química
Chilean Spanish	*Chile*	español de Chile
cinema, film-making	CIN(EMA)	cine
Colombian Spanish	*Col*	español de Colombia
commerce, business	COM(M)	comercio, negocios
compound	*comp*	sustantivo antepuesto a otro
comparative	*compar*	comparativo
computers, computer science	COMPUT	informática
conjunction	*conj*	conjunción
construction, building	CONSTR	construcción
continuous	*cont*	continuo
Cono Sur Spanish	*CSur*	español del Cono Sur
– Argentina, Paraguay, Uruguay; not including Chilean Spanish		– Argentina, Paraguay, Uruguay; Chile se trata aparte
Cuban Spanish	*Cuba*	español de Cuba

culinary, cooking	CULIN	cocina
definite	*def*	determinado
demonstrative	*demos*	demostrativo
sport	DEP	deporte
juridical, legal	DER	derecho, jurídico
pejorative	*despec*	despectivo, peyorativo
dated	*desus*	desusado
economics	ECON	economía
school, education	EDUC	educación
electricity	ELEC(TR)	electricidad
electronics	ELECTRON/ ELECTRÓN	electrónica
especially	*esp*	especialmente
Peninsular Spanish	*Esp*	español de España
exclamation	*excl*	interjección
feminine noun	*f*	sustantivo femenino
informal	*fam*	familiar
railways	FERROC	ferrocarril
figurative	*fig*	figurado
finance, financial	FIN	finanzas
physics	FÍS	física
formal	*fml*	formal, culto
photography	FOT	fotografía
soccer	FTBL	fútbol
inseparable	*fus*	inseparable

– shows that a phrasal verb is "fused", i.e. inseparable, e.g. **look after** where the object cannot come between the verb and the particle, e g. *I looked after him* but not * *I looked him after*

– indica que una locución verbal o "phrasal verb" (verbo + preposición o adverbio) es inseparable y el objeto no puede aparecer entre el verbo en sí y la partícula, p. ej en **look after** se dice *I looked after him* no * *I looked him after*

generally, in most cases	*gen*	generalmente, en general
geography, geographical	GEOGR	geografía
geology, geological	GEOL	geología
geometry	GEOM	geometría
grammar	GRAM(M)	gramática
history	HIST	historia
humorous	*hum*	humorístico
indefinite	*indef*	indeterminado
informal	*inf*	familiar
infinitive	*infin*	infinitivo
computers, computer science	INFORM	informática
exclamation	*interj*	interjección
invariable	*inv*	invariable
ironic	*iro/irón*	irónico
juridical, legal	JUR	derecho, jurídico
linguistics	LING	lingüística
literal	*lit*	literal
literature	LITER	literatura
phrase(s)	*loc*	locución, locuciones

adjectival phrase	*loc adj*	locución adjetiva
adverbial phrase	*loc adv*	locución adverbial
conjunctive phrase	*loc conj*	locución conjuntiva
prepositional phrase	*loc prep*	locución preposicional
– adjectives, adverbs etc consisting of more than one word, e.g. **a pesar de, a horcajadas**		– construcciones fijas de más de una palabra con función adjetiva, adverbial, etc; p ej. **a pesar de, a horcajadas**
masculine noun	*m*	sustantivo masculino
mathematics	MAT(H)	matemáticas
mechanical engineering	MEC	mecánica
medicine	MED	medicina
weather, meteorology	METEOR	meteorología
Mexican Spanish	*Méx*	español de México
very informal	*mfam*	muy familiar
military	MIL	militar
mining	MIN	minería
music	MUS/MÚS	música
noun	*n*	sustantivo
nautical, maritime	NAUT/NÁUT	náutica, marítimo
numeral	*num/núm*	número
oneself	*o.s.*	
pejorative	*pej*	peyorativo, despectivo
personal	*pers*	personal
Peruvian Spanish	*Perú*	español de Perú
photography	PHOT	fotografía
phrase(s)	*phr*	locución, locuciones
physics	PHYS	física
plural	*pl*	plural
politics	POL(ÍT)	política
possessive	*poss/poses*	posesivo
past participle	*pp*	participio pasado
preposition	*prep*	preposición
pronoun	*pron*	pronombre
past tense	*pt*	pasado, pretérito
chemistry	QUÍM	química
registered trademark	®	marca registrada
railways	RAIL	ferrocarril
relative	*relat*	relativo
religion	RELIG	religión
someone, somebody	*sb*	
school, education	SCH	educación
Scottish English	*Scot*	inglés escocés
separable	*sep*	separable
– shows that a phrasal verb is separable, e.g **let in**, where the object can come between the verb and the particle, e.g. *I let her in*		– indica que una locución verbal o "phrasal verb" (verbo + preposición o adverbio) es separable y el objeto puede aparecer entre el verbo en sí y la partícula, p ej en **let in**, se dice *I let her in*
singular	*sg*	singular
slang	*sl*	argot
something	*sthg*	

subject	*subj/suj*	sujeto
superlative	*superl*	superlativo
bullfighting	TAUROM	tauromaquia
technology, technical	TECH/TECN	tecnología, técnico
telecommunications	TELEC(OM)	telecomunicaciones
television	TV	televisión
printing, typography	TYPO	imprenta
uncountable noun	*U*	sustantivo "incontable"

– i.e an English noun which is never used in the plural or with "a" or "an"; used when the Spanish word is or can be plural, e g **infighting** *n* (*U*) disputas *fpl* internas, **balido** *m* bleat, bleating (*U*)

– esto es, sustantivo inglés que jamás se usa en plural o con el artículo "a" o "an"; utilizado cuando la palabra española es o puede ser plural, p. ej **infighting** *n* (*U*) disputas *fpl* internas, **balido** *m* bleat, bleating (*U*)

university	UNIV	universidad
usually	*usu*	normalmente
auxiliary verb	*vaux*	verbo auxiliar
verb	*vb/v*	verbo
Venezuelan Spanish	*Ven*	español de Venezuela
intransitive verb	*vi*	verbo intransitivo
impersonal verb	*v impers*	verbo impersonal
very informal	*v inf*	muy familiar
pronominal verb	*vpr*	verbo pronominal
transitive verb	*vt*	verbo transitivo
vulgar	*vulg*	vulgar
zoology	ZOOL	zoología
cultural equivalent	≈	equivalente cultural
introduces a new part of speech within an entry	◇	introduce una nueva categoría gramatical dentro de una entrada
introduces a sub-entry, such as a plural form with its own specific meaning or a set phrase containing the headword (e.g. a phrasal verb or adverbial phrase)	◆	introduce una subentrada como por ejemplo un plural que cambia de significado, un pronominal o una locución gramatical (adverbial, adjetiva, etc.)

SPANISH ALPHABETICAL ORDER

As this dictionary follows international alphabetical order, the Spanish letter combinations **ch** and **ll** are *not* treated as separate letters. Thus entries with **ch** appear after **cg** and not at the end of **c**. Similarly, entries with **ll** appear after **lk** and not at the end of **l**. Note, however, that **ñ** *is* treated as a separate letter and follows **n** in alphabetical order

LA ORDENACIÓN ALFABÉTICA EN ESPAÑOL

En este diccionario se ha seguido la ordenación alfabética internacional; por lo tanto, las consonantes **ch** y **ll** *no* se consideran letras aparte Esto significa que las entradas con **ch** aparecerán después de **cg** y no al final de **c**; del mismo modo las entradas con **ll** vendrán después de **lk** y no al final de **l**. Adviértase, sin embargo, que la letra **ñ** *sí* se considera letra aparte y sigue a la **n** en orden alfabético.

PHONETIC TRANSCRIPTION ____ TRANSCRIPCIÓN FONÉTICA

English vowels _____ Vocales españolas

[ɪ] pit, big, rid		[i]	piso, imagen
[e] pet, tend		[e]	tela, eso
[æ] pat, bag, mad		[a]	pata, amigo
[ʌ] putt, cut		[o]	bola, otro
[ɒ] pot, log		[u]	luz, una
[ʊ] put, full			
[ə] mother, suppose			
[iː] bean, weed			
[ɑː] barn, car, laugh			
[ɔː] born, lawn			
[uː] loop, loose			
[ɜː] burn, learn, bird			

English diphthongs   Diptongos españoles

[eɪ] bay, late, great	[ei]	ley, peine
[aɪ] buy, light, aisle	[ai]	aire, caiga
[ɔɪ] boy, foil	[oi]	soy, boina
[əʊ] no, road, blow	[au]	causa, aura
[aʊ] now, shout, town	[eu]	Europa, feudo
[ɪə] peer, fierce, idea		
[eə] pair, bear, share		
[ʊə] poor, sure, tour		

Semi-vowels   Semivocales

you, spaniel	[j]	hierba, miedo
wet, why, twin	[w]	agua, hueso

Consonants   Consonantes

pop, people	[p]	papá, campo
bottle, bib	[b]	vaca, bomba
	[β]	curvo, caballo
train, tip	[t]	toro, pato
dog, did	[d]	donde, caldo
come, kitchen	[k]	que, cosa
gag, great	[g]	grande, guerra
	[ɣ]	aguijón, bulldog
chain, wretched	[tʃ]	ocho, chusma
jig, fridge	[dʒ]	
fib, physical	[f]	fui, afable
vine, livid	[v]	
think, fifth	[θ]	cera, paz
this, with	[ð]	cada, pardo
seal, peace	[s]	solo, paso
zip, his	[z]	

sheep, machine	[ʃ]	
usual, measure	[ʒ]	
	[x]	gema, jamón
how, perhaps	[h]	
metal, comb	[m]	madre, cama
night, dinner	[n]	no, pena
sung, parking	[ŋ]	banca, ángulo
	[ɲ]	caña
little, help	[l]	ala, luz
right, carry	[r]	atar, paro
	[rr]	perro, rosa
	[ʎ]	llave, collar

The symbol ['] indicates that the following syllable carries primary stress and the symbol [ˌ] that the following syllable carries secondary stress

Los símbolos ['] y [ˌ] indican que la sílaba siguiente lleva un acento primario o secundario respectivamente

The symbol [ʳ] in English phonetics indicates that the final "r" is pronounced only when followed by a word beginning with a vowel Note that it is nearly always pronounced in American English

El símbolo [ʳ] en fonética inglesa indica que la "r" al final de palabra se pronuncia sólo cuando precede a una palabra que comienza por vocal Adviértase que casi siempre se pronuncia en inglés americano

Since Spanish pronunciation follows regular rules, phonetics are only provided in this dictionary for loan words from other languages, when these are difficult to pronounce All one-word English headwords have phonetics For English compound headwords, whether hyphenated or of two or more words, phonetics are given for any element which does not appear elsewhere in the dictionary as a headword in its own right

Las palabras españolas no llevan transcripción fonética en este diccionario; sólo algunos préstamos lingüísticos procedentes de otras lenguas y de difícil pronunciación aparecen transcritos Todas las entradas inglesas que constan de una palabra llevan transcripción fonética En el caso de los compuestos ingleses (ya sea cuando lleven guiones o cuando no) se proporciona la transcripción fonética de todo aquel elemento que no aparezca en alguna otra parte del diccionario como entrada en sí misma

ENGLISH COMPOUNDS

A compound is a word or expression which has a single meaning but is made up of more than one word, e g. **point of view, kiss of life, virtual reality, West Indies** and **Confederation of British Industry**. It is a feature of this dictionary that English compounds appear in the A-Z list in strict alphabetical order. The compound **blood poisoning** will therefore come after **bloodhound** which itself follows **blood group**.

LOS COMPUESTOS EN INGLÉS

En inglés se llama compuesto a una locución sustantiva de significado único pero formada por más de una palabra; p ej **point of view, kiss of life, virtual reality, West Indies** o **Confederation of British Industry**. Uno de los rasgos distintivos de este diccionario es la inclusión de estos compuestos con entrada propia y en riguroso orden alfabético De esta forma **blood poisoning** vendrá después de **bloodhound**, el cual sigue a **blood group**.

CUADRO DE CONJUGACIÓN

Abreviaturas: *pres ind* = present indicative, *imperf ind* = imperfect,
pret perf sim = preterite, *fut* = future, *cond* = conditional,
pres subj = present subjunctive, *imperf indic* = imperfect,
imperf subj = imperfect subjunctive, *imperat* = imperative,
ger = gerund, *partic* = past participle

N.B. Todas las formas del *imperf subj* pueden conjugarse con las
terminaciones: -se, -ses, -se, -semos, -seis, -sen

acertar: *pres ind* acierto, acertamos, etc., *pres subj* acierte, acertemos, etc.,
imperat acierta, acertemos, acertad, etc

adquirir: *pres ind* adquiero, adquirimos, etc , *pres subj* adquiera, adquiramos,
etc., *imperat* adquiere, adquiramos, adquirid, etc

AMAR: *pres ind* amo, amas, ama, amamos, amáis, aman, *imperf ind* amaba,
amabas, amaba, amábamos, amabais, amaban, *pret perf sim* amé, amaste,
amó, amamos, amasteis, amaron, *fut* amaré, amarás, amará, amaremos,
amaréis, amarán, *cond* amaría, amarías, amaría, amaríamos, amaríais,
amarían, *pres subj* ame, ames, ame, amemos, améis, amen, *imperf subj* amara,
amaras, amara, amáramos, amarais, amaran, *imperat* ama, ame, amemos,
amad, amen, *ger* amando, *partic* amado, -da

andar: *pret perf sim* anduve, anduvimos, etc , *imperf subj* anduviera,
anduviéramos, etc

asir: *pres ind* asgo, ase, asimos, etc., *pres subj* asga, asgamos, etc., *imperat* ase,
asga, asgamos, asgad, etc.

avergonzar: *pres ind* avergüenzo, avergonzamos, etc , *pret perf
sim* avergoncé, avergonzó, avergonzamos, etc., *pres subj* avergüence,
avergoncemos, etc , *imperat* avergüenza, avergüence, avergoncemos,
avergonzad, etc.

caber: *pres ind* quepo, cabe, cabemos, etc., *pret perf sim* cupe, cupimos, etc.,
fut cabré, cabremos, etc., *cond* cabría, cabríamos, etc., *pres subj* quepa,
quepamos, cabed, etc., *imperf subj* cupiera, cupiéramos, etc., *imperat* cabe,
quepa, quepamos, etc

caer: *pres ind* caigo, cae, caemos, etc., *pret perf sim* cayó, caímos, cayeron,
etc., *pres subj* caiga, caigamos, etc., *imperf subj* cayera, cayéramos, etc., *imperat*
cae, caiga, caigamos, caed, etc., *ger* cayendo

conducir: *pres ind* conduzco, conduce, conducimos, etc ,
pret perf sim conduje, condujimos, etc., *pres subj* conduzca, conduzcamos, etc ,
imperf subj condujera, condujéramos, etc., *imperat* conduce, conduzca,
conduzcamos, conducid, etc.

conocer: *pres ind* conozco, conoce, conocemos, etc , *pres subj* conozca,
conozcamos, etc., *imperat* conoce, conozca, conozcamos, etc

dar: *pres ind* doy, da, damos, etc , *pret perf sim* di, dio, dimos, etc.,
pres subj dé, demos, etc , *imperf subj* diera, diéramos, etc , *imperat* da, dé,
demos, dad, etc

decir: *pres ind* digo, dice, decimos, etc , *pret perf sim* dije, dijimos, etc.,
fut diré, diremos, etc., *cond* diría, diríamos, etc., *pres subj* diga, digamos, etc ,
imperf subj dijera, dijéramos, etc , *imperat* di, diga, digamos, decid, etc.,
ger diciendo, *partic* dicho, -cha

discernir: *pres ind* discierno, discernimos, etc , *pres subj* discierna,
discernamos, etc., *imperat* discierne, discierna, discernamos, discernid, etc

dormir: *pres ind* duermo, dormimos, etc., *pret perf sim* durmió, dormimos,
durmieron, etc., *pres subj* duerma, durmamos, etc , *imperf subj* durmiera,
durmiéramos, etc , *imperat* duerme, duerma, durmamos, dormid, etc ,
ger durmiendo

errar: *pres ind* yerro, erramos, etc., *pres subj* yerre, erremos, etc ,
imperat yerra, yerre, erremos, errad, etc.

estar: *pres ind* estoy, está, estamos, etc , *pret perf sim* estuve, estuvimos, etc.,
pres subj esté, estemos, etc , *imperf subj* estuviera, estuviéramos, etc.,
imperat está, esté, estemos, estad, etc

HABER: *pres ind* he, has, ha, hemos, habéis, han, *imperf ind* había, habías,
había, habíamos, habíais, habían, *pret perf sim* hube, hubiste, hubo, hubimos,
hubisteis, hubieron, *fut* habré, habrás, habrá, habremos, habréis, habrán, *cond*
habría, habrías, habría, habríamos, habríais, habrían, *pres subj* haya, hayas,
haya, hayamos, hayáis, hayan, *imperf subj* hubiera, hubieras, hubiera,
hubiéramos, hubierais, hubieran, *imperat* he, haya, hayamos, habed, hayan,
ger habiendo, *partic* habido, -da

hacer: *pres ind* hago, hace, hacemos, etc., *pret perf sim* hice, hizo, hicimos,
etc , *fut* haré, haremos, etc , *cond* haría, haríamos, etc., *pres subj* haga,
hagamos, etc , *imperf subj* hiciera, hiciéramos, etc , *imperat* haz, haga,
hagamos, haced, etc., *partic* hecho, -cha

huir: *pres ind* huyo, huimos, etc , *pret perf sim* huyó, huimos, huyeron, etc.,
pres subj huya, huyamos, etc., *imperf subj* huyera, huyéramos, etc.,
imperat huye, huya, huyamos, huid, etc., *ger* huyendo

ir: *pres ind* voy, va, vamos, etc., *pret perf sim* fui, fue, fuimos, etc
pres subj vaya, vayamos, etc., *imperf subj* fuera, fuéramos, etc , *imperat* ve,
vaya, vayamos, id, etc , *ger* yendo

leer: *pret perf sim* leyó, leímos, leyeron, etc , *imperf subj* leyera, leyéramos,
etc., *ger* leyendo

lucir: *pres ind* luzco, luce, lucimos, etc., *pres subj* luzca, luzcamos, etc , *imperat*
luce, luzca, luzcamos, lucid, etc.

mover: *pres ind* muevo, movemos, etc., *pres subj* mueva, movamos, etc ,
imperat mueve, mueva, movamos, moved, etc.

nacer: *pres ind* nazco, nace, nacemos, etc , *pres subj* nazca, nazcamos, etc ,
imperat nace, nazca, nazcamos, naced, etc

oír: *pres ind* oigo, oye, oímos, etc , *pret perf sim* oyó, oímos, oyeron, etc ,
pres subj oiga, oigamos, etc , *imperf subj* oyera, oyéramos, etc , *imperat* oye,
oiga, oigamos, oíd, etc , *ger* oyendo

oler: *pres ind* huelo, olemos, etc , *pres subj* huela, olamos, etc., *imperat* huele,
huela, olamos, oled, etc

parecer: *pres ind* parezco, parece, parecemos, etc., *pres subj* parezca,
parezcamos, etc , *imperat* parece, parezca, parezcamos, pareced, etc

PARTIR: *pres ind* parto, partes, parte, partimos, partís, parten,
imperf ind partía, partías, partía, partíamos, partíais, partían,
pret perf sim partí, partiste, partió, partimos, partisteis, partieron, *fut* partiré,
partirás, partirá, partiremos, partiréis, partirán, *cond* partiría, partirías,
partiría, partiríamos, partiríais, partirían, *pres subj* parta, partas, parta,
partamos, partáis, partan, *imperf subj* partiera, partieras, partiera, partiéramos,
partierais, partieran, *imperat* parte, parta, partamos, partid, partan, *ger*
partiendo, *partic* partido, -da

pedir: *pres ind* pido, pedimos, etc , *pret perf sim* pidió, pedimos, pidieron, etc ,
pres subj pida, pidamos, etc., *imperf subj* pidiera, pidiéramos, etc ,
imperat pide, pida, pidamos, pedid, etc., *ger* pidiendo

poder: *pres ind* puedo, podemos, etc , *pret perf sim* pude, pudimos, etc ,
fut podré, podremos, etc., *cond* podría, podríamos, etc , *pres subj* pueda,
podamos, etc , *imperf subj* pudiera, pudiéramos, etc , *imperat* puede, pueda,
podamos, poded, etc , *ger* pudiendo

poner: *pres ind* pongo, pone, ponemos, etc., *pret perf sim* puse,
pusimos, etc , *fut* pondré, pondremos, etc., *cond* pondría, pondríamos,

etc., *pres subj* ponga, pongamos, etc , *imperf subj* pusiera, pusiéramos, etc., *imperat* pon, ponga, pongamos, poned, etc , *partic* puesto, -ta

predecir: se conjuga como **decir** excepto en la segunda persona del singular del *imperat* predice

querer: *pres ind* quiero, queremos, etc., *pret perf sim* quise, quisimos, etc., *fut* querré, querremos, etc., *cond* querría, querríamos, etc , *pres subj* quiera, queramos, etc., *imperf subj* quisiera, quisiéramos, etc., *imperat* quiere, quiera, queramos, quered, etc.

reír: *pres ind* río, reímos, etc., *pret perf sim* rió, reímos, rieron, etc , *pres subj* ría, riamos, etc , *imperf subj* riera, riéramos, etc , *imperat* ríe, ría, riamos, reíd, etc., *ger* riendo

saber: *pres ind* sé, sabe, sabemos, etc , *pret perf sim* supe, supimos, etc , *fut* sabré, sabremos, etc., *cond* sabría, sabríamos, etc , *pres subj* sepa, sepamos, etc., *imperf subj* supiera, supiéramos, etc., *imperat* sabe, sepa, sepamos, sabed, etc

salir: *pres ind* salgo, sale, salimos, etc., *fut* saldré, saldremos, etc , *cond* saldría, saldríamos, etc., *pres subj* salga, salgamos, etc , *imperat* sal, salga, salgamos, salid, etc.

sentir: *pres ind* siento, sentimos, etc., *pret perf sim* sintió, sentimos, sintieron, etc , *pres subj* sienta, sintamos, etc., *imperf subj* sintiera, sintiéramos, etc , *imperat* siente, sienta, sintamos, sentid, etc., *ger* sintiendo

SER: *pres ind* soy, eres, es, somos, sois, son, *imperf ind* era, eras, era, éramos, erais, eran, *pret perf sim* fui, fuiste, fue, fuimos, fuisteis, fueron, *fut* seré, serás, será, seremos, seréis, serán, *cond* sería, serías, sería, seríamos, seríais, serían, *pres subj* sea, seas, sea, seamos, seáis, sean, *imperf subj* fuera, fueras, fuera, fuéramos, fuerais, fueran, *imperat* sé, sea, seamos, sed, sean, *ger* siendo, *partic* sido, -da

sonar: *pres ind* sueno, sonamos, etc., *pres subj* suene, sonemos, etc., *imperat* suena, suene, sonemos, sonad, etc.

TEMER: *pres ind* temo, temes, teme, tememos, teméis, temen, *imperf ind* temía, temías, temía, temíamos, temíais, temían, *pret perf sim* temí, temiste, temió, temimos, temisteis, temieron, *fut* temeré, temerás, temerá, temeremos, temeréis, temerán, *cond* temería, temerías, temería, temeríamos, temeríais, temerían, *pres subj* tema, temas, tema, temamos, temáis, teman, *imperf subj* temiera, temieras, temiera, temiéramos, temierais, temieran, *imperat* teme, tema, temamos, temed, teman, *ger* temiendo, *partic* temido, -da

tender: *pres ind* tiendo, tendemos, etc., *pres subj* tienda, tendamos, etc., *imperat* tiende, tendamos, etc.

tener: *pres ind* tengo, tiene, tenemos, etc , *pret perf sim* tuve, tuvimos, etc., *fut* tendré, tendremos, etc., *cond* tendría, tendríamos, etc., *pres subj* tenga, tengamos, etc , *imperf subj* tuviera, tuviéramos, etc., *imperat* ten, tenga, tengamos, tened, etc.

traer: *pres ind* traigo, trae, traemos, etc , *pret perf sim* traje, trajimos, etc , *pres subj* traiga, traigamos, etc., *imperf subj* trajera, trajéramos, etc., *imperat* trae, traiga, traigamos, traed, etc , *ger* trayendo

valer: *pres ind* valgo, vale, valemos, etc., *fut* valdré, valdremos, etc , *cond* valdría, valdríamos, etc , *pres subj* valga, valgamos, etc , *imperat* vale, valga, valgamos, valed, etc

venir: *pres ind* vengo, viene, venimos, etc , *pret perf sim* vine, vinimos, etc., *fut* vendré, vendremos, etc., *cond* vendría, vendríamos, etc., *pres subj* venga, vengamos, etc , *imperf subj* viniera, viniéramos, etc., *imperat* ven, venga, vengamos, venid, etc., *ger* viniendo

ver: *pres ind* veo, ve, vemos, etc , *pret perf sim* vi, vio, vimos, etc., *imperf subj* viera, viéramos, etc , *imperat* ve, vea, veamos, ved, etc , *ger* viendo, etc., *partic* visto, -ta

ENGLISH IRREGULAR VERBS

Infinitive	Past Tense	Past Participle	Infinitive	Past Tense	Past Participle
arise	arose	arisen	feed	fed	fed
awake	awoke	awoken	feel	felt	felt
be	was /were	been	fight	fought	fought
			find	found	found
bear	bore	born(e)	fling	flung	flung
beat	beat	beaten	fly	flew	flown
begin	began	begun	forget	forgot	forgotten
bend	bent	bent	freeze	froze	frozen
bet	bet /betted	bet /betted	get	got	got (*Am* gotten)
bid	bid /bade	bid /bidden	give	gave	given
			go	went	gone
bind	bound	bound	grind	ground	ground
bite	bit	bitten	grow	grew	grown
bleed	bled	bled	hang	hung /hanged	hung /hanged
blow	blew	blown			
break	broke	broken	have	had	had
breed	bred	bred	hear	heard	heard
bring	brought	brought	hide	hid	hidden
build	built	built	hit	hit	hit
burn	burnt /burned	burnt /burned	hold	held	held
			hurt	hurt	hurt
burst	burst	burst	keep	kept	kept
buy	bought	bought	kneel	knelt /kneeled	knelt /kneeled
can	could	–			
cast	cast	cast	know	knew	known
catch	caught	caught	lay	laid	laid
choose	chose	chosen	lead	led	led
come	came	come	lean	leant /leaned	leant /leaned
cost	cost	cost			
creep	crept	crept	leap	leapt /leaped	leapt /leaped
cut	cut	cut			
deal	dealt	dealt	learn	learnt /learned	learnt /learned
dig	dug	dug			
do	did	done	leave	left	left
draw	drew	drawn	lend	lent	lent
dream	dreamed /dreamt	dreamed /dreamt	let	let	let
			lie	lay	lain
drink	drank	drunk	light	lit /lighted	lit /lighted
drive	drove	driven			
eat	ate	eaten	lose	lost	lost
fall	fell	fallen	make	made	made

Infinitive	Past Tense	Past Participle	Infinitive	Past Tense	Past Participle
may	might	–	spell	spelt /spelled	spelt /spelled
mean	meant	meant			
meet	met	met	spend	spent	spent
mow	mowed	mown /mowed	spill	spilt /spilled	spilt /spilled
pay	paid	paid	spin	spun	spun
put	put	put	spit	spat	spat
quit	quit /quitted	quit /quitted	split	split	split
			spoil	spoiled /spoilt	spoiled /spoilt
read	read	read			
rid	rid	rid	spread	spread	spread
ride	rode	ridden	spring	sprang	sprung
ring	rang	rung	stand	stood	stood
rise	rose	risen	steal	stole	stolen
run	ran	run	stick	stuck	stuck
saw	sawed	sawn	sting	stung	stung
say	said	said	stink	stank	stunk
see	saw	seen	strike	struck	struck /stricken
seek	sought	sought			
sell	sold	sold	swear	swore	sworn
send	sent	sent	sweep	swept	swept
set	set	set	swell	swelled	swollen /swelled
shake	shook	shaken			
shall	should	–	swim	swam	swum
shed	shed	shed	swing	swung	swung
shine	shone	shone	take	took	taken
shoot	shot	shot	teach	taught	taught
show	showed	shown	tear	tore	torn
shrink	shrank	shrunk	tell	told	told
shut	shut	shut	think	thought	thought
sing	sang	sung	throw	threw	thrown
sink	sank	sunk	tread	trod	trodden
sit	sat	sat	wake	woke /waked	woken /waked
sleep	slept	slept			
slide	slid	slid	wear	wore	worn
sling	slung	slung	weave	wove /weaved	woven /weaved
smell	smelt /smelled	smelt /smelled			
sow	sowed	sown /sowed	weep	wept	wept
			win	won	won
speak	spoke	spoken	wind	wound	wound
speed	sped /speeded	sped /speeded	wring	wrung	wrung
			write	wrote	written

a¹ *(pl* aes), **A** *(pl* Aes) *f (letra)* a, A.
a² *prep (a + el =* al) **1.** *(periodo de tiempo)*: **a las pocas semanas** a few weeks later; **al día siguiente** the following day. **2.** *(momento preciso)* at; **a las siete** at seven o'clock; **a los 11 años** at the age of 11; **al caer la noche** at nightfall; **al oír la noticia se desmayó** on hearing the news, she fainted. **3.** *(frecuencia)* per, every; **40 horas a la semana** 40 hours per O a week; **tres veces al día** three times a day. **4.** *(dirección)* to; **voy a Sevilla** I'm going to Seville; **me voy al extranjero** I'm going abroad; **llegó a Barcelona/la fiesta** he arrived in Barcelona/at the party. **5.** *(posición)*: **a la puerta** at the door; **está a la derecha/izquierda** it's on the right/left. **6.** *(distancia)*: **está a más de cien kilómetros** it's more than a hundred kilometres away. **7.** *(con complemento indirecto)* to; **dáselo a Juan** give it to Juan; **dile a Juan que venga** tell Juan to come. **8.** *(con complemento directo)*: **quiere a sus hijos/su gato** she loves her children/her cat. **9.** *(cantidad, medida, precio)*: **a cientos/miles/docenas** by the hundred/thousand/dozen; **a ... kilómetros por hora** at ... kilometres per hour; **¿a cuánto están las peras?** how much are the pears?; **ganaron tres a cero** they won three nil. **10.** *(modo)*: **lo hace a la antigua** he does it the old way; **a lo Mozart** in Mozart's style; **a escondidas** secretly. **11.** *(instrumento)*: **escribir a máquina** to use a typewriter; **a lápiz** in pencil; **a mano** by hand **12.** *(después de verbo y antes de infin) (finalidad)* to; **entró a pagar** he came in to pay; **aprender a nadar** to learn to swim. **13.** *(después de sust y antes de infin) (complemento de nombre)*: **temas a tratar** matters to be discussed. **14.** *(en oraciones imperativas)*: **¡a la cama!** go to bed!; **¡a bailar!** let's dance!

abad, -desa *m y f* abbot *(f* abbess).
abadía *f* abbey
abajo ◇ *adv* **1.** *(posición - gen)* below; *(- en edificio)* downstairs; **vive (en el piso de) ~** she lives downstairs; **está aquí/allí ~** it's down here/there; **más ~ further** down. **2.** *(dirección)* down; **ve ~** *(en edificio)* go downstairs; **hacia/para ~** down, downwards; **calle/escaleras ~** down the street/stairs; **río ~** downstream. **3.** *(en un texto)* below. ◇ *interj*: **¡~ la dictadura!** down with the dictatorship! ◆ **de abajo** *loc adj* bottom.
abalanzarse *vpr*: **~ sobre** to fall upon; **~ hacia** to rush towards.
abalorio *m (gen pl) (bisutería)* trinket.
abanderado *m lit & fig* standard-bearer.
abandonado, -da *adj* **1.** *(desierto)* deserted. **2.** *(desamparado)* abandoned. **3.** *(descuidado - jardín, casa)* neglected.
abandonar *vt* **1.** *(gen)* to abandon; *(lugar, profesión, cónyuge)* to leave. **2.** *(desatender - obligaciones, estudios)* to neglect. ◆ **abandonarse** *vpr (a una emoción)*: **~se a** *(desesperación, dolor)* to succumb to; *(vicio)* to give o.s. over to.
abandono *m* **1.** *(acción - gen)* abandonment; *(- de lugar, profesión, cónyuge)* leaving; *(- de obligaciones, estudios)* neglect. **2.** *(estado)* state of abandon. **3.** (DEP): **ganar por ~** to win by default
abanicar *vt* to fan
abanico *m (para dar aire)* fan.
abaratar *vt* to reduce the price of

◆ **abaratarse** *vpr* to become cheaper.

abarcar *vt* (*incluir*) to embrace, to cover.

abarrotado, -da *adj*: ~ (de) (*teatro, autobús*) packed (with); (*desván, baúl*) crammed (with).

abarrotar *vt*: ~ **algo (de** o **con)** (*teatro, autobús*) to pack sthg (with); (*desván, baúl*) to cram sthg full (of).

abarrotería *f Amer* grocer's (store).

abarrotes *mpl Amer* groceries.

abastecer *vt*: ~ **algo/a alguien (de)** to supply sthg/sb (with).

abastecimiento *m* supply, supplying.

abasto *m*: **no dar** ~ **(a algo/para hacer algo)** to be unable to cope (with sthg/with doing sthg).

abatible *adj* folding.

abatido, -da *adj* dejected.

abatir *vt* 1. (*derribar - muro*) to knock down; (*- avión*) to shoot down. 2. (*desanimar*) to depress. ◆ **abatirse** *vpr*: ~se (**sobre**) to swoop (down on).

abdicación *f* abdication.

abdicar *vi* to abdicate.

abdomen *m* abdomen.

abdominal *adj* abdominal.

abecé *m lit & fig* ABC.

abecedario *m* (*alfabeto*) alphabet.

abedul *m* birch (tree).

abeja *f* bee.

abejorro *m* bumblebee.

aberración *f* perverse o evil thing.

abertura *f* opening.

abertzale [aβer'tʃale] *adj, m y f* Basque nationalist.

abeto *m* fir.

abierto, -ta ◇ *pp* → **abrir.** ◇ *adj* (*gen*) open; **dejar el grifo** ~ to leave the tap on; **bien** o **muy** ~ wide open.

abigarrado, -da *adj* multi-coloured; *fig* motley.

abismal *adj* vast, colossal.

abismo *m* (*profundidad*) abyss.

abjurar *vi culto*: ~ **de algo** to abjure sthg.

ablandar *vt* (*material*) to soften. ◆ **ablandarse** *vpr* (*material*) to soften.

abnegación *f* abnegation, self-denial.

abochornar *vt* to embarrass. ◆ **abochornarse** *vpr* to get embarrassed.

abofetear *vt* to slap.

abogacía *f* legal profession.

abogado, -da *m y f* (DER) lawyer; ~ **defensor** counsel for the defence; ~

del estado public prosecutor

abogar *vi fig* (*defender*): ~ **por algo** to advocate sthg; ~ **por alguien** to stand up for sb.

abolengo *m* lineage.

abolición *f* abolition.

abolir *vt* to abolish

abolladura *f* dent

abollar *vt* to dent

abominable *adj* abominable.

abonado, -da *m y f* (*a telefónica, revista*) subscriber; (*al fútbol, teatro*) season-ticket holder.

abonar *vt* 1. (*pagar - factura etc*) to pay; ~ **algo en la cuenta de alguien** to credit sb's account with sthg 2. (*tierra*) to fertilize. ◆ **abonarse** *vpr*: ~**se (a)** (*revista*) to subscribe (to); (*fútbol, teatro*) to buy a season ticket (for).

abono *m* 1. (*pase*) season ticket. 2. (*fertilizante*) fertilizer. 3. (*pago*) payment. 4. *Méx* (*plazo*) instalment.

abordar *vt* 1. (*embarcación*) to board. 2. *fig* (*tema, tarea*) to tackle.

aborigen *adj* (*indígena*) indigenous; (*de Australia*) aboriginal.

aborrecer *vt* to abhor, to loathe.

abortar *vi* (MED - *espontáneamente*) to have a miscarriage; (*- intencionadamente*) to have an abortion.

aborto *m* (MED - *espontáneo*) miscarriage; (*- intencionado*) abortion.

abotonar *vt* to button up. ◆ **abotonarse** *vpr* to do one's buttons up; (*abrigo, camisa*) to button up.

abovedado, -da *adj* arched, vaulted.

abrasar *vt* 1. (*quemar - casa, bosque*) to burn down; (*- persona, mano, garganta*) to burn. 2. (*desecar - suj: sol, calor, lejía*) to scorch; (*- suj: sed*) to parch.

abrazadera *f* (TECN) brace, bracket; (*en carpintería*) clamp.

abrazar *vt* (*con los brazos*) to hug, to embrace. ◆ **abrazarse** *vpr* to hug o embrace (each other).

abrazo *m* embrace, hug; **un (fuerte)** ~ (*en cartas*) best wishes.

abrebotellas *m inv* bottle opener.

abrecartas *m inv* paper knife.

abrelatas *m inv* tin opener *Br*, can opener *Am*

abreviar *vt* (*gen*) to shorten; (*texto*) to abridge; (*palabra*) to abbreviate; (*viaje, estancia*) to cut short.

abreviatura *f* abbreviation.

abridor *m* 1. (*abrebotellas*) (bottle) opener. 2. (*abrelatas*) (tin) opener *Br*, (can) opener *Am*

abrigar vt 1. *(arropar - suj: persona)* to wrap up; *(- suj: ropa)* to keep warm. 2. *fig (albergar - esperanza)* to cherish; *(- sospechas, malas intenciones)* to harbour. ♦ **abrigarse** vpr *(arroparse)* to wrap up

abrigo m 1. *(prenda)* coat, overcoat. 2. *(refugio)* shelter.

abril m April; *ver también* **septiembre**.

abrillantar vt to polish.

abrir ◇ vt 1. *(gen)* to open; *(alas)* to spread; *(melón)* to cut open. 2. *(cerradura)* to unlock, to open; *(pestillo)* to pull back; *(grifo)* to turn on; *(cremallera)* to undo. 3. *(túnel)* to dig; *(canal, camino)* to build; *(agujero, surco)* to make. ◇ vi *(establecimiento)* to open. ♦ **abrirse** vpr 1. *(sincerarse)*: ~se a alguien to open up to sb. 2. *(cielo)* to clear.

abrochar vt to do up; *(cinturón)* to fasten. ♦ **abrocharse** vpr to do up; *(cinturón)* to fasten.

abrumar vt *(agobiar)* to overwhelm.

abrupto, -ta adj *(escarpado)* sheer; *(accidentado)* rugged.

absceso m abscess.

absentismo m *(de terrateniente)* absentee landownership.

ábside m apse.

absolución f 1. (DER) acquittal. 2. (RELIG) absolution.

absoluto, -ta adj *(gen)* absolute; *(silencio, obediencia)* total. ♦ **en absoluto** loc adv *(en negativas)* at all; *(tras pregunta)* not at all; ¿te gusta? – en ~ do you like it? – not at all; **nada en** ~ nothing at all.

absolver vt: ~ a alguien (de algo) (DER) to acquit sb (of sthg); (RELIG) to absolve sb (of sthg).

absorbente adj 1. *(que empapa)* absorbent. 2. *(actividad)* absorbing.

absorber vt 1. *(gen)* to absorb. 2. *(consumir, gastar)* to soak up.

absorción f absorption.

absorto, -ta adj: ~ (en) absorbed o engrossed (in).

abstemio, -mia adj teetotal.

abstención f abstention.

abstenerse vpr: ~ (de algo/de hacer algo) to abstain (from sthg/from doing sthg).

abstinencia f abstinence.

abstracción f *(gen)* abstraction.

abstracto, -ta adj abstract.

abstraer vt to consider separately.

abstraído, -da adj lost in thought

absuelto, -ta pp → **absolver**.

absurdo, -da adj absurd. ♦ **absurdo** m: **decir/hacer un** ~ to say/do something ridiculous.

abuchear vt to boo.

abuelo, -la m y f *(familiar)* grandfather *(f* grandmother). ♦ **abuelos** mpl grandparents.

abulia f apathy, lethargy.

abúlico, -ca adj apathetic, lethargic.

abultado, -da adj *(paquete)* bulky; *(labios)* thick.

abultar ◇ vt 1. *(hinchar)* to swell. 2. *(exagerar)* to blow up. ◇ vi *(ser difícil de manejar)* to be bulky

abundancia f 1. *(gran cantidad)* abundance; **en** ~ in abundance. 2. *(riqueza)* plenty, prosperity.

abundante adj abundant.

abundar vi *(ser abundante)* to abound.

aburguesarse vpr to adopt middle-class ways.

aburrido, -da ◇ adj 1. *(harto, fastidiado)* bored; **estar** ~ **de hacer algo** to be fed up with doing sthg. 2. *(que aburre)* boring. ◇ m y f bore.

aburrimiento m boredom.

aburrir vt to bore. ♦ **aburrirse** vpr to get bored; *(estar aburrido)* to be bored.

abusado, -da adj *Méx* astute, shrewd.

abusar vi 1. *(excederse)* to go too far; ~ **de algo** to abuse sthg; ~ **de alguien** to take advantage of sb. 2. *(forzar sexualmente)*: ~ **de alguien** to sexually abuse sb.

abusivo, -va adj *(trato)* very bad, appalling; *(precio)* extortionate.

abuso m *(uso excesivo)*: ~ **(de)** abuse (of); ~ **de confianza** breach of confidence; ~**s deshonestos** sexual abuse (U).

abyecto, -ta adj culto vile, wretched.

a/c abrev de **a cuenta**.

a. C. *(abrev de* **antes de Cristo)** BC.

acá adv 1. *(lugar)* here; **de** ~ **para allá** back and forth. 2. *(tiempo)*: **de una semana** ~ during the last week.

acabado, -da adj 1. *(completo)* perfect, consummate. 2. *(fracasado)* finished. ♦ **acabado** m *(de producto)* finish; *(de piso)* décor.

acabar ◇ vt 1. *(concluir)* to finish. 2. *(consumir - provisiones, dinero)* to use up; *(- comida)* to finish. ◇ vi 1. *(gen)* to finish, to end; ~ **de hacer algo** to finish doing sthg. 2. *(haber hecho recientemente)*: ~ **de hacer algo** to have just done sthg; **acabo de llegar** I've just arrived. 3. *(terminar por - persona)*: ~ **por hacer algo**, ~ **haciendo algo** to end up doing sthg. **4.** *(destruir):* ~ **con** *(gen)* to destroy; *(salud)* to ruin; *(paciencia)* to exhaust; *(violencia, crimen)* to put an end to. ◆ **acabarse** *vpr* **1.** *(agotarse)* to be used up; **se nos ha acabado el petróleo** we're out of petrol; **se ha acabado la comida** there's no more food left, all the food has gone. **2.** *(concluir)* to finish. **3.** *loc:* **¡se acabó!** *(¡basta ya!)* that's enough!; *(se terminó)* that's it, then!

acabóse *m fam:* **¡es el ~!** it really is the limit!

academia *f* **1.** *(colegio)* school, academy **2.** *(sociedad)* academy. ◆ **Real Academia Española** *f institution that sets lexical and syntactical standards for Spanish.*

académico, -ca *adj* academic.

acaecer *v impers culto* to occur.

acallar *vt* to silence.

acalorado, -da *adj* **1.** *(por calor)* hot. **2.** *(apasionado - debate)* heated.

acalorar *vt (excitar):* ~ **a alguien** to make sb hot under the collar. ◆ **acalorarse** *vpr (excitarse)* to get aroused o excited.

acampanado, -da *adj* flared.

acampar *vi* to camp.

acanalado, -da *adj (columna)* fluted; *(tejido)* ribbed; *(hierro, uralita)* corrugated.

acantilado *m* cliff.

acaparar *vt* **1.** *(monopolizar)* to monopolize; *(mercado)* to corner. **2.** *(guardarse)* to hoard.

acápite *m Amer* paragraph.

acaramelado, -da *adj fig (afectado)* sickly sweet.

acariciar *vt* **1.** *(persona)* to caress; *(animal)* to stroke. **2.** *fig (idea, proyecto)* to cherish.

acarrear *vt* **1.** *(transportar)* to carry; *(carbón)* to haul. **2.** *fig (ocasionar)* to bring, to give rise to

acaso *adv* perhaps; **¿~ no lo sabías?** are you trying to tell me you didn't know?; **por si ~** (just) in case. ◆ **si acaso** ◇ *loc adv (en todo caso)* if anything. ◇ *loc conj (en caso de que)* if.

acatar *vt* to respect, to comply with.

acatarrarse *vpr* to catch a cold.

acaudalado, -da *adj* well-to-do.

acaudillar *vt* to lead.

acceder *vi* **1.** *(consentir):* ~ **(a algo/hacer algo)** to agree (to sthg/to do sthg). **2.** *(tener acceso):* ~ **a** to enter. **3.** *(alcanzar):* ~ **a** *(trono)* to accede to; *(poder)* to come to; *(grado)* to obtain.

accesible *adj (gen)* accessible.

accésit *m inv* consolation prize.

acceso *m* **1.** *(entrada):* ~ **(a)** entrance (to). **2.** *(paso):* ~ **(a)** access (to). **3.** *(carretera)* access road. **4.** *fig (ataque)* fit; *(de fiebre, gripe)* bout.

accesorio, -ria *adj* incidental. ◆ **accesorio** *m (gen pl)* accessory.

accidentado, -da ◇ *adj* **1.** *(vida)* turbulent. **2.** *(viaje - en coche, tren, avión)* bumpy. **3.** *(terreno, camino)* rough, rugged. ◇ *m y f* injured person, victim.

accidental *adj (imprevisto)* accidental; *(encuentro)* chance.

accidentarse *vpr* to be involved in o have an accident.

accidente *m* **1.** *(desgracia)* accident; ~ **de avión/coche** plane/car crash; ~ **de tráfico** road accident. **2.** *(gen pl) (del terreno)* unevenness *(U).*

acción *f* **1.** *(gen)* action. **2.** *(hecho)* deed, act. **3.** *(FIN)* share; ~ **ordinaria/preferente** ordinary/preference share.

accionar *vt* to activate.

accionista *m y f* shareholder.

acechar *vt* **1.** *(vigilar)* to keep under surveillance; *(suj: cazador)* to stalk. **2.** *(amenazar)* to be lying in wait for.

acecho *m:* **estar al ~ de** to lie in wait for; *fig* to be on the lookout for.

aceite *m* oil; ~ **de colza/girasol/oliva** rapeseed/sunflower/olive oil.

aceitera *f* oil can. ◆ **aceiteras** *fpl* cruet *(sg).*

aceitoso, -sa *adj* oily.

aceituna *f* olive.

aceleración *f* acceleration.

acelerador, -ra *adj* accelerating. ◆ **acelerador** *m* accelerator.

acelerar ◇ *vt (avivar)* to speed up; *(TECN)* to accelerate. ◇ *vi* to accelerate. ◆ **acelerarse** *vpr* to hurry up.

acelga *f* chard.

acento *m* **1.** *(gen)* accent. **2.** *(intensidad)* stress, accent.

acentuación *f* accentuation.

acentuar *vt* **1.** *(palabra, letra - al escribir)* to put an accent on; *(- al hablar)* to stress. **2.** *fig (realzar)* to accentuate. ◆ **acentuarse** *vpr (intensificarse)* to deepen, to increase.

acepción *f* meaning, sense.

aceptable *adj* acceptable.

aceptación *f* **1.** *(aprobación)* acceptance. **2.** *(éxito)* success, popularity.

aceptar *vt* to accept.

acequia *f* irrigation channel.

acera *f (para peatones)* pavement *Br,* sidewalk *Am.*

acerbo, -ba *adj culto (mordaz)* caustic.

acerca ◆ **acerca de** *loc adv* about

acercar *vt* to bring nearer o closer; **¡acércame el pan!** could you pass me the bread? ◆ **acercarse** *vpr (arrimarse - viniendo)* to come closer; *(- yendo)* to go over.

acero *m* steel; **~ inoxidable** stainless steel.

acérrimo, -ma *adj (defensor)* diehard *(antes de sust); (enemigo)* bitter.

acertado, -da *adj* 1. *(con acierto - respuesta)* correct; *(- comentario)* appropriate. 2. *(oportuno)* good, clever.

acertar ◊ *vt* 1. *(adivinar)* to guess *(correctly)*. 2. *(el blanco)* to hit. 3. *(elegir bien)* to choose well. ◊ *vi* 1. *(atinar)*: **~ (al hacer algo)** to be right (to do sthg). 2. *(conseguir)*: **~ a hacer algo** to manage to do sthg. 3. *(hallar)*: **~ con** to find.

acertijo *m* riddle.

acervo *m (patrimonio)* heritage.

achacar *vt*: **~ algo a alguien/algo** to attribute sthg to sb/sthg.

achantar *vt fam* to put the wind up. ◆ **achantarse** *vpr fam* to get the wind up.

achaparrado, -da *adj* squat.

achaque *m* ailment.

achatado, -da *adj* flattened.

achicar *vt* 1. *(tamaño)* to make smaller. 2. *(agua - de barco)* to bale out. 3. *fig (acobardar)* to intimidate.

achicharrar *vt (chamuscar)* to burn. ◆ **achicharrarse** *vpr* 1. *fig (de calor)* to fry. 2. *(chamuscarse)* to burn.

achicoria *f* chicory.

achuchado, -da *adj fam* hard, tough.

achuchar *vt fam (abrazar)* to hug.

achurar *vt Amer* 1. *(acuchillar)* to stab to death. 2. *(animal)* to disembowel.

aciago, -ga *adj culto* black, fateful.

acicalar *vt (arreglar)* to do up. ◆ **acicalarse** *vpr* to do o.s. up.

acicate *m fig (estímulo)* incentive.

acidez *f* 1. *(cualidad)* acidity. 2. *(MED)*: **~ (de estómago)** heartburn.

ácido, -da *adj* 1. *(QUÍM)* acidic. 2. *(bebida, sabor, carácter)* acid, sour. ◆ **ácido** *m (QUÍM)* acid.

acierto *m* 1. *(a pregunta)* correct answer. 2. *(habilidad, tino)* good o sound judgment. 3. *(éxito)* success

aclamación *f (ovación)* acclamation, acclaim; **por ~** unanimously.

aclamar *vt* to acclaim.

aclaración *f* explanation.

aclarar *vt* 1. *(ropa)* to rinse. 2. *(explicar)* to clarify, to explain. 3. **~ la voz** *(carraspeando)* to clear one's throat. ◆ **aclararse** *vpr* 1. *(entender)* to understand. 2. *(explicarse)* to explain o.s.

aclaratorio, -ria *adj* explanatory.

aclimatación *f* acclimatization.

aclimatar *vt* 1. *(al clima)*: **~ algo/ alguien (a)** to acclimatize sthg/sb (to). 2. *(a ambiente)*: **~ algo/a alguien a algo** to get sthg/sb used to sthg ◆ **aclimatarse** *vpr* 1. *(al clima)*: **~se (a algo)** to acclimatize (to sthg). 2. *(a ambiente)* to settle in; **~se a algo** to get used to sthg.

acné *m* acne.

acobardar *vt* to frighten, to scare. ◆ **acobardarse** *vpr* to get frightened o scared; **~se ante** to shrink back from.

acodarse *vpr*: **~se (en)** to lean (on).

acogedor, -ra *adj (país, persona)* welcoming; *(casa, ambiente)* cosy.

acoger *vt* 1. *(recibir)* to welcome. 2. *(dar refugio)* to take in. ◆ **acogerse a** *vpr (inmunidad parlamentaria etc)* to take refuge in; *(ley)* to have recourse to.

acogida *f* 1. *(de persona)* welcome. 2. *(de idea, película etc)* reception.

acolchar *vt* to pad.

acometer ◊ *vt* 1. *(atacar)* to attack. 2. *(emprender)* to undertake. ◊ *vi (embestir)*: **~ contra** to hurtle into.

acometida *f* 1. *(ataque)* attack, charge. 2. *(de luz, gas etc)* (mains) connection.

acomodado, -da *adj (rico)* well-off.

acomodador, -ra *m y f* usher (*f* usherette).

acomodar *vt* 1. *(instalar - persona)* to seat, to instal; *(- cosa)* to place. 2. *(adaptar)* to fit. ◆ **acomodarse** *vpr (instalarse)* to make o.s. comfortable; **~se en** to settle down in.

acomodaticio, -cia *adj (complaciente)* accommodating, easy-going.

acompañamiento *m* (CULIN & MÚS) accompaniment.

acompañante *m y f* companion.

acompañar *vt* 1. *(ir con)*: **~ a alguien** *(gen)* to go with o accompany sb; *(a la puerta)* to show sb out; *(a casa)* to walk sb home. 2. *(estar con)*: **~ a alguien** to keep sb company. 3. *(adjuntar)* to enclose. 4. (MÚS) to accompany.

acompasar *vt*: **~ algo (a)** to synchronize sthg (with)

acomplejar *vt* to give a complex. ◆ **acomplejarse** *vpr* to develop a complex

acondicionado, -da *adj* equipped.

acondicionador *m* (air) conditioner

acondicionar *vt* 1. *(reformar)* to convert, to upgrade. 2. *(preparar)* to prepare, to get ready

acongojar *vt* to distress.

aconsejar *vt* *(dar consejos)*: ~ **a alguien (que haga algo)** to advise sb (to do sthg).

acontecer *v impers* to take place, to happen.

acontecimiento *m* event; **adelantarse o anticiparse a los ~s** to jump the gun; *(prevenir)* to take preemptive measures.

acopio *m* stock, store.

acoplar *vt* 1. *(encajar)* to attach, to fit together 2. *(FERROC)* to couple. 3. *fig (adaptar)* to adapt, to fit.

acorazado, -da *adj* armour-plated.
♦ **acorazado** *m* battleship.

acordar *vt*: ~ **algo/hacer algo** to agree on sthg/to do sthg ♦ **acordarse** *vpr*: ~**se (de algo/de hacer algo)** to remember (sthg/to do sthg).

acorde ◇ *adj (en consonancia)*: ~ **con** in keeping with. ◇ *m* (MÚS) chord

acordeón *m* accordion.

acordonar *vt (cercar)* to cordon off.

acorralar *vt lit & fig* to corner.

acortar *vt* 1. *(falda, pantalón etc)* to take up; *(cable)* to shorten. 2. *(tiempo)* to cut short. 3. *(extensión)* to shorten.
♦ **acortarse** *vpr (días)* to get shorter; *(reunión)* to end early.

acosar *vt* 1. *(hostigar)* to harass. 2. *(perseguir)* to pursue relentlessly.

acoso *m (hostigamiento)* harassment; ~ **sexual** sexual harassment.

acostar *vt (en la cama)* to put to bed.
♦ **acostarse** *vpr* 1. *(irse a la cama)* to go to bed. 2. *(tumbarse)* to lie down. 3. *fam (tener relaciones sexuales)*: ~**se con alguien** to sleep with sb.

acostumbrado, -da *adj* 1. *(habitual)* usual. 2. *(habituado)*: **estar ~ a** to be used to.

acostumbrar ◇ *vt (habituar)*: ~ **a alguien a algo/a hacer algo** to get sb used to sthg/to doing sthg. ◇ *vi (soler)*: ~ **a hacer algo** to be in the habit of doing sthg, usually to do sthg.
♦ **acostumbrarse** *vpr (habituarse)*: ~**se a algo/a hacer algo** to get used to sthg/to doing sthg.

acotación *f (nota)* note in the margin.

acotar *vt* 1. *(terreno, campo)* to enclose; *fig (tema etc)* to delimit. 2. *(texto)* to write notes in the margin of.

acrecentar *vt* to increase.

acreditado, -da *adj* 1. *(médico, abogado etc)* distinguished; *(marca)* reputable. 2. *(embajador, representante)* accredited.

acreditar *vt* 1. *(certificar)* to certify; *(autorizar)* to authorize. 2. *(confirmar)* to confirm. 3. *(embajador)* to accredit. 4. (FIN) to credit.

acreedor, -ra ◇ *adj*: **hacerse ~ de algo** to earn sthg, to show o.s. to be worthy of sthg. ◇ *m y f* creditor.

acribillar *vt (herir)*: ~ **(a)** to pepper o riddle (with).

acrílico, -ca *adj* acrylic.

acrimonia = **acritud**.

acritud, acrimonia *f* 1. *(de olor)* acridity, pungency; *(de sabor)* bitterness. 2. *fig (mordacidad)* venom. 3. *(desavenencia)* acrimony.

acrobacia *f (en circo)* acrobatics *(pl)*.

acróbata *m y f* acrobat.

acta *f (el)* 1. *(de junta, reunión)* minutes *(pl)*; **levantar ~** to take the minutes. 2. *(de defunción etc)* certificate; ~ **notarial** affidavit. ♦ **actas** *fpl* minutes.

actitud *f (disposición de ánimo)* attitude.

activar *vt* 1. *(gen)* to activate. 2. *(explosivo)* to detonate.

actividad *f* activity.

activo, -va *adj* 1. *(gen & GRAM)* active. 2. *(trabajador)* hard-working.
♦ **activo** *m* (FIN) assets *(pl)*.

acto *m* 1. *(acción)* act; **hacer ~ de presencia** to show one's face; ~ **de solidaridad** show of solidarity. 2. *(ceremonia)* ceremony. 3. (TEATRO) act.
♦ **en el acto** *loc adv* on the spot.

actor, -triz *m y f* actor *(f* actress*)*.

actuación *f* 1. *(conducta, proceder)* conduct, behaviour. 2. *(interpretación)* performance.

actual *adj* 1. *(existente)* present, current. 2. *(de moda)* modern, present-day. 3. *(de actualidad)* topical.

actualidad *f* 1. *(momento presente)* current situation; **de ~** *(moderno)* in fashion; *(de interés actual)* topical; **en la ~** at the present time, these days. 2. *(noticia)* news *(U)*; **ser ~** to be making the news.

actualizar *vt* to update; *(tecnología, industria)* to modernize.

actualmente *adv (hoy día)* these days, nowadays; *(en este momento)* at the (present) moment.

actuar *vi (gen)* to act; ~ **de** to act as.

acuarela *f* watercolour.

acuario *m* aquarium. ♦ **Acuario** ◇ *m*

(zodiaco) Aquarius. ◊ m y f (persona) Aquarius.

acuartelar vt 1. (alojar) to quarter. 2. (retener) to confine to barracks.

acuático, -ca adj aquatic.

acuchillar vt 1. (apuñalar) to stab. 2. (mueble, parquet) to grind down.

acuciar vt culto (suj: persona) to goad; (suj: necesidad, deseo) to press.

acuclillarse vpr to squat (down).

acudir vi 1. (ir) to go; (venir) to come. 2. (recurrir): ~ a to go o turn to. 3. (presentarse): ~ (a) (escuela, iglesia) to attend; (cita, examen) to turn up (for); fig (memoria, mente) to come (to).

acueducto m aqueduct.

acuerdo m agreement; **de ~** all right, O.K.; **de ~ con** (conforme a) in accordance with; **estar de ~ (con alguien/en hacer algo)** to agree (with sb/to do sthg); **llegar a un ~, ponerse de ~** to reach agreement.

acumular vt to accumulate.

acunar vt to rock.

acuñar vt 1. (moneda) to mint. 2. (palabra) to coin.

acuoso, -sa adj (gen) watery.

acupuntura f acupuncture.

acurrucarse vpr to crouch down; (por frío) to huddle up; (por miedo) to cower; (en sitio agradable) to curl up.

acusación f (inculpación) charge.

acusado, -da ◊ adj (marcado) marked. ◊ m y f (procesado) accused, defendant.

acusar vt 1. (culpar) to accuse; (DER) to charge; ~ a alguien de algo (gen) to accuse sb of sthg; (DER) to charge sb with sthg. 2. (mostrar) to show.

acusativo m accusative.

acuse ♦ **acuse de recibo** m acknowledgement of receipt.

acústico, -ca adj acoustic. ♦ **acústica** f (de local) acoustics (pl).

a.D. (abrev de anno Domini) AD.

adagio m (sentencia breve) adage.

adaptación f 1. (aclimatación): ~ (a) adjustment to. 2. (modificación) adaptation.

adaptar vt 1. (acomodar, ajustar) to adjust 2. (modificar) to adapt. ♦ **adaptarse** vpr: ~se (a) to adjust (to).

adecentar vt to tidy up.

adecuado, -da adj appropriate, suitable.

adecuar vt to adapt. ♦ **adecuarse a** vpr 1. (ser adecuado) to be appropriate for. 2. (adaptarse) to adjust to.

adefesio m fam (persona fea) fright.

a. de JC., a.JC. (abrev de antes de Jesucristo) BC.

adelantado, -da adj advanced; **llevo el reloj ~** my watch is fast; **por ~** in advance.

adelantamiento m (AUTOM) overtaking.

adelantar ◊ vt 1. (dejar atrás) to overtake. 2. (mover hacia adelante) to move forward; (pie, reloj) to put forward. 3. (en el tiempo - trabajo, viaje) to bring forward; (- dinero) to pay in advance. ◊ vi 1. (progresar) to make progress. 2. (reloj) to be fast. ♦ **adelantarse** vpr 1. (en el tiempo) to be early; (frío, verano) to arrive early; (reloj) to gain; ~se a alguien to beat sb to it. 2. (en el espacio) to go on ahead.

adelante ◊ adv forward, ahead; (de ahora) en ~ from now on, in future; **más ~** (en el tiempo) later (on); (en el espacio) further on. ◊ interj: ¡~! (¡siga!) go ahead!; (¡pase!) come in!

adelanto m advance; ~ **de dinero** advance.

adelgazar ◊ vi to lose weight, to slim. ◊ vt to lose.

ademán m (gesto - con manos etc) gesture; (- con cara) face, expression; **en ~ de** as if to.

además adv moreover, besides; (también) also; ~ **de** as well as, in addition to.

adentrarse vpr: ~ en (jungla etc) to enter the heart of; (tema etc) to study in depth.

adentro adv inside; **tierra ~** inland; **mar ~** out to sea.

adepto, -ta m y f: ~ **(a)** follower (of).

aderezar vt (sazonar - ensalada) to dress; (- comida) to season.

aderezo m (aliño - de ensalada) dressing; (- de comida) seasoning.

adeudar vt 1. (deber) to owe. 2. (COM) to debit. ♦ **adeudarse** vpr to get into debt.

adherir vt to stick. ♦ **adherirse** vpr 1. (pegarse) to stick. 2. (mostrarse de acuerdo): ~se a to adhere to.

adhesión f (apoyo) support.

adhesivo, -va adj adhesive ♦ **adhesivo** m (pegatina) sticker.

adicción f: ~ **(a)** addiction (to).

adición f addition.

adicional adj additional.

adicto, -ta ◊ adj: ~ **(a)** addicted (to). ◊ m y f: ~ **(a)** addict (of).

adiestrar vt to train; ~ **a alguien en algo/para hacer algo** to train sb in sthg/to do sthg.

adinerado, -da *adj* wealthy.

adiós ◊ *m* goodbye. ◊ *interj*: ¡~! goodbye!; *(al cruzarse con alguien)* hello!

adiposo, -sa *adj* fatty, adipose.

aditivo *m* additive.

adivinanza *f* riddle.

adivinar *vt* 1. *(predecir)* to foretell; *(el futuro)* to tell. 2. *(acertar)* to guess (correctly).

adivino, -na *m y f* fortune-teller.

adjetivo *m* adjective.

adjudicación *f* awarding.

adjudicar *vt* *(asignar)* to award. ◆ **adjudicarse** *vpr* *(apropiarse)* to take for o.s.

adjuntar *vt* to enclose.

adjunto, -ta ◊ *adj* *(incluido)* enclosed; ~ **le remito ...** please find enclosed ... ◊ *m y f* *(auxiliar)* assistant.

administración *f* 1. *(suministro)* supply; *(de medicamento, justicia)* administering. 2. *(gestión)* administration. 3. *(gerentes)* management; *(oficina)* manager's office. ◆ **Administración** *f* *(gobierno)* administration; **Administración local** local government; **Administración pública** civil service.

administrador, -ra *m y f* 1. *(de empresa)* manager. 2. *(de bienes ajenos)* administrator.

administrar *vt* 1. *(gestionar - empresa, finca etc)* to manage, to run; *(- casa)* to run. 2. *(país)* to run the affairs of. 3. *(suministrar)* to administer.

administrativo, -va *adj* administrative.

admirable *adj* admirable.

admiración *f* 1. *(sentimiento)* admiration. 2. *(signo ortográfico)* exclamation mark.

admirar *vt* 1. *(gen)* to admire. 2. *(sorprender)* to amaze. ◆ **admirarse** *vpr*: ~**se (de)** to be amazed (by).

admisible *adj* acceptable.

admisión *f* 1. *(de persona)* admission. 2. *(de solicitudes etc)* acceptance.

admitir *vt* 1. *(acoger, reconocer)* to admit; ~ **a alguien en** to admit sb to. 2. *(aceptar)* to accept.

ADN *(abrev de* **ácido desoxirribonucleico)** *m* DNA.

adobar *vt* to marinate.

adobe *m* adobe.

adobo *m* *(salsa)* marinade.

adoctrinar *vt* to instruct.

adolecer ◆ **adolecer de** *vi* 1. *(enfermedad)* to suffer from. 2. *(defecto)* to be guilty of.

adolescencia *f* adolescence.

adolescente *adj, m y f* adolescent.

adonde *adv* where; **la ciudad ~ vamos** the city we are going to, the city where we are going.

adónde *adv* where.

adopción *f* *(de hijo, propuesta)* adoption; *(de ley)* passing.

adoptar *vt* *(hijo, propuesta)* to adopt; *(ley)* to pass.

adoptivo, -va *adj* *(hijo, país)* adopted; *(padre)* adoptive.

adoquín *(pl* adoquines*)* *m* cobblestone.

adorable *adj* *(persona)* adorable; *(ambiente, película)* wonderful

adoración *f* adoration; **sentir ~ por alguien** to worship sb

adorar *vt* 1. *(reverenciar)* to worship. 2. *(pirrarse por)* to adore.

adormecer *vt* *(producir sueño)* to lull to sleep. ◆ **adormecerse** *vpr* to nod off.

adormilarse *vpr* to doze.

adornar *vt* to decorate.

adorno *m* decoration.

adosado, -da *adj* *(casa)* semi-detached.

adquirir *vt* 1. *(comprar)* to acquire, to purchase. 2. *(conseguir - conocimientos, hábito, cultura)* to acquire; *(- éxito, popularidad)* to achieve; *(- enfermedad)* to catch, to get.

adquisición *f* 1. *(compra, cosa comprada)* purchase. 2. *(obtención)* acquisition.

adquisitivo, -va *adj* purchasing *(antes de sust)*.

adrede *adv* on purpose, deliberately

adrenalina *f* adrenalin.

adscribir *vt* 1. *(asignar)* to assign. 2. *(destinar)* to appoint ○ assign to. ◆ **adscribirse** *vpr*: ~**se (a)** *(grupo, partido)* to become a member (of); *(ideología)* to subscribe to.

adscrito, -ta ◊ *pp* → **adscribir**. ◊ *adj* assigned.

aduana *f* *(administración)* customs *(pl)*.

aducir *vt* to adduce.

adueñarse ◆ **adueñarse de** *vpr* 1. *(apoderarse)* to take over. 2. *(dominar)* to take hold of.

adulación *f* flattery

adulador, -ra *adj* flattering.

adular *vt* to flatter.

adulterar *vt* *(alimento)* to adulterate.

adulterio *m* adultery.

adúltero, -ra ◊ *adj* adulterous. ◊ *m y f* adulterer *(f* adulteress*)*.

adulto, -ta *adj, m y f* adult.

adusto, -ta *adj* dour.

advenedizo, -za *adj, m y f* parvenu (*f* parvenue).

advenimiento *m* advent; *(al trono)* accession.

adverbio *m* adverb

adversario, -ria *m y f* adversary

adversidad *f* adversity.

adverso, -sa *adj* adverse; *(destino)* unkind; *(suerte)* bad; *(viento)* unfavourable

advertencia *f* warning; **servir de ~** to serve as a warning.

advertir *vt* **1.** *(notar)* to notice. **2.** *(prevenir, avisar)* to warn; **te advierto que no deberías hacerlo** I'd advise against you doing it; **te advierto que no me sorprende** mind you, it doesn't surprise me.

adviento *m* Advent.

adyacente *adj* adjacent

aéreo, -a *adj* **1.** *(del aire)* aerial. **2.** (AERON) air *(antes de sust).*

aerobic [ae'roβik] *m* aerobics *(U).*

aeroclub *(pl* **aeroclubs***) m* flying club.

aerodeslizador *m* hovercraft.

aerodinámico, -ca *adj* **1.** (FÍS) aerodynamic. **2.** *(forma, línea)* streamlined.

aeródromo *m* airfield, aerodrome.

aeroespacial *adj* aerospace *(antes de sust).*

aerógrafo *m* airbrush.

aerolínea *f* airline.

aeromozo, -za *m y f Amer* air steward (*f* air hostess).

aeronauta *m y f* aeronaut.

aeronaval *adj* air and sea *(antes de sust).*

aeronave *f (gen)* aircraft; *(dirigible)* airship.

aeroplano *m* aeroplane.

aeropuerto *m* airport.

aerosol *m* aerosol.

aerospacial = aeroespacial.

aerostático, -ca *adj* aerostatic.

aeróstato *m* hot-air balloon.

aerotaxi *m* light aircraft *(for hire).*

afabilidad *f* affability.

afable *adj* affable

afamado, -da *adj* famous.

afán *m* **1.** *(esfuerzo)* hard work *(U).* **2.** *(anhelo)* urge.

afanador, -ra *m y f Méx* cleaner.

afanar *vt fam (robar)* to pinch. ◆ **afanarse** *vpr (esforzarse):* **~se (por hacer algo)** to do everything one can (to do sthg).

afanoso, -sa *adj* **1.** *(trabajoso, penoso)* demanding **2.** *(que se afana)* eager.

afear *vt* to make ugly, to scar.

afección *f* (MED) complaint, disease.

afectación *f* affectation.

afectado, -da *adj* **1.** *(gen)* affected. **2.** *(afligido)* upset, badly affected.

afectar *vt* **1.** *(gen)* to affect **2.** *(afligir)* to upset, to affect badly.

afectísimo, -ma *adj (en cartas):* **suyo ~** yours faithfully.

afectivo, -va *adj* **1.** *(emocional)* emotional. **2.** *(cariñoso)* affectionate

afecto *m* affection, fondness; **sentir ~ por alguien, tenerle ~ a alguien** to be fond of sb

afectuoso, -sa *adj* affectionate, loving.

afeitar *vt (pelo)* to shave. ◆ **afeitarse** *vpr* to shave.

afeminado, -da *adj* effeminate.

aferrarse *vpr:* **~ a** *lit & fig* to cling to.

Afganistán Afghanistan.

afianzamiento *m (en cargo, liderazgo)* consolidation.

afianzar *vt (objeto)* to secure. ◆ **afianzarse** *vpr* to steady o.s.; **~se en algo** *(opinión etc)* to become sure o convinced of sthg; *(cargo, liderazgo)* to consolidate sthg.

afiche *m Amer* poster.

afición *f* **1.** *(inclinación)* fondness, liking; **por ~** as a hobby; **tener ~ a algo** to be keen on sthg. **2.** *(aficionados)* fans *(pl).*

aficionado, -da ◇ *adj* **1.** *(interesado)* keen; **ser ~ a algo** to be keen on sthg. **2.** *(amateur)* amateur. ◇ *m y f* **1.** *(interesado)* fan; **~ al cine** film fan. **2.** *(amateur)* amateur.

aficionar *vt:* **~ a alguien a algo** to make sb keen on sthg. ◆ **aficionarse** *vpr:* **~se a algo** to become keen on sthg.

afilado, -da *adj (fino)* sharp; *(dedos)* pointed.

afilar *vt* to sharpen.

afiliado, -da *m y f:* **~ (a)** member (of).

afiliarse *vpr:* **~ a** to join, to become a member of.

afín *adj (semejante)* similar, like.

afinar *vt* **1.** (MÚS) *(instrumento)* to tune; **~ la voz** to sing in tune. **2.** *(perfeccionar, mejorar)* to fine-tune. **3.** *(pulir)* to refine.

afinidad *f (gen & QUÍM)* affinity

afirmación *f* statement, assertion.

afirmar vt 1. (confirmar) to confirm. 2. (decir) to say, to declare 3. (consolidar) to reaffirm. 4. (CONSTR) to reinforce.

afirmativo, -va adj affirmative.

aflicción f suffering, sorrow.

afligir vt to afflict; (causar pena) to distress.

aflojar ◇ vt (destensar) to loosen; (cuerda) to slacken. ◇ vi 1. (disminuir) to abate, to die down. 2. fig (ceder) to ease off. ◆ **aflojarse** vpr (gen) to come loose; (cuerda) to slacken.

aflorar vi fig (surgir) to (come to the) surface, to show.

afluencia f stream, volume.

afluente m tributary.

afluir ◆ **afluir a** vi 1. (gente) to flock to. 2. (sangre, fluido) to flow to.

afonía f loss of voice.

afónico, -ca adj: **quedarse ~** to lose one's voice.

aforo m (cabida) seating capacity.

afortunadamente adv fortunately.

afortunado, -da adj 1. (agraciado) lucky, fortunate. 2. (feliz, oportuno) happy, felicitous

afrenta f (ofensa, agravio) affront.

África Africa.

africano, -na adj, m y f African.

afrontar vt (hacer frente a) to face.

afuera adv outside; **por (la parte de) ~** on the outside. ◆ **afueras** fpl: **las ~s** the outskirts.

agachar vt to lower; (la cabeza) to bow. ◆ **agacharse** vpr (acuclillarse) to crouch down; (inclinar la cabeza) to stoop.

agalla f (ZOOL) gill. ◆ **agallas** fpl fig guts.

agarradero m 1. (asa) hold. 2. fam fig (pretexto) pretext, excuse.

agarrado, -da adj 1. (asido): **~ (de)** gripped (by); **~s del brazo** arm in arm; **~s de la mano** hand in hand. 2. fam (tacaño) tight, stingy.

agarrar vt 1. (asir) to grab. 2. (pillar - ladrón, enfermedad) to catch. ◆ **agarrarse** vpr (sujetarse) to hold on.

agarrón m (tirón) pull, tug.

agarrotar vt (parte del cuerpo) to cut off the circulation in; (mente) to numb. ◆ **agarrotarse** vpr 1. (parte del cuerpo) to go numb. 2. (mecanismo) to seize up.

agasajar vt to lavish attention on.

ágata f (el) agate.

agazaparse vpr 1. (para esconderse) to crouch. 2. (agacharse) to bend down.

agencia f 1. (empresa) agency; **~ matrimonial** marriage bureau; **~ de viajes** travel agency. 2. (sucursal) branch.

agenda f 1. (de notas, fechas) diary; (de teléfonos, direcciones) book. 2. (de trabajo) agenda.

agente ◇ m y f (persona) agent; **~ de policía** o **de la autoridad** policeman (f policewoman); **~ de aduanas** customs officer; **~ de cambio (y bolsa)** stockbroker; **~ secreto** secret agent. ◇ m (causa activa) agent.

ágil adj (movimiento, persona) agile.

agilidad f agility.

agilizar vt to speed up

agitación f 1. (intranquilidad) restlessness. 2. (jaleo) racket, commotion. 3. (conflicto) unrest.

agitar vt 1. (mover - botella etc) to shake; (- líquido) to stir; (- brazos) to wave. 2. (inquietar) to perturb, to worry. 3. (alterar, perturbar) to stir up. ◆ **agitarse** vpr (inquietarse) to get worried.

aglomeración f build-up; (de gente) crowd.

aglomerar vt to bring together. ◆ **aglomerarse** vpr to amass.

agnóstico, -ca adj, m y f agnostic.

agobiado, -da adj: **~ (de)** (trabajo) snowed under (with); (problemas) weighed down (with)

agobiar vt to overwhelm. ◆ **agobiarse** vpr to feel overwhelmed, to let things get one down.

agobio m 1. (físico) choking, suffocation. 2. (psíquico) pressure.

agolparse vpr (gente) to crowd round; (sangre) to rush

agonía f 1. (pena) agony. 2. (del moribundo) death throes (pl).

agonizante adj dying

agonizar vi (expirar) to be dying.

agosto m 1. (mes) August; ver también septiembre. 2. loc: **hacer su ~** to line one's pockets.

agotado, -da adj 1. (cansado): **~ (de)** exhausted (from). 2. (producto) out of stock, sold out. 3. (pila, batería) flat.

agotador, -ra adj exhausting

agotamiento m (cansancio) exhaustion.

agotar vt (gen) to exhaust; (producto) to sell out of; (agua) to drain. ◆ **agotarse** vpr 1. (cansarse) to tire o.s. out. 2. (acabarse) to run out; (libro, entradas) to be sold out; (pila, batería) to go flat.

agraciado, -da adj 1. (atractivo)

attractive, fetching. **2.** *(afortunado):* ~ **con algo** lucky enough to win sthg.

agraciar *vt (embellecer)* to make more attractive o fetching.

agradable *adj* pleasant.

agradar *vt* to please.

agradecer *vt (suj: persona):* ~ **algo a alguien** *(dar las gracias)* to thank sb for sthg; *(estar agradecido)* to be grateful to sb for sthg.

agradecido, -da *adj* grateful.

agradecimiento *m* gratitude.

agrado *m (gusto)* pleasure; **ésto no es de mi ~** this is not to my liking.

agrandar *vt* to make bigger.

agrario, -ria *adj (reforma)* agrarian; *(producto, política)* agricultural.

agravante ◇ *adj* aggravating. ◇ *m o f* **1.** *(problema)* additional problem. **2.** (DER) aggravating circumstance.

agravar *vt* to aggravate; *(impuestos etc)* to increase (the burden of). ◆ **agravarse** *vpr* to get worse.

agraviar *vt* to offend.

agravio *m* **1.** *(ofensa)* offence, insult. **2.** *(perjuicio)* wrong.

agredir *vt* to attack.

agregado, -da *m y f* **1.** (EDUC) assistant teacher. **2.** *(de embajada)* attaché; ~ **cultural** cultural attaché. ◆ **agregado** *m (añadido)* addition.

agregar *vt:* ~ **(algo a algo)** to add (sthg to sthg).

agresión *f (ataque)* act of aggression, attack.

agresividad *f* aggression.

agresivo, -va *adj lit & fig* aggressive.

agresor, -ra *m y f* attacker, assailant.

agreste *adj (abrupto, rocoso)* rugged.

agriar *vt (vino, leche)* to (turn) sour. ◆ **agriarse** *vpr lit & fig* to turn sour.

agrícola *adj* agricultural; *(pueblo)* farming *(antes de sust).*

agricultor, -ra *m y f* farmer.

agricultura *f* agriculture; ~ **biológica** o **ecológica** organic farming.

agridulce *adj* bittersweet; (CULIN) sweet and sour.

agrietar *vt* **1.** *(muro, tierra)* to crack. **2.** *(labios, manos)* to chap. ◆ **agrietarse** *vpr (la piel)* to chap.

agrio, agria *adj* **1.** *(ácido)* sour. **2.** *fig (áspero)* acerbic, bitter.

agronomía *f* agronomy.

agropecuario, -ria *adj* farming and livestock *(antes de sust).*

agrupación *f (asociación)* group.

agrupamiento *m (concentración)* grouping

agrupar *vt* to group (together). ◆ **agruparse** *vpr* **1.** *(congregarse)* to gather (round). **2.** *(unirse)* to form a group

agua *f (el)* water; ~ **mineral sin gas/ con gas** still/sparkling mineral water; **venir como ~ de mayo** to be a godsend. ◆ **aguas** *fpl* **1.** *(manantial)* waters, spring *(sg).* **2.** *(de río, mar)* waters; ~**s territoriales** o **jurisdiccionales** territorial waters. **3.** *(de diamantes, telas)* water *(U).* ◆ **agua de colonia** *f* eau de cologne. ◆ **agua oxigenada** *f* hydrogen peroxide. ◆ **aguas residuales** *fpl* sewage *(U).*

aguacate *m (fruto)* avocado (pear).

aguacero *m* shower.

aguachirle *f* dishwater *(U),* revolting drink.

aguado, -da *adj (con demasiada agua)* watery; *(diluido a propósito)* watered-down.

aguafiestas *m y f inv* spoilsport.

aguafuerte *m* etching.

aguamarina *f* aquamarine.

aguanieve *f* sleet.

aguantar *vt* **1.** *(sostener)* to hold. **2.** *(resistir - peso)* to bear. **3.** *(tolerar, soportar)* to stand; **no sé cómo la aguantas** I don't know how you put up with her. **4.** *(contener - risa)* to contain; *(- respiración)* to hold. ◆ **aguantarse** *vpr* **1.** *(contenerse)* to restrain o.s. **2.** *(resignarse):* **no quiere ~se** he refuses to put up with it.

aguante *m* **1.** *(paciencia)* self-restraint. **2.** *(resistencia)* strength; *(de persona)* stamina.

aguar *vt* **1.** *(mezclar con agua)* to water down. **2.** *fig (estropear)* to spoil.

aguardar *vt* to wait for, to await.

aguardiente *m* spirit, liquor.

aguarrás *m* turpentine.

agudeza *f (gen)* sharpness.

agudizar *vt fig (acentuar)* to exacerbate. ◆ **agudizarse** *vpr (crisis)* to get worse.

agudo, -da *adj* **1.** *(gen)* sharp; *(crisis, problema, enfermedad)* serious, acute. **2.** *fig (perspicaz)* keen, sharp. **3.** *fig (ingenioso)* witty. **4.** (MÚS) *(nota, voz)* high, high-pitched.

agüero *m:* **de buen/mal ~** that bodes well/ill.

aguijón *m* **1.** *(de insecto)* sting **2.** *fig (estímulo)* spur, stimulus.

aguijonear *vt* **1.** *(espolear):* ~ **a alguien para que haga algo** to goad sb into doing sthg. **2.** *fig (estimular)* to drive on.

águila f (el) 1. (ave) eagle. 2. fig (vivo, listo) sharp ○ perceptive person.

aguileño, -ña adj aquiline.

aguilucho m eaglet.

aguinaldo m Christmas box.

aguja f 1. (de coser, jeringuilla) needle; (de hacer punto) knitting needle. 2. (de reloj) hand; (de brújula) pointer; (de iglesia) spire 3. (FERROC) point. 4. (de tocadiscos) stylus, needle. ♦ **agujas** fpl (de res) ribs.

agujerear vt to make a hole ○ holes in.

agujero m hole.

agujeta f Méx (de zapato) shoelace.

aguzar vt 1. (afilar) to sharpen. 2. fig (apetito) to whet; (ingenio) to sharpen.

ah interj ¡~! (admiración) ooh!; (sorpresa) oh!; (pena) ah!

ahí adv there; **vino por** ~ he came that way; **la solución está** ~ that's where the solution lies; ¡~ **tienes!** here you are!, there you go!; **de** ~ **que** (por eso) and consequently, so; **está por** ~ (en lugar indefinido) he/she is around (somewhere); (en la calle) he/she is out; **por** ~, **por** ~ fig something like that; **por** ~ **va la cosa** you're not too far wrong.

ahijado, -da m y f (de padrinos) godson (f goddaughter).

ahínco m enthusiasm, devotion.

ahíto, -ta adj culto (saciado): **estar** ~ to be full.

ahogar vt 1. (asfixiar - en el agua) to drown; (- cubriendo la boca y nariz) to smother, to suffocate. 2. (estrangular) to strangle. 3. (extinguir) to extinguish, to put out. 4. fig (dominar - levantamiento) to quell; (- pena) to hold back. ♦ **ahogarse** vpr 1. (en el agua) to drown. 2. (asfixiarse) to suffocate.

ahogo m 1. (asfixia) breathlessness. 2. fig (económico) financial difficulty.

ahondar vi (profundizar) to go into detail; ~ **en** (penetrar) to penetrate deep into; (profundizar) to study in depth.

ahora ◇ adv 1. (en el presente) now; ~ **mismo** right now; **por** ~ for the time being. 2. (pronto) in a second ○ moment. ◇ conj (pero) but, however; ~ **que** but, though; ~ **bien** but, however.

ahorcar vt to hang ♦ **ahorcarse** vpr to hang o.s.

ahorita, ahoritita adv Amer fam right now.

ahorrador, -ra ◇ adj thrifty, careful

with money. ◇ m y f thrifty person.

ahorrar vt to save. ♦ **ahorrarse** vpr: ~**se algo** to save ○ spare o.s. sthg.

ahorro m 1. (gen) saving. 2. (gen pl) (cantidad ahorrada) savings (pl).

ahuecar vt (poner hueco - manos) to cup.

ahuevado, -da adj Amer fam (tonto) daft.

ahumado, -da adj smoked.

ahumar vt 1. (jamón, pescado) to smoke. 2. (habitación etc) to fill with smoke.

ahuyentar vt 1. (espantar, asustar) to scare away. 2. fig (apartar) to drive away.

airado, -da adj angry.

airar vt to anger, to make angry. ♦ **airarse** vpr to get angry.

aire m 1. (fluido) air; **al** ~ exposed; **al** ~ **libre** in the open air; **estar en el** ~ to be in the air; **tomar el** ~ to go for a breath of fresh air. 2. (viento) wind; (corriente) draught; **hoy hace (mucho)** ~ it's (very) windy today. 3. fig (aspecto) air, appearance. ♦ **aires** mpl (vanidad) airs (and graces). ♦ **aire (acondicionado)** m air-conditioning.

airear vt fig (contar) to air (publicly). ♦ **airearse** vpr to get a breath of fresh air.

airoso, -sa adj 1. (garboso) graceful. 2. (triunfante): **salir** ~ **de algo** to come out of sthg with flying colours.

aislado, -da adj 1. (gen) isolated. 2. (TECN) insulated.

aislar vt 1. (gen) to isolate. 2. (TECN) to insulate.

ajá interj ¡~! (sorpresa) aha!; fam (aprobación) great!

ajar vt (flores) to wither, to cause to fade; (piel) to wrinkle; (colores) to make fade; (ropa) to wear out. ♦ **ajarse** vpr (flores) to fade, to wither; (piel) to wrinkle, to become wrinkled.

ajardinado, -da adj landscaped.

a.JC. = a. de JC.

ajedrez m inv chess.

ajeno, -na adj 1. (de otro) of others; **jugar en campo** ~ to play away from home. 2. (extraño): ~ **a** having nothing to do with; ~ **a nuestra voluntad** beyond our control.

ajetreo m 1. (tarea) running around, hard work. 2. (animación) (hustle and) bustle.

ají (pl ajíes) m 1. (chile) chilli (pepper). 2. CSur (pimiento) pepper.

ajiaco m Amer (estofado) stew made with chilli sauce.

ajillo ♦ al ajillo *loc adj* (CULIN) *in a sauce made with oil, garlic and chilli.*

ajo *m* garlic; **andar** o **estar en el ~** *fig* to be in on it.

ajustado, -da *adj* (*ceñido - ropa*) tight-fitting; (*- tuerca, pieza*) tight; (*- resultado, final*) close.

ajustadores *mpl Amer* bra (*sg*).

ajustar *vt* **1.** (*arreglar*) to adjust. **2.** (*apretar*) to tighten **3.** (*encajar - piezas de motor*) to fit; (*- puerta, ventana*) to push to. **4.** (*pactar - matrimonio*) to arrange; (*- pleito*) to settle; (*- paz*) to negotiate; (*- precio*) to fix, to agree.

ajuste *m* (*de pieza*) fitting; (*de mecanismo*) adjustment; (*de salario*) agreement; **~ de cuentas** *fig* settling of scores.

al → a.

ala *f* (*el*) **1.** (POLÍT & ZOOL) wing. **2.** (*parte lateral - de tejado*) eaves (*pl*); (*- de sombrero*) brim. **3.** (DEP) winger, wing. **♦ ala delta** *f* (*aparato*) hang glider.

alabanza *f* praise.

alabar *vt* to praise.

alabastro *m* alabaster.

alacena *f* recess for storing food.

alacrán *m* (*animal*) scorpion.

alado, -da *adj* (*con alas*) winged.

alambique *m* still.

alambre *m* wire; **~ de espino** o **púas** barbed wire.

alameda *f* **1.** (*sitio con álamos*) poplar grove. **2.** (*paseo*) tree-lined avenue.

álamo *m* poplar.

alano *m* (*perro*) mastiff

alarde *m*: **~ (de)** show o display (of); **hacer ~ de algo** to show sthg off.

alardear *vi*: **~ de** to show off about.

alargador *m* extension lead.

alargar *vt* **1.** (*ropa etc*) to lengthen. **2.** (*viaje, visita, plazo*) to extend; (*conversación*) to spin out **♦ alargarse** *vpr* (*hacerse más largo - días*) to get longer; (*- reunión*) to be prolonged.

alarido *m* shriek, howl.

alarma *f* (*gen*) alarm; **dar la ~** to raise the alarm.

alarmante *adj* alarming.

alarmar *vt* **1.** (*avisar*) to alert **2.** *fig* (*asustar*) to alarm. **♦ alarmarse** *vpr* (*inquietarse*) to be alarmed.

alarmista *m y f* alarmist.

alazán, -ana *adj* chestnut

alba *f* (*el*) (*amanecer*) dawn.

albacea *m y f* executor (*f* executrix).

albahaca *f* basil.

albanés, -esa *adj*, *m y f* Albanian.

♦ albanés *m* (*lengua*) Albanian.

Albania Albania

albañil *m* bricklayer.

albañilería *f* (*obra*) brickwork.

albarán *m* delivery note.

albaricoque *m* apricot.

albedrío *m* (*antojo, elección*) fancy, whim; **a su ~** as takes his/her fancy; **libre ~** free will; **a su libre ~** of his/her own free will.

alberca *f* **1.** (*depósito*) water tank. **2.** *Méx* (*piscina*) swimming pool.

albergar *vt* **1.** (*personas*) to accommodate, to put up **2.** (*odio*) to harbour; (*esperanzas*) to cherish **♦ albergarse** *vpr* to stay.

albergue *m* accommodation (*U*), lodgings (*pl*); (*de montaña*) shelter, refuge; **~ de juventud** o **juvenil** youth hostel.

albino, -na *adj*, *m y f* albino.

albis ♦ in albis *loc adv*: **estar in ~** to be in the dark; **quedarse in ~** not to have a clue o the faintest idea.

albóndiga *f* meatball.

alborada *f* (*amanecer*) dawn.

alborear *v impers*: **empezaba a ~** dawn was breaking.

albornoz *m* bathrobe.

alborotar ◇ *vi* to be noisy o rowdy. ◇ *vt* (*amotinar*) to stir up, to rouse. **♦ alborotarse** *vpr* (*perturbarse*) to get worked up.

alboroto *m* **1.** (*ruido*) din. **2.** (*jaleo*) fuss, to-do.

alborozar *vt* to delight.

alborozo *m* delight, joy.

albufera *f* lagoon

álbum (*pl* **álbumes**) *m* album.

alcachofa *f* (BOT) artichoke.

alcahuete, -ta *m y f* (*mediador*) go-between.

alcalde, -desa *m y f* mayor (*f* mayoress).

alcaldía *f* (*cargo*) mayoralty.

alcance *m* **1.** (*de arma, misil, emisora*) range; **de corto/largo ~** short-/long-range. **2.** (*de persona*): **a mi/a tu** *etc* **~** within my/your *etc* reach; **al ~ de la vista** within sight; **fuera del ~ de** beyond the reach of. **3.** (*de reformas etc*) scope, extent.

alcanfor *m* camphor.

alcantarilla *f* sewer; (*boca*) drain.

alcantarillado *m* sewers (*pl*).

alcanzar ◇ *vt* **1.** (*llegar a*) to reach. **2.** (*igualarse con*) to catch up with. **3.** (*entregar*) to pass. **4.** (*suj: bala etc*) to hit. **5.** (*autobús, tren*) to manage to catch. ◊ vi 1. (ser suficiente): ~ para algo/hacer algo to be enough for sthg/to do sthg. 2. (poder): ~ a hacer algo to be able to do sthg.

alcaparra f caper.

alcayata f hook.

alcázar m fortress.

alce m elk, moose.

alcoba f bedroom.

alcohol m alcohol.

alcohólico, -ca adj, m y f alcoholic.

alcoholímetro m (para la sangre) Breathalyzer® Br, drunkometer Am.

alcoholismo m alcoholism.

alcohotest (pl **alcohotests**) m Breathalyzer® Br, drunkometer Am.

alcornoque m 1. (árbol) cork oak. 2. fig (persona) idiot, fool.

aldaba f (llamador) doorknocker.

aldea f small village.

aldeano, -na m y f villager.

aleación f (producto) alloy.

aleatorio, -ria adj (número) random; (suceso) chance (antes de sust).

aleccionar vt to instruct, to teach.

alegación f allegation.

alegar vt (motivos, pruebas) to put forward; ~ que to claim (that). ◊ vi Amer (discutir) to argue.

alegato m 1. (DER & fig) plea. 2. (ataque) diatribe.

alegoría f allegory.

alegórico, -ca adj allegorical.

alegrar vt (persona) to cheer up, to make happy; (fiesta) to liven up. ♦ **alegrarse** vpr (sentir alegría): ~se (de algo/por alguien) to be pleased (about sthg/for sb).

alegre adj 1. (contento) happy. 2. (que da alegría) cheerful, bright. 3. fam (borracho) tipsy.

alegría f 1. (gozo) happiness, joy. 2. (motivo de gozo) joy.

alegrón m fam pleasant surprise.

alejamiento m 1. (lejanía) remoteness. 2. (distancia) distance. 3. (separación - de objetos etc) separation; (- entre personas) estrangement.

alejar vt 1. (poner más lejos) to move away. 2. fig (ahuyentar) to drive out. ♦ **alejarse** vpr: ~se (de) (ponerse más lejos) to go o move away (from); (retirarse) to leave.

aleluya interj: ¡~! Hallelujah!

alemán, -ana adj, m y f German. ♦ **alemán** m (lengua) German.

Alemania Germany.

alentador, -ra adj encouraging.

alentar vt to encourage.

alergia f lit & fig allergy; tener ~ a algo to be allergic to sthg.

alérgico, -ca adj lit & fig: ~ (a) allergic (to).

alero m 1. (del tejado) eaves (pl). 2. (DEP) winger, wing.

alerta ◊ adj, m y f & adv alert. ◊ f alert.

alertar vt to alert.

aleta f 1. (de pez) fin 2. (de buzo, foca) flipper. 3. (de coche) wing.

aletargar vt to make drowsy. ♦ **aletargarse** vpr to become drowsy o sleepy.

aletear vi to flap o flutter its wings.

alevín m 1. (cría de pez) fry, young fish 2. fig (persona) novice, beginner.

alevosía f (traición) treachery.

alfabetizar vt 1. (personas) to teach to read and write. 2. (palabras, letras) to put into alphabetical order.

alfabeto m alphabet.

alfalfa f alfalfa, lucerne.

alfarería f (técnica) pottery.

alféizar m window-sill.

alférez m = second lieutenant.

alfil m bishop.

alfiler m 1. (aguja) pin; ~ de gancho CSur safety pin. 2. (joya) brooch, pin.

alfombra f carpet; (alfombrilla) rug.

alfombrar vt to carpet.

alfombrilla f 1. (alfombra pequeña) rug. 2. (felpudo) doormat. 3. (del baño) bathmat. 4. (INFORM - para ratón) mouse mat

alforja f (gen pl) (de caballo) saddle-bag.

alga f (el) (de mar) seaweed (U); (de río) algae (pl).

algarroba f (fruto) carob o locust bean.

álgebra f (el) algebra.

álgido, -da adj (culminante) critical.

algo ◊ pron 1. (alguna cosa) something; (en interrogativas) anything; ¿te pasa ~? is anything the matter?; ~ es ~ something is better than nothing; por ~ lo habrá dicho he must have said it for a reason. 2. (cantidad pequeña) a bit, a little; ~ de some, a little. 3. fig (cosa importante) something; se cree que es ~ he thinks he's something (special). ◊ adv (un poco) rather, somewhat

algodón m cotton; ~ (hidrófilo) cotton wool Br, absorbent cotton Am.

algoritmo m (INFORM) algorithm.

alguacil m (del juzgado) bailiff.

alguien pron 1. (alguna persona)

someone, somebody; *(en interrogativas)* anyone, anybody; **¿hay ~ ahí?** is anyone there? **2.** *fig (persona de importancia)* somebody; **se cree ~** she thinks she's somebody (special).

alguno, -na ◇ *adj (antes de sust masculino* **algún)** **1.** *(indeterminado)* some; *(en interrogativas)* any; **¿tienes algún libro?** do you have any books?; **algún día** some o one day; **ha surgido algún (que otro) problema** the odd problem has come up. **2.** *(después de sust) (ninguno)* any; **no tengo interés ~** I have no interest, I haven't any interest. ◇ *pron* **1.** *(persona)* someone, somebody; *(pl)* some people; *(en interrogativas)* anyone, anybody; **¿conocisteis a ~s?** did you get to know any?; **~s de, ~s (de) entre** some o a few of. **2.** *(cosa)* the odd one, *(pl)* some, *(pl)* a few; *(en interrogativas)* any; **me salió mal ~** I got the odd one wrong; **~ de** some o a few of.

alhaja *f (joya)* jewel.

alhelí *(pl* **alhelíes)** *m* wallflower.

aliado, -da *adj* allied.

alianza *f* **1.** *(pacto, parentesco)* alliance. **2.** *(anillo)* wedding ring.

aliar *vt (naciones)* to ally ♦ **aliarse** *vpr* to form an alliance.

alias ◇ *adv* alias. ◇ *m inv* alias; *(entre amigos)* nickname.

alicaído, -da *adj (triste)* depressed.

alicates *mpl* pliers.

aliciente *m* **1.** *(incentivo)* incentive. **2.** *(atractivo)* attraction

alienación *f* **1.** *(gen)* alienation. **2.** *(trastorno psíquico)* derangement.

aliento *m (respiración)* breath; **cobrar ~** to catch one's breath; **sin ~** breathless

aligerar *vt* **1.** *(peso)* to lighten **2.** *(ritmo)* to speed up; *(el paso)* to quicken. **3.** *fig (aliviar)* to relieve, to ease

alijo *m* contraband *(U).*

alimaña *f* pest *(fox, weasel etc).*

alimentación *f* **1.** *(acción)* feeding. **2.** *(comida)* food. **3.** *(régimen alimenticio)* diet.

alimentar *vt (gen)* to feed; *(motor, coche)* to fuel. ♦ **alimentarse** *vpr (comer):* **~se de** to live on.

alimenticio, -cia *adj* nourishing; **productos ~s** foodstuffs.

alimento *m (gen)* food; *(valor nutritivo)* nourishment

alineación *f* **1.** *(en el espacio)* alignment. **2.** *(DEP)* line-up.

alinear *vt* **1.** *(en el espacio)* to line up.

2. *(DEP)* to select ♦ **alinearse** *vpr* (POLÍT) to align.

aliñar *vt (ensalada)* to dress; *(carne)* to season.

aliño *m (para ensalada)* dressing; *(para carne)* seasoning.

alioli *m* garlic mayonnaise

alisar *vt* to smooth (down)

alistarse *vpr* to enlist.

aliviar *vt* **1.** *(atenuar)* to soothe. **2.** *(aligerar - persona)* to relieve; *(- carga)* to lighten.

alivio *m* relief.

aljibe *m (de agua)* cistern

allá *adv* **1.** *(espacio)* over there; **~ abajo/arriba** down/up there; **más ~** further on; **más ~ de** beyond **2.** *(tiempo):* **~ por los años cincuenta** back in the 50s; **~ para el mes de agosto** around August some time. **3.** *loc:* **~ él/ella** *etc* that's his/her *etc* problem.

allanamiento *m* forceful entry; **~ de morada** breaking and entering.

allanar *vt* **1.** *(terreno)* to flatten, to level. **2.** *(irrumpir en)* to break into.

allegado, -da *m y f* **1.** *(familiar)* relative. **2.** *(amigo)* close friend.

allí *adv* there; **~ abajo/arriba** down/up there; **~ mismo** right there; **está por ~** it's around there somewhere.

alma *f (el)* **1.** *(gen)* soul. **2.** *(de bastón, ovillo)* core.

almacén *m* **1.** *(depósito)* warehouse. **2.** *Amer (tienda)* grocery store ♦ **(grandes) almacenes** *mpl* department store *(sg).*

almacenar *vt* **1.** *(gen &* INFORM) to store. **2.** *(reunir)* to collect.

almendra *f* almond.

almendro *m* almond (tree).

almíbar *m* syrup.

almidón *m* starch.

almidonar *vt* to starch.

almirantazgo *m (dignidad)* admiralty.

almirante *m* admiral.

almirez *m* mortar.

almizcle *m* musk

almohada *f* pillow.

almohadilla *f (gen,* TECN *&* ZOOL) pad; *(cojín)* small cushion.

almorrana *f (gen pl)* piles *(pl).*

almorzar ◇ *vt (al mediodía)* to have for lunch. ◇ *vi (al mediodía)* to have lunch.

almuerzo *m (al mediodía)* lunch

aló *interj Amer (al teléfono)* hello.

alocado, -da *m y f* crazy person.

alojamiento *m* accommodation.

alojar *vt* to put up. ♦ **alojarse** *vpr*

1. *(hospedarse)* to stay. **2.** *(introducirse)* to lodge.

alondra *f* lark.

alpargata *f (gen pl)* espadrille.

Alpes *mpl*: los ~ the Alps.

alpinismo *m* mountaineering.

alpinista *m y f* mountaineer.

alpiste *m (semilla)* birdseed.

alquilar *vt (casa, TV, oficina)* to rent; *(coche)* to hire. ♦ **alquilarse** *vpr (casa, TV, oficina)* to be for rent; *(coche)* to be for hire; **'se alquila'** 'to let'.

alquiler *m* **1.** *(acción - de casa, TV, oficina)* renting; *(- de coche)* hiring; **de ~** *(casa)* rented; *(coche)* hire *(antes de sust)*; **tenemos pisos de ~** we have flats to let *Br*, we have apartments to rent *Am*. **2.** *(precio - de casa, oficina)* rent; *(- de televisión)* rental; *(- de coche)* hire charge.

alquimia *f* alchemy.

alquitrán *m* tar.

alrededor *adv* **1.** *(en torno)* around; **mira a tu ~** look around you; **de ~** surrounding. **2.** *(aproximadamente)*: **~ de** around, about. ♦ **alrededores** *mpl* surrounding area *(sg)*. ♦ **alrededor de** *loc prep* around

alta → **alto**.

altanero, -ra *adj* haughty.

altar *m* altar

altavoz *m (para anuncios)* loudspeaker; *(de tocadiscos)* speaker.

alteración *f* **1.** *(cambio)* alteration. **2.** *(excitación)* agitation. **3.** *(alboroto)* disturbance; **~ del orden público** breach of the peace.

alterar *vt* **1.** *(cambiar)* to alter. **2.** *(perturbar - persona)* to agitate, to fluster; *(- orden público)* to disrupt. ♦ **alterarse** *vpr (perturbarse)* to get agitated O flustered.

altercado *m* argument, row.

alternar ◇ *vt* to alternate. ◇ *vi* **1.** *(relacionarse)*: **~ (con)** to mix (with), to socialize (with). **2.** *(sucederse)*: **~ con** to alternate with. ♦ **alternarse** *vpr* **1.** *(en el tiempo)* to take turns. **2.** *(en el espacio)* to alternate.

alternativa → **alternativo**.

alternativamente *adv (moverse)* alternately.

alternativo, -va *adj* **1.** *(movimiento)* alternating. **2.** *(posibilidad)* alternative. ♦ **alternativa** *f (opción)* alternative.

alterno, -na *adj* alternate; (ELECTR) alternating

alteza *f fig (de sentimientos)* loftiness. ♦ **Alteza** *f (tratamiento)* Highness; **Su Alteza Real** His Royal Highness (*f* Her Royal Highness).

altibajos *mpl fig (de vida etc)* ups and downs.

altiplano *m* high plateau.

altisonante *adj* high-sounding.

altitud *f* altitude.

altivez *f* haughtiness.

altivo, -va *adj* haughty.

alto, -ta *adj* **1.** *(gen)* high; *(persona, árbol, edificio)* tall; *(piso)* top, upper **2.** *(ruidoso)* loud. **3.** *(avanzado)* late; **a altas horas de la noche** late at night, in the small hours. ♦ **alto** ◇ *m* **1.** *(altura)* height; **mide dos metros de ~** *(cosa)* it's two metres high; *(persona)* he's two metres tall. **2.** *(interrupción)* stop **3.** *(lugar elevado)* height; **en lo ~ de** at the top of. **4.** (MÚS) alto **5.** *loc*: **pasar por ~ algo** to pass over sthg. ◇ *adv* **1.** *(arriba)* high (up). **2.** *(hablar etc)* loud ◇ *interj*: ¡~! halt!, stop! ♦ **alta** *f (el) (del hospital)* discharge; **dar de alta o el alta a alguien** to discharge sb (from hospital).

altoparlante *m Amer* loudspeaker.

altramuz *m* lupin.

altruismo *m* altruism.

altura *f* **1.** *(gen)* height; *(en el mar)* depth; **tiene dos metros de ~** *(cosa)* it's two metres high; *(persona)* he's two metres tall **2.** *(nivel)* level; **está a la ~ del ayuntamiento** it's next to the town hall. **3.** *(latitud)* latitude. ♦ **alturas** *fpl (el cielo)* Heaven *(sg)*; **a estas ~s** *fig* this far on, this late.

alubia *f* bean.

alucinación *f* hallucination.

alucinado, -da *adj* **1.** (MED) hallucinating. **2.** *fam (sorprendido)* gobsmacked.

alucinante *adj* **1.** (MED) hallucinatory. **2.** *fam (extraordinario)* amazing.

alucinar ◇ *vi* (MED) to hallucinate. ◇ *vt fam (seducir)* to captivate.

alud *m lit & fig* avalanche.

aludido, -da *m y f*: **el ~** the aforesaid; **darse por ~** *(ofenderse)* to take it personally; *(reaccionar)* to take the hint.

aludir *vi*: **~ a** *(sin mencionar)* to allude to; *(mencionando)* to refer to.

alumbrado *m* lighting

alumbramiento *m (parto)* delivery.

alumbrar *vt* **1.** *(iluminar)* to light up. **2.** *(instruir)* to enlighten. **3.** *(dar a luz)* to give birth to.

aluminio *m* aluminium.

alumnado *m (de escuela)* pupils *(pl)*; *(de universidad)* students *(pl)*.

alumno, -na *m y f (de escuela, profesor particular)* pupil; *(de universidad)* student.

alunizar *vi* to land on the moon

alusión *f (sin mencionar)* allusion; *(mencionando)* reference.

alusivo, -va *adj* allusive.

aluvión *m* 1. *(gen)* flood. 2. (GEOL) alluvium.

alza *f (el)* rise; **en ~** (FIN) rising; *fig* gaining in popularity.

alzamiento *m* uprising, revolt.

alzar *vt* 1. *(levantar)* to lift, to raise; *(voz)* to raise; *(vela)* to hoist; *(cuello de abrigo)* to turn up; *(mangas)* to pull up. 2. *(aumentar)* to raise. ◆ **alzarse** *vpr* 1. *(levantarse)* to rise. 2. *(sublevarse)* to rise up, to revolt.

a.m. *(abrev de* ante meridiem) a.m.

ama → amo.

amabilidad *f* kindness; **¿tendría la ~ de ...?** would you be so kind as to ...?

amable *adj* kind; **¿sería tan ~ de ...?** would you be so kind as to ...?

amaestrado, -da *adj (gen)* trained; *(en circo)* performing.

amaestrar *vt* to train.

amagar ◊ *vt* 1. *(dar indicios de)* to show signs of. 2. *(mostrar intención)* to threaten; **le amagó un golpe** he threatened to hit him. ◊ *vi (tormenta)* to be imminent, to threaten.

amago *m* 1. *(indicio)* sign, hint. 2. *(amenaza)* threat.

amainar *vi lit & fig* to abate.

amalgama *f* (QUÍM *& fig)* amalgam.

amalgamar *vt* (QUÍM *& fig)* to amalgamate

amamantar *vt (animal)* to suckle; *(bebé)* to breastfeed.

amanecer ◊ *m* dawn. ◊ *v impers:* **amaneció a las siete** dawn broke at seven.

amanerado, -da *adj (afectado)* mannered, affected.

amansar *vt* 1. *(animal)* to tame. 2. *fig (persona)* to calm down.

amante *m y f* 1. *(querido)* lover. 2. *fig (aficionado):* **ser ~ de algo/hacer algo** to be keen on sthg/doing sthg; **los ~s del arte** art lovers.

amañar *vt (falsear)* to fix; *(elecciones, resultado)* to rig; *(documento)* to doctor

amaño *m (gen pl) (treta)* ruse, trick.

amapola *f* poppy.

amar *vt* to love.

amarar *vi (hidroavión)* to land at sea; *(vehículo espacial)* to splash down.

amargado, -da *adj (resentido)* bitter.

amargar *vt* to make bitter; *fig* to spoil.

amargo, -ga *adj lit & fig* bitter.

amargoso, -sa *adj Amer* bitter.

amargura *f (sentimiento)* sorrow

amarillento, -ta *adj* yellowish.

amarillo, -lla *adj (color)* yellow. ◆ **amarillo** *m (color)* yellow.

amarra *f* mooring rope o line

amarrar *vt* 1. (NÁUT) to moor. 2. *(atar)* to tie (up); **~ algo/a alguien a algo** to tie sthg/sb to sthg.

amarre *m* mooring.

amarrete *adj Amer* mean, tight.

amasar *vt* 1. *(masa)* to knead; *(yeso)* to mix. 2. *fam fig (riquezas)* to amass

amasijo *m fam fig (mezcla)* hotchpotch

amateur [ama'ter] *(pl* amateurs) *adj, m y f* amateur.

amatista *f* amethyst

amazona *f fig (jinete)* horsewoman.

Amazonas *m:* **el ~** the Amazon

ambages *mpl:* **sin ~** without beating about the bush, in plain English.

ámbar *m* amber.

ambición *f* ambition.

ambicionar *vt* to have as one's ambition.

ambicioso, -sa *adj* ambitious.

ambidextro, -tra ◊ *adj* ambidextrous. ◊ *m y f* ambidextrous person.

ambientación *f* 1. (CIN, LITER & TEATRO) setting. 2. (RADIO) sound effects *(pl)*.

ambientador *m* air freshener

ambiental *adj* 1. *(físico, atmosférico)* ambient. 2. (ECOLOGÍA) environmental.

ambiente *m* 1. *(aire)* air, atmosphere 2. *(circunstancias)* environment. 3. *(ámbito)* world, circles *(pl)*. 4. *(animación)* life, atmosphere 5. *CSur (habitación)* room.

ambigüedad *f* ambiguity.

ambiguo, -gua *adj (gen)* ambiguous.

ámbito *m* 1. *(espacio, límites)* confines *(pl)*; **una ley de ~ provincial** an act which is provincial in its scope. 2. *(ambiente)* world, circles *(pl)*.

ambivalente *adj* ambivalent.

ambos, -bas ◊ *adj pl* both. ◊ *pron pl* both (of them).

ambulancia *f* ambulance.

ambulante *adj* travelling; *(biblioteca)* mobile.

ambulatorio *m* state-run surgery o clinic.

ameba *f* amoeba.

amedrentar *vt* to scare, to frighten.

amén *adv (en plegaria)* amen. ◆ **amén**

de loc prep **1.** (además de) in addition to. **2.** (excepto) except for, apart from.

amenaza f threat; **~ de bomba** bomb scare; **~ de muerte** death threat.

amenazar vt to threaten; **~ a alguien con hacerle algo** to threaten to do sthg to sb; **~ a alguien con hacer algo** to threaten sb with doing sthg; **amenaza lluvia** it's threatening to rain.

amenidad f (entretenimiento) entertaining qualities (pl).

ameno, -na adj (entretenido) entertaining.

América America; **~ del Sur** South America.

americana → americano

americano, -na adj, m y f American.
♦ **americana** f (chaqueta) jacket

ameritar vt Amer to deserve.

amerizar vi (hidroavión) to land at sea; (vehículo espacial) to splash down.

ametralladora f machine gun.

ametrallar vt (con ametralladora) to machinegun.

amianto m asbestos

amígdala f tonsil.

amigdalitis f inv tonsillitis.

amigo, -ga ◇ adj **1.** (gen) friendly. **2.** (aficionado): **~ de algo/hacer algo** keen on sthg/doing sthg. ◇ m y f **1.** (persona) friend; **hacerse ~ de** to make friends with; **hacerse ~s** to become friends. **2.** fam (compañero, novio) partner; (amante) lover.

amigote, amiguete m fam pal.

amiguismo m: **hay mucho ~** there are always jobs for the boys.

aminoácido m amino acid.

aminorar vt to reduce.

amistad f friendship; **hacer** O **trabar ~ (con)** to make friends (with).
♦ **amistades** fpl friends.

amistoso, -sa adj friendly.

amnesia f amnesia.

amnistía f amnesty.

amo, ama m y f **1.** (gen) owner. **2.** (de criado, situación etc) master (f mistress).
♦ **ama de casa** f housewife. ♦ **ama de llaves** f housekeeper.

amodorrarse vpr to get drowsy.

amoldar vt (adaptar): **~ (a)** to adapt (to). ♦ **amoldarse** vpr (adaptarse): **~se (a)** to adapt to.

amonestación f **1.** (reprimenda) reprimand. **2.** (DEP) warning.

amonestar vt **1.** (reprender) to reprimand. **2.** (DEP) to warn.

amoníaco, amoniaco m (gas) ammonia.

amontonar vt **1.** (apilar) to pile up. **2.** (reunir) to accumulate ♦ **amontonarse** vpr **1.** (personas) to form a crowd **2.** (problemas, trabajo) to pile up; (ideas, solicitudes) to come thick and fast.

amor m love; **hacer el ~** to make love; **por ~ al arte** for the love of it.
♦ **amor propio** m pride.

amoral adj amoral.

amoratado, -da adj (de frío) blue; (por golpes) black and blue.

amordazar vt (persona) to gag; (perro) to muzzle

amorfo, -fa adj (sin forma) amorphous.

amorío m fam (romance) fling.

amoroso, -sa adj (gen) loving; (carta, relación) love (antes de sust).

amortajar vt (difunto) to shroud.

amortiguador, -ra adj (de ruido) muffling; (de golpe) softening, cushioning ♦ **amortiguador** m (AUTOM) shock absorber.

amortiguar vt (ruido) to muffle; (golpe) to soften, to cushion.

amortización f (ECON) (de deuda, préstamo) paying-off; (de inversión, capital) recouping; (de bonos, acciones) redemption; (de bienes de equipo) depreciation.

amortizar vt **1.** (sacar provecho) to get one's money's worth out of. **2.** (ECON - deuda, préstamo) to pay off; (- inversión, capital) to recoup; (- bonos, acciones) to redeem.

amotinar vt to incite to riot; (a marineros) to incite to mutiny.
♦ **amotinarse** vpr to riot; (marineros) to mutiny.

amparar vt **1.** (proteger) to protect. **2.** (dar cobijo a) to give shelter to.
♦ **ampararse** vpr **1.** fig (apoyarse): **~se en** (ley) to have recourse to; (excusas) to draw on. **2.** (cobijarse): **~se de** O **contra** to (take) shelter from.

amparo m (protección) protection; **al ~ de** (persona, caridad) with the help of; (ley) under the protection of.

amperio m amp, ampere.

ampliación f **1.** (aumento) expansion; (de edificio, plazo) extension. **2.** (FOT) enlargement.

ampliar vt **1.** (gen) to expand; (local) to add an extension to; (plazo) to extend. **2.** (FOT) to enlarge, to blow up

amplificación f amplification.

amplificador m (ELECTRÓN) amplifier

amplificar vt to amplify

amplio, -plia adj **1.** (sala etc) roomy, spacious; (avenida, gama) wide. **2.** (ropa) loose. **3.** (explicación etc) comprehensive; **en el sentido más ~ de la palabra** in the broadest sense of the word.

amplitud f **1.** (espaciosidad) roominess, spaciousness; (de avenida) wideness. **2.** (de ropa) looseness. **3.** fig (extensión) extent, comprehensiveness.

ampolla f **1.** (en piel) blister. **2.** (para inyecciones) ampoule. **3.** (frasco) phial.

ampuloso, -sa adj pompous

amputar vt to amputate

Amsterdam Amsterdam.

amueblar vt to furnish.

amurallar vt to build a wall around.

anacronismo m anachronism

anagrama m anagram.

anal adj (ANAT) anal.

anales mpl lit & fig annals

analfabetismo m illiteracy.

analfabeto, -ta adj, m y f illiterate.

analgésico, -ca adj analgesic.
♦ **analgésico** m analgesic.

análisis m inv analysis; **~ de sangre** blood test.

analizar vt to analyse.

analogía f similarity; **por ~** by analogy.

analógico, -ca adj (INFORM & TECN) analogue, analog.

análogo, -ga adj: **~ (a)** analogous o similar (to).

ananá, ananás m CSur pineapple

anaquel m shelf.

anarquía f **1.** (falta de gobierno) anarchy. **2.** (doctrina política) anarchism.

anárquico, -ca adj anarchic.

anarquista adj, m y f anarchist.

anatema m (maldición) curse.

anatomía f anatomy

anca f (el) haunch; **~s de rana** frogs' legs.

ancestral adj ancestral; (costumbre) age-old.

ancho, -cha adj (gen) wide; (prenda) loose-fitting; **te va** o **está ~** it's too big for you; **a mis/tus** etc **anchas** fig at ease; **quedarse tan ~** not to care less
♦ **ancho** m width; **a lo ~** crosswise; **cinco metros de ~** five metres wide; **a lo ~ de** across (the width of); **~ de vía** gauge

anchoa f anchovy (salted).

anchura f **1.** (medida) width. **2.** (de ropa) bagginess.

anciano, -na ◇ adj old ◇ m y f old person, old man (f old woman).
♦ **anciano** m (de tribu) elder

ancla f (el) anchor.

anclar vi to anchor

andadas fpl: **volver a las ~** fam fig to return to one's evil ways

andadura f walking.

ándale, ándele interj CAm & Méx fam: **¡~!** come on!

Andalucía Andalusia.

andaluz, -za adj, m y f Andalusian.

andamio m scaffold.

andanada f (MIL & fig) broadside.

andando interj: **¡~!** come on!, let's get a move on!

andante adj (que anda) walking

andanza f (gen pl) (aventura) adventure.

andar ◇ vi **1.** (caminar) to walk; (moverse) to move. **2.** (funcionar) to work, to go; **las cosas andan mal** things are going badly. **3.** (estar) to be; **~ preocupado** to be worried; **~ tras algo/alguien** fig to be after sthg/sb **4.** (antes de gerundio): **~ haciendo algo** to be doing sthg; **anda echando broncas a todos** he's going round telling everybody off. **5.** (ocuparse): **~ en** (asuntos, líos) to be involved in; (papeles, negocios) to be busy with. **6.** (hurgar): **~ en** to rummage around in. **7.** (alcanzar, rondar): **anda por los 60** he's about sixty. ◇ vt **1.** (recorrer) to go, to travel. **2.** Amer (llevar puesto) to wear. ◇ m gait, walk. ♦ **andarse** vpr (obrar): **~se con cuidado/misterios** to be careful/secretive. ♦ **andares** mpl (de persona) gait (sg). ♦ **¡anda!** interj: **¡anda!** (sorpresa, desilusión) oh!; (¡vamos!) come on!; (¡por favor!) go on!; **¡anda ya!** (incredulidad) come off it!

ándén = **ándale.**

andén m **1.** (FERROC) platform. **2.** CAm (acera) pavement Br, sidewalk Am.

Andes mpl: **los ~** the Andes

andinismo m Amer mountaineering.

andinista m y f Amer mountaineer.

Andorra Andorra.

andorrano, -na adj, m y f Andorran

andrajo m (harapo) rag.

andrajoso, -sa adj ragged.

andrógino, -na adj androgynous.

androide m (autómata) android

anduviera etc → **andar.**

anécdota f anecdote

anecdótico, -ca adj **1.** (con historietas) anecdotal. **2.** (no esencial) incidental.

anegar vt (inundar) to flood. ◆ **anegarse** vpr 1. (inundarse) to flood; **sus ojos se anegaron de lágrimas** tears welled up in his eyes. 2. (ahogarse) to drown.

anejo, -ja adj: ~ (a) (edificio) connected (to); (documento) attached (to). ◆ **anejo** m annexe.

anemia f anaemia.

anémona f anemone.

anestesia f anaesthesia.

anestésico, -ca adj anaesthetic. ◆ **anestésico** m anaesthetic.

anexar vt (documento) to attach.

anexión f annexation.

anexionar vt to annex.

anexo, -xa adj (edificio) connected; (documento) attached. ◆ **anexo** m annexe.

anfetamina f amphetamine.

anfibio, -bia adj lit & fig amphibious.

anfiteatro m 1. (CIN & TEATRO) circle. 2. (edificio) amphitheatre.

anfitrión, -ona m y f host (f hostess).

ángel m lit & fig angel; ~ **custodio** O **de la guarda** guardian angel; **tener** ~ to have something special.

angelical adj angelic.

angina f (gen pl) (amigdalitis) sore throat; **tener ~s** to have a sore throat. ◆ **angina de pecho** f angina (pectoris).

anglicano, -na adj, m y f Anglican.

anglosajón, -ona adj, m y f Anglo-Saxon.

Angola Angola.

angora f (de conejo) angora; (de cabra) mohair.

angosto, -ta adj culto narrow.

angostura f (extracto) angostura.

anguila f eel.

angula f elver.

angular adj angular. ◆ **gran angular** m (FOT) wide-angle lens.

ángulo m 1. (gen) angle. 2. (rincón) corner.

anguloso, -sa adj angular.

angustia f (aflicción) anxiety.

angustiar vt to distress. ◆ **angustiarse** vpr (agobiarse): ~se (por) to get worried (about).

angustioso, -sa adj (espera, momentos) anxious; (situación, noticia) distressing.

anhelante adj: ~ (por algo/hacer algo) longing (for sthg/to do sthg), desperate (for sthg/to do sthg).

anhelar vt to long O wish for; ~ **hacer algo** to long to do sthg.

anhelo m longing.

anhídrido m anhydride; ~ **carbónico** carbon dioxide.

anidar vi (pájaro) to nest.

anilla f ring.

anillo m (gen & ASTRON) ring; ~ **de boda** wedding ring.

ánima f (el) soul.

animación f 1. (alegría) liveliness. 2. (bullicio) hustle and bustle, activity. 3. (CIN) animation.

animado, -da adj 1. (con buen ánimo) cheerful 2. (divertido) lively. 3. (CIN) animated.

animador, -ra m y f 1. (en espectáculo) compere. 2. (en fiesta de niños) children's entertainer. 3. (en béisbol etc) cheerleader.

animadversión f animosity.

animal ◇ adj 1. (reino, funciones) animal (antes de sust). 2. fam (persona - basto) rough; (- ignorante) ignorant. ◇ m y f fam fig (persona) animal, brute. ◇ m animal; ~ **doméstico** (de granja etc) domestic animal; (de compañía) pet.

animar vt 1. (estimular) to encourage. 2. (alegrar - persona) to cheer up. 3. (avivar - fuego, diálogo, fiesta) to liven up; (comercio) to stimulate. ◆ **animarse** vpr 1. (alegrarse - persona) to cheer up; (- fiesta etc) to liven up. 2. (decidir): ~se (a hacer algo) to finally decide to do sthg).

ánimo ◇ m 1. (valor) courage. 2. (aliento) encouragement; **dar ~s a alguien** to encourage sb. 3. (humor) disposition. ◇ interj (para alentar): ¡~! come on!

animoso, -sa adj (valiente) courageous; (decidido) undaunted.

aniñado, -da adj (comportamiento) childish; (voz, rostro) childlike.

aniquilar vt to annihilate, to wipe out.

anís (pl anises) m 1. (grano) aniseed. 2. (licor) anisette.

aniversario m (gen) anniversary; (cumpleaños) birthday.

ano m anus.

anoche adv last night, yesterday evening; **antes de** ~ the night before last.

anochecer ◇ m dusk, nightfall; **al** ~ at dusk. ◇ v impers to get dark.

anodino, -na adj (sin gracia) dull, insipid.

anomalía f anomaly

anómalo, -la adj anomalous

anonadado, -da *adj (sorprendido)* astonished, bewildered

anonimato *m* anonymity; **permanecer en el ~** to remain nameless.

anónimo, -ma *adj* anonymous.
♦ **anónimo** *m* anonymous letter.

anorak *(pl* anoraks) *m* anorak

anorexia *f* anorexia

anormal *adj (anómalo)* abnormal.

anotación *f (gen)* note; *(en registro)* entry.

anotar *vt* 1. *(apuntar)* to note down. 2. *(tantear)* to notch up.

anquilosamiento *m* 1. *(estancamiento)* stagnation. 2. (MED) paralysis.

anquilosarse *vpr* 1. *(estancarse)* to stagnate. 2. (MED) to become paralysed.

ansia *f (el)* 1. *(afán)*: **~ de** longing o yearning for. 2. *(ansiedad)* anxiousness; *(angustia)* anguish.

ansiar *vt*: **~ hacer algo** to long o be desperate to do sthg.

ansiedad *f* 1. *(inquietud)* anxiety; **con ~** anxiously. 2. (PSICOLOGÍA) nervous tension

ansioso, -sa *adj (impaciente)* impatient; **estar ~ por** o **de hacer algo** to be impatient to do sthg.

antagónico, -ca *adj* antagonistic.

antagonista *m y f* opponent.

antaño *adv* in days gone by.

antártico, -ca *adj* Antarctic. ♦ **Antártico** *m*: **el Antártico** the Antarctic; **el océano Glacial Antártico** the Antarctic Ocean.

Antártida *f*: **la ~** the Antarctic.

ante¹ *m* 1. *(piel)* suede 2. *(animal)* elk.

ante² *prep* 1. *(delante de, en presencia de)* before. 2. *(frente a - hecho, circunstancia)* in the face of. ♦ **ante todo** *loc adv* 1. *(sobre todo)* above all. 2. *(en primer lugar)* first of all.

anteanoche *adv* the night before last.

anteayer *adv* the day before yesterday.

antebrazo *m* forearm.

antecedente ◇ *adj* preceding, previous. ◇ *m (precedente)* precedent.
♦ **antecedentes** *mpl (de persona)* record *(sg)*; *(de asunto)* background *(sg)*; **poner a alguien en ~s de** *(informar)* to fill sb in on.

anteceder *vt* to precede.

antecesor, -ra *m y f (predecesor)* predecessor.

antedicho, -cha *adj* aforementioned.

antelación *f*: **con ~** in advance, beforehand; **con dos horas de ~** two hours in advance.

antemano ♦ **de antemano** *loc adv* beforehand, in advance.

antena *f* 1. (RADIO & TV) aerial, antenna; **~ parabólica** satellite dish. 2. (ZOOL) antenna

anteojos *mpl esp Amer (gafas)* spectacles.

antepasado, -da *m y f* ancestor.

antepenúltimo, -ma *adj, m y f* last but two.

anteponer *vt*: **~ algo a algo** to put sthg before sthg.

anterior *adj* 1. *(previo)*: **~ (a)** previous (to) 2. *(delantero)* front *(antes de sust)*.

anterioridad *f*: **con ~** beforehand; **con ~ a** before, prior to.

anteriormente *adv* previously.

antes *adv* 1. *(gen)* before; **no importa si venís** ~ it doesn't matter if you come earlier; **ya no nado como ~** I can't swim as I used to; **lo ~ posible** as soon as possible. 2. *(primero)* first; **esta señora está ~** this lady is first. 3. *(expresa preferencia)*: **~ ... que** rather ... than; **prefiero la sierra ~ que el mar** I like the mountains better than the sea; **iría a la cárcel ~ que mentir** I'd rather go to prison than lie.
♦ **antes de** *loc prep* before; **~ de hacer algo** before doing sthg. ♦ **antes (de) que** *loc conj* before; **~ (de) que llegarais** before you arrived.

antesala *f* anteroom; **estar en la ~ de** *fig* to be on the verge of.

antiadherente *adj* nonstick.

antiaéreo, -a *adj* anti-aircraft.

antibala, antibalas *adj inv* bullet-proof.

antibiótico, -ca *adj* antibiotic.
♦ **antibiótico** *m* antibiotic.

anticiclón *m* anticyclone.

anticipación *f* earliness; **con ~** in advance; **con un mes de ~** a month in advance; **con ~ a** prior to.

anticipado, -da *adj (elecciones)* early; *(pago)* advance; **por ~** in advance.

anticipar *vt* 1. *(prever)* to anticipate. 2. *(adelantar)* to bring forward. 3. *(pago)* to pay in advance. ♦ **anticiparse** *vpr* 1. *(suceder antes)* to arrive early; **se anticipó a su tiempo** he was ahead of his time. 2. *(adelantarse)*: **~se a alguien** to beat sb to it.

anticipo *m (de dinero)* advance.

anticonceptivo, -va *adj* contraceptive. ♦ **anticonceptivo** *m* contraceptive.

anticongelante *adj, m y f & m* antifreeze.

anticonstitucional *adj* unconstitutional.

anticorrosivo, -va *adj* anticorrosive.

anticuado, -da *adj* old-fashioned.

anticuario, -ria *m y f (comerciante)* antique dealer; *(experto)* antiquarian.

anticuerpo *m* antibody.

antidepresivo, -va *adj* antidepressant. ◆ **antidepresivo** *m* antidepressant (drug).

antidisturbios *mpl (policía)* riot police.

antidopaje *m* doping tests *(pl)*.

antidoping [anti'ðopin] *adj* doping *(antes de sust)*.

antídoto *m* antidote.

antier *adv Amer fam* the day before yesterday.

antiestético, -ca *adj* unsightly.

antifaz *m* mask.

antigás *adj inv* gas *(antes de sust)*.

antigualla *f despec (cosa)* museum piece; *(persona)* old fogey, old fossil.

antiguamente *adv (hace mucho)* long ago; *(previamente)* formerly

antigubernamental *adj* antigovernment.

antigüedad *f* 1. *(gen)* antiquity. 2. *(veteranía)* seniority. ◆ **antigüedades** *fpl (objetos)* antiques.

antiguo, -gua *adj* 1. *(viejo)* old; *(inmemorial)* ancient. 2. *(anterior, previo)* former.

antihéroe *m* antihero.

antihigiénico, -ca *adj* unhygienic.

antihistamínico *m* antihistamine.

antiinflamatorio *m* antiinflammatory drug.

antílope *m* antelope.

antinatural *adj* unnatural.

antiniebla *adj inv* → **faro**.

antioxidante *m* rustproofing agent.

antipatía *f* dislike; **tener ~ a alguien** to dislike sb.

antipático, -ca *adj* unpleasant.

antípodas *fpl:* **las ~** the Antipodes.

antiquísimo, -ma *adj* ancient.

antirreglamentario, -ria *adj* (DEP) illegal, against the rules.

antirrobo *m (en coche)* antitheft device; *(en edificio)* burglar alarm.

antisemita *adj* anti-Semitic.

antiséptico, -ca *adj* antiseptic. ◆ **antiséptico** *m* antiseptic.

antiterrorista *adj* anti-terrorist.

antítesis *f inv* antithesis.

antitetánico, -ca *adj* anti-tetanus *(antes de sust)*.

antivirus *m inv* (INFORM) antivirus system.

antojarse *vpr* 1. *(capricho):* **se le antojaron esos zapatos** he fancied those shoes; **se le ha antojado ir al cine** he felt like going to the cinema; **cuando se me antoje** when I feel like it. 2. *(posibilidad):* **se me antoja que** ... I have a feeling that ..

antojitos *mpl Méx* snacks, tapas.

antojo *m* 1. *(capricho)* whim; *(de embarazada)* craving; **a mi/tu** *etc* **~** my/your *etc* (own) way. 2. *(lunar)* birthmark

antología *f* anthology.

antónimo *m* antonym.

antonomasia *f:* **por ~** par excellence.

antorcha *f* torch.

antracita *f* anthracite.

antro *m despec* dive, dump.

antropófago, -ga *m y f* cannibal.

antropología *f* anthropology.

anual *adj* annual.

anualidad *f* annuity, yearly payment

anuario *m* yearbook

anudar *vt* to knot, to tie in a knot.

anulación *f (cancelación)* cancellation; *(de ley)* repeal; *(de matrimonio, contrato)* annulment

anular¹ *m* → **dedo**.

anular² *vt* 1. *(cancelar - gen)* to cancel; *(- ley)* to repeal; *(- matrimonio, contrato)* to annul. 2. *(DEP - gol)* to disallow; *(- resultado)* to declare void.

anunciación *f* announcement. ◆ **Anunciación** *f* (RELIG) Annunciation.

anunciante *m y f* advertiser.

anunciar *vt* 1. *(notificar)* to announce. 2. *(hacer publicidad de)* to advertise. 3. *(presagiar)* to herald. ◆ **anunciarse** *vpr:* **~se en** to advertise in, to put an advert in.

anuncio *m* 1. *(notificación)* announcement; *(cartel, aviso)* notice; *(póster)* poster. 2. **~** *(publicitario)* advertisement, advert; **~s por palabras** classified adverts 3. *(presagio)* sign, herald.

anverso *m (de moneda)* head, obverse; *(de hoja)* front

anzuelo *m (para pescar)* (fish) hook.

añadido, -da *adj:* **~ (a)** added (to).

añadidura *f* addition; **por ~** in addition, what is more

añadir *vt* to add

añejo, -ja *adj* **1.** *(vino, licor)* mature; *(tocino)* cured. **2.** *(costumbre)* age-old.

añicos *mpl*: hacer o hacerse ~ to shatter

añil *adj, m y f & m (color)* indigo.

año *m* year; en el ~ **1939** in 1939; los ~s **30** the thirties; ~ académico/escolar/fiscal academic/school/tax year; ~ bisiesto/solar leap/solar year; ~ nuevo New Year; ¡Feliz Año Nuevo! Happy New Year! ◆ años *mpl (edad)* age *(sg)*; ¿cuántos ~s tienes? – tengo **17** ~s how old are you? – I'm 17 (years old); cumplir ~s to have one's birthday; cumplo ~s el **25** it's my birthday on the 25th.

añoranza *f*: ~ (de) *(gen)* nostalgia (for); *(hogar, patria)* homesickness (for).

añorar *vt* to miss.

apabullar *vt* to overwhelm.

apacentar *vt* to graze.

apacible *adj (gen)* mild, gentle; *(lugar, ambiente)* pleasant

apaciguar *vt* **1.** *(tranquilizar)* to calm down. **2.** *(aplacar - dolor etc)* to soothe. ◆ **apaciguarse** *vpr* **1.** *(tranquilizarse)* to calm down. **2.** *(aplacarse - dolor etc)* to abate.

apadrinar *vt* **1.** *(niño)* to act as a godparent to. **2.** *(artista)* to sponsor.

apagado, -da *adj* **1.** *(luz, fuego)* out; *(aparato)* off. **2.** *(color, persona)* subdued. **3.** *(sonido)* muffled; *(voz)* quiet.

apagar *vt* **1.** *(extinguir - fuego)* to put out; *(- luz)* to put off; *(- vela)* to extinguish. **2.** *(desconectar)* to turn o switch off. **3.** *(rebajar - sed)* to quench. **4.** *(rebajar - sonido)* to muffle. ◆ **apagarse** *vpr (extinguirse - fuego, vela, luz)* to go out; *(- dolor, ilusión, rencor)* to die down; *(- sonido)* to die away.

apagón *m* power cut.

apaisado, -da *adj* oblong.

apalabrar *vt (concertar)* to make a verbal agreement regarding; *(contratar)* to engage on the basis of a verbal agreement.

apalancar *vt (para abrir)* to lever open; *(para mover)* to lever.

apalear *vt* to beat up.

apañado, -da *adj fam (hábil, mañoso)* clever, resourceful.

apañar *vt fam* **1.** *(reparar)* to mend. **2.** *(amañar)* to fix, to arrange. ◆ **apañarse** *vpr fam* to cope, to manage; **apañárselas (para hacer algo)** to manage (to do sthg).

apaño *m fam* **1.** *(reparación)* patch.

2. *(chanchullo)* fix, shady deal. **3.** *(acuerdo)* compromise

aparador *m (mueble)* sideboard

aparato *m* **1.** *(máquina)* machine; *(de laboratorio)* apparatus *(U)*; *(electrodoméstico)* appliance **2.** *(dispositivo)* device. **3.** *(teléfono)*: ¿quién está al ~? who's speaking? **4.** (MED *- prótesis)* aid; *(- para dientes)* brace. **5.** (ANAT) system. **6.** (POLÍT) machinery. **7.** *(ostentación)* pomp, ostentation.

aparatoso, -sa *adj* **1.** *(ostentoso)* ostentatious. **2.** *(espectacular)* spectacular.

aparcamiento *m Esp* **1.** *(acción)* parking. **2.** *(parking)* car park *Br*, parking lot *Am*; *(hueco)* parking place.

aparcar *Esp* ◇ *vt (estacionar)* to park. ◇ *vi (estacionar)* to park.

aparcero, -ra *m y f* sharecropper.

aparear *vt (animales)* to mate. ◆ **aparearse** *vpr (animales)* to mate.

aparecer *vi* **1.** *(gen)* to appear. **2.** *(acudir)*: ~ por (un lugar) to turn up at (a place). **3.** *(ser encontrado)* to turn up.

aparejado, -da *adj*: llevar ~ *(acarrear)* to entail.

aparejador, -ra *m y f* quantity surveyor.

aparejo *m* **1.** *(de caballerías)* harness. **2.** (MEC) block and tackle. **3.** (NÁUT) rigging. ◆ **aparejos** *mpl* equipment *(U)*; *(de pesca)* tackle *(U)*.

aparentar ◇ *vt* **1.** *(fingir)* to feign. **2.** *(edad)* to look. ◇ *vi (presumir)* to show off.

aparente *adj (falso, supuesto)* apparent

aparición *f* **1.** *(gen)* appearance. **2.** *(de ser sobrenatural)* apparition.

apariencia *f (aspecto)* appearance; guardar las ~s to keep up appearances; las ~s engañan appearances can be deceptive.

apartado, -da *adj* **1.** *(separado)*: ~ de away from. **2.** *(alejado)* remote. ◆ **apartado** *m (párrafo)* paragraph; *(sección)* section. ◆ **apartado de correos** *m* PO Box

apartamento *m* apartment

apartar *vt* **1.** *(alejar)* to move away; *(quitar)* to remove. **2.** *(separar)* to separate. **3.** *(escoger)* to take, to select. ◆ **apartarse** *vpr* **1.** *(hacerse a un lado)* to move to one side. **2.** *(separarse)* to separate; ~se de *(gen)* to move away from; *(tema)* to get away from; *(mundo, sociedad)* to cut o.s. off from.

aparte ◇ *adv* **1.** *(en otro lugar, a un lado)* aside, to one side; bromas ~ jok-

ing apart. **2.** (*además*) besides; **~ de fea**
... besides being ugly ... **3.** (*por separa-do*) separately. ◇ *m* **1.** (*párrafo*) new
paragraph. **2.** (TEATRO) aside. ◆ **aparte de** *loc prep* (*excepto*) apart from, except
from.

apasionado, -da ◇ *adj* passionate.
◇ *m y f* lover, enthusiast.

apasionante *adj* fascinating.

apasionar *vt* to fascinate; **lo apa-siona la música** he's mad about
music. ◆ **apasionarse** *vpr* to get excit-ed.

apatía *f* apathy.

apático, -ca *adj* apathetic.

apátrida *adj* stateless.

apdo. *abrev de* **apartado.**

apeadero *m* (*de tren*) halt.

apear *vt* (*bajar*) to take down.
◆ **apearse** *vpr* (*bajarse*): **~se (de)** (*tren*)
to alight (from), to get off; (*coche*) to get
out (of); (*caballo*) to dismount (from).

apechugar *vi*: **~ con** to put up with,
to live with.

apedrear *vt* (*persona*) to stone; (*cosa*)
to throw stones at.

apegarse *vpr*: **~ a** to become fond of
O attached to.

apego *m* fondness, attachment;
tener/tomar ~ a to be/become fond
of.

apelación *f* appeal.

apelar *vi* **1.** (DER) to (lodge an) appeal;
~ ante/contra to appeal to/against.
2. (*recurrir*): **~ a** (*persona*) to go to; (*sen-tido común, bondad*) to appeal to; (*vio-lencia*) to resort to.

apelativo *m* name.

apellidarse *vpr*: **se apellida Suárez**
her surname is Suárez.

apellido *m* surname.

apelmazar *vt* **1.** (*jersey*) to shrink.
2. (*arroz, bizcocho*) to make stodgy.
◆ **apelmazarse** *vpr* **1.** (*jersey*) to
shrink. **2.** (*arroz, bizcocho*) to go
stodgy.

apelotonar *vt* to bundle up.
◆ **apelotonarse** *vpr* (*gente*) to crowd
together.

apenado, -da *adj* CAm & Méx
ashamed.

apenar *vt* to sadden.

apenas *adv* **1.** (*casi no*) scarcely, hard-ly; **~ me puedo mover** I can hardly
move. **2.** (*tan sólo*) only; **~ hace dos
minutos** only two minutes ago.
3. (*tan pronto como*) as soon as; **~ llegó,
sonó el teléfono** no sooner had he
arrived than the phone rang.

apéndice *m* appendix.

apendicitis *f inv* appendicitis.

apercibir *vt* (*amonestar*) to repri-mand. ◆ **apercibirse de** *vpr* to notice.

aperitivo *m* (*bebida*) aperitif; (*comida*)
appetizer.

apero *m* (*gen pl*) tool; **~s de labranza**
farming implements.

apertura *f* **1.** (*gen*) opening; (*de año
académico, temporada*) start. **2.** (POLÍT)
(*liberalización*) liberalization (*especially
that introduced in Spain by the Franco
regime after 1970*).

aperturista *adj, m y f* progressive.

apesadumbrar *vt* to weigh down.
◆ **apesadumbrarse** *vpr* to be
weighed down.

apestar *vi*: **~ (a)** to stink (of).

apetecer *vi*: **¿te apetece un café?** do
you fancy a coffee?; **me apetece salir**
I feel like going out.

apetecible *adj* (*comida*) appetizing,
tempting; (*vacaciones etc*) desirable.

apetito *m* appetite; **abrir el ~** to whet
one's appetite; **perder el ~** to lose
one's appetite; **tener ~** to be hungry.

apetitoso, -sa *adj* (*comida*) appetiz-ing.

apiadar *vt* to earn the pity of.
◆ **apiadarse** *vpr* to show compassion;
~se de to take pity on.

ápice *m* **1.** (*pizca*) iota; **no ceder un ~**
not to budge an inch. **2.** (*punto culmi-nante*) peak, height.

apicultura *f* beekeeping.

apilar *vt* to pile up. ◆ **apilarse** *vpr* to
pile up.

apiñar *vt* to pack O cram together.
◆ **apiñarse** *vpr* to crowd together;
(*para protegerse, por miedo*) to huddle
together.

apio *m* celery.

apisonadora *f* steamroller.

aplacar *vt* to placate; (*hambre*) to sat-isfy; (*sed*) to quench. ◆ **aplacarse** *vpr*
to calm down; (*dolor*) to abate.

aplanar *vt* to level.

aplastante *adj fig* (*apabullante*) over-whelming, devastating.

aplastar *vt* **1.** (*por el peso*) to flatten.
2. (*derrotar*) to crush.

aplatanar *vt fam* to make listless.

aplaudir *vt & vi* to applaud.

aplauso *m* **1.** (*ovación*) round of
applause; **~s** applause (U). **2.** *fig* (*ala-banza*) applause

aplazamiento *m* postponement.

aplazar *vt* to postpone.

aplicación *f* (*gen & INFORM*) applica-tion.

aplicado, -da *adj* (*estudioso*) diligent.

aplicar *vt* (*gen*) to apply; (*nombre, calificativo*) to give. ♦ **aplicarse** *vpr* (*esmerarse*): **~se (en algo)** to apply o.s. (to sthg).

aplique *m* wall lamp.

aplomo *m* composure; **perder el ~** to lose one's composure.

apocado, -da *adj* timid.

apocalipsis *m o f inv* calamity. ♦ **Apocalipsis** *m o f* Apocalypse.

apocarse *vpr* (*intimidarse*) to be frightened o scared; (*humillarse*) to humble o s.

apodar *vt* to nickname.

apoderado, -da *m y f* 1. (*representante*) (official) representative. 2. (TAUROM) agent, manager.

apoderar *vt* (*gen*) to authorize; (DER) to grant power of attorney to. ♦ **apoderarse de** *vpr* 1. (*adueñarse de*) to seize. 2. *fig* (*dominar*) to take hold of, to grip.

apodo *m* nickname.

apogeo *m fig* height, apogee; **estar en (pleno) ~** to be at its height.

apolillar *vt* to eat holes in ♦ **apolillarse** *vpr* to get moth-eaten.

apolítico, -ca *adj* apolitical.

apología *f* apology, eulogy.

apoltronarse *vpr* 1. (*apalancarse*): **~ (en)** to become lazy o idle (in). 2. (*acomodarse*): **~ en** to lounge in.

apoplejía *f* apoplexy.

apoquinar *vt & vi fam* to fork out.

aporrear *vt* to bang.

aportación *f* (*contribución*) contribution.

aportar *vt* (*contribuir con*) to contribute.

aposentar *vt* to put up, to lodge. ♦ **aposentarse** *vpr* to take up lodgings.

aposento *m* 1. (*habitación*) room. 2. (*alojamiento*) lodgings (*pl*).

apósito *m* dressing.

aposta, apostas *adv* on purpose.

apostar ◇ *vt* 1. (*jugarse*) to bet. 2. (*emplazar*) to post. ◇ *vi*: **~ (por)** to bet (on). ♦ **apostarse** *vpr* (*jugarse*) to bet; **~se algo con alguien** to bet sb sthg.

apostas = **aposta**.

apostilla *f* note.

apóstol *m lit & fig* apostle

apóstrofo *m* (GRAM) apostrophe.

apoteósico, -ca *adj* tremendous.

apoyar *vt* 1. (*inclinar*) to lean, to rest. 2. *fig* (*basar, respaldar*) to support.

♦ **apoyarse** *vpr* 1. (*sostenerse*): **~se en** to lean on. 2. *fig* (*basarse*): **~se en** (*suj: tesis, conclusiones*) to be based on, to rest on; (*suj: persona*) to base one's arguments on. 3. (*respaldarse*) to support one another.

apoyo *m lit & fig* support.

apreciable *adj* 1. (*perceptible*) appreciable. 2. *fig* (*estimable*) worthy.

apreciación *f* (*consideración*) appreciation; (*estimación*) evaluation.

apreciar *vt* 1. (*valorar*) to appreciate; (*sopesar*) to appraise, to evaluate. 2. (*sentir afecto por*) to think highly of. 3. (*percibir*) to tell, to make out.

aprecio *m* esteem.

aprehender *vt* 1. (*coger - persona*) to apprehend; (*- alijo, mercancía*) to seize.

aprehensión *f* (*de persona*) arrest, capture; (*de alijo, mercancía*) seizure.

apremiante *adj* pressing, urgent.

apremiar ◇ *vt* (*meter prisa*): **~ a alguien para que haga algo** to urge sb to do sthg. ◇ *vi* (*ser urgente*) to be pressing.

apremio *m* (*urgencia*) urgency.

aprender ◇ *vt* 1. (*estudiar*) to learn. 2. (*memorizar*) to memorize. ◇ *vi*: **~ (a hacer algo)** to learn (to do sthg).

aprendiz, -za *m y f* 1. (*ayudante*) apprentice, trainee. 2. (*novato*) beginner.

aprendizaje *m* 1. (*acción*) learning. 2. (*tiempo, situación*) apprenticeship.

aprensión *f*: **~ (por)** (*miedo*) apprehension (about); (*escrúpulo*) squeamishness (about).

aprensivo, -va *adj* 1. (*miedoso*) apprehensive. 2. (*hipocondríaco*) hypochondriac.

apresar *vt* (*suj: animal*) to catch; (*suj: persona*) to capture.

aprestar *vt* 1. (*preparar*) to prepare, to get ready. 2. (*tela*) to size. ♦ **aprestarse a** *vpr*: **~se a hacer algo** to get ready to do sthg.

apresto *m* size.

apresurado, -da *adj* hasty, hurried.

apresurar *vt* to hurry along, to speed up; **~ a alguien para que haga algo** to try to make sb do sthg more quickly. ♦ **apresurarse** *vpr* to hurry

apretado, -da *adj* 1. (*gen*) tight; (*triunfo*) narrow; (*esprint*) close; (*caligrafía*) cramped. 2. (*apiñado*) packed.

apretar ◇ *vt* 1. (*oprimir - botón, tecla*) to press; (*- gatillo*) to pull; (*- nudo, tuerca, cinturón*) to tighten; **el zapato me aprieta** my shoe is pinching. 2. (*estrechar*) to squeeze; (*abrazar*) to hug. **3.** *(comprimir - ropa, objetos)* to pack tight. **4.** *(juntar - dientes)* to grit; *(- labios)* to press together. ◊ *vi (calor, lluvia)* to intensify. ♦ **apretarse** *vpr (agolparse)* to crowd together; *(acercarse)* to squeeze up

apretón *m (estrechamiento)* squeeze; ~ **de manos** handshake.

apretujar *vt* **1.** *(gen)* to squash. **2.** *(hacer una bola con)* to screw up. ♦ **apretujarse** *vpr (en banco, autobús)* to squeeze together; *(por frío)* to huddle up.

apretujón *m fam (abrazo)* bearhug.

aprieto *m fig* fix, difficult situation; **poner en un ~ a alguien** to put sb in a difficult position; **verse** O **estar en un ~** to be in a fix.

aprisa *adv* quickly.

aprisionar *vt* **1.** *(encarcelar)* to imprison. **2.** *(inmovilizar - atando, con camisa de fuerza)* to strap down; *(- suj: viga etc)* to trap.

aprobación *f* approval.

aprobado, -da *adj (aceptado)* approved. ♦ **aprobado** *m* (EDUC) pass.

aprobar *vt* **1.** *(proyecto, moción, medida)* to approve; *(ley)* to pass. **2.** *(comportamiento etc)* to approve of. **3.** *(examen, asignatura)* to pass.

apropiación *f (robo)* theft.

apropiado, -da *adj* suitable, appropriate.

apropiar *vt*: ~ **(a)** to adapt (to). ♦ **apropiarse de** *vpr lit & fig* to steal.

aprovechable *adj* usable.

aprovechado, -da *adj* **1.** *(caradura)*: **es muy ~** he's always sponging off other people. **2.** *(bien empleado - tiempo)* well-spent; *(- espacio)* well-planned.

aprovechamiento *m (utilización)* use.

aprovechar ◊ *vt* **1.** *(gen)* to make the most of; *(oferta, ocasión)* to take advantage of; *(conocimientos, experiencia)* to use, to make use of. **2.** *(lo inservible)* to put to good use. ◊ *vi (ser provechoso)* to be beneficial; **¡que aproveche!** enjoy your meal! ♦ **aprovecharse** *vpr*: ~**se (de)** to take advantage (of).

aprovisionamiento *m* supplying.

aproximación *f* **1.** *(acercamiento)* approach. **2.** *(en cálculo)* approximation.

aproximadamente *adv* approximately.

aproximado, -da *adj* approximate.

aproximar *vt* to move closer. ♦ **aproximarse** *vpr* to come closer.

aptitud *f* ability, aptitude; **tener ~**

para algo to have an aptitude for sthg.

apto, -ta *adj* **1.** *(adecuado, conveniente)*: ~ **(para)** suitable (for). **2.** *(capacitado - intelectualmente)* capable, able; *(- físicamente)* fit. **3.** (CIN): ~**/ no ~ para menores** suitable/unsuitable for children.

apuesta *f* bet.

apuesto, -ta *adj* dashing.

apuntador, -ra *m y f* prompter.

apuntalar *vt lit & fig* to underpin.

apuntar *vt* **1.** *(anotar)* to note down; ~ **a alguien** *(en lista)* to put sb down. **2.** *(dirigir - dedo)* to point; *(- arma)* to aim; ~ **alguien** *(con el dedo)* to point at sb; *(con un arma)* to aim at sb **3.** (TEATRO) to prompt. **4.** *fig (indicar)* to point out. ♦ **apuntarse** *vpr* **1.** *(en lista)* to put one's name down; *(en curso)* to enrol. **2.** *(participar)*: ~**se (a hacer algo)** to join in (doing sthg).

apunte *m (nota)* note. ♦ **apuntes** *mpl* (EDUC) notes.

apuñalar *vt* to stab.

apurado, -da *adj* **1.** *(necesitado)* in need; ~ **de** short of **2.** *(avergonzado)* embarrassed. **3.** *(difícil)* awkward.

apurar *vt* **1.** *(agotar)* to finish off; *(existencias, la paciencia)* to exhaust. **2.** *(meter prisa)* to hurry. **3.** *(preocupar)* to trouble. **4.** *(avergonzar)* to embarrass. ♦ **apurarse** *vpr* **1.** *(preocuparse)*: ~**se (por)** to worry (about). **2.** *(darse prisa)* to hurry.

apuro *m* **1.** *(dificultad)* fix; **estar en ~s** to be in a tight spot. **2.** *(penuria)* hardship (U). **3.** *(vergüenza)* embarrassment; **me da ~ (decírselo)** I'm embarrassed (to tell her).

aquejado, -da *adj*: ~ **de** suffering from.

aquejar *vt* to afflict.

aquel, aquella *(mpl* aquellos, *fpl* aquellas) *adj demos* that, *(pl)* those.

aquél, aquélla *(mpl* aquéllos, *fpl* aquéllas) *pron demos* **1.** *(ése)* that (one), *(pl)* those (ones); **este cuadro me gusta pero ~ del fondo no** I like this picture, but I don't like that one at the back; ~ **fue mi último día en Londres** that was my last day in London. **2.** *(nombrado antes)* the former **3.** *(con oraciones relativas)* whoever, anyone who; ~ **que quiera hablar que levante la mano** whoever wishes O anyone wishing to speak should raise their hand; **aquéllos que** ... those who ...

aquella → aquel.

aquélla → aquél.

aquello *pron demos (neutro)* that; ~ **de su mujer es una mentira** all that about his wife is a lie.

aquellos, aquellas → **aquel**.

aquéllos, aquéllas → **aquél**.

aquí *adv* 1. *(gen)* here; ~ **abajo/arriba** down/up here; ~ **dentro/fuera** in/out here; ~ **mismo** right here; **por** ~ over here 2. *(ahora)* now; **de** ~ **a mañana** between now and tomorrow; **de** ~ **a poco** shortly, soon; **de** ~ **a un mes a** month from now, in a month.

ara *f (el) culto (altar)* altar. ◆ **en aras de** *loc prep culto* for the sake of.

árabe ◇ *adj* Arab, Arabian. ◇ *m y f (persona)* Arab. ◇ *m (lengua)* Arabic.

Arabia Saudí, Arabia Saudita Saudi Arabia.

arábigo, -ga *adj* 1. *(de Arabia)* Arab, Arabian. 2. *(numeración)* Arabic.

arado *m* plough.

arancel *m* tariff

arándano *m* bilberry.

arandela *f* (TECN) washer.

araña *f* 1. *(animal)* spider. 2. *(lámpara)* chandelier.

arañar *vt (gen)* to scratch.

arañazo *m* scratch.

arar *vt* to plough.

arbitraje *m* 1. (DEP - *en fútbol etc)* refereeing; *(- en tenis, críquet)* umpiring. 2. (DER) arbitration.

arbitrar ◇ *vt* 1. (DEP - *en fútbol etc)* to referee; *(- en tenis, críquet)* to umpire. 2. (DER) to arbitrate. ◇ *vi* 1. (DEP - *fútbol etc)* to referee; *(- en tenis, críquet)* to umpire. 2. (DER) to arbitrate.

arbitrariedad *f (cualidad)* arbitrariness.

arbitrario, -ria *adj* arbitrary.

arbitrio *m (decisión)* judgment.

árbitro *m* 1. (DEP - *en fútbol etc)* referee; *(- en tenis, críquet)* umpire. 2. (DER) arbitrator.

árbol *m* 1. (BOT) tree. 2. (TECN) shaft; ~ **de levas** camshaft. 3. (NÁUT) mast. ◆ **árbol genealógico** *m* family tree.

arboleda *f* wood.

arbusto *m* bush, shrub.

arca *f (el) (arcón)* chest. ◆ **arcas** *fpl* coffers; ~**s públicas** Treasury *(sg)*.

arcada *f* 1. *(gen pl) (de estómago)* retching *(U)*; **me dieron** ~**s** I retched. 2. (ARQUIT - *arcos)* arcade; *(- de puente)* arch.

arcaico, -ca *adj* archaic.

arce *m* maple.

arcén *m (de autopista)* hard shoulder; *(de carretera)* verge.

archiconocido, -da *adj fam* very well-known.

archiduque, -quesa *m y f* archduke *(f* archduchess)

archipiélago *m* archipelago.

archivador, -ra *m y f* archivist. ◆ **archivador** *m* filing cabinet.

archivar *vt (guardar - documento, fichero etc)* to file.

archivo *m* 1. *(lugar)* archive; *(documentos)* archives *(pl)*; **imágenes de** ~ (TV) library pictures. 2. *(informe, ficha)* file. 3. (INFORM) file.

arcilla *f* clay

arco *m* 1. (GEOM) arc. 2. (ARQUIT) arch; ~ **de herradura** horseshoe arch; ~ **triunfal** o **de triunfo** triumphal arch. 3. (DEP, MIL & MÚS) bow. ◆ **arco iris** *m* rainbow.

arcón *m* large chest.

arder *vi* to burn; *(sin llama)* to smoulder; ~ **de** *fig* to burn with; **está que arde** *(persona)* he's fuming; *(reunión)* it's getting pretty heated.

ardid *m* ruse, trick.

ardiente *adj (gen)* burning; *(líquido)* scalding; *(admirador, defensor)* ardent.

ardilla *f* squirrel

ardor *m* 1. *(quemazón)* burning (sensation); ~ **de estómago** heartburn. 2. *fig (entusiasmo)* fervour.

arduo, -dua *adj* arduous.

área *f (el)* 1. *(gen)* area; ~ **metropolitana/de servicio** metropolitan/service area. 2. (DEP): ~ **(de castigo** o **penalti)** (penalty) area.

arena *f* 1. *(de playa etc)* sand; ~**s movedizas** quicksand *(U)*. 2. *(para luchar)* arena. 3. (TAUROM) bullring.

arenal *m* sandy ground *(U)*.

arenga *f* harangue.

arenilla *f (polvo)* dust.

arenoso, -sa *adj* sandy

arenque *m* herring.

argamasa *f* mortar.

Argel Algiers.

Argelia Algeria.

Argentina: (la) ~ Argentina.

argentino, -na *adj, m y f* Argentinian.

argolla *f* 1. *(aro)* (large) ring 2. *Amer (alianza)* wedding ring.

argot *m* 1. *(popular)* slang 2. *(técnico)* jargon.

argucia *f* sophism.

argüir ◇ *vt culto* 1. *(argumentar)* to argue. 2. *(demostrar)* to prove. ◇ *vi (argumentar)* to argue.

argumentación f line of argument.

argumentar vt 1. (teoría, opinión) to argue. 2. (razones, excusas) to allege.

argumento m 1. (razonamiento) argument. 2. (trama) plot.

aria f (MÚS) aria.

aridez f (gen) dryness; (de zona, clima) aridity.

árido, -da adj (gen) dry; (zona, clima) arid. ◆ **áridos** mpl dry goods.

Aries ◇ m (zodiaco) Aries. ◇ m y f (persona) Aries.

ariete m (HIST & MIL) battering ram.

ario, -ria adj, m y f Aryan.

arisco, -ca adj surly.

arista f edge.

aristocracia f aristocracy.

aristócrata m y f aristocrat.

aritmético, -ca adj arithmetic. ◆ **aritmética** f arithmetic.

arma f (el) 1. (instrumento) arm, weapon; ~ **blanca** blade, weapon with a sharp blade; ~ **de fuego** firearm; ~ **homicida** murder weapon. 2. fig (medio) weapon.

armada → **armado**

armadillo m armadillo.

armado, -da adj 1. (con armas) armed. 2. (con armazón) reinforced. ◆ **armada** f (marina) navy; (escuadra) fleet.

armador, -ra m y f shipowner.

armadura f 1. (de barco, tejado) framework; (de gafas) frame. 2. (de guerrero) armour.

armamentista, armamentístico, -ca adj arms (antes de sust).

armamento m (armas) arms (pl).

armar vt 1. (montar - mueble etc) to assemble; (- tienda) to pitch. 2. (ejército, personas) to arm. 3. fam fig (provocar) to cause; ~**la** fam to cause trouble. ◆ **armarse** vpr 1. (con armas) to arm o.s. 2. (prepararse): ~**se de** (valor, paciencia) to summon up. 3. loc: **se armó la gorda** o **la de San Quintín** o **la de Dios es Cristo** fam all hell broke loose.

armario m (para objetos) cupboard; (para ropa) wardrobe; ~ **empotrado** fitted cupboard/wardrobe.

armatoste m (mueble, objeto) unwieldy object; (máquina) contraption.

armazón f (gen) framework, frame; (de avión, coche) chassis; (de edificio) skeleton.

armería f 1. (museo) military o war museum. 2. (depósito) armoury. 3. (tienda) gunsmith's (shop).

armiño m (piel) ermine; (animal) stoat.

armisticio m armistice.

armonía f harmony.

armónico, -ca adj harmonic. ◆ **armónica** f harmonica.

armonioso, -sa adj harmonious.

armonizar ◇ vt 1. (concordar) to match. 2. (MÚS) to harmonize. ◇ vi (concordar): ~ **con** to match.

arnés m armour. ◆ **arneses** mpl (de animales) harness (U).

aro m 1. (círculo) hoop; (TECN) ring; **los** ~**s olímpicos** the Olympic rings. 2. Amer (pendiente) earring.

aroma m aroma; (de vino) bouquet; (CULIN) flavouring.

aromático, -ca adj aromatic.

arpa f (el) harp.

arpía f fig (mujer) old hag.

arpillera f sackcloth, hessian.

arpón m harpoon.

arquear vt (gen) to bend; (cejas, espalda, lomo) to arch. ◆ **arquearse** vpr to bend.

arqueología f archeology.

arqueólogo, -ga m y f archeologist.

arquero m (DEP & MIL) archer.

arquetipo m archetype.

arquitecto, -ta m y f architect.

arquitectura f lit & fig architecture

arrabal m (barrio pobre) slum (on city outskirts); (barrio periférico) outlying district.

arrabalero, -ra adj 1. (periférico) outlying. 2. (barriobajero) rough, coarse.

arracimarse vpr to cluster together.

arraigado, -da adj (costumbre, idea) deeply rooted; (persona) established.

arraigar vi lit & fig to take root. ◆ **arraigarse** vpr (establecerse) to settle down.

arraigo m roots (pl); **tener mucho** ~ to be deeply rooted.

arrancar ◇ vt 1. (desarraigar - árbol) to uproot; (- malas hierbas, flor) to pull up. 2. (quitar, separar) to tear o rip off; (cable, página, pelo) to tear out; (cartel, cortinas) to tear down; (muela) to pull out; (ojos) to gouge out. 3. (arrebatar): ~ **algo a alguien** to grab o snatch sthg from sb. 4. (AUTOM & TECN) to start; (INFORM) to start up. 5. fig (obtener): ~ **algo a alguien** (confesión, promesa, secreto) to extract sthg from sb; (sonrisa, dinero, ovación) to get sthg out of sb; (suspiro, carcajada) to bring sthg from sb. ◇ vi 1. (partir) to set off.

2. *(suj: máquina, coche)* to start **3.** *(provenir):* ~ **de** to stem from.

arranque *m* **1.** *(comienzo)* start. **2.** (AUTOM) starter motor. **3.** *fig (arrebato)* fit.

arrasar *vt* to destroy, to devastate.

arrastrar ◇ *vt* **1.** *(gen)* to drag ○ pull along; *(pies)* to drag; *(carro, vagón)* to pull; *(suj: corriente, aire)* to carry away. **2.** *fig (convencer)* to win over; ~ **a alguien a algo/a hacer algo** to lead sb into stg/to do stg; **dejarse ~ por algo/alguien** to allow o.s. to be swayed by stg/sb. **3.** *fig (producir)* to bring. ◇ *vi (rozar el suelo)* to drag (along) the ground. ◆ **arrastrarse** *vpr* to crawl; *fig* to grovel.

arrastre *m* **1.** *(acarreo)* dragging. **2.** *(pesca)* trawling. **3.** *loc:* **estar para el ~** to have had it, to be done for.

arre *interj:* ¡~! gee up!

arrear *vt* **1.** *(azuzar)* to gee up. **2.** *fam (propinar)* to give.

arrebatado, -da *adj* **1.** *(impetuoso)* impulsive, impetuous. **2.** *(ruborizado)* flushed. **3.** *(iracundo)* enraged.

arrebatar *vt* **1.** *(arrancar):* ~ **algo a alguien** to snatch stg from sb. **2.** *fig (cautivar)* to captivate. ◆ **arrebatarse** *vpr (enfurecerse)* to get furious.

arrebato *m* **1.** *(arranque)* fit, outburst; **un ~ de amor** a crush. **2.** *(furia)* rage.

arrebujar *vt (amontonar)* to bundle (up). ◆ **arrebujarse** *vpr (arroparse)* to wrap o.s. up.

arreciar *vi* **1.** *(temporal etc)* to get worse. **2.** *fig (críticas etc)* to intensify.

arrecife *m* reef.

arreglado, -da *adj* **1.** *(reparado)* fixed; *(ropa)* mended. **2.** *(ordenado)* tidy. **3.** *(bien vestido)* smart. **4.** *(solucionado)* sorted out. **5.** *fig (precio)* reasonable.

arreglar *vt* **1.** *(reparar)* to fix, to repair; *(ropa)* to mend. **2.** *(ordenar)* to tidy (up) **3.** *(solucionar)* to sort out. **4.** (MÚS) to arrange. **5.** *(acicalar)* to smarten up; *(cabello)* to do. ◆ **arreglarse** *vpr* **1.** *(apañarse):* **~se (con algo)** to make do (with stg); **arreglárselas (para hacer algo)** to manage (to do stg) **2.** *(acicalarse)* to smarten up.

arreglo *m* **1.** *(reparación)* mending, repair; *(de ropa)* mending. **2.** *(solución)* settlement. **3.** (MÚS) *(musical)* arrangement. **4.** *(acuerdo)* agreement; **llegar a un ~** to reach agreement

arrellanarse *vpr* to settle back

arremangar, remangar *vt* to roll up. ◆ **arremangarse** *vpr* to roll up one's sleeves.

arremeter ◆ **arremeter contra** *vi* to attack.

arremetida *f* attack.

arremolinarse *vpr* **1.** *fig (personas):* ~ **alrededor de** to crowd around. **2.** *(agua, hojas)* to swirl (about).

arrendamiento, arriendo *m* **1.** *(acción)* renting, leasing. **2.** *(precio)* rent, lease

arrendar *vt* **1.** *(dar en arriendo)* to let, to lease. **2.** *(tomar en arriendo)* to rent, to lease.

arrendatario, -ria *m y f* leaseholder, tenant.

arreos *mpl* harness (U)

arrepentido, -da ◇ *adj* repentant. ◇ *m y f* (POLÍT) *person who renounces terrorist activities.*

arrepentimiento *m* regret, repentance.

arrepentirse *vpr* to repent; ~ **de algo/de haber hecho algo** to regret stg/having done stg.

arrestar *vt* to arrest.

arresto *m (detención)* arrest.

arriar *vt* to lower.

arriba ◇ *adv* **1.** *(posición - gen)* above; *(- en edificio)* upstairs; **vive (en el piso de)** ~ she lives upstairs; **está aquí/allí** ~ it's up here/there; ~ **del todo** right at the top; **más** ~ further up. **2.** *(dirección)* up; **ve ~** *(en edificio)* go upstairs; **hacia/para** ~ up, upwards; **calle/escaleras** ~ up the street/stairs; **río** ~ upstream. **3.** *(en un texto)* above; **el ~ mencionado ...** the above-mentioned ... **4.** *loc:* **de ~ abajo** *(cosa)* from top to bottom; *(persona)* from head to toe ○ foot; **mirar a alguien de ~ abajo** *(con desdén)* to look sb up and down. ◇ *prep:* ~ **(de)** *Amer (encima de)* on top of. ◇ *interj:* ¡~ ...! up (with) ...!; ¡~ **los mineros!** up (with the miners)!; ¡~ **las manos!** hands up! ◆ **de arriba** *loc adj* top; **el estante de** ~ the top shelf.

arribar *vi* to arrive; (NÁUT) to reach port.

arribista *adj, m y f* arriviste.

arriendo → arrendamiento.

arriesgado, -da *adj (peligroso)* risky.

arriesgar *vt* to risk; *(hipótesis)* to venture, to suggest ◆ **arriesgarse** *vpr* to take risks/a risk.

arrimar *vt (acercar)* to move ○ bring closer; ~ **algo a** *(pared, mesa)* to move stg up against. ◆ **arrimarse** *vpr* *(acercarse)* to come closer o nearer; **~se a algo** *(acercándose)* to move closer to sthg; *(apoyándose)* to lean on sthg.

arrinconar vt 1. *(apartar)* to put in a corner. 2. *(abandonar)* to discard, to put away. 3. fig *(persona - dar de lado)* to cold-shoulder; *(- acorralar)* to corner

arrodillarse vpr to kneel down; fig to go down on one's knees, to grovel.

arrogancia f arrogance.

arrogante adj arrogant.

arrojar vt 1. *(lanzar)* to throw; *(con violencia)* to hurl, to fling. 2. *(despedir - humo)* to send out; *(- olor)* to give off; *(- lava)* to spew out. 3. *(echar)*: **~ a alguien de** to throw sb out of. 4. *(resultado)* to produce, to yield. 5. *(vomitar)* to throw up. ◆ **arrojarse** vpr to hurl o.s.

arrojo m courage, fearlessness.

arrollador, -ra adj overwhelming; *(belleza, personalidad)* dazzling.

arrollar vt 1. *(atropellar)* to run over. 2. *(tirar - suj: agua, viento)* to sweep away. 3. *(vencer)* to crush.

arropar vt *(con ropa)* to wrap up; *(en cama)* to tuck up. ◆ **arroparse** vpr to wrap o.s. up.

arroyo m 1. *(riachuelo)* stream. 2. *(de la calle)* gutter.

arroz m rice; **~ blanco** boiled rice; **~ con leche** rice pudding.

arruga f 1. *(en ropa, papel)* crease. 2. *(en piel)* wrinkle, line.

arrugar vt 1. *(ropa, papel)* to crease, to crumple. 2. *(piel)* to wrinkle. ◆ **arrugarse** vpr 1. *(ropa)* to get creased. 2. *(piel)* to get wrinkled

arruinar vt lit & fig to ruin. ◆ **arruinarse** vpr to go bankrupt, to be ruined.

arrullar vt to lull to sleep. ◆ **arrullarse** vpr *(animales)* to coo.

arrumar vt to pile up.

arsenal m 1. *(de barcos)* shipyard. 2. *(de armas)* arsenal. 3. *(de cosas)* array.

arsénico m arsenic.

art. *(abrev de* **artículo***)* art.

arte m o f *(en sg gen m; en pl f)* 1. *(gen)* art; **~ dramático** drama. 2. *(habilidad)* artistry. 3. *(astucia)* artfulness, cunning; **malas ~s** trickery (U). ◆ **artes** fpl arts; **bellas ~s** fine arts.

artefacto m *(aparato)* device; *(máquina)* machine.

arteria f lit & fig artery.

artesa f trough.

artesanal adj *(hecho a mano)* handmade.

artesanía f craftsmanship; **de ~** *(producto)* handmade.

artesano, -na m y f craftsman (f craftswoman).

ártico, -ca adj arctic. ◆ **Ártico** m: **el Ártico** the Arctic; **el océano Glacial Ártico** the Arctic Ocean.

articulación f 1. (ANAT & TECN) joint. 2. (LING) articulation.

articulado, -da adj articulated.

articular vt *(palabras, piezas)* to articulate.

artículo m *(gen)* article; **~ de fondo** editorial, leader; **~ de primera necesidad** basic commodity.

artífice m y f fig architect.

artificial adj artificial.

artificio m fig *(falsedad)* artifice; *(artimaña)* trick.

artificioso, -sa adj fig *(engañoso)* deceptive.

artillería f artillery.

artillero m artilleryman.

artilugio m gadget, contrivance.

artimaña f *(gen pl)* trick, ruse.

artista m y f 1. *(gen)* artist. 2. *(de espectáculos)* artiste.

artístico, -ca adj artistic.

artritis f inv arthritis.

arzobispo m archbishop.

as m 1. *(carta, dado)* ace. 2. *(campeón)*: **un ~ del volante** an ace driver.

asa f *(el)* handle.

asado m roast.

asador m 1. *(aparato)* roaster. 2. *(varilla)* spit

asaduras fpl offal (U); *(de pollo, pavo)* giblets.

asalariado, -da m y f wage earner.

asalmonado, -da adj salmon (pink).

asaltante m y f *(agresor)* attacker; *(atracador)* robber.

asaltar vt 1. *(atacar)* to attack; *(castillo, ciudad etc)* to storm. 2. *(robar)* to rob. 3. fig *(suj: dudas etc)* to assail.

asalto m 1. *(ataque)* attack; *(de castillo, ciudad)* storming. 2. *(robo)* robbery. 3. (DEP) round.

asamblea f assembly; (POLÍT) mass meeting.

asar vt *(alimentos - al horno)* to roast; *(- a la parrilla)* to grill.

ascendencia f 1. *(linaje)* descent. 2. *(extracción social)* extraction. 3. fig *(influencia)* ascendancy.

ascender ◇ vi 1. *(subir)* to go up, to climb. 2. *(aumentar, elevarse)* to rise, to go up. 3. *(en empleo, deportes)*: **~ (a)** to be promoted (to). **4.** *(totalizar - precio etc)*: ~ **a** to come o amount to. ◊ *vt*: ~ **a alguien (a)** to promote sb (to).

ascendiente *m y f (antepasado)* ancestor.

ascensión *f* ascent. ◆ **Ascensión** *f* (RELIG) Ascension.

ascenso *m* **1.** *(en empleo, deportes)* promotion. **2.** *(ascensión)* ascent

ascensor *m* lift *Br*, elevator *Am*.

ascético, -ca *adj* ascetic.

asco *m (sensación)* revulsion; **siento ~** I feel sick; **¡qué ~ de tiempo!** what foul weather!; **me da ~** I find it disgusting; **¡qué ~!** how disgusting o revolting!; **hacer ~s a** to turn one's nose up at; **estar hecho un ~** *fam (cosa)* to be filthy; *(persona)* to be a real sight.

ascua *f (el)* ember.

aseado, -da *adj (limpio)* clean; *(arreglado)* smart.

asear *vt* to clean. ◆ **asearse** *vpr* to get washed and dressed.

asediar *vt* to lay siege to; *fig* to pester.

asedio *m* siege; *fig* pestering.

asegurado, -da *m y f* policy-holder.

asegurar *vt* **1.** *(fijar)* to secure. **2.** *(garantizar)* to assure; **te lo aseguro** I assure you; ~ **a alguien que ...** to assure sb that ... **3.** (COM): ~ **(contra)** to insure (against); ~ **algo en** *(cantidad)* to insure sthg for. ◆ **asegurarse** *vpr (cerciorarse)*: **~se de que ...** to make sure that ...

asemejar ◆ **asemejarse** *vpr* to be similar o alike; **~se a** to be similar to, to be like.

asentamiento *m (campamento)* settlement.

asentar *vt* **1.** *(instalar - empresa, campamento)* to set up; *(- comunidad, pueblo)* to settle. **2.** *(asegurar)* to secure; *(cimientos)* to lay. ◆ **asentarse** *vpr* **1.** *(instalarse)* to settle down. **2.** *(sedimentarse)* to settle.

asentir *vi* **1.** *(estar conforme)*: ~ **(a)** to agree (to). **2.** *(afirmar con la cabeza)* to nod.

aseo *m (limpieza - acción)* cleaning; *(- cualidad)* cleanliness. ◆ **aseos** *mpl* toilets *Br*, restroom *(sg) Am*.

aséptico, -ca *adj* (MED) aseptic.

asequible *adj* **1.** *(accesible, comprensible)* accessible. **2.** *(razonable - precio, producto)* affordable.

aserradero *m* sawmill.

aserrar *vt* to saw.

asesinar *vt* to murder; *(rey, jefe de estado)* to assassinate.

asesinato *m* murder; *(de rey, jefe de estado)* assassination.

asesino, -na *m y f* murderer *(f* murderess); *(de rey, jefe de estado)* assassin.

asesor, -ra *m y f* adviser; (FIN) consultant; ~ **fiscal** tax consultant.

asesorar *vt* to advise; (FIN) to provide with consultancy services. ◆ **asesorarse** *vpr* to seek advice; **~se de** to consult.

asesoría *f (oficina)* consultant's office.

asestar *vt (golpe)* to deal; *(tiro)* to fire.

aseveración *f* assertion.

asfaltado *m (acción)* asphalting, surfacing; *(asfalto)* asphalt, (road) surface.

asfalto *m* asphalt.

asfixia *f* asphyxiation, suffocation.

asfixiar *vt (ahogar)* to asphyxiate, to suffocate. ◆ **asfixiarse** *vpr (ahogarse)* to asphyxiate, to suffocate.

así ◊ *adv (de este modo)* in this way, like this; *(de ese modo)* in that way, like that; **era ~ de largo** it was this/that long; ~ **es/era/fue como ...** that is how ...; ~ ~ *(no muy bien)* so so; **algo ~** *(algo parecido)* something like that; ~ **es** *(para asentir)* that is correct, yes; **y ~ todos los días** and the same thing happens day after day; ~ **como** *(también)* as well as, and also; *(tal como)* just as, exactly as. ◊ *conj* **1.** *(de modo que)*: ~ **(es) que** so. **2.** *(aunque)* although. **3.** *(tan pronto como)*: ~ **que** as soon as. **4.** *Amer (aun si)* even if. ◊ *adj inv (como éste)* like this; *(como ése)* like that. ◆ **así y todo, aun así** *loc adv* even so.

Asia Asia.

asiático, -ca *adj, m y f* Asian, Asiatic.

asidero *m (agarradero)* handle.

asiduidad *f* frequency.

asiduo, -dua *adj, m y f* regular.

asiento *m (mueble, localidad)* seat; **tomar ~** to sit down.

asignación *f* **1.** *(atribución)* allocation. **2.** *(sueldo)* salary.

asignar *vt* **1.** *(atribuir)*: ~ **algo a alguien** to assign o allocate sthg to sb. **2.** *(destinar)*: ~ **a alguien a** to send sb to.

asignatura *f* (EDUC) subject.

asilado, -da *m y f* person living in an old people's home, convalescent home etc.

asilo *m* **1.** *(hospicio)* home; ~ **de ancianos** old people's home. **2.** *fig (amparo)* asylum; ~ **político** political asylum. **3.** *(hospedaje)* accommodation.

asimilación *f (gen & LING)* assimilation.

asimilar *vt (gen)* to assimilate.

asimismo *adv (también)* also, as well; *(a principio de frase)* likewise.

asir *vt* to grasp, to take hold of.

asistencia *f* 1. *(presencia - acción)* attendance; *(- hecho)* presence. 2. *(ayuda)* assistance; ~ **médica** medical attention; ~ **sanitaria** health care; ~ **técnica** technical assistance. 3. *(afluencia)* audience. 4. (DEP) assist.

asistenta *f* cleaning lady.

asistente *m y f* 1. *(ayudante)* assistant, helper; ~ **social** social worker. 2. *(presente)* person present; **los ~s** the audience *(sg)*.

asistido, -da *adj* (AUTOM) power *(antes de sust)*; (INFORM) computer-assisted.

asistir ◊ *vt (ayudar)* to attend to. ◊ *vi*: ~ **a** to attend, to go to.

asma *f (el)* asthma.

asno *m lit & fig* ass.

asociación *f* association; ~ **de vecinos** residents' association.

asociado, -da ◊ *adj (miembro)* associate. ◊ *m y f (miembro)* associate, partner.

asociar *vt (relacionar)* to associate.
♦ **asociarse** *vpr* to form a partnership.

asolar *vt* to devastate.

asomar ◊ *vi (gen)* to peep up; *(del interior de algo)* to peep out. ◊ *vt* to stick; ~ **la cabeza por la ventana** to stick one's head out of the window.
♦ **asomarse a** *vpr (ventana)* to stick one's head out of; *(balcón)* to come/go out onto

asombrar *vt (causar admiración)* to amaze; *(causar sorpresa)* to surprise.
♦ **asombrarse** *vpr*: ~**se (de)** *(sentir admiración)* to be amazed (at); *(sentir sorpresa)* to be surprised (at).

asombro *m (admiración)* amazement; *(sorpresa)* surprise.

asombroso, -sa *adj (sensacional)* amazing; *(sorprendente)* surprising.

asomo *m (indicio)* trace, hint; *(de esperanza)* glimmer.

aspa *f (el)* X-shaped cross; *(de molino)* arms *(pl)*.

aspaviento *m (gen pl)* furious gesticulations *(pl)*.

aspecto *m* 1. *(apariencia)* appearance; **tener buen/mal ~** *(persona)* to look well/awful; *(cosa)* to look nice/horrible. 2. *(faceta)* aspect; **en todos los ~s** in every respect.

aspereza *f* roughness; *fig* sourness.

áspero, -ra *adj* 1. *(rugoso)* rough. 2. *fig (desagradable)* sharp, sour.

aspersión *f (de jardín)* sprinkling; *(de cultivos)* spraying.

aspersor *m (para jardín)* sprinkler; *(para cultivos)* sprayer.

aspiración *f* 1. *(gen & LING)* aspiration. 2. *(de aire - por una persona)* breathing in; *(- por una máquina)* suction.

aspirador *m*, **aspiradora** *f* vacuum cleaner.

aspirante *m y f*: ~ **(a)** candidate (for); *(en deportes, concursos)* contender (for).

aspirar ◊ *vt (aire - suj: persona)* to breathe in, to inhale. ◊ *vi*: ~ **a algo** *(ansiar)* to aspire to sthg.

aspirina® *f* aspirin.

asquear *vt* to disgust, to make sick.

asqueroso, -sa *adj* disgusting, revolting.

asta *f (el)* 1. *(de bandera)* flagpole, mast. 2. *(de lanza)* shaft; *(de brocha)* handle. 3. *(de toro)* horn.

asterisco *m* asterisk.

astigmatismo *m* astigmatism.

astilla *f* splinter.

astillero *m* shipyard.

astringente *adj* astringent.

astro *m* (ASTRON) heavenly body; *fig* star.

astrofísica *f* astrophysics *(U)*.

astrología *f* astrology.

astrólogo, -ga *m y f* astrologer.

astronauta *m y f* astronaut.

astronomía *f* astronomy.

astrónomo, -ma *m y f* astronomer.

astroso, -sa *adj (andrajoso)* shabby.

astucia *f* 1. *(picardía)* cunning, astuteness. 2. *(gen pl) (treta)* cunning trick.

astuto, -ta *adj (ladino, tramposo)* cunning; *(sagaz, listo)* astute.

asueto *m* break, rest; **unos días de ~** a few days off.

asumir *vt* 1. *(gen)* to assume. 2. *(aceptar)* to accept.

asunción *f* assumption. ♦ **Asunción** *f*: **la Asunción** (RELIG) the Assumption.

Asunción (GEOGR) Asunción.

asunto *m* 1. *(tema - general)* subject; *(- específico)* matter; *(- de obra, libro)* theme; ~**s a tratar** agenda *(sg)*. 2. *(cuestión, problema)* issue 3. *(negocio)* affair, business *(U)*; **no es ~ tuyo** it's none of your business. ♦ **asuntos** *mpl* (POLÍT) affairs; ~**s exteriores** foreign affairs.

asustado, -da *adj* frightened, scared.

asustar *vt* to frighten, to scare.

◆ **asustarse** *vpr*: ~**se (de)** to be frightened o scared (of).

atacar *vt* (*gen*) to attack

atadura *f lit & fig* tie.

atajar ◇ *vi* (*acortar*): ~ **(por)** to take a short cut (through) ◇ *vt* (*contener*) to put a stop to; (*hemorragia, inundación*) to stem.

atajo *m* 1. (*camino corto, medio rápido*) short cut; **coger** o **tomar un** ~ to take a short cut. 2. *despec* (*panda*) bunch.

atalaya *f* 1. (*torre*) watchtower. 2. (*altura*) vantage point.

atañer *vi* 1. (*concernir*): ~ **a** to concern 2. (*corresponder*): ~ **a** to be the responsibility of

ataque *m* 1. (*gen & DEP*) attack. 2. *fig* (*acceso*) fit, bout; ~ **cardíaco** o **al corazón** heart attack.

atar *vt* 1. (*unir*) to tie (up). 2. *fig* (*constreñir*) to tie down.

atardecer ◇ *m* dusk ◇ *v impers* to get dark.

atareado, -da *adj* busy.

atascar *vt* to block (up) ◆ **atascarse** *vpr* 1. (*obstruirse*) to get blocked up. 2. *fig* (*detenerse*) to get stuck; (*al hablar*) to dry up.

atasco *m* 1. (*obstrucción*) blockage. 2. (*AUTOM*) traffic jam.

ataúd *m* coffin

ataviar *vt* (*cosa*) to deck out; (*persona*) to dress up. ◆ **ataviarse** *vpr* to dress up.

atavío *m* (*indumentaria*) attire (U)

atemorizar *vt* to frighten. ◆ **atemorizarse** *vpr* to get frightened.

Atenas Athens.

atenazar *vt* 1. (*sujetar*) to clench. 2. *fig* (*suj: dudas*) to torment, to rack; (*suj: miedo, nervios*) to grip.

atención ◇ *f* 1. (*interés*) attention; **llamar la** ~ (*atraer*) to attract attention; **poner** o **prestar** ~ to pay attention 2. (*cortesía*) attentiveness (U). ◇ *interj*: ¡~! (*en aeropuerto, conferencia*) your attention please! ◆ **atenciones** *fpl* attentions

atender ◇ *vt* 1. (*satisfacer - petición, ruego*) to attend to; (*- consejo, instrucciones*) to heed; (*- propuesta*) to agree to. 2. (*cuidar de - necesitados, invitados*) to look after; (*- enfermo*) to care for; (*- cliente*) to serve; ¿**le atienden?** are you being served? ◇ *vi* (*estar atento*): ~ **(a)** to pay attention (to).

atenerse ◆ **atenerse a** *vpr* 1. (*promesa, orden*) to stick to; (*ley, normas*) to abide by 2. (*consecuencias*) to bear in mind.

atentado *m*: ~ **contra alguien** attempt on sb's life; ~ **contra algo** crime against sthg.

atentamente *adv* (*en cartas*) Yours sincerely o faithfully

atentar *vi*: ~ **contra (la vida de) alguien** to make an attempt on sb's life; ~ **contra algo** (*principio etc*) to be a crime against sthg.

atento, -ta *adj* 1. (*pendiente*) attentive; **estar** ~ **a** (*explicación, programa, lección*) to pay attention to; (*ruido, sonido*) to listen out for; (*acontecimientos, cambios, avances*) to keep up with. 2. (*cortés*) considerate, thoughtful.

atenuante *m* (*DER*) extenuating circumstance

atenuar *vt* (*gen*) to diminish; (*dolor*) to ease; (*luz*) to filter

ateo, -a ◇ *adj* atheistic. ◇ *m y f* atheist.

aterciopelado, -da *adj* velvety.

aterrador, -ra *adj* terrifying.

aterrar *vt* to terrify

aterrizaje *m* landing.

aterrizar *vi* (*avión*) to land.

aterrorizar *vt* to terrify; (*suj: agresor*) to terrorize.

atesorar *vt* (*riquezas*) to amass

atestado *m* official report.

atestar *vt* 1. (*llenar*) to pack, to cram. 2. (*DER*) to testify to

atestiguar *vt* to testify to.

atiborrar *vt* to stuff full. ◆ **atiborrarse** *vpr fam fig*: ~**se (de)** to stuff one's face (with).

ático *m* penthouse.

atinar *vi* (*adivinar*) to guess correctly; (*dar en el blanco*) to hit the target; ~ **a hacer algo** to succeed in doing sthg; ~ **con** to hit upon.

atingencia *f Amer* (*relación*) connection.

atípico, -ca *adj* atypical.

atisbar *vt* 1. (*divisar, prever*) to make out. 2. (*acechar*) to observe, to spy on.

atisbo *m* (*gen pl*) trace, hint; (*de esperanza*) glimmer.

atizar *vt* 1. (*fuego*) to poke, to stir. 2. *fam* (*puñetazo, patada*) to land, to deal.

atlántico, -ca *adj* Atlantic. ◆ **Atlántico** *m*: **el** (*océano*) **Atlántico** the Atlantic (Ocean).

atlas *m inv* atlas

atleta *m y f* athlete.

atlético, -ca *adj* athletic.

atletismo *m* athletics (U).

atmósfera *f lit & fig* atmosphere.

atolladero *m* (*apuro*) fix, jam; **meter**

en/sacar de un ~ a alguien to put sb in/get sb out of a tight spot.

atolondrado, -da *adj* 1. *(precipitado)* hasty, disorganized. 2. *(aturdido)* bewildered.

atómico, -ca *adj* atomic; *(central, armas)* nuclear

atomizador *m* atomizer, spray

átomo *m lit & fig* atom.

atónito, -ta *adj* astonished, astounded.

atontado, -da *adj* 1. *(aturdido)* dazed. 2. *(tonto)* stupid.

atontar *vt (aturdir)* to daze.

atormentar *vt* to torture; *fig* to torment.

atornillar *vt* to screw.

atorrante *adj CSur* lazy.

atosigar *vt fig* to harass.

atracador, -ra *m y f (de banco)* armed robber; *(en la calle)* mugger.

atracar ◇ *vi* (NÁUT): **~ (en)** to dock (at) ◇ *vt (banco)* to rob; *(persona)* to mug. ◆ **atracarse** *vpr*: **~se de** to eat one's fill of.

atracción *f* 1. *(gen)* attraction. 2. *(espectáculo)* act. 3. *fig (centro de atención)* centre of attention. 4. *(gen pl) (diversión infantil)* fairground attraction.

atraco *m* robbery.

atracón *m fam* feast; **darse un ~** to stuff one's face.

atractivo, -va *adj* attractive. ◆ **atractivo** *m (de persona)* attractiveness, charm; *(de cosa)* attraction.

atraer *vt (gen)* to attract

atragantarse *vpr*: **~ (con)** to choke (on).

atrancar *vt* 1. *(cerrar)* to bar. 2. *(obturar)* to block. ◆ **atrancarse** *vpr* 1. *(atascarse)* to get blocked. 2. *fig (al hablar, escribir)* to dry up

atrapar *vt (agarrar, alcanzar)* to catch.

atrás *adv* 1. *(detrás - posición)* behind, at the back; *(- movimiento)* backwards; **quedarse ~** *fig* to fall behind. 2. *(antes)* earlier, before. ◆ **atrás de** *loc prep Amer (detrás de)* behind.

atrasado, -da *adj* 1. *(en el tiempo)* delayed; *(reloj)* slow; *(pago)* overdue, late; *(número, copia)* back *(antes de sust)*. 2. *(en evolución, capacidad)* backward.

atrasar ◇ *vt* to put back. ◇ *vi* to be slow ◆ **atrasarse** *vpr* 1. *(demorarse)* to be late. 2. *(quedarse atrás)* to fall behind.

atraso *m (de evolución)* backwardness. ◆ **atrasos** *mpl fam* arrears.

atravesar *vt* 1. *(interponer)* to put

across. 2. *(cruzar)* to cross. 3. *(traspasar)* to penetrate. 4. *fig (vivir)* to go through. ◆ **atravesarse** *vpr (interponerse)* to be in the way.

atrayente *adj* attractive.

atreverse *vpr*: **~ (a hacer algo)** to dare (to do sthg).

atrevido, -da *adj (osado)* daring; *(caradura)* cheeky.

atrevimiento *m* 1. *(osadía)* daring. 2. *(insolencia)* cheek.

atribución *f* 1. *(imputación)* attribution. 2. *(competencia)* responsibility.

atribuir *vt (imputar)*: **~ algo a** to attribute sthg to. ◆ **atribuirse** *vpr (méritos)* to claim for o.s.; *(poderes)* to assume.

atributo *m* attribute.

atril *m (para libros)* lectern; *(MÚS)* music stand.

atrocidad *f (crueldad)* atrocity.

atropellado, -da *adj* hasty.

atropellar *vt* 1. *(suj: vehículo)* to run over. 2. *fig (suj: persona)* to trample on. ◆ **atropellarse** *vpr (al hablar)* to trip over one's words.

atropello *m* 1. *(por vehículo)* running over. 2. *fig (moral)* abuse.

atroz *adj* atrocious; *(dolor)* awful.

ATS *(abrev de **ayudante técnico sanitario**) m y f* qualified nurse.

atte. *abrev de **atentamente**.*

atuendo *m* attire.

atún *m* tuna.

aturdido, -da *adj* dazed.

aturdir *vt (gen)* to stun; *(suj: alcohol)* to fuddle; *(suj: ruido, luz)* to bewilder.

audacia *f (intrepidez)* daring.

audaz *adj (intrépido)* daring.

audición *f* 1. *(gen)* hearing. 2. *(MÚS & TEATRO)* audition

audiencia *f* 1. *(público, recepción)* audience. 2. *(DER - juicio)* hearing; *(- tribunal, edificio)* court.

audífono *m* hearing aid.

audiovisual *adj* audiovisual.

auditivo, -va *adj* ear *(antes de sust)*.

auditor, -ra *m y f* (FIN) auditor.

auditorio *m* 1. *(público)* audience. 2. *(lugar)* auditorium.

auge *m (gen & ECON)* boom

augurar *vt (suj: persona)* to predict; *(suj: suceso)* to augur.

augurio *m* omen, sign.

aula *f (el) (de escuela)* classroom; *(de universidad)* lecture room.

aullar *vi* to howl.

aullido *m* howl

aumentar ◇ *vt* 1. *(gen)* to increase;

(peso) to put on. 2. *(en óptica)* to magnify. 3. *(sonido)* to amplify. ◊ *vi* to increase; *(precios)* to rise.

aumento *m* 1. *(incremento)* increase; *(de sueldo, precios)* rise; **ir en ~** to be on the increase. 2. *(en óptica)* magnification.

aun ◊ *adv* even ◊ *conj*: **~ estando cansado, lo hizo** even though he was tired, he did it; **ni ~ puesta de puntillas logra ver** she can't see, even on tiptoe; **~ cuando** even though.

aún *adv (todavía)* still; *(en negativas)* yet, still; **no ha llegado ~** he hasn't arrived yet, he still hasn't arrived.

aunar *vt* to join, to pool. ◆ **aunarse** *vpr (aliarse)* to unite.

aunque *conj* 1. *(a pesar de que)* even though, although; *(incluso si)* even if. 2. *(pero)* although.

aúpa *interj*: ¡~! *(¡levántate!)* get up!; ¡~ el Atleti! up the Athletic!

aupar *vt* to help up; *fig (animar)* to cheer on. ◆ **auparse** *vpr* to climb up.

aureola *f* 1. *(ASTRON & RELIG)* halo. 2. *fig (fama)* aura.

auricular *m (de teléfono)* receiver. ◆ **auriculares** *mpl (cascos)* headphones

aurora *f* first light of dawn.

auscultar *vt* to sound with a stethoscope.

ausencia *f* absence; **brillar por su ~** to be conspicuous by one's/its absence.

ausentarse *vpr* to go away.

ausente ◊ *adj* 1. *(no presente)* absent; **estará ~ todo el día** he'll be away all day. 2. *(distraído)* absent-minded. ◊ *m y f* 1. *(no presente)*: **criticó a los ~s** he criticized the people who weren't there. 2. *(DER)* missing person.

auspicio *m (protección)* protection; **bajo los ~s de** under the auspices of.

austeridad *f* austerity.

austero, -ra *adj (gen)* austere.

austral ◊ *adj* southern. ◊ *m (moneda)* austral.

Australia Australia.

australiano, -na *adj, m y f* Australian.

Austria Austria.

austríaco, -ca *adj, m y f* Austrian.

autarquía *f* 1. *(POLÍT)* autarchy. 2. *(ECON)* autarky.

auténtico, -ca *adj (gen)* genuine; *(piel, joyas)* genuine, real; **un ~ imbécil** a real idiot.

auto *m* 1. *fam (coche)* car. 2. *(DER)* judicial decree

autoadhesivo, -va *adj* self-adhesive.

autobiografía *f* autobiography.

autobús *m* bus.

autocar *m* coach.

autocontrol *m* self-control.

autóctono, -na *adj* indigenous.

autodefensa *f* self-defence.

autodeterminación *f* self-determination.

autodidacta *adj* self-taught

autoedición *f (INFORM)* desktop publishing.

autoescuela *f* driving school.

autoestop, autostop *m* hitch-hiking; **hacer ~** to hitch-hike

autoestopista, autostopista *m y f* hitch-hiker.

autógrafo *m* autograph.

autómata *m lit & fig* automaton.

automático, -ca *adj* automatic. ◆ **automático** *m (botón)* press-stud

automatización *f* automation.

automóvil *m* car *Br*, automobile *Am*.

automovilismo *m* motoring; *(DEP)* motor racing.

automovilista *m y f* motorist, driver.

automovilístico, -ca *adj* motor *(antes de sust)*; *(DEP)* motor-racing *(antes de sust)*.

autonomía *f (POLÍT - facultad)* autonomy; *(- territorio)* autonomous region.

autonómico, -ca *adj* autonomous.

autónomo, -ma ◊ *adj* 1. *(POLÍT)* autonomous. 2. *(trabajador)* self-employed; *(traductor, periodista)* freelance. ◊ *m y f* self-employed person; *(traductor, periodista)* freelance.

autopista *f* motorway *Br*, freeway *Am*.

autopsia *f* autopsy, post-mortem.

autor, -ra *m y f* 1. *(LITER)* author. 2. *(de crimen)* perpetrator.

autoridad *f* 1. *(gen)* authority 2. *(ley)*: **la ~** the authorities *(pl)*.

autoritario, -ria *adj, m y f* authoritarian.

autorización *f* authorization

autorizado, -da *adj* 1. *(permitido)* authorized. 2. *(digno de crédito)* authoritative.

autorizar *vt* 1. *(dar permiso)* to allow; *(en situaciones oficiales)* to authorize. 2. *(capacitar)* to allow, to entitle.

autorretrato *m* self-portrait.

autoservicio *m* 1. *(tienda)* self-service shop 2. *(restaurante)* self-service restaurant

autostop = **autoestop**.

autostopista = **autoestopista**.

autosuficiencia *f* self-sufficiency.

autovía f dual carriageway Br, state highway Am.

auxiliar ◇ adj (gen & GRAM) auxiliary. ◇ m y f assistant; ~ administrativo office clerk. ◇ vt to assist, to help.

auxilio m assistance, help; primeros ~s first aid (U).

av., avda. (abrev de avenida) Ave

aval m 1. (persona) guarantor. 2. (documento) guarantee, reference.

avalancha f lit & fig avalanche.

avalar vt to endorse, to guarantee.

avance m 1. (gen) advance. 2. (FIN) (anticipo) advance payment. 3. (RADIO & TV - meteorológico etc) summary; (- de futura programación) preview; ~ informativo news (U) in brief.

avanzar ◇ vi to advance. ◇ vt 1. (adelantar) to move forward. 2. (anticipar) to tell in advance.

avaricia f greed, avarice.

avaricioso, -sa adj avaricious.

avaro, -ra adj miserly, mean.

avasallar vt (arrollar) to overwhelm.

avatar m (gen pl) vagary.

avda. = av.

ave f (el) (gen) bird; ~ rapaz o de rapiña bird of prey.

AVE (abrev de alta velocidad española) m Spanish high-speed train.

avecinarse vpr to be on the way.

avellana f hazelnut.

avemaría f (el) (oración) Hail Mary.

avena f (grano) oats (pl)

avenencia f (acuerdo) compromise.

avenida f avenue.

avenido, -da adj: bien/mal ~s on good/bad terms.

avenirse vpr (ponerse de acuerdo) to come to an agreement; ~ a algo/a hacer algo to agree on sthg/to do sthg.

aventajado, -da adj (adelantado) outstanding.

aventajar vt (rebasar) to overtake; (estar por delante de) to be ahead of; ~ a alguien en algo to surpass sb in sthg.

aventura f 1. (gen) adventure. 2. (relación amorosa) affair.

aventurado, -da adj risky.

aventurero, -ra ◇ adj adventurous. ◇ m y f adventurer (f adventuress).

avergonzar vt 1. (deshonrar) to shame. 2. (abochornar) to embarrass. ◆ avergonzarse vpr: ~se (de) (por remordimiento) to be ashamed (of); (por timidez) to be embarrassed (about).

avería f (de máquina) fault; (AUTOM) breakdown.

averiado, -da adj (máquina) out of order; (coche) broken down.

averiar vt to damage. ◆ averiarse vpr (máquina) to be out of order; (AUTOM) to break down.

averiguación f investigation.

averiguar vt to find out.

aversión f aversion

avestruz m ostrich.

aviación f 1. (navegación) aviation 2. (ejército) airforce.

aviador, -ra m y f aviator.

aviar vt (comida) to prepare

avicultura f poultry farming

avidez f eagerness.

ávido, -da adj: ~ de eager for

avinagrado, -da adj lit & fig sour.

avío m 1. (preparativo) preparation 2. (víveres) provisions (pl). ◆ avíos mpl fam (equipo) things, kit (U)

avión m plane; en ~ by plane; por ~ (en un sobre) airmail; ~ a reacción jet.

avioneta f light aircraft.

avisar vt 1. (informar): ~ a alguien to let sb know, to tell sb. 2. (advertir): ~ (de) to warn (of). 3. (llamar) to call, to send for.

aviso m 1. (advertencia, amenaza) warning. 2. (notificación) notice; (en teatros, aeropuertos) call; hasta nuevo ~ until further notice; sin previo ~ without notice.

avispa f wasp.

avispado, -da adj fam sharp, quick-witted.

avispero m (nido) wasp's nest.

avituallar vt to provide with food.

avivar vt 1. (sentimiento) to rekindle. 2. (color) to brighten. 3. (fuego) to stoke up.

axila f armpit.

axioma m axiom.

ay (pl ayes) interj: ¡~! (dolor físico) ouch!; (sorpresa, pena) oh!; ¡~ de tí si te cojo! Heaven help you if I catch you!

aya → ayo.

ayer ◇ adv yesterday; fig in the past; ~ (por la) noche last night; ~ por la mañana yesterday morning. ◇ m fig yesteryear

ayo, aya m y f (tutor) tutor (f governess).

ayuda f help, assistance; (ECON & POLÍT) aid; ~ al desarrollo development aid; ~ en carretera breakdown service.

ayudante adj, m y f assistant.

ayudar vt to help; ~ a alguien a

hacer algo to help sb (to) do sthg; **¿en qué puedo ~le?** how can I help you?
♦ **ayudarse** *vpr*: **~se de** to make use of.
ayunar *vi* to fast
ayunas *fpl*: **en ~** *(sin comer)* without having eaten; *fig (sin enterarse)* in the dark.
ayuno *m* fast; **hacer ~** to fast.
ayuntamiento *m* 1. *(corporación)* = town council. 2. *(edificio)* town hall.
azabache *m* jet; **negro como el ~** jet-black
azada *f* hoe.
azafata *f*: **~ (de vuelo)** air hostess *Br*, air stewardess.
azafate *m* *Amer (bandeja)* tray.
azafrán *m* saffron
azahar *m* *(del naranjo)* orange blossom; *(del limonero)* lemon blossom.
azalea *f* azalea.
azar *m* chance, fate; **al ~** at random; **por (puro)** by (pure) chance.
azorar *vt* to embarrass. ♦ **azorarse** *vpr* to be embarrassed.
azotar *vt* *(suj: persona)* to beat; *(en el trasero)* to smack; *(con látigo)* to whip.
azote *m* 1. *(golpe)* blow; *(en el trasero)* smack; *(latigazo)* lash. 2. *fig (calamidad)* scourge.
azotea *f* *(de edificio)* terraced roof.
azteca *adj, m y f* Aztec.
azúcar *m o f* sugar; **~ blanquilla/moreno** refined/brown sugar.
azucarado, -da *adj* sweet, sugary.
azucarero, -ra *adj* sugar *(antes de sust)*. ♦ **azucarero** *m* sugar bowl.
azucena *f* white lily.
azufre *m* sulphur.
azul *adj, m y f & m* blue.
azulejo *m* (glazed) tile.
azuzar *vt* *(animal)* to set on.

B

b, B *f* *(letra)* b, B.
baba *f* *(saliva - de niño)* dribble; *(- de adulto)* saliva; *(- de animal)* foam.
babear *vi* *(niño)* to dribble; *(adulto, animal)* to slobber; *fig* to drool.
babero *m* bib.
babi *m* child's overall.

bable *m* Asturian dialect.
babor *m* port; **a ~** to port.
baboso, -sa *adj* *Amer fam (tonto)* daft, stupid ♦ **babosa** *f* (ZOOL) slug.
babucha *f* slipper.
baca *f* roof o luggage rack.
bacalao *m* *(fresco)* cod; *(salado)* dried salted cod; **partir** o **cortar el ~** *fam fig* to be the boss.
bacanal *f* orgy.
bache *m* 1. *(en carretera)* pothole. 2. *fig (dificultades)* bad patch. 3. *(en vuelo)* air pocket.
bachiller *m y f* person who has passed the 'bachillerato'.
bachillerato *m* *(former)* Spanish course of secondary studies for academically orientated 14-16-year-olds.
bacinica *f* *Amer* chamber pot.
bacon ['beikon] *m inv* bacon.
bacteria *f* germ; **~s** bacteria
badén *m* *(de carretera)* ditch.
bádminton *m inv* badminton.
bafle *(pl bafles)*, **baffle** *(pl baffles)* *m* loudspeaker.
bagaje *m* *fig* background; **~ cultural** cultural baggage.
bagatela *f* trifle.
Bahamas *fpl*: **las ~** the Bahamas.
bahía *f* bay.
bailaor, -ra *m y f* flamenco dancer
bailar ◇ *vt* to dance. ◇ *vi* *(danzar)* to dance
bailarín, -ina *m y f* dancer; *(de ballet)* ballet dancer.
baile *m* 1. *(gen)* dance; **~ clásico** ballet. 2. *(fiesta)* ball.
baja → bajo.
bajada *f* 1. *(descenso)* descent; **~ de bandera** *(de taxi)* minimum fare. 2. *(pendiente)* (downward) slope. 3. *(disminución)* decrease, drop.
bajamar *f* low tide.
bajar ◇ *vt* 1. *(poner abajo - libro, cuadro etc)* to take/bring down; *(- telón, ventanilla, mano)* to lower. 2. *(descender - montaña, escaleras)* to go/come down. 3. *(precios, inflación, hinchazón)* to reduce; *(música, volumen, radio)* to turn down; *(fiebre)* to bring down. 4. *(ojos, cabeza, voz)* to lower. ◇ *vi* 1. *(descender)* to go/come down; **~ por algo** to go/come down sthg; **~ corriendo** to run down. 2. *(disminuir)* to fall, to drop; *(fiebre, hinchazón)* to go/come down; *(Bolsa)* to suffer a fall.
♦ **bajarse** *vpr*: **~se (de)** *(coche)* to get out (of); *(moto, tren, avión)* to get off; *(árbol, escalera, silla)* to get/come down (from).

bajeza f **1.** (cualidad) baseness. **2.** (acción) nasty deed.

bajial m Perú lowland.

bajo, -ja adj **1.** (gen) low; (persona, estatura) short; (piso) ground floor (antes de sust); (planta) ground (antes de sust); (sonido) soft, faint. **2.** (territorio, época) lower; **el ~ Amazonas** the lower Amazon. **3.** (pobre) lower-class. **4.** (vil) base. ◆ **bajo** ◇ m **1.** (gen pl) (dobladillo) hem. **2.** (piso) ground floor flat. **3.** (MÚS - instrumento, cantante) bass; (- instrumentista) bassist. ◇ adv **1.** (gen) low. **2.** (hablar) quietly. ◇ prep **1.** (gen) under. **2.** (con temperaturas) below. ◆ **baja** f **1.** (descenso) drop, fall. **2.** (cese) **dar de baja a alguien** (en una empresa) to lay sb off; (en un club, sindicato) to expel sb; **darse de baja (de)** (dimitir) to resign (from); (salirse) to drop out (of). **3.** (por enfermedad - permiso) sick leave (U); (- documento) sick note; **estar/darse de baja** to be on/to take sick leave. **4.** (MIL) loss, casualty.

bajón m slump; **dar un ~** to slump.

bajura → pesca.

bala f **1.** (proyectil) bullet. **2.** (fardo) bale.

balacear vt Amer (tirotear) to shoot.

balada f ballad

balance m **1.** (COM - operación) balance; (- documento) balance sheet. **2.** (resultado) outcome; **hacer ~ (de)** to take stock (of).

balancear vt (cuna) to rock; (columpio) to swing. ◆ **balancearse** vpr (en cuna, mecedora) to rock; (en columpio) to swing; (barco) to roll.

balanceo m **1.** (gen) swinging; (de cuna, mecedora) rocking; (de barco) roll. **2.** Amer (AUTOM) wheel balance.

balancín m **1.** (mecedora) rocking chair; (en el jardín) swing hammock. **2.** (columpio) seesaw.

balanza f **1.** (báscula) scales (pl). **2.** (COM): **~ comercial/de pagos** balance of trade/payments.

balar vi to bleat

balaustrada f balustrade; (de escalera) banister.

balazo m (disparo) shot; (herida) bullet wound.

balbucear, balbucir vi & vt to babble.

balbuceo m babbling.

balbucir = balbucear.

Balcanes mpl: **los ~** the Balkans.

balcón m (terraza) balcony.

balde m pail, bucket. ◆ **en balde** loc adv in vain.

baldosa f (en casa, edificio) floor tile; (en la acera) paving stone.

baldosín m tile.

balear ◇ vt Amer to shoot. ◇ adj Balearic.

Baleares fpl: **las (islas) ~** the Balearic Islands.

balido m bleat, bleating (U)

balín m pellet.

balístico, -ca adj ballistic.

baliza f (NÁUT) marker buoy; (AERON) beacon.

ballena f (animal) whale.

ballesta f **1.** (HIST) crossbow. **2.** (AUTOM) (suspension) spring.

ballet [ba'le] (pl **ballets**) m ballet.

balneario m (con baños termales) spa; Amer (con piscinas, etc) = lido.

balompié m football

balón m (pelota) ball.

baloncesto m basketball.

balonmano m handball.

balonvolea m volleyball.

balsa f **1.** (embarcación) raft **2.** (estanque) pond, pool.

bálsamo m **1.** (medicamento) balsam. **2.** (alivio) balm.

Báltico m: **el (mar) ~** the Baltic (Sea).

baluarte m **1.** (fortificación) bulwark. **2.** fig (bastión) bastion, stronghold.

bambolear vi to shake. ◆ **bambolearse** vpr (gen) to sway; (mesa, silla) to wobble.

bambú (pl **bambúes** o **bambús**) m bamboo.

banal adj banal.

banana f Amer banana.

banca f **1.** (actividad) banking; **~ electrónica** electronic banking **2.** (institución): **la ~** the banks (pl). **3.** (en juegos) bank.

bancario, -ria adj banking (antes de sust).

bancarrota f bankruptcy; **en ~** bankrupt.

banco m **1.** (asiento) bench; (de iglesia) pew. **2.** (FIN) bank. **3.** (de peces) shoal. **4.** (de ojos, semen etc) bank. **5.** (de carpintero, artesano etc) workbench. ◆ **banco de arena** m sandbank. ◆ **Banco Mundial** m: **el Banco Mundial** the World Bank.

banda f **1.** (cuadrilla) gang; **~ armada** terrorist organization. **2.** (MÚS) band. **3.** (faja) sash **4.** (cinta) ribbon. **5.** (franja) stripe. **6.** (RADIO) waveband. **7.** (margen) side; (en billar) cushion; (en fútbol) touchline. ◆ **banda magnética** f magnetic strip. ◆ **banda sonora** f soundtrack.

bandada f (de aves) flock; (de peces) shoal.

bandazo m (del barco) lurch; **dar ~s** (barco, borracho) to lurch; fig (ir sin rumbo) to chop and change.

bandear vt to buffet.

bandeja f tray; **servir** o **dar algo a alguien en ~** fig to hand sthg to sb on a plate.

bandera f flag; **jurar ~** to swear allegiance (to the flag)

banderilla f (TAUROM) banderilla, barbed dart thrust into bull's back

banderín m (bandera) pennant

bandido, -da m y f 1. (delincuente) bandit. 2. (granuja) rascal.

bando m 1. (facción) side; **pasarse al otro ~** to change sides. 2. (edicto - de alcalde) edict.

bandolero, -ra m y f bandit ◆ **bandolera** f (correa) bandoleer; **en bandolera** slung across one's chest.

bandurria f small 12-stringed guitar.

banjo ['banxo] m banjo

banquero, -ra m y f banker.

banqueta f 1. (asiento) stool. 2. Méx (acera) pavement Br, sidewalk Am.

banquete m (comida) banquet.

banquillo m 1. (asiento) low stool. 2. (DEP) bench.

bañada f Amer (acción de bañarse) bath.

bañadera f Amer (bañera) bath.

bañador m Esp (for women) swimsuit; (for men) swimming trunks (pl).

bañar vt 1. (asear) to bath; (MED) to bathe. 2. (sumergir) to soak, to submerge. 3. (revestir) to coat. ◆ **bañarse** vpr 1. (en el baño) to have o take a bath. 2. (en playa, piscina) to go for a swim.

bañera f bathtub, bath.

bañista m y f bather.

baño m 1. (acción - en bañera) bath; (en playa, piscina) swim; **darse un ~** (en bañera) to have o take a bath; (en playa, piscina) to go for a swim. 2. (bañera) bathtub, bath. 3. (cuarto de aseo) bathroom 4. (capa) coat.

baqueta f (MÚS) drumstick.

bar m bar.

barahúnda f racket, din.

baraja f pack (of cards).

barajar vt 1. (cartas) to shuffle. 2. (considerar - nombres, posibilidades) to consider; (- datos, cifras) to marshal, to draw on

baranda, barandilla f handrail.

baratija f trinket, knick-knack.

baratillo m (tienda) junkshop; (mercadillo) flea market.

barato, -ta adj cheap ◆ **barato** adv cheap, cheaply

barba f beard; **~ incipiente** stubble; **por ~** (cada uno) per head.

barbacoa f barbecue.

barbaridad f 1. (cualidad) cruelty; **¡qué ~!** how terrible! 2. (disparate) nonsense (U). 3. (montón): **una ~ (de)** tons (of); **se gastó una ~** she spent a fortune.

barbarie f (crueldad - cualidad) cruelty, savagery; (- acción) atrocity.

barbarismo m 1. (extranjerismo) foreign word. 2. (incorrección) substandard usage.

bárbaro, -ra ◇ adj 1. (HIST) barbarian. 2. (cruel) barbaric, cruel. 3. (bruto) uncouth, coarse. 4. fam (extraordinario) brilliant, great ◇ m y f (HIST) barbarian. ◆ **bárbaro** adv fam (magníficamente): **pasarlo ~** to have a wild time.

barbecho m fallow (land); (retirada de tierras) land set aside.

barbería f barber's (shop).

barbero, -ra m y f barber.

barbilampiño, -ña adj beardless.

barbilla f chin.

barbo m barbel; **~ de mar** red mullet.

barbotar vi & vt to mutter.

barbudo, -da adj bearded.

barca f dinghy, small boat.

barcaza f lighter.

barco m (gen) boat; (de gran tamaño) ship; **en ~** by boat; **~ cisterna** tanker; **~ de guerra** warship; **~ mercante** cargo ship; **~ de vapor** steamer, steamboat; **~ de vela** sailing ship.

baremo m (escala) scale

bario m barium.

barítono m baritone.

barman (pl barmans) m barman

barniz m (para madera) varnish; (para loza, cerámica) glaze.

barnizar vt (madera) to varnish; (loza, cerámica) to glaze.

barómetro m barometer

barón, -onesa m y f baron (f baroness).

barquero, -ra m y f boatman (f boatwoman).

barquillo m (CULIN) cornet, cone

barra f 1. (gen) bar; (de hielo) block; (para cortinas) rod; (en bicicleta) crossbar; **la ~** (de tribunal) the bar; **~ de labios** lipstick; **~ de pan** baguette, French stick 2. (de bar, café) bar *(counter)*; ~ **libre** unlimited *drink for a fixed price*. **3.** *(signo gráfico)* slash, oblique stroke.

barrabasada *f fam* mischief *(U)*.

barraca *f* **1.** *(chabola)* shack. **2.** *(caseta de feria)* stall. **3.** *(en Valencia y Murcia)* thatched farmhouse.

barranco *m* **1.** *(precipicio)* precipice **2.** *(cauce)* ravine.

barraquismo *m* shanty towns *(pl)*.

barrena *f* drill.

barrenar *vt (taladrar)* to drill.

barrendero, -ra *m y f* street sweeper.

barreno *m* **1.** *(instrumento)* large drill **2.** *(agujero - para explosiones)* blast hole.

barreño *m* washing-up bowl.

barrer *vt* **1.** *(con escoba, reflectores)* to sweep. **2.** *(suj: viento, olas)* to sweep away.

barrera *f* **1.** *(gen)* barrier; (FERROC) crossing gate; *(de campo, casa)* fence; **~s arancelarias** tariff barriers. **2.** (DEP) wall.

barriada *f* **1.** *(barrio)* neighbourhood, area. **2.** *(barrio bajo)* shantytown.

barricada *f* barricade.

barrido *m* **1.** *(con escoba)* sweep, sweeping *(U)* **2.** (TECN) scan, scanning *(U)*. **3.** (CIN) pan, panning *(U)*.

barriga *f* belly.

barrigón, -ona *adj* paunchy.

barril *m* barrel; **de ~** *(bebida)* draught.

barrio *m (vecindario)* area, neighborhood *Am*.

barriobajero, -ra *despec adj* low-life *(antes de sust)*.

barrizal *m* mire.

barro *m* **1.** *(fango)* mud. **2.** *(arcilla)* clay. **3.** *(grano)* blackhead.

barroco, -ca *adj* (ARTE) baroque.
♦ **barroco** *m* (ARTE) baroque.

barrote *m* bar.

bartola ♦ **a la bartola** *loc adv fam*: **tumbarse a la ~** to lounge around.

bártulos *mpl* things, bits and pieces.

barullo *m fam* **1.** *(ruido)* din, racket; **armar ~** to raise hell. **2.** *(desorden)* mess.

basar *vt (fundamentar)* to base.
♦ **basarse en** *vpr (suj: teoría, obra etc)* to be based on; *(suj: persona)* to base one's argument on

basca *f (náusea)* nausea.

báscula *f* scales *(pl)*.

bascular *vi* to tilt

base *f* **1.** *(gen, MAT & MIL)* base; *(de edificio)* foundations *(pl)*. **2.** *(fundamento, origen)* basis; **sentar las ~s para** to lay

the foundations of. **3.** *(de partido, sindicato)*: **las ~s** the grass roots *(pl)*, the rank and file. **4.** *loc*: **a ~ de** by (means of); **me alimento a ~ de verduras** I live on vegetables; **a ~ de bien** extremely well. ♦ **base de datos** *f* (INFORM) database.

básico, -ca *adj* basic; **lo ~ de** the basics of.

basílica *f* basilica

basta *interj* ¡~! that's enough!; ¡~ **de chistes/tonterías!** that's enough jokes/of this nonsense!

bastante ◇ *adv* **1.** *(suficientemente)* enough; **es lo ~ lista para ...** she's smart enough to . **2.** *(considerablemente - antes de adj o adv)* quite, pretty; *(- después de verbo)* quite a lot; **me gustó ~** I quite enjoyed it, I enjoyed it quite a lot. ◇ *adj* **1.** *(suficiente)* enough; **no tengo dinero ~** I haven't enough money. **2.** *(mucho)*: **éramos ~s** there were quite a few of us; **tengo ~ frío** I'm quite 0 pretty cold

bastar *vi* to be enough; **basta con que se lo digas** it's enough for you to tell her; **con ocho basta** eight will be enough. ♦ **bastarse** *vpr* to be self-sufficient.

bastardilla → **letra**.

bastardo, -da *adj* **1.** *(hijo etc)* bastard *(antes de sust)* **2.** *despec (innoble)* mean, base.

bastidor *m (armazón)* frame ♦ **bastidores** *mpl* (TEATRO) wings; **entre ~es** *fig* behind the scenes.

basto, -ta *adj* coarse ♦ **bastos** *mpl (naipes)* ≃ clubs.

bastón *m* **1.** *(para andar)* walking stick. **2.** *(de mando)* baton. **3.** *(para esquiar)* ski stick.

basura *f lit & fig* rubbish *Br*, garbage *Am*; **tirar algo a la ~** to throw sthg away.

basurero *m* **1.** *(persona)* dustman *Br*, garbage man *Am*. **2.** *(vertedero)* rubbish dump.

bata *f* **1.** *(de casa)* housecoat; *(para baño, al levantarse)* dressing gown. **2.** *(de trabajo)* overall; *(de médico)* white coat; *(de laboratorio)* lab coat.

batacazo *m* bump, bang

batalla *f* battle; **de ~** *(de uso diario)* everyday

batallar *vi (con armas)* to fight.

batallón *m* (MIL) batallion.

batata *f* sweet potato.

bate *m* (DEP) bat.

batear ◇ *vt* to hit. ◇ *vi* to bat.

batería *f* **1.** (ELECTR & MIL) battery.

2. (MÚS) drums (pl). **3.** (conjunto) set; (de preguntas) barrage; ~ **de cocina** pots (pl) and pans.

batido, -da adj **1.** (nata) whipped; (claras) whisked. **2.** (senda, camino) well-trodden. ◆ **batido** m (bebida) milkshake. ◆ **batida** f **1.** (de caza) beat. **2.** (de policía) combing, search.

batidora f (eléctrica) mixer.

batín m short dressing gown.

batir vt **1.** (gen) to beat; (nata) to whip; (récord) to break. **2.** (suj: olas, lluvia, viento) to beat against. **3.** (derribar) to knock down **4.** (explorar - suj: policía etc) to comb, to search. ◆ **batirse** vpr (luchar) to fight.

batuta f baton; **llevar la ~** fig to call the tune.

baúl m **1.** (cofre) trunk. **2.** CSur (maletero) boot Br, trunk Am.

bautismo m baptism.

bautista m y f (RELIG) Baptist.

bautizar vt **1.** (RELIG) to baptize, to christen. **2.** fam fig (aguar) to dilute.

bautizo m (RELIG) baptism, christening.

baya f berry.

bayeta f **1.** (tejido) flannel. **2.** (para fregar) cloth

bayo, -ya adj bay.

bayoneta f bayonet.

baza f **1.** (en naipes) trick. **2.** loc: **meter ~ en algo** to butt in on sthg; **no pude meter ~ (en la conversación)** I couldn't get a word in edgeways.

bazar m bazaar.

bazo m (ANAT) spleen.

bazofia f **1.** (comida) pigswill (U). **2.** fig (libro, película etc) rubbish (U).

bazuca, bazooka m bazooka.

beatificar vt to beatify.

beato, -ta adj **1.** (beatificado) blessed. **2.** (piadoso) devout. **3.** fig (santurrón) sanctimonious.

bebe m CSur fam baby.

bebé m baby; ~ **probeta** test-tube baby.

bebedero m (de jaula) water dish.

bebedor, -ra m y f (borrachín) heavy drinker.

beber ◇ vt (líquido) to drink. ◇ vi (tomar líquido) to drink.

bebida f drink.

bebido, -da adj drunk.

beca f (del gobierno) grant; (de organización privada) scholarship

becar vt (suj: gobierno) to award a grant to; (suj: organización privada) to award a scholarship to.

becario, -ria m y f (del gobierno) grant

holder; (de organización privada) scholarship holder.

becerro, -rra m y f calf.

bechamel [betʃa'mel], **besamel** f béchamel sauce

bedel m janitor.

befa f jeer; **hacer ~ de** to jeer at.

begonia f begonia

beige [beis] adj inv & m inv beige.

béisbol m baseball

belén m (de Navidad) crib, Nativity scene.

belfo, -fa adj thick-lipped

belga adj, m y f Belgian.

Bélgica Belgium.

Belgrado Belgrade.

Belice Belize

bélico, -ca adj (gen) war (antes de sust); (actitud) bellicose, warlike.

belicoso, -sa adj bellicose; fig aggressive.

beligerante adj, m y f belligerent

bellaco, -ca m y f villain, scoundrel

belleza f beauty.

bello, -lla adj beautiful

bellota f acorn.

bemol ◇ adj flat. ◇ m (MÚS) flat; **tener (muchos) ~es** (ser difícil) to be tricky; (tener valor) to have guts; (ser un abuso) to be a bit rich ○ much.

bencina f **1.** (QUÍM) benzine. **2.** Andes (gasolina) petrol Br, gasoline Am

bendecir vt to bless

bendición f blessing.

bendito, -ta adj **1.** (santo) holy; (alma) blessed; **¡~ sea Dios!** fam fig thank goodness! **2.** (dichoso) lucky. **3.** (para enfatizar) damned.

benefactor, -ra m y f benefactor (f benefactress).

beneficencia f charity.

beneficiar vt to benefit. ◆ **beneficiarse** vpr to benefit; **~se de algo** to do well out of sthg.

beneficiario, -ria m y f beneficiary; (de cheque) payee.

beneficio m **1.** (bien) benefit; **a ~ de** (gala, concierto) in aid of; **en ~ de** for the good of; **en ~ de todos** in everyone's interest; **en ~ propio** for one's own good. **2.** (ganancia) profit.

beneficioso, -sa adj: ~ **(para)** beneficial (to).

benéfico, -ca adj **1.** (favorable) beneficial. **2.** (rifa, función) charity (antes de sust); (organización) charitable.

Benelux (abrev de Belgïe-Nederland-Luxembourg) m: **el ~** Benelux.

beneplácito m consent.
benevolencia f benevolence.
benevolente, benévolo, -la adj benevolent.
bengala f 1. (para pedir ayuda, iluminar etc) flare. 2. (para fiestas etc) sparkler.
benigno, -na adj 1. (gen) benign. 2. (clima, temperatura) mild.
benjamín, -ina m y f youngest child.
berberecho m cockle.
berenjena f aubergine Br, eggplant Am.
Berlín Berlin.
bermejo, -ja adj reddish.
bermellón adj inv & m vermilion.
bermudas fpl Bermuda shorts.
Berna Berne.
berrear vi 1. (animal) to bellow. 2. (persona) to howl.
berrido m 1. (del becerro) bellow, bellowing (U) 2. (de persona) howl, howling (U).
berrinche m fam tantrum; **coger** o **agarrarse un ~** to throw a tantrum
berro m watercress.
berza f cabbage.
besamel = bechamel.
besar vt to kiss. ◆ **besarse** vpr to kiss.
beso m kiss.
bestia ◇ adj 1. (ignorante) thick, stupid. 2. (torpe) clumsy. 3. (maleducado) rude. ◇ m y f (ignorante, torpe) brute. ◇ f (animal) beast; **~ de carga** beast of burden.
bestial adj 1. (brutal) animal, brutal; (apetito) tremendous 2. fam (formidable) terrific.
bestialidad f 1. (brutalidad) brutality. 2. fam (tontería) rubbish (U), nonsense (U). 3. fam (montón): **una ~ de** tons (pl) o stacks (pl) of.
best-seller [bes'seler] (pl **best-sellers**) m best-seller.
besucón, -ona fam adj kissy.
besugo m 1. (animal) sea bream. 2. fam (persona) idiot.
besuquear fam vt to smother with kisses ◆ **besuquearse** vpr fam to smooch.
bético, -ca adj (andaluz) Andalusian.
betún m 1. (para calzado) shoe polish. 2. (QUÍM) bitumen.
bianual adj 1. (dos veces al año) twice-yearly 2. (cada dos años) biennial.
biberón m (baby's) bottle; **dar el ~ a** to bottle-feed.
Biblia f Bible.

bibliografía f bibliography.
biblioteca f 1. (gen) library. 2. (mueble) bookcase.
bibliotecario, -ria m y f librarian
bicarbonato m bicarbonate of soda.
bicentenario m bicentenary
bíceps m inv biceps.
bicho m 1. (animal) beast, animal; (insecto) bug. 2. (pillo) little terror.
bici f fam bike.
bicicleta f bicycle.
bicolor adj two-coloured.
bidé m bidet.
bidimensional adj two-dimensional.
bidón m drum (for oil etc); (lata) can, canister; (de plástico) (large) bottle.
biela f connecting rod.
bien ◇ adv 1. (como es debido, adecuado) well; **has hecho ~** you did the right thing; **habla inglés ~** she speaks English well; **cierra ~ la puerta** shut the door properly; **hiciste ~ en decírmelo** you were right to tell me. 2. (expresa opinión favorable): **estar ~** (de aspecto) to be nice; (de salud) to be o feel well; (de calidad) to be good; (de comodidad) to be comfortable; **está ~ que te vayas, pero antes despídete** it's all right for you to go, but say goodbye first; **oler ~** to smell nice; **pasarlo ~** to have a good time; **sentar ~ a alguien** (ropa) to suit sb; (comida) to agree with sb; (comentario) to please sb. 3. (muy, bastante) very; **hoy me he levantado ~ temprano** I got up nice and early today; **quiero un vaso de agua ~ fría** I'd like a nice cold glass of water. 4. (vale, de acuerdo) all right, OK; **¿nos vamos? - ~** shall we go? - all right o OK. 5. (de buena gana, fácilmente) quite happily; **ella ~ que lo haría, pero no la dejan** she'd be happy to do it, but they won't let her. 6. loc: **¡está ~!** (bueno, vale) all right then!; (es suficiente) that's enough!; **¡ya está ~!** that's enough!; **¡muy ~!** very good!, excellent! ◇ adj inv (adinerado) well-to-do. ◇ conj: **~ ... ~ ...** = either ... or; **dáselo ~ a mi hermano, ~ a mi padre** either give it to my brother or my father. ◇ m good; **el ~ y el mal** good and evil; **por el ~ de** for the sake of; **lo hice por tu ~** I did it for your own good. ◆ **bienes** mpl 1. (patrimonio) property (U); **~es inmuebles** o **raíces** real estate (U); **~es gananciales** shared possessions; **~es muebles** personal property (U). 2. (productos) goods; **~es de consumo** consumer goods. ◆ **más bien** loc adv rather; **no**

estoy contento, más ~ estupefacto I'm not so much happy as stunned. ◆ **no bien** *loc adv* no sooner, as soon as; **no ~ me había marchado cuando empezaron a ..** no sooner had I gone than they started .. ◆ **si bien** *loc conj* although, even though.

bienal *f* biennial exhibition.

bienaventurado, -da *m y f* (RELIG) blessed person.

bienestar *m* wellbeing

bienhechor, -ra *m y f* benefactor (*f* benefactress).

bienio *m* (*periodo*) two years (pl).

bienvenido, -da ◇ *adj* welcome. ◇ *interj* ¡~! welcome! ◆ **bienvenida** *f* welcome; **dar la bienvenida a alguien** to welcome sb.

bies *m inv* bias binding; **al ~** (*costura*) on the bias; (*sombrero etc*) at an angle.

bife *m CSur* steak.

bífido, -da *adj* forked.

biftec = **bistec**.

bifurcación *f* fork; (TECN) bifurcation.

bifurcarse *vpr* to fork.

bigamia *f* bigamy.

bígamo, -ma ◇ *adj* bigamous. ◇ *m y f* bigamist.

bigote *m* moustache.

bigotudo, -da *adj* with a big moustache.

bikini = **biquini**.

bilateral *adj* bilateral

biliar *adj* bile (*antes de sust*).

bilingüe *adj* bilingual.

bilis *f inv* lit & fig bile.

billar *m* 1. (*juego*) billiards (U). 2. (*sala*) billiard hall.

billete *m* 1. (*dinero*) note *Br*, bill *Am*. 2. (*de rifa, transporte etc*) ticket; **~ de ida y vuelta** return (ticket) *Br*, round-trip (ticket) *Am*; **~ sencillo** single (ticket) *Br*, one-way (ticket) *Am*. 3. (*de lotería*) lottery ticket.

billetera *f*, **billetero** *m* wallet.

billón *núm* billion *Br*, trillion *Am*; *ver también* **seis**.

bingo *m* 1. (*juego*) bingo. 2. (*sala*) bingo hall. 3. (*premio*) (full) house.

binóculo *m* pince-nez.

biodegradable *adj* biodegradable.

biografía *f* biography.

biográfico, -ca *adj* biographical.

biógrafo, -fa *m y f* (*persona*) biographer

biología *f* biology.

biológico, -ca *adj* biological

biólogo, -ga *m y f* biologist.

biombo *m* (folding) screen.

biopsia *f* biopsy.

bioquímico, -ca ◇ *adj* biochemical ◇ *m y f* (*persona*) biochemist ◆ **bioquímica** *f* (*ciencia*) biochemistry

biorritmo *m* biorhythm

bipartidismo *m* two-party system.

bipartito, -ta *adj* bipartite.

biplaza *m* two-seater

biquini, bikini *m* (*bañador*) bikini.

birlar *vt fam* to pinch, to nick.

Birmania Burma.

birra *f mfam* beer

birrete *m* 1. (*de clérigo*) biretta 2. (*de catedrático*) mortarboard.

birria *f fam* (*fealdad - persona*) sight, fright; (*- cosa*) monstrosity

bis (*pl* **bises**) ◇ *adj inv*: **viven en el 150 ~** they live at 150a. ◇ *m* encore

bisabuelo, -la *m y f* great-grandfather (*f* great-grandmother); **~s** great-grandparents.

bisagra *f* hinge.

bisección *f* bisection.

bisectriz *f* bisector.

biselar *vt* to bevel.

bisexual *adj, m y f* bisexual.

bisiesto → **año**.

bisnieto, -ta *m y f* great-grandchild, great-grandson (*f* great-granddaughter).

bisonte *m* bison.

bisoño, -ña *m y f* novice

bistec, biftec *m* steak

bisturí (*pl* **bisturíes**) *m* scalpel

bisutería *f* imitation jewellery

bit [bit] (*pl* **bits**) *m* (INFORM) bit.

bíter, bitter *m* bitters (U)

bizco, -ca *adj* cross-eyed.

bizcocho *m* (*de repostería*) sponge.

bizquear *vi* to squint

blanco, -ca ◇ *adj* white. ◇ *m y f* (*persona*) white (person). ◆ **blanco** *m* 1. (*color*) white. 2. (*diana*) target; **dar en el ~** (DEP & MIL) to hit the target; *fig* to hit the nail on the head. 3. *fig* (*objetivo*) target; (*de miradas*) object 4. (*espacio vacío*) blank (space). ◆ **blanca** *f* (MÚS) minim; **estar ο quedarse sin blanca** *fig* to be flat broke ◆ **blanco del ojo** *m* white of the eye ◆ **en blanco** *loc adv* 1. (*gen*) blank; **se quedó con la mente en ~** his mind went blank. 2. (*sin dormir*): **una noche en ~** a sleepless night

blancura *f* whiteness.

blandengue *adj* lit & fig weak.

blandir *vt* to brandish.

blando, -da adj 1. (gen) soft; (carne) tender. 2. fig (persona - débil) weak; (- indulgente) lenient, soft.

blandura f 1. (gen) softness; (de carne) tenderness. 2. fig (debilidad) weakness; (indulgencia) leniency.

blanquear vt 1. (ropa) to whiten; (con lejía) to bleach. 2. (con cal) to white-wash. 3. fig (dinero) to launder.

blanquecino, -na adj off-white.

blanqueo m 1. (de ropa) whitening; (con lejía) bleaching. 2. (encalado) whitewashing. 3. fig (de dinero) laundering.

blanquillo m CAm & Méx egg.

blasfemar vi (RELIG): ~ (contra) to blaspheme (against).

blasfemia f (RELIG) blasphemy.

blasfemo, -ma adj blasphemous.

bledo m: me importa un ~ (lo que diga) fam I don't give a damn (about what he says).

blindado, -da adj armour-plated; (coche) armoured.

bloc [blok] (pl blocs) m pad; ~ de dibujo sketchpad.

bloque m 1. (gen & INFORM) block. 2. (POLÍT) bloc. 3. (MEC) cylinder block.

bloquear vt 1. (gen & DEP) to block. 2. (aislar - suj: ejército, barcos) to blockade; (- suj: nieve, inundación) to cut off. 3. (FIN) to freeze.

bloqueo m 1. (gen & DEP) blocking; ~ mental mental block 2. (ECON & MIL) blockade. 3. (FIN) freeze, freezing (U).

blues [blus] m inv (MÚS) blues.

blusa f blouse.

blusón m smock.

bluyín m, **bluyínes** mpl Amer jeans (pl).

boa f (ZOOL) boa.

bobada f fam: decir ~s to talk nonsense.

bobina f 1. (gen) reel; (en máquina de coser) bobbin. 2. (ELECTR) coil.

bobo, -ba ◇ adj 1. (tonto) stupid, daft. 2. (ingenuo) naïve. ◇ m y f 1. (tonto) idiot. 2. (ingenuo) simpleton.

boca f 1. (gen) mouth; ~ arriba/abajo face up/down; abrir o hacer ~ to whet one's appetite; se me hace la ~ agua it makes my mouth water. 2. (entrada) opening; (de cañón) muzzle; ~ de metro tube o underground entrance Br, subway entrance Am. ◆ boca a boca m mouth-to-mouth resuscitation.

bocacalle f (entrada) entrance (to a street); (calle) side street; gire en la tercera ~ take the third turning.

bocadillo m (CULIN) sandwich.

bocado m 1. (comida) mouthful. 2. (mordisco) bite.

bocajarro ◆ a bocajarro loc adv point-blank; se lo dije a ~ I told him to his face.

bocanada f (de líquido) mouthful; (de humo) puff; (de viento) gust.

bocata m fam sarnie.

bocazas m y f inv fam despec big mouth, blabbermouth.

boceto m sketch, rough outline

bocha f (bolo) bowl. ◆ bochas fpl (juego) bowls (U).

bochorno m 1. (calor) stifling o muggy heat. 2. (vergüenza) embarrassment.

bochornoso, -sa adj 1. (tiempo) muggy. 2. (vergonzoso) embarrassing.

bocina f 1. (AUTOM & MÚS) horn. 2. (megáfono) megaphone, loudhailer.

boda f wedding

bodega f 1. (cava) wine cellar. 2. (tienda) wine shop; (bar) bar. 3. (en buque, avión) hold.

bodegón m (ARTE) still life.

bodrio m fam despec (gen) rubbish (U); (comida) pigswill (U); ¡qué ~! what a load of rubbish!

body ['boði] (pl bodies) m body (garment).

BOE (abrev de Boletín Oficial del Estado) m official Spanish gazette.

bofetada f slap (in the face).

bofetón m hard slap (in the face).

bofia f fam: la ~ the cops (pl)

boga f: estar en ~ to be in vogue.

bogavante m lobster.

Bogotá Bogotá.

bohemio, -mia adj 1. (vida etc) bohemian. 2. (de Bohemia) Bohemian.

boicot (pl boicots), **boycot** (pl boycots) m boycott.

boicotear, boycotear vt to boycott.

boina f beret.

boîte [bwat] (pl boîtes) f nightclub.

boj (pl bojes) m (árbol) box.

bol (pl boles) m bowl.

bola f 1. (gen) ball; (canica) marble; ~s de naftalina mothballs. 2. fam (mentira) fib.

bolada f CSur fam opportunity.

bolea f (DEP) volley.

bolear vt Méx to shine, to polish.

bolera f bowling alley.

bolería f Amer box office.

boletero, -ra m y f Amer box office attendant.

boletín m journal, periodical; ~ de

noticias o **informativo** news bulletin; ~ **meteorológico** weather forecast; ~ **de prensa** press release.

boleto m **1.** (de lotería, rifa) ticket; (de quinielas) coupon **2.** Amer (billete) ticket.

boli m fam Biro®

boliche m **1.** (en la petanca) jack. **2.** (bolos) ten-pin bowling **3.** (bolera) bowling alley **4.** CSur (tienda) small grocery store. **5.** CSur (bar) bar.

bólido m racing car.

bolígrafo m ballpoint pen, Biro®.

bolívar m bolivar.

Bolivia Bolivia.

boliviano, -na adj, m y f Bolivian

bollo m **1.** (para comer - de pan) (bread) roll; (- dulce) bun **2.** (abolladura) dent; (abultamiento) bump.

bolo m **1.** (DEP) (pieza) skittle. **2.** (actuación) show. **3.** CAm (borracho) drunk. ◆ **bolos** mpl (deporte) skittles.

bolsa f **1.** (gen) bag; ~ **de aire** air pocket; ~ **de basura** bin liner; ~ **de deportes** holdall, sports bag; ~ **de plástico** (en tiendas) carrier o plastic bag; ~ **de viaje** travel bag **2.** (FIN): ~ (de valores) stock exchange, stock market; **la ~ ha subido/bajado** share prices have gone up/down; **jugar a la ~** to speculate on the stock market. **3.** (MIN) pocket. **4.** (ANAT) sac. **5.** CSur: ~ (de dormir) sleeping bag.

bolsillo m pocket; **de ~** pocket (antes de sust); **lo pagué de mi ~** I paid for it out of my own pocket.

bolso m bag; Esp (de mujer) handbag.

boludo, -da m y f CSur fam prat Br, jerk Am.

bomba ◇ f **1.** (explosivo) bomb; ~ **atómica** atom o nuclear bomb; ~ **de mano** (hand) grenade. **2.** (máquina) pump. **3.** fig (acontecimiento) bombshell. **4.** Amer (gasolinera) petrol station Br, gas station Am. **5.** loc: **pasarlo ~** fam to have a great time. ◇ adj inv fam astounding.

bombachas fpl CSur knickers.

bombachos mpl baggy trousers.

bombardear vt lit & fig to bombard.

bombardeo m bombardment.

bombardero m (avión) bomber.

bombazo m fig (noticia) bombshell.

bombear vt (gen & DEP) to pump.

bombero, -ra m y f **1.** (de incendios) fireman (f firewoman). **2.** Col (de gasolinera) petrol-pump Br o gas-pump Am attendant.

bombilla f light bulb.

bombillo m CAm light bulb.

bombín m bowler (hat).

bombo m **1.** (MÚS) bass drum. **2.** fam fig (elogio) hype; **a ~ y platillo** with a lot of hype. **3.** (MEC) drum.

bombón m (golosina) chocolate.

bombona f cylinder; ~ **de butano** (butane) gas cylinder

bonachón, -ona fam adj kindly.

bonanza f **1.** (de tiempo) fair weather; (de mar) calm at sea. **2.** fig (prosperidad) prosperity.

bondad f (cualidad) goodness; (inclinación) kindness; **tener la ~ de hacer algo** to be kind enough to do sthg.

bondadoso, -sa adj kind, good-natured.

boniato m sweet potato.

bonificar vt **1.** (descontar) to give a discount of. **2.** (mejorar) to improve.

bonito, -ta adj pretty; (bueno) nice ◆ **bonito** m bonito (tuna).

bono m **1.** (vale) voucher. **2.** (COM) bond.

bonobús m multiple-journey ticket.

bonoloto m Spanish state-run lottery.

boñiga f cowpat.

boquerón m (fresh) anchovy.

boquete m hole.

boquiabierto, -ta adj open-mouthed; fig astounded, speechless.

boquilla f **1.** (para fumar) cigarette holder. **2.** (de pipa, instrumento musical) mouthpiece. **3.** (de tubo, aparato) nozzle.

borbotear, borbotar vi to bubble.

borbotón m: **salir a borbotones** to gush out.

borda f (NÁUT) gunwale. ◆ **fuera borda** m (barco) outboard motorboat; (motor) outboard motor.

bordado, -da adj embroidered. ◆ **bordado** m embroidery.

bordar vt (coser) to embroider.

borde ◇ adj mfam (antipático) stroppy, miserable. ◇ m (gen) edge; (de carretera) side; (del mar) shore, seaside; (de río) bank; (de vaso, botella) rim; **al ~ de** fig on the verge o brink of.

bordear vt (estar alrededor de) to border; (moverse alrededor de) to skirt (round).

bordillo m kerb.

bordo m (NÁUT) board, side. ◆ **a bordo** loc adv on board

borla f tassel; (pompón) pompom

borrachera f **1.** (embriaguez) drunkenness (U) **2.** fig (emoción) intoxication.

borracho, -cha ◇ adj (ebrio) drunk.

◊ *m y f (persona)* drunk. ♦ **borracho**
m (bizcocho) = rum baba.

borrador *m* 1. *(escrito)* rough draft.
2. *(goma de borrar)* rubber *Br*, eraser
Am.

borrar *vt* 1. *(hacer desaparecer - con
goma)* to rub out *Br*, to erase *Am*; *(- en
ordenador)* to delete; *(- en casete)* to
erase. 2. *(tachar)* to cross out; *fig (de
lista etc)* to take off. 3. *fig (olvidar)* to
erase.

borrasca *f* thunderstorm.

borrego, -ga *m y f (animal)* lamb.

borrón *m* blot; *fig* blemish; **hacer ~ y
cuenta nueva** to wipe the slate clean.

borroso, -sa *adj (foto, visión)* blurred;
(escritura, texto) smudgy.

Bosnia Bosnia.

Bosnia Herzegovina Bosnia
Herzegovina.

bosnio, -nia *adj, m y f* Bosnian.

bosque *m (pequeño)* wood; *(grande)*
forest.

bosquejar *vt (esbozar)* to sketch
(out).

bosquejo *m (esbozo)* sketch.

bostezar *vi* to yawn.

bostezo *m* yawn.

bota *f* 1. *(calzado)* boot; **~s de agua** o
de lluvia wellingtons. 2. *(de vino)* small
leather container in which wine is kept.

botana *f Méx* snack, tapa.

botánico, -ca ◊ *adj* botanical. ◊ *m y
f (persona)* botanist ♦ **botánica** *f (ciencia)* botany.

botar ◊ *vt* 1. *(NÁUT)* to launch. 2. *fam
(despedir)* to throw o kick out.
3. *(pelota)* to bounce. 4. *Amer (tirar)* to
throw away. ◊ *vi* 1. *(saltar)* to jump.
2. *(pelota)* to bounce.

bote *m* 1. *(tarro)* jar. 2. *(lata)* can
3. *(botella de plástico)* bottle. 4. *(barca)*
boat; **~ salvavidas** lifeboat. 5. *(salto)*
jump; **dar ~s** *(gen)* to jump up and
down; *(en tren, coche)* to bump up and
down. 6. *(de pelota)* bounce; **dar ~s** to
bounce.

botella *f* bottle.

botellín *m* small bottle.

boticario, -ria *m y f desus* pharmacist

botijo *m* earthenware jug.

botín *m* 1. *(de guerra, atraco)* plunder,
loot. 2. *(calzado)* ankle boot.

botiquín *m (caja)* first-aid kit; *(mueble)* first-aid cupboard.

botón *m* button. ♦ **botones** *m inv (de
hotel)* bellboy, bellhop *Am*; *(de oficinas
etc)* errand boy.

boutique [bu'tik] *f* boutique

bóveda *f* *(ARQUIT)* vault.

box *(pl* **boxes)** *m (de coches)* pit;
entrar en ~es to make a pit stop.

boxeador, -ra *m y f* boxer.

boxear *vi* to box.

boxeo *m* boxing.

bóxer *(pl* **bóxers)** *m* boxer.

boya *f* 1. *(en el mar)* buoy. 2. *(de una
red)* float.

boyante *adj* 1. *(feliz)* happy. 2.
(próspero - empresa, negocio) prosperous; *(- economía, comercio)* buoyant.

boycot *etc* = **boicot**.

bozal *m (gen)* muzzle

bracear *vi (nadar)* to swim

braga *f Esp (gen pl)* knickers *(pl)*

bragueta *f* flies *(pl) Br*, zipper *Am*.

braille ['braile] *m* Braille.

bramar *vi* 1. *(animal)* to bellow.
2. *(persona - de dolor)* to groan; *(- de
ira)* to roar.

bramido *m* 1. *(de animal)* bellow
2. *(de persona - de dolor)* groan; *(- de
ira)* roar.

brandy, brandi *m* brandy.

branquia *f (gen pl)* gill.

brasa *f* ember; **a la ~** *(CULIN)* barbe-
cued.

brasero *m* brazier.

brasier, brassier *m Amer* bra.

Brasil: (el) ~ Brazil.

brasileño, -ña *adj, m y f* Brazilian.

brasilero, -ra *adj, m y f Amer*
Brazilian.

brassier = **brasier**.

bravata *f (gen pl)* 1. *(amenaza)* threat.
2. *(fanfarronería)* bravado *(U)*.

braveza *f* bravery.

bravío, -a *adj (salvaje)* wild; *(feroz)*
fierce.

bravo, -va *adj* 1. *(valiente)* brave.
2. *(animal)* wild. 3. *(mar)* rough.
♦ **bravo** ◊ *m (aplauso)* cheer. ◊ *interj*:
¡~! bravo!

bravuconear *vi despec* to brag.

bravura *f* 1. *(de persona)* bravery.
2. *(de animal)* ferocity.

braza *f* 1. *(DEP)* breaststroke; **nadar a
~** to swim breaststroke 2. *(medida)*
fathom.

brazada *f* stroke.

brazalete *m* 1. *(en la muñeca)*
bracelet 2. *(en el brazo)* armband

brazo *m* 1. *(gen & ANAT)* arm; *(de animal)* foreleg; **cogidos del ~** arm in
arm; **en ~s** in one's arms; **luchar a ~
partido** *(con empeño)* to fight tooth and
nail; **quedarse** o **estarse con los ~s
cruzados** *fig* to sit around doing noth-

ing; **ser el ~ derecho de alguien** to be sb's right-hand man (*f* woman) **2.** (*de árbol, río, candelabro*) branch; (*de grúa*) boom, jib. ◆ **brazo de gitano** *m* ≃ swiss roll

brea *f* **1.** (*sustancia*) tar. **2.** (*para barco*) pitch.

brebaje *m* concoction, foul drink.

brecha *f* **1.** (*abertura*) hole, opening. **2.** (MIL) breach. **3.** *fig* (*impresión*) impression.

bregar *vi* **1.** (*luchar*) to struggle. **2.** (*trabajar*) to work hard. **3.** (*reñir*) to quarrel.

breña *f* scrub

breve ◇ *adj* brief; **en ~** (*pronto*) shortly; (*en pocas palabras*) in short. ◇ *f* (MÚS) breve.

brevedad *f* shortness; **a** o **con la mayor ~** as soon as possible.

brezo *m* heather.

bribón, -ona *m y f* scoundrel, rogue.

bricolaje, bricolage *m* D.I.Y, do-it-yourself.

brida *f* (*de caballo*) bridle.

bridge *m* bridge.

brigada ◇ *m* (MIL) ≃ warrant officer. ◇ *f* **1.** (MIL) brigade. **2.** (*equipo*) squad, team; **~ antidisturbios/antidroga** riot/drug squad.

brillante ◇ *adj* **1.** (*reluciente - luz, astro*) shining; (*- metal, zapatos, pelo*) shiny; (*- ojos, sonrisa, diamante*) sparkling. **2.** (*magnífico*) brilliant ◇ *m* diamond.

brillantina *f* brilliantine, Brylcreem®

brillar *vi* lit & *fig* to shine.

brillo *m* **1.** (*resplandor - de luz*) brilliance; (*- de estrellas*) shining; (*- de zapatos*) shine. **2.** (*lucimiento*) splendour

brilloso, -sa *adj* Amer shining.

brincar *vi* (*saltar*) to skip (about); **~ de alegría** to jump for joy.

brinco *m* jump

brindar ◇ *vi* to drink a toast; **~ por algo/alguien** to drink to sthg/sb. ◇ *vt* to offer. ◆ **brindarse** *vpr*: **-se a hacer algo** to offer to do sthg

brindis *m inv* toast

brío *m* (*energía, decisión*) spirit, verve.

brisa *f* breeze.

británico, -ca ◇ *adj* British ◇ *m y f* British person, Briton; **los ~s** the British

brizna *f* **1.** (*filamento - de hierba*) blade; (*- de tabaco*) strand. **2.** *fig* (*un poco*) trace, bit.

broca *f* (drill) bit.

brocha *f* brush; **~ de afeitar** shaving brush.

brochazo *m* brushstroke.

broche *m* **1.** (*cierre*) clasp, fastener **2.** (*joya*) brooch.

broma *f* (*ocurrencia, chiste*) joke; (*jugarreta*) prank, practical joke; **en ~** as a joke; **gastar una ~ a alguien** to play a joke o prank on sb; **ni en ~** *fig* no way, not on your life.

bromear *vi* to joke.

bromista *m y f* joker.

bronca → bronco.

bronce *m* (*aleación*) bronze.

bronceado, -da *adj* tanned ◆ **bronceado** *m* tan.

bronceador, -ra *adj* tanning (*antes de sust*), suntan (*antes de sust*) ◆ **bronceador** *m* (*loción*) suntan lotion; (*leche*) suntan cream.

broncear *vt* to tan. ◆ **broncearse** *vpr* to get a tan.

bronco, -ca *adj* **1.** (*grave - voz*) harsh; (*- tos*) throaty **2.** *fig* (*brusco*) gruff. ◆ **bronca** *f* **1.** (*jaleo*) row. **2.** (*regañina*) scolding; **echar una bronca a alguien** to give sb a row, to tell sb off.

bronquio *m* bronchial tube.

bronquitis *f inv* bronchitis.

brotar *vi* **1.** (*planta*) to sprout, to bud. **2.** (*agua, sangre etc*): **~ de** to well up out of. **3.** *fig* (*esperanza, sospechas, pasiones*) to stir. **4.** (*en la piel*): **le brotó un sarpullido** he broke out in a rash.

brote *m* **1.** (*de planta*) bud, shoot. **2.** *fig* (*inicios*) sign, hint

broza *f* (*maleza*) brush, scrub

bruces ◆ **de bruces** *loc adv* face down; **se cayó de ~** he fell headlong, he fell flat on his face.

bruja → brujo

brujería *f* witchcraft, sorcery.

brujo, -ja *adj* (*hechicero*) enchanting ◆ **brujo** *m* wizard, sorcerer. ◆ **bruja** ◇ *f* **1.** (*hechicera*) witch, sorceress. **2.** (*mujer fea*) hag. **3.** (*mujer mala*) (old) witch. ◇ *adj inv* Carib & Méx fam (*sin dinero*) broke, skint.

brújula *f* compass.

bruma *f* (*niebla*) mist; (*en el mar*) sea mist.

bruñido *m* polishing.

brusco, -ca *adj* **1.** (*repentino, imprevisto*) sudden **2.** (*tosco, grosero*) brusque.

Bruselas Brussels.

brusquedad *f* **1.** (*imprevisión*) suddenness **2.** (*grosería*) brusqueness

brutal *adj* (*violento*) brutal

brutalidad *f* (*cualidad*) brutality.

bruto, -ta ◇ *adj* 1. *(torpe)* clumsy; *(ignorante)* thick, stupid; *(maleducado)* rude. 2. *(sin tratar)*: **en ~** *(diamante)* uncut; *(petróleo)* crude. 3. *(sueldo, peso etc)* gross. ◇ *m y f* brute.

Bta. *abrev de* beata

Bto. *abrev de* beato.

bubónica → peste.

bucal *adj* oral

Bucarest Bucharest.

bucear *vi (en agua)* to dive.

buceo *m (underwater)* diving

bucle *m (rizo)* curl, ringlet.

Budapest Budapest.

budismo *m* Buddhism.

buen → bueno.

buenas → bueno.

buenaventura *f (adivinación)* fortune; **leer la ~ a alguien** to tell sb's fortune.

bueno, -na *(compar* **mejor,** *superl m* **el mejor,** *superl f* **la mejor)** *adj (antes de sust masculino:* **buen)** 1. *(gen)* good. 2. *(bondadoso)* kind, good; **ser ~ con alguien** to be good to sb. 3. *(curado, sano)* well, all right. 4. *(apacible - tiempo, clima)* nice, fine. 5. *(aprovechable)* all right; *(comida)* fresh. 6. *(uso enfático)*: **ese buen hombre** that good man; **un buen día** one fine day. 7. *loc*: **de buen ver** good-looking; **de buenas a primeras** *(de repente)* all of a sudden; *(a simple vista)* at first sight; **estar ~** *fam (persona)* to be a bit of all right, to be tasty; **estar de buenas** to be in a good mood; **lo ~ es que ...** the best thing about it is that ... ◆ **bueno** ◇ *m* (CIN): **el ~** the goody. ◇ *adv* 1. *(vale, de acuerdo)* all right, O.K. 2. *(pues)* well. ◇ *interj Méx (al teléfono)*: **¡~!** hello. ◆ **buenas** *interj*: **¡buenas!** hello!

Buenos Aires Buenos Aires.

buey *(pl* **bueyes)** *m* ox.

búfalo *m* buffalo.

bufanda *f* scarf.

bufar *vi (toro, caballo)* to snort.

bufé *(pl* **bufés),** **buffet** *(pl* **buffets)** *m (en restaurante)* buffet.

bufete *m* lawyer's practice.

buffet = bufé.

bufido *m (de toro, caballo)* snort

bufón *m* buffoon, jester.

buhardilla *f (habitación)* attic

búho *m* owl.

buitre *m* lit & fig vulture.

bujía *f* (AUTOM) spark plug.

bulbo *m* (ANAT & BOT) bulb.

buldozer *(pl* **buldozers),** **bulldozer** *(pl* **bulldozers)** [bul'doθer] *m* bulldozer.

bulevar *(pl* **bulevares)** *m* boulevard.

Bulgaria Bulgaria.

búlgaro, -ra *adj, m y f* Bulgarian.
◆ **búlgaro** *m (lengua)* Bulgarian.

bulla *f* racket, uproar; **armar ~** to kick up a racket.

bulldozer = buldozer.

bullicio *m (de ciudad, mercado)* hustle and bustle; *(de multitud)* hubbub.

bullicioso, -sa *adj* 1. *(agitado - reunión, multitud)* noisy; *(- calle, mercado)* busy, bustling. 2. *(inquieto)* rowdy

bullir *vi* 1. *(hervir)* to boil; *(burbujear)* to bubble. 2. *fig (multitud)* to bustle; *(ratas, hormigas etc)* to swarm; *(mar)* to boil; **~ de** to seethe with

bulto *m* 1. *(volumen)* bulk, size; **escurrir el ~** *(trabajo)* to shirk; *(cuestión)* to evade the issue. 2. *(abombamiento - en rodilla, superficie etc)* bump; *(- en maleta, bolsillo etc)* bulge. 3. *(forma imprecisa)* blurred shape. 4. *(paquete)* package; *(maleta)* item of luggage; *(fardo)* bundle; **~ de mano** piece ○ item of hand luggage.

bumerán *(pl* **bumeráns),** **bumerang** *(pl* **bumerangs)** *m* boomerang.

bungalow [bunga'lo] *(pl* **bungalows)** *m* bungalow.

búnquer *(pl* **búnquers),** **bunker** *(pl* **bunkers)** *m (refugio)* bunker.

buñuelo *m* (CULIN - *dulce)* ≃ doughnut; *(- de bacalao etc)* ≃ dumpling

BUP *m* academically orientated secondary-school course taught in Spain for pupils aged 14-17.

buque *m* ship; **~ nodriza** supply ship.

burbuja *f* bubble; **hacer ~s** to bubble.

burbujear *vi* to bubble.

burdel *m* brothel.

burdo, -da *adj (gen)* crude; *(tela)* coarse.

burgués, -esa *adj* middle-class, bourgeois.

burguesía *f* middle class; (HIST & POLÍT) bourgeoisie.

burla *f* 1. *(mofa)* taunt; **hacer ~ de** to mock. 2. *(broma)* joke. 3. *(engaño)* trick.

burlar *vt (esquivar)* to evade; *(ley)* to flout. ◆ **burlarse de** *vpr* to make fun of.

burlesco, -ca *adj (tono)* jocular; (LITER) burlesque.

burlón, -ona *adj (sarcástico)* mocking.

burocracia *f* bureaucracy.

burócrata *m y f* bureaucrat.

burrada *f (acción, dicho)*: **hacer ~s** to act stupidly; **decir ~s** to talk nonsense.

burro, -rra *m y f* **1.** *(animal)* donkey; **no ver tres en un ~** *fam* to be as blind as a bat. **2.** *fam (necio)* dimwit.

bursátil *adj* stock-market *(antes de sust)*.

bus *(pl* **buses)** *m* (AUTOM & INFORM) bus.

busca ◇ *f* search; **en ~ de** in search of; **la ~ de** the search for. ◇ *m* → **buscapersonas**.

buscapersonas, busca *m inv* bleeper

buscar ◇ *vt* **1.** *(gen)* to look for; *(provecho, beneficio propio)* to seek; **voy a ~ el periódico** I'm going for the paper ○ to get the paper; **ir a ~ a alguien** to pick sb up. **2.** *(en diccionario, índice, horario)* to look up. **3.** (INFORM) to search for. ◇ *vi* to look. ◆ **buscarse** *vpr (personal, aprendiz etc)*: **'se busca camarero'** 'waiter wanted'.

buscón, -ona *m y f (estafador)* swindler.

búsqueda *f* search.

busto *m* **1.** *(pecho)* chest; *(de mujer)* bust. **2.** *(escultura)* bust.

butaca *f* **1.** *(mueble)* armchair. **2.** *(localidad)* seat.

butano *m* butane (gas).

butifarra *f* type of Catalan pork sausage.

buzo *m* **1.** *(persona)* diver. **2.** *CSur (chandal)* tracksuit.

buzón *m* letter box; **echar algo al ~** to post sthg

byte [bait] *(pl* **bytes)** *m* (INFORM) byte.

C

c, C *f (letra)* c, C.

c., c/ *(abrev de* **calle)** St.

c/ **1.** *(abrev de* **cuenta)** a/c. **2.** = **c.**

cabal *adj* **1.** *(honrado)* honest. **2.** *(exacto)* exact; *(completo)* complete. ◆ **cabales** *mpl*: **no estar en sus ~es** not to be in one's right mind.

cábala *f (gen pl) (conjeturas)* guess.

cabalgar *vi* to ride.

cabalgata *f* cavalcade, procession

caballa *f* mackerel.

caballería *f* **1.** *(animal)* mount, horse. **2.** *(cuerpo militar)* cavalry.

caballeriza *f* stable.

caballero ◇ *adj (cortés)* gentlemanly ◇ *m* **1.** *(gen)* gentleman; *(al dirigir la palabra)* sir; **ser todo un ~** to be a real gentleman; **'caballeros'** *(en aseos)* 'gents'; *(en grandes almacenes)* 'menswear'. **2.** *(miembro de una orden)* knight.

caballete *m* **1.** *(de lienzo)* easel. **2.** *(de mesa)* trestle. **3.** *(de nariz)* bridge.

caballito *m* small horse, pony ◆ **caballitos** *mpl (de feria)* merry-go-round *(sg)*.

caballo *m* **1.** *(animal)* horse; **montar a ~** to ride. **2.** *(pieza de ajedrez)* knight. **3.** *(naipe)* ≈ queen **4.** (MEC): **~ (de fuerza** ○ **de vapor)** horsepower.

cabaña *f* **1.** *(choza)* hut, cabin. **2.** *(ganado)* livestock *(U)*.

cabaret *(pl* **cabarets)** *m* cabaret

cabecear *vi* **1.** *(persona - negando)* to shake one's head; *(- afirmando)* to nod one's head. **2.** *(caballo)* to toss its head. **3.** *(dormir)* to nod (off).

cabecera *f* **1.** *(gen)* head; *(de cama)* headboard. **2.** *(de texto)* heading; *(de periódico)* headline. **3.** *(de río)* head-waters *(pl)*

cabecilla *m y f* ringleader

cabellera *f* long hair *(U)*.

cabello *m* hair *(U)*.

caber *vi* **1.** *(gen)* to fit; **no cabe nadie más** there's no room for anyone else; **no me cabe en el dedo** it won't fit my finger. **2.** (MAT): **nueve entre tres caben a tres** three into nine goes three (times). **3.** *(ser posible)* to be possible; **cabe destacar que ...** it's worth pointing out that ..

cabestrillo ◆ **en cabestrillo** *loc adj* in a sling.

cabestro *m (animal)* leading ox.

cabeza *f* **1.** *(gen)* head; **por ~** per head; **obrar con ~** to use one's head; **tirarse de ~ (a)** to dive (into); **venir a la ~** to come to mind; **~ (lectora)** *(gen)* head; *(de tocadiscos)* pickup **2.** *(pelo)* hair. **3.** *(posición)* front, head; **a la** ○ **en ~** *(en competición etc)* in front; *(en lista)* at the top ○ head **4.** *loc*: **andar** ○ **estar mal de la ~** to be funny in the head; **se le ha metido en la ~ que ...** he has got it into his head that . .; **sentar la ~** to settle down ◆ **cabeza de ajo** *f* head of garlic. ◆ **cabeza de turco** *f* scapegoat.

cabezada f 1. (de sueño) nod, nodding (U); **dar ~s** to nod off. 2. (golpe) butt.

cabezal m (de aparato) head.

cabezón, -ona adj (terco) pigheaded, stubborn.

cabida f capacity.

cabina f 1. (locutorio) booth, cabin; **~ telefónica** phone box Br, phone booth 2. (de avión) cockpit; (de camión) cab. 3. (vestuario - en playa) bathing hut; (- en piscina) changing cubicle.

cabinera f Col air hostess.

cabizbajo, -ja adj crestfallen.

cable m cable

cablegrafiar vt to cable.

cabo m 1. (GEOGR) cape. 2. (NÁUT) cable, rope. 3. (MIL) corporal. 4. (trozo) bit, piece; (trozo final) stub, stump; (de cuerda) end. 5. loc: **llevar algo a ~** to carry sthg out. ◆ **cabo suelto** m loose end. ◆ **al cabo de** loc prep after

cabra f (animal) goat; **estar como una ~** fam to be off one's head.

cabré → caber.

cabrear vt mfam: **~ a alguien** to get sb's goat, to annoy sb.

cabría → caber.

cabriola f prance; **hacer ~s** to prance about

cabritas fpl Chile popcorn.

cabrito m (animal) kid (goat).

cabro, -bra m y f Andes fam kid.

cabrón, -ona vulg ◇ adj: **¡qué ~ eres!** you bastard! ◇ m y f bastard (f bitch).

cabuya f CAm rope.

caca f fam 1. (excremento) pooh. 2. (cosa sucia) nasty o dirty thing.

cacahuate m Méx peanut.

cacahuete m Esp (fruto) peanut.

cacao m 1. (bebida) cocoa. 2. (árbol) cacao.

cacarear vi (gallo) to cluck, to cackle.

cacatúa f (ave) cockatoo.

cacería f hunt.

cacerola f pot, pan.

cachalote m sperm whale

cacharro m 1. (recipiente) pot; **fregar los ~s** to do the dishes. 2. fam (trasto) junk (U), rubbish (U). 3. (máquina) crock; (coche) banger.

cachear vt to frisk.

cachemir m, **cachemira** f cashmere.

cacheo m frisk, frisking (U)

cachet [ka'tʃe] m 1. (distinción) cachet. 2. (cotización de artista) fee.

cachetada f Amer fam smack

cachete m 1. (moflete) chubby cheek. 2. (bofetada) slap.

cachirulo m (chisme) thingamajig.

cachivache m fam knick-knack

cacho m 1. fam (pedazo) piece, bit 2. Amer (asta) horn.

cachondearse vpr fam: **~ (de)** to take the mickey (out of).

cachondeo m fam 1. (diversión) lark. 2. despec (cosa poco seria) joke

cachondo, -da fam adj 1. (divertido) funny 2. (salido) randy

cachorro, -rra m y f (de perro) puppy; (de gato) kitten; (de león, lobo, oso) cub.

cacique m 1. (persona influyente) cacique, local political boss 2. (jefe indio) chief.

caco m fam thief

cacto, cactus (pl cactus) m cactus

cada adj inv 1. (gen) each; (con números, tiempo) every; **~ dos meses** every two months; **~ cosa a su tiempo** one thing at a time; **~ cual** each one, everyone; **~ uno de** each of. 2. (valor progresivo): **~ vez más** more and more; **~ vez más largo** longer and longer; **~ día más** more and more each day. 3. (valor enfático) such; **¡se pone ~ sombrero!** she wears such hats!

cadalso m scaffold.

cadáver m corpse, (dead) body.

cadena f 1. (gen) chain; **en ~** (accidente) multiple. 2. (TV) channel. 3. (RADIO - emisora) station; (- red de emisoras) network. 4. (de proceso industrial) line; **~ de montaje** assembly line. 5. (aparato de música) sound system. 6. (GEOGR) range ◆ **cadena perpetua** f life imprisonment.

cadencia f (ritmo) rhythm, cadence.

cadera f hip.

cadete m cadet.

caducar vi 1. (carnet, ley, pasaporte etc) to expire. 2. (medicamento) to pass its use-by date; (alimento) to pass its sell-by date.

caducidad f expiry.

caduco, -ca adj 1. (viejo) decrepit; (idea) outmoded 2. (desfasado) no longer valid.

caer vi 1. (gen) to fall; (diente, pelo) to fall out; **dejar ~ algo** to drop sthg; **~ bajo** to sink (very) low; **estar al ~** to be about to arrive 2. (al perder equilibrio) to fall over o down; **~ de un tejado/caballo** to fall from a roof/horse 3. fig (sentar): **~ bien/mal (a alguien)** (comentario, noticia etc) to go down well/badly (with sb). **4.** *fig (mostrarse)*: **me cae bien/mal** I like/don't like him. **5.** *fig (estar situado)*: **cae cerca de aquí** it's not far from here **6.** *fig (recordar)*: **~ (en algo)** to be able to remember (sthg). ♦ **caer en** *vi* **1.** *(entender)* to get, to understand; *(solución)* to hit upon. **2.** *(coincidir - fecha)* to fall on; **cae en domingo** it falls on a Sunday. **3.** *(incurrir)* to fall into. ♦ **caerse** *vpr* **1.** *(persona)* to fall over o down. **2.** *(objetos)* to drop, to fall. **3.** *(desprenderse - diente, pelo etc)* to fall out; *(- botón)* to fall off; *(- cuadro)* to fall down.

café *(pl cafés)* *m* **1.** *(gen)* coffee; **~ solo/con leche** black/white coffee; **~ instantáneo** o **soluble** instant coffee. **2.** *(establecimiento)* cafe.

cafeína *f* caffeine.

cafetera → **cafetero**.

cafetería *f* cafe.

cafetero, -ra *m y f* **1.** *(cultivador)* coffee grower. **2.** *(comerciante)* coffee merchant. ♦ **cafetera** *f* **1.** *(gen)* coffee pot. **2.** *(en bares)* expresso machine; *(eléctrica)* percolator, coffee machine.

cafiche *m Amer fam* pimp.

cagar *vulg vi (defecar)* to shit. ♦ **cagarse** *vpr vulg lit & fig* to shit o.s.

caído, -da *adj (árbol, hoja)* fallen. ♦ **caída** *f* **1.** *(gen)* fall, falling (U); *(de diente, pelo)* loss. **2.** *(de paro, precios, terreno)*: **caída (de)** drop (in). **3.** *(de falda, vestido etc)* drape. ♦ **caídos** *mpl*: **los ~s** the fallen.

caiga *etc* → **caer**.

caimán *m* **1.** *(animal)* alligator, cayman. **2.** *fig (persona)* sly fox.

caja *f* **1.** *(gen)* box; *(para transporte, embalaje)* crate; **una ~ de cervezas** a crate of beer; **~ torácica** thorax. **2.** *(de reloj)* case; *(de engranajes etc)* housing; **~ de cambios** gearbox. **3.** *(ataúd)* coffin. **4.** *(de dinero)* cash box; **~ fuerte** o **de caudales** safe, strongbox. **5.** *(en tienda, supermercado)* till; *(en banco)* cashier's desk. **6.** *(banco)*: **~ (de ahorros)** savings bank. **7.** *(hueco - de chimenea, ascensor)* shaft. **8.** (IMPRENTA) case. **9.** *(de instrumento musical)* body. ♦ **caja negra** *f* black box. ♦ **caja registradora** *f* cash register.

cajero, -ra *m y f (en tienda)* cashier; *(en banco)* teller. ♦ **cajero** *m*: **~ (automático)** cash machine, cash dispenser.

cajetilla *f* **1.** *(de cigarrillos)* packet. **2.** *(de cerillas)* box.

cajón *m* **1.** *(de mueble)* drawer. **2.**

(recipiente) crate, case. ♦ **cajón de sastre** *m* muddle, jumble.

cajuela *f Méx* boot *Br*, trunk *Am*.

cal *f* lime.

cala *f* **1.** *(bahía pequeña)* cove. **2.** *(del barco)* hold.

calabacín *m* courgette *Br*, zucchini *Am*.

calabacita *f Méx* courgette *Br*, zucchini *Am*.

calabaza *f* pumpkin, gourd

calabozo *m* cell.

calada → **calado**.

calado, -da *adj* soaked. ♦ **calado** *m* (NÁUT) draught ♦ **calada** *f (de cigarrillo)* drag.

calamar *m* squid.

calambre *m* **1.** *(descarga eléctrica)* (electric) shock **2.** *(contracción muscular)* cramp (U).

calamidad *f* calamity; **ser una ~** *fig* to be a dead loss.

calaña *f despec*: **de esa ~** of that ilk

calar ◇ *vt* **1.** *(empapar)* to soak. **2.** *fig (persona)* to see through. **3.** *(gorro, sombrero)* to jam on. **4.** *(fruta)* to cut a sample of. **5.** *(perforar)* to pierce ◇ *vi* **1.** (NÁUT) to draw. **2.** *fig (penetrar)*: **~ en** to have an impact on. ♦ **calarse** *vpr* **1.** *(empaparse)* to get soaked. **2.** *(motor)* to stall.

calavera *f (cráneo)* skull. ♦ **calaveras** *fpl Méx* (AUTOM) rear lights.

calcar *vt* **1.** *(dibujo)* to trace. **2.** *(imitar)* to copy.

calce *m (cuña)* wedge

calceta *f* stocking; **hacer ~** to knit.

calcetín *m* sock

calcificarse *vpr* to calcify.

calcinar *vt (quemar)* to char.

calcio *m* calcium.

calco *m* **1.** *(reproducción)* tracing. **2.** *fig (imitación)* carbon copy.

calcomanía *f* transfer.

calculador, -ra *adj lit & fig* calculating. ♦ **calculadora** *f* calculator.

calcular *vt* **1.** *(cantidades)* to calculate. **2.** *(suponer)* to reckon.

cálculo *m* **1.** *(operación)* calculation. **2.** *(ciencia)* calculus. **3.** *(evaluación)* estimate. **4.** (MED) stone, calculus.

caldear *vt* **1.** *(calentar)* to heat (up). **2.** *fig (excitar)* to warm up, to liven up.

caldera *f* **1.** *(recipiente)* cauldron. **2.** *(máquina)* boiler.

calderilla *f* small change.

caldero *m* cauldron.

caldo *m* **1.** *(sopa)* broth. **2.** *(caldillo)* stock. **3.** *(vino)* wine.

calefacción *f* heating; **~ central** central heating.

calefactor *m* heater.

calendario *m* calendar; ~ **escolar/laboral** school/working year.

calentador *m* 1. *(aparato)* heater. 2. *(prenda)* legwarmer.

calentar ◊ *vt (subir la temperatura de)* to heat (up), to warm (up). ◊ *vi (entrenarse)* to warm up. ♦ **calentarse** *vpr (por calor - suj: persona)* to warm o.s., to get warm; *(- suj: cosa)* to heat up.

calentura *f* 1. *(fiebre)* fever, temperature. 2. *(herida)* cold sore.

calesita *f* CSur merry-go-round.

calibrar *vt* 1. *(medir)* to calibrate, to gauge. 2. *(dar calibre a - arma)* to bore. 3. *fig (juzgar)* to gauge.

calibre *m* 1. *(diámetro - de pistola)* calibre; *(- de alambre)* gauge; *(- de tubo)* bore. 2. *(instrumento)* gauge. 3. *fig (tamaño)* size

calidad *f* 1. *(gen)* quality; **de ~** quality *(antes de sust)*; **~ de vida** quality of life. 2. *(clase)* class. 3. *(condición)*: **en ~ de** in one's capacity as.

cálido, -da *adj* warm.

caliente *adj* 1. *(gen)* hot; *(templado)* warm; **en ~** *fig* in the heat of the moment. 2. *fig (acalorado)* heated.

calificación *f* 1. *(atributo)* quality. 2. (EDUC) mark.

calificar *vt* 1. *(denominar)*: **~ a alguien de algo** to call sb sthg, to describe sb as sthg. 2. (EDUC) to mark 3. (GRAM) to qualify.

calificativo, -va *adj* qualifying. ♦ **calificativo** *m* epithet.

caligrafía *f* 1. *(arte)* calligraphy. 2. *(rasgos)* handwriting.

cáliz *m* (RELIG) chalice.

calizo, -za *adj* chalky. ♦ **caliza** *f* limestone.

callado, -da *adj* quiet, silent.

callar ◊ *vi* 1. *(no hablar)* to keep quiet, to be silent. 2. *(dejar de hablar)* to be quiet, to stop talking. ◊ *vt* 1. *(ocultar)* to keep quiet about; *(secreto)* to keep. 2. *(acallar)* to silence. ♦ **callarse** *vpr* 1. *(no hablar)* to keep quiet, to be silent. 2. *(dejar de hablar)* to be quiet, to stop talking; **¡cállate!** shut up! 3. *(ocultar)* to keep quiet about; *(secreto)* to keep

calle *f* 1. *(vía de circulación)* street, road; **~ arriba/abajo** up/down the street; **~ de dirección única** one-way street; **~ peatonal** pedestrian precinct. 2. (DEP) lane. 3. *loc:* **dejar a alguien en la ~** to put sb out of a job; **echar a alguien a la ~** *(de un trabajo)* to sack

sb; *(de un lugar público)* to kick o throw sb out.

callejear *vi* to wander the streets.

callejero, -ra *adj (gen)* street *(antes de sust)*; *(perro)* stray ♦ **callejero** *m (guía)* street map.

callejón *m* alley; **~ sin salida** cul-de-sac; *fig* blind alley, impasse.

callejuela *f* backstreet, side street.

callista *m y f* chiropodist

callo *m (dureza)* callus; *(en el pie)* corn. ♦ **callos** *mpl* (CULIN) tripe *(U)*.

calma *f* 1. *(sin ruido o movimiento)* calm; **en ~ calm.** 2. *(sosiego)* tranquility; **tómatelo con ~** take it easy. 3. *(apatía)* sluggishness, indifference.

calmante ◊ *adj* soothing. ◊ *m* sedative.

calmar *vt* 1. *(mitigar)* to relieve. 2. *(tranquilizar)* to calm, to soothe. ♦ **calmarse** *vpr* to calm down; *(dolor, tempestad)* to abate.

caló *m* gypsy dialect.

calor *m (gen)* heat; **entrar en ~** *(gen)* to get warm; *(público, deportista)* to warm up; **hacer ~** to be warm o hot; **tener ~** to be warm o hot.

caloría *f* calorie.

calumnia *f (oral)* slander; *(escrita)* libel.

calumniar *vt (oralmente)* to slander; *(por escrito)* to libel.

calumnioso, -sa *adj (de palabra)* slanderous; *(por escrito)* libellous.

caluroso, -sa *adj* 1. *(gen)* hot; *(templado)* warm. 2. *fig (afectuoso)* warm.

calva → **calvo.**

calvario *m* *fig (sufrimiento)* ordeal.

calvicie *f* baldness.

calvo, -va *adj* bald. ♦ **calva** *f (en la cabeza)* bald patch.

calza *f (cuña)* wedge, block.

calzado, -da *adj (con zapatos)* shod. ♦ **calzado** *m* footwear. ♦ **calzada** *f* road *(surface)*.

calzar *vt* 1. *(poner calzado)* to put on. 2. *(llevar un calzado)* to wear; **¿qué número calza?** what size do you take? 3. *(poner cuña a)* to wedge. ♦ **calzarse** *vpr* to put on.

calzo *m (cuña)* wedge

calzón *m (gen pl) desus (pantalón)* trousers *(pl)*. ♦ **calzones** *mpl* Amer *(bragas)* knickers *(pl)*

calzoncillo *m (gen pl)* underpants *(pl)*.

cama *f* bed; **estar en o guardar ~** to be confined to bed; **hacer la ~** to

make the bed; ~ **individual/de matri-monio** single/double bed.
camada *f* litter.
camafeo *m* cameo.
camaleón *m* lit & fig chameleon.
cámara ◇ *f* 1. (gen & TECN) chamber; ~ **alta/baja** upper/lower house; ~ **de aire/gas** air/gas chamber. 2. (CIN, FOT & TV) camera; ~ **digital** digital camera; **a ~ lenta** lit & fig in slow motion. 3. (de balón, neumático) inner tube. 4. (habitáculo) cabin ◇ *m y f* (persona) cameraman (f camerawoman).
camarada *m y f* (POLÍT) comrade.
camarero, -ra *m y f* (de restaurante) waiter (f waitress); (de hotel) steward (f chambermaid).
camarilla *f* clique; (POLÍT) lobby.
camarón *m* shrimp.
camarote *m* cabin.
cambiante *adj* changeable.
cambiar ◇ *vt* 1. (gen) to change; ~ **libras por pesetas** to change pounds into pesetas. 2. (canjear): ~ **algo (por)** to exchange sthg (for). ◇ *vi* 1. (gen) to change; ~ **de** (gen) to change; (casa) to move; ~ **de trabajo** to move jobs. 2. (AUTOM) (de marchas) to change gear. ◆ **cambiarse** *vpr*: ~**se (de)** (ropa) to change; (casa) to move; ~**se de vestido** to change one's dress.
cambio *m* 1. (gen) change. 2. (trueque) exchange; **a ~ (de)** in exchange o return (for). 3. (FIN - de acciones) price; (- de divisas) exchange rate; '**cambio**' 'bureau de change'. 4. (AUTOM): ~ **de marchas** o **velocidades** gear change; ~ **de sentido** U-turn. ◆ **cambio de rasante** *m* brow of a hill. ◆ **libre cambio** *m* 1. (ECON) (librecambismo) free trade. 2. (FIN) (de divisas) floating exchange rates (pl). ◆ **en cambio** *loc adv* 1. (por otra parte) on the other hand, however. 2. (en su lugar) instead.
camelar *vt* fam (seducir, engañar) to butter up, to win over.
camelia *f* camellia.
camello, -lla *m y f* (animal) camel. ◆ **camello** *m* fam (traficante) drug pusher o dealer.
camellón *m* Méx central reservation.
camerino *m* dressing room.
camilla ◇ *f* (gen) stretcher; (de psiquiatra, dentista) couch. ◇ *adj* → **mesa**.
caminante *m y f* walker.
caminar ◇ *vi* 1. (a pie) to walk. 2. fig (ir): ~ **(hacia)** to head (for). ◇ *vt* (una distancia) to travel, to cover.

caminata *f* long walk.
camino *m* 1. (sendero) path, track; (carretera) road; **abrir ~ a** to clear the way for; **abrirse ~** to get on o ahead. 2. (ruta) way; **a medio ~** halfway; **estar a medio ~** to be halfway there; **quedarse a medio ~** to stop halfway through; ~ **de** on the way to; **en el** o **de ~** on the way. 3. (viaje) journey; **ponerse en ~** to set off. 4. fig (medio) way.
camión *m* 1. (de mercancías) lorry Br, truck Am; ~ **cisterna** tanker; ~ **de la mudanza** removal van. 2. CAm & Méx (autobús) bus.
camionero, -ra *m y f* lorry driver Br, trucker Am.
camioneta *f* van.
camisa *f* 1. (prenda) shirt. 2. loc: **meterse en ~ de once varas** to complicate matters unnecessarily; **mudar** o **cambiar de ~** to change sides. ◆ **camisa de fuerza** *f* straitjacket.
camisería *f* (tienda) outfitter's
camiseta *f* 1. (ropa interior) vest. 2. (de verano) T-shirt. 3. (DEP - de tirantes) vest; (- de mangas) shirt.
camisola *f* (prenda interior) camisole.
camisón *m* nightdress.
camorra *f* trouble; **buscar ~** to look for trouble.
camote *m* Amer sweet potato.
campamento *m* camp.
campana *f* bell; ~ **extractora de humos** extractor hood.
campanada *f* 1. (de campana) peal. 2. (de reloj) stroke. 3. fig (suceso) sensation.
campanario *m* belfry, bell tower.
campanilla *f* 1. (de la puerta) (small) bell; (con mango) handbell. 2. (flor) campanula, bellflower.
campanilleo *m* tinkling (U).
campante *adj* fam: **estar** o **quedarse tan ~** to remain quite unruffled.
campaña *f* (gen) campaign; **de ~** (MIL) field (antes de sust).
campechano, -na *adj* fam genial, good-natured.
campeón, -ona *m y f* champion.
campeonato *m* championship; **de ~** fig terrific, great
campero, -ra *adj* country (antes de sust); (al aire libre) open-air ◆ **campera** *f* 1. (bota) ≃ cowboy boot. 2. CSur (chaqueta) jacket.
campesino, -na *m y f* farmer; (muy pobre) peasant
campestre *adj* country (antes de sust).

camping ['kampin] (*pl* **campings**) *m*
1. (*actividad*) camping; **ir de ~** to go
camping 2. (*terreno*) campsite.

campo *m* 1. (*gen &* INFORM) field; **~ de
aviación** airfield; **~ de batalla**
battlefield; **~ de tiro** firing range; **dejar
el ~ libre** *fig* to leave the field open. 2.
(*campiña*) country, countryside; **a ~
traviesa** cross country. 3. (DEP - *de fútbol*) pitch; (*- de tenis*) court; (*- de golf*)
course ◆ **campo de concentración**
m concentration camp.

camuflaje *m* camouflage.

cana → **cano**.

Canadá: (el) ~ Canada.

canadiense *adj, m y f* Canadian.

canal *m* 1. (*cauce artificial*) canal.
2. (GEOGR) (*estrecho*) channel, strait.
3. (RADIO & TV) channel. 4. (ANAT)
canal, duct. 5. (*de agua, gas*) conduit,
pipe. 6. *fig* (*medio, vía*) channel.

canalizar *vt* 1. (*territorio*) to canalize;
(*agua*) to channel. 2. *fig* (*orientar*) to
channel.

canalla *m y f* swine, dog.

canalón *m* (*de tejado*) gutter; (*en la
pared*) drainpipe

canapé *m* 1. (CULIN) canapé. 2. (*sofá*)
sofa, couch

Canarias *fpl*: **las (islas) ~** the Canary
Islands, the Canaries.

canario, -ria ◇ *adj* of the Canary
Islands. ◇ *m y f* (*persona*) Canary
Islander ◆ **canario** *m* (*pájaro*) canary.

canasta *f* (*gen &* DEP) basket.

canastilla *f* 1. (*cesto pequeño*) basket.
2. (*de bebé*) layette.

canasto *m* large basket.

cancela *f* wrought-iron gate.

cancelación *f* cancellation.

cancelar *vt* 1. (*anular*) to cancel.
2. (*deuda*) to pay, to settle.

cáncer *m* (MED *&* *fig*) cancer
◆ **Cáncer** ◇ *m* (*zodiaco*) Cancer. ◇ *m y
f* (*persona*) Cancer.

cancerígeno, -na *adj* carcinogen-
ic

canceroso, -sa *adj* (*úlcera, tejido*)
cancerous; (*enfermo*) suffering from
cancer.

canciller *m* 1. (*de gobierno, embajada*)
chancellor 2. (*de asuntos exteriores*)
foreign minister

canción *f* song; **~ de cuna** lullaby.

cancionero *m* songbook.

candado *m* padlock.

candela *f* 1. (*vela*) candle. 2. (*fuego*)
fire

candelabro *m* candelabra.

candelero *m* candlestick; **estar en el
~** *fig* to be in the limelight.

candente *adj* 1. (*incandescente*) red-
hot. 2. *fig* (*actual*) burning (*antes de
sust*).

candidato, -ta *m y f* candidate.

candidatura *f* (*para un cargo*) candi-
dacy.

candidez *f* ingenuousness.

cándido, -da *adj* ingenuous, simple.

candil *m* 1. (*lámpara*) oil lamp. 2. *Méx*
(*araña*) chandelier.

candilejas *fpl* footlights.

canelo, -la *adj fam fig* (*inocentón*)
gullible. ◆ **canela** *f* cinnamon.

canelón *m* (CULIN) cannelloni (*pl*).

cangrejo *m* crab.

canguro ◇ *m* (*animal*) kangaroo. ◇ *m
y f* *fam* (*persona*) babysitter; **hacer de ~**
to babysit.

caníbal *m y f* cannibal.

canica *f* (*pieza*) marble. ◆ **canicas** *fpl*
(*juego*) marbles.

caniche *m* poodle.

canijo, -ja *adj* sickly.

canilla *f* 1. (*espinilla*) shinbone. 2.
CSur (*grifo*) tap.

canillita *m Amer* newspaper seller.

canino, -na *adj* canine. ◆ **canino** *m*
(*diente*) canine (tooth).

canjear *vt* to exchange.

cano, -na *adj* grey. ◆ **cana** *f* grey
hair.

canoa *f* canoe.

canódromo *m* greyhound track.

canon *m* 1. (*norma*) canon. 2. (*modelo*)
ideal. 3. (*impuesto*) tax 4. (MÚS) canon.

canónigo *m* canon.

canonizar *vt* to canonize.

canoso, -sa *adj* grey; (*persona*) grey-
haired.

cansado, -da *adj* 1. (*gen*) tired; **~ de
algo/de hacer algo** tired of sthg/of
doing sthg. 2. (*pesado, cargante*) tiring.

cansador, -ra *adj CSur* boring.

cansancio *m* tiredness.

cansar ◇ *vt* to tire (out). ◇ *vi* to be
tiring. ◆ **cansarse** *vpr*: **~se (de)** *lit &*
fig to get tired (of).

Cantábrica → **cordillera**.

Cantábrico *m*: **el (mar) ~** the
Cantabrian Sea

cantaleta *f Amer* nagging.

cantante ◇ *adj* singing. ◇ *m y f*
singer.

cantaor, -ra *m y f* flamenco singer.

cantar ◇ *vt* 1. (*canción*) to sing. 2.
(*bingo, línea, el gordo*) to call (out). ◇ *vi*
1. (*persona, ave*) to sing; (*gallo*) to

crow; *(insecto)* to chirp. **2.** *fam fig (confesar)* to talk.

cántaro *m* large pitcher; **llover a ~s** to rain cats and dogs.

cante *m*: **~ (jondo** o **hondo)** flamenco singing.

cantera *f (de piedra)* quarry.

cantero *m Amer* flowerbed.

cantidad *f* **1.** *(medida)* quantity. **2.** *(abundancia)* abundance, large number; **en ~** in abundance; **~ de** lots of. **3.** *(número)* number. **4.** *(suma de dinero)* sum (of money).

cantilena, cantinela *f*: **la misma ~** *fig* the same old story.

cantimplora *f* water bottle.

cantina *f (de soldados)* mess; *(en fábrica)* canteen; *(en estación de tren)* buffet.

cantinela = **cantilena**.

canto *m* **1.** *(acción, arte)* singing. **2.** *(canción)* song. **3.** *(lado, borde)* edge; **de ~** edgeways. **4.** *(de cuchillo)* blunt edge. **5.** *(guijarro)* pebble; **~ rodado** *(pequeño)* pebble; *(grande)* boulder.

cantor, -ra *m y f* singer.

canturrear *vt & vi fam* to sing softly.

canuto *m* **1.** *(tubo)* tube. **2.** *fam (porro)* joint.

caña *f* **1.** (BOT) cane; **~ de azúcar** sugarcane **2.** *(de cerveza)* small glass of beer. ◆ **caña de pescar** *f* fishing rod.

cañabrava *f Amer kind of cane.*

cáñamo *m* hemp.

cañería *f* pipe.

caño *m (de fuente)* jet.

cañón *m* **1.** *(arma)* gun; (HIST) cannon. **2.** *(de fusil)* barrel; *(de chimenea)* flue; *(de órgano)* pipe. **3.** (GEOGR) canyon.

caoba *f* mahogany.

caos *m inv* chaos.

caótico, -ca *adj* chaotic.

cap. *(abrev de* **capítulo)** ch.

capa *f* **1.** *(manto)* cloak, cape; **andar de ~ caída** to be in a bad way; **de ~ y espada** cloak and dagger. **2.** *(baño - de barniz, pintura)* coat; *(- de chocolate etc)* coating. **3.** *(estrato)* layer; (GEOL) stratum; **~ de ozono** ozone layer. **4.** *(grupo social)* stratum, class. **5.** (TAUROM) cape.

capacidad *f* **1.** *(gen)* capacity; **con ~ para 500 personas** with a capacity of 500. **2.** *(aptitud)* ability; **no tener ~ para algo/para hacer algo** to be no good at sthg/at doing sthg.

capacitación *f* training.

capacitar *vt*: **~ a alguien para algo** *(habilitar)* to qualify sb for sthg; *(formar)* to train sb for sthg.

capar *vt* to castrate.

caparazón *m lit & fig* shell.

capataz *m y f* foreman *(f* forewoman).

capaz *adj* **1.** *(gen)* capable; **~ de algo/de hacer algo** capable of sthg/of doing sthg. **2.** *(espacioso)*: **muy/poco ~** with a large/small capacity; **~ para** with room for.

capazo *m* large wicker basket.

capellán *m* chaplain.

caperuza *f (gorro)* hood.

capicúa *adj inv* reversible.

capilla *f* chapel; **~ ardiente** funeral chapel.

cápita ◆ **per cápita** *loc adj* per capita.

capital ◇ *adj* **1.** *(importante)* supreme. **2.** *(principal)* main. ◇ *m* (ECON) capital. ◇ *f (ciudad)* capital.

capitalismo *m* capitalism.

capitalista *adj, m y f* capitalist.

capitalizar *vt* **1.** (ECON) to capitalize. **2.** *fig (sacar provecho)* to capitalize on.

capitán, -ana *m y f* captain.

capitanear *vt* (DEP & MIL) to captain.

capitel *m* capital.

capitoste *m y f despec* big boss.

capitulación *f* capitulation, surrender.

capitular *vi* to capitulate, to surrender.

capítulo *m* **1.** *(sección, división)* chapter. **2.** *fig (tema)* subject.

capó, capot [ka'po] *m* bonnet *Br*, hood *Am*.

caporal *m* (MIL) ≃ corporal.

capot = **capó**.

capota *f* hood *Br*, top *Am*.

capote *m* **1.** *(capa)* cape with sleeves; *(militar)* greatcoat. **2.** (TAUROM) cape.

capricho *m* whim, caprice; **darse un ~** to treat o.s.

caprichoso, -sa *adj* capricious.

Capricornio ◇ *m (zodiaco)* Capricorn. ◇ *m y f (persona)* Capricorn.

cápsula *f* **1.** *(gen &* ANAT) capsule. **2.** *(tapón)* cap.

captar *vt* **1.** *(atraer - simpatía)* to win; *(- interés)* to gain, to capture. **2.** *(entender)* to grasp. **3.** *(sintonizar)* to pick up, to receive.

captura *f* capture.

capturar *vt* to capture

capucha *f* hood.

capuchón *m* cap, top.

capullo, -lla *vulg m y f (persona)* prat. ◆ **capullo** *m* **1.** *(de flor)* bud. **2.** *(de gusano)* cocoon.

caqui, kaki *adj inv (color)* khaki.

cara *f* **1.** *(rostro, aspecto)* face; **~ a ~** face to face; **de ~** *(sol, viento)* in one's face. **2.** *(lado)* side; (GEOM) face. **3.** *(de moneda)* heads (U); **~ o cruz** heads or tails; **echar algo a ~ o cruz** to toss (a coin) for sthg. **4.** *fam (osadía)* cheek; **tener (mucha) ~, tener la ~ muy dura** to have a cheek. **5.** *loc:* **de ~ a** with a view to; **echar en ~ algo a alguien** to reproach sb for sthg; **romper o partir la ~ a alguien** to smash sb's face in; **verse la ~s** *(pelearse)* to have it out; *(enfrentarse)* to fight it out.

carabina *f* **1.** *(arma)* carbine, rifle. **2.** *fam fig (mujer)* chaperone.

Caracas Caracas

caracol *m* **1.** *(animal)* snail. **2.** *(concha)* shell. **3.** *(rizo)* curl.

caracola *f* conch.

carácter (*pl* **caracteres**) *m* character; **tener buen/mal ~** to be good-natured/bad-tempered; **una reunión de ~ privado/oficial** a private/official meeting; **caracteres de imprenta** typeface (*sg*).

característico, -ca *adj* characteristic. ◆ **característica** *f* characteristic.

caracterización *f* **1.** *(gen)* characterization. **2.** *(maquillaje)* make-up.

caracterizar *vt* **1.** *(definir)* to characterize **2.** *(representar)* to portray. **3.** *(maquillar)* to make up. ◆ **caracterizarse por** *vpr* to be characterized by.

caradura *fam adj* cheeky.

carajillo *m* coffee with a dash of liqueur.

carajo *mfam interj:* ¡**~**! damn it!

caramba *interj:* ¡**~**! *(sorpresa)* good heavens!; *(enfado)* for heaven's sake!

carambola *f* cannon *(in billiards)*. ◆ ¡**carambolas**! *interj Amer:* ¡**~s**! good heavens!

caramelo *m* **1.** *(golosina)* sweet. **2.** *(azúcar fundido)* caramel.

cárate = **kárate**.

carátula *f* **1.** *(de libro)* front cover; *(de disco)* sleeve. **2.** *(máscara)* mask.

caravana *f* **1.** *(gen)* caravan. **2.** *(de coches)* tailback. ◆ **caravanas** *fpl CSur (pendientes)* earrings.

caray *interj:* ¡**~**! *(sorpresa)* good heavens!; *(enfado)* damn it!

carbón *m (para quemar)* coal.

carboncillo *m* charcoal.

carbonilla *f (ceniza)* cinder.

carbonizar *vt* to char, to carbonize.

carbono *m* carbon.

carburador *m* carburettor.

carburante *m* fuel.

carca *fam despec adj* old-fashioned.

carcajada *f* guffaw; **reír a ~s** to roar with laughter.

carcamal *m y f fam despec* old crock.

cárcel *f* prison.

carcelero, -ra *m y f* warder, jailer

carcoma *f* **1.** *(insecto)* woodworm **2.** *(polvo)* wood dust

carcomer *vt lit & fig* to eat away at.

carcomido, -da *adj (madera)* worm-eaten.

cardar *vt* **1.** *(lana)* to card **2.** *(pelo)* to backcomb.

cardenal *m* **1.** (RELIG) cardinal. **2.** *(hematoma)* bruise.

cardiaco, -ca, cardíaco, -ca *adj* cardiac, heart *(antes de sust)*.

cárdigan, cardigán *m* cardigan

cardinal *adj* cardinal.

cardiólogo, -ga *m y f* cardiologist.

cardo *m (planta)* thistle.

carecer *vi:* **~ de algo** to lack sthg.

carencia *f (ausencia)* lack; *(defecto)* deficiency.

carente *adj:* **~ de** lacking (in).

carestía *f (escasez)* scarcity, shortage.

careta *f* **1.** *(máscara)* mask; **~ antigás** gas mask. **2.** *fig (engaño)* front

carey *m (material)* tortoiseshell.

carga *f* **1.** *(acción)* loading **2.** *(cargamento - de avión, barco)* cargo; *(- de tren)* freight. **3.** *(peso)* load. **4.** *fig (sufrimiento)* burden. **5.** *(ataque, explosivo)* charge; **volver a la ~** *fig* to persist. **6.** *(de batería, condensador)* charge **7.** *(para mechero, bolígrafo)* refill. **8.** *(impuesto)* tax.

cargado, -da *adj* **1.** *(abarrotado):* **~ (de)** loaded (with). **2.** *(arma)* loaded. **3.** *(bebida)* strong. **4.** *(bochornoso - habitación)* stuffy; *(- tiempo)* sultry, close; *(- cielo)* overcast.

cargador *m (de arma)* chamber.

cargamento *m* cargo

cargante *adj fam fig* annoying.

cargar ◇ *vt* **1.** *(gen)* to load; *(pluma, mechero)* to refill. **2.** *(peso encima)* to throw over one's shoulder. **3.** (ELECTR) to charge. **4.** *fig (responsabilidad, tarea)* to give, to lay upon. **5.** *(producir pesadez - suj: humo)* to make stuffy; *(- suj: comida)* to bloat. **6.** *(gravar):* **~ un impuesto a algo/alguien** to tax sthg/sb. **7.** *(importe, factura, deuda):* **~ algo (a)** to charge sthg (to). ◇ *vi (atacar):* **~ (contra)** to charge. ◆ **cargar con** *vi* **1.** *(paquete* *etc*) to carry away. **2.** *fig (coste, respon-sabilidad)* to bear; *(consecuencias)* to accept; *(culpa)* to get ◆ **cargarse** *vpr* **1.** *fam (romper)* to break. **2.** *fam (ma-tar - persona)* to bump off; *(- animal)* to kill. **3.** *(por el humo)* to get stuffy.

cargo *m* **1.** *(gen, ECON & DER)* charge; **correr a ~ de** to be borne by; **hacerse ~ de** *(asumir el control de)* to take charge of; *(ocuparse de)* to take care of; *(comprender)* to understand. **2.** *(empleo)* post

cargosear *vt CSur & Chile* to annoy, to pester.

carguero *m* cargo boat.

Caribe *m*: **el (mar) ~** the Caribbean (Sea).

caribeño, -ña *adj* Caribbean.

caricatura *f* caricature.

caricia *f* caress; *(a perro, gato etc)* stroke.

caridad *f* charity.

caries *f inv* tooth decay.

cariño *m* **1.** *(afecto)* affection; **tomar ~ a** to grow fond of **2.** *(cuidado)* loving care. **3.** *(apelativo)* love.

cariñoso, -sa *adj* affectionate.

carisma *m* charisma.

carismático, -ca *adj* charismatic.

Cáritas *f charitable organization run by the Catholic Church.*

caritativo, -va *adj* charitable.

cariz *m* look, appearance; **tomar mal/buen ~** to take a turn for the worse/better

carmesí *(pl* **carmesíes)** *adj & m* crimson.

carmín ◊ *adj (color)* carmine. ◊ *m* **1.** *(color)* carmine. **2.** *(lápiz de labios)* lipstick.

carnada *f* lit & fig bait.

carnal *adj* **1.** *(de la carne)* carnal. **2.** *(parientes)* first *(antes de sust)*.

carnaval *m* carnival.

carnaza *f* lit & fig bait.

carne *f* **1.** *(de persona, fruta)* flesh; **en ~ viva** raw; **ser de ~ y hueso** *fig* to be human. **2.** *(alimento)* meat; **~ de cerdo** pork; **~ de cordero** lamb; **~ picada** mince; **~ de ternera** veal; **~ de vaca** beef. ◆ **carne de gallina** *f* gooseflesh.

carné *(pl* **carnés),** **carnet** *(pl* **car-nets)** *m (documento)* card; **~ de con-ducir** driving licence; **~ de identidad** identity card

carnicería *f* **1.** *(tienda)* butcher's. **2.** *fig (masacre)* carnage *(U)*.

carnicero, -ra *m y f* lit & fig *(persona)* butcher.

carnívoro, -ra *adj* carnivorous.

◆ **carnívoro** *m* carnivore

carnoso, -sa *adj* fleshy; *(labios)* full.

caro, -ra *adj (precio)* expensive.

◆ **caro** *adv*: **costar ~** to be expensive; **vender ~ algo** to sell sthg at a high price; *fig* not to give sthg up easily; **pagar ~ algo** *fig* to pay dearly for sthg.

carozo *m Amer* stone *(of fruit)*.

carpa *f* **1.** *(pez)* carp. **2.** *(de circo)* big top; *(para fiestas etc)* marquee; *Amer (para acampar)* tent.

carpeta *f* file, folder

carpintería *f* **1.** *(arte)* carpentry; *(de puertas y ventanas)* joinery. **2.** *(taller)* carpenter's/joiner's shop.

carpintero, -ra *m y f* carpenter; *(de puertas y ventanas)* joiner

carraca *f (instrumento)* rattle

carraspear *vi (toser)* to clear one's throat

carraspera *f* hoarseness.

carrera *f* **1.** *(acción de correr)* run, run-ning *(U)*. **2.** *(DEP & fig)* race; **~ arma-mentística** o **de armamentos** arms race; **~ de coches** motor race; **~ de obstáculos** steeplechase. **3.** *(trayecto)* route. **4.** *(de taxi)* ride **5.** *(estudios)* uni-versity course; **hacer la ~ de derecho** to study law (at university). **6.** *(profe-sión)* career. **7.** *(en medias)* ladder.

carreta *f* cart

carrete *m* **1.** *(de hilo)* bobbin, reel; *(de alambre)* coil. **2.** *(FOT)* roll *(of film)*. **3.** *(para pescar)* reel. **4.** *(de máquina de escribir)* spool

carretera *f* road; **~ de circun-valación** ring road; **~ comarcal** sec-ondary road, ≃ B road *Br*; **~ de cuota** *Amer* toll road; **~ nacional** ≃ A road *Br*, state highway *Am*.

carretilla *f* wheelbarrow.

carril *m* **1.** *(de carretera)* lane; **~ bus** bus lane. **2.** *(de vía de tren)* rail.

carrillo *m* cheek; **comer a dos ~s** *fig* to cram one's face with food.

carrito *m* trolley.

carro *m* **1.** *(carreta)* cart; **~ de com-bate** *(MIL)* tank. **2.** *(de máquina de escribir)* carriage. **3.** *Amer (coche)* car; **~ comedor** dining car.

carrocería *f* bodywork *Br*, body.

carromato *m (carro)* wagon.

carroña *f* carrion.

carroza *f (coche)* carriage.

carruaje *m* carriage.

carrusel *m (tiovivo)* carousel.

carta *f* **1.** *(escrito)* letter; **echar una ~** to post a letter; **~ de recomendación** reference (letter). **2.** *(naipe)* (playing) card; **echar las ~s a alguien** to tell

sb's fortune *(with cards)*. **3.** *(menú)*
menu. **4.** *(mapa)* map; (NÁUT.) chart.
5. *(documento)* charter; **~ verde** green
card. **6.** *loc*: **jugarse todo a una ~** to
put all one's eggs in one basket.
♦ **carta blanca** *f* carte blanche.
♦ **carta de ajuste** *f* test card.

cartabón *m* set square.

cartapacio *m* *(carpeta)* folder.

cartearse *vpr* to correspond.

cartel *m* *(anuncio)* poster; **'prohibido
fijar ~es'** 'billposters will be pros-
ecuted'.

cártel *m* cartel.

cartelera *f* **1.** *(tablón)* hoarding, billboard. **2.** (PRENSA) entertainments page;
estar en ~ to be showing; **lleva un año
en ~** it's been running for a year.

cárter *m* (AUTOM.) housing.

cartera *f* **1.** *(para dinero)* wallet. **2.**
(para documentos) briefcase; *(sin asa)*
portfolio; *(de colegial)* satchel. **3.** (COM,
FIN & POLÍT) portfolio; *(pedidos atrasa-
dos)* backlog. **4.** *Amer (bolso)* handbag
Br, purse *Am*.

carterista *m y f* pickpocket

cartero, -ra *m y f* postman (*f* post-
woman).

cartílago *m* cartilage.

cartilla *f* **1.** *(documento)* book; **~ (de
ahorros)** savings book. **2.** *(para aprender a leer)* primer.

cartón *m* **1.** *(material)* cardboard; **~
piedra** papier mâché. **2.** *(de cigarrillos)*
carton

cartucho *m* *(de arma)* cartridge.

cartujo, -ja *adj* Carthusian.

cartulina *f* card.

casa *f* **1.** *(edificio)* house; **~ adosada**
semi-detached house; **~ de campo**
country house; **~ unifamiliar** *house
(usually detached)* on an estate; **echar** o
tirar la ~ por la ventana to spare no
expense; **ser de andar por ~** *(sencillo)*
to be simple o basic. **2.** *(hogar)* home;
en ~ at home; **ir a ~** to go home;
pásate por mi ~ come round to my
place. **3.** *(empresa)* company; **~ de
huéspedes** guesthouse. **4.** *(organismo)*:
~ Consistorial town hall; **~ de socorro** first-aid post.

casaca *f* frock coat.

casado, -da *adj*: **~ (con)** married (to).

casamiento *m* wedding, marriage.

casar ◊ *vt* **1.** *(en matrimonio)* to marry.
2. *(unir)* to fit together. ◊ *vi* to match.
♦ **casarse** *vpr*: **~se (con)** to get married (to).

cascabel *m* *(small)* bell.

cascada *f* *(de agua)* waterfall.

cascado, -da *adj* **1.** *fam (estropeado)*
bust; *(persona, ropa)* worn-out. **2.**
(ronco) rasping.

cascanueces *m inv* nutcracker

cascar *vt* **1.** *(romper)* to crack. **2.** *fam
(pegar)* to thump. ♦ **cascarse** *vpr*
(romperse) to crack.

cáscara *f* **1.** *(de almendra, huevo etc)*
shell. **2.** *(de limón, naranja)* skin, peel.

cascarilla *f* husk.

cascarón *m* eggshell.

cascarrabias *m y f inv* grouch.

casco *m* **1.** *(para la cabeza)* helmet;
(de motorista) crash helmet. **2.** *(de
barco)* hull. **3.** *(de ciudad)*: **~ antiguo**
old (part of) town; **~ urbano** city centre. **4.** *(de caballo)* hoof **5.** *(envase)*
empty bottle.

caserío *m* *(casa de campo)* country
house.

casero, -ra ◊ *adj* **1.** *(de casa - comida)*
home-made; *(- trabajos)* domestic;
(- reunión, velada) at home; *(de la familia)* family *(antes de sust)*. **2.** *(hogareño)*
home-loving. ◊ *m y f* *(propietario)*
landlord (*f* landlady).

caserón *m* large, rambling house.

caseta *f* **1.** *(casa pequeña)* hut. **2.** *(en la
playa)* bathing hut. **3.** *(de feria)* stall,
booth. **4.** *(para perro)* kennel

casete, cassette [ka'sete] ◊ *f* *(cinta)*
cassette. ◊ *m* *(magnetófono)* cassette
recorder.

casi *adv* almost; **~ me muero** I almost
o nearly died; **no dormí** I hardly
slept at all; **~, ~** almost, just about; **~
nunca** hardly ever.

casilla *f* **1.** *(de caja, armario)* compartment; *(para cartas)* pigeonhole. **2.** *(en
un impreso)* box. **3.** *(de ajedrez etc)*
square. ♦ **casilla postal** *f* *Amer* PO
Box.

casillero *m* **1.** *(mueble)* set of pigeon-
holes. **2.** *(casilla)* pigeonhole.

casino *m* *(para jugar)* casino.

caso *m* **1.** *(gen,* DER *&* GRAM*)* case; **el ~
es que** the fact is (that); **en el mejor/
peor de los ~s** at best/worst.
2. *(ocasión)* occasion; **en ~ de** in the
event of; **en ~ de que** if; **(en) ~ de que
venga** should she come; **en cualquier**
o **todo ~** in any event o case. **3.** *loc*:
hacer ~ a to pay attention to; **no
hacer** o **venir al ~** to be irrelevant.

caspa *f* dandruff.

casquete *m* *(gorro)* skullcap.

casquillo *m* **1.** *(de bala)* case. **2.** *(de
lámpara)* socket, lampholder.

cassette = **casete**.

casta *f* **1.** *(linaje)* lineage. **2.** *(especie,*

calidad) breed. **3.** *(en la India)* caste.

castaña → **castaño.**

castañetear *vi (dientes)* to chatter

castaño, -ña *adj (color)* chestnut. ♦ **castaño** *m* **1.** *(color)* chestnut. **2.** *(árbol)* chestnut (tree). ♦ **castaña** *f (fruto)* chestnut.

castañuela *f* castanet.

castellano, -na *adj, m y f* Castilian. ♦ **castellano** *m (lengua)* (Castilian) Spanish.

castidad *f* chastity

castigador, -ra *fam adj* seductive.

castigar *vt* **1.** *(imponer castigo)* to punish. **2.** (DEP) to penalize. **3.** *(maltratar)* to damage.

castigo *m* **1.** *(sanción)* punishment. **2.** *(sufrimiento)* suffering *(U)*; *(daño)* damage *(U)*. **3.** (DEP) penalty.

Castilla-La Mancha Castile and La Mancha.

Castilla-León Castile and León.

castillo *m (edificio)* castle.

castizo, -za *adj* pure; *(autor)* purist.

casto, -ta *adj* chaste.

castor *m* beaver.

castrar *vt (animal, persona)* to castrate; *(gato)* to doctor.

castrense *adj* military.

casual *adj* chance, accidental.

casualidad *f* coincidence; **dio la ~ de que ...** it so happened that ...; **por ~** by chance; **¡qué ~!** what a coincidence!

casualmente *adv* by chance.

casulla *f* chasuble.

cataclismo *m* cataclysm.

catacumbas *fpl* catacombs.

catador, -ra *m y f* taster.

catalán, -ana *adj, m y f* Catalan, Catalonian. ♦ **catalán** *m (lengua)* Catalan.

catalejo *m* telescope.

catalizador, -ra *adj fig (impulsor)* catalysing *(antes de sust)*. ♦ **catalizador** *m* **1.** (QUÍM & *fig)* catalyst. **2.** (AUTOM) catalytic converter.

catalogar *vt* **1.** *(en catálogo)* to catalogue. **2.** *(clasificar)*: **~ a alguien (de)** to class sb (as).

catálogo *m* catalogue.

Cataluña Catalonia

catamarán *m* catamaran.

cataplasma *f* (MED) poultice.

catapulta *f* catapult.

catar *vt* to taste.

catarata *f* **1.** *(de agua)* waterfall. **2.** *(gen pl)* (MED) cataract.

catarro *m* cold.

catastro *m* land registry.

catástrofe *f* catastrophe; *(accidente de avión, tren etc)* disaster.

catastrófico, -ca *adj* catastrophic.

catch [katʃ] *m* (DEP) all-in wrestling.

catchup ['ketʃup], **ketchup** *m inv* ketchup.

catear *vt fam* to fail

catecismo *m* catechism.

cátedra *f* **1.** *(cargo - en universidad)* chair; *(- en instituto)* post of head of department **2.** *(departamento)* department.

catedral *f* cathedral.

catedrático, -ca *m y f (de universidad)* professor; *(de instituto)* head of department.

categoría *f* **1.** *(gen)* category. **2.** *(posición social)* standing; **de ~** important. **3.** *(calidad)* quality; **de (primera) ~** first-class.

categórico, -ca *adj* categorical.

catequesis *f inv* catechesis.

cateto, -ta *despec m y f* country bumpkin.

catolicismo *m* Catholicism.

católico, -ca ◇ *adj* Catholic. ◇ *m y f* Catholic.

catorce *núm* fourteen; *ver también* **seis.**

catorceavo, -va, catorzavo, -va *núm* fourteenth.

catre *m (cama)* camp bed.

cauce *m* **1.** (AGR & *fig)* channel. **2.** *(de río)* river-bed.

caucho *m (sustancia)* rubber.

caudaloso, -sa *adj* **1.** *(río)* with a large flow. **2.** *(persona)* wealthy, rich.

caudillo *m (en la guerra)* leader, head.

causa *f* **1.** *(origen, ideal)* cause. **2.** *(razón)* reason; **a ~ de** because of. **3.** (DER) case.

causalidad *f* causality.

causante *adj*: **la razón ~** the cause.

causar *vt (gen)* to cause; *(impresión)* to make; *(placer)* to give.

cáustico, -ca *adj lit & fig* caustic

cautela *f* caution, cautiousness; **con ~** cautiously.

cauteloso, -sa *adj* cautious, careful.

cautivador, -ra ◇ *adj* captivating, enchanting. ◇ *m y f* charmer.

cautivar *vt* **1.** *(apresar)* to capture. **2.** *(seducir)* to captivate, to enchant.

cautiverio *m*, **cautividad** *f* captivity.

cautivo, -va *adj, m y f* captive.

cauto, -ta *adj* cautious, careful.

cava ◇ *m (bebida)* Spanish champagne-

type wine. ◊ *f (bodega)* wine cellar.

cavar *vt & vi (gen)* to dig; *(con azada)* to hoe.

caverna *f* cave; *(más grande)* cavern.

cavernícola *m y f* caveman *(f* cavewoman*)*.

caviar *(pl* caviares*) m* caviar.

cavidad *f* cavity; *(formada con las manos)* cup.

cavilar *vi* to think deeply, to ponder.

cayado *m (de pastor)* crook.

cayera *etc* → **caer**.

caza ◊ *f* 1. *(acción de cazar)* hunting; **salir** ○ **ir de ~** to go hunting. 2. *(animales, carne)* game. ◊ *m* fighter (plane).

cazabombardero *m* fighter-bomber.

cazador, -ra *m y f (persona)* hunter. ♦ **cazadora** *f (prenda)* bomber jacket.

cazalla *f (bebida)* aniseed-flavoured spirit.

cazar *vt* 1. *(animales etc)* to hunt. 2. *fig (pillar, atrapar)* to catch; *(en matrimonio)* to trap.

cazo *m* saucepan.

cazoleta *f* 1. *(recipiente)* pot. 2. *(de pipa)* bowl.

cazuela *f* 1. *(recipiente)* pot; *(de barro)* earthenware pot; *(para el horno)* casserole (dish). 2. *(guiso)* casserole, stew; **a la ~** casseroled.

cazurro, -rra *adj (bruto)* stupid.

c/c *(abrev de* cuenta corriente*)* a/c.

CC OO *(abrev de* Comisiones Obreras*) fpl Spanish communist-inspired trade union.*

CD *m* 1. *(abrev de* club deportivo*)* sports club; *(en fútbol)* FC. 2. *(abrev de* compact disc*)* CD.

CD-ROM *(abrev de* compact disk read-only memory*) m* CD-ROM.

CDS *(abrev de* Centro Democrático y Social*) m Spanish political party at the centre of the political spectrum.*

CE *(abrev de* Comunidad Europea*) f* EC.

cebada *f* barley.

cebar *vt* 1. *(sobrealimentar)* to fatten (up). 2. *(máquina, arma)* to prime. 3. *(anzuelo)* to bait. ♦ **cebarse en** *vpr* to take it out on.

cebo *m* 1. *(para cazar)* bait. 2. *fig (para atraer)* incentive.

cebolla *f* onion.

cebolleta *f* 1. *(*BOT*)* spring onion. 2. *(en vinagre)* pickled onion; *(muy pequeña)* silverskin onion

cebollino *m* 1. *(*BOT*)* chive; *(cebolleta)* spring onion. 2. *fam (necio)* idiot.

cebra *f* zebra.

cecear *vi* to lisp.

ceceo *m* lisp.

cecina *f* dried, salted meat

cedazo *m* sieve.

ceder ◊ *vt* 1. *(traspasar, transferir)* to hand over. 2. *(conceder)* to give up. ◊ *vi* 1. *(venirse abajo)* to give way. 2. *(destensarse)* to give, to become loose. 3. *(disminuir)* to abate. 4. *(rendirse)* to give up; **~ a** to give in to; **~ en** to give up on.

cedro *m* cedar.

cédula *f* document; **~ (de identidad)** *CSur* identity card.

CEE *(abrev de* Comunidad Económica Europea*) f* EEC.

cegar *vt* 1. *(gen)* to blind. 2. *(tapar - ventana)* to block off; *(- tubo)* to block up. ♦ **cegarse** *vpr lit & fig* to be blinded.

cegato, -ta *adj fam* short-sighted.

ceguera *m lit & fig* blindness.

CEI *(abrev de* Confederación de Estados Independientes*) f* CIS

ceja *f (*ANAT*)* eyebrow; **se le metió entre ~ y ~** *fam* he got it into his head.

cejar *vi:* **~ en** to give up on.

celda *f* cell.

celebración *f* 1. *(festejo)* celebration. 2. *(realización)* holding.

celebrar *vt* 1. *(festejar)* to celebrate. 2. *(llevar a cabo)* to hold; *(oficio religioso)* to celebrate. 3. *(alegrarse de)* to be delighted with. 4. *(alabar)* to praise. ♦ **celebrarse** *vpr* 1. *(festejarse)* to be celebrated; **esa fiesta se celebra el 24 de Julio** that festivity falls on 24th July. 2. *(llevarse a cabo)* to take place.

célebre *adj* famous, celebrated.

celebridad *f* 1. *(fama)* fame. 2. *(persona famosa)* celebrity

celeridad *f* speed.

celeste *adj (del cielo)* celestial, heavenly.

celestial *adj* celestial, heavenly.

celestina *f* lovers' go-between.

celibato *m* celibacy.

célibe *adj, m y f* celibate.

celo *m* 1. *(esmero)* zeal, keenness. 2. *(devoción)* devotion. 3. *(de animal)* heat; **en ~** on heat, in season 4. *Esp (cinta adhesiva)* Sellotape®. ♦ **celos** *mpl* jealousy *(U)*; **dar ~s a alguien** to make sb jealous; **tener ~s de alguien** to be jealous of sb.

celofán *m* cellophane.

celosía *f* lattice window, jalousie.

celoso, -sa *adj* 1. *(con celos)* jealous. 2. *(cumplidor)* keen, eager.

celta ◊ *adj* Celtic. ◊ *m y f (persona)* Celt. ◊ *m (lengua)* Celtic.

céltico, -ca *adj* Celtic.

célula *f* cell. ◆ **célula fotoeléctrica** *f* photoelectric cell, electric eye.

celulitis *f inv* cellulitis.

celulosa *f* cellulose.

cementerio *m* 1. *(de muertos)* cemetery, graveyard. 2. *(de cosas inutilizables)* dump; ~ **de automóviles** o **coches** scrapyard.

cemento *m (gen)* cement; *(hormigón)* concrete; ~ **armado** reinforced concrete.

cena *f* dinner, evening meal; **dar una** ~ to give a dinner party.

cenagal *m* bog, marsh

cenagoso, -sa *adj* muddy, boggy.

cenar ◊ *vt* to have for dinner. ◊ *vi* to have dinner.

cencerro *m* cowbell; **estar como un** ~ *fam fig* to be as mad as a hatter

cenefa *f* border.

cenicero *m* ashtray.

cenit = **zenit**.

cenizo, -za *adj* ashen, ash-grey. ◆ **cenizo** *m* 1. *(mala suerte)* bad luck 2. *(gafe)* jinx. ◆ **ceniza** *f* ash. ◆ **cenizas** *fpl (de cadáver)* ashes.

censar *vt* to take a census of.

censo *m* 1. *(padrón)* census; ~ **electoral** electoral roll 2. *(tributo)* tax.

censor, -ra *m y f (funcionario)* censor.

censura *f* 1. *(prohibición)* censorship. 2. *(organismo)* censors *(pl)* 3. *(reprobación)* censure, severe criticism.

censurar *vt* 1. *(prohibir)* to censor. 2. *(reprobar)* to censure.

centavo, -va *núm* hundredth; **la centava parte** a hundredth.

centella *f* 1. *(rayo)* flash. 2. *(chispa)* spark.

centellear *vi* to sparkle; *(estrella)* to twinkle.

centelleo *m* sparkle, sparkling *(U)*; *(de estrella)* twinkle, twinkling *(U)*.

centena *f* hundred; **una** ~ **de** a hundred.

centenar *m* hundred; **un** ~ **de** a hundred.

centenario, -ria *adj (persona)* in one's hundreds; *(cifra)* three-figure *(antes de sust)* ◆ **centenario** *m* centenary; **quinto** ~ five hundredth anniversary.

centeno *m* rye.

centésimo, -ma *núm* hundredth

centígrado, -da *adj* Centigrade.

centigramo *m* centigram.

centilitro *m* centilitre.

centímetro *m* 1. *(medida)* centimetre. 2. *(cinta)* measuring tape.

céntimo *m (moneda)* cent.

centinela *m* sentry.

centollo *m* spider crab.

centrado, -da *adj* 1. *(basado)*: ~ **en** based on. 2. *(equilibrado)* stable, steady. 3. *(rueda, cuadro etc)* centred.

central ◊ *adj* central. ◊ *f* 1. *(oficina)* headquarters, head office; *(de correos, comunicaciones)* main office; ~ **telefónica** telephone exchange. 2. *(de energía)* power station; ~ **nuclear** nuclear power station.

centralista *adj, m y f* centralist.

centralita *f* switchboard

centralización *f* centralization

centralizar *vt* to centralize.

centrar *vt* 1. *(gen & DEP)* to centre. 2. *(arma)* to aim 3. *(persona)* to steady. 4. *(atención, interés)* to be the centre of. ◆ **centrarse** *vpr* 1. *(concentrarse)*: ~**se en** to concentrate o focus on. 2. *(equilibrarse)* to find one's feet.

céntrico, -ca *adj* central.

centrifugadora *f (para secar ropa)* spin-dryer.

centrifugar *vt (ropa)* to spin-dry.

centrista *adj* centre *(antes de sust).*

centro *m* 1. *(gen)* centre; **ser de** ~ *(POLÍT)* to be at the centre of the political spectrum; ~ **de cálculo** computer centre; ~ **de planificación familiar** family planning clinic; ~ **social** community centre. 2. *(de ciudad)* town centre; **me voy al** ~ I'm going to town. ◆ **centro comercial** *m* shopping centre. ◆ **centro de mesa** *m* centrepiece.

centrocampista *m y f* (DEP) midfielder.

ceñir *vt* 1. *(apretar)* to be tight on. 2. *(abrazar)* to embrace. ◆ **ceñirse** *vpr* 1. *(apretarse)* to tighten 2. *(limitarse)*: ~**se a** to keep o stick to.

ceño *m* frown, scowl; **fruncir el** ~ to frown, to knit one's brow.

CEOE *(abrev de* **Confederación Española de Organizaciones Empresariales)** *f Spanish employers' organization,* ≃ CBI *Br.*

cepa *f lit & fig* stock.

cepillar *vt* 1. *(gen)* to brush 2. *(madera)* to plane.

cepillo *m* 1. *(para limpiar)* brush; ~ **de dientes** toothbrush. 2. *(de carpintero)* plane.

cepo *m* 1. *(para cazar)* trap. 2. *(para*

vehículos) wheel clamp. **3.** *(para sujetar)* clamp.

cera *f (gen)* wax; *(de abeja)* beeswax; ~ **depilatoria** hair-removing wax.

cerámica *f* **1.** *(arte)* ceramics *(U)*, pottery. **2.** *(objeto)* piece of pottery.

ceramista *m y f* potter.

cerca ◇ *f (valla)* fence, close; **por aquí** ~ nearby; **de** ~ *(examinar etc)* closely; *(afectar, vivir)* deeply. ♦ **cerca de** *loc prep* **1.** *(en el espacio)* near, close to. **2.** *(aproximadamente)* nearly, about.

cercado *m* **1.** *(valla)* fence **2.** *(lugar)* enclosure.

cercanía *f (cualidad)* nearness. ♦ **cercanías** *fpl (lugar)* outskirts, suburbs.

cercano, -na *adj* **1.** *(pueblo, lugar)* nearby. **2.** *(tiempo)* near. **3.** *(pariente, fuente de información)*: ~ **(a)** close (to).

cercar *vt* **1.** *(vallar)* to fence (off). **2.** *(rodear, acorralar)* to surround.

cerciorar *vt* to assure; ~**se (de)** to make sure (of)

cerco *m* **1.** *(gen)* circle, ring. **2.** *(de puerta, ventana)* frame. **3.** *(asedio)* siege.

cerdo, -da *m y f* **1.** *(animal)* pig (*f* sow). **2.** *fam fig (persona)* pig, swine. ♦ **cerda** *f (pelo - de cerdo, jabalí)* bristle; *(- de caballo)* horsehair.

cereal *m* cereal; ~**es** (breakfast) cereal *(U)*.

cerebro *m* **1.** *(gen)* brain. **2.** *fig (cabecilla)* brains *(sg)*. **3.** *fig (inteligencia)* brains *(pl)*.

ceremonia *f* ceremony.

ceremonial *adj & m* ceremonial.

ceremonioso, -sa *adj* ceremonious.

cereza *f* cherry.

cerezo *m (árbol)* cherry tree.

cerilla *f* match.

cerillo *m Méx* match.

cerner, cernir *vt (cribar)* to sieve. ♦ **cernerse** *vpr* **1.** *(ave, avión)* to hover. **2.** *fig (amenaza, peligro)* to loom.

cernícalo *m* **1.** *(ave)* kestrel **2.** *fam (bruto)* brute

cernir = **cerner**.

cero ◇ *adj inv* zero. ◇ *m* **1.** *(signo)* nought, zero; *(en fútbol)* nil; *(en tenis)* love. **2.** *(cantidad)* nothing. **3.** (FÍS & METEOR) zero; **sobre/bajo** ~ above/below zero. **4.** *loc:* **ser un** ~ **a la izquierda** *fam (un inútil)* to be useless; *(un don nadie)* to be a nobody; **partir de** ~ to start from scratch; *ver también* **seis**

cerrado, -da *adj* **1.** *(al exterior)* closed, shut; *(con llave, pestillo etc)* locked. **2.** *(tiempo, cielo)* overcast;

(noche) dark. **3.** *(rodeado)* surrounded; *(por montañas)* walled in. **4.** *(circuito)* closed. **5.** *(curva)* sharp, tight. **6.** *(vocal)* close. **7.** *(acento, deje)* broad, thick.

cerradura *f* lock.

cerrajero, -ra *m y f* locksmith.

cerrar ◇ *vt* **1.** *(gen)* to close; *(puerta, cajón, boca)* to shut, to close; *(puños)* to clench; *(con llave, pestillo etc)* to lock. **2.** *(tienda, negocio - definitivamente)* to close down. **3.** *(apagar)* to turn off. **4.** *(bloquear - suj: accidente, inundación etc)* to block; *(- suj: policía etc)* to close off. **5.** *(tapar - agujero, hueco)* to fill, to block (up); *(- bote)* to put the lid o top on. **6.** *(cercar)* to fence (off). **7.** *(cicatrizar)* to heal. **8.** *(ir último en)* to bring up the rear of. ◇ *vi* to close, to shut; *(con llave, pestillo etc)* to lock up. ♦ **cerrarse** *vpr* **1.** *(al exterior)* to close, to shut. **2.** *(incomunicarse)* to clam up; ~**se a** to close one's mind to. **3.** *(herida)* to heal, to close up. **4.** *(acto, debate, discusión etc)* to (come to a) close.

cerrazón *f fig (obstinación)* stubbornness, obstinacy.

cerro *m* hill.

cerrojo *m* bolt; **echar el** ~ to bolt the door.

certamen *m* competition, contest.

certero, -ra *adj* **1.** *(tiro)* accurate. **2.** *(opinión, respuesta etc)* correct.

certeza *f* certainty.

certidumbre *f* certainty.

certificación *f* **1.** *(hecho)* certification **2.** *(documento)* certificate.

certificado, -da *adj (gen)* certified; *(carta, paquete)* registered ♦ **certificado** *m* certificate; ~ **médico** medical certificate.

certificar *vt* **1.** *(constatar)* to certify. **2.** *(en correos)* to register

cerumen *m* earwax.

cervato *m* fawn.

cervecería *f* **1.** *(fábrica)* brewery. **2.** *(bar)* bar.

cervecero, -ra *m y f (que hace cerveza)* brewer.

cerveza *f* beer; ~ **de barril** draught beer; ~ **negra** stout; ~ **rubia** lager.

cesante *adj* **1.** *(destituido)* sacked; *(ministro)* removed from office. **2.** *Chile (parado)* unemployed.

cesantear *vt Chile* to make redundant

cesar ◇ *vt (destituir)* to sack; *(ministro)* to remove from office ◇ *vi (parar)*: ~ **(de hacer algo)** to stop o cease (doing sthg); **sin** ~ non-stop, incessantly.

cesárea *f* caesarean (section).

cese *m* **1.** *(detención, paro)* stopping, ceasing. **2.** *(destitución)* sacking; *(de ministro)* removal from office

cesión *f* cession, transfer.

césped *m* *(hierba)* lawn, grass *(U)*.

cesta *f* basket. ♦ **cesta de la compra** *f fig* cost of living.

cesto *m* *(cesta)* (large) basket.

cetro *m* **1.** *(vara)* sceptre. **2.** *fig (reinado)* reign.

cf., cfr. *(abrev de* **confróntese)** cf.

cg *(abrev de* **centigramo)** cg.

ch, Ch *f* ch, Ch.

ch/ *abrev de* **cheque.**

chabacano, -na *adj* vulgar. ♦ **chabacano** *m Méx* apricot.

chabola *f* shack; **barrios de ~s** shanty town *(sg)*.

chacal *m* jackal.

chacarero, -ra *m y f Andes & CSur* farmer.

chacha *f* maid.

chachachá *m* cha-cha.

cháchara *f fam* chatter, nattering; **estar de ~** to have a natter.

chachi *adj inv fam* cool, neat *Am*.

chacra *f Amer* farm.

chafar *vt* **1.** *(aplastar)* to flatten. **2.** *fig (estropear)* to spoil, to ruin. ♦ **chafarse** *vpr (estropearse)* to be ruined.

chaflán *m (de edificio)* corner.

chal *m* shawl.

chalado, -da *fam adj* crazy, mad.

chalar *vt* to drive round the bend.

chalé *(pl* **chalés), chalet** *(pl* **chalets)** *m (gen)* detached house (with garden); *(en el campo)* cottage; *(de alta montaña)* chalet.

chaleco *m* waistcoat, vest *Am*; *(de punto)* tank-top; **~ salvavidas** life jacket.

chalet = **chalé.**

chamaco, -ca *m y f Amer fam* nipper, lad *(f* lass*)*.

chamarra *f* sheepskin jacket.

chamiza *f (hierba)* thatch.

chamizo *m* **1.** *(leña)* half-burnt wood *(U)*. **2.** *(casa)* thatched hut.

champán, champaña *m* champagne.

champiñón *m* mushroom.

champú *(pl* **champús** o **champúes)** *m* shampoo.

chamuscar *vt* to scorch; *(cabello, barba, tela)* to singe. ♦ **chamuscarse** *vpr (cabello, barba, tela)* to get singed

chamusquina *f* scorch, scorching *(U)*; **me huele a ~** *fam fig* it smells a bit fishy to me.

chance *f Amer* opportunity.

chanchada *f Amer* dirty trick.

chancho *m Amer* pig.

chanchullo *m fam* fiddle, racket.

chancla *f (chancleta)* low sandal; *(para la playa)* flip-flop.

chancleta *f* low sandal; *(para la playa)* flip-flop.

chándal *(pl* **chandals), chandal** *(pl* **chandals)** *m* tracksuit.

changarro *m Méx* small shop.

chango *m Méx* monkey.

chanquete *m* tiny transparent fish eaten in Málaga.

chantaje *m* blackmail; **hacer ~ a** to blackmail.

chantajear *vt* to blackmail

chanza *f* joke.

chao *interj fam:* ¡~! bye!, see you!

chapa *f* **1.** *(lámina - de metal)* sheet; *(- de madera)* board; **de tres ~s** three-ply. **2.** *(tapón)* top, cap. **3.** *(insignia)* badge. **4.** *(ficha de guardarropa)* metal token o disc. **5.** *Amer (cerradura)* lock. ♦ **chapas** *fpl (juego)* children's game played with bottle tops.

chapado, -da *adj (con metal)* plated; *(con madera)* veneered; **~ a la antigua** *fig* stuck in the past, old-fashioned.

chaparro, -rra ◇ *adj* short and squat ◇ *m y f (persona)* short, squat person.

chaparrón *m* downpour; *fam fig (gran cantidad)* torrent.

chapopote *m Carib & Méx* bitumen, pitch.

chapotear *vi* to splash about.

chapucear *vt* to botch (up)

chapucero, -ra ◇ *adj (trabajo)* shoddy; *(persona)* bungling. ◇ *m y f* bungler.

chapulín *m CAm & Méx* grasshopper.

chapurrear, chapurrar *vt* to speak badly.

chapuza *f* **1.** *(trabajo mal hecho)* botch (job). **2.** *(trabajo ocasional)* odd job.

chapuzón *m* dip; **darse un ~** to go for a dip

chaqué *(pl* **chaqués)** *m* morning coat.

chaqueta *f* jacket; *(de punto)* cardigan.

chaquetón *m* long jacket.

charanga *f (banda)* brass band.

charca *f* pool, pond.

charco *m* puddle.

charcutería *f* **1.** *(tienda)* shop selling cold cooked meats and cheeses, ≈ delicatessen **2.** *(productos)* cold cuts *(pl)* and cheese.

charla f 1. *(conversación)* chat. 2. *(conferencia)* talk.

charlar vi to chat.

charlatán, -ana ◇ adj talkative. ◇ m y f 1. *(hablador)* chatterbox. 2. *(mentiroso)* trickster, charlatan.

charlotada f *(payasada)* clowning around *(U)*.

charlotear vi to chat.

charnego, -ga m y f pejorative term referring to immigrant to Catalonia from another part of Spain.

charol m *(piel)* patent leather.

charola f Andes tray.

chárter adj inv charter *(antes de sust)*.

chasca f Andes mop of hair

chascar ◇ vt 1. *(lengua)* to click. 2. *(dedos)* to snap. ◇ vi 1. *(madera)* to crack. 2. *(lengua)* to click.

chasco m *(decepción)* disappointment; **llevarse un ~** to be disappointed.

chasis m inv *(AUTOM)* chassis.

chasquear ◇ vt 1. *(látigo)* to crack. 2. *(la lengua)* to click. ◇ vi *(madera)* to crack.

chasquido m *(de látigo, madera, hueso)* crack; *(de lengua, arma)* click; *(de dedos)* snap.

chatarra f 1. *(metal)* scrap (metal). 2. *(objetos, piezas)* junk.

chateo m pub crawl; **ir de ~** to go out drinking.

chato, -ta ◇ adj 1. *(nariz)* snub; *(persona)* snub-nosed. 2. *(aplanado)* flat. ◇ m y f fam *(apelativo)* love, dear.
♦ **chato** m *(de vino)* small glass of wine.

chau, chaucito interj Andes & CSur fam: **¡~!** see you later!

chaucha f CSur green O French bean.

chauvinista = **chovinista**.

chaval, -la m y f Esp fam kid, lad (f lass).

chavo, -va m y f Méx fam guy (f girl).
♦ **chavo** m fam *(dinero)*: **no tener un ~** to be penniless.

checo, -ca adj, m y f Czech. ♦ **checo** m *(lengua)* Czech.

che, ché interj: **¡~!** hey!

checoslovaco, -ca adj, m y f Czechoslovak, Czechoslovakian.

Checoslovaquia Czechoslovakia.

chef [ʃef] *(pl chefs)* m chef.

chelín, schilling [ˈʃilin] m shilling.

cheque m cheque Br, check Am; **extender un ~** to make out a cheque; **~ cruzado** O **barrado** crossed cheque; **~ (de) gasolina** petrol voucher; **~ nominativo** cheque in favour of a spe-

cific person; **~ al portador** cheque payable to the bearer; **~ de viaje** traveller's cheque.

chequear vt 1. *(MED)*: **~ a alguien** to examine sb, to give sb a checkup. 2. *(comprobar)* to check.

chequeo m 1. *(MED)* checkup. 2. *(comprobación)* check, checking *(U)*.

chequera f chequebook Br, checkbook Am.

chévere adj Amer fam great, fantastic.

chic adj inv chic.

chica f 1. *(joven)* girl 2. *(tratamiento)* darling 3. *(criada)* maid.

chicano, -na adj, m y f Chicano, Mexican-American. ♦ **chicano** m *(lengua)* Chicano

chicarrón, -ona m y f strapping lad (f strapping lass).

chícharo m CAm & Méx pea.

chicharra f *(ZOOL)* cicada.

chicharro m *(pez)* horse mackerel.

chicharrón m *(frito)* pork crackling.
♦ **chicharrones** mpl *(embutido)* cold processed meat made from pork.

chichón m bump.

chicle m chewing gum.

chiclé, chicler m *(AUTOM)* jet.

chico, -ca adj *(pequeño)* small.
♦ **chico** m 1. *(joven)* boy. 2. *(tratamiento)* sonny, mate. 3. *(recadero)* messenger, office-boy.

chicote m Amer whip.

chifla f *(silbido)* whistle.

chiflado, -da fam adj crazy, mad.

chiflar ◇ vt fam *(encantar)*: **me chiflan las patatas fritas** I'm mad about chips. ◇ vi *(silbar)* to whistle.

chiflido m Amer whistling.

chile m chilli.

Chile Chile.

chileno, -na adj, m y f Chilean.

chillar ◇ vi 1. *(gritar - personas)* to scream, to yell; *(- aves, monos)* to screech; *(- cerdo)* to squeal; *(- ratón)* to squeak. 2. *(chirriar)* to screech; *(puerta, madera)* to creak; *(bisagras)* to squeak. ◇ vt fam *(reñir)* to yell at.

chillido m *(de persona)* scream, yell; *(de ave, mono)* screech; *(de cerdo)* squeal; *(de ratón)* squeak.

chillón, -ona adj 1. *(voz)* piercing. 2. *(persona)* noisy 3. *(color)* gaudy

chilpayate, -ta m y f Méx kid.

chimenea f 1. *(hogar)* fireplace. 2. *(tubo)* chimney.

chimpancé m chimpanzee.

china → **chino**.

China: **(la) ~** China.

chinchar *vt fam* to pester, to bug.
◆ **chincharse** *vpr fam*: **ahora te chinchas** now you can lump it.

chinche ◇ *adj fam fig* annoying. ◇ *f* **1.** *(insecto)* bedbug. **2.** *Amer (tachuela)* drawing pin *Br*, thumbtack *Am*.

chincheta *f Esp* drawing pin *Br*, thumbtack *Am*.

chinchín *m (brindis)* toast; **¡~!** cheers!

chinchón *m* strong aniseed liquor.

chingar ◇ *vt* **1.** *fam (molestar)* to cheese off. **2.** *mfam (estropear)* to bugger up. **3.** *Amer vulg (fornicar con)* to fuck. ◇ *vi vulg (fornicar)* to screw.
◆ **chingarse** *vpr mfam (beberse)* to knock back.

chino, -na *adj, m y f* Chinese.
◆ **chino** *m (lengua)* Chinese. ◆ **china** *f (piedra)* pebble.

chip *(pl chips) m* (INFORM) chip.

chipirón *m* baby squid.

Chipre Cyprus.

chipriota *adj, m y f* Cypriot

chiquillo, -lla *m y f* kid.

chiquito, -ta *adj* tiny. ◆ **chiquito** *m (de vino)* small glass of wine.

chiribita *f (chispa)* spark.

chirimbolo *m fam* thingamajig.

chirimoya *f* custard apple.

chiringuito *m fam (bar)* refreshment stall.

chiripa *f fam fig* fluke; **de** ○ **por ~** by luck.

chirivía *f* (BOT) parsnip.

chirla *f* small clam.

chirona *f fam* clink, slammer; **en ~** in the clink.

chirriar *vi (gen)* to screech; *(puerta, madera)* to creak; *(bisagra, muelles)* to squeak.

chirrido *m (gen)* screech; *(de puerta, madera)* creak; *(de bisagra, muelles)* squeak.

chis = **chist**.

chisme *m* **1.** *(cotilleo)* rumour, piece of gossip. **2.** *fam (cosa)* thingamajig.

chismorrear *vi* to spread rumours, to gossip.

chismoso, -sa ◇ *adj* gossipy. ◇ *m y f* gossip, scandalmonger.

chispa *f* **1.** *(de fuego, electricidad)* spark; **echar ~s** *fam* to be hopping mad. **2.** *(de lluvia)* spot (of rain). **3.** *fig (pizca)* bit **4.** *fig (agudeza)* sparkle.

chispear ◇ *vi* **1.** *(chisporrotear)* to spark. **2.** *(relucir)* to sparkle. ◇ *v impers (llover)* to spit (with rain)

chisporrotear *vi (fuego, leña)* to crackle; *(aceite)* to splutter; *(comida)* to sizzle.

chist, chis *interj*: **¡~!** ssh!

chistar *vi*: **me fui sin ~** I left without a word.

chiste *m* joke; **contar ~s** to tell jokes; **~ verde** dirty joke

chistera *f (sombrero)* top hat.

chistorra *f* type of cured pork sausage typical of Aragon and Navarre.

chistoso, -sa *adj* funny.

chita ◆ **a la chita callando** *loc adv fam* quietly, on the quiet

chitón *interj*: **¡~!** quiet!

chivar *vt fam* to tell secretly.
◆ **chivarse** *vpr fam*: **~se (de/a)** *(niños)* to split (on/to); *(delincuentes)* to grass (on/to)

chivatazo *m fam* tip-off; **dar el ~** to grass

chivato, -ta *m y f fam (delator)* grass, informer; *(acusica)* telltale.

chivo, -va *m y f* kid, young goat; **ser el ~ expiatorio** *fig* to be the scapegoat

choc *(pl chocs)*, **choque, shock** [tʃok] *m* shock.

chocante *adj* startling.

chocar ◇ *vi* **1.** *(colisionar)*: **~ (contra)** to crash (into), to collide (with). **2.** *fig (enfrentarse)* to clash. ◇ *vt fig (sorprender)* to startle.

chochear *vi (viejo)* to be senile.

chocho, -cha *adj* **1.** *(viejo)* senile. **2.** *fam fig (encariñado)* soft, doting.

choclo *m Andes & CSur* corn *Br*, maize *Am*.

chocolate *m (para comer, beber)* chocolate; **~ (a la taza)** thick drinking chocolate; **~ blanco** white chocolate; **~ con leche** milk chocolate.

chocolatina *f* chocolate bar.

chófer *(pl chóferes) m y f* chauffeur.

chollo *m fam (producto, compra)* bargain; *(trabajo, situación)* cushy number

chomba, chompa *f Andes & CSur* jumper.

chongo *m Méx (moño)* bun.

chopo *m* poplar.

choque *m* **1.** *(impacto)* impact; *(de coche, avión etc)* crash **2.** *fig (enfrentamiento)* clash. **3.** = **choc**.

chorizar *vt fam* to nick, to pinch.

chorizo *m* **1.** *(embutido)* highly seasoned pork sausage **2.** *fam (ladrón)* thief.

choro *m Chile* mussel.

chorrada *f mfam* rubbish (U); **decir ~s** to talk rubbish.

chorrear *vi* **1.** *(gotear - gota a gota)* to drip; *(- en un hilo)* to trickle. **2.** *(brotar)* to spurt (out), to gush (out).

chorro *m* 1. *(de líquido - borbotón)* jet, spurt; *(- hilo)* trickle; **salir a ~s** to spurt o gush out. 2. *fig (de luz, gente etc)* stream; **tiene un ~ de dinero** she has loads of money.

choteo *m fam* joking, kidding; **tomar algo a ~** to take sthg as a joke.

choto, -ta *m y f* 1. *(cabrito)* kid, young goat. 2. *(ternero)* calf.

chovinista, chauvinista [tʃoβiˈnista] ◇ *adj* chauvinistic. ◇ *m y f* chauvinist.

choza *f* hut.

christmas = **crismas**.

chubasco *m* shower.

chubasquero *m* raincoat, mac.

chúcaro, -ra *adj Amer fam* wild.

chuchería *f* 1. *(golosina)* sweet. 2. *(objeto)* trinket

chucho *m fam* mutt, dog.

chufa *f (tubérculo)* tiger nut.

chulear *fam vi (fanfarronear):* **~ (de)** to be cocky (about).

chulería *f (valentonería)* cockiness.

chuleta *f* 1. *(de carne)* chop. 2. *(en exámenes)* crib note.

chulo, -la ◇ *adj* 1. *(descarado)* cocky; **ponerse ~** to get cocky. 2. *fam (bonito)* lovely. ◇ *m y f (descarado)* cocky person. ◆ **chulo** *m (proxeneta)* pimp.

chumbera *f* prickly pear.

chumbo → **higo**.

chungo, -ga *adj fam (persona)* horrible, nasty; *(cosa)* lousy. ◆ **chunga** *f fam:* **tomarse algo a chunga** to take sthg as a joke.

chupa *f fam* coat.

chupachup® *(pl chupachups)* *m* lollipop.

chupado, -da *adj* 1. *(delgado)* skinny. 2. *fam (fácil):* **estar ~** to be dead easy o a piece of cake ◆ **chupada** *f (gen)* suck; *(fumando)* puff, drag.

chupar *vt* 1. *(succionar)* to suck; *(fumando)* to puff at. 2. *(absorber)* to soak up. 3. *(quitar):* **~le algo a alguien** to milk sb for sthg

chupe *m Andes* stew

chupete *m* dummy *Br*, pacifier *Am*.

chupi *adj fam* great, brill.

chupón, -ona *m y f fam (gorrón)* sponger, cadger ◆ **chupón** *m Méx (chupete)* dummy *Br*, pacifier *Am*

churrería *f shop selling 'churros'.*

churro *m (para comer)* dough formed into sticks or rings and fried in oil

churrusco *m* piece of burnt toast

churumbel *m fam* kid.

chusco, -ca *adj* funny. ◆ **chusco** *m fam* crust of stale bread.

chusma *f* rabble, mob.

chut *(pl chuts)* *m* kick.

chutar *vi (lanzar)* to shoot. ◆ **chutarse** *vpr mfam* to shoot up.

chute *m mfam* fix.

CIA *(abrev de Central Intelligence Agency)* *f* CIA.

cía., Cía. *(abrev de compañía)* Co.

cianuro *m* cyanide.

ciático, -ca *adj* sciatic. ◆ **ciática** *f* sciatica.

cibercafé *m* cybercafe.

ciberespacio *m* cyberspace.

cicatero, -ra *adj* stingy, mean.

cicatriz *f lit & fig* scar.

cicatrizar ◇ *vi* to heal (up). ◇ *vt fig* to heal.

cicerone *m y f* guide.

cíclico, -ca *adj* cyclical.

ciclismo *m* cycling.

ciclista *m y f* cyclist.

ciclo *m* 1. *(gen)* cycle. 2. *(de conferencias, actos)* series.

ciclocrós *m* cyclo-cross.

ciclomotor *m* moped

ciclón *m* cyclone.

cicuta *f* hemlock.

ciego, -ga ◇ *adj* 1. *(gen)* blind; **a ciegas** *lit & fig* blindly. 2. *fig (enloquecido):* **~ (de)** blinded (by). 3. *(pozo, tubería)* blocked (up). ◇ *m y f (invidente)* blind person; **los ~s** the blind

cielo *m* 1. *(gen)* sky. 2. (RELIG) heaven 3. *(nombre cariñoso)* my love, my dear. 4. *loc:* **como llovido del ~** *(inesperadamente)* out of the blue; *(oportunamente)* at just the right moment; **ser un ~** to be an angel. ◆ **¡cielos!** *interj:* **¡~s!** good heavens!

ciempiés *m inv* centipede.

cien = **ciento**.

ciénaga *f* marsh, bog.

ciencia *f (gen)* science. ◆ **ciencias** *fpl* (EDUC) science *(U).* ◆ **ciencia ficción** *f* science fiction. ◆ **a ciencia cierta** *loc adv* for certain.

cieno *m* mud, sludge.

científico, -ca ◇ *adj* scientific. ◇ *m y f* scientist.

ciento, cien *núm* a o one hundred; **~ cincuenta** a o one hundred and fifty; **cien mil** a o one hundred thousand; **~s de** hundreds of; **por ~** per cent; **por ~, cien por cien** a hundred per cent.

cierne ◆ **en ciernes** *loc adv:* **estar en ~s** to be in its infancy; **una campeona en ~s** a budding champion.

cierre *m* 1. *(gen)* closing, shutting; *(de*

fábrica) shutdown; (RADIO & TV) close-down; ~ **patronal** lockout **2.** (*mecanismo*) fastener; ~ **metálico** (*de tienda etc*) metal shutter; ~ **(relámpago)** *Amer* zip *Br*, zipper *Am*.

cierto, -ta *adj* **1.** (*verdadero*) true; **estar en lo ~** to be right; **lo ~ es que** ... the fact is that ... **2.** (*seguro*) certain, definite. **3.** (*algún*) certain; ~ **hombre** a certain man; **en cierta ocasión** once, on one occasion. ♦ **cierto** *adv* right, certainly. ♦ **por cierto** *loc adv* by the way.

ciervo, -va *m y f* deer, stag (*f* hind).

CIF (*abrev de código de identificación fiscal*) *m* tax code.

cifra *f* (*gen*) figure.

cifrar *vt* **1.** (*codificar*) to code. **2.** *fig* (*centrar*) to concentrate, to centre. ♦ **cifrarse en** *vpr* to amount to.

cigala *f* Dublin Bay prawn.

cigarra *f* cicada.

cigarrillo *m* cigarette.

cigarro *m* **1.** (*habano*) cigar. **2.** (*cigarrillo*) cigarette

cigüeña *f* stork.

cigüeñal *m* crankshaft.

cilindrada *f* cylinder capacity.

cilíndrico, -ca *adj* cylindrical.

cilindro *m* (*gen*) cylinder; (*de imprenta*) roller.

cima *f* **1.** (*punta - de montaña*) peak, summit; (*- de árbol*) top. **2.** *fig* (*apogeo*) peak, high point.

cimbrear *vt* **1.** (*vara*) to waggle. **2.** (*caderas*) to sway.

cimentar *vt* **1.** (*edificio*) to lay the foundations of; (*ciudad*) to found, to build. **2.** *fig* (*idea, paz, fama*) to cement.

cimiento *m* (*gen pl*) (CONSTR) foundation; **echar los ~s** *lit & fig* to lay the foundations.

cinc, zinc *m* zinc.

cincel *m* chisel.

cincelar *vt* to chisel

cincha *f* girth.

cinco *núm* five; **¡choca esos ~!** *fig* put it there!; *ver también* **seis**.

cincuenta *núm* fifty; **los (años) ~** the fifties; *ver también* **seis**.

cincuentón, -ona *m y f* fifty-year-old.

cine *m* cinema; **hacer ~** to make films.

cineasta *m y f* film maker o director.

cineclub *m* **1.** (*asociación*) film society. **2.** (*sala*) club cinema.

cinéfilo, -la *m y f* film buff.

cinematografía *f* cinematography.

cinematográfico, -ca *adj* film (*antes de sust*).

cinematógrafo *m* (*local*) cinema

cínico, -ca ◊ *adj* cynical. ◊ *m y f* cynic.

cinismo *m* cynicism.

cinta *f* **1.** (*tira - de plástico, papel*) strip, band; (*- de tela*) ribbon; ~ **adhesiva** o **autoadhesiva** adhesive o sticky tape; ~ **métrica** tape measure **2.** (*de imagen, sonido, ordenadores*) tape; ~ **magnetofónica** recording tape; ~ **de vídeo** videotape. **3.** (*mecanismo*) belt; ~ **transportadora** conveyor belt. **4.** (*película*) film

cintura *f* waist.

cinturilla *f* waistband

cinturón *m* **1.** (*cinto*) belt. **2.** (AUTOM) ring road **3.** (*cordón*) cordon. ♦ **cinturón de seguridad** *m* seat o safety belt.

ciprés *m* cypress.

circo *m* (*gen*) circus.

circuito *m* **1.** (DEP & ELECTRÓN) circuit. **2.** (*viaje*) tour.

circulación *f* **1.** (*gen*) circulation **2.** (*tráfico*) traffic.

circular ◊ *adj & f* circular. ◊ *vi* **1.** (*pasar*): ~ **(por)** (*líquido*) to flow o circulate (through); (*persona*) to move o walk (around); (*vehículos*) to drive (along) **2.** (*de mano en mano*) to circulate; (*moneda*) to be in circulation. **3.** (*difundirse*) to go round.

círculo *m* *lit & fig* circle. ♦ **círculos** *mpl* (*medios*) circles. ♦ **círculo polar** *m* polar circle; **el ~ polar ártico/antártico** the Arctic/Antarctic Circle ♦ **círculo vicioso** *m* vicious circle.

circuncisión *f* circumcision.

circundante *adj* surrounding.

circundar *vt* to surround.

circunferencia *f* circumference.

circunloquio *m* circumlocution.

circunscribir *vt* **1.** (*limitar*) to restrict, to confine **2.** (GEOM) to circumscribe. ♦ **circunscribirse a** *vpr* to confine o s. to.

circunscripción *f* (*distrito*) district; (MIL) division; (POLÍT) constituency

circunscrito, -ta ◊ *pp* → **circunscribir**. ◊ *adj* restricted, limited

circunstancia *f* circumstance; **en estas ~** under the circumstances; ~ **atenuante/agravante/eximente** (DER) extenuating/aggravating/exonerating circumstance

circunstancial *adj* (*accidental*) chance (*antes de sust*).

circunvalar *vt* to go round.

cirio *m* (wax) candle; **montar un ~** to make a row.

cirrosis *f inv* cirrhosis

ciruela *f* plum; **~ pasa** prune.

cirugía *f* surgery; **~ estética** O **plástica** cosmetic O plastic surgery.

cirujano, -na *m y f* surgeon.

cisco *m* 1. (*carbón*) slack; **hecho ~ fig** shattered. 2. *fam* (*alboroto*) row, rumpus.

cisma *m* 1. (*separación*) schism. 2. (*discordia*) split.

cisne *m* swan.

cisterna *f* (*de retrete*) cistern.

cistitis *f inv* cystitis.

cita *f* 1. (*entrevista*) appointment; (*de novios*) date; **darse ~** to meet; **tener una ~** to have an appointment. 2. (*referencia*) quotation.

citación *f* (DER) summons (*sg*).

citar *vt* 1. (*convocar*) to make an appointment with 2. (*aludir*) to mention; (*textualmente*) to quote. 3. (DER) to summons. ◆ **citarse** *vpr*: **~se (con alguien)** to arrange to meet (sb).

citología *f* 1. (*análisis ginecológico*) smear test. 2. (BIOL) cytology.

cítrico, -ca *adj* citric. ◆ **cítricos** *mpl* citrus fruits.

CiU (*abrev de* **Convergència i Unió**) *f* Catalan coalition party to the centre-right of the political spectrum.

ciudad *f* (*localidad*) city; (*pequeña*) town.

ciudadanía *f* 1. (*nacionalidad*) citizenship. 2. (*población*) citizens (*pl*).

ciudadano, -na *m y f* citizen.

Ciudad de México Mexico City.

cívico, -ca *adj* civic; (*conducta*) public-spirited.

civil ◇ *adj lit & fig* civil. ◇ *m* (*no militar*) civilian.

civilización *f* civilization.

civilizado, -da *adj* civilized.

civilizar *vt* to civilize.

civismo *m* 1. (*urbanidad*) community spirit. 2. (*cortesía*) civility, politeness.

cizaña *f* (BOT) darnel; **meter** O **sembrar ~** to sow discord.

cl (*abrev de* **centilitro**) cl

clamar ◇ *vt* 1. (*expresar*) to exclaim. 2. (*exigir*) to cry out for. ◇ *vi* 1. (*implorar*) to appeal. 2. (*protestar*) to cry out.

clamor *m* clamour.

clamoroso, -sa *adj* 1. (*rotundo*) resounding. 2. (*vociferante*) loud, clamorous.

clan *m* 1. (*tribu, familia*) clan. 2. (*banda*) faction.

clandestino, -na *adj* clandestine; (POLÍT) underground.

claqué *m* tap dancing.

claqueta *f* clapperboard.

clara ~ **claro**.

claraboya *f* skylight.

clarear *v impers* 1. (*amanecer*): **empezaba a ~** dawn was breaking. 2. (*despejarse*) to clear up. ◆ **clarearse** *vpr* (*transparentarse*) to be see-through.

claridad *f* 1. (*transparencia*) clearness, clarity. 2. (*luz*) light. 3. (*franqueza*) candidness. 4. (*lucidez*) clarity.

clarificar *vt* 1. (*gen*) to clarify; (*misterio*) to clear up. 2. (*purificar*) to refine.

clarín *m* (*instrumento*) bugle.

clarinete *m* (*instrumento*) clarinet.

clarividencia *f* farsightedness

claro, -ra *adj* 1. (*gen*) clear; **~ está que ...** of course ...; **dejar algo ~** to make sthg clear; **a las claras** clearly; **pasar una noche en ~** to spend a sleepless night; **poner algo en ~** to get sthg clear, to clear sthg up; **sacar algo en ~ (de)** to make sthg out (from). 2. (*luminoso*) bright. 3. (*color*) light. 4. (*diluido - té, café*) weak. ◆ **claro** ◇ *m* 1. (*en bosque*) clearing; (*en multitud*) space, gap. 2. (METEOR) bright spell. ◇ *adv* clearly. ◇ *interj*: **¡~!** of course! ◆ **clara** *f* (*de huevo*) white.

clase *f* 1. (*gen*) class; **~ alta/media** upper/middle class; **~ obrera** O **trabajadora** working class; **~ preferente/turista** club/tourist class; **primera ~** first class. 2. (*tipo*) sort, kind; **toda ~ de** all sorts O kinds of. 3. (EDUC - *asignatura, alumnos*) class; (- *aula*) classroom; **dar ~s** (*en un colegio*) to teach; (*en una universidad*) to lecture; **~s particulares** private classes O lessons.

clásico, -ca ◇ *adj* 1. (*de la Antigüedad*) classical 2. (*ejemplar, prototípico*) classic. 3. (*peinado, estilo, música etc*) classical. 4. (*habitual*) customary. 5. (*peculiar*): **~ de** typical of. ◇ *m y f* (*persona*) classic.

clasificación *f* classification; (DEP) (league) table.

clasificar *vt* to classify ◆ **clasificarse** *vpr* (*ganar acceso*): **~se (para)** to qualify (for); (DEP) to get through (to).

clasista *adj* class-conscious; *despec* snobbish.

claudicar *vi* (*ceder*) to give in.

claustro *m* 1. (ARQUIT & RELIG) cloister. 2. (*de universidad*) senate

claustrofobia *f* claustrophobia.

cláusula *f* clause

clausura f 1. (acto solemne) closing ceremony. 2. (cierre) closing down.

clausurar vt 1. (acto) to close, to conclude. 2. (local) to close down.

clavadista m y f Amer diver.

clavado, -da adj 1. (en punto - hora) on the dot. 2. (parecido) almost identical; **ser ~ a alguien** to be the spitting image of sb.

clavar vt 1. (clavo, estaca etc) to drive; (cuchillo) to thrust; (chincheta, alfiler) to stick. 2. (cartel, placa etc) to nail, to fix. 3. fig (mirada, atención) to fix, to rivet.

clave ◇ adj inv key. ◇ m (MÚS) harpsichord. ◇ f 1. (código) code; **en ~** in code. 2. fig (solución) key. 3. (MÚS) clef. 4. (INFORM) key.

clavel m carnation.

clavicémbalo m harpsichord.

clavicordio m clavichord.

clavícula f collar bone.

clavija f 1. (ELECTR & TECN) pin; (de auriculares, teléfono) jack. 2. (MÚS) peg.

clavo m 1. (pieza metálica) nail; **agarrarse a un ~ ardiendo** to clutch at straws; **dar en el ~** to hit the nail on the head. 2. (BOT & CULIN) clove. 3. (MED) (para huesos) pin.

claxon (pl cláxones) m horn; **tocar el ~** to sound the horn.

clemencia f mercy, clemency.

clemente adj (persona) merciful.

cleptómano, -na m y f kleptomaniac.

clerical adj clerical.

clérigo m (católico) priest; (anglicano) clergyman.

clero m clergy.

cliché, clisé m 1. (FOT) negative. 2. (IMPRENTA) plate. 3. fig (tópico) cliché.

cliente, -ta m y f (de tienda, garaje, bar) customer; (de banco, abogado etc) client; (de hotel) guest.

clientela f (de tienda, garaje) customers (pl); (de banco, abogado etc) clients (pl); (de hotel) guests (pl); (de bar, restaurante) clientele

clima m lit & fig climate.

climatizado, -da adj air-conditioned.

climatizar vt to air-condition.

climatología f 1. (tiempo) weather 2. (ciencia) climatology.

clímax m inv climax.

clínico, -ca adj. clinical. ◆ **clínica** f clinic.

clip m (para papel) paper clip.

clisé = cliché.

clítoris m inv clitoris.

cloaca f sewer.

cloquear vi to cluck.

cloro m chlorine.

cloroformo m chloroform.

cloruro m chloride.

clown m clown.

club (pl clubs o clubes) m club; **~ de fans** fan club; **~ náutico** yacht club.

cm (abrev de centímetro) cm.

CNT (abrev de Confederación Nacional del Trabajo) f Spanish anarchist trade union federation created in 1911.

Co. (abrev de compañía) Co.

coacción f coercion.

coaccionar vt to coerce.

coagular vt (gen) to coagulate; (sangre) to clot; (leche) to curdle. ◆ **coagularse** vpr (gen) to coagulate; (sangre) to clot; (leche) to curdle.

coágulo m clot.

coalición f coalition.

coartada f alibi.

coartar vt to limit, to restrict.

coba f fam (halago) flattery; **dar ~ a alguien** (hacer la pelota) to suck up o crawl to sb; (aplacar) to soft-soap sb.

cobalto m cobalt.

cobarde ◇ adj cowardly. ◇ m y f coward.

cobardía f cowardice.

cobertizo m 1. (tejado adosado) lean-to. 2. (barracón) shed.

cobertura f 1. (gen) cover. 2. (de un edificio) covering. 3. (PRENSA): **~ informativa** news coverage.

cobija f Amer blanket.

cobijar vt 1. (albergar) to house. 2. (proteger) to shelter. ◆ **cobijarse** vpr to take shelter.

cobijo m shelter; **dar ~ a alguien** to give shelter to sb, to take sb in

cobra f cobra.

cobrador, -ra m y f (del autobús) conductor (f conductress); (de deudas, recibos) collector.

cobrar ◇ vt 1. (COM - dinero) to charge; (- cheque) to cash; (- deuda) to collect; **cantidades por ~** amounts due; **¿me cobra, por favor?** how much do I owe you? 2. (en el trabajo) to earn. 3. (adquirir - importancia) to get, to acquire; **~ fama** to become famous. 4. (sentir - cariño, afecto) to start to feel ◇ vi (en el trabajo) to get paid

cobre m copper; **no tener un ~** Amer to be flat broke.

cobrizo, -za *adj (color, piel)* copper *(antes de sust)*.

cobro *m (de talón)* cashing; *(de pago)* collection; ~ **revertido** reverse charge.

coca *f* 1. *(planta)* coca. 2. *fam (cocaína)* coke.

Coca-Cola® *f* Coca-Cola®, Coke®.

cocaína *f* cocaine.

cocción *f (gen)* cooking; *(en agua)* boiling; *(en horno)* baking.

cóccix, coxis *m inv* coccyx.

cocear *vi* to kick

cocer *vt* 1. *(gen)* to cook; *(hervir)* to boil; *(en horno)* to bake. 2. *(cerámica, ladrillos)* to fire ◆ **cocerse** *vpr fig (plan)* to be afoot

coche *m* 1. *(automóvil)* car, automobile *Am*; ~ **de bomberos** fire engine; ~ **de carreras** racing car; ~ **celular** police van; ~ **familiar** estate car. 2. *(de tren)* coach, carriage; ~ **cama** sleeping car, sleeper; ~ **restaurante** restaurant o dining car. 3. *(de caballos)* carriage. ◆ **coche bomba** *m* car bomb.

cochera *f (para coches)* garage; *(de autobuses, tranvías)* depot.

cochinilla *f* 1. *(crustáceo)* woodlouse. 2. *(insecto)* cochineal.

cochinillo *m* sucking pig.

cochino, -na ◇ *adj* 1. *(persona)* filthy. 2. *(tiempo, dinero)* lousy. ◇ *m y f (animal - macho)* pig; *(- hembra)* sow.

cocido *m* stew

cociente *m* quotient

cocina *f* 1. *(habitación)* kitchen. 2. *(electrodoméstico)* cooker, stove; ~ **eléctrica/de gas** electric/gas cooker. 3. *(arte)* cooking; ~ **española** Spanish cuisine o cooking; **libro/clase de** ~ cookery book/class.

cocinar *vt & vi* to cook.

cocinero, -ra *m y f* cook.

cocker *m* cocker spaniel.

coco *m (árbol)* coconut palm; *(fruto)* coconut.

cocodrilo *m* crocodile.

cocotero *m* coconut palm.

cóctel, coctel *m* 1. *(bebida, comida)* cocktail. 2. *(reunión)* cocktail party. ◆ **cóctel molotov** *m* Molotov cocktail.

coctelera *f* cocktail shaker.

codazo *m* nudge, jab *(with one's elbow)*; **abrirse paso a** ~**s** to elbow one's way through

codearse *vpr:* ~**se (con)** to rub shoulders (with).

codera *f* elbow patch.

codicia *f (de riqueza)* greed.

codiciar *vt* to covet.

codicioso, -sa *adj* greedy.

codificar *vt* 1. *(ley)* to codify. 2. *(un mensaje)* to encode. 3. (INFORM) to code.

código *m (gen & INFORM)* code; ~ **postal/territorial** post/area code; ~ **de barras/de señales** bar/signal code; ~ **de circulación** highway code; ~ **civil/penal** civil/penal code; ~ **máquina** machine code.

codillo *m (de jamón)* shoulder.

codo *m (en brazo, tubería)* elbow; **estaba de** ~**s sobre la mesa** she was leaning (with her elbows) on the table.

codorniz *f* quail.

COE *(abrev de* **Comité Olímpico Español)** *m* SOC.

coeficiente *m* 1. *(gen)* coefficient. 2. *(índice)* rate.

coercer *vt* to restrict, to constrain

coetáneo, -a *adj, m y f* contemporary.

coexistir *vi* to coexist.

cofia *f (de enfermera, camarera)* cap; *(de monja)* coif.

cofradía *f* 1. *(religiosa)* brotherhood *(f* sisterhood). 2. *(no religiosa)* guild.

cofre *m* 1. *(arca)* chest, trunk. 2. *(para joyas)* jewel box.

coger ◇ *vt* 1. *(asir, agarrar)* to take. 2. *(atrapar - ladrón, pez, pájaro)* to catch. 3. *(alcanzar - persona, vehículo)* to catch up with. 4. *(recoger - frutos, flores)* to pick. 5. *(quedarse con - propina, empleo, piso)* to take. 6. *(quitar):* ~ **algo (a alguien)** to take sthg (from sb). 7. *(tren, autobús)* to take, to catch. 8. *(contraer - gripe, resfriado)* to catch, to get. 9. *(sentir - manía, odio, afecto)* to start to feel; ~ **cariño/miedo a** to become fond of/scared of. 10. *(oír)* to catch; *(entender)* to get. 11. *(sorprender, encontrar):* ~ **a alguien haciendo algo** to catch sb doing sthg. 12. *(sintonizar - canal, emisora)* to get, to receive. 13. *Amer vulg (fornicar)* to screw. ◇ *vi (dirigirse):* ~ **a la derecha/la izquierda** to turn right/left. ◆ **cogerse** *vpr* 1. *(agarrarse):* ~**se de** o **a algo** to cling to o clutch sthg. 2. *(pillarse):* ~**se los dedos/la falda en la puerta** to catch one's fingers/skirt in the door.

cogida *f (de torero)* goring

cognac = **coñá**.

cogollo *m* 1. *(de lechuga)* heart. 2. *(brote - de árbol, planta)* shoot.

cogorza *f fam*: **agarrarse una ~** to get smashed, to get blind drunk.

cogote *m* nape, back of the neck.

cohabitar *vi* to cohabit, to live together.

cohecho *m* bribery.

coherencia *f (de razonamiento)* coherence.

coherente *adj* coherent.

cohesión *f* cohesion

cohete *m* rocket.

cohibido, -da *adj* inhibited.

cohibir *vt* to inhibit. ◆ **cohibirse** *vpr* to become inhibited.

COI *(abrev de* Comité Olímpico Internacional) *m* IOC.

coima *f Andes & CSur fam* bribe.

coincidencia *f* coincidence.

coincidir *vi* 1. *(superficies, versiones, gustos)* to coincide. 2. *(personas - encontrarse)* to meet; *(- estar de acuerdo)* to agree.

coito *m* (sexual) intercourse.

coja → **coger**.

cojear *vi* 1. *(persona)* to limp. 2. *(mueble)* to wobble.

cojera *f (acción)* limp; *(estado)* lameness

cojín *m* cushion.

cojinete *m (en eje)* bearing; *(en un riel de ferrocarril)* chair.

cojo, -ja *v* → **coger**. ◇ *adj* 1. *(persona)* lame. 2. *(mueble)* wobbly. ◇ *m y f* cripple.

cojón *vulg m (gen pl)* ball. ◆ **cojones** *interj vulg*: ¡**cojones**! *(enfado)* for fuck's sake!

cojonudo, -da *adj vulg* bloody brilliant.

cojudo, -da *adj Andes & CSur mfam* bloody stupid.

col *f* cabbage; **~ de Bruselas** Brussels sprout.

cola *f* 1. *(de animal, avión)* tail. 2. *(fila)* queue *Br*, line *Am*; **hacer ~** to queue (up) *Br*, to stand in line *Am*. 3. *(pegamento)* glue. 4. *(de clase, lista)* bottom; *(de desfile)* end. 5. *(peinado)*: **~ (de caballo)** pony tail.

colaboración *f* 1. *(gen)* collaboration. 2. *(de prensa)* contribution, article.

colaborador, -ra *m y f* 1. *(gen)* collaborator. 2. *(de prensa)* contributor.

colaborar *vi* 1. *(ayudar)* to collaborate 2. *(en prensa)*: **~ en** O **con** to write for. 3. *(contribuir)* to contribute.

colación *f loc*: **sacar** O **traer algo a ~** *(tema)* to bring sthg up

colado, -da *adj* 1. *(líquido)* strained. 2. *(enamorado)*: **estar ~ por alguien** *fam* to have a crush on sb. ◆ **colada** *f (ropa)* laundry; **hacer la ~** to do the washing.

colador *m (para líquidos)* strainer, sieve; *(para verdura)* colander.

colapsar ◇ *vt* to bring to a halt, to stop. ◇ *vi* to come O grind to a halt.

colapso *m* 1. (MED) collapse, breakdown. 2. *(de actividad)* stoppage; *(de tráfico)* traffic jam, hold-up.

colar ◇ *vt (verdura, té)* to strain; *(café)* to filter. ◇ *vi (pasar por bueno)*: **esto no colará** this won't wash. ◆ **colarse** *vpr* 1. *(líquido)*: **~se por** to seep through. 2. *(persona)* to slip, to sneak; *(en una cola)* to jump the queue *Br* O line *Am*; **~se en una fiesta** to gatecrash a party.

colateral *adj (lateral)* on either side.

colcha *f* bedspread.

colchón *m (de cama)* mattress; **~ inflable** air bed.

colchoneta *f (para playa)* beach mat; *(en gimnasio)* mat.

cole *m fam* school.

colear *vi (animal)* to wag its tail.

colección *f lit & fig* collection.

coleccionable ◇ *adj* collectable. ◇ *m* special supplement in serialized form.

coleccionar *vt* to collect.

coleccionista *m y f* collector

colecta *f* collection

colectividad *f* community

colectivo, -va *adj* collective. ◆ **colectivo** *m* 1. *(grupo)* group. 2. *Amer (taxi)* taxi; *Arg (autobús)* bus.

colector, -ra *m y f (persona)* collector. ◆ **colector** *m* 1. *(sumidero)* sewer; **~ de basuras** chute. 2. (MEC) *(de motor)* manifold.

colega *m y f* 1. *(compañero profesional)* colleague. 2. *(homólogo)* counterpart, opposite number. 3. *fam (amigo)* mate.

colegiado, -da *adj* who belongs to a professional association. ◆ **colegiado** *m* (DEP) referee.

colegial, -la *m y f* schoolboy *(f* schoolgirl).

colegio *m* 1. *(escuela)* school 2. *(de profesionales)*: **~ (profesional)** professional association. ◆ **colegio electoral** *m (lugar)* polling station; *(votantes)* ward ◆ **colegio mayor** *m* hall of residence.

cólera ◇ *m* (MED) cholera. ◇ *f (ira)* anger, rage; **montar en ~** to get angry

colérico, -ca *adj (carácter)* bad-tempered

colesterol m cholesterol.

coleta f pigtail.

coletilla f postscript.

colgado, -da adj 1. (cuadro, jamón etc): ~ (de) hanging (from). 2. (teléfono) on the hook.

colgador m hanger, coathanger.

colgante ◇ adj hanging ◇ m pendant.

colgar ◇ vt 1. (suspender, ahorcar) to hang; ~ el teléfono to hang up. 2. (imputar): ~ algo a alguien to blame sthg on sb. ◇ vi 1. (pender): ~ (de) to hang (from). 2. (hablando por teléfono) to hang up.

colibrí m hummingbird.

cólico m stomachache.

coliflor f cauliflower.

colilla f (cigarette) butt o stub.

colimba f Arg fam military service.

colina f hill.

colindante adj neighbouring, adjacent.

colisión f (de automóviles) collision, crash; (de ideas, intereses) clash.

colisionar vi (coche): ~ (contra) to collide (with), to crash (into).

collar m 1. (de personas) necklace. 2. (para animales) collar.

collarín m surgical collar.

colmado, -da adj: ~ (de) full to the brim (with). ♦ **colmado** m grocer's (shop).

colmar vt 1. (recipiente) to fill (to the brim). 2. fig (aspiración, deseo) to fulfil.

colmena f beehive.

colmillo m 1. (de persona) eyetooth. 2. (de perro) fang; (de elefante) tusk.

colmo m height; para ~ de desgracias to crown it all; es el ~ de la locura it's sheer madness; ¡eso es el ~! fam that's the last straw!

colocación f 1. (acción) placing, positioning; (situación) place, position. 2. (empleo) position, job.

colocado, -da adj 1. (gen) placed; estar muy bien ~ to have a very good job. 2. fam (borracho) legless; (drogado) high, stoned.

colocar vt 1. (en su sitio) to place, to put. 2. (en un empleo) to find a job for. 3. (invertir) to place, to invest. ♦ **colocarse** vpr 1. (en un trabajo) to get a job. 2. fam (emborracharse) to get legless; (drogarse) to get high o stoned.

colofón m (remate, fin) climax.

Colombia Colombia.

colombiano, -na adj, m y f Colombian.

colon m colon.

colonia f 1. (gen) colony 2. (perfume) eau de cologne. 3. Méx (barrio) district; ~ proletaria shanty town.

colonial adj colonial.

colonización f colonization.

colonizador, -ra m y f colonist.

colonizar vt to colonize

colono m settler, colonist.

coloquial adj colloquial.

coloquio m 1. (conversación) conversation. 2. (debate) discussion, debate.

color m (gen) colour; ~ rojo red; ~ azul blue; ¿de qué ~? what colour?; de ~ (persona) coloured; en ~ (foto, televisor) colour.

colorado, -da adj (color) red; ponerse ~ to blush, to go red.

colorante m colouring.

colorear vt to colour (in).

colorete m rouge, blusher.

colorido m colours (pl).

colosal adj 1. (estatura, tamaño) colossal. 2. (extraordinario) great, enormous.

coloso m 1. (estatua) colossus. 2. fig (cosa, persona) giant.

columna f 1. (gen) column. 2. fig (pilar) pillar. ♦ **columna vertebral** f spinal column.

columnista m y f columnist.

columpiar vt to swing ♦ **columpiarse** vpr to swing.

columpio m swing.

colza f (BOT) rape

coma ◇ m (MED) coma; en ~ in a coma. ◇ f 1. (GRAM) comma. 2. (MAT) = decimal point.

comadreja f weasel

comadrona f midwife.

comandancia f 1. (rango) command. 2. (edificio) command headquarters.

comandante m (MIL - rango) major; (- de un puesto) commander, commandant.

comandar vt (MIL) to command.

comando m (MIL) commando.

comarca f region, area.

comba f 1. (juego) skipping; jugar a la ~ to skip 2. (cuerda) skipping rope

combar vt to bend. ♦ **combarse** vpr (gen) to bend; (madera) to warp; (pared) to bulge.

combate m (gen) fight; (batalla) battle.

combatiente m y f combatant, fighter.

combatir ◊ *vi*: ~ **(contra)** to fight (against). ◊ *vt* to combat, to fight.

combativo, -va *adj* combative.

combi *m (frigorífico)* fridge-freezer.

combinación *f* 1. *(gen)* combination. 2. *(de bebidas)* cocktail. 3. *(prenda)* slip. 4. *(de medios de transporte)* connections *(pl)*.

combinado *m* 1. *(bebida)* cocktail. 2. (DEP) combined team.

combinar *vt* 1. *(gen)* to combine. 2. *(bebidas)* to mix. 3. *(colores)* to match.

combustible ◊ *adj* combustible. ◊ *m* fuel.

combustión *f* combustion.

comecocos *m inv fam (para convencer)*: **este panfleto es un ~** this pamphlet is designed to brainwash you

comedia *f* comedy; *fig (engaño)* farce.

comediante, -ta *m y f* actor *(f* actress); *fig (farsante)* fraud.

comedido, -da *adj* moderate.

comedirse *vpr* to be restrained.

comedor *m (habitación - de casa)* dining room; *(- de fábrica)* canteen.

comensal *m y f* fellow diner.

comentar *vt (opinar sobre)* to comment on; *(hablar de)* to discuss.

comentario *m* 1. *(observación)* comment, remark. 2. *(crítica)* commentary. ♦ **comentarios** *mpl (murmuraciones)* gossip *(U)*.

comentarista *m y f* commentator.

comenzar ◊ *vt* to start, to begin; ~ **a hacer algo** to start doing o to do sthg; ~ **diciendo que ...** to start o begin by saying that ... ◊ *vi* to start, to begin.

comer ◊ *vi (ingerir alimentos - gen)* to eat; *(- al mediodía)* to have lunch. ◊ *vt* 1. *(alimentos)* to eat. 2. *(en juegos de tablero)* to take, to capture. 3. *fig (consumir)* to eat up. ♦ **comerse** *vpr* 1. *(alimentos)* to eat. 2. *(desgastar - recursos)* to eat up; *(- metal)* to corrode. 3. *(en los juegos de tablero)* to take, to capture 4. *Amer vulg (fornicar)*: ~**se a** to fuck.

comercial *adj* commercial.

comercializar *vt* to market.

comerciante *m y f* tradesman *(f* tradeswoman); *(tendero)* shopkeeper.

comerciar *vi* to trade, to do business.

comercio *m* 1. *(de productos)* trade; ~ **exterior/interior** foreign/domestic trade; ~ **justo** fair trade; **libre ~** free trade. 2. *(actividad)* business, commerce. 3. *(tienda)* shop.

comestible *adj* edible, eatable.

♦ **comestibles** *mpl (gen)* food *(U)*; *(en una tienda)* groceries.

cometa ◊ *m* (ASTRON) comet. ◊ *f* kite.

cometer *vt (crimen)* to commit; *(error)* to make.

cometido *m* 1. *(objetivo)* mission, task. 2. *(deber)* duty.

comezón *f (picor)* itch, itching *(U)*.

cómic *(pl* **cómics)**, **comic** *(pl* **comics)** *m (adult)* comic.

comicios *mpl* elections

cómico, -ca ◊ *adj* 1. *(de la comedia)* comedy *(antes de sust)*, comic. 2. *(gracioso)* comic, comical. ◊ *m y f (actor de teatro)* actor *(f* actress); *(humorista)* comedian *(f* comedienne), comic.

comida *f* 1. *(alimento)* food *(U)*. 2. *(almuerzo, cena etc)* meal. 3. *(al mediodía)* lunch.

comidilla *f fam*: **ser/convertirse en la ~ del pueblo** to be/to become the talk of the town.

comienzo *m* start, beginning; **a ~s de los años 50** in the early 1950s; **dar ~** to start, to begin.

comillas *fpl* inverted commas, quotation marks; **entre ~** in inverted commas.

comilona *f fam (festín)* blow-out.

comino *m (planta)* cumin, cummin; **me importa un ~** I don't give a damn.

comisaría *f* police station, precinct *Am*.

comisario, -ria *m y f* 1. ~ **(de policía)** police superintendent. 2. *(delegado)* commissioner.

comisión *f* 1. *(de un delito)* perpetration. 2. (COM) commission; **(trabajar) a ~** (to work) on a commission basis. 3. *(delegación)* commission, committee; ~ **investigadora** committee of inquiry; ~ **permanente** standing commission.

comisura *f* corner *(of mouth, eyes)*.

comité *m* committee.

comitiva *f* retinue.

como ◊ *adv* 1. *(comparativo)*: **tan ... ~ ... as .. as ...; es (tan) negro ~ el carbón** it's as black as coal; **ser ~ algo** to be like sthg; **vive ~ un rey** he lives like a king; **lo que dijo fue ~ para ruborizarse** his words were enough to make you blush 2. *(de la manera que)* as; **lo he hecho ~ es debido** I did it as o the way it should be done; **me encanta ~ bailas** I love the way you dance 3. *(según)* as; ~ **te decía ayer ...** as I was telling you yesterday .. 4. *(en calidad de)* as; **trabaja ~**

bombero he works as a fireman; **dieron el dinero ~ anticipo** they gave the money as an advance. **5.** *(aproximadamente)* about; **me quedan ~ mil pesetas** I've got about a thousand pesetas left; **tiene un sabor ~ a naranja** it tastes a bit like an orange ◇ *conj* **1.** *(ya que)* as, since; **~ no llegabas, nos fuimos** as o since you didn't arrive, we left **2.** *(si)* if; **~ no me hagas caso, lo pasarás mal** if you don't listen to me, there will be trouble. ♦ **como que** *loc conj* **1.** *(que)* that; **le pareció ~ que lloraban** it seemed to him (that) they were crying. **2.** *(expresa causa)*: **pareces cansado ~ ~ que he trabajado toda la noche** you seem tired – well, I've been up all night working. ♦ **como quiera** *loc adv (de cualquier modo)* anyway, anyhow. ♦ **como quiera que** *loc conj* **1.** *(de cualquier modo que)* whichever way, however; **~ quiera que sea** whatever the case may be. **2.** *(dado que)* since, given that. ♦ **como si** *loc conj* as if.

cómo *adv* **1.** *(de qué modo, por qué motivo)* how; **¿~ lo has hecho?** how did you do it?; **¿~ son?** what are they like?; **no sé ~ has podido decir eso** I don't know how you could say that; **¿~ que no la has visto nunca?** what do you mean you've never seen her?; **¿a ~ están los tomates?** how much are the tomatoes?; **¿~?** *fam (¿qué dices?)* sorry?, what? **2.** *(exclamativo)* how; **¡~ pasan los años!** how time flies!; **¡~ no!** of course!; **está lloviendo, ¡y ~!** it isn't half raining!

cómoda *f* chest of drawers.

comodidad *f* comfort, convenience *(U)*; **para su ~** for your convenience.

comodín *m (naipe)* joker.

cómodo, -da *adj* **1.** *(gen)* comfortable. **2.** *(útil)* convenient. **3.** *(oportuno, fácil)* easy.

comoquiera *adv*: **~ que** *(de cualquier manera que)* whichever way, however; *(dado que)* since, seeing as

compa *m y f Amer fam* mate, buddy.

compact *m* compact disc player

compactar *vt* to compress.

compact disk, compact disc *m* compact disc.

compacto, -ta *adj* compact.

compadecer *vt* to pity, to feel sorry for. ♦ **compadecerse de** *vpr* to pity, to feel sorry for.

compadre *m fam (amigo)* friend, mate.

compadrear *vi Amer* to brag, to boast.

compaginar *vt (combinar)* to reconcile. ♦ **compaginarse** *vpr*: **~se con** to square with, to go together with.

compañerismo *m* comradeship.

compañero, -ra *m y f* **1.** *(pareja, acompañante)* companion. **2.** *(colega)* colleague; **~ de clase** classmate; **~ de piso** flatmate.

compañía *f* company; **en ~ de** accompanied by, in the company of; **hacer ~ a alguien** to keep sb company.

comparación *f* comparison; **en ~ con** in comparison with, compared to.

comparar *vt*: **~ algo (con)** to compare sthg (to).

comparativo, -va *adj* comparative.

comparecer *vi* to appear.

comparsa ◇ *f* (TEATRO) extras *(pl)*. ◇ *m y f* **1.** (TEATRO) extra. **2.** *fig (en carreras, competiciones)* also-ran; *(en organizaciones, empresas)* nobody.

compartimento, compartimiento *m* compartment.

compartir *vt* **1.** *(ganancias)* to share (out). **2.** *(piso, ideas)* to share.

compás *m* **1.** *(instrumento)* pair of compasses. **2.** (MÚS - *periodo)* bar; *(- ritmo)* rhythm, beat; **al ~ (de la música)** in time (with the music); **llevar el ~** to keep time; **perder el ~** to lose the beat.

compasión *f* compassion, pity.

compasivo, -va *adj* compassionate.

compatibilizar *vt* to make compatible.

compatible *adj* (gen & INFORM) compatible.

compatriota *m y f* compatriot, fellow countryman *(f* fellow countrywoman).

compendiar *vt (cualidades, características)* to summarize; *(libro, historia)* to abridge.

compendio *m* **1.** *(libro)* compendium. **2.** *fig (síntesis)* epitome, essence.

compenetración *f* mutual understanding.

compenetrarse *vpr* to understand each other.

compensación *f (gen)* compensation; **en ~ (por)** in return (for).

compensar *vt* **1.** *(valer la pena)* to make up for; **no me compensa (perder tanto tiempo)** it's not worth my while (wasting all that time). **2.** *(indemnizar)*: **~ a alguien (de o por)**

to compensate sb (for).

competencia f 1. *(entre personas, empresas)* competition. 2. *(incumbencia)* field, province 3. *(aptitud, atribuciones)* competence.

competente *adj* competent; ~ **en materia de** responsible for.

competer ♦ competer a *vi (gen)* to be up to, to be the responsibility of; *(una autoridad)* to come under the jurisdiction of.

competición f competition.

competidor, -ra *m y f* competitor.

competir *vi*: ~ **(con/por)** to compete (with/for).

competitividad f competitiveness.

competitivo, -va *adj* competitive.

compilar *vt (gen & INFORM)* to compile.

compinche *m y f fam* crony.

complacencia f pleasure, satisfaction.

complacer *vt* to please.

complaciente *adj* 1. *(amable)* obliging, helpful. 2. *(indulgente)* indulgent.

complejo, -ja *adj* complex. **♦ complejo** *m* complex; ~ **industrial** industrial park.

complementar *vt* to complement. **♦ complementarse** *vpr* to complement each other.

complementario, -ria *adj* complementary.

complemento *m* 1. *(añadido)* complement. 2. *(GRAM)* object, complement.

completamente *adv* completely, totally.

completar *vt* to complete.

completo, -ta *adj* 1. *(entero, perfecto)* complete; **por** ~ completely; **un deportista muy** ~ an all-round sportsman. 2. *(lleno)* full.

complexión f build.

complicación f 1. *(gen)* complication. 2. *(complejidad)* complexity.

complicado, -da *adj* 1. *(difícil)* complicated. 2. *(implicado)*: ~ **(en)** involved (in).

complicar *vt (dificultar)* to complicate.

cómplice *m y f* accomplice.

complicidad f complicity.

complot, compló *m* plot, conspiracy.

componente *m* 1. *(gen & ELECTR)* component. 2. *(persona)* member.

componer *vt* 1. *(formar un todo, ser parte de)* to make up. 2. *(música, versos)* to compose. 3. *(arreglar - algo roto)* to

repair. **♦ componerse** *vpr (estar formado)*: ~**se de** to be made up of.

comportamiento *m* behaviour.

comportar *vt* to involve, to entail. **♦ comportarse** *vpr* to behave.

composición f composition.

compositor, -ra *m y f* composer.

compostura f 1. *(reparación)* repair. 2. *(de persona, rostro)* composure. 3. *(en comportamiento)* restraint.

compota f (CULIN) stewed fruit *(U)*.

compra f purchase; **ir de** ~**s** to go shopping; **ir a** o **hacer la** ~ to do the shopping; ~ **a plazos** hire purchase.

comprador, -ra *m y f (gen)* buyer; *(en una tienda)* shopper, customer.

comprar *vt* 1. *(adquirir)* to buy, to purchase. 2. *(sobornar)* to buy (off).

compraventa f buying and selling, trading.

comprender *vt* 1. *(incluir)* to include, to comprise. 2. *(entender)* to understand. **♦ comprenderse** *vpr (personas)* to understand each other.

comprensión f understanding.

comprensivo, -va *adj* understanding.

compresa f *(para menstruación)* sanitary towel *Br*, sanitary napkin *Am*.

comprimido, -da *adj* compressed. **♦ comprimido** *m* pill, tablet.

comprimir *vt* to compress.

comprobante *m (documento)* supporting document, proof; *(recibo)* receipt.

comprobar *vt (averiguar)* to check; *(demostrar)* to prove.

comprometer *vt* 1. *(poner en peligro - éxito etc)* to jeopardize; *(- persona)* to compromise. 2. *(avergonzar)* to embarrass. **♦ comprometerse** *vpr* 1. *(hacerse responsable)*: ~**se (a hacer algo)** to commit o.s. (to doing sthg). 2. *(ideológicamente, moralmente)*: ~**se (en algo)** to become involved (in sthg).

comprometido, -da *adj* 1. *(con una idea)* committed. 2. *(difícil)* compromising, awkward.

compromiso *m* 1. *(obligación)* commitment; *(acuerdo)* agreement. 2. *(cita)* engagement; ~ **matrimonial** engagement. 3. *(dificultad)* compromising o difficult situation.

compuerta f sluice, floodgate.

compuesto, -ta ◊ *pp* → **componer**. ◊ *adj (formado)*: ~ **de** composed of. **♦ compuesto** *m* (GRAM & QUÍM) compound.

compungido, -da *adj* contrite.

computador m, **computadora** f computer.

computar vt (calcular) to calculate.

cómputo m calculation.

comulgar vi (RELIG) to take communion.

común adj 1. (gen) common; **por lo ~** generally; **poco ~** unusual. 2. (compartido - amigo, interés) mutual; (- bienes, pastos) communal. 3. (ordinario - vino etc) ordinary, average.

comuna f commune.

comunicación f 1. (gen) communication; **ponerse en ~ con alguien** to get in touch with sb. 2. (escrito oficial) communiqué; (informe) report ◆ **comunicaciones** fpl communications.

comunicado, -da adj: **bien ~** (lugar) well-served, with good connections. ◆ **comunicado** m announcement, statement; **~ a la prensa** press release.

comunicar ◇ vt 1. (transmitir - sentimientos, ideas) to convey; (- movimiento, virus) to transmit. 2. (información): **~ algo a alguien** to inform sb of sthg, to tell sb sthg. ◇ vi 1. (hablar - gen) to communicate; (- al teléfono) to get through; (escribir) to get in touch. 2. (dos lugares): **~ con algo** to connect with sthg, to join sthg. 3. (el teléfono) to be engaged Br, to be busy Am; **está comunicando** the line's engaged. ◆ **comunicarse** vpr 1. (hablarse) to communicate (with each other). 2. (dos lugares) to be connected.

comunicativo, -va adj communicative.

comunidad f (gen) community; **~ autónoma** autonomous region; **Comunidad Económica Europea** European Economic Community.

comunión f lit & fig communion.

comunismo m communism.

comunista adj, m y f communist.

comunitario, -ria adj 1. (de la comunidad) community (antes de sust). 2. (de la CEE) Community (antes de sust), of the European Community.

con prep 1. (gen) with; **¿~ quién vas?** who are you going with?; **lo ha conseguido ~ su esfuerzo** he has achieved it through his own efforts; **una cartera ~ varios documentos** a briefcase containing several documents. 2. (a pesar de) in spite of; **~ todo** despite everything; **~ lo estudioso que es, le suspendieron** for all his hard work, they still failed him. 3. (hacia): **para ~** towards; **es amable**

para ~ todos she is friendly towards O with everyone. 4. (+ infin) (para introducir una condición) by (+ gerund); **~ hacerlo así** by doing it this way; **~ salir a las diez es suficiente** if we leave at ten, we'll have plenty of time. 5. (a condición de que): **~ (tal) que** (+ subjuntivo) as long as; **~ que llegue a tiempo me conformo** I don't mind as long as he arrives on time.

conato m attempt; **~ de robo** attempted robbery; **un ~ de incendio** the beginnings of a fire

concatenar, concadenar vt to link together.

concavidad f (lugar) hollow.

cóncavo, -va adj concave.

concebir ◇ vt (plan, hijo) to conceive; (imaginar) to imagine. ◇ vi to conceive.

conceder vt 1. (dar) to grant; (premio) to award. 2. (asentir) to admit, to concede.

concejal, -la m y f (town) councillor.

concentración f 1. (gen) concentration. 2. (de gente) gathering.

concentrado m concentrate.

concentrar vt 1. (gen) to concentrate. 2. (reunir - gente) to bring together; (- tropas) to assemble. ◆ **concentrarse** vpr to concentrate.

concéntrico, -ca adj concentric.

concepción f conception.

concepto m 1. (idea) concept. 2. (opinión) opinion. 3. (motivo): **bajo ningún ~** under no circumstances; **en ~ de** by way of, as.

concernir v impers to concern; **en lo que concierne a** as regards; **por lo que a mí me concierne** as far as I'm concerned.

concertar ◇ vt (precio) to agree on; (cita) to arrange; (pacto) to reach. ◇ vi (concordar): **~ (con)** to tally (with), to fit in (with).

concertina f concertina.

concesión f 1. (de préstamo etc) granting; (de premio) awarding. 2. (COM & fig) concession.

concesionario, -ria m y f (persona con derecho exclusivo de venta) licensed dealer; (titular de una concesión) concessionaire, licensee.

concha f 1. (de los animales) shell. 2. (material) tortoiseshell.

conchabarse vpr fam: **~ (contra)** to gang up (on).

conciencia, consciencia f 1. (conocimiento) consciousness, awareness; **tener/tomar ~ de** to be/become aware of. 2. *(moral, integridad)* conscience; **a ~** conscientiously; **me remuerde la ~** I have a guilty conscience.

concienciar *vt* to make aware.

♦ **concienciarse** *vpr* to become aware.

concienzudo, -da *adj* conscientious.

concierto *m* 1. *(actuación)* concert. 2. *(composición)* concerto.

conciliar *vt* to reconcile; **~ el sueño** to get to sleep.

concilio *m* council.

concisión *f* conciseness.

conciso, -sa *adj* concise.

conciudadano, -na *m y f* fellow citizen.

cónclave, conclave *m* conclave.

concluir ◇ *vt* to conclude; **~ haciendo** ○ **por hacer algo** to end up doing sthg. ◇ *vi* to (come to an) end.

conclusión *f* conclusion; **llegar a una ~** to come to ○ to reach a conclusion; **en ~** in conclusion.

concluyente *adj* conclusive.

concordancia *f (gen & GRAM)* agreement.

concordar ◇ *vt* to reconcile. ◇ *vi* 1. *(estar de acuerdo)*: **~ (con)** to agree ○ tally (with). 2. *(GRAM)*: **~ (con)** to agree (with).

concordia *f* harmony.

concretar *vt (precisar)* to specify, to state exactly ♦ **concretarse** *vpr (materializarse)* to take shape.

concreto, -ta *adj* specific, particular; **en ~** *(en resumen)* in short; *(específicamente)* specifically; **nada en ~** nothing definite. ♦ **concreto** *m Amer* concrete.

concurrencia *f* 1. *(asistencia)* attendance; *(espectadores)* crowd, audience. 2. *(de sucesos)* concurrence.

concurrido, -da *adj (bar, calle)* crowded; *(espectáculo)* well-attended.

concurrir *vi* 1. *(reunirse)*: **~ a algo** to go to sthg, to attend sthg. 2. *(participar)*: **~ a** *(concurso)* to take part in, to compete in; *(examen)* to sit *Br*, to take.

concursante *m y f (en concurso)* competitor, contestant; *(en oposiciones)* candidate.

concursar *vi (competir)* to compete; *(en oposiciones)* to be a candidate.

concurso *m* 1. *(prueba - literaria, deportiva)* competition; *(- de televisión)* game show. 2. *(para una obra)* tender; **salir a ~** to be put out to tender. 3. *(ayuda)* cooperation.

condado *m (territorio)* county.

condal *adj*: **la Ciudad ~** Barcelona

conde, -desa *m y f* count (*f* countess).

condecoración *f (insignia)* medal.

condecorar *vt* to decorate.

condena *f* sentence.

condenado, -da *adj* 1. *(a una pena)* convicted, sentenced; *(a un sufrimiento)* condemned. 2. *fam (maldito)* damned.

condenar *vt* 1. *(declarar culpable)* to convict. 2. *(castigar)*: **~ a alguien a algo** to sentence sb to sthg. 3. *(recriminar)* to condemn.

condensar *vt lit & fig* to condense.

condescendencia *f (benevolencia)* graciousness; *(altivez)* condescension.

condescender *vi*: **~ a** *(con amabilidad)* to consent to, to accede to; *(con desprecio)* to deign to, to condescend to.

condescendiente *adj* obliging.

condición *f* 1. *(gen)* condition; **condiciones de un contrato** terms of a contract; **con una sola ~** on one condition. 2. *(naturaleza)* nature. 3. *(clase social)* social class. ♦ **condiciones** *fpl* 1. *(aptitud)* talent (U), ability (U). 2. *(circunstancias)* conditions; **condiciones atmosféricas/de vida** weather/ living conditions 3. *(estado)* condition (U); **estar en condiciones de** ○ **para hacer algo** *(físicamente)* to be in a fit state to do sthg; *(por la situación)* to be in a position to do sthg; **no estar en condiciones** *(carne, pescado)* to be off

condicional *adj & m* conditional.

condicionar *vt*: **~ algo a algo** to make sthg dependent on sthg.

condimento *m* seasoning (U).

condolencia *f* condolence.

condolerse *vpr*: **~ (de)** to feel pity (for).

condón *m* condom.

cóndor *m* condor.

conducción *f (de vehículo)* driving.

conducir ◇ *vt* 1. *(vehículo)* to drive. 2. *(dirigir - empresa)* to manage, to run; *(- ejército)* to lead; *(- asunto)* to handle. 3. *(a una persona a un lugar)* to lead. ◇ *vi* 1. *(en vehículo)* to drive. 2. *(a sitio, situación)*: **~ a** to lead to.

conducta *f* behaviour, conduct.

conducto *m* 1. *(de fluido)* pipe. 2. *fig (vía)* channel. 3. *(ANAT)* duct.

conductor, -ra *m y f* 1. *(de vehículo)* driver. 2. *(FÍS)* conductor.

conectar vt: ~ algo (a o con) to connect sthg (to o up to).

conejillo ◆ **conejillo de Indias** m guinea pig.

conejo, -ja m y f rabbit (f doe).

conexión f 1. (gen) connection. 2. (RADIO & TV) link-up; ~ vía satélite satellite link

conexo, -xa adj related, connected.

confabular ◆ **confabularse** vpr: ~se (para) to plot o conspire (to).

confección f 1. (de ropa) tailoring, dressmaking. 2. (de comida) preparation, making; (de lista) drawing up.

confeccionar vt 1. (ropa) to make (up); (lista) to draw up. 2. (plato) to prepare; (bebida) to mix.

confederación f confederation.

conferencia f 1. (charla) lecture; **dar una** ~ to give a talk o lecture. 2. (reunión) conference. 3. (por teléfono) (long-distance) call

conferir vt 1. ~ algo a alguien (honor, dignidad) to confer o bestow sthg upon sb; (responsabilidades) to give sthg to sb. 2. (cualidad) to give.

confesar vt (gen) to confess; (debilidad) to admit. ◆ **confesarse** vpr (RELIG): ~se (de algo) to confess (sthg).

confesión f 1. (gen) confession. 2. (credo) religion, (religious) persuasion.

confesionario m confessional.

confeti mpl confetti (U).

confiado, -da adj (seguro) confident; (crédulo) trusting.

confianza f 1. (seguridad): ~ (en) confidence (in); ~ en uno mismo self-confidence. 2. (fe) trust; **de** ~ trustworthy. 3. (familiaridad) familiarity; **en** ~ in confidence.

confiar vt 1. (secreto) to confide. 2. (responsabilidad, persona, asunto): ~ algo a alguien to entrust sthg to sb ◆ **confiar en** vi 1. (tener fe) to trust in. 2. (suponer): ~ **en que** to be confident that ◆ **confiarse** vpr (despreocuparse) to be too sure (of o.s.).

confidencia f confidence, secret.

confidencial adj confidential.

confidente m y f 1. (amigo) confidant (f confidante). 2. (soplón) informer.

configurar vt (formar) to shape, to form.

confín m (gen pl) 1. (límite) border, boundary. 2. (extremo - del reino, universo) outer reaches (pl); **en los confines de** on the very edge of.

confinar vt 1. (detener): ~ (en) to con-

fine (to) 2. (desterrar): ~ (en) to banish (to).

confirmación f (gen & RELIG) confirmation.

confirmar vt to confirm.

confiscar vt to confiscate.

confitado, -da adj candied; **frutas confitadas** crystallized fruit

confite m sweet Br, candy Am.

confitería f 1. (tienda) sweetshop, confectioner's 2. CSur (café) cafe.

confitura f preserve, jam

conflagración f conflict, war.

conflictivo, -va adj (asunto) controversial; (situación) troubled; (trabajador) difficult.

conflicto m (gen) conflict; (de intereses, opiniones) clash; ~ **laboral** industrial dispute.

confluir vi 1. (corriente, cauce): ~ (en) to converge o meet (at). 2. (personas): ~ (en) to come together o to gather (in).

conformar vt (configurar) to shape. ◆ **conformarse con** vpr (suerte, destino) to resign o.s. to; (apañárselas con) to make do with; (contentarse con) to settle for.

conforme ◇ adj 1. (acorde): ~ **a** in accordance with. 2. (de acuerdo): ~ (con) in agreement (with). 3. (contento): ~ (con) happy (with). ◇ adv (gen) as; ~ **envejecía** as he got older.

conformidad f (aprobación): ~ (con) approval (of).

conformista adj, m y f conformist.

confort (pl **conforts**) m comfort; 'todo ~' 'all mod cons'.

confortable adj comfortable.

confortar vt to console, to comfort.

confrontar vt 1. (enfrentar) to confront. 2. (comparar) to compare

confundir vt 1. (trastocar): ~ **una cosa con otra** to mistake one thing for another; ~ **dos cosas** to get two things mixed up. 2. (liar) to confuse. 3. (mezclar) to mix up. ◆ **confundirse** vpr 1. (equivocarse) to make a mistake; ~se **de piso** to get the wrong flat. 2. (liarse) to get confused. 3. (mezclarse - colores, siluetas): ~se (en) to merge (into); (- personas): ~se entre la gente to lose o.s in the crowd.

confusión f 1. (gen) confusion 2. (error) mix-up.

confuso, -sa adj 1. (incomprensible - estilo, explicación) obscure. 2. (poco claro - rumor) muffled; (- clamor, griterío) confused; (- contorno, forma) blurred. 3. (turbado) confused, bewildered.

congelación f 1. *(de alimentos)* freezing. 2. (ECON) *(de precios, salarios)* freeze.

congelador m freezer.

congelados mpl frozen foods.

congelar vt *(gen & ECON)* to freeze. ◆ **congelarse** vpr to freeze.

congeniar vi: ~ **(con)** to get on (with).

congénito, -ta adj *(enfermedad)* congenital; *(talento)* innate.

congestión f congestion.

congestionar vt to block. ◆ **congestionarse** vpr 1. (AUTOM & MED) to become congested. 2. *(cara - de rabia etc)* to flush, to turn purple.

congoja f anguish.

congraciarse vpr: ~ **con alguien** to win sb over.

congratular vt: ~ **a alguien (por)** to congratulate sb (on).

congregación f congregation.

congregar vt to assemble.

congresista m y f 1. *(en un congreso)* delegate. 2. *(político)* congressman (f congresswoman).

congreso m 1. *(de una especialidad)* congress. 2. *(asamblea nacional)* Parliament; ~ **de diputados** *(en España)* lower house of Spanish Parliament; = House of Commons Br; ≈ House of Representatives Am; **el Congreso** *(en Estados Unidos)* Congress.

congrio m conger eel.

congruente adj consistent, congruous.

conjetura f conjecture; **hacer ~s, hacerse una ~** to conjecture.

conjugación f (GRAM) conjugation.

conjugar vt 1. (GRAM) to conjugate. 2. *(opiniones)* to bring together, to combine; *(esfuerzos, ideas)* to pool.

conjunción f (ASTRON & GRAM) conjunction.

conjunto, -ta adj *(gen)* joint; *(hechos, acontecimientos)* combined. ◆ **conjunto** m 1. *(gen)* set, collection; **un ~ de circunstancias** a number of reasons. 2. *(de ropa)* outfit. 3. (MÚS - *de rock)* group, band; *(- de música clásica)* ensemble. 4. *(totalidad)* whole; **en ~** overall, as a whole. 5. (MAT) set.

conjurar ◇ vi *(conspirar)* to conspire, to plot. ◇ vt 1. *(exorcizar)* to exorcize. 2. *(evitar - un peligro)* to ward off, to avert.

conjuro m spell, incantation.

conllevar vt *(implicar)* to entail.

conmemoración f commemoration

conmemorar vt to commemorate.

conmigo pron pers with me; ~ **mismo/misma** with myself.

conmoción f 1. *(física o psíquica)* shock; ~ **cerebral** concussion. 2. fig *(trastorno, disturbio)* upheaval.

conmocionar vt 1. *(psíquicamente)* to shock. 2. *(físicamente)* to concuss.

conmovedor, -ra adj moving, touching.

conmover vt 1. *(emocionar)* to move, to touch. 2. *(sacudir)* to shake.

conmutador m 1. (ELECTR) switch. 2. Amer *(centralita)* switchboard.

connotación f connotation; **una ~ irónica** a hint of irony.

cono m cone.

conocedor, -ra m y f: ~ **(de)** *(gen)* expert (on); *(de vinos)* connoisseur (of).

conocer vt 1. *(gen)* to know; **darse a ~** to make o.s. known; ~ **bien un tema** to know a lot about a subject; ~ **alguien de vista** to know sb by sight; ~ **a alguien de oídas** to have heard of sb. 2. *(descubrir - lugar, país)* to get to know. 3. *(a una persona - por primera vez)* to meet. 4. *(reconocer)*: ~ **a alguien (por algo)** to recognize sb (by sthg). ◆ **conocerse** vpr 1. *(a uno mismo)* to know o.s. 2. *(dos o más personas - por primera vez)* to meet, to get to know each other; *(- desde hace tiempo)* to know each other.

conocido, -da ◇ adj well-known. ◇ m y f acquaintance.

conocimiento m 1. *(gen)* knowledge. 2. (MED) *(sentido)* consciousness. ◆ **conocimientos** mpl knowledge (U); **tener muchos ~s** to be very knowledgeable.

conozca etc → **conocer**.

conque conj so; **¿~ te has cansado?** so you're tired, are you?

conquista f *(de tierras, persona)* conquest.

conquistador, -ra m y f 1. *(de tierras)* conqueror. 2. (HIST) conquistador.

conquistar vt *(tierras)* to conquer.

consabido, -da adj *(conocido)* well-known; *(habitual)* usual.

consagrar vt 1. (RELIG) to consecrate. 2. *(dedicar)*: ~ **algo a algo/alguien** *(tiempo, espacio)* to devote sthg to sthg/sb; *(monumento, lápida)* to dedicate sthg to sthg/sb. 3. *(acreditar, confirmar)* to confirm, to establish.

consciencia = **conciencia**.

consciente adj conscious; **ser ~ de**

to be aware of; **estar ~** *(físicamente)* to be conscious.

consecución *f (de un deseo)* realization; *(de un objetivo)* attainment; *(de un premio)* winning.

consecuencia *f (resultado)* consequence; **a o como ~ de** as a consequence **o** result of.

consecuente *adj (coherente)* consistent.

consecutivo, -va *adj* consecutive.

conseguir *vt (gen)* to obtain, to get; *(un objetivo)* to achieve; **~ hacer algo** to manage to do sthg.

consejero, -ra *m y f* 1. *(en asuntos personales)* counsellor; *(en asuntos técnicos)* adviser, consultant. 2. *(de un consejo de administración)* member; (POLÍT) councillor.

consejo *m* 1. *(advertencia)* advice (U); **dar un ~** to give some advice. 2. *(organismo)* council; **~ de administración** board of directors. 3. *(reunión)* meeting. ◆ **consejo de guerra** *m* court martial. ◆ **consejo de ministros** *m* cabinet.

consenso *m (acuerdo)* consensus; *(consentimiento)* consent.

consentimiento *m* consent.

consentir ◇ *vt* 1. *(tolerar)* to allow, to permit. 2. *(mimar)* to spoil. ◇ *vi:* **~ en algo/en hacer algo** to agree to sthg/to do sthg.

conserje *m y f (portero)* porter; *(encargado)* caretaker.

conserjería *f* 1. *(de un hotel)* reception desk. 2. *(de un edificio público o privado)* porter's lodge.

conserva *f:* **~ de carne** tinned meat; **en ~** tinned, canned.

conservación *f (gen)* conservation; *(de alimentos)* preservation.

conservador, -ra ◇ *adj (gen)* conservative; *(del partido conservador)* Conservative. ◇ *m y f* 1. *(por ideología)* conservative; *(miembro del partido conservador)* Conservative. 2. *(de museo)* curator.

conservante *m y f* preservative.

conservar *vt* 1. *(gen & CULIN)* to preserve; *(amistad)* to keep up; *(salud)* to look after; *(calor)* to retain. 2. *(guardar - libros, cartas, secreto)* to keep. ◆ **conservarse** *vpr* to keep; **se conserva bien** he's keeping well.

conservatorio *m* conservatoire.

considerable *adj (gen)* considerable; *(importante, eminente)* notable.

consideración *f* 1. *(valoración)* consideration. 2. *(respeto)* respect; **tratar**

a alguien con ~ to be nice to sb; **en ~ a algo** in recognition of sthg. 3. *(importancia):* **de ~** serious

considerado, -da *adj (atento)* considerate, thoughtful; *(respetado)* respected.

considerar *vt* 1. *(valorar)* to consider. 2. *(juzgar, estimar)* to think.

consigna *f* 1. *(órdenes)* instructions *(pl).* 2. *(para el equipaje)* left-luggage office.

consignar *vt* 1. *(poner por escrito)* to record, to write down 2. *(enviar - mercancía)* to dispatch. 3. *(equipaje)* to deposit in the left-luggage office.

consigo *pron pers* with him/her, *(pl)* with them; *(con usted)* with you; *(con uno mismo)* with o.s.; **~ mismo/misma** with himself/herself; **hablar ~ mismo** to talk to o.s.

consiguiente *adj* consequent; **por ~** consequently, therefore.

consistencia *f lit & fig* consistency.

consistente *adj* 1. *(sólido - material)* solid. 2. *(coherente - argumento)* sound. 3. *(compuesto):* **~ en** consisting of.

consistir ◆ consistir en *vi* 1. *(gen)* to consist of. 2. *(deberse a)* to lie in, to be based on

consola *f* 1. *(mesa)* console table. 2. (INFORM & TECN) console; **~ de videojuegos** video console.

consolación *f* consolation.

consolar *vt* to console

consolidar *vt* to consolidate.

consomé *m* consommé.

consonancia *f* harmony; **en ~ con** in keeping with.

consonante *f* consonant

consorcio *m* consortium.

conspiración *f* plot, conspiracy.

conspirador, -ra *m y f* conspirator.

conspirar *vi* to conspire, to plot.

constancia *f* 1. *(perseverancia - en una empresa)* perseverance; *(- en las ideas, opiniones)* steadfastness. 2. *(testimonio)* record; **dejar ~ de algo** *(registrar)* to put sthg on record; *(probar)* to demonstrate sthg.

constante ◇ *adj* 1. *(persona - en una empresa)* persistent. 2. *(acción)* constant. ◇ *f* constant.

constar *vi* 1. *(una información):* **~ (en)** to appear (in), to figure (in); **~le a alguien** to be clear to sb; **me consta que** I am quite sure that; **que conste que ...** let it be clearly understood that ..., let there be no doubt that .. ; **hacer ~** to put on record. 2. *(estar*

constituido por): ~ **de** to consist of.
constatar *vt* (*observar*) to confirm; (*comprobar*) to check.
constelación *f* constellation.
consternación *f* consternation.
consternar *vt* to dismay.
constipado, -da *adj*: **estar ~** to have a cold. ◆ **constipado** *m* cold.
constiparse *vpr* to catch a cold.
constitución *f* constitution
constitucional *adj* constitutional.
constituir *vt* 1. (*componer*) to make up. 2. (*ser*) to be. 3. (*crear*) to set up.
constituyente *adj & m* constituent.
constreñir *vt* (*oprimir, limitar*) to restrict
construcción *f* 1. (*gen*) construction; **en ~** under construction 2. (*edificio*) building
constructivo, -va *adj* constructive.
constructor, -ra *adj* building (*antes de sust*), construction (*antes de sust*). ◆ **constructor** *m* (*de edificios*) builder.
construir *vt* (*edificio, barco*) to build; (*aviones, coches*) to manufacture; (*frase, teoría*) to construct.
consuelo *m* consolation, solace.
cónsul, consulesa *m y f* consul.
consulado *m* (*oficina*) consulate; (*cargo*) consulship.
consulta *f* 1. (*sobre un problema*) consultation; **hacer una ~ a alguien** to seek sb's advice. 2. (*despacho de médico*) consulting room; **horas de ~** surgery hours.
consultar ◇ *vt* (*dato, fecha*) to look up; (*libro, persona*) to consult. ◇ *vi*: ~ **con** to consult, to seek advice from.
consultor, -ra *m y f* consultant.
consultorio *m* 1. (*de un médico*) consulting room. 2. (*en periódico*) problem page; (*en radio*) *programme answering listeners' questions* 3. (*asesoría*) advice bureau.
consumar *vt* (*gen*) to complete; (*un crimen*) to perpetrate; (*el matrimonio*) to consummate.
consumición *f* 1. (*acción*) consumption. 2. (*bebida*) drink; (*comida*) food
consumidor, -ra *m y f* (*gen*) consumer; (*en un bar, restaurante*) patron.
consumir ◇ *vt* 1. (*gen*) to consume. 2. (*destruir - suj: fuego*) to destroy. ◇ *vi* to consume. ◆ **consumirse** *vpr* 1. (*persona*) to waste away. 2. (*fuego*) to burn out
consumismo *m* consumerism
consumo *m* consumption; **bienes/ sociedad de ~** consumer goods/society

contabilidad *f* 1. (*oficio*) accountancy. 2. (*de persona, empresa*) bookkeeping, accounting; **llevar la ~** to do the accounts.
contable *m y f* accountant.
contacto *m* 1. (*gen*) contact; **perder el ~** to lose touch. 2. (AUTOM) ignition
contado, -da *adj* (*raro*) rare, infrequent; **contadas veces** very rarely. ◆ **al contado** *loc adv*: **pagar al ~** to pay (in) cash.
contador, -ra *m y f Amer* (*persona*) accountant. ◆ **contador** *m* (*aparato*) meter
contagiar *vt* (*persona*) to infect; (*enfermedad*) to transmit ◆ **contagiarse** *vpr* (*enfermedad, risa*) to be contagious; (*persona*) to become infected.
contagio *m* infection, contagion
contagioso, -sa *adj* (*enfermedad*) contagious, infectious; (*risa etc*) infectious.
container = **contenedor**.
contaminación *f* (*gen*) contamination; (*del medio ambiente*) pollution.
contaminar *vt* (*gen*) to contaminate; (*el medio ambiente*) to pollute.
contar ◇ *vt* 1. (*enumerar, incluir*) to count. 2. (*narrar*) to tell ◇ *vi* to count. ◆ **contar con** *vi* 1. (*confiar en*) to count on. 2. (*tener, poseer*) to have. 3. (*tener en cuenta*) to take into account; **con esto no contaba** I hadn't reckoned with that.
contemplación *f* contemplation.
contemplar *vt* (*mirar, considerar*) to contemplate.
contemporáneo, -a *adj, m y f* contemporary.
contenedor, -ra *adj* containing. ◆ **contenedor, container** *m* (*gen*) container; (*para escombros*) skip; **~ de basura** *large rubbish bin for collecting rubbish from blocks of flats etc*
contener *vt* 1. (*encerrar*) to contain. 2. (*detener, reprimir*) to restrain. ◆ **contenerse** *vpr* to restrain o.s.
contenido *m* (*gen*) contents (*pl*); (*de discurso, redacción*) content.
contentar *vt* to please, to keep happy. ◆ **contentarse** *vpr*: **~se con** to make do with.
contento, -ta *adj* (*alegre*) happy; (*satisfecho*) pleased
contestación *f* answer.
contestador ◆ **contestador (automático)** *m* answering machine.
contestar *vt* to answer.
contestatario, -ria *adj* anti-establishment.

contexto *m* context.

contienda *f (competición, combate)* contest; *(guerra)* conflict, war.

contigo *pron pers* with you; ~ **mismo/misma** with yourself.

contiguo, -gua *adj* adjacent.

continencia *f* self-restraint.

continental *adj* continental.

continente *m* (GEOGR) continent.

contingente ◇ *adj* unforeseeable. ◇ *m* **1.** *(grupo)* contingent. **2.** (COM) quota.

continuación *f* continuation; **a ~** next, then.

continuar ◇ *vt* to continue, to carry on with. ◇ *vi* to continue, to go on; ~ **haciendo algo** to continue doing o to do sthg; **continúa lloviendo** it's still raining.

continuidad *f (en una sucesión)* continuity; *(permanencia)* continuation.

continuo, -nua *adj* **1.** *(ininterrumpido)* continuous. **2.** *(constante, perseverante)* continual.

contonearse *vpr (hombre)* to swagger; *(mujer)* to swing one's hips.

contorno *m* **1.** (GEOGR) contour; *(línea)* outline. **2.** *(gen pl) (vecindad)* neighbourhood; *(de una ciudad)* outskirts *(pl)*.

contorsionarse *vpr (gen)* to do contortions; *(de dolor)* to writhe.

contra ◇ *prep* against; **un jarabe ~ la tos** a cough syrup; **en ~** against; **estar en ~ de algo** to be opposed to sthg; **en ~ de** *(a diferencia de)* contrary to. ◇ *m*: **los pros y los ~s** the pros and cons.

contraataque *m* counterattack.

contrabajo *m* **1.** *(instrumento)* double-bass. **2.** *(voz, cantante)* low bass.

contrabandista *m y f* smuggler.

contrabando *m (acto)* smuggling; *(mercancías)* contraband; **pasar algo de ~** to smuggle sthg in; **~ de armas** gunrunning.

contracción *f* contraction.

contrachapado, -da *adj* made of plywood. ◆ **contrachapado** *m* plywood.

contradecir *vt* to contradict

contradicción *f* contradiction; **estar en ~ con** to be in (direct) contradiction to.

contradicho, -cha *pp →* **contradecir.**

contradictorio, -ria *adj* contradictory.

contraer *vt* **1.** *(gen)* to contract. **2.** *(costumbre, acento etc)* to acquire.

3. *(enfermedad)* to catch. ◆ **contraerse** *vpr* to contract.

contrafuerte *m* (ARQUIT) buttress.

contraindicación *f*: 'contraindicaciones ...:' 'not to be taken with ...'

contralor *m* Chile & Méx inspector of public spending.

contralto *m (voz)* contralto.

contraluz *m* back lighting; **a ~** against the light

contramaestre *m* **1.** (NÁUT) boatswain; (MIL) warrant officer. **2.** *(capataz)* foreman.

contrapartida *f* compensation; **como ~** to make up for it

contrapelo ◆ **a contrapelo** *loc adv* **1.** *(acariciar)* the wrong way. **2.** *(vivir, actuar)* against the grain.

contrapesar *vt (físicamente)* to counterbalance.

contrapeso *m* **1.** *(en ascensores, poleas)* counterweight. **2.** fig *(fuerza que iguala)* counterbalance.

contraponer *vt (oponer)*: ~ **(a)** to set up (against). ◆ **contraponerse** *vpr* to oppose

contraportada *f (de periódico, revista)* back page; *(de libro, disco)* back cover.

contraproducente *adj* counterproductive.

contrariar *vt* **1.** *(contradecir)* to go against. **2.** *(disgustar)* to upset.

contrariedad *f* **1.** *(dificultad)* setback. **2.** *(disgusto)* annoyance.

contrario, -ria *adj* **1.** *(opuesto - dirección, sentido)* opposite; *(- parte)* opposing; *(- opinión)* contrary; **ser ~ a algo** to be opposed to sthg. **2.** *(perjudicial)*: ~ **a** contrary to. ◆ **contrario** *m* **1.** *(rival)* opponent. **2.** *(opuesto)* opposite; **al ~, por el ~** on the contrary; **de lo ~** otherwise; **todo lo ~** quite the contrary.

contrarreloj *adj inv*: **etapa ~** time trial.

contrarrestar *vt (neutralizar)* to counteract.

contrasentido *m* nonsense (U); **es un ~ hacer eso** it doesn't make sense to do that.

contraseña *f* password.

contrastar ◇ *vi* to contrast. ◇ *vt* **1.** *(probar - hechos)* to check, to verify. **2.** *(resistir)* to resist

contraste *m* contrast.

contratar *vt* **1.** *(obreros, personal, detective)* to hire; *(deportista)* to sign. **2.** *(servicio, obra, mercancía)*: ~ **algo a alguien** to contract for sthg with sb.

contratiempo *m (accidente)* mishap; *(dificultad)* setback.

contratista *m y f* contractor.

contrato *m* contract; **~ basura** *fam* short-term contract with poor conditions.

contraventana *f* shutter.

contribución *f* 1. *(gen)* contribution. 2. *(impuesto)* tax.

contribuir *vi* 1. *(gen)*: **~ (a)** to contribute (to); **~ con algo para** to contribute sthg towards. 2. *(pagar impuestos)* to pay taxes

contribuyente *m y f* taxpayer.

contrincante *m y f* rival, opponent.

control *m* 1. *(gen)* control; **bajo ~** under control; **perder el ~** to lose one's temper. 2. *(verificación)* examination, inspection; **(bajo) ~ médico** (under) medical supervision; **~ antidoping** dope test. 3. *(puesto policial)* checkpoint.

controlador, -ra *m y f (gen & INFORM)* controller; **~ aéreo** air traffic controller. ◆ **controlador** *m*: **~ de disco** disk contoller.

controlar *vt* 1. *(gen)* to control; *(cuentas)* to audit 2. *(comprobar)* to check.

controversia *f* controversy.

contundente *adj* 1. *(arma, objeto)* blunt; *(golpe)* thudding. 2. *fig (razonamiento, argumento)* forceful.

contusión *f* bruise.

convalecencia *f* convalescence.

convaleciente *adj* convalescent.

convalidar *vt (estudios)* to recognize; *(asignaturas)* to validate.

convencer *vt* to convince; **~ a alguien de algo** to convince sb of sthg. ◆ **convencerse** *vpr*: **~se de** to become convinced of.

convencimiento *m (certeza)* conviction; *(acción)* convincing.

convención *f* convention.

convencional *adj* conventional.

conveniencia *f* 1. *(utilidad)* usefulness; *(oportunidad)* suitability. 2. *(interés)* convenience; **sólo mira su ~** he only looks after his own interests.

conveniente *adj (útil)* useful; *(oportuno)* suitable, appropriate; *(lugar, hora)* convenient; *(aconsejable)* advisable; **sería ~ asistir** it would be a good idea to go.

convenio *m* agreement.

convenir *vi* 1. *(venir bien)* to be suitable; **conviene analizar la situación** it would be a good idea to analyse the situation; **no te conviene hacerlo** you shouldn't do it. 2. *(acordar)*: **~ en** to agree on.

convento *m (de monjas)* convent; *(de monjes)* monastery.

converger *vi* to converge.

conversación *f* conversation. ◆ **conversaciones** *fpl (negociaciones)* talks.

conversada *f* *Amer* chat.

conversar *vi* to talk, to converse.

conversión *f* conversion.

converso, -sa *adj* converted.

convertir *vt* 1. *(RELIG)* to convert. 2. *(transformar)*: **~ algo/a alguien en** to convert sthg/sb into, to turn sthg/sb into. ◆ **convertirse** *vpr* 1. *(RELIG)*: **~se (a)** to convert (to). 2. *(transformarse)*: **~se en** to become, to turn into.

convexo, -xa *adj* convex.

convicción *f* conviction; **tener la ~ de que** to be convinced that.

convicto, -ta *adj* convicted.

convidar *vt (invitar)* to invite

convincente *adj* convincing

convite *m* 1. *(invitación)* invitation. 2. *(fiesta)* banquet.

convivencia *f* living together.

convivir *vi* to live together; **~ con** to live with.

convocar *vt (reunión)* to convene; *(huelga, elecciones)* to call

convocatoria *f* 1. *(anuncio, escrito)* notice. 2. *(de examen)* diet

convulsión *f* 1. *(de músculos)* convulsion. 2. *(política, social)* upheaval *(U)*.

conyugal *adj* conjugal; **vida ~** married life.

cónyuge *m y f* spouse; **los ~s** husband and wife.

coñá, coñac *(pl coñacs)*, **cognac** *(pl cognacs)* *m* brandy, cognac.

coñazo *m fam* pain, drag.

coño *vulg* ◇ *m (genital)* cunt. ◇ *interj* 1. *(enfado)*: **¡~!** for fuck's sake! 2. *(asombro)*: **¡~!** fucking hell!

cooperación *f* cooperation.

cooperar *vi*: **~ (con alguien en algo)** to cooperate (with sb in sthg).

cooperativo, -va *adj* cooperative. ◆ **cooperativa** *f* cooperative.

coordinador, -ra ◇ *adj* coordinating. ◇ *m y f* coordinator.

coordinar *vt* 1. *(movimientos, gestos)* to coordinate. 2. *(esfuerzos, medios)* to combine, to pool.

copa *f* 1. *(vaso)* glass; **ir de ~s** to go out drinking; **¿quieres (tomar) una ~?** would you like (to have) a drink? 2. *(de árbol)* top 3. *(en deporte)* cup. ◆ **copas** *fpl (naipes)* suit with pictures of goblets in Spanish playing cards

COPE (abrev de **Cadena de Ondas Populares Españolas**) f private Spanish radio station.

Copenhague Copenhagen

copete m (de ave) crest.

copia f (reproducción) copy; **~ de seguridad** (INFORM) backup.

copiar ◇ vt (gen) to copy; (al dictado) to take down. ◇ vi (en examen) to cheat, to copy.

copiloto m y f copilot.

copión, -ona m y f (imitador) copycat; (en examen) cheat.

copioso, -sa adj copious.

copla f 1. (canción) folksong, popular song. 2. (estrofa) verse, stanza

copo m (de nieve, cereales) flake; **~s de avena** rolled oats.

copropietario, -ria m y f co-owner.

copular vi to copulate.

copulativo, -va adj copulative.

coquetear vi to flirt.

coqueto, -ta adj (persona - que flirtea) flirtatious, coquettish; (- que se arregla mucho) concerned with one's appearance.

coraje m 1. (valor) courage. 2. (rabia) anger; **me da mucho ~** it makes me furious.

coral ◇ adj choral. ◇ m coral. ◇ f 1. (coro) choir. 2. (composición) chorale.

Corán m: **el ~** the Koran.

coraza f 1. (de soldado) cuirasse, armour. 2. (de tortuga) shell.

corazón m 1. (gen) heart; **de buen ~** kindhearted. 2. (de frutas) core 3. → **dedo**.

corazonada f 1. (presentimiento) hunch. 2. (impulso) sudden impulse.

corbata f tie.

Córcega Corsica.

corchea f quaver.

corchete m 1. (broche) hook and eye. 2. (signo ortográfico) square bracket.

corcho m cork.

corcholata f Amer metal bottle top.

cordel m cord.

cordero, -ra m y f lit & fig lamb.

cordial adj cordial.

cordialidad f cordiality.

cordillera f mountain range; **la ~ Cantábrica** the Cantabrian Mountains.

cordón m 1. (gen & ANAT) cord; (de zapato) lace; **~ umbilical** umbilical cord. 2. (cable eléctrico) flex. 3. fig (para protección, vigilancia) cordon; **~ sanitario** cordon sanitaire. 4. CSur & Chile (de la acera) kerb.

cordura f (juicio) sanity; (sensatez) sense.

Corea: ~ del Norte/Sur North/South Korea.

corear vt to chorus.

coreógrafo, -fa m y f choreographer.

corista m y f (en coro) chorus singer.

cornada f goring.

cornamenta f (de toro) horns (pl); (de ciervo) antlers (pl).

córner m corner (kick).

corneta f (instrumento) bugle.

cornisa f (ARQUIT) cornice.

coro m 1. (gen) choir; **contestar a ~** to answer all at once 2. (de obra musical) chorus.

corona f 1. (gen) crown. 2. (de flores) garland; **~ fúnebre/de laurel** funeral/laurel wreath. 3. (de santos) halo.

coronación f (de monarca) coronation.

coronar vt 1. (persona) to crown. 2. fig (terminar) to complete; (culminar) to crown, to cap.

coronel m colonel.

coronilla f crown (of the head); **estar hasta la ~ (de)** to be sick and tired (of).

corpiño m (prenda de vestir) bodice; CSur (sostén) bra.

corporación f corporation.

corporal adj corporal.

corporativo, -va adj corporate.

corpulento, -ta adj corpulent.

corral m (gen) yard; (para cerdos, ovejas) pen.

correa f 1. (de bolso, reloj) strap; (de pantalón) belt; (de perro) lead, leash. 2. (TECN) belt; **~ del ventilador** fan belt.

corrección f 1. (de errores) correction; **~ de pruebas** proofreading. 2. (de exámenes) marking. 3. (de texto) revision 4. (de comportamiento) correctness.

correctivo, -va adj corrective. ♦ **correctivo** m punishment.

correcto, -ta adj 1. (resultado, texto, respuesta) correct. 2. (persona) polite; (conducta) proper.

corredor, -ra ◇ adj running. ◇ m y f 1. (deportista) runner. 2. (intermediario): **~ de bolsa** stockbroker; **~ de comercio** (COM) registered broker; **~ de fincas** land agent. ♦ **corredor** m (pasillo) corridor.

corregir vt (gen) to correct; (exámenes) to mark. ♦ **corregirse** vpr to change for the better.

correlación f correlation.

correo m post, mail; **echar al** ~ to post; **a vuelta de** ~ by return (of post); ~ **aéreo** air mail; ~ **certificado** registered post o mail; ~ **electrónico** electronic mail; ~ **urgente** special delivery; ~ **de voz** voice mail. ◆ **Correos** m (organismo) the post office.

correr ◇ vi 1. (andar de prisa) to run; **a todo** ~ at full speed o pelt; **(ella) corre que se las pela** she runs like the wind 2. (conducir de prisa) to drive fast. 3. (pasar por - río) to flow; (- camino, agua del grifo) to run 4. (el tiempo, las horas) to pass, to go by. 5. (propagarse - noticia etc) to spread. ◇ vt 1. (recorrer - una distancia) to cover; **corrió los 100 metros** he ran the 100 metres. 2. (deslizar - mesa, silla) to move o pull up. 3. (cortinas) to draw; ~ **el pestillo** to bolt the door. 4. (experimentar - aventuras, vicisitudes) to have; (- riesgo) to run. ◆ **correrse** vpr 1. (desplazarse - persona) to move over; (- cosa) to slide. 2. (pintura, colores) to run.

correspondencia f 1. (gen) correspondence. 2. (de metro, tren) connection.

corresponder vi 1. (compensar): ~ **(con algo) a alguien/algo** to repay sb/sthg (with sthg). 2. (pertenecer) to belong. 3. (coincidir): ~ **(a/con)** to correspond (to/with). 4. (tocar): ~**le a alguien hacer algo** to be sb's responsibility to do sthg. 5. (a un sentimiento) to reciprocate. ◆ **corresponderse** vpr 1. (escribirse) to correspond. 2. (amarse) to love each other.

correspondiente adj 1. (gen): ~ **(a)** corresponding (to). 2. (respectivo) respective.

corresponsal m y f (PRENSA) correspondent.

corretear vi (correr) to run about.

corrido, -da adj (avergonzado) embarrassed. ◆ **corrida** f 1. (TAUROM) bull fight. 2. (acción de correr) run. ◆ **de corrido** loc prep by heart; **recitar algo de** ~ to recite sthg parrot-fashion.

corriente ◇ adj 1. (normal) ordinary, normal. 2. (agua) running. 3. (mes, año, cuenta) current. ◇ f 1. (de río, electricidad) current; ~ **alterna/continua** alternating/direct current 2. (de aire) draught. 3. fig (tendencia) trend, current; (de opinión) tide. 4. loc: **ir contra** ~ to go against the tide. ◇ m: **estar al** ~ **de** to be up to date with

corro m (círculo) circle, ring; **en** ~ in a

circle; **hacer** ~ to form a circle.

corroborar vt to corroborate.

corroer vt (gen) to corrode; (GEOL) to erode.

corromper vt 1. (pudrir - madera) to rot; (- alimentos) to turn bad, to spoil. 2. (pervertir) to corrupt.

corrosivo, -va adj lit & fig corrosive.

corrupción f 1. (gen) corruption. 2. (de una substancia) decay.

corrusco m hard crust.

corsario, -ria adj pirate (antes de sust). ◆ **corsario** m corsair, pirate.

corsé m corset.

cortacésped (pl **cortacéspedes**) m lawnmower

cortado, -da adj 1. (labios, manos) chapped. 2. (leche) sour, off; (salsa) curdled. 3. fam fig (tímido) inhibited; **quedarse** ~ to be left speechless. ◆ **cortado** m (café) small coffee with just a little milk.

cortafuego m firebreak.

cortante adj 1. (afilado) sharp. 2. fig (tajante - frase, estilo) cutting; (- viento) biting; (- frío) bitter.

cortapisa f limitation, restriction.

cortar ◇ vt 1. (seccionar - pelo, uñas) to cut; (- papel) to cut up; (- ramas) to cut off; (- árbol) to cut down. 2. (amputar) to amputate, to cut off. 3. (tela, figura de papel) to cut out. 4. (interrumpir - retirada, luz, teléfono) to cut off; (- carretera) to block (off); (- hemorragia) to stop, to staunch; (- discurso, conversación) to interrupt. 5. (labios, piel) to chap. ◇ vi 1. (producir un corte) to cut. 2. (cesar una relación) to break o split up. ◆ **cortarse** vpr 1. (herirse) to cut o.s.; ~**se el pelo** to have a haircut. 2. (alimento) to curdle. 3. (turbarse) to become tongue-tied.

cortaúñas m inv nail clippers (pl).

corte ◇ m 1. (raja) cut; (en pantalones, camisa etc) tear; ~ **y confección** (para mujeres) dressmaking; (para hombres) tailoring. 2. (interrupción): ~ **de luz** power cut. 3. (sección) section. 4. (concepción, estilo) style. 5. fam (vergüenza) embarrassment; **dar** ~ **a alguien** to embarrass sb. ◇ f (palacio) court. ◆ **Cortes** fpl (POLÍT) the Spanish parliament.

cortejar vt to court.

cortejo m retinue; ~ **fúnebre** funeral cortège o procession.

cortés adj polite, courteous

cortesía f courtesy; **de** ~ courtesy.

corteza f 1. (del árbol) bark 2. (de

pan) crust; *(de queso, tocino, limón)* rind; *(de naranja etc)* peel. **3.** *(terrestre)* crust.
cortina *f (de tela)* curtain; *fig*: ~ **de agua** sheet of water; ~ **de humo** smoke screen.
cortisona *f* cortisone
corto, -ta *adj* **1.** *(gen)* short. **2.** *(esca-so - raciones)* meagre; *(- disparo)* short of the target; ~ **de vista** short-sighted. **3.** *fig (bobo)* dim, simple. **4.** *loc:* **quedarse** ~ *(al calcular)* to underestimate; **decir que es bueno es quedarse** ~ it's an understatement to call it good.
cortocircuito *m* short circuit.
cortometraje *m* short (film).
cosa *f* **1.** *(gen)* thing; **¿queréis alguna** ~**?** is there anything you want?; **no es gran** ~ it's not important, it's no big deal; **poca** ~ nothing much. **2.** *(asunto)* matter. **3.** *(ocurrencia)* **¡qué ~s tienes!** you do say some funny things! **4.** *loc:* **hacer algo como quien no quiere la** ~ *(disimuladamente)* to do sthg as if one wasn't intending to; *(sin querer)* to do sthg almost without realizing it; **como si tal** ~ as if nothing had happened; **eso es** ~ **mía** that's my affair o business. ◆ **cosa de** *loc adv* about
coscorrón *m* bump on the head.
cosecha *f* **1.** *(gen)* harvest; **ser de la (propia)** ~ **de alguien** to be made up o invented by sb. **2.** *(del vino)* vintage.
cosechar ◇ *vt* **1.** *(cultivar)* to grow. **2.** *(recolectar)* to harvest ◇ *vi* to (bring in the) harvest.
coser ◇ *vt (con hilo)* to sew; ~ **un botón** to sew on a button. ◇ *vi* to sew; **ser cosa de** ~ **y cantar** to be child's play o a piece of cake
cosido *m* stitching.
cosmético, -ca *adj* cosmetic *(antes de sust)*. ◆ **cosmético** *m* cosmetic. ◆ **cosmética** *f* cosmetics *(U)*
cosmopolita *adj*, *m y f* cosmopolitan.
cosmos *m* cosmos.
cosquillas *fpl:* **hacer** ~ to tickle; **tener** ~ to be ticklish.
costa *f* (GEOGR) coast. ◆ **a costa de** *loc prep* at the expense of; **lo hizo a** ~ **de grandes esfuerzos** he did it by dint of much effort. ◆ **a toda costa** *loc prep* at all costs
costado *m* side.
costal *m* sack
costanera *f CSur & Chile* seaside promenade.
costar ◇ *vt* **1.** *(dinero)* to cost; **¿cuán-**

to cuesta? how much is it? **2.** *(tiempo)* to take ◇ *vi (ser difícil)*: ~**le a alguien hacer algo** to be difficult for sb to do sthg.
Costa Rica Costa Rica.
costarricense, costarriqueño, -ña *adj*, *m y f* Costa Rican.
coste *m (de producción)* cost; *(de un objeto)* price; ~ **de la vida** cost of living.
costear *vt (pagar)* to pay for
costilla *f* **1.** *(de persona, barco)* rib. **2.** *(de animal)* cutlet.
costo *m (de una mercancía)* price; *(de un producto, de la vida)* cost.
costoso, -sa *adj (operación, maquinaria)* expensive.
costra *f (de herida)* scab
costumbre *f* habit, custom; **coger/perder la** ~ **de hacer algo** to get into/out of the habit of doing sthg; **como de** ~ as usual.
costura *f* **1.** *(labor)* sewing, needlework **2.** *(puntadas)* seam. **3.** *(oficio)* dressmaking; **alta** ~ haute couture.
costurero *m (caja)* sewing box.
cota *f* **1.** *(altura)* altitude, height above sea level. **2.** *fig (nivel)* level, height.
cotarro *m* riotous gathering; **dirigir el** ~ to rule the roost.
cotejar *vt* to compare
cotejo *m* comparison.
cotidiano, -na *adj* daily.
cotilla *m y f fam* gossip, busybody.
cotillear *vi fam* to gossip.
cotilleo *m fam* gossip, tittle-tattle.
cotillón *m* New Year's Eve party.
cotización *f* **1.** *(valor)* price. **2.** *(en Bolsa)* quotation, price.
cotizar *vt* **1.** *(valorar)* to quote, to price. **2.** *(pagar)* to pay. ◆ **cotizarse** *vpr* **1.** *(estimarse - persona)* to be valued o prized. **2.** ~**se a** *(producto)* to sell for, to fetch; *(bonos, valores)* to be quoted at.
coto *m* preserve; ~ **de caza** game preserve; **poner** ~ **a** to put a stop to
cotorra *f (ave)* parrot.
COU *(abrev de curso de orientación universitaria)* *m one-year course which prepares pupils aged 17-18 for Spanish university entrance examinations*
coxis = **cóccix.**
coyote *m* coyote.
coyuntura *f* **1.** *(situación)* moment; **la** ~ **económica** the economic situation. **2.** (ANAT) joint.
coz *f* kick.

crac (*pl* **cracs**), **crack** (*pl* **cracks**) *m* (FIN) crash.

crack (*pl* **cracks**) *m* 1. (FIN) → **crac**. 2. (*droga*) crack.

cráneo *m* cranium, skull

crápula *m y f* libertine.

cráter *m* crater

creación *f* creation.

creador, -ra ◊ *adj* creative. ◊ *m y f* creator.

crear *vt* 1. (*gen*) to create. 2. (*fundar - una academia*) to found.

creatividad *f* creativity.

creativo, -va *adj* creative

crecer *vi* 1. (*persona, planta*) to grow. 2. (*días, noches*) to grow longer. 3. (*río, marea*) to rise. 4. (*aumentar - animosidad etc*) to grow, to increase; (*- rumores*) to spread. ◆ **crecerse** *vpr* to become more self-confident.

creces ◆ **con creces** *adv* with interest

crecido, -da *adj* (*cantidad*) large; (*hijo*) grown-up. ◆ **crecida** *f* spate, flood.

creciente *adj* (*gen*) growing; (*luna*) crescent.

crecimiento *m* (*gen*) growth; (*de precios*) rise

credibilidad *f* credibility.

crédito *m* 1. (*préstamo*) loan; **a ~ on** credit; **~ al consumo** (ECON) consumer credit. 2. (*plazo de préstamo*) credit. 3. (*confianza*) trust, belief; **digno de ~** trustworthy; **dar ~ a algo** to believe sthg. 4. (*en universidad*) credit.

credo *m* (*religioso*) creed.

crédulo, -la *adj* credulous.

creencia *f* belief.

creer *vt* 1. (*gen*) to believe. 2. (*suponer*) to think. ◆ **creer en** *vi* to believe in. ◆ **creerse** *vpr* (*considerarse*) to believe o.s. to be.

creíble *adj* credible, believable.

creído, -da *m y f* (*presumido*) conceited.

crema *f* 1. (*gen*) cream. 2. (*betún*) shoe polish. 3. (*licor*) crème 4. (*dulce, postre*) custard.

cremallera *f* (*para cerrar*) zip (fastener).

crematorio, -ria *adj*: **horno ~** cremator. ◆ **crematorio** *m* crematorium.

cremoso, -sa *adj* creamy

crepe [krep] *f* crepe

crepitar *vi* to crackle

crepúsculo *m* (*al amanecer*) first light; (*al anochecer*) twilight, dusk.

crespo, -pa *adj* tightly curled, frizzy.

cresta *f* 1. (*gen*) crest. 2. (*del gallo*) comb.

Creta Crete.

cretino, -na *m y f* cretin.

creyente *m y f* believer.

cría → **crío**.

criadero *m* (*de animales*) farm (*breeding place*); (*de árboles, plantas*) nursery.

criadillas *fpl* bull's testicles

criado, -da *m y f* servant (*f* maid).

criador, -ra *m y f* (*de animales*) breeder; (*de vinos*) grower.

crianza *f* 1. (*de animales*) breeding. 2. (*del vino*) vintage 3. (*educación*) breeding

criar *vt* 1. (*amamantar - suj: mujer*) to breastfeed; (*- suj: animal*) to suckle. 2. (*animales*) to breed, to rear; (*flores, árboles*) to grow. 3. (*vino*) to mature, to make. 4. (*educar*) to bring up. ◆ **criarse** *vpr* (*crecer*) to grow up.

criatura *f* 1. (*niño*) child; (*bebé*) baby. 2. (*ser vivo*) creature.

criba *f* 1. (*tamiz*) sieve. 2. (*selección*) screening.

cricket = **criquet**.

crimen *m* crime.

criminal *adj, m y f* criminal.

crin *f* mane.

crío, -cría *m y f* (*niño*) kid. ◆ **cría** *f* 1. (*hijo del animal*) young. 2. (*crianza - de animales*) breeding; (*- de plantas*) growing.

criollo, -lla *adj* 1. (*persona*) native to Latin America. 2. (*comida, lengua*) creole.

cripta *f* crypt.

criquet, cricket ['kriket] *m* cricket.

crisantemo *m* chrysanthemum

crisis *f inv* (*gen*) crisis; **~ económica** recession; **~ nerviosa** nervous breakdown.

crisma *f fam* bonce, nut.

crismas, christmas *m inv* Christmas card.

crispar *vt* (*los nervios*) to set on edge; (*los músculos*) to tense; (*las manos*) to clench

cristal *m* 1. (*material*) glass (U); (*vidrio fino*) crystal. 2. (*en la ventana*) (window) pane. 3. (MIN) crystal.

cristalera *f* (*puerta*) French window; (*techo*) glass roof; (*armario*) glass-fronted cabinet.

cristalino, -na *adj* crystalline. ◆ **cristalino** *m* crystalline lens.

cristalizar *vt* 1. (*una sustancia*) to crystallize. 2. *fig* (*un asunto*) to bring to a head. ◆ **cristalizarse** *vpr* to crystallize. ◆ **cristalizarse en** *vpr fig* to develop into.

cristiandad *f* Christianity.

cristianismo *m* Christianity.

cristiano, -na *adj, m y f* Christian.

cristo *m* crucifix. ◆ **Cristo** *m* Christ.

criterio *m* 1. *(norma)* criterion. 2. *(juicio)* taste. 3. *(opinión)* opinion.

crítica → **crítico**.

criticar *vt* 1. *(enjuiciar - literatura, arte)* to review. 2. *(censurar)* to criticize.

crítico, -ca ◇ *adj* critical. ◇ *m y f (persona)* critic. ◆ **crítica** *f* 1. *(juicio - sobre arte, literatura)* review. 2. *(conjunto de críticos)*: **la ~** the critics *(pl)*. 3. *(ataque)* criticism.

criticón, -ona ◇ *adj* nit-picking. ◇ *m y f* nitpicker.

Croacia Croatia.

croar *vi* to croak.

croata ◇ *adj* Croatian. ◇ *m y f* Croat.

croissant [krwa'san] *(pl croissants) m* croissant.

crol *m* (DEP) crawl.

cromo *m* 1. *(metal)* chrome. 2. *(estampa)* transfer.

cromosoma *m* chromosome.

crónico, -ca *adj* chronic. ◆ **crónica** *f* 1. *(de la historia)* chronicle. 2. *(de un periódico)* column; *(de la televisión)* feature, programme.

cronista *m y f (historiador)* chronicler; *(periodista)* columnist.

cronología *f* chronology.

cronometrar *vt* to time.

cronómetro *m* (DEP) stopwatch; (TECN) chronometer.

croqueta *f* croquette.

croquis *m inv* sketch.

cross *m inv (carrera)* cross-country race; *(deporte)* cross-country (running).

cruce *m* 1. *(de líneas)* crossing, intersection; *(de carreteras)* crossroads. 2. *(de animales)* cross.

crucero *m* 1. *(viaje)* cruise. 2. *(barco)* cruiser. 3. *(de iglesias)* transept.

crucial *adj* crucial.

crucificar *vt (en una cruz)* to crucify.

crucifijo *m* crucifix.

crucifixión *f* crucifixion.

crucigrama *m* crossword (puzzle).

crudeza *f* 1. *(gen)* harshness. 2. *(de descripción, imágenes)* brutality.

crudo, -da *adj* 1. *(natural)* raw; *(petróleo)* crude. 2. *(sin cocer completamente)* undercooked. 3. *(realidad, clima, tiempo)* harsh; *(novela)* harshly

realistic, hard-hitting. 4. *(cruel)* cruel. ◆ **crudo** *m* crude (oil).

cruel *adj (gen)* cruel.

crueldad *f* 1. *(gen)* cruelty; *(del clima)* harshness. 2. *(acción cruel)* act of cruelty

cruento, -ta *adj* bloody.

crujido *m (de madera)* creak, creaking (U); *(de hojas secas)* crackle, crackling (U).

crujiente *adj (madera)* creaky; *(hojas secas)* rustling; *(patatas fritas)* crunchy.

crujir *vi (madera)* to creak; *(patatas fritas, nieve)* to crunch; *(hojas secas)* to crackle; *(dientes)* to grind.

cruz *f* 1. *(gen)* cross; **~ gamada** swastika. 2. *(de una moneda)* tails (U). 3. *fig (aflicción)* burden. ◆ **Cruz Roja** *f* Red Cross.

cruza *f Amer* cross, crossbreed.

cruzado, -da *adj* 1. *(cheque, piernas, brazos)* crossed. 2. *(un animal)* crossbred. 3. *(abrigo, chaqueta)* double-breasted. ◆ **cruzada** *f lit & fig* crusade.

cruzar *vt* 1. *(gen)* to cross. 2. *(unas palabras)* to exchange. ◆ **cruzarse** *vpr* 1. *(gen)* to cross; **~se de brazos** to fold one's arms. 2. *(personas)*: **~se con alguien** to pass sb.

cta. *(abrev de cuenta)* a/c.

cte. *(abrev de corriente)* inst

CTNE *(abrev de Compañía Telefónica Nacional de España) f Spanish state telephone company.*

cuaderno *m (gen)* notebook; *(en el colegio)* exercise book. ◆ **cuaderno de bitácora** *m* logbook.

cuadra *f* 1. *(de caballos)* stable. 2. *Amer (manzana)* block.

cuadrado, -da *adj (gen & MAT)* square. ◆ **cuadrado** *m* square.

cuadragésimo, -ma *núm* fortieth.

cuadrar ◇ *vi* 1. *(información, hechos)*: **~ (con)** to square O agree (with). 2. *(números, cuentas)* to tally, to add up ◇ *vt (gen)* to square ◆ **cuadrarse** *vpr* (MIL) to stand to attention.

cuadrícula *f* grid.

cuadrilátero *m* 1. (GEOM) quadrilateral. 2. (DEP) ring.

cuadrilla *f (de amigos, trabajadores)* group; *(de maleantes)* gang.

cuadro *m* 1. *(pintura)* painting, picture. 2. *(escena)* scene, spectacle 3. *(descripción)* portrait. 4. *(cuadrado)* square; *(de flores)* bed; **a ~s** check *(antes de sust)*. 5. *(equipo)* team. 6. *(gráfico)* chart, diagram. 7. *(de la bicicleta)* frame. 8. (TEATRO) scene.

cuádruple *m* quadruple.

cuajar ◇ *vt* 1. (*solidificar - leche*) to curdle; (*- huevo*) to set; (*- sangre*) to clot, to coagulate. 2. ~ **de** (*llenar*) to fill with; (*cubrir*) to cover with. ◇ *vi* 1. (*lograrse - acuerdo*) to be settled; (*- negocio*) to take off, to get going. 2. (*ser aceptado - persona*) to fit in; (*- moda*) to catch on 3. (*nieve*) to settle. ◆ **cuajarse** *vpr* 1. (*leche*) to curdle; (*sangre*) to clot, to coagulate. 2. (*llenarse*): ~**se de** to fill (up) with.

cuajo *m* rennet. ◆ **de cuajo** *loc adv*: **arrancar de** ~ (*árbol*) to uproot; (*brazo etc*) to tear right off.

cual *pron relat*: **el/la** ~ *etc* (*de persona*) (*sujeto*) who; (*complemento*) whom; (*de cosa*) which; **lo** ~ which; **conoció a una española, la** ~ **vivía en Buenos Aires** he met a Spanish girl who lived in Buenos Aires; **está muy enfadada, lo** ~ **es comprensible** she's very angry, which is understandable; **todo lo** ~ all of which; **sea** ~ **sea** o **fuere su decisión** whatever his decision (may be).

cuál *pron* (*interrogativo*) what; (*en concreto, especificando*) which one; ¿~ **es tu nombre?** what is your name?; ¿~ **es la diferencia?** what's the difference?; **no sé** ~**es son mejores** I don't know which are best; ¿~ **prefieres?** which one do you prefer?

cualesquiera *pl* ⊳ **cualquiera**.

cualidad *f* quality

cualificado, -da *adj* skilled

cualitativo, -va *adj* qualitative.

cualquiera (*pl* **cualesquiera**) ◇ *adj* (*antes de sust*: **cualquier**) any; **cualquier día vendré a visitarte** I'll drop by one of these days; **en cualquier momento** at any time; **en cualquier lugar** anywhere. ◇ *pron* anyone; ~ **te lo dirá** anyone will tell you; ~ **que** (*persona*) anyone who; (*cosa*) whatever; ~ **que sea la razón** whatever the reason (may be) ◇ *m y f* (*don nadie*) nobody.

cuan *adv* (*todo lo que*): **se desplomó** ~ **largo era** he fell flat on the ground.

cuán *adv* how.

cuando ◇ *adv* when; **de** ~ **en** ~, **de vez en** ~ from time to time, now and again. ◇ *conj* 1. (*de tiempo*) when; ~ **llegue el verano iremos de viaje** when summer comes we'll go travelling. 2. (*si*) if; ~ **tú lo dices será verdad** it must be true if you say so. 3. (*después de 'aun'*) (*aunque*): **no mentiría aun** ~ **le fuera en ello la vida**

she wouldn't lie even if her life depended on it. ◆ **cuando más** *loc adv* at the most. ◆ **cuando menos** *loc adv* at least ◆ **cuando quiera que** *loc conj* whenever.

cuándo *adv* when; ¿~ **vas a venir?** when are you coming?; **quisiera saber** ~ **sale el tren** I'd like to know when o at what time the train leaves.

cuantía *f* (*suma*) quantity; (*alcance*) extent.

cuantificar *vt* to quantify.

cuantioso, -sa *adj* large, substantial.

cuantitativo, -va *adj* quantitative.

cuanto, -ta ◇ *adj* 1. (*todo*): **despilfarra** ~ **dinero gana** he squanders all the money he earns; **soporté todas cuantas críticas me hizo** I put up with every single criticism he made of me. 2. (*antes de adv*) (*compara cantidades*): **cuantas más mentiras digas, menos te creerán** the more you lie, the less people will believe you. ◇ *pron relat* (*gen pl*) (*de personas*) everyone who; (*de cosas*) everything (that); ~**s fueron alabaron el espectáculo** everyone who went said the show was excellent; **dio las gracias a todos** ~**s le ayudaron** he thanked everyone who helped him. ◆ **cuanto** ◇ *pron relat* (*neutro*) 1. (*todo lo que*) everything, as much as; **come** ~ **quieras** eat as much as you like; **comprendo** ~ **dice** I understand everything he says; **todo** ~ everything. 2. (*compara cantidades*): ~ **más se tiene, más se quiere** the more you have, the more you want. ◇ *adv* (*compara cantidades*): ~ **más come, más gordo está** the more he eats, the fatter he gets. ◆ **cuanto antes** *loc adv* as soon as possible. ◆ **en cuanto** ◇ *loc conj* (*tan pronto como*) as soon as; **en** ~ **acabe** as soon as I've finished ◇ *loc prep* (*en calidad de*) as; **en** ~ **cabeza de familia** as head of the family. ◆ **en cuanto a** *loc prep* as regards.

cuánto, -ta ◇ *adj* 1. (*interrogativo*) how much; (*pl*) how many; ¿**cuántas manzanas tienes?** how many apples do you have?; ¿~ **pan quieres?** how much bread do you want?; **no sé** ~**s hombres había** I don't know how many men were there. 2. (*exclamativo*) what a lot of; ¡**cuánta gente** (**había**)! what a lot of people (were there)! ◇ *pron* (*gen pl*) 1. (*interrogativo*) how much; (*pl*) how many; ¿~**s han venido?** how many came?; **dime cuántas quieres** tell me how many you want. 2. (exclamativo): ¡~s quisieran conocerte! there are so many people who would like to meet you! ◆ cuánto pron (neutro) 1. (interrogativo) how much; ¿~ quieres? how much do you want?; me gustaría saber ~ te costarán I'd like to know how much they'll cost you. 2. (exclamativo): ¡~ han cambiado las cosas! how things have changed!

cuarenta núm forty; los (años) ~ the forties.

cuarentena f (por epidemia) quarantine.

cuaresma f Lent.

cuartear vt to cut o chop up.

cuartel m (MIL) barracks (pl); ~ general headquarters (pl).

cuartelazo m Amer military uprising.

cuarteto m quartet.

cuarto, -ta núm fourth; la cuarta parte a quarter. ◆ cuarto m 1. (parte) quarter; un ~ de hora a quarter of an hour; son las dos y/menos ~ it's a quarter past/to two. 2. (habitación) room; ~ de baño bathroom; ~ de estar living room. ◆ cuarta f (palmo) span.

cuarzo m quartz.

cuate m y f inv CAm & Méx (amigo) friend.

cuatro ◇ núm four; ver también seis. ◇ adj fig (poco) a few; hace ~ días a few days ago.

cuatrocientos, -tas núm four hundred; ver también seis.

cuba f barrel, cask; estar como una ~ to be legless o blind drunk

Cuba Cuba.

cubalibre m rum and coke.

cubano, -na adj, m y f Cuban.

cubertería f set of cutlery, cutlery (U).

cúbico, -ca adj cubic.

cubierto, -ta ◇ pp → cubrir. ◇ adj 1. (gen): ~ (de) covered (with); estar a ~ (protegido) to be under cover; (con saldo acreedor) to be in the black; ponerse a ~ to take cover. 2. (cielo) overcast ◆ cubierto m 1. (pieza de cubertería) piece of cutlery. 2. (para cada persona) place setting. ◆ cubierta f 1. (gen) cover. 2. (de neumático) tyre. 3. (de barco) deck.

cubilete m (en juegos) cup; (molde) mould.

cubito m (de hielo) ice cube.

cubo m 1. (recipiente) bucket; ~ de la basura rubbish bin. 2. (GEOM & MAT) cube; elevar al ~ to cube.

cubrecama m bedspread.

cubrir vt 1. (gen) to cover. 2. (proteger) to protect. 3. (disimular) to cover up, to hide. 4. (puesto, vacante) to fill. ◆ cubrir de vt: ~ de algo a alguien to heap sthg on sb ◆ cubrirse vpr 1. (taparse): ~se (de) to become covered (with). 2. (protegerse): ~se (de) to shelter (from). 3. (con sombrero) to put one's hat on. 4. (con ropa): ~se (con) to cover o.s. (with). 5. (cielo) to cloud over.

cucaracha f cockroach.

cuchara f (para comer) spoon.

cucharada f spoonful

cucharilla f teaspoon.

cucharón m ladle.

cuchichear vi to whisper.

cuchilla f blade; ~ de afeitar razor blade.

cuchillo m knife.

cuchitril m hovel.

cuclillas ◆ en cuclillas loc adv squatting; ponerse en ~ to squat (down).

cuclillo m cuckoo.

cuco, -ca adj fam 1. (bonito) pretty. 2. (astuto) shrewd, canny. ◆ cuco m cuckoo.

cucurucho m 1. (de papel) paper cone. 2. (para helado) cornet, cone.

cuello m 1. (gen) neck; ~ de botella bottleneck. 2. (de prendas) collar.

cuenca f 1. (de río) basin. 2. (del ojo) (eye) socket. 3. (región minera) coalfield.

cuenco m earthenware bowl.

cuenta f 1. (acción de contar) count; echar ~s to reckon up; llevar/perder la ~ de to keep/lose count of; ~ atrás countdown. 2. (cálculo) sum. 3. (BANCA & COM) account; abonar algo en ~ a alguien to credit sthg to sb's account; ~ de gastos expenditure account; pagar mil pesetas a ~ to pay a thousand pesetas down; ~ de ahorros savings account; ~ corriente current account; ~ de crédito current account with an overdraft facility; ~ deudora overdrawn account; ~ a plazo fijo deposit account. 4. (factura) bill; pasar la ~ to send the bill; ~ por cobrar/pagar account receivable/payable. 5. (bolita - de collar, rosario) bead. 6. loc: a fin de ~s in the end; ajustarle a alguien las ~s to settle an account o a score with sb; caer en la ~ de algo to realize sthg; darse ~ de algo to realize sthg; más de la ~ too much; por mi/tu etc ~ on my/your etc own; tener en ~ algo to bear sthg in mind.

cuentagotas *m inv* dropper; **a o con ~** in dribs and drabs.

cuentakilómetros *m inv* (*de distancia recorrida*) = milometer; (*de velocidad*) speedometer.

cuentarrevoluciones *m inv* tachometer, rev counter.

cuento *m* 1. (*fábula*) tale; **~ de hadas** fairy tale. 2. (*narración*) short story. 3. (*mentira, exageración*) story, lie; **~ chino** tall story. 4. *loc*: **tener ~** to put it on

cuerda *f* 1. (*para atar - fina*) string; (*- más gruesa*) rope; **~ floja** tightrope. 2. (*de instrumento*) string. 3. (*de reloj*) spring; **dar ~ a** (*reloj*) to wind up. 4. (GEOM) chord. ◆ **cuerdas vocales** *fpl* vocal cords.

cuerdo, -da *adj* 1. (*sano de juicio*) sane. 2. (*sensato*) sensible.

cuerno *m* (*gen*) horn; (*de ciervo*) antler.

cuero *m* 1. (*piel de animal*) skin; (*piel curtida*) hide; **~ cabelludo** scalp; **en ~s, en ~s vivos** stark naked 2. (*material*) leather

cuerpo *m* 1. (*gen*) body; **a ~** without a coat on; **luchar a ~** to fight hand-to-hand; **tomar ~** to take shape; **en ~ y alma** body and soul. 2. (*tronco*) trunk. 3. (*corporación consular, militar etc*) corps; **~ de bomberos** fire brigade; **~ diplomático** diplomatic corps.

cuervo *m* crow.

cuesta *f* slope; **~ arriba** uphill; **~ abajo** downhill; **a ~s** on one's back, over one's shoulders.

cuestión *f* 1. (*pregunta*) question. 2. (*problema*) problem. 3. (*asunto*) matter, issue .

cuestionar *vt* to question.

cuestionario *m* questionnaire.

cueva *f* cave.

cuicos *mpl Méx fam* cops.

cuidado ◇ *m* care; **tener ~ con** to be careful with; **~s intensivos** intensive care (U); **eso me tiene o trae sin ~** I couldn't care less about that. ◇ *interj*: **¡~!** careful!, look out!

cuidadoso, -sa *adj* careful.

cuidar *vt* (*gen*) to look after; (*estilo etc*) to take care over; (*detalles*) to pay attention to. ◆ **cuidar de** *vi* to look after; **cuida de que no lo haga** make sure she doesn't do it. ◆ **cuidarse** *vpr* to take care of o to look after o.s.; **~se de** to worry about.

culata *f* 1. (*de arma*) butt. 2. (*de motor*) cylinder head.

culebra *f* snake.

culebrón *m* (TV) soap opera.

culinario, -ria *adj* culinary

culminación *f* culmination.

culminar ◇ *vt*: **~ (con)** to crown (with). ◇ *vi* to finish, to culminate

culo *m fam* 1. (*de personas*) backside, bum *Br* 2. (*de objetos*) bottom

culpa *f* (*responsabilidad*) fault; **tener la ~ de algo** to be to blame for sthg; **echar la ~ a alguien (de)** to blame sb (for); **por ~ de** because of.

culpabilidad *f* guilt

culpable ◇ *adj*: **~ (de)** guilty (of); **declararse ~** to plead guilty ◇ *m y f* (DER) guilty party; **tú eres el ~** you're to blame.

culpar *vt*: **~ a alguien (de)** (*atribuir la culpa*) to blame sb (for); (*acusar*) to accuse sb (of).

cultivar *vt* (*tierra*) to farm, to cultivate; (*plantas*) to grow. ◆ **cultivarse** *vpr* (*persona*) to improve o s.

cultivo *m* 1. (*de tierra*) farming; (*de plantas*) growing. 2. (*plantación*) crop

culto, -ta *adj* (*persona*) cultured, educated; (*estilo*) refined; (*palabra*) literary. ◆ **culto** *m* 1. (*devoción*) worship. 2. (*religión*) cult.

cultura *f* 1. (*de sociedad*) culture. 2. (*sabiduría*) learning, knowledge.

cultural *adj* cultural.

culturismo *m* body-building.

cumbre *f* 1. (*de montaña*) summit 2. *fig* (*punto culminante*) peak 3. (POLÍT) summit (conference).

cumpleaños *m inv* birthday

cumplido, -da *adj* 1. (*completo, lleno*) full, complete. 2. (*cortés*) courteous ◆ **cumplido** *m* compliment

cumplidor, -ra *adj* reliable.

cumplimentar *vt* 1. (*felicitar*) to congratulate. 2. (*cumplir - orden*) to carry out; (*- contrato*) to fulfil.

cumplimiento *m* (*de un deber*) performance; (*de contrato, promesa*) fulfilment; (*de la ley*) observance; (*de órdenes*) carrying out; (*de condena*) completion; (*de plazo*) expiry.

cumplir ◇ *vt* 1. (*orden*) to carry out; (*promesa*) to keep; (*ley*) to observe; (*contrato*) to fulfil 2. (*años*) to reach; **mañana cumplo los 20** I'm 20 o it's my 20th birthday tomorrow 3. (*condena*) to serve; (*servicio militar*) to do ◇ *vi* 1. (*plazo, garantía*) to expire. 2. (*realizar el deber*) to do one's duty; **~ con el deber** to do one's duty; **~ con la palabra** to keep one's word

cúmulo m 1. (de objetos) pile. 2. fig (de asuntos, acontecimientos) series.

cuna f (para dormir) cot, cradle.

cundir vi 1. (propagarse) to spread. 2. (dar de sí - comida, reservas, tiempo) to go a long way.

cuneta f (de una carretera) ditch; (de una calle) gutter.

cuña f 1. (pieza) wedge. 2. (de publicidad) commercial break.

cuñado, -da m y f brother-in-law (f sister-in-law).

cuño m 1. (troquel) die. 2. (sello, impresión) stamp.

cuota f 1. (contribución - a entidad, club) membership fee, subscription. 2. (cupo) quota.

cupiera etc → **caber**.

cuplé m popular song.

cupo ◇ v → **caber**. ◇ m 1. (cantidad máxima) quota. 2. (cantidad proporcional) share; (de una cosa racionada) ration.

cupón m (gen) coupon; (de lotería, rifa) ticket.

cúpula f 1. (ARQUIT) dome, cupola. 2. fig (mandos) leaders (pl).

cura ◇ m priest. ◇ f 1. (curación) recovery. 2. (tratamiento) treatment, cure.

curación f 1. (de un enfermo - recuperación) recovery; (- tratamiento) treatment; (de una herida) healing. 2. (de jamón) curing.

curado, -da adj (alimento) cured; (pieles) tanned; ~ **de espanto** unshockable

curandero, -ra m y f quack.

curar ◇ vt 1. (gen) to cure. 2. (herida) to dress. 3. (pieles) to tan. ◇ vi (enfermo) to recover; (herida) to heal up. ◆ **curarse** vpr 1. (sanar): ~se (de) to recover (from). 2. (alimento) to cure.

curiosear ◇ vi (fisgonear) to nose around; (por una tienda) to browse round. ◇ vt (libros, revistas) to browse through.

curiosidad f (gen) curiosity.

curioso, -sa ◇ adj 1. (por saber, averiguar) curious, inquisitive. 2. (raro) odd, strange. ◇ m y f onlooker.

curita f Amer (sticking) plaster Br, Band-Aid® Am.

currante adj fam hard-working

currar, currelar vi fam to work.

curre = **curro**.

currelar = **currar**.

currículum (vitae) [ku'rrikulum (-'bite)] (pl **currícula (vitae)** o **currícu-**

lums), **currículo** (pl **currículos**) m curriculum vitae.

curro, curre m fam work.

cursar vt 1. (estudiar) to study. 2. (enviar) to send. 3. (dar - órdenes etc) to give, to issue. 4. (tramitar) to submit.

cursi adj fam (vestido, canción etc) naff, tacky; (modales, persona) affected.

cursilería f (cualidad) tackiness.

cursillo m (curso) short course.

cursiva → **letra**.

curso m 1. (año académico) year. 2. (asignatura) course; ~ **intensivo** crash course. 3. (dirección de río, acontecimientos) course; (- de la economía) trend; **seguir su** ~ to go on, to continue; **en** ~ (mes, año) current; (trabajo) in progress.

cursor m (INFORM) cursor.

curtido, -da adj 1. (piel, cuero) tanned. 2. fig (experimentado) seasoned.

curtir vt 1. (piel) to tan. 2. fig (persona) to harden.

curva → **curvo**.

curvatura f curvature.

curvo, -va adj (gen) curved; (doblado) bent. ◆ **curva** f (gen) curve; (en carretera) bend; ~ **de nivel** contour line.

cúspide f 1. (de montaña) summit, top. 2. fig (apogeo) peak. 3. (GEOM) apex.

custodia f 1. (de cosas) safekeeping. 2. (de personas) custody.

custodiar vt 1. (vigilar) to guard. 2. (proteger) to look after.

custodio m guard.

cutáneo, -a adj skin (antes de sust).

cutícula f cuticle.

cutis m inv skin, complexion.

cutre adj fam 1. (de bajo precio, calidad) cheap and nasty. 2. (sórdido) shabby. 3. (tacaño) tight, stingy.

cutter (pl **cutters**) m (artist's) scalpel (with retractable blade).

cuyo, -ya adj (posesión - por parte de personas) whose; (- por parte de cosas) of which, whose; **ésos son los amigos en cuya casa nos hospedamos** those are the friends in whose house we spent the night; **ese señor, ~ hijo conociste ayer** that man, whose son you met yesterday; **un equipo cuya principal estrella ...** a team, the star player of which o whose star player ...; **en ~ caso** in which case.

CV (abrev de **curriculum vitae**) m CV

D

d, D f (letra) d, D.

D. abrev de **don**.

dactilar → **huella**.

dádiva f (regalo) gift; (donativo) donation.

dado, -da adj given; **en un momento ~** at a certain point; **ser ~ a** to be fond of. ◆ **dado** m dice, die. ◆ **dado que** loc conj since, seeing as.

daga f dagger.

dale interj ¡~! – ¡otra vez con lo mismo! there you go again!

dalia f dahlia.

dálmata adj, m y f (perro) Dalmatian.

daltónico, -ca adj colour-blind.

daltonismo m colour blindness.

dama f 1. (mujer) lady. 2. (en damas) king; (en ajedrez, naipes) queen. ◆ **damas** fpl (juego) draughts (U).

damisela f desus damsel.

damnificar vt (cosa) to damage; (persona) to harm, to injure.

danés, -esa ◇ adj Danish. ◇ m y f (persona) Dane ◆ **danés** m (lengua) Danish.

danza f (gen) dancing; (baile) dance.

danzar vi 1. (bailar) to dance. 2. fig (ir de un sitio a otro) to run about

dañar vt (vista, cosecha) to harm, to damage; (persona) to hurt; (pieza, objeto) to damage. ◆ **dañarse** vpr (persona) to hurt o.s.; (cosa) to become damaged.

dañino, -na adj harmful.

daño m 1. (dolor) pain, hurt; **hacer ~ a alguien** to hurt sb; **hacerse ~** to hurt o.s. 2. (perjuicio - a algo) damage; (- a persona) harm; **~s y perjuicios** damages.

dar ◇ vt 1. (gen) to give; (baile, fiesta) to hold, to give; (naipes) to deal; **~ algo a alguien** to give sthg to sb, to give sb sthg. 2. (producir - gen) to give, to produce; (- frutos, flores) to bear; (- beneficios, intereses) to yield. 3. (suj: reloj) to strike; **el reloj ha dado las doce** the clock struck twelve. 4. (suministrar luz etc - por primera vez) to connect; (- tras un corte) to turn back on; (encender) to turn o switch on. 5. (CIN, TEATRO & TV) to show; (concierto, interpretación) to give 6. (mostrar - señales etc) to show 7. (untar con) to apply; **~ barniz a una silla** to varnish a chair. 8. (provocar - gusto, escalofríos etc) to give; **me da vergüenza/pena** it makes me ashamed/sad; **me da risa** it makes me laugh; **me da miedo** it frightens me. 9. (expresa acción): **~ un grito** to give a cry; **~le un golpe/una puñalada a alguien** to hit/stab sb; **voy a ~ un paseo** I'm going (to go) for a walk. 10. (considerar): **~ algo por** to consider sthg as; **eso lo doy por hecho** I take that for granted; **~ a alguien por muerto** to give sb up for dead. ◇ vi 1. (repartir - en naipes) to deal. 2. (horas) to strike; **han dado las tres en el reloj** three o'clock struck. 3. (golpear): **le dieron en la cabeza** they hit him on the head; **la piedra dio contra el cristal** the stone hit the window. 4. (accionar): **~ a** (llave de paso) to turn; (botón, timbre) to press. 5. (estar orientado): **~ a** (suj: ventana, balcón) to look out onto, to overlook; (suj: pasillo, puerta) to lead to; (suj: casa, fachada) to face. 6. (encontrar): **~ con algo/alguien** to find sthg/sb; **he dado con la solución** I've hit upon the solution. 7. (proporcionar): **~ de beber a alguien** to give sb sthg to drink; **le da de mamar a su hijo** she breast-feeds her son. 8. loc: **~ de sí** (ropa, calzado) to give, to stretch. ◆ **darse** vpr 1. (suceder) to occur, to happen; **se da pocas veces** it rarely happens. 2. (entregarse): **~se a** (droga etc) to take to. 3. (golpearse): **~se contra** to bump into. 4. (tener aptitud): **se me da bien/mal el latín** I'm good/bad at Latin. 5. (considerarse): **~se por** to consider o.s. (to be); **~se por vencido** to give in 6. loc: **dársela a alguien** (engañar) to take sb in; **se las da de listo** he makes out (that) he is clever.

dardo m dart.

dársena f dock.

datar vt to date ◆ **datar de** vi to date from.

dátil m (BOT & CULIN) date.

dato m (gen) piece of information, fact; **~s** (gen) information; (INFORM) data; **~s personales** personal details.

dcha. (abrev de derecha) rt.

d. de JC., d.JC. (abrev de después de Jesucristo) AD.

de prep (de + el = del) 1. (posesión, pertenencia) of; **el coche ~ mi/mis padres** my father's/parents' car; **es ~ ella** it's hers; **la pata ~ la mesa**

the table leg. **2.** *(materia)* (made) of; **un vaso ~ plástico** a plastic cup; **un reloj ~ oro** a gold watch. **3.** *(en descripciones):* **un vaso ~ agua** a glass of water; **~ fácil manejo** user-friendly; **la señora ~ verde** the lady in green; **el chico ~ la coleta** the boy with the ponytail; **he comprado las peras ~ 100 ptas el kilo** I bought the pears that were ○ at 100 pesetas a kilo; **un sello ~ 50 ptas** a 50 peseta stamp. **4.** *(asunto)* about; **hablábamos ~ ti** we were talking about you; **libros ~ historia** history books. **5.** *(uso):* **una bici ~ carreras** a racer; **ropa ~ deporte** sportswear. **6.** *(en calidad de)* as; **trabaja ~ bombero** he works as a fireman. **7.** *(tiempo - desde)* from; *(- durante)* in; **trabaja ~ nueve a cinco** she works from nine to five; **~ madrugada** early in the morning; **a las cuatro ~ la tarde** at four in the afternoon; **trabaja ~ noche y duerme ~ día** he works at night and sleeps during the day. **8.** *(procedencia, distancia)* from; **salir ~ casa** to leave home; **soy ~ Bilbao** I'm from Bilbao. **9.** *(causa, modo)* with; **morirse ~ hambre** to die of hunger; **llorar ~ alegría** to cry with joy; **~ una patada** with a kick; **~ una sola vez** in one go. **10.** *(con superlativos):* **el mejor ~ todos** the best of all; **el más importante del mundo** the most important in the world. **11.** *(en comparaciones):* **más/menos ~ ...** more/less than ... **12.** *(antes de infin)* *(condición)* if; **~ querer ayudarme, lo haría** if she wanted to help me, she'd do it; **~ no ser por ti, me hubiese hundido** if it hadn't been for you, I wouldn't have made it. **13.** *(después de adj y antes de sust)* *(enfatiza cualidad):* **el idiota ~ tu hermano** your stupid brother. **14.** *(después de adj y antes de infin):* **es difícil ~ creer** it's hard to believe.

dé → dar.

deambular *vi* to wander (about).

debajo *adv* underneath; **~ de** underneath, under; **por ~ de lo normal** below normal.

debate *m* debate.

debatir *vt* to debate ◆ **debatirse** *vpr* *(luchar)* to struggle.

debe *m* debit (side).

deber ◇ *vt* *(adeudar)* to owe; **~ algo a alguien** to owe sb sthg, to owe sthg to sb. ◇ *vi* **1.** *(antes de infin)* *(expresa obligación):* **debo hacerlo** I have to do it, I must do it; **deberían abolir esa**

ley they ought to ○ should abolish that law; **debes dominar tus impulsos** you must ○ should control your impulses. **2.** *(expresa posibilidad):* **~ de:** **el tren debe de llegar alrededor de las diez** the train should arrive at about ten; **deben de ser las diez** it must be ten o'clock; **no debe de ser muy mayor** she can't be very old. ◇ *m* duty. ◆ **deberse a** *vpr* **1.** *(ser consecuencia de)* to be due to. **2.** *(dedicarse a)* to have a responsibility towards. ◆ **deberes** *mpl* *(trabajo escolar)* homework *(U).*

debidamente *adv* properly.

debido, -da *adj* *(justo, conveniente)* due, proper; **como es ~** properly. ◆ **debido a** *loc conj* *(a principio de frase)* owing to; *(en mitad de frase)* due to.

débil *adj* **1.** *(persona - sin fuerzas)* weak. **2.** *(voz, sonido)* faint; *(luz)* dim.

debilidad *f* *(gen)* weakness; **tener ~ por** to have a soft spot for

debilitar *vt* to weaken. ◆ **debilitarse** *vpr* to become ○ grow weak.

debutar *vi* to make one's debut.

década *f* decade.

decadencia *f* *(gen)* decadence.

decadente *adj* decadent

decaer *vi* *(gen)* to decline; *(enfermo)* to get weaker; *(salud)* to fail; *(entusiasmo)* to flag; *(restaurante etc)* to go downhill.

decaído, -da *adj* *(desalentado)* gloomy, downhearted; *(débil)* frail.

decaimiento *m* *(desaliento)* gloominess; *(decadencia)* decline; *(falta de fuerzas)* weakness.

decano, -na *m y f* *(de corporación, facultad)* dean.

decapitar *vt* to decapitate, to behead.

decena *f* ten; **una ~ de veces** about ten times.

decencia *f* **1.** *(gen)* decency; *(en el vestir)* modesty. **2.** *(dignidad)* dignity.

decenio *m* decade.

decente *adj* **1.** *(gen)* decent. **2.** *(en el comportamiento)* proper; *(en el vestir)* modest. **3.** *(limpio)* clean.

decepción *f* disappointment.

decepcionar *vt* to disappoint.

decibelio *m* decibel.

decidido, -da *adj* determined

decidir ◇ *vt* **1.** *(gen)* to decide; **~ hacer algo** to decide to do sthg. **2.** *(determinar)* to determine. ◇ *vi* to decide. ◆ **decidirse** *vpr* to decide, to make up one's mind; **~se a hacer algo** to decide to do sthg; **~se por** to decide on, to choose.

décima → décimo.

decimal *adj (sistema)* decimal.

décimo, -ma *núm* tenth; **la décima parte** a tenth. ◆ **décimo** *m* **1.** *(fracción)* tenth **2.** *(en lotería) tenth part of a lottery ticket.* ◆ **décima** *f (en medidas)* tenth; **una décima de segundo** a tenth of a second.

decir *vt* **1.** *(gen)* to say; ~ **que sí/no** to say yes/no; **¿cómo se dice 'estación' en inglés?** how do you say 'estación' in English?; **¿diga?, ¿dígame?** *Esp (al teléfono)* hello? **2.** *(contar, ordenar)* to tell; ~ **a alguien que haga algo** to tell sb to do sthg; **se dice que** they o people say (that); ~ **la verdad** to tell the truth **3.** *fig (revelar)* to tell, to show; **eso lo dice todo** that says it all. **4.** *loc:* ~ **para sí** to say to o.s.; **es** ~ **that** is, that's to say; **(o) mejor dicho** or rather; **querer** ~ to mean; **¿qué quieres** ~ **con eso?** what do you mean by that?

decisión *f* **1.** *(dictamen, resolución)* decision; **tomar una** ~ to make o take a decision. **2.** *(empeño, tesón)* determination; *(seguridad, resolución)* decisiveness.

decisivo, -va *adj* decisive.

declamar *vt & vi* to declaim, to recite.

declaración *f (gen)* statement; *(de amor, impuestos, guerra)* declaration; **prestar** ~ to give evidence; ~ **del impuesto sobre la renta** income tax return.

declarar ◊ *vt (gen)* to declare; *(afirmar)* to state, to say; ~ **culpable/inocente a alguien** to find sb guilty/not guilty. ◊ *vi (DER)* to testify, to give evidence. ◆ **declararse** *vpr* **1.** *(incendio, epidemia)* to break out **2.** *(confesar el amor)* to declare one's feelings o love. **3.** *(dar una opinión):* **~se a favor de algo** to say that one supports sthg; **~se en contra de algo** to say one is opposed to sthg; **~se culpable/inocente** to plead guilty/not guilty.

declinar ◊ *vt (gen & GRAM)* to decline; *(responsabilidad)* to disclaim. ◊ *vi (día, tarde)* to draw to a close; *(fiebre)* to subside; *(economía)* to decline.

declive *m* **1.** *(decadencia)* decline, fall; **en** ~ in decline. **2.** *(pendiente)* slope.

decodificador = **descodificador**.

decoración *f* **1.** *(acción)* decoration; *(efecto)* décor. **2.** *(adorno)* decorations *(pl)*.

decorado *m* (CIN & TEATRO) set.

decorar *vt* to decorate.

decorativo, -va *adj* decorative.

decoro *m (pudor)* decency.

decoroso, -sa *adj (decente)* decent; *(correcto)* seemly, proper.

decrecer *vi (gen)* to decrease, to decline; *(caudal del río)* to go down.

decrépito, -ta *adj despec (viejo)* decrepit; *(civilización)* decadent, declining.

decretar *vt* to decree.

decreto *m* decree; ~ **ley** decree, ≃ order in council *Br*.

dedal *m* thimble.

dedicación *f* dedication.

dedicar *vt* **1.** *(tiempo, dinero, energía)* to devote. **2.** *(libro, monumento)* to dedicate. ◆ **dedicarse a** *vpr* **1.** *(a una profesión):* **¿a qué se dedica usted?** what do you do for a living?; **se dedica a la enseñanza** she works as a teacher. **2.** *(a una actividad, persona)* to spend time on; **los domingos me dedico al estudio** I spend Sundays studying.

dedicatoria *f* dedication.

dedo *m* **1.** *(de la mano)* finger; **dos ~s de whisky** two fingers of whisky; ~ **anular/corazón** ring/middle finger; ~ **gordo** o **pulgar** thumb; ~ **índice/meñique** index/little finger. **2.** *(del pie)* toe **3.** *loc:* **hacer** ~ *fam* to hitchhike; **nombrar a alguien a** ~ to handpick sb; **pillarse** o **cogerse los ~s** *fig* to get one's fingers burnt; **poner el** ~ **en la llaga** to put one's finger on it.

deducción *f* deduction.

deducir *vt* **1.** *(inferir)* to guess, to deduce. **2.** *(descontar)* to deduct.

defecar *vi* to defecate.

defecto *m (físico)* defect; *(moral)* fault; ~ **de pronunciación** speech defect. ◆ **por defecto** *loc adv* by default.

defectuoso, -sa *adj (mercancía)* defective, faulty; *(trabajo)* inaccurate.

defender *vt (gen)* to defend; *(amigo etc)* to stand up for ◆ **defenderse** *vpr* *(protegerse):* **~se (de)** to defend o.s. (against).

defensa ◊ *f* defence ◊ *m y f* (DEP) defender; ~ **central** centre-back.

defensivo, -va *adj* defensive. ◆ **defensiva** *f*: **ponerse/estar a la defensiva** to go/be on the defensive.

defensor, -ra ◊ *adj* → **abogado**. ◊ *m y f (gen)* defender; *(abogado)* counsel for the defence; *(adalid)* champion; ~ **del pueblo** ≃ ombudsman.

deferencia *f* deference.

deficiencia *f (defecto)* deficiency,

shortcoming; *(insuficiencia)* lack.

deficiente *adj (defectuoso - gen)* deficient; ~ **en** lacking o deficient in; *(- audición, vista)* defective. ◆ **deficiente (mental)** *m y f* mentally handicapped person.

déficit *(pl* **déficits)** *m* (ECON) deficit.

deficitario, -ria *adj (empresa, operación)* loss-making; *(balance)* negative.

definición *f* 1. *(gen)* definition. 2. *(en televisión)* resolution.

definir *vt (gen)* to define. ◆ **definirse** *vpr* to take a clear stance.

definitivamente *adv* 1. *(sin duda)* definitely. 2. *(para siempre)* for good.

definitivo, -va *adj (texto etc)* definitive; *(respuesta)* definite; **en definitiva** in short, anyway.

deforestación *f* deforestation.

deformación *f (de huesos, objetos etc)* deformation; *(de la verdad etc)* distortion; ~ **física** (physical) deformity; **tener ~ profesional** to be always acting as if one were still at work.

deformar *vt* 1. *(huesos, objetos etc)* to deform. 2. *fig (la verdad etc)* to distort. ◆ **deformarse** *vpr* to go out of shape.

deforme *adj (cuerpo)* deformed; *(imagen)* distorted; *(objeto)* misshapen.

defraudar *vt* 1. *(decepcionar)* to disappoint. 2. *(estafar)* to defraud; ~ **a Hacienda** to practise tax evasion.

defunción *f* decease, death.

degeneración *f* degeneration.

degenerado, -da *adj, m y f* degenerate.

degenerar *vi* ~ **(en)** to degenerate (into).

deglutir *vt & vi* to swallow.

degollar *vt (cortar la garganta)* to cut o slit the throat of; *(decapitar)* to behead.

degradar *vt* 1. *(moralmente)* to degrade. 2. *(de un cargo)* to demote. ◆ **degradarse** *vpr* to degrade o lower o.s.

degustación *f* tasting *(of wines etc)*.

dehesa *f* meadow.

dejadez *f* neglect; *(en aspecto)* slovenliness.

dejado, -da *adj* careless; *(aspecto)* slovenly.

dejar ◇ *vt* 1. *(gen)* to leave; **deja esa pera en el plato** put that pear on the plate; **deja el abrigo en la percha** leave your coat on the hanger; ~ **a alguien en algún sitio** *(con el coche)* to drop sb off somewhere; **deja algo de café para mí** leave some coffee for

me; ~ **algo/a alguien a alguien** *(encomendar)* to leave sthg/sb with sb. 2. *(prestar)*: ~ **algo a alguien** to lend sb sthg, to lend sthg to sb. 3. *(abandonar - casa, trabajo, país)* to leave; *(- tabaco, estudios)* to give up; *(- familia)* to abandon; ~ **algo por imposible** to give sthg up as a lost cause; ~ **a alguien atrás** to leave sb behind. 4. *(permitir)*: ~ **a alguien hacer algo** to let sb do sthg, to allow sb to do sthg; **sus gritos no me dejaron dormir** his cries prevented me from sleeping; **deja que tu hijo venga con nosotros** let your son come with us; ~ **correr algo** *fig* to let sthg be. 5. *(omitir)* to leave out; ~ **algo por** o **sin hacer** to fail to do sthg; **dejó lo más importante por resolver** he left the most important question unsolved. 6. *(esperar)*: ~ **que** to wait until; **dejó que acabara de llover para salir** he waited until it had stopped raining before going out. ◇ *vi* 1. *(parar)*: ~ **de hacer algo** to stop doing sthg; **no deja de venir ni un solo día** he never fails to come. 2. *(expresando promesa)*: **no ~ de** to be sure to; **¡no dejes de escribirme!** be sure to write to me! ◆ **dejarse** *vpr* 1. *(olvidar)*: ~**se algo en algún sitio** to leave sthg somewhere. 2. *(permitir)*: ~**se engañar** to allow o.s. to be taken in.

deje *m (acento)* accent.

dejo *m (acento)* accent.

del → **de**.

delante *adv* 1. *(en primer lugar, en la parte delantera)* in front; **el de** ~ **the** one in front; **el asiento de** ~ the seat in front. 2. *(enfrente)* opposite. 3. *(presente)* present. ◆ **delante de** *loc prep* in front of.

delantal *m* apron.

delantero, -ra ◇ *adj* front. ◇ *m y f* (DEP) forward; ~ **centro** centre forward. ◆ **delantera** *f* 1. (DEP) forwards *(pl)*, attack. 2. *loc*: **coger** o **tomar la delantera** to take the lead; **coger** o **tomar la delantera a alguien** to beat sb to it; **llevar la delantera** to be in the lead.

delatar *vt* to denounce; *fig (suj: sonrisa, ojos etc)* to betray. ◆ **delatarse** *vpr* to give o.s. away.

delator, -ra *m y f* informer.

delegación *f* 1. *(autorización, embajada)* delegation; ~ **de poderes** devolution (of power). 2. *Esp (sucursal)* branch. 3. *(oficina pública)* local office 4. *Méx (comisaría)* police station.

delegado, -da *m y f* 1. *(gen)* delegate; **~ de curso** form monitor. 2. (COM) representative.

delegar *vt*: **~ algo (en o a)** to delegate sthg (to).

deleite *m* delight.

deletrear *vt* to spell (out).

deleznable *adj fig (malo - clima, libro, actuación)* appalling; *(- excusa, razón)* contemptible

delfín *m (animal)* dolphin.

delgado, -da *adj (gen)* thin; *(esbelto)* slim.

deliberación *f* deliberation.

deliberar *vi* to deliberate.

delicadeza *f* 1. *(miramiento - con cosas)* care; *(- con personas)* kindness, attentiveness. 2. *(finura - de perfume, rostro)* delicacy; *(- de persona)* sensitivity. 3. *(de un asunto, situación)* delicacy.

delicado, -da *adj* 1. *(gen)* delicate; *(perfume, gusto)* subtle; *(paladar)* refined. 2. *(persona - sensible)* sensitive; *(- muy exigente)* fussy; *(- educado)* polite; **estar ~ de salud** to be very weak.

delicia *f* delight.

delicioso, -sa *adj (comida)* delicious; *(persona)* lovely, delightful.

delimitar *vt (finca etc)* to set out the boundaries of; *(funciones etc)* to define.

delincuencia *f* crime; **~ juvenil** juvenile delinquency

delincuente *m y f* criminal.

delineante *m y f* draughtsman *(f* draughtswoman).

delinquir *vi* to commit a crime.

delirante *adj (gen)* delirious.

delirar *vi (un enfermo)* to be delirious; *(desbarrar)* to talk nonsense.

delirio *m (por la fiebre)* delirium; *(de un enfermo mental)* ravings *(pl)*; **~s de grandeza** delusions of grandeur.

delito *m* crime, offence.

delta ◇ *m* delta. ◇ *f* delta

demacrado, -da *adj* gaunt.

demagogo, -ga *m y f* demagogue.

demanda *f* 1. *(petición)* request; *(reivindicación)* demand; **~ salarial** wage claim; **en ~ de** asking for. 2. (ECON) demand. 3. (DER) lawsuit; *(por daños y perjuicios)* claim; **presentar una ~ contra** to take legal action against.

demandante *m y f* plaintiff.

demandar *vt* 1. (DER): **~ a alguien (por)** to sue sb (for). 2. *(pedir)* to ask for.

demarcación *f* 1. *(señalización)* demarcation. 2. *(territorio demarcado)* area; *(jurisdicción)* district.

demás ◇ *adj* other; **los ~ invitados** the other o remaining guests. ◇ *pron*: **lo ~** the rest; **todo lo ~** everything else; **los/las ~** the others, the rest; **por lo ~** apart from that, otherwise; **y ~** and so on

demasiado, -da ◇ *adj* too much; *(pl)* too many; **demasiada comida** too much food; **~s niños** too many children. ◇ *adv (gen)* too much; *(antes de adj o adv)* too; **habla ~** she talks too much; **iba ~ rápido** he was going too fast.

demencia *f* madness, insanity

demencial *adj (disparatado)* chaotic.

demente *adj* mad

democracia *f* democracy.

demócrata ◇ *adj* democratic. ◇ *m y f* democrat.

democrático, -ca *adj* democratic

demografía *f* demography

demoler *vt (edificio)* to demolish, to pull down; *fig* to destroy.

demolición *f* demolition.

demonio *m* 1. *lit & fig* devil. 2. *(para enfatizar)*: **¿qué/dónde ~s ...?** what/where the hell ...? ♦ **demonios** *interj*: **¡~s!** damn (it)!

demora *f* delay.

demorar *vt* to delay. ♦ **demorarse** *vpr* 1. *(retrasarse)* to be delayed. 2. *(detenerse)* to stop (somewhere).

demostración *f* 1. *(gen)* demonstration. 2. *(de un teorema)* proof. 3. *(exhibición)* display; *(señal)* sign; *(prueba)* proof.

demostrar *vt* 1. *(hipótesis, teoría, verdad)* to prove. 2. *(alegría, impaciencia, dolor)* to show. 3. *(funcionamiento, procedimiento)* to demonstrate, to show

denegar *vt* to turn down, to reject.

denigrante *adj (humillante)* degrading; *(insultante)* insulting.

denigrar *vt (humillar)* to denigrate, to vilify; *(insultar)* to insult.

denominación *f* naming; **'~ de origen'** 'appellation d'origine'.

denominador *m* denominator.

denotar *vt* to indicate, to show.

densidad *f (gen & INFORM)* density; **~ de población** population density; **alta/doble ~** (INFORM) high/double density.

denso, -sa *adj (gen)* dense; *(líquido)* thick.

dentadura *f* teeth *(pl)*; **~ postiza** false teeth *(pl)*, dentures *(pl)*

dentera f: **dar ~ a alguien** to set sb's teeth on edge

dentífrico, -ca adj tooth (antes de sust). ◆ **dentífrico** m toothpaste.

dentista m y f dentist.

dentro adv inside; **está ahí ~** it's in there; **hacia/para ~** inwards; **por ~** (on the) inside; **fig** inside, deep down. ◆ **dentro de** loc prep in; **~ del coche** in O inside the car; **~ de poco/un año** in a while/a year; **~ de lo posible** as far as possible.

denuedo m (valor) courage; (esfuerzo) resolve

denuncia f (acusación) accusation; (condena) denunciation; (a la policía) complaint; **presentar una ~ contra** to file a complaint against.

denunciar vt to denounce; (delito) to report.

departamento m 1. (gen) department. 2. (división territorial) administrative district; (en Francia) department. 3. (de maleta, cajón, tren) compartment. 4. Amer (apartamento) apartment, flat Br.

dependencia f 1. (de una persona) dependence; (de país, drogas, alcohol) dependency. 2. (departamento) section; (sucursal) branch. ◆ **dependencias** fpl (habitaciones) rooms; (edificios) outbuildings.

depender vi to depend; **depende ...** it depends ... ◆ **depender de** vi: **~ de algo** to depend on sthg; **~ de alguien** to be dependent on sb; **depende de ti** it's up to you.

dependienta f shop assistant, saleswoman

dependiente ◇ adj dependent. ◇ m shop assistant, salesman.

depilar vt (gen) to remove the hair from; (cejas) to pluck; (con cera) to wax.

depilatorio, -ria adj hair-removing. ◆ **depilatorio** m hair-remover.

deplorable adj (suceso, comportamiento) deplorable; (aspecto) sorry, pitiful.

deponer vt 1. (abandonar - actitud) to drop, to set aside; (las armas) to lay down. 2. (destituir - ministro, secretario) to remove from office; (- líder, rey) to depose.

deportar vt to deport.

deporte m sport; **hacer ~** to do O practise sports; **practicar un ~** to do a sport.

deportista m y f sportsman (f sportswoman).

deportivo, -va adj 1. (revista, evento) sports ◆ (antes de sust). 2. (conducta, espíritu) sportsmanlike. ◆ **deportivo** m sports car.

depositar vt 1. (gen) to place; **~ algo en alguien** (confianza, ilusiones) to place sthg in sb. 2. (en el banco etc) to deposit. ◆ **depositarse** vpr (asentarse) to settle.

depositario, -ria m y f 1. (de dinero) trustee. 2. (de confianza etc) repository 3. (de mercancías etc) depositary.

depósito m 1. (almacén - de mercancías) store, warehouse; (- de armas) dump; **~ de cadáveres** morgue, mortuary. 2. (recipiente) tank. 3. (de dinero) deposit.

depravado, -da adj depraved.

depreciar vt to (cause to) depreciate. ◆ **depreciarse** vpr to depreciate.

depredador, -ra ◇ adj predatory ◇ m y f predator.

depresión f (gen) depression; **~ nerviosa** nervous breakdown.

depresivo, -va ◇ adj (PSICOLOGÍA) depressive; (deprimente) depressing. ◇ m y f depressive.

deprimido, -da adj depressed.

deprimir vt to depress. ◆ **deprimirse** vpr to get depressed.

deprisa, de prisa adv fast, quickly; **¡~!** quick!

depuración f 1. (de agua, metal, gas) purification. 2. fig (de organismo, sociedad) purge

depurar vt 1. (agua, metal, gas) to purify. 2. fig (organismo, sociedad) to purge.

derecha → derecho

derecho, -cha ◇ adj 1. (diestro) right. 2. (vertical) upright. 3. (recto) straight. ◇ adv 1. (en posición vertical) upright. 2. (directamente) straight. ◆ **derecho** m 1. (leyes, estudio) law; **~ civil/penal** civil/criminal law. 2. (prerrogativa) right; **el ~ al voto** the right to vote; **¡no hay ~!** it's not fair!; **reservado el ~ de admisión** the management reserves the right of admission; **~s civiles/humanos** civil/human rights. 3. (de una tela, prenda) right side; **del ~** right side out. ◇ adv (recto) straight on O ahead. ◆ **derecha** f 1. (contrario de izquierda) right, right-hand side; **a la derecha** to the right; **girar a la derecha** to turn right. 2. (POLÍT) right (wing); **ser de derechas** to be right-wing. ◆ **derechos** mpl (tasas) duties; (profesionales) fees; **~s de aduana** customs duty (U); **~s de inscripción** membership fee (sg); **~s de autor** (potestad) copyright (U); (dinero) royalties.

deriva *f* drift; **a la ~** adrift; **ir a la ~** to drift.

derivado, -da *adj* (GRAM) derived ♦ **derivado** *m* 1. *(producto)* by-product. 2. (QUÍM) derivative

derivar ◊ *vt* 1. *(desviar)* to divert. 2. (MAT) to derive. ◊ *vi (desviarse)* to change direction, to drift ♦ **derivar de** *vi* 1. *(proceder)* to derive from. 2. (GRAM) to be derived from.

derogación *f* repeal.

derramamiento *m* spilling; **~ de sangre** bloodshed.

derramar *vt (por accidente)* to spill; *(verter)* to pour; **~ lágrimas/sangre** to shed tears/blood.

derrame *m* 1. (MED) discharge. 2. *(de líquido)* spilling; *(de sangre)* shedding.

derrapar *vi* to skid.

derretir *vt (gen)* to melt; *(nieve)* to thaw. ♦ **derretirse** *vpr (metal, mantequilla)* to melt; *(hielo, nieve)* to thaw.

derribar *vt* 1. *(construcción)* to knock down, to demolish. 2. *(hacer caer - árbol)* to fell; *(- avión)* to bring down. 3. *(gobierno, gobernante)* to overthrow

derribo *m (material)* rubble.

derrocar *vt (gobierno)* to bring down, to overthrow; *(ministro)* to oust.

derrochar *vt (malgastar)* to squander.

derroche *m (malgaste)* waste, squandering.

derrota *f (fracaso)* defeat.

derrotar *vt* to defeat.

derrotero *m (camino)* direction; **tomar diferentes ~s** to follow a different course.

derrotista *adj, m y f* defeatist.

derruir *vt* to demolish.

derrumbamiento *m* 1. *(de puente, edificio - por accidente)* collapse; *(- intencionado)* demolition. 2. *fig (de imperio)* fall; *(de empresa etc)* collapse.

derrumbar *vt (puente, edificio)* to demolish. ♦ **derrumbarse** *vpr (puente, edificio)* to collapse; *(techo)* to fall ○ cave in.

desabotonar *vt* to unbutton ♦ **desabotonarse** *vpr (suj: persona)* to undo one's buttons; *(suj: ropa)* to come undone.

desabrochar *vt* to undo. ♦ **desabrocharse** *vpr (suj: persona)* to undo one's buttons; *(suj: ropa)* to come undone.

desacato *m* 1. *(gen)*: **~ (a)** lack of respect (for), disrespect (for). 2. (DER) contempt of court.

desacierto *m (error)* error.

desaconsejar *vt*: **~ algo (a alguien)** to advise (sb) against sthg; **~ a alguien que haga algo** to advise sb not to do sthg.

desacorde *adj (opiniones)* conflicting.

desacreditar *vt* to discredit.

desactivar *vt* to defuse.

desacuerdo *m* disagreement.

desafiante *adj* defiant

desafiar *vt* 1. *(persona)* to challenge; **~ a alguien a algo/a que haga algo** to challenge sb to sthg/to do sthg. 2. *(peligro)* to defy.

desafinar *vi* (MÚS) to be out of tune.

desafío *m* challenge.

desaforado, -da *adj* 1. *(excesivo - apetito)* uncontrolled 2. *(furioso - grito)* furious, wild.

desafortunadamente *adv* unfortunately.

desafortunado, -da *adj* 1. *(gen)* unfortunate. 2. *(sin suerte)* unlucky.

desagradable *adj* unpleasant.

desagradar *vi* to displease; **me desagrada su actitud** I don't like her attitude.

desagradecido, -da *m y f* ungrateful person.

desagrado *m* displeasure; **con ~** reluctantly.

desagraviar *vt*: **~ a alguien por algo** *(por una ofensa)* to make amends to sb for sthg; *(por un perjuicio)* to compensate sb for sthg.

desagüe *m (vaciado)* drain; *(cañería)* drainpipe.

desaguisado *m (destrozo)* damage (U).

desahogado, -da *adj* 1. *(de espacio)* spacious. 2. *(de dinero)* well-off.

desahogar *vt (ira)* to vent; *(pena)* to relieve, to ease. ♦ **desahogarse** *vpr* 1. *(contar penas)*: **~se con alguien** to pour out one's woes ○ to tell one's troubles to sb. 2. *(desfogarse)* to let off steam.

desahogo *m* 1. *(moral)* relief. 2. *(de espacio)* space, room. 3. *(económico)* ease

desahuciar *vt* 1. *(inquilino)* to evict. 2. *(enfermo)*: **~ a alguien** to give up all hope of saving sb

desahucio *m* eviction.

desaire *m* snub, slight; **hacer un ~ a alguien** to snub sb.

desajuste *m* 1. *(de piezas)* misalignment; *(de máquina)* breakdown 2. *(de declaraciones)* inconsistency; *(económico etc)* imbalance.

desalentar *vt* to discourage.

desaliento *m* dismay, dejection.

desaliñado, -da adj (aspecto) scruffy; (pelo) dishevelled.

desaliño m (del aspecto) scruffiness; (del pelo) dishevelment

desalmado, -da adj heartless.

desalojar vt 1. (por una emergencia - edificio, personas) to evacuate. 2. (por la fuerza - suj: policía, ejército) to clear; (- inquilinos etc) to evict. 3. (por propia voluntad) to abandon, to move out of.

desamor m (falta de afecto) indifference, coldness; (odio) dislike.

desamparado, -da adj (niño) helpless; (lugar) desolate, forsaken.

desamparar vt to abandon.

desamparo m (abandono) abandonment; (aflicción) helplessness.

desangrar vt 1. (animal, persona) to bleed. 2. fig (económicamente) to bleed dry. ◆ **desangrarse** vpr to lose a lot of blood.

desanimado, -da adj (persona) downhearted.

desanimar vt to discourage. ◆ **desanimarse** vpr to get downhearted o discouraged.

desánimo m (gen) dejection; (depresión) depression.

desapacible adj unpleasant.

desaparecer vi 1. (gen) to disappear. 2. (en guerra, accidente) to go missing.

desaparecido, -da m y f missing person.

desaparición f disappearance.

desapego m indifference.

desapercibido, -da adj: pasar ~ to go unnoticed.

desaprensivo, -va m y f unscrupulous person.

desaprobar vt (gen) to disapprove of; (un plan etc) to reject.

desaprovechar vt to waste.

desarmador m Méx screwdriver.

desarmar vt 1. (gen) to disarm. 2. (desmontar) to take apart, to dismantle.

desarme m (MIL & POLÍT) disarmament.

desarraigar vt 1. (vicio, costumbre) to root out 2. (persona, pueblo) to banish, to drive (out).

desarraigo m (de árbol) uprooting; (de vicio, costumbre) rooting out; (de persona, pueblo) banishment.

desarreglar vt (armario, pelo) to mess up; (planes, horario) to upset.

desarreglo m (de cuarto, persona) untidiness; (de vida) disorder.

desarrollado, -da adj developed.

desarrollar vt 1. (mejorar - crecimiento, país) to develop. 2. (exponer - teoría, tema, fórmula) to expound 3. (realizar - actividad, trabajo) to carry out. ◆ **desarrollarse** vpr 1. (crecer, mejorar) to develop 2. (suceder - reunión) to take place; (- película) to be set

desarrollo m 1. (mejora) development. 2. (crecimiento) growth.

desarticular vt 1. (huesos) to dislocate. 2. fig (organización, banda) to break up; (plan) to foil.

desasosegar vt to make uneasy

desasosiego m 1. (mal presentimiento) unease. 2. (nerviosismo) restlessness.

desastrado, -da adj (desaseado) scruffy; (sucio) dirty.

desastre m disaster; su madre es un ~ her mother is hopeless.

desastroso, -sa adj disastrous.

desatar vt 1. (nudo, lazo) to untie; (paquete) to undo; (animal) to unleash. 2. fig (tormenta, iras, pasión) to unleash; (entusiasmo) to arouse; (lengua) to loosen. ◆ **desatarse** vpr 1. (nudo, lazo) to come undone. 2. fig (desencadenarse - tormenta) to break; (- ira, cólera) to erupt.

desatascar vt to unblock.

desatender vt 1. (obligación, persona) to neglect. 2. (ruegos, consejos) to ignore.

desatino m 1. (locura) foolishness. 2. (desacierto) foolish act.

desautorizar vt 1. (desmentir - noticia) to deny. 2. (prohibir - manifestación, huelga) to ban. 3. (desacreditar) to discredit.

desavenencia f (desacuerdo) friction, tension; (riña) quarrel.

desavenirse vpr to fall out.

desayunar ◇ vi to have breakfast. ◇ vt to have for breakfast.

desayuno m breakfast.

desazón f unease, anxiety.

desazonar vt to worry.

desbancar vt fig (ocupar el puesto de) to oust, to replace.

desbandada f breaking up, scattering; a la ~ in great disorder

desbarajuste m disorder, confusion.

desbaratar vt to ruin, to wreck.

desbloquear vt (cuenta) to unfreeze; (país) to lift the blockade on; (negociación) to end the deadlock in.

desbocado, -da adj (caballo) runaway.

desbocarse *vpr (caballo)* to bolt.
desbordar *vt* 1. *(cauce, ribera)* to overflow, to burst. 2. *(límites, previsiones)* to exceed; *(paciencia)* to push beyond the limit. ◆ **desbordarse** *vpr* 1. *(líquido)*: **~se (de)** to overflow (from). 2. *(río)* to overflow. 3. *fig (sentimiento)* to erupt
descabalgar *vi* to dismount.
descabellado, -da *adj* crazy.
descafeinado, -da *adj (sin cafeína)* decaffeinated. ◆ **descafeinado** *m* decaffeinated coffee.
descalabro *m* setback, damage (U).
descalificar *vt* 1. *(en una competición)* to disqualify. 2. *(desprestigiar)* to discredit.
descalzar *vt*: **~ a alguien** to take sb's shoes off. ◆ **descalzarse** *vpr* to take off one's shoes.
descalzo, -za *adj* barefoot
descaminado, -da *adj fig (equivocado)*: **andar** o **ir ~** to be on the wrong track.
descampado *m* open country.
descansar *vi* 1. *(reposar)* to rest. 2. *(dormir)* to sleep; **¡que descanses!** sleep well!
descansillo *m* landing.
descanso *m* 1. *(reposo)* rest; **tomarse un ~** to take a rest; **día de ~** day off. 2. *(pausa)* break; (CIN & TEATRO) interval; (DEP) half-time. 3. *fig (alivio)* relief.
descapotable *adj & m* convertible.
descarado, -da *adj* 1. *(desvergonzado - persona)* cheeky, impertinent. 2. *(flagrante - intento etc)* barefaced.
descarga *f* 1. *(de mercancías)* unloading. 2. *(de electricidad)* shock. 3. *(disparo)* firing, shots *(pl)*.
descargar *vt* 1. *(vaciar - mercancías, pistola)* to unload. 2. *(disparar - munición, arma, ráfaga)*: **~ (sobre)** to fire (at). 3. (ELECTR) to run down. 4. (INFORM) to download ◆ **descargarse** *vpr* 1. *(desahogarse)*: **~se con alguien** to take it out on sb. 2. (ELECTR) to go flat.
descargo *m* 1. *(excusa)*: **~ a argument** against. 2. (DER) defence. 3. *(COM - de deuda)* discharge; *(- recibo)* receipt.
descarnado, -da *adj* 1. *(descripción)* brutal. 2. *(persona, animal)* scrawny.
descaro *m* cheek, impertinence.
descarriarse *vpr* 1. *(ovejas, ganado)* to stray. 2. *fig (pervertirse)* to go astray.
descarrilamiento *m* derailment.
descarrilar *vi* to be derailed
descartar *vt (ayuda)* to refuse, to reject; *(posibilidad)* to rule out.

descendencia *f* 1. *(hijos)* offspring. 2. *(linaje)* lineage, descent.
descender *vt* 1. *(en estimación)* to go down; **~ a segunda** to be relegated to the second division. 2. *(cantidad, valor, temperatura, nivel)* to fall, to drop. ◆ **descender de** *vi* 1. *(avión)* to get off. 2. *(linaje)* to be descended from.
descenso *m* 1. *(en el espacio)* descent. 2. *(de cantidad, valor, temperatura, nivel)* drop.
descentralizar *vt* to decentralize.
descentrar *vt* 1. *(sacar del centro)* to knock off-centre 2. *fig (desconcentrar)* to distract
descifrar *vt* 1. *(clave, mensaje)* to decipher. 2. *(motivos, intenciones)* to work out; *(misterio)* to solve; *(problemas)* to puzzle out.
descodificador, decodificador *m* decoder.
descolgar *vt* 1. *(una cosa colgada)* to take down. 2. *(teléfono)* to pick up. ◆ **descolgarse** *vpr (bajar)*: **~se (por algo)** to let oneself down o to slide down (sthg)
descolocar *vt (objeto)* to put out of place, to disturb.
descolorido, -da *adj* faded.
descompasado, -da *adj* excessive, uncontrollable
descomponer *vt* 1. *(pudrir - fruta)* to rot; *(- cadáver)* to decompose. 2. *(dividir)* to break down; **~ algo en** to break sthg down into. 3. *(desordenar)* to mess up. 4. *(estropear)* to damage. ◆ **descomponerse** *vpr* 1. *(pudrirse - fruta)* to rot; *(- cadáver)* to decompose. 2. *Amer (averiarse)* to break down.
descomposición *f* 1. *(de elementos)* decomposition. 2. *(putrefacción - de fruta)* rotting; *(- de cadáver)* decomposition 3. *(alteración)* distortion. 4. *(diarrea)* diarrhoea.
descompostura *f* 1. *(falta de mesura)* lack of respect, rudeness. 2. *Méx (avería)* breakdown
descompuesto, -ta ◇ *pp* → **descomponer**. ◇ *adj* 1. *(putrefacto - fruta)* rotten; *(- cadáver)* decomposed. 2. *(alterado - rostro)* distorted, twisted.
descomunal *adj* enormous.
desconcentrar *vt* to distract.
desconcertante *adj* disconcerting.
desconcertar *vt* to disconcert, to throw. ◆ **desconcertarse** *vpr* to be thrown o bewildered.
desconchado *m (de pintura)* peeling

paint; *(de enyesado)* peeling plaster.

desconcierto *m (desorden)* disorder; *(desorientación, confusión)* confusion

desconectar *vt (aparato)* to switch off; *(línea)* to disconnect; *(desenchufar)* to unplug.

desconfianza *f* distrust.

desconfiar ◆ desconfiar de *vi* **1.** *(sospechar de)* to distrust. **2.** *(no confiar en)* to have no faith in.

descongelar *vt* **1.** *(producto)* to thaw; *(nevera)* to defrost. **2.** *fig (precios)* to free; *(créditos, salarios)* to unfreeze.

descongestionar *vt* **1.** (MED) to clear **2.** *fig (calle, centro de ciudad)* to make less congested; **~ el tráfico** to reduce congestion.

desconocer *vt (ignorar)* not to know.

desconocido, -da ◊ *adj (no conocido)* unknown. ◊ *m y f* stranger.

desconocimiento *m* ignorance.

desconsiderado, -da *adj* thoughtless, inconsiderate.

desconsolar *vt* to distress.

desconsuelo *m* distress, grief.

descontado, -da *adj* discounted. **◆ por descontado** *loc adv* obviously; **dar algo por ~** to take sthg for granted.

descontar *vt* **1.** *(una cantidad)* to deduct **2.** (COM) to discount.

descontentar *vt* to upset

descontento, -ta *adj* unhappy, dissatisfied. **◆ descontento** *m* dissatisfaction.

desconvocar *vt* to cancel, to call off.

descorazonador, -ra *adj* discouraging

descorazonar *vt* to discourage.

descorchar *vt* to uncork.

descorrer *vt* **1.** *(cortinas)* to draw back. **2.** *(cerrojo, pestillo)* to draw back.

descortés *adj* rude

descoser *vt* to unstitch. **◆ descoserse** *vpr* to come unstitched.

descosido, -da *adj* unstitched.

descoyuntar *vt* to dislocate.

descrédito *m* discredit; **ir en ~ de algo/alguien** to count against sthg/sb.

descreído, -da *m y f* non-believer.

descremado, -da *adj* skimmed.

describir *vt* to describe.

descripción *f* description.

descrito, -ta *pp* → **describir**.

descuartizar *vt (persona)* to quarter; *(res)* to carve up

descubierto, -ta ◊ *pp* → **descubrir**. ◊ *adj* **1.** *(gen)* uncovered; *(coche)* open. **2.** *(cielo)* clear. **3.** *(sin sombrero)* bareheaded. **◆ descubierto** *m* (FIN *- de empresa)* deficit; *(- de cuenta bancaria)* overdraft. **◆ al descubierto** *loc adv* **1.** *(al raso)* in the open. **2.** (BANCA) overdrawn.

descubrimiento *m* **1.** *(de continentes, invenciones)* discovery. **2.** *(de placa, busto)* unveiling. **3.** *(de complots)* uncovering; *(de asesinos)* detection.

descubrir *vt* **1.** *(gen)* to discover; *(petróleo)* to strike; *(complot)* to uncover. **2.** *(destapar - estatua, placa)* to unveil. **3.** *(vislumbrar)* to spot, to spy. **4.** *(delatar)* to give away. **◆ descubrirse** *vpr (quitarse el sombrero)* to take one's hat off; **~se ante algo** *fig* to take one's hat off to sthg.

descuento *m* discount; **hacer ~** to give a discount; **con ~** at a discount; **un ~ del 10%** 10% off.

descuidado, -da *adj* **1.** *(desaseado - persona, aspecto)* untidy; *(- jardín)* neglected. **2.** *(negligente)* careless. **3.** *(distraído)* off one's guard.

descuidar ◊ *vt (desatender)* to neglect. ◊ *vi (no preocuparse)* not to worry; **descuida, que yo me encargo** don't worry, I'll take care of it. **◆ descuidarse** *vpr (abandonarse)* to neglect one's appearance. *(despistarse)* not to be careful.

descuido *m* **1.** *(falta de aseo)* carelessness **2.** *(olvido)* oversight; *(error)* slip.

desde *prep* **1.** *(tiempo)* since; **no lo veo ~ el mes pasado/~ ayer** I haven't seen him since last month/yesterday; **~ ahora** from now on; **~ hace mucho/un mes** for ages/a month; **~ ... hasta ...** from ... until ...; **~ el lunes hasta el viernes** from Monday till Friday; **~ entonces** since then; **~ que** since; **~ que murió mi madre** since my mother died. **2.** *(espacio)* from; **~ ... hasta ...** from ... to ..; **~ aquí hasta el centro** from here to the centre. **◆ desde luego** *loc adv* **1.** *(por supuesto)* of course. **2.** *(en tono de reproche)* for goodness' sake!

desdecir ◆ desdecirse *vpr* to go back on one's word; **~se de** to go back on.

desdén *m* disdain, scorn.

desdeñar *vt* to scorn.

desdeñoso, -sa *adj* disdainful.

desdibujarse *vpr* to become blurred.

desdicha f *(desgracia - situación)* misery; *(- suceso)* misfortune.

desdichado, -da adj *(decisión, situación)* unfortunate; *(persona - sin suerte)* unlucky; *(- sin felicidad)* unhappy.

desdicho, -cha pp → **desdecir**.

desdoblar vt *(servilleta, carta)* to unfold; *(alambre)* to straighten out.

desear vt 1. *(querer)* to want; *(anhelar)* to desire; ¿qué desea? *(en tienda)* what can I do for you?; desearía estar allí I wish I was there. 2. *(sexualmente)* to desire.

desecar vt to dry out ♦ **desecarse** vpr to dry out.

desechable adj disposable.

desechar vt 1. *(tirar - ropa, piezas)* to throw out, to discard. 2. *(rechazar - ayuda, oferta)* to refuse, to turn down. 3. *(desestimar - idea)* to reject; *(- plan, proyecto)* to drop.

desecho m *(objeto usado)* unwanted object; *(ropa)* castoff; **material de ~** *(gen)* waste products (pl); *(metal)* scrap. ♦ **desechos** mpl *(basura)* rubbish (U); *(residuos)* waste products.

desembalar vt to unpack.

desembarazar vt to clear. ♦ **desembarazarse** vpr: ~se de to get rid of.

desembarcar ◇ vt *(pasajeros)* to disembark; *(mercancías)* to unload. ◇ vi 1. *(de barco, avión)* to disembark. 2. Amer *(de autobús, tren)* to get off. ♦ **desembarcarse** vpr Amer to get off.

desembarco m 1. *(de pasajeros)* disembarkation. 2. (MIL) landing.

desembarque m *(de mercancías)* unloading.

desembocadura f *(de río)* mouth; *(de calle)* opening.

desembocar ♦ **desembocar en** vi 1. *(río)* to flow into. 2. *(asunto)* to result in.

desembolso m payment; **~ inicial** down payment

desempaquetar vt *(paquete)* to unwrap; *(caja)* to unpack.

desempatar vi to decide the contest; **jugar para ~** to have a play-off.

desempate m final result; **partido de ~** decider.

desempeñar vt 1. *(función, misión)* to carry out; *(cargo, puesto)* to hold. 2. *(papel)* to play. 3. *(joyas)* to redeem.

desempeño m 1. *(de función)* carrying out. 2. *(de papel)* performance. 3. *(de objeto)* redemption.

desempleado, -da adj unemployed.

desempleo m unemployment.

desempolvar vt 1. *(mueble, jarrón)* to dust. 2. fig *(recuerdos)* to revive.

desencadenar vt 1. *(preso, perro)* to unchain. 2. fig *(suceso, polémica)* to give rise to; *(pasión, furia)* to unleash. ♦ **desencadenarse** vpr 1. *(pasiones, odios, conflicto)* to erupt; *(guerra)* to break out. 2. *(viento)* to blow up; *(tormenta)* to burst; *(terremoto)* to strike.

desencajar vt 1. *(mecanismo, piezas - sin querer)* to knock out of place; *(- intencionadamente)* to take apart. 2. *(hueso)* to dislocate. ♦ **desencajarse** vpr 1. *(piezas)* to come apart. 2. *(rostro)* to distort, to become distorted.

desencanto m disappointment.

desenchufar vt *(quitar el enchufe)* to unplug; *(apagar)* to switch off.

desenfadado, -da adj *(persona, conducta)* relaxed, easy-going; *(comedia, programa de TV)* light-hearted; *(estilo)* light; *(en el vestir)* casual.

desenfado m *(seguridad en sí mismo)* self-assurance; *(desenvoltura)* ease; *(desparpajo)* uninhibited nature.

desenfocado, -da adj *(imagen)* out of focus; *(visión)* blurred.

desenfrenado, -da adj *(ritmo, baile)* frantic, frenzied; *(comportamiento)* uncontrolled; *(apetito)* insatiable.

desenfreno m 1. *(gen)* lack of restraint. 2. *(vicio)* debauchery.

desenfundar vt *(pistola)* to draw.

desenganchar vt 1. *(vagón)* to uncouple. 2. *(caballo)* to unhitch. 3. *(pelo, jersey)* to free.

desengañar vt 1. *(a una persona equivocada)*: **~ a alguien** to reveal the truth to sb. 2. *(a una persona esperanzada)* to disillusion.

desengaño m disappointment; **llevarse un ~ con alguien** to be disappointed in sb.

desenlace m denouement, ending.

desenmarañar vt 1. *(ovillo, pelo)* to untangle. 2. fig *(asunto)* to sort out; *(problema)* to resolve.

desenmascarar vt *(descubrir)* to unmask.

desenredar vt 1. *(hilos, pelo)* to untangle. 2. fig *(asunto)* to sort out; *(problema)* to resolve. ♦ **desenredarse** vpr: ~se (de algo) to extricate oneself (from sthg).

desenrollar vt *(hilo, cinta)* to unwind;

(persiana) to roll down; *(pergamino, papel)* to unroll.

desenroscar *vt* to unscrew.

desentenderse *vpr* to pretend not to hear/know *etc.*

desenterrar *vt (cadáver)* to disinter; *(tesoro, escultura)* to dig up.

desentonar *vi* 1. (MÚS - *cantante)* to sing out of tune; *(- instrumento)* to be out of tune. 2. *(color, cortinas, edificio)*: ~ (con) to clash (with).

desentumecer *vt* to stretch. ◆ **desentumecerse** *vpr* to loosen up.

desenvoltura *f (al moverse, comportarse)* ease; *(al hablar)* fluency.

desenvolver *vt* to unwrap. ◆ **desenvolverse** *vpr* 1. *(asunto, proceso)* to progress; *(trama)* to unfold; *(entrevista)* to pass off. 2. *(persona)* to cope, to manage.

desenvuelto, -ta ◇ *pp* → **desenvolver**. ◇ *adj (al moverse, comportarse)* natural; *(al hablar)* fluent.

deseo *m* 1. *(pasión)* desire. 2. *(anhelo)* wish; **buenos ~s** good intentions.

deseoso, -sa *adj*: **estar ~ de algo/ hacer algo** to long for sthg/to do sthg.

desequilibrado, -da *adj* 1. *(persona)* unbalanced. 2. *(balanza, eje)* off-centre.

desequilibrio *m (mecánico)* lack of balance; *(mental)* mental instability.

desertar *vi* to desert.

desértico, -ca *adj (del desierto)* desert *(antes de sust)*; *(despoblado)* deserted.

desertización *f (del terreno)* desertification; *(de la población)* depopulation.

desertor, -ra *m y f* deserter.

desesperación *f (falta de esperanza)* despair, desperation; **con ~** in despair.

desesperado, -da *adj (persona, intento)* desperate; *(estado, situación)* hopeless; *(esfuerzo)* furious.

desesperante *adj* infuriating.

desesperar *vt* 1. *(quitar la esperanza)* to drive to despair. 2. *(irritar, enojar)* to exasperate, to drive mad. ◆ **desesperarse** *vpr* 1. *(perder la esperanza)* to be driven to despair. 2. *(irritarse, enojarse)* to get mad ◇ exasperated.

desestabilizar *vt* to destabilize.

desestimar *vt* 1. *(rechazar)* to turn down. 2. *(despreciar)* to turn one's nose up at.

desfachatez *f fam* cheek.

desfalco *m* embezzlement.

desfallecer *vi* 1. *(debilitarse)* to be exhausted; **~ de** to feel faint from 2. *(desmayarse)* to faint.

desfasado, -da *adj (persona)* out of touch; *(libro, moda)* out of date

desfase *m (diferencia)* gap.

desfavorable *adj* unfavourable.

desfigurar *vt* 1. *(rostro, cuerpo)* to disfigure. 2. *fig (la verdad)* to distort.

desfiladero *m* narrow mountain pass.

desfilar *vi* (MIL) to parade.

desfile *m* (MIL) parade; *(de carrozas)* procession.

desfogar *vt* to vent. ◆ **desfogarse** *vpr* to let off steam.

desgajar *vt (página)* to tear out; *(rama)* to break off; *(libro, periódico)* to rip up; *(naranja)* to split into segments. ◆ **desgajarse** *vpr (rama)* to break off; *(hoja)* to fall

desgana *f* 1. *(falta de hambre)* lack of appetite. 2. *(falta de ánimo)* lack of enthusiasm; **con ~** unwillingly, reluctantly

desganado, -da *adj (sin apetito)*: **estar ~** to be off one's food.

desgarbado, -da *adj* clumsy, ungainly

desgarrador, -ra *adj* harrowing.

desgarrar *vt* to rip; **~ el corazón** to break one's heart.

desgarro *m* tear

desgastar *vt* to wear out. ◆ **desgastarse** *vpr* to wear o.s. out

desgaste *m* 1. *(de tela, muebles etc)* wear and tear; *(de roca)* erosion; *(de pilas)* running down; *(de cuerdas)* fraying; *(de metal)* corrosion. 2. *(de persona)* wear and tear; *(de dirigentes)* losing of one's touch.

desglosar *vt* to break down.

desglose *m* breakdown.

desgracia *f* 1. *(mala suerte)* misfortune; **por ~** unfortunately. 2. *(catástrofe)* disaster; **~s personales** casualties; **es una ~ que ...** it's a terrible shame that ... 3. *loc*: **caer en ~** to fall into disgrace.

desgraciado, -da *adj* 1. *(gen)* unfortunate. 2. *(sin suerte)* unlucky 3. *(infeliz)* unhappy

desgravar *vt* to deduct from one's tax bill.

desgreñado, -da *adj* dishevelled.

desguace *m (de coches)* scrapping; *(de buques)* breaking.

deshabitado, -da *adj* uninhabited.

deshabituar *vt*: **~ a alguien (de)** to get sb out of the habit (of).

deshacer *vt* 1. *(costura, nudo, paquete)* to undo; *(maleta)* to unpack; *(tarta, castillo de arena)* to destroy. 2. *(disolver - helado, mantequilla)* to melt;

(- pastilla, terrón de azúcar) to dissolve **3.** *(poner fin a - contrato, negocio)* to cancel; *(- pacto, tratado)* to break; *(- plan, intriga)* to foil; *(- organización)* to dissolve **4.** *(destruir - enemigo)* to rout; *(- matrimonio)* to ruin. ◆ **deshacerse** *vpr* **1.** *(desvanecerse)* to disappear **2.** *fig (librarse):* **~se de** to get rid of. **3.** *fig:* **~se en algo (con ○ hacia alguien)** *(cumplidos)* to lavish sthg (on sb); *(insultos)* to heap sthg (on sb).

desharrapado, -da *adj* ragged

deshecho, -cha *pp* → **deshacer**. ◇ *adj* **1.** *(costura, nudo, paquete)* undone; *(cama)* unmade; *(maleta)* unpacked **2.** *(enemigo)* destroyed; *(tarta, matrimonio)* ruined. **3.** *(derretido - pastilla, terrón de azúcar)* dissolved; *(- helado, mantequilla)* melted. **4.** *(afligido)* devastated. **5.** *(cansado)* tired out.

desheredar *vt* to disinherit.

deshidratar *vt* to dehydrate.

deshielo *m* thaw

deshilachar *vt* to unravel. ◆ **deshilacharse** *vpr* to fray.

deshinchar *vt* **1.** *(globo, rueda)* to let down, to deflate. **2.** *(hinchazón)* to reduce the swelling in. ◆ **deshincharse** *vpr* *(globo, hinchazón)* to go down; *(neumático)* to go flat.

deshojar *vt* *(árbol)* to strip the leaves off; *(flor)* to pull the petals off; *(libro)* to pull the pages out of. ◆ **deshojarse** *vpr* *(árbol)* to shed its leaves; *(flor)* to drop its petals.

deshonesto, -ta *adj* *(sin honradez)* dishonest; *(sin pudor)* indecent.

deshonor *m*, **deshonra** *f* dishonour.

deshonrar *vt* to dishonour.

deshora ◆ **a deshora, a deshoras** *loc adv* *(en momento inoportuno)* at a bad time; *(en horas poco habituales)* at an unearthly hour

deshuesar *vt* *(carne)* to bone; *(fruto)* to stone.

desidia *f* *(en el trabajo)* neglect; *(en el aspecto)* slovenliness.

desierto, -ta *adj* **1.** *(gen)* deserted. **2.** *(vacante - premio)* deferred. ◆ **desierto** *m* desert.

designar *vt* **1.** *(nombrar)* to appoint **2.** *(fijar, determinar)* to name, to fix.

designio *m* intention, plan.

desigual *adj* **1.** *(diferente)* different; *(terreno)* uneven **2.** *(tiempo, persona, humor)* changeable; *(alumno, actuación)* inconsistent; *(lucha)* unevenly matched, unequal; *(tratamiento)* unfair, unequal.

desilusión *f* disappointment, disillusionment *(U);* **llevarse una ~** to be disappointed.

desilusionar *vt* *(desengañar)* to reveal the truth to; *(decepcionar)* to disappoint, to disillusion ◆ **desilusionarse** *vpr* *(decepcionarse)* to be disappointed ○ disillusioned; *(desengañarse)* to realize the truth

desinfección *f* disinfection.

desinfectar *vt* to disinfect.

desinflar *vt* *(quitar aire)* to deflate. ◆ **desinflarse** *vpr* *(perder aire - gen)* to go down; *(- neumático)* to go flat.

desintegración *f* **1.** *(de objetos)* disintegration. **2.** *(de grupos, organizaciones)* breaking up

desintegrar *vt* **1.** *(objetos)* to disintegrate; *(átomo)* to split. **2.** *(grupos, organizaciones)* to break up.

desinterés *m* **1.** *(indiferencia)* disinterest. **2.** *(generosidad)* unselfishness

desinteresado, -da *adj* unselfish.

desinteresarse *vpr:* **~ de** ○ **por algo** to lose interest in sthg.

desistir *vi:* **~ (de hacer algo)** to give up ○ to stop (doing sthg).

desleal *adj:* **~ (con)** disloyal (to); *(competencia)* unfair.

deslealtad *f* disloyalty.

desleír *vt* *(sólido)* to dissolve; *(líquido)* to dilute.

desligar *vt* **1.** *(desatar)* to untie. **2.** *fig (separar):* **~ algo (de)** to separate sthg (from). ◆ **desligarse** *vpr* **1.** *(desatarse)* to untie oneself. **2.** *fig (separarse):* **~se de** to become separated from; **~se de un grupo** to distance o.s. from a group.

deslindar *vt* **1.** *(limitar)* to mark out (the boundaries of). **2.** *fig (separar)* to define.

desliz *m* slip, error; **tener** ○ **cometer un ~** to slip up.

deslizar *vt* *(mano, objeto):* **~ algo en** to slip sthg into; **~ algo por algo** to slide sthg along sthg ◆ **deslizarse** *vpr* *(resbalar):* **~se por** to slide along.

deslomar *vt* *(a golpes)* to thrash.

deslucido, -da *adj* **1.** *(sin brillo)* faded; *(plata)* tarnished. **2.** *(sin gracia - acto, ceremonia)* dull; *(- actuación)* lacklustre

deslumbrar *vt lit & fig* to dazzle.

desmadrarse *vpr fam* to go wild.

desmadre *m fam* chaos

desmán *m* **1.** *(con la bebida, comida etc)* excess **2.** *(abuso de poder)* abuse (of power)

desmandarse vpr 1. (desobedecer) to be disobedient. 2. (insubordinarse) to get out of hand.

desmantelar vt (casa, fábrica) to clear out, to strip; (organización) to disband; (arsenal, andamio) to dismantle; (barco) to unrig.

desmaquillador m make-up remover.

desmayar vi to lose heart. ◆ **desmayarse** vpr to faint.

desmayo m (físico) fainting fit; **sufrir** ~ to have fainting fits.

desmedido, -da adj excessive, disproportionate.

desmelenado, -da adj 1. (persona) reckless, wild. 2. (cabello) tousled.

desmembrar vt 1. (trocear - cuerpo) to dismember; (- miembro, extremidad) to cut off. 2. (disgregar) to break up.

desmemoriado, -da adj forgetful.

desmentir vt 1. (negar) to deny. 2. (no corresponder) to belie.

desmenuzar vt 1. (trocear - pan, pastel, roca) to crumble; (- carne) to chop up; (- papel) to tear up into little pieces. 2. fig (examinar, analizar) to scrutinize.

desmerecer ◇ vt to be unworthy of. ◇ vi to lose value; ~ **(en algo) de alguien** to be inferior to sb (in sthg).

desmesurado, -da adj (excesivo) excessive, disproportionate; (enorme) enormous.

desmitificar vt to demythologize.

desmontar vt 1. (desarmar - máquina) to take apart o to pieces; (- motor) to strip down; (- piezas) to dismantle; (- rueda) to remove, to take off; (- tienda de campaña) to take down; (- arma) to uncock. 2. (jinete - suj: caballo) to unseat; (- suj: persona) to help down.

desmoralizar vt to demoralize.

desmoronar vt (edificios, rocas) to cause to crumble. ◆ **desmoronarse** vpr (edificio, roca, ideales) to crumble.

desnatado, -da adj skimmed

desnaturalizado, -da adj (sustancia) adulterated; (alcohol) denatured.

desnivel m (del terreno) irregularity, unevenness (U).

desnivelar vt to make uneven; (balanza) to tip.

desnucar vt to break the neck of.

desnudar vt 1. (persona) to undress. 2. fig (cosa) to strip. ◆ **desnudarse** vpr to get undressed.

desnudez f (de persona) nakedness, nudity; (de cosa) bareness.

desnudo, -da adj 1. (persona, cuerpo) naked. 2. fig (salón, hombro, árbol) bare; (verdad) plain; (paisaje) barren. ◆ **desnudo** m nude.

desnutrición f malnutrition.

desobedecer vt to disobey.

desobediencia f disobedience.

desobediente adj disobedient.

desocupado, -da adj 1. (persona - ocioso) free, unoccupied; (- sin empleo) unemployed. 2. (lugar) vacant.

desocupar vt (edificio) to vacate; (habitación, mesa) to leave.

desodorante m deodorant

desolación f 1. (destrucción) desolation. 2. (desconsuelo) distress, grief.

desolar vt 1. (destruir) to devastate, to lay waste. 2. (afligir) to cause anguish to.

desorbitado, -da adj 1. (gen) disproportionate; (precio) exorbitant. 2. loc: **con los ojos** ~**s** pop-eyed

desorden m 1. (confusión) disorder, chaos; (falta de orden) mess. 2. (disturbio) disturbance.

desordenado, -da adj (habitación, persona) untidy, messy; (documentos, fichas) jumbled (up).

desorganización f disorganization.

desorganizar vt to disrupt, to disorganize.

desorientar vt 1. (en el espacio) to disorientate, to mislead. 2. fig (en la mente) to confuse ◆ **desorientarse** vpr to lose one's way o bearings.

despabilado, -da adj 1. (despierto) wide-awake. 2. (listo) smart, quick.

despabilar vt 1. (despertar) to wake up. 2. (hacer más avispado) to make streetwise. ◆ **despabilarse** vpr 1. (despertarse) to wake up. 2. (darse prisa) to hurry up.

despachar ◇ vt 1. (mercancía) to dispatch. 2. (en tienda - cliente) to serve; (- entradas, bebidas etc) to sell. 3. fam fig (terminar - trabajo, discurso) to finish off. 4. (asunto, negocio) to settle. 5. Amer (facturar) to check in. ◇ vi (en una tienda) to serve.

despacho m 1. (oficina) office; (en casa) study. 2. (comunicación oficial) dispatch. 3. (venta) sale; (lugar de venta): ~ **de billetes/localidades** ticket/box office

despacio adv slowly.

desparpajo m fam forwardness, self-assurance.

desparramar vt (líquido) to spill;

(objetos) to spread, to scatter.

despecho *m (rencor, venganza)* spite; *(desengaño)* bitterness; **(hacer algo) por ~** (to do sthg) out of spite.

despectivo, -va *adj* 1. *(despreciativo)* contemptuous. 2. (GRAM) pejorative.

despedazar *vt* 1. *(físicamente)* to tear apart. 2. *fig (moralmente)* to shatter.

despedida *f (adiós)* farewell.

despedir *vt* 1. *(decir adiós)* to say goodbye to; **fuimos a ~le a la estación** we went to see him off at the station. 2. *(echar - de un empleo)* to dismiss, to sack; *(- de un club)* to throw out. 3. *(lanzar, arrojar)* to fling; **salir despedido de/por/hacia algo** to fly out of/through/towards sthg. 4. *fig (difundir, desprender)* to give off. ♦ **despedirse** *vpr:* **~se (de)** to say goodbye (to).

despegar ◇ *vt* to unstick. ◇ *vi (avión)* to take off. ♦ **despegarse** *vpr (etiqueta, pegatina, sello)* to come unstuck.

despegue *m* takeoff.

despeinar *vt (pelo)* to ruffle; **~ a alguien** to mess up sb's hair. ♦ **despeinarse** *vpr* to mess up one's hair.

despejado, -da *adj* 1. *(tiempo, día)* clear. 2. *fig (persona, mente)* alert. 3. *(espacio - ancho)* spacious; *(- sin estorbos)* clear, uncluttered.

despejar *vt (gen)* to clear. ♦ **despejarse** *vpr* 1. *(persona - espabilarse)* to clear one's head; *(- despertarse)* to wake o.s. up. 2. *(tiempo)* to clear up; *(cielo)* to clear.

despeje *m* (DEP) clearance.

despellejar *vt (animal)* to skin

despensa *f* larder, pantry.

despeñadero *m* precipice.

despeñar *vt* to throw over a cliff. ♦ **despeñarse** *vpr* to fall over a cliff.

desperdiciar *vt (tiempo, comida)* to waste; *(dinero)* to squander; *(ocasión)* to throw away.

desperdicio *m* 1. *(acción)* waste. 2. *(residuo):* **~s** scraps.

desperdigar *vt* to scatter, to disperse.

desperezarse *vpr* to stretch.

desperfecto *m (deterioro)* damage (U); *(defecto)* flaw, imperfection

despertador *m* alarm clock.

despertar ◇ *vt* 1. *(persona, animal)* to wake (up) 2. *fig (reacción)* to arouse. 3. *fig (recuerdo)* to revive, to awaken. ◇ *vi* to wake up. ◇ *m* awakening ♦ **despertarse** *vpr* to wake up.

despiadado, -da *adj* pitiless, merciless

despido *m* dismissal, sacking.

despierto, -ta *adj* 1. *(sin dormir)* awake. 2. *fig (espabilado, listo)* sharp.

despilfarrar *vt (dinero)* to squander; *(electricidad, agua etc)* to waste.

despilfarro *m (de dinero)* squandering; *(de energía, agua etc)* waste.

despistado, -da *adj* absent-minded.

despistar *vt* 1. *(dar esquinazo)* to throw off the scent. 2. *fig (confundir)* to mislead. ♦ **despistarse** *vpr* 1. *(perderse)* to lose one's way, to get lost. 2. *fig (distraerse)* to get confused

despiste *m (distracción)* absent-mindedness; *(error)* mistake, slip.

desplante *m* rude remark.

desplazamiento *m* 1. *(viaje)* journey; *(traslado)* move. 2. (NÁUT) displacement.

desplazar *vt* 1. *(trasladar)* to move. 2. *fig (desbancar)* to take the place of; **~ a alguien/algo de** to remove sb/sthg from. ♦ **desplazarse** *vpr (viajar)* to travel.

desplegar *vt* 1. *(tela, periódico, mapa)* to unfold; *(alas)* to spread, to open; *(bandera)* to unfurl. 2. *(cualidad)* to display. 3. (MIL) to deploy.

despliegue *m* 1. *(de cualidad)* display. 2. (MIL) deployment.

desplomarse *vpr (gen)* to collapse; *(techo)* to fall in.

desplumar *vt* 1. *(ave)* to pluck. 2. *fig (estafar)* to fleece.

despoblado, -da *adj* unpopulated, deserted.

despojar *vt:* **~ a alguien de algo** to strip sb of sthg. ♦ **despojarse** *vpr:* **~se de algo** *(bienes, alimentos)* to give sthg up; *(abrigo, chandal)* to take sthg off.

despojo *m (acción)* plundering. ♦ **despojos** *mpl* 1. *(sobras, residuos)* leftovers. 2. *(de animales)* offal *(U)*.

desposar *vt* to marry. ♦ **desposarse** *vpr* to get married.

desposeer *vt:* **~ a alguien de** to dispossess sb of

déspota *m y f* despot.

despotricar *vi:* **~ (contra)** to rant on (at).

despreciar *vt* 1. *(desdeñar)* to scorn 2. *(rechazar)* to spurn

desprecio *m* scorn, contempt.

desprender *vt* 1. *(lo que estaba fijo)* to remove, to detach. 2. *(olor, luz)* to give off. ♦ **desprenderse** *vpr* 1. *(caerse, soltarse)* to come ○ fall off. 2.

fig (deducirse): **de sus palabras se desprende que ...** from his words it is clear o it can be seen that ... **3.** *(librarse):* **~se de** to get rid of.

desprendimiento *m (separación)* detachment; **~ de tierras** landslide.

despreocupado, -da *adj (libre de preocupaciones)* unworried, unconcerned; *(en el vestir)* casual.

despreocuparse ♦ despreocuparse de *vpr (asunto)* to stop worrying about

desprestigiar *vt* to discredit.

desprevenido, -da *adj* unprepared; **coger o pillar ~ a alguien** to catch sb unawares, to take sb by surprise

desproporcionado, -da *adj* disproportionate.

despropósito *m* stupid remark.

desprovisto, -ta *adj:* **~ de** lacking in, devoid of.

después *adv* **1.** *(en el tiempo - más tarde)* afterwards, later; *(- entonces)* then; *(- justo lo siguiente)* next; **poco ~** soon after; **años ~** years later; **ellos llegaron ~** they arrived later; **llamé primero y ~ entré** I knocked first and then I went in; **yo voy ~** it's my turn next. **2.** *(en el espacio)* next, after; **¿qué viene ~?** what comes next o after?; **hay una farmacia y ~ está mi casa** there's a chemist's and then there's my house. **3.** *(en una lista)* further down. **♦ después de** *loc prep* after; **llegó ~ de ti** she arrived after you; **~ de él, nadie lo ha conseguido** since he did it, no one else has; **~ de hacer algo** after doing sthg. **♦ después de todo** *loc adv* after all.

despuntar *vt (romper)* to break the point off; *(desgastar)* to blunt. ◇ *vi* **1.** *fig (persona)* to excel. **2.** *(alba)* to break; *(día)* to dawn.

desquiciar *vt fig (desequilibrar)* to derange; *(sacar de quicio)* to drive mad.

desquite *m* revenge.

destacamento *m* detachment.

destacar ◇ *vt* **1.** *(poner de relieve)* to emphasize, to highlight; **cabe ~ que ...** it is important to point out that ... **2.** (MIL) to detach, to detail. ◇ *vi (sobresalir)* to stand out. **♦ destacarse** *vpr:* **~se (de/por)** to stand out (from/because of).

destajo *m* piecework; **trabajar a ~** *(por trabajo hecho)* to do piecework; *fig (afanosamente)* to work flat out.

destapar *vt* **1.** *(abrir - caja, botella)* to open; *(olla)* to take the lid off; *(descorchar)* to uncork. **2.** *(descubrir)* to

uncover. **♦ destaparse** *vpr (desabrigarse)* to lose the covers.

destartalado, -da *adj (viejo, deteriorado)* dilapidated; *(desordenado)* untidy.

destello *m* **1.** *(de luz, brillo)* sparkle; *(de estrella)* twinkle **2.** *fig (manifestación momentánea)* glimmer.

destemplado, -da *adj* **1.** *(persona)* out of sorts. **2.** *(tiempo, clima)* unpleasant. **3.** *(carácter, actitud)* irritable.

desteñir ◇ *vt* to fade, to bleach. ◇ *vi* to run, not to be colour fast.

desternillarse *vpr:* **~ de risa** to split one's sides laughing o with laughter.

desterrar *vt (persona)* to banish, to exile.

destetar *vt* to wean.

destiempo ♦ a destiempo *loc adv* at the wrong time.

destierro *m* exile; **en el ~** in exile.

destilar *vt (agua, petróleo)* to distil.

destilería *f* distillery.

destinar *vt* **1.** **~ algo a o para** *(cantidad, edificio)* to set sthg aside for; *(empleo, cargo)* to assign sthg to; *(carta)* to address sthg to; *(medidas, programa, publicación)* to aim sthg at. **2.** **~ a alguien a** *(cargo, empleo)* to appoint sb to; *(plaza, lugar)* to post sb to.

destinatario, -ria *m y f* addressee.

destino *m* **1.** *(sino)* destiny, fate. **2.** *(rumbo)* destination; **(ir) con ~ a** (to be) bound for o going to; **un vuelo con ~ a ...** a flight to ... **3.** *(empleo, plaza)* position, post. **4.** *(finalidad)* function.

destitución *f* dismissal.

destituir *vt* to dismiss.

destornillador *m* screwdriver.

destornillar *vt* to unscrew.

destreza *f* skill, dexterity.

destrozar *vt* **1.** *(físicamente - romper)* to smash; *(- estropear)* to ruin. **2.** *(moralmente - persona)* to shatter, to devastate; *(- vida)* to ruin.

destrozo *m* damage (U); **ocasionar grandes ~s** to cause a lot of damage.

destrucción *f* destruction.

destruir *vt* **1.** *(gen)* to destroy; *(casa, argumento)* to demolish. **2.** *(proyecto)* to ruin, to wreck; *(ilusión)* to dash.

desuso *m* disuse; **caer en ~** to become disused, to fall into disuse.

desvaído, -da *adj (color)* pale, washed-out; *(forma, contorno)* blurred; *(mirada)* vague

desvalido, -da *adj* needy, destitute

desvalijar *vt (casa)* to burgle; *(persona)* to rob

desván *m* attic, loft
desvanecer *vt* **1.** *(humo, nubes)* to dissipate. **2.** *(sospechas, temores)* to dispel. ◆ **desvanecerse** *vpr* **1.** *(desmayarse)* to faint **2.** *(disiparse - humo, nubes)* to clear, to disappear; *(- sonido, sospechas, temores)* to fade away.
desvanecimiento *m* *(desmayo)* fainting fit.
desvariar *vi (delirar)* to be delirious; *(decir locuras)* to talk nonsense, to rave.
desvarío *m* **1.** *(dicho)* raving; *(hecho)* act of madness. **2.** *(delirio)* delirium.
desvelar *vt* **1.** *(quitar el sueño)* to keep awake. **2.** *(noticia, secreto etc)* to reveal. ◆ **desvelarse por** *vpr*: ~se por hacer algo to make every effort to do sthg.
desvelo *m (esfuerzo)* effort.
desvencijado, -da *adj (silla, mesa)* rickety; *(camión, coche)* battered.
desventaja *f* disadvantage; **en ~** at a disadvantage.
desventura *f* misfortune
desvergonzado, -da *adj* shameless.
desvergüenza *f (atrevimiento, frescura)* shamelessness.
desvestir *vt* to undress. ◆ **desvestirse** *vpr* to undress (o.s.).
desviación *f* **1.** *(de dirección, cauce, norma)* deviation. **2.** *(en la carretera)* diversion, detour
desviar *vt (río, carretera, tráfico)* to divert; *(dirección)* to change; *(golpe)* to parry; *(pelota, disparo)* to deflect; *(pregunta)* to evade; *(conversación)* to change the direction of; *(mirada, ojos)* to avert. ◆ **desviarse** *vpr (cambiar de dirección - conductor)* to take a detour; *(- avión, barco)* to go off course; ~se de to turn off.
desvío *m* diversion, detour.
desvirtuar *vt (gen)* to detract from; *(estropear)* to spoil; *(verdadero sentido)* to distort
desvivirse *vpr (desvelarse):* ~ *(por alguien/algo)* to be completely one can (for sb/sthg); ~ por hacer algo to bend over backwards to do sthg.
detallado, -da *adj* detailed, thorough.
detallar *vt (historia, hechos)* to detail, to give a rundown of; *(cuenta, gastos)* to itemize.
detalle *m* **1.** *(gen)* detail; **con ~** in detail; **entrar en ~s** to go into detail. **2.** *(atención)* kind gesture o thought; **tener un ~ con alguien** to be thoughtful o considerate to sb. ◆ **al**

detalle *loc adv* (COM) retail.
detallista *m y f* (COM) retailer.
detectar *vt* to detect.
detective *m y f* detective.
detener *vt* **1.** *(arrestar)* to arrest. **2.** *(parar)* to stop; *(retrasar)* to hold up. ◆ **detenerse** *vpr* **1.** *(pararse)* to stop. **2.** *(demorarse)* to linger.
detenidamente *adv* carefully, thoroughly.
detenido, -da ◇ *adj* **1.** *(detallado)* thorough. **2.** *(arrestado):* (estar) ~ (to be) under arrest. ◇ *m y f* prisoner
detenimiento ◆ **con detenimiento** *loc adv* carefully, thoroughly.
detergente *m* detergent
deteriorar *vt* to damage, to spoil. ◆ **deteriorarse** *vpr fig (empeorar)* to deteriorate, to get worse
deterioro *m (daño)* damage; *(empeoramiento)* deterioration.
determinación *f* **1.** *(fijación - de precio etc)* settling, fixing. **2.** *(resolución)* determination, resolution. **3.** *(decisión):* **tomar una ~** to take a decision.
determinado, -da *adj* **1.** *(concreto)* specific; *(en particular)* particular. **2.** *(resuelto)* determined. **3.** (GRAM) definite.
determinar *vt* **1.** *(fijar - fecha, precio)* to settle, to fix **2.** *(averiguar)* to determine. **3.** *(motivar)* to cause, to bring about **4.** *(decidir)* to decide; ~ hacer algo to decide to do sthg. ◆ **determinarse** *vpr:* ~se a hacer algo to make up one's mind to do sthg.
detestar *vt* to detest.
detonante *m (explosivo)* explosive.
detractor, -ra *m y f* detractor.
detrás *adv* **1.** *(en el espacio)* behind; **tus amigos vienen ~** your friends are coming on behind; **el interruptor está ~** the switch is at the back. **2.** *(en el orden)* then, afterwards; **Portugal y ~ Puerto Rico** Portugal and then Puerto Rico ◆ **detrás de** *loc prep (gen)* behind. ◆ **por detrás** *loc adv* at the back; **hablar de alguien por ~** to talk about sb behind his/her back.
detrimento *m* damage; **en ~ de** to the detriment of.
detrito *m* (BIOL) detritus ◆ **detritos** *mpl (residuos)* waste (U).
deuda *f* debt; ~ **pública** (ECON) national debt *Br*, public debt *Am*.
deudor, -ra ◇ *adj (saldo)* debit *(antes de sust)*; *(entidad)* indebted ◇ *m y f* debtor.
devaluación *f* devaluation.

devaluar vt to devalue.

devanar vt to wind.

devaneos mpl (amoríos) affairs; (coqueteos) flirting (U).

devastar vt to devastate.

devenir ◊ m transformation. ◊ vi (convertirse): ~ en to become, to turn into.

devoción f: ~ (por) devotion (to).

devocionario m prayer book.

devolución f (gen) return; (de dinero) refund.

devolver ◊ vt 1. (restituir): ~ algo (a) (coche, dinero etc) to give sthg back (to); (producto defectuoso, carta) to return sthg (to) 2. (restablecer, colocar en su sitio): ~ algo a to return sthg to. 3. (favor, agravio) to pay back for; (visita) to return. 4. (vomitar) to bring ○ throw up. ◊ vi to throw up. ◆ **devolverse** vpr Amer to come back.

devorar vt lit & fig to devour.

devoto, -ta ◊ adj (piadoso) devout; ser ~ de to have a devotion for. ◊ m y f (admirador) devotee.

devuelto, -ta pp → devolver.

dg (abrev de **decigramo**) dg.

di etc 1. → dar. 2. → decir.

día m 1. (gen) day; me voy el ~ ocho I'm going on the eighth; ¿a qué ~ estamos? what day is it today?; ¿qué tal ~ hace? what's the weather like today?; todos los ~s every day; ~ de los difuntos Esp All Souls' Day; ~ de la Hispanidad Columbus Day; ~ de los inocentes 28th December, ≃ April Fools' Day; ~ de los muertos Amer All Souls' Day; ~ de Todos los Santos All Saints' Day; ~ de pago payday; ~ festivo (public) holiday; ~ hábil ○ laborable ○ de trabajo working day; de ~ en ~ from day to day, day by day; del ~ fresh; hoy (en) ~ nowadays; todo el (santo) ~ all day long; el ~ de mañana in the future; al ~ siguiente on the following day; un ~ sí y otro no every other day; menú del ~ today's menu. 2. (luz) daytime, day; es de ~ it's daytime; hacer algo de ~ to do sthg in the daytime ○ during the day; ~ y noche day and night; en pleno ~, a plena luz del ~ in broad daylight. loc: estar/ponerse al ~ (de) to be/get up to date (with); poner algo/a alguien al ~ to update sthg/sb; vivir al ~ to live from hand to mouth. ◆ **buen día** interj Amer: ¡buen ~! good morning! ◆ **buenos días** interj: ¡buenos ~s! (gen) hello!; (por la mañana) good morning!

diabético, -ca adj, m y f diabetic.

diablo m lit & fig devil; pobre ~ poor devil.

diablura f prank.

diabólico, -ca adj 1. (del diablo) diabolic. 2. fig (muy malo, difícil) diabolical.

diadema f (para el pelo) hairband

diáfano, -na adj 1. (transparente) transparent, diaphanous. 2. fig (claro) clear.

diafragma m diaphragm.

diagnosticar vt to diagnose.

diagnóstico m diagnosis.

diagonal adj & f diagonal

diagrama m diagram.

dial m dial.

dialecto m dialect.

dialogar vi: ~ (con) (hablar) to have a conversation (with), to talk (to); (negociar) to hold a dialogue ○ talks (with).

diálogo m (conversación) conversation; (LITER & POLÍT) dialogue.

diamante m (piedra preciosa) diamond.

diámetro m diameter

diana f 1. (en blanco de tiro) bull's-eye, bull. 2. (en cuartel) reveille.

diapasón m tuning fork.

diapositiva f slide, transparency.

diario, -ria adj daily; a ~ every day; ropa de ~ everyday clothes. ◆ **diario** m 1. (periódico) newspaper, daily. 2. (relación día a día) diary; ~ de sesiones parliamentary report.

diarrea f diarrhoea.

dibujante m y f (gen) sketcher; (de dibujos animados) cartoonist; (de dibujo técnico) draughtsman (f draughtswoman).

dibujar vt & vi to draw, to sketch.

dibujo m 1. (gen) drawing; ~s animados cartoons; ~ artístico art; ~ lineal technical drawing. 2. (de tela, prenda etc) pattern.

diccionario m dictionary.

dice → decir.

dicha f (alegría) joy.

dicho, -cha ◊ pp → decir. ◊ adj said, aforementioned; ~s hombres the said men, these men; lo ~ what I/ we etc said; o mejor ~ or rather; ~ y hecho no sooner said than done. ◆ **dicho** m saying.

dichoso, -sa adj (feliz) happy; (afortunado) fortunate.

diciembre m December; ver también septiembre.

dicotomía f dichotomy.

dictado m dictation; escribir al ~ to take dictation.

dictador, -ra *m y f* dictator

dictadura *f* dictatorship.

dictáfono *m* Dictaphone®.

dictamen *m* (*opinión*) opinion, judgment; (*informe*) report.

dictar *vt* 1. (*texto*) to dictate. 2. (*emitir - sentencia, fallo*) to pronounce, to pass; (*- ley*) to enact; (*- decreto*) to issue.

didáctico, -ca *adj* didactic.

diecinueve *núm* nineteen; *ver también* **seis**.

dieciocho *núm* eighteen; *ver también* **seis**.

dieciséis *núm* sixteen; *ver también* **seis**.

diecisiete *núm* seventeen; *ver también* **seis**.

diente *m* tooth; **~ de leche** milk tooth; **armado hasta los ~s** armed to the teeth; **hablar entre ~s** to mumble, to mutter ♦ **diente de ajo** *m* clove of garlic

diera → **dar**.

diéresis *f inv* diaeresis.

dieron *etc* → **dar**.

diesel, diésel *adj* diesel.

diestro, -tra *adj* (*hábil*): **~ (en)** skilful (at); **a ~ y siniestro** *fig* left, right and centre, all over the place

dieta *f* (MED) diet. ♦ **dietas** *fpl* (COM) expenses.

dietético, -ca *adj* dietetic, dietary. ♦ **dietética** *f* dietetics (U).

diez ◇ *núm* ten; *ver también* **seis**. ◇ *m* (*en la escuela*) A, top marks (*pl*).

difamar *vt* (*verbalmente*) to slander; (*por escrito*) to libel.

diferencia *f* difference.

diferenciar ◇ *vt*: **~ (de)** to distinguish (from). ◇ *vi*: **~ (entre)** to distinguish ○ differentiate (between). ♦ **diferenciarse** *vpr* (*diferir*): **~se (de/en)** to differ (from/in), to be different (from/in)

diferente ◇ *adj*: **~ (de ○ a)** different (from ○ to). ◇ *adv* differently.

diferido ♦ **en diferido** *loc adv* (TV) recorded.

diferir *vi* (*diferenciarse*) to differ.

difícil *adj* difficult; **~ de hacer** difficult to do; **es ~ que ganen** they are unlikely to win.

dificultad *f* 1. (*calidad de difícil*) difficulty. 2. (*obstáculo*) problem.

dificultar *vt* (*estorbar*) to hinder; (*obstruir*) to obstruct.

difuminar *vt* to blur.

difundir *vt* 1. (*noticia, doctrina, epidemia*) to spread. 2. (*luz, calor*) to diffuse; (*emisión radiofónica*) to broadcast.

♦ **difundirse** *vpr* 1. (*noticia, doctrina, epidemia*) to spread 2. (*luz, calor*) to be diffused.

difunto, -ta *m y f*: **el ~** the deceased.

difusión *f* 1. (*de cultura, noticia, doctrina*) dissemination. 2. (*de programa*) broadcasting.

diga → **decir**.

digerir *vt* to digest; *fig* (*hechos*) to assimilate, to take in.

digestión *f* digestion.

digestivo, -va *adj* digestive.

digital *adj* (INFORM & TECN) digital.

dígito *m* digit

dignarse *vpr*: **~ a** to deign to

dignidad *f* (*cualidad*) dignity.

digno, -na *adj* 1. (*noble - actitud, respuesta*) dignified; (*- persona*) honourable, noble. 2. (*merecedor*): **~ de** worthy of; **~ de elogio** praiseworthy; **~ de mención/de ver** worth mentioning/seeing. 3. (*adecuado*): **~ de** appropriate for, fitting for. 4. (*decente - sueldo, actuación etc*) decent.

digo → **decir**.

digresión *f* digression.

dijera *etc* → **decir**.

dilapidar *vt* to squander, to waste.

dilatar *vt* 1. (*extender*) to expand; (*partes del cuerpo*) to dilate. 2. (*prolongar*) to prolong. 3. (*demorar*) to delay.

dilema *m* dilemma.

diligencia *f* 1. (*esmero, cuidado*) diligence. 2. (*trámite, gestión*) business (U). 3. (*vehículo*) stagecoach. ♦ **diligencias** *fpl* (DER) proceedings; **instruir ~s** to start proceedings.

diligente *adj* diligent.

diluir *vt* to dilute. ♦ **diluirse** *vpr* to dissolve

diluvio *m lit & fig* flood

dimensión *f* dimension; **las dimensiones de la tragedia** the extent of the tragedy

diminutivo *m* diminutive.

diminuto, -ta *adj* tiny, minute.

dimisión *f* resignation; **presentar la ~** to hand in one's resignation.

dimitir *vi*: **~ (de)** to resign (from).

dimos → **dar**.

Dinamarca Denmark.

dinámico, -ca *adj* dynamic.

dinamismo *m* dynamism.

dinamita *f* dynamite.

dinamo, dínamo *f* dynamo.

dinastía *f* dynasty

dineral *m fam* fortune

dinero *m* money; **andar bien/mal de**

~ to be well off for/short of money; ~ **en metálico** cash; ~ **negro** o **sucio** illegally obtained money.

dinosaurio m dinosaur.

dintel m (ARQUIT) lintel.

dio → **dar**.

diócesis f diocese.

dios, -sa m y f god (f goddess). ◆ **Dios** m God; **a la buena de Dios** any old how; **¡Dios mío!** good God!, (oh) my God!; **¡por Dios!** for God's sake!; **¡vaya por Dios!** for Heaven's sake!, honestly!

diploma m diploma.

diplomacia f (gen) diplomacy.

diplomado, -da adj qualified.

diplomático, -ca ◇ adj lit & fig diplomatic. ◇ m y f diplomat.

diptongo m diphthong.

diputación f (corporación) committee; ~ **provincial** governing body of each province of an autonomous region in Spain; ≈ county council Br.

diputado, -da m y f ≈ Member of Parliament, MP Br, representative Am.

dique m 1. (en río) dike. 2. (en puerto) dock.

dirá → **decir**.

dirección f 1. (sentido, rumbo) direction; **calle de ~ única** one-way street; **en ~ a** towards, in the direction of. 2. (domicilio) address. 3. (mando - de empresa, hospital) management; (- de partido) leadership; (- de colegio) headship; (- de periódico) editorship; (- de una película) direction; (- de una obra de teatro) production; (- de una orquesta) conducting. 4. (junta directiva) management. 5. (de un vehículo) steering; ~ **asistida** power steering. ◆ **Dirección** f: **Dirección General de Tráfico** traffic department (part of the Ministry of the Interior).

directivo, -va ◇ adj managerial. ◇ m y f (jefe) manager. ◆ **directiva** f (junta) board (of directors).

directo, -ta adj 1. (gen) direct. 2. (derecho) straight. ◆ **directo** adv straight; ~ **a** straight to. ◆ **directa** f (AUTOM) top gear. ◆ **en directo** loc adv live.

director, -ra m y f 1. (de empresa) director; (de hotel, hospital) manager (f manageress); (de periódico) editor; (de cárcel) governor. 2. (de obra artística): ~ **de cine** film director; ~ **de orquesta** conductor. 3. (de colegio) headmaster (f headmistress). 4. (de tesis, trabajo de investigación) super-

visor; ~ **técnico** (DEP) trainer.

directorio m (gen & INFORM) directory.

directriz f (GEOM) directrix. ◆ **directrices** fpl (normas) guidelines.

diría → **decir**.

dirigente m y f (de partido político) leader; (de empresa) manager.

dirigir vt 1. (conducir - coche, barco) to steer; (- avión) to pilot; fig (- mirada) to direct. 2. (llevar - empresa, hotel, hospital) to manage; (- colegio, cárcel, periódico) to run; (- partido, revuelta) to lead; (- expedición) to head. 3. (película, obra de teatro) to direct; (orquesta) to conduct 4. (carta, paquete) to address 5. (guiar - persona) to guide. 6. (dedicar): ~ **algo a** to aim sthg at. ◆ **dirigirse** vpr 1. (encaminarse): ~**se a** o **hacia** to head for. 2. (hablar): ~**se a** to address, to speak to. 3. (escribir): ~**se a** to write to.

discar vt Andes & CSur to dial.

discernir vt to discern, to distinguish.

disciplina f discipline.

discípulo, -la m y f disciple.

disco m 1. (ANAT, ASTRON & GEOM) disc. 2. (de música) record; ~ **compacto** compact disc; ~ **de larga duración** LP, long-playing record 3. (semáforo) (traffic) light. 4. (DEP) discus. 5. (INFORM) disk; ~ **duro/flexible** hard/floppy disk.

discografía f records previously released (by an artist or group).

disconforme adj in disagreement; **estar ~ con** to disagree with.

disconformidad f disagreement.

discontinuo, -nua adj (esfuerzo) intermittent; (línea) broken, dotted.

discordante adj (sonidos) discordant; (opiniones) clashing.

discordia f discord.

discoteca f (local) disco.

discreción f discretion. ◆ **a discreción** loc adv as much as one wants, freely.

discrecional adj (gen) optional; (parada) request (antes de sust).

discrepancia f (diferencia) difference, discrepancy; (desacuerdo) disagreement.

discrepar vi: ~ (de) (diferenciarse) to differ (from); (disentir) to disagree (with).

discreto, -ta adj 1. (prudente) discreet. 2. (cantidad) moderate, modest. 3. (normal - actuación) fair, reasonable.

discriminación f discrimination.

discriminar vt 1. *(cosa)*: ~ algo de to discriminate o distinguish sthg from. 2. *(persona, colectividad)* to discriminate against.

disculpa f *(pretexto)* excuse; *(excusa, perdón)* apology; **dar ~s** to make excuses; **pedir ~s a alguien (por)** to apologize to sb (for).

disculpar vt to excuse; ~ **a alguien (de o por algo)** to forgive sb (for sthg). ◆ **disculparse** vpr: ~**se (de o por algo)** to apologize (for sthg).

discurrir vi 1. *(pasar - personas)* to wander, to walk; *(- tiempo, vida, sesión)* to go by, to pass; *(- río, tráfico)* to flow. 2. *(pensar)* to think, to reflect

discurso m speech

discusión f *(conversación)* discussion; *(pelea)* argument.

discutible adj debatable.

discutir ◇ vi 1. *(hablar)* to discuss 2. *(pelear)*: ~ **(de)** to argue (about). ◇ vt *(hablar)* to discuss; *(contradecir)* to dispute.

disecar vt *(cadáver)* to dissect; *(animal)* to stuff; *(planta)* to dry.

diseminar vt *(semillas)* to scatter; *(ideas)* to disseminate.

disentir vi: ~ **(de/en)** to disagree (with/on).

diseñar vt to design.

diseño m design; **ropa de ~** designer clothes; ~ **asistido por ordenador** (INFORM) computer-aided design; ~ **gráfico** graphic design.

disertación f *(oral)* lecture, discourse; *(escrita)* dissertation.

disfraz m *(gen)* disguise; *(para baile, fiesta etc)* fancy dress *(U)*.

disfrazar vt to disguise. ◆ **disfrazarse** vpr to disguise o.s.; ~**se de** to dress up as.

disfrutar ◇ vi 1. *(sentir placer)* to enjoy o.s. 2. *(disponer de)*: ~ **de algo** to enjoy sthg. ◇ vt to enjoy.

disgregar vt 1. *(multitud, manifestación)* to disperse. 2. *(roca, imperio, estado)* to break up; *(átomo)* to split. ◆ **disgregarse** vpr 1. *(multitud, manifestación)* to disperse. 2. *(roca, imperio, estado)* to break up.

disgustar vt *(suj: comentario, críticas, noticia)* to upset. ◆ **disgustarse** vpr: ~**se (con alguien/por algo)** *(sentir enfado)* to get upset (with sb/about sthg); *(enemistarse)* to fall out (with sb/over sthg).

disgusto m 1. *(enfado)* annoyance; *(pesadumbre)* sorrow; **dar un ~ a alguien** to upset sb; **llevarse un ~** to

be upset. 2. *(pelea)*: **tener un ~ con alguien** to have a quarrel with sb.

disidente m y f *(político)* dissident; *(religioso)* dissenter.

disimular ◇ vt to hide, to conceal. ◇ vi to pretend.

disimulo m pretence, concealment

disipar vt 1. *(dudas, sospechas)* to dispel; *(ilusiones)* to shatter. 2. *(fortuna, herencia)* to squander, to throw away. ◆ **disiparse** vpr 1. *(dudas, sospechas)* to be dispelled; *(ilusiones)* to be shattered. 2. *(niebla, humo, vapor)* to vanish

diskette = **disquete**

dislexia m dyslexia

dislocar vt to dislocate. ◆ **dislocarse** vpr to dislocate.

disminución f decrease, drop.

disminuido, -da adj handicapped.

disminuir ◇ vt to reduce, to decrease. ◇ vi *(gen)* to decrease; *(precios, temperatura)* to drop, to fall; *(vista, memoria)* to fail; *(días)* to get shorter; *(beneficios)* to fall off

disolución f 1. *(en un líquido)* dissolving. 2. *(de matrimonio, sociedad, partido)* dissolution. 3. *(mezcla)* solution.

disolvente adj & m solvent

disolver vt 1. *(gen)* to dissolve. 2. *(reunión, manifestación, familia)* to break up. ◆ **disolverse** vpr 1. *(gen)* to dissolve 2. *(reunión, manifestación, familia)* to break up.

disparar ◇ vt to shoot; *(pedrada)* to throw. ◇ vi to shoot, to fire

disparatado, -da adj absurd, crazy.

disparate m *(comentario, acción)* silly thing; *(idea)* crazy idea.

disparidad f difference, disparity

disparo m shot.

dispensar vt 1. *(disculpar)* to excuse, to forgive. 2. *(rendir)*: ~ **algo (a alguien)** *(honores)* to confer sthg (upon sb); *(bienvenida, ayuda)* to give sthg (to sb). 3. *(eximir)*: ~ **a alguien de** to excuse o exempt sb from.

dispensario m dispensary.

dispersar vt 1. *(esparcir - objetos)* to scatter 2. *(disolver - gentío)* to disperse; *(- manifestación)* to break up ◆ **dispersarse** vpr to scatter.

dispersión f *(de objetos)* scattering

disperso, -sa adj scattered

disponer ◇ vt 1. *(gen)* to arrange 2. *(cena, comida)* to lay on. 3. *(decidir - suj: persona)* to decide; *(suj: ley)* to stipulate. ◇ vi 1. *(poseer)*: ~ **de** to have. 2. *(usar)*: ~ **de** to make use of.

◆ **disponerse a** *vpr*: ~**se a hacer algo** to prepare o get ready to do sthg.

disponibilidad *f (gen)* availability.

disponible *adj (gen)* available; *(tiempo)* free, spare.

disposición *f* 1. *(colocación)* arrangement, layout. 2. *(orden)* order; *(de ley)* provision. 3. *(uso):* **a ~ de** at the disposal of.

dispositivo *m* device; ~ **intrauterino** intrauterine device, IUD.

dispuesto, -ta ◊ *pp* → **disponer**. ◊ *adj (preparado)* ready; **estar ~ a hacer algo** to be prepared to do sthg.

disputa *f* dispute.

disputar *vt* 1. *(cuestión, tema)* to argue about. 2. *(trofeo, puesto)* to compete for; *(carrera, partido)* to compete in.

disquete, diskette [dis'kete] *m* (INFORM) diskette, floppy disk.

disquetera *f* (INFORM) disk drive.

distancia *f* 1. *(gen)* distance; **a ~ from** a distance; **mantener a ~** to keep at a distance. 2. *(en el tiempo)* gap, space.

distanciar *vt* 1. *(gen)* to drive apart; *(rival)* to forge ahead of. ◆ **distanciarse** *vpr (alejarse - afectivamente)* to grow apart; *(- físicamente)* to distance o s.

distante *adj* 1. *(en el espacio):* ~ **(de)** far away (from). 2. *(en el trato)* distant.

distar *vi (hallarse a):* **ese sitio dista varios kilómetros de aquí** that place is several kilometres away from here.

diste *etc* → **dar**.

distendido, -da *adj (informal)* relaxed, informal.

distensión *f* 1. *(entre países)* détente; *(entre personas)* easing of tension. 2. (MED) strain.

distinción *f* 1. *(diferencia)* distinction; **a ~ de** in contrast to, unlike; **sin ~** alike. 2. *(privilegio)* privilege. 3. *(modales)* refinement.

distinguido, -da *adj* 1. *(notable)* distinguished. 2. *(elegante)* refined.

distinguir *vt* 1. *(diferenciar)* to distinguish; ~ **algo de algo** to tell sthg from sthg. 2. *(separar)* to pick out. 3. *(caracterizar)* to characterize. ◆ **distinguirse** *vpr (destacarse)* to stand out.

distintivo, -va *adj* distinctive; *(señal)* distinguishing. ◆ **distintivo** *m* badge.

distinto, -ta *adj (diferente)* different. ◆ **distintos, -tas** *adj pl (varios)* various.

distorsión *f (de tobillo, rodilla)* sprain; *(de imágenes, sonidos, palabras)* distortion.

distracción *f* 1. *(entretenimiento)* entertainment; *(pasatiempo)* hobby, pastime. 2. *(despiste)* slip; *(falta de atención)* absent-mindedness.

distraer *vt* 1. *(divertir)* to amuse, entertain. 2. *(despistar)* to distract. ◆ **distraerse** *vpr* 1. *(divertirse)* to enjoy o.s.; *(pasar el tiempo)* to pass the time. 2. *(despistarse)* to let one's mind wander.

distraído, -da *adj* 1. *(entretenido)* amusing, entertaining. 2. *(despistado)* absent-minded

distribución *f* 1. *(gen)* distribution; ~ **de premios** prizegiving. 2. *(de correo, mercancías)* delivery. 3. *(de casa, habitaciones)* layout.

distribuidor, -ra ◊ *adj (entidad)* wholesale; *(red)* supply *(antes de sust)*. ◊ *m y f (persona)* deliveryman (*f* deliverywoman). ◆ **distribuidor** *m (aparato)* vending machine.

distribuir *vt* 1. *(gen)* to distribute; *(carga, trabajo)* to spread; *(pastel, ganancias)* to divide up. 2. *(correo, mercancías)* to deliver. 3. *(casa, habitaciones)* to arrange.

distrito *m* district.

disturbio *m* disturbance; *(violento)* riot.

disuadir *vt:* ~ **(de)** to dissuade (from).

disuasión *f* deterrence.

disuasivo, -va *adj* deterrent

disuelto, -ta *pp* → **disolver**.

DIU *(abrev de dispositivo intrauterino)* *m* IUD.

diurno, -na *adj (gen)* daytime *(antes de sust)*; *(planta, animal)* diurnal.

diva → **divo**.

divagar *vi* to digress.

diván *m* divan; *(de psiquiatra)* couch.

divergencia *f* 1. *(de líneas)* divergence. 2. *(de opinión)* difference of opinion.

divergir *vi* 1. *(calles, líneas)* to diverge. 2. *fig (opiniones):* ~ **(en)** to differ (on).

diversidad *f* diversity.

diversificar *vt* to diversify.

diversión *f* entertainment, amusement.

diverso, -sa *adj (diferente)* different. ◆ **diversos, -sas** *adj pl (varios)* several, various

divertido, -da *adj (entretenido - película, libro)* entertaining; *(- fiesta)* enjoyable; *(que hace reír)* funny.

divertir *vt* to entertain, to amuse. ◆ **divertirse** *vpr* to enjoy o.s.

dividendo *m* (FIN & MAT) dividend

dividir *vt*: ~ (en) to divide (into); ~ entre *(gen)* to divide between; (MAT) to divide by.

divinidad *f* divinity, god.

divino, -na *adj lit & fig* divine.

divisa *f* 1. *(gen pl)* *(moneda)* foreign currency. 2. *(distintivo)* emblem.

divisar *vt* to spy, to make out.

división *f (gen)* division; *(partición)* splitting up

divo, -va *m y f* (MÚS - *mujer)* diva, prima donna; *(- hombre)* opera singer.

divorciado, -da ◇ *adj* divorced ◇ *m y f* divorcé *(f* divorcée).

divorciar *vt lit & fig* to divorce. ◆ **divorciarse** *vpr* to get divorced.

divorcio *m* (DER) divorce.

divulgar *vt (noticia, secreto)* to reveal; *(rumor)* to spread; *(cultura, ciencia, doctrina)* to popularize.

dizque *adv Amer* apparently.

DNI *(abrev de* **documento nacional de identidad)** *m* ID card.

Dña *abrev de* **doña**.

do *m* (MÚS) C; *(en solfeo)* doh.

dobladillo *m (de traje, vestido)* hem; *(de pantalón)* turn-up *Br*, cuff *Am*.

doblado, -da *adj* 1. *(papel, camisa)* folded. 2. *(voz, película)* dubbed.

doblar ◇ *vt* 1. *(duplicar)* to double. 2. *(plegar)* to fold. 3. *(torcer)* to bend 4. *(esquina)* to turn, to go round. 5. *(voz, actor)* to dub. ◇ *vi* 1. *(girar)* to turn. 2. *(campanas)* to toll. ◆ **doblarse** *vpr (someterse)*: ~se a to give in to.

doble ◇ *adj* double; **tiene ~ número de habitantes** it has double ○ twice the number of inhabitants; **es ~ de ancho** it's twice as wide; **una frase de ~ sentido** a phrase with a double meaning ◇ *m y f (gen & CIN)* double. ◇ *m (duplo)*: **el ~** twice as much; **gana el ~ que yo** she earns twice as much as I do, she earns double what I do. ◇ *adv* double; **trabajar ~** to work twice as hard. ◆ **dobles** *mpl* (DEP) doubles.

doblegar *vt (someter)* to bend, to cause to give in. ◆ **doblegarse** *vpr*: ~se (ante) to give in ○ yield (to)

doblez *m (pliegue)* fold, crease

doce *núm* twelve; *ver también* **seis**.

doceavo, -va *núm* twelfth.

docena *f* dozen; **a ~s** by the dozen.

docente *adj* teaching

dócil *adj* obedient.

docto, -ta *adj* learned.

doctor, -ra *m y f*: ~ (en) doctor (of).

doctrina *f* doctrine.

documentación *f (identificación personal)* papers *(pl)*.

documentado, -da *adj (informado - película, informe)* researched; *(- persona)* informed.

documental *adj & m* documentary

documentar *vt* 1. *(evidenciar)* to document 2. *(informar)* to brief ◆ **documentarse** *vpr* to do research

documento *m* 1. *(escrito)* document; **~ nacional de identidad** identity card. 2. *(testimonio)* record.

dogma *m* dogma

dogmático, -ca *adj* dogmatic.

dólar *m* dollar.

dolencia *f* pain

doler *vi* to hurt; **me duele la pierna** my leg hurts; **¿te duele?** does it hurt?; **me duele la garganta/la cabeza** I have a sore throat/a headache ◆ **dolerse** *vpr*: ~se de ○ por algo *(quejarse)* to complain about sthg; *(arrepentirse)* to be sorry about sthg.

dolido, -da *adj* hurt.

dolor *m* 1. *(físico)* pain; **siento un ~ en el brazo** I have a pain in my arm; **(tener) ~ de cabeza** (to have a) headache; **~ de estómago** stomachache; **~ de muelas** toothache. 2. *(moral)* grief, sorrow.

dolorido, -da *adj (físicamente)* sore; *(moralmente)* grieving, sorrowing.

doloroso, -sa *adj (físicamente)* painful; *(moralmente)* distressing.

domador, -ra *m y f (de caballos)* breaker; *(de leones)* tamer

domar *vt (gen)* to tame; *(caballo)* to break in; *fig (personas)* to control

domesticar *vt lit & fig* to tame.

doméstico, -ca *adj* domestic

domiciliación *f*: ~ **(bancaria)** standing order, direct debit *(U)*.

domiciliar *vt (pago)* to pay by direct debit ○ standing order

domicilio *m* 1. *(vivienda)* residence, home; **servicio a ~** home delivery; **venta a ~** door-to-door selling. 2. *(dirección)* address; **sin ~ fijo** of no fixed abode; **~ social** head office

dominante *adj* 1. *(nación, religión, tendencia)* dominant; *(vientos)* prevailing 2. *(persona)* domineering.

dominar ◇ *vt* 1. *(controlar - país, territorio)* to dominate, to rule (over); *(- pasión, nervios, caballo)* to control; *(- situación)* to be in control of; *(- incendio)* to bring under control; *(- rebelión)* to put down 2. *(divisar)* to overlook.

3. *(conocer - técnica, tema)* to master; *(- lengua)* to be fluent in. ◊ *vi* *(predominar)* to predominate. ◆ **dominarse** *vpr* to control o.s.

domingo *m* Sunday; *ver también* **sábado**.

dominguero, -ra *m y f* Sunday tripper/driver *etc.*

Dominica Dominica.

dominical *adj* Sunday *(antes de sust).*

dominicano, -na *adj, m y f* Dominican.

dominico, -ca *adj, m y f* Dominican.

dominio *m* 1. *(dominación, posesión):* ~ *(sobre)* control (over). 2. *(autoridad)* authority, power. 3. *fig (territorio)* domain; *(ámbito)* realm 4. *(conocimiento - de arte, técnica)* mastery; *(- de idiomas)* command.

dominó *m* 1. *(juego)* dominoes (U). 2. *(fichas)* set of dominoes.

don *m* 1. *(tratamiento):* ~ **Luis García** *(gen)* Mr Luis García; *(en cartas)* Luis García Esquire; ~ **Luis** *not translated in modern English or translated as 'Mr' + surname, if known.* 2. *(habilidad)* gift; **el ~ de la palabra** the gift of the gab.

donaire *m* *(al expresarse)* wit; *(al andar etc)* grace.

donante *m y f* donor; ~ **de sangre** blood donor.

donar *vt* to donate.

donativo *m* donation.

doncella *f* maid

donde ◊ *adv* where; **el bolso está ~ lo dejaste** the bag is where you left it; **puedes marcharte ~ quieras** you can go wherever you want; **hasta ~** as far as, up to where; **por ~** wherever. ◊ *pron* where; **la casa ~ nací** the house where I was born; **la ciudad de ~ viene** the town (where) she comes from, the town from which she comes. ◆ **de donde** *loc adv (de lo cual)* from which.

dónde *adv (interrogativo)* where; **¿~ está el niño?** where's the child?; **no sé ~ se habrá metido** I don't know where she can be; **¿a ~ vas?** where are you going?; **¿de ~ eres?** where are you from?; **¿hacia ~ vas?** where are you heading?; **¿por ~?** whereabouts?; **¿por ~ se va al teatro?** how do you get to the theatre from here?

dondequiera ◆ **dondequiera que** *adv* wherever

doña *f:* ~ **Luisa García** Mrs Luisa García; ~ **Luisa** *not translated in modern English or translated as 'Mrs' + surname, if known.*

dopado, -da *adj* having taken performance-enhancing drugs.

dopar *vt* to dope.

doping ['dopin] *m* doping.

doquier ◆ **por doquier** *loc adv* everywhere

dorado, -da *adj lit & fig* golden. ◆ **dorada** *f (pez)* gilthead.

dorar *vt* 1. *(cubrir con oro)* to gild. 2. *(alimento)* to brown.

dormilón, -ona *fam m y f (persona)* sleepyhead

dormir ◊ *vt (niño, animal)* to put to bed; ~ **la siesta** to have an afternoon nap. ◊ *vi* to sleep. ◆ **dormirse** *vpr* 1. *(persona)* to fall asleep. 2. *(brazo, mano)* to go to sleep.

dormitar *vi* to doze.

dormitorio *m (de casa)* bedroom; *(de colegio)* dormitory.

dorsal ◊ *adj* dorsal. ◊ *m* number *(on player's back).*

dorso *m* back; **al ~, en el ~** on the back; **'véase al ~'** 'see overleaf'.

dos *núm* two; **cada ~ por tres** every five minutes; *ver también* **seis**.

doscientos, -tas *núm* two hundred; *ver también* **seis**.

dosificar *vt fig (fuerzas, palabras)* to use sparingly.

dosis *f inv lit & fig* dose.

dossier [do'sjer] *m inv* dossier, file.

dotación *f* 1. *(de dinero, armas, medios)* amount granted. 2. *(personal)* personnel; *(tripulantes)* crew; *(patrulla)* squad.

dotado, -da *adj* gifted; ~ **de** *(persona)* blessed with; *(edificio, instalación, aparato)* equipped with.

dotar *vt* 1. *(proveer):* ~ **algo de** to provide sthg with. 2. *fig (suj: la naturaleza):* ~ **a algo/alguien de** to endow sthg/sb with.

dote *f (en boda)* dowry. ◆ **dotes** *fpl (dones)* qualities

doy → dar.

Dr. *(abrev de* **doctor***)* Dr

Dra. *(abrev de* **doctora***)* Dr.

dragar *vt* to dredge.

dragón *m* dragon.

drama *m (gen)* drama; *(obra)* play.

dramático, -ca *adj* dramatic.

dramatizar *vt* to dramatize.

dramaturgo, -ga *m y f* playwright, dramatist.

drástico, -ca *adj* drastic.

drenar *vt* to drain.

driblar *vt* (DEP) to dribble.

droga *f* drug; **la ~** drugs *(pl).*

drogadicto, -ta *m y f* drug addict.

drogar *vt* to drug. ♦ **drogarse** *vpr* to take drugs.

droguería *f shop selling paint, cleaning materials etc.*

dromedario *m* dromedary.

dto. *abrev de* **descuento**.

dual *adj* dual.

Dublín Dublin.

ducha *f* shower; **tomar** o **darse una ~** to have o take a shower.

duchar *vt* to shower. ♦ **ducharse** *vpr* to have a shower.

duda *f* doubt; **poner algo en ~** to call sthg into question; **salir de ~s** to set one's mind at rest; **sin ~** doubtless; **no cabe ~** there is no doubt about it.

dudar ◇ *vi* 1. *(desconfiar)*: **~ de algo/alguien** to have one's doubts about sthg/sb. 2. *(no estar seguro)*: **~ sobre algo** to be unsure about sthg. 3. *(vacilar)* to hesitate; **~ entre hacer una cosa u otra** to be unsure whether to do one thing or another. ◇ *vt* to doubt; **dudo que venga** I doubt whether he'll come.

dudoso, -sa *adj* 1. *(improbable)*: **ser ~ (que)** to be doubtful (whether); to be unlikely (that) 2. *(vacilante)* hesitant, indecisive 3. *(sospechoso)* suspect.

duelo *m* 1. *(combate)* duel. 2. *(sentimiento)* grief, sorrow.

duende *m (personaje)* imp, goblin.

dueño, -ña *m y f (gen)* owner; *(de piso etc)* landlord *(f* landlady).

duerma *etc* → **dormir**.

dulce ◇ *adj* 1. *(gen)* sweet. 2. *(agua)* fresh. 3. *(mirada)* tender. ◇ *m (caramelo, postre)* sweet; *(pastel)* cake, pastry.

dulcificar *vt (endulzar)* to sweeten.

dulzura *f (gen)* sweetness.

duna *f* dune.

dúo *m* 1. *(MÚS)* duet. 2. *(pareja)* duo; **a ~** together.

duodécimo, -ma *núm* twelfth.

dúplex, duplex *m inv (piso)* duplex.

duplicado, -da *adj* in duplicate. ♦ **duplicado** *m*: **(por) ~** (in) duplicate.

duplicar *vt* 1. *(cantidad)* to double. 2. *(documento)* to duplicate. ♦ **duplicarse** *vpr* to double.

duque, -sa *m y f* duke *(f* duchess).

duración *f* length.

duradero, -ra *adj (gen)* lasting; *(ropa, zapatos)* hard-wearing.

durante *prep* during; **le escribí ~ las vacaciones** I wrote to him during the holidays; **estuve escribiendo ~ una hora** I was writing for an hour; **~ toda la semana** all week

durar *vi (gen)* to last; *(permanecer, subsistir)* to remain, to stay; *(ropa)* to wear well; **aún dura la fiesta** the party's still going on.

durazno *m Amer* peach.

durex® *m Amer* Sellotape® *Br*, Scotch® *(tape) Am.*

dureza *f* 1. *(de objeto, metal etc)* hardness. 2. *(de clima, persona)* harshness.

durmiera *etc* → **dormir**.

duro, -ra *adj* 1. *(gen)* hard; *(carne)* tough. 2. *(resistente)* tough. 3. *(palabras, clima)* harsh ♦ **duro** ◇ *m (moneda)* five-peseta piece. ◇ *adv* hard.

d/v *(abrev de* **días vista**): **15 ~** within 15 days.

DVD *(abrev de* **digital video disc**) *m* DVD.

E

e¹, E *f (letra)* e, E

e² *conj (en lugar de 'y' ante palabras que empiecen por 'i' o 'hi')* and.

EA *(abrev de* **Eusko Alkartasuna**) *f Basque nationalist political party.*

ebanista *m y f* cabinet-maker.

ébano *m* ebony

ebrio, ebria *adj (borracho)* drunk

Ebro *m*: **el ~** the Ebro.

ebullición *f* boiling

eccema *m* eczema.

echar ◇ *vt* 1. *(tirar)* to throw; *(red)* to cast. 2. *(añadir)*: **~ algo (a** o **en algo)** *(vino etc)* to pour sthg (into sthg); *(sal, azúcar etc)* to add sthg (to sthg). 3. *(carta, postal)* to post. 4. *(humo, vapor, chispas)* to give off, to emit. 5. *(hojas, flores)* to shoot. 6. *(expulsar)*: **~ a alguien (de)** to throw sb out (of). 7. *(despedir)*: **~ a alguien (de)** to sack sb (from). 8. *(accionar)*: **~ la llave/el cerrojo** to lock/bolt the door; **~ el freno** to brake, to put the brakes on. 9. *(acostar)* to lie (down). 10. *fam (en televisión, cine)* to show; **¿qué echan esta noche en la tele?** what's on telly tonight? 11. *loc*: **~ abajo** *(edificio)* to pull down, to demolish; *(gobierno)* to bring down; *(proyecto)* to ruin; **~ a perder** *(vestido, alimentos, plan)* to ruin; *(ocasión)* to waste; **~ de menos** to miss. ◇ *vi (empezar)*: **~ a hacer algo** to begin to do sthg, to start doing sthg; ~ **a correr** to break into a run; ~ **a llorar** to burst into tears; ~ **a reír** to burst out laughing. ◆ **echarse** *vpr* 1. *(acostarse)* to lie down. 2. *(apartarse)*: ~se (a un lado) to move (aside); ~se atrás *fig* to back out. 3. *loc*: ~se a perder *(comida)* to go off, to spoil; *(plan)* to fall through.

echarpe *m* shawl.

eclesiástico, -ca *adj* ecclesiastical.

eclipsar *vt lit & fig* to eclipse.

eclipse *m* eclipse.

eco *m (gen)* echo; **hacerse ~ de** to report; **tener ~** to arouse interest

ecología *f* ecology.

ecológico, -ca *adj (gen)* ecological; *(alimentos)* organic.

ecologista ◇ *adj* environmental, ecological. ◇ *m y f* environmentalist.

economato *m* company cooperative shop.

economía *f* 1. *(gen)* economy; ~ **sumergida** black economy O market. 2. *(estudio)* economics *(U)*; ~ **familiar** home economics. 3. *(ahorro)* saving.

económico, -ca *adj* 1. *(problema, doctrina etc)* economic. 2. *(barato)* cheap, low-cost. 3. *(que gasta poco - motor etc)* economical; *(- persona)* thrifty

economista *m y f* economist.

economizar *vt lit & fig* to save.

ecosistema *m* ecosystem.

ecotasa *f* ecotax.

ecoturismo *m* ecotourism.

ecu *(abrev de* **unidad de cuenta europea)** *m* ecu

ecuación *f* equation.

ecuador *m* equator.

Ecuador Ecuador.

ecuánime *adj* 1. *(en el ánimo)* level-headed 2. *(en el juicio)* impartial

ecuatoriano, -na *adj, m y f* Ecuadorian, Ecuadoran.

ecuestre *adj* equestrian.

edad *f* age; **¿qué ~ tienes?** how old are you?; **tiene 25 años de ~** she's 25 (years old); **una persona de ~** an elderly person; ~ **escolar** school age; **Edad Media** Middle Ages *(pl)*; ~ **del pavo** awkward age; **la tercera ~** *(ancianos)* senior citizens *(pl)*.

edén *m* (RELIG) Eden; *fig* paradise

edición *f* 1. *(acción -* IMPRENTA*)* publication; *(-* INFORM, RADIO & TV*)* editing. 2. *(ejemplares)* edition.

edicto *m* edict

edificante *adj (conducta)* exemplary; *(libro, discurso)* edifying

edificar *vt (construir)* to build.

edificio *m* building.

edil *m* (town) councillor.

Edimburgo Edinburgh.

editar *vt* 1. *(libro, periódico)* to publish; *(disco)* to release. 2. (INFORM, RADIO & TV) to edit

editor, -ra ◇ *adj* publishing *(antes de sust)*. ◇ *m y f* 1. *(de libro, periódico)* publisher. 2. (RADIO & TV) editor

editorial ◇ *adj* publishing *(antes de sust)*. ◇ *m* editorial, leader. ◇ *f* publisher, publishing house

edredón *m* duvet, eiderdown.

educación *f* 1. *(enseñanza)* education. 2. *(modales)* good manners *(pl)*; **¡qué poca ~!** how rude!; **mala ~** bad manners *(pl)*

educado, -da *adj* polite, well-mannered; **mal ~** rude, ill-mannered.

educador, -ra *m y f* teacher.

educar *vt* 1. *(enseñar)* to educate. 2. *(criar)* to bring up. 3. *(cuerpo, voz, oído)* to train.

edulcorante *m* sweetener.

edulcorar *vt* to sweeten.

EE *(abrev de* **Euskadiko Ezquerra)** *m* Basque political party to the left of the political spectrum.

EE UU *(abrev de* **Estados Unidos)** *mpl* USA.

efectivamente *adv (en respuestas)* precisely, exactly.

efectividad *f* effectiveness.

efectivo, -va *adj* 1. *(útil)* effective. 2. *(real)* actual, true; **hacer ~** *(gen)* to carry out; *(promesa)* to keep; *(dinero, crédito)* to pay; *(cheque)* to cash. ◆ **efectivo** *m (dinero)* cash; **en ~** in cash. ◆ **efectivos** *mpl (personal)* forces.

efecto *m* 1. *(gen)* effect; ~ **2000** millennium bug; ~ **invernadero** greenhouse effect; ~ **óptico** optical illusion; ~**s sonoros/visuales** sound/visual effects; ~**s especiales** special effects; ~**s secundarios** side effects. 2. *(finalidad)* aim, purpose; **a tal ~** to that end; **a ~s O para los ~s de algo** as far as sthg is concerned. 3. *(impresión)* impression; **producir buen/mal ~** to make a good/bad impression. 4. *(de balón, bola)* spin; **dar ~ a** to put spin on 5. (COM) *(documento)* bill. ◆ **efectos personales** *mpl* personal possessions O effects. ◆ **en efecto** *loc adv* indeed.

efectuar *vt (gen)* to carry out; *(compra, pago, viaje)* to make ◆ **efectuarse** *vpr* to take place.

efeméride *f (suceso)* major event; *(conmemoración)* anniversary

efervescencia f (de líquido) efferves-
cence; (de bebida) fizziness.

efervescente adj (bebida) fizzy.

eficacia f (eficiencia) efficiency; (efectividad) effectiveness

eficaz adj 1. (eficiente) efficient. 2.
(efectivo) effective

eficiencia f efficiency.

eficiente adj efficient.

efímero, -ra adj ephemeral.

efusión f (cordialidad) effusiveness.

efusivo, -va adj effusive.

EGB (abrev de **educación general
básica**) f Spanish primary education system for pupils aged 6-14.

egipcio, -cia adj, m y f Egyptian

Egipto Egypt.

egocéntrico, -ca adj egocentric.

egoísmo m selfishness, egoism.

egoísta ◊ adj egoistic, selfish ◊ m y f
egoist, selfish person.

ególatra ◊ adj egotistical. ◊ m y f
egotist.

egresado, -da m y f Amer 1. (de
escuela) student who has completed a
course. 2. (de universidad) graduate.

egresar vi Amer 1. (de escuela) to
leave school after graduation. 2. (de
universidad) to graduate.

egreso m Amer 1. (de escuela) completion of course. 2. (de universidad)
graduation

eh interj ¡~! hey!

ej. abrev de **ejemplar**.

eje m 1. (de rueda) axle; (de máquina)
shaft. 2. (GEOM) axis. 3. fig (idea central) central idea, basis.

ejecución f 1. (realización) carrying
out. 2. (de condenado) execution. 3. (de
concierto) performance, rendition.

ejecutar vt 1. (realizar) to carry out. 2.
(condenado) to execute. 3. (concierto) to
perform. 4. (INFORM) (programa) to run.

ejecutivo, -va ◊ adj executive. ◊ m
y f (persona) executive. ◆ **ejecutivo** m
(POLÍT): **el** ~ the government.

ejem interj ¡~! 1. (expresa duda) um!;
(expresa ironía) ahem!

ejemplar ◊ adj exemplary. ◊ m (de
libro) copy; (de revista) issue; (de moneda) example; (de especie, raza) specimen

ejemplificar vt to exemplify.

ejemplo m example; **por** ~ for example; **predicar con el** ~ to practise
what one preaches.

ejercer ◊ vt 1. (profesión) to practise;
(cargo) to hold. 2. (poder, derecho) to
exercise; (influencia, dominio) to exert;

~ **presión sobre** to put pressure on
◊ vi to practise (one's profession); ~
de to practise o work as.

ejercicio m 1. (gen) exercise; **hacer** ~
to (do) exercise. 2. (de profesión) practising; (de cargo, funciones) carrying
out. 3. (de poder, derecho) exercising.
4. (MIL) drill. 5. (ECON): ~ **económico/
fiscal** financial/tax year.

ejercitar vt (derecho) to exercise
◆ **ejercitarse** vpr: ~**se (en)** to train (in).

ejército m (MIL & fig) army.

ejote m CAm & Méx green o French
bean

el, la (mpl **los**, fpl **las**) art (el antes de
sustantivo femenino que empiece por 'a' o
'ha' tónica; a + el = **al**; de + el = **del**) art
1. (gen) the; (en sentido genérico) no se
traduce; ~ **coche** the car; **la casa** the
house; **los niños** the children; ~
agua/hacha/águila the water/axe/
eagle; **fui a recoger a los niños** I
went to pick up the children; **los
niños imitan a los adultos** children
copy adults 2. (con sustantivo abstracto)
no se traduce; ~ **amor** love; **la vida** life.
3. (indica posesión, pertenencia): **se partió la pierna** he broke his leg; **se
quitó los zapatos** she took her shoes
off; **tiene** ~ **pelo oscuro** he has dark
hair. 4. (con días de la semana): **vuel-
ven** ~ **sábado** they're coming back on
Saturday. 5. (con nombres propios
geográficos) the; ~ **Sena** (River)
Seine; ~ **Everest** (Mount) Everest; **la
España de la postguerra** post-war
Spain. 6. (con complemento de nombre,
especificativo): ~ **de** the one; **he perdido** ~ **tren, cogeré** ~ **de las nueve** I've
missed the train, I'll get the nine
o'clock one; ~ **de azul** the one in blue.
7. (con complemento de nombre, posesivo): **mi hermano y** ~ **de Juan** my
brother and Juan's. 8. (antes de frase):
~ **que** (cosa) the one, whichever; (persona) whoever; **coge** ~ **que quieras**
take whichever you like; ~ **que más
corra** whoever runs fastest. 9. (antes
de adjetivo): **prefiero** ~ **rojo al azul** I
prefer the red one to the blue one.

él, ella pron pers 1. (sujeto, predicado - persona) he (f she); (- animal, cosa)
it; **mi hermana es ella** she's the one
who is my sister 2. (después de prep)
(complemento) him (f her); **voy a ir de
vacaciones con ella** I'm going to go on
holiday with her; **díselo a ella** tell her
it. 3. (posesivo): **de** ~ his; **de ella** hers.

elaborar vt (producto) to make, to
manufacture; (idea) to work out;

(plan, informe) to draw up.
elasticidad *f (gen)* elasticity.
elástico, -ca *adj (gen)* elastic. ◆ **elástico** *m (cinta)* elastic.
elección *f* 1. *(nombramiento)* election. 2. *(opción)* choice. ◆ **elecciones** *fpl* (POLÍT) election *(sg)*.
electo, -ta *adj* elect; **el presidente ~** the president elect.
elector, -ra *m y f* voter, elector.
electorado *m* electorate.
electoral *adj* electoral.
electricidad *f* electricity.
electricista *m y f* electrician.
eléctrico, -ca *adj* electric.
electrificar *vt* to electrify.
electrizar *vt fig (exaltar)* to electrify.
electrocutar *vt* to electrocute.
electrodoméstico *m (gen pl)* electrical household appliance.
electromagnético, -ca *adj* electromagnetic
electrón *m* electron.
electrónico, -ca *adj (de la electrónica)* electronic. ◆ **electrónica** *f* electronics *(U)*.
elefante, -ta *m y f* elephant.
elegancia *f* elegance.
elegante *adj* 1. *(persona, traje, estilo)* elegant. 2. *(conducta, actitud, respuesta)* dignified.
elegantoso, -sa *adj Amer* elegant.
elegía *f* elegy.
elegir *vt* 1. *(escoger)* to choose, to select. 2. *(por votación)* to elect.
elemental *adj* 1. *(básico)* basic. 2. *(obvio)* obvious.
elemento *m* 1. *(gen)* element. 2. *(factor)* factor. 3. *(persona - en equipo, colectivo)* individual.
elenco *m (reparto)* cast.
elepé *m* LP *(record)*.
elevación *f* 1. *(de pesos, objetos etc)* lifting; *(de nivel, altura, precios)* rise. 2. *(de terreno)* elevation, rise.
elevado, -da *adj (alto)* high; *fig (sublime)* lofty.
elevador *m* 1. *(montacargas)* hoist. 2. *Amer (ascensor)* lift *Br*, elevator *Am*.
elevalunas *m inv* window winder.
elevar *vt* 1. *(gen & MAT)* to raise; *(peso, objeto)* to lift 2. *(ascender):* **~ a alguien (a)** to elevate sb (to). ◆ **elevarse** *vpr (gen)* to rise; *(edificio, montaña)* to rise up; **~se a** *(altura)* to reach; *(gastos, daños)* to amount o come to.
elidir *vt* to elide.
eliminar *vt (gen)* to eliminate; *(contaminación, enfermedad)* to get rid of.

eliminatorio, -ria *adj* qualifying *(antes de sust)*. ◆ **eliminatoria** *f (gen)* qualifying round; *(en atletismo)* heat.
elipse *f* ellipse.
élite, elite *f* elite
elitista *adj, m y f* elitist.
elixir, elíxir *m* 1. *(líquido):* **~ bucal** mouthwash. 2. *fig (remedio milagroso)* elixir.
ella → **él**.
ellas → **ellos**.
ello *pron pers (neutro)* it; **no nos llevamos bien, pero ~ no nos impide formar un buen equipo** we don't get on very well, but it o that doesn't stop us making a good team; **no quiero hablar de ~** I don't want to talk about it; **por ~** for that reason.
ellos, ellas *pron pers* 1. *(sujeto, predicado)* they; **los invitados son ~** they are the guests, it is they who are the guests. 2. *(después de prep) (complemento)* them; **me voy al bar con ellas** I'm going with them to the bar; **díselo a ~** tell it them. 3. *(posesivo):* **de ~/ellas** theirs.
elocuencia *f* eloquence.
elocuente *adj* eloquent; **se hizo un silencio ~** the silence said it all.
elogiar *vt* to praise.
elogio *m* praise.
elote *m CAm & Méx (mazorca)* corncob.
El Salvador El Salvador.
elucidar *vt* to elucidate.
elucubración *f* 1. *(reflexión)* reflection, meditation. 2. *despec (divagación)* mental meandering.
elucubrar *vt* 1. *(reflexionar)* to reflect o meditate upon. 2. *despec (divagar)* to theorize about.
eludir *vt (gen)* to avoid; *(perseguidores)* to escape
emanar ◆ **emanar de** *vi* to emanate from.
emancipación *f (de mujeres, esclavos)* emancipation; *(de menores de edad)* coming of age; *(de países)* obtaining of independence.
emancipar *vt (gen)* to emancipate; *(países)* to grant independence (to) ◆ **emanciparse** *vpr* to free o.s., to become independent
embadurnar *vt:* **~ algo (de)** to smear sthg (with).
embajada *f (edificio)* embassy
embajador, -ra *m y f* ambassador.
embalaje *m (acción)* packing
embalar *vt* to wrap up, to pack. ◆ **embalarse** *vpr (acelerar - corredor)* to race away; *(- vehículo)* to pick up speed.

embalsamar *vt* to embalm.

embalse *m* reservoir.

embarazada ◇ *adj f* pregnant; **dejar ~ a alguien** to get sb pregnant; **quedarse ~** to get pregnant. ◇ *f* pregnant woman.

embarazar *vt* 1. *(impedir)* to restrict. 2. *(cohibir)* to inhibit.

embarazo *m* 1. *(preñez)* pregnancy. 2. *(timidez)* embarrassment. 3. *(impedimento)* obstacle.

embarazoso, -sa *adj* awkward, embarrassing.

embarcación *f (barco)* craft, boat.

embarcadero *m* jetty

embarcar ◇ *vt (personas)* to board; *(mercancías)* to ship. ◇ *vi* to board. ◆ **embarcarse** *vpr (para viajar)* to board.

embargar *vt* 1. (DER) to seize. 2. *(suj: emoción etc)* to overcome.

embargo *m* 1. (DER) seizure. 2. (ECON) embargo ◆ **sin embargo** *loc adv* however, nevertheless.

embarque *m (de personas)* boarding; *(de mercancías)* embarkation.

embarrancar *vi* to run aground.

embarullar *vt fam* to mess up. ◆ **embarullarse** *vpr fam* to get into a muddle.

embaucar *vt* to swindle, to deceive

embeber *vt* to soak up. ◆ **embeberse** *vpr*: **~se (en algo)** *(ensimismarse)* to become absorbed (in sthg); *fig (empaparse)* to immerse o.s. (in sthg).

embellecer *vt* to adorn, to embellish.

embestida *f (gen)* attack; *(de toro)* charge.

embestir *vt (gen)* to attack; *(toro)* to charge.

emblema *m* 1. *(divisa, distintivo)* emblem, badge. 2. *(símbolo)* symbol

embobar *vt* to captivate.

embocadura *f (de instrumento)* mouthpiece.

embolia *f* clot, embolism.

émbolo *m* (AUTOM) piston.

embolsarse *vpr (ganar)* to earn.

embonar *vt Méx fam* to suit.

emborrachar *vt* to make drunk. ◆ **emborracharse** *vpr* to get drunk.

emborronar *vt (garabatear)* to scribble on; *(manchar)* to smudge.

emboscada *f lit & fig* ambush.

embotellado, -da *adj* bottled.

embotellamiento *m (de tráfico)* traffic jam.

embotellar *vt (líquido)* to bottle.

embozar *vt* 1. *(conducto)* to block. 2. *(rostro)* to cover (up). ◆ **embozarse** *vpr* 1. *(conducto)* to get blocked (up). 2. *(persona)* to cover one's face

embragar *vi* to engage the clutch.

embrague *m* clutch.

embriagar *vt* 1. *(extasiar)* to intoxicate. 2. *(emborrachar)* to make drunk. ◆ **embriagarse** *vpr (emborracharse)*: **~se (con)** to get drunk (on).

embriaguez *f* 1. *(borrachera)* drunkenness 2. *(éxtasis)* intoxication.

embrión *m* embryo.

embrionario, -ria *adj fig (inicial)* embryonic

embrollo *m* 1. *(de hilos)* tangle 2. *fig (lío)* mess; *(mentira)* lie.

embromado, -da *adj Amer fam* tricky.

embrujar *vt lit & fig* to bewitch.

embrujo *m (maleficio)* curse, spell; *fig (de ciudad, ojos)* charm, magic.

embrutecer *vt* to brutalize. ◆ **embrutecerse** *vpr* to become brutalized.

embuchado, -da *adj*: **carne embuchada** cured cold meat.

embudo *m* funnel.

embuste *m* lie.

embustero, -ra ◇ *adj* lying. ◇ *m y f* liar.

embutido *m (comida)* cold cured meat

embutir *vt lit & fig* to stuff

emergencia *f* 1. *(urgencia)* emergency; **en caso de ~** in case of emergency. 2. *(brote)* emergence.

emerger *vi (salir del agua)* to emerge; *(aparecer)* to come into view, to appear.

emigración *f (de personas)* emigration; *(de aves)* migration.

emigrante *adj, m y f* emigrant.

emigrar *vi (persona)* to emigrate; *(ave)* to migrate.

eminencia *f (persona)* leading light. ◆ **Eminencia** *f*: **Su Eminencia** His Eminence

eminente *adj (distinguido)* eminent

emirato *m* emirate.

Emiratos Árabes Unidos *mpl*: **los ~** United Arab Emirates

emisión *f* 1. *(de energía, rayos etc)* emission. 2. *(de bonos, sellos, monedas)* issue. 3. (RADIO & TV - *transmisión)* broadcasting; *(- programa)* programme, broadcast.

emisor, -ra *adj* transmitting *(antes de*

sust). ◆ **emisora** *f* radio station.

emitir ◊ *vt* 1. *(rayos, calor, sonidos)* to emit. 2. *(moneda, sellos, bonos)* to issue. 3. *(expresar - juicio, opinión)* to express; *(- fallo)* to pronounce. 4. (RADIO & TV) to broadcast. ◊ *vi* to broadcast.

emoción *f* 1. *(conmoción, sentimiento)* emotion. 2. *(expectación)* excitement; ¡qué ~! how exciting!

emocionante *adj* 1. *(conmovedor)* moving, touching. 2. *(apasionante)* exciting, thrilling.

emocionar *vt* 1. *(conmover)* to move. 2. *(excitar, apasionar)* to thrill, to excite. ◆ **emocionarse** *vpr* 1. *(conmoverse)* to be moved. 2. *(excitarse, apasionarse)* to get excited.

emotivo, -va *adj (persona)* emotional; *(escena, palabras)* moving.

empachar *vt* to give indigestion to. ◆ **empacharse** *vpr (hartarse)* to stuff o.s.; *(sufrir indigestión)* to get indigestion.

empacho *m (indigestión)* upset stomach, indigestion.

empadronar *vt* = to register on the electoral roll ◆ **empadronarse** *vpr* = to register on the electoral roll.

empalagoso, -sa *adj* sickly, cloying.

empalizada *f (cerca)* fence; (MIL) stockade.

empalmar ◊ *vt (tubos, cables)* to connect, to join. ◊ *vi* 1. *(autocares, trenes)* to connect. 2. *(carreteras)* to link o join (up)

empalme *m* 1. *(entre cables, tubos)* joint, connection. 2. *(de líneas férreas, carreteras)* junction.

empanada *f* pasty.

empanadilla *f* small pasty.

empanar *vt* (CULIN) to coat in breadcrumbs

empantanar *vt* to flood. ◆ **empantanarse** *vpr* 1. *(inundarse)* to be flooded o waterlogged. 2. *fig (atascarse)* to get bogged down

empañar *vt* 1. *(cristal)* to mist o steam up. 2. *fig (reputación)* to tarnish. ◆ **empañarse** *vpr* to mist o steam up.

empapar *vt* 1. *(humedecer)* to soak. 2. *(absorber)* to soak up. ◆ **empaparse** *vpr (persona, traje)* to get soaked.

empapelar *vt (pared)* to paper.

empaquetar *vt* to pack, to package.

emparedado, -da *adj* confined. ◆ **emparedado** *m* sandwich.

emparedar *vt* to lock away.

emparejar *vt (aparejar - personas)* to pair off; *(- zapatos etc)* to match (up).

emparentar *vi*: ~ **con** to marry into.

empastar *vt* to fill

empaste *m (de pie, zapato)* filling.

empatar *vi* (DEP) to draw; *(en elecciones etc)* to tie; ~ **a cero** to draw nil-nil.

empate *m (resultado)* draw; **un ~ a cero/dos** a goalless/two-all draw.

empedernido, -da *adj (bebedor, fumador)* heavy; *(criminal, jugador)* hardened

empedrado *m* paving.

empedrar *vt* to pave

empeine *m (de pie, zapato)* instep.

empeñado, -da *adj* 1. *(en préstamo)* in pawn. 2. *(obstinado)* determined; **estar ~ en hacer algo** to be determined to do sthg.

empeñar *vt (joyas etc)* to pawn. ◆ **empeñarse** *vpr* 1. *(obstinarse)* to insist; **~se en hacer algo** *(obstinarse)* to insist on doing sthg; *(persistir)* to persist in doing sthg. 2. *(endeudarse)* to get into debt.

empeño *m* 1. *(de joyas etc)* pawning; **casa de ~s** pawnshop. 2. *(obstinación)* determination; **tener ~ en hacer algo** to be determined to do sthg.

empeorar *vi* to get worse, to deteriorate.

empequeñecer *vt (quitar importancia)* to diminish; *(en una comparación)* to overshadow, to dwarf.

emperador, emperatriz *m y f* emperor *(f empress)* ◆ **emperador** *m (pez)* swordfish.

emperifollar *vt fam* to doll o tart up.

emperrarse *vpr*: ~ **(en hacer algo)** to insist (on doing sthg).

empezar ◊ *vt* to begin, to start ◊ *vi*: ~ **(a hacer algo)** to begin o start (to do sthg); ~ **(por hacer algo)** to begin o start (by doing sthg); **para ~** to begin o start with

empinado, -da *adj* steep.

empinar *vt (levantar)* to raise. ◆ **empinarse** *vpr* 1. *(animal)* to stand up on its hind legs. 2. *(persona)* to stand on tiptoe.

empírico, -ca *adj* empirical.

emplasto *m (medicamento)* poultice.

emplazamiento *m (ubicación)* location

emplazar *vt* 1. *(situar)* to locate; (MIL) to position. 2. *(citar)* to summon; (DER) to summons.

empleado, -da *m y f (gen)* employee; *(de banco, administración, oficina)* clerk.

emplear vt 1. *(usar - objetos, materiales etc)* to use; *(- tiempo)* to spend; ~ **algo en hacer algo** to use sthg to do sthg. 2. *(contratar)* to employ. ◆ **emplearse** vpr 1. *(colocarse)* to find a job. 2. *(usarse)* to be used.

empleo m 1. *(uso)* use. 2. *(trabajo)* employment; *(puesto)* job; **estar sin ~** to be out of work.

emplomadura f CSur *(diente)* filling.

empobrecer vt to impoverish. ◆ **empobrecerse** vpr to get poorer.

empollar ◇ vt 1. *(huevo)* to incubate. 2. fam *(estudiar)* to swot up on. ◇ vi fam to swot.

empollón, -ona fam m y f swot.

empolvarse vpr to powder one's face.

empotrado, -da adj fitted, built-in.

empotrar vt to fit, to build in.

emprendedor, -ra adj enterprising.

emprender vt *(trabajo)* to start; *(viaje, marcha)* to set off on; ~ **vuelo** to fly off.

empresa f 1. *(sociedad)* company; **pequeña y mediana ~** small and medium-sized business. 2. *(acción)* enterprise, undertaking.

empresarial adj management *(antes de sust)*. ◆ **empresariales** fpl business studies.

empresario, -ria m y f *(patrono)* employer; *(hombre, mujer de negocios)* businessman *(f* businesswoman); *(de teatro)* impresario.

empréstito m debenture loan.

empujar vt to push; ~ **a alguien a que haga algo** to push sb into doing sthg.

empuje m 1. *(presión)* pressure. 2. *(energía)* energy, drive.

empujón m *(empellón)* shove, push; **abrirse paso a empujones** to shove o push one's way through.

empuñadura f handle; *(de espada)* hilt.

empuñar vt to take hold of, to grasp.

emulsión f emulsion

en prep 1. *(lugar - en el interior de)* in; *(- sobre la superficie de)* on; *(- en un punto concreto de)* at; **viven ~ la capital** they live in the capital; **tiene el dinero ~ el banco** he keeps his money in the bank; ~ **la mesa/el plato** on the table/plate; ~ **casa/el trabajo** at home/work. 2. *(dirección)* into; **el avión cayó ~ el mar** the plane fell into the sea; **entraron ~ la habitación** they came into the room. 3. *(tiempo - mes, año etc)* in; *(- día)* on;

nació ~ 1940/mayo he was born in 1940/May; ~ **aquel día** on that day; ~ **Nochebuena** on Christmas Eve; ~ **Navidades** at Christmas; ~ **aquella época** at that time, in those days; ~ **un par de días** in a couple of days. 4. *(medio de transporte)* by; **ir ~ tren/coche/avión/barco** to go by train/car/plane/boat. 5. *(modo)* in; ~ **voz baja** in a low voice; **lo dijo ~ inglés** she said it in English; **pagar ~ libras** to pay in pounds; **la inflación aumentó ~ un 10%** inflation increased by 10%; **todo se lo gasta ~ ropa** he spends everything on clothes 6. *(precio)* in; **las ganancias se calculan ~ millones** profits are calculated in millions; **te lo dejo ~ 5.000** I'll let you have it for 5,000. 7. *(tema)*: **es un experto ~ la materia** he's an expert on the subject; **es doctor ~ medicina** he's a doctor of medicine. 8. *(causa)* from; **lo detecté ~ su forma de hablar** I could tell from the way he was speaking. 9. *(materia)* in, made of; ~ **seda** in silk. 10. *(cualidad)* in terms of; **le supera ~ inteligencia** she is more intelligent than he is.

enagua f *(gen pl)* petticoat.

enajenación f, **enajenamiento** m *(locura)* insanity; *(éxtasis)* rapture.

enajenar vt 1. *(volver loco)* to drive mad; *(extasiar)* to enrapture. 2. *(propiedad)* to alienate.

enaltecer vt to praise.

enamoradizo, -za adj who falls in love easily

enamorado, -da ◇ adj: ~ **(de)** in love (with). ◇ m y f lover.

enamorar vt to win the heart of. ◆ **enamorarse** vpr: ~**se (de)** to fall in love (with).

enano, -na adj, m y f dwarf.

enarbolar vt *(bandera)* to raise, to hoist; *(pancarta)* to hold up; *(arma)* to brandish.

enardecer vt *(gen)* to inflame; *(persona, multitud)* to fill with enthusiasm.

encabezamiento m *(de carta, escrito)* heading; *(de artículo periodístico)* headline; *(preámbulo)* foreword.

encabezar vt 1. *(artículo de periódico)* to headline; *(libro)* to write the foreword for 2. *(lista, carta)* to head. 3. *(marcha, expedición)* to lead

encabritarse vpr 1. *(caballo, moto)* to rear up. 2. fam *(persona)* to get shirty

encadenar vt 1. *(atar)* to chain (up). 2. *(enlazar)* to link (together).

encajar ◇ vt 1. *(meter ajustando)*: ~

(en) to fit (into). **2.** *(meter con fuerza)*: ~ **(en)** to push (into). **3.** *(hueso dislocado)* to set. **4.** *(recibir - golpe, noticia, críticas)* to take. ◇ *vi* **1.** *(piezas, objetos)* to fit. **2.** *(hechos, declaraciones, datos)*: ~ **(con)** to square (with), to match.

encaje *m (tejido)* lace.

encalar *vt* to whitewash.

encallar *vi (barco)* to run aground.

encaminar *vt* **1.** *(persona, pasos)* to direct. **2.** *(medidas, leyes, actividades)* to aim; **encaminado a** aimed at. ◆ **encaminarse** *vpr*: ~**se a/hacia** to set off for/towards.

encandilar *vt* to dazzle.

encantado, -da *adj* **1.** *(contento)* delighted; ~ **de conocerle** pleased to meet you. **2.** *(hechizado - casa, lugar)* haunted; *(- persona)* bewitched.

encantador, -ra *adj* delightful, charming.

encantar *vt* **1.** *(gustar)*: ~**le a alguien algo/hacer algo** to love sthg/doing sthg. **2.** *(embrujar)* to cast a spell on.

encanto *m* **1.** *(atractivo)* charm; **ser un ~** to be a treasure o a delight. **2.** *(hechizo)* spell.

encapotado, -da *adj* overcast.

encapotarse *vpr* to cloud over.

encapricharse *vpr (obstinarse)*: ~ **con algo/hacer algo** to set one's mind on sthg/doing sthg.

encapuchado, -da *adj* hooded.

encaramar *vt* to lift up. ◆ **encaramarse** *vpr*: ~**se (a o en)** to climb up (onto).

encarar *vt (hacer frente a)* to confront, to face up to. ◆ **encararse** *vpr (enfrentarse)*: ~**se a o con** to stand up to.

encarcelar *vt* to imprison.

encarecer *vt (productos, precios)* to make more expensive. ◆ **encarecerse** *vpr* to become more expensive

encarecidamente *adv* earnestly.

encarecimiento *m (de producto, coste)* increase in price.

encargado, -da ◇ *adj*: ~ **(de)** responsible (for), in charge (of). ◇ *m y f (gen)* person in charge; (COM) manager (*f* manageress).

encargar *vt* **1.** *(poner al cargo)*: ~ **a alguien de algo** to put sb in charge of sthg; ~ **a alguien que haga algo** to tell sb to do sthg. **2.** *(pedir)* to order. ◆ **encargarse** *vpr (ocuparse)*: ~**se de** to be in charge of; **yo me encargaré de eso** I'll take care of o see to that.

encargo *m* **1.** *(pedido)* order; **por ~** to order **2.** *(recado)* errand. **3.** *(tarea)* task, assignment.

encariñarse *vpr*: ~ **con** to become fond of.

encarnación *f (personificación - cosa)* embodiment; *(- persona)* personification.

encarnado, -da *adj* **1.** *(personificado)* incarnate. **2.** *(color)* red.

encarnizado, -da *adj* bloody, bitter.

encarnizarse *vpr*: ~ **con** *(presa)* to fall upon; *(prisionero, enemigo)* to treat savagely.

encarrilar *vt fig (negocio, situación)* to put on the right track.

encasillar *vt (clasificar)* to pigeonhole; (TEATRO) to typecast.

encasquetar *vt* **1.** *(imponer)*: ~ **algo a alguien** *(idea, teoría)* to drum sthg into sb; *(discurso, lección)* to force sb to sit through sthg. **2.** *(sombrero)* to pull on

encasquillarse *vpr* to get jammed.

encauzar *vt* **1.** *(corriente)* to channel. **2.** *(orientar)* to direct.

encendedor *m* lighter.

encender *vt* **1.** *(vela, cigarro, chimenea)* to light. **2.** *(aparato)* to switch on. **3.** *fig (avivar - entusiasmo, ira)* to arouse; *(- pasión, discusión)* to inflame. ◆ **encenderse** *vpr* **1.** *(fuego, gas)* to ignite; *(luz, estufa)* to come on. **2.** *fig (ojos)* to light up; *(persona, rostro)* to go red, to blush; *(de ira)* to flare up.

encendido, -da *adj (luz, colilla)* burning; **la luz está encendida** the light is on. ◆ **encendido** *m* (AUTOM) ignition.

encerado, -da *adj* waxed, polished. ◆ **encerado** *m (pizarra)* blackboard.

encerar *vt* to wax, to polish.

encerrar *vt* **1.** *(recluir - gen)* to shut (up o in); *(- con llave)* to lock (up o in); *(- en la cárcel)* to lock away o up. **2.** *(contener)* to contain. ◆ **encerrarse** *vpr (gen)* to shut o.s. away; *(con llave)* to lock o.s away.

encestar *vt & vi* to score *(in basketball)*.

enceste *m* basket

encharcar *vt* to waterlog. ◆ **encharcarse** *vpr* **1.** *(terreno)* to become waterlogged. **2.** *(pulmones)* to become flooded.

enchilarse *vpr* Méx fam to get angry

enchufado, -da *adj fam*: **estar ~** to get where one is through connections.

enchufar *vt* **1.** *(aparato)* to plug in. **2.** *fam (a una persona)* to pull strings for.

enchufe m 1. *(ELECTR - macho)* plug; *(- hembra)* socket. 2. *fam (recomendación)* connections *(pl)*; **obtener algo por** ~ to get sthg by pulling strings o through one's connections.

encía f gum.

encíclica f encyclical.

enciclopedia f encyclopedia.

encierro m *(protesta)* sit-in.

encima adv 1. *(arriba)* on top; **yo vivo** ~ I live upstairs; **por** ~ *(superficialmente)* superficially. 2. *(además)* on top of that. 3. *(sobre sí)*: **lleva un abrigo** ~ she has a coat on; **¿llevas dinero** ~? have you got any money on you? ◆ **encima de** *loc prep* 1. *(en lugar superior que)* above; **vivo** ~ **de tu casa** I live upstairs from you. 2. *(sobre, en)* on (top of); **el pan está** ~ **de la mesa** the bread is on (top of) the table. 3. *(además)* on top of. ◆ **por encima de** *loc prep* 1. *(gen)* over; **vive por** ~ **de sus posibilidades** he lives beyond his means. 2. *fig (más que)* more than; **por** ~ **de todo** more than anything else.

encina f holm oak.

encinta adj f pregnant.

enclave m enclave.

enclenque adj sickly, frail.

encoger ◇ vt 1. *(ropa)* to shrink. 2. *(miembro, músculo)* to contract. ◇ vi to shrink. ◆ **encogerse** vpr 1. *(ropa)* to shrink; *(músculos etc)* to contract; ~**se de hombros** to shrug one's shoulders. 2. *fig (apocarse)* to cringe.

encolar vt *(silla etc)* to glue; *(pared)* to size, to paste.

encolerizar vt to infuriate, to enrage. ◆ **encolerizarse** vpr to get angry.

encomendar vt to entrust ◆ **encomendarse** vpr: ~**se a** *(persona)* to entrust o.s. to; *(Dios, santos)* to put one's trust in.

encomienda f 1. *(encargo)* assignment, mission. 2. *Amer (paquete)* parcel.

encontrado, -da adj conflicting.

encontrar vt 1. *(gen)* to find. 2. *(dificultades)* to encounter. 3. *(persona)* to meet, to come across ◆ **encontrarse** vpr 1. *(hallarse)* to be; **se encuentra en París** she's in París. 2. *(coincidir)*: ~**se (con alguien)** to meet (sb); **me encontré con Juan** I ran into o met Juan. 3. *fig (de ánimo)* to feel. 4. *(chocar)* to collide.

encorvar vt to bend. ◆ **encorvarse** vpr to bend down o over.

encrespar vt 1. *(pelo)* to curl; *(mar)*

to make choppy o rough. 2. *(irritar)* to irritate. ◆ **encresparse** vpr 1. *(mar)* to get rough. 2. *(persona)* to get irritated.

encrucijada f *lit & fig* crossroads *(sg)*.

encuadernación f binding.

encuadernador, -ra m y f bookbinder.

encuadernar vt to bind.

encuadrar vt 1. *(enmarcar - cuadro, tema)* to frame. 2. *(encerrar)* to contain. 3. *(encajar)* to fit.

encubierto, -ta ◇ pp → **encubrir**. ◇ adj *(intento)* covert; *(insulto, significado)* hidden.

encubridor, -ra m y f: ~ **(de)** accessory (to).

encubrir vt *(delito)* to conceal; *(persona)* to harbour.

encuentro m 1. *(acción)* meeting, encounter. 2. *(DEP)* game, match. 3. *(hallazgo)* find.

encuesta f 1. *(de opinión)* survey, opinion poll. 2. *(investigación)* investigation, inquiry.

encuestador, -ra m y f pollster.

encuestar vt to poll.

endeble adj *(persona, argumento)* weak, feeble; *(objeto)* fragile.

endémico, -ca adj *(MED & fig)* endemic.

endemoniado, -da adj 1. *fam fig (molesto - niño)* wicked; *(- trabajo)* very tricky. 2. *(desagradable)* terrible, foul. 3. *(poseído)* possessed (of the devil).

endenantes adv *Amer fam* before

enderezar vt 1. *(poner derecho)* to straighten. 2. *(poner vertical)* to put upright. 3. *fig (corregir)* to set right. ◆ **enderezarse** vpr *(sentado)* to sit up straight; *(de pie)* to stand up straight.

endeudamiento m debt.

endeudarse vpr to get into debt.

endiablado, -da adj *(persona)* wicked; *(tiempo, genio)* foul; *(problema, crucigrama)* fiendishly difficult.

endibia = endivia.

endiñar vt *fam*: ~ **algo a alguien** *(golpe)* to land o deal sb sthg; *(trabajo, tarea)* to lumber sb with sthg.

endivia, endibia f endive.

endomingado, -da adj *fam* dolledup.

endosar vt 1. *fig (tarea, trabajo)*: ~ **algo a alguien** to lumber sb with sthg. 2. *(COM)* to endorse.

endulzar vt *(con azúcar)* to sweeten; *fig (con dulzura)* to ease.

endurecer vt 1. *(gen)* to harden. 2. *(fortalecer)* to strengthen

enemigo, -ga ◇ *adj* enemy (*antes de sust*); **ser ~ de algo** to hate sthg. ◇ *m y f* enemy.

enemistad *f* enmity.

enemistar *vt* to make enemies of. ♦ **enemistarse** *vpr*: **~se (con)** to fall out (with).

energético, -ca *adj* energy (*antes de sust*).

energía *f* 1. (*gen*) energy; **~ atómica** o **nuclear** nuclear power; **~ eólica/hidráulica** wind/water power; **~ solar** solar energy o power. 2. (*fuerza*) strength.

enérgico, -ca *adj* (*gen*) energetic; (*carácter*) forceful; (*gesto, medida*) vigorous; (*decisión, postura*) emphatic.

energúmeno, -na *m y f fig* madman (*f* madwoman).

enero *m* January; *ver también* **septiembre**.

enervar *vt* 1. (*debilitar*) to sap, to weaken. 2. (*poner nervioso*) to exasperate.

enésimo, -ma *adj* 1. (MAT) n^{th}. 2. *fig* umpteenth; **por enésima vez** for the umpteenth time.

enfadado, -da *adj* angry.

enfadar *vt* to anger. ♦ **enfadarse** *vpr*: **~se (con)** to get angry (with).

enfado *m* anger.

énfasis *m inv* emphasis; **poner ~ en algo** to emphasize sthg.

enfático, -ca *adj* emphatic.

enfatizar *vt* to emphasize, to stress.

enfermar ◇ *vt* (*causar enfermedad*) to make ill. ◇ *vi* to fall ill; **~ del pecho** to develop a chest complaint.

enfermedad *f* (*física*) illness; **~ infecciosa/venérea** infectious/venereal disease.

enfermera → **enfermero**.

enfermería *f* sick bay.

enfermero, -ra *m y f* male nurse (*f* nurse).

enfermizo, -za *adj lit & fig* unhealthy.

enfermo, -ma ◇ *adj* ill, sick. ◇ *m y f* (*gen*) invalid, sick person; (*en el hospital*) patient.

enfilar *vt* 1. (*ir por - camino*) to go o head straight along. 2. (*apuntar - arma*) to aim.

enflaquecer *vi* to grow thin.

enfocar *vt* 1. (*imagen, objetivo*) to focus 2. (*suj: luz, foco*) to shine on. 3. *fig* (*tema, asunto*) to approach, to look at.

enfoque *m* 1. (*de una imagen*) focus 2. *fig* (*de un asunto*) approach, angle.

enfrascar *vt* to bottle. ♦ **enfrascarse en** *vpr* (*riña*) to get embroiled in; (*lectura, conversación*) to become engrossed in.

enfrentar *vt* 1. (*hacer frente*) to confront, to face. 2. (*poner frente a frente*) to bring face to face. ♦ **enfrentarse** *vpr* 1. (*luchar, encontrarse*) to meet, to clash 2. (*oponerse*): **~se con alguien** to confront sb.

enfrente *adv* 1. (*delante*) opposite; **la tienda de ~** the shop across the road; **~ de** opposite. 2. (*en contra*): **tiene a todos ~** everyone's against her.

enfriamiento *m* 1. (*catarro*) cold. 2. (*acción*) cooling.

enfriar *vt lit & fig* to cool. ♦ **enfriarse** *vpr* 1. (*líquido, pasión, amistad*) to cool down. 2. (*quedarse demasiado frío*) to go cold. 3. (MED) to catch a cold.

enfundar *vt* (*espada*) to sheathe; (*pistola*) to put away.

enfurecer *vt* to infuriate, to madden. ♦ **enfurecerse** *vpr* (*gen*) to get furious.

enfurruñarse *vpr fam* to sulk.

engalanar *vt* to decorate. ♦ **engalanarse** *vpr* to dress up.

enganchar *vt* 1. (*agarrar - vagones*) to couple; (*- remolque, caballos*) to hitch up; (*- pez*) to hook. 2. (*colgar de un gancho*) to hang up. ♦ **engancharse** *vpr* 1. (*prenderse*): **~se algo con algo** to catch sthg on sthg. 2. (*alistarse*) to enlist, to join up. 3. (*hacerse adicto*): **~se (a)** to get hooked (on).

enganche *m* 1. (*de trenes*) coupling. 2. (*gancho*) hook. 3. (*reclutamiento*) enlistment. 4. *Méx* (*depósito*) deposit.

engañar *vt* 1. (*gen*) to deceive; **engaña a su marido** she cheats on her husband. 2. (*estafar*) to cheat, to swindle. ♦ **engañarse** *vpr* 1. (*hacerse ilusiones*) to delude o.s. 2. (*equivocarse*) to be wrong.

engaño *m* (*gen*) deceit; (*estafa*) swindle.

engañoso, -sa *adj* (*persona, palabras*) deceitful; (*aspecto, apariencia*) deceptive.

engarzar *vt* 1. (*encadenar - abalorios*) to thread; (*- perlas*) to string. 2. (*enlazar - palabras*) to string together.

engatusar *vt fam* to get round; **~ a alguien para que haga algo** to coax o cajole sb into doing sthg.

engendrar *vt* 1. (*procrear*) to give birth to. 2. *fig* (*originar*) to give rise to.

engendro *m* 1. (*obra de mala calidad*)

monstrosity. **2.** *(ser deforme)* freak; *(niño)* malformed child.

englobar *vt* to bring together.

engomar *vt (pegar)* to stick, to glue.

engordar ◇ *vt* **1.** to fatten up. **2.** *fig (aumentar)* to swell. ◇ *vi* to put on weight.

engorroso, -sa *adj* bothersome.

engranaje *m* **1.** *(piezas - de reloj, piñón)* cogs *(pl)*; (AUTOM) gears *(pl)*. **2.** *(aparato - político, burocrático)* machinery.

engrandecer *vt* **1.** *fig (enaltecer)* to exalt **2.** *(aumentar)* to increase, to enlarge.

engrasar *vt (gen)* to lubricate; *(bisagra, mecanismo)* to oil; *(eje, bandeja)* to grease.

engreído, -da *adj* conceited, full of one's own importance.

engrosar *vt fig (aumentar)* to swell.

engullir *vt* to gobble up.

enhebrar *vt (gen)* to thread; *(perlas)* to string.

enhorabuena ◇ *f* congratulations *(pl)*. ◇ *adv* **¡~ (por …)!** congratulations (on …)!

enigma *m* enigma

enigmático, -ca *adj* enigmatic.

enjabonar *vt (con jabón)* to soap.

enjambre *m* lit & fig swarm.

enjaular *vt (en jaula)* to cage; *fam fig (en prisión)* to jail, to lock up.

enjuagar *vt* to rinse.

enjuague *m* rinse.

enjugar *vt* **1.** *(secar)* to dry, to wipe away. **2.** *fig (pagar - deuda)* to pay off; *(- déficit)* to cancel out

enjuiciar *vt* **1.** (DER) to try. **2.** *(opinar)* to judge

enjuto, -ta *adj (delgado)* lean.

enlace *m* **1.** *(acción)* link. **2.** *(persona)* go-between; **~ sindical** shop steward. **3.** *(casamiento):* **~ (matrimonial)** marriage. **4.** *(de trenes)* connection; **estación de ~** junction; **vía de ~** crossover

enlatar *vt* to can, to tin.

enlazar ◇ *vt:* **~ algo a** *(atar)* to tie sthg up to; *(trabar, relacionar)* to link o connect sthg with. ◇ *vi:* **~ en** *(trenes)* to connect at.

enloquecer ◇ *vt* **1.** *(volver loco)* to drive mad **2.** *fig (gustar mucho)* to drive wild o crazy. ◇ *vi* to go mad.

enlutado, -da *adj* in mourning.

enmarañar *vt* **1.** *(enredar)* to tangle (up). **2.** *(complicar)* to complicate.
♦ **enmarañarse** *vpr* **1.** *(enredarse)* to become tangled. **2.** *(complicarse)* to

become confused o complicated.

enmarcar *vt* to frame.

enmascarado, -da *adj* masked.

enmascarar *vt (rostro)* to mask; *fig (encubrir)* to disguise.

enmendar *vt (error)* to correct; *(ley, dictamen)* to amend; *(comportamiento)* to mend; *(daño, perjuicio)* to redress.
♦ **enmendarse** *vpr* to mend one's ways.

enmienda *f* **1.** *(en un texto)* corrections *(pl)*. **2.** (POLÍT) amendment.

enmohecer *vt (gen)* to turn mouldy; *(metal)* to rust. ♦ **enmohecerse** *vpr (gen)* to grow mouldy; *(metal, conocimientos)* to go rusty.

enmoquetar *vt* to carpet.

enmudecer ◇ *vt* to silence. ◇ *vi (callarse)* to fall silent, to go quiet; *(perder el habla)* to be struck dumb.

ennegrecer *vt (gen)* to blacken; *(suj: nubes)* to darken ♦ **ennegrecerse** *vpr (gen)* to become blackened; *(nublarse)* to darken, to grow dark.

ennoblecer *vt* **1.** *fig (dignificar)* to lend distinction to. **2.** *(dar un título a)* to ennoble.

enojar *vt (enfadar)* to anger; *(molestar)* to annoy. ♦ **enojarse** *vpr:* **~se (con)** *(enfadarse)* to get angry (with); *(molestarse)* to get annoyed (with).

enojo *m (enfado)* anger; *(molestia)* annoyance.

enojoso, -sa *adj (molesto)* annoying; *(delicado, espinoso)* awkward.

enorgullecer *vt* to fill with pride.
♦ **enorgullecerse de** *vpr* to be proud of.

enorme *adj (en tamaño)* enormous, huge; *(en gravedad)* monstrous.

enormidad *f (de tamaño)* enormity, hugeness.

enrarecer *vt* **1.** *(contaminar)* to pollute. **2.** *(rarificar)* to rarefy. ♦ **enrarecerse** *vpr* **1.** *(contaminarse)* to become polluted. **2.** *(rarificarse)* to become rarefied. **3.** *fig (situación, ambiente)* to become tense.

enredadera *f* creeper.

enredar *vt* **1.** *(madeja, pelo)* to tangle up; *(situación, asunto)* to complicate, to confuse. **2.** *fig (implicar):* **~ a alguien (en)** to embroil sb (in), to involve sb (in). ♦ **enredarse** *vpr (plantas)* to climb; *(madeja, pelo)* to get tangled up; *(situación, asunto)* to become confused.

enredo *m* **1.** *(maraña)* tangle, knot. **2.** *(lío)* mess, complicated affair; *(asunto ilícito)* shady affair. **3.** *(amoroso)* (love) affair.

enrejado m 1. *(barrotes - de balcón, verja)* railings *(pl)*; *(- de jaula, celda, ventana)* bars *(pl)*. 2. *(de cañas)* trellis.

enrevesado, -da *adj* complex, complicated.

enriquecer *vt* 1. *(hacer rico)* to make rich. 2. *fig (engrandecer)* to enrich. ◆ **enriquecerse** *vpr* to get rich.

enrojecer ◇ *vt (gen)* to redden; *(rostro, mejillas)* to cause to blush. ◇ *vi (por calor)* to flush; *(por turbación)* to blush. ◆ **enrojecerse** *vpr (por calor)* to flush; *(por turbación)* to blush.

enrolar *vt* to enlist. ◆ **enrolarse en** *vpr (la marina)* to enlist in; *(un buque)* to sign up for.

enrollar *vt* 1. *(arrollar)* to roll up. 2. *fam (gustar):* **me enrolla mucho** I love it, I think it's great.

enroscar *vt* 1. *(atornillar)* to screw in. 2. *(enrollar)* to roll up; *(cuerpo, cola)* to curl up.

ensaimada *f cake made of sweet coiled pastry.*

ensalada *f (de lechuga etc)* salad.

ensaladilla *f*: ~ **(rusa)** Russian salad.

ensalzar *vt* to praise.

ensambladura *f*, **ensamblaje** *m (acción)* assembly; *(pieza)* joint.

ensanchar *vt (orificio, calle)* to widen; *(ropa)* to let out; *(ciudad)* to expand.

ensanche *m* 1. *(de calle etc)* widening. 2. *(en la ciudad)* new suburb.

ensangrentar *vt* to cover with blood.

ensañarse *vpr*: ~ **con** to torment, to treat cruelly.

ensartar *vt* 1. *(perlas)* to string; *(aguja)* to thread. 2. *(atravesar - torero)* to gore; *(puñal)* to plunge, to bury.

ensayar *vt* 1. *(gen)* to test. 2. *(TEATRO)* to rehearse.

ensayista *m y f* essayist.

ensayo *m* 1. *(TEATRO)* rehearsal; ~ **general** dress rehearsal. 2. *(prueba)* test. 3. *(LITER)* essay. 4. *(en rugby)* try.

enseguida *adv (inmediatamente)* immediately, at once; *(pronto)* very soon; **llegará** ~ he'll be here any minute now.

ensenada *f* cove, inlet.

enseñanza *f (gen)* education; *(instrucción)* teaching; ~ **primaria/media** primary/secondary education.

enseñar *vt* 1. *(instruir, aleccionar)* to teach; ~ **a alguien a hacer algo** to teach sb (how) to do sthg. 2. *(mostrar)* to show.

enseres *mpl* 1. *(efectos personales)* belongings. 2. *(utensilios)* equipment *(U)*.

ensillar *vt* to saddle up.

ensimismarse *vpr (enfrascarse)* to become absorbed; *(abstraerse)* to be lost in thought.

ensombrecer *vt lit & fig* to cast a shadow over. ◆ **ensombrecerse** *vpr* to darken.

ensoñación *f* daydream.

ensopar *vt Amer* to soak.

ensordecer ◇ *vt (suj: sonido)* to deafen. ◇ *vi* to go deaf.

ensortijar *vt* to curl.

ensuciar *vt* to (make) dirty; *fig (desprestigiar)* to sully, to tarnish. ◆ **ensuciarse** *vpr* to get dirty.

ensueño *m lit & fig* dream; **de** ~ dream *(antes de sust)*, ideal.

entablado *m (armazón)* wooden platform; *(suelo)* floorboards *(pl)*.

entablar *vt (iniciar - conversación, amistad)* to strike up

entallar *vt* 1. *(prenda)* to cut, to tailor. 2. *(madera)* to carve, to sculpt.

entarimado *m (plataforma)* wooden platform; *(suelo)* floorboards *(pl)*

ente *m* 1. *(ser)* being. 2. *(corporación)* body, organization; ~ **público** *(gen)* state-owned body o institution; *(televisión)* Spanish state broadcasting company.

entender ◇ *vt* 1. *(gen)* to understand. 2. *(darse cuenta)* to realize 3. *(oír)* to hear 4. *(juzgar)* to think; **yo no lo entiendo así** I don't see it that way. ◇ *vi* 1. *(comprender)* to understand. 2. *(saber):* ~ **de** o **en algo** to be an expert on sthg; ~ **poco/algo de** to know very little/a little about ◇ *m:* **a mi** ~ ... the way I see it .. ◆ **entenderse** *vpr* 1. *(comprenderse - uno mismo)* to know what one means; *(- dos personas)* to understand each other. 2. *(llevarse bien)* to get on. 3. *(ponerse de acuerdo)* to reach an agreement. 4. *(comunicarse)* to communicate (with each other).

entendido, -da *m y f:* ~ **(en)** expert (on) ◆ **entendido** *interj:* ¡~! all right!, okay!

entendimiento *m (comprensión)* understanding; *(juicio)* judgment; *(inteligencia)* mind, intellect.

enterado, -da *adj:* ~ **(en)** well-informed (about); **estar** ~ **de algo** to be aware of sthg; **no darse por** ~ to turn a deaf ear.

enterar *vt:* ~ **a alguien de algo** to inform sb about sthg. ◆ **enterarse** *vpr*

1. (descubrir): **~se (de)** to find out (about). **2.** fam (comprender) to get it, to understand. **3.** (darse cuenta): **~se (de algo)** to realize (sthg).

entereza f (serenidad) composure; (honradez) integrity; (firmeza) firmness.

enternecer vt to move, to touch.
♦ **enternecerse** vpr to be moved.

entero, -ra adj **1.** (completo) whole. **2.** (sereno) composed. **3.** (honrado) upright, honest

enterrador, -ra m y f gravedigger.

enterrar vt (gen) to bury.

entibiar vt **1.** (enfriar) to cool. **2.** (templar) to warm ♦ **entibiarse** vpr (sentimiento) to cool.

entidad f **1.** (corporación) body; (empresa) firm, company. **2.** (FILOSOFÍA) entity. **3.** (importancia) importance.

entierro m (acción) burial; (ceremonia) funeral.

entlo. abrev de **entresuelo**.

entoldado m (toldo) awning; (para fiestas, bailes) marquee.

entomólogo, -ga m y f entomologist.

entonación f intonation.

entonar ◇ vt **1.** (cantar) to sing. **2.** (tonificar) to pick up. ◇ vi **1.** (al cantar) to sing in tune. **2.** (armonizar): **~ (con algo)** to match (sthg).

entonces ◇ adv then; **desde ~** since then; **en** o **por aquel ~** at that time. ◇ interj: **¡~!** well, then!

entornar vt to half-close.

entorno m environment, surroundings (pl).

entorpecer vt **1.** (debilitar - movimientos) to hinder; (- mente) to cloud **2.** (dificultar) to obstruct, to hinder.

entrada f **1.** (acción) entry; (llegada) arrival; **'prohibida la ~'** 'no entry'. **2.** (lugar) entrance; (puerta) doorway. **3.** (TECN) inlet, intake **4.** (en espectáculos - billete) ticket; (- recaudación) receipts (pl), takings (pl); **~ libre** admission free; **sacar una ~** to buy a ticket. **5.** (público) audience; (DEP) attendance **6.** (pago inicial) down payment **7.** (en contabilidad) income **8.** (plato) starter. **9.** (en la frente): **tener ~s** to have a receding hairline. **10.** (en un diccionario) entry. **11.** (principio): **de ~** right from the beginning o the word go

entrante ◇ adj (año, mes) coming; (presidente, gobierno) incoming. ◇ m **1.** (plato) starter. **2.** (hueco) recess.

entraña f (gen pl) **1.** (víscera) entrails (pl), insides (pl). **2.** fig (centro, esencia) heart.

entrañable adj intimate.

entrañar vt to involve.

entrar ◇ vi **1.** (introducirse - viniendo) to enter, to come in; (- yendo) to enter, to go in; **~ en algo** to enter sthg, to come/go into sthg; **entré por la ventana** I got in through the window. **2.** (penetrar - clavo etc) to go in; **~ en algo** to go into sthg. **3.** (caber): **~ (en)** to fit (in); **este anillo no te entra** this ring won't fit you. **4.** (incorporarse): **le (en algo)** (colegio, empresa) to start at sthg); (club, partido político) to join (sthg); **~ de** (botones etc) to start off as. **5.** (estado físico o de ánimo): **le entraron ganas de hablar** he suddenly felt like talking; **me está entrando frío** I'm getting cold; **me entró mucha pena** I was filled with pity. **6.** (periodo de tiempo) to start; **~ en** (edad, vejez) to reach; (año nuevo) to enter. **7.** (cantidad): **¿cuántos entran en un kilo?** how many do you get to the kilo? **8.** (concepto, asignatura etc): **no le entra la geometría** he can't get the hang of geometry. **9.** (AUTOM) to engage. ◇ vt (introducir) to bring in.

entre prep **1.** (gen) between; **~ nosotros** (en confianza) between you and me, between ourselves; **~ una cosa y otra** what with one thing and another. **2.** (en medio de muchos) among, amongst; **estaba ~ los asistentes** she was among those present; **~ sí** amongst themselves; **discutían ~ sí** they were arguing with each other.

entreabierto, -ta pp → **entreabrir**

entreabrir vt to half-open.

entreacto m interval.

entrecejo m space between the brows; **fruncir el ~** to frown

entrecortado, -da adj (voz, habla) faltering; (respiración) laboured; (señal, sonido) intermittent.

entrecot, entrecote m entrecôte.

entredicho m: **estar en ~** to be in doubt; **poner en ~** to question, to call into question.

entrega f **1.** (gen) handing over; (de pedido, paquete) delivery; (de premios) presentation; **~ a domicilio** home delivery. **2.** (dedicación): **~ (a)** devotion (to) **3.** (fascículo) instalment.

entregar vt (gen) to hand over; (pedido, paquete) to deliver; (examen, informe) to hand in; (persona) to turn over ♦ **entregarse** vpr (rendirse - soldado, ejército) to surrender; (- criminal) to turn o.s. in. ◆ **entregarse a** *vpr* **1.** *(persona, trabajo)* to devote o.s. to. **2.** *(vicio, pasión)* to give o.s. over to.

entreguerras ◆ **de entreguerras** *loc adj* between the wars

entrelazar *vt* to interlace, to interlink.

entremés *m* (CULIN) *(gen pl)* hors d'œuvres.

entremeter *vt* to insert, to put in. ◆ **entremeterse** *vpr (inmiscuirse)*: ~**se (en)** to meddle (in).

entremezclar *vt* to mix up. ◆ **entremezclarse** *vpr* to mix.

entrenador, -ra *m y f* coach; *(seleccionador)* manager.

entrenamiento *m* training.

entrenar *vt & vi* to train. ◆ **entrenarse** *vpr* to train.

entrepierna *f* crotch.

entresacar *vt* to pick out.

entresijos *mpl* ins and outs.

entresuelo *m* mezzanine.

entretanto *adv* meanwhile.

entretención *f* *Amer* entertainment.

entretener *vt* **1.** *(despistar)* to distract. **2.** *(retrasar)* to hold up, to keep. **3.** *(divertir)* to entertain. ◆ **entretenerse** *vpr* **1.** *(despistarse)* to get distracted. **2.** *(divertirse)* to amuse o.s. **3.** *(retrasarse)* to be held up

entretenido, -da *adj* entertaining, enjoyable.

entretenimiento *m* **1.** *(acción)* entertainment. **2.** *(pasatiempo)* pastime.

entrever *vt (vislumbrar)* to barely make out; *(por un instante)* to glimpse.

entrevero *m* *CSur* tangle, mess.

entrevista *f* interview.

entrevistar *vt* to interview. ◆ **entrevistarse** *vpr*: ~**se (con)** to have a meeting (with).

entrevisto, -ta *pp* → **entrever**.

entristecer *vt* to make sad. ◆ **entristecerse** *vpr* to become sad.

entrometerse *vpr*: ~ **(en)** to interfere (in).

entrometido, -da *m y f* meddler.

entroncar *vi* **1.** *(trenes etc)* to connect. **2.** *fig (relacionarse)*: ~ **(con)** to be related (to).

entuerto *m* wrong, injustice.

entumecer *vt* to numb. ◆ **entumecerse** *vpr* to become numb

entumecido, -da *adj* numb.

enturbiar *vt lit & fig* to cloud. ◆ **enturbiarse** *vpr lit & fig* to become cloudy

entusiasmar *vt* **1.** *(animar)* to fill with enthusiasm. **2.** *(gustar)*: **le entusiasma la música** he loves music ◆ **entusiasmarse** *vpr*: ~**se (con)** to get excited (about).

entusiasmo *m* enthusiasm.

entusiasta ◇ *adj* enthusiastic. ◇ *m y f* enthusiast.

enumeración *f* enumeration, listing.

enumerar *vt* to enumerate, to list.

enunciar *vt* to formulate, to enunciate.

envainar *vt* to sheathe.

envalentonar *vt* to urge on, to fill with courage. ◆ **envalentonarse** *vpr* to become daring

envanecer *vt* to make vain. ◆ **envanecerse** *vpr* to become vain.

envasado *m (en botellas)* bottling; *(en latas)* canning; *(en paquetes)* packing.

envasar *vt (gen)* to pack; *(en latas)* to can; *(en botellas)* to bottle

envase *m* **1.** *(envasado - en botellas)* bottling; *(- en latas)* canning; *(- en paquetes)* packing. **2.** *(recipiente)* container; *(botella)* bottle; ~ **desechable** disposable container; ~ **sin retorno** non-returnable bottle

envejecer ◇ *vi (hacerse viejo)* to grow old; *(parecer viejo)* to age. ◇ *vt* to age.

envejecimiento *m* ageing.

envenenamiento *m* poisoning.

envenenar *vt* to poison.

envergadura *f* **1.** *(importancia)* size, extent; *(complejidad)* complexity; **una reforma de gran** ~ a wide-ranging reform. **2.** *(anchura)* span

envés *m* reverse (side), back; *(de tela)* wrong side

enviado, -da *m y f* (POLÍT) envoy; (PRENSA) correspondent.

enviar *vt* to send

enviciar *vt* to addict, to get hooked. ◆ **enviciarse** *vpr* to become addicted.

envidia *f* envy; **tener** ~ **de** to envy

envidiar *vt* to envy.

envidioso, -sa *adj* envious.

envilecer *vt* to debase

envío *m* **1.** (COM) dispatch; *(de correo)* delivery; *(de víveres, mercancías)* consignment. **2.** *(paquete)* package.

envite *m (en el juego)* raise

enviudar *vi* to be widowed.

envoltorio *m*, **envoltura** *f* wrapper, wrapping.

envolver *vt* **1.** *(embalar)* to wrap (up). **2.** *(enrollar)* to wind. **3.** *(implicar)*: ~ **a alguien en** to involve sb in.

envuelto, -ta *pp* → **envolver**.

enyesar vt 1. (MED) to put in plaster. 2. (CONSTR) to plaster.

enzarzar vt to entangle, to embroil. ◆ **enzarzarse** vpr: ~**se en** to get entangled o embroiled in

enzima f enzyme.

e.p.d. (abrev de en paz descanse) RIP.

épica → épico.

épico, -ca adj epic. ◆ **épica** f epic.

epidemia f epidemic.

epígrafe m heading.

epilepsia f epilepsy.

epílogo m epilogue.

episodio m (gen) episode

epístola f culto (carta) epistle; (RELIG) Epistle.

epitafio m epitaph.

epíteto m epithet.

época f period; (estación) season; **de** ~ period (antes de sust); **en aquella** ~ at that time.

epopeya f 1. (gen) epic. 2. fig (hazaña) feat.

equidad f fairness.

equidistante adj equidistant.

equilibrado, -da adj 1. (gen) balanced. 2. (sensato) sensible.

equilibrar vt to balance.

equilibrio m balance; **mantenerse/perder el** ~ to keep/lose one's balance; **hacer** ~**s** fig to perform a balancing act.

equilibrista m y f (trapecista) trapeze artist; (funambulista) tightrope walker.

equino, -na adj equine.

equinoccio m equinox.

equipaje m luggage Br, baggage Am; **hacer el** ~ to pack; ~ **de mano** hand luggage.

equipar vt: ~ **(de)** (gen) to equip (with); (ropa) to fit out (with).

equiparar vt to compare. ◆ **equipararse** vpr to be compared.

equipo m 1. (equipamiento) equipment 2. (personas, jugadores) team; ~ **de rescate** rescue team. 3. (de música) system.

equis adj X; **un número** ~ **de personas** x number of people.

equitación f (arte) equestrianism; (actividad) horse riding.

equitativo, -va adj fair, even-handed.

equivalente adj & m equivalent.

equivaler ◆ **equivaler a** vi to be equivalent to; fig (significar) to amount to.

equivocación f mistake; **por** ~ by mistake.

equivocado, -da adj mistaken.

equivocar vt to choose wrongly; ~ **algo con algo** to mistake sthg for sthg. ◆ **equivocarse** vpr to be wrong; ~**se en** to make a mistake in; **se equivocó de nombre** he got the wrong name

equívoco, -ca adj 1. (ambiguo) ambiguous, equivocal. 2. (sospechoso) suspicious ◆ **equívoco** m misunderstanding.

era ◇ v → ser. ◇ f (periodo) era.

erario m funds (pl)

erección f erection.

erecto, -ta adj erect.

eres → ser.

erguir vt to raise. ◆ **erguirse** vpr to rise up.

erigir vt (construir) to erect, to build.

erizado, -da adj (de punta) on end; (con púas o espinas) spiky.

erizar vt to cause to stand on end. ◆ **erizarse** vpr (pelo) to stand on end; (persona) to stiffen.

erizo m 1. (mamífero) hedgehog. 2. (pez) globefish; ~ **de mar** sea urchin.

ermita f hermitage.

erosionar vt to erode. ◆ **erosionarse** vpr to erode.

erótico, -ca adj erotic.

erotismo m eroticism.

erradicación f eradication.

erradicar vt to eradicate.

errante adj wandering.

errar ◇ vt (vocación, camino) to choose wrongly; (disparo, golpe) to miss ◇ vi 1. (vagar) to wander. 2. (equivocarse) to make a mistake. 3. (al disparar) to miss.

errata f misprint.

erróneo, -a adj mistaken

error m mistake, error; **estar en un** ~ to be mistaken; **salvo** ~ **u omisión** errors and omissions excepted; ~ **de imprenta** misprint.

ertzaintza [er'tʃaintʃa] f Basque regional police force.

eructar vi to belch.

eructo m belch.

erudito, -ta adj erudite.

erupción f 1. (GEOL) eruption; **en** ~ erupting 2. (MED) rash.

es → ser

esa → ese².

ésa → ése.

esbelto, -ta adj slender, slim.

esbozar vt to sketch, to outline; (sonrisa) to give a hint of.

esbozo *m* sketch, outline.

escabechado, -da *adj* (CULIN) marinated.

escabeche *m* (CULIN) marinade.

escabroso, -sa *adj* 1. *(abrupto)* rough. 2. *(obsceno)* risqué. 3. *(espinoso)* awkward, thorny

escabullirse *vpr (desaparecer)*: ~ **(de)** to slip away (from).

escacharrar *vt fam* to knacker.

escafandra *f* diving suit.

escala *f* 1. *(gen)* scale; *(de colores)* range; **a ~** *(gráfica)* to scale; **a ~ mundial** *fig* on a worldwide scale; **a gran ~** on a large scale. 2. *(en un viaje)* stopover; **hacer ~** to stop over.

escalada *f* 1. *(de montaña)* climb. 2. *(de violencia, precios)* escalation, rise.

escalador, -ra *m y f (alpinista)* climber.

escalafón *m* scale, ladder

escalar *vt* to climb.

escaldar *vt* to scald.

escalera *f* 1. *(gen)* stairs *(pl)*, staircase; *(escala)* ladder; ~ **mecánica** o **automática** escalator; ~ **de caracol** spiral staircase. 2. *(en naipes)* run.

escalfar *vt* to poach.

escalinata *f* staircase.

escalofriante *adj* spine-chilling.

escalofrío *m (gen pl)* shiver; **dar ~s a alguien** to give sb the shivers.

escalón *m* step; *fig* grade.

escalonar *vt* 1. *(gen)* to spread out. 2. *(terreno)* to terrace.

escalope *m* escalope.

escama *f* 1. *(de peces, reptiles)* scale. 2. *(de jabón, en la piel)* flake.

escamar *vt fam fig (mosquear)* to make suspicious

escamotear *vt*: ~ **algo a alguien** *(estafar)* to do o to swindle sb out of sthg; *(hurtar)* to rob sb of sthg.

escampar *v impers* to stop raining.

escandalizar *vt* to scandalize, to shock. ♦ **escandalizarse** *vpr* to be shocked.

escándalo *m* 1. *(inmoralidad)* scandal; *(indignación)* outrage. 2. *(alboroto)* uproar; **armar un ~** to kick up a fuss.

escandaloso, -sa *adj* 1. *(inmoral)* outrageous. 2. *(ruidoso)* very noisy.

Escandinavia Scandinavia.

escandinavo, -va *adj, m y f* Scandinavian.

escanear *vt* (INFORM) to scan.

escáner *(pl* **escáners)** *m* (INFORM & MED) scanner

escaño *m* 1. *(cargo)* seat *(in parlia-*

ment). 2. *(asiento)* bench *(in parliament).*

escapada *f* 1. *(huida)* escape, flight; (DEP) breakaway. 2. *(viaje)* quick trip.

escapar *vi (huir)*: ~ **(de)** to get away o escape (from). ♦ **escaparse** *vpr* 1. *(huir)*: ~**se (de)** to get away o escape (from); ~**se de casa** to run away from home. 2. *(salir - gas, agua etc)* to leak.

escaparate *m* (shop) window.

escapatoria *f (fuga)* escape; **no tener ~** to have no way out

escape *m (de gas etc)* leak; *(de coche)* exhaust; **a ~** in a rush, at high speed

escaquearse *vpr fam* to duck out; ~ **de algo/de hacer algo** to worm one's way out of sthg/doing sthg.

escarabajo *m* beetle.

escaramuza *f* (MIL & *fig)* skirmish.

escarbar *vt* to scratch, to scrape

escarcha *f* frost.

escarlata *adj & m* scarlet.

escarlatina *f* scarlet fever.

escarmentar *vi* to learn (one's lesson).

escarmiento *m* lesson; **servir de ~** to serve as a lesson.

escarnio *m* mockery, ridicule.

escarola *f* endive.

escarpado, -da *adj (inclinado)* steep; *(abrupto)* craggy.

escasear *vi* to be scarce

escasez *f (insuficiencia)* shortage; *(pobreza)* poverty.

escaso, -sa *adj* 1. *(insuficiente - conocimientos, recursos)* limited, scant; *(- tiempo)* short; *(- cantidad, número)* low; *(- víveres, trabajo)* scarce; *(- visibilidad, luz)* poor; **andar ~ de** to be short of. 2. *(casi completo)*: **un metro ~** barely a metre.

escatimar *vt (gastos, comida)* to be sparing with, to skimp on; *(esfuerzo, energías)* to use as little as possible; **no ~ gastos** to spare no expense.

escay, skai *m* Leatherette®.

escayola *f* (CONSTR) plaster of Paris; (MED) plaster.

escena *f* 1. *(gen)* scene; **hacer una ~** to make a scene. 2. *(escenario)* stage; **poner en ~** to stage.

escenario *m* 1. *(tablas, escena)* stage; (CIN & TEATRO) *(lugar de la acción)* setting. 2. *fig (de suceso)* scene.

escenificar *vt (novela)* to dramatize; *(obra de teatro)* to stage.

escenografía *f* set design.

escepticismo *m* scepticism.

escéptico, -ca ◊ *adj (incrédulo)* sceptical. ◊ *m y f* sceptic.

escindir *vt* to split. ♦ **escindirse** *vpr*: ~**se (en)** to split (into)

escisión *f (del átomo)* splitting; *(de partido político)* split.

esclarecer *vt* to clear up, to shed light on.

esclava → **esclavo**.

esclavitud *f lit & fig* slavery.

esclavizar *vt lit & fig* to enslave

esclavo, -va *m y f lit & fig (persona)* slave.

esclerosis *f inv* (MED) sclerosis.

esclusa *f (de canal)* lock; *(compuerta)* floodgate.

escoba *f* broom.

escocedura *f (sensación)* stinging.

escocer *vi lit & fig* to sting

escocés, -esa ◇ *adj (gen)* Scottish; *(whisky)* Scotch; *(tejido)* tartan, plaid ◇ *m y f (persona)* Scot, Scotsman *(f Scotswoman)*; **los escoceses** the Scottish, the Scots ♦ **escocés** *m (lengua)* Scots *(U)*.

Escocia Scotland.

escoger *vt* to choose.

escogido, -da *adj (elegido)* selected, chosen; *(selecto)* choice, select.

escolar ◇ *adj* school *(antes de sust)*. ◇ *m y f* pupil, schoolboy *(f* schoolgirl*)*.

escolarizar *vt* to provide with schools.

escollo *m* 1. *(en el mar)* reef. 2. *fig* stumbling block

escolta *f* escort.

escoltar *vt* to escort.

escombros *mpl* rubble *(U)*, debris *(U)*.

esconder *vt* to hide, to conceal. ♦ **esconderse** *vpr*: ~**se (de)** to hide (from).

escondido, -da *adj (lugar)* secluded. ♦ **a escondidas** *loc adv* in secret.

escondite *m* 1. *(lugar)* hiding place. 2. *(juego)* hide-and-seek.

escondrijo *m* hiding place.

escopeta *f* shotgun; ~ **de aire comprimido** air gun; ~ **de cañones recortados** sawn-off shotgun

escoria *f fig* dregs *(pl)*, scum

Escorpio, Escorpión ◇ *m (zodiaco)* Scorpio. ◇ *m y f (persona)* Scorpio.

escorpión *m* scorpion. ♦ **Escorpión** = **Escorpio**

escotado, -da *adj* low-cut.

escote *m (de prendas)* neckline; *(de persona)* neck; **pagar a ~** to go Dutch.

escotilla *f* hatch, hatchway.

escozor *m* stinging.

escribiente *m y f* clerk.

escribir *vt & vi* to write. ♦ **escribirse** *vpr* 1. *(personas)* to write to one another. 2. *(palabras)*: **se escribe con 'h'** it is spelt with an 'h'.

escrito, -ta ◇ *pp* → **escribir**. ◇ *adj* written; **por** ~ in writing. ♦ **escrito** *m (gen)* text; *(documento)* document; *(obra literaria)* writing, work.

escritor, -ra *m y f* writer

escritorio *m (mueble)* desk, bureau.

escritura *f* 1. *(arte)* writing. 2. *(sistema de signos)* script. 3. (DER) deed.

escrúpulo *m* 1. *(duda, recelo)* scruple. 2. *(minuciosidad)* scrupulousness, great care. 3. *(aprensión)* qualm; **le da** ~ he has qualms about it

escrupuloso, -sa *adj* 1. *(gen)* scrupulous. 2. *(aprensivo)* particular, fussy.

escrutar *vt (con la mirada)* to scrutinize, to examine; *(votos)* to count

escrutinio *m* count *(of votes)*.

escuadra *f* 1. (GEOM) square. 2. *(de buques)* squadron 3. *(de soldados)* squad.

escuadrilla *f* squadron.

escuadrón *m* squadron; ~ **de la muerte** death squad.

escuálido, -da *adj culto* emaciated.

escucha *f* listening-in, monitoring; **estar** ○ **permanecer a la** ~ to listen in; ~**s telefónicas** telephone tapping *(U)*.

escuchar ◇ *vt* to listen to ◇ *vi* to listen

escudería *f* team *(in motor racing)*.

escudo *m* 1. *(arma)* shield. 2. *(moneda)* escudo. 3. *(emblema)* coat of arms

escudriñar *vt (examinar)* to scrutinize, to examine; *(otear)* to search

escuela *f* school; ~ **normal** teacher training college; ~ **privada** private school, public school *Br*; ~ **pública** state school; ~ **universitaria** university which awards degrees after three years of study

escueto, -ta *adj (sucinto)* concise; *(sobrio)* plain, unadorned.

escuincle, -cla *m y f Méx* nipper, kid.

esculpir *vt* to sculpt, to carve.

escultor, -ra *m y f* sculptor *(f* sculptress*)*.

escultura *f* sculpture.

escupidera *f* spittoon.

escupir ◇ *vi* to spit ◇ *vt (suj: persona, animal)* to spit out; *(suj: volcán, chimenea etc)* to belch out.

escupitajo *m* gob, spit.

escurreplatos *m inv* dish rack.

134

escurridizo, -za *adj lit & fig* slippery.

escurridor *m* colander.

escurrir ◊ *vt (gen)* to drain; *(ropa)* to wring out; *(en lavadora)* to spin-dry. ◊ *vi (gotear)* to drip. ♦ **escurrirse** *vpr (resbalarse)* to slip.

ese¹ *f (figura)* zigzag; **hacer ~s** *(en carretera)* to zigzag; *(al andar)* to stagger about.

ese² *(pl esos)*, **esa** *adj demos* **1.** *(gen)* that, *(pl)* those. **2.** *(después de sust) fam despectivo* that, *(pl)* those; **el hombre ~ no me inspira confianza** I don't trust that guy.

ése *(pl ésos)*, **ésa** *pron demos* **1.** *(gen)* that one, *(pl)* those ones **2.** *(mencionado antes) fam* the former. **3.** *fam despectivo*: **~ fue el que me pegó** that's the guy who hit me. **4.** *loc*: **¡a ~!** stop that man!; **ni por ésas** not even then; **no me lo vendió ni por ésas** even then he wouldn't sell me it.

esencia *f* essence.

esencial *adj* essential; **lo ~** the fundamental thing.

esfera *f* **1.** *(gen)* sphere. **2.** *(de reloj)* face. **3.** *(círculo social)* circle.

esférico, -ca *adj* spherical.

esfinge *f* sphinx.

esforzar *vt (voz)* to strain. ♦ **esforzarse** *vpr* to make an effort; **~se en o por hacer algo** to try very hard to do sthg, to do one's best to do sthg.

esfuerzo *m* effort; **sin ~** effortlessly.

esfumarse *vpr (esperanzas, posibilidades)* to fade away; *(persona)* to vanish.

esgrima *f* fencing.

esgrimir *vt* **1.** *(arma)* to brandish, to wield. **2.** *(argumento, hecho, idea)* to use, to employ.

esguince *m* sprain.

eslabón *m* link.

eslip *(pl eslips)* *m* briefs *(pl)*.

eslogan *(pl eslóganes)* *m* slogan.

eslora *f* (NÁUT) length.

eslovaco, -ca *adj, m y f* Slovak, Slovakian ♦ **eslovaco** *m (lengua)* Slovak.

Eslovaquia Slovakia.

esmaltar *vt* to enamel.

esmalte *m (sustancia - en dientes, cerámica etc)* enamel; *(- de uñas)* (nail) varnish o polish.

esmerado, -da *adj (persona)* painstaking, careful; *(trabajo)* polished.

esmeralda *f* emerald.

esmerarse *vpr*: **~se (en algo/hacer algo)** *(esforzarse)* to take great pains (over sthg/doing sthg).

esmerilar *vt (pulir)* to polish with emery.

esmero *m* great care.

esmoquin *(pl esmóquines)* *m* dinner jacket *Br*, tuxedo *Am*.

esnifar *vt fam* to sniff *(drugs)*.

esnob *(pl esnobs)* *m y f* person who wants to be trendy.

eso *pron demos (neutro)* that; **~ es la Torre Eiffel** that's the Eiffel Tower; **~ es lo que yo pienso** that's just what I think; **~ que propones es irrealizable** what you're proposing is impossible; **~ de vivir solo no me gusta** I don't like the idea of living on my own; **¡~, ~!** that's right!, yes!; **¡~ es!** that's it; **¿cómo es ~?, ¿y ~?** *(¿por qué?)* how come?; **para ~ es mejor no ir** if that's all it is, you might as well not go; **por ~ vine** that's why I came. ♦ **a eso de** *loc prep* (at) about o around. ♦ **en eso** *loc adv* at that very moment. ♦ **y eso que** *loc conj* even though.

esófago *m* oesophagus.

esos, esas → **ese**.

ésos, ésas → **ése**.

esotérico, -ca *adj* esoteric.

espabilar *vt* **1.** *(despertar)* to wake up **2.** *(avispar)*: **~ a alguien** to sharpen sb's wits. ♦ **espabilarse** *vpr* **1.** *(despertarse)* to wake up, to brighten-up **2.** *(darse prisa)* to get a move on. **3.** *(avisparse)* to sharpen one's wits.

espacial *adj* space *(antes de sust)*.

espaciar *vt* to space out.

espacio *m* **1.** *(gen)* space; **no tengo mucho ~** I don't have much room; **a doble ~** double-spaced; **por ~ de** over a period of; **~ aéreo** air space. **2.** (RADIO & TV) programme.

espacioso, -sa *adj* spacious.

espada *f (arma)* sword; **estar entre la ~ y la pared** to be between the devil and the deep blue sea. ♦ **espadas** *fpl (naipes)* = spades.

espagueti *m* spaghetti *(U)*.

espalda *f* **1.** *(gen)* back; **de ~s a alguien** with one's back turned on sb; **tumbarse de ~s** to lie on one's back; **cubrirse las ~s** to cover o.s.; **hablar de alguien a sus ~s** to talk about sb behind their back; **volver la ~ a alguien** to turn one's back on sb. **2.** *(en natación)* backstroke

espantadizo, -za *adj* nervous, easily frightened.

espantajo *m (persona fea)* fright, sight.

espantapájaros *m inv* scarecrow.

espantar *vt* 1. *(ahuyentar)* to frighten O scare away. 2. *(asustar)* to frighten, to scare. ♦ **espantarse** *vpr* to get frightened O scared.

espanto *m* fright; ¡qué ~! how terrible!

espantoso, -sa *adj* 1. *(terrorífico)* horrific. 2. *(enorme)* terrible. 3. *(feísimo)* frightful, horrible.

España Spain.

español, -la ◊ *adj* Spanish. ◊ *m y f (persona)* Spaniard. ♦ **español** *m (lengua)* Spanish.

esparadrapo *m* (sticking) plaster, Band-Aid® *Am*

esparcido, -da *adj* scattered.

esparcir *vt (gen)* to spread; *(semillas, papeles, objetos)* to scatter. ♦ **esparcirse** *vpr* to spread (out).

espárrago *m* asparagus *(U)*

esparto *m* esparto (grass).

espasmo *m* spasm.

espasmódico, -ca *adj* spasmodic.

espatarrarse *vpr fam* to sprawl (with one's legs wide open).

espátula *f* (CULIN & MED) spatula; (ARTE) palette knife; (CONSTR) bricklayer's trowel; *(de empapelador)* stripping knife.

especia *f* spice.

especial *adj* 1. *(gen)* special; ~ **para** specially for; **en** ~ especially, particularly; ¿alguno en ~? was anyone in particular? 2. *(peculiar - carácter, gusto, persona)* peculiar, strange.

especialidad *f* speciality, specialty *Am*.

especialista *m y f* 1. *(experto)* : ~ **(en)** specialist (in). 2. (CIN) stuntman *(f stuntwoman)*.

especializado, -da *adj* : ~ **en** specialized (in)

especializar *vt* to specialize.

especie *f* 1. (BIOL) species *(sg)*. 2. *(clase)* kind, sort; **pagar en** ~ O ~**s** to pay in kind.

especificar *vt* to specify.

específico, -ca *adj* specific.

espécimen *(pl* **especímenes)** *m* specimen.

espectacular *adj* spectacular.

espectáculo *m* 1. *(diversión)* entertainment. 2. *(función)* show, performance. 3. *(suceso, escena)* sight.

espectador *m y f* (TV) viewer; (CIN &

TEATRO) member of the audience; (DEP) spectator; *(de suceso, discusión)* onlooker.

espectro *m* 1. *(fantasma)* spectre, ghost. 2. (FÍS & MED) spectrum.

especulación *f* speculation

especular *vi* : ~ **(sobre)** to speculate (about); ~ **en** (COM) to speculate on.

espejismo *m* mirage; *fig* illusion.

espejo *m lit & fig* mirror.

espeleología *f* potholing.

espeluznante *adj* hair-raising, lurid.

espera *f (acción)* wait; **en** ~ **de, a la** ~ **de** waiting for, awaiting.

esperanza *f (deseo, ganas)* hope; *(confianza, expectativas)* expectation; **perder la** ~ to lose hope; **tener** ~ **de hacer algo** to hope to be able to do sthg; ~ **de vida** life expectancy.

esperanzar *vt* to give hope to, to encourage.

esperar ◊ *vt* 1. *(aguardar)* to wait for. 2. *(tener esperanza de)* : ~ **que** to hope that; **espero que sí** I hope so; ~ **hacer algo** to hope to do sthg. 3. *(tener confianza en)* to expect; ~ **que** to expect (that); ~ **algo de alguien** to expect sthg from sb, to hope for sthg from sb. ◊ *vi* 1. *(aguardar)* to wait 2. *(ser inevitable)* to await; **como era de** ~ as was to be expected. ♦ **esperarse** *vpr* 1. *(imaginarse, figurarse)* to expect. 2. *(aguardar)* to wait.

esperma *m* o *f* (BIOL) sperm

esperpento *m (persona)* grotesque sight; *(cosa)* piece of nonsense.

espeso, -sa *adj (gen)* thick; *(bosque, niebla)* dense; *(nieve)* deep.

espesor *m* 1. *(grosor)* thickness; **tiene 2 metros de** ~ it's 2 metres thick. 2. *(densidad - de niebla, bosque)* density; *(- de nieve)* depth.

espesura *f* 1. *(vegetación)* thicket. 2. *(grosor)* thickness; *(densidad)* density.

espía *m y f* spy.

espiar *vt* to spy on.

espiga *f* 1. *(de trigo etc)* ear. 2. *(en telas)* herringbone 3. *(pieza - de madera)* peg; *(- de hierro)* pin.

espigado, -da *adj (persona)* tall and slim.

espigón *m* breakwater

espina *f (de pez)* bone; *(de planta)* thorn; **me da mala** ~ it makes me uneasy, there's something fishy about it; **tener una** ~ **clavada** to bear a great burden. ♦ **espina dorsal** *f* spine

espinaca *f (gen pl)* spinach *(U)*.

espinazo *m* spine, backbone.

espinilla f 1. (hueso) shin, shinbone. 2. (grano) blackhead

espinoso, -sa adj lit & fig thorny.

espionaje m espionage.

espiral f lit & fig spiral; **en ~** (escalera, forma) spiral.

espirar vi & vt to exhale, to breathe out.

espiritista adj spiritualist.

espíritu m (gen) spirit; (RELIG) soul. ◆ **Espíritu Santo** m Holy Ghost.

espiritual adj & m spiritual.

espléndido, -da adj 1. (magnífico) splendid, magnificent. 2. (generoso) generous, lavish.

esplendor m 1. (magnificencia) splendour. 2. (apogeo) greatness

espliego m lavender.

espoleta f (de proyectil) fuse.

espolvorear vt to dust, to sprinkle.

esponja f sponge.

esponjoso, -sa adj spongy.

espontaneidad f spontaneity.

espontáneo, -a adj spontaneous.

esporádico, -ca adj sporadic.

esport adj inv : **(de) ~** sports (antes de sust).

esposa → esposo.

esposar vt to handcuff.

esposo, -sa m y f (persona) husband (f wife). ◆ **esposas** fpl (objeto) handcuffs.

espot (pl **espots**) m advertising spot, commercial.

espray (pl **esprays**) m spray.

esprint (pl **esprints**) m sprint.

espuela f (gen) spur.

espuma f 1. (gen) foam; (de cerveza) head; (de jabón) lather; (de olas) surf; (de un caldo) scum. 2. (para pelo) (styling) mousse.

espumadera f skimmer.

espumoso, -sa adj (gen) foamy, frothy; (vino) sparkling; (jabón) lathery.

esputo m (gen) spittle; (MED) sputum.

esqueje m cutting.

esquela f obituary.

esqueleto m (de persona) skeleton.

esquema m (gráfico) diagram; (resumen) outline.

esquemático, -ca adj schematic.

esquí (pl **esquíes** o **esquís**) m 1. (instrumento) ski. 2. (deporte) skiing; **~ náutico** o **acuático** water-skiing.

esquiador, -ra m y f skier.

esquiar vi to ski.

esquilar vt to shear.

esquimal adj, m y f Eskimo.

esquina f corner; **a la vuelta de la ~** just round the corner; **doblar la ~** to turn the corner.

esquinazo m corner; **dar (el) ~ a alguien** to give sb the slip.

esquirol m fam blackleg, scab.

esquivar vt (gen) to avoid; (golpe) to dodge.

esquivo, -va adj shy.

esquizofrenia f schizophrenia.

esta → este².

ésta → éste.

estabilidad f stability.

estabilizar vt to stabilize. ◆ **estabilizarse** vpr to stabilize.

estable adj 1. (firme) stable. 2. (permanente - huésped) permanent; (- cliente) regular

establecer vt 1. (gen) to establish; (récord) to set. 2. (negocio, campamento) to set up. 3. (inmigrantes etc) to settle. ◆ **establecerse** vpr 1. (instalarse) to settle. 2. (poner un negocio) to set up a business.

establecimiento m 1. (gen) establishment; (de récord) setting. 2. (de negocio, colonia) setting up.

establo m cowshed.

estaca f 1. (para clavar, delimitar) stake; (de tienda de campaña) peg. 2. (garrote) cudgel.

estación f 1. (gen & INFORM) station; **~ de autocares/de tren** coach/railway station; **~ de esquí** ski resort; **~ de gasolina** petrol station; **~ de servicio** service station; **~ de trabajo** workstation; **~ meteorológica** weather station. 2. (del año, temporada) season.

estacionamiento m (AUTOM) parking; **~ indebido** parking offence

estacionar vt (AUTOM) to park.

estacionario, -ria adj (gen) stationary; (ECON) stagnant.

estadio m 1. (DEP) stadium 2. (fase) stage.

estadista m y f statesman (f stateswoman).

estadístico, -ca adj statistical. ◆ **estadística** f 1. (ciencia) statistics (U). 2. (datos) statistics (pl).

estado m state; **su ~ es grave** his condition is serious; **estar en buen/mal ~** (coche, terreno etc) to be in good/bad condition; (alimento, bebida) to be fresh/off; **~ de ánimo** state of mind; **~ civil** marital status; **~ de bienestar** welfare state; **~ de excepción** o **emergencia** state of emergency; **~ de**

estatal

salud (state of) health; **estar en ~ (de esperanza** O **buena esperanza)** to be expecting. ◆ **Estado** m (gobierno) State; **Estado Mayor** (MIL) general staff. ◆ **Estados Unidos (de América)** United States (of America).

estadounidense ◇ adj United States (antes de sust). ◇ m y f United States citizen.

estafa f (gen) swindle; (COM) fraud.

estafador, -ra m y f swindler.

estafar vt (gen) to swindle; (COM) to defraud.

estafeta f sub-post office.

estallar vi 1. (reventar - bomba) to explode; (- neumático) to burst. 2. fig (guerra, epidemia etc) to break out.

estallido m 1. (de bomba) explosion; (de trueno) crash; (de látigo) crack. 2. fig (de guerra etc) outbreak.

Estambul Istanbul.

estamento m stratum, class.

estampa f 1. (imagen, tarjeta) print. 2. (aspecto) appearance.

estampado, -da adj printed. ◆ **estampado** m (dibujo) (cotton) print.

estampar vt 1. (imprimir - gen) to print; (- metal) to stamp. 2. (escribir): ~ la firma to sign one's name.

estampida f stampede.

estampido m report, bang.

estampilla f 1. (para marcar) rubber stamp. 2. Amer (de correos) stamp.

estancado, -da adj (agua) stagnant; (situación, proyecto) at a standstill.

estancarse vpr (líquido) to stagnate; (situación) to come to a standstill.

estancia f 1. (tiempo) stay. 2. (habitación) room. 3. CSur & Chile (hacienda) cattle ranch.

estanciero m CSur & Chile ranch owner.

estanco, -ca adj watertight. ◆ **estanco** m tobacconist's.

estándar (pl **estándares**) adj & m standard.

estandarizar vt to standardize.

estandarte m standard, banner.

estanque m (alberca) pond; (para riego) reservoir.

estanquero m y f tobacconist.

estante m shelf.

estantería f (gen) shelves (pl), shelving (U); (para libros) bookcase.

estaño m tin.

estar ◇ vi 1. (hallarse) to be; ¿dónde está la llave? where is the key?; ¿está María? is Maria in?; **no está** she's not in. 2. (con fechas): ¿a qué estamos hoy? what's the date today?; hoy

estamos a martes/a 15 de julio today is Tuesday/the 15th of July; **estábamos en octubre** it was October. 3. (quedarse) to stay, to be; **estaré un par de horas y me iré** I'll stay a couple of hours and then I'll go. 4. (antes de 'a') (expresa valores, grados): **estamos a veinte grados** it's twenty degrees here; **el dólar está a 95 pesetas** the dollar is at 95 pesetas; **están a 100 ptas el kilo** they're 100 pesetas a kilo. 5. (hallarse listo) to be ready; ¿aún no está ese trabajo? is that piece of work still not ready? 6. (servir): ~ **para** to be (there) for; **para eso están los amigos** that's what friends are for 7. (antes de gerundio) (expresa duración) to be; **están golpeando la puerta** they're banging on the door. 8. (antes de 'sin' + infin) (expresa negación): **estoy sin dormir desde ayer** I haven't slept since yesterday; **está sin acabar** it's not finished. 9. (faltar): **eso está aún por escribir** that has yet to be written 10. (hallarse a punto de): ~ **por hacer algo** to be on the verge of doing sthg. 11. (expresa disposición): ~ **para algo** to be in the mood for sthg. ◇ v copulativo 1. (antes de adj) (expresa cualidad, estado) to be; **los pasteles están ricos** the cakes are delicious; **esta calle está sucia** this street is dirty 2. (antes de 'con' o 'sin' + sust) (expresa estado) to be; **estamos sin agua** we have no water, we're without water 3. (expresa situación, acción): ~ **de:** ~ **de camarero** to work as a waiter, to be a waiter; ~ **de vacaciones** to be on holiday; ~ **de viaje** to be on a trip; ~ **de mudanza** to be (in the process of) moving. 4. (expresa permanencia): ~ **en uso** to be in use; ~ **en guardia** to be on guard. 5. (expresa apoyo, predilección): ~ **por** to be in favour of. 6. (expresa ocupación): ~ **como** to be; **está como cajera** she's a checkout girl. 7. (consistir): ~ **en** to be, to lie in; **el problema está en la fecha** the problem is the date. 8. (sentar - ropa): **este traje te está bien** this suit looks good on you. 9. (antes de 'que' + verbo) (expresa actitud): **está que muerde porque ha suspendido** he's furious because he failed. ◆ **estarse** vpr (permanecer) to stay; **te puedes ~ con nosotros unos días** you can stay O spend a few days with us.

estárter (pl **estárters**) m starter

estatal adj state (antes de sust).

estático, -ca *adj (inmóvil)* stock-still.
estatua *f* statue.
estatura *f* height.
estatus *m inv* status.
estatutario, -ria *adj* statutory.
estatuto *m (gen)* statute; *(de empresa)* article (of association); *(de ciudad)* by-law.
este¹ ◇ *adj (posición, parte)* east, eastern; *(dirección, viento)* easterly. ◇ *m* east; **los países del ~** the Eastern bloc countries.
este² *(pl estos)*, **esta** *adj demos* 1. *(gen)* this, *(pl)* these; **esta camisa** this shirt; **~ año** this year. 2. *fam despectivo* that, *(pl)* those; **no soporto a la niña esta** I can't stand that girl.
éste *(pl éstos)*, **ésta** *pron demos* 1. *(gen)* this one, *(pl)* these (ones); **dame otro boli; ~ no funciona** give me another pen; this one doesn't work; **aquellos cuadros no están mal, aunque éstos me gustan más** those paintings aren't bad, but I like these (ones) better; **ésta ha sido la semana más feliz de mi vida** this has been the happiest week of my life. 2. *(recién mencionado)* the latter; **entraron Juan y Pedro, ~ con un abrigo verde** Juan and Pedro came in, the latter wearing a green coat. 3. *fam despectivo*: **~ es el que me pegó** this is the guy who hit me ♦ **en éstas** *loc adv fam* just then, at that very moment.
estela *f* 1. *(de barco)* wake; *(de avión, estrella fugaz)* trail. 2. *fig (rastro)* trail.
estelar *adj* 1. (ASTRON) stellar. 2. (CIN & TEATRO) star *(antes de sust)*.
estepa *f* steppe.
estera *f (tejido)* matting; *(alfombrilla)* mat.
estéreo *adj inv & m* stereo.
estereofónico, -ca *adj* stereo.
estereotipo *m* stereotype.
estéril *adj* 1. *(persona, terreno, imaginación)* sterile. 2. *fig (inútil)* futile.
esterilizar *vt* to sterilize.
esterlina → libra.
esternón *m* breastbone, sternum.
esteroides *mpl* steroids.
esteta *m y f* aesthete.
estética → estético.
esteticista, esthéticienne [esteti-θjen] *f* beautician.
estético, -ca *adj* aesthetic. ♦ **estética** *f* (FILOSOFÍA) aesthetics *(U)*.
esthéticienne = esteticista.
estiércol *m (excrementos)* dung; *(abono)* manure.

estigma *m fig (deshonor)* stigma.
estilarse *vpr fam* to be in (fashion).
estilo *m* 1. *(gen)* style; **~ de vida** lifestyle. 2. *(en natación)* stroke. 3. (GRAM) speech; **~ directo/indirecto** direct/indirect speech. 4. *loc*: **algo por el ~** something of the sort.
estilográfica *f* fountain pen.
estima *f* esteem, respect.
estimación *f* 1. *(aprecio)* esteem, respect. 2. *(valoración)* valuation. 3. *(en impuestos)* assessment.
estimado, -da *adj (querido)* esteemed, respected; **Estimado señor** Dear Sir.
estimar *vt* 1. *(valorar - gen)* to value; *(- valor)* to estimate. 2. *(apreciar)* to think highly of. 3. *(creer)* to consider.
estimulante ◇ *adj (que excita)* stimulating. ◇ *m* stimulant.
estimular *vt* 1. *(animar)* to encourage. 2. *(excitar)* to stimulate.
estímulo *m* 1. *(aliciente)* incentive; *(ánimo)* encouragement. 2. *(de un órgano)* stimulus.
estío *m culto* summer.
estipendio *m* stipend, remuneration.
estipulación *f* 1. *(acuerdo)* agreement. 2. (DER) stipulation.
estipular *vt* to stipulate.
estirado, -da *adj (persona - altanero)* haughty; *(- adusto)* uptight.
estirar ◇ *vt* 1. *(alargar - gen)* to stretch; *(- el cuello)* to crane. 2. *(desarrugar)* to straighten. 3. *fig (el dinero etc)* to make last; *(discurso, tema)* to spin out. ◇ *vi*: **~ (de)** to pull. ♦ **estirarse** *vpr* 1. *(desperezarse)* to stretch. 2. *(tumbarse)* to stretch out.
estirón *m (acción)* tug, pull.
estirpe *f* stock, lineage.
estival *adj* summer *(antes de sust)*.
esto *pron demos (neutro)* this thing; **~ es tu regalo de cumpleaños** this is your birthday present; **~ que acabas de decir no tiene sentido** what you just said doesn't make sense; **~ de trabajar de noche no me gusta** I don't like this business of working at night; **~ es** that is (to say). ♦ **en esto** *loc adv* just then, at that very moment.
estoc *(pl estocs)* *m* stock.
Estocolmo Stockholm.
estofa *f*: **de baja ~** *(gente)* low-class; *(cosas)* poor-quality.
estofado *m* stew.
estofar *vt* (CULIN) to stew.
estoicismo *m* stoicism.
estoico, -ca *adj* stoic, stoical.

estomacal *adj (dolencia)* stomach *(antes de sust)*; *(bebida)* digestive.

estómago *m* stomach.

Estonia Estonia

estop = **stop**.

estorbar ◇ *vt (obstaculizar)* to hinder; *(molestar)* to bother. ◇ *vi (estar en medio)* to be in the way

estorbo *m (obstáculo)* hindrance; *(molestia)* nuisance.

estornudar *vi* to sneeze.

estos, -tas → **este²**.

éstos, -tas → **éste**.

estoy → **estar**.

estrabismo *m* squint

estrado *m* platform.

estrafalario, -ria *adj* outlandish, eccentric.

estragón *m* tarragon.

estragos *mpl*: **causar** o **hacer ~ en** *(físicos)* to wreak havoc with; *(morales)* to destroy, to ruin.

estrambótico, -ca *adj* outlandish.

estrangulador, -ra *m* y *f* strangler.

estrangular *vt (ahogar)* to strangle; (MED) to strangulate.

estraperlo *m* black market; **de ~** black market *(antes de sust)*.

estratagema *f* (MIL) stratagem; *fig (astucia)* artifice, trick.

estrategia *f* strategy.

estratégico, -ca *adj* strategic.

estrato *m* (GEOL & *fig*) stratum.

estrechar *vt* 1. *(hacer estrecho - gen)* to narrow; *(- ropa)* to take in. 2. *fig (relaciones)* to make closer. 3. *(apretar)* to squeeze, to hug; **~ la mano a alguien** to shake sb's hand. ♦ **estrecharse** *vpr (hacerse estrecho)* to narrow.

estrechez *f* 1. *(falta de anchura)* narrowness; *(falta de espacio)* lack of space; *(de ropa)* tightness; **~ de miras** narrow-mindedness. 2. *fig (falta de dinero)* hardship; **pasar estrecheces** to be hard up. 3. *(intimidad)* closeness.

estrecho, -cha *adj* 1. *(no ancho - gen)* narrow; *(- ropa)* tight; *(- habitación)* cramped; **~ de miras** narrow-minded. 2. *fig (íntimo)* close. ♦ **estrecho** *m* (GEOGR) strait

estrella *f (gen)* star; *fig (destino)* fate; **~ fugaz** shooting star. ♦ **estrella de mar** *f* starfish.

estrellado, -da *adj* 1. *(con estrellas)* starry. 2. *(por la forma)* star-shaped.

estrellar *vt (arrojar)* to smash. ♦ **estrellarse** *vpr (chocar)*: **~se (con-**

tra) *(gen)* to smash (against); *(avión, coche)* to crash (into).

estrellón *m Amer* crash

estremecer *vt* to shake. ♦ **estremecerse** *vpr*: **~se (de)** *(horror, miedo)* to tremble o shudder (with); *(frío)* to shiver (with)

estremecimiento *m (de miedo)* shudder; *(de frío)* shiver

estrenar *vt* 1. *(gen)* to use for the first time; *(ropa)* to wear for the first time; *(piso)* to move into. 2. (CIN) to release; (TEATRO) to premiere. ♦ **estrenarse** *vpr (persona)* to make one's debut, to start

estreno *m (de espectáculo)* premiere, first night; *(de cosa)* first use; *(en un empleo)* debut.

estreñido, -da *adj* constipated

estreñimiento *m* constipation.

estrépito *m (ruido)* racket, din; *fig (ostentación)* fanfare.

estrepitoso, -sa *adj* 1. *(gen)* noisy; *(aplausos)* deafening. 2. *(derrota)* resounding; *(fracaso)* spectacular

estrés *m inv* stress.

estría *f (gen)* groove; *(en la piel)* stretch mark.

estribación *f (gen pl)* foothills *(pl)*.

estribar ♦ **estribar en** *vi* to be based on, to lie in.

estribillo *m* (MÚS) chorus; (LITER) refrain.

estribo *m* 1. *(de montura)* stirrup. 2. *(de coche, tren)* step 3. *loc*: **perder los ~s** to fly off the handle.

estribor *m* starboard.

estricto, -ta *adj* strict

estridente *adj* 1. *(ruido)* strident, shrill 2. *(color)* garish, loud

estrofa *f* stanza, verse

estropajo *m* scourer

estropear *vt* 1. *(averiar)* to break 2. *(dañar)* to damage. 3. *(echar a perder)* to ruin, to spoil ♦ **estropearse** *vpr* 1. *(máquina)* to break down 2. *(comida)* to go off, to spoil; *(piel)* to get damaged 3. *(plan)* to fall through

estropicio *m*: **hacer** o **causar un ~** to wreak havoc.

estructura *f* structure.

estruendo *m* 1. *(estrépito)* din, roar; *(de trueno)* crash 2. *(alboroto)* uproar, tumult

estrujar *vt* 1. *(limón)* to squeeze; *(trapo, ropa)* to wring (out); *(papel)* to screw up; *(caja)* to crush 2. *(abrazar - persona, mano)* to squeeze. 3. *fig (sacar partido)* to bleed dry

estuario *m* estuary.

estuche *m* 1. *(caja)* case; *(de joyas)* jewellery box. 2. *(utensilios)* set.

estuco *m* stucco.

estudiante *m y f* student.

estudiantil *adj* student *(antes de sust)*.

estudiar ◇ *vt (gen)* to study. ◇ *vi* to study; ~ **para médico** to be studying to be a doctor.

estudio *m* 1. *(gen)* study; **estar en** ~ to be under consideration; ~ **de mercado** *(técnica)* market research; *(investigación)* market survey. 2. *(oficina)* study; *(de fotógrafo, pintor)* studio. 3. *(apartamento)* studio apartment. 4. *(gen pl)* (CIN, RADIO & TV) studio. ♦ **estudios** *mpl (serie de cursos)* studies; *(educación)* education *(U)*; ~**s primarios/secundarios** primary/secondary education.

estudioso, -sa *adj* studious.

estufa *f* heater, fire.

estupefaciente *m* narcotic, drug.

estupefacto, -ta *adj* astonished.

estupendamente *adv* wonderfully; **estoy** ~ I feel wonderful.

estupendo, -da *adj* great, fantastic. ♦ **estupendo** *interj* ¡~! great!

estupidez *f* stupidity; **decir/hacer una** ~ to say/do sthg stupid.

estúpido, -da *adj* stupid.

estupor *m* astonishment.

esturión *m* sturgeon.

estuviera *etc* → **estar**.

esvástica *f* swastika.

ETA *(abrev de Euskadi ta Askatasuna)* *f* ETA, *terrorist Basque separatist organization*.

etapa *f* stage; **por** ~**s** in stages.

etarra *m y f* member of ETA.

ETB *(abrev de Euskal Telebista)* *f* *Basque television network*.

etc. *(abrev de etcétera)* etc.

etcétera *adv* etcetera.

etéreo, -a *adj fig* ethereal.

eternidad *f* eternity; **hace una** ~ **que no la veo** *fam* it's ages since I last saw her.

eterno, -na *adj* eternal; *fam (larguísimo)* never-ending, interminable.

ético, -ca *adj* ethical. ♦ **ética** *f (moralidad)* ethics *(pl)*.

etílico, -ca *adj* (QUÍM) ethyl *(antes de sust)*; **intoxicación etílica** alcohol poisoning.

etimología *f* etymology.

Etiopía Ethiopia.

etiqueta *f* 1. *(gen & INFORM)* label.

2. *(ceremonial)* etiquette; **de** ~ formal.

etiquetar *vt lit & fig* to label; ~ **a alguien de algo** to label sb sthg.

etnia *f* ethnic group.

étnico, -ca *adj* ethnic.

EUA *(abrev de Estados Unidos de América)* *mpl* USA.

eucalipto *m* eucalyptus.

eucaristía *f*: **la** ~ the Eucharist.

eufemismo *m* euphemism.

euforia *f* euphoria, elation.

eufórico, -ca *adj* euphoric, elated.

eunuco *m* eunuch.

euro *m (unidad monetaria)* euro.

eurocheque *m* eurocheque *Br*, eurocheck *Am*.

eurócrata *adj, m y f* Eurocrat.

eurodiputado, -da *m y f* Euro-M.P., M.E.P.

Europa Europe.

europarlamentario, -ria *m y f* Euro-M.P., M.E.P.

europeo, -a *adj, m y f* European.

Euskadi the Basque Country.

euskara, euskera *m* Basque.

eutanasia *f* euthanasia.

evacuación *f* evacuation.

evacuar *vt (gen)* to evacuate; *(vientre)* to empty, to void.

evadir *vt* to evade; *(respuesta, peligro)* to avoid. ♦ **evadirse** *vpr*: ~**se (de)** to escape (from).

evaluación *f* 1. *(gen)* evaluation. 2. *(EDUC - examen)* assessment.

evaluar *vt* to evaluate, to assess.

evangélico, -ca *adj, m y f* evangelical.

evangelio *m* (RELIG) gospel.

evaporar *vt* to evaporate. ♦ **evaporarse** *vpr (líquido etc)* to evaporate.

evasión *f* 1. *(huida)* escape. 2. *(de dinero)*: ~ **de capitales** o **divisas** capital flight; ~ **fiscal** tax evasion. 3. *fig (entretenimiento)* amusement, recreation; *(escapismo)* escapism; **de** ~ escapist.

evasivo, -va *adj* evasive. ♦ **evasiva** *f* evasive answer.

evento *m* event.

eventual *adj* 1. *(no fijo - trabajador)* temporary, casual; *(- gastos)* incidental. 2. *(posible)* possible.

eventualidad *f* 1. *(temporalidad)* temporariness. 2. *(hecho incierto)* eventuality; *(posibilidad)* possibility.

Everest *m*: **el** ~ (Mount) Everest.

evidencia *f* 1. *(prueba)* evidence, proof. 2. *(claridad)* obviousness; **poner algo en** ~ to demonstrate sthg;

poner a alguien en ~ to show sb up.
evidenciar vt to show, to demonstrate. ♦ **evidenciarse** vpr to be obvious O evident.

evidente adj evident, obvious.

evitar vt (gen) to avoid; (desastre, accidente) to avert; **~ que alguien haga algo** to prevent sb from doing sthg.

evocación f recollection, evocation.

evocar vt (recordar) to evoke

evolución f 1. (gen) evolution; (de enfermedad) development, progress. 2. (MIL) manoeuvre.

evolucionar vi 1. (gen) to evolve; (enfermedad) to develop, to progress; (cambiar) to change. 2. (MIL) to carry out manoeuvres.

ex prep ex; **el ~ presidente** the ex-president, the former president.

exacerbar vt 1. (agudizar) to exacerbate, to aggravate. 2. (irritar) to irritate, to infuriate.

exactitud f accuracy, precision; (puntualidad) punctuality.

exacto, -ta adj 1. (justo - cálculo, medida) exact; **tres metros ~s** exactly three metres. 2. (preciso) accurate, precise; (correcto) correct, right. 3. (idéntico): **~ (a)** identical (to), exactly the same (as). ♦ **exacto** interj **¡~!** exactly!, precisely!

exageración f exaggeration; **este precio es una ~** this price is over the top.

exagerado, -da adj (gen) exaggerated; (persona) overly dramatic; (precio) exorbitant; (gesto) flamboyant.

exagerar vt & vi to exaggerate.

exaltado, -da adj (jubiloso) elated; (acalorado - persona) worked up; (- discusión) heated; (excitable) hotheaded.

exaltar vt 1. (elevar) to promote, to raise. 2. (glorificar) to exalt. ♦ **exaltarse** vpr to get excited O worked up.

examen m 1. (ejercicio) exam, examination; **presentarse a un ~** to sit an exam; **~ de conducir** driving test; **final/oral** final/oral (exam); **~ parcial** = end-of-term exam. 2. (indagación) consideration, examination

examinar vt to examine. ♦ **examinarse** vpr to sit O take an exam.

exánime adj 1. (muerto) dead. 2. (desmayado) lifeless.

exasperar vt to exasperate. ♦ **exasperarse** vpr to get exasperated

excavación f (lugar) dig, excavation.

excavar vt (gen) to dig; (en arqueología) to excavate.

excedencia f leave (of absence); (EDUC) sabbatical.

excedente ◇ adj (producción etc) surplus. ◇ m (COM) surplus.

exceder vt to exceed, to surpass ♦ **excederse** vpr 1. (pasarse de la raya): **~se (en)** to go too far O overstep the mark (in). 2. (rebasar el límite): **se excede en el peso** it's too heavy.

excelencia f (cualidad) excellence; **por ~** par excellence. ♦ **Su Excelencia** m y f His Excellency (f Her Excellency).

excelente adj excellent.

excelentísimo, -ma adj most excellent

excentricidad f eccentricity.

excéntrico, -ca adj, m y f eccentric.

excepción f exception; **a O con ~ de** with the exception of, except for ♦ **de excepción** loc adj exceptional.

excepcional adj exceptional.

excepto adv except (for).

exceptuar vt: **~ (de)** (excluir) to exclude (from); (eximir) to exempt (from); **exceptuando a ...** excluding ...

excesivo, -va adj excessive.

exceso m (demasía) excess; **~ de equipaje** excess baggage; **~ de peso** (obesidad) excess weight.

excitación f (nerviosismo) agitation; (por enfado, sexo) arousal.

excitado, -da adj (nervioso) agitated; (por enfado, sexo) aroused.

excitante m stimulant

excitar vt 1. (inquietar) to upset, to agitate. 2. (estimular - sentidos) to stimulate; (- apetito) to whet; (- pasión, curiosidad, persona) to arouse. ♦ **excitarse** vpr (alterarse) to get worked up O excited.

exclamación f (interjección) exclamation; (grito) cry.

exclamar vt & vi to exclaim, to shout out.

excluir vt to exclude; (hipótesis, opción) to rule out; (hacer imposible) to preclude; **~ a alguien de algo** to exclude sb from sthg

exclusión f exclusion.

exclusivo, -va adj exclusive ♦ **exclusiva** f 1. (PRENSA) exclusive. 2. (COM) exclusive O sole right.

Excma. abrev de **Excelentísima**

Excmo. abrev de **Excelentísimo**.

excombatiente m y f ex-serviceman (f ex-servicewoman) Br, war veteran Am.

excomulgar vt to excommunicate.

excomunión f excommunication.

excremento *m (gen pl)* excrement *(U).*

exculpar *vt* to exonerate; (DER) to acquit.

excursión *f (viaje)* excursion, trip; **ir de ~** to go on an outing o a trip.

excursionista *m y f (en la ciudad)* sightseer, tripper; *(en el campo)* rambler; *(en la montaña)* hiker.

excusa *f* 1. *(gen)* excuse. 2. *(petición de perdón)* apology; **presentar uno sus ~s** to apologize, to make one's excuses.

excusar *vt (disculpar a)* to excuse; *(disculparse por)* to apologize for. ◆ **excusarse** *vpr* to apologize

exento, -ta *adj* exempt; **~ de** *(sin)* free from, without; *(eximido de)* exempt from.

exequias *fpl* funeral *(sg)*, funeral rites.

exhalación *f (emanación)* exhalation, vapour; *(suspiro)* breath.

exhalar *vt* 1. *(aire)* to exhale, to breathe out; *(suspiros)* to heave. 2. *(olor)* to give off. 3. *(quejas)* to utter.

exhaustivo, -va *adj* exhaustive.

exhausto, -ta *adj* exhausted.

exhibición *f* 1. *(demostración)* show, display. 2. *(deportiva, artística etc)* exhibition. 3. *(de películas)* showing.

exhibir *vt* 1. *(exponer - cuadros, fotografías)* to exhibit; *(- modelos)* to show; *(- productos)* to display. 2. *(lucir - joyas, cualidades etc)* to show off. 3. *(película)* to show, to screen.

exhortación *f* exhortation.

exhortar *vt*: **~ a alguien a** to exhort sb to.

exigencia *f* 1. *(obligación)* demand, requirement 2. *(capricho)* fussiness *(U).*

exigente *adj* demanding.

exigir *vt* 1. *(pedir)* to demand; **~ algo de** o **a alguien** to demand sthg from sb. 2. *(requerir, necesitar)* to require.

exiguo, -gua *adj (escaso)* meagre, paltry; *(pequeño)* minute.

exiliado, -da ◊ *adj* exiled, in exile. ◊ *m y f* exile.

exiliar *vt* to exile. ◆ **exiliarse** *vpr* to go into exile.

exilio *m* exile

eximir *vt*: **~ (de)** to exempt (from)

existencia *f* existence. ◆ **existencias** *fpl* (COM) stock *(U).*

existir *vi* to exist; **existe mucha pobreza** there is a lot of poverty.

éxito *m* 1. *(gen)* success; **con ~** suc-cessfully; **tener ~** to be successful. 2. *(libro)* bestseller; *(canción)* hit.

exitoso, -sa *adj* successful.

éxodo *m* exodus.

exorbitante *adj* exorbitant.

exorcizar *vt* to exorcize.

exótico, -ca *adj* exotic.

expandir *vt* to spread; (FÍS) to expand. ◆ **expandirse** *vpr* to spread; (FÍS) to expand.

expansión *f* 1. (FÍS) expansion. 2. (ECON) growth; **en ~** expanding. 3. *(recreo)* relaxation, amusement.

expansionarse *vpr* 1. *(desahogarse)*: **~ (con)** to open one's heart (to). 2. *(divertirse)* to relax, to let off steam. 3. *(desarrollarse)* to expand

expansivo, -va *adj* 1. *(gen)* expansive. 2. *fig (persona)* open, frank.

expatriar *vt* to expatriate; *(exiliar)* to exile. ◆ **expatriarse** *vpr* to emigrate; *(exiliarse)* to go into exile

expectación *f* expectancy, anticipation

expectativa *f (espera)* expectation; *(esperanza)* hope; *(perspectiva)* prospect; **estar a la ~** to wait and see; **estar a la ~ de** *(atento)* to be on the lookout for; *(a la espera)* to be hoping for; **~ de vida** life expectancy.

expedición *f (viaje, grupo)* expedition.

expediente *m* 1. *(documentación)* documents *(pl)*; *(ficha)* file. 2. *(historial)* record; **~ académico** academic record. 3. *(investigación)* inquiry; **abrir ~ a alguien** *(castigar)* to take disciplinary action against sb; *(investigar)* to start proceedings against sb.

expedir *vt (carta, pedido)* to send, to dispatch; *(pasaporte, decreto)* to issue; *(contrato, documento)* to draw up.

expedito, -ta *adj* clear, free.

expeler *vt (humo - suj: persona)* to blow out; *(- suj: chimenea, tubo de escape)* to emit; *(- suj: extractor, volcán)* to expel.

expendedor, -ra *m y f* dealer; *(de lotería)* seller, vendor

expendeduría *f (de tabaco)* tobacconist's *Br*, cigar store *Am*.

expensas *fpl (gastos)* expenses, costs. ◆ **a expensas de** *loc prep* at the expense of.

experiencia *f (gen)* experience; **por (propia) ~** from (one's own) experience.

experimentado, -da *adj (persona)* experienced; *(método)* tried and tested.

experimentar *vt* 1. *(gen)* to experi-

ence; *(derrota, pérdidas)* to suffer.
2. *(probar)* to test; *(hacer experimentos con)* to experiment with o on.

experimento m experiment.

experto, -ta *adj, m y f* expert.

expiar vt to atone for, to expiate.

expirar vi to expire.

explanada f *(llanura)* flat o level ground *(U)*.

explayar vt to extend. ♦ **explayarse** vpr **1.** *(divertirse)* to amuse o.s., to enjoy o.s **2.** *(hablar mucho)* to talk at length. **3.** *(desahogarse):* ~se **(con)** to pour out one's heart (to).

explicación f explanation.

explicar vt *(gen)* to explain; *(teoría)* to expound ♦ **explicarse** vpr **1.** *(comprender)* to understand; **no me lo explico** I can't understand it. **2.** *(dar explicaciones)* to explain o s. **3.** *(expresarse)* to make o.s. understood.

explícito, -ta *adj* explicit.

exploración f *(gen & MED)* exploration.

explorador, -ra m y f explorer; *(scout)* boy scout *(f* girl guide).

explorar vt **1.** *(gen)* to explore; *(MIL)* to scout **2.** *(MED)* to examine; *(internamente)* to explore, to probe.

explosión f *lit & fig* explosion; **hacer** ~ to explode

explosivo, -va *adj (gen)* explosive. ♦ **explosivo** m explosive.

explotación f **1.** *(acción)* exploitation; *(de fábrica etc)* running; *(de yacimiento minero)* mining; *(agrícola)* farming; *(de petróleo)* drilling **2.** *(instalaciones):* ~ **agrícola** farm

explotar ◊ vt **1.** *(gen)* to exploit. **2.** *(fábrica)* to run, to operate; *(terreno)* to farm; *(mina)* to work. ◊ vi to explode

expoliar vt to pillage, to plunder.

exponer vt **1.** *(gen)* to expose. **2.** *(teoría)* to expound; *(ideas, propuesta)* to set out, to explain. **3.** *(cuadro, obra)* to exhibit; *(objetos en vitrinas)* to display. **4.** *(vida, prestigio)* to risk. ♦ **exponerse** vpr *(arriesgarse):* ~se **(a)** *(gen)* to run the risk (of); *(a la muerte)* to expose o.s (to).

exportación f **1.** *(acción)* export. **2.** *(mercancías)* exports *(pl)*.

exportar vt *(COM & INFORM)* to export

exposición f **1.** *(gen & FOT)* exposure **2.** *(de arte etc)* exhibition; *(de objetos en vitrina)* display; ~ **universal** world fair. **3.** *(de teoría)* exposition; *(de ideas, propuesta)* setting out, explanation

expositor, -ra m y f *(de arte)* exhibitor; *(de teoría)* exponent

exprés ◊ *adj* **1.** *(tren)* express. **2.** *(café)* espresso ◊ m = **expreso**.

expresado, -da *adj (mencionado)* abovementioned.

expresamente *adv (a propósito)* expressly; *(explícitamente)* explicitly.

expresar vt to express; *(suj: rostro)* to show

expresión f expression.

expresivo, -va *adj* expressive; *(cariñoso)* affectionate.

expreso, -sa *adj (explícito)* specific; *(deliberado)* express; *(claro)* clear ♦ **expreso** m **1.** *(tren)* express train **2.** *(café)* espresso ◊ *adv* on purpose, expressly.

exprimidor m squeezer.

exprimir vt *(fruta)* to squeeze; *(zumo)* to squeeze out.

expropiar vt to expropriate

expuesto, -ta ◊ *pp* → **exponer**. ◊ *adj* **1.** *(dicho)* stated, expressed **2.** *(desprotegido):* ~ **(a)** exposed (to). **3.** *(arriesgado)* dangerous, risky. **4.** *(exhibido)* on display.

expulsar vt **1.** *(persona - de clase, local, asociación)* to throw out; *(- de colegio)* to expel. **2.** *(DEP)* to send off **3.** *(humo)* to emit, to give off.

expulsión f *(gen)* expulsion; *(de clase, local, asociación)* throwing-out; *(DEP)* sending-off.

exquisitez f *(cualidad)* exquisiteness.

exquisito, -ta *adj* exquisite; *(comida)* delicious, sublime

extasiarse vpr: ~ **(ante** o **con)** to go into ecstasies (over).

éxtasis m inv ecstasy.

extender vt **1.** *(desplegar - tela, plano, alas)* to spread (out); *(- brazos, piernas)* to stretch out. **2.** *(esparcir - mantequilla)* to spread; *(- pintura)* to smear; *(- objetos etc)* to spread out. **3.** *(ampliar - castigo, influencia etc)* to extend. **4.** *(documento)* to draw up; *(cheque)* to make out; *(pasaporte, certificado)* to issue. ♦ **extenderse** vpr **1.** *(ocupar):* ~se **(por)** to stretch o extend across. **2.** *(hablar mucho):* ~se **(en)** to enlarge o expand (on). **3.** *(durar)* to extend, to last. **4.** *(difundirse):* ~se **(por)** to spread (across). **5.** *(tenderse)* to stretch out.

extensión f **1.** *(superficie - de terreno etc)* area, expanse **2.** *(amplitud - de país etc)* size; *(- de conocimientos)* extent **3.** *(duración)* duration, length **4.** *(sentido - de concepto, palabra)* range of meaning; **en toda la** ~ **de la pa-**

labra in every sense of the word.
5. (INFORM & TELECOM) extension.

extensivo, -va *adj* extensive.

extenso, -sa *adj* extensive; *(país)* vast; *(libro, película)* long.

extenuar *vt* to exhaust completely.

exterior ◇ *adj* 1. *(de fuera)* outside; *(capa)* outer, exterior. 2. *(visible)* outward. 3. *(extranjero)* foreign. ◇ *m* 1. *(superficie)* outside; **en el ~** outside. 2. *(extranjero)* foreign countries *(pl)*; **en el ~** abroad. 3. *(aspecto)* appearance. ◆ **exteriores** *mpl* (CIN) outside shots; **rodar en ~es** to film on location.

exteriorizar *vt* to show, to reveal.

exterminar *vt* *(aniquilar)* to exterminate

exterminio *m* extermination.

externo, -na *adj* 1. *(gen)* external; *(parte, capa)* outer; *(influencia)* outside; *(signo, aspecto)* outward. 2. *(alumno)* day *(antes de sust)*.

extinción *f* *(gen)* extinction; *(de esperanzas)* loss.

extinguir *vt* *(incendio)* to put out, to extinguish; *(raza)* to wipe out; *(afecto, entusiasmo)* to put an end to. ◆ **extinguirse** *vpr* *(fuego, luz)* to go out; *(animal, raza)* to become extinct; *(ruido)* to die out; *(afecto)* to die.

extinto, -ta *adj* extinguished; *(animal, volcán)* extinct.

extintor *m* fire extinguisher.

extirpar *vt* *(tumor)* to remove; *(muela)* to extract; *fig* to eradicate.

extorsión *f* 1. *(molestia)* trouble, bother. 2. (DER) extortion.

extorsionista *m y f* extortionist.

extra ◇ *adj* 1. *(adicional)* extra. 2. *(de gran calidad)* top quality, superior. ◇ *m y f* (CIN) extra. ◇ *m* *(gasto etc)* extra. ◇ *f* → **paga**.

extracción *f* 1. *(gen)* extraction. 2. *(en sorteos)* draw. 3. *(de carbón)* mining.

extracto *m* 1. *(resumen)* summary, résumé; **~ de cuentas** statement (of account). 2. *(concentrado)* extract.

extraditar *vt* to extradite.

extraer *vt*: **~ (de)** *(gen)* to extract (from); *(sangre)* to draw (from); *(carbón)* to mine (from); *(conclusiones)* to come to O draw (from).

extralimitarse *vpr fig* to go too far.

extranjero, -ra ◇ *adj* foreign. ◇ *m y f* *(persona)* foreigner. ◆ **extranjero** *m* *(territorio)* foreign countries *(pl)*; **estar**

en el/ir al ~ to be/go abroad.

extrañar *vt* 1. *(sorprender)* to surprise; **me extraña (que digas esto)** I'm surprised (that you should say that). 2. *(echar de menos)* to miss. ◆ **extrañarse de** *vpr* *(sorprenderse de)* to be surprised at.

extrañeza *f* *(sorpresa)* surprise.

extraño, -ña ◇ *adj* 1. *(gen)* strange. 2. *(ajeno)* detached, uninvolved. 3. (MED) foreign. ◇ *m y f* stranger.

extraoficial *adj* unofficial.

extraordinario, -ria *adj* 1. *(gen)* extraordinary. 2. *(gastos)* additional; *(edición, suplemento)* special. ◆ **extraordinario** *m* 1. (PRENSA) special edition. 2. → **paga**.

extrapolar *vt* to generalize about.

extrarradio *m* outskirts *(pl)*, suburbs *(pl)*.

extraterrestre *adj, m y f* extraterrestrial.

extravagancia *f* eccentricity.

extravagante *adj* eccentric, outlandish.

extravertido, -da *adj, m y f* = **extrovertido**.

extraviado, -da *adj* *(perdido)* lost; *(animal)* stray.

extraviar *vt* 1. *(objeto)* to lose, to mislay. 2. *(excursionista)* to mislead. ◆ **extraviarse** *vpr* 1. *(persona)* to get lost. 2. *(objeto)* to go missing.

extravío *m* *(pérdida)* loss, mislaying.

extremado, -da *adj* extreme.

extremar *vt* to go to extremes with. ◆ **extremarse** *vpr* to take great pains O care.

extremaunción *f* extreme unction.

extremidad *f* *(extremo)* end. ◆ **extremidades** *fpl* (ANAT) extremities.

extremista *adj, m y f* extremist.

extremo, -ma *adj* *(gen)* extreme; *(en el espacio)* far, furthest. ◆ **extremo** *m* 1. *(punta)* end. 2. *(límite)* extreme; **en último ~** as a last resort. 3. (DEP): **~ derecho/izquierdo** outside right/left.

extrovertido, -da, extravertido, -da *adj, m y f* extrovert.

exuberancia *f* exuberance.

exuberante *adj* exuberant.

exudar *vt* to exude, to ooze.

exultante *adj* exultant.

eyaculación *f* ejaculation.

eyacular *vi* to ejaculate.

falso

F

f, F f *(letra)* f, F ♦ **23 F** m *23rd February, day of the failed coup d'état in Spain in 1981.*

f. 1. *(abrev de factura)* inv. 2. *(abrev de folio)* f.

fa m (MÚS) F; *(en solfeo)* fa.

fabada f *Asturian stew made of beans, pork sausage and bacon.*

fábrica f *(establecimiento)* factory; ~ **de papel** paper mill.

fabricación f manufacture; **de ~ casera** home-made; ~ **en serie** mass production.

fabricante m y f manufacturer.

fabricar vt 1. *(producir)* to manufacture, to make 2. *(construir)* to build, to construct. 3. fig *(inventar)* to fabricate, to make up.

fábula f (LITER) fable; *(leyenda)* legend.

fabuloso, -sa adj 1. *(ficticio)* mythical. 2. *(muy bueno)* fabulous, fantastic.

facción f (POLÍT) faction. ♦ **facciones** fpl *(rasgos)* features.

faceta f facet.

facha f 1. *(aspecto)* appearance, look 2. *(mamarracho)* mess; **vas hecho una ~** you look a mess.

fachada f (ARQUIT) façade.

facial adj facial.

fácil adj 1. *(gen)* easy; ~ **de hacer** easy to do. 2. *(probable)* likely.

facilidad f 1. *(simplicidad)* ease, easiness. 2. *(aptitud)* aptitude; **tener ~ para algo** to have a gift for sthg. ♦ **facilidades** fpl *(comodidades)* facilities; ~**es de pago** easy (payment) terms.

facilitar vt 1. *(simplificar)* to facilitate, to make easy; *(posibilitar)* to make possible. 2. *(proporcionar)* to provide.

facsímil, facsímile m facsimile.

factible adj feasible

fáctico, -ca ♦ **poder**

factor m *(gen)* factor

factoría f *(fábrica)* factory.

factótum *(pl factotums)* m y f factotum.

factura f 1. *(por mercancías, trabajo realizado)* invoice. 2. *(de gas, teléfono)* bill; *(en tienda, hotel)* bill.

facturación f 1. *(ventas)* turnover Br, net revenue Am. 2. *(de equipaje - en*

aeropuerto) checking-in; *(- en estación)* registration; **mostrador de** ~ check-in desk.

facturar vt 1. *(cobrar)*: ~**le a alguien algo** to invoice o bill sb for sthg. 2. *(vender)* to turn over. 3. *(equipaje - en aeropuerto)* to check in; *(- en estación)* to register.

facultad f 1. *(gen)* faculty. 2. *(poder)* power, right.

facultativo, -va ◇ adj 1. *(voluntario)* optional. 2. *(médico)* medical. ◇ m y f doctor.

faena f *(tarea)* task, work *(U).*

faenar vi to fish.

fagot m *(instrumento)* bassoon.

faisán m pheasant

faja f 1. *(prenda de mujer, terapéutica)* corset; *(banda)* sash, cummerbund. 2. *(de terreno - pequeña)* strip; *(- grande)* belt.

fajo m *(de billetes, papel)* wad; *(de leña, cañas)* bundle

falacia f deceit, trick.

falaz adj false.

falda f 1. *(prenda)* skirt; ~ **escocesa** kilt; ~ **pantalón** culottes *(pl).* 2. *(de montaña)* slope, mountainside.

faldón m *(de ropa)* tail; *(de cortina, mesa camilla)* folds *(pl).*

falla f *(gen & GEOL)* fault. ♦ **fallas** fpl *(fiesta)* celebrations in Valencia during which cardboard figures are burnt

fallar ◇ vt 1. *(sentenciar)* to pass sentence on; *(premio)* to award. 2. *(equivocar - respuesta)* to get wrong; *(- tiro)* to miss. ◇ vi 1. *(equivocarse)* to get it wrong; *(no acertar)* to miss. 2. *(fracasar, flaquear)* to fail; *(- plan)* to go wrong. 3. *(decepcionar)*: ~**le a alguien** to let sb down. 4. *(sentenciar)*: ~ **a favor/en contra de** to find in favour of/against.

fallecer vi to pass away, to die.

fallecimiento m decease, death.

fallo m 1. *(error)* mistake; (DEP) miss. 2. *(sentencia - de juez, jurado)* verdict.

fallutería f CSur fam hypocrisy.

falo m phallus.

falsear vt *(hechos, historia)* to falsify, to distort; *(moneda, firma)* to forge.

falsedad f 1. *(falta de verdad, autenticidad)* falseness 2. *(mentira)* falsehood.

falsete m falsetto.

falsificar vt to forge.

falso, -sa adj 1. *(rumor, excusa etc)* false, untrue 2. *(dinero, firma, cuadro)* forged; *(joyas)* fake; **jurar en** ~ to commit perjury. 3. *(hipócrita)* deceitful.

falta f 1. *(carencia)* lack; **hacer ~** to be necessary; **me hace ~ suerte** I need some luck; **por ~ de** for want o lack of. 2. *(escasez)* shortage. 3. *(ausencia)* absence; **echar en ~ algo/a alguien** *(notar la ausencia de)* to notice that sthg/sb is missing; *(echar de menos)* to miss sthg/sb. 4. *(imperfección)* fault; *(error)* mistake; **~ de educación** bad manners *(pl)*; **~ de ortografía** spelling mistake. 5. (DEP) foul; *(en tenis)* fault. 6. (DER) offence. ◆ **a falta de** *loc prep* in the absence of. ◆ **sin falta** *loc adv* without fail.

faltar vi 1. *(no haber)* to be lacking, to be needed; **falta aire** there's not enough air; **falta sal** it needs a bit of salt. 2. *(estar ausente)* to be absent o missing; **falta Elena** Elena is missing. 3. *(carecer)*: **le faltan las fuerzas** he lacks o doesn't have the strength. 4. *(hacer falta)* to be necessary; **me falta tiempo** I need time. 5. *(quedar)*: **falta un mes para las vacaciones** there's a month to go till the holidays; **sólo te falta firmar** all you have to do is sign; **¿cuánto falta para Leeds?** how much further is it to Leeds?; **falta mucho por hacer** there is still a lot to be done; **falta poco para que llegue** it won't be long till he arrives. 6. *loc*: **¡no faltaba o faltaría más!** *(asentimiento)* of course!; *(rechazo)* that tops it all!, that's a bit much! ◆ **faltar a** vi 1. *(palabra, promesa)* to break, not to keep; *(deber, obligación)* to neglect. 2. *(cita, trabajo)* not to turn up at; **¡no faltes (a la cita)!** don't miss it!, be there! 3. *(no respetar)* to be disrespectful towards; **~ a alguien en algo** to offend sb in sthg.

falto, -ta adj: **~ de** lacking in, short of.

fama f 1. *(renombre)* fame. 2. *(reputación)* reputation.

famélico, -ca adj starving, famished.

familia f family; **en ~** in private.

familiar ◇ adj 1. *(de familia)* family *(antes de sust)*. 2. *(en el trato - agradable)* friendly; *(- en demasía)* overly familiar. 3. *(lenguaje, estilo)* informal. 4. *(conocido)* familiar. ◇ m y f relative, relation.

familiaridad f familiarity.

familiarizar vt: **~ (con)** to familiarize (with). ◆ **familiarizarse** vpr: **~se con** *(estudiar)* to familiarize o.s. with; *(acostumbrarse a)* to get used to.

famoso, -sa adj famous.

fanático, -ca ◇ adj fanatical. ◇ m y f *(gen)* fanatic; (DEP) fan

fanatismo m fanaticism.

fanfarria f 1. *fam (jactancia)* bragging. 2. *(de música)* fanfare; *(banda)* brass band.

fanfarrón, -ona adj boastful.

fango m mud.

fantasear vi to fantasize.

fantasía f *(imaginación)* imagination; *(cosa imaginada)* fantasy; **de ~** *(ropa)* fancy; *(bisutería)* imitation.

fantasma ◇ m *(espectro)* ghost, phantom. ◇ m y f *fam (fanfarrón)* show-off.

fantástico, -ca adj fantastic.

fantoche m 1. *(títere)* puppet. 2. *(mamarracho)* (ridiculous) sight

fardo m bundle.

farfullar vt & vi to gabble, to splutter.

faringitis f inv sore throat.

farmacéutico, -ca ◇ adj pharmaceutical ◇ m y f chemist, pharmacist.

farmacia f *(establecimiento)* chemist's (shop) *Br*, pharmacy, drugstore *Am*; **~ de turno** o **de guardia** duty chemist's.

fármaco m medicine, drug.

faro m 1. *(para barcos)* lighthouse. 2. *(de coche)* headlight, headlamp; **~ antiniebla** foglamp.

farol m *(farola)* street lamp o light; *(linterna)* lantern, lamp.

farola f *(farol)* street lamp o light; *(poste)* lamppost

farsa f *lit & fig* farce.

farsante adj deceitful.

fascículo m part, instalment *(of serialization)*. *

fascinante adj fascinating.

fascinar vt to fascinate.

fascismo m fascism.

fascista adj, m y f fascist.

fase f phase.

fastidiado, -da adj *(de salud)* ill; **ando ~ del estómago** I've got a bad stomach.

fastidiar vt 1. *(estropear - fiesta etc)* to spoil, to ruin; *(- máquina, objeto etc)* to break. 2. *(molestar)* to annoy, to bother. ◆ **fastidiarse** vpr 1. *(estropearse - fiesta etc)* to be ruined; *(- máquina)* to break down. 2. *(aguantarse)* to put up with it

fastidio m 1. *(molestia)* nuisance, bother. 2. *(enfado)* annoyance.

fastidioso, -sa adj *(molesto)* annoying.

fastuoso, -sa adj lavish, sumptuous.

fatal ◇ adj 1. *(mortal)* fatal. 2. *(muy*

malo) terrible, awful. **3.** *(inevitable)* inevitable. ◊ *adv* terribly; **sentirse ~** to feel terrible.

fatalidad *f* **1.** *(destino)* fate, destiny. **2.** *(desgracia)* misfortune.

fatalismo *m* fatalism.

fatídico, -ca *adj* fateful, ominous.

fatiga *f (cansancio)* tiredness, fatigue. ◆ **fatigas** *fpl (penas)* hardships.

fatigar *vt* to tire, to weary. ◆ **fatigarse** *vpr* to get tired.

fatigoso, -sa *adj* tiring, fatiguing.

fatuo, -tua *adj* **1.** *(necio)* fatuous, foolish. **2.** *(engreído)* conceited.

fauna *f* fauna.

favor *m* favour; **a ~ de** in favour of; **hacerle un ~ a alguien** *(ayudar a)* to do sb a favour; *fam fig (acostarse con)* to go to bed with sb; **pedir un ~ a alguien** to ask sb a favour; **tener a o en su ~ a alguien** to enjoy sb's support. ◆ **por favor** *loc adv* please.

favorable *adj* favourable; **ser ~ a algo** to be in favour of sth.

favorecer *vt* **1.** *(gen)* to favour; *(ayudar)* to help, to assist. **2.** *(sentar bien)* to suit.

favoritismo *m* favouritism.

favorito, -ta *adj, m y f* favourite.

fax *m inv* **1.** *(aparato)* fax (machine); **mandar algo por ~** to fax sth. **2.** *(documento)* fax.

fayuquero *m* Méx dealer in contraband.

faz *f culto* **1.** *(cara)* countenance, face. **2.** *(del mundo, de la tierra)* face.

fe *f* **1.** *(gen)* faith; **hacer algo de buena ~** to do sth in good faith. **2.** *(documento)* certificate; **~ de erratas** errata *(pl)*. **3.** *loc:* **dar ~ de que** to testify that

fealdad *f (de rostro etc)* ugliness.

febrero *m* February; *ver también* **septiembre**

febril *adj* feverish; *fig (actividad)* hectic.

fecha *f (gen)* date; *(momento actual)* current date; **hasta la ~** to date, so far; **~ de caducidad** *(de alimentos)* sell-by date; *(de carné, pasaporte)* expiry date; *(de medicamento)* 'use before' date; **~ tope o límite** deadline.

fechar *vt* to date.

fechoría *f* bad deed, misdemeanour.

fécula *f* starch *(in food)*.

fecundación *f* fertilization; **~ artificial** artificial insemination; **~ in vitro** in vitro fertilization.

fecundar *vt* **1.** *(fertilizar)* to fertilize. **2.** *(hacer productivo)* to make fertile.

fecundo, -da *adj (gen)* fertile; *(artista)* prolific.

federación *f* federation.

federal *adj, m y f* federal.

federar *vt* to federate. ◆ **federarse** *vpr* **1.** *(formar federación)* to become o form a federation. **2.** *(ingresar en federación)* to join a federation.

feedback ['fidbak] *(pl* **feedbacks**) *m* feedback

fehaciente *adj* irrefutable.

felicidad *f* happiness. ◆ **felicidades** *interj:* **¡~es!** *(gen)* congratulations!; *(en cumpleaños)* happy birthday!

felicitación *f* **1.** *(acción):* **felicitaciones** congratulations. **2.** *(postal)* greetings card.

felicitar *vt* to congratulate

feligrés, -esa *m y f* parishioner.

felino, -na *adj* feline.

feliz *adj* **1.** *(gen)* happy. **2.** *(afortunado)* lucky. **3.** *(oportuno)* timely.

felpa *f (de seda)* plush; *(de algodón)* towelling.

felpudo *m* doormat.

femenino, -na *adj (gen)* feminine; (BOT & ZOOL) female. ◆ **femenino** *m* (GRAM) feminine.

fémina *f* woman, female.

feminismo *m* feminism

feminista *adj, m y f* feminist.

fémur *(pl* **fémures**) *m* femur, thighbone.

fénix *m inv (ave)* phoenix.

fenomenal *adj (magnífico)* wonderful.

fenómeno ◊ *m (gen)* phenomenon. ◊ *adv fam* brilliantly, fantastically; **pasarlo ~** to have a great time. ◊ *interj:* **¡~!** great!, terrific!

feo, -a *adj* **1.** *(persona)* ugly. **2.** *(aspecto, herida, conducta)* nasty; **es ~ escupir** it's rude to spit.

féretro *m* coffin.

feria *f* **1.** *(gen)* fair; **~ (de muestras)** trade fair. **2.** *(fiesta popular)* festival.

feriado *m* Amer public holiday.

fermentación *f* fermentation.

fermentar *vt & vi* to ferment.

ferocidad *f* ferocity, fierceness.

feroz *adj* **1.** *(animal, bestia)* fierce, ferocious. **2.** *fig (criminal, asesino)* cruel, savage. **3.** *fig (dolor, angustia)* terrible.

férreo, -a *adj lit & fig* iron *(antes de sust)*.

ferretería *f* ironmonger's (shop) *Br*, hardware store

ferrocarril *m (sistema, medio)* rail-

way, railroad *Am*; *(tren)* train; **por ~** by
train.

ferroviario, -ria *adj* railway *(antes
de sust) Br*, rail *(antes de sust)*, railroad
(antes de sust) Am.

ferry *m* ferry.

fértil *adj lit & fig* fertile.

fertilidad *f lit & fig* fertility.

fertilizante *m* fertilizer.

fertilizar *vt* to fertilize.

ferviente *adj* fervent.

fervor *m* fervour.

festejar *vt (celebrar)* to celebrate.

festejo *m (fiesta)* party. ♦ **festejos**
mpl (fiestas) public festivities.

festín *m* banquet, feast.

festival *m* festival.

festividad *f* festivity.

festivo, -va *adj* 1. *(de fiesta)* festive;
día ~ (public) holiday. 2. *(alegre)*
cheerful, jolly; *(chistoso)* funny, witty.

fetiche *m* fetish.

fétido, -da *adj* fetid, foul-smelling.

feto *m* foetus.

feudal *adj* feudal.

FF AA *(abrev de* **Fuerzas Armadas)**
fpl Spanish armed forces.

fiable *adj (máquina)* reliable; *(persona)*
trustworthy.

fiador, -ra *m y f* guarantor, surety;
salir ~ por to vouch for.

fiambre *m (comida)* cold meat *Br*,
cold cut *Am*.

fiambrera *f* lunch o sandwich box.

fianza *f* 1. *(depósito)* deposit. 2. *(DER)*
bail; **bajo ~** on bail. 3. *(garantía)* security, bond

fiar ◊ *vt (COM)* to sell on credit. ◊ *vi*
(COM) to sell on credit; **ser de ~** *fig* to
be trustworthy. ♦ **fiarse** *vpr*: **¡no te
fíes!** don't be too sure (about it)!; **~se
de algo/alguien** to trust sthg/sb.

fiasco *m* fiasco.

FIBA *(abrev de* **Federación Internacional de Baloncesto Amateur)** *f*
FIBA.

fibra *f (gen)* fibre; *(de madera)* grain; **~
de vidrio** fibreglass.

ficción *f (gen)* fiction.

ficha *f* 1. *(tarjeta)* (index) card; *(con
detalles personales)* file, record card. 2.
(de guardarropa, aparcamiento) ticket.
3. *(de teléfono)* token. 4. *(de juego - gen)*
counter; *(en ajedrez)* piece; *(en un casino)* chip 5. *(INFORM)* card.

fichaje *m (DEP) (contratación)* signing
(up); *(importe)* transfer fee.

fichar ◊ *vt* 1. *(archivar)* to note down
on an index card, to file. 2. *(suj:*

policía) to put on police files o records.
3. *(DEP)* to sign up. ◊ *vi* 1. *(suj: trabajador - al entrar)* to clock in; *(- al salir)*
to clock out. 2. *(DEP)*: **~ (por)** to sign
up (for).

fichero *m (INFORM)* file.

ficticio, -cia *adj (imaginario)* fictitious.

ficus *m inv* rubber plant.

fidedigno, -na *adj* reliable.

fidelidad *f* 1. *(lealtad)* loyalty; *(de
cónyuge, perro)* faithfulness. 2. *(precisión)* accuracy; **alta ~** high fidelity.

fideo *m* noodle.

fiebre *f* fever; **tener ~** to have a temperature; **~ del heno** hay fever.

fiel *adj* 1. *(leal - amigo, seguidor)* loyal;
(- cónyuge, perro) faithful. 2. *(preciso)*
accurate. ♦ **fieles** *mpl (RELIG)*: **los ~es**
the faithful.

fieltro *m* felt.

fiero, -ra *adj* savage, ferocious.
♦ **fiera** *f (animal)* wild animal

fierro *m Amer* 1. *(hierro)* iron. 2.
(navaja) penknife.

fiesta *f* 1. *(reunión)* party; *(de pueblo
etc)* (local) festivities *(pl)*; **~ mayor**
*local celebrations for the festival of a
town's patron saint*. 2. *(día)* public holiday; **ser ~** to be a public holiday;
hacer ~ to be on holiday. ♦ **fiestas** *fpl*
(vacaciones) holidays.

figura *f* 1. *(gen)* figure; *(forma)* shape.
2. *(en naipes)* picture card.

figuraciones *fpl* imaginings

figurado, -da *adj* figurative.

figurar ◊ *vi* 1. *(aparecer)*: **~ (en)** to
appear (in), to figure (in). 2. *(ser importante)* to be prominent o important.
◊ *vt* 1. *(representar)* to represent.
2. *(simular)* to feign, to simulate.
♦ **figurarse** *vpr (imaginarse)* to imagine; **ya me lo figuraba yo** I thought
as much.

fijación *f* 1. *(gen & FOT)* fixing. 2.
(obsesión) fixation.

fijador *m (líquido)* fixative; **~ de pelo**
(crema) hair gel; *(espray)* hair spray.

fijar *vt* 1. *(gen)* to fix; *(asegurar)* to fasten; *(cartel)* to stick up; *(sello)* to stick
on. 2. *(significado)* to establish; **~ el
domicilio** to take up residence; **~ la
mirada/la atención en** to fix one's
gaze/attention on. ♦ **fijarse** *vpr* to pay
attention; **~se en algo** *(darse cuenta)* to
notice sthg; *(prestar atención)* to pay
attention to sthg.

fijo, -ja *adj* 1. *(gen)* fixed; *(sujeto)*
secure. 2. *(cliente)* regular. 3. *(fecha)* definite. 4. *(empleado, trabajo)* permanent.

fila f (hilera - gen) line; (- de asientos) row; **en ~, en ~ india** in line, in single file; **ponerse en ~** to line up. ◆ **filas** fpl (MIL) ranks; **cerrar ~s** fig to close ranks.

filántropo, -pa m y f philanthropist.

filarmónico, -ca adj philharmonic.

filatelia f philately.

filete m (CULIN - grueso) (fillet) steak; (- delgado) fillet; (solomillo) sirloin.

filiación f (POLIT) affiliation.

filial ◇ adj 1. (de hijo) filial. 2. (de empresa) subsidiary. ◇ f subsidiary.

filigrana f (en orfebrería) filigree.

Filipinas fpl: **(las) ~** the Philippines (sg).

filipino, -na adj, m y f Filipino. ◆ **filipino** m (lengua) Filipino.

film = **filme**.

filmar vt to film, to shoot.

filme (pl **filmes**), **film** (pl **films**) m film Br, movie Am.

filmoteca f (archivo) film library; (sala de cine) film institute.

filo m (cutting) edge; **de doble ~, de dos ~s** lit & fig double-edged. ◆ **al filo de** loc prep just before.

filología f 1. (ciencia) philology. 2. (carrera) language and literature.

filón m 1. (de carbón etc) seam. 2. fig (mina) gold mine.

filoso, -sa, filudo, -da adj Amer sharp

filosofía f (ciencia) philosophy.

filósofo, -fa m y f philosopher.

filtración f 1. (de agua) filtration. 2. fig (de noticia etc) leak.

filtrar vt 1. (tamizar) to filter. 2. fig (datos, noticia) to leak. ◆ **filtrarse** vpr 1. (penetrar): **~se (por)** to filter o seep (through). 2. fig (datos, noticia) to be leaked.

filtro m 1. (gen) filter; (de cigarrillo) filter, filter tip. 2. (pócima) philtre.

filudo, -da = **filoso**.

fin m 1. (final) end; **dar** o **poner ~ a algo** to put an end to sthg; **tocar a su ~** to come to a close; **~ de semana** weekend; **a ~es de** at the end of; **al ~ por ~** at last, finally; **a ~ de cuentas** after all; **al ~ y al cabo** after all. 2. (objetivo) aim, goal. ◆ **a fin de** loc conj in order to. ◆ **en fin** loc adv anyway.

final ◇ adj final, end (antes de sust). ◇ m end; **~ feliz** happy ending; **a ~es de** at the end of; **al ~** (en conclusión) in the end ◇ f final.

finalidad f aim, purpose.

finalista m y f finalist.

finalizar ◇ vt to finish, to complete. ◇ vi: **~ (con)** to end o finish (in).

financiación f financing.

financiar vt to finance.

financiero, -ra ◇ adj financial. ◇ m y f (persona) financier. ◆ **financiera** f (firma) finance company

financista m y f Amer financier

finanzas fpl finance (U).

finca f (gen) property; (casa de campo) country residence.

fingir ◇ vt to feign. ◇ vi to pretend.

finiquito m settlement.

finito, -ta adj finite.

finlandés, -esa ◇ adj Finnish. ◇ m y f (persona) Finn ◆ **finlandés** m (lengua) Finnish.

Finlandia Finland.

fino, -na adj 1. (gen) fine; (delgado) thin; (cintura) slim. 2. (cortés) refined. 3. (agudo - oído, olfato) sharp, keen; (- gusto, humor, ironía) refined. ◆ **fino** m dry sherry.

finura f (gen) fineness; (delgadez) thinness; (cortesía) refinement; (de oído, olfato) sharpness, keenness; (de gusto, humor, ironía) refinement.

firma f 1. (rúbrica) signature; (acción) signing. 2. (empresa) firm.

firmamento m firmament.

firmar vt to sign.

firme adj 1. (gen) firm; (mueble, andamio, edificio) stable. 2. (argumento, base) solid. 3. (carácter, actitud, paso) resolute.

firmeza f 1. (gen) firmness; (de mueble, edificio) stability. 2. (de argumento) solidity. 3. (de carácter, actitud) resolution.

fiscal ◇ adj tax (antes de sust), fiscal. ◇ m y f public prosecutor Br, district attorney Am.

fisco m treasury, exchequer.

fisgar, fisgonear vi (gen) to pry; (escuchando) to eavesdrop.

fisgón, -ona m y f nosy parker.

fisgonear = **fisgar**.

físico, -ca ◇ adj physical. ◇ m y f (persona) physicist. ◆ **físico** m (complexión) physique. ◆ **física** f (ciencia) physics (U).

fisiológico, -ca adj physiological.

fisionomía, fisonomía f features (pl), appearance

fisioterapeuta m y f physiotherapist.

fisonomía = **fisionomía**.

fisura f (grieta) fissure.

flacidez, flaccidez f flabbiness.

flácido, -da, fláccido, -da adj flaccid, flabby.

flaco, -ca *adj* thin, skinny.

flagelar *vt* to flagellate.

flagrante *adj* flagrant.

flamante *adj (vistoso)* resplendent; *(nuevo)* brand-new.

flambear *vt* to flambé.

flamenco, -ca ◇ *adj* 1. (MÚS) flamenco *(antes de sust).* 2. *(de Flandes)* Flemish. ◇ *m y f (de Flandes)* Fleming. ♦ **flamenco** *m* 1. *(ave)* flamingo. 2. *(lengua)* Flemish. 3. (MÚS) flamenco.

flan *m* crème caramel; **estar hecho** o **como un ~** to shake like a jelly, to be a bundle of nerves.

flanco *m* flank.

flanquear *vt* to flank.

flaquear *vi* to weaken; *fig* to flag.

flaqueza *f* weakness.

flash [flaʃ] *(pl* **flashes)** *m* 1. (FOT) flash. 2. *(informativo)* newsflash.

flato *m*: **tener ~** to have a stitch

flatulento, -ta *adj* flatulent.

flauta ◇ *f* flute; **~ dulce** recorder; **de la gran ~** *CSur fig* tremendous. ◇ *interj:* ¡(la gran) **~!** *CSur* good grief!, good heavens!

flecha *f (gen)* arrow; (ARQUIT) spire.

flechazo *m fam fig (amoroso):* **fue un ~** it was love at first sight

fleco *m (adorno)* fringe.

flema *f* phlegm.

flemático, -ca *adj (tranquilo)* phlegmatic.

flemón *m* gumboil.

flequillo *m* fringe.

flete *m* 1. *(precio)* freightage. 2. *(carga)* cargo, freight.

flexible *adj* flexible.

flexo *m* adjustable table lamp o light.

flipar *vi fam* 1. *(disfrutar)* to have a wild time. 2. *(asombrarse)* to be gobsmacked. 3. *(con una droga)* to be stoned o high

flirtear *vi* to flirt.

flojear *vi (decaer - piernas, fuerzas etc)* to weaken; *(- memoria)* to be failing; *(- película, libro)* to flag; *(- calor, trabajo)* to ease off; *(- ventas)* to fall off.

flojera *f* lethargy, feeling of weakness

flojo, -ja *adj* 1. *(suelto)* loose. 2. *(débil - persona, bebida)* weak; *(- sonido)* faint; *(- tela)* thin; *(- salud)* poor; *(- viento)* light 3. *(inactivo - mercado, negocio)* slack.

flor *f* 1. (BOT) flower; **echar ~es** a alguien to pay sb compliments. 2. *(lo mejor):* la **~ (y nata)** the crème de la

crème, the cream. ♦ **a flor de** *loc adv:* **a ~ de agua/tierra** at water/ground level.

flora *f* flora.

florecer *vi* to flower; *fig* to flourish.

floreciente *adj fig* flourishing.

florero *m* vase.

florido, -da *adj (con flores)* flowery; *(estilo, lenguaje)* florid.

florista *m y f* florist.

floristería *f* florist's (shop).

flota *f* fleet.

flotación *f (gen & ECON)* flotation.

flotador *m* 1. *(para nadar)* rubber ring. 2. *(de caña de pescar)* float

flotar *vi (gen & ECON)* to float; *(banderas)* to flutter.

flote ♦ **a flote** *loc adv* afloat; **salir a ~** *fig* to get back on one's feet.

flotilla *f* flotilla.

fluctuar *vi (variar)* to fluctuate.

fluidez *f* 1. *(gen)* fluidity; *(del tráfico)* free flow; *(de relaciones)* smoothness. 2. *fig (en el lenguaje)* fluency.

fluido, -da *adj* 1. *(gen)* fluid; *(tráfico)* free-flowing. 2. *(relaciones)* smooth. 3. *fig (lenguaje)* fluent. ♦ **fluido** *m* fluid; **~ eléctrico** electric current o power.

fluir *vi* to flow.

flujo *m* flow; **~ de caja** cash flow.

flúor *m* fluorine.

fluorescente *m* strip light.

fluvial *adj* river *(antes de sust).*

FM *(abrev de* **frecuencia modulada)** *f* FM.

FMI *(abrev de* **Fondo Monetario Internacional)** *m* IMF.

fobia *f* phobia.

foca *f* seal.

foco *m* 1. *fig (centro)* centre, focal point. 2. *(lámpara - para un punto)* spotlight; *(- para una zona)* floodlight. 3. (FÍS & GEOM) focus 4. *Amer (bombilla)* light bulb.

fofo, -fa *adj* flabby.

fogata *f* bonfire, fire.

fogón *m (para cocinar)* stove.

fogoso, -sa *adj* passionate.

fogueo *m*: **de ~** blank.

foie-gras [fwa'ɣras] *m* (pâté de) foie-gras.

folclore, folclor, folklor *m* folklore.

folio *m (hoja)* leaf, sheet; *(tamaño)* folio.

folklor = **folclore.**

follaje *m* foliage.

folletín *m (dramón)* melodrama.

folleto *m (turístico, publicitario)* brochure; *(explicativo, de instrucciones)* leaflet.

follón *m Esp fam* 1. *(discusión)* row; **se armó ~** there was an almighty row. 2. *(lío)* mess; **¡vaya ~!** what a mess!

fomentar *vt* to encourage, to foster.

fomento *m* encouragement, fostering.

fonda *f* boarding house.

fondear ◇ *vi* to anchor. ◇ *vt (sondear)* to sound; *(registrar - barco)* to search.

fondo *m* 1. *(de recipiente, mar, piscina)* bottom; **tocar ~** *(embarcación)* to scrape along the sea/river bed; *fig* to hit rock bottom; **doble ~** false bottom. 2. *(de habitación etc)* back; **al ~ de** *(calle, pasillo)* at the end of; *(sala)* at the back of. 3. *(dimensión)* depth. 4. *(de tela, cuadro, foto)* background; **al ~ in** the background. 5. *(de asunto, tema)* heart, bottom. 6. (ECON) fund; **a ~ perdido** non-returnable; **~ común** kitty; **~ de amortización/de inversión/de pensiones** (ECON) sinking/investment/pension fund. 7. *(de biblioteca, archivo)* catalogue, collection. 8. (DEP) stamina. 9. *Col & Méx (combinación)* petticoat. ◆ **fondos** *mpl* (ECON - *capital)* funds; **recaudar ~s** to raise funds. ◆ **a fondo** ◇ *loc adv* thoroughly. ◇ *loc adj* thorough. ◆ **en el fondo** *loc adv* 1. *(en lo más íntimo)* deep down. 2. *(en lo esencial)* basically.

fonético, -ca *adj* phonetic. ◆ **fonética** *f (ciencia)* phonetics *(U).*

fontanería *f* plumbing.

fontanero, -ra *m y f* plumber.

football = **fútbol.**

footing ['futin] *m* jogging; **hacer ~** to go jogging.

forajido, -da *m y f* outlaw.

foráneo, -a *adj* foreign.

forastero, -ra *m y f* stranger.

forcejear *vi* to struggle.

fórceps *m inv* forceps.

forense ◇ *adj* forensic. ◇ *m y f* pathologist.

forestal *adj* forest *(antes de sust).*

forja *f (fragua)* forge; *(forjadura)* forging.

forjar *vt* 1. *(metal)* to forge. 2. *fig (inventarse)* to invent; *(crear)* to build up. ◆ **forjarse** *vpr fig (labrarse)* to carve out for o.s.

forma *f* 1. *(gen)* shape, form; **en ~ de** in the shape of; **guardar las ~s** to keep up appearances. 2. *(manera)* way, manner; **de cualquier ~, de todas ~s** anyway, in any case; **de esta ~** in this way; **de ~ que** in such a way

that, so that. 3. (ARTE & LITER) form. 4. *(condición física)* fitness; **estar en ~** to be fit. ◆ **formas** *fpl* 1. *(silueta)* figure *(sg).* 2. *(modales)* social conventions.

formación *f* 1. *(gen & MIL)* formation. 2. *(educación)* training; **~ profesional** vocational training. 3. *(conjunto)* grouping.

formal *adj* 1. *(gen)* formal. 2. *(que se porta bien)* well-behaved, good. 3. *(de confianza)* reliable. 4. *(serio)* serious.

formalidad *f* 1. *(gen)* formality. 2. *(educación)* (good) manners *(pl).* 3. *(fiabilidad)* reliability. 4. *(seriedad)* seriousness.

formalizar *vt* to formalize.

formar ◇ *vt* 1. *(gen)* to form. 2. *(educar)* to train, to educate. ◇ *vi* (MIL) to fall in. ◆ **formarse** *vpr* 1. *(gen)* to form. 2. *(educarse)* to be trained o educated.

formatear *vt* (INFORM) to format.

formato *m (gen & INFORM)* format.

formica® *f* Formica®.

formidable *adj (enorme)* tremendous; *(extraordinario)* amazing, fantastic.

fórmula *f* formula; **~ uno** formula one.

formular *vt* to formulate.

formulario *m* form.

fornido, -da *adj* well-built.

foro *m* 1. *(tribunal)* court (of law). 2. (TEATRO) back of the stage. 3. *(debate)* forum.

forofo, -fa *m y f fam* fan, supporter.

forraje *m* fodder.

forrar *vt*: **~ (de)** *(libro)* to cover (with); *(ropa)* to line (with); *(asiento)* to upholster (with).

forro *m (de libro)* cover; *(de ropa)* lining; *(de asiento)* upholstery.

fortalecer *vt* to strengthen.

fortaleza *f* 1. *(gen)* strength. 2. *(recinto)* fortress.

fortificación *f* fortification.

fortuito, -ta *adj* chance *(antes de sust).*

fortuna *f* 1. *(suerte)* (good) luck; **por ~** fortunately, luckily. 2. *(destino)* fortune, fate. 3. *(riqueza)* fortune.

forúnculo, furúnculo *m* boil.

forzado, -da *adj* forced.

forzar *vt* 1. *(gen)* to force; **~ la vista** to strain one's eyes. 2. *(violar)* to rape.

forzoso, -sa *adj (obligatorio)* obligatory, compulsory; *(inevitable)* inevitable; *(necesario)* necessary.

forzudo, -da *adj* strong.

fosa *f* 1. *(sepultura)* grave. 2. (ANAT)

cavity; **~s nasales** nostrils. **3.** *(hoyo)* pit; **~ marina** ocean trough.

fosfato *m* phosphate.

fosforescente *adj* phosphorescent.

fósforo *m* **1.** (QUÍM) phosphorus. **2.** *(cerilla)* match.

fósil *m* (CIENCIA) fossil.

foso *m* *(hoyo)* ditch; *(de fortaleza)* moat; *(de garaje)* pit; (DEP & TEATRO) pit.

foto *f* photo.

fotocomponer *vt* (IMPRENTA) to typeset.

fotocopia *f* *(objeto)* photocopy.

fotocopiadora *f* photocopier.

fotocopiar *vt* to photocopy

fotoeléctrico, -ca *adj* photoelectric.

fotogénico, -ca *adj* photogenic.

fotografía *f* **1.** *(arte)* photography. **2.** *(objeto)* photograph.

fotografiar *vt* to photograph.

fotógrafo, -fa *m y f* photographer.

fotomatón *m* passport photo machine.

fotonovela *f* photo story.

fotorrobot *(pl* **fotorrobots)** *f* Identikit®.

fotosíntesis *f inv* photosynthesis.

FP *(abrev de* **formación profesional)** *f* vocationally orientated secondary education in Spain for pupils aged 14-18.

fra. *(abrev de* **factura).** *inv.*

frac *(pl* **fracs)** *m* tails *(pl),* dress coat.

fracasar *vi:* **~ (en/como)** to fail (at/as).

fracaso *m* failure; **todo fue un ~** the whole thing was a failure.

fracción *f* **1.** *(gen)* fraction. **2.** (POLÍT) faction.

fraccionario, -ria *adj* fractional; **moneda fraccionaria** small change.

fractura *f* fracture.

fragancia *f* fragrance.

fraganti ♦ **in fraganti** *loc adv:* **coger a alguien in ~** to catch sb red-handed o in the act.

fragata *f* frigate.

frágil *adj* *(objeto)* fragile; *(persona)* frail.

fragilidad *f* *(de objeto)* fragility; *(de persona)* frailty.

fragmentar *vt* *(romper)* to fragment; *(dividir)* to divide

fragmento *m* fragment, piece; *(de obra)* excerpt

fragor *m* *(de batalla)* clamour; *(de trueno)* crash.

fragua *f* forge.

fraguar ◇ *vt* **1.** *(forjar)* to forge. **2.** *fig (idear)* to think up ◇ *vi* to set, to hard-

en. ♦ **fraguarse** *vpr* to be in the offing.

fraile *m* friar.

frambuesa *f* raspberry.

francés, -esa ◇ *adj* French. ◇ *m y f* Frenchman *(f* Frenchwoman); **los franceses** the French. ♦ **francés** *m* *(lengua)* French.

Francia France

francmasonería *f* Freemasonry

franco, -ca *adj* **1.** *(sincero)* frank, open; *(directo)* frank. **2.** *(sin obstáculos, gastos)* free. ♦ **franco** *m* *(moneda)* franc

francotirador, -ra *m y f* (MIL) sniper

franela *f* flannel

franja *f* strip; *(en bandera, uniforme)* stripe.

franquear *vt* **1.** *(paso, camino)* to clear. **2.** *(río, montaña etc)* to negotiate, to cross. **3.** *(correo)* to frank.

franqueo *m* postage.

franqueza *f* *(sinceridad)* frankness.

franquicia *f* exemption.

franquismo *m*: **el ~** *(régimen)* the Franco regime; *(doctrina)* Franco's doctrine.

frasco *m* small bottle.

frase *f* **1.** *(oración)* sentence. **2.** *(locución)* expréssion; **~ hecha** *(modismo)* set phrase; *(tópico)* cliché.

fraternidad, fraternización *f* brotherhood, fraternity

fraterno, -na *adj* brotherly, fraternal.

fraude *m* fraud; **~ fiscal** tax evasion.

fraudulento, -ta *adj* fraudulent.

fray *m* brother.

frazada *f* Amer blanket; **~ eléctrica** electric blanket.

frecuencia *f* frequency; **con ~** often; **~ modulada, modulación de ~** frequency modulation.

frecuentar *vt* *(lugar)* to frequent; *(persona)* to see, to visit.

frecuente *adj* *(reiterado)* frequent; *(habitual)* common

fregadero *m* (kitchen) sink.

fregado, -da *adj* Amer fam troublesome, annoying

fregar *vt* **1.** *(limpiar)* to wash; **~ los platos** to do the washing-up. **2.** *(frotar)* scrub. **3.** Amer fam *(molestar)* to bother, to pester.

fregona *f* **1.** *despec (criada)* skivvy. **2.** *(utensilio)* mop.

freidora *f* *(gen)* deep fat fryer; *(para patatas fritas)* chip pan.

freír *vt* (CULIN) to fry.

frenar ◇ vt 1. (AUTOM) to brake. 2. (contener) to check. ◇ vi to stop; (AUTOM) to brake.

frenazo m 1. (AUTOM): dar un ~ to brake hard. 2. fig (parón) sudden stop.

frenesí (pl frenesíes) m frenzy.

frenético, -ca adj 1. (colérico) furious, mad 2. (enloquecido) frenzied, frantic.

freno m 1. (AUTOM) brake. 2. (de caballerías) bit. 3. fig (contención) check; **poner** ~ a to put a stop to.

frenopático, -ca adj psychiatric.

frente ◇ f forehead; ~ a ~ face to face. ◇ m front; **estar al** ~ **(de)** to be at the head (of); **hacer** ~ **a** to face up to; ~ **frío** cold front. ◆ **de frente** loc adv 1. (hacia delante) forwards. 2. (uno contra otro) head on. ◆ **frente a** loc prep 1. (enfrente de) opposite. 2. (con relación a) towards.

fresa f (planta, fruto) strawberry.

fresco, -ca ◇ adj 1. (gen) fresh; (temperatura) cool; (pintura, tinta) wet. 2. (caradura) cheeky. ◇ m y f (caradura) cheeky person. ◆ **fresco** m 1. (ARTE) fresco; **al** ~ in fresco. 2. (frescor) coolness; **hace** ~ it's chilly; **tomar el** ~ to get a breath of fresh air.

frescor m coolness, freshness.

frescura f 1. (gen) freshness. 2. (descaro) cheek, nerve.

fresno m ash (tree).

fresón m large strawberry.

frialdad f lit & fig coldness.

fricción f (gen) friction; (friega) rub, massage.

friega f massage

frigidez f frigidity.

frigorífico, -ca adj (camión) refrigerator (antes de sust); (cámara) cold. ◆ **frigorífico** m Esp refrigerator, fridge Br, icebox Am.

frijol, fríjol m Amer bean.

frío, -a adj (gen) cold; (inmutable) cool; **dejar a alguien** ~ to leave sb cold. ◆ **frío** m cold; **hacer un** ~ **que pela** to be freezing cold; **tener** ~ to be cold; **coger a alguien en** ~ fig to catch sb on the hop.

friolento, -ta adj Amer sensitive to the cold.

friolero, -ra adj sensitive to the cold.

frisar vt to be getting on for (a certain age).

frito, -ta ◇ pp → **freír**. ◇ adj 1. (alimento) fried 2. fam fig (persona - harta) fed up for (to the back teeth); (- dormida) flaked out, asleep. ◆ **frito** m (gen pl) fried food (U)

frívolo, -la adj frivolous.

frondoso, -sa adj leafy.

frontal adj frontal.

frontera f border; fig (límite) bounds (pl).

fronterizo, -za adj border (antes de sust).

frontispicio m 1. (de edificio - remate) pediment. 2. (de libro) frontispiece.

frontón m (deporte) pelota; (cancha) pelota court.

frotar vt to rub ◆ **frotarse** vpr: ~se **las manos** to rub one's hands.

fructífero, -ra adj fruitful

frugal adj frugal.

fruncir vt 1. (labios) to purse; ~ **el** ceño to frown 2. (tela) to gather

fruslería f triviality, trifle

frustración f frustration.

frustrar vt (persona) to frustrate. ◆ **frustrarse** vpr 1. (persona) to get frustrated. 2. (ilusiones) to be thwarted; (proyecto) to fail.

fruta f fruit.

frutal m fruit tree.

frutería f fruit shop

frutero, -ra m y f (persona) fruiterer. ◆ **frutero** m (recipiente) fruit bowl.

frutilla f CSur strawberry.

fruto m 1. (naranja, plátano etc) fruit; (nuez, avellana etc) nut; ~s **secos** dried fruit and nuts. 2. (resultado) fruit; **dar** ~ to bear fruit; **sacar** ~ **o de algo** to profit from sthg.

fucsia f (planta) fuchsia.

fue 1. → ir. 2. → ser.

fuego m 1. (gen & MIL) fire; (de cocina, fogón) ring, burner; **a** ~ **lento/vivo** (CULIN) over a low/high heat; **pegar** ~ **a algo** to set sthg on fire, to set fire to sthg; **pedir/dar** ~ to ask for/give a light; **¿tiene** ~? have you got a light?; ~s **artificiales** fireworks. 2. (apasionamiento) passion, ardour.

fuelle m (gen) bellows (pl).

fuente f 1. (manantial) spring. 2. (construcción) fountain. 3. (bandeja) (serving) dish 4. fig (origen) source; ~s **oficiales** official sources.

fuera ◇ v 1. → ir. 2. → ser. ◇ adv 1. (en el exterior) outside; **le echó** ~ she threw him out; **hacia** ~ outwards; **por** ~ (on the) outside. 2. (en otro lugar) away; (en el extranjero) abroad; **de** ~ (extranjero) from abroad 3. fig (alejado): ~ **de** (alcance, peligro) out of; (cálculos, competencia) outside; **estar** ~ **de** **sí** to be beside o.s. (with rage). 4. (DEP): ~ **de juego** offside. ◇ interj: ¡~! (gen) (get) out!; (en el teatro) (get)

off! ◆ **fuera de** *loc prep (excepto)*
except for, apart from. ◆ **fuera de
serie** *adj* exceptional.

fueraborda *m inv* outboard motor o
engine.

fuero *m* **1.** *(ley local) (gen pl)* ancient
regional law still existing in some parts of
Spain. **2.** *(jurisdicción)* code of laws.

fuerte ◇ *adj* **1.** *(gen)* strong. **2.** *(carácter)* unpleasant **3.** *(frío, dolor, color)*
intense; *(lluvia)* heavy; *(ruido)* loud;
(golpe, pelea) hard. **4.** *(comida, salsa)*
rich. **5.** *(nudo)* tight ◇ *adv* **1.** *(intensa-
mente - gen)* hard; *(- abrazar, agarrar)*
tight. **2.** *(abundantemente)* a lot. **3.** *(en
voz alta)* loudly. ◇ *m* **1.** *(fortificación)*
fort. **2.** *(punto fuerte)* strong point,
forte.

fuerza *f* **1.** *(gen)* strength; *(violencia)*
force; *(de sonido)* loudness; *(de dolor)*
intensity; **por ~** of necessity; **tener ~s
para** to have the strength to; **~ mayor**
(DER) force majeure; *(en seguros)* act of
God; **no llegué por un caso de ~
mayor** I didn't make it due to circumstances beyond my control; **~ de voluntad** willpower; **a ~ de** by dint of; **a
la ~** *(contra la voluntad)* by force; *(por
necesidad)* of necessity; **por la ~** by
force. **2.** (FÍS & MIL) force; **~s armadas**
armed forces; **~s del orden público**
police *(pl)*. **3.** (ELECTR) power. ◆ **fuerzas** *fpl (grupo)* forces

fuese 1. → **ir**. **2.** → **ser**.

fuga *f* **1.** *(huida)* escape. **2.** *(escape)*
leak. **3.** (MÚS) fugue.

fugarse *vpr* to escape; **~ de casa** to
run away from home; **~ con alguien**
to run off with sb.

fugaz *adj* fleeting

fugitivo, -va *m y f* fugitive.

fui → **ir**.

fulano, -na *m y f* what's his/her
name, so-and-so ◆ **fulana** *f (prostituta)* tart, whore.

fulgor *m* shining; *(de disparo)* flash.

fulminante *adj fig (despido, muerte)*
sudden; *(enfermedad)* devastating;
(mirada) withering

fulminar *vt (suj: enfermedad)* to strike
down; **~ a alguien con la mirada** to
look daggers at sb.

fumador, -ra *m y f* smoker; **~ pasivo** passive smoker; **no ~** nonsmoker.

fumar *vt & vi* to smoke.

fumigar *vt* to fumigate

función *f* **1.** *(gen)* function; *(trabajo)*
duty; **director en funciones** acting
director; **entrar en funciones** to take
up one's duties. **2.** (CIN & TEATRO)

show. ◆ **en función de** *loc prep*
depending on.

funcional *adj* functional.

funcionamiento *m* operation, functioning.

funcionar *vi* to work; **~ con gasolina** to run on petrol; **'no funciona'**
'out of order'

funcionario, -ria *m y f* civil servant.

funda *f (de sofá, máquina de escribir)*
cover; *(de almohada)* case; *(de disco)*
sleeve; *(de pistola)* sheath.

fundación *f* foundation.

fundador, -ra *m y f* founder.

fundamental *adj* fundamental.

fundamentar *vt* **1.** *fig (basar)* to base.
2. (CONSTR) to lay the foundations of
◆ **fundamentarse en** *vpr fig (basarse)*
to be based o founded on.

fundamento *m* **1.** *(base)* foundation,
basis. **2.** *(razón)* reason, grounds *(pl)*;
sin ~ unfounded, groundless.

fundar *vt* **1.** *(crear)* to found.
2. *(basar)*: **~ (en)** to base (on). ◆ **fun-
darse** *vpr (basarse)*: **~se (en)** to be
based (on).

fundición *f* **1.** *(fusión - de vidrio)*
melting; *(- de metal)* smelting.
2. *(taller)* foundry

fundir *vt* **1.** (METALURGIA - *plomo)* to
melt; *(- hierro)* to smelt **2.** (ELECTR) to
fuse; *(bombilla, fusible)* to blow. **3.** (COM
& *fig)* to merge. ◆ **fundirse** *vpr* **1.** (ELEC-
TR) to blow. **2.** *(derretirse)* to melt.
3. (COM & *fig)* to merge.

fúnebre *adj* funeral *(antes de sust)*.

funeral *m (gen pl)* funeral

funerario, -ria *adj* funeral *(antes de
sust)*. ◆ **funeraria** *f* undertaker's *Br*,
mortician's *Am*.

funesto, -ta *adj* fateful, disastrous.

fungir *vi Amer* to act, to serve.

funicular *m* **1.** *(por tierra)* funicular.
2. *(por aire)* cable car.

furgón *m* (AUTOM) van; (FERROC)
wagon.

furgoneta *f* van.

furia *f* fury.

furioso, -sa *adj* furious.

furor *m* **1.** *(enfado)* fury, rage. **2.** *loc*:
hacer ~ to be all the rage.

furtivo, -va *adj (mirada, sonrisa)*
furtive.

furúnculo *m* = **forúnculo**.

fusible *m* fuse.

fusil *m* rifle.

fusilar *vt (ejecutar)* to execute by firing
squad, to shoot.

fusión *f* **1.** *(agrupación)* merging.

2. *(de empresas, bancos)* merger. 3. *(derretimiento)* melting. 4. (FÍS) fusion.
fusionar *vt* 1. *(gen & ECON)* to merge. 2. (FÍS) to fuse. ♦ **fusionarse** *vpr* (ECON) to merge.
fusta *f* riding crop.
fustán *m* *Amer* petticoat.
fuste *m* shaft.
fútbol, football ['fudbol] *m* football; ~ **sala** indoor five-a-side.
futbolín *m* table football.
futbolista *m y f* footballer
fútil *adj* trivial.
futilidad *f* triviality.
futón *m* futon.
futuro, -ra *adj* future. ♦ **futuro** *m* *(gen & GRAM)* future. ♦ **futuros** *mpl* (ECON) futures.
futurología *f* futurology.

G

g¹, G *f* *(letra)* g, G.
g² *(abrev de gramo)* g.
gabacho, -cha *fam despec m y f* 1. *(francés)* Frog, *pejorative term referring to a French person.* 2. *Méx (norteamericano)* Yank.
gabán *m* overcoat.
gabardina *f (prenda)* raincoat, mac.
gabinete *m* 1. *(gobierno)* cabinet. 2. *(despacho)* office. 3. *(sala)* study.
gacela *f* gazelle
gaceta *f* gazette.
gachas *fpl* (CULIN) (corn) porridge *(U)*.
gacho, -cha *adj* drooping.
gafas *fpl* glasses; ~ **graduales** prescription glasses; ~ **de sol** sunglasses.
gafe ◇ *adj* jinxed. ◇ *m y f* jinxed person.
gaita *f (instrumento)* bagpipes *(pl)*.
gajes *mpl*: ~ **del oficio** occupational hazards.
gajo *m (trozo de fruta)* segment.
gala *f* 1. *(fiesta)* gala; **ropa/uniforme de ~** *(ropa)* full dress/uniform; **cena de ~** black tie dinner, formal dinner. 2. *(ropa):* ~**s** finery *(U)*, best clothes. 3. *(actuación)* show. 4. *loc:* **hacer ~ de algo** *(preciarse)* to be proud of sthg; *(exhibir)* to demonstrate sthg.
galán *m* (TEATRO) leading man, lead.
galante *adj* gallant.

galantear *vt* to court, to woo.
galantería *f* 1. *(cualidad)* politeness. 2. *(acción)* gallantry, compliment.
galápago *m* turtle.
galardón *m* award, prize.
galaxia *f* galaxy
galera *f* galley.
galería *f* 1. *(gen)* gallery; *(corredor descubierto)* verandah. 2. *fig (vulgo)* masses *(pl)*. ♦ **galerías (comerciales)** *fpl* shopping arcade *(sg)*
Gales: **(el país de) ~** Wales.
galés, -esa ◇ *adj* Welsh. ◇ *m y f* Welshman *m* *(f* Welshwoman*)*; **los galeses** the Welsh. ♦ **galés** *m (lengua)* Welsh
galgo *m* greyhound.
galimatías *m inv* *(lenguaje)* gibberish *(U)*; *(lío)* jumble.
gallardía *f* 1. *(valentía)* bravery. 2. *(elegancia)* elegance.
gallego, -ga *adj*, *m y f* Galician. ♦ **gallego** *m (lengua)* Galician.
galleta *f* (CULIN) biscuit.
gallina ◇ *f (ave)* hen; **la ~ ciega** blind man's buff. ◇ *m y f fam (persona)* chicken, coward.
gallinero *m* 1. *(corral)* henhouse. 2. *fam* (TEATRO) gods *(sg)*.
gallo *m* 1. *(ave)* cock, cockerel; **en menos que canta un ~** *fam* in no time at all. 2. *(al cantar)* false note; *(al hablar)* squeak. 3. *(pez)* John Dory.
galo, -la ◇ *adj* (HIST) Gallic; *(francés)* French. ◇ *m y f (persona)* Gaul.
galón *m* 1. *(adorno)* braid; (MIL) stripe. 2. *(medida)* gallon.
galopar *vi* to gallop.
galope *m* gallop; **al ~** at a gallop; **a ~ tendido** at full gallop.
galpón *m* *Amer* shed.
gama *f (gen)* range; (MÚS) scale.
gamba *f* prawn.
gamberro, -rra ◇ *adj* loutish. ◇ *m y f* vandal; *(en fútbol etc)* hooligan.
gamo *m* fallow deer.
gamonal *m* *Andes & CAm* village chief.
gamuza *f* 1. *(tejido)* chamois (leather); *(trapo)* duster; *esp Amer (ante)* suede. 2. *(animal)* chamois.
gana *f* 1. *(afán):* ~ **(de)** desire ○ wish (to); **de buena ~** willingly; **de mala ~** unwillingly; **me da/no me da la ~ hacerlo** I damn well feel like/don't damn well feel like doing it 2. *(apetito)* appetite. ♦ **ganas** *fpl (deseo):* **tener ~s de algo/hacer algo, sentir ~s de algo/hacer algo** to feel like sthg/doing sthg; **quedarse con ~s de hacer**

algo not to manage to do sthg; **no tengo ~s de que me pongan una multa** I don't fancy getting a fine; **tenerle ~s a alguien** to have it in for sb.

ganadería f 1. (actividad) livestock farming. 2. (ganado) livestock.

ganado m livestock, stock; **~ porcino** pigs (pl); **~ vacuno** cattle (pl).

ganador, -ra ◊ adj winning. ◊ m y f winner.

ganancia f (rendimiento) profit; (ingreso) earnings (pl); **~s y pérdidas** profit and loss; **~ líquida** net profit

ganancial → bien

ganar ◊ vt 1. (gen) to win; (sueldo, dinero) to earn; (peso, tiempo, terreno) to gain 2. (derrotar) to beat. 3. (aventajar): **~ a alguien en algo** to be better than sb as regards sthg. 4. (cima etc) to reach. 5. (ciudad etc) to take, to capture. ◊ vi 1. (vencer) to win. 2. (lograr dinero) to earn money. 3. (mejorar): **~ en algo** to gain in sthg. ◆ **ganarse** vpr 1. (conquistar - simpatía, respeto) to earn; (- persona) to win over. 2. (merecer) to deserve.

ganchillo m (aguja) crochet hook; (labor) crochet; **hacer ~** to crochet.

gancho m 1. (gen) hook; (de percha) peg. 2. (cómplice - de timador) decoy; (- de vendedor) person who attracts buyers. 3. fam (atractivo) sex appeal.

gandul, -la fam ◊ adj lazy. ◊ m y f lazybones, layabout

ganga f fam snip, bargain.

gangrena f gangrene.

gángster (pl gángsters) m gangster.

ganso, -sa m y f 1. (ave - hembra) goose; (- macho) gander. 2. fam (persona) idiot, fool.

garabatear vi & vt to scribble.

garabato m scribble.

garaje m garage.

garante m y f guarantor; **salir ~** to act as guarantor.

garantía f 1. (gen) guarantee; **de ~** reliable, dependable; **ser ~ de algo** to guarantee sthg; **~s constitucionales** constitutional rights. 2. (fianza) surety.

garantizar vt 1. (gen) to guarantee; **~ algo a alguien** to assure sb of sthg. 2. (avalar) to vouch for

garbanzo m chickpea.

garbeo m fam stroll; **dar un ~** to go for ○ take a stroll.

garbo m (de persona) grace; (de escritura) stylishness, style.

garete m: **ir ○ irse al ~** fam to come adrift.

garfio m hook.

gargajo m phlegm.

garganta f 1. (ANAT) throat. 2. (desfiladero) gorge.

gargantilla f choker, necklace.

gárgara f (gen pl) gargle, gargling (U); **hacer ~s** to gargle; **mandar a alguien a hacer ~s** fam to send sb packing; **¡vete a hacer ~s!** fam get lost!

gárgola f gargoyle.

garita f (gen) cabin; (de conserje) porter's lodge; (MIL) sentry box.

garito m despec (casa de juego) gambling den; (establecimiento) dive.

garra f (de animal) claw; (de ave de rapiña) talon; (despec - de persona) paw, hand; **caer en las ~s de alguien** to fall into sb's clutches; **tener ~** (persona) to have charisma; (novela, canción etc) to be gripping.

garrafa f carafe.

garrafal adj monumental, enormous.

garrapata f tick

garrapiñar vt (fruta) to candy; (almendras etc) to coat with sugar.

garrote m 1. (palo) club, stick. 2. (instrumento) garotte.

garúa f Amer drizzle.

garza f heron; **~ real** grey heron.

gas m gas; **~ ciudad/natural** town/natural gas; **~ butano** butane (gas); **~ lacrimógeno** tear gas. ◆ **gases** mpl (en el estómago) wind (U). ◆ **a todo gas** loc adv flat out.

gasa f gauze.

gaseoducto m gas pipeline.

gaseoso, -sa adj gaseous; (bebida) fizzy. ◆ **gaseosa** f lemonade.

gasóleo m diesel oil.

gasolina f petrol Br, gas Am; **poner ~** to fill up (with petrol).

gasolinera f petrol station Br, gas station Am.

gastado, -da adj (ropa, pieza etc) worn out; (frase, tema) hackneyed; (persona) broken, burnt out

gastar ◊ vt 1. (consumir - dinero, tiempo) to spend; (- gasolina, electricidad) to use (up); (- ropa, zapatos) to wear out. 2. fig (usar - gen) to use; (- ropa) to wear; (- número de zapatos) to take; **~ una broma (a alguien)** to play a joke (on sb). 3. (malgastar) to waste. ◊ vi (despilfarrar) to spend (money). ◆ **gastarse** vpr 1. (deteriorarse) to wear out. 2. (terminarse) to run out.

gasto m (acción de gastar) outlay, expenditure; (cosa que pagar) expense; (de energía, gasolina) consumption; (despilfarro) waste; **cubrir ~s** to cover costs, to break even; **~ público** public expenditure; **~s fijos** (COM) fixed charges O costs; *(en una casa)* overheads; **~s generales** overheads; **~s de mantenimiento** maintenance costs; **~s de representación** entertainment allowance *(sg)*.

gastritis *f inv* gastritis.

gastronomía *f* gastronomy.

gastrónomo, -ma *m y f* gourmet.

gatas ♦ **a gatas** *loc adv* on all fours.

gatear *vi* to crawl.

gatillo *m* trigger.

gato, -ta *m y f* cat; **dar ~ por liebre a alguien** to swindle O cheat sb; **buscar tres pies al ~** to overcomplicate matters; **aquí hay ~ encerrado** there's something fishy going on here. ♦ **gato** *m* (AUTOM) jack.

gauchada *f Amer* favour.

gaucho, -cha *adj* gaucho. ♦ **gaucho** *m* gaucho.

gavilán *m* sparrowhawk.

gavilla *f* sheaf.

gaviota *f* seagull.

gay *adj inv, m y f* gay *(homosexual)*.

gazmoño, -ña *adj* sanctimonious.

gazpacho *m* gazpacho, *Andalusian soup made from tomatoes, peppers, cucumbers and bread, served chilled.*

géiser, géyser *(pl géyseres)* *m* geyser.

gel *m* gel.

gelatina *f (de carne)* gelatine; *(de fruta)* jelly

gema *f* gem.

gemelo, -la ◇ *adj* twin *(antes de sust)*. ◇ *m y f (persona)* twin. ♦ **gemelo** *m (músculo)* calf. ♦ **gemelos** *mpl* **1.** *(de camisa)* cufflinks. **2.** *(prismáticos)* binoculars; *(para teatro)* opera glasses.

gemido *m (de persona)* moan, groan; *(de animal)* whine.

Géminis ◇ *m (zodiaco)* Gemini. ◇ *m y f (persona)* Gemini

gemir *vi* **1.** *(persona)* to moan, to groan; *(animal)* to whine. **2.** *(viento)* to howl.

gene, gen *m* gene.

genealogía *f* genealogy.

generación *f* generation.

generador, -ra *adj* generating. ♦ **generador** *m* generator.

general ◇ *adj* **1.** *(gen)* general; **por lo ~, en ~** in general, generally. **2.** *(usual)* usual. ◇ *m* (MIL) general; **~ de brigada** brigadier *Br*, brigadier general *Am*; **~ de división** major general.

generalidad *f* **1.** *(mayoría)* majority. **2.** *(vaguedad)* generalization.

generalísimo *m* supreme commander, generalissimo.

Generalitat [ʒenerali'tat] *f* Generalitat, *autonomous government of Catalonia or Valencia.*

generalizar ◇ *vt* to spread, to make widespread. ◇ *vi* to generalize. ♦ **generalizarse** *vpr* to become widespread.

generalmente *adv* generally.

generar *vt (gen)* to generate; *(engendrar)* to create.

genérico, -ca *adj (común)* generic

género *m* **1.** *(clase)* kind, type. **2.** (GRAM) gender. **3.** (LITER) genre. **4.** (BIOL) genus; **el ~ humano** the human race. **5.** *(productos)* merchandise, goods *(pl)*. **6.** *(tejido)* cloth, material.

generosidad *f* generosity.

generoso, -sa *adj* generous.

genético, -ca *adj* genetic. ♦ **genética** *f* genetics (U).

genial *adj* **1.** *(autor, compositor etc)* of genius. **2.** *fig (estupendo)* brilliant, great.

genio *m* **1.** *(talento)* genius. **2.** *(carácter)* nature, disposition **3.** *(mal carácter)* bad temper; **estar de/tener mal ~** to be in a mood/bad-tempered. **4.** *(ser sobrenatural)* genie.

genital *adj* genital. ♦ **genitales** *mpl* genitals

genocidio *m* genocide.

gente *f* **1.** *(gen)* people *(pl)*; **~ bien** well-to-do people; **~ menuda** kids *(pl)*. **2.** *fam (familia)* folks *(pl)*.

gentileza *f* courtesy, kindness.

gentío *m* crowd.

gentuza *f* riffraff.

genuflexión *f* genuflection.

genuino, -na *adj* genuine.

GEO *(abrev de* **Grupo Especial de Operaciones)** *m* specially trained police force, ≈ SAS *Br*, ≈ SWAT *Am*.

geografía *f* geography; *fig:* **varios puntos de la ~ nacional** several parts of the country.

geógrafo, -fa *m y f* geographer.

geología *f* geology.

geólogo, -ga *m y f* geologist

geometría *f* geometry.

geranio *m* geranium.

gerencia *f (gen)* management.

gerente *m y f* manager, director

geriatría *f* geriatrics (U)

germen *m lit & fig* germ.

germinar *vi lit & fig* to germinate

gerundio *m* gerund.

gestar *vi* to gestate ♦ **gestarse** *vpr*:

se estaba gestando un cambio sin precedentes the seeds of an unprecedented change had been sown.

gesticulación f gesticulation; (de cara) face-pulling.

gesticular vi to gesticulate; (con la cara) to pull faces.

gestión f 1. (diligencia) step, thing that has to be done; **tengo que hacer unas gestiones** I have a few things to do. 2. (administración) management

gestionar vt 1. (tramitar) to negotiate. 2. (administrar) to manage.

gesto m 1. (gen) gesture. 2. (mueca) face, grimace; **hacer un ~** to pull a face.

gestor, -ra ◇ adj managing (antes de sust). ◇ m y f person who carries out dealings with public bodies on behalf of private customers or companies, combining the role of solicitor and accountant.

géyser = **géiser**.

ghetto = **gueto**.

giba f (de camello) hump.

Gibraltar Gibraltar

gibraltareño, -ña adj, m y f Gibraltarian.

gigabyte [xiɣaˈβait] m (INFORM) gigabyte.

gigante, -ta m y f giant. ◆ **gigante** adj gigantic.

gigantesco, -ca adj gigantic.

gil, -la m y f CSur fam twit, idiot.

gilipollada, jilipollada f fam: **hacer/decir una ~** to do/say sthg bloody stupid.

gilipollas, jilipollas fam ◇ adj inv daft, dumb Am. ◇ m y f inv prat.

gimnasia f (deporte) gymnastics (U); (ejercicio) gymnastics (pl).

gimnasio m gymnasium.

gimnasta m y f gymnast.

gimotear vi to whine, to whimper.

gin [jin] ◆ **gin tonic** m gin and tonic

ginebra f gin.

Ginebra Geneva.

ginecología f gynaecology.

ginecólogo, -ga m y f gynaecologist.

gira f tour.

girar ◇ vi 1. (dar vueltas, torcer) to turn; (rápidamente) to spin. 2. fig (centrarse): **~ en torno a** ◇ **alrededor de** to be centred around, to centre on. ◇ vt 1. (hacer dar vueltas) to turn; (rápidamente) to spin. 2. (COM) to draw. 3. (dinero - por correo, telégrafo) to transfer, to remit.

girasol m sunflower.

giratorio, -ria adj revolving; (silla) swivel (antes de sust).

giro m 1. (gen) turn. 2. (postal, telegráfico) money order; **~ postal** postal order. 3. (de letras, órdenes de pago) draft. 4. (expresión) turn of phrase.

gis m Méx chalk.

gitano, -na m y f gypsy.

glacial adj glacial; (viento, acogida) icy.

glaciar ◇ adj glacial. ◇ m glacier.

gladiolo, gladíolo m gladiolus.

glándula f gland.

glicerina f glycerine

global adj global, overall.

globo m 1. (Tierra) globe, earth. 2. (aeróstato, juguete) balloon 3. (esfera) sphere.

glóbulo m (MED) corpuscle; **~ blanco/ rojo** white/red corpuscle.

gloria f 1. (gen) glory. 2. (placer) delight.

glorieta f 1. (de casa, jardín) arbour. 2. (plaza - redonda) circus, roundabout Br, traffic circle Am.

glorificar vt to glorify.

glorioso, -sa adj (importante) glorious.

glosa f marginal note.

glosar vt 1. (anotar) to annotate. 2. (comentar) to comment on

glosario m glossary.

glotón, -ona ◇ adj gluttonous, greedy. ◇ m y f glutton

glúcido m carbohydrate.

glucosa f glucose

gluten m gluten

gnomo, nomo m gnome.

gobernador, -ra m y f governor.

gobernanta f cleaning and laundry staff manageress.

gobernante ◇ adj ruling (antes de sust). ◇ m y f ruler, leader.

gobernar vt 1. (gen) to govern, to rule; (casa, negocio) to run, to manage. 2. (barco) to steer; (avión) to fly.

gobierno m 1. (gen) government. 2. (administración, gestión) running, management 3. (control) control.

goce m pleasure.

godo, -da ◇ adj Gothic ◇ m y f (HIST) Goth

gol (pl goles) m goal.

goleador, -ra m y f goalscorer.

golear vt to score a lot of goals against, to thrash

golf m golf.

golfear vi fam (vaguear) to loaf around.

golfista m y f golfer.

golfo, -fa m y f *(gamberro)* lout; *(vago)* layabout. ◆ **golfo** m (GEOGR) gulf, bay. ◆ **Golfo Pérsico** m: **el Golfo Pérsico** the Persian Gulf.

golondrina f *(ave)* swallow.

golosina f *(dulce)* sweet; *(exquisitez)* titbit, delicacy.

goloso, -sa adj sweet-toothed.

golpe m **1.** *(gen)* blow; *(bofetada)* smack; *(con puño)* punch; *(en puerta etc)* knock; *(en tenis, golf)* shot; *(entre coches)* bump, collision; **a ~s** by force; fig in fits and starts; **un ~ bajo** (DEP & fig) a blow below the belt; **~ de castigo** *(en rugby)* penalty (kick); **~ franco** free kick. **2.** *(disgusto)* blow. **3.** *(atraco)* raid, job, heist Am. **4.** (POLIT): **~ (de Estado)** coup (d'état). **5.** loc: **no dar** ◊ **pegar ~** not to lift a finger, not to do a stroke of work. ◆ **de golpe** loc adv suddenly. ◆ **de un golpe** loc adv at one fell swoop, all at once ◆ **golpe de gracia** m coup de grâce ◆ **golpe de suerte** m stroke of luck. ◆ **golpe de vista** m glance; **al primer ~ de vista** at a glance.

golpear vt & vi *(gen)* to hit; *(puerta)* to bang; *(con puño)* to punch.

golpista m y f person involved in military coup.

golpiza f Amer beating.

goma f **1.** *(sustancia viscosa, pegajosa)* gum; **~ arábiga** gum arabic; **~ de mascar** chewing gum; **~ de pegar** glue, gum. **2.** *(tira elástica)* rubber band, elastic band Br; **~ elástica** elastic. **3.** *(caucho)* rubber; **~ espuma** foam rubber; **~ de borrar** rubber Br, eraser Am. ◆ **Goma 2** f plastic explosive

gomina f hair gel.

gong m inv gong.

gordinflón, -ona m y f fatty.

gordo, -da ◊ adj **1.** *(persona)* fat; **me cae ~** I can't stand him. **2.** *(grueso)* thick. **3.** *(grande)* big. **4.** *(grave)* big, serious. ◊ m y f **1.** *(persona obesa)* fat man *(f fat woman)*; **armar la gorda** fig to kick up a row ◊ **stink.** **2.** *(querido)* sweetheart, darling. ◆ **gordo** m *(en lotería)* first prize, jackpot; **el ~** first prize in the Spanish national lottery

gordura f fatness.

gorgorito m warble.

gorila m **1.** (ZOOL) gorilla. **2.** fig *(guardaespaldas)* bodyguard. **3.** fig *(en discoteca etc)* bouncer.

gorjear vi to chirp, to twitter.

gorra f (peaked) cap; **de ~** for free; **vivir de ~** to scrounge.

gorrear = **gorronear**.

gorrinada f *(guarrada - acción)* disgusting behaviour *(U)*; *(- lugar)* pigsty.

gorrión m sparrow.

gorro m *(gen)* cap; *(de niño)* bonnet.

gorrón, -ona fam m y f sponger.

gorronear, gorrear vt & vi fam to sponge, to scrounge.

gota f **1.** *(gen)* drop; *(de sudor)* bead; **caer cuatro ~s** to spit (with rain); **ni ~** anything; **no se veía ni ~** you couldn't see a thing; **sudar la ~ gorda** to sweat blood, to work very hard. **2.** fig *(de aire)* breath; *(de sensatez etc)* ounce **3.** (MED) gout. ◆ **gota a gota** m (MED) intravenous drip. ◆ **gota fría** f (METEOR) cold front that remains in one place for some time, causing continuous heavy rain.

gotear ◊ vi *(líquido)* to drip; *(techo, depósito etc)* to leak; fig to trickle through. ◊ v impers *(chispear)* to spit, to drizzle.

gotera f *(filtración)* leak.

gótico, -ca adj Gothic.

gourmet = **gurmet**.

gozada f fam absolute delight.

gozar vi to enjoy o.s.; **~ de algo** to enjoy sthg; **~ con** to take delight in.

gozne m hinge.

gozo m joy, pleasure.

gr abrev de **grado**.

grabación f recording.

grabado m **1.** *(gen)* engraving; *(en madera)* carving. **2.** *(en papel - acción)* printing; *(- lámina)* print.

grabar vt **1.** *(gen)* to engrave; *(en madera)* to carve; *(en papel)* to print. **2.** *(sonido, cinta)* to record. ◆ **grabarse en** vpr fig: **grabársele a alguien en la memoria** to become engraved on sb's mind.

gracia f **1.** *(humor, comicidad)* humour; **hacer ~ a alguien** to amuse sb; **no me hizo ~** I didn't find it funny; **tener ~** *(ser divertido)* to be funny; **tiene ~** *(es curioso)* it's funny; **caer en ~** to be liked. **2.** *(arte, habilidad)* skill, natural ability. **3.** *(encanto)* grace, elegance. **4.** *(chiste)* joke ◆ **gracias** fpl thank you, thanks; **dar las ~s a alguien (por)** to thank sb (for); **muchas ~s** thank you, thanks very much.

gracioso, -sa ◊ adj **1.** *(divertido)* funny, amusing **2.** *(curioso)* funny; **es ~ que ...** it's funny how . ◊ m y f (TEATRO) fool, clown.

grada f **1.** *(peldaño)* step. **2.** (TEATRO) row ◆ **gradas** fpl (DEP) terraces.

gradación f *(escalonamiento)* scale

gradería f, **graderío** m (TEATRO) rows *(pl)*; (DEP) terraces *(pl)*.

grado m 1. (gen) degree. 2. (fase) stage, level; (índice, nivel) extent, level; **en ~ sumo** greatly. 3. (rango - gen) grade; (MIL) rank. 4. (EDUC) year, class, grade Am. 5. (voluntad): **hacer algo de buen/mal ~** to do sthg willingly/unwillingly.

graduación f 1. (acción) grading; (de la vista) eye-test. 2. (EDUC) graduation. 3. (de bebidas) strength, ≈ proof. 4. (MIL) rank.

graduado, -da m y f (persona) graduate. ◆ **graduado** m (título - gen) certificate; **~ escolar** qualification received on completing primary school.

gradual adj gradual.

graduar vt 1. (medir) to gauge, to measure; (regular) to regulate; (vista) to test. 2. (escalonar) to stagger; (publicación) to serialize. 3. (EDUC) to confer a degree on. 4. (MIL) to commission. ◆ **graduarse** vpr: **~se (en)** to graduate (in).

grafía f written symbol.

gráfico, -ca adj graphic. ◆ **gráfico** m (gráfica) graph, chart; (dibujo) diagram. ◆ **gráfica** f graph, chart.

gragea f (MED) pill, tablet.

grajo m rook.

gral. (abrev de **general**) gen.

gramática → gramático.

gramatical adj grammatical.

gramático, -ca adj grammatical. ◆ **gramática** f (disciplina, libro) grammar.

gramo m gram.

gramófono m gramophone.

gramola f gramophone.

gran = grande.

granada f 1. (fruta) pomegranate. 2. (proyectil) grenade.

granate ◇ m garnet. ◇ adj inv garnet-coloured.

Gran Bretaña f Great Britain.

grande ◇ adj (antes de sust: **gran**) 1. (de tamaño) big, large; (de altura) tall; (de intensidad, importancia) great; **este traje me está ~** this suit is too big for me. 2. fig & irón (enojoso) just great, a bit rich. 3. loc: **pasarlo en ~** fam to have a great time. ◇ m (noble) grandee. ◆ **grandes** mpl (adultos) grown-ups. ◆ **a lo grande** loc adv in style.

grandeza f 1. (de tamaño) (great) size 2. (de sentimientos) generosity.

grandioso, -sa adj grand, splendid.

grandullón, -ona m y f big boy (f big girl).

granel ◆ a granel loc adv (sin envase - gen) loose; (- en gran cantidad) in bulk.

granero m granary.

granito m granite.

granizada f (METEOR) hailstorm.

granizado m iced drink.

granizar v impers to hail.

granizo m hail.

granja f farm.

granjearse vpr to gain, to earn.

granjero, -ra m y f farmer.

grano m 1. (semilla - de cereales) grain; **~ de café** coffee bean; **~ de pimienta** peppercorn. 2. (partícula) grain. 3. (en la piel) spot, pimple. 4. loc: **ir al ~** to get to the point

granuja m y f (pillo) rogue, scoundrel; (canalla) trickster, swindler.

granulado, -da adj granulated.

grapa f (para papeles etc) staple; (para heridas) stitch, (wire) suture.

grapadora f stapler.

grapar vt to staple

GRAPO (abrev de **Grupos de Resistencia Antifascista Primero de Octubre**) mpl former left-wing Spanish terrorist group.

grasa → graso.

grasiento, -ta adj greasy.

graso, -sa adj (gen) greasy; (con alto contenido en grasas) fatty. ◆ **grasa** f 1. (en comestibles) fat; (de cerdo) lard. 2. (lubricante) grease, oil. 3. (suciedad) grease.

gratén m gratin; **al ~** au gratin.

gratificación f 1. (moral) reward. 2. (monetaria) bonus.

gratificante adj rewarding.

gratificar vt (complacer) to reward; (retribuir) to give a bonus to; (dar propina) to tip

gratinado, -da adj au gratin.

gratis adv (sin dinero) free, for nothing; (sin esfuerzo) for nothing

gratitud f gratitude.

grato, -ta adj pleasant; **nos es ~ comunicarle que ...** we are pleased to inform you that ...

gratuito, -ta adj 1. (sin dinero) free. 2. (arbitrario) gratuitous; (infundado) unfair, uncalled for.

grava f gravel.

gravamen m 1. (impuesto) tax. 2. (obligación moral) burden.

gravar vt (con impuestos) to tax.

grave adj 1. (gen) serious; (estilo) formal; **estar ~** to be seriously ill. 2. (sonido, voz) low, deep.

gravedad f 1. (cualidad de grave) seriousness. 2. (FÍS) gravity.

gravilla f gravel.
gravitar vi to gravitate; fig (pender): ~ **sobre** to hang o loom over
graznar vi (cuervo) to caw; (ganso) to honk; (pato) to quack; fig (persona) to squawk.
graznido m (de cuervo) caw, cawing (U); (de ganso) honk, honking (U); (de pato) quack, quacking (U); fig (de personas) squawk, squawking (U).
Grecia Greece.
gremio m (sindicato) (trade) union; (profesión) profession, trade; (HIST) guild.
greña f (gen pl) tangle of hair.
gres m stoneware
gresca f row.
griego, -ga adj, m y f Greek. ◆ **griego** m (lengua) Greek.
grieta f crack; (entre montañas) crevice; (que deja pasar luz) chink.
grifería f taps (pl), plumbing.
grifo m Esp (llave) tap Br, faucet Am
grillado, -da adj fam crazy, loopy.
grillete m shackle.
grillo m cricket.
grima f (dentera): **dar** ~ to set one's teeth on edge.
gringo, -ga adj, m y f gringo.
gripa f Col & Méx flu.
gripe f flu.
gris ◇ adj grey; fig (triste) gloomy, miserable. ◇ m grey
gritar ◇ vi (hablar alto) to shout; (chillar) to scream, to yell. ◇ vt: ~ **(algo) a alguien** to shout (sthg) at sb.
griterío m screaming, shouting.
grito m (gen) shout; (de dolor, miedo) cry, scream; (de sorpresa, de animal) cry; **dar** o **pegar un** ~ to shout o scream (out); **a** ~ **limpio** o **pelado** at the top of one's voice; **pedir algo a** ~**s** fig to be crying out for sthg; **poner el** ~ **en el cielo** to hit the roof; **ser el último** ~ to be the latest fashion o craze, to be the in thing.
Groenlandia Greenland.
grogui adj lit & fig groggy.
grosella f redcurrant; ~ **negra** blackcurrant; ~ **silvestre** gooseberry.
grosería f (cualidad) rudeness; (acción) rude thing; (palabrota) swear word.
grosero, -ra adj 1. (maleducado) rude, crude. 2. (tosco) coarse, rough.
grosor m thickness.
grosso ◆ **a grosso modo** loc adv roughly.
grotesco, -ca adj grotesque.

grúa f 1. (CONSTR) crane. 2. (AUTOM) breakdown truck.
grueso, -sa adj 1. (espeso) thick. 2. (corpulento) thickset; (obeso) fat. 3. (grande) large, big. 4. (mar) stormy. ◆ **grueso** m (grosor) thickness.
grulla f crane.
grumete m cabin boy.
grumo m (gen) lump; (de sangre) clot.
gruñido m 1. (gen) growl; (del cerdo) grunt. 2. fig (de personas) grumble
gruñir vi 1. (gen) to growl; (cerdo) to grunt. 2. fig (personas) to grumble.
gruñón, -ona fam adj grumpy.
grupa f hindquarters
grupo m (gen) group; (de árboles) cluster; (TECN) unit, set; **en** ~ in a group; ~ **electrógeno** generator ◆ **grupo sanguíneo** m blood group
gruta f grotto.
guacal m CAm & Méx 1. (calabaza) pumpkin. 2. (jaula) cage.
guachada f Amer fam mean trick.
guachimán m Amer night watchman.
guacho, -cha m y f Andes & CSur fam illegitimate child.
Guadalquivir m: **el** ~ the Guadalquivir.
guadaña f scythe.
guagua f 1. Carib (autobús) bus. 2. Andes (niño) baby.
guajolote m Amer turkey.
guampa f CSur horn
guanajo m CSur turkey.
guantazo m fam slap.
guante m glove; **echarle el** ~ **a algo** to get hold of sthg, to get one's hands on sthg.
guantera f glove compartment.
guapo, -pa adj (gen) good-looking; (hombre) handsome; (mujer) pretty
guarango, -ga adj CSur coarse, vulgar.
guarda ◇ m y f (vigilante) guard, keeper; ~ **jurado** security guard. ◇ f 1. (tutela) guardianship. 2. (de libros) flyleaf.
guardabarros m inv mudguard Br, fender Am
guardabosque m y f forest ranger.
guardacoches m y f inv parking attendant
guardacostas m inv (barco) coastguard boat.
guardaespaldas m y f inv bodyguard.
guardameta m y f goalkeeper
guardapolvo m overalls (pl)

guardar vt 1. (gen) to keep; (en su sitio) to put away. 2. (vigilar) to keep watch over; (proteger) to guard. 3. (reservar, ahorrar): ~ algo (a o para alguien) to save sthg (for sb). 4. (cumplir - ley) to observe; (- secreto, promesa) to keep. ◆ **guardarse de** vpr: ~se de hacer algo (evitar) to avoid doing sthg; (abstenerse de) to be careful not to do sthg.

guardarropa m (gen) wardrobe; (de cine, discoteca etc) cloakroom.

guardarropía f (TEATRO) wardrobe.

guardería f nursery; (en el lugar de trabajo) crèche.

guardia ◇ f 1. (gen) guard; (vigilancia) watch, guard; **montar (la)** ~ to mount guard; ~ **municipal** urban police. 2. (turno) duty; **estar de** ~ to be on duty. ◇ m y f (policía) policeman (f policewoman); ~ **de tráfico** traffic warden. ◆ **Guardia Civil** f: **la Guardia Civil** the Civil Guard, military-style Spanish security force who police rural areas, highways and borders.

guardián, -ana m y f (de persona) guardian; (de cosa) watchman, keeper.

guarecer vt: ~ (de) to protect o shelter (from). ◆ **guarecerse** vpr: ~se (de) to shelter (from).

guarida f lair; fig hideout.

guarnición f 1. (CULIN) garnish. 2. (MIL) garrison.

guarrería f 1. (suciedad) filth, muck. 2. (acción) filthy thing.

guarro, -rra ◇ adj filthy. ◇ m y f 1. (animal) pig 2. fam (persona) filthy o dirty pig.

guarura m Méx fam bodyguard.

guasa f fam (gracia) humour; (ironía) irony; **estar de** ~ to be joking.

guasearse vpr fam: ~ (de) to take the mickey (out of).

guasón, -ona m y f joker, tease.

Guatemala 1. (país) Guatemala. 2. (ciudad) Guatemala City.

guatemalteco, -ca, **guatemaltés, -esa** adj, m y f Guatemalan.

guau m woof.

guay adj Esp fam cool, neat.

guayín m Méx fam van.

gubernativo, -va adj government (antes de sust).

guepardo m cheetah.

güero, -ra adj Méx fam blond (f blonde).

guerra f war; (referido al tipo de conflicto) warfare; (pugna) struggle, conflict; (de intereses, ideas) conflict; **declarar la** ~ to declare war; **en** ~ at

war; ~ **civil/mundial** civil/world war; ~ **fría** cold war; ~ **de guerrillas** guerrilla warfare; **dar** ~ to be a pain, to be annoying.

guerrear vi to (wage) war.

guerrero, -ra ◇ adj warlike. ◇ m y f (luchador) warrior.

guerrilla f (grupo) guerrilla group.

guerrillero, -ra m y f guerrilla.

gueto, ghetto ['geto] m ghetto.

güevón m Amer vulg bloody idiot.

guía ◇ m y f (persona) guide; ~ **turístico** tourist guide. ◇ f 1. (indicación) guidance. 2. (libro) guide (book); ~ **de ferrocarriles** train timetable; ~ **telefónica** telephone book o directory.

guiar vt 1. (indicar dirección) to guide, to lead; (aconsejar) to guide, to direct. 2. (AUTOM) to drive; (NÁUT) to steer. ◆ **guiarse** vpr: ~se por algo to be guided by o to follow sthg.

guijarro m pebble.

guillotina f guillotine.

guinda f morello cherry.

guindilla f chilli (pepper).

guiñapo m (persona) (physical) wreck.

guiño m wink.

guiñol m puppet theatre.

guión m 1. (CIN & TV) script. 2. (GRAM) (signo) hyphen.

guionista m y f scriptwriter.

guiri fam despec m y f foreigner.

guirigay m fam (jaleo) racket.

guirlache m brittle sweet made of roasted almonds o hazelnuts and toffee.

guirnalda f garland.

guisa f way; **a** ~ **de** by way of.

guisado m stew.

guisante m Esp pea.

guisar vt & vi to cook. ◆ **guisarse** vpr fig to be cooking, to be going on.

guiso m dish.

güisqui, whisky m whisky.

guitarra f guitar.

guitarrista m y f guitarist.

gula f gluttony.

gurí, -isa m y f CSur fam kid, child.

gurmet, gourmet [gur'met] m y f gourmet.

guru, gurú m guru.

gusanillo m fam: **el** ~ **de la conciencia** conscience; **entrarle a uno el** ~ **de los videojuegos** to be bitten by the videogame bug; **matar el** ~ (bebiendo) to have a drink on an empty stomach; (comiendo) to have a snack between meals; **sentir un** ~ **en el estómago** to have butterflies (in one's stomach)

gusano m lit & fig worm
gustar ◇ vi (agradar) to be pleasing;
me gusta esa chica/ir al cine I like
that girl/going to the cinema; me gustan las novelas I like novels; como
guste as you wish. ◇ vt to taste, to try.
gustazo m fam great pleasure.
gusto m 1. (gen) taste; (sabor) taste,
flavour; de buen/mal ~ in good/bad
taste; tener buen/mal ~ to have
good/bad taste. 2. (placer) pleasure;
con mucho ~ gladly, with pleasure;
da ~ estar aquí it's a real pleasure to
be here; mucho o tanto ~ pleased to
meet you; tomar ~ a algo to take a
liking to sthg. ♦ a gusto loc adv: hacer
algo a ~ (de buena gana) to do sthg
willingly o gladly; (cómodamente) to do
sthg comfortably; estar a ~ to be comfortable o at ease.
gustoso, -sa adj 1. (sabroso) tasty
2. (con placer): hacer algo ~ to do sthg
gladly o willingly.
gutural adj guttural.
Guyana f Guyana.
Guyana francesa f: la ~ French
Guyana.

H

h¹, H f (letra) h, H; por h o por b fig
for one reason or another.
h², h. (abrev de hora) hr, h
ha ◇ v → haber. ◇ (abrev de hectárea)
ha.
haba f broad bean.
habano, -na adj Havanan. ♦ habano m Havana cigar.
haber ◇ vaux 1. (en tiempos compuestos) to have; lo he/había hecho I
have/had done it; los niños ya han
comido the children have already
eaten; en el estreno ha habido
mucha gente there were a lot of
people at the premiere. 2. (expresa
reproche): ~ venido antes you could
have come a bit earlier; ¡-lo dicho!
why didn't you say so? 3. (expresa
obligación): ~ de hacer algo to have to
do sthg; has de estudiar más you
have to study more. ◇ v impers
1. (existir, estar): hay there is/are; hay
mucha gente en la calle there are a

lot of people in the street; había/hubo
muchos problemas there were many
problems; habrá dos mil (expresa
futuro) there will be two thousand;
(expresa hipótesis) there must be two
thousand. 2. (expresa obligación): ~
que hacer algo to have to do sthg;
hay que hacer más ejercicio one o
you should do more exercise; habrá
que soportar su mal humor we'll
have to put up with his bad mood 3.
loc: algo habrá there must be something in it; allá se las haya that's his/
her/your etc problem; habérselas con
alguien to face o confront sb; ¡hay
que ver! well I never!; no hay de qué
don't mention it; ¿qué hay? fam (saludo) how are you doing? ◇ m 1. (bienes)
assets (pl). 2. (en cuentas, contabilidad)
credit (side) ♦ haberes mpl (sueldo)
remuneration (U).
habichuela f bean
hábil adj 1. (diestro) skilful; (inteligente)
clever. 2. (utilizable - lugar) suitable,
fit. 3. (DER): días ~es working days.
habilidad f (destreza) skill; (inteligencia) cleverness; tener ~ para algo to
be good at sthg.
habilitar vt 1. (acondicionar) to fit out,
to equip. 2. (autorizar) to authorize
habiloso, -sa adj Chile shrewd,
astute.
habitación f (gen) room; (dormitorio)
bedroom; ~ doble (con cama de matrimonio) double room; (con dos camas)
twin room; ~ individual o simple single room
habitante m (de ciudad, país) inhabitant; (de barrio) resident
habitar ◇ vi to live. ◇ vt to live in, to
inhabit.
hábitat (pl hábitats) m (gen) habitat.
hábito m habit; tener el ~ de hacer
algo to be in the habit of doing sthg.
habitual adj habitual; (cliente, lector)
regular.
habituar vt: ~ a alguien a to accus-
tom sb to. ♦ habituarse vpr: ~se a
(gen) to get used o accustomed to;
(drogas etc) to become addicted to
habla f (el) 1. (idioma) language;
(dialecto) dialect; de ~ española
Spanish-speaking 2. (facultad) speech;
quedarse sin ~ to be left speechless
3. (LING) discourse. 4. (al teléfono):
estar al ~ con alguien to be on the
line to sb.
hablador, -ra adj talkative.
habladurías fpl (rumores) rumours;
(chismes) gossip (U).

hablante ◊ *adj* speaking. ◊ *m y f* speaker.

hablar ◊ *vi*: ~ (con) to talk (to), to speak (to); ~ de to talk about; ~ bien/mal de to speak well/badly of; ~ en voz alta/baja to speak loudly/softly; ¡ni ~! no way! ◊ *vt* 1. *(idioma)* to speak 2. *(asunto)*: ~ algo (con) to discuss sthg (with) ♦ **hablarse** *vpr* to speak (to each other); **no ~se** not to be speaking, not to be on speaking terms; '**se habla inglés**' 'English spoken'.

habrá *etc* → **haber**.

hacendado, -da *m y f* landowner.

hacer ◊ *vt* 1. *(elaborar, crear, cocinar)* to make; ~ un vestido/planes to make a dress/plans; ~ un poema/una sinfonía to write a poem/symphony; para ~ la carne ... to cook the meat ... 2. *(construir)* to build; **han hecho un edificio nuevo** they've put up a new building. 3. *(generar)* to produce; **el árbol hace sombra** the tree gives shade; **la carretera hace una curva** there's a bend in the road 4. *(movimientos, sonidos, gestos)* to make; **le hice señas** I signalled to her; **el reloj hace tic-tac** the clock goes ticktock; ~ ruido to make a noise. 5. *(obtener - fotocopia)* to make; *(- retrato)* to paint; *(- fotografía)* to take. 6. *(realizar - trabajo, estudios)* to do; *(- viaje)* to make; *(- comunión)* to take; **hoy hace guardia** she's on duty today; **estoy haciendo segundo** I'm in my second year. 7. *(practicar - gen)* to do; *(- tenis, fútbol)* to play; **debes ~ deporte** you should start doing some sport. 8. *(arreglar - casa, colada)* to do; *(- cama)* to make. 9. *(transformar en)*: ~ a alguien feliz to make sb happy; **la guerra no le hizo un hombre** the war didn't make him (into) a man; **hizo pedazos el papel** he tore the paper to pieces; ~ de algo/alguien algo to make sthg/sb into sthg; **hizo de ella una buena cantante** he made a good singer of her. 10. *(comportarse como)*: ~ el tonto to act the fool; ~ el vándalo to act like a hooligan. 11. *(causar)*: ~ daño a alguien to hurt sb; **me hizo gracia** I thought it was funny. 12. (CIN & TEATRO) to play; **hace el papel de la hija del rey** she plays (the part of) the king's daughter. 13. *(ser causa de)*: ~ que alguien haga algo to make sb do sthg; **me hizo reír** it made me laugh; **has hecho que se enfadara** you've made him angry. 14. *(mandar)*: ~ que se haga algo to

have sthg done; **voy a ~ teñir este traje** I'm going to have the dress dyed. ◊ *vi* 1. *(actuar)*: ~ de (CIN & TEATRO) to play; *(trabajar)* to act as. 2. *(aparentar)*: ~ como si to act as if; **haz como que no te importa** act as if you don't care. 3. *(procurar, intentar)*: ~ por hacer algo to try to do sthg; **haré por verle esta noche** I'll try to see him tonight. 4. *loc*: ¿hace? all right? ◊ *v impers* 1. *(tiempo meteorológico)*: hace frío/sol/viento it's cold/sunny/windy; **hace un día precioso** it's a beautiful day. 2. *(tiempo transcurrido)*: hace diez años ten years ago; **hace mucho/poco** a long time/not long ago; **hace un mes que llegué** it's a month since I arrived; **no la veo desde hace un año** I haven't seen her for a year. ♦ **hacerse** *vpr* 1. *(formarse)* to form. 2. *(desarrollarse, crecer)* to grow. 3. *(guisarse, cocerse)* to cook. 4. *(convertirse)* to become; ~se musulmán to become a Moslem. 5. *(crearse en la mente)*: ~se ilusiones to get one's hopes up; ~se una idea de algo to imagine what sthg is like. 6. *(mostrarse)*: **se hace el gracioso/el simpático** he tries to act the comedian/the nice guy; ~se el distraído to pretend to be miles away.

hacha *f* *(el)* axe.

hachís, hash [xaʃ] *m* hashish.

hacia *prep* 1. *(dirección, tendencia, sentimiento)* towards; ~ aquí/allí this/that way; ~ abajo downwards; ~ arriba upwards; ~ atrás backwards; ~ adelante forwards. 2. *(tiempo)* around, about; ~ las diez around o about ten o'clock.

hacienda *f* 1. *(finca)* country estate o property. 2. *(bienes)* property; ~ pública public purse. ♦ **Hacienda** *f*: **Ministerio de Hacienda** the Treasury.

haga *etc* → **hacer**.

hada *f* *(el)* fairy.

Haití Haiti.

hala *interj* ¡~! *(para dar ánimo, prisa)* come on!; *(para expresar incredulidad)* no!, you're joking!; *(para expresar admiración, sorpresa)* wow!

halagador, -ra *adj* flattering.

halagar *vt* to flatter.

halago *m* flattery

halagüeño, -ña *adj* *(prometedor)* promising, encouraging.

halcón *m* (ZOOL) falcon, hawk.

hálito *m* *(aliento)* breath.

halitosis *f inv* bad breath.

helar

hall (*pl* **halls**) [xol] *m* foyer.

hallar *vt* (*gen*) to find; (*averiguar*) to find out. ◆ **hallarse** *vpr* **1.** (*en un lugar - persona*) to be, to find o.s ; (*- casa etc*) to be (situated). **2.** (*en una situación*) to be; **~se enfermo** to be ill.

hallazgo *m* **1.** (*descubrimiento*) discovery. **2.** (*objeto*) find.

halo *m* (*de astros, santos*) halo; (*de objetos, personas*) aura.

halógeno, -na *adj* (QUÍM) halogenous; (*faro*) halogen (*antes de sust*).

halterofilia *f* weightlifting.

hamaca *f* **1.** (*para colgar*) hammock **2.** (*tumbona - silla*) deckchair; (*- canapé*) sunlounger

hambre *f* **1.** (*apetito*) hunger; (*inanición*) starvation; **tener ~** to be hungry; **matar el ~** to satisfy one's hunger. **2.** (*epidemia*) famine. **3.** *fig* (*deseo*): **~ de** hunger ○ thirst for.

hambriento, -ta *adj* starving.

hamburguesa *f* hamburger.

hampa *f* (*el*) underworld.

hámster ['xamster] (*pl* **hámsters**) *m* hamster.

hándicap ['xandikap] (*pl* **hándicaps**) *m* handicap.

hará *etc* → **hacer**.

haraganear *vi* to laze about.

harapiento, -ta *adj* ragged, tattered.

harapo *m* rag, tatter.

hardware ['xarwar] *m* (INFORM) hardware.

harén *m* harem.

harina *f* flour.

harinoso, -sa *adj* floury; (*manzana*) mealy

hartar *vt* **1.** (*atiborrar*) to stuff (full). **2.** (*fastidiar*): **~ a alguien** to annoy sb, to get on sb's nerves. ◆ **hartarse** *vpr* **1.** (*atiborrarse*) to stuff ○ gorge o.s. **2.** (*cansarse*): **~se (de)** to get fed up (with). **3.** (*no parar*): **~se de algo** to do sthg non-stop.

hartazgo, hartón *m* fill; **darse un ~ (de)** to have one's fill (of).

harto, -ta *adj* **1.** (*de comida*) full. **2.** (*cansado*): **~ (de)** tired (of), fed up (with) ◆ **harto** *adv* somewhat, rather.

hartón = **hartazgo**.

hash = **hachís**.

hasta ◇ *prep* **1.** (*en el espacio*) as far as, up to; **desde aquí ~ allí** from here to there; **¿~ dónde va este tren?** where does this train go? **2.** (*en el tiempo*) until, till; **~ ahora** (up) until now, so far; **~ el final** right up until the end; **~ luego** ○ **pronto** ○ **la vista** see you

(later). **3.** (*con cantidades*) up to. ◇ *adv* (*incluso*) even. ◆ **hasta que** *loc conj* until, till

hastiar *vt* (*aburrir*) to bore; (*asquear*) to sicken, to disgust. ◆ **hastiarse de** *vpr* to tire of.

hastío *m* (*tedio*) boredom (U); (*repugnancia*) disgust.

hatillo *m* bundle of clothes.

haya ◇ *v* → **haber**. ◇ *f* (*árbol*) beech (tree); (*madera*) beech (wood).

haz ◇ *v* → **hacer**. ◇ *f* **1.** (*de leña*) bundle; (*de cereales*) sheaf. **2.** (*de luz*) beam.

hazaña *f* feat, exploit.

hazmerreír *m* laughing stock.

HB (*abrev de* **Herri Batasuna**) *f* political wing of ETA

he → **haber**.

hebilla *f* buckle.

hebra *f* (*de hilo*) thread; (*de judías, puerros*) string; (*de tabaco*) strand (of tobacco).

hebreo, -a *adj, m y f* Hebrew. ◆ **hebreo** *m* (*lengua*) Hebrew.

hechicero, -ra *m y f* wizard (*f* witch), sorcerer (*f* sorceress).

hechizar *vt* to cast a spell on; *fig* to bewitch, to captivate.

hechizo *m* **1.** (*maleficio*) spell. **2.** *fig* (*encanto*) magic, charm.

hecho, -cha ◇ *pp* → **hacer**. ◇ *adj* **1.** (*acabado - persona*) mature; **estás ~ un artista** you've become quite an artist; **una mujer hecha y derecha** a fully-grown woman. **2.** (*carne*) done; **quiero el filete muy/poco ~** I'd like the steak well done/rare. ◆ **hecho** *m* **1.** (*obra*) action, deed. **2.** (*suceso*) event **3.** (*realidad, dato*) fact ◆ **de hecho** *loc adv* in fact, actually.

hechura *f* **1.** (*de traje*) cut. **2.** (*forma*) shape.

hectárea *f* hectare.

heder *vi* (*apestar*) to stink, to reek.

hediondo, -da *adj* (*pestilente*) stinking.

hedor *m* stink, stench.

hegemonía *f* (*gen*) dominance; (POLÍT) hegemony.

helada → **helado**.

heladera *f CSur* refrigerator, fridge *Br*, icebox *Am*.

heladería *f* (*tienda*) ice-cream parlour; (*puesto*) ice-cream stall.

helado, -da *adj* **1.** (*hecho hielo - agua*) frozen; (*- lago*) frozen over. **2.** (*muy frío - manos, agua*) freezing. ◆ **helado** *m* ice-cream. ◆ **helada** *f* frost.

helar ◇ *vt* (*líquido*) to freeze. ◇ *v impers*: **ayer heló** there was a frost last night. ♦ **helarse** *vpr* to freeze; *(plantas)* to be frostbitten.

helecho *m* fern, bracken

hélice *f* 1. (TECN) propeller. 2. *(espiral)* spiral.

helicóptero *m* helicopter.

helio *m* helium.

Helsinki Helsinki.

hematoma *m* bruise, haematoma (MED).

hembra *f* 1. (BIOL) female; *(mujer)* woman; *(niña)* girl. 2. *(del enchufe)* socket.

hemiciclo *m* *(en el parlamento)* floor

hemisferio *m* hemisphere

hemofilia *f* haemophilia.

hemorragia *f* haemorrhage; ~ **nasal** nosebleed.

hemorroides *fpl* haemorrhoids, piles.

henchir *vt* to fill (up)

hender, hendir *vt (carne, piel)* to carve open, to cleave; *(piedra, madera)* to crack open; *(aire, agua)* to cut o slice through.

hendidura *f (en carne, piel)* cut, split; *(en piedra, madera)* crack.

hendir = **hender**.

heno *m* hay.

hepatitis *f inv* hepatitis.

herbicida *m* weedkiller.

herbolario, -ria *m y f (persona)* herbalist.

hercio, hertz ['erθjo] *m* hertz.

heredar *vt*: ~ **(de)** to inherit (from).

heredero, -ra *m y f* heir *(f* heiress)

hereditario, -ria *adj* hereditary.

hereje *m y f* heretic.

herejía *f* heresy.

herencia *f (de bienes)* inheritance; *(de características)* legacy; (BIOL) heredity

herido, -da ◇ *adj (gen)* injured; *(en lucha, atentado)* wounded; *(sentimentalmente)* hurt, wounded. ◇ *m y f (gen)* injured person; *(en lucha, atentado)* wounded person; **no hubo ~s** there were no casualties; **los ~s** the wounded ♦ **herida** *f (lesión)* injury; *(en lucha, atentado)* wound.

herir *vt* 1. *(físicamente)* to injure; *(en lucha, atentado)* to wound; *(vista)* to hurt; *(oído)* to pierce. 2. *(sentimentalmente)* to hurt.

hermanado, -da *adj (gen)* united, joined; *(ciudades)* twinned

hermanar *vt (ciudades)* to twin.

hermanastro, -tra *m y f* stepbrother *(f* stepsister)

hermandad *f (asociación)* association; (RELIG - *de hombres)* brotherhood; *(- de mujeres)* sisterhood.

hermano, -na *m y f* brother *(f* sister).

hermético, -ca *adj* 1. *(al aire)* airtight, hermetic; *(al agua)* watertight, hermetic. 2. *fig (persona)* inscrutable

hermoso, -sa *adj (gen)* beautiful, lovely; *(hombre)* handsome; *(excelente)* wonderful

hermosura *f (gen)* beauty; *(de hombre)* handsomeness.

hernia *f* hernia, rupture.

herniarse *vpr* (MED) to rupture o.s

héroe *m* hero

heroico, -ca *adj* heroic

heroína *f* 1. *(mujer)* heroine. 2. *(droga)* heroin

heroinómano, -na *m y f* heroin addict.

heroísmo *m* heroism.

herpes *m inv* herpes *(U)*

herradura *f* horseshoe

herramienta *f* tool.

herrería *f (taller)* smithy, forge.

herrero *m* blacksmith, smith.

herrumbre *f (óxido)* rust.

hertz = **hercio**.

hervidero *m* 1. *(de pasiones, intrigas)* hotbed 2. *(de gente - muchedumbre)* swarm, throng; *(- sitio)* place throbbing o swarming with people.

hervir ◇ *vt* to boil. ◇ *vi* 1. *(líquido)* to boil. 2. *fig (lugar)*: ~ **de** to swarm with.

hervor *m* boiling; **dar un** ~ **a algo** to blanch sthg.

heterodoxo, -xa *adj* unorthodox.

heterogéneo, -a *adj* heterogeneous.

heterosexual *adj, m y f* heterosexual.

hexágono *m* hexagon.

hez *f lit & fig* dregs *(pl)*. ♦ **heces** *fpl (excrementos)* faeces.

hibernar *vi* to hibernate.

híbrido, -da *adj lit & fig* hybrid. ♦ **híbrido** *m (animal, planta)* hybrid.

hice *etc* → **hacer**.

hidalgo, -ga *m y f* nobleman *(f* noblewoman).

hidratante *m* moisturizing cream.

hidratar *vt (piel)* to moisturize; (QUÍM) to hydrate.

hidrato *m*: ~ **de carbono** carbohydrate.

hidráulico, -ca *adj* hydraulic.

hidroavión *m* seaplane.

hidroeléctrico, -ca *adj* hydroelectric.

hidrógeno *m* hydrogen.

hidroplano *m (barco)* hydrofoil.
hiedra *f* ivy.
hiel *f* 1. *(bilis)* bile. 2. *fig (mala intención)* spleen, bitterness.
hielo *m* ice; **romper el ~** *fig* to break the ice.
hiena *f* hyena.
hierático, -ca *adj* solemn.
hierba, yerba *f* 1. *(planta)* herb; **mala ~** weed. 2. *(césped)* grass. 3. *fam (droga)* grass.
hierbabuena *f* mint.
hierro *m (metal)* iron; **de ~** *(severo)* iron *(antes de sust)*; **~ forjado** wrought iron; **~ fundido** cast iron.
hígado *m* liver.
higiene *f* hygiene.
higiénico, -ca *adj* hygienic.
higienizar *vt* to sterilize.
higo *m* fig; **~ chumbo** prickly pear; **de ~s a brevas** once in a blue moon.
higuera *f* fig tree.
hijastro, -tra *m y f* stepson *(f* stepdaughter).
hijo, -ja *m y f (descendiente)* son *(f* daughter); **~ de papá** *fam* daddy's boy; **~ único** only child. ◆ **hijo** *m (hijo o hija)* child. ◆ **hijos** *mpl* children.
hilacha *f* loose thread.
hilada *f* row.
hilar *vt (hilo, tela)* to spin; *(ideas, planes)* to think up.
hilaridad *f* hilarity.
hilatura *f* spinning.
hilera *f* row.
hilo *m* 1. *(fibra, hebra)* thread; **colgar o pender de un ~** to be hanging by a thread; **mover los ~s** to pull some strings. 2. *(tejido)* linen. 3. *(de metal, teléfono)* wire. 4. *(de agua, sangre)* trickle. 5. (MÚS): **~ musical®** piped music. 6. *fig (de pensamiento)* train; *(de discurso, conversación)* thread; **perder el ~** to lose the thread; **seguir el ~** to follow (the thread).
hilvanar *vt* 1. *(ropa)* to tack *Br*, to baste *Am*. 2. *fig (coordinar - ideas)* to piece together.
Himalaya *m*: **el ~ the** Himalayas *(pl)*.
himno *m* hymn; **~ nacional** national anthem.
hincapié *m*: **hacer ~ en** *(insistir)* to insist on; *(subrayar)* to emphasize.
hincar *vt*: **~ algo en** to stick sthg into. ◆ **hincarse** *vpr*: **~se de rodillas** to fall to one's knees.
hincha *m y f (seguidor)* fan.
hinchado, -da *adj* 1. *(rueda, globo)* inflated; *(cara, tobillo)* swollen 2. *fig*

(persona) bigheaded, conceited; *(lenguaje, estilo)* bombastic.
hinchar *vt lit & fig* to blow up. ◆ **hincharse** *vpr* 1. *(pierna, mano)* to swell (up). 2. *fig (de comida)*: **~se (a)** to stuff o s. (with). ◆ **hincharse a** *vpr (no parar de)*: **~se a hacer algo** to do sthg a lot.
hinchazón *f* swelling.
hindú *(pl* hindúes*) adj, m y f* 1. *(de la India)* Indian. 2. (RELIG) Hindu
hinduismo *m* Hinduism.
hinojo *m* fennel.
hipar *vi* to hiccup, to have hiccups.
hiper *m fam* hypermarket.
hiperactivo, -va *adj* hyperactive.
hipérbola *f* hyperbola.
hipermercado *m* hypermarket
hipertensión *f* high blood pressure.
hípico, -ca *adj (de las carreras)* horse-racing *(antes de sust)*; *(de la equitación)* showjumping *(antes de sust)*. ◆ **hípica** *f (carreras de caballos)* horseracing; *(equitación)* showjumping.
hipnosis *f inv* hypnosis.
hipnótico, -ca *adj* hypnotic
hipnotismo *m* hypnotism.
hipnotizador, -ra *adj* hypnotic; *fig* spellbinding, mesmerizing.
hipnotizar *vt* to hypnotize; *fig* to mesmerize.
hipo *m* hiccups *(pl)*; **tener ~** to have (the) hiccups; **quitar el ~ a uno** *fig* to take one's breath away.
hipocondríaco, -ca *adj, m y f* hypochondriac
hipocresía *f* hypocrisy.
hipócrita ◊ *adj* hypocritical. ◊ *m y f* hypocrite.
hipodérmico, -ca *adj* hypodermic.
hipódromo *m* racecourse, racetrack.
hipopótamo *m* hippopotamus
hipoteca *f* mortgage.
hipotecar *vt (bienes)* to mortgage.
hipotecario, -ria *adj* mortgage *(antes de sust)*.
hipotenusa *f* hypotenuse.
hipótesis *f inv* hypothesis.
hipotético, -ca *adj* hypothetical.
hippy, hippie ['xipi] *(pl* hippies*) adj, m y f* hippy.
hiriente *adj (palabras)* hurtful, cutting.
hirsuto, -ta *adj (cabello)* wiry; *(brazo, pecho)* hairy
hispánico, -ca *adj, m y f* Hispanic, Spanish-speaking.
hispanidad *f (cultura)* Spanishness; *(pueblos)* Spanish-speaking world.

hispano, -na ◊ *adj (español)* Spanish; *(hispanoamericano)* Spanish-American; *(en Estados Unidos)* Hispanic. ◊ *m y f (español)* Spaniard; *(estadounidense)* Hispanic.

hispanoamericano, -na ◊ *adj* Spanish-American. ◊ *m y f* Spanish American.

hispanohablante ◊ *adj* Spanish-speaking. ◊ *m y f* Spanish speaker.

histeria *f* (MED & *fig*) hysteria.

histérico, -ca *adj* (MED & *fig*) hysterical; **ponerse ~** to get hysterical.

histerismo *m* (MED & *fig*) hysteria.

historia *f* 1. *(gen)* history; **~ del arte** art history; **pasar a la ~** to go down in history. 2. *(narración, chisme)* story; **dejarse de ~s** to stop beating about the bush.

historiador, -ra *m y f* historian.

historial *m (gen)* record; *(profesional)* curriculum vitae, résumé Am; **~ médico** ○ **clínico** medical ○ case history.

histórico, -ca *adj* 1. *(de la historia)* historical. 2. *(verídico)* factual. 3. *(importante)* historic.

historieta *f* 1. *(chiste)* funny story, anecdote. 2. *(tira cómica)* comic strip.

hito *m* lit & *fig* milestone.

hizo → hacer.

hmnos. *(abrev de hermanos)* bros.

hobby ['xoβi] *(pl* hobbies) *m* hobby.

hocico *m (de perro)* muzzle; *(de gato)* nose; *(de cerdo)* snout.

hockey ['xokei] *m* hockey; **~ sobre hielo/patines** ice/roller hockey; **~ sobre hierba** (field) hockey.

hogar *m* 1. *(de chimenea)* fireplace; *(de horno, cocina)* grate. 2. *(domicilio)* home. 3. *(familia)* family.

hogareño, -ña *adj (gen)* family *(antes de sust)*; *(amante del hogar)* home-loving.

hogaza *f* large loaf.

hoguera *f* bonfire; **morir en la ~** to be burned at the stake.

hoja *f* 1. *(de plantas)* leaf; *(de flor)* petal; *(de hierba)* blade. 2. *(de papel)* sheet (of paper); *(de libro)* page. 3. *(de cuchillo)* blade; **~ de afeitar** razor blade. 4. *(de puertas, ventanas)* leaf. ◆ **hoja de cálculo** *f* (INFORM) spreadsheet.

hojalata *f* tinplate.

hojaldre *m* puff pastry.

hojarasca *f* 1. *(hojas secas)* (dead) leaves *(pl)*; *(frondosidad)* tangle of leaves. 2. *fig (paja)* rubbish.

hojear *vt* to leaf through.

hola *interj* ¡~! hello!

Holanda Holland.

holandés, -esa ◊ *adj* Dutch. ◊ *m y f (persona)* Dutchman (*f* Dutchwoman). ◆ **holandés** *m (lengua)* Dutch. ◆ **holandesa** *f (papel)* piece of paper measuring 22 x 28cm.

holding ['xoldin] *(pl* holdings) *m* holding company.

holgado, -da *adj* 1. *(ropa)* baggy, loose-fitting; *(habitación, espacio)* roomy. 2. *(victoria, situación económica)* comfortable.

holgar *vi (sobrar)* to be unnecessary; **huelga decir que ...** needless to say ...

holgazán, -ana ◊ *adj* idle, good-for-nothing ◊ *m y f* good-for-nothing.

holgazanear *vi* to laze about.

holgura *f* 1. *(anchura - de espacio)* room; *(- de ropa)* bagginess, looseness; *(- entre piezas)* play, give. 2. *(bienestar)* comfort, affluence.

hollar *vt* to tread (on).

hollín *m* soot.

holocausto *m* holocaust.

hombre ◊ *m* man; **el ~** *(la humanidad)* man, mankind; **el ~ de la calle** ○ **de a pie** the man in the street; **~ de las cavernas** caveman; **~ de negocios** businessman; **~ de palabra** man of his word; **un pobre ~** a nobody; **¡pobre ~!** poor chap *Br* ○ guy!; **de ~ a ~** man to man. ◊ *interj* ¡~! **¡qué alegría verte!** (hey,) how nice to see you! ◆ **hombre orquesta** *(pl* hombres orquesta) *m* one-man band. ◆ **hombre rana** *(pl* hombres rana) *m* frogman.

hombrera *f (de traje, vestido)* shoulder pad; *(de uniforme)* epaulette.

hombría *f* manliness.

hombro *m* shoulder; **a ~s** over one's shoulders; **encogerse de ~s** to shrug one's shoulders; **arrimar el ~** *fig* to lend a hand.

hombruno, -na *adj* mannish.

homenaje *m (gen)* tribute; *(al soberano)* homage; **partido (de) ~** testimonial (match); **en ~ de** ○ **a** in honour of, as a tribute to; **rendir ~ a** to pay tribute to.

homenajeado, -da *m y f* guest of honour.

homenajear *vt* to pay tribute to.

homeopatía *f* homeopathy

homicida ◊ *adj (mirada etc)* murderous; **arma ~** murder weapon. ◊ *m y f* murderer.

homicidio *m* homicide, murder.

homilía *f* homily, sermon

homogeneizar *vt* to homogenize.

homogéneo, -a adj homogenous.
homologar vt 1. (equiparar): ~ (con) to bring into line (with), to make comparable (with). 2. (dar por válido - producto) to authorize officially; (- récord) to confirm officially.
homólogo, -ga ◇ adj (semejante) equivalent. ◇ m y f counterpart.
homosexual adj, m y f homosexual.
hondo, -da adj 1. lit & fig (gen) deep; **lo ~** the depths (pl); **calar ~ en** to strike a chord with; **en lo más ~ de** in the depths of 2. → **cante**. ◆ **honda** f sling.
hondonada f hollow.
hondura f depth.
Honduras Honduras.
hondureño, -ña adj, m y f Honduran.
honestidad f (honradez) honesty; (decencia) modesty, decency; (justicia) fairness.
honesto, -ta adj (honrado) honest; (decente) modest, decent; (justo) fair
hongo m 1. (planta - comestible) mushroom; (- no comestible) toadstool. 2. (enfermedad) fungus.
honor m honour; **hacer ~ a** to live up to; **en ~ a la verdad** to be (quite) honest. ◆ **honores** mpl (ceremonial) honours.
honorable adj honourable.
honorar vt to honour.
honorario, -ria adj honorary. ◆ **honorarios** mpl fees.
honorífico, -ca adj honorific.
honra f honour; **¡y a mucha ~!** and proud of it! ◆ **honras fúnebres** fpl funeral (sg).
honradez f honesty.
honrado, -da adj honest.
honrar vt to honour. ◆ **honrarse** vpr: **~se (con algo/de hacer algo)** to be honoured (by sthg/to do sthg).
honroso, -sa adj 1. (que da honra) honorary. 2. (respetable) honourable, respectable.
hora f 1. (del día) hour; **a primera ~** first thing in the morning; **a última ~** (al final del día) at the end of the day; (en el último momento) at the last moment; **dar la ~** to strike the hour; **de última ~** (noticia) latest, up-to-the-minute; (preparativos) last-minute; **'última ~'** 'stop press'; **(pagar) por ~s** (to pay) by the hour; **~s de oficina/trabajo** office/working hours; **~ oficial** official time; **~ punta** rush hour; **~s extraordinarias** overtime (U); **~s de visita** visiting times; **media ~** half

an hour. 2. (momento determinado) time; **¿a qué ~ sale?** what time o when does it leave?; **es ~ de irse** it's time to go; **a la ~** on time; **en su ~** when the time comes, at the appropriate time; **¿qué ~ es?** what time is it? 3. (cita) appointment; **pedir/dar ~** to ask for/give an appointment; **tener ~ en/con** to have an appointment at/with. 4. loc: **a altas ~s de la noche** in the small hours; **en mala ~** unluckily; **la ~ de la verdad** the moment of truth; **¡ya era ~!** and about time too!
horadar vt to pierce; (con máquina) to bore through
horario, -ria adj time (antes de sust). ◆ **horario** m timetable; **~ comercial/laboral** opening/working hours (pl); **~ intensivo** working day without a long break for lunch; **~ de visitas** visiting hours (pl).
horca f 1. (patíbulo) gallows (pl). 2. (AGR) pitchfork.
horcajadas ◆ **a horcajadas** loc adv astride.
horchata f cold drink made from ground tiger nuts or almonds, milk and sugar.
horizontal adj horizontal.
horizonte m horizon.
horma f (gen) mould, pattern; (para arreglar zapatos) last; (para conservar zapatos) shoe tree; (de sombrero) hat block.
hormiga f ant.
hormigón m concrete; **~ armado** reinforced concrete.
hormigueo m pins and needles (pl).
hormiguero ◇ adj → **oso** ◇ m ants' nest.
hormona f hormone.
hornada f lit & fig batch.
hornear vt to bake.
hornillo m (para cocinar) camping o portable stove; (de laboratorio) small furnace.
horno m (CULIN) oven; (TECN) furnace; (de cerámica, ladrillos) kiln; **alto ~** blast furnace; **altos ~s** (factoría) iron and steelworks; **~ eléctrico** electric oven; **~ microondas** microwave (oven).
horóscopo m 1. (signo zodiacal) star sign. 2. (predicción) horoscope.
horquilla f (para el pelo) hairpin.
horrendo, -da adj (gen) horrendous; (muy malo) terrible, awful.
horrible adj (gen) horrible; (muy malo) terrible, awful.
horripilante adj (terrorífico) horrifying, spine-chilling.

horripilar vt to terrify.

horror m 1. (miedo) terror, horror; ¡qué ~! how awful! 2. (gen pl) (atrocidad) atrocity.

horrorizado, -da adj terrified, horrified.

horrorizar vt to terrify, to horrify. ◆ **horrorizarse** vpr to be terrified o horrified.

horroroso, -sa adj 1. (gen) awful. 2. (muy feo) horrible, hideous.

hortaliza f (garden) vegetable.

hortelano, -na m y f market gardener.

hortensia f hydrangea.

hortera fam adj tasteless, tacky.

horticultura f horticulture.

hosco, -ca adj (persona) sullen, gruff; (lugar) grim, gloomy.

hospedar vt to put up. ◆ **hospedarse** vpr to stay.

hospicio m (para niños) children's home; (para pobres) poorhouse.

hospital m hospital.

hospitalario, -ria adj (acogedor) hospitable.

hospitalidad f hospitality.

hospitalizar vt to hospitalize, to take o send to hospital.

hosquedad f sullenness, gruffness.

hostal m guesthouse.

hostelería f catering.

hostia f 1. (RELIG) host. 2. vulg (bofetada) bash, punch. 3. vulg (accidente) smash-up. ◆ **hostias** interj vulg: ¡~s! bloody hell!, damn it!

hostiar vt vulg to bash.

hostigar vt 1. (acosar) to pester, to bother. 2. (MIL) to harass.

hostil adj hostile.

hostilidad f (sentimiento) hostility. ◆ **hostilidades** fpl (MIL) hostilities.

hotel m hotel.

hotelero, -ra adj hotel (antes de sust).

hoy adv 1. (en este día) today; de ~ en adelante from now on. 2. (en la actualidad) nowadays; ~ día, ~ en día, ~ por ~ these days, nowadays.

hoyo m (gen) hole, pit; (de golf) hole.

hoyuelo m dimple.

hoz f sickle; la ~ y el martillo the hammer and sickle.

huacal m Méx 1. (jaula) cage. 2. (cajón) drawer.

hubiera etc → **haber**.

hucha f moneybox.

hueco, -ca adj 1. (vacío) hollow.

2. (sonido) resonant, hollow. 3. (sin ideas) empty. ◆ **hueco** m 1. (cavidad - gen) hole; (- en pared) recess 2. (tiempo libre) spare moment. 3. (espacio libre) space, gap; (de escalera) well; (de ascensor) shaft.

huela etc → **oler**.

huelga f huelga; **estar/declararse en ~** to be/to go on strike; **~ de brazos caídos** o **cruzados** sit-down (strike); **~ de celo** work-to-rule; **~ de hambre** hunger strike; **~ general** general strike; **~ salvaje** wildcat strike.

huelguista m y f striker.

huella f 1. (de persona) footprint; (de animal, rueda) track; **~ digital** o **dactilar** fingerprint. 2. fig (vestigio) trace. 3. fig (impresión profunda) mark; **dejar ~** to leave one's mark.

huérfano, -na adj, m y f orphan.

huerta f (huerto) market garden Br, truck farm Am

huerto m (de hortalizas) vegetable garden; (de frutales) orchard.

hueso m 1. (del cuerpo) bone; **ser un ~ duro de roer** to be a hard nut to crack 2. (de fruto) stone Br, pit Am. 3. Méx fam (enchufe) contacts (pl), influence.

huésped, -da m y f guest.

huesudo, -da adj bony

hueva f roe.

huevada f Arg & Chile vulg bollocks (U), crap.

huevo m 1. (de animales) egg; **~ tibio** o **a la copa** boiled egg; **~ escalfado/frito** poached/fried egg; **~ pasado por agua/duro** soft-boiled/hard-boiled egg; **~s revueltos** scrambled eggs. 2. (gen pl) vulg (testículos) balls (pl); **costar un ~** (ser caro) to cost a packet o bomb; (ser difícil) to be bloody hard.

huida f escape, flight.

huidizo, -za adj shy, elusive.

huir vi 1. (escapar): **~ (de)** (gen) to flee (from); (de cárcel etc) to escape (from); **~ del país** to flee the country. 2. (evitar): **~ de algo** to avoid sthg, to keep away from sthg.

hule m oilskin.

humanidad f humanity. ◆ **humanidades** fpl (letras) humanities.

humanitario, -ria adj humanitarian.

humanizar vt to humanize.

humano, -na adj 1. (del hombre) human. 2. (compasivo) humane. ◆ **humano** m human being; **los ~s** mankind (U).

humareda f cloud of smoke.
humear vi (salir humo) to (give off) smoke; (salir vapor) to steam.
humedad f 1. (gen) dampness; (en pared, techo) damp; (de algo chorreando) wetness; (de piel, ojos etc) moistness. 2. (de atmósfera etc) humidity.
humedecer vt to moisten. ♦ **humedecerse** vpr to become moist; ~**se los labios** to moisten one's lips.
húmedo, -da adj 1. (gen) damp; (chorreando) wet; (piel, ojos etc) moist. 2. (aire, clima, atmósfera) humid.
humidificar vt to humidify.
humildad f humility.
humilde adj humble.
humillación f humiliation.
humillado, -da adj humiliated.
humillante adj humiliating.
humillar vt to humiliate. ♦ **humillarse** vpr to humble o.s.
humo m (gen) smoke; (vapor) steam; (de coches etc) fumes (pl). ♦ **humos** mpl fig (aires) airs; **bajarle a alguien los ~s** fig to take sb down a peg or two.
humor m 1. (estado de ánimo) mood; (carácter) temperament; **estar de buen/mal ~** to be in a good/bad mood. 2. (gracia) humour; **un programa de ~** a comedy programme; ~ **negro** black humour. 3. (ganas) mood; **no estoy de ~** I'm not in the mood.
humorismo m humour; (TEATRO & TV) comedy.
humorista m y f humorist; (TEATRO & TV) comedian (f comedienne).
humorístico, -ca adj humorous.
hundimiento m 1. (naufragio) sinking. 2. (ruina) collapse.
hundir vt 1. (gen) to sink; ~ **algo en el agua** to put sthg underwater. 2. fig (afligir) to devastate, to destroy. 3. fig (hacer fracasar) to ruin. ♦ **hundirse** vpr 1. (sumergirse) to sink; (intencionadamente) to dive. 2. (derrumbarse) to collapse; (techo) to cave in 3. fig (fracasar) to be ruined.
húngaro, -ra adj, m y f Hungarian. ♦ **húngaro** m (lengua) Hungarian.
Hungría f Hungary.
huracán m hurricane.
huraño, -ña adj unsociable.
hurgar vi: ~ **(en)** (gen) to rummage around (in); (con el dedo, un palo) to poke around (in). ♦ **hurgarse** vpr: ~**se la nariz** to pick one's nose; ~**se los bolsillos** to rummage around in one's pockets.
hurgonear vt to poke.

hurón m (ZOOL) ferret.
hurra interj: ¡~! hurray!
hurtadillas ♦ **a hurtadillas** loc adv on the sly, stealthily.
hurtar vt to steal.
hurto m theft.
husmear ◇ vt (olfatear) to sniff out, to scent. ◇ vi (curiosear) to nose around.
huso m spindle; (en máquina) bobbin.
huy interj: ¡~! (dolor) ouch!; (sorpresa) gosh!

I

i, I f (letra) i, I.
IAE (abrev de **Impuesto sobre Actividades Económicas**) m Spanish tax paid by professionals and shop owners.
iba → **ir**.
ibérico, -ca adj Iberian.
íbero, -ra adj, m y f Iberian. ♦ **íbero, ibero** m (lengua) Iberian.
iberoamericano, -na adj, m y f Latin American
iceberg (pl **icebergs**) m iceberg.
Icona (abrev de **Instituto Nacional para la Conservación de la Naturaleza**) m Spanish national institute for conservation, = NCC Br.
icono m icon.
iconoclasta m y f iconoclast.
id → **ir**.
ida f outward journey; (**billete de**) ~ **y vuelta** return (ticket).
idea f 1. (gen) idea; (propósito) intention; **con la ~ de** with the idea ◇ intention of; ~ **fija** obsession; **no tener ni ~ (de)** not to have a clue (about). 2. (opinión) impression; **cambiar de ~** to change one's mind.
ideal adj & m ideal.
idealista ◇ adj idealistic. ◇ m y f idealist.
idealizar vt to idealize
idear vt 1. (planear) to think up, to devise. 2. (inventar) to invent.
ideario m ideology.
ídem pron ditto.
idéntico, -ca adj: ~ **(a)** identical (to).

identidad f (gen) identity.

identificación f identification.

identificar vt to identify. ♦ **identificarse** vpr: ~se (con) to identify (with).

ideología f ideology.

idílico, -ca adj idyllic.

idilio m love affair.

idioma m language.

idiosincrasia f individual character.

idiota ◇ adj despec (tonto) stupid. ◇ m y f idiot.

idiotez f (tontería) stupid thing, stupidity (U).

ido, ida adj mad, touched.

idolatrar vt to worship; fig to idolize.

ídolo m idol.

idóneo, -a adj: ~ (para) suitable (for).

iglesia f church.

iglú (pl iglúes) m igloo.

ignorancia f ignorance.

ignorante ◇ adj ignorant. ◇ m y f ignoramus

ignorar vt 1. (desconocer) not to know, to be ignorant of 2. (no tener en cuenta) to ignore.

igual ◇ adj 1. (idéntico): ~ (que) the same (as); llevan jerseys ~es they're wearing the same jumper; son ~es they're the same. 2. (parecido): ~ (que) similar (to) 3. (equivalente): ~ (a) equal (to). 4. (liso) even. 5. (constante - velocidad) constant; (- clima, temperatura) even 6. (MAT): A más B es ~ a C A plus B equals C. ◇ m y f equal; sin ~ without equal, unrivalled. ◇ adv 1. (de la misma manera) the same; yo pienso ~ I think the same, I think so too; al ~ que just like; por ~ equally. 2. (posiblemente) perhaps; ~ llueve it could well rain. 3. (DEP): van ~es the scores are level. 4. loc: dar ◇ ser ~ a alguien to be all the same to sb; es ◇ da ~ it doesn't matter, it doesn't make any difference.

igualado, -da adj level.

igualar vt 1. (gen) to make equal; (DEP) to equalize; ~ algo a ◇ con to equate sthg with. 2. (persona) to be equal to; nadie le iguala en generosidad nobody is as generous as he is. 3. (terreno) to level; (superficie) to smooth. ♦ **igualarse** vpr 1. (gen) to be equal. 2. (a otra persona): ~se a ◇ con alguien to treat sb as an equal.

igualdad f 1. (equivalencia) equality; en ~ de condiciones on equal terms; ~ de oportunidades equal opportunities (pl). 2. (identidad) sameness.

igualitario, -ria adj egalitarian.

igualmente adv 1. (también) also, likewise. 2. (fórmula de cortesía) the same to you, likewise.

ikurriña f Basque national flag.

ilegal adj illegal.

ilegible adj illegible.

ilegítimo, -ma adj illegitimate.

ileso, -sa adj unhurt, unharmed; salir ◇ resultar ~ to escape unharmed.

ilícito, -ta adj illicit.

ilimitado, -da adj unlimited, limitless.

iluminación f 1. (gen) lighting; (acción) illumination 2. (RELIG) enlightenment.

iluminar vt (gen) to illuminate, to light up. ♦ **iluminarse** vpr to light up.

ilusión f 1. (esperanza - gen) hope; (- infundada) delusion, illusion; hacerse ◇ forjarse ilusiones to build up one's hopes. 2. (emoción) thrill, excitement (U); ¡qué ~! how exciting!; me hace mucha ~ I'm really looking forward to it. 3. (espejismo) illusion.

ilusionar vt 1. (esperanzar): ~ a alguien (con algo) to build up sb's hopes (about sthg). 2. (emocionar) to excite, to thrill. ♦ **ilusionarse** vpr (emocionarse): ~se (con) to get excited (about).

ilusionista m y f conjurer.

iluso, -sa adj gullible.

ilusorio, -ría adj illusory; (promesa) empty.

ilustración f 1. (estampa) illustration. 2. (cultura) learning. ♦ **Ilustración** f (HIST): la Ilustración the Enlightenment.

ilustrado, -da adj 1. (publicación) illustrated 2. (persona) learned. 3. (HIST) enlightened.

ilustrar vt 1. (explicar) to illustrate, to explain. 2. (publicación) to illustrate.

ilustre adj (gen) illustrious, distinguished.

imagen f (gen) image; (TV) picture; ser la viva ~ de alguien to be the spitting image of sb.

imaginación f 1. (facultad) imagination; pasar por la ~ de alguien to occur to sb, to cross sb's mind. 2. (gen pl) (idea falsa) delusion.

imaginar vt 1. (gen) to imagine. 2. (idear) to think up, to invent. ♦ **imaginarse** vpr to imagine; ¡imagínate! just think ◇ imagine!; me imagino que sí I suppose so.

imaginario, -ria adj imaginary.

imaginativo, -va *adj* imaginative.

imán *m (para atraer)* magnet.

imbécil ◊ *adj* stupid. ◊ *m y f* idiot.

imbecilidad *f* stupidity; **decir/hacer una ~** to say/do sthg stupid.

imborrable *adj fig* indelible; *(recuerdo)* unforgettable.

imbuir *vt:* ~ **(de)** to imbue (with).

imitación *f* imitation; *(de humorista)* impersonation; **a ~ de** in imitation of; **piel de ~** imitation leather.

imitador, -ra *m y f* imitator; *(humorista)* impersonator.

imitar *vt (gen)* to imitate, to copy; *(a personajes famosos)* to impersonate; *(producto, material)* to simulate

impaciencia *f* impatience.

impacientar *vt* to make impatient. ◆ **impacientarse** *vpr* to grow impatient.

impaciente *adj* impatient; ~ **por hacer algo** impatient o anxious to do sthg.

impactar ◊ *vt (suj: noticia)* to have an impact on. ◊ *vi (bala)* to hit.

impacto *m* 1. *(gen)* impact; *(de bala)* hit. 2. *(señal)* (impact) mark; ~**s de bala** bullethole.

impagado, -da *adj* unpaid.

impar *adj* (MAT) odd.

imparable *adj* unstoppable.

imparcial *adj* impartial.

impartir *vt* to give.

impase, impasse [im'pas] *m* impasse.

impasible *adj* impassive.

impávido, -da *adj (valeroso)* fearless, courageous; *(impasible)* impassive.

impecable *adj* impeccable.

impedido, -da *adj* disabled; **estar ~ de un brazo** to have the use of only one arm.

impedimento *m (gen)* obstacle; *(contra un matrimonio)* impediment.

impedir *vt* 1. *(imposibilitar)* to prevent; ~ **a alguien hacer algo** to prevent sb from doing sthg. 2. *(dificultar)* to hinder, to obstruct.

impenetrable *adj lit & fig* impenetrable

impensable *adj* unthinkable.

imperante *adj* prevailing.

imperar *vi* to prevail.

imperativo, -va *adj* 1. *(gen & GRAM)* imperative. 2. *(autoritario)* imperious. ◆ **imperativo** *m (gen & GRAM)* imperative

imperceptible *adj* imperceptible.

imperdible *m* safety pin.

imperdonable *adj* unforgivable.

imperfección *f* 1. *(cualidad)* imperfection. 2. *(defecto)* flaw, defect.

imperfecto, -ta *adj (gen)* imperfect; *(defectuoso)* faulty, defective. ◆ **imperfecto** *m* (GRAM) imperfect.

imperial *adj* imperial.

imperialismo *m* imperialism.

impericia *f* lack of skill; *(inexperiencia)* inexperience.

imperio *m* 1. *(territorio)* empire. 2. *(dominio)* rule.

imperioso, -sa *adj* 1. *(autoritario)* imperious. 2. *(apremiante)* urgent.

impermeable ◊ *adj* waterproof. ◊ *m* raincoat, mac *Br.*

impersonal *adj* impersonal.

impertinencia *f* 1. *(gen)* impertinence. 2. *(comentario)* impertinent remark.

impertinente *adj* impertinent.

imperturbable *adj* imperturbable.

ímpetu *m* 1. *(brusquedad)* force. 2. *(energía)* energy. 3. (FÍS) impetus.

impetuoso, -sa *adj* 1. *(olas, viento, ataque)* violent. 2. *fig (persona)* impulsive, impetuous.

impío, -a *adj* godless, impious.

implacable *adj* implacable, relentless.

implantar *vt* 1. *(establecer)* to introduce. 2. (MED) to insert. ◆ **implantarse** *vpr (establecerse)* to be introduced.

implicación *f* 1. *(participación)* involvement. 2. *(gen pl) (consecuencia)* implication.

implicar *vt* 1. *(involucrar):* ~ **(en)** to involve (in); (DER) to implicate (in). 2. *(significar)* to mean. ◆ **implicarse** *vpr* (DER) to incriminate o s.; ~**se en** to become involved in

implícito, -ta *adj* implicit.

implorar *vt* to implore.

imponente *adj* 1. *(impresionante)* imposing, impressive. 2. *(estupendo)* sensational, terrific

imponer ◊ *vt* 1. ~ **algo (a alguien)** *(gen)* to impose sthg (on sb); *(respeto)* to command sthg (from sb) 2. *(moda)* to set; *(costumbre)* to introduce. ◊ *vi* to be imposing. ◆ **imponerse** *vpr* 1. *(hacerse respetar)* to command respect, to show authority 2. *(prevalecer)* to prevail. 3. *(ser necesario)* to be necessary. 4. (DEP) to win, to prevail.

impopular *adj* unpopular.

importación *f (acción)* importing; *(artículo)* import.

importador, -ra *m y f* importer.

importancia f importance; **dar ~ a algo** to attach importance to sthg; **quitar ~ a algo** to play sthg down; **darse ~** to give o.s. airs, to show off

importante adj **1.** (gen) important; (lesión) serious. **2.** (cantidad) considerable.

importar ◇ vt **1.** (gen & INFORM) to import. **2.** (suj: factura, coste) to amount to, to come to. ◇ vi **1.** (preocupar) to matter; **no me importa** I don't care, it doesn't matter to me; **¿y a ti qué te importa?** what's it got to do with you? **2.** (en preguntas) to mind; **¿le importa que me siente?** do you mind if I sit down?; **¿te importaría acompañarme?** would you mind coming with me? ◇ v impers to matter; **no importa** it doesn't matter.

importe m (gen) price, cost; (de factura) total

importunar vt to bother, to pester.

importuno, -na = **inoportuno**.

imposibilidad f impossibility; **su ~ para contestar la pregunta** his inability to answer the question.

imposibilitado, -da adj disabled; **estar ~ para hacer algo** to be unable to do sthg.

imposibilitar vt: **~ a alguien para hacer algo** to make it impossible for sb to do sthg, to prevent sb from doing sthg

imposible adj **1.** (irrealizable) impossible. **2.** (insoportable) unbearable, impossible.

imposición f **1.** (obligación) imposition. **2.** (impuesto) tax. **3.** (BANCA) deposit.

impostor, -ra m y f (suplantador) impostor.

impotencia f impotence.

impotente adj impotent.

impracticable adj **1.** (irrealizable) impracticable. **2.** (intransitable) impassable.

imprecisión f imprecision, vagueness (U).

impreciso, -sa adj imprecise, vague.

impredecible adj unforeseeable; (variable) unpredictable.

impregnar vt: **~ (de)** to impregnate (with) ◆ **impregnarse** vpr: **~se (de)** to become impregnated (with)

imprenta f **1.** (arte) printing. **2.** (máquina) (printing) press. **3.** (establecimiento) printing house.

imprescindible adj indispensable, essential.

impresentable adj unpresentable.

impresión f **1.** (gen) impression; (sensación física) feeling; **causar (una) buena/mala ~** to make a good/bad impression; **dar la ~ de** to give the impression of; **tener la ~ de que** to have the impression that. **2.** (huella) imprint; **~ digital** O **dactilar** fingerprint. **3.** (IMPRENTA - acción) printing; (- edición) edition.

impresionable adj impressionable.

impresionante adj impressive; (error) enormous.

impresionar ◇ vt **1.** (maravillar) to impress. **2.** (conmocionar) to move. **3.** (horrorizar) to shock. **4.** (FOT) to expose. ◇ vi (maravillar) to make an impression. ◆ **impresionarse** vpr **1.** (maravillarse) to be impressed **2.** (conmocionarse) to be moved. **3.** (horrorizarse) to be shocked.

impreso, -sa ◇ pp → **imprimir**. ◇ adj printed. ◆ **impreso** m **1.** (texto) printed matter (U). **2.** (formulario) form.

impresor, -ra m y f (persona) printer ◆ **impresora** f (INFORM) printer; **impresora láser/térmica** laser/thermal printer; **impresora de matriz** O **de agujas** dot-matrix printer; **impresora de chorro de tinta** ink-jet printer.

imprevisible adj unforeseeable; (variable) unpredictable.

imprevisto, -ta adj unexpected. ◆ **imprevisto** m (hecho): **salvo ~s** barring accidents.

imprimir vt **1.** (gen) to print; (huella, paso) to leave. **2.** fig (transmitir): **~ algo a** to impart O bring sthg to.

improbable adj improbable, unlikely.

improcedente adj **1.** (inoportuno) inappropriate. **2.** (DER) inadmissible.

improperio m insult.

impropio, -pia adj: **~ (de)** improper (for), unbecoming (to).

improvisado, -da adj (gen) improvised; (discurso, truco) impromptu; (comentario) ad-lib; (cama etc) makeshift.

improvisar ◇ vt (gen) to improvise; (comida) to rustle up; **~ una cama** to make (up) a makeshift bed. ◇ vi (gen) to improvise; (MÚS) to extemporize.

improviso ◆ de improviso loc adv unexpectedly, suddenly; **coger a alguien de ~** to catch sb unawares.

imprudencia f (en los actos) carelessness (U); (en los comentarios) indiscretion

imprudente *adj (en los actos)* careless, rash; *(en los comentarios)* indiscreet.

impúdico, -ca *adj* immodest, indecent.

impuesto, -ta *pp* → **imponer**.
♦ **impuesto** *m* tax; ~ **sobre el valor añadido** value-added tax; ~ **sobre la renta** ≈ income tax.

impugnar *vt* to contest, to challenge.

impulsar *vt* 1. *(empujar)* to propel, to drive. 2. *(incitar)*: ~ **a alguien (a algo/a hacer algo)** to drive sb (to sthg/to do sthg). 3. *(promocionar)* to stimulate.

impulsivo, -va *adj* impulsive.

impulso *m* 1. *(progreso)* stimulus, boost. 2. *(fuerza)* momentum. 3. *(motivación)* impulse, urge.

impulsor, -ra *m y f* dynamic force.

impune *adj* unpunished.

impunidad *f* impunity.

impureza *f (gen pl)* impurity.

impuro, -ra *adj lit & fig* impure.

imputación *f* accusation.

imputar *vt (atribuir)*: ~ **algo a alguien** *(delito)* to accuse sb of sthg; *(fracaso, error)* to attribute sthg to sb.

in → **fraganti, vitro**.

inabarcable *adj* unmanageable.

inacabable *adj* interminable, endless.

inaccesible *adj* inaccessible.

inaceptable *adj* unacceptable.

inactividad *f* inactivity.

inactivo, -va *adj* inactive.

inadaptado, -da *adj* maladjusted.

inadecuado, -da *adj (inapropiado)* unsuitable, inappropriate.

inadmisible *adj* inadmissible.

inadvertido, -da *adj* unnoticed; **pasar ~** to go unnoticed.

inagotable *adj* inexhaustible.

inaguantable *adj* unbearable.

inalámbrico, -ca *adj* cordless.

inalcanzable *adj* unattainable.

inalterable *adj* 1. *(gen)* unalterable; *(salud)* stable; *(amistad)* undying. 2. *(color)* fast. 3. *(rostro, carácter)* impassive. 4. *(resultado, marcador)* unchanged

inamovible *adj* immovable, fixed.

inanición *f* starvation.

inanimado, -da *adj* inanimate.

inánime *adj* lifeless.

inapreciable *adj* 1. *(incalculable)* invaluable. 2. *(insignificante)* imperceptible.

inapropiado, -da *adj* inappropriate.

inaudito, -ta *adj* unheard-of.

inauguración *f* inauguration, opening.

inaugurar *vt* to inaugurate, to open.

inca *adj, m y f* Inca.

incalculable *adj* incalculable.

incalificable *adj* unspeakable

incandescente *adj* incandescent.

incansable *adj* untiring, tireless.

incapacidad *f* 1. *(imposibilidad)* inability. 2. *(ineptitud)* incompetence. 3. *(DER)* incapacity.

incapacitado, -da *adj* (DER - gen) disqualified; *(- para testar)* incapacitated; *(- para trabajar)* unfit.

incapacitar *vt*: ~ **(para)** *(gen)* to disqualify (from); *(para trabajar etc)* to render unfit (for).

incapaz *adj* 1. *(gen)*: ~ **de** incapable of. 2. *(sin talento)*: ~ **para** incompetent at, no good at. 3. *(DER)* incompetent.

incautación *f* seizure, confiscation.

incautarse ♦ **incautarse de** *vpr* (DER) to seize, to confiscate.

incauto, -ta *adj* gullible.

incendiar *vt* to set fire to. ♦ **incendiarse** *vpr* to catch fire.

incendiario, -ria ◇ *adj* 1. *(bomba etc)* incendiary. 2. *fig (artículo, libro etc)* inflammatory. ◇ *m y f* arsonist.

incendio *m* fire; ~ **provocado** arson.

incentivo *m* incentive.

incertidumbre *f* uncertainty.

incesto *m* incest.

incidencia *f* 1. *(repercusión)* impact, effect. 2. *(suceso)* event.

incidente *m* incident.

incidir ♦ **incidir en** *vi* 1. *(incurrir en)* to fall into, to lapse into. 2. *(insistir en)* to focus on. 3. *(influir en)* to have an impact on, to affect.

incienso *m* incense.

incierto, -ta *adj* 1. *(dudoso)* uncertain. 2. *(falso)* untrue.

incineración *f (de cadáver)* cremation; *(de basura)* incineration.

incinerar *vt (cadáver)* to cremate; *(basura)* to incinerate.

incipiente *adj* incipient; *(estado, etapa)* early.

incisión *f* incision.

incisivo, -va *adj* 1. *(instrumento)* sharp, cutting. 2. *fig (mordaz)* incisive.

inciso, -sa *adj* cut. ♦ **inciso** *m* passing remark.

incitante *adj (instigador)* inciting; *(provocativo)* provocative.

incitar *vt*: ~ **a alguien a algo** *(violencia, rebelión etc)* to incite sb to sthg; ~ **a alguien a la fuga/venganza** to urge sb to flee/avenge himself; ~ **a alguien a hacer algo** (rebelarse etc) to incite sb to do sthg; (fugarse, vengarse) to urge sb to do sthg.

inclemencia f harshness, inclemency.

inclinación f 1. (desviación) slant, inclination; (de terreno) slope. 2. fig (afición): ~ (**a** o **por**) penchant o propensity (for). 3. (cariño): ~ **hacia alguien** fondness towards sb. 4. (saludo) bow.

inclinar vt 1. (doblar) to bend; (ladear) to tilt. 2. (cabeza) to bow. ◆ **inclinarse** vpr 1. (doblarse) to lean. 2. (para saludar): ~se (**ante**) to bow (before). ◆ **inclinarse a** vi (tender a) to be o feel inclined to. ◆ **inclinarse por** vi (preferir) to favour, to lean towards.

incluir vt (gen) to include; (adjuntar - en cartas) to enclose.

inclusive adv inclusive.

incluso, -sa adj enclosed. ◆ **incluso** adv & prep even.

incógnito, -ta adj unknown. ◆ **incógnita** f 1. (MAT) unknown quantity. 2. (misterio) mystery. ◆ **de incógnito** loc adv incognito.

incoherencia f 1. (cualidad) incoherence. 2. (comentario) nonsensical remark.

incoherente adj 1. (inconexo) incoherent. 2. (inconsecuente) inconsistent.

incoloro, -ra adj lit & fig colourless.

incomodar vt 1. (causar molestia) to bother, to inconvenience. 2. (enfadar) to annoy. ◆ **incomodarse** vpr (enfadarse): ~se (**por**) to get annoyed (about).

incomodidad f 1. (de silla etc) uncomfortableness. 2. (de situación, persona) awkwardness.

incómodo, -da adj 1. (silla etc) uncomfortable. 2. (situación, persona) awkward, uncomfortable.

incomparable adj incomparable.

incompatible adj: ~ (**con**) incompatible (with).

incompetencia f incompetence.

incompetente adj incompetent.

incompleto, -ta adj 1. (gen) incomplete. 2. (inacabado) unfinished.

incomprendido, -da adj misunderstood.

incomprensible adj incomprehensible.

incomprensión f lack of understanding.

incomprensivo, -va adj unsympathetic.

incomunicado, -da adj 1. (gen) isolated. 2. (por la nieve etc) cut off 3. (preso) in solitary confinement.

inconcebible adj inconceivable.

inconcluso, -sa adj unfinished

incondicional ◇ adj unconditional; (ayuda) wholehearted; (seguidor) staunch. ◇ m y f staunch supporter

inconexo, -xa adj (gen) unconnected; (pensamiento, texto) disjointed

inconformista adj, m y f nonconformist.

inconfundible adj unmistakable; (prueba) irrefutable.

incongruente adj incongruous.

inconsciencia f 1. (gen) unconsciousness. 2. fig (falta de juicio) thoughtlessness.

inconsciente adj 1. (gen) unconscious. 2. fig (irreflexivo) thoughtless.

inconsecuente adj inconsistent.

inconsistente adj (tela, pared etc) flimsy; (salsa) runny; (argumento, discurso etc) lacking in substance.

inconstancia f 1. (en el trabajo, la conducta) unreliability. 2. (de opinión, ideas) changeability.

inconstante adj 1. (en el trabajo, la conducta) unreliable. 2. (de opinión, ideas) changeable

inconstitucional adj unconstitutional.

incontable adj (innumerable) countless.

incontestable adj indisputable

incontinencia f (MED) incontinence.

incontrolable adj uncontrollable.

inconveniencia f 1. (inoportunidad) inappropriateness. 2. (comentario) tactless remark; (acto) mistake.

inconveniente ◇ adj 1. (inoportuno) inappropriate 2. (descortés) rude. ◇ m 1. (dificultad) obstacle, problem. 2. (desventaja) drawback.

incordiar vt fam to bother, to pester.

incorporación f: ~ (**a**) (gen) incorporation (into); (a un puesto) induction (into).

incorporar vt 1. (añadir): ~ (**a**) (gen) to incorporate (into); (CULIN) to mix (into). 2. (levantar) to sit up. ◆ **incorporarse** vpr 1. (empezar): ~se (**a**) (equipo) to join; (trabajo) to start 2. (levantarse) to sit up

incorrección f 1. (inexactitud) incorrectness; (error gramatical) mistake 2. (descortesía) lack of courtesy, rudeness (U).

incorrecto, -ta adj 1. (equivocado)

incorrect, wrong. **2.** *(descortés)* rude, impolite.

incorregible *adj* incorrigible.

incredulidad *f* incredulity.

incrédulo, -la *adj* sceptical, incredulous; (RELIG) unbelieving.

increíble *adj* **1.** *(difícil de creer)* unconvincing. **2.** *fig (extraordinario)* incredible. **3.** *fig (inconcebible)* unbelievable

incrementar *vt* to increase. ♦ **incrementarse** *vpr* to increase.

incremento *m* increase; *(de temperatura)* rise.

increpar *vt* **1.** *(reprender)* to reprimand. **2.** *(insultar)* to abuse, insult.

incriminar *vt* to accuse.

incruento, -ta *adj* bloodless.

incrustar *vt* **1.** (TECN) to inlay; *(en joyería)* to set. **2.** *fam fig (empotrar):* ~ algo en algo to sink sthg into sthg. ♦ **incrustarse** *vpr* *(cal etc)* to become encrusted.

incubar *vt* **1.** *(huevo)* to incubate. **2.** *(enfermedad)* to be sickening for.

inculcar *vt:* ~ algo a alguien to instil sthg into sb.

inculpar *vt:* ~ a alguien (de) *(gen)* to accuse sb (of); (DER) to charge sb (with).

inculto, -ta ◇ *adj (persona)* uneducated. ◇ *m y f* ignoramus.

incumbencia *f:* es/no es de nuestra ~ it is/isn't a matter for us, it falls/doesn't fall within our area of responsibility.

incumbir ♦ **incumbir a** *vi:* ~ a alguien to be a matter for sb; esto no te incumbe this is none of your business.

incumplimiento *m (de deber)* failure to fulfil; *(de orden, ley)* non-compliance; *(de promesa)* failure to keep; ~ de contrato breach of contract.

incumplir *vt (deber)* to fail to fulfil, to neglect; *(orden, ley)* to fail to comply with; *(promesa)* to break; *(contrato)* to breach.

incurable *adj* incurable.

incurrir ♦ **incurrir en** *vi* **1.** *(delito, falta)* to commit; *(error)* to make. **2.** *(desprecio etc)* to incur.

incursión *f* incursion.

indagación *f* investigation, inquiry

indagar ◇ *vt* to investigate, to inquire into. ◇ *vi* to investigate, to inquire.

indecencia *f* **1.** *(cualidad)* indecency **2.** *(acción)* outrage, crime.

indecente *adj* **1.** *(impúdico)* indecent. **2.** *(indigno)* miserable, wretched.

indecible *adj (alegría)* indescribable; *(dolor)* unspeakable.

indecisión *f* indecisiveness.

indeciso, -sa *adj* **1.** *(persona - inseguro)* indecisive; *(- que está dudoso)* undecided. **2.** *(pregunta, respuesta)* hesitant; *(resultado)* undecided.

indefenso, -sa *adj* defenceless

indefinido, -da *adj* **1.** *(ilimitado)* indefinite; *(contrato)* open-ended. **2.** *(impreciso)* vague. **3.** (GRAM) indefinite.

indeleble *adj culto* indelible.

indemne *adj* unhurt, unharmed.

indemnización *f (gen)* compensation; *(por despido)* severance pay.

indemnizar *vt:* ~ a alguien (por) to compensate sb (for).

independencia *f* independence; con ~ de independently of.

independiente *adj* **1.** *(gen)* independent. **2.** *(aparte)* separate.

independizar *vt* to grant independence to. ♦ **independizarse** *vpr:* ~se (de) to become independent (of)

indeseable *adj* undesirable.

indeterminación *f* indecisiveness.

indeterminado, -da *adj* **1.** *(sin determinar)* indeterminate; por tiempo ~ indefinitely. **2.** *(impreciso)* vague.

indexar *vt* (INFORM) to index.

India: (la) ~ India.

indiano, -na *m y f* **1.** *(indígena)* (Latin American) Indian **2.** *(emigrante)* Spanish emigrant to Latin America who returned to Spain having made his fortune.

indicación *f* **1.** *(señal, gesto)* sign, signal. **2.** *(gen pl) (instrucción)* instruction; *(para llegar a un sitio)* directions (pl) **3.** *(nota, corrección)* note.

indicado, -da *adj* suitable, appropriate.

indicador, -ra *adj* indicating *(antes de sust)*. ♦ **indicador** *m (gen)* indicator; (TECN) gauge, meter.

indicar *vt (señalar)* to indicate; *(suj: aguja etc)* to read.

indicativo, -va *adj* indicative. ♦ **indicativo** *m* (GRAM) indicative.

índice *m* **1.** *(gen)* index; *(proporción)* level, rate; ~ de natalidad birth rate; ~ de precios al consumo retail price index. **2.** *(señal)* sign, indicator. **3.** *(catálogo)* catalogue **4.** *(dedo)* index finger.

indicio *m* sign; *(pista)* clue; *(cantidad pequeña)* trace.

Índico *m:* el (océano) ~ the Indian Ocean.

indiferencia *f* indifference.

indiferente *adj* indifferent; **me es ~** *(me da igual)* I don't mind, it's all the same to me; *(no me interesa)* I'm not interested in it.

indígena ◊ *adj* indigenous, native. ◊ *m y f* native.

indigencia *f culto* destitution.

indigente *adj* destitute.

indigestarse *vpr* to get indigestion.

indigestión *f* indigestion

indigesto, -ta *adj* indigestible; *fam fig (pesado)* stodgy, heavy.

indignación *f* indignation

indignar *vt* to anger. ◆ **indignarse** *vpr*: **~se (por)** to get angry o indignant (about).

indigno, -na *adj* 1. *(gen)*: **~ (de)** unworthy (of). 2. *(impropio)* not fitting, wrong. 3. *(vergonzoso)* contemptible.

indio, -dia ◊ *adj* Indian. ◊ *m y f* Indian; **hacer el ~** to play the fool.

indirecto, -ta *adj* indirect. ◆ **indirecta** *f* hint; **lanzar una indirecta a alguien** to drop a hint to sb.

indisciplina *f* indiscipline.

indiscreción *f* 1. *(cualidad)* indiscretion. 2. *(comentario)* indiscreet remark.

indiscreto, -ta *adj* indiscreet.

indiscriminado, -da *adj* indiscriminate.

indiscutible *adj (gen)* indisputable; *(poder)* undisputed.

indispensable *adj* indispensable.

indisponer *vt* 1. *(enfermar)* to make ill, to upset. 2. *(enemistar)* to set at odds.

indisposición *f (malestar)* indisposition.

indispuesto, -ta ◊ *pp* → **indisponer**. ◊ *adj* indisposed, unwell.

indistinto, -ta *adj* 1. *(indiferente)*: **es ~** it doesn't matter, it makes no difference. 2. *(cuenta, cartilla)* joint. 3. *(perfil, figura)* indistinct, blurred.

individual *adj* 1. *(gen)* individual; *(habitación, cama)* single; *(despacho)* personal. 2. *(prueba, competición)* singles *(antes de sust)*. ◆ **individuales** *mpl* (DEP) singles.

individualizar *vi* to single people out.

individuo, -dua *m y f* person; *despec* individual.

indocumentado, -da *adj* 1. *(sin documentación)* without identity papers. 2. *(ignorante)* ignorant

índole *f (naturaleza)* nature; *(tipo)* type, kind.

indolencia *f* indolence, laziness.

indoloro, -ra *adj* painless.

indómito, -ta *adj* 1. *(animal)* untameable. 2. *(carácter)* rebellious; *(pueblo)* unruly.

Indonesia Indonesia.

inducir *vt (incitar)*: **~ a alguien a algo/a hacer algo** to lead sb into sthg/into doing sthg; **~ a error** to mislead.

inductor, -ra *adj* instigating.

indudable *adj* undoubted; **es ~ que ...** there is no doubt that ...

indulgencia *f* indulgence.

indultar *vt* to pardon.

indulto *m* pardon.

indumentaria *f* attire.

industria *f (gen)* industry

industrial ◊ *adj* industrial ◊ *m y f* industrialist.

industrializar *vt* to industrialize.

inédito, -ta *adj* 1. *(no publicado)* unpublished. 2. *(sorprendente)* unprecedented

INEF *(abrev de Instituto Nacional de Educación Física) m Spanish university for training physical education teachers.*

inefable *adj* ineffable, inexpressible

ineficaz *adj* 1. *(de bajo rendimiento)* inefficient. 2. *(de baja efectividad)* ineffective.

ineficiente *adj* 1. *(de bajo rendimiento)* inefficient. 2. *(de baja efectividad)* ineffective.

ineludible *adj* unavoidable.

INEM *(abrev de Instituto Nacional de Empleo) m Spanish department of employment.*

inenarrable *adj* spectacular.

ineptitud *f* ineptitude

inepto, -ta *adj* inept

inequívoco, -ca *adj (apoyo, resultado)* unequivocal; *(señal, voz)* unmistakeable

inercia *f lit & fig* inertia.

inerme *adj (sin armas)* unarmed; *(sin defensa)* defenceless.

inerte *adj* 1. *(materia)* inert. 2. *(cuerpo, cadáver)* lifeless.

inesperado, -da *adj* unexpected

inestable *adj lit & fig* unstable.

inevitable *adj* inevitable.

inexacto, -ta *adj* 1. *(impreciso)* inaccurate. 2. *(erróneo)* incorrect, wrong.

inexistente *adj* nonexistent.

inexperiencia *f* inexperience.

inexperto, -ta *adj* 1. *(falto de experiencia)* inexperienced. 2. *(falto de habilidad)* unskilful.

inexpresivo, -va *adj* expressionless.

infalible *adj* infallible.

infame adj vile, base.

infamia f *(deshonra)* infamy, disgrace.

infancia f *(periodo)* childhood.

infante, -ta m y f **1.** *(niño)* infant. **2.** *(hijo del rey)* infante (f infanta), prince (f princess).

infantería f infantry.

infantil adj **1.** *(para niños)* children's; *(de niños)* child *(antes de sust)*. **2.** fig *(inmaduro)* infantile, childish.

infarto m: ~ **(de miocardio)** heart attack.

infatigable adj indefatigable, tireless.

infección f infection.

infeccioso, -sa adj infectious.

infectar vt to infect. ♦ **infectarse** vpr to become infected

infecundo, -da adj *(tierra)* infertile.

infeliz adj **1.** *(desgraciado)* unhappy. **2.** fig *(ingenuo)* gullible.

inferior ◇ adj: ~ **(a)** *(en espacio, cantidad)* lower (than); *(en calidad)* inferior (to); **una cifra ~ a 100** a figure under o below 100. ◇ m y f inferior

inferioridad f inferiority.

inferir vt **1.** *(deducir)*: ~ **(de)** to deduce (from), to infer (from). **2.** *(ocasionar - herida)* to inflict; *(- mal)* to cause.

infernal adj lit & fig infernal.

infestar vt to infest; *(suj: carteles, propaganda etc)* to be plastered across

infidelidad f *(conyugal)* infidelity; *(a la patria, un amigo)* disloyalty.

infiel ◇ adj **1.** *(desleal - cónyuge)* unfaithful; *(- amigo)* disloyal. **2.** *(inexacto)* inaccurate, unfaithful. ◇ m y f (RELIG) infidel.

infiernillo m portable stove.

infierno m lit & fig hell; **¡vete al ~!** go to hell!

infiltrado, -da m y f infiltrator.

infiltrar vt *(inyectar)* to inject. ♦ **infiltrarse en** vpr to infiltrate.

ínfimo, -ma adj *(calidad, categoría)* extremely low; *(precio)* giveaway; *(importancia)* minimal

infinidad f: **una ~ de** an infinite number of; fig masses of; **en ~ de ocasiones** on countless occasions.

infinitivo m infinitive.

infinito, -ta adj lit & fig infinite ♦ **infinito** m infinite.

inflación f (ECON) inflation.

inflamable adj inflammable.

inflamación f (MED) inflammation.

inflamar vt (MED & fig) to inflame. ♦ **inflamarse** vpr *(hincharse)* to become inflamed

inflamatorio, -ria adj inflammatory.

inflar vt **1.** *(soplando)* to blow up, to inflate; *(con bomba)* to pump up. **2.** fig *(exagerar)* to blow up, to exaggerate. ♦ **inflarse** vpr: ~se **(de)** *(hartarse)* to stuff o.s. (with).

inflexible adj lit & fig inflexible.

inflexión f inflection.

infligir vt to inflict; *(castigo)* to impose.

influencia f influence.

influenciar vt to influence.

influir ◇ vt to influence. ◇ vi to have influence; ~ **en** to influence.

influjo m influence.

influyente adj influential.

información f **1.** *(conocimiento)* information. **2.** (PRENSA - noticias) news (U); *(- noticia)* report, piece of news; *(- sección)* section, news (U); ~ **meteorológica** weather report o forecast. **3.** *(oficina)* information office; *(mostrador)* information desk. **4.** (TELECOM) directory enquiries *(pl)* Br, directory assistance Am.

informal adj **1.** *(desenfadado)* informal. **2.** *(irresponsable)* unreliable.

informante m y f informant.

informar ◇ vt: ~ **a alguien (de)** to inform o tell sb (about). ◇ vi to inform; (PRENSA) to report. ♦ **informarse** vpr to find out (details); ~se **de** to find out about.

informático, -ca ◇ adj computer *(antes de sust)*. ◇ m y f *(persona)* computer expert. ♦ **informática** f *(ciencia)* information technology, computing.

informativo, -va adj **1.** *(instructivo, esclarecedor)* informative **2.** *(que da noticias)* news *(antes de sust)*; *(que da información)* information *(antes de sust)*. ♦ **informativo** m news (bulletin).

informatizar vt to computerize.

informe ◇ adj shapeless. ◇ m **1.** *(gen)* report. **2.** (DER) plea. ♦ **informes** mpl *(gen)* information (U); *(sobre comportamiento)* report *(sg)*; *(para un empleo)* references.

infortunio m misfortune, bad luck (U).

infracción f infringement; *(de circulación)* offence.

infraestructura f *(de organización)* infrastructure.

infrahumano, -na adj subhuman.

infranqueable adj impassable; fig insurmountable.

infrarrojo, -ja adj infrared

infravalorar vt to undervalue, to underestimate.

infringir vt (quebrantar) to infringe, to break.

infundado, -da adj unfounded.

infundir vt: ~ algo a alguien to fill sb with sthg, to inspire sthg in sb; ~ miedo to inspire fear.

infusión f infusion; ~ de manzanilla camomile tea.

ingeniar vt to invent, to devise. ♦ **ingeniarse** vpr: **ingeniárselas** to manage, to engineer it; **ingeniárselas para hacer algo** to manage o contrive to do sthg.

ingeniería f engineering

ingeniero, -ra m y f engineer; ~ de caminos, canales y puertos civil engineer.

ingenio m 1. (inteligencia) ingenuity. 2. (agudeza) wit 3. (máquina) device.

ingenioso, -sa adj (inteligente) ingenious, clever; (agudo) witty.

ingenuidad f ingenuousness, naivety.

ingenuo, -nua adj ingenuous, naive.

ingerencia = **injerencia**.

ingerir vt to consume, to ingest.

Inglaterra England.

ingle f groin.

inglés, -esa ◊ adj English. ◊ m y f (persona) Englishman (f Englishwoman); **los ingleses** the English. ♦ **inglés** m (lengua) English.

ingratitud f ingratitude.

ingrato, -ta adj ungrateful; (trabajo) thankless.

ingrávido, -da adj weightless.

ingrediente m ingredient.

ingresar ◊ vt (BANCA) to deposit, to pay in. ◊ vi: ~ (en) (asociación, ejército) to join; (hospital) to be admitted (to); (convento, universidad) to enter; ~ cadáver to be dead on arrival.

ingreso m 1. (gen) entry; (en asociación, ejército) joining; (en hospital, universidad) admission. 2. (BANCA) deposit. ♦ **ingresos** mpl 1. (sueldo etc) income (U). 2. (recaudación) revenue (U).

inhabilitar vt to disqualify

inhabitable adj uninhabitable.

inhabitado, -da adj uninhabited.

inhalador m inhaler.

inhalar vt to inhale.

inherente adj: ~ (a) inherent (in)

inhibir vt to inhibit ♦ **inhibirse de** vpr (gen) to keep out of, to stay away from; (responsabilidades) to shirk.

inhóspito, -ta adj inhospitable.

inhumano, -na adj (despiadado) inhuman; (desconsiderado) inhumane.

INI (abrev de **Instituto Nacional de Industria**) m Spanish governmental organization that promotes industry.

iniciación f 1. (gen) initiation. 2. (de suceso, curso) start, beginning.

inicial adj & f initial

inicializar vt (INFORM) to initialize.

iniciar vt (gen) to start, to initiate; (debate, discusión) to start off.

iniciativa f initiative.

inicio m start, beginning.

inigualable adj unrivalled.

ininteligible adj unintelligible.

ininterrumpido, -da adj uninterrupted.

injerencia, ingerencia f interference, meddling

injerir vt to introduce, to insert. ♦ **injerirse** vpr (entrometerse): ~se (en) to interfere (in), to meddle (in).

injertar vt to graft.

injerto m graft.

injuria f (insulto) insult, abuse (U); (agravio) offence; (DER) slander.

injuriar vt (insultar) to insult, to abuse; (agraviar) to offend; (DER) to slander.

injurioso, -sa adj insulting, abusive; (DER) slanderous.

injusticia f injustice.

injustificado, -da adj unjustified.

injusto, -ta adj unfair, unjust.

inmadurez f immaturity.

inmaduro, -ra adj (persona) immature.

inmediaciones fpl (de localidad) surrounding area (sg); (de lugar, casa) vicinity (sg).

inmediatamente adv immediately.

inmediato, -ta adj 1. (gen) immediate; de ~ immediately. 2. (contiguo) next, adjoining.

inmejorable adj unbeatable.

inmensidad f (grandeza) immensity.

inmenso, -sa adj (gen) immense.

inmersión f immersion; (de submarinista) dive.

inmerso, -sa adj: ~ (en) immersed (in).

inmigración f immigration.

inmigrante m y f immigrant

inmigrar vi to immigrate.

inminente adj imminent, impending.

inmiscuirse vpr: ~ (en) to interfere o meddle (in).

inmobiliario, -ria adj property (antes de sust), real estate Am (antes de *sust*). ◆ **inmobiliaria** *f (agencia)* estate agency *Br*, real estate agent *Am*.

inmoral *adj* immoral.

inmortal *adj* immortal.

inmortalizar *vt* to immortalize

inmóvil *adj* motionless, still; *(coche, tren)* stationary

inmovilizar *vt* to immobilize.

inmueble ◇ *adj*: **bienes ~s** real estate *(U)*. ◇ *m (edificio)* building.

inmundicia *f (suciedad)* filth, filthiness; *(basura)* rubbish.

inmundo, -da *adj* filthy, dirty.

inmune *adj* (MED) immune.

inmunidad *f* immunity.

inmunizar *vt* to immunize.

inmutar *vt* to upset, to perturb. ◆ **inmutarse** *vpr* to get upset, to be perturbed; **ni se inmutó** he didn't bat an eyelid.

innato, -ta *adj* innate.

innecesario, -ria *adj* unnecessary.

innoble *adj* ignoble.

innovación *f* innovation.

innovador, -ra ◇ *adj* innovative. ◇ *m y f* innovator.

innovar *vt (método, técnica)* to improve on.

innumerable *adj* countless, innumerable.

inocencia *f* innocence.

inocentada *f* practical joke, trick

inocente *adj* 1. *(gen)* innocent. 2. *(ingenuo - persona)* naive, innocent. 3. *(sin maldad - persona)* harmless.

inodoro, -ra *adj* odourless. ◆ **inodoro** *m* toilet *Br*, washroom *Am*.

inofensivo, -va *adj* inoffensive, harmless.

inolvidable *adj* unforgettable.

inoperante *adj* ineffective.

inoportuno, -na, importuno, -na *adj* 1. *(en mal momento)* inopportune, untimely. 2. *(molesto)* inconvenient. 3. *(inadecuado)* inappropriate.

inoxidable *adj* rustproof; *(acero)* stainless.

inquebrantable *adj* unshakeable; *(lealtad)* unswerving.

inquietar *vt* to worry, to trouble. ◆ **inquietarse** *vpr* to worry.

inquieto, -ta *adj* 1. *(preocupado)*: ~ **(por)** worried ○ anxious (about). 2. *(agitado, emprendedor)* restless.

inquietud *f (preocupación)* worry, anxiety.

inquilino, -na *m y f* tenant.

inquirir *vt culto* to inquire into, to investigate

inquisición *f (indagación)* inquiry, investigation. ◆ **Inquisición** *f (tribunal)* Inquisition.

inquisidor, -ra *adj* inquisitive. ◆ **inquisidor** *m* inquisitor.

insaciable *adj* insatiable.

insalubre *adj culto* insalubrious, unhealthy.

Insalud *(abrev de* **Instituto Nacional de la Salud)** *m* ≃ NHS *Br*, ≃ Medicaid *Am*.

insatisfecho, -cha *adj* 1. *(descontento)* dissatisfied. 2. *(no saciado)* not full, unsatisfied.

inscribir *vt* 1. *(grabar)*: ~ **algo (en)** to engrave ○ inscribe sthg (on) 2. *(apuntar)*: ~ **algo/a alguien (en)** to register sthg/sb (on). ◆ **inscribirse** *vpr*: ~**se (en)** *(gen)* to enrol (on); *(asociación)* to enrol (with); *(concurso)* to enter.

inscripción *f* 1. (EDUC) registration, enrolment; *(en censo, registro)* registration; *(en partido etc)* enrolment; *(en concursos etc)* entry. 2. *(escrito)* inscription.

inscrito, -ta *pp* → **inscribir**.

insecticida *m* insecticide.

insecto *m* insect.

inseguridad *f* 1. *(falta de confianza)* insecurity. 2. *(duda)* uncertainty 3. *(peligro)* lack of safety.

inseguro, -ra *adj* 1. *(sin confianza)* insecure. 2. *(dudoso)* uncertain. 3. *(peligroso)* unsafe.

inseminación *f* insemination; ~ **artificial** artificial insemination.

insensatez *f* foolishness; **hacer/decir una** ~ to do/say sthg foolish.

insensato, -ta ◇ *adj* foolish, senseless. ◇ *m y f* fool.

insensibilidad *f (emocional)* insensitivity; *(física)* numbness.

insensible *adj* 1. *(indiferente)*: ~ **(a)** insensitive (to). 2. *(entumecido)* numb. 3. *(imperceptible)* imperceptible.

insertar *vt (gen & COMPUT)*: ~ **(en)** to insert (into)

inservible *adj* useless, unserviceable.

insidioso, -sa *adj* malicious.

insigne *adj* distinguished, illustrious

insignia *f* 1. *(distintivo)* badge; (MIL) insignia. 2. *(bandera)* flag, banner.

insignificante *adj* insignificant

insinuar *vt*: ~ **algo (a)** to hint at ○ insinuate sthg (to). ◆ **insinuarse** *vpr* 1. *(amorosamente)*: ~**se (a)** to make advances (to). 2. *(asomar)*: ~**se detrás de algo** to peep out from behind sthg.

insípido, -da *adj lit & fig* insipid.

insistencia *f* insistence

insistir vi: ~ (en) to insist (on).

insociable adj unsociable.

insolación f (MED) sunstroke (U).

insolencia f insolence; **hacer/decir una ~** to do/say sthg insolent.

insolente adj (descarado) insolent; (orgulloso) haughty.

insolidario, -ría adj lacking in solidarity.

insólito, -ta adj very unusual.

insoluble adj insoluble.

insolvencia f insolvency.

insolvente adj insolvent.

insomnio m insomnia

insondable adj lit & fig unfathomable

insonorizar vt to soundproof.

insoportable adj unbearable, intolerable.

insostenible adj untenable.

inspección f inspection; (policial) search

inspeccionar vt to inspect; (suj: policía) to search.

inspector, -ra m y f inspector; **~ de aduanas** customs official; **~ de Hacienda** tax inspector.

inspiración f 1. (gen) inspiration. 2. (respiración) inhalation, breath.

inspirar vt 1. (gen) to inspire. 2. (respirar) to inhale, to breathe in. ◆ **inspirarse** vpr: **~se (en)** to be inspired (by)

instalación f 1. (gen) installation; **~ eléctrica** wiring. 2. (de gente) settling ◆ **instalaciones** fpl (deportivas etc) facilities

instalar vt 1. (montar - antena etc) to instal, to fit; (- local, puesto etc) to set up 2. (situar - objeto) to place; (- gente) to settle. ◆ **instalarse** vpr (establecerse): **~se en** to settle (down) in; (nueva casa) to move into.

instancia f 1. (solicitud) application (form). 2. (ruego) request; **a ~s de** at the request o bidding of; **en última ~** as a last resort.

instantáneo, -a adj 1. (momentáneo) momentary. 2. (rápido) instantaneous. ◆ **instantánea** f snapshot, snap.

instante m moment; **a cada ~** all the time, constantly; **al ~** instantly, immediately; **en un ~** in a second.

instar vt: **~ a alguien a que haga algo** to urge o press sb to do sthg.

instaurar vt to establish, to set up

instigar vt: **~ a alguien (a que haga algo)** to instigate sb (to do sthg); **~ a algo** to incite to sthg.

instintivo, -va adj instinctive.

instinto m instinct; **por ~** instinctively.

institución f 1. (gen) institution; **ser una ~** fig to be an institution. 2. (de ley, sistema) introduction; (de organismo) establishment; (de premio) foundation.

instituir vt (fundar - gobierno) to establish; (- premio, sociedad) to found; (- sistema, reglas) to introduce.

instituto m 1. (corporación) institute 2. (EDUC): **~ (de Bachillerato** o **Enseñanza Media)** state secondary school; **~ de Formación Profesional** ≃ technical college. ◆ **instituto de belleza** m beauty salon.

institutriz f governess

instrucción f 1. (conocimientos) education; (docencia) instruction 2. (DER - investigación) preliminary investigation; (- curso del proceso) proceedings (pl). ◆ **instrucciones** fpl (de uso) instructions.

instructivo, -va adj (gen) instructive; (juguete, película) educational.

instructor, -ra ◇ adj training. ◇ m y f (gen) instructor, teacher; (DEP) coach.

instruido, -da adj educated.

instruir vt (enseñar) to instruct

instrumental m instruments (pl).

instrumentista m y f 1. (MÚS) instrumentalist. 2. (MED) surgeon's assistant.

instrumento m 1. (MUS & fig) instrument. 2. (herramienta) tool, instrument.

insubordinado, -da adj insubordinate.

insubordinar vt to incite to rebellion. ◆ **insubordinarse** vpr to rebel.

insubstancial = **insustancial**.

insuficiencia f 1. (escasez) lack, shortage. 2. (MED) failure.

insuficiente ◇ adj insufficient. ◇ m (nota) fail.

insufrible adj intolerable, insufferable.

insular adj insular, island (antes de sust).

insulina f insulin.

insulso, -sa adj lit & fig bland, insipid.

insultar vt to insult.

insulto m insult.

insumiso, -sa ◇ adj rebellious. ◇ m y f (gen) rebel; (MIL) person who refuses to do military or community service.

insuperable adj 1. (inmejorable) unsurpassable. 2. (sin solución) insurmountable, insuperable

insurgente *adj* insurgent.

insurrección *f* insurrection, revolt.

insustancial, insubstancial *adj* insubstantial.

intachable *adj* irreproachable.

intacto, -ta *adj* untouched; *fig* intact.

integral *adj* 1. *(total)* total, complete. 2. *(sin refinar - pan, harina, pasta)* wholemeal; *(- arroz)* brown.

integrante ◇ *adj* integral, constituent; **estado ~ de la CE** member state of the EC. ◇ *m y f* member.

integrar *vt* 1. *(gen & MAT)* to integrate. 2. *(componer)* to make up. ◆ **integrarse** *vpr* to integrate.

integridad *f* *(gen)* integrity; *(totalidad)* wholeness.

íntegro, -gra *adj* 1. *(completo)* whole, entire; *(versión etc)* unabridged. 2. *(honrado)* honourable.

intelecto *m* intellect.

intelectual *adj, m y f* intellectual.

inteligencia *f* intelligence; ~ **artificial** (INFORM) artificial intelligence.

inteligente *adj* *(gen & COMPUT)* intelligent.

inteligible *adj* intelligible.

intemperie *f*: **a la ~** in the open air.

intempestivo, -va *adj* *(clima, comentario)* harsh; *(hora)* ungodly, unearthly; *(proposición, visita)* inopportune.

intención *f* intention; **tener la ~ de** to intend to; **buena/mala ~** good/bad intentions *(pl)*.

intencionado, -da *adj* intentional, deliberate; **bien ~** *(acción)* well-meant; *(persona)* well-meaning; **mal ~** *(acción)* ill-meant; *(persona)* malevolent.

intensidad *f* *(gen)* intensity; *(de lluvia)* heaviness; *(de luz, color)* brightness; *(de amor)* passion, strength.

intensificar *vt* to intensify. ◆ **intensificarse** *vpr* to intensify.

intensivo, -va *adj* intensive.

intenso, -sa *adj* *(gen)* intense; *(lluvia)* heavy; *(luz, color)* bright; *(amor)* passionate, strong.

intentar *vt*: ~ **(hacer algo)** to try (to do sthg).

intento *m* *(tentativa)* attempt; *(intención)* intention; ~ **de golpe/robo** attempted coup/robbery.

interactivo, -va *adj* (INFORM) interactive.

intercalar *vt* to insert, to put in.

intercambiable *adj* interchangeable.

intercambio *m* exchange; ~ **comercial** trade.

interceder *vi*: ~ **(por alguien)** to intercede (on sb's behalf).

interceptar *vt* 1. *(detener)* to intercept 2. *(obstruir)* to block.

intercesión *f* intercession.

interés *m* 1. *(gen & FIN)* interest; **de ~** interesting; **tener ~ en O por** to be interested in; **tengo ~ en que venga pronto** it's in my interest that he should come soon; **intereses creados** vested interests. 2. *(egoísmo)* self-interest; **por ~** out of selfishness.

interesado, -da ◇ *adj* 1. *(gen)*: ~ **(en O por)** interested (in). 2. *(egoísta)* self-ish, self-interested. ◇ *m y f* *(deseoso)* interested person; **los ~s** those interested.

interesante *adj* interesting.

interesar *vi* to interest; **le interesa el arte** she's interested in art ◆ **interesarse** *vpr*: ~**se (en O por)** to take an interest (in), to be interested (in); **se interesó por tu salud** she asked after your health.

interfaz *f* (INFORM) interface.

interferencia *f* interference.

interferir ◇ *vt* 1. (RADIO, TELECOM & TV) to jam. 2. *(interponerse)* to interfere with. ◇ *vi*: ~ **(en)** to interfere (in)

interfono *m* intercom.

interino, -na ◇ *adj* *(gen)* temporary; *(presidente, director etc)* acting; *(gobierno)* interim. ◇ *m y f* *(gen)* stand-in; *(médico, juez)* locum; *(profesor)* supply teacher. ◆ **interina** *f* *(asistenta)* cleaning lady.

interior ◇ *adj* 1. *(gen)* inside, inner; *(patio, jardín etc)* interior, inside; *(habitación, vida)* inner. 2. (POLÍT) domestic. 3. (GEOGR) inland. ◇ *m* 1. *(parte de dentro)* inside, interior. 2. (GEOGR) interior. 3. *(de una persona)* inner self; **en mi ~** deep down

interiorismo *m* interior design.

interiorizar *vt* to internalize; *(sentimientos)* to bottle up.

interjección *f* interjection.

interlocutor, -ra *m y f* interlocutor, speaker; **su ~** the person she was speaking to.

intermediario, -ria *m y f* *(gen)* intermediary; (COM) middleman; *(en disputas)* mediator.

intermedio, -dia *adj* 1. *(etapa)* intermediate, halfway; *(calidad)* average; *(tamaño)* medium. 2. *(tiempo)* intervening; *(espacio)* in between. ◆ **intermedio** *m* *(gen & TEATRO)* interval; (CIN) intermission.

interminable *adj* endless, interminable.

intermitente ◊ *adj* intermittent.
◊ *m* indicator.
internacional *adj* international.
internado, -da *adj (en manicomio)*
confined; *(en colegio)* boarding; (POLÍT)
interned. ♦ **internado** *m (colegio)*
boarding school.
internar *vt*: ~ **(en)** *(internado)* to send
to boarding school (at); *(manicomio)* to
commit (to); *(campo de concentración)* to
intern (in). ♦ **internarse** *vpr*: ~**se (en)**
(un lugar) to go o penetrate deep
(into); *(un tema)* to become deeply
involved (in).
internauta *m y f* Internet user.
Internet *f*: (la) ~ the Internet.
interno, -na ◊ *adj* 1. *(gen)* internal;
(POLÍT) domestic. 2. *(alumno)* boarding.
◊ *m y f* 1. *(alumno)* boarder. 2. →
médico. 3. *(preso)* prisoner, inmate.
interpelación *f* formal question.
interpolar *vt* to interpolate, to put in.
interponer *vt* 1. *(gen)* to interpose,
to put in. 2. (DER) to lodge, to make.
♦ **interponerse** *vpr* to intervene.
interpretación *f* 1. *(explicación)*
interpretation. 2. *(artística)* performance. 3. *(traducción)* interpreting.
interpretar *vt* 1. *(gen)* to interpret.
2. *(artísticamente)* to perform.
intérprete *m y f* 1. *(traductor &*
INFORM) interpreter. 2. *(artista)* performer.
interpuesto, -ta *pp* → **interponer**.
interrogación *f* 1. *(acción)* questioning. 2. *(signo)* question mark.
interrogante *m o f (incógnita)* question mark.
interrogar *vt (gen)* to question; *(con
amenazas etc)* to interrogate.
interrogatorio *m* questioning;
(con amenazas) interrogation.
interrumpir *vt* 1. *(gen)* to interrupt.
2. *(discurso, trabajo)* to break off; *(viaje,
vacaciones)* to cut short.
interrupción *f* 1. *(gen)* interruption.
2. *(de discurso, trabajo)* breaking-off; *(de
viaje, vacaciones)* cutting-short.
interruptor *m* switch.
intersección *f* intersection.
interurbano, -na *adj* inter-city;
(TELECOM) long-distance.
intervalo *m* 1. *(gen & MÚS)* interval;
(de espacio) space, gap; **a ~s** at inter-
vals. 2. *(duración)*: **en el ~ de un mes**
in the space of a month.
intervención *f* 1. *(gen)* intervention.
2. *(discurso)* speech; *(interpelación)* contribution. 3. (COM) auditing. 4. (MED)
operation 5. (TELECOM) tapping.

intervenir ◊ *vi* 1. *(participar)*: ~ **(en)**
(gen) to take part (in); *(pelea)* to get
involved (in); *(discusión etc)* to make a
contribution (to). 2. *(dar un discurso)* to
make a speech. 3. *(interferir)*: ~ **(en)** to
intervene (in). 4. (MED) to operate.
◊ *vt* 1. (MED) to operate on 2. (TELE-
COM) to tap. 3. *(incautar)* to seize.
4. (COM) to audit.
interventor, -ra *m y f* (COM) auditor.
interviú (*pl* interviús) *f* interview.
intestino, -na *adj* internecine.
♦ **intestino** *m* intestine.
intimar *vi*: ~ **(con)** to become intimate o very friendly (with)
intimidad *f* 1. *(vida privada)* private
life; *(privacidad)* privacy; **en la ~** in private. 2. *(amistad)* intimacy.
íntimo, -ma ◊ *adj* 1. *(vida, fiesta)* private; *(ambiente, restaurante)* intimate
2. *(relación, amistad)* close. 3. *(sentimiento etc)* innermost. ◊ *m y f* close
friend.
intolerable *adj* intolerable, unacceptable; *(dolor, ruido)* unbearable.
intolerancia *f (actitud)* intolerance.
intoxicación *f* poisoning *(U)*; ~ **alimenticia** food poisoning
intoxicar *vt* to poison.
intranquilizar *vt* to worry. ♦ **in-
tranquilizarse** *vpr* to get worried.
intranquilo, -la *adj (preocupado)*
worried, uneasy; *(nervioso)* restless.
intranscendente = **intrascendente**.
intransferible *adj* non-transferable.
intransigente *adj* intransigent.
intransitable *adj* impassable.
intrascendente, intranscendente
adj insignificant, unimportant
intrépido, -da *adj* intrepid.
intriga *f* 1. *(curiosidad)* curiosity; **de ~**
suspense *(antes de sust)*. 2. *(maquinación)* intrigue 3. *(trama)* plot
intrigar *vt & vi* to intrigue.
intrincado, -da *adj (problema etc)*
intricate.
intríngulis *m inv fam (dificultad)* snag,
catch; *(quid)* crux.
intrínseco, -ca *adj* intrinsic
introducción *f*: ~ **(a)** introduction
(to).
introducir *vt* 1. *(meter - llave, carta
etc)* to put in, to insert 2. *(mercancías
etc)* to bring in, to introduce. 3. *(dar a
conocer)*: ~ **a alguien en** to introduce
sb to; ~ **algo en** to introduce o bring
sthg to. ♦ **introducirse** *vpr*: ~**se en** to
get into.

introductorio, -ria *adj* introductory.

intromisión *f* meddling, interfering.

introspectivo, -va *adj* introspective.

introvertido, -da *adj, m y f* introvert.

intruso, -sa *m y f* intruder.

intuición *f* intuition.

intuir *vt* to know by intuition, to sense.

intuitivo, -va *adj* intuitive.

inundación *f* flood, flooding (U).

inundar *vt* to flood; *fig* to inundate. ♦ **inundarse** *vpr* to flood; **~se de** *fig* to be inundated o swamped with.

inusitado, -da *adj* uncommon, rare.

inútil *adj* 1. (*gen*) useless; (*intento, esfuerzo*) unsuccessful, vain. 2. (*inválido*) disabled.

inutilidad *f* (*gen*) uselessness; (*falta de sentido*) pointlessness.

inutilizar *vt* (*gen*) to make unusable; (*máquinas, dispositivos*) to disable.

invadir *vt* to invade; **le invade la tristeza** she's overcome by sadness.

invalidez *f* 1. (MED) disability; **~ permanente/temporal** permanent/temporary disability. 2. (DER) invalidity.

inválido, -da ◇ *adj* 1. (MED) disabled. 2. (DER) invalid. ◇ *m y f* invalid, disabled person; **los ~s** the disabled.

invariable *adj* invariable.

invasión *f* invasion.

invasor, -ra ◇ *adj* invading. ◇ *m y f* invader.

invención *f* invention.

inventar *vt* (*gen*) to invent; (*narración, falsedades*) to make up. ♦ **inventarse** *vpr* to make up.

inventario *m* inventory; **hacer el ~** (COM) to do the stocktaking.

inventiva *f* inventiveness.

invento *m* invention.

inventor, -ra *m y f* inventor.

invernadero, invernáculo *m* greenhouse.

invernar *vi* (*pasar el invierno*) to (spend the) winter; (*hibernar*) to hibernate.

inverosímil *adj* unlikely, improbable.

inversión *f* 1. (*del orden*) inversion. 2. (*de dinero, tiempo*) investment.

inverso, -sa *adj* opposite, inverse; **a la inversa** the other way round; **en orden ~** in reverse order.

inversor, -ra *m y f* (COM & FIN) investor.

invertebrado, -da *adj* 1. (ZOOL) invertebrate 2. *fig* (*incoherente*) disjointed. ♦ **invertebrado** *m* invertebrate.

invertido, -da *adj* 1. (*al revés*) reversed, inverted; (*sentido, dirección*) opposite. 2. (*homosexual*) homosexual.

invertir *vt* 1. (*gen*) to reverse; (*poner boca abajo*) to turn upside down 2. (*dinero, tiempo, esfuerzo*) to invest 3. (*tardar - tiempo*) to spend

investidura *f* investiture.

investigación *f* 1. (*estudio*) research; **~ y desarrollo** research and development. 2. (*indagación*) investigation, inquiry.

investigador, -ra *m y f* 1. (*estudioso*) researcher. 2. (*detective*) investigator.

investigar ◇ *vt* 1. (*estudiar*) to research. 2. (*indagar*) to investigate. ◇ *vi* 1. (*estudiar*) to do research 2. (*indagar*) to investigate

investir *vt*: **~ a alguien con algo** to invest sb with sthg.

inveterado, -da *adj* deep-rooted.

inviable *adj* impractical, unviable.

invidente *m y f* blind o sightless person; **los ~s** the blind.

invierno *m* winter

invisible *adj* invisible.

invitación *f* invitation.

invitado, -da *m y f* guest.

invitar ◇ *vt* 1. (*convidar*): **~ a alguien (a algo/a hacer algo)** to invite sb (to sthg/to do sthg). 2. (*pagar*): **os invito** it's my treat, this one's on me; **te invito a cenar fuera** I'll take you out for dinner. ◇ *vi* to pay; **invita la casa** it's on the house. ♦ **invitar a** *vi fig* (*incitar*): **~ a algo** to encourage sthg; **la lluvia invita a quedarse en casa** the rain makes you want to stay at home

in vitro *loc adv* 1. (*de probeta*) in vitro. 2. → **fecundación**.

invocar *vt* to invoke.

involucrar *vt*: **~ a alguien (en)** to involve sb (in). ♦ **involucrarse** *vpr*: **~se (en)** to get involved (in).

involuntario, -ria *adj* (*espontáneo*) involuntary; (*sin querer*) unintentional.

inyección *f* injection.

inyectar *vt* to inject ♦ **inyectarse** *vpr* (*drogas*) to take drugs intravenously; **~se algo** to inject o s. with sthg.

iodo = **yodo**.

ion *m* ion.

IPC (*abrev de* **índice de precios al consumo**) *m Spanish cost of living index*, ≃ RPI *Br*.

ir *vi* 1. *(gen)* to go; ~ **hacia el sur/al cine** to go south/to the cinema; ~ **en autobús/coche** to go by bus/car; ~ **andando** to go on foot, to walk; **¡vamos!** let's go! 2. *(expresa duración gradual)*: ~ **haciendo algo** to be (gradually) doing sthg; **va anocheciendo** it's getting dark; **voy mejorando mi estilo** I'm working on improving my style. 3. *(expresa intención, opinión)*: ~ **a hacer algo** to be going to do sthg; **voy a decírselo a tu padre** I'm going to tell your father. 4. *(cambiar)*: ~ **a mejor/peor** *etc* to get better/worse *etc*. 5. *(funcionar)* to work; **la manivela va floja** the crank is loose; **la televisión no va** the television isn't working. 6. *(desenvolverse)* to go; **le va bien en su nuevo trabajo** things are going well for him in his new job; **su negocio va mal** his business is going badly; **¿cómo te va?** how are you doing? 7. *(vestir)*: ~ **en/con** to wear; **iba en camisa y con corbata** he was wearing a shirt and tie; ~ **de azul/de uniforme** to be dressed in blue/in uniform. 8. *(tener aspecto físico)* to look like; **iba hecho un pordiosero** he looked like a beggar. 9. *(vacaciones, tratamiento)*: ~**le bien a alguien** to do sb good. 10. *(ropa)*: ~**le (bien) a alguien** to suit sb; ~ **con algo** to go with sthg. 11. *(comentario, indirecta)*: ~ **con** o **por alguien** to be meant for sb, to be aimed at sb. 12. *loc*: **fue y dijo que ...** he went and said that ...; **ni me va ni me viene** *fam* I don't care; **¡qué va!** you must be joking!; **ser el no va más** to be the ultimate. ♦ **ir de** *vi* 1. *(película, novela)* to be about. 2. *fig (persona)* to think o.s.; **va de listo** he thinks he's clever. ♦ **ir por** *vi* 1. *(buscar)*: ~ **por algo/alguien** to go and get sthg/sb, to go and fetch sthg/sb. 2. *(alcanzar)*: **va por el cuarto vaso de vino** he's already on his fourth glass of wine; **vamos por la mitad de la asignatura** we covered about half the subject. ♦ **irse** *vpr* 1. *(marcharse)* to go, to leave; ~**se a** to go to; **¡vete!** go away! 2. *(gastarse, desaparecer)* to go. 3. *loc*: ~**se abajo** *(edificio)* to fall down; *(negocio)* to collapse; *(planes)* to fall through.

ira *f* anger, rage.

IRA *(abrev de* **Irish Republican Army)** *m* IRA.

iracundo, -da *adj* angry, irate; *(irascible)* irascible.

Irán: **(el)** ~ Iran.

iraní *(pl* **iraníes)** *adj, m y f* Iranian.

Iraq: **(el)** ~ Iraq.

iraquí *(pl* **iraquíes)** *adj, m y f* Iraqi.

irascible *adj* irascible.

iris *m inv* iris.

Irlanda Ireland.

irlandés, -esa ◊ *adj* Irish. ◊ *m y f (persona)* Irishman *(f* Irishwoman); **los irlandeses** the Irish. ♦ **irlandés** *m (lengua)* Irish.

ironía *f* irony

irónico, -ca *adj* ironic, ironical.

ironizar ◊ *vt* to ridicule. ◊ *vi*: ~ **(sobre)** to be ironical (about).

IRPF *(abrev de* **Impuesto sobre la Renta de las Personas Físicas)** *m Spanish personal income tax*

irracional *adj* irrational.

irradiar *vt lit & fig* to radiate.

irreal *adj* unreal.

irreconciliable *adj* irreconcilable.

irreconocible *adj* unrecognizable.

irrecuperable *adj* irretrievable.

irreflexión *f* rashness.

irreflexivo, -va *adj* rash.

irrefutable *adj* irrefutable.

irregular *adj (gen)* irregular; *(terreno, superficie)* uneven.

irrelevante *adj* irrelevant.

irremediable *adj* irremediable.

irreparable *adj* irreparable.

irresistible *adj* irresistible

irresoluto, -ta *adj culto* irresolute.

irrespetuoso, -sa *adj* disrespectful.

irrespirable *adj* unbreathable.

irresponsable *adj* irresponsible.

irreverente *adj* irreverent.

irreversible *adj* irreversible.

irrevocable *adj* irrevocable.

irrigar *vt* to irrigate.

irrisorio, -ria *adj* 1. *(excusa etc)* laughable, derisory. 2. *(precio etc)* ridiculously low.

irritable *adj* irritable.

irritar *vt* to irritate. ♦ **irritarse** *vpr* 1. *(enfadarse)* to get angry o annoyed. 2. *(suj: piel etc)* to become irritated.

irrompible *adj* unbreakable

irrupción *f* bursting in.

isla *f* island.

islam *m* Islam

islamismo *m* Islam.

islandés, -esa ◊ *adj* Icelandic ◊ *m y f (persona)* Icelander. ♦ **islandés** *m (lengua)* Icelandic

Islandia Iceland.

isleño, -ña ◊ *adj* island *(antes de sust)*. ◊ *m y f* islander.

islote *m* small, rocky island.
Israel Israel.
israelí (*pl* israelíes) *adj, m y f* Israeli.
istmo *m* isthmus.
Italia Italy.
italiano, -na *adj, m y f* Italian. ♦ **italiano** *m* (*lengua*) Italian.
itálico, -ca *adj* → **letra**.
itinerante *adj* itinerant; (*embajador*) roving.
itinerario *m* route, itinerary.
ITV (*abrev de inspección técnica de vehículos*) *f* annual technical inspection for motor vehicles of ten years or more, ≃ MOT *Br*.
IVA (*abrev de impuesto sobre el valor añadido*) *m* VAT
izar *vt* to raise, to hoist
izda (*abrev de izquierda*) L, l.
izquierda → **izquierdo**.
izquierdo, -da *adj* left. ♦ **izquierda** *f* 1. (*lado*) left; **a la izquierda (de)** on o to the left (of); **girar a la izquierda** to turn left. 2. (*mano*) left hand. 3. (POLÍT) left (wing); **de izquierdas** left-wing.

J

j, J *f* (*letra*) j, J.
ja *interj*: ¡~! ha!
jabalí (*pl* jabalíes) *m y f* wild boar.
jabalina *f* (DEP) javelin.
jabón *m* soap; ~ **de afeitar/tocador** shaving/toilet soap.
jabonar *vt* to soap
jabonera *f* soap dish.
jaca *f* (*caballo pequeño*) pony; (*yegua*) mare.
jacal *m* *Méx & Ven* hut.
jacinto *m* hyacinth.
jactarse *vpr*: ~ **(de)** to boast (about o of).
jacuzzi® [ja'kusi] (*pl* jacuzzis) *m* Jacuzzi®
jadear *vi* to pant.
jadeo *m* panting.
jaguar (*pl* jaguars) *m* jaguar.
jaiba *f* *Amer* (*cangrejo de río*) crayfish.
jalea *f* jelly; ~ **real** royal jelly.
jalear *vt* to cheer on.
jaleo *m* 1. *fam* (*alboroto*) row, rumpus.

2. *fam* (*lío*) mess, confusion
jalonar *vt* to stake o mark out; *fig* to mark.
Jamaica Jamaica.
jamás *adv* never; **no le he visto** ~ I've never seen him; **la mejor película que** ~ **se haya hecho** the best film ever made; ~ **de los jamases** never ever.
jamón *m* ham; ~ **(de) York** o **(en) dulce** boiled ham; ~ **serrano** cured ham, ≃ Parma ham.
Japón: **(el)** ~ Japan.
japonés, -esa *adj, m y f* Japanese ♦ **japonés** *m* (*lengua*) Japanese.
jaque *m*: ~ **mate** checkmate.
jaqueca *f* migraine
jarabe *m* syrup; ~ **para la tos** cough mixture o syrup.
jarana *f* (*juerga*): **estar/irse de** ~ to be/go out on the town.
jaranero, -ra *adj* fond of partying.
jardín *m* garden; ~ **botánico** botanical garden ♦ **jardín de infancia** *m* kindergarten, nursery school
jardinera → **jardinero**.
jardinería *f* gardening
jardinero, -ra *m y f* gardener. ♦ **jardinera** *f* flowerpot stand.
jarra *f* 1. (*para servir*) jug. 2. (*para beber*) tankard. ♦ **en jarras** *loc adv* (*postura*) hands on hips.
jarro *m* jug.
jarrón *m* vase.
jaspeado, -da *adj* mottled, speckled
jauja *f* *fam* paradise
jaula *f* cage.
jauría *f* pack of dogs
jazmín *m* jasmine.
jazz [jas] *m* jazz.
JC (*abrev de Jesucristo*) JC.
je *interj*: ¡~! ha!
jeep [jip] (*pl* jeeps) *m* jeep
jefa → **jefe**.
jefatura *f* 1. (*cargo*) leadership. 2. (*organismo*) headquarters, head office
jefe, -fa *m y f* (*gen*) boss; (COM) manager (*f* manageress); (*líder*) leader; (*de tribu, ejército*) chief; (*de departamento etc*) head; **en** ~ (MIL) in-chief; ~ **de cocina** chef; ~ **de estación** stationmaster; ~ **de Estado** head of state; ~ **de estudios** deputy head; ~ **de producción/ventas** production/sales manager; ~ **de redacción** editor-in-chief
jengibre *m* ginger.
jeque *m* sheikh.
jerarquía *f* 1. (*organización*) hierarchy. 2. (*persona*) high-ranking person, leader

jerárquico, -ca *adj* hierarchical.

jerez *m* sherry.

jerga *f* jargon; *(argot)* slang.

jeringuilla *f* syringe.

jeroglífico, -ca *adj* hieroglyphic. ◆ **jeroglífico** *m* 1. *(inscripción)* hieroglyphic. 2. *(pasatiempo)* rebus.

jerséi *(pl jerséis)*, **jersey** *(pl jerseys)* *m* jumper, pullover.

Jerusalén Jerusalem.

jesuita *adj & m* Jesuit.

jesús *interj*: ¡~! *(sorpresa)* good heavens!; *(tras estornudo)* bless you!

jet [jet] *(pl jets)* ◇ *m* jet. ◇ → **jet-set**

jeta *mfam f (cara)* mug, face; **tener (mucha) ~** to be a cheeky bugger.

jet-set ['jetset] *f* jet set.

Jibuti Djibouti.

jilguero *m* goldfinch.

jilipollada *f* = **gilipollada**.

jilipollas = **gilipollas**.

jinete *m y f* rider; *(yóquey)* jockey.

jirafa *f* (ZOOL) giraffe.

jirón *m (andrajo)* shred, rag; **hecho jirones** in tatters.

jitomate *m Méx* tomato.

JJ OO *(abrev de juegos olímpicos) mpl* Olympic Games.

jockey ['jokei] = **yóquey**.

jocoso, -sa *adj* jocular.

joder *vulg vi 1. (copular)* to fuck. 2. *(fastidiar)* to be a pain in the arse; ¡**no jodas!** *(incredulidad)* bollocks!, pull the other one!

jofaina *f* wash basin.

jolgorio *m* merrymaking

jolín, jolines *interj fam*: ¡~!, ¡¡**jolines!** hell!, Christ!

jondo → **cante**.

jornada *f* 1. *(de trabajo)* working day; **~ intensiva** working day from 8 to 3 with only a short lunch break; **media ~** half day; **~ partida** typical Spanish working day from 9 to 1 and 4 to 7. 2. *(de viaje)* day's journey. 3. (DEP) round of matches, programme. ◆ **jornadas** *fpl (conferencia)* conference *(sg)*.

jornal *m* day's wage.

jornalero, -ra *m y f* day labourer.

joroba *f* hump.

jorobado, -da ◇ *adj (con joroba)* hunchbacked. ◇ *m y f* hunchback

jorongo *m Méx* 1. *(manta)* blanket 2. *(poncho)* poncho.

jota *f* 1. *(baile)* Aragonese folk song and dance. 2. *(loc)*: **no entender** O **saber ni ~** *fam fig* not to understand O know a thing.

joto *m y f Méx fam despec* queer *Br*, faggot *Am*.

joven ◇ *adj* young. ◇ *m y f* young man (*f* young woman); **los jóvenes** young people.

jovial *adj* jovial, cheerful.

joya *f* jewel; *fig* gem.

joyería *f* 1. *(tienda)* jeweller's (shop). 2. *(arte, comercio)* jewellery.

joyero, -ra *m y f (persona)* jeweller. ◆ **joyero** *m (estuche)* jewellery box.

Jr. *(abrev de júnior)* Jr.

juanete *m* bunion.

jubilación *f (retiro)* retirement; **~ anticipada** early retirement.

jubilado, -da ◇ *adj* retired. ◇ *m y f* pensioner *Br*, senior citizen.

jubilar *vt*: **~ a alguien (de)** to pension sb off O retire sb (from). ◆ **jubilarse** *vpr* to retire.

jubileo *m* (RELIG) jubilee

júbilo *m* jubilation, joy.

judía *f Esp* bean; **~ blanca/verde** haricot/green bean.

judicial *adj* judicial.

judío, -a ◇ *adj* Jewish. ◇ *m y f* Jew (*f* Jewess).

judo = **yudo**.

juega → **jugar**.

juego *m* 1. *(gen & DEP)* game; *(acción)* play, playing; *(con dinero)* gambling; **estar/poner en ~** to be/put at stake; **~ de azar** game of chance; **~ de manos** conjuring trick; **~ de palabras** play on words, pun; **Juegos Olímpicos** Olympic Games; **~ sucio/limpio** foul/clean play; **descubrirle el ~ a alguien** to see through sb; **estar (en) fuera de ~** (DEP) to be offside; *fig* not to know what's going on. 2. *(conjunto de objetos)* set; **~ de herramientas** tool kit; **~ de té/café** tea/coffee service; **hacer ~ (con)** to match.

juerga *f fam* rave-up; **irse/estar de ~** to go/be out on the town.

juerguista *fam m y f* reveller.

jueves *m inv* Thursday; **Jueves Santo** Maundy Thursday; *ver también* **sábado**.

juez *m y f* 1. (DER) judge; **~ de paz** Justice of the Peace. 2. *(DEP - gen)* judge; *(- en atletismo)* official; **~ de línea** *(fútbol)* linesman; *(rugby)* touch judge; **~ de salida** starter; **~ de silla** umpire.

jugada *f* 1. (DEP) period of play; *(en tenis, ping-pong)* rally; *(en fútbol, rugby etc)* move; *(en ajedrez etc)* move; *(en billar)* shot. 2. *(treta)* dirty trick; **hacer**

una mala ~ a alguien to play a dirty trick on sb.

jugador, -ra *m y f (gen)* player; *(de juego de azar)* gambler.

jugar ◇ *vi* 1. *(gen)* to play; **~ al ajedrez** to play chess; **~ en un equipo** to play for a team; **te toca ~** it's your turn o go. 2. *(con dinero)*: **~ (a)** to gamble (on); **~ (a la Bolsa)** to speculate (on the Stock Exchange). ◇ *vt* 1. *(gen)* to play; *(ficha, pieza)* to move. 2. *(dinero)*: **~ algo (a algo)** to gamble sthg (on sthg). ♦ **jugarse** *vpr* 1. *(apostarse)* to bet. 2. *(arriesgar)* to risk. 3. *loc*: **jugársela a alguien** to play a dirty trick on sb

jugarreta *f fam* dirty trick.

juglar *m* minstrel

jugo *m* 1. *(gen & ANAT)* juice; *(BOT)* sap. 2. *(interés)* meat, substance; **sacar ~ a algo/alguien** to get the most out of sthg/sb.

jugoso, -sa *adj* 1. *(con jugo)* juicy. 2. *fig (picante)* juicy; *(sustancioso)* meaty, substantial.

juguete *m lit & fig* toy; **de ~** toy *(antes de sust)*

juguetear *vi* to play (around); **~ con algo** to toy with sthg.

juguetería *f* toy shop.

juguetón, -ona *adj* playful

juicio *m* 1. *(DER)* trial. 2. *(sensatez)* (sound) judgement; *(cordura)* sanity, reason; **estar/no estar en su (sano) ~** to be/not to be in one's right mind; **perder el ~** to lose one's reason. 3. *(opinión)* opinion; **a mi ~** in my opinion. ♦ **Juicio Final** *m*: **el Juicio Final** the Last Judgement.

juicioso, -sa *adj* sensible, wise.

julio *m* 1. *(mes)* July; *ver también* **septiembre**. 2. *(FÍS)* joule.

junco *m* 1. *(planta)* rush, reed. 2. *(embarcación)* junk.

jungla *f* jungle.

junio *m* June; *ver también* **septiembre**.

júnior (*pl* **juniors**) *adj* 1. *(DEP)* under-21. 2. *(hijo)* junior.

junta *f* 1. *(gen)* committee; *(de empresa, examinadores)* board; **~ directiva** board of directors; **~ militar** military junta. 2. *(reunión)* meeting. 3. *(juntura)* joint; **~ de culata** gasket.

juntar *vt (gen)* to put together; *(fondos)* to raise; *(personas)* to bring together. ♦ **juntarse** *vpr* 1. *(reunirse - personas)* to get together; *(- ríos, caminos)* to meet. 2. *(arrimarse)* to move closer. 3. *(convivir)* to live together.

junto, -ta ◇ *adj* 1. *(gen)* together. 2. *(próximo)* close together. ◇ *adv*: **todo ~** *(ocurrir etc)* all at the same time; *(escribirse)* as one word ♦ **junto a** *loc prep* 1. *(al lado de)* next to. 2. *(cerca de)* right by, near. ♦ **junto con** *loc prep* together with.

juntura *f* joint.

Júpiter *m* Jupiter.

jurado, -da *adj* 1. *(declaración etc)* sworn. 2. → **guarda**. ♦ **jurado** *m* 1. *(tribunal)* jury. 2. *(miembro)* member of the jury.

juramento *m* 1. *(promesa)* oath. 2. *(blasfemia)* oath, curse.

jurar ◇ *vt* to swear; *(constitución etc)* to pledge allegiance to; **te lo juro** I promise; **~ por ... que** to swear by . . that. ◇ *vi (blasfemar)* to swear.

jurel *m* scad, horse mackerel.

jurídico, -ca *adj* legal.

jurisdicción *f* jurisdiction.

jurisdiccional *adj* jurisdictional; *(aguas)* territorial.

jurisprudencia *f (ciencia)* jurisprudence; *(casos previos)* case law.

jurista *m y f* jurist.

justa *f* (HIST) joust.

justamente *adv* 1. *(con justicia)* justly. 2. *(exactamente)* exactly.

justicia *f* 1. *(gen)* justice; *(equidad)* fairness, justice; **hacer ~** to do justice; **ser de ~** to be only fair. 2. *(organización)*: **la ~** the law.

justiciero, -ra *adj* righteous.

justificación *f (gen & IMPRENTA)* justification.

justificante *m* documentary evidence *(U)*

justificar *vt* 1. *(gen & IMPRENTA)* to justify. 2. *(excusar)*: **~ a alguien** to make excuses for sb. ♦ **justificarse** *vpr (suj: persona)* to justify o excuse o.s.

justo, -ta *adj* 1. *(equitativo)* fair. 2. *(merecido - recompensa, victoria)* deserved; *(- castigo)* just. 3. *(exacto - medida, hora)* exact. 4. *(idóneo)* right. 5. *(apretado)* tight; **estar o venir ~** to be a tight fit. ♦ **justo** *adv* just; **ahora iba a llamarte** I was just about to ring you; **~ en medio** right in the middle.

juvenil *adj* youthful; *(DEP)* youth *(antes de sust)*.

juventud *f* 1. *(edad)* youth. 2. *(conjunto)* young people *(pl)*.

juzgado *m (tribunal)* court; **~ de guardia** *court open during the night or at other times when ordinary courts are shut.*

juzgar vt 1. (enjuiciar) to judge; (DER) to try; ~ **mal a alguien** to misjudge sb; **a ~ por (como)** judging by (how). 2. (estimar) to consider, to judge.

K

k, K f (letra) k, K
kaki = caqui
kárate, cárate m karate.
kart (pl karts) m go-kart.
Kenia Kenya.
ketchup ['ketʃup] m ketchup.
kg (abrev de kilogramo) kg.
kibutz [ki'βuθ] (pl kibutzim) m kibbutz.
kilo, quilo m (peso) kilo.
kilogramo, quilogramo m kilogram.
kilometraje, quilometraje m ≃ mileage, distance in kilometres.
kilométrico, -ca, quilométrico, -ca adj (distancia) kilometric.
kilómetro, quilómetro m kilometre; ~ **cuadrado** square kilometre.
kilovatio, quilovatio m kilowatt.
kiosco = quiosco
kiwi (pl kiwis) m (fruto) kiwi (fruit).
km (abrev de kilómetro) km.
km/h (abrev de kilómetro por hora) km/h.
KO (abrev de knockout) m KO.
kurdo, -da ◊ adj Kurdish. ◊ m y f Kurd.
Kuwait [ku'βait] Kuwait

L

l¹, L f (letra) l, L
l² (abrev de litro) l.
la¹ m (MÚS) A; (en solfeo) lah.
la² ◊ art → **el**. ◊ pron → **lo**.
laberinto m lit & fig labyrinth
labia f fam smooth talk; **tener mucha ~** to have the gift of the gab

labio m 1. (ANAT) lip. 2. (borde) edge.
labor f 1. (trabajo) work; (tarea) task; ~**es domésticas** household chores; **ser de profesión sus ~es** to be a housewife. 2. (de costura) needlework.
laborable → **día**
laboral adj labour; (semana, condiciones) working (antes de sust)
laboratorio m laboratory; ~ **de idiomas** o **lenguas** language laboratory.
laborioso, -sa adj (difícil) laborious.
laborista ◊ adj Labour. ◊ m y f Labour Party supporter o member; **los ~s** Labour.
labrador, -ra m y f (agricultor) farmer; (trabajador) farm worker.
labranza f farming
labrar vt 1. (campo - cultivar) to cultivate; (- arar) to plough. 2. (piedra, metal etc) to work. 3. fig (desgracia etc) to bring about; (porvenir, fortuna) to carve out. ♦ **labrarse** vpr (porvenir etc) to carve out for o.s.
labriego, -ga m y f farmworker.
laca f 1. (gen) lacquer; (para cuadros) lake 2. (para el pelo) hairspray.
lacar vt to lacquer.
lacayo m footman; fig lackey.
lacerar vt to lacerate; fig to wound.
lacio, -cia adj 1. (cabello - liso) straight; (- sin fuerza) lank. 2. (planta) wilted 3. fig (sin fuerza) limp.
lacón m shoulder of pork.
lacónico, -ca adj laconic.
lacra f scourge.
lacrar vt to seal with sealing wax.
lacre m sealing wax.
lacrimógeno, -na adj 1. (novela etc) weepy, tear-jerking. 2. → **gas**.
lacrimoso, -sa adj 1. (ojos etc) tearful. 2. (historia etc) weepy, tear-jerking.
lactancia f lactation; ~ **materna** breastfeeding.
lactante m y f breast-fed baby.
lácteo, -a adj (gen) milk (antes de sust); (industria, productos) dairy.
ladear vt to tilt.
ladera f slope, mountainside.
ladino, -na ◊ adj crafty. ◊ m y f CAm & Méx person of mixed race. ♦ **ladino** m (dialecto) Ladino.
lado m 1. (gen) side; **en el ~ de arriba/abajo** on the top/bottom; **a ambos ~s** on both sides; **estoy de su ~** I'm on her side; **de ~** (torcido) crooked; **dormir de ~** to sleep on one's side; **por un ~** on the one hand; **por otro ~** on the other hand. 2. (lugar) place; **debe estar en otro ~**

it must be somewhere else **3.** *loc:* **dar de ~ a alguien** to cold-shoulder sb; **dejar algo de ~ o a un ~** *(prescindir)* to leave sthg to one side ✦ **al lado** *loc adv (cerca)* nearby. ✦ **al lado de** *loc prep (junto a)* beside. ✦ **de al lado** *loc adj* next door; **la casa de al ~** the house next door

ladrar *vi lit & fig* to bark.

ladrido *m lit & fig* bark, barking (U)

ladrillo *m* (CONSTR) brick.

ladrón, -ona *m y f (persona)* thief, robber. ✦ **ladrón** *m (para varios enchufes)* adapter.

lagartija *f* (small) lizard.

lagarto, -ta *m y f* (ZOOL) lizard.

lago *m* lake.

lágrima *f* tear; **llorar a ~ viva** to cry buckets.

lagrimal *m* corner of the eye.

laguna *f* **1.** *(lago)* lagoon. **2.** *fig (en colección, memoria)* gap; *(en leyes, reglamento)* loophole.

La Habana Havana.

La Haya The Hague.

laico, -ca *adj* lay, secular.

lama *m* lama

La Meca Mecca.

lamentable *adj* **1.** *(triste)* terribly sad. **2.** *(malo)* lamentable, deplorable.

lamentar *vt* to regret, to be sorry about; **lo lamento** I'm very sorry.

lamento *m* moan.

lamer *vt* to lick. ✦ **lamerse** *vpr* to lick o.s.

lamido, -da *adj* skinny. ✦ **lamido** *m* lick.

lámina *f* **1.** *(plancha)* sheet; *(placa)* plate. **2.** *(rodaja)* slice. **3.** *(plancha grabada)* engraving. **4.** *(dibujo)* plate.

laminar *vt* **1.** *(hacer láminas)* to roll. **2.** *(cubrir con láminas)* to laminate.

lámpara *f* **1.** *(aparato)* lamp; **~ de pie** standard lamp. **2.** *(bombilla)* bulb. **3.** (TECN) valve.

lamparón *m* grease stain.

lampiño, -ña *adj (sin barba)* beardless, hairless

lamprea *f* lamprey

lana ◇ *f* wool; **de ~** woollen. ◇ *m* Amer fam dosh, dough.

lance *m* **1.** *(en juegos, deportes)* incident; *(acontecimiento)* event. **2.** *(riña)* dispute.

lanceta *f* Amer sting.

lancha *f (embarcación - grande)* launch; *(- pequeña)* boat; **~ salvavidas** lifeboat.

lanero, -ra *adj* wool *(antes de sust)*.

langosta *f* **1.** *(crustáceo)* lobster. **2.** *(insecto)* locust

langostino *m* king prawn.

languidecer *vi* to languish; *(conversación, entusiasmo)* to flag

languidez *f (debilidad)* listlessness; *(falta de ánimo)* disinterest.

lánguido, -da *adj (débil)* listless; *(falto de ánimo)* disinterested

lanilla *f* **1.** *(pelillo)* nap. **2.** *(tejido)* flannel.

lanolina *f* lanolin.

lanza *f (arma - arrojadiza)* spear; *(- en justas, torneos)* lance.

lanzado, -da *adj (atrevido)* forward; *(valeroso)* fearless.

lanzagranadas *m inv* grenade launcher.

lanzamiento *m* **1.** *(de objeto)* throwing; *(de cohete)* launching. **2.** (DEP - *con la mano)* throw; *(- con el pie)* kick; *(- en béisbol)* pitch; **~ de peso** shot put. **3.** *(de producto, artista)* launch; *(de disco)* release.

lanzamisiles *m inv* rocket launcher.

lanzar *vt* **1.** *(gen)* to throw; *(con fuerza)* to hurl, to fling; *(de una patada)* to kick; *(bomba)* to drop; *(flecha, misil)* to fire; *(cohete)* to launch. **2.** *(proferir)* to let out; *(acusación, insulto)* to hurl; *(suspiro)* to heave. **3.** (COM - *producto, artista, periódico)* to launch; *(- disco)* to release. ✦ **lanzarse** *vpr* **1.** *(tirarse)* to throw o.s. **2.** *(abalanzarse)*: **~se (sobre)** to throw o.s. (upon)

lapa *f* (ZOOL) limpet.

La Paz La Paz.

lapicera *f* Amer *(bolígrafo)* Biro®, pen

lapicero *m* pencil.

lápida *f* memorial stone; **~ mortuoria** tombstone

lapidar *vt* to stone

lapidario, -ria *adj* solemn.

lápiz *(pl* **lápices)** *m* pencil; **~ de labios** lipstick; **~ de ojos** eyeliner; **~ óptico** (INFORM) light pen.

lapón, -ona *adj, m y f* Lapp ✦ **lapón** *m (lengua)* Lapp

lapso *m* space, interval.

lapsus *m inv* lapse, slip.

larga → **largo**

largar *vt* **1.** *(aflojar)* to pay out. **2.** *fam (dar, decir)* to give; **le largué un bofetón** I gave him a smack. ✦ **largarse** *vpr fam* to clear off.

largavistas *m inv* CSur & Méx binoculars *(pl)*.

largo, -ga *adj* **1.** *(en espacio, tiempo)* long. **2.** *(alto)* tall. **3.** *(sobrado):* **media hora larga** a good half hour. ✦ **largo** ◇ *m* length; **a lo ~** lengthways; **tiene dos metros de ~** it's two metres long; **pasar de ~** to pass by; **a lo ~ de** *(en el espacio)* along; *(en el tiempo)* throughout; **¡~ de aquí!** go away! ◇ *adv* at length; **~ y tendido** at great length. ◆ **larga** *f*: **a la larga** in the long run; **dar largas a algo** to put sthg off.

largometraje *m* feature film.

larguero *m* 1. (CONSTR) main beam. 2. (DEP) crossbar.

largura *f* length.

laringe *f* larynx.

laringitis *f inv* laryngitis.

larva *f* larva.

las ◇ *art* → **el**. ◇ *pron* → **lo**.

lasaña *f* lasagne, lasagna.

lascivo, -va *adj* lascivious, lewd.

láser ◇ *adj inv* → **rayo**. ◇ *m inv* laser.

lástex *m* Lastex®.

lástima *f* 1. *(compasión)* pity. 2. *(pena)* shame, pity; **da ~ ver gente así** it's sad to see people in that state; **¡qué ~!** what a shame o pity!; **quedarse hecho una ~** to be a sorry o pitiful sight.

lastimar *vt* to hurt. ◆ **lastimarse** *vpr* to hurt o.s.

lastimoso, -sa *adj* pitiful, woeful.

lastre *m* 1. *(peso)* ballast. 2. *fig (estorbo)* burden.

lata *f* 1. *(envase)* can, tin; *(de bebidas)* can; **en ~** tinned, canned. 2. *fam (fastidio)* pain; **¡qué ~!** what a pain!; **dar la ~ a alguien** to pester sb.

latente *adj* latent.

lateral ◇ *adj (del lado - gen)* lateral; *(- puerta, pared)* side. ◇ *m* 1. *(lado)* side. 2. (DEP): **~ derecho/izquierdo** right/left back.

latido *m (del corazón)* beat; *(en dedo etc)* throb, throbbing *(U)*.

latifundio *m* large rural estate.

latigazo *m* 1. *(golpe)* lash. 2. *(chasquido)* crack (of the whip).

látigo *m* whip.

latín *m* Latin; **saber (mucho) ~** *fig* to be sharp, to be on the ball.

latinajo *m fam despec* Latin word used in an attempt to sound academic.

latino, -na *adj, m y f* Latin.

latinoamericano, -na *adj, m y f* Latin American.

latir *vi (suj: corazón)* to beat.

latitud *f* (GEOGR) latitude. ◆ **latitudes** *fpl (parajes)* region *(sg)*, area *(sg)*

latón *m* brass.

latoso, -sa *fam adj* tiresome.

laúd *m* lute.

laureado, -da *adj* prize-winning

laurel *m* (BOT) laurel; (CULIN) bay leaf. ◆ **laureles** *mpl (honores)* laurels; **dormirse en los ~es** *fig* to rest on one's laurels.

lava *f* lava.

lavabo *m* 1. *(objeto)* washbasin. 2. *(habitación)* lavatory *Br*, washroom *Am*.

lavadero *m (en casa)* laundry room; *(público)* washing place

lavado *m* wash, washing *(U)*; **~ de cerebro** brainwashing.

lavadora *f* washing machine.

lavamanos *m inv* washbasin.

lavanda *f* lavender.

lavandería *f* laundry; *(automática)* launderette.

lavaplatos *m inv (aparato)* dishwasher.

lavar *vt (limpiar)* to wash; **~ y marcar** shampoo and set. ◆ **lavarse** *vpr (gen)* to wash o.s.; *(cara, manos, pelo)* to wash; *(dientes)* to clean.

lavativa *f* enema.

lavavajillas *m inv* dishwasher.

laxante *m* (MED) laxative.

laxar *vt (vientre)* to loosen.

lazada *f* bow.

lazarillo *m* 1. *(persona)* blind person's guide. 2. → **perro**.

lazo *m* 1. *(atadura)* bow. 2. *(trampa)* snare; *(de vaquero)* lasso. 3. *(gen pl)* *fig (vínculo)* tie, bond.

Lda. *abrev de* **licenciada**.

Ldo. *abrev de* **licenciado**.

le *pron pers* 1. *(complemento indirecto)* *(hombre)* (to) him; *(mujer)* (to) her; *(cosa)* to it; *(usted)* to you; **~ expliqué el motivo** I explained the reason to him/her; **~ tengo miedo** I'm afraid of him/her; **ya ~ dije lo que pasaría** *(a usted)* I told you what would happen. 2. *(complemento directo)* him; *(usted)* you. 3. → **se**.

leal *adj*: **~ (a)** loyal (to).

lealtad *f*: **~ (a)** loyalty (to).

leasing ['lisin] *(pl* **leasings**) *m system of leasing whereby the lessee has the option of purchasing the property after a certain time.*

lección *f* lesson; **dar a alguien una ~** *(como advertencia)* to teach sb a lesson; *(como ejemplo)* to give sb a lesson.

lechal *m* sucking lamb.

leche *f* 1. *(gen)* milk; **~ condensada/ en polvo** condensed/powdered milk; **~ descremada** o **desnatada** skimmed milk; **~ merengada** *drink made from milk, egg whites, sugar and cinnamon.* 2. *mfam (bofetada)*: **pegar una ~ a alguien**

to belt ○ clobber sb. **3.** *mfam (malhu-mor)* bloody awful mood; **estar de mala ~** to be in a bloody awful mood; **tener mala ~** to be a miserable git.
lechera → **lechero**.
lechería *f* dairy.
lechero, -ra ◇ *adj* milk *(antes de sust)*, dairy. ◇ *m y f (persona)* milkman *(f* milkwoman). ◆ **lechera** *f (para transportar)* milk churn; *(para beber)* milk jug.
lecho *m (gen)* bed.
lechón *m* sucking pig.
lechuga *f (planta)* lettuce.
lechuza *f (barn)* owl.
lectivo, -va *adj* school *(antes de sust)*.
lector, -ra *m y f* **1.** *(gen)* reader. **2.** (EDUC) language assistant. ◆ **lector** *m (de microfilms etc)* reader, scanner; **~ óptico** optical scanner.
lectura *f* **1.** *(gen)* reading. **2.** *(de tesis)* viva voce. **3.** *(escrito)* reading (matter) *(U)*. **4.** *(de datos)* scanning; **~ óptica** optical scanning.
leer ◇ *vt (gen & INFORM)* to read. ◇ *vi* to read; **~ de corrido** to read fluently.
legado *m* **1.** *(herencia)* legacy **2.** *(representante - persona)* legate.
legajo *m* file.
legal *adj* **1.** *(gen)* legal; *(hora)* standard. **2.** *fam (persona)* honest, decent.
legalidad *f* legality.
legalizar *vt (gen)* to legalize.
legañas *fpl* sleep *(U)* (in the eyes).
legañoso, -sa *adj* full of sleep.
legar *vt* **1.** *(gen)* to bequeath. **2.** *(delegar)* to delegate.
legendario, -ria *adj* legendary.
legible *adj* legible.
legión *f* lit & fig legion
legionario, -ria *adj* legionary. ◆ **legionario** *m* (HIST) legionary; (MIL) legionnaire.
legislación *f (leyes)* legislation.
legislar *vi* to legislate.
legislatura *f (periodo)* period of office.
legitimar *vt* **1.** *(legalizar)* to legitimize. **2.** *(certificar)* to authenticate.
legítimo, -ma *adj (gen)* legitimate; *(auténtico)* real, genuine; *(oro)* pure.
lego, -ga ◇ *adj* **1.** *(gen)* lay. **2.** *(ignorante)* ignorant ◇ *m y f (gen)* layman (*f* laywoman).
legua *f* league; **~ marina** marine league.
leguleyo, -ya *m y f despec* bad lawyer.
legumbre *f (gen pl)* pulse, pod vegetable

lehendakari, lendakari [lenda'kari] *m president of the autonomous Basque government.*
leído, -da *adj (persona)* well-read. ◆ **leída** *f* reading.
leitmotiv [leitmo'tif] *(pl* **leitmotivs***)* *m* leitmotiv.
lejanía *f* distance.
lejano, -na *adj* distant; **no está ~** it's not far (away).
lejía *f* bleach.
lejos *adv* **1.** *(en el espacio)* far (away); **¿está ~?** is it far?; **a lo ~** in the distance; **de** ○ **desde ~** from a distance. **2.** *(en el pasado)* long ago; *(en el futuro)* far in the future; **eso queda ya ~** that happened a long time ago ◆ **lejos de** ◇ *loc conj* far from; **~ de mejorar ...** far from getting better ... ◇ *loc prep* far (away) from.
lelo, -la ◇ *adj* stupid ◇ *m y f* idiot.
lema *m* **1.** *(norma)* motto; *(político, publicitario)* slogan. **2.** (LING & MAT) lemma.
lencería *f* **1.** *(ropa)* linen **2.** *(tienda)* draper's.
lendakari = **lehendakari**.
lengua *f* **1.** *(gen)* tongue; **~ de víbora** ○ **viperina** malicious tongue; **irse de la ~** to let the cat out of the bag; **morderse la ~** to bite one's tongue; **tirar a alguien de la ~** to draw sb out. **2.** *(idioma, lenguaje)* language; **~ materna** mother tongue.
lenguado *m* sole
lenguaje *m (gen & INFORM)* language; **~ cifrado** code; **~ corporal** body language; **~ gestual** gestures *(pl)*; **~ máquina** machine language; **~ de programación** programming language; **~ de los sordomudos** sign language.
lengüeta *f (gen & MÚS)* tongue.
lengüetazo *m*, **lengüetada** *f* lick.
lente *f* lens; **~s de contacto** contact lenses. ◆ **lentes** *mpl (gafas)* glasses
lenteja *f* lentil.
lentejuela *f* sequin.
lentilla *f (gen pl)* contact lens.
lentitud *f* slowness; **con ~** slowly.
lento, -ta *adj* slow; *(veneno)* slow-working; *(agonía, enfermedad)* lingering
leña *f (madera)* firewood; **echar ~ al fuego** to add fuel to the flames ○ fire
leñador, -ra *m y f* woodcutter.
leño *m (de madera)* log; **dormir como un ~** to sleep like a log
Leo ◇ *m (zodiaco)* Leo. ◇ *m y f (persona)* Leo.

león, -ona *m y f* lion (*f* lioness); *fig* fierce person; **no es tan fiero el ~ como lo pintan** *proverb* he/it *etc* is not as bad as he/it *etc* is made out to be.
♦ **león marino** *m* sea lion.

leonera *f fam fig* (*cuarto sucio*) pigsty

leonino, -na *adj* (*contrato, condiciones*) one-sided.

leopardo *m* leopard.

leotardo *m* **1.** (*gen pl*) (*medias*) stockings (*pl*), thick tights (*pl*). **2.** (*de gimnasta etc*) leotard.

lépero, -ra *adj CAm & Méx fam* coarse, vulgar

lepra *f* leprosy.

leproso, -sa *m y f* leper.

lerdo, -da *adj* (*idiota*) dim, slow-witted; (*torpe*) useless.

les *pron pers pl* **1.** (*complemento indirecto*) (to) them; (*ustedes*) (to) you; **~ expliqué el motivo** I explained the reason to them; **~ tengo miedo** I'm afraid of them; **ya ~ dije lo que pasaría** (*a ustedes*) I told you what would happen. **2.** (*complemento directo*) them; (*ustedes*) you. **3.** → **se.**

lesbiano, -na *adj* lesbian. ♦ **lesbiana** *f* lesbian.

lesión *f* **1.** (*herida*) injury. **2.** (DER): **~ grave** grievous bodily harm.

lesionado, -da ◇ *adj* injured. ◇ *m y f* injured person.

lesionar *vt* to injure; *fig* to damage, to harm. ♦ **lesionarse** *vpr* to injure o.s.

letal *adj* lethal.

letanía *f* (*gen pl*) *lit & fig* litany.

letargo *m* (ZOOL) hibernation.

Letonia Latvia.

letra *f* **1.** (*signo*) letter. **2.** (*caligrafía*) handwriting. **3.** (*estilo*) script; (IMPRENTA) typeface; **~ bastardilla** o **cursiva** o **itálica** italic type, italics (*pl*); **~ de imprenta** o **molde** (IMPRENTA) print; (*en formularios etc*) block capitals (*pl*); **~ mayúscula/minúscula** capital/small letter; **~ negrita** o **negrilla** bold (face); **leer la ~ pequeña** *fig* to read the small print; **mandar cuatro ~s a alguien** to drop sb a line. **4.** (*de una canción*) lyrics (*pl*). **5.** (COM): **~ (de cambio)** bill of exchange ♦ **letras** *fpl* (EDUC) arts.

letrado, -da ◇ *adj* learned. ◇ *m y f* lawyer.

letrero *m* sign.

letrina *f* latrine.

leucemia *f* leukaemia.

leva *f* (MIL) levy

levadura *f* yeast; **~ de cerveza** brewer's yeast

levantamiento *m* **1.** (*sublevación*) uprising. **2.** (*elevación*) raising; **~ de pesas** (DEP) weightlifting **3.** (*supresión*) lifting, removal.

levantar *vt* **1.** (*gen*) to raise; (*peso, capó, trampilla*) to lift; **~ el ánimo** to cheer up; **~ la vista** o **mirada** to look up. **2.** (*separar - pintura, venda, tapa*) to remove. **3.** (*recoger - campamento*) to strike; (*- tienda de campaña, puesto*) to take down; (*- mesa*) to clear. **4.** (*encender - protestas, polémica*) to stir up; **~ a alguien contra** to stir sb up against. **5.** (*suspender - embargo, prohibición*) to lift; (*- pena, castigo*) to suspend; (*- sesión*) to adjourn. **6.** (*redactar - acta, atestado*) to draw up. ♦ **levantarse** *vpr* **1.** (*ponerse de pie*) to stand up. **2.** (*de la cama*) to get up **3.** (*elevarse - avión etc*) to take off; (*- niebla*) to lift. **4.** (*sublevarse*) to rise up. **5.** (*empezar - viento, oleaje*) to get up; (*- tormenta*) to gather.

levante *m* **1.** (*este*) east; (*región*) east coast. **2.** (*viento*) east wind.

levar *vt* to weigh.

leve *adj* **1.** (*gen*) light; (*olor, sabor, temblor*) slight. **2.** (*pecado, falta, herida*) minor. **3.** (*enfermedad*) mild, slight.

levedad *f* lightness; (*de temblor etc*) slightness; (*de pecado, falto, herida*) minor nature; (*de enfermedad*) mildness.

levita *f* frock coat.

levitar *vi* to levitate.

léxico, -ca *adj* lexical. ♦ **léxico** *m* (*vocabulario*) vocabulary.

lexicografía *f* lexicography.

lexicón *m* lexicon.

ley *f* **1.** (*gen*) law; (*parlamentaria*) act; **~ de incompatibilidades** act regulating which other positions may be held by people holding public office; **con todas las de la ~** in due form, properly. **2.** (*regla*) rule; **~ del embudo** one law for o.s. and another for everyone else; **~ de la oferta y de la demanda** law of supply and demand. **3.** (*de un metal*): **de ~** (*oro*) pure; (*plata*) sterling. ♦ **leyes** *fpl* (*derecho*) law (*sg*).

leyenda *f* (*narración*) legend

liar *vt* **1.** (*atar*) to tie up. **2.** (*envolver - cigarrillo*) to roll; **~ algo en** (*papel*) to wrap sthg up in; (*toalla etc*) to roll sthg up in. **3.** (*involucrar*): **~ a alguien (en)** to get sb mixed up (in). **4.** (*complicar - asunto etc*) to confuse; **¡ya me has liado!** now you've really got me confused! ♦ **liarse** *vpr* **1.** (*enredarse*) to get muddled up. **2.** *(empezar)* to begin, to start.

Líbano *m* : **el** ~ the Lebanon.

libélula *f* dragonfly.

liberación *f (gen)* liberation; *(de preso)* release.

liberado, -da *adj (gen)* liberated; *(preso)* freed.

liberal *adj, m y f* liberal.

liberar *vt (gen)* to liberate; *(preso)* to free; ~ **de algo a alguien** to free sb from sthg. ♦ **liberarse** *vpr* to liberate o.s.; ~**se de algo** to free o liberate o.s. from sthg.

Liberia Liberia.

libertad *f* freedom, liberty; **dejar** o **poner a alguien en** ~ to set sb free, to release sb; **tener** ~ **para hacer algo** to be free to do sthg; **tomarse la** ~ **hacer algo** to take the liberty of doing sthg; ~ **condicional** probation; ~ **de expresión** freedom of speech; ~ **de imprenta** o **prensa** freedom of the press.

libertar *vt (gen)* to liberate; *(preso)* to set free.

libertino, -na ◇ *adj* licentious. ◇ *m y f* libertine.

Libia Libya.

libido *f* libido.

libra *f (peso, moneda)* pound; ~ **ester-lina** pound sterling. ♦ **Libra** ◇ *m (zodiaco)* Libra. ◇ *m y f (persona)* Libran.

librador, -ra *m y f* drawer.

libramiento *m*, **libranza** *f* order of payment.

librar ◇ *vt* **1.** *(eximir)* : ~ **a alguien (de algo/de hacer algo)** *(gen)* to free sb (from sthg/from doing sthg); *(pagos, impuestos)* to exempt sb (from sthg/from doing sthg). **2.** *(entablar - pelea, lucha)* to engage in; *(- batalla, combate)* to join, to wage. **3.** *(COM)* to draw. ◇ *vi (no trabajar)* to be off work ♦ **librarse** *vpr* **1.** *(salvarse)* : ~**se (de hacer algo)** to escape (from doing sthg); **de buena te libraste** you had a narrow escape. **2.** *(deshacerse)* : ~**se de algo/alguien** to get rid of sthg/sb.

libre *adj* **1.** *(gen)* free; *(rato, tiempo)* spare; *(camino, vía)* clear; *(espacio, piso, lavabo)* empty, vacant; **200 metros** ~**s** 200 metres freestyle; ~ **de** *(gen)* free from; *(exento)* exempt from; ~ **de fran-queo** post-free; ~ **de impuestos** tax-free; **ir por** ~ to go it alone. **2.** *(alum-no)* external; **estudiar por** ~ to be an external student.

librecambio *m* free trade.

librería *f* **1.** *(tienda)* bookshop. **2.** *(mueble)* bookcase.

librero, -ra ◇ *m y f (persona)* book-seller. ◇ *m Chile & Méx (mueble)* book-shelf.

libreta *f* **1.** *(para escribir)* notebook. **2.** *(del banco)* : ~ **(de ahorros)** savings book.

libreto *m* **1.** *(MÚS)* libretto. **2.** *Amer (CIN)* script.

libro *m (gen & COM)* book; **llevar los** ~**s** to keep the books; ~ **de bolsillo** paperback; ~ **de consulta/cuentos** reference/story book; ~ **de escolari-dad** school report; ~ **de familia** *docu-ment containing personal details of the members of a family*; ~ **de reclama-ciones** complaints book; ~ **de re-gistro (de entradas)** register; ~ **de texto** textbook.

Lic. *abrev de* **licenciado**

licencia *f* **1.** *(documento)* licence, per-mit; *(autorización)* permission; ~ **de armas/caza** gun/hunting licence; ~ **de obras** planning permission; ~ **poética** poetic licence. **2.** *(MIL)* discharge. **3.** *(confianza)* licence, freedom.

licenciado, -da *m y f* **1.** *(EDUC)* gradu-ate; ~ **en económicas** economics graduate. **2.** *(MIL)* discharged soldier.

licenciar *vt (MIL)* to discharge. ♦ **li-cenciarse** *vpr* **1.** *(EDUC)* : ~**se (en)** to graduate (in). **2.** *(MIL)* to be discharged.

licenciatura *f* degree.

licencioso, -sa *adj* licentious.

liceo *m (EDUC)* lycée.

licitador, -ra *m y f* bidder.

lícito, -ta *adj* **1.** *(legal)* lawful. **2.** *(co-rrecto)* right. **3.** *(justo)* fair.

licor *m* liquor.

licuadora *f* liquidizer, blender.

licuar *vt (CULIN)* to liquidize.

líder ◇ *adj* leading. ◇ *m y f* leader.

liderato, **liderazgo** *m* **1.** *(primer puesto)* lead; *(en liga)* first place. **2.** *(dirección)* leadership.

lidia *f* **1.** *(arte)* bullfighting **2.** *(corrida)* bullfight.

lidiar ◇ *vi (luchar)* : ~ **(con)** to struggle (with). ◇ *vt (TAUROM)* to fight.

liebre *f (ZOOL)* hare.

Liechtenstein ['litʃenstein] Liechten-stein.

lienzo *m* **1.** *(para pintar)* canvas. **2.** *(cuadro)* painting.

lifting ['liftin] *(pl liftings)* *m* facelift.

liga *f* **1.** *(gen)* league **2.** *(de medias)* suspender.

ligadura *f* **1.** *(MED & MÚS)* ligature. **2.** *(atadura)* bond, tie

ligamento *m* (ANAT) ligament.

ligar ◇ *vt* (*gen & CULIN*) to bind; (*atar*) to tie (up). ◇ *vi* 1. (*coincidir*): ~ **(con)** to tally (with). 2. *fam* (*conquistar*): ~ **(con)** to get off (with).

ligazón *f* link, connection.

ligereza *f* 1. (*levedad* - *gen*) lightness. 2. (*agilidad*) agility. 3. (*irreflexión* - *cualidad*) rashness; (- *acto*) rash act.

ligero, -ra *adj* 1. (*gen*) light; (*dolor, rumor, descenso*) slight; (*traje, tela*) thin. 2. (*ágil*) agile, nimble. 3. (*rápido*) quick, swift. 4. (*irreflexivo*) flippant; **a la ligera** lightly; **juzgar a alguien a la ligera** to be quick to judge sb.

light [lait] *adj inv* (*comida*) low-calorie; (*refresco*) diet (*antes de sust*); (*cigarrillos*) light.

ligón, -ona *fam adj*: **es muy ~** he's always getting off with sb or other.

liguero, -ra *adj* (DEP) league (*antes de sust*). ◆ **liguero** *m* suspender belt *Br*, garter belt *Am*.

lija *f* (*papel*) sandpaper.

lila ◇ *f* (*flor*) lilac. ◇ *adj & m* (*color*) lilac.

lima *f* 1. (*utensilio*) file; ~ **de uñas** nail file. 2. (BOT) lime.

Lima Lima.

limar *vt* 1. (*pulir*) to file down. 2. (*perfeccionar*) to polish.

limitación *f* 1. (*restricción*) limitation, limit. 2. (*distrito*) boundaries (*pl*).

limitado, -da *adj* 1. (*gen*) limited. 2. *fig* (*poco inteligente*) dim-witted

limitar ◇ *vt* 1. (*gen*) to limit. 2. (*terreno*) to mark out. 3. (*atribuciones, derechos etc*) to set out, to define. ◇ *vi*: ~ **(con)** to border (on). ◆ **limitarse a** *vpr* to limit o.s. to.

límite ◇ *adj inv* 1. (*precio, velocidad, edad*) maximum. 2. (*situación*) extreme; (*caso*) borderline ◇ *m* 1. (*tope*) limit; **dentro de un ~** within limits; **su pasión no tiene ~** her passion knows no bounds; ~ **de velocidad** speed limit. 2. (*confín*) boundary.

limítrofe *adj* (*país, territorio*) bordering; (*terreno, finca*) neighbouring.

limón *m* lemon; *Carib & Méx* (*lima*) lime; ~ **real** *Carib & Méx* lemon.

limonada *f* lemonade.

limonero, -ra *adj* lemon (*antes de sust*). ◆ **limonero** *m* lemon tree.

limosna *f* alms (*pl*); **pedir ~** to beg.

limpiabotas *m y f inv* shoeshine, bootblack *Br*.

limpiacristales *m inv* window-cleaning fluid

limpiamente *adv* 1. (*con destreza*) cleanly. 2. (*honradamente*) honestly.

limpiaparabrisas *m inv* windscreen wiper *Br*, windshield wiper *Am*.

limpiar *vt* 1. (*gen*) to clean; (*con trapo*) to wipe; (*mancha*) to wipe away; (*zapatos*) to polish. 2. *fig* (*desembarazar*): ~ **algo de algo** to clear sthg of sthg.

limpieza *f* 1. (*cualidad*) cleanliness. 2. (*acción*) cleaning; ~ **en seco** dry cleaning. 3. *fig* (*destreza*) skill, cleanness. 4. *fig* (*honradez*) honesty.

limpio, -pia *adj* 1. (*gen*) clean; (*pulcro*) neat; (*cielo, imagen*) clear. 2. (*neto* - *sueldo etc*) net. 3. (*honrado*) honest; (*intenciones*) honourable; (*juego*) clean. 4. (*sin culpa*): **estar ~** to be in the clear. ◆ **limpio** *adv* cleanly, fair; **pasar a o poner en ~** to make a fair copy of; **sacar algo en ~ de** to make sthg out from.

linaje *m* lineage.

linaza *f* linseed.

lince *m* lynx; **ser un ~ para algo** to be very sharp at sthg.

linchar *vt* to lynch.

lindar ◆ **lindar con** *vi* 1. (*terreno*) to adjoin, to be next to. 2. (*conceptos, ideas*) to border on.

linde *m o f* boundary.

lindero, -ra *adj* (*terreno*) adjoining. ◆ **lindero** *m* boundary.

lindo, -da *adj* pretty, lovely; **de lo ~** a great deal.

línea *f* 1. (*gen*, DEP & TELECOM) line; **cortar la ~ (telefónica)** to cut off the phone; ~ **aérea** airline; ~ **caliente** de atención al cliente) hotline; (*erótica*) chatline, telephone sex line; ~ **de conducta** course of action; ~ **continua** (AUTOM) solid white line; ~ **de puntos** dotted line. 2. (*de un coche etc*) lines (*pl*), shape. 3. (*silueta*) figure; **guardar la ~** to watch one's figure. 4. (*estilo*) style; **de ~ clásica** classical. 5. (*categoría*) class, category; **de primera ~** first-rate. 6. (INFORM): **en ~** on-line; **fuera de ~** off-line. 7. *loc*: **en ~s generales** in broad terms; **leer entre ~s** to read between the lines.

lingote *m* ingot.

lingüista *m y f* linguist.

lingüístico, -ca *adj* linguistic ◆ **lingüística** *f* linguistics.

linier [li'njer] (*pl* **liniers**) *m* linesman.

linimento *m* liniment.

lino *m* 1. (*planta*) flax. 2. (*tejido*) linen.

linterna *f* 1. (*farol*) lantern, lamp. 2. (*de pilas*) torch *Br*, flashlight *Am*.

lío *m* 1. (*paquete*) bundle. 2. *fam* (*enredo*) mess; **hacerse un ~** to get muddled up; **meterse en ~s** to get into trouble. **3.** *fam (jaleo)* racket, row. **4.** *fam (amorío)* affair.

liposucción *f* liposuction.

liquen *m* lichen.

liquidación *f* **1.** *(pago)* settlement, payment. **2.** *(rebaja)* clearance sale **3.** *(fin)* liquidation.

liquidar *vt* **1.** *(pagar - deuda)* to pay; *(- cuenta)* to settle. **2.** *(rebajar)* to sell off. **3.** *(malgastar)* to throw away. **4.** *(acabar - asunto)* to settle; *(- negocio, sociedad)* to wind up.

líquido, -da *adj* **1.** *(gen)* liquid. **2.** (ECON) *(neto)* net. ◆ **líquido** *m* **1.** *(gen)* liquid. **2.** (ECON) liquid assets *(pl)*. **3.** (MED) fluid

lira *f* **1.** *(MÚS)* lyre. **2.** *(moneda)* lira.

lírico, -ca *adj* (LITER) lyrical. ◆ **lírica** *f* lyric poetry.

lirio *m* iris.

lirón *m* (ZOOL) dormouse; **dormir como un ~** *fig* to sleep like a log.

lis *f* iris.

Lisboa Lisbon.

lisiado, -da ◇ *adj* crippled. ◇ *m y f* cripple.

lisiar *vt* to maim, to cripple.

liso, -sa ◇ *adj* **1.** *(llano)* flat; *(sin asperezas)* smooth; *(pelo)* straight; **los 400 metros ~s** the 400 metres; **lisa y llanamente** quite simply; **hablando lisa y llanamente** to put it plainly. **2.** *(no estampado)* plain. ◇ *m y f Amer* coarse o rude person.

lisonja *f* flattering remark

lisonjear *vt* to flatter.

lista *f* **1.** *(enumeración)* list; **pasar ~** to call the register; **~ de boda/de espera/de precios** wedding/waiting/ price list. **2.** *(de tela, madera)* strip; *(de papel)* slip; *(de color)* stripe. ◆ **lista de correos** *f* poste restante.

listado, -da *adj* striped.

listín ◆ **listín (de teléfonos)** *m* (telephone) directory.

listo, -ta *adj* **1.** *(inteligente, hábil)* clever, smart; **dárselas de ~** to make o.s. out to be clever; **pasarse de ~** to be too clever by half; **ser más ~ que el hambre** to be nobody's fool. **2.** *(preparado)* ready; **¿estáis ~s?** are you ready?; **estás** o **vas ~ (si crees que ...)** you've got another think coming (if you think that ..).

listón *m* lath; (DEP) bar.

litera *f* **1.** *(cama)* bunk (bed); *(de barco)* berth; *(de tren)* couchette. **2.** *(vehículo)* litter.

literal *adj* literal.

literario, -ria *adj* literary.

literato, -ta *m y f* writer.

literatura *f* literature.

litigar *vi* to go to law.

litigio *m* (DER) litigation *(U)*; *fig* dispute; **en ~** in dispute

litografía *f* **1.** *(arte)* lithography. **2.** *(grabado)* lithograph.

litoral ◇ *adj* coastal. ◇ *m* coast.

litro *m* litre.

Lituania Lithuania.

liturgia *f* liturgy.

liviano, -na *adj* **1.** *(ligero - blusa)* thin; *(- carga)* light. **2.** *(sin importancia)* slight

lívido, -da *adj* **1.** *(pálido)* very pale **2.** *(amoratado)* livid.

ll, Ll *f (letra)* ll, Ll

llaga *f* lit & fig wound.

llagar *vt* to wound.

llama *f* **1.** *(de fuego, pasión)* flame; **en ~s** ablaze. **2.** (ZOOL) llama.

llamada *f* **1.** *(gen)* call; *(a la puerta)* knock; *(con timbre)* ring. **2.** (TELECOM) telephone call; **hacer una ~** to make a phone call; **~ urbana/interurbana/a cobro revertido** local/long-distance/ reverse-charge call.

llamado, -da *adj* so-called ◆ **llamado** *m Amer (de teléfono)* call.

llamamiento *m (apelación)* appeal, call.

llamar ◇ *vt* **1.** *(gen)* to call; *(con gestos)* to beckon. **2.** *(por teléfono)* to phone, to call **3.** *(convocar)* to summon, to call; **~ (a filas)** (MIL) to call up. **4.** *(atraer)* to attract, to call ◇ *vi* **1.** *(a la puerta etc - con golpes)* to knock; *(- con timbre)* to ring; **están llamando** there's somebody at the door. **2.** *(por teléfono)* to phone. ◆ **llamarse** *vpr (tener por nombre)* to be called; **¿cómo te llamas?** what's your name?; **me llamo Pepe** my name's Pepe.

llamarada *f (de fuego, ira etc)* blaze.

llamativo, -va *adj (color)* bright, gaudy; *(ropa)* showy.

llamear *vi* to burn, to blaze.

llano, -na *adj* **1.** *(campo, superficie)* flat. **2.** *(trato, persona)* natural, straight-forward. **3.** *(pueblo, clase)* ordinary **4.** *(lenguaje, expresión)* simple, plain. ◆ **llano** *m (llanura)* plain.

llanta *f* rim.

llanto *m (tears (pl)*, crying

llanura *f* plain.

llave *f* **1.** *(gen)* key; **bajo ~** under lock and key; **echar la ~** to lock up; **~ en mano** *(vivienda)* ready for immediate occupation; **~ de contacto** ignition key; **~ maestra** master key **2.** *(del*

agua, gas) tap *Br*, faucet *Am*; *(de la electricidad)* switch; **cerrar la ~ de paso** to turn the water/gas off at the mains. 3. *(herramienta)* spanner; **~ inglesa** monkey wrench. 4. *(de judo etc)* hold, lock. 5. *(signo ortográfico)* curly bracket.
llavero *m* keyring.
llavín *m* latchkey.
llegada *f* 1. *(gen)* arrival. 2. (DEP) finish.
llegar *vi* 1. *(a un sitio)*: **~ (de)** to arrive (from); **~ a un hotel/una ciudad** to arrive at a hotel/in a city; **llegaré pronto** I'll be there early. 2. *(un tiempo, la noche etc)* to come. 3. *(durar)*: **~ a o hasta** to last until. 4. *(alcanzar)*: **~ a** to reach; **no llego al techo** I can't reach the ceiling; **~ hasta** to reach up to. 5. *(ser suficiente)*: **~ (para)** to be enough (for). 6. *(lograr)*: **~ a (ser) algo** to get to be sthg, to become sthg; **si llego a saberlo** if I get to know of it. ♦ **llegarse a** *vpr* to go round to.
llenar *vt* 1. *(ocupar)*: **~ algo (de)** *(vaso, hoyo, habitación)* to fill sthg (with); *(pared, suelo)* to cover sthg (with). 2. *(satisfacer)* to satisfy. 3. *(rellenar - impreso)* to fill in o out. 4. *(colmar)*: **~ a alguien de** to fill sb with. ♦ **llenarse** *vpr* 1. *(ocuparse)* to fill up. 2. *(saciarse)* to be full. 3. *(cubrirse)*: **~se de** to become covered in
lleno, -na *adj* 1. *(gen)* full; *(cubierto)* covered; **~ de** *(gen)* full of; *(manchas, pósters)* covered in. 2. *fam (regordete)* chubby. ♦ **de lleno** *loc adv* full in the face; **acertó de ~** he was bang on target.
llevadero, -ra *adj* bearable.
llevar ◇ *vt* 1. *(gen)* to carry. 2. *(acompañar, coger y depositar)* to take; **~ algo/a alguien a** to take sthg/sb to; **me llevó en coche** he drove me there. 3. *(prenda, objeto personal)* to wear; **llevo gafas** I wear glasses; **no llevo dinero** I haven't got any money on me. 4. *(caballo, coche etc)* to handle. 5. *(conducir)*: **~ a alguien a algo** to lead sb to sthg; **~ a alguien a hacer algo** to lead o cause sb to do sthg. 6. *(ocuparse de, dirigir)* to be in charge of; *(casa, negocio)* to run; **lleva la contabilidad** she keeps the books. 7. *(hacer - de alguna manera)*: **lleva muy bien sus estudios** he's doing very well in his studies 8. *(tener - de alguna manera)* to have; **el pelo largo** to have long hair; **llevas las manos sucias** your hands are dirty. 9. *(soportar)* to deal o

cope with. 10. *(mantener)* to keep; **~ el paso** to keep in step. 11. *(pasarse - tiempo)*: **lleva tres semanas sin venir** she hasn't come for three weeks now, it's three weeks since she came last. 12. *(ocupar - tiempo)* to take; **me llevó un día hacer este guiso** it took me a day to make this dish. 13. *(sobrepasar en)*: **te llevo seis puntos** I'm six points ahead of you; **me lleva dos centímetros** he's two centimetres taller than me. 14. *loc*: **~ consigo** *(implicar)* to lead to, to bring about; **~ las de perder** to be heading for defeat. ◇ *vi* 1. *(conducir)*: **~ a** to lead to; **esta carretera lleva al norte** this road leads north. 2. *(antes de participio) (haber)*: **llevo leída media novela** I'm halfway through the novel; **llevo dicho esto mismo docenas de veces** I've said the same thing time and again. 3. *(antes de gerundio) (estar)*: **~ mucho tiempo haciendo algo** to have been doing sthg for a long time. ♦ **llevarse** *vpr* 1. *(coger)* to take, to steal. 2. *(conseguir)* to get; **se ha llevado el premio** she has carried off the prize; **yo me llevo siempre las culpas** I always get the blame. 3. *(recibir - susto, sorpresa etc)* to get, to receive; **me llevé un disgusto** I was upset. 4. *(entenderse)*: **~se bien/mal (con alguien)** to get on well/badly (with sb). 5. *(estar de moda)* to be in (fashion); **este año se lleva el verde** green is in this year. 6. (MAT): **me llevo una** carry (the) one.
llorar *vi (con lágrimas)* to cry.
lloriquear *vi* to whine, to snivel.
lloro *m* crying (U), tears *(pl)*.
llorón, -ona *m y f* crybaby.
lloroso, -sa *adj* tearful.
llover *v impers* to rain; **está lloviendo** it's raining.
llovizna *f* drizzle.
lloviznar *v impers* to drizzle.
lluvia *f* (METEOR) rain; **bajo la ~** in the rain; **~ ácida** acid rain; **~ radiactiva** (nuclear) fallout.
lluvioso, -sa *adj* rainy.
lo, la *(mpl los, fpl las) pron pers (complemento directo) (cosa)* it; *(pl)* them; *(persona)* him *(f her)*; *(pl)* them; *(usted)* you ♦ **lo** ◇ *pron pers (neutro) (predicado)* it; **su hermana es muy guapa pero él no ~** es his sister is very good-looking, but he isn't; **es muy bueno aunque no ~ parezca** it's very good, even if it doesn't look it. ◇ *art det (neutro)*: **~ antiguo me gusta más que ~**

moderno I like old things better than modern things; **~ mejor/peor** the best/worst part; **no te imaginas ~ grande que era** you can't imagine how big it was. ♦ **lo de** *loc prep:* **¿y ~ de la fiesta?** what about the party, then?; **siento ~ de ayer** I'm sorry about yesterday. ♦ **lo que** *loc conj* what; **acepté ~ que me ofrecieron** I accepted what they offered me.

loa *f* 1. *(gen)* praise. 2. *(LITER)* eulogy.

loable *adj* praiseworthy.

loar *vt* to praise.

lobato = **lobezno**.

lobby ['loβi] *(pl* **lobbies)** *m* lobby, pressure group.

lobezno, lobato *m* wolf cub.

lobo, -ba *m y f* wolf. ♦ **lobo de mar** *m (marinero)* sea dog.

lóbrego, -ga *adj* gloomy, murky.

lóbulo *m* lobe.

local ◇ *adj* local. ◇ *m* 1. *(edificio)* premises *(pl)*. 2. *(sede)* headquarters *(pl)*.

localidad *f* 1. *(población)* place, town. 2. *(asiento)* seat. 3. *(entrada)* ticket; **'no hay ~es'** 'sold out'.

localizar *vt* 1. *(encontrar)* to locate. 2. *(circunscribir)* to localize.

loción *f* lotion.

loco, -ca ◇ *adj* 1. *(gen)* mad; **estar ~ de/por** to be mad with/about; **volverse ~ por** to be mad about; **~ de atar** O **remate** stark raving mad; **a lo ~** *(sin pensar)* hastily; *(temerariamente)* wildly. 2. *(extraordinario - interés, ilusión)* tremendous; *(- amor, alegría)* wild. ◇ *m y f lit & fig* madman *(f* madwoman*)*, lunatic.

locomoción *f* transport; *(de tren)* locomotion.

locomotor, -ra O **triz** *adj* locomotive. ♦ **locomotora** *f* engine, locomotive.

locuaz *adj* loquacious, talkative.

locución *f* phrase.

locura *f* 1. *(demencia)* madness. 2. *(imprudencia)* folly.

locutor, -ra *m y f (de radio)* announcer; *(de televisión)* presenter.

locutorio *m* 1. *(TELECOM)* phone box O booth 2. *(RADIO)* studio.

lodo *m lit & fig* mud.

logaritmo *m* logarithm.

lógico, -ca *adj* logical; **es ~ que se enfade** it stands to reason that he should get angry. ♦ **lógica** *f (ciencia)* logic.

logístico, -ca *adj* logistic. ♦ **logística** *f* logistics *(pl)*.

logopeda *m y f* speech therapist.

logotipo *m* logo.

logrado, -da *adj (bien hecho)* accomplished.

lograr *vt (gen)* to achieve; *(puesto, beca, divorcio)* to get, to obtain; *(resultado)* to obtain, to achieve; *(perfección)* to attain; *(victoria, premio)* to win; *(deseo, aspiración)* to fulfil; **~ hacer algo** to manage to do sthg; **~ que alguien haga algo** to manage to get sb to do sthg.

logro *m* achievement

LOGSE *(abrev de* **Ley Orgánica de Ordenación General del Sistema Educativo)** *f Spanish Education Act.*

loma *f* hillock.

lombriz *f* earthworm, worm.

lomo *m* 1. *(espalda)* back. 2. *(carne)* loin. 3. *(de libro)* spine.

lona *f* canvas.

loncha *f* slice; *(de beicon)* rasher.

londinense ◇ *adj* London *(antes de sust)*. ◇ *m y f* Londoner.

Londres London.

longaniza *f type of spicy, cold pork sausage.*

longitud *f* 1. *(dimensión)* length; **tiene medio metro de ~** it's half a metre long; **~ de onda** wavelength. 2. *(ASTRON & GEOGR)* longitude.

lonja *f* 1. *(loncha)* slice. 2. *(edificio)* exchange; **~ de pescado** fish market.

loro *m (animal)* parrot.

los ◇ *art* → **el**. ◇ *pron* → **lo**

losa *f* paving stone, flagstone; *(de tumba)* tombstone.

loseta *f* floor tile.

lote *m* 1. *(parte)* share. 2. *(conjunto)* batch, lot.

lotería *f* 1. *(gen)* lottery; **jugar a la ~** to play the lottery; **le tocó la ~** she won the lottery; **~ primitiva** *twice-weekly state-run lottery.* 2. *(juego de mesa)* lotto.

loza *f* 1. *(material)* earthenware; *(porcelana)* china. 2. *(objetos)* crockery.

lozanía *f (de persona)* youthful vigour.

lozano, -na *adj* 1. *(planta)* lush. 2. *(persona)* youthfully vigorous.

Ltd., ltda. *(abrev de* **limitada)** Ltd.

lubina *f* sea bass.

lubricante, lubrificante ◇ *adj* lubricating. ◇ *m* lubricant.

lubricar, lubrificar *vt* to lubricate.

lucero *m* bright star.

lucha *f* fight; *fig* struggle; **~ libre** all-in wrestling.

luchar *vi* to fight; *fig* to struggle; **~**

contra/por to fight against/for.
lucidez f lucidity, clarity.
lúcido, -da adj lucid.
luciérnaga f glow-worm.
lucimiento m (de ceremonia etc) sparkle; (de actriz etc) brilliant performance.
lucir ◇ vi 1. (gen) to shine. 2. (llevar puesto) to wear. 3. Amer (parecer) to seem. ◇ vt (gen) to show off; (ropa) to sport. ◆ **lucirse** vpr 1. (destacar): ~se (en) to shine (at). 2. fam fig & irón (quedar mal) to mess things up.
lucrativo, -va adj lucrative; **no ~** non profit-making.
lucro m profit, gain.
lucubrar vt to rack one's brains over.
lúdico, -ca adj (del juego) game (antes de sust); (ocioso) of enjoyment, of pleasure.
ludopatía f pathological addiction to gambling.
luego ◇ adv 1. (justo después) then, next; **primero aquí y ~ allí** first here and there. 2. (más tarde) later; **hazlo ~** do it later. 3. Amer (pronto) soon. ◇ conj (así que) so, therefore. ◆ **luego luego** loc adv Amer right away.
lugar m 1. (gen) place; (localidad) place, town; (del crimen, accidente etc) scene; (para acampar, merendar etc) spot; **en primer ~** in the first place, firstly; **fuera de ~** out of place; **no hay ~ a duda** there's no room for doubt; **tener ~** to take place; **yo en tu ~** if I were you. 2. (motivo) cause, reason; **dar ~ a** to bring about, to cause. 3. (puesto) position. ◆ **en lugar de** loc prep instead of. ◆ **lugar común** m platitude.
lugareño, -ña m y f villager.
lúgubre adj gloomy, mournful.
lujo m luxury; fig profusion; **permitirse el ~ de algo/de hacer algo** to be able to afford sthg/to do sthg.
lujoso, -sa adj luxurious.
lujuria f lust.
lumbago m lumbago.
lumbre f (fuego) fire; **dar ~ a alguien** to give sb a light.
lumbrera f fam leading light.
luminoso, -sa adj (gen) bright; (fuente, energía) light (antes de sust).
luna f 1. (astro) moon; **~ llena/nueva** full/new moon. 2. (cristal) window (pane). 3. loc: **estar en la ~** to be miles away ◆ **luna de miel** f honeymoon.
lunar ◇ adj lunar. ◇ m 1. (en la piel) mole, beauty spot. 2. (en telas) spot; a **~es** spotted.

lunático, -ca m y f lunatic.
lunes m inv Monday; ver también **sábado**.
luneta f (de coche) windscreen; **~ térmica** demister.
lupa f magnifying glass.
lustrabotas m inv, **lustrador** m Andes & CSur bootblack.
lustrar vt to polish.
lustre m (brillo) shine.
lustro m five-year period.
lustroso, -sa adj shiny.
luto m mourning; **de ~** in mourning.
luxación f dislocation.
Luxemburgo Luxembourg
luxemburgués, -esa ◇ adj Luxembourg (antes de sust). ◇ m y f Luxembourger.
luz f (gen) light; (electricidad) electricity; (destello) flash (of light); **apagar la ~** to switch off the light; **cortar la ~** to cut off the electricity supply; **dar o encender la ~** to switch on the light; **pagar (el recibo de) la ~** to pay the electricity (bill); **se ha ido la ~** the lights have gone out; **~ solar** sunlight; **a la ~ de** in the light of; **arrojar ~ sobre** to shed light on; **dar a ~ (un niño)** to give birth (to a child); **sacar a la ~** to bring to light. ◆ **luces** fpl (AUTOM) lights; **poner las luces de carretera o largas** to put (one's headlights) on full beam; **luces de cruce o cortas** dipped headlights; **luces de posición o situación** sidelights
lycra® f Lycra®

M

m¹, M f (letra) m, M.
m² (abrev de metro) m.
macabro, -bra adj macabre.
macana f Carib & CSur fam (disparate) stupid thing.
macarra m fam (de prostitutas) pimp; (rufián) thug.
macarrón m (tubo) sheath (of cable). ◆ **macarrones** mpl (pasta) macaroni (U).
macedonia f salad; **~ de frutas** fruit salad
macerar vt (CULIN) to soak, to macerate.

maceta f (tiesto) flowerpot.
macetero m flowerpot holder.
machaca m y f (currante) dogsbody.
machacar ◇ vt 1. (triturar) to crush.
2. fig (insistir) to keep going on about.
◇ vi fig: ~ (sobre) to go on (about).
machete m machete.
machista adj, m y f male chauvinist.
macho ◇ adj 1. (BIOL) male. 2. fig
(hombre) macho. ◇ m 1. (BIOL) male. 2.
fig (hombre) he-man. 3. (TECN) male
part; (de enchufe) pin. ◇ interj fam:
¡oye, ~! oy, mate!
macizo, -za adj solid; **estar ~** (hombre) to be hunky; (mujer) to be gorgeous. ◆ **macizo** m 1. (GEOGR) massif.
2. (BOT): ~ **de flores** flowerbed.
macro f (INFORM) macro.
macrobiótico, -ca adj macrobiotic.
mácula f spot; fig blemish.
macuto m backpack.
madeja f hank, skein.
madera f 1. (gen) wood; (CONSTR)
timber; (tabla) piece of wood; **de ~**
wooden; ~ **contrachapada** plywood.
2. fig (disposición): **tener ~ de algo** to
have the makings of sthg.
madero m (tabla) log.
madrastra f stepmother
madrazo m Méx hard blow.
madre f 1. (gen) mother; ~ **adoptiva/
de alquiler** foster/surrogate mother; ~
política mother-in-law; ~ **soltera** single mother; ~ **superiora** mother
superior; **me vale ~** Méx fig I couldn't
care less. 2. (poso) dregs (pl). ◆ **madre
mía** interj: ¡~ **mía!** Jesus!, Christ!
Madrid Madrid.
madriguera f (gen & fig) den; (de
conejo) burrow
madrileño, -ña m y f native/inhabit-
ant of Madrid.
madrina f (gen) patroness; (de boda)
bridesmaid; (de bautizo) godmother.
madroño m 1. (árbol) strawberry
tree. 2. (fruto) strawberry-tree berry.
madrugada f 1. (amanecer) dawn
2. (noche) early morning; **las tres de la
~** three in the morning.
madrugador, -ra adj early-rising.
madrugar vi to get up early; fig to be
quick off the mark.
madurar ◇ vt 1. (gen) to mature;
(fruta, mies) to ripen 2. (idea, proyecto
etc) to think through. ◇ vi (gen) to
mature; (fruta) to ripen.
madurez f 1. (cualidad - gen) matur-
ity; (- de fruta, mies) ripeness 2. (edad
adulta) adulthood.
maduro, -ra adj (gen) mature; (fruta,

mies) ripe; **de edad madura** middle-
aged.
maestra → maestro.
maestría f (habilidad) mastery, skill.
maestro, -tra ◇ adj 1. (perfecto)
masterly. 2. (principal) main; (llave)
master (antes de sust). ◇ m y f 1. (profesor) teacher. 2. (sabio) master. 3. (MÚS)
maestro. 4. (director): ~ **de ceremonias** master of ceremonies; ~ **de cocina** chef; ~ **de obras** foreman; ~ **de
orquesta** conductor
mafia f mafia.
mafioso, -sa m y f mafioso.
magdalena f fairy cake.
magia f magic
mágico, -ca adj 1. (con magia) magic.
2. (atractivo) magical.
magisterio m 1. (enseñanza) teaching. 2. (profesión) teaching profession.
magistrado, -da m y f (juez) judge.
magistral adj 1. (de maestro) magis-
terial. 2. (genial) masterly.
magistratura f 1. (jueces) magistra-
ture. 2. (tribunal) tribunal; ~ **de trabajo** industrial tribunal.
magnánimo, -ma adj magnanimous.
magnate m magnate; ~ **del
petróleo/de la prensa** oil/press
baron.
magnesia f magnesia.
magnesio m magnesium.
magnético, -ca adj lit & fig magnetic.
magnetizar vt to magnetize; fig to
mesmerize.
magnetofónico, -ca adj (cinta) magnetic.
magnetófono m tape recorder.
magnicidio m assassination (of somebody important).
magnificencia f magnificence.
magnífico, -ca adj wonderful, magnificent.
magnitud f magnitude
magnolia f magnolia
mago, -ga m y f 1. (prestidigitador)
magician. 2. (en cuentos etc) wizard.
magro, -gra adj 1. (sin grasa) lean
2. (pobre) poor. ◆ **magro** m lean meat.
maguey m agave.
magulladura f bruise.
magullar vt to bruise.
mahometano, -na adj, m y f
Muslim.
mahonesa = mayonesa.
maicena f cornflour Br, cornstarch
Am

maíz m maize Br, corn Am; ~ **dulce** sweetcorn.

maja → majo.

majadero, -ra m y f idiot.

majareta fam ◊ adj nutty. ◊ m y f nutcase.

majestad f majesty. ◆ **Su Majestad** f His/Her Majesty.

majestuoso, -sa adj majestic.

majo, -ja adj 1. (simpático) nice. 2. (bonito) pretty.

mal ◊ adj → **malo**. ◊ m 1. (perversión): **el ~** evil. 2. (daño) harm, damage. 3. (enfermedad) illness; **~ de las vacas locas** fam mad cow disease; **~ de montaña** altitude ○ mountain sickness; **~ de ojo** evil eye. 4. (inconveniente) bad thing; **un ~ necesario** a necessary evil. ◊ adv 1. (incorrectamente) wrong; **esto está ~ hecho** this has been done wrong; **has escrito ~ esta palabra** you've spelt that word wrong. 2. (inadecuadamente) badly; **la fiesta salió ~** the party went off badly; **oigo/veo ~** I can't hear/see very well; **encontrarse ~** (enfermo) to feel ill; (incómodo) to feel uncomfortable; **oler ~** (tener mal olor) to smell bad; fam (tener mal cariz) to smell fishy; **saber ~** (tener mal sabor) to taste bad; **sentar ~ a alguien** (ropa) not to suit sb; (comida) to disagree with sb; (comentario, actitud) to upset sb; **tomar algo a ~** to take sthg the wrong way. 3. (dificilmente) hardly; **~ puede saberlo si no se lo cuentas** he's hardly going to know it if you don't tell him. ◆ loc: **estar a ~ con alguien** to have fallen out with sb; **ir de ~ en peor** to go from bad to worse; **no estaría ~ que ...** it would be nice if ... ◆ **mal que** loc conj although, even though. ◆ **mal que bien** loc adv somehow or other.

malabarismo m lit & fig juggling (U).

malabarista m y f juggler.

malacostumbrado, -da adj spoiled.

malaria f malaria.

Malasia Malaysia.

malcriado, -da adj spoiled.

maldad f 1. (cualidad) evil 2. (acción) evil thing.

maldecir ◊ vt to curse. ◊ vi to curse.

maldición f curse

maldito, -ta adj 1. (embrujado) cursed. 2. fam (para enfatizar) damned; **¡maldita sea!** damn it!

maleable adj lit & fig malleable.

maleante m y f crook.

malecón m (atracadero) jetty.

maleducado, -da adj rude.

maleficio m curse.

malentendido m misunderstanding.

malestar m 1. (dolor) upset, discomfort; **siento un ~ en el estómago** I've got an upset stomach; **sentir ~** generally to feel unwell. 2. fig (inquietud) uneasiness, unrest.

maleta f suitcase; **hacer ○ preparar la ~** to pack (one's bags).

maletero m boot Br, trunk Am.

maletín m briefcase.

malévolo, -la adj malevolent, wicked.

maleza f (arbustos) undergrowth; (malas hierbas) weeds (pl).

malformación f malformation.

malgastar vt (dinero, tiempo) to waste; (salud) to ruin.

malhablado, -da adj foul-mouthed.

malhechor, -ra adj, m y f criminal.

malhumorado, -da adj bad-tempered; (enfadado) in a bad mood

malicia f (maldad) wickedness, evil; (mala intención) malice.

malicioso, -sa adj (malo) wicked, evil; (malintencionado) malicious.

maligno, -na adj malignant.

malla f 1. (tejido) mesh; **~ de alambre** wire mesh. 2. (red) net. 3. CSur & Perú (traje de baño) swimsuit. ◆ **mallas** fpl 1. (de gimnasia) leotard (sg); (de ballet) tights (pl). 2. (de portería) net (sg).

Mallorca Majorca.

malo, -la, mal (compar peor, superl el peor) adj (antes de sust masc sg mal) 1. (gen) bad; (calidad) poor, bad; **lo ~ fue que ...** the problem was (that) ... 2. (malicioso) wicked. 3. (enfermo) ill, sick; **estar/ponerse ~** to be/fall ill. 4. (travieso) naughty ◆ **malo, -la** m y f (de película etc) villain, baddie. ◆ **malas** fpl: **estar de malas** to be in a bad mood; **por las malas** by force.

malograr vt to waste. ◆ **malograrse** vpr 1. (fracasar) to fail. 2. (morir) to die before one's time.

malparado, -da adj: **salir ~ de algo** to come out of sthg badly.

malpensado, -da adj malicious, evil-minded.

malsano, -na adj unhealthy.

malsonante adj rude.

malta m malt.

Malta Malta

maltés, -esa adj, m y f Maltese

maltratar vt 1. (pegar, insultar) to ill-treat. 2. (estropear) to damage.

maltrecho, -cha adj battered.

malva ◊ f (BOT) mallow. ◊ adj inv

mauve. ◊ *m (color)* mauve.

malvado, -da *adj* evil, wicked.

malversación *f*: ~ **(de fondos)** embezzlement (of funds)

malversar *vt* to embezzle.

Malvinas *fpl*: **las (islas)** ~ the Falkland Islands, the Falklands.

malvivir *vi* to scrape together an existence.

mama *f* 1. *(órgano - de mujer)* breast; (ZOOL) udder 2. *fam (madre)* mum.

mamá *(pl* **mamás)** *f fam* mum, mummy; ~ **grande** *Méx fam* grandma.

mamadera *f Amer* (baby's) bottle.

mamar ◊ *vt* 1. *(suj: bebé)* to suckle. 2. *fig (aprender)*: **lo mamó desde pequeño** he was immersed in it as a child. ◊ *vi* to suckle.

mamarracho *m (fantoche)* mess

mambo *m* mambo.

mamífero, -ra *adj* mammal. ♦ **mamífero** *m* mammal

mamografía *f* (MED) 1. *(técnica)* breast scanning, mammography. 2. *(resultado)* breast scan.

mamotreto *m* 1. *despec (libro)* hefty tome. 2. *(objeto grande)* monstrosity.

mampara *f* screen.

manada *f* (ZOOL - *gen)* herd; (- *de lobos)* pack; (- *de ovejas)* flock; (- *de leones)* pride.

manager *(pl* **managers)** *m* manager.

Managua Managua.

manantial *m* spring; *fig* source.

manar *vi lit & fig*: ~ **(de)** to flow (from).

manazas *adj inv* clumsy.

mancha *f* 1. *(gen)* stain, spot; *(de tinta)* blot; *(de color)* spot, mark. 2. (ASTRON) spot 3. *fig (deshonra)* blemish.

manchar *vt* 1. *(ensuciar)*: ~ **algo (de** o **con)** *(gen)* to make sthg dirty (with); *(con manchas)* to stain sthg (with); *(emborronar)* to smudge sthg (with). 2. *fig (deshonrar)* to tarnish.

manchego, -ga *adj* of/relating to La Mancha. ♦ **manchego** *m* → **queso**.

mancillar *vt* to tarnish.

manco, -ca *adj (sin una mano)* one-handed; *(sin manos)* handless; *(sin un brazo)* one-armed; *(sin brazos)* armless.

mancomunidad *f* association.

mancorna, mancuerna *f Amer* cufflink.

mandado, -da *m y f (subordinado)* underling. ♦ **mandado** *m (recado)* errand.

mandamás *(pl* **mandamases)** *m y f* bigwig.

mandamiento *m* 1. *(orden - militar)* order, command; *(- judicial)* writ. 2. (RELIG) commandment.

mandar ◊ *vt* 1. *(dar órdenes)* to order; ~ **a alguien hacer algo** to order sb to do sthg; ~ **hacer algo** to have sthg done. 2. *(enviar)* to send. 3. *(dirigir, gobernar)* to lead, to be in charge of; *(país)* to rule. ◊ *vi* 1. *(gen)* to be in charge; *(jefe de estado)* to rule. 2. *despec (dar órdenes)* to order people around. 3. *loc*: ¿**mande?** *fam* eh?, you what?

mandarina *f* mandarin.

mandatario, -ria *m y f* representative, agent.

mandato *m* 1. *(gen)* order, command. 2. *(poderes de representación, disposición)* mandate; ~ **judicial** warrant 3. (POLÍT) term of office; *(reinado)* period of rule.

mandíbula *f* jaw.

mandil *m (delantal)* apron.

mando *m* 1. *(poder)* command, authority; **al** ~ **de** in charge of. 2. *(periodo en poder)* term of office. 3. *(gen pl) (autoridades)* leadership (U); (MIL) command (U); ~**s intermedios** middle management *(sg)* 4. *(dispositivo)* control; ~ **automático/a distancia** automatic/remote control.

mandolina *f* mandolin.

mandón, -ona ◊ *adj* bossy. ◊ *m y f* bossy-boots.

manecilla *f (del reloj)* hand.

manejable *adj (gen)* manageable; *(herramienta)* easy to use

manejar *vt* 1. *(conocimientos, datos)* to use, to marshal. 2. *(máquina, mandos)* to operate; *(caballo, bicicleta)* to handle; *(arma)* to wield. 3. *(negocio etc)* to manage, to run; *(gente)* to handle. 4. *Amer (conducir)* to drive. ♦ **manejarse** *vpr* 1. *(moverse)* to move o get about. 2. *(desenvolverse)* to manage.

manejo *m* 1. *(de máquina, mandos)* operation; *(de armas, herramientas)* use; **de fácil** ~ user-friendly. 2. *(de conocimientos, datos)* marshalling; *(de idiomas)* command 3. *(de caballo, bicicleta)* handling. 4. *(de negocio etc)* management, running. 5. *(gen pl) fig (intriga)* intrigue.

manera *f* way, manner; **a mi** ~ **de ver** the way I see it; **de cualquier** ~ *(sin cuidado)* any old how; *(de todos modos)* anyway, in any case; **de esta** ~ in this way; **de ninguna** ~, **en** ~ **alguna** *(refuerza negación)* by no means, under no circumstances; *(respuesta* *exclamativa)* no way!, certainly not!; **de todas ~s** anyway; **en cierta ~** in a way; **~ de ser** way of being, nature; **de ~ que** *(para)* so (that); **no hay ~** there is no way, it's impossible. ♦ **maneras** *fpl (modales)* manners.

manga *f* 1. *(de prenda)* sleeve; **en ~s de camisa** in shirt sleeves. 2. *(manguera)* hosepipe. 3. *(de pastelería)* forcing o piping bag. 4. (DEP) stage, round.

mangante *fam m y f* thief.

mango *m* 1. *(asa)* handle. 2. *(árbol)* mango tree; *(fruta)* mango.

mangonear *vi fam* 1. *(entrometerse)* to meddle. 2. *(mandar)* to be bossy 3. *(manipular)* to fiddle about.

manguera *f* hosepipe; *(de bombero)* fire hose.

maní *(pl -es) m Andes & CSur* peanut.

manía *f* 1. *(idea fija)* obsession. 2. *(peculiaridad)* idiosyncracy. 3. *(mala costumbre)* bad habit. 4. *(afición exagerada)* mania, craze. 5. *fam (ojeriza)* dislike. 6. (PSICOLOGÍA) mania.

maniaco, -ca, maníaco, -ca ◇ *adj* manic. ◇ *m y f* maniac.

maniatar *vt* to tie the hands of.

maniático, -ca ◇ *adj* fussy. ◇ *m y f* fussy person; **es un ~ del fútbol** he's football-crazy.

manicomio *m* mental o psychiatric hospital *Br*, insane asylum *Am*.

manicuro, -ra *m y f (persona)* manicurist. ♦ **manicura** *f (técnica)* manicure.

manido, -da *adj (tema etc)* hackneyed.

manifestación *f* 1. *(de alegría, dolor etc)* show, display; *(de opinión)* declaration, expression; *(indicio)* sign. 2. *(por la calle)* demonstration.

manifestar *vt* 1. *(alegría, dolor etc)* to show. 2. *(opinión etc)* to express. ♦ **manifestarse** *vpr* 1. *(por la calle)* to demonstrate. 2. *(hacerse evidente)* to become clear o apparent

manifiesto, -ta *adj* clear, evident; **poner de ~ algo** *(revelar)* to reveal sthg; *(hacer patente)* to make sthg clear. ♦ **manifiesto** *m* manifesto.

manillar *m* handlebars *(pl)*.

maniobra *f* 1. *(gen)* manoeuvre; **hacer ~s** to manoeuvre. 2. *fig (treta)* trick.

maniobrar *vi* to manoeuvre.

manipulación *f* 1. *(gen)* handling. 2. *(engaño)* manipulation.

manipular *vt* 1. *(manejar)* to handle.

2. *(mangonear - información, resultados)* to manipulate; *(- negocios, asuntos)* to interfere in.

maniquí *(pl* **maniquíes** *)* ◇ *m* dummy. ◇ *m y f (modelo)* model.

manirroto, -ta ◇ *adj* extravagant. ◇ *m y f* spendthrift.

manitas *m y f inv* handy person.

manito, mano *m Méx fam* mate, chum.

manivela *f* crank.

manjar *m* delicious food *(U)*.

mano *f* 1. *(gen)* hand; **a ~** *(cerca)* to hand, handy; *(sin máquina)* by hand; **a ~ armada** armed; **dar** o **estrechar la ~ a alguien** to shake hands with sb; **darse** o **estrecharse la ~** to shake hands; **echar/tender una ~** to give/offer a hand; **¡~s arriba!**, **¡arriba las ~s!** hands up!; **~ de obra** *(capacidad de trabajo)* labour; *(trabajadores)* workforce 2. (ZOOL - *gen)* forefoot; *(- de perro, gato)* (front) paw; *(- de cerdo)* (front) trotter. 3. *(lado)* **a ~ derecha/izquierda** on the right/left. 4. *(de pintura etc)* coat 5. *(influencia)* influence. 6. *(partida de naipes)* game. 7. *fig (serie, tanda)* series. 8. *loc:* **bajo ~** secretly; **caer en ~s de alguien** to fall into sb's hands; **con las ~s cruzadas**, **~ sobre ~** sitting around doing nothing; **coger a alguien con las ~s en la masa** to catch sb red-handed o in the act; **de primera ~** *(coche etc)* brand new; *(noticias etc)* first-hand; **de segunda ~** second-hand; **~ a ~** tête-à-tête; **¡~s a la obra!** let's get down to it!; **tener buena ~ para algo** to have a knack for sthg.

manojo *m* bunch.

manoletina *f (zapato)* type of open, low-heeled shoe, often with a bow.

manómetro *m* pressure gauge.

manopla *f* mitten.

manosear *vt* 1. *(gen)* to handle roughly; *(papel, tela)* to rumple. 2. *(persona)* to fondle.

manotazo *m* slap.

mansalva ♦ **a mansalva** *loc adv (en abundancia)* in abundance.

mansedumbre *f (gen)* calmness, gentleness; *(de animal)* tameness.

mansión *f* mansion.

manso, -sa *adj* 1. *(apacible)* calm, gentle. 2. *(domesticado)* tame.

manta *f (abrigo)* blanket; **liarse la ~ a la cabeza** *fig* to take the plunge.

manteca *f (abrigo)* fat; *(mantequilla)* butter; **~ de cacao** cocoa butter; **~ de cerdo** lard.

mantecado *m* 1. *(pastel)* shortcake.

2. *(helado)* ice-cream made of milk, eggs and sugar.

mantel *m* tablecloth.

mantener *vt* **1.** *(sustentar, aguantar)* to support. **2.** *(conservar)* to keep; *(en buen estado)* to maintain, to service. **3.** *(tener - relaciones, conversación)* to have. **4.** *(defender - opinión)* to stick to, to maintain; *(- candidatura)* to refuse to withdraw. ♦ **mantenerse** *vpr* **1.** *(sustentarse)* to subsist, to support o.s. **2.** *(permanecer, continuar)* to remain; *(edificio)* to remain standing; **~se aparte** *(en discusión)* to stay out of it.

mantenimiento *m* **1.** *(sustento)* sustenance **2.** *(conservación)* upkeep, maintenance.

mantequilla *f* butter.

mantilla *f* **1.** *(de mujer)* mantilla. **2.** *(de bebé)* shawl.

manto *m* *(gen)* cloak.

mantón *m* shawl.

manual ◇ *adj* *(con las manos)* manual. ◇ *m* manual.

manubrio *m* crank.

manufacturar *vt* to manufacture.

manuscrito, -ta *adj* handwritten. ♦ **manuscrito** *m* manuscript.

manutención *f* **1.** *(sustento)* support, maintenance. **2.** *(alimento)* food.

manzana *f* **1.** *(fruta)* apple. **2.** *(grupo de casas)* block (of houses).

manzanilla *f* **1.** *(planta)* camomile. **2.** *(infusión)* camomile tea

manzano *m* apple tree.

maña *f* **1.** *(destreza)* skill. **2.** *(astucia)* wits *(pl)*, guile *(U)*.

mañana ◇ *f* morning; **a las dos de la ~** at two in the morning. ◇ *m*: **el ~** tomorrow, the future. ◇ *adv* tomorrow; **¡hasta ~!** see you tomorrow!; **~ por la ~** tomorrow morning; **pasado ~** the day after tomorrow.

mañoso, -sa *adj* skilful.

mapa *m* map

mapamundi *m* world map.

maqueta *f* **1.** *(reproducción a escala)* (scale) model. **2.** *(de libro)* dummy.

maquillaje *m* **1.** *(producto)* make-up. **2.** *(acción)* making-up.

maquillar *vt* *(pintar)* to make up. ♦ **maquillarse** *vpr* to make o.s. up.

máquina *f* **1.** *(gen)* machine; **a toda ~** at full pelt; **escribir a ~** to type; **hecho a ~** machine-made; **~ de coser** sewing machine; **~ de escribir** typewriter; **~ fotográfica** camera; **~ tragaperras**, **traganíqueles** *Amer* slot machine, fruit machine **2.** *(locomotora)* engine; **~ de vapor** steam engine. **3.** *(mecanismo)*

mechanism. **4.** *Amer* *(coche)* car. **5.** *fig* *(de estado, partido etc)* machinery *(U)*.

maquinación *f* machination.

maquinal *adj* mechanical.

maquinar *vt* to machinate, to plot

maquinaria *f* **1.** *(gen)* machinery **2.** *(de reloj etc)* mechanism.

maquinilla *f*: **~ de afeitar** razor; **~ eléctrica** electric razor.

maquinista *m* y *f* *(de tren)* engine driver *Br*, engineer *Am*; *(de barco)* engineer.

mar *m* o *f* lit & fig sea; **alta ~** high seas *(pl)*; **el ~ del Norte** the North Sea; **llover a ~es** to rain buckets; **la ~ de** really, very.

marabunta *f* fig *(muchedumbre)* crowd

maraca *f* maraca.

maraña *f* **1.** *(maleza)* thicket **2.** fig *(enredo)* tangle.

maratón *m* lit & fig marathon.

maravilla *f* **1.** *(gen)* marvel, wonder; **es una ~** it's wonderful; **hacer ~s** to do o work wonders; **a las mil ~s, de ~** wonderfully; **venir de ~** to be just the thing o ticket **2.** *(BOT)* marigold.

maravillar *vt* to amaze. ♦ **maravillarse** *vpr*: **~se (con)** to be amazed (by).

maravilloso, -sa *adj* marvellous, wonderful.

marca *f* **1.** *(señal)* mark; *(de rueda, animal)* track; *(en ganado)* brand; *(en papel)* watermark. **2.** (COM - *de tabaco, café etc)* brand; *(- de coche, ordenador etc)* make; **de ~** designer *(antes de sust)*; **~ de fábrica** trademark; **~ registrada** registered trademark. **3.** *(etiqueta)* label. **4.** (DEP - *gen)* performance; *(- en carreras)* time; *(- plusmarca)* record.

marcado, -da *adj* *(gen)* marked. ♦ **marcado** *m* **1.** *(señalado)* marking. **2.** *(peinado)* set

marcador, -ra *adj* marking. ♦ **marcador** *m* **1.** *(tablero)* scoreboard. **2.** (DEP - *defensor)* marker; *(- goleador)* scorer.

marcapasos *m* inv pacemaker.

marcar *vt* **1.** *(gen)* to mark. **2.** *(poner precio a)* to price. **3.** *(indicar)* to indicate. **4.** *(resaltar)* to emphasise. **5.** *(número de teléfono)* to dial. **6.** *(suj: termómetro, contador etc)* to read; *(suj: reloj)* to say. **7.** (DEP - *tanto)* to score; *(- a un jugador)* to mark. **8.** *(cabello)* to set. ◇ *vi* **1.** *(dejar secuelas)* to leave a mark. **2.** (DEP) *(anotar un tanto)* to score.

marcha *f* **1.** *(partida)* departure.

2. (ritmo) speed; **en ~** (motor) running; (plan) underway; **poner en ~** (gen) to start; (dispositivo, alarma) to activate; **hacer algo sobre la ~** to do sthg as one goes along. **3.** (AUTOM) gear; **~ atrás** reverse; **dar ~ atrás** (AUTOM) to reverse; fig to back out. **4.** (MIL & POLÍT) march. **5.** (MÚS) march. **6.** (transcurso) course; (progreso) progress. **7.** (DEP) walk. **8.** fam (animación) liveliness, life; **hay mucha ~** there's a great atmosphere

marchar vi **1.** (andar) to walk. **2.** (partir) to leave, to go. **3.** (funcionar) to work. **4.** (desarrollarse) to progress; **el negocio marcha** business is going well. ◆ **marcharse** vpr to leave, to go.

marchitar vt lit & fig to wither. ◆ **marchitarse** vpr **1.** (planta) to fade, to wither. **2.** fig (persona) to languish.

marchito, -ta adj (planta) faded.

marcial adj martial.

marco m **1.** (cerco) frame **2.** fig (ambiente, paisaje) setting. **3.** (ámbito) framework. **4.** (moneda) mark. **5.** (portería) goalmouth.

marea f (del mar) tide; **~ alta/baja** high/low tide; **~ negra** oil slick.

marear vt **1.** (provocar náuseas) to make sick; (en coche, avión etc) to make travelsick. **2.** (aturdir) to make dizzy. **3.** fam (fastidiar) to annoy. ◆ **marearse** vpr **1.** (tener náuseas) to feel sick; (en coche, avión etc) to feel travelsick. **2.** (estar aturdido) to get dizzy. **3.** (emborracharse) to get drunk.

marejada f (mar rizada) heavy sea.

maremoto m tidal wave.

mareo m **1.** (náuseas) sickness; (en coches, aviones etc) travelsickness. **2.** (aturdimiento) dizziness. **3.** fam fig (fastidio) drag, pain.

marfil m ivory.

margarina f margarine.

margarita f **1.** (BOT) daisy. **2.** (IMPRENTA) daisy wheel.

margen m o f **1.** (gen f) (de río) bank; (de camino) side. **2.** (gen m) (de página) margin. **3.** (gen m) (COM) margin. **4.** (gen m) (límites) leeway; **dejar al ~** to exclude; **estar al ~ de** to have nothing to do with; **mantenerse al ~ de** to keep out of; **~ de error** margin of error **5.** (gen m) (ocasión): **dar ~ a alguien para hacer algo** to give sb the chance to do sthg.

marginación f exclusion

marginado, -da ◇ adj excluded. ◇ m y f outcast.

marica m mfam despec queer, poof.

Maricastaña → tiempo.

maricón m mfam despec queer, poof.

marido m husband.

marihuana f marijuana.

marimacho m fam mannish woman; despec butch woman.

marina → marino

marinero, -ra adj (gen) sea (antes de sust); (buque) seaworthy; (pueblo) seafaring. ◆ **marinero** m sailor.

marino, -na adj sea (antes de sust), marine. ◆ **marino** m sailor. ◆ **marina** f (MIL): **~ (de guerra)** navy.

marioneta f (muñeco) marionette, puppet ◆ **marionetas** fpl (teatro) puppet show (sg).

mariposa f **1.** (insecto) butterfly. **2.** (en natación) butterfly

mariquita f (insecto) ladybird Br, ladybug Am.

marisco m seafood (U), shellfish (U).

marisma f salt marsh

marisquería f seafood restaurant.

marítimo, -ma adj (del mar) maritime; (cercano al mar) seaside (antes de sust).

marketing ['marketin] m marketing

mármol m marble.

marmota f marmot.

mar Muerto m: **el ~** the Dead Sea.

mar Negro m: **el ~** the Black Sea.

marqués, -esa m marquis (f marchioness).

marquesina f glass canopy; (parada de autobús) bus-shelter.

marrano, -na m y f **1.** (animal) pig. **2.** fam fig (sucio) (filthy) pig

mar Rojo m: **el ~** the Red Sea.

marrón adj & m brown.

marroquí (pl marroquíes) adj, m y f Moroccan.

Marruecos Morocco.

Marte m Mars.

martes m inv Tuesday; **~ de Carnaval** Shrove Tuesday; **~ y trece** = Friday 13th; ver también **sábado**.

martillear, martillar vt to hammer

martillo m hammer.

mártir m y f lit & fig martyr.

martirio m **1.** (RELIG) martyrdom. **2.** fig (sufrimiento) trial, torment.

martirizar vt **1.** (torturar) to martyr. **2.** fig (hacer sufrir) to torment.

maruja f fam (typical) housewife.

marxismo m Marxism.

marxista adj, m y f Marxist.

marzo m March; ver también **septiembre**.

mas conj but.

más ◊ adv **1.** (*comparativo*) more; **Pepe es ~ alto/ambicioso** Pepe is taller/more ambitious; **tener ~ hambre** to be hungrier ○ more hungry; **de/que** more than; **~ ... que ...** more ... than ..; **Juan es ~ alto que tú** Juan is taller than you; **de ~** (*de sobra*) left over; **hay 100 ptas de ~** there are 100 pesetas left over; **eso está de ~** that's not necessary **2.** (*superlativo*): **el/la/lo ~ the** most; **el ~ listo/ambicioso** the cleverest/most ambitious. **3.** (*en frases negativas*) any more; **no necesito ~ (trabajo)** I don't need any more (work). **4.** (*con pron interrogativos e indefinidos*) else; **¿qué/quién ~?** what/who else?; **nadie ~ vino** nobody else came. **5.** (*indica suma*) plus; **dos ~ dos igual a cuatro** two plus two is four. **6.** (*indica intensidad*): **no le aguanto, ¡es ~ tonto!** I can't stand him, he's so stupid!; **¡qué día ~ bonito!** what a lovely day! **7.** (*indica preferencia*): **~ vale que nos vayamos a casa** it would be better for us to go home. **8.** loc: **el que ~ y el que menos** everyone; **es ~** indeed, what is more; **~ bien** rather; **~ o menos** more or less; **¿qué ~ da?** what difference does it make?; **sin ~ (ni ~)** just like that. ◊ m inv (MAT) plus (sign); **tiene sus ~ y sus menos** it has its good points and its bad points ♦ **por más que** loc conj however much; **por ~ que lo intente no lo conseguirá** however much ○ hard she tries, she'll never manage it.

masa f **1.** (*gen*) mass. **2.** (CULIN) dough. **3.** CSur (*pastelillo*) small cake. ♦ **masas** fpl: **las ~s** the masses.

masacre f massacre.

masaje m massage.

masajista m masseur (f masseuse).

mascar vt & vi to chew.

máscara f (*gen*) mask; **~ antigás** gas mask.

mascarilla f **1.** (MED) mask. **2.** (*cosmética*) face pack.

mascota f mascot.

masculino, -na adj **1.** (BIOL) male. **2.** (*varonil*) manly. **3.** (GRAM) masculine.

mascullar vt to mutter.

masificación f overcrowding.

masilla f putty.

masivo, -va adj mass (*antes de sust*).

masón, -ona ◊ adj masonic. ◊ m y f mason, freemason.

masoquista ◊ adj masochistic ◊ m y f masochist.

máster (pl **masters**) m Master's (degree).

masticar vt (*mascar*) to chew.

mástil m **1.** (NÁUT) mast. **2.** (*palo*) pole. **3.** (MÚS) neck.

mastín m mastiff.

masturbación f masturbation.

masturbar vt to masturbate ♦ **masturbarse** vpr to masturbate.

mata f (*arbusto*) bush, shrub; (*matojo*) tuft; **~s** scrub. ♦ **mata de pelo** f mop of hair

matadero m abattoir, slaughterhouse.

matador, -ra fam adj (*cansado*) killing, exhausting. ♦ **matador** m matador.

matambre m CSur cold cooked meat.

matamoscas m inv (*pala*) flyswat; (*espray*) flyspray.

matanza f (*masacre*) slaughter.

matar vt **1.** (*gen*) to kill; **~las callando** to be up to sthg on the quiet. **2.** (*apagar - sed*) to quench; (- *hambre*) to stay. ♦ **matarse** vpr **1.** (*morir*) to die. **2.** (*suicidarse, esforzarse*) to kill o.s.

matasellos m y f inv postmark.

mate ◊ adj matt ◊ m **1.** (*en ajedrez*) mate, checkmate. **2.** (*en baloncesto*) dunk; (*en tenis*) smash. **3.** (BOT) (*bebida*) maté

matemático, -ca ◊ adj mathematical. ◊ m y f (*científico*) mathematician. ♦ **matemáticas** fpl (*ciencia*) mathematics (U).

materia f **1.** (*sustancia, asunto*) matter. **2.** (*material*) material; **~ prima, primera ~** raw material. **3.** (*asignatura*) subject; **en ~ de** on the subject of, concerning

material ◊ adj **1.** (*gen*) physical; (*daños, consecuencias*) material **2.** (*real*) real, actual. ◊ m **1.** (*gen*) material. **2.** (*instrumentos*) equipment.

materialismo m materialism.

materialista ◊ adj materialistic. ◊ m y f materialist

materializar vt **1.** (*idea, proyecto*) to realize. **2.** (*hacer tangible*) to produce. ♦ **materializarse** vpr to materialize.

maternal adj motherly, maternal.

maternidad f **1.** (*cualidad*) motherhood. **2.** (*hospital*) maternity hospital.

materno, -na adj maternal; (*lengua*) mother (*antes de sust*).

matinal adj morning (*antes de sust*).

matiz m **1.** (*variedad - de color, opinión*) shade; (- *de sentido*) nuance, shade of meaning. **2.** (*atisbo*) trace, hint.

matizar vt 1. (teñir): ~ (de) to tinge (with). 2. fig (distinguir - rasgos, aspectos) to distinguish; (- tema) to explain in detail. 3. fig (dar tono especial) to tinge. 4. (ARTE) to blend.

matojo m (mata) tuft; (arbusto) bush, shrub.

matón, -ona m y f fam bully.

matorral m thicket.

matraca f (instrumento) rattle.

matriarcado m matriarchy.

matrícula f 1. (inscripción) registration. 2. (documento) registration document. 3. (AUTOM) number plate. ◆ **matrícula de honor** f top marks (pl).

matricular vt to register. ◆ **matricularse** vpr to register.

matrimonial adj marital; (vida) married.

matrimonio m 1. (gen) marriage. 2. (pareja) married couple.

matriz ◇ f 1. (ANAT) womb. 2. (de talonario) (cheque) stub. 3. (molde) mould. 4. (MAT) matrix. ◇ adj (empresa) parent (antes de sust); (casa) head (antes de sust); (iglesia) mother (antes de sust)

matrona f 1. (madre) matron. 2. (comadrona) midwife.

matutino, -na adj morning (antes de sust).

maullar vi to miaow.

maxilar m jaw.

máxima → máximo.

máxime adv especially.

máximo, -ma ◇ superl → grande ◇ adj maximum; (galardón, puntuación) highest. ◆ **máximo** m maximum; **al** ~ to the utmost; **llegar al** ~ to reach the limit; **como** ~ (a más tardar) at the latest; (como mucho) at the most. ◆ **máxima** f 1. (sentencia, principio) maxim. 2. (temperatura) high, highest temperature.

mayo m May; ver también **septiembre**.

mayonesa, mahonesa f mayonnaise.

mayor ◇ adj 1. (comparativo): ~ (que) (de tamaño) bigger (than); (de importancia etc) greater (than); (de edad) older (than); (de número) higher (than). 2. (superlativo): **el/la** ~ ... (de tamaño) the biggest ...; (de importancia etc) the greatest ...; (de edad) the oldest ...; (de número) the highest ... 3. (adulto) grown-up. 4. (anciano) elderly. 5. (MÚS): **en do** ~ in C major. 6. loc: **al por** ~ (COM) wholesale. ◇ m y f: **el/la** ~ (hijo, hermano) the eldest. ◇ m (MIL)

major. ◆ **mayores** mpl 1. (adultos) grown-ups. 2. (antepasados) ancestors.

mayoral m (capataz) foreman.

mayordomo m butler.

mayoreo m Amer wholesale.

mayoría f majority; **la** ~ **de** most of; **la** ~ **de los españoles** most Spaniards; **en su** ~ in the main. ◆ **mayoría de edad** f: **llegar a la** ~ **de edad** to come of age.

mayorista m y f wholesaler.

mayoritario, -ria adj majority (antes de sust).

mayúscula → letra.

mayúsculo, -la adj tremendous, enormous.

maza f mace; (del bombo) drumstick.

mazapán m marzipan.

mazmorra f dungeon.

mazo m 1. (martillo) mallet. 2. (de mortero) pestle. 3. (conjunto - de naipes) balance (of the deck).

me pron pers 1. (complemento directo) me; **le gustaría verme** she'd like to see me. 2. (complemento indirecto) (to) me; ~ **lo dio** he gave it to me; ~ **tiene miedo** he's afraid of me. 3. (reflexivo) myself.

mear vi vulg to piss.

MEC (abrev de **Ministerio de Educación y Ciencia**) m Spanish ministry of education and science.

mecachis interj Esp fam eufemismo: ¡~! sugar! Br, shoot! Am.

mecánico, -ca ◇ adj mechanical ◇ m y f (persona) mechanic. ◆ **mecánica** f 1. (ciencia) mechanics (U). 2. (funcionamiento) mechanics (pl).

mecanismo m (estructura) mechanism.

mecanografía f typing.

mecanógrafo, -fa m y f typist.

mecapal m CAm & Méx porter's leather harness.

mecedora f rocking chair.

mecenas m y f inv patron.

mecer vt to rock. ◆ **mecerse** vpr to rock back and forth; (en columpio) to swing.

mecha f 1. (de vela) wick. 2. (de explosivos) fuse. 3. (de pelo) streak.

mechero m (cigarette) lighter.

mechón m (de pelo) lock; (de lana) tuft

medalla f medal.

medallón m 1. (joya) medallion. 2. (rodaja) médaillon; ~ **de pescado** (empanado) fishcake.

media → medio.

mediación f mediation; **por ~ de** through.

mediado, -da adj (medio lleno) half-full; **mediada la película** halfway through the film. ◆ **a mediados de** loc prep in the middle of, halfway through.

mediana → mediano.

mediano, -na adj 1. (intermedio - de tamaño) medium; (- de calidad) average. 2. (mediocre) average, ordinary ◆ **mediana** f 1. (GEOM) median. 2. (de carretera) central reservation.

medianoche (pl **medianoches**) f (hora) midnight; **a ~** at midnight.

mediante prep by means of.

mediar vi 1. (llegar a la mitad) to be halfway through; **mediaba julio** it was mid-July. 2. (estar en medio - tiempo, distancia, espacio): **~ entre** to be between; **media un jardín/un kilómetro entre las dos casas** there is a garden/one kilometre between the two houses; **medió una semana** a week passed by. 3. (intervenir): **~ (en/entre)** to mediate (in/between). 4. (interceder): **~ (en favor de** O **por)** to intercede (on behalf of O for).

mediatizar vt to determine.

medicación f medication.

medicamento m medicine.

medicar vt to give medicine to. ◆ **medicarse** vpr to take medicine.

medicina f medicine.

medicinal adj medicinal.

medición f measurement.

médico, -ca ◇ adj medical. ◇ m y f doctor; **~ de cabecera** O **familia** family doctor, general practitioner; **~ de guardia** duty doctor; **~ interno** houseman Br, intern Am.

medida f 1. (gen) measure; (medición) measurement; **a (la) ~** (gen) custombuilt; (ropa) made-to-measure. 2. (disposición) measure, step; **tomar ~s** to take measures O steps. 3. (moderación) moderation. 4. (grado) extent, degree; **en cierta/gran ~** to some/a large extent; **en la ~ de lo posible** as far as possible; **a ~ que entraban** as they were coming in. ◆ **medidas** fpl (del cuerpo) measurements.

medieval adj medieval.

medievo, medioevo m Middle Ages (pl).

medio, -dia adj 1. (gen) half; **a ~ camino** (en viaje) halfway there; (en trabajo etc) halfway through; **media docena/hora** half a dozen/an hour; **~ pueblo estaba allí** half the town was

there; **a media luz** in the half-light; **hacer algo a medias** to half-do sthg; **pagar a medias** to go halves, to share the cost; **un kilo y ~** one and a half kilos; **son (las dos) y media** it's half past (two). 2. (intermedio - estatura, tamaño) medium; (- posición, punto) middle. 3. (de promedio - temperatura, velocidad) average. ◆ **medio** ◇ adv half; **~ borracho** half drunk; **a ~ hacer** half done. ◇ m 1. (mitad) half. 2. (centro) middle, centre; **en ~ (de)** in the middle (of); **estar por (en) ~** to be in the way; **quitar de en ~ a alguien** to get rid of sb, to get sb out of the way. 3. (sistema, manera) means, method; **por ~ de** by means of, through. 4. (elemento físico) environment; **~ ambiente** environment. 5. (ambiente social) circle; **en ~s bien informados** in well-informed circles 6. (DEP) midfielder. ◆ **medios** mpl (recursos) means, resources; **los ~s de comunicación** O **información** the media. ◆ **media** f 1. (promedio) average. 2. (hora): **al dar la media** on the half-hour. 3. (gen pl) (pantis) tights (pl); (hasta el muslo) stocking; (calcetín) sock. 4. (DEP) midfielders (pl)

medioambiental adj environmental.

mediocre adj mediocre, average.

mediodía (pl **mediodías**) m (hora) midday, noon; **al ~** at noon O midday.

medioevo m = **medievo.**

mediofondo m middle-distance running.

medir vt 1. (gen) to measure; **¿cuánto mides?** how tall are you?; **mido 1,80** ≃ I'm 6 foot (tall); **mide diez metros** it's ten metres long. 2. (pros, contras etc) to weigh up. 3. (palabras) to weigh carefully.

meditar ◇ vi: **~ (sobre)** to meditate (on) ◇ vt 1. (gen) to meditate, to ponder. 2. (planear) to plan, to think through.

mediterráneo, -a adj Mediterranean. ◆ **Mediterráneo** m: **el (mar) Mediterráneo** the Mediterranean (Sea)

médium m y f inv medium.

médula f 1. (ANAT) (bone) marrow; **~ espinal** spinal cord. 2. (esencia) core.

medusa f jellyfish.

megafonía f public-address system.

megáfono m megaphone.

mejicano, -na = **mexicano.**

Méjico = **México.**

mejilla f cheek.

mejillón *m* mussel.

mejor ◇ *adj* **1.** *(comparativo):* ~ **(que)** better (than). **2.** *(superlativo):* **el/la ~ ...** the best ... ◇ *m y f:* **el/la ~ (de)** the best (in); **el ~ de todos** the best of all; **lo ~ fue que ...** the best thing was that ... ◇ *adv* **1.** *(comparativo):* ~ **(que)** better (than); **ahora veo ~** I can see better now; **es ~ que no vengas** it would be better if you didn't come; **estar ~** *(no tan malo)* to feel better; *(recuperado)* to be better. **2.** *(superlativo)* best; **el que la conoce ~** the one who knows her best. ◆ **a lo mejor** *loc adv* maybe, perhaps. ◆ **mejor dicho** *loc adv* (or) rather

mejora *f (progreso)* improvement

mejorar ◇ *vt (gen)* to improve; *(enfermo)* to make better. ◇ *vi* to improve, to get better. ◆ **mejorarse** *vpr* to improve, to get better; **¡qué te mejores!** get well soon!

mejoría *f* improvement.

mejunje *m lit & fig* concoction

melancolía *f* melancholy.

melancólico, -ca *adj* melancholic.

melaza *f* molasses *(pl)*.

melena *f* **1.** *(de persona)* long hair *(U)*. **2.** *(de león)* mane

melenudo, -da *adj despec* with a mop of hair.

mellado, -da *adj* **1.** *(con hendiduras)* nicked. **2.** *(sin dientes)* gap-toothed.

mellizo, -za *adj, m y f* twin.

melocotón *m Esp* peach

melodía *f* melody, tune.

melódico, -ca *adj* melodic.

melodioso, -sa *adj* melodious.

melodrama *m* melodrama.

melómano, -na *m y f* music lover.

melón *m (fruta)* melon.

meloso, -sa *adj* **1.** *(como la miel)* honey; *fig* sweet **2.** *(empalagoso)* sickly.

membrana *f* membrane.

membrete *m* letterhead.

membrillo *m* **1.** *(fruto)* quince. **2.** *(dulce)* quince jelly

memorable *adj* memorable.

memorándum *(pl* **memorándums** o **memorandos)** *m* **1.** *(cuaderno)* notebook. **2.** *(nota diplomática)* memorandum.

memoria *f* **1.** *(gen & INFORM)* memory; **de ~** by heart; **hacer ~** to try to remember; **traer a la ~** to call to mind **2.** *(recuerdo)* remembrance. **3.** *(disertación)* (academic) paper. **4.** *(informe):* ~ **(anual)** (annual) report. ◆ **memorias** *fpl (biografía)* memoirs.

memorizar *vt* to memorize.

menaje *m* household goods and furnishings *(pl)*; ~ **de cocina** kitchenware.

mención *f* mention.

mencionar *vt* to mention.

menda ◇ *pron fam (el que habla)* yours truly ◇ *m y f (uno cualquiera):* **vino un ~ y ...** this bloke came along and ...

mendigar ◇ *vt* to beg for. ◇ *vi* to beg.

mendigo, -ga *m y f* beggar

mendrugo *m* crust (of bread).

menear *vt (mover - gen)* to move; *(- la cabeza)* to shake; *(- la cola)* to wag; *(- las caderas)* to wiggle. ◆ **menearse** *vpr* **1.** *(moverse)* to move (about); *(agitarse)* to shake; *(oscilar)* to sway **2.** *(darse prisa, espabilarse)* to get a move on.

menester *m* necessity. ◆ **menesteres** *mpl (asuntos)* business *(U)*, matters *(pl)*.

menestra *f* vegetable stew.

mengano, -na *m y f* so-and-so.

menguante *adj (luna)* waning.

menguar ◇ *vi (disminuir)* to decrease, to diminish; *(luna)* to wane. ◇ *vt (disminuir)* to lessen, to diminish.

menopausia *f* menopause.

menor ◇ *adj* **1.** *(comparativo):* ~ **(que)** *(de tamaño)* smaller (than); *(de edad)* younger (than); *(de importancia etc)* less o lesser (than); *(de número)* lower (than). **2.** *(superlativo):* **el/la ~ ...** *(de tamaño)* the smallest . ; *(de edad)* the youngest ...; *(de importancia)* the slightest ...; *(de número)* the lowest ... **3.** *(de poca importancia)* minor; **un problema ~** a minor problem. **4.** *(joven):* **ser ~ de edad** *(para votar, conducir etc)* to be under age; *(DER)* to be a minor. **5.** *(MÚS):* **en do ~** in C minor. **6.** *loc:* **al por ~** *(COM)* retail. ◇ *m y f* **1.** *(superlativo):* **el/la ~** *(hijo, hermano)* the youngest **2.** *(DER) (niño)* minor.

Menorca Minorca.

menos ◇ *adj inv* **1.** *(comparativo) (cantidad)* less; *(número)* fewer; ~ **aire** less air; ~ **manzanas** fewer apples; ~ **... que ...** less/fewer ... than ...; **tiene ~ experiencia que tú** she has less experience than you; **hace ~ calor que ayer** it's not as hot as it was yesterday. **2.** *(superlativo) (cantidad)* the least; *(número)* the fewest; **el que compró ~ acciones** the one who bought the fewest shares; **lo que ~ tiempo llevó**

the thing that took the least time. **3.** *fam (peor):* éste es ~ coche que el mío que car isn't as good as mine. ◇ *adv* **1.** *(comparativo)* less; ~ **de/que** less than; **estás ~ gordo** you're not as fat. **2.** *(superlativo):* **el/la/lo ~** the least; **él es el ~ indicado para criticar** he's the last person who should be criticizing; **ella es la ~ adecuada para el cargo** she's the least suitable person for the job; **es lo ~ que puedo hacer** it's the least I can do **3.** *(expresa resta)* minus; **tres ~ dos igual a uno** three minus two is one. **4.** *(con las horas)* to; **son (las dos) ~ diez** it's ten to (two). **5.** *loc:* **es lo de ~** that's the least of it; **hacer de ~ a alguien** to snub sb; **¡~ mal!** just as well!, thank God!; **no es para ~** not without (good) reason; **venir a ~** to go down in the world. ◇ *m inv* (MAT) minus (sign). ◇ *prep (excepto)* except (for); **todo ~ eso** anything but that. ♦ **al menos, por lo menos** *loc adv* at least. ♦ **a menos que** *loc conj* unless; **no iré a ~ que me acompañes** I won't go unless you come with me. ♦ **de menos** *loc adj (que falta)* missing; **hay 100 ptas de ~** there's 100 pesetas missing.

menoscabar *vt (fama, honra etc)* to damage; *(derechos, intereses, salud)* to harm; *(belleza, perfección)* to diminish.

menospreciar *vt (despreciar)* to scorn, to despise; *(infravalorar)* to undervalue

mensaje *m (gen & INFORM)* message.

mensajero, -ra *m y f (gen)* messenger; *(de mensajería)* courier.

menstruación *f* menstruation.

menstruar *vi* to menstruate, to have a period.

mensual *adj* monthly; **5.000 ptas ~es** 5,000 pesetas a month

mensualidad *f* **1.** *(sueldo)* monthly salary. **2.** *(pago)* monthly payment o instalment

menta *f* mint.

mental *adj* mental.

mentalidad *f* mentality.

mentalizar *vt* to put into a frame of mind. ♦ **mentalizarse** *vpr* to get into a frame of mind.

mentar *vt* to mention.

mente *f (gen)* mind; **traer a la ~** to bring to mind.

mentecato, -ta *m y f* idiot.

mentir *vi* to lie.

mentira *f* lie; *(acción)* lying; **aunque parezca ~** strange as it may seem; **de ~** pretend, false; **parece ~ (que ...)** it hardly seems possible (that ..).

mentirijillas ♦ **de mentirijillas** *fam* ◇ *loc adv (en broma)* as a joke, in fun. ◇ *loc adj (falso)* pretend, make-believe.

mentiroso, -sa ◇ *adj* lying; *(engañoso)* deceptive ◇ *m y f* liar.

mentón *m* chin.

menú *(pl menús) m* **1.** *(lista)* menu; *(comida)* food; ~ **del día** set meal. **2.** (INFORM) menu.

menudencia *f* trifle, insignificant thing.

menudeo *m Méx* retailing

menudillos *mpl* giblets

menudo, -da *adj* **1.** *(pequeño)* small. **2.** *(insignificante)* trifling, insignificant **3.** *(antes de sust) (para enfatizar)* what!; **¡~ lío/gol!** what a mess/goal! ♦ **a menudo** *loc adv* often

meñique → **dedo**.

meollo *m* core, heart

mercader *m y f* trader

mercadería *f* merchandise, goods *(pl)*.

mercadillo *m* flea market.

mercado *m* market; ~ **común** Common Market.

mercancía *f* merchandise (U), goods *(pl)*. ♦ **mercancías** *m inv* (FERROC) goods train, freight train *Am*.

mercante *adj* merchant.

mercantil *adj* mercantile, commercial.

mercenario, -ria *adj, m y f* mercenary.

mercería *f (tienda)* haberdasher's (shop) *Br*, notions store *Am*.

mercurio *m* mercury

Mercurio *m* Mercury.

merecedor, -ra *adj:* ~ **de** worthy of.

merecer ◇ *vt* to deserve, to be worthy of; **la isla merece una visita** the island is worth a visit; **no merece la pena** it's not worth it ◇ *vi* to be worthy.

merecido *m:* **recibir su ~** to get one's just deserts.

merendar ◇ *vi* to have tea *(as a light afternoon meal)* ◇ *vt* to have for tea.

merendero *m* open-air café or bar *(in the country or on the beach)*.

merengue *m* **1.** (CULIN) meringue. **2.** *(baile)* merengue.

meridiano, -na *adj* **1.** *(hora etc)* midday. **2.** *fig (claro)* crystal-clear. ♦ **meridiano** *m* meridian

merienda *f* tea *(as a light afternoon meal)*; *(en el campo)* picnic.

mérito *m* **1.** *(cualidad)* merit. **2.** *(valor)*

value, worth; **tiene mucho ~** it's no mean achievement; **de ~** worthy.

merluza f *(pez, pescado)* hake.

merma f decrease, reduction.

mermar ◊ vi to diminish, to lessen. ◊ vt to reduce, to diminish.

mermelada f jam; **~ de naranja** marmalade.

mero, -ra adj *(antes de sust)* mere. ◆ **mero** m grouper.

merodear vi: **~ (por)** to snoop o prowl (about).

mes m 1. *(del año)* month. 2. *(salario)* monthly salary.

mesa f 1. *(gen)* table; *(de oficina, despacho)* desk; **bendecir la ~** to say grace; **poner/quitar la ~** to set/clear the table; **~ camilla** *small round table under which a heater is placed*; **~ de mezclas** mixing desk; **~ plegable** folding table. 2. *(comité)* board, committee; *(en un debate etc)* panel; **~ directiva** executive board o committee. ◆ **mesa redonda** f *(coloquio)* round table.

mesero, -ra m y f *Amer* waiter m (f waitress).

meseta f plateau, tableland.

mesías m fig Messiah.

mesilla f small table; **~ de noche** bedside table.

mesón m 1. (HIST) inn. 2. *(bar-restaurante)* old, country-style restaurant and bar.

mestizo, -za ◊ adj *(persona)* of mixed race; *(planta)* hybrid; *(animal)* cross-bred . ◊ m y f *person of mixed race*.

mesura f 1. *(moderación)* moderation, restraint; **con ~** *(moderadamente)* in moderation. 2. *(cortesía)* courtesy.

meta f 1. (DEP - *llegada*) finishing line; (- *portería*) goal. 2. fig *(objetivo)* aim, goal.

metabolismo m metabolism.

metáfora f metaphor

metal m 1. *(material)* metal. 2. (MÚS) brass.

metálico, -ca ◊ adj *(sonido, color)* metallic; *(objeto)* metal. ◊ m: **pagar en ~** to pay (in) cash

metalizado, -da adj *(pintura)* metallic.

metalurgia f metallurgy.

metamorfosis f inv lit & fig metamorphosis.

metedura ◆ **metedura de pata** f clanger.

meteorito m meteorite.

meteoro m meteor.

meteorología f meteorology.

meteorológico, -ca adj meteorological.

meteorólogo, -ga m y f meteorologist; (RADIO & TV) weatherman (f weatherwoman).

meter vt 1. *(gen)* to put in; **~ algo/a alguien en algo** to put sthg/sb in sthg; **~ la llave en la cerradura** to get the key into the lock; **le metieron en la cárcel** they put him in prison; **~ dinero en el banco** to put money in the bank. 2. *(hacer participar)*: **~ a alguien en algo** to get sb into sthg. 3. *(obligar a)*: **~ a alguien a hacer algo** to make sb start doing sthg. 4. *(causar)*: **~ prisa/miedo a alguien** to rush/scare sb; **~ ruido** to make a noise. 5. fam *(asestar)* to give; **le metió un puñetazo** he gave him a punch. 6. *(estrechar - prenda)* to take in; **~ el bajo de una falda** to take up a skirt. ◆ **meterse** vpr 1. *(entrar)* to get in; **~se en** to get into. 2. *(en frase interrogativa) (estar)* to get to; **¿dónde se ha metido ese chico?** where has that boy got to? 3. *(dedicarse)*: **~se a** to become; **~se a torero** to become a bullfighter. 4. *(involucrarse)*: **~se (en)** to get involved (in). 5. *(entrometerse)* to meddle; **se mete en todo** he never minds his own business; **~se por medio** to interfere. 6. *(empezar)*: **~se a hacer algo** to get started on doing sthg. ◆ **meterse con** vpr 1. *(incordiar)* to hassle. 2. *(atacar)* to go for.

meterete, metete adj *CSur fam* meddling, meddlesome.

meticuloso, -sa adj meticulous.

metido, -da adj 1. *(envuelto)*: **andar** o **estar ~ en** to be involved in. 2. *(abundante)*: **~ en años** elderly; **~ en carnes** plump.

metódico, -ca adj methodical.

método m 1. *(sistema)* method. 2. (EDUC) course.

metodología f methodology.

metomentodo m y f fam busybody.

metralla f shrapnel.

metralleta f submachine gun.

métrico, -ca adj *(del metro)* metric.

metro m 1. *(gen)* metre. 2. *(transporte)* underground Br, tube Br, subway Am. 3. *(cinta métrica)* tape measure.

metrópoli f, **metrópolis** f inv *(ciudad)* metropolis

metropolitano, -na adj metropolitan.

mexicanismo, mejicanismo m Mexicanism.

mexicano, -na, mejicano, -na *adj,* *m y f* Mexican.

México, Méjico 1. *(país)* Mexico. **2.** *(ciudad)* Mexico City.

mezcla *f* **1.** *(gen)* mixture; *(tejido)* blend; *(de una grabación)* mix. **2.** *(acción)* mixing.

mezclar *vt* **1.** *(gen)* to mix; *(combinar, armonizar)* to blend. **2.** *(confundir, desordenar)* to mix up. **3.** *fig (implicar):* ~ **a alguien en** to get sb mixed up in. ◆ **mezclarse** *vpr* **1.** *(gen):* ~**se (con)** to mix (with). **2.** *(esfumarse):* ~**se entre** to disappear o blend into. **3.** *fig (implicarse):* ~**se en** to get mixed up in.

mezquino, -na *adj* mean.

mezquita *f* mosque.

mg *(abrev de* miligramo*)* mg.

mi[1] *m* (MÚS) E; *(en solfeo)* mi.

mi[2] *(pl* **mis**) *adj poses* my; ~ **casa** my house; ~**s libros** my books.

mí *pron pers (después de prep)* **1.** *(gen)* me; **este trabajo no es para** ~ this job isn't for me; **no se fía de** ~ he doesn't trust me. **2.** *(reflexivo)* myself. ◇ *loc:* **¡a** ~ **qué!** so what?, why should I care?; **para** ~ *(yo creo)* as far as I'm concerned, in my opinion; **por** ~ as far as I'm concerned; **por** ~, **no hay inconveniente** it's fine by me.

mía → **mío**.

miaja *f* crumb; *fig* tiny bit.

miau *m* miaow.

michelines *mpl fam* spare tyre *(sg)*.

mico *m fam (persona)* ugly devil

micro *m* **1.** *(abrev de* micrófono*)* mike. **2.** *Amer (microbús)* minibus; *Arg (autobús)* bus.

microbio *m* germ, microbe.

microbús *m* minibus.

microfilm *(pl* **microfilms**), **microfilme** *m* microfilm.

micrófono *m* microphone.

microondas *m inv* microwave (oven).

microordenador *m* (INFORM) microcomputer.

microprocesador *m* (INFORM) microprocessor.

microscópico, -ca *adj* microscopic.

microscopio *m* microscope; ~ **electrónico** electron microscope

miedo *m* fear; **dar** ~ to be frightening; **me da** ~ **conducir** I'm afraid o frightened of driving; **temblar de** ~ to tremble with fear; **tener** ~ **a** o **de (hacer algo)** to be afraid of (doing sthg); **de** ~ *fam fig (estupendo)* smashing.

miedoso, -sa *adj* fearful

miel *f* honey.

miembro *m* **1.** *(gen)* member. **2.** *(extremidad)* limb, member; ~ **(viril)** penis.

mientras ◇ *conj* **1.** *(al tiempo que)* while; **leía** ~ **comía** she was reading while eating; ~ **más ando más sudo** the more I walk, the more I sweat. **2.** *(hasta que):* ~ **no se pruebe lo contrario** until proved otherwise. **3.** *(por el contrario):* ~ **(que)** whereas, whilst. ◇ *adv:* ~ **(tanto)** meanwhile, in the meantime.

miércoles *m* Wednesday; ~ **de ceniza** Ash Wednesday; *ver también* **sábado**.

mierda *vulg f* **1.** *(excremento)* shit. **2.** *(suciedad)* filth, shit. **3.** *(cosa sin valor):* **es una** ~ it's (a load of) crap. **4.** *loc:* **¡vete a la** ~! go to hell!, piss off!

mies *f (cereal)* ripe corn. ◆ **mieses** *fpl (campo)* cornfields.

miga *f (de pan)* crumb. ◆ **migas** *fpl* (CULIN) fried breadcrumbs; **hacer buenas/malas** ~**s** *fam* to get on well/badly

migración *f* migration.

migraña *f* migraine.

migrar *vi* to migrate.

migratorio, -ria *adj* migratory.

mijo *m* millet.

mil *núm* thousand; **dos** ~ two thousand; ~ **pesetas** a thousand pesetas; *ver también* **seis**.

milagro *m* miracle; **de** ~ miraculously.

milagroso, -sa *adj* miraculous; *fig* amazing

milenario, -ria *adj* ancient ◆ **milenario** *m* millennium.

milenio *m* millennium.

milésimo, -ma *núm* thousandth.

mili *f fam* military service; **hacer la** ~ to do one's military service.

milicia *f* **1.** *(profesión)* military (profession). **2.** *(grupo armado)* militia.

miliciano, -na *m y f* militiaman (*f* female soldier).

miligramo *m* milligram.

milímetro *m* millimetre.

militante *adj, m y f* militant.

militar ◇ *adj* military. ◇ *m y f* soldier; **los** ~**es** the military. ◇ *vi:* ~ **(en)** to be active (in).

milla *f* mile; ~ **(marina)** nautical mile.

millar *m* thousand; **un** ~ **de personas** a thousand people.

millón *núm* million; **dos millones** two million; **un** ~ **de personas** a million people; **un** ~ **de cosas que hacer** a million things to do; **un** ~ **de gracias** thanks a million. ◆ **millones** *mpl (dinero)* a fortune *(sg)*

millonario, -ria *m y f* millionaire (*f* millionairess).

millonésimo, -ma *núm* millionth.

mimado, -da *adj* spoilt.

mimar *vt* to spoil, to pamper.

mimbre *m* wicker; **de ~** wickerwork.

mímico, -ca *adj* mime (*antes de sust*).
♦ **mímica** *f* 1. (*mimo*) mime. 2. (*lenguaje*) sign language.

mimo *m* 1. (*zalamería*) mollycoddling. 2. (*cariño*) show of affection. 3. (TEATRO) mime.

mimosa *f* (BOT) mimosa.

min (*abrev de* minuto) min.

mina *f* 1. (GEOL & MIL) mine; **~ de carbón** coalmine. 2. *fig* (*chollo*) goldmine.

minar *vt* 1. (MIL) to mine. 2. *fig* (*aminorar*) to undermine

mineral ◇ *adj* mineral. ◇ *m* 1. (GEOL) mineral. 2. (MIN) ore.

minería *f* 1. (*técnica*) mining. 2. (*sector*) mining industry.

minero, -ra ◇ *adj* mining (*antes de sust*); (*producción, riqueza*) mineral. ◇ *y f* miner.

miniatura *f* miniature.

minicadena *f* midi system.

minifalda *f* mini skirt.

minigolf (*pl* minigolfs) *m* (*juego*) crazy golf.

mínimo, -ma *superl* → **pequeño**.
◇ *adj* 1. (*lo más bajo posible o necesario*) minimum. 2. (*lo más bajo temporalmente*) lowest 3. (*muy pequeño - efecto, importancia etc*) minimal, very small; (*- protesta, ruido etc*) slightest; **no tengo la más mínima idea** I haven't the slightest idea; **como ~** at the very least; **en lo más ~** in the slightest.
♦ **mínimo** *m* (*límite*) minimum.
♦ **mínima** *f* (METEOR) low, lowest temperature.

ministerio *m* 1. (POLÍT) ministry *Br*, department *Am*. 2. (RELIG) ministry.
♦ **Ministerio de Asuntos Exteriores** *m* ≃ Foreign Office *Br*, ≃ State Department *Am* ♦ **Ministerio de Economía y Hacienda** *m* ≃ Treasury *Br*, ≃ Treasury Department *Am*.
♦ **Ministerio del Interior** *m* ≃ Home Office *Br*, ≃ Department of the Interior *Am*.

ministro, -tra *m y f* (POLÍT) minister *Br*, secretary *Am*; **primer ~** prime minister

minoría *f* minority; **~s étnicas** ethnic minorities

minorista ◇ *adj* retail. ◇ *m y f* retailer.

minoritario, -ria *adj* minority (*antes de sust*)

minucia *f* trifle, insignificant thing.

minucioso, -sa *adj* 1. (*meticuloso*) meticulous. 2. (*detallado*) highly detailed.

minúsculo, -la *adj* 1. (*tamaño*) tiny, minute. 2. (*letra*) small; (IMPRENTA) lower-case. ♦ **minúscula** *f* small letter; (IMPRENTA) lower-case letter

minusvalía *f* (*física*) handicap, disability.

minusválido, -da ◇ *adj* disabled, handicapped. ◇ *m y f* disabled o handicapped person.

minuta *f* 1. (*factura*) fee. 2. (*menú*) menu.

minutero *m* minute hand.

minuto *m* minute.

mío, mía ◇ *adj poses* mine; **este libro es ~** this book is mine; **un amigo ~** a friend of mine; **no es asunto ~** it's none of my business. ◇ *pron poses*: **el ~** mine; **el ~ es rojo** mine is red; **esta es la mía** *fam* this is the chance I've been waiting for; **lo ~ es el teatro** (*lo que me va*) theatre is what I should be doing; **los ~s** *fam* (*mi familia*) my folks; (*mi bando*) my lot, my side.

miope *adj* shortsighted, myopic.

miopía *f* shortsightedness, myopia.

mira ◇ *f* sight; *fig* intention; **con ~s a** with a view to. ◇ *interj*: ¡~! look!

mirado, -da *adj* (*prudente*) careful; **bien ~** (*bien pensado*) if you look at it closely. ♦ **mirada** *f* (*gen*) look; (*rápida*) glance; (*de cariño, placer, admiración*) gaze; **mirada fija** stare; **apartar la mirada** to look away; **dirigir o lanzar la mirada a** to glance at; **echar una mirada (a algo)** to glance (at sthg); **fulminar con la mirada a alguien** to look daggers at sb; **levantar la mirada** to look up.

mirador *m* 1. (*balcón*) enclosed balcony. 2. (*para ver un paisaje*) viewpoint.

miramiento *m* circumspection; **andarse con ~s** to stand on ceremony; **sin ~s** just like that.

mirar ◇ *vt* 1. (*gen*) to look at; (*observar*) to watch; (*fijamente*) to stare at; **~ algo de cerca/lejos** to look at sthg closely/from a distance; **~ algo por encima** to glance over sthg, to have a quick look at sthg; **~ a alguien bien/mal** to think highly/poorly of sb. 2. (*fijarse en*) to keep an eye on. 3. (*examinar, averiguar*) to check, to look through; **le miraron todas las**

maletas they searched all her luggage; **mira si ha llegado la carta** go and see if the letter has arrived. **4.** *(considerar)* to consider, to take a look at. ◇ *vi* **1.** *(gen)* to look; *(observar)* to watch; *(fijamente)* to stare; **mira, yo creo que … look**, I think that … **2.** *(buscar)* to check, to look; **he mirado en todas partes** I've looked everywhere. **3.** *(orientarse)*: **~ a** to face. **4.** *(cuidar)*: **por alguien/algo** to look after sb/sthg. ◆ **mirarse** *vpr (uno mismo)* to look at o.s.; **si bien se mira** *fig* if you really think about it.

mirilla *f* spyhole.

mirlo *m* blackbird.

mirón, -ona *fam m y f* **1.** *(espectador)* onlooker **2.** *(curioso)* nosy parker. **3.** *(voyeur)* peeping Tom.

misa *f* mass; **ir a ~** to go to mass o church; *fam fig* to be gospel.

misal *m* missal.

misántropo, -pa *m y f* misanthropist.

miscelánea *f* miscellany.

miserable ◇ *adj* **1.** *(pobre)* poor; *(vivienda)* wretched, squalid. **2.** *(penoso, insuficiente)* miserable. **3.** *(vil)* contemptible, base. **4.** *(tacaño)* mean. ◇ *m y f (ruin)* wretch, vile person.

miseria *f* **1.** *(pobreza)* poverty. **2.** *(desgracia)* misfortune. **3.** *(tacañería)* meanness **4.** *(vileza)* baseness. **5.** *(poco dinero)* pittance.

misericordia *f* compassion; **pedir ~** to beg for mercy.

mísero, -ra *adj (pobre)* wretched; **ni un ~ …** not even a measly o miserable ..

misil *(pl misiles) m* missile; **~ de crucero** cruise missile.

misión *f* **1.** *(gen)* mission; *(cometido)* task. **2.** *(expedición científica)* expedition.

misionero, -ra *adj, m y f* missionary.

misiva *f culto* missive.

mismo, -ma ◇ *adj* **1.** *(igual)* same; **el ~ piso** the same flat; **del ~ color que** the same colour as. **2.** *(para enfatizar)*: **yo ~** I myself; **en este ~ cuarto** in this very room; **en su misma calle** right in the street where he lives; **por mí/ti ~** by myself/yourself; **¡tú ~!** it's up to you. ◇ *pron*: **el ~** the same; **el ~ que vi ayer** the same one I saw yesterday; **lo ~** the same (thing); **lo ~ que** the same as; **da o es lo ~** it doesn't matter, it doesn't make any difference; **me da lo ~** I don't care. ◆ **mismo** *(después de*

sust) adv **1.** *(para enfatizar)*: **lo vi desde mi casa ~** I saw it from my own house; **ahora/aquí ~** right now/here; **ayer ~** only yesterday; **por eso ~** precisely for that reason. **2.** *(por ejemplo)*: **escoge uno cualquiera – este ~** choose any – this one, for instance.

misógino, -na *adj* misogynistic.

miss *(pl misses) f* beauty queen.

misterio *m* mystery.

misterioso, -sa *adj* mysterious.

mística → **místico**.

místico, -ca *adj* mystical. ◆ **mística** *f (práctica)* mysticism.

mitad *f* **1.** *(gen)* half; **a ~ de precio** at half price; **a ~ de camino** halfway there; **a ~ de película** halfway through the film; **a ~ de** half (of); **la ~ del tiempo no está** half the time she's not in; **~ y ~** half and half. **2.** *(centro)* middle; **en ~ de** in the middle of; *(cortar algo)* **por la ~** (to cut sthg) in half.

mítico, -ca *adj* mythical.

mitigar *vt* **1.** *(gen)* to alleviate, to reduce; *(ánimos)* to calm; *(sed)* to slake; *(hambre)* to take the edge off; *(choque, golpe)* to soften; *(dudas, sospechas)* to allay. **2.** *(justificar)* to mitigate.

mitin *(pl mítines) m* rally, meeting.

mito *m (gen)* myth.

mitología *f* mythology.

mitote *m Méx fam (alboroto)* racket.

mixto, -ta *adj* mixed; *(comisión)* joint.

ml *(abrev de mililitro)* ml.

mm *(abrev de milímetro)* mm.

mobiliario *m* furniture

mocasín *m* moccasin

mochila *f* backpack

mochuelo *m* little owl.

moción *f* motion.

moco *m fam* snot *(U)*; (MED) mucus *(U)*; **limpiarse los ~s** to wipe one's nose.

mocoso, -sa *m y f fam despec* brat.

moda *f (gen)* fashion; *(furor pasajero)* craze; **estar de ~** to be fashionable o in fashion; **estar pasado de ~** to be unfashionable o out of fashion

modal *adj* modal. ◆ **modales** *mpl* manners.

modalidad *f* form, type; (DEP) discipline.

modelar *vt* to model; *fig* to shape

modelo ◇ *adj* model. ◇ *m y f* model. ◇ *m* **1.** *(gen)* model. **2.** *(prenda de vestir)* number

módem ['moðem] *(pl módems) m* (INFORM) modem; **~ fax** fax modem.

moderación *f* moderation.

moderado, -da *adj, m y f* moderate.
moderador, -ra *m y f* chair, chairperson.
moderar *vt* 1. *(gen)* to moderate; *(velocidad)* to reduce. 2. *(debate)* to chair.
♦ **moderarse** *vpr* to restrain o.s.
modernizar *vt* to modernize.
moderno, -na *adj* modern.
modestia *f* modesty.
modesto, -ta *adj* modest.
módico, -ca *adj* modest.
modificar *vt* 1. *(variar)* to alter. 2. (GRAM) to modify.
modista *m y f* 1. *(diseñador)* fashion designer. 2. *(que cose)* tailor (*f* dressmaker).
modisto *m* 1. *(diseñador)* fashion designer. 2. *(sastre)* tailor.
modo *m (manera, forma)* way; **a ~ de** as, by way of; **de ese ~** in that way; **de ningún ~** in no way; **de todos ~s** in any case, anyway; **de un ~ u otro** one way or another; **en cierto ~** in some ways; **~ de empleo** instructions *(pl)* for use; **de ~ que** *(de manera que)* in such a way that; *(así que)* so.
♦ **modos** *mpl (modales)* manners; **buenos/malos ~s** good/bad manners.
modorra *f fam* drowsiness.
modoso, -sa *adj (recatado)* modest; *(formal)* well-behaved.
modular *vt* to modulate.
módulo *m* 1. *(gen)* module. 2. *(de muebles)* unit.
mofa *f* mockery.
mofarse *vpr* to scoff; **~ de** to mock.
moflete *m* chubby cheek.
mogollón *m mfam* 1. *(muchos)*: **~ de** tons *(pl)* of, loads *(pl)* of. 2. *(lío)* row, commotion.
mohair [mo'er] *m* mohair.
moho *m* 1. *(hongo)* mould. 2. *(herrumbre)* rust.
mohoso, -sa *adj* 1. *(con hongo)* mouldy. 2. *(oxidado)* rusty.
moisés *m inv* Moses basket.
mojado, -da *adj* wet; *(húmedo)* damp
mojar *vt* to wet; *(humedecer)* to dampen; *(comida)* to dunk. ♦ **mojarse** *vpr (con agua)* to get wet.
mojigato, -ta *adj* 1. *(beato)* prudish. 2. *(con falsa humildad)* sanctimonious.
mojón *m (piedra)* milestone; *(poste)* milepost.
molar *mfam vi* to be bloody gorgeous.
molcajete *m Méx* mortar.
molde *m* mould.

moldeado *m* 1. *(del pelo)* soft perm. 2. *(de figura, cerámica)* moulding.
moldear *vt* 1. *(gen)* to mould. 2. *(modelar)* to cast. 3. *(cabello)* to give a soft perm to.
mole¹ *f* hulk.
mole² *m Amer* chilli sauce made with chocolate.
molécula *f* molecule.
moler *vt* 1. *(gen)* to grind; *(aceitunas)* to press; *(trigo)* to mill. 2. *fam fig (cansar)* to wear out.
molestar *vt* 1. *(perturbar)* to annoy; **¿le molesta que fume?** do you mind if I smoke?; **perdone que le moleste ... I'm sorry to bother you ...** 2. *(doler)* to hurt. 3. *(ofender)* to offend.
♦ **molestarse** *vpr* 1. *(incomodarse)* to bother; **~se en hacer algo** to bother to do sthg; **~se por alguien/algo** to put o.s. out for sb/sthg. 2. *(ofenderse)*: **~se (por algo)** to take offence (at sthg).
molestia *f* 1. *(incomodidad)* nuisance; **si no es demasiada ~** if it's not too much trouble. 2. *(malestar)* discomfort.
molesto, -ta *adj* 1. *(incordiante)* annoying; *(visita)* inconvenient 2. *(irritado)*: **~ (con)** annoyed (with). 3. *(con malestar)* in discomfort.
molido, -da *adj fam fig (cansado)* worn out; **estar ~ de** to be worn out from.
molinero, -ra *m y f* miller.
molinillo *m* grinder.
molino *m* mill; **~ de viento** windmill.
molla *f (parte blanda)* flesh
molleja *f* gizzard.
mollera *f fam (juicio)* brains *(pl)*
molusco *m* mollusc.
momentáneo, -a *adj (de un momento)* momentary; *(pasajero)* temporary.
momento *m (gen)* moment; *(periodo)* time; **llegó un ~ en que ...** there came a time when ..; **a cada ~** all the time; **al ~** straightaway; **de ~, por el ~** for the time being o moment; **del ~** *(actual)* of the day; **de un ~ a otro** any minute now; **desde el ~ (en) que ...** *(tiempo)* from the moment that ...; *(causa)* seeing as ...
momia *f* mummy.
Mónaco Monaco.
monada *f* 1. *(persona)* little beauty 2. *(cosa)* lovely thing. 3. *(gracia)* antic
monaguillo *m* altar boy.
monarca *m* monarch.
monarquía *f* monarchy.

monárquico, -ca *adj* monarchic.

monasterio *m (de monjes)* monastery; *(de monjas)* convent.

Moncloa *f:* **la ~** *residence of the Spanish premier which by extension refers to the Spanish government.*

monda *f (acción)* peeling; *(piel)* peel; **ser la ~** *mfam (extraordinario)* to be amazing; *(gracioso)* to be a scream.

mondadientes *m inv* toothpick.

mondadura *f (piel)* peel.

mondar *vt* to peel. ◆ **mondarse** *vpr:* **~se (de risa)** *fam* to laugh one's head off.

moneda *f* 1. *(pieza)* coin; **ser ~ corriente** to be commonplace. 2. *(divisa)* currency.

monedero *m* purse; **~ electrónico** electronic purse

monegasco, -ca *adj, m y f* Monegasque.

monetario, -ria *adj* monetary.

mongólico, -ca *(MED) m y f* Down's syndrome person.

mongolismo *m* Down's syndrome.

monigote *m* 1. *(muñeco)* rag o paper doll. 2. *(dibujo)* doodle. 3. *fig (persona)* puppet.

monitor, -ra *m y f (persona)* instructor. ◆ **monitor** *m* (INFORM & TECN) monitor.

monja *f* nun

monje *m inv* monk.

mono, -na ◇ *adj* lovely ◇ *m y f (animal)* monkey; **ser el último ~** to be bottom of the heap. ◆ **mono** *m* 1. *(prenda - con peto)* dungarees *(pl)*; *(- con mangas)* overalls *(pl)*. 2. *fam (abstinencia)* cold turkey.

monóculo *m* monocle

monogamia *f* monogamy.

monografía *f* monograph.

monolingüe *adj* monolingual.

monólogo *m* monologue; (TEATRO) soliloquy.

monopatín *m* skateboard.

monopolio *m* monopoly.

monopolizar *vt lit & fig* to monopolize.

monosílabo, -ba *adj* monosyllabic. ◆ **monosílabo** *m* monosyllable.

monotonía *f (uniformidad)* monotony.

monótono, -na *adj* monotonous.

monseñor *m* Monsignor.

monserga *f fam* drivel *(U)*.

monstruo ◇ *adj inv (grande)* enormous, monster *(antes de sust)*. ◇ *m* 1. *(gen)* monster. 2. *(prodigio)* giant, marvel.

monstruosidad *f* 1. *(crueldad)* monstrosity, atrocity. 2. *(fealdad)* hideousness. 3. *(anomalía)* freak.

monstruoso, -sa *adj* 1. *(cruel)* monstrous. 2. *(feo)* hideous. 3. *(enorme)* huge, enormous. 4. *(deforme)* terribly deformed.

monta *f* 1. *(importancia)* importance; **de poca/mucha ~** of little/great importance. 2. *(en un caballo)* ride, riding *(U)*.

montacargas *m inv* goods lift *Br*, freight elevator *Am*.

montaje *m* 1. *(de una máquina)* assembly. 2. (TEATRO) staging. 3. (FOT) montage. 4. (CIN) editing. 5. *(farsa)* put-up job.

montante *m* 1. *(ventanuco)* fanlight 2. *(importe)* total; **~s compensatorios** (COM) compensating duties.

montaña *f lit & fig* mountain; **ir de excursión a la ~** to go camping in the mountains; **~ rusa** roller coaster; **hacer una ~ de un grano de arena** to make a mountain out of a molehill.

montañero, -ra *m y f* mountaineer.

montañismo *m* mountaineering.

montañoso, -sa *adj* mountainous.

montar ◇ *vt* 1. *(ensamblar - máquina, estantería)* to assemble; *(- tienda de campaña, tenderete)* to put up 2. *(encajar):* **~ algo en algo** to fit sthg into sthg. 3. *(organizar - negocio, piso)* to set up. 4. *(cabalgar)* to ride. 5. *(poner encima):* **~ a alguien en** to lift sb onto. 6. (CULIN - *nata)* to whip; *(- claras, yemas)* to beat 7. (TEATRO) to stage. 8. (CIN) to cut, to edit. ◇ *vi* 1. *(subir)* to get on; *(en un coche)* to get in; **~ en** *(gen)* to get onto; *(coche)* to get into; *(animal)* to mount 2. *(ir montado)* to ride; **~ en bicicleta/a caballo** to ride a bicycle/a horse. ◆ **montarse** *vpr (gen)* to get on; *(en un coche)* to get in; *(en un animal)* to mount; **~se en** *(gen)* to get onto; *(coche)* to get into; *(animal)* to mount.

montaraz *adj* mountain *(antes de sust)*.

monte *m (elevación)* mountain; *(terreno)* woodland; **~ bajo** scrub ◆ **monte de piedad** *m* state pawnbroker's.

montepío *m* mutual aid society

montés *adj* wild.

Montevideo Montevideo.

montículo *m* hillock.

monto *m* total

montón *m* 1. *(pila)* heap, pile; **a** o **en ~** everything together o at once; **del ~**

fig run-of-the-mill. **2.** *fig (muchos)* loads; **un ~ de** loads of.

montura *f* **1.** *(cabalgadura)* mount. **2.** *(arreos)* harness; *(silla)* saddle. **3.** *(soporte - de gafas)* frame.

monumental *adj* **1.** *(ciudad, lugar)* famous for its monuments. **2.** *fig (fracaso etc)* monumental.

monumento *m* monument.

monzón *m* monsoon.

moña *f fam (borrachera)*: **coger una ~** to get smashed.

moño *m* bun *(of hair)*; **estar hasta el ~ (de)** to be sick to death (of).

MOPU *(abrev de Ministerio de Obras Públicas y Urbanismo) m* Spanish ministry of public works and town planning.

moquear *vi* to have a runny nose.

moqueta *f* fitted carpet.

mora *f* **1.** *(de la zarzamora)* blackberry. **2.** *(del moral)* mulberry.

morada *f* culto dwelling.

morado, -da *adj* purple ♦ **morado** *m (color)* purple.

moral ◊ *adj* moral. ◊ *f* **1.** *(ética)* morality. **2.** *(ánimo)* morale.

moraleja *f* moral.

moralizar *vi* to moralize.

morbo *m fam (placer malsano)* morbid pleasure.

morboso, -sa *adj* morbid.

morcilla *f* (CULIN) ≃ black pudding *Br*, ≃ blood sausage *Am*.

mordaz *adj* caustic, biting.

mordaza *f* gag

mordedura *f* bite.

morder ◊ *vt* **1.** *(con los dientes)* to bite. **2.** *(gastar)* to eat into. ◊ *vi* to bite; **estar que muerde** to be hopping mad. ♦ **morderse** *vpr*: **~se la lengua/las uñas** to bite one's tongue/nails.

mordida *f Méx fam (soborno)* bribe.

mordisco *m* bite.

mordisquear *vt* to nibble (at).

moreno, -na ◊ *adj* **1.** *(pelo, piel)* dark; *(por el sol)* tanned; **ponerse ~** to get a tan. **2.** *(pan, azúcar)* brown. ◊ *m y f (por el pelo)* dark-haired person; *(por la piel)* dark-skinned person.

morera *f* white mulberry.

moretón *m* bruise.

morfina *f* morphine.

moribundo, -da *adj* dying.

morir *vi* **1.** *(gen)* to die. **2.** *(río, calle)* to come out. **3.** *(fuego)* to die down; *(luz)* to go out; *(día)* to come to a close. ♦ **morirse** *vpr* **1.** *(fallecer)*: **~se (de)** to die (of). **2.** *fig (sentir con fuerza)*: **~se de**

envidia/ira to be burning with envy/rage; **me muero de ganas de ir a bailar** I'm dying to go dancing; **me muero de hambre/frío** I'm starving/freezing; **~se por algo** to be dying for sthg; **~se por alguien** to be crazy about sb.

mormón, -ona *adj, m y f* Mormon

moro, -ra ◊ *adj* (HIST) Moorish. ◊ *m y f* **1.** (HIST) Moor; **~s y cristianos** *traditional Spanish festival involving mock battle between Moors and Christians.* **2.** *(árabe)* Arab *(N.B.: the term 'moro' is considered to be racist).*

moroso, -sa (COM) ◊ *adj* defaulting ◊ *m y f* defaulter, bad debtor.

morral *m* (MIL) haversack; *(de cazador)* gamebag.

morrear *m fam vt & vi* to snog.

morriña *f (por el país de uno)* homesickness; *(por el pasado)* nostalgia.

morro *m* **1.** *(hocico)* snout. **2.** *fam (de coche, avión)* nose.

morsa *f* walrus.

morse *m (en aposición inv)* Morse *(code).*

mortadela *f* Mortadella.

mortaja *f* shroud.

mortal ◊ *adj* mortal; *(caída, enfermedad)* fatal; *(aburrimiento, susto, enemigo)* deadly. ◊ *m y f* mortal.

mortalidad *f* mortality.

mortandad *f* mortality.

mortero *m* mortar.

mortífero, -ra *adj* deadly

mortificar *vt* to mortify.

mortuorio, -ria *adj* death *(antes de sust).*

mosaico, -ca *adj* Mosaic. ♦ **mosaico** *m* mosaic.

mosca *f* fly; **por si las ~s** just in case; **¿qué ~ te ha picado?** what's up with you? ♦ **mosca muerta** *m y f* slyboots.

moscardón *m* (ZOOL) blowfly.

moscón *m* (ZOOL) bluebottle.

moscovita *adj, m y f* Muscovite.

Moscú Moscow.

mosquearse *vpr fam (enfadarse)* to get cross; *(sospechar)* to smell a rat

mosquete *m* musket.

mosquetero *m* musketeer.

mosquitero *m* mosquito net.

mosquito *m* mosquito.

mosso d'Esquadra *m* member of the Catalan police force.

mostacho *m* moustache.

mostaza *f* mustard.

mosto *m (residuo)* must; *(zumo de uva)* grape juice.

mostrador m *(en tienda)* counter; *(en bar)* bar.

mostrar vt to show. ◆ **mostrarse** vpr to appear, to show o.s.; **se mostró muy interesado** he expressed great interest

mota f *(de polvo)* speck; *(en una tela)* dot.

mote m nickname.

moteado, -da adj speckled; *(vestido)* dotted.

motel m motel.

motín m *(del pueblo)* uprising, riot; *(de las tropas)* mutiny.

motivación f motive, motivation (U).

motivar vt 1. *(causar)* to cause; *(impulsar)* to motivate 2. *(razonar)* to explain, to justify.

motivo m 1. *(causa)* reason, cause; *(de crimen)* motive; **con ~ de** *(por causa de)* because of; *(para celebrar)* on the occasion of; *(con el fin de)* in order to; **sin ~** for no reason. 2. (ARTE, LITER & MÚS) motif.

moto f motorbike Br, motorcycle.

motocicleta f motorbike, motorcycle.

motociclismo m motorcycling.

motociclista m y f motorcyclist.

motocross m motocross

motoneta f Amer scooter, moped.

motor (f **motora** o **motriz**) adj motor. ◆ **motor** m 1. *(aparato)* motor, engine. 2. *(fuerza)* dynamic force ◆ **motora** f motorboat.

motorismo m motorcycling.

motorista m y f motorcyclist.

motriz → motor.

mountain bike ['maunten 'bike] m (DEP) mountain biking.

mousse [mus] m inv (CULIN) mousse.

movedizo, -za adj *(movible)* movable, easily moved.

mover vt 1. *(gen & INFORM)* to move; *(mecánicamente)* to drive. 2. *(cabeza - afirmativamente)* to nod; *(- negativamente)* to shake. 3. *(suscitar)* to provoke. 4. fig *(empujar)*: **~ a alguien a algo/a hacer algo** to drive sb to sthg/to do sthg. ◆ **mover a** vi 1. *(incitar)* to incite to. 2. *(causar)* to provoke, to cause. ◆ **moverse** vpr 1. *(gen)* to move; *(en la cama)* to toss and turn. 2. *(darse prisa)* to get a move on.

movido, -da adj 1. *(debate, torneo)* lively; *(persona)* active, restless; *(jornada, viaje)* hectic. 2. (FOT) blurred, fuzzy. ◆ **movida** f fam *(ambiente)* scene; **la movida madrileña** the Madrid scene of the late 1970s.

móvil ◇ adj mobile, movable. ◇ m 1. *(motivo)* motive. 2. *(juguete)* mobile. 3. *(teléfono móvil)* mobile (phone).

movilidad f mobility.

movilizar vt to mobilize.

movimiento m 1. *(gen & POLÍT)* movement. 2. *(FÍS & TECN)* motion; **~ sísmico** earth tremor. 3. *(circulación - gen)* activity; *(- de personal, mercancías)* turnover; *(- de vehículos)* traffic; **~ de capital** cash flow. 4. *(MÚS - parte de la obra)* movement.

moviola f editing projector.

moza → mozo.

mozárabe ◇ adj Mozarabic, Christian in the time of Moorish Spain ◇ m *(lengua)* Mozarabic

mozo, -za ◇ adj *(joven)* young; *(soltero)* single. ◇ m y f young boy (f young girl), young lad (f young lass). ◆ **mozo** m 1. *(trabajador)* assistant (worker); **~ de estación** (station) porter. 2. *(recluta)* conscript. 3. Amer *(camarero)* waiter.

mu m *(mugido)* moo; **no decir ni ~** not to say a word.

mucamo, -ma m y f Andes & CSur servant.

muchacho, -cha m y f boy (f girl) ◆ **muchacha** f *(sirvienta)* maid.

muchedumbre f *(de gente)* crowd, throng; *(de cosas)* great number, masses *(pl)*

mucho, -cha ◇ adj 1. *(gran cantidad)* *(en sg)* a lot of; *(en pl)* many, a lot of; *(en interrogativas y negativas)* much, a lot of; **tengo ~ sueño** I'm very sleepy; **~s días** several days; **no tengo ~ tiempo** I haven't got much time. 2. *(en sg) (demasiado)*: **hay ~ niño aquí** there are too many kids here. ◇ pron *(en sg)* a lot; *(en pl)* many, a lot; **tengo ~ que contarte** I have a lot to tell you; **¿queda dinero? – no ~** is there any money left? – not much o not a lot; **~s piensan igual** a lot of o many people think the same. ◆ **mucho** adv 1. *(gen)* a lot; **habla ~** he talks a lot; **me canso ~** I get really o very tired; **me gusta ~** I like it a lot o very much; **no me gusta ~** I don't like it much; **(no) más tarde** (not) much later. 2. *(largo tiempo)*: **hace ~ que no vienes** I haven't seen you for a long time; **¿vienes ~ por aquí?** do you come here often?; **¿dura ~ la obra?** is the play long?; **~ antes/después** long before/after 3. loc: **como ~** at the most; **con ~** by far, easily; **ni ~ menos** by no means; **no está ni ~ menos**

decidido it is by no means decided.
♦ **por mucho que** *loc conj* no matter how much, however much; **por ~ que insistas** no matter how much o however much you insist.

mucosidad *f* mucus.

muda *f* (*ropa interior*) change of underwear.

mudanza *f* 1. (*cambio*) change; (*de carácter*) fickleness; (*de plumas, piel*) moulting. 2. (*de casa*) move; **estar de ~** to be moving.

mudar ◇ *vt* 1. (*gen*) to change; (*casa*) to move; **cuando mude la voz** when his voice breaks. 2. (*piel, plumas*) to moult. ◇ *vi* (*cambiar*): **~ de** (*opinión, color*) to change; (*domicilio*) to move.
♦ **mudarse** *vpr*: **~se** (**de casa**) to move (house); **~se** (**de ropa**) to change.

mudéjar *adj, m y f* Mudejar.

mudo, -da *adj* 1. (*sin habla*) dumb. 2. (*callado*) silent, mute; **se quedó ~** he was left speechless. 3. (*sin sonido*) silent.

mueble ◇ *m* piece of furniture; **los ~s** the furniture (*U*); **~ bar** cocktail cabinet. ◇ *adj* → **bien**.

mueca *f* (*gen*) face, expression; (*de dolor*) grimace.

muela *f* (*diente - gen*) tooth; (*- molar*) molar.

muelle *m* 1. (*de colchón, reloj*) spring. 2. (*en el puerto*) dock, quay; (*en el río*) wharf.

muera → **morir**.

muérdago *m* mistletoe.

muermo *m fam* bore, drag; **tener ~** to be bored.

muerte *f* 1. (*gen*) death; **de mala ~** third-rate, lousy. 2. (*homicidio*) murder.

muerto, -ta ◇ *pp* → **morir**. ◇ *adj* (*gen*) dead; **estar ~ de miedo/frío** to be scared/freezing to death; **estar ~ de hambre** to be starving. ◇ *m y f* dead person; (*cadáver*) corpse; **hubo dos ~s** two people died; **hacer el ~** to float on one's back.

muesca *f* 1. (*concavidad*) notch, groove. 2. (*corte*) nick.

muestra *f* 1. (*pequeña cantidad*) sample. 2. (*señal*) sign, show; (*prueba*) proof; (*de cariño, aprecio*) token; **dar ~s de** to show signs of. 3. (*modelo*) model, pattern. 4. (*exposición*) show, exhibition.

muestrario *m* collection of samples.

muestreo *m* sample; (*acción*) sampling.

mugido *m* (*de vaca*) moo, mooing (*U*); (*de toro*) bellow, bellowing (*U*).

mugir *vi* (*vaca*) to moo; (*toro*) to bellow.

mugre *f* filth, muck.

mugriento, -ta *adj* filthy.

mujer *f* woman; (*cónyuge*) wife; **~ de la limpieza** cleaning lady; **~ de negocios** businesswoman.

mujeriego, -ga *adj* fond of the ladies. ♦ **mujeriego** *m* womanizer.

mujerzuela *f despec* loose woman.

mulato, -ta *adj, m y f* mulatto.

muleta *f* 1. (*para andar*) crutch; *fig* prop, support. 2. (TAUROM) muleta, *red cape hanging from a stick used to tease the bull*.

Mulhacén *m*: **el ~** Mulhacén.

mullido, -da *adj* soft, springy.

mulo, -la *m y f* (ZOOL) mule.

multa *f* fine; **poner una ~ a alguien** to fine sb.

multar *vt* to fine.

multicopista *f* duplicator.

multimedia *adj inv* (INFORM) multimedia.

multimillonario, -ria *m y f* multimillionaire.

multinacional *adj & f* multinational.

múltiple *adj* (*variado*) multiple.
♦ **múltiples** *adj pl* (*numerosos*) many, numerous.

multiplicación *f* multiplication.

multiplicar *vt & vi* to multiply.
♦ **multiplicarse** *vpr* 1. (*esforzarse*) to do lots of things at the same time. 2. (BIOL) to multiply.

múltiplo, -pla *adj* multiple. ♦ **múltiplo** *m* multiple.

multitud *f* (*de personas*) crowd; **una ~ de cosas** loads of o countless things.

multitudinario, -ria *adj* extremely crowded; (*manifestación*) mass (*antes de sust*).

multiuso *adj inv* multipurpose.

mundanal *adj* worldly.

mundano, -na *adj* 1. (*del mundo*) worldly, of the world. 2. (*de la vida social*) (high) society.

mundial ◇ *adj* (*política, economía, guerra*) world (*antes de sust*); (*tratado, organización, fama*) worldwide. ◇ *m* World Championships (*pl*); (*en fútbol*) World Cup.

mundo *m* 1. (*gen*) world; **el tercer ~** the Third World; **se le cayó el ~ encima** his world fell apart; **todo el ~** everyone, everybody; **venir al ~** to come into the world, to be born.

2. *(experiencia)*: **hombre/mujer de ~** man/woman of the world.

munición *f* ammunition.

municipal ◊ *adj* town *(antes de sust)*; municipal; *(elecciones)* local; *(instalaciones)* public. ◊ *m y f* → **guardia**.

municipio *m* **1.** *(corporación)* town council. **2.** *(territorio)* town, municipality.

muñeco, -ca *m y f (juguete)* doll; *(marioneta)* puppet ◆ **muñeco** *m fig* puppet. ◆ **muñeca** *f* **1.** (ANAT) wrist **2.** *Amer fam (enchufe)*: **tener ~** to have friends in high places. ◆ **muñeco de nieve** *m* snowman.

muñequera *f* wristband.

muñón *m* stump

mural ◊ *adj (pintura)* mural; *(mapa)* wall. ◊ *m* mural.

muralla *f* wall.

murciélago *m* bat.

murmullo *m (gen)* murmur, murmuring *(U)*; *(de hojas)* rustle, rustling *(U)*; *(de insectos)* buzz, buzzing *(U)*.

murmuración *f* gossip *(U)*.

murmurar ◊ *vt* to murmur. ◊ *vi* **1.** *(susurrar - persona)* to murmur, to whisper; *(- agua, viento)* to murmur, to gurgle. **2.** *(criticar)*: **~ (de)** to gossip o backbite (about). **3.** *(rezongar, quejarse)* to grumble.

muro *m lit & fig* wall.

mus *m inv* card game played in pairs with bidding and in which players communicate by signs

musa *f (inspiración)* muse.

musaraña *f* (ZOOL) shrew; **mirar a las ~s** to stare into space o thin air.

muscular *adj* muscular.

musculatura *f* muscles *(pl)*.

músculo *m* muscle.

musculoso, -sa *adj* muscular.

museo *m* museum; **~ de arte** art gallery.

musgo *m* moss.

música → **músico**.

músico, -ca ◊ *adj* musical. ◊ *m y f (persona)* musician. ◆ **música** *f* music; **música ambiental** background music.

musitar *vt* to mutter, to mumble.

muslo *m* thigh; *(de pollo)* drumstick.

mustio, -tia *adj* **1.** *(flor, planta)* withered, wilted. **2.** *(persona)* gloomy.

musulmán, -ana *adj, m y f* Muslim.

mutación *f (cambio)* sudden change; (BIOL) mutation.

mutante *adj, m y f* mutant.

mutar *vt* to mutate.

mutilado, -da *adj* mutilated.

mutilar *vt (gen)* to mutilate; *(estatua)* to deface.

mutismo *m (silencio)* silence.

mutua → **mutuo**.

mutualidad *f (asociación)* mutual benefit society.

mutuo, -tua *adj* mutual. ◆ **mutua** *f* mutual benefit society.

muy *adv* very; **~ bueno/cerca** very good/near; **~ de mañana** very early in the morning; **¡~ bien!** *(vale)* OK!, all right!; *(qué bien)* very good!, well done!; **eso es ~ de ella** that's just like her; **eso es ~ de los americanos** that's typically American; **¡el ~ idiota!** what an idiot!

n, N *f (letra)* n, N. ◆ **N** *m*: **el 20 N** *20th November, the date of Franco's death.*

n/ *abrev de* **nuestro.**

nabo *m* turnip.

nácar *m* mother-of-pearl.

nacer *vi* **1.** *(venir al mundo - niño, animal)* to be born; *(- planta)* to sprout; *(- pájaro)* to hatch (out); **~ de/en** to be born of/in; **~ para algo** to be born to be sthg; **ha nacido cantante** she's a born singer. **2.** *(surgir - pelo)* to grow; *(- río)* to rise; *(- costumbre, actitud, duda)* to have its roots.

nacido, -da ◊ *adj* born. ◊ *m y f*: **los ~s hoy** those born today; **recién ~** new-born baby; **ser un mal ~** to be a wicked o vile person.

naciente *adj* **1.** *(día)* dawning; *(sol)* rising. **2.** *(gobierno, estado)* new, fledgling; *(interés)* growing.

nacimiento *m* **1.** *(gen)* birth; *(de planta)* sprouting; **de ~** from birth. **2.** *(de río)* source. **3.** *(origen)* origin, beginning. **4.** *(belén)* Nativity scene.

nación *f (gen)* nation; *(territorio)* country ◆ **Naciones Unidas** *fpl* United Nations.

nacional *adj* national; *(mercado, vuelo)* domestic; *(asuntos)* home *(antes de sust)*.

nacionalidad *f* nationality.

nacionalismo *m* nationalism.

nacionalista *adj, m y f* nationalist.

nacionalizar *vt* **1.** *(banca, bienes)* to

nationalize. **2.** *(persona)* to naturalize.
♦ **nacionalizarse** *vpr* to become naturalized.

nada ◊ *pron* nothing; *(en negativas)* anything; **no he leído ~ de este autor** I haven't read anything by this author; **~ más** nothing else, nothing more; **no quiero ~ más** I don't want anything else; **no dijo ~ de ~** he didn't say anything at all; **de ~** *(respuesta a 'gracias')* you're welcome; **como si ~** as if nothing had happened. ◊ *adv* **1.** *(en absoluto)* at all; **la película no me ha gustado ~** I didn't like the film at all. **2.** *(poco)* a little, a bit; **no hace ~ que salió** he left just a minute ago; **~ menos que** *(cosa)* no less than; *(persona)* none other than. ◊ *f*: **la ~** nothingness, the void. ♦ **nada más** *loc conj* no sooner, as soon as; **~ más salir de casa se puso a llover** no sooner had I left the house than it started to rain, as soon as I left the house, it started to rain.

nadador, -ra *m y f* swimmer.

nadar *vi (gen)* to swim; *(flotar)* to float.

nadería *f* trifle, little thing.

nadie *pron* nobody, no one; **~ lo sabe** nobody knows; **no se lo dije a ~** I didn't tell anybody; **no ha llamado ~** nobody phoned.

nado ♦ **a nado** *loc adv* swimming.

nafta *f* CSur *(gasolina)* petrol Br, gasoline Am.

naïf [na'if] *adj* naïve, primitivistic.

nailon, nilón, nylon® *m* nylon.

naipe *m (playing)* card. ♦ **naipes** *mpl* cards.

nalga *f* buttock.

nana *f (canción)* lullaby.

naranja ◊ *adj inv* orange. ◊ *m (color)* orange. ◊ *f (fruto)* orange. ♦ **media naranja** *f fam fig* other ◊ better half.

naranjo *m (árbol)* orange tree.

narciso *m* (BOT) narcissus.

narcótico, -ca *adj* narcotic. ♦ **narcótico** *m* narcotic; *(droga)* drug.

narcotizar *vt* to drug.

narcotraficante *m y f* drug trafficker.

narcotráfico *m* drug trafficking.

nardo *m* nard, spikenard.

narigudo, -da *adj* big-nosed.

nariz *f* **1.** *(órgano)* nose. **2.** *(orificio)* nostril **3.** *fig (olfato)* sense of smell. **4.** *loc*: **estar hasta las narices de (algo)** to be fed up to the back teeth (with sthg); **meter las narices en algo** to poke ◊ stick one's nose into sthg.

narración *f* **1.** *(cuento, relato)* narra-

tive, story. **2.** *(acción)* narration.

narrador, -ra *m y f* narrator.

narrar *vt (contar)* to recount, to tell.

narrativo, -va *adj* narrative. ♦ **narrativa** *f* narrative.

nasal *adj* nasal.

nata *f* **1.** *(gen & fig)* cream; **~ batida** ◊ **montada** whipped cream. **2.** *(de leche hervida)* skin.

natación *f* swimming.

natal *adj (país)* native; *(ciudad, pueblo)* home *(antes de sust)*

natalicio *m (cumpleaños)* birthday.

natalidad *f* birth rate.

natillas *fpl* custard *(U)*

nativo, -va *adj, m y f* native.

nato, -ta *adj (gen)* born; *(cargo, título)* ex officio.

natural ◊ *adj* **1.** *(gen)* natural; *(flores, fruta, leche)* fresh; **al ~** *(persona)* in one's natural state; *(fruta)* in its own juice; **ser ~ en alguien** to be natural ◊ normal for sb. **2.** *(nativo)* native; **ser ~ de** to come from. ◊ *m y f (nativo)* native. ◊ *m (talante)* nature, disposition.

naturaleza *f* **1.** *(gen)* nature; **por ~** by nature. **2.** *(complexión)* constitution.

naturalidad *f* naturalness; **con ~** naturally

naturalizar *vt* to naturalize. ♦ **naturalizarse** *vpr* to become naturalized.

naturista *m y f person favouring return to nature.*

naufragar *vi (barco)* to sink, to be wrecked; *(persona)* to be shipwrecked.

naufragio *m (de barco)* shipwreck.

náufrago, -ga *m y f* castaway.

náusea *f (gen pl)* nausea *(U)*, sickness *(U)*; **me da ~s** it makes me sick.

nauseabundo, -da *adj* nauseating.

náutico, -ca *adj (gen)* nautical; (DEP) water *(antes de sust)*. ♦ **náutica** *f* navigation, seamanship.

navaja *f* **1.** *(cuchillo - pequeño)* penknife; *(- más grande)* jackknife. **2.** *(molusco)* razor-shell.

navajero, -ra *m y f thug who carries a knife.*

naval *adj* naval.

Navarra Navarre.

navarro, -rra *adj, m y f* Navarrese.

nave *f* **1.** *(barco)* ship; **quemar las ~s** to burn one's boats ◊ bridges. **2.** *(vehículo)* craft; **~ espacial** spaceship. **3.** *(de fábrica)* shop, plant; *(almacén)* warehouse. **4.** *(de iglesia)* nave.

navegación *f* navigation.

navegador *m* (INFORM) browser.

navegante *m y f* navigator.

navegar *vi & vt (barco)* to sail; *(avión)* to fly.

Navidad *f* 1. *(día)* Christmas (Day). 2. *(gen pl) (periodo)* Christmas (time); **felices Navidades** Merry Christmas.

navideño, -ña *adj* Christmas *(antes de sust)*.

naviero, -ra *adj* shipping. ◆ **naviero** *m (armador)* shipowner. ◆ **naviera** *f (compañía)* shipping company.

navío *m* large ship.

nazi *adj, m y f* Nazi.

nazismo *m* Nazism.

neblina *f* mist.

nebuloso, -sa *adj* 1. *(con nubes)* cloudy; *(de niebla)* foggy. 2. *fig (idea, mirada)* vague. ◆ **nebulosa** *f* (ASTRON) nebula.

necedad *f* 1. *(estupidez)* stupidity, foolishness. 2. *(dicho, hecho)* stupid o foolish thing; **decir ~es** to talk nonsense.

necesario, -ria *adj* necessary; **es ~ hacerlo** it needs to be done; **no es ~ que lo hagas** you don't need to do it; **si fuera ~** if need be.

neceser *m* toilet bag o case.

necesidad *f* 1. *(gen)* need. 2. *(obligación)* necessity; **por ~** out of necessity. 3. *(hambre)* hunger. ◆ **necesidades** *fpl*: **hacer (uno) sus necesidades** *eufemismo* to answer the call of nature.

necesitado, -da ◇ *adj* needy. ◇ *m y f* needy o poor person; **los ~s** the poor.

necesitar *vt* to need; **necesito que me lo digas** I need you to tell me; **'se necesita piso'** 'flat wanted'. ◆ **necesitar de** *vi* to have need of.

necio, -cia *adj* stupid, foolish.

necrología *f* obituary; *(lista de esquelas)* obituary column.

néctar *m* nectar.

nectarina *f* nectarine.

nefasto, -ta *adj* *(funesto)* ill-fated; *(dañino)* bad, harmful; *(pésimo)* terrible, awful.

negación *f* 1. *(desmentido)* denial. 2. *(negativa)* refusal. 3. *(lo contrario)* antithesis, negation. 4. (GRAM) negative.

negado, -da *adj* useless.

negar *vt* 1. *(rechazar)* to deny 2. *(denegar)* to refuse, to deny; **~le algo a alguien** to refuse o deny sb sthg. ◆ **negarse** *vpr*: **~se (a)** to refuse (to).

negativo, -va *adj (gen)* negative.

◆ **negativo** *m* (FOT) negative. ◆ **negativa** *f* 1. *(rechazo)* refusal. 2. *(mentís)* denial.

negligencia *f* negligence.

negligente *adj* negligent.

negociable *adj* negotiable.

negociación *f* negotiation.

negociante *m y f (comerciante)* businessman *(f* businesswoman).

negociar ◇ *vi* 1. *(comerciar)* to do business; **~ con** to deal o trade with 2. *(discutir)* to negotiate. ◇ *vt* to negotiate.

negocio *m* 1. *(gen)* business; **el mundo de los ~s** the business world. 2. *(transacción)* deal, (business) transaction; **~ sucio** shady deal. 3. *(operación ventajosa)* good deal, bargain; **hacer ~** to do well. 4. *(comercio)* trade.

negra → **negro**.

negrero, -ra *m y f* 1. (HIST) slave trader. 2. *fig (explotador)* slave driver.

negrita, negrilla → **letra**.

negro, -gra ◇ *adj* 1. *(gen)* black. 2. *(furioso)* furious; **ponerse ~** to get mad o angry. 3. (CIN): **cine ~** film noir. ◇ *m y f* black man *(f* black woman). ◆ **negro** *m (color)* black. ◆ **negra** *f* 1. (MÚS) crotchet. 2. *loc*: **tener la negra** to have bad luck.

negrura *f* blackness.

nene, -na *m y f fam (niño)* baby.

nenúfar *m* water lily.

neocelandés, -esa, neozelandés, -esa *m y f* New Zealander.

neologismo *m* neologism.

neón *m* (QUÍM) neon.

neoyorquino, -na ◇ *adj* New York *(antes de sust)*, of/relating to New York. ◇ *m y f* New Yorker.

neozelandés, -esa = **neocelandés**.

Nepal: **el ~** Nepal.

Neptuno Neptune.

nervio *m* 1. (ANAT) nerve. 2. *(de carne)* sinew. 3. *(vigor)* energy, vigour. ◆ **nervios** *mpl (estado mental)* nerves; **tener ~s** to be nervous; **poner los ~s de punta a alguien** to get on sb's nerves; **tener los ~s de punta** to be on edge.

nerviosismo *m* nervousness, nerves *(pl)*.

nervioso, -sa *adj* 1. (ANAT - *sistema, enfermedad)* nervous; *(- tejido, célula, centro)* nerve *(antes de sust)*. 2. *(inquieto)* nervous; **ponerse ~** to get nervous. 3. *(irritado)* worked-up; **ponerse ~** to get uptight o worked up.

nervudo, -da *adj* sinewy.

neto, -ta *adj* 1. *(claro)* clear, clean;

(verdad) simple, plain. 2. *(peso, sueldo)* net.

neumático, -ca *adj* pneumatic.
♦ **neumático** *m* tyre; **~ de repuesto** spare tyre.

neumonía *f* pneumonia.

neurálgico, -ca *adj* 1. (MED) neuralgic. 2. *fig (importante)* critical.

neurastenia *f* nervous exhaustion.

neurología *f* neurology.

neurólogo, -ga *m y f* neurologist.

neurona *f* neuron, nerve cell.

neurosis *f inv* neurosis.

neurótico, -ca *adj, m y f* neurotic.

neutral *adj, m y f* neutral.

neutralidad *f* neutrality.

neutralizar *vt* to neutralize.

neutro, -tra *adj* 1. *(gen)* neutral. 2. (BIOL & GRAM) neuter.

neutrón *m* neutron.

nevado, -da *adj* snowy. ♦ **nevada** *f* snowfall

nevar *v impers* to snow.

nevera *f* fridge *Br*, icebox *Am*.

nevisca *f* snow flurry.

nexo *m* link, connection; *(relación)* relation, connection.

ni ◇ *conj*: **~ ... ~ ...** neither ... nor ...; **~ mañana ~ pasado** neither tomorrow nor the day after; **no ... ~ ...** neither ... nor ..., not ... or ... (either); **no es alto ~ bajo** he's neither tall nor short, he's not tall or short (either); **no es rojo ~ verde ~ azul** it's neither red nor green nor blue; **~ un/una ...** not a single ...; **no me quedaré ~ un minuto más** I'm not staying a minute longer; **~ uno/una** not a single one; **no he aprobado ~ una** I haven't passed a single one; **~ que** as if; **¡~ que yo fuera tonto!** as if I were that stupid! ◇ *adv* not even; **anda tan atareado que ~ tiene tiempo para comer** he's so busy he doesn't even have time to eat.

Nicaragua Nicaragua.

nicaragüense *adj, m y f* Nicaraguan.

nicho *m* niche.

nicotina *f* nicotine.

nido *m (gen)* nest.

niebla *f (densa)* fog; *(neblina)* mist; **hay ~** it's foggy.

nieto, -ta *m y f* grandson (*f* granddaughter).

nieve *f* (METEOR) snow. ♦ **nieves** *fpl (nevada)* snows, snowfall (*sg*).

NIF *(abrev de* número de identificación fiscal) *m* ≈ National Insurance number *Br*, *identification number for tax purposes.*

Nilo *m*: **el ~** the (river) Nile.

nilón = **nailon**.

nimiedad *f* 1. *(cualidad)* insignificance, triviality. 2. *(dicho, hecho)* trifle

nimio, -mia *adj* insignificant, trivial.

ninfa *f* nymph.

ninfómana *f* nymphomaniac.

ninguno, -na ◇ *adj (antes de sust masculino:* ningún) no; **ninguna respuesta se dio** no answer was given; **no tengo ningún interés en hacerlo** I've no interest in doing it, I'm not at all interested in doing it; **no tengo ningún hijo/ninguna buena idea** I don't have any children/good ideas; **no tiene ninguna gracia** it's not funny. ◇ *pron (cosa)* none, not any; *(persona)* nobody, no one; **~ funciona** none of them works; **no hay ~** there aren't any, there are none; **~ lo sabrá** no one O nobody will know; **~ de** none of; **~ de ellos** none of them; **~ de los dos** neither of them.

niña → **niño**.

niñería *f* 1. *(cualidad)* childishness (*U*) 2. *fig (tontería)* silly O childish thing.

niñero, -ra *adj* fond of children.
♦ **niñera** *f* nanny.

niñez *f (infancia)* childhood.

niño, -ña ◇ *adj* young. ◇ *m y f (crío)* child, boy (*f* girl); *(bebé)* baby; **los ~s** the children; **~ bien** *despec* spoilt brat; **~ prodigio** child prodigy; **ser el ~ bonito de alguien** to be sb's pet O blue-eyed boy. ♦ **niña** *f (del ojo)* pupil; **la niña de los ojos** *fig* the apple of one's eye

nipón, -ona *adj, m y f* Japanese.

níquel *m* nickel.

niquelar *vt* to nickel-plate.

niqui *m* T-shirt.

níspero *m* medlar.

nitidez *f* clarity; *(de imágenes, colores)* sharpness.

nítido, -da *adj* clear; *(imágenes, colores)* sharp.

nitrato *m* nitrate.

nitrógeno *m* nitrogen

nivel *m* 1. *(gen)* level; *(altura)* height; **al ~ de** level with; **al ~ del mar** at sea level. 2. *(grado)* level, standard; **al mismo ~ (que)** on a level O par (with); **a ~ europeo** at a European level; **~ de vida** standard of living

nivelador, -ra *adj* levelling. ♦ **niveladora** *f* bulldozer.

nivelar *vt* 1. *(allanar)* to level. 2. *(equilibrar)* to even out; (FIN) to balance.

no ◇ *adv* 1. *(expresa negación - gen)*

not; (- *en respuestas*) no; (- *con sustantivos*) non; ~ **sé** I don't know; ~ **veo nada** I can't see anything; ~ **es fácil** it's not easy, it isn't easy; ~ **tiene dinero** he has no money, he hasn't got any money; **todavía** ~ not yet; ¿~ **vienes?** - ~, ~ **creo** aren't you coming? - no, I don't think so; ~ **fumadores** non-smokers; ~ **bien** as soon as; ~ **ya** ... **sino que** ... not only .. but (also) ...; ¡**a que ~ lo haces!** I bet you don't do it!; ¿**cómo ~?** of course; **pues ~, eso sí que ~** certainly not; ¡**que ~!** I said no! 2. (*expresa duda, extrañeza*): ¿~ **irás a venir?** you're not coming, are you?; **estamos de acuerdo, ¿~?** we're agreed then, are we?; **es español, ¿~?** he's Spanish, isn't he? ◇ **m** no.

n.° (*abrev de número*) no.

nobiliario, -ria *adj* noble.

noble *adj, m y f* noble; **los ~s** the nobility

nobleza *f* nobility.

noche *f* night; (*atardecer*) evening; **ayer por la ~** last night; **esta ~** tonight; **hacer ~ en** to stay the night in; **hacerse de ~** to get dark; **por la ~, de ~** at night; **buenas ~s** (*despedida*) good night; (*saludo*) good evening; **de la ~ a la mañana** overnight.

Nochebuena *f* Christmas Eve.

nochero *m Amer* 1. (*vigilante*) night watchman. 2. (*mesita*) bedside table.

Nochevieja *f* New Year's Eve.

noción *f* (*concepto*) notion; **tener ~ (de)** to have an idea (of). ◆ **nociones** *fpl* (*conocimiento básico*): **tener nociones de** to have a smattering of.

nocivo, -va *adj* (*gen*) harmful; (*gas*) noxious

noctámbulo, -la *m y f* night owl.

nocturno, -na *adj* 1. (*club, tren, vuelo*) night (*antes de sust*); (*clase*) evening (*antes de sust*). 2. (*animales, plantas*) nocturnal.

nodriza *f* wet nurse.

Noel → **papá**

nogal *m* walnut.

nómada ◇ *adj* nomadic. ◇ *m y f* nomad.

nomás *adv Amer* just; **está ahí ~** it's just over there; **falta una semana ~** there's only one week to go.

nombramiento *m* appointment.

nombrar *vt* 1. (*citar*) to mention. 2. (*designar*) to appoint.

nombre *m* 1. (*gen*) name; ~ **y apellidos** full name; ~ **compuesto** compound name; ~ **de pila** first o Christian name; ~ **de soltera** maiden name; **en ~**

de on behalf of. 2. (*fama*) reputation; **tener mucho ~** to be renowned o famous. 3. (GRAM) noun; ~ **común/propio** common/proper noun.

nomenclatura *f* nomenclature.

nómina *f* 1. (*lista de empleados*) payroll. 2. (*hoja de salario*) payslip

nominal *adj* nominal.

nominar *vt* to nominate.

nomo, gnomo *m* gnome.

non *m* odd number. ◆ **nones** *adv* (*no*) no way.

nonagésimo, -ma *núm* ninetieth

nordeste *adj & m* = **noreste**.

nórdico, -ca *adj* 1. (*del norte*) northern, northerly. 2. (*escandinavo*) Nordic

noreste, nordeste ◇ *adj* (*posición, parte*) northeast, northeastern; (*dirección, viento*) northeasterly. ◇ *m* northeast.

noria *f* 1. (*para agua*) water wheel. 2. (*de feria*) big wheel *Br*, Ferris wheel.

norma *f* standard; (*regla*) rule; **es la ~ hacerlo así** it's usual to do it this way.

normal *adj* normal.

normalidad *f* normality.

normalizar *vt* 1. (*volver normal*) to return to normal. 2. (*estandarizar*) to standardize. ◆ **normalizarse** *vpr* to return to normal.

normativo, -va *adj* normative. ◆ **normativa** *f* regulations (*pl*).

noroeste ◇ *adj* (*posición, parte*) northwest, northwestern; (*dirección, viento*) northwesterly. ◇ *m* northwest.

norte ◇ *adj* (*posición, parte*) north, northern; (*dirección, viento*) northerly. ◇ *m* (GEOGR) north.

norteamericano, -na *adj, m y f* North American, American.

Noruega Norway.

noruego, -ga *adj, m y f* Norwegian. ◆ **noruego** *m* (*lengua*) Norwegian.

nos *pron pers* 1. (*complemento directo*) us; **le gustaría vernos** she'd like to see us 2. (*complemento indirecto*) (to) us; ~ **lo dio** he gave it to us; ~ **tiene miedo** he's afraid of us. 3. (*reflexivo*) ourselves. 4. (*recíproco*) each other; ~ **enamoramos** we fell in love (with each other).

nosocomio *m Amer* hospital.

nosotros, -tras *pron pers* 1. (*sujeto*) we. 2. (*predicado*): **somos ~** it's us. 3. (*después de prep*) (*complemento*) us; **vente a comer con ~** come and eat with us. 4. *loc*: **entre ~** between you and me.

nostalgia *f* (*del pasado*) nostalgia; (*de país, amigos*) homesickness.

nota f 1. (gen & MÚS) note; **tomar ~ de algo** (apuntar) to note sthg down; (fijarse) to take note of sthg; **~ dominante** prevailing mood. 2. (EDUC) mark; **sacar** o **tener buenas ~s** to get good marks. 3. (cuenta) bill. 4. loc: **dar la ~** to make o.s. conspicuous.

notable ◊ adj remarkable, outstanding. ◊ m (EDUC) merit, second class.

notar vt 1. (advertir) to notice; **te noto cansado** you look tired to me; **hacer ~ algo** to point sthg out. 2. (sentir) to feel. ♦ **notarse** vpr to be apparent; **se nota que le gusta** you can tell she likes it.

notaría f (oficina) notary's office.

notario, -ria m y f notary (public).

noticia f news (U); **una ~** a piece of news; **¿tienes ~s suyas?** have you heard from him? ♦ **noticias** fpl: **las ~s** (RADIO & TV) the news.

notificación f notification.

notificar vt to notify, to inform.

notoriedad f (fama) fame.

notorio, -ria adj 1. (evidente) obvious. 2. (conocido) widely-known.

novato, -ta ◊ adj inexperienced. ◊ m y f novice, beginner.

novecientos, -tas núm nine hundred; ver también **seis**.

novedad f 1. (cualidad - de nuevo) newness; (- de novedoso) novelty. 2. (cambio) change. 3. (noticia) news (U); **sin ~** without incident; (MIL) all quiet. ♦ **novedades** fpl (libros, discos) new releases; (moda) latest fashion (sg).

novedoso, -sa adj novel, new

novel adj new, first-time.

novela f novel; **~ policíaca** detective story.

novelesco, -ca adj 1. (de la novela) fictional. 2. (fantástico) fantastic.

novelista m y f novelist.

noveno, -na núm ninth.

noventa núm ninety; **los (años) ~** the nineties; ver también **seis**.

noviazgo m engagement

noviembre m November; ver también **septiembre**.

novillada f (TAUROM) bullfight with young bulls.

novillo, -lla m y f young bull or cow; **hacer ~s** fam to play truant Br, to play hooky Am.

novio, -via m y f 1. (compañero) boyfriend (f girlfriend). 2. (prometido) fiancé (f fiancée). 3. (recién casado) bridegroom (f bride); **los ~s** the newly-weds.

nubarrón m storm cloud.

nube f 1. (gen) fig cloud; **poner algo/ a alguien por las ~s** fig to praise sthg/ sb to the skies; **por las ~s** (caro) sky-high, terribly expensive. 2. (de personas, moscas) swarm.

nublado, -da adj 1. (encapotado) cloudy, overcast 2. fig (turbado) clouded.

nublar vt lit & fig to cloud. ♦ **nublarse** vpr 1. (suj: cielo) to cloud over. 2. fig (turbarse, oscurecerse) to become clouded.

nubosidad f cloudiness, clouds (pl)

nuca f nape, back of the neck.

nuclear adj nuclear.

núcleo m 1. (centro) nucleus; fig centre. 2. (grupo) core.

nudillo m knuckle.

nudismo m nudism.

nudo m 1. (gen) knot; **se le hizo un ~ en la garganta** she got a lump in her throat. 2. (cruce) junction. 3. fig (vínculo) tie, bond. 4. fig (punto principal) crux.

nudoso, -sa adj knotty, gnarled.

nuera f daughter-in-law.

nuestro, -tra ◊ adj poses our; **~ coche** our car; **este libro es ~** this book is ours, this is our book; **un amigo ~** a friend of ours; **no es asunto ~** it's none of our business. ◊ pron poses: **el ~** ours; **el ~ es rojo** ours is red; **esta es la nuestra** fam this is the chance we have been waiting for; **lo ~ es el teatro** (lo que nos va) theatre is what we should be doing; **los ~s** fam (nuestra familia) our folks; (nuestro bando) our lot, our side.

nueva → **nuevo**.

Nueva York New York.

Nueva Zelanda New Zealand.

nueve núm nine; ver también **seis**.

nuevo, -va ◊ adj (gen) new; (patatas, legumbres) new, fresh; (vino) young; **ser ~ en** to be new to. ◊ m y f newcomer. ♦ **buena nueva** f good news (U). ♦ **de nuevo** loc adv again.

nuez f 1. (BOT) (gen) nut; (de nogal) walnut. 2. (ANAT) Adam's apple. ♦ **nuez moscada** f nutmeg

nulidad f 1. (no validez) nullity. 2. (ineptitud) incompetence.

nulo, -la adj 1. (sin validez) null and void. 2. fam (incapacitado): **~ (para)** useless (at).

núm. (abrev de **número**) No.

numeración f 1. (acción) numbering.

2. *(sistema)* numerals *(pl)*, numbers *(pl)*.

numeral *adj* numeral.

numerar *vt* to number.

numérico, -ca *adj* numerical.

número *m* **1.** *(gen)* number; **~ de matrícula** (AUTOM) registration number; **~ redondo** round number; **en ~s rojos** in the red; **hacer ~s** to reckon up. **2.** *(tamaño, talla)* size. **3.** *(de publicación)* issue; **~ atrasado** back number **4.** *(de lotería)* ticket. **5.** *(de un espectáculo)* turn, number; **montar el ~** *fam* to make o cause a scene

numeroso, -sa *adj* numerous; **un grupo ~** a large group.

nunca *adv* *(en frases afirmativas)* never; *(en frases negativas)* ever; **casi ~ viene** he almost never comes, he hardly ever comes; **¿~ le has visto?** have you never seen her?, haven't you ever seen her?; **más que ~** more than ever; **~ jamás** o **más** never more o again.

nuncio *m* nuncio.

nupcial *adj* wedding *(antes de sust)*.

nupcias *fpl* wedding *(sg)*, nuptials.

nutria *f* otter.

nutrición *f* nutrition.

nutrido, -da *adj* **1.** *(alimentado)* nourished; **mal ~** undernourished. **2.** *(numeroso)* large.

nutrir *vt* **1.** *(alimentar)*: **~ (con** o **de)** to nourish o feed (with). **2.** *fig (fomentar)* to feed, to nurture. **3.** *fig (suministrar)*: **~ (de)** to supply (with). ♦ **nutrirse** *vpr* **1.** *(gen)*: **~se de** o **con** to feed on. **2.** *fig (proveerse)*: **~se de** o **con** to supply o provide o.s. with.

nutritivo, -va *adj* nutritious.

nylon® ['nailon] = **nailon**.

ñ, Ñ *f (letra)* ñ, Ñ, *15th letter of the Spanish alphabet.*

ñoñería, ñoñez *f* inanity, insipidness *(U)*.

ñoño, -ña *adj* **1.** *(remilgado)* squeamish; *(quejica)* whining **2.** *(soso)* dull, insipid.

ñudo *Amer* ♦ **al ñudo** *loc adv* in vain.

o¹, O *f (letra)* o, O.

o² *conj* ('u' en vez de 'o' antes de palabras que empiezan por 'o' u 'ho') or; **~ ... ~** either ... or; **~ sea (que)** in other words

o/ *abrev de* **orden**.

oasis *m inv lit & fig* oasis.

obcecar *vt* to blind. ♦ **obcecarse** *vpr* to become stubborn; **~se en hacer algo** to insist on doing sthg.

obedecer ◇ *vt*: **~ (a alguien)** to obey (sb). ◇ *vi* **1.** *(acatar)* to obey. **2.** *(someterse)*: **~ a** to respond to. **3.** *(estar motivado)*: **~ a** to be due to.

obediencia *f* obedience.

obediente *adj* obedient

obertura *f* overture

obesidad *f* obesity

obeso, -sa *adj* obese

óbice *m*: **no ser ~ para** not to be an obstacle to.

obispo *m* bishop.

objeción *f* objection; **poner objeciones a** to raise objections to; **tener objeciones** to have objections; **~ de conciencia** conscientious objection.

objetar *vt* to object to; **no tengo nada que ~** I have no objection

objetivo, -va *adj* objective. ♦ **objetivo** *m* **1.** *(finalidad)* objective, aim. **2.** (MIL) target **3.** (FOT) lens.

objeto *m* **1.** *(gen)* object; **ser ~ de** to be the object of; **~s de valor** valuables; **~s perdidos** lost property *(U)*. **2.** *(propósito)* purpose, object; **sin ~** *(inútilmente)* to no purpose, pointlessly; **al** o **con ~ de** *(para)* in order to.

objetor, -ra *m y f* objector; **~ de conciencia** conscientious objector.

oblicuo, -cua *adj* *(inclinado)* oblique; *(mirada)* sidelong.

obligación *f* **1.** *(gen)* obligation, duty; **por ~** out of a sense of duty. **2.** (FIN) *(gen pl)* bond, security

obligar *vt*: **~ a alguien (a hacer algo)** to oblige o force sb (to do sthg). ♦ **obligarse** *vpr*: **~se a hacer algo** to undertake to do sthg.

obligatorio, -ria *adj* obligatory, compulsory.

oboe *m* *(instrumento)* oboe.

obra *f* **1.** *(gen)* work *(U)*; **es ~ suya** it's

his doing; **poner en ~** to put into effect; **~ de caridad** *(institución)* charity; **~s sociales** community work *(U)*; **por ~ (y gracia) de** thanks to. **2.** (ARTE) work (of art); (TEATRO) play; (LITER) book; (MÚS) opus; **~ maestra** masterpiece; **~s completas** complete works. **3.** (CONSTR) *(lugar)* building site; *(reforma)* alteration; **'~s'** *(en carretera)* 'roadworks'; **~s públicas** public works.

obrar ◇ *vi* **1.** *(actuar)* to act. **2.** *(causar efecto)* to work, to take effect. **3.** *(estar en poder)*: **~ en manos de** to be in the possession of. ◇ *vt* to work.

obrero, -ra ◇ *adj (clase)* working; *(movimiento)* labour *(antes de sust)*. ◇ *m y f (en fábrica)* worker; *(en obra)* workman; **~ cualificado** skilled worker.

obscenidad *f* obscenity.

obsceno, -na *adj* obscene.

obscurecer = oscurecer.

obscuridad = oscuridad.

obscuro, -ra = oscuro.

obsequiar *vt*: **~ a alguien con algo** to present sb with sthg.

obsequio *m* gift, present.

observación *f* **1.** *(gen)* observation. **2.** *(nota)* note. **3.** *(cumplimiento)* observance.

observador, -ra ◇ *adj* observant. ◇ *m y f* observer.

observar *vt* **1.** *(contemplar)* to observe, to watch. **2.** *(advertir)* to notice, to observe. **3.** *(acatar - ley, normas)* to observe; *(- conducta, costumbre)* to follow. ◆ **observarse** *vpr* to be noticed.

observatorio *m* observatory.

obsesión *f* obsession.

obsesionar *vt* to obsess. ◆ **obsesionarse** *vpr* to be obsessed.

obsesivo, -va *adj* obsessive.

obseso, -sa ◇ *adj* obsessed. ◇ *m y f* obsessed o obsessive person.

obstaculizar *vt* to hinder, to hamper.

obstáculo *m* obstacle; **un ~ para** an obstacle to; **poner ~s a algo/alguien** to hinder sthg/sb.

obstante ◆ no obstante *loc adv* nevertheless, however.

obstetricia *f* obstetrics *(U)*.

obstinado, -da *adj (persistente)* persistent; *(terco)* obstinate, stubborn.

obstinarse *vpr* to refuse to give way; **~ en** to persist in.

obstrucción *f lit & fig* obstruction.

obstruir *vt* **1.** *(bloquear)* to block, to obstruct **2.** *(obstaculizar)* to obstruct,

to impede. ◆ **obstruirse** *vpr* to get blocked (up).

obtener *vt (beca, puntos)* to get; *(premio, victoria)* to win; *(ganancias)* to make; *(satisfacción)* to gain.

obturar *vt* to block

obtuso, -sa *adj* **1.** *(sin punta)* blunt. **2.** *fig (tonto)* obtuse, stupid

obús *(pl* obuses) *m (proyectil)* shell.

obviar *vt* to avoid, to get round.

obvio, -via *adj* obvious.

oca *f (animal)* goose.

ocasión *f* **1.** *(oportunidad)* opportunity, chance. **2.** *(momento)* moment, time; *(vez)* occasion; **en dos ocasiones** on two occasions; **en alguna ~.** sometimes; **en cierta ~** once; **en otra ~** some other time. **3.** *(motivo)*: **con ~ de** on the occasion of. **4.** *(ganga)* bargain; **de ~** *(precio, artículos etc)* bargain *(antes de sust)*.

ocasional *adj* **1.** *(accidental)* accidental. **2.** *(irregular)* occasional.

ocasionar *vt* to cause.

ocaso *m* **1.** *(puesta del sol)* sunset. **2.** *fig (decadencia)* decline.

occidental *adj* western.

occidente *m* west. ◆ **Occidente** *m (bloque de países)* the West.

OCDE *(abrev de* **Organización para la Cooperación y el Desarrollo Económico)** *f* OECD.

Oceanía Oceania.

océano *m* ocean; *fig (inmensidad)* sea, host.

ochenta *núm* eighty; **los (años) ~** the eighties; *ver también* **seis**.

ocho *núm* eight; **de aquí en ~ días** *(en una semana)* a week today; *ver también* **seis**.

ochocientos, -tas *núm* eight hundred; *ver también* **seis**.

ocio *m (tiempo libre)* leisure; *(inactividad)* idleness.

ocioso, -sa *adj* **1.** *(inactivo)* idle. **2.** *(innecesario)* unnecessary; *(inútil)* pointless

ocre ◇ *m* ochre. ◇ *adj inv* ochre.

octágono, -na *adj* octagonal. ◆ **octágono** *m* octagon.

octano *m* octane.

octava → octavo.

octavilla *f* **1.** *(de propaganda política)* pamphlet, leaflet. **2.** *(tamaño)* octavo

octavo, -va *núm* eighth. ◆ **octavo** *m (parte)* eighth. ◆ **octava** *f* (MÚS) octave.

octeto *m* (INFORM) byte.

octogenario, -ria *adj, m y f* octogenarian.

octogésimo, -ma *núm* eightieth.

octubre *m* October; *ver también* **septiembre**.

ocular *adj* eye *(antes de sust)*

oculista *m y f* ophthalmologist.

ocultar *vt* 1. *(gen)* to hide 2. *fig (delito)* to cover up. ◆ **ocultarse** *vpr* to hide.

oculto, -ta *adj* hidden

ocupación *f* 1. *(gen)* occupation; ~ **ilegal de viviendas** squatting. 2. *(empleo)* job.

ocupado, -da *adj* 1. *(persona)* busy. 2. *(teléfono, lavabo etc)* engaged. 3. *(lugar - gen, por ejército)* occupied; *(plaza)* taken

ocupante *m y f* occupant; ~ **ilegal de viviendas** squatter.

ocupar *vt* 1. *(gen)* to occupy. 2. *(superficie, espacio)* to take up; *(habitación, piso)* to live in; *(mesa)* to sit at; *(sillón)* to sit in 3. *(suj: actividad)* to take up. 4. *(cargo)* to hold. 5. *(dar trabajo a)* to find o provide work for. ◆ **ocuparse** *vpr (encargarse)*: ~**se de** *(gen)* to deal with; *(niños, enfermos, finanzas)* to look after.

ocurrencia *f* 1. *(idea)* bright idea. 2. *(dicho gracioso)* witty remark

ocurrir *vi* 1. *(acontecer)* to happen 2. *(pasar, preocupar)*: ¿**qué le ocurre a Juan?** what's up with Juan? ◆ **ocurrirse** *vpr (venir a la cabeza)*: **no se me ocurre ninguna solución** I can't think of a solution; ¡**ni se te ocurra!** don't even think about it!; **se me ocurre que ...** it occurs to me that ...

odiar *vt & vi* to hate.

odio *m* hatred; **tener** ~ **a algo/alguien** to hate sthg/sb.

odioso, -sa *adj* hateful, horrible.

odontólogo, -ga *m y f* dentist, dental surgeon.

OEA *(abrev de* **Organización de Estados Americanos)** *f* OAS.

oeste ◇ *adj (posición, parte)* west, western; *(dirección, viento)* westerly. ◇ *m* west.

ofender *vt (injuriar)* to insult; *(suj: palabras)* to offend, to hurt ◆ **ofenderse** *vpr*: ~**se (por)** to take offence (at).

ofensa *f* 1. *(acción)*: ~ **(a)** offence (against) 2. *(injuria)* slight, insult.

ofensivo, -va *adj* offensive. ◆ **ofensiva** *f* offensive.

oferta *f* 1. *(gen)* offer; '~**s de trabajo**' 'situations vacant' 2. *(ECON)* *(suministro)* supply; **la ~ y la demanda** supply and demand; ~ **monetaria** money supply 3. *(rebaja)* bargain, special

offer; **de** ~ bargain *(antes de sust)*, on offer. 4. *(FIN)* *(proposición)* bid, tender; ~ **pública de adquisición** *(COM)* takeover bid.

ofertar *vt* to offer.

office ['ofis] *m inv* scullery.

oficial, -la *m y f (obrero)* journeyman; *(aprendiz)* trainee. ◆ **oficial** ◇ *adj* official. ◇ *m* 1. *(MIL)* officer. 2. *(funcionario)* clerk.

oficialismo *m Amer (gobierno)*: **el** ~ the Government.

oficiar *vt* to officiate at.

oficina *f* office; ~ **de empleo** centre; ~ **de turismo** tourist office.

oficinista *m y f* office worker.

oficio *m* 1. *(profesión manual)* trade; **de** ~ by trade. 2. *(trabajo)* job. 3. *(experiencia)*: **tener mucho** ~ to be very experienced. 4. *(RELIG)* service.

oficioso, -sa *adj* unofficial.

ofimática *f* office automation.

ofrecer *vt* 1. *(gen)* to offer; *(una fiesta)* to give, to throw; ~**le algo a alguien** to offer sb sthg 2. *(un aspecto)* to present. ◆ **ofrecerse** *vpr (presentarse)* to offer, to volunteer; ~**se a** o **para hacer algo** to offer to do sthg.

ofrecimiento *m* offer.

ofrenda *f (RELIG)* offering; *fig (por gratitud, amor)* gift.

ofrendar *vt* to offer up

oftalmología *f* ophthalmology.

ofuscar *vt* 1. *(deslumbrar)* to dazzle. 2. *(turbar)* to blind. ◆ **ofuscarse** *vpr*: ~**se (con)** to be blinded (by).

ogro *m* ogre.

oh *interj*: ¡~! oh!

oídas ◆ **de oídas** *loc adv* by hearsay.

oído *m* 1. *(órgano)* ear; **de** ~ by ear; **hacer** ~**s sordos** to turn a deaf ear. 2. *(sentido)* (sense of) hearing; **ser duro de** ~ to be hard of hearing; **tener buen** ~, **tener buen** ~ to have a good ear.

oír ◇ *vt* 1. *(gen)* to hear. 2. *(atender)* to listen to. ◇ *vi* to hear; ¡**oiga, por favor!** excuse me!; ¡**oye!** *fam* hey!

OIT *(abrev de* **Organización Internacional del Trabajo)** *f* ILO.

ojal *m* buttonhole.

ojalá *interj*: ¡~! if only (that were so)!; ¡~ **lo haga!** I hope she does it!; ¡~ **fuera ya domingo!** I wish it were Sunday!

ojeada *f* glance, look; **echar una** ~ **a algo/alguien** to take a quick glance at sthg/sb, to take a quick look at sthg/sb.

ojear *vt* to have a look at.

ojera *f (gen pl)* bags *(pl)* under the eyes.

ojeriza f fam dislike; **tener ~ a alguien** to have it in for sb.

ojeroso, -sa adj haggard.

ojo ◇ m 1. (ANAT) eye; **~s saltones** popping eyes. 2. (agujero - de aguja) eye; (- de puente) span; **~ de la cerradura** keyhole. 3. loc: **a ~ (de buen cubero)** roughly, approximately; **andar con (mucho) ~** to be (very) careful; **comerse con los ~s a alguien** fam to drool over sb; **echar el ~ a algo** to have one's eye on sthg; **en un abrir y cerrar de ~s** in the twinkling of an eye; **mirar algo con buenos/malos ~s** to look favourably/unfavourably on sthg; **no pegar ~** not to get a wink of sleep; **tener (buen) ~** to have a good eye ◇ interj: **¡~!** watch out!

OK, okey [o'kei] (abrev de **all correct**) interj OK.

okupa m y f mfam squatter.

ola f wave; **~ de calor** heatwave; **~ de frío** cold spell.

ole, olé interj: **¡~!** bravo!

oleada f 1. (del mar) swell. 2. fig (abundancia) wave.

oleaje m swell.

óleo m oil (painting).

oleoducto m oil pipeline.

oler ◇ vt to smell. ◇ vi 1. (despedir olor): **~ (a)** to smell (of). 2. fig (parecer): **~ a** to smack of. ◆ **olerse** vpr: **~se algo** fig to sense sthg.

olfatear vt 1. (olisquear) to sniff. 2. fig (barruntar) to smell, to sense. ◆ **olfatear en** vi (indagar) to pry into.

olfato m 1. (sentido) sense of smell. 2. fig (sagacidad) nose, instinct; **tener ~ para algo** to be a good judge of sthg.

oligarquía f oligarchy.

olimpiada, olimpíada f Olympic Games (pl); **las ~s** the Olympics.

olisquear vt to sniff (at).

oliva f olive.

olivar m olive grove.

olivera f olive tree.

olivo m olive tree.

olla f pot; **~ exprés** o **a presión** pressure cooker; **~ podrida** (CULIN) stew.

olmo m elm (tree).

olor m smell; **~ a** smell of.

oloroso, -sa adj fragrant ◆ **oloroso** m oloroso (sherry).

OLP (abrev de **Organización para la Liberación de Palestina**) f PLO.

olvidadizo, -za adj forgetful.

olvidar vt 1. (gen) to forget. 2. (dejarse) to leave; **olvidé las llaves en la oficina** I left my keys at the office.

◆ **olvidarse** vpr 1. (gen) to forget; **~se de algo/hacer algo** to forget sthg/to do sthg. 2. (dejarse) to leave.

olvido m 1. (de un nombre, hecho etc) forgetting; **caer en el ~** to fall into oblivion. 2. (descuido) oversight.

ombligo m (ANAT) navel.

omisión f omission.

omitir vt to omit.

ómnibus m inv omnibus; (FERROC) local train.

omnipotente adj omnipotent

omnívoro, -ra adj omnivorous.

omoplato, omóplato m shoulderblade.

OMS (abrev de **Organización Mundial de la Salud**) f WHO

once núm eleven; ver también **seis**.

ONCE (abrev de **Organización Nacional de Ciegos Españoles**) f Spanish association for the blind, famous for its national lottery.

onceavo, -va núm eleventh

onda f wave; **~ corta/larga/media** short/long/medium wave; **~ expansiva** shock wave; **estar en la ~** fam to be on the ball

ondear vi to ripple

ondulación f (acción) rippling.

ondulado, -da adj wavy.

ondular ◇ vi (agua) to ripple; (terreno) to undulate. ◇ vt to wave

ONG (abrev de **organización no gubernamental**) f NGO.

ónice, ónix m o f onyx.

onomástico, -ca adj culto onomastic. ◆ **onomástica** f culto name day.

ONU (abrev de **Organización de las Naciones Unidas**) f UN.

onza f (unidad de peso) ounce.

OPA (abrev de **oferta pública de adquisición**) f takeover bid.

opaco, -ca adj opaque.

ópalo m opal.

opción f 1. (elección) option; **no hay ~** there is no alternative. 2. (derecho) right; **dar ~ a** to give the right to; **tener ~ a** (empleo, cargo) to be eligible for.

opcional adj optional.

OPEP (abrev de **Organización de Países Exportadores de Petróleo**) f OPEC.

ópera f opera; **~ bufa** comic opera, opera buffa

operación f 1. (gen) operation; **~ quirúrgica** (surgical) operation; **~ retorno** police operation to assist return of holidaymakers to their city homes, min-

*imizing traffic congestion and maximizing
road safety.* **2.** (COM) transaction.

operador, -ra *m y f* **1.** (INFORM &
TELECOM) operator. **2.** *(de la cámara)*
cameraman; *(del proyector)* projection-
ist. ◆ **operador** *m* (MAT) operator.
◆ **operador turístico** *m* tour operator.

operar ◇ *vt* **1.** *(enfermo):* ~ **a alguien
(de algo)** *(enfermedad)* to operate on
sb *(for sthg)*; **le operaron del hígado**
they've operated on his liver. **2.** *(cambio etc)* to bring about, to produce. ◇ *vi*
1. *(gen)* to operate. **2.** *(actuar)* to act.
3. (COM & FIN) to deal. ◆ **operarse** *vpr*
1. *(enfermo)* to be operated on, to have
an operation; **me voy a ~ del hígado**
I'm going to have an operation on my
liver. **2.** *(cambio etc)* to occur.

operario, -ria *m y f* worker.

operativo, -va *adj* operative.

opereta *f* operetta.

opinar ◇ *vt* to believe, to think. ◇ *vi*
to give one's opinion; **~ de algo/
alguien**, **~ sobre algo/alguien** to
think about sthg/sb.

opinión *f (parecer)* opinion; **expresar
o dar una ~** to give an opinion; **la ~
pública** public opinion.

opio *m* opium.

opíparo, -ra *adj* sumptuous.

oponente *m y f* opponent.

oponer *vt* **1.** *(resistencia)* to put up.
2. *(argumento, razón)* to put forward, to
give. ◆ **oponerse** *vpr* **1.** *(no estar de
acuerdo)* to be opposed; **~se a algo**
(desaprobar) to oppose sthg; *(contradecir)* to contradict sthg; **me opongo a
creerlo** I refuse to believe it. **2.** *(obstaculizar)*: **~se a** to impede.

oporto *m* port (wine).

oportunidad *f (ocasión)* opportunity,
chance.

oportunismo *m* opportunism.

oportunista *m y f* opportunist.

oportuno, -na *adj* **1.** *(pertinente)*
appropriate **2.** *(propicio)* timely; **el
momento ~** the right time.

oposición *f* **1.** *(gen)* opposition. **2.**
(resistencia) resistance. **3.** *(gen pl) (examen)* public entrance examination; **~ a
profesor** public examination to be a
teacher; **preparar oposiciones** to be
studying for a public entrance examination

opositar *vi*: **~ (a)** to sit a public
entrance examination (for).

opositor, -ra *m y f* **1.** *(a un cargo)*
candidate in a public entrance examination **2.** *(oponente)* opponent

opresión *f* fig *(represión)* oppression.

opresivo, -va *adj* oppressive.

opresor, -ra *m y f* oppressor.

oprimir *vt* **1.** *(apretar - botón etc)* to
press; *(- garganta, brazo etc)* to squeeze
2. *(suj: zapatos, cinturón)* to pinch **3.** fig
(reprimir) to oppress. **4.** fig *(angustiar)*
to weigh down on, to burden.

optar *vi (escoger):* **~ (por algo)** to
choose (sthg); **~ por hacer algo** to
choose to do sthg; **~ entre** to choose
between.

optativo, -va *adj* optional.

óptico, -ca ◇ *adj* optic. ◇ *m y f (persona)* optician. ◆ **óptica** *f* **1.** (FÍS) optics
(U). **2.** *(tienda)* optician's (shop) **3.** fig
(punto de vista) point of view

optimismo *m* optimism.

optimista ◇ *adj* optimistic ◇ *m y f*
optimist.

óptimo, -ma ◇ *superl* → **bueno**.
◇ *adj* optimum.

opuesto, -ta ◇ *pp* → **oponer** ◇ *adj*
1. *(contrario)* conflicting; **~ a** opposed o
contrary to. **2.** *(de enfrente)* opposite.

opulencia *f (riqueza)* opulence;
(abundancia) abundance.

opulento, -ta *adj (rico)* opulent.

opus *m* (MÚS) opus. ◆ **Opus Dei** *m*:
el Opus Dei the Opus Dei, *traditional-
ist religious organization, the members of
which are usually professional people or
public figures.*

oración *f* **1.** *(rezo)* prayer. **2.** (GRAM)
sentence; **~ principal/subordinada**
main/subordinate clause.

orador, -ra *m y f* speaker.

oral ◇ *adj* oral. ◇ *m* → **examen**.

órale *interj Méx fam*: **¡~!** come on!

orangután *m* orangutang.

orar *vi* to pray

órbita *f* **1.** (ASTRON) orbit **2.** *(de ojo)*
eye socket

orca *f* killer whale.

orden ◇ *m* **1.** *(gen)* order; **en ~** *(bien
colocado)* tidy, in its place; *(como debe
ser)* in order; **por ~** in order; **las
fuerzas del ~** the forces of law and
order; **~ público** law and order.
2. *(tipo)* type, order; **problemas de ~
económico** economic problems. ◇ *f*
order; **por ~ de** by order of; **estar a la
~ del día** to be the order of the day.
◆ **del orden de** *loc prep* around,
approximately ◆ **orden del día** *m*
agenda

ordenado, -da *adj (lugar, persona)*
tidy

ordenador *m* (INFORM) computer; **~
personal** personal computer; **~**

portátil laptop computer.

ordenanza ◇ *m* (*de oficina*) messenger. ◇ *f* (*gen pl*) ordinance, law; **~s municipales** by-laws.

ordenar *vt* 1. (*poner en orden - gen*) to arrange; (*- habitación, armario etc*) to tidy (up). 2. (*mandar*) to order. 3. (RELIG) to ordain. ◆ **ordenarse** *vpr* (RELIG) to be ordained.

ordeñar *vt* to milk.

ordinariez *f* commonness, coarseness; **decir/hacer una ~** to say/do sthg rude.

ordinario, -ria *adj* 1. (*común*) ordinary, usual. 2. (*vulgar*) common, coarse. 3. (*no selecto*) unexceptional. 4. (*no especial - presupuesto, correo*) daily; (*- tribunal*) of first instance.

orégano *m* oregano.

oreja *f* (ANAT) ear.

orfanato, orfelinato *m* orphanage.

orfandad *f* orphanhood; *fig* abandonment.

orfebre *m y f* (*de plata*) silversmith; (*de oro*) goldsmith.

orfebrería *f* (*obra - de plata*) silver work; (*- de oro*) gold work.

orfelinato = **orfanato**.

orgánico, -ca *adj* organic.

organigrama *m* (*gen & INFORM*) flowchart.

organillo *m* barrel organ.

organismo *m* 1. (BIOL) organism. 2. (ANAT) body. 3. *fig* (*entidad*) organization, body.

organización *f* organization.

organizar *vt* to organize.

órgano *m* organ.

orgasmo *m* orgasm

orgía *f* orgy.

orgullo *m* pride.

orgulloso, -sa *adj* proud.

orientación *f* 1. (*dirección - acción*) guiding; (*- rumbo*) direction. 2. (*posicionamiento - acción*) positioning; (*- lugar*) position. 3. *fig* (*información*) guidance; **~ profesional** careers advice o guidance.

oriental ◇ *adj* (*gen*) eastern; (*del Lejano Oriente*) oriental. ◇ *m y f* oriental.

orientar *vt* 1. (*dirigir*) to direct; (*casa*) to build facing. 2. *fig* (*medidas etc*): **~ hacia** to direct towards o at. 3. *fig* (*aconsejar*) to give advice o guidance to. ◆ **orientarse** *vpr* 1. (*dirigirse - foco etc*): **~se a** to point towards o at. 2. (*encontrar el camino*) to get one's bearings. 3. *fig* (*encaminarse*): **~se hacia** to be aiming at.

oriente *m* east. ◆ **Oriente** *m*: **el Oriente** the East, the Orient; **Oriente Medio/Próximo** Middle/Near East; **Lejano** o **Extremo Oriente** Far East.

orificio *m* hole; (TECN) opening.

origen *m* 1. (*gen*) origin; (*ascendencia*) origins (*pl*), birth; **de ~ español** of Spanish origin. 2. (*causa*) cause; **dar ~ a** to give rise to.

original ◇ *adj* 1. (*gen*) original. 2. (*raro*) eccentric, different ◇ *m* original

originalidad *f* 1. (*gen*) originality 2. (*extravagancia*) eccentricity.

originar *vt* to cause. ◆ **originarse** *vpr* to be caused.

originario, -ria *adj* 1. (*inicial, primitivo*) original 2. (*procedente*): **ser ~ de** (*costumbres etc*) to come from (originally); (*persona*) to be a native of

orilla *f* 1. (*ribera - de río*) bank; (*- de mar*) shore; **a ~s del mar** by the sea 2. (*borde*) edge. 3. (*acera*) pavement.

orillar *vt* (*dificultad, obstáculo*) to skirt around.

orn *m* (*herrumbre*) rust. ◆ **orines** *mpl* (*orina*) urine (U).

orina *f* urine.

orinal *m* chamberpot.

orinar *vi & vt* to urinate. ◆ **orinarse** *vpr* to wet o.s.

oriundo, -da *adj*: **~ de** native of.

ornamentación *f* ornamentation.

ornamento *m* (*objeto*) ornament.

ornar *vt* to decorate, to adorn.

ornitología *f* ornithology

oro *m* gold; *fig* riches (*pl*); **hacerse de ~** to make one's fortune; **pedir el ~ y el moro** to ask the earth. ◆ **oros** *mpl* (*naipes*) suit of Spanish cards bearing gold coins. ◆ **oro negro** *m* oil.

orografía *f* (*relieve*) terrain.

orquesta *f* 1. (*músicos*) orchestra. 2. (*lugar*) orchestra pit.

orquestar *vt* to orchestrate.

orquestina *f* dance band

orquídea *f* orchid.

ortiga *f* (stinging) nettle

ortodoxia *f* orthodoxy.

ortodoxo, -xa *adj* orthodox.

ortografía *f* spelling

ortográfico, -ca *adj* spelling (*antes de sust*).

ortopedia *f* orthopaedics (U).

ortopédico, -ca *adj* orthopaedic.

ortopedista *m y f* orthopaedist.

oruga *f* caterpillar.

orujo *m strong spirit made from grape pressings*

orzuelo *m* stye.

os pron pers Esp **1.** (complemento directo) you; **me gustaría veros** I'd like to see you. **2.** (complemento indirecto) (to) you; **~ lo dio** he gave it to you; **~ tengo miedo** I'm afraid of you **3.** (reflexivo) yourselves. **4.** (recíproco) each other; **~ enamorasteis** you fell in love (with each other).

osadía f **1.** (valor) boldness, daring. **2.** (descaro) audacity, cheek.

osado, -da adj **1.** (valeroso) daring, bold. **2.** (descarado) impudent, cheeky.

osamenta f skeleton.

osar vi to dare.

oscilación f **1.** (movimiento) swinging; (FÍS) oscillation. **2.** fig (variación) fluctuation.

oscilar vi **1.** (moverse) to swing; (FÍS) to oscillate. **2.** fig (variar) to fluctuate.

oscurecer ◊ vt **1.** (privar de luz) to darken. **2.** fig (mente) to confuse, to cloud. ◊ v impers (anochecer) to get dark. ♦ **oscurecerse** vpr to grow dark.

oscuridad f **1.** (falta de luz) darkness. **2.** (zona oscura): **en la ~** in the dark. **3.** fig (falta de claridad) obscurity.

oscuro, -ra adj **1.** (gen) dark; **a oscuras** in the dark. **2.** (nublado) overcast. **3.** fig (inusual) obscure. **4.** fig (intenciones, asunto) shady.

óseo, -a adj bone (antes de sust).

Oslo Oslo

oso, osa m y f bear (f she-bear); **~ de felpa** o **peluche** teddy bear; **~ hormiguero** ant-eater; **~ panda** panda; **~ polar** polar bear

ostensible adj evident, clear.

ostentación f ostentation, show.

ostentar vt (poseer) to hold, to have.

ostentoso, -sa adj ostentatious

ostepata m y f osteopath

ostra f oyster; **aburrirse como una ~** fam to be bored to death. ♦ **ostras** interj fam: **¡~s!** blimey!

OTAN (abrev de **Organización del Tratado del Atlántico Norte**) f NATO.

OTI (abrev de **Organización de Televisiones Iberoamericanas**) f association of all Spanish-speaking television networks.

otitis f inv inflammation of the ear.

otoñal adj autumn Br (antes de sust), autumnal Br, fall Am (antes de sust).

otoño m lit & fig autumn Br, fall Am.

otorgar vt to grant; (premio) to award, to present; (DER) to execute

otorrino, -na m y f fam ear, nose and throat specialist.

otorrinolaringología f ear, nose and throat medicine.

otro, -tra ◊ adj **1.** (distinto) (sg) another, (pl) other; **~ chico** another boy; **el ~ chico** the other boy; **(los) ~s chicos** (the) other boys; **no hacer otra cosa que llorar** to do nothing but cry; **el ~ día** (pasado) the other day. **2.** (nuevo) another; **estamos ante ~ Dalí** this is another Dali; **~s tres goles** another three goals ◊ pron (sg) another (one), (pl) others; **dame ~** give me another (one); **el ~** the other one; **(los) ~s** (the) others; **yo no lo hice, fue ~** it wasn't me, it was somebody else; **~ habría abandonado, pero no él** anyone else would have given up, but not him; **¡otra!** (en conciertos) encore!

output ['autput] (pl **outputs**) m (INFORM) output (U).

ovación f ovation.

ovacionar vt to give an ovation to.

oval adj oval.

ovalado, -da adj oval.

ovario m ovary.

oveja f sheep, ewe ♦ **oveja negra** f black sheep.

ovillo m ball (of wool etc); **hacerse un ~** to curl up into a ball.

ovino, -na adj ovine, sheep (antes de sust).

ovni ['ofni] m (abrev de **objeto volador no identificado**) UFO

ovulación f ovulation.

ovular ◊ adj ovular. ◊ vi to ovulate

oxidación f rusting

oxidar vt to rust; (QUÍM) to oxidize ♦ **oxidarse** vpr to get rusty.

óxido m **1.** (QUÍM) oxide. **2.** (herrumbre) rust.

oxigenado, -da adj **1.** (QUÍM) oxygenated. **2.** (cabello) peroxide (antes de sust), bleached.

oxigenar vt (QUÍM) to oxygenate ♦ **oxigenarse** vpr (airearse) to get a breath of fresh air

oxígeno m oxygen.

oye → oír.

oyente m y f **1.** (RADIO) listener. **2.** (alumno) unregistered student.

ozono m ozone

P

p, P f (letra) p, P.
p. 1. = **pág. 2.** abrev de **paseo**.
pabellón m **1.** (edificio) pavilion. **2.** (parte de un edificio) block, section. **3.** (en parques, jardines) summerhouse. **4.** (tienda de campaa) bell tent. **5.** (bandera) flag.
pábilo m wick.
PAC (abrev de **política agrícola común**) f CAP
pacer vi to graze.
pachá (pl **pachaes**) m pasha; **vivir como un ~** fam to live like a lord.
pachanga f fam rowdy celebration.
pacharín m liqueur made from brandy and sloes
pachorra f fam calmness.
pachucho, -cha adj off-colour.
paciencia f patience; **perder la ~** to lose one's patience.
paciente adj, m y f patient.
pacificación f pacification.
pacificar vt **1.** (país) to pacify. **2.** (ánimos) to calm.
pacífico, -ca adj (gen) peaceful; (persona) peaceable.
Pacífico m: **el** (océano) ~ the Pacific (Ocean)
pacifismo m pacifism.
pacifista adj, m y f pacifist.
paco, -ca m y f Andes fam cop.
pacotilla f: **de ~** trashy, third-rate.
pactar ◇ vt to agree to. ◇ vi: ~ **(con)** to strike a deal (with).
pacto m (gen) agreement, pact; (entre países) treaty.
paddle = **pádel**.
padecer ◇ vt to suffer, to endure; (enfermedad) to suffer from. ◇ vi to suffer; (enfermedad): ~ **de** to suffer from.
padecimiento m suffering.
pádel, paddle ['paðel] m ball game for two or four players, played with a small rubber bat on a two-walled court.
padrastro m **1.** (pariente) stepfather. **2.** (pellejo) hangnail.
padre ◇ m (gen & RELIG) father. ◇ adj inv fam incredible. ◆ **padres** mpl (padre y madre) parents.
padrenuestro (pl **padrenuestros**) m Lord's Prayer.

padrino m **1.** (de bautismo) godfather; (de boda) best man. **2.** (en duelos, torneos etc) second. **3.** fig (protector) patron. ◆ **padrinos** mpl (padrino y madrina) godparents.
padrísimo adj Méx fam fantastic, great.
padrón m (censo) census; (para votar) electoral roll ○ register
padrote m Méx fam pimp.
paella f paella
paellera f large frying-pan or earthenware dish for cooking paella.
pág., p. (abrev de **página**) p.
paga f payment; (salario) salary, wages (pl); (de niño) pocket money; ~ **extra** ○ **extraordinaria** bonus paid twice a year to Spanish workers
pagadero, -ra adj payable; ~ **a 90 días/a la entrega** payable within 90 days/on delivery.
pagano, -na adj, m y f pagan, heathen.
pagar ◇ vt (gen) to pay; (deuda) to pay off, to settle; (ronda, gastos, delito) to pay for; (ayuda, favor) to repay; **me las pagarás** fam you'll pay for this. ◇ vi to pay.
pagaré (pl **pagarés**) m (COM) promissory note, IOU; ~ **del Tesoro** Treasury note.
página f page; ~ **inicial** ○ **de inicio** (INFORM) home page; **las ~s amarillas** the Yellow Pages.
pago m payment; fig reward, payment; **en ~ de** (en recompensa por) as a reward for; (a cambio de) in return for; ~ **anticipado/inicial** advance/down payment; ~ **por visión** pay-per-view television. ◆ **pagos** mpl (lugar): **por estos ~s** around here.
paila f **1.** Amer (sartén) frying pan **2.** Chile (huevos fritos) fried eggs (pl).
país m country; **los ~es bálticos** the Baltic States.
paisaje m (gen) landscape; (vista panorámica) scenery (U), view
paisano, -na m y f (del mismo país) compatriot. ◆ **paisano** m (civil) civilian; **de ~** (MIL) in civilian clothes; **de ~** (policía) in plain clothes.
Países Bajos mpl: **los ~** the Netherlands.
País Vasco m: **el ~** the Basque Country
paja f **1.** (gen) straw. **2.** fig (relleno) waffle. **3.** vulg (masturbación) wank.
pajar m straw loft.
pájara f fig crafty ○ sly woman.
pajarería f pet shop.

pajarita f (corbata) bow tie

pájaro m (ZOOL) bird; ~ **bobo** penguin; ~ **carpintero** woodpecker; ~ **de mal agüero** bird of ill omen; **más vale ~ en mano que ciento volando** proverb a bird in the hand is worth two in the bush; **matar dos ~s de un tiro** to kill two birds with one stone; **tener ~s en la cabeza** to be scatterbrained o empty-headed

paje m page

pajilla, pajita f (drinking) straw.

Pakistán, Paquistán Pakistan.

pala f 1. (herramienta) spade; (para recoger) shovel; (CULIN) slice; ~ **mecánica** o **excavadora** excavator, digger. 2. (de frontón, ping-pong) bat 3. (de remo, hélice) blade

palabra f 1. (gen) word; **de ~** by word of mouth; **no tener ~** to go back on one's word; **tomar** o **coger la ~ a alguien** to hold sb to their word; ~ **de honor** word of honour. 2. (habla) speech. 3. (derecho de hablar) right to speak; **dar la ~ a alguien** to give the floor to sb. 4. loc: **en una ~** in a word. ◆ **palabras** fpl (discurso) words.

palabrería f fam hot air.

palabrota f swearword; **decir ~s** to swear.

palacete m mansion, small palace.

palacio m palace; ~ **de congresos** conference centre.

palada f 1. (al cavar) spadeful, shovelful. 2. (de remo) stroke.

paladar m palate.

paladear vt to savour.

palanca f (barra, mando) lever; ~ **de cambio** gear lever o stick, gearshift Am; ~ **de mando** joystick.

palangana f (para fregar) washing-up bowl; (para lavarse) wash bowl.

palco m box (at theatre).

Palestina Palestine.

palestino, -na adj, m y f Palestinian.

paleta f (gen) small shovel, small spade; (llana) trowel; (CULIN) slice; (ARTE) palette.

paletilla f shoulder blade.

paleto, -ta ◇ adj coarse, uncouth ◇ m y f yokel, hick Am.

paliar vt 1. (atenuar) to ease, to relieve. 2. (disculpar) to excuse, to justify.

palidecer vi (ponerse pálido) to go o turn pale.

palidez f paleness.

pálido, -da adj pale; fig dull.

palillero m toothpick holder.

palillo m 1. (mondadientes) toothpick.

2. (baqueta) drumstick. 3. (para comida china) chopstick

palique m fam chat, natter; **estar de ~** to have a chat o a natter.

paliza f 1. (golpes, derrota) beating. 2. (esfuerzo) hard grind.

palma f 1. (de mano) palm. 2. (palmera) palm (tree); (hoja de palmera) palm leaf. ◆ **palmas** fpl (aplausos) applause (U); **batir ~s** to clap (one's hands).

palmada f 1. (golpe) pat; (más fuerte) slap. 2. (aplauso) clap; ~s clapping (U).

palmar[1] m palm grove.

palmar[2] fam vi to kick the bucket.

palmarés m 1. (historial) record. 2. (lista) list, roll

palmear vi to clap, to applaud.

palmera f (árbol) palm (tree); (datilera) date palm.

palmito m 1. (árbol) palmetto, fan palm. 2. (CULIN) palm heart.

palmo m handspan; fig small amount; ~ **a** ~ bit by bit; **dejar a alguien con un** ~ **de narices** to let sb down.

palmotear vi to clap.

palo m 1. (gen) stick; (de golf) club; (de portería) post; (de la escoba) handle 2. (mástil) mast. 3. (golpe) blow (with a stick). 4. (de baraja) suit 5. fig (pesadez) bind, drag. 6. loc: **a** ~ **seco** (gen) without anything else; (bebida) neat.

paloma → **palomo**.

palomar m dovecote; (grande) pigeon shed.

palomilla f 1. (insecto) grain moth. 2. (tornillo) wing nut. 3. (soporte) bracket

palomita f: ~s popcorn (U).

palomo, -ma m y f dove, pigeon; **paloma mensajera** carrier o homing pigeon.

palpable adj touchable, palpable; fig obvious, clear

palpar ◇ vt 1. (tocar) to feel, to touch; (MED) to palpate. 2. fig (percibir) to feel. ◇ vi to feel around.

palpitación f beat, beating (U); (con fuerza) throb, throbbing (U). ◆ **palpitaciones** fpl (MED) palpitations

palpitante adj 1. (que palpita) beating; (con fuerza) throbbing. 2. fig (interesante - interés, deseo, cuestión) burning.

palpitar vi (latir) to beat; (con fuerza) to throb.

palta f Andes & CSur avocado.

paludismo m malaria

palurdo, -da m y f yokel, hick Am.

pamela f sun hat

pampa f: **la ~** the pampas (pl)

pamplina f (gen pl) fam trifle, unimportant thing.

pan m 1. (alimento) bread; ~ de molde o inglés sliced bread; ~ integral wholemeal bread; ~ moreno o negro (integral) brown bread; ~ rallado breadcrumbs (pl). 2. (hogaza) loaf. 3. loc: **contigo ~ y cebolla** I'll go through thick and thin with you; **llamar al ~ ~ y al vino vino** to call a spade a spade; **ser ~ comido** to be a piece of cake; **ser el ~ nuestro de cada día** to be commonplace; **ser más bueno que el ~** to be kindness itself.

pana f corduroy.

panacea f lit & fig panacea.

panadería f bakery, baker's

panadero, -ra m y f baker.

panal m honeycomb.

Panamá Panama.

panameño, -ña adj, m y f Panamanian.

pancarta f placard, banner.

panceta f bacon.

pancho, -cha adj fam calm, unruffled; **estar/quedarse tan ~** to be/remain perfectly calm.

páncreas m inv pancreas.

panda ◇ m → **oso**. ◇ f gang.

pandemónium (pl **pandemóniums**) m pandemonium.

pandereta f tambourine.

pandero m (MÚS) tambourine.

pandilla f gang.

panecillo m bread roll.

panegírico, -ca adj panegyrical. ◆ **panegírico** m panegyric.

panel m 1. (gen) panel. 2. (pared, biombo) screen. 3. (tablero) board.

panera f bread basket.

pánfilo, -la adj simple, foolish.

panfleto m pamphlet.

pánico m panic.

panificadora f (large) bakery.

panocha f ear, cob.

panorama m 1. (vista) panorama. 2. fig (situación) overall state; (perspectiva) outlook.

panorámico, -ca adj panoramic. ◆ **panorámica** f panorama.

pantaletas fpl Méx knickers.

pantalla f 1. (gen & INFORM) screen; ~ de cristal líquido liquid crystal display; **la pequeña ~** the small screen, television. 2. (de lámpara) lampshade.

pantalón m (gen pl) trousers (pl), pants (pl) Am; ~ tejano o vaquero jeans (pl); ~ pitillo drainpipe trousers (pl).

pantano m 1. (ciénaga) marsh; (laguna) swamp. 2. (embalse) reservoir.

pantanoso, -sa adj 1. (cenagoso) marshy, boggy. 2. fig (difícil) tricky.

panteón m pantheon; (familiar) mausoleum, vault.

pantera f panther.

panti (pl -s) m = **panty**.

pantorrilla f calf.

pantufla f (gen pl) slipper.

panty (pl **pantys**) m tights (pl).

panza f belly.

panzada f fam (hartura) bellyful

pañal m nappy Br, diaper Am; **estar en ~es** (en sus inicios) to be in its infancy; (sin conocimientos) not to have a clue.

pañería f (producto) drapery; (tienda) draper's (shop), dry-goods store Am.

paño m 1. (tela) cloth, material. 2. (trapo) cloth; (para polvo) duster; (de cocina) tea towel. 3. (lienzo) panel. ◆ **paños** mpl (vestiduras) drapes; ~s menores underwear (U).

pañoleta f shawl, wrap.

pañuelo m (de nariz) handkerchief; (para el cuello) scarf; (para la cabeza) headscarf; ~ de papel paper handkerchief, tissue.

papa f potato; ~s fritas (de sartén) chips Br, French fries Am; (de bolsa) crisps Br, chips Am; **no saber ni ~** fam not to have a clue. ◆ **Papa** m Pope.

papá m fam dad, daddy, pop Am. ◆ **Papá Noel** m Father Christmas.

papada f (de persona) double chin; (de animal) dewlap.

papagayo m parrot.

papalote m Méx (cometa) kite.

papamoscas m inv flycatcher.

papanatas m y f inv fam sucker.

papaya f (fruta) papaya, pawpaw.

papel m 1. (gen) paper; (hoja) sheet of paper; ~ celofán Cellophane; ~ continuo (INFORM) continuous paper; ~ de embalar o de embalaje wrapping paper; ~ de estaño o de aluminio o de plata tin o aluminium foil; ~ de fumar cigarette paper; ~ de lija sandpaper; ~ higiénico toilet paper; ~ madera CSur cardboard; ~ milimetrado graph paper; ~ pintado wallpaper. 2. (CIN, TEATRO & fig) role, part; ~ principal/secundario main/minor part; **hacer buen/mal ~** to do well/badly. 3. (FIN) stocks and shares (pl); ~ moneda paper money. ◆ **papeles** mpl (documentos) papers.

papeleo m paperwork, red tape.

papelera → papelero.

papelería *f* stationer's (shop).

papelero, -ra *adj* paper *(antes de sust)*. ◆ **papelera** *f (cesto - en oficina etc)* wastepaper basket o bin; *(- en la calle)* litter bin.

papeleta *f* 1. *(boleto)* ticket, slip (of paper); *(de votación)* ballot paper. 2. (EDUC) *slip of paper with university exam results.*

paperas *fpl* mumps.

papi *m fam* daddy, dad.

papilla *f (para niños)* baby food; **hecho ~** *(cansado)* shattered; *(roto)* smashed to bits.

papiro *m* papyrus.

paquete *m* 1. *(de libros, regalos etc)* parcel; **~ bomba** parcel bomb; **~ postal** parcel. 2. *(de cigarrillos, klínex, folios etc)* pack, packet; *(de azúcar, arroz)* bag. 3. *(de medidas)* package; **~ turístico** package tour 4. (INFORM) package.

Paquistán = Pakistán.

par ◇ *adj* 1. (MAT) even. 2. *(igual)* equal. ◇ *m* 1. *(pareja - de zapatos etc)* pair. 2. *(dos - veces etc)* couple. 3. *(número indeterminado)* few, couple; **un ~ de copas** a couple of o a few drinks. 4. *(en golf)* par. 5. *(noble)* peer. ◆ **a la par** *loc adv* 1. *(simultáneamente)* at the same time. 2. *(a igual nivel)* at the same level. ◆ **de par en par** *loc adj*: **abierto de ~ en ~** wide open. ◆ **sin par** *loc adj* matchless.

para *prep* 1. *(finalidad)* for; **es ~ ti** it's for you; **una mesa ~ el salón** a table for the living room; **esta agua no es buena ~ beber** this water isn't fit for drinking o to drink; **te lo repetiré ~ que te enteres** I'll repeat it so you understand; **¿~ qué?** what for? 2. *(motivación)* (in order) to; **~ conseguir sus propósitos** in order to achieve his aims; **lo he hecho ~ agradarte** I did it to please you. 3. *(dirección)* towards; **ir ~ casa** to head (for) home; **salir ~ el aeropuerto** to leave for the airport. 4. *(tiempo)* for; **tiene que estar acabado ~ mañana** it has to be finished by o for tomorrow. 5. *(comparación)*: **está muy delgado ~ lo que come** he's very thin considering how much he eats; **~ ser verano hace mucho frío** considering it's summer, it's very cold 6. *(después de adj y antes de infin) (inminencia, propósito)* to; **la comida está lista ~ servir** the meal is ready to be served; **el atleta está preparado ~ ganar** the athlete is ready to win. ◆ **para con** *loc prep* towards; **es buena ~ con los demás** she is kind towards other people.

parabién *(pl* parabienes) *m* congratulations *(pl)*.

parábola *f* 1. *(alegoría)* parable. 2. (GEOM) parabola.

parabólico, -ca *adj* parabolic.

parabrisas *m inv* windscreen, windshield *Am*.

paracaídas *m inv* parachute.

paracaidista *m y f* parachutist; (MIL) paratrooper.

parachoques *m inv* (AUTOM) bumper, fender *Am*; (FERROC) buffer.

parada → parado

paradero *m* 1. *(de persona)* whereabouts *(pl)*. 2. *Amer (parada de autobús)* bus stop.

paradisiaco, -ca, paradisíaco, -ca *adj* heavenly.

parado, -da ◇ *adj* 1. *(inmóvil - coche)* stationary, standing; *(- persona)* still, motionless; *(- fábrica, proyecto)* at a standstill. 2. *fam (sin empleo)* unemployed. 3. *loc*: **salir bien/mal ~ algo** to come off well/badly out of sthg. ◇ *m y f fam (desempleado)* unemployed person; **los ~s** the unemployed. ◆ **parada** *f* 1. *(detención)* stop, stopping *(U)* 2. (DEP) save. 3. *(de autobús)* (bus) stop; *(de taxis)* taxi rank; *(de metro)* (underground) station; **parada discrecional** request stop. 4. (MIL) parade.

paradoja *f* paradox

paradójico, -ca *adj* paradoxical, ironical.

parador *m* 1. *(mesón)* roadside inn. 2. *(hotel):* **~ (nacional)** *state-owned luxury hotel, usually a building of historic or artistic importance.*

parafernalia *f* paraphernalia

parafrasear *vt* to paraphrase.

paráfrasis *f inv* paraphrase.

paraguas *m inv* umbrella.

Paraguay: **(el) ~** Paraguay

paraguayo, -ya *adj, m y f* Paraguayan

paragüero *m* umbrella stand.

paraíso *m* (RELIG) Paradise; *fig* paradise.

paraje *m* spot, place.

paralelismo *m* 1. (GEOM) parallelism. 2. *(semejanza)* similarity, parallels *(pl)*.

paralelo, -la *adj*: **~ (a)** parallel (to) ◆ **paralelo** *m* (GEOGR) parallel ◆ **paralela** *f* (GEOM) parallel (line).

parálisis *f inv* paralysis; **~ cerebral** cerebral palsy

paralítico, -ca *adj, m y f* paralytic.

paralizar *vt* to paralyse. ◆ **para-lizarse** *vpr* to become paralysed; *(producción etc)* to come to a standstill.

parámetro *m* parameter.

páramo *m* moor, moorland *(U)*; *fig* wilderness.

parangón *m* paragon; **sin ~** unparalleled

paranoia *f* paranoia.

paranormal *adj* paranormal

parapente *m* paragliding.

parapetarse *vpr lit & fig:* **~ (tras)** to take refuge (behind).

parapeto *m* *(antepecho)* parapet; *(barandilla)* bannister; *(barricada)* barricade

parapléjico, -ca *adj, m y f* paraplegic

parapsicología *f* parapsychology.

parar ◇ *vi* **1.** *(gen)* to stop; **~ de hacer algo** to stop doing sthg; **sin ~** non-stop. **2.** *(alojarse)* to stay. **3.** *(recaer):* **~ en manos de alguien** to come into the possession of sb. **4.** *(acabar)* to end up; **¿en qué parará este lío?** where will it all end? ◇ *vt* **1.** *(gen)* to stop; *(golpe)* to parry. **2.** *(preparar)* to prepare. **3.** *Amer (levantar)* to raise. ◆ **pararse** *vpr* **1.** *(detenerse)* to stop **2.** *Amer (ponerse de pie)* to stand up.

pararrayos *m inv* lightning conductor.

parásito, -ta *adj* (BIOL) parasitic. ◆ **parásito** *m* (BIOL *& fig)* parasite. ◆ **parásitos** *mpl (interferencias)* statics *(pl)*.

parasol *m* parasol.

parcela *f* plot (of land).

parche *m* **1.** *(gen)* patch. **2.** *(chapuza - para salir del paso)* makeshift solution.

parchís *m inv* ludo

parcial ◇ *adj* **1.** *(no total)* partial. **2.** *(no ecuánime)* biased ◇ *m (examen)* end-of-term exam at university.

parcialidad *f* **1.** *(tendenciosidad)* bias, partiality. **2.** *(bando)* faction.

parco, -ca *adj (escaso)* meagre; *(cena)* frugal; *(explicación)* brief, concise.

pardillo, -lla ◇ *adj* **1.** *(ingenuo)* naive. **2.** *(palurdo)* countrified. ◇ *m y f* **1.** *(ingenuo)* naive person. **2.** *(palurdo)* bumpkin

pardo, -da *adj* greyish-brown, dull brown.

parecer ◇ *m* **1.** *(opinión)* opinion. **2.** *(apariencia):* **de buen ~** good-looking. ◇ *vi (antes de sust)* to look

like; **parece un palacio** it looks like a palace. ◇ *v copulativo* to look, to seem; **pareces cansado** you look ○ seem tired. ◇ *v impers* **1.** *(opinar):* **me parece que …** I think ○ it seems to me that …; **me parece que sí/no** I think/don't think so; **¿qué te parece?** what do you think (of it)? **2.** *(tener aspecto de):* **parece que va a llover** it looks like it's going to rain; **parece que le gusta** it looks as if ○ it seems that she likes it; **eso parece** so it seems; **al ~** apparently. ◆ **parecerse** *vpr:* **~se (en)** to be alike (in); **~se a alguien** *(físicamente)* to look like sb; *(en carácter)* to be like sb.

parecido, -da *adj* similar; **bien ~** *(atractivo)* good-looking ◆ **parecido** *m:* **~ (con/entre)** resemblance (to/between).

pared *f* **1.** *(gen)* wall; **las ~es oyen** walls have ears; **subirse por las ~es** to hit the roof. **2.** *(de montaña)* side.

paredón *m* (thick) wall; *(de fusilamiento)* (execution) wall.

parejo, -ja *adj:* **~ (a)** similar (to). ◆ **pareja** *f* **1.** *(gen)* pair; *(de novios)* couple; **pareja de hecho** common law heterosexual or homosexual relationship; **por parejas** in pairs. **2.** *(miembro del par - persona)* partner; **la pareja de este calcetín** the other sock of this pair.

parentela *f* relations *(pl)*, family.

parentesco *m* relationship.

paréntesis *m inv* **1.** *(signo)* bracket; **entre ~** in brackets, in parentheses. **2.** *(intercalación)* digression. **3.** *(interrupción)* break.

paria *m y f* pariah.

parida *f* fam tripe *(U)*, nonsense *(U)*.

pariente, -ta *m y f (familiar)* relation, relative.

parir ◇ *vi* to give birth. ◇ *vt* to give birth to.

París Paris.

parking ['parkin] *(pl* **parkings)** *m* car park, parking lot *Am*.

parlamentar *vi* to negotiate.

parlamentario, -ria ◇ *adj* parliamentary. ◇ *m y f* member of parliament.

parlamento *m* (POLÍT) parliament.

parlanchín, -ina ◇ *adj* talkative. ◇ *m y f* chatterbox

parlante *adj* talking.

parlotear *vi fam* to chatter.

paro *m* **1.** *(desempleo)* unemployment. **2.** *(cesación - acción)* shutdown; *(- esta-*

pasado

do) stoppage; **~ cardiaco** cardiac arrest.

parodia *f* parody.

parodiar *vt* to parody.

parpadear *vi* 1. (*pestañear*) to blink. 2. (*centellear*) to flicker.

párpado *m* eyelid.

parque *m* 1. (*gen*) park; **~ acuático** waterpark; **~ de atracciones** amusement park; **~ eólico** wind farm; **~ nacional** national park; **~ tecnológico** science park; **(~) zoológico** zoo. 2. (*vehículos*) fleet; **~ de bomberos** fire station. 3. (*para niños*) playpen.

parqué (*pl* **parqués**), **parquet** [par-'ke] (*pl* **parquets**) *m* parquet (floor)

parquear *vt Amer* to park.

parquet = **parqué**

parquímetro *m* parking meter.

parra *f* grapevine.

parrafada *f* earful, dull monologue

párrafo *m* paragraph.

parranda *f fam* (*juerga*): **irse de ~** to go out on the town

parrilla *f* (*utensilio*) grill; **a la ~** grilled.

parrillada *f* mixed grill.

párroco *m* parish priest.

parroquia *f* 1. (*iglesia*) parish church. 2. (*jurisdicción*) parish. 3. (*clientela*) clientele.

parroquiano, -na *m y f* 1. (*feligrés*) parishioner. 2. (*cliente*) customer.

parsimonia *f* deliberation; **con ~** unhurriedly.

parte ◇ *m* report; **dar ~ (a alguien de algo)** to report (sthg to sb); **~ facultativo o médico** medical report; **~ meteorológico** weather forecast ◇ *f* (*gen*) part; (*bando*) side; (DER) party; **la mayor ~ de la gente** most people; **la tercera ~ de** a third of; **en alguna ~** somewhere; **no lo veo por ninguna ~** I can't find it anywhere; **en ~** to a certain extent, partly; **estar/ponerse de ~ de alguien** to be on/to take sb's side; **por mi ~** for my part; **por ~ de padre/madre** on one's father's/mother's side; **por ~s** bit by bit; **por una ~ ... por la otra ...** on the one hand . . on the other (hand) ...; **tomar ~ en algo** to take part in sthg. ◆ **de parte de** *loc prep* on behalf of, for; **¿de ~ de (quién)?** (TELECOM) who is calling, please? ◆ **por otra parte** *loc adv* (*además*) what is more, besides.

partera *f* midwife.

parterre *m* flowerbed.

partición *f* (*reparto*) sharing out; (*de territorio*) partitioning.

participación *f* 1. (*colaboración*) par-

ticipation. 2. (*de lotería*) share of a lottery ticket. 3. (*comunicación*) notice.

participante *m y f* participant.

participar ◇ *vi* (*colaborar*): **~ (en)** to take part o participate (in); (FIN) to have a share (in) ◇ *vt*: **~ algo a alguien** to notify sb of sthg.

partícipe ◇ *adj*: **~ (de)** involved (in); **hacer ~ de algo a alguien** (*notificar*) to notify sb of sthg; (*compartir*) to share sthg with sb. ◇ *m y f* participant.

partícula *f* particle.

particular ◇ *adj* 1. (*gen*) particular; **tiene su sabor ~** it has its own particular taste; **en ~** in particular. 2. (*no público - domicilio, clases etc*) private 3. (*no corriente - habilidad etc*) uncommon. ◇ *m y f* (*persona*) member of the public. ◇ *m* (*asunto*) matter

particularizar ◇ *vt* (*caracterizar*) to characterize ◇ *vi* 1. (*detallar*) to go into details. 2. (*personalizar*): **~ en alguien** to single sb out

partida *f* 1. (*marcha*) departure. 2. (*en juego*) game. 3. (*documento*) certificate; **~ de defunción/matrimonio/nacimiento** death/marriage/birth certificate. 4. (COM - *mercancía*) consignment; (- *entrada*) item, entry.

partidario, -ria ◇ *adj*: **~ de** in favour of. ◇ *m y f* supporter.

partidista *adj* partisan, biased.

partido *m* 1. (POLÍT) party 2. (DEP) match; **~ amistoso** friendly (match) 3. *loc*: **sacar ~ de** to make the most of; **tomar ~ por** to side with

partir ◇ *vt* 1. (*dividir*) to divide, to split. 2. (*repartir*) to share out. 3. (*romper*) to break open; (*cascar*) to crack; (*tronco, loncha etc*) to cut. ◇ *vi* 1. (*marchar*) to leave, to set off. 2. (*basarse*): **~ de** to start from ◆ **partirse** *vpr* 1. (*romperse*) to split 2. (*rajarse*) to crack. ◆ **a partir de** *loc prep* starting from; **a ~ de aquí** from here on.

partitura *f* score.

parto *m* birth; **estar de ~** to be in labour.

parvulario *m* nursery school, kindergarten.

pasa *f* (*fruta*) raisin; **~ de Corinto** currant; **~ de Esmirna** sultana.

pasable *adj* passable.

pasada → pasado.

pasadizo *m* passage.

pasado, -da *adj* 1. (*gen*) past; **~ un año** a year later; **lo ~, ~ está** let bygones be bygones. 2. (*último*) last; **el año ~** last year 3. (*podrido*) off, bad

4. *(hecho - filete, carne)* well done.
♦ **pasado** *m (gen)* past; (GRAM) past (tense). ♦ **pasada** *f (con el trapo)* wipe; *(con la brocha)* coat. ♦ **de pasada** *loc adv* in passing. ♦ **mala pasada** *f* dirty trick.

pasador *m* 1. *(cerrojo)* bolt. 2. *(para el pelo)* slide.

pasaje *m* 1. *(billete)* ticket, fare. 2. *(pasajeros)* passengers *(pl)*. 3. *(calle)* passage. 4. *(fragmento)* passage.

pasajero, -ra ◇ *adj* passing. ◇ *m y f* passenger.

pasamanos *m inv (de escalera interior)* bannister; *(de escalera exterior)* hand-rail.

pasamontañas *m inv* balaclava (helmet).

pasaporte *m* passport.

pasapuré *m*, **pasapurés** *m inv* food mill

pasar ◇ *vt* 1. *(gen)* to pass; *(noticia, aviso)* to pass on; **¿me pasas la sal?** would you pass me the salt?; ~ **algo por** *(filtrar)* to pass sthg through. 2. *(cruzar)* to cross; ~ **la calle** to cross the road; **pasé el río a nado** I swam across the river. 3. *(traspasar)* to pass through 4. *(trasladar)*: ~ **algo a** to move sthg to. 5. *(llevar adentro)* to show in; **el criado nos pasó al salón** the butler showed us into the living room. 6. *(contagiar)*: ~ **algo a alguien** to give sthg to sb, to infect sb with sthg; **me has pasado la tos** you've given me your cough. 7. *(admitir - instancia etc)* to accept. 8. *(consentir)*: ~ **algo a alguien** to let sb get away with sthg. 9. *(rebasar - en el espacio)* to go through; *(- en el tiempo)* to have been through; ~ **un semáforo en rojo** to go through a red light. 10. *(emplear - tiempo)* to spend; **pasó dos años en Roma** he spent two years in Rome. 11. *(padecer)* to go through, to suffer; **pasarlo mal** to have a hard time of it. 12. *(sobrepasar)*: **ya ha pasado los veinticinco** he's over twenty-five now; **mi hijo me pasa ya dos centímetros** my son is already two centimetres taller than me. 13. *(adelantar - coche, contrincante etc)* to overtake. 14. (CIN) to show. ◇ *vi* 1. *(gen)* to pass, to go by; **pasó por mi lado** he passed by my side; **el autobús pasa por mi casa** the bus goes past ○ passes in front of my house; **el Manzanares pasa por Madrid** the Manzanares goes ○ passes through Madrid; **he pasado por tu**

calle I went down your street; ~ **de ... a ...** to go ○ pass from ... to ...; ~ **de largo** to go by. 2. *(entrar)* to go/come in; **¡pase!** come in! 3. *(poder entrar)*: ~ **(por)** to go (through); **por ahí no pasa** it won't go through there. 4. *(ir un momento)* to pop in; **pasaré por mi oficina/por tu casa** I'll pop into my office/round to your place. 5. *(suceder)* to happen; **¿qué pasa aquí?** what's going on here?; **¿qué pasa?** what's the matter?; **pase lo que pase** whatever happens, come what may. 6. *(terminarse)* to be over; **pasó la Navidad** Christmas is over. 7. *(transcurrir)* to go by 8. *(cambiar - acción)*: ~ **a** to move on to; **pasemos a otra cosa** let's move on to something else. 9. *(conformarse)*: ~ **(con/sin algo)** to make do (with/without sthg); **tendrá que** ~ **sin coche** she'll have to make do without a car. 10. *(servir)* to be all right, to be usable; **puede** ~ it'll do. 11. *fam (prescindir)*: ~ **de algo/alguien** to want nothing to do with sthg/sb; **paso de política** I'm not into politics. 12. *(tolerar)*: ~ **por algo** to put up with sthg.
♦ **pasarse** *vpr* 1. *(acabarse)* to pass; **siéntate hasta que se te pase** sit down until you feel better. 2. *(emplear - tiempo)* to spend, to pass; **se pasaron el día hablando** they spent all day talking. 3. *(desaprovecharse)* to slip by; **se me pasó la oportunidad** I missed my chance. 4. *(estropearse - comida)* to go off; *(- flores)* to fade. 5. *(cambiar de bando)*: ~**se a** to go over to. 6. *(omitir)* to miss out; **has pasado una página** you've missed a page out. 7. *(olvidarse)*: **pasársele a alguien** to slip sb's mind; **se me pasó decírtelo** I forgot to mention it to you 8. *(no fijarse)*: **pasársele a alguien** to escape sb's attention; **no se le pasa nada** he never misses a thing 9. *(excederse)*: ~**se de generoso/bueno** to be far too generous/kind. 10. *fam (propasarse)* to go over the top; **te has pasado diciéndole eso** what you said went too far ○ was over the top. 11. *(divertirse)*: **¿qué tal te lo estás pasando?** how are you enjoying yourself?; **pasárselo bien/mal** to have a good/bad time.

pasarela *f* 1. *(puente)* footbridge; *(para desembarcar)* gangway. 2. *(en un desfile)* catwalk.

pasatiempo *m (hobby)* pastime, hobby.

Pascua f 1. *(de los judíos)* Passover. 2. *(de los cristianos)* Easter. ♦ **Pascuas** fpl *(Navidad)* Christmas *(sg)*; ¡**felices Pascuas!** Merry Christmas!; **de Pascuas a Ramos** once in a blue moon.

pase m 1. *(gen,* DEP & TAUROM) pass. 2. *(proyección)* showing, screening. 3. *(desfile)* parade; ~ **de modelos** fashion parade.

pasear ◊ vi to go for a walk. ◊ vt to take for a walk; *(perro)* to walk; *fig* to show off, to parade.

paseo m 1. *(acción - a pie)* walk; *(- en coche)* drive; *(- a caballo)* ride; *(- en barca)* row; **dar un ~ (a pie)** to go for a walk. 2. *(lugar)* avenue; ~ **marítimo** promenade. 3. loc: **mandar** o **enviar a alguien a ~** to send sb packing.

pasillo m corridor

pasión f passion. ♦ **Pasión** f (RELIG) Passion

pasivo, -va adj 1. *(gen &* GRAM) passive 2. *(población etc)* inactive. ♦ **pasivo** m (COM) liabilities *(pl)*.

pasmado, -da adj 1. *(asombrado)* astonished, astounded. 2. *(atontado)* stunned.

pasmar vt to astound ♦ **pasmarse** vpr to be astounded.

pasmo m astonishment

pasmoso, -sa adj astonishing.

paso m 1. *(gen)* step; *(huella)* footprint. 2. *(acción)* passing; *(cruce)* crossing; *(camino de acceso)* way through, thoroughfare; **abrir ~ a alguien** *(lit &* fig) to make way for sb; **ceder el ~ (a alguien)** to let sb past; (AUTOM) to give way (to sb); **'ceda el ~'** 'give way'; **'prohibido el ~'** 'no entry'; ~ **elevado** flyover; ~ **a nivel** level crossing; ~ **peatonal** o **de peatones** pedestrian crossing; ~ **de cebra** zebra crossing. 3. *(forma de andar)* walk; *(ritmo)* pace. 4. (GEOGR - *en montaña)* pass; *(- en el mar)* strait. 5. *(gen pl) (gestión)* step; *(progreso)* advance; **dar los ~s necesarios** to take the necessary steps. 6. loc: **a cada ~** every other minute; **está a dos** o **cuatro ~s** it's just down the road; **¡a este ~ ...!** fig at that rate ...!; **estar de ~** to be passing through; ~ **a ~** step by step; **salir del ~** to get out of trouble. ♦ **de paso** loc adv in passing.

pasodoble m paso doble.

pasota fam ◊ adj apathetic. ◊ m y f dropout

pasta f 1. *(masa)* paste; *(de papel)* pulp; ~ **dentífrica** toothpaste. 2. (CULIN - *espaguetti etc)* pasta; *(- de pasteles)* pastry; *(- de pan)* dough. 3. *(pastelillo)* pastry. 4. fam *(dinero)* dough. 5. *(encuadernación)*: **en ~** hardback.

pastar vi to graze.

pastel m 1. (CULIN - *dulce)* cake; *(- salado)* pie 2. (ARTE) pastel.

pastelería f 1. *(establecimiento)* cake shop, patisserie. 2. *(repostería)* pastries *(pl)*.

pasteurizado [pasteuri'θaðo], **-da** adj pasteurized.

pastiche m pastiche

pastilla f 1. (MED) pill, tablet. 2. *(de jabón, chocolate)* bar.

pasto m 1. *(acción)* grazing; *(sitio)* pasture. 2. *(hierba)* fodder 3. loc: **ser ~ de las llamas** to go up in flames.

pastón m Esp fam: **vale un ~** it costs a bomb.

pastor, -ra m y f *(de ganado)* shepherd *(f* shepherdess). ♦ **pastor** m 1. *(sacerdote)* minister. 2. ~ **perro**.

pastoso, -sa adj 1. *(blando)* pasty; *(arroz)* sticky. 2. *(seco)* dry.

pata f 1. *(pierna)* leg. 2. *(pie - gen)* foot; *(- de perro, gato)* paw; *(- de vaca, caballo)* hoof. 3. fam *(de persona)* leg; **a cuatro ~s** on all fours; **ir a la ~ coja** to hop. 4. *(de mueble)* leg; *(de gafas)* arm 5. loc: **meter la ~** to put one's foot in it; **poner/estar ~s arriba** to turn/be upside down; **tener mala ~** to be unlucky. ♦ **patas** fpl Amer fam *(poca vergüenza)* cheek *(U)*. ♦ **pata de gallo** f *(en la cara)* crow's feet *(pl)*.

patada f kick; *(en el suelo)* stamp; **dar una ~ a** to kick; **tratar a alguien a ~s** to treat sb like dirt.

patalear vi to kick about; *(en el suelo)* to stamp one's feet.

pataleo m kicking *(U)*; *(en el suelo)* stamping *(U)*.

pataleta f tantrum.

patán m bumpkin.

patata f potato; ~**s fritas** *(de sartén)* chips Br, french fries Am; *(de bolsa)* crisps Br, chips Am.

paté m paté.

patear ◊ vt *(dar un puntapié)* to kick; *(pisotear)* to stamp on. ◊ vi *(patalear)* to stamp one's feet.

patentado, -da adj patent, patented.

patente ◊ adj obvious; *(demostración, prueba)* clear. ◊ f *(de invento)* patent.

paternal adj fatherly, paternal; fig paternal.

paternidad f fatherhood; (DER) paternity.

paterno, -na adj paternal

patético, -ca *adj* pathetic, moving.
patetismo *m* pathos *(U)*.
patidifuso, -sa *adj fam* stunned.
patilla *f* 1. *(de pelo)* sideboard, sideburn. 2. *(de gafas)* arm.
patín *m* 1. *(calzado - de cuchilla)* ice skate; *(- de ruedas)* roller skate. 2. *(patinete)* scooter 3. *(embarcación)* pedal boat.
pátina *f* patina.
patinaje *m* skating.
patinar *vi* 1. *(sobre hielo)* to skate; *(sobre ruedas)* to roller-skate. 2. *(resbalar - coche)* to skid; *(- persona)* to slip 3. *fam fig (meter la pata)* to put one's foot in it.
patinazo *m* 1. *(de coche)* skid; *(de persona)* slip. 2. *fam fig (planchazo)* blunder.
patinete *m* scooter.
patio *m (gen)* patio, courtyard; *(de escuela)* playground; *(de cuartel)* parade ground.
patitieso, -sa *adj* 1. *(de frío)* frozen stiff. 2. *(de sorpresa)* aghast, amazed.
pato, -ta *m y f* duck; **pagar el ~** to carry the can.
patológico, -ca *adj* pathological
patoso, -sa *adj fam* clumsy.
patria → **patrio**.
patriarca *m* patriarch.
patrimonio *m* 1. *(bienes - heredados)* inheritance; *(- propios)* wealth; *(económico)* national wealth. 2. *fig (de una colectividad)* exclusive birthright.
patrio, -tria *adj* native. ♦ **patria** *f* native country
patriota *m y f* patriot.
patriotismo *m* patriotism.
patrocinador, -ra *m y f* sponsor.
patrocinar *vt* to sponsor
patrocinio *m* sponsorship.
patrón, -ona *m y f* 1. *(de obreros)* boss; *(de criados)* master *(f* mistress). 2. *(de pensión etc)* landlord *(f* landlady). 3. *(santo)* patron saint. ♦ **patrón** *m* 1. *(de barco)* skipper. 2. *(en costura)* pattern.
patronal ◇ *adj (empresarial)* management *(antes de sust)*. ◇ *f* 1. *(de empresa)* management. 2. *(de país)* employers' organisation.
patronato *m (gen)* board; *(con fines benéficos)* trust.
patrono, -na *m y f* 1. *(de empresa - encargado)* boss; *(- empresario)* employer. 2. *(santo)* patron saint.
patrulla *f* patrol; **~ urbana** vigilante group.

patrullar *vt & vi* to patrol.
patuco *m (gen pl)* bootee
paulatino, -na *adj* gradual.
pausa *f* pause, break; *(MÚS)* rest; **con ~** unhurriedly.
pausado, -da *adj* deliberate, slow.
pauta *f* 1. *(gen)* standard, model. 2. *(en un papel)* guideline.
pava → **pavo**
pavimentación *f (de una carretera)* road surfacing; *(de la acera)* paving; *(de un suelo)* flooring.
pavimento *m (de carretera)* road surface; *(de acera)* paving; *(de suelo)* flooring.
pavo, -va *m y f (ave)* turkey; **~ real** peacock *(f* peahen)
pavonearse *vpr despec:* **~ (de)** to boast O brag (about)
pavor *m* terror.
paya *f Arg & Chile improvised poem accompanied by guitar.*
payasada *f* clowning *(U)*; **hacer ~s** to clown around.
payaso, -sa *m y f* clown.
payo, -ya *m y f* non-gipsy.
paz *f* peace; *(tranquilidad)* peacefulness; **dejar a alguien en ~** to leave sb alone O in peace; **estar** O **quedar en ~** to be quits; **hacer las paces** to make (it) up; **que en ~ descanse, que descanse en ~** may he/she rest in peace.
PC *m (abrev de* **personal computer)** PC.
PD, PS *(abrev de* **posdata)** PS
pdo. *abrev de* **pasado.**
peaje *m* toll.
peana *f* pedestal.
peatón *m* pedestrian.
peca *f* freckle.
pecado *m* sin.
pecador, -ra *m y f* sinner.
pecaminoso, -sa *adj* sinful.
pecar *vi* 1. *(RELIG)* to sin. 2. *(pasarse)*: **~ de confiado/generoso** to be overconfident/too generous.
pecera *f* fish tank; *(redonda)* fish bowl.
pecho *m* 1. *(gen)* chest; *(de mujer)* bosom. 2. *(mama)* breast; **dar el ~ a** to breastfeed 3. *loc:* **a lo hecho, ~** it's no use crying over spilt milk; **tomarse algo a ~** to take sthg to heart.
pechuga *f (de ave)* breast *(meat)*.
pecoso, -sa *adj* freckly.
pectoral *adj (ANAT)* pectoral, chest *(antes de sust)*.
peculiar *adj* 1. *(característico)* typical, characteristic 2. *(curioso)* peculiar

peculiaridad f 1. *(cualidad)* unique-ness. 2. *(detalle)* particular feature o characteristic.

pedagogía f education, pedagogy.

pedagogo, -ga m y f educator; *(profesor)* teacher.

pedal m pedal.

pedalear vi to pedal.

pedante adj pompous

pedantería f pomposity *(U)*.

pedazo m piece, bit; **hacer ~s** to break to bits; *fig* to destroy.

pedernal m flint.

pedestal m pedestal, stand.

pedestre adj on foot.

pediatra m y f pediatrician.

pedicuro, -ra m y f chiropodist Br, podiatrist Am.

pedido m (COM) order; **hacer un ~** to place an order.

pedigrí, pedigree [peði'ɣri] m pedi-gree.

pedir ◇ vt 1. *(gen)* to ask for; *(en comercios, restaurantes)* to order; **~ a alguien que haga algo** to ask sb to do sthg; **~ a alguien (en matrimonio)** to ask for sb's hand (in marriage); **~ prestado algo a alguien** to borrow sthg from sb. 2. *(exigir)* to demand. 3. *(requerir)* to call for, to need. 4. *(poner precio)*: **~ (por)** to ask (for); **pide un millón por la moto** he's ask-ing a million for the motorbike. ◇ vi *(mendigar)* to beg.

pedo m vulg *(ventosidad)* fart; **tirarse un ~** to fart.

pedrada f *(golpe)*: **a ~s** by stoning.

pedregullo m CSur gravel.

pedrería f precious stones *(pl)*.

pedrusco m rough stone.

peeling ['pilin] *(pl* **peelings)** m face mask o pack

pega f *(obstáculo)* difficulty, hitch; **poner ~s (a)** to find problems (with).

pegadizo, -za adj 1. *(música)* catchy. 2. *fig (contagioso)* catching.

pegajoso, -sa adj sticky; *despec* clinging.

pegamento m glue.

pegar ◇ vt 1. *(adherir)* to stick; *(con pegamento)* to glue; *(póster, cartel)* to fix, to put up; *(botón)* to sew on. 2. *(arrimar)*: **~ algo a** to put o place sthg against. 3. *(golpear)* to hit. 4. *(propinar - bofetada, paliza etc)* to give; *(- golpe)* to deal. 5. *(contagiar)*: **~ algo a alguien** to give sb sthg, to pass sthg on to sb. ◇ vi 1. *(adherir)* to stick. 2. *(golpear)* to hit. 3. *(armonizar)* to go together, to match; **~ con** to go with.

4. *(sol)* to beat down. ◆ **pegarse** vpr 1. *(adherirse)* to stick. 2. *(agredirse)* to fight. 3. *(golpearse)*: **~se (un golpe) con algo** to hit o.s. against sthg. 4. *fig (contagiarse - enfermedad)* to be trans-mitted; **se me pegó su acento** I picked up his accent

pegatina f sticker.

pegote m fam 1. *(masa pegajosa)* sticky mess. 2. *(chapucería)* botch.

peinado m hairdo; *(estilo, tipo)* hair-style.

peinar vt lit & fig to comb. ◆ **pei-narse** vpr to comb one's hair

peine m comb

peineta f comb worn in the back of the hair.

p.ej. *(abrev de por ejemplo)* e.g.

Pekín Peking, Beijing

pela f fam peseta; **no tengo ~s** I'm skint.

peladilla f sugared almond.

pelado, -da adj 1. *(cabeza)* shorn. 2. *(piel, cara etc)* peeling; *(fruta)* peeled. 3. *(habitación, monte, árbol)* bare. 4. *(número)* exact, round; **saqué un aprobado ~** I passed, but only just 5. *fam (sin dinero)* broke, skint.

pelaje m *(de gato, oso, conejo)* fur; *(de perro, caballo)* coat.

pelar vt 1. *(persona)* to cut the hair of 2. *(fruta, patatas)* to peel; *(guisantes, marisco)* to shell. 3. *(aves)* to pluck; *(conejos etc)* to skin. ◆ **pelarse** vpr 1. *(cortarse el pelo)* to have one's hair cut. 2. *(piel, espalda etc)* to peel.

peldaño m step; *(de escalera de mano)* rung.

pelea f 1. *(a golpes)* fight 2. *(riña)* row, quarrel.

pelear vi 1. *(a golpes)* to fight. 2. *(a gritos)* to have a row o quarrel. 3. *(esforzarse)* to struggle. ◆ **pelearse** vpr 1. *(a golpes)* to fight. 2. *(a gritos)* to have a row o quarrel.

pelele m fam despec *(persona)* puppet.

peletería f *(tienda)* fur shop, furrier's.

peliagudo, -da adj tricky.

pelícano, pelícano m pelican.

película f *(gen)* film; **~ muda/de te-rror** silent/horror film; **~ del Oeste** western; **de ~** amazing.

peligro m danger; **correr ~ (de)** to be in danger (of); **estar/poner en ~** to be/put at risk; **fuera de ~** out of dan-ger; **¡~ de muerte!** danger!

peligroso, -sa adj dangerous.

pelín m fam mite, tiny bit.

pelirrojo, -ja ◇ adj ginger, red-headed ◇ m y f redhead.

pellejo *m (piel, vida)* skin.
pellizcar *vt (gen)* to pinch.
pellizco *m* pinch.
pelma, pelmazo, -za *fam despec* ◇ *adj* annoying, tiresome. ◇ *m y f* bore, pain
pelo *m* 1. *(gen)* hair. 2. *(de oso, conejo, gato)* fur; *(de perro, caballo)* coat. 3. *(de una tela)* nap. 4. *loc:* con ~s y señales with all the details; no tener ~s en la lengua *fam* not to mince one's words; poner a alguien los ~s de punta *fam* to make sb's hair stand on end; por los ~s, por un ~ by the skin of one's teeth; tomar el ~ a alguien *fam* to pull sb's leg ✦ a contra pelo *loc adv lit & fig* against the grain.
pelota ◇ *f* 1. *(gen & DEP)* ball; jugar a la ~ to play ball; ~ vasca pelota; hacer la ~ (a alguien) *fam* to suck up (to sb). 2. *fam (cabeza)* nut ◇ *m y f (persona)* crawler, creep
pelotera *f fam* scrap, fight.
pelotón *m (de soldados)* squad; *(de gente)* crowd; *(DEP)* pack.
pelotudo, -da *adj CSur fam* stupid.
peluca *f* wig.
peluche *m* plush.
peludo, -da *adj* hairy.
peluquería *f* 1. *(establecimiento)* hairdresser's (shop). 2. *(oficio)* hairdressing.
peluquero, -ra *m y f* hairdresser.
peluquín *m* toupee.
pelusa *f* 1. *(de tela)* fluff. 2. *(vello)* down.
pelvis *f inv* pelvis.
pena *f* 1. *(lástima)* shame, pity; ¡qué ~! what a shame o pity!; dar ~ to inspire pity; el pobre me da ~ I feel sorry for the poor chap. 2. *(tristeza)* sadness, sorrow. 3. *(gen pl) (desgracia)* problem, trouble. 4. *(gen pl) (dificultad)* struggle *(U)*; a duras ~s with great difficulty. 5. *(castigo)* punishment; ~ capital o de muerte death penalty. 6. *Amer (vergüenza)* shame, embarrassment; me da ~ I'm ashamed of it. 7. *loc:* (no) valer o merecer la ~ (not) to be worthwhile o worth it.
penacho *m* 1. *(de pájaro)* crest. 2. *(adorno)* plume.
penal ◇ *adj* criminal. ◇ *m* prison.
penalidad *f (gen pl)* suffering *(U)*, hardship.
penalización *f* 1. *(acción)* penalization. 2. *(sanción)* penalty.
penalti, penalty *m (DEP)* penalty.
penar ◇ *vt (castigar)* to punish. ◇ *vi (sufrir)* to suffer.

pender *vi* 1. *(colgar)*: ~ (de) to hang (from). 2. *fig (amenaza etc)*: ~ sobre to hang over.
pendiente ◇ *adj* 1. *(por resolver)* pending; *(deuda)* outstanding; estar ~ de *(atento a)* to keep an eye on; *(a la espera de)* to be waiting for. 2. *(asignatura)* failed. ◇ *m* earring. ◇ *f* slope.
pendón, -ona *m y f fam* libertine.
péndulo *m* pendulum.
pene *m* penis.
penene *m y f* untenured teacher or lecturer.
penetración *f* 1. *(gen)* penetration. 2. *(sagacidad)* astuteness
penetrante *adj* 1. *(intenso - dolor)* acute; *(- olor)* sharp; *(- frío)* biting; *(- mirada)* penetrating; *(- voz, sonido etc)* piercing. 2. *(sagaz)* sharp, penetrating.
penetrar ◇ *vi*: ~ en *(internarse en)* to enter; *(filtrarse por)* to get into, to penetrate; *(perforar)* to pierce; *(llegar a conocer)* to get to the bottom of. ◇ *vt* 1. *(introducirse en - suj: arma, sonido etc)* to pierce, to penetrate; *(- suj: humedad, líquido)* to permeate; *(- suj: emoción, sentimiento)* to pierce. 2. *(llegar a conocer - secreto etc)* to get to the bottom of. 3. *(sexualmente)* to penetrate.
penicilina *f* penicillin.
península *f* peninsula.
peninsular *adj* peninsular.
penitencia *f* penance.
penitenciaría *f* penitentiary.
penoso, -sa *adj* 1. *(trabajoso)* laborious. 2. *(lamentable)* distressing; *(aspecto, espectáculo)* sorry
pensador, -ra *m y f* thinker.
pensamiento *m* 1. *(gen)* thought; *(mente)* mind; *(idea)* idea. 2. *(BOT)* pansy.
pensar ◇ *vi* to think; ~ en algo/en alguien/en hacer algo to think about sthg/about sb/about doing sthg; ~ sobre algo to think about sthg; piensa en un número/buen regalo think of a number/good present; dar que ~ a alguien to give sb food for thought. ◇ *vt* 1. *(reflexionar)* to think about o over. 2. *(opinar, creer)* to think; ~ algo de alguien/algo to think sthg of sb/sthg; pienso que no vendrá I don't think she'll come. 3. *(idear)* to think up. 4. *(tener la intención de)*: ~ hacer algo to intend to do sthg. ✦ pensarse *vpr*: ~se algo to think sthg over
pensativo, -va *adj* pensive, thoughtful.
pensión *f* 1. *(dinero)* pension. 2. *(de*

huéspedes) = guest house; **media ~** *(en hotel)* half board; **estar a media ~** *(en colegio)* to have school dinners; **~ completa** full board.

pensionista *m y f (jubilado)* pensioner

pentágono *m* pentagon.

pentagrama *m* (MÚS) stave.

penúltimo, -ma *adj, m y f* penultimate, last but one.

penumbra *f* half-light.

penuria *f* 1. *(pobreza)* penury, poverty. 2. *(escasez)* paucity, dearth.

peña *f* 1. *(roca)* crag, rock; *(monte)* cliff. 2. *(grupo de amigos)* circle, group; *(club)* club; *(quinielística)* pool; *Amer (folklórica)* folk club

peñasco *m* large crag o rock.

peñón *m* rock. ◆ **Peñón** *m*: **el Peñón (de Gibraltar)** the Rock (of Gibraltar).

peón *m* 1. *(obrero)* unskilled labourer. 2. *(en ajedrez)* pawn.

peonza *f* (spinning) top

peor ◇ *adj* 1. *(comparativo)*: **~ (que)** worse (than). 2. *(superlativo)*: **el/la ~ ...** the worst ... ◇ *pron*: **el/la ~ (de)** the worst (in); **el ~ de todos** the worst of all; **lo ~ fue que ...** the worst thing was that ... ◇ *adv* 1. *(comparativo)*: **~ (que)** worse (than); **ahora veo ~** I see worse now; **estar ~** *(enfermo)* to get worse; **estoy ~** *(de salud)* I feel worse. 2. *(superlativo)* worst; **el que lo hizo ~** the one who did it (the) worst

pepinillo *m* gherkin.

pepino *m* (BOT) cucumber; **me importa un ~** I couldn't care less.

pepita *f* 1. *(de fruta)* pip. 2. *(de oro)* nugget.

peppermint = **pipermín**.

pequeñez *f* 1. *(gen)* smallness. 2. *fig (insignificancia)* trifle.

pequeño, -ña *adj* small, little; *(hermano)* little; *(posibilidad)* slight; *(ingresos, cifras etc)* low.

pequinés *m (perro)* Pekinese.

pera *f* 1. *(fruta)* pear. 2. *(para ducha etc)* (rubber) bulb. 3. *loc*: **pedir ~s al olmo** to ask (for) the impossible; **ser la ~ fam** to be the limit.

peral *m* pear-tree

percance *m* mishap.

percatarse *vpr*: **~ (de algo)** to notice (sthg).

percebe *m (pez)* barnacle.

percepción *f* 1. *(de los sentidos)* perception. 2. *(cobro)* receipt, collection.

perceptible *adj (por los sentidos)* noticeable, perceptible.

percha *f* 1. *(de armario)* (coat) hanger.

2. *(de pared)* coat rack. 3. *(de pie)* coat stand. 4. *(para pájaros)* perch.

perchero *m (de pared)* coat rack; *(de pie)* coat stand

percibir *vt* 1. *(con los sentidos)* to perceive, to notice; *(por los oídos)* to hear; *(ver)* to see. 2. *(cobrar)* to receive, to get.

percusión *f* percussion.

perdedor, -ra *m y f* loser.

perder ◇ *vt* 1. *(gen)* to lose. 2. *(desperdiciar)* to waste. 3. *(tren, oportunidad)* to miss. ◇ *vi* 1. *(salir derrotado)* to lose. 2. *loc*: **echar algo a ~** to spoil sthg; **echarse a ~** *(alimento)* to go off. ◆ **perderse** *vpr* 1. *(gen)* to get lost. 2. *(desaparecer)* to disappear. 3. *(desperdiciarse)* to be wasted. 4. *(desaprovechar)*: **¡no te lo pierdas!** don't miss it! 5. *fig (por los vicios)* to be beyond salvation.

perdición *f* ruin, undoing.

pérdida *f* 1. *(gen)* loss; **no tiene ~** you can't miss it. 2. *(de tiempo, dinero)* waste. 3. *(escape)* leak ◆ **pérdidas** *fpl* 1. (FIN & MIL) losses. 2. *(daños)* damage (U)

perdidamente *adv* hopelessly.

perdido, -da *adj* 1. *(extraviado)* lost; *(animal, bala)* stray. 2. *(sucio)* filthy. 3. *fam (de remate)* complete, utter. 4. *loc*: **estar ~** to be done for o lost

perdigón *m* pellet.

perdiz *f* partridge.

perdón *m* pardon, forgiveness; **no tener ~** to be unforgivable; **¡~!** sorry!

perdonar *vt* 1. *(gen)* to forgive; **le algo a alguien** to forgive sb for sthg; **perdone que le moleste** sorry to bother you. 2. *(eximir de - deuda, condena)*: **~ algo a alguien** to let sb off sthg; **~le la vida a alguien** to spare sb their life.

perdonavidas *m y f inv fam* bully.

perdurable *adj* 1. *(que dura siempre)* eternal. 2. *(que dura mucho)* long-lasting.

perdurar *vi* 1. *(durar mucho)* to endure, to last. 2. *(persistir)* to persist.

perecedero, -ra *adj* 1. *(productos)* perishable. 2. *(naturaleza)* transitory.

perecer *vi* to perish, to die.

peregrinación *f* (RELIG) pilgrimage; *fig (a un lugar)* trek.

peregrinaje *m* (RELIG) pilgrimage; *fig (a un lugar)* trek.

peregrino, -na ◇ *adj* 1. *(ave)* migratory. 2. *fig (extraño)* strange. ◇ *m y f (persona)* pilgrim.

perejil *m* parsley

perenne *adj* 1. (BOT) perennial. 2. *(re-*

cuerdo) enduring. **3.** (*continuo*) constant.

pereza *f* idleness.

perezoso, -sa *adj* **1.** (*vago*) lazy. **2.** (*lento*) slow, sluggish.

perfección *f* perfection; **es de una gran ~** it's exceptionally good

perfeccionar *vt* **1.** (*redondear*) to perfect. **2.** (*mejorar*) to improve.

perfeccionista *adj, m y f* perfectionist.

perfecto, -ta *adj* perfect.

perfidia *f* perfidy, treachery.

perfil *m* **1.** (*contorno*) outline, shape. **2.** (*de cara, cuerpo*) profile; **de ~** in profile. **3.** *fig* (*característica*) characteristic. **4.** *fig* (*retrato moral*) profile. **5.** (GEOM) cross section

perfilar *vt* to outline. ♦ **perfilarse** *vpr* **1.** (*destacarse*) to be outlined. **2.** (*concretarse*) to shape up.

perforación *f* **1.** (*gen & MED*) perforation. **2.** (*taladro*) bore-hole.

perforar *vt* (*horadar*) to perforate; (*agujero*) to drill; (INFORM) to punch

perfume *m* perfume.

perfumería *f* **1.** (*tienda, arte*) perfumery. **2.** (*productos*) perfumes (*pl*).

pergamino *m* parchment.

pericia *f* skill.

periferia *f* periphery; (*alrededores*) outskirts (*pl*).

periférico, -ca *adj* peripheral; (*barrio*) outlying.

perifollos *mpl fam* frills (and fripperies).

perífrasis *f inv*: **~ (verbal)** wordy explanation.

perilla *f* goatee; **venir de ~(s)** to be just the right thing.

perímetro *m* perimeter.

periódico, -ca *adj* (*gen*) periodic. ♦ **periódico** *m* newspaper.

periodismo *m* journalism.

periodista *m y f* journalist.

periodo, período *m* period; (DEP) half.

peripecia *f* incident, sudden change.

peripuesto, -ta *adj fam* dolled-up.

periquete *m*: **en un ~** *fam* in a jiffy.

periquito *m* parakeet.

periscopio *m* periscope.

peritar *vt* (*casa*) to value; (*coche*) to assess the damage to

perito *m* **1.** (*experto*) expert; **~ agrónomo** agronomist. **2.** (*ingeniero técnico*) technician.

perjudicar *vt* to damage, to harm

perjudicial *adj*: **~ (para)** harmful (to)

perjuicio *m* harm (U), damage (U).

perjurar *vi* (*jurar en falso*) to commit perjury.

perla *f* pearl; *fig* (*maravilla*) gem, treasure; **de ~s** great, fine; **me viene de ~s** it's just the right thing.

perlé *m* beading.

permanecer *vi* **1.** (*en un lugar*) to stay. **2.** (*en un estado*) to remain, to stay.

permanencia *f* **1.** (*en un lugar*) staying, continued stay. **2.** (*en un estado*) continuation.

permanente ◇ *adj* permanent; (*comisión*) standing ◇ *f* perm; **hacerse la ~** to have a perm.

permeable *adj* permeable

permisible *adj* permissible, acceptable.

permisivo, -va *adj* permissive

permiso *m* **1.** (*autorización*) permission; **con ~** if I may. **2.** (*documento*) licence, permit; **~ de armas** gun licence; **~ de conducir** driving licence *Br*, driver's license *Am*. **3.** (*vacaciones*) leave.

permitir *vt* to allow; **~ a alguien hacer algo** to allow sb to do sthg; **¿me permite?** may I? ♦ **permitirse** *vpr* to allow o.s. (the luxury of); **no puedo permitírmelo** I can't afford it.

permuta, permutación *f* exchange

pernicioso, -sa *adj* damaging, harmful.

pero ◇ *conj* but; **la casa es vieja - céntrica** the house may be old, but it's central; **~ ¿qué es tanto ruido?** what on earth is all this noise about? ◇ *m* snag, fault; **poner ~s a todo** to find fault with everything.

perol *m* casserole (dish).

perorata *f* long-winded speech

perpendicular *adj* perpendicular; **ser ~ a algo** to be at right angles to sthg.

perpetrar *vt* to perpetrate, to commit.

perpetuar *vt* to perpetuate. ♦ **perpetuarse** *vpr* to last, to endure.

perpetuo, -tua *adj* **1.** (*gen*) perpetual. **2.** (*para toda la vida*) lifelong; (DER) life (*antes de sust*).

perplejo, -ja *adj* perplexed, bewildered.

perra *f* **1.** (*rabieta*) tantrum; **coger una ~** to throw a tantrum. **2.** (*dinero*) penny; **estoy sin una ~** I'm flat broke. **3.** → **perro**.

perrera → **perrero**.

perrería f fam: **hacer ~s a alguien** to play dirty tricks on sb.

perrero, -ra m y f (persona) dog-catcher. ♦ **perrera** f 1. (lugar) kennels (pl). 2. (vehículo) dogcatcher's van.

perro, -rra m y f (animal) dog (f bitch); ~ **callejero** stray dog; ~ **de caza** hunting dog; ~ **lazarillo** guide dog; ~ **lobo** alsatian; ~ **pastor** sheep-dog; ~ **policía** police dog; **ser ~ viejo** to be an old hand. ♦ **perro caliente** m hot dog.

persecución f 1. (seguimiento) pursuit. 2. (acoso) persecution.

perseguir vt 1. (seguir, tratar de obtener) to pursue 2. (acosar) to perse-cute 3. (suj: mala suerte, problema etc) to dog.

perseverante adj persistent.

perseverar vi: ~ **(en)** to persevere (with), to persist (in).

persiana f blind.

persistente adj persistent.

persistir vi: ~ **(en)** to persist (in).

persona f 1. (individuo) person; **cien ~s** a hundred people; **en ~** in person; **por ~** per head; **ser buena ~** to be nice; ~ **mayor** adult, grown-up. 2. (DER) party. 3. (GRAM) person.

personaje m 1. (persona importante) important person, celebrity. 2. (de obra) character.

personal ◊ adj (gen) personal; (teléfono, dirección) private, home (antes de sust). ◊ m (trabajadores) staff, person-nel.

personalidad f 1. (características) personality. 2. (identidad) identity. 3. (persona importante) important person, celebrity.

personalizar vi 1. (nombrar) to name names. 2. (aludir) to get personal.

personarse vpr to turn up.

personificar vt to personify.

perspectiva f 1. (gen) perspective. 2. (paisaje) view. 3. (futuro) prospect; **en ~** in prospect.

perspicacia f insight, perceptive-ness.

perspicaz adj sharp, perceptive.

persuadir vt to persuade; ~ **a alguien para que haga algo** to per-suade sb to do sthg. ♦ **persuadirse** vpr to convince o.s.; **~se de algo** to become convinced of sthg.

persuasión f persuasion.

persuasivo, -va adj persuasive. ♦ **persuasiva** f persuasive power.

pertenecer vi 1. (gen): ~ **a** to belong to 2. (corresponder) to be a matter for.

perteneciente adj: **ser ~ a** to belong to.

pertenencia f 1. (propiedad) owner-ship. 2. (afiliación) membership. ♦ **per-tenencias** fpl (enseres) belongings.

pértiga f 1. (vara) pole. 2. (DEP) pole-vault.

pertinaz adj 1. (terco) stubborn. 2. (persistente) persistent.

pertinente adj 1. (adecuado) appro-priate. 2. (relativo) relevant, pertin-ent.

pertrechos mpl 1. (MIL) supplies and ammunition. 2. fig (utensilios) gear (U).

perturbación f 1. (desconcierto) dis-quiet, unease. 2. (disturbio) disturb-ance; ~ **del orden público** breach of the peace. 3. (MED) mental imbalance.

perturbado, -da adj 1. (MED) dis-turbed. 2. (desconcertado) perturbed.

perturbador, -ra ◊ adj unsettling. ◊ m y f troublemaker.

perturbar vt 1. (trastornar) to disrupt. 2. (inquietar) to disturb, to unsettle. 3. (enloquecer) to perturb.

Perú: (el) ~ Peru.

peruano, -na adj, m y f Peruvian.

perversión f perversion.

perverso, -sa adj depraved.

pervertido, -da m y f pervert.

pervertir vt to corrupt. ♦ **perver-tirse** vpr to be corrupted.

pesa f 1. (gen) weight. 2. (gen pl) (DEP) weights (pl).

pesadez f 1. (peso) weight. 2. (sen-sación) heaviness. 3. (molestia, fastidio) drag, pain. 4. (aburrimiento) ponder-ousness.

pesadilla f nightmare

pesado, -da ◊ adj 1. (gen) heavy. 2. (caluroso) sultry. 3. (lento) ponderous, sluggish. 4. (duro) difficult, tough. 5. (aburrido) boring. 6. (molesto) annoy-ing, tiresome; **¡qué ~ eres!** you're so annoying! ◊ m y f bore, pain.

pesadumbre f grief, sorrow.

pésame m sympathy, condolences (pl); **dar el ~** to offer one's condol-ences.

pesar ◊ m 1. (tristeza) grief. 2. (arrepentimiento) remorse. 3. loc: **a ~ mío** against my will. ◊ vt 1. (determi-nar el peso de) to weigh. 2. (examinar) to weigh up. ◊ vi 1. (tener peso) to weigh. 2. (ser pesado) to be heavy. 3. (importar) to play an important part. 4. (entristecer): **me pesa tener que decirte esto** I'm sorry to have to tell you this. ♦ **a pesar de** loc prep despite. ♦ **a pesar de que** *loc conj* in spite of the fact that.

pesca *f* 1. *(acción)* fishing; **ir de** ~ to go fishing; ~ **de bajura/altura** coastal/deep-sea fishing. 2. *(lo pescado)* catch.

pescadería *f* fishmonger's (shop).

pescadilla *f* whiting.

pescado *m* fish; ~ **azul/blanco** blue/white fish.

pescador, -ra *m y f* fisherman (*f* fisherwoman).

pescar ◇ *vt* 1. *(peces)* to catch. 2. *fig (enfermedad)* to catch. 3. *fam fig (conseguir)* to get o.s., to land. 4. *fam fig (atrapar)* to catch ◇ *vi* to fish, to go fishing.

pescuezo *m* neck.

pese ♦ **pese a** *loc prep* despite.

pesebre *m* 1. *(para los animales)* manger. 2. *(belén)* crib, Nativity scene.

pesero *m* CAm & Méx fixed-rate taxi service

peseta *f (unidad)* peseta. ♦ **pesetas** *fpl fig (dinero)* money (U).

pesetero, -ra *adj* money-grubbing.

pesimismo *m* pessimism.

pesimista ◇ *adj* pessimistic. ◇ *m y f* pessimist.

pésimo, -ma ◇ *superl* → **malo**. ◇ *adj* terrible, awful.

peso *m* 1. *(gen)* weight; **tiene un kilo de** ~ it weighs a kilo; **de** ~ *(razones)* weighty; *(persona)* influential; ~ **bruto/neto** gross/net weight; ~ **muerto** dead weight. 2. *(moneda)* peso. 3. *(de atletismo)* shot. 4. *(balanza)* scales *(pl)*.

pespunte *m* backstitch.

pesquero, -ra *adj* fishing. ♦ **pesquero** *m* fishing boat.

pesquisa *f* investigation, inquiry.

pestaña *f (de párpado)* eyelash; **quemarse las** ~s *fig* to burn the midnight oil.

pestañear *vi* to blink; **sin** ~ *(con serenidad)* without batting an eyelid; *(con atención)* without losing concentration once.

peste *f* 1. *(enfermedad, plaga)* plague; ~ **bubónica** bubonic plague. 2. *fam (mal olor)* stink, stench. 3. *loc*: **decir** ~s **de alguien** to heap abuse on sb.

pesticida *m* pesticide.

pestilencia *f* stench.

pestillo *m (cerrojo)* bolt; *(mecanismo, en verjas)* latch; **correr o echar el** ~ to shoot the bolt.

petaca *f* 1. *(para cigarrillos)* cigarette case; *(para tabaco)* tobacco pouch.

2. *(para bebidas)* flask. 3. Amer *(maleta)* suitcase.

pétalo *m* petal.

petanca *f* game similar to bowls played in parks, on beach etc

petardo *m (cohete)* firecracker.

petate *m* kit bag.

petición *f* 1. *(acción)* request; **a** ~ **de** at the request of. 2. (DER) *(escrito)* petition.

petiso, -sa *adj* Amer fam short.

peto *m (de prenda)* bib.

petrificar *vt lit & fig* to petrify.

petrodólar *m* petrodollar.

petróleo *m* oil, petroleum.

petrolero, -ra *adj* oil *(antes de sust)* ♦ **petrolero** *m* oil tanker.

petrolífero, -ra *adj* oil *(antes de sust)*.

petulante *adj* opinionated.

peúco *m (gen pl)* bootee.

peyorativo, -va *adj* pejorative.

pez *m* fish; ~ **de río** freshwater fish; ~ **espada** swordfish; **estar** ~ **(en algo)** to have no idea (about sthg). ♦ **pez gordo** *m fam fig* big shot.

pezón *m (de pecho)* nipple.

pezuña *f* hoof.

piadoso, -sa *adj* 1. *(compasivo)* kindhearted. 2. *(religioso)* pious.

pianista *m y f* pianist.

piano *m* piano.

pianola *f* pianola.

piar *vi* to cheep, to tweet.

PIB *(abrev de* **producto interior bruto)** *m* GDP

pibe, -ba *m y f* CSur fam kid, boy (*f* girl).

pica *f* 1. *(naipe)* spade. 2. *(lanza)* pike; **poner una** ~ **en Flandes** to do the impossible. ♦ **picas** *fpl (palo de baraja)* spades.

picadero *m (de caballos)* riding school.

picadillo *m (de carne)* mince; *(de verdura)* chopped vegetables *(pl)*.

picado, -da *adj* 1. *(marcado - piel)* pockmarked; *(- fruta)* bruised. 2. *(agujereado)* perforated; ~ **de polilla** motheaten. 3. *(triturado - alimento)* chopped; *(- carne)* minced; *(- tabaco)* cut. 4. *(vino)* sour. 5. *(diente)* decayed. 6. *(mar)* choppy. 7. *fig (enfadado)* annoyed.

picador, -ra *m y f* (TAUROM) picador

picadora *f* mincer.

picadura *f* 1. *(de mosquito, serpiente)* bite; *(de avispa, ortiga, escorpión)* sting. 2. *(tabaco)* (cut) tobacco (U).

picante ◇ *adj* 1. *(comida etc)* spicy, hot 2. *fig (obsceno)* saucy ◇ *m (comida)* spicy food; *(sabor)* spiciness.

picantería *f Andes* cheap restaurant.

picapica → polvo.

picaporte *m (aldaba)* doorknocker; *(barrita)* latch.

picar ◇ *vt* 1. *(suj: mosquito, serpiente)* to bite; *(suj: avispa, escorpión, ortiga)* to sting. 2. *(escocer)* to itch; **me pican los ojos** my eyes are stinging. 3. *(triturar - verdura)* to chop; *(- carne)* to mince. 4. *(suj: ave)* to peck. 5. *(aperitivo)* to pick at. 6. *(tierra, piedra, hielo)* to hack at. 7. *fig (enojar)* to irritate. 8. *fig (estimular - persona, caballo)* to spur on; *(- curiosidad)* to prick 9. *(perforar - billete, ficha)* to punch. ◇ *vi* 1. *(alimento)* to be spicy or hot 2. *(pez)* to bite 3. *(escocer)* to itch 4. *(ave)* to peck. 5. *(tomar un aperitivo)* to nibble. 6. *(sol)* to burn. 7. *(dejarse engañar)* to take the bait. ♦ **picarse** *vpr* 1. *(vino)* to turn sour. 2. *(mar)* to get choppy 3. *(diente)* to get a cavity 4. *(oxidarse)* to go rusty 5. *fig (enfadarse)* to get annoyed o cross.

picardía *f* 1. *(astucia)* craftiness. 2. *(travesura)* naughty trick, mischief (U). 3. *(atrevimiento)* brazenness.

picaresco, -ca *adj* mischievous, roguish. ♦ **picaresca** *f* 1. (LITER) picaresque literature. 2. *(modo de vida)* roguery.

pícaro, -ra *m y f* 1. *(astuto)* sly person, rogue. 2. *(travieso)* rascal. 3. *(atrevido)* brazen person.

picatoste *m* crouton.

pichi *m Esp* pinafore (dress) *Br*, jumper *Am*.

pichichi *m* (DEP) top scorer

pichincha *f CSur fam* snip, bargain.

pichón *m* (ZOOL) young pigeon

picnic *(pl* picnics) *m* picnic

pico *m* 1. *(de ave)* beak. 2. *(punta, saliente)* corner. 3. *(herramienta)* pick, pickaxe. 4. *(cumbre)* peak. 5. *(cantidad indeterminada)*: **cincuenta y ~** fifty-odd; **llegó a las cinco y ~** he got there just after five. 6. *fam (boca)* gob, mouth; **cerrar el ~** *(callar)* to shut up.

picor *m (del calor)* burning; *(que irrita)* itch.

picoso, -sa *adj Méx* spicy, hot.

picotear *vt (suj: ave)* to peck.

pida, pidiera *etc* → **pedir**.

pie *m* 1. *(gen & ANAT)* foot; **a ~** on foot; **estar de** o **en ~** to be on one's feet o standing; **ponerse de** o **en ~** to stand up; **de ~s a cabeza** *fig* from head to toe; **seguir en ~** *(vigente)* to be still valid; **en ~ de igualdad** on an equal footing; **en ~ de guerra** at war;

~ de foto caption. 2. *(de micrófono, lámpara etc)* stand; *(de copa)* stem. 3. *loc*: **al ~ de la letra** to the letter, word for word; **andar con ~s de plomo** to tread carefully; **buscarle (los) tres ~s al gato** to split hairs; **dar ~ a alguien para que haga algo** to give sb cause to do sthg; **no tener ni ~s ni cabeza** to make no sense at all; **pararle los ~s a alguien** to put sb in their place; **tener un ~ en la tumba** to have one foot in the grave

piedad *f* 1. *(compasión)* pity; **tener ~ de** to take pity on. 2. *(religiosidad)* piety.

piedra *f* 1. *(gen)* stone; **~ angular** *lit & fig* cornerstone; **~ pómez** pumice stone; **~ preciosa** precious stone 2. *(de mechero)* flint.

piel *f* 1. (ANAT) skin; **~ roja** redskin *(N.B: the term 'piel roja' is considered to be racist)*; **dejar** o **jugarse la ~** to risk one's neck. 2. *(cuero)* leather. 3. *(pelo)* fur 4. *(cáscara)* skin, peel.

piensa *etc* → **pensar**.

pierda *etc* → **perder**.

pierna *f* leg; **estirar las ~s** to stretch one's legs.

pieza *f* 1. *(gen)* piece; *(de mecanismo)* part; **~ de recambio** o **repuesto** spare part, extra *Am*; **dejar/quedarse de una ~** to leave/be thunderstruck. 2. *(obra dramática)* play. 3. *(habitación)* room.

pifiar *vt*: **~la** *fam* to put one's foot in it.

pigmento *m* pigment.

pijama *m* pyjamas *(pl)*.

pila *f* 1. *(generador)* battery 2. *(montón)* pile; **tiene una ~ de deudas** he's up to his neck in debt. 3. *(fregadero)* sink.

pilar *m lit & fig* pillar.

píldora *f* pill; *(anticonceptivo)*: **la ~** the pill; **dorar la ~** to sugar the pill

pileta *f CSur (fregadero)* sink; *(piscina)* swimming pool.

pillaje *m* pillage

pillar ◇ *vt* 1. *(gen)* to catch. 2. *(chiste, explicación)* to get 3. *(atropellar)* to knock down ◇ *vi (hallarse)*: **me pilla lejos** it's out of the way for me; **me pilla de camino** it's on my way. ♦ **pillarse** *vpr (dedos etc)* to catch

pillo, -lla *fam* ◇ *adj* 1. *(travieso)* mischievous 2. *(astuto)* crafty ◇ *m y f (pícaro)* rascal.

pilotar *vt (avión)* to fly, to pilot; *(coche)* to drive; *(barco)* to steer

piloto ◇ *m y f (gen)* pilot; *(de coche)* driver; **~ automático** automatic pilot. ◇ *m (luz - de coche)* tail light; *(- de* *aparato)* pilot lamp. ◇ *adj inv* pilot *(antes de sust).*

piltrafa *f (gen pl)* scrap; *fam (persona débil)* wreck.

pimentón *m* paprika.

pimienta *f* pepper.

pimiento *m (fruto)* pepper, capsicum; *(planta)* pimiento, pepper plant; ~ **morrón** sweet pepper.

pimpollo *m* **1.** *(de rama, planta)* shoot; *(de flor)* bud. **2.** *fam fig (persona atractiva)* gorgeous person.

pinacoteca *f* art gallery.

pinar *m* pine wood ○ grove.

pinaza *f* pine needles *(pl).*

pincel *m (para pintar)* paintbrush; *(para maquillar etc)* brush.

pinchadiscos *m y f inv* disc jockey

pinchar ◇ *vt* **1.** *(punzar - gen)* to prick; *(- rueda)* to puncture; *(- globo, balón)* to burst. **2.** *(penetrar)* to pierce. **3.** *(fijar):* ~ **algo en la pared** to pin sthg to the wall. **4.** *fam (teléfono)* to tap. **5.** *fig (irritar)* to torment. **6.** *fig (incitar):* ~ **a alguien para que haga algo** to urge sb to do sthg. ◇ *vi* **1.** *(rueda)* to get a puncture. **2.** *(barba)* to be prickly. ◆ **pincharse** *vpr* **1.** *(punzarse - persona)* to prick o.s.; *(- rueda)* to get a puncture. **2.** *(inyectarse):* **~se (algo)** *(medicamento)* to inject o.s. (with sthg); *fam (droga)* to shoot up (with sthg).

pinchazo *m* **1.** *(punzada)* prick. **2.** *(marca)* needle mark. **3.** *(de neumático, balón etc)* puncture, flat *Am.*

pinche ◇ *m y f* kitchen boy *(f* kitchen maid). ◇ *adj Méx* damned

pinchito *m* (CULIN) **1.** *(tapa)* aperitif on a stick. **2.** *(pincho moruno)* shish kebab

pincho *m* **1.** *(punta)* (sharp) point. **2.** *(espina - de planta)* prickle, thorn. **3.** (CULIN) aperitif on a stick; ~ **moruno** shish kebab

pinga *f Andes & Méx vulg* prick, cock.

pingajo *m fam despec* rag.

pingo *m fam despec (pingajo)* rag.

ping-pong [pin'pon] *m* table-tennis.

pingüino *m* penguin.

pinitos *mpl:* **hacer ~** *lit & fig* to take one's first steps.

pino *m* pine; **en el quinto ~** in the middle of nowhere.

pinta → pinto.

pintado, -da *adj* **1.** *(coloreado)* coloured; **'recién ~'** 'wet paint'. **2.** *(maquillado)* made-up. **3.** *(moteado)* speckled. ◆ **pintada** *f (escrito)* graffiti (U).

pintalabios *m inv* lipstick.

pintar ◇ *vt* to paint; ~ **algo de negro** to paint sthg black. ◇ *vi* **1.** *(con pintura)* to paint. **2.** *(significar, importar)* to count; **aquí no pinto nada** there's no place for me here; **¿qué pinto yo en este asunto?** where do I come in? ◆ **pintarse** *vpr (maquillarse)* to make o.s. up.

pinto, -ta *adj* speckled, spotted. ◆ **pinta** *f* **1.** *(lunar)* spot. **2.** *fig (aspecto)* appearance; **tener pinta de algo** to look ○ seem sthg; **tiene buena pinta** it looks good. **3.** *(unidad de medida)* pint. **4.** *Méx (pintada)* graffiti (U).

pintor, -ra *m y f* painter; *despec* dauber

pintoresco, -ca *adj* picturesque; *fig (extravagante)* colourful

pintura *f* **1.** (ARTE) painting; ~ **a la acuarela** watercolour; ~ **al óleo** oil painting; **no poder ver a alguien ni en ~** *fig* not to be able to stand the sight of sb. **2.** *(materia)* paint.

pinza *f (gen pl)* **1.** *(gen)* tweezers *(pl)*; *(de tender ropa)* peg, clothespin *Am.* **2.** *(de animal)* pincer, claw. **3.** *(pliegue)* fold.

piña *f* **1.** *(del pino)* pine cone. **2.** *(ananás)* pineapple. **3.** *fig (conjunto de gente)* close-knit group.

piñata *f* pot full of sweets.

piñón *m* **1.** *(fruto)* pine nut. **2.** *(rueda dentada)* pinion.

pío, -a *adj* pious. ◆ **pío** *m* cheep, cheeping (U); *(de gallina)* cluck, clucking (U); **no decir ni ~** *fig* not to make a peep.

piojo *m* louse.

piola *adj CSur fam* **1.** *(astuto)* shrewd. **2.** *(estupendo)* fabulous.

pionero, -ra *m y f* pioneer.

pipa *f* **1.** *(para fumar)* pipe. **2.** *(pepita)* seed, pip; **~s (de girasol)** *sunflower seeds coated in salt.* **3.** *loc:* **pasarlo ○ pasárselo ~** to have a whale of a time.

pipermín, peppermint [piper'min] *m* peppermint liqueur.

pipí *m fam* wèe-wee; **hacer ~** to have a wee-wee.

pique *m* **1.** *(enfado)* grudge. **2.** *(rivalidad)* rivalry. **3.** *loc:* **irse a ~** *(barco)* to sink; *(negocio)* to go under; *(plan)* to fail

piquete *m (grupo):* ~ **de ejecución** firing squad; ~ **(de huelga)** picket

pirado, -da *adj fam* crazy.

piragua *f* canoe.

piragüismo *m* canoeing.

pirámide *f* pyramid.

piraña *f* piranha

pirarse *vpr fam* to clear off.
pirata ◊ *adj* pirate (*antes de sust*); (*disco*) bootleg. ◊ *m y f lit & fig* pirate; ~ **informático** hacker.
piratear ◊ *vi* 1. (*gen*) to be involved in piracy. 2. (INFORM) to hack. ◊ *vt* (INFORM) to hack into.
pirenaico, -ca *adj* Pyrenean.
pírex, pyrex® *m* Pyrex®.
Pirineos *mpl*: los ~ the Pyrenees.
piripi *adj fam* tipsy.
pirómano, -na *m y f* pyromaniac.
piropo *m fam* flirtatious remark, = wolf whistle.
pirotecnia *f* pyrotechnics (U).
pirrarse *vpr fam*: ~ **por algo/alguien** to be dead keen on sthg/sb.
pirueta *f* pirouette; **hacer ~s** *fig* (*esfuerzo*) to perform miracles.
piruleta *f* lollipop.
pirulí (*pl* pirulís) *m* lollipop.
pis (*pl* pises) *m fam* pee.
pisada *f* 1. (*acción*) footstep; **seguir las ~s de alguien** to follow in sb's footsteps. 2. (*huella*) footprint.
pisapapeles *m inv* paperweight
pisar *vt* 1. (*con el pie*) to tread on; ~ **fuerte** *fig* to be firing on all cylinders. 2. (*uvas*) to tread. 3. *fig* (*llegar a*) to set foot in. 4. *fig* (*despreciar*) to trample on. 5. *fig* (*anticiparse*): ~ **un contrato a alguien** to beat sb to a contract; ~ **una idea a alguien** to think of something before sb.
piscina *f* swimming pool.
Piscis ◊ *m* (*zodiaco*) Pisces. ◊ *m y f* (*persona*) Pisces.
piscolabis *m inv fam* snack.
piso *m* 1. *Esp* (*vivienda*) flat. 2. (*planta*) floor. 3. (*suelo - de carretera*) surface; (*- de edificio*) floor. 4. (*capa*) layer.
pisotear *vt* 1. (*con el pie*) to trample on. 2. (*humillar*) to scorn.
pista *f* 1. (*gen*) track; ~ **de aterrizaje** runway; ~ **de baile** dance floor; ~ **de esquí** ski slope; ~ **de hielo** ice rink; ~ **de tenis** tennis court. 2. *fig* (*indicio*) clue.
pistacho *m* pistachio.
pisto *m* = ratatouille.
pistola *f* 1. (*arma - con cilindro*) gun; (*- sin cilindro*) pistol 2. (*pulverizador*) spraygun; **pintar a ~** to spray-paint.
pistolero, -ra *m y f* (*persona*) gunman. ♦ **pistolera** *f* (*funda*) holster.
pistón *m* 1. (MEC) piston. 2. (MÚS - corneta*) cornet; (*- llave*) key.
pitada *f Amer fam* drag, puff.
pitar ◊ *vt* 1. (*arbitrar - partido*) to ref-

eree; (*- falta*) to blow for. 2. (*abuchear*): ~ **a alguien** to whistle at sb in disapproval. ◊ *vi* 1. (*tocar el pito*) to blow a whistle; (*del coche*) to toot one's horn. 2. *Amer* (*fumar*) to smoke. 3. *loc*: **salir/ irse pitando** to rush out/off.
pitido *m* whistle.
pitillera *f* cigarette case.
pitillo *m* (*cigarrillo*) cigarette.
pito *m* 1. (*silbato*) whistle. 2. (*claxon*) horn.
pitón *m* (*cuerno*) horn.
pitonisa *f* fortune-teller.
pitorrearse *vpr fam*: ~ (**de**) to take the mickey (out of).
pitorro *m* spout.
pivote (*pl* pivotes), **pívot** (*pl* pivots) *m y f* (DEP) pivot.
pizarra *f* 1. (*roca, material*) slate. 2. (*encerado*) blackboard.
pizca *f fam* 1. (*gen*) tiny bit; (*de sal*) pinch. 2. *Amer* (*cosecha*) harvest, crop
pizza ['pitsa] *f* pizza.
pizzería [pitse'ria] *f* pizzeria
placa *f* 1. (*lámina*) plate; (*de madera*) sheet; ~ **solar** solar panel 2. (*inscripción*) plaque; (*de policía*) badge. 3. (*matrícula*) number plate. 4. (*de cocina*) ring. 5. (ELECTRÓN) board. 6. ~ **dental** dental plaque.
placaje *m* tackle.
placenta *f* placenta.
placentero, -ra *adj* pleasant.
placer *m* pleasure; **ha sido un ~ (conocerle)** it has been a pleasure meeting you.
plácido, -da *adj* (*persona*) placid; (*día, vida, conversación*) peaceful.
plafón *m* (ARQUIT) soffit.
plaga *f* 1. (*gen*) plague; (*de madera*) blight; (*animal*) pest. 2. (*epidemia*) epidemic
plagado, -da *adj*: ~ (**de**) infested (with).
plagar *vt*: ~ **de** (*propaganda etc*) to swamp with; (*moscas etc*) to infest with.
plagiar *vt* (*copiar*) to plagiarize.
plagio *m* (*copia*) plagiarism.
plan *m* 1. (*proyecto, programa*) plan. 2. *fam* (*ligue*) date. 3. *fam* (*modo, forma*): **lo dijo en ~ serio** he was serious about it; **¡vaya ~ de vida!** what a life!; **si te pones en ese ~ ...** if you're going to be like that about it .
plana → plano.
plancha *f* 1. (*para planchar*) iron. 2. (*para cocinar*) grill; **a la ~** grilled. 3. (*placa*) plate; (*de madera*) sheet 4. (IMPRENTA) plate.

planchado *m* ironing.

planchar *vt* to iron.

planeador *m* glider.

planear ◇ *vt* to plan. ◇ *vi* **1.** *(hacer planes)* to plan. **2.** *(en el aire)* to glide

planeta *m* planet

planicie *f* plain

planificación *f* planning; **~ familiar** family planning.

planificar *vt* to plan.

planilla *f Amer (formulario)* form.

plano, -na *adj* flat. ◆ **plano** *m* **1.** *(diseño, mapa)* plan. **2.** *(nivel, aspecto)* level. **3.** (CIN) shot; **primer ~** close-up. **4.** (GEOM) plane. **5.** *loc:* **de ~** *(golpear)* right, directly; *(negar)* flatly. ◆ **plana** *f (página)* page; **en primera plana** on the front page.

planta *f* **1.** (BOT & INDUSTRIA) plant; **~ depuradora** purification plant. **2.** *(piso)* floor; **~ baja** ground floor. **3.** *(del pie)* sole.

plantación *f* **1.** *(terreno)* plantation. **2.** *(acción)* planting

plantado, -da *adj* standing, planted; **dejar ~ a alguien** *fam (cortar la relación)* to walk out on sb; *(no acudir)* to stand sb up; **ser bien ~** to be good-looking.

plantar *vt* **1.** *(sembrar):* **~ algo (de)** to plant sthg (with). **2.** *(fijar - tienda de campaña)* to pitch; *(- poste)* to put in. **3.** *fam (asestar)* to deal, to land. ◆ **plantarse** *vpr* **1.** *(gen)* to plant o s **2.** *(en un sitio con rapidez):* **~se en** to get to, to reach.

planteamiento *m* **1.** *(exposición)* raising, posing. **2.** *(enfoque)* approach.

plantear *vt* **1.** *(exponer - problema)* to pose; *(- posibilidad, dificultad, duda)* to raise. **2.** *(enfocar)* to approach. ◆ **plantearse** *vpr:* **~se algo** to consider sthg, to think about sthg.

plantel *m fig (conjunto)* group.

plantilla *f* **1.** *(de empresa)* staff. **2.** *(suela interior)* insole. **3.** *(patrón)* pattern, template

plantón *m:* **dar un ~ a alguien** *fam* to stand sb up.

plañidero, -ra *adj* plaintive.

plañir *vi* to moan, to wail.

plasmar *vt* **1.** *fig (reflejar)* to give shape to **2.** *(modelar)* to shape, to mould. ◆ **plasmarse** *vpr* to take shape.

plasta ◇ *adj mfam:* **ser ~** to be a pain. ◇ *m y f mfam (pesado)* pain, drag.

plástico, -ca *adj (gen)* plastic. ◆ **plástico** *m (gen)* plastic.

plastificar *vt* to plasticize.

plastilina® *f* ≃ Plasticine®.

plata *f* **1.** *(metal)* silver; **~ de ley** sterling silver; **hablar en ~** *fam* to speak bluntly. **2.** *(objetos de plata)* silverware **3.** *Amer (dinero)* money.

plataforma *f* **1.** *(gen)* platform. **2.** **~ petrolífera** oil rig. **3.** *fig (punto de partida)* launching pad. **4.** (GEOL) shelf.

plátano *m* **1.** *(fruta)* banana. **2.** *(árbol)* banana tree.

platea *f* stalls *(pl)*.

plateado, -da *adj* **1.** *(con plata)* silver-plated. **2.** *fig (color)* silvery.

plática *f (charla)* talk, chat.

platicar *vi* to talk, to chat.

platillo *m* **1.** *(plato pequeño)* small plate; *(de taza)* saucer. **2.** *(de una balanza)* pan. **3.** *(gen pl)* (MÚS) cymbal. ◆ **platillo volante** *m* flying saucer.

platina *f (de microscopio)* slide.

platino *m (metal)* platinum. ◆ **platinos** *mpl* (AUTOM & MEC) contact points.

plato *m* **1.** *(recipiente)* plate, dish; **lavar los ~s** to do the washing-up; **pagar los ~s rotos** to carry the can. **2.** *(parte de una comida)* course; **primer ~** first course, starter; **de primer ~** for starters; **segundo ~** second course, main course. **3.** *(comida)* dish; **~ combinado** *single-course meal which usually consists of meat or fish accompanied by chips and vegetables;* **~ principal** main course. **4.** *(de tocadiscos, microondas)* turntable.

plató *m* set.

platónico, -ca *adj* Platonic.

platudo, -da *adj Amer fam* loaded, rolling in it.

plausible *adj* **1.** *(admisible)* acceptable **2.** *(posible)* plausible.

playa *f* **1.** *(en el mar)* beach; **ir a la ~ de vacaciones** to go on holiday to the seaside. **2.** *Amer (aparcamiento):* **~ de estacionamiento** car park.

play-back ['pleißak] *(pl* play-backs*)* *m:* **hacer ~** to mime (the lyrics).

playero, -ra *adj* beach *(antes de sust)* ◆ **playeras** *fpl* **1.** *(de deporte)* tennis shoes. **2.** *(para la playa)* canvas shoes.

plaza *f* **1.** *(en una población)* square. **2.** *(sitio)* place. **3.** *(asiento)* seat; **de dos ~s** two-seater *(antes de sust)*. **4.** *(puesto de trabajo)* position, job; **~ vacante** vacancy. **5.** *(mercado)* market, marketplace. **6.** (TAUROM): **~ (de toros)** bullring

plazo *m* **1.** *(de tiempo)* period (of time); **en un ~ de un mes** within a month; **mañana termina el ~ de**

inscripción the deadline for registration is tomorrow; **a corto/largo ~** *(gen)* in the short/long term; *(ECON)* short/long term. **2.** *(de dinero)* instalment; **a ~s** in instalments, on hire purchase.

plazoleta *f* small square

plebe *f*: **la ~** *lit & fig* the plebs.

plebeyo, -ya *adj* **1.** *(HIST)* plebeian. **2.** *(vulgar)* common.

plebiscito *m* plebiscite.

plegable *adj* collapsible, foldaway; *(chair)* folding.

plegar *vt* to fold; *(mesita, hamaca)* to fold away

plegaria *f* prayer.

pleito *m* *(DER)* *(litigio)* legal action *(U)*, lawsuit; *(disputa)* dispute

plenario, -ria *adj* plenary.

plenilunio *m* full moon.

plenitud *f* **1.** *(totalidad)* completeness, fullness. **2.** *(abundancia)* abundance.

pleno, -na *adj* full, complete; *(derecho)* perfect; **en ~ día** in broad daylight; **en plena guerra** in the middle of the war; **le dio en plena cara** she hit him right in the face; **en ~ uso de sus facultades** in full command of his faculties; **en plena forma** on top form. ♦ **pleno** *m* *(reunión)* plenary meeting.

pletina *f* cassette deck.

pletórico, -ca *adj*: **~ de** full of.

pliego *m* **1.** *(hoja)* sheet (of paper) **2.** *(carta, documento)* sealed document ○ letter; **~ de condiciones** specifications *(pl)*. **3.** *(IMPRENTA)* signature.

pliegue *m* **1.** *(gen & GEOL)* fold. **2.** *(en un plisado)* pleat.

plisado *m* pleating.

plomería *f Amer* plumber's.

plomero *m Amer* plumber.

plomizo, -za *adj (color)* leaden.

plomo *m* **1.** *(metal)* lead; **caer a ~** to fall ○ drop like a stone. **2.** *(pieza de metal)* lead weight. **3.** *(fusible)* fuse.

pluma ◇ *f* **1.** *(de ave)* feather. **2.** *(para escribir)* (fountain) pen; *(HIST)* quill; **~ estilográfica** fountain pen. ◇ *adj inv* *(DEP)* featherweight.

plum-cake [pluŋ'keik] *(pl* **plum-cakes)** *m* fruit cake.

plumero *m* feather duster; **vérsele a alguien el ~** *fam* to see through sb.

plumier *(pl* **plumiers)** *m* pencil box.

plumilla *f* nib

plumón *m (de ave)* down.

plural *adj & m* plural.

pluralidad *f* diversity.

pluralismo *m* pluralism.

pluralizar *vi* to generalize.

pluriempleo *m*: **hacer ~** to have more than one job.

plus *(pl* **pluses)** *m* bonus.

pluscuamperfecto *adj & m* pluperfect.

plusmarca *f* record.

plusvalía *f* *(ECON)* appreciation, added value.

Plutón Pluto.

pluvial *adj* rain *(antes de sust)*.

p.m. *(abrev de post meridiem)* p.m.

PM *(abrev de policía militar)* *f* MP.

PNB *(abrev de producto nacional bruto)* *m* GNP.

PNV *(abrev de Partido Nacionalista Vasco)* *m* Basque nationalist party.

población *f* **1.** *(ciudad)* town, city; *(pueblo)* village. **2.** *(habitantes)* population.

poblado, -da *adj* **1.** *(habitado)* inhabited; **una zona muy poblada** a densely populated area **2.** *fig (lleno)* full; *(barba, cejas)* bushy. ♦ **poblado** *m* settlement.

poblador, -ra *m y f* settler.

poblar *vt* **1.** *(establecerse en)* to settle, to colonize. **2.** *fig (llenar)*: **~ (de)** *(plantas, árboles)* to plant (with); *(peces etc)* to stock (with). **3.** *(habitar)* to inhabit. ♦ **poblarse** *vpr*: **~se (de)** to fill up (with).

pobre ◇ *adj* poor; **¡~ hombre!** poor man!; **¡~ de mí!** poor me! ◇ *m y f* **1.** *(gen)* poor person; **los ~s** the poor; **¡el ~!** poor thing! **2.** *(mendigo)* beggar

pobreza *f (escasez)* poverty; **~ de** lack ○ scarcity of.

pochismo *m Méx fam* language mistake caused by English influence.

pocho, -cha *adj* **1.** *(persona)* offcolour. **2.** *(fruta)* over-ripe. **3.** *Méx fam (americanizado)* Americanized.

pocilga *f lit & fig* pigsty.

pocillo *m Amer* small cup.

pócima *f (poción)* potion.

poción *f* potion.

poco, -ca ◇ *adj* little, not much, *(pl)* few, not many; **poca agua** not much water; **de poca importancia** of little importance; **hay ~s árboles** there aren't many trees; **pocas personas lo saben** few ○ not many people know it; **tenemos ~ tiempo** we don't have much time; **hace ~ tiempo** not long ago; **dame unos ~s días** give me a few days. ◇ *pron* little, not much, *(pl)* few, not many; **queda ~** there's not

much left; **tengo muy ~s** I don't have very many, I have very few; **~s hay que sepan tanto** not many people know so much; **un ~** a bit; **¿me dejas un ~?** can I have a bit?; **un ~ de** a bit of; **un ~ de sentido común** a bit of common sense; **unos ~s** a few.
♦ **poco** *adv* **1.** *(escasamente)* not much; **este niño come ~** this boy doesn't eat much; **es ~ común** it's not very common; **es un ~ triste** it's rather sad; **por ~** almost, nearly. **2.** *(brevemente)*: **tardaré muy ~** I won't be long; **al ~ de ...** shortly after ...; **dentro de ~** soon, in a short time; **hace ~** not long ago; **~ a ~** *(progresivamente)* little by little; **¡~ a ~!** *(despacio)* steady on!

podar *vt* to prune.

podenco *m* hound.

poder ◇ *m* **1.** *(gen)* power; **estar en/hacerse con el ~** to be in/to seize power; **~ adquisitivo** purchasing power; **tener ~ de convocatoria** to be a crowd-puller; **~es fácticos** the church, military and press. **2.** *(posesión)*: **estar en ~ de alguien** to be in sb's hands. **3.** *(gen pl)* *(autorización)* power, authorization; **dar ~es a alguien para que haga algo** to authorize sb to do sthg; **por ~es** by proxy. ◇ *vi* **1.** *(tener facultad)* can, to be able to; **no puedo decírtelo** I can't tell you, I'm unable to tell you. **2.** *(tener permiso)* can, may; **no puedo salir por la noche** I'm not allowed to O I can't go out at night; **¿se puede fumar aquí?** may I smoke here? **3.** *(ser capaz moralmente)* can; **no podemos portarnos así con él** we can't treat him like that. **4.** *(tener posibilidad, ser posible)* may, can; **podías haber cogido el tren** you could have caught the train; **puede estallar la guerra** war could O may break out; **¡hubiera podido invitarnos!** *(expresa enfado)* she could O might have invited us! **5.** *loc*: **a O hasta más no ~** as much as can be; **es avaro a más no ~** he's as miserly as can be; **no ~ más** *(estar cansado)* to be too tired to carry on; *(estar harto de comer)* to be full (up); *(estar enfadado)* to have had enough; **¿se puede?** may I come in? ◇ *v impers* *(ser posible)* may; **puede que llueva** it may O might rain; **¿vendrás mañana? – puede** will you come tomorrow? – I may do; **puede ser** perhaps, maybe. ◇ *vt* *(ser más fuerte que)* to be stronger than. ♦ **poder con** *vi* + *prep* **1.** *(enfermedad, rival)* to be able to overcome. **2.** *(tarea, problema)* to be able to cope

with. **3.** *(soportar)*: **no ~ con algo/alguien** not to be able to stand sthg/sb; **no puedo con la hipocresía** I can't stand hypocrisy

poderío *m* *(poder)* power

poderoso, -sa *adj* powerful.

podio, podium *m* podium.

podólogo, -ga *m y f* chiropodist.

podrá → **poder**.

podrido, -da ◇ *pp* → **pudrir**. ◇ *adj* rotten.

poema *m* poem.

poesía *f* **1.** *(género literario)* poetry. **2.** *(poema)* poem.

poeta *m y f* poet

poético, -ca *adj* poetic.

poetisa *f* female poet

póker = **póquer**.

polaco, -ca *adj, m y f* Polish ♦ **polaco** *m* *(lengua)* Polish.

polar *adj* polar.

polarizar *vt* fig *(miradas, atención, esfuerzo)* to concentrate. ♦ **polarizarse** *vpr* *(vida política, opinión pública)* to become polarized.

polaroid® *f inv* Polaroid®.

polca *f* polka.

polea *f* pulley.

polémico, -ca *adj* controversial. ♦ **polémica** *f* controversy

polemizar *vi* to argue, to debate.

polen *m* pollen

poleo *m* pennyroyal

poli *fam* ◇ *m y f* cop. ◇ *f* cops *(pl)*.

polichinela *m* **1.** *(personaje)* Punchinello. **2.** *(títere)* puppet, marionette.

policía ◇ *m y f* policeman (f policewoman) ◇ *f*: **la ~** the police.

policiaco, -ca, policíaco, -ca *adj* police *(antes de sust)*; *(novela, película)* detective *(antes de sust)*.

policial *adj* police *(antes de sust)*.

polideportivo, -va *adj* multi-sport; *(gimnasio)* multi-use. ♦ **polideportivo** *m* sports centre.

poliéster *m inv* polyester.

polietileno *m* polythene Br, polyethylene Am.

polifacético, -ca *adj* multifaceted, versatile

poligamia *f* polygamy.

polígamo, -ma *adj* polygamous.

poligloto, -ta, polígloto, -ta *adj, m y f* polyglot.

polígono *m* **1.** (GEOM) polygon. **2.** *(terreno)*: **~ industrial/residencial** industrial/housing estate; **~ de tiro** firing range.

polilla *f* moth

poliomelitis, polio f inv polio.

polipiel f artificial skin.

Polisario (abrev de **Frente Popular para la Liberación de Sakiet el Hamra y Río de Oro**) m: **el (Frente) ~** the Polisario Front.

politécnico, -ca adj polytechnic. ◆ **politécnica** f polytechnic.

político, -ca adj 1. (de gobierno) political. 2. (pariente): **hermano ~** brother-in-law; **familia política** in-laws (pl). ◆ **político** m politician ◆ **política** f 1. (arte de gobernar) politics (U). 2. (modo de gobernar, táctica) policy.

politizar vt to politicize. ◆ **politizarse** vpr to become politicized.

polivalente adj (vacuna, suero) polyvalent.

póliza f 1. (de seguro) (insurance) policy. 2. (sello) stamp on a document showing that a certain tax has been paid.

polizón m stowaway.

polla → **pollo**.

pollera f Andes & CSur skirt.

pollería f poultry shop.

pollito m chick.

pollo, -lla m y f (ZOOL) chick. ◆ **pollo** m (CULIN) chicken. ◆ **polla** f vulg cock, prick

polo m 1. (gen) pole; **~ norte/sur** North/South Pole; **ser ~s opuestos** fig to be poles apart. 2. (ELECTR) terminal. 3. (helado) ice lolly. 4. (jersey) polo shirt. 5. (DEP) polo.

pololo, -la m y f Andes fam boyfriend (f girlfriend).

Polonia Poland.

poltrón, -ona adj lazy. ◆ **poltrona** f easy chair.

polución f (contaminación) pollution.

polvareda f dust cloud.

polvera f powder compact.

polvo m 1. (en el aire) dust; **limpiar** o **quitar el ~** to do the dusting. 2. (de un producto) powder; **en ~** powdered; **~s de talco** talcum powder; **~s picapica** itching powder; **estar hecho ~** fam to be knackered; **hacer ~ algo** to smash sthg ◆ **polvos** mpl (maquillaje) powder (U); **ponerse ~s** to powder one's face.

pólvora f (sustancia explosiva) gunpowder; **correr como la ~** to spread like wildfire.

polvoriento, -ta adj (superficie) dusty; (sustancia) powdery.

polvorín m munitions dump.

polvorón m crumbly sweet made from flour, butter and sugar.

pomada f ointment.

pomelo m (fruto) grapefruit.

pómez → **piedra**.

pomo m knob.

pompa f 1. (suntuosidad) pomp. 2. (ostentación) show, ostentation 3. **~** (de jabón) (soap) bubble. ◆ **pompas fúnebres** fpl (servicio) undertaker's (sg).

pompis m inv fam bottom, backside.

pompón m pompom.

pomposo, -sa adj 1. (suntuosa) sumptuous; (ostentoso) showy. 2. (lenguaje) pompous.

pómulo m (hueso) cheekbone.

ponchar vt Guat & Méx to puncture.

ponche m punch.

poncho m poncho.

ponderar vt 1. (alabar) to praise. 2. (considerar) to weigh up.

ponedero m nesting box.

ponedor, -ra adj egg-laying.

ponencia f (conferencia) lecture, paper; (informe) report.

poner ◇ vt 1. (gen) to put; (colocar) to place, to put 2. (vestir): **~ algo a alguien** to put sthg on sb. 3. (contribuir, invertir) to put in; **~ dinero en el negocio** to put money into the business; **~ algo de mi/tu** etc **parte** to do my/your etc bit. 4. (hacer estar de cierta manera): **~ a alguien en un aprieto/de mal humor** to put sb in a difficult position/in a bad mood; **le has puesto colorado** you've made him blush. 5. (calificar): **~ a alguien de algo** to call sb sthg. 6. (oponer): **~ obstáculos a algo** to hinder sthg; **~ pegas a algo** to raise objections to sthg. 7. (asignar - precio, medida) to fix, to settle; (- multa, tarea) to give; **le pusieron Mario** they called him Mario 8. (TELECOM - telegrama, fax) to send; (- conferencia) to make; **¿me pones con él?** can you put me through to him? 9. (conectar - televisión etc) to switch o put on; (- despertador) to set; (- instalación, gas) to put in. 10. (CIN, TEATRO & TV) to show; **¿qué ponen en la tele?** what's on the telly? 11. (montar - negocio) to set up; **ha puesto una tienda** she has opened a shop. 12. (decorar) to do up; **han puesto su casa con mucho lujo** they've done up their house in real style. 13. (suponer): **pongamos que sucedió así** (let's) suppose that's what happened; **pon que necesitemos cinco días** suppose we need five days; **poniendo que todo salga**

bien assuming everything goes according to plan. 14. (decir) to say; ¿qué pone ahí? what does it say? 15. (huevo) to lay. ◊ vi (ave) to lay (eggs). ◆ **ponerse** ◊ vpr 1. (colocarse) to put o.s ; ~se de pie to stand up; **ponte en la ventana** stand by the window. 2. (ropa, gafas, maquillaje) to put on. 3. (estar de cierta manera) to go, to become; **se puso rojo de ira** he went red with anger; **se puso colorado** he blushed; **se puso muy guapa** she made herself attractive. 4. (iniciar): ~se a hacer algo to start doing sthg. 5. (de salud): ~se malo o **enfermo** to fall ill; ~se bien to get better. 6. (llenarse): ~se de algo to get covered in sthg; **se puso de barro hasta las rodillas** he got covered in mud up to the knees. 7. (suj: astro) to set. 8. (llegar): ~se en to get to. ◊ v impers Amer fam (parecer): **se me pone que ...** it seems to me that ...

poney = poni.

pongo → poner.

poni, poney ['poni] m pony.

poniente m (occidente) West; (viento) west wind.

pontífice m Pope, Pontiff.

pontón m pontoon.

pop adj pop.

popa f stern.

pope m fam fig (pez gordo) big shot.

popote m Méx drinking straw.

populacho m despec mob, masses (pl).

popular adj 1. (del pueblo) of the people; (arte, música) folk. 2. (famoso) popular.

popularidad f popularity.

popularizar vt to popularize. ◆ **popularizarse** vpr to become popular.

popurrí m potpourri.

póquer, póker m (juego) poker.

por prep 1. (causa) because of; **se enfadó ~ tu comportamiento** she got angry because of your behaviour. 2. (finalidad) (antes de infin) (in order) to; (antes de sust, pron) for; **lo hizo ~ complacerte** he did it to please you; **lo hice ~ ella** I did it for her. 3. (medio, modo, agente) by; ~ **mensajero/fax** by courier/fax; ~ **escrito** in writing; **lo cogieron ~ el brazo** they took him by the arm; **el récord fue batido ~ el atleta** the record was broken by the athlete. 4. (tiempo aproximado): **creo que la boda será ~ abril** I think the wedding will be some time in April. 5. (tiempo concreto): ~ **la mañana/**

tarde in the morning/afternoon; ~ **la noche** at night; **ayer salimos ~ la noche** we went out last night; ~ **unos días** for a few days. 6. (lugar - aproximadamente en): **¿~ dónde vive?** whereabouts does he live?; **vive ~ las afueras** he lives somewhere on the outskirts; **había papeles ~ el suelo** there were papers all over the floor 7. (lugar - a través de) through; **iba paseando ~ el bosque/la calle** she was walking through the forest/along the street; **pasar ~ la aduana** to go through customs. 8. (a cambio de, en lugar de) for; **lo ha comprado ~ poco dinero** she bought it for very little; **cambió el coche ~ la moto** he exchanged his car for a motorbike; **él lo hará ~ mí** he'll do it for me. 9. (distribución) per; **cien pesetas ~ unidad** a hundred pesetas each; **20 kms ~ hora** 20 km an o per hour. 10. (MAT): **dos ~ dos igual a cuatro** two times two is four. 11. (en busca de) for; **baja ~ tabaco** go down to the shops for some cigarettes; **a ~ for**; **vino a ~ las entradas** she came for the tickets. 12. (concesión): ~ **más o mucho que lo intentes no lo conseguirás** however hard you try o try as you might, you'll never manage it; **no me cae bien, ~ (muy) simpático que te parezca** you may think he's nice, but I don't like him. ◆ **por qué** pron why; **¿~ qué lo dijo?** why did she say it?; **¿~ qué no vienes?** why don't you come?

porcelana f (material) porcelain, china.

porcentaje m percentage.

porche m (soportal) arcade; (entrada) porch.

porción f portion, piece.

pordiosero, -ra m y f beggar.

porfía f (insistencia) persistence; (tozudez) stubbornness.

porfiar vi 1. (disputar) to argue obstinately. 2. (empeñarse): ~ **en** to be insistent on.

pormenor m (gen pl) detail.

porno adj fam porno.

pornografía f pornography.

pornográfico, -ca adj pornographic.

poro m pore.

poroso, -sa adj porous.

poroto m CSur & Chile bean; ~ **verde** Chile green o French bean.

porque conj 1. (debido a que) because 2. (para que) so that, in order that.

porqué m reason; **el ~ de** the reason for.

porquería f 1. *(suciedad)* filth. 2. *(cosa de mala calidad)* rubbish *(U)*.

porra f 1. *(palo)* club; *(de policía)* truncheon. 2. *loc:* **mandar a alguien a la ~** *fam* to tell sb to go to hell.

porrazo m *(golpe)* bang, blow; *(caída)* bump.

porro m *fam (de droga)* joint.

porrón m glass wine jar used for drinking wine from its long spout.

portaaviones = **portaviones**.

portada f 1. *(de libro)* title page; *(de revista)* (front) cover; *(de periódico)* front page 2. *(de disco)* sleeve.

portador, -ra m y f carrier, bearer; **al ~** (COM) to the bearer.

portaequipajes m *inv* boot *Br*, trunk *Am*.

portafolios m *inv*, **portafolio** m *(carpeta)* file; *(maletín)* attaché case.

portal m *(entrada)* entrance hall; *(puerta)* main door.

portalámparas m *inv* socket.

portamonedas m *inv* purse.

portar vt to carry. ♦ **portarse** vpr to behave; **se ha portado bien conmigo** she has treated me well; **~se mal** to misbehave.

portátil adj portable.

portaviones, **portaaviones** m *inv* aircraft carrier.

portavoz m y f *(persona)* spokesman *(f spokeswoman)*.

portazo m: **dar un ~** to slam the door.

porte m 1. *(gen pl) (gasto de transporte)* carriage; **~ debido/pagado** (COM) carriage due/paid. 2. *(transporte)* carriage, transport. 3. *(aspecto)* bearing, demeanour.

portento m wonder, marvel.

portentoso, -sa adj wonderful, amazing.

portería f 1. *(de casa, colegio)* caretaker's office o lodge; *(de hotel, ministerio)* porter's office o lodge. 2. (DEP) goal, goalmouth.

portero, -ra m y f 1. *(de casa, colegio)* caretaker; *(de hotel, ministerio)* porter; **~ automático** o **electrónico** o **eléctrico** entry-phone. 2. (DEP) goalkeeper.

pórtico m 1. *(fachada)* portico. 2. *(arcada)* arcade.

portillo m *(puerta pequeña)* wicket gate.

portuario, -ria adj port *(antes de sust)*; *(de los muelles)* dock *(antes de sust)*; **trabajador ~** docker.

Portugal Portugal.

portugués, -esa adj, m y f Portu-

guese. ♦ **portugués** m *(lengua)* Portuguese.

porvenir m future

pos ♦ **en pos de** *loc prep* 1. *(detrás de)* behind. 2. *(en busca de)* after

posada f 1. *(fonda)* inn, guest house. 2. *(hospedaje)* lodging, accommodation.

posaderas fpl *fam* backside *(sg)*, bottom *(sg)*

posar ◊ vt to put o lay down; *(mano, mirada)* to rest. ◊ vi to pose. ♦ **posarse** vpr 1. *(gen)* to settle. 2. *(pájaro)* to perch; *(nave, helicóptero)* to come down.

posavasos m *inv* coaster; *(en pub)* beer mat.

posdata, **postdata** f postscript.

pose f pose.

poseedor, -ra m y f owner; *(de cargo, acciones, récord)* holder.

poseer vt *(ser dueño de)* to own; *(estar en poder de)* to have, to possess.

poseído, -da adj: **~ por** possessed by.

posesión f possession.

posesivo, -va adj possessive.

poseso, -sa m y f possessed person.

posgraduado, -da, **postgraduado, -da** adj, m y f postgraduate.

posguerra, **postguerra** f post-war period.

posibilidad f possibility, chance; **cabe la ~ de que ...** there is a chance that ...

posibilitar vt to make possible.

posible adj possible; **es ~ que llueva** it could rain; **dentro de lo ~, en lo ~** as far as possible; **de ser ~** if possible; **hacer (todo) lo ~** to do everything possible; **lo antes ~** as soon as possible.

posición f 1. *(gen)* position. 2. *(categoría - social)* status *(U)*; *(- económica)* situation.

posicionarse vpr to take a position o stance

positivo, -va adj *(gen & ELECTR)* positive.

poso m sediment; *fig* trace.

posponer vt 1. *(relegar)* to put behind, to relegate. 2. *(aplazar)* to postpone.

pospuesto, -ta pp → **posponer**

posta ♦ **a posta** *loc adv* on purpose.

postal ◊ adj postal ◊ f postcard.

postdata = **posdata**.

poste m post, pole; (DEP) post.

póster *(pl posters)* m poster.

postergar vt 1. (retrasar) to post-pone. 2. (relegar) to put behind, to relegate.

posteridad f 1. (generación futura) posterity. 2. (futuro) future.

posterior adj 1. (en el espacio) rear, back. 2. (en el tiempo) subsequent, later; ~ a subsequent to, after.

posteriori ◆ a posteriori loc adv later, afterwards

posterioridad f: con ~ later, subse-quently.

postgraduado, -da = posgradua-do.

postguerra = posguerra.

postigo m (contraventana) shutter.

postín m showiness; darse ~ to show off; de ~ posh.

postizo, -za adj (falso) false. ◆ pos-tizo m hairpiece.

postor, -ra m y f bidder.

postrado, -da adj prostrate.

postre m dessert, pudding; a la ~ fig in the end.

postrero, -ra adj (antes de sust mas-culino sg: postrer) culto last.

postrimerías fpl final stages.

postulado m postulate.

postular ◇ vt (exigir) to call for. ◇ vi (para colectas) to collect.

póstumo, -ma adj posthumous.

postura f 1. (posición) position, pos-ture. 2. (actitud) attitude, stance.

potable adj (bebible) drinkable; agua ~ drinking water.

potaje m (CULIN - guiso) vegetable stew; (- caldo) vegetable stock.

potasio m potassium.

pote m pot.

potencia f (gen, MAT & POLÍT) power; tiene mucha ~ it's very powerful.

potencial ◇ adj (gen & FÍS) potential. ◇ m 1. (fuerza) power. 2. (posibili-dades) potential. 3. (GRAM) condition-al.

potenciar vt 1. (fomentar) to encour-age, to promote 2. (reforzar) to boost.

potente adj powerful.

potra → potro.

potrero m Amer field, pasture.

potro, -tra m y f (ZOOL) colt (f filly). ◆ potro m (DEP) vaulting horse.

pozo m well; (de mina) shaft

p.p. 1. (abrev de por poder) pp. 2. (abrev de porte pagado) c/p.

PP (abrev de Partido Popular) m Spanish political party to the right of the political spectrum.

práctica → práctico.

practicante ◇ adj practising. ◇ m y f 1. (de deporte) practitioner; (de religión) practising member of a Church. 2. (MED) medical assistant.

practicar ◇ vt 1. (gen) to practise; (deporte) to play 2. (realizar) to carry out, to perform ◇ vi to practise.

práctico, -ca adj practical. ◆ prácti-ca f 1. (gen) practice; (de un deporte) playing; en la práctica in practice. 2. (clase no teórica) practical.

pradera f large meadow, prairie.

prado m meadow. ◆ Prado m: el (Museo del) Prado the Prado (Mu-seum).

Praga Prague.

pragmático, -ca ◇ adj pragmatic. ◇ m y f (persona) pragmatist

pral. abrev de principal.

praliné m praline.

preacuerdo m draft agreement.

preámbulo m (introducción - de libro) foreword, preface; (- de congreso, con-ferencia) introduction

precalentar vt 1. (CULIN) to pre-heat. 2. (DEP) to warm up.

precario, -ria adj precarious.

precaución f 1. (prudencia) caution, care. 2. (medida) precaution; tomar precauciones to take precautions.

precaver vt to guard against. ◆ pre-caverse vpr to take precautions.

precavido, -da adj (prevenido) pru-dent; es muy ~ he always comes pre-pared.

precedente ◇ adj previous, preced-ing. ◇ m precedent.

preceder vt to go before, to precede.

preceptivo, -va adj obligatory, com-pulsory. ◆ preceptiva f rules (pl).

precepto m precept.

preciado, -da adj valuable, prized.

preciar vt to appreciate. ◆ preciarse vpr to have self-respect; ~se de to be proud of

precintar vt to seal.

precinto m seal.

precio m lit & fig price; a cualquier ~ at any price; al ~ de fig at the cost of; ~ de fábrica/de coste factory/cost price; ~ de salida starting price; ~ de venta (al público) retail price.

preciosidad f (cosa bonita): ¡es una ~! it's lovely ◇ beautiful!

precioso, -sa adj 1. (valioso) pre-cious. 2. (bonito) lovely, beautiful.

precipicio m precipice.

precipitación f 1. (apresuramiento) haste. 2. (lluvia) rainfall (U).

precipitado, -da *adj* hasty.
precipitar *vt* 1. *(arrojar)* to throw o hurl down. 2. *(acelerar)* to speed up.
♦ **precipitarse** *vpr* 1. *(caer)* to plunge (down). 2. *(acelerarse - acontecimientos etc)* to speed up. 3. *(apresurarse)*: ~se *(hacia)* to rush (towards). 4. *(obrar irreflexivamente)* to act rashly.
precisamente *adv (justamente)*: ¡~! exactly!, precisely!; ~ **por eso** for that very reason; ~ **tú lo sugeriste** in fact it was you who suggested it.
precisar *vt* 1. *(determinar)* to fix, to set; *(aclarar)* to specify exactly. 2. *(necesitar)* to need, to require.
precisión *f* accuracy, precision.
preciso, -sa *adj* 1. *(determinado, conciso)* precise. 2. *(necesario)*: **ser ~ para (algo/hacer algo)** to be necessary for sthg/to do sthg); **es ~ que vengas** you must come.
precocinado, -da *adj* pre-cooked.
preconcebido, -da *adj (idea)* preconceived; *(plan)* drawn up in advance.
preconcebir *vt* to draw up in advance.
preconizar *vt* to recommend.
precoz *adj (persona)* precocious.
precursor, -ra *m y f* precursor.
predecesor, -ra *m y f* predecessor.
predecir *vt* to predict.
predestinado, -da *adj*: ~ **(a)** predestined (to).
predestinar *vt* to predestine.
predeterminar *vt* to predetermine.
prédica *f* sermon.
predicado *m* (GRAM) predicate.
predicador, -ra *m y f* preacher.
predicar *vt & vi* to preach.
predicción *f* prediction; *(del tiempo)* forecast.
predicho, -cha *pp* → **predecir**.
predilección *f*: ~ **(por)** preference (for).
predilecto, -ta *adj* favourite.
predisponer *vt*: ~ **(a)** to predispose (to)
predisposición *f* 1. *(aptitud)*: ~ **para** aptitude for 2. *(tendencia)*: ~ **a** predisposition to.
predispuesto, -ta ◊ *pp* → **predisponer**. ◊ *adj*: ~ **(a)** predisposed (to).
predominante *adj* predominant; *(viento, actitudes)* prevailing.
predominar *vi*: ~ **(sobre)** to predominate o prevail (over).
predominio *m* preponderance, predominance *(U)*.

preelectoral *adj* pre-election *(antes de sust)*.
preeminente *adj* preeminent.
preescolar *adj* nursery *(antes de sust)*, preschool.
prefabricado, -da *adj* prefabricated.
prefabricar *vt* to prefabricate.
prefacio *m* preface.
preferencia *f* preference; **con o de ~** preferably; **tener ~** (AUTOM) to have right of way; **tener ~ por** to have a preference for.
preferente *adj* preferential.
preferentemente *adv* preferably.
preferible *adj*: ~ **(a)** preferable (to)
preferido, -da *adj* favourite
preferir *vt*: ~ **algo (a algo)** to prefer sthg (to sthg)
prefijo *m* 1. (GRAM) prefix. 2. (TELECOM) (telephone) dialling code.
pregón *m (discurso)* speech; *(bando)* proclamation
pregonar *vt* 1. *(bando etc)* to proclaim. 2. *fig (secreto)* to spread about
pregunta *f* question; **hacer una ~** to ask a question.
preguntar ◊ *vt* to ask; ~ **algo a alguien** to ask sb sthg. ◊ *vi*: ~ **por** to ask about o after. ♦ **preguntarse** *vpr*: ~se **(si)** to wonder (whether).
prehistoria *f* prehistory.
prehistórico, -ca *adj* prehistoric.
prejuicio *m* prejudice.
preliminar ◊ *adj* preliminary. ◊ *m (gen pl)* preliminary.
preludio *m (también & MÚS)* prelude.
prematrimonial *adj* premarital.
prematuro, -ra *adj* premature
premeditación *f* premeditation
premeditar *vt* to think out in advance.
premiar *vt* 1. *(recompensar)* to reward. 2. *(dar un premio a)* to give a prize to.
premier *(pl premiers)* *m* British prime minister.
premio *m (en competición)* prize; *(recompensa)* reward; ~ **gordo** first prize.
premisa *f* premise.
premonición *f* premonition.
premura *f (urgencia)* urgency.
prenatal *adj* prenatal, antenatal
prenda *f* 1. *(vestido)* garment, article of clothing. 2. *(garantía)* pledge; **dejar algo en ~** to leave sthg as a pledge. 3. *(de un juego)* forfeit. 4. *loc*: **no soltar ~** not to say a word.

prendar vt to enchant.

prender ◇ vt 1. (arrestar) to arrest, to apprehend. 2. (sujetar) to fasten. 3. (encender) to light. 4. (agarrar) to grip. ◇ vi (arder) to catch (fire). ◆ **prenderse** vpr (arder) to catch fire.

prendido, -da adj caught.

prensa f 1. (gen) press; ~ **del corazón** romantic magazines (pl). 2. (imprenta) printing press.

prensar vt to press.

preñado, -da adj 1. (mujer) pregnant. 2. fig (lleno): ~ **de** full of.

preocupación f concern, worry.

preocupado, -da adj: ~ **(por)** worried O concerned (about).

preocupar vt 1. (inquietar) to worry. 2. (importar) to bother ◆ **preocuparse** vpr 1. (inquietarse): ~**se (por)** to worry (about), to be worried (about). 2. (encargarse): ~**se de algo**, to take care of sthg; ~**se de hacer algo** to see to it that sthg is done; ~**se de que ...** to make sure that ...

preparación f 1. (gen) preparation. 2. (conocimientos) training.

preparado, -da adj 1. (dispuesto) ready; (de antemano) prepared. 2. (CULIN) ready-cooked ◆ **preparado** m (medicamento) preparation.

preparar vt 1. (gen) to prepare; (trampa) to set, to lay; (maletas) to pack. 2. (examen) to prepare for. 3. (DEP) to train. ◆ **prepararse** vpr: ~**se (para algo)** to prepare o.s. O get ready (for sthg); ~**se para hacer algo** to prepare O get ready to do sthg.

preparativo, -va adj preparatory, preliminary. ◆ **preparativos** mpl preparations.

preposición f preposition.

prepotente adj (arrogante) domineering.

prerrogativa f prerogative.

presa f 1. (captura - de cazador) catch; (- de animal) prey; **hacer ~ en alguien** to seize O grip sb; **ser ~ de** to be prey to; **ser ~ del pánico** to be panic-stricken. 2. (dique) dam.

presagiar vt (felicidad, futuro) to foretell; (tormenta, problemas) to warn of.

presagio m 1. (premonición) premonition. 2. (señal) omen.

presbítero m priest.

prescindir ◆ **prescindir de** vi 1. (renunciar a) to do without. 2. (omitir) to dispense with

prescribir ◇ vt to prescribe. ◇ vi 1. (ordenar) to prescribe. 2. (DER) to expire.

prescripción f prescription.

prescrito, -ta pp → **prescribir**.

presencia f (asistencia, aspecto) presence; **en ~ de** in the presence of. ◆ **presencia de ánimo** f presence of mind.

presencial → **testigo**.

presenciar vt (asistir) to be present at; (ser testigo de) to witness.

presentación f 1. (gen) presentation. 2. (entre personas) introduction.

presentador, -ra m y f presenter.

presentar vt 1. (gen) to present; (dimisión) to tender; (tesis, pruebas, propuesta) to submit; (solicitud, recurso, denuncia) to lodge; (moción) to propose. 2. (ofrecer - disculpas, excusas) to make; (- respetos) to pay. 3. (persona, amigos etc) to introduce 4. (tener - aspecto etc) to have, to show; **presenta difícil solución** it's going to be difficult to solve. 5. (proponer): ~ **a alguien para** to propose sb for ◆ **presentarse** vpr 1. (aparecer) to turn up. 2. (en juzgado, comisaría): ~**se (en)** to report (to); ~**se a un examen** to sit an exam. 3. (darse a conocer) to introduce o.s. 4. (para un cargo): ~**se (a)** to stand O run (for). 5. (futuro) to appear, to look. 6. (problema etc) to arise.

presente ◇ adj 1. (gen) present; **aquí ~** here present; **tener ~** (recordar) to remember; (tener en cuenta) to bear in mind. 2. (en curso) current; **del ~ mes** of this month. ◇ m y f (escrito): **por la ~ le informo ...** I hereby inform you ... ◇ m 1. (gen & GRAM) present. 2. (regalo) gift, present. 3. (corriente): **el ~ (mes)** the current month; (año) the current year.

presentimiento m presentiment, feeling.

presentir vt to foresee; ~ **que algo va a pasar** to have a feeling that sthg is going to happen; ~ **lo peor** to fear the worst.

preservar vt to protect.

preservativo, -va adj protective. ◆ **preservativo** m condom.

presidencia f (de nación) presidency; (de asamblea, empresa) chairmanship.

presidente, -ta m y f (de nación) president; (de asamblea, empresa) chairman (f chairwoman); ~ **(del gobierno)** ≃ prime minister.

presidiario, -ria m y f convict.

presidio m prison

presidir vt 1. (ser presidente de) to preside over; (reunión) to chair. 2. (predominar) to dominate

presión f pressure.
presionar vt 1. (apretar) to press. 2. fig (coaccionar) to pressurize
preso, -sa m y f prisoner.
prestación f (de servicio - acción) provision; (- resultado) service ◆ **prestaciones** fpl (de coche etc) performance features.
prestado, -da adj on loan; **dar ~ algo** to lend sthg; **pedir/tomar ~ algo** to borrow sthg.
prestamista m y f moneylender
préstamo m 1. (acción - de prestar) lending; (- de pedir prestado) borrowing. 2. (cantidad) loan
prestar vt 1. (dejar - dinero etc) to lend, to loan. 2. (dar - ayuda etc) to give, to offer; (- servicio) to provide; (- atención) to pay; (- declaración, juramento) to make. ◆ **prestarse a** vpr 1. (ofrecerse a) to offer to. 2. (acceder a) to consent to. 3. (dar motivo a) to be open to.
presteza f promptness.
prestidigitador, -ra m y f conjuror.
prestigio m prestige.
prestigioso, -sa adj prestigious.
presto, -ta adj (dispuesto): **~ (a)** ready (to).
presumible adj probable, likely.
presumido, -da adj conceited, vain.
presumir ◇ vt (suponer) to presume. ◇ vi 1. (jactarse) to show off. 2. (ser vanidoso) to be conceited ○ vain.
presunción f 1. (suposición) presumption. 2. (vanidad) conceit, vanity.
presunto, -ta adj presumed, supposed; (criminal, robo etc) alleged.
presuntuoso, -sa adj (vanidoso) conceited; (pretencioso) pretentious.
presuponer vt to presuppose.
presupuesto, -ta pp → **presuponer**. ◆ **presupuesto** m 1. (cálculo) budget; (de costo) estimate. 2. (suposición) assumption.
prêt-à-porter [pretapor'te] (pl **prêts-à-porter**) m off-the-peg clothing.
pretencioso, -sa adj (persona) pretentious; (cosa) showy.
pretender vt 1. (intentar): **~ hacer algo** to try to do sthg. 2. (aspirar a): **~ hacer algo** to aspire ○ want to do sthg; **~ que alguien haga algo** to want sb to do sthg; **¿qué pretendes decir?** what do you mean? 3. (afirmar) to claim. 4. (cortejar) to court.
pretendido, -da adj supposed.
pretendiente ◇ m y f 1. (aspirante): **~ (a)** candidate (for). 2. (a un trono): **~ (a)**

pretender (to). ◇ m (a una mujer) suitor.
pretensión f 1. (intención) aim, intention. 2. (aspiración) aspiration. 3. (supuesto derecho): **~ (a ○ sobre)** claim (to). 4. (afirmación) claim. 5. (gen pl) (exigencia) demand.
pretérito, -ta adj past. ◆ **pretérito** m (GRAM) preterite, past.
pretexto m pretext, excuse.
prevalecer vi: **~ (sobre)** to prevail (over)
prevaler vi: **~ (sobre)** to prevail (over).
prevención f (acción) prevention; (medida) precaution.
prevenido, -da adj 1. (previsor): **ser ~** to be cautious. 2. (avisado, dispuesto): **estar ~** to be prepared.
prevenir vt 1. (evitar) to prevent; **más vale ~ que curar** proverb prevention is better than cure proverb. 2. (avisar) to warn. 3. (prever) to foresee. 4. (predisponer): **~ a alguien contra algo/alguien** to prejudice sb against sthg/sb.
preventivo, -va adj (medicina, prisión) preventive; (medida) precautionary.
prever vt 1. (conjeturar) to foresee. 2. (planear) to plan. 3. (predecir) to forecast.
previniera etc → **prevenir**.
previo, -via adj prior; **~ pago de multa** on payment of a fine.
previó → **prever**
previsible adj foreseeable.
previsión f 1. (predicción) forecast. 2. (visión de futuro) foresight.
previsor, -ra adj prudent, far-sighted.
previsto, -ta ◇ pp → **prever**. ◇ adj (conjeturado) predicted; (planeado) planned.
prieto, -ta adj 1. (ceñido) tight. 2. Méx fam (moreno) dark-haired.
prima → **primo**.
primacía f primacy.
primar vi: **~ (sobre)** to have priority (over)
primario, -ria adj primary; fig primitive
primavera f (estación) spring.
primaveral adj spring (antes de sust).
primer, primera → **primero**.
primerizo, -za m y f (principiante) beginner.
primero, -ra ◇ núm adj (antes de sust masculino sg: **primer**) 1. (para ordenar) first. 2. (en importancia) main, basic; **lo**

~ the most important ○ main thing.
◇ *núm* m y f 1. *(en orden)*: **el ~** the first one; **llegó el ~** he came first; **es el ~ de la clase** he's top of the class; **a ~s de mes** at the beginning of the month. 2. *(mencionado antes)*: **vinieron Pedro y Juan, el ~ con ...** Pedro and Juan arrived, the former with ...
♦ **primero** ◇ *adv* 1. *(en primer lugar)* first. 2. *(antes, todo menos)*: **~ morir que traicionarle** I'd rather die than betray him. ◇ *m* 1. *(piso)* first floor 2. *(curso)* first year. ♦ **primera** *f* 1. *(AUTOM)* first (gear). 2. *(AERON & FERROC)* first class. 3. *(DEP)* first division. 4. *loc*: **de primera** first-class.

primicia *f* scoop, exclusive.

primitivo, -va *adj* 1. *(gen)* primitive. 2. *(original)* original.

primo, -ma m y f 1. *(pariente)* cousin. 2. *fam (tonto)* sucker; **hacer el ~** to be taken for a ride. ♦ **prima** *f* 1. *(paga extra)* bonus. 2. *(de un seguro)* premium. ♦ **prima dona** *f* prima donna.

primogénito, -ta *adj*, m y f first-born.

primor *m* fine thing.

primordial *adj* fundamental

primoroso, -sa *adj* 1. *(delicado)* exquisite, fine. 2. *(hábil)* skilful.

princesa *f* princess.

principado *m* principality.

principal *adj* main, principal; *(puerta)* front.

príncipe *m* prince.

principiante ◇ *adj* inexperienced. ◇ m y f novice.

principio m 1. *(comienzo)* beginning, start; **a ~s de** at the beginning of; **en un ~** at first. 2. *(fundamento, ley)* principle; **en ~** in principle; **por ~** on principle. 3. *(origen)* origin, source. 4. *(elemento)* element. ♦ **principios** *mpl* 1. *(reglas de conducta)* principles. 2. *(nociones)* rudiments.

pringar *vt* 1. *(ensuciar)* to make greasy. 2. *(mojar)* to dip.

pringoso, -sa *adj (grasiento)* greasy; *(pegajoso)* sticky.

pringue *m (suciedad)* muck, dirt; *(grasa)* grease.

priori ♦ **a priori** *loc adv* in advance, a priori.

prioridad *f* priority; *(AUTOM)* right of way.

prioritario, -ria *adj* priority *(antes de sust)*.

prisa *f* haste, hurry; **a** ○ **de ~** quickly; **correr ~** to be urgent; **darse ~** to hurry (up); **meter ~ a alguien** to hurry

○ rush sb; **tener ~** to be in a hurry.

prisión *f* 1. *(cárcel)* prison. 2. *(encarcelamiento)* imprisonment.

prisionero, -ra m y f prisoner.

prisma m 1. *(FÍS & GEOM)* prism. 2. *fig (perspectiva)* perspective.

prismático, -ca *adj* prismatic. ♦ **prismáticos** *mpl* binoculars.

privación *f (gen)* deprivation; *(de libertad)* loss.

privado, -da *adj* private; **en ~** in private.

privar *vt* 1. *(quitar)*: **~ a alguien/algo de** to deprive sb/sthg of. 2. *(prohibir)*: **~ a alguien de hacer algo** to forbid sb to do sthg. ♦ **privarse de** *vpr* to go without.

privativo, -va *adj* exclusive.

privilegiado, -da *adj* 1. *(favorecido)* privileged. 2. *(excepcional)* exceptional.

privilegiar *vt (persona)* to favour; *(intereses)* to put first.

privilegio *m* privilege.

pro ◇ *prep* for, supporting; **una asociación ~ derechos humanos** a human rights organization. ◇ *m* advantage; **los ~s y los contras** the pros and cons. ♦ **en pro de** *loc prep* for, in support of.

proa *f (NÁUT)* prow, bows *(pl)*; *(AERON)* nose.

probabilidad *f* probability; *(oportunidad)* chance.

probable *adj* probable, likely; **es ~ que llueva** it'll probably rain.

probador *m* fitting room

probar ◇ *vt* 1. *(demostrar, indicar)* to prove. 2. *(comprobar)* to test, to check. 3. *(experimentar)* to try. 4. *(degustar)* to taste, to try. ◇ *vi*: **~ a hacer algo** to try to do sthg. ♦ **probarse** *vpr (ropa)* to try on.

probeta *f* test tube.

problema *m* problem.

problemático, -ca *adj* problematic. ♦ **problemática** *f* problems *(pl)*

procedencia *f* 1. *(origen)* origin. 2. *(punto de partida)* point of departure; **con ~ de** (arriving) from.

procedente *adj* 1. *(originario)*: **~ de** *(gen)* originating in; *(AERON & FERROC)* (arriving) from. 2. *(oportuno)* appropriate; *(DER)* right and proper

proceder ◇ *m* conduct, behaviour ◇ *vi* 1. *(originarse)*: **~ de** to come from. 2. *(actuar)*: **~ (con)** to act (with). 3. *(empezar)*: **~ (a algo/a hacer algo)** to proceed (with sthg/to do sthg). 4. *(ser oportuno)* to be appropriate.

procedimiento m 1. *(método)* procedure, method. 2. (DER) proceedings *(pl)*

procesado, -da m y f accused, defendant.

procesador m (INFORM) processor; ~ de textos word processor.

procesar vt 1. (DER) to prosecute. 2. (INFORM) to process.

procesión f (RELIG & fig) procession.

proceso m 1. *(gen)* process. 2. *(desarrollo, intervalo)* course. 3. (DER - juicio) trial; (- causa) lawsuit.

proclama f proclamation.

proclamar vt 1. *(nombrar)* to proclaim. 2. *(anunciar)* to declare. ◆ **proclamarse** vpr 1. *(nombrarse)* to proclaim o.s. 2. *(conseguir un título)*: ~se campeón to become champion.

proclive adj: ~ a prone to.

procreación f procreation.

procrear vi to procreate.

procurador, -ra m y f (DER) attorney

procurar vt 1. *(intentar)*: ~ hacer algo to try to do sthg; ~ que ... to make sure that ... 2. *(proporcionar)* to get, to secure. ◆ **procurarse** vpr to get, to obtain (for o.s.)

prodigar vt: ~ algo a alguien to lavish sthg on sb.

prodigio m *(suceso)* miracle; *(persona)* prodigy.

prodigioso, -sa adj 1. *(sobrenatural)* miraculous. 2. *(extraordinario)* wonderful.

pródigo, -ga adj *(generoso)* generous, lavish.

producción f 1. *(gen & CIN)* production; ~ en serie (ECON) mass production. 2. *(productos)* products *(pl)*.

producir vt 1. *(gen & CIN)* to produce. 2. *(causar)* to cause, to give rise to. 3. *(interés, fruto)* to yield, to bear. ◆ **producirse** vpr *(ocurrir)* to take place.

productividad f productivity.

productivo, -va adj productive; *(que da beneficio)* profitable.

producto m 1. *(gen & MAT)* product; (AGR) produce *(U)*; ~ interior/nacional bruto gross domestic/national product; ~ químico chemical. 2. *(ganancia)* profit 3. fig *(resultado)* result.

productor, -ra ◇ adj producing. ◇ m y f (CIN) *(persona)* producer. ◆ **productora** f (CIN) *(firma)* production company.

proeza f exploit, deed.

profanar vt to desecrate.

profano, -na ◇ adj 1. *(no sagrado)* profane, secular. 2. *(ignorante)* ignorant, uninitiated. ◇ m y f layman (f laywoman)

profecía f *(predicción)* prophecy.

proferir vt to utter; *(insultos)* to hurl.

profesar vt 1. *(una religión)* to follow; *(una profesión)* to practise. 2. *(admiración etc)* to profess

profesión f profession.

profesional adj, m y f professional.

profesionista m y f Méx professional.

profesor, -ra m y f *(gen)* teacher; *(de universidad)* lecturer; *(de autoescuela, esquí etc)* instructor.

profesorado m *(plantilla)* teaching staff, faculty Am; *(profesión)* teachers *(pl)*, teaching profession

profeta m prophet.

profetisa f prophetess.

profetizar vt to prophesy.

profiera etc → **proferir**.

prófugo, -ga adj, m y f fugitive.

profundidad f lit & fig depth; **tiene dos metros de ~** it's two metres deep.

profundizar ◇ vt fig to study in depth. ◇ vi to go into detail; ~ **en** to study in depth.

profundo, -da adj 1. *(gen)* deep. 2. fig *(respeto, libro, pensamiento)* profound, deep; *(dolor)* intense.

profusión f profusion

progenitor, -ra m y f father (f mother). ◆ **progenitores** mpl parents.

programa m 1. *(gen)* programme. 2. *(de actividades)* schedule, programme; *(de estudios)* syllabus. 3. (INFORM) program.

programación f 1. (INFORM) programming. 2. (TV) scheduling; **la ~ del lunes** Monday's programmes.

programador, -ra m y f *(persona)* programmer.

programar vt 1. *(vacaciones, reforma etc)* to plan. 2. (CIN & TV) to put on, to show. 3. (TECN) to programme; (INFORM) to program

progre fam m y f progressive.

progresar vi to progress.

progresión f *(gen & MAT)* progression; *(mejora)* progress, advance.

progresista adj, m y f progressive.

progresivo, -va adj progressive.

progreso m progress; **hacer ~s** to make progress.

prohibición f ban, banning *(U)*.

prohibido, -da adj prohibited,

banned; '**~ aparcar/fumar**' 'no parking/smoking', 'parking/smoking prohibited'; '**prohibida la entrada**' 'no entry'; '**dirección prohibida**' (AUTOM) 'no entry'

prohibir vt 1. (gen) to forbid; **~ a alguien hacer algo** to forbid sb to do sthg; '**se prohíbe el paso**' 'no entry'. 2. (por ley - de antemano) to prohibit; (- a posteriori) to ban.

prohibitivo, -va adj prohibitive.

prójimo m fellow human being.

prole f offspring.

proletariado m proletariat.

proletario, -ria adj, m y f proletarian

proliferación f proliferation.

proliferar vi to proliferate.

prolífico, -ca adj prolific.

prolijo, -ja adj (extenso) long-winded.

prólogo m (de libro) preface, foreword; (de obra de teatro) prologue; fig prelude.

prolongación f extension.

prolongado, -da adj long; fig (dilatado) lengthy.

prolongar vt (gen) to extend; (espera, visita, conversación) to prolong; (cuerda, tubo) to lengthen.

promedio m average.

promesa f (compromiso) promise.

prometer ◊ vt to promise. ◊ vi (tener futuro) to show promise. ◆ **prometerse** vpr to get engaged.

prometido, -da ◊ m y f fiancé (f fiancée). ◊ adj (para casarse) engaged.

prominente adj 1. (abultado) protruding. 2. (elevado, ilustre) prominent.

promiscuo, -cua adj promiscuous.

promoción f 1. (gen & DEP) promotion. 2. (curso) class, year.

promocionar vt to promote.

promotor, -ra m y f promoter; (de una rebelión) instigator.

promover vt 1. (iniciar - fundación etc) to set up; (- rebelión) to stir up. 2. (ocasionar) to cause 3. (ascender): **~ a alguien a** to promote sb to.

promulgar vt (ley) to pass.

pronombre m pronoun.

pronosticar vt to predict, to forecast.

pronóstico m 1. (predicción) forecast. 2. (MED) prognosis; **de ~ grave** serious, in a serious condition.

pronto, -ta adj quick, fast; (respuesta) prompt, early; (curación, tramitación) speedy. ◆ **pronto** ◊ adv 1. (rápidamente) quickly; **tan ~ como** as soon as. 2. (temprano) early; **salimos ~** we left

early. 3. (dentro de poco) soon; ¡**hasta ~!** see you soon! ◊ m fam sudden impulse. ◆ **al pronto** loc adv at first. ◆ **de pronto** loc adv suddenly. ◆ **por lo pronto** loc adv 1. (de momento) for the time being. 2. (para empezar) to start with.

pronunciación f pronunciation.

pronunciado, -da adj (facciones) pronounced; (curva) sharp; (pendiente, cuesta) steep; (nariz) prominent.

pronunciamiento m 1. (sublevación) uprising. 2. (DER) pronouncement.

pronunciar vt 1. (decir - palabra) to pronounce; (- discurso) to deliver, to make. 2. (DER) to pass. ◆ **pronunciarse** vpr 1. (definirse): **~se (sobre)** to state an opinion (on). 2. (sublevarse) to revolt.

propagación f 1. (gen) spreading (U). 2. (BIOL & FÍS) propagation.

propaganda f 1. (publicidad) advertising (U) 2. (política, religiosa) propaganda.

propagar vt (gen) to spread; (razas, especies) to propagate. ◆ **propagarse** vpr 1. (gen) to spread. 2. (BIOL & FÍS) to propagate.

propasarse vpr: **~ (con algo)** to go too far (with sthg); **~ con alguien** (sexualmente) to take liberties with sb.

propensión f propensity, tendency

propenso, -sa adj: **~ a algo/a hacer algo** prone to sthg/doing sthg.

propicio, -cia adj 1. (favorable) propitious, favourable. 2. (adecuado) suitable, appropriate.

propiedad f 1. (derecho) ownership; (bienes) property; **~ privada** private property; **~ pública** public ownership. 2. (facultad) property. 3. (exactitud) accuracy; **usar una palabra con ~** to use a word properly.

propietario, -ria m y f (de bienes) owner; (de cargo) holder.

propina f tip.

propinar vt (paliza) to give; (golpe) to deal

propio, -pia adj 1. (gen) own; **tiene coche ~** she has a car of her own, she has her own car; **por tu ~ bien** for your own good. 2. (peculiar): **~ de** typical o characteristic of; **no es ~ de él** it's not like him 3. (apropiado): **~ (para)** suitable o right (for) 4. (correcto) proper, true. 5. (en persona) himself (f herself); **el ~ compositor** the composer himself.

proponer vt to propose; (candidato) to put forward. ◆ **proponerse** vpr:

~se hacer algo to plan o intend to do sthg.

proporción f 1. (gen & MAT) proportion. 2. (gen pl) (importancia) extent, size. ◆ **proporciones** fpl (tamaño) size (sg).

proporcionado, -da adj: ~ (a) (estatura, sueldo) commensurate (with); (medidas) proportionate (to); **bien ~** well-proportioned.

proporcionar vt 1. (ajustar): ~ **algo a algo** to adapt sthg to sthg. 2. (facilitar): ~ **algo a alguien** to provide sb with sthg. 3. fig (conferir) to lend, to add.

proposición f (propuesta) proposal.

propósito m 1. (intención) intention 2. (objetivo) purpose ◆ **a propósito** ◇ loc adj (adecuado) suitable. ◇ loc adv 1. (adrede) on purpose. 2. (por cierto) by the way. ◆ **a propósito de** loc prep with regard to.

propuesta f proposal; (de empleo) offer.

propuesto, -ta pp → **proponer**.

propugnar vt to advocate, to support.

propulsar vt 1. (impeler) to propel. 2. fig (promover) to promote.

propulsión f propulsion; ~ **a chorro** jet propulsion.

propulsor, -ra m y f (persona) promoter. ◆ **propulsor** m 1. (dispositivo) engine 2. (combustible) propellent.

propusiese etc → **proponer**.

prórroga f 1. (gen) extension; (de estudios, servicio militar) deferment. 2. (DEP) extra time

prorrogar vt (alargar) to extend; (aplazar) to defer, to postpone.

prorrumpir vi: ~ **en** to burst into

prosa f (LITER) prose.

proscrito, -ta ◇ adj (prohibido) banned. ◇ m y f 1. (desterrado) exile. 2. (fuera de la ley) outlaw.

proseguir ◇ vt to continue. ◇ vi to go on, to continue.

prosiga etc → **proseguir**.

prosiguiera etc → **proseguir**.

prospección f (gen) exploration; (petrolífera, minera) prospecting.

prospecto m leaflet; (COM & EDUC) prospectus.

prosperar vi (mejorar) to prosper.

prosperidad f 1. (mejora) prosperity. 2. (éxito) success.

próspero, -ra adj prosperous.

prostíbulo m brothel

prostitución f (gen) prostitution.

prostituir vt lit & fig to prostitute.

◆ **prostituirse** vpr to become a prostitute.

prostituta f prostitute.

protagonista m y f (gen) main character, hero (f heroine); (TEATRO) lead, leading role

protagonizar vt 1. (obra, película) to play the lead in, to star in. 2. fig (crimen, hazaña) to be responsible for.

protección f protection

proteccionismo m protectionism

protector, -ra ◇ adj protective. ◇ m y f (persona) protector

proteger vt (gen) to protect; ~ **algo de algo** to protect sthg from sthg.

◆ **protegerse** vpr to take cover o refuge.

protege-slips m inv panty pad o liner.

protegido, -da m y f protégé (f protégée).

proteína f protein.

prótesis f inv (MED) prosthesis; (miembro) artificial limb

protesta f protest; (DER) objection.

protestante adj, m y f Protestant.

protestar vi 1. (quejarse): ~ (por/contra) to protest (about/against); **¡protesto!** (DER) objection! 2. (refunfuñar) to grumble.

protocolo m 1. (gen & INFORM) protocol. 2. (ceremonial) etiquette.

prototipo m 1. (modelo) archetype. 2. (primer ejemplar) prototype.

protuberancia f protuberance, bulge.

provecho m 1. (gen) benefit; **buen ~** enjoy your meal!; **de ~** (persona) worthy; **sacar ~ de** to make the most of, to take advantage of. 2. (rendimiento) good effect.

provechoso, -sa adj 1. (ventajoso) beneficial, advantageous. 2. (lucrativo) profitable.

proveedor, -ra m y f supplier.

proveer vt 1. (abastecer) to supply, to provide. 2. (puesto, cargo) to fill ◆ **proveerse de** vpr 1. (ropa, víveres) to stock up on 2. (medios, recursos) to arm o s. with.

provenir vi: ~ **de** to come from.

proverbial adj proverbial.

proverbio m proverb.

providencia f (medida) measure.

providencial adj lit & fig providential.

proviene etc → **provenir**

provincia f (división administrativa) province. ◆ **provincias** fpl (no la capital) the provinces.

provinciano, -na *adj, m y f despec* provincial

proviniera *etc* → **provenir**.

provisión *f* 1. *(gen pl) (suministro)* supply, provision; *(de una plaza)* filling *(U)*. 2. *(disposición)* measure.

provisional *adj* provisional.

provisto, -ta *pp* → **proveer**.

provocación *f (hostigamiento)* provocation.

provocar *vt* 1. *(incitar)* to incite. 2. *(irritar)* to provoke. 3. *(ocasionar - gen)* to cause. 4. *(excitar sexualmente)* to arouse 5. *Andes fig (apetecer)* ¿te provoca hacerlo? do you feel like doing it?

provocativo, -va *adj* provocative.

próximamente *adv* soon, shortly; (CIN) coming soon.

proximidad *f (cercanía)* closeness, proximity. ♦ **proximidades** *fpl* 1. *(de ciudad)* surrounding area *(sg)* 2. *(de lugar)* vicinity *(sg)*.

próximo, -ma *adj* 1. *(cercano)* near, close; *(casa, ciudad)* nearby; **en fecha próxima** shortly. 2. *(siguiente)* next; **el ~ año** next year.

proyección *f* 1. *(gen & GEOM)* projection. 2. (CIN) screening 3. *fig (trascendencia)* importance.

proyectar *vt* 1. *(dirigir - focos etc)* to shine, to direct. 2. *(mostrar - película)* to screen; *(- sombra)* to cast; *(- diapositivas)* to show. 3. *(planear - viaje, operación, edificio)* to plan; *(- puente, obra)* to design. 4. *(arrojar)* to throw forwards.

proyectil *m* projectile, missile

proyecto *m* 1. *(intención)* project. 2. *(plan)* plan. 3. *(diseño - ARQUIT)* design; *(- IND & TECN)* plan. 4. *(borrador)* draft; **~ de ley** bill. 5. (EDUC): **~ fin de carrera** design project forming part of doctoral thesis for architecture students etc; **~ de investigación** *(de un grupo)* research project; *(de una persona)* dissertation.

proyector, -ra *adj* projecting. ♦ **proyector** *m (de cine, diapositivas)* projector.

prudencia *f (cuidado)* caution, care; *(previsión, sensatez)* prudence; *(moderación)* moderation; **con ~** in moderation.

prudente *adj* 1. *(cuidadoso)* careful, cautious; *(previsor, sensato)* sensible 2. *(razonable)* reasonable.

prueba ◇ *v* → **probar**. ◇ *f* 1. *(demostración)* proof; (DER) evidence, proof; **no tengo ~s** I have no proof.

2. *(manifestación)* sign, token. 3. (EDUC & MED) test; **~ de acceso** entrance examination. 4. *(comprobación)* test; **a o de ~** *(trabajador)* on trial; *(producto comprado)* on approval; **es a ~ de agua/balas** it's waterproof/bulletproof; **poner a ~** to (put to the) test. 5. (DEP) event. 6. (IMPRENTA) proof.

PS = PD.

pseudónimo *m* pseudonym.

psicoanálisis *m inv* psychoanalysis.

psicoanalista *m y f* psychoanalyst.

psicodélico, -ca *adj* psychedelic

psicología *f lit & fig* psychology

psicológico, -ca *adj* psychological.

psicólogo, -ga *m y f* psychologist.

psicópata *m y f* psychopath.

psicosis *f inv* psychosis.

psicosomático, -ca *adj* psychosomatic.

psiquiatra *m y f* psychiatrist.

psiquiátrico, -ca *adj* psychiatric.

psíquico, -ca *adj* psychic.

PSOE [pe'soe, soe] *(abrev de* **Partido Socialista Obrero Español)** *m major Spanish political party to the centre-left of the political spectrum*

pta. *(abrev de* **peseta)** pta.

púa *f* 1. *(de planta)* thorn; *(de erizo)* quill; *(de peine)* tooth; *(de tenedor)* prong. 2. (MÚS) plectrum

pub [pap] *(pl pubs) m* upmarket pub, ≈ wine bar.

pubertad *f* puberty

pubis *m inv* pubes *(pl)*

publicación *f* publication.

publicar *vt* 1. *(editar)* to publish. 2. *(difundir)* to publicize; *(ley)* to pass; *(aviso)* to issue.

publicidad *f* 1. *(difusión)* publicity; **dar ~ a algo** to publicize sthg. 2. (COM) advertising; (TV) adverts *(pl)*, commercials *(pl)*.

publicitario, -ria *adj* advertising *(antes de sust)*.

público, -ca *adj* public; **ser ~** *(conocido)* to be common knowledge; **en ~** in public. ♦ **público** *m* 1. (CIN, TEATRO & TV) audience; (DEP) crowd. 2. *(comunidad)* public; **el gran ~** the (general) public.

publirreportaje *m (anuncio de televisión)* promotional film; *(en revista)* advertising spread.

puchero *m* 1. *(perola)* cooking pot 2. *(comida)* stew. ♦ **pucheros** *mpl (gesto)* pout *(sg)*; **hacer ~s** to pout

pucho m CSur (colilla) cigarette butt.
pudding = pudin.
púdico, -ca adj modest.
pudiente adj wealthy.
pudiera etc → poder.
pudin (pl púdines), **pudding** ['puðin] (pl puddings) m (plum) pudding.
pudor m 1. (recato) (sense of) shame. 2. (timidez) bashfulness.
pudoroso, -sa adj 1. (recatado) modest. 2. (tímido) bashful.
pudrir vt to rot. ♦ **pudrirse** vpr to rot
puebla etc → poblar.
pueblerino, -na adj village (antes de sust); despec provincial.
pueblo m 1. (población - pequeña) village; (- grande) town. 2. (nación) people.
pueda etc → poder.
puente m 1. (gen) bridge. 2. (días festivos): **hacer ~** to take an extra day off between two public holidays. ♦ **puente aéreo** m (civil) air shuttle; (militar) airlift.
puenting m bungee-jumping.
puerco, -ca ◇ adj filthy. ◇ m y f (animal) pig (f sow).
puercoespín m porcupine.
puericultor, -ra m y f pediatrician.
pueril adj fig childish.
puerro m leek.
puerta f 1. (de casa) door; (de jardín, ciudad etc) gate; **de ~ en ~** from door to door; **~ principal/trasera** front/back door. 2. fig (posibilidad) gateway, opening. 3. (DEP) goalmouth. 4. loc: **a las ~s de** on the verge of; **a ~ cerrada** (gen) behind closed doors; (juicio) in camera.
puerto m 1. (de mar) port; **~ deportivo** marina. 2. (de montaña) pass. 3. (INFORM) port. 4. fig (refugio) haven.
Puerto Rico Puerto Rico.
pues conj 1. (dado que) since, as. 2. (por lo tanto) therefore, so; **creo, ~, que …** so, I think that … 3. (así que) so; **querías verlo, ~ ahí está** you wanted to see it, so here it is. 4. (enfático): **¡~ ya está!** well, that's it!; **¡~ claro!** but of course!
puesto, -ta ◇ pp → poner. ◇ adj: **ir muy ~** to be all dressed up. ♦ **puesto** m 1. (empleo) post, position. 2. (en fila, clasificación etc) place 3. (tenderete) stall, stand. 4. (MIL) post; **~ de policía** police station; **~ de socorro** first-aid post. ♦ **puesta** f (acción): **puesta a punto** (de una técnica) perfecting; (de

un motor) tuning; **puesta al día** updating; **puesta en escena** staging, production; **puesta en marcha** (de máquina) starting, start-up; (de acuerdo, proyecto) implementation. ♦ **puesta de sol** f sunset. ♦ **puesto que** loc conj since, as.
puf (pl pufs) m pouf, pouffe.
púgil m boxer.
pugna f fight, battle.
pugnar vi fig (esforzarse): **~ por** to struggle O fight (for).
puja f (en subasta - acción) bidding; (- cantidad) bid.
pujar ◇ vi (en subasta) to bid higher. ◇ vt to bid
pulcro, -cra adj neat, tidy
pulga f flea.
pulgada f inch
pulgar → dedo.
pulgón m aphid.
pulimentar vt to polish.
pulir vt to polish. ♦ **pulirse** vpr (gastarse) to blow.
pulmón m lung.
pulmonía f pneumonia.
pulpa f pulp; (de fruta) flesh.
púlpito m pulpit.
pulpo m (animal) octopus
pulque m Méx fermented maguey juice
pulsación f 1. (del corazón) beat, beating (U). 2. (en máquina de escribir) keystroke
pulsador m button, push button.
pulsar vt (botón, timbre etc) to press; (teclas de ordenador) to hit, to strike; (teclas de piano) to play; (cuerdas de guitarra) to pluck.
pulsera f bracelet.
pulso m 1. (latido) pulse; **tomar el ~ a algo/alguien** fig to sound sthg/sb out. 2. (firmeza): **tener buen ~** to have a steady hand; **a ~** unaided.
pulular vi to swarm.
pulverizador, -ra adj spray (antes de sust). ♦ **pulverizador** m spray.
pulverizar vt 1. (líquido) to spray. 2. (sólido) to reduce to dust; (TECN) to pulverize. 3. fig (aniquilar) to pulverize.
puma m puma.
punción f puncture
punición f punishment
punk [paŋk] (pl punks), **punki** adj, m y f punk.
punta f 1. (extremo - gen) point; (- de pan, pelo) end; (- de dedo, cuerno) tip; **sacar ~ a** (un lápiz) to sharpen (a pen-

cil); a ~ (de) pala by the dozen o bucket. 2. *(pizca)* touch, bit; *(de sal)* pinch.

puntada *f (pespunte)* stitch.

puntal *m (madero)* prop; *fig (apoyo)* mainstay

puntapié *m* kick.

puntear *vt* to pluck.

punteo *m* guitar solo.

puntera → puntero.

puntería *f* 1. *(destreza)* marksmanship. 2. *(orientación)* aim.

puntero, -ra ◇ *adj* leading. ◇ *m y f (líder)* leader. ◆ **puntera** *f (de zapato)* toecap.

puntiagudo, -da *adj* pointed

puntilla *f* point lace. ◆ **de puntillas** *loc adv* on tiptoe.

puntilloso, -sa *adj* 1. *(susceptible)* touchy. 2. *(meticuloso)* punctilious.

punto *m* 1. *(gen)* point; ~ débil/fuerte weak/strong point; ~ de ebullición/fusión boiling/melting point; *fig* backup, support; ~ culminante high point; ~s a tratar puntos to be discussed; poner ~ final a algo to bring sthg to a close. 2. *(signo ortográfico)* dot; ~ y coma semi-colon; ~s suspensivos suspension points; dos ~s colon. 3. *(marca)* spot, dot. 4. *(lugar)* spot, place; ~ de venta (COM) point of sale. 5. *(momento)* point, moment; estar a ~ to be ready; estar a ~ de hacer algo to be on the point of doing sthg. 6. *(estado)* state, condition; llegar a un ~ en que ... to reach the stage where ...; poner a ~ *(gen)* to fine-tune; *(motor)* to tune. 7. *(cláusula)* clause 8. *(puntada - en costura, cirugía)* stitch; ~ de cruz cross-stitch; hacer ~ to knit; un jersey de ~ a knitted jumper. 9. *(estilo de tejer)* knitting; ~ de ganchillo crochet. 10. *(objetivo)* target. ◆ **en punto** *loc adv* on the dot. ◆ **hasta cierto punto** *loc adv* to some extent, up to a point. ◆ **punto de partida** *m* starting point. ◆ **punto de vista** *m* point of view. ◆ **punto muerto** *m* 1. (AUTOM) neutral. 2. *(en un proceso)* deadlock; estar en un ~ muerto to be deadlocked

puntuación *f* 1. *(calificación)* mark; *(en concursos, competiciones)* score. 2. *(ortográfica)* punctuation.

puntual *adj* 1. *(en el tiempo)* punctual. 2. *(exacto, detallado)* detailed. 3. *(aislado)* isolated, one-off.

puntualidad *f* 1. *(en el tiempo)* punctuality. 2. *(exactitud)* exactness.

puntualizar *vt* to specify, to clarify.

puntuar ◇ *vt* 1. *(calificar)* to mark; (DEP) to award marks to. 2. *(escrito)* to punctuate. ◇ *vi* 1. *(calificar)* to mark. 2. *(entrar en el cómputo)*: ~ (para) to count (towards).

punzada *f* 1. *(pinchazo)* prick. 2. *(dolor intenso)* stabbing pain (U); *fig* pang.

punzante *adj* 1. *(que pincha)* sharp. 2. *(intenso)* sharp. 3. *(mordaz)* caustic

punzar *vt* 1. *(pinchar)* to prick. 2. *(suj: dolor)* to stab; *fig (suj: actitud)* to wound.

punzón *m* punch.

puñado *m* handful

puñal *m* dagger.

puñalada *f* stab; *(herida)* stab wound.

puñeta ◇ *f fam (tontería)*: mandar a alguien a hacer ~s to tell sb to get lost. ◇ *interj fam*: ¡~!, ¡~s! damn it!

puñetazo *m* punch.

puñetero, -ra *fam* ◇ *adj* 1. *(persona)* damn. 2. *(cosa)* tricky. ◇ *m y f* pain.

puño *m* 1. *(mano cerrada)* fist; de su ~ y letra in his/her own handwriting. 2. *(de manga)* cuff. 3. *(empuñadura - de espada)* hilt; *(- de paraguas)* handle.

pupila *f* pupil.

pupilo, -la *m y f (discípulo)* pupil.

pupitre *m* desk.

puré *m* (CULIN) purée; *(sopa)* thick soup; ~ de patatas mashed potatoes *(pl)*.

pureza *f* purity.

purga *f fig (depuración)* purge.

purgante *adj & m* purgative.

purgar *vt lit & fig* to purge.

purgatorio *m* purgatory.

purificar *vt* to purify; *(mineral, metal)* to refine.

puritano, -na *adj, m y f* puritan.

puro, -ra *adj* 1. *(gen)* pure; *(oro)* solid. 2. *(cielo, atmósfera)* clear. 3. *(conducta, persona)* decent, honourable. 4. *(mero)* sheer; *(verdad)* plain; por pura casualidad by pure chance. ◆ **puro** *m* cigar.

púrpura ◇ *adj inv* purple. ◇ *m* purple.

purpúreo, -a *adj culto* purple.

pus *m* pus.

pusilánime *adj* cowardly.

puso → poner.

puta ◇ *adj → puto.* ◇ *f vulg* whore.

putear *vulg vt (fastidiar)* to piss off.

puto, -ta *adj vulg (maldito)* bloody. ◆ **puto** *m vulg* male prostitute.

putrefacción *f* rotting, putrefaction.

puzzle ['puθle], **puzle** *m* jigsaw puzzle.

PVP (*abrev de* precio de venta al público) *m* = RRP.
PYME (*abrev de* Pequeña y Mediana Empresa) *f* SME.
pyrex® = pírex.
pza. (*abrev de* plaza) Sq.

Q

q, Q *f* (*letra*) q, Q.
q.e.p.d. (*abrev de* que en paz descanse) RIP.
que ◊ *pron relat* 1. (*sujeto*) (*persona*) who, that; (*cosa*) that, which; la mujer ~ me saluda the woman (who ○ that is) waving to me; el ~ me lo compró the one who bought it from me; la moto ~ me gusta the motorbike (that) I like. 2. (*complemento directo*) (*persona*) whom, that; (*cosa*) that, which; el hombre ~ conociste ayer the man (whom ○ that) you met yesterday; ese coche es el ~ me quiero comprar that car is the one (that ○ which) I want to buy. 3. (*complemento indirecto*): al/a la ~ (to) whom; ese es el chico al ~ presté dinero that's the boy to whom I lent some money. 4. (*complemento circunstancial*): la playa a la ~ fui the beach where ○ to which I went; la mujer con la ~ hablas the woman to whom you are talking; la mesa sobre la ~ escribes the table on which you are writing. 5. (*complemento de tiempo*): (en) ~ when; el día (en) ~ me fui the day (when) I left. ◊ *conj* 1. (*con oraciones de sujeto*) that; es importante ~ me escuches it's important that you listen to me. 2. (*con oraciones de complemento directo*) that; me ha confesado ~ me quiere he has told me that he loves me. 3. (*comparativo*) than; es más rápido ~ tú he's quicker than you; antes morir ~ vivir la guerra I'd rather die than live through a war. 4. (*expresa causa*): hemos de esperar, ~ todavía no es la hora we'll have to wait, as it isn't time yet. 5. (*expresa consecuencia*) that; tanto me lo pidió ~ se lo di he asked me for it so insistently that I gave it to him. 6. (*expresa finalidad*) so (that); ven aquí ~ te vea come over here so

(that) I can see you. 7. (+ *subjuntivo*) (*expresa deseo*) that; quiero ~ lo hagas I want you to do it; espero ~ te diviertas I hope (that) you have fun. 8. (*en oraciones exclamativas*): ¡~ te diviertas! have fun!; ¡~ te doy un bofetón! do that again and I'll slap you! 9. (*en oraciones interrogativas*): ¿~ quiere venir? pues que venga so she wants to come? then let her. 10. (*expresa disyunción*) or; quieras ~ no, harás lo que yo mando you'll do what I tell you, whether you like it or not. 11. (*expresa hipótesis*) if; ~ no quieres hacerlo, pues no pasa nada it doesn't matter if you don't want to do it. 12. (*expresa reiteración*) and; estaban charla ~ charla they were talking and talking.
qué ◊ *adj* (*gen*) what; (*al elegir, al concretar*) which; ¿~ hora es? what's the time?; ¿~ coche prefieres? which car do you prefer?; ¿a ~ distancia? how far away? ◊ *pron* (*interrogativo*) what; ¿~ te dijo? what did he tell you?; no sé ~ hacer I don't know what to do; ¿~? (¿*cómo?*) sorry?, pardon? ◊ *adv* 1. (*exclamativo*) how; ¡~ horror! how awful!; ¡~ tonto eres! how stupid you are!, you're so stupid!; ¡~ casa más bonita! what a lovely house!; ¡y ~! so what? 2. (*expresa gran cantidad*): ¡~ de …! what a lot of …!; ¡~ de gente hay aquí! what a lot of people there are here!
quebradero ◆ **quebradero de cabeza** *m* headache, problem.
quebradizo, -za *adj* 1. (*frágil*) fragile, brittle. 2. (*débil*) frail. 3. (*voz*) weak.
quebrado, -da *adj* (*terreno*) rough, uneven; (*perfil*) rugged.
quebradura *f* (*grieta*) crack, fissure.
quebrantar *vt* 1. (*incumplir - promesa, ley*) to break; (*- obligación*) to fail in. 2. (*debilitar*) to weaken; (*moral, resistencia*) to break. ◆ **quebrantarse** *vpr* (*debilitarse*) to deteriorate.
quebranto *m* 1. (*pérdida*) loss. 2. (*debilitamiento*) weakening, debilitation.
quebrar ◊ *vt* (*romper*) to break. ◊ *vi* (FIN) to go bankrupt. ◆ **quebrarse** *vpr* 1. (*romperse*) to break 2. (*voz*) to break, to falter. 3. (*deslomarse*) to rupture o.s
quechua *m* (*idioma*) Quechua.
quedar *vi* 1. (*permanecer*) to remain, to stay. 2. (*haber aún, faltar*) to be left, to remain; ¿queda azúcar? is there any sugar left?; nos quedan 100 pesetas we have 100 pesetas left; ¿cuánto

queda para León? how much further
is it to León?; ~ por hacer to remain to
be done; queda por fregar el suelo
the floor has still to be cleaned.
3. (mostrarse): ~ como to come across
as; ~ bien/mal (con alguien) to make
a good/bad impression (on sb). 4. (llegar a ser, resultar): el trabajo ha quedado perfecto the job turned out perfectly; el cuadro queda muy bien ahí the
picture looks great there. 5. (acabar): ~
en to end in; ~ en nada to come to
nothing. 6. (sentar) to look; te queda
un poco corto el traje your suit is a bit
too short; ~ bien/mal a alguien to
look good/bad on sb; ~ bien/mal con
algo to go well/badly with sthg.
7. (citarse): ~ (con alguien) to arrange
to meet (sb); hemos quedado el lunes
we've arranged to meet on Monday.
8. (acordar): ~ en algo/en hacer algo
to agree on sthg/to do sthg; ~ en que
... to agree that ..; ¿en qué
quedamos? what's it to be, then? 9.
fam (estar situado) to be; ¿por dónde
queda? whereabouts is it? ◆ quedarse vpr 1. (permanecer - en un lugar)
to stay, to remain. 2. (terminar - en un
estado): ~se ciego/sordo to go blind/
deaf; ~se triste to be o feel sad; ~se sin
dinero to be left penniless; la pared
se ha quedado limpia the wall is
clean now. 3. (comprar) to take; me
quedo éste I'll take this one. ◆ quedarse con vpr 1. (retener, guardarse)
to keep. 2. (preferir) to go for, to
prefer.

quedo, -da adj quiet, soft. ◆ quedo
adv quietly, softly.

quehacer m (gen pl) task; ~es
domésticos housework (U).

queja f 1. (lamento) moan, groan.
2. (protesta) complaint.

quejarse vpr 1. (lamentar) to groan,
to cry out. 2. (protestar) to complain; ~
de to complain about.

quejica adj despec whining, whinge-
ing.

quejido m cry, moan.

quejoso, -sa adj: ~ (de) annoyed o
upset (with).

quemado, -da adj 1. (gen) burnt;
(por agua hirviendo) scalded; (por electricidad) burnt-out; (fusible) blown.
2. (por sol) sunburnt. 3. loc: estar ~
(agotado) to be burnt-out; (harto) to be
fed up.

quemador m burner.

quemadura f (por fuego) burn; (por
agua hirviendo) scald.

quemar ◇ vt 1. (gen) to burn; (suj:
agua hirviendo) to scald; (suj: electricidad) to blow. 2. fig (malgastar) to fritter away. 3. fig (desgastar) to burn out.
4. fig (hartar) to make fed up. ◇ vi
(estar caliente) to be (scalding) hot.
◆ quemarse vpr 1. (por fuego) to burn
down; (por agua hirviendo) to get scalded; (por calor) to burn; (por electricidad)
to blow. 2. (por el sol) to get burned.
3. fig (desgastarse) to burn out. 4. fig
(hartarse) to get fed up.

quemarropa ◆ a quemarropa loc
adv point-blank.

quemazón f burning; (picor) itch.

quepa → caber

querella f 1. (DER) (acusación) charge.
2. (discordia) dispute.

querer ◇ vt 1. (gen) to want; quiero
una bicicleta I want a bicycle;
¿quieren ustedes algo más? would
you like anything else?; ~ que alguien
haga algo to want sb to do sthg;
quiero que lo hagas tú I want you to
do it; ~ que pase algo to want sthg to
happen; queremos que las cosas te
vayan bien we want things to go well
for you; quisiera hacerlo, pero ... I'd
like to do it, but ... 2. (amar) to love.
3. (en preguntas - con amabilidad):
¿quiere decirle a su amigo que pase?
could you tell your friend to come in,
please? 4. (pedir - precio): ~ algo (por)
to want sthg (for); ¿cuánto quieres
por el coche? how much do you
want for the car? 5. fig & irón (dar
motivos para): tú lo que quieres es
que te pegue you're asking for a
smack. 6. loc: como quien no quiere
la cosa as if it were nothing; quien
bien te quiere te hará llorar proverb
you have to be cruel to be kind
proverb. ◇ vi to want; ven cuando
quieras come whenever you like o
want; no me voy porque no quiero
I'm not going because I don't want to;
queriendo on purpose; sin ~ accidentally; ~ decir to mean; ¿qué quieres
decir con eso? what do you mean by
that?; ~ es poder where there's a will
there's a way. ◇ v impers (haber atis-
bos): parece que quiere llover it looks
like rain. ◇ m love. ◆ quererse vpr to
love each other.

querido, -da ◇ adj dear. ◇ m y f
lover; (apelativo afectuoso) darling.

queso m cheese; ~ de bola Dutch
cheese; ~ manchego hard mild yellow
cheese made in La Mancha; ~ rallado
grated cheese.

quibutz [ki'βuθ] (*pl* **quibutzs**), **kibutz** (*pl* **kibutzim**) *m* kibbutz.

quicio *m* jamb; **estar fuera de ~** *fig* to be out of kilter; **sacar de ~ a alguien** *fig* to drive sb mad.

quiebra *f* **1.** (*ruina*) bankruptcy; (*en bolsa*) crash. **2.** *fig* (*pérdida*) collapse.

quiebro *m* (*ademán*) swerve.

quien *pron* **1.** (*relativo*) (*sujeto*) who; (*complemento*) whom; **fue mi hermano ~ me lo explicó** it was my brother who explained it to me; **era Pepe a ~ vi/de ~ no me fiaba** it was Pepe (whom) I saw/didn't trust. **2.** (*indefinido*): **~es quieran verlo que se acerquen** whoever wants to see it will have to come closer; **hay ~ lo niega** there are those who deny it. **3.** *loc*: **~ más ~ menos** everyone.

quién *pron* (*interrogativo*) (*sujeto*) who; (*complemento*) who, whom; **¿~es ese hombre?** who's that man?; **no sé ~ viene** I don't know who is coming; **¿a ~es has invitado?** who o whom have you invited?; **¿de ~ es?** whose is it?; **¿~ es?** (*en la puerta*) who is it?; (*al teléfono*) who's calling?

quienquiera (*pl* **quienesquiera**) *pron* whoever; **~ que venga** whoever comes.

quiera *etc* → **querer**.

quieto, -ta *adj* (*parado*) still; **¡estáte ~!** keep still!; **¡~ ahí!** don't move!

quietud *f* **1.** (*inmovilidad*) stillness. **2.** (*tranquilidad*) quietness.

quijada *f* jaw.

quijotesco, -ca *adj* quixotic.

quilate *m* carat.

quilla *f* (NÁUT) keel.

quilo *etc* = **kilo**.

quimbambas *fpl*: **irse a las ~** to go to the ends of the earth.

quimera *f* fantasy.

quimérico, -ca *adj* fanciful.

químico, -ca ◇ *adj* chemical. ◇ *m y f* (*científico*) chemist. ◆ **química** *f* (*ciencia*) chemistry.

quina *f* (*bebida*) quinine.

quincalla *f* trinket.

quince *núm* fifteen; **~ días** a fortnight; *ver también* **seis**.

quinceañero, -ra *m y f* teenager.

quinceavo, -va *núm* fifteenth.

quincena *f* fortnight.

quincenal *adj* fortnightly.

quincuagésimo, -ma *núm* fiftieth.

quiniela *f* (*boleto*) pools coupon. ◆ **quinielas** *fpl* (*apuestas*) (football)

pools. ◆ **quiniela hípica** *f* sweepstake.

quinientos, -tas *núm* five hundred; *ver también* **seis**.

quinina *f* quinine.

quinqué *m* oil lamp.

quinquenio *m* (*periodo*) five-year period.

quinqui *m y f fam* delinquent.

quinta → **quinto**.

quinteto *m* quintet.

quinto, -ta *núm* fifth. ◆ **quinto** *m* **1.** (*parte*) fifth. **2.** (MIL) recruit. ◆ **quinta** *f* **1.** (*finca*) country house. **2.** (MIL) call-up year.

quintuplicar *vt* to increase fivefold. ◆ **quintuplicarse** *vpr* to increase fivefold.

quiosco, kiosco *m* kiosk; (*de periódicos*) newspaper stand; **~ de música** bandstand.

quiosquero, -ra *m y f* owner of a newspaper stand.

quirófano *m* operating theatre.

quiromancia *f* palmistry, chiromancy.

quiromasaje *m* (*manual*) massage.

quirúrgico, -ca *adj* surgical.

quisiera *etc* → **querer**.

quisque *m*: **cada o todo ~** every man Jack.

quisquilloso, -sa *adj* **1.** (*detallista*) pernickety. **2.** (*susceptible*) touchy.

quiste *m* cyst.

quitaesmalte *m* nail-polish remover.

quitaipón ◆ **de quitaipón** *loc adj* removable; (*capucha*) detachable.

quitamanchas *m inv* stain remover.

quitanieves *m inv* snow plough.

quitar *vt* **1.** (*gen*) to remove; (*ropa, zapatos etc*) to take off; **~le algo a alguien** to take sthg away from sb; **de quita y pon** removable; (*capucha*) detachable. **2.** (*dolor, ansiedad*) to take away, to relieve; (*sed*) to quench. **3.** (*tiempo*) to take up. **4.** (*robar*) to take, to steal. **5.** (*impedir*): **esto no quita que sea un vago** that doesn't change the fact that he's a layabout. **6.** (*exceptuar*): **quitando el queso, me gusta todo** apart from cheese, I'll eat anything. **7.** (*desconectar*) to switch off. ◆ **quitarse** *vpr* **1.** (*apartarse*) to get out of the way. **2.** (*ropa*) to take off. **3.** (*suj: mancha*) to come out. **4.** *loc*: **~se a alguien de encima o de en medio** to get rid of sb.

quitasol *m* sunshade *Br*, parasol.

quite *m* (DEP) parry; **estar al ~** to be on hand to help.
Quito Quito.
quizá, **quizás** *adv* perhaps; **~ lleuva mañana** it might rain tomorrow; **~ no lo creas** you may not believe it; **~ sí** maybe; **~ no** maybe not.

R

r, R *f (letra)* r, R.
rábano *m* radish; **me importa un ~** I couldn't care less.
rabí *m* rabbi.
rabia *f* 1. *(ira)* rage; **me da ~** it makes me mad; **tenerle ~ a alguien** *fig* not to be able to stand sb. 2. *(enfermedad)* rabies.
rabiar *vi* 1. *(sufrir)* to writhe in pain. 2. *(enfadarse)* to be furious. 3. *(desear)*: **~ por algo/hacer algo** to be dying for sthg/to do sthg.
rabieta *f fam* tantrum.
rabillo *m* corner; **mirar algo con el ~ del ojo** to look at sthg out of the corner of one's eye.
rabioso, -sa *adj* 1. *(furioso)* furious. 2. *(excesivo)* terrible. 3. *(enfermo de rabia)* rabid. 4. *(chillón)* loud, gaudy.
rabo *m* 1. *(de animal)* tail; **~ de buey** oxtail. 2. *(de hoja, fruto)* stem.
rácano, -na *fam adj* 1. *(tacaño)* mean, stingy. 2. *(gandul)* idle, lazy.
RACE *(abrev de* Real Automóvil Club de España) *m Spanish automobile association,* ≃ AA *Br,* ≃ AAA *Am.*
racha *f* 1. *(ráfaga)* gust (of wind). 2. *(época)* spell; *(serie)* string; **buena/mala ~** good/bad patch; **a ~s** in fits and starts.
racial *adj* racial.
racimo *m* 1. *(de frutos)* bunch. 2. *(de flores)* raceme.
raciocinio *m (razón)* (power of) reason.
ración *f* 1. *(porción)* portion. 2. *(en bar, restaurante)* large portion of a dish served as a snack.
racional *adj* rational.
racionalizar *vt* to rationalize.
racionar *vt* to ration.
racismo *m* racism.
racista *adj, m y f* racist.
radar *(pl* **radares)** *m* radar.

radiación *f* radiation.
radiactivo, -va, radioactivo, -va *adj* radioactive
radiador *m* radiator.
radiante *adj* radiant.
radiar *vt* 1. *(irradiar)* to radiate 2. *(por radio)* to broadcast.
radical *adj, m y f* radical.
radicar *vi*: **~ en** *(suj: problema etc)* to lie in; *(suj: población)* to be (situated) in.
♦ **radicarse** *vpr (establecerse)*: **~se (en)** to settle (in).
radio ◇ *m* 1. (ANAT & GEOM) radius. 2. *(de rueda)* spoke 3. (QUÍM) radium ◇ *f* radio; **oír algo por la ~** to hear sthg on the radio
radioactivo, -va = **radiactivo**
radioaficionado, -da *m y f* radio ham
radiocasete *m* radio cassette (player).
radiocontrol *m* remote control.
radiodespertador *m* clock radio.
radiodifusión *f* broadcasting.
radioescucha *m y f inv* listener.
radiofónico, -ca *adj* radio *(antes de sust).*
radiografía *f (fotografía)* X-ray; *(ciencia)* radiography.
radionovela *f* radio soap opera.
radiorreloj *m* clock radio.
radiotaxi *m* taxi (with radio link).
radioteléfono *m* radiotelephone
radioterapia *f* radiotherapy.
radioyente *m y f* listener.
RAE *abrev de* **Real Academia Española**.
raer *vt* to scrape (off).
ráfaga *f (de aire, viento)* gust; *(de disparos)* burst; *(de luces)* flash.
raído, -da *adj* threadbare; *(por los bordes)* frayed.
raigambre *f (tradición)* tradition.
rail, raíl *m* rail.
raíz *(pl* **raíces)** *f* (gen & MAT) root; **~ cuadrada/cúbica** square/cube root; **a ~ de** as a result of, following; **echar raíces** to put down roots
raja *f* 1. *(porción)* slice. 2. *(grieta)* crack.
rajar *vt* 1. *(partir)* to crack; *(melón)* to slice. 2. *mfam (apuñalar)* to slash.
♦ **rajarse** *vpr* 1. *(partirse)* to crack. 2. *fam (echarse atrás)* to chicken out
rajatabla ♦ **a rajatabla** *loc adv* to the letter, strictly
ralentí *m* neutral.
rallado, -da *adj* grated. ♦ **rallado** *m* grating.
rallador *m* grater.
ralladura *f (gen pl)* grating.
rallar *vt* to grate.

rally ['rali] (*pl* **rallys**) *m* rally

RAM (*abrev de* **random access memory**) *f* RAM.

rama *f* branch; **andarse por las ~s** *fam* to beat about the bush.

ramaje *m* branches (*pl*).

ramal *m* (*de carretera, ferrocarril*) branch.

ramalazo *m* 1. *fam* (*hecho que delata*) giveaway sign. 2. (*ataque*) fit.

rambla *f* (*avenida*) avenue, boulevard.

ramera *f* whore, hooker *Am*.

ramificación *f* 1. (*gen*) ramification. 2. (*de carretera, ferrocarril, ciencia*) branch.

ramificarse *vpr* 1. (*bifurcarse*) to branch out 2. (*subdividirse*): ~ **(en)** to subdivide (into)

ramillete *m* bunch, bouquet.

ramo *m* 1. (*de flores*) bunch, bouquet. 2. (*rama*) branch; **el ~ de la construcción** the building industry.

rampa *f* 1. (*para subir y bajar*) ramp. 2. (*cuesta*) steep incline

rana *f* frog.

ranchero, -ra *m y f* rancher.
♦ **ranchera** *f* 1. (MÚS) *popular Mexican song*. 2. (AUTOM) estate car.

rancho *m* 1. (*comida*) mess. 2. (*granja*) ranch.

rancio, -cia *adj* 1. (*pasado*) rancid. 2. (*antiguo*) ancient. 3. (*añejo - vino*) mellow.

rango *m* 1. (*social*) standing 2. (*jerárquico*) rank.

ranking ['raŋkin] (*pl* **rankings**) *m* ranking.

ranura *f* groove; (*de máquina tragaperras, cabina telefónica*) slot.

rapaces *fpl* → **rapaz**.

rapapolvo *m fam* ticking-off.

rapar *vt* (*barba, bigote*) to shave off; (*cabeza*) to shave; (*persona*) to shave the hair of.

rapaz, -za *m y f fam* lad (*f* lass).
♦ **rapaz** *adj* 1. (*que roba*) rapacious, greedy. 2. (ZOOL) → **ave**. ♦ **rapaces** *fpl* (ZOOL) birds of prey.

rape *m* angler fish; **cortar el pelo al ~ a alguien** to crop sb's hair.

rapé *m* (*en aposición inv*) snuff

rápidamente *adv* quickly.

rapidez *f* speed.

rápido, -da *adj* quick, fast; (*coche*) fast; (*beneficio, decisión*) quick. ♦ **rápido** ◇ *adv* quickly; **más ~** quicker; **¡ven, ~!** come, quick! ◇ *m* (*tren*) express train. ♦ **rápidos** *mpl* (*de río*) rapids

rapiña *f* 1. (*robo*) robbery with violence. 2. → **ave**.

rappel ['rapel] (*pl* **rappels**) *m* (DEP) abseiling; **hacer ~** to abseil.

rapsodia *f* rhapsody.

raptar *vt* to abduct, to kidnap.

rapto *m* 1. (*secuestro*) abduction, kidnapping. 2. (*ataque*) fit.

raqueta *f* (*para jugar - al tenis*) racquet; (*- al ping pong*) bat.

raquítico, -ca *adj* 1. (MED) rachitic. 2. (*insuficiente*) miserable.

rareza *f* 1. (*poco común, extraño*) rarity. 2. (*extravagancia*) eccentricity.

raro, -ra *adj* 1. (*extraño*) strange; **¡qué ~!** how odd o strange! 2. (*excepcional*) unusual, rare; (*visita*) infrequent. 3. (*extravagante*) odd, eccentric. 4. (*escaso*) rare; **rara vez** rarely.

ras *m*: **a ~ de** level with; **a ~ de tierra** at ground level; **volar a ~ de tierra** to fly low.

rasante *f* (*de carretera*) gradient.

rascacielos *m inv* skyscraper.

rascador *m* (*herramienta*) scraper.

rascar ◇ *vt* 1. (*con uñas, clavo*) to scratch. 2. (*con espátula*) to scrape (off); (*con cepillo*) to scrub. ◇ *vi* to be rough. ♦ **rascarse** *vpr* to scratch o.s

rasera *f* fish slice.

rasgar *vt* to tear; (*sobre*) to tear open.

rasgo *m* 1. (*característica*) trait, characteristic. 2. (*trazo*) flourish, stroke ♦ **rasgos** *mpl* 1. (*del rostro*) features. 2. (*letra*) handwriting (*U*) ♦ **a grandes rasgos** *loc adv* in general terms.

rasguear *vt* to strum.

rasguñar *vt* to scratch.

rasguño *m* scratch.

raso, -sa *adj* 1. (*terreno*) flat. 2. (*cucharada etc*) level. 3. (*a poca altura*) low. 4. (MIL): **soldado ~** private. ♦ **raso** *m* (*tela*) satin.

raspa *f* backbone (of fish).

raspadura *f* (*gen pl*) scraping; (*señal*) scratch.

raspar *vt* 1. (*rascar*) to scrape (off). 2. (*rasar*) to graze, to shave

rasposo, -sa *adj* rough

rastras ♦ **a rastras** *loc adv*: **llevar algo/a alguien a ~** *lit & fig* to drag sthg/sb along.

rastreador, -ra *m y f* tracker.

rastrear *vt* (*seguir las huellas de*) to track.

rastrero, -ra *adj* despicable.

rastrillo *m* 1. (*en jardinería*) rake. 2. (*mercado*) flea market; (*benéfico*) jumble sale.

rastro m 1. (pista) trail; **perder el ~ de alguien** to lose track of sb; **sin dejar ~** without trace. 2. (vestigio) trace. 3. (mercado) flea market

rastrojo m stubble.

rasurar vt to shave. ◆ **rasurarse** vpr to shave.

rata f rat.

ratero, -ra m y f petty thief.

ratificar vt to ratify ◆ **ratificarse en** vpr to stand by

rato m while; **estuvimos hablando mucho ~** we were talking for quite a while; **al poco ~ (de)** shortly after; **pasar el ~** to kill time; **pasar un mal ~** to have a hard time of it; **~s libres** spare time (U); **a ~s** at times.

ratón m (gen & INFORM) mouse.

ratonera f 1. (para ratas) mousetrap. 2. fig (trampa) trap.

raudal m 1. (de agua) torrent 2. fig (montón) abundance; (de lágrimas) flood; (de desgracias) string; **a ~es** in abundance, by the bucket

ravioli m (gen pl) ravioli (U).

raya f 1. (línea) line; (en tejido) stripe; **a ~s** striped. 2. (del pelo) parting; **hacerse la ~** to part one's hair. 3. (de pantalón) crease. 4. fig (límite) limit; **pasarse de la ~** to overstep the mark. 5. (señal - en disco, pintura etc) scratch. 6. (pez) ray 7. (guión) dash.

rayado, -da adj 1. (a rayas - tela) striped; (- papel) ruled. 2. (estropeado) scratched. ◆ **rayado** m (rayas) stripes (pl).

rayar ◇ vt 1. (marcar) to scratch. 2. (trazar rayas) to rule lines on ◇ vi 1. (aproximarse): **~ en** algo to border on sthg; **raya en los cuarenta** he's pushing forty. 2. (alba) to break. ◆ **rayarse** vpr to get scratched.

rayo m 1. (de luz) ray; **~ solar** sunbeam. 2. (FÍS) beam, ray; **~ láser** laser beam; **~s infrarrojos/ultravioleta/uva** infrared/ultraviolet/UVA rays; **~s X** X-rays; **caer como un ~** fig to be a bombshell. 3. (METEOR) bolt of lightning; **~s** lightning (U).

rayón m rayon.

rayuela f (juego en que se salta a la pata coja) hopscotch.

raza f 1. (humana) race; **~ humana** human race. 2. (animal) breed; **de ~** (caballo) thoroughbred; (perro) pedigree.

razón f 1. (gen) reason; **dar la ~ a alguien** to say that sb is right; **en ~ de** o **a** in view of; **~ de ser** raison d'être; **tener ~ (en hacer algo)** to be right (to

do sthg); **no tener ~** to be wrong; **y con ~** and quite rightly so. 2. (información): **se vende piso: ~ aquí** flat for sale: enquire within; **dar ~ de** to give an account of. 3. (MAT) ratio. ◆ **a razón de** loc adv at a rate of

razonable adj reasonable.

razonamiento m reasoning (U).

razonar ◇ vt (argumentar) to reason out. ◇ vi (pensar) to reason

RDSI (abrev de Red Digital de Servicios Integrados) f ISDN.

re m (MÚS) D; (en solfeo) re.

reacción f reaction; **~ en cadena** chain reaction.

reaccionar vi to react

reaccionario, -ria adj, m y f reactionary.

reacio, -cia adj stubborn; **ser ~ a** o **en hacer algo** to be reluctant to do sthg.

reactivación f revival.

reactor m 1. (propulsor) reactor. 2. (avión) jet (plane).

readmitir vt to accept o take back.

reafirmar vt to confirm. ◆ **reafirmarse** vpr to assert o.s.; **~se en algo** to become convinced of sthg.

reajuste m 1. (cambio) readjustment; **~ ministerial** cabinet reshuffle. 2. (ECON - de precios, impuestos) increase; (- de sector) streamlining; (- de salarios) reduction; **~ de plantilla** redundancies (pl).

real adj 1. (verdadero) real. 2. (de monarquía) royal.

realce m 1. (esplendor) glamour; **dar ~ a algo/alguien** to enhance sthg/sb 2. (en pintura) highlight.

realeza f (monarcas) royalty.

realidad f 1. (mundo real) reality; **~ virtual** (INFORM) virtual reality. 2. (verdad) truth; **en ~** actually, in fact.

realista ◇ adj realistic. ◇ m y f (ARTE) realist.

realización f 1. (ejecución) carrying-out; (de proyecto, medidas) implementation; (de sueños, deseos) fulfilment. 2. (obra) achievement. 3. (CIN) production.

realizador, -ra m y f (CIN & TV) director.

realizar vt 1. (ejecutar - esfuerzo, viaje, inversión) to make; (- operación, experimento, trabajo) to perform; (- encargo) to carry out; (- plan, reformas) to implement; (- desfile) to go on. 2. (hacer real) to fulfil, to realize. 3. (CIN) to produce. ◆ **realizarse** vpr 1. (en un trabajo) to find fulfilment. 2. (hacerse real - sueño, predicción, deseo) to come true; (- espe-

ranza, ambición) to be fulfilled. **3.** *(ejecutarse)* to be carried out.

realmente *adv* **1.** *(en verdad)* in fact, actually. **2.** *(muy)* really, very.

realquilado, -da *m y f* sub-tenant.

realquilar *vt* to sublet.

realzar *vt* **1.** *(resaltar)* to enhance. **2.** *(en pintura)* to highlight

reanimar *vt* **1.** *(físicamente)* to revive. **2.** *(moralmente)* to cheer up. **3.** *(MED)* to resuscitate.

reanudar *vt (conversación, trabajo)* to resume; *(amistad)* to renew.

reaparición *f* reappearance.

rearme *m* rearmament.

reavivar *vt* to revive.

rebaja *f* **1.** *(acción)* reduction. **2.** *(descuento)* discount. ◆ **rebajas** *fpl* (COM) sales; **'grandes ~s'** 'massive reductions'; **estar de ~s** to have a sale on.

rebajado, -da *adj* **1.** *(precio)* reduced. **2.** *(humillado)* humiliated.

rebajar *vt* **1.** *(precio)* to reduce; **te rebajo 100 pesetas** I'll knock 100 pesetas off for you. **2.** *(persona)* to humiliate. **3.** *(intensidad)* to tone down. **4.** *(altura)* to lower ◆ **rebajarse** *vpr (persona)* to humble o.s.; **~se a hacer algo** to lower o.s. o stoop to do sthg.

rebanada *f* slice.

rebañar *vt* to scrape clean.

rebaño *m* flock; *(de vacas)* herd.

rebasar *vt* to exceed, to surpass; *(agua)* to overflow; (AUTOM) to overtake.

rebatir *vt* to refute.

rebeca *f* cardigan.

rebelarse *vpr* to rebel.

rebelde ◇ *adj* **1.** *(sublevado)* rebel *(antes de sust)*. **2.** *(desobediente)* rebellious. ◇ *m y f (sublevado, desobediente)* rebel.

rebeldía *f* **1.** *(cualidad)* rebelliousness. **2.** *(acción)* (act of) rebellion.

rebelión *f* rebellion.

rebenque *m CSur & Méx (látigo)* whip.

reblandecer *vt* to soften.

rebobinar *vt* to rewind.

rebosante *adj:* **~ (de)** brimming o overflowing (with).

rebosar ◇ *vt* to overflow with. ◇ *vi* to overflow; **~ de** to be overflowing with; *fig (persona)* to brim with.

rebotar *vi:* **~ (en)** to bounce (off), to rebound (off).

rebote *m* **1.** *(bote)* bounce, bouncing *(U)* **2.** (DEP) rebound; **de ~** on the rebound

rebozado, -da *adj* (CULIN) coated in batter o breadcrumbs.

rebozar *vt* (CULIN) to coat in batter o breadcrumbs.

rebuscado, -da *adj* recherché, pretentious

rebuznar *vi* to bray.

recabar *vt (pedir)* to ask for; *(conseguir)* to manage to get.

recadero, -ra *m y f* messenger.

recado *m* **1.** *(mensaje)* message. **2.** *(encargo)* errand; **hacer ~s** to run errands.

recaer *vi* **1.** *(enfermo)* to have a relapse. **2.** *(ir a parar):* **~ sobre** to fall on. **3.** *(reincidir):* **~ en** to relapse into.

recaída *f* relapse.

recalcar *vt* to stress, to emphasize.

recalcitrante *adj* recalcitrant

recalentar *vt* **1.** *(volver a calentar)* to warm up. **2.** *(calentar demasiado)* to overheat.

recámara *f* **1.** *(de arma de fuego)* chamber. **2.** *CAm & Méx (dormitorio)* bedroom.

recamarera *f CAm & Méx* maid.

recambio *m* spare (part); *(para pluma)* refill; **de ~** spare.

recapacitar *vi* to reflect, to think.

recapitulación *f* recap, recapitulation.

recargado, -da *adj (estilo etc)* overelaborate.

recargar *vt* **1.** *(volver a cargar - encendedor, recipiente)* to refill; *(- batería, pila)* to recharge; *(- fusil, camión)* to reload. **2.** *(cargar demasiado)* to overload. **3.** *(adornar en exceso)* to overelaborate. **4.** *(cantidad):* **~ 1.000 pesetas a alguien** to charge sb 1,000 pesetas extra. **5.** *(poner en exceso):* **~ algo de algo** to put too much of sthg in sthg.

recargo *m* extra charge, surcharge.

recatado, -da *adj (pudoroso)* modest, demure.

recato *m (pudor)* modesty, demureness.

recauchutar *vt* to retread.

recaudación *f* **1.** *(acción)* collection. **2.** *(cantidad)* takings *(pl)*; (DEP) gate.

recaudador, -ra *m y f:* **~ (de impuestos)** tax collector.

recaudar *vt* to collect

recelar ◇ *vt* **1.** *(sospechar)* to suspect **2.** *(temer)* to fear. ◇ *vi:* **~ de** to mistrust.

recelo *m* mistrust, suspicion.

receloso, -sa *adj* mistrustful, suspicious.

recepción f (gen) reception.

recepcionista m y f receptionist.

receptáculo m receptacle.

receptivo, -va adj receptive.

receptor, -ra m y f (persona) recipient. ♦ **receptor** m (aparato) receiver.

recesión f recession.

receta f 1. (CULIN & fig) recipe. 2. (MED) prescription.

rechazar vt 1. (gen & MED) to reject; (oferta) to turn down. 2. (repeler - a una persona) to push away; (MIL) to repel

rechazo m 1. (gen & MED) rejection; (hacia una ley, un político) disapproval; ~ a hacer algo refusal to do sthg. 2. (negación) denial.

rechinar vi 1. (puerta) to creak; (dientes) to grind; (frenos, ruedas) to screech; (metal) to clank. 2. (dando dentera) to grate.

rechistar vi to answer back.

rechoncho, -cha adj fam chubby.

rechupete ♦ **de rechupete** loc adv fam (gen) brilliant, great; (comida) scrumptious.

recibidor m entrance hall.

recibimiento m reception, welcome.

recibir ◊ vt 1. (gen) to receive; (clase, instrucción) to have. 2. (dar la bienvenida a) to welcome. 3. (ir a buscar) to meet ◊ vi (atender visitas) to receive visitors.

recibo m receipt; **acusar ~ de** to acknowledge receipt of.

reciclaje m 1. (de residuos) recycling. 2. (de personas) retraining.

reciclar vt (residuos) to recycle.

recién adv recently, newly; **el ~ casado** the newly-wed; **los ~ llegados** the newcomers; **el ~ nacido** the newborn baby.

reciente adj 1. (acontecimiento etc) recent. 2. (pintura, pan etc) fresh.

recientemente adv recently.

recinto m (zona cercada) enclosure; (área) place, area; (alrededor de edificios) grounds (pl); ~ **ferial** fairground (of trade fair).

recio, -cia adj 1. (persona) robust. 2. (voz) gravelly. 3. (objeto) solid. 4. (material, tela) tough, strong.

recipiente m container, receptacle.

reciprocidad f reciprocity.

recíproco, -ca adj mutual, reciprocal.

recital m 1. (de música clásica) recital; (de rock) concert. 2. (de lectura) reading.

recitar vt to recite.

reclamación f 1. (petición) claim, demand. 2. (queja) complaint.

reclamar ◊ vt (pedir, exigir) to demand, to ask for. ◊ vi (protestar): ~ (contra) to protest (against), to complain (about).

reclamo m 1. (para atraer) inducement. 2. (para cazar) decoy, lure.

reclinar vt: ~ **algo (sobre)** to lean sthg (on). ♦ **reclinarse** vpr to lean back.

recluir vt to shut o lock away. ♦ **recluirse** vpr to shut o.s. away.

reclusión f 1. (encarcelamiento) imprisonment. 2. fig (encierro) seclusion.

recluso, -sa m y f (preso) prisoner.

recluta m (obligatorio) conscript; (voluntario) recruit.

reclutamiento m (de soldados - obligatorio) conscription; (- voluntario) recruitment.

recobrar vt (gen) to recover; (conocimiento) to regain; (tiempo perdido) to make up for. ♦ **recobrarse** vpr: ~**se (de)** to recover (from).

recodo m bend.

recogedor m dustpan.

recoger vt 1. (coger) to pick up. 2. (reunir) to collect, to gather 3. (ordenar, limpiar - mesa) to clear; (- habitación, cosas) to tidy o clear up. 4. (ir a buscar) to pick up, to fetch 5. (albergar) to take in. 6. (cosechar) to gather, to harvest; (fruta) to pick. ♦ **recogerse** vpr 1. (a dormir, meditar) to retire. 2. (cabello) to put up.

recogido, -da adj 1. (lugar) withdrawn, secluded. 2. (cabello) tied back. ♦ **recogida** f 1. (gen) collection. 2. (cosecha) harvest, gathering; (de fruta) picking.

recolección f 1. (cosecha) harvest, gathering. 2. (recogida) collection.

recolector, -ra m y f 1. (gen) collector. 2. (de cosecha) harvester; (de fruta) picker.

recomendación f (gen pl) 1. (gen) recommendation. 2. (referencia) reference.

recomendado, -da m y f protégé (f protégée).

recomendar vt to recommend; ~ **a alguien que haga algo** to recommend that sb do sthg.

recompensa f reward; **en ~ por** in return for.

recompensar vt (premiar) to reward.

recomponer vt to repair, to mend.

recompuesto, -ta *pp* → **recomponer**.

reconciliación *f* reconciliation.

reconciliar *vt* to reconcile. ♦ **reconciliarse** *vpr* to be reconciled.

recóndito, -ta *adj* hidden, secret.

reconfortar *vt* 1. *(anímicamente)* to comfort. 2. *(físicamente)* to revitalize.

reconocer *vt* 1. *(gen)* to recognize. 2. *(MED)* to examine. 3. *(terreno)* to survey. ♦ **reconocerse** *vpr* 1. *(identificarse)* to recognize each other. 2. *(confesarse)*: ~**se culpable** to admit one's guilt

reconocido, -da *adj* 1. *(admitido)* recognized, acknowledged. 2. *(agradecido)* grateful.

reconocimiento *m* 1. *(gen)* recognition. 2. *(agradecimiento)* gratitude. 3. *(MED)* examination. 4. *(MIL)* reconnaissance.

reconquista *f* reconquest, recapture.
♦ **Reconquista** *f*: **la Reconquista** *(HIST)* *the Reconquest of Spain, when the Christian Kings retook the country from the Muslims.*

reconstruir *vt* 1. *(edificio, país etc)* to rebuild. 2. *(suceso)* to reconstruct

reconversión *f* restructuring; ~ **industrial** rationalization of industry.

recopilación *f* *(texto - de poemas, artículos)* compilation, collection; *(- de leyes)* code.

recopilar *vt* 1. *(recoger)* to collect, to gather. 2. *(escritos, leyes)* to compile.

récord *(pl* **récords)** ◇ *m* record; **batir un ~** to break a record. ◇ *adj inv* record.

recordar ◇ *vt* 1. *(acordarse de)* to remember. 2. *(traer a la memoria)* to remind; **me recuerda a un amigo mío** he reminds me of a friend of mine. ◇ *vi* to remember; **si mal no recuerdo** as far as I can remember.

recordatorio *m* *(aviso)* reminder.

recordman [reˈkorðman] *(pl* **recordmen** O **recordmans)** *m* record holder.

recorrer *vt* 1. *(atravesar - lugar, país)* to travel through O across, to cross; *(- ciudad)* to go round. 2. *(distancia)* to cover 3. *fig (con la mirada)* to look over.

recorrida *f* *Amer* trip.

recorrido *m* 1. *(trayecto)* route, path 2. *(viaje)* journey.

recortado, -da *adj* 1. *(cortado)* cut. 2. *(borde)* jagged.

recortar *vt* 1. *(cortar - lo que sobra)* to cut off O away; *(- figuras de un papel)* to cut out. 2. *(pelo, flequillo)* to trim. 3.

fig (reducir) to cut. ♦ **recortarse** *vpr (figura etc)* to stand out.

recorte *m* 1. *(pieza cortada)* cut, trimming; *(de periódico, revista)* cutting. 2. *(reducción)* cut, cutback.

recostar *vt* to lean (back). ♦ **recostarse** *vpr* to lie down.

recoveco *m* 1. *(rincón)* nook. 2. *(curva)* bend. 3. *fig (lo más oculto)*: **los ~s del alma** the innermost recesses of the mind.

recreación *f* re-creation.

recrear *vt* 1. *(volver a crear)* to recreate. 2. *(entretener)* to amuse, to entertain. ♦ **recrearse** *vpr* 1. *(entretenerse)* to amuse o.s., to entertain o.s 2. *(regodearse)* to take delight O pleasure.

recreativo, -va *adj* recreational.

recreo *m* 1. *(entretenimiento)* recreation, amusement. 2. *(EDUC - en primaria)* playtime; *(- en secundaria)* break.

recriminar *vt* to reproach.

recrudecer *vi* to get worse. ♦ **recrudecerse** *vpr* to get worse.

recta → **recto**.

rectángulo *m* rectangle.

rectificar *vt* 1. *(error)* to rectify, to correct. 2. *(conducta, actitud etc)* to improve. 3. *(ajustar)* to put right.

rectitud *f* straightness; *fig* rectitude.

recto, -ta *adj* 1. *(sin curvas, vertical)* straight. 2. *fig (íntegro)* honourable. ♦ **recto** ◇ *m* *(ANAT)* rectum. ◇ *adv* straight on O ahead. ◇ **recta** *f* straight line; **la recta final** *lit & fig* the home straight.

rector, -ra ◇ *adj* governing. ◇ *m y f (de universidad)* vice-chancellor *Br*, president *Am*. ♦ **rector** *m* *(RELIG)* rector

recuadro *m* box.

recubrir *vt (gen)* to cover; *(con pintura, barniz)* to coat.

recuento *m* recount.

recuerdo *m* 1. *(rememoración)* memory. 2. *(objeto - de viaje)* souvenir; *(- de persona)* keepsake. ♦ **recuerdos** *mpl (saludos)* regards; **dale ~s de mi parte** give her my regards.

recular *vi (retroceder)* to go O move back.

recuperable *adj (gen)* recoverable; *(fiestas, horas de trabajo)* that can be made up later.

recuperación *f* 1. *(de lo perdido, la salud, la economía)* recovery. 2. *(fisioterapia)* physiotherapy.

recuperar *vt (lo perdido)* to recover; *(horas de trabajo)* to catch up;

(conocimiento) to regain. ◆ **recuperarse** *vpr* **1.** *(enfermo)* to recuperate, to recover. **2.** *(de una crisis)* to recover; *(negocio)* to pick up; **~se de algo** to get over sthg

recurrir *vi* **1.** *(buscar ayuda)*: **~ a alguien** to turn to sb; **~ a algo** to resort to sthg. **2.** (DER) to appeal

recurso *m* **1.** *(medio)* resort; **como último ~** as a last resort. **2.** (DER) appeal. ◆ **recursos** *mpl* *(fondos)* resources; *(financieros)* means; **~s propios** (ECON) equities.

red *f* **1.** *(malla)* net; *(para cabello)* hairnet. **2.** *(sistema)* network, system; *(de electricidad, agua)* mains *(sg)*; **~ viaria** road network o system. **3.** *(organización - de espionaje)* ring; *(- de tiendas)* chain. **4.** (INFORM) network.

Red *f* (INFORM): **la ~** the Net; **navegar por la ~** to surf the Net.

redacción *f* **1.** *(acción - gen)* writing; *(- de periódico etc)* editing. **2.** *(estilo)* wording. **3.** *(equipo de redactores)* editorial team o staff. **4.** *(oficina)* editorial office. **5.** (EDUC) essay.

redactar *vt* to write (up); *(carta)* to draft.

redactor, -ra *m y f* (PRENSA - *escritor*) writer; *(- editor)* editor; **~ jefe** editor-in-chief.

redada *f* fig *(de policía - en un solo lugar)* raid; *(- en varios lugares)* round-up.

redención *f* redemption.

redil *m* fold, pen.

redimir *vt* **1.** *(gen)* to redeem. **2.** *(librar)* to free, to exempt. ◆ **redimirse** *vpr* to redeem o.s.

rédito *m* interest *(U)*, yield *(U)*.

redoblar ◇ *vt* to redouble ◇ *vi* to roll.

redomado, -da *adj* out-and-out.

redondear *vt* **1.** *(hacer redondo)* to make round. **2.** *(negocio, acuerdo)* to round off. **3.** *(cifra, precio)* to round up/down.

redondel *m* **1.** *(gen)* circle, ring. **2.** (TAUROM) bullring.

redondo, -da *adj* **1.** *(circular, esférico)* round; **a la redonda** around; **caerse ~** fig to collapse in a heap. **2.** *(perfecto)* excellent.

reducción *f* **1.** *(gen)* reduction. **2.** *(sometimiento)* suppression.

reducido, -da *adj* **1.** *(pequeño)* small. **2.** *(limitado)* limited. **3.** *(estrecho)* narrow.

reducir *vt* **1.** *(gen)* to reduce. **2.** *(someter - país, ciudad)* to suppress; *(- suble-*

vados, atracadores) to bring under control. **3.** (MAT) *(convertir)* to convert. ◆ **reducirse a** *vpr* **1.** *(limitarse a)* to be reduced to. **2.** *(equivaler a)* to boil o come down to.

reducto *m* **1.** *(fortificación)* redoubt. **2.** fig *(refugio)* stronghold, bastion.

redundancia *f* redundancy, superfluousness

redundante *adj* redundant, superfluous.

redundar *vi*: **~ en algo** to have an effect on sthg; **redunda en beneficio nuestro** it is to our advantage.

reeditar *vt* to bring out a new edition of; *(reimprimir)* to reprint.

reelección *f* re-election.

reembolsar, rembolsar *vt* *(gastos)* to reimburse; *(fianza, dinero)* to refund; *(deuda)* to repay.

reembolso, rembolso *m* *(de gastos)* reimbursement; *(de fianza, dinero)* refund; *(de deuda)* repayment; **contra ~** cash on delivery.

reemplazar, remplazar *vt* *(gen &* INFORM) to replace.

reemplazo, remplazo *m* **1.** *(gen &* INFORM) replacement **2.** (MIL) call-up, draft.

reemprender *vt* to start again.

reencarnación *f* reincarnation.

reencuentro *m* reunion.

reestructurar *vt* to restructure

refacción *f* **1.** Amer *(reparaciones)* repairs *(pl)*. **2.** Chile & Méx *(recambios)* spare parts *(pl)*

refaccionar *vt* Amer to repair, to fix.

referencia *f* reference; **con ~ a** with reference to. ◆ **referencias** *fpl* *(información)* information *(U)*.

referéndum *(pl* **referéndums)** *m* referendum.

referente *adj*: **~ a** concerning, relating to.

referir *vt* **1.** *(narrar)* to tell, to recount. **2.** *(remitir)*: **~ a alguien a** to refer sb to. **3.** *(relacionar)*: **~ algo a** to relate sthg to. ◆ **referirse a** *vpr* to refer to; **¿a qué te refieres?** what do you mean?; **por lo que se refiere a ...** as far as ... is concerned

refilón ◆ **de refilón** *loc adv* **1.** *(de lado)* sideways; **mirar algo de ~** to look at sthg out of the corner of one's eye. **2.** fig *(de pasada)* briefly.

refinado, -da *adj* refined.

refinamiento *m* refinement.

refinar *vt* to refine.

refinería *f* refinery.

reflector *m* (ELECTR) spotlight; (MIL) searchlight.

reflejar *vt lit & fig* to reflect. ♦ **reflejarse** *vpr lit & fig*: ~se (en) to be reflected (in).

reflejo, -ja *adj* (movimiento, dolor) reflex (antes de sust). ♦ **reflejo** *m* 1. (gen) reflection 2. (destello) glint, gleam. 3. (ANAT) reflex. ♦ **reflejos** *mpl* (de peluquería) highlights.

reflexión *f* reflection; **con** ~ on reflection; **sin previa** ~ without thinking.

reflexionar *vi* to reflect, to think.

reflexivo, -va *adj* 1. (que piensa) thoughtful. 2. (GRAM) reflexive.

reflujo *m* ebb (tide).

reforma *f* 1. (modificación) reform; ~ **agraria** agrarian reform. 2. (en local, casa etc) alterations (pl). ♦ **Reforma** *f*: la Reforma (RELIG) the Reformation.

reformar *vt* 1. (gen & RELIG) to reform. 2. (local, casa etc) to renovate. ♦ **reformarse** *vpr* to mend one's ways.

reformatorio *m* ≃ youth custody centre *Br*, ≃ borstal *Br*, reformatory *Am*; (de menores de 15 años) ≃ remand home.

reforzar *vt* to reinforce.

refractario, -ria *adj* 1. (material) refractory 2. (opuesto): ~ a averse to

refrán *m* proverb, saying

refregar *vt* 1. (frotar) to scrub. 2. *fig* (reprochar): ~ **algo a alguien** to reproach sb for sthg.

refrenar *vt* to curb, to restrain.

refrendar *vt* (aprobar) to approve.

refrescante *adj* refreshing.

refrescar ◊ *vt* 1. (gen) to refresh; (bebidas) to chill. 2. *fig* (conocimientos) to brush up ◊ *vi* 1. (tiempo) to cool down. 2. (bebida) to be refreshing. ♦ **refrescarse** *vpr* 1. (tomar aire fresco) to get a breath of fresh air. 2. (beber algo) to have a drink. 3. (mojarse con agua fría) to splash o.s. down.

refresco *m* 1. (bebida) soft drink; ~s refreshments 2. (MIL): **de** ~ new, fresh.

refriega *f* scuffle; (MIL) skirmish.

refrigeración *f* 1. (aire acondicionado) air-conditioning. 2. (de alimentos) refrigeration. 3. (de máquinas) cooling.

refrigerador, -ra *adj* cooling. ♦ **refrigerador** *m* (de alimentos) refrigerator, fridge *Br*, icebox *Am*.

refrigerar *vt* 1. (alimentos) to refrigerate. 2. (local) to air-condition. 3. (máquina) to cool.

refrigerio *m* snack.

refrito, -ta *adj* (demasiado frito) over-fried; (frito de nuevo) re-fried. ♦ **refrito** *m fig* (cosa rehecha) rehash

refuerzo *m* reinforcement

refugiado, -da *m y f* refugee.

refugiar *vt* to give refuge to. ♦ **refugiarse** *vpr* to take refuge; ~se de algo to shelter from sthg

refugio *m* 1. (lugar) shelter, refuge; ~ **atómico** nuclear bunker. 2. *fig* (amparo, consuelo) refuge, comfort.

refulgir *vi* to shine brightly.

refunfuñar *vi* to grumble.

refutar *vt* to refute

regadera *f* 1. (para regar) watering can 2. *Méx* (ducha) shower

regadío *m* irrigated land.

regalado, -da *adj* 1. (muy barato) dirt cheap. 2. (agradable) comfortable.

regalar *vt* 1. (dar - de regalo) to give (as a present); (- gratis) to give away. 2. (agasajar): ~ **a alguien con algo** to shower sb with sthg.

regaliz *m* liquorice.

regalo *m* 1. (obsequio) present, gift. 2. (placer) joy, delight.

regalón, -ona *adj CSur & Chile fam* spoilt.

regañadientes ♦ **a regañadientes** *loc adv fam* unwillingly, reluctantly.

regañar ◊ *vt* (reprender) to tell off. ◊ *vi* (pelearse) to fall out, to argue.

regañina *f* (reprimenda) ticking off

regañón, -ona *adj* grumpy.

regar *vt* 1. (con agua - planta) to water; (- calle) to hose down 2. (suj: río) to flow through.

regata *f* (NÁUT) regatta, boat race.

regatear ◊ *vt* 1. (escatimar) to be sparing with; **no ha regateado esfuerzos** he has spared no effort 2. (DEP) to beat, to dribble past. 3. (precio) to haggle over ◊ *vi* 1. (negociar el precio) to barter 2. (NÁUT) to race.

regateo *m* bartering, haggling.

regazo *m* lap.

regeneración *f* regeneration; (moral) reform

regenerar *vt* to regenerate; (moralmente) to reform.

regentar *vt* (país) to run, to govern; (negocio) to run, to manage; (puesto) to hold.

regente ◊ *adj* regent. ◊ *m y f* 1. (de un país) regent 2. (administrador - de tienda) manager; (- de colegio) governor. 3. *Méx* (alcalde) mayor (*f* mayoress).

regidor, -ra *m y f* (TEATRO) stage manager; (CIN & TV) assistant director.

régimen (*pl* **regímenes**) *m* 1. (*sistema político*) regime; **Antiguo ~** ancien régime. 2. (*normativa*) rules (*pl*). 3. (*dieta*) diet. 4. (*de vida, lluvias etc*) pattern.

regimiento *m* (MIL & *fig*) regiment.

regio, -gia *adj lit & fig* royal.

región *f* region; (MIL) district.

regir ◊ *vt* 1. (*reinar en*) to rule, to govern. 2. (*administrar*) to run, to manage. 3. *fig* (*determinar*) to govern, to determine. ◊ *vi* (*ley*) to be in force, to apply.
◆ **regirse por** *vpr* to trust in.

registrador, -ra *m y f* registrar.

registrar *vt* 1. (*inspeccionar - zona, piso*) to search; (*- persona*) to frisk. 2. (*nacimiento, temperatura etc*) to register, to record. 3. (*grabar*) to record.
◆ **registrarse** *vpr* 1. (*suceder*) to occur. 2. (*observarse*) to be recorded.

registro *m* 1. (*oficina*) registry (office); **~ civil** registry (office). 2. (*libro*) register. 3. (*inspección*) search, searching (*U*). 4. (INFORM) record. 5. (LING & MÚS) register.

regla *f* 1. (*para medir*) ruler, rule. 2. (*norma*) rule; **en ~** in order; **por ~ general** as a rule. 3. (MAT) operation. 4. *fam* (*menstruación*) period.

reglamentación *f* (*acción*) regulation; (*reglas*) rules (*pl*), regulations (*pl*).

reglamentar *vt* to regulate.

reglamentario, -ria *adj* lawful; (*arma, balón*) regulation (*antes de sust*); (DER) statutory.

reglamento *m* regulations (*pl*), rules (*pl*).

reglar *vt* to regulate.

regocijar ◆ **regocijarse** *vpr*: **~se (de** ○ **con)** to rejoice (in).

regocijo *m* joy, delight.

regodeo *m* delight, pleasure; (*malicioso*) (cruel) delight ○ pleasure.

regordete *adj* chubby.

regresar ◊ *vi* (*yendo*) to go back, to return; (*viniendo*) to come back, to return. ◊ *vt Amer* (*devolver*) to give back.

regresión *f* 1. (*de epidemia*) regression. 2. (*de exportaciones*) drop, decline.

regresivo, -va *adj* regressive.

regreso *m* return; **estar de ~** to be back.

reguero *m* (*de sangre, agua*) trickle; (*de harina etc*) trail; **correr como un ~ de pólvora** to spread like wildfire.

regulación *f* (*gen*) regulation; (*de nacimientos, tráfico*) control; (*de mecanismo*) adjustment.

regulador, -ra *adj* regulatory.

regular ◊ *adj* 1. (*gen*) regular; (*de tamaño*) medium; **de un modo ~** regularly. 2. (*mediocre*) average, fair. 3. (*normal*) normal, usual. ◊ *adv* all right; (*de salud*) so-so. ◊ *vt* (*gen*) to control, to regulate; (*mecanismo*) to adjust. ◆ **por lo regular** *loc adv* as a rule, generally.

regularidad *f* regularity; **con ~** regularly.

regularizar *vt* (*legalizar*) to regularize

regusto *m* aftertaste; (*semejanza, aire*) flavour, hint.

rehabilitación *f* 1. (*de personas*) rehabilitation; (*en un puesto*) reinstatement. 2. (*de local*) restoration.

rehabilitar *vt* 1. (*personas*) to rehabilitate; (*en un puesto*) to reinstate. 2. (*local*) to restore.

rehacer *vt* 1. (*volver a hacer*) to redo, to do again. 2. (*reconstruir*) to rebuild.
◆ **rehacerse** *vpr* (*recuperarse*) to recuperate, to recover.

rehecho, -cha *pp* → **rehacer**.

rehén (*pl* **rehenes**) *m* hostage.

rehogar *vt* to fry over a low heat.

rehuir *vt* to avoid.

rehusar *vt & vi* to refuse.

Reikiavik Reykjavik.

reimpresión *f* (*tirada*) reprint; (*acción*) reprinting

reina *f* (*monarca*) queen.

reinado *m lit & fig* reign.

reinante *adj* 1. (*monarquía, persona*) reigning, ruling. 2. (*viento*) prevailing; (*frío, calor*) current.

reinar *vi lit & fig* to reign.

reincidir *vi*: **~ en** (*falta, error*) to relapse into, to fall back into; (*delito*) to repeat.

reincorporar *vt* to reincorporate.
◆ **reincorporarse** *vpr*: **~se (a)** to rejoin.

reino *m* (CIENCIA & POLÍT) kingdom; *fig* realm.

Reino Unido: **el ~** the United Kingdom.

reintegrar *vt* 1. (*a un puesto*) to reinstate. 2. (*dinero*) to reimburse. ◆ **reintegrarse** *vpr*: **~se (a)** to return (to).

reintegro *m* 1. (*de dinero*) reimbursement; (BANCA) withdrawal. 2. (*en lotería*) return of one's stake (*in lottery*).

reír ◊ *vi* to laugh. ◊ *vt* to laugh at.
◆ **reírse** *vpr*: **~se (de)** to laugh (at).

reiterar vt to reiterate.

reiterativo, -va adj repetitious.

reivindicación f claim, demand.

reivindicar vt 1. (derechos, salario etc) to claim, to demand. 2. (atentado) to claim responsibility for.

reivindicativo, -va adj: **plataforma reivindicativa** (set of) demands; **jornada reivindicativa** day of protest.

reja f (gen) bars (pl); (en el suelo) grating; (celosía) grille.

rejilla f 1. (enrejado) grid, grating; (de ventana) grille; (de cocina) grill (on stove); (de horno) gridiron. 2. (para sillas, muebles) wickerwork. 3. (para equipaje) luggage rack.

rejón m (TAUROM) type of 'banderilla' used by mounted bullfighter.

rejoneador, -ra m y f (TAUROM) bullfighter on horseback who uses the 'rejón'.

rejuntarse vpr fam to live together.

rejuvenecer vt & vi to rejuvenate.

relación f 1. (nexo) relation, connection; **con ~ a, en ~ con** in relation to; **~ precio-calidad** value for money. 2. (comunicación, trato) relations (pl), relationship; **relaciones diplomáticas/públicas** diplomatic/public relations. 3. (lista) list. 4. (descripción) account. 5. (informe) report. 6. (gen pl) (noviazgo) relationship. 7. (MAT) ratio. ♦ **relaciones** fpl (contactos) connections.

relacionar vt (vincular) to relate, to connect. ♦ **relacionarse** vpr: **~se (con)** (alternar) to mix (with).

relajación f relaxation.

relajar vt to relax. ♦ **relajarse** vpr to relax.

relajo m Amer fam (alboroto) racket, din.

relamer vt to lick repeatedly. ♦ **relamerse** vpr 1. (persona) to lick one's lips. 2. (animal) to lick its chops.

relamido, -da adj prim and proper.

relámpago m (descarga) flash of lightning, lightning (U); (destello) flash.

relampaguear vi fig to flash.

relatar vt (suceso) to relate, to recount; (historia) to tell.

relatividad f relativity.

relativo, -va adj 1. (gen) relative. 2. (escaso) limited.

relato m (exposición) account, report; (cuento) tale

relax m inv 1. (relajación) relaxation. 2. (sección de periódico) personal column.

relegar vt: **~ (a)** to relegate (to); **~ algo al olvido** to banish sthg from one's mind.

relevante adj outstanding, important.

relevar vt 1. (sustituir) to relieve, to take over from. 2. (destituir): **~ (de)** to dismiss (from), to relieve (of). 3. (eximir): **~ (de)** to free (from). 4. (DEP - en partidos) to substitute; (- en relevos) to take over from.

relevo m 1. (MIL) relief, changing. 2. (DEP) (acción) relay. 3. loc: **tomar el ~** to take over. ♦ **relevos** mpl (DEP) (carrera) relay (race) (sg).

relieve m 1. (gen, ARTE & GEOGR) relief; **bajo ~** bas-relief. 2. (importancia) importance; **poner de ~** to underline (the importance of).

religión f religion.

religioso, -sa ◇ adj religious. ◇ m y f (monje) monk (f nun).

relinchar vi to neigh, to whinny.

reliquia f relic; (familiar) heirloom.

rellano m (de escalera) landing.

rellenar vt 1. (volver a llenar) to refill. 2. (documento, formulario) to fill in o out. 3. (pollo, cojín etc) to stuff; (tarta, pastel) to fill.

relleno, -na adj (gen) stuffed; (tarta, pastel) filled. ♦ **relleno** m (de pollo) stuffing; (de pastel) filling.

reloj m (de pared) clock; (de pulsera) watch; **~ de arena** hourglass; **~ de pulsera** watch, wristwatch; **hacer algo contra ~** to do sthg against the clock.

relojero, -ra m y f watchmaker.

reluciente adj shining, gleaming.

relucir vi lit & fig to shine; **sacar algo a ~** to bring sthg up, to mention sthg.

remachar vt 1. (machacar) to rivet. 2. fig (recalcar) to drive home, to stress.

remache m (clavo) rivet.

remanente m 1. (de géneros) surplus stock; (de productos agrícolas) surplus. 2. (en cuenta bancaria) balance.

remangar = **arremangar**.

remanso m still pool.

remar vi to row.

rematado, -da adj utter, complete.

rematar ◇ vt 1. (acabar) to finish. 2. (matar - persona) to finish off; (- animal) to put out of its misery. 3. (DEP) to shoot. 4. (liquidar, vender) to sell off cheaply. ◇ vi (en fútbol) to shoot; (de cabeza) to head at goal.

remate m 1. (fin, colofón) end. 2. (en fútbol) shot; (de cabeza) header at goal.

◆ **de remate** *loc adv* totally, completely.

rembolsar = reembolsar.

rembolso = reembolso.

remedar *vt* to imitate; *(por burla)* to ape.

remediar *vt (daño)* to remedy, to put right; *(problema)* to solve; *(peligro)* to avoid.

remedio *m* **1.** *(solución)* solution, remedy; **como último ~** as a last resort; **no hay** o **queda más ~ que ...** there's nothing for it but ...; **no tener más ~** to have no alternative o choice; **sin ~** *(sin cura, solución)* hopeless; *(ineludiblemente)* inevitably. **2.** *(consuelo)* consolation **3.** *(medicamento)* remedy, cure.

rememorar *vt* to remember, to recall.

remendar *vt* to mend, to darn.

remero, -ra *m y f (persona)* rower.
◆ **remera** *f CSur (prenda)* T-shirt.

remesa *f (de productos)* consignment; *(de dinero)* remittance.

remeter *vt* to tuck in.

remezón *m Amer* earth tremor.

remiendo *m (parche)* mend, darn.

remilgado, -da *adj* **1.** *(afectado)* affected. **2.** *(escrupuloso)* squeamish; *(con comida)* fussy.

remilgo *m* **1.** *(afectación)* affectation. **2.** *(escrupulosidad)* squeamishness; *(con comida)* fussiness.

reminiscencia *f* reminiscence; **tener ~s de** to be reminiscent of.

remiso, -sa *adj*: **ser ~ a hacer algo** to be reluctant to do sthg.

remite *m* sender's name and address.

remitente *m y f* sender.

remitir ◇ *vt* **1.** *(enviar)* to send. **2.** *(perdonar)* to forgive, to remit. **3.** *(traspasar)*: **~ algo a** to refer sthg to. ◇ *vi* **1.** *(en texto)*: **~ a** to refer to. **2.** *(disminuir)* to subside. ◆ **remitirse a** *vpr* **1.** *(atenerse a)* to abide by. **2.** *(referirse a)* to refer to.

remo *m* **1.** *(pala)* oar. **2.** *(deporte)* rowing.

remodelar *vt* **1.** *(gen)* to redesign; *(gobierno)* to reshuffle

remojar *vt (humedecer)* to soak.

remojo *m*: **poner en ~** to leave to soak; **estar en ~** to be soaking.

remolacha *f* beetroot *Br*, beet *Am*; *(azucarera)* (sugar) beet.

remolcador, -ra *adj (coche)* tow *(antes de sust)*; *(barco)* tug *(antes de sust)*.
◆ **remolcador** *m (camión)* breakdown lorry; *(barco)* tug, tugboat.

remolcar *vt (coche)* to tow; *(barco)* to tug.

remolino *m* **1.** *(de agua)* eddy, whirlpool; *(de viento)* whirlwind; *(de humo)* cloud, swirl. **2.** *(de gente)* throng, mass. **3.** *(de pelo)* cowlick.

remolón, -ona *adj* lazy.

remolque *m* **1.** *(acción)* towing. **2.** *(vehículo)* trailer.

remontar *vt (pendiente, río)* to go up; *(obstáculo)* to overcome; *(puestos)* to catch up. ◆ **remontarse** *vpr* **1.** *(ave, avión)* to soar, to climb high. **2.** *(gastos)*: **~se a** to amount o come to. **3.** *fig (datar)*: **~se a** to go o date back to.

remorder *vt fig*: **~le a alguien** to fill sb with remorse.

remordimiento *m* remorse.

remoto, -ta *adj* remote; **no tengo ni la más remota idea** I haven't got the faintest idea.

remover *vt* **1.** *(agitar - sopa, café)* to stir; *(- ensalada)* to toss; *(- bote, frasco)* to shake; *(- tierra)* to dig up. **2.** *(desplazar)* to move, to shift. **3.** *(reavivar - recuerdos, pasado)* to rake up. **4.** *Amer (despedir)* to dismiss, to sack.
◆ **removerse** *vpr* to move about; *(mar)* to get rough.

remplazar = reemplazar.

remplazo = reemplazo.

remuneración *f* remuneration.

remunerar *vt* **1.** *(pagar)* to remunerate. **2.** *(recompensar)* to reward.

renacer *vi* **1.** *(gen)* to be reborn; *(flores, hojas)* to grow again. **2.** *(alegría, esperanza)* to return, to revive.

renacimiento *m (gen)* rebirth; *(de flores, hojas)* budding. ◆ **Renacimiento** *m*: **el Renacimiento** the Renaissance

renacuajo *m* tadpole; *fam fig* tiddler.

renal *adj* renal, kidney *(antes de sust)*.

rencilla *f* quarrel

rencor *m* resentment, bitterness.

rencoroso, -sa *adj* resentful, bitter.

rendición *f* surrender

rendido, -da *adj* **1.** *(agotado)* exhausted. **2.** *(sumiso)* submissive; *(admirador)* devoted

rendija *f* crack, gap.

rendimiento *m* **1.** *(de inversión, negocio)* yield, return; *(de trabajador, fábrica)* productivity; *(de tierra, cosecha)* yield. **2.** *(de motor)* performance.

rendir ◇ *vt* **1.** *(cansar)* to tire out. **2.** *(rentar)* to yield. **3.** *(vencer)* to defeat, to subdue. **4.** *(ofrecer)* to give, to present; *(pleitesía)* to pay. ◇ *vi (máquina)* to perform well; *(negocio)* to be profitable; *(fábrica, trabajador)* to be productive. ◆ **rendirse** *vpr* **1.** *(entregarse)* to surrender. **2.** *(ceder)*: ~**se a** to give in to. **3.** *(desanimarse)* to give in O up.

renegado, -da *adj, m y f* renegade.

renegar *vi* **1.** *(repudiar)*: ~ **de** (RELIG) to renounce; *(familia)* to disown. **2.** *fam (gruñir)* to grumble.

Renfe *(abrev de* Red Nacional de los Ferrocarriles Españoles) *f Spanish state railway network.*

renglón *m* line; (COM) item.

reno *m* reindeer.

renombrar *vt* (INFORM) to rename.

renombre *m* renown, fame.

renovación *f (de carné, contrato)* renewal; *(de mobiliario, local)* renovation.

renovar *vt* **1.** *(cambiar - mobiliario, local)* to renovate; *(- vestuario)* to clear out; *(- personal, plantilla)* to shake out. **2.** *(rehacer - carné, contrato, ataques)* to renew. **3.** *(restaurar)* to restore. **4.** *(innovar)* to rethink, to revolutionize; (POLÍT) to reform.

renquear *vi* to limp, to hobble; *fig* to struggle along.

renta *f* **1.** *(ingresos)* income; ~ **fija** fixed income; ~ **per cápita** O **por habitante** per capita income. **2.** *(alquiler)* rent. **3.** *(beneficios)* return. **4.** *(intereses)* interest.

rentable *adj* profitable.

rentar ◇ *vt* **1.** *(rendir)* to produce, to yield. **2.** *Méx (alquilar)* to rent ◇ *vi* to be profitable.

rentista *m y f* person of independent means.

renuncia *f (abandono)* giving up; *(dimisión)* resignation.

renunciar *vi* **1.** *(abandonar)* to give up. **2.** *(dimitir)* to resign. ◆ **renunciar a** *vi* **1.** *(prescindir de)* to give up; *(plan, proyecto)* to drop; ~ **al tabaco** to give up O stop smoking. **2.** *(rechazar)*: ~ **(a hacer algo)** to refuse (to do sthg).

reñido, -da *adj* **1.** *(enfadado)*: ~ **(con)** on bad terms O at odds (with); **están** ~**s** they've fallen out. **2.** *(disputado)* hard-fought. **3.** *(incompatible)*: **estar** ~ **con** to be incompatible with.

reñir ◇ *vt* **1.** *(regañar)* to tell off. **2.** *(disputar)* to fight. ◇ *vi (enfadarse)* to argue, to fall out.

reo, -a *m y f (culpado)* offender, culprit; *(acusado)* accused, defendant.

reojo *m*: **mirar algo de** ~ to look at sthg out of the corner of one's eye.

repantigarse *vpr* to sprawl out.

reparación *f* **1.** *(arreglo)* repair, repairing *(U)*; **en** ~ under repair. **2.** *(compensación)* reparation, redress.

reparador, -ra *adj (descanso, sueño)* refreshing.

reparar ◇ *vt (coche etc)* to repair, to fix; *(error, daño etc)* to make amends for; *(fuerzas)* to restore. ◇ *vi (advertir)*: ~ **en algo** to notice sthg; **no** ~ **en gastos** to spare no expense.

reparo *m* **1.** *(objeción)* objection. **2.** *(apuro)*: **no tener** ~**s en** not to be afraid to.

repartición *f (reparto)* sharing out.

repartidor, -ra *m y f (gen)* distributor; *(de butano, carbón)* deliveryman *(f* deliverywoman); *(de leche)* milkman *(f* milklady); *(de periódicos)* paperboy *(f* papergirl).

repartir *vt* **1.** *(dividir - gen)* to share out, to divide; *(- territorio, nación)* to partition. **2.** *(distribuir - leche, periódicos, correo)* to deliver; *(- naipes)* to deal (out). **3.** *(asignar - trabajo, órdenes)* to give out, to allocate; *(- papeles)* to assign.

reparto *m* **1.** *(división)* division, distribution; ~ **de beneficios** (ECON) profit sharing; ~ **de premios** prizegiving. **2.** *(distribución - de leche, periódicos, correo)* delivery. **3.** *(asignación)* allocation. **4.** (CIN & TEATRO) cast.

repasador *m CSur* tea towel

repasar *vt* **1.** *(revisar)* to go over; *(lección)* to revise; *(zurcir)* to darn, to mend.

repaso *m (revisión)* revision; *(de ropa)* darning, mending; **curso de** ~ refresher course

repatriar *vt* to repatriate.

repecho *m* steep slope.

repelente *adj* **1.** *(desagradable, repugnante)* repulsive. **2.** *(ahuyentador)* repellent.

repeler *vt* **1.** *(rechazar)* to repel **2.** *(repugnar)* to repulse, to disgust

repelús *m*: **me da** ~ it gives me the shivers.

repente *m (arrebato)* fit. ◆ **de repente** *loc adv* suddenly

repentino, -na *adj* sudden

repercusión *f* **1.** *fig (consecuencia)* repercussion. **2.** *(resonancia)* echoes *(pl)*

repercutir *vi fig (afectar)*: ~ **en** to have repercussions on

repertorio *m* **1.** *(obras)* repertoire. **2.** *fig (serie)* selection.

repesca *f* **1.** (EDUC) resit. **2.** (DEP) repêchage

repetición *f* repetition; *(de una jugada)* action replay

repetidor, -ra m y f (EDUC) student repeating a year. ◆ **repetidor** m (ELECTR) repeater.

repetir ◇ vt to repeat; *(ataque)* to renew; *(en comida)* to have seconds of. ◇ vi 1. *(alumno)* to repeat a year. 2. *(sabor, alimento)*: ~ **(a alguien)** to repeat (on sb). 3. *(comensal)* to have seconds. ◆ **repetirse** vpr 1. *(fenómeno)* to recur. 2. *(persona)* to repeat o.s.

repicar vi *(campanas)* to ring; *(tambor)* to sound.

repique m peal, ringing (U).

repiqueteo m *(de campanas)* pealing; *(de tambor)* beating; *(de timbre)* ringing; *(de lluvia, dedos)* drumming.

repisa f *(estante)* shelf; *(sobre chimenea)* mantelpiece.

replantear vt 1. *(reenfocar)* to reconsider, to restate. 2. *(volver a mencionar)* to bring up again

replegar vt *(ocultar)* to retract. ◆ **replegarse** vpr *(retirarse)* to withdraw, to retreat.

repleto, -ta adj: ~ **(de)** packed (with).

réplica f 1. *(respuesta)* reply. 2. *(copia)* replica.

replicar ◇ vt *(responder)* to answer; *(objetar)* to answer back, to retort. ◇ vi *(objetar)* to answer back.

repliegue m 1. *(retirada)* withdrawal, retreat. 2. *(pliegue)* fold.

repoblación f *(con gente)* repopulation; *(con peces)* restocking; ~ **forestal** reafforestation.

repoblar vt *(con gente)* to repopulate; *(con peces)* to restock; *(con árboles)* to replant.

repollo m cabbage.

reponer vt 1. *(gen)* to replace. 2. (CIN & TEATRO) to re-run; (TV) to repeat. 3. *(replicar)*: ~ **que** to reply that.

reportaje m (RADIO & TV) report; (PRENSA) article.

reportar vt 1. *(traer)* to bring. 2. *Méx (informar)* to report.

reporte m *Méx* report.

reportero, -ra, **repórter** m y f reporter.

reposado, -da adj relaxed, calm.

reposar vi 1. *(descansar)* to (have a) rest. 2. *(sedimentarse)* to stand.

reposera f *CSur* easy chair.

reposición f 1. (CIN) rerun; (TEATRO) revival; (TV) repeat. 2. *(de existencias, pieza etc)* replacement.

reposo m *(descanso)* rest.

repostar ◇ vi *(coche)* to fill up; *(avión)*

to refuel. ◇ vt 1. *(gasolina)* to fill up with. 2. *(provisiones)* to stock up on.

repostería f *(oficio, productos)* confectionery.

reprender vt *(a niños)* to tell off; *(a empleados)* to reprimand.

reprensión f *(a niños)* telling-off; *(a empleados)* reprimand.

represalia f *(gen pl)* reprisal; **tomar** ~**s** to retaliate, to take reprisals.

representación f 1. *(gen & COM)* representation; **en** ~ **de** on behalf of. 2. (TEATRO) performance.

representante ◇ adj representative. ◇ m y f 1. *(gen & COM)* representative. 2. *(de artista)* agent.

representar vt 1. *(gen & COM)* to represent. 2. *(aparentar)* to look; **representa unos 40 años** she looks about 40. 3. *(significar)* to mean; **representa el 50% del consumo interno** it accounts for 50% of domestic consumption. 4. (TEATRO - *función)* to perform; *(- papel)* to play.

representativo, -va adj 1. *(simbolizador)*: **ser** ~ **de** to represent. 2. *(característico, relevante)*: ~ **(de)** representative (of).

represión f repression.

reprimenda f reprimand.

reprimir vt *(gen)* to suppress; *(minorías, disidentes)* to repress. ◆ **reprimirse** vpr: ~**se (de hacer algo)** to restrain o.s. (from doing sthg).

reprobar vt to censure, to condemn

reprochar vt: ~ **algo a alguien** to reproach sb for sthg. ◆ **reprocharse** vpr: ~**se algo (uno mismo)** to reproach o.s. for sthg.

reproche m reproach.

reproducción f reproduction.

reproducir vt *(gen & ARTE)* to reproduce; *(gestos)* to copy, to imitate. ◆ **reproducirse** vpr 1. *(volver a suceder)* to recur. 2. *(procrear)* to reproduce.

reproductor, -ra adj reproductive.

reptil m reptile.

república f republic.

República Checa f Czech Republic.

República Dominicana f Dominican Republic.

republicano, -na adj, m y f republican.

repudiar vt 1. *(condenar)* to repudiate. 2. *(rechazar)* to disown.

repuesto, -ta ◇ pp → **reponer** ◇ adj: ~ **(de)** recovered (from). ◆ **repuesto** m *(gen)* reserve; (AUTOM) spare part; **la rueda de** ~ the spare wheel.

repugnancia f disgust.

repugnante adj disgusting.

repugnar vt: me repugna ese olor/ su actitud I find that smell/her attitude disgusting; me repugna hacerlo I'm loathe to do it.

repujar vt to emboss.

repulsa f (censura) condemnation

repulsión f repulsion

repulsivo, -va adj repulsive.

reputación f reputation; tener mucha ~ to be very famous.

reputar vt to consider.

requemado, -da adj burnt.

requerimiento m 1. (demanda) entreaty 2. (DER - intimación) writ, injunction; (- aviso) summons (sg).

requerir vt 1. (necesitar) to require. 2. (ordenar) to demand 3. (pedir): ~ a alguien (para) que haga algo to ask sb to do sthg. 4. (DER) to order. ◆ **requerirse** vpr (ser necesario) to be required o necessary

requesón m cottage cheese.

requisa f (requisición - MIL) requisition; (- en aduana) seizure.

requisito m requirement; ~ previo prerequisite.

res f 1. (animal) beast, animal. 2. Méx (vaca): (carne de) ~ beef.

resabio m 1. (sabor) nasty aftertaste. 2. (vicio) persistent bad habit.

resaca f 1. fam (de borrachera) hangover 2. (de las olas) undertow.

resalado, -da adj fam charming.

resaltar ◇ vi 1. (destacar) to stand out 2. (en edificios - decoración) to stand out. ◇ vt (destacar) to highlight.

resarcir vt: ~ a alguien (de) to compensate sb (for). ◆ **resarcirse** vpr to be compensated; ~se de (daño, pérdida) to be compensated for; (desengaño, derrota) to make up for.

resbalada f Amer fam slip.

resbaladizo, -za adj lit & fig slippery.

resbalar vi 1. (caer): ~ (con o sobre) to slip (on). 2. (deslizarse) to slide. 3. (estar resbaladizo) to be slippery. ◆ **resbalarse** vpr to slip (over).

resbalón m slip.

rescatar vt 1. (liberar, salvar) to rescue; (pagando rescate) to ransom. 2. (recuperar - herencia etc) to recover.

rescate m 1. (liberación, salvación) rescue. 2. (dinero) ransom. 3. (recuperación) recovery.

rescindir vt to rescind.

rescisión f cancellation

rescoldo m ember; fig lingering feeling.

resecar vt (piel) to dry out. ◆ **resecarse** vpr 1. (piel) to dry out. 2. (tierra) to become parched.

reseco, -ca adj 1. (piel, garganta, pan) very dry. 2. (tierra) parched. 3. (flaco) emaciated.

resentido, -da adj bitter, resentful; estar ~ con alguien to be really upset with sb.

resentimiento m resentment, bitterness.

resentirse vpr 1. (debilitarse) to be weakened; (salud) to deteriorate 2. (sentir molestias): ~ de to be suffering from. 3. (ofenderse) to be offended.

reseña f (de libro, concierto) review; (de partido, conferencia) report.

reseñar vt 1. (criticar - libro, concierto) to review; (- partido, conferencia) to report on 2. (describir) to describe.

reserva f 1. (de hotel, avión etc) reservation. 2. (provisión) reserves (pl); tener algo de ~ to keep sthg in reserve. 3. (objeción) reservation. 4. (de indígenas) reservation. 5. (de animales) reserve; ~ natural nature reserve. 6. (MIL) reserve. ◆ **reservas** fpl 1. (energía acumulada) energy reserves 2. (recursos) resources.

reservado, -da adj 1. (gen) reserved. 2. (tema, asunto) confidential. ◆ **reservado** m (en restaurante) private room; (FERROC) reserved compartment.

reservar vt 1. (habitación, asiento etc) to reserve, to book. 2. (guardar - dinero, pasteles etc) to set aside; (- sorpresa) to keep. 3. (callar - opinión, comentarios) to reserve. ◆ **reservarse** vpr 1. (esperar): ~se para to save o.s. for. 2. (guardar para sí - secreto) to keep to o.s.; (- dinero, derecho) to retain (for o.s.).

resfriado, -da adj: estar ~ to have a cold. ◆ **resfriado** m cold.

resfriar vt to make cold. ◆ **resfriarse** vpr (constiparse) to catch a cold.

resfrío m Amer cold.

resguardar vt & vi: ~ de to protect against. ◆ **resguardarse** vpr: ~se de (en un portal) to shelter from; (con abrigo, paraguas) to protect o.s. against

resguardo m 1. (documento) receipt. 2. (protección) protection.

residencia f 1. (estancia) stay. 2. (localidad, domicilio) residence. 3. (establecimiento - de estudiantes) hall of residence; (- de ancianos) old people's home; *(- de oficiales)* residence. **4.** *(hospital)* hospital. **5.** *(permiso para extranjeros)* residence permit.

residencial *adj* residential.

residente *adj, m y f* resident.

residir *vi* **1.** *(vivir)* to reside. **2.** *(radicar):* ~ **en** to lie in.

residuo *m* **1.** *(gen pl) (material inservible)* waste; (QUÍM) residue; ~**s nucleares** nuclear waste *(U)*. **2.** *(restos)* leftovers *(pl)*.

resignación *f* resignation.

resignarse *vpr:* ~ **(a hacer algo)** to resign o.s. (to doing sthg).

resina *f* resin.

resistencia *f* **1.** *(gen,* ELECTR *&* POLÍT) resistance; **ofrecer** ~ to put up resistance. **2.** *(de puente, cimientos)* strength **3.** *(física - para correr etc)* stamina.

resistente *adj (gen)* tough, strong; ~ **al calor** heat-resistant.

resistir ◇ *vt* **1.** *(dolor, peso, críticas)* to withstand. **2.** *(tentación, impulso, deseo)* to resist. **3.** *(tolerar)* to tolerate, to stand. ◇ *vi* **1.** *(ejército, ciudad etc):* ~ **(a algo/a alguien)** to resist (sthg/sb). **2.** *(corredor etc)* to keep going; ~ **a algo** to stand up to sthg, to withstand sthg **3.** *(mesa, dique etc)* to take the strain; ~ **a algo** to withstand sthg. **4.** *(mostrarse firme - ante tentaciones etc)* to resist (it); ~ **a algo** to resist sthg. ◆ **resistirse** *vpr:* ~**se (a algo)** to resist (sthg); **me resisto a creerlo** I refuse to believe it; **se le resisten las matemáticas** she just can't get the hang of maths.

resma *f* ream.

resollar *vi* to gasp (for breath); *(jadear)* to pant.

resolución *f* **1.** *(solución - de una crisis)* resolution; *(- de un crimen)* solution. **2.** *(firmeza)* determination. **3.** *(decisión)* decision; (DER) ruling. **4.** *(de Naciones Unidas etc)* resolution.

resolver *vt* **1.** *(solucionar - duda, crisis)* to resolve; *(- problema, caso)* to solve **2.** *(decidir):* ~ **hacer algo** to decide to do sthg. **3.** *(partido, disputa, conflicto)* to settle. ◆ **resolverse** *vpr* **1.** *(solucionarse - duda, crisis)* to be resolved; *(- problema, caso)* to be solved. **2.** *(decidirse):* ~**se a hacer algo** to decide to do sthg.

resonancia *f* **1.** *(gen &* FÍS) resonance *(U)*. **2.** *fig (importancia)* repercussions *(pl)*.

resonante *adj* resounding; (FÍS) resonant; *fig* important.

resonar *vi* to resound, to echo

resoplar *vi (de cansancio)* to pant; *(de enfado)* to snort.

resoplido *m (por cansancio)* pant; *(por enfado)* snort.

resorte *m* spring; *fig* means *(pl)*; **tocar todos los ~s** to pull out all the stops.

respaldar *vt* to back, to support. ◆ **respaldarse** *vpr fig (apoyarse):* ~**se en** to fall back on

respaldo *m* **1.** *(de asiento)* back. **2.** *fig (apoyo)* backing, support.

respectar *v impers:* **por lo que respecta a alguien/a algo, en lo que respecta a alguien/a algo** as far as sb/ sthg is concerned.

respectivo, -va *adj* respective; **en lo** ~ **a** with regard to.

respecto *m:* **al** ~, **a este** ~ in this respect; **no sé nada al** ~ I don't know anything about it; **(con)** ~ **a,** ~ **de** regarding.

respetable *adj (venerable)* respectable

respetar *vt (gen)* to respect; *(la palabra)* to honour.

respeto *m:* ~ **(a** ○ **por)** respect (for); **es una falta de** ~ it shows a lack of respect; **por** ~ out of consideration for.

respetuoso, -sa *adj:* ~ **(con)** respectful (of).

respingo *m (movimiento)* start, jump.

respingón, -ona *adj* snub.

respiración *f* breathing; (MED) respiration.

respirar ◇ *vt (aire)* to breathe. ◇ *vi* to breathe; *fig (sentir alivio)* to breathe again; **sin** ~ *(sin descanso)* without a break; *(atentamente)* with great attention.

respiratorio, -ria *adj* respiratory.

respiro *m* **1.** *(descanso)* rest. **2.** *(alivio)* relief, respite.

resplandecer *vi* **1.** *(brillar)* to shine. **2.** *fig (destacar)* to shine, to stand out.

resplandeciente *adj* shining; *(sonrisa)* beaming; *(época)* glittering; *(vestimenta, color)* resplendent.

resplandor *m* **1.** *(luz)* brightness; *(de fuego)* glow. **2.** *(brillo)* gleam.

responder ◇ *vt* to answer. ◇ *vi* **1.** *(contestar):* ~ **(a algo)** to answer (sthg). **2.** *(reaccionar):* ~ **(a)** to respond (to). **3.** *(responsabilizarse):* ~ **de algo/ por alguien** to answer for sthg/for sb. **4.** *(replicar)* to answer back.

respondón, -ona *adj* insolent.

responsabilidad f responsibility; (DER) liability; **tener la ~ de algo** to be responsible for sthg; **~ limitada** limited liability.

responsabilizar vt: **~ a alguien (de algo)** to hold sb responsible (for sthg). ◆ **responsabilizarse** vpr: **~se (de)** to accept responsibility (for).

responsable ◇ adj responsible; **~ de** responsible for. ◇ m y f 1. (culpable) person responsible. 2. (encargado) person in charge.

respuesta f 1. (gen) answer, reply; (en exámenes) answer; **en ~ a** in reply to. 2. fig (reacción) response.

resquebrajar vt to crack. ◆ **resquebrajarse** vpr to crack.

resquicio m 1. (abertura) chink; (grieta) crack. 2. fig (pizca) glimmer.

resta f (MAT) subtraction.

restablecer vt to reestablish, to restore ◆ **restablecerse** vpr (curarse): **~se (de)** to recover (from).

restallar vt & vi (látigo) to crack; (lengua) to click.

restante adj remaining; **lo ~** the rest.

restar ◇ vt 1. (MAT) to subtract. 2. (disminuir): **~ importancia a algo/méritos a alguien** to play down the importance of sthg/sb's qualities. ◇ vi (faltar) to be left.

restauración f restoration.

restaurante m restaurant.

restaurar vt to restore.

restitución f return.

restituir vt (devolver - objeto) to return; (- salud) to restore.

resto m: **el ~** (gen) the rest; (MAT) the remainder. ◆ **restos** mpl 1. (sobras) leftovers. 2. (cadáver) remains. 3. (ruinas) ruins.

restregar vt to rub hard; (para limpiar) to scrub. ◆ **restregarse** vpr (frotarse) to rub.

restricción f restriction.

restrictivo, -va adj restrictive.

restringir vt to limit, to restrict.

resucitar ◇ vt (person) to bring back to life; (costumbre) to revive. ◇ vi (persona) to rise from the dead.

resuello m gasp, gasping (U); (jadeo) pant, panting (U).

resuelto, -ta ◇ pp → **resolver**. ◇ adj (decidido) determined.

resulta f: **de ~s de** as a result of.

resultado m result.

resultante adj & f resultant.

resultar ◇ vi 1. (acabar siendo): **(ser)** to turn out (to be); **resultó ileso** he was uninjured; **nuestro equipo**

resultó vencedor our team came out on top. 2. (salir bien) to work (out), to be a success. 3. (originarse): **~ de** to result from. 4. (ser) to be; **resulta sorprendente** it's surprising; **me resultó imposible terminar antes** I was unable to finish earlier. 5. (venir a costar): **~ a** to come to, to cost. ◇ v impers (suceder): **~ que** to turn out that; **ahora resulta que no quiere alquilarlo** now it seems that she doesn't want to rent it.

resumen m summary; **en ~** in short.

resumir vt to summarize; (discurso) to sum up. ◆ **resumirse en** vpr 1. (sintetizarse en) to be able to be summed up in 2. (reducirse a) to boil down to.

resurgir vi to undergo a resurgence.

resurrección f resurrection.

retablo m altarpiece.

retaguardia f (tropa) rearguard; (territorio) rear.

retahíla f string, series.

retal m remnant.

retardar vt (retrasar) to delay; (frenar) to hold up, to slow down.

retazo m remnant; fig fragment.

retén m reserve.

retención f 1. (en el sueldo) deduction. 2. (gen pl) (de tráfico) hold-up.

retener vt 1. (detener) to hold back; (en comisaría) to detain. 2. (contener - impulso, ira) to hold back, to restrain. 3. (conservar) to retain. 4. (quedarse con) to hold on to, to keep. 5. (memorizar) to remember. 6. (deducir del sueldo) to deduct

reticente adj (reacio) unwilling, reluctant.

retina f retina

retintín m (ironía) sarcastic tone.

retirado, -da adj 1. (jubilado) retired. 2. (solitario, alejado) isolated, secluded. ◆ **retirada** f 1. (MIL) retreat; **batirse en retirada** to beat a retreat. 2. (de fondos, moneda, carné) withdrawal. 3. (de competición, actividad) withdrawal

retirar vt 1. (quitar - gen) to remove; (- dinero, moneda, carné) to withdraw; (- nieve) to clear. 2. (jubilar - a deportista) to force to retire; (- a empleado) to retire. 3. (retractarse de) to take back. ◆ **retirarse** vpr 1. (gen) to retire. 2. (de competición, elecciones) to withdraw; (de reunión) to leave. 3. (de campo de batalla) to retreat. 4. (apartarse) to move away.

retiro m 1. (jubilación) retirement;

(pensión) pension. **2.** *(refugio, ejercicio)* retreat.

reto *m* challenge.

retocar *vt* to touch up; *(prenda de vestir)* to alter.

retoño *m* (BOT) sprout, shoot; *fig* offspring *(U)*.

retoque *m* touching-up *(U)*; *(de prenda de vestir)* alteration; **dar los últimos ~s a** to put the finishing touches to.

retorcer *vt* *(torcer - brazo, alambre)* to twist; *(- ropa, cuello)* to wring. ◆ **retorcerse** *vpr (contraerse)*: **~se (de)** *(risa)* to double up (with); *(dolor)* to writhe about (in).

retorcido, -da *adj* **1.** *(torcido - brazo, alambre)* twisted. **2.** *fig (rebuscado)* complicated.

retornable *adj* returnable; **no ~** non-returnable.

retornar *vt & vi* to return.

retorno *m (gen & INFORM)* return; **~ de carro** carriage return.

retortijón *m (gen pl)* stomach cramp.

retozar *vi* to frolic; *(amantes)* to romp about.

retractarse *vpr (de una promesa)* to go back on one's word; *(de una opinión)* to take back what one has said; **~ de** *(lo dicho)* to retract, to take back.

retraer *vt (encoger)* to retract. ◆ **retraerse** *vpr* **1.** *(encogerse)* to retract. **2.** *(retroceder)* to withdraw, to retreat.

retraído, -da *adj* withdrawn, retiring.

retransmisión *f* broadcast; **~ en directo/diferido** live/recorded broadcast.

retransmitir *vt* to broadcast.

retrasado, -da ◊ *adj* **1.** *(país, industria)* backward; *(reloj)* slow; *(tren)* late, delayed. **2.** *(en el pago, los estudios)* behind. **3.** (MED) retarded, backward. ◊ *m y f*: **~ (mental)** mentally retarded person.

retrasar *vt* **1.** *(aplazar)* to postpone. **2.** *(demorar)* to delay, to hold up. **3.** *(hacer más lento)* to slow down, to hold up. **4.** *(en el pago, los estudios)* to set back. **5.** *(reloj)* to put back. ◆ **retrasarse** *vpr* **1.** *(llegar tarde)* to be late. **2.** *(quedarse atrás)* to fall behind. **3.** *(aplazarse)* to be put off. **4.** *(reloj)* to lose time.

retraso *m* **1.** *(por llegar tarde)* delay; **llegar con (15 minutos de) ~** to be (15 minutes) late. **2.** *(por sobrepasar una fecha)*: **llevo en mi trabajo un ~**

de 20 páginas I'm 20 pages behind with my work. **3.** *(subdesarrollo)* backwardness. **4.** (MED) mental deficiency.

retratar *vt* **1.** *(fotografiar)* to photograph. **2.** *(dibujar)* to do a portrait of. **3.** *fig (describir)* to portray.

retrato *m* **1.** *(dibujo)* portrait; *(fotografía)* photograph; **~ robot** photofit picture; **ser el vivo ~ de alguien** to be the spitting image of sb. **2.** *fig (reflejo)* portrayal.

retrete *m* toilet.

retribución *f (pago)* payment; *(recompensa)* reward.

retribuir *vt (pagar)* to pay; *(recompensar)* to reward.

retro *adj* reactionary.

retroactivo, -va *adj (ley)* retroactive; *(pago)* backdated.

retroceder *vi* to go back; *fig* to back down.

retroceso *m (regresión - gen)* backward movement; *(- en negociaciones)* setback; *(- en la economía)* recession.

retrógrado, -da *adj, m y f* reactionary.

retroproyector *m* overhead projector.

retrospectivo, -va *adj* retrospective.

retrovisor *m* rear-view mirror.

retumbar *vi (resonar)* to resound.

reuma, reúma *m o f* rheumatism

reumatismo *m* rheumatism.

reunión *f* meeting.

reunir *vt* **1.** *(público, accionistas etc)* to bring together. **2.** *(objetos, textos etc)* to collect, to bring together; *(fondos)* to raise. **3.** *(requisitos)* to meet; *(cualidades)* to possess, to combine. ◆ **reunirse** *vpr (congregarse)* to meet.

revalidar *vt* to confirm.

revalorar = **revalorizar**.

revalorizar, revalorar *vt* **1.** *(aumentar el valor)* to increase the value of; *(moneda)* to revalue. **2.** *(restituir el valor)* to reassess in a favourable light. ◆ **revalorizarse** *vpr (aumentar de valor)* to appreciate; *(moneda)* to be revalued.

revancha *f* **1.** *(venganza)* revenge. **2.** (DEP) return match.

revelación *f* revelation.

revelado *m* (FOT) developing.

revelador, -ra *adj (aclarador)* revealing.

revelar *vt* **1.** *(declarar)* to reveal. **2.** *(evidenciar)* to show **3.** (FOT) to develop. ◆ **revelarse** *vpr*: **~se como** to show o s. to be.

revendedor, -ra m y f ticket tout.

reventa f resale; (de entradas) touting.

reventar ◇ vt 1. (explotar) to burst. 2. (echar abajo) to break down; (con explosivos) to blow up. ◇ vi (explotar) to burst. ◆ **reventarse** vpr (explotar) to explode; (rueda) to burst.

reventón m 1. (pinchazo) blowout, flat Am, puncture Br. 2. (estallido) burst.

reverberación f (de sonido) reverberation; (de luz, calor) reflection.

reverberar vi (sonido) to reverberate; (luz, calor) to reflect.

reverdecer vi fig (amor) to revive.

reverencia f 1. (respeto) reverence. 2. (saludo - inclinación) bow; (- flexión de piernas) curtsy.

reverenciar vt to revere.

reverendo, -da adj reverend. ◆ **reverendo** m reverend.

reverente adj reverent

reversible adj reversible.

reverso m back, other side.

revertir vi 1. (volver, devolver) to revert. 2. (resultar): ~ en to result in; ~ en beneficio/perjuicio de to be to the advantage/detriment of

revés m 1. (parte opuesta - de papel, mano) back; (- de tela) other o wrong side; **al ~** (en sentido contrario) the wrong way round; (en forma opuesta) the other way round; **del ~** (lo de detrás, delante) the wrong way round, back to front; (lo de dentro, fuera) inside out; (lo de arriba, abajo) upside down. 2. (bofetada) slap. 3. (DEP) backhand. 4. (contratiempo) setback.

revestimiento m covering.

revestir vt 1. (recubrir): ~ (de) (gen) to cover (with); (pintura) to coat (with); (forro) to line (with). 2. (poseer - solemnidad, gravedad etc) to take on, to have.

revisar vt 1. (repasar) to go over again. 2. (inspeccionar) to inspect; (cuentas) to audit 3. (modificar) to revise.

revisión f 1. (repaso) revision. 2. (inspección) inspection; **~ de cuentas** audit; **~ médica** check-up 3. (modificación) amendment 4. (AUTOM - puesta a punto) service; (- anual) ≃ MOT (test)

revisor, -ra m y f (en tren) ticket inspector; (en autobús) (bus) conductor.

revista f 1. (publicación) magazine; **~ del corazón** gossip magazine. 2. (sección de periódico) section, review. 3. (espectáculo teatral) revue. 4. (inspección) inspection; **pasar ~ a** (MIL) to inspect; (examinar) to examine.

revistero m (mueble) magazine rack.

revivir ◇ vi to revive. ◇ vt (recordar) to revive memories of.

revocar vt (gen) to revoke.

revolcar vt to upend. ◆ **revolcarse** vpr to roll about.

revolotear vi to flutter (about).

revoltijo, revoltillo m jumble.

revoltoso, -sa ◇ adj rebellious. ◇ m y f troublemaker.

revolución f revolution.

revolucionar vt (transformar) to revolutionize.

revolucionario, -ria adj, m y f revolutionary

revolver vt 1. (dar vueltas) to turn around; (líquido) to stir. 2. (mezclar) to mix; (ensalada) to toss. 3. (desorganizar) to mess up; (cajones) to turn out. 4. (irritar) to upset; **me revuelve el estómago o las tripas** it makes my stomach turn. ◆ **revolver en** vi (cajones etc) to rummage around in. ◆ **revolverse** vpr 1. (volverse) to turn around. 2. (el mar) to become rough; (el tiempo) to turn stormy.

revólver m revolver.

revuelo m (agitación) commotion; **armar un gran ~** to cause a great stir.

revuelto, -ta ◇ pp → **revolver**. ◇ adj 1. (desordenado) in a mess. 2. (alborotado - época etc) turbulent. 3. (clima) unsettled. 4. (aguas) choppy. ◆ **revuelto** m (CULIN) scrambled eggs (pl). ◆ **revuelta** f (disturbio) riot, revolt.

revulsivo, -va adj fig stimulating, revitalizing. ◆ **revulsivo** m fig kickstart.

rey m king. ◆ **Reyes** mpl: **los Reyes** the King and Queen; **(Día de) Reyes** Twelfth Night.

reyerta f fight, brawl.

rezagado, -da adj: **ir ~** to lag behind.

rezar vi 1. (orar): ~ **(a)** to pray (to). 2. (decir) to read, to say. 3. (corresponderse): ~ **con** to have to do with

rezo m (oración) prayer

rezumar ◇ vt 1. (transpirar) to ooze 2. fig (manifestar) to be overflowing with. ◇ vi to ooze o seep out.

ría f estuary

riachuelo m brook, stream.

riada f lit & fig flood.

ribera f (del río) bank; (del mar) shore

ribete m edging (U), trimming (U); fig touch, nuance.

ricino *m (planta)* castor oil plant.

rico, -ca ◊ *adj* 1. *(gen)* rich. 2. *(abundante)*: ~ **(en)** rich (in). 3. *(sabroso)* delicious. 4. *(simpático)* cute. ◊ *m y f* rich person; **los ~s** the rich.

rictus *m inv* 1. *(de ironía)* smirk. 2. *(de desprecio)* sneer. 3. *(de dolor)* wince.

ridiculez *f* 1. *(payasada)* silly thing, nonsense *(U)*. 2. *(nimiedad)* trifle; **cuesta una** ~ it costs next to nothing.

ridiculizar *vt* to ridicule.

ridículo, -la *adj* ridiculous; *(precio, suma)* laughable, derisory. ◆ **ridículo** *m* ridicule; **hacer el ~** to make a fool of o.s.; **poner** o **dejar en ~ a alguien** to make sb look stupid; **quedar en ~** to look like a fool

riego *m (de campo)* irrigation; *(de jardín)* watering.

riel *m* 1. *(de vía)* rail. 2. *(de cortina)* (curtain) rail.

rienda *f (de caballería)* rein; **dar ~ suelta a** *fig* to give free rein to. ◆ **riendas** *fpl* *fig (dirección)* reins.

riesgo *m* risk; **a todo ~** *(seguro, póliza)* comprehensive.

rifa *f* raffle.

rifar *vt* to raffle ◆ **rifarse** *vpr* *fig* to fight over.

rifle *m* rifle.

rigidez *f* 1. *(de un cuerpo, objeto etc)* rigidity. 2. *(del rostro)* stoniness. 3. *fig (severidad)* strictness, harshness.

rígido, -da *adj* 1. *(cuerpo, objeto etc)* rigid. 2. *(rostro)* stony. 3. *(severo - normas etc)* harsh; *(- carácter)* inflexible.

rigor *m* 1. *(severidad)* strictness. 2. *(exactitud)* accuracy, rigour. 3. *(inclemencia)* harshness. ◆ **de rigor** *loc adj* essential.

riguroso, -sa *adj* 1. *(severo)* strict. 2. *(exacto)* rigorous. 3. *(inclemente)* harsh.

rimar *vt & vi* to rhyme.

rimbombante *adj (estilo, frases)* pompous

rímel, rimmel *m* mascara.

rincón *m* corner *(inside)*.

rinconera *f* corner piece.

ring *(pl* rings*)* *m* (boxing) ring

rinoceronte *m* rhinoceros.

riña *f (disputa)* quarrel; *(pelea)* fight.

riñón *m* kidney.

riñonera *f (pequeño bolso)* bum bag *Br*, fanny pack *Am*.

río *m* *lit & fig* river; **ir ~ arriba/abajo** to go upstream/downstream; **cuando el ~ suena, agua lleva** *proverb* there's no smoke without fire *proverb*.

rioja *m* Rioja (wine).

riojano, -na *adj, m y f* Riojan.

riqueza *f* 1. *(fortuna)* wealth. 2. *(abundancia)* richness.

risa *f* laugh, laughter *(U)*; **me da** ~ I find it funny; **¡qué ~!** how funny!; **de ~** funny.

risotada *f* guffaw.

ristra *f* *lit & fig* string

ristre ◆ **en ristre** *loc adv* at the ready.

risueño, -ña *adj (alegre)* smiling.

ritmo *m* 1. *(gen)* rhythm; *(cardíaco)* beat. 2. *(velocidad)* pace

rito *m* 1. (RELIG) rite. 2. *(costumbre)* ritual.

ritual *adj & m* ritual

rival *adj, m y f* rival.

rivalidad *f* rivalry.

rivalizar *vi*: ~ **(con)** to compete (with).

rizado, -da *adj* 1. *(pelo)* curly. 2. *(mar)* choppy. ◆ **rizado** *m (en peluquería)*: **hacerse un ~** to have one's hair curled.

rizar *vt (pelo)* to curl. ◆ **rizarse** *vpr (pelo)* to curl.

rizo, -za *adj (pelo)* curly. ◆ **rizo** *m* 1. *(de pelo)* curl. 2. *(del agua)* ripple. 3. *(de avión)* loop. 4. *loc*: **rizar el ~** to split hairs.

RNE *(abrev de* **Radio Nacional de España***)* *f* Spanish national radio station.

roast-beef [rosˈβif] *(pl* roast-beefs*)* *m* roast beef.

rosbif *(pl* rosbifs*)* *m* roast beef.

robar *vt* 1. *(gen)* to steal; *(casa)* to burgle; ~ **a alguien** to rob sb. 2. *(en naipes)* to draw. 3. *(cobrar caro)* to rob.

roble *m* 1. (BOT) oak. 2. *fig (persona)* strong person.

robo *m (delito)* robbery, theft; *(en casa)* burglary.

robot *(pl* robots*)* *m* *(gen &* INFORM*)* robot

robótica *f* robotics *(U)*.

robustecer *vt* to strengthen. ◆ **robustecerse** *vpr* to get stronger.

robusto, -ta *adj* robust.

roca *f* rock.

rocalla *f* rubble.

roce *m* 1. *(rozamiento - gen)* rub, rubbing *(U)*; *(- suave)* brush, brushing *(U)*; (FÍS) friction 2. *(desgaste)* wear. 3. *(rasguño - en piel)* graze; *(- en zapato, puerta)* scuffmark; *(- en metal)* scratch 4. *(trato)* close contact. 5. *(desavenencia)* brush.

rociar *vt (arrojar gotas)* to sprinkle; *(con espray)* to spray.

rocío *m* dew

rock, **rock and roll** m inv (estilo) rock; (de los 50) rock and roll.

rockero, -ra, **roquero, -ra** m y f 1. (músico) rock musician. 2. (fan) rock fan.

rocoso, -sa adj rocky.

rodaballo m turbot.

rodado, -da adj 1. (piedra) rounded. 2. (tráfico) road (antes de sust). 3. loc: **estar muy ~** (persona) to be very experienced; **venir ~ para** to be the perfect opportunity to.

rodaja f slice.

rodaje m 1. (filmación) shooting. 2. (de motor) running-in 3. (experiencia) experience.

Ródano m: **el ~** the (River) Rhône.

rodapié m skirting board

rodar ◊ vi 1. (deslizar) to roll. 2. (circular) to travel, to go. 3. (caer): ~ (por) to tumble (down). 4. (ir de un lado a otro) to go around. 5. (CIN) to shoot. ◊ vt 1. (CIN) to shoot. 2. (automóvil) to run in.

rodear vt 1. (gen) to surround; **le rodeó el cuello con los brazos** she put her arms around his neck. 2. (dar la vuelta a) to go around. 3. (eludir) to skirt around. ◆ **rodearse** vpr: **~se de** to surround o.s. with.

rodeo m 1. (camino largo) detour; **dar un ~** to make a detour. 2. (gen pl) (evasiva) evasiveness (U); **andar o ir con ~s** to beat about the bush. 3. (espectáculo) rodeo.

rodilla f knee; **de ~s** on one's knees.

rodillera f (protección) knee pad.

rodillo m (gen) roller; (para repostería) rolling pin.

rodríguez m inv grass widower.

roedor, -ra adj (ZOOL) rodent (antes de sust). ◆ **roedor** m rodent.

roer vt 1. (con dientes) to gnaw (at). 2. fig (gastar) to eat away (at).

rogar vt (implorar) to beg; (pedir) to ask; ~ **a alguien que haga algo** to ask o beg sb to do sthg; **le ruego me perdone** I beg your pardon; **'se ruega silencio'** 'silence, please'.

rogativa f (gen pl) rogation

rojizo, -za adj reddish.

rojo, -ja ◊ adj red; **ponerse ~** (gen) to turn red; (ruborizarse) to blush. ◊ m y f (POLÍT) red. ◆ **rojo** m (color) red; **al ~ vivo** (en incandescencia) red hot; fig heated

rol (pl roles) m (papel) role.

rollizo, -za adj chubby, plump.

rollo m 1. (cilindro) roll; ~ **de primavera** (CULIN) spring roll. 2. (CIN) roll.

3. fam (discurso): **el ~ de costumbre** the same old story; **tener mucho ~** to witter on. 4. fam (embuste) tall story. 5. fam (pelmazo, pesadez) bore, drag.

ROM (abrev de read-only memory) f ROM.

Roma Rome

romance m 1. (LING) Romance language. 2. (idilio) romance.

románico, -ca adj 1. (ARQUIT & ARTE) Romanesque. 2. (LING) Romance.

romano, -na m y f Roman.

romanticismo m 1. (ARTE & LITER) Romanticism. 2. (sentimentalismo) romanticism.

romántico, -ca adj, m y f 1. (ARTE & LITER) Romantic. 2. (sentimental) romantic.

rombo m 1. (GEOM) rhombus. 2. (IMPRENTA) lozenge.

romería f (peregrinación) pilgrimage.

romero, -ra m y f (peregrino) pilgrim ◆ **romero** m (BOT) rosemary.

romo, -ma adj (sin filo) blunt

rompecabezas m inv 1. (juego) jigsaw. 2. fam (problema) puzzle.

rompeolas m inv breakwater.

romper ◊ vt 1. (gen) to break; (hacer añicos) to smash; (rasgar) to tear. 2. (desgastar) to wear out. 3. (interrumpir - monotonía, silencio, hábito) to break; (- hilo del discurso) to break off; (- tradición) to put an end to. 4. (terminar - relaciones etc) to break off ◊ vi 1. (terminar una relación): ~ **(con alguien)** to break o split up (with sb). 2. (olas, el día) to break; (hostilidades) to break out; **al ~ el alba** o **día** at daybreak. 3. (empezar): ~ **a hacer algo** to suddenly start doing sthg; ~ **a llorar** to burst into tears; ~ **a reír** to burst out laughing. ◆ **romperse** vpr (partirse) to break; (rasgarse) to tear; **se ha roto una pierna** he has broken a leg.

rompimiento m breaking; (de relaciones) breaking-off

ron m rum.

roncar vi to snore.

roncha f red blotch.

ronco, -ca adj 1. (afónico) hoarse 2. (bronco) harsh.

ronda f 1. (de vigilancia, visitas) rounds (pl); **hacer la ~** to do one's rounds. 2. fam (de bebidas, en el juego etc) round.

rondar ◊ vt 1. (vigilar) to patrol. 2. (rayar - edad) to be around. ◊ vi *(merodear)*: ~ **(por)** to wander o hang around.

ronquera *f* hoarseness

ronquido *m* snore, snoring *(U)*.

ronronear *vi* to purr.

ronroneo *m* purr, purring *(U)*.

roña ◇ *adj fam (tacaño)* stingy. ◇ *f* 1. *(suciedad)* filth, dirt. 2. *(enfermedad)* mange.

roñoso, -sa ◇ *adj* 1. *(sucio)* dirty. 2. *(tacaño)* mean. ◇ *m y f* miser.

ropa *f* clothes *(pl)*; ~ **blanca** linen; ~ **de abrigo** warm clothes *(pl)*; ~ **de cama** bed linen; ~ **hecha** ready-to-wear clothes; ~ **interior** underwear.

ropaje *m* robes *(pl)*.

ropero *m* 1. *(armario)* wardrobe. 2. *(habitación)* walk-in wardrobe; *(TEATRO)* cloakroom.

roquero = **rockero**.

rosa ◇ *f (flor)* rose; **estar (fresco) como una** ~ to be as fresh as a daisy. ◇ *m (color)* pink. ◇ *adj inv (color)* pink. ◆ **rosa de los vientos** *f* (NÁUT) compass.

rosado, -da *adj* pink. ◆ **rosado** *m* → **vino**.

rosal *m (arbusto)* rose bush.

rosario *m* 1. (RELIG) rosary; **rezar el** ~ to say one's rosary. 2. *(sarta)* string.

rosca *f* 1. *(de tornillo)* thread. 2. *(forma - de anillo)* ring; *(- espiral)* coil. 3. (CULIN) ring doughnut. 4. *loc:* **pasarse de** ~ *(persona)* to go over the top.

rosco *m* ring-shaped bread roll.

roscón *m* ring-shaped bread roll; ~ **de reyes** roll eaten on 6th January.

rosetón *m (ventana)* rose window.

rosquilla *f* ring doughnut.

rostro *m* face.

rotación *f* 1. *(giro)* rotation; ~ **de cultivos** crop rotation. 2. *(alternancia)* rota; **por** ~ in turn.

rotativo, -va *adj* rotary, revolving. ◆ **rotativo** *m* newspaper. ◆ **rotativa** *f* rotary press

roto, -ta ◇ *pp* → **romper**. *adj* 1. *(gen)* broken; *(tela, papel)* torn. 2. *fig (deshecho - vida etc)* destroyed; *(- corazón)* broken. 3. *fig (exhausto)* shattered. ◆ **roto** *m (en tela)* tear, rip.

rotonda *f (plaza)* circus.

rotoso, -sa *adj Andes & CSur* ragged.

rótula *f* kneecap.

rotulador *m* felt-tip pen; *(fluorescente)* marker pen.

rótulo *m* 1. *(letrero)* sign. 2. *(encabezamiento)* headline, title.

rotundo, -da *adj* 1. *(categórico - negativa, persona)* categorical; *(- lenguaje, estilo)* emphatic. 2. *(completo)* total.

rotura *f (gen)* break, breaking *(U)*; *(de hueso)* fracture; *(en tela)* rip, hole.

roturar *vt* to plough.

roulotte [ruˈlot], **rulot** *f* caravan *Br*, trailer *Am*.

rozadura *f* 1. *(señal)* scratch, scrape. 2. *(herida)* graze.

rozamiento *m (fricción)* rub, rubbing *(U)*; (FÍS) friction *(U)*.

rozar *vt* 1. *(gen)* to rub; *(suavemente)* to brush; *(suj: zapato)* to graze. 2. *(pasar cerca de)* to skim. ◆ **rozar con** *vi* 1. *(tocar)* to brush against. 2. *fig (relacionarse con)* to touch on. ◆ **rozarse** *vpr* 1. *(tocarse)* to touch. 2. *(pasar cerca)* to brush past each other. 3. *(herirse - rodilla etc)* to graze. 4. *fig (tener trato)*: **~se con** to rub shoulders with.

Rte. *abrev de* **remitente**.

RTVE *(abrev de* **Radiotelevisión Española)** *f Spanish state broadcasting company*.

rubeola, rubéola *f* German measles *(U)*.

rubí *(pl* **rubís** o **rubíes)** *m* ruby.

rubio, -bia ◇ *adj* 1. *(pelo, persona)* blond *(f* blonde*)*, fair. 2. *(tabaco)* Virginia *(antes de sust)*. 3. *(cerveza)* lager *(antes de sust)*. ◇ *m y f (persona)* blond *(f* blonde*)*.

rubor *m* 1. *(vergüenza)* embarrassment. 2. *(sonrojo)* blush.

ruborizar *vt (avergonzar)* to embarrass. ◆ **ruborizarse** *vpr* to blush.

rúbrica *f* 1. *(de firma)* flourish. 2. *(conclusión)* final flourish; **poner** ~ **a algo** to complete sthg.

rubricar *vt* 1. *fig (confirmar)* to confirm. 2. *fig (concluir)* to complete.

rucio, -cia *adj (gris)* grey. ◆ **rucio** *m* ass, donkey.

rudeza *f* 1. *(tosquedad)* roughness. 2. *(grosería)* coarseness.

rudimentario, -ria *adj* rudimentary.

rudimentos *mpl* rudiments.

rudo, -da *adj* 1. *(tosco)* rough. 2. *(brusco)* sharp, brusque. 3. *(grosero)* rude, coarse.

rueda *f* 1. *(pieza)* wheel; ~ **delantera/trasera** front/rear wheel; ~ **de repuesto** spare wheel; **ir sobre ~s** *fig* to go smoothly. 2. *(corro)* circle. ◆ **rueda de prensa** *f* press conference.

ruedo *m* (TAUROM) bullring.

ruega *etc* → **rogar**.

ruego *m* request; **~s y preguntas** any other business.

rufián *m* villain.

rugby *m* rugby.

rugido *m (gen)* roar; *(de persona)* bellow.

rugir *vi (gen)* to roar; *(persona)* to bellow.

rugoso, -sa *adj* **1.** *(áspero - material, terreno)* rough. **2.** *(con arrugas - rostro etc)* wrinkled; *(- tejido)* crinkled.

ruido *m* **1.** *(gen)* noise; *(sonido)* sound; **mucho ~ y pocas nueces** much ado about nothing. **2.** *fig (escándalo)* row.

ruidoso, -sa *adj* **1.** *(que hace ruido)* noisy. **2.** *fig (escandaloso)* sensational.

ruin *adj* **1.** *(vil)* low, contemptible. **2.** *(avaro)* mean.

ruina *f* **1.** *(gen)* ruin; **amenazar ~** *(edificio)* to be about to collapse; **estar en la ~** to be ruined. **2.** *(destrucción)* destruction. **3.** *(fracaso - persona)* wreck; **estar hecho una ~** to be a wreck. ◆ **ruinas** *fpl (históricas)* ruins.

ruindad *f* **1.** *(cualidad)* baseness. **2.** *(acto)* vile deed.

ruinoso, -sa *adj* **1.** *(poco rentable)* ruinous. **2.** *(edificio)* ramshackle.

ruiseñor *m* nightingale.

ruleta *f* roulette.

ruletero *m Méx* taxi driver.

rulo *m (para el pelo)* roller.

rulot = **roulotte**

Rumanía Romania.

rumano, -na *adj, m y f* Romanian. ◆ **rumano** *m (lengua)* Romanian.

rumba *f* rumba.

rumbo *m* **1.** *(dirección)* direction, course; **ir con ~ a** to be heading for; **perder el ~** *(barco)* to go off course; *fig (persona)* to lose one's way **2.** *fig (camino)* path, direction.

rumiante *adj & m* ruminant.

rumiar ◇ *vt (suj: rumiante)* to chew; *fig* to chew over. ◇ *vi (masticar)* to ruminate, to chew the cud.

rumor *m* **1.** *(ruido sordo)* murmur. **2.** *(chisme)* rumour.

rumorearse *v impers:* **~ que ...** to be rumoured that ...

runrún *m* **1.** *(ruido confuso)* hum, humming *(U)*. **2.** *(chisme)* rumour.

rupestre *adj* cave *(antes de sust)*.

ruptura *f* **1.** *(gen)* break; *(de relaciones, conversaciones)* breaking-off; *(de contrato)* breach.

rural *adj* rural.

Rusia Russia

ruso, -sa *adj, m y f* Russian. ◆ **ruso** *m (lengua)* Russian.

rústico, -ca *adj* **1.** *(del campo)* country *(antes de sust)*. **2.** *(tosco)* rough, coarse. ◆ **en rústica** *loc adj* paperback.

ruta *f* route; *fig* way, course.

rutina *f (gen & INFORM)* routine; **por ~** as a matter of course.

rutinario, -ria *adj* routine.

S

s¹, S *f (letra)* s, S. ◆ **S** *(abrev de san)* St.

s² *(abrev de segundo)* s.

s., sig. *(abrev de siguiente)* foll.

SA *(abrev de sociedad anónima)* *f* ≃ Ltd., ≃ PLC.

sábado *m* Saturday; **¿qué día es hoy? - (es) ~** what day is it (today)? – (it's) Saturday; **cada ~, todos los ~s** every Saturday; **cada dos ~s, un ~ sí y otro no** every other Saturday; **caer en ~** to be on a Saturday; **te llamo el ~** I'll call you on Saturday; **el próximo ~, el ~ que viene** next Saturday; **el ~ pasado** last Saturday; **el ~ por la mañana/tarde/noche** Saturday morning/afternoon/night; **en ~** on Saturdays; **nací en ~** I was born on a Saturday; **este ~** *(pasado)* last Saturday; *(próximo)* this (coming) Saturday; **¿trabajas los ~s?** do you work (on) Saturdays?; **trabajar un ~** to work on a Saturday; **un ~ cualquiera** on any Saturday.

sábana *f* sheet.

sabandija *f fig (persona)* worm.

sabañón *m* chilblain.

sabático, -ca *adj (del sábado)* Saturday *(antes de sust)*.

saber ◇ *m* knowledge ◇ *vt* **1.** *(conocer)* to know; **ya lo sé** I know; **hacer ~ algo a alguien** to inform sb of sthg, to tell sb sthg. **2.** *(ser capaz de):* **~ hacer algo** to know how to do sthg, to be able to do sthg; **sabe hablar inglés/montar en bici** she can speak English/ride a bike. **3.** *(enterarse)* to learn, to find out; **lo supe ayer** I only found out yesterday. **4.** *(entender de)* to know about; **sabe mucha física** he knows a lot about physics. ◇ *vi*

1. *(tener sabor):* ~ **(a)** to taste (of); ~ **bien/mal** to taste good/bad; ~ **mal a alguien** *fig* to upset ◇ annoy sb. **2.** *(entender):* ~ **de algo** to know about sthg. **3.** *(tener noticia):* ~ **de alguien** to hear from sb; ~ **de algo** to learn of sthg. **4.** *(parecer):* **eso me sabe a disculpa** that sounds like an excuse to me. **5.** *loc:* **que yo sepa** as far as I know. ◆ **saberse** *vpr:* ~**se algo** to know sthg. ◆ **a saber** *loc adv (es decir)* namely

sabido, -da *adj:* **como es (bien)** ~ as everyone knows

sabiduría *f* **1.** *(conocimientos)* knowledge, learning. **2.** *(prudencia)* wisdom

sabiendas ◆ **a sabiendas** *loc adv* knowingly.

sabihondo, -da, sabiondo, -da *adj, m y f* know-all.

sabio, -bia *adj* **1.** *(sensato, inteligente)* wise. **2.** *(docto)* learned **3.** *(amaestrado)* trained.

sabiondo, -da = sabihondo.

sablazo *m fam fig (de dinero)* scrounging *(U)*; **dar un** ~ **a alguien** to scrounge money off sb.

sable *m* sabre.

sablear *vi fam* to scrounge money.

sabor *m* **1.** *(gusto)* taste, flavour; **tener** ~ **a algo** to taste of sthg; **dejar mal/buen** ~ **(de boca)** *fig* to leave a nasty taste in one's mouth/a warm feeling. **2.** *fig (estilo)* flavour.

saborear *vt lit & fig* to savour.

sabotaje *m* sabotage.

sabotear *vt* to sabotage.

sabrá *etc* → **saber.**

sabroso, -sa *adj* **1.** *(gustoso)* tasty. **2.** *fig (substancioso)* tidy, considerable.

sabueso *m* **1.** *(perro)* bloodhound. **2.** *fig (policía)* sleuth.

saca *f* sack.

sacacorchos *m inv* corkscrew.

sacapuntas *m inv* pencil sharpener

sacar ◇ *vt* **1.** *(poner fuera, hacer salir)* to take out; *(lengua)* to stick out; ~ **algo de** to take sthg out of; **nos sacaron algo de comer** they gave us something to eat. **2.** *(quitar):* ~ **algo (de)** to remove sthg (from). **3.** *(librar, salvar):* ~ **a alguien de** to get sb out of. **4.** *(obtener - carné, buenas notas)* to get, to obtain; *(- premio)* to win; *(- foto)* to take; *(- fotocopia)* to make; *(- dinero del banco)* to withdraw. **5.** *(sonsacar):* ~ **algo a alguien** to get sthg out of sb. **6.** *(extraer - producto):* ~ **algo de** to

extract sthg from. **7.** *(fabricar)* to produce **8.** *(crear - modelo, disco etc)* to bring out. **9.** *(exteriorizar)* to show. **10.** *(resolver - crucigrama etc)* to do, to finish. **11.** *(deducir)* to gather, to understand; *(conclusión)* to come to. **12.** *(mostrar)* to show; **le sacaron en televisión** he was on television. **13.** *(comprar - entradas etc)* to get, to buy. **14.** *(prenda - de ancho)* to let out; *(- de largo)* to let down. **15.** *(aventajar):* **sacó tres minutos a su rival** he was three minutes ahead of his rival. **16.** (DEP *- con la mano)* to throw in; *(- con la raqueta)* to serve. ◇ *vi* (DEP) to put the ball into play; *(con la raqueta)* to serve. ◆ **sacarse** *vpr (carné etc)* to get. ◆ **sacar adelante** *vt* **1.** *(hijos)* to bring up. **2.** *(negocio)* to make a go of.

sacarina *f* saccharine.

sacerdote, -tisa *m y f (pagano)* priest *(f* priestess). ◆ **sacerdote** *m (cristiano)* priest.

saciar *vt (satisfacer - sed)* to quench; *(- hambre)* to satisfy.

saco *m* **1.** *(bolsa)* sack, bag; ~ **de dormir** sleeping bag. **2.** *Amer* jacket **3.** *loc:* **entrar a** ~ **en** to sack, to pillage; **no echar algo en** ~ **roto** to take good note of sthg.

sacramento *m* sacrament.

sacrificar *vt* **1.** *(gen)* to sacrifice. **2.** *(animal - para consumo)* to slaughter.

sacrificio *m lit & fig* sacrifice.

sacrilegio *m lit & fig* sacrilege.

sacristán, -ana *m y f* sacristan, sexton.

sacristía *f* sacristy.

sacro, -cra *adj (sagrado)* holy, sacred.

sacudida *f* **1.** *(gen)* shake; *(de la cabeza)* toss; *(de tren, coche)* jolt; ~ **eléctrica** electric shock. **2.** *(terremoto)* tremor.

sacudir *vt* **1.** *(agitar)* to shake. **2.** *(golpear - alfombra etc)* to beat. **3.** *fig (conmover)* to shake, to shock. **4.** *fam fig (pegar)* to smack.

sádico, -ca ◇ *adj* sadistic. ◇ *m y f* sadist.

sadismo *m* sadism.

saeta *f* **1.** *(flecha)* arrow. **2.** (MÚS) flamenco-style song sung on religious occasions.

safari *m (expedición)* safari.

saga *f* saga.

sagacidad *f* astuteness.

sagaz *adj* astute, shrewd.

Sagitario ◇ *m (zodiaco)* Sagittarius ◇ *m y f (persona)* Sagittarian.

sagrado, -da *adj* holy, sacred; *fig* sacred.

Sahara *m*: **el (desierto del)** ~ the Sahara (Desert).

sal *f* (CULIN & QUÍM) salt. ♦ **sales** *fpl* 1. *(para reanimar)* smelling salts. 2. *(para baño)* bath salts.

sala *f* 1. *(habitación - gen)* room; *(- de una casa)* lounge, living room; *(- de hospital)* ward; ~ **de espera** waiting room; ~ **de estar** lounge, living room; ~ **de partos** delivery room. 2. *(local - de conferencias, conciertos)* hall; *(- de cine, teatro)* auditorium; ~ **de fiestas** discothèque. 3. *(DER - lugar)* court (room); *(- magistrados)* bench.

salado, -da *adj* 1. *(con sal)* salted; *(agua)* salt *(antes de sust)*; *(con demasiada sal)* salty. 2. *fig (gracioso)* witty. 3. *Amer* unfortunate.

salamandra *f (animal)* salamander.

salami, salame *m* salami.

salar *vt* 1. *(para conservar)* to salt. 2. *(para cocinar)* to add salt to.

salarial *adj* wage *(antes de sust)*.

salario *m* salary, wages *(pl)*; *(semanal)* wage.

salchicha *f* sausage.

salchichón *m* ≈ salami.

saldar *vt* 1. *(pagar - cuenta)* to close; *(- deuda)* to settle. 2. *fig (poner fin a)* to settle. 3. (COM) to sell off. ♦ **saldarse** *vpr (acabar)*: ~**se con** to produce; **la pelea se saldó con 11 heridos** 11 people were injured in the brawl.

saldo *m* 1. *(de cuenta)* balance; ~ **acreedor/deudor** credit/debit balance. 2. *(de deudas)* settlement. 3. *(gen pl) (restos de mercancías)* remnant; *(rebajas)* sale; **de** ~ bargain. 4. *fig (resultado)* balance.

saldrá *etc* → **salir**.

saledizo, -za *adj* projecting.

salero *m* 1. *(recipiente)* salt cellar. 2. *fig (gracia)* wit; *(donaire)* charm.

salga *etc* → **salir**.

salida *f* 1. *(acción de partir - gen)* leaving; *(- de tren, avión)* departure. 2. (DEP) start. 3. *(lugar)* exit, way out. 4. *(momento)*: **quedamos a la** ~ **del trabajo** we agreed to meet after work. 5. *(viaje)* trip. 6. *(aparición - de sol, luna)* rise; *(- de revista, nuevo modelo)* appearance. 7. (COM - posibilidades) market; *(- producción)* output. 8. *fig (solución)* way out; **si no hay otra** ~ if there's no alternative. 9. *fig (futuro - de carreras etc)* opening, opportunity.

salido, -da *adj* 1. *(saliente)* project-ing, sticking out; *(ojos)* bulging. 2. *(animal)* on heat. 3. *mfam (persona)* horny.

saliente ◇ *adj* (POLÍT) outgoing. ◇ *m* projection.

salino, -na *adj* saline.

salir *vi* 1. *(ir fuera)* to go out; *(venir fuera)* to come out; ~ **de** to go/come out of; ¿**salimos al jardín**? shall we go out into the garden?; ¡**sal aquí fuera**! come out here! 2. *(ser novios)*: ~ **(con alguien)** to go out (with sb). 3. *(marcharse)*: ~ **(de/para)** to leave *(from/for)*. 4. *(desembocar - calle)*: ~ **a** to open out onto. 5. *(resultar)* to turn out; **ha salido muy estudioso** he has turned out to be very studious; ¿**qué salió en la votación**? what was the result of the vote?; ~ **elegida actriz del año** to be voted actress of the year; ~ **bien/mal** to turn out well/badly; ~ **ganando/perdiendo** to come off well/badly. 6. *(proceder)*: ~ **de** to come from; **el vino sale de la uva** wine comes from grapes. 7. *(surgir - luna, estrellas, planta)* to come out; *(- sol)* to rise; *(- dientes)* to come through; **le ha salido un sarpullido en la espalda** her back has come out in a rash. 8. *(aparecer - publicación, producto, traumas)* to come out; *(- moda, ley)* to come in; *(- en imagen, prensa, televisión)* to appear; ¡**qué bien sales en la foto**! you look great in the photo!; **ha salido en los periódicos** it's in the papers; ~ **de** (CIN & TEATRO) to appear as. 9. *(costar)*: ~ **(a o por)** to work out (at); ~ **caro (de dinero)** to be expensive; *(por las consecuencias)* to be costly. 10. *(parecerse)*: ~ **a alguien** to take after sb. 11. *(en juegos)* to lead; **te toca** ~ **a ti** it's your lead. 12. *(quitarse - manchas)* to come out 13. *(librarse)*: ~ **de** *(gen)* to get out of; *(problema)* to get round. 14. (INFORM): ~ **(de)** to quit, to exit. ♦ **salirse** *vpr* 1. *(marcharse - de lugar, asociación etc)*: ~**se (de)** to leave. 2. *(filtrarse)*: ~**se (por)** *(líquido, gas)* to leak o escape *(through)*; *(humo, aroma)* to come out *(through)*. 3. *(rebosar)* to overflow; *(leche)* to boil over; **el río se salió del cauce** the river broke its banks. 4. *(desviarse)*: ~**se (de)** to come off; **el coche se salió de la carretera** the car came off o left the road. 5. *fig (escaparse)*: ~**se de** *(gen)* to deviate from; *(límites)* to go beyond; ~**se del tema** to digress. 6. *loc*: ~**se con la suya** to get one's own way. ♦ **salir**

adelante *vi* 1. *(persona, empresa)* to get by. 2. *(proyecto, propuesta, ley)* to be successful.

salitre *m* saltpetre.

saliva *f* saliva.

salivar *vi* to salivate.

salmo *m* psalm.

salmón ◇ *m (pez)* salmon. ◇ *adj & m inv (color)* salmon (pink).

salmonete *m* red mullet.

salmuera *f* brine.

salobre *adj* salty.

salón *m* 1. *(habitación - en casa)* lounge, sitting room; *(- en residencia, edificio público)* reception hall. 2. *(local - de sesiones etc)* hall; **~ de actos** assembly hall. 3. *(feria)* show, exhibition. 4. *(establecimiento)* shop; **~ de belleza/masaje** beauty/massage parlour; **~ de té** tea-room.

salpicadera *f Méx* mudguard *Br*, fender *Am*.

salpicadero *m* dashboard.

salpicar *vt (rociar)* to splash.

salpimentar *vt* to season.

salpullido = **sarpullido**.

salsa *f* 1. (CULIN - *gen*) sauce; *(- de carne)* gravy; **~ bechamel** o **besamel** bechamel o white sauce; **~ rosa** thousand island dressing; **en su propia ~** *fig* in one's element. 2. *fig (interés)* spice. 3. (MÚS) salsa.

salsera *f* gravy boat.

saltamontes *m inv* grasshopper.

saltar ◇ *vt* 1. *(obstáculo)* to jump (over). 2. *(omitir)* to skip, to miss out 3. *(hacer estallar)* to blow up. ◇ *vi* 1. *(gen)* to jump; *(a la comba)* to skip; *(al agua)* to dive; **~ sobre alguien** *(abalanzarse)* to set upon sb; **~ de un tema a otro** to jump (around) from one subject to another. 2. *(levantarse)* to jump up; **~ de la silla** to jump out of one's seat. 3. *(salir para arriba - objeto)* to jump (up); *(- champán, aceite)* to spurt (out); *(- corcho, válvula)* to pop out. 4. *(explotar)* to explode, to blow up. 5. *(romperse)* to break. 6. *(reaccionar violentamente)* to explode. ◆ **saltarse** *vpr* 1. *(omitir)* to skip, to miss out. 2. *(salir despedido)* to pop off. 3. *(no respetar - cola, semáforo)* to jump; *(- ley, normas)* to break.

salteado, -da *adj* 1. (CULIN) sautéed. 2. *(espaciado)* unevenly spaced.

salteador, -ra *m y f*: **~ de caminos** highwayman.

saltear *vt* (CULIN) to sauté.

saltimbanqui *m y f* acrobat.

salto *m* 1. *(gen &* DEP*)* jump; *(grande)* leap; *(al agua)* dive; **~ de altura/longitud** high/long jump. 2. *fig (diferencia, omisión)* gap. 3. *fig (progreso)* leap forward. ◆ **salto de agua** *m* waterfall ◆ **salto de cama** *m* negligée.

saltón, -ona *adj (ojos)* bulging; *(dientes)* sticking out

salubre *adj* healthy.

salud ◇ *f lit & fig* health; **estar bien/mal de ~** to be well/unwell; **beber** o **brindar a la ~ de alguien** to drink to sb's health. ◇ *interj* **¡~!** *(para brindar)* cheers!; *(después de estornudar)* bless you!

saludable *adj* 1. *(sano)* healthy. 2. *fig (provechoso)* beneficial.

saludar *vt* to greet; (MIL) to salute; **saluda a Ana de mi parte** give my regards to Ana; **le saluda atentamente** yours faithfully. ◆ **saludarse** *vpr* to greet one another.

saludo *m* greeting; (MIL) salute; **Ana te manda ~s** *(en cartas)* Ana sends you her regards; *(al teléfono)* Ana says hello; **un ~ afectuoso** *(en cartas)* yours sincerely.

salva *f* (MIL) salvo; **una ~ de aplausos** *fig* a round of applause.

salvación *f* 1. *(remedio)*: **no tener ~** to be beyond hope. 2. *(rescate)* rescue. 3. (RELIG) salvation.

salvado *m* bran.

salvador, -ra *m y f (persona)* saviour. ◆ **Salvador** *m* (GEOGR): **El Salvador** El Salvador.

salvadoreño, -ña *adj, m y f* Salvadoran.

salvaguardar *vt* to safeguard.

salvaje ◇ *adj* 1. *(gen)* wild. 2. *(pueblo, tribu)* savage. ◇ *m y f* 1. *(primitivo)* savage. 2. *(bruto)* maniac.

salvamanteles *m inv (llano)* table mat; *(con pies)* trivet.

salvamento *m* rescue, saving; **equipo de ~** rescue team.

salvar *vt* 1. *(gen &* INFORM*)* to save 2. *(rescatar)* to rescue. 3. *(superar - moralmente)* to overcome; *(- físicamente)* to go over o around. 4. *(recorrer)* to cover. 5. *(exceptuar)*: **salvando algunos detalles** except for a few details. ◆ **salvarse** *vpr* 1. *(librarse)* to escape 2. (RELIG) to be saved.

salvavidas ◇ *adj inv* life *(antes de sust)*. ◇ *m (chaleco)* lifejacket; *(flotador)* lifebelt.

salvedad *f* exception.

salvia *f* sage.

salvo, -va *adj* safe; **estar a ~** to be

safe; **poner algo a ~** to put sthg in a safe place. ♦ **salvo** adv except; **~ que** unless.

salvoconducto m safe-conduct, pass.

san adj Saint; **~ José** Saint Joseph.

sanar ◊ vt (persona) to cure; (herida) to heal. ◊ vi (persona) to get better; (herida) to heal.

sanatorio m sanatorium, nursing home.

sanción f (castigo) punishment; (ECON) sanction.

sancionar vt (castigar) to punish.

sandalia f sandal.

sandez f silly thing, nonsense (U)

sandía f watermelon.

sándwich ['sanwitʃ] (pl **sándwiches**) m toasted sandwich.

saneamiento m 1. (higienización - de edificio) disinfection. 2. fig (FIN - de moneda etc) stabilization; (- de economía) putting back on a sound footing.

sanear vt 1. (higienizar - tierras) to drain; (- un edificio) to disinfect. 2. fig (FIN - moneda) to stabilize; (- economía) to put back on a sound footing.

sanfermines mpl festival held in Pamplona when bulls are run through the streets of the town.

sangrar ◊ vi to bleed. ◊ vt 1. (sacar sangre) to bleed. 2. (IMPRENTA) to indent.

sangre f blood; **no llegó la ~ al río** it didn't get too nasty. ♦ **sangre fría** f sangfroid; **a ~ fría** in cold blood

sangría f 1. (bebida) sangria 2. (MED) bloodletting 3. fig (ruina) drain.

sangriento, -ta adj (ensangrentado, cruento) bloody.

sanguijuela f lit & fig leech.

sanguinario, -ria adj bloodthirsty.

sanguíneo, -a adj blood (antes de sust).

sanidad f 1. (salubridad) health, healthiness. 2. (servicio) public health; (ministerio) health department

sanitario, -ria adj health (antes de sust). ♦ **sanitarios** mpl (instalación) bathroom fittings (pl).

San José San José.

sano, -na adj 1. (saludable) healthy; **~ y salvo** safe and sound. 2. (positivo - principios, persona etc) sound; (- ambiente, educación) wholesome 3. (entero) intact

San Salvador San Salvador

santero, -ra adj pious.

Santiago (de Chile) Santiago.

santiamén ♦ **en un santiamén** loc adv fam in a flash.

santidad f saintliness, holiness.

santiguar vt to make the sign of the cross over. ♦ **santiguarse** vpr (persignarse) to cross o.s.

santo, -ta ◊ adj 1. (sagrado) holy. 2. (virtuoso) saintly. 3. fam fig (dichoso) damn; **todo el ~ día** all day long. ◊ m y f (RELIG) saint ♦ **santo** m 1. (onomástica) saint's day. 2. loc: **¿a ~ de qué?** why on earth? ♦ **santo y seña** m (MIL) password.

Santo Domingo Santo Domingo.

santuario m shrine; fig sanctuary

saña f viciousness, malice.

sapo m toad.

saque m 1. (en fútbol): **~ de banda** throw-in; **~ inicial** o **de centro** kick-off; **~ de esquina/meta** corner/goal kick. 2. (en tenis etc) serve.

saquear vt 1. (rapiñar - ciudad) to sack; (- tienda etc) to loot. 2. fam (vaciar) to ransack.

saqueo m (de ciudad) sacking; (de tienda etc) looting.

sarampión m measles (U).

sarao m (fiesta) party.

sarcasmo m sarcasm.

sarcástico, -ca adj sarcastic.

sarcófago m sarcophagus.

sardana f traditional Catalan dance and music

sardina f sardine; **como ~s en canasta** o **en lata** like sardines.

sardónico, -ca adj sardonic.

sargento m y f (MIL) = sergeant.

sarpullido, salpullido m rash.

sarro m (de dientes) tartar.

sarta f lit & fig string.

sartén f frying pan; **tener la ~ por el mango** to be in control.

sastre, -tra m y f tailor.

sastrería f (oficio) tailoring; (taller) tailor's (shop).

Satanás m Satan.

satélite ◊ m satellite. ◊ adj fig satellite (antes de sust).

satén m satin; (de algodón) sateen.

satinado, -da adj glossy.

sátira f satire.

satírico, -ca ◊ adj satirical. ◊ m y f satirist

satirizar vt to satirize.

satisfacción f satisfaction.

satisfacer vt 1. (gen) to satisfy; (sed) to quench. 2. (deuda, pago) to pay, to settle. 3. (ofensa, daño) to redress. 4. (duda, pregunta) to answer 5. (cum-

plir - requisitos, exigencias) to meet
satisfactorio, -ria *adj* satisfactory.
satisfecho, -cha ◇ *pp* → **satisfacer**.
◇ *adj* satisfied; **~ de sí mismo** self-satisfied; **darse por ~** to be satisfied.
saturar *vt* to saturate. ◆ **saturarse**
vpr: **~se (de)** to become saturated
(with).
saturnismo *m* lead poisoning.
Saturno Saturn.
sauce *m* willow; **~ llorón** weeping
willow.
sauna *f* sauna.
savia *f* sap; *fig* vitality; **~ nueva** *fig*
new blood.
saxo *m (instrumento)* sax.
saxofón, saxófono *m (instrumento)*
saxophone.
saxófono = **saxofón**.
sazón *f* 1. *(madurez)* ripeness; **en ~**
ripe. 2. *(sabor)* seasoning. ◆ **a la**
sazón *loc adv* then, at that time.
sazonado, -da *adj* seasoned.
sazonar *vt* to season.
scanner = **escáner**.
schilling = **chelín**.
scout [es'kaut] *(pl scouts) m* scout.
se *pron pers* 1. *(reflexivo) (de personas)*
himself *(f herself)*, *(pl)* themselves;
(usted mismo) yourself, *(pl)* yourselves;
(de cosas, animales) itself, *(pl)* themselves; **~ está lavando, está laván-
do~** she is washing (herself); **~ lavó
los dientes** she cleaned her teeth;
espero que ~ diviertan I hope you
enjoy yourselves; **el perro ~ lame** the
dog is licking itself; **~ lame la herida**
it's licking its wound; **~ levantaron y
~ fueron** they got up and left
2. *(reflexivo impersonal)* oneself; **hay
que afeitar~ todos los días** one has
to shave every day, you have to shave
every day. 3. *(recíproco)* each other,
one another; **~ aman** they love each
other; **~ escriben cartas** they write to
each other 4. *(en construcción pasiva)*:
~ ha suspendido la reunión the
meeting has been cancelled; **'~ prohíbe fumar'** 'no smoking'; **'~ habla
inglés'** 'English spoken'. 5. *(impersonal)*: **en esta sociedad ya no ~
respeta a los ancianos** in our society
old people are no longer respected; **~
dice que ...** it is said that ..., people
say that ... 6. *(en vez de 'le' o 'les' antes
de 'lo', 'la', 'los' o 'las') (complemento
indirecto)* *(gen)* to him *(f to her)*, *(pl)* to
them; *(de cosa, animal)* to it, *(pl)* to
them; *(usted, ustedes)* to you; **~ lo dio**
he gave it to him/her *etc;* **~ lo dije,**

pero no me hizo caso I told her, but
she didn't listen; **si usted quiere, yo
~ lo arreglo en un minuto** if you like,
I'll sort it out for you in a minute.
sé 1. → **saber**. 2. → **ser**.
sebo *m* fat; *(para jabón, velas)* tal-
low.
secador *m* dryer; **~ de pelo** hairdryer.
secadora *f* clothes ○ tumble dryer.
secar *vt* 1. *(desecar)* to dry. 2. *(enjugar)* to wipe away; *(con fregona)* to
mop up. ◆ **secarse** *vpr (gen)* to dry
up; *(ropa, vajilla, suelo)* to dry.
sección *f* 1. *(gen & GEOM)* section.
2. *(departamento)* department.
seccionar *vt* 1. *(cortar)* to cut; *(TECN)*
to section. 2. *(dividir)* to divide (up).
secesión *f* secession.
seco, -ca *adj* 1. *(gen)* dry; *(plantas,
flores)* withered; *(higos, pasas)* dried;
lavar en ~ to dry-clean. 2. *(tajante)*
brusque. 3. *loc:* **parar en ~** to stop
dead. ◆ **a secas** *loc adv* simply, just;
llámame Juan a secas just call me
Juan.
secretaría *f* 1. *(oficina, lugar)* secretary's office. 2. *(organismo)* secretariat.
secretariado *m* (EDUC) secretarial
skills *(pl)*.
secretario, -ria *m y f* secretary.
secreto, -ta *adj (gen)* secret; *(tono)*
confidential; **en ~** in secret ◆ **secreto** *m* 1. *(gen)* secret. 2. *(sigilo)* secrecy.
secta *f* sect
sector *m* 1. *(gen)* sector; *(grupo)*
group. 2. *(zona)* area.
secuaz *m y f despec* minion.
secuela *f* consequence.
secuencia *f* sequence.
secuestrador, -ra *m y f* kidnapper.
secuestrar *vt* 1. *(raptar)* to kidnap.
2. *(avión)* to hijack. 3. *(embargar)* to
seize.
secuestro *m* 1. *(rapto)* kidnapping.
2. *(de avión, barco)* hijack. 3. *(de bienes
etc)* seizure, confiscation.
secular *adj* 1. *(seglar)* secular, lay.
2. *(centenario)* age-old.
secundar *vt* to support, to back (up);
(propuesta) to second.
secundario, -ria *adj* secondary.
sed ◇ *v* → **ser**. ◇ *f* thirst; **tener ~** to
be thirsty; **~ de** *fig* thirst for.
seda *f* silk.
sedal *m* fishing line.
sedante ◇ *adj* (MED) sedative; *(música)* soothing. ◇ *m* sedative.
sede *f* 1. *(emplazamiento)* headquarters *(pl)*; *(de gobierno)* seat; **~ social**

head office. 2. (RELIG) see. ◆ **Santa Sede** f: la Santa Sede the Holy See.

sedentario, -ria adj sedentary.

sedición f sedition.

sediento, -ta adj 1. (de agua) thirsty. 2. fig (deseoso): ~ de hungry for.

sedimentar vt to deposit. ◆ **sedimentarse** vpr (líquido) to settle.

sedimento m 1. (poso) sediment. 2. (GEOL) deposit. 3. fig (huella) residue.

sedoso, -sa adj silky.

seducción f 1. (cualidad) seductiveness. 2. (acción - gen) attraction, charm; (- sexual) seduction.

seducir vt 1. (atraer) to attract, to charm; (sexualmente) to seduce. 2. (persuadir): ~ a alguien para que haga algo to tempt sb to do sthg.

seductor, -ra ◇ adj (gen) charming; (sexualmente) seductive; (persuasivo) tempting. ◇ m y f seducer.

segador, -ra m y f (agricultor) reaper.

segar vt 1. (AGR) to reap. 2. (cortar) to cut off. 3. fig (truncar) to put an end to.

seglar m lay person.

segmento m 1. (GEOM & ZOOL) segment. 2. (trozo) piece.

segregación f 1. (separación, discriminación) segregation; ~ racial racial segregation. 2. (secreción) secretion.

segregar vt 1. (separar, discriminar) to segregate. 2. (secretar) to secrete.

seguidilla f 1. (gen pl) (baile) traditional Spanish dance. 2. (cante) mournful flamenco song.

seguido, -da adj 1. (consecutivo) consecutive; diez años ~s ten years in a row. 2. (sin interrupción - gen) one after the other; (- línea, pitido etc) continuous. ◆ **seguido** adv 1. (inmediatamente después) straight after. 2. (en línea recta) straight on. ◆ **en seguida** loc adv straight away, at once; en seguida nos vamos we're going in a minute.

seguidor, -ra m y f follower.

seguimiento m (de noticia) following; (de clientes) follow-up.

seguir ◇ vt 1. (gen) to follow. 2. (perseguir) to chase. 3. (reanudar) to continue, to resume. ◇ vi 1. (sucederse): ~ a algo to follow sthg; a la tormenta siguió la lluvia the storm was followed by rain. 2. (continuar) to continue, to go on; ¡sigue! ¡no te pares! go o carry on, don't stop!; sigo trabajando en la fábrica I'm still working at the factory; debes ~ haciéndolo you should keep on o carry on doing

it; sigo pensando que está mal I still think it's wrong; sigue enferma/en el hospital she's still ill/at the hospital. ◆ **seguirse** vpr to follow; ~se de algo to follow o be deduced from sthg; de esto se sigue que estás equivocado it therefore follows that you are wrong.

según ◇ prep 1. (de acuerdo con) according to; ~ su opinión, ha sido un éxito in his opinion o according to him, it was a success; ~ yo/tú etc in my/your etc opinion. 2. (dependiendo de) depending on; ~ la hora que sea depending on the time. ◇ adv 1. (como) (just) as; todo permanecía ~ lo recordaba everything was just as she remembered it; actuó ~ se le recomendó he did as he had been advised. 2. (a medida que) as; entrarás en forma ~ vayas entrenando you'll get fit as you train. 3. (dependiendo): ¿te gusta la música? – ~ ~ do you like music? – it depends; lo intentaré ~ esté de tiempo I'll try to do it, depending on how much time I have. ◆ **según que** loc adv depending on whether. ◆ **según qué** loc adj certain; ~ qué días la clase es muy aburrida some days the class is really boring.

segunda → segundo.

segundero m second hand.

segundo, -da ◇ núm adj second. ◇ núm m y f 1. (en orden): el ~ the second one; llegó el ~ he came second. 2. (mencionado antes): vinieron Pedro y Juan, el ~ con … Pedro and Juan arrived, the latter with … 3. (ayudante) number two; ~ de abordo (NÁUT) first mate. ◆ **segundo** m 1. (gen) second. 2. (piso) second floor. ◆ **segunda** f 1. (AUTOM) second (gear). 2. (AERON & FERROC) second class 3. (DEP) second division. ◆ **con segundas** loc adv with an ulterior motive.

seguramente adv probably; ~ iré, pero aún no lo sé the chances are I'll go, but I'm not sure yet.

seguridad f 1. (fiabilidad, ausencia de peligro) safety; (protección, estabilidad) security; de ~ (cinturón, cierre) safety (antes de sust); (puerta, guardia) security (antes de sust); ~ vial road safety. 2. (certidumbre) certainty; con ~ for sure, definitely. 3. (confianza) confidence; ~ en sí mismo self-confidence. ◆ **Seguridad Social** f Social Security.

seguro, -ra adj 1. (fiable, sin peligro) safe; (protegido, estable) secure. 2.

(infalible - prueba, negocio etc) reliable.
3. *(confiado)* sure; **estar ~ de algo** to
be sure about sthg. 4. *(induda-
ble - nombramiento, fecha etc)* definite,
certain; **tener por ~ que** to be sure
that. ◆ **seguro** ◇ *m* 1. *(contrato)* insurance *(U)*; **~ a todo riesgo/a terceros**
comprehensive/third party insurance;
~ de incendios/de vida fire/life insurance; **~ de paro ○ de desempleo**
unemployment benefit; **~ del coche**
car insurance; **~ mutuo** joint insurance. 2. *(dispositivo)* safety device; *(de
armas)* safety catch. 3. *Méx (imperdible)* safety pin. ◇ *adv* for sure, definitely; **~ vendrá** she's bound to come.
seis ◇ *núm adj inv* 1. *(para contar)* six;
tiene ~ años she's six (years old).
2. *(para ordenar)* (number) six; **la
página ~** page six. ◇ *núm m* 1.
(número) six; **el ~** number six; **doscientos ~** two hundred and six; **treinta y ~** thirty-six. 2. *(en fechas)* sixth; **el
~ de agosto** the sixth of August 3. *(en
direcciones)*: **calle Mayor (número) ~**
number six calle Mayor. 4. *(en naipes)*
six; **el ~ de diamantes** the six of
diamonds; **echar ○ tirar un ~** to play
a six. ◇ *núm mpl* 1. *(referido a grupos)*:
invité a diez y sólo vinieron ~ I
invited ten and only six came along;
somos ~ there are six of us; **de ~ en ~**
in sixes; **los ~** the six of them. 2. *(en
temperaturas)*: **estamos a ~ bajo cero**
the temperature is six below zero.
3. *(en puntuaciones)*: **empatar a ~** to
draw six all; **~ a cero** six-nil. ◇ *núm fpl
(hora)*: **las ~** six o'clock; **son las ~** it's
six o'clock.
seiscientos, -tas *núm* six hundred;
ver también **seis**.
seísmo *m* earthquake.
selección *f* 1. *(gen)* selection; *(de personal)* recruitment. 2. *(equipo)* team; **~
nacional** national team.
seleccionador, -ra *m y f* 1. (DEP)
selector, ≃ manager. 2. *(de personal)*
recruiter.
seleccionar *vt* to pick, to select.
selectividad *f (examen)* university
entrance examination.
selectivo, -va *adj* selective.
selecto, -ta *adj* 1. *(excelente)* fine,
excellent. 2. *(escogido)* exclusive,
select.
self-service *m inv* self-service restaurant.
sellar *vt* 1. *(timbrar)* to stamp. 2.
(lacrar) to seal.
sello *m* 1. *(gen)* stamp. 2. *(tampón)*

rubber stamp. 3. *(lacre)* seal. 4. *fig
(carácter)* hallmark.
selva *f (gen)* jungle; *(bosque)* forest.
semáforo *m* traffic lights *(pl)*.
semana *f* week; **entre ~** during the
week; **~ laboral** working week.
◆ **Semana Santa** *f* Easter; (RELIG)
Holy Week.
semanal *adj* weekly.
semanario, -ria *adj* weekly.
◆ **semanario** *m (publicación semanal)*
weekly.
semántico, -ca *adj* semantic. ◆ **se-
mántica** *f* semantics *(U)*.
semblante *m* countenance, face.
semblanza *f* portrait, profile.
sembrado, -da *adj fig (lleno)*: **~ de**
scattered ○ plagued with.
sembrar *vt* 1. *(plantar)* to sow. 2. *fig
(llenar)* to scatter 3. *fig (confusión,
pánico etc)* to sow.
semejante ◇ *adj* 1. *(parecido)*: **~ (a)**
similar (to) 2. *(tal)* such; **jamás acep-
taría ~ invitación** I would never
accept such an invitation. ◇ *m (gen pl)*
fellow (human) being.
semejanza *f* similarity.
semejar *vt* to resemble. ◆ **seme-
jarse** *vpr* to be alike.
semen *m* semen.
semental *m* stud; *(caballo)* stallion.
semestral *adj* half-yearly, six-
monthly.
semestre *m* period of six months, semester *Am*; **cada ~** every six months.
semidirecto ◇ *adj* express. ◇ *m →*
tren.
semifinal *f* semifinal.
semilla *f* seed.
seminario *m* 1. *(escuela para sacerdo-
tes)* seminary. 2. (EDUC - *curso, conferencia)* seminar; *(- departamento)* department.
sémola *f* semolina.
Sena *m*: **el ~** the (river) Seine.
senado *m* senate.
senador, -ra *m y f* senator.
sencillez *f* 1. *(facilidad)* simplicity.
2. *(modestia)* unaffectedness 3. *(discreción)* plainness.
sencillo, -lla *adj* 1. *(fácil, sin lujo,
llano)* simple. 2. *(campechano)* unaf-
fected. 3. *(billete, unidad etc)* single.
◆ **sencillo** *m* 1. *(disco)* single. 2. *Amer
fam (cambio)* loose change.
senda *f*, **sendero** *m* path.
senderismo *m* hillwalking, hiking.
sendos, -das *adj pl* each, respective;
llegaron los dos con ~ paquetes

they arrived each carrying a parcel.
Senegal: (el) ~ Senegal.
senil adj senile.
senior (pl **seniors**) adj & m senior.
seno m 1. (pecho) breast. 2. (pechera) bosom; **en el ~ de** fig within. 3. (útero): ~ (**materno**) womb. 4. fig (amparo, cobijo) refuge, shelter. 5. (ANAT) (de la nariz) sinus.
sensación f 1. (percepción) feeling, sensation. 2. (efecto) sensation. 3. (premonición) feeling.
sensacional adj sensational.
sensacionalista adj sensationalist.
sensatez f wisdom, common sense.
sensato, -ta adj sensible.
sensibilidad f 1. (perceptibilidad) feeling. 2. (sentimentalismo) sensitivity. 3. (don especial) feel. 4. (de emulsión fotográfica, balanza etc) sensitivity.
sensibilizar vt 1. (concienciar) to raise the awareness of 2. (FOT) to sensitize
sensible adj 1. (gen) sensitive 2. (evidente) perceptible; (pérdida) significant.
sensiblero, -ra adj despec mushy, sloppy.
sensitivo, -va adj 1. (de los sentidos) sensory. 2. (receptible) sensitive.
sensor m sensor.
sensorial adj sensory.
sensual adj sensual.
sentado, -da adj 1. (en asiento) seated; **estar ~** to be sitting down. 2. (establecido): **dar algo por ~** to take sthg for granted; **dejar ~ que ...** to make it clear that ...
sentar ◇ vt 1. (en asiento) to seat, to sit. 2. (establecer) to establish. ◇ vi 1. (ropa, color) to suit. 2. (comida): ~ **bien/mal a alguien** to agree/disagree with sb. 3. (vacaciones, medicamento): ~ **bien a alguien** to do sb good. 4. (comentario, consejo): **le sentó mal** it upset her; **le sentó bien** she appreciated it. ◆ **sentarse** vpr to sit down.
sentencia f 1. (DER) sentence. 2. (proverbio, máxima) maxim.
sentenciar vt (DER): ~ (**a alguien a algo**) to sentence (sb to sthg).
sentido, -da adj (profundo) heartfelt. ◆ **sentido** m 1. (gen) sense; **tener ~** to make sense; ~ **común** common sense; ~ **del humor** sense of humour; **sexto ~** sixth sense. 2. (conocimiento) consciousness; **perder/recobrar el ~** to lose/regain consciousness. 3. (significado) meaning, sense; **sin ~** (ilógico) meaningless; (inútil, irrelevante) pointless; **doble ~** double meaning

4. (dirección) direction; **de ~ único** one-way.
sentimental adj sentimental.
sentimentaloide adj mushy, sloppy.
sentimiento m 1. (gen) feeling. 2. (pena, aflicción): **le acompaño en el ~** my deepest sympathy.
sentir ◇ vt 1. (gen) to feel. 2. (lamentar) to regret, to be sorry about; **siento que no puedas venir** I'm sorry you can't come; **lo siento (mucho)** I'm (really) sorry. 3. (oír) to hear. ◇ vi to feel; **sin ~** fig without noticing. ◇ m feelings (pl), sentiments (pl). ◆ **sentirse** vpr to feel; **me siento mareada** I feel sick.
seña f (gesto, indicio, contraseña) sign, signal ◆ **señas** fpl 1. (dirección) address (sg); ~s **personales** (personal) description (sg). 2. (gesto, indicio) signs; **dar ~s de algo** to show signs of sthg; (hablar) **por ~s** (to talk) in sign language; **hacer ~s (a alguien)** to signal (to sb). 3. (detalle) details; **para o por más ~s** to be precise.
señal f 1. (gen & TELECOM) signal; (de teléfono) tone; ~ **de alarma/salida** alarm/starting signal. 2. (indicio, símbolo) sign; **dar ~es de vida** to show signs of life; ~ **de la Cruz** sign of the Cross; ~ **de tráfico** road sign; **en ~ de** as a mark o sign of. 3. (marca, huella) mark; **no dejó ni ~** she didn't leave a trace. 4. (cicatriz) scar, mark 5. (fianza) deposit.
señalado, -da adj (importante - fecha) special; (- personaje) distinguished.
señalar vt 1. (marcar, denotar) to mark; (hora, temperatura etc) to indicate, to say. 2. (indicar - con el dedo, con un comentario) to point out. 3. (fijar) to set, to fix.
señalización f 1. (conjunto de señales) signs (pl). 2. (colocación de señales) signposting.
señalizar vt to signpost.
señor, -ra adj (refinado) noble, refined. ◆ **señor** m 1. (tratamiento - antes de nombre, cargo) Mr; (- al dirigir la palabra) Sir; **el ~ López** Mr López; **¡~ presidente!** Mr President!; **¿qué desea el ~?** what would you like, Sir?; **Muy ~ mío** (en cartas) Dear Sir 2. (hombre) man. 3. (caballero) gentleman. 4. (dueño) owner. 5. (amo - de criado) master. ◆ **señora** f 1. (tratamiento - antes de nombre, cargo) Mrs; (- al dirigir la palabra) Madam; **la señora López** Mrs López; **¡señora**

presidenta! Madam President!; ¿qué desea la señora? what would you like, Madam?; ¡señoras y ~es! ... Ladies and Gentlemen! ...; Estimada señora (en cartas) Dear Madam. 2. (mujer) lady. 3. (dama) lady. 4. (dueña) owner. 5. (ama - de criado) mistress. 6. (esposa) wife. ◆ señores mpl (matrimonio): los ~es Ruiz Mr & Mrs Ruiz.

señoría f lordship (f ladyship).

señorial adj (majestuoso) stately.

señorío m 1. (dominio) dominion, rule. 2. (distinción) nobility.

señorito, -ta adj fam despec (refinado) lordly ◆ señorito m 1. desus (hijo del amo) master. 2. fam despec (niñato) rich kid. ◆ señorita f 1. (soltera, tratamiento) Miss 2. (joven) young lady. 3. (maestra): la ~ miss, the teacher. 4. desus (hija del amo) mistress

señuelo m 1. (reclamo) decoy. 2. fig (trampa) bait, lure.

sepa → saber.

separación f 1. (gen) separation. 2. (espacio) space, distance.

separado, -da adj 1. (gen) separate; está muy ~ de la pared it's too far away from the wall; por ~ separately. 2. (del cónyuge) separated.

separar vt 1. (gen) to separate; ~ algo de to separate sthg from. 2. (desunir) to take off, to remove. 3. (apartar - silla etc) to move away. 4. (reservar) to put aside. 5. (destituir): ~ de to remove o dismiss from. ◆ separarse vpr 1. (apartarse) to move apart. 2. (ir por distinto lugar) to part company. 3. (matrimonio): ~se (de alguien) to separate (from sb). 4. (desprenderse) to come away o off.

separatismo m separatism.

separo m Méx cell.

sepia f (molusco) cuttlefish.

septentrional adj northern.

septiembre, setiembre m September; el 1 de ~ the 1st of September; uno de los ~s más lluviosos de la última década one of the rainiest Septembers in the last decade; a principios/mediados/finales de ~ at the beginning/in the middle/at the end of September; el pasado/próximo (mes de) ~ last/next September; en ~ in September; en pleno ~ in mid-September; este (mes de) ~ (pasado) (this) last September; (próximo) next September, this coming September; para ~ by September.

séptimo, -ma, sétimo, -ma núm seventh.

septuagésimo, -ma núm seventieth.

sepulcral adj fig (profundo - voz, silencio) lugubrious, gloomy.

sepulcro m tomb.

sepultar vt to bury

sepultura f 1. (enterramiento) burial. 2. (fosa) grave.

sepulturero, -ra m y f gravedigger.

sequedad f 1. (falta de humedad) dryness. 2. fig (antipatía) brusqueness.

sequía f drought

séquito m (comitiva) retinue, entourage.

ser ◇ vaux (antes de participio forma la voz pasiva) to be; fue visto por un testigo he was seen by a witness. ◇ v copulativo 1. (gen) to be; es alto/gracioso he is tall/funny; es azul/difícil it's blue/difficult; es un amigo/el dueño he is a friend/the owner. 2. (empleo, dedicación) to be; soy abogado/actriz I'm a lawyer/an actress; son estudiantes they're students. ◇ vi 1. (gen) to be; fue aquí it was here; lo importante es decidirse the important thing is to reach a decision; ~ de (estar hecho de) to be made of; (provenir de) to be from; (ser propiedad de) to belong to; (formar parte de) to be a member of; ¿de dónde eres? where are you from?; los juguetes son de mi hijo the toys are my son's 2. (con precios, horas, números) to be; ¿cuánto es? how much is it?; son 300 pesetas that'll be 300 pesetas; ¿qué (día) es hoy? what day is it today?; mañana será 15 de julio tomorrow (it) will be the 15th of July; ¿qué hora es? what time is it?, what's the time?; son las tres (de la tarde) it's three o'clock (in the afternoon), it's three (pm). 3. (servir, ser adecuado): ~ para to be for; este trapo es para (limpiar) las ventanas this cloth is for (cleaning) the windows; este libro es para niños this book is (meant) for children 4. (uso partitivo): ~ de los que ... to be one of those (people) who ...; ése es de los que están en huelga he is one of those on strike. ◇ v impers 1. (expresa tiempo) to be; es muy tarde it's rather late; era de noche/de día it was night/day 2. (expresa necesidad, posibilidad): es de desear que ... it is to be hoped that ...; es de suponer que aparecerá presumably, he'll turn up 3. (expresa motivo): es

que no vine porque estaba enfermo the reason I didn't come is that I was ill. **4.** *loc*: **a no ~ que** unless; **como sea** somehow or other; **de no ~ por** had it not been for; **érase una vez, érase que se era** once upon a time; **no es para menos** not without reason; **o sea** that is (to say), I mean; **por si fuera poco** as if that wasn't enough. ◇ *m (ente)* being; **~ humano/vivo** human/living being.

SER *(abrev de Sociedad Española de Radiodifusión) f Spanish independent radio company*

Serbia Serbia

serenar *vt (calmar)* to calm. ◆ **serenarse** *vpr* **1.** *(calmarse)* to calm down. **2.** *(estabilizarse - tiempo)* to clear up; *(- aguas)* to grow calm.

serenata *f* (MÚS) serenade.

serenidad *f* **1.** *(tranquilidad)* calm. **2.** *(quietud)* tranquility

sereno, -na *adj* calm. ◆ **sereno** *m (vigilante)* night watchman.

serial *m* serial.

serie *f* **1.** *(gen & TV)* series *(sg)*; *(de hechos, sucesos)* chain; *(de mentiras)* string. **2.** *(de sellos, monedas)* set. **3.** *loc*: **ser un fuera de ~** to be unique. ◆ **de serie** *loc adj (equipamiento)* (fitted) as standard. ◆ **en serie** *loc adv (fabricación)*: **fabricar en ~** to mass-produce.

seriedad *f* **1.** *(gravedad)* seriousness. **2.** *(responsabilidad)* sense of responsibility. **3.** *(formalidad - de persona)* reliability.

serio, -ria *adj* **1.** *(gen)* serious; **estar ~** to look serious. **2.** *(responsable, formal)* responsible. **3.** *(sobrio)* sober. ◆ **en serio** *loc adv* seriously; **lo digo en ~** I'm serious; **tomar(se) algo/a alguien en ~** to take sthg/sb seriously.

sermón *m lit & fig* sermon.

seropositivo, -va (MED) ◇ *adj* HIV-positive. ◇ *m y f* HIV-positive person.

serpentear *vi* **1.** *(río, camino)* to wind **2.** *(culebra)* to wriggle.

serpentina *f* streamer.

serpiente *f (culebra)* snake; (LITER) serpent.

serranía *f* mountainous region.

serrano, -na *adj* **1.** *(de la sierra)* mountain *(antes de sust)*. **2.** *(jamón)* cured.

serrar *vt* to saw (up).

serrín *m* sawdust.

serrucho *m* handsaw.

servicial *adj* attentive, helpful.

servicio *m* **1.** *(gen)* service; **~ de** **prensa** press department; **~ de mesa** dinner service; **~ militar** military service; **~ de té** tea set; **~ de urgencias** accident and emergency department *Br*, emergency room *Am*. **2.** *(servidumbre)* servants *(pl)*. **3.** *(turno)* duty. **4.** *(gen pl) (WC)* toilet, lavatory. **5.** (DEP) serve, service.

servidor, -ra *m y f* **1.** *(en cartas)*: **su seguro ~** yours faithfully. **2.** *(yo)* yours truly, me. ◆ **servidor** *m* (INFORM) server.

servidumbre *f* **1.** *(criados)* servants *(pl)*. **2.** *(dependencia)* servitude.

servil *adj* servile

servilleta *f* serviette, napkin.

servilletero *m* serviette ○ napkin ring.

servir ◇ *vt* to serve; **sírvanos dos cervezas** bring us two beers; **¿te sirvo más patatas?** would you like some more potatoes?; **¿en qué puedo ~le?** what can I do for you? ◇ *vi* **1.** *(gen)* to serve; **~ en el gobierno** to be a government minister **2.** *(valer, ser útil)* to serve, to be useful; **no sirve para estudiar** he's no good at studying; **de nada sirve que se lo digas** it's no use telling him; **~ de algo** to serve as sthg. ◆ **servirse** *vpr* **1.** *(aprovecharse)*: **~se de** to make use of; **sírvase llamar cuando quiera** please call whenever you want. **2.** *(comida, bebida)* to help o.s.

sésamo *m* sesame.

sesenta *núm* sixty; **los (años) ~** the sixties; *ver también* **seis**.

sesgo *m* **1.** *(oblicuidad)* slant. **2.** *fig (rumbo)* course, path.

sesión *f* **1.** *(reunión)* meeting, session; (DER) sitting, session. **2.** *(proyección, representación)* show, performance; **~ continua** continuous showing; **~ matinal** matinée; **~ de tarde** afternoon matinée; **~ de noche** evening showing. **3.** *(periodo)* session

seso *m (gen pl)* **1.** *(cerebro)* brain. **2.** *(sensatez)* brains *(pl)*, sense; **sorber el ~ ○ los ~s a alguien** to brainwash sb.

sesudo, -da *adj (inteligente)* brainy.

set *(pl* sets*) m* (DEP) set.

seta *f* mushroom; **~ venenosa** toadstool.

setecientos, -tas *núm* seven hundred; *ver también* **seis**.

setenta *núm* seventy; **los (años) ~** the seventies; *ver también* **seis**.

setiembre = **septiembre**.

sétimo, -ma = **séptimo**.

seto *m* fence; **~ vivo** hedge.

seudónimo = **pseudónimo**.

severidad f 1. (rigor) severity. 2. (intransigencia) strictness.

severo, -ra adj 1. (castigo) severe, harsh. 2. (persona) strict.

Sevilla Seville.

sevillano, -na adj, m y f Sevillian. ◆ **sevillanas** fpl Andalusian dance and song.

sexagésimo, -ma núm sixtieth.

sexi, sexy (pl sexys) adj sexy.

sexista adj, m y f sexist.

sexo m (gen) sex.

sexteto m (MÚS) sextet.

sexto, -ta núm sixth.

sexual adj (gen) sexual; (educación, vida) sex (antes de sust).

sexualidad f sexuality.

sexy adj= **sexi**.

sha [sa, ʃa] m shah.

shock = **choc**.

shorts [ʃorts] mpl shorts.

show [ʃou] (pl shows) m show.

si¹ (pl sis) m (MÚS) B; (en solfeo) ti.

si² conj 1. (condicional) if; ~ **viene él yo me voy** if he comes, then I'm going; ~ **hubieses venido te habrías divertido** if you had come, you would have enjoyed yourself. 2. (en oraciones interrogativas indirectas) if, whether; **ignoro** ~ **lo sabe** I don't know if o whether she knows. 3. (expresa protesta) but; **¡~ te dije que no lo hicieras!** but I told you not to do it!

sí (pl **síes**) ◇ adv 1. (afirmación) yes; **¿vendrás?** - ~, **iré** will you come? - yes, I will; **claro que** ~ of course yes; **creo que** ~ I think so; **¿están de acuerdo?** - **algunos** ~ do they agree? - some do. 2. (uso enfático): ~ **que** really, certainly; ~ **que me gusta** I really o certainly like it. 3. loc: **no creo que puedas hacerlo** - **¡a que** ~! I don't think you can do it - I bet I can!; **porque** ~ (sin razón) because (I/you etc felt like it); **¿~?** (incredulidad) really? ◇ pron pers 1. (reflexivo) (de personas) himself (f herself), (pl) themselves; (usted) yourself, (pl) yourselves; (de cosas, animales) itself, (pl) themselves; **lo quiere todo para** ~ (**misma**) she wants everything for herself; **se acercó la silla hacia** ~ he drew the chair nearer (himself); **de (por)** ~ (cosa) in itself. 2. (reflexivo impersonal) oneself; **cuando uno piensa en** ~ **mismo** when one thinks about oneself, when you think about yourself. ◇ m consent; **dar el** ~ to give one's consent.

siamés, -esa adj Siamese. ◆ **siamés** m (gato) Siamese.

Siberia: (la) ~ Siberia.

Sicilia Sicily.

sicoanálisis etc = **psicoanálisis**.

sicodélico, -ca = **psicodélico**.

sicología etc = **psicología**.

sicópata = **psicópata**.

sicosis = **psicosis**.

sicosomático, -ca = **psicosomático**.

sida (abrev de **síndrome de inmunodeficiencia adquirida**) m AIDS.

siderurgia f iron and steel industry.

siderúrgico, -ca adj iron and steel (antes de sust).

sidra f cider.

siega f 1. (acción) reaping, harvesting 2. (época) harvest (time)

siembra f 1. (acción) sowing. 2. (época) sowing time.

siempre adv 1. (gen) always; **como** ~ as usual; **de** ~ usual; **lo de** ~ the usual; **somos amigos de** ~ we've always been friends; **es así desde** ~ it has always been that way; **para** ~, **para** ~ **jamás** for ever and ever. 2. Amer (sin duda) really. ◆ **siempre que** loc conj 1. (cada vez que) whenever. 2. (con tal de que) provided that, as long as. ◆ **siempre y cuando** loc conj provided that, as long as.

sien f temple.

sienta etc 1. → **sentar**. 2. → **sentir**.

sierra f 1. (herramienta) saw. 2. (cordillera) mountain range. 3. (región montañosa) mountains (pl).

siervo, -va m y f 1. (esclavo) serf. 2. (RELIG) servant.

siesta f siesta, nap; **dormir** o **echarse la** ~ to have an afternoon nap.

siete ◇ núm seven; ver también **seis**. ◇ f CSur fig: **de la gran** ~ amazing; **¡la gran** ~! good heavens!

sífilis f inv syphilis.

sifón m 1. (agua carbónica) soda (water). 2. (tubo) siphon

sig. = **s**.

sigilo m (gen) secrecy; (al robar, escapar) stealth.

sigiloso, -sa adj (discreto) secretive; (al robar, escapar) stealthy.

siglas fpl acronym.

siglo m 1. (cien años) century; **el** ~ **XX** the 20th century. 2. fig (mucho tiempo): **hace** ~**s que no la veo** I haven't seen her for ages.

signatura f 1. (en biblioteca) catalogue number. 2. (firma) signature.

significación f 1. (importancia) sig-

sindical

nificance. **2.** *(significado)* meaning.
significado, -da *adj* important.
♦ **significado** *m (sentido)* meaning.
significar ◊ *vt* **1.** *(gen)* to mean.
2. *(expresar)* to express. ◊ *vi (tener
importancia)*: **no significa nada para
mí** it means nothing to me.
significativo, -va *adj* significant.
signo *m* **1.** *(gen)* sign; ~ **de multi-
plicar/dividir** multiplication/division
sign; ~ **del zodiaco** sign of the zodiac.
2. *(en la escritura)* mark; ~ **de admi-
ración/interrogación** exclamation/
question mark. **3.** *(símbolo)* symbol.
sigo *etc* → **seguir**
siguiente ◊ *adj* **1.** *(en el tiempo, espacio)* next. **2.** *(a continuación)* following.
◊ *m y f* **1.** *(el que sigue):* **el** ~ the next
one; **¡el ~!** next, please! **2.** *(lo que
sigue):* **lo** ~ the following.
sílaba *f* syllable.
silabear *vt* to spell out syllable by
syllable.
silbar ◊ *vt* **1.** *(gen)* to whistle. **2.**
(abuchear) to hiss. ◊ *vi* **1.** *(gen)* to
whistle. **2.** *(abuchear)* to hiss. **3.** *fig
(oídos)* to ring.
silbato *m* whistle.
silbido, silbo *m* **1.** *(gen)* whistle.
2. *(para abuchear, del serpiente)* hiss,
hissing *(U)*.
silenciador *m* silencer.
silenciar *vt* to hush up, to keep
quiet.
silencio *m* **1.** *(gen)* silence; **guardar** ~
(sobre algo) to keep silent (about
sthg); **romper el** ~ to break the
silence. **2.** *(MÚS)* rest
silencioso, -sa *adj* silent, quiet.
silicona *f* silicone.
silla *f* **1.** *(gen)* chair; ~ **de ruedas**
wheelchair; ~ **eléctrica** electric chair.
2. *(de caballo):* ~ **(de montar)** saddle.
sillín *m* saddle, seat.
sillón *m* armchair.
silueta *f* **1.** *(cuerpo)* figure. **2.** *(contorno)* outline. **3.** *(dibujo)* silhouette.
silvestre *adj* wild.
simbólico, -ca *adj* symbolic.
simbolizar *vt* to symbolize.
símbolo *m* symbol.
simetría *f* symmetry.
simiente *f culto* seed
símil *m* **1.** *(paralelismo)* similarity,
resemblance. **2.** *(LITER)* simile.
similar *adj*: ~ **(a)** similar (to).
similitud *f* similarity.
simio, -mia *m y f* simian, ape.
simpatía *f* **1.** *(cordialidad)* friendli-

ness **2.** *(cariño)* affection; **coger** ~ **a
alguien** to take a liking to sb; **tener** ~
a, sentir ~ **por** to like. **3.** *(MED)* sympathy.
simpático, -ca *adj* **1.** *(gen)* nice, likeable; *(abierto, cordial)* friendly. **2.** *(anécdota, comedia etc)* amusing, entertaining. **3.** *(reunión, velada etc)* pleasant,
agreeable.
simpatizante *m y f* sympathizer
simpatizar *vi*: ~ **(con)** *(persona)* to
hit it off (with); *(cosa)* to sympathize
(with).
simple ◊ *adj* **1.** *(gen)* simple. **2.**
(fácil) easy, simple **3.** *(único, sin com-
ponentes)* single; **dame una** ~ **razón**
give me one single reason. **4.** *(mero)*
mere; **por** ~ **estupidez** through sheer
stupidity. ◊ *m y f (persona)* simpleton
simplemente *adv* simply.
simpleza *f* **1.** *(de persona)* simple-
mindedness. **2.** *(tontería)* trifle.
simplicidad *f* simplicity.
simplificar *vt* to simplify.
simplista *adj* simplistic.
simposio, simposium *m* symposium.
simulacro *m* simulation; ~ **de combate** mock battle.
simular *vt* **1.** *(sentimiento, desmayo etc)*
to feign; **simuló que no me había
visto** he pretended to have not seen
me. **2.** *(combate, salvamento)* to simulate.
simultáneo, -nea *adj* simultaneous.
sin *prep* without; ~ **alcohol** alcohol-
free; **estoy** ~ **una peseta** I'm penniless; **ha escrito cinco libros** ~ **(contar) las novelas** he has written five
books, not counting his novels; **está** ~
hacer it hasn't been done yet; **estamos** ~ **vino** we're out of wine; ~ **que**
(+ *subjuntivo*) without (+ *gerund*); ~
que nadie se enterara without anyone noticing. ♦ **sin embargo** *conj*
however.
sinagoga *f* synagogue.
sincerarse *vpr*: ~ **(con alguien)** to
open one's heart (to sb).
sinceridad *f* sincerity; *(llaneza, franqueza)* frankness; **con toda** ~ in all
honesty.
sincero, -ra *adj* sincere; *(abierto,
directo)* frank; **para ser** ~ to be honest.
síncope *m* blackout
sincronizar *vt* **1.** *(regular)* to synchronize. **2.** *(FÍS)* to tune.
sindical *adj* (trade) union *(antes de
sust)*.

sindicalista *m y f* trade unionist.

sindicato *m* trade union, labor union *Am.*

síndrome *m* syndrome; ~ **de abstinencia** withdrawal symptoms *(pl)*; ~ **de Down** Down's syndrome; ~ **tóxico** *toxic syndrome caused by ingestion of adulterated rapeseed oil*

sinfín *m* vast number; **un ~ de problemas** no end of problems.

sinfonía *f* symphony.

sinfónico, -ca *adj* symphonic.

Singapur Singapore.

single ['siŋgel] *m* single.

singular ◊ *adj* **1.** *(raro)* peculiar, odd **2.** *(único)* unique. **3.** (GRAM) singular. ◊ *m* (GRAM) singular; **en ~** in the singular.

singularidad *f* **1.** *(rareza, peculiaridad)* peculiarity. **2.** *(exclusividad)* uniqueness.

singularizar *vt* to distinguish, to single out. ◆ **singularizarse** *vpr* to stand out.

siniestro, -tra *adj* **1.** *(perverso)* sinister. **2.** *(desgraciado)* disastrous. ◆ **siniestro** *m* disaster; *(accidente de coche)* accident, crash; *(incendio)* fire.

sinnúmero *m*: **un ~ de** countless.

sino *conj* **1.** *(para contraponer)* but; **no lo hizo él, ~ ella** he didn't do it, she did; **no sólo es listo, ~ también trabajador** he's not only clever but also hardworking. **2.** *(para exceptuar)* except, but; **¿quién ~ tú lo haría?** who else but you would do it?; **no quiero ~ que se haga justicia** I only want justice to be done.

sinónimo, -ma *adj* synonymous. ◆ **sinónimo** *m* synonym.

sinopsis *f inv* synopsis.

síntesis *f inv* synthesis; **en ~** in short.

sintético, -ca *adj (artificial)* synthetic.

sintetizador, -ra *adj* synthesizing. ◆ **sintetizador** *m* synthesizer.

sintetizar *vt* **1.** *(resumir)* to summarize. **2.** *(fabricar artificialmente)* to synthesize.

sintiera *etc* → **sentir**.

síntoma *m* symptom.

sintonía *f* **1.** *(música)* signature tune **2.** *(conexión)* tuning. **3.** *fig (compenetración)* harmony.

sintonizar ◊ *vt (conectar)* to tune in to. ◊ *vi* **1.** *(conectar)*: ~ **(con)** to tune in (to). **2.** *fig (compenetrarse)*: ~ **en algo (con alguien)** to be on the same wavelength (as sb) about sthg.

sinuoso, -sa *adj* **1.** *(camino)* winding. **2.** *(movimiento)* sinuous.

sinvergüenza *m y f* **1.** *(canalla)* rogue. **2.** *(fresco, descarado)* cheeky person.

sionismo *m* Zionism.

siquiatra = **psiquiatra**.

siquiátrico, -ca = **psiquiátrico**.

síquico, -ca = **psíquico**.

siquiera ◊ *conj (aunque)* even if; **ven ~ por pocos días** do come, even if it's only for a few days. ◊ *adv (por lo menos)* at least; **dime ~ tu nombre** (you could) at least tell me your name. ◆ **ni (tan) siquiera** *loc conj* not even; **ni (tan) ~ me hablaron** they didn't even speak to me.

sirena *f* **1.** (MITOLOGÍA) mermaid, siren. **2.** *(señal)* siren.

Siria Syria.

sirimiri *m* drizzle.

sirviente, -ta *m y f* servant.

sisa *f* *(en costura)* dart; *(de manga)* armhole.

sisear *vt & vi* to hiss.

sísmico, -ca *adj* seismic.

sistema *m* **1.** *(gen & INFORM)* system; ~ **monetario/nervioso/solar** monetary/nervous/solar system; ~ **experto/operativo** (INFORM) expert/operating system; ~ **dual** (TV) *system enabling dubbed TV programmes to be heard in the original language*; ~ **métrico (decimal)** metric (decimal) system; ~ **monetario europeo** European Monetary System; ~ **montañoso** mountain chain ○ range; ~ **periódico de los elementos** periodic table of elements. **2.** *(método, orden)* method. ◆ **por sistema** *loc adv* systematically.

Sistema Ibérico *m*: **el ~** the Iberian mountain chain.

sistemático, -ca *adj* systematic.

sistematizar *vt* to systematize.

sitiar *vt (cercar)* to besiege.

sitio *m* **1.** *(lugar)* place; **cambiar de ~ (con alguien)** to change places (with sb); **en otro ~** elsewhere **2.** *(espacio)* room, space; **hacer ~ a alguien** to make room for sb. **3.** *(cerco)* siege. **4.** (INFORM): ~ **Web** website.

situación *f* **1.** *(circunstancias)* situation; *(legal, social)* status. **2.** *(condición, estado)* state, condition. **3.** *(ubicación)* location.

situado, -da *adj* **1.** *(acomodado)* comfortably off. **2.** *(ubicado)* located.

situar *vt* **1.** *(colocar)* to place, to put; *(edificio, ciudad)* to site, to locate. **2.** *(en clasificación)* to place, to rank. **3.**

(localizar) to locate, to find ♦ **situar-se** *vpr* **1.** *(colocarse)* to take up position. **2.** *(ubicarse)* to be located **3.** *(acomodarse, establecerse)* to get o.s. established. **4.** *(en clasificación)* to be placed; **se sitúa entre los mejores** he's (ranked) amongst the best.

skai [es'kai] = **escay**

ski [es'ki] = **esquí**

SL *(abrev de* **sociedad limitada)** *f* ≃ Ltd.

slip [es'lip] = **eslip**

slogan [es'lovan] = **eslogan**.

SME *(abrev de* **sistema monetario europeo)** *m* EMS

smoking [es'mokin] = **esmoquin**.

s/n *abrev de* **sin número**

snob = **esnob**

so ◇ *prep* under; **~ pretexto de** under the pretext of ◇ *adv*: **¡~ tonto!** you idiot! ◇ *interj*: **¡~!** whoa!

sobaco *m* armpit

sobado, -da *adj* **1.** *(cuello, puños etc)* worn, shabby; *(libro)* dog-eared. **2.** *fig (argumento, excusa)* hackneyed. ♦ **sobado** *m* (CULIN) shortcrust pastry.

sobar *vt* **1.** *(tocar)* to finger, to paw **2.** *despec (acariciar, besar)* to touch up.

soberanía *f* sovereignty.

soberano, -na ◇ *adj* **1.** *(independiente)* sovereign **2.** *fig (grande)* massive; *(paliza)* thorough; *(belleza, calidad)* unrivalled. ◇ *m y f* sovereign.

soberbio, -bia *adj* **1.** *(arrogante)* proud, arrogant **2.** *(magnífico)* superb ♦ **soberbia** *f* **1.** *(arrogancia)* pride, arrogance **2.** *(magnificencia)* grandeur

sobornar *vt* to bribe

soborno *m* **1.** *(acción)* bribery. **2.** *(dinero, regalo)* bribe

sobra *f* excess, surplus; **de ~** *(en exceso)* more than enough; *(de más)* superfluous; **lo sabemos de ~** we know it only too well. ♦ **sobras** *fpl (de comida)* leftovers.

sobrado, -da *adj* **1.** *(de sobra)* more than enough, plenty of **2.** *(de dinero)* well off.

sobrante *adj* remaining

sobrar *vi* **1.** *(quedar, restar)* to be left over; **nos sobró comida** we had some food left over. **2.** *(haber de más)* to be more than enough; **parece que van a ~ bocadillos** it looks like there are going to be too many sandwiches **3.** *(estar de más)* to be superfluous; **lo que dices sobra** that goes without saying

sobrasada *f* Mallorcan spiced sausage

sobre¹ *m* **1.** *(para cartas)* envelope

2. *(para alimentos)* sachet, packet

sobre² *prep* **1.** *(encima de)* on (top of); **el libro está ~ la mesa** the book is on (top of) the table. **2.** *(por encima de)* over, above; **el pato vuela ~ el lago** the duck is flying over the lake. **3.** *(acerca de)* about, on; **un libro ~ el amor** a book about o on love; **una conferencia ~ el desarme** a conference on disarmament. **4.** *(alrededor de)* about; **llegarán ~ las diez** they'll arrive at about ten o'clock. **5.** *(acumulación)* upon; **nos contó mentira ~ mentira** he told us lie upon lie o one lie after another. **6.** *(cerca de)* upon; **la desgracia estaba ya ~ nosotros** the disaster was already upon us

sobrecarga *f* **1.** *(exceso de carga)* excess weight. **2.** *(saturación)* overload

sobrecargo *m* (COM) surcharge

sobrecoger *vt* to startle ♦ **sobrecogerse** *vpr* to be startled

sobredosis *f inv* overdose.

sobreentender = **sobrentender**.

sobregiro *m* (COM) overdraft.

sobremesa *f* after-dinner period

sobrenatural *adj (extraordinario)* supernatural

sobrenombre *m* nickname.

sobrentender, sobreentender *vt* to understand, to deduce. ♦ **sobrentenderse** *vpr* to be inferred o implied

sobrepasar *vt* **1.** *(exceder)* to exceed **2.** *(aventajar)*: **~ a alguien** to overtake sb.

sobrepeso *m* excess weight

sobreponer, superponer *vt fig (anteponer)*: **~ algo a algo** to put sthg before sthg ♦ **sobreponerse** *vpr*: **~se a algo** to overcome sthg.

sobreproducción, superproducción *f* (ECON) overproduction *(U)*.

sobrepuesto, -ta, superpuesto, -ta *adj* superimposed ♦ **sobrepuesto, -ta** *pp* → **sobreponer**

sobresaliente ◇ *adj (destacado)* outstanding ◇ *m (en escuela)* excellent, ≃ A; *(en universidad)* ≃ first class.

sobresalir *vi* **1.** *(en tamaño)* to jut out. **2.** *(en importancia)* to stand out

sobresaltar *vt* to startle. ♦ **sobresaltarse** *vpr* to be startled, to start

sobresalto *m* start, fright

sobrestimar *vt* to overestimate

sobretodo *m* overcoat.

sobrevenir *vi* to happen, to ensue; **sobrevino la guerra** the war intervened

sobreviviente = **superviviente**.

sobrevivir *vi* to survive.

sobrevolar *vt* to fly over.

sobriedad *f* 1. *(moderación)* restraint, moderation. 2. *(no embriaguez)* soberness.

sobrino, -na *m y f* nephew *(f* niece).

sobrio, -bria *adj* 1. *(moderado)* restrained. 2. *(no excesivo)* simple. 3. *(austero, no borracho)* sober.

socarrón, -ona *adj* sarcastic.

socavar *vt (excavar por debajo)* to dig under; *fig (debilitar)* to undermine.

socavón *m* 1. *(hoyo)* hollow; *(en la carretera)* pothole. 2. *(MIN)* gallery.

sociable *adj* sociable.

social *adj* 1. *(gen)* social. 2. *(COM)* company *(antes de sust)*.

socialdemócrata *m y f* social democrat.

socialismo *m* socialism.

socialista *adj, m y f* socialist.

sociedad *f* 1. *(gen)* society; ~ **de consumo** consumer society; ~ **deportiva** sports club; ~ **literaria** literary society. 2. *(COM) (empresa)* company; ~ **anónima** public (limited) company *Br*, incorporated company *Am*; ~ **(de responsabilidad) limitada** private limited company.

socio, -cia *m y f* 1. *(COM)* partner. 2. *(miembro)* member.

sociología *f* sociology.

sociólogo, -ga *m y f* sociologist.

socorrer *vt* to help.

socorrismo *m* first aid; *(en la playa)* lifesaving.

socorrista *m y f* first aid worker; *(en la playa)* lifeguard.

socorro ◇ *m* help, aid. ◇ *interj* ¡~! help!

soda *f (bebida)* soda water.

sodio *m* sodium.

soez *adj* vulgar, dirty.

sofá *(pl* sofás*) m* sofa; ~ **cama** o **nido** sofa bed.

Sofía Sofia.

sofisticación *f* sophistication.

sofisticado, -da *adj* sophisticated.

sofocar *vt* 1. *(ahogar)* to suffocate. 2. *(incendio)* to put out. 3. *fig (rebelión)* to quell. 4. *fig (avergonzar)* to mortify. ◆ **sofocarse** *vpr* 1. *(ahogarse)* to suffocate. 2. *fig (irritarse)*: ~**se (por)** to get hot under the collar (about).

sofoco *m* 1. *(ahogo)* breathlessness *(U)*; *(sonrojo, bochorno)* hot flush. 2. *fig (vergüenza)* mortification. 3. *fig (disgusto)*: **llevarse un** ~ to have a fit.

sofreír *vt* to fry lightly over a low heat.

sofrito, -ta *pp* → **sofreír**. ◆ **sofrito** *m* fried tomato and onion sauce.

software ['sofwer] *m* (INFORM) software.

soga *f* rope; *(para ahorcar)* noose.

sois → **ser**.

soja *f* soya.

sol *m* 1. *(astro)* sun; **hace** ~ it's sunny; **no dejar a alguien ni a** ~ **ni a sombra** not to give sb a moment's peace. 2. *(rayos, luz)* sunshine, sun; **tomar el** ~ to sunbathe. 3. *(MÚS)* G; *(en solfeo)* so. 4. *(moneda)* sol.

solamente *adv* only, just; **vino** ~ **él** only he came

solapa *f* 1. *(de prenda)* lapel. 2. *(de libro, sobre)* flap

solapado, -da *adj* underhand, devious

solar ◇ *adj* solar. ◇ *m* undeveloped plot (of land).

solario, solárium *(pl* solariums*) m* solarium.

solazar *vt* to amuse, to entertain.

soldada *f* pay.

soldado *m* soldier; ~ **raso** private.

soldador, -ra *m y f (persona)* welder. ◆ **soldador** *m (aparato)* soldering iron.

soldar *vt* to solder, to weld.

soleado, -da *adj* sunny.

soledad *f* loneliness; *culto* solitude.

solemne *adj* 1. *(con pompa)* formal. 2. *(grave)* solemn. 3. *fig (enorme)* utter.

solemnidad *f* 1. *(suntuosidad)* pomp, solemnity. 2. *(acto)* ceremony.

soler *vi*: ~ **hacer algo** to do sthg usually; **aquí suele llover mucho** it usually rains a lot here; **solíamos ir a la playa cada día** we used to go to the beach every day

solera *f* 1. *(tradición)* tradition. 2. *(del vino)* sediment; **de** ~ vintage.

solfeo *m* (MÚS) solfeggio, singing of scales.

solicitar *vt* 1. *(pedir)* to request; *(un empleo)* to apply for; ~ **algo a** o **de alguien** to request sthg of sb. 2. *(persona)* to pursue; **estar muy solicitado** to be much sought after.

solícito, -ta *adj* solicitous, obliging.

solicitud *f* 1. *(petición)* request 2. *(documento)* application. 3. *(atención)* care.

solidaridad *f* solidarity.

solidario, -ria *adj* 1. *(adherido)*: ~ **(con)** sympathetic (to). 2. *(obligación,* *compromiso)* mutually binding.

solidez f *(física)* solidity.

solidificar vt to solidify. ♦ **solidificarse** vpr to solidify.

sólido, -da adj 1. *(gen)* solid; *(cimientos, fundamento)* firm. 2. *(argumento, conocimiento, idea)* sound ♦ **sólido** m solid

soliloquio m soliloquy.

solista ◊ adj solo. ◊ m y f soloist.

solitario, -ria ◊ adj 1. *(sin compañía)* solitary. 2. *(lugar)* lonely, deserted. ◊ m y f *(persona)* loner. ♦ **solitario** m *(juego)* patience.

sollozar vi to sob.

sollozo m sob.

solo, -la adj 1. *(sin nadie)* alone; **se quedó ~ a temprana edad** he was on his own from an early age; **a solas** alone, by oneself. 2. *(sin nada)* on its own; *(café)* black; *(whisky)* neat. 3. *(único)* single, sole; **ni una sola gota** not a (single) drop; **dame una sola cosa** give me just one thing. 4. *(solitario)* lonely. ♦ **solo** m *(MÚS)* solo.

sólo adv only, just; **no ~ ... sino (también)** ... not only ... but (also) ...; **~ que ... only ...**

solomillo m sirloin.

soltar vt 1. *(desasir)* to let go of. 2. *(desatar - gen)* to unfasten; *(- nudo)* to untie; *(- hebilla, cordones)* to undo. 3. *(dejar libre)* to release. 4. *(desenrollar - cable etc)* to let ○ pay out. 5. *(patada, grito, suspiro etc)* to give; **no suelta ni un duro** you can't get a penny out of her. 6. *(decir bruscamente)* to come out with ♦ **soltarse** vpr 1. *(desasirse)* to break free. 2. *(desatarse)* to come undone 3. *(desprenderse)* to come off. 4. *(perder timidez)* to let go.

soltero, -ra ◊ adj single, unmarried. ◊ m y f bachelor *(f single woman)*

solterón, -ona ◊ adj unmarried. ◊ m y f old bachelor *(f spinster, old maid)*.

soltura f 1. *(gen)* fluency. 2. *(seguridad de sí mismo)* assurance.

soluble adj 1. *(que se disuelve)* soluble. 2. *(que se soluciona)* solvable.

solución f solution.

solucionar vt to solve; *(disputa)* to resolve

solventar vt 1. *(pagar)* to settle. 2. *(resolver)* to resolve.

solvente adj 1. *(económicamente)* solvent 2. fig *(fuentes etc)* reliable.

Somalia Somalia

sombra f 1. *(proyección - fenómeno)* shadow; *(- zona)* shade; **dar ~ a** to cast a shadow over. 2. *(en pintura)* shade. 3. fig *(anonimato)* background; **permanecer en la ~** to stay out of the limelight. 4. *(suerte)*: **buena/mala ~** good/bad luck. ♦ **sombras** fpl *(oscuridad, inquietud)* darkness *(U)*.

sombrero m *(prenda)* hat.

sombrilla f sunshade, parasol; **me vale ~** Méx fig I couldn't care less.

sombrío, -bría adj 1. *(oscuro)* gloomy, dark. 2. fig *(triste)* sombre, gloomy.

somero, -ra adj superficial.

someter vt 1. *(a rebeldes)* to subdue. 2. *(presentar)*: **~ algo a la aprobación de alguien** to submit sthg for sb's approval; **~ algo a votación** to put sthg to the vote. 3. *(subordinar)* to subordinate 4. *(a operación, interrogatorio etc)*: **~ a alguien a algo** to subject sb to sthg. ♦ **someterse** vpr 1. *(rendirse)* to surrender. 2. *(conformarse)*: **~se a algo** to yield ○ bow to sthg. 3. *(a operación, interrogatorio etc)*: **~se a algo** to undergo sthg.

somier *(pl* **somieres)** m *(de muelles)* bed springs *(pl)*; *(de tablas)* slats *(of bed)*.

somnífero, -ra adj somniferous. ♦ **somnífero** m sleeping pill.

somos → **ser**.

son ◊ v → **ser**. ◊ m 1. *(sonido)* sound. 2. *(estilo)* way; **en ~ de** in the manner of; **en ~ de paz** in peace.

sonajero m rattle.

sonambulismo m sleepwalking.

sonámbulo, -la m y f sleepwalker.

sonar¹ m sonar.

sonar² vi 1. *(gen)* to sound; **(así ○ tal) como suena** literally, in so many words. 2. *(timbre)* to ring. 3. *(hora)*: **sonaron las doce** the clock struck twelve. 4. *(ser conocido, familiar)* to be familiar; **me suena** it rings a bell; **no me suena su nombre** I don't remember hearing her name before. 5. *(pronunciarse - letra)* to be pronounced. 6. *(rumorearse)* to be rumoured. ♦ **sonarse** vpr to blow one's nose.

sonda f 1. *(MED* & *TECN)* probe. 2. *(NÁUT)* sounding line. 3. *(MIN)* drill, bore.

sondear vt 1. *(indagar)* to sound out. 2. *(MIN - terreno)* to test; *(- roca)* to drill.

sondeo m 1. *(encuesta)* (opinion) poll. 2. *(MIN)* drilling *(U)* 3. *(NÁUT)* sounding

sonido m sound.

sonoro, -ra *adj* 1. *(gen)* sound *(antes de sust)*; *(película)* talking. 2. *(ruidoso, resonante, vibrante)* resonant.

sonreír *vi (reír levemente)* ·to smile. ◆ **sonreírse** *vpr* to smile.

sonriente *adj* smiling.

sonrisa *f* smile.

sonrojar *vt* to cause to blush. ◆ **sonrojarse** *vpr* to blush.

sonrojo *m* blush, blushing *(U)*.

sonrosado, -da *adj* rosy.

sonsacar *vt*: ~ algo a alguien *(conseguir)* to wheedle sthg out of sb; *(hacer decir)* to extract sthg from sb; ~ a alguien to pump sb for information.

sonso, -sa *adj fam* silly.

soñador, -ra *m y f* dreamer.

soñar ◇ *vt lit & fig* to dream; ¡ni ~lo! not on your life! ◇ *vi lit & fig*: ~ (con) to dream (of ○ about).

soñoliento, -ta *adj* sleepy, drowsy.

sopa *f* 1. *(guiso)* soup. 2. *(de pan)* sop, piece of soaked bread.

sopapo *m* slap.

sopero, -ra *adj* soup *(antes de sust)*. ◆ **sopero** *m (plato)* soup plate. ◆ **sopera** *f (recipiente)* soup tureen.

sopesar *vt* to try the weight of; *fig* to weigh up.

sopetón ◆ **de sopetón** *loc adv* suddenly, abruptly.

soplar ◇ *vt* 1. *(vela, fuego)* to blow out. 2. *(ceniza, polvo)* to blow off. 3. *(globo etc)* to blow up. 4. *(vidrio)* to blow. 5. *fig (pregunta, examen)* to prompt. ◇ *vi (gen)* to blow.

soplete *m* blowlamp.

soplido *m* blow, puff.

soplo *m* 1. *(soplido)* blow, puff. 2. (MED) murmur. 3. *fam (chivatazo)* tip-off.

soplón, -ona *m y f fam* grass.

soponcio *m fam* fainting fit.

sopor *m* drowsiness.

soporífero, -ra *adj lit & fig* soporific.

soportar *vt* 1. *(sostener)* to support. 2. *(resistir, tolerar)* to stand; ¡no le soporto! I can't stand him! 3. *(sobrellevar)* to endure, to bear.

soporte *m* 1. *(apoyo)* support. 2. (INFORM) medium; ~ físico hardware; ~ lógico software.

soprano *m y f* soprano.

sor *f* sister (RELIG).

sorber *vt* 1. *(beber)* to sip; *(haciendo ruido)* to slurp. 2. *(absorber)* to soak up. 3. *(atraer)* to draw ○ suck in.

sorbete *m* sorbet.

sorbo *m (acción)* gulp, swallow; *(pequeño)* sip; beber a ~s to sip.

sordera *f* deafness.

sórdido, -da *adj* 1. *(miserable)* squalid. 2. *(obsceno, perverso)* sordid.

sordo, -da ◇ *adj* 1. *(que no oye)* deaf. 2. *(ruido, dolor)* dull ◇ *m y f (persona)* deaf person; los ~s the deaf.

sordomudo, -da ◇ *adj* deaf and dumb. ◇ *m y f* deaf-mute.

sorna *f* sarcasm.

sorprendente *adj* surprising.

sorprender *vt* 1. *(asombrar)* to surprise 2. *(atrapar)*: ~ a alguien (haciendo algo) to catch sb (doing sthg). 3. *(coger desprevenido)* to catch unawares. ◆ **sorprenderse** *vpr* to be surprised

sorprendido, -da *adj* surprised.

sorpresa *f* surprise; de ○ por ~ by surprise.

sortear *vt* 1. *(rifar)* to raffle. 2. *(echar a suertes)* to draw lots for. 3. *fig (esquivar)* to dodge.

sorteo *m* 1. *(lotería)* draw. 2. *(rifa)* raffle.

sortija *f* ring

sortilegio *m (hechizo)* spell.

SOS *(abrev de* save our souls*) m* SOS.

sosa *f* soda.

sosegado, -da *adj* calm.

sosegar *vt* to calm. ◆ **sosegarse** *vpr* to calm down.

soseras *m y f inv fam* dull person, bore.

sosias *m inv* double, lookalike.

sosiego *m* calm.

soslayo ◆ **de soslayo** *loc adv (oblicuamente)* sideways, obliquely; mirar a alguien de ~ to look at sb out of the corner of one's eye.

soso, -sa *adj* 1. *(sin sal)* bland, tasteless. 2. *(sin gracia)* dull, insipid.

sospecha *f* suspicion; despertar ~s to arouse suspicion.

sospechar ◇ *vt (creer, suponer)* to suspect; sospecho que no lo terminará I doubt whether she'll finish it. ◇ *vi*: ~ de to suspect.

sospechoso, -sa ◇ *adj* suspicious. ◇ *m y f* suspect.

sostén *m* 1. *(apoyo)* support. 2. *(sustento)* main support; *(alimento)* sustenance. 3. *(sujetador)* bra.

sostener *vt* 1. *(sujetar)* to support, to hold up. 2. *(defender - idea, opinión, tesis)* to defend; *(- promesa, palabra)* to stand by, to keep; ~ que ... to maintain that ... 3. *(tener - conversación)* to hold, to have; *(- correspondencia)* to keep up. ♦ **sostenerse** *vpr* to hold o.s. up; *(en pie)* to stand up; *(en el aire)* to hang.

sostenido, -da *adj* 1. *(persistente)* sustained. 2. (MÚS) sharp.

sota *f* = jack.

sotabarba *f* double chin.

sotana *f* cassock.

sótano *m* basement.

soterrar *vt (enterrar)* to bury; *fig* to hide.

soufflé [su'fle] *(pl* **soufflés)** *m* soufflé.

soul *m* (MÚS) soul *(music)*.

soviético, -ca ◇ *adj* 1. *(del soviet)* soviet 2. *(de la URSS)* Soviet. ◇ *m y f* Soviet

soy → **ser**.

spaghetti [espa'yeti] = **espagueti**.

sport [es'port] = **esport**.

spot [es'pot] = **espot**.

spray [es'prai] = **espray**.

sprint [es'prin] = **esprint**.

squash [es'kwaʃ] *m inv* squash.

Sr. *(abrev de señor)* Mr.

Sra. *(abrev de señora)* Mrs.

Sres. *(abrev de señores)* Messrs.

Srta. *(abrev de señorita)* Miss.

s.s.s. *(abrev de su seguro servidor)* formula used in letters.

Sta. *(abrev de santa)* St.

standard [es'tandar] = **estándar**.

standarizar [estandari'θar] = **estandarizar**.

starter [es'tarter] = **estárter**.

status [es'tatus] **estatus**.

stereo [es'tereo] = **estéreo**.

sterling [es'terlin] = **esterlina**.

Sto. *(abrev de santo)* St.

stock [es'tok] = **estoc**.

stop, estop [es'top] *m* 1. (AUTOM) stop sign. 2. *(en telegrama)* stop.

stress [es'tres] = **estrés**.

strip-tease [es'triptis] *m inv* strip-tease.

su *(pl* **sus)** *adj poses (de él)* his; *(de ella)* her; *(de cosa, animal)* its; *(de uno)* one's; *(de ellos, ellas)* their; *(de usted, ustedes)* your.

suave *adj* 1. *(gen)* soft. 2. *(liso)* smooth. 3. *(sabor, olor, color)* delicate. 4. *(apacible - persona, carácter)* gentle; *(- clima)* mild. 5. *(fácil - cuesta, tarea, ritmo)* gentle; *(- dirección de un coche)* smooth.

suavidad *f* 1. *(gen)* softness. 2. *(lisura)* smoothness. 3. *(de sabor, olor, color)* delicacy. 4. *(de carácter)* gentleness 5. *(de clima)* mildness. 6. *(de*

cuesta, tarea, ritmo) gentleness; *(de la dirección de un coche)* smoothness.

suavizante *m* conditioner; **~ para la ropa** fabric conditioner.

suavizar *vt* 1. *(gen)* to soften; *(ropa, cabello)* to condition. 2. *(ascensión, conducción, tarea)* to ease; *(clima)* to make milder. 3. *(sabor, olor, color)* to tone down. 4. *(alisar)* to smooth.

subacuático, -ca *adj* subaquatic.

subalquilar *vt* to sublet

subalterno, -na *m y f (empleado)* subordinate.

subasta *f* 1. *(venta pública)* auction; **sacar algo a ~** to put sthg up for auction. 2. *(contrata pública)* tender; **sacar algo a ~** to put sthg out to tender.

subastar *vt* to auction.

subcampeón, -ona *m y f* runner-up.

subconsciente *adj & m* subconscious.

subdesarrollado, -da *adj* underdeveloped.

subdesarrollo *m* underdevelopment.

subdirector, -ra *m y f* assistant manager.

subdirectorio *m* (INFORM) subdirectory.

súbdito, -ta *m y f* 1. *(subordinado)* subject. 2. *(ciudadano)* citizen, national.

subdivisión *f* subdivision.

subestimar *vt* to underestimate; *(infravalorar)* to underrate. ♦ **subestimarse** *vpr* to underrate o.s

subido, -da *adj* 1. *(intenso)* strong, intense. 2. *fam (atrevido)* risqué. ♦ **subida** *f* 1. *(cuesta)* hill 2. *(ascensión)* ascent, climb. 3. *(aumento)* increase, rise.

subir ◇ *vi* 1. *(a piso, azotea)* to go/come up; *(a montaña, cima)* to climb. 2. *(aumentar - precio, temperatura)* to go up, to rise; *(- cauce, marea)* to rise. 3. *(montar - en avión, barco)* to get on; *(- en coche)* to get in; **sube al coche** get into the car. 4. *(cuenta, importe):* **~ a** to come o amount to. 5. *(de categoría)* to be promoted. ◇ *vt* 1. *(ascender - calle, escaleras)* to go/come up; *(- pendiente, montaña)* to climb. 2. *(poner arriba)* to lift up; *(llevar arriba)* to take/bring up. 3. *(aumentar - precio, peso)* to put up, to increase; *(- volumen de radio etc)* to turn up. 4. *(montar)*: **~ algo/a alguien a** to lift sthg/sb onto. 5. *(alzar - mano, bandera, voz)* to raise; *(- persiana)* to roll up; *(- ventanilla)* to wind up. ♦ **subirse** *vpr* 1. *(ascender)*: **~se**

a *(árbol)* to climb up; *(mesa)* to climb onto; *(piso)* to go/come up to. **2.** *(montarse)*: **~se a** *(tren, avión)* to get on, to board; *(caballo, bicicleta)* to mount; *(coche)* to get into; **el taxi paró y me subí** the taxi stopped and I got in. **3.** *(alzarse - persiana, mangas)* to roll up; *(- cremallera)* to do up; *(- pantalones, calcetines)* to pull up.

súbito, -ta *adj* sudden.

subjetivo, -va *adj* subjective.

sub júdice [suβ'djuðiθe] *adj* (DER) sub judice.

subjuntivo, -va *adj* subjunctive. ◆ **subjuntivo** *m* subjunctive.

sublevación *f*, **sublevamiento** *m* uprising.

sublevar *vt* **1.** *(amotinar)* to stir up. **2.** *(indignar)* to infuriate. ◆ **sublevarse** *vpr (amotinarse)* to rebel.

sublime *adj* sublime.

submarinismo *m* skin-diving.

submarinista *m y f* skin-diver.

submarino, -na *adj* underwater. ◆ **submarino** *m* submarine.

subnormal ◇ *adj* **1.** *ofensivo (minusválido)* subnormal. **2.** *fig & despec (imbécil)* moronic. ◇ *m y f fig & despec (imbécil)* moron.

suboficial *m* (MIL) non-commissioned officer.

subordinado, -da *adj*, *m y f* subordinate.

subordinar *vt (gen & GRAM)* to subordinate.

subproducto *m* by-product.

subrayar *vt lit & fig* to underline.

subsanar *vt* **1.** *(solucionar)* to resolve. **2.** *(corregir)* to correct.

subscribir = **suscribir**.

subscripción = **suscripción**.

subscriptor = **suscriptor**.

subsecretario, -ria *m y f* **1.** *(de secretario)* assistant secretary. **2.** *(de ministro)* undersecretary.

subsidiario, -ria *adj* (DER) ancillary.

subsidio *m* benefit, allowance; **~ de invalidez** disability allowance; **~ de paro** unemployment benefit.

subsiguiente *adj* subsequent.

subsistencia *f* **1.** *(vida)* subsistence. **2.** *(conservación)* continued existence. ◆ **subsistencias** *fpl (provisiones)* provisions

subsistir *vi* **1.** *(vivir)* to live, to exist. **2.** *(sobrevivir)* to survive.

substancia = **sustancia**.

substancial = **sustancial**.

substancioso = **sustancioso**.

substantivo = **sustantivo**.

substitución = **sustitución**.

substituir = **sustituir**.

substituto = **sustituto**.

substracción = **sustracción**.

substraer = **sustraer**.

subsuelo *m* subsoil.

subte *m* Arg fam underground Br, subway Am.

subterráneo, -a *adj* subterranean, underground. ◆ **subterráneo** *m* underground tunnel.

subtítulo *m* *(gen & CIN)* subtitle.

suburbio *m* poor suburb.

subvención *f* subsidy.

subvencionar *vt* to subsidize.

subversión *f* subversion.

subversivo, -va *adj* subversive.

subyacer *vi (ocultarse)*: **~ bajo algo** to underlie sthg.

subyugar *vt* **1.** *(someter)* to subjugate. **2.** *fig (dominar)* to quell, to master. **3.** *fig (atraer)* to captivate.

succionar *vt (suj: raíces)* to suck up; *(suj: bebé)* to suck.

sucedáneo, -a *adj* ersatz, substitute. ◆ **sucedáneo** *m* substitute.

suceder ◇ *v impers (ocurrir)* to happen; **suceda lo que suceda** whatever happens. ◇ *vi (venir después)*: **~ a** to come after, to follow; **a la guerra sucedieron años muy tristes** the war was followed by years of misery.

sucesión *f (gen)* succession.

sucesivamente *adv* successively; **y así ~** and so on.

sucesivo, -va *adj* **1.** *(consecutivo)* successive, consecutive. **2.** *(siguiente)*: **en días ~s les informaremos** we'll let you know over the next few days; **en lo ~** in future.

suceso *m* **1.** *(acontecimiento)* event. **2.** *(gen pl) (hecho delictivo)* crime; *(incidente)* incident.

sucesor, -ra *m y f* successor.

suciedad *f* **1.** *(cualidad)* dirtiness (U). **2.** *(porquería)* dirt, filth (U).

sucinto, -ta *adj (conciso)* succinct.

sucio, -cia *adj* **1.** *(gen)* dirty; *(al comer, trabajar)* messy; **en ~** in rough. **2.** *(juego)* dirty.

suculento, -ta *adj* tasty.

sucumbir *vi* **1.** *(rendirse, ceder)*: **~ (a)** to succumb (to). **2.** *(fallecer)* to die.

sucursal *f* branch.

sudadera *f (prenda)* sweatshirt.

Sudáfrica South Africa.

sudafricano, -na *adj*, *m y f* South African.

Sudán Sudan.

sudar vi (gen) to sweat
sudeste, sureste ◊ adj (posición, parte) southeast, southeastern; (dirección, viento) southeasterly. ◊ m southeast.
sudoeste, suroeste ◊ adj (posición, parte) southwest, southwestern; (dirección, viento) southwesterly. ◊ m southwest
sudor m (gen) sweat (U).
sudoroso, -sa adj sweaty.
Suecia Sweden.
sueco, -ca ◊ adj Swedish. ◊ m y f (persona) Swede. ♦ **sueco** m (lengua) Swedish.
suegro, -gra m y f father-in-law (f mother-in-law).
suela f sole.
sueldo m salary, wages (pl); (semanal) wage; **a ~** (asesino) hired; (empleado) salaried.
suelo ◊ v → **soler.** ◊ m 1. (pavimento - en interiores) floor; (- en el exterior) ground. 2. (terreno, territorio) soil; (para edificar) land. 3. (base) bottom. 4. loc: **echar por el ~ un plan** to ruin a project; **estar por los ~s** (persona, precio) to be at rock bottom; (productos) to be dirt cheap; **poner** o **tirar por los ~s** to run down, to criticize.
suelto, -ta adj 1. (gen) loose; (cordones) undone; ¿**tienes cinco duros ~s?** have you got 25 pesetas in loose change?; **andar ~** (en libertad) to be free; (en fuga) to be at large; (con diarrea) to have diarrhoea. 2. (separado) separate; (desparejado) odd; **no los vendemos ~s** we don't sell them separately. 3. (arroz) fluffy. 4. (lenguaje, estilo) fluent 5. (desenvuelto) comfortable. ♦ **suelto** m (calderilla) loose change.
suena etc → **sonar².**
sueño m 1. (ganas de dormir) sleepiness; (por medicamento etc) drowsiness; ¡**qué ~!** I'm really sleepy!; **tener ~** to be sleepy. 2. (estado) sleep; **coger el ~** to get to sleep. 3. (imagen mental, objetivo, quimera) dream; **en ~s** in a dream.
suero m 1. (MED) serum; ~ **artificial** saline solution. 2. (de la leche) whey.
suerte f 1. (azar) chance; **la ~ está echada** the die is cast. 2. (fortuna) luck; **por ~** luckily; ¡**qué ~!** that was lucky!; **tener ~** to be lucky. 3. (destino) fate. 4. (situación) situation, lot. 5. culto (clase): **toda ~ de** all manner of. 6. culto (manera) manner, fashion; **de ~ que** in such a way that.
suéter (pl **suéteres**) m sweater.

suficiencia f 1. (capacidad) proficiency. 2. (presunción) smugness.
suficiente ◊ adj 1. (bastante) enough; (medidas, esfuerzos) adequate; **no llevo (dinero) ~** I don't have enough (money) on me; **no tienes la estatura ~** you're not tall enough. 2. (presuntuoso) smug. ◊ m (nota) pass.
sufragar vt to defray.
sufragio m suffrage.
sufragista m y f suffragette.
sufrido, -da adj 1. (resignado) patient, uncomplaining; (durante mucho tiempo) long-suffering. 2. (resistente - tela) hardwearing; (- color) that does not show the dirt.
sufrimiento m suffering
sufrir ◊ vt 1. (gen) to suffer; (accidente) to have. 2. (soportar) to bear, to stand; **tengo que ~ sus manías** I have to put up with his idiosyncrasies. 3. (experimentar - cambios etc) to undergo. ◊ vi (padecer) to suffer; ~ **del estómago** etc to have a stomach etc complaint.
sugerencia f suggestion.
sugerente adj evocative.
sugerir vt 1. (proponer) to suggest. 2. (evocar) to evoke.
sugestión f suggestion.
sugestionar vt to influence.
sugestivo, -va adj attractive.
suich m Méx switch.
suicida ◊ adj suicidal ◊ m y f (por naturaleza) suicidal person; (suicidado) person who has committed suicide.
suicidarse vpr to commit suicide.
suicidio m suicide.
Suiza Switzerland.
suizo, -za adj, m y f Swiss
sujeción f 1. (atadura) fastening. 2. (sometimiento) subjection.
sujetador m Esp bra.
sujetar vt 1. (agarrar) to hold down. 2. (aguantar) to fasten; (papeles) to fasten together. 3. (someter) to subdue; (a niños) to control. ♦ **sujetarse** vpr 1. (agarrarse): ~**se a** to hold on to, to cling to. 2. (aguantarse) to keep in place. 3. (someterse): ~**se a** to keep o stick to.
sujeto, -ta adj 1. (agarrado - objeto) fastened. 2. (expuesto): ~ **a** subject to. ♦ **sujeto** m 1. (GRAM) subject 2. (individuo) individual.
sulfato m sulphate.
sulfurar vt (encolerizar) to infuriate. ♦ **sulfurarse** vpr (encolerizarse) to get mad

sultán *m* sultan.

sultana *f* sultana.

suma *f* 1. (MAT - *acción*) addition; (*- resultado*) total 2. (*conjunto - de conocimientos, datos*) total, sum; (*- de dinero*) sum. 3. (*resumen*): **en ~** in short.

sumamente *adv* extremely.

sumar *vt* 1. (MAT) to add together; **tres y cinco suman ocho** three and five are o make eight. 2. (*costar*) to come to. ◆ **sumarse** *vpr*: **~se (a)** to join (in).

sumario, -ria *adj* 1. (*conciso*) brief. 2. (DER) summary. ◆ **sumario** *m* 1. (DER) indictment. 2. (*resumen*) summary.

sumergible *adj* waterproof.

sumergir *vt* (*hundir*) to submerge; (*- con fuerza*) to plunge; (*bañar*) to dip. ◆ **sumergirse** *vpr* (*hundirse*) to submerge; (*- con fuerza*) to plunge.

sumidero *m* drain.

suministrador, -ra *m y f* supplier.

suministrar *vt* to supply; **~ algo a alguien** to supply sb with sthg.

suministro *m* (*gen*) supply; (*acto*) supplying.

sumir *vt*: **~ a alguien en** to plunge sb into. ◆ **sumirse en** *vpr* 1. (*depresión, sueño etc*) to sink into. 2. (*estudio, tema*) to immerse o.s. in.

sumisión *f* 1. (*obediencia - acción*) submission; (*- cualidad*) submissiveness 2. (*rendición*) surrender.

sumiso, -sa *adj* submissive.

sumo, -ma *adj* 1. (*supremo*) highest, supreme. 2. (*gran*) extreme, great.

sunnita ◇ *adj* Sunni. ◇ *m y f* Sunnite.

suntuoso, -sa *adj* sumptuous.

supeditar *vt*: **~ (a)** to subordinate (to); **estar supeditado a** to be dependent on. ◆ **supeditarse** *vpr*: **~se a** to submit to.

súper ◇ *m fam* supermarket. ◇ *f*: (*gasolina*) **~ =** four-star (petrol).

superable *adj* surmountable.

superar *vt* 1. (*gen*) to beat; (*récord*) to break; **~ algo/a alguien en algo** to beat sthg/sb in sthg. 2. (*adelantar - corredor*) to overtake, to pass. 3. (*época, técnica*): **estar superado** to have been superseded. 4. (*resolver - dificultad etc*) to overcome. ◆ **superarse** *vpr* 1. (*mejorar*) to better o.s. 2. (*lucirse*) to excel o.s

superávit *m inv* surplus.

superdotado, -da *m y f* extremely gifted person.

superficial *adj lit & fig* superficial.

superficie *f* 1. (*gen*) surface. 2. (*área*) area.

superfluo, -flua *adj* superfluous; (*gasto*) unnecessary.

superior, -ra (RELIG) *m y f* superior (*f* mother superior). ◆ **superior** ◇ *adj* 1. (*de arriba*) top. 2. (*mayor*): **~ (a)** higher (than). 3. (*mejor*): **~ (a)** superior (to). 4. (*excelente*) excellent. 5. (ANAT & GEOGR) upper. 6. (EDUC) higher. ◇ *m* (*gen pl*) (*jefe*) superior.

superioridad *f lit & fig* superiority.

superlativo, -va *adj* 1. (*belleza etc*) exceptional 2. (GRAM) superlative.

supermercado *m* supermarket.

superpoblación *f* overpopulation

superponer = **sobreponer**.

superpotencia *f* superpower.

superpuesto, -ta ◇ *adj* = **sobrepuesto**. ◇ *pp →* **superponer**.

supersónico, -ca *adj* supersonic.

superstición *f* superstition.

supersticioso, -sa *adj* superstitious.

supervisar *vt* to supervise

supervisor, -ra *m y f* supervisor.

supervivencia *f* survival.

superviviente, sobreviviente ◇ *adj* surviving. ◇ *m y f* survivor.

supiera *etc →* **saber**.

suplementario, -ria *adj* supplementary, extra.

suplemento *m* 1. (*gen &* PRENSA) supplement. 2. (*complemento*) attachment.

suplente *m y f* 1. (*gen*) stand-in. 2. (TEATRO) understudy. 3. (DEP) substitute.

supletorio, -ria *adj* additional, extra. ◆ **supletorio** *m* (TELECOM) extension.

súplica *f* 1. (*ruego*) plea, entreaty. 2. (DER) petition.

suplicar *vt* (*rogar*): **~ algo (a alguien)** to plead for sthg (with sb); **~ a alguien que haga algo** to beg sb to do sthg.

suplicio *m lit & fig* torture.

suplir *vt* 1. (*sustituir*): **~ algo/a alguien (con)** to replace sthg/sb (with). 2. (*compensar*): **~ algo (con)** to compensate for sthg (with).

supo → **saber**.

suponer ◇ *vt* 1. (*creer, presuponer*) to suppose. 2. (*implicar*) to involve, to entail. 3. (*significar*) to mean. 4. (*conjeturar*) to imagine; **lo suponía** I guessed as much; **te suponía mayor** I thought you were older ◇ *m*: **ser un ~** to be conjecture. ◆ **suponerse** *vpr* to suppose.

suposición *f* assumption.

supositorio *m* suppository.

supremacía *f* supremacy.

supremo, -ma *adj lit & fig* supreme.

supresión *f* 1. *(de ley, impuesto, derecho)* abolition; *(de sanciones, restricciones)* lifting. 2. *(de palabras, texto)* deletion. 3. *(de puestos de trabajo, proyectos)* axing.

suprimir *vt* 1. *(ley, impuesto, derecho)* to abolish; *(sanciones, restricciones)* to lift. 2. *(palabras, texto)* to delete. 3. *(puestos de trabajo, proyectos)* to axe.

supuesto, -ta ◊ *pp* → **suponer**. ◊ *adj* supposed; *(culpable, asesino)* alleged; *(nombre)* falso; **por** ~ of course. ♦ **supuesto** *m* assumption; **en el ~ de que** ... assuming ..

supurar *vi* to fester.

sur ◊ *adj (posición, parte)* south, southern; *(dirección, viento)* southerly. ◊ *m* south.

surcar *vt (tierra)* to plough; *(aire, agua)* to cut o slice through.

surco *m* 1. *(zanja)* furrow. 2. *(señal - de disco)* groove; *(- de rueda)* rut. 3. *(arruga)* line, wrinkle

sureño, -ña ◊ *adj* southern; *(viento)* southerly. ◊ *m y f* southerner.

sureste = **sudeste**.

surf, surfing *m* surfing.

surgir *vi* 1. *(brotar)* to spring forth. 2. *(aparecer)* to appear. 3. *fig (producirse)* to arise.

suroeste = **sudoeste**

surrealista *adj, m y f* surrealist.

surtido, -da *adj (variado)* assorted. ♦ **surtido** *m* 1. *(gama)* range. 2. *(caja surtida)* assortment.

surtidor *m (de gasolina)* pump; *(de un chorro)* spout.

surtir ◊ *vt (proveer):* ~ **a alguien (de)** to supply sb (with). ◊ *vi (brotar):* ~ **(de)** to spout o spurt (from). ♦ **surtirse de** *vpr (proveerse de)* to stock up on.

susceptible *adj* 1. *(sensible)* oversensitive. 2. *(posible):* ~ **de** liable to.

suscitar *vt* to provoke; *(interés, dudas, sospechas)* to arouse.

suscribir *vt* 1. *(firmar)* to sign. 2. *(ratificar)* to endorse. 3. (COM) *(acciones)* to subscribe for. ♦ **suscribirse** *vpr* 1. (PRENSA): ~**se (a)** to subscribe (to). 2. (COM): ~**se a** to take out an option on.

suscripción *f* subscription.

suscriptor, -ra *m y f* subscriber.

susodicho, -cha *adj* above-mentioned.

suspender *vt* 1. *(colgar)* to hang (up). 2. (EDUC) to fail. 3. *(interrumpir)* to suspend; *(sesión)* to adjourn. 4. *(aplazar)* to postpone. 5. *(de un cargo)* to suspend.

suspense *m* suspense.

suspensión *f* 1. *(gen & AUTOM)* suspension. 2. *(aplazamiento)* postponement; *(de reunión, sesión)* adjournment.

suspenso, -sa *adj* 1. *(colgado):* ~ **de** hanging from. 2. *(no aprobado):* **estar** ~ to have failed. 3. *fig (interrumpido):* **en** ~ pending ♦ **suspenso** *m* failure.

suspicacia *f* suspicion.

suspicaz *adj* suspicious.

suspirar *vi (dar suspiros)* to sigh.

suspiro *m (aspiración)* sigh

sustancia *f* 1. *(gen)* substance; **sin** ~ lacking in substance. 2. *(esencia)* essence. 3. *(de alimento)* nutritional value.

sustancial *adj* substantial, significant.

sustancioso, -sa *adj* substantial.

sustantivo, -va *adj* (GRAM) noun *(antes de sust)*. ♦ **sustantivo** *m* (GRAM) noun.

sustentar *vt* 1. *(gen)* to support. 2. *fig (mantener - argumento, teoría)* to defend.

sustento *m* 1. *(alimento)* sustenance; *(mantenimiento)* livelihood. 2. *(apoyo)* support.

sustitución *f (cambio)* replacement.

sustituir *vt:* ~ **(por)** to replace (with).

sustituto, -ta *m y f* substitute, replacement.

susto *m* fright.

sustracción *f* 1. *(robo)* theft. 2. (MAT) subtraction.

sustraer *vt* 1. *(robar)* to steal. 2. (MAT) to subtract. ♦ **sustraerse** *vpr:* ~**se a** o **de** *(obligación, problema)* to avoid.

susurrar *vt & vi* to whisper.

susurro *m* whisper; *fig* murmur.

sutil *adj (gen)* subtle; *(velo, tejido)* delicate, thin; *(brisa)* gentle; *(hilo, línea)* fine.

sutileza *f* subtlety; *(de velo, tejido)* delicacy, thinness; *(de brisa)* gentleness; *(de hilo, línea)* fineness.

sutura *f* suture.

suyo, -ya ◊ *adj* poses *(de él)* his; *(de ella)* hers; *(de uno)* one's (own); *(de ellos, ellas)* theirs; *(de usted, ustedes)* yours; **este libro es** ~ this book is his/hers *etc;* **un amigo** ~ a friend of his/

hers *etc;* **no es asunto ~** it's none of his/her *etc* business; **es muy ~** *fam fig* he/she is really selfish. ◇ *pron poses* **1. el ~** *(de él)* his; *(de ella)* hers; *(de cosa, animal)* its (own); *(de uno)* one's own; *(de ellos, ellas)* theirs; *(de usted, ustedes)* yours. **2.** *loc:* **de ~** in itself; **hacer de las suyas** to be up to his/her *etc* usual tricks; **hacer ~** to make one's own; **lo ~ es el teatro** he/she *etc* should be on the stage; **lo ~ sería volver** the proper thing to do would be to go back; **los ~s** *fam* his/her *etc* folks; *(su bando)* his/her *etc* lot.
svástica = **esvástica.**

T

t¹, T *f (letra)* t, T.
t² **1.** *(abrev de* **tonelada)** t. **2.** *abrev de* **tomo.**
tabacalero, -ra *adj* tobacco *(antes de sust).* ◆ **Tabacalera** *f* state tobacco monopoly in Spain.
tabaco *m* **1.** *(planta)* tobacco plant. **2.** *(picadura)* tobacco. **3.** *(cigarrillos)* cigarettes *(pl).*
tábano *m* horsefly.
tabarra *f fam:* **dar la ~** to be a pest.
taberna *f* country-style bar, usually cheap.
tabernero, -ra *m y f (propietario)* landlord *(f* landlady*); (encargado)* barman *(f* barmaid*).*
tabique *m (pared)* partition (wall).
tabla *f* **1.** *(plancha)* plank; **~ de planchar** ironing board. **2.** *(pliegue)* pleat. **3.** *(lista, gráfico)* table. **4.** (NÁUT) *(de surf, vela etc)* board. **5.** (ARTE) panel. ◆ **tablas** *fpl* **1.** *(en ajedrez):* **quedar en** o **hacer ~s** to end in stalemate. **2.** (TEATRO) stage *(sg),* boards.
tablado *m (de teatro)* stage; *(de baile)* dancefloor; *(plataforma)* platform.
tablao *m* flamenco show.
tablero *m* **1.** *(gen)* board. **2.** *(en baloncesto)* backboard. **3. ~ (de mandos)** *(de avión)* instrument panel; *(de coche)* dashboard.
tableta *f* **1.** (MED) tablet. **2.** *(de chocolate)* bar.
tablón *m* plank; *(en el techo)* beam; **~ de anuncios** notice board.

tabú *(pl* **tabúes** o **tabús)** *adj & m* taboo.
tabular *vt & vi* to tabulate
taburete *m* stool.
tacaño, -ña *adj* mean, miserly.
tacha *f* **1.** *(defecto)* flaw, fault; **sin ~** faultless. **2.** *(clavo)* tack.
tachar *vt* **1.** *(lo escrito)* to cross out. **2.** *fig (acusar):* **~ a alguien de mentiroso** *etc* to accuse sb of being a liar *etc.*
tacho *m CSur (para basura)* rubbish bin *Br,* garbage can *Am.*
tachón *m* **1.** *(tachadura)* correction, crossing out. **2.** *(clavo)* stud.
tachuela *f* tack.
tácito, -ta *adj* tacit; *(norma, regla)* unwritten
taciturno, -na *adj* taciturn
taco *m* **1.** *(tarugo)* plug. **2.** *(cuña)* wedge. **3.** *fam fig (palabrota)* swearword **4.** *(de billar)* cue. **5.** *(de hojas, billetes de banco)* wad; *(de billetes de autobús, metro)* book. **6.** *(de jamón, queso)* hunk. **7.** *CAm & Méx* (CULIN) taco. **8.** *Amer (tacón)* heel.
tacón *m* heel.
táctico, -ca *adj* tactical. ◆ **táctica** *f lit & fig* tactics *(pl)*
tacto *m* **1.** *(sentido)* sense of touch. **2.** *(textura)* feel. **3.** *fig (delicadeza)* tact.
tafetán *m* taffeta.
Tailandia Thailand.
taimado, -da *adj* crafty.
Taiwán [tai'wan] Taiwan.
tajada *f* **1.** *(rodaja)* slice. **2.** *fig (parte)* share; **sacar ~ de algo** to get sthg out of sthg.
tajante *adj (categórico)* categorical.
tajar *vt* to cut o slice up; *(en dos)* to slice in two.
tajo *m* **1.** *(corte)* deep cut. **2.** *(acantilado)* precipice.
Tajo *m:* **el (río) ~** the (River) Tagus.
tal ◇ *adj* **1.** *(semejante, tan grande)* such; **¡jamás se vio cosa ~!** you've never seen such a thing!; **lo dijo con ~ seguridad que ...** he said it with such conviction that ...; **dijo cosas ~es como ...** he said such things as ... **2.** *(sin especificar)* such and such; **a ~ hora** at such and such a time. **3.** *(desconocido):* **un ~ Pérez** a (certain) Mr Pérez. ◇ *pron* **1.** *(alguna cosa)* such a thing. **2.** *loc:* **que si ~ que si cual** this, that and the other; **ser ~ para cual** to be two of a kind; **~ y cual, ~ y ~** this and that; **y ~ (etcétera)** and so on. ◇ *adv:* **¿qué ~?** how's it going?, how are you doing?; **déjalo ~ cual** leave it just as it is. ◆ **con tal de** *loc*

prep as long as, provided; **con ~ de volver pronto ...** as long as we're back early ... ◆ **con tal (de) que** *loc conj* as long as, provided. ◆ **tal (y) como** *loc conj* just as o like. ◆ **tal que** *loc prep fam (como por ejemplo)* like.

taladrador, -ra *adj* drilling. ◆ **taladradora** *f* drill.

taladrar *vt* to drill; *fig (suj: sonido)* to pierce.

taladro *m* 1. *(taladradora)* drill 2. *(agujero)* drill hole.

talante *m* 1. *(humor)* mood; **estar de buen ~** to be in good humour. 2. *(carácter)* character, disposition.

talar *vt* to fell.

talco *m* talc, talcum powder

talego *m* 1. *(talega)* sack. 2. *mfam (mil pesetas)* 1000 peseta note.

talento *m* 1. *(don natural)* talent 2. *(inteligencia)* intelligence.

talgo *(abrev de tren articulado ligero de Goicoechea Oriol)* *m* Spanish inter-city high-speed train

talismán *m* talisman.

talla *f* 1. *(medida)* size; **¿qué ~ usas?** what size are you? 2. *(estatura)* height. 3. *fig (capacidad)* stature; **dar la ~** to be up to it 4. *(ARTE - en madera)* carving; *(- en piedra)* sculpture

tallado, -da *adj (madera)* carved; *(piedras preciosas)* cut.

tallar *vt* 1. *(esculpir - madera, piedra)* to carve; *(- piedra preciosa)* to cut 2. *(medir)* to measure (the height of)

tallarín *m (gen pl)* noodle.

talle *m* 1. *(cintura)* waist. 2. *(figura, cuerpo)* figure.

taller *m* 1. *(gen)* workshop. 2. (AUTOM) garage. 3. (ARTE) studio.

tallo *m* stem; *(brote)* sprout, shoot.

talón *m* 1. *(de* ANAT*)* heel; **~ de Aquiles** *fig* Achilles' heel; **pisarle a alguien los talones** to be hot on sb's heels. 2. *(cheque)* cheque; *(matriz)* stub; **~ cruzado/devuelto/en blanco** crossed/bounced/blank cheque; **~ bancario** cashier's cheque *Br*, cashier's check *Am*.

talonario *m (de cheques)* cheque book; *(de recibos)* receipt book.

tamaño, -ña *adj* such; **¡cómo pudo decir tamaña estupidez!** how could he say such a stupid thing! ◆ **tamaño** *m* size; **de gran ~** large; **de ~ natural** life-size.

tambalearse *vpr* 1. *(bambolearse - persona)* to stagger; *(- mueble)* to wobble; *(- tren)* to sway. 2. *fig (gobierno, sistema)* to totter.

también *adv* also, too; **yo ~** me too;

~ a mí me gusta I like it too, I also like it.

tambor *m* 1. (MÚS & TECN) drum; *(de pistola)* cylinder. 2. (ANAT) eardrum 3. (AUTOM) brake drum.

Támesis *m*: **el (río) ~** the (River) Thames.

tamiz *m (cedazo)* sieve.

tamizar *vt* 1. *(cribar)* to sieve. 2. *fig (seleccionar)* to screen.

tampoco *adv* neither, not ... either; **ella no va y tú ~** she's not going and neither are you, she's not going and you aren't either; **¿no lo sabías? – yo ~** didn't you know? – me neither o neither did I.

tampón *m* 1. *(sello)* stamp; *(almohadilla)* inkpad. 2. *(para la menstruación)* tampon.

tan *adv* 1. *(mucho)* so; **~ grande/deprisa** so big/quickly; **¡qué película ~ larga!** what a long film!; **~ ... que ...** so . . that ...; **~ es así que ...** so much so that ... 2. *(en comparaciones)*: **~ ... como ...** as .. as ... ◆ **tan sólo** *loc adv* only.

tanda *f* 1. *(grupo, lote)* group, batch. 2. *(serie)* series; *(de inyecciones)* course. 3. *(turno de trabajo)* shift.

tándem *(pl* **tándemes**) *m* 1. *(bicicleta)* tandem 2. *(pareja)* duo, pair.

tangente *f* tangent.

tangible *adj* tangible.

tango *m* tango.

tanque *m* 1. (MIL) tank. 2. *(vehículo cisterna)* tanker. 3. *(depósito)* tank.

tantear ◇ *vt* 1. *(sopesar - peso, precio, cantidad)* to try to guess; *(- problema, posibilidades, ventajas)* to weigh up. 2. *(probar, sondear)* to test (out). 3. *(toro, contrincante etc)* to size up. ◇ *vi* 1. *(andar a tientas)* to feel one's way. 2. *(apuntar los tantos)* to (keep) score.

tanteo *m* 1. *(prueba, sondeo)* testing out. 2. *(de posibilidades, ventajas)* weighing up. 3. *(de contrincante, puntos débiles)* sizing up. 4. *(puntuación)* score. ◆ **a tanteo** *loc adv* roughly.

tanto, -ta ◇ *adj* 1. *(gran cantidad)* so much, *(pl)* so many; **~ dinero** so much money, such a lot of money; **tanta gente** so many people; **tiene ~ entusiasmo/~s amigos que ...** she has so much enthusiasm/so many friends that ... 2. *(cantidad indeterminada)* so much, *(pl)* so many; **nos daban tantas pesetas al día** they used to give us so many pesetas per day; **cuarenta y ~s** forty-something, forty-odd; **nos conocimos en el sesenta y**

~s we met sometime in the Sixties. **3.** *(en comparaciones):* ~ ... **como as** much ... as, *(pl)* as many ... as. ◊ *pron* **1.** *(gran cantidad)* so much, *(pl)* so many; **¿cómo puedes tener ~s?** how can you have so many? **2.** *(cantidad indeterminada)* so much, *(pl)* so many; **a ~s de agosto** on such and such a date in August. **3.** *(igual cantidad)* as much, *(pl)* as many; **había mucha gente aquí, allí no había tanta** there were a lot of people here, but not as many there; **otro ~** as much again, the same again; **otro ~ le ocurrió a los demás** the same thing happened to the rest of them **4.** *loc:* **ser uno de ~s** to be nothing special. ◆ **tanto** ◊ *m* **1.** *(punto)* point; *(gol)* goal; **marcar un ~** to score. **2.** *fig (ventaja)* point; **apuntarse un ~ a favor** to earn o.s a point in one's favour. **3.** *(cantidad indeterminada):* **un ~** so much, a certain amount; **~ por ciento** percentage. **4.** *loc:* **estar al ~ (de)** to be on the ball (about). ◊ *adv* **1.** *(mucho):* **~ (que ...)** *(cantidad)* so much (that ...); *(tiempo)* so long (that .); **no bebas ~** don't drink so much; **~ mejor/peor** so much the better/worse; **~ más cuanto que ...** all the more so because ... **2.** *(en comparaciones):* **~ como** as much as; **~ hombres como mujeres** both men and women; **~ si estoy como si no** whether I'm there or not. **3.** *loc:* **¡y ~!** most certainly!, you bet! ◆ **tantas** *fpl fam:* **eran las tantas** it was very late. ◆ **en tanto (que)** *loc conj* while. ◆ **entre tanto** *loc adv* meanwhile. ◆ **por (lo) tanto** *loc conj* therefore, so. ◆ **tanto (es así) que** *loc conj* so much so that. ◆ **un tanto** *loc adv (un poco)* a bit, rather.

tañido *m (de campana)* ringing.

tapa *f* **1.** *(para cerrar)* lid. **2.** (CULIN) snack, tapa. **3.** *(portada - de libro)* cover. **4.** *(de zapato)* heel plate. **5.** *Amer (de botella)* top; *(de frasco)* stopper.

tapadera *f* **1.** *(para encubrir)* front. **2.** *(tapa)* lid

tapar *vt* **1.** *(cerrar - ataúd, cofre)* to close (the lid of); *(- olla, caja)* to put the lid on; *(- botella)* to put the top on. **2.** *(ocultar, cubrir)* to cover; *(no dejar ver)* to block out. **3.** *(abrigar - en la cama)* to tuck in; *(- con ropa)* to wrap up. **4.** *(encubrir)* to cover up. ◆ **taparse** *vpr* **1.** *(cubrirse)* to cover (up). **2.** *(abrigarse - con ropa)* to wrap up; *(- en la cama)* to tuck o.s. in.

taparrabos *m inv* **1.** *(de hombre primitivo)* loincloth. **2.** *(tanga)* tanga briefs *(pl).*

tapete *m* **1.** *(paño)* runner; *(en mesa de billar, para cartas)* baize. **2.** *Méx (alfombra)* rug

tapia *f* (stone) wall.

tapiar *vt* **1.** *(obstruir)* to brick up. **2.** *(cercar)* to wall in.

tapicería *f* **1.** *(tela)* upholstery. **2.** *(tienda - para muebles)* upholsterer's. **3.** *(tapices)* tapestries *(pl).*

tapiz *m (para la pared)* tapestry; *(para el suelo)* carpet.

tapizado *m* **1.** *(de mueble)* upholstery. **2.** *(de pared)* tapestries *(pl).*

tapizar *vt (mueble)* to upholster.

tapón *m* **1.** *(para tapar - botellas, frascos)* stopper; *(- de corcho)* cork; *(- de metal, plástico)* cap, top; *(- de bañera, lavabo)* plug. **2.** *(atasco)* traffic jam. **3.** *(en el oído - de cerumen)* wax *(U)* in the ear; *(- de algodón)* earplug **4.** *(en baloncesto)* block.

taponar *vt (cerrar - botella)* to put the top on; *(- lavadero)* to put the plug in; *(- salida)* to block; *(- tubería)* to stop up

tapujo *m* subterfuge; **hacer algo con/sin ~s** to do sthg deceitfully/openly.

taquigrafía *f* shorthand.

taquilla *f* **1.** *(ventanilla - gen)* ticket office; (CIN & TEATRO) box office. **2.** *(armario)* locker. **3.** *(recaudación)* takings *(pl).*

taquillero, -ra ◊ *adj:* **es un espectáculo ~** the show is a box-office hit. ◊ *m y f* ticket clerk.

taquimecanógrafo, -fa *m y f* shorthand typist.

tara *f* **1.** *(defecto)* defect. **2.** *(peso)* tare.

tarántula *f* tarantula.

tararear *vt* to hum.

tardanza *f* lateness.

tardar *vi* **1.** *(llevar tiempo)* to take; **tardó un año en hacerlo** she took a year to do it; **¿cuánto tardarás (en hacerlo)?** how long will it take you (to do it)? **2.** *(retrasarse)* to be late; *(ser lento)* to be slow; **~ en hacer algo** to take a long time to do sthg; **no tardaron en hacerlo** they were quick to do it; **a más ~** at the latest.

tarde ◊ *f (hasta las cinco)* afternoon; *(después de las cinco)* evening; **por la ~** *(hasta las cinco)* in the afternoon; *(después de las cinco)* in the evening; **buenas ~s** *(hasta las cinco)* good afternoon; *(después de las cinco)* good evening; **de ~ en ~** from time to time.

◊ adv (gen) late; (en demasía) too late; **ya es ~ para eso** it's too late for that now; **~ o temprano** sooner or later.

tardío, -a adj (gen) late; (consejo, decisión) belated.

tarea f (gen) task; (EDUC) homework.

tarifa f 1. (precio) charge; (COM) tariff; (en transportes) fare. 2. (gen pl) (lista) price list.

tarima f platform.

tarjeta f (gen & INFORM) card; **~ de crédito** credit card; **~ de embarque** boarding pass; **~ postal** postcard; **~ de visita** visiting o calling card.

tarot m tarot.

tarrina f terrine.

tarro m (recipiente) jar.

tarta f (gen) cake; (plana, con base de pasta dura) tart; (plana, con base de bizcocho) flan.

tartaleta f tartlet.

tartamudear vi to stammer, to stutter.

tartamudo, -da ◊ adj stammering. ◊ m y f stammerer.

tartana f fam (coche viejo) banger.

tártaro, -ra ◊ adj (pueblo) Tartar. ◊ m y f Tartar.

tartera f (fiambrera) lunch box.

tarugo m 1. fam (necio) blockhead. 2. (de madera) block of wood.

tasa f 1. (índice) rate; **~ de mortalidad/natalidad** death/birth rate. 2. (impuesto) tax. 3. (EDUC) fee. 4. (tasación) valuation.

tasación f valuation.

tasar vt 1. (valorar) to value. 2. (fijar precio) to fix a price for.

tasca f ≈ pub.

tatarabuelo, -la m y f great-great-grandfather (f -grandmother).

tatuaje m 1. (dibujo) tattoo. 2. (acción) tattooing.

tatuar vt to tattoo.

taurino, -na adj bullfighting (antes de sust).

tauro ◊ m (zodiaco) Taurus. ◊ m y f (persona) Taurean.

tauromaquia f bullfighting.

TAV (abrev de tren de alta velocidad) m Spanish high-speed train.

taxativo, -va adj precise, exact.

taxi m taxi.

taxidermista m y f taxidermist.

taxímetro m taximeter.

taxista m y f taxi driver.

taza f 1. (para beber) cup. 2. (de retrete) bowl.

tazón m bowl.

te pron pers 1. (complemento directo) you; **le gustaría verte** she'd like to see you. 2. (complemento indirecto) (to) you; **~ lo dio** he gave it to you; **~ tiene miedo** he's afraid of you. 3. (reflexivo) yourself. 4. fam (valor impersonal): **si ~ dejas pisar, estás perdido** if you let people walk all over you, you've had it.

té (pl tés) m tea.

tea f (antorcha) torch.

teatral adj 1. (de teatro - gen) theatre (antes de sust); (- grupo) drama (antes de sust). 2. (exagerado) theatrical.

teatro m 1. (gen) theatre. 2. fig (fingimiento) playacting.

tebeo® m (children's) comic.

techo m 1. (gen) roof; (dentro de casa) ceiling; **~ deslizante** o **corredizo** (AUTOM) sun roof; **bajo ~** under cover. 2. fig (límite) ceiling

techumbre f roof.

tecla f (gen, INFORM & MÚS) key.

teclado m (gen & MÚS) keyboard.

teclear vt & vi (en ordenador etc) to type; (en piano) to play.

técnico, -ca ◊ adj technical. ◊ m y f 1. (mecánico) technician. 2. (experto) expert. ◆ **técnica** f 1. (gen) technique. 2. (tecnología) technology.

tecnicolor m Technicolor®.

tecnócrata m y f technocrat.

tecnología f technology; **~ punta** state-of-the-art technology.

tecnológico, -ca adj technological.

tecolote m Amer owl.

tedio m boredom, tedium.

tedioso, -sa adj tedious.

Tegucigalpa Tegucigalpa.

Teide m: **el ~** (Mount) Teide.

teja f (de tejado) tile.

tejado m roof.

tejano, -na ◊ adj 1. (de Texas) Texan. 2. Esp (tela) denim. ◊ m y f (persona) Texan. ◆ **tejanos** mpl Esp (pantalones) jeans.

tejemaneje m fam 1. (maquinación) intrigue. 2. (ajetreo) to-do, fuss.

tejer ◊ vt 1. (gen) to weave. 2. (labor de punto) to knit. 3. (telaraña) to spin. ◊ vi (hacer ganchillo) to crochet; (hacer punto) to knit.

tejido m 1. (tela) fabric, material; (IND) textile. 2. (ANAT) tissue.

tejo m 1. (juego) hopscotch. 2. (BOT) yew.

tejón m badger.

tel., teléf. (abrev de teléfono) tel.

tela f 1. (tejido) fabric, material; (retal)

piece of material; **~ de araña** cobweb; **~ metálica** wire netting. **2.** (ARTE) *(lienzo)* canvas. **3.** *fam (dinero)* dough. **4.** *fam (cosa complicada)*: **tener (mucha) ~** *(ser difícil)* to be (very) tricky. **5.** *loc*: **poner en ~ de juicio** to call into question.

telar *m* **1.** *(máquina)* loom. **2.** *(gen pl) (fábrica)* textiles mill.

telaraña *f* spider's web, cobweb.

tele *f fam* telly.

telearrastre *m* ski-tow.

telecomedia *f* television comedy programme.

telecomunicación *f (medio)* tele-communication. ♦ **telecomunica-ciones** *fpl (red)* telecommunications.

telediario *m* television news *(U)*.

teledirigido, -da *adj* remote-controlled.

teléf. = **tel.**

telefax *m inv* telefax, fax.

teleférico *m* cable-car.

telefilme, telefilm *(pl* **telefilms)** *m* TV film.

telefonear *vi* to phone.

telefónico, -ca *adj* telephone *(antes de sust)*. ♦ **Telefónica** *f Spanish national telephone monopoly.*

telefonista *m y f* telephonist.

teléfono *m* **1.** *(gen)* telephone, phone; **hablar por ~** to be on the phone; **~ inalámbrico/móvil** cord-less/mobile phone; **~ público** public phone. **2.** **(número de) ~** telephone number.

telegrafía *f* telegraphy.

telegráfico, -ca *adj lit & fig* tele-graphic.

telégrafo *m (medio, aparato)* tele-graph.

telegrama *m* telegram.

telejuego *m* television game show.

telele *m*: **le dio un ~** *(desmayo)* he had a fainting fit; *(enfado)* he had a fit.

telemando *m* remote control.

telemática *f* telematics *(U)*.

telenovela *f* television soap opera.

telepatía *f* telepathy.

telescópico, -ca *adj* telescopic.

telescopio *m* telescope.

telesilla *m* chair lift.

telespectador, -ra *m y f* viewer.

telesquí *m* ski lift.

teletexto *m* Teletext®.

teletipo *m* **1.** *(aparato)* teleprinter. **2.** *(texto)* Teletype®

teletrabajo *m* teleworking.

televenta *f* **1.** *(por teléfono)* telesales

(pl). **2.** *(por televisión)* TV advertising in which a phone number is given for clients to contact.

televidente *m y f* viewer.

televisar *vt* to televise

televisión *f* television; **~ por cable** cable television; **~ digital** digital tele-vision; **~ de pago** pay television.

televisor *m* television (set).

télex *m inv* telex.

telón *m (de escenario - delante)* curtain; *(- detrás)* backcloth; **~ de acero** *fig* Iron Curtain; **~ de fondo** *fig* backdrop.

telonero, -ra *m y f (cantante)* support artist; *(grupo)* support band.

tema *m* **1.** *(gen)* subject. **2.** (MÚS) theme.

temario *m (de una asignatura)* curricu-lum; *(de oposiciones)* list of topics; *(de reunión, congreso)* agenda.

temático, -ca *adj* thematic. ♦ **te-mática** *f* subject matter.

temblar *vi* **1.** *(tiritar)*: **~ (de)** *(gen)* to tremble (with); *(de frío)* to shiver (with). **2.** *(vibrar - suelo etc)* to shud-der, to shake.

temblor *m* shaking *(U)*, trembling *(U)*.

tembloroso, -sa *adj* trembling, shaky.

temer ◇ *vt* **1.** *(tener miedo de)* to fear, to be afraid of. **2.** *(sospechar)* to fear. ◇ *vi* to be afraid; **no temas** don't worry; **~ por** to fear for. ♦ **temerse** *vpr*: **~se que** to be afraid that; **me temo que no vendrá** I'm afraid she won't come.

temerario, -ria *adj* rash; *(conducción)* reckless.

temeridad *f* **1.** *(cualidad)* reckless-ness. **2.** *(acción)* folly *(U)*, reckless act.

temeroso, -sa *adj (receloso)* fearful.

temible *adj* fearsome.

temor *m*: **~ (a o de)** fear (of).

temperamental *adj* **1.** *(cambiante)* temperamental. **2.** *(impulsivo)* impul-sive.

temperamento *m* temperament.

temperatura *f* temperature.

tempestad *f* storm.

tempestuoso, -sa *adj lit & fig* stormy

templado, -da *adj* **1.** *(tibio - agua, bebida, comida)* lukewarm. **2.** (GEOGR) *(clima, zona)* temperate. **3.** *(nervios)* steady. **4.** *(persona, carácter)* calm, composed. **5.** (MÚS) in tune.

templanza *f* **1.** *(serenidad)* compos-ure. **2.** *(moderación)* moderation. **3.** *(benignidad - del clima)* mildness.

templar *vt* **1.** *(entibiar - lo frío)* to

warm (up); (- lo caliente) to cool down.
2. (calmar - nervios, ánimos) to calm;
(- ira, pasiones) to restrain; (- voz) to
soften. **3.** (TECN) (metal etc) to temper.
4. (MÚS) to tune. **5.** (tensar) to tighten
(up). ◆ **templarse** vpr to warm up.

temple m **1.** (serenidad) composure.
2. (TECN) tempering **3.** (ARTE) tempera.

templete m pavilion.

templo m (edificio - gen) temple;
(- católico, protestante) church; (- judío)
synagogue.

temporada f **1.** (periodo concreto) season; (de exámenes) period; **de ~** (fruta,
trabajo) seasonal; (en turismo) peak
(antes de sust); **~ alta/baja** high/low
season; **~ media** mid-season. **2.** (periodo indefinido) (period of) time; **pasé
una ~ en el extranjero** I spent some
time abroad

temporal ◇ adj **1.** (provisional) temporary. **2.** (ANAT & RELIG) temporal.
◇ m (tormenta) storm.

temporero, -ra m y f casual labourer.

temporizador m timing device.

temprano, -na adj early. ◆ **temprano** adv early.

ten v → **tener**. ◆ **ten con ten** m fam
tact.

tenacidad f tenacity.

tenacillas fpl tongs; (para vello) tweezers; (para rizar el pelo) curling tongs.

tenaz adj (perseverante) tenacious.

tenaza f (gen pl) **1.** (herramienta) pliers (pl) **2.** (pinzas) tongs (pl) **3.**
(ZOOL) pincer.

tendedero m **1.** (armazón) clothes
horse; (cuerda) clothes line. **2.** (lugar)
drying place.

tendencia f tendency, trend; **~ a
hacer algo** tendency to do sthg.

tendenciosidad f tendentiousness.

tendencioso, -sa adj tendentious.

tender vt **1.** (colgar - ropa) to hang
out **2.** (tumbar) to lay (out). **3.** (extender) to stretch (out); (mantel) to
spread **4.** (dar - cosa) to hand; (- mano) to hold out, to offer. **5.** (entre dos
puntos - cable, vía) to lay; (- puente) to
build. **6.** fig (preparar - trampa etc) to
lay. ◆ **tender a** vi: **~ a hacer algo** to
tend to do something; **~ a la depresión** to have a tendency to get
depressed. ◆ **tenderse** vpr to stretch
out, to lie down.

tenderete m (puesto) stall.

tendero, -ra m y f shopkeeper.

tendido, -da adj **1.** (extendido, tumbado) stretched out. **2.** (colgado - ropa)

hung out, on the line. ◆ **tendido** m
1. (instalación - de cable) laying; **~ eléctrico** electrical installation. **2.** (TAU-
ROM) front rows (pl).

tendón m tendon.

tendrá etc → **tener**.

tenebroso, -sa adj dark, gloomy; fig
shady, sinister.

tenedor[1] m (utensilio) fork.

tenedor[2], -ra m y f (poseedor) holder;
~ de libros (COM) bookkeeper.

teneduría f (COM) bookkeeping.

tenencia f possession; **~ ilícita de
armas** illegal possession of arms.

tener ◇ vaux **1.** (antes de participio)
(haber): **teníamos pensado ir al
teatro** we had thought of going to the
theatre. **2.** (antes de adj) (hacer estar):
me tuvo despierto it kept me awake;
eso la tiene despistada that has confused her. **3.** (expresa obligación): **~
que hacer algo** to have to do sthg;
tiene que ser así it has to be this way.
4. (expresa propósito): **tenemos que ir
a cenar un día** we ought to O should
go for dinner some time. ◇ vt **1.** (gen)
to have; **tengo un hermano** I have O
I've got a brother; **~ fiebre** to have a
temperature; **tuvieron una pelea**
they had a fight; **~ un niño** to have a
baby; **¡que tengan buen viaje!** have a
good journey!; **hoy tengo clase** I have
to go to school today. **2.** (medida,
años, sensación, cualidad) to be; **tiene 3
metros de ancho** it's 3 metres wide;
¿cuántos años tienes? how old are
you?; **tiene diez años** she's ten (years
old); **~ hambre/miedo** to be hungry/
afraid; **~ mal humor** to be bad-
tempered; **le tiene lástima** he feels
sorry for her **3.** (sujetar) to hold; **tenlo
por el asa** hold it by the handle. **4.**
(tomar): **ten el libro que me pediste**
here's the book you asked me for;
¡aquí tienes! here you are! **5.** (recibir)
to get; **tuve un verdadero desen-
gaño** I was really disappointed; **tendrá una sorpresa** he'll get a surprise.
6. (valorar): **me tienen por tonto** they
think I'm stupid; **~ a alguien en
mucho** to think the world of sb. **7.**
(guardar, contener) to keep. **8.** Col &
Méx (llevar): **tengo dos años trabajando aquí** I've been working here for
two years **9.** loc: **no las tiene todas
consigo** he's not too sure about it; **~
a bien hacer algo** to be kind enough
to do sthg; **~ que ver con algo/
alguien** (existir relación) to have something to do with sthg/sb; (existir seme-

janza) to be in the same league as sthg/sb ♦ **tenerse** *vpr* 1. (*sostenerse*): ~se de pie to stand upright. 2. (*considerarse*): se tiene por listo he thinks he's clever.

tengo → **tener**.

tenia *f* tapeworm.

teniente *m* lieutenant.

tenis *m inv* tennis; ~ de mesa table tennis.

tenista *m y f* tennis player.

tenor *m* 1. (MÚS) tenor. 2. (*estilo*) tone. ♦ **a tenor de** *loc prep* in view of.

tensar *vt* to tauten, (*arco*) to draw.

tensión *f* 1. (*gen*) tension; ~ nerviosa nervous tension. 2. (TECN) (*estiramiento*) stress 3. (MED): ~ (**arterial**) blood pressure; **tener la ~ alta/baja** to have high/low blood pressure. 4. (ELECTR) voltage; **alta ~** high voltage.

tenso, -sa *adj* taut; *fig* tense.

tentación *f* (*deseo*) temptation; **caer en la ~** to give in to temptation; **tener la ~ de** to be tempted to.

tentáculo *m* tentacle.

tentador, -ra *adj* tempting.

tentar *vt* 1. (*palpar*) to feel. 2. (*atraer, incitar*) to tempt.

tentativa *f* attempt; ~ de asesinato attempted murder.

tentempié (*pl* tentempiés) *m* snack.

tenue *adj* 1. (*tela, hilo, lluvia*) fine. 2. (*luz, sonido, dolor*) faint. 3. (*relación*) tenuous.

teñir *vt* 1. (*ropa, pelo*): ~ algo (de rojo *etc*) to dye sthg (red *etc*). 2. *fig* (*matizar*): ~ algo (de) to tinge sthg (with). ♦ **teñirse** *vpr*: ~se (el pelo) to dye one's hair.

teología *f* theology; ~ de la liberación liberation theology.

teólogo, -ga *m y f* theologian.

teorema *m* theorem.

teoría *f* theory; **en ~** in theory.

teórico, -ca ◊ *adj* theoretical. ◊ *m y f* (*persona*) theorist. ♦ **teórica** *f* (*teoría*) theory (*U*).

teorizar *vi* to theorize.

tequila *m o f* tequila.

TER (*abrev de* tren español rápido) *m* Spanish high-speed train.

terapéutico, -ca *adj* therapeutic.

terapia *f* therapy; ~ ocupacional/de grupo occupational/group therapy.

tercer → **tercero**.

tercera → **tercero**.

tercermundista *adj* third-world (*antes de sust*).

tercero, -ra *núm* (*antes de sust mas-* *culino sg:* **tercer**) third. ♦ **tercero** *m* 1. (*piso*) third floor. 2. (*curso*) third year. 3. (*mediador, parte interesada*) third party. ♦ **tercera** *f* (AUTOM) third (gear).

terceto *m* (MÚS) trio.

terciar ◊ *vt* (*poner en diagonal - gen*) to place diagonally; (*- sombrero*) to tilt. ◊ *vi* 1. (*mediar*): ~ (**en**) to mediate (in). 2. (*participar*) to intervene, to take part. ♦ **terciarse** *vpr* to arise; **si se tercia** if the opportunity arises.

tercio *m* 1. (*tercera parte*) third. 2. (TAUROM) stage (*of bullfight*).

terciopelo *m* velvet.

terco, -ca *adj* stubborn.

tergal® *m* Tergal®.

tergiversar *vt* to distort, to twist.

termal *adj* thermal.

termas *fpl* (*baños*) hot baths, spa (*sg*).

térmico, -ca *adj* thermal.

terminación *f* 1. (*finalización*) completion. 2. (*parte final*) end. 3. (GRAM) ending.

terminal ◊ *adj* (*gen*) final; (*enfermo*) terminal. ◊ *m* (ELECTR & INFORM) terminal. ◊ *f* (*de aeropuerto*) terminal; (*de autobuses*) terminus.

terminante *adj* categorical; (*prueba*) conclusive.

terminar ◊ *vt* to finish. ◊ *vi* 1. (*acabar*) to end; (*tren*) to stop, to terminate; ~ en (*objeto*) to end in. 2. (*ir a parar*): ~ (**de/en**) to end up (as/in); ~ por hacer algo to end up doing sthg. ♦ **terminarse** *vpr* 1. (*finalizarse*) to finish. 2. (*agotarse*) to run out.

término *m* 1. (*fin, extremo*) end; **poner ~ a algo** to put a stop to sthg. 2. (*territorio*): ~ (**municipal**) district. 3. (*plazo*) period; **en el ~ de un mes** within (the space of) a month. 4. (*lugar, posición*) place; **en primer ~** (ARTE & FOT) in the foreground; **en último ~** (ARTE & FOT) in the background; *fig* (*si es necesario*) as a last resort; (*en resumidas cuentas*) in the final analysis. 5. (*elemento*) point; ~ **medio** (*media*) average; (*compromiso*) compromise; **por ~ medio** on average. 6. (LING & MAT) term; **en ~s generales** generally speaking. ♦ **términos** *mpl* (*condiciones*) terms; **los ~s del contrato** the terms of the contract.

terminología *f* terminology.

termo *m* Thermos® flask.

termómetro *m* thermometer.

termostato *m* thermostat.

terna *f* (POLÍT) shortlist of three candidates.

ternasco f suckling lamb.

ternero, -ra m y f (animal) calf.
♦ **ternera** f (carne) veal.

ternilla f 1. (CULIN) gristle. 2. (ANAT) cartilage.

terno m Amer suit.

ternura f tenderness.

terquedad f stubbornness.

terracota f terracotta.

terrado m terrace roof.

terral, tierral m Amer dust cloud.

terraplén m embankment

terráqueo, -a adj Earth (antes de sust), terrestrial.

terrateniente m y f landowner.

terraza f 1. (balcón) balcony. 2. (de café) terrace, patio. 3. (azotea) terrace roof. 4. (bancal) terrace.

terremoto m earthquake.

terrenal adj earthly.

terreno, -na adj earthly. ♦ **terreno** m 1. (suelo - gen) land; (- GEOL) terrain; (- AGR) soil. 2. (solar) plot (of land). 3. (DEP): ~ (de juego) field, pitch. 4. fig (ámbito) field.

terrestre adj 1. (del planeta) terrestrial. 2. (de la tierra) land (antes de sust).

terrible adj 1. (gen) terrible. 2. (aterrador) terrifying.

terrícola m y f earthling

territorial adj territorial.

territorio m territory; **por todo el ~ nacional** across the country, nationwide.

terrón m 1. (de tierra) clod of earth. 2. (de harina etc) lump.

terror m terror; (CIN) horror; **dar ~ to** terrify.

terrorífico, -ca adj terrifying.

terrorismo m terrorism.

terrorista adj, m y f terrorist.

terroso, -sa adj 1. (parecido a la tierra) earthy. 2. (con tierra) muddy.

terso, -sa adj 1. (piel, superficie) smooth. 2. (aguas, mar) clear. 3. (estilo, lenguaje) polished.

tersura f 1. (de piel, superficie) smoothness. 2. (de aguas, mar) clarity.

tertulia f regular meeting of people for informal discussion of a particular issue of common interest; ~ **literaria** literary circle.

tesina f (undergraduate) dissertation.

tesis f inv thesis.

tesitura f (circunstancia) circumstances (pl).

tesón m 1. (tenacidad) tenacity, perseverance. 2. (firmeza) firmness.

tesorero, -ra m y f treasurer.

tesoro m 1. (botín) treasure. 2. (hacienda pública) treasury, exchequer.
♦ **Tesoro** m (ECON): **el Tesoro** the Treasury.

test (pl tests) m test.

testamentario, -ria ◇ adj testamentary. ◇ m y f executor.

testamento m will; **hacer ~ to write** one's will. ♦ **Antiguo Testamento** m Old Testament. ♦ **Nuevo Testamento** m New Testament

testar vi to make a will.

testarudo, -da adj stubborn.

testículo m testicle.

testificar ◇ vt to testify; fig to testify to. ◇ vi to testify, to give evidence.

testigo ◇ m y f (persona) witness; ~ **de cargo/descargo** witness for the prosecution/defence; ~ **ocular** o **presencial** eyewitness. ◇ m (DEP) baton. ♦ **testigo de Jehová** m y f Jehovah's Witness.

testimonial adj (documento, prueba etc) testimonial.

testimoniar vt to testify; fig to testify to.

testimonio m 1. (DER) testimony. 2. (prueba) proof; **como ~ de** as proof of; **dar ~ de** to prove.

teta f 1. fam (de mujer) tit. 2. (de animal) teat

tétanos m inv tetanus.

tetera f teapot.

tetilla f 1. (de hombre, animal) nipple. 2. (de biberón) teat

tetina f teat.

tetrapléjico, -ca adj, m y f quadriplegic.

tétrico, -ca adj gloomy.

textil adj & m textile.

texto m 1. (gen) text. 2. (pasaje) passage.

textual adj 1. (del texto) textual. 2. (exacto) exact.

textura f (de tela etc) texture.

tez f complexion.

ti pron pers (después de prep) 1. (gen) you; **siempre pienso en ~** I'm always thinking about you; **me acordaré de ~** I'll remember you. 2. (reflexivo) yourself; **sólo piensas en ~ (mismo)** you only think about yourself.

tía → tío

tianguis m inv Méx open-air market

Tibet m: **el ~** Tibet.

tibia f shinbone, tibia.

tibieza f (calidez) warmth; (falta de calor) lukewarmness

tibio, -bia adj 1. (cálido) warm; (falto

de calor) tepid, lukewarm. **2.** *fig (frío)* lukewarm.

tiburón *m (gen)* shark.

tic *m* tic.

ticket = **tíquet**.

tictac *m* tick tock.

tiempo *m* **1.** *(gen)* time; **al poco ~** soon afterwards; **a ~ (de hacer algo)** in time (to do sthg); **a un ~** at the same time; **con el ~** in time; **del ~** *(fruta)* of the season; *(bebida)* at room temperature; **estar a** o **tener ~ de** to have time to; **fuera de ~** at the wrong moment; **ganar ~** to save time; **perder el ~** to waste time; **~ libre** o **de ocio** spare time; **a ~ parcial** o **partido** part-time; **en ~s de Maricastaña** donkey's years ago; **engañar** o **matar el ~** to kill time. **2.** *(periodo largo)* long time; **con ~** in good time; **hace ~ que** it is a long time since; **hace ~ que no vive aquí** he hasn't lived here for some time; **tomarse uno su ~** to take one's time. **3.** *(edad)* age; **¿qué ~ tiene?** how old is he? **4.** *(movimiento)* movement; **motor de cuatro ~s** four-stroke engine. **5.** *(METEOR)* weather; **hizo buen/mal ~** the weather was good/bad; **si el ~ lo permite** o **no lo impide** weather permitting; **hace un ~ de perros** it's a foul day. **6.** *(DEP)* half. **7.** *(GRAM)* tense. **8.** *(MÚS - compás)* time; *(- ritmo)* tempo.

tienda *f* **1.** *(establecimiento)* shop. **2.** *(para acampar)*: **~ (de campaña)** tent.

tiene → tener.

tienta ◆ **a tientas** *loc adv* blindly; **andar a ~s** to grope along.

tierno, -na *adj* **1.** *(blando, cariñoso)* tender. **2.** *(del día)* fresh.

tierra *f* **1.** *(gen)* land; **~ adentro** inland; **~ firme** terra firma. **2.** *(materia inorgánica)* earth, soil; **un camino de ~** a dirt track. **3.** *(suelo)* ground; **caer a ~** to fall to the ground; **tomar ~** to touch down. **4.** *(patria)* homeland, native land. **5.** *(ELECTR)* earth *Br*, ground *Am*. ◆ **Tierra** *f*: **la Tierra** the Earth.

tierral = **terral**.

tieso, -sa *adj* **1.** *(rígido)* stiff. **2.** *(erguido)* erect. **3.** *fig (engreído)* haughty.

tiesto *m* flowerpot.

tifoideo, -a *adj* typhoid *(antes de sust)*.

tifón *m* typhoon.

tifus *m inv* typhus

tigre *m* tiger.

tigresa *f* tigress.

tijera *f (gen pl)* scissors *(pl)*; *(de jardinero, esquilador)* shears *(pl)*; **unas ~s** a pair of scissors/shears.

tijereta *f (insecto)* earwig.

tila *f (infusión)* lime blossom tea.

tildar *vt*: **~ a alguien de algo** to brand o call sb sthg.

tilde *f* **1.** *(signo ortográfico)* tilde. **2.** *(acento gráfico)* accent.

tilín *m* tinkle, tinkling *(U)*; **me hace ~** *fam* I fancy him.

tilo *m (árbol)* linden o lime tree

timar *vt (estafar)*: **~ a alguien** to swindle sb; **~ algo a alguien** to swindle sb out of sthg.

timbal *m* (MÚS *- de orquesta)* kettledrum.

timbrar *vt* to stamp.

timbre *m* **1.** *(aparato)* bell; **tocar el ~** to ring the bell. **2.** *(de voz, sonido)* tone; *(TECN)* timbre. **3.** *(sello - de documentos)* stamp; *(- de impuestos)* seal.

timidez *f* shyness.

tímido, -da *adj* shy.

timo *m (estafa)* swindle.

timón *m* **1.** *(AERON* & *NÁUT)* rudder. **2.** *fig (gobierno)* helm; **llevar el ~ de** to be at the helm of. **3.** *Andes (volante)* steering wheel

timonel, timonero *m* (NÁUT) helmsman.

timorato, -ta *adj (mojigato)* prudish.

tímpano *m* (ANAT) eardrum.

tina *f* **1.** *(tinaja)* pitcher. **2.** *(gran cuba)* vat. **3.** *(bañera)* bathtub

tinaja *f* (large) pitcher.

tinglado *m* **1.** *(cobertizo)* shed. **2.** *(armazón)* platform. **3.** *fig (lío)* fuss. **4.** *fig (maquinación)* plot.

tinieblas *fpl* darkness *(U)*; *fig* confusion *(U)*, uncertainty *(U)*.

tino *m* **1.** *(puntería)* good aim. **2.** *fig (habilidad)* skill. **3.** *fig (juicio)* sense, good judgment.

tinta *f* ink; **~ china** Indian ink; **cargar** o **recargar las ~s** to exaggerate; **saberlo de buena ~** to have it on good authority; **sudar ~** to sweat blood. ◆ **medias tintas** *fpl*: **andarse con medias ~s** to be wishy-washy.

tinte *m* **1.** *(sustancia)* dye. **2.** *(operación)* dyeing. **3.** *(tintorería)* dry cleaner's. **4.** *fig (tono)* shade, tinge.

tintero *m (frasco)* ink pot; *(en la mesa)* inkwell.

tintinear *vi* to jingle, to tinkle

tinto, -ta *adj* **1.** *(teñido)* dyed. **2.** *(manchado)* stained. **3.** *(vino)* red. ◆ **tinto** *m (vino)* red wine.

tintorera *f* blue shark.

tintorería *f* dry cleaner's

tiña *f* (MED) ringworm.

tío, -a *m y f* 1. *(familiar)* uncle (*f* aunt). 2. *Esp fam (individuo)* guy (*f* girl). 3. *mfam (apelativo)* mate (*f* darling).

tiovivo *m* merry-go-round.

típico, -ca *adj* typical; *(traje, restaurante etc)* traditional; **~ de** typical of.

tipificar *vt* 1. *(gen & DER)* to classify. 2. *(simbolizar)* to typify.

tiple *m y f (cantante)* soprano

tipo, -pa *m y f mfam* guy (*f* bird).
♦ **tipo** *m* 1. *(clase)* type, sort; **todo ~ de** all sorts of. 2. *(cuerpo - de mujer)* figure; *(- de hombre)* build. 3. (ECON) rate; **~ de interés/cambio** interest/exchange rate. 4. (IMPRENTA & ZOOL) type.

tipografía *f* 1. *(procedimiento)* printing. 2. *(taller)* printing works (*sg*).

tipográfico, -ca *adj* typographical.

tipógrafo, -fa *m y f* printer.

tiquet (*pl* **tiquets**), **ticket** ['tiket] (*pl* **tickets**) *m* ticket.

tiquismiquis ◇ *adj inv fam (maniático)* pernickety. ◇ *m y f fam (maniático)* fusspot. ◇ *mpl* 1. *(riñas)* squabbles. 2. *(bagatelas)* trifles.

TIR *(abrev de* **transport international routier**) *International Road Transport,* ≃ HGV *Br*.

tira *f* 1. *(banda cortada)* strip. 2. *(de viñetas)* comic strip. 3. *loc:* **la ~ de** *fam* loads (*pl*) of.

tirabuzón *m (rizo)* curl

tirachinas *m inv* catapult.

tiradero *m Méx* rubbish dump.

tirado, -da *adj* 1. *fam (barato)* dirt cheap. 2. *fam (fácil)* simple, dead easy; **estar ~** to be a cinch. 3. *loc:* **dejar ~ a alguien** to leave sb in the lurch.
♦ **tirada** *f* 1. *(lanzamiento)* throw. 2. (IMPRENTA *- número de ejemplares)* print run; *(- reimpresión)* reprint; *(- número de lectores)* circulation. 3. *(sucesión)* series. 4. *(distancia):* **de ~ o en una tirada** in one go.

tirador, -ra *m y f (persona)* marksman. ♦ **tirador** *m (mango)* handle.
♦ **tiradores** *mpl CSur (tirantes)* braces *Br*, suspenders *Am*

Tirana Tirana.

tiranía *f* tyranny.

tirano, -na ◇ *adj* tyrannical. ◇ *m y f* tyrant.

tirante ◇ *adj* 1. *(estirado)* taut. 2. *fig (violento, tenso)* tense ◇ *m* 1. *(de tela)* strap. 2. (ARQUIT) brace. ♦ **tiran-**

tes *mpl (para pantalones)* braces *Br*, suspenders *Am*.

tirantez *f* fig tension.

tirar ◇ *vt* 1. *(lanzar)* to throw; **~ algo a alguien/algo** *(para hacer daño)* to throw sth at sb/sth; **tírame una manzana** throw me an apple. 2. *(dejar caer)* to drop; *(derramar)* to spill; *(volcar)* to knock over. 3. *(desechar, malgastar)* to throw away. 4. *(disparar)* to fire; *(- bomba)* to drop; *(- petardo, cohete)* to let off. 5. *(derribar)* to knock down. 6. *(jugar - carta)* to play; *(- dado)* to throw. 7. (DEP *- falta, penalti etc)* to take; *(- balón)* to pass. 8. *(imprimir)* to print. ◇ *vi* 1. *(estirar, arrastrar):* **~ (de algo)** to pull (sth); **tira y afloja** give and take. 2. *(disparar)* to shoot. 3. *fam (atraer)* to have a pull; **me tira la vida del campo** I feel drawn towards life in the country 4. *(cigarrillo, chimenea etc)* to draw. 5. *(dirigirse)* to go, to head 6. *fam (apañárselas)* to get by; **ir tirando** to get by; **voy tirando** I'm O.K. 7. *(parecerse):* **tira a gris** it's greyish; **tira a su abuela** she takes after her grandmother; **tirando a** approaching. 8. *(tender):* **~ para algo** *(persona)* to have the makings of sth; **este programa tira a (ser) hortera** this programme is a bit on the tacky side; **el tiempo tira a mejorar** the weather looks as if it's getting better. 9. (DEP *- con el pie)* to kick; *(- con la mano)* to throw; *(- a meta, canasta etc)* to shoot. ♦ **tirarse** *vpr* 1. *(lanzarse):* **~se (a) (agua)** to dive (into); *(aire)* to jump (into); **~se sobre alguien** to jump on top of sb. 2. *(tumbarse)* to stretch out. 3. *(tiempo)* to spend.

tirita® *f Esp (sticking)* plaster *Br,* ≃ Bandaid® *Am*.

tiritar *vi:* **~ (de)** to shiver (with).

tiro *m* 1. *(gen)* shot; **pegar un ~ a alguien** to shoot sb; **pegarse un ~** to shoot o.s.; **ni a ~s** never in a million years. 2. *(acción)* shooting; **~ al blanco** *(deporte)* target shooting; *(lugar)* shooting range; **~ con arco** archery. 3. *(huella, marca)* bullet mark; *(herida)* gunshot wound. 4. *(alcance)* range; **a ~ de** within the range of; **a ~ de piedra** a stone's throw away. 5. *(de chimenea, horno)* draw 6. *(de caballos)* team.

tiroides *m inv* thyroid (gland).

tirón *m* 1. *(estirón)* pull. 2. *(robo)* bagsnatching. ♦ **de un tirón** *loc adv* in one go.

tirotear ◇ *vt* to fire at. ◇ *vi* to shoot.

tiroteo *m (tiros)* shooting; *(intercambio de disparos)* shootout.

tisana *f* herbal tea.

tisis *f inv* (MED) (pulmonary) tuberculosis.

titánico, -ca *adj* titanic.

títere *m lit & fig* puppet; **no dejar ~ con cabeza** *(destrozar)* to destroy everything in sight; *(criticar)* to spare nobody. ◆ **títeres** *mpl (guiñol)* puppet show (*sg*).

titilar, titilear *vi (estrella, luz)* to flicker.

titiritar *vi*: **~ (de)** to shiver (with).

titiritero, -ra *m y f* **1.** *(de títeres)* puppeteer. **2.** *(acróbata)* acrobat.

titubeante *adj* **1.** *(actitud)* hesitant. **2.** *(voz)* stuttering. **3.** *(al andar)* tottering.

titubear *vi* **1.** *(dudar)* to hesitate. **2.** *(al hablar)* to stutter.

titubeo *m (gen pl)* **1.** *(duda)* hesitation. **2.** *(al hablar)* stutter, stuttering (U) **3.** *(al andar)* tottering.

titulado, -da *m y f (diplomado)* holder of a qualification; *(licenciado)* graduate.

titular ◇ *adj (profesor, médico)* official. ◇ *m y f (poseedor)* holder. ◇ *m (gen pl)* (PRENSA) headline. ◇ *vt (llamar)* to title, to call. ◆ **titularse** *vpr* **1.** *(llamarse)* to be titled o called. **2.** *(licenciarse)*: **~se (en)** to graduate (in). **3.** *(diplomarse)*: **~se (en)** to obtain a qualification (in).

título *m* **1.** *(gen)* title; **~ de propiedad** title deed. **2.** *(licenciatura)* degree; *(diploma)* diploma; **tiene muchos ~s** she has a lot of qualifications. **3.** *fig (derecho)* right; **a ~ de** as.

tiza *f* chalk; **una ~** a piece of chalk.

tiznar *vt* to blacken.

tizne *m o f* soot.

tizón *m* burning stick o log.

tlapalería *f* Méx ironmonger's (shop).

toalla *f (para secarse)* towel; **~ de ducha/manos** bath/hand towel; **arrojar** o **tirar la ~** to throw in the towel.

toallero *m* towel rail.

tobillo *m* ankle.

tobogán *m (rampa)* slide; *(en parque de atracciones)* helter-skelter; *(en piscina)* flume.

toca *f* wimple.

tocadiscos *m inv* record player.

tocado, -da *adj (chiflado)* soft in the head. ◆ **tocado** *m (prenda)* headgear (U).

tocador *m* **1.** *(mueble)* dressing table.

2. *(habitación - en lugar público)* powder room; *(- en casa)* boudoir.

tocar ◇ *vt* **1.** *(gen)* to touch; *(palpar)* to feel; *(suj: país, jardín)* to border on. **2.** *(instrumento, canción)* to play; *(bombo)* to bang; *(sirena, alarma)* to sound; *(campana, timbre)* to ring; **el reloj tocó las doce** the clock struck twelve. **3.** *(abordar - tema etc)* to touch on. **4.** *fig (conmover)* to touch; *(herir)* to wound. **5.** *fig (concernir)*: **por lo que a mí me toca/a eso le toca** as far as I'm/that's concerned. ◇ *vi* **1.** *(entrar en contacto)* to touch. **2.** *(estar próximo)*: **(con)** *(gen)* to be touching; *(país, jardín)* to border (on). **3.** *(llamar - a la puerta, ventana)* to knock. **4.** *(corresponder - en un reparto)*: **~ a alguien** to be due to sb; **tocamos a mil cada uno** we're due a thousand each; **le tocó la mitad** he got half of it; **te toca a ti hacerlo** *(turno)* it's your turn to do it; *(responsabilidad)* it's up to you to do it. **5.** *(caer en suerte)*: **me ha tocado la lotería** I've won the lottery; **le ha tocado sufrir mucho** he has had to suffer a lot. **6.** *(llegar el momento)*: **nos toca pagar ahora** it's time (for us) to pay now. ◆ **tocarse** *vpr* to touch.

tocayo, -ya *m y f* namesake

tocinería *f* pork butcher's (shop).

tocino *m (para cocinar)* lard; *(para comer)* fat *(of bacon)*. ◆ **tocino de cielo** *m* (CULIN) dessert made of syrup and eggs.

todavía *adv* **1.** *(aún)* still; *(con negativo)* yet, still; **~ no lo he recibido** I still haven't got it, I haven't got it yet; **~ ayer** as late as yesterday; **~ no** not yet. **2.** *(sin embargo)* still. **3.** *(incluso)* even.

todo, -da ◇ *adj* **1.** *(gen)* all; **~ el mundo** everybody; **~ el libro** the whole book, all (of) the book; **~ el día** all day. **2.** *(cada, cualquier)*: **~s los días/lunes** every day/Monday; **~ español** every Spaniard, all Spaniards. **3.** *(para enfatizar)*: **es ~ un hombre** he's every bit a man; **ya es toda una mujer** she's a big girl now; **fue ~ un éxito** it was a great success ◇ *pron* **1.** *(todas las cosas)* everything, *(pl)* all of them; **lo vendió ~** he sold everything, he sold it all; **~s están rotos** they're all broken, all of them are broken; **ante ~** *(sobre todo)* above all; *(en primer lugar)* first of all; **con ~** despite everything; **sobre ~** above all; **está en ~** he/she always makes sure everything is just so **2.** *(todas las per-*

sonas): ~s everybody; **todas vinieron everybody** ◇ they all came. ◆ **todo** ◇ *m* whole. ◇ *adv* completely, all. ◆ **del todo** *loc adv*: **no estoy del ~ contento** I'm not entirely happy; **no lo hace mal del ~** she doesn't do it at all badly. ◆ **todo terreno** *m* Jeep®.

todopoderoso, -sa *adj* almighty.

toffee ['tofi] (*pl* **toffees**) *m* coffee-flavoured toffee.

toga *f* 1. (*manto*) toga. 2. (*traje*) gown.

Togo Togo.

toldo *m* (*de tienda*) awning; (*de playa*) sunshade.

tolerancia *f* tolerance.

tolerante *adj* tolerant.

tolerar *vt* 1. (*consentir, aceptar*) to tolerate; ~ **que alguien haga algo** to tolerate sb doing sthg. 2. (*aguantar*) to stand.

toma *f* 1. (*de biberón, papilla*) feed. 2. (*de medicamento*) dose; (*de sangre*) sample. 3. (*de ciudad etc*) capture. 4. (*de agua, aire*) inlet; ~ **de corriente** (ELECTR) socket 5. (CIN) (*de escena*) take 6. *loc*: **ser un ~ y daca** to be give and take. ◆ **toma de posesión** *f* 1. (*de gobierno, presidente*) investiture. 2. (*de cargo*) undertaking.

tomar ◇ *vt* 1. (*gen*) to take; (*actitud, costumbre*) to adopt 2. (*datos, información*) to take down. 3. (*comida, bebida*) to have; **¿qué quieres ~?** what would you like (to drink/eat)? 4. (*autobús, tren etc*) to catch; (*taxi*) to take. 5. (*considerar, confundir*): ~ **a alguien por algo/alguien** to take sb for sthg/sb. 6. *loc*: ~**la** ◇ ~**las con alguien** *fam* to have it in for sb; **¡toma!** (*al dar algo*) here you are!; (*expresando sorpresa*) well I never! ◇ *vi* (*encaminarse*) to go, to head. ◆ **tomarse** *vpr* 1. (*comida, bebida*) to have; (*medicina, drogas*) to take. 2. (*interpretar*) to take; ~**se algo a mal/bien** to take sthg badly/well.

tomate *m* (*fruto*) tomato.

tómbola *f* tombola.

tomillo *m* thyme.

tomo *m* (*volumen*) volume.

ton ◆ **sin ton ni son** *loc adv* for no apparent reason.

tonada *f* tune.

tonadilla *f* ditty.

tonalidad *f* (*de color*) tone.

tonel *m* (*recipiente*) barrel

tonelada *f* tonne.

tonelaje *m* tonnage.

tónico, -ca *adj* 1. (*reconstituyente*) revitalizing. 2. (GRAM & MÚS) tonic. ◆ **tónico** *m* (*reconstituyente*) tonic.

◆ **tónica** *f* 1. (*tendencia*) trend 2. (MÚS) tonic. 3. (*bebida*) tonic water.

tonificar *vt* to invigorate.

tono *m* 1. (*gen*) tone; **fuera de** ~ out of place. 2. (MÚS - *tonalidad*) key; (- *altura*) pitch. 3. (*de color*) shade; ~ **de piel** complexion.

tonsura *f* tonsure.

tontear *vi* (*hacer el tonto*) to fool about.

tontería *f* 1. (*estupidez*) stupid thing; **decir una** ~ to talk nonsense; **hacer una** ~ to do sthg foolish. 2. (*cosa sin importancia o valor*) trifle.

tonto, -ta ◇ *adj* stupid. ◇ *m y f* idiot; **hacer el** ~ to play the fool; **hacerse el** ~ to act innocent. ◆ **a tontas y a locas** *loc adv* haphazardly.

top (*pl* **tops**) *m* (*prenda*) short top.

topacio *m* topaz.

topadora *f* CSur bulldozer.

topar *vi* (*encontrarse*): ~ **con alguien** to bump into sb; ~ **con algo** to come across sthg

tope ◇ *adj inv* (*máximo*) top, maximum; (*fecha*) last. ◇ *m* 1. (*pieza*) block; (*para puerta*) doorstop. 2. (FERROC) buffer. 3. (*límite máximo*) limit; (*de plazo*) deadline. 4. (*freno*): **poner** ~ **a** to rein in, to curtail. 5. *loc*: **estar hasta los** ~**s** to be bursting at the seams. ◆ **a tope** *loc adv* 1. (*de velocidad, intensidad*) flat out. 2. *fam* (*lleno - lugar*) packed.

topetazo *m* bump.

tópico, -ca *adj* 1. (MED) topical 2. (*manido*) clichéd. ◆ **tópico** *m* cliché.

topo *m* (ZOOL & *fig*) mole.

topógrafo, -fa *m y f* topographer.

topónimo *m* place name

toque *m* 1. (*gen*) touch; **dar los (últimos)** ~**s a algo** to put the finishing touches to sthg. 2. (*aviso*) warning; **dar un** ~ **a alguien** (*llamar*) to call sb; (*amonestar*) to prod sb, to warn sb. 3. (*sonido - de campana*) chime, chiming (U); (- *de tambor*) beat, beating (U); (- *de sirena etc*) blast; ~ **de diana** reveille; ~ **de difuntos** death knell; ~ **de queda** curfew.

toquetear *vt* (*manosear - cosa*) to fiddle with; (- *persona*) to fondle

toquilla *f* shawl.

tórax *m inv* thorax.

torbellino *m* 1. (*remolino - de aire*) whirlwind; (- *de agua*) whirlpool; (- *de polvo*) dustcloud. 2. *fig* (*mezcla confusa*) spate.

torcedura *f* 1. (*torsión*) twist, twisting (U). 2. (*esguince*) sprain.

torcer ◇ *vt* **1.** *(gen)* to twist; *(doblar)* to bend. **2.** *(girar)* to turn. ◇ *vi* *(girar)* to turn. ◆ **torcerse** *vpr* **1.** *(retorcerse)* to twist; *(doblarse)* to bend; **me tuerzo al andar/escribir** I can't walk/write in a straight line. **2.** *(dislocarse)* to sprain. **3.** *(ir mal - esperanzas, negocios, día)* to go wrong; *(- persona)* to go astray.

torcido, -da *adj (enroscado)* twisted; *(doblado)* bent; *(cuadro, corbata)* crooked.

tordo, -da *adj* dappled. ◆ **tordo** *m (pájaro)* thrush.

torear ◇ *vt* **1.** *(lidiar)* to fight *(bulls)*. **2.** *fig (eludir)* to dodge. **3.** *fig (burlarse de):* **~ a alguien** to mess sb about. ◇ *vi (lidiar)* to fight bulls.

toreo *m* bullfighting.

torero, -ra *m y f (persona)* bullfighter; **saltarse algo a la torera** *fig* to flout sth. ◆ **torera** *f (prenda)* bolero *(jacket)*.

tormenta *f lit & fig* storm.

tormento *m* torment.

tormentoso, -sa *adj* stormy; *(sueño)* troubled.

tornado *m* tornado.

tornar *culto* ◇ *vt (convertir):* **~ algo en (algo)** to turn sthg into (sthg). ◇ *vi* **1.** *(regresar)* to return. **2.** *(volver a hacer):* **~ a hacer algo** to do sthg again. ◆ **tornarse** *vpr (convertirse):* **~se (en)** to turn (into), to become.

torneado, -da *adj (cerámica)* turned.

torneo *m* tournament.

tornillo *m* screw; *(con tuerca)* bolt; **le falta un ~** *fam* he has a screw loose.

torniquete *m* (MED) tourniquet.

torno *m* **1.** *(de alfarero)* (potter's) wheel. **2.** *(para pesos)* winch. ◆ **en torno** **a** *loc prep* **1.** *(alrededor de)* around. **2.** *(acerca de)* about; **girar en ~ a** to be about.

toro *m* bull. ◆ **toros** *mpl (lidia)* bullfight *(sg)*, bullfighting *(U)*.

toronja *f* grapefruit.

torpe *adj* **1.** *(gen)* clumsy. **2.** *(necio)* slow, dim-witted.

torpedear *vt* to torpedo.

torpedero *m* torpedo boat.

torpedo *m (proyectil)* torpedo.

torpeza *f* **1.** *(gen)* clumsiness; **fue una ~ hacerlo/decirlo** it was a clumsy thing to do/say. **2.** *(falta de inteligencia)* slowness.

torre *f* **1.** *(construcción)* tower; (ELECTR) pylon; **~ (de apartamentos)** tower block; **~ de control** control tower; **~ de perforación** oil derrick. **2.** *(en ajedrez)* rook, castle. **3.** (MIL) turret.

torrefacto, -ta *adj* high-roast *(antes de sust)*.

torrencial *adj* torrential.

torrente *m* torrent; **un ~ de** *fig (gente, palabras etc)* a stream o flood of; *(dinero, energía)* masses of.

torreta *f* **1.** (MIL) turret. **2.** (ELECTR) pylon.

torrezno *m* chunk of fried bacon.

tórrido, -da *adj* torrid.

torrija *f* French toast *(U)*.

torsión *f* **1.** *(del cuerpo, brazo)* twist, twisting *(U)*. **2.** (MEC) torsion.

torso *m* culto torso.

torta *f* **1.** (CULIN) cake. **2.** *fam (bofetada)* thump; **dar** o **pegar una ~ a alguien** to thump sb. ◆ **ni torta** *loc adv fam* not a thing.

tortazo *m* **1.** *(bofetada)* thump. **2.** *(accidente)* crash.

tortícolis *f inv* crick in the neck.

tortilla *f* **1.** *(de maíz)* tortilla, *thin pancake made from maize flour.* **2.** *(de huevos)* omelette; **~ (a la) española** Spanish o potato omelette; **~ (a la) francesa** French o plain omelette.

tórtola *f* turtledove.

tortolito, -ta *m y f (gen pl)* *fam (enamorado)* lovebird.

tortuga *f (terrestre)* tortoise; *(marina)* turtle; *(fluvial)* terrapin.

tortuoso, -sa *adj* **1.** *(sinuoso)* tortuous, winding. **2.** *fig (perverso)* devious.

tortura *f* torture.

torturar *vt* to torture.

tos *f* cough; **~ ferina** = **tosferina**.

tosco, -ca *adj* **1.** *(basto)* crude. **2.** *fig (ignorante)* coarse.

toser *vi* to cough.

tosferina, tos ferina *f* whooping cough.

tostado, -da *adj* **1.** *(pan, almendras)* toasted. **2.** *(color)* brownish. **3.** *(piel)* tanned. ◆ **tostada** *f* piece of toast.

tostador *m*, **tostadora** *f* toaster.

tostar *vt* **1.** *(dorar, calentar - pan, almendras)* to toast; *(- carne)* to brown **2.** *(broncear)* to tan. ◆ **tostarse** *vpr* to get brown.

tostón *m Esp fam fig (rollo, aburrimiento)* bore, drag.

total ◇ *adj* total. ◇ *m* **1.** *(suma)* total. **2.** *(totalidad, conjunto)* whole; **el ~ del grupo** the whole group; **en ~** in all. ◇ *adv* anyway; **~ que me marché** so anyway, I left.

totalidad *f* whole; **en su ~** as a whole.

totalitario, -ria *adj* totalitarian.

totalizar *vt* to amount to.

tóxico, -ca *adj* toxic, poisonous.
♦ **tóxico** *m* poison.

toxicómano, -na *m y f* drug addict.

toxina *f* toxin.

tozudo, -da *adj* stubborn.

traba *f fig (obstáculo)* obstacle; **poner ~s (a alguien)** to put obstacles in the way (of sb).

trabajador, -ra ◇ *adj* hard-working. ◇ *m y f* worker.

trabajar ◇ *vi* 1. *(gen)* to work; **~ de/en** to work as/in; **~ en una empresa** to work for a firm. 2. *(CIN & TEATRO)* to act. ◇ *vt* 1. *(hierro, barro, tierra)* to work; *(masa)* to knead. 2. *(mejorar)* to work on ◇ at

trabajo *m* 1. *(gen)* work; **hacer un buen ~** to do a good job; **~ intelectual/físico** mental/physical effort; **~ manual** manual labour; **~s manuales** *(en el colegio)* arts and crafts. 2. *(empleo)* job; **no tener ~** to be out of work. 3. *(estudio escrito)* essay. 4. *(POLÍT)* labour. 5. *fig (esfuerzo)* effort.

trabajoso, -sa *adj* 1. *(difícil)* hard, difficult. 2. *(molesto)* tiresome.

trabalenguas *m inv* tongue-twister.

trabar *vt* 1. *(sujetar)* to fasten; *(a preso)* to shackle. 2. *(unir)* to join. 3. *(iniciar - conversación, amistad)* to strike up 4. *(obstaculizar)* to hinder. 5. *(CULIN)* to thicken. ♦ **trabarse** *vpr* 1. *(enredarse)* to get tangled. 2. *loc:* **se le trabó la lengua** he got tongue-tied.

trabazón *f fig (conexión, enlace)* link, connection.

trabucar *vt* to mix up.

tracción *f* traction; **~ delantera/trasera** front-wheel/rear-wheel drive.

tractor, -ra *adj* tractive. ♦ **tractor** *m* tractor.

tradición *f* tradition.

tradicional *adj* traditional.

tradicionalismo *m* traditionalism; *(POLÍT)* conservatism.

traducción *f* translation.

traducir ◇ *vt (a otro idioma)* to translate. ◇ *vi:* **~ (de/a)** to translate (from/into). ♦ **traducirse** *vpr (a otro idioma):* **~se (por)** to be translated (by ◇ as)

traductor, -ra *m y f* translator.

traer *vt* 1. *(trasladar, provocar)* to bring; *(consecuencias)* to carry, to have; **~ consigo** *(implicar)* to mean, to lead to. 2. *(llevar)* to carry; **¿qué traes ahí?** what have you got there? 3. *(llevar adjunto, dentro)* to have; **trae un artículo interesante** it has an interesting article in it. 4. *(llevar puesto)* to

wear ♦ **traerse** *vpr:* **traérselas** *fam fig* to be a real handful.

traficante *m y f (de drogas, armas etc)* trafficker.

traficar *vi:* **~ (en/con algo)** to traffic (in sthg)

tráfico *m (gen)* traffic.

tragaluz *m* skylight

traganíqueles *f inv Amer fam* → **máquina**.

tragaperras *f inv* slot machine.

tragar ◇ *vt* 1. *(ingerir, creer)* to swallow. 2. *(absorber)* to swallow up. 3. *fig (soportar)* to put up with. ◇ *vi* to swallow. ♦ **tragarse** *vpr fig (soportarse):* **no se tragan** they can't stand each other

tragedia *f* tragedy.

trágico, -ca *adj* tragic.

trago *m* 1. *(de líquido)* mouthful; **de un ~** in one gulp. 2. *fam (copa)* drink 3. *fam fig (disgusto):* **ser un ~ para alguien** to be tough on sb

tragón, -ona *fam* ◇ *adj* greedy. ◇ *m y f* pig, glutton.

traición *f* 1. *(infidelidad)* betrayal. 2. *(DER)* treason.

traicionar *vt lit & fig (ser infiel)* to betray.

traicionero, -ra *adj (desleal)* treacherous; *(DER)* treasonous.

traidor, -ra ◇ *adj* treacherous; *(DER)* treasonous. ◇ *m y f* traitor.

traiga *etc* → **traer.**

trailer ['trailer] *(pl* **trailers)** *m* 1. *(CIN)* trailer. 2. *(AUTOM)* articulated lorry 3. *Amer (caravana)* trailer, caravan.

traje *m* 1. *(con chaqueta)* suit; *(de una pieza)* dress; **~ de baño** swimsuit; **~ de chaqueta** woman's two-piece suit. 2. *(regional, de época etc)* costume; **~ de luces** matador's outfit. 3. *(ropa)* clothes *(pl)*; **~ de paisano** *(de militar)* civilian clothes; *(de policía)* plain clothes.

trajeado, -da *adj fam (arreglado)* spruced up.

trajín *m fam fig (ajetreo)* bustle.

trajinar *vi fam fig* to bustle about.

trajo → **traer.**

trama *f* 1. *(de hilos)* weft. 2. *fig (confabulación)* intrigue. 3. *(LITER)* plot

tramar *vt* 1. *(hilo)* to weave. 2. *fam fig (planear)* to plot; *(complot)* to hatch; **estar tramando algo** to be up to something.

tramitar *vt* 1. *(suj: autoridades - pasaporte, permiso)* to take the necessary steps to obtain; *(- solicitud, dimisión)* to process. 2. *(suj: solicitante):* **~ un permiso** to be in the process of applying for a licence.

trámite

trámite m *(gestión)* formal step; **de ~** routine, formal. ◆ **trámites** mpl 1. *(proceso)* procedure *(sg)*. 2. *(papeleo)* paperwork *(U)*.

tramo m 1. *(espacio)* section, stretch. 2. *(de escalera)* flight (of stairs).

tramoya f (TEATRO) stage machinery *(U)*.

trampa f 1. *(para cazar)* trap. 2. fig *(engaño)* trick; **tender una ~ (a alguien)** to set o lay a trap (for sb); **hacer ~s** to cheat. 3. fig *(deuda)* debt.

trampear vi fam *(estafar)* to swindle money.

trampilla f *(en el suelo)* trapdoor.

trampolín m *(de piscina)* diving board; *(de esquí)* ski jump; *(en gimnasia)* springboard.

tramposo, -sa ◇ adj *(fullero)* cheating. ◇ m y f *(fullero)* cheat.

tranca f 1. *(de puerta o ventana)* bar. 2. *(arma)* cudgel. 3. loc: **a ~s y barrancas** with great difficulty.

trance m 1. *(apuro)* difficult situation; **estar en ~ de hacer algo** to be about to do sthg; **pasar por un mal ~** to go through a bad patch. 2. *(estado hipnótico)* trance.

tranquilidad f peacefulness, calmness; **para mayor ~** to be on the safe side.

tranquilizante m tranquillizer.

tranquilizar vt 1. *(calmar)* to calm (down). 2. *(dar confianza)* to reassure. ◆ **tranquilizarse** vpr 1. *(calmarse)* to calm down. 2. *(ganar confianza)* to feel reassured.

tranquillo m fam: **coger el ~ a algo** to get the knack of sthg.

tranquilo, -la adj 1. *(sosegado - lugar, música)* peaceful; *(- persona, tono de voz, mar)* calm; *(- viento)* gentle; **¡(tú) ~!** fam don't you worry! 2. *(velada, charla, negocio)* quiet. 3. *(mente)* untroubled; *(conciencia)* clear. 4. *(despreocupado)* casual, laid-back.

transacción f (COM) transaction.

transar vi Amer to compromise.

transatlántico, -ca adj transatlantic. ◆ **transatlántico** m (NÁUT) (ocean) liner.

transbordador m 1. (NÁUT) ferry. 2. (AERON): **~ (espacial)** space shuttle.

transbordar ◇ vt to transfer. ◇ vi to change *(trains etc)*.

transbordo m: **hacer ~** to change *(trains etc)*.

transcendencia f importance; **tener una gran ~** to be deeply significant.

transcendental adj 1. *(importante)* momentous. 2. *(meditación)* transcendental.

transcendente adj momentous.

transcender vi 1. *(extenderse)*: **~ (a algo)** to spread (across sthg). 2. *(filtrarse)* to be leaked. 3. *(sobrepasar)*: **~ de** to transcend, to go beyond.

transcribir vt *(escribir)* to transcribe.

transcurrir vi 1. *(tiempo)* to pass, to go by. 2. *(ocurrir)* to take place.

transcurso m 1. *(paso de tiempo)* passing. 2. *(periodo de tiempo)*: **en el ~ de** in the course of.

transeúnte m y f *(paseante)* passerby.

transexual adj, m y f transsexual.

transferencia f transfer.

transferir vt to transfer.

transfigurar vt to transfigure.

transformación f transformation

transformador, -ra adj transforming. ◆ **transformador** m (ELECTRÓN) transformer

transformar vt 1. *(cambiar radicalmente)*: **~ algo/a alguien (en)** to transform sthg/sb (into). 2. *(convertir)*: **~ algo (en)** to convert sthg (into). 3. *(en rugby)* to convert. ◆ **transformarse** vpr 1. *(cambiar radicalmente)* to be transformed. 2. *(convertirse)*: **~se en algo** to be converted into sthg

tránsfuga m y f (POLÍT) defector.

transfusión f transfusion.

transgredir vt to transgress.

transgresor, -ra m y f transgressor.

transición f transition; **periodo de ~** transition period; **~ democrática** transition to democracy.

transido, -da adj: **~ (de)** stricken (with); **~ de pena** grief-stricken.

transigir vi 1. *(ceder)* to compromise 2. *(ser tolerante)* to be tolerant.

transistor m transistor

transitar vi to go (along).

tránsito m 1. *(circulación - gen)* movement; *(- de coches)* traffic. 2. *(transporte)* transit.

transitorio, -ria adj *(gen)* transitory; *(residencia)* temporary; *(régimen, medida)* transitional, interim.

translúcido, -da adj translucent.

transmisión f 1. *(gen & AUTOM)* transmission; *(de saludos, noticias)* passing on. 2. (RADIO & TV) broadcast, broadcasting *(U)*. 3. *(de herencia, poderes etc)* transference.

transmisor, -ra adj transmission *(antes de sust)*. ◆ **transmisor** m transmitter

transmitir vt 1. *(gen)* to transmit; *(saludos, noticias)* to pass on. 2. (RADIO & TV) to broadcast. 3. *(ceder)* to transfer.

transparencia f transparency.

transparentarse vpr *(tela)* to be see-through; *(vidrio, líquido)* to be transparent.

transparente adj *(gen)* transparent; *(tela)* see-through.

transpiración f perspiration; (BOT) transpiration

transpirar vi to perspire; (BOT) to transpire.

transplantar vt to transplant

transplante m transplant, transplanting *(U)*

transponer vt *(cambiar)* to switch. ◆ **transponerse** vpr *(adormecerse)* to doze off.

transportador m *(para medir ángulos)* protractor.

transportar vt 1. *(trasladar)* to transport. 2. *(embelesar)* to captivate. ◆ **transportarse** vpr *(embelesarse)* to go into raptures.

transporte m transport; ~ público o colectivo public transport.

transportista m y f carrier

transvase m 1. *(de líquido)* decanting. 2. *(de río)* transfer.

transversal adj transverse.

tranvía m tram, streetcar *Am*.

trapecio m *(de gimnasia)* trapeze.

trapecista m y f trapeze artist.

trapero, -ra m y f rag-and-bone man *(f rag-and-bone woman)*.

trapío m culto (TAUROM) good bearing.

trapisonda f fam *(enredo)* scheme.

trapo m 1. *(trozo de tela)* rag. 2. *(gamuza, bayeta)* cloth; **poner a alguien como un ~** to tear sb to pieces. ◆ **trapos** mpl fam *(ropa)* clothes.

tráquea f windpipe, trachea (MED).

traquetear ◇ vt to shake. ◇ vi *(hacer ruido)* to rattle.

traqueteo m *(ruido)* rattling.

tras prep 1. *(detrás de)* behind. 2. *(después de, en pos de)* after; **uno ~ otro** one after the other; **andar ~ algo** to be after sthg.

trasatlántico, -ca = transatlántico

trasbordador = transbordador.

trasbordar = transbordar.

trasbordo = transbordo.

trascendencia = transcendencia.

trascendental = transcendental.

trascendente = transcendente

trascender = transcender

trascribir = transcribir.

trascurrir = transcurrir.

trascurso = transcurso.

trasegar vt *(desordenar)* to rummage about amongst.

trasero, -ra adj back *(antes de sust)*, rear *(antes de sust)* ◆ **trasero** m fam backside.

trasferencia = transferencia.

trasferir = transferir.

trasfigurar = transfigurar.

trasfondo m background; *(de palabras, intenciones)* undertone

trasformación = transformación.

trasformador, -ra = transformador.

trasformar = transformar

trásfuga = tránsfuga.

trasfusión = transfusión

trasgredir = transgredir

trasgresor, -ra = transgresor

trashumante adj seasonally migratory.

trasiego m *(movimiento)* comings and goings *(pl)*

traslación f (ASTRON) passage.

trasladar vt 1. *(desplazar)* to move. 2. *(a empleado, funcionario)* to transfer 3. *(reunión, fecha)* to postpone. ◆ **trasladarse** vpr 1. *(desplazarse)* to go 2. *(mudarse)* to move; **me traslado de piso** I'm moving flat.

traslado m 1. *(de casa, empresa, muebles)* move, moving *(U)*. 2. *(de trabajo)* transfer. 3. *(de personas)* movement.

traslúcido, -da = translúcido.

trasluz m reflected light; **al ~** against the light.

trasmisión = transmisión

trasmisor, -ra = transmisor.

trasmitir = transmitir

trasnochar vi to stay up late.

traspapelar vt *(papeles, documentos)* to mislay

trasparencia = transparencia.

trasparentarse = transparentarse.

trasparente = transparente.

traspasar vt 1. *(atravesar)* to go through, to pierce 2. *(cruzar)* to cross (over); *(puerta)* to pass through. 3. *(suj: líquido)* to soak through. 4. *(jugador)* to transfer. 5. *(negocio)* to sell (as a going concern). 6. fig *(exceder)* to go beyond.

traspaso m *(venta - de jugador)* transfer; *(- de negocio)* sale (as a going concern).

traspié *(pl* **traspiés)** *m* **1.** *(resbalón)* trip, stumble; **dar un ~** to trip up. **2.** *fig (error)* slip.

traspiración = **transpiración**.

traspirar = **transpirar**.

trasplantar = **transplantar**.

trasplante = **transplante**.

trasponer = **transponer**.

trasportar *etc* = **transportar**.

trasquilar *vt (esquilar)* to shear.

trastabillar *vi* to stagger.

trastada *f* dirty trick; **hacer una ~ a alguien** to play a dirty trick on sb.

traste *m* **1.** (MÚS) fret. **2.** *loc:* **dar al ~ con algo** to ruin sthg; **irse al ~** to fall through.

trastero *m* junk room.

trastienda *f* backroom.

trasto *m* **1.** *(utensilio inútil)* piece of junk, junk *(U)*. **2.** *fam fig (persona traviesa)* menace, nuisance. ◆ **trastos** *mpl fam (pertenencias, equipo)* things, stuff *(U)*; **tirarse los ~s a la cabeza** to have a flaming row.

trastocar *vt (cambiar)* to turn upside down. ◆ **trastocarse** *vpr (enloquecer)* to go mad.

trastornado, -da *adj* disturbed, unbalanced.

trastornar *vt* **1.** *(volver loco)* to drive mad. **2.** *(inquietar)* to worry, to trouble. **3.** *(alterar)* to turn upside down; *(planes)* to disrupt. ◆ **trastornarse** *vpr (volverse loco)* to go mad.

trastorno *m* **1.** *(mental)* disorder; *(digestivo)* upset. **2.** *(alteración - por huelga, nevada)* disruption *(U)*; *(- por guerra etc)* upheaval.

trastrocar *vt (cambiar de orden)* to switch o change round.

trasvase = **transvase**.

tratable *adj* easy-going, friendly.

tratado *m* **1.** *(convenio)* treaty. **2.** *(escrito)* treatise.

tratamiento *m* **1.** *(gen & MED)* treatment. **2.** *(título)* title, form of address. **3.** (INFORM) processing; **~ de datos/textos** data/word processing; **~ por lotes** batch processing.

tratar ◇ *vt* **1.** *(gen & MED)* to treat. **2.** *(discutir)* to discuss. **3.** (INFORM) to process. **4.** *(dirigirse a):* **~ a alguien de** *(usted, tú etc)* to address sb as. ◇ *vi* **1.** *(versar):* **~ de/sobre** to be about. **2.** *(tener relación):* **~ con alguien** to mix with sb, to have dealings with sb. **3.** *(intentar):* **~ de hacer algo** to try to do sthg. **4.** *(utilizar):* **~ con** to deal

with, to use. **5.** *(comerciar):* **~ en** to deal in. ◆ **tratarse** *vpr* **1.** *(relacionarse):* **~se con** to mix with, to have dealings with. **2.** *(versar):* **~se de** to be about; **¿de qué se trata?** what's it about?

trato *m* **1.** *(comportamiento, conducto)* treatment; **de ~ agradable** pleasant; **malos ~s** battering *(U)* *(of child, wife)*. **2.** *(relación)* dealings *(pl)*. **3.** *(acuerdo)* deal; **cerrar o hacer un ~** to do o make a deal; **¡~ hecho!** it's a deal! **4.** *(tratamiento)* title, term of address.

trauma *m* trauma.

traumatólogo, -ga *m y f* traumatologist

través ◆ **a través de** *loc prep* **1.** *(de un lado a otro de)* across, over. **2.** *(por, por medio de)* through. ◆ **de través** *loc adv (transversalmente)* crossways; *(de lado)* sideways.

travesaño *m* **1.** (ARQUIT) crosspiece. **2.** (DEP) crossbar.

travesía *f* **1.** *(viaje - por mar)* voyage, crossing. **2.** *(calle)* cross-street.

travestido, -da, travestí *(pl travestís) m y f* transvestite.

travesura *f* prank, mischief *(U)*.

traviesa *f* **1.** (FERROC) sleeper *(on track)*. **2.** (CONSTR) crossbeam.

travieso, -sa *adj* mischievous.

trayecto *m* **1.** *(distancia)* distance; **final de ~** end of the line. **2.** *(viaje)* journey, trip. **3.** *(ruta)* route.

trayectoria *f* **1.** *(recorrido)* trajectory. **2.** *fig (evolución)* path.

traza *f (aspecto)* appearance *(U)*, looks *(pl)*.

trazado *m* **1.** *(trazo)* outline, sketching. **2.** *(diseño)* plan, design. **3.** *(recorrido)* route.

trazar *vt* **1.** *(dibujar)* to draw, to trace; *(ruta)* to plot. **2.** *(indicar, describir)* to outline. **3.** *(idear)* to draw up.

trazo *m* **1.** *(de dibujo, rostro)* line. **2.** *(de letra)* stroke.

trébol *m (planta)* clover ◆ **tréboles** *mpl (naipes)* clubs

trece *núm* thirteen; *ver también* **seis**.

treceavo, -va *núm* thirteenth.

trecho *m (espacio)* distance; *(tiempo)* time.

tregua *f* truce; *fig* respite.

treinta *núm* thirty; **los (años) ~** the Thirties; *ver también* **seis**.

treintena *f* thirty.

tremendo, -da *adj (enorme)* tremendous, enormous. ◆ **tremenda** *f:* **tomar o tomarse algo a la tremenda** to take sthg hard.

trémulo, -la *adj (voz)* trembling; *(luz)* flickering.

tren *m* 1. *(ferrocarril)* train; ~ **de alta velocidad/largo recorrido** high-speed/long-distance train; ~ **semi-directo** *through train, a section of which becomes a stopping train;* **estar como (para parar) un ~** to be really gorgeous; **perder el ~** *fig* to miss the boat. 2. (TECN) line; ~ **de aterrizaje** undercarriage; ~ **de lavado** car wash.

trenza *f* 1. *(de pelo)* plait 2. *(de fibras)* braid.

trenzar *vt* 1. *(pelo)* to plait. 2. *(fibras)* to braid.

trepa *m y f fam* social climber.

trepador, -ra ◇ *adj*: **planta tre-padora** creeper ◇ *m y f fam* social climber.

trepar ◇ *vt* to climb. ◇ *vi* 1. *(subir)* to climb. 2. *fam fig (medrar)* to be a social climber.

trepidar *vi* to shake, to vibrate.

tres *núm* three; **ni a la de ~** for anything in the world, no way; *ver también* **seis.** ◆ **tres cuartos** *m inv (abri-go)* three-quarter-length coat. ◆ **tres en raya** *m* noughts and crosses *(U) Br,* tick-tack-toe *Am.*

trescientos, -tas *núm* three hundred; *ver también* **seis.**

tresillo *m (sofá)* three-piece suite.

treta *f (engaño)* trick.

triangular *adj* triangular.

triángulo *m* (GEOM & MÚS) triangle.

tribu *f* tribe.

tribulación *f* tribulation.

tribuna *f* 1. *(estrado)* rostrum, platform; *(del jurado)* jury box. 2. (DEP - *localidad)* stand; *(- graderío)* grandstand. 3. (TRIBUNA): ~ **de prensa** press box; ~ **libre** open forum.

tribunal *m* 1. *(gen)* court; **llevar a alguien/acudir a los ~es** to take sb/ go to court. 2. *(de examen)* board of examiners; *(de concurso)* panel.

tributable *adj* taxable.

tributar *vt (homenaje)* to pay; *(respeto, admiración)* to have.

tributo *m* 1. *(impuesto)* tax. 2. *fig (precio)* price. 3. *(homenaje)* tribute.

triciclo *m* tricycle.

tricornio *m* three-cornered hat.

tricot *m inv* knitting *(U).*

tricotar *vt & vi* to knit.

tricotosa *f* knitting machine.

tridimensional *adj* three-dimensional.

trifulca *f fam* row, squabble

trigésimo, -ma *núm* thirtieth.

trigo *m* wheat.

trigonometría *f* trigonometry.

trillado, -da *adj fig* trite.

trillar *vt* to thresh.

trillizo, -za *m y f* triplet.

trilogía *f* trilogy.

trimestral *adj* three-monthly, quarterly; *(exámenes, notas)* end-of-term *(antes de sust)*

trimestre *m* three months *(pl)*, quarter; *(en escuela, universidad)* term.

trinar *vi* to chirp; **está que trina** *fig* she's fuming.

trincar *Esp fam* ◇ *vt (detener)* to nick, to arrest. ◇ *vi (beber)* to guzzle.

trincha *f* strap.

trinchante *m (tenedor)* meat fork.

trinchar *vt* to carve.

trinchera *f* (MIL) trench.

trineo *m (pequeño)* sledge; *(grande)* sleigh.

Trinidad *f*: **la (Santísima) ~** the (Holy) Trinity.

Trinidad y Tobago Trinidad and Tobago.

trino *m (de pájaros)* chirp, chirping *(U)*; (MÚS) trill.

trío *m (gen)* trio.

tripa *f* 1. *(intestino)* gut, intestine. 2. *fam (barriga)* gut, belly ◆ **tripas** *fpl fig (interior)* insides.

triple ◇ *adj* triple. ◇ *m*: **el ~** three times as much; **el ~ de gente** three times as many people.

triplicado *m* second copy, tripli-cate.

triplicar *vt* to triple, to treble. ◆ **triplicarse** *vpr* to triple, to treble.

trípode *m* tripod.

tripulación *f* crew.

tripulante *m y f* crew member.

tripular *vt* to man.

tris *m*: **estar en un ~ de** *fig* to be within a whisker of.

triste *adj* 1. *(gen)* sad; *(día, tiempo, paisaje)* gloomy, dreary; **es ~ que** it's a shame o pity that 2. *fig (color, vestido, luz)* pale. 3. *(antes de sust) (humilde)* poor; *(sueldo)* sorry, miserable.

tristeza *f (gen)* sadness; *(de paisaje, día)* gloominess, dreariness

triturador *m (de basura)* waste-disposal unit; *(de papeles)* shredder.

triturar *vt* 1. *(moler, desmenuzar)* to crush, to grind; *(papel)* to shred. 2. *(mascar)* to chew.

triunfador, -ra *m y f* winner.

triunfal *adj* triumphant.

triunfar 334

triunfar *vi* 1. *(vencer)* to win, to triumph. 2. *(tener éxito)* to succeed, to be successful.

triunfo *m (gen)* triumph; *(en encuentro, elecciones)* victory, win.

trivial *adj* trivial.

trivializar *vt* to trivialize.

trizas *fpl* piece *(sg)*, bit *(sg)*; **hacer ~ algo** *(hacer añicos)* to smash sthg to pieces; *(desgarrar)* to tear sthg to shreds; **estar hecho ~** *(persona)* to be shattered.

trocar *vt* 1. *(transformar):* **~ algo (en algo)** to change sthg (into sthg). 2. *(intercambiar)* to swap.

trocear *vt* to cut up (into pieces).

trocha *f Amer* path.

troche ♦ **a troche y moche** *loc adv* haphazardly.

trofeo *m* trophy.

troglodita *m y f* 1. *(cavernícola)* cave dweller, troglodyte. 2. *fam (bárbaro, tosco)* roughneck.

trola *f fam* fib, lie.

trolebús *m* trolleybus.

trombón *m* (MÚS - *instrumento)* trombone; *(- músico)* trombonist.

trombosis *f inv* thrombosis.

trompa *f* 1. (MÚS) horn. 2. *(de elefante)* trunk; *(de oso hormiguero)* snout. 3. *fam (borrachera):* **coger** O **pillar una ~** to get plastered

trompazo *m* bang

trompear *vt fam* to punch. ♦ **trompearse** *vpr fam* to have a fight.

trompeta *f* trumpet.

trompetista *m y f* trumpeter.

trompicón *m (tropezón)* stumble; **a trompicones** in fits and starts.

trompo *m* spinning top.

tronado, -da *adj fam (radio etc)* old, broken-down. ♦ **tronada** *f* thunderstorm.

tronar ◇ *v impers* to thunder. ◇ *vi* 1. *(voz)* to thunder. 2. *Méx (en examen)* to fail. ♦ **tronarse** *vpr Amer fam* to shoot o.s

tronchar *vt (partir)* to snap. ♦ **troncharse** *vpr fam:* **~se (de risa)** to split one's sides laughing.

tronco *m* (ANAT & BOT) trunk; *(talado y sin ramas)* log; **dormir como un ~, estar hecho un ~** to sleep like a log.

tronera *f* 1. (ARQUIT & HIST) embrasure. 2. *(en billar)* pocket.

trono *m* throne.

tropa *f (gen pl)* (MIL) troops *(pl).*

tropel *m (de personas)* mob, crowd.

tropezar *vi (con pie):* **~ (con)** to trip O stumble (on) ♦ **tropezarse** *vpr fam (encontrarse)* to bump into each other; **~se con alguien** to bump into sb. ♦ **tropezar con** *vi (problema, persona)* to run into, to come across.

tropezón *m* 1. *(tropiezo)* trip, stumble; **dar un ~** to trip up, to stumble. 2. *fig (desacierto)* slip-up. ♦ **tropezones** *mpl* (CULIN) small chunks of meat.

tropical *adj* tropical.

trópico *m* tropic.

tropiezo *m* 1. *(tropezón)* trip, stumble; **dar un ~** to trip up, to stumble. 2. *fig (equivocación)* slip-up. 3. *(revés)* setback.

troquel *m (molde)* mould, die

trotamundos *m y f inv* globe-trotter.

trotar *vi* to trot; *fam fig (andar mucho)* to dash O run around.

trote *m (de caballo)* trot; **al ~** at a trot.

troupe [trup, 'trupe] *(pl* **troupes)** *f* troupe.

trovador *m* troubadour.

trozo *m (gen)* piece; *(de obra, película)* extract; **cortar algo a ~s** to cut sthg into pieces.

trucar *vt* to doctor; *(motor)* to soup up.

trucha *f (pez)* trout.

truco *m* 1. *(trampa, engaño)* trick. 2. *(habilidad, técnica)* knack; **coger el ~** to get the knack; **~ publicitario** advertising gimmick

truculento, -ta *adj* horrifying, terrifying.

trueno *m* (METEOR) clap of thunder, thunder *(U).*

trueque *m* 1. (COM & HIST) barter. 2. *(intercambio)* exchange, swap.

trufa *f (hongo, bombón)* truffle.

truhán, -ana *m y f* rogue, crook.

truncar *vt (frustrar - vida, carrera)* to cut short; *(- planes, ilusiones)* to spoil, to ruin.

tu *(pl* **tus)** *adj poses (antes de sust)* your.

tú *pron pers* you; **es más alta que ~** she's taller than you; **de ~ a ~** *(lucha)* evenly matched; **hablar** O **tratar de ~ a alguien** to address sb as 'tú'.

tubérculo *m* tuber, root vegetable.

tuberculosis *f inv* tuberculosis.

tubería *f* 1. *(cañerías)* pipes *(pl)*, pipework. 2. *(tubo)* pipe

tubo *m* 1. *(tubería)* pipe; **~ de escape** (AUTOM) exhaust (pipe); **~ del desagüe** drainpipe. 2. *(recipiente)* tube; **~ de ensayo** test tube. 3. (ANAT) tract; **~ digestivo** digestive tract.

tuerca *f* nut.

tuerto, -ta *adj (sin un ojo)* one-eyed; *(ciego de un ojo)* blind in one eye.

tuétano *m* (ANAT) (bone) marrow.

tufillo *m* whiff.

tufo *m (mal olor)* stench.

tugurio *m* hovel.

tul *m* tulle.

tulipa *f (tulipán)* tulip

tulipán *m* tulip.

tullido, -da ◇ *adj* crippled. ◇ *m y f* cripple, disabled person.

tumba *f* grave, tomb; **ser (como) una ~** to be as silent as the grave.

tumbar *vt (derribar)* to knock over o down. ◆ **tumbarse** *vpr (acostarse)* to lie down

tumbo *m* jolt, jerk.

tumbona *f (en la playa)* deck chair; *(en el jardín)* (sun) lounger.

tumor *m* tumour.

tumulto *m* 1. *(disturbio)* riot, disturbance. 2. *(alboroto)* uproar, tumult.

tumultuoso, -sa *adj* 1. *(conflictivo)* tumultuous. 2. *(turbulento)* rough, stormy.

tuna *f →* **tuno**.

tunante, -ta *m y f* crook, scoundrel.

tunda *f fam (paliza)* thrashing.

túnel *m* tunnel. ◆ **túnel de lavado** *m* (AUTOM) car wash

Túnez 1. *(capital)* Tunis. 2. *(país)* Tunisia.

túnica *f* tunic

Tunicia Tunisia.

tuno, -na *m y f* rogue, scoundrel. ◆ **tuna** *f* group of student minstrels.

tuntún ◆ al tuntún *loc adv* without thinking.

tupé *m (cabello)* quiff.

tupido, -da *adj* thick, dense.

turba *f* 1. *(combustible)* peat, turf. 2. *(muchedumbre)* mob.

turbación *f* 1. *(desconcierto)* upset, disturbance. 2. *(azoramiento)* embarrassment.

turbante *m* turban.

turbar *vt* 1. *(alterar)* to disturb. 2. *(emocionar)* to upset. 3. *(desconcertar)* to trouble, to disconcert. ◆ **turbarse** *vpr (emocionarse)* to get upset.

turbina *f* turbine.

turbio, -bia *adj* 1. *(agua etc)* cloudy. 2. *(vista)* blurred. 3. *fig (negocio etc)* shady. 4. *fig (época etc)* turbulent.

turbulencia *f* 1. *(de fluido)* turbulence. 2. *(alboroto)* uproar, clamour.

turbulento, -ta *adj* 1. *(gen)* turbulent. 2. *(revoltoso)* unruly, rebellious.

turco, -ca ◇ *adj* Turkish. ◇ *m y f* *(persona)* Turk. ◆ **turco** *m (lengua)* Turkish.

turismo *m* 1. *(gen)* tourism; **hacer ~ (por)** to go touring (round); **~ rural** farm holidays *(pl)*. 2. (AUTOM) private car.

turista *m y f* tourist

turístico, -ca *adj* tourist *(antes de sust)*.

turnarse *vpr*: **~ (con alguien)** to take turns (with sb)

turno *m* 1. *(tanda)* turn, go. 2. *(de trabajo)* shift; **~ de día/noche** day/night shift

turquesa ◇ *f (mineral)* turquoise. ◇ *adj inv (color)* turquoise ◇ *m (color)* turquoise.

Turquía Turkey

turrón *m* Christmas sweet similar to marzipan or nougat, made with almonds and honey.

tururú *interj fam*: **¡~!** you must be joking!

tute *m (juego)* card game similar to whist.

tutear *vt* to address as 'tú' ◆ **tutearse** *vpr* to address each other as 'tú'.

tutela *f* 1. (DER) guardianship. 2. *(cargo)*: **~ (de)** responsibility (for); **bajo la ~ de** under the protection of.

tutelar ◇ *adj* (DER) tutelary. ◇ *vt* to act as guardian to.

tutor, -ra *m y f* 1. (DER) guardian. 2. *(profesor - privado)* tutor; *(- de un curso)* form teacher.

tutoría *f* (DER) guardianship

tutú *(pl tutús) m* tutu

tuviera *etc →* **tener**.

tuyo, -ya ◇ *adj poses* yours; **este libro es ~** this book is yours; **un amigo ~** a friend of yours; **no es asunto ~** it's none of your business. ◇ *pron poses*: **el ~** yours; **el ~ es rojo** yours is red; **ésta es la tuya** *fam* this is the chance you've been waiting for; **lo ~ es el teatro** *(lo que haces bien)* you should be on the stage; **los ~s** *fam (tu familia)* your folks; *(tu bando)* your lot.

TV *(abrev de televisión) f* TV

TV3 *(abrev de* **Televisión de Cataluña, SA)** *f* Catalan television channel

TVE *(abrev de* **Televisión Española)** *f* Spanish state television network.

TVG *(abrev de* **Televisión de Galicia)** *f* Galician television channel.

TVV *(abrev de* **Televisión Valenciana, SA)** *f* Valencian television channel.

U

u¹, U f (letra) u, U.
u² conj or; ver también **o²**.
ubicación f position, location.
ubicar vt to place, to position; (edificio etc) to locate. ♦ **ubicarse** vpr (edificio etc) to be situated.
ubre f udder.
Ucrania the Ukraine.
Ud., Vd. abrev de **usted**.
Uds., Vds. abrev de **ustedes**.
UE (abrev de **Unión Europea**) f UE.
UEFA (abrev de **Unión de Asociaciones Europeas de Fútbol**) f UEFA.
ufanarse vpr: ~ de to boast about.
ufano, -na adj 1. (satisfecho) proud, pleased. 2. (engreído) boastful, conceited.
Uganda Uganda.
UGT (abrev de **Unión General de los Trabajadores**) f major socialist Spanish trade union.
UHF (abrev de **ultra high frequency**) f UHF.
ujier (pl ujieres) m usher.
újule interj Méx: ¡~! wow!
úlcera f (MED) ulcer.
ulcerar vt to ulcerate. ♦ **ulcerarse** vpr (MED) to ulcerate.
ulterior adj culto (en el tiempo) subsequent, ulterior.
ulteriormente adv culto subsequently.
últimamente adv recently.
ultimar vt 1. (gen) to conclude, to complete. 2. Amer (matar) to kill.
ultimátum (pl ultimátums o ultimatos) m ultimatum.
último, -ma adj 1. (gen) last; por ~ lastly, finally. 2. (más reciente) latest, most recent. 3. (más remoto) furthest, most remote. 4. (más bajo) bottom. 5. (más alto) top. 6. (de más atrás) back. ◇ m y f 1. (en fila, carrera etc): el ~ the last (one); **llegar el** ~ to come last. 2. (en comparaciones, enumeraciones): éste ~ ... the latter . .
ultra m y f (POLÍT) right-wing extremist.
ultraderecha f extreme right (wing).
ultraizquierda f extreme left (wing).

ultrajar vt to insult, to offend.
ultraje m insult.
ultramar m overseas (pl); **de** ~ overseas (antes de sust)
ultramarino, -na adj overseas (antes de sust). ♦ **ultramarinos** ◇ mpl (comestibles) groceries. ◇ m inv (tienda) grocer's (shop) (sg).
ultranza ♦ **a ultranza** loc adv 1. (con decisión) to the death. 2. (acérrimamente) out-and-out.
ultrasonido m ultrasound.
ultratumba f: de ~ from beyond the grave.
ultravioleta adj inv ultraviolet.
ulular vi 1. (viento, lobo) to howl. 2. (búho) to hoot.
umbilical adj → **cordón**.
umbral m 1. (gen) threshold. 2. fig (límite) bounds (pl), realms (pl).
un, una ◇ art (antes de sust femenino que empiece por 'a' o 'ha' tónica: un) a, an (ante sonido vocálico); ~ **hombre/coche** a man/car; **una mujer/mesa** a woman/table; ~ **águila/hacha** an eagle/axe; **una hora** an hour. ◇ adj → **uno**.
unánime adj unanimous
unanimidad f unanimity; **por** ~ unanimously.
unción f unction.
undécimo, -ma núm eleventh.
UNED (abrev de **Universidad Nacional de Educación a Distancia**) f Spanish open university.
ungüento m ointment.
únicamente adv only, solely.
único, -ca adj 1. (sólo) only; **es lo que quiero** it's all I want 2. (excepcional) unique. 3. (precio, función, razón) single.
unicornio m unicorn.
unidad f 1. (gen, MAT & MIL) unit; **25 pesetas la** ~ 25 pesetas each; ~ **central de proceso** (INFORM) central processing unit; ~ **de disco** (INFORM) disk drive. 2. (cohesión, acuerdo) unity.
unido, -da adj united; (familia, amigo) close.
unifamiliar adj detached.
unificar vt 1. (unir) to unite, to join; (países) to unify. 2. (uniformar) to standardize.
uniformar vt 1. (igualar) to standardize. 2. (poner uniforme) to put into uniform.
uniforme ◇ adj uniform; (superficie) even. ◇ m uniform.
uniformidad f uniformity; (de superficie) evenness.

unión f 1. (gen) union; **en ~ de** together with. 2. (suma, adherimiento) joining together. 3. (TECN) join, joint.

unir vt 1. (pedazos, habitaciones etc) to join. 2. (empresas, estados, facciones) to unite. 3. (comunicar - ciudades etc) to link. 4. (suj: amistad, circunstancias etc) to bind. 5. (casar) to join, to marry. 6. (combinar) to combine 7. (mezclar) to mix o blend in. ◆ **unirse** vpr 1. (gen) to join together; **~se a algo** to join sthg. 2. (casarse): **~se en matrimonio** to be joined in wedlock.

unisexo, unisex adj inv unisex.

unísono ◆ **al unísono** loc adv in unison.

unitario, -ria adj 1. (de una unidad - estado, nación) single; (- precio) unit (antes de sust). 2. (POLÍT) unitarian.

universal adj 1. (gen) universal. 2. (mundial) world (antes de sust).

universidad f university.

universitario, -ria ◇ adj university (antes de sust). ◇ m y f (estudiante) university student.

universo m 1. (ASTRON) universe. 2. fig (mundo) world.

unívoco, -ca adj univocal, unambiguous.

uno, una ◇ adj (antes de sust masculino sg: **un**) 1. (indefinido) one; **un día volveré** o some day I'll return; **había ~s coches mal aparcados** there were some badly parked cars; **había ~s 12 muchachos** there were about o some 12 boys there. 2. (numeral) one; **un hombre, un voto** one man, one vote; **la fila ~** row one. ◇ pron 1. (indefinido) one; **coge ~** take one; **~ de vosotros** one of you; **~s ... otros ...** some ... others ...; **~ a otro, ~s a otros** each other, one another; **~ y otro** both; **~s y otros** all of them. ◇ y fam (cierta persona) someone, somebody; **hablé con ~ que te conoce** I spoke to someone who knows you; **me lo han contado ~s** certain people told me so. 3. (yo) one; **~ ya no está para estos trotes** one isn't really up to this sort of thing any more. 4. loc: **a una** (en armonía, a la vez) together; **de ~ en ~, ~ a ~, ~ por ~** one by one; **juntar varias cosas en una** to combine several things into one; **lo ~ por lo otro** it all evens out in the end; **más de ~** many people; **una de dos** it's either one thing or the other; **~s cuantos** a few; **una y no más** once bitten, twice shy. ◆ **uno** m (número) (number) one; **el ~ number**

one; ver también **seis**. ◆ **una** f (hora): **la una** one o'clock.

untar vt 1. (pan, tostada): **~ (con)** to spread (with); (piel, cara etc) to smear (with). 2. (máquina, bisagra etc) to grease.

untuoso, -sa adj greasy, oily.

uña f 1. (de mano) fingernail, nail; **ser ~ y carne** to be as thick as thieves. 2. (de pie) toenail. 3. (garra) claw.

UPG (abrev de Unión del Pueblo Gallego) f Galician nationalist party.

UPN (abrev de Unión del Pueblo Navarro) f Navarrese nationalist party.

uralita® f (CONSTR) material made of asbestos and cement, usually corrugated and used mainly for roofing.

uranio m uranium.

Urano Uranus.

urbanidad f politeness, courtesy.

urbanismo m town planning.

urbanización f 1. (acción) urbanization. 2. (zona residencial) (housing) estate.

urbanizar vt to develop, to urbanize.

urbano, -na adj urban, city (antes de sust).

urbe f large city.

urdir vt 1. (planear) to plot, to forge. 2. (hilos) to warp.

urgencia f 1. (cualidad) urgency. 2. (necesidad) urgent need; **en caso de ~** in case of emergency ◆ **urgencias** fpl (MED) casualty (department) (sg) Br, emergency room (sg) Am.

urgente adj 1. (apremiante) urgent. 2. (correo) express.

urgir vi to be urgently necessary; **me urge hacerlo** I urgently need to do it.

urinario, -ria adj urinary ◆ **urinario** m urinal, comfort station Am.

urna f 1. (vasija) urn. 2. (caja de cristal) glass case. 3. (para votar) ballot box.

urraca f magpie.

URSS (abrev de **Unión de Repúblicas Socialistas Soviéticas**) f USSR

urticaria f nettle rash.

Uruguay: (el) **~** Uruguay.

uruguayo, -ya adj, m y f Uruguayan.

usado, -da adj 1. (utilizado) used; **muy ~** widely-used. 2. (gastado) worn-out, worn.

usanza f: **a la vieja ~** in the old way o style.

usar vt 1. (gen) to use. 2. (prenda) to wear. ◆ **usarse** vpr 1. (emplearse) to be used. 2. (estar de moda) to be worn.

uso m 1. (gen) use; **al ~** fashionable; **al ~ andaluz** in the Andalusian style

2. (gen pl) (costumbre) custom. **3.** (LING) usage. **4.** (desgaste) wear and tear.

usted pron pers **1.** (sujeto) you; (- pl): ~es you (pl); **contesten ~es a las preguntas** please answer the questions. **2.** (con preposiciones): **de ~/~es** yours; **me gustaría hablar con ~** I'd like to talk to you.

usual adj usual.

usuario, -ria m y f user.

usufructo m (DER) usufruct, use.

usura f usury.

usurero, -ra m y f usurer.

usurpar vt to usurp

utensilio m (gen) tool, implement; (CULIN) utensil; ~s **de pesca** fishing tackle

útero m womb, uterus (MED).

útil ◇ adj (beneficioso, aprovechable) useful. ◇ m (gen pl) (herramienta) tool; (AGR) implement.

utilidad f **1.** (cualidad) usefulness. **2.** (beneficio) profit.

utilitario, -ria adj (AUTOM) utility. ♦ **utilitario** m (AUTOM) utility car.

utilización f use.

utilizar vt (gen) to use

utopía f utopia.

utópico, -ca adj utopian.

uva f grape; **estar de mala ~** to be in a bad mood; **tener mala ~** to be a nasty piece of work; ~s **de la suerte** grapes eaten for good luck as midnight chimes on New Year's Eve.

UVI (abrev de **unidad de vigilancia intensiva**) f ICU.

uy interj ¡~! ahh!, oh!

v, V ['uβe] f (letra) v, V. ♦ **v doble** f W.

v. = **vid.**

va → ir.

vaca f **1.** (animal) cow. **2.** (carne) beef.

vacaciones fpl holiday (sg), holidays Br, vacation (sg) Am; **estar/irse de ~** to be/go on holiday.

vacante ◇ adj vacant. ◇ f vacancy.

vaciar vt **1.** (gen): ~ **algo (de)** to empty sthg (of). **2.** (dejar hueco) to hollow (out). **3.** (ARTE) to cast, to mould.

vacilación f **1.** (duda) hesitation; (al

elegir) indecision. **2.** (oscilación) swaying; (de la luz) flickering.

vacilante adj **1.** (gen) hesitant; (al elegir) indecisive. **2.** (luz) flickering; (pulso) irregular; (paso) swaying, unsteady.

vacilar vi **1.** (dudar) to hesitate; (al elegir) to be indecisive. **2.** (voz, principios, régimen) to falter **3.** (fluctuar - luz) to flicker; (- pulso) to be irregular. **4.** (tambalearse) to wobble, to sway. **5.** fam (chulear) to swank. **6.** fam (bromear) to take the mickey

vacilón, -ona m y f fam **1.** (chulo) show-off. **2.** (bromista) tease. ♦ **vacilón** m Méx fam (fiesta) party.

vacío, -a adj empty. ♦ **vacío** m **1.** (FÍS) vacuum; **envasar al ~** to vacuum-pack. **2.** (abismo, carencia) void. **3.** (hueco) space, gap.

vacuna f vaccine.

vacunar vt to vaccinate.

vacuno, -na adj bovine.

vadear vt to ford; fig to overcome.

vado m **1.** (en acera) lowered kerb; '~ **permanente**' 'keep clear'. **2.** (de río) ford.

vagabundear vi (vagar): ~ **(por)** to wander, to roam

vagabundo, -da ◇ adj (persona) vagrant; (perro) stray. ◇ m y f tramp, bum Am.

vagancia f **1.** (holgazanería) laziness, idleness. **2.** (vagabundeo) vagrancy.

vagar vi: ~ **(por)** to wander, to roam.

vagina f vagina.

vago, -ga adj **1.** (perezoso) lazy, idle. **2.** (impreciso) vague.

vagón m (de pasajeros) carriage; (de mercancías) wagon.

vagoneta f wagon.

vaguedad f **1.** (cualidad) vagueness. **2.** (dicho) vague remark.

vahído m blackout, fainting fit.

vaho m **1.** (vapor) steam. **2.** (aliento) breath.

vaina f **1.** (gen) sheath. **2.** (BOT - envoltura) pod. **3.** Amer fam (engreído) pain in the neck.

vainilla f vanilla.

vaivén m **1.** (balanceo - de barco) swaying, rocking; (- de péndulo, columpio) swinging **2.** (altibajo) ups-and-downs (pl)

vajilla f crockery; **una ~** a dinner service.

vale ◇ m **1.** (bono) coupon, voucher. **2.** (entrada gratuita) free ticket. **3.** (comprobante) receipt. **4.** (pagaré) I.O.U. ◇ interj → **valer**.

valedero, -ra *adj* valid.

valenciano, -na *adj, m y f (de Valencia)* Valencian.

valentía *f (valor)* bravery.

valer ◊ *vt* 1. *(costar - precio)* to cost; *(tener un valor de)* to be worth; ¿**cuánto vale?** *(de precio)* how much does it cost?, how much is it? 2. *(suponer)* to earn 3. *(merecer)* to deserve, to be worth. 4. *(equivaler)* to be equivalent o equal to. ◊ *vi* 1. *(merecer aprecio)* to be worthy; **hacerse ~** to show one's worth. 2. *(servir):* **~ para algo** to be for sthg; **eso aún vale** you can still use that; ¿**para qué vale?** what's it for? 3. *(ser válido)* to be valid; *(en juegos)* to be allowed. 4. *(ayudar)* to help, to be of use. 5. *(tener calidad)* to be of worth; **no ~ nada** to be worthless o useless. 6. *(equivaler):* **~ por** to be worth. 7. *loc:* **más vale tarde que nunca** better late than never; **más vale que te calles/vayas** it would be better if you shut up/left; ¿**vale?** okay?, all right?; ¡**vale!** okay!, all right! ◆ **valerse** *vpr* 1. *(servirse):* **~se de algo/alguien** to use sthg/sb. 2. *(desenvolverse):* **~se (por sí mismo)** to manage on one's own.

valeroso, -sa *adj* brave, courageous.

valía *f* value, worth.

validar *vt* to validate.

validez *f* validity; **dar ~ a** to validate.

válido, -da *adj* valid.

valiente *adj (valeroso)* brave

valija *f* 1. *(maleta)* case, suitcase; **~ diplomática** diplomatic bag. 2. *(de correos)* mailbag.

valioso, -sa *adj* 1. *(gen)* valuable. 2. *(intento, esfuerzo)* worthy.

valla *f* 1. *(cerca)* fence. 2. (DEP) hurdle. ◆ **valla publicitaria** *f* billboard, hoarding.

vallar *vt* to put a fence round.

valle *m* valley.

valor *m* 1. *(gen,* MAT *& MÚS)* value; **joyas por ~ de ...** jewels worth ...; **sin ~** worthless. 2. *(importancia)* importance; **dar ~ a** to give o attach importance to; **quitar ~ a algo** to take away importance from sthg. 3. *(valentía)* bravery. ◆ **valores** *mpl* 1. *(principios)* values. 2. (FIN) securities, bonds; **~es en cartera** investments.

valoración *f* 1. *(de precio, pérdidas)* valuation. 2. *(de mérito, cualidad, ventajas)* evaluation, assessment.

valorar *vt* 1. *(tasar, apreciar)* to value.

2. *(evaluar)* to evaluate, to assess.

vals (*pl* **valses**) *m* waltz.

valuar *vt* to value.

válvula *f* valve. ◆ **válvula de escape** *f fig* means of letting off steam.

vampiresa *f fam* vamp, femme fatale.

vampiro *m (personaje)* vampire

vanagloriarse *vpr:* **~ (de)** to boast (about), to show off (about).

vandalismo *m* vandalism.

vanguardia *f* 1. (MIL) vanguard; **ir a la ~ de** *fig* to be at the forefront of. 2. *(cultural)* avant-garde, vanguard.

vanidad *f* 1. *(orgullo)* vanity. 2. *(inutilidad)* futility.

vanidoso, -sa *adj* vain, conceited.

vano, -na *adj* 1. *(gen)* vain; **en ~** in vain. 2. *(vacío, superficial)* shallow, superficial.

vapor *m* 1. *(emanación)* vapour; *(de agua)* steam; **al ~** (CULIN) steamed; **de ~** *(máquina etc)* steam *(antes de sust);* **~ de agua** (FÍS & QUÍM) water vapour. 2. *(barco)* steamship.

vaporizador *m* 1. *(pulverizador)* spray. 2. *(para evaporar)* vaporizer.

vaporoso, -sa *adj* 1. *(con vapor - ducha, baño)* steamy; *(- cielo)* hazy, misty 2. *(fino - tela etc)* diaphanous.

vapulear *vt* to beat, to thrash; *fig* to slate.

vaquero, -ra ◊ *adj* cowboy *(antes de sust).* ◊ *m y f (persona)* cowboy *(f* cowgirl), cowherd ◆ **vaqueros** *mpl (pantalón)* jeans.

vara *f* 1. *(rama, palo)* stick. 2. *(de metal etc)* rod. 3. *(insignia)* staff.

variable *adj* changeable, variable.

variación *f* variation; *(del tiempo)* change.

variado, -da *adj* varied; *(galletas, bombones)* assorted.

variante ◊ *adj* variant. ◊ *f* 1. *(variación)* variation; *(versión)* version. 2. (AUTOM) by-pass.

variar ◊ *vt* 1. *(modificar)* to alter, to change. 2. *(dar variedad)* to vary. ◊ *vi (cambiar):* **para ~ irón** (just) for a change.

varicela *f* chickenpox

varicoso, -sa *adj* varicose.

variedad *f* variety. ◆ **variedades, varietés** *fpl* (TEATRO) variety *(U),* music hall *(U).*

varilla *f* 1. *(barra larga)* rod, stick. 2. *(tira larga - de abanico, paraguas)* spoke, rib; *(- de gafas)* arm; *(- de corsé)* bone, stay.

vario, -ria adj (variado) varied, different; (pl) various, several. ◆ **varios, -rias** pron pl several.

variopinto, -ta adj diverse.

varita f wand; ~ **mágica** magic wand.

variz f (gen pl) varicose vein.

varón m (hombre) male, man; (chico) boy.

varonil adj masculine, male.

Varsovia Warsaw

vasallo, -lla m y f (siervo) vassal

vasco, -ca adj, m y f Basque. ◆ **vasco** m (lengua) Basque.

vascuence m (lengua) Basque.

vasectomía f vasectomy

vaselina® f Vaseline®

vasija f (de barro) earthenware vessel.

vaso m 1. (recipiente, contenido) glass; **un ~ de plástico** a plastic cup. 2. (ANAT) vessel; ~s **sanguíneos** blood vessels.

vástago m 1. (descendiente) offspring (U). 2. (brote) shoot. 3. (varilla) rod.

vasto, -ta adj vast.

váter = **wáter**.

vaticinar vt to prophesy, to predict.

vatio, watio ['batio] m watt.

vaya ◇ v → **ir**. ◇ interj 1. (sorpresa): ¡~! well! 2. (énfasis): ¡~ **moto!** what a motorbike!

VB abrev de **visto bueno**.

Vd. = **Ud**.

Vda. abrev de **viuda**.

Vds. = **Uds**.

ve → **ir**.

véase → **ver**.

vecinal adj (camino, impuestos) local.

vecindad f 1. (vecindario) neighbourhood. 2. (alrededores) vicinity.

vecindario m (de barrio) neighbourhood; (de población) community, inhabitants (pl).

vecino, -na ◇ adj (cercano) neighbouring. ◇ m y f 1. (de la misma casa, calle) neighbour; (de un barrio) resident 2. (de una localidad) inhabitant.

vector m vector

veda f 1. (prohibición) ban (on hunting and fishing); **levantar la ~** to open the season. 2. (periodo) close season.

vedado, -da adj prohibited. ◆ **vedado** m reserve.

vedar vt to prohibit.

vedette [be'ðet] (pl vedettes) f star.

vegetación f vegetation.

vegetal ◇ adj 1. (BIOL) vegetable, plant (antes de sust). 2. (sandwich) salad (antes de sust). ◇ m vegetable.

vegetar vi to vegetate.

vegetariano, -na adj, m y f vegetarian.

vehemencia f (pasión, entusiasmo) vehemence.

vehemente adj (apasionado, entusiasta) vehement.

vehículo m (gen) vehicle; (de infección) carrier.

veinte núm twenty; **los (años) ~** the twenties; ver también **seis**.

veinteavo, -va núm twentieth.

veintena f 1. (veinte) twenty. 2. (aproximadamente): **una ~ (de)** about twenty.

vejación f, **vejamen** m humiliation

vejestorio m despec old fogey

vejez f old age.

vejiga f bladder; ~ **de la bilis** gall bladder.

vela f 1. (para dar luz) candle; **estar a dos ~s** not to have two halfpennies to rub together. 2. (de barco) sail. 3. (DEP) sailing. 4. (vigilia) vigil; **pasar la noche en ~** (adrede) to stay awake all night; (desvelado) to have a sleepless night.

velada f evening.

velado, -da adj 1. (oculto) veiled, hidden. 2. (FOT) blurred.

velar ◇ vi 1. (cuidar): ~ **por** to look after, to watch over. 2. (no dormir) to stay awake. ◇ vt 1. (de noche - muerto) to keep a vigil over. 2. (ocultar) to mask, to veil. 3. (FOT) to blur. ◆ **velarse** vpr (FOT) to blur.

veleidad f 1. (inconstancia) fickleness. 2. (antojo, capricho) whim, caprice.

velero m sailing boat/ship.

veleta f weather vane.

vello m 1. (pelusilla) down. 2. (pelo) hair.

velloso, -sa adj hairy.

velo m lit & fig veil.

velocidad f 1. (gen) speed; (TECN) velocity; **a toda ~** at full speed; **de alta ~** high-speed; ~ **punta** top speed. 2. (AUTOM) (marcha) gear; **cambiar de ~** to change gear.

velocímetro m speedometer.

velódromo m cycle track, velodrome

veloz adj fast, quick

ven → **venir**.

vena f 1. (gen, ANAT & MIN) vein. 2. (inspiración) inspiration. 3. (don) vein, streak; **tener ~ de algo** to have a gift for doing sthg.

venado m (ZOOL) deer; (CULIN) venison.

vencedor, -ra ◇ *adj* winning, victorious. ◇ *m y f* winner.

vencer ◇ *vt* 1. *(ganar)* to beat, to defeat. 2. *(derrotar - suj: sueño, cansancio, emoción)* to overcome. 3. *(aventajar)*: ~ **a alguien a** o **en algo** to outdo sb at sthg. 4. *(superar - miedo, obstáculos)* to overcome; *(- tentación)* to resist. ◇ *vi* 1. *(ganar)* to win, to be victorious. 2. *(caducar - garantía, contrato, plazo)* to expire; *(- deuda, pago)* to fall due; *(- bono)* to mature. 3. *(prevalecer)* to prevail. ♦ **vencerse** *vpr (estante etc)* to give way, to collapse.

vencido, -da *adj* 1. *(derrotado)* defeated; **darse por ~** to give up. 2. *(caducado - garantía, contrato, plazo)* expired; *(- pago, deuda)* due, payable.

vencimiento *m (término - de garantía, contrato, plazo)* expiry; *(- de pago, deuda)* falling due.

venda *f* bandage.

vendaje *m* bandaging

vendar *vt* to bandage; ~ **los ojos a alguien** to blindfold sb

vendaval *m* gale.

vendedor, -ra *m y f (gen)* seller; *(en tienda)* shop o sales assistant; *(de coches, seguros)* salesman (*f* saleswoman).

vender *vt lit & fig* to sell; ~ **algo a** o **por** to sell sthg for. ♦ **venderse** *vpr* 1. *(ser vendido)* to be sold o on sale; **'se vende'** 'for sale'. 2. *(dejarse sobornar)* to sell o.s., to be bribed.

vendimia *f* grape harvest.

vendrá *etc* → **venir**.

veneno *m (gen)* poison; *(de serpiente, insecto)* venom.

venenoso, -sa *adj* 1. *(gen)* poisonous. 2. *fig (malintencionado)* venomous.

venerable *adj* venerable.

venerar *vt* to venerate, to worship.

venéreo, -a *adj* venereal.

venezolano, -na *adj, m y f* Venezuelan.

Venezuela Venezuela

venga *interj* ¡~! come on!

venganza *f* vengeance, revenge.

vengar *vt* to avenge. ♦ **vengarse** *vpr*: ~**se (de)** to take revenge (on).

vengativo, -va *adj* vengeful, vindictive

vengo → **venir**

venia *f* 1. *(permiso)* permission. 2. (DER) *(perdón)* pardon.

venial *adj* petty, venial.

venida *f* 1. *(llegada)* arrival. 2. *(regreso)* return.

venidero, -ra *adj* coming, future.

venir ◇ *vi* 1. *(gen)* to come; ~ **a/de hacer algo** to come to do sthg/from doing sthg; ~ **de algo** *(proceder, derivarse)* to come from sthg; **no me vengas con exigencias** don't come to me making demands; **el año que viene** next year. 2. *(llegar)* to arrive; **vino a las doce** he arrived at twelve o'clock. 3. *(hallarse)* to be; **su foto viene en primera página** his photo is o appears on the front page; **el texto viene en inglés** the text is in English. 4. *(acometer, sobrevenir)*: **me viene sueño** I'm getting sleepy; **le vinieron ganas de reír** he was seized by a desire to laugh; **le vino una tremenda desgracia** he suffered a great misfortune. 5. *(ropa, calzado)*: ~ **a alguien** to fit sb; **¿qué tal te viene?** does it fit all right?; **el abrigo le viene pequeño** the coat is too small for her. 6. *(convenir)*: ~ **bien/mal a alguien** to suit/not to suit sb. 7. *(aproximarse)*: **viene a costar un millón** it costs almost a million. 8. *loc*: **¿a qué viene esto?** what do you mean by that?; ~ **a menos** *(negocio)* to go downhill; *(persona)* to go down in the world; ~ **a parar en** to end in; ~ **a ser** to amount to. ◇ *v aux* 1. *(antes de gerundio)* *(haber estado)*: ~ **haciendo algo** to have been doing sthg. 2. *(antes de participio)* *(estar)*: **los cambios vienen motivados por la presión de la oposición** the changes have resulted from pressure on the part of the opposition. ♦ **venirse** *vpr* 1. *(volver)*: ~**se (de)** to come back o return (from). 2. *loc*: ~**se abajo** *(techo, estante etc)* to collapse; *(ilusiones)* to be dashed.

venta *f* 1. *(acción)* sale, selling; **estar en ~** to be for sale; ~ **al contado** cash sale; ~ **a plazos** sale by instalments. 2. *(gen pl)* *(cantidad)* sales *(pl)*.

ventaja *f* 1. *(hecho favorable)* advantage. 2. *(en competición)* lead; **llevar ~ a alguien** to have a lead over sb

ventajoso, -sa *adj* advantageous.

ventana *f (gen & INFORM)* window

ventanilla *f* 1. *(de vehículo, sobre)* window. 2. *(taquilla)* counter.

ventilación *f* ventilation.

ventilador *m* ventilator, fan.

ventilar *vt* 1. *(airear)* to air. 2. *(resolver)* to clear up. 3. *(discutir)* to air. ♦ **ventilarse** *vpr (airearse)* to air.

ventiscar, ventisquear *v impers* to blow a blizzard.

ventisquero *m (nieve amontonada)* snowdrift.

ventolera *f (viento)* gust of wind.

ventosa *f (gen & ZOOL)* sucker.

ventosidad *f* wind, flatulence.

ventoso, -sa *adj* windy.

ventrílocuo, -cua *m y f* ventriloquist.

ventura *f* 1. *(suerte)* luck; **a la (buena) ~** *(al azar)* at random, haphazardly; *(sin nada previsto)* without planning o a fixed plan 2. *(casualidad)* fate, fortune.

Venus Venus.

ver ◊ *vi* 1. *(gen)* to see 2. *loc:* **a ~** *(veamos)* let's see; **¿a ~?** *(mirando con interés)* let me see; **¡a ~!** *(¡pues claro!)* what do you expect?; *(al empezar algo)* right!; **dejarse ~** *(por un sitio)* to show one's face (somewhere); **eso está por ~** that remains to be seen; **ya veremos** we'll see. ◊ *vt* 1. *(gen)* to see; *(mirar)* to look at; *(televisión, partido de fútbol)* to watch; **¿ves algo?** can you see anything?; **he estado viendo tu trabajo** I've been looking at your work; **ya veo que estás de mal humor** I can see you're in a bad mood; **¿ves lo que quiero decir?** do you see what I mean?; **ir a ~ lo que pasa** to go and see what's going on; **es una manera de ~ las cosas** that's one way of looking at it; **yo no lo veo tan mal** I don't think it's that bad. 2. *loc:* **eso habrá que ~lo** that remains to be seen; **¡hay que ~ qué lista es!** you wouldn't believe how clever she is!; **no puedo ~le (ni en pintura)** *fam* I can't stand him; **si no lo veo, no lo creo** you'll never believe it; **~ venir a alguien** to see what sb is up to. ◊ *m:* **estar de buen ~** to be good-looking. ◆ **verse** *vpr* 1. *(mirarse, imaginarse)* to see o.s.; **~se en el espejo** to see o.s. in the mirror. 2. *(percibirse):* **desde aquí se ve el mar** you can see the sea from here. 3. *(encontrarse)* to meet, to see each other; **hace mucho que no nos vemos** we haven't seen each other for a long time. 4. *(darse, suceder)* to be seen. 5. *loc:* **vérselas y deseárselas para hacer algo** to have a real struggle doing sthg ◆ **véase** *vpr (en textos)* see ◆ **por lo visto, por lo que se ve** *loc adv* apparently

vera *f* 1. *(orilla - de río, lago)* bank; *(- de camino)* edge, side. 2. *fig (lado)* side; **a la ~ de** next to.

veracidad *f* truthfulness.

veraneante *m y f* holidaymaker, *(summer)* vacationer *Am.*

veranear *vi:* **~ en** to spend one's summer holidays in.

veraneo *m* summer holidays *(pl);* **de ~** holiday *(antes de sust).*

veraniego, -ga *adj* summer *(antes de sust).*

verano *m* summer.

veras *fpl* truth *(U);* **de ~** *(verdaderamente)* really; *(en serio)* seriously.

veraz *adj* truthful.

verbal *adj* verbal.

verbena *f (fiesta)* street party *(on the eve of certain saints' days)*

verbo *m (GRAM)* verb.

verdad *f* 1. *(gen)* truth; **a decir ~** to tell the truth. 2. *(principio aceptado)* fact. 3. *loc:* **no te gusta, ¿~?** you don't like it, do you?; **está bueno, ¿~?** it's good, isn't it? ◆ **verdades** *fpl (opinión sincera)* true thoughts; **cantarle o decirle a alguien cuatro ~es** *fig* to tell sb a few home truths. ◆ **de verdad** ◊ *loc adv* 1. *(en serio)* seriously. 2. *(realmente)* really. ◊ *loc adj (auténtico)* real.

verdadero, -ra *adj* 1. *(cierto, real)* true, real; **fue un ~ lío** it was a real mess. 2. *(sin falsificar)* real. 3. *(enfático)* real.

verde ◊ *adj* 1. *(gen)* green; **poner ~ a alguien** to criticize sb. 2. *(fruta)* unripe, green. 3. *fig (obsceno)* blue, dirty. 4. *fig (inmaduro - proyecto etc)* in its early stages. ◊ *m (color)* green. ◆ **Verdes** *mpl (partido):* **los Verdes** the Greens.

verdor *m* 1. *(color)* greenness. 2. *(madurez)* lushness.

verdugo *m* 1. *(de preso)* executioner; *(que ahorca)* hangman. 2. *(pasamontañas)* balaclava helmet.

verdulería *f* greengrocer's (shop).

verdulero, -ra *m y f (tendero)* greengrocer.

verdura *f* vegetables *(pl),* greens *(pl).*

vereda *f* 1. *(senda)* path. 2. *CSur (acera)* pavement *Br,* sidewalk *Am.*

veredicto *m* verdict.

vergonzoso, -sa *adj* 1. *(deshonroso)* shameful. 2. *(tímido)* bashful.

vergüenza *f* 1. *(turbación)* embarrassment; **dar ~** to embarrass; **¡qué ~!** how embarrassing!; **sentir ~** to feel embarrassed. 2. *(timidez)* bashfulness. 3. *(remordimiento)* shame; **sentir ~** to feel ashamed. 4. *(dignidad)* pride, dignity. 5. *(deshonra, escándalo)* disgrace; **¡es una ~!** it's disgraceful!

verídico, -ca *adj (cierto)* true, truthful.

verificar *vt* 1. *(comprobar - verdad, autenticidad)* to check, to verify. 2. *(examinar - funcionamiento, buen estado)* to check, to test. 3. *(confirmar - fecha, cita)* to confirm. 4. *(llevar a cabo)* to carry out. ◆ **verificarse** *vpr (tener lugar)* to take place.

verja *f* 1. *(puerta)* iron gate. 2. *(valla)* railings *(pl)*. 3. *(enrejado)* grille.

vermú *(pl* **vermús)**, **vermut** *(pl* **vermuts)** *m (bebida)* vermouth.

vernáculo, -la *adj* vernacular.

verosímil *adj* 1. *(creíble)* believable, credible. 2. *(probable)* likely, probable.

verruga *f* wart.

versado, -da *adj*: ~ **(en)** versed (in).

versar *vi*: ~ **sobre** to be about, to deal with.

versátil *adj* 1. *(voluble)* fickle. 2. *(considerado incorrecto) (polifacético)* versatile.

versículo *m* verse.

versión *f (gen)* version; *(en música pop)* cover version; ~ **original** (CIN) original (version).

verso *m* 1. *(género)* verse. 2. *(unidad rítmica)* line *(of poetry)*. 3. *(poema)* poem.

vértebra *f* vertebra.

vertebrado, -da *adj* vertebrate. ◆ **vertebrados** *mpl* (ZOOL) vertebrates.

vertedero *m (de basuras)* rubbish tip o dump; *(de agua)* overflow.

verter *vt* 1. *(derramar)* to spill. 2. *(vaciar - líquido)* to pour (out); *(- recipiente)* to empty. 3. *(tirar - basura, residuos)* to dump. 4. *fig (decir)* to tell. ◆ **verterse** *vpr (derramarse)* to spill.

vertical ◇ *adj* (GEOM) vertical; *(derecho)* upright. ◇ *f* (GEOM) vertical.

vértice *m (gen)* vertex; *(de cono)* apex.

vertido *m* 1. *(gen pl) (residuo)* waste *(U)*. 2. *(acción)* dumping.

vertiente *f* 1. *(pendiente)* slope. 2. *fig (aspecto)* side, aspect.

vertiginoso, -sa *adj* 1. *(mareante)* dizzy. 2. *fig (raudo)* giddy.

vértigo *m (enfermedad)* vertigo; *(mareo)* dizziness; **trepar me da ~** climbing makes me dizzy

vesícula *f*: ~ **biliar** gall bladder.

vespertino, -na *adj* evening *(antes de sust)*.

vestíbulo *m (de casa)* (entrance) hall; *(de hotel, oficina)* lobby, foyer.

vestido, -da *adj* dressed. ◆ **vestido** *m* 1. *(indumentaria)* clothes *(pl)*. 2. *(prenda femenina)* dress.

vestidura *f (gen pl)* clothes *(pl)*; (RELIG) vestments *(pl)*; **rasgarse las ~s** to make a fuss.

vestigio *m* vestige; *fig* sign, trace.

vestimenta *f* clothes *(pl)*, wardrobe.

vestir ◇ *vt* 1. *(gen)* to dress. 2. *(llevar puesto)* to wear. 3. *(cubrir)* to cover. 4. *fig (encubrir)*: ~ **algo de** to invest sthg with. ◇ *vi* 1. *(llevar ropa)* to dress. 2. *fig (estar bien visto)* to be the done thing. ◆ **vestirse** *vpr* 1. *(ponerse ropa)* to get dressed, to dress. 2. *(adquirir ropa)*: ~**se en** to buy one's clothes at.

vestuario *m* 1. *(vestimenta)* clothes *(pl)*, wardrobe; (TEATRO) costumes *(pl)*. 2. *(guardarropa)* cloakroom. 3. *(para cambiarse)* changing room; *(de actores)* dressing room.

veta *f* 1. *(filón)* vein, seam. 2. *(faja, lista)* grain.

vetar *vt* to veto.

veterano, -na *adj, m y f* veteran.

veterinario, -ria ◇ *adj* veterinary. ◇ *m y f (persona)* vet, veterinary surgeon. ◆ **veterinaria** *f (ciencia)* veterinary science o medicine.

veto *m* veto; **poner ~ a algo** to veto sthg.

vetusto, -ta *adj culto* ancient, very old.

vez *f* 1. *(gen)* time; **una ~** once; **dos veces** twice; **tres veces** three times; **¿has estado allí alguna ~?** have you ever been there?; **a la ~ (que)** at the same time (as); **cada ~ (que)** every time; **cada ~ más** more and more; **cada ~ menos** less and less; **cada ~ la veo más feliz** she seems happier and happier; **de una ~** in one go; **de una ~ para siempre** o **por todas** once and for all; **muchas veces** often, a lot; **otra ~** again; **pocas veces, rara ~** rarely, seldom; **por última ~** for the last time; **una ~ más** once again; **una y otra ~** time and again; **érase una ~** once upon a time. 2. *(turno)* turn. ◆ **a veces, algunas veces** *loc adv* sometimes, at times ◆ **de vez en cuando** *loc adv* from time to time, now and again. ◆ **en vez de** *loc prep* instead of. ◆ **tal vez** *loc adv* perhaps, maybe ◆ **una vez que** *loc conj* once, after.

VHF *(abrev de* **very high frequency)** *f* VHF.

VHS *(abrev de* **video home system)** *m* VHS.

vía ◇ *f* 1. *(medio de transporte)* route; **por ~ aérea** *(gen)* by air; *(correo)* (by) airmail; **por ~ marítima** by sea; **por ~**

terrestre overland, by land; **~ fluvial** waterway. **2.** *(calzada, calle)* road; **~ pública** public thoroughfare. **3.** *(FERROC - raíl)* rails *(pl)*, track; *(- andén)* platform; **~ férrea** *(ruta)* railway line. **4.** *(proceso)*: **estar en ~s de** to be in the process of; **país en ~s de desarrollo** developing country; **una especie en ~s de extinción** an endangered species. **5.** (ANAT) tract. **6.** *(opción)* channel, path; **por ~ oficial/judicial** through official channels/ the courts. **7.** *(camino)* way; **dar ~ libre** *(dejar paso)* to give way; *(dar libertad de acción)* to give a free rein. **8.** (DER) procedure. ◇ *prep* via. ♦ **Vía Láctea** *f* Milky Way.
viabilidad *f* viability.
viable *adj fig (posible)* viable.
viaducto *m* viaduct.
viajante *m y f* travelling salesperson.
viajar *vi* **1.** *(trasladarse, irse)*: **~ (en)** to travel (by). **2.** *(circular)* to run.
viaje *m* **1.** *(gen)* journey, trip; *(en barco)* voyage; **¡buen ~!** have a good journey ○ trip!; **estar/ir de ~** to be/go away (on a trip); **hay 11 días de ~** it's an 11-day journey; **~ de ida/de vuelta** outward/return journey; **~ de ida y vuelta** return journey ○ trip; **~ de novios** honeymoon. **2.** *fig (recorrido)* trip. ♦ **viajes** *mpl (singladuras)* travels.
viajero, -ra ◇ *adj (persona)* travelling; *(ave)* migratory. ◇ *m y f (gen)* traveller; *(en transporte público)* passenger.
vial *adj* road *(antes de sust)*.
viandante *m y f* **1.** *(peatón)* pedestrian. **2.** *(transeúnte)* passer-by.
viario, -ria *adj* road *(antes de sust)*.
víbora *f* viper.
vibración *f* vibration.
vibrante *adj* **1.** *(oscilante)* vibrating. **2.** *fig (emocionante)* vibrant.
vibrar *vi* **1.** *(oscilar)* to vibrate. **2.** *fig (voz, rodillas etc)* to shake. **3.** *fig (público)* to get excited.
vicaría *f (residencia)* vicarage.
vicario *m* vicar.
vicepresidente, -ta *m y f (de país, asociación)* vice-president; *(de comité, empresa)* vice-chairman.
viceversa *adv* vice versa.
viciado, -da *adj (maloliente)* foul; *(contaminado)* polluted.
viciar *vt* **1.** *(pervertir)* to corrupt. **2.** *(contaminar)* to pollute. **3.** *(adulterar)* to adulterate. ♦ **viciarse** *vpr* **1.** *(pervertirse)* to become ○ get corrupted; *(enviciarse)* to take to vice. **2.** *(contami-*

narse) to become polluted.
vicio *m* **1.** *(mala costumbre)* bad habit, vice. **2.** *(libertinaje)* vice. **3.** *(defecto físico, de dicción etc)* defect.
vicioso, -sa ◇ *adj* **1.** *(depravado)* depraved. **2.** *(defectuoso)* defective ◇ *m y f (depravado)* depraved person.
vicisitud *f (inestabilidad)* instability, changeability. ♦ **vicisitudes** *fpl (avatares)* vicissitudes, ups and downs.
víctima *f* victim; *(en accidente, guerra)* casualty; **ser ~ de** to be the victim of.
victoria *f* victory; **cantar ~** to claim victory.
victorioso, -sa *adj* victorious.
vid *f* vine.
vid., v. *(abrev de* **véase)** v., vid.
vida *f* life; **de por ~** for life; **en ~ de** during the life ○ lifetime of; **en mi/tu** *etc* **~** never in (my/your *etc* life); **estar con ~** to be alive; **ganarse la ~** to earn a living; **pasar a mejor ~** to pass away; **perder la ~** to lose one's life; **quitar la ~ a alguien** to kill sb; **¡así es la ~!** that's life!; **darse ○ pegarse la gran ~, darse ○ pegarse la ~ padre** to live the life of Riley.
vidente *m y f* clairvoyant.
vídeo, video *m* **1.** *(gen)* video; **grabar en ~** to videotape. **2.** *(aparato filmador)* camcorder.
videocámara *f* camcorder.
videocasete *m* video, videocassette.
videoclip *m* (pop) video.
videoclub *(pl* **videoclubes)** *m* video club.
videojuego *m* video game.
videotexto *m*, **videotex** *m inv (por señal de televisión)* teletext; *(por línea telefónica)* videotext, viewdata.
vidriero, -ra *m y f* **1.** *(que fabrica cristales)* glass merchant ○ manufacturer. **2.** *(que coloca cristales)* glazier. ♦ **vidriera** *f (puerta)* glass door; *(ventana)* glass window; *(en catedrales)* stained glass window.
vidrio *m (material)* glass.
vidrioso, -sa *adj* **1.** *fig (tema, asunto)* thorny, delicate. **2.** *fig (ojos)* glazed.
vieira *f* scallop.
viejo, -ja ◇ *adj* old; **hacerse ~** to get ○ grow old. ◇ *m y f* **1.** *(anciano)* old man *(f* old lady); **los ~s** the elderly; **~ verde** dirty old man *(f* dirty old woman). **2.** *fam (padres)* old man *(f* old girl); **mis ~s** my folks. **3.** *Amer fam (amigo)* pal, mate. ♦ **Viejo de Pascua** *m Chile* Santa (Claus), Father Christmas *Br*
Viena Vienna
viene → venir.

vienés, -esa *adj, m y f* Viennese.

viento *m* 1. *(aire)* wind; ~ **de costado o de lado** crosswind. 2. *(cuerda)* guy (rope). 3. *loc*: **contra ~ y marea** in spite of everything; **mis esperanzas se las llevó el ~** my hopes flew out of the window; ~ **en popa** splendidly.

vientre *m* (ANAT) stomach

viera → **ver**.

viernes *m inv* Friday; *ver también* **sábado**. ♦ **Viernes Santo** *m* (RELIG) Good Friday.

Vietnam Vietnam

vietnamita *adj, m y f* Vietnamese.

viga *f (de madera)* beam, rafter; *(de metal)* girder.

vigencia *f (de ley etc)* validity; *(de costumbre)* use.

vigente *adj (ley etc)* in force; *(costumbre)* in use.

vigésimo, -ma *núm* twentieth.

vigía *m y f* lookout.

vigilancia *f* 1. *(cuidado)* vigilance, care. 2. *(vigilantes)* guards *(pl)*.

vigilante ◇ *adj* vigilant. ◇ *m y f* guard; ~ **nocturno** night watchman.

vigilar ◇ *vt (enfermo)* to watch over; *(presos, banco)* to guard; *(niños, bolso)* to keep an eye on; *(proceso)* to oversee. ◇ *vi* to keep watch.

vigilia *f (vela)* wakefulness; **estar de ~** to be awake.

vigor *m* 1. *(gen)* vigour. 2. *(vigencia)*: **entrar en ~** to come into force.

vigorizar *vt (fortalecer)* to fortify.

vigoroso, -sa *adj (gen)* vigorous; *(colorido)* strong.

vikingo, -ga *adj, m y f* Viking.

vil *adj* vile, despicable; *(metal)* base.

vileza *f* 1. *(acción)* vile o despicable act. 2. *(cualidad)* vileness.

villa *f* 1. *(población)* small town; ~ **miseria** *CSur* shantytown. 2. *(casa)* villa, country house.

villancico *m (navideño)* Christmas carol.

villano, -na *m y f* villain

vilo ♦ **en vilo** *loc adv* 1. *(suspendido)* in the air, suspended 2. *(inquieto)* on tenterhooks; **tener a alguien en ~** to keep sb in suspense

vinagre *m* vinegar.

vinagrera *f (vasija)* vinegar bottle. ♦ **vinagreras** *fpl* (CULIN) *(convoy)* cruet *(sg)*.

vinagreta *f* vinaigrette, French dressing.

vinculación *f* link, linking *(U)*.

vincular *vt* 1. *(enlazar)* to link; *(por obligación)* to tie, to bind. 2. (DER) to entail

vínculo *m (lazo - entre hechos, países)* link; *(- personal, familiar)* tie, bond.

vinícola *adj (país, región)* wine-producing *(antes de sust)*; *(industria)* wine *(antes de sust)*.

vinicultura *f* wine producing.

vino ◇ *v* → **venir**. ◇ *m* wine; ~ **blanco/tinto** white/red wine; ~ **dulce/seco** sweet/dry wine; ~ **rosado** rosé.

viña *f* vineyard.

viñedo *m* (large) vineyard.

viñeta *f* 1. *(de tebeo)* (individual) cartoon. 2. *(de libro)* vignette

vio → **ver**

viola *f* viola.

violación *f* 1. *(de ley, derechos)* violation, infringement. 2. *(de persona)* rape.

violador, -ra *adj, m y f* rapist.

violar *vt* 1. *(ley, derechos, domicilio)* to violate, to infringe. 2. *(persona)* to rape.

violencia *f* 1. *(agresividad)* violence. 2. *(fuerza - de viento, pasiones)* force. 3. *(incomodidad)* embarrassment, awkwardness.

violentar *vt* 1. *(incomodar)* to embarrass. 2. *(forzar - domicilio)* to break into. ♦ **violentarse** *vpr (incomodarse)* to feel awkward.

violento, -ta *adj* 1. *(gen)* violent; *(goce)* intense. 2. *(incómodo)* awkward.

violeta ◇ *f (flor)* violet. ◇ *adj & m (color)* violet.

violín *m* violin.

violón *m* double bass

violonchelo, violoncelo *m* cello.

VIP *(abrev de* **very important person***) m y f* VIP.

viperino, -na *adj fig* venomous.

viraje *m* 1. *(giro &* AUTOM*)* turn; (NÁUT) tack. 2. *(curva)* bend, curve. 3. *fig (cambio)* change of direction.

virar ◇ *vt (girar)* to turn (round); (NÁUT) to tack. ◇ *vi (girar)* to turn (round).

virgen ◇ *adj (gen)* virgin; *(cinta)* blank; *(película)* unused. ◇ *m y f (persona)* virgin. ◇ *f* (ARTE) Madonna. ♦ **Virgen** *f*: **la Virgen** (RELIG) the (Blessed) Virgin.

virgo *m (virginidad)* virginity. ♦ **Virgo** ◇ *m (zodiaco)* Virgo ◇ *m y f (persona)* Virgo.

virguería *f fam* gem

viril *adj* virile, manly.

virilidad *f* virility.

virtual adj 1. (posible) possible, potential. 2. (casi real) virtual.

virtud f 1. (cualidad) virtue. 2. (poder) power; **tener la ~ de** to have the power o ability to. ◆ **en virtud de** loc prep by virtue of.

virtuoso, -sa ◊ adj (honrado) virtuous. ◊ m y f (genio) virtuoso.

viruela f 1. (enfermedad) smallpox. 2. (pústula) pockmark; **picado de ~s** pockmarked.

virulé ◆ **a la virulé** loc adj 1. (torcido) crooked. 2. (hinchado): **un ojo a la ~** a black eye.

virulencia f (MED & fig) virulence.

virus m inv (gen & INFORM) virus.

viruta f shaving.

visado m visa.

víscera f internal organ; **~s** entrails.

visceral adj (ANAT & fig) visceral; **un sentimiento/una reacción ~** a gut feeling/reaction.

viscoso, -sa adj (gen) viscous; (baboso) slimy. ◆ **viscosa** f (tejido) viscose.

visera f 1. (de gorra) peak. 2. (de casco, suelta) visor. 3. (de automóvil) sun visor.

visibilidad f visibility.

visible adj visible.

visigodo, -da m y f Visigoth.

visillo m (gen pl) net/lace curtain.

visión f 1. (sentido, lo que se ve) sight. 2. (alucinación, lucidez) vision; **ver visiones** to be seeing things. 3. (punto de vista) (point of view).

visionar vt to view privately.

visionario, -ria adj, m y f visionary.

visita f 1. (gen) visit; (breve) call; **hacer una ~ a alguien** to visit sb, to pay sb a visit; **pasar ~** (MED) to see one's patients. 2. (visitante) visitor; **tener ~ o ~s** to have visitors.

visitante m y f visitor.

visitar vt (gen) to visit; (suj: médico) to call on.

vislumbrar vt 1. (entrever) to make out, to discern. 2. (adivinar) to have an inkling of. ◆ **vislumbrarse** vpr 1. (entreverse) to be barely visible. 2. (adivinarse) to become a little clearer.

vislumbre m o f lit & fig glimmer.

viso m 1. (aspecto): **tener ~s de** to seem; **tiene ~s de hacerse realidad** it could become a reality. 2. (reflejo - de tejido) sheen; (- de metal) glint.

visón m mink.

víspera f (día antes) day before, eve; **en ~s de** on the eve of.

vista → **visto**.

vistazo m glance, quick look; **echar o dar un ~ a** to have a quick look at.

visto, -ta ◊ pp → **ver**. ◊ adj: **estar bien/mal ~** to be considered good/frowned upon. ◆ **vista** ◊ v → **vestir**. ◊ f 1. (sentido) sight, eyesight; (ojos) eyes (pl). 2. (observación) watching. 3. (mirada) gaze; **fijar la vista en** to fix one's eyes on; **a primera o simple vista** (aparentemente) at first sight, on the face of it; **estar a la vista** (visible) to be visible; (muy cerca) to be staring one in the face. 4. (panorama) view. 5. (DER) hearing. 6. loc: **conocer a alguien de vista** to know sb by sight; **hacer la vista gorda** to turn a blind eye; **¡hasta la vista!** see you!; **no perder de vista a alguien/algo** (vigilar) not to let sb/sthg out of one's sight; (tener en cuenta) not to lose sight of sb/sthg; **perder de vista** (dejar de ver) to lose sight of; (perder contacto) to lose touch with; **saltar a la vista** to be blindingly obvious. ◆ **vistas** fpl (panorama) view (sg); **con vistas al mar** with a sea view. ◆ **visto bueno** m: **el ~ bueno** the go-ahead; **'~ bueno'** 'approved'. ◆ **a la vista** loc adv (BANCA) at sight. ◆ **con vistas a** loc prep with a view to. ◆ **en vista de** loc prep in view of. ◆ **en vista de que** loc conj since, seeing as. ◆ **por lo visto** loc adv apparently. ◆ **visto que** loc conj seeing o given that

vistoso, -sa adj eye-catching.

visual ◊ adj visual. ◊ f line of sight.

visualizar vt 1. (gen) to visualize. 2. (INFORM) to display.

vital adj (gen) vital; (ciclo) life (antes de sust); (persona) full of life, vivacious.

vitalicio, -cia adj for life, life (antes de sust).

vitalidad f vitality.

vitamina f vitamin.

vitaminado, -da adj vitamin-enriched.

vitamínico, -ca adj vitamin (antes de sust).

viticultor, -ra m y f wine grower.

viticultura f wine growing, viticulture.

vitorear vt to cheer.

vítreo, -a adj vitreous.

vitrina f (en casa) display cabinet; (en tienda) showcase, glass case.

vitro ◆ **in vitro** loc adv in vitro.

vituperar vt to criticize harshly.

viudedad f 1. (viudez - de mujer) widowhood; (- de hombre) widowerhood. **2. (pensión de)** ~ widow's/widower's pension.

viudo, -da *m y f* widower (*f* widow).

viva ◊ *m* cheer. ◊ *interj*: ¡~! hurrah!; ¡~ el rey! long live the King!

vivac = **vivaque**.

vivacidad *f* liveliness.

vivales *m y f inv* crafty person

vivamente *adv* **1. (relatar, describir)** vividly. **2. (afectar, emocionar)** deeply.

vivaque, vivac *m* bivouac.

vivaz *adj* (despierto) alert, sharp.

vivencia *f* (gen pl) experience.

víveres *mpl* provisions, supplies.

vivero *m* **1.** (de plantas) nursery **2.** (de peces) fish farm; (de moluscos) bed.

viveza *f* **1.** (de colorido, descripción) vividness. **2.** (de persona, discusión, ojos) liveliness; (de ingenio, inteligencia) sharpness.

vívido, -da *adj* vivid.

vividor, -ra *m y f despec* scrounger.

vivienda *f* **1.** (alojamiento) housing. **2.** (morada) dwelling.

viviente *adj* living.

vivir ◊ *vt* (experimentar) to experience, to live through. ◊ *vi* (gen) to live; (estar vivo) to be alive; (en armonía) to be happy; ~ para ver who'd have thought it?

vivito *adj*: ~ y coleando *fam* alive and kicking.

vivo, -va *adj* **1.** (existente - ser, lengua etc) living; **estar** ~ (persona, costumbre, recuerdo) to be alive. **2.** (dolor, deseo, olor) intense; (luz, color, tono) bright. **3.** (gestos, ojos, descripción) lively, vivid. **4.** (activo - ingenio, niño) quick, sharp; (- ciudad) lively. **5.** (genio) quick, hot. ♦ **vivos** *mpl*: **los** ~**s** the living. ♦ **en vivo** *loc adv* (en directo) live.

Vizcaya Vizcaya; **Golfo de** ~ Bay of Biscay.

vizconde, -desa *m y f* viscount (*f* viscountess).

vocablo *m* word, term.

vocabulario *m* **1.** (riqueza léxica) vocabulary. **2.** (diccionario) dictionary

vocación *f* vocation.

vocacional *adj* vocational.

vocal ◊ *adj* vocal. ◊ *f* vowel.

vocalizar *vi* to vocalize.

vocear ◊ *vt* **1.** (gritar) to shout o call out **2.** (llamar) to shout o call to. **3.** (pregonar - mercancía) to hawk. ◊ *vi* (gritar) to shout.

vociferar *vi* to shout.

vodka [ˈboθka] *m o f* vodka

vol. (abrev de **volumen**) vol.

volador, -ra *adj* flying.

volandas ♦ **en volandas** *loc adv* in the air.

volante ◊ *adj* flying. ◊ *m* **1.** (para conducir) (steering) wheel. **2.** (de tela) frill, flounce. **3.** (del médico) (referral) note. **4.** (en bádminton) shuttlecock.

volar ◊ *vt* (en guerras, atentados) to blow up; (caja fuerte, puerta) to blow open; (edificio en ruinas) to demolish (with explosives); (MIN) to blast. ◊ *vi* **1.** (gen) to fly; (papeles etc) to blow away; ~ **a** (una altura) to fly at; (un lugar) to fly to; **echar(se) a** ~ to fly away o off. **2.** *fam* (desaparecer) to disappear, to vanish.

volátil *adj* (QUÍM & fig) volatile.

vol-au-vent = **volován**.

volcán *m* volcano.

volcánico, -ca *adj* volcanic.

volcar ◊ *vt* **1.** (tirar) to knock over; (carretilla) to tip up. **2.** (vaciar) to empty out. ◊ *vi* (coche, camión) to overturn; (barco) to capsize. ♦ **volcarse** *vpr* (esforzarse): ~**se** (**con/en**) to bend over backwards (for/in).

volea *f* volley.

voleibol *m* volleyball.

voleo *m* volley; **a** o **al** ~ (arbitrariamente) randomly, any old how.

volován (pl **volovanes**), **vol-au-vent** [boloˈβan] (pl **vol-au-vents**) *m* vol-au-vent.

volquete *m* dumper truck, dump truck *Am*.

voltaje *m* voltage.

voltear ◊ *vt* **1.** (heno, crepe, torero) to toss; (tortilla - con plato) to turn over; (mesa, silla) to turn upside-down. **2.** *Amer* (derribar) to knock over. ♦ **voltearse** *vpr Amer* **1.** (volverse) to turn around. **2.** (volcarse) to overturn.

voltereta *f* (en el suelo) handspring; (en el aire) somersault; ~ **lateral** cartwheel.

voltio *m* volt.

voluble *adj* changeable, fickle.

volumen *m* **1.** (gen & COM) volume; ~ **de negocio** o **ventas** turnover. **2.** (espacio ocupado) size, bulk

voluminoso, -sa *adj* bulky.

voluntad *f* **1.** (determinación) will, will-power; ~ **de hierro** iron will. **2.** (intención) intention; **buena** ~ goodwill; **mala** ~ ill will. **3.** (deseo) wishes (pl), will; **contra la** ~ **de alguien** against sb's will. **4.** (albedrío) free will; **a** ~ (cuanto se quiere) as much as one likes; **por** ~ **propia** of one's own free will

voluntariado *m* voluntary enlistment.

voluntario, -ria ◇ *adj* voluntary. ◇ *m y f* volunteer.

voluntarioso, -sa *adj (esforzado)* willing.

voluptuoso, -sa *adj* voluptuous.

volver ◇ *vt* 1. *(dar la vuelta a)* to turn round; *(lo de arriba abajo)* to turn over. 2. *(poner del revés - boca abajo)* to turn upside down; *(- lo de dentro fuera)* to turn inside out; *(- lo de detrás delante)* to turn back to front. 3. *(cabeza, ojos etc)* to turn. 4. *(convertir en)*: **eso le volvió un delincuente** that turned him into a criminal. ◇ *vi (ir de vuelta)* to go back, to return; *(venir de vuelta)* to come back, to return; **yo allí no vuelvo** I'm not going back there; **vuelve, no te vayas** come back, don't go; **~ en sí** to come to. ◆ **volver a** *vi (reanudar)* to return to; **~ a hacer algo** *(hacer otra vez)* to do sthg again. ◆ **volverse** *vpr* 1. *(darse la vuelta, girar la cabeza)* to turn round. 2. *(ir de vuelta)* to go back, to return; *(venir de vuelta)* to come back, to return. 3. *(convertirse en)* to become; **~se loco/pálido** to go mad/pale. 4. *loc:* **~se atrás** *(de una afirmación, promesa)* to go back on one's word; *(de una decisión)* to back out; **~se (en) contra (de) alguien** to turn against sb.

vomitar ◇ *vt (devolver)* to vomit, to bring up ◇ *vi* to vomit, to be sick.

vómito *m (substancia)* vomit (U).

voraz *adj* 1. *(persona, apetito)* voracious. 2. *fig (fuego, enfermedad)* raging.

vos *pron pers* CAm & CSur *(tú)* you.

vosotros, -tras *pron pers Esp* you *(pl)*.

votación *f* vote, voting (U); **decidir algo por ~** to put sthg to the vote; **~ a mano alzada** show of hands.

votante *m y f* voter.

votar ◇ *vt* 1. *(partido, candidato)* to vote for; *(ley)* to vote on. 2. *(aprobar)* to pass, to approve *(by vote)*. ◇ *vi* to vote; **~ por** *(emitir un voto por)* to vote for; *fig (estar a favor de)* to be in favour of; **~ por que ...** to vote (that) ...; **~ en blanco** to return a blank ballot paper.

voto *m* 1. *(gen)* vote; **~ de confianza/censura** vote of confidence/no confidence. 2. (RELIG) vow

voy → **ir**.

vóytelas *interj Méx fam* good grief!

voz *f* 1. *(gen &* GRAM*)* voice; **a media ~** in a low voice, under one's breath; **a ~ en cuello** o **grito** at the top of one's

voice; **alzar** o **levantar la ~ a alguien** to raise one's voice to sb; **en ~ alta** aloud; **en ~ baja** softly, in a low voice; **~ en off** (CIN) voice-over; (TEATRO) voice offstage. 2. *(grito)* shout; **a voces** shouting; **dar voces** to shout. 3. *(vocablo)* word 4. *(derecho a expresarse)* say, voice; **no tener ni ~ ni voto** to have no say in the matter. 5. *(rumor)* rumour.

VPO *(abrev de* **vivienda de protección oficial)** *f Esp* = council house/flat *Br*, = public housing unit *Am*.

vudú *(en aposición inv)* *m* voodoo.

vuelco *m* upset; **dar un ~** *(coche)* to overturn; *(relaciones)* to change completely; *(empresa)* to go to ruin; **me dio un ~ el corazón** my heart missed o skipped a beat.

vuelo *m* 1. *(gen &* AERON*)* flight; **alzar** o **emprender** o **levantar el ~** *(despegar)* to take flight, to fly off; *fig (irse de casa)* to fly the nest; **coger algo al ~** *(en el aire)* to catch sthg in flight; *fig (rápido)* to catch on to sthg very quickly; **remontar el ~** to soar; **~ chárter/regular** charter/scheduled flight; **~ libre** hang gliding; **~ sin motor** gliding. 2. *(de vestido)*: **una falda de ~** a full skirt

vuelta *f* 1. *(gen)* turn; *(acción)* turning; **darse la ~** to turn round; **dar ~s (a algo)** *(girándolo)* to turn (sthg) round; **media ~** (MIL) about-turn; (AUTOM) U-turn. 2. (DEP) lap; **~** *(ciclista)* tour. 3. *(regreso, devolución)* return; **a la ~** *(volviendo)* on the way back; *(al llegar)* on one's return; **estar de ~** to be back. 4. *(paseo)*: **dar una ~** to go for a walk. 5. *(dinero sobrante)* change. 6. *(ronda, turno)* round. 7. *(parte opuesta)* back, other side; **a la ~ de la página** over the page. 8. *(cambio, avatar)* change. 9. *loc:* **a ~ de correo** by return of post; **dar la ~ a la tortilla** *fam* to turn the tables; **dar una ~/dos** *etc* **~s de campana** *(coche)* to turn over once/twice *etc;* **darle ~s a algo** to turn sthg over in one's mind; **estar de ~ de algo** to be blasé about sthg; **no tiene ~ de hoja** there are no two ways about it.

vuelto, -ta ◇ *pp* → **volver**. ◇ *adj* turned ◆ **vuelto** *m Amer* change.

vuestro, -tra ◇ *adj poses* your; **~ libro/amigo** your book/friend; **este libro es ~** this book is yours; **un amigo ~** a friend of yours; **no es asunto ~** it's none of your business. ◇ *pron poses:* **el ~** yours; **los ~s están en la mesa** yours are on the table; **lo**

~ **es el teatro** *(lo que hacéis bien)* you should be on the stage; **los ~s** *fam (vuestra familia)* your folks; *(vuestro bando)* your lot.

vulgar *adj* **1.** *(no refinado)* vulgar. **2.** *(corriente, ordinario)* ordinary, common.

vulgaridad *f* **1.** *(grosería)* vulgarity; **hacer/decir una** ~ to do/say sthg vulgar. **2.** *(banalidad)* banality.

vulgarizar *vt* to popularize.

vulgo *m despec*: **el** ~ *(plebe)* the masses *(pl)*; *(no expertos)* the lay public *(U)*.

vulnerable *adj* vulnerable.

vulnerar *vt* **1.** *(prestigio etc)* to harm, to damage. **2.** *(ley, pacto etc)* to violate, to break.

vulva *f* vulva.

VV *abrev de* **ustedes**.

w, W *f (letra)* w, W.

walkie-talkie ['walki'talki] *(pl* **walkie-talkies)** *m* walkie-talkie.

walkman® ['walman] *(pl* **walkmans)** *m* Walkman®

Washington ['waʃiŋtɔn] Washington.

wáter ['bater] *(pl* **wáteres)**, **váter** *(pl* **váteres)** *m Esp* toilet.

waterpolo [water'polo] *m* water polo.

watio = **vatio**.

Web *f*: **la (World Wide)** ~ the World Wide Web.

WC *(abrev de* **water closet)** *m* WC.

whisky ['wiski] *m* = **güisqui**.

windsurf ['winsurf], **windsurfing** ['winsurfin] *m* windsurfing.

x, X *f (letra)* x, X. ◆ **X** *m y f*: **la señora X** Mrs X.

xenofobia *f* xenophobia.

xilófon, xilófono *m* xylophone.

y¹, Y *f (letra)* y, Y.

y² *conj* **1.** *(gen)* and; **un ordenador ~ una impresora** a computer and a printer; **horas ~ horas de espera** hours and hours of waiting. **2.** *(pero)* and yet; **sabía que no lo conseguiría ~ seguía intentándolo** she knew she wouldn't manage it and yet she kept on trying. **3.** *(en preguntas)* what about; **¿~ tu mujer?** what about your wife?

ya ◇ *adv* **1.** *(en el pasado)* already; ~ **me lo habías contado** you had already told me; ~ **en 1926** as long ago as 1926. **2.** *(ahora)* now; *(inmediatamente)* at once; **hay que hacer algo ~** something has to be done now/at once; **bueno, yo ~ me voy** right, I'm off now; ~ **no es así** it's no longer like that. **3.** *(en el futuro)*: ~ **te llamaré** I'll give you a ring some time; ~ **hablaremos** we'll talk later; ~ **nos habremos ido** we'll already have gone; ~ **verás** you'll (soon) see. **4.** *(refuerza al verbo)*: ~ **entiendo/lo sé** I understand/know. ◇ *conj (distributiva)*: ~ **(sea) por ... ~ (sea) por ...** whether for ... or .. ◇ *interj*: **¡~!** *(expresa asentimiento)* right!; *(expresa comprensión)* yes!; **¡~, ~!** irón sure!, yes, of course! ◆ **ya no** *loc adv*: ~ **no ... sino** not only ..., but. ◆ **ya que** *loc conj* since; **~ que has venido, ayúdame con esto** since you're here, give me a hand with this.

yacer *vi* to lie.

yacimiento *m* **1.** *(minero)* bed, deposit; ~ **de petróleo** oilfield. **2.** *(arqueológico)* site.

yanqui *m y f* **1.** (HIST) Yankee. **2.** *fam (estadounidense)* pejorative term referring *to a person from the US*, yank.

yate *m* yacht.

yegua *f* mare.

yema *f* **1.** *(de huevo)* yolk. **2.** *(de planta)* bud, shoot. **3.** *(de dedo)* fingertip.

Yemen: **(el)** ~ Yemen.

yen *(pl* **yenes)** *m* yen.

yerba = **hierba**.

yerbatero *m Amer* healer.

yermo, -ma *adj (estéril)* barren

yerno *m* son-in-law.

yeso *m* 1. (GEOL) gypsum. 2. (CONSTR) plaster. 3. (ARTE) gesso.

yeyé *adj* sixties.

yo *pron pers* 1. (*sujeto*) I; **~ me llamo Luis** I'm called Luis. 2. (*predicado*): **soy ~** it's me. 3. *loc*: **~ que tú/él** *etc* if I were you/him *etc*.

yodo, iodo *m* iodine.

yoga *m* yoga.

yogur (*pl* **yogures**), **yogurt** (*pl* **yogurts**) *m* yoghurt.

yonqui *m y f fam* junkie.

yóquey (*pl* **yóqueys**), **jockey** (*pl* **jockeys**) *m* jockey.

yoyó *m* yoyo.

yuca *f* 1. (BOT) yucca 2. (CULIN) cassava.

yudo, judo ['juðo] *m* judo.

yugo *m lit & fig* yoke.

Yugoslavia Yugoslavia.

yugoslavo, -va ◇ *adj* Yugoslavian. ◇ *m y f* Yugoslav.

yugular *adj & f* jugular.

yunque *m* anvil.

yuppie (*pl* **yuppies**), **yuppi** *m y f* yuppie.

yuxtaponer *vt* to juxtapose.

yuxtaposición *f* juxtaposition.

yuxtapuesto, -ta *pp* → **yuxtaponer.**

Z

z, Z *f (letra)* z, Z.

zafio, -fia *adj* rough, uncouth.

zafiro *m* sapphire.

zaga *f* (DEP) defence; **a la ~** behind, at the back; **no irle a la ~ a alguien** to be every bit ○ just as good as sb

zaguán *m* (entrance) hall

Zaire Zaire.

zalamería *f* (*gen pl*) flattery (U).

zalamero, -ra *m y f* flatterer; *despec* smooth talker.

zamarra *f* sheepskin jacket

zambo, -ba *m y f* knock-kneed person.

zambullir *vt* to dip, to submerge. ◆ **zambullirse** *vpr*: **~se (en)** (*agua*) to dive (into); (*actividad*) to immerse o.s. (in).

zampar *fam vi* to gobble ◆ **zam-**

parse *vpr* to wolf down.

zanahoria *f* carrot

zanca *f (de ave)* leg, shank.

zancada *f* stride

zancadilla *f* trip; **poner una ○ la ~ a alguien** (*hacer tropezar*) to trip sb up; (*engañar*) to trick sb.

zancadillear *vt* (*hacer tropezar*) to trip up

zanco *m* stilt.

zancudo, -da *adj* long-legged. ◆ **zancudo** *m* Amer mosquito.

zángano, -na *m y f fam* (*persona*) lazy oaf. ◆ **zángano** *m* (*abeja*) drone.

zanja *f* ditch

zanjar *vt* (*poner fin a*) to put an end to; (*resolver*) to settle, to resolve

zapallito *m* CSur courgette *Br*, zucchini *Am*.

zapallo *m* Amer pumpkin.

zapata *f (de freno)* shoe.

zapateado *m type of flamenco music and dance.*

zapatear *vi* to stamp one's feet.

zapatería *f* 1. (*oficio*) shoemaking. 2. (*taller*) shoemaker's. 3. (*tienda*) shoe shop.

zapatero, -ra *m y f* 1. (*fabricante*) shoemaker. 2. (*reparador*): **~ (de viejo ○ remendón)** cobbler. 3. (*vendedor*) shoe seller.

zapatilla *f* 1. (*de baile*) shoe, pump; (*de estar en casa*) slipper; (*de deporte*) sports shoe, trainer. 2. (*de grifo*) washer.

zapato *m* shoe.

zapping ['θapin] *m inv* channel-hopping; **hacer ~** to channel-hop.

zar, zarina *m y f* tsar (*f* tsarina), czar (*f* czarina).

zarandear *vt* 1. (*cosa*) to shake. 2. (*persona*) to jostle, to knock about.

zarcillo *m* (*gen pl*) earring.

zarpa *f* (*de animal - uña*) claw; (*- mano*) paw.

zarpar *vi* to weigh anchor, to set sail.

zarpazo *m* clawing (U).

zarza *f* bramble, blackberry bush.

zarzal *m* bramble patch.

zarzamora *f* blackberry.

zarzaparrilla *f* sarsaparilla.

zarzuela *f* (MÚS) zarzuela, *Spanish light opera*

zas *interj*: **¡~!** wham!, bang!

zenit, cenit *m lit & fig* zenith.

zepelín (*pl* **zepelines**) *m* zeppelin.

zigzag (*pl* **zigzags** ○ **zigzagues**) *m* zigzag.

zigzaguear *vi* to zigzag

zinc = **cinc**.

zíper *m* *Amer* zip *Br*, zipper *Am*.

zócalo *m* 1. *(de pared)* skirting board. 2. *(de edificio, pedestal)* plinth.

zoco *m* souk, Arabian market.

zodiaco, **zodíaco** *m* zodiac.

zombi, **zombie** *m y f lit & fig* zombie.

zona *f* zone, area; **~ azul** (AUTOM) restricted parking zone; **~ verde** *(grande)* park; *(pequeño)* lawn

zoo *m* zoo.

zoología *f* zoology.

zoológico, -ca *adj* zoological. ♦ **zoológico** *m* zoo.

zoólogo, -ga *m y f* zoologist.

zopenco, -ca *fam m y f* nitwit.

zoquete ◇ *m* *(calcetín)* ankle sock. ◇ *m y f (tonto)* blockhead.

zorro, -rra *m y f lit & fig* fox. ♦ **zorro** *m (piel)* fox (fur).

zozobra *f* anxiety, worry.

zozobrar *vi* 1. *(naufragar)* to be shipwrecked 2. *fig (fracasar)* to fall through.

zueco *m* clog.

zulo *m* hideout

zulú *(pl* zulúes*) adj, m y f* Zulu.

zumbar *vi (gen)* to buzz; *(máquinas)* to whirr, to hum; **me zumban los oídos** my ears are buzzing.

zumbido *m (gen)* buzz, buzzing *(U)*; *(de máquinas)* whirr, whirring *(U)*

zumo *m* juice.

zurcido *m* 1. *(acción)* darning 2. *(remiendo)* darn

zurcir *vt* to darn

zurdo, -da *adj (mano etc)* left; *(persona)* left-handed ♦ **zurda** *f (mano)* left hand.

zurrar *vt (pegar)* to beat, to thrash

zutano, -na *m y f* so-and-so, what's-his-name *(f* what's-her-name).

a¹ (*pl* **as** OR **a's**), **A** (*pl* **As** OR **A's**) [eɪ] *n* (letter) a *f*, A *f*. ◆ **A** *n* **1.** (MUS) la *m*. **2.** (SCH) (mark) ≃ sobresaliente *m*.

a² [stressed eɪ, unstressed ə] (before vowel or silent 'h': **an** [stressed æn, unstressed ən]) *indef art* **1.** (gen) un (una); **a boy** un chico; **a table** una mesa; **an orange** una naranja; **an eagle** un águila; **a hundred/thousand pounds** cien/ mil libras. **2.** (referring to occupation): **to be a dentist/teacher** ser dentista/ maestra. **3.** (to express prices, ratios etc) por; **£10 a person** 10 libras por persona; **50 km an hour** 50 kms. por hora; **20p a kilo** 20 peniques el kilo; **twice a week/month** dos veces a la semana/al mes.

AA *n* **1.** (abbr of **Automobile Association**) asociación británica del automóvil, ≃ RACE *m* Esp. **2.** (abbr of **Alcoholics Anonymous**) AA *mpl*.

AAA *n* (abbr of **American Automobile Association**) asociación estadounidense del automóvil, ≃ RACE *m* Esp.

AB (abbr of **Bachelor of Arts**) *n* Am (titular de una) licenciatura de letras.

aback [ə'bæk] *adv*: **to be taken ~** quedarse atónito(ta) OR estupefacto(ta)

abandon [ə'bændən] ◇ *vt* abandonar. ◇ *n*: **with ~** con desenfreno.

abashed [ə'bæʃt] *adj* avergonzado (da).

abate [ə'beɪt] *vi* (storm) amainar; (noise) debilitarse; (fear) apaciguarse

abattoir ['æbətwɑːr] *n* matadero *m*.

abbey ['æbɪ] *n* abadía *f*.

abbot ['æbət] *n* abad *m*.

abbreviate [ə'briːvɪeɪt] *vt* abreviar.

abbreviation [ə,briːvɪ'eɪʃn] *n* abreviatura *f*

ABC *n* lit & fig abecé *m*.

abdicate ['æbdɪkeɪt] ◇ *vi* abdicar ◇ *vt* (responsibility) abdicar de.

abdomen ['æbdəmen] *n* abdomen *m*.

abduct [əb'dʌkt] *vt* raptar.

aberration [,æbə'reɪʃn] *n* aberración *f*

abet [ə'bet] *vt* → **aid**

abeyance [ə'beɪəns] *n*: **in ~** (custom) en desuso; (law) en suspenso.

abhor [əb'hɔːr] *vt* aborrecer.

abide [ə'baɪd] *vt* soportar, aguantar. ◆ **abide by** *vt fus* (law, ruling) acatar; (principles, own decision) atenerse a.

ability [ə'bɪlətɪ] *n* **1.** (capability) capacidad *f*. **2.** (skill) dotes *fpl*.

abject ['æbdʒekt] *adj* **1.** (poverty) vil, indigente. **2.** (person) sumiso(sa); (apology) humillante.

ablaze [ə'bleɪz] *adj* (on fire) en llamas.

able ['eɪbl] *adj* **1.** (capable): **to be ~ to do sthg** poder hacer algo. **2.** (skilful) capaz, competente.

ably ['eɪblɪ] *adv* eficientemente.

abnormal [æb'nɔːml] *adj* anormal

aboard [ə'bɔːd] ◇ *adv* a bordo. ◇ *prep* (ship, plane) a bordo de; (bus, train) en.

abode [ə'bəʊd] *n fml*: **of no fixed ~** sin domicilio fijo.

abolish [ə'bɒlɪʃ] *vt* abolir

abolition [,æbə'lɪʃn] *n* abolición *f*.

abominable [ə'bɒmɪnəbl] *adj* abominable, deplorable.

aborigine [,æbə'rɪdʒənɪ] *n* aborigen *m* y *f* de Australia.

abort [ə'bɔːt] *vt* **1.** (pregnancy, plan, project) abortar; (pregnant woman) provocar el aborto a. **2.** (COMPUT) abortar.

abortion [ə'bɔːʃn] *n* aborto *m*; **to have an ~** abortar.

abortive [ə'bɔːtɪv] *adj* frustrado(da).

abound [ə'baʊnd] *vi* **1.** (be plentiful)

abundar. 2. *(be full)*: **to ~ with** OR **in** abundar en.

about [ə'baʊt] ◇ *adv* 1. *(approximately)* más o menos, como; **there were ~ fifty/a hundred** había (como) unos cincuenta/cien o así; **at ~ five o'clock** a eso de las cinco. 2. *(referring to place)* por ahí; **to leave things lying ~** dejar las cosas por ahí; **to walk ~** ir andando por ahí; **to jump ~** dar saltos. 3. *(on the point of)*: **to be ~ to do sthg** estar a punto de hacer algo. ◇ *prep* 1. *(relating to, concerning)* sobre, acerca de; **a film ~ Paris** una película sobre París; **what is it ~?** ¿de qué trata?; **there's something odd ~ that man** hay algo raro en ese hombre; **how ~ ...?** → **how**; **what ~ ...?** → **what** 2. *(referring to place)* por; **to wander ~ the streets** vagar por las calles.

about-turn, about-face *n* (MIL) media vuelta *f*; *fig* cambio *m* radical.

above [ə'bʌv] ◇ *adv* 1. *(on top, higher up)* arriba; **the flat ~** el piso de arriba; **see ~** *(in text)* véase más arriba. 2. *(more, over)*: **children aged five and ~** niños de cinco años en adelante. ◇ *prep* 1. *(on top of)* encima de. 2. *(higher up than, over)* por encima de. 3. *(more than, superior to)* por encima de; **children ~ the age of 15** niños mayores de 15 años. ◆ **above all** *adv* sobre todo.

aboveboard [ə,bʌv'bɔːd] *adj* honrado (da), sin tapujos.

abrasive [ə'breɪsɪv] *adj* 1. *(substance)* abrasivo(va). 2. *(person)* mordaz.

abreast [ə'brest] ◇ *adv* hombro con hombro. ◇ *prep*: **to keep ~ of** mantenerse OR estar al día de.

abridged [ə'brɪdʒd] *adj* abreviado(da).

abroad [ə'brɔːd] *adv* en el extranjero; **to go ~** ir al extranjero.

abrupt [ə'brʌpt] *adj* 1. *(sudden)* repentino(na). 2. *(brusque)* brusco(ca).

abscess ['æbsɪs] *n* absceso *m*.

abscond [əb'skɒnd] *vi*: **to ~ (with/ from)** escaparse OR fugarse (con/de).

abseil ['æbseɪl] *vi*: **to ~ (down sthg)** descolgarse OR descender haciendo rappel (por algo).

absence ['æbsəns] *n* 1. *(of person)* ausencia *f*. 2. *(of thing)* falta *f*.

absent ['æbsənt] *adj* *(not present)* ausente; **to be ~ from** faltar a, ausentarse de.

absentee [,æbsən'tiː] *n* ausente *m* y *f*.

absent-minded [-'maɪndɪd] *adj* *(person)* despistado(da); *(behaviour)* distraído(da).

absolute ['æbsəluːt] *adj* absoluto(ta).

absolutely ['æbsəluːtlɪ] ◇ *adv* *(completely)* completamente, absolutamente. ◇ *excl* ¡desde luego!

absolve [əb'zɒlv] *vt*: **to ~ sb (from)** absolver a alguien (de).

absorb [əb'sɔːb] *vt* *(gen)* absorber; **to be ~ed in sthg** *fig* estar absorto OR embebido en algo.

absorbent [əb'sɔːbənt] *adj* absorbente.

absorption [əb'sɔːpʃn] *n* *(of liquid)* absorción *f*.

abstain [əb'steɪn] *vi*: **to ~ (from)** abstenerse (de)

abstemious [æb'stiːmjəs] *adj* *fml* sobrio(bria), moderado(da).

abstention [əb'stenʃn] *n* abstención *f*

abstract ['æbstrækt] ◇ *adj* abstracto (ta). ◇ *n* *(summary)* resumen *m*, sinopsis *f*.

absurd [əb'sɜːd] *adj* absurdo(da).

ABTA ['æbtə] *(abbr of Association of British Travel Agents)* *n* asociación británica de agencias de viajes.

abundant [ə'bʌndənt] *adj* abundante.

abundantly [ə'bʌndəntlɪ] *adv* *(extremely)*: **it's ~ clear** está clarísimo.

abuse [*n* ə'bjuːs, *vb* ə'bjuːz] ◇ *n* (U) 1. *(offensive remarks)* insultos *mpl*. 2. *(misuse, maltreatment)* abuso *m*. ◇ *vt* 1. *(insult)* insultar. 2. *(maltreat, misuse)* abusar de.

abusive [ə'bjuːsɪv] *adj* *(person)* grosero (ra); *(behaviour, language)* insultante.

abysmal [ə'bɪzml] *adj* pésimo(ma), nefasto(ta)

abyss [ə'bɪs] *n* abismo *m*, sima *f*.

a/c *(abbr of account (current))* c/c.

AC *n* *(abbr of alternating current)* CA *f*

academic [,ækə'demɪk] ◇ *adj* 1. *(of college, university)* académico(ca). 2. *(studious)* estudioso(sa). 3. *(hypothetical)* teórico(ca). ◇ *n* *(university lecturer)* profesor *m* universitario, profesora *f* universitaria.

academy [ə'kædəmɪ] *n* academia *f*.

ACAS ['eɪkæs] *(abbr of Advisory, Conciliation and Arbitration Service)* *n* organización británica para el arbitraje en conflictos laborales, ≈ IMAC *m*.

accede [æk'siːd] *vi* 1. *(agree)*: **to ~ to** acceder a. 2. *(monarch)*: **to ~ to the throne** subir al trono.

accelerate [ək'seləreɪt] *vi* 1. *(car, driver)* acelerar. 2. *(inflation, growth)* dispararse.

acceleration [ək,selə'reɪʃn] n aceleración f.

accelerator [ək'seləreɪtər] n acelerador m.

accent ['æksent] n lit & fig acento m.

accept [ək'sept] vt 1. (gen) aceptar. 2. (difficult situation, problem) asimilar. 3. (defeat, blame, responsibility) asumir. 4. (agree): to ~ that admitir que. 5. (subj: machine - coins, tokens) admitir.

acceptable [ək'septəbl] adj aceptable.

acceptance [ək'septəns] n 1. (gen) aceptación f. 2. (of piece of work, article) aprobación f. 3. (of defeat, blame, responsibility) reconocimiento m. 4. (of person - as part of group etc) admisión f.

access ['ækses] n 1. (entry) acceso m. 2. (opportunity to use or see) libre acceso m; **to have ~ to** tener acceso a.

accessible [ək'sesəbl] adj 1. (place) accesible. 2. (service, book, film) asequible.

accessory [ək'sesərɪ] n 1. (of car, vacuum cleaner) accesorio m. 2. (JUR) cómplice m y f. ♦ **accessories** npl complementos mpl.

accident ['æksɪdənt] n accidente m; **it was an ~** fue sin querer; **by ~** (by chance) por casualidad.

accidental [,æksɪ'dentl] adj accidental.

accidentally [,æksɪ'dentəlɪ] adv 1. (by chance) por casualidad. 2. (unintentionally) sin querer.

accident-prone adj propenso(sa) a los accidentes.

acclaim [ə'kleɪm] ◊ n (U) elogio m, alabanza f. ◊ vt elogiar, alabar.

acclimatize, -ise [ə'klaɪmətaɪz], **acclimate** Am ['æklɪmeɪt] vi: to ~ (to) aclimatarse (a).

accolade ['ækəleɪd] n (praise) elogio m, halago m; (award) galardón m

accommodate [ə'kɒmədeɪt] vt 1. (provide room for people - subj: person) alojar; (- subj: building, place) albergar. 2. (oblige) complacer.

accommodating [ə'kɒmədeɪtɪŋ] adj complaciente, servicial.

accommodation [ə,kɒmə'deɪʃn] n Br, **accommodations** [ə,kɒmə'deɪʃnz] npl Am (lodging) alojamiento m.

accompany [ə'kʌmpənɪ] vt acompañar.

accomplice [ə'kʌmplɪs] n cómplice m y f.

accomplish [ə'kʌmplɪʃ] vt (achieve) conseguir, alcanzar.

accomplished [ə'kʌmplɪʃt] adj competente, experto(ta).

accomplishment [ə'kʌmplɪʃmənt] n 1. (action) realización f. 2. (achievement) logro m.

accord [ə'kɔːd] ◊ n: **to do sthg of one's own ~** hacer algo por propia voluntad. ◊ vt: **to ~ sb sthg, to ~ sthg to sb** conceder algo a alguien.

accordance [ə'kɔːdəns] n: **in ~ with** acorde con, conforme a.

according [ə'kɔːdɪŋ] ♦ **according to** prep 1. (as stated or shown by) según; **to go ~ to plan** ir según lo planeado. 2. (with regard to) de acuerdo con, conforme a.

accordingly [ə'kɔːdɪŋlɪ] adv 1. (appropriately) como corresponde. 2. (consequently) por lo tanto.

accordion [ə'kɔːdjən] n acordeón m.

accost [ə'kɒst] vt abordar.

account [ə'kaunt] n 1. (with bank, shop etc) cuenta f. 2. (report - spoken) relato m; (- written) informe m. 3. phr: **to take ~ of sthg, to take sthg into ~** tener en cuenta algo; **of no ~** indiferente, de poca importancia; **on no ~** bajo ningún pretexto OR concepto. ♦ **accounts** npl (of business) cuentas fpl. ♦ **by all accounts** adv a decir de todos, según todo el mundo. ♦ **on account of** prep debido a. ♦ **account for** vt fus 1. (explain) justificar. 2. (represent) representar.

accountable [ə'kauntəbl] adj (responsible): **~ (for)** responsable (de).

accountancy [ə'kauntənsɪ] n contabilidad f.

accountant [ə'kauntənt] n contable m y f Esp, contador m, -ra f Amer.

accrue [ə'kruː] vi acumularse.

accumulate [ə'kjuːmjuleɪt] ◊ vt acumular. ◊ vi (money, things) acumularse; (problems) amontonarse.

accuracy ['ækjurəsɪ] n 1. (of description, report) veracidad f. 2. (of weapon, marksman) precisión f; (of typing, figures) exactitud f.

accurate ['ækjurət] adj 1. (description, report) veraz. 2. (weapon, marksman, typist) preciso(sa); (figures, estimate) exacto(ta).

accurately ['ækjurətlɪ] adv 1. (truthfully) verazmente 2. (precisely) con precisión.

accusation [,ækjuː'zeɪʃn] n 1. (charge) acusación f. 2. (JUR) denuncia f.

accuse [ə'kjuːz] vt: **to ~ sb of sthg/of doing sthg** acusar a alguien de algo/de hacer algo.

accused [ə'kju:zd] *(pl inv) n* (JUR): **the ~** el acusado, la acusada.

accustomed [ə'kʌstəmd] *adj*: **~ to** acostumbrado(da) a

ace [eɪs] *n (playing card)* as *m*.

ache [eɪk] ◇ *n (pain)* dolor *m*. ◇ *vi (hurt)* doler; **my back ~s** me duele la espalda.

achieve [ə'tʃi:v] *vt (success, goal, fame)* alcanzar, lograr; *(ambition)* realizar.

achievement [ə'tʃi:vmənt] *n* 1. *(accomplishment)* logro *m*, éxito *m*. 2. *(act of achieving)* consecución *f*, realización *f*.

achiever [ə'tʃi:vəʳ] *n*: **low ~** *(at school)* estudiante *m y f* de bajo rendimiento escolar

Achilles' tendon [ə'kɪli:z-] *n* tendón *m* de Aquiles.

acid [æsɪd] ◇ *adj* 1. (CHEM) ácido(da). 2. *(sharp-tasting)* agrio (agria). 3. *fig (person, remark)* mordaz. ◇ *n* ácido *m*.

acid rain *n* lluvia *f* ácida.

acknowledge [ək'nɒlɪdʒ] *vt* 1. *(accept)* reconocer. 2. *(greet)* saludar. 3. *(letter etc)*: **to ~ receipt of** acusar recibo de. 4. *(recognize)*: **to ~ sb as** reconocer OR considerar a alguien como.

acknowledg(e)ment [ək'nɒlɪdʒmənt] *n* 1. *(acceptance)* reconocimiento *m*. 2. *(confirmation of receipt)* acuse *m* de recibo. ♦ **acknowledg(e)ments** *npl* agradecimientos *mpl*.

acne [ækni] *n* acné *m*.

acorn [eɪkɔ:n] *n* bellota *f*.

acoustic [ə'ku:stɪk] *adj* acústico(ca). ♦ **acoustics** *npl* acústica *f*.

acquaint [ə'kweɪnt] *vt* 1. *(make familiar)*: **to ~ sb with sthg** *(information)* poner a alguien al corriente de algo; *(method, technique)* familiarizar a alguien con algo. 2. *(make known)*: **to be ~ed with sb** conocer a alguien.

acquaintance [ə'kweɪntəns] *n* conocido *m*, -da *f*.

acquire [ə'kwaɪəʳ] *vt* 1. *(buy, adopt)* adquirir 2. *(obtain - information, document)* procurarse

acquisitive [ə'kwɪzɪtɪv] *adj* consumista.

acquit [ə'kwɪt] *vt* 1. (JUR): **to ~ sb of sthg** absolver a alguien de algo. 2. *(perform)*: **to ~ o.s. well/badly** hacer un buen/mal papel

acquittal [ə'kwɪtl] *n* (JUR) absolución *f*.

acre [eɪkəʳ] *n* acre *m*.

acrid [ækrɪd] *adj lit & fig* acre.

acrimonious [ˌækrɪ'məʊnjəs] *adj*

(words) áspero(ra); *(dispute)* enconado (da).

acrobat [ækrəbæt] *n* acróbata *m y f*

acronym [ækrənɪm] *n* siglas *fpl*.

across [ə'krɒs] ◇ *adv* 1. *(from one side to the other)* de un lado a otro; **to walk/run ~** cruzar andando/corriendo 2. *(in measurements)*: **the river is 2 km ~** el río tiene 2 kms de ancho. ◇ *prep* 1. *(from one side to the other)* de un lado a otro de, de un lado a otro; **to walk/run ~ the road** cruzar la carretera andando/corriendo. 2. *(on the other side of)* al otro lado de. ♦ **across from** *prep* enfrente de.

acrylic [ə'krɪlɪk] ◇ *adj* acrílico(ca). ◇ *n* acrílico *m*.

act [ækt] ◇ *n* 1. *(action, deed)* acto *m*, acción *f*; **to be in the ~ of doing sthg** estar haciendo algo. 2. *(pretence)* farsa *f* 3. *(in parliament)* ley *f* 4. *(THEATRE - part of play)* acto *m*; *(- routine, turn)* número *m* ◇ *vi* 1. *(gen)* actuar; **to ~ as** *(person)* hacer de; *(thing)* actuar como. 2. *(behave)*: **to ~ as (as if/like)** comportarse (como si/como). 3. *fig (pretend)* fingir. ◇ *vt (part - in play, film)* interpretar.

acting [æktɪŋ] ◇ *adj (interim)* en funciones. ◇ *n* actuación *f*; **I like ~** me gusta actuar.

action [ækʃn] *n* 1. *(gen & MIL)* acción *f*; **to take ~** tomar medidas; **in ~** *(person)* en acción; *(machine)* en funcionamiento; **out of ~** *(person)* fuera de combate; *(machine)* averiado(da). 2. *(deed)* acto *m*, acción *f* 3. (JUR) demanda *f*.

action replay *n* repetición *f* (de la jugada).

activate [æktɪveɪt] *vt (device)* activar; *(machine)* poner en funcionamiento.

active [æktɪv] *adj* 1. *(person, campaigner)* activo(va). 2. *(encouragement etc)* enérgico(ca). 3. *(volcano)* en actividad; *(bomb)* activado(da).

actively [æktɪvlɪ] *adv (encourage, discourage)* enérgicamente.

activity [æk'tɪvətɪ] *n* 1. *(movement, action)* actividad *f*. 2. *(pastime, hobby)* afición *f*.

actor [æktəʳ] *n* actor *m*.

actress [æktrɪs] *n* actriz *f*.

actual [æktʃʊəl] *adj (emphatic)*: **the ~ cost is £10** el coste real es de 10 libras; **the ~ spot where it happened** el sitio mismo en que ocurrió.

actually [æktʃʊəlɪ] *adv* 1. *(really, in truth)*: **do you ~ like him?** ¿de verdad que te gusta?; **no-one ~ saw her** en realidad, nadie la vio. 2. *(by the way)*:

~, I was there yesterday pues yo estuve ayer por allí.

acumen ['ækjumen] *n*: **business ~** vista *f* para los negocios.

acupuncture ['ækjʊpʌŋktʃər] *n* acupuntura *f*.

acute [ə'kjuːt] *adj* 1. *(illness)* agudo(da); *(pain, danger)* extremo(ma). 2. *(perceptive - person)* perspicaz. 3. *(hearing, smell)* muy fino(na).

ad [æd] *(abbr of* **advertisement)** *n* anuncio *m*

AD *(abbr of* **Anno Domini)** d. C.

adamant ['ædəmənt] *adj*: **to be ~ (that)** mostrarse inflexible (en que).

Adam's apple ['ædəmz-] *n* bocado *m* OR nuez *f* de Adán.

adapt [ə'dæpt] ◇ *vt* adaptar. ◇ *vi*: **to ~ (to)** adaptarse OR amoldarse (a).

adaptable [ə'dæptəbl] *adj (person)* capaz de adaptarse.

adapter, **adaptor** [ə'dæptər] *n* *(ELEC - for several devices)* ladrón *m*; *(- for different socket)* adaptador *m*.

add [æd] *vt* 1. *(gen)*: **to ~ sthg (to sthg)** añadir algo (a algo). 2. *(numbers)* sumar. ◆ **add on** *vt sep (to bill, total)*: **to ~ sthg on (to sthg)** añadir OR incluir algo (en algo). ◆ **add to** *vt fus* aumentar, acrecentar. ◆ **add up** ◇ *vt sep (numbers)* sumar. ◇ *vi inf (make sense)*: **it doesn't ~ up** no tiene sentido.

adder ['ædər] *n* víbora *f*.

addict ['ædɪkt] *n* 1. *(taking drugs)* adicto *m*, -ta *f*; **drug ~** drogadicto *m*, -ta *f*, toxicómano *m*, -na *f*. 2. *fig (fan)* fanático *m*, -ca *f*.

addicted [ə'dɪktɪd] *adj* 1. *(to drug)*: **~ (to)** adicto(ta) (a). 2. *fig (to food, TV)*: **to be ~ (to)** ser un fanático (de).

addiction [ə'dɪkʃn] *n* 1. *(to drug)*: **~ (to)** adicción *f* (a). 2. *fig (to food, TV)*: **~ (to)** vicio *m* (por).

addictive [ə'dɪktɪv] *adj lit & fig* adictivo(va).

addition [ə'dɪʃn] *n* 1. (MATH) suma *f*. 2. *(extra thing)* adición *f*. 3. *(act of adding)* incorporación *f*; **in ~** además; **in ~ to** además de.

additional [ə'dɪʃənl] *adj* adicional.

additive ['ædɪtɪv] *n* aditivo *m*.

address [ə'dres] ◇ *n* 1. *(of person, organization)* dirección *f*, domicilio *m*. 2. *(speech)* discurso *m*. ◇ *vt* 1. *(letter, parcel, remark)*: **to ~ sthg to** dirigir algo a. 2. *(meeting, conference)* dirigirse a. 3. *(issue)*: **to ~ o.s. to sthg** enfrentarse a OR abordar algo.

address book *n* agenda *f* de direcciones.

adenoids ['ædɪnɔɪdz] *npl* vegetaciones *fpl* (adenoideas).

adept ['ædept] *adj*: **to be ~ (at sthg/at doing sthg)** ser experto(ta) (en algo/en hacer algo).

adequate ['ædɪkwət] *adj* 1. *(sufficient)* suficiente 2. *(good enough)* aceptable.

adhere [əd'hɪər] *vi* 1. *(to surface, principle)*: **to ~ (to)** adherirse (a). 2. *(to rule, decision)*: **to ~** respetar, observar.

adhesive [əd'hiːsɪv] ◇ *adj* adhesivo (va), adherente. ◇ *n* adhesivo *m*.

adhesive tape *n* cinta *f* adhesiva.

adjacent [ə'dʒeɪsənt] *adj*: **~ (to)** adyacente OR contiguo(gua) (a).

adjective ['ædʒɪktɪv] *n* adjetivo *m*.

adjoining [ə'dʒɔɪnɪŋ] ◇ *adj (table)* adyacente; *(room)* contiguo(gua) ◇ *prep* junto a.

adjourn [ə'dʒɜːn] ◇ *vt (decision)* aplazar; *(session)* levantar; *(meeting)* interrumpir. ◇ *vi* aplazarse, suspenderse.

adjudge [ə'dʒʌdʒ] *vt* declarar, juzgar.

adjudicate [ə'dʒuːdɪkeɪt] *vi* actuar como juez; **to ~ on** OR **upon sthg** emitir un fallo OR un veredicto sobre algo.

adjust [ə'dʒʌst] ◇ *vt (machine, setting)* ajustar; *(clothing)* arreglarse. ◇ *vi*: **to ~ (to)** adaptarse OR amoldarse (a).

adjustable [ə'dʒʌstəbl] *adj (machine, chair)* regulable, graduable.

adjustment [ə'dʒʌstmənt] *n* 1. *(modification)* modificación *f*, reajuste *m*. 2. *(U) (change in attitude)*: **~ (to)** adaptación *f* OR amoldamiento *m* (a).

ad lib [ˌæd'lɪb] ◇ *adj (improvised)* improvisado(da). ◇ *adv (without preparation)* improvisando; *(without limit)* a voluntad. ◆ **ad-lib** *vi* improvisar.

administer [əd'mɪnɪstər] *vt (gen)* administrar; *(punishment)* aplicar.

administration [ədˌmɪnɪ'streɪʃn] *n* *(gen)* administración *f*; *(of punishment)* aplicación *f*.

administrative [əd'mɪnɪstrətɪv] *adj* administrativo(va).

admirable ['ædmərəbl] *adj* admirable.

admiral ['ædmərəl] *n* almirante *m*.

admiration [ˌædmə'reɪʃn] *n* admiración *f*.

admire [əd'maɪər] *vt*: **to ~ sb (for)** admirar a alguien (por).

admirer [əd'maɪərər] *n* admirador *m*, -ra *f*.

admission [əd'mɪʃn] *n* 1. *(permission to enter)* admisión *f*, ingreso *m*. 2. *(cost* of entrance) entrada f. **3.** (of guilt, mistake) reconocimiento m.

admit [əd'mɪt] ◇ vt **1.** (acknowledge, confess): **to ~ (that)** admitir OR reconocer (que); **to ~ doing sthg** reconocer haber hecho algo; **to ~ defeat** fig darse por vencido. **2.** (allow to enter or join) admitir; **to be admitted to hospital** Br OR **to the hospital** Am ser ingresado en el hospital. ◇ vi: **to ~ to sthg** confesar algo.

admittance [əd'mɪtns] n: **to gain ~ to** conseguir entrar en; **'no ~'** 'prohibido el paso'.

admittedly [əd'mɪtɪdlɪ] adv sin duda.

admonish [əd'mɒnɪʃ] vt amonestar.

ad nauseam [ˌæd'nɔːzɪæm] adv hasta la saciedad.

ado [ə'duː] n: **without further** OR **more ~** sin más preámbulos, sin mayor dilación.

adolescence [ˌædə'lesns] n adolescencia f.

adolescent [ˌædə'lesnt] ◇ adj **1.** (teenage) adolescente. **2.** pej (immature) pueril. ◇ n (teenager) adolescente m y f.

adopt [ə'dɒpt] vt & vi adoptar.

adoption [ə'dɒpʃn] n adopción f

adore [ə'dɔːʳ] vt **1.** (love deeply) adorar. **2.** (like very much): **I ~ chocolate** me encanta el chocolate.

adorn [ə'dɔːn] vt adornar.

adrenalin [ə'drenəlɪn] n adrenalina f.

Adriatic [ˌeɪdrɪ'ætɪk] n: **the ~ (Sea)** el (mar) Adriático.

adrift [ə'drɪft] ◇ adj (boat) a la deriva. ◇ adv: **to go ~** fig irse a la deriva.

adult [ˈædʌlt] ◇ adj **1.** (fully grown) adulto(ta). **2.** (mature) maduro(ra). **3.** (suitable for adults only) para adultos OR mayores. ◇ n adulto m, -ta f.

adultery [ə'dʌltərɪ] n adulterio m.

advance [əd'vɑːns] ◇ n **1.** (gen) avance m. **2.** (money) anticipo m. ◇ comp: **~ notice** OR **warning** previo aviso m; **~ booking** reserva f anticipada. ◇ vt **1.** (improve) promover. **2.** (bring forward in time) adelantar. **3.** (give in advance): **to ~ sb sthg** adelantarle a alguien algo ◇ vi avanzar. ◆ **advances** npl: **to make ~s to sb** (sexual) hacerle proposiciones a alguien, insinuarse a alguien; (business) hacerle una propuesta a alguien. ◆ **in advance** adv (pay) por adelantado; (book) con antelación; (know) de antemano.

advanced [əd'vɑːnst] adj **1.** (developed) avanzado(da). **2.** (student, pupil) ade-

lantado(da); (studies) superior.

advantage [əd'vɑːntɪdʒ] n: **~ (over)** ventaja f (sobre); **to be to one's ~** ir en beneficio de uno; **to take ~ of sthg** aprovechar algo; **to take ~ of sb** aprovecharse de alguien.

advent ['ædvənt] n (arrival) advenimiento m. ◆ **Advent** n (RELIG) Adviento m.

adventure [əd'ventʃəʳ] n aventura f.

adventure playground n Br parque m infantil.

adventurous [əd'ventʃərəs] adj **1.** (daring) aventurero(ra). **2.** (dangerous) arriesgado(da).

adverb ['ædvɜːb] n adverbio m.

adverse ['ædvɜːs] adj adverso(sa).

advert ['ædvɜːt] Br = **advertisement**.

advertise ['ædvətaɪz] ◇ vt anunciar. ◇ vi anunciarse, poner un anuncio; **to ~ for** buscar (mediante anuncio).

advertisement [əd'vɜːtɪsmənt] n anuncio m.

advertiser ['ædvətaɪzəʳ] n anunciante m y f.

advertising ['ædvətaɪzɪŋ] n publicidad f.

advice [əd'vaɪs] n (U) consejos mpl; **to take sb's ~** seguir el consejo de alguien; **a piece of ~** un consejo; **to give sb ~** aconsejar a alguien.

advisable [əd'vaɪzəbl] adj aconsejable.

advise [əd'vaɪz] ◇ vt **1.** (give advice to): **to ~ sb to do sthg** aconsejar a alguien que haga algo; **to ~ sb against sthg/against doing sthg** desaconsejar a alguien algo/que haga algo. **2.** (professionally): **to ~ sb on sthg** asesorar a alguien en algo. **3.** fml (inform): **to ~ sb (of sthg)** informar a alguien (de algo). ◇ vi **1.** (give advice): **to ~ against sthg** desaconsejar algo; **to ~ against doing sthg** aconsejar no hacer algo. **2.** (professionally): **to ~ on** asesorar en (materia de).

advisedly [əd'vaɪzɪdlɪ] adv (deliberately) deliberadamente; (after careful consideration) con conocimiento de causa.

adviser Br, **advisor** Am [əd'vaɪzəʳ] n consejero m, -ra f, asesor m, -ra f.

advisory [əd'vaɪzərɪ] adj (body) consultivo(va), asesor(ra).

advocate [n 'ædvəkət, vb 'ædvəkeɪt] ◇ n **1.** (JUR) abogado m, -da f. **2.** (supporter) defensor m, -ra f. ◇ vt abogar por.

Aegean [iː'dʒiːən] n: **the ~ (Sea)** el mar Egeo.

aerial ['eərɪəl] ◇ adj aéreo(a). ◇ n Br (antenna) antena f.

aerobics [eəˈrəʊbɪks] *n (U)* aerobic *m*.

aerodynamic [ˌeərəʊdaɪˈnæmɪk] *adj* aerodinámico(ca).

aeroplane [ˈeərəpleɪn] *n Br* avión *m*.

aerosol [ˈeərəsɒl] *n* aerosol *m*.

aesthetic, esthetic *Am* [iːsˈθetɪk] *adj* estético(ca).

afar [əˈfɑːr] *adv*: **from ~** desde lejos.

affable [ˈæfəbl] *adj* afable.

affair [əˈfeər] *n* 1. *(event, do)* acontecimiento *m*. 2. *(concern, matter)* asunto *m*. 3. *(extra - marital relationship)* aventura *f* (amorosa).

affect [əˈfekt] *vt* 1. *(influence, move emotionally)* afectar. 2. *(put on)* fingir.

affected [əˈfektɪd] *adj (insincere)* afectado(da).

affection [əˈfekʃn] *n* cariño *m*, afecto *m*.

affectionate [əˈfekʃnət] *adj* cariñoso(sa).

affirm [əˈfɜːm] *vt* afirmar

affix [əˈfɪks] *vt* fijar, pegar.

afflict [əˈflɪkt] *vt* aquejar, afligir.

affluence [ˈæfluəns] *n* opulencia *f*.

affluent [ˈæfluənt] *adj* pudiente.

afford [əˈfɔːd] *vt* 1. *(gen)*: **to be able to ~ sthg** poder permitirse (el lujo de); **we can't ~ to let this happen** no podemos permitirnos el lujo de dejar que esto ocurra. 2. *fml (provide, give)* brindar.

affront [əˈfrʌnt] *n* afrenta *f*

Afghanistan [æfˈɡænɪstæn] *n* Afganistán.

afield [əˈfiːld] *adv*: **far ~** lejos.

afloat [əˈfləʊt] *adj lit & fig* a flote.

afoot [əˈfʊt] *adj (plan)* en marcha; **there is a rumour ~ that** corre el rumor de que.

afraid [əˈfreɪd] *adj* 1. *(gen)* asustado(da); **to be ~ of sb** tenerle miedo a alguien; **to be ~ of sthg** tener miedo de algo; **to be ~ of doing** OR **to do sthg** tener miedo de hacer algo. 2. *(in apologies)*: **to be ~ that** temerse que; **I'm ~ so/not** me temo que sí/no.

afresh [əˈfreʃ] *adv* de nuevo.

Africa [ˈæfrɪkə] *n* África.

African [ˈæfrɪkən] ◊ *adj* africano(na). ◊ *n* africano *m*, -na *f*.

African American *n* negro *m* americano, negra *f* americana

aft [ɑːft] *adv* en popa.

after [ˈɑːftər] ◊ *prep* 1. *(gen)* después de; **~ all my efforts** después de todos mis esfuerzos; **~ you!** ¡usted primero!; **day ~ day** día tras día; **the day ~**

tomorrow pasado mañana; **the week ~ next** no la semana que viene sino la otra. 2. *inf (in search of)*: **to be ~ sthg** buscar algo; **to be ~ sb** andar detrás de alguien. 3. *(with the name of)*: **to be named ~ sb/sthg** llamarse así por alguien/algo. 4. *(towards retreating person)*: **to run ~ sb** correr tras alguien. 5. *Am (telling the time)*: **it's twenty ~ three** son las tres y veinte. ◊ *adv* más tarde, después. ◊ *conj* después (de) que; **~ you had done it** después de que lo hubieras hecho. ◆ **afters** *npl Br inf* postre *m*. ◆ **after all** *adv* 1. *(in spite of everything)* después de todo. 2. *(it should be remembered)* al fin y al cabo.

aftereffects [ˈɑːftərɪˌfekts] *npl* secuelas *fpl*, efectos *mpl* secundarios.

afterlife [ˈɑːftəlaɪf] *(pl* **-lives** [-laɪvz]*)* *n* más allá *m*, vida *f* de ultratumba.

aftermath [ˈɑːftəmæθ] *n (time)* periodo *m* posterior; *(situation)* situación *f* posterior.

afternoon [ˌɑːftəˈnuːn] *n* tarde *f*; **in the ~** por la tarde; **good ~** buenas tardes.

aftershave [ˈɑːftəʃeɪv] *n* loción *f* para después del afeitado.

aftertaste [ˈɑːftəteɪst] *n* 1. *(of food, drink)* resabio *m*. 2. *fig (of unpleasant experience)* mal sabor *m* de boca

afterthought [ˈɑːftəθɔːt] *n* idea *f* a posteriori.

afterward(s) [ˈɑːftəwəd(z)] *adv* después, más tarde.

again [əˈgen] *adv* 1. *(gen)* otra vez, de nuevo; **never ~** nunca jamás; **he's well ~ now** ya está bien; **to do sthg ~** volver a hacer algo; **to say sthg ~** repetir algo; **~ and ~** una y otra vez; **all over ~** otra vez desde el principio; **time and ~** una y otra vez 2. *phr*: **half as much ~** la mitad otra vez; **twice as much ~** dos veces lo mismo otra vez; **then** OR **there ~** por otro lado, por otra parte.

against [əˈgenst] ◊ *prep* contra; **I'm ~ it** estoy (en) contra (de) ello; **to lean ~ sthg** apoyarse en algo; **(as) ~** a diferencia de. ◊ *adv* en contra.

age [eɪdʒ] *(cont* **ageing** OR **aging**) ◊ *n* 1. *(gen)* edad *f*; **to come of ~** hacerse mayor de edad; **to be under ~** ser menor (de edad); **what ~ are you?** ¿qué edad tienes? 2. *(state of being old)* vejez *f*. ◊ *vt & vi* envejecer ◆ **ages** *npl (long time)*: **~s ago** hace siglos; **I haven't seen her for ~s** hace siglos que no la veo.

aged [eɪdʒd, *npl* ˈeɪdʒɪd] ◊ *adj (of the stated age)*: **children ~ between 8 and**

15 niños de entre 8 y 15 años de edad. ◇ *npl*: **the ~** los ancianos.

age group *n* (grupo *m* de) edad *f*.

agency ['eɪdʒənsɪ] *n* **1.** *(business)* agencia *f*. **2.** *(organization, body)* organismo *m*, instituto *m*.

agenda [ə'dʒendə] *n* orden *m* del día.

agent ['eɪdʒənt] *n* **1.** (COMM) *(of company)* representante *m* y *f*; *(of actor)* agente *m* y *f*. **2.** *(substance)* agente *m*. **3.** *(secret agent)* agente *m* (secreto).

aggravate ['ægrəveɪt] *vt* **1.** *(make worse)* agravar, empeorar. **2.** *(annoy)* irritar.

aggregate ['ægrɪgət] ◇ *adj* global, total. ◇ *n (total)* conjunto *m*, total *m*.

aggressive [ə'gresɪv] *adj* **1.** *(belligerent - person)* agresivo(va). **2.** *(forceful - person, campaign)* audaz, emprendedor (ra).

aggrieved [ə'griːvd] *adj* ofendido(da).

aghast [ə'gɑːst] *adj*: **~ (at)** horrorizado (da) (ante).

agile [*Br* 'ædʒaɪl, *Am* 'ædʒəl] *adj* ágil.

agitate ['ædʒɪteɪt] ◇ *vt* **1.** *(disturb, worry)* inquietar. **2.** *(shake about)* agitar. ◇ *vi (campaign)*: **to ~ for/against** hacer campaña a favor de/en contra de

AGM *n abbr of* **annual general meeting**.

agnostic [æg'nɒstɪk] ◇ *adj* agnóstico (ca). ◇ *n* agnóstico *m*, -ca *f*.

ago [ə'gəʊ] *adv*: **a long time/three days/three years ~** hace mucho tiempo/tres días/tres años.

agog [ə'gɒg] *adj* ansioso(sa), expectante.

agonizing ['ægənaɪzɪŋ] *adj* angustioso (sa).

agony ['ægənɪ] *n* **1.** *(physical pain)* dolor *m* muy intenso; **to be in ~** tener tremendos dolores. **2.** *(mental pain)* angustia *f*; **to be in ~** estar angustiado.

agony aunt *n Br inf* consejera *f* sentimental.

agree [ə'griː] ◇ *vi* **1.** *(be of same opinion)*: **to ~ (with sb about sthg)** estar de acuerdo (con alguien acerca de algo); **to ~ on sthg** ponerse de acuerdo en algo. **2.** *(consent)*: **to ~ (to sthg)** acceder (a algo) **3.** *(approve)*: **to ~ with sthg** estar de acuerdo con algo. **4.** *(be consistent)* concordar. **5.** *(food)*: **to ~ with sb** sentarle bien a alguien. **6.** (GRAMM): **to ~ (with)** concordar (con) ◇ *vt* **1.** *(fix)* acordar, convenir. **2.** *(be of same opinion)*: **to ~ that** estar de acuerdo en que. **3.** *(agree, consent)*:

to ~ to do sthg acordar hacer algo. **4.** *(concede)*: **to ~ (that)** reconocer que.

agreeable [ə'griːəbl] *adj* **1.** *(pleasant)* agradable. **2.** *(willing)*: **to be ~ to sthg/doing sthg** estar conforme con algo/hacer algo

agreed [ə'griːd] ◇ *adj*: **to be ~ on sthg** estar de acuerdo sobre algo. ◇ *adv (admittedly)* de acuerdo que.

agreement [ə'griːmənt] *n* **1.** *(accord, settlement, contract)* acuerdo *m*; **to be in ~ with** estar de acuerdo con. **2.** *(consent)* aceptación *f*. **3.** *(consistency)* correspondencia *f*. **4.** (GRAMM) concordancia *f*.

agricultural [,ægrɪ'kʌltʃərəl] *adj* agrícola.

agriculture ['ægrɪkʌltʃər] *n* agricultura *f*.

aground [ə'graʊnd] *adv*: **to run ~** encallar.

ahead [ə'hed] *adv* **1.** *(in front)* delante **2.** *(forwards)* adelante, hacia delante; **go ~!** ¡por supuesto!; **right** OR **straight ~** todo recto OR de frente. **3.** *(winning)*: **to be ~** *(in race)* ir en cabeza; *(in football, rugby etc)* ir ganando. **4.** *(in better position)* por delante; **to get ~** *(be successful)* abrirse camino. **5.** *(in time)*: **to look** OR **think ~** mirar hacia el futuro.

◆ **ahead of** *prep* **1.** *(in front of)* frente a. **2.** *(beating)*: **to be two points ~ of** llevar dos puntos de ventaja a. **3.** *(better position than)* por delante de. **4.** *(in time)* con anterioridad a; **~ of schedule** por delante de lo previsto.

aid [eɪd] ◇ *n* ayuda *f*; **medical ~** asistencia *f* médica; **in ~ of** a beneficio de. ◇ *vt* **1.** *(help)* ayudar. **2.** (JUR): **to ~ and abet** ser cómplice de.

aide [eɪd] *n* (POL) ayudante *m* y *f*.

AIDS, Aids [eɪdz] *(abbr of* **acquired immune deficiency syndrome)** ◇ *n* SIDA *m*. ◇ *comp*: **~ patient** sidoso *m*, -sa *f*.

ailing ['eɪlɪŋ] *adj* **1.** *(ill)* achacoso(sa). **2.** *fig (economy)* debilitado(da), renqueante.

ailment ['eɪlmənt] *n* achaque *m*, molestia *f*.

aim [eɪm] ◇ *n* **1.** *(objective)* objetivo *m*, intención *f*. **2.** *(in firing gun)* puntería *f*; **to take ~ at** apuntar a. ◇ *vt* **1.** *(weapon)*: **to ~ sthg at** apuntar algo a **2.** *(plan, action)*: **to be ~ed at doing sthg** ir dirigido OR encaminado a hacer algo. **3.** *(campaign, publicity, criticism)*: **to ~ sthg at sb** dirigir algo a alguien. ◇ *vi* **1.** *(point weapon)*: **to ~ (at sthg)** apuntar (a algo) **2.** *(intend)*:

to ~ at OR for sthg apuntar a OR pretender algo; to ~ to do sthg aspirar a OR pretender hacer algo.

aimless ['eɪmlɪs] *adj* sin un objetivo claro.

ain't [eɪnt] *inf* = **am not, are not, is not, have not, has not**.

air [eə^r] ◇ *n* 1. *(gen)* aire *m*; **into the ~** al aire; **by ~** en avión; **(up) in the ~** *fig* en el aire. 2. *(RADIO & TV)*: **on the ~** en el aire. ◇ *comp* aéreo(a). ◇ *vt* 1. *(clothes, sheets)* airear; *(cupboard, room)* ventilar. 2. *(views, opinions)* expresar. 3. *Am (broadcast)* emitir. ◇ *vi (clothes, sheets)* airearse; *(cupboard, room)* ventilarse.

airbag ['eəbæg] *n* (AUT) colchón que se infla automáticamente en caso de accidente para proteger a los pasajeros.

airbase ['eəbeɪs] *n* base *f* aérea.

airbed ['eəbed] *n Br* colchón *m* inflable.

airborne ['eəbɔːn] *adj* 1. *(troops)* aerotransportado(da); *(attack)* aéreo(a) 2. *(plane)* en el aire, en vuelo.

air-conditioned [-kən'dɪʃnd] *adj* climatizado(da), con aire acondicionado.

air-conditioning [-kən'dɪʃnɪŋ] *n* aire *m* acondicionado.

aircraft ['eəkrɑːft] (*pl inv*) *n (plane)* avión *m*; *(any flying machine)* aeronave *m*.

aircraft carrier *n* portaaviones *m inv*.

airfield ['eəfiːld] *n* campo *m* de aviación.

airforce ['eəfɔːs] *n*: **the ~** las fuerzas aéreas.

air freshener [-'freʃnə^r] *n* ambientador *m*.

airgun ['eəgʌn] *n* pistola *f* de aire comprimido.

airhostess ['eə,həʊstɪs] *n* azafata *f*, aeromoza *f Amer*.

airlift ['eəlɪft] ◇ *n* puente *m* aéreo. ◇ *vt* transportar por avión.

airline ['eəlaɪn] *n* línea *f* aérea.

airliner ['eəlaɪnə^r] *n* avión *m* (grande) de pasajeros.

airlock ['eəlɒk] *n* 1. *(in tube, pipe)* bolsa *f* de aire. 2. *(airtight chamber)* cámara *f* OR esclusa *f* de aire.

airmail ['eəmeɪl] *n*: **by ~** por correo aéreo.

airplane ['eəpleɪn] *n Am* avión *m*.

airport ['eəpɔːt] *n* aeropuerto *m*.

air raid *n* ataque *m* aéreo.

airsick ['eəsɪk] *adj*: **to be ~** marearse *(en el avión)*.

airspace ['eəspeɪs] *n* espacio *m* aéreo.

air steward *n* auxiliar *m* de vuelo.

airstrip ['eəstrɪp] *n* pista *f* de aterrizaje.

air terminal *n* terminal *f* aérea.

airtight ['eətaɪt] *adj* hermético(ca).

air-traffic controller *n* controlador aéreo *m*, controladora aérea *f*.

airy ['eərɪ] *adj* 1. *(room)* espacioso(sa) y bien ventilado(da). 2. *(fanciful)* ilusorio(ria). 3. *(nonchalant)* despreocupado(da).

aisle [aɪl] *n* 1. *(in church)* nave *f* láteral. 2. *(in plane, theatre, supermarket)* pasillo *m*.

ajar [ə'dʒɑː^r] *adj* entreabierto(ta).

aka *(abbr of* **also known as***)* alias.

akin [ə'kɪn] *adj*: **~ to sthg/to doing sthg** semejante a algo/a hacer algo.

alacrity [ə'lækrətɪ] *n* presteza *f*.

alarm [ə'lɑːm] ◇ *n* alarma *f*; **to raise** OR **sound the ~** dar la (voz de) alarma. ◇ *vt* alarmar, asustar.

alarm clock *n* despertador *m*.

alarming [ə'lɑːmɪŋ] *adj* alarmante.

alas [ə'læs] *excl literary* ¡ay!

Albania [æl'beɪnjə] *n* Albania *f*.

Albanian [æl'beɪnjən] ◇ *adj* albanés (esa). ◇ *n* 1. *(person)* albanés *m*, -esa *f*. 2. *(language)* albanés *m*

albeit [ɔːl'biːɪt] *conj fml* aunque, si bien.

album ['ælbəm] *n* 1. *(of stamps, photos)* álbum *m*. 2. *(record)* álbum *m*.

alcohol ['ælkəhɒl] *n* alcohol *m*.

alcoholic [,ælkə'hɒlɪk] ◇ *adj* alcohólico(ca). ◇ *n* alcohólico *m*, -ca *f*.

alcopop ['ælkəʊpɒp] *n* refresco gaseoso que contiene un cierto porcentaje de alcohol.

alcove ['ælkəʊv] *n* hueco *m*.

alderman ['ɔːldəmən] (*pl* **-men** [-mən]) *n* ≈ concejal *m*, -la *f*.

ale [eɪl] *n* tipo de cerveza.

alert [ə'lɜːt] ◇ *adj* 1. *(vigilant)* atento (ta). 2. *(perceptive)* despierto(ta). 3. *(aware)*: **to be ~ to** ser consciente de. ◇ *n (gen & MIL)* alerta *f*; **on the ~** alerta. ◇ *vt* alertar; **to ~ sb to sthg** alertar a alguien de algo.

A level *(abbr of* **Advanced level***)* *n Br* (SCH) nivel escolar necesario para acceder a la universidad.

alfresco [æl'freskəʊ] *adj & adv* al aire libre.

algae ['ældʒiː] *npl* algas *fpl*.

algebra ['ældʒɪbrə] *n* álgebra *f*.

Algeria [æl'dʒɪərɪə] *n* Argelia *f*.

alias ['eɪlɪəs] (*pl* **-es**) ◇ *adv* alias. ◇ *n* alias *m*.

alibi ['ælıbaı] n coartada f.

alien ['eıljən] ◇ adj **1.** (from outer space) extraterrestre. **2.** (unfamiliar) extraño(ña), ajeno(na). ◇ n **1.** (from outer space) extraterrestre m y f. **2.** (JUR) (foreigner) extranjero m, -ra f.

alienate ['eıljəneıt] vt (make unsympathetic) ganarse la antipatía de.

alight [ə'laıt] (pt & pp -ed) ◇ adj (on fire) ardiendo. ◇ vi fml **1.** (land) posarse. **2.** (get off): to ~ from apearse de.

align [ə'laın] vt (line up) alinear.

alike [ə'laık] ◇ adj parecido(da). ◇ adv de la misma forma; to look ~ parecerse.

alimony ['ælımənı] n pensión f alimenticia.

alive [ə'laıv] adj **1.** (living) vivo(va). **2.** (active, lively) lleno(na) de vida; to come ~ (story, description) cobrar vida; (person, place) animarse.

alkali ['ælkəlaı] (pl -s OR -ies) n álcali m.

all [ɔːl] ◇ adj **1.** (with sg noun) todo (da); ~ the drink toda la bebida; ~ day todo el día; ~ night toda la noche; ~ the time todo el tiempo OR el rato. **2.** (with pl noun) todos(das); ~ the boxes todas las cajas; ~ men todos los hombres; ~ three died los tres murieron. ◇ pron **1.** (sg) (the whole amount) todo m, -da f; she drank it ~, she drank ~ of it se lo bebió todo. **2.** (pl) (everybody, everything) todos mpl, -das fpl; ~ of them came, they ~ came vinieron todos. **3.** (with superl): he's the cleverest of ~ es el más listo de todos; the most amazing thing of ~ lo más impresionante de todo; best/worst of ~ ... lo mejor/peor de todo es que ...; above ~ → above; after ~ → after; at ~ → at. ◇ adv **1.** (entirely) completamente; I'd forgotten about that me había olvidado completamente de eso; ~ alone completamente solo(la). **2.** (in sport, competitions): the score is two ~ el resultado es de empate a dos. **3.** (with compar): to run ~ the faster correr aun más rápido. ♦ **all but** adv casi. ♦ **all in all** adv en conjunto. ♦ **all that** adv: she's not ~ that pretty no es tan guapa. ♦ **in all** adv en total.

Allah ['ælə] n Alá m

all-around Am = all-round

allay [ə'leı] vt fml apaciguar, mitigar.

all clear n **1.** (signal) señal f de cese de peligro. **2.** fig (go-ahead) luz f verde.

allegation [ˌælı'geıʃn] n acusación f.

allege [ə'ledʒ] vt alegar; to be ~d to have done/said ser acusado de haber hecho/dicho.

allegedly [ə'ledʒıdlı] adv presuntamente.

allegiance [ə'liːdʒəns] n fidelidad f.

allergic [ə'lɜːdʒık] adj lit & fig: ~ (to sthg) alérgico(ca) (a algo).

allergy ['ælədʒı] n alergia f.

alleviate [ə'liːvıeıt] vt aliviar.

alley(way) ['ælı(weı)] n callejuela f.

alliance [ə'laıəns] n alianza f.

allied ['ælaıd] adj **1.** (powers, troops) aliado(da). **2.** (subjects) afín.

alligator ['ælıgeıtəʳ] (pl inv OR -s) n caimán m.

all-important adj crucial.

all-in adj Br (inclusive) todo incluido. ♦ **all in** ◇ adj inf (tired) hecho(cha) polvo. ◇ adv (inclusive) todo incluido.

all-night adj (party etc) que dura toda la noche; (chemist, bar) abierto(ta) toda la noche.

allocate ['æləkeıt] vt: to ~ sthg to sb (money, resources) destinar algo a alguien; (task, tickets, seats) asignar algo a alguien.

allot [ə'lɒt] vt (job, time) asignar; (money, resources) destinar.

allotment [ə'lɒtmənt] n **1.** Br (garden) parcela municipal arrendada para su cultivo. **2.** (share - of money, resources) asignación f; (- of time) espacio m (de tiempo) concedido.

all-out adj (effort) supremo(ma); (war) sin cuartel.

allow [ə'lau] vt **1.** (permit) permitir, dejar; to ~ sb to do sthg permitir OR dejar a alguien hacer algo. **2.** (set aside - money) destinar; (- time) dejar. **3.** (officially accept - subj: person) conceder; (- subj: law) admitir. **4.** (concede): to ~ that admitir OR reconocer que. ♦ **allow for** vt fus contar con.

allowance [ə'lauəns] n **1.** (money received - from government) subsidio m; (- from employer) dietas fpl. **2.** Am (pocket money) paga f. **3.** (FIN) desgravación f. **4.** to make ~s for sthg/sb (forgive) disculpar algo/a alguien; (take into account) tener en cuenta algo/a alguien.

alloy ['ælɔı] n aleación f.

all right ◇ adv **1.** (gen) bien. **2.** inf (only just acceptably) (más o menos) bien. **3.** inf (in answer - yes) vale, bueno. ◇ adj **1.** (gen) bien. **2.** inf (not bad): it's ~, but ... no está mal, pero .. **3.** inf (OK): sorry – that's ~ lo siento – no importa

all-round *Br*, **all-around** *Am adj*
(multi-skilled) polifacético(ca).

all-time *adj* de todos los tiempos.

allude [ə'luːd] *vi*: to ~ to aludir a.

alluring [ə'ljuərɪŋ] *adj (person)* atrayente; *(thing)* tentador(ra).

allusion [ə'luːʒn] *n* alusión *f*.

ally ['ælaɪ] *n* aliado *m*, -da *f*.

almighty [ɔːl'maɪtɪ] *adj inf (very big)*
descomunal.

almond ['ɑːmənd] *n (nut)* almendra *f*.

almost ['ɔːlməʊst] *adv* casi.

alms [ɑːmz] *npl dated* limosna *f*.

aloft [ə'lɒft] *adv (in the air)* en lo alto.

alone [ə'ləʊn] ◇ *adj* solo(la); **to be ~
with** estar a solas con. ◇ *adv* 1. *(without others)* solo(la). 2. *(only)* sólo. 3.
phr: **to leave sthg/sb ~** dejar algo/a
alguien en paz. ♦ **let alone** *conj* y
mucho menos.

along [ə'lɒŋ] ◇ *adv* 1. *(forward)* hacia
delante; **to go** OR **walk ~** avanzar; **she
was walking ~** iba andando. 2. *(to this
or that place)*: **to come ~** venir; **to go ~**
ir. ◇ *prep (towards one end of, beside)*
por, a lo largo de. ♦ **all along** *adv*
todo el rato, siempre. ♦ **along with**
prep junto con.

alongside [ə,lɒŋ'saɪd] ◇ *prep* 1. *(next
to)* junto a 2. *(together with)* junto con.
◇ *adv*: **to come ~** ponerse a la misma
altura.

aloof [ə'luːf] ◇ *adj* frío(a), distante.
◇ *adv* distante; **to remain ~** (from)
mantenerse a distancia (de).

aloud [ə'laʊd] *adv* en alto, en voz
alta.

alphabet ['ælfəbet] *n* alfabeto *m*.

alphabetical [,ælfə'betɪkl] *adj* alfabéti-
co(ca); **in ~ order** en OR por orden
alfabético.

Alps [ælps] *npl*: **the ~** los Alpes.

already [ɔːl'redɪ] *adv* ya.

alright [,ɔːl'raɪt] = **all right**.

Alsatian [æl'seɪʃn] *n (dog)* pastor *m*
alemán.

also ['ɔːlsəʊ] *adv* también.

altar ['ɔːltəʳ] *n* altar *m*.

alter ['ɔːltəʳ] ◇ *vt (modify)* alterar, modificar ◇ *vi* cambiar.

alteration [,ɔːltə'reɪʃn] *n* alteración *f*.

alternate [*adj Br* ɔːl'tɜːnət, *Am*
'ɔːltərnət, *vb* 'ɔːltərneɪt] ◇ *adj* 1. *(by
turns)* alternativo(va), alterno(na).
2. *(every other)*: **on ~ days/weeks** cada
dos días/semanas ◇ *vi*: **to ~ (with/
between)** alternar (con/entre).

alternating current ['ɔːltəneɪtɪŋ-] *n*
(ELEC) corriente *f* alterna.

alternative [ɔːl'tɜːnətɪv] ◇ *adj* alterna-
tivo(va). ◇ *n* alternativa *f*, opción *f*; **to
have no ~ (but to do sthg)** no tener
más remedio (que hacer algo).

alternatively [ɔːl'tɜːnətɪvlɪ] *adv* o
bien, por otra parte.

alternator ['ɔːltəneɪtəʳ] *n* (ELEC) alter-
nador *m*.

although [ɔːl'ðəʊ] *conj* aunque.

altitude ['æltɪtjuːd] *n* altitud *f*.

alto ['æltəʊ] *(pl -s) n (male voice)* contralto *m*; *(female voice)* contralto *f*.

altogether [,ɔːltə'geðəʳ] *adv* 1. *(completely)* completamente; **not ~** no del
todo. 2. *(considering all things)* en conjunto. 3. *(in total)* en total.

aluminium *Br* [,æljʊ'mɪnɪəm], **alumi-
num** *Am* [ə'luːmɪnəm] *n* aluminio *m*.

always ['ɔːlweɪz] *adv* siempre.

am [æm] → **be**.

a.m. *(abbr of ante meridiem)*: **at 3 ~**
a las tres de la mañana.

AM *(abbr of amplitude modulation)*
n AM *f*.

amalgamate [ə'mælgəmeɪt] ◇ *vt (unite)*
amalgamar. ◇ *vi (unite)* amalgamarse.

amass [ə'mæs] *vt* amasar.

amateur ['æmətəʳ] ◇ *adj* aficionado
(da); *pej* chapucero(ra). ◇ *n* aficionado
m, -da *f*; *pej* chapucero *m*, -ra *f*.

amateurish [,æmə'tɜːrɪʃ] *adj* chapuce-
ro(ra).

amaze [ə'meɪz] *vt* asombrar.

amazed [ə'meɪzd] *adj* asombrado(da).

amazement [ə'meɪzmənt] *n* asombro
m.

amazing [ə'meɪzɪŋ] *adj* asombroso(sa).

Amazon ['æməzn] *n* 1. *(river)*: **the ~** el
Amazonas. 2. *(region)*: **the ~ (Basin)**
la cuenca amazónica; **the ~ rain
forest** la selva amazónica.

ambassador [æm'bæsədəʳ] *n* embajador *m*, -ra *f*.

amber ['æmbəʳ] ◇ *adj* 1. *(amber-
coloured)* de color ámbar. 2. *Br (traffic
light)* ámbar ◇ *n* ámbar *m*

ambiguous [æm'bɪgjuəs] *adj* ambiguo
(gua).

ambition [æm'bɪʃn] *n* ambición *f*.

ambitious [æm'bɪʃəs] *adj* ambicioso
(sa).

amble ['æmbl] *vi (walk)* deambular,
pasear.

ambulance ['æmbjʊləns] *n* ambulancia *f*

ambush ['æmbʊʃ] ◇ *n* emboscada *f*.
◇ *vt* emboscar.

amenable [ə'miːnəbl] *adj* razonable; **~
to** favorable a

amend [ə'mend] *vt (law)* enmendar; *(text)* corregir. ◆ **amends** *npl*: **to make ~s for sthg** reparar algo.

amendment [ə'mendmənt] *n (change - to law)* enmienda *f*; *(- to text)* corrección *f*.

amenities [ə'miːnətɪz] *npl (of town)* facilidades *fpl*; *(of building)* comodidades *fpl*.

America [ə'merɪkə] *n* América.

American [ə'merɪkn] ◇ *adj* americano (na). ◇ *n (person)* americano *m*, -na *f*.

American Indian *n* amerindio *m*, -dia *f*.

amiable ['eɪmjəbl] *adj* amable, agradable.

amicable ['æmɪkəbl] *adj* amigable, amistoso(sa).

amid(st) [ə'mɪd(st)] *prep fml* entre, en medio de.

amiss [ə'mɪs] ◇ *adj* mal. ◇ *adv*: **to take sthg ~** tomarse algo a mal.

ammonia [ə'məʊnjə] *n* amoniaco *m*.

ammunition [,æmju'nɪʃn] *n (U)* (MIL) municiones *fpl*.

amnesia [æm'niːzjə] *n* amnesia *f*.

amnesty ['æmnəstɪ] *n* amnistía *f*.

amok [ə'mɒk] *adv*: **to run ~** enloquecer atacando a gente de forma indiscriminada.

among(st) [ə'mʌŋ(st)] *prep* entre.

amoral [,eɪ'mɒrəl] *adj* amoral.

amorous ['æmərəs] *adj* amoroso(sa).

amount [ə'maʊnt] *n* cantidad *f*. ◆ **amount to** *vt fus* **1.** *(total)* ascender a. **2.** *(be equivalent to)* venir a ser.

amp [æmp] *n abbr of* **ampere**.

ampere ['æmpeəʳ] *n* amperio *m*.

amphibian [æm'fɪbɪən] *n* anfibio *m*.

ample ['æmpl] *adj* **1.** *(enough)* suficiente; *(more than enough)* sobrado(da). **2.** *(garment, room)* amplio(plia); *(stomach, bosom)* abundante.

amplifier ['æmplɪfaɪəʳ] *n* amplificador *m*.

amputate ['æmpjʊteɪt] *vt & vi* amputar

Amsterdam [,æmstə'dæm] *n* Amsterdam.

Amtrak ['æmtræk] *n* organismo que regula y coordina las líneas férreas en Estados Unidos

amuck [ə'mʌk] = **amok**.

amuse [ə'mjuːz] *vt* **1.** *(make laugh, smile)* divertir. **2.** *(entertain)* distraer.

amused [ə'mjuːzd] *adj* **1.** *(person, look)* divertido(da); **I was not ~ at** OR **by that** no me hizo gracia eso. **2.** *(enter-*

tained): **to keep o.s. ~** entretenerse, distraerse.

amusement [ə'mjuːzmənt] *n* **1.** *(enjoyment)* regocijo *m*, diversión *f*. **2.** *(diversion, game)* atracción *f*.

amusement arcade *n* salón *m* de juegos.

amusement park *n* parque *m* de atracciones.

amusing [ə'mjuːzɪŋ] *adj* divertido(da).

an [stressed æn, unstressed ən] → **a²**.

anabolic steroid [,ænə'bɒlɪk-] *n* esteroide *m* anabolizante.

anaemic *Br*, **anemic** *Am* [ə'niːmɪk] *adj (ill)* anémico(ca).

anaesthetic *Br*, **anesthetic** *Am* [,ænɪs'θetɪk] *n* anestesia *f*; **local/general ~** anestesia local/general.

analogue, analog *Am* ['ænəlɒg] ◇ *adj (watch, clock)* analógico(ca). ◇ *n fml* equivalente *m*.

analogy [ə'nælədʒɪ] *n* analogía *f*.

analyse *Br*, **analyze** *Am* ['ænəlaɪz] *vt* analizar.

analysis [ə'næləsɪs] *(pl* **analyses** [ə'næləsiːz]*) n* análisis *m inv*.

analyst ['ænəlɪst] *n* **1.** *(gen)* analista *m* y *f*. **2.** *(psychoanalyst)* psicoanalista *m* y *f*.

analytic(al) [,ænə'lɪtɪk(l)] *adj* analítico (ca).

analyze *Am* = **analyse**.

anarchist ['ænəkɪst] *n* anarquista *m* y *f*.

anarchy ['ænəkɪ] *n* anarquía *f*.

anathema [ə'næθəmə] *n*: **the idea is ~ to me** la idea me parece aberrante.

anatomy [ə'nætəmɪ] *n* anatomía *f*.

ANC *(abbr of* **African National Congress)** *n* ANC *m*.

ancestor ['ænsestəʳ] *n lit & fig* antepasado *m*.

anchor ['æŋkəʳ] ◇ *n* (NAUT) ancla *f*; **to drop ~** echar el ancla; **to weigh ~** levar anclas. ◇ *vt* **1.** *(secure)* sujetar. **2.** (TV) presentar. ◇ *vi* (NAUT) anclar.

anchovy ['æntʃəvɪ] *(pl inv* OR **-ies)** *n (salted)* anchoa *f*; *(fresh)* boquerón *m*.

ancient ['eɪnʃənt] *adj* **1.** *(gen)* antiguo (gua). **2.** *hum (very old)* vetusto(ta).

ancillary [æn'sɪlərɪ] *adj* auxiliar.

and [strong form ænd, weak form ənd, ən] *conj* **1.** *(gen)* y; *(before 'i' or 'hi')* e; **faster ~ faster** cada vez más rápido; **it's nice ~ easy** es sencillito. **2.** *(in numbers)*: **one hundred ~ eighty** ciento ochenta; **one ~ a half** uno y medio; **2 ~ 2 is 4** 2 y 2 son 4. **3.** *(to)*: **try ~ come** intenta venir; **come ~ see the kids** ven a ver a los niños; **wait ~ see** espe-

ra a ver. ♦ **and so on, and so forth**
adv etcétera, y cosas así.

Andalusia [ˌændə'luːzɪə] *n* Andalucía.

Andes ['ændiːz] *npl*: **the** ~ los Andes.

Andorra [æn'dɔːrə] *n* Andorra.

anecdote ['ænɪkdəʊt] *n* anécdota *f*.

anemic *Am* = **anaemic**.

anesthetic *etc Am* = **anaesthetic** *etc*.

anew [ə'njuː] *adv* de nuevo, nueva-
mente.

angel ['eɪndʒəl] *n* (RELIG) ángel *m*.

anger ['æŋgəʳ] ◇ *n* ira *f*, furia *f*. ◇ *vt*
enfurecer.

angina [æn'dʒaɪnə] *n* angina *f* de pecho.

angle ['æŋgl] *n* **1.** *(gen)* ángulo *m*; **at an
~** *(aslant)* torcido. **2.** *(point of view)*
enfoque *m*.

angler ['æŋgləʳ] *n* pescador *m*, -ra *f (con
caña)*.

Anglican ['æŋglɪkən] ◇ *adj* anglicano
(na). ◇ *n* anglicano *m*, -na *f*.

angling ['æŋglɪŋ] *n* pesca *f* con caña.

Anglo-Saxon [ˌæŋgləʊ'sæksn] ◇ *adj*
anglosajón(ona) ◇ *n* **1.** *(person)* anglosajón *m*, -ona *f*. **2.** *(language)* anglosajón *m*.

angry ['æŋgrɪ] *adj (person)* enfadado
(da); *(letter, look, face)* furioso(sa), ai-
rado(da); **to be ~ at** OR **with sb** estar
enfadado con alguien; **to get ~ with
sb** enfadarse con alguien.

anguish ['æŋgwɪʃ] *n* angustia *f*.

angular ['æŋgjʊləʳ] *adj (face, body)*
anguloso(sa).

animal ['ænɪml] ◇ *adj* animal. ◇ *n* animal *m*; *pej* animal *m* y *f*.

animate ['ænɪmət] *adj* animado(da).

animated ['ænɪmeɪtɪd] *adj* animado
(da).

aniseed ['ænɪsiːd] *n* anís *m*.

ankle ['æŋkl] ◇ *n* tobillo *m*. ◇ *comp*: ~
boots botines *mpl*; ~ **socks** calcetines
mpl por el tobillo.

annex ['æneks] ◇ *n* edificio *m* anejo.
◇ *vt* anexionar.

annexe ['æneks] = **annex**.

annihilate [ə'naɪəleɪt] *vt (destroy)* aniquilar.

anniversary [ˌænɪ'vɜːsərɪ] *n* aniversario *m*.

announce [ə'naʊns] *vt* anunciar.

announcement [ə'naʊnsmənt] *n*
anuncio *m*.

announcer [ə'naʊnsəʳ] *n*: **radio/tele-
vision** ~ presentador *m*, -ra *f* OR locutor *m*, -ra *f* de radio/televisión.

annoy [ə'nɔɪ] *vt* fastidiar, molestar.

annoyance [ə'nɔɪəns] *n* molestia *f*.

annoyed [ə'nɔɪd] *adj*: ~ **at sthg/with**

sb molesto(ta) por algo/con alguien.

annoying [ə'nɔɪɪŋ] *adj* fastidioso(sa).

annual ['ænjʊəl] ◇ *adj* anual. ◇ *n*
1. *(plant)* planta *f* anual. **2.** *(book)*
anuario *m*.

annual general meeting *n* junta *f*
general anual.

annul [ə'nʌl] *vt* anular.

annum ['ænəm] *n*: **per** ~ al año.

anomaly [ə'nɒməlɪ] *n* anomalía *f*.

anonymous [ə'nɒnɪməs] *adj* anónimo
(ma).

anorak ['ænəræk] *n* chubasquero *m*,
anorak *m*.

anorexia (nervosa) [ˌænə'reksɪə (nɜː-
'vəʊsə)] *n* anorexia *f*.

anorexic [ˌænə'reksɪk] ◇ *adj* anoréxico
(ca). ◇ *n* anoréxico *m*, -ca *f*.

another [ə'nʌðəʳ] ◇ *adj* otro(tra); **in ~
few minutes** en unos minutos más.
◇ *pron* otro *m*, -tra *f*; **one after ~** uno
tras otro, una tras otra; **one ~** el uno
al otro, la una a la otra; **we love one
~** nos queremos.

answer ['ɑːnsəʳ] ◇ *n* respuesta *f*; **in ~
to** en respuesta a. ◇ *vt* **1.** *(reply to)* responder a, contestar. **2.** *(respond to)*:
to ~ the door abrir la puerta; **to ~ the
phone** coger OR contestar el teléfono.
◇ *vi* responder, contestar. ♦ **answer
back** *vt sep & vi* replicar. ♦ **answer
for** *vt fus* **1.** *(accept responsibility for)*
responder por. **2.** *(suffer consequences
of)* responder de.

answerable ['ɑːnsərəbl] *adj*: ~ **(to sb/
for sthg)** responsable (ante alguien/
de algo).

answering machine ['ɑːnsərɪŋ-] *n*
contestador *m* automático.

ant [ænt] *n* hormiga *f*.

antagonism [æn'tægənɪzm] *n* antago-
nismo *m*.

antagonize, -ise [æn'tægənaɪz] *vt*
provocar la hostilidad de.

Antarctic [æn'tɑːktɪk] ◇ *adj* antártico
(ca). ◇ *n*: **the ~** el Antártico.

Antarctica [æn'tɑːktɪkə] *n* (la) Antártida.

antelope ['æntɪləʊp] *(pl inv* OR **-s)** *n*
antílope *m*.

antenatal [ˌæntɪ'neɪtl] *adj* prenatal.

antenatal clinic *n* maternidad *f*.

antenna [æn'tenə] *(pl sense 1* **-nae**
[-niː], *pl sense 2* **-s)** *n* **1.** *(of insect)* antena *f*. **2.** *Am (aerial)* antena *f*.

anthem ['ænθəm] *n* himno *m*.

anthology [æn'θɒlədʒɪ] *n* antología *f*.

antibiotic [ˌæntɪbaɪ'ɒtɪk] *n* antibiótico
m.

antibody ['æntɪˌbɒdɪ] n anticuerpo m.

anticipate [æn'tɪsɪpeɪt] vt 1. (expect) prever. 2. (look forward to) esperar ansiosamente. 3. (competitor) adelantarse a.

anticipation [æn,tɪsɪ'peɪʃn] n expectación f; in ~ of en previsión de.

anticlimax [æntɪ'klaɪmæks] n anticlímax m.

anticlockwise [ˌæntɪ'klɒkwaɪz] Br adv en sentido contrario al de las agujas del reloj.

antics ['æntɪks] npl payasadas fpl.

anticyclone [ˌæntɪ'saɪkləun] n anticiclón m.

antidepressant [ˌæntɪdɪ'presnt] n antidepresivo m.

antidote ['æntɪdəut] n lit & fig: ~ (to) antídoto m (contra).

antifreeze ['æntɪfriːz] n anticongelante m.

antihistamine [ˌæntɪ'hɪstəmɪn] n antihistamínico m.

antiperspirant [ˌæntɪ'pɜːspərənt] n antitranspirante m.

antiquated ['æntɪkweɪtɪd] adj anticuado(da).

antique [æn'tiːk] ◇ adj (furniture, object) antiguo(gua). ◇ n antigüedad f.

antique shop n tienda f de antigüedades.

anti-Semitism [ˌæntɪ'semɪtɪzm] n antisemitismo m.

antiseptic [ˌæntɪ'septɪk] ◇ adj antiséptico(ca) ◇ n antiséptico m.

antisocial [ˌæntɪ'səʊʃl] adj 1. (against society) antisocial. 2. (unsociable) poco sociable.

antlers ['æntləz] npl cornamenta f.

anus ['eɪnəs] n ano m.

anvil ['ænvɪl] n yunque m.

anxiety [æŋ'zaɪətɪ] n 1. (worry) ansiedad f, inquietud f. 2. (cause of worry) preocupación f. 3. (keenness) afán m, ansia f.

anxious ['æŋkʃəs] adj 1. (worried) preocupado(da); to be ~ about estar preocupado por. 2. (keen): to be ~ that/to do sthg estar ansioso(sa) por que/por hacer algo.

any ['enɪ] ◇ adj 1. (with negative) ninguno(na); I haven't read ~ books no he leído ningún libro; I haven't got ~ money no tengo nada de dinero 2. (some) algún(una); are there ~ cakes left? ¿queda algún pastel?; is there ~ milk left? ¿queda algo de leche?; have you got ~ money? ¿tienes dinero? 3. (no matter which) cual-quier; ~ box will do cualquier caja vale; see also case, day, moment, rate. ◇ pron 1. (with negative) ninguno m, -na f; I didn't get ~ a mí no me tocó ninguno. 2. (some) alguno m, -na f; can ~ of you do it? ¿sabe alguno de vosotros hacerlo?; I need some matches, do you have ~? necesito cerillas, ¿tienes? 3. (no matter which) cualquiera; take ~ you like coge cualquiera que te guste. ◇ adv 1. (with negative): I can't see it ~ more ya no lo veo; he's not feeling ~ better no se siente nada mejor; I can't stand it ~ longer no lo aguanto más. 2. (some, a little): do you want ~ more potatoes? ¿quieres más patatas?; is that ~ better/different? ¿es así mejor/diferente?

anybody ['enɪˌbɒdɪ] = anyone.

anyhow ['enɪhaʊ] adv 1. (in spite of that) de todos modos. 2. (carelessly) de cualquier manera. 3. (in any case) en cualquier caso.

anyone ['enɪwʌn] 1. (in negative sentences) nadie; I don't know ~ no conozco a nadie. 2. (in questions) alguien. 3. (any person) cualquiera.

anyplace Am = anywhere.

anything ['enɪθɪŋ] pron 1. (in negative sentences) nada; I don't want ~ no quiero nada. 2. (in questions) algo; would you like ~ else? ¿quiere algo más? 3. (any object, event) cualquier cosa.

anyway ['enɪweɪ] adv 1. (in any case) de todas formas OR maneras. 2. (in conversation) en cualquier caso.

anywhere ['enɪweə'], **anyplace** Am ['enɪpleɪs] adv 1. (in negative sentences) en ningún sitio; I didn't go ~ no fui a ninguna parte. 2. (in questions) en algún sitio; did you go ~? ¿fuiste a algún sitio? 3. (any place) cualquier sitio; ~ you like donde quieras.

apart [ə'pɑːt] adv 1. (separated) aparte; we're living ~ vivimos separados. 2. (aside) aparte; joking ~ bromas aparte. ♦ apart from prep 1. (except for) salvo. 2. (as well as) aparte de.

apartheid [ə'pɑːtheɪt] n apartheid m.

apartment [ə'pɑːtmənt] n apartamento m, piso m Esp, departamento m Amer.

apartment building n Am bloque m de apartamentos.

apathy ['æpəθɪ] n apatía f

ape [eɪp] ◇ n simio m. ◇ vt pej imitar

aperitif [əperə'tiːf] n aperitivo m.

aperture ['æpəˌtjʊə'] n abertura f

apex ['eɪpeks] (pl -es OR apices) n (top) vértice m.

APEX ['eɪpeks] (*abbr of* **advance purchase excursion**) *n Br* (tarifa *f*) APEX *f*.

apices ['eɪpɪsiːz] *pl* → **apex**.

apiece [ə'piːs] *adv* cada uno(na).

apocalypse [ə'pɒkəlɪps] *n* apocalipsis *m inv*.

apologetic [ə,pɒlə'dʒetɪk] *adj* (*tone, look*) lleno(na) de disculpas; **to be ~ (about)** no hacer más que disculparse (por).

apologize, -ise [ə'pɒlədʒaɪz] *vi*: **to ~ (to sb for sthg)** disculparse (con alguien por algo).

apology [ə'pɒlədʒɪ] *n* disculpa *f*.

apostle [ə'pɒsl] *n* (RELIG) apóstol *m*.

apostrophe [ə'pɒstrəfɪ] *n* apóstrofo *m*.

appal, appall *Am* [ə'pɔːl] *vt* horrorizar.

appalling [ə'pɔːlɪŋ] *adj* **1.** (*shocking*) horroroso(sa). **2.** *inf* (*very bad*) fatal.

apparatus [,æpə'reɪtəs] (*pl inv* OR **-es**) *n* (*gen &* POL) aparato *m*

apparel [ə'pærəl] *n Am* ropa *f*.

apparent [ə'pærənt] *adj* **1.** (*evident*) evidente, patente **2.** (*seeming*) aparente.

apparently [ə'pærəntlɪ] *adv* **1.** (*it seems*) por lo visto. **2.** (*seemingly*) aparentemente.

appeal [ə'piːl] ◊ *vi* **1.** (*request*): **to ~ (to sb for sthg)** solicitar (de alguien algo). **2.** (*to sb's honour, common sense*): **to ~ to** apelar a. **3.** (JUR): **to ~ (against)** apelar (contra). **4.** (*attract, interest*): **to ~ (to)** atraer (a). ◊ *n* **1.** (*request*) llamamiento *m*, súplica *f*; (*fundraising campaign*) campaña *f* para recaudar fondos. **2.** (JUR) apelación *f*. **3.** (*charm, interest*) atractivo *m*.

appealing [ə'piːlɪŋ] *adj* (*attractive*) atractivo(va).

appear [ə'pɪər] *vi* **1.** (*gen*) aparecer. **2.** (*seem*): **to ~ (to be/to do sthg)** parecer (ser/hacer algo); **it would ~ that ...** parece que ... **3.** (*in play, film, on TV*): **to ~ on TV/in a film** salir en televisión/en una película. **4.** (JUR): **to ~ (before)** comparecer (ante).

appearance [ə'pɪərəns] *n* **1.** (*gen*) aparición *f*; **to make an ~** aparecer. **2.** (*look - of person, place, object*) aspecto *m*

appease [ə'piːz] *vt* aplacar, apaciguar.

append [ə'pend] *vt fml*: **to ~ sthg (to sthg)** agregar algo (a algo).

appendices [ə'pendɪsiːz] *pl* → **appendix**.

appendicitis [ə,pendɪ'saɪtɪs] *n* (U) apendicitis *f inv*.

appendix [ə'pendɪks] (*pl* **-dixes** OR **-dices**) *n* (*gen &* MED) apéndice *m*

appetite ['æpɪtaɪt] *n* **1.** (*for food*) apetito *m*; **~ for** ganas *fpl* de. **2.** *fig* (*enthusiasm*): **~ for** entusiasmo *m* OR ilusión *f* por.

appetizer, -iser ['æpɪtaɪzər] *n* aperitivo *m*

appetizing, -ising ['æpɪtaɪzɪŋ] *adj* (*food*) apetitoso(sa).

applaud [ə'plɔːd] *vt & vi lit & fig* aplaudir.

applause [ə'plɔːz] *n* (U) aplausos *mpl*.

apple ['æpl] *n* manzana *f*.

apple tree *n* manzano *m*

appliance [ə'plaɪəns] *n* aparato *m*.

applicable [ə'plɪkəbl] *adj*: **to be ~ (to)** aplicarse (a).

applicant ['æplɪkənt] *n*: **~ (for)** solicitante *m y f* (de)

application [,æplɪ'keɪʃn] *n* **1.** (*gen*) aplicación *f*. **2.** (*for job, college, club*): **~ (for)** solicitud *f* (para). **3.** (COMPUT): **~ (program)** aplicación *f*

application form *n* impreso *m* de solicitud.

applied [ə'plaɪd] *adj* (*science*) aplicado (da).

apply [ə'plaɪ] ◊ *vt* (*gen*) aplicar; (*brakes*) echar. ◊ *vi* **1.** (*for work, grant*) presentar una solicitud; **to ~ to sb for sthg** solicitar a alguien algo. **2.** (*be relevant*) aplicarse; **to ~ to** concernir a.

appoint [ə'pɔɪnt] *vt* **1.** (*to job, position*): **to ~ sb (to sthg)** nombrar a alguien (para algo); **to ~ sb as sthg** nombrar a alguien algo. **2.** *fml* (*time, place*) señalar, fijar.

appointment [ə'pɔɪntmənt] *n* **1.** (*to job, position*) nombramiento *m*. **2.** (*job, position*) puesto *m*, cargo *m*. **3.** (*with businessman, lawyer*) cita *f*; (*with doctor, hairdresser*) hora *f*; **to have an ~** (*with businessman*) tener una cita; (*with doctor*) tener hora; **to make an ~** concertar una cita.

apportion [ə'pɔːʃn] *vt* (*money*) repartir; (*blame*) adjudicar.

appraisal [ə'preɪzl] *n* evaluación *f*.

appreciable [ə'priːʃəbl] *adj* apreciable

appreciate [ə'priːʃɪeɪt] ◊ *vt* **1.** (*value, like*) apreciar. **2.** (*recognize, understand*) darse cuenta de. **3.** (*be grateful for*) agradecer. ◊ *vi* (FIN) encarecerse

appreciation [ə,priːʃɪ'eɪʃn] *n* **1.** (*liking*) aprecio *m*. **2.** (*recognition,*

understanding) entendimiento *m*.
3. *(gratitude)* agradecimiento *m*.
4. (FIN) encarecimiento *m*.

appreciative [əˈpriːʃjətɪv] *adj (person, remark)* agradecido(da); *(audience)* entendido(da).

apprehensive [ˌæprɪˈhensɪv] *adj* aprensivo(va)

apprentice [əˈprentɪs] *n* aprendiz *m*, -za *f*.

apprenticeship [əˈprentɪʃɪp] *n* aprendizaje *m*

approach [əˈprəʊtʃ] ◇ *n* **1.** *(arrival)* llegada *f*. **2.** *(way in)* acceso *m*. **3.** *(method)* enfoque *m*. **4.** *(to person)*: **to makes ~es to sb** hacerle propuestas a alguien ◇ *vt* **1.** *(come near to)* acercarse a **2.** *(ask)*: **to ~ sb about sthg** hacer una propuesta OR dirigirse a alguien acerca de algo. **3.** *(problem, situation)* abordar. **4.** *(level, speed)* aproximarse a. ◇ *vi* acercarse.

approachable [əˈprəʊtʃəbl] *adj* accesible

appropriate [*adj* əˈprəʊprɪət, *vb* əˈprəʊprɪeɪt] ◇ *adj* apropiado(da). ◇ *vt* (JUR) *(take)* apropiarse de.

approval [əˈpruːvl] *n* **1.** *(admiration)* aprobación *f*. **2.** *(official sanctioning)* visto *m* bueno. **3.** (COMM): **on ~ a** prueba.

approve [əˈpruːv] ◇ *vi* estar de acuerdo; **to ~ of sthg/sb** ver con buenos ojos algo/a alguien. ◇ *vt* aprobar.

approx. [əˈprɒks] *(abbr of* **approximately)** aprox.

approximate [əˈprɒksɪmət] *adj* aproximado(da).

approximately [əˈprɒksɪmətlɪ] *adv* aproximadamente.

apricot [ˈeɪprɪkɒt] *n (fruit)* albaricoque *m*, damasco *m* CSur, chabacano *m* Méx

April [ˈeɪprəl] *n* abril *m*; *see also* **September.**

April Fools' Day *n* primero *m* de abril, ≃ Día *m* de los Santos Inocentes.

apron [ˈeɪprən] *n (clothing)* delantal *m*, mandil *m*.

apt [æpt] *adj* **1.** *(pertinent)* acertado (da) **2.** *(likely)*: **~ to do sthg** propenso (sa) a hacer algo.

aptitude [ˈæptɪtjuːd] *n* aptitud *f*.

aptly [ˈæptlɪ] *adv* apropiadamente.

aqualung [ˈækwəlʌŋ] *n* escafandra *f* autónoma.

aquarium [əˈkweərɪəm] *(pl* **-riums** OR **-ria** [-rɪə]*) n* acuario *m*.

Aquarius [əˈkweərɪəs] *n* Acuario *m*.

aquatic [əˈkwætɪk] *adj* acuático(ca).

aqueduct [ˈækwɪdʌkt] *n* acueducto *m*.

Arab [ˈærəb] ◇ *adj* árabe. ◇ *n (person)* árabe *m y f*

Arabic [ˈærəbɪk] ◇ *adj* árabe. ◇ *n (language)* árabe *m*.

Arabic numeral *n* número *m* arábigo

arable [ˈærəbl] *adj* cultivable.

arbitrary [ˈɑːbɪtrərɪ] *adj (random)* arbitrario(ria).

arbitration [ˌɑːbɪˈtreɪʃn] *n* arbitraje *m*.

arcade [ɑːˈkeɪd] *n* **1.** *(shopping arcade)* galería *f* OR centro *m* comercial. **2.** *(covered passage)* arcada *f*, galería *f*.

arch [ɑːtʃ] ◇ *n* **1.** (ARCHIT) arco *m*. **2.** *(of foot)* puente *m*. ◇ *vt* arquear.

archaeologist [ˌɑːkɪˈɒlədʒɪst] *n* arqueólogo *m*, -ga *f*.

archaeology [ˌɑːkɪˈɒlədʒɪ] *n* arqueología *f*.

archaic [ɑːˈkeɪɪk] *adj* arcaico(ca).

archbishop [ˌɑːtʃˈbɪʃəp] *n* arzobispo *m*.

archenemy [ˌɑːtʃˈenɪmɪ] *n* peor enemigo *m*, enemigo acérrimo.

archeology *etc* [ˌɑːkɪˈɒlədʒɪ] = **archaeology** *etc*.

archer [ˈɑːtʃəʳ] *n* arquero *m*.

archery [ˈɑːtʃərɪ] *n* tiro *m* con arco.

archetypal [ˌɑːkɪˈtaɪpl] *adj* arquetípico (ca).

architect [ˈɑːkɪtekt] *n* **1.** *(of buildings)* arquitecto *m*, -ta *f*. **2.** *fig (of plan, event)* artífice *m y f*.

architecture [ˈɑːkɪtektʃəʳ] *n (gen & COMPUT)* arquitectura *f*.

archives [ˈɑːkaɪvz] *npl (of documents)* archivos *mpl*.

archway [ˈɑːtʃweɪ] *n (passage)* arcada *f*; *(entrance)* entrada *f* en forma de arco.

Arctic [ˈɑːktɪk] ◇ *adj* (GEOGR) ártico (ca). ◇ *n*: **the ~** el Ártico.

ardent [ˈɑːdənt] *adj* ardoroso(sa), ferviente

arduous [ˈɑːdjʊəs] *adj* arduo(dua).

are [*weak form* əʳ, *strong form* ɑːʳ] → **be**.

area [ˈeərɪə] *n* **1.** *(region, designated space)* zona *f*, área *f*; **in the ~** en la zona. **2.** *fig (approximate size, number)*: **in the ~ of** del orden de, alrededor de. **3.** *(surface size)* superficie *f*, área *f*. **4.** *(of knowledge, interest)* campo *m*.

area code *n* prefijo *m* (telefónico).

arena [əˈriːnə] *n* **1.** (SPORT) pabellón *m*. **2.** *fig (area of activity)*: **she entered the political ~** saltó al ruedo político.

aren't [ɑːnt] = **are not.**

Argentina [ˌɑːdʒənˈtiːnə] n (la) Argentina.

Argentine [ˈɑːdʒəntaɪn] adj argentino (na).

Argentinian [ˌɑːdʒənˈtɪnɪən] ◇ adj argentino(na) ◇ n argentino m, -na f

arguably [ˈɑːɡjʊəblɪ] adv probablemente.

argue [ˈɑːɡjuː] vi 1. (quarrel): to ~ (with sb about sthg) discutir (con alguien de algo). 2. (reason): to ~ (for/against) argumentar (a favor de/contra). ◇ vt: to ~ that argumentar que.

argument [ˈɑːɡjʊmənt] n 1. (gen) discusión f; to have an ~ (with) tener una discusión (con). 2. (reason) argumento m.

argumentative [ˌɑːɡjuˈmentətɪv] adj muy propenso(sa) a discutir.

arid [ˈærɪd] adj lit & fig árido(da).

Aries [ˈeəriːz] n Aries m.

arise [əˈraɪz] (pt arose, pp arisen [əˈrɪzn]) vi (appear): to ~ (from) surgir (de).

aristocrat [Br ˈærɪstəkræt, Am əˈrɪstəkræt] n aristócrata m y f.

arithmetic [əˈrɪθmətɪk] n aritmética f.

ark [ɑːk] n arca f.

arm [ɑːm] ◇ n 1. (of person, chair) brazo m; in ~ in ~ del brazo; to twist sb's ~ fig persuadir a alguien. 2. (of garment) manga f. ◇ vt armar. ◆ **arms** npl (weapons) armas fpl

armaments [ˈɑːməmənts] npl armamento m.

armchair [ˈɑːmtʃeəʳ] n sillón m.

armed [ɑːmd] adj 1. (police, thieves) armado(da). 2. fig (with information): ~ with provisto(ta) de.

armed forces npl fuerzas fpl armadas.

armhole [ˈɑːmhəʊl] n sobaquera f, sisa f.

armour Br, **armor** Am [ˈɑːməʳ] n 1. (for person) armadura f. 2. (for military vehicle) blindaje m.

armoured car [ɑːməd-] n (MIL) carro m blindado.

armoury Br, **armory** Am [ˈɑːmərɪ] n arsenal m.

armpit [ˈɑːmpɪt] n sobaco m, axila f.

armrest [ˈɑːmrest] n brazo m.

arms control [ˈɑːmz-] n control m armamentístico

army [ˈɑːmɪ] n lit & fig ejército m.

A road n Br = carretera f nacional.

aroma [əˈrəʊmə] n aroma m.

arose [əˈrəʊz] pt → arise.

around [əˈraʊnd] ◇ adv 1. (about, round) por ahí; to walk/look ~ andar/mirar por ahí. 2. (on all sides) alrededor. 3. (present, available): is John ~? (there) ¿está John por ahí?; (here) ¿está John por aquí? 4. (turn, look): to turn ~ volverse; to look ~ volver la cabeza. ◇ prep 1. (on all sides of) alrededor de. 2. (about, round - place) por. 3. (in the area of) cerca de. 4. (approximately) alrededor de.

arouse [əˈraʊz] vt (excite - feeling) levantar, despertar; (- person) excitar.

arrange [əˈreɪndʒ] vt 1. (flowers, books, furniture) colocar. 2. (event, meeting, party) organizar; to ~ to do sthg acordar hacer algo; to ~ sthg for sb organizarle algo a alguien. 3. (MUS) arreglar.

arrangement [əˈreɪndʒmənt] n 1. (agreement) acuerdo m; to come to an ~ llegar a un acuerdo. 2. (of flowers, furniture) disposición f. 3. (MUS) arreglo m. ◆ **arrangements** npl preparativos mpl.

array [əˈreɪ] n (of objects) surtido m.

arrears [əˈrɪəz] npl (money owed) atrasos mpl; in ~ (retrospectively) con retraso; (late) atrasado en el pago.

arrest [əˈrest] ◇ n arresto m, detención f; under ~ bajo arresto. ◇ vt 1. (subj: police) detener. 2. (sb's attention) captar. 3. fml (stop) poner freno a.

arrival [əˈraɪvl] n llegada f; late ~ (of train, bus, mail) retraso m; new ~ (person) recién llegado m, recién llegada f; (baby) recién nacido m, recién nacida f.

arrive [əˈraɪv] vi 1. (gen) llegar; to ~ at (conclusion, decision) llegar a. 2. (baby) nacer.

arrogant [ˈærəɡənt] adj arrogante.

arrow [ˈærəʊ] n flecha f.

arse Br [ɑːs], **ass** Am [æs] n v inf (bottom) culo m.

arsenic [ˈɑːsnɪk] n arsénico m.

arson [ˈɑːsn] n incendio m premeditado.

art [ɑːt] n arte m. ◆ **arts** npl 1. (SCH & UNIV) (humanities) letras fpl. 2. (fine arts): the ~s las bellas artes.

artefact [ˈɑːtɪfækt] n = artifact.

artery [ˈɑːtərɪ] n arteria f.

art gallery n (public) museo m (de arte); (commercial) galería f (de arte).

arthritis [ɑːˈθraɪtɪs] n artritis f inv.

artichoke [ˈɑːtɪtʃəʊk] n alcachofa f.

article [ˈɑːtɪkl] n artículo m; ~ of clothing prenda f de vestir.

articulate [adj ɑːˈtɪkjʊlət, vb ɑːˈtɪkjʊleɪt] ◇ adj (person) elocuente; (speech) claro (ra), bien articulado(da). ◇ vt *(express clearly)* expresar.

articulated lorry [ɑː'tɪkjuleɪtɪd-] n Br camión m articulado.

artifact ['ɑːtɪfækt] n artefacto m.

artificial [ˌɑːtɪ'fɪʃl] adj artificial.

artillery [ɑː'tɪlərɪ] n (guns) artillería f.

artist ['ɑːtɪst] n artista m y f.

artiste [ɑː'tiːst] n artista m y f.

artistic [ɑː'tɪstɪk] adj 1. (gen) artístico (ca). 2. (good at art) con sensibilidad artística.

artistry ['ɑːtɪstrɪ] n maestría f.

artless ['ɑːtlɪs] adj ingenuo(nua).

as [unstressed əz, stressed æz] ◇ conj 1. (referring to time - while) mientras; (- when) cuando; **she told it to me ~ we walked along** me lo contó mientras paseábamos; **~ time goes by** a medida que pasa el tiempo; **she rang (just) ~ I was leaving** llamó justo cuando iba a salir. 2. (referring to manner, way) como; **do ~ I say** haz lo que te digo. 3. (introducing a statement) como; **~ you know, ...** como (ya) sabes, ... 4. (because) como, ya que. 5. phr: **~ it is** (ya) de por sí. ◇ prep como; **I'm speaking ~ a friend** te hablo como amigo; **she works ~ a nurse** trabaja de OR como enfermera; **~ a boy, I lived in Spain** de niño vivía en España; **it came ~ a shock** fue una gran sorpresa. ◇ adv (in comparisons): **~ ... ~** tan .. como; **~ tall ~ I am** tan alto como yo; **I've lived ~ long ~ she has** he vivido durante tanto tiempo como ella; **twice ~ big** el doble de grande; **it's just ~ fast** es igual de rápido; **~ much ~** tanto como; **~ many ~** tantos(tas) como; **~ much wine ~ you like** tanto vino como quieras. ♦ **as for, as to** prep en cuanto a. ♦ **as from, as of** prep a partir de. ♦ **as if, as though** conj como si. ♦ **as to** prep Br con respecto a.

a.s.a.p. (abbr of as soon as possible) a la mayor brevedad posible.

asbestos [æs'bestəs] n asbesto m, amianto m.

ascend [ə'send] ◇ vt subir. ◇ vi ascender.

ascendant [ə'sendənt] n: **in the ~** en auge.

ascent [ə'sent] n 1. (climb) ascensión f. 2. (upward slope) subida f, cuesta f. 3. fig (progress) ascenso m.

ascertain [ˌæsə'teɪn] vt determinar.

ASCII ['æskɪ] (abbr of **American Standard Code for Information Interchange**) n ASCII m.

ascribe [ə'skraɪb] vt: **to ~ sthg to** atribuir algo a.

ash [æʃ] n 1. (from cigarette, fire) ceniza f. 2. (tree) fresno m

ashamed [ə'ʃeɪmd] adj avergonzado (da), apenado(da) Amer; **I'm ~ to do it** me avergüenza hacerlo; **to be ~ of** avergonzarse de.

ashen-faced ['æʃnˌfeɪst] adj: **to be ~** tener la cara pálida.

ashore [ə'ʃɔːr] adv (swim) hasta la orilla; **to go ~** desembarcar.

ashtray ['æʃtreɪ] n cenicero m.

Ash Wednesday n miércoles m inv de ceniza.

Asia [Br 'eɪʃə, Am 'eɪʒə] n Asia.

Asian [Br 'eɪʃn, Am 'eɪʒn] ◇ adj asiático(ca). ◇ n asiático m, -ca f.

aside [ə'saɪd] ◇ adv 1. (to one side) a un lado; **to move ~** apartarse; **to take sb ~** llevar a alguien aparte. 2. (apart) aparte; **~ from** aparte de. ◇ n 1. (in play) aparte m. 2. (remark) inciso m.

ask [ɑːsk] vt 1. (question - person): **to ~ (sb sthg)** preguntar (a alguien algo). 2. (put - question): **to ~ a question** hacer una pregunta. 3. (request, demand) pedir; **to ~ sb (to do sthg)** pedir a alguien (que haga algo); **to ~ sb for sthg** pedirle algo a alguien. 4. (invite) invitar. ◇ vi 1. (question) preguntar. 2. (request) pedir. ♦ **ask after** vt fus preguntar por. ♦ **ask for** vt fus 1. (person) preguntar por. 2. (thing) pedir

askance [ə'skæns] adv: **to look ~ at sb** mirar a alguien con recelo.

askew [ə'skjuː] adj torcido(da).

asking price ['ɑːskɪŋ-] n precio m inicial.

asleep [ə'sliːp] adj dormido(da); **to fall ~** quedarse dormido.

asparagus [ə'spærəgəs] n (U) (plant) espárrago m; (shoots) espárragos mpl.

aspect ['æspekt] n 1. (of subject, plan) aspecto m. 2. (appearance) cariz m, aspecto m. 3. (of building) orientación f.

aspersions [ə'spɜːʃnz] npl: **to cast ~ on sthg** poner en duda algo.

asphalt ['æsfælt] n asfalto m.

asphyxiate [əs'fɪksɪeɪt] vt asfixiar.

aspiration [ˌæspə'reɪʃn] n aspiración f.

aspire [ə'spaɪər] vi: **to ~ to** aspirar a

aspirin ['æsprɪn] n aspirina f.

ass [æs] n 1. (donkey) asno m, -na f. 2. Br inf (idiot) burro m, -rra f. 3. Am v inf = arse.

assailant [ə'seɪlənt] n agresor m, -ra f

assassin [əˈsæsɪn] *n* asesino *m*, -na *f*.
assassinate [əˈsæsɪneɪt] *vt* asesinar.
assassination [ə,sæsɪˈneɪʃn] *n* asesinato *m*.
assault [əˈsɔːlt] ◊ *n* **1.** (MIL): ~ **(on)** ataque *m* (contra). **2.** *(physical attack)*: ~ **(on sb)** agresión *f* (contra alguien). ◊ *vt (physically)* asaltar, agredir; *(sexually)* abusar de.
assemble [əˈsembl] ◊ *vt* **1.** *(gather)* juntar, reunir **2.** *(fit together)* montar. ◊ *vi* reunirse.
assembly [əˈsemblɪ] *n* **1.** *(meeting, law-making body)* asamblea *f*. **2.** *(gathering together)* reunión *f*. **3.** *(fitting together)* montaje *m*.
assembly line *n* cadena *f* de montaje.
assent [əˈsent] ◊ *n* consentimiento *m*. ◊ *vi*: **to ~ (to)** asentir (a).
assert [əˈsɜːt] *vt* **1.** *(fact, belief)* afirmar **2.** *(authority)* imponer.
assertive [əˈsɜːtɪv] *adj* enérgico(ca).
assess [əˈses] *vt* evaluar.
assessment [əˈsesmənt] *n* **1.** *(evaluation)* evaluación *f*. **2.** *(calculation)* cálculo *m*.
assessor [əˈsesəʳ] *n* tasador *m*, -ra *f*.
asset [ˈæset] *n* **1.** *(valuable quality - of person)* cualidad *f*; *(- of thing)* ventaja *f*. **2.** *(valuable person)* elemento *m* importante. ◆ **assets** *npl* (COMM) activo *m*, bienes *mpl*.
assign [əˈsaɪn] *vt* **1.** *(gen)*: **to ~ sthg (to sb)** asignar OR encomendar algo (a alguien); **to ~ sb to sthg** asignar OR encomendar a alguien algo; **to ~ sb to do sthg** asignar OR encomendar a alguien que haga algo. **2.** *(designate for specific use, purpose)*: **to ~ sthg (to)** destinar algo (a).
assignment [əˈsaɪnmənt] *n* **1.** *(task)* misión *f*; (SCH) trabajo *m*. **2.** *(act of assigning)* asignación *f*.
assimilate [əˈsɪmɪleɪt] *vt* **1.** *(learn)* asimilar. **2.** *(absorb)*: **to ~ sb (into)** integrar a alguien (en).
assist [əˈsɪst] *vt*: **to ~ sb (with sthg/in doing sthg)** ayudar a alguien (con algo/a hacer algo).
assistance [əˈsɪstəns] *n* ayuda *f*, asistencia *f*; **to be of ~ (to)** ayudar (a).
assistant [əˈsɪstənt] ◊ *n* ayudante *m* y *f*; (shop) ~ dependiente *m*, -ta *f* ◊ *comp* adjunto(ta); ~ **manager** director adjunto *m*, directora adjunta *f*
associate [adj & *n* əˈsəʊʃɪət, *vb* əˈsəʊʃɪeɪt] ◊ *adj* asociado(da). ◊ *n* socio *m*, -cia *f*. ◊ *vt* asociar; **to ~ sthg/**

sb with asociar algo/a alguien con; **to be ~d with** *(organization, plan, opinion)* estar relacionado con; *(people)* estar asociado con. ◊ *vi*: **to ~ with sb** relacionarse con alguien.
association [ə,səʊsɪˈeɪʃn] *n* **1.** *(organization, act of associating)* asociación *f*; **in ~ with** en colaboración con. **2.** *(in mind)* connotación *f*.
assorted [əˈsɔːtɪd] *adj (of various types)* variado(da).
assortment [əˈsɔːtmənt] *n* surtido *m*.
assume [əˈsjuːm] *vt* **1.** *(suppose)* suponer. **2.** *(power, responsibility)* asumir. **3.** *(appearance, attitude)* adoptar.
assumed name [əˈsjuːmd-] *n* nombre *m* falso.
assuming [əˈsjuːmɪŋ] *conj* suponiendo que.
assumption [əˈsʌmpʃn] *n* **1.** *(supposition)* suposición *f*. **2.** *(of power)* asunción *f*.
assurance [əˈʃʊərəns] *n* **1.** *(promise)* garantía *f*. **2.** *(confidence)* seguridad *f* de sí mismo. **3.** *(insurance)* seguro *m*.
assure [əˈʃʊəʳ] *vt* asegurar, garantizar; **to ~ sb of sthg** garantizar a alguien algo; **to be ~d of sthg** tener algo garantizado.
assured [əˈʃʊəd] *adj (confident)* seguro (ra).
asterisk [ˈæstərɪsk] *n* asterisco *m*.
astern [əˈstɜːn] *adv* (NAUT) a popa.
asthma [ˈæsmə] *n* asma *f*.
astonish [əˈstɒnɪʃ] *vt* asombrar
astonishment [əˈstɒnɪʃmənt] *n* asombro *m*.
astound [əˈstaʊnd] *vt* asombrar.
astray [əˈstreɪ] *adv*: **to go ~** *(become lost)* extraviarse; **to lead sb ~** *(into bad ways)* llevar a alguien por el mal camino.
astride [əˈstraɪd] ◊ *adv* a horcajadas. ◊ *prep* a horcajadas en.
astrology [əˈstrɒlədʒɪ] *n* astrología *f*.
astronaut [ˈæstrənɔːt] *n* astronauta *m* y *f*.
astronomical [,æstrəˈnɒmɪkl] *adj* astronómico(ca).
astronomy [əˈstrɒnəmɪ] *n* astronomía *f*.
astute [əˈstjuːt] *adj* astuto(ta).
asylum [əˈsaɪləm] *n* **1.** *(mental hospital)* manicomio *m*. **2.** *(protection)* asilo *m*.
at [unstressed ət, stressed æt] *prep* **1.** *(indicating place)* en; ~ **my father's** en casa de mi padre; **standing ~ the window** de pie junto a la ventana; ~ **the bottom of the hill** al pie de la

colina; ~ **school/ work/home** en la escuela/el trabajo/casa. **2.** *(indicating direction)* a; **to look ~ sthg/sb** mirar algo/a alguien. **3.** *(indicating a particular time)* en; **~ a more suitable time** en un momento más oportuno; **~ midnight/noon/eleven o'clock** a medianoche/mediodía/las once; **~ night** por la noche; **~ Christmas/ Easter** en Navidades/Semana Santa. **4.** *(indicating speed, rate, price)* a; **~ 100mph/high speed** a 100 millas por hora/gran velocidad; **~ £50 (a pair)** a 50 libras (el par). **5.** *(indicating particular state, condition)*: **~ peace/war** en paz/guerra; **she's ~ lunch** está comiendo. **6.** *(indicating a particular age)* a; **~ 52/your age** a los 52/tu edad. **7.** *(after adjectives)*: **delighted ~** encantado con; **clever/experienced ~** listo/ experimentado en; **puzzled/horrified ~** perplejo/horrorizado ante; **he's good/bad ~ sport** se le dan bien/mal los deportes. ♦ **at all** *adv* **1.** *(with negative)*: **not ~ all** *(when thanked)* de nada; *(when answering a question)* en absoluto; **she's not ~ all happy** no está nada contenta. **2.** *(in the slightest)*: **anything ~ all will do** cualquier cosa valdrá; **do you know her ~ all?** ¿la conoces (de algo)?

ate [*Br* et, *Am* eɪt] *pt* → **eat**.

atheist ['eɪθɪɪst] *n* ateo *m*, -a *f*.

Athens ['æθɪnz] *n* Atenas.

athlete ['æθliːt] *n* atleta *m y f*.

athletic [æθ'letɪk] *adj* atlético(ca). ♦ **athletics** *npl* atletismo *m*.

Atlantic [ət'læntɪk] ◇ *adj* atlántico(ca). ◇ *n*: **the ~ (Ocean)** el (océano) Atlántico.

atlas ['ætləs] *n* atlas *m inv*.

ATM *(abbr of* **automatic teller machine)** *n* cajero automático.

atmosphere ['ætmə,sfɪər] *n* **1.** *(of planet)* atmósfera *f*. **2.** *(air in room, mood of place)* ambiente *m*, atmósfera *f*.

atmospheric [,ætməs'ferɪk] *adj* **1.** *(pressure, pollution)* atmosférico(ca). **2.** *(attractive, mysterious)* cautivador (ra).

atom ['ætəm] *n* (TECH) átomo *m*

atom bomb *n* bomba *f* atómica.

atomic [ə'tɒmɪk] *adj* atómico(ca).

atomic bomb *n* = **atom bomb**.

atomizer, -iser ['ætəmaɪzər] *n* atomizador *m*.

atone [ə'təʊn] *vi*: **to ~ for** reparar.

A to Z *n* guía *f* alfabética; *(map)* callejero *m*.

atrocious [ə'trəʊʃəs] *adj (very bad)* atroz.

atrocity [ə'trɒsətɪ] *n (terrible act)* atrocidad *f*.

attach [ə'tætʃ] *vt* **1.** *(with pin, clip)*: **to ~ sthg (to)** sujetar algo (a); *(with string)* atar algo (a). **2.** *(importance, blame)*: **to ~ sthg (to sthg)** atribuir algo (a algo).

attaché case [ə'tæʃeɪ-] *n* maletín *m*.

attached [ə'tætʃt] *adj* **1.** *(fastened on)*: **~ (to)** adjunto(ta) (a). **2.** *(fond)*: **~ to** encariñado(da) con.

attachment [ə'tætʃmənt] *n* **1.** *(device)* accesorio *m*. **2.** *(fondness)*: **~ (to)** cariño *m* (por).

attack [ə'tæk] ◇ *n*: **~ (on)** ataque *m* (contra). ◇ *vt* **1.** *(gen)* atacar. **2.** *(job, problem)* acometer. ◇ *vi* atacar.

attacker [ə'tækər] *n* atacante *m y f*.

attain [ə'teɪn] *vt* lograr, alcanzar.

attainment [ə'teɪnmənt] *n* logro *m*.

attempt [ə'tempt] ◇ *n*: **~ (at sthg)** intento *m* (de algo); **~ on sb's life** atentado *m*. ◇ *vt*: **to ~ sthg/to do sthg** intentar algo/hacer algo.

attend [ə'tend] ◇ *vt* asistir a. ◇ *vi* **1.** *(be present)* asistir. **2.** *(pay attention)*: **to ~ (to)** atender (a). ♦ **attend to** *vt fus* **1.** *(matter)* ocuparse de. **2.** *(customer)* atender a; *(patient)* asistir.

attendance [ə'tendəns] *n* asistencia *f*.

attendant [ə'tendənt] ◇ *adj* concomitante. ◇ *n* *(at museum)* vigilante *m y f*; *(at petrol station)* encargado *m*, -da *f*.

attention [ə'tenʃn] ◇ *n* (U) **1.** *(gen)* atención *f*; **to bring sthg to sb's ~**, **to draw sb's ~ to sthg** llamar la atención de alguien sobre algo; **to attract** OR **catch sb's ~** atraer OR captar la atención de alguien; **to pay/pay no ~ (to)** prestar/no prestar atención (a); **for the ~ of** (COMM) a la atención de. **2.** *(care)* asistencia *f*. ◇ *excl* (MIL) ¡firmes!

attentive [ə'tentɪv] *adj* atento(ta).

attic ['ætɪk] *n* desván *m*, entretecho *m Amer*.

attitude ['ætɪtjuːd] *n* **1.** *(way of thinking, acting)*: **~ (to** OR **towards)** actitud *f* (hacia). **2.** *(posture)* postura *f*

attn. *(abbr of* **for the attention of)** a/a.

attorney [ə'tɜːnɪ] *n Am* abogado *m*, -da *f*.

attorney general *(pl* **attorneys general)** *n* fiscal *m* general del estado

attract [ə'trækt] *vt* **1.** *(gen)* atraer. **2.** *(support, criticism)* atraerse, ganarse.

attraction [ə'trækʃn] *n* **1.** *(gen)*: **~ (to**

sb) atracción *f* (hacia OR por alguien). **2.** *(attractiveness - of thing)* atractivo *m*.

attractive [ə'træktɪv] *adj* atractivo(va).

attribute [*vb* ə'trɪbjuːt, *n* 'ætrɪbjuːt] ◊ *vt*: **to ~ sthg to** atribuir algo a. ◊ *n* atributo *m*.

attrition [ə'trɪʃn] *n* desgaste *m*; **war of ~** guerra de desgaste.

aubergine ['əʊbəʒiːn] *n Br* berenjena *f*.

auburn ['ɔːbən] *adj* castaño rojizo.

auction ['ɔːkʃn] ◊ *n* subasta *f*. ◊ *vt* subastar.

auctioneer [,ɔːkʃə'nɪəʳ] *n* subastador *m*, -ra *f*

audacious [ɔː'deɪʃəs] *adj (daring)* audaz; *(cheeky)* atrevido(da).

audible ['ɔːdəbl] *adj* audible.

audience ['ɔːdjəns] *n* **1.** *(of play, film)* público *m*. **2.** *(formal meeting, TV viewers)* audiencia *f*.

audiotypist ['ɔːdɪəʊ,taɪpɪst] *n* mecanógrafo *m*, -fa *f* por dictáfono.

audio-visual ['ɔːdɪəʊ-] *adj* audiovisual.

audit ['ɔːdɪt] ◊ *n* auditoría *f*. ◊ *vt* auditar.

audition [ɔː'dɪʃn] *n* prueba *f (a un artista)*

auditor ['ɔːdɪtəʳ] *n* auditor *m*, -ra *f*.

auditorium [,ɔːdɪ'tɔːrɪəm] *(pl* **-riums** OR **-ria** [-rɪə]*) n* auditorio *m*.

augment [ɔːg'ment] *vt* acrecentar.

augur ['ɔːgəʳ] *vi*: **to ~ well/badly** traer buenos/malos augurios

August ['ɔːgəst] *n* agosto *m*; *see also* **September**.

Auld Lang Syne [,ɔːldlæŋ'saɪn] *n can-ción escocesa en alabanza de los viejos tiempos.*

aunt [ɑːnt] *n* tía *f*.

auntie, aunty ['ɑːntɪ] *n inf* tita *f*.

au pair [,əʊ'peəʳ] *n* au pair *f*.

aura ['ɔːrə] *n* aura *f*, halo *m*.

aural ['ɔːrəl] *adj* auditivo(va).

auspices ['ɔːspɪsɪz] *npl*: **under the ~ of** bajo los auspicios de.

auspicious [ɔː'spɪʃəs] *adj* prometedor (ra).

Aussie ['ɒzɪ] *n inf* australiano *m*, -na *f*.

austere [ɒ'stɪəʳ] *adj* austero(ra).

austerity [ɒ'sterətɪ] *n* austeridad *f*.

Australia [ɒ'streɪljə] *n* Australia.

Australian [ɒ'streɪljən] ◊ *adj* australiano(na). ◊ *n* australiano *m*, -na *f*.

Austria ['ɒstrɪə] *n* Austria.

Austrian ['ɒstrɪən] ◊ *adj* austriaco (ca). ◊ *n* austriaco *m*, -ca *f*.

authentic [ɔː'θentɪk] *adj* auténtico(ca).

author ['ɔːθəʳ] *n* autor *m*, -ra *f*.

authoritarian [ɔː,θɒrɪ'teərɪən] *adj* autoritario(ria)

authoritative [ɔː'θɒrɪtətɪv] *adj* **1.** *(per-son, voice)* autoritario(ria). **2.** *(study)* autorizado(da).

authority [ɔː'θɒrɪtɪ] *n* **1.** *(gen)* autori-dad *f*; **to be an ~ on** ser una autoridad en. **2.** *(permission)* autorización *f*. **♦ authorities** *npl*: **the authorities** las autoridades *fpl*.

authorize, -ise ['ɔːθəraɪz] *vt*: **to ~ (sb to do sthg)** autorizar (a alguien a hacer algo).

autistic [ɔː'tɪstɪk] *adj* autista.

auto ['ɔːtəʊ] *(pl* **-s)** *n Am* coche *m*, auto *m*, carro *m* Amer.

autobiography [,ɔːtəbaɪ'ɒgrəfɪ] *n* autobiografía *f*

autocratic [,ɔːtə'krætɪk] *adj* autocráti-co(ca).

autograph ['ɔːtəgrɑːf] ◊ *n* autógrafo *m*. ◊ *vt* autografiar.

automate ['ɔːtəmeɪt] *vt* automatizar.

automatic [,ɔːtə'mætɪk] ◊ *adj* automá-tico(ca). ◊ *n* **1.** *(car)* coche *m* automáti-co. **2.** *(gun)* arma *f* automática. **3.** *(wash-ing machine)* lavadora *f* automática.

automatically [,ɔːtə'mætɪklɪ] *adv* automáticamente.

automation [,ɔːtə'meɪʃn] *n* automatiza-ción *f*.

automobile ['ɔːtəməbiːl] *n Am* coche *m*, automóvil *m*.

autonomous [ɔː'tɒnəməs] *adj* autóno-mo(ma).

autonomy [ɔː'tɒnəmɪ] *n* autonomía *f*.

autopsy ['ɔːtɒpsɪ] *n* autopsia *f*.

autumn ['ɔːtəm] *n* otoño *m*.

auxiliary [ɔːg'zɪljərɪ] ◊ *adj* auxiliar. ◊ *n (medical worker)* auxiliar sanitario *m*, auxiliar sanitaria *f*.

Av. *(abbr of* **avenue)** Av

avail [ə'veɪl] ◊ *n*: **to no ~** en vano. ◊ *vt*: **to ~ o.s. of sthg** aprovechar algo.

available [ə'veɪləbl] *adj* **1.** *(product, service)* disponible. **2.** *(person)* libre, disponible.

avalanche ['ævəlɑːnʃ] *n lit & fig* ava-lancha *f*, alud *m*.

avant-garde [,ævɒŋ'gɑːd] *adj* de van-guardia, vanguardista.

avarice ['ævərɪs] *n* avaricia *f*.

Ave. *(abbr of* **avenue)** Avda

avenge [ə'vendʒ] *vt* vengar

avenue ['ævənjuː] *n* **1.** *(wide road)* ave-nida *f*. **2.** *fig (method, means)* vía *f*.

average ['ævərɪdʒ] ◊ *adj* **1.** *(mean, typical)* medio(dia). **2.** *(mediocre)* regular. ◇ *n* media *f*, promedio *m*; **on ~ de media**, por término medio. ◇ *vt* alcanzar un promedio de ◆ **average out** *vi*: **to ~ out** al salir a una media de.

aversion [ə'vɜ:ʃn] *n (dislike)*: **~ (to)** aversión *f* (a).

avert [ə'vɜ:t] *vt* **1.** *(problem, accident)* evitar, prevenir. **2.** *(eyes, glance)* apartar, desviar.

aviary ['eɪvjərɪ] *n* pajarera *f*.

avid ['ævɪd] *adj*: **~ (for)** ávido(da) (de).

avocado [,ævə'kɑːdəʊ] *(pl -s OR -es) n*: **~ (pear)** aguacate *m*, palta *f Andes & CSur.*

avoid [ə'vɔɪd] *vt*: **to ~ (sthg/doing sthg)** evitar (algo/hacer algo).

avoidance [ə'vɔɪdəns] → **tax avoidance.**

await [ə'weɪt] *vt* esperar, aguardar.

awake [ə'weɪk] *(pt* **awoke** OR **awaked,** *pp* **awoken**) ◇ *adj (not sleeping)* despierto(ta). ◇ *vt lit & fig* despertar. ◇ *vi lit & fig* despertarse.

awakening [ə'weɪknɪŋ] *n lit & fig* despertar *m*.

award [ə'wɔːd] ◇ *n* **1.** *(prize)* premio *m*, galardón *m*. **2.** *(compensation)* indemnización *f*. ◇ *vt*: **to ~ sb sthg, to ~ sthg to sb** *(prize)* conceder OR otorgar algo a alguien; *(compensation)* adjudicar algo a alguien.

aware [ə'weəʳ] *adj* **1.** *(conscious)*: **~ of** consciente de. **2.** *(informed, sensitive)* informado(da), al día; **~ of sthg** al día de algo; **to be ~ that** estar informado de que.

awareness [ə'weənɪs] *n* conciencia *f*.

awash [ə'wɒʃ] *adj lit & fig*: **~ (with)** inundado(da) (de).

away [ə'weɪ] ◇ *adv* **1.** *(move, walk, drive)*: **to walk ~ (from)** marcharse (de); **to drive ~ (from)** alejarse (de) *(en coche)*; **to turn** OR **look ~** apartar la vista. **2.** *(at a distance - in space, time)*: **~ from** a distancia de; **4 miles ~** a 4 millas de distancia; **the exam is two days ~** faltan dos días para el examen. **3.** *(not at home or office)* fuera. **4.** *(in safe place)*: **to put sthg ~** poner algo en su sitio. **5.** *(indicating removal or disappearance)*: **to fade ~** desvanecerse; **to give sthg ~** regalar algo; **to take sthg ~** llevarse algo. **6.** *(continuously)*: **he was working ~ when ...** estaba muy concentrado trabajando cuando ... ◇ *adj (SPORT)* visitante; **~ game** partido *m* fuera de casa

awe [ɔ:] *n* sobrecogimiento *m*; **to be in ~ of sb** estar sometido a alguien.

awesome ['ɔ:səm] *adj* impresionante.

awful ['ɔ:ful] *adj* **1.** *(terrible)* terrible, espantoso(sa); **I feel ~ me** siento fatal. **2.** *inf (very great)* tremendo(da).

awfully ['ɔ:flɪ] *adv inf (very)* tremendamente

awhile [ə'waɪl] *adv literary* un rato.

awkward ['ɔ:kwəd] *adj* **1.** *(clumsy - movement)* torpe; *(- person)* desgarbado(da). **2.** *(embarrassed, embarrassing)* incómodo(da). **3.** *(unreasonable)* difícil. **4.** *(inconvenient)* poco manejable.

awning ['ɔ:nɪŋ] *n* toldo *m*.

awoke [ə'wəʊk] *pt* → **awake.**

awoken [ə'wəʊkn] *pp* → **awake.**

awry [ə'raɪ] ◇ *adj* torcido(da), ladeado (da) ◇ *adv*: **to go ~** salir mal

axe *Br*, **ax** *Am* [æks] ◇ *n* hacha *f*. ◇ *vt (project, jobs)* suprimir.

axes ['æksiːz] *pl* → **axis.**

axis ['æksɪs] *(pl* **axes)** *n* eje *m*.

axle ['æksl] *n* eje *m*.

aye [aɪ] ◇ *adv* sí. ◇ *n* sí *m*.

azalea [ə'zeɪljə] *n* azalea *f*.

Aztec ['æztek] ◇ *adj* azteca ◇ *n (person)* azteca *m y f*.

B

b *(pl* **b's** OR **bs),** **B** *(pl* **B's** OR **Bs)** [biː] *n (letter)* b *f*, B *f*. ◆ **B** *n* **1.** (MUS) si *m*. **2.** (SCH) *(mark)* = bien *m*.

BA *n (abbr of* **Bachelor of Arts)** *(titular de una) licenciatura de letras.*

babble ['bæbl] *vi (person)* farfullar.

baboon [bə'buːn] *n* babuino *m*.

baby ['beɪbɪ] *n* **1.** *(newborn child)* bebé *m*; *(infant)* niño *m*, -ña *f*. **2.** *inf (term of affection)* cariño *m*.

baby buggy *n* **1.** *Br (foldable pushchair)* sillita *f* de niño (con ruedas). **2.** *Am* = **baby carriage.**

baby carriage *n Am* cochecito *m* de niños.

baby food *n* papilla *f*.

baby-sit *vi* cuidar a niños.

baby-sitter [-'sɪtəʳ] *n* canguro *m y f*.

bachelor ['bætʃələʳ] *n* soltero *m*.

Bachelor of Arts *n* ≃ licenciado *m*, -da *f* en Letras.

Bachelor of Science *n* ≃ licenciado *m*, -da *f* en Ciencias.

back [bæk] ◇ *adv* **1.** *(in position)* atrás; **stand ~!** ¡échense para atrás!; **to push ~** empujar hacia atrás. **2.** *(to former position or state)* de vuelta; **to come ~** volver; **to go ~** volver; **to look ~** volver la mirada; **to walk ~** volver andando; **to give sthg ~** devolver algo; **to be ~ (in fashion)** estar de vuelta; **he has been there and ~** ha estado allí y ha vuelto; **I spent all day going ~ and forth** pasé todo el día yendo y viniendo. **3.** *(in time)*: **two weeks ~** hace dos semanas; **it dates ~ to 1960** data de 1960; **~ in March** allá en marzo. **4.** *(phone, write)* de vuelta. ◇ *n* **1.** *(of person)* espalda *f*; *(of animal)* lomo *m*; **behind sb's ~** a espaldas de alguien. **2.** *(of hand, cheque)* dorso *m*; *(of coin, page)* reverso *m*; *(of car, book, head)* parte *f* trasera; *(of chair)* respaldo *m*; *(of room, cupboard)* fondo *m*. **3.** (SPORT) *(player)* defensa *m*. ◇ *adj (in compounds)* **1.** *(at the back - door, legs, seat)* trasero(ra); *(- page)* último(ma). **2.** *(overdue - pay, rent)* atrasado(da). ◇ *vt* **1.** *(reverse)* dar marcha atrás a. **2.** *(support)* respaldar. **3.** *(bet on)* apostar por. **4.** *(line with material)* forrar. ◇ *vi (drive backwards)* ir marcha atrás; *(walk backwards)* ir hacia atrás. ♦ **back to back** *adv (with backs facing)* espalda con espalda. ♦ **back to front** *adv* al revés. ♦ **back down** *vi* echarse OR volverse atrás. ♦ **back out** *vi* echarse OR volverse atrás. ♦ **back up** *vt sep* **1.** *(support)* apoyar. **2.** (COMPUT) hacer un archivo de seguridad de. ◇ *vi (reverse)* ir marcha atrás.

backache ['bækeɪk] *n* dolor *m* de espalda.

backbencher [,bæk'bentʃər] *n Br* diputado sin cargo en el gabinete del gobierno o la oposición.

backbone ['bækbəʊn] *n lit & fig* columna *f* vertebral.

backcloth ['bækklɒθ] *n Br* = **backdrop**.

backdate [,bæk'deɪt] *vt*: **a pay rise ~d to March** un aumento de sueldo con efecto retroactivo desde marzo

back door *n* puerta *f* trasera.

backdrop ['bækdrɒp] *n lit & fig* telón *m* de fondo.

backfire [,bæk'faɪər] *vi* **1.** *(motor vehicle)* petardear **2.** *(go wrong)*: **it ~d on him** le salió el tiro por la culata.

backgammon ['bæk,gæmən] *n* backgammon *m*.

background ['bækgraʊnd] *n* **1.** *(in picture, view)* fondo *m*; **in the ~** *(of paint-ing etc)* al fondo; *(out of the limelight)* en la sombra. **2.** *(of event, situation)* trasfondo *m*. **3.** *(upbringing)* origen *m*; **family ~** antecedentes *mpl* familiares.

backhand ['bækhænd] *n* revés *m*.

backhanded ['bækhændɪd] *adj fig* equívoco(ca).

backhander ['bækhændər] *n Br inf*: **to give sb a ~** untarle la mano a alguien.

backing ['bækɪŋ] *n* **1.** *(support)* apoyo *m*, respaldo *m*. **2.** *(lining)* refuerzo *m*. **3.** (MUS) acompañamiento *m*.

backlash ['bæklæʃ] *n* reacción *f* violenta.

backlog ['bæklɒg] *n* acumulación *f*

back number *n* número *m* atrasado.

backpack ['bækpæk] *n* mochila *f*.

back pay *n* (U) atrasos *mpl*.

back seat *n* asiento *m* trasero OR de atrás.

backside [,bæk'saɪd] *n inf* trasero *m*.

backstage [,bæk'steɪdʒ] *adv* entre bastidores.

back street *n Br* callejuela *f* de barrio.

backstroke ['bækstrəʊk] *n* espalda *f* *(en natación)*.

backup ['bækʌp] ◇ *adj* **1.** *(plan)* de emergencia; *(team)* de apoyo. **2.** (COMPUT) de seguridad. ◇ *n* **1.** *(support)* apoyo *m*. **2.** (COMPUT) copia *f* de seguridad.

backward ['bækwəd] ◇ *adj* **1.** *(movement, look)* hacia atrás. **2.** *(country, person)* atrasado(da). ◇ *adv Am* = **backwards**.

backwards ['bækwədz], **backward** *Am adv* **1.** *(move, go)* hacia atrás; **~ and forwards** *(movement)* de un lado a otro. **2.** *(back to front)* al OR del revés.

backwater ['bæk,wɔːtər] *n fig* páramo *m*, lugar *m* atrasado.

backyard [,bæk'jɑːd] *n* **1.** *Br (yard)* patio *m*. **2.** *Am (garden)* jardín *m* (trasero).

bacon ['beɪkən] *n* bacon *m*, tocino *m*.

bacteria [bæk'tɪərɪə] *npl* bacterias *fpl*.

bad [bæd] *(compar* **worse***, superl* **worst***)* ◇ *adj* **1.** *(gen)* malo(la); **he's ~ at French** se le da mal el francés; **to go ~** *(food)* echarse a perder; **too ~!** ¡qué pena!; **it's not ~ (at all)** no está nada mal; **how are you? - not ~** ¿qué tal? - bien. **2.** *(illness)* fuerte, grave. **3.** *(guilty)*: **to feel ~ about sthg** sentirse mal por algo. ◇ *adv Am* = **badly**

badge [bædʒ] *n* **1.** *(for decoration - metal, plastic)* chapa *f*; *(sewn-on)* insignia *f*. **2.** *(for identification)* distintivo *m*.

badger ['bædʒə'] ◇ n tejón m. ◇ vt: to ~ sb (to do sthg) ponerse pesado(da) con alguien (para que haga algo).

badly ['bædlɪ] (compar worse, superl worst) adv 1. (not well) mal. 2. (seriously) gravemente; I'm ~ in need of help necesito ayuda urgentemente.

badly-off adj 1. (poor) apurado(da) de dinero. 2. (lacking): to be ~ for sthg estar OR andar mal de algo.

bad-mannered [-'mænəd] adj maleducado(da).

badminton ['bædmɪntən] n bádminton m.

bad-tempered [-'tempəd] adj 1. (by nature) de mal genio. 2. (in a bad mood) malhumorado(da).

baffle ['bæfl] vt desconcertar.

bag [bæg] ◇ n 1. (container, bagful) bolsa f; to pack one's ~s fig hacer las maletas. 2. (handbag) bolso m Esp, cartera f Amer. ◇ vt Br inf (reserve) pedirse, reservarse. ◆ bags npl 1. (under eyes) ojeras fpl. 2. (lots): ~s of inf un montón de.

bagel ['beɪgəl] n bollo de pan en forma de rosca.

baggage ['bægɪdʒ] n (U) equipaje m.

baggage reclaim n recogida f de equipajes.

baggy ['bægɪ] adj holgado(da).

bagpipes ['bægpaɪps] npl gaita f.

baguette [bə'get] n barra f de pan.

Bahamas [bə'hɑːməz] npl: the ~ (las) Bahamas.

bail [beɪl] n (U) fianza f; on ~ bajo fianza. ◆ bail out ◇ vt sep 1. (pay bail for) obtener la libertad bajo fianza de. 2. (rescue) sacar de apuros. ◇ vi (from plane) tirarse en paracaídas.

bailiff ['beɪlɪf] n alguacil m.

bait [beɪt] ◇ n lit & fig cebo m. ◇ vt 1. (put bait on) cebar 2. (tease, torment) hacer sufrir, cebarse con.

bake [beɪk] ◇ vt (food) cocer al horno. ◇ vi (food) cocerse al horno

baked beans [beɪkt-] npl alubias fpl cocidas en salsa de tomate.

baked potato [beɪkt-] n patata f asada OR al horno.

baker ['beɪkə'] n panadero m; ~'s (shop) panadería f.

bakery ['beɪkərɪ] n panadería f.

baking ['beɪkɪŋ] n cocción f.

balaclava (helmet) [bælə'klɑːvə-] n pasamontañas m inv.

balance ['bæləns] ◇ n 1. (equilibrium) equilibrio m; to keep/lose one's ~ mantener/perder el equilibrio; it caught me off ~ me pilló desprevenido(da). 2. fig (counterweight) contrapunto m. 3. (of evidence etc) peso m. 4. (scales) balanza f. 5. (of account) saldo m. ◇ vt 1. (keep in balance) poner en equilibrio. 2. (compare) sopesar. 3. (in accounting): to ~ the books/a budget hacer que cuadren las cuentas/cuadre un presupuesto. ◇ vi 1. (maintain equilibrium) sostenerse en equilibrio. 2. (in accounting) cuadrar. ◆ on balance adv tras pensarlo detenidamente.

balanced diet ['bælənst-] n dieta f equilibrada.

balance of payments n balanza f de pagos

balance of trade n balanza f comercial

balance sheet n balance m

balcony ['bælkənɪ] n 1. (on building - big) terraza f; (- small) balcón m. 2. (in theatre) anfiteatro m, galería f.

bald [bɔːld] adj 1. (without hair) calvo (va). 2. (without tread) desgastado(da). 3. fig (blunt) escueto(ta).

bale [beɪl] n bala f, fardo m. ◆ bale out vi Br 1. (remove water) achicar agua. 2. (from plane) tirarse en paracaídas.

Balearic Islands [bælɪ'ærɪk-], **Balearics** [bælɪ'ærɪks] npl: the ~ las Baleares

baleful ['beɪlful] adj maligno(na).

balk [bɔːk] vi: to ~ (at doing sthg) resistirse a hacer algo).

Balkans ['bɔːlkənz], **Balkan States** npl: the ~ los países balcánicos.

ball [bɔːl] n 1. (for tennis, cricket) pelota f; (for golf, billiards) bola f; (for football) balón m; to be on the ~ fig estar al tanto de todo. 2. (round shape) bola f. 3. (of foot) pulpejo m. 4. (dance) baile m. ◆ balls v inf ◇ npl (testicles) pelotas fpl. ◇ n (U) (nonsense) gilipolleces fpl.

ballad ['bæləd] n balada f.

ballast ['bæləst] n lastre m.

ball bearing n cojinete m de bolas.

ball boy n recogepelotas m inv.

ballerina [bælə'riːnə] n bailarina f.

ballet ['bæleɪ] n ballet m.

ballet dancer n bailarín m, -ina f.

ball game n Am (baseball match) partido m de béisbol.

balloon [bə'luːn] n 1. (toy) globo m. 2. (hot-air balloon) globo m (aerostático). 3. (in cartoon) bocadillo m.

ballot ['bælət] ◇ n (voting process) votación f. ◇ vt: to ~ the members on an

bar

issue someter un asunto a votación entre los miembros.

ballot box *n (container)* urna *f*.

ballot paper *n* voto *m*, papeleta *f*.

ball park *n Am* estadio *m* de béisbol.

ballpoint (pen) ['bɔːlpɔɪnt-] *n* bolígrafo *m*.

ballroom ['bɔːlrum] *n* salón *m* de baile.

ballroom dancing *n (U)* baile *m* de salón.

balm [bɑːm] *n* bálsamo *m*.

balmy ['bɑːmɪ] *adj* apacible.

balsa ['bɒlsə], **balsawood** ['bɒlsəwʊd] *n* balsa *f*.

balti ['bɔːltɪ] *n (pan)* cacerola utilizada en la cocina india; *(food)* plato sazonado con especias y preparado en un 'balti'.

Baltic ['bɔːltɪk] ◊ *adj* báltico(ca). ◊ *n*: **the ~ (Sea)** el *(mar)* Báltico.

Baltic Republic *n*: **the ~s** las repúblicas bálticas

bamboo [bæm'buː] *n* bambú *m*

bamboozle [bæm'buːzl] *vt inf* camelar, engatusar.

ban [bæn] ◊ *n*: **~ (on)** prohibición *f* (de). ◊ *vt*: **to ~ sb (from doing sthg)** prohibir a alguien (hacer algo).

banal [bə'nɑːl] *adj pej* banal.

banana [bə'nɑːnə] *n* plátano *m*, banana *f Amer*.

band [bænd] *n* **1.** *(musical group - pop)* grupo *m*; *(- jazz, military)* banda *f*. **2.** *(of thieves etc)* banda *f*. **3.** *(strip)* cinta *f*. **4.** *(stripe, range)* franja *f*. ◆ **band together** *vi* juntarse.

bandage ['bændɪdʒ] ◊ *n* venda *f*. ◊ *vt* vendar.

Band-Aid® *n* ≃ tirita® *f Esp*, curita *f Amer*.

b and b, B and B *n abbr of* **bed and breakfast**.

bandit ['bændɪt] *n* bandido *m*, -da *f*.

bandstand ['bændstænd] *n* quiosco *m* de música.

bandwagon ['bændwægən] *n*: **to jump on the ~** subirse OR apuntarse al carro.

bandy ['bændɪ] *adj* de piernas arqueadas. ◆ **bandy about, bandy around** *vt sep* sacar a relucir.

bandy-legged [-legd] *adj* de piernas arqueadas.

bang [bæŋ] ◊ *n* **1.** *(blow)* golpe *m*. **2.** *(loud noise)* estampido *m*, estruendo *m*. ◊ *vt* **1.** *(hit - drum, desk)* golpear; *(- knee, head)* golpearse. **2.** *(slam)* cerrar de golpe. ◊ *vi* golpear. ◊ *adv (exactly)*: **~ in the middle of** justo en

mitad de; **~ on** muy acertado(da) ◆ **bangs** *npl Am* flequillo *m*.

banger ['bæŋə^r] *n Br* **1.** *inf (sausage)* salchicha *f*. **2.** *inf (old car)* carraca *f*, cacharro *m*. **3.** *(firework)* petardo *m*.

Bangladesh [ˌbæŋɡlə'deʃ] *n* Bangladesh.

bangle ['bæŋgl] *n* brazalete *m*.

banish ['bænɪʃ] *vt lit & fig* desterrar.

banister ['bænɪstə^r] *n*, **banisters** ['bænɪstəz] *npl* barandilla *f*, pasamanos *m inv*.

bank [bæŋk] ◊ *n* **1.** *(gen & FIN)* banco *m*. **2.** *(by river, lake)* ribera *f*, orilla *f*. **3.** *(slope)* loma *f*. **4.** *(of clouds etc)* masa *f*. ◊ *vi* **1.** *(FIN)*: **to ~ with** tener una cuenta en. **2.** *(plane)* ladearse. ◆ **bank on** *vt fus* contar con.

bank account *n* cuenta *f* bancaria.

bank balance *n* saldo *m*.

bank card *n* = **banker's card**.

bank charges *npl* comisiones *fpl* bancarias.

bank draft *n* giro *m* bancario.

banker ['bæŋkə^r] *n* banquero *m*, -ra *f*.

banker's card *n Br* tarjeta *f* de identificación bancaria.

bank holiday *n Br* día *m* festivo.

banking ['bæŋkɪŋ] *n* banca *f*

bank manager *n* director *m*, -ra *f* de banco.

bank note *n* billete *m* de banco.

bank rate *n* tipo *m* de interés bancario.

bankrupt ['bæŋkrʌpt] ◊ *adj (financially)* quebrado(da), en quiebra; **to go ~** quebrar. ◊ *vt* llevar a la quiebra.

bankruptcy ['bæŋkrəptsɪ] *n* quiebra *f*, bancarrota *f*; *fig (of ideas)* agotamiento *m*, falta *f* total.

bank statement *n* extracto *m* de cuenta.

banner ['bænə^r] *n* pancarta *f*.

bannister ['bænɪstə^r] *n*, **bannisters** ['bænɪstəz] *npl* = **banister(s)**.

banquet ['bæŋkwɪt] *n* banquete *m*.

banter ['bæntə^r] *n (U)* bromas *fpl*.

bap [bæp] *n Br* bollo *m* de pan.

baptism ['bæptɪzm] *n* bautismo *m*.

baptize, -ise [*Br* bæp'taɪz, *Am* 'bæptaɪz] *vt* bautizar.

bar [bɑː^r] ◊ *n* **1.** *(of soap)* pastilla *f*; *(of chocolate)* tableta *f*; *(of gold)* lingote *m*; *(of wood)* tabla *f*; *(of metal)* barra *f*; **to be behind ~s** estar entre rejas. **2.** *fig (obstacle)* barrera *f*; *(ban)* prohibición *f*. **3.** *(drinking place)* bar *m*. **4.** *(counter)* barra *f*. **5.** *(MUS)* compás *m*. ◊ *vt* **1.** *(close with a bar)* atrancar. **2.** *(block)*:

to ~ sb's way impedir el paso a alguien. 3. *(ban)*: **to ~ sb (from doing sthg)** prohibir a alguien (hacer algo); **to ~ sb from somewhere** prohibir a alguien la entrada en un sitio. ◇ *prep (except)* menos, salvo; **~ none** sin excepción. ◆ **Bar** *n* (JUR): **the Bar** *Br* conjunto de los abogados que ejercen en tribunales superiores; *Am* la abogacía.

barbaric [bɑːˈbærɪk] *adj* bárbaro(ra).

barbecue [ˈbɑːbɪkjuː] *n* barbacoa *f*.

barbed wire [bɑːbd-] *n* alambre *m* de espino.

barber [ˈbɑːbəʳ] *n* barbero *m*; **~'s** barbería *f*.

barbiturate [bɑːˈbɪtjʊrət] *n* barbitúrico *m*.

bar code *n* código *m* de barras.

bare [beəʳ] ◇ *adj* 1. *(without covering - legs, trees, hills)* desnudo(da); *(- feet)* descalzo(za). 2. *(absolute, minimum)* esencial. 3. *(empty)* vacío(a). ◇ *vt* descubrir; **to ~ one's teeth** enseñar los dientes.

bareback [ˈbeəbæk] *adj & adv* a pelo.

barefaced [ˈbeəfeɪst] *adj* descarado(da).

barefoot(ed) [ˌbeəˈfʊt(ɪd)] *adj & adv* descalzo(za).

barely [ˈbeəlɪ] *adv (scarcely)* apenas.

bargain [ˈbɑːgɪn] ◇ *n* 1. *(agreement)* trato *m*, acuerdo *m*; **into the ~** por añadidura, además. 2. *(good buy)* ganga *f*. ◇ *vi*: **to ~ (with sb for sthg)** negociar (con alguien para obtener algo). ◆ **bargain for, bargain on** *vt fus* contar con.

barge [bɑːdʒ] ◇ *n* barcaza *f*. ◇ *vi inf*: **to ~ into** *(person)* chocarse con; *(room)* irrumpir en. ◆ **barge in** *vi inf*: **to ~ in (on)** *(conversation etc)* entrometerse (en).

baritone [ˈbærɪtəʊn] *n* barítono *m*.

bark [bɑːk] ◇ *n* 1. *(of dog)* ladrido *m*. 2. *(on tree)* corteza *f*. ◇ *vi*: **to ~ (at)** ladrar (a).

barley [ˈbɑːlɪ] *n* cebada *f*.

barley sugar *n Br* azúcar *m* o *f* cande.

barley water *n Br* hordiate *m*.

barmaid [ˈbɑːmeɪd] *n* camarera *f*.

barman [ˈbɑːmən] *(pl -men [-mən])* *n* camarero *m*, barman *m*.

barn [bɑːn] *n* granero *m*.

barometer [bəˈrɒmɪtəʳ] *n* barómetro *m*; *fig (of public opinion etc)* piedra *f* de toque.

baron [ˈbærən] *n* barón *m*.

baroness [ˈbærənɪs] *n* baronesa *f*.

barrack [ˈbærək] *vt Br* abroncar. ◆ **barracks** *npl* cuartel *m*.

barrage [ˈbærɑːʒ] *n* 1. *(of firing)* bombardeo *m*, fuego *m* intenso de artillería. 2. *(of questions)* aluvión *m*, alud *m*. 3. *Br (dam)* presa *f*, dique *m*.

barrel [ˈbærəl] *n* 1. *(for beer, wine, oil)* barril *m*. 2. *(of gun)* cañón *m*.

barren [ˈbærən] *adj* estéril.

barricade [ˌbærɪˈkeɪd] ◇ *n* barricada *f*. ◇ *vt* levantar barricadas en.

barrier [ˈbærɪəʳ] *n lit & fig* barrera *f*.

barring [ˈbɑːrɪŋ] *prep* salvo.

barrister [ˈbærɪstəʳ] *n Br* abogado *m*, -da *f (de tribunales superiores)*.

barrow [ˈbærəʊ] *n* carrito *m*.

bartender [ˈbɑːtendəʳ] *n* camarero *m*, -ra *f*.

barter [ˈbɑːtəʳ] ◇ *n* trueque *m*. ◇ *vt*: **to ~ (sthg for sthg)** trocar (algo por algo).

base [beɪs] ◇ *n* base *f*. ◇ *vt* 1. *(place, establish)* emplazar; **he's ~d in Paris** trabaja en París. 2. *(use as starting point)*: **to ~ sthg on** OR **upon** basar algo en. ◇ *adj pej* bajo(ja), vil.

baseball [ˈbeɪsbɔːl] *n* béisbol *m*.

baseball cap *n* gorra *f* de béisbol.

basement [ˈbeɪsmənt] *n* sótano *m*.

base rate *n* tipo *m* de interés base.

bases [ˈbeɪsiːz] *pl → **basis**.

bash [bæʃ] *inf* ◇ *n* 1. *(attempt)*: **to have a ~ at sthg** intentar algo. 2. *(party)* juerga *f*. ◇ *vt* *(hit - person, thing)* darle un porrazo a; *(- one's head, knee)* darse un porrazo en.

bashful [ˈbæʃfʊl] *adj (person)* vergonzoso(sa); *(smile)* tímido(da).

basic [ˈbeɪsɪk] *adj* básico(ca). ◆ **basics** *npl* 1. *(rudiments)* principios *mpl* básicos. 2. *(essentials)* lo imprescindible.

BASIC [ˈbeɪsɪk] *(abbr of Beginner's All-purpose Symbolic Instruction Code)* *n* BASIC *m*.

basically [ˈbeɪsɪklɪ] *adv* 1. *(essentially)* esencialmente 2. *(really)* en resumen.

basil [ˈbæzl] *n* albahaca *f*.

basin [ˈbeɪsn] *n* 1. *Br (bowl)* balde *m*, barreño *m*. 2. *(wash basin)* lavabo *m*. 3. *(GEOGR)* cuenca *f*.

basis [ˈbeɪsɪs] *(pl bases)* *n* base *f*; **on the ~ of** de acuerdo con, a partir de; **on a weekly/monthly ~** de forma semanal/mensual.

bask [bɑːsk] *vi (sunbathe)*: **to ~ in the sun** tostarse al sol.

basket [ˈbɑːskɪt] *n* cesto *m*, cesta *f*.

basketball [ˈbɑːskɪtbɔːl] *n* baloncesto *m*

Basque [bɑːsk] ◇ *adj* vasco(ca). ◇ *n* 1. *(person)* vasco *m*, -ca *f*. 2. *(language)* vascuence *m*, euskera *m*.

Basque Country [bɑːsk-] *n*: **the ~** el País Vasco, Euskadi.

bass [beɪs] ◇ *adj* bajo(ja). ◇ *n* 1. *(singer, bass guitar)* bajo *m*. 2. *(double bass)* contrabajo *m*.

bass drum [beɪs-] *n* bombo *m*

bass guitar [beɪs-] *n* bajo *m*

bassoon [bəˈsuːn] *n* fagot *m*.

bastard [ˈbɑːstəd] *n* 1. *(illegitimate child)* bastardo *m*, -da *f*. 2. *v inf pej* cabrón *m*, -ona *f*.

bastion [ˈbæstɪən] *n* bastión *m*.

bat [bæt] *n* 1. *(animal)* murciélago *m*. 2. *(for cricket, baseball)* bate *m*. 3. *(for table-tennis)* pala *f*, paleta *f*.

batch [bætʃ] *n* 1. *(of letters etc)* remesa *f*. 2. *(of work)* montón *m*, serie *f*. 3. *(of products)* lote *m*.

bated [ˈbeɪtɪd] *adj*: **with ~ breath** con el aliento contenido

bath [bɑːθ] ◇ *n* 1. *(bathtub)* bañera *f*, bañadera *f Amer*. 2. *(act of washing)* baño *m*, bañada *f Amer*; **to have OR take a ~** darse un baño, bañarse. ◇ *vt* bañar ♦ **baths** *npl Br (public swimming pool)* piscina *f* municipal

bathe [beɪð] ◇ *vt (wound)* lavar ◇ *vi* bañarse.

bathing [ˈbeɪðɪŋ] *n* (U) baños *mpl*.

bathing cap *n* gorro *m* de baño.

bathing costume, bathing suit *n* traje *m* de baño, bañador *m Esp*, malla *f CSur*.

bathrobe [ˈbɑːθrəʊb] *n* 1. *(made of towelling)* albornoz *m* 2. *(dressing gown)* batín *m*, bata *f*.

bathroom [ˈbɑːθrʊm] *n* 1. *Br (room with bath)* cuarto *m* de) baño *m*. 2. *Am (toilet)* servicio *m*.

bath towel *n* toalla *f* de baño.

bathtub [ˈbɑːθtʌb] *n* bañera *f*.

baton [ˈbætən] *n* 1. *(of conductor)* batuta *f*. 2. *(in relay race)* testigo *m* 3. *Br (of policeman)* porra *f*

batsman [ˈbætsmən] *(pl* -**men** [-mən]) *n* bateador *m*.

battalion [bəˈtæljən] *n* batallón *m*.

batten [ˈbætn] *n* listón *m* (de madera).

batter [ˈbætər] ◇ *n* pasta *f* para rebozar. ◇ *vt* 1. *(child, woman)* pegar. 2. *(door, ship)* sacudir, golpear. ♦ **batter down** *vt sep* echar abajo.

battered [ˈbætəd] *adj* 1. *(child, woman)* maltratado(da). 2. *(car, hat)* abollado(da).

battery [ˈbætərɪ] *n (of radio)* pila *f*; *(of car, guns)* batería *f*.

battle [ˈbætl] ◇ *n* 1. *(in war)* batalla *f*. 2. *(struggle)*: **~ (for/against/with)** lucha *f* (por/contra/con). ◇ *vi*: **to ~ (for/against/with)** luchar (por/contra/con).

battlefield [ˈbætlfiːld], **battleground** [ˈbætlɡraʊnd] *n lit & fig* campo *m* de batalla.

battlements [ˈbætlmənts] *npl* almenas *fpl*.

battleship [ˈbætlʃɪp] *n* acorazado *m*.

bauble [ˈbɔːbl] *n* baratija *f*.

baulk [bɔːk] = **balk**.

bawdy [ˈbɔːdɪ] *adj* verde, picante.

bawl [bɔːl] *vi* 1. *(shout)* vociferar. 2. *(cry)* berrear.

bay [beɪ] *n* 1. *(of coast)* bahía *f*. 2. *(for loading)* zona *f* de carga y descarga. 3. *(for parking)* plaza *f*. 4. *phr*: **to keep sthg/sb at ~** mantener algo/a alguien a raya. ◇ *vi* aullar.

bay leaf *n* (hoja *f* de) laurel *m*.

bay window *n* ventana *f* saslediza.

bazaar [bəˈzɑːr] *n* 1. *(market)* bazar *m*. 2. *Br (charity sale)* mercadillo *m* benéfico.

B & B *abbr of* **bed and breakfast**.

BBC *(abbr of* **British Broadcasting Corporation***)* *n* BBC *f*, compañía estatal británica de radiotelevisión.

BC *(abbr of before Christ)* a.C.

be [biː] *(pt* **was** OR **were**, *pp* **been**) ◇ *aux vb* 1. *(in combination with present participle: to form cont tense)* estar; **what is he doing?** ¿qué hace OR está haciendo?; **it's snowing** está nevando; **I'm leaving tomorrow** me voy mañana; **they've been promising it for years** han estado prometiéndolo durante años. 2. *(in combination with pp: to form passive)* ser; **to ~ loved** ser amado; **there was no one to ~ seen** no se veía a nadie; **ten people were killed** murieron diez personas. 3. *(in question tags)*: **you're not going now, are you?** no irás a marcharte ya ¿no?; **the meal was delicious, wasn't it?** la comida fue deliciosa ¿verdad? 4. *(followed by 'to' + infin)*: **I'm to be promoted** me van a ascender; **you're not to tell anyone** no debes decírselo a nadie. ◇ *copulative vb* 1. *(with adj, n) (indicating innate quality, permanent condition)* ser; *(indicating state, temporary condition)* estar; **snow is white** la nieve es blanca; **she's intelligent/tall** es inteligente/alta; **to ~ a doctor/plumber** ser médico/fontanero; **I'm Scottish** soy escocés; **1 and 1 are 2** 1 y 1 son 2; **your hands are cold** tus manos están frías; **I'm tired/angry** estoy cansado/enfadado; **he's in a difficult position** está en una situación difícil. **2.** *(referring to health)* estar; **she's ill/better** está enferma/mejor; **how are you?** ¿cómo estás? **3.** *(referring to age)*: **how old are you?** ¿qué edad OR cuántos años tienes?; **I'm 20 (years old)** tengo 20 años. **4.** *(cost)* ser, costar; **how much is it?** ¿cuánto es?; **that will ~ £10, please** son 10 libras; **apples are only 20p a kilo today** hoy las manzanas están a tan sólo 20 peniques el kilo. ◇ *vi* **1.** *(exist)* ser, existir; **the worst prime minister that ever was** el peor primer ministro que jamás existió; **~ that as it may** aunque así sea; **there is/are** hay; **is there life on Mars?** ¿hay vida en Marte? **2.** *(referring to place)* estar; **Valencia is in Spain** Valencia está en España; **he will ~ here tomorrow** estará aquí mañana. **3.** *(referring to movement)* estar; **where have you been?** ¿dónde has estado? ◇ *impersonal vb* **1.** *(referring to time, dates)* ser; **it's two o'clock** son las dos; **it's the 17th of February** estamos a 17 de febrero. **2.** *(referring to distance)*: **it's 3 km to the next town** hay 3 kms hasta el próximo pueblo. **3.** *(referring to the weather)*: **it's hot/cold/windy** hace calor/frío/viento. **4.** *(for emphasis)* ser; **it's me** soy yo.

beach [biːtʃ] ◇ *n* playa f. ◇ *vt* varar.

beacon ['biːkən] *n* **1.** *(warning fire)* almenara f. **2.** *(lighthouse)* faro m, fanal m. **3.** *(radio beacon)* radiofaro m.

bead [biːd] *n* **1.** *(of wood, glass)* cuenta f, abalorio m. **2.** *(of sweat)* gota f.

beagle ['biːgl] *n* sabueso m.

beak [biːk] *n* pico m.

beaker ['biːkər] *n* taza f *(sin asa)*.

beam [biːm] ◇ *n* **1.** *(of wood, concrete)* viga f. **2.** *(of light)* rayo m. ◇ *vt* transmitir. ◇ *vi* **1.** *(smile)* sonreír resplandeciente. **2.** *(shine)* resplandecer.

bean [biːn] *n* (CULIN) *(haricot)* judía f, habichuela f; *(of coffee)* grano m.

beanbag ['biːnbæg] *n* cojín grande relleno de polietileno.

beanshoot ['biːnʃuːt], **beansprout** ['biːnspraut] *n* brote m de soja.

bear [beər] *(pt* bore, *pp* borne) ◇ *n (animal)* oso m, -sa f. ◇ *vt* **1.** *(carry)* llevar. **2.** *(support)* soportar. **3.** *(responsibility)* cargar con. **4.** *(marks, signs)* llevar. **5.** *(endure)* aguantar. **6.** *(fruit, crop)* dar. **7.** *(feeling)* guardar, albergar.

◇ *vi*: **to ~ left** torcer OR doblar a la izquierda; **to bring pressure/influence to ~ on** ejercer presión/influencia sobre. ◆ **bear down** *vi*: **to ~ down on** echarse encima de. ◆ **bear out** *vt sep* corroborar. ◆ **bear up** *vi* resistir. ◆ **bear with** *vt fus* tener paciencia con.

beard [biəd] *n* barba f.

bearer ['beərər] *n* **1.** *(of stretcher, news, cheque)* portador m, -ra f. **2.** *(of passport)* titular m y f.

bearing ['beəriŋ] *n* **1.** *(connection)*: **~ (on)** relación f *(con)*. **2.** *(deportment)* porte m. **3.** *(for shaft)* cojinete m. **4.** *(on compass)* rumbo m; **to get one's ~s** orientarse; **to lose one's ~s** desorientarse.

beast [biːst] *n lit & fig* bestia f.

beastly ['biːstli] *adj dated* atroz.

beat [biːt] *(pt* beat, *pp* beaten) ◇ *n* **1.** *(of drum)* golpe m. **2.** *(of heart, pulse)* latido m. **3.** (MUS) *(rhythm)* ritmo m; *(individual unit of time)* golpe m *(de compás)*. **4.** *(of policeman)* ronda f. ◇ *vt* **1.** *(hit - person)* pegar; *(- thing)* golpear. **2.** *(wings, eggs, butter)* batir. **3.** *(defeat)* ganar; **it ~s me** *inf* no me lo explico. **4.** *(be better than)* ser mucho mejor que. **5.** *phr*: **~ it!** *inf* ¡largo! ◇ *vi* **1.** *(rain)* golpear. **2.** *(heart, pulse)* latir. ◆ **beat off** *vt sep* repeler. ◆ **beat up** *vt sep inf* dar una paliza a.

beating ['biːtiŋ] *n* **1.** *(hitting)* paliza f. **2.** *(defeat)* derrota f.

beautiful ['bjuːtɪful] *adj* **1.** *(person)* guapo(pa). **2.** *(thing, animal)* precioso (sa). **3.** *inf (very good - shot, weather)* espléndido(da).

beautifully ['bjuːtəflɪ] *adv* **1.** *(attractively)* bellamente. **2.** *inf (very well)* espléndidamente.

beauty ['bjuːtɪ] *n* belleza f.

beauty parlour *n* salón f de belleza.

beauty salon = **beauty parlour**.

beauty spot *n* **1.** *(picturesque place)* bello paraje m. **2.** *(on skin)* lunar m.

beaver ['biːvər] *n* castor m.

became [bɪ'keɪm] *pt →* **become**.

because [bɪ'kɒz] *conj* porque. ◆ **because of** *prep* por, a causa de.

beck [bek] *n*: **to be at sb's ~ and call** estar siempre a disposición de alguien.

beckon ['bekən] ◇ *vt (signal to)* llamar *(con un gesto)*. ◇ *vi (signal)*: **to ~ to sb** llamar *(con un gesto)* a alguien.

become [bɪ'kʌm] *(pt* became, *pp* become) *vi* hacerse; **to ~ happy** ponerse contento; **to ~ angry** enfadarse; **he became Prime Minister in 1991** en 1991 se convirtió en primer ministro.

becoming [brˈkʌmɪŋ] *adj* **1.** *(attractive)* favorecedor(ra). **2.** *(appropriate)* apropiado(da).

bed [bed] *n* **1.** *(to sleep on)* cama *f*; **to go to ~** irse a la cama; **to make the ~** hacer la cama; **to go to ~ with** *euphemism* acostarse con. **2.** *(flowerbed)* macizo *m*. **3.** *(of sea)* fondo *m*; *(of river)* lecho *m*.

bed and breakfast *n* *(service)* cama *f* y desayuno; *(hotel)* pensión *f*.

bedclothes [ˈbedkləʊðz] *npl* ropa *f* de cama.

bedlam [ˈbedləm] *n* jaleo *m*, alboroto *m*.

bed linen *n* ropa *f* de cama.

bedraggled [brˈdrægld] *adj* mojado y sucio (mojada y sucia).

bedridden [ˈbedˌrɪdn] *adj* postrado(da) en cama.

bedroom [ˈbedrʊm] *n* dormitorio *m*, pieza *f*, recámara *f Méx*.

bedside [ˈbedsaɪd] *n* *(side of bed)* lado *m* de la cama; *(of ill person)* lecho *m*; **~ table** mesita *f* de noche.

bed-sit(ter) *n Br* habitación alquilada con cama.

bedsore [ˈbedsɔːʳ] *n* úlcera *f* por decúbito.

bedspread [ˈbedspred] *n* colcha *f*.

bedtime [ˈbedtaɪm] *n* hora *f* de dormir.

bee [biː] *n* abeja *f*.

beech [biːtʃ] *n* haya *f*.

beef [biːf] *n* carne *f* de vaca ✦ **beef up** *vt sep inf* reforzar.

beefburger [ˈbiːfˌbɜːgəʳ] *n* hamburguesa *f*.

Beefeater [ˈbiːfˌiːtəʳ] *n* guardián de la Torre de Londres.

beefsteak [ˈbiːfˌsteɪk] *n* bistec *m*.

beehive [ˈbiːhaɪv] *n* *(for bees)* colmena *f*.

beeline [ˈbiːlaɪn] *n*: **to make a ~ for** *inf* irse derechito(ta) hacia.

been [biːn] *pp* → **be**.

beer [bɪəʳ] *n* cerveza *f*.

beet [biːt] *n* remolacha *f*.

beetle [ˈbiːtl] *n* escarabajo *m*.

beetroot [ˈbiːtruːt] *n* remolacha *f*.

before [brˈfɔːʳ] ◊ *adv* antes; **we went the year ~** fuimos el año anterior. ◊ *prep* **1.** *(in time)* antes de; **they arrived ~ us** llegaron antes que nosotros. **2.** *(in space - facing)* ante, frente a. ◊ *conj* antes de; **~ it's too late** antes de que sea demasiado tarde.

beforehand [brˈfɔːhænd] *adv* con antelación, de antemano.

befriend [brˈfrend] *vt* hacer OR entablar amistad con.

beg [beg] ◊ *vt* **1.** *(money, food)* mendigar, pedir. **2.** *(favour, forgiveness)* suplicar; **to ~ sb to do sthg** rogar a alguien que haga algo; **to ~ sb for sthg** rogar algo a alguien. ◊ *vi* **1.** *(for money, food)*: **to ~ (for sthg)** pedir OR mendigar (algo). **2.** *(for favour, forgiveness)*: **to ~ (for sthg)** suplicar OR rogar (algo).

began [brˈgæn] *pt* → **begin**.

beggar [ˈbegəʳ] *n* mendigo *m*, -ga *f*.

begin [brˈgɪn] *(pt* **began**, *pp* **begun**, *cont* -**ning**) ◊ *vt*: **to ~ (doing** OR **to do sthg)** empezar OR comenzar (a hacer algo). ◊ *vi* empezar, comenzar; **to ~ with** para empezar, de entrada.

beginner [brˈgɪnəʳ] *n* principiante *m* y *f*.

beginning [brˈgɪnɪŋ] *n* comienzo *m*, principio *m*; **at the ~ of the month** a principios de mes.

begrudge [brˈgrʌdʒ] *vt* **1.** *(envy)*: **to ~ sb sthg** envidiar a alguien algo. **2.** *(give, do unwillingly)*: **to ~ doing sthg** hacer algo de mala gana OR a regañadientes.

begun [brˈgʌn] *pp* → **begin**.

behalf [brˈhɑːf] *n*: **on ~ of** *Br*, **in ~ of** *Am* en nombre OR en representación de.

behave [brˈheɪv] ◊ *vt*: **to ~ o.s.** portarse bien. ◊ *vi* **1.** *(in a particular way)* comportarse, portarse. **2.** *(in an acceptable way)* comportarse OR portarse bien.

behaviour *Br*, **behavior** *Am* [brˈheɪvjəʳ] *n* comportamiento *m*, conducta *f*.

behead [brˈhed] *vt* decapitar.

beheld [brˈheld] *pt & pp* → **behold**.

behind [brˈhaɪnd] ◊ *prep* **1.** *(in space)* detrás de. **2.** *(causing, responsible for)* detrás de. **3.** *(in support of)*: **we're ~ you** nosotros te apoyamos. **4.** *(in time)*: **to be ~ schedule** ir retrasado (da). **5.** *(less successful than)* por detrás de. ◊ *adv* **1.** *(in space)* detrás. **2.** *(in time)*: **to be ~ (with)** ir atrasado(da) (con). **3.** *(less successful)* por detrás. ◊ *n inf* trasero *m*.

behold [brˈhəʊld] *(pt & pp* **beheld)** *vt literary* contemplar.

beige [beɪʒ] *adj* beige.

being [ˈbiːɪŋ] *n* **1.** *(creature)* ser *m*. **2.** *(state of existing)*: **in ~** en vigor; **to come into ~** ver la luz, nacer.

belated [bɪˈleɪtɪd] adj tardío(a).

belch [beltʃ] ◇ vt arrojar. ◇ vi 1. (person) eructar. 2. (smoke, fire) brotar.

beleaguered [bɪˈliːɡəd] adj 1. (MIL) asediado(da). 2. fig (harassed) atosigado(da).

Belgian [ˈbeldʒən] ◇ adj belga. ◇ n belga m y f

Belgium [ˈbeldʒəm] n Bélgica.

Belgrade [ˌbelˈɡreɪd] n Belgrado.

belie [bɪˈlaɪ] (cont **belying**) vt 1. (disprove) desmentir. 2. (give false idea of) encubrir.

belief [bɪˈliːf] n 1. (faith, principle): ~ (in) creencia f (en). 2. (opinion) opinión f.

believe [bɪˈliːv] ◇ vt creer; ~ it or not lo creas o no. ◇ vi (know to exist, be good): to ~ in creer en.

believer [bɪˈliːvəʳ] n 1. (religious person) creyente m y f. 2. (in idea, action): ~ in sthg partidario m, -ria f de algo.

belittle [bɪˈlɪtl] vt menospreciar.

bell [bel] n (of church) campana f; (handbell, on door, bike) timbre m.

belligerent [bɪˈlɪdʒərənt] adj 1. (at war) beligerante. 2. (aggressive) belicoso(sa).

bellow [ˈbeləʊ] vi 1. (person) rugir. 2. (bull) mugir, bramar.

bellows [ˈbeləʊz] npl fuelle m.

belly [ˈbelɪ] n 1. (of person) barriga f. 2. (of animal) vientre m.

bellyache [ˈbelɪeɪk] inf ◇ n dolor m de barriga. ◇ vi gruñir.

belly button n inf ombligo m.

belong [bɪˈlɒŋ] vi 1. (be property): to ~ to pertenecer a. 2. (be member): to ~ to ser miembro de. 3. (be situated in right place): where does this book ~? ¿dónde va este libro?; he felt he didn't ~ there sintió que no encajaba allí.

belongings [bɪˈlɒŋɪŋz] npl pertenencias fpl.

beloved [bɪˈlʌvd] ◇ adj querido(da). ◇ n amado m, -da f.

below [bɪˈləʊ] ◇ adv 1. (gen) abajo; the flat ~ el piso de abajo. 2. (in text) más abajo; see ~ véase más abajo. ◇ prep 1. (lower than in position) (por) debajo de, bajo. 2. (lower than in rank, number) por debajo de.

belt [belt] ◇ n 1. (for clothing) cinturón m. 2. (TECH) (wide) cinta f; (narrow) correa f. 3. (of land, sea) franja f. ◇ vt inf arrear. ◇ vi Br inf ir a toda mecha.

beltway [ˈbelt,weɪ] n Am carretera f de circunvalación.

bemused [bɪˈmjuːzd] adj atónito(ta).

bench [bentʃ] n 1. (seat) banco m. 2. (in lab, workshop) mesa f de trabajo. 3. Br (POL) escaño m.

bend [bend] (pt & pp bent) ◇ n curva f; round the ~ inf majareta. ◇ vt doblar. ◇ vi (person) agacharse; (tree) doblarse; to ~ over backwards for hacer todo lo humanamente posible por.

beneath [bɪˈniːθ] ◇ adv debajo. ◇ prep 1. (under) bajo. 2. (unworthy of) indigno(na) de.

benefactor [ˈbenɪfæktəʳ] n benefactor m.

beneficial [ˌbenɪˈfɪʃl] adj: ~ (to) beneficioso(sa) (para)

beneficiary [ˌbenɪˈfɪʃərɪ] n 1. (JUR) (of will) beneficiario m, -ria f. 2. (of change in law, new rule) beneficiado m, -da f.

benefit [ˈbenɪfɪt] ◇ n 1. (advantage) ventaja f; for the ~ of en atención a; to be to sb's ~, to be of ~ to sb ir en beneficio de alguien. 2. (ADMIN) (allowance of money) subsidio m. ◇ vt beneficiar. ◇ vi: to ~ from beneficiarse de.

Benelux [ˈbenɪlʌks] n (el) Benelux; the ~ countries los países del Benelux.

benevolent [bɪˈnevələnt] adj benevolente.

benign [bɪˈnaɪn] adj 1. (person) bondadoso(sa). 2. (MED) benigno(na).

bent [bent] ◇ pt & pp → bend. ◇ adj 1. (wire, bar) torcido(da). 2. (person, body) encorvado(da). 3. Br inf (dishonest) corrupto(ta). 4. (determined): to be ~ on sthg/on doing sthg estar empeñado(da) en algo/en hacer algo. ◇ n (natural tendency) inclinación f; ~ for don m OR talento m para.

bequeath [bɪˈkwiːð] vt lit & fig: to ~ sb sthg, to ~ sthg to sb legar algo a alguien.

bequest [bɪˈkwest] n legado m.

berate [bɪˈreɪt] vt regañar.

bereaved [bɪˈriːvd] (pl inv) n: the ~ la persona más allegada al difunto.

beret [ˈbereɪ] n boina f.

berk [bɜːk] n Br inf gilipollas m y f inv.

Berlin [bɜːˈlɪn] n Berlín

berm [bɜːm] n Am arcén m.

Bermuda [bəˈmjuːdə] n las Bermudas.

Bern [bɜːn] n Berna.

berry [ˈberɪ] n baya f.

berserk [bəˈzɜːk] adj: to go ~ ponerse hecho(cha) una fiera.

berth [bɜːθ] ◇ n 1. (in harbour) amarradero m, atracadero m. 2. (in ship, train) litera f. ◇ vt & vi atracar.

beseech [bɪ'siːtʃ] (*pt & pp* besought OR beseeched) *vt literary*: to ~ (sb to do sthg) suplicar (a alguien que haga algo).

beset [bɪ'set] (*pt & pp* beset) ◇ *adj*: ~ with OR by (*subj: person*) acosado(da) por; (*subj: plan*) plagado(da) de. ◇ *vt* acosar.

beside [bɪ'saɪd] *prep* **1.** (*next to*) al lado de, junto a. **2.** (*compared with*) comparado(da) con **3.** *phr*: that's ~ the point eso no viene al caso; to be ~ o.s. with rage estar fuera de sí; to be ~ o.s. with joy estar loco(ca) de alegría

besides [bɪ'saɪdz] ◇ *adv* además. ◇ *prep* aparte de.

besiege [bɪ'siːdʒ] *vt lit & fig* asediar.

besotted [bɪ'sɒtɪd] *adj*: ~ with borracho(cha) de

besought [bɪ'sɔːt] *pt & pp* → beseech.

best [best] ◇ *adj* mejor. ◇ *adv* mejor; which did you like ~? ¿cuál te gustó más? ◇ *n*: to do one's ~ hacerlo lo mejor que uno puede; to make the ~ of sthg sacarle el mayor partido posible a algo; for the ~ para bien; all the ~ (*ending letter*) un abrazo; (*saying goodbye*) que te vaya bien. ◆ at best *adv* en el mejor de los casos.

best man ≃ padrino *m* de boda.

bestow [bɪ'stəʊ] *vt fml*: to ~ sthg on sb (*gift*) otorgar OR conceder algo a alguien; (*praise*) dirigir algo a alguien; (*title*) conferir algo a alguien.

best-seller *n* (*book*) best seller *m*, éxito *m* editorial.

bet [bet] (*pt & pp* bet OR -ted) ◇ *n* **1.** (*gen*): ~ (on) apuesta *f* (a). **2.** *fig* (*prediction*) predicción *f*. ◇ *vt* apostar. ◇ *vi* **1.** (*gamble*): to ~ (on) apostar (a). **2.** (*predict*): to ~ on sthg contar con (que pase) algo.

betray [bɪ'treɪ] *vt* **1.** (*person, trust, principles*) traicionar. **2.** (*secret*) revelar. **3.** (*feeling*) delatar.

betrayal [bɪ'treɪəl] *n* **1.** (*of person, trust, principles*) traición *f* **2.** (*of secret*) revelación *f*

better ['betər] ◇ *adj* (*compar of good*) mejor; to get ~ mejorar. ◇ *adv* (*compar of well*) **1.** (*in quality*) mejor. **2.** (*more*): I like it ~ me gusta más. **3.** (*preferably*): we had ~ be going más vale que nos vayamos ya. ◇ *n* (*best one*) mejor *m y f*; to get the ~ of sb poder con alguien. ◇ *vt* mejorar; to ~ o.s. mejorarse.

better off *adj* **1.** (*financially*) mejor

de dinero. **2.** (*in better situation*): you'd be ~ going by bus sería mejor si vas en autobús.

betting ['betɪŋ] *n* (U) apuestas *fpl*.

betting shop *n Br* casa *f* de apuestas.

between [bɪ'twiːn] ◇ *prep* entre; closed ~ 1 and 2 cerrado de 1 a 2. ◇ *adv*: (in) ~ en medio, entremedio.

beverage ['bevərɪdʒ] *n fml* bebida *f*.

beware [bɪ'weər] *vi*: to ~ (of) tener cuidado (con).

bewildered [bɪ'wɪldəd] *adj* desconcertado(da).

bewitching [bɪ'wɪtʃɪŋ] *adj* hechizante.

beyond [bɪ'jɒnd] ◇ *prep* más allá de; ~ midnight pasada la medianoche; ~ my reach/responsibility fuera de mi alcance/competencia. ◇ *adv* más allá.

bias ['baɪəs] *n* **1.** (*prejudice*) prejuicio *m*. **2.** (*tendency*) tendencia *f*, inclinación *f*.

biased ['baɪəst] *adj* parcial; to be ~ towards/against tener prejuicios en favor/en contra de.

bib [bɪb] *n* (*for baby*) babero *m*.

Bible ['baɪbl] *n*: the ~ la Biblia.

bicarbonate of soda [baɪ'kɑːbənət-] *n* bicarbonato *m*.

biceps ['baɪseps] (*pl inv*) *n* bíceps *m inv*.

bicker ['bɪkər] *vi* reñir.

bicycle ['baɪsɪkl] *n* bicicleta *f*.

bicycle path *n* camino *m* para bicicletas.

bicycle pump *n* bomba *f*.

bid [bɪd] (*pt & pp* bid) ◇ *n* **1.** (*attempt*): ~ (for) intento *m* (de hacerse con). **2.** (*at auction*) puja *f*. **3.** (*financial offer*): ~ (for sthg) oferta *f* (para adquirir algo). ◇ *vt* (*money*) pujar. ◇ *vi* (*at auction*): to ~ (for) pujar (por).

bidder ['bɪdər] *n* postor *m*, -ra *f*.

bidding ['bɪdɪŋ] *n* (U) (*at auction*) puja *f*.

bide [baɪd] *vt*: to ~ one's time esperar el momento oportuno.

bifocals [baɪ'fəʊklz] *npl* gafas *fpl* bifocales.

big [bɪg] *adj* **1.** (*large, important*) grande; a ~ problem un gran problema; ~ problems grandes problemas. **2.** (*older*) mayor. **3.** (*successful*) popular.

bigamy ['bɪgəmɪ] *n* bigamia *f*.

big deal *inf* ◇ *n*: it's no ~ no tiene (la menor) importancia ◇ *excl* ¡y a mí qué!

Big Dipper [-'dɪpər] *n Br* (*rollercoaster*) montaña *f* rusa.

bigheaded [,bɪg'hedɪd] *adj inf pej* creído(da).

bigot ['bɪɡət] n fanático m, -ca f.

bigoted ['bɪɡətɪd] adj fanático(ca).

bigotry ['bɪɡətrɪ] n fanatismo m.

big time n inf: **the ~** el éxito, la fama.

big toe n dedo m gordo (del pie).

big top n carpa f.

big wheel n Br (at fairground) noria f.

bike [baɪk] n inf (bicycle) bici f; (motorcycle) moto f.

bikeway ['baɪkweɪ] n Am (lane) carril-bici m.

bikini [bɪ'kiːnɪ] n biquini m, bikini m.

bile [baɪl] n (fluid) bilis f.

bilingual [baɪ'lɪŋgwəl] adj bilingüe.

bill [bɪl] ◇ n 1. (statement of cost): **~ (for)** (meal) cuenta f (de); (electricity, phone) factura f (de). 2. (in parliament) proyecto m de ley. 3. (of show, concert) programa m. 4. Am (banknote) billete m. 5. (poster): **'post** OR **stick no ~s'** 'prohibido fijar carteles'. 6. (beak) pico m. ◇ vt (send a bill): **to ~ sb for** mandar la factura a alguien por.

billboard ['bɪlbɔːd] n cartelera f.

billet ['bɪlɪt] n acantonamiento m.

billfold ['bɪlfəʊld] n Am billetera f.

billiards ['bɪljədz] n billar m.

billion ['bɪljən] num 1. Am (thousand million) millar m de millones. 2. Br (million million) billón m.

Bill of Rights n: **the ~** las diez primeras enmiendas de la Constitución estadounidense.

bimbo ['bɪmbəʊ] (pl -s OR -es) n inf pej niña f mona, mujer joven, guapa y poco inteligente.

bin [bɪn] n 1. Br (for rubbish) cubo m de la basura; (for paper) papelera f. 2. (for grain, coal) depósito m.

bind [baɪnd] (pt & pp **bound**) vt 1. (tie up) atar. 2. (unite - people) unir. 3. (bandage) vendar. 4. (book) encuadernar. 5. (constrain) obligar.

binder ['baɪndər] n (cover) carpeta f.

binding ['baɪndɪŋ] ◇ adj obligatorio (ria). ◇ n (on book) encuadernación f.

binge [bɪndʒ] inf n: **to go on a ~** irse de juerga.

bingo ['bɪŋgəʊ] n bingo m.

binoculars [bɪ'nɒkjʊləz] npl gemelos mpl, prismáticos mpl

biochemistry [,baɪəʊ'kemɪstrɪ] n bioquímica f.

biodegradable [,baɪəʊdɪ'greɪdəbl] adj biodegradable.

biography [baɪ'ɒɡrəfɪ] n biografía f.

biological [,baɪə'lɒdʒɪkl] adj biológico (ca).

biology [baɪ'ɒlədʒɪ] n biología f.

birch [bɜːtʃ] n (tree) abedul m.

bird [bɜːd] n 1. (animal - large) ave f; (- small) pájaro m. 2. inf (woman) tía f.

birdie ['bɜːdɪ] n (in golf) birdie m.

bird's-eye view n vista f panorámica.

bird-watcher [-,wɒtʃər] n observador m, -ra f de pájaros

Biro® ['baɪərəʊ] n bolígrafo m, lapicera f Amer.

birth [bɜːθ] n (gen) nacimiento m; (delivery) parto m; **to give ~ (to)** dar a luz (a).

birth certificate n partida f de nacimiento.

birth control n control m de natalidad.

birthday ['bɜːθdeɪ] n cumpleaños m inv.

birthmark ['bɜːθmɑːk] n antojo m.

birthrate ['bɜːθreɪt] n índice m de natalidad.

Biscay ['bɪskɪ] n: **the Bay of ~** el golfo de Vizcaya.

biscuit ['bɪskɪt] n (in UK) galleta f; (in US) tipo de bollo.

bisect [baɪ'sekt] vt dividir en dos.

bishop ['bɪʃəp] n 1. (in church) obispo m. 2. (in chess) alfil m.

bison ['baɪsn] (pl inv OR -s) n bisonte m.

bit [bɪt] ◇ pt → **bite**. ◇ n 1. (piece) trozo m; **a ~ of** un poco de; **a ~ of news** una noticia; **~s and pieces** Br (objects) cosillas fpl; (possessions) bártulos mpl; **to take sthg to ~s** desmontar algo. 2. (amount): **a ~ of** un poco de; **~ of shopping** algunas compras; **quite a ~ of** bastante. 3. (short time): **(for) a ~** un rato. 4. (of drill) broca f. 5. (of bridle) bocado m, freno m. 6. (COMPUT) bit m. ♦ **a bit** adv un poco. ♦ **bit by bit** adv poco a poco.

bitch [bɪtʃ] n 1. (female dog) perra f. 2. v inf pej (unpleasant woman) bruja f. ◇ vi inf (talk unpleasantly): **to ~ about** poner a parir a.

bitchy ['bɪtʃɪ] adj inf: **to be ~** tener mala uva.

bite [baɪt] (pt **bit**, pp **bitten**) ◇ n 1. (by dog, person) mordisco m; (by insect, snake) picotazo m. 2. inf (food): **a ~ (to eat)** un bocado. 3. (wound - from dog) mordedura f; (- from insect, snake) picadura f ◇ vt 1. (subj: person, animal) morder. 2. (subj: insect, snake) picar. ◇ vi 1. (animal, person): **to ~ (into sthg)** morder (algo); **to ~ off sthg**

arrancar algo de un mordisco.
2. *(insect, snake)* picar. 3. *(grip)* agarrar.

biting ['baɪtɪŋ] *adj* 1. *(very cold)* gélido
(da), cortante. 2. *(caustic)* mordaz.

bitten ['bɪtn] *pp* → **bite**

bitter ['bɪtəʳ] ◊ *adj* 1. *(coffee, chocolate)*
amargo(ga); *(lemon)* agrio(gria). 2. *(icy)*
gélido(da) 3. *(causing pain)* amargo
(ga). 4. *(acrimonious)* enconado(da). 5.
(resentful) amargado(da). ◊ *n Br (beer)*
tipo de cerveza amarga.

bitter lemon *n* bíter *m* de limón.

bitterness ['bɪtənɪs] *n* 1. *(of taste)*
amargor *m*. 2. *(of wind, weather)* geli-
dez *f* 3. *(resentment)* resentimiento *m*.

bizarre [bɪ'zɑːʳ] *adj (behaviour, appearance)* extravagante; *(machine, remark)*
singular, extraordinario(ria).

blab [blæb] *vi inf* irse de la lengua.

black [blæk] ◊ *adj* 1. *(gen)* negro(gra);
~ **and blue** amoratado(da); ~ **and
white** *(films, photos)* en blanco y
negro; *(clear-cut)* extremadamente
nítido(da). 2. *(without milk)* solo.
3. *(angry)* furioso(sa). ◊ *n* 1. *(colour)*
negro *m*. 2. *(person)* negro *m*, -gra *f* 3.
phr: **in ~ and white** *(in writing)* por
escrito; **to be in the ~** tener saldo
positivo. ◊ *vt Br (boycott)* boicotear.
♦ **black out** *vi* desmayarse.

blackberry ['blækbəri] *n* mora *f*, zarzamora *f*.

blackbird ['blækbɜːd] *n* mirlo *m*.

blackboard ['blækbɔːd] *n* pizarra *f*

blackcurrant [ˌblæk'kʌrənt] *n* grosella
f negra, casis *m*

blacken ['blækn] *vt* 1. *(make dark)*
ennegrecer. 2. *(tarnish)* manchar.

black eye *n* ojo *m* morado.

blackhead ['blækhed] *n* barrillo *m*.

black ice *n* hielo transparente en el
suelo.

blackleg ['blækleg] *n pej* esquirol *m*.

blacklist ['blæklɪst] *n* lista *f* negra.

blackmail ['blækmeɪl] ◊ *n lit & fig*
chantaje *m*. ◊ *vt lit & fig* chantajear.

black market *n* mercado *m* negro.

blackout ['blækaʊt] *n* 1. *(in wartime,
power cut)* apagón *m*. 2. *(of news)* censura *f*. 3. *(fainting fit)* desmayo *m*.

black pudding *n Br* morcilla *f*.

Black Sea *n*: **the ~** el mar Negro.

black sheep *n* oveja *f* negra.

blacksmith ['blæksmɪθ] *n* herrero *m*.

black spot *n* punto *m* negro.

bladder ['blædəʳ] *n* (ANAT) vejiga *f*.

blade [bleɪd] *n* 1. *(of knife, saw)* hoja *f*.
2. *(of propeller)* aleta *f*, paleta *f*. 3. *(of
grass)* brizna *f*, hoja *f*.

blame [bleɪm] ◊ *n* culpa *f*; **to take the
~ for** hacerse responsable de; **to be to
~ for** ser el culpable de. ◊ *vt* echar la
culpa a, culpar; **to ~ sthg on sthg/sb**,
to ~ sthg/sb for sthg culpar algo/a
alguien de algo

bland [blænd] *adj* soso(sa).

blank [blæŋk] ◊ *adj* 1. *(wall)* liso(sa);
(sheet of paper) en blanco 2. *(cassette)*
virgen. 3. *fig (look)* vacío(a). ◊ *n*
1. *(empty space)* espacio *m* en blanco.
2. (MIL) *(cartridge)* cartucho *m* de
fogueo.

blank cheque *n* cheque *m* en blanco; *fig* carta *f* blanca.

blanket ['blæŋkɪt] *n* 1. *(bed cover)*
manta *f*, frazada *f* Amer. 2. *(layer)*
manto *m*.

blare [bleəʳ] *vi* resonar, sonar.

blasé [Br 'blɑːzeɪ, Am ˌblɑː'zeɪ] *adj*: **to
be ~ about** estar de vuelta de.

blasphemy ['blæsfəmɪ] *n* blasfemia *f*.

blast [blɑːst] ◊ *n* 1. *(of bomb)* explosión *f*. 2. *(of wind)* ráfaga *f*. ◊ *vt (hole,
tunnel)* perforar (con explosivos). ◊ *excl
Br inf* ¡maldita sea! ♦ **(at) full blast**
adv a todo trapo.

blasted ['blɑːstɪd] *adj inf* maldito(ta).

blast-off *n* despegue *m*.

blatant ['bleɪtənt] *adj* descarado(da).

blaze [bleɪz] ◊ *n* 1. *(fire)* incendio *m*.
2. *fig (of colour)* explosión *f*; *(of light)*
resplandor *m*; **a ~ of publicity** una ola
de publicidad. ◊ *vi lit & fig* arder.

blazer ['bleɪzəʳ] *n* chaqueta de sport generalmente con la insignia de un equipo,
colegio etc.

bleach [bliːtʃ] ◊ *n* lejía *f*. ◊ *vt (hair)*
blanquear; *(clothes)* desteñir.

bleached [bliːtʃt] *adj (hair)* teñido(da)
de rubio; *(jeans)* desteñido(da).

bleachers ['bliːtʃəz] *npl Am* (SPORT)
graderío *m* descubierto.

bleak [bliːk] *adj* 1. *(future)* negro(gra).
2. *(place, person, face)* sombrío(a).
3. *(weather)* desapacible.

bleary-eyed [ˌblɪərɪ'aɪd] *adj* con los
ojos nublados.

bleat [bliːt] *vi* 1. *(sheep)* balar. 2. *fig
(person)* gimotear.

bleed [bliːd] *(pt & pp* bled) ◊ *vt
(radiator etc)* vaciar. ◊ *vi* sangrar.

bleeper ['bliːpəʳ] *n* busca *m*

blemish ['blemɪʃ] *n (mark)* señal *f*,
marca *f*; *fig* mancha *f*

blend [blend] ◊ *n lit & fig* mezcla *f*
◊ *vt*: **to ~ (sthg with sthg)** mezclar
(algo con algo). ◊ *vi*: **to ~ (with)** combinarse (con).

blender ['blendə^r] n licuadora f.

bless [bles] (pt & pp -ed OR blest) vt 1. (RELIG) bendecir. 2. phr: ~ you! (after sneezing) ¡jesús!; (thank you) ¡gracias!

blessing ['blesɪŋ] n 1. (RELIG) bendición f. 2. fig (good wishes) aprobación f.

blest [blest] pt & pp → bless.

blew [blu:] pt → blow.

blight [blaɪt] vt malograr, arruinar.

blimey ['blaɪmɪ] excl Br inf ¡ostias!

blind [blaɪnd] ◇ adj 1. (unsighted, irrational) ciego(ga). 2. fig (unaware): to be ~ to sthg no ver algo. ◇ n (for window) persiana f. ◇ npl: the ~ los ciegos. ◇ vt (permanently) dejar ciego(ga); (temporarily) cegar; to ~ sb to sthg fig no dejar a alguien ver algo.

blind alley n lit & fig callejón m sin salida.

blind corner n curva f sin visibilidad.

blind date n cita f a ciegas.

blinders ['blaɪndəz] npl Am anteojeras fpl.

blindfold ['blaɪndfəʊld] ◇ adv con los ojos vendados. ◇ n venda f. ◇ vt vendar los ojos a.

blindly ['blaɪndlɪ] adv 1. (unable to see) a ciegas. 2. fig (guess) a boleo; (accept) ciegamente.

blindness ['blaɪndnɪs] n lit & fig: ~ (to) ceguera f (ante).

blind spot n 1. (when driving) ángulo m muerto. 2. fig (inability to understand) punto m débil.

blink [blɪŋk] ◇ vt 1. (eyes): to ~ one's eyes parpadear. 2. Am (AUT): to ~ one's lights dar las luces (intermitentemente). ◇ vi parpadear.

blinkers ['blɪŋkəz] npl Br anteojeras fpl.

bliss [blɪs] n gloria f, dicha f.

blissful ['blɪsfʊl] adj dichoso(sa), feliz.

blister ['blɪstə^r] ◇ n ampolla f. ◇ vi ampollarse.

blithely ['blaɪðlɪ] adv alegremente.

blitz [blɪts] n (MIL) bombardeo m aéreo.

blizzard ['blɪzəd] n ventisca f (de nieve).

bloated ['bləʊtɪd] adj hinchado(da).

blob [blɒb] n 1. (drop) gota f. 2. (indistinct shape) bulto m borroso.

bloc [blɒk] n bloque m.

block [blɒk] ◇ n 1. (gen) bloque m. 2. Am (of buildings) manzana f, cuadra f Amer. 3. (obstruction - physical or mental) bloqueo m. ◇ vt 1. (road) cortar; (pipe) obstruir. 2. (view) tapar. 3. (prevent) bloquear, obstaculizar.

blockade [blɒ'keɪd] ◇ n bloqueo m. ◇ vt bloquear.

blockage ['blɒkɪdʒ] n obstrucción f.

blockbuster ['blɒkbʌstə^r] n inf (book) (gran) éxito m editorial; (film) (gran) éxito de taquilla.

block capitals npl mayúsculas fpl (de imprenta).

block letters npl mayúsculas fpl (de imprenta).

bloke [bləʊk] n Br inf tío m, tipo m.

blond [blɒnd] adj rubio(bia).

blonde [blɒnd] ◇ adj rubia. ◇ n (woman) rubia f.

blood [blʌd] n sangre f; in cold ~ a sangre fría.

bloodbath ['blʌdbɑ:θ, pl -bɑ:ðz] n matanza f, carnicería f.

blood cell n glóbulo m.

blood donor n donante m y f de sangre.

blood group n grupo m sanguíneo.

bloodhound ['blʌdhaʊnd] n sabueso m.

blood poisoning n septicemia f.

blood pressure n tensión f arterial; to have high/low ~ tener la tensión alta/baja.

bloodshed ['blʌdʃed] n derramamiento m de sangre.

bloodshot ['blʌdʃɒt] adj inyectado (da) (de sangre).

bloodstream ['blʌdstri:m] n flujo m sanguíneo, sangre f.

blood test n análisis m inv de sangre.

bloodthirsty ['blʌdˌθɜ:stɪ] adj sediento(ta) de sangre.

blood transfusion n transfusión f de sangre.

bloody ['blʌdɪ] ◇ adj 1. (war, conflict) sangriento(ta). 2. (face, hands) ensangrentado(da). 3. Br v inf maldito(ta), pinche Méx ◇ adv Br v inf: he's ~ useless es un puto inútil; it's ~ brilliant es de puta madre.

bloody-minded [-'maɪndɪd] adj Br inf puñetero(ra), que lleva la contraria.

bloom [blu:m] ◇ n flor f. ◇ vi florecer.

blooming ['blu:mɪŋ] ◇ adj Br inf (to show annoyance) condenado(da). ◇ adv Br inf condenadamente.

blossom ['blɒsəm] ◇ n flor f; in ~ en flor. ◇ vi lit & fig florecer.

blot [blɒt] ◇ n (of ink) borrón m; fig mancha f. ◇ vt 1. (paper) emborronar. 2. (ink) secar. ♦ blot out vt sep (gen) cubrir, ocultar; (memories) borrar.

blotchy ['blɒtʃɪ] adj lleno(na) de marcas.

blotting paper ['blɒtɪŋ-] n (U) papel m secante.

blouse [blauz] n blusa f.

blow [bləu] (pt blew, pp blown) ◇ vi 1. (gen) soplar. 2. (in wind) salir volando, volar. 3. (fuse) fundirse. ◇ vt 1. (subj: wind) hacer volar. 2. (whistle, horn) tocar, hacer sonar. 3. (bubbles) hacer. 4. (kiss) mandar. 5. (fuse) fundir. 6. (clear): **to ~ one's nose** sonarse la nariz. 7. inf (money) ventilarse. ◇ n (hit, shock) golpe m. ◆ **blow out** ◇ vt sep apagar. ◇ vi 1. (candle) apagarse. 2. (tyre) reventar. ◆ **blow over** vi 1. (storm) amainar. 2. (argument) disiparse. ◆ **blow up** ◇ vt sep 1. (inflate) inflar. 2. (destroy) volar. 3. (photograph) ampliar. ◇ vi saltar por los aires, estallar.

blow-dry n secado m (con secador).

blowlamp Br ['bləulæmp], **blowtorch** ['bləutɔːtʃ] n soplete m.

blown [bləun] pp → blow.

blowout ['bləuaut] n (of tyre) pinchazo m, reventón m.

blowtorch = blowlamp.

blubber ['blʌbər] vi pej lloriquear.

bludgeon ['blʌdʒən] vt apalear.

blue [bluː] ◇ adj 1. (colour) azul. 2. inf (sad) triste. 3. (pornographic - film) equis (inv), porno; (- joke) verde. ◇ n azul m; **out of the ~** en el momento menos pensado. ◆ **blues** npl 1. (MUS) blues m inv. 2. inf (sad feeling) depre f.

bluebell ['bluːbel] n campanilla f.

blueberry ['bluːbərɪ] n arándano m.

bluebottle ['bluːˌbɒtl] n moscardón m, moscón m.

blue cheese n queso m azul.

blue-collar adj: **~ worker** obrero m, -ra f

blue jeans npl Am vaqueros mpl, tejanos mpl Esp.

blueprint ['bluːprɪnt] n 1. (CONSTR) cianotipo m. 2. fig (description) proyecto m.

bluff [blʌf] ◇ adj brusco(ca). ◇ n (deception) fanfarronada f; **to call sb's ~** desafiar a alguien a que haga lo que dice. ◇ vi fanfarronear.

blunder ['blʌndər] ◇ n metedura f de pata. ◇ vi 1. (make mistake) meter la pata. 2. (move clumsily) ir tropezando.

blunt [blʌnt] adj 1. (knife) desafilado (da) 2. (object) romo(ma). 3. (forthright) directo(ta), franco(ca).

blur [blɜːr] ◇ n imagen f borrosa. ◇ vt

1. (vision) nublar 2. (distinction) desdibujar.

blurb [blɜːb] n inf texto publicitario en la cubierta o solapa de un libro.

blurt [blɜːt] ◆ **blurt out** vt sep espetar, decir de repente

blush [blʌʃ] ◇ n rubor m. ◇ vi ruborizarse.

blusher ['blʌʃər] n colorete m.

blustery ['blʌstərɪ] adj borrascoso (sa)

BMX (abbr of bicycle motorcross) n mountain-bike

BO n (abbr of body odour) OC m.

boar [bɔːr] n 1. (male pig) verraco m. 2. (wild pig) jabalí m.

board [bɔːd] ◇ n 1. (plank) tabla f. 2. (for notices) tablón m. 3. (for games) tablero m. 4. (blackboard) pizarra f. 5. (COMPUT) placa f. 6. (of company): **~ (of directors)** (junta f) directiva f. 7. (committee) comité m, junta f. 8. Br (at hotel, guesthouse) pensión f; **~ and lodging** comida y habitación; **full ~** pensión completa; **half ~** media pensión. 9. **on ~** (ship, plane) a bordo; (bus, train) dentro. 10. phr: **above ~** en regla. ◇ vt (ship, plane) embarcar en; (train, bus) subirse a.

boarder ['bɔːdər] n 1. (lodger) huésped m y f 2. (at school) interno m, -na f.

boarding card ['bɔːdɪŋ-] n tarjeta f de embarque

boardinghouse ['bɔːdɪŋhaus, pl -hauzɪz] n casa f de huéspedes.

boarding school ['bɔːdɪŋ-] n internado m.

Board of Trade n Br: **the ~** ≃ el Ministerio de Comercio

boardroom ['bɔːdrum] n sala f de juntas.

boast [bəust] ◇ vt disfrutar de. ◇ vi: **to ~ (about)** alardear OR jactarse (de)

boastful ['bəustful] adj fanfarrón(ona).

boat [bəut] n (large) barco m; (small) barca f; **by ~** en barco/barca.

boater ['bəutər] n (hat) canotié m.

boatswain ['bəusn] n (NAUT) contramaestre m.

bob [bɒb] ◇ n 1. (hairstyle) corte m de chico. 2. Br inf dated (shilling) chelín m. 3. = bobsleigh. ◇ vi (boat) balancearse.

bobbin ['bɒbɪn] n bobina f

bobby ['bɒbɪ] n Br inf poli m.

bobsleigh ['bɒbsleɪ] n bobsleigh m.

bode [bəud] vi literary: **to ~ ill/well for** traer malos/buenos presagios para.

bodily ['bɒdɪlɪ] ◇ adj corporal. ◇ adv:

to lift/move sb ~ levantar/mover a alguien por la fuerza

body ['bɒdɪ] *n* 1. *(gen)* cuerpo *m*. 2. *(corpse)* cadáver *m*. 3. *(organization)* entidad *f*; **a ~ of thought/opinion** una corriente de pensamiento/opinión. 4. *(of car)* carrocería *f*; *(of plane)* fuselaje *m*.

body building *n* culturismo *m*.

bodyguard ['bɒdɪgɑːd] *n* guardaespaldas *m inv*, guarura *m Méx*

body odour *n* olor *m* corporal.

bodywork ['bɒdɪwɜːk] *n* carrocería *f*.

bog [bɒg] *n* 1. *(marsh)* cenagal *m*. 2. *Br v inf (toilet)* meódromo *m*.

bogged down [,bɒgd-] *adj* 1. *(in details, work)*: **~ (in)** empantanado(da) (en). 2. *(in mud, snow)*: **~ in** atascado (da) en.

boggle ['bɒgl] *vi*: **the mind ~s!** ¡me da vueltas la cabeza!, ¡es increíble!

bogus ['bəʊgəs] *adj* falso(sa).

boil [bɔɪl] ◇ *n* 1. *(MED)* pústula *f*, grano *m*. 2. *(boiling point)*: **to bring sthg to the ~** poner algo a hervir; **to come to the ~** romper a hervir. ◇ *vt* 1. *(water)* hervir. 2. *(pan, kettle)* poner a hervir. 3. *(food)* cocer. ◇ *vi* hervir. ◆ **boil down to** *vt fus* reducirse a. ◆ **boil over** *vi* 1. *(liquid)* rebosar. 2. *fig (feelings)* desbordarse.

boiled [bɔɪld] *adj* cocido(da); **~ egg** huevo *m* pasado por agua; **~ sweets** *Br* caramelos *mpl* (duros).

boiler ['bɔɪləʳ] *n* caldera *f*.

boiler suit *n Br* mono *m*.

boiling ['bɔɪlɪŋ] *adj inf (hot)*: **I'm ~** estoy asado(da) de calor; **it's ~** hace un calor de muerte.

boiling point *n* punto *m* de ebullición.

boisterous ['bɔɪstərəs] *adj* ruidoso (sa), alborotador(ra)

bold [bəʊld] *adj* 1. *(brave, daring)* audaz. 2. *(lines, design)* marcado(da). 3. *(colour)* vivo(va). 4. *(TYPO)*: **~ type** OR **print** negrita *f*.

Bolivia [bə'lɪvɪə] *n* Bolivia.

Bolivian [bə'lɪvɪən] ◇ *adj* boliviano (na). ◇ *n* boliviano *m*, -na *f*

bollard ['bɒlɑːd] *n* *(on road)* poste *m*.

bollocks ['bɒləks] *Br v inf npl* cojones *mpl*

bolster ['bəʊlstəʳ] *vt* reforzar ◆ **bolster up** *vt fus* reforzar.

bolt [bəʊlt] ◇ *n* 1. *(on door, window)* cerrojo *m*. 2. *(type of screw)* tornillo *m*, perno *m*. ◇ *adv*: **~ upright** muy derecho(cha). ◇ *vt* 1. *(fasten together)* ator-

nillar. 2. *(door, window)* echar el cerrojo a. 3. *(food)* tragarse. ◇ *vi* salir disparado(da).

bomb [bɒm] ◇ *n* bomba *f*. ◇ *vt* bombardear.

bombard [bɒm'bɑːd] *vt* *(MIL & fig)*: **to ~ (with)** bombardear (a).

bombastic [bɒm'bæstɪk] *adj* grandilocuente, rimbombante

bomb disposal squad *n* equipo *m* de artificieros.

bomber ['bɒməʳ] *n* 1. *(plane)* bombardero *m*. 2. *(person)* persona *f* que pone bombas.

bombing ['bɒmɪŋ] *n* bombardeo *m*.

bombshell ['bɒmʃel] *n fig* bombazo *m*.

bona fide ['bəʊnə'faɪdɪ] *adj* de buena fe.

bond [bɒnd] ◇ *n* 1. *(between people)* lazo *m*, vínculo *m*. 2. *(binding promise)* compromiso *m*. 3. *(FIN)* bono *m*. ◇ *vt* *(glue)* adherir; *fig (people)* unir.

bondage ['bɒndɪdʒ] *n literary (servitude)* esclavitud *f*, vasallaje *m*.

bone [bəʊn] ◇ *n (gen)* hueso *m*; *(of fish)* raspa *f*, espina *f*. ◇ *vt (fish)* limpiar; *(meat)* deshuesar.

bone-dry *adj* bien seco(ca)

bone-idle *adj* haragán(ana), gandul (la).

bonfire ['bɒn,faɪəʳ] *n* hoguera *f*.

bonfire night *n Br* noche del 5 de noviembre en que se encienden hogueras y fuegos artificiales.

Bonn [bɒn] *n* Bonn.

bonnet ['bɒnɪt] *n* 1. *Br (of car)* capó *m*. 2. *(hat)* toca *f*.

bonny ['bɒnɪ] *adj Scot* majo(ja).

bonus ['bəʊnəs] *(pl -es)* *n (extra money)* paga *f* extra, prima *f*; *fig* beneficio *m* adicional

bony ['bəʊnɪ] *adj* 1. *(person, hand)* huesudo(da) 2. *(meat)* lleno(na) de huesos; *(fish)* espinoso(sa).

boo [buː] *(pl -s)* ◇ *excl* ¡bu! ◇ *n* abucheo *m*. ◇ *vt & vi* abuchear.

boob [buːb] *n inf (mistake)* metedura *f* de pata. ◆ **boobs** *npl Br v inf (woman's breasts)* tetas *fpl*.

booby trap ['buːbɪ-] *n (bomb)* bomba *f* camuflada.

book [bʊk] ◇ *n* 1. *(for reading)* libro *m*. 2. *(of stamps)* librillo *m*; *(of tickets, cheques)* talonario *m*; *(of matches)* cajetilla *f*. ◇ *vt* 1. *(reserve)* reservar; **to be fully ~ed** estar completo. 2. *inf (subj: police)* multar. 3. *(FTBL)* amonestar. ◇ *vi* hacer reserva. ◆ **books** *npl* *(COMM)* libros *mpl*. ◆ **book up** *vt sep*: **to be ~ed up** estar completo.

bookcase ['bʊkkeɪs] n estantería f.

bookie ['bʊkɪ] n inf corredor m, -ra f de apuestas.

booking ['bʊkɪŋ] n 1. (reservation) reserva f. 2. Br (FTBL) amonestación f.

booking office n taquilla f.

bookkeeping ['bʊkˌkiːpɪŋ] n contabilidad f.

booklet ['bʊklɪt] n folleto m.

bookmaker ['bʊkˌmeɪkəʳ] n corredor m, -ra f de apuestas.

bookmark ['bʊkmɑːk] n separador m.

bookseller ['bʊkˌseləʳ] n librero m, -ra f.

bookshelf ['bʊkʃelf] (pl **-shelves** [-ʃelvz]) n (shelf) estante m; (bookcase) estantería f, librero m Amer.

bookshop Br ['bʊkʃɒp], **bookstore** Am ['bʊkstɔːʳ] n librería f.

book token n vale m para comprar libros.

boom [buːm] ◇ n 1. (loud noise) estampido m. 2. (increase) auge m, boom m. 3. (for TV camera, microphone) jirafa f. ◇ vi 1. (make noise) tronar. 2. (ECON) estar en auge.

boon [buːn] n ayuda f.

boost [buːst] ◇ n 1. (in profits, production) incremento m 2. (to popularity, spirits) empujón m. ◇ vt 1. (increase) incrementar. 2. (improve) levantar.

booster ['buːstəʳ] n (MED) inyección f de revacunación.

boot [buːt] ◇ n 1. (item of footwear) bota f; (ankle boot) botín m. 2. Br (of car) maletero m, cajuela f CAm & Méx, baúl m CSur. ◇ vt inf dar una patada a. ◆ to **boot** adv además. ◆ **boot out** vt sep inf echar, poner (de patitas) en la calle.

booth [buːð] n 1. (at fair) puesto m. 2. (for phoning, voting) cabina f.

booty ['buːtɪ] n literary botín m.

booze [buːz] inf ◇ n (U) bebida f, alcohol m. ◇ vi pimplar, empinar el codo.

bop [bɒp] inf ◇ n (disco, dance) baile m. ◇ vi bailar.

border ['bɔːdəʳ] ◇ n 1. (between countries) frontera f 2. (edge) borde m. 3. (in garden) arriate m. ◇ vt 1. (country) limitar con. 2. (edge) bordear. ◆ **border on** vt fus rayar en.

borderline ['bɔːdəlaɪn] ◇ adj: a ~ **case** un caso dudoso. ◇ n fig límite m.

bore [bɔːʳ] ◇ pt → **bear**. ◇ n 1. pej (person) pelmazo m, -za f; (situation, event) rollo m, lata f. 2. (of gun) calibre m. ◇ vt 1. (not interest) aburrir; to ~ **sb stiff** OR to **tears** OR to **death** aburrir a alguien un montón. 2. (drill) horadar.

bored [bɔːd] adj aburrido(da); to be ~ **with sthg** estar harto de algo.

boredom ['bɔːdəm] n aburrimiento m.

boring ['bɔːrɪŋ] adj aburrido(da).

born [bɔːn] adj 1. (given life) nacido (da); to be ~ nacer. 2. (natural) nato (ta)

borne [bɔːn] pp → **bear**

borough ['bʌrə] n (area of town) distrito m; (town) municipio m

borrow ['bɒrəʊ] vt: to ~ **sthg from sb** coger OR tomar algo prestado a alguien; **can I ~ your bike?** ¿me prestas tu bici?

Bosnia ['bɒznɪə] n Bosnia

Bosnia-Herzegovina [-ˌhɜːtsəgə-ˈviːnə] n Bosnia-Hercegovina

Bosnian ['bɒznɪən] ◇ adj bosnio(nia). ◇ n bosnio m, -nia f

bosom ['bʊzəm] n (of woman) busto m, pecho m

boss [bɒs] ◇ n jefe m, -fa f. ◇ vt pej mangonear, dar órdenes a. ◆ **boss about, boss around** vt sep pej mangonear, dar órdenes a

bossy ['bɒsɪ] adj mandón(ona).

bosun ['bəʊsn] = **boatswain**

botany ['bɒtənɪ] n botánica f

botch [bɒtʃ] ◆ **botch up** vt sep inf estropear, hacer chapuceramente.

both [bəʊθ] ◇ adj los dos, las dos, ambos(bas). ◇ pron: ~ (of them) los dos (las dos), ambos mpl, -bas fpl; ~ of **us are coming** vamos los dos. ◇ adv: **she is ~ pretty and intelligent** es guapa e inteligente

bother ['bɒðəʳ] ◇ vt 1. (worry) preocupar; (irritate) fastidiar; **I/she can't be ~ed to do it** no tengo/tiene ganas de hacerlo. 2. (pester) molestar. ◇ vi: to ~ (doing OR to do sthg) molestarse (en hacer algo); to ~ **about** preocuparse por. ◇ n (U) 1. (inconvenience) problema m 2. (pest, nuisance) molestia f.

bothered ['bɒðəd] adj preocupado (da).

bottle ['bɒtl] ◇ n 1. (gen) botella f. 2. (of shampoo, medicine - plastic) bote m; (- glass) frasco m 3. (for baby) biberón m 4. (U) Br inf (courage) agallas fpl. ◇ vt (wine) embotellar ◆ **bottle up** vt sep reprimir, tragarse

bottle bank n contenedor m de vidrio (para reciclaje).

bottleneck ['bɒtlnek] n 1. (in traffic) embotellamiento m. 2. (in production) freno m.

bottle-opener n abrebotellas m inv.

bottom ['bɒtəm] ◇ adj 1. (lowest) más

bajo(ja), de abajo del todo. 2. (least successful) peor. ◊ n 1. (lowest part - of glass, bottle) culo m; (- of bag, mine, sea) fondo m; (- of ladder, hill) pie m; (- of page, list) final m. 2. (farthest point) final m, fondo m. 3. (of class etc) parte f más baja. 4. (buttocks) trasero m. 5. (root): to get to the ~ of llegar al fondo de. ◆ **bottom out** vi tocar fondo.

bottom line n fig: the ~ is ... a fin de cuentas ...

bough [bau] n rama f.

bought [bɔːt] pt & pp → **buy**.

boulder ['bəʊldəʳ] n canto m rodado.

bounce [baʊns] ◊ vi 1. (gen) rebotar 2. (person): to ~ (on sthg) dar botes (en algo). 3. inf (cheque) ser rechazado (da) por el banco. ◊ vt botar. ◊ n bote m.

bouncer ['baʊnsəʳ] n inf matón m, gorila m (de un local).

bound [baʊnd] ◊ pt & pp → **bind** ◊ adj 1. (certain): it's ~ to happen seguro que va a pasar. 2. (obliged): ~ (by sthg/to do sthg) obligado(da) (por algo/a hacer algo); I'm ~ to say OR **admit** tengo que decir OR admitir. 3. (for place): to be ~ **for** ir rumbo a. ◊ n salto m. ◊ vi ir dando saltos. ◆ **bounds** npl (limits) límites mpl; out of ~s (en) zona prohibida.

boundary ['baʊndərɪ] n (gen) límite m; (between countries) frontera f.

bouquet [bəʊˈkeɪ] n (of flowers) ramo m.

bourbon ['bɜːbən] n bourbon m.

bourgeois ['bɔːʒwɑː] adj pej burgués (esa).

bout [baʊt] n 1. (attack) ataque m, acceso m. 2. (session) racha f. 3. (boxing match) pelea f, combate m.

bow¹ [baʊ] n 1. (act of bowing) reverencia f. 2. (of ship) proa f. ◊ vt inclinar. ◊ vi 1. (make a bow) inclinarse. 2. (defer): to ~ **to** sthg ceder OR doblegarse ante algo.

bow² [bəʊ] n 1. (weapon, musical instrument) arco m. 2. (knot) lazo m.

bowels ['baʊəlz] npl lit & fig entrañas fpl.

bowl [bəʊl] ◊ n (gen) cuenco m, bol m; (for soup) tazón m; (for washing clothes) barreño m, balde m. ◊ vi lanzar la bola. ◆ **bowls** n (U) bochas fpl. ◆ **bowl over** vt sep 1. (knock over) atropellar. 2. fig (surprise, impress) dejar atónito(ta).

bow-legged [ˌbəʊˈlegɪd] adj de piernas arqueadas, estevado(da).

bowler ['bəʊləʳ] n 1. (CRICKET) lanzador m. 2. ~ **(hat)** bombín m, sombrero m hongo.

bowling ['bəʊlɪŋ] n (U) bolos mpl.

bowling alley n 1. (building) bolera f. 2. (alley) calle f.

bowling green n campo de césped para jugar a las bochas.

bow tie [bəʊ-] n pajarita f.

box [bɒks] ◊ n 1. (container, boxful) caja f; (for jewels) estuche m. 2. (THEATRE) palco m. 3. Br inf (television): the ~ la caja tonta ◊ vt (put in boxes) encajonar. ◊ vi boxear.

boxer ['bɒksəʳ] n 1. (fighter) boxeador m, púgil m. 2. (dog) bóxer m

boxer shorts npl calzón m (de boxeo).

boxing ['bɒksɪŋ] n boxeo m.

Boxing Day n fiesta nacional en Inglaterra y Gales el 26 de diciembre (salvo domingos) en que tradicionalmente se da el aguinaldo.

boxing glove n guante m de boxeo.

box office n taquilla f, boletería f Amer.

boxroom ['bɒksrʊm] n Br trastero m.

boy [bɔɪ] ◊ n 1. (male child) chico m, niño m. 2. inf (young man) chico m. ◊ excl: (oh) ~! ¡jolín!, ¡vaya, vaya!

boycott ['bɔɪkɒt] ◊ n boicot m. ◊ vt boicotear.

boyfriend ['bɔɪfrend] n novio m.

boyish ['bɔɪɪʃ] adj (man) juvenil.

BR (abbr of **British Rail**) n ferrocarriles británicos, = Renfe f

bra [brɑː] n sujetador m.

brace [breɪs] ◊ n 1. (on teeth) aparato m corrector. 2. (pair) par m. ◊ vt (steady) tensar; to ~ o.s. (for) lit & fig prepararse (para). ◆ **braces** npl 1. (on teeth) aparato m corrector. 2. Br (for trousers) tirantes mpl, tiradores mpl CSur

bracelet ['breɪslɪt] n brazalete m, pulsera f.

bracing ['breɪsɪŋ] adj tonificante.

bracken ['brækn] n helecho m

bracket ['brækɪt] n 1. (support) soporte m, palomilla f. 2. (parenthesis - round) paréntesis m inv; (- square) corchete m; in ~s entre paréntesis. 3. (group) sector m, banda f. ◊ vt (enclose in brackets) poner entre paréntesis.

brag [bræg] vi fanfarronear, jactarse

braid [breɪd] ◊ n 1. (on uniform) galón m. 2. (hairstyle) trenza f. ◊ vt trenzar.

brain [breɪn] n lit & fig cerebro m

◆ **brains** *npl* cerebro *m*, seso *m*.

brainchild ['breɪntʃaɪld] *n inf* invención *f*, idea *f*.

brainwash ['breɪnwɒʃ] *vt* lavar el cerebro a.

brainwave ['breɪnweɪv] *n* idea *f* genial.

brainy ['breɪnɪ] *adj inf* listo(ta).

brake [breɪk] ◇ *n lit & fig* freno *m* ◇ *vi* frenar

brake light *n* luz *f* de freno.

bramble ['bræmbl] *n* (*bush*) zarza *f*, zarzamora *f*; (*fruit*) mora *f*.

bran [bræn] *n* salvado *m*.

branch [brɑːntʃ] ◇ *n* **1.** (*of tree, of subject*) rama *f*. **2.** (*of river*) afluente *m*; (*of railway*) ramal *m*. **3.** (*of company, bank*) sucursal *f*. ◇ *vi* bifurcarse. ◆ **branch out** *vi* (*person*) ampliar horizontes; (*firm*) expandirse, diversificarse.

brand [brænd] ◇ *n* **1.** (*of product*) marca *f*. **2.** *fig* (*type*) tipo *m*, estilo *m*. **3.** (*mark*) hierro *m*. ◇ *vt* **1.** (*cattle*) marcar (con hierro). **2.** *fig* (*classify*): **to ~ sb (as sthg)** tildar a alguien (de algo).

brandish ['brændɪʃ] *vt* (*weapon*) blandir; (*letter etc*) agitar.

brand name *n* marca *f*.

brand-new *adj* flamante.

brandy ['brændɪ] *n* coñac *m*.

brash [bræʃ] *adj pej* insolente.

brass [brɑːs] *n* **1.** (*metal*) latón *m*. **2.** (MUS): **the ~** el metal.

brass band *n* banda *f* de metal.

brassiere [*Br* 'bræsɪəʳ, *Am* brəˈzɪr] *n* sostén *m*, sujetador *m*.

brat [bræt] *n inf pej* mocoso *m*, -sa *f*

bravado [brəˈvɑːdəʊ] *n* bravuconería *f*.

brave [breɪv] ◇ *adj* valiente. ◇ *vt* (*weather, storm*) desafiar; (*sb's anger*) hacer frente a.

bravery ['breɪvərɪ] *n* valentía *f*.

brawl [brɔːl] *n* gresca *f*, reyerta *f*

brawn [brɔːn] *n* (U) **1.** (*muscle*) musculatura *f*, fuerza *f* física. **2.** *Br* (*meat*) carne *f* de cerdo en gelatina.

bray [breɪ] *vi* (*donkey*) rebuznar

brazen ['breɪzn] *adj* (*person*) descarado (da); (*lie*) burdo(da) ◆ **brazen out** *vt sep*: **to ~ it out** echarle cara.

brazier ['breɪzjəʳ] *n* brasero *m*.

Brazil [brəˈzɪl] *n* (el) Brasil.

Brazilian [brəˈzɪljən] ◇ *adj* brasileño (ña). ◇ *n* brasileño *m*, -ña *f*.

brazil nut *n* nuez *f* de Pará.

breach [briːtʃ] ◇ *n* **1.** (*act of disobedience*) incumplimiento *m*; **~ of confidence** abuso *m* de confianza; **to be in ~ of sthg** incumplir algo; **~ of contract** incumplimiento de contrato.

2. (*opening, gap*) brecha *f*. **3.** *fig* (*in friendship, marriage*) ruptura *f*. ◇ *vt* **1.** (*disobey*) incumplir. **2.** (*make hole in*) abrir (una) brecha en.

breach of the peace *n* alteración *f* del orden público.

bread [bred] *n* **1.** (*food*) pan *m*; **~ and butter** (*buttered bread*) pan con mantequilla; *fig* (*main income*) sustento *m* diario. **2.** *inf* (*money*) pasta *f*.

bread bin *Br*, **bread box** *Am n* panera *f*

breadcrumbs ['bredkrʌmz] *npl* migas *fpl* (de pan); (CULIN) pan *m* rallado

breadline ['bredlaɪn] *n*: **to be on the ~** vivir en la miseria.

breadth [bretθ] *n* **1.** (*in measurements*) anchura *f*. **2.** *fig* (*scope*) amplitud *f*

breadwinner ['bred,wɪnəʳ] *n* cabeza *m* y *f* de familia.

break [breɪk] (*pt* broke, *pp* broken) ◇ *n* **1.** (*gap - in clouds*) claro *m*; (*- in transmission*) corte *m*. **2.** (*fracture*) fractura *f*. **3.** (*pause*): ~ (**from**) descanso *m* (de); **to have** OR **take a ~** tomarse un descanso. **4.** (*playtime*) recreo *m*. **5.** *inf* (*chance*) oportunidad *f*; **a lucky ~** un golpe de suerte. ◇ *vt* **1.** (*gen*) romper; (*arm, leg etc*) romperse; **to ~ sb's hold** escaparse OR liberarse de alguien. **2.** (*machine*) estropear. **3.** (*journey, contact*) interrumpir. **4.** (*habit, health*) acabar con; (*strike*) reventar. **5.** (*law, rule*) violar; (*appointment, word*) faltar a **6.** (*record*) batir. **7.** (*tell*): **to ~ the news (of sthg to sb)** dar la noticia (de algo a alguien) ◇ *vi* **1.** (*come to pieces*) romperse. **2.** (*stop working*) estropearse. **3.** (*pause*) parar; (*weather*) cambiar. **4.** (*start - day*) romper; (*- storm*) estallar. **5.** (*escape*): **to ~ loose** OR **free** escaparse. **6.** (*voice*) cambiar **7.** (*news*) divulgarse. **8.** *phr*: **to ~ even** salir sin pérdidas ni beneficios. ◆ **break away** *vi* escaparse; **to ~ away (from)** (*end connection*) separarse (de); (POL) escindirse (de). ◆ **break down** ◇ *vt sep* **1.** (*destroy - gen*) derribar; (*- resistance*) vencer **2.** (*analyse*) descomponer ◇ *vi* **1.** (*collapse, disintegrate, fail*) venirse abajo. **2.** (*stop working*) estropearse. **3.** (*lose emotional control*) perder el control. **4.** (*decompose*) descomponerse. ◆ **break in** ◇ *vi* **1.** (*enter by force*) entrar por la fuerza. **2.** (*interrupt*): **to ~ in (on sthg/sb)** interrumpir (algo/a alguien). ◇ *vt sep* **1.** (*horse, shoes*) domar **2.** (*person*) amoldar, poner al tanto ◆ **break into** *vt fus* **1.** (*house, shop*) entrar (por la fuerza) en; (*box,* *safe)* forzar. **2.** *(begin suddenly)*: **to ~ into song/a run** echarse a cantar/correr. ♦ **break off** *vt sep* **1.** *(detach)* partir. ◊ *vi* **1.** *(become detached)* partirse. **2.** *(stop talking)* interrumpirse ♦ **break out** *vi* **1.** *(fire, fighting, panic)* desencadenarse; *(war)* estallar. **2.** *(escape)*: **to ~ out (of)** escapar (de). ♦ **break up** *vt sep* **1.** *(ice)* hacer pedazos; *(car)* desguazar. **2.** *(relationship)* romper; *(talks)* poner fin a; *(fight, crowd)* disolver ◊ *vi* **1.** *(into smaller pieces)* hacerse pedazos. **2.** *(relationship)* deshacerse; *(conference)* concluir; *(school, pupils)* terminar el curso; **to ~ up with sb** romper con alguien **3.** *(crowd)* disolverse.

breakage ['breɪkɪdʒ] *n* rotura *f*.

breakdown ['breɪkdaʊn] *n* **1.** *(of car, train)* avería *f*; *(of talks, in communications)* ruptura *f*; *(of law and order)* colapso *m*. **2.** *(analysis)* desglose *m*.

breakfast ['brekfəst] *n* desayuno *m*

breakfast television *n Br* programación *f* matinal de televisión.

break-in *n* robo *m* *(con allanamiento de morada)*.

breaking ['breɪkɪŋ] *n*: **~ and entering** (JUR) allanamiento *m* de morada.

breakneck ['breɪknek] *adj*: **at ~ speed** a (una) velocidad de vértigo.

breakthrough ['breɪkθruː] *n* avance *m*.

breakup ['breɪkʌp] *n* ruptura *f*

breast [brest] *n* **1.** *(of woman)* pecho *m*, seno *m*; *(of man)* pecho. **2.** *(meat of bird)* pechuga *f*.

breast-feed *vt & vi* amamantar.

breaststroke ['breststrəʊk] *n* braza *f*.

breath [breθ] *n* respiración *f*, aliento *m*; **to take a deep ~** respirar hondo; **to get one's ~ back** recuperar el aliento; **to say sthg under one's ~** decir algo en voz baja; **out of ~** sin aliento.

breathalyse *Br*, **-yze** *Am* ['breθəlaɪz] *vt* hacer la prueba del alcohol a.

breathe [briːð] ◊ *vi* respirar. ◊ *vt* **1.** *(inhale)* respirar. **2.** *(exhale)* despedir. ♦ **breathe in** *vt sep & vi* aspirar. ♦ **breathe out** *vi* espirar

breather ['briːðəʳ] *n inf* respiro *m*.

breathing ['briːðɪŋ] *n* respiración *f*.

breathless ['breθlɪs] *adj* **1.** *(out of breath)* jadeante. **2.** *(with excitement)* sin aliento (por la emoción).

breathtaking ['breθ,teɪkɪŋ] *adj* sobrecogedor(ra), impresionante.

breed [briːd] *(pt & pp* **bred** [bred]) ◊ *n*

1. *(of animal)* raza *f* **2.** *fig (sort)* generación *f*, especie *f*. ◊ *vt* *(animals)* criar; *(plants)* cultivar. ◊ *vi* procrear.

breeding ['briːdɪŋ] *n* **1.** *(of animals)* cría *f*; *(of plants)* cultivo *m*. **2.** *(manners)* educación *f*.

breeze [briːz] ◊ *n* brisa *f*. ◊ *vi*: **to ~ in/out** entrar/salir como si tal cosa.

breezy ['briːzɪ] *adj* **1.** *(windy)*: **it's ~** hace aire. **2.** *(cheerful)* jovial, despreocupado(da).

brevity ['brevɪtɪ] *n* brevedad *f*.

brew [bruː] ◊ *vt* *(beer)* elaborar; *(tea, coffee)* preparar. ◊ *vi* **1.** *(tea)* reposar. **2.** *(trouble)* fraguarse.

brewer ['bruːəʳ] *n* cervecero *m*, -ra *f*.

brewery ['bruərɪ] *n* fábrica *f* de cerveza

bribe [braɪb] ◊ *n* soborno *m*. ◊ *vt*: **to ~ (sb to do sthg)** sobornar (a alguien para que haga algo).

bribery ['braɪbərɪ] *n* soborno *m*.

bric-a-brac ['brɪkəbræk] *n* baratijas *fpl*

brick [brɪk] *n* ladrillo *m*.

bricklayer ['brɪk,leɪəʳ] *n* albañil *m*.

bridal ['braɪdl] *adj* nupcial; **~ dress** traje *m* de novia.

bride [braɪd] *n* novia *f*.

bridegroom ['braɪdɡrum] *n* novio *m*.

bridesmaid ['braɪdzmeɪd] *n* dama *f* de honor.

bridge [brɪdʒ] ◊ *n* **1.** *(gen)* puente *m*. **2.** *(on ship)* puente *m* de mando. **3.** *(of nose)* caballete *m*. **4.** *(card game)* bridge *m*. ◊ *vt fig (gap)* llenar

bridle ['braɪdl] *n* brida *f*.

bridle path *n* camino *m* de herradura.

brief [briːf] ◊ *adj* **1.** *(short, to the point)* breve; **in ~** en resumen. **2.** *(clothes)* corto(ta). ◊ *n* **1.** (JUR) *(statement)* sumario *m*, resumen *m*. **2.** *Br (instructions)* instrucciones *fpl*. ◊ *vt*: **to ~ sb (on)** informar a alguien (acerca de). ♦ **briefs** *npl (underpants)* calzoncillos *mpl*; *(knickers)* bragas *fpl*.

briefcase ['briːfkeɪs] *n* maletín *m*, portafolios *m inv*.

briefing ['briːfɪŋ] *n* *(meeting)* reunión *f* informativa; *(instructions)* instrucciones *fpl*

briefly ['briːflɪ] *adv* **1.** *(for a short time)* brevemente. **2.** *(concisely)* en pocas palabras.

brigade [brɪ'ɡeɪd] *n* brigada *f*.

brigadier [,brɪɡə'dɪəʳ] *n* brigadier *m*, general *m* de brigada.

bright [braɪt] *adj* **1.** *(light)* brillante;

(day, room) luminoso(sa); *(weather)* despejado(da). **2.** *(colour)* vivo(va), fuerte. **3.** *(lively - eyes)* brillante; *(- smile)* radiante. **4.** *(intelligent - person)* listo(ta); *(- idea)* genial **5.** *(hopeful)* prometedor(ra).

brighten ['braitn] *vi* **1.** *(become lighter)* despejarse. **2.** *(become more cheerful)* alegrarse. ♦ **brighten up** ◊ *vt sep* animar, alegrar. ◊ *vi* **1.** *(become more cheerful)* animarse. **2.** *(weather)* despejarse.

brilliance ['briljəns] *n* **1.** *(cleverness)* brillantez *f*. **2.** *(of colour, light)* brillo *m*.

brilliant ['briljənt] *adj* **1.** *(clever)* genial, fantástico(ca) **2.** *(colour)* vivo (va). **3.** *(light, career, future)* brillante. **4.** *inf (wonderful)* fenomenal, genial.

Brillo pad® ['briləʊ-] *n* estropajo *m* (jabonoso) de aluminio.

brim [brim] ◊ *n* **1.** *(edge)* borde *m*. **2.** *(of hat)* ala *f*. ◊ *vi lit & fig*: **to ~ with** rebosar de

brine [brain] *n* salmuera *f*.

bring [briŋ] *(pt & pp brought)* *vt (gen)* traer; **to ~ sthg to an end** poner fin a algo. ♦ **bring about** *vt sep* producir. ♦ **bring around** *vt sep (make conscious)* reanimar. ♦ **bring back** *vt sep* **1.** *(books etc)* devolver; *(person)* traer de vuelta. **2.** *(memories)* traer (a la memoria). **3.** *(practice, hanging)* volver a introducir; *(fashion)* recuperar. ♦ **bring down** *vt sep* **1.** *(plane, bird)* derribar; *(government, tyrant)* derrocar. **2.** *(prices)* reducir. ♦ **bring forward** *vt sep* **1.** *(meeting, elections etc)* adelantar. **2.** *(in bookkeeping)* sumar a la siguiente columna. ♦ **bring in** *vt sep* **1.** *(introduce - law)* implantar; *(- bill)* presentar. **2.** *(earn)* ganar. ♦ **bring off** *vt sep (plan)* sacar adelante; *(deal)* cerrar. ♦ **bring out** *vt sep* **1.** *(new product, book)* sacar. **2.** *(the worst etc in sb)* revelar, despertar. ♦ **bring round**, **bring to** *vt sep* = **bring around**. ♦ **bring up** *vt sep* **1.** *(raise - children)* criar. **2.** *(mention)* sacar a relucir. **3.** *(vomit)* devolver

brink [briŋk] *n*: **on the ~ of** al borde de.

brisk [brisk] *adj* **1.** *(quick)* rápido(da). **2.** *(busy)* boyante, activo(va). **3.** *(efficient, confident - manner)* enérgico(ca); *(- person)* eficaz.

bristle ['brisl] ◊ *n (gen)* cerda *f*; *(of person)* pelillo *m*. ◊ *vi* **1.** *(stand up)* erizarse, ponerse de punta. **2.** *(react angrily)*: **to ~ (at)** enfadarse (por).

Brit [brit] *n inf* británico *m*, -ca *f*.

Britain ['britn] *n* Gran Bretaña.

British ['britiʃ] ◊ *adj* británico(ca). ◊ *npl*: **the ~** los británicos.

British Council *n*: **the ~** el British Council.

British Isles *npl*: **the ~** las Islas Británicas.

British Rail *n* compañía ferroviaria británica, ≃ Renfe *f*.

British Telecom [-'telikɒm] *n* principal empresa británica de telecomunicaciones, ≃ Telefónica *f*

Briton ['britn] *n* británico *m*, -ca *f*.

brittle ['britl] *adj* quebradizo(za), frágil

broach [brəʊtʃ] *vt* abordar.

B road *n Br* ≃ carretera *f* comarcal.

broad [brɔːd] *adj* **1.** *(shoulders, river, street)* ancho(cha); *(grin)* amplio(plia). **2.** *(range, interests)* amplio(plia). **3.** *(description, outline)* general. **4.** *(hint)* claro(ra). **5.** *(accent)* cerrado(da). **6.** *phr*: **in ~ daylight** a plena luz del día.

broad bean *n* haba *f*.

broadcast ['brɔːdkɑːst] *(pt & pp broadcast)* ◊ *n* emisión *f*. ◊ *vt* emitir.

broaden ['brɔːdn] ◊ *vt* **1.** *(road, pavement)* ensanchar. **2.** *(scope, appeal)* ampliar. ◊ *vi (river, road)* ensancharse; *(smile)* hacerse más amplia.

broadly ['brɔːdli] *adv* **1.** *(generally)* en general. **2.** *(smile)* abiertamente.

broadminded [ˌbrɔːd'maindid] *adj* abierto(ta), liberal.

broadsheet ['brɔːdʃiːt] *n* periódico con hojas de gran tamaño.

broccoli ['brɒkəli] *n* brécol *m*.

brochure ['brəʊʃəʳ] *n* folleto *m*.

broil [brɔil] *vt Am* asar a la parrilla.

broke [brəʊk] ◊ *pt* → **break**. ◊ *adj inf* sin blanca, sin un duro.

broken ['brəʊkn] ◊ *pp* → **break**. ◊ *adj* **1.** *(gen)* roto(ta). **2.** *(not working)* estropeado(da). **3.** *(interrupted - sleep)* entrecortado(da); *(- journey)* discontinuo (nua). **4.** *(hesitant, inaccurate)* macarrónico(ca).

broker ['brəʊkəʳ] *n (of stock)* corredor *m*; *(of insurance)* agente *m* y *f*.

brolly ['brɒli] *n Br inf* paraguas *m inv*.

bronchitis [brɒŋ'kaitis] *n (U)* bronquitis *f*.

bronze [brɒnz] *n (metal, sculpture)* bronce *m*.

brooch [brəʊtʃ] *n* broche *m*, alfiler *m*.

brood [bruːd] ◊ *n* **1.** *(of animals)* cría *f*, nidada *f*. **2.** *inf (of children)* prole *f*. ◊ *vi*: **to ~ (over OR about)** dar vueltas (a).

brook [bruk] *n* arroyo *m*.

broom [bruːm] *n (brush)* escoba *f*.

broomstick ['bruːmstɪk] *n* palo *m* de escoba.

Bros., bros. *(abbr of* **brothers**) Hnos.

broth [brɒθ] *n* caldo *m*.

brothel ['brɒθl] *n* burdel *m*.

brother ['brʌðəʳ] *n (relative, monk)* hermano *m*.

brother-in-law *(pl* **brothers-in-law)** *n* cuñado *m*.

brought [brɔːt] *pt & pp* → **bring**.

brow [brau] *n* 1. *(forehead)* frente *f*. 2. *(eyebrow)* ceja *f*. 3. *(of hill)* cima *f*.

brown [braun] ◇ *adj* 1. *(gen)* marrón; *(hair, eyes)* castaño(ña). 2. *(tanned)* moreno(na). ◇ *n* marrón *m*. ◇ *vt (food)* dorar.

Brownie (Guide) ['braunɪ] *n* guía *f* (7-10 años).

brown paper *n (U)* papel *m* de embalar.

brown rice *n* arroz *m* integral.

brown sugar *n* azúcar *m* moreno.

browse [brauz] *vi (person)* echar un ojo, mirar; **to ~ through** hojear.

browser ['brauzəʳ] *n* (COMPUT) navegador *m*.

bruise [bruːz] ◇ *n* cardenal *m*. ◇ *vt* 1. *(person, arm)* magullar; *(fruit)* estropear. 2. *fig (feelings)* herir.

brunch [brʌntʃ] *n* brunch *m, combinación de desayuno y almuerzo que se toma por la mañana tarde.*

brunette [bruːˈnet] *n* morena *f*.

brunt [brʌnt] *n*: **to bear** OR **take the ~ of** aguantar lo peor de.

brush [brʌʃ] ◇ *n* 1. *(for hair, teeth)* cepillo *m*; *(for shaving, painting)* brocha *f*; *(of artist)* pincel *m*; *(broom)* escoba *f*. 2. *(encounter)* roce *m*. ◇ *vt* 1. *(clean with brush)* cepillar. 2. *(move with hand)* quitar, apartar. 3. *(touch lightly)* rozar.
◆ **brush aside** *vt sep* rechazar.
◆ **brush off** *vt sep (dismiss)* hacer caso omiso de. ◆ **brush up** *vt sep fig (revise)* repasar. ◇ *vi*: **to ~ up on** repasar.

brushwood ['brʌʃwud] *n* leña *f*.

brusque [bruːsk] *adj* brusco(ca).

Brussels ['brʌslz] *n* Bruselas.

brussels sprout *n* col *f* de Bruselas.

brutal ['bruːtl] *adj* brutal.

brute [bruːt] ◇ *adj* bruto(ta). ◇ *n* 1. *(large animal)* bestia *f*, bruto *m*. 2. *(bully)* bestia *m y f*.

BSc *(abbr of* **Bachelor of Science**) *n (titular de una) licenciatura de ciencias.*

BSE *(abbr of* **bovine spongiform encephalopathy**) *n encefalopatía espongiforme bovina.*

BT *n abbr of* **British Telecom**.

bubble ['bʌbl] ◇ *n (gen)* burbuja *f*; *(of soap)* pompa *f*. ◇ *vi* 1. *(produce bubbles)* burbujear. 2. *(make a bubbling sound)* borbotar.

bubble bath *n* espuma *f* de baño.

bubble gum *n* chicle *m* (de globo).

bubblejet printer ['bʌbldʒet-] *n* (COMPUT) impresora *f* de inyección.

Bucharest [ˌbuːkəˈrest] *n* Bucarest.

buck [bʌk] *(pl inv* OR **-s)** ◇ *n* 1. *(male animal)* macho *m*. 2. *inf (dollar)* dólar *m*. 3. *inf (responsibility)*: **to pass the ~ to sb** echarle el muerto a alguien. ◇ *vt (subj: horse)* tirar. ◇ *vi* corcovear.
◆ **buck up** *inf* ◇ *vt sep (improve)* mejorar; **~ your ideas up** más vale que espabiles. ◇ *vi* 1. *(hurry up)* darse prisa 2. *(cheer up)* animarse

bucket ['bʌkɪt] *n (container, bucketful)* cubo *m*

Buckingham Palace ['bʌkɪŋəm-] *n* el palacio de Buckingham.

buckle ['bʌkl] ◇ *n* hebilla *f*. ◇ *vt* 1. *(fasten)* abrochar con hebilla. 2. *(bend)* combar, torcer. ◇ *vi (wheel)* combarse, torcerse; *(knees)* doblarse.

bud [bʌd] ◇ *n (shoot)* brote *m*; *(flower)* capullo *m*. ◇ *vi* brotar, echar brotes.

Budapest [ˌbjuːdəˈpest] *n* Budapest.

Buddha ['budə] *n* Buda *m*.

Buddhism ['budɪzm] *n* budismo *m*

budding ['bʌdɪŋ] *adj* en ciernes.

buddy ['bʌdɪ] *n inf (friend)* amiguete *m*, -ta *f*, colega *m y f*.

budge [bʌdʒ] ◇ *vt* mover. ◇ *vi (move)* moverse; *(give in)* ceder.

budgerigar ['bʌdʒərɪɡɑːʳ] *n* periquito *m*.

budget ['bʌdʒɪt] ◇ *adj* económico(ca). ◇ *n* presupuesto *m*. ◆ **budget for** *vt fus* contar con.

budgie ['bʌdʒɪ] *n inf* periquito *m*.

buff [bʌf] ◇ *adj* color de ante. ◇ *n inf (expert)* aficionado *m*, -da *f*.

buffalo ['bʌfələu] *(pl inv* OR **-s** OR **-es)** *n* búfalo *m*.

buffer ['bʌfəʳ] *n* 1. *Br (for trains)* tope *m*. 2. *(protection)* defensa *f*, salvaguarda *f*. 3. *(COMPUT)* memoria *f* intermedia.

buffet¹ [*Br* 'bufeɪ, *Am* bəˈfeɪ] *n* 1. *(meal)* bufé *m*. 2. *(cafeteria)* cafetería *f*.

buffet² ['bʌfɪt] *vt (physically)* golpear.

buffet car ['bufeɪ-] *n* coche *m* restaurante *(sólo mostrador).*

bug [bʌg] *n* 1. *(small insect)* bicho *m*. 2. *inf (germ)* microbio *m*. 3. *inf (listening device)* micrófono *m* oculto. 4. *(COMPUT)* error *m*. 5. *(enthusiasm)* manía *f*. ◇ *vt* 1.

inf *(spy on - room)* poner un micrófono oculto en; *(- phone)* pinchar. **2.** inf *(annoy)* fastidiar, jorobar.

bugger ['bʌgəʳ] *Br v* inf *(unpleasant person)* cabrón *m*, -ona *f*. ♦ **bugger off** *vi v inf:* ~ **off!** ¡vete a tomar por culo!

buggy ['bʌgɪ] *n* **1.** *(carriage)* calesa *f*. **2.** *(pushchair)* sillita *f* de ruedas; *Am (pram)* cochecito *m* de niño.

bugle ['bjuːgl] *n* corneta *f*, clarín *m*.

build [bɪld] *(pt & pp* **built)** ◇ *vt* **1.** *(construct)* construir. **2.** fig *(form, create)* crear. ◇ *n* complexión *f*, constitución *f*. ♦ **build (up)on** ◇ *vt fus (further)* desarrollar. ◇ *vt sep (base on)* fundar en. ♦ **build up** ◇ *vt sep* **1.** *(business - establish)* poner en pie; *(- promote)* fomentar. **2.** *(person)* fortalecer. ◇ *vi* acumularse

builder ['bɪldəʳ] *n* constructor *m*, -ra *f*.

building ['bɪldɪŋ] *n* **1.** *(structure)* edificio *m*. **2.** *(profession)* construcción *f*.

building and loan association *n Am* ≃ caja *f* de ahorros.

building site *n* solar *m* (de construcción), obra *f*.

building society *n Br* ≃ caja *f* de ahorros.

buildup ['bɪldʌp] *n (increase)* acumulación *f*.

built [bɪlt] *pt & pp →* **build**

built-in *adj* **1.** *(physically integral)* empotrado(da). **2.** *(inherent)* incorporado(da)

built-up *adj* urbanizado(da)

bulb [bʌlb] *n* **1.** *(for lamp)* bombilla *f*. **2.** *(of plant)* bulbo *m*.

Bulgaria [bʌl'geərɪə] *n* Bulgaria.

Bulgarian [bʌl'geərɪən] ◇ *adj* búlgaro (ra). ◇ *n* **1.** *(person)* búlgaro *m*, -ra *f*. **2.** *(language)* búlgaro *m*.

bulge [bʌldʒ] ◇ *n (lump)* protuberancia *f*, bulto *m*. ◇ *vi:* **to ~ (with)** rebosar (de), estar atestado(da) (de).

bulk [bʌlk] ◇ *n* **1.** *(mass)* bulto *m*, volumen *m*. **2.** *(large quantity):* **in ~ a** granel. **3.** *(majority, most of):* **the ~ of** la mayor parte de. ◇ *adj* a granel.

bulky ['bʌlkɪ] *adj* abultado(da), voluminoso(sa).

bull [bʊl] *n* **1.** *(male cow)* toro *m*. **2.** *(male animal)* macho *m*.

bulldog ['bʊldɒg] *n* buldog *m*

bulldozer ['bʊldəʊzəʳ] *n* bulldozer *m*.

bullet ['bʊlɪt] *n* bala *f*.

bulletin ['bʊlətɪn] *n* **1.** *(news)* boletín *m*; *(medical report)* parte *m*. **2.** *(regular publication)* boletín *m*, gaceta *f*.

bullet-proof *adj* a prueba de balas.

bullfight ['bʊlfaɪt] *n* corrida *f* (de toros).

bullfighter ['bʊl,faɪtəʳ] *n* torero *m*, -ra *f*.

bullfighting ['bʊl,faɪtɪŋ] *n* toreo *m*.

bullion ['bʊljən] *n (U)* lingotes *mpl*.

bullock ['bʊlək] *n* buey *m*, toro *m* castrado.

bullring ['bʊlrɪŋ] *n* plaza *f* (de toros).

bull's-eye *n* diana *f*.

bully ['bʊlɪ] ◇ *n* abusón *m*, matón *m*. ◇ *vt* abusar de, intimidar.

bum [bʌm] *n* **1.** *v inf (bottom)* culo *m*. **2.** *Am inf pej (tramp)* vagabundo *m*, -da *f*.

bumblebee ['bʌmblbiː] *n* abejorro *m*.

bump [bʌmp] *n* **1.** *(lump - on head)* chichón *m*; *(- on road)* bache *m*. **2.** *(knock, blow, noise)* golpe *m*. ◇ *vt (car)* chocar con OR contra; *(head, knee)* golpearse en; **I ~ed my head on the door** me di con la cabeza en la puerta. ♦ **bump into** *vt fus (meet by chance)* toparse con.

bumper ['bʌmpəʳ] ◇ *adj* abundante; ~ **edition** edición especial. ◇ *n* **1.** (AUT) parachoques *m inv*. **2.** *Am* (RAIL) tope *m*.

bumptious ['bʌmpʃəs] *adj pej* engreído(da)

bumpy ['bʌmpɪ] *adj* **1.** *(road)* lleno(na) de baches. **2.** *(ride, journey)* con muchas sacudidas.

bun [bʌn] *n* **1.** *(cake, bread roll)* bollo *m*. **2.** *(hairstyle)* moño *m*.

bunch [bʌntʃ] ◇ *n (of people)* grupo *m*; *(of flowers)* ramo *m*; *(of fruit)* racimo *m*; *(of keys)* manojo *m*. ◇ *vi* agruparse. ♦ **bunches** *npl (hairstyle)* coletas *fpl*.

bundle ['bʌndl] ◇ *n (of clothes)* lío *m*, bulto *m*; *(of notes, papers)* fajo *m*; *(of wood)* haz *m*. ◇ *vt (clothes)* empaquetar de cualquier manera; *(person)* empujar. ♦ **bundle up** *vt sep (put into bundles)* liar, envolver.

bung [bʌŋ] ◇ *n* tapón *m*. ◇ *vt Br inf* **1.** *(throw)* tirar. **2.** *(pass)* alcanzar.

bungalow ['bʌŋgələʊ] *n* bungalow *m*.

bungle ['bʌŋgl] *vt* chapucear.

bunion ['bʌnjən] *n* juanete *m*.

bunk [bʌŋk] *n (bed)* litera *f*.

bunk bed *n* litera *f*.

bunker ['bʌŋkəʳ] *n* **1.** *(shelter, in golf)* bunker *m*. **2.** *(for coal)* carbonera *f*.

bunny ['bʌnɪ] *n:* ~ **(rabbit)** conejito *m*, -ta *f*

bunting ['bʌntɪŋ] *n (U) (flags)* banderitas *fpl*.

buoy [*Br* bɔɪ, *Am* 'buːɪ] *n* boya *f*. ♦ **buoy up** *vt sep (encourage)* alentar.

buoyant ['bɔɪənt] *adj* **1.** *(able to float)*

boyante 2. *(optimistic - gen)* optimista; *(- market)* con tendencia alcista

burden ['bɜːdn] ◇ *n* 1. *(heavy load)* carga *f*. 2. *fig (heavy responsibility)*: ~ on carga *f* para. ◇ *vt*: to ~ sb with cargar a alguien con.

bureau ['bjʊərəʊ] *(pl* -x*)* *n* 1. *(government department)* departamento *m*. 2. *(office)* oficina *f*. 3. *Br (desk)* secreter *m*; *Am (chest of drawers)* cómoda *f*

bureaucracy [bjʊə'rɒkrəsɪ] *n* burocracia *f*.

bureaux ['bjʊərəʊz] *pl* → bureau.

burger ['bɜːgəʳ] *n* hamburguesa *f*.

burglar ['bɜːgləʳ] *n* ladrón *m*, -ona *f*.

burglar alarm *n* alarma *f* antirrobo.

burglarize *Am* = burgle.

burglary ['bɜːglərɪ] *n* robo *m* (de una casa).

burgle ['bɜːgl], **burglarize** ['bɜːglər aɪz] *Am vt* robar, desvalijar *(una casa)*.

burial ['berɪəl] *n* entierro *m*.

burly ['bɜːlɪ] *adj* fornido(da).

Burma ['bɜːmə] *n* Birmania.

burn [bɜːn] *(pt & pp* burnt OR -ed*)* ◇ *vt* 1. *(gen)* quemar. 2. *(injure - by heat, fire)* quemarse ◇ *vi* 1. *(gen)* arder. 2. *(be alight)* estar encendido (da). 3. *(food)* quemar. 4. *(cause burning sensation)* escocer. 5. *(become sunburnt)* quemarse. ◇ *n* quemadura *f*. ◆ burn down ◇ *vt sep* incendiar. ◇ *vi (be destroyed by fire)* incendiarse.

burner ['bɜːnəʳ] *n* quemador *m*.

Burns' Night *n* fiesta celebrada en Escocia el 25 de enero en honor del poeta escocés Robert Burns.

burnt [bɜːnt] *pt & pp* → burn.

burp [bɜːp] *inf vi* eructar.

burrow ['bʌrəʊ] ◇ *n* madriguera *f*. ◇ *vi* 1. *(dig)* escarbar (un agujero). 2. *fig (in order to search)* hurgar.

bursar ['bɜːsəʳ] *n* tesorero *m*, -ra *f*.

bursary ['bɜːsərɪ] *n Br* beca *f*.

burst [bɜːst] *(pt & pp* burst*)* ◇ *vi* 1. *(gen)* reventarse; *(bag)* romperse; *(tyre)* pincharse. 2. *(explode)* estallar. ◇ *vt (gen)* reventar; *(tyre)* pinchar. ◇ *n (of gunfire, enthusiasm)* estallido *m*; *(of song)* clamor *m*. ◆ burst into *vt fus* 1. *(tears, song)*: to ~ into tears/song romper a llorar/cantar. 2. *(flames)* estallar en. ◆ burst out *vi (begin suddenly)*: to ~ out laughing/crying echarse a reír/llorar

bursting ['bɜːstɪŋ] *adj* 1. *(full)* lleno (na) a estallar. 2. *(with emotion)*: ~ with rebosando de 3. *(eager)*: to be ~ to do

sthg estar deseando hacer algo.

bury ['berɪ] *vt* 1. *(in ground)* enterrar. 2. *(hide - face, memory)* ocultar.

bus [bʌs] *n (local)* autobús *m*, camión *m CAm & Méx*, guagua *f Carib*, colectivo *m Arg*; *(long-distance)* autobús *m*, micro *m Arg*, autocar *m Esp*; by ~ en autobús.

bush [bʊʃ] *n* 1. *(plant)* arbusto *m*. 2. *(open country)*: the ~ el campo abierto, el monte. 3. *phr*: to beat about the ~ andarse por las ramas.

bushy ['bʊʃɪ] *adj* poblado(da), espeso (sa)

business ['bɪznɪs] *n* 1. *(U) (commerce, amount of trade)* negocios *mpl*; to be away on ~ estar en viaje de negocios; to mean ~ *inf* ir en serio; to go out of ~ quebrar. 2. *(company)* negocio *m*, empresa *f*. 3. *(concern, duty)* oficio *m*, ocupación *f*; mind your own ~! *inf* ¡no te metas donde no te llaman! 4. *(U) (affair, matter)* asunto *m*.

business class *n* clase *f* preferente

businesslike ['bɪznɪslaɪk] *adj* formal, práctico(ca).

businessman ['bɪznɪsmæn] *(pl* -men [-men]*)* *n* empresario *m*, hombre *m* de negocios

business trip *n* viaje *m* de negocios.

businesswoman ['bɪznɪsˌwʊmən] *(pl* -women [-ˌwɪmɪn]*)* *n* empresaria *f*, mujer *f* de negocios.

busker ['bʌskəʳ] *n Br* músico *m* ambulante OR callejero.

bus-shelter *n* marquesina *f* (de parada de autobús)

bus station *n* estación *f* de autobuses.

bus stop *n* parada *f* de autobús, paradero *m* de autobús *Amer*.

bust [bʌst] *(pt & pp* -ed OR bust*)* ◇ *adj inf* 1. *(broken)* fastidiado(da), roto(ta). 2. *(bankrupt)*: to go ~ quebrar. ◇ *n (bosom, statue)* busto *m*. ◇ *vt inf (break)* fastidiar, estropear.

bustle ['bʌsl] ◇ *n* bullicio *m*. ◇ *vi* apresurarse.

busy ['bɪzɪ] ◇ *adj* 1. *(active)* activo(va). 2. *(hectic - life, week)* ajetreado(da); *(- town, office)* concurrido(da). 3. *(occupied)* ocupado(da); to be ~ doing sthg estar ocupado haciendo algo. ◇ *vt*: to ~ o.s. (doing sthg) ocuparse (haciendo algo)

busybody ['bɪzɪˌbɒdɪ] *n pej* entrometido *m*, -da *f*.

busy signal *n Am* (TELEC) señal *f* de comunicando.

but [bʌt] ◇ *conj* pero; **we were poor ~ happy** éramos pobres pero felices; **she owns not one ~ two houses** tiene no una sino dos casas. ◇ *prep* menos, excepto; **everyone ~ Jane was there** todos estaban allí, menos Jane; **we've had nothing ~ bad weather** no hemos tenido más que mal tiempo; **he has no one ~ himself to blame** la culpa no es de otro más que él OR sino de él. ◇ *adv fml*: **had I ~ known** de haberlo sabido; **we can ~ try** por intentarlo que no quede. ◆ **but for** *conj* de no ser por.

butcher [ˈbʊtʃər] ◇ *n* 1. *(occupation)* carnicero *m*, -ra *f*; **~'s (shop)** carnicería *f*. 2. *(indiscriminate killer)* carnicero *m*, -ra *f*, asesino *m*, -na *f*. ◇ *vt* *(animal - for meat)* matar; *fig (kill indiscriminately)* hacer una carnicería con.

butler [ˈbʌtlər] *n* mayordomo *m*.

butt [bʌt] ◇ *n* 1. *(of cigarette, cigar)* colilla *f*. 2. *(of rifle)* culata *f*. 3. *(for water)* tina *f*. 4. *(target)* blanco *m*. ◇ *vt* topetar ◆ **butt in** *vi (interrupt)*: **to ~ in on sb** cortar a alguien; **to ~ in on sthg** entrometerse en algo.

butter [ˈbʌtər] ◇ *n* mantequilla *f*. ◇ *vt* untar con mantequilla.

buttercup [ˈbʌtəkʌp] *n* ranúnculo *m*.

butter dish *n* mantequera *f*.

butterfly [ˈbʌtəflaɪ] *n* 1. *(insect)* mariposa *f*. 2. *(swimming style)* (estilo *m*) mariposa *f*.

buttocks [ˈbʌtəks] *npl* nalgas *fpl*.

button [ˈbʌtn] ◇ *n* 1. *(gen & COMPUT)* botón *m*. 2. *Am (badge)* chapa *f*. ◇ *vt* = **button up**. ◆ **button up** *vt sep* abotonar, abrochar.

button mushroom *n* champiñón *m* pequeño.

buttress [ˈbʌtrɪs] *n* contrafuerte *m*.

buxom [ˈbʌksəm] *adj (woman)* maciza, pechugona.

buy [baɪ] *(pt & pp* **bought**) ◇ *vt lit & fig* comprar; **to ~ sthg from sb** comprar algo a alguien. ◇ *n* compra *f*. ◆ **buy up** *vt sep* acaparar.

buyer [ˈbaɪər] *n (purchaser)* comprador *m*, -ra *f*.

buyout [ˈbaɪaʊt] *n* adquisición de la mayoría de las acciones de una empresa.

buzz [bʌz] ◇ *n (of insect, machinery)* zumbido *m*; *(of conversation)* rumor *m*; **to give sb a ~** *inf (on phone)* dar un toque OR llamar a alguien. ◇ *vi* 1. *(make noise)* zumbar. 2. *fig (be active)*: **to ~ (with)** bullir (de).

buzzer [ˈbʌzər] *n* timbre *m*.

buzzword [ˈbʌzwɜːd] *n inf* palabra *f* de moda.

by [baɪ] *prep* 1. *(indicating cause, agent)* por; **caused/written ~** causado/escrito por; **a book ~ Joyce** un libro de Joyce. 2. *(indicating means, method, manner)*: **to travel ~ bus/train/plane/ship** viajar en autobús/tren/avión/barco; **to pay ~ cheque** pagar con cheque; **he got rich ~ buying land** se hizo rico comprando terrenos; **~ profession/trade** de profesión/oficio. 3. *(beside, close to)* junto a; **~ the sea** junto al mar. 4. *(past)* por delante de; **to walk ~ sb/sthg** pasear por delante de alguien/algo; **we drove ~ the castle** pasamos por el castillo (conduciendo). 5. *(via, through)* por; **we entered ~ the back door** entramos por la puerta trasera. 6. *(with time - at or before, during)* para; **I'll be there ~ eight** estaré allí para las ocho; **~ now** ya; **~ day/night** de día/noche. 7. *(according to)* según; **~ law/my standards** según la ley/mis criterios 8. *(in division)* entre; *(in multiplication, measurements)* por; **divide 20 ~ 2** dividir 20 entre 2; **multiply 20 ~ 2** multiplicar 20 por 2; **twelve feet ~ ten** doce pies por diez. 9. *(in quantities, amounts)* por; **~ the thousand** OR **thousands** por miles; **~ the day/hour** por día/horas; **prices were cut ~ 50%** los precios fueron rebajados (en) un 50%. 10. *(indicating gradual change)*: **day ~ day** día tras día; **one ~ one** uno a uno. 11. *(to explain a word or expression)*: **what do you mean ~ 'all right'?** ¿qué quieres decir con 'bien'?; **what do you understand ~ the word 'subsidiarity'?** ¿qué entiendes por 'subsidiariedad'? 12. *phr*: *(all)* **~ oneself** solo (la); **did you do it all ~ yourself?** ¿lo hiciste tú solo?

bye(-bye) [baɪ(baɪ)] *excl inf* ¡hasta luego!

bye-election = **by-election**

byelaw [ˈbaɪlɔː] = **bylaw**.

by-election *n* elección *f* parcial.

bygone [ˈbaɪgɒn] *adj* pasado(da). ◆ **bygones** *npl*: **let ~s be ~s** lo pasado, pasado está.

bylaw [ˈbaɪlɔː] *n* reglamento *m* OR estatuto *m* local.

bypass [ˈbaɪpɑːs] ◇ *n* 1. *(road)* carretera *f* de circunvalación. 2. *(MED)*: **~ (operation)** (operación *f* de) by-pass *m*. ◇ *vt* evitar.

by-product *n* 1. *(product)* subproducto *m*. 2. *(consequence)* consecuencia *f*.

bystander ['baɪ,stændə^r] n espectador m, -ra f

byte [baɪt] n (COMPUT) byte m, octeto m.

byword ['baɪwɜːd] n: ~ **(for)** símbolo m (de), equivalente m (a).

C

c¹ (pl **c's** OR **cs**), **C** (pl **C's** OR **Cs**) [siː] n (letter) c f, C f. ◆ **C** n **1.** (MUS) do m. **2.** (abbr of **celsius, centigrade**) C.

c² (abbr of **cent(s)**) cént.

c. (abbr of **circa**) h.

c/a (abbr of **current account**) c/c.

cab [kæb] n **1.** (taxi) taxi m. **2.** (of lorry) cabina f.

cabaret ['kæbəreɪ] n cabaret m.

cabbage ['kæbɪdʒ] n col f, repollo m.

cabin ['kæbɪn] n **1.** (on ship) camarote m. **2.** (in aircraft) cabina f. **3.** (house) cabaña f.

cabin class n clase f económica OR de cámara.

cabinet ['kæbɪnɪt] n **1.** (cupboard) armario m. **2.** (POL) consejo m de ministros, gabinete m.

cable ['keɪbl] ◆ n **1.** (rope, wire) cable m. **2.** (telegram) cablegrama m. ◆ vt cablegrafiar.

cable car n teleférico m.

cable television, cable TV n televisión f por cable.

cache [kæʃ] n **1.** (store) alijo m. **2.** (COMPUT) memoria f de acceso rápido.

cackle ['kækl] vi **1.** (hen) cacarear. **2.** (person) reírse.

cactus ['kæktəs] (pl **-tuses** OR **-ti** [-taɪ]) n cactus m inv.

cadet [kə'det] n cadete m.

cadge [kædʒ] Br inf vt: to ~ **sthg (off** OR **from sb)** gorronear algo (a alguien).

caesarean (section) Br, **cesarean (section)** Am [sɪ'zeərɪən-] n cesárea f.

cafe, café ['kæfeɪ] n café m, cafetería f.

cafeteria [,kæfɪ'tɪərɪə] n (restaurante m) autoservicio m, cantina f.

caffeine ['kæfiːn] n cafeína f.

cage [keɪdʒ] n jaula f.

cagey ['keɪdʒɪ] (compar **-ier**, superl **-iest**) adj inf reservado(da).

cagoule [kə'guːl] n Br chubasquero m.

cajole [kə'dʒəʊl] vt: to ~ **sb (into doing sthg)** engatusar a alguien (para que haga algo).

cake [keɪk] n **1.** (sweet food) pastel m, tarta f; **to be a piece of ~** inf ser pan comido. **2.** (of fish, potato) medallón m empanado. **3.** (of soap) pastilla f.

caked [keɪkt] adj: ~ **with mud** cubierto(ta) de barro seco

calcium ['kælsɪʊm] n calcio m.

calculate ['kælkjʊleɪt] vt **1.** (work out) calcular. **2.** (plan): **to be ~d to do sthg** estar pensado(da) para hacer algo.

calculating ['kælkjʊleɪtɪŋ] adj pej calculador(ra).

calculation [,kælkjʊ'leɪʃn] n cálculo m.

calculator ['kælkjʊleɪtə^r] n calculadora f.

calendar ['kælɪndə^r] n calendario m.

calendar month n mes m civil.

calendar year n año m civil.

calf [kɑːf] (pl **calves**) n **1.** (young animal - of cow) ternero m, -ra f, becerro m, -rra f; (- of other animals) cría f. **2.** (leather) piel f de becerro. **3.** (of leg) pantorrilla f.

calibre, caliber Am ['kælɪbə^r] n **1.** (quality) nivel m. **2.** (size) calibre m.

California [,kælɪ'fɔːnjə] n California.

calipers Am = **callipers**.

call [kɔːl] ◆ n **1.** (cry, attraction, vocation) llamada f; (cry of bird) reclamo m **2.** (visit) visita f; **to pay a ~ on sb** hacerle una visita a alguien **3.** (demand): ~ **for** petición f de. **4.** (summons): **on ~** de guardia. **5.** (TELEC) llamada f. ◆ vt **1.** (gen & TELEC) llamar; **I'm ~ed Joan** me llamo Joan; **what is it ~ed?** ¿cómo se llama?; **he ~ed my name** me llamó por el nombre; **we'll ~ it £10** dejémoslo en 10 libras. **2.** (announce - flight) anunciar; (- strike, meeting, election) convocar. ◆ vi **1.** (gen & TELEC) llamar; **who's ~ing?** ¿quién es? **2.** (visit) pasar. ◆ **call back** ◆ vt sep **1.** (on phone) volver a llamar. **2.** (ask to return) hacer volver ◆ vi **1.** (on phone) volver a llamar. **2.** (visit again) volver a pasarse. ◆ **call for** vt fus **1.** (collect) ir a buscar. **2.** (demand) pedir ◆ **call in** vt sep **1.** (send for) llamar **2.** (recall - product, banknotes) retirar; (- loan) exigir pago de. ◆ **call off** vt sep **1.** (meeting, party) suspender; (strike) desconvocar. **2.** (dog etc) llamar (para que no ataque). ◆ **call on** vt fus **1.** (visit) visitar. **2.** (ask): **to ~ on sb to do sthg** pedir a

alguien que haga algo. ◆ **call out** ◇ vt
sep **1.** (order to help - troops) movilizar;
(- police, firemen) hacer intervenir.
2. (cry out) gritar. ◇ vi gritar. ◆ **call
round** vi pasarse. ◆ **call up** vt sep
1. (MIL) llamar a filas a. **2.** (on telephone)
llamar (por teléfono). **3.** (COMPUT)
hacer aparecer en pantalla.

call box n Br cabina f telefónica.

caller ['kɔːlər] n **1.** (visitor) visita f.
2. (on telephone) persona f que llama.

call-in n Am (RADIO & TV) programa
m a micrófono abierto.

calling ['kɔːlɪŋ] n **1.** (profession) profesión f **2.** (vocation) vocación f

calling card n Am tarjeta f de visita.

callipers Br, **calipers** Am ['kælɪpəz]
npl **1.** (MED) aparato m ortopédico.
2. (MATH) compás m de grueso.

callous ['kæləs] adj despiadado(da).

calm [kɑːm] ◇ adj **1.** (not worried or
excited) tranquilo(la). **2.** (evening, weather) apacible. **3.** (water) en calma. ◇ n
calma f. ◇ vt calmar. ◆ **calm down**
◇ vt sep calmar. ◇ vi calmarse.

Calor gas® ['kælər-] n Br (gas m) butano m.

calorie ['kælərɪ] n caloría f.

calves [kɑːvz] pl → **calf**.

camber ['kæmbər] n bombeo m.

Cambodia [kæm'bəʊdjə] n Camboya.

camcorder ['kæm,kɔːdər] n camcorder
m, cámara f de vídeo con micrófono.

came [keɪm] pt → **come**.

camel ['kæml] n camello m.

cameo ['kæmɪəʊ] (pl -s) n **1.** (jewellery)
camafeo m. **2.** (in acting) actuación breve
y memorable; (in writing) excelente descripción.

camera ['kæmərə] n cámara f. ◆ **in
camera** adv fml a puerta cerrada.

cameraman ['kæmərəmæn] (pl -men
[-men]) n cámara m.

camouflage ['kæməflɑːʒ] ◇ n camuflaje m. ◇ vt camuflar.

camp [kæmp] ◇ n **1.** (gen & MIL) campamento m. **2.** (temporary mass accommodation) campo m. **3.** (faction) bando
m. ◇ vi acampar. ◆ **camp out** vi
acampar (al aire libre).

campaign [kæm'peɪn] ◇ n campaña f.
◇ vi: **to ~ (for/against)** hacer campaña (a favor de/en contra de).

camp bed n cama f de campaña.

camper ['kæmpər] n **1.** (person) cam-
pista m y f. **2.** ~ **(van)** caravana f.

campground ['kæmpɡraʊnd] n Am
camping m.

camping ['kæmpɪŋ] n camping m.

camping site, campsite ['kæmpsaɪt]
n camping m.

campus ['kæmpəs] (pl -es) n campus
m inv, ciudad f universitaria.

can[1] [kæn] (pt & pp -ned, cont -ning)
◇ n (for drink, food) lata f, bote m; (for
oil, paint) lata. ◇ vt enlatar.

can[2] [weak form kən, strong form kæn]
(pt & conditional could, negative **cannot** OR **can't**) modal vb **1.** (be able to)
poder; ~ **you come to lunch?** ¿puedes venir a comer?; ~ **you see/hear
something?** ¿ves/oyes algo? **2.** (know
how to) saber; **I ~ speak French/play
the piano** sé hablar francés/tocar el
piano **3.** (indicating permission, in polite
requests) poder; **you ~ use my car if
you like** puedes utilizar mi coche si
quieres; ~ **I speak to John, please?**
¿puedo hablar con John, por favor?
4. (indicating disbelief, puzzlement): **you
~'t be serious** estás de broma ¿no?;
what ~ she have done with it? ¿qué
puede haber hecho con ello? **5.** (indicating possibility) poder; **you could
have done it** podrías haberlo hecho; **I
could see you tomorrow** podríamos
vernos mañana.

Canada ['kænədə] n (el) Canadá.

Canadian [kə'neɪdjən] ◇ adj canadiense ◇ n (person) canadiense m y f.

canal [kə'næl] n canal m.

canary [kə'neərɪ] n canario m.

Canary Islands, Canaries [kə-
'neərɪz] npl: **the ~** las (islas) Canarias.

cancel ['kænsl] vt **1.** (call off) cancelar,
suspender. **2.** (invalidate - cheque, debt)
cancelar. ◆ **cancel out** vt sep anular.

cancellation [,kænsə'leɪʃn] n suspensión f.

cancer ['kænsər] n (disease) cáncer m.
◆ **Cancer** n Cáncer m.

candelabra [,kændɪ'lɑːbrə] n candelabro m.

candid ['kændɪd] adj franco(ca).

candidate ['kændɪdət] n: ~ **(for)** candidato m, -ta f (a).

candle ['kændl] n vela f.

candlelight ['kændllaɪt] n luz f de una
vela.

candlelit ['kændllɪt] adj a la luz de las
velas.

candlestick ['kændlstɪk] n candelero
m.

candour Br, **candor** Am ['kændər] n
franqueza f, sinceridad f

candy ['kændɪ] n **1.** (U) (confectionery)
golosinas fpl; ~ **bar** chocolatina f.
2. (sweet) caramelo m.

candyfloss *Br* [ˈkændɪflɒs], **cotton candy** *Am n* azúcar *m* hilado, algodón *m*.

cane [keɪn] *n* **1.** *(U) (for making furniture, supporting plant)* caña *f*, mimbre *m*. **2.** *(walking stick)* bastón *m*. **3.** *(for punishment)*: **the ~** la vara.

canine [ˈkeɪnaɪn] ◇ *adj* canino(na). ◇ *n*: **~ (tooth)** *(diente m)* canino *m*, colmillo *m*.

canister [ˈkænɪstə^r] *n (for tea)* bote *m*; *(for film)* lata *f*; *(for gas)* bombona *f*; **smoke ~** bote de humo.

cannabis [ˈkænəbɪs] *n* canabis *m*.

canned [kænd] *adj (food, drink)* enlatado(da), en lata.

cannibal [ˈkænɪbl] *n* caníbal *m y f*.

cannon [ˈkænən] *(pl inv OR -s) n* cañón *m*.

cannonball [ˈkænənbɔːl] *n* bala *f* de cañón.

cannot [ˈkænɒt] *fml → can².*

canny [ˈkænɪ] *adj (shrewd)* astuto(ta).

canoe [kəˈnuː] *n (gen)* canoa *f*; *(SPORT)* piragua *f*.

canoeing [kəˈnuːɪŋ] *n* piragüismo *m*.

canon [ˈkænən] *n* **1.** *(clergyman)* canónigo *m* **2.** *(general principle)* canon *m*.

can opener *n* abrelatas *m inv*.

canopy [ˈkænəpɪ] *n (over bed, seat)* dosel *m*.

can't [kɑːnt] = **cannot.**

cantankerous [kænˈtæŋkərəs] *adj (person)* refunfuñón(ona); *(behaviour)* arisco(ca).

canteen [kænˈtiːn] *n* **1.** *(restaurant)* cantina *f*. **2.** *(set of cutlery)* (juego *m* de) cubertería *f*.

canter [ˈkæntə^r] ◇ *n* medio galope *m*. ◇ *vi* ir a medio galope.

cantilever [ˈkæntɪliːvə^r] *n* voladizo *m*.

Cantonese [ˌkæntəˈniːz] ◇ *adj* cantonés(esa). ◇ *n* **1.** *(person)* cantonés *m*, -esa *f*. **2.** *(language)* cantonés *m*.

canvas [ˈkænvəs] *n* **1.** *(cloth)* lona *f*. **2.** *(for painting on, finished painting)* lienzo *m*

canvass [ˈkænvəs] ◇ *vt* **1.** *(POL) (person)* solicitar el voto a. **2.** *(opinion)* pulsar. ◇ *vi* solicitar votos yendo de puerta en puerta

canyon [ˈkænjən] *n* cañón *m*.

cap [kæp] ◇ *n* **1.** *(hat - peaked)* gorra *f*; *(- with no peak)* gorro *m*. **2.** *(on bottle)* tapón *m*; *(on jar)* tapa *f*; *(on pen)* capuchón *m* **3.** *Br (contraceptive device)* diafragma *m*. ◇ *vt* **1.** *(top)*: **to be capped with** estar coronado(da) de. **2.** *(outdo)*: **to ~ it all** para colmo.

capability [ˌkeɪpəˈbɪlətɪ] *n* capacidad *f*.

capable [ˈkeɪpəbl] *adj* **1.** *(able)*: **to be ~ of sthg/of doing sthg** ser capaz de algo/de hacer algo. **2.** *(competent)* hábil

capacity [kəˈpæsɪtɪ] *n* **1.** *(gen)*: **~ (for)** capacidad *f* (de); **~ for doing OR to do sthg** capacidad de hacer algo. **2.** *(position)* calidad *f*.

cape [keɪp] *n* **1.** *(GEOGR)* cabo *m*. **2.** *(cloak)* capa *f*

caper [ˈkeɪpə^r] *n* **1.** *(food)* alcaparra *f*. **2.** *inf (escapade)* treta *f*.

capita → per capita.

capital [ˈkæpɪtl] ◇ *adj* **1.** *(letter)* mayúscula. **2.** *(punishable by death)* capital ◇ *n* **1.** *(of country, main centre)* capital *f*. **2. ~ (letter)** mayúscula *f*. **3.** *(money)* capital *m*; **to make ~ (out) of** *fig* sacar partido de.

capital expenditure *n (U)* inversión *f* de capital.

capital gains tax *n* impuesto *m* sobre plusvalías.

capital goods *npl* bienes *mpl* de capital.

capitalism [ˈkæpɪtəlɪzm] *n* capitalismo *m*.

capitalist [ˈkæpɪtəlɪst] ◇ *adj* capitalista. ◇ *n* capitalista *m y f*.

capitalize, -ise [ˈkæpɪtəlaɪz] *vi*: **to ~ on sthg** capitalizar algo.

capital punishment *n (U)* pena *f* capital.

Capitol Hill [ˈkæpɪtl-] *n* el Capitolio, *ubicación del Congreso estadounidense, en Washington.*

capitulate [kəˈpɪtjʊleɪt] *vi*: **to ~ (to)** capitular (ante).

Capricorn [ˈkæprɪkɔːn] *n* Capricornio *m*.

capsize [kæpˈsaɪz] ◇ *vt* hacer volcar OR zozobrar. ◇ *vi* volcar, zozobrar.

capsule [ˈkæpsjuːl] *n* cápsula *f*.

captain [ˈkæptɪn] *n* capitán *m*, -ana *f*

caption [ˈkæpʃn] *n (under picture etc)* leyenda *f*; *(heading)* encabezamiento *m*.

captivate [ˈkæptɪveɪt] *vt* cautivar.

captive [ˈkæptɪv] ◇ *adj* **1.** *(imprisoned)* en cautividad. **2.** *fig (market)* asegurado(da). ◇ *n* cautivo *m*, -va *f*.

captivity [kæpˈtɪvətɪ] *n*: **in ~** en cautividad, en cautiverio.

captor [ˈkæptə^r] *n* apresador *m*, -ra *f*.

capture [ˈkæptʃə^r] ◇ *vt* **1.** *(gen & COMPUT)* capturar. **2.** *(audience, share of market)* hacerse con; *(city)* tomar. **3.** *(scene, mood, attention)* captar. ◇ *n* captura *f*.

car [kɑːʳ] ◇ n **1.** *(motorcar)* coche m, automóvil m, carro m Amer, auto m CSur. **2.** *(on train)* vagón m. ◇ comp *(door, tyre etc)* del coche; *(industry)* del automóvil; *(accident)* de automóvil.

carafe [kəˈræf] n garrafa f.

caramel [ˈkærəmel] n **1.** *(burnt sugar)* caramelo m (líquido), azúcar m quemado. **2.** *(sweet)* tofe m.

carat [ˈkærət] n Br quilate m.

caravan [ˈkærəvæn] n caravana f, roulotte f.

caravan site n Br camping m para caravanas OR roulottes.

carbohydrate [ˌkɑːbəʊˈhaɪdreɪt] n (CHEM) hidrato m de carbono. ◆ **carbohydrates** npl *(in food)* féculas fpl.

carbon [ˈkɑːbən] n *(element)* carbono m.

carbonated [ˈkɑːbəneɪtɪd] adj con gas.

carbon copy n *(document)* copia f en papel carbón; fig *(exact copy)* calco m.

carbon dioxide [-daɪˈɒksaɪd] n bióxido m OR dióxido m de carbono.

carbon monoxide [-mɒˈnɒksaɪd] n monóxido m de carbono.

carbon paper n (U) papel m carbón.

car-boot sale n venta de objetos usados colocados en el portaequipajes del coche.

carburettor Br, **carburetor** Am [ˌkɑːbəˈretəʳ] n carburador m.

carcass [ˈkɑːkəs] n *(gen)* cadáver m (de animal); *(of bird)* carcasa f; *(at butcher's)* canal m.

card [kɑːd] n **1.** *(playing card)* carta f, naipe m. **2.** *(for information, greetings, computers)* tarjeta f. **3.** *(postcard)* postal f. **4.** *(cardboard)* cartulina f. ◆ **cards** npl las cartas, los naipes. ◆ **on the cards** Br, **in the cards** Am adv inf más que probable.

cardboard [ˈkɑːdbɔːd] ◇ n (U) cartón m. ◇ comp de cartón.

cardboard box n caja f de cartón.

cardiac [ˈkɑːdɪæk] adj cardíaco(ca).

cardigan [ˈkɑːdɪgən] n rebeca f.

cardinal [ˈkɑːdɪnl] ◇ adj capital. ◇ n (RELIG) cardenal m.

card index n Br fichero m.

card table n mesita f plegable *(para jugar a cartas)*.

care [keəʳ] ◇ n **1.** *(gen)* cuidado m; **in sb's ~** al cargo OR cuidado de alguien; **to be in/be taken into ~** estar/ser internado en un centro de protección de menores; **to take ~ of** *(look after)* cuidar de; *(deal with)* encargarse de; **take ~!** ¡nos vemos!, ¡cuídate!; **to take**

~ (to do sthg) tener cuidado (de hacer algo) **2.** *(cause of worry)* preocupación f. ◇ vi **1.** *(be concerned):* **to ~ (about)** preocuparse (de OR por). **2.** *(mind):* **I don't ~** no me importa. ◆ **care of** prep al cuidado de, en casa de ◆ **care for** vt fus dated *(like):* **I don't ~ for cheese** no me gusta el queso.

career [kəˈrɪəʳ] ◇ n carrera f. ◇ vi ir a toda velocidad.

careers adviser n persona que aconseja sobre salidas profesionales.

carefree [ˈkeəfriː] adj despreocupado (da).

careful [ˈkeəful] adj *(gen)* cuidadoso (sa); *(driver)* prudente; *(work)* esmerado(da); **to be ~ with** ser mirado OR cuidadoso con; **to be ~ to do sthg** tener cuidado de hacer algo.

carefully [ˈkeəflɪ] adv **1.** *(cautiously)* con cuidado, cuidadosamente. **2.** *(thoroughly)* detenidamente.

careless [ˈkeəlɪs] adj **1.** *(inattentive)* descuidado(da). **2.** *(unconcerned)* despreocupado(da).

caress [kəˈres] ◇ n caricia f. ◇ vt acariciar.

caretaker [ˈkeəˌteɪkəʳ] n Br conserje m y f.

car ferry n transbordador m de coches.

cargo [ˈkɑːgəʊ] (pl -es OR -s) n carga f, cargamento m.

car hire n Br alquiler m de coches.

Caribbean [Br kærɪˈbɪən, Am kəˈrɪbɪən] n: **the ~ (Sea)** el (mar) Caribe.

caring [ˈkeərɪŋ] adj solícito(ta), dedicado(da).

carnage [ˈkɑːnɪdʒ] n carnicería f

carnal [ˈkɑːnl] adj literary carnal.

carnation [kɑːˈneɪʃn] n clavel m.

carnival [ˈkɑːnɪvl] n carnaval m.

carnivorous [kɑːˈnɪvərəs] adj carnívoro(ra).

carol [ˈkærəl] n villancico m.

carousel [ˌkærəˈsel] n **1.** *(at fair)* tiovivo m **2.** *(at airport)* cinta f transportadora.

carp [kɑːp] (pl inv OR -s) ◇ n carpa f. ◇ vi: **to ~ (about)** refunfuñar OR renegar (de).

car park n Br estacionamiento m, aparcamiento m Esp.

carpenter [ˈkɑːpəntəʳ] n carpintero m, -ra f.

carpentry [ˈkɑːpəntrɪ] n carpintería f.

carpet [ˈkɑːpɪt] ◇ n lit & fig alfombra f; **fitted ~** moqueta f. ◇ vt *(fit with carpet)* enmoquetar.

carpet slipper n zapatilla f.

carpet sweeper [-'swi:pəʳ] n cepillo m mecánico (de alfombras).

car phone n teléfono m de coche.

car rental n Am alquiler m de coches.

carriage ['kærɪdʒ] n 1. (horsedrawn vehicle) carruaje m. 2. Br (railway coach) vagón m. 3. (transport of goods) transporte m; ~ paid OR free Br porte pagado. 4. (on typewriter) carro m.

carriage return n retorno m de carro.

carriageway ['kærɪdʒweɪ] n Br carril m.

carrier ['kærɪəʳ] n 1. (COMM) transportista m y f. 2. (of disease) portador m, -ra f. 3. = **carrier bag**.

carrier bag n bolsa f (de papel o plástico).

carrot ['kærət] n 1. (vegetable) zanahoria f. 2. inf (incentive) aliciente m.

carry ['kærɪ] ◇ vt 1. (transport) llevar. 2. (disease) transmitir. 3. (involve) acarrear, conllevar. 4. (motion, proposal) aprobar. 5. (be pregnant with) estar embarazada de. 6. (MATH) llevarse. ◇ vi (sound) oírse. ◆ **carry away** vt fus: **to get carried away** exaltarse. ◆ **carry forward** vt sep llevar a la página siguiente; **carried forward** suma y sigue. ◆ **carry off** vt sep 1. (make a success of) llevar a cabo. 2. (win) llevarse. ◆ **carry on** ◇ vt fus 1. (continue) continuar, seguir; **to ~ on doing sthg** continuar OR seguir haciendo algo. 2. (conversation) sostener. ◇ vi 1. (continue): **to ~ on (with)** continuar OR seguir (con). 2. inf (make a fuss) exagerar la nota. ◆ **carry out** vt fus 1. (perform) llevar a cabo. 2. (fulfil) cumplir. ◆ **carry through** vt sep (accomplish) llevar a cabo.

carryall ['kærɪɔ:l] n Am bolsa f de viaje.

carrycot ['kærɪkɒt] n moisés m.

carry-out n comida f para llevar.

carsick ['kɑ:ˌsɪk] adj mareado(da) (al ir en coche).

cart [kɑ:t] ◇ n carro m, carreta f. ◇ vt inf acarrear

carton ['kɑ:tn] n 1. (strong cardboard box) caja f de cartón. 2. (for liquids) cartón m, envase m.

cartoon [kɑ:'tu:n] n 1. (satirical drawing) chiste m (en viñeta). 2. (comic strip) tira f cómica. 3. (film) dibujos mpl animados.

cartridge ['kɑ:trɪdʒ] n 1. (for gun,

camera) cartucho m. 2. (for pen) recambio m.

cartwheel ['kɑ:twi:l] n voltereta f lateral.

carve [kɑ:v] ◇ vt 1. (wood) tallar; (stone) esculpir 2. (meat) trinchar. 3. (cut) grabar ◇ vi trinchar ◆ **carve out** vt sep (niche, place) conquistar. ◆ **carve up** vt sep repartir.

carving ['kɑ:vɪŋ] n 1. (art, work - wooden) tallado m; (- stone) labrado m. 2. (object - wooden) talla f; (- stone) escultura f.

carving knife n cuchillo m de trinchar.

car wash n lavado m de coches.

case [keɪs] n 1. (gen) caso m; **to be the ~** ser el caso; **in that/which ~** en ese/cuyo caso; **as** OR **whatever the ~ may be** según sea el caso; **in ~ of** en caso de. 2. (argument) argumento m; **the ~ for/against (sthg)** los argumentos a favor/en contra (de algo). 3. (JUR) (trial, inquiry) pleito m, causa f. 4. (container - of leather) funda f; (- of hard material) estuche m. 5. Br (suitcase) maleta f. ◆ **in any case** adv en cualquier caso ◆ **in case** conj & adv por si acaso

cash [kæʃ] ◇ n 1. (notes and coins) (dinero) efectivo m; **to pay (in) ~** pagar al contado OR en efectivo 2. inf (money) dinero m. 3. (payment): **~ in advance** pago m al contado por adelantado; **~ on delivery** entrega f contra reembolso. ◇ vt cobrar, hacer efectivo. ◆ **cash in** vi: **to ~ in on** inf sacar partido de

cash and carry n almacén m de venta al por mayor.

cashback ['kæʃbæk] n (U) Br en algunos comercios, posibilidad de sacar dinero en el momento de realizar una compra pagando con tarjeta de débito.

cashbook ['kæʃbuk] n libro m de caja.

cash box n caja f con cerradura (para el dinero).

cash card n tarjeta f de cajero automático

cash desk n Br caja f

cash dispenser [-dɪ'spensəʳ] n cajero m automático.

cashew (nut) ['kæʃu:-] n (nuez f de) anacardo m.

cashier [kæ'ʃɪəʳ] n cajero m, -ra f

cash machine = **cash dispenser**.

cashmere [kæʃ'mɪəʳ] n cachemira f.

cash register n caja f (registradora).

casing ['keɪsɪŋ] n revestimiento m.

casino [kə'si:nəu] (pl -s) n casino m.

cask [kɑːsk] n tonel m, barril m.

casket ['kɑːskɪt] n 1. (for jewels) estuche m. 2. Am (coffin) ataúd m.

casserole ['kæsərəʊl] n 1. (stew) guiso m. 2. (pan) cazuela f, cacerola f.

cassette [kæ'set] n cinta f, casete f.

cassette player n casete m, magnetófono m.

cassette recorder n casete m, magnetófono m.

cast [kɑːst] (pt & pp cast) ◇ n (of play, film) reparto m. ◇ vt 1. (look) echar, lanzar; **to ~ doubt on sthg** poner algo en duda. 2. (light) irradiar; (shadow) proyectar. 3. (throw) arrojar, lanzar. 4. (choose for play): **to ~ sb as** asignar a alguien el papel de. 5. (vote) emitir. 6. (metal, statue) fundir. ♦ **cast aside** vt sep (person) abandonar; (idea) rechazar. ♦ **cast off** vi (NAUT) soltar amarras.

castanets [ˌkæstə'nets] npl castañuelas fpl.

castaway ['kɑːstəweɪ] n náufrago m, -ga f.

caste [kɑːst] n casta f.

caster ['kɑːstər] n (wheel) ruedecilla f.

caster sugar n Br azúcar m extrafino.

Castile [kæs'tiːl], **Castilla** [kæs'tiʎa] n Castilla.

casting vote ['kɑːstɪŋ-] n voto m de calidad.

cast iron n hierro m fundido.

castle ['kɑːsl] n 1. (building) castillo m. 2. (in chess) torre f

castor ['kɑːstər] = **caster**.

castor oil n aceite m de ricino.

castor sugar = **caster sugar**.

castrate [kæ'streɪt] vt castrar.

casual ['kæʒʊəl] adj 1. (relaxed, indifferent) despreocupado(da). 2. pej (offhand) descuidado(da), informal 3. (chance - visitor) ocasional; (- remark) casual. 4. (informal) de sport, informal. 5. (irregular - labourer etc) eventual.

casually ['kæʒʊəlɪ] adv 1. (in a relaxed manner, indifferently) con aire despreocupado. 2. (informally) informalmente.

casualty ['kæʒjʊəltɪ] n 1. (gen) víctima f. 2. (U) (ward) urgencias fpl.

casualty department n unidad f de urgencias.

cat [kæt] n 1. (domestic) gato m, -ta f. 2. (wild) felino m.

Catalan ['kætəˌlæn] ◇ adj catalán(ana). ◇ n 1. (person) catalán m, -ana f. 2. (language) catalán m

catalogue Br, **catalog** Am ['kætəlɒg] ◇ n 1. (of items) catálogo m. 2. fig (list) serie f, cadena f. ◇ vt 1. (make official list of) catalogar. 2. fig (list) enumerar.

Catalonia [ˌkætə'ləʊnɪə] n Cataluña.

Catalonian [ˌkætə'ləʊnɪən] ◇ adj catalán(ana). ◇ n (person) catalán m, -ana f.

catalyst ['kætəlɪst] n lit & fig catalizador m

catalytic convertor [ˌkætə'lɪtɪk kən-'vɜːtər] n catalizador m.

catapult ['kætəpʌlt] Br n 1. (HIST) (hand-held) tirachinas m inv. 2. (HIST) (machine) catapulta f.

cataract ['kætərækt] n (in eye, waterfall) catarata f.

catarrh [kə'tɑːr] n (U) catarro m.

catastrophe [kə'tæstrəfɪ] n catástrofe f

catch [kætʃ] (pt & pp caught) ◇ vt 1. (gen) coger, agarrar Amer. 2. (fish) pescar; (stop - person) parar. 3. (be in time for): **to ~ the (last) post** Br llegar a la (última) recogida del correo. 4. (hear clearly) entender, llegar a oír. 5. (interest, imagination) despertar. 6. (see): **to ~ sight** OR **a glimpse of** alcanzar a ver. 7. (hook - shirt etc) engancharse; (shut in door - finger) pillarse. 8. (strike) golpear. ◇ vi 1. (become hooked, get stuck) engancharse. 2. (start to burn) prenderse. ◇ n 1. (of ball etc) parada f. 2. (of fish) pesca f, captura f. 3. (fastener) pestillo m. 4. (snag) trampa f. ♦ **catch on** vi 1. (become popular) hacerse popular. 2. inf (understand): **to ~ on (to)** caer en la cuenta (de). ♦ **catch out** vt sep (trick) pillar en un error. ♦ **catch up** ◇ vt sep alcanzar. ◇ vi: **we'll soon ~ up** pronto nos pondremos a la misma altura; **to ~ up on** (sleep) recuperar; (work, reading) ponerse al día con. ♦ **catch up with** vt fus 1. (group etc) alcanzar. 2. (criminal) pillar, descubrir.

catching ['kætʃɪŋ] adj contagioso(sa).

catchment area ['kætʃmənt-] n Br zona f de captación.

catchphrase ['kætʃfreɪz] n muletilla f.

catchy ['kætʃɪ] adj pegadizo(za).

categorically [ˌkætɪ'gɒrɪklɪ] adv (state) categóricamente; (deny) rotundamente.

category ['kætəgərɪ] n categoría f.

cater ['keɪtər] vi proveer comida. ♦ **cater for** vt fus Br (tastes, needs) atender a; (social group) estar destinado(da) a; **I hadn't ~ed for that** no había contado con eso. ♦ **cater to** vt fus complacer.

caterer ['keɪtərər] n proveedor m, -ra f.

catering ['keɪtərɪŋ] n (at wedding etc)

servicio *m* de banquetes; *(trade)* hostelería *f*.

caterpillar ['kætəpɪlər] *n* oruga *f*.

caterpillar tracks *npl* (rodado *m* de) oruga *f*.

cathedral [kə'θiːdrəl] *n* catedral *f*.

Catholic ['kæθlɪk] ◇ *adj* católico(ca). ◇ *n* católico *m*, -ca *f*. ◆ **catholic** *adj* diverso(sa).

Catseyes® ['kætsaɪz] *npl Br* catafaros *mpl*.

cattle ['kætl] *npl* ganado *m* (vacuno).

catty ['kætɪ] *adj inf pej (spiteful)* rencoroso(sa).

catwalk ['kætwɔːk] *n* pasarela *f*.

caucus ['kɔːkəs] *n (political group)* comité *m*. ◆ **Caucus** *n Am* congreso de los principales partidos estadounidenses.

caught [kɔːt] *pt & pp →* **catch**.

cauliflower ['kɒlɪˌflaʊər] *n* coliflor *f*.

cause [kɔːz] ◇ *n* **1.** *(gen)* causa *f* **2.** *(grounds)*: ~ **(for)** motivo *m* (para); ~ **for complaint** motivo de queja; ~ **to do sthg** motivo para hacer algo. ◇ *vt* causar; **to** ~ **sb to do sthg** hacer que alguien haga algo

caustic ['kɔːstɪk] *adj* **1.** (CHEM) cáustico(ca) **2.** *(comment)* mordaz, hiriente.

caution ['kɔːʃn] ◇ *n* **1.** *(U) (care)* precaución *f*, cautela *f* **2.** *(warning)* advertencia *f*. ◇ *vt* **1.** *(warn - against danger)* prevenir; *(- against behaving rudely etc)* advertir. **2.** *Br (subj: policeman)*: **to** ~ **sb (for)** amonestar a alguien (por).

cautious ['kɔːʃəs] *adj* prudente, precavido(da).

cavalier [ˌkævə'lɪər] *adj* arrogante, desdeñoso(sa).

cavalry ['kævlrɪ] *n* caballería *f*.

cave [keɪv] *n* cueva *f*. ◆ **cave in** *vi (roof, ceiling)* hundirse.

caveman ['keɪvmæn] *(pl* **-men** [-men]*)* *n* cavernícola *m y f*.

caviar(e) ['kævɪɑːr] *n* caviar *m*.

cavity ['kævətɪ] *n* **1.** *(in object, structure)* cavidad *f*. **2.** *(in tooth)* caries *f inv*.

cavort [kə'vɔːt] *vi* retozar, brincar.

CB *n abbr of* **citizens' band**.

CBI *abbr of* **Confederation of British Industry**.

cc ◇ *n (abbr of* **cubic centimetre***)* cc. ◇ *(abbr of* **carbon copy***)* cc.

CD *n (abbr of* **compact disc***)* CD *m*.

CD player *n* reproductor *m* de CD.

CD-ROM [ˌsiːdiː'rɒm] *(abbr of* **compact disc read only memory***)* *n* CD-ROM *m*.

cease [siːs] *fml* ◇ *vt* cesar; **to** ~ **doing** OR **to do sthg** dejar de hacer algo. ◇ *vi* cesar.

cease-fire *n* alto *m* el fuego.

ceaseless ['siːslɪs] *adj fml* incesante.

cedar (tree) ['siːdər] *n* cedro *m*.

ceiling ['siːlɪŋ] *n* **1.** *(of room)* techo *m*. **2.** *(limit)* tope *m*, límite *m*.

celebrate ['selɪbreɪt] ◇ *vt* celebrar ◇ *vi* divertirse.

celebrated ['selɪbreɪtɪd] *adj* célebre.

celebration [ˌselɪ'breɪʃn] *n* **1.** *(U) (activity, feeling)* celebración *f*. **2.** *(event)* fiesta *f*, festejo *m*.

celebrity [sɪ'lebrətɪ] *n* celebridad *f*.

celery ['selərɪ] *n* apio *m*.

celibate ['selɪbət] *adj* célibe.

cell [sel] *n* **1.** (BIOL, COMPUT & POL) célula *f*. **2.** *(prisoner's, nun's or monk's room)* celda *f*.

cellar ['selər] *n* **1.** *(basement)* sótano *m*. **2.** *(stock of wine)* bodega *f*.

cello ['tʃeləʊ] *(pl* **-s***)* *n* violoncelo *m*

Cellophane® ['seləfeɪn] *n* celofán® *m*.

Celsius ['selsɪəs] *adj* centígrado(da); **20 degrees** ~ 20 grados centígrados.

Celt [kelt] *n* celta *m y f*.

Celtic ['keltɪk] ◇ *adj* celta. ◇ *n* celta *m*.

cement [sɪ'ment] ◇ *n* **1.** *(for concrete)* cemento *m*. **2.** *(glue)* cola *f*. ◇ *vt* **1.** *(glue)* encolar. **2.** *(agreement, relationship)* cimentar, fortalecer.

cement mixer *n* hormigonera *f*

cemetery ['semɪtrɪ] *n* cementerio *m*.

censor ['sensər] ◇ *n* censor *m*, -ra *f*. ◇ *vt* censurar.

censorship ['sensəʃɪp] *n* censura *f*.

censure ['senʃər] *vt* censurar.

census ['sensəs] *(pl* **-uses***)* *n* censo *m*.

cent [sent] *n* centavo *m*.

centenary *Br* [sen'tiːnərɪ], **centennial** *Am* [sen'tenjəl] *n* centenario *m*.

center *Am* = **centre**.

centigrade ['sentɪgreɪd] *adj* centígrado (da); **20 degrees** ~ 20 grados centígrados.

centilitre *Br*, **centiliter** *Am* ['sentɪˌliːtər] *n* centilitro *m*.

centimetre *Br*, **centimeter** *Am* ['sentɪˌmiːtər] *n* centímetro *m*.

centipede ['sentɪpiːd] *n* ciempiés *m inv*.

central ['sentrəl] *adj* **1.** *(gen)* central; **in** ~ **Spain** en el centro de España **2.** *(easily reached)* céntrico(ca).

Central America *n* Centroamérica.

central heating *n* calefacción *f* central.

centralize, -ise ['sentrəlaɪz] *vt* centralizar

central locking [-'lɒkɪŋ] *n* cierre *m* centralizado.

central reservation *n Br* mediana *f*.

centre *Br*, **center** *Am* ['sentər] ◇ *n* centro *m*; **the ~** (POL) el centro. ◇ *adj* **1.** *(middle)* central **2.** (POL) centrista. ◇ *vt* centrar.

centre back *n* defensa *m y f* central.

centre forward *n* delantero *m*, -ra *f* centro *(inv)*.

centre half = centre back.

century ['sentʃʊri] *n* siglo *m*.

ceramic [sɪ'ræmɪk] *adj* de cerámica, cerámico(ca). ♦ **ceramics** *n* cerámica *f*.

cereal ['sɪərɪəl] *n* **1.** *(crop)* cereal *m* **2.** *(breakfast food)* cereales *mpl*.

ceremonial [,serɪ'məʊnjəl] *adj* ceremonial.

ceremony ['serɪmənɪ] *n* ceremonia *f*; **to stand on ~** andarse con cumplidos OR ceremonias.

certain ['sɜ:tn] *adj* **1.** *(gen)* seguro(ra); **he's ~ to be late** (es) seguro que llega tarde; **to be ~ (of)** estar seguro (de); **to make ~ (of)** asegurarse (de); **for ~** seguro, con toda seguridad. **2.** *(particular, some)* cierto(ta); **to a ~ extent** hasta cierto punto **3.** *(named person)*: **a ~ ...** un (una) tal ...

certainly ['sɜ:tnlɪ] *adv* desde luego; **~ not!** ¡claro que no!

certainty ['sɜ:tntɪ] *n* seguridad *f*.

certificate [sə'tɪfɪkət] *n (gen)* certificado *m*; (SCH & UNIV) diploma *m*, título *m*; *(of birth, death)* partida *f*.

certified ['sɜ:tɪfaɪd] *adj (document)* certificado(da); *(person)* diplomado(da).

certified mail *n Am* correo *m* certificado.

certified public accountant *n Am* contable diplomado *m*, contable diplomada *f Esp*, contador público *m*, contadora pública *f Amer*.

certify ['sɜ:tɪfaɪ] *vt* **1.** *(declare true)* certificar. **2.** *(declare insane)* declarar demente.

cervical [sə'vaɪkl] *adj* cervical.

cervical smear *n* citología *f*, frotis *f* cervical.

cervix ['sɜ:vɪks] *(pl* -ices [-ɪsi:z]) *n (of womb)* cuello *m* del útero.

cesarean (section) = caesarean (section)

cesspit ['sespɪt], **cesspool** ['sespu:l] *n* pozo *m* negro.

cf. *(abbr of* confer) cf., cfr

CFC *(abbr of* chlorofluorocarbon) *n* CFC *m*.

Chad [tʃæd] *n* el Chad.

chafe [tʃeɪf] *vt (rub)* rozar.

chaffinch ['tʃæfɪntʃ] *n* pinzón *m*.

chain [tʃeɪn] ◇ *n* cadena *f*; **~ of events** serie *f* OR cadena *f* de acontecimientos. ◇ *vt (person, object)* encadenar.

chain reaction *n* reacción *f* en cadena.

chain saw *n* sierra *f* (mecánica) continua OR de cinta

chain-smoke *vi* fumar un cigarrillo tras otro.

chain store *n* grandes almacenes *mpl*.

chair [tʃeər] ◇ *n* **1.** *(gen)* silla *f*; *(armchair)* sillón *m*. **2.** *(university post)* cátedra *f* **3.** *(of meeting)* presidencia *f*. ◇ *vt* presidir.

chair lift *n* telesilla *m*.

chairman ['tʃeəmən] *(pl* -men [-mən]) *n* presidente *m*.

chairperson ['tʃeə,pɜ:sn] *(pl* -s) *n* presidente *m*, -ta *f*

chalet ['ʃæleɪ] *n* chalé *m*, chalet *m*.

chalk [tʃɔ:k] *n* **1.** *(type of rock)* creta *f*. **2.** *(for drawing)* tiza *f*, gis *m Col & Méx*.

chalkboard ['tʃɔ:kbɔ:d] *n Am* pizarra *f*.

challenge ['tʃælɪndʒ] ◇ *n* desafío *m*, reto *m*. ◇ *vt* **1.** *(to fight, competition)*: **to ~ sb (to sthg/to do sthg)** desafiar a alguien (a algo/a que haga algo). **2.** *(question)* poner en tela de juicio.

challenging ['tʃælɪndʒɪŋ] *adj* **1.** *(task, job)* estimulante, que supone un reto. **2.** *(look, tone of voice)* desafiante.

chamber ['tʃeɪmbər] *n (room)* cámara *f*.

chambermaid ['tʃeɪmbəmeɪd] *n (at hotel)* camarera *f*.

chamber music *n* música *f* de cámara.

chamber of commerce *n* cámara *f* de comercio

chameleon [kə'mi:ljən] *n* camaleón *m*.

champagne [,ʃæm'peɪn] *n* champán *m*.

champion ['tʃæmpjən] *n* **1.** *(of competition)* campeón *m*, -ona *f*. **2.** *(of cause)* defensor *m*, -ra *f*.

championship ['tʃæmpjənʃɪp] *n* campeonato *m*.

chance [tʃɑ:ns] ◇ *n* **1.** *(luck)* azar *m*, suerte *f*; **by ~** por casualidad. **2.** *(likelihood)* posibilidad *f*; **not to stand a ~ (of)** no tener ninguna posibilidad (de); **by any ~** por casualidad, acaso. **3.** *(opportunity)* oportunidad *f*. **4.** *(risk)* riesgo *m*; **to take a ~ (on)** correr un riesgo OR arriesgarse (con). ◇ *adj* fortuito(ta), casual. ◇ *vt* arriesgar; **to ~ it** arriesgarse.

chancellor ['tʃɑːnsələ^r] n 1. (chief minister) canciller m. 2. (UNIV) ≃ rector m, -ra f.

Chancellor of the Exchequer n Br Ministro m, -tra f de Economía y Hacienda.

chandelier [ˌʃændə'lɪə^r] n (lámpara f de) araña f.

change [tʃeɪndʒ] ◇ n 1. (gen) cambio m; ~ of clothes muda f; for a ~ para variar. 2. (from payment) cambio m, vuelta f Esp, vuelto m Amer. 3. (coins) suelto m, calderilla f. 4. (money in exchange): have you got ~ for £5? ¿tienes cambio de 5 libras? ◇ vt 1. (gen) cambiar; to ~ sthg into transformar algo en; to ~ pounds into francs cambiar libras en francos; to ~ direction cambiar de rumbo; to ~ one's mind cambiar de idea OR opinión. 2. (goods in shop) descambiar. 3. (switch - job, gear, train) cambiar de; to ~ one's clothes cambiarse de ropa. ◇ vi 1. (alter) cambiar; to ~ into sthg transformarse en algo. 2. (change clothes) cambiarse. 3. (change trains, buses) hacer transbordo. ◆ **change over** vi (convert): to ~ over to cambiar a.

changeable ['tʃeɪndʒəbl] adj variable.

change machine n máquina f de cambio.

changeover ['tʃeɪndʒˌəʊvə^r] n: ~ (to) cambio m (a).

changing ['tʃeɪndʒɪŋ] adj cambiante.

changing room n vestuario m.

channel ['tʃænl] ◇ n canal m. ◇ vt lit & fig canalizar. ◆ **Channel** n: the (English) Channel el Canal de la Mancha. ◆ **channels** npl (procedure) conductos mpl, medios mpl.

Channel Islands npl: the ~ las islas del canal de la Mancha.

Channel tunnel n: the ~ el túnel del Canal de la Mancha.

chant [tʃɑːnt] ◇ n 1. (RELIG) canto m. 2. (repeated words) soniquete m. ◇ vt 1. (RELIG) cantar. 2. (words) corear.

chaos ['keɪɒs] n caos m.

chaotic [keɪ'ɒtɪk] adj caótico(ca).

chap [tʃæp] n Br inf chico m, tío m Esp.

chapel ['tʃæpl] n capilla f.

chaperon(e) ['ʃæpərəʊn] ◇ n carabina f, acompañanta f. ◇ vt acompañar.

chaplain ['tʃæplɪn] n capellán m.

chapped [tʃæpt] adj agrietado(da).

chapter ['tʃæptə^r] n lit & fig capítulo m.

char [tʃɑː^r] ◇ n Br (cleaner) mujer f de la limpieza. ◇ vt (burn) carbonizar, calcinar.

character ['kærəktə^r] n 1. (nature, quality, letter) carácter m. 2. (in film, book, play) personaje m. 3. inf (person of stated kind) tipo m. 4. inf (person with strong personality): to be a ~ ser todo un carácter.

characteristic [ˌkærəktə'rɪstɪk] ◇ adj característico(ca). ◇ n característica f.

characterize, -ise ['kærəktəraɪz] vt 1. (typify) caracterizar. 2. (portray): to ~ sthg as definir algo como.

charade [ʃə'rɑːd] n farsa f. ◆ **charades** n (U) charadas fpl.

charcoal ['tʃɑːkəʊl] n (for barbecue etc) carbón m (vegetal); (for drawing) carboncillo m.

charge [tʃɑːdʒ] ◇ n 1. (cost) precio m, coste m; free of ~ gratis. 2. (JUR) cargo m, acusación f. 3. (responsibility): have ~ of sthg tener algo al cargo de uno; to take ~ (of) hacerse cargo de; to be in ~ ser el encargado (la encargada); in ~ of encargado(da) de. 4. (ELEC) carga f. 5. (MIL) (of cavalry) carga f. ◇ vt 1. (customer, sum) cobrar; to ~ sthg to sb cargar algo en la cuenta de alguien. 2. (suspect, criminal): to ~ sb (with) acusar a alguien (de). 3. (attack) cargar contra. 4. (battery) cargar. ◇ vi (rush) cargar; to ~ in/out entrar/salir en tromba.

charge card n tarjeta de crédito de un establecimiento comercial.

charger ['tʃɑːdʒə^r] n (for batteries) cargador m.

chariot ['tʃærɪət] n carro m, cuadriga f.

charisma [kə'rɪzmə] n carisma m.

charitable ['tʃærətəbl] adj 1. (person, remark) caritativo(va). 2. (organization) benéfico(ca).

charity ['tʃærətɪ] n 1. (kindness, money) caridad f. 2. (organization) institución f benéfica.

charm [tʃɑːm] ◇ n 1. (appeal, attractiveness) encanto m 2. (spell) hechizo m. 3. (on bracelet) dije m, amuleto m. ◇ vt dejar encantado(da).

charming ['tʃɑːmɪŋ] adj encantador (ra).

chart [tʃɑːt] ◇ n 1. (diagram) gráfico m. 2. (map) carta f. ◇ vt 1. (plot, map) representar en un mapa. 2. fig (record) trazar. ◆ **charts** npl: the ~s la lista de éxitos.

charter ['tʃɑːtə^r] ◇ n (document) carta f. ◇ comp chárter (inv). ◇ vt (plane, boat) fletar.

chartered accountant ['tʃɑːtəd-] n Br contable diplomado m, contable

diplomada f Esp, contador público m, contadora pública f Amer.

charter flight n vuelo m chárter.

chase [tʃeɪs] ◊ n (pursuit) persecución f ◊ vt 1. (pursue) perseguir. 2. (drive away) ahuyentar. 3. (money, jobs) ir detrás de.

chasm ['kæzm] n (deep crack) sima f; fig (divide) abismo m.

chassis ['ʃæsɪ] (pl inv) n (of vehicle) chasis m inv.

chaste [tʃeɪst] adj casto(ta).

chat [tʃæt] ◊ n charla f. ◊ vi charlar.
♦ **chat up** vt sep Br inf ligar con.

chat show n Br programa m de entrevistas.

chatter ['tʃætər] ◊ n 1. (of person) cháchara f. 2. (of bird) gorjeo m; (of monkey) chillidos mpl ◊ vi 1. (person) parlotear. 2. (teeth) castañetear.

chatterbox ['tʃætəbɒks] n inf parlanchín m, -ina f.

chatty ['tʃætɪ] adj 1. (person) dicharachero(ra). 2. (letter) informal

chauffeur ['ʃəʊfər] n chófer m y f.

chauvinist ['ʃəʊvɪnɪst] n 1. (sexist) sexista m y f; **male ~** machista m. 2. (nationalist) chovinista m y f.

cheap [tʃiːp] ◊ adj 1. (inexpensive) barato(ta). 2. (low - quality) de mala calidad. 3. (vulgar - joke etc) de mal gusto. ◊ adv barato.

cheapen ['tʃiːpn] vt (degrade) rebajar.

cheaply ['tʃiːplɪ] adv barato.

cheat [tʃiːt] ◊ n tramposo m, -sa f. ◊ vt timar, estafar; **to ~ sb out of sthg** estafar algo a alguien. ◊ vi (in exam) copiar; (at cards) hacer trampas.

check [tʃek] ◊ n 1. (inspection, test): **~ (on)** inspección f OR comprobación f (de); **to keep a ~ on** llevar un control de 2. (restraint): **~ (on)** restricción f (en). 3. Am (cheque) cheque m. 4. Am (bill) cuenta f. 5. (pattern) cuadros mpl. ◊ vt 1. (test, verify) comprobar; (inspect) inspeccionar. 2. (restrain, stop) refrenar. ◊ vi comprobar; **to ~ (for/on sthg)** comprobar (algo). ♦ **check in** ◊ vt sep (luggage, coat) facturar. ◊ vi 1. (at hotel) inscribirse, registrarse. 2. (at airport) facturar. ♦ **check out** ◊ vt sep 1. (luggage, coat) recoger. 2. (investigate) comprobar. ◊ vi (from hotel) dejar el hotel ♦ **check up** vi: **to ~ up (on)** informarse (acerca de)

checkbook Am = chequebook.

checked [tʃekt] adj a cuadros.

checkered Am = chequered.

checkers ['tʃekəz] n Am (U) damas fpl.

check-in n facturación f de equipajes

checking account ['tʃekɪŋ-] n Am cuenta f corriente.

checkmate ['tʃekmeɪt] n jaque m mate.

checkout ['tʃekaʊt] n caja f.

checkpoint ['tʃekpɔɪnt] n control m.

checkup ['tʃekʌp] n chequeo m.

Cheddar (cheese) ['tʃedə'-] n (queso m) cheddar m.

cheek [tʃiːk] n 1. (of face) mejilla f. 2. inf (impudence) cara f, descaro m.

cheekbone ['tʃiːkbəʊn] n pómulo m.

cheeky ['tʃiːkɪ] adj descarado(da).

cheer [tʃɪər] ◊ n (shout) aclamación f; **~s** vítores mpl ◊ vt 1. (shout approval, encouragement at) aclamar 2. (gladden) animar. ◊ vi gritar con entusiasmo.
♦ **cheers** excl (when drinking) ¡salud!; inf (thank you) ¡gracias!; inf (goodbye) ¡hasta luego! ♦ **cheer up** ◊ vt sep animar. ◊ vi animarse.

cheerful ['tʃɪəful] adj (gen) alegre

cheerio [,tʃɪərɪ'əʊ] excl inf ¡hasta luego!

cheese [tʃiːz] n queso m.

cheeseboard ['tʃiːzbɔːd] n tabla f de quesos

cheeseburger ['tʃiːz,bɜːgər] n hamburguesa f de queso.

cheesecake ['tʃiːzkeɪk] n pastel m OR tarta f de queso.

cheetah ['tʃiːtə] n guepardo m, onza f.

chef [ʃef] n chef m, jefe m de cocina

chemical ['kemɪkl] ◊ adj químico(ca). ◊ n sustancia f química.

chemist ['kemɪst] n 1. Br (pharmacist) farmacéutico m, -ca f; **~'s (shop)** farmacia f. 2. (scientist) químico m, -ca f.

chemistry ['kemɪstrɪ] n (science) química f.

cheque Br, **check** Am [tʃek] n cheque m, talón m.

chequebook Br, **checkbook** Am ['tʃekbʊk] n talonario m de cheques, chequera f Amer.

cheque card n Br tarjeta f de identificación bancaria.

chequered Br ['tʃekəd], **checkered** Am ['tʃekərd] adj 1. (patterned) a cuadros. 2. (varied) lleno(na) de altibajos.

cherish ['tʃerɪʃ] vt 1. (hope, memory) abrigar. 2. (privilege, right) apreciar 3. (person, thing) tener mucho cariño a

cherry ['tʃerɪ] n (fruit) cereza f; **~ (tree)** cerezo m.

chess [tʃes] n ajedrez m.

chessboard ['tʃesbɔːd] n tablero m de ajedrez.

chessman ['tʃesmæn] (pl -men [-men]) n pieza f.

chest [tʃest] n 1. (ANAT) pecho m. 2. (box, trunk - gen) arca f, cofre m; (- for tools) caja f.

chestnut ['tʃesnʌt] ◇ adj (colour) castaño(ña). ◇ n (nut) castaña f; ~ (tree) castaño m.

chest of drawers (pl chests of drawers) n cómoda f.

chew [tʃuː] vt 1. (food) masticar. 2. (nails) morderse; (carpet) morder. ♦ **chew up** vt sep (food) masticar; (slippers) mordisquear.

chewing gum ['tʃuːɪŋ-] n chicle m.

chic [ʃiːk] adj chic (inv), elegante.

chick [tʃɪk] n (baby bird) polluelo m.

chicken ['tʃɪkɪn] n 1. (bird) gallina f. 2. (food) pollo m. 3. inf (coward) gallina m y f. ♦ **chicken out** vi inf: to ~ out (of sthg/of doing sthg) rajarse (a la hora de algo/de hacer algo).

chickenpox ['tʃɪkɪnpɒks] n varicela f.

chickpea ['tʃɪkpiː] n garbanzo m.

chicory ['tʃɪkərɪ] n achicoria f.

chief [tʃiːf] ◇ adj principal. ◇ n jefe m, -fa f.

chief executive n (head of company) director m, -ra f general.

chiefly ['tʃiːflɪ] adv 1. (mainly) principalmente. 2. (especially, above all) por encima de todo.

chiffon ['ʃɪfɒn] n gasa f.

chilblain ['tʃɪlbleɪn] n sabañón m

child [tʃaɪld] (pl **children**) n 1. (boy, girl) niño m, -ña f. 2. (son, daughter) hijo m, -ja f.

child benefit n (U) Br subsidio pagado a todas las familias por cada hijo.

childbirth ['tʃaɪldbɜːθ] n (U) parto m.

childhood ['tʃaɪldhʊd] n infancia f.

childish ['tʃaɪldɪʃ] adj pej infantil.

childlike ['tʃaɪldlaɪk] adj (person) como un niño; (smile, trust) de niño.

childminder ['tʃaɪld,maɪndər] n Br niñera f (durante el día).

childproof ['tʃaɪldpruːf] adj a prueba de niños.

children ['tʃɪldrən] pl → **child**.

children's home n hogar m infantil.

Chile ['tʃɪlɪ] n Chile

Chilean ['tʃɪlɪən] ◇ adj chileno(na). ◇ n chileno m, -na f

chili ['tʃɪlɪ] = **chilli**.

chill [tʃɪl] ◇ n 1. (illness) resfriado m. 2. (in temperature): there's a ~ in the air hace un poco de fresco. ◇ vt

1. (drink, food) (dejar) enfriar. 2. (person - with cold) enfriar; (- with fear) hacer sentir escalofríos.

chilli ['tʃɪlɪ] (pl -ies) n guindilla f, chile m, ají m Amer.

chilling ['tʃɪlɪŋ] adj 1. (very cold) helado(da). 2. (frightening) escalofriante.

chilly ['tʃɪlɪ] adj frío(a).

chime [tʃaɪm] ◇ n campanada f. ◇ vi (bell) repicar; (clock) sonar.

chimney ['tʃɪmnɪ] n chimenea f.

chimneypot ['tʃɪmnɪpɒt] n cañón m de chimenea.

chimneysweep ['tʃɪmnɪswiːp] n deshollinador m, -ra f.

chimp [tʃɪmp], **chimpanzee** [,tʃɪmpən'ziː] n chimpancé m y f.

chin [tʃɪn] n barbilla f.

china ['tʃaɪnə] n porcelana f, loza f.

China ['tʃaɪnə] n la China.

Chinese [,tʃaɪ'niːz] ◇ adj chino(na). ◇ n 1. (person) chino m, -na f. 2. (language) chino m. ◇ npl: **the ~** los chinos.

Chinese leaves npl Br (hojas fpl de) col f china.

chink [tʃɪŋk] ◇ n 1. (narrow opening) grieta f; (of light) resquicio m. 2. (sound) tintineo m. ◇ vi tintinear.

chip [tʃɪp] ◇ n 1. Br (fried potato chip) patata f Esp OR papa f Amer frita; Am (potato crisp) patata f Esp OR papa f Amer frita (de bolsa o de churrería). 2. (fragment - gen) pedacito m; (- of wood) viruta f; (- of stone) lasca f. 3. (flaw - in cup, glass) desportilladura f. 4. (COMPUT) chip m. 5. (token) ficha f. ◇ vt (damage) desportillar. ♦ **chip in** vi inf 1. (pay money) poner dinero. 2. (interrupt) interrumpir. ♦ **chip off** vt sep desconchar.

chipboard ['tʃɪpbɔːd] n aglomerado m.

chip shop n Br tienda en la que se vende pescado y patatas fritas.

chiropodist [kɪ'rɒpədɪst] n podólogo m, -ga f, pedicuro m, -ra f.

chirp [tʃɜːp] vi (bird) piar; (insect) chirriar

chirpy ['tʃɜːpɪ] adj inf alegre.

chisel ['tʃɪzl] n (for wood) formón m, escoplo m; (for stone) cincel m.

chit [tʃɪt] n (note) nota f firmada.

chitchat ['tʃɪttʃæt] n (U) inf cotilleos mpl.

chivalry ['ʃɪvlrɪ] n 1. literary (of knights) caballería f. 2. (good manners) caballerosidad f.

chives [tʃaɪvz] npl cebollana f.

chlorine ['klɔːriːn] n cloro m.

choc-ice ['tʃɒkaɪs] n Br helado m cubierto de chocolate.

chock [tʃɒk] n cuña f, calzo m.

chock-a-block, chock-full adj inf: ~ (with) hasta los topes (de).

chocolate ['tʃɒkələt] ◇ n 1. (food, drink) chocolate m. 2. (sweet) bombón m ◇ comp de chocolate.

choice [tʃɔɪs] ◇ n 1. (gen) elección f; **to have no ~ but to do sthg** no tener más remedio que hacer algo. 2. (person chosen) preferido m, -da f; (thing chosen) alternativa f preferida 3. (variety, selection) surtido m. ◇ adj de primera calidad

choir ['kwaɪəʳ] n coro m.

choirboy ['kwaɪəbɔɪ] n niño m de coro.

choke [tʃəʊk] ◇ n (AUT) estárter m. ◇ vt 1. (subj: person, fumes) asfixiar; (subj: fishbone etc) hacer atragantarse. 2. (block - pipes, gutter) atascar. ◇ vi (on fishbone etc) atragantarse; (to death) asfixiarse.

cholera ['kɒlərə] n cólera m.

choose [tʃuːz] (pt chose, pp chosen) ◇ vt 1. (select) elegir, escoger. 2. (decide): **to ~ to do sthg** decidir hacer algo; **do whatever you ~** haz lo que quieras. ◇ vi elegir, escoger.

choos(e)y ['tʃuːzɪ] (compar -ier, superl -iest) adj (gen) quisquilloso(sa); (about food) exigente, remilgado(da).

chop [tʃɒp] ◇ n 1. (CULIN) chuleta f. 2. (blow - with axe) hachazo m. ◇ vt 1. (cut up) cortar. 2. phr: **to ~ and change** cambiar cada dos por tres. ◆ **chops** npl inf morros mpl, jeta f. ◆ **chop down** vt sep talar. ◆ **chop up** vt sep (vegetables, meat) picar; (wood) cortar.

chopper ['tʃɒpəʳ] n 1. (for wood) hacha f; (for meat) cuchillo m de carnicero. 2. inf (helicopter) helicóptero m.

choppy ['tʃɒpɪ] adj picado(da).

chopsticks ['tʃɒpstɪks] npl palillos mpl.

chord [kɔːd] n (MUS) acorde m.

chore [tʃɔːʳ] n tarea f, faena f.

chortle ['tʃɔːtl] vi reírse con satisfacción.

chorus ['kɔːrəs] n 1. (part of song, refrain) estribillo m. 2. (choir, group of singers or dancers) coro m.

chose [tʃəʊz] pt → **choose**.

chosen ['tʃəʊzn] pp → **choose**.

Christ [kraɪst] n Cristo m.

christen ['krɪsn] vt bautizar

christening ['krɪsnɪŋ] n bautizo m.

Christian ['krɪstʃən] ◇ adj cristiano (na). ◇ n cristiano m, -na f.

Christianity [ˌkrɪstɪ'ænətɪ] n cristianismo m.

Christian name n nombre m de pila.

Christmas ['krɪsməs] n Navidad f; **happy** OR **merry ~!** ¡Felices Navidades!

Christmas card n crismas m inv.

Christmas Day n día m de Navidad.

Christmas Eve n Nochebuena f.

Christmas pudding n Br pudín de frutas que se come caliente el día de Navidad.

Christmas tree n árbol m de Navidad.

chrome [krəʊm], **chromium** ['krəʊmɪəm] ◇ n cromo m. ◇ comp cromado(da).

chronic ['krɒnɪk] adj 1. (illness, unemployment) crónico(ca). 2. (liar, alcoholic) empedernido(da).

chronicle ['krɒnɪkl] n crónica f

chronological [ˌkrɒnə'lɒdʒɪkl] adj cronológico(ca).

chrysanthemum [krɪ'sænθəməm] (pl -s) n crisantemo m

chubby ['tʃʌbɪ] adj (person, hands) rechoncho(cha); (cheeks) mofletudo (da).

chuck [tʃʌk] vt inf 1. (throw) tirar, arrojar; **to ~ sb out** echar a alguien. 2. (job, girlfriend) dejar. ◆ **chuck away, chuck out** vt sep inf tirar.

chuckle ['tʃʌkl] vi reírse entre dientes.

chug [tʃʌg] vi (train) traquetear; (car) resoplar.

chum [tʃʌm] n inf (gen) compinche mf, manito m Méx; (at school) compañero m, -ra f.

chunk [tʃʌŋk] n (piece) trozo m.

church [tʃɜːtʃ] n iglesia f; **to go to ~** ir a misa

Church of England n: **the ~** la Iglesia Anglicana.

churchyard ['tʃɜːtʃjɑːd] n cementerio m, camposanto m.

churlish ['tʃɜːlɪʃ] adj descortés.

churn [tʃɜːn] ◇ n 1. (for making butter) mantequera f. 2. (for transporting milk) lechera f. ◇ vt (stir up) agitar. ◆ **churn out** vt sep inf hacer como churros OR en cantidades industriales.

chute [ʃuːt] n (for water) vertedero m; (slide) tobogán m; (for waste) rampa f

chutney ['tʃʌtnɪ] n salsa agridulce y picante de fruta y semillas.

CIA (abbr of Central Intelligence Agency) n CIA f.

CID (abbr of Criminal Investigation

Department) *n Br* = Brigada *f* de Policía Judicial

cider ['saɪdəʳ] *n* sidra *f*.

cigar [sɪ'gɑːʳ] *n* puro *m*.

cigarette [ˌsɪgə'ret] *n* cigarrillo *m*.

cigarette paper *n* papel *m* de fumar.

cinch [sɪntʃ] *n inf*: **it's a ~** está tirado, es pan comido.

cinder ['sɪndəʳ] *n* ceniza *f*.

Cinderella [ˌsɪndə'relə] *n* Cenicienta *f*.

cine-camera ['sɪnɪ-] *n* cámara *f* cinematográfica.

cine-film ['sɪnɪ-] *n* película *f* cinematográfica.

cinema ['sɪnəmə] *n* cine *m*.

cinnamon ['sɪnəmən] *n* canela *f*.

cipher ['saɪfəʳ] *n (secret writing system)* código *m*, cifra *f*.

circa ['sɜːkə] *prep* hacia.

circle ['sɜːkl] ◇ *n* 1. *(gen)* círculo *m*; **to go round in ~s** darle (mil) vueltas al mismo tema. 2. *(in theatre)* anfiteatro *m*; *(in cinema)* entresuelo *m*. ◇ *vt* 1. *(draw a circle round)* rodear con un círculo. 2. *(move round)* describir círculos alrededor de. ◇ *vi* dar vueltas.

circuit ['sɜːkɪt] *n* 1. *(gen)* circuito *m*. 2. *(of track)* vuelta *f*.

circuitous [sə'kjuːɪtəs] *adj* tortuoso (sa).

circular ['sɜːkjʊləʳ] ◇ *adj (gen)* circular. ◇ *n* circular *f*.

circulate ['sɜːkjʊleɪt] ◇ *vi* 1. *(gen)* circular. 2. *(socialize)* alternar. ◇ *vt (rumour, document)* hacer circular.

circulation [ˌsɜːkjʊ'leɪʃn] *n* 1. *(of blood, money)* circulación *f*. 2. *(of magazine, newspaper)* tirada *f*.

circumcise ['sɜːkəmsaɪz] *vt* circuncidar.

circumference [sə'kʌmfərəns] *n* circunferencia *f*.

circumspect ['sɜːkəmspekt] *adj* circunspecto(ta).

circumstances ['sɜːkəmstənsɪz] *npl* circunstancias *fpl*; **under** OR **in no ~s** bajo ningún concepto; **in** OR **under the ~** dadas las circunstancias.

circumvent [ˌsɜːkəm'vent] *vt fml* burlar.

circus ['sɜːkəs] *n* 1. *(for entertainment)* circo *m*. 2. *(in place names)* glorieta *f*.

CIS *(abbr of* **Commonwealth of Independent States)** *n* CEI *f*.

cistern ['sɪstən] *n* 1. *Br (in roof)* depósito *m* de agua. 2. *(in toilet)* cisterna *f*.

cite [saɪt] *vt* citar

citizen ['sɪtɪzn] *n* ciudadano *m*, -na *f*.

Citizens' Advice Bureau *n* oficina

británica de información y asistencia al ciudadano.

Citizens' Band *n* banda de radio reservada para radioaficionados y conductores.

citizenship ['sɪtɪznʃɪp] *n* ciudadanía *f*.

citrus fruit ['sɪtrəs-] *n* cítrico *m*.

city ['sɪtɪ] *n* ciudad *f*. ◆ **City** *n Br*: **the City** la City, *centro financiero de Londres*.

city centre *n* centro *m* de la ciudad.

city hall *n Am* ayuntamiento *m*.

city technology college *n Br* centro de formación profesional financiado por la industria.

civic ['sɪvɪk] *adj* 1. *(leader, event)* público(ca). 2. *(duty, pride)* cívico(ca).

civic centre *n Br* zona de la ciudad donde se encuentran los edificios públicos.

civil ['sɪvl] *adj* 1. *(involving ordinary citizens)* civil. 2. *(polite)* cortés

civil engineering *n* ingeniería *f* civil.

civilian [sɪ'vɪljən] ◇ *n* civil *m* y *f*. ◇ *comp (organization)* civil; *(clothes)* de paisano

civilization [ˌsɪvɪlaɪ'zeɪʃn] *n* civilización *f*.

civilized ['sɪvɪlaɪzd] *adj* civilizado(da).

civil law *n* derecho *m* civil.

civil liberties *npl* libertades *fpl* civiles.

civil rights *npl* derechos *mpl* civiles.

civil servant *n* funcionario *m*, -ria *f*.

civil service *n* administración *f* pública.

civil war *n* guerra *f* civil.

CJD *(abbr of* Creuzfeldt-Jakob disease)* *n* enfermedad *f* de Creutzfeldt-Jakob.

clad [klæd] *adj literary*: **~ in** vestido(da) de.

claim [kleɪm] ◇ *n* 1. *(for pay, insurance, expenses)* reclamación *f*. 2. *(of right)* reivindicación *f*; **to lay ~ to sthg** reclamar algo. 3. *(assertion)* afirmación *f*. ◇ *vt* 1. *(allowance, expenses, lost property)* reclamar. 2. *(responsibility, credit)* atribuirse. 3. *(maintain)*: **to ~ (that)** mantener que. ◇ *vi*: **to ~ on one's insurance** reclamar al seguro; **to ~ for sthg** reclamar algo.

claimant ['kleɪmənt] *n (to throne)* pretendiente *m* y *f*; *(of unemployment benefit)* solicitante *m* y *f*; (JUR) demandante *m* y *f*

clairvoyant [kleə'vɔɪənt] *n* clarividente *m* y *f*.

clam [klæm] *n* almeja *f*.

clamber ['klæmbəʳ] *vi* trepar.

clammy ['klæmɪ] *adj (hands)* húmedo

(da), pegajoso(sa); *(weather)* bochorno-so(sa).

clamour *Br*, **clamor** *Am* ['klæmər]
◇ *n* (U) 1. *(noise)* clamor *m*. 2.
(demand): ~ **(for)** exigencias *fpl* OR
demandas *fpl* (de). ◇ *vi*: **to ~ for sthg**
exigir a voces algo.

clamp [klæmp] ◇ *n* *(gen)* abrazadera *f*;
(for car wheel) cepo *m*. ◇ *vt* 1. *(with
clamp)* sujetar (con abrazadera)
2. *(with wheel clamp)* poner un cepo a.
♦ **clamp down** *vi*: **to ~ down on**
poner freno a

clan [klæn] *n* clan *m*.

clandestine [klæn'destɪn] *adj* clandes-
tino(na).

clang [klæŋ] *vi* hacer un ruido metálico.

clap [klæp] ◇ *vt*: **to ~ one's hands** dar
palmadas. ◇ *vi* aplaudir

clapping ['klæpɪŋ] *n* (U) aplausos *mpl*.

claret ['klærət] *n* burdeos *m inv*.

clarify ['klærɪfaɪ] *vt* aclarar

clarinet [,klærə'net] *n* clarinete *m*.

clarity ['klærətɪ] *n* claridad *f*.

clash [klæʃ] ◇ *n* 1. *(difference - of interests)* conflicto *m*; *(- of personalities)* choque *m*. 2. *(fight, disagreement)*: ~ **(with)**
conflicto *m* (con). 3. *(noise)* estruendo
m. ◇ *vi* 1. *(fight, disagree)*: **to ~ (with)**
enfrentarse (con). 2. *(opinions, policies)*
estar en desacuerdo. 3. *(date, event)*: **to
~ (with)** coincidir (con). 4. *(colour)*: **to
~ (with)** desentonar (con).

clasp [klɑːsp] ◇ *n* *(on necklace, bracelet)*
broche *m*; *(on belt)* cierre *m*. ◇ *vt* *(person)* abrazar (agarrando); *(thing)* agarrar

class [klɑːs] ◇ *n* 1. *(gen)* clase *f*.
2. *(category)* clase *f*, tipo *m*. ◇ *vt*: **to ~
sb (as)** clasificar a alguien (de).

classic ['klæsɪk] ◇ *adj* *(typical)* clásico
(ca). ◇ *n* clásico *m*.

classical ['klæsɪkl] *adj* clásico(ca)

classified ['klæsɪfaɪd] *adj* *(secret)* reser-
vado(da), secreto(ta).

classified ad *n* anuncio *m* por palabras.

classify ['klæsɪfaɪ] *vt* clasificar.

classmate ['klɑːsmeɪt] *n* compañero
m, -ra *f* de clase.

classroom ['klɑːsrʊm] *n* aula *f*, clase *f*

classy ['klɑːsɪ] *adj inf* con clase.

clatter ['klætər] *n* *(gen)* estrépito *m*; *(of
pots, pans, dishes)* ruido *m* (de cacha-
rros); *(of hooves)* chacoloteo *m*.

clause [klɔːz] *n* 1. *(in legal document)*
cláusula *f*. 2. (GRAMM) oración *f*.

claw [klɔː] ◇ *n* 1. *(of animal, bird)* garra

f; *(of cat)* uña *f*. 2. *(of crab, lobster)* pinza
f ◇ *vi*: **to ~ at sthg** *(cat)* arañar algo;
(person) intentar agarrarse a algo.

clay [kleɪ] *n* arcilla *f*.

clean [kliːn] ◇ *adj* 1. *(gen)* limpio(pia).
2. *(page)* en blanco. 3. *(record, reputation)* impecable; *(driving licence)* sin
multas 4. *(joke)* inocente. 5. *(outline)*
nítido(da); *(movement)* suelto(ta). ◇ *vt*
& *vi* limpiar. ♦ **clean out** *vt sep*
1. *(clear out)* limpiar el interior de. 2.
inf (take everything from): **they ~ed us
out** (los ladrones) nos limpiaron la
casa. ♦ **clean up** *vt sep (clear up)* ordenar, limpiar; **to ~ o.s. up** asearse.

cleaner ['kliːnər] *n* 1. *(person)* limpia-
dor *m*, -ra *f* 2. *(substance)* producto *m*
de limpieza

cleaning ['kliːnɪŋ] *n* limpieza *f*

cleanliness ['klenlɪnɪs] *n* limpieza *f*.

cleanse [klenz] *vt* 1. *(gen)* limpiar; *(soul)*
purificar; **to ~ sthg/sb of sthg** limpiar
algo/a alguien de algo

cleanser ['klenzər] *n* crema *f* OR loción
f limpiadora

clean-shaven [-'ʃeɪvn] *adj* *(never growing a beard)* barbilampiño(ña); *(recently
shaved)* bien afeitado(da).

clear [klɪər] ◇ *adj* 1. *(gen)* claro(ra);
(day, road, view) despejado(da); **to
make sthg ~ (to)** dejar algo claro (a);
it's ~ that ... está claro que ...; **are
you ~ about it?** ¿lo entiendes?; **to
make o.s. ~** explicarse con claridad
2. *(transparent)* transparente. 3. *(free of
blemishes - skin)* terso(sa). 4. *(free
- time)* libre 5. *(complete - day, week)*
entero(ra); *(- profit, wages)* neto(ta).
◇ *adv (out of the way)*: **stand ~!** ¡aléja-
te!; **to jump/step ~** saltar/dar un paso
para hacerse a un lado. ◇ *vt* 1. *(remove
objects, obstacles from)* despejar; *(pipe)*
desatascar; **to ~ sthg of sthg** quitar
algo de algo; **to ~ a space** hacer sitio;
to ~ the table quitar la mesa.
2. *(remove)* quitar. 3. *(jump)* saltar.
4. *(pay)* liquidar 5. *(authorize)* aprobar 6. *(prove not guilty)* declarar
inocente; **to be ~ed of sthg** salir
absuelto de algo. ◇ *vi* despejarse.
♦ **clear away** *vt sep* poner en su sitio.
♦ **clear off** *vi Br inf* largarse. ♦ **clear
out** *vt sep* limpiar a fondo. ♦ **clear up**
◇ *vt sep* 1. *(room, mess)* limpiar; *(toys,
books)* ordenar 2. *(mystery, disagreement)* aclarar, resolver. ◇ *vi* 1.
(weather) despejarse; *(infection)* desaparecer. 2. *(tidy up)* ordenar, recoger.

clearance ['klɪərəns] *n* 1. *(removal - of
rubbish, litter)* despeje *m*, limpieza *f*; *(of*

slums, houses) eliminación f **2.** *(permission)* autorización f, permiso m. **3.** *(free space)* distancia f de seguridad.
clear-cut *adj (issue, plan)* bien definido(da); *(division)* nítido(da).
clearing ['klɪərɪŋ] *n* claro m.
clearing bank *n* banco asociado a la cámara de compensación.
clearly ['klɪəlɪ] *adv* **1.** *(gen)* claramente. **2.** *(plainly)* obviamente.
clearway ['klɪəweɪ] *n Br* carretera donde no se puede parar.
cleavage ['kliːvɪdʒ] *n (between breasts)* escote m.
cleaver ['kliːvəʳ] *n* cuchillo m OR cuchilla f de carnicero.
clef [klef] *n* clave f
cleft [kleft] *n* grieta f
clench [klentʃ] *vt* apretar.
clergy ['klɜːdʒɪ] *npl:* **the ~** el clero.
clergyman ['klɜːdʒɪmən] *(pl -men* [-mən]) *n* clérigo m.
clerical ['klerɪkl] *adj* **1.** *(in office)* de oficina. **2.** *(in church)* clerical.
clerk [*Br* klɑːk, *Am* klɜːrk] *n* **1.** *(in office)* oficinista m y f **2.** *(in court)* secretario m. **3.** *Am (shop assistant)* dependiente m, -ta f
clever ['klevəʳ] *adj* **1.** *(intelligent)* listo (ta), inteligente. **2.** *(idea, invention)* ingenioso(sa); *(with hands)* hábil.
cliché ['kliːʃeɪ] *n* cliché m.
click [klɪk] ◇ *vt* chasquear ◇ *vi* **1.** *(heels)* sonar con un taconazo; *(camera)* hacer clic. **2.** *inf (fall into place):* **suddenly, it ~ed (with me)** de pronto, caí en la cuenta.
client ['klaɪənt] *n* cliente m, -ta f
cliff [klɪf] *n (on coast)* acantilado m; *(inland)* precipicio m.
climate ['klaɪmɪt] *n (weather)* clima m; fig *(atmosphere)* ambiente m.
climax ['klaɪmæks] *n (culmination)* clímax m, culminación f.
climb [klaɪm] ◇ *n* escalada f. ◇ *vt (stairs, ladder)* subir; *(tree)* trepar a; *(mountain)* escalar. ◇ *vi* **1.** *(clamber):* **to ~ over sthg** trepar por algo; **to ~ into sthg** subirse a algo. **2.** *(plant)* trepar; *(road, plane)* subir. **3.** *(increase)* subir.
climb-down *n* rectificación f.
climber ['klaɪməʳ] *n (mountaineer)* escalador m, -ra f.
climbing ['klaɪmɪŋ] *n* montañismo m.
clinch [klɪntʃ] *vt (deal)* cerrar.
cling [klɪŋ] *(pt & pp* **clung)** *vi* **1.** *(hold tightly):* **to ~ (to)** agarrarse (a). **2.** *(clothes, person):* **to ~ (to sb)** pegarse (a alguien)

clingfilm ['klɪŋfɪlm] *n Br* film m de plástico adherente.
clinic ['klɪnɪk] *n* clínica f.
clinical ['klɪnɪkl] *adj* **1.** (MED) clínico (ca). **2.** *(cold)* frío(a).
clink [klɪŋk] *vi* tintinear.
clip [klɪp] *n* **1.** *(for paper)* clip m; *(for hair)* horquilla f; *(on earring)* cierre m. **2.** *(of film)* fragmento m, secuencias fpl. ◇ *vt* **1.** *(fasten)* sujetar. **2.** *(cut - lawn, newspaper cutting)* recortar; *(punch - tickets)* picar.
clipboard ['klɪpbɔːd] *n* tabloncillo m con pinza sujetapapeles.
clippers ['klɪpəz] *npl (for nails)* cortaúñas m inv; *(for hair)* maquinilla f para cortar el pelo; *(for hedges, grass)* tijeras fpl de podar.
clipping ['klɪpɪŋ] *n* **1.** *(from newspaper)* recorte m. **2.** *(of nails)* corte m.
clique [kliːk] *n pej* camarilla f.
cloak [kləuk] *n (garment)* capa f, manto m.
cloakroom ['kləukrum] *n* **1.** *(for clothes)* guardarropa m. **2.** *Br (toilets)* servicios mpl.
clock [klɒk] *n* **1.** *(timepiece)* reloj m; **round the ~** día y noche, las 24 horas. **2.** *(mileometer)* cuentakilómetros m. ◆ **clock in, clock on** *vi Br* fichar (a la entrada) ◆ **clock off, clock out** *vi Br* fichar (a la salida).
clockwise ['klɒkwaɪz] *adj & adv* en el sentido de las agujas del reloj.
clockwork ['klɒkwɜːk] *comp* de cuerda.
clog [klɒg] *vt* atascar, obstruir. ◆ **clogs** *npl* zuecos mpl. ◆ **clog up** ◇ *vt sep (drain, pipe)* atascar; *(eyes, nose)* congestionar. ◇ *vi* atascarse.
close¹ [kləus] ◇ *adj* **1.** *(near)* cercano (na); **~ to** cerca de; **~ to tears/laughter** a punto de llorar/reír; **~ up, ~ to** de cerca; **~ by, ~ at hand** muy cerca; **it was a ~ shave** OR **thing** OR **call** nos libramos por los pelos. **2.** *(relationship, friend)* íntimo(ma); **to be ~ to sb** estar muy unido(da) a alguien **3.** *(relative, family)* cercano(na); *(resemblance)* grande; *(link, tie, cooperation)* estrecho(cha). **4.** *(questioning)* minucioso(sa); *(examination)* detallado(da); *(look)* de cerca; *(watch)* estrecho(cha). **5.** *(room, air)* cargado(da); *(weather)* bochornoso(sa). **6.** *(contest, race)* reñido(da); *(result)* apretado(da). ◇ *adv* cerca ◆ **close on, close to** *prep (almost)* cerca de
close² [kləuz] ◇ *vt* **1.** *(gen)* cerrar. **2.** *(meeting)* clausurar; *(discussion, speech)* terminar. ◇ *vi* cerrarse. ◇ *n*

final *m*. ◆ **close down** ◇ *vt sep* cerrar (definitivamente). ◇ *vi (factory etc)* cerrarse (definitivamente).

closed [kləʊzd] *adj* cerrado(da).

close-knit [ˌkləʊs-] *adj* muy unido (da).

closely ['kləʊslɪ] *adv* 1. *(of connection, relation etc)* estrechamente; **to be ~ involved in sthg** estar muy metido en algo; *(of resemblance)* fielmente. 2. *(carefully)* atentamente.

closet ['klɒzɪt] ◇ *adj inf* en secreto. ◇ *n Am* armario *m*.

close-up ['kləʊs-] *n* primer plano *m*.

closing time *n* hora *f* de cierre

closure ['kləʊʒəʳ] *n* cierre *m*.

clot [klɒt] ◇ *n* 1. *(in blood)* coágulo *m*; *(in liquid)* grumo *m*. 2. *Br inf (fool)* bobo *m*, -ba *f*. ◇ *vi (blood)* coagularse.

cloth [klɒθ] *n* 1. *(U) (fabric)* tela *f*. 2. *(piece of cloth)* trapo *m*.

clothe [kləʊð] *vt fml* vestir.

clothes [kləʊðz] *npl* ropa *f*; **to put one's ~ on** vestirse; **to take one's ~ off** quitarse la ropa.

clothes brush *n* cepillo *m* para la ropa.

clothesline ['kləʊðzlaɪn] *n* cuerda *f* para tender la ropa

clothes peg *Br*, **clothespin** *Am* ['kləʊðzpɪn] *n* pinza *f* (para la ropa).

clothing ['kləʊðɪŋ] *n* ropa *f*.

cloud [klaʊd] *n* nube *f*. ◆ **cloud over** *vi lit & fig* nublarse.

cloudy ['klaʊdɪ] *adj* 1. *(overcast)* nublado(da). 2. *(murky)* turbio(bia).

clout [klaʊt] *inf n* 1. *(blow)* tortazo *m*. 2. *(U) (influence)* influencia *f*.

clove [kləʊv] *n*: **a ~ of garlic** un diente de ajo. ◆ **cloves** *npl (spice)* clavos *mpl*.

clover ['kləʊvəʳ] *n* trébol *m*.

clown [klaʊn] ◇ *n (performer)* payaso *m*. ◇ *vi* hacer payasadas.

cloying ['klɔɪɪŋ] *adj* empalagoso(sa).

club [klʌb] ◇ *n* 1. *(organization, place)* club *m*. 2. *(weapon)* porra *f*, garrote *m*. 3. *(golf)* – palo *m* de golf. ◇ *vt* apalear, aporrear. ◆ **clubs** *npl (cards)* tréboles *mpl*. ◆ **club together** *vi Br* recolectar dinero.

club car *n Am* (RAIL) vagón *m* restaurante.

clubhouse ['klʌbhaʊs, *pl* -haʊzɪz] *n* (for golfers) (edificio *m* del) club *m*.

cluck [klʌk] *vi (hen)* cloquear.

clue [kluː] *n* 1. *(in crime)* pista *f*; **not to have a ~ (about)** no tener ni idea (de). 2. *(in crossword)* pregunta *f*, clave *f*.

clued-up [kluːd-] *adj Br inf* al tanto.

clump [klʌmp] *n (of bushes)* mata *f*; *(of trees, flowers)* grupo *m*.

clumsy ['klʌmzɪ] *adj* 1. *(ungraceful)* torpe 2. *(unwieldy)* difícil de manejar. 3. *(tactless)* torpe, sin tacto

clung [klʌŋ] *pt & pt* → **cling**

cluster ['klʌstəʳ] ◇ *n (group)* grupo *m*; *(of grapes)* racimo *m* ◇ *vi* agruparse.

clutch [klʌtʃ] ◇ *n* (AUT) embrague *m* ◇ *vt (hand)* estrechar; *(arm, baby)* agarrar. ◇ *vi*: **to ~ at sthg** tratar de agarrarse a algo

clutter ['klʌtəʳ] ◇ *n* desorden *m* ◇ *vt* cubrir desordenadamente

cm *(abbr of centimetre)* cm

CND *(abbr of Campaign for Nuclear Disarmament)* *n organización británica contra el armamento nuclear*

c/o *(abbr of care of)* c/d

Co. 1. *(abbr of Company)* Cía 2. *abbr of* **County**.

coach [kəʊtʃ] ◇ *n* 1. *(bus)* autocar *m* 2. (RAIL) coche *m*, vagón *m*. 3. *(horse-drawn)* carruaje *m*. 4. (SPORT) entrenador *m*, -ra *f* 5. *(tutor)* profesor *m*, -ra *f* particular. ◇ *vt* 1. (SPORT) entrenar. 2. *(tutor)* dar clases particulares a.

coal [kəʊl] *n* carbón *m*

coalfield ['kəʊlfiːld] *n* cuenca *f* minera.

coalition [ˌkəʊə'lɪʃn] *n* coalición *f*.

coalman ['kəʊlmæn] *(pl* -men [-men]) *n Br* carbonero *m*.

coalmine ['kəʊlmaɪn] *n* mina *f* de carbón

coarse [kɔːs] *adj* 1. *(skin, hair, sandpaper)* áspero(ra); *(fabric)* basto(ta) 2. *(person, joke)* ordinario(ria).

coast [kəʊst] ◇ *n* costa *f* ◇ *vi* 1. *(in car)* ir en punto muerto 2. *(progress easily)* ir holgadamente OR sin esfuerzos.

coastal ['kəʊstl] *adj* costero(ra).

coaster ['kəʊstəʳ] *n (small mat)* posavasos *m inv*.

coastguard ['kəʊstɡɑːd] *n (person)* guardacostas *m y f inv*.

coastline ['kəʊstlaɪn] *n* litoral *m*

coat [kəʊt] ◇ *n* 1. *(garment)* abrigo *m*. 2. *(of animal)* pelo *m*, pelaje *m*. 3. *(layer)* capa *f* ◇ *vt*: **to ~ sthg (with)** cubrir algo (de).

coat hanger *n* percha *f*

coating ['kəʊtɪŋ] *n (of dust etc)* capa *f*; *(of chocolate, silver)* baño *m*.

coat of arms *(pl* coats of arms) *n* escudo *m* de armas.

coax [kəʊks] *vt*: **to ~ sb (to do** OR **into**

doing sthg) engatusar a alguien (para que haga algo).

cob [kɒb] → **corn.**

cobbled ['kɒbld] *adj* adoquinado(da).

cobbler ['kɒblə^r] *n* zapatero (remendón) *m*, zapatera (remendona) *f*.

cobbles ['kɒblz], **cobblestones** ['kɒblstəʊnz] *npl* adoquines *mpl*.

cobweb ['kɒbweb] *n* telaraña *f*.

Coca-Cola® [,kəʊkə'kəʊlə] *n* Coca-Cola® *f*.

cocaine [kəʊ'keɪn] *n* cocaína *f*.

cock [kɒk] ◇ *n* **1.** *(male chicken)* gallo *m*. **2.** *(male bird)* macho *m*. ◇ *vt* **1.** *(gun)* amartillar. **2.** *(head)* ladear.
♦ **cock up** *vt sep Br v inf* jorobar

cockerel ['kɒkrəl] *n* gallo *m* joven.

cockeyed ['kɒkaɪd] *adj inf* **1.** *(lopsided)* torcido(da). **2.** *(foolish)* disparatado (da).

cockle ['kɒkl] *n* berberecho *m*.

Cockney ['kɒknɪ] *(pl Cockneys) n* **1.** *(person)* cockney *m y f, persona procedente del este de Londres.* **2.** *(dialect, accent)* cockney *m, dialecto del este de Londres.*

cockpit ['kɒkpɪt] *n (in plane)* cabina *f*.

cockroach ['kɒkrəʊtʃ] *n* cucaracha *f*.

cocksure [,kɒk'ʃʊə^r] *adj* presuntuoso (sa).

cocktail ['kɒkteɪl] *n* cóctel *m*.

cock-up *n v inf* chapuza *f*, pifia *f*.

cocky ['kɒkɪ] *adj inf* chulo(la), chuleta.

cocoa ['kəʊkəʊ] *n* **1.** *(powder)* cacao *m*. **2.** *(drink)* chocolate *m*.

coconut ['kəʊkənʌt] *n* coco *m*.

cod [kɒd] *(pl inv OR -s) n* bacalao *m*.

COD *(abbr of cash on delivery) contra reembolso,* ≃ CAE.

code [kəʊd] ◇ *n* **1.** *(gen)* código *m*. **2.** *(for telephone)* prefijo *m*. ◇ *vt (encode)* codificar, cifrar.

cod-liver oil *n* aceite *m* de hígado de bacalao.

coed [,kəʊ'ed] *adj (abbr of coeducational)* mixto(ta).

coerce [kəʊ'ɜːs] *vt*: **to ~ sb (into doing sthg)** coaccionar a alguien (para que haga algo).

coffee ['kɒfɪ] *n* café *m*.

coffee bar *n Br* cafetería *f*.

coffee break *n* pausa para descansar en el trabajo por la mañana y por la tarde.

coffee morning *n Br* reunión matinal, generalmente benéfica, en la que se sirve café.

coffeepot ['kɒfɪpɒt] *n* cafetera *f*.

coffee shop *n* **1.** *Br (shop)* cafetería *f*.

2. *Am (restaurant)* café *m*

coffee table *n* mesita *f* baja (de salón).

coffin ['kɒfɪn] *n* ataúd *m*.

cog [kɒg] *n (tooth on wheel)* diente *m*; *(wheel)* rueda *f* dentada.

cognac ['kɒnjæk] *n* coñac *m*.

coherent [kəʊ'hɪərənt] *adj* coherente.

cohesive [kəʊ'hiːsɪv] *adj* unido(da).

coil [kɔɪl] ◇ *n* **1.** *(of rope, wire)* rollo *m*; *(of hair)* tirabuzón *m*; *(of smoke)* espiral *f*. **2.** (ELEC) bobina *f*. **3.** *Br (contraceptive device)* DIU *m*, espiral *m*. ◇ *vi* enrollarse, enroscarse. ◇ *vt* enrollar, enroscar.
♦ **coil up** *vt sep* enrollar.

coin [kɔɪn] ◇ *n* moneda *f* ◇ *vt (invent)* acuñar, inventar.

coinage ['kɔɪnɪdʒ] *n (currency)* moneda *f*.

coin-box *n Br* teléfono *m* público.

coincide [,kəʊɪn'saɪd] *vi*: **to ~ (with)** coincidir (con).

coincidence [kəʊ'ɪnsɪdəns] *n* coincidencia *f*.

coincidental [kəʊ,ɪnsɪ'dentl] *adj* fortuito(ta).

coke [kəʊk] *n (fuel)* coque *m*.

Coke® [kəʊk] *n* Coca-Cola® *f*.

cola ['kəʊlə] *n (bebida f de)* cola *f*.

colander ['kʌləndə^r] *n* colador *m*, escurridor *m*.

cold [kəʊld] ◇ *adj* frío(a); **it's ~** hace frío; **my hands are ~** tengo las manos frías; **I'm ~** tengo frío; **to get ~** enfriarse. ◇ *n* **1.** *(illness)* resfriado *m*, constipado *m*; **to catch (a) ~** resfriarse, coger un resfriado. **2.** *(low temperature)* frío *m*.

cold-blooded [-'blʌdɪd] *adj* **1.** *(animal)* de sangre fría. **2.** *(person)* despiadado(da); *(killing)* a sangre fría.

cold sore *n* calentura *f*, pupa *f*.

cold war *n*: **the ~** la guerra fría.

coleslaw ['kəʊlslɔː] *n* ensalada de col, zanahoria, cebolla y mayonesa.

colic ['kɒlɪk] *n* cólico *m*.

collaborate [kə'læbəreɪt] *vi*: **to ~ (with)** colaborar (con).

collapse [kə'læps] ◇ *n* **1.** *(of building)* derrumbamiento *m*; *(of roof)* hundimiento *m*. **2.** *(of marriage, system)* fracaso *m*; *(of government, currency)* caída *f*; *(of empire)* derrumbamiento *m*. **3.** (MED) colapso *m*. ◇ *vi* **1.** *(building, person)* derrumbarse; *(roof)* hundirse; **to ~ with laughter** partirse de risa. **2.** *(plan, business)* venirse abajo. **3.** (MED) sufrir un colapso.

collapsible [kə'læpsəbl] *adj* plegable.

collar ['kɒlə'] n 1. (on clothes) cuello m. 2. (for dog) collar m. 3. (TECH) collar m.

collarbone ['kɒləbəʊn] n clavícula f.

collate [kə'leɪt] vt 1. (compare) cotejar. 2. (put in order) poner en orden.

collateral [kɒ'lætərəl] n garantía f subsidiaria, seguridad f colateral.

colleague ['kɒli:g] n colega m y f.

collect [kə'lekt] ◇ vt 1. (gather together) reunir, juntar; **to ~ o.s.** recobrar el dominio de sí mismo. 2. (as a hobby) coleccionar. 3. (go to get - person, parcel) recoger. 4. (money, taxes) recaudar. ◇ vi 1. (gather) congregarse, reunirse. 2. (accumulate) acumularse. 3. (for charity, gift) hacer una colecta. ◇ adv Am (TELEC): **to call (sb) ~** llamar (a alguien) a cobro revertido.

collection [kə'lekʃn] n 1. (of stamps, art etc) colección f. 2. (of poems, stories etc) recopilación f 3. (of rubbish, mail) recogida f; (of taxes) recaudación f. 4. (of money) colecta f

collective [kə'lektɪv] ◇ adj colectivo (va). ◇ n colectivo m.

collector [kə'lektə'] n 1. (as a hobby) coleccionista m y f. 2. (of taxes) recaudador m, -ra f. 3. (of debts, rent) cobrador m, -ra f.

college ['kɒlɪdʒ] n 1. (for further education) instituto m, escuela f. 2. (of university) colegio universitario que forma parte de ciertas universidades. 3. (organized body) colegio m.

college of education n escuela de formación de profesores de enseñanza primaria y secundaria.

collide [kə'laɪd] vi: **to ~ (with)** (gen) chocar (con); (vehicles) colisionar OR chocar (con).

collie ['kɒlɪ] n collie m.

colliery ['kɒljərɪ] n mina f de carbón.

collision [kə'lɪʒn] n lit & fig: **~ (with/ between)** choque m (con/entre), colisión f (con/entre).

colloquial [kə'ləʊkwɪəl] adj coloquial.

collude [kə'lu:d] vi: **to ~ with** estar en connivencia con.

Colombia [kə'lɒmbɪə] n Colombia.

Colombian [kə'lɒmbɪən] ◇ adj colombiano(na) ◇ n colombiano m, -na f.

colon ['kəʊlən] n 1. (ANAT) colon m. 2. (punctuation mark) dos puntos mpl.

colonel ['kɜ:nl] n coronel m y f.

colonial [kə'ləʊnjəl] adj colonial.

colonize, -ise ['kɒlənaɪz] vt colonizar.

colony ['kɒlənɪ] n colonia f.

color etc Am = **colour** etc

colossal [kə'lɒsl] adj colosal.

colour Br, **color** Am ['kʌlə'] ◇ n color m; **in ~** en color. ◇ adj en color. ◇ vt 1. (give colour to) dar color a; (with pen, crayon) colorear. 2. (dye) teñir 3. (affect) influenciar. ◇ vi (blush) ruborizarse.

colour bar n discriminación f racial.

colour-blind adj daltónico(ca).

coloured Br, **colored** Am ['kʌləd] adj 1. (pens, sheets etc) de colores. 2. (with stated colour): **maroon-~** de color granate; **brightly-~** de vivos colores 3. (person - black) de color.

colourful Br, **colorful** Am ['kʌləful] adj 1. (brightly coloured) de vivos colores. 2. (story) animado(da). 3. (person) pintoresco(ca).

colouring Br, **coloring** Am ['kʌlərɪŋ] n 1. (dye) colorante m. 2. (complexion, hair) tez f. 3. (of animal's skin) color m.

colour scheme n combinación f de colores.

colt [kəʊlt] n potro m.

column ['kɒləm] n 1. (gen) columna f 2. (of people, vehicles) hilera f.

columnist ['kɒləmnɪst] n columnista m y f.

coma ['kəʊmə] n coma m.

comb [kəʊm] ◇ n peine m ◇ vt lit & fig peinar

combat ['kɒmbæt] ◇ n combate m. ◇ vt combatir.

combination [,kɒmbɪ'neɪʃn] n combinación f.

combine [vb kəm'baɪn, n 'kɒmbaɪn] ◇ vt: **to ~ sthg (with)** combinar algo (con). ◇ vi combinarse. ◇ n 1. (group) grupo m. 2. = **combine harvester**.

combine harvester [-'hɑ:vɪstə'] n cosechadora f.

come [kʌm] (pt **came**, pp **come**) vi 1. (move) venir; (arrive) llegar; **the news came as a shock** la noticia constituyó un duro golpe; **coming!** ¡ahora voy! 2. (reach): **to ~ up/down to** llegar hasta. 3. (happen) pasar; **~ what may** pase lo que pase. 4. (become): **to ~ true** hacerse realidad; **to ~ unstuck** despegarse; **my shoelaces have ~ undone** se me han desatado los cordones. 5. (begin gradually): **to ~ to do sthg** llegar a hacer algo. 6. (be placed in order): **to ~ first/last in a race** llegar el primero/el último en una carrera; **she came second in the exam** quedó segunda en el examen; **P ~s before Q** la P viene antes de la Q ◆ **to come** adv: **in (the) days/years to ~** en días/años venideros. ◆ **come about** vi (happen) pasar, ocurrir.

◆ **come across** vt fus (find) cruzarse con. ◆ **come along** vi 1. (arrive by chance - opportunity) surgir; (- bus) aparecer, llegar. 2. (improve) ir; **the project is coming along nicely** el proyecto va muy bien ◆ **come apart** vi deshacerse. ◆ **come back** vi 1. (in talk, writing): **to ~ back to sthg** volver a algo. 2. (memory): **to ~ back to sb** volverle a la memoria a alguien. ◆ **come by** vt fus (get, obtain) conseguir ◆ **come down** vi 1. (decrease) bajar. 2. (descend - plane, parachutist) aterrizar; (- rain) caer. ◆ **come down to** vt fus reducirse a ◆ **come down with** vt fus coger, agarrar (enfermedad) ◆ **come forward** vi presentarse. ◆ **come from** vt fus (noise etc) venir de; (person) ser de. ◆ **come in** vi 1. (enter) entrar, pasar; **~ in!** ¡pase! 2. (arrive - train, letters, donations) llegar ◆ **come in for** vt fus (criticism etc) recibir, llevarse. ◆ **come into** vt fus 1. (inherit) heredar. 2. (begin to be): **to ~ into being** nacer, ver la luz. ◆ **come off** vi 1. (button) descoserse; (label) despegarse; (lid) soltarse; (stain) quitarse. 2. (plan, joke) salir bien. 3. phr: **~ off it!** inf ¡venga ya! ◆ **come on** vi 1. (start) empezar. 2. (start working - lights, heating) encenderse. 3. (progress, improve) ir; **it's coming on nicely** va muy bien. 4. phr: **~ on!** (expressing encouragement, urging haste) ¡vamos!; (expressing disbelief) ¡venga ya! ◆ **come out** vi 1. (become known) salir a la luz. 2. (appear - product, book, sun) salir; (- film) estrenarse. 3. (go on strike) ponerse en huelga. ◆ **come over** vt fus (subj: feeling) sobrevenir; **I don't know what has ~ over her** no sé qué le pasa. ◆ **come round** vi 1. (change opinion): **to ~ round (to sthg)** terminar por aceptar (algo). 2. (regain consciousness) volver en sí. ◆ **come through** vt fus (difficult situation, period) pasar por; (operation, war) sobrevivir a. ◆ **come to** ⋄ vt fus 1. (reach): **to ~ to an end** tocar a su fin; **to ~ to a decision** alcanzar una decisión. 2. (amount to) ascender a. ⋄ vi (regain consciousness) volver en sí. ◆ **come under** vt fus 1. (be governed by) estar bajo. 2. (suffer): **to ~ under attack** ser víctima de críticas ◆ **come up** vi 1. (name, topic, opportunity) surgir. 2. (be imminent) estar al llegar. 3. (sun, moon) salir. ◆ **come up against** vt fus tropezarse OR toparse con. ◆ **come up with** vt fus (idea) salir

con; (solution) encontrar.
comeback ['kʌmbæk] n (return) reaparición f; **to make a ~** (fashion) volver (a ponerse de moda); (actor) hacer una reaparición.
comedian [kə'miːdjən] n cómico m.
comedown ['kʌmdaʊn] n inf desilusión f, decepción f.
comedy ['kɒmədɪ] n comedia f.
comet ['kɒmɪt] n cometa m.
come-uppance [,kʌm'ʌpəns] n: **to get one's ~** inf llevarse uno su merecido.
comfort ['kʌmfət] ⋄ n 1. (gen) comodidad f. 2. (solace) consuelo m. ⋄ vt consolar, confortar
comfortable ['kʌmftəbl] adj 1. (gen) cómodo(da) 2. (financially secure) acomodado(da) 3. (victory, job, belief) fácil; (lead, majority) amplio(plia).
comfortably ['kʌmftəblɪ] adv 1. (sit, sleep) cómodamente. 2. (without financial difficulty) sin aprietos 3. (easily) fácilmente.
comfort station n Am euphemism aseos mpl públicos.
comic ['kɒmɪk] ⋄ adj cómico(ca). ⋄ n 1. (comedian) cómico m, -ca f 2. (magazine - for children) tebeo m; (- for adults) cómic m
comical ['kɒmɪkl] adj cómico(ca)
comic strip n tira f cómica.
coming ['kʌmɪŋ] ⋄ adj (future) próximo(ma). ⋄ n: **~s and goings** idas fpl y venidas.
comma ['kɒmə] n coma f.
command [kə'mɑːnd] ⋄ n 1. (order) orden f 2. (U) (control) mando m. 3. (of language, skill) dominio m 4. (COMPUT) comando m. ⋄ vt 1. (order): **to ~ sb (to do sthg)** ordenar OR mandar a alguien (que haga algo). 2. (MIL) (control) comandar. 3. (deserve - respect, attention) hacerse acreedor(ra) de.
commandeer [,kɒmən'dɪəʳ] vt requisar.
commander [kə'mɑːndəʳ] n 1. (in army) comandante m y f. 2. (in navy) capitán m, -ana f de fragata.
commandment [kə'mɑːndmənt] n (RELIG) mandamiento m
commando [kə'mɑːndəʊ] (pl -s OR -es) n
commemorate [kə'meməreɪt] vt conmemorar
commemoration [kə,memə'reɪʃn] n conmemoración f.
commence [kə'mens] fml ⋄ vt: **to ~ (doing sthg)** comenzar OR empezar (a hacer algo) ⋄ vi comenzar, empezar

commend [kə'mend] vt 1. *(praise)* alabar. 2. *(recommend)*: to ~ sthg (to) recomendar algo (a).

commensurate [kə'menʃərət] *adj fml*: ~ with acorde OR en proporción con.

comment ['kɒment] ◇ n comentario m; **no** ~ sin comentarios. ◇ vi comentar; **to** ~ **on** hacer comentarios sobre.

commentary ['kɒməntrɪ] n comentario m.

commentator ['kɒmənteɪtə^r] n comentarista m y f.

commerce ['kɒmɜːs] n (U) comercio m.

commercial [kə'mɜːʃl] ◇ adj comercial. ◇ n anuncio m *(televisivo o radiofónico)*.

commercial break n pausa f para la publicidad

commiserate [kə'mɪzəreɪt] vi: to ~ (with) compadecerse (de).

commission [kə'mɪʃn] ◇ n 1. *(money, investigative body)* comisión f. 2. *(piece of work)* encargo m. ◇ vt encargar; **to** ~ **sb (to do sthg)** encargar a alguien (que haga algo).

commissionaire [kə,mɪʃə'neə^r] n Br portero m (uniformado).

commissioner [kə'mɪʃnə^r] n comisario m, -ria f.

commit [kə'mɪt] vt 1. *(crime, sin etc)* cometer. 2. *(pledge - money, resources)* destinar; **to** ~ **o.s.** (to) comprometerse (a). 3. *(consign - to mental hospital)* ingresar; **to** ~ **sthg to memory** aprender algo de memoria.

commitment [kə'mɪtmənt] n compromiso m.

committee [kə'mɪtɪ] n comisión f, comité m.

commodity [kə'mɒdətɪ] n mercancía f, producto m.

common ['kɒmən] ◇ adj 1. *(gen)*: ~ (to) común (a). 2. *(ordinary - man, woman)* corriente, de la calle. 3. Br pej *(vulgar)* vulgar, ordinario(ria). ◇ n campo m común. ♦ **in common** adv en común.

common law n derecho m consuetudinario. ♦ **common-law** adj *(wife, husband)* de hecho.

commonly ['kɒmənlɪ] adv generalmente, comúnmente.

Common Market n: the ~ el Mercado Común.

commonplace ['kɒmənpleɪs] adj corriente, común

common room n sala f de estudiantes

Commons ['kɒmənz] npl Br: the ~ (la Cámara de) los Comunes.

common sense n sentido m común.

Commonwealth ['kɒmənwelθ] n: the ~ la Commonwealth.

Commonwealth of Independent States n: the ~ la Comunidad de Estados Independientes.

commotion [kə'məʊʃn] n alboroto m.

communal ['kɒmjʊnl] adj comunal.

commune [n 'kɒmjuːn, vb kə'mjuːn] ◇ n comuna f. ◇ vi: to ~ with estar en comunión OR comulgar con

communicate [kə'mjuːnɪkeɪt] ◇ vt transmitir, comunicar. ◇ vi: to ~ (with) comunicarse (con).

communication [kə,mjuːnɪ'keɪʃn] n 1. *(contact)* comunicación f. 2. *(letter, phone call)* comunicado m.

communication cord n Br alarma f (de un tren o metro).

communion [kə'mjuːnjən] n *(communication)* comunión f. ♦ **Communion** n (U) (RELIG) comunión f.

communiqué [kə'mjuːnɪkeɪ] n comunicado m oficial.

Communism ['kɒmjʊnɪzm] n comunismo m.

Communist ['kɒmjʊnɪst] ◇ adj comunista. ◇ n comunista m y f

community [kə'mjuːnətɪ] n comunidad f

community centre n centro m social.

community charge n Br impuesto municipal pagado por todos los adultos, = contribución f urbana.

commutation ticket [,kɒmjuː'teɪʃn-] n Am billete m de abono.

commute [kə'mjuːt] ◇ vt (JUR) conmutar. ◇ vi *(to work)* viajar diariamente al lugar de trabajo, esp en tren.

commuter [kə'mjuːtə^r] n persona que viaja diariamente al lugar de trabajo, esp en tren.

compact [adj kəm'pækt, n 'kɒmpækt] ◇ adj *(small and neat)* compacto(ta). ◇ n 1. *(for face powder)* polvera f. 2. Am *(car)* utilitario m.

compact disc n compact disc m.

compact disc player n compact m (disc), reproductor m de discos compactos

companion [kəm'pænjən] n compañero m, -ra f.

companionship [kəm'pænjənʃɪp] n compañerismo m.

company ['kʌmpənɪ] n *(gen)* compañía

f; *(business)* empresa f, compañía f; **to keep sb ~** hacer compañía a alguien; **to part ~ (with)** separarse (de).

company secretary *n* ejecutivo de una empresa encargado de llevar las cuentas, asuntos legales etc.

comparable ['kɒmprəbl] *adj:* **~ (to** OR **with)** comparable (a).

comparative [kəm'pærətɪv] *adj* **1.** *(relative)* relativo(va). **2.** *(study)* comparado(da). **3.** (GRAMM) comparativo(va).

comparatively [kəm'pærətɪvlɪ] *adv* relativamente.

compare [kəm'peəʳ] ◇ *vt:* **to ~ sthg/sb (with), to ~ sthg/sb (to)** comparar algo/a alguien (con); **~d with** OR **to** *(as opposed to)* comparado con; *(in comparison with)* en comparación con. ◇ *vi:* **to ~ (with)** compararse (con)

comparison [kəm'pærɪsn] *n* comparación f; **in ~ (with** OR **to)** en comparación (con).

compartment [kəm'pɑːtmənt] *n* **1.** *(container)* compartimento m. **2.** (RAIL) departamento m, compartimento m.

compass ['kʌmpəs] *n (magnetic)* brújula f. ♦ **compasses** *npl* compás m.

compassion [kəm'pæʃn] *n* compasión f.

compassionate [kəm'pæʃənət] *adj* compasivo(va).

compatible [kəm'pætəbl] *adj:* **~ (with)** compatible (con).

compel [kəm'pel] *vt (force)* obligar; **to ~ sb to do sthg** forzar OR obligar a alguien a hacer algo.

compelling [kəm'pelɪŋ] *adj (forceful)* convincente.

compensate ['kɒmpenseɪt] ◇ *vt:* **to ~ sb for sthg** *(financially)* compensar OR indemnizar a alguien por algo. ◇ *vi:* **to ~ for sthg** compensar algo.

compensation [,kɒmpen'seɪʃn] *n* **1.** *(money):* **~ (for)** indemnización f (por) **2.** *(way of compensating):* **~ (for)** compensación f (por).

compete [kəm'piːt] *vi* **1.** *(gen):* **to ~ (for/in)** competir (por/en); **to ~ (with** OR **against)** competir (con). **2.** *(be in conflict)* rivalizar

competence ['kɒmpɪtəns] *n (proficiency)* competencia f, aptitud f.

competent ['kɒmpɪtənt] *adj* competente, capaz

competition [,kɒmpɪ'tɪʃn] *n* **1.** *(rivalry)* competencia f. **2.** *(race, sporting event)* competición f. **3.** *(contest)* concurso m.

competitive [kəm'petɪtɪv] *adj* **1.** *(person, spirit)* competidor(ra). **2.** *(match,*

exam, prices)* competitivo(va).

competitor [kəm'petɪtəʳ] *n* competidor m, -ra f

compile [kəm'paɪl] *vt* recopilar

complacency [kəm'pleɪsnsɪ] *n* autosatisfacción f, autocomplacencia f.

complacent [kəm'pleɪsnt] *adj* autocomplaciente.

complain [kəm'pleɪn] *vi* **1.** *(moan):* **to ~ (about)** quejarse (de) **2.** (MED): **to ~ of sthg** sufrir algo.

complaint [kəm'pleɪnt] *n* **1.** *(gen)* queja f **2.** (MED) dolencia f.

complement [*n* 'kɒmplɪmənt, *vb* 'kɒmplɪ,ment] ◇ *n* **1.** *(gen & GRAMM)* complemento m. **2.** *(number):* **a full ~ of** la totalidad de. ◇ *vt* complementar.

complementary [,kɒmplɪ'mentərɪ] *adj* complementario(ria)

complete [kəm'pliːt] ◇ *adj* **1.** *(total)* total. **2.** *(lacking nothing)* completo(ta); **bathroom ~ with shower** baño con ducha. **3.** *(finished)* terminado(da). ◇ *vt* **1.** *(make whole - collection)* completar; *(- disappointment, amazement)* colmar. **2.** *(finish)* terminar. **3.** *(form)* rellenar.

completely [kəm'pliːtlɪ] *adv* completamente.

completion [kəm'pliːʃn] *n* finalización f, terminación f.

complex ['kɒmpleks] ◇ *adj* complejo (ja). ◇ *n* complejo m.

complexion [kəm'plekʃn] *n (of face)* tez f, cutis m inv.

compliance [kəm'plaɪəns] *n (obedience):* **~ (with)** acatamiento m (de).

complicate ['kɒmplɪkeɪt] *vt* complicar.

complicated ['kɒmplɪkeɪtɪd] *adj* complicado(da)

complication [,kɒmplɪ'keɪʃn] *n* complicación f.

compliment [*n* 'kɒmplɪmənt, *vb* 'kɒmplɪment] ◇ *n* cumplido m. ◇ *vt:* **to ~ sb (on)** felicitar a alguien (por). ♦ **compliments** *npl fml* saludos *mpl*.

complimentary [,kɒmplɪ'mentərɪ] *adj* **1.** *(remark)* elogioso(sa); *(person)* halagador(ra). **2.** *(drink, seats)* gratis (inv).

complimentary ticket *n* entrada f gratuita.

comply [kəm'plaɪ] *vi:* **to ~ with sthg** *(standards)* cumplir (con) algo; *(request)* acceder a algo; *(law)* acatar algo.

component [kəm'pəunənt] *n (gen)* elemento m; (TECH) pieza f.

compose [kəm'pəuz] *vt* **1.** *(constitute)* componer; **to be ~d of** estar compuesto OR componerse de. **2.** *(music,* *poem, letter*) componer. **3.** *(calm)*: **to ~ o.s.** calmarse.

composed [kəm'pəʊzd] *adj* tranquilo (la).

composer [kəm'pəʊzər] *n* compositor *m*, -ra *f*.

composition [ˌkɒmpə'zɪʃn] *n* **1.** *(gen)* composición *f*. **2.** *(essay)* redacción *f*.

compost (*Br* 'kɒmpɒst, *Am* 'kɒmpəʊst] *n* abono *m*.

composure [kəm'pəʊʒər] *n* calma *f*.

compound ['kɒmpaʊnd] *n* **1.** *(gen & CHEM)* compuesto *m*. **2.** *(enclosed area)* recinto *m*.

compound fracture *n* fractura *f* complicada.

comprehend [ˌkɒmprɪ'hend] *vt* comprender.

comprehension [ˌkɒmprɪ'henʃn] *n* comprensión *f*.

comprehensive [ˌkɒmprɪ'hensɪv] ◇ *adj* **1.** *(wide-ranging)* amplio(plia) **2.** *(insurance)* a todo riesgo. ◇ *n Br* = **comprehensive school**.

comprehensive school *n* instituto de enseñanza media no selectiva en Gran Bretaña.

compress [kəm'pres] *vt* **1.** *(squeeze, press)* comprimir. **2.** *(shorten)* reducir.

comprise [kəm'praɪz] *vt* **1.** *(consist of)* comprender. **2.** *(form)* constituir.

compromise ['kɒmprəmaɪz] ◇ *n* arreglo *m*, término *m* medio. ◇ *vt* comprometer ◇ *vi* llegar a un arreglo, transigir.

compulsion [kəm'pʌlʃn] *n* **1.** *(strong desire)* ganas *fpl* irrefrenables. **2.** *(U)* *(force)* obligación *f*.

compulsive [kəm'pʌlsɪv] *adj* **1.** *(gambler)* empedernido(da); *(liar)* compulsivo(va). **2.** *(fascinating, compelling)* absorbente.

compulsory [kəm'pʌlsərɪ] *adj* *(gen)* obligatorio(ria); *(retirement)* forzoso (sa).

computer [kəm'pjuːtər] *n* ordenador *m*.

computer game *n* videojuego *m*.

computerized [kəm'pjuːtəraɪzd] *adj* informatizado(da), computerizado (da).

computing [kəm'pjuːtɪŋ], **computer science** *n* informática *f*.

comrade ['kɒmreɪd] *n* camarada *m y f*

con [kɒn] *inf* ◇ *n* *(trick)* timo *m*. ◇ *vt* timar, estafar; **to ~ sb out of sthg** timarle algo a alguien; **to ~ sb into doing sthg** engañar a alguien para que haga algo.

concave [ˌkɒn'keɪv] *adj* cóncavo(va).

conceal [kən'siːl] *vt* *(object, substance, information)* ocultar; *(feelings)* disimular; **to ~ sthg from sb** ocultarle algo a alguien.

concede [kən'siːd] ◇ *vt* *(defeat, a point)* admitir, reconocer ◇ *vi* *(gen)* ceder; *(in sports, chess)* rendirse.

conceit [kən'siːt] *n* vanidad *f*.

conceited [kən'siːtɪd] *adj* engreído (da).

conceive [kən'siːv] ◇ *vt* concebir. ◇ *vi* **1.** *(MED)* concebir. **2.** *(imagine)*: **to ~ of sthg** imaginarse algo.

concentrate ['kɒnsəntreɪt] ◇ *vt* concentrar. ◇ *vi*: **to ~ (on)** concentrarse (en).

concentration [ˌkɒnsən'treɪʃn] *n* concentración *f*.

concentration camp *n* campo *m* de concentración.

concept ['kɒnsept] *n* concepto *m*.

concern [kən'sɜːn] ◇ *n* **1.** *(worry, anxiety)* preocupación *f*. **2.** *(company)* negocio *m*, empresa *f*. ◇ *vt* **1.** *(worry)* preocupar; **to be ~ed about** preocuparse por. **2.** *(involve)* concernir; **to be ~ed with** *(subj: person)* estar involucrado en; **to ~ o.s. with sthg** preocuparse de OR por algo; **as far as ... is ~ed** por lo que a ... respecta.

concerning [kən'sɜːnɪŋ] *prep* sobre, acerca de.

concert ['kɒnsət] *n* concierto *m*.

concerted [kən'sɜːtɪd] *adj* conjunto (ta).

concert hall *n* sala *f* de conciertos.

concertina [ˌkɒnsə'tiːnə] *n* concertina *f*.

concerto [kən'tʃeətəʊ] *(pl -s)* *n* concierto *m*.

concession [kən'seʃn] *n* **1.** *(allowance, franchise)* concesión *f*. **2.** *(special price)* descuento *m*, rebaja *f*; *(reduced ticket)* entrada *f* de descuento.

conciliatory [kən'sɪlɪətrɪ] *adj* conciliador(ra).

concise [kən'saɪs] *adj* conciso(sa).

conclude [kən'kluːd] ◇ *vt* **1.** *(bring to an end)* concluir, terminar. **2.** *(deduce)*: **to ~ (that)** concluir que. **3.** *(agreement)* llegar a; *(business deal)* cerrar; *(treaty)* firmar. ◇ *vi* terminar, concluir.

conclusion [kən'kluːʒn] *n* **1.** *(decision)* conclusión *f*. **2.** *(ending)* final *m*. **3.** *(of business deal)* cierre *m*; *(of treaty)* firma *f*; *(of agreement)* alcance *m*.

conclusive [kən'kluːsɪv] *adj* concluyente, irrebatible.

concoct [kən'kɒkt] *vt* **1.** *(excuse, story)* ingeniar. **2.** *(food)* confeccionar; *(drink)* preparar

concoction [kən'kɒkʃn] *n* '*(drink)* brebaje *m*; *(food)* mezcla *f*

concourse ['kɒŋkɔːs] *n (of station etc)* vestíbulo *m*.

concrete ['kɒŋkriːt] ◇ *adj (definite, real)* concreto(ta). ◇ *n* hormigón *m*, concreto *m Amer*. ◇ *comp (made of concrete)* de hormigón.

concur [kən'kɜːʳ] *vi (agree)*: **to ~ (with)** estar de acuerdo OR coincidir (con)

concurrently [kən'kʌrəntlɪ] *adv* simultáneamente, al mismo tiempo

concussion [kən'kʌʃn] *n* conmoción *f* cerebral

condemn [kən'dem] *vt* **1.** *(gen)*: **to ~ sb (for/to)** condenar a alguien (por/a). **2.** *(building)* declarar en ruinas.

condensation [ˌkɒndenˈseɪʃn] *n (on glass)* vaho *m*.

condense [kən'dens] ◇ *vt* condensar. ◇ *vi* condensarse.

condensed milk [kən'denst-] *n* leche *f* condensada.

condescending [ˌkɒndɪˈsendɪŋ] *adj* altanero(ra), altivo(va).

condition [kən'dɪʃn] ◇ *n* **1.** *(state)* estado *m*; **in good/bad ~** en buen/mal estado; **to be out of ~** no estar en forma. **2.** (MED) *(disease, complaint)* afección *f*. **3.** *(provision)* condición *f*; **on ~ that** a condición de que; **on one ~** con una condición ◇ *vt (gen)* condicionar.

conditional [kən'dɪʃənl] *adj* condicional; **to be ~ on** OR **upon** depender de.

conditioner [kən'dɪʃnəʳ] *n* suavizante *m*

condolences [kən'dəʊlənsɪz] *npl* pésame *m*; **to offer one's ~** dar uno su más sentido pésame.

condom ['kɒndəm] *n* condón *m*.

condominium [ˌkɒndəˈmɪnɪəm] *n Am* **1.** *(apartment)* piso *m*, apartamento *m*. **2.** *(apartment block)* bloque *m* de pisos OR apartamentos.

condone [kən'dəʊn] *vt* perdonar.

conducive [kən'djuːsɪv] *adj*: **~ to** favorable para.

conduct [*n* 'kɒndʌkt, *vb* kən'dʌkt] ◇ *n* **1.** *(behaviour)* conducta *f* **2.** *(carrying out)* dirección *f*. ◇ *vt* **1.** *(carry out)* dirigir, llevar a cabo. **2.** *(behave)*: **to ~ o.s. well/badly** comportarse bien/mal. **3.** (MUS) dirigir. **4.** (PHYSICS) conducir.

conducted tour [kən'dʌktɪd-] *n* excursión *f* con guía.

conductor [kən'dʌktəʳ] *n* **1.** *(of orchestra, choir)* director *m*, -ra *f* **2.** *(on bus)* cobrador *m* **3.** *Am (on train)* revisor *m*, -ra *f*

conductress [kən'dʌktrɪs] *n* cobradora *f*.

cone [kəʊn] *n* **1.** *(shape)* cono *m*. **2.** *(for ice cream)* cucurucho *m*. **3.** *(from tree)* piña *f*.

confectioner [kən'fekʃnəʳ] *n* confitero *m*, -ra *f*; **~'s (shop)** confitería *f*.

confectionery [kən'fekʃnərɪ] *n (U)* dulces *mpl*, golosinas *fpl*.

confederation [kənˌfedəˈreɪʃn] *n* confederación *f*

Confederation of British Industry *n*: **the ~** organización *patronal británica*, ≃ la CEOE.

confer [kən'fɜːʳ] ◇ *vt fml*: **to ~ sthg (on)** otorgar OR conferir algo (a). ◇ *vi*: **to ~ (with)** consultar (con).

conference ['kɒnfərəns] *n* congreso *m*, conferencia *f*.

confess [kən'fes] ◇ *vt* confesar ◇ *vi* **1.** *(to crime)* confesarse; **to ~ to sthg** confesar algo. **2.** *(admit)*: **to ~ to sthg** admitir algo.

confession [kən'feʃn] *n* confesión *f*.

confetti [kən'fetɪ] *n* confeti *m*.

confide [kən'faɪd] *vi*: **to ~ (in)** confiar (en).

confidence ['kɒnfɪdəns] *n* **1.** *(self-assurance)* confianza *f* OR seguridad *f* (en sí mismo/misma) **2.** *(trust)* confianza *f*. **3.** *(secrecy)*: **in ~** en secreto. **4.** *(secret)* intimidad *f*, secreto *m*.

confidence trick *n* timo *m*, estafa *f*.

confident ['kɒnfɪdənt] *adj* **1.** *(self-assured - person)* seguro de sí mismo (segura de sí misma) **2.** *(sure)*: **~ (of)** seguro (ra) (de).

confidential [ˌkɒnfɪˈdenʃl] *adj (gen)* confidencial; *(person)* de confianza.

confine [kən'faɪn] *vt* **1.** *(limit, restrict)* limitar, restringir; **to be ~d to** limitarse a. **2.** *(shut up)* recluir, encerrar.

confined [kən'faɪnd] *adj* reducido(da)

confinement [kən'faɪnmənt] *n (imprisonment)* reclusión *f*.

confines ['kɒnfaɪnz] *npl* confines *mpl*.

confirm [kən'fɜːm] *vt* confirmar.

confirmation [ˌkɒnfəˈmeɪʃn] *n* confirmación *f*

confirmed [kən'fɜːmd] *adj (non-smoker)* inveterado(da); *(bachelor)* empedernido.

confiscate ['kɒnfɪskeɪt] vt confiscar.

conflict [n 'kɒnflɪkt, vb kən'flɪkt] ◊ n conflicto m. ◊ vi: **to ~ (with)** estar en desacuerdo (con).

conflicting [kən'flɪktɪŋ] adj contrapuesto(ta).

conform [kən'fɔːm] vi 1. (behave as expected) amoldarse a las normas sociales. 2. (be in accordance): **to ~ (to** OR **with)** (expectations) corresponder (a); (rules) ajustarse (a).

confound [kən'faʊnd] vt (confuse, defeat) confundir, desconcertar.

confront [kən'frʌnt] vt 1. (problem, task) hacer frente a. 2. (subj: problem, task) presentarse a. 3. (enemy etc) enfrentarse con. 4. (challenge): **to ~ sb (with)** poner a alguien cara a cara (con).

confrontation [,kɒnfrʌn'teɪʃn] n enfrentamiento m, confrontación f.

confuse [kən'fjuːz] vt 1. (bewilder) desconcertar. 2. (mix up): **to ~ (with)** confundir (con). 3. (complicate, make less clear) complicar.

confused [kən'fjuːzd] adj 1. (not clear) confuso(sa). 2. (bewildered) desconcertado(da).

confusing [kən'fjuːzɪŋ] adj confuso (sa).

confusion [kən'fjuːʒn] n 1. (gen) confusión f. 2. (of person) desconcierto m.

congeal [kən'dʒiːl] vi coagularse.

congenial [kən'dʒiːnjəl] adj ameno (na), agradable.

congested [kən'dʒestɪd] adj 1. (area) superpoblado(da); (road) congestionado(da). 2. (MED) congestionado(da).

congestion [kən'dʒestʃn] (U) n 1. (of traffic) retención f, congestión f. 2. (MED) congestión f.

conglomerate [kən'glɒmərət] n (COMM) conglomerado m.

congratulate [kən'grætʃʊleɪt] vt: **to ~ sb (on)** felicitar a alguien (por).

congratulations [kən,grætʃʊ'leɪʃənz] ◊ npl felicitaciones fpl. ◊ excl ¡enhorabuena!

congregate ['kɒŋgrɪgeɪt] vi (people) congregarse; (animals) juntarse.

congregation [,kɒŋgrɪ'geɪʃn] n (RELIG) feligreses mpl.

congress ['kɒŋgres] n congreso m. ◆ **Congress** n (in US): (the) Congress el Congreso.

congressman ['kɒŋgresmən] (pl -men [-mən]) n miembro m del Congreso.

conifer ['kɒnɪfəʳ] n conífera f.

conjugate ['kɒndʒʊgeɪt] vt conjugar.

conjugation [,kɒndʒʊ'geɪʃn] n conjugación f.

conjunction [kən'dʒʌŋkʃn] n 1. (GRAMM) conjunción f. 2. (combination): **in ~ with** juntamente con.

conjunctivitis [kən,dʒʌŋktɪ'vaɪtɪs] n conjuntivitis f inv.

conjure ['kʌndʒəʳ] vi hacer juegos de manos. ◆ **conjure up** vt sep (evoke) evocar.

conjurer ['kʌndʒərəʳ] n prestidigitador m, -ra f.

conk [kɒŋk] n inf (nose) napia f. ◆ **conk out** vi inf escacharrarse.

conker ['kɒŋkəʳ] n Br castaña f (del castaño de Indias)

conman ['kɒnmæn] (pl -men [-men]) n estafador m, timador m

connect [kə'nekt] ◊ vt 1. (join): **to ~ sthg (to)** unir algo (con). 2. (on telephone): **I'll ~ you now** ahora le paso OR pongo. 3. (associate): **to ~ sthg/sb (with)** asociar algo/a alguien (con) 4. (ELEC): **to ~ sthg** to conectar algo a. ◊ vi (train, plane, bus): **to ~ (with)** enlazar (con).

connected [kə'nektɪd] adj (related): ~ **(with)** relacionado(da) (con).

connection [kə'nekʃn] n 1. (gen & ELEC): ~ **(between/with)** conexión f (entre/con); **in ~ with** con relación OR respecto a. 2. (plane, train, bus) enlace m. 3. (professional acquaintance) contacto m; **to have good ~s** tener mucho enchufe.

connive [kə'naɪv] vi 1. (plot): **to ~ (with)** confabularse (con). 2. (allow to happen): **to ~ at sthg** hacer la vista gorda con algo.

connoisseur [,kɒnə'sɜːʳ] n entendido m, -da f, experto m, -ta f.

conquer ['kɒŋkəʳ] vt 1. (take by force) conquistar. 2. (gain control of, overcome) doblegar, vencer.

conqueror ['kɒŋkərəʳ] n conquistador m, -ra f.

conquest ['kɒŋkwest] n conquista f.

cons [kɒnz] npl 1. Br inf: **all mod ~** con todas las comodidades. 2. → **pro**.

conscience ['kɒnʃəns] n conciencia f.

conscientious [,kɒnʃɪ'enʃəs] adj concienzudo(da).

conscious ['kɒnʃəs] adj 1. (gen) consciente; **to be ~ of** ser consciente de. 2. (intentional) deliberado(da).

consciousness ['kɒnʃəsnɪs] n 1. (gen) conciencia f. 2. (state of being awake) conocimiento m; **to lose/regain ~** perder/recobrar el conocimiento

conscript ['kɒnskrɪpt] n recluta m y f.

conscription [kən'skrɪpʃn] n servicio m militar obligatorio.

consecutive [kən'sekjʊtɪv] adj consecutivo(va); **on three ~ days** tres días seguidos.

consent [kən'sent] ◇ n (U) 1. (permission) consentimiento m. 2. (agreement) acuerdo m ◇ vi: **to ~ (to)** consentir (en).

consequence ['kɒnsɪkwəns] n 1. (result) consecuencia f; **in ~** por consiguiente. 2. (importance) importancia f.

consequently ['kɒnsɪkwəntlɪ] adv por consiguiente.

conservation [,kɒnsə'veɪʃn] n conservación f.

conservative [kən'sɜːvətɪv] adj 1. (not modern) conservador(ra). 2. (estimate, guess) moderado(da). ◆ **Conservative** (POL) ◇ adj conservador(ra). ◇ n conservador m, -ra f.

Conservative Party n: **the ~** el partido Conservador británico.

conservatory [kən'sɜːvətrɪ] n pequeña habitación acristalada aneja a la casa.

conserve [n 'kɒnsɜːv, vb kən'sɜːv] ◇ n compota f ◇ vt (energy, supplies) ahorrar; (nature, wildlife) conservar.

consider [kən'sɪdər] vt 1. (gen) considerar; **to ~ doing sthg** pensarse si hacer algo. 2. (take into account) tener en cuenta; **all things ~ed** teniéndolo todo en cuenta.

considerable [kən'sɪdrəbl] adj considerable.

considerably [kən'sɪdrəblɪ] adv considerablemente, sustancialmente.

considerate [kən'sɪdərət] adj considerado(da).

consideration [kən,sɪdə'reɪʃn] n consideración f; **to take sthg into ~** tomar OR tener algo en cuenta.

considering [kən'sɪdərɪŋ] ◇ prep habida cuenta de. ◇ conj después de todo.

consign [kən'saɪn] vt: **to ~ sthg/sb to** relegar algo/a alguien a.

consignment [kən'saɪnmənt] n remesa f.

consist [kən'sɪst] ◆ **consist in** vt fus consistir en, basarse en. ◆ **consist of** vt fus consistir en, constar de.

consistency [kən'sɪstənsɪ] n 1. (coherence - of behaviour, policy) consecuencia f, coherencia f; (of work) regularidad f. 2. (texture) consistencia f.

consistent [kən'sɪstənt] adj 1. (regular) constante. 2. (coherent): **~ (with)** consecuente (con)

consolation [,kɒnsə'leɪʃn] n consuelo m.

console [n 'kɒnsəʊl, vt kən'səʊl] ◇ n consola f. ◇ vt consolar.

consonant ['kɒnsənənt] n consonante f.

consortium [kən'sɔːtjəm] (pl **-tiums** OR **-tia** [-tjə]) n consorcio m.

conspicuous [kən'spɪkjʊəs] adj (building) visible; (colour) llamativo(va).

conspiracy [kən'spɪrəsɪ] n conspiración f.

conspire [kən'spaɪər] ◇ vt: **to ~ to do sthg** conspirar para hacer algo. ◇ vi 1. (plan secretly): **to ~ (against/with)** conspirar (contra/con). 2. (combine) confabularse.

constable ['kʌnstəbl] n policía m y f.

constabulary [kən'stæbjʊlərɪ] n policía f (de una zona determinada).

constant ['kɒnstənt] adj (gen) constante.

constantly ['kɒnstəntlɪ] adv (forever) constantemente.

consternation [,kɒnstə'neɪʃn] n consternación f.

constipated ['kɒnstɪpeɪtɪd] adj estreñido(da).

constipation [,kɒnstɪ'peɪʃn] n estreñimiento m.

constituency [kən'stɪtjʊənsɪ] n (area) distrito m electoral.

constituent [kən'stɪtjʊənt] n 1. (voter) votante m y f. 2. (element) componente m, constituyente m

constitute ['kɒnstɪtjuːt] vt constituir.

constitution [,kɒnstɪ'tjuːʃn] n constitución f.

constraint [kən'streɪnt] n 1. (restriction): **~ (on)** limitación f (de). 2. (self-control) autocontrol m. 3. (coercion) coacción f.

construct [kən'strʌkt] vt lit & fig construir.

construction [kən'strʌkʃn] n construcción f.

constructive [kən'strʌktɪv] adj constructivo(va).

construe [kən'struː] vt fml: **to ~ sthg as** interpretar algo como.

consul ['kɒnsəl] n cónsul m y f.

consulate ['kɒnsjʊlət] n consulado m.

consult [kən'sʌlt] ◇ vt consultar. ◇ vi: **to ~ with sb** consultar a OR con alguien.

consultant [kən'sʌltənt] n 1. (expert) asesor m, -ra f. 2. Br (hospital doctor) (médico) especialista m, (médica) especialista f

consultation [ˌkɒnsəl'teɪʃn] n 1. (gen) consulta f. 2. (discussion) discusión f.

consulting room [kən'sʌltɪŋ-] n consultorio m, consulta f.

consume [kən'sjuːm] vt lit & fig consumir.

consumer [kən'sjuːmər] n consumidor m, -ra f.

consumer goods npl bienes mpl de consumo.

consumer society n sociedad f de consumo.

consummate [adj kən'sʌmət, vb 'kɒnsəmeɪt] ◇ adj 1. (skill, ease) absoluto(ta). 2. (liar, politician, snob) consumado(da). ◇ vt (marriage) consumar.

consumption [kən'sʌmpʃn] n (use) consumo m.

contact ['kɒntækt] ◇ n contacto m; in ~ (with) en contacto (con); to lose ~ with perder (el) contacto con; to make ~ with ponerse en contacto con. ◇ vt ponerse en contacto con.

contact lens n lentilla f, lente f de contacto.

contagious [kən'teɪdʒəs] adj contagioso(sa).

contain [kən'teɪn] vt contener; to ~ o.s. contenerse.

container [kən'teɪnər] n 1. (box, bottle etc) recipiente m, envase m. 2. (for transporting goods) contenedor m.

contaminate [kən'tæmɪneɪt] vt contaminar.

cont'd abbr of continued.

contemplate ['kɒntəmpleɪt] ◇ vt 1. (consider) considerar, pensar en. 2. fml (look at) contemplar. ◇ vi reflexionar.

contemporary [kən'tempərərɪ] ◇ adj contemporáneo(a). ◇ n contemporáneo m, -a f.

contempt [kən'tempt] n 1. (scorn): ~ (for) desprecio m OR desdén m (por). 2. (JUR) desacato m.

contemptuous [kən'temptʃuəs] adj despreciativo(va); to be ~ of sthg despreciar algo.

contend [kən'tend] ◇ vi 1. (deal): to ~ with enfrentarse a. 2. (compete): to ~ for/against competir por/contra. ◇ vt fml: to ~ that sostener OR afirmar que.

contender [kən'tendər] n (gen) contendiente m y f; (for title) aspirante m y f.

content [n 'kɒntent, adj & vb kən'tent] ◇ adj: ~ (with) contento(ta) OR satisfecho(cha) (con); to be ~ to do sthg contentarse con hacer algo. ◇ n contenido m. ◇ vt: to ~ o.s. with sthg/

with doing sthg contentarse con algo/con hacer algo. ◆ **contents** npl contenido m

contented [kən'tentɪd] adj satisfecho (cha), contento(ta).

contention [kən'tenʃn] n fml 1. (argument, assertion) argumento m. 2. (U) (disagreement) disputas fpl. 3. (competition): to be in ~ entrar en liza.

contest [n 'kɒntest, vb kən'test] ◇ n 1. (competition) competición f, concurso m. 2. (for power, control) lucha f. ◇ vt 1. (seat, election) presentarse como candidato(ta) a. 2. (dispute - statement) disputar; (- decision) impugnar.

contestant [kən'testənt] n (in quiz show) concursante m y f; (in race) participante m y f; (in boxing match) contrincante m y f.

context ['kɒntekst] n contexto m.

continent ['kɒntɪnənt] n continente m ◆ **Continent** n Br: the Continent la Europa continental.

continental [ˌkɒntɪ'nentl] adj 1. (GEOGR) continental. 2. (European) de la Europa continental.

continental breakfast n desayuno m continental.

continental quilt n Br edredón m

contingency [kən'tɪndʒənsɪ] n contingencia f.

contingency plan n plan m de emergencia

continual [kən'tɪnjuəl] adj continuo (nua), constante.

continually [kən'tɪnjuəlɪ] adv continuamente, constantemente.

continuation [kənˌtɪnjʊ'eɪʃn] n continuación f.

continue [kən'tɪnjuː] ◇ vt: to ~ (doing OR to do sthg) continuar (haciendo algo); to be ~d continuará. ◇ vi: to ~ (with sthg) continuar (con algo).

continuous [kən'tɪnjuəs] adj continuo (nua).

continuously [kən'tɪnjuəslɪ] adv continuamente, ininterrumpidamente.

contort [kən'tɔːt] vt retorcer.

contortion [kən'tɔːʃn] n contorsión f.

contour ['kɒnˌtuər] n 1. (outline) contorno m. 2. (on map) curva f de nivel

contraband ['kɒntrəbænd] ◇ adj de contrabando. ◇ n contrabando m.

contraception [ˌkɒntrə'sepʃn] n anticoncepción f.

contraceptive [ˌkɒntrə'septɪv] ◇ adj anticonceptivo(va). ◇ n anticonceptivo m.

contract [*n* 'kɒntrækt, *vb* kən'trækt] ◇ *n* contrato *m*. ◇ *vt* **1.** *(through legal agreement)*: **to ~ sb (to do sthg)** contratar a alguien (para hacer algo); **to ~ to do sthg** comprometerse a hacer algo (por contrato). **2.** *fml (illness, disease)* contraer. ◇ *vi (decrease in size, length)* contraerse.

contraction [kən'trækʃn] *n* contracción *f*.

contractor [kən'træktər] *n* contratista *m y f*.

contradict [ˌkɒntrə'dɪkt] *vt* contradecir.

contradiction [ˌkɒntrə'dɪkʃn] *n* contradicción *f*

contraflow ['kɒntrəfləʊ] *n* estrechamiento (de la autopista) a una carretera de dos direcciones.

contraption [kən'træpʃn] *n* chisme *m*, artilugio *m*.

contrary ['kɒntrərɪ, *adj sense 2* kən'treərɪ] ◇ *adj* **1.** *(opposite)* contrario(ria); **~ to** en contra de. **2.** *(awkward)* obstinado(da). ◇ *n*: **the ~** lo contrario; **on the ~** al contrario. ◆ **contrary to** *prep* en contra de.

contrast [*n* 'kɒntrɑːst, *vb* kən'trɑːst] ◇ *n*: **~ (between OR with)** contraste *m* (entre); **by OR in ~** en cambio; **in ~ with OR to** a diferencia de. ◇ *vt*: **to ~ sthg with** contrastar algo con. ◇ *vi*: **to ~ (with)** contrastar (con).

contravene [ˌkɒntrə'viːn] *vt* contravenir

contribute [kən'trɪbjuːt] ◇ *vt (give)* contribuir, aportar ◇ *vi* **1.** *(gen)*: **to ~ (to)** contribuir (a). **2.** *(write material)*: **to ~ to** colaborar con.

contribution [ˌkɒntrɪ'bjuːʃn] *n* **1.** *(gen)*: **~ (to)** contribución *f* (a). **2.** *(article)* colaboración *f*

contributor [kən'trɪbjutər] *n* **1.** *(of money)* contribuyente *m y f* **2.** *(to magazine, newspaper)* colaborador *m*, -ra *f*.

contrive [kən'traɪv] *fml vt* **1.** *(engineer)* maquinar, idear. **2.** *(manage)*: **to ~ to do sthg** lograr hacer algo.

contrived [kən'traɪvd] *adj* inverosímil.

control [kən'trəʊl] ◇ *n* **1.** *(gen & COMPUT)* control *m*; *(on spending)* restricción *f*; **in ~ of** al mando de; **to be in ~ of the situation** dominar la situación; **out of/under ~** fuera de/bajo control. **2.** *(of emotions)* dominio *m*. ◇ *vt* **1.** *(gen)* controlar; **to ~ o.s.** dominarse. **2.** *(operate - machine, plane)* manejar; *(- central heating)* regular. ◆ **controls** *npl (of machine, vehicle)* controles *mpl*

controller [kən'trəʊlər] *n* (FIN) interventor *m*, -ra *f*; (RADIO & TV) director *m*, -ra *f*.

control panel *n* tablero *m* de instrumentos OR de mandos.

control tower *n* torre *f* de control.

controversial [ˌkɒntrə'vɜːʃl] *adj* polémico(ca).

controversy ['kɒntrəvɜːsɪ, *Br* kən'trɒvəsɪ] *n* controversia *f*, polémica *f*.

convalesce [ˌkɒnvə'les] *vi* convalecer.

convene [kən'viːn] ◇ *vt* convocar. ◇ *vi* reunirse.

convenience [kən'viːnjəns] *n* comodidad *f*; **do it at your ~** hágalo cuando le venga bien.

convenience store *n Am* tienda *f* que abre hasta tarde.

convenient [kən'viːnjənt] *adj* **1.** *(suitable)* conveniente; **is Monday ~?** ¿te viene bien el lunes? **2.** *(handy - size)* práctico(ca); *(- position)* adecuado(da); **~ for** *(well-situated)* bien situado para.

convent ['kɒnvənt] *n* convento *m*.

convention [kən'venʃn] *n* convención *f*.

conventional [kən'venʃənl] *adj* convencional.

converge [kən'vɜːdʒ] *vi lit & fig*: **to ~ (on)** converger (en).

conversant [kən'vɜːsənt] *adj fml*: **~ with** familiarizado(da) con.

conversation [ˌkɒnvə'seɪʃn] *n* conversación *f*.

conversational [ˌkɒnvə'seɪʃənl] *adj* coloquial.

converse [*n* 'kɒnvɜːs, *vb* kən'vɜːs] ◇ *n*: **the ~** lo contrario OR opuesto. ◇ *vi fml*: **to ~ (with)** conversar (con).

conversely [kən'vɜːslɪ] *adv fml* a la inversa

conversion [kən'vɜːʃn] *n (gen & RELIG)* conversión *f*.

convert [*vb* kən'vɜːt, *n* 'kɒnvɜːt] ◇ *vt* **1.** *(gen)*: **to ~ sthg (to OR into)** convertir algo (en). **2.** *(change belief of)*: **to ~ sb (to)** convertir a alguien (a). ◇ *n* converso *m*, -sa *f*.

convertible [kən'vɜːtəbl] ◇ *adj* **1.** *(sofa)*: **~ sofa** sofá-cama *m*. **2.** *(currency)* convertible. **3.** *(car)* descapotable ◇ *n (coche m)* descapotable *m*

convex [kɒn'veks] *adj* convexo(xa).

convey [kən'veɪ] *vt* **1.** *fml (transport)* transportar. **2.** *(express)*: **to ~ sthg (to)** expresar OR transmitir algo (a).

conveyer belt [kən'veɪər-] *n* cinta *f* transportadora.

convict [*n* 'kɒnvɪkt, *vb* kən'vɪkt] ◇ *n*

presidiario *m*, -ria *f*. ◇ *vt*: **to ~ sb of** condenar a alguien por.

conviction [kənˈvɪkʃn] *n* **1.** *(belief, fervour)* convicción *f*. **2.** (JUR) condena *f*.

convince [kənˈvɪns] *vt*: **to ~ sb of sthg/to do sthg)** convencer a alguien (de algo/para que haga algo).

convincing [kənˈvɪnsɪŋ] *adj* convincente.

convoluted [ˈkɒnvəluːtɪd] *adj (tortuous)* retorcido(da).

convoy [ˈkɒnvɔɪ] *n* convoy *m*.

convulse [kənˈvʌls] *vt*: **to be ~d with** *(pain)* retorcerse de; *(laughter)* troncharse de.

convulsion [kənˈvʌlʃn] *n* (MED) convulsión *f*.

coo [kuː] *vi* arrullar.

cook [kʊk] ◇ *n* cocinero *m*, -ra *f* ◇ *vt* **1.** *(gen)* cocinar, guisar; *(prepare)* preparar. **2.** *(in oven)* asar, hacer en el horno. ◇ *vi* **1.** *(prepare food)* cocinar, guisar. **2.** *(in oven)* cocerse. ♦ **cook up** *vt sep (plan, deal)* tramar, urdir; *(excuse)* inventarse.

cookbook [ˈkʊkbʊk] = **cookery book**.

cooker [ˈkʊkəʳ] *n* cocina *f (aparato)*.

cookery [ˈkʊkərɪ] *n* cocina *f (arte)*.

cookery book *n* libro *m* de cocina.

cookie [ˈkʊkɪ] *n Am* galleta *f*.

cooking [ˈkʊkɪŋ] *n (food)* cocina *f*.

cool [kuːl] ◇ *adj* **1.** *(not warm)* fresco (ca). **2.** *(calm)* tranquilo(la). **3.** *(unfriendly)* frío(a). **4.** *inf (hip)* guay, chachi. ◇ *vt* refrescar. ◇ *vi (become less warm)* enfriarse. ◇ *n*: **to keep/lose one's ~** mantener/perder la calma. ♦ **cool down** *vi* **1.** *(become less warm)* enfriarse. **2.** *(become less angry)* calmarse.

cool box *n* nevera *f* portátil.

coop [kuːp] *n* gallinero *m*. ♦ **coop up** *vt sep inf* encerrar.

Co-op [ˈkəʊˌɒp] *(abbr of* **co-operative society)** *n* Coop. *f*.

cooperate [kəʊˈɒpəreɪt] *vi*: **to ~ (with)** cooperar (con).

cooperation [kəʊˌɒpəˈreɪʃn] *n* (U) cooperación *f*.

cooperative [kəʊˈɒpərətɪv] ◇ *adj* **1.** *(helpful)* servicial. **2.** *(collective)* cooperativo(va). ◇ *n* cooperativa *f*.

coordinate [*n* kəʊˈɔːdɪnət, *vt* kəʊˈɔːdɪneɪt] ◇ *n* coordenada *f*. ◇ *vt* coordinar ♦ **coordinates** *npl (clothes)* conjunto *m*.

coordination [kəʊˌɔːdɪˈneɪʃn] *n* coordinación *f*.

cop [kɒp] *n inf* poli *mf*.

cope [kəʊp] *vi* arreglárselas; **to ~ with** *(work)* poder con; *(problem, situation)* hacer frente a.

Copenhagen [ˌkəʊpənˈheɪgən] *n* Copenhague.

copier [ˈkɒpɪəʳ] *n* fotocopiadora *f*.

cop-out *n inf* escaqueo *m*.

copper [ˈkɒpəʳ] *n* **1.** *(metal)* cobre *m*. **2.** *Br inf (policeman)* poli *m*

coppice [ˈkɒpɪs], **copse** [kɒps] *n* bosquecillo *m*.

copy [ˈkɒpɪ] ◇ *n* **1.** *(imitation, duplicate)* copia *f*. **2.** *(of book, magazine)* ejemplar *m*. ◇ *vt* **1.** *(imitate)* copiar. **2.** *(photocopy)* fotocopiar.

copyright [ˈkɒpɪraɪt] *n* (U) derechos *mpl* de autor.

coral [ˈkɒrəl] *n* coral *m*.

cord [kɔːd] *n* **1.** *(string)* cuerda *f*; *(for tying clothes)* cordón *m*. **2.** *(wire)* cable *m*, cordón *m*. **3.** *(fabric)* pana *f*. ♦ **cords** *npl* pantalones *mpl* de pana.

cordial [ˈkɔːdjəl] ◇ *adj* cordial, afectuoso(sa). ◇ *n* bebida de frutas concentrada.

cordon [ˈkɔːdn] *n* cordón *m*. ♦ **cordon off** *vt sep* acordonar.

corduroy [ˈkɔːdərɔɪ] *n* pana *f*.

core [kɔːʳ] *n* **1.** *(of fruit)* corazón *m* **2.** *(of Earth, nuclear reactor, group)* núcleo *m*. **3.** *(of issue, matter)* meollo *m* ◇ *vt* quitar el corazón de.

Corfu [kɔːˈfuː] *n* Corfú.

corgi [ˈkɔːgɪ] *(pl -s) n* perro *m* galés.

coriander [ˌkɒrɪˈændəʳ] *n* cilantro *m*.

cork [kɔːk] *n* corcho *m*.

corkscrew [ˈkɔːkskruː] *n* sacacorchos *m inv*.

corn [kɔːn] *n* **1.** *Br (wheat, barley, oats)* cereal *m*. **2.** *Am (maize)* maíz *m*, choclo *m Amer*; **~ on the cob** mazorca *f*, elote *m CAm & Méx*. **3.** *(callus)* callo *m*.

cornea [ˈkɔːnɪə] *(pl -s) n* córnea *f*

corned beef [ˈkɔːnd-] *n* carne de vaca cocinada y enlatada.

corner [ˈkɔːnəʳ] ◇ *n* **1.** *(angle - on outside)* esquina *f*; *(- on inside)* rincón *m*. **2.** *(bend - in street, road)* curva *f*; **just around the ~** a la vuelta de la esquina. **3.** *(faraway place)* rincón *m*. **4.** *(in football)* córner *m* ◇ *vt* **1.** *(trap)* arrinconar. **2.** *(monopolize)* acaparar.

corner shop *n* tienda pequeña de barrio que vende comida, artículos de limpieza etc.

cornerstone [ˈkɔːnəstəʊn] *n* fig piedra *f* angular

cornet ['kɔːnɪt] *n* **1.** *(instrument)* corneta *f*. **2.** *Br (ice-cream cone)* cucurucho *m*.

cornflakes ['kɔːnfleɪks] *npl* copos *mpl* de maíz, cornflakes *mpl*.

cornflour *Br* ['kɔːnflauəʳ], **cornstarch** *Am* ['kɔːnstɑːtʃ] *n* harina *f* de maíz, maicena *f*.

Cornwall ['kɔːnwɔːl] *n* Cornualles.

corny ['kɔːnɪ] *adj inf* trillado(da).

coronary ['kɒrənrɪ], **coronary thrombosis** [-θrɒm'bəusɪs] *(pl coronary thromboses* [-θrɒm'bəusiːz]) *n* trombosis *f inv* coronaria.

coronation [,kɒrə'neɪʃn] *n* coronación *f*.

coroner ['kɒrənəʳ] *n* = juez *m* y *f* de instrucción.

Corp. *(abbr of* **corporation***)* Corp.

corporal ['kɔːpərəl] *n* cabo *m* y *f*.

corporal punishment *n* castigo *m* corporal.

corporate ['kɔːpərət] *adj* **1.** *(business)* corporativo(va). **2.** *(collective)* colectivo (va).

corporation [,kɔːpə'reɪʃn] *n* **1.** *(council)* ayuntamiento *m*. **2.** *(large company)* = sociedad *f* mercantil.

corps [kɔːʳ] *(pl inv)* *n* cuerpo *m*.

corpse [kɔːps] *n* cadáver *m*.

correct [kə'rekt] ◇ *adj* **1.** *(accurate - time, amount, forecast)* exacto(ta); *(- answer)* correcto(ta). **2.** *(socially acceptable)* correcto(ta). **3.** *(appropriate, required)* apropiado(da). ◇ *vt* corregir.

correction [kə'rekʃn] *n* corrección *f*.

correctly [kə'rektlɪ] *adv* **1.** *(gen)* correctamente. **2.** *(appropriately, as required)* apropiadamente.

correlation [,kɒrə'leɪʃn] *n*: ~ (between) correlación *f* (entre).

correspond [,kɒrɪ'spɒnd] *vi* **1.** *(correlate)*: to ~ (with OR to) corresponder (con OR a). **2.** *(match)*: to ~ (with OR to) coincidir (con). **3.** *(write letters)*: to ~ (with) cartearse (con).

correspondence [,kɒrɪ'spɒndəns] *n*: ~ (with/between) correspondencia *f* (con/entre).

correspondence course *n* curso *m* por correspondencia.

correspondent [,kɒrɪ'spɒndənt] *n* *(reporter)* corresponsal *m* y *f*.

corridor ['kɒrɪdɔːʳ] *n* pasillo *m*.

corroborate [kə'rɒbəreɪt] *vt* corroborar.

corrode [kə'rəud] ◇ *vt* corroer. ◇ *vi* corroerse.

corrosion [kə'rəuʒn] *n* corrosión *f*.

corrugated ['kɒrəgeɪtɪd] *adj* ondulado (da).

corrugated iron *n* chapa *f* ondulada.

corrupt [kə'rʌpt] ◇ *adj* *(gen & COMPUT)* corrupto(ta) ◇ *vt* corromper; to ~ a minor pervertir a un menor.

corruption [kə'rʌpʃn] *n* corrupción *f*.

corset ['kɔːsɪt] *n* corsé *m*, faja *f*

Corsica ['kɔːsɪkə] *n* Córcega.

cortege, cortège [kɔː'teɪʒ] *n* cortejo *m*.

cosh [kɒʃ] ◇ *n* porra *f*. ◇ *vt* aporrear.

cosmetic [kɒz'metɪk] ◇ *n* cosmético *m*. ◇ *adj fig* superficial

cosmopolitan [kɒzmə'pɒlɪtn] *adj* cosmopolita

cosset ['kɒsɪt] *vt* mimar.

cost [kɒst] *(pt & pp* cost OR -ed*)* ◇ *n* **1.** *(price)* coste *m*, precio *m* **2.** *fig (loss, damage)* coste *m*, costo *m*; at the ~ of a costa de; at all ~s a toda costa. ◇ *vt* **1.** *(gen)* costar; it ~ us £20/a lot of effort nos costó 20 libras/mucho esfuerzo; how much does it ~? ¿cuánto cuesta OR vale? **2.** *(estimate)* presupuestar, preparar un presupuesto de ◆ **costs** *npl* *(JUR)* litisexpensas *fpl*.

co-star ['kəu-] *n* coprotagonista *m* y *f*.

Costa Rica [,kɒstə'riːkə] *n* Costa Rica.

Costa Rican [,kɒstə'riːkən] ◇ *adj* costarricense. ◇ *n* costarricense *m* y *f*.

cost-effective *adj* rentable

costing ['kɒstɪŋ] *n* cálculo *m* del coste.

costly ['kɒstlɪ] *adj* costoso(sa)

cost of living *n*: the ~ el coste de la vida.

cost price *n* precio *m* de coste

costume ['kɒstjuːm] *n* **1.** *(gen)* traje *m*. **2.** *(swimming costume)* traje *m* de baño

costume jewellery *n (U)* bisutería *f*.

cosy *Br*, **cozy** *Am* ['kəuzɪ] ◇ *adj* **1.** *(warm and comfortable - room)* acogedor(ra). **2.** *(intimate)* agradable, amigable ◇ *n* funda *f* para tetera.

cot [kɒt] *n* **1.** *Br (for child)* cuna *f*. **2.** *Am (folding bed)* cama *f* plegable

cottage ['kɒtɪdʒ] *n* casa *f* de campo, chalé *m*

cottage cheese *n* requesón *m*.

cottage pie *n Br* pastel de carne picada con una capa de puré de patatas.

cotton ['kɒtn] *n* **1.** *(fabric)* algodón *m*. **2.** *(thread)* hilo *m* (de algodón) ◆ **cotton on** *vi inf*: to ~ on (to) caer en la cuenta (de).

cotton candy *n Am* azúcar *m* hilado, algodón *m*.

cotton wool n algodón m (hidrófilo).
couch [kaʊtʃ] ◇ n 1. *(sofa)* sofá m, diván m. 2. *(in doctor's surgery)* camilla f. ◇ vt: **to ~ sthg in** formular algo en.
couchette [kuːˈʃet] n Br litera f.
cough [kɒf] ◇ n tos f. ◇ vi toser.
cough mixture n Br jarabe m para la tos.
cough sweet n Br caramelo m para la tos.
cough syrup = cough mixture.
could [kʊd] pt → **can²**.
couldn't [ˈkʊdnt] = **could not**.
could've [ˈkʊdəv] = **could have**.
council [ˈkaʊnsl] n 1. *(of a town)* ayuntamiento m; *(of a county)* = diputación f 2. *(group, organization)* consejo m. 3. *(meeting)* junta f, consejo m.
council estate n urbanización de viviendas de protección oficial
council house n Br = casa f de protección oficial
councillor [ˈkaʊnsələʳ] n concejal m y f.
council tax n Br impuesto municipal basado en el valor de la propiedad, = contribución f urbana.
counsel [ˈkaʊnsəl] n 1. *(U) fml (advice)* consejo m. 2. *(lawyer)* abogado m, -da f.
counsellor Br, **counselor** Am [ˈkaʊnsələʳ] n 1. *(gen)* consejero m, -ra f. 2. Am *(lawyer)* abogado m, -da f
count [kaʊnt] ◇ n 1. *(total)* total m; *(of votes)* recuento m; **to keep/lose ~ of** llevar/perder la cuenta de 2. *(aristocrat)* conde m. ◇ vt 1. *(add up)* contar; *(total, cost)* calcular. 2. *(consider)*: **to ~ sb as** considerar a alguien como. 3. *(include)* incluir, contar. ◇ vi contar; **to ~ (up) to** contar hasta; **to ~ for** valer. ♦ **count against** vt fus perjudicar. ♦ **count (up)on** vt fus contar con. ♦ **count up** vt fus contar.
countdown [ˈkaʊntdaʊn] n cuenta f atrás
counter [ˈkaʊntəʳ] ◇ n 1. *(in shop)* mostrador m; *(in bank)* ventanilla f. 2. *(in board game)* ficha f. ◇ vt: **to ~ sthg with** responder a algo mediante; **to ~ sthg by doing sthg** contrarrestar algo haciendo algo ♦ **counter to** adv contrario a
counteract [ˌkaʊntəˈrækt] vt contrarrestar
counterattack [ˌkaʊntərəˈtæk] ◇ n contraataque m. ◇ vt & vi contraatacar.
counterclockwise [ˌkaʊntəˈklɒkwaɪz] adv Am en sentido opuesto a las agujas del reloj.
counterfeit [ˈkaʊntəfɪt] ◇ adj falsificado(da). ◇ vt falsificar.
counterfoil [ˈkaʊntəfɔɪl] n matriz f.
countermand [ˌkaʊntəˈmɑːnd] vt revocar.
counterpart [ˈkaʊntəpɑːt] n homólogo m, -ga f
counterproductive [ˌkaʊntəprəˈdʌktɪv] adj contraproducente.
countess [ˈkaʊntɪs] n condesa f.
countless [ˈkaʊntlɪs] adj innumerable.
country [ˈkʌntrɪ] ◇ n 1. *(nation)* país m. 2. *(population)*: **the ~** el pueblo. 3. *(countryside)*: **the ~** el campo. 4. *(terrain)* terreno m ◇ comp campestre.
country dancing n *(U)* baile m tradicional.
country house n casa f de campo.
countryman [ˈkʌntrɪmən] *(pl* **-men** [-mən])* n *(from same country)* compatriota m.
country park n Br parque natural abierto al público.
countryside [ˈkʌntrɪsaɪd] n *(land)* campo m; *(landscape)* paisaje m
county [ˈkaʊntɪ] n condado m.
county council n Br organismo que gobierna un condado, = diputación f provincial.
coup [kuː] n 1. *(rebellion)*: **~ (d'état)** golpe m (de estado). 2. *(masterstroke)* éxito m.
couple [ˈkʌpl] ◇ n 1. *(two people in relationship)* pareja f. 2. *(two objects, people)*: **a ~ (of)** un par (de). 3. *(a few - objects, people)*: **a ~ (of)** un par (de), unos(nas). ◇ vt *(join)*: **to ~ sthg (to)** enganchar algo (con).
coupon [ˈkuːpɒn] n *(gen)* cupón m; *(for pools)* boleto m.
courage [ˈkʌrɪdʒ] n valor m.
courageous [kəˈreɪdʒəs] adj valiente.
courgette [kɔːˈʒet] n Br calabacín m, zapallito m CSur, calabacita f Méx
courier [ˈkʊrɪəʳ] n 1. *(on holiday)* guía m y f. 2. *(to deliver letters, packages)* mensajero m, -ra f
course [kɔːs] n 1. *(gen)* curso m; *(of lectures)* ciclo m; (UNIV) carrera f; **~ of treatment** (MED) tratamiento m; **off ~** fuera de su rumbo; **~ (of action)** medida f; **in the ~ of** a lo largo de. 2. *(of meal)* plato m. 3. (SPORT) *(for golf)* campo m (de golf); *(for horse racing)* hipódromo m. ♦ **of course** adv 1. *(inevitably, not surprisingly)* natural-

mente. **2.** *(certainly)* claro; **of ~ not** claro que no.

coursebook ['kɔ:sbʊk] *n* libro *m* de texto.

coursework ['kɔ:swɜ:k] *n (U)* trabajo *m* realizado durante el curso.

court [kɔ:t] ◇ *n* **1.** *(place of trial, judge, jury etc)* tribunal *m*; **to take sb to ~** llevar a alguien a juicio. **2.** (SPORT) cancha *f*, pista *f*. **3.** *(of king, queen etc)* corte *f*. ◇ *vi dated (go out together)* cortejarse.

courteous ['kɜ:tjəs] *adj* cortés.

courtesy ['kɜ:tısı] ◇ *n* cortesía *f*. ◇ *comp* de cortesía. ◆ **(by) courtesy of** *prep (the author)* con permiso de; *(a company)* por cortesía OR gentileza de.

courthouse ['kɔ:thaʊs] *n Am* palacio *m* de justicia.

courtier ['kɔ:tjəʳ] *n* cortesano *m*.

court-martial *(pl* **court-martials** OR **courts-martial)** *n* consejo *m* de guerra.

courtroom ['kɔ:trʊm] *n* sala *f* del tribunal.

courtyard ['kɔ:tjɑ:d] *n* patio *m*.

cousin ['kʌzn] *n* primo *m*, -ma *f*.

cove [kəʊv] *n* cala *f*, ensenada *f*.

covenant ['kʌvənənt] *n* **1.** *(of money)* compromiso escrito para el pago regular de una contribución *esp con fines caritativos*. **2.** *(agreement)* convenio *m*.

Covent Garden [,kɒvənt-] *n* famosa galería comercial londinense donde se dan cita todo tipo de artistas callejeros.

cover ['kʌvəʳ] ◇ *n* **1.** *(covering)* cubierta *f*; *(lid)* tapa *f*; *(for seat, typewriter)* funda *f*. **2.** *(of book)* tapa *f*, cubierta *f*; *(of magazine - at the front)* portada *f*; *(- at the back)* contraportada *f*. **3.** *(protection, shelter)* refugio *m*; **to take ~** *(from weather, gunfire)*: refugiarse; **under ~** *(from weather)* a cubierto. **4.** *(concealment)* tapadera *f*; **under ~ of** al amparo OR abrigo de. **5.** *(insurance)* cobertura *f*. **6.** *(blanket)* manta *f*. ◇ *vt* **1.** *(gen)*: **to ~ sthg (with)** cubrir algo (de); *(with lid)* tapar algo (con) **2.** *(insure)*: **to ~ sb (against)** cubrir OR asegurar a alguien (contra). **3.** *(include)* abarcar. **4.** *(report on)* informar sobre. **5.** *(discuss, deal with)* abarcar. ◆ **cover up** *vt sep* **1.** *(place sthg over)* tapar. **2.** *(conceal)* encubrir.

coverage ['kʌvərɪdʒ] *n (of news)* reportaje *m*, cobertura *f* informativa

cover charge *n* precio *m* del cubierto.

covering ['kʌvərɪŋ] *n* **1.** *(for floor etc)* cubierta *f*. **2.** *(of snow, dust)* capa *f*.

covering letter *Br*, **cover letter** *Am n (with CV)* carta *f* de presentación; *(with parcel, letter)* nota *f* aclaratoria.

cover note *n Br* póliza *f* provisional.

covert ['kʌvət] *adj (operation)* encubierto(ta), secreto(ta); *(glance)* furtivo (va).

cover-up *n* encubrimiento *m*.

covet ['kʌvɪt] *vt* codiciar.

cow [kaʊ] ◇ *n* **1.** *(female type of cattle)* vaca *f*. **2.** *(female elephant, whale, seal)* hembra *f*. **3.** *Br inf pej (woman)* bruja *f*, foca *f*. ◇ *vt* acobardar, intimidar.

coward ['kaʊəd] *n* cobarde *m y f*.

cowardly ['kaʊədlı] *adj* cobarde.

cowboy ['kaʊbɔɪ] *n (cattlehand)* vaquero *m*, tropero *m* CSur.

cower ['kaʊəʳ] *vi* encogerse.

cox [kɒks], **coxswain** ['kɒksən] *n* timonel *m y f*.

coy [kɔɪ] *adj* gazmoño(ña) *(afectada)*.

cozy *Am* = **cosy**.

crab [kræb] *n* cangrejo *m*.

crab apple *n* manzana *f* silvestre.

crack [kræk] ◇ *n* **1.** *(split - in wood, ground)* grieta *f*; *(- in glass, pottery)* raja *f*. **2.** *(gap)* rendija *f*. **3.** *(sharp noise - of whip)* chasquido *m*; *(- of twigs)* crujido *m*. **4.** *inf (attempt)*: **to have a ~ at sthg** intentar algo. **5.** *drugs sl (cocaine)* crack *m*. ◇ *adj* de primera. ◇ *vt* **1.** *(cause to split)* romper, partir **2.** *(egg, nut)* cascar. **3.** *(whip etc)* chasquear. **4.** *(bang - head)* golpearse. **5.** *(solve)* dar con la clave de. **6.** *inf (make - joke)* contar. ◇ *vi* **1.** *(split - skin, wood, ground)* agrietarse; *(- pottery, glass)* partirse. **2.** *(break down)* hundirse. **3.** *(make sharp noise - whip)* chasquear; *(- twigs)* crujir. **4.** *Br inf (act quickly)*: **to get ~ing** ponerse manos a la obra. ◆ **crack down** *vi*: **to ~ down (on)** tomar medidas severas (contra). ◆ **crack up** *vi* venirse abajo.

cracker ['krækəʳ] *n* **1.** *(biscuit)* galleta *f* *(salada)*. **2.** *Br (for Christmas)* tubo con sorpresa típico de Navidades.

crackers ['krækəz] *adj Br inf* majara

crackle ['krækl] *vi (fire)* crujir, chasquear; *(radio)* sonar con interferencias.

cradle ['kreɪdl] ◇ *n (baby's bed, birthplace)* cuna *f* ◇ *vt* acunar, mecer.

craft [krɑ:ft] *(pl sense 2 inv)* *n* **1.** *(trade)* oficio *m*; *(skill)* arte *m*. **2.** *(boat)* embarcación *f*.

craftsman ['krɑ:ftsmən] *(pl* **-men** [-mən]) *n* artesano *m*.

craftsmanship ['krɑ:ftsmənʃɪp] *n (U)*

1. *(skill)* destreza *f*, habilidad *f*. **2.** *(skilled work)* artesanía *f*.

craftsmen *pl* → **craftsman**.

crafty ['krɑːftɪ] *adj* astuto(ta).

crag [kræg] *n* peñasco *m*.

cram [kræm] ◇ *vt* **1.** *(push - books, clothes)* embutir; *(people)* apiñar. **2.** *(overfill)*: **to ~ sthg with** atiborrar OR atestar algo de; **to be crammed (with)** estar repleto(ta) (de). ◇ *vi* empollar.

cramp [kræmp] *n* calambre *m*; **stomach ~s** retortijones *mpl* de vientre.

cranberry ['krænbərɪ] *n* arándano *m* (agrio).

crane [kreɪn] *n* **1.** *(machine)* grúa *f*. **2.** *(bird)* grulla *f*

crank [kræŋk] ◇ *n* **1.** (TECH) manivela *f* **2.** *inf (eccentric)* majareta *m* y *f*. ◇ *vt* *(wind)* girar

crankshaft ['kræŋkʃɑːft] *n* cigüeñal *m*.

cranny ['krænɪ] → **nook**.

crap [kræp] *n (U) v inf* mierda *f*

crash [kræʃ] ◇ *n* **1.** *(accident)* choque *m*. **2.** *(loud noise)* estruendo *m*. **3.** (FIN) crac *m*. ◇ *vt* estrellar. ◇ *vi* **1.** *(collide - two vehicles)* chocar; *(one vehicle - into wall etc)* estrellarse; **to ~ into sthg** chocar OR estrellarse contra algo. **2.** (FIN) quebrar. **3.** (COMPUT) bloquearse.

crash course *n* cursillo *m* intensivo de introducción, curso *m* acelerado.

crash helmet *n* casco *m* protector.

crash-land *vi* realizar un aterrizaje forzoso.

crass [kræs] *adj* burdo(da); **a ~ error** un craso error.

crate [kreɪt] *n* caja *f (para embalaje o transporte)*.

crater ['kreɪtər] *n* **1.** *(hole in ground)* socavón *m*. **2.** *(of volcano, on the moon)* cráter *m*.

cravat [krə'væt] *n* pañuelo *m* (de hombre).

crave [kreɪv] ◇ *vt* ansiar. ◇ *vi*: **to ~ for sthg** ansiar algo

crawl [krɔːl] ◇ *vi* **1.** *(baby)* andar a gatas. **2.** *(insect, person)* arrastrarse. **3.** *(move slowly, with difficulty)* avanzar lentamente. **4.** *inf (grovel)*: **to ~ (to)** arrastrarse (ante). ◇ *n (swimming stroke)*: **the ~** el crol.

crayfish ['kreɪfɪʃ] *(pl inv OR -es)* *n* *(freshwater)* cangrejo *m* de río; *(spiny lobster)* langosta *f*

crayon ['kreɪɒn] *n* lápiz *m* de cera.

craze [kreɪz] *n* moda *f*.

crazy ['kreɪzɪ] *adj inf* **1.** *(mad - person)* loco(ca); *(- idea)* disparatado(da).

2. *(enthusiastic)*: **to be ~ about** estar loco(ca) por.

creak [kriːk] *vi (floorboard, bed)* crujir; *(door, hinge)* chirriar.

cream [kriːm] ◇ *adj (in colour)* (color) crema *(inv)*. ◇ *n* **1.** *(food)* nata *f*. **2.** *(cosmetic, mixture for food)* crema *f*. **3.** *(colour)* (color *m*) crema *m*. **4.** *(elite)*: **the ~** la flor y nata, la crema.

cream cake *n* Br pastel *m* de nata.

cream cheese *n* queso *m* cremoso OR blanco.

cream cracker *n* Br galleta sin azúcar que generalmente se come con queso.

cream tea *n* Br merienda de té con bollos, nata y mermelada.

crease [kriːs] ◇ *n (deliberate - in shirt)* pliegue *m*; *(- in trousers)* raya *f*; *(accidental)* arruga *f*. ◇ *vt* arrugar. ◇ *vi (gen)* arrugarse; *(forehead)* fruncirse.

create [kriː'eɪt] *vt (gen)* crear; *(interest)* producir.

creation [kriː'eɪʃn] *n* creación *f*.

creative [kriː'eɪtɪv] *adj (gen)* creativo (va); *(energy)* creador(ra); **~ writing** redacciones *fpl*.

creature ['kriːtʃər] *n* criatura *f*.

crèche [kreʃ] *n* Br guardería *f* (infantil).

credence ['kriːdns] *n*: **to give** OR **lend ~ to** dar crédito a.

credentials [krɪ'denʃlz] *npl* credenciales *fpl*.

credibility [,kredə'bɪlətɪ] *n* credibilidad *f*.

credit ['kredɪt] ◇ *n* **1.** *(financial aid)* crédito *m*; **in ~** con saldo acreedor OR positivo; **on ~** a crédito. **2.** *(U) (praise)* reconocimiento *m*; **to give sb ~ for** reconocer a alguien el mérito de. **3.** (SCH & UNIV) crédito *m*. **4.** *(money credited)* saldo *m* acreedor OR positivo. ◇ *vt* **1.** (FIN) *(add)* abonar; **we'll ~ your account** lo abonaremos en su cuenta. **2.** *inf (believe)* creer. **3.** *(give the credit to)*: **to ~ sb with** atribuir a alguien el mérito de. ◆ **credits** *npl (on film)* títulos *mpl*.

credit card *n* tarjeta *f* de crédito.

credit note *n* pagaré *m*.

creditor ['kredɪtər] *n* acreedor *m*, -ra *f*

creed [kriːd] *n* credo *m*.

creek [kriːk] *n* **1.** *(inlet)* cala *f*. **2.** Am *(stream)* riachuelo *m*.

creep [kriːp] *(pt & pp crept)* ◇ *vi* **1.** *(insect)* arrastrarse; *(traffic etc)* avanzar lentamente. **2.** *(person)* deslizarse, andar con sigilo. **3.** *inf (grovel)*: **to ~ (to sb)** hacer la pelota (a alguien). ◇ *n inf (person)* pelotillero *m*, -ra *f*.

◆ **creeps** *npl*: **to give sb the ~s** *inf* ponerle a alguien la piel de gallina.

creeper ['kriːpəʳ] *n* enredadera *f*.

creepy ['kriːpɪ] *adj inf* horripilante.

creepy-crawly [-'krɔːlɪ] (*pl* -**ies**) *n inf* bicho *m*.

cremate [krɪ'meɪt] *vt* incinerar.

crematorium *Br* [,kremə'tɔːrɪəm] (*pl* -**riums** OR -**ria** [-rɪə]), **crematory** *Am* ['kremətrɪ] *n* (horno *m*) crematorio *m*.

crepe [kreɪp] *n* **1.** (*cloth*) crespón *m*. **2.** (*rubber*) crepé *m*. **3.** (*thin pancake*) crepe *f*.

crepe bandage *n Br* venda *f* de gasa.

crepe paper *n* (*U*) papel *m* seda.

crept [krept] *pt & pp* → **creep**

crescendo [krɪ'ʃendəʊ] (*pl* -**s**) *n* crescendo *m*.

crescent ['kresnt] *n* **1.** (*shape*) media luna *f*. **2.** (*street*) calle en forma de arco.

cress [kres] *n* berro *m*.

crest [krest] *n* **1.** (*on bird's head, of wave*) cresta *f*. **2.** (*of hill*) cima *f*, cumbre *f*. **3.** (*on coat of arms*) blasón *m*.

crestfallen ['krest,fɔːln] *adj* alicaído(da).

Crete [kriːt] *n* Creta.

cretin ['kretɪn] *n inf* (*idiot*) cretino *m*, -na *f*.

Creutzfeldt-Jakob disease [,krɔɪtsfelt'jækɒb-] *n* enfermedad *f* de Creutzfeldt-Jakob.

crevasse [krɪ'væs] *n* grieta *f*, fisura *f*.

crevice ['krevɪs] *n* grieta *f*, hendidura *f*.

crew [kruː] *n* **1.** (*of ship, plane*) tripulación *f*. **2.** (*on film set etc*) equipo *m*.

crew cut *n* rapado *m*, corte *m* al cero.

crew-neck(ed) [-nek(t)] *adj* con cuello redondo.

crib [krɪb] ◇ *n* (*cot*) cuna *f*. ◇ *vt inf*: **to ~ sthg off** OR **from sb** copiar algo de alguien.

crick [krɪk] *n* (*in neck*) tortícolis *f*.

cricket ['krɪkɪt] *n* **1.** (*game*) críquet *m*. **2.** (*insect*) grillo *m*.

crime [kraɪm] ◇ *n* **1.** (*criminal behaviour - serious*) criminalidad *f*; (*- less serious*) delincuencia *f*. **2.** (*serious offence*) crimen *m*; (*less serious offence*) delito *m*. **3.** (*immoral act*) crimen *m* ◇ *comp*: ~ **novel** novela *f* policíaca.

criminal ['krɪmɪnl] ◇ *adj* **1.** (JUR) (*act, behaviour*) criminal, delictivo(va); (*law*) penal; (*lawyer*) criminalista. **2.** *inf* (*shameful*) criminal. ◇ *n* (*serious*) criminal *m y f*; (*less serious*) delincuente *m y f*

crimson ['krɪmzn] ◇ *adj* (*in colour*) carmesí. ◇ *n* carmesí *m*.

cringe [krɪndʒ] *vi* **1.** (*out of fear*) enco-

gerse. **2.** *inf* (*with embarrassment*): **to ~ (at)** encogerse de vergüenza (ante).

crinkle ['krɪŋkl] *vt* arrugar.

cripple ['krɪpl] ◇ *n dated & offensive* tullido *m*, -da *f*. ◇ *vt* **1.** (MED) dejar inválido(da). **2.** (*country, industry*) paralizar; (*ship, plane*) dejar inutilizado(da).

crisis ['kraɪsɪs] (*pl* **crises** ['kraɪsiːz]) *n* crisis *f inv*.

crisp [krɪsp] *adj* **1.** (*pastry, bacon, snow*) crujiente; (*banknote, vegetables, weather*) fresco(ca). **2.** (*brisk*) directo (ta). ◆ **crisps** *npl* patatas *fpl Esp* OR papas *fpl Amer* fritas (*de bolsa*).

crisscross ['krɪskrɒs] *adj* entrecruzado(da).

criterion [kraɪ'tɪərɪən] (*pl* -**ria** [-rɪə] OR -**rions**) *n* criterio *m*.

critic ['krɪtɪk] *n* crítico *m*, -ca *f*.

critical ['krɪtɪkl] *adj* (*gen*) crítico(ca); (*illness*) grave; **to be ~ of** criticar a.

critically ['krɪtɪklɪ] *adv* (*gen*) críticamente; (*ill*) gravemente.

criticism ['krɪtɪsɪzm] *n* crítica *f*.

criticize, -ise ['krɪtɪsaɪz] *vt & vi* criticar.

croak [krəʊk] *vi* **1.** (*frog*) croar; (*raven*) graznar. **2.** (*person*) ronquear.

Croat ['krəʊæt], **Croatian** [krəʊ'eɪʃn] ◇ *adj* croata. ◇ *n* **1.** (*person*) croata *m y f*. **2.** (*language*) croata *m*.

Croatia [krəʊ'eɪʃə] *n* Croacia.

Croatian = **Croat.**

crochet ['krəʊʃeɪ] *n* ganchillo *m*.

crockery ['krɒkərɪ] *n* loza *f*, vajilla *f*.

crocodile ['krɒkədaɪl] (*pl inv* OR -**s**) *n* cocodrilo *m*.

crocus ['krəʊkəs] (*pl* -**es**) *n* azafrán *m*.

croft [krɒft] *n Br* granja o terreno pequeño que pertenece a una familia y les proporciona sustento.

crony ['krəʊnɪ] *n inf* amiguete *m*, -ta *f*, amigote *m*.

crook [krʊk] *n* **1.** (*criminal*) ratero *m*, -ra *f*. **2.** *inf* (*dishonest person*) ladrón *m*, -ona *f*, sinvergüenza *m y f*. **3.** (*shepherd's staff*) cayado *m*.

crooked ['krʊkɪd] *adj* **1.** (*back*) encorvado(da); (*path*) sinuoso(sa). **2.** (*teeth, tie*) torcido(da). **3.** *inf* (*dishonest - person, policeman*) corrupto(ta).

crop [krɒp] *n* **1.** (*kind of plant*) cultivo *m*. **2.** (*harvested produce*) cosecha *f* **3.** (*whip*) fusta *f*. ◇ *vt* (*cut short*) cortar (muy corto). ◆ **crop up** *vi* surgir, salir.

croquette [krɒ'ket] *n* croqueta *f*.

cross [krɒs] ◇ *adj* enfadado(da); **to get ~ (with)** enfadarse (con). ◇ *n* **1.** (*gen*) cruz *f*. **2.** (*hybrid*) cruce *m*; **a ~**

between *(combination)* una mezcla de. ◇ *vt* **1.** *(gen & FIN)* cruzar. **2.** *(face - subj: expression)* reflejarse en. **3.** *(RELIG):* **to ~ o.s.** santiguarse. ◇ *vi (intersect)* cruzarse. ◆ **cross off, cross out** *vt sep* tachar.

crossbar ['krɒsbɑːr] *n* **1.** *(on goal)* travesaño *m.* **2.** *(on bicycle)* barra *f.*

cross-Channel *adj (ferry)* que hace la travesía del Canal de la Mancha; *(route)* a través del Canal de la Mancha.

cross-country ◇ *adj & adv* a campo traviesa. ◇ *n* cross *m.*

cross-examine *vt* interrogar *(para comprobar veracidad)*

cross-eyed ['krɒsaɪd] *adj* bizco(ca).

crossfire ['krɒs.faɪər] *n* fuego *m* cruzado.

crossing ['krɒsɪŋ] *n* **1.** *(on road)* cruce *m*, paso *m* de peatones; *(on railway line)* paso a nivel. **2.** *(sea journey)* travesía *f.*

cross-legged ['krɒslegd] *adv* con las piernas cruzadas.

cross-purposes *npl:* **to be at ~ with** sufrir un malentendido con.

cross-reference *n* remisión *f*, referencia *f.*

crossroads ['krɒsrəʊdz] *(pl inv)* *n* cruce *m.*

cross-section *n* **1.** *(drawing)* sección *f* transversal. **2.** *(sample)* muestra *f* representativa.

crosswalk ['krɒswɔːk] *n Am* paso *m* de peatones.

crosswind ['krɒswɪnd] *n* viento *m* de costado.

crosswise ['krɒswaɪz] *adv* en diagonal.

crossword (puzzle) ['krɒswɜːd-] *n* crucigrama *m*

crotch [krɒtʃ] *n* entrepierna *f.*

crotchety ['krɒtʃɪtɪ] *adj Br inf* refunfuñón(ona).

crouch [kraʊtʃ] *vi (gen)* agacharse; *(ready to spring)* agazaparse.

crow [krəʊ] ◇ *n* corneja *f.* ◇ *vi* **1.** *(cock)* cantar. **2.** *inf (gloat)* darse pisto

crowbar ['krəʊbɑːr] *n* palanca *f.*

crowd [kraʊd] ◇ *n* **1.** *(mass of people)* multitud *f*, muchedumbre *f*; *(at football match etc)* público *m.* **2.** *(particular group)* gente *f.* ◇ *vi* agolparse, apiñarse ◇ *vt* **1.** *(room, theatre etc)* llenar. **2.** *(people)* meter, apiñar.

crowded ['kraʊdɪd] *adj:* **~ (with)** repleto(ta) OR atestado(da) (de).

crown [kraʊn] ◇ *n* **1.** *(of royalty, on tooth)* corona *f.* **2.** *(of hat)* copa *f*; *(of head)* coronilla *f*; *(of hill)* cumbre *f*, cima *f.* ◇ *vt (gen)* coronar. ◆ **Crown** *n*: **the Crown** *(monarchy)* la corona.

crown jewels *npl* joyas *fpl* de la corona.

crown prince *n* príncipe *m* heredero.

crow's feet *npl* patas *fpl* de gallo.

crucial ['kruːʃl] *adj* crucial.

crucifix ['kruːsɪfɪks] *n* crucifijo *m.*

Crucifixion [.kruːsɪ'fɪkʃn] *n*: **the ~** la crucifixión.

crude [kruːd] *adj* **1.** *(rubber, oil, joke)* crudo(da) **2.** *(person, behaviour)* basto (ta). **3.** *(drawing, sketch)* tosco(ca).

crude oil *n* crudo *m.*

cruel ['kruːəl] *adj (gen)* cruel; *(winter)* crudo(da)

cruelty ['kruːltɪ] *n (U)* crueldad *f*

cruet ['kruːɪt] *n* vinagreras *fpl.*

cruise [kruːz] ◇ *n* crucero *m.* ◇ *vi* **1.** *(sail)* hacer un crucero. **2.** *(drive, fly)* ir a velocidad de crucero.

cruiser ['kruːzər] *n* **1.** *(warship)* crucero *m.* **2.** *(cabin cruiser)* yate *m* (para cruceros).

crumb [krʌm] *n* **1.** *(of food)* miga *f*, migaja *f.* **2.** *(of information)* pizca *f.*

crumble ['krʌmbl] ◇ *n* compota de fruta con una pasta seca por encima. ◇ *vt* desmigajar. ◇ *vi* **1.** *(building, cliff)* desmoronarse; *(plaster)* caerse. **2.** *fig (relationship, hopes)* venirse abajo.

crumbly ['krʌmblɪ] *adj* que se desmigaja con facilidad

crumpet ['krʌmpɪt] *n (food)* bollo que se come tostado.

crumple ['krʌmpl] *vt (dress, suit)* arrugar; *(letter)* estrujar.

crunch [krʌntʃ] ◇ *n* crujido *m.* ◇ *vt* **1.** *(with teeth)* ronzar **2.** *(underfoot)* hacer crujir.

crunchy ['krʌntʃɪ] *adj* crujiente

crusade [kruː'seɪd] *n lit & fig* cruzada *f.*

crush [krʌʃ] ◇ *n* **1.** *(crowd)* gentío *m.* **2.** *inf (infatuation):* **to have a ~ on sb** estar colado(da) OR loco(ca) por alguien. ◇ *vt* **1.** *(squash)* aplastar. **2.** *(grind - garlic, grain)* triturar; *(- ice)* picar; *(- grapes)* exprimir. **3.** *(destroy)* demoler

crust [krʌst] *n* **1.** *(on bread)* corteza *f* **2.** *(on pie)* pasta *f* (dura). **3.** *(of snow, earth)* corteza *f*

crutch [krʌtʃ] *n* **1.** *(stick)* muleta *f*; *fig (support)* apoyo *m.* **2.** *(crotch)* entrepierna *f.*

crux [krʌks] *n*: the ~ of the matter el quid de la cuestión.

cry [kraɪ] ◇ *n* 1. *(weep)* llorera *f.* 2. *(shout)* grito *m.* ◇ *vi* 1. *(weep)* llorar. 2. *(shout)* gritar. ◆ **cry off** *vi* volverse atrás.

crystal ['krɪstl] *n* cristal *m.*

crystal clear *adj* 1. *(transparent)* cristalino(na). 2. *(clearly stated)* claro(ra) como el agua.

CSE *(abbr of* Certificate of Secondary Education) *n antiguo título de enseñanza secundaria en Gran Bretaña para alumnos de bajo rendimiento escolar.*

CTC *n abbr of* **city technology college.**

cub [kʌb] *n* 1. *(young animal)* cachorro *m.* 2. *(boy scout)* boy scout de entre 8 y 11 años.

Cuba ['kju:bə] *n* Cuba.

Cuban ['kju:bən] ◇ *adj* cubano(na). ◇ *n (person)* cubano *m*, -na *f.*

cubbyhole ['kʌbɪhəʊl] *n (room)* cuchitril *m*; *(cupboard)* armario *m.*

cube [kju:b] ◇ *n (gen)* cubo *m*; *(of sugar)* terrón *m.* ◇ *vt (MATH)* elevar al cubo.

cubic ['kju:bɪk] *adj* cúbico(ca)

cubicle ['kju:bɪkl] *n (at swimming pool)* caseta *f*; *(in shop)* probador *m.*

Cub Scout *n* boy scout de entre 8 y 11 años.

cuckoo ['kuku:] *n* cuco *m*, cuclillo *m.*

cuckoo clock *n* reloj *m* de cuco.

cucumber ['kju:kʌmbə⁻] *n* pepino *m.*

cuddle ['kʌdl] ◇ *n* abrazo *m.* ◇ *vt* abrazar. ◇ *vi* abrazarse

cuddly toy ['kʌdlɪ-] *n* muñeco *m* de peluche.

cue [kju:] *n* 1. *(RADIO, THEATRE & TV)* entrada *f*; on ~ justo en aquel instante. 2. *fig (stimulus, signal)* señal *f.* 3. *(in snooker, pool)* taco *m.*

cuff [kʌf] *n* 1. *(of sleeve)* puño *m*; off the ~ improvisado(da), sacado(da) de la manga. 2. *Am (of trouser leg)* vuelta *f.* 3. *(blow)* cachete *m.*

cuff link *n* gemelo *m*, collera *f* *Chile.*

cuisine [kwɪ'zi:n] *n* cocina *f.*

cul-de-sac ['kʌldəsæk] *n* callejón *m* sin salida.

cull [kʌl] *vt* 1. *(animals)* eliminar. 2. *fml (information, facts)* recoger.

culminate ['kʌlmɪneɪt] *vi*: to ~ in culminar en.

culmination [,kʌlmɪ'neɪʃn] *n* culminación *f.*

culottes [kju:'lɒts] *npl* falda *f* pantalón.

culpable ['kʌlpəbl] *adj fml*: ~ (of) culpable (de); ~ homicide homicidio *m* involuntario.

culprit ['kʌlprɪt] *n* culpable *m y f.*

cult [kʌlt] ◇ *n (RELIG)* culto *m.* ◇ *comp* de culto

cultivate ['kʌltɪveɪt] *vt* 1. *(gen)* cultivar. 2. *(get to know - person)* hacer amistad con.

cultivated ['kʌltɪveɪtɪd] *adj* 1. *(cultured)* culto(ta). 2. *(land)* cultivado(da)

cultivation [,kʌltɪ'veɪʃn] *n (U)* cultivo *m.*

cultural ['kʌltʃərəl] *adj* cultural.

culture ['kʌltʃər] *n* 1. *(gen)* cultura *f.* 2. *(of bacteria)* cultivo *m.*

cultured ['kʌltʃəd] *adj* culto(ta).

cumbersome ['kʌmbəsəm] *adj* 1. *(parcel)* abultado(da); *(machinery)* aparatoso(sa). 2. *(system)* torpe.

cunning ['kʌnɪŋ] ◇ *adj (gen)* astuto(ta); *(device, idea)* ingenioso(sa). ◇ *n (U)* astucia *f.*

cup [kʌp] ◇ *n* 1. *(gen)* taza *f.* 2. *(prize, of bra)* copa *f.* ◇ *vt* ahuecar.

cupboard ['kʌbəd] *n* armario *m.*

Cup Final *n*: the ~ ≃ la final de la Copa.

cup tie *n Br* partido *m* de copa.

curate ['kjuərət] *n* coadjutor *m*, -ra *f.*

curator [,kjuə'reɪtər] *n* conservador *m*, -ra *f*, director *m*, -ra *f.*

curb [kɜ:b] ◇ *n* 1. *(control)*: ~ (on) control *m* OR restricción *f* (de); to put a ~ on sthg poner freno a algo. 2. *Am (in road)* bordillo *m* ◇ *vt* controlar, contener.

curdle ['kɜ:dl] *vi (milk)* cuajarse; *fig (blood)* helarse.

cure [kjuər] ◇ *n* 1. *(MED)*: ~ (for) cura *f* (para). 2. *(solution)*: ~ (for) remedio *m* (a). ◇ *vt* 1. *(MED)* curar. 2. *(problem, inflation)* remediar. 3. *(food, tobacco)* curar; *(leather)* curtir.

cure-all *n* panacea *f.*

curfew ['kɜ:fju:] *n* toque *m* de queda.

curio ['kjuərɪəʊ] *(pl -s)* *n* curiosidad *f.*

curiosity [,kjuərɪ'ɒsətɪ] *n* curiosidad *f.*

curious ['kjuərɪəs] *adj* curioso(sa); to be ~ about sentir curiosidad por.

curl [kɜ:l] ◇ *n (of hair)* rizo *m.* ◇ *vt* 1. *(hair)* rizar. 2. *(twist)* enroscar. ◇ *vi* 1. *(hair)* rizarse. 2. *(paper)* abarquillarse. ◆ **curl up** *vi (person, animal)* acurrucarse; *(leaf, paper)* abarquillarse.

curler ['kɜ:lər] *n* rulo *m.*

curling tongs *npl* tenacillas *fpl* de rizar.

curly ['kɜ:lɪ] *adj (hair)* rizado(da);

(pig's tail) enroscado(da).

currant [ˈkʌrənt] *n (dried grape)* pasa *f* de Corinto.

currency [ˈkʌrənsɪ] *n* 1. (FIN) moneda *f*; **foreign ~** divisa *f*. 2. *fml (acceptability):* **to gain ~** ganar aceptación

current [ˈkʌrənt] ◇ *adj (price, method, girlfriend)* actual; *(year)* en curso; *(issue)* último(ma); *(ideas, expressions, customs)* corriente. ◇ *n* corriente *f*.

current account *n Br* cuenta *f* corriente.

current affairs *npl* temas *mpl* de actualidad.

currently [ˈkʌrəntlɪ] *adv* actualmente.

curriculum [kəˈrɪkjələm] *(pl* **-lums** OR **-la** [-lə]) *n (course of study)* temario *m*, plan *m* de estudios.

curriculum vitae [-ˈviːtaɪ] *(pl* **curricula vitae**) *n* currículo *m* (vitae).

curry [ˈkʌrɪ] *n* curry *m*.

curse [kɜːs] ◇ *n* 1. *(evil charm)* maldición *f*. 2. *(swearword)* taco *m*, palabrota *f*. ◇ *vt* maldecir. ◇ *vi (swear)* soltar tacos.

cursor [ˈkɜːsəʳ] *n* (COMPUT) cursor *m*.

cursory [ˈkɜːsərɪ] *adj* superficial.

curt [kɜːt] *adj* brusco(ca), seco(ca).

curtail [kɜːˈteɪl] *vt* 1. *(visit)* acortar. 2. *(expenditure)* reducir; *(rights)* restringir.

curtain [ˈkɜːtn] *n* 1. *(gen)* cortina *f*. 2. *(in theatre)* telón *m*

curts(e)y [ˈkɜːtsɪ] *(pt & pp* **curtsied**) ◇ *n* reverencia *f (de mujer)*. ◇ *vi* hacer una reverencia *(una mujer)*.

curve [kɜːv] ◇ *n* curva *f*. ◇ *vi (river)* hacer una curva; *(surface)* curvarse.

cushion [ˈkʊʃn] ◇ *n* 1. *(for sitting on)* cojín *m*. 2. *(protective layer)* colchón *m*. ◇ *vt lit & fig* amortiguar.

cushy [ˈkʊʃɪ] *adj inf* cómodo(da); **a ~ job** OR **number** un chollo (de trabajo).

custard [ˈkʌstəd] *n (U) (sauce)* natillas *fpl*.

custodian [kʌˈstəʊdjən] *n (of building, museum)* conservador *m*, -ra *f*.

custody [ˈkʌstədɪ] *n* custodia *f*; **to take sb into ~** detener a alguien; **in ~** bajo custodia.

custom [ˈkʌstəm] *n* 1. *(tradition, habit)* costumbre *f*. 2. *(U) fml (trade)* clientela *f* ◆ **customs** *n (place)* aduana *f*.

customary [ˈkʌstəmrɪ] *adj* acostumbrado(da), habitual.

customer [ˈkʌstəməʳ] *n* 1. *(client)* cliente *m y f*. 2. *inf (person)* tipo *m*.

customize, -ise [ˈkʌstəmaɪz] *vt* personalizar

Customs and Excise *n (U) Br* oficina del gobierno británico encargada de la recaudación de derechos arancelarios.

customs duty *n (U)* derechos *mpl* de aduana, aranceles *mpl*.

customs officer *n* empleado *m*, -da *f* de aduana.

cut [kʌt] *(pt & pp* **cut**) ◇ *n* 1. *(gen)* corte *m*. 2. *(reduction):* **~ (in)** reducción *f* (de). 3. *inf (share)* parte *f*. ◇ *vt* 1. *(gen)* cortar; *(one's finger etc)* cortarse. 2. *(spending, staff etc)* reducir, recortar. 3. *inf (lecture)* fumarse ◆ **cut back** *vt sep* 1. *(plant)* podar. 2. *(expenditure, budget)* recortar. ◇ *vi:* **to ~ back on** reducir, recortar. ◆ **cut down** ◇ *vt sep* 1. *(chop down)* cortar, talar. 2. *(reduce)* reducir. ◇ *vi:* **to ~ down on smoking** OR **cigarettes** fumar menos. ◆ **cut in** *vi* 1. *(interrupt):* **to ~ in (on sb)** cortar OR interrumpir (a alguien). 2. *(in car)* colarse. ◆ **cut off** *vt sep* 1. *(gen)* cortar. 2. *(separate):* **to be ~ off (from)** *(person)* estar aislado(da) (de); *(town, village)* quedarse incomunicado(da) (de). ◆ **cut out** *vt sep* 1. *(remove)* recortar. 2. *(dress, pattern etc)* cortar. 3. *(stop):* **to ~ out smoking** OR **cigarettes** dejar de fumar; **~ it out!** *inf* ¡basta ya! 4. *(exclude - light etc)* eliminar; **to ~ sb out of one's will** desheredar a alguien. ◆ **cut up** *vt sep (chop up)* cortar, desmenuzar.

cutback [ˈkʌtbæk] *n:* **~ (in)** recorte *m* OR reducción *f* (en).

cute [kjuːt] *adj (appealing)* mono(na), lindo(da).

cuticle [ˈkjuːtɪkl] *n* cutícula *f*.

cutlery [ˈkʌtlərɪ] *n (U)* cubertería *f*.

cutlet [ˈkʌtlɪt] *n* chuleta *f*.

cutout [ˈkʌtaʊt] *n* 1. *(on machine)* cortacircuitos *m inv*. 2. *(shape)* recorte *m*.

cut-price, cut-rate *Am adj* de oferta.

cutthroat [ˈkʌtθrəʊt] *adj (ruthless)* encarnizado(da).

cutting [ˈkʌtɪŋ] ◇ *adj (sarcastic)* cortante, mordaz. ◇ *n* 1. *(of plant)* esqueje *m*. 2. *(from newspaper)* recorte *m* 3. *Br (for road, railway)* desmonte *m*.

CV *(abbr of* **curriculum vitae**) *n* CV *m*.

cwt. *abbr of* **hundredweight**.

cyanide [ˈsaɪənaɪd] *n* cianuro *m*.

cybercafe [ˈsaɪbəˌkæfeɪ] *n* cybercafé *m*.

cyberspace [ˈsaɪbəspeɪs] *n* cyberespacio *m*

cycle [ˈsaɪkl] ◇ *n* 1. *(series of events, poems, songs)* ciclo *m*. 2. *(bicycle)* bicicleta *f*. ◇ *comp:* **~ path** camino *m* para bicicletas. ◇ *vi* ir en bicicleta.

cycling ['saɪklɪŋ] *n* ciclismo *m*; **to go ~** ir en bicicleta

cyclist ['saɪklɪst] *n* ciclista *m y f*.

cygnet ['sɪgnɪt] *n* pollo *m* de cisne.

cylinder ['sɪlɪndər] *n* **1**. *(shape, engine component)* cilindro *m*. **2**. *(container - for gas)* bombona *f*.

cymbals ['sɪmblz] *npl* platillos *mpl*.

cynic ['sɪnɪk] *n* cínico *m*, -ca *f*.

cynical ['sɪnɪkl] *adj* cínico(ca).

cynicism ['sɪnɪsɪzm] *n* cinismo *m*.

cypress ['saɪprəs] *n* ciprés *m*.

Cypriot ['sɪprɪət] ◇ *adj* chipriota ◇ *n* chipriota *m y f*.

Cyprus ['saɪprəs] *n* Chipre.

cyst [sɪst] *n* quiste *m*.

cystitis [sɪs'taɪtɪs] *n* cistitis *f inv*.

czar [zɑːr] *n* zar *m*.

Czech [tʃek] ◇ *adj* checo(ca). ◇ *n* **1**. *(person)* checo *m*, -ca *f*. **2**. *(language)* checo *m*.

Czechoslovak [ˌtʃekəˈsləʊvæk] = **Czechoslovakian**.

Czechoslovakia [ˌtʃekəsləˈvækɪə] *n* Checoslovaquia.

Czechoslovakian [ˌtʃekəsləˈvækɪən] ◇ *adj* checoslovaco(ca). ◇ *n (person)* checoslovaco *m*, -ca *f*.

D

d (*pl* **d's** OR **ds**), **D** (*pl* **D's** OR **Ds**) [diː] *n* (letter) d *f*, D *f*. ♦ **D** *n* (MUS) re *m*.

DA *n abbr of* **district attorney**.

dab [dæb] ◇ *n (small amount)* toque *m*, pizca *f*; *(of powder)* pizca *f*. ◇ *vt* **1**. *(skin, wound)* dar ligeros toques en. **2**. *(cream, ointment)*: **to ~ sthg on** OR **onto** aplicar algo sobre.

dabble ['dæbl] *vi*: **to ~ (in)** pasar el tiempo OR entretenerse (con).

dachshund ['dækshʊnd] *n* perro *m* salchicha.

dad [dæd], **daddy** ['dædɪ] *n inf* papá *m*.

daddy longlegs [-'lɒŋlegz] (*pl inv*) *n* típula *f*.

daffodil ['dæfədɪl] *n* narciso *m*.

daft [dɑːft] *adj Br inf* tonto(ta).

dagger ['dægər] *n* daga *f*, puñal *m*.

daily ['deɪlɪ] ◇ *adj* diario(ria). ◇ *adv* diariamente; **twice ~** dos veces al día.

◇ *n (newspaper)* diario *m*.

dainty ['deɪntɪ] *adj* delicado(da), fino (na).

dairy ['deərɪ] *n* **1**. *(on farm)* vaquería *f*. **2**. *(shop)* lechería *f*.

dairy farm *n* granja *f* (de productos lácteos).

dairy products *npl* productos *mpl* lácteos.

dais ['deɪɪs] *n* tarima *f*, estrado *m*.

daisy ['deɪzɪ] *n* margarita *f*.

daisy wheel *n* margarita *f (de máquina de escribir)*.

dale [deɪl] *n* valle *m*.

dam [dæm] ◇ *n (across river)* presa *f*. ◇ *vt* represar.

damage ['dæmɪdʒ] ◇ *n* **1**. *(physical harm)*: **~ (to)** daño *m* (a). **2**. *(harmful effect)*: **~ (to)** perjuicio *m* (a). ◇ *vt* dañar. ♦ **damages** *npl* (JUR) daños *mpl* y perjuicios.

damn [dæm] ◇ *adj inf* maldito(ta). ◇ *adv inf* tela de, muy. ◇ *n inf*: **I don't give** OR **care a ~ (about it)** me importa un bledo. ◇ *vt* **1**. (RELIG) *(condemn)* condenar. **2**. *v inf (curse)*: **~ it!** ¡maldita sea!

damned [dæmd] *inf* ◇ *adj* maldito(ta); **I'm ~ if ...** que me maten si ..; **well I'll be ~!** OR **I'm ~!** ¡ostras! ◇ *adv* tela de, muy.

damning ['dæmɪŋ] *adj* comprometedor(ra).

damp [dæmp] ◇ *adj* húmedo(da) ◇ *n* humedad *f* ◇ *vt (make wet)* humedecer.

dampen ['dæmpən] *vt* **1**. *(make wet)* humedecer. **2**. *fig (emotion)* apagar.

damson ['dæmzn] *n* (ciruela *f*) damascena *f*.

dance [dɑːns] ◇ *n* baile *m*. ◇ *vi* **1**. *(to music)* bailar. **2**. *(move quickly and lightly)* agitarse, moverse.

dancer ['dɑːnsər] *n* bailarín *m*, -ina *f*.

dancing ['dɑːnsɪŋ] *n (U)* baile *m*.

dandelion ['dændɪlaɪən] *n* diente *m* de león.

dandruff ['dændrʌf] *n* caspa *f*.

Dane [deɪn] *n* danés *m*, -esa *f*.

danger ['deɪndʒər] *n*: **~ (to)** peligro *m* (para); **in/out of ~** en/fuera de peligro; **to be in ~ of doing sthg** correr el riesgo de hacer algo.

dangerous ['deɪndʒərəs] *adj* peligroso (sa).

dangle ['dæŋgl] ◇ *vt* colgar; *fig*: **to ~ sthg before sb** poner los dientes largos a alguien con algo. ◇ *vi* colgar, pender.

Danish ['deɪnɪʃ] ◇ *adj* danés(esa). ◇ *n*
1. *(language)* danés *m* **2.** *Am* =
Danish pastry. ◇ *npl (people):* **the ~**
los daneses

Danish pastry *n* pastel de hojaldre
con crema o manzana o almendras etc.

dank [dæŋk] *adj* húmedo(da) e insalubre.

dapper ['dæpər] *adj* pulcro(cra)

dappled ['dæpld] *adj* **1.** *(light)* motea-
do(da). **2.** *(horse)* rodado(da).

dare [deər] ◇ *vt* **1.** *(be brave enough):* to
~ to do sthg atreverse a hacer algo,
osar hacer algo. **2.** *(challenge):* to ~ sb
to do sthg desafiar a alguien a hacer
algo. **3.** *phr:* I ~ say (...) supongo OR
me imagino (que) ◇ *vi* atreverse,
osar; **how ~ you!** ¿cómo te atreves?
◇ *n* desafío *m*, reto *m*.

daredevil ['deə,devl] *n* temerario *m*,
-ria *f*.

daring ['deərɪŋ] ◇ *adj* atrevido(da),
audaz. ◇ *n* audacia *f*

dark [dɑːk] ◇ *adj* **1.** *(night, colour, hair)*
oscuro(ra). **2.** *(person, skin)* moreno
(na). **3.** *(thoughts, days, mood)* sombrío
(a), triste. **4.** *(look, comment, side of character etc)* siniestro(tra) ◇ *n* **1.** *(darkness):* **the ~** la oscuridad; **to be in the
~ about** sthg estar a oscuras sobre
algo. **2.** *(night):* **before/after ~** antes/
después del anochecer.

darken ['dɑːkn] ◇ *vt* oscurecer. ◇ *vi*
(become darker) oscurecerse

dark glasses *npl* gafas *fpl* oscuras.

darkness ['dɑːknɪs] *n* oscuridad *f*.

darkroom ['dɑːkrum] *n* (PHOT) cuarto
m oscuro.

darling ['dɑːlɪŋ] ◇ *adj (dear)* querido
(da). ◇ *n* **1.** *(loved person)* encanto *m*.
2. *inf (addressing any woman)* maja *f*.

darn [dɑːn] ◇ *adj inf* maldito(ta), con-
denado(da). ◇ *adv inf* tela de, muy.
◇ *vt* zurcir ◇ *excl inf* ¡maldita sea!

dart [dɑːt] ◇ *n (arrow)* dardo *m*. ◇ *vi*
precipitarse ♦ **darts** *n (U) (game)* dar-
dos *mpl*.

dartboard ['dɑːtbɔːd] *n* blanco *m*,
diana *f*.

dash [dæʃ] ◇ *n* **1.** *(of liquid, colour)*
gotas *fpl*, chorrito *m* **2.** *(in punctuation)*
guión *m*. **3.** *(rush):* **to make a ~ for**
sthg salir disparado hacia algo. ◇ *vt* **1.**
literary (throw) arrojar. **2.** *(hopes)* frustrar, malograr. ◇ *vi* ir de prisa.

dashboard ['dæʃbɔːd] *n* salpicadero
m.

dashing ['dæʃɪŋ] *adj* gallardo(da).

data ['deɪtə] *n (U)* datos *mpl*

database ['deɪtəbeɪs] *n* (COMPUT) base
f de datos.

data processing *n* proceso *m* de
datos

date [deɪt] ◇ *n* **1.** *(in time)* fecha *f*; **to ~**
hasta la fecha. **2.** *(appointment)* cita *f*.
3. *Am (person)* pareja *f (con la que se
sale)*. **4.** *(fruit)* dátil *m*. ◇ *vt* **1.** *(establish
the date of)* datar. **2.** *(mark with the
date)* fechar. **3.** *Am (go out with)* salir
con.

dated ['deɪtɪd] *adj* anticuado(da)

date of birth *n* fecha *f* de nacimiento.

daub [dɔːb] *vt:* **to ~ sthg with** embadurnar algo con.

daughter ['dɔːtər] *n* hija *f*

daughter-in-law *(pl* **daughters-in-
law)** *n* nuera *f*.

daunting ['dɔːntɪŋ] *adj* amedrantador
(ra).

dawdle ['dɔːdl] *vi* remolonear.

dawn [dɔːn] ◇ *n* **1.** *(of day)* amanecer
m, alba *f*. **2.** *(of era, period)* albores *mpl*
◇ *vi (day)* amanecer. ♦ **dawn (up)on**
vt fus: **it ~ed on me that** ... caí en la
cuenta de que ..

day [deɪ] *n* **1.** *(gen)* día *m*; **the ~ be-
fore/after** el día anterior/siguiente;
the ~ before yesterday anteayer; **the
~ after tomorrow** pasado mañana;
any ~ now cualquier día de estos;
one OR **some ~, one of these ~s** uno
de estos días; **to make sb's ~** dar un
alegrón a alguien **2.** *(period in history):*
in my/your etc **~** en mis/tus etc tiempos; **in those ~s** en aquellos tiempos.
♦ **days** *adv* de día

daybreak ['deɪbreɪk] *n* amanecer *m*,
alba *f*; **at ~** al amanecer

daycentre ['deɪsentər] *n Br (centro estatal diurno donde se da)* acogida y cuidado
a niños, ancianos, minusválidos etc.

daydream ['deɪdriːm] ◇ *n* sueño *m*,
ilusión *f*. ◇ *vi* soñar despierto(ta).

daylight ['deɪlaɪt] *n* **1.** *(light)* luz *f* del
día. **2.** *(dawn)* amanecer *m*.

day off *(pl* **days off)** *n* día *m* libre.

day return *n Br* billete *m* de ida y
vuelta para un día

daytime ['deɪtaɪm] ◇ *n (U)* día *m*.
◇ *comp* de día, diurno(na).

day-to-day *adj* cotidiano(na).

day trip *n* excursión *f* (de un día).

daze [deɪz] ◇ *n:* **in a ~** aturdido(da)
◇ *vt lit & fig* aturdir.

dazzle ['dæzl] *vt lit & fig* deslumbrar

DC ◇ *n (abbr of* **direct current)** CC *f*
◇ *abbr of* **District of Columbia**.

D-day ['diːdeɪ] *n* el día D.

DEA (*abbr of* **Drug Enforcement Administration**) *n* organismo estadounidense para la lucha contra la droga.

deacon ['diːkn] *n* diácono *m*

deactivate [,diːˈæktɪveɪt] *vt* desactivar.

dead [ded] ◇ *adj* **1.** (*person, animal, plant*) muerto(ta); **to shoot sb** ~ matar a alguien a tiros. **2.** (*numb - leg, arm*) entumecido(da). **3.** (*telephone*) cortado (da); (*car battery*) descargado(da). **4.** (*silence*) absoluto(ta). **5.** (*lifeless - town, party*) sin vida. ◇ *adv* **1.** (*directly, precisely*) justo **2.** (*completely*) totalmente, completamente; **'~ slow'** 'al paso'. **3.** *inf* (*very*) la mar de, muy. **4.** (*suddenly*): **to stop** ~ parar en seco. ◇ *npl*: **the** ~ los muertos.

deaden ['dedn] *vt* atenuar.

dead end *n lit & fig* callejón *m* sin salida.

dead heat *n* empate *m*.

deadline ['dedlaɪn] *n* plazo *m*, fecha *f* tope.

deadlock ['dedlɒk] *n* punto *m* muerto.

dead loss *n inf* **1.** (*person*) inútil *m y f*. **2.** (*thing*) inutilidad *f*.

deadly ['dedlɪ] ◇ *adj* **1.** (*gen*) mortal. **2.** (*accuracy*) absoluto(ta). ◇ *adv* (*boring*) mortalmente, terriblemente; (*serious*) totalmente

deadpan ['dedpæn] *adj* inexpresivo (va), serio(ria).

deaf [def] ◇ *adj* (*unable to hear*) sordo (da). ◇ *npl*: **the** ~ los sordos.

deaf-aid *n Br* audífono *m*

deaf-and-dumb *adj* sordomudo(da).

deafen ['defn] *vt* ensordecer.

deaf-mute *n* sordomudo *m*, -da *f*.

deafness ['defnɪs] *n* sordera *f*

deal [diːl] (*pt & pp* **dealt**) ◇ *n* **1.** (*quantity*): **a good** OR **great** ~ (**of**) mucho. **2.** (*business agreement*) trato *m*, transacción *f*; **to do** OR **strike a** ~ **with sb** hacer un trato con alguien. **3.** *inf* (*treatment*) trato *m*; **big** ~! ¡vaya cosa! ◇ *vt* **1.** (*strike*): **to** ~ **sb/sthg a blow, to** ~ **a blow to sb/sthg** *lit & fig* asestar un golpe a alguien/algo **2.** (*cards*) repartir, dar. ◇ *vi* **1.** (*in cards*) repartir, dar. **2.** (*in drugs*) traficar con droga. ◆ **deal in** *vt fus* (COMM) comerciar en. ◆ **deal out** *vt sep* repartir ◆ **deal with** *vt fus* **1.** (*handle - situation, problem*) hacer frente a, resolver; (*- customer*) tratar con. **2.** (*be about*) tratar de. **3.** (*be faced with*) enfrentarse a.

dealer ['diːlə'] *n* **1.** (*trader*) comerciante *m y f*. **2.** (*in cards*) repartidor *m*, -ra *f*

dealing ['diːlɪŋ] *n* comercio *m*. ◆ **dealings** *npl* (*personal*) trato *m*; (*in business*) tratos *mpl*.

dealt [delt] *pt & pp* → **deal**.

dean [diːn] *n* **1.** (*of university*) ≃ decano *m*, -na *fpl*. **2.** (*of church*) deán *m*

dear [dɪə'] ◇ *adj* **1.** (*loved*) querido (da); ~ **to sb** preciado(da) para alguien. **2.** (*expensive*) caro(ra). **3.** (*in letter*): **Dear Sir** Estimado señor, Muy señor mío; **Dear Madam** Estimada señora. ◇ *n* querido *m*, -da *f*. ◇ *excl*: **oh** ~! ¡vaya por Dios!

dearly ['dɪəlɪ] *adv* (*love, wish*) profundamente.

death [deθ] *n* muerte *f*; **to frighten sb to** ~ dar un susto de muerte a alguien; **to be sick to** ~ **of sthg/of doing sthg** estar hasta las narices de algo/de hacer algo.

death certificate *n* partida *f* OR certificado *m* de defunción.

death duty *Br*, **death tax** *Am n* impuesto *m* de sucesiones.

deathly ['deθlɪ] ◇ *adj* sepulcral. ◇ *adv*: **he was** ~ **pale** estaba pálido como un muerto.

death penalty *n* pena *f* de muerte.

death rate *n* índice *m* OR tasa *f* de mortalidad.

death tax *Am* = **death duty**.

death trap *n inf* trampa *f* mortal, sitio *m* peligroso.

debar [diːˈbɑː'] *vt*: **to** ~ **sb from somewhere/from doing sthg** privar a alguien del acceso a algún lugar/de hacer algo.

debase [dɪˈbeɪs] *vt*: **to** ~ **o.s.** rebajarse.

debate [dɪˈbeɪt] ◇ *n* debate *m*; **that's open to** ~ eso está por ver ◇ *vt* **1.** (*issue*) discutir, debatir. **2.** (*what to do*): **to** ~ (**whether to do sthg**) pensarse (si hacer algo). ◇ *vi* discutir, debatir.

debating society [dɪˈbeɪtɪŋ-] *n* asociación de debates especialmente universitaria.

debauchery [dɪˈbɔːtʃərɪ] *n* depravación *f*, libertinaje *m*.

debit ['debɪt] ◇ *n* debe *m*, débito *m* ◇ *vt*: **to** ~ **sb** OR **sb's account with an amount, to** ~ **an amount to sb** adeudar OR cargar una cantidad en la cuenta de alguien.

debit card *n* tarjeta *f* de débito.

debit note *n* pagaré *m*.

debris ['deɪbriː] *n* (U) (*of building*) escombros *mpl*; (*of aircraft*) restos *mpl*.

debt [det] *n* deuda *f*; **to be in** ~ (**to sb**) tener una deuda (con alguien).

debt collector *n* cobrador *m*, -ra *f* de morosos.

debtor [ˈdetəʳ] *n* deudor *m*, -ra *f*.

debug [ˌdiːˈbʌg] *vt* (COMPUT) suprimir fallos de.

debunk [ˌdiːˈbʌŋk] *vt* desmentir.

debut [ˈdeɪbjuː] *n* debut *m*.

decade [ˈdekeɪd] *n* década *f*.

decadent [ˈdekədənt] *adj* decadente.

decaff [diːˈkæf] *n inf* (café *m*) descafeinado *m*.

decaffeinated [dɪˈkæfɪneɪtɪd] *adj* descafeinado(da).

decamp [dɪˈkæmp] *vi inf* escabullirse.

decanter [dɪˈkæntəʳ] *n* licorera *f*.

decathlon [dɪˈkæθlɒn] *n* decatlón *m*.

decay [dɪˈkeɪ] ◇ *n* (U) 1. *(of tooth)* caries *f*; *(of body, plant)* descomposición *f*. 2. *fig (of building)* deterioro *m*; *(of society)* degradación *f*. ◇ *vi* 1. *(tooth)* picarse; *(body, plant)* pudrirse. 2. *fig (building)* deteriorarse; *(society)* degradarse.

deceased [dɪˈsiːst] *(pl inv) fml n*: **the ~** el difunto (la difunta).

deceit [dɪˈsiːt] *n* engaño *m*.

deceitful [dɪˈsiːtfʊl] *adj (person, smile)* embustero(ra); *(behaviour)* falso(sa).

deceive [dɪˈsiːv] *vt* engañar; **to ~ o.s.** engañarse (a uno mismo/una misma).

December [dɪˈsembəʳ] *n* diciembre *m*; *see also* **September**.

decency [ˈdiːsnsɪ] *n* 1. *(respectability)* decencia *f*. 2. *(consideration)*: **to have the ~ to do sthg** tener la delicadeza de hacer algo

decent [ˈdiːsnt] *adj* 1. *(gen)* decente. 2. *(considerate)*: **that's very ~ of you** es muy amable de tu parte.

deception [dɪˈsepʃn] *n* engaño *m*.

deceptive [dɪˈseptɪv] *adj* engañoso (sa).

decide [dɪˈsaɪd] ◇ *vt* 1. *(gen)*: **to ~ (to do sthg)** decidir (hacer algo); **to ~ (that)** decidir que. 2. *(person)* hacer decidirse. 3. *(issue, case)* resolver. ◇ *vi* decidir ◆ **decide (up)on** *vt fus* decidirse por.

decided [dɪˈsaɪdɪd] *adj* 1. *(advantage, improvement)* indudable. 2. *(person)* decidido(da); *(opinion)* categórico(ca).

decidedly [dɪˈsaɪdɪdlɪ] *adv* 1. *(clearly)* decididamente 2. *(resolutely)* con decisión.

deciduous [dɪˈsɪdjʊəs] *adj* de hoja caduca.

decimal [ˈdesɪml] ◇ *adj* decimal. ◇ *n* (número *m*) decimal *m*.

decimal point *n* coma *f* decimal.

decimate [ˈdesɪmeɪt] *vt* diezmar.

decipher [dɪˈsaɪfəʳ] *vt* descifrar.

decision [dɪˈsɪʒn] *n* decisión *f*; **to make a ~** tomar una decisión.

decisive [dɪˈsaɪsɪv] *adj* 1. *(person)* decidido(da). 2. *(factor, event)* decisivo(va).

deck [dek] *n* 1. *(of ship)* cubierta *f*; *(of bus)* piso *m*. 2. *(of cards)* baraja *f* 3. *Am (of house)* entarimado *m* *(junto a una casa)*.

deckchair [ˈdektʃeəʳ] *n* tumbona *f*

declaration [ˌdekləˈreɪʃn] *n* declaración *f*.

Declaration of Independence *n*: **the ~** la declaración de independencia estadounidense de 1776

declare [dɪˈkleəʳ] *vt* declarar

decline [dɪˈklaɪn] ◇ *n* declive *m*; **in ~** en decadencia; **on the ~** en declive. ◇ *vt (offer)* declinar; *(request)* denegar; **to ~ to do sthg** rehusar hacer algo. ◇ *vi* 1. *(deteriorate)* disminuir. 2. *(refuse)* negarse.

decode [ˌdiːˈkəʊd] *vt* descodificar.

decompose [ˌdiːkəmˈpəʊz] *vi* descomponerse.

decongestant [ˌdiːkənˈdʒestənt] *n* decongestivo *m*.

décor [ˈdeɪkɔːʳ] *n* decoración *f*.

decorate [ˈdekəreɪt] *vt* 1. *(make pretty)*: **to ~ sthg (with)** decorar algo (de). 2. *(with paint)* pintar; *(with wallpaper)* empapelar. 3. *(with medal)* condecorar.

decoration [ˌdekəˈreɪʃn] *n* 1. *(gen)* decoración *f*. 2. *(ornament)* adorno *m*. 3. *(medal)* condecoración *f*

decorator [ˈdekəreɪtəʳ] *n (painter)* pintor *m*, -ra *f*; *(paperhanger)* empapelador *m*, -ra *f*

decorum [dɪˈkɔːrəm] *n* decoro *m*.

decoy [*n* ˈdiːkɔɪ, *vb* dɪˈkɔɪ] ◇ *n* señuelo *m* ◇ *vt* desviar *(mediante señuelo)*

decrease [*n* ˈdiːkriːs, *vb* dɪˈkriːs] ◇ *n*: **~ (in)** disminución *f* (en). ◇ *vt & vi* disminuir.

decree [dɪˈkriː] ◇ *n* 1. *(order, decision)* decreto *m*. 2. *Am (judgment)* sentencia *f*, fallo *m* ◇ *vt* decretar.

decree nisi [-ˈnaɪsaɪ] *(pl decrees nisi)* *n Br* (JUR) sentencia *f* provisional de divorcio.

decrepit [dɪˈkrepɪt] *adj* decrépito(ta).

dedicate [ˈdedɪkeɪt] *vt* dedicar; **to ~ o.s. to sthg** consagrarse OR dedicarse a algo.

dedication [ˌdedɪˈkeɪʃn] *n* 1. *(commitment)* dedicación *f*. 2. *(in book)* dedicatoria *f*.

deduce [dɪˈdjuːs] *vt*: **to ~ (sthg from**

sthg) deducir (algo de algo).
deduct [dɪ'dʌkt] *vt*: **to ~ (from)** deducir (de), descontar (de).
deduction [dɪ'dʌkʃn] *n* deducción *f*.
deed [diːd] *n* 1. *(action)* acción *f*, obra *f*. 2. *(JUR)* escritura *f*.
deem [diːm] *vt fml* estimar.
deep [diːp] ◇ *adj* 1. *(gen)* profundo (da); **to be 10 feet ~** tener 10 pies de profundidad. 2. *(sigh, breath)* hondo (da). 3. *(colour)* intenso(sa). 4. *(sound, voice)* grave. ◇ *adv (dig, cut)* hondo; **~ down** OR **inside** por dentro.
deepen [diːpn] ◇ *vt (hole, channel)* ahondar. ◇ *vi* 1. *(river, sea)* ahondarse. 2. *(crisis, recession)* agudizarse; *(emotion, darkness)* hacerse más intenso(sa).
deep freeze *n* congelador *m*
deep fry *vt* freír (con mucho aceite).
deeply ['diːplɪ] *adv (gen)* profundamente; *(dig, breathe, sigh)* hondo.
deep-sea *adj*: **~ diving** buceo *m* de profundidad.
deer [dɪəʳ] *(pl inv) n* ciervo *m*.
deface [dɪ'feɪs] *vt* pintarrajear.
defamatory [dɪ'fæmətrɪ] *adj fml* difamatorio(ria).
default [dɪ'fɔːlt] ◇ *n* 1. *(on payment, agreement)* incumplimiento *m*; *(failure to attend)* incomparecencia *f*; **by ~ (win)** por incomparecencia. 2. *(COMPUT)*: **~ (value)** valor *m* de ajuste (por defecto). ◇ *vi* incumplir un compromiso
defeat [dɪ'fiːt] ◇ *n* derrota *f*; **to admit ~** darse por vencido(da). ◇ *vt (team, opponent)* derrotar; *(motion)* rechazar; *(plans)* frustrar.
defeatist [dɪ'fiːtɪst] *adj* derrotista.
defect [*n* 'diːfekt, *vb* dɪ'fekt] ◇ *n (fault)* defecto *m*. ◇ *vi (POL)*: **to ~ to the other side** pasarse al otro bando.
defective [dɪ'fektɪv] *adj* defectuoso (sa).
defence *Br*, **defense** *Am* [dɪ'fens] *n* defensa *f*.
defenceless *Br*, **defenseless** *Am* [dɪ'fenslɪs] *adj* indefenso(sa).
defend [dɪ'fend] *vt* defender.
defendant [dɪ'fendənt] *n* acusado *m*, -da *f*.
defender [dɪ'fendəʳ] *n* 1. *(gen)* defensor *m*, -ra *f*. 2. *(SPORT)* defensa *m* y *f*.
defense *Am* = **defence**.
defenseless *Am* = **defenceless**.
defensive [dɪ'fensɪv] ◇ *adj* 1. *(weapons, tactics)* defensivo(va). 2. *(person)* receloso(sa). ◇ *n*: **on the ~** a la defensiva.

defer [dɪ'fɜːʳ] ◇ *vt* deferir, aplazar. ◇ *vi*: **to ~ to sb** deferir con OR a alguien.
deferential [ˌdefə'renʃl] *adj* deferente.
defiance [dɪ'faɪəns] *n* desafío *m*; **in ~ of** en desafío de, a despecho de
defiant [dɪ'faɪənt] *adj* desafiante.
deficiency [dɪ'fɪʃnsɪ] *n* 1. *(lack)* escasez *f*. 2. *(inadequacy)* deficiencia *f*.
deficient [dɪ'fɪʃnt] *adj* 1. *(lacking)*: **to be ~ in** ser deficitario(ria) en, estar falto(ta) de. 2. *(inadequate)* deficiente
deficit ['defɪsɪt] *n* déficit *m inv*.
defile [dɪ'faɪl] *vt (desecrate)* profanar; *fig (mind, purity)* corromper.
define [dɪ'faɪn] *vt* definir.
definite ['defɪnɪt] *adj* 1. *(plan, date, answer)* definitivo(va). 2. *(improvement, difference)* indudable. 3. *(confident - person)* tajante; **I am quite ~ (about it)** estoy totalmente seguro (de ello).
definitely ['defɪnɪtlɪ] *adv* 1. *(without doubt)* sin duda. 2. *(for emphasis)* desde luego, con (toda) seguridad.
definition [defɪ'nɪʃn] *n* 1. *(gen)* definición *f*; **by ~** por definición. 2. *(clarity)* nitidez *f*.
deflate [dɪ'fleɪt] ◇ *vt (balloon)* desinflar; *fig (person)* bajar los humos a. ◇ *vi* desinflarse.
deflation [dɪ'fleɪʃn] *n (ECON)* deflación *f*.
deflect [dɪ'flekt] *vt (gen)* desviar; *(criticism)* soslayar
defogger [ˌdiː'fɒgəʳ] *n Am (AUT)* dispositivo *m* antivaho, luneta *f* térmica.
deformed [dɪ'fɔːmd] *adj* deforme.
defraud [dɪ'frɔːd] *vt* defraudar, estafar.
defrost [ˌdiː'frɒst] ◇ *vt* 1. *(gen)* descongelar 2. *Am (demist)* desempañar. ◇ *vi* descongelarse.
deft [deft] *adj* habilidoso(sa), diestro (tra).
defunct [dɪ'fʌŋkt] *adj (plan)* desechado(da); *(body, organization)* desaparecido(da).
defuse [ˌdiː'fjuːz] *vt Br* 1. *(bomb)* desactivar. 2. *(situation)* neutralizar.
defy [dɪ'faɪ] *vt* 1. *(disobey - person, authority)* desafiar, desobedecer; *(law, rule)* violar. 2. *(challenge)*: **to ~ sb to do sthg** retar OR desafiar a alguien a hacer algo. 3. *(description, analysis)* hacer imposible; *(attempts, efforts)* hacer inútil.
degenerate [*adj* dɪ'dʒenərət, *vb* dɪ'dʒenəreɪt] ◇ *adj* degenerado(da). ◇ *vi*: **to ~ (into)** degenerar (en).

degrading [dɪ'greɪdɪŋ] *adj* denigrante.

degree [dɪ'gri:] *n* **1.** *(unit of measurement, amount)* grado *m*; **by ~s** poco a poco. **2.** *(qualification)* título *m* universitario, ≈ licenciatura *f*; **to have/take a ~ (in sthg)** tener/hacer una licenciatura (en algo).

dehydrated [,di:haɪ'dreɪtɪd] *adj* deshidratado(da).

de-ice [di:'aɪs] *vt* descongelar.

deign [deɪn] *vt*: **to ~ to do sthg** dignarse a hacer algo.

deity ['di:ɪtɪ] *n* deidad *f*.

dejected [dɪ'dʒektɪd] *adj* abatido(da).

delay [dɪ'leɪ] ◇ *n* retraso *m*. ◇ *vt* retrasar; **to ~ starting sthg** retrasar el comienzo de algo. ◇ *vi*: **to ~ (in doing sthg)** retrasarse (en hacer algo).

delayed [dɪ'leɪd] *adj*: **to be ~** *(person)* retrasarse; *(train)* ir con retraso.

delectable [dɪ'lektəbl] *adj* **1.** *(food)* deleitable. **2.** *(person)* apetecible.

delegate [*n* 'delɪgət, *vb* 'delɪgeɪt] ◇ *n* delegado *m*, -da *f*. ◇ *vt*: **to ~ sthg (to sb)** delegar algo (en alguien); **to ~ sb to do sthg** delegar a alguien para hacer algo.

delegation [,delɪ'geɪʃn] *n* delegación *f*.

delete [dɪ'li:t] *vt* (*gen & COMPUT*) borrar.

deli ['delɪ] *n inf abbr of* **delicatessen**.

deliberate [*adj* dɪ'lɪbərət, *vb* dɪ'lɪbəreɪt] ◇ *adj* **1.** *(intentional)* deliberado(da) **2.** *(slow)* pausado(da). ◇ *vi fml* deliberar.

deliberately [dɪ'lɪbərətlɪ] *adv* **1.** *(on purpose)* adrede. **2.** *(slowly)* pausadamente.

delicacy ['delɪkəsɪ] *n* **1.** *(gracefulness, tact)* delicadeza *f*. **2.** *(food)* exquisitez *f*, manjar *m*.

delicate ['delɪkət] *adj* **1.** *(gen)* delicado (da). **2.** *(subtle - colour, taste)* suave, sutil. **3.** *(tactful)* prudente; *(instrument)* sensible.

delicatessen [,delɪkə'tesn] *n* ≈ charcutería *f*, ≈ (tienda *f* de) ultramarinos *m inv*

delicious [dɪ'lɪʃəs] *adj* delicioso(sa).

delight [dɪ'laɪt] ◇ *n* *(great pleasure)* gozo *m*, regocijo *m*; **to take ~ in doing sthg** disfrutar haciendo algo. ◇ *vt* encantar ◇ *vi*: **to ~ in sthg/in doing sthg** disfrutar con algo/haciendo algo.

delighted [dɪ'laɪtɪd] *adj* encantado (da), muy contento(ta); **~ by** OR **with** encantado con; **to be ~ to do sthg/that** estar encantado de hacer algo/de

que; **I'd be ~ (to come)** me encantaría (ir).

delightful [dɪ'laɪtfʊl] *adj (gen)* encantador(ra); *(meal)* delicioso(sa); *(view)* muy agradable.

delinquent [dɪ'lɪŋkwənt] ◇ *adj (behaviour)* delictivo(va); *(child)* delincuente. ◇ *n* delincuente *m y f*.

delirious [dɪ'lɪrɪəs] *adj (with fever)* delirante; *fig (ecstatic)* enfervorizado(da)

deliver [dɪ'lɪvər] *vt* **1.** *(distribute)* repartir; *(hand over)* entregar; **to ~ sthg to sb** entregar algo a alguien. **2.** *(give - speech, verdict, lecture)* pronunciar; *(- message)* entregar; *(- warning, ultimatum)* lanzar; *(- blow, kick)* asestar. **3.** *(baby)* traer al mundo. **4.** *fml (free)* liberar, libertar. **5.** *Am* (POL) *(votes)* captar

delivery [dɪ'lɪvərɪ] *n* **1.** *(distribution)* reparto *m*; *(handing over)* entrega *f*. **2.** *(goods delivered)* partida *f*. **3.** *(way of speaking)* (estilo *m* de) discurso *m*. **4.** *(birth)* parto *m*.

delude [dɪ'lu:d] *vt* engañar; **to ~ o.s.** engañarse (a uno mismo/una misma).

deluge ['delju:dʒ] *n (flood)* diluvio *m*; *fig (huge number)* aluvión *m*.

delusion [dɪ'lu:ʒn] *n* espejismo *m*, engaño *m*.

de luxe [də'lʌks] *adj* de lujo.

delve [delv] *vi*: **to ~ (into)** *(bag, cupboard)* hurgar (en); *fig (mystery)* profundizar (en).

demand [dɪ'mɑ:nd] ◇ *n* **1.** *(claim, firm request)* exigencia *f*, reclamación *f*; **on ~** a petición. **2.** *(need)*: **~ for** demanda *f* de; **in ~** solicitado(da). ◇ *vt (gen)* exigir; *(pay rise)* reclamar, demandar; **to ~ to do sthg** exigir hacer algo.

demanding [dɪ'mɑ:ndɪŋ] *adj* **1.** *(exhausting)* que exige mucho esfuerzo. **2.** *(not easily satisfied)* exigente.

demean [dɪ'mi:n] *vt*: **to ~ o.s.** humillarse, rebajarse.

demeaning [dɪ'mi:nɪŋ] *adj* denigrante

demeanour *Br*, **demeanor** *Am* [dɪ-'mi:nər] *n* (U) *fml* proceder *m*, comportamiento *m*.

demented [dɪ'mentɪd] *adj* demente.

demise [dɪ'maɪz] *n fml* **1.** *(death)* defunción *f*. **2.** *(end)* hundimiento *m*.

demister [,di:'mɪstər] *n Br* (AUT) dispositivo *m* antivaho, luneta *f* térmica.

demo ['deməʊ] *(abbr of* **demonstration)** *n inf* mani *f*

democracy [dɪ'mɒkrəsɪ] *n* democracia *f*.

democrat ['deməkræt] *n* demócrata *m y*

f. ◆ **Democrat** *n Am* demócrata *m y f*.

democratic [demə'krætɪk] *adj* democrático(ca). ◆ **Democratic** *adj Am* demócrata.

Democratic Party *n Am* Partido *m* Demócrata (de Estados Unidos).

demolish [dɪ'mɒlɪʃ] *vt (building)* demoler; *(argument, myth)* destrozar.

demonstrate ['demənstreɪt] ◇ *vt* 1. *(prove)* demostrar. 2. *(show)* hacer una demostración de. ◇ *vi* manifestarse.

demonstration [demən'streɪʃn] *n* 1. *(of machine, product)* demostración *f*. 2. *(public meeting)* manifestación *f*.

demonstrator ['demənstreɪtəʳ] *n* 1. *(in march)* manifestante *m y f*. 2. *(of machine, product)* persona que hace demostraciones.

demoralized [dɪ'mɒrəlaɪzd] *adj* desmoralizado(da).

demote [,dɪ'məʊt] *vt* descender de categoría.

demure [dɪ'mjʊəʳ] *adj* recatado(da).

den [den] *n (lair)* guarida *f*.

denial [dɪ'naɪəl] *n* 1. *(refutation)* negación *f*, rechazo *m*. 2. *(refusal)* denegación *f*.

denier ['denɪəʳ] *n* denier *m*.

denigrate ['denɪgreɪt] *vt fml* desacreditar.

denim ['denɪm] *n* tela *f* vaquera. ◆ **denims** *npl* (pantalones *mpl*) vaqueros *mpl*.

denim jacket *n* cazadora *f* vaquera.

Denmark ['denmɑːk] *n* Dinamarca.

denomination [dɪ,nɒmɪ'neɪʃn] *n* 1. *(religious group)* confesión *f*. 2. *(of money)* valor *m*.

denounce [dɪ'naʊns] *vt* denunciar.

dense [dens] *adj* 1. *(gen)* denso(sa); *(trees)* tupido(da). 2. *inf (stupid)* bruto (ta).

density ['densətɪ] *n* densidad *f*.

dent [dent] ◇ *n (on car)* abolladura *f*; *(in wall)* melladura *f*. ◇ *vt (car)* abollar; *(wall)* mellar.

dental ['dentl] *adj* dental

dental floss *n* hilo *m* OR seda *f* dental.

dental surgeon *n* odontólogo *m*, -ga *f*.

dentist ['dentɪst] *n* dentista *m y f*; **to go to the ~'s** ir al dentista.

dentures ['dentʃəz] *npl* dentadura *f* postiza.

deny [dɪ'naɪ] *vt* 1. *(refute)* negar, rechazar; **to ~ doing sthg** negar haber hecho algo. 2. *fml (refuse)*: **to ~ sb sthg** denegar algo a alguien.

deodorant [diː'əʊdərənt] *n* desodorante *m*.

depart [dɪ'pɑːt] *vi fml* 1. *(leave)*: **to ~ (from)** salir (de); **this train will ~ from Platform 2** este tren efectuará su salida de la vía 2. 2. *(differ)*: **to ~ from sthg** apartarse de algo.

department [dɪ'pɑːtmənt] *n* 1. *(gen)* departamento *m* 2. *(in government)* ministerio *m*.

department store *n* grandes almacenes *mpl*.

departure [dɪ'pɑːtʃəʳ] *n* 1. *(of train, plane)* salida *f*; *(of person)* marcha *f*. 2. *(change)*: **~ (from)** abandono *m* (de); **a new ~** un nuevo enfoque

departure lounge *n (in airport)* sala *f* de embarque; *(in coach station)* vestíbulo *m* de salidas.

depend [dɪ'pend] *vi*: **to ~ on** depender de; **you can ~ on me** puedes confiar en mí; **it ~s depende**; **~ing on** según.

dependable [dɪ'pendəbl] *adj* fiable.

dependant [dɪ'pendənt] *n* persona *dependiente del cabeza de familia*.

dependent [dɪ'pendənt] *adj* 1. *(gen)*: **to be ~ (on)** depender (de). 2. *(addicted)* adicto(ta).

depict [dɪ'pɪkt] *vt* 1. *(in picture)* retratar. 2. *(describe)*: **to ~ sthg/sb as sthg** describir algo/a alguien como algo.

deplete [dɪ'pliːt] *vt* mermar, reducir.

deplorable [dɪ'plɔːrəbl] *adj* deplorable.

deplore [dɪ'plɔːʳ] *vt* deplorar.

deploy [dɪ'plɔɪ] *vt* desplegar

depopulation [diː,pɒpjʊ'leɪʃn] *n* despoblación *f*.

deport [dɪ'pɔːt] *vt* deportar.

depose [dɪ'pəʊz] *vt* deponer.

deposit [dɪ'pɒzɪt] ◇ *n* 1. (GEOL) yacimiento *m*. 2. *(sediment)* poso *m*, sedimento *m*. 3. *(payment into bank)* ingreso *m*. 4. *(down payment - on house, car)* entrada *f*; *(- on hotel room)* señal *f*, adelanto *m*; *(- on hired goods)* fianza *f*; *(- on bottle)* dinero *m* del envase OR casco. ◇ *vt* 1. *(put down)* depositar. 2. *(in bank)* ingresar.

deposit account *n Br* cuenta *f* de ahorro a plazo fijo.

depot ['depəʊ] *n* 1. *(storage facility)* almacén *m*; *(for buses)* cochera *f*. 2. *Am (bus or train terminus)* terminal *f*.

depreciate [dɪ'priːʃɪeɪt] *vi* depreciarse.

depress [dɪ'pres] *vt* 1. *(person)* deprimir. 2. *(economy)* desactivar. 3. *(price, share value)* reducir.

depressed [dɪ'prest] *adj* deprimido (da).

depressing [dɪ'presɪŋ] *adj* deprimente.

depression [dɪ'preʃn] *n* **1.** *(gen &* ECON*)* depresión *f.* **2.** *fml (in pillow)* hueco *m.*

deprivation [,deprɪ'veɪʃn] *n* **1.** *(poverty)* miseria *f.* **2.** *(lack)* privación *f.*

deprive [dɪ'praɪv] *vt*: to ~ sb of sthg privar a alguien de algo.

depth [depθ] *n* profundidad *f*; in ~ a fondo; he was out of his ~ with that job ese trabajo le venía grande. ◆ depths *npl*: in the ~s of winter en pleno invierno; to be in the ~s of despair estar en un abismo de desesperación.

deputation [,depjʊ'teɪʃn] *n* delegación *f.*

deputize, -ise ['depjʊtaɪz] *vi*: to ~ (for) actuar en representación (de).

deputy ['depjʊtɪ] ◇ *adj*: ~ head subdirector *m*, -ra *f*; ~ chairman/president vicepresidente *m.* ◇ *n* **1.** *(second-in-command)* asistente *m y f*, suplente *m y f.* **2.** *Am (deputy sheriff)* ayudante *m y f* del sheriff.

derail [dɪ'reɪl] *vt & vi (train)* descarrilar.

deranged [dɪ'reɪndʒd] *adj* perturbado (da), trastornado(da).

derby [*Br* 'dɑːbɪ, *Am* 'dɜːbɪ] *n* **1.** *(sports event)* derby *m* (local). **2.** *Am (hat)* sombrero *m* hongo.

deregulate [,diː'regjʊleɪt] *vt* liberalizar.

derelict ['derəlɪkt] *adj* abandonado (da).

deride [dɪ'raɪd] *vt* mofarse de.

derisory [də'raɪzərɪ] *adj* **1.** *(puny, trivial)* irrisorio(ria). **2.** *(derisive)* burlón (ona).

derivative [dɪ'rɪvətɪv] *n* derivado *m.*

derive [dɪ'raɪv] ◇ *vt* **1.** *(draw, gain)*: to ~ sthg from sthg encontrar algo en algo. **2.** *(come)*: to be ~d from derivar de. ◇ *vi*: to ~ from derivar de.

derogatory [dɪ'rɒgətrɪ] *adj* despectivo (va).

derrick ['derɪk] *n* **1.** *(crane)* grúa *f.* **2.** *(over oil well)* torre *f* de perforación.

derv [dɜːv] *n Br* gasóleo *m*, gasoil *m.*

descend [dɪ'send] ◇ *vt fml (go down)* descender por. ◇ *vi* **1.** *fml (go down)* descender. **2.** *(subj: silence, gloom)*: to ~ (on sthg/sb) invadir (algo/a alguien). **3.** *(stoop)*: to ~ to sthg/to doing sthg rebajarse a algo/a hacer algo

descendant [dɪ'sendənt] *n* descendiente *m y f.*

descended [dɪ'sendɪd] *adj*: to be ~ from ser descendiente de, descender de.

descent [dɪ'sent] *n* **1.** *(downwards movement)* descenso *m*, bajada *f.* **2.** *(origin)* ascendencia *f.*

describe [dɪ'skraɪb] *vt* describir.

description [dɪ'skrɪpʃn] *n* **1.** *(account)* descripción *f* **2.** *(type)*: of all ~s de todas clases.

desecrate ['desɪkreɪt] *vt* profanar.

desert [*n* 'dezət, *vb* dɪ'zɜːt] ◇ *n* (GEOGR) desierto *m.* ◇ *vt* abandonar. ◇ *vi* (MIL) desertar.

deserted [dɪ'zɜːtɪd] *adj* abandonado (da).

deserter [dɪ'zɜːtər] *n* desertor *m*, -ra *f.*

desert island ['dezət-] *n* isla *f* desierta.

deserve [dɪ'zɜːv] *vt* merecer.

deserving [dɪ'zɜːvɪŋ] *adj* encomiable.

design [dɪ'zaɪn] ◇ *n* **1.** *(gen)* diseño *m*; *(of garment)* corte *m.* **2.** *(pattern)* dibujo *m.* **3.** *fml (intention)* designio *m*; by ~ adrede; to have ~s on tener las miras puestas en. ◇ *vt* **1.** *(draw plans for)* diseñar. **2.** *(plan, prepare)* concebir.

designate [*adj* 'dezɪgnət, *vb* 'dezɪgneɪt] ◇ *adj* designado(da). ◇ *vt* designar.

designer [dɪ'zaɪnər] ◇ *adj (clothes)* de diseño; *(glasses)* de marca. ◇ *n (gen)* diseñador *m*, -ra *f*; (THEATRE) escenógrafo *m*, -fa *f*

desirable [dɪ'zaɪərəbl] *adj* **1.** *fml (appropriate)* deseable, conveniente. **2.** *(attractive)* atractivo(va), apetecible.

desire [dɪ'zaɪər] ◇ *n*: ~ (for sthg/to do sthg) deseo *m* (de algo/de hacer algo). ◇ *vt* desear.

desk [desk] *n* **1.** *(gen)* mesa *f*, escritorio *m*; *(in school)* pupitre *m.* **2.** *(service area)*: information ~ (mostrador *m* de) información *f.*

desktop publishing *n* (COMPUT) autoedición *f* de textos.

desolate ['desələt] *adj (place, person)* desolado(da); *(feeling)* desolador(ra).

despair [dɪ'speər] ◇ *n* desesperación *f.* ◇ *vi* desesperarse; to ~ of sb desesperarse con alguien; to ~ of sthg/doing sthg desesperar de algo/hacer algo.

despairing [dɪ'speərɪŋ] *adj* desesperado(da).

despatch [dɪ'spætʃ] = dispatch.

desperate ['despərət] *adj* desesperado (da); to be ~ for sthg necesitar desesperadamente algo

desperately ['despr∂tli] adv 1. (want, fight, love) desesperadamente. 2. (ill) gravemente; (poor, unhappy, shy) tremendamente.

desperation [,desp∂'reiʃn] n desesperación f; in ~ con desesperación.

despicable [dɪ'spikǝbl] adj despreciable.

despise [dɪ'spaiz] vt despreciar.

despite [dɪ'spait] prep a pesar de, pese a.

despondent [dɪ'spɒndǝnt] adj descorazonado(da).

dessert [dɪ'zɜːt] n postre m.

dessertspoon [dɪ'zɜːtspuːn] n (spoon) cuchara f de postre.

destination [,destɪ'neiʃn] n destino m.

destined ['destɪnd] adj 1. (fated, intended): ~ for sthg/to do sthg destinado(da) a algo/a hacer algo. 2. (bound): ~ for rumbo a, con destino a.

destiny ['destɪni] n destino m.

destitute ['destɪtjuːt] adj indigente.

destroy [dɪ'strɔi] vt 1. (ruin) destruir. 2. (put down) matar, sacrificar.

destruction [dɪ'strʌkʃn] n destrucción f.

.detach [dɪ'tætʃ] vt 1. (pull off): to ~ sthg (from) quitar OR separar algo (de). 2. (disassociate): to ~ o.s. from sthg distanciarse de algo.

detachable [dɪ'tætʃǝbl] adj (handle etc) de quita y pon; (collar) postizo(za).

detached [dɪ'tætʃt] adj (unemotional) objetivo(va).

detached house n casa f OR chalet m individual.

detachment [dɪ'tætʃmǝnt] n 1. (aloofness) distanciamiento m. 2. (MIL) destacamento m.

detail ['diːteil] ◇ n 1. (small point) detalle m, pormenor m. 2. (U) (facts, points) detalles mpl; to go into ~ entrar en detalles; in ~ con detalle. 3. (MIL) destacamento m ◇ vt (list) detallar. ◆ **details** npl (gen) información f; (personal) datos mpl

detailed ['diːteild] adj detallado(da).

detain [dɪ'tein] vt (gen) retener; (in police station) detener.

detect [dɪ'tekt] vt (gen) detectar; (difference) notar, percibir.

detection [dɪ'tekʃn] (U) n 1. (gen) detección f 2. (of crime) investigación f; (of drugs) descubrimiento m.

detective [dɪ'tektɪv] n (private) detective m y f; (policeman) agente m y f.

detective novel n novela f policíaca.

détente [dei'tɒnt] n (POL) distensión f.

detention [dɪ'tenʃn] n 1. (of suspect, criminal) detención f, arresto m. 2. (at school) castigo de permanecer en la escuela después de clase.

deter [dɪ'tɜːʳ] vt: to ~ sb (from doing sthg) disuadir a alguien (de hacer algo)

detergent [dɪ'tɜːdʒǝnt] n detergente m.

deteriorate [dɪ'tɪǝrɪǝreit] vi (health, economy) deteriorarse; (weather) empeorar.

determination [dɪ,tɜːmɪ'neiʃn] n determinación f.

determine [dɪ'tɜːmin] vt determinar.

determined [dɪ'tɜːmind] adj decidido(da); ~ to do sthg decidido OR resuelto a hacer algo.

deterrent [dɪ'terǝnt] n fuerza f disuasoria; nuclear ~ armas fpl nucleares disuasorias.

detest [dɪ'test] vt detestar.

detonate ['detǝneit] vt & vi detonar.

detour ['diː,tuǝʳ] n desviación f, desvío m; to make a ~ dar un rodeo.

detract [dɪ'trækt] vi: to ~ from sthg (gen) mermar algo, aminorar algo; (achievement) restar importancia a algo.

detriment ['detrimǝnt] n: to the ~ of en detrimento de.

detrimental [,detrɪ'mentl] adj perjudicial.

deuce [djuːs] n (U) (TENNIS) deuce m, iguales mpl (a cuarenta).

devaluation [,diːvælju'eiʃn] n devaluación f.

devastated ['devǝsteitid] adj (area, city) asolado(da); fig (person) desolado(da).

devastating ['devǝsteitiŋ] adj 1. (destructive - hurricane etc) devastador(ra). 2. (effective - remark, argument) abrumador(ra). 3. (upsetting - news, experience) desolador(ra). 4. (attractive) imponente, irresistible.

develop [dɪ'velǝp] ◇ vt 1. (land) urbanizar. 2. (illness) contraer, coger; (habit) adquirir; to ~ a fault fallar, estropearse. 3. (product) elaborar. 4. (idea, argument, resources) desarrollar. 5. (PHOT) revelar. ◇ vi 1. (grow) desarrollarse. 2. (appear) presentarse, darse.

developing country [dɪ'velǝpɪŋ-] n país m en vías de desarrollo

development [dɪ'velǝpmǝnt] (U) n 1. (growth) desarrollo m 2. (of design, product) elaboración f. 3. (developed *land*) urbanización *f*. **4.** *(new event)* (nuevo) acontecimiento *m*. **5.** *(advance - in science etc)* avance *m*.

deviate [ˈdiːvɪeɪt] *vi*: **to ~ from sthg** apartarse OR desviarse de algo.

device [dɪˈvaɪs] *n* dispositivo *m*, mecanismo *m*.

devil [ˈdevl] *n* diablo *m*, demonio *m*; **poor ~** pobre diablo; **you lucky ~!** ¡vaya suerte que tienes!; **who/where/why the ~ …?** ¿quién/dónde/por qué demonios …? ◆ **Devil** *n* *(Satan)*: **the Devil** el Diablo.

devious [ˈdiːvjəs] *adj* **1.** *(person, scheme)* malévolo(la), retorcido(da); *(means)* dudoso(sa). **2.** *(route)* sinuoso (sa).

devise [dɪˈvaɪz] *vt* *(instrument, system)* diseñar; *(plan)* trazar.

devoid [dɪˈvɔɪd] *adj fml*: **~ of** desprovisto(ta) de.

devolution [ˌdiːvəˈluːʃn] *n* (POL) = autonomía *f*, = traspaso *m* de competencias.

devote [dɪˈvəʊt] *vt*: **to ~ sthg to** dedicar OR consagrar algo a.

devoted [dɪˈvəʊtɪd] *adj* *(person)* leal; **to be ~ to sb** tener veneración por alguien.

devotee [ˌdevəˈtiː] *n* *(fan)* devoto *m*, -ta *f*, admirador *m*, -ra *f*.

devotion [dɪˈvəʊʃn] *(U)* *n* **1.** *(commitment)*: **~ (to)** dedicación *f*(a). **2.** (RELIG) devoción *f*.

devour [dɪˈvaʊəʳ] *vt literary lit & fig* devorar.

devout [dɪˈvaʊt] *adj* (RELIG) devoto(ta).

dew [djuː] *n* rocío *m*.

dexterity [dekˈsterətɪ] *n* destreza *f*.

diabetes [ˌdaɪəˈbiːtiːz] *n* diabetes *f inv*.

diabetic [ˌdaɪəˈbetɪk] ◇ *adj* *(person)* diabético(ca). ◇ *n* diabético *m*, -ca *f*.

diabolic(al) [ˌdaɪəˈbɒlɪk(l)] *adj inf* *(very bad)* demencial, pésimo(ma).

diagnose [ˈdaɪəgnəʊz] *vt* (MED) diagnosticar.

diagnosis [ˌdaɪəgˈnəʊsɪs] *(pl -oses* [-əʊsiːz]) *n* (MED) *(verdict)* diagnóstico *m*; *(science, activity)* diagnosis *f inv*.

diagonal [daɪˈægənl] ◇ *adj* diagonal. ◇ *n* diagonal *f*.

diagram [ˈdaɪəgræm] *n* diagrama *m*, dibujo *m* esquemático.

dial [ˈdaɪəl] ◇ *n* **1.** *(of watch, clock, meter)* esfera *f* **2.** *(of telephone, radio)* dial *m*. ◇ *vt* *(number)* marcar.

dialect [ˈdaɪəlekt] *n* dialecto *m*.

dialling code [ˈdaɪəlɪŋ-] *n Br* prefijo *m* (telefónico).

dialling tone *Br* [ˈdaɪəlɪŋ-], **dial tone** *Am n* señal *f* de llamada.

dialogue *Br*, **dialog** *Am n* [ˈdaɪəlɒg] *n* diálogo *m*.

dial tone *Am* = **dialling tone**.

dialysis [daɪˈælɪsɪs] *n* diálisis *f inv*.

diameter [daɪˈæmɪtəʳ] *n* diámetro *m*.

diamond [ˈdaɪəmənd] *n* **1.** *(gem, playing card)* diamante *m*. **2.** *(shape)* rombo *m*. ◆ **diamonds** *npl* diamantes *mpl*.

diaper [ˈdaɪpəʳ] *n Am* pañal *m*.

diaphragm [ˈdaɪəfræm] *n* diafragma *m*.

diarrh(o)ea [ˌdaɪəˈrɪə] *n* diarrea *f*.

diary [ˈdaɪərɪ] *n* **1.** *(appointment book)* agenda *f*. **2.** *(journal)* diario *m*.

dice [daɪs] *(pl inv)* ◇ *n* dado *m*. ◇ *vt* cortar en cuadraditos.

dictate [dɪkˈteɪt] *vt*: **to ~ sthg (to sb)** dictar algo (a alguien).

dictation [dɪkˈteɪʃn] *n* dictado *m*; **to take** OR **do ~** escribir al dictado.

dictator [dɪkˈteɪtəʳ] *n* dictador *m*, -ra *f*.

dictatorship [dɪkˈteɪtəʃɪp] *n* dictadura *f*.

dictionary [ˈdɪkʃənrɪ] *n* diccionario *m*.

did [dɪd] *pt* → **do**.

diddle [ˈdɪdl] *vt inf* timar.

didn't [ˈdɪdnt] = **did not**.

die [daɪ] *(pl dice, pt & pp died, cont dying)* ◇ *vi* **1.** *(gen)* morir, morirse; **to be dying** estar muriéndose OR agonizando; **to be dying for sthg/to do sthg** morirse por algo/por hacer algo. **2.** *literary (feeling)* extinguirse. ◇ *n (dice)* dado *m*. ◆ **die away** *vi* desvanecerse. ◆ **die down** *vi* *(wind)* amainar; *(sound)* apaciguarse; *(fire)* remitir; *(excitement, fuss)* calmarse. ◆ **die out** *vi* extinguirse.

diehard [ˈdaɪhɑːd] *n* reaccionario *m*, -ria *f*.

diesel [ˈdiːzl] *n* **1.** *(vehicle)* vehículo *m* diesel. **2.** *(fuel)* gasóleo *m*, gasoil *m*.

diesel engine *n* (AUT) motor *m* diesel; (RAIL) locomotora *f* diesel.

diesel fuel, diesel oil *n* gasóleo *m*.

diet [ˈdaɪət] ◇ *n* **1.** *(eating pattern)* dieta *f*. **2.** *(to lose weight)* régimen *m*; **to be on a ~** estar a régimen. ◇ *comp (low-calorie)* light *(inv)*. ◇ *vi* estar a régimen.

differ [ˈdɪfəʳ] *vi* **1.** *(be different)* diferir, ser diferente; **to ~ from sthg** distinguirse OR diferir de algo. **2.** *(disagree)*: **to ~ with sb (about sthg)** disentir OR discrepar de alguien (en algo).

difference [ˈdɪfrəns] *n* diferencia *f*; **it**

doesn't make any ~ da lo mismo.
different ['dɪfrənt] *adj*: **~ (from)** diferente OR distinto(ta) (de).
differentiate [,dɪfə'renʃɪeɪt] ◇ *vt*: **to ~ (sthg from sthg)** diferenciar OR distinguir (algo de algo). ◇ *vi*: **to ~ between** diferenciar OR distinguir entre.
difficult ['dɪfɪkəlt] *adj* difícil.
difficulty ['dɪfɪkəltɪ] *n* dificultad *f*; **to have ~ in doing sthg** tener dificultad en OR para hacer algo.
diffident ['dɪfɪdənt] *adj* retraído(da).
diffuse [dɪ'fjuːz] *vt* difundir
dig [dɪg] (*pt & pp* **dug**) ◇ *vt* **1.** (*hole - with spade*) cavar; (*- with hands, paws*) escarbar. **2.** (*garden*) cavar en; (*mine*) excavar **3.** (*press*): **to ~ sthg into** clavar OR hundir algo en. ◇ *vi* **1.** (*with spade*) cavar; (*with hands, paws*) escarbar. **2.** (*press*): **to ~ into** clavarse OR hundirse en. ◇ *n* **1.** *fig* (*unkind remark*) pulla *f*. **2.** (ARCHEOL) excavación *f* ♦ **dig out** *vt sep inf* (*find - letter*) desempolvar; (*- information*) extraer. ♦ **dig up** *vt sep* (*gen*) desenterrar; (*tree*) arrancar.
digest [*n* 'daɪdʒest, *vb* dɪ'dʒest] ◇ *n* compendio *m*. ◇ *vt lit & fig* digerir.
digestion [dɪ'dʒestʃn] *n* digestión *f*.
digestive biscuit [dɪ'dʒestɪv-] *n Br* galleta hecha con harina integral.
digit ['dɪdʒɪt] *n* **1.** (*figure*) dígito *m*. **2.** (*finger, toe*) dedo *m*.
digital ['dɪdʒɪtl] *adj* digital.
digital camera *n* cámara *f* digital.
digital television *n* televisión *f* digital.
dignified ['dɪgnɪfaɪd] *adj* (*gen*) solemne; (*behaviour*) ceremonioso(sa).
dignity ['dɪgnətɪ] *n* dignidad *f*.
digress [daɪ'gres] *vi* apartarse del tema; **to ~ from** apartarse OR desviarse de
digs [dɪgz] *npl Br inf* alojamiento *m*; **to live in ~** vivir de patrona.
dike [daɪk] *n* (*wall, bank*) dique *m*.
dilapidated [dɪ'læpɪdeɪtɪd] *adj* destartalado(da), derruido(da).
dilate [daɪ'leɪt] *vi* dilatarse.
dilemma [dɪ'lemə] *n* dilema *m*.
diligent ['dɪlɪdʒənt] *adj* diligente.
dilute [daɪ'luːt] *vt* diluir; (*wine, beer*) aguar
dim [dɪm] ◇ *adj* **1.** (*light*) tenue; (*room*) sombrío(a) **2.** (*outline, figure*) difuso (sa). **3.** (*eyesight*) nublado(da). **4.** (*memory*) vago(ga). **5.** *inf* (*stupid*) tonto(ta), torpe. ◇ *vt* atenuar. ◇ *vi* (*light*) atenuarse.

dime [daɪm] *n Am moneda de diez centavos.*
dimension [dɪ'menʃn] *n* dimensión *f*.
diminish [dɪ'mɪnɪʃ] *vt & vi* disminuir.
diminutive [dɪ'mɪnjutɪv] *fml* ◇ *adj* diminuto(ta). ◇ *n* (GRAMM) diminutivo *m*.
dimmer ['dɪmə^r], **dimmer switch** *n* potenciómetro *m*
dimmers ['dɪməz] *npl Am* (*dipped headlights*) luces *fpl* cortas OR de cruce; (*parking lights*) luces de posición OR situación.
dimmer switch = **dimmer.**
dimple ['dɪmpl] *n* hoyuelo *m*.
din [dɪn] *n inf* estrépito *m*
dine [daɪn] *vi fml* cenar ♦ **dine out** *vi* cenar fuera.
diner ['daɪnə^r] *n* **1.** (*person*) comensal *m y f* (*en cena*). **2.** *Am* (*restaurant - cheap*) restaurante *m* barato; (*- on the road*) ≃ restaurante *m* OR parador *m* de carretera.
dinghy ['dɪŋgɪ] *n* bote *m*.
dingy ['dɪndʒɪ] *adj* (*room, street*) lóbrego(ga); (*clothes, carpet*) deslustrado(da).
dining car ['daɪnɪŋ-] *n* vagón *m* restaurante.
dining room ['daɪnɪŋ-] *n* comedor *m*.
dinner ['dɪnə^r] *n* **1.** (*evening meal*) cena *f*; (*midday meal*) comida *f*, almuerzo *m*. **2.** (*formal event*) cena *f* de gala, banquete *m*.
dinner jacket *n* esmoquin *m*
dinner party *n* cena *f* (*de amigos en casa*)
dinnertime ['dɪnətaɪm] *n* (*in the evening*) la hora de la cena; (*at midday*) la hora del almuerzo OR de la comida.
dinosaur ['daɪnəsɔː^r] *n* (*reptile*) dinosaurio *m*.
dint [dɪnt] *n fml*: **by ~ of** a base de.
dip [dɪp] ◇ *n* **1.** (*in road, ground*) pendiente *f*, declive *m*. **2.** (*sauce*) salsa *f*. **3.** (*swim*) chapuzón *m*; **to go for/take a ~** ir a darse/darse un chapuzón. ◇ *vt* **1.** (*into liquid*): **to ~ sthg in** OR **into sthg** mojar algo en algo. **2.** *Br* (*headlights*): **to ~ one's lights** poner las luces de cruce ◇ *vi* descender suavemente.
diploma [dɪ'pləʊmə] (*pl* **-s**) *n* diploma *m*
diplomacy [dɪ'pləʊməsɪ] *n* diplomacia *f*
diplomat ['dɪpləmæt] *n* **1.** (*official*) diplomático *m*, -ca *f*. **2.** (*tactful person*) persona *f* diplomática
diplomatic [,dɪplə'mætɪk] *adj* diplomático(ca).

dipstick ['dɪpstɪk] *n* (AUT) varilla *f* (para medir el nivel) del aceite.

dire ['daɪəᵣ] *adj (consequences)* grave; *(warning)* estremecedor(ra); *(need, poverty)* extremo(ma).

direct [dɪ'rekt] ◊ *adj* directo(ta). ◊ *vt* 1. *(gen)*: **to ~ sthg at sb** dirigir algo a alguien. 2. *(person to place)*: **to ~ sb (to)** indicar a alguien el camino (a). 3. *(order)*: **to ~ sb to do sthg** mandar a alguien hacer algo. ◊ *adv* directamente.

direct current *n* corriente *f* continua.

direct debit *n* *Br* domiciliación *f* (de pago).

direction [dɪ'rekʃn] *n* dirección *f*; **sense of ~** sentido *m* de la orientación. ◆ **directions** *npl* 1. *(instructions to place)* señas *fpl*, indicaciones *fpl*. 2. *(instructions for use)* modo *m* de empleo.

directly [dɪ'rektlɪ] *adv* 1. *(gen)* directamente. 2. *(immediately)* inmediatamente. 3. *(very soon)* pronto, en breve.

director [dɪ'rektəᵣ] *n* director *m*, -ra *f*.

directory [dɪ'rektərɪ] *n* 1. *(gen)* guía *f* (alfabética). 2. (COMPUT) directorio *m*.

directory enquiries *n* *Br* (servicio *m* de) información *f* telefónica.

dire straits *npl*: **in ~** en serios aprietos.

dirt [dɜːt] *n* (U) 1. *(mud, dust)* suciedad *f*. 2. *(earth)* tierra *f*.

dirt cheap *inf* ◊ *adj* tirado(da) de precio ◊ *adv* a precio de ganga.

dirty ['dɜːtɪ] ◊ *adj* 1. *(gen)* sucio(cia). 2. *(joke)* verde; *(film)* pornográfico(ca); *(book, language)* obsceno(na). ◊ *vt* ensuciar.

disability [ˌdɪsə'bɪlətɪ] *n* minusvalía *f*.

disabled [dɪs'eɪbld] ◊ *adj (person)* minusválido(da). ◊ *npl*: **the ~** los minusválidos.

disadvantage [ˌdɪsəd'vɑːntɪdʒ] *n* desventaja *f*; **to be at a ~** estar en desventaja.

disagree [ˌdɪsə'griː] *vi* 1. *(have different opinions)*: **to ~ (with)** no estar de acuerdo (con). 2. *(differ)* contradecirse, no concordar. 3. *(subj: food, drink)*: **to ~ with sb** sentar mal a alguien

disagreeable [ˌdɪsə'griːəbl] *adj* desagradable.

disagreement [ˌdɪsə'griːmənt] *n* 1. *(fact of disagreeing)* desacuerdo *m*. 2. *(argument)* discusión *f*.

disallow [ˌdɪsə'laʊ] *vt* 1. *fml (appeal, claim)* rechazar. 2. *(goal)* anular

disappear [ˌdɪsə'pɪəᵣ] *vi* desaparecer.

disappearance [ˌdɪsə'pɪərəns] *n* desaparición *f*.

disappoint [ˌdɪsə'pɔɪnt] *vt (person)* decepcionar; *(expectations, hopes)* defraudar.

disappointed [ˌdɪsə'pɔɪntɪd] *adj* 1. *(person)*: **~ (in OR with sthg)** decepcionado(da) (con algo). 2. *(expectations, hopes)* defraudado(da).

disappointing [ˌdɪsə'pɔɪntɪŋ] *adj* decepcionante.

disappointment [ˌdɪsə'pɔɪntmənt] *n* decepción *f*, desilusión *f*.

disapproval [ˌdɪsə'pruːvl] *n* desaprobación *f*.

disapprove [ˌdɪsə'pruːv] *vi*: **to ~ (of sthg/sb)** censurar (algo/a alguien).

disarm [dɪs'ɑːm] ◊ *vt* *lit & fig* desarmar. ◊ *vi* desarmarse.

disarmament [dɪs'ɑːməmənt] *n* desarme *m*.

disarray [ˌdɪsə'reɪ] *n*: **in ~** *(clothes, hair)* en desorden; *(army, political party)* sumido(da) en el desconcierto.

disaster [dɪ'zɑːstəᵣ] *n* desastre *m*.

disastrous [dɪ'zɑːstrəs] *adj* desastroso(sa).

disband [dɪs'bænd] ◊ *vt* disolver, disgregar. ◊ *vi* disolverse, disgregarse.

disbelief [ˌdɪsbɪ'liːf] *n*: **in OR with ~** con incredulidad.

disc *Br*, **disk** *Am* [dɪsk] *n* disco *m*.

discard [dɪ'skɑːd] *vt* *(old clothes etc)* desechar; *(possibility)* descartar.

discern [dɪ'sɜːn] *vt* 1. *(gen)* discernir; *(improvement)* percibir. 2. *(figure, outline)* distinguir.

discerning [dɪ'sɜːnɪŋ] *adj* refinado(da); *(audience)* entendido(da).

discharge [*n* 'dɪstʃɑːdʒ, *vb* dɪs'tʃɑːdʒ] ◊ *n* 1. *(of patient)* alta *f*; *(of prisoner, defendant)* puesta *f* en libertad; *(of soldier)* licencia *f*. 2. *(of gas, smoke)* emisión *f*; *(of sewage)* vertido *m*. 3. (MED - from wound) supuración *f*. 4. *(ELEC)* descarga *f*. ◊ *vt* 1. *(patient)* dar de alta; *(prisoner, defendant)* poner en libertad; *(soldier)* licenciar. 2. *fml (duty etc)* cumplir. 3. *(gas, smoke)* despedir; *(sewage)* verter; *(cargo)* descargar. 4. *(debt)* saldar

disciple [dɪ'saɪpl] *n* 1. *(follower)* discípulo *m*, -la *f*. 2. (RELIG) discípulo *m*.

discipline ['dɪsɪplɪn] ◊ *n* disciplina *f*. ◊ *vt* 1. *(control)* disciplinar. 2. *(punish)* castigar.

disc jockey *n* pinchadiscos *m y f inv*.

disclaim [dɪs'kleɪm] *vt* *fml* negar.

disclose [dɪs'kləʊz] *vt* desvelar, revelar.

disclosure [dɪsˈkləʊʒəʳ] n revelación f.

disco [ˈdɪskəʊ] (pl -s) (abbr of **discotheque**) n (place) discoteca f; (event) baile m.

discomfort [dɪsˈkʌmfət] n incomodidad f.

disconcert [ˌdɪskənˈsɜːt] vt desconcertar.

disconnect [ˌdɪskəˈnekt] vt 1. (detach) quitar, separar. 2. (from gas, electricity - appliance) desconectar; (- house, subscriber) cortar el suministro a. 3. (on phone - person) cortar la línea a.

disconsolate [dɪsˈkɒnsələt] adj desconsolado(da).

discontent [ˌdɪskənˈtent] n: ~ (with) descontento m (con)

discontented [ˌdɪskənˈtentɪd] adj descontento(ta).

discontinue [ˌdɪskənˈtɪnjuː] vt interrumpir.

discord [ˈdɪskɔːd] n 1. (disagreement) discordia f. 2. (MUS) disonancia f.

discotheque [ˈdɪskəʊtek] n discoteca f.

discount [n ˈdɪskaʊnt, vb Br dɪsˈkaʊnt, Am ˈdɪskaʊnt] ◇ n descuento m. ◇ vt (report, claim) descartar.

discourage [dɪsˈkʌrɪdʒ] vt 1. (dispirit) desanimar. 2. (deter) desaconsejar; to ~ sb from doing sthg disuadir a alguien de hacer algo.

discover [dɪsˈkʌvəʳ] vt descubrir.

discovery [dɪsˈkʌvərɪ] n descubrimiento m.

discredit [dɪsˈkredɪt] ◇ n descrédito m. ◇ vt 1. (person, organization) desacreditar. 2. (idea, report) refutar.

discreet [dɪsˈkriːt] adj discreto(ta).

discrepancy [dɪsˈkrepənsɪ] n: ~ (in/between) desigualdad f (en/entre).

discretion [dɪsˈkreʃn] (U) n 1. (tact) discreción f. 2. (judgment) capacidad f de decisión; at the ~ of a voluntad de.

discriminate [dɪsˈkrɪmɪneɪt] vi 1. (distinguish): to ~ (between) discriminar OR distinguir (entre). 2. (treat unfairly): to ~ against sb discriminar a alguien.

discriminating [dɪsˈkrɪmɪneɪtɪŋ] adj refinado(da); (audience) entendido(da).

discrimination [dɪˌskrɪmɪˈneɪʃn] n 1. (prejudice): ~ (against) discriminación f (hacia). 2. (judgment) (buen) gusto m.

discus [ˈdɪskəs] (pl -es) n disco m (en atletismo).

discuss [dɪsˈkʌs] vt 1. (gen): to ~ sthg (with sb) discutir algo (con alguien). 2. (subj: book, lecture) tratar de.

discussion [dɪsˈkʌʃn] n discusión f.

disdain [dɪsˈdeɪn] fml ◇ n: ~ (for) desdén m OR desprecio m (hacia). ◇ vt desdeñar, despreciar.

disease [dɪˈziːz] n lit & fig enfermedad f.

disembark [ˌdɪsɪmˈbɑːk] vi desembarcar.

disenchanted [ˌdɪsɪnˈtʃɑːntɪd] adj: ~ (with) desencantado(da) (con).

disengage [ˌdɪsɪnˈɡeɪdʒ] vt 1. (release): to ~ sthg (from) soltar OR desenganchar algo (de). 2. (TECH) (gears) quitar; (clutch) soltar.

disfavour Br, **disfavor** Am [dɪsˈfeɪvəʳ] n 1. (disapproval) desaprobación f. 2. (state of being disapproved of) desgracia f

disfigure [dɪsˈfɪɡəʳ] vt desfigurar.

disgrace [dɪsˈɡreɪs] ◇ n vergüenza f; he's a ~ to his family es una deshonra para su familia; to be in ~ (minister, official) estar desprestigiado(da); (child, pet) estar castigado(da). ◇ vt deshonrar.

disgraceful [dɪsˈɡreɪsfʊl] adj vergonzoso(sa).

disgruntled [dɪsˈɡrʌntld] adj disgustado(da).

disguise [dɪsˈɡaɪz] ◇ n disfraz m; in ~ (policeman, personality) de incógnito. ◇ vt disfrazar

disgust [dɪsˈɡʌst] ◇ n: ~ (at) (physical) asco m (hacia); (moral) indignación f (ante). ◇ vt (physically) asquear; (morally) indignar.

disgusting [dɪsˈɡʌstɪŋ] adj (physically) asqueroso(sa); (morally) indignante.

dish [dɪʃ] n 1. (container) fuente f. 2. (course) plato m. 3. Am (plate) plato m. ◆ **dishes** npl platos mpl; to do OR wash the ~es fregar (los platos) ◆ **dish out** vt sep inf repartir. ◆ **dish up** vt sep inf servir.

dish aerial Br, **dish antenna** Am n (antena f) parabólica f.

dishcloth [ˈdɪʃklɒθ] n trapo m de fregar los platos.

disheartened [dɪsˈhɑːtnd] adj descorazonado(da)

dishevelled Br, **disheveled** Am [dɪˈʃevəld] adj desaliñado(da); (hair) despeinado(da).

dishonest [dɪsˈɒnɪst] adj deshonesto(ta), nada honrado(da).

dishonor etc Am = **dishonour** etc.

dishonour Br, **dishonor** Am [dɪsˈɒnəʳ] fml ◇ n deshonra f. ◇ vt deshonrar

dishonourable *Br*, **dishonorable** *Am* [dɪsˈɒnərəbl] *adj* deshonroso(sa).

dish soap *n Am* detergente *m* para vajillas.

dish towel *n Am* paño *m* de cocina.

dishwasher [ˈdɪʃˌwɒʃəʳ] *n* (*machine*) lavavajillas *m inv*.

disillusioned [ˌdɪsɪˈluːʒnd] *adj* desilusionado(da).

disincentive [ˌdɪsɪnˈsentɪv] *n* freno *m*, traba *f*.

disinclined [ˌdɪsɪnˈklaɪnd] *adj*: **to be ~ to do sthg** ser reacio(cia) a hacer algo.

disinfect [ˌdɪsɪnˈfekt] *vt* desinfectar.

disinfectant [ˌdɪsɪnˈfektənt] *n* desinfectante *m*.

disintegrate [dɪsˈɪntɪɡreɪt] *vi lit & fig* desintegrarse.

disinterested [ˌdɪsˈɪntrəstɪd] *adj* 1. (*objective*) desinteresado(da). 2. *inf* (*uninterested*): **~ (in)** indiferente (a).

disjointed [dɪsˈdʒɔɪntɪd] *adj* deslabazado(da).

disk [dɪsk] *n* 1. (COMPUT) disquete *m*. 2. *Am* = **disc**.

disk drive *Br*, **diskette drive** *Am n* (COMPUT) disquetera *f*.

diskette [dɪskˈet] *n* disquete *m*.

diskette drive *Am* = **disk drive**.

dislike [dɪsˈlaɪk] ⋄ *n* 1. (*feeling*): **~ (for)** (*things*) aversión *f* (a); (*people*) antipatía *f* (por); **to take a ~ to** cogerle manía a. 2. (*person, thing not liked*) fobia *f*. ⋄ *vt* (*thing*) tener aversión a; (*person*) tener antipatía a.

dislocate [ˈdɪsləkeɪt] *vt* (MED) dislocar.

dislodge [dɪsˈlɒdʒ] *vt*: **to ~ sthg/sb (from)** desalojar algo/a alguien (de).

disloyal [ˌdɪsˈlɔɪəl] *adj*: **~ (to)** desleal (a).

dismal [ˈdɪzml] *adj* 1. (*weather, future*) sombrío(a); (*place, atmosphere*) deprimente. 2. (*attempt, failure*) lamentable.

dismantle [dɪsˈmæntl] *vt* (*machine*) desmontar; (*organization*) desmantelar.

dismay [dɪsˈmeɪ] ⋄ *n* (U) consternación *f*. ⋄ *vt* consternar.

dismiss [dɪsˈmɪs] *vt* 1. (*refuse to take seriously*) desechar. 2. (*from job*): **to ~ sb (from)** despedir a alguien (de). 3. (*allow to leave*) dar permiso para irse a.

dismissal [dɪsˈmɪsl] *n* (*from job*) despido *m*.

dismount [ˌdɪsˈmaunt] *vi*: **to ~ (from sthg)** desmontar (de algo)

disobedience [ˌdɪsəˈbiːdjəns] *n* desobediencia *f*.

disobedient [ˌdɪsəˈbiːdjənt] *adj*: **~ (to)** desobediente (con).

disobey [ˌdɪsəˈbeɪ] *vt & vi* desobedecer.

disorder [dɪsˈɔːdəʳ] *n* 1. (*disarray*): **in ~** en desorden. 2. (U) (*rioting*) disturbios *mpl*. 3. (MED) (*physical*) afección *f*, dolencia *f*; (*mental*) trastorno *m*.

disorderly [dɪsˈɔːdəlɪ] *adj* 1. (*untidy*) desordenado(da). 2. (*unruly - behaviour*) incontrolado(da).

disorganized, -ised [dɪsˈɔːɡənaɪzd] *adj* desorganizado(da).

disorientated *Br* [dɪsˈɔːrɪənteɪtd], **disoriented** *Am* [dɪsˈɔːrɪentɪd] *adj* desorientado(da).

disown [dɪsˈəun] *vt* renegar de

disparaging [dɪˈspærɪdʒɪŋ] *adj* menospreciativo(va).

dispassionate [dɪˈspæʃnət] *adj* desapasionado(da)

dispatch [dɪˈspætʃ] ⋄ *n* despacho *m*. ⋄ *vt* (*goods, parcel*) expedir; (*message, messenger, troops*) enviar.

dispel [dɪˈspel] *vt* disipar.

dispensary [dɪˈspensərɪ] *n* dispensario *m*.

dispense [dɪˈspens] *vt* 1. (*advice*) ofrecer; (*justice*) administrar. 2. (*drugs, medicine*) despachar, dispensar. ◆ **dispense with** *vt fus* prescindir de.

dispensing chemist *Br*, **dispensing pharmacist** *Am* [dɪˈspensɪŋ-] *n* farmacéutico *m*, -ca *f*.

disperse [dɪˈspɜːs] ⋄ *vt* dispersar. ⋄ *vi* dispersarse.

dispirited [dɪˈspɪrɪtɪd] *adj* desanimado(da).

displace [dɪsˈpleɪs] *vt* (*supplant*) reemplazar, sustituir.

display [dɪˈspleɪ] ⋄ *n* 1. (*arrangement - in shop window*) escaparate *m*; (- *in museum*) exposición *f*; (- *on stall, pavement*) muestrario *m*. 2. (*demonstration, public event*) demostración *f*. 3. (COMPUT) visualización *f*. ⋄ *vt* 1. (*arrange*) exponer. 2. (*show*) demostrar.

displease [dɪsˈpliːz] *vt* (*annoy*) disgustar; (*anger*) enfadar.

displeasure [dɪsˈpleʒəʳ] *n* (*annoyance*) disgusto *m*; (*anger*) enfado *m*.

disposable [dɪˈspəuzəbl] *adj* desechable; **~ income** ingresos *mpl* disponibles

disposal [dɪˈspəuzl] *n* 1. (*removal*) eliminación *f*. 2. (*availability*): **at sb's ~** a la disposición de alguien.

dispose [dɪˈspəuz] ◆ **dispose of** *vt fus* (*rubbish*) deshacerse de; (*problem*) qui-

tarse de encima OR de en medio.
disposed [dɪ'spəʊzd] *adj* **1.** *(willing)*:
to be ~ to do sthg estar dispuesto(ta)
a hacer algo **2.** *(friendly)*: to be well ~
to OR **towards sb** tener buena disposición hacia alguien.
disposition [ˌdɪspə'zɪʃn] *n (temperament)* carácter *m*.
disproportionate [dɪsprə'pɔːʃnət] *adj*:
~ **(to)** desproporcionado(da) (a).
disprove [ˌdɪs'pruːv] *vt* refutar.
dispute [dɪ'spjuːt] ◇ *n* **1.** *(quarrel)* disputa *f*. **2.** *(U)* *(disagreement)* conflicto
m, desacuerdo *m*. **3.** (INDUSTRY) conflicto *m* laboral. ◇ *vt* cuestionar.
disqualify [ˌdɪs'kwɒlɪfaɪ] *vt* **1.** *(subj:
authority, illness etc)*: to ~ **sb (from
doing sthg)** incapacitar a alguien
(para hacer algo). **2.** (SPORT) descalificar. **3.** *Br (from driving)* retirar el permiso de conducir a
disquiet [dɪs'kwaɪət] *n* inquietud *f*.
disregard [ˌdɪsrɪ'gɑːd] ◇ *n*: ~ **(for)**
indiferencia *f* (a), despreocupación *f*
(por). ◇ *vt* hacer caso omiso de.
disrepair [ˌdɪsrɪ'peəʳ] *n*: in a state of ~
en mal estado.
disreputable [dɪs'repjʊtəbl] *adj (person, company)* de mala fama; *(behaviour)* vergonzante.
disrepute [ˌdɪsrɪ'pjuːt] *n*: to bring
sthg into ~ desprestigiar OR desacreditar algo.
disrupt [dɪs'rʌpt] *vt (meeting)* interrumpir; *(transport system)* trastornar,
perturbar; *(class)* revolucionar, enredar
en.
disruption [dɪs'rʌpʃn] *n (of meeting)*
interrupción *f*; *(of transport system)*
trastorno *m*, desbarajuste *m*.
dissatisfaction ['dɪsˌsætɪs'fækʃn] *n*
descontento *m*.
dissatisfied [ˌdɪs'sætɪsfaɪd] *adj*: ~
(with) insatisfecho(cha) OR descon-
tento(ta) (con).
dissect [dɪ'sekt] *vt* (MED) disecar; *fig
(study)* analizar minuciosamente.
disseminate [dɪ'semɪneɪt] *vt* difundir.
dissent [dɪ'sent] ◇ *n (gen)* disconformidad *f*, disentimiento *m*; (SPORT): he
was booked for ~ le amonestaron
por protestar ◇ *vi*: to ~ **(from)** disentir (de).
dissertation [ˌdɪsə'teɪʃn] *n* tesina *f*.
disservice [ˌdɪs'sɜːvɪs] *n*: to do sb a ~
hacer un flaco servicio a alguien.
dissident ['dɪsɪdənt] *n* disidente *m y f*.
dissimilar [ˌdɪ'sɪmɪləʳ] *adj*: ~ **(to)** dis-
tinto(ta) (de)

dissipate ['dɪsɪpeɪt] *vt* **1.** *(heat)* disipar.
2. *(efforts, money)* desperdiciar.
dissociate [dɪ'səʊʃɪeɪt] *vt* disociar
dissolute ['dɪsəluːt] *adj* disoluto(ta).
dissolve [dɪ'zɒlv] ◇ *vt* disolver. ◇ *vi*
1. *(substance)* disolverse. **2.** *fig (disappear)* desvanecerse, desaparecer.
dissuade [dɪ'sweɪd] *vt*: to ~ **sb (from
doing sthg)** disuadir a alguien (de
hacer algo).
distance ['dɪstəns] *n* distancia *f*; at a ~
a distancia; from a ~ desde lejos; in
the ~ a lo lejos.
distant ['dɪstənt] *adj* **1.** *(place, time,
relative)* lejano(na); ~ **from** distante
de **2.** *(person, manner)* frío(a), distante.
distaste [dɪs'teɪst] *n*: ~ **(for)** desagrado *m* (por).
distasteful [dɪs'teɪstfʊl] *adj* desagradable.
distended [dɪ'stendɪd] *adj* dilatado
(da).
distil *Br*, **distill** *Am* [dɪ'stɪl] *vt (liquid)*
destilar.
distillery [dɪ'stɪlərɪ] *n* destilería *f*.
distinct [dɪ'stɪŋkt] *adj* **1.** *(different)*: ~
(from) distinto(ta) (de); as ~ from a
diferencia de. **2.** *(clear - improvement)*
notable, visible; *(- possibility)* claro(ra).
distinction [dɪ'stɪŋkʃn] *n* **1.** *(difference,
excellence)* distinción *f*; to draw OR
make a ~ **between** hacer una distinción entre **2.** *(in exam result)* sobresaliente *m*.
distinctive [dɪ'stɪŋktɪv] *adj* caracterís-
tico(ca), particular.
distinguish [dɪ'stɪŋgwɪʃ] *vt (gen)*: to ~
sthg (from) distinguir algo (de).
distinguished [dɪ'stɪŋgwɪʃt] *adj* dis-
tinguido(da).
distinguishing [dɪ'stɪŋgwɪʃɪŋ] *adj* dis-
tintivo(va).
distort [dɪ'stɔːt] *vt* **1.** *(shape, face)*
deformar; *(sound)* distorsionar. **2.**
(truth, facts) tergiversar.
distract [dɪ'strækt] *vt (person, attention)*: to ~ **sb (from)** distraer a alguien
(de)
distracted [dɪ'stræktɪd] *adj* distraído
(da).
distraction [dɪ'strækʃn] *n (interruption,
diversion)* distracción *f*.
distraught [dɪ'strɔːt] *adj* muy turbado
(da)
distress [dɪ'stres] ◇ *n* **1.** *(anxiety)*
angustia *f*; *(pain)* dolor *m*. **2.** *(danger,
difficulty)* peligro *m*. ◇ *vt* afligir, apenar.

distressing [dɪ'stresɪŋ] *adj* angustioso (sa), doloroso(sa).

distribute [dɪ'strɪbjuːt] *vt* *(gen)* distribuir, repartir.

distribution [ˌdɪstrɪ'bjuːʃn] *n* *(gen)* distribución *f.*

distributor [dɪ'strɪbjutər] *n* **1.** (COMM) distribuidor *m*, -ra *f.* **2.** (AUT) delco® *m.*

district ['dɪstrɪkt] *n* **1.** *(area - of country)* zona *f*, región *f*; *(- of town)* barrio *m* **2.** *(administrative area)* distrito *m.*

district attorney *n Am* fiscal *m* y *f* (del distrito).

district council *n Br* = municipio *m.*

district nurse *n Br* enfermera encargada de atender a domicilio a los pacientes de una zona.

distrust [dɪs'trʌst] ◇ *n* desconfianza *f.* ◇ *vt* desconfiar de.

disturb [dɪ'stɜːb] *vt* **1.** *(interrupt - person)* molestar; *(- concentration)* perturbar. **2.** *(upset, worry)* inquietar. **3.** *(alter - surface, arrangement)* alterar; *(- papers)* desordenar.

disturbance [dɪ'stɜːbəns] *n* **1.** *(fight)* tumulto *m.* **2.** *(interruption)* interrupción *f.* **3.** *(of mind, emotions)* trastorno *m.*

disturbed [dɪ'stɜːbd] *adj* **1.** *(upset, ill)* trastornado(da). **2.** *(worried)* inquieto (ta).

disturbing [dɪ'stɜːbɪŋ] *adj* inquietante

disuse [ˌdɪs'juːs] *n*: **to fall into ~** *(regulation)* caer en desuso; *(building, mine)* verse paulatinamente abandonado (da).

disused [ˌdɪs'juːzd] *adj* abandonado (da).

ditch [dɪtʃ] ◇ *n* *(gen)* zanja *f*; *(by road)* cuneta *f.* ◇ *vt inf* **1.** *(end relationship with)* romper con. **2.** *(get rid of)* deshacerse de.

dither ['dɪðər] *vi* vacilar.

ditto ['dɪtəʊ] *adv* ídem, lo mismo.

dive [daɪv] *(Br pt & pp* **-d**, *Am pt* **-d** OR **dove**, *pp* **-d)** ◇ *vi* **1.** *(into water - person)* zambullirse; *(- submarine, bird, fish)* sumergirse. **2.** *(with breathing apparatus)* bucear. **3.** *(through air - person)* lanzarse; *(- plane)* caer en picado. **4.** *(into bag, cupboard)*: **to ~ into** meter la mano en. ◇ *n* **1.** *(of person - into water)* zambullida *f.* **2.** *(of submarine)* inmersión *f.* **3.** *(of person - through air)* salto *m*; *(- in football etc)* estirada *f.*

4. *(of plane)* picado *m.* **5.** *inf pej (bar, restaurant)* garito *m*, antro *m.*

diver ['daɪvər] *n* *(underwater)* buceador *m*, -ra *f*; *(professional)* buzo *m*; *(from diving board)* saltador *m*, -ra *f* (de trampolín).

diverge [daɪ'vɜːdʒ] *vi* **1.** *(gen)*: **to ~ (from)** divergir (de). **2.** *(disagree)* discrepar.

diversify [daɪ'vɜːsɪfaɪ] ◇ *vt* diversificar. ◇ *vi* diversificarse.

diversion [daɪ'vɜːʃn] *n* **1.** *(distraction)* distracción *f.* **2.** *(of traffic, river, funds)* desvío *m.*

diversity [daɪ'vɜːsəti] *n* diversidad *f.*

divert [daɪ'vɜːt] *vt* **1.** *(traffic, river, funds)* desviar. **2.** *(person, attention)* distraer.

divide [dɪ'vaɪd] ◇ *vt*: **to ~ sthg (between** OR **among)** dividir algo (entre); **to ~ sthg into** dividir algo en; **to ~ sthg by** dividir algo entre OR por; **~ 3 into 89** divide 89 entre 3. ◇ *vi* **1.** *(river, road, wall)* bifurcarse. **2.** *(group)* dividirse.

dividend ['dɪvɪdend] *n* (FIN) dividendo *m*; *(profit)* beneficio *m.*

divine [dɪ'vaɪn] *adj* divino(na).

diving ['daɪvɪŋ] *(U)* *n* **1.** *(into water)* salto *m.* **2.** *(with breathing apparatus)* buceo *m.*

divingboard ['daɪvɪŋbɔːd] *n* trampolín *m.*

divinity [dɪ'vɪnəti] *n* **1.** *(godliness, deity)* divinidad *f.* **2.** *(study)* teología *f.*

division [dɪ'vɪʒn] *n* **1.** *(gen)* división *f.* **2.** *(of labour, responsibility)* repartición *f.*

divorce [dɪ'vɔːs] ◇ *n* divorcio *m.* ◇ *vt* *(husband, wife)* divorciarse de.

divorced [dɪ'vɔːst] *adj* divorciado(da).

divorcee [dɪvɔː'siː] *n* divorciado *m*, -da *f.*

divulge [daɪ'vʌldʒ] *vt* divulgar, revelar.

DIY *abbr of* **do-it-yourself**.

dizzy ['dɪzɪ] *adj* **1.** *(because of illness etc)* mareado(da). **2.** *(because of heights)*: **to feel ~** sentir vértigo.

DJ *n abbr of* **disc jockey**.

DNA *(abbr of* **deoxyribonucleic acid)** *n* ADN *m.*

do [duː] *(pt* **did**, *pp* **done**, *pl* **dos** OR **do's)** ◇ *aux vb* **1.** *(in negatives)*: **don't leave it there** no lo dejes ahí. **2.** *(in questions)*: **what did he want?** ¿qué quería?; **~ you think she'll come?** ¿crees que vendrá? **3.** *(referring back to previous verb)*: **~ you think so? - yes, I ~** ¿tú crees? - sí; **she reads more**

than I ~ lee más que yo; **so ~ I/they** yo/ellos también. **4.** *(in question tags)*: **you know her, don't you?** la conoces ¿no?; **so you think you can dance, ~ you?** así que te crees que sabes bailar ¿no? **5.** *(for emphasis)*: **I did tell you but you've forgotten** sí que te lo dije, pero si te has olvidado; **~ come in** ¡pase, por favor! ◇ *vt* **1.** *(gen)* hacer; **to ~ the cooking/cleaning** hacer la comida/limpieza; **to ~ one's hair** peinarse; **to ~ one's teeth** lavarse los dientes; **he did his duty** cumplió con su deber; **what can I ~ for you?** ¿en qué puedo servirle?; **what can we ~?** ¿qué le vamos a hacer? **2.** *(referring to job)*: **what ~ you ~?** ¿a qué te dedicas? **3.** *(study)* hacer; **I did physics at school** hice física en la escuela. **4.** *(travel at a particular speed)* ir a; **the car can ~ 110 mph** el coche puede ir a 110 millas por hora. **5.** *(be good enough for)*: **will that ~ you?** ¿te vale eso? ◇ *vi* **1.** *(gen)* hacer; **~ as she says** haz lo que te dice; **they're ~ing really well** les va muy bien; **he could ~ better** lo podría hacer mejor; **how did you ~ in the exam?** ¿qué tal te salió el examen? **2.** *(be good enough, sufficient)* servir, valer; **this kind of behaviour won't ~** ese tipo de comportamiento no es aceptable; **that will ~ (nicely)** con eso vale; **that will ~!** *(showing annoyance)* ¡basta ya! **3.** *phr*: **how ~ you ~** *(greeting)* ¿cómo está usted?; *(answer)* mucho gusto. ◇ *n (party)* fiesta *f.* ◆ **dos** *npl*: **~s and don'ts** normas *fpl* de conducta. ◆ **do away with** *vt fus (disease, poverty)* acabar con; *(law, reforms)* suprimir. ◆ **do down** *vt sep inf*: **to ~ sb down** menospreciar a alguien ◆ **do up** *vt sep* **1.** *(fasten - shoelaces, tie)* atar; *(- coat, buttons)* abrochar; **~ your shoes up** átate los zapatos. **2.** *(decorate)* renovar, redecorar. **3.** *(wrap up)* envolver. ◆ **do with** *vt fus* **1.** *(need)*: **I could ~ with a drink/new car** no me vendría mal una copa/un coche nuevo. **2.** *(have connection with)*: **that has nothing to ~ with it** eso no tiene nada que ver (con ello). ◆ **do without** ◇ *vt fus* pasar sin; **I can ~ without your sarcasm** podrías ahorrarte tu sarcasmo. ◇ *vi* apañárselas.

Doberman ['dəʊbəmən] *(pl* **-s)** *n*: **~ (pinscher)** doberman *m.*

docile [*Br* 'dəʊsaɪl, *Am* 'dɒsəl] *adj* dócil.

dock [dɒk] ◇ *n* **1.** *(in harbour)* dársena *f*, muelle *m* **2.** *(in court)* banquillo *m*

(de los acusados). ◇ *vi* atacar.

docker ['dɒkəʳ] *n* estibador *m*

docklands ['dɒkləndz] *npl Br* muelles *mpl.*

dockyard ['dɒkjɑːd] *n* astillero *m.*

doctor ['dɒktəʳ] ◇ *n* **1.** *(of medicine)* médico *m*, -ca *f*; **to go to the ~'s** ir al médico. **2.** *(holder of PhD)* doctor *m*, -ra *f.* ◇ *vt* **1.** *(results, text)* amañar. **2.** *(food, drink)* adulterar.

doctorate ['dɒktərət], **doctor's degree** *n* doctorado *m.*

doctrine ['dɒktrɪn] *n* doctrina *f*

document ['dɒkjʊmənt] *n* documento *m.*

documentary [ˌdɒkjʊ'mentərɪ] ◇ *adj* documental ◇ *n* documental *m*

dodge [dɒdʒ] ◇ *n inf (fraud)* artimaña *f.* ◇ *vt* esquivar. ◇ *vi* echarse a un lado.

dodgy ['dɒdʒɪ] *adj Br inf (business, plan)* arriesgado(da), comprometido(da); *(chair, brakes)* poco fiable.

doe [dəʊ] *n* **1.** *(female deer)* gama *f.* **2.** *(female rabbit)* coneja *f.*

does [*weak form* dəz, *strong form* dʌz] → **do.**

doesn't ['dʌznt] = **does not**

dog [dɒg] ◇ *n* **1.** *(animal)* perro *m.* **2.** *Am (hot dog)* perrito *m* caliente ◇ *vt* **1.** *(subj: person)* seguir. **2.** *(subj: problems, bad luck)* perseguir.

dog collar *n* **1.** *(of dog)* collar *m* de perro **2.** *(of priest)* alzacuello *m.*

dog-eared [-ɪəd] *adj* manoseado(da).

dogged ['dɒgɪd] *adj* tenaz.

dogsbody ['dɒgzˌbɒdɪ] *n Br inf* último mono *m*, burro *m* de carga.

doing ['duːɪŋ] *n*: **this is all your ~** tú eres responsable por esto ◆ **doings** *npl* actividades *fpl.*

do-it-yourself *n* bricolaje *m.*

doldrums ['dɒldrəmz] *npl fig*: **to be in the ~** *(trade)* estar estancado(da); *(person)* estar abatido(da).

dole [dəʊl] *n (subsidio m de)* paro *m*; **to be on the ~** estar parado(da). ◆ **dole out** *vt sep* distribuir, repartir.

doleful ['dəʊlfʊl] *adj* lastimero(ra).

doll [dɒl] *n (toy)* muñeca *f.*

dollar ['dɒləʳ] *n* dólar *m.*

dolphin ['dɒlfɪn] *n* delfín *m*

domain [də'meɪn] *n* **1.** *(sphere of interest)* campo *m*, ámbito *m* **2.** *(land)* dominios *mpl.*

dome [dəʊm] *n (roof)* cúpula *f*; *(ceiling)* bóveda *f.*

domestic [də'mestɪk] ◇ *adj* **1.** *(internal - policy, flight)* nacional. **2.** *(chores, water* *supply, animal)* doméstico(ca). **3.** *(home-loving)* hogareño(ña), casero(ra). ◇ *n* criado *m*, -da *f*.

domestic appliance *n* electrodoméstico *m*.

dominant ['dɒmɪnənt] *adj* dominante.

dominate ['dɒmɪneɪt] *vt* dominar.

domineering [,dɒmɪ'nɪərɪŋ] *adj* dominante, tiránico(ca).

dominion [də'mɪnjən] *n* **1.** *(U) (power)* dominio *m*. **2.** *(land)* dominios *mpl*.

domino ['dɒmɪnəʊ] *(pl -es) n* dominó *m*. ◆ **dominoes** *npl* dominó *m*.

don [dɒn] *n Br* (UNIV) profesor *m*, -ra *f* de universidad.

donate [də'neɪt] *vt* donar

done [dʌn] ◇ *pp → do*. ◇ *adj* **1.** *(finished)* listo(ta). **2.** *(cooked)* hecho(cha); **well-~** muy hecho. ◇ *adv (to conclude deal):* **~!** ¡(trato) hecho!

donkey ['dɒŋkɪ] *(pl donkeys) n* burro *m*, -rra *f*

donor ['dəʊnəʳ] *n* donante *m y f*.

donor card *n* carné *m* de donante.

don't [dəʊnt] = **do not**.

doodle ['duːdl] *vi* garabatear.

doom [duːm] *n* perdición *f*, fatalidad *f*.

doomed [duːmd] *adj (plan, mission)* condenado(da) al fracaso; **to be ~ to sthg/to do sthg** estar condenado a algo/a hacer algo.

door [dɔːʳ] *n* **1.** *(gen)* puerta *f*. **2.** *(doorway)* entrada *f*.

doorbell ['dɔːbel] *n* timbre *m* (de la puerta).

doorknob ['dɔːnɒb] *n* pomo *m*.

doorman ['dɔːmən] *(pl -men* [-mən]) *n* portero *m*

doormat ['dɔːmæt] *n (mat)* felpudo *m*.

doorstep ['dɔːstep] *n* peldaño *m* de la puerta.

doorway ['dɔːweɪ] *n* entrada *f*, portal *m*.

dope [dəʊp] ◇ *n inf* **1.** *drugs sl (cannabis)* maría *f* **2.** *(for athlete, horse)* estimulante *m*. **3.** *(fool)* bobo *m*, -ba *f*. ◇ *vt* drogar, dopar

dopey ['dəʊpɪ] *(compar* -ier, *superl* -iest) *adj inf* **1.** *(groggy)* atontado(da), grogui. **2.** *(stupid)* imbécil.

dormant ['dɔːmənt] *adj (volcano)* inactivo(va).

dormitory ['dɔːmətrɪ] *n* dormitorio *m*.

Dormobile® ['dɔːmə,biːl] *n* combi *m*.

DOS [dɒs] *(abbr of disk operating system) n* DOS *m*.

dose [dəʊs] *n lit & fig* dosis *f inv*.

dosser ['dɒsəʳ] *n Br inf* gandul *m*, -la *f*.

dosshouse ['dɒshaʊs, *pl* -haʊzɪz] *n Br inf* pensión *f* de mala muerte.

dot [dɒt] ◇ *n* punto *m*; **on the ~** en punto. ◇ *vt* salpicar.

dote [dəʊt] ◆ **dote (up)on** *vt fus* adorar.

dot-matrix printer *n* (COMPUT) impresora *f* matricial de agujas.

double ['dʌbl] ◇ *adj* **1.** *(gen)* doble. **2.** *(repeated)* repetido(da); **~ three eight two** treinta y tres, ochenta y dos. ◇ *adv* **1.** *(twice)* doble; **~ the amount** el doble **2.** *(in two - fold)* en dos; **to bend ~** doblarse, agacharse. ◇ *n* **1.** *(twice as much)* el doble. **2.** *(drink)* doble *m*. **3.** *(lookalike)* doble *m y f* ◇ *vt* doblar. ◇ *vi (increase two-fold)* doblarse. ◆ **doubles** *npl* (TENNIS) (partido *m* de) dobles *mpl*.

double-barrelled *Br*, **double-barrelled** *Am* [-'bærəld] *adj* **1.** *(shotgun)* de dos cañones. **2.** *(name)* con dos apellidos unidos con guión.

double bass [-beɪs] *n* contrabajo *m*.

double bed *n* cama *f* de matrimonio.

double-breasted [-'brestɪd] *adj* cruzado(da).

double-check *vt & vi* verificar dos veces.

double chin *n* papada *f*.

double cream *n* nata *f* enriquecida.

double-cross *vt* traicionar, timar.

double-decker [-'dekəʳ] *n* autobús *m* de dos pisos.

double-dutch *n Br hum*: **it's ~ to me** me suena a chino.

double-glazing [-'gleɪzɪŋ] *n* doble acristalamiento *m*.

double room *n* habitación *f* doble.

double vision *n* vista *f* doble.

doubly ['dʌblɪ] *adv* doblemente.

doubt [daʊt] ◇ *n* duda *f*; **there is no ~ that** no hay OR cabe duda de que; **without (a) ~** sin duda (alguna); **to be in ~ about sthg** estar dudando acerca de algo; **to cast ~ on** poner en duda; **no ~** sin duda. ◇ *vt* **1.** *(not trust)* dudar de. **2.** *(consider unlikely)* dudar; **to ~ whether** OR **if** dudar que

doubtful ['daʊtfʊl] *adj* **1.** *(gen)* dudoso(sa). **2.** *(unsure)* incierto(ta); **to be ~ about** OR **of** tener dudas acerca de.

doubtless ['daʊtlɪs] *adv* sin duda.

dough [dəʊ] *n (U)* **1.** *(for baking)* masa *f*, pasta *f*. **2.** *v inf (money)* pasta *f*.

doughnut ['dəʊnʌt] *n (without hole)* buñuelo *m*; *(with hole)* dónut® *m*.

douse [daʊs] *vt* **1.** *(put out)* apagar. **2.** *(drench)* mojar, empapar

dove¹ [dʌv] *n* paloma *f*.

dove² [dəʊv] *Am pt* → **dive**.

dovetail ['dʌvteɪl] *vt & vi* encajar.

dowdy ['daʊdɪ] *adj* poco elegante.

down [daʊn] ◇ *adv* **1.** *(downwards)* (hacia) abajo; **to fall ~** caer; **to bend ~** agacharse; **~ here/there** aquí/allí abajo. **2.** *(along)*: **I'm going ~ the pub** voy a acercarme al pub. **3.** *(southwards)* hacia el sur; **we're going ~ to Brighton** vamos a bajar a Brighton. **4.** *(lower in amount)*: **prices are coming ~** van bajando los precios. **5.** *(including)*: **~ to the last detail** hasta el último detalle. **6.** *(as deposit)*: **to pay £5 ~** pagar 5 libras ahora (y el resto después). ◇ *prep* **1.** *(downwards)*: **they ran ~ the hill** corrieron cuesta abajo; **he walked ~ the stairs** bajó la escalera; **rain poured ~ the window** la lluvia resbalaba por la ventana. **2.** *(along)*: **she was walking ~ the street** iba andando por la calle. ◇ *adj* **1.** *inf (depressed)* deprimido(da). **2.** *(not in operation)*: **the computer is ~ again** el ordenador se ha estropeado otra vez. ◇ *n (feathers)* plumón *m*; *(hair)* pelusa *f*, vello *m*. ◇ *vt* **1.** *(knock over)* derribar. **2.** *(swallow)* beberse de un trago. ♦ **downs** *npl Br* montes del sur de Inglaterra. ♦ **down with** *excl*: **~ with the King!** ¡abajo el rey!

down-and-out *n* vagabundo *m*, -da *f*.

down-at-heel *adj* desastrado(da).

downbeat ['daʊnbiːt] *adj inf* pesimista.

downcast ['daʊnkɑːst] *adj fml (sad)* alicaído(da), triste.

downfall ['daʊnfɔːl] *n (U)* ruina *f*, caída *f*.

downhearted [ˌdaʊn'hɑːtɪd] *adj* desanimado(da).

downhill [ˌdaʊn'hɪl] ◇ *adj* cuesta abajo. ◇ *adv* **1.** *(downwards)* cuesta abajo. **2.** *(worse)* en declive. ◇ *n* (SKIING) descenso *m*.

Downing Street ['daʊnɪŋ-] *n* calle londinense donde se encuentran las residencias del Primer Ministro y el ministro de Finanzas; por extensión el gobierno británico.

download [ˌdaʊn'ləʊd] *vt* descargar, bajar.

down payment *n* entrada *f*.

downpour ['daʊnpɔː] *n* chaparrón *m*.

downright ['daʊnraɪt] ◇ *adj* patente, manifiesto(ta) ◇ *adv* completamente.

downstairs [ˌdaʊn'steəz] ◇ *adj* de abajo. ◇ *adv* abajo; **to come/go ~** bajar (la escalera)

downstream [ˌdaʊn'striːm] *adv* río OR aguas abajo.

down-to-earth *adj* realista

downtown [ˌdaʊn'taʊn] ◇ *adj* céntrico (ca), del centro (de la ciudad). ◇ *adv (live)* en el centro; *(go)* al centro

downturn ['daʊntɜːn] *n*: **~ (in)** descenso *m* (en).

down under *adv* en/a Australia o Nueva Zelanda.

downward ['daʊnwəd] ◇ *adj* **1.** *(towards ground)* hacia abajo. **2.** *(decreasing)* descendente. ◇ *adv Am* = **downwards**.

downwards ['daʊnwədz] *adv (gen)* hacia abajo; **face ~** boca abajo.

dowry ['daʊərɪ] *n* dote *f*

doze [dəʊz] ◇ *n* sueñecito *m*; **to have a ~** echar una cabezada. ◇ *vi* dormitar. ♦ **doze off** *vi* quedarse adormilado(da).

dozen ['dʌzn] ◇ *num adj*: **a ~ eggs** una docena de huevos. ◇ *n* docena *f*; **50p a ~** 50 peniques la docena. ♦ **dozens** *npl inf*: **~s of** montones *mpl* OR miles *mpl* de.

dozy ['dəʊzɪ] *adj* **1.** *(sleepy)* soñoliento (ta), amodorrado(da) **2.** *Br inf (stupid)* tonto(ta).

Dr. 1. *(abbr of Drive)* c/. **2.** *(abbr of Doctor)* Dr.

drab [dræb] *adj (colour)* apagado(da); *(building, clothes)* sobrio(bria); *(lives)* monótono(na).

draft [drɑːft] ◇ *n* **1.** *(early version)* borrador *m*. **2.** *(money order)* letra *f* de cambio, giro *m*. **3.** *Am* (MIL): **the ~** la llamada a filas. **4.** *Am* = **draught**. ◇ *vt* **1.** *(write)* redactar, hacer un borrador de. **2.** *Am* (MIL) llamar a filas **3.** *(transfer - staff etc)* transferir.

draftsman *Am* = **draughtsman**.

drafty *Am* = **draughty**.

drag [dræg] ◇ *vt* **1.** *(gen)* arrastrar. **2.** *(lake, river)* dragar. ◇ *vi* **1.** *(dress, coat)* arrastrarse. **2.** *(time, play)* ir muy despacio. ◇ *n inf* **1.** *(bore - thing)* rollo *m*; *(- person)* pesado *m*, -da *f*. **2.** *(on cigarette)* calada *f*. **3.** *(cross-dressing)*: **in ~** vestido de mujer. ♦ **drag on** *vi* ser interminable.

dragon ['drægən] *n* **1.** *(beast)* dragón *m*. **2.** *inf (woman)* bruja *f*.

dragonfly ['drægnflaɪ] *n* libélula *f*.

drain [dreɪn] ◇ *n (for water)* desagüe *m*; *(for sewage)* alcantarilla *f*; *(grating)* sumidero *m*. ◇ *vt* **1.** *(marsh, field)* drenar; *(vegetables)* escurrir. **2.** *(energy, resources)* agotar. **3.** *(drink, glass)* apurar ◇ *vi* **1.** *(dishes)* escurrirse **2.**

(colour, blood, tension) desaparecer poco a poco.

drainage ['dreɪnɪdʒ] *n* **1.** *(pipes, ditches)* alcantarillado *m*. **2.** *(of land)* drenaje *m*.

draining board *Br* ['dreɪnɪŋ-], **drain-board** *Am* ['dreɪnbɔːrd] *n* escurridero *m*.

drainpipe ['dreɪnpaɪp] *n* tubo *m* de desagüe.

dram [dræm] *n* trago *m*.

drama ['drɑːmə] *n* **1.** *(gen)* drama *m*. **2.** *(subject)* teatro *m*.

dramatic [drə'mætɪk] *adj* **1.** *(concerned with theatre)* dramático(ca). **2.** *(gesture, escape, improvement)* espectacular.

dramatist ['dræmətɪst] *n* dramaturgo *m*, -ga *f*.

dramatize, -ise ['dræmətaɪz] *vt* **1.** *(rewrite as play)* adaptar, escenificar. **2.** *pej (make exciting)* dramatizar, exagerar.

drank [dræŋk] *pt* → **drink**.

drape [dreɪp] *vt*: **to ~ sthg over sthg** cubrir algo con algo; **~d with** OR **in** cubierto con. ◆ **drapes** *npl Am* cortinas *fpl*.

draper ['dreɪpər] *n* pañero *m*, -ra *f*.

drastic ['dræstɪk] *adj* **1.** *(extreme, urgent)* drástico(ca). **2.** *(noticeable)* radical.

draught *Br*, **draft** *Am* [drɑːft] *n* **1.** *(air current)* corriente *f* de aire. **2. on ~** *(beer)* de barril ◆ **draughts** *n Br* damas *fpl*.

draught beer *n Br* cerveza *f* de barril.

draughtboard ['drɑːftbɔːd] *n Br* tablero *m* de damas.

draughtsman *Br* (*pl* -men [-mən]), **draftsman** *Am* (*pl* -men [-mən]) ['drɑːftsmən] *n* delineante *m* y *f*.

draughty *Br*, **drafty** *Am* ['drɑːftɪ] *adj* que tiene corrientes de aire.

draw [drɔː] *(pt* **drew**, *pp* **drawn**) ◊ *vt* **1.** *(sketch)* dibujar; *(line, circle)* trazar. **2.** *(pull - cart etc)* tirar de; **she drew the comb through her hair** se pasó el peine por el cabello. **3.** *(curtains - open)* descorrer; *(- close)* correr. **4.** *(gun, sword)* sacar. **5.** *(conclusion)* llegar a. **6.** *(distinction, comparison)* señalar. **7.** *(attract - criticism, praise, person)* atraer; **to ~ sb's attention to sthg** llamar la atención de alguien hacia algo. ◊ *vi* **1.** *(sketch)* dibujar **2.** *(move)* moverse; **to ~ away** alejarse; **to ~ closer** acercarse **3.** (SPORT): **to ~ (with)** empatar (con). ◊ *n* **1.** (SPORT) empate *m*. **2.** *(lottery)* sorteo *m*. ◆ **draw out** *vt sep* **1.** *(encourage to talk)*

hacer hablar. **2.** *(prolong)* prolongar. **3.** *(money)* sacar. ◆ **draw up** *vt sep (draft)* preparar, redactar. ◊ *vi (stop)* pararse.

drawback ['drɔːbæk] *n* inconveniente *m*, desventaja *f*.

drawbridge ['drɔːbrɪdʒ] *n* puente *m* levadizo.

drawer [drɔːr] *n (in desk, chest)* cajón *m*.

drawing ['drɔːɪŋ] *n* dibujo *m*.

drawing board *n* tablero *m* de delineante.

drawing pin *n Br* tachuela *f*, chincheta *f Esp*, chinche *f Amer*.

drawing room *n* salón *m*.

drawl [drɔːl] *n* manera lenta y poco clara de hablar, alargando las vocales.

drawn [drɔːn] *pp* → **draw**.

dread [dred] *n* pavor *m*. ◊ *vt*: **to ~ (doing sthg)** temer (hacer algo).

dreadful ['dredful] *adj* **1.** *(very unpleasant - play, weather)* terrible. **2.** *(poor - play, English)* horrible, fatal. **3.** *(for emphasis - waste, bore)* espantoso (sa).

dreadfully ['dredfulɪ] *adv* terriblemente.

dream [driːm] *(pt & pp* -ed OR **dreamt**) ◊ *n lit & fig* sueño *m*; **bad ~** pesadilla *f*. ◊ *adj* ideal. ◊ *vt*: **to ~ (that)** soñar que. ◊ *vi lit & fig*: **to ~ of doing sthg** soñar con hacer algo; **to ~ (of** OR **about)** soñar (con); **I wouldn't ~ of it** ¡ni hablar!, ¡de ninguna manera! ◆ **dream up** *vt sep* inventar, idear.

dreamt [dremt] *pp* → **dream**.

dreamy ['driːmɪ] *adj* **1.** *(distracted)* soñador(ra). **2.** *(peaceful, dreamlike)* de ensueño.

dreary ['drɪərɪ] *adj* **1.** *(weather, day)* triste. **2.** *(job, life)* monótono(na), aburrido(da); *(persona)* gris.

dredge [dredʒ] *vt* dragar. ◆ **dredge up** *vt sep* **1.** *(with dredger)* extraer (del agua) con draga. **2.** *fig (from past)* sacar a (la) luz.

dregs [dregz] *npl* **1.** *(of liquid)* sedimento *m*. **2.** *fig (of society)* hez *f*.

drench [drentʃ] *vt* empapar; **~ed to the skin** calado hasta los huesos.

dress [dres] ◊ *n* **1.** *(woman's garment)* vestido *m*. **2.** (U) *(clothing)* traje *m* ◊ *vt* **1.** *(clothe)* vestir; **to be ~ed in** ir vestido de; **to be ~ed** estar vestido; **to get ~ed** vestirse. **2.** *(bandage)* vendar. **3.** (CULIN) aliñar. ◊ *vi* **1.** *(put on clothing)* vestirse. **2.** *(wear clothes)* vestir; **to ~ well/badly** vestir bien/mal.

dress circle *n* piso *m* principal.

dresser ['dresə^r] *n* **1.** *(for dishes)* aparador *m*. **2.** *Am (chest of drawers)* cómoda *f*.

dressing ['dresɪŋ] *n* **1.** *(bandage)* vendaje *m*. **2.** *(for salad)* aliño *m*. **3.** *Am (for turkey etc)* relleno *m*.

dressing gown *n* bata *f*.

dressing room *n* (THEATRE) camerino *m*; (SPORT) vestuario *m*.

dressing table *n* tocador *m*.

dressmaker ['dres,meɪkə^r] *n* costurero *m*, -ra *f*, modisto *m*, -ta *f*.

dressmaking ['dres,meɪkɪŋ] *n* costura *f*.

dress rehearsal *n* ensayo *m* general.

dressy ['dresɪ] *adj* elegante.

drew [dru:] *pt* → **draw**.

dribble ['drɪbl] ◇ *n* **1.** *(saliva)* baba *f*. **2.** *(trickle)* hilo *m*. ◇ *vt* (SPORT) *(ball)* regatear. ◇ *vi* **1.** *(drool)* babear. **2.** *(spill)* gotear, caer gota a gota.

dried [draɪd] *adj (gen)* seco(ca); *(milk, eggs)* en polvo.

dried fruit *n* (U) fruta *f* pasa.

drier ['draɪə^r] = **dryer**.

drift [drɪft] ◇ *n* **1.** *(trend, movement)* movimiento *m*, tendencia *f*; *(of current)* flujo *m*. **2.** *(meaning)* significado *m*, sentido *m*. **3.** *(mass - of snow)* ventisquero *m*; *(- of sand, leaves)* montículo *m*. ◇ *vi* **1.** *(boat)* ir a la deriva. **2.** *(snow, sand, leaves)* amontonarse.

driftwood ['drɪftwʊd] *n* madera *f* de deriva.

drill [drɪl] ◇ *n* **1.** *(tool - gen)* taladro *m*; *(- bit)* broca *f*; *(- dentist's)* fresa *f*; *(- in mine, oilfield)* perforadora *f*. **2.** *(exercise - for fire, battle)* simulacro *m*. ◇ *vt* **1.** *(tooth, wood, oil well)* perforar. **2.** *(instruct - people, pupils)* adiestrar, entrenar; *(- soldiers)* instruir. ◇ *vi*: **to ~ into/for** perforar en/en busca de.

drink [drɪŋk] *(pt* **drank**, *pp* **drunk)** ◇ *n* **1.** *(gen)* bebida *f*; **a ~ of water** un trago de agua. **2.** *(alcoholic beverage)* copa *f*; **would you like a ~?** ¿quieres tomar algo (de beber)?; **to have a ~** tomar algo, tomar una copa. ◇ *vt* beber. ◇ *vi* beber.

drink-driving *Br*, **drunk-driving** *Am n* conducción *f* en estado de embriaguez.

drinker ['drɪŋkə^r] *n* **1.** *(of alcohol)* bebedor *m*, -ra *f*. **2.** *(of tea, coffee)*: **tea/coffee ~** persona que bebe té/café.

drinking water ['drɪŋkɪŋ-] *n* agua *f* potable.

drip [drɪp] ◇ *n* **1.** *(drop)* gota *f*; *(drops)* goteo *m*. **2.** (MED) gota a gota *m inv*.

◇ *vi (liquid, tap, nose)* gotear.

drip-dry *adj* de lava y pon.

drive [draɪv] *(pt* **drove**, *pp* **driven)** ◇ *n* **1.** *(outing)* paseo *m* (en coche); **to go for a ~** ir a dar una vuelta en coche. **2.** *(journey)* viaje *m* (en coche); **it's a two-hour ~ (away)** está a dos horas en coche. **3.** *(urge)* instinto *m*. **4.** *(campaign)* campaña *f*. **5.** *(energy)* vigor *m*, energía *f*. **6.** *(road to house)* camino *m* (de entrada). **7.** (SPORT) drive *m*. **8.** (COMPUT) unidad *f* de disco. ◇ *vt* **1.** *(vehicle)* conducir, manejar *Amer*. **2.** *(passenger)* llevar (en coche). **3.** *(fuel, power)* impulsar. **4.** *(force to move - gen)* arrastrar; *(- cattle)* arrear. **5.** *(motivate)* motivar. **6.** *(force)*: **to ~ sb to do sthg** conducir OR llevar a alguien a hacer algo; **to ~ sb to despair** hacer desesperar a alguien; **to ~ sb mad** OR **crazy** volver loco a alguien. **7.** *(hammer)* clavar. ◇ *vi* (AUT) conducir; **I don't ~** no sé conducir.

drivel ['drɪvl] *n inf* (U) tonterías *fpl*.

driven ['drɪvn] *pp* → **drive**.

driver ['draɪvə^r] *n (gen)* conductor *m*, -ra *f*; (RAIL) maquinista *m y f*; *(of racing car)* piloto *m y f*.

driver's license *Am* = **driving licence**.

drive shaft *n* (eje *m* de) transmisión *f*.

driveway ['draɪvweɪ] *n* camino *m* de entrada.

driving ['draɪvɪŋ] ◇ *adj (rain)* torrencial; *(wind)* huracanado(da). ◇ *n* (U) conducción *f*, el conducir.

driving instructor *n* instructor *m*, -ra *f* de conducción.

driving lesson *n* clase *f* de conducir OR conducción.

driving licence *Br*, **driver's license** *Am n* carné *m* OR permiso *m* de conducir.

driving mirror *n* retrovisor *m*.

driving school *n* autoescuela *f*.

driving test *n* examen *m* de conducir

drizzle ['drɪzl] ◇ *n* llovizna *f*. ◇ *v impers* lloviznar.

droll [drəʊl] *adj* gracioso(sa).

drone [drəʊn] *n* **1.** *(hum)* zumbido *m*. **2.** *(bee)* zángano *m*.

drool [dru:l] *vi* **1.** *(dribble)* babear. **2.** *fig (admire)*: **to ~ over** caérsele la baba con.

droop [dru:p] *vi (shoulders)* encorvarse; *(eyelids)* cerrarse; *(head)* inclinarse; *(flower)* marchitarse

drop [drɒp] ◇ n 1. *(of liquid, milk, whisky)* gota f. 2. *(sweet)* pastilla f. 3. *(decrease):* ~ **(in)** *(price)* caída f (de); *(temperature)* descenso m (de); *(demand, income)* disminución f (en). 4. *(distance down)* caída f. ◇ vt 1. *(let fall - gen)* dejar caer; *(- bomb)* lanzar. 2. *(decrease)* reducir. 3. *(voice)* bajar. 4. *(abandon - subject, course)* dejar; *(- charges)* retirar; *(- person, lover)* abandonar; *(- player)* excluir, no seleccionar. 5. *(utter - hint, remark)* lanzar, soltar. 6. *(write - letter, postcard)* poner, escribir. 7. *(let out of car)* dejar. ◇ vi 1. *(fall down)* caer; **to ~ to one's knees** arrodillarse; **we walked until we dropped** estuvimos andando hasta no poder más. 2. *(fall away - ground)* ceder. 3. *(decrease - temperature, price, voice)* bajar; *(- attendance, demand, unemployment)* disminuir; *(- wind)* amainar ♦ **drops** npl (MED) gotas fpl. ♦ **drop in** vi inf: **to ~ in on** pasarse por casa de. ♦ **drop off** vt sep *(person, letter)* dejar. ◇ vi 1. *(fall asleep)* quedarse dormido(da). 2. *(grow less)* bajar. ♦ **drop out** vi: **to ~ out (of** OR **from)** *(school, college)* dejar de asistir (a); *(competition)* retirarse (de)

dropout ['drɒpaʊt] n *(from society)* marginado m, -da f; *(from university)* persona f que ha dejado los estudios.

droppings ['drɒpɪŋz] npl excremento m *(de animales).*

drought [draʊt] n sequía f.

drove [drəʊv] pt → **drive**.

drown [draʊn] ◇ vt *(kill)* ahogar. ◇ vi ahogarse.

drowsy ['draʊzɪ] adj *(person)* somnoliento(ta).

drudgery ['drʌdʒərɪ] n trabajo pesado y monótono.

drug [drʌg] ◇ n 1. *(medicine)* medicamento m. 2. *(narcotic)* droga f; **to be on** OR **take ~s** drogarse. ◇ vt 1. *(person)* drogar. 2. *(food, drink)* echar droga a

drug abuse n consumo m de drogas.

drug addict n drogadicto m, -ta f.

druggist ['drʌgɪst] n Am farmacéutico m, -ca f.

drugstore ['drʌgstɔːr] n Am farmacia f *(que también vende productos de perfumería etc)*

drum [drʌm] ◇ n 1. *(instrument)* tambor m; ~s batería f. 2. *(container, cylinder)* bidón m. ◇ vt *(fingers)* tamborilear con ◇ vi *(rain, hoofs)* golpetear. ♦ **drum up** vt sep intentar conseguir.

drummer ['drʌmər] n *(in orchestra)* tambor m y f; *(in pop group)* batería m y f

drumstick ['drʌmstɪk] n 1. *(for drum)* palillo m. 2. *(food)* muslo m.

drunk [drʌŋk] ◇ pp → **drink**. ◇ adj *(on alcohol)* borracho(cha); **to get ~** emborracharse; **to be ~** estar borracho ◇ n borracho m, -cha f.

drunkard ['drʌŋkəd] n borracho m, -cha f

drunk-driving Am = **drink-driving**.

drunken ['drʌŋkn] adj 1. *(person)* borracho(cha). 2. *(talk, steps, stupor)* de borracho(cha).

drunken driving = **drink-driving**.

dry [draɪ] ◇ adj 1. *(gen)* seco(ca). 2. *(day)* sin lluvia. 3. *(earth, soil)* árido (da). ◇ vt *(gen)* secar; *(hands, hair)* secarse; **to ~ o.s** secarse; **to ~ one's eyes** secarse las lágrimas. ◇ vi secarse. ♦ **dry up** ◇ vt sep secar. ◇ vi 1. *(river, well)* secarse. 2. *(stop - supply)* agotarse. 3. *(stop speaking)* cortarse. 4. *(dry dishes)* secar

dry cleaner n: **~'s (shop)** tintorería f

dryer ['draɪər] n *(for clothes)* secadora f.

dry land n tierra f firme.

dry rot n putrefacción f de la madera.

dry ski slope n pista f de esquí artificial

DSS *(abbr of* **Department of Social Security***)* n ministerio británico de la seguridad social.

DTI *(abbr of* **Department of Trade and Industry***)* n ministerio británico de comercio e industria.

DTP *(abbr of* **desktop publishing***)* n autoed. f.

dual ['djuːəl] adj doble.

dual carriageway n Br carretera de dos sentidos y doble vía separados, = autovía f.

dubbed [dʌbd] adj 1. (CINEMA) doblado(da). 2. *(nicknamed)* apodado(da).

dubious ['djuːbjəs] adj 1. *(questionable - person, deal, reasons)* sospechoso (sa); *(- honour, distinction)* paradójico (ca). 2. *(uncertain, undecided)* dudoso (sa); **to feel** OR **be ~ (about)** tener dudas (sobre)

Dublin ['dʌblɪn] n Dublín.

duchess ['dʌtʃɪs] n duquesa f.

duck [dʌk] ◇ n 1. *(bird)* pato m, -ta f. 2. *(food)* pato m ◇ vt 1. *(lower)* agachar, bajar. **2.** *(try to avoid - duty)* esquivar. ◊ *vi (lower head)* agacharse.

duckling ['dʌklɪŋ] *n* patito *m*.

duct [dʌkt] *n* conducto *m*.

dud [dʌd] ◊ *adj (gen)* falso(sa); *(mine)* que no estalla; *(cheque)* sin fondos. ◊ *n* persona o cosa inútil.

dude [dju:d] *n Am inf (man)* tipo *m*, tío *m Esp*.

due [dju:] ◊ *adj* **1.** *(expected)* esperado (da); **it's ~ out in May** saldrá en mayo; **she's ~ back soon** tendría que volver dentro de poco; **the train's ~ in half an hour** el tren debe llegar dentro de media hora. **2.** *(appropriate)* oportuno(na), debido(da); **with all ~ respect** sin ganas de ofender; **in ~ course** *(at appropriate time)* a su debido tiempo; *(eventually)* al final. **3.** *(owed, owing)* pagadero(ra); **I'm ~ a bit of luck** ya sería hora que tuviera un poco de suerte; **to be ~ to** deberse a. ◊ *n (deserts)*: **to give sb their ~** hacer justicia a alguien. ◊ *adv*: **~ north/south** derecho hacia el norte/sur. ♦ **dues** *npl* cuota *f*. ♦ **due to** *prep* debido a.

duel ['dju:əl] *n* duelo *m*.

duet [dju:'et] *n* dúo *m*.

duffel bag ['dʌfl-] *n* morral *m*.

duffel coat ['dʌfl-] *n* trenca *f*.

duffle bag ['dʌfl-] = **duffel bag**.

duffle coat ['dʌfl-] = **duffel coat**.

dug [dʌg] *pt & pp* → **dig**.

duke [dju:k] *n* duque *m*.

dull [dʌl] ◊ *adj* **1.** *(boring)* aburrido (da). **2.** *(listless)* torpe. **3.** *(dim)* apagado(da). **4.** *(cloudy)* gris, triste. **5.** *(thud, boom, pain)* sordo(da). ◊ *vt (senses)* embotar, entorpecer; *(pain)* aliviar; *(pleasure, memory)* enturbiar.

duly ['dju:lɪ] *adv* **1.** *(properly)* debidamente. **2.** *(as expected)* como era de esperar.

dumb [dʌm] *adj* **1.** *(unable to speak)* mudo(da); **to be struck ~** quedarse de una pieza. **2.** *inf (stupid)* estúpido(da).

dumbfound [dʌm'faʊnd] *vt* dejar mudo(da) de asombro; **to be ~ed** quedar mudo de asombro.

dummy ['dʌmɪ] ◊ *adj* falso(sa). ◊ *n* **1.** *(of ventriloquist)* muñeco *m*; *(in shop window)* maniquí *m*. **2.** *(copy)* imitación *f*. **3.** *Br (for baby)* chupete *m*. **4.** (SPORT) amago *m*.

dump [dʌmp] ◊ *n* **1.** *(for rubbish)* basurero *m*, vertedero *m*. **2.** *(for ammunition)* depósito *m*. **3.** *inf (ugly*

place - house) casucha *f*. ◊ *vt* **1.** *(put down - sand, load)* descargar; *(- bags, washing)* dejar. **2.** *(dispose of)* deshacerse de.

dumper (truck) *Br* ['dʌmpər-], **dump truck** *Am n* volquete *m*.

dumping ['dʌmpɪŋ] *n* vertido *m*; '**no ~**' 'prohibido verter basura'.

dumpling ['dʌmplɪŋ] *n* bola de masa que se guisa al vapor con carne y verduras.

dump truck *Am* = **dumper (truck)**.

dumpy ['dʌmpɪ] *adj inf* bajito y regordete (bajita y regordeta).

dunce [dʌns] *n* zoquete *m y f*.

dune [dju:n] *n* duna *f*.

dung [dʌŋ] *n (of animal)* excremento *m*; *(used as manure)* estiércol *m*.

dungarees [ˌdʌŋgə'ri:z] *npl Br (for work)* mono *m*; *(fashion garment)* pantalones *mpl* de peto.

dungeon ['dʌndʒən] *n* calabozo *m*.

duo ['dju:əʊ] *n* dúo *m*.

dupe [dju:p] ◊ *n* primo *m*, -ma *f*, inocente *m y f*. ◊ *vt*: **to ~ sb (into doing sthg)** embaucar a uno (a que haga algo).

duplex ['dju:pleks] *n Am* **1.** *(apartment)* dúplex *m*, piso en que las habitaciones están distribuidas entre dos plantas. **2.** *(house)* casa *f* adosada.

duplicate [*adj & n* 'dju:plɪkət, *vb* 'dju:plɪkeɪt] ◊ *adj* duplicado(da). ◊ *n* copia *f*, duplicado *m*; **in ~** por duplicado. ◊ *vt (copy)* duplicar.

durable ['djʊərəbl] *adj* duradero(ra).

duration [djʊ'reɪʃn] *n* duración *f*; **for the ~ of** durante.

duress [djʊ'res] *n*: **under ~** por coacción *f*.

Durex® ['djʊəreks] *n (condom)* preservativo *m*, condón *m*.

during ['djʊərɪŋ] *prep* durante.

dusk [dʌsk] *n* crepúsculo *m*, anochecer *m*.

dust [dʌst] ◊ *n* polvo *m*. ◊ *vt* **1.** *(clean)* quitar el polvo a, limpiar. **2.** *(cover with powder)*: **to ~ sthg (with)** espolvorear algo (con).

dustbin ['dʌstbɪn] *n Br* cubo *m* de la basura

dustcart ['dʌstkɑ:t] *n Br* camión *m* de la basura.

duster ['dʌstər] *n (cloth)* bayeta *f*, trapo *m* (de quitar el polvo).

dust jacket *n* sobrecubierta *f*.

dustman ['dʌstmən] *(pl* **-men** [-mən]*) n Br* basurero *m*

dustpan ['dʌstpæn] *n* recogedor *m*.

dusty ['dʌstɪ] *adj (covered in dust)* polvoriento(ta).

Dutch [dʌtʃ] ◇ *adj* holandés(esa). ◇ *n (language)* holandés *m*. ◇ *npl*: **the ~** los holandeses.

Dutch elm disease *n* hongo que ataca a los olmos.

dutiful ['djuːtɪfʊl] *adj* obediente, sumiso(sa).

duty ['djuːtɪ] *n* **1.** *(U) (moral, legal responsibility)* deber *m*; **to do one's ~** cumplir uno con su deber. **2.** *(work)* servicio *m*; **to be on/off ~** estar/no estar de servicio. **3.** *(tax)* impuesto *m*. ♦ **duties** *npl* tareas *fpl*.

duty-free *adj* libre de impuestos.

duvet ['duːveɪ] *n Br* edredón *m*.

duvet cover *n Br* funda *f* del edredón.

DVD *(abbr of* **digital video disc)** *n* DVD *m*.

dwarf [dwɔːf] *(pl* **-s** OR **dwarves** [dwɔːvz]) ◇ *n* enano *m*, -na *f*. ◇ *vt* achicar, empequeñecer.

dwell [dwel] *(pt & pp* **-ed** OR **dwelt**) *vi literary* morar, habitar. ♦ **dwell on** *vt fus* darle vueltas a.

dwelling ['dwelɪŋ] *n literary* morada *f*.

dwelt [dwelt] *pt & pp* → **dwell**.

dwindle ['dwɪndl] *vi* ir disminuyendo.

dye [daɪ] ◇ *n* tinte *m*. ◇ *vt* teñir.

dying ['daɪɪŋ] ◇ *cont* → **die**. ◇ *adj* **1.** *(person, animal)* moribundo(da). **2.** *(activity, practice)* en vías de desaparición.

dyke [daɪk] = **dike**.

dynamic [daɪ'næmɪk] *adj* dinámico(ca).

dynamite ['daɪnəmaɪt] *n lit & fig* dinamita *f*.

dynamo ['daɪnəməʊ] *(pl* **-s)** *n* dinamo *f*.

dynasty [*Br* 'dɪnəstɪ, *Am* 'daɪnəstɪ] *n* dinastía *f*.

dyslexia [dɪs'leksɪə] *n* dislexia *f*.

dyslexic [dɪs'leksɪk] *adj* disléxico(ca).

E

e *(pl* **e's** OR **es**), **E** *(pl* **E's** OR **Es**) [iː] *n (letter)* e *f*, E *f*. ♦ **E n 1.** (MUS) mi *m*. **2.** *(abbr of* **east)** E *m*.

each [iːtʃ] ◇ *adj* cada ◇ *pron* cada uno *m*, una *f*; **one ~** uno cada uno; **~**

of us/the boys cada uno de nosotros/ los niños; **two of ~** dos de cada (uno); **~ other** el uno al otro; **they kissed ~ other** se besaron; **we know ~ other** nos conocemos.

eager ['iːgəʳ] *adj (pupil)* entusiasta; *(smile, expression)* de entusiasmo; **to be ~ for sthg/to do sthg** ansiar algo/ hacer algo, desear vivamente algo/ hacer algo.

eagle ['iːgl] *n* águila *f*.

ear [ɪəʳ] *n* **1.** *(of person, animal)* oreja *f*. **2.** *(of corn)* espiga *f*.

earache ['ɪəreɪk] *n* dolor *m* de oídos.

eardrum ['ɪədrʌm] *n* tímpano *m*.

earl [ɜːl] *n* conde *m*.

earlier ['ɜːlɪəʳ] ◇ *adj* anterior. ◇ *adv* antes; **~ on** antes.

earliest ['ɜːlɪəst] ◇ *adj* primero(ra). ◇ *n*: **at the ~** como muy pronto.

earlobe ['ɪələʊb] *n* lóbulo *m* (de la oreja).

early ['ɜːlɪ] ◇ *adj* **1.** *(before expected time, in day)* temprano(na); **she was ~** llegó temprano OR con adelanto; **I'll take an ~ lunch** almorzaré pronto OR temprano; **to get up ~** madrugar. **2.** *(at beginning)*: **~ morning** la madrugada; **in the ~ 1950s** a principios de los años 50 ◇ *adv* **1.** *(before expected time)* temprano, pronto; **we got up ~** nos levantamos temprano; **it arrived ten minutes ~** llegó con diez minutos de adelanto **2.** *(at beginning)*: **as ~ as 1920** ya en 1920; **~ this morning** esta mañana temprano; **~ in the year** a principios de año; **~ on** temprano.

early retirement *n* jubilación *f* anticipada.

earmark ['ɪəmɑːk] *vt*: **to be ~ed for** estar destinado(da) a.

earn [ɜːn] *vt* **1.** *(be paid)* ganar. **2.** *(generate - subj: business, product)* generar. **3.** *fig (gain - respect, praise)* ganarse.

earnest ['ɜːnɪst] *adj (gen)* serio(ria); *(wish)* sincero(ra). ♦ **in earnest** *adv (seriously)* en serio.

earnings ['ɜːnɪŋz] *npl* ingresos *mpl*

earphones ['ɪəfəʊnz] *npl* auriculares *mpl*.

earplugs ['ɪəplʌgz] *npl* tapones *mpl* para los oídos.

earring ['ɪərɪŋ] *n* pendiente *m*, acete *m Amer*.

earshot ['ɪəʃɒt] *n*: **within/out of ~** al alcance/fuera del alcance del oído.

earth [ɜːθ] ◇ *n* **1.** *(gen)* tierra *f*; **how/ what/where/why on ~ ...?** ¿cómo/ qué/dónde/por qué demonios ...?

2. *(in electric plug, appliance)* toma f de tierra. ◇ *vt Br:* **to be ~ed** estar conectado(da) a tierra.

earthenware ['ɜːθnweəʳ] *n* loza f.

earthquake ['ɜːθkweɪk] *n* terremoto m.

earthworm ['ɜːθwɜːm] *n* lombriz f (de tierra).

earthy ['ɜːθɪ] *adj* **1.** *(rather crude)* natural, desinhibido(da). **2.** *(of, like earth)* terroso(sa).

earwig ['ɪəwɪg] *n* tijereta f.

ease [iːz] ◇ *n (U)* **1.** *(lack of difficulty)* facilidad f; **with ~** con facilidad. **2.** *(comfort)* comodidad f; **at ~** cómodo (da); **ill at ~** incómodo(da). ◇ *vt* **1.** *(pain, grief)* calmar, aliviar; *(problems, tension)* atenuar. **2.** *(move carefully):* **to ~ sthg open** abrir algo con cuidado; **to ~ o.s. out of sthg** levantarse despacio de algo. ◇ *vi (problem)* atenuarse; *(pain)* calmarse; *(rain)* amainar; *(grip)* relajarse. ◆ **ease off** *vi (problem)* atenuarse; *(pain)* calmarse; *(rain)* amainar. ◆ **ease up** *vi* **1.** *inf (treat less severely):* **to ~ up on sb** no ser muy duro(ra) con alguien. **2.** *(rain)* amainar. **3.** *(relax - person)* tomarse las cosas con más calma.

easel ['iːzl] *n* caballete m.

easily ['iːzɪlɪ] *adv* **1.** *(without difficulty)* fácilmente. **2.** *(without doubt)* sin lugar a dudas. **3.** *(in a relaxed manner)* tranquilamente, relajadamente.

east [iːst] ◇ *n* **1.** *(direction)* este m. **2.** *(region):* **the ~** el este. ◇ *adj* oriental; *(wind)* del este. ◇ *adv:* **~ (of)** al este (de). ◆ **East** *n:* **the East** (POL) el Este; *(Asia)* el Oriente.

East End *n:* **the ~** el este de Londres.

Easter ['iːstəʳ] *n* Semana f Santa.

Easter egg *n* huevo m de Pascua.

easterly ['iːstəlɪ] *adj* del este.

eastern ['iːstən] *adj* del este, oriental. ◆ **Eastern** *adj (gen & POL)* del Este; *(from Asia)* oriental.

East German ◇ *adj* de Alemania Oriental. ◇ *n (person)* alemán m, -ana f oriental.

East Germany *n:* **(the former) ~** (la antigua) Alemania Oriental.

eastward ['iːstwəd] ◇ *adj* hacia el este. ◇ *adv* = **eastwards**.

eastwards ['iːstwədz] *adv* hacia el este.

easy ['iːzɪ] *adj* **1.** *(not difficult)* fácil. **2.** *(life, time)* cómodo(da). **3.** *(manner)* relajado(da).

easy chair *n (armchair)* sillón m.

easygoing [ˌiːzɪ'gəʊɪŋ] *adj (person)* tolerante; *(manner)* relajado(da)

eat [iːt] *(pt* ate, *pp* eaten) *vt & vi* comer. ◆ **eat away, eat into** *vt sep* **1.** *(corrode)* corroer. **2.** *(deplete)* mermar.

eaten ['iːtn] *pp* → **eat**.

eau de cologne [ˌəʊdəkə'ləʊn] *n* (agua f de) colonia f.

eaves ['iːvz] *npl* alero m.

eavesdrop ['iːvzdrɒp] *vi:* **to ~ (on)** escuchar secretamente (a).

ebb [eb] ◇ *n* reflujo m. ◇ *vi (tide, sea)* bajar.

ebony ['ebənɪ] *n* ébano m.

EC *(abbr of* European Community) *n* CE f.

eccentric [ɪk'sentrɪk] ◇ *adj* excéntrico (ca). ◇ *n* excéntrico m, -ca f.

echo ['ekəʊ] *(pl* -es) ◇ *n lit & fig* eco m. ◇ *vt (words)* repetir; *(opinion)* hacerse eco de. ◇ *vi* resonar

eclipse [ɪ'klɪps] ◇ *n lit & fig* eclipse m. ◇ *vt fig* eclipsar

ecological [ˌiːkə'lɒdʒɪkl] *adj* **1.** *(pattern, balance, impact)* ecológico(ca). **2.** *(group, movement, person)* ecologista.

ecology [ɪ'kɒlədʒɪ] *n* ecología f.

economic [ˌiːkə'nɒmɪk] *adj* **1.** *(of money, industry)* económico(ca). **2.** *(profitable)* rentable.

economical [ˌiːkə'nɒmɪkl] *adj* económico(ca).

economics [ˌiːkə'nɒmɪks] ◇ *n (U)* economía f. ◇ *npl (of plan, business)* aspecto m económico.

economize, -ise [ɪ'kɒnəmaɪz] *vi:* **to ~ (on)** economizar (en).

economy [ɪ'kɒnəmɪ] *n* economía f.

economy class *n* clase f económica OR turista.

ecotourism [ˌiːkəʊ'tʊərɪzm] *n* ecoturismo m, turismo m verde.

ecowarrior [ˌiːkəʊ'wɒrɪəʳ] *n* militante mf ecologista.

ecstasy ['ekstəsɪ] *n* éxtasis m inv.

ecstatic [ek'stætɪk] *adj* extático(ca).

ECU, Ecu ['ekjuː] *(abbr of* European Currency Unit) *n* ECU m, ecu m.

Ecuador ['ekwədɔːʳ] *n* (el) Ecuador.

Ecuadoran [ˌekwə'dɔːrən], **Ecuadorian** [ˌekwə'dɔːrɪən] ◇ *adj* ecuatoriano(na). ◇ *n* ecuatoriano m, -na f

eczema ['eksɪmə] *n* eczema m.

Eden ['iːdn] *n:* **(the Garden of) ~** (el jardín del) Edén m.

edge [edʒ] ◇ *n* **1.** *(of cliff, table, garden)* borde m; **to be on the ~ of** estar al borde de. **2.** *(of coin)* canto m; *(of knife)* filo m. **3.** *(advantage):* **to have an ~ over** OR **the ~ on** llevar ventaja a. ◇ *vi:* **to ~ away/closer** ir alejándose/

acercándose poco a poco. ◆ **on edge**
adj con los nervios de punta

edgeways ['edʒweɪz], **edgewise**
['edʒwaɪz] *adv* de lado.

edgy ['edʒɪ] *adj* nervioso(sa).

edible ['edɪbl] *adj* comestible.

edict ['iːdɪkt] *n* edicto *m*

Edinburgh ['edɪnbrə] *n* Edimburgo.

edit ['edɪt] *vt* **1.** *(correct - text)* corregir,
revisar **2.** *(select material for - book)* recopilar. **3.** (CINEMA, RADIO & TV) montar
4. *(run - newspaper, magazine)* dirigir.

edition [ɪ'dɪʃn] *n* edición *f*.

editor ['edɪtə'] *n* **1.** *(of newspaper,
magazine)* director *m*, -ra *f* **2.** *(of section
of newspaper, programme, text)* redactor
m, -ra *f*. **3.** *(compiler - of book)* autor *m*,
-ra *f* de la edición **4.** (CINEMA, RADIO &
TV) montador *m*, -ra *f*

editorial [,edɪ'tɔːrɪəl] ◇ *adj* editorial; ~
staff redacción *f*. ◇ *n* editorial *m*.

educate ['edʒukeɪt] *vt* **1.** *(at school,
college)* educar. **2.** *(inform)* informar.

education [,edʒu'keɪʃn] *n* (U) **1.** *(activity, sector)* enseñanza *f*. **2.** *(process or
result of teaching)* educación *f*.

educational [,edʒu'keɪʃənl] *adj* educa-
tivo(va); *(establishment)* docente.

EEC *(abbr of* **European Economic
Community)** *n* CEE *f*.

eel [iːl] *n* anguila *f*.

eerie ['ɪərɪ] *adj* espeluznante.

efface [ɪ'feɪs] *vt* borrar.

effect [ɪ'fekt] ◇ *n* efecto *m*; **to have an
~ on** tener OR surtir efecto en; **to take
~** *(law, rule)* entrar en vigor; *(drug)*
hacer efecto; **to put sthg into ~** hacer
entrar algo en vigor; **words to that ~**
palabras por el estilo. ◇ *vt* efectuar,
llevar a cabo ◆ **effects** *npl:* **(special)
~s effects** *mpl* especiales.

effective [ɪ'fektɪv] *adj* **1.** *(successful)*
eficaz. **2.** *(actual, real)* efectivo(va) **3.**
(law, ceasefire) operativo(va).

effectively [ɪ'fektɪvlɪ] *adv* **1.** *(well, suc-
cessfully)* eficazmente. **2.** *(in fact)* de
hecho.

effectiveness [ɪ'fektɪvnɪs] *n* eficacia *f*.

effeminate [ɪ'femɪnət] *adj pej* afemi-
nado(da).

effervescent [,efə'vesənt] *adj* efervescente.

efficiency [ɪ'fɪʃənsɪ] *n* *(gen)* eficiencia
f; *(of machine)* rendimiento *m*.

efficient [ɪ'fɪʃənt] *adj* *(gen)* eficiente;
(machine) de buen rendimiento.

effluent ['efluənt] *n* aguas *fpl* residuales.

effort ['efət] *n* **1.** *(gen)* esfuerzo *m*; **to**

be worth the ~ merecer la pena; **to
make the ~ to do sthg** hacer el
esfuerzo de hacer algo; **to make an/
no ~ to do sthg** hacer un esfuerzo por
hacer ningún esfuerzo por hacer algo.
2. *inf (result of trying)* tentativa *f*.

effortless ['efətlɪs] *adj* sin gran esfuerzo.

effusive [ɪ'fjuːsɪv] *adj* efusivo(va).

e.g. *(abbr of* **exempli gratia)** *adv* p. ej

egg [eg] *n* *(gen)* huevo *m*. ◆ **egg on** *vt
sep* incitar

eggcup ['egkʌp] *n* huevera *f*.

eggplant ['egplɑːnt] *n* *Am* berenjena *f*.

eggshell ['egʃel] *n* cáscara *f* de huevo.

egg white *n* clara *f* (de huevo).

egg yolk [-jəuk] *n* yema *f* (de huevo).

ego ['iːgəu] *(pl* **-s)** *n* *(opinion of self)*
amor *m* propio, ego *m*.

egoism ['iːgəuɪzm] *n* egoísmo *m*

egoistic [,iːgəu'ɪstɪk] *adj* egoísta

egotistic(al) [,iːgə'tɪstɪk(l)] *adj* egotis-
ta

Egypt ['iːdʒɪpt] *n* Egipto.

Egyptian [ɪ'dʒɪpʃn] ◇ *adj* egipcio(cia).
◇ *n (person)* egipcio *m*, -cia *f*

eiderdown ['aɪdədaun] *n* edredón *m*.

eight [eɪt] *num* ocho; *see also* **six.**

eighteen [,eɪ'tiːn] *num* dieciocho; *see
also* **six.**

eighth [eɪtθ] *num* octavo(va); *see also*
sixth.

eighty ['eɪtɪ] *num* ochenta; *see also*
sixty.

Eire ['eərə] *n* Eire

either ['aɪðə', 'iːðə'] ◇ *adj* **1.** *(one or the
other)* cualquiera de los dos; **she
couldn't find ~ jumper** no podía
encontrar ninguno de los dos jerseys;
~ way de cualquiera de las formas.
2. *(each)* cada; **on ~ side** a ambos
lados ◇ *pron:* **~ (of them)** cualquiera
(de ellos (ellas)); **I don't like ~ (of
them)** no me gusta ninguno de ellos
(ninguna de ellas) ◇ *adv (in negatives)*
tampoco; **she can't and I can't ~** ella
no puede y yo tampoco ◇ *conj:* **~ ...
or o ... o; ~ you or me** o tú o yo; **I
don't like ~ him or his wife** no me
gusta ni él ni su mujer (tampoco).

eject [ɪ'dʒekt] *vt* **1.** *(object)* expulsar,
despedir **2.** *(person):* **to ~ sb (from)**
expulsar a alguien (de)

eke [iːk] ◆ **eke out** *vt sep* alargar *fig,*
estirar *fig*

elaborate [*adj* ɪ'læbrət, *vb* ɪ'læbəreɪt]
◇ *adj (ceremony)* complicado(da); *(carving)* trabajado(da); *(explanation, plan)*
detallado(da). ◇ *vi:* **to ~ on sthg** am-

pliar algo, explicar algo con más detalle.
elapse [ɪˈlæps] *vi* transcurrir.
elastic [ɪˈlæstɪk] ◇ *adj* 1. *(gen)* elástico
(ca). 2. *fig (flexible)* flexible. ◇ *n* elástico *m*.
elasticated [ɪˈlæstɪkeɪtɪd] *adj* elástico
(ca).
elastic band *n* Br gomita *f*.
elated [ɪˈleɪtɪd] *adj* eufórico(ca).
elbow [ˈelbəʊ] *n* codo *m*.
elder [ˈeldə^r] ◇ *adj* mayor ◇ *n*
1. *(older person)* mayor *m y f*. 2. *(of
tribe, church)* anciano *m*. 3. **~ (tree)**
saúco *m*.
elderly [ˈeldəlɪ] ◇ *adj* mayor, anciano
(na). ◇ *npl*: **the ~** los ancianos.
eldest [ˈeldɪst] *adj* mayor.
elect [ɪˈlekt] ◇ *adj* electo(ta); **the president ~** el presidente electo. ◇ *vt* 1. *(by
voting)* elegir; **to ~ sb (as) sthg** elegir a
alguien (como) algo. 2. *fml (choose)*: **to
~ to do sthg** optar OR decidir hacer
algo.
election [ɪˈlekʃn] *n* elección *f*; **to have**
OR **hold an ~** celebrar (unas) elecciones.
electioneering [ɪˌlekʃəˈnɪərɪŋ] *n usu
pej* electoralismo *m*.
elector [ɪˈlektə^r] *n* elector *m*, -ra *f*.
electorate [ɪˈlektərət] *n*: **the ~** el electorado.
electric [ɪˈlektrɪk] *adj (gen)* eléctrico
(ca). ♦ **electrics** *npl Br inf* sistema *m*
eléctrico.
electrical [ɪˈlektrɪkl] *adj* eléctrico(ca).
electrical shock *Am* = **electric
shock**.
electric blanket *n* manta *f* eléctrica.
electric cooker *n* cocina *f* eléctrica.
electric fire *n* estufa *f* eléctrica.
electrician [ˌɪlekˈtrɪʃn] *n* electricista *m
y f*.
electricity [ˌɪlekˈtrɪsətɪ] *n* electricidad
f.
electric shock *Br*, **electrical
shock** *Am n* descarga *f* eléctrica.
electrify [ɪˈlektrɪfaɪ] *vt* 1. *(rail line)*
electrificar. 2. *fig (excite)* electrizar.
electrocute [ɪˈlektrəkjuːt] *vt*: **to ~ o.s.**,
to be ~d electrocutarse.
electrolysis [ˌɪlekˈtrɒləsɪs] *n* electróli-
sis *f inv*.
electron [ɪˈlektrɒn] *n* electrón *m*.
electronic [ˌɪlekˈtrɒnɪk] *adj* electrónico
(ca). ♦ **electronics** ◇ *n (U) (technology)* electrónica *f*. ◇ *npl (equipment)*
sistema *m* electrónico.
electronic data processing *n* pro-

ceso *m* electrónico de datos.
electronic mail *n* (COMPUT) correo *m*
electrónico.
elegant [ˈelɪɡənt] *adj* elegante.
element [ˈelɪmənt] *n* 1. *(gen)* elemento
m. 2. *(amount, proportion)* toque *m*. 3.
(in heater, kettle) resistencia *f*. ♦ **elements** *npl* 1. *(basics)* elementos *mpl*.
2. *(weather)*: **the ~s** los elementos.
elementary [ˌelɪˈmentərɪ] *adj* elemental; **~ education** enseñanza *f* primaria.
elementary school *n Am* escuela *f*
primaria.
elephant [ˈelɪfənt] *(pl inv* OR **-s)** *n* elefante *m*.
elevate [ˈelɪveɪt] *vt*: **to ~ sthg/sb (to**
OR **into)** elevar algo/a alguien (a la
categoría de).
elevator [ˈelɪveɪtə^r] *n Am* ascensor *m*,
elevador *m Amer*.
eleven [ɪˈlevn] *num* once *m*; *see also* **six**.
elevenses [ɪˈlevnzɪz] *n (U) Br* tentempié *m* que se toma sobre las once.
eleventh [ɪˈlevnθ] *num* undécimo(ma);
see also **sixth**.
elicit [ɪˈlɪsɪt] *vt fml* 1. *(response, reaction)*: **to ~ sthg (from sb)** provocar
algo (en alguien). 2. *(information)*: **to ~
sthg (from sb)** sacar algo (a alguien).
eligible [ˈelɪdʒəbl] *adj (suitable, qualified)* elegible; **to be ~ for sthg/to do
sthg** reunir los requisitos para algo/
para hacer algo
eliminate [ɪˈlɪmɪneɪt] *vt* eliminar; **to
be ~d from sthg** ser eliminado(da) de
algo.
elite [ɪˈliːt] ◇ *adj* selecto(ta). ◇ *n* élite
f.
elitist [ɪˈliːtɪst] *adj pej* elitista.
elk [elk] *(pl inv* OR **-s)** *n* alce *m*.
elm [elm] *n*: **~ (tree)** olmo *m*
elocution [ˌeləˈkjuːʃn] *n* dicción *f*.
elongated [ˈiːlɒŋɡeɪtɪd] *adj* alargado
(da).
elope [ɪˈləʊp] *vi*: **to ~ (with)** fugarse
(con).
eloquent [ˈeləkwənt] *adj* elocuente.
El Salvador [ˌelˈsælvədɔː^r] *n* El
Salvador.
else [els] *adv*: **anything ~?** ¿algo más?;
I don't need anything ~ no necesito
nada más; **everyone ~** todos los
demás (todas las demás); **everywhere
~** en/a todas las otras partes; **little ~**
poco más; **nothing/nobody ~** nada/
nadie más; **someone/something ~**
otra persona/cosa; **somewhere ~** en/a
otra parte; **who ~?** ¿quién si no?;
what ~? ¿qué más?; **where ~?** ¿en/a

qué otro sitio? ♦ **or else** conj (or if not) si no, de lo contrario.

elsewhere [els'weə^r] adv a/en otra parte.

elude [ɪ'luːd] vt (gen) escaparse de, eludir a; (blow) esquivar.

elusive [ɪ'luːsɪv] adj (person, success) esquivo(va); (quality) difícil de encontrar.

emaciated [ɪ'meɪʃɪeɪtɪd] adj demacrado(da).

e-mail (abbr of electronic mail) n (COMPUT) correo m electrónico.

e-mail address n dirección f de correo electrónico.

emanate ['emaneɪt] fml vi: to ~ from emanar de.

emancipate [ɪ'mænsɪpeɪt] vt: to ~ sb (from) emancipar a alguien (de).

embankment [ɪm'bæŋkmənt] n 1. (RAIL) terraplén m. 2. (of river) dique m.

embark [ɪm'bɑːk] vi: to ~ on lit & fig embarcarse en

embarkation [ˌembɑːˈkeɪʃn] n (gen) embarque m; (of troops) embarco m.

embarrass [ɪm'bærəs] vt 1. (gen) avergonzar; it ~es me me da vergüenza. 2. (financially) poner en un aprieto.

embarrassed [ɪm'bærəst] adj avergonzado(da), violento(ta).

embarrassing [ɪm'bærəsɪŋ] adj embarazoso(sa), violento(ta); how ~! ¡qué vergüenza!

embarrassment [ɪm'bærəsmənt] n (feeling) vergüenza f, pena f Amer.

embassy ['embəsɪ] n embajada f.

embedded [ɪm'bedɪd] adj (buried): ~ (in) incrustado(da) (en).

embellish [ɪm'belɪʃ] vt: to ~ sthg (with) adornar OR embellecer algo (con).

embers ['embəz] npl rescoldos mpl.

embezzle [ɪm'bezl] vt malversar.

embittered [ɪm'bɪtəd] adj amargado(da), resentido(da).

emblem ['embləm] n emblema m.

embody [ɪm'bɒdɪ] vt personificar, encarnar; to be embodied in sthg estar plasmado en algo.

embossed [ɪm'bɒst] adj 1. (heading, design): ~ (on) (paper) estampado(da) (en); (leather, metal) repujado(da) (en). 2. (paper): ~ (with) estampado(da) (con). 3. (leather, metal): ~ (with) repujado(da) (con).

embrace [ɪm'breɪs] ♦ n abrazo m. ♦ vt 1. (hug) abrazar, dar un abrazo a. 2. fml (convert to) convertirse a. 3. fml (include) abarcar. ♦ vi abrazarse.

embroider [ɪm'brɔɪdə^r] vt 1. (SEWING) bordar. 2. pej (embellish) adornar.

embroidery [ɪm'brɔɪdərɪ] n (U) bordado m.

embroil [ɪm'brɔɪl] vt: to get/be ~ed (in) enredarse/estar enredado (en).

embryo ['embrɪəʊ] (pl -s) n embrión m.

emerald ['emərəld] ◊ adj (colour) esmeralda m inv ◊ n (stone) esmeralda f.

emerge [ɪ'mɜːdʒ] ◊ vi 1. (gen): to ~ (from) salir (de) 2. (come into existence, become known) surgir, emerger ◊ vt: it ~d that ... resultó que .

emergence [ɪ'mɜːdʒəns] n surgimiento m, aparición f

emergency [ɪ'mɜːdʒənsɪ] ◊ adj (case, exit, services) de emergencia; (ward) de urgencia; (supplies) de reserva; (meeting) extraordinario(ria). ◊ n emergencia f.

emergency exit n salida f de emergencia

emergency landing n aterrizaje m forzoso.

emergency services npl servicios mpl de urgencia

emery board ['emərɪ-] n lima f de uñas.

emigrant ['emɪgrənt] n emigrante m y f

emigrate ['emɪgreɪt] vi: to ~ (to/from) emigrar (a/de)

eminent ['emɪnənt] adj eminente.

emission [ɪ'mɪʃn] n emisión f

emit [ɪ'mɪt] vt (gen) emitir; (smell, smoke) despedir

emotion [ɪ'məʊʃn] n emoción f.

emotional [ɪ'məʊʃənl] adj 1. (gen) emotivo(va) 2. (needs, problems) emocional

emperor ['empərə^r] n emperador m.

emphasis ['emfəsɪs] (pl -ases [-əsiːz]) n: ~ (on) énfasis m inv (en); to lay OR place ~ on poner énfasis en, hacer hincapié en.

emphasize, -ise ['emfəsaɪz] vt (word, syllable) acentuar; (point, fact, feature) subrayar, hacer hincapié en; to ~ that ... poner de relieve OR subrayar que .

emphatic [ɪm'fætɪk] adj (forceful) rotundo(da), categórico(ca).

emphatically [ɪm'fætɪklɪ] adv 1. (with emphasis) rotundamente, enfáticamente 2. (certainly) ciertamente

empire ['empaɪə^r] n imperio m

employ [ɪm'plɔɪ] vt 1. (give work to) emplear; to be ~ed as estar empleado de. **2.** *fml (use)* utilizar, emplear; **to ~ sthg as sthg/to do sthg** utilizar algo de algo/para hacer algo.

employee [ɪm'plɔiːi] *n* empleado *m*, -da *f*.

employer [ɪm'plɔiə^r] *n* patrono *m*, -na *f*, empresario *m*, -ria *f*.

employment [ɪm'plɔimənt] *n* empleo *m*; **to be in ~** tener trabajo.

employment agency *n* agencia *f* de trabajo.

empower [ɪm'pauə^r] *vt fml*: **to be ~ed to do sthg** estar autorizado(da) a OR para hacer algo.

empress ['empris] *n* emperatriz *f*.

empty ['empti] ◇ *adj* **1.** *(gen)* vacío(a); *(town)* desierto(ta) **2.** *pej (words, threat, promise)* vano(na). ◇ *vt* vaciar; **to ~ sthg into sthg** vaciar algo en algo. ◇ *vi* vaciarse. ◇ *n inf* casco *m*.

empty-handed [-'hændɪd] *adv* con las manos vacías.

EMS *(abbr of European Monetary System)* *n* SME *m*.

emulate ['emjʊleɪt] *vt* emular.

emulsion [ɪ'mʌlʃn] *n*: **~ (paint)** pintura *f* mate.

enable [ɪ'neɪbl] *vt*: **to ~ sb to do sthg** permitir a alguien hacer algo.

enact [ɪ'nækt] *vt* **1.** (JUR) promulgar. **2.** *(act)* representar.

enamel [ɪ'næml] *n* **1.** *(gen)* esmalte *m*. **2.** *(paint)* pintura *f* de esmalte.

encampment [ɪn'kæmpmənt] *n* campamento *m*

encapsulate [ɪn'kæpsjʊleɪt] *vt*: **to ~ sthg (in)** sintetizar algo (en).

encase [ɪn'keɪs] *vt*: **~d in** encajonado(da) en.

enchanted [ɪn'tʃɑːntɪd] *adj*: **~ (by OR with)** encantado(da) (con).

enchanting [ɪn'tʃɑːntɪŋ] *adj* encantador(ra)

encircle [ɪn'sɜːkl] *vt* rodear

enclose [ɪn'kləʊz] *vt* **1.** *(surround, contain)* rodear; **~d by OR with** rodeado de; **an ~d space** un espacio cerrado. **2.** *(put in envelope)* adjuntar; **please find ~d** ... envío adjunto ...

enclosure [ɪn'kləʊʒə^r] *n* **1.** *(place)* recinto *m* (vallado). **2.** *(in letter)* anexo *m*.

encompass [ɪn'kʌmpəs] *vt fml (include)* abarcar.

encore ['ɒŋkɔː^r] ◇ *n* bis *m* ◇ *excl* ¡otra!

encounter [ɪn'kauntə^r] ◇ *n* encuentro *m*. ◇ *vt fml* encontrarse con.

encourage [ɪn'kʌrɪdʒ] *vt* **1.** *(give confi-*

dence to): **to ~ sb (to do sthg)** animar a alguien (a hacer algo). **2.** *(foster)* fomentar.

encouragement [ɪn'kʌrɪdʒmənt] *n* aliento *m*; *(of industry)* fomento *m*.

encroach [ɪn'krəʊtʃ] *vi*: **to ~ on OR upon** *(rights, territory)* usurpar; *(privacy, time)* invadir.

encyclop(a)edia [ɪn,saɪklə'piːdjə] *n* enciclopedia *f*.

end [end] ◇ *n* **1.** *(last part, finish)* fin *m*, final *m*; **at the ~ of May/1992** a finales de mayo/1992; **at an ~** terminando; **to bring sthg to an ~** poner fin a algo; **to come to an ~** llegar a su fin, terminarse; **'the ~'** *(in films)* 'FIN'; **to put an ~ to sthg** poner fin a algo; **in the ~** *(finally)* finalmente, por fin. **2.** *(of two-ended thing)* extremo *m*, punta *f*; *(of phone line)* lado *m*; **~ to ~** extremo con extremo; **cigarette ~** colilla *f*. **3.** *fml (purpose)* fin *m*. ◇ *vt*: **to ~ sthg (with)** terminar algo (con). ◇ *vi (finish)* acabarse, terminarse; **to ~ in/with** acabar en/con, terminar en/con. ◆ **on end** *adv* **1.** *(upright - hair)* de punta; *(- object)* de pie. **2.** *(continuously)*: **for days on ~** día tras día. ◆ **end up** *vi* acabar, terminar; **to ~ up doing sthg** acabar por hacer algo/haciendo algo; **to ~ up in** ir a parar a.

endanger [ɪn'deɪndʒə^r] *vt* poner en peligro.

endearing [ɪn'dɪərɪŋ] *adj* simpático (ca).

endeavour *Br*, **endeavor** *Am* [ɪn'devə^r] *fml* ◇ *n* esfuerzo *m* ◇ *vt*: **to ~ to do sthg** procurar hacer algo.

ending ['endɪŋ] *n* final *m*, desenlace *m*.

endive ['endaɪv] *n* **1.** *(salad vegetable)* endibia *f*. **2.** *(chicory)* achicoria *f*.

endless ['endlɪs] *adj (gen)* interminable; *(patience, resources)* inagotable.

endorse [ɪn'dɔːs] *vt* **1.** *(approve)* apoyar, respaldar. **2.** *(cheque)* endosar.

endorsement [ɪn'dɔːsmənt] *n* **1.** *(approval)* apoyo *m*, respaldo *m*. **2.** *Br (on driving licence)* nota de sanción que consta en el carnet de conducir.

endow [ɪn'dau] *vt* **1.** *fml (equip)*: **to be ~ed with** estar dotado(da) de. **2.** *(donate money to)* donar fondos a.

endurance [ɪn'djʊərəns] *n* resistencia *f*.

endure [ɪn'djʊə^r] ◇ *vt* soportar, aguantar. ◇ *vi fml* perdurar.

endways *Br* ['endweɪz], **endwise** *Am* ['endwaɪz] *adv* **1.** *(not sideways)* de frente. **2.** *(with ends touching)* extremo con extremo

enemy ['enɪmɪ] n enemigo m, -ga f.

energetic [ˌenə'dʒetɪk] adj **1.** (lively, physically taxing) enérgico(ca). **2.** (enthusiastic) activo(va), vigoroso(sa).

energy ['enədʒɪ] n energía f

enforce [ɪn'fɔːs] vt (law) hacer cumplir, aplicar; (standards) imponer.

enforced [ɪn'fɔːst] adj forzoso(sa).

engage [ɪn'geɪdʒ] ◇ vt **1.** (attract) atraer. **2.** (TECH - clutch) pisar; (- gear) meter. **3.** fml (employ) contratar; **to be ~d in** OR **on** dedicarse a. ◇ vi (be involved): **to ~ in** (gen) meterse en, dedicarse a; (conversation) entablar.

engaged [ɪn'geɪdʒd] adj **1.** (to be married): **~ (to)** prometido(da) (con); **to get ~** prometerse **2.** (busy, in use) ocupado(da); **~ in sthg** ocupado en algo. **3.** (TELEC) comunicando.

engaged tone n Br señal f de comunicando.

engagement [ɪn'geɪdʒmənt] n **1.** (to be married) compromiso m; (period) noviazgo m. **2.** (appointment) cita f.

engagement ring n anillo m de compromiso.

engaging [ɪn'geɪdʒɪŋ] adj atractivo (va).

engender [ɪn'dʒendər] vt fml engendrar.

engine ['endʒɪn] n **1.** (of vehicle) motor m. **2.** (RAIL) locomotora f, máquina f.

engine driver n Br maquinista m y f.

engineer [ˌendʒɪ'nɪər] ◇ n **1.** (gen) ingeniero m, -ra f. **2.** Am (engine driver) maquinista m y f. ◇ vt **1.** (construct) construir. **2.** (contrive) tramar.

engineering [ˌendʒɪ'nɪərɪŋ] n ingeniería f.

England ['ɪŋglənd] n Inglaterra f.

English ['ɪŋglɪʃ] ◇ adj inglés(esa). ◇ n (language) inglés m. ◇ npl (people): **the ~** los ingleses.

English breakfast n desayuno m inglés.

English Channel n: **the ~** el canal de la Mancha.

Englishman ['ɪŋglɪʃmən] (pl -men [-mən]) n inglés m.

Englishwoman ['ɪŋglɪʃˌwumən] (pl -women [-ˌwɪmɪn]) n inglesa f.

engrave [ɪn'greɪv] vt lit & fig: **to ~ sthg (on)** grabar algo (en).

engraving [ɪn'greɪvɪŋ] n grabado m.

engrossed [ɪn'grəust] adj: **to be ~ (in)** estar absorto(ta) (en).

engulf [ɪn'gʌlf] vt: **to be ~ed in** (flames etc) verse devorado(da) por; (fear, despair) verse sumido(da) en.

enhance [ɪn'hɑːns] vt (gen) aumentar; (status, position) elevar; (beauty) realzar.

enjoy [ɪn'dʒɔɪ] vt **1.** (like) disfrutar de; **did you ~ the film/book?** ¿te gustó la película/el libro?; **she ~s reading** le gusta leer; **~ your meal!** ¡que aproveche!; **to ~ o.s.** pasarlo bien, divertirse. **2.** fml (possess) gozar OR disfrutar de.

enjoyable [ɪn'dʒɔɪəbl] adj agradable.

enjoyment [ɪn'dʒɔɪmənt] n (pleasure) placer m.

enlarge [ɪn'lɑːdʒ] vt (gen & PHOT) ampliar. ◆ **enlarge (up)on** vt fus ampliar.

enlargement [ɪn'lɑːdʒmənt] n (gen & PHOT) ampliación f

enlighten [ɪn'laɪtn] vt fml iluminar

enlightened [ɪn'laɪtnd] adj amplio (plia) de miras

enlightenment [ɪn'laɪtnmənt] n (U) aclaración f. ◆ **Enlightenment** n: **the Enlightenment** la Ilustración.

enlist [ɪn'lɪst] ◇ vt **1.** (person) alistar, reclutar. **2.** (support) obtener. ◇ vi (MIL): **to ~ (in)** alistarse (en).

enmity ['enmɪtɪ] n enemistad f.

enormity [ɪ'nɔːmətɪ] n (extent) enormidad f.

enormous [ɪ'nɔːməs] adj enorme.

enough [ɪ'nʌf] ◇ adj bastante, suficiente. ◇ pron bastante; **more than ~** más que suficiente; **that's ~** (sufficient) ya está bien; **to have ~ (of)** (expressing annoyance) estar harto (de). ◇ adv bastante, suficientemente; **I was stupid ~ to believe him** fui lo bastante tonto como para creerle; **he was good ~ to lend me his car** fml tuvo la bondad de dejarme su coche; **strangely ~** curiosamente

enquire [ɪn'kwaɪər] vi (ask for information) informarse; **to ~ about sthg** informarse de algo; **to ~ when/how/ whether/if ...** preguntar cuándo/ cómo/si ... ◆ **enquire into** vt fus investigar.

enquiry [ɪn'kwaɪərɪ] n **1.** (question) pregunta f; **'Enquiries'** 'Información'. **2.** (investigation) investigación f.

enraged [ɪn'reɪdʒd] adj enfurecido(da)

enrol Br, **enroll** Am [ɪn'rəul] ◇ vt matricular. ◇ vi: **to ~ (on)** matricularse (en).

en route [ˌɒn'ruːt] adv: **~ (from/to)** en el camino (de a).

ensign ['ensaɪn] n **1.** (flag) bandera f. **2.** Am (sailor) = alférez m de fragata.

ensue [ɪn'sjuː] vi fml originarse; (war) sobrevenir.

ensure [ɪnˈʃʊəʳ] *vt*: **to ~ (that)** asegurar que.

ENT (*abbr of* **Ear, Nose & Throat**) *n* otorrinolaringología *f*.

entail [ɪnˈteɪl] *vt* (*involve*) conllevar, suponer.

enter [ˈentəʳ] ◇ *vt* **1.** (*gen*) entrar en. **2.** (*join - profession, parliament*) ingresar en; (*- university*) matricularse en; (*- army, navy*) alistarse en. **3.** (*become involved in - politics etc*) meterse en; (*- race, examination etc*) presentarse a. **4.** (*register*): **to ~ sthg/sb for sthg** inscribir algo/a alguien en algo **5.** (*write down*) apuntar **6.** (*appear in*) presentarse OR aparecer en. **7.** (COMPUT) dar entrada a. ◇ *vi* **1.** (*come or go in*) entrar. **2.** (*participate*): **to ~ (for sthg)** presentarse (a algo). ♦ **enter into** *vt fus* entrar en; (*agreement*) comprometerse a.

enter key *n* (COMPUT) tecla *f* de entrada.

enterprise [ˈentəpraɪz] *n* empresa *f*.

enterprise zone *n zona del Reino Unido donde se fomenta la actividad industrial y empresarial.*

enterprising [ˈentəpraɪzɪŋ] *adj* emprendedor(ra).

entertain [ˌentəˈteɪn] *vt* **1.** (*amuse*) divertir, entretener. **2.** (*invite*) recibir (en casa). **3.** *fml* (*idea, proposal*) considerar.

entertainer [ˌentəˈteɪnəʳ] *n* artista *m* f.

entertaining [ˌentəˈteɪnɪŋ] *adj* divertido(da), entretenido(da).

entertainment [ˌentəˈteɪnmənt] *n* **1.** (U) (*amusement*) diversión *f*. **2.** (*show*) espectáculo *m*.

enthral, enthrall *Am* [ɪnˈθrɔːl] *vt* embelesar.

enthusiasm [ɪnˈθjuːzɪæzm] *n* **1.** (*passion, eagerness*): **~ (for)** entusiasmo *m* (por). **2.** (*interest*) pasión *f*, interés *m*.

enthusiast [ɪnˈθjuːzɪæst] *n* entusiasta *m* y f.

enthusiastic [ɪnˌθjuːzɪˈæstɪk] *adj* (*person*) entusiasta; (*cry, response*) entusiástico(ca).

entice [ɪnˈtaɪs] *vt* seducir, atraer.

entire [ɪnˈtaɪəʳ] *adj* entero(ra); **the ~ evening** toda la noche.

entirely [ɪnˈtaɪəlɪ] *adv* enteramente; **I'm not ~ sure** no estoy del todo seguro.

entirety [ɪnˈtaɪrətɪ] *n fml*: **in its ~** en su totalidad.

entitle [ɪnˈtaɪtl] *vt* (*allow*): **to ~ sb to** sthg dar a alguien derecho a algo; **to ~ sb to do sthg** autorizar a alguien a hacer algo.

entitled [ɪnˈtaɪtld] *adj* **1.** (*allowed*): **to be ~ to sthg/to do sthg** tener derecho a algo/a hacer algo. **2.** (*having the title*) titulado(da).

entourage [ˌɒntuˈrɑːʒ] *n* séquito *m*.

entrails [ˈentreɪlz] *npl* entrañas *fpl*.

entrance [*n* ˈentrəns, *vb* ɪnˈtrɑːns] ◇ *n*: **~ (to)** entrada *f* (a OR de); **to gain ~ to** *fml* (*building*) lograr acceso a; (*society, university*) lograr el ingreso en ◇ *vt* encantar, hechizar.

entrance examination *n* examen *m* de ingreso.

entrance fee *n* (precio *m* de) entrada *f*.

entrant [ˈentrənt] *n* participante *m* y f.

entreat [ɪnˈtriːt] *vt*: **to ~ sb (to do sthg)** suplicar OR rogar a alguien (que haga algo).

entrenched [ɪnˈtrentʃt] *adj* (*firm*) arraigado(da).

entrepreneur [ˌɒntrəprəˈnɜːʳ] *n* empresario *m*, -ria *f*.

entrust [ɪnˈtrʌst] *vt*: **to ~ sthg to sb, to ~ sb with sthg** confiar algo a alguien.

entry [ˈentrɪ] *n* **1.** (*gen*): **~ (into)** entrada *f* (en); **no ~** se prohíbe la entrada, prohibido el paso. **2.** *fig* (*joining - of group, society*) ingreso *m*. **3.** (*in competition*) participante *m* y f. **4.** (*in diary*) anotación *f*; (*in ledger*) partida *f*.

entry form *n* boleto *m* OR impreso *m* de inscripción.

entry phone *n Br* portero *m* automático.

envelop [ɪnˈveləp] *vt*: **to ~ sthg/sb in** envolver algo/a alguien en

envelope [ˈenvələup] *n* sobre *m*.

envious [ˈenvɪəs] *adj* (*person*) envidioso(sa); (*look*) de envidia.

environment [ɪnˈvaɪərənmənt] *n* **1.** (*surroundings*) entorno *m*. **2.** (*natural world*): **the ~** el medio ambiente.

environmental [ɪnˌvaɪərənˈmentl] *adj* medioambiental; **~ pollution** contaminación *f* del medio ambiente.

environmentally [ɪnˌvaɪərənˈmentəlɪ] *adv* ecológicamente; **~ friendly** ecológico(ca).

envisage [ɪnˈvɪzɪdʒ], **envision** *Am* [ɪnˈvɪʒn] *vt* prever.

envoy [ˈenvɔɪ] *n* enviado *m*, -da *f*.

envy [ˈenvɪ] ◇ *n* envidia *f*. ◇ *vt*: **to ~ (sb sthg)** envidiar (algo a alguien).

epic [ˈepɪk] ◇ *adj* épico(ca). ◇ *n* epopeya *f*.

epidemic [ˌepɪˈdemɪk] *n* epidemia *f*.

epileptic [ˌepɪˈleptɪk] ◇ *adj* epiléptico (ca). ◇ *n* epiléptico *m*, -ca *f*.

episode [ˈepɪsəʊd] *n* **1.** *(event)* episodio *m*. **2.** *(of story, TV series)* capítulo *m*.

epistle [ɪˈpɪsl] *n* epístola *f*.

epitaph [ˈepɪtɑːf] *n* epitafio *m*.

epitome [ɪˈpɪtəmɪ] *n*: **the ~ of** *(person)* la personificación de; *(thing)* el vivo ejemplo de.

epitomize, -ise [ɪˈpɪtəmaɪz] *vt* (*subj: person*) personificar; *(subj: thing)* representar el paradigma de.

epoch [ˈiːpɒk] *n* época *f*.

equable [ˈekwəbl] *adj (calm, reasonable)* ecuánime.

equal [ˈiːkwəl] ◇ *adj* igual; **~ to** *(sum)* igual a; **to be ~ to** *(task etc)* estar a la altura de. ◇ *n* igual *m y f*. ◇ *vt* **1.** (MATH) ser igual a. **2.** *(person, quality)* igualar.

equality [iːˈkwɒlətɪ] *n* igualdad *f*.

equalize, -ise [ˈiːkwəlaɪz] *vi* (SPORT) empatar.

equalizer [ˈiːkwəlaɪzəʳ] *n* (SPORT) (gol *m* de la) igualada *f*.

equally [ˈiːkwəlɪ] *adv* **1.** *(gen)* igualmente; **~ important** igual de importante. **2.** *(share, divide)* a partes iguales, por igual.

equal opportunities *npl* igualdad *f* de oportunidades.

equanimity [ˌekwəˈnɪmətɪ] *n* ecuanimidad *f*.

equate [ɪˈkweɪt] *vt*: **to ~ sthg with** equiparar algo con.

equation [ɪˈkweɪʒn] *n* ecuación *f*.

equator [ɪˈkweɪtəʳ] *n*: **the ~** el ecuador.

equilibrium [ˌiːkwɪˈlɪbrɪəm] *n* equilibrio *m*.

equip [ɪˈkwɪp] *vt* **1.** *(provide with equipment)*: **to ~ sthg (with)** equipar algo (con); **to ~ sb (with)** proveer a alguien (de). **2.** *(prepare)*: **to be equipped for** estar bien dotado(da) para.

equipment [ɪˈkwɪpmənt] *n* (U) equipo *m*.

equitable [ˈekwɪtəbl] *adj* equitativo (va).

equities [ˈekwətɪz] *npl (shares)* acciones *fpl* ordinarias.

equivalent [ɪˈkwɪvələnt] ◇ *adj* equivalente; **to be ~ to** equivaler a ◇ *n* equivalente *m*.

equivocal [ɪˈkwɪvəkl] *adj* equívoco (ca).

er [ɜːʳ] *excl* ¡ejem!

era [ˈɪərə] *(pl -s) n* era *f*, época *f*.

eradicate [ɪˈrædɪkeɪt] *vt* erradicar.

erase [ɪˈreɪz] *vt lit & fig* borrar.

eraser [ɪˈreɪzəʳ] *n* goma *f* de borrar.

erect [ɪˈrekt] ◇ *adj (person, posture)* erguido(da). ◇ *vt* **1.** *(building, statue)* erigir, levantar. **2.** *(tent)* montar.

erection [ɪˈrekʃn] *n* **1.** *(U) (of building, statue)* construcción *f*. **2.** *(erect penis)* erección *f*.

ERM *(abbr of* **Exchange Rate Mechanism)** *n* mecanismo *de tipos de cambio del SME*.

ermine [ˈɜːmɪn] *n* armiño *m*.

erode [ɪˈrəʊd] *vt* **1.** *(rock, soil)* erosionar; *(metal)* desgastar. **2.** *(confidence, rights)* mermar.

erosion [ɪˈrəʊʒn] *n* **1.** *(of rock, soil)* erosión *f*; *(of metal)* desgaste *m*. **2.** *(of confidence, rights)* merma *f*.

erotic [ɪˈrɒtɪk] *adj* erótico(ca).

err [ɜːʳ] *vi* equivocarse, errar.

errand [ˈerənd] *n* recado *m*, mandado *m*.

erratic [ɪˈrætɪk] *adj* irregular.

error [ˈerəʳ] *n* error *m*; **spelling ~** falta *f* de ortografía; **in ~** por equivocación.

erupt [ɪˈrʌpt] *vi (volcano)* entrar en erupción; *fig (violence, war)* estallar.

eruption [ɪˈrʌpʃn] *n* **1.** *(of volcano)* erupción *f*. **2.** *(of violence, war)* estallido *m*.

escalate [ˈeskəleɪt] *vi* **1.** *(conflict)* intensificarse. **2.** *(costs)* ascender.

escalator [ˈeskəleɪtəʳ] *n* escalera *f* mecánica.

escapade [ˌeskəˈpeɪd] *n* aventura *f*.

escape [ɪˈskeɪp] *n* **1.** *(gen)* fuga *f*. **2.** *(leakage - of gas, water)* escape *m*. ◇ *vt* **1.** *(avoid)* escapar a, eludir. **2.** *(subj: fact, name)*: **her name ~s me** ahora mismo no caigo en su nombre. ◇ *vi* **1.** *(gen)*: **to ~ (from)** escaparse (de). **2.** *(survive)* escapar.

escapism [ɪˈskeɪpɪzm] *n (U)* evasión *f*.

escort [*n* ˈeskɔːt, *vb* ɪˈskɔːt] ◇ *n* **1.** *(guard)* escolta *f*. **2.** *(companion)* acompañante *m y f*. ◇ *vt* escoltar; **to ~ sb home** acompañar a alguien a casa.

Eskimo [ˈeskɪməʊ] *(pl -s) n (person)* esquimal *m y f*.

espadrille [ˌespəˈdrɪl] *n* alpargata *f*.

especially [ɪˈspeʃəlɪ] *adv* **1.** *(in particular)* sobre todo. **2.** *(more than usually, specifically)* especialmente.

espionage [ˈespɪəˌnɑːʒ] *n* espionaje *m*.

esplanade [ˌespləˈneɪd] *n* paseo *m* marítimo.

Esquire [ɪˈskwaɪəʳ] *n* Sr. Don; **B. Jones ~** Sr. Don B. Jones.

essay ['eseɪ] n 1. (SCH) redacción f; (UNIV) trabajo m. 2. (LITERATURE) ensayo m.

essence ['esns] n esencia f.

essential [ɪ'senʃl] adj 1. (absolutely necessary): ~ (to OR for) esencial OR indispensable (para). 2. (basic) fundamental, esencial. ♦ **essentials** npl 1. (basic commodities) lo indispensable. 2. (most important elements) elementos mpl esenciales.

essentially [ɪ'senʃəlɪ] adv (basically) esencialmente.

establish [ɪ'stæblɪʃ] vt 1. (gen) establecer. 2. (facts, cause) verificar.

establishment [ɪ'stæblɪʃmənt] n establecimiento m. ♦ **Establishment** n: the Establishment el sistema.

estate [ɪ'steɪt] n 1. (land, property) finca f. 2. (housing) ~ urbanización f. 3. (industrial) ~ polígono m industrial. 4. (JUR) (inheritance) herencia f.

estate agency n Br agencia f inmobiliaria

estate agent n Br agente inmobiliario m, agente inmobiliaria f.

estate car n Br ranchera f.

esteem [ɪ'stiːm] ◇ n estima f, consideración f. ◇ vt estimar, apreciar.

esthetic etc Am = **aesthetic** etc

estimate [n 'estɪmət, vb 'estɪmeɪt] ◇ n 1. (calculation, judgment) cálculo m, estimación f. 2. (written quote) presupuesto m. ◇ vt estimar.

estimation [ˌestɪ'meɪʃn] n 1. (opinion) juicio m. 2. (calculation) cálculo m.

Estonia [e'stəunɪə] n Estonia.

estranged [ɪ'streɪndʒd] adj (husband, wife) separado(da); **his** ~ **son** su hijo con el que no se habla.

estuary ['estjuərɪ] n estuario m.

etc. (abbr of etcetera) etc.

etching ['etʃɪŋ] n aguafuerte m o f.

eternal [ɪ'tɜːnl] adj (gen) eterno(na); fig (complaints, whining) perpetuo(tua).

eternity [ɪ'tɜːnətɪ] n eternidad f.

ethic ['eθɪk] n ética f. ♦ **ethics** ◇ n (U) (study) ética f. ◇ npl (morals) moralidad f.

ethical ['eθɪkl] adj ético(ca).

Ethiopia [ˌiːθɪ'əupɪə] n Etiopía.

ethnic ['eθnɪk] adj 1. (traditions, groups, conflict) étnico(ca). 2. (food) típico de una cultura distinta a la occidental.

ethos ['iːθɒs] n código m de valores.

etiquette ['etɪket] n etiqueta f.

EU (abbr of European Union) n UE f.

euphemism ['juːfəmɪzm] n eufemismo m.

euphoria [juː'fɔːrɪə] n euforia f.

euro ['juərəu] n (pl -s) (unit of currency) euro m.

Eurocheque ['juərəu,tʃek] n eurocheque m.

Euro MP n eurodiputado m, -da f.

Europe ['juərəp] n Europa f.

European [ˌjuərə'piːən] ◇ adj europeo (a). ◇ n europeo m, -a f.

European Community n: the ~ la Comunidad Europea.

European Monetary System n: the ~ el Sistema Monetario Europeo.

European Parliament n: the ~ el Parlamento Europeo.

European Union n: the ~ la Unión Europea

euthanasia [ˌjuːθə'neɪzjə] n eutanasia f.

evacuate [ɪ'vækjueɪt] vt evacuar.

evade [ɪ'veɪd] vt eludir.

evaluate [ɪ'væljueɪt] vt evaluar.

evaporate [ɪ'væpəreɪt] vi (liquid) evaporarse; fig (feeling) desvanecerse.

evaporated milk [ɪ'væpəreɪtɪd-] n leche f evaporada.

evasion [ɪ'veɪʒn] n 1. (of responsibility, payment etc) evasión f. 2. (lie) evasiva f.

evasive [ɪ'veɪsɪv] adj evasivo(va).

eve [iːv] n: on the ~ of en la víspera de.

even ['iːvn] ◇ adj 1. (regular) uniforme, constante 2. (calm) sosegado(da). 3. (flat, level) llano(na), liso(sa). 4. (equal - contest, teams) igualado(da); (- chance) igual; **to get** ~ **with** ajustarle las cuentas a. 5. (number) par. ◇ adv 1. (gen) incluso, hasta; ~ **now/then** incluso ahora/entonces; **not** ~ ni siquiera. 2. (in comparisons) aun; ~ **more** aun más. ♦ **even if** conj aunque. ♦ **even so** conj aun así. ♦ **even though** conj aunque. ♦ **even out** vi igualarse.

evening ['iːvnɪŋ] n 1. (end of day - early part) tarde f; (- later part) noche f 2. (event, entertainment) velada f. ♦ **evenings** adv (early) por la tarde; (late) por la noche.

evening class n clase f nocturna.

evening dress n 1. (worn by man) traje m de etiqueta 2. (worn by woman) traje m de noche

event [ɪ'vent] n 1. (happening) acontecimiento m, suceso m; **in the** ~ **of** en caso de; **in the** ~ **that it rains** (en) caso de que llueva. 2. (SPORT) prueba f. ♦ **in any event** adv en todo caso. ♦ **in the event** adv Br al final.

eventful [ɪ'ventfʊl] *adj* accidentado (da)

eventual [ɪ'ventʃʊəl] *adj* final

eventuality [ɪˌventʃʊ'ælətɪ] *n* eventualidad *f*.

eventually [ɪ'ventʃʊəlɪ] *adv* finalmente.

ever ['evəʳ] *adv* **1.** *(at any time)* alguna vez; **have you ~ done it?** ¿lo has hecho alguna vez?; **hardly ~** casi nunca **2.** *(all the time)* siempre; **as ~** como siempre; **for ~** para siempre. **3.** *(for emphasis)*: **~ so** muy; **~ such a mess** un lío tan grande; **why/how ~ did you do it?** ¿por qué/cómo diablos lo hiciste?; **what ~ can it be?** ¿qué diablos puede ser? ◆ **ever since** ◇ *adv* desde entonces. ◇ *conj* desde que. ◇ *prep* desde.

evergreen ['evəgriːn] ◇ *adj* de hoja perenne. ◇ *n* árbol *m* de hoja perenne.

everlasting [ˌevə'lɑːstɪŋ] *adj* eterno (na).

every ['evrɪ] *adj* cada; **~ day** cada día, todos los días. ◆ **every now and then, every so often** *adv* de vez en cuando. ◆ **every other** *adj*: **~ other day** un día sí y otro no, cada dos días.

everybody ['evrɪˌbɒdɪ] = **everyone**.

everyday ['evrɪdeɪ] *adj* diario(ria), cotidiano(na).

everyone ['evrɪwʌn] *pron* todo el mundo, todos(das).

everyplace *Am* = **everywhere**.

everything ['evrɪθɪŋ] *pron* todo; **money isn't ~** el dinero no lo es todo.

everywhere ['evrɪweəʳ], **everyplace** *Am* ['evrɪˌpleɪs] *adv* en OR por todas partes; *(with verbs of motion)* a todas partes.

evict [ɪ'vɪkt] *vt*: **to ~ sb from** desahuciar a alguien de.

evidence ['evɪdəns] *(U)* *n* **1.** *(proof)* prueba *f*. **2.** (JUR) *(of witness)* declaración *f*; **to give ~** dar testimonio.

evident ['evɪdənt] *adj* evidente, manifiesto(ta).

evidently ['evɪdəntlɪ] *adv* **1.** *(seemingly)* por lo visto, al parecer. **2.** *(obviously)* evidentemente, obviamente.

evil ['iːvl] ◇ *adj* *(person)* malo(la), malvado(da); *(torture, practice)* perverso (sa), vil. ◇ *n* **1.** *(evil quality)* maldad *f*. **2.** *(evil thing)* mal *m*.

evocative [ɪ'vɒkətɪv] *adj* evocador(ra).

evoke [ɪ'vəʊk] *vt* **1.** *(memory, emotion)* evocar. **2.** *(response)* producir.

evolution [ˌiːvə'luːʃn] *n* **1.** (BIOL) evo-

lución *f*. **2.** *(development)* desarrollo *m*.

evolve [ɪ'vɒlv] ◇ *vt* desarrollar. ◇ *vi* **1.** (BIOL): **to ~ (into/from)** evolucionar (en/de). **2.** *(develop)* desarrollarse.

ewe [juː] *n* oveja *f*.

ex- [eks] *prefix* ex-.

exacerbate [ɪg'zæsəbeɪt] *vt* exacerbar.

exact [ɪg'zækt] ◇ *adj* exacto(ta); **to be ~** para ser exacto. ◇ *vt*: **to ~ sthg (from)** exigir algo (de).

exacting [ɪg'zæktɪŋ] *adj* **1.** *(job, work)* arduo(dua). **2.** *(standards)* severo(ra); *(person)* exigente.

exactly [ɪg'zæktlɪ] ◇ *adv* *(precisely)* exactamente; **it's ~ ten o'clock** son las diez en punto. ◇ *excl* ¡exacto!

exaggerate [ɪg'zædʒəreɪt] *vt* & *vi* exagerar.

exaggeration [ɪgˌzædʒə'reɪʃn] *n* exageración *f*.

exalted [ɪg'zɔːltɪd] *adj* *(person, position)* elevado(da).

exam [ɪg'zæm] *(abbr of* **examination***)* *n* examen *m*; **to take** OR **sit an ~** presentarse a un examen.

examination [ɪgˌzæmɪ'neɪʃn] *n* **1.** = **exam**. **2.** *(inspection)* inspección *f*, examen *m*. **3.** (MED) reconocimiento *m*. **4.** *(consideration)* estudio *m*.

examine [ɪg'zæmɪn] *vt* **1.** *(gen)* examinar. **2.** (MED) reconocer. **3.** *(consider - idea, proposal)* estudiar, considerar. **4.** (JUR) interrogar.

examiner [ɪg'zæmɪnəʳ] *n* examinador *m*, -ra *f*.

example [ɪg'zɑːmpl] *n* ejemplo *m*; **for ~** por ejemplo.

exasperate [ɪg'zæspəreɪt] *vt* exasperar.

exasperation [ɪgˌzæspə'reɪʃn] *n* exasperación *f*, irritación *f*.

excavate ['ekskəveɪt] *vt* excavar.

exceed [ɪk'siːd] *vt* **1.** *(amount, number)* exceder, pasar. **2.** *(limit, expectations)* rebasar.

exceedingly [ɪk'siːdɪŋlɪ] *adv* extremadamente.

excel [ɪk'sel] *vi*: **to ~ (in** OR **at)** sobresalir (en); **to ~ o.s.** *Br* lucirse

excellence ['eksələns] *n* excelencia *f*.

excellent ['eksələnt] *adj* excelente.

except [ɪk'sept] ◇ *prep* & *conj*: **~ (for)** excepto, salvo. ◇ *vt*: **to ~ sb (from)** exceptuar OR excluir a alguien (de).

excepting [ɪk'septɪŋ] *prep* & *conj* = **except**.

exception [ɪk'sepʃn] *n* **1.** *(exclusion)*: **~ (to)** excepción *f* (a); **with the ~ of** a excepción de. **2.** *(offence)*: **to take ~ to** ofenderse por.

exceptional [ɪk'sepʃənl] *adj* excepcional.

excerpt ['eksɜːpt] *n*: ~ (from) extracto *m* (de).

excess [ɪk'ses, *before nouns* 'ekses] ◇ *adj* excedente. ◇ *n* exceso *m*.

excess baggage *n* exceso *m* de equipaje.

excess fare *n Br* suplemento *m*.

excessive [ɪk'sesɪv] *adj* excesivo(va).

exchange [ɪks'tʃeɪndʒ] ◇ *n* 1. (*gen*) intercambio *m*; **in ~ (for)** a cambio (de). 2. (FIN) cambio *m*. 3. (TELEC): (**telephone**) ~ central *f* telefónica. 4. *fml* (*conversation*): **a heated** ~ una acalorada discusión ◇ *vt* (*swap*) intercambiar, cambiar; **to ~ sthg for sthg** cambiar algo por algo; **to ~ sthg with sb** intercambiar algo con alguien.

exchange rate *n* (FIN) tipo *m* de cambio.

Exchequer [ɪks'tʃekər] *n Br*: **the ~** ≃ Hacienda

excise ['eksaɪz] *n* (*U*) impuestos *mpl* sobre el consumo interior.

excite [ɪk'saɪt] *vt* 1. (*person*) emocionar. 2. (*suspicion, interest*) despertar.

excited [ɪk'saɪtɪd] *adj* emocionado (da).

excitement [ɪk'saɪtmənt] *n* emoción *f*.

exciting [ɪk'saɪtɪŋ] *adj* emocionante.

exclaim [ɪk'skleɪm] ◇ *vt* exclamar. ◇ *vi*: **to ~ (at)** exclamar (ante).

exclamation [,eksklə'meɪʃn] *n* exclamación *f*.

exclamation mark *Br*, **exclamation point** *Am n* signo *m* de admiración.

exclude [ɪk'skluːd] *vt*: **to ~ sthg/sb (from)** excluir algo/a alguien (de).

excluding [ɪk'skluːdɪŋ] *prep* excepto, con excepción de.

exclusive [ɪk'skluːsɪv] ◇ *adj* 1. (*high-class*) selecto(ta). 2. (*sole*) exclusivo(va). ◇ *n* (*news story*) exclusiva *f*. ◆ **exclusive of** *prep* excluyendo.

excrement ['ekskrɪmənt] *n* excremento *m*.

excruciating [ɪk'skruːʃieɪtɪŋ] *adj* insoportable.

excursion [ɪk'skɜːʃn] *n* excursión *f*.

excuse [*n* ɪk'skjuːs, *vb* ɪk'skjuːz] ◇ *n* excusa *f*; **to make an** ~ dar una excusa, excusarse. ◇ *vt* 1. (*gen*): **to ~ sb (for sthg/for doing sthg)** perdonar a alguien (por algo/por haber hecho algo). 2. (*let off*): **to ~ sb (from)** dispensar a alguien (de). 3. *phr*: **~ me** (*to attract attention*) oiga (por favor); (*when*

coming past) ¿me deja pasar?; (*apologizing*) perdone; *Am* (*pardon me?*) ¿perdón?, ¿cómo?

ex-directory *adj Br* que no figura en la guía telefónica.

execute ['eksɪkjuːt] *vt* (*gen & COMPUT*) ejecutar.

execution [,eksɪ'kjuːʃn] *n* ejecución *f*.

executioner [,eksɪ'kjuːʃnər] *n* verdugo *m*.

executive [ɪg'zekjutɪv] ◇ *adj* (*decision-making*) ejecutivo(va). ◇ *n* 1. (*person*) ejecutivo *m*, -va *f*. 2. (*committee*) ejecutiva *f*, órgano *m* ejecutivo.

executive director *n* director ejecutivo *m*, directora ejecutiva *f*.

executor [ɪg'zekjutər] *n* albacea *m*.

exemplify [ɪg'zemplɪfaɪ] *vt* ejemplificar.

exempt [ɪg'zempt] ◇ *adj*: ~ (**from**) exento(ta) (de). ◇ *vt*: **to ~ sthg/sb (from)** eximir algo/a alguien (de).

exercise ['eksəsaɪz] ◇ *n* 1. (*gen*) ejercicio *m*. 2. (MIL) maniobra *f*. ◇ *vt* 1. (*dog*) llevar de paseo; (*horse*) entrenar. 2. *fml* (*power, right*) ejercer; (*caution, restraint*) mostrar. ◇ *vi* hacer ejercicio.

exercise book *n* cuaderno *m* de ejercicios.

exert [ɪg'zɜːt] *vt* ejercer; **to ~ o.s.** esforzarse.

exertion [ɪg'zɜːʃn] *n* esfuerzo *m*.

exhale [eks'heɪl] ◇ *vt* exhalar, despedir. ◇ *vi* espirar.

exhaust [ɪg'zɔːst] ◇ *n* (*U*) (*fumes*) gases *mpl* de combustión; ~ (**pipe**) tubo *m* de escape. ◇ *vt* agotar.

exhausted [ɪg'zɔːstɪd] *adj* (*person*) agotado(da).

exhausting [ɪg'zɔːstɪŋ] *adj* agotador (ra).

exhaustion [ɪg'zɔːstʃn] *n* agotamiento *m*.

exhaustive [ɪg'zɔːstɪv] *adj* exhaustivo (va).

exhibit [ɪg'zɪbɪt] ◇ *n* 1. (ART) objeto *m* expuesto 2. (JUR) prueba *f* (instrumental) ◇ *vt* 1. *fml* (*feeling*) mostrar, manifestar. 2. (ART) exponer.

exhibition [,eksɪ'bɪʃn] *n* 1. (ART) exposición *f*. 2. (*of feeling*) manifestación *f*.

exhilarating [ɪg'zɪləreɪtɪŋ] *adj* estimulante.

exile ['eksaɪl] ◇ *n* 1. (*condition*) exilio *m*; **in** ~ en el exilio 2. (*person*) exiliado *m*, -da *f* ◇ *vt*: **to ~ sb (from/to)** exiliar a alguien (de/a).

exist [ɪg'zɪst] *vi* existir.

existence [ɪg'zɪstəns] *n* existencia *f*; **to**

be in ~ existir; **to come into** ~ nacer.

existing [ɪgˈzɪstɪŋ] *adj* existente, actual.

exit [ˈeksɪt] ◇ *n* salida *f*. ◇ *vi fml* salir; (THEATRE) hacer mutis.

exodus [ˈeksədəs] *n* éxodo *m*.

exonerate [ɪgˈzɒnəreɪt] *vt*: **to** ~ **sb (from)** exonerar a alguien (de).

exorbitant [ɪgˈzɔːbɪtənt] *adj (cost)* excesivo(va); *(demand, price)* exorbitante.

exotic [ɪgˈzɒtɪk] *adj* exótico(ca).

expand [ɪkˈspænd] ◇ *vt* extender, ampliar. ◇ *vi* extenderse, ampliarse; *(materials, fluids)* expandirse, dilatarse.
◆ **expand (up)on** *vt fus* desarrollar

expanse [ɪkˈspæns] *n* extensión *f*.

expansion [ɪkˈspænʃn] *n* expansión *f*.

expect [ɪkˈspekt] ◇ *vt* **1.** *(gen)* esperar; **to** ~ **sb to do sthg** esperar que alguien haga algo; **to** ~ **sthg (from sb)** esperar algo (de alguien); **as** ~**ed** como era de esperar. **2.** *(suppose)* imaginarse, suponer; **I** ~ **so** supongo que sí. ◇ *vi* **1.** *(anticipate)*: **to** ~ **to do sthg** esperar hacer algo. **2.** *(be pregnant)*: **to be** ~**ing** estar embarazada OR en estado.

expectancy → **life expectancy**.

expectant [ɪkˈspektənt] *adj* expectante.

expectant mother *n* futura madre *f*.

expectation [ˌekspekˈteɪʃn] *n* esperanza *f*; **against all** ~ **s**, **contrary to all** ~ OR ~ **s** contrariamente a lo que se esperaba; **to live up to/fall short of sb's** ~ **s** estar/no estar a la altura de lo esperado.

expedient [ɪkˈspiːdjənt] *fml* ◇ *adj* conveniente. ◇ *n* recurso *m*

expedition [ˌekspɪˈdɪʃn] *n* **1.** *(journey)* expedición *f*. **2.** *(outing)* salida *f*.

expel [ɪkˈspel] *vt* **1.** *(person)*: **to** ~ **sb (from)** expulsar a alguien (de). **2.** *(gas, liquid)*: **to** ~ **sthg (from)** expeler algo (de).

expend [ɪkˈspend] *vt*: **to** ~ **sthg (on)** emplear algo (en).

expendable [ɪkˈspendəbl] *adj* reemplazable.

expenditure [ɪkˈspendɪtʃər] *n* (U) gasto *m*.

expense [ɪkˈspens] *n* (U) gasto *m*; **at the** ~ **of** *(sacrificing)* a costa de; **at sb's** ~ *lit & fig* a costa de alguien.
◆ **expenses** *npl* (COMM) gastos *mpl*.

expense account *n* cuenta *f* de gastos.

expensive [ɪkˈspensɪv] *adj* caro(ra).

experience [ɪkˈspɪərɪəns] ◇ *n* experiencia *f*. ◇ *vt* experimentar.

experienced [ɪkˈspɪərɪənst] *adj*: ~ **(at** OR **in)** experimentado(da) (en).

experiment [ɪkˈsperɪmənt] ◇ *n* experimento *m*. ◇ *vi*: **to** ~ **(with/on)** experimentar (con), hacer experimentos (con).

expert [ˈekspɜːt] ◇ *adj*: ~ **(at sthg/at doing sthg)** experto(ta) (en algo/en hacer algo). ◇ *n* experto *m*, -ta *f*.

expertise [ˌekspɜːˈtiːz] *n* (U) competencia *f*, aptitud *f*.

expire [ɪkˈspaɪər] *vi (licence, membership)* caducar; *(lease)* vencer

expiry [ɪkˈspaɪərɪ] *n (of licence)* caducación *f*; *(of lease)* vencimiento *m*.

explain [ɪkˈspleɪn] ◇ *vt*: **to** ~ **sthg (to sb)** explicar algo (a alguien). ◇ *vi* explicar; **to** ~ **to sb about sthg** explicarle algo a alguien.

explanation [ˌekspləˈneɪʃn] *n*: ~ **(for)** explicación *f* (de).

explicit [ɪkˈsplɪsɪt] *adj* explícito(ta).

explode [ɪkˈspləud] ◇ *vt (bomb)* hacer explotar; *(building etc)* volar; *fig (theory)* reventar. ◇ *vi lit & fig* estallar.

exploit [*n* ˈeksplɔɪt, *vb* ɪkˈsplɔɪt] ◇ *n* proeza *f*, hazaña *f* ◇ *vt* explotar

exploitation [ˌeksplɔɪˈteɪʃn] *n* (U) explotación *f*.

exploration [ˌeksplɔˈreɪʃn] *n* exploración *f*.

explore [ɪkˈsplɔːr] *vt & vi lit & fig* explorar.

explorer [ɪkˈsplɔːrər] *n* explorador *m*, -ra *f*.

explosion [ɪkˈspləuʒn] *n* explosión *f*.

explosive [ɪkˈspləusɪv] ◇ *adj* explosivo(va). ◇ *n* explosivo *m*.

exponent [ɪkˈspəunənt] *n* **1.** *(supporter)* partidario *m*, -ria *f*. **2.** *(expert)* experto *m*, -ta *f*.

export [*n & comp* ˈekspɔːt, *vb* ɪkˈspɔːt] ◇ *n* **1.** *(act)* exportación *f*. **2.** *(exported product)* artículo *m* de exportación. ◇ *comp* de exportación. ◇ *vt* exportar.

exporter [ekˈspɔːtər] *n* exportador *m*, -ra *f*

expose [ɪkˈspəuz] *vt lit & fig* descubrir; **to be** ~**d to sthg** estar OR verse expuesto a algo.

exposed [ɪkˈspəuzd] *adj (land, house, position)* expuesto(ta), al descubierto.

exposure [ɪkˈspəuʒər] *n* **1.** *(to light, radiation)* exposición *f*. **2.** (MED) hipotermia *f*. **3.** (PHOT) *(time)* (tiempo *m* de) exposición *f*; *(photograph)* fotografía *f*. **4.** *(publicity)* publicidad *f*.

exposure meter *n* fotómetro *m*

expound [ɪk'spaʊnd] *vt fml* exponer.

express [ɪk'spres] ◊ *adj* **1.** *Br (letter, delivery)* urgente. **2.** *(train, coach)* rápido(da). **3.** *fml (specific)* expreso(sa). ◊ *adv* urgente. ◊ *n (train)* expreso *m*. ◊ *vt* expresar; **to ~ o.s.** expresarse.

expression [ɪk'spreʃn] *n* expresión *f*.

expressive [ɪk'spresɪv] *adj (full of feeling)* expresivo(va).

expressly [ɪk'spreslɪ] *adv (specifically)* expresamente.

expressway [ɪk'spreswei] *n Am* autopista *f*.

exquisite [ɪk'skwɪzɪt] *adj* exquisito (ta).

ext., extn. *(abbr of extension)* ext

extend [ɪk'stend] ◊ *vt* **1.** *(gen)* extender; *(house)* ampliar; *(road, railway)* prolongar; *(visa)* prorrogar. **2.** *(offer - welcome, help)* brindar; *(- credit)* conceder. ◊ *vi* **1.** *(become longer)* extenderse. **2.** *(from surface, object)* sobresalir.

extension [ɪk'stenʃn] *n* **1.** *(gen & TELEC)* extensión *f*. **2.** *(to building)* ampliación *f*. **3.** *(of visit)* prolongación *f*; *(of deadline, visa)* prórroga *f*. **4.** *(ELEC)*: **~ (lead)** alargador *m*.

extension cable *n* alargador *m*.

extensive [ɪk'stensɪv] *adj (gen)* extenso(sa); *(changes)* profundo(da); *(negotiations)* amplio(plia).

extensively [ɪk'stensɪvlɪ] *adv* extensamente

extent [ɪk'stent] *n* **1.** *(size)* extensión *f*. **2.** *(of problem, damage)* alcance *m*. **3.** *(degree)*: **to what ~ ...?** ¿hasta qué punto ...?; **to the ~ that** *(in that, in so far as)* en la medida en que; *(to the point where)* hasta tal punto que; **to some/a certain ~** hasta cierto punto; **to a large OR great ~** en gran medida.

extenuating circumstances [ɪk-'stenjʊeɪtɪŋ-] *npl* circunstancias *fpl* atenuantes.

exterior [ɪk'stɪərɪəʳ] ◊ *adj* exterior. ◊ *n* exterior *m*.

exterminate [ɪk'stɜːmɪneɪt] *vt* exterminar.

external [ɪk'stɜːnl] *adj* externo(na).

extinct [ɪk'stɪŋkt] *adj* extinto(ta).

extinguish [ɪk'stɪŋgwɪʃ] *vt fml (gen)* extinguir; *(cigarette)* apagar

extinguisher [ɪk'stɪŋgwɪʃəʳ] *n* extintor *m*.

extn. = ext.

extol, extoll *Am* [ɪk'stəʊl] *vt (merits, values)* ensalzar.

extort [ɪk'stɔːt] *vt*: **to ~ sthg from sb** *(confession, promise)* arrancar algo a

alguien; *(money)* sacar algo a alguien.

extortionate [ɪk'stɔːʃnət] *adj* desorbitado(da), exorbitante

extra ['ekstrə] ◊ *adj (additional)* extra *(inv)*, adicional; *(spare)* de más; **take ~ care** pon sumo cuidado. ◊ *n* **1.** *(addition)* extra *m*. **2.** *(additional charge)* suplemento *m*. **3.** *(CINEMA & THEATRE)* extra *m y f*. ◊ *adv* extra; **to pay/ charge ~** pagar/cobrar un suplemento.

extra- ['ekstrə] *prefix* extra-.

extract [*n* 'ekstrækt, *vb* ɪk'strækt] ◊ *n* **1.** *(from book, piece of music)* fragmento *m*. **2.** *(CHEM)* extracto *m*. ◊ *vt*: **to ~ sthg (from)** *(gen)* extraer algo (de); *(confession)* arrancar algo (de).

extradite ['ekstrədaɪt] *vt*: **to ~ sb (from/to)** extraditar OR extradir a alguien (de/a).

extramarital [,ekstrə'mærɪtl] *adj* fuera del matrimonio.

extramural [,ekstrə'mjʊərəl] *adj (UNIV)* fuera de la universidad pero organizado por ella.

extraordinary [ɪk'strɔːdnrɪ] *adj* extraordinario(ria).

extraordinary general meeting *n* junta *f* (general) extraordinaria.

extravagance [ɪk'strævəgəns] *n* **1.** *(U) (excessive spending)* derroche *m*, despilfarro *m*. **2.** *(luxury)* extravagancia *f*.

extravagant [ɪk'strævəgənt] *adj* **1.** *(wasteful)* derrochador(ra). **2.** *(expensive)* caro(ra). **3.** *(exaggerated)* extravagante.

extreme [ɪk'striːm] ◊ *adj* extremo (ma). ◊ *n (furthest limit)* extremo *m*.

extremely [ɪk'striːmlɪ] *adv (very)* sumamente, extremadamente.

extremist [ɪk'striːmɪst] ◊ *adj* extremista. ◊ *n* extremista *m y f*.

extricate ['ekstrɪkeɪt] *vt*: **to ~ sthg from** lograr sacar algo de; **to ~ o.s. from** lograr salirse de.

extrovert ['ekstrəvɜːt] ◊ *adj* extrovertido(da). ◊ *n* extrovertido *m*, -da *f*.

exultant [ɪg'zʌltənt] *adj* jubiloso(sa).

eye [aɪ] *(cont* **eyeing** OR **eying)** ◊ *n* ojo *m*; **to cast** OR **run one's ~ over sthg** echar un ojo OR un vistazo a algo; **to have one's ~ on sthg** echar el ojo a algo; **to keep one's ~s open for, to keep an ~ out for** estar atento a; **to keep an ~ on sthg** echar un ojo a algo, vigilar algo. ◊ *vt* mirar.

eyeball ['aɪbɔːl] *n* globo *m* ocular.

eyebath ['aɪbɑːθ] *n* lavaojos *m inv*.

eyebrow ['aɪbraʊ] *n* ceja *f*.

eyebrow pencil *n* lápiz *m* de cejas.

eyedrops ['aɪdrɒps] *npl* colirio *m*.

eyelash ['aɪlæʃ] *n* pestaña *f*.

eyelid ['aɪlɪd] *n* párpado *m*.

eyeliner ['aɪ,laɪnəʳ] *n* lápiz *m* de ojos.

eye-opener *n inf (revelation)* revelación *f; (surprise)* sorpresa *f*.

eye shadow *n* sombra *f* de ojos.

eyesight ['aɪsaɪt] *n* vista *f*.

eyesore ['aɪsɔːʳ] *n* monstruosidad *f*.

eyestrain ['aɪstreɪn] *n* vista *f* cansada.

eyewitness [,aɪ'wɪtnɪs] *n* testigo *m* y *f* ocular.

F

f (*pl* **f's** OR **fs**), **F** (*pl* **F's** OR **Fs**) [ef] *n* (*letter*) f *f*, F *f*. ◆ **F** ◇ *n* (MUS) fa *m*. ◇ *adj* (*abbr of* **Fahrenheit**) F.

fable ['feɪbl] *n (traditional story)* fábula *f*.

fabric ['fæbrɪk] *n* 1. *(cloth)* tela *f*, tejido *m*. 2. *(of building, society)* estructura *f*.

fabrication [,fæbrɪ'keɪʃn] *n* 1. *(lying, lie)* invención *f*. 2. *(manufacture)* fabricación *f*.

fabulous ['fæbjʊləs] *adj inf (excellent)* fabuloso(sa).

facade [fə'sɑːd] *n* fachada *f*

face [feɪs] ◇ *n* 1. *(of person)* cara *f*, rostro *m*; ~ **to** ~ cara a cara; **to lose** ~ quedar mal; **to save** ~ salvar las apariencias; **to say sthg to sb's** ~ decir algo a alguien en su cara. 2. *(expression)* semblante *m*; **to make** OR **pull a** ~ hacer muecas. 3. *(of cliff, mountain, coin)* cara *f; (of building)* fachada *f*. 4. *(of clock, watch)* esfera *f*. 5. *(appearance, nature)* aspecto *m*. 6. *(surface)* superficie *f*; **on the** ~ **of it** a primera vista. ◇ *vt* 1. *(point towards)* mirar a. 2. *(confront, accept, deal with)* hacer frente a. 3. *inf (cope with)* aguantar, soportar. ◇ *vi*: **to** ~ **forwards/south** mirar hacia delante/al sur. ◆ **face down** *adv* boca abajo. ◆ **face up** *adv* boca arriba. ◆ **in the face of** *prep (in spite of)* a pesar de. ◆ **face up to** *vt fus* hacer frente a.

facecloth ['feɪsklɒθ] *n Br* toallita *f (para lavarse)*.

face cream *n* crema *f* facial.

face-lift *n (on face)* lifting *m; fig (on*

building etc) lavado *m* de cara.

face powder *n* (U) polvos *mpl* para la cara

face-saving [-'seɪvɪŋ] *adj* para salvar las apariencias.

facet ['fæsɪt] *n* faceta *f*.

facetious [fə'siːʃəs] *adj* guasón(ona).

face value *n (of coin, stamp)* valor *m* nominal; **to take sthg at** ~ tomarse algo literalmente.

facility [fə'sɪlətɪ] *n (feature)* dispositivo *m*. ◆ **facilities** *npl (amenities)* instalaciones *fpl; (services)* servicios *mpl*.

facing ['feɪsɪŋ] *adj* opuesto(ta).

facsimile [fæk'sɪmɪlɪ] *n* facsímil *m*

fact [fækt] *n* 1. *(piece of information)* dato *m; (established truth)* hecho *m*; **to know sthg for a** ~ saber algo a ciencia cierta. 2. *(U) (truth)* realidad *f*. ◆ **in fact** *conj & adv* de hecho, en realidad

fact of life *n* hecho *m* ineludible. ◆ **facts of life** *npl euphemism*: **to tell sb (about) the facts of life** contar a alguien cómo nacen los niños.

factor ['fæktəʳ] *n* factor *m*.

factory ['fæktərɪ] *n* fábrica *f*.

fact sheet *n Br* hoja *f* informativa.

factual ['fæktʃʊəl] *adj* basado(da) en hechos reales. '

faculty ['fækltɪ] *n* 1. *(gen)* facultad *f*. 2. *Am (in college)*: **the** ~ el profesorado.

fad [fæd] *n (of person)* capricho *m; (of society)* moda *f* pasajera.

fade [feɪd] ◇ *vt* descolorar, desteñir. ◇ *vi* 1. *(jeans, curtains, paint)* descolorarse, desteñirse; *(flower)* marchitarse. 2. *(light, sound, smile)* irse apagando. 3. *(memory, feeling, interest)* desvanecerse.

faeces *Br*, **feces** *Am* ['fiːsiːz] *npl* heces *fpl*.

fag [fæg] *n inf* 1. *Br (cigarette)* pitillo *m*. 2. *Am pej (homosexual)* marica *m*.

Fahrenheit ['færənhaɪt] *adj* Fahrenheit *(inv)*.

fail [feɪl] ◇ *vt* 1. *(exam, test, candidate)* suspender. 2. *(not succeed)*: **to** ~ **to do sthg** no lograr hacer algo. 3. *(neglect)*: **to** ~ **to do sthg** no hacer algo. 4. *(let down)* fallar. ◇ *vi* 1. *(not succeed)* fracasar. 2. *(not pass exam)* suspender. 3. *(stop functioning)* fallar. 4. *(weaken)* debilitarse.

failing ['feɪlɪŋ] ◇ *n (weakness)* fallo *m*. ◇ *prep* a falta de; ~ **that** en su defecto.

failure ['feɪljəʳ] *n* 1. *(lack of success, unsuccessful thing)* fracaso *m*. 2. *(person)* fracasado *m*, -da *f*. 3. *(in exam)* suspenso m. **4.** (act of neglecting): **her ~ to do it** el que no lo hiciera. **5.** (breakdown, malfunction) avería f, fallo m.

faint [feɪnt] ◊ adj **1.** (weak, vague) débil; (outline) impreciso(sa); (memory, longing) vago(ga); (trace, hint, smell) leve. **2.** (chance) reducido(da). **3.** (dizzy) mareado(da) ◊ vi desmayarse.

fair [feə^r] ◊ adj **1.** (just) justo(ta); **it's not ~!** ¡no hay derecho! **2.** (quite large) considerable. **3.** (quite good) bastante bueno(na). **4.** (hair) rubio(bia). **5.** (skin, complexion) blanco(ca), claro(ra). **6.** (weather) bueno(na). ◊ n **1.** Br (funfair) parque m de atracciones **2.** (trade fair) feria f. ◊ adv (fairly) limpio. ◆ **fair enough** adv Br inf vale.

fair-haired [-'heəd] adj rubio(bia).

fairly ['feəlɪ] adv **1.** (moderately) bastante. **2.** (justly) justamente.

fairness ['feənɪs] n (justness) justicia f.

fair play n juego m limpio.

fair trade n comercio m justo.

fairy ['feərɪ] n hada f.

fairy tale n cuento m de hadas.

faith [feɪθ] n fe f.

faithful ['feɪθfʊl] ◊ adj fiel. ◊ npl (RELIG): **the ~** los fieles.

faithfully ['feɪθfʊlɪ] adv fielmente; **Yours ~** Br (in letter) le saluda atentamente

fake [feɪk] ◊ adj falso(sa). ◊ n **1.** (object, painting) falsificación f. **2.** (person) impostor m, -ra f. ◊ vt **1.** (results, signature) falsificar. **2.** (illness, emotions) fingir. ◊ vi (pretend) fingir.

falcon ['fɔːlkən] n halcón m.

Falkland Islands ['fɔːklənd-], **Falklands** ['fɔːkləndz] npl: **the ~** las (Islas) Malvinas.

fall [fɔːl] (pt **fell**, pp **fallen**) ◊ vi **1.** (gen) caer; **he fell off the chair** se cayó de la silla; **to ~ to bits** OR **pieces** hacerse pedazos; **to ~ flat** fig no causar el efecto deseado. **2.** (decrease) bajar. **3.** (become): **to ~ ill** ponerse enfermo(ma); **to ~ asleep** dormirse; **to ~ in love** enamorarse. ◊ n **1.** (gen) caída f. **2.** (of snow) nevada f **3.** (MIL - of city) derrota f. **4.** (decrease): **~ (in)** descenso m (de). **5.** Am (autumn) otoño m ◆ **falls** npl cataratas fpl. ◆ **fall apart** vi (book, chair) romperse; fig (country, person) desmoronarse. ◆ **fall back** vi (person, crowd) echarse atrás, retroceder. ◆ **fall back on** vt fus (resort to) recurrir a. ◆ **fall behind** vi **1.** (in race) quedarse atrás. **2.** (with rent, work) retrasarse. ◆ **fall for** vt fus **1.** inf (fall in love with) enamorarse de. **2.** (trick, lie) tragarse. ◆ **fall in** vi **1.** (roof, ceiling) desplomarse, hundirse. **2.** (MIL) formar filas. ◆ **fall off** vi **1.** (branch, handle) desprenderse. **2.** (demand, numbers) disminuir. ◆ **fall out** vi **1.** (hair, tooth): **his hair is ~ing out** se le está cayendo el pelo. **2.** (friends) pelearse, discutir. **3.** (MIL) romper filas ◆ **fall over** vi (person, chair etc) caerse. ◆ **fall through** vi (plan, deal) fracasar.

fallacy ['fæləsɪ] n concepto m erróneo, error m

fallen ['fɔːln] pp → **fall**.

fallible ['fæləbl] adj falible.

fallout ['fɔːlaʊt] n (radiation) lluvia f radiactiva.

fallout shelter n refugio m atómico.

fallow ['fæləʊ] adj en barbecho.

false [fɔːls] adj (gen) falso(sa); (eyelashes, nose) postizo(za).

false alarm n falsa alarma f

false teeth npl dentadura f postiza.

falsify ['fɔːlsɪfaɪ] vt (facts, accounts) falsificar.

falter ['fɔːltə^r] vi vacilar.

fame [feɪm] n fama f.

familiar [fə'mɪljə^r] adj **1.** (known) familiar, conocido(da). **2.** (conversant): **~ with** familiarizado(da) con. **3.** pej (too informal - tone, manner) demasiado amistoso(sa).

familiarity [fə,mɪlɪ'ærətɪ] n (U) (knowledge): **~ with** conocimiento m de.

familiarize, -ise [fə'mɪljəraɪz] vt: **to ~ o.s./sb with sthg** familiarizarse/ familiarizar a alguien con algo.

family ['fæmlɪ] n familia f.

family credit n (U) Br = prestación f OR ayuda f familiar.

family doctor n médico m de cabecera.

family planning n planificación f familiar.

famine ['fæmɪn] n hambruna f.

famished ['fæmɪʃt] adj inf (very hungry) muerto(ta) de hambre, famélico(ca).

famous ['feɪməs] adj: **~ (for)** famoso (sa) (por).

famously ['feɪməslɪ] adv dated: **to get on** OR **along ~ (with sb)** llevarse de maravilla (con alguien)

fan [fæn] ◊ n **1.** (of paper, silk) abanico m. **2.** (electric or mechanical) ventilador m. **3.** (enthusiast) fan m y f, admirador m, -ra f; (FTBL) hincha m y f. ◊ vt **1.** (cool) abanicar. **2.** (stimulate - fire, *feelings)* avivar. ♦ **fan out** *vi* desplegarse en abanico.

fanatic [fə'nætɪk] *n* fanático *m*, -ca *f*.

fan belt *n* correa *f* del ventilador

fanciful ['fænsɪful] *adj (odd)* rocambolesco(ca).

fancy ['fænsɪ] ◇ *vt* **1.** *inf (feel like)*: **I ~ a cup of tea/going to the cinema** me apetece una taza de té/ir al cine. **2.** *inf (desire)*: **do you ~ her?** ¿te gusta?, ¿te mola? **3.** *(imagine)*: **~ that!** ¡imagínate! **4.** *dated (think)* creer. ◇ *n (desire, liking)* capricho *m*; **to take a ~ to** encapricharse con ◇ *adj* **1.** *(elaborate)* elaborado(da). **2.** *(expensive)* de lujo, caro(ra); *(prices)* exorbitante.

fancy dress *n (U)* disfraz *m*.

fancy-dress party *n* fiesta *f* de disfraces.

fanfare ['fænfeəʳ] *n* fanfarria *f*.

fang [fæŋ] *n* colmillo *m*.

fan heater *n* convector *m*.

fanny ['fænɪ] *n Am inf (buttocks)* nalgas *fpl*.

fantasize, -ise ['fæntəsaɪz] *vi* fantasear; **to ~ about sthg/about doing sthg** soñar con algo/con hacer algo.

fantastic [fæn'tæstɪk] *adj (gen)* fantástico(ca).

fantasy ['fæntəsɪ] *n* fantasía *f*

fantasy football *n* ≃ la liga fantástica®.

fao *(abbr of* for the attention of*)* a/a.

far [fɑːʳ] *(compar* farther OR further, *superl* farthest OR furthest) ◇ *adv* **1.** *(in distance, time)* lejos; **is it ~?** ¿está lejos?; **how ~ is it?** ¿a qué distancia está?; **how ~ is it to Prague?** ¿cuánto hay de aquí a Praga?; **~ away** OR **off** *(a long way away, a long time away)* lejos; **so ~** por ahora, hasta ahora; **~ and wide** por todas partes; **as ~ as** hasta. **2.** *(in degree or extent)*: **~ more/better/ stronger** mucho más/mejor/más fuerte; **how ~ have you got?** ¿hasta dónde has llegado?; **as ~ as I know** que yo sepa; **as ~ as I'm concerned** por OR en lo que a mí respecta; **as ~ as possible** en (la medida de) lo posible; **~ and away, by ~** con mucho; **~ from it** en absoluto, todo lo contrario; **so ~** hasta un cierto punto. ◇ *adj (extreme)* extremo(ma).

faraway ['fɑːrəweɪ] *adj* **1.** *(land etc)* lejano(na). **2.** *(look, expression)* ausente.

farce [fɑːs] *n lit & fig* farsa *f*.

farcical ['fɑːsɪkl] *adj* absurdo(da).

fare [feəʳ] *n* **1.** *(payment)* (precio *m* del)

billete *m*; *(in taxi)* tarifa *f*; *(passenger)* cliente *m y f (de taxi)*. **2.** *(U) fml (food)* comida *f*.

Far East *n*: **the ~** el Extremo Oriente.

farewell [,feə'wel] ◇ *n* adiós *m*, despedida *f*. ◇ *excl literary* ¡vaya con Dios!

farm [fɑːm] ◇ *n* granja *f*, chacra *f Amer.* ◇ *vt (land)* cultivar; *(livestock)* criar.

farmer ['fɑːməʳ] *n* agricultor *m*, -ra *f*, granjero *m*, -ra *f*, chacarero *m*, -ra *f Amer.*

farmhand ['fɑːmhænd] *n* peón *m*.

farmhouse ['fɑːmhaus, *pl* -hauzɪz] *n* granja *f*, caserío *m*.

farming ['fɑːmɪŋ] *(U) n* **1.** (AGR) *(industry)* agricultura *f*. **2.** *(act - of crops)* cultivo *m*; *(- of animals)* cría *f*, crianza *f*.

farm labourer = farmhand.

farmland ['fɑːmlænd] *n (U)* tierras *fpl* de labranza.

farmstead ['fɑːmsted] *n Am* granja *f*

farm worker = farmhand.

farmyard ['fɑːmjɑːd] *n* corral *m*.

far-reaching [-'riːtʃɪŋ] *adj* trascendental, de amplio alcance.

farsighted [,fɑː'saɪtɪd] *adj* **1.** *(gen)* con visión de futuro. **2.** *Am (long-sighted)* présbita.

fart [fɑːt] *v inf* ◇ *n (flatulence)* pedo *m*. ◇ *vi* tirarse un pedo.

farther ['fɑːðəʳ] *compar →* **far**.

farthest ['fɑːðəst] *superl →* **far**.

fascinate ['fæsɪneɪt] *vt* fascinar.

fascinating ['fæsɪneɪtɪŋ] *adj* fascinante.

fascination [,fæsɪ'neɪʃn] *n* fascinación *f*.

fascism ['fæʃɪzm] *n* fascismo *m*.

fashion ['fæʃn] ◇ *n* **1.** *(clothing, style, vogue)* moda *f*; **in/out of ~** de/pasado de moda. **2.** *(manner)* manera *f* ◇ *vt fml* elaborar; *fig* forjar.

fashionable ['fæʃnəbl] *adj* de moda.

fashion show *n* pase *m* OR desfile *m* de modelos.

fast [fɑːst] ◇ *adj* **1.** *(rapid)* rápido(da). **2.** *(clock, watch)* que adelanta. **3.** *(dye, colour)* que no destiñe. ◇ *adv* **1.** *(rapidly)* de prisa, rápidamente. **2.** *(firmly)*: **stuck ~** bien pegado(da); **~ asleep** profundamente dormido. ◇ *n* ayuno *m*. ◇ *vi* ayunar.

fasten ['fɑːsn] *vt* **1.** *(gen)* sujetar; *(clothes, belt)* abrochar; **he ~ed his coat** se abrochó el abrigo. **2.** *(attach)*: **to ~ sthg to sthg** fijar algo a algo.

fastener ['fɑːsnəʳ] *n* cierre *m*, broche *m*; *(zip)* cremallera *f*.

fastening ['fɑːsnɪŋ] n (of door, window) cerrojo m, pestillo m.

fast food n (U) comida f rápida.

fastidious [fə'stɪdɪəs] adj (fussy) quisquilloso(sa).

fat [fæt] ◇ adj **1.** (gen) gordo(da); **to get ~** engordar. **2.** (meat) con mucha grasa. **3.** (book, package) grueso(sa). ◇ n **1.** (gen) grasa f. **2.** (for cooking) manteca f.

fatal ['feɪtl] adj **1.** (serious) fatal, funesto(ta). **2.** (mortal) mortal.

fatality [fə'tælətɪ] n (accident victim) víctima f mortal, muerto m.

fate [feɪt] n **1.** (destiny) destino m; **to tempt ~** tentar a la suerte. **2.** (result, end) final m, suerte f.

fateful ['feɪtful] adj fatídico(ca).

father ['fɑːðər] n lit & fig padre m.

Father Christmas n Br Papá m Noel.

father-in-law (pl father-in-laws OR fathers-in-law) n suegro m

fatherly ['fɑːðəlɪ] adj paternal.

fathom ['fæðəm] ◇ n braza f. ◇ vt: **to ~ sthg/sb (out)** llegar a comprender algo/a alguien.

fatigue [fə'tiːg] n fatiga f.

fatten ['fætn] vt engordar.

fattening ['fætnɪŋ] adj que engorda.

fatty ['fætɪ] ◇ adj graso(sa). ◇ n inf pej gordinflón m, -ona f.

fatuous ['fætjuəs] adj necio(cia).

faucet ['fɔːsɪt] n Am llave f, grifo m Esp, canilla f CSur.

fault [fɔːlt] ◇ n **1.** (responsibility) culpa f; **to be at ~** tener la culpa. **2.** (mistake, imperfection) defecto m; **to find ~ with** encontrar defectos a. **3.** (GEOL) falla f. **4.** (in tennis) falta f. ◇ vt: **to ~ sb (on sthg)** criticar a alguien (en algo).

faultless ['fɔːltlɪs] adj impecable.

faulty ['fɔːltɪ] adj (machine, system) defectuoso(sa); (reasoning, logic) imperfecto(ta).

fauna ['fɔːnə] n fauna f.

faux pas [,fəu'pɑː] (pl inv) n plancha f.

favour Br, **favor** Am ['feɪvər] ◇ n (gen) favor m; **in sb's ~** a favor de alguien; **to be in/out of ~ (with)** ser/ dejar de ser popular (con); **to do sb a ~** hacerle un favor a alguien. ◇ vt **1.** (prefer) decantarse por, preferir. **2.** (treat better, help) favorecer. ◆ **in favour** adv (in agreement) a favor. ◆ **in favour of** prep **1.** (in preference to) en favor de. **2.** (in agreement with): **to be in ~ of sthg/of doing sthg** estar a favor de algo/de hacer algo.

favourable Br, **favorable** Am ['feɪvrəbl] adj (positive) favorable.

favourite Br, **favorite** Am ['feɪvrɪt] ◇ adj favorito(ta). ◇ n favorito m, -ta f.

favouritism Br, **favoritism** Am ['feɪvrɪtɪzm] n favoritismo m.

fawn [fɔːn] ◇ adj pajizo(za), beige (inv). ◇ n (animal) cervato m, cervatillo m. ◇ vi: **to ~ on sb** adular a alguien.

fax [fæks] ◇ n fax m. ◇ vt **1.** (send fax to) mandar un fax a **2.** (send by fax) enviar por fax

fax machine n fax m.

fax modem n módem m fax.

FBI (abbr of Federal Bureau of Investigation) n FBI m

fear [fɪər] ◇ n **1.** (gen) miedo m, temor m; **for ~ of** por miedo a. **2.** (risk) peligro m. ◇ vt **1.** (be afraid of) temer. **2.** (anticipate) temerse; **to ~ (that)** temerse que …

fearful ['fɪəful] adj **1.** fml (frightened) temeroso(sa) **2.** (frightening) terrible

fearless ['fɪəlɪs] adj intrépido(da)

feasible ['fiːzəbl] adj factible, viable.

feast [fiːst] ◇ n (meal) banquete m, festín m. ◇ vi: **to ~ on** OR **off sthg** darse un banquete a base de algo.

feat [fiːt] n hazaña f.

feather ['feðər] n pluma f

feature ['fiːtʃər] ◇ n **1.** (characteristic) característica f. **2.** (of face) rasgo m. **3.** (GEOGR) accidente m geográfico. **4.** (article) artículo m de fondo. **5.** (RADIO & TV) (programme) programa m especial. **6.** (CINEMA) = **feature film.** ◇ vt (subj: film) tener como protagonista a; (subj: exhibition) tener como atracción principal a. ◇ vi: **to ~ (in)** aparecer OR figurar (en).

feature film n largometraje m.

February ['februərɪ] n febrero m; see also **September.**

feces Am = **faeces**

fed [fed] pt & pp → **feed.**

federal ['fedrəl] adj federal.

federation [,fedə'reɪʃn] n federación f.

fed up adj: **~ (with)** harto(ta) (de).

fee [fiː] n (to lawyer, doctor etc) honorarios mpl; **membership ~** cuota f de socio; **entrance ~** entrada f; **school ~s** (precio m de) matrícula f.

feeble ['fiːbl] adj **1.** (weak) débil. **2.** (poor, silly) pobre, flojo(ja).

feed [fiːd] (pt & pp **fed**) ◇ vt **1.** (gen) alimentar; (animal) dar de comer a. **2.** (put, insert): **to ~ sthg into sthg** introducir algo en algo. ◇ vi comer ◇ n **1.** (meal) comida f. **2.** (animal food) pienso m.

feedback ['fiːdbæk] n (U) 1. *(reaction)* reacciones *fpl.* 2. (COMPUT & ELEC) realimentación *f*; *(on guitar etc)* feedback *m*

feeding bottle ['fiːdɪŋ-] n Br biberón *m.*

feel [fiːl] *(pt & pp* felt*)* ◇ vt 1. *(touch)* tocar. 2. *(sense, notice, experience)* sentir; I felt myself blushing noté que me ponía colorado. 3. *(believe)* creer; to ~ (that) creer OR pensar que. 4. *phr:* not to ~ o.s. no encontrarse bien. ◇ vi 1. *(have sensation):* to ~ hot/cold/sleepy tener calor/frío/sueño. 2. *(have emotion):* to ~ safe/happy sentirse seguro/feliz. 3. *(seem)* parecer (al tacto). 4. *(by touch):* to ~ for sthg buscar algo a tientas. 5. *(be in mood):* do you ~ like a drink/eating out? ¿te apetece beber algo/comer fuera? ◇ n 1. *(sensation, touch)* tacto *m*, sensación *f.* 2. *(atmosphere)* atmósfera *f.*

feeler ['fiːləʳ] n antena *f.*

feeling ['fiːlɪŋ] n 1. *(emotion)* sentimiento *m.* 2. *(sensation)* sensación *f.* 3. *(intuition)* presentimiento *m*; I have a OR get the ~ (that) ... me da la sensación de que .. 4. *(understanding)* apreciación *f*, entendimiento *m* ◆ **feelings** *npl* sentimientos *mpl.*

feet [fiːt] *pl* → **foot**

feign [feɪn] vt *fml* fingir, aparentar.

fell [fel] *pt* → **fall**. ◇ vt *(tree)* talar ◆ **fells** *npl* (GEOGR) monte *m.*

fellow ['feləʊ] ◇ *adj:* ~ students/prisoners compañeros de clase/celda. ◇ n 1. *dated (man)* tipo *m.* 2. *(comrade, peer)* camarada *m* y *f.* 3. *(of society)* miembro *m.* 4. *(of college)* miembro *m* del claustro de profesores.

fellowship ['feləʊʃɪp] n 1. *(comradeship)* camaradería *f* 2. *(society)* asociación *f.* 3. *(of society or college)* pertenencia *f*

felony ['felənɪ] n (JUR) delito *m* grave.

felt [felt] ◇ *pt & pp* → **feel**. ◇ n (U) fieltro *m*

felt-tip pen n rotulador *m.*

female ['fiːmeɪl] ◇ *adj (animal, plant, connector)* hembra; *(figure, sex)* femenino(na) ◇ n 1. *(female animal)* hembra *f.* 2. *(woman)* mujer *f.*

feminine ['femɪnɪn] ◇ *adj* femenino(na) ◇ n (GRAMM) femenino *m*

feminist ['femɪnɪst] n feminista *m* y *f.*

fence [fens] ◇ n valla *f.* ◇ vt cercar.

fencing ['fensɪŋ] n (SPORT) esgrima *f.*

fend [fend] vi: to ~ for o.s. valerse por sí mismo. ◆ **fend off** vt sep *(blows)*

defenderse de, desviar; *(questions, reporters)* eludir.

fender ['fendəʳ] n 1. *(round fireplace)* guardafuego *m* 2. *(on boat)* defensa *f* 3. Am *(on car)* guardabarros *m inv*, salpicadera *f Méx.*

ferment [n 'fɜːment, *vb* fə'ment] ◇ n *(unrest)* agitación *f.* ◇ vi fermentar.

fern [fɜːn] n helecho *m.*

ferocious [fə'rəʊʃəs] *adj* feroz.

ferret ['ferɪt] n hurón *m.* ◆ **ferret about, ferret around** vi *inf* rebuscar.

ferris wheel ['ferɪs-] n noria *f.*

ferry ['ferɪ] ◇ n *(large, for cars)* transbordador *m*, ferry *m*; *(small)* barca *f.* ◇ vt llevar, transportar.

ferryboat ['ferɪbəʊt] n = **ferry.**

fertile ['fɜːtaɪl] *adj* fértil.

fertilizer ['fɜːtɪlaɪzəʳ] n abono *m.*

fervent ['fɜːvənt] *adj* ferviente.

fester ['festəʳ] vi enconarse.

festival ['festəvl] n 1. *(event, celebration)* festival *m.* 2. *(holiday)* día *m* festivo.

festive ['festɪv] *adj* festivo(va).

festive season n: the ~ las Navidades.

festivities [fes'tɪvətɪz] *npl* festividades *fpl.*

festoon [fe'stuːn] vt engalanar.

fetch [fetʃ] vt 1. *(go and get)* ir a buscar. 2. *inf (raise - money)* venderse por.

fetching ['fetʃɪŋ] *adj* atractivo(va).

fete, fête [feɪt] n fiesta *f* benéfica.

fetish ['fetɪʃ] n 1. *(object of sexual obsession)* fetiche *m* 2. *(mania)* obsesión *f*, manía *f*

fetus ['fiːtəs] = **foetus.**

feud [fjuːd] ◇ n enfrentamiento *m* duradero. ◇ vi pelearse.

feudal ['fjuːdl] *adj* feudal.

fever ['fiːvəʳ] n *lit & fig* fiebre *f*; to have a ~ tener fiebre.

feverish ['fiːvərɪʃ] *adj lit & fig* febril.

few [fjuː] ◇ *adj* pocos(cas); a ~ algunos(nas); a ~ more potatoes algunas patatas más; quite a ~, a good ~ bastantes; ~ and far between escasos, contados ◇ *pron* pocos *mpl*, -cas *fpl*; a ~ (of them) algunos *mpl*, -nas *fpl*

fewer ['fjuːəʳ] ◇ *adj* menos. ◇ *pron* menos

fewest ['fjuːəst] *adj* menos.

fiancé [fɪ'ɒnseɪ] n prometido *m.*

fiancée [fɪ'ɒnseɪ] n prometida *f*

fiasco [fɪ'æskəʊ] *(Br pl* -s, *Am pl* -es*)* n fiasco *m.*

fib [fɪb] n *inf* bola *f*, trola *f.*

fibre Br, **fiber** Am ['faɪbəʳ] n fibra *f*

fibreglass *Br*, **fiberglass** *Am* [ˈfaɪbəglɑːs] *n (U)* fibra *f* de vidrio.

fickle [ˈfɪkl] *adj* voluble

fiction [ˈfɪkʃn] *n* 1. *(stories)* (literatura *f* de) ficción *f*. 2. *(fabrication)* ficción *f*.

fictional [ˈfɪkʃənl] *adj* 1. *(literary)* novelesco(ca). 2. *(invented)* ficticio(cia).

fictitious [fɪkˈtɪʃəs] *adj (false)* ficticio (cia).

fiddle [ˈfɪdl] ◇ *n* 1. *(violin)* violín *m*. 2. *Br inf (fraud)* timo *m*. ◇ *vt Br inf* falsear. ◇ *vi (play around)*: **to ~ (with sthg)** juguetear (con algo).

fiddly [ˈfɪdlɪ] *adj Br (job)* delicado(da); *(gadget)* intrincado(da).

fidget [ˈfɪdʒɪt] *vi* no estarse quieto(ta).

field [fiːld] *n (gen & COMPUT)* campo *m*; **in the ~** sobre el terreno.

field day *n*: **to have a ~** disfrutar de lo lindo.

field glasses *npl* prismáticos *mpl*.

field marshal *n* mariscal *m* de campo.

field trip *n* excursión *f* para hacer trabajo de campo.

fieldwork [ˈfiːldwɜːk] *n (U)* trabajo *m* de campo.

fiend [fiːnd] *n (cruel person)* malvado *m*, -da *f*.

fiendish [ˈfiːndɪʃ] *adj* 1. *(evil)* malévolo(la). 2. *inf (very difficult)* endiablado (da).

fierce [fɪəs] *adj (gen)* feroz; *(temper)* endiablado(da); *(loyalty)* ferviente; *(heat)* asfixiante.

fiery [ˈfaɪərɪ] *adj* 1. *(burning)* ardiente. 2. *(volatile - temper)* endiablado(da); *(- speech)* encendido(da); *(- person)* apasionado(da).

fifteen [fɪfˈtiːn] *num* quince; *see also* **six**.

fifth [fɪfθ] *num* quinto(ta); *see also* **sixth**.

fifty [ˈfɪftɪ] *num* cincuenta; *see also* **sixty**.

fifty-fifty ◇ *adj* al cincuenta por ciento; **a ~ chance** unas posibilidades del cincuenta por ciento. ◇ *adv*: **to go ~** a medias.

fig [fɪg] *n* higo *m*.

fight [faɪt] *(pt & pp* fought*)* ◇ *n* pelea *f*; *(fig)* lucha *f*; **to have a ~ (with)** pelearse (con); **to put up a ~** oponer resistencia. ◇ *vt (gen)* luchar contra; *(battle, campaign)* librar; *(war)* luchar en. ◇ *vi* 1. *(in punch-up)* pelearse; *(in war)* luchar. 2. *fig (battle, struggle)*: **to ~ (for/against)** luchar (por/contra). 3. *(argue)*: **to ~ (about** OR **over)** pe-

learse OR discutir (por). ◆ **fight back** ◇ *vt fus* reprimir, contener. ◇ *vi* defenderse.

fighter [ˈfaɪtər] *n* 1. *(plane)* caza *m*. 2. *(soldier)* combatiente *m y f*. 3. *(combative person)* luchador *m*, -ra *f*.

fighting [ˈfaɪtɪŋ] *n (U) (punch-up)* pelea *f*; *(on streets, terraces)* peleas *fpl*; *(in war)* combate *m*.

figment [ˈfɪgmənt] *n*: **a ~ of sb's imagination** un producto de la imaginación de alguien.

figurative [ˈfɪgərətɪv] *adj* figurado(da).

figure [*Br* ˈfɪgər, *Am* ˈfɪgjər] ◇ *n* 1. *(statistic, number)* cifra *f*; **to be in single/double ~s** no sobrepasar/sobrepasar la decena. 2. *(shape of person, personality)* figura *f*. 3. *(diagram)* gráfico *m*, diagrama *m*. ◇ *vt (suppose)* figurarse, suponer. ◇ *vi (feature)* figurar. ◆ **figure out** *vt sep (reason, motives)* figurarse; *(problem etc)* resolver.

figurehead [ˈfɪgəhed] *n (leader without real power)* testaferro *m*.

figure of speech *n* forma *f* de hablar.

Fiji [ˈfiːdʒiː] *n* Fiyi.

file [faɪl] ◇ *n* 1. *(folder)* carpeta *f*. 2. *(report)* expediente *m*; **on ~, on the ~s** archivado. 3. *(COMPUT)* fichero *m*. 4. *(tool)* lima *f*. 5. *(line)*: **in single ~** en fila india. ◇ *vt* 1. *(put in file)* archivar. 2. *(JUR)* presentar. 3. *(shape, smoothe)* limar. ◇ *vi (walk in single file)* ir en fila. **filet** *Am* = **fillet**.

filing cabinet [ˈfaɪlɪŋ-] *n* archivo *m*, fichero *m*.

Filipino [ˌfɪlɪˈpiːnəʊ] *(pl* -s*)* ◇ *adj* filipino(na). ◇ *n* filipino *m*, -na *f*.

fill [fɪl] ◇ *vt* 1. *(gen)*: **to ~ sthg (with)** llenar algo (de). 2. *(gap, hole, crack)* rellenar; *(tooth)* empastar. 3. *(need, vacancy etc)* cubrir. ◇ *n*: **to eat one's ~** comer hasta hartarse. ◆ **fill in** ◇ *vt sep* 1. *(complete)* rellenar. 2. *(inform)*: **to ~ sb in (on)** poner a alguien al corriente (de). ◇ *vi (substitute)*: **to ~ in (for sb)** sustituir (a alguien). ◆ **fill out** *vt sep (complete)* rellenar. ◆ **fill up** ◇ *vt sep* llenar (hasta arriba). ◇ *vi* llenarse.

fillet *Br*, **filet** *Am* [ˈfɪlɪt] *n* filete *m*.

fillet steak *n* filete *m* (de carne).

filling [ˈfɪlɪŋ] ◇ *adj (satisfying)* que llena mucho. ◇ *n* 1. *(in tooth)* empaste *m*. 2. *(in cake, sandwich)* relleno *m*.

filling station *n* estación *f* de servicio.

film [fɪlm] ◇ *n* 1. *(gen)* película *f*. 2. *(U) (footage)* escenas *fpl* filmadas. ◇ *vt & vi* filmar, rodar.

film star *n* estrella *f* de cine.

Filofax® ['faɪləʊfæks] *n* agenda *f* (de hojas recambiables)

filter ['fɪltəʳ] ◇ *n* filtro *m*. ◇ *vt (purify)* filtrar.

filter coffee *n* café *m* de filtro.

filter lane *n Br* carril *m* de giro.

filter-tipped [-'tɪpt] *adj* con filtro.

filth [fɪlθ] *n (U)* **1.** *(dirt)* suciedad *f*. **2.** *(obscenity)* obscenidades *fpl*

filthy ['fɪlθɪ] *adj* **1.** *(very dirty)* mugriento(ta), sucísimo(ma). **2.** *(obscene)* obsceno(na)

fin [fɪn] *n (on fish)* aleta *f*.

final ['faɪnl] ◇ *adj* **1.** *(last)* último(ma). **2.** *(at end)* final. **3.** *(definitive)* definitivo (va) ◇ *n* final *f* ◆ **finals** *npl* (UNIV) exámenes *mpl* finales.

finale [fɪ'nɑːlɪ] *n* final *m*.

finalize, -ise ['faɪnəlaɪz] *vt* ultimar.

finally ['faɪnəlɪ] *adv* **1.** *(at last)* por fin. **2.** *(lastly)* finalmente, por último.

finance [*n* 'faɪnæns, *vb* faɪ'næns] ◇ *n (U)* **1.** *(money)* fondos *mpl* **2.** *(money management)* finanzas *fpl*. ◇ *vt* financiar. ◆ **finances** *npl* finanzas *fpl*.

financial [fɪ'nænʃl] *adj* financiero(ra).

find [faɪnd] *(pt & pp* **found)** ◇ *vt* **1.** *(gen)* encontrar. **2.** *(realize - fact)* darse cuenta de, descubrir. **3.** (JUR): **to be found guilty/not guilty (of)** ser declarado(da) culpable/inocente (de). ◇ *n* hallazgo *m*, descubrimiento *m*. ◆ **find out** ◇ *vi* informarse. ◇ *vt fus* **1.** *(fact)* averiguar. **2.** *(truth)* descubrir. ◇ *vt sep (person)* descubrir.

findings ['faɪndɪŋz] *npl* conclusiones *fpl*.

fine [faɪn] ◇ *adj* **1.** *(excellent)* excelente. **2.** *(perfectly satisfactory)*: **it's/that's ~** está bien, perfecto; **how are you? -** **fine thanks** ¿qué tal? – muy bien. **3.** *(weather)* bueno(na); **it will be ~** **tomorrow** mañana hará buen día. **4.** *(thin, smooth)* fino(na). **5.** *(minute - detail, distinction)* sutil; *(- adjustment, tuning)* milimétrico(ca). ◇ *adv (very well)* muy bien ◇ *n* multa *f* ◇ *vt* multar

fine arts *npl* bellas artes *fpl*.

finery ['faɪnərɪ] *n (U)* galas *fpl*.

finesse [fɪ'nes] *n* finura *f*, delicadeza *f*.

fine-tune *vt* poner a punto

finger ['fɪŋgəʳ] ◇ *n* dedo *m*. ◇ *vt* acariciar con los dedos.

fingernail ['fɪŋgəneɪl] *n* uña *f (de las manos)*

fingerprint ['fɪŋgəprɪnt] *n* huella *f* dactilar OR digital.

fingertip ['fɪŋgətɪp] *n* punta *f* OR yema *f* del dedo.

finicky ['fɪnɪkɪ] *adj pej (person)* melindroso(sa); *(task)* delicado(da).

finish ['fɪnɪʃ] ◇ *n* **1.** *(end)* final *m*. **2.** *(surface texture)* acabado *m*. ◇ *vt*: **to ~ sthg/doing sthg** acabar algo/de hacer algo, terminar algo/de hacer algo. ◇ *vi* acabar, terminar ◆ **finish** **off** *vt sep* acabar OR terminar del todo. ◆ **finish up** *vi* acabar, terminar.

finishing line ['fɪnɪʃɪŋ-] *n* línea *f* de meta

finishing school ['fɪnɪʃɪŋ-] *n colegio privado donde se prepara a las alumnas de clase alta para entrar en sociedad.*

finite ['faɪnaɪt] *adj* **1.** *(limited)* finito(ta). **2.** (GRAMM) conjugado(da).

Finland ['fɪnlənd] *n* Finlandia *f*.

Finn [fɪn] *n (person)* finlandés *m*, -esa *f*.

Finnish ['fɪnɪʃ] ◇ *adj* finlandés(esa). ◇ *n (language)* finlandés *m*.

fir [fɜːʳ] *n* abeto *m*

fire ['faɪəʳ] ◇ *n* **1.** *(gen)* fuego *m*; **on ~** en llamas; **to catch ~** incendiarse; **to open ~ (on sb)** abrir fuego (contra alguien); **to set ~ to** prender fuego a. **2.** *(blaze)* incendio *m*. **3.** *Br (heater)*: **(electric/gas) ~** estufa *f* (eléctrica/de gas). ◇ *vt* **1.** *(shoot)* disparar. **2.** *(dismiss)* despedir. ◇ *vi*: **to ~ (on OR at)** disparar (contra).

fire alarm *n* alarma *f* antiincendios.

firearm ['faɪərɑːm] *n* arma *f* de fuego.

firebomb ['faɪəbɒm] *n* bomba *f* incendiaria.

fire brigade *Br*, **fire department** *Am n* cuerpo *m* de bomberos.

fire door *n* puerta *f* cortafuegos.

fire engine *n* coche *m* de bomberos.

fire escape *n* escalera *f* de incendios.

fire extinguisher *n* extintor *m* (de incendios).

fireguard ['faɪəgɑːd] *n* pantalla *f* (de chimenea).

firelighter ['faɪəlaɪtəʳ] *n* enciendefuegos *m inv*, tea *f*.

fireman ['faɪəmən] *(pl* **-men** [-mən]) *n* bombero *m*.

fireplace ['faɪəpleɪs] *n* chimenea *f*.

fireproof ['faɪəpruːf] *adj* incombustible

fireside ['faɪəsaɪd] *n*: **by the ~** al calor de la chimenea.

fire station *n* parque *m* de bomberos.

firewood ['faɪəwʊd] *n* leña *f*.

firework ['faɪəwɜːk] *n* fuego *m* de artificio. ◆ **fireworks** *npl* fuegos *mpl* artificiales OR de artificio.

firing ['faɪərɪŋ] *n* (U) (MIL) disparos *mpl*.

firing squad *n* pelotón *m* de ejecución OR fusilamiento.

firm [fɜːm] ◊ *adj* 1. *(gen)* firme; **to stand ~** mantenerse firme. 2. (FIN) *(steady)* estable. ◊ *n* firma *f*, empresa *f*.

first [fɜːst] ◊ *adj* primero(ra); **for the ~ time** por primera vez; **~ thing (in the morning)** a primera hora (de la mañana). ◊ *adv* 1. *(gen)* primero; **~ of all** en primer lugar. 2. *(for the first time)* por primera vez. ◊ *n* 1. *(person)* primero *m*, -ra *f*. 2. *(unprecedented event)* acontecimiento *m* sin precedentes. 3. *Br* (UNIV) ≃ sobresaliente *m*. ◆ **at first** *adv* al principio. ◆ **at first hand** *adv* de primera mano.

first aid *n* (U) primeros auxilios *mpl*.

first-aid kit *n* botiquín *m* de primeros auxilios.

first-class *adj* 1. *(excellent)* de primera. 2. *(letter, ticket)* de primera clase.

first floor *n* 1. *Br (above ground level)* primer piso *m*. 2. *Am (at ground level)* planta *f* baja.

firsthand [ˌfɜːst'hænd] ◊ *adj* de primera mano. ◊ *adv* directamente.

first lady *n* primera dama *f*.

firstly ['fɜːstlɪ] *adv* en primer lugar.

first name *n* nombre *m* de pila.

first-rate *adj* de primera.

firtree ['fɜːtriː] = **fir**.

fish [fɪʃ] (*pl inv*) ◊ *n* 1. *(animal)* pez *m*. 2. (U) *(food)* pescado *m*. ◊ *vt* pescar en. ◊ *vi (for fish)*: **to ~ (for sthg)** pescar (algo).

fish and chips *npl* pescado *m* frito con patatas fritas.

fish and chip shop *n Br* tienda *f* de pescado frito con patatas fritas.

fishbowl ['fɪʃbəʊl] *n* pecera *f*.

fishcake ['fɪʃkeɪk] *n* pastelillo *m* de pescado.

fisherman ['fɪʃəmən] (*pl* -**men** [-mən]) *n* pescador *m*.

fish farm *n* piscifactoría *f*.

fish fingers *Br*, **fish sticks** *Am npl* palitos *mpl* de pescado.

fishing ['fɪʃɪŋ] *n* pesca *f*; **to go ~** ir de pesca.

fishing boat *n* barco *m* pesquero.

fishing line *n* sedal *m*

fishing rod *n* caña *f* de pescar.

fishmonger ['fɪʃˌmʌŋgər] *n* pescadero *m*, -ra *f*; **~'s (shop)** pescadería *f*.

fish sticks *Am* = **fish fingers**.

fishy ['fɪʃɪ] *adj* 1. *(smell, taste)* a pescado. 2. *(suspicious)* sospechoso(sa).

fist [fɪst] *n* puño *m*.

fit [fɪt] ◊ *adj* 1. *(suitable)*: **~ (for sthg/to do sthg)** apto(ta) (para algo/para hacer algo); **do as you think ~** haz lo que te parezca conveniente. 2. *(healthy)* en forma; **to keep ~** mantenerse en forma. ◊ *n* 1. *(of clothes, shoes etc)*: **it's a good ~** le/te *etc* sienta OR va bien. 2. *(bout, seizure)* ataque *m*; **he had a ~** *lit & fig* le dio un ataque; **in ~s and starts** a trompicones ◊ *vt* 1. *(be correct size for)* sentar bien a, ir bien a. 2. *(place)*: **to ~ sthg into** encajar algo en. 3. *(provide)*: **to ~ sthg with** equipar algo con; **to have an alarm fitted** poner una alarma. 4. *(be suitable for)* corresponder a. ◊ *vi* 1. *(clothes, shoes)* estar bien de talla. 2. *(part - when assembling etc)*: **this bit ~s in here** esta pieza encaja aquí. 3. *(have enough room)* caber ◆ **fit in** ◊ *vt sep (accommodate)* hacer un hueco a. ◊ *vi* 1. *(subj: person)*: **to ~ in (with)** adaptarse (a). 2. *(be compatible)*: **it doesn't ~ in with our plans** no encaja con nuestros planes.

fitful ['fɪtfʊl] *adj* irregular, intermitente.

fitment ['fɪtmənt] *n* mueble *m*.

fitness ['fɪtnɪs] (U) *n* 1. *(health)* buen estado *m* físico. 2. *(suitability)*: **~ (for)** idoneidad *f* (para).

fitted carpet [ˌfɪtəd-] *n* moqueta *f*.

fitted kitchen [ˌfɪtəd-] *n Br* cocina *f* de módulos.

fitter ['fɪtər] *n (mechanic)* (mecánico *m*) ajustador *m*.

fitting ['fɪtɪŋ] ◊ *adj fml* conveniente, adecuado(da). ◊ *n* 1. *(part)* accesorio *m*. 2. *(for clothing)* prueba *f*. ◆ **fittings** *npl* accesorios *mpl*.

fitting room *n* probador *m*.

five [faɪv] *num* cinco; *see also* **six**

fiver ['faɪvər] *n Br inf* (billete de) cinco libras.

fix [fɪks] ◊ *vt* 1. *(gen)* fijar; **to ~ sthg (to)** fijar algo (a). 2. *(repair)* arreglar, refaccionar *Amer*. 3. *inf (rig)* amañar. 4. *(prepare - food, drink)* preparar. ◊ *n* 1. *inf (difficult situation)*: **to be in a ~** estar en un aprieto. 2. *drugs sl* dosis *f inv*. ◆ **fix up** *vt sep* 1. *(provide)*: **to ~ sb up with** proveer a alguien de. 2. *(arrange)* organizar, preparar.

fixation [fɪk'seɪʃn] *n*: **~ (on OR about)** fijación *f* (con).

fixed [fɪkst] *adj* fijo(ja).

fixture ['fɪkstʃər] *n* 1. *(furniture)* insta-

lación f fija. **2.** *(permanent feature)*
rasgo *m* característico. **3.** *(sports event)*
encuentro *m*

fizz [fɪz] *vi* burbujear.

fizzle ['fɪzl] ♦ **fizzle out** *vi (firework,
fire)* apagarse; *fig* disiparse.

fizzy ['fɪzɪ] *adj* gaseoso(sa)

flabbergasted ['flæbəgɑːstɪd] *adj* pas-
mado(da), boquiabierto(ta).

flabby ['flæbɪ] *adj* fofo(fa), gordo(da).

flag [flæg] ♦ *n (banner)* bandera *f.* ♦ *vi*
decaer. ♦ **flag down** *vt sep:* **to ~ sb
down** hacer señales a alguien para
que se detenga.

flagpole ['flægpəʊl] *n* asta *f* (de bandera).

flagrant ['fleɪgrənt] *adj* flagrante

flagstone ['flægstəʊn] *n* losa *f*

flair [fleəʳ] *n* don *m.*

flak [flæk] *n (U)* **1.** *(gunfire)* fuego *m*
antiaéreo. **2.** *inf (criticism)* críticas *fpl.*

flake [fleɪk] ♦ *n (of skin)* escama *f; (of
snow)* copo *m; (of paint)* desconchón *m.*
♦ *vi (skin)* descamarse; *(paint, plaster)*
descascarillarse, desconcharse.

flamboyant [flæmˈbɔɪənt] *adj* **1.** *(person, behaviour)* extravagante. **2.**
(clothes, design) vistoso(sa).

flame [fleɪm] *n* llama *f;* **in ~s** en llamas.

flamingo [fləˈmɪŋgəʊ] *(pl* **-s** OR **-es)** *n*
flamenco *m.*

flammable ['flæməbl] *adj* inflamable.

flan [flæn] *n* tarta *f (de fruta etc).*

flank [flæŋk] ♦ *n* **1.** *(of animal)* costado *m,* ijada *f.* **2.** *(of army)* flanco *m.*
♦ *vt:* **to be ~ed by** estar flanqueado
(da) por.

flannel ['flænl] *n* **1.** *(fabric)* franela *f.* **2.**
Br (facecloth) toallita *f* (de baño para
lavarse).

flap [flæp] ♦ *n (of skin)* colgajo *m; (of
pocket, book, envelope)* solapa *f.* ♦ *vt*
agitar; *(wings)* batir. ♦ *vi (flag, skirt)*
ondear; *(wings)* aletear.

flapjack ['flæpdʒæk] *n* **1.** *Br (biscuit)*
torta *f* de avena. **2.** *Am (pancake)* torta
f, crepe *f.*

flare [fleəʳ] ♦ *n (signal)* bengala *f.* ♦ *vi* **1.**
(burn brightly): **to ~ (up)** llamear
2. *(intensify):* **to ~ (up)** estallar. ♦ **flares**
npl Br pantalones *mpl* de campana.

flash [flæʃ] ♦ *n* **1.** *(of light)* destello *m;
(of lightning)* relámpago *m,* refucilo *m
Amer* **2.** (PHOT) flash *m.* **3.** *(of genius,
inspiration etc)* momento *m; (of anger)*
acceso *m;* **in a ~** en un instante. ♦ *vt*
1. *(shine in specified direction)* dirigir;
(switch on briefly) encender intermiten-

temente. **2.** *(send out)* lanzar. **3.** *(show
- picture, image)* mostrar; *(- information,
news)* emitir. ♦ *vi* **1.** *(light)* destellar.
2. *(eyes)* brillar. **3.** *(rush):* **to ~ by** OR
past pasar como un rayo.

flashback ['flæʃbæk] *n* flashback *m*

flashbulb ['flæʃbʌlb] *n* flash *m.*

flashgun ['flæʃgʌn] *n* disparador *m* de
flash.

flashlight ['flæʃlaɪt] *n (torch)* linterna *f*
eléctrica

flashy ['flæʃɪ] *adj inf* chulo(la); *pej*
ostentoso(sa).

flask [flɑːsk] *n* **1.** *(thermos flask)* termo
m. **2.** *(used in chemistry)* matraz *m.*
3. *(hip flask)* petaca *f*

flat [flæt] ♦ *adj* **1.** *(surface, ground)*
llano(na); *(feet)* plano. **2.** *(shoes)* bajo
(ja). **3.** *(tyre)* desinflado(da). **4.** *(refusal,
denial)* rotundo(da). **5.** *(business, trade)*
flojo(ja); *(voice, tone)* monótono(na);
(colour) soso(sa); *(performance, writing)*
desangelado(da). **6.** (MUS) *(lower than
correct note)* desafinado(da); *(lower than
stated note)* bemol *(inv).* **7.** *(fare, price)*
único(ca). **8.** *(beer, lemonade)* muerto
(ta). **9.** *(battery)* descargado(da). ♦ *adv*
1. *(level):* **to lie ~** estar totalmente
extendido; **to fall ~** *(person)* caerse de
bruces. **2.** *(of time):* **in five minutes ~**
en cinco minutos justos. ♦ *n* **1.** *Br
(apartment)* apartamento *m,* piso *m
Esp,* departamento *m Amer.* **2.** (MUS)
bemol *m.* ♦ **flat out** *adv* a toda velocidad.

flatly ['flætlɪ] *adv* **1.** *(refuse, deny)* de
plano, terminantemente. **2.** *(speak,
perform)* monótonamente.

flatmate ['flætmeɪt] *n Br* compañero
m, -ra *f* de apartamento

flat rate *n* tarifa *f* única.

flatten ['flætn] *vt* **1.** *(surface, paper,
bumps)* allanar, aplanar; *(paper)* alisar
2. *(building, city)* arrasar. ♦ **flatten out**
♦ *vi* allanarse, nivelarse. ♦ *vt sep* allanar.

flatter ['flætəʳ] *vt* **1.** *(subj: person,
report)* adular, halagar. **2.** *(subj: clothes,
colour, photograph)* favorecer.

flattering ['flætərɪŋ] *adj* **1.** *(remark,
interest)* halagador(ra). **2.** *(clothes, colour, photograph)* favorecedor(ra).

flattery ['flætərɪ] *n (U)* halagos *mpl.*

flaunt [flɔːnt] *vt* ostentar, hacer gala
de

flavour *Br,* **flavor** *Am* ['fleɪvəʳ] ♦ *n*
1. *(taste)* sabor *m.* **2.** *fig (atmosphere)*
aire *m,* toque *m.* ♦ *vt* condimentar.

flavouring *Br,* **flavoring** *Am*
['fleɪvərɪŋ] *n (U)* condimento *m.*

flaw [flɔː] n (fault) desperfecto m.

flawless ['flɔːlɪs] adj impecable.

flax [flæks] n lino m.

flea [fliː] n pulga f.

flea market n rastro m

fleck [flek] n mota f.

fled [fled] pt & pp → **flee**.

flee [fliː] (pt & pp **fled**) ◇ vt huir de.
◇ vi: **to ~ (from/to)** huir (de/a).

fleece [fliːs] ◇ n vellón m. ◇ vt inf
(cheat) desplumar.

fleet [fliːt] n 1. (of ships) flota f. 2. (of
cars, buses) parque m (móvil).

fleeting ['fliːtɪŋ] adj fugaz.

Fleet Street n calle londinense que
antiguamente fue el centro de la prensa
inglesa y cuyo nombre todavía se utiliza
para referirse a ésta.

Flemish ['flemɪʃ] ◇ adj flamenco(ca).
◇ n (language) flamenco m. ◇ npl: **the
~** los flamencos.

flesh [fleʃ] n 1. (of body) carne f; **in the
~** en persona. 2. (of fruit, vegetable)
pulpa f.

flesh wound n herida f superficial.

flew [fluː] pt → **fly**.

flex [fleks] ◇ n (ELEC) cable m, cordón
m. ◇ vt flexionar.

flexible ['fleksəbl] adj flexible.

flexitime ['fleksɪtaɪm] n (U) horario m
flexible.

flick [flɪk] ◇ n 1. (of whip, towel) golpe
m rápido. 2. (with finger) toba f. ◇ vt
(switch) apretar, pulsar. ◆ **flick
through** vt fus hojear rápidamente.

flicker ['flɪkər] vi (eyes) parpadear;
(flame) vacilar.

flick knife n Br navaja f automática.

flight [flaɪt] n 1. (gen) vuelo m. 2. (of
steps, stairs) tramo m. 3. (of birds) bandada f. 4. (escape) huida f, fuga f.

flight attendant n auxiliar m de
vuelo, azafata f.

flight crew n tripulación f de vuelo.

flight deck n 1. (of aircraft carrier)
cubierta f de vuelo. 2. (of plane) cabina
f del piloto.

flight recorder n registrador m de
vuelo.

flimsy ['flɪmzɪ] adj 1. (dress, material)
muy ligero(ra). 2. (structure) débil,
poco sólido(da). 3. (excuse) flojo(ja).

flinch [flɪntʃ] vi 1. (shudder) estremecerse; **without ~ing** sin pestañear.
2. (be reluctant): **to ~ (from sthg/from
doing sthg)** retroceder (ante algo/
ante hacer algo); **without ~ing** sin
inmutarse.

fling [flɪŋ] (pt & pp **flung**) ◇ n (affair)
aventura f amorosa. ◇ vt arrojar.

flint [flɪnt] n 1. (rock) sílex m. 2. (in
lighter) piedra f.

flip [flɪp] ◇ vt 1. (turn) dar la vuelta a;
to ~ sthg open abrir algo de golpe.
2. (switch) pulsar. ◇ n (of coin) papiro-
tazo m.

flip-flop n (shoe) chancleta f.

flippant ['flɪpənt] adj frívolo(la)

flipper ['flɪpər] n aleta f.

flirt [flɜːt] ◇ n coqueto m, -ta f. ◇ vi
(with person): **to ~ (with)** flirtear OR
coquetear (con)

flirtatious [flɜːˈteɪʃəs] adj coqueto(ta).

flit [flɪt] vi (bird) revolotear

float [fləʊt] ◇ n 1. (for fishing line) corcho m. 2. (buoyant object) flotador m.
3. (in procession) carroza f. 4. (supply of
change) cambio m. ◇ vt (on water)
hacer flotar. ◇ vi flotar.

flock [flɒk] n 1. (of sheep) rebaño m; (of
birds) bandada f. 2. fig (of people) multitud f, tropel m.

flog [flɒg] vt 1. (whip) azotar. 2. Br inf
(sell) vender.

flood [flʌd] ◇ n 1. (of water) inundación f. 2. (of letters, people) aluvión m,
riada f. ◇ vt lit & fig: **to ~ sthg (with)**
inundar algo de (de).

flooding ['flʌdɪŋ] n (U) inundación f

floodlight ['flʌdlaɪt] n foco m.

floor [flɔːr] ◇ n 1. (of room, forest)
suelo m; (of club, disco) pista f. 2. (of
sea, valley) fondo m. 3. (of building)
piso m, planta f. 4. (at meeting, debate):
to give/have the ~ dar/tener la palabra. ◇ vt 1. (knock down) derribar.
2. (baffle) desconcertar, dejar perplejo
(ja).

floorboard ['flɔːbɔːd] n tabla f (del
suelo).

floor show n espectáculo m de cabaret.

flop [flɒp] n inf (failure) fracaso m.

floppy ['flɒpɪ] adj caído(da), flojo(ja).

floppy (disk) n disco m flexible.

flora ['flɔːrə] n flora f.

florid ['flɒrɪd] adj 1. (red) rojizo(za).
2. (extravagant) florido(da).

florist ['flɒrɪst] n florista m y f; **~'s
(shop)** floristería f.

flotsam ['flɒtsəm] n (U): **~ and jetsam**
restos mpl del naufragio; fig desechos
mpl de la humanidad.

flounce [flaʊns] ◇ n (SEWING) volante
m. ◇ vi: **to ~ out** salir airadamente.

flounder ['flaʊndər] vi 1. (move with
difficulty) debatirse. 2. (when speaking)
titubear.

flour [flauə^r] *n* harina *f*.

flourish ['flʌrɪʃ] ◊ *vi* florecer. ◊ *vt* agitar. ◊ *n*: **to do sthg with a ~** hacer algo con una floritura.

flout [flaut] *vt* incumplir, no obedecer.

flow [fləu] ◊ *n* (gen) flujo *m*; (of opinion) corriente *f*. ◊ *vi* 1. (gen) fluir, correr. 2. (hair, clothes) ondear.

flow chart, flow diagram *n* organigrama *m*, cuadro *m* sinóptico.

flower ['flauə^r] ◊ *n* lit & fig flor *f*. ◊ *vi* lit & fig florecer.

flowerbed ['flauəbed] *n* arriate *m*.

flowerpot ['flauəpɒt] *n* tiesto *m*.

flowery ['flauərɪ] *adj* 1. (patterned) de flores, floreado(da). 2. *pej* (elaborate) florido(da). 3. (sweet-smelling) con olor a flores.

flown [fləun] *pp* → **fly**.

flu [fluː] *n* gripe *f*.

fluctuate ['flʌktʃueɪt] *vi* fluctuar.

fluency ['fluːənsɪ] *n* soltura *f*, fluidez *f*.

fluent ['fluːənt] *adj* 1. (in foreign language): **to be ~ in French, to speak ~ French** dominar el francés. 2. (style) elocuente, fluido(da).

fluff [flʌf] *n* pelusa *f*.

fluffy ['flʌfɪ] *adj* (jumper) de pelusa; (toy) de peluche.

fluid ['fluːɪd] ◊ *n* fluido *m*, líquido *m*. ◊ *adj* 1. (flowing) fluido(da). 2. (situation, opinion) incierto(ta).

fluid ounce *n* = 0,03 litre, onza *f* líquida.

fluke [fluːk] *n* inf chiripa *f*; **by a ~** por OR de chiripa.

flummox ['flʌməks] *vt* Br inf desconcertar, confundir.

flung [flʌŋ] *pt* & *pp* → **fling**.

flunk [flʌŋk] *vt* & *vi* inf catear.

fluorescent [fluə'resnt] *adj* fluorescente

fluoride ['fluəraɪd] *n* fluoruro *m*.

flurry ['flʌrɪ] *n* 1. (shower) ráfaga *f*. 2. (burst) frenesí *m*.

flush [flʌʃ] ◊ *adj* (level): **~ with** nivelado(da) con. ◊ *n* 1. (of lavatory) cadena *f*. 2. (blush) rubor *m*. 3. (sudden feeling) arrebato *m*. ◊ *vt* 1. (toilet) tirar de la cadena de. 2. (force out of hiding): **to ~ sb out** hacer salir a alguien. ◊ *vi* (blush) ruborizarse.

flushed [flʌʃt] *adj* 1. (red-faced) encendido(da). 2. (excited): **~ (with)** enardecido(da) (por).

flustered ['flʌstəd] *adj* aturullado(da).

flute [fluːt] *n* (MUS) flauta *f*.

flutter ['flʌtə^r] ◊ *n* 1. (of wings) aleteo *m*; (of eyelashes) pestañeo *m*. 2. inf (of excitement) arranque *m* ◊ *vi* 1. (bird) aletear. 2. (flag, dress) ondear.

flux [flʌks] *n* (change): **to be in a state of ~** cambiar constantemente.

fly [flaɪ] (*pt* flew, *pp* flown) ◊ *n* 1. (insect) mosca *f*. 2. (in trousers) bragueta *f*. ◊ *vt* 1. (plane) pilotar; (kite, model aircraft) hacer volar. 2. (passengers, supplies) transportar en avión 3. (flag) ondear. ◊ *vi* 1. (bird, plane, person) volar. 2. (pilot a plane) pilotar 3. (travel by plane) ir en avión. 4. (flag) ondear. ♦ **fly away** *vi* irse volando.

fly-fishing *n* pesca *f* con mosca.

flying ['flaɪɪŋ] ◊ *adj* (able to fly) volador(ra), volante ◊ *n*: **I hate/love ~** odio/me encanta ir en avión; **her hobby is ~** es aficionada a la aviación.

flying colours *npl*: **to pass (sthg) with ~** salir airoso(sa) (de algo).

flying picket *n* piquete de apoyo proveniente de otra fábrica o sindicato.

flying saucer *n* platillo *m* volante.

flying squad *n* brigada *f* volante.

flying start *n*: **to get off to a ~** empezar con muy buen pie.

flying visit *n* visita *f* relámpago.

flyover ['flaɪˌəuvə^r] *n* Br paso *m* elevado.

flysheet ['flaɪʃiːt] *n* doble techo *m*.

fly spray *n* matamoscas *m* inv (en aerosol)

FM (abbr of **frequency modulation**) FM *f*.

foal [fəul] *n* potro *m*.

foam [fəum] ◊ *n* 1. (bubbles) espuma *f* 2. **~ (rubber)** gomaespuma *f*. ◊ *vi* hacer espuma.

fob [fɒb] ♦ **fob off** *vt sep*: **to ~ sb off (with sthg)** dar largas a alguien (con algo); **to ~ sthg off on sb** endosar a alguien algo.

focal point ['fəukl-] *n* punto *m* focal OR central.

focus ['fəukəs] (*pl* -cuses OR -ci [-saɪ]) ◊ *n* (gen) foco *m*; **in ~** enfocado; **out of ~** desenfocado. ◊ *vt* 1. (eyes, lens, rays) enfocar. 2. (attention) fijar, centrar. ◊ *vi* 1. (eyes, lens): **to ~ (on sthg)** enfocar (algo). 2. (attention): **to ~ on sthg** centrarse en algo.

fodder ['fɒdə^r] *n* forraje *m*.

foe [fəu] *n* literary enemigo *m*, -ga *f*.

foetus ['fiːtəs] *n* feto *m*.

fog [fɒg] *n* niebla *f*.

foggy ['fɒgɪ] *adj* (misty) brumoso(sa); (day) de niebla

foghorn ['fɒghɔːn] *n* sirena *f* (de niebla).

fog lamp n faro m antiniebla
foible ['fɔɪbl] n manía f.
foil [fɔɪl] ◇ n (U) (metal sheet) papel m aluminio OR de plata ◇ vt frustrar.
fold [fəʊld] ◇ vt (sheet, blanket) doblar; (chair, pram) plegar; **to ~ one's arms** cruzar los brazos. ◇ vi **1.** (table, chair etc) plegarse. **2.** inf (collapse) venirse abajo. ◇ n **1.** (in material, paper) pliegue m. **2.** (for animals) redil m. ◆ **fold up** ◇ vt sep **1.** (bend) doblar. **2.** (close up) plegar ◇ vi **1.** (bend) doblarse. **2.** (close up) plegarse. **3.** (collapse) venirse abajo.
folder ['fəʊldə^r] n (gen) carpeta f.
folding ['fəʊldɪŋ] adj plegable; (ladder) de tijera.
foliage ['fəʊlɪɪdʒ] n follaje m.
folk [fəʊk] ◇ adj popular. ◇ npl (people) gente f. ◇ n (MUS) música f folklórica OR popular. ◆ **folks** npl inf (relatives) familia f.
folklore ['fəʊklɔː^r] n folklore m.
folk music n música f folklórica OR popular.
folk song n canción f popular.
follow ['fɒləʊ] ◇ vt **1.** (gen) seguir. **2.** (understand) comprender. ◇ vi **1.** (gen) seguir. **2.** (be logical) ser lógico (ca); **it ~s that** se deduce que. **3.** (understand) comprender. ◆ **follow up** vt sep examinar en más detalle; **to ~ sthg up with** proseguir algo con.
follower ['fɒləʊə^r] n partidario m, -ria f.
following ['fɒləʊɪŋ] ◇ adj siguiente. ◇ n partidarios mpl; (of team) afición f. ◇ prep tras.
folly ['fɒlɪ] n (U) (foolishness) locura f.
fond [fɒnd] adj **1.** (affectionate) afectuoso(sa), cariñoso(sa). **2.** (having a liking): **to be ~ of sb** tener cariño a alguien; **to be ~ of sthg/of doing sthg** ser aficionado(da) a algo/a hacer algo.
fondle ['fɒndl] vt acariciar.
font [fɒnt] n **1.** (in church) pila f bautismal. **2.** (COMPUT): **hard/printer/screen ~** grupo m de caracteres impreso/de impresora/de pantalla.
food [fuːd] n comida f.
food mixer n batidora f eléctrica
food poisoning [-'pɔɪznɪŋ] n intoxicación f alimenticia.
food processor [-ˌprəʊsesə^r] n robot m de cocina.
foodstuffs ['fuːdstʌfs] npl comestibles mpl.
fool [fuːl] ◇ n **1.** (idiot) tonto m, -ta f,

imbécil m y f. **2.** Br (dessert) mousse de fruta con nata. ◇ vt (deceive) engañar; (joke with) tomar el pelo a; **to ~ sb into doing sthg** embaucar a alguien para que haga algo. ◇ vi bromear.
◆ **fool about, fool around** vi **1.** (behave foolishly): **to ~ about (with sthg)** hacer el tonto (con algo). **2.** (be unfaithful): **to ~ about (with sb)** tontear (con alguien)
foolhardy ['fuːlˌhɑːdɪ] adj temerario (ria).
foolish ['fuːlɪʃ] adj tonto(ta).
foolproof ['fuːlpruːf] adj infalible.
foot [fʊt] (pl sense 1 **feet**, pl sense 2 inv OR **feet**) ◇ n **1.** (gen) pie m; (of bird, animal) pata f; **to be on one's feet** estar de pie; **to get to one's feet** levantarse; **on ~** a pie, andando; **to put one's ~ in it** meter la pata; **to put one's feet up** descansar (con los pies en alto). **2.** (unit of measurement) = 30,48 cm, pie m. ◇ vt inf: **to ~ the bill (for sthg)** pagar la cuenta (de algo).
footage ['fʊtɪdʒ] n (U) secuencias fpl.
football ['fʊtbɔːl] n **1.** (game - soccer) fútbol m; (- American football) fútbol m americano. **2.** (ball) balón m.
footballer ['fʊtbɔːlə^r] n Br futbolista m y f.
football ground n Br campo m de fútbol.
football player = **footballer**.
footbrake ['fʊtbreɪk] n freno m de pedal.
footbridge ['fʊtbrɪdʒ] n paso m elevado, pasarela f.
foothills ['fʊthɪlz] npl estribaciones fpl.
foothold ['fʊthəʊld] n punto m de apoyo para el pie.
footing ['fʊtɪŋ] n **1.** (foothold) equilibrio m; **to lose one's ~** perder el equilibrio. **2.** (basis) nivel m; **on an equal ~ (with)** en pie de igualdad (con).
footlights ['fʊtlaɪts] npl candilejas fpl.
footnote ['fʊtnəʊt] n nota f a pie de página.
footpath ['fʊtpɑːθ, pl -pɑːðz] n senda f.
footprint ['fʊtprɪnt] n huella f, pisada f.
footstep ['fʊtstep] n **1.** (sound) paso m. **2.** (footprint) pisada f.
footwear ['fʊtweə^r] n calzado m.
for [fɔː^r] ◇ prep **1.** (indicating intention, destination, purpose) para; **this is ~ you** esto es para ti; **I'm going ~ the paper** voy (a) por el periódico; **the plane ~**

Paris *(gen)* el avión para OR de París; *(in airport announcements)* el avión con destino a París; **it's time ~ bed** es hora de irse a la cama; **we did it ~ a laugh** OR **~ fun** lo hicimos de broma OR por divertirnos; **to go ~ a walk** ir a dar un paseo; **what's it ~?** ¿para qué es OR sirve? **2.** *(representing, on behalf of)* por; **the MP ~ Barnsley** el diputado por Barnsley; **let me do it ~ you** deja que lo haga por ti; **he plays ~ England** juega en la selección inglesa; **to work ~** trabajar para. **3.** *(because of)* por; **a prize ~ bravery** un premio a la valentía; **to jump ~ joy** dar saltos de alegría; **~ fear of failing** por miedo a fracasar. **4.** *(with regard to)* para; **it's not ~ me to say** no me toca a mí decidir; **he looks young ~ his age** aparenta ser más joven de lo que es. **5.** *(indicating amount of time, space)* para; **there's no time/room ~ it** no hay tiempo/sitio para eso **6.** *(indicating period of time - during)* durante; *(- by, in time for)* para; **she cried ~ two hours** estuvo llorando durante dos horas; **I've lived here ~ three years** llevo tres años viviendo aquí, he vivido aquí (durante) tres años; **I've worked here ~ years** trabajo aquí desde hace años; **I'll do it ~ tomorrow** lo tendré hecho para mañana. **7.** *(indicating distance)* en; **there were roadworks ~ 50 miles** había obras en 50 millas; **we walked ~ miles** andamos millas y millas. **8.** *(indicating particular occasion)* para; **I got it ~ my birthday** me lo regalaron para OR por mi cumpleaños; **~ the first time** por vez primera. **9.** *(indicating amount of money, price)* por; **I bought/sold it ~ £10** lo compré/vendí por 10 libras; **they're 50p ~ ten** son a 50 peniques cada diez. **10.** *(in favour of, in support of)* a favor de, por; **to vote ~ sthg/sb** votar por algo/a alguien; **to be all ~ sthg** estar completamente a favor de algo. **11.** *(in ratios)* por. **12.** *(indicating meaning)*: **P ~ Peter** P de Pedro; **what's the Greek ~ 'mother'?** ¿cómo se dice 'madre' en griego? ◇ *conj fml (as, since)* ya que. ◆ **for all** ◇ *prep* **1.** *(in spite of)* a pesar de; **~ all your moaning** a pesar de lo mucho que te quejas. **2.** *(considering how little)* para; **~ all the good it has done me** para lo que me ha servido. ◇ *conj*: **~ all I care, she could be dead** por mí, como si se muere; **~ all I know** por lo que yo sé, que yo sepa.

forage ['fɒrɪdʒ] *vi (search)*: **to ~ (for sthg)** buscar (algo).

foray ['fɒreɪ] *n lit & fig*: **~ (into)** incursión *f* (en).

forbad [fə'bæd], **forbade** [fə'beɪd] *pt →* **forbid**.

forbid [fə'bɪd] *(pt* **-bade** OR **-bad**, *pp* **forbid** OR **-bidden)** *vt*: **to ~ sb (to do sthg)** prohibir a alguien (hacer algo).

forbidden [fə'bɪdn] *adj* prohibido(da).

forbidding [fə'bɪdɪŋ] *adj (building, landscape)* inhóspito(ta); *(person, expression)* severo(ra), austero(ra).

force [fɔːs] ◇ *n* fuerza *f*; **sales ~** personal *m* de ventas; **security ~s** fuerzas *fpl* de seguridad; **by ~** a la fuerza; **to be in/come into ~** estar/entrar en vigor; **in ~** *(in large numbers)* en masa, en gran número. ◇ *vt* forzar; **to ~ sb to do sthg** *(gen)* forzar a alguien a hacer algo; *(subj: event, circumstances)* obligar a alguien a hacer algo. ◆ **forces** *npl*: **the ~s** las fuerzas armadas; **to join ~s (with)** unirse (con).

force-feed *vt* alimentar a la fuerza.

forceful ['fɔːsful] *adj (person, impression)* fuerte; *(support, recommendation)* enérgico(ca); *(speech, idea, argument)* contundente.

forceps ['fɔːseps] *npl* fórceps *m inv*.

forcibly ['fɔːsəblɪ] *adv* **1.** *(using physical force)* por la fuerza. **2.** *(remind)* vívamente; *(express, argue, recommend)* enérgicamente.

ford [fɔːd] *n* vado *m*.

fore [fɔːʳ] *n*: **to come to the ~** empezar a destacar, emerger.

forearm ['fɔːrɑːm] *n* antebrazo *m*.

foreboding [fɔː'bəʊdɪŋ] *n* **1.** *(presentiment)* presagio *m*. **2.** *(apprehension)* miedo *m*.

forecast ['fɔːkɑːst] *(pt & pp* **forecast** OR **-ed)** ◇ *n (prediction)* predicción *f*, previsión *f*; *(of weather)* pronóstico *m*. ◇ *vt (predict)* predecir; *(weather)* pronosticar.

foreclose [fɔː'kləʊz] ◇ *vi*: **to ~ on sb** privar a alguien del derecho a redimir su hipoteca. ◇ *vt* ejecutar

forecourt ['fɔːkɔːt] *n* patio *m*.

forefinger ['fɔːˌfɪŋgəʳ] *n* (dedo *m*) índice *m*.

forefront ['fɔːfrʌnt] *n*: **in** OR **at the ~ of** en OR a la vanguardia de.

forego [fɔː'gəʊ] = **forgo**

foregone conclusion ['fɔːgɒn-] *n*: **it's a ~** es un resultado inevitable.

foreground ['fɔːgraʊnd] *n* primer plano *m*

forehand ['fɔːhænd] *n (stroke)* golpe *m* natural, drive *m*.

forehead ['fɔːhed] *n* frente *f*.

foreign ['fɒrən] *adj* **1.** *(from abroad)* extranjero(ra). **2.** *(external - policy)* exterior; *(- correspondent, holiday)* en el extranjero. **3.** *(unwanted, harmful)* extraño(ña). **4.** *(alien, untypical)*: ~ (to sb/sthg) ajeno(na) (a alguien/algo).

foreign affairs *npl* asuntos *mpl* exteriores.

foreign currency *n (U)* divisa *f*.

foreigner ['fɒrənəʳ] *n* extranjero *m*, -ra *f*.

foreign minister *n* ministro *m*, -tra *f* de asuntos exteriores

Foreign Office *n Br*: the ~ el Ministerio de Asuntos Exteriores británico.

Foreign Secretary *n Br* Ministro *m*, -tra *f* de Asuntos Exteriores.

foreleg ['fɔːleg] *n* pata *f* delantera

foreman ['fɔːmən] *(pl* -men [-mən]) *n* **1.** *(of workers)* capataz *m*. **2.** *(of jury)* presidente *m*.

foremost ['fɔːməust] ◇ *adj* primero (ra). ◇ *adv*: **first and ~** ante todo.

forensic [fə'rensɪk] *adj* forense.

forensic science *n* ciencia *f* forense.

forerunner ['fɔːˌrʌnəʳ] *n (precursor)* precursor *m*, -ra *f*.

foresee [fɔː'siː] *(pt* -saw [-'sɔː], *pp* -seen) *vt* prever.

foreseeable [fɔː'siːəbl] *adj* previsible; **for/in the ~ future** en un futuro próximo.

foreseen [fɔː'siːn] *pp* → **foresee**.

foreshadow [fɔː'ʃædəu] *vt* presagiar.

foresight ['fɔːsaɪt] *n (U)* previsión *f*.

forest ['fɒrɪst] *n* bosque *m*.

forestall [fɔː'stɔːl] *vt* anticiparse a.

forestry ['fɒrɪstrɪ] *n* silvicultura *f*.

foretaste ['fɔːteɪst] *n* anticipo *m*.

foretell [fɔː'tel] *(pt & pp* -told) *vt* predecir.

forever [fə'revəʳ] *adv* **1.** *(eternally)* para siempre. **2.** *inf (incessantly)* siempre, continuamente.

forewarn [fɔː'wɔːn] *vt* prevenir.

foreword ['fɔːwɜːd] *n* prefacio *m*.

forfeit ['fɔːfɪt] ◇ *n* precio *m*; *(in game)* prenda *f*. ◇ *vt* renunciar a, perder.

forgave [fə'geɪv] *pt* → **forgive**.

forge [fɔːdʒ] ◇ *n* fragua *f* ◇ *vt* **1.** *(gen)* fraguar. **2.** *(falsify)* falsificar. ◆ **forge ahead** *vi* hacer grandes progresos.

forger ['fɔːdʒəʳ] *n* falsificador *m*, -ra *f*.

forgery ['fɔːdʒərɪ] *n* falsificación *f*.

forget [fə'get] *(pt* -got, *pp* -gotten)

◇ *vt*: **to ~ (to do sthg)** olvidar (hacer algo) ◇ *vi*: **to ~ (about sthg)** olvidarse (de algo).

forgetful [fə'getfʊl] *adj* olvidadizo (za).

forget-me-not *n* nomeolvides *m inv*.

forgive [fə'gɪv] *(pt* -gave, *pp* -given) *vt*: **to ~ sb (for sthg/for doing sthg)** perdonar a alguien (algo/por haber hecho algo).

forgiveness [fə'gɪvnɪs] *n* perdón *m*.

forgo [fɔː'gəu] *(pt* -went, *pp* -gone [-'gɒn]) *vt* sacrificar, renunciar a.

forgot [fə'gɒt] *pt* → **forget**.

forgotten [fə'gɒtn] *pp* → **forget**

fork [fɔːk] ◇ *n* **1.** *(for food)* tenedor *m*. **2.** *(for gardening)* horca *f*. **3.** *(in road etc)* bifurcación *f* ◇ *vi* bifurcarse.

◆ **fork out** *vi inf*: **to ~ out for sthg** soltar pelas para algo.

forklift truck ['fɔːklɪft-] *n* carretilla *f* elevadora.

forlorn [fə'lɔːn] *adj* **1.** *(person, expression)* consternado(da). **2.** *(place, landscape)* desolado(da). **3.** *(hope, attempt)* desesperado(da).

form [fɔːm] ◇ *n* **1.** *(shape, type)* forma *f*; **in the ~ of** en forma de. **2.** *(fitness)*: **on ~** *Br*, **in ~** *Am* en forma; **off ~** en baja forma. **3.** *(document)* impreso *m*, formulario *m*. **4.** *(figure - of person)* figura *f*. **5.** *Br (class)* clase *f*. ◇ *vt* formar; *(plan)* concebir; *(impression, idea)* formarse. ◇ *vi* formarse

formal ['fɔːml] *adj* **1.** *(gen)* formal; *(education)* convencional. **2.** *(clothes, wedding, party)* de etiqueta.

formality [fɔː'mælətɪ] *n* formalidad *f*.

format ['fɔːmæt] ◇ *n (gen & COMPUT)* formato *m*; *(of meeting)* plan *m*. ◇ *vt (COMPUT)* formatear.

formation [fɔː'meɪʃn] *n* formación *f*; *(of ideas, plans)* creación *f*.

formative ['fɔːmətɪv] *adj* formativo (va)

former ['fɔːməʳ] ◇ *adj* **1.** *(previous)* antiguo(gua); **in ~ times** antiguamente. **2.** *(first of two)* primero(ra). ◇ *n*: **the ~** el primero (la primera) /los primeros (las primeras).

formerly ['fɔːməlɪ] *adv* antiguamente.

formidable ['fɔːmɪdəbl] *adj* **1.** *(frightening)* imponente, temible. **2.** *(impressive)* formidable.

formula ['fɔːmjulə] *(pl* -as OR -ae [-iː]) *n* fórmula *f*.

formulate ['fɔːmjuleɪt] *vt* formular.

forsake [fə'seɪk] *(pt* forsook, *pp* forsaken) *vt literary* abandonar.

forsaken [fə'seɪkn] *adj* abandonado (da).

forsook [fə'sʊk] *pt* → **forsake**.

fort [fɔːt] *n* fuerte *m*, fortaleza *f*

forte ['fɔːtɪ] *n* fuerte *m*.

forth [fɔːθ] *adv literary* **1.** *(outwards, onwards)* hacia adelante. **2.** *(into future)*: **from that day ~** desde aquel día en adelante.

forthcoming [fɔːθ'kʌmɪŋ] *adj* **1.** *(election, book, events)* próximo(ma). **2.** *(person)* abierto(ta), amable.

forthright ['fɔːθraɪt] *adj (person, manner, opinions)* directo(ta), franco(ca); *(opposition)* rotundo(da).

forthwith [ˌfɔːθ'wɪθ] *adv fml* inmediatamente.

fortified wine ['fɔːtɪfaɪd-] *n* vino *m* licoroso.

fortify ['fɔːtɪfaɪ] *vt* **1.** (MIL) fortificar. **2.** *(person, resolve)* fortalecer

fortnight ['fɔːtnaɪt] *n* quincena *f*.

fortnightly ['fɔːtˌnaɪtlɪ] ◇ *adj* quincenal. ◇ *adv* quincenalmente.

fortress ['fɔːtrɪs] *n* fortaleza *f*.

fortunate ['fɔːtʃnət] *adj* afortunado (da).

fortunately ['fɔːtʃnətlɪ] *adv* afortunadamente.

fortune ['fɔːtʃuːn] *n* **1.** *(money, luck)* fortuna *f*. **2.** *(future)*: **to tell sb's ~** decir a alguien la buenaventura

fortune-teller [-ˌtelər] *n* adivino *m*, -na *f*.

forty ['fɔːtɪ] *num* cuarenta; *see also* **sixty**.

forum ['fɔːrəm] *(pl -s) n lit & fig* foro *m*.

forward ['fɔːwəd] ◇ *adj* **1.** *(towards front - movement)* hacia adelante; *(near front - position etc)* delantero(ra). **2.** *(towards future)*: **~ planning** planificación *f* anticipada. **3.** *(advanced)*: **we're (no) further ~** (no) hemos adelantado (nada) **4.** *(impudent)* atrevido (da). ◇ *adv* **1.** *(ahead)* hacia adelante; **to go or move ~** avanzar. **2.** *(in time)*: **to bring sthg ~** adelantar algo. ◇ *n* (SPORT) delantero *m*, -ra *f*. ◇ *vt (send on)* remitir; **'please ~'** 'remítase al destinatario'.

forwarding address ['fɔːwədɪŋ-] *n* nueva dirección *f* para reenvío de correo.

forwards ['fɔːwədz] *adv* = **forward**.

forwent [fɔː'went] *pt* → **forgo**.

fossil ['fɒsl] *n* fósil *m*.

foster ['fɒstər] *vt* **1.** *(child)* acoger.

2. *(idea, arts, relations)* promover.

foster child *n* menor *m y f* en régimen de acogimiento familiar.

foster parents *npl* familia *f* de acogida.

fought [fɔːt] *pt & pp* → **fight**.

foul [faʊl] ◇ *adj* **1.** *(unclean - smell)* fétido(da); *(- taste)* asqueroso(sa); *(- water, language)* sucio(cia). **2.** *(very unpleasant)* horrible. ◇ *n* falta *f*. ◇ *vt* **1.** *(make dirty)* ensuciar. **2.** (SPORT) cometer una falta contra.

found [faʊnd] ◇ *pt & pp* → **find**. ◇ *vt*: **to ~ sthg (on)** fundar algo (en).

foundation [faʊn'deɪʃn] *n* **1.** *(organization, act of establishing)* fundación *f*. **2.** *(basis)* fundamento *m*, base *f*. **3.** *(make-up)*: **~ (cream)** crema *f* base. ◆ **foundations** *npl* (CONSTR) cimientos *mpl*.

founder ['faʊndər] ◇ *n* fundador *m*, -ra *f*. ◇ *vi lit & fig* hundirse, irse a pique.

foundry ['faʊndrɪ] *n* fundición *f*.

fountain ['faʊntɪn] *n* **1.** *(structure)* fuente *f*. **2.** *(jet)* chorro *m*

fountain pen *n* (pluma *f*) estilográfica *f*.

four [fɔːr] *num* cuatro; **on all ~s** a gatas; *see also* **six**.

four-letter word *n* palabrota *f*, taco *m*

four-poster (bed) *n* cama *f* de columnas

foursome ['fɔːsəm] *n* grupo *m* de cuatro personas

fourteen [ˌfɔː'tiːn] *num* catorce; *see also* **six**.

fourth [fɔːθ] *num* cuarto(ta); *see also* **sixth**.

Fourth of July *n*: **the ~** el cuatro de julio, día de la independencia estadounidense.

four-wheel drive *n* tracción *f* a cuatro ruedas.

fowl [faʊl] *(pl inv OR -s) n* ave *f* de corral

fox [fɒks] ◇ *n* zorro *m*. ◇ *vt (perplex)* dejar perplejo(ja).

foxglove ['fɒksglʌv] *n* dedalera *f*

foyer ['fɔɪeɪ] *n* vestíbulo *m*.

fracas ['frækɑː, *Am* 'freɪkəs] *(Br pl inv, Am pl* **fracases**) *n fml* riña *f*, gresca *f*

fraction ['frækʃn] *n* **1.** (MATH) quebrado *m*, fracción *f*. **2.** *(small part)* fracción *f*

fractionally ['frækʃnəlɪ] *adv* ligeramente.

fracture ['fræktʃər] ◇ *n* fractura *f*. ◇ *vt* fracturar.

fragile ['frædʒaɪl] *adj* frágil.

fragment ['frægmənt] *n (of glass, text)* fragmento *m*; *(of paper, plastic)* trozo *m*.

fragrance ['freɪgrəns] *n* fragancia *f*

fragrant ['freɪgrənt] *adj* fragante.

frail [freɪl] *adj* frágil.

frame [freɪm] ◇ *n* **1.** *(of picture, door)* marco *m*; *(of glasses)* montura *f*; *(of chair, bed)* armadura *f*; *(of bicycle)* cuadro *m*; *(of boat)* armazón *m o f*. **2.** *(physique)* cuerpo *m*. ◇ *vt* **1.** *(put in a frame)* enmarcar. **2.** *(express)* formular, expresar. **3.** *inf (set up)* tender una trampa a, amañar la culpabilidad de.

frame of mind *n* estado *m* de ánimo

framework ['freɪmwɜːk] *n* **1.** *(physical structure)* armazón *m o f*, esqueleto *m*. **2.** *(basis)* marco *m*.

France [frɑːns] *n* Francia.

franchise ['fræntʃaɪz] *n* **1.** (POL) sufragio *m*, derecho *m* de voto. **2.** (COMM) concesión *f*, licencia *f* exclusiva.

frank [fræŋk] ◇ *adj* franco(ca). ◇ *vt* franquear.

frankly ['fræŋklɪ] *adv* francamente.

frantic ['fræntɪk] *adj* frenético(ca).

fraternity [frə'tɜːnətɪ] *n* **1.** *fml (community)* cofradía *f*. **2.** *(in American university)* club *m* de estudiantes. **3.** *(U) fml (friendship)* fraternidad *f*.

fraternize, -ise ['frætənaɪz] *vi*: to ~ (with) fraternizar (con).

fraud [frɔːd] *n* **1.** *(U) (deceit)* fraude *m*. **2.** *pej (impostor)* farsante *m y f*.

fraught [frɔːt] *adj* **1.** *(full)*: ~ with lleno(na) OR cargado(da) de. **2.** *Br (frantic)* tenso(sa).

fray [freɪ] ◇ *vt fig (temper, nerves)* crispar, poner de punta. ◇ *vi* **1.** *(sleeve, cuff)* deshilacharse. **2.** *fig (temper, nerves)* crisparse. ◇ *n literary*: to enter the ~ saltar a la palestra.

frayed [freɪd] *adj (sleeve, cuff)* deshilachado(da).

freak [friːk] ◇ *adj* imprevisible. ◇ *n* **1.** *(strange creature - in appearance)* monstruo *m*; *(- in behaviour)* estrafalario *m*, -ria *f*. **2.** *(unusual event)* anormalidad *f*. **3.** *inf (fanatic)*: **film/fitness ~** fanático *m*, -ca *f* del cine/ejercicio.

♦ **freak out** *vi inf* flipar, alucinar.

freckle ['frekl] *n* peca *f*

free [friː] *(compar* **freer,** *superl* **freest,** *pt & pp* **freed)** ◇ *adj* **1.** *(gen)*: ~ (from OR of) libre (de); to be ~ to do sthg ser libre de hacer algo; **feel ~!** ¡adelante!, ¡cómo no!; to set ~ liberar. **2.** *(not paid for)* gratis *(inv)*, gratuito(ta); ~ of charge gratis *(inv)*. **3.** *(unattached)* suelto(ta). **4.** *(generous)*: to be ~ with sthg no regatear algo. ◇ *adv* **1.** *(without payment)*: **(for) ~** gratis. **2.** *(unrestricted)* libremente. **3.** *(loose)*: to pull/cut sthg ~ soltar algo tirando/cortando. ◇ *vt* **1.** *(release)* liberar, libertar; to ~ sb of sthg librar a alguien de algo. **2.** *(make available)* dejar libre. **3.** *(extricate - person)* rescatar; *(- one's arm, oneself)* soltar.

freedom ['friːdəm] *n* libertad *f*; ~ from indemnidad *f* ante OR de

freefone ['friːfəun] *n (U) Br* teléfono *m* OR número *m* gratuito.

free-for-all *n* refriega *f*.

free gift *n* obsequio *m*.

freehand ['friːhænd] *adj & adv* a pulso.

freehold ['friːhəuld] *n* propiedad *f* absoluta.

free house *n* bar no controlado por una compañía cervecera.

free kick *n* tiro *m* libre.

freelance ['friːlɑːns] ◇ *adj* autónomo (ma). ◇ *adv* por libre. ◇ *n (trabajador m, -ra f)* autónomo *m*, -ma *f*.

freely ['friːlɪ] *adv* **1.** *(readily - admit, confess)* sin reparos; *(- available)* fácilmente. **2.** *(openly)* abiertamente, francamente. **3.** *(without restrictions)* libremente. **4.** *(generously)* liberalmente.

Freemason ['friː,meɪsn] *n* francmasón *m*, -ona *f*.

freephone ['friːfəun] *n* = **freefone**.

freepost ['friːpəust] *n* franqueo *m* pagado.

free-range *adj* de granja.

freestyle ['friːstaɪl] *n (in swimming)* estilo *m* libre.

free trade *n* libre cambio *m*.

freeway ['friːweɪ] *n Am* autopista *f*.

freewheel [,friː'wiːl] *vi (on bicycle)* andar sin pedalear; *(in car)* ir en punto muerto.

free will *n* libre albedrío *m*; to do sthg of one's own ~ hacer algo por voluntad propia.

freeze [friːz] *(pt* **froze,** *pp* **frozen)** ◇ *vt* **1.** *(gen)* helar. **2.** *(food, wages, prices)* congelar. **3.** *(assets)* bloquear. ◇ *vi (gen)* helarse. ◇ *v impers* (METEOR) helar. ◇ *n* **1.** *(cold weather)* helada *f*. **2.** *(of wages, prices)* congelación *f*

freeze-dried [-'draɪd] *adj* liofilizado (da).

freezer ['friːzəʳ] *n* congelador *m*.

freezing ['friːzɪŋ] ◇ *adj* helado(da);

it's ~ in here hace un frío espantoso aquí. ◇ *n* = **freezing point**.

freezing point *n* punto *m* de congelación.

freight [freɪt] *n (U) (goods)* mercancías *fpl*, flete *m*.

freight train *n* (tren *m* de) mercancías *m inv*.

French [frentʃ] ◇ *adj* francés(esa). ◇ *n (language)* francés *m* ◇ *npl*: **the ~** los franceses.

French bean *n* habichuela *f*, judía *f* verde *Esp*, ejote *m CAm & Méx*, chaucha *f CSur*, poroto *m* verde *Chile*

French bread *n (U)* pan *m* de barra.

French dressing *n (in UK) (vinaigrette)* vinagreta *f*; *(in US)* = salsa *f* rosa.

French fries *npl* patatas *fpl* fritas

Frenchman ['frentʃmən] *(pl* **-men** [-mən]) *n* francés *m*.

French stick *n Br* barra *f* de pan.

French windows *npl* puertaventanas *fpl*.

Frenchwoman ['frentʃˌwʊmən] *(pl* **-women** [-ˌwɪmɪn]) *n* francesa *f*.

frenetic [frə'netɪk] *adj* frenético(ca).

frenzy ['frenzɪ] *n* frenesí *m*.

frequency ['fri:kwənsɪ] *n* frecuencia *f*.

frequent [*adj* 'fri:kwənt, *vb* frɪ'kwent] ◇ *adj* frecuente ◇ *vt* frecuentar.

frequently ['fri:kwəntlɪ] *adv* a menudo.

fresh [freʃ] *adj* **1.** *(gen)* fresco(ca); *(flavour, taste)* refrescante. **2.** *(bread)* del día. **3.** *(not canned)* natural. **4.** *(water)* dulce. **5.** *(pot of tea, fighting, approach)* nuevo (va). **6.** *(bright and pleasant)* alegre.

freshen ['freʃn] ◇ *vt (air)* refrescar. ◇ *vi (wind)* soplar más fuerte. ♦ **freshen up** *vi (person)* refrescarse, lavarse.

fresher ['freʃər] *n Br inf* estudiante *m y f* de primer año.

freshly ['freʃlɪ] *adv* recién.

freshman ['freʃmən] *(pl* **-men** [-mən]) *n* estudiante *m y f* de primer año.

freshness ['freʃnɪs] *n (U)* **1.** *(of food)* buen estado *m*. **2.** *(originality)* novedad *f*, originalidad *f*. **3.** *(brightness)* pulcritud *f*. **4.** *(refreshing quality)* frescor *m* **5.** *(energy)* vigor *m*.

freshwater ['freʃˌwɔ:tər] *adj* de agua dulce.

fret [fret] *vi* preocuparse.

friar ['fraɪər] *n* fraile *m*.

friction ['frɪkʃn] *n* fricción *f*.

Friday ['fraɪdɪ] *n* viernes *m inv; see also* **Saturday**.

fridge [frɪdʒ] *n* refrigerador *m*, frigorí-

fico *m Esp*, heladera *f CSur*.

fridge-freezer *n Br* nevera *f* congeladora.

fried [fraɪd] *adj* frito(ta).

friend [frend] *n (close acquaintance)* amigo *m*, -ga *f*; **to be ~s with sb** ser amigo de alguien; **to make ~s (with)** hacerse amigo (de), trabar amistad (con).

friendly ['frendlɪ] *adj* **1.** *(person)* amable, simpático(ca); *(attitude, manner, welcome)* amistoso(sa); **to be ~ with sb** ser amigo de alguien. **2.** *(nation)* amigo(ga). **3.** *(argument, game)* amistoso(sa).

friendship ['frendʃɪp] *n* amistad *f*.

fries [fraɪz] = **French fries**.

frieze [fri:z] *n* friso *m*

fright [fraɪt] *n* **1.** *(fear)* miedo *m*; **to take ~** espantarse, asustarse. **2.** *(shock)* susto *m*; **to give sb a ~** darle un susto a alguien.

frighten ['fraɪtn] *vt* asustar.

frightened ['fraɪtnd] *adj* asustado(da); **to be ~ of sthg/of doing sthg** tener miedo a algo/a hacer algo.

frightening ['fraɪtnɪŋ] *adj* aterrador (ra), espantoso(sa)

frightful ['fraɪtfʊl] *adj dated* terrible.

frigid ['frɪdʒɪd] *adj (sexually)* frígido (da).

frill [frɪl] *n* **1.** *(decoration)* volante *m*. **2.** *inf (extra)* adorno *m*.

fringe [frɪndʒ] *n* **1.** *(decoration)* flecos *mpl*. **2.** *Br (of hair)* flequillo *m*. **3.** *(edge)* periferia *f*. **4.** *(extreme)* margen *m*. ◇ *vt (edge)* bordear.

fringe benefit *n* beneficio *m* complementario.

frisk [frɪsk] *vt* cachear, registrar.

frisky ['frɪskɪ] *adj inf* retozón(ona), juguetón(ona).

fritter ['frɪtər] *n* buñuelo *m*. ♦ **fritter away** *vt sep*: **to ~ money/time away on sthg** malgastar dinero/tiempo en algo.

frivolous ['frɪvələs] *adj* frívolo(la)

frizzy ['frɪzɪ] *adj* crespo(pa), ensortijado(da).

fro [frəʊ] *adv* → **to**.

frock [frɒk] *n dated* vestido *m*

frog [frɒg] *n (animal)* rana *f*

frogman ['frɒgmən] *(pl* **-men**) *n* hombre-rana *m*.

frogmen ['frɒgmən] *pl* → **frogman**.

frolic ['frɒlɪk] *(pt & pp* **-ked**, *cont* **-king)** *vi* retozar, triscar.

from [*weak form* frəm, *strong form* frɒm] *prep* **1.** *(indicating source, origin, re-*

front

136

moval) de; **where are you ~?** ¿de
dónde eres?; **I got a letter ~ her
today** hoy me ha llegado una carta
suya; **a flight ~ Paris** un vuelo de
París; **to translate ~ Spanish into
English** traducir del español al inglés;
he's not back ~ work yet no ha vuelto del trabajo aún; **to take sthg away
~ sb** quitarle algo a alguien. **2.** (indicating a deduction): **take 15 (away) ~ 19**
quita 15 a 19; **to deduct sthg ~ sthg**
deducir OR descontar algo de algo.
3. (indicating escape, separation) de; **he
ran away ~ home** huyó de casa.
4. (indicating position) desde; **seen
above/below** visto desde arriba/
abajo; **a light bulb hung ~ the ceiling**
una bombilla colgaba del techo.
5. (indicating distance) de; **it's 60 km ~
here** está a 60 kms. de aquí. **6.** (indicating material object is made out of) de;
it's made ~ wood/plastic está hecho
de madera/plástico. **7.** (starting at a
particular time) desde; **closed ~ 1 pm
to 2 pm** cerrado de 13h a 14h; **~ the
moment I saw him** desde el momen-
to en que lo vi. **8.** (indicating difference,
change) de; **to be different ~** ser diferente de; **~ ... to ... a;** **the price
went up ~ £100 to £150** el precio
subió de 100 a 150 libras. **9.** (because
of, as a result of) de; **to die ~ cold**
morir de frío; **to suffer ~ cold/hunger**
padecer frío/hambre. **10.** (on the evidence of) por; **to speak ~ personal experience** hablar por propia experiencia. **11.** (indicating lowest amount):
prices range ~ £5 to £500 los precios
oscilan entre 5 y 500 libras; **it could
take anything ~ 15 to 20 weeks**
podría llevar de 15 a 20 semanas.
front [frʌnt] ◇ *n* **1.** (gen) parte *f* delantera; (of house) fachada *f*. **2.** (METEOR, MIL
& POL) frente *m*. **3.** (on coast): **(sea) ~**
paseo *m* marítimo. **4.** (outward appearance) fachada *f* ◇ *adj* (gen) delantero
(ra); (page) primero(ra). ◆ **in front** *adv*
1. (further forward) delante. **2.** (winning)
en cabeza. ◆ **in front of** *prep* delante
de.
frontbench [‚frʌnt'bentʃ] *n Br* en la
Cámara de los Comunes, cada una de las
dos filas de escaños ocupadas respectivamente por los ministros del Gobierno y los
principales líderes de la oposición mayori-
taria.
front door *n* puerta *f* principal.
frontier [‚frʌn‚tɪər, *Am* frʌn'tɪər] *n lit &
fig* frontera *f*.
front man *n* **1.** (of group) portavoz *m*

y f. **2.** (of programme) presentador *m*.
front room *n* sala *f* de estar.
front-runner *n* favorito *m*, -ta *f*.
front-wheel drive *n* (vehicle) vehículo *m* de tracción delantera.
frost [frɒst] *n* **1.** (layer of ice) escarcha
f. **2.** (weather) helada *f*.
frostbite ['frɒstbaɪt] *n (U)* congelación
f (MED).
frosted ['frɒstɪd] *adj* **1.** (glass) esmeri-
lado(da). **2.** *Am* (CULIN) escarchado
(da).
frosty ['frɒstɪ] *adj* **1.** (very cold) de
helada. **2.** (covered with frost) escarcha-
do(da). **3.** *fig* (unfriendly) glacial.
froth [frɒθ] ◇ *n* espuma *f* ◇ *vi* hacer
espuma.
frown [fraʊn] *vi* fruncir el ceño.
◆ **frown (up)on** *vt fus* desaprobar.
froze [frəʊz] *pt* → **freeze**.
frozen [frəʊzn] ◇ *pp* → **freeze**. ◇ *adj*
1. (gen) helado(da). **2.** (preserved) con-
gelado(da).
frugal ['fruːgl] *adj* frugal.
fruit [fruːt] (*pl inv* OR **fruits**) *n* **1.** (food)
fruta *f*. **2.** (result) fruto *m*.
fruitcake ['fruːtkeɪk] *n* pastel *m* de frutas.
fruiterer ['fruːtərər] *n Br* frutero *m*, -ra
f; **~'s (shop)** frutería *f*.
fruitful ['fruːtfʊl] *adj* (successful) fructí-
fero(ra).
fruition [fruː'ɪʃn] *n*: **to come to ~**
(plan) realizarse; (hope) cumplirse
fruit juice *n* zumo *m* de fruta
fruitless ['fruːtlɪs] *adj* infructuoso(sa).
fruit machine *n Br* máquina *f* tragaperras.
fruit salad *n* macedonia *f* (de frutas).
frumpy ['frʌmpɪ] *adj* chapado(da) a la
antigua.
frustrate [frʌ'streɪt] *vt* frustrar.
frustrated [frʌ'streɪtɪd] *adj* frustrado
(da).
frustration [frʌ'streɪʃn] *n* frustración
f.
fry [fraɪ] ◇ *vt* (food) freír ◇ *vi* (food)
freírse.
frying pan ['fraɪɪŋ-] *n* sartén *f*.
ft. *abbr of* **foot, feet.**
fuck [fʌk] *vt & vi vulg* joder, chingar
Amer. ◆ **fuck off** *vi vulg*: **~ off!** ¡vete a
la mierda!
fudge [fʌdʒ] *n (U)* (sweet) dulce de azúcar, leche y mantequilla.
fuel [fjʊəl] ◇ *n* combustible *m*. ◇ *vt* **1.**
(supply with fuel) alimentar. **2.** (increase) agravar.
fuel tank *n* depósito *m* de gasolina.

fugitive [ˈfjuːdʒətɪv] *n* fugitivo *m*, -va *f*.

fulfil, fulfill *Am* [folˈfɪl] *vt (promise, duty, threat)* cumplir; *(hope, ambition)* realizar, satisfacer; *(obligation)* cumplir con; *(role)* desempeñar; *(requirement)* satisfacer.

fulfilment, fulfillment *Am* [folˈfɪlmənt] *n* **1.** *(satisfaction)* satisfacción *f*, realización *f* (de uno mismo). **2.** *(of promise, duty, threat)* cumplimiento *m*; *(of hope, ambition)* realización *f*; *(of role)* desempeño *m*; *(of requirement)* satisfacción *f*.

full [fol] ◇ *adj* **1.** *(filled)*: ~ (of) lleno (na) (de); I'm ~! *(after meal)* ¡no puedo más! **2.** *(complete - recovery, employment, control)* pleno(na); *(- name, price, fare)* completo(ta); *(- explanation, information)* detallado(da); *(- member, professor)* numerario(ria). **3.** *(maximum - volume, power etc)* máximo(ma). **4.** *(plump)* grueso(sa) **5.** *(wide)* holgado(da), amplio(plia). ◇ *adv (very)*: to know sthg ~ well saber algo perfectamente. ◇ *n*: in ~ íntegramente.

full-blown [-ˈbləon] *adj (gen)* auténtico(ca); *(AIDS)* desarrollado(da).

full board *n* pensión *f* completa.

full-fledged *Am* = **fully-fledged**.

full moon *n* luna *f* llena.

full-scale *adj* **1.** *(life-size)* de tamaño natural. **2.** *(complete)* a gran escala.

full stop *n* punto *m*

full time *n Br* (SPORT) final *m* del (tiempo reglamentario del) partido. ◆ **full-time** ◇ *adj* de jornada completa. ◇ *adv* a tiempo completo.

full up *adj* lleno(na).

fully [ˈfoli] *adv* **1.** *(completely)* completamente. **2.** *(thoroughly)* detalladamente.

fully-fledged *Br*, **full-fledged** *Am* [-ˈfledʒd] *adj fig* hecho(cha) y derecho (cha); *(member)* de pleno derecho.

fulsome [ˈfolsəm] *adj* exagerado(da).

fumble [ˈfʌmbl] *vi* hurgar; to ~ for sthg *(for key, light switch)* buscar algo a tientas; *(for words)* buscar algo titubeando.

fume [fjuːm] *vi (with anger)* rabiar. ◆ **fumes** *npl* humo *m*.

fumigate [ˈfjuːmɪgeɪt] *vt* fumigar.

fun [fʌn] *n (U)* **1.** *(pleasure, amusement)* diversión *f*; to have ~ divertirse, pasarlo bien; have ~! ¡que te diviertas!; for ~, for the ~ of it por diversión. **2.** *(playfulness)*: he's full of ~ le encanta todo lo que sea diversión. **3.** *(at sb else's expense)*: to make ~ of

sb, to poke ~ at sb reírse OR burlarse de alguien.

function [ˈfʌŋkʃn] ◇ *n* **1.** *(gen & MATH)* función *f*. **2.** *(way of working)* funcionamiento *m*. **3.** *(formal social event)* acto *m*, ceremonia *f*. ◇ *vi* funcionar; to ~ as hacer de, actuar como.

functional [ˈfʌŋkʃnəl] *adj* **1.** *(practical)* funcional. **2.** *(operational)* en funcionamiento.

fund [fʌnd] ◇ *n* fondo *m*. ◇ *vt* financiar. ◆ **funds** *npl* fondos *mpl*.

fundamental [ˌfʌndəˈmentl] *adj*: ~ (to) fundamental (para).

funding [ˈfʌndɪŋ] *n* financiación *f*.

funeral [ˈfjuːnərəl] *n* funeral *m*

funeral parlour *n* funeraria *f*.

funfair [ˈfʌnfeəʳ] *n* parque *m* de atracciones.

fungus [ˈfʌŋɡəs] *(pl* -gi [-ɡaɪ] OR -guses*) n* hongo *m*.

funnel [ˈfʌnl] *n* **1.** *(for pouring)* embudo *m*. **2.** *(on ship)* chimenea *f*.

funny [ˈfʌni] *adj* **1.** *(amusing)* divertido(da), gracioso(sa). **2.** *(odd)* raro(ra). **3.** *(ill)* pachucho(cha).

fur [fɜːʳ] *n* **1.** *(on animal)* pelaje *m*, pelo *m*. **2.** *(garment)* (prenda *f* de) piel *f*.

fur coat *n* abrigo *m* de piel OR pieles *m*.

furious [ˈfjoərɪəs] *adj* **1.** *(very angry)* furioso(sa). **2.** *(frantic)* frenético(ca).

furlong [ˈfɜːlɒŋ] *n* 201,17 metros.

furnace [ˈfɜːnɪs] *n* horno *m*

furnish [ˈfɜːnɪʃ] *vt* **1.** *(fit out)* amueblar. **2.** *fml (provide - goods, explanation)* proveer; *(- proof)* aducir; to ~ sb with sthg proporcionar algo a alguien.

furnished [ˈfɜːnɪʃt] *adj* amueblado (da).

furnishings [ˈfɜːnɪʃɪŋz] *npl* mobiliario *m*.

furniture [ˈfɜːnɪtʃəʳ] *n (U)* muebles *mpl*, mobiliario *m*; a piece of ~ un mueble.

furrow [ˈfʌrəo] *n lit & fig* surco *m*.

furry [ˈfɜːri] *adj* peludo(da).

further [ˈfɜːðəʳ] ◇ *compar → far*. ◇ *adv* **1.** *(in distance)* más lejos; how much ~ is it? ¿cuánto queda (de camino)?; ~ on más adelante. **2.** *(in degree, extent, time)* más; ~ on/back más adelante/atrás. **3.** *(in addition)* además. ◇ *adj* otro(tra); until ~ notice hasta nuevo aviso. ◇ *vt* promover, fomentar.

further education *n Br* estudios postescolares no universitarios.

furthermore [ˌfɜːðəˈmɔːʳ] *adv* lo que es más.

furthest ['fɜːðɪst] ◇ *superl* → **far**. ◇ *adj* **1.** *(in distance)* más lejano(na). **2.** *(greatest - in degree, extent)* extremo (ma). ◇ *adv* **1.** *(in distance)* más lejos. **2.** *(to greatest degree, extent)* más.

furtive ['fɜːtɪv] *adj* furtivo(va).

fury ['fjʊərɪ] *n* furia *f*.

fuse *esp Br*, **fuze** *Am* [fjuːz] ◇ *n* **1.** (ELEC) fusible *m*, plomo *m*. **2.** *(of bomb, firework)* mecha *f*. ◇ *vt* fundir. ◇ *vi* *(gen & ELEC)* fundirse.

fuse-box *n* caja *f* de fusibles.

fused [fjuːzd] *adj* *(fitted with a fuse)* con fusible

fuselage ['fjuːzəlɑːʒ] *n* fuselaje *m*.

fuss [fʌs] ◇ *n* (U) **1.** *(excitement, anxiety)* jaleo *m*; **to make a ~** armar un escándalo. **2.** *(complaints)* protestas *fpl*. ◇ *vi* apurarse, angustiarse.

fussy ['fʌsɪ] *adj* **1.** *(fastidious)* quisquilloso(sa) **2.** *(over-decorated)* recargado (da).

futile ['fjuːtaɪl] *adj* inútil, vano(na).

futon ['fuːtɒn] *n* futón *m*.

future ['fjuːtʃəʳ] ◇ *n* futuro *m*; **in ~** de ahora en adelante; **in the ~** en el futuro; **~ (tense)** futuro *m*. ◇ *adj* futuro (ra).

fuze *Am* = **fuse**

fuzzy ['fʌzɪ] *adj* **1.** *(hair)* rizado(da), ensortijado(da). **2.** *(photo, image)* borroso(sa).

G

g¹ *(pl* **g's** OR **gs)**, **G** *(pl* **G's** OR **Gs)** [dʒiː] *n (letter)* g *f*, G *f*. ◆ **G** *n* **1.** (MUS) sol *m*. **2.** *(abbr of* **good)** B.

g² *n (abbr of* gram) g. *m*.

gab [gæb] *n* → **gift**.

gabble ['gæbl] ◇ *vt & vi* farfullar, balbucir. ◇ *n* farfulleo *m*

gable ['geɪbl] *n* aguilón *m*

gadget ['gædʒɪt] *n* artilugio *m*.

Gaelic ['geɪlɪk] *n (language)* gaélico *m*.

gaffe [gæf] *n* metedura *f* de pata.

gag [gæg] ◇ *n* **1.** *(for mouth)* mordaza *f*. **2.** *inf (joke)* chiste *m*. ◇ *vt* amordazar.

gage *Am* = **gauge**.

gaiety ['geɪətɪ] *n* alegría *f*, regocijo *m*.

gaily ['geɪlɪ] *adv* alegremente

gain [geɪn] ◇ *n* **1.** *(profit)* beneficio *m*, ganancia *f*. **2.** *(improvement)* mejora *f*. ◇ *vt (gen)* ganar. ◇ *vi* **1.** *(advance)*: **to ~ in sthg** ganar algo. **2.** *(benefit)*: **to ~ (from** OR **by)** beneficiarse (de). **3.** *(watch, clock)* adelantarse. ◆ **gain on** *vt fus* ganar terreno a.

gait [geɪt] *n* forma *f* de andar.

gal. *abbr of* **gallon**.

gala ['gɑːlə] *n (celebration)* fiesta *f*.

galaxy ['gæləksɪ] *n* galaxia *f*.

gale [geɪl] *n* vendaval *m*.

gall [gɔːl] *n (nerve)*: **to have the ~ to do sthg** tener el descaro de hacer algo.

gallant [*sense 1* 'gælənt, *sense 2* gə'lænt, 'gælənt] *adj* **1.** *(courageous)* valiente, valeroso(sa). **2.** *(polite to women)* galante.

gall bladder *n* vesícula *f* biliar.

gallery ['gælərɪ] *n* **1.** *(for art)* galería *f*. **2.** *(in courtroom, parliament)* tribuna *f*. **3.** *(in theatre)* paraíso *m*.

galley ['gælɪ] *(pl* **galleys)** *n* **1.** *(ship)* galera *f*. **2.** *(kitchen)* cocina *f*.

galling ['gɔːlɪŋ] *adj* indignante.

gallivant [ˌgælɪ'vænt] *vi inf* andar por ahí holgazaneando.

gallon ['gælən] *n* = 4,546 litros, galón *m*.

gallop ['gæləp] ◇ *n* galope *m*. ◇ *vi lit & fig* galopar.

gallows ['gæləʊz] *(pl inv)* *n* horca *f*.

gallstone ['gɔːlstəʊn] *n* cálculo *m* biliar.

galore [gə'lɔːʳ] *adj* en abundancia.

galvanize, -ise ['gælvənaɪz] *vt* **1.** (TECH) galvanizar **2.** *(impel)*: **to ~ sb into action** impulsar a alguien a la acción

gambit ['gæmbɪt] *n* táctica *f*.

gamble ['gæmbl] ◇ *n (calculated risk)* riesgo *m*, empresa *f* arriesgada. ◇ *vi* **1.** *(bet)* jugar; **to ~ on** *(race etc)* apostar a; *(stock exchange)* jugar a. **2.** *(take risk)*: **to ~ on** contar de antemano con que.

gambler ['gæmbləʳ] *n* jugador *m*, -ra *f*.

gambling ['gæmblɪŋ] *n* (U) juego *m*.

game [geɪm] ◇ *n* **1.** *(gen)* juego *m*. **2.** *(of football, rugby etc)* partido *m*; *(of snooker, chess, cards)* partida *f*. **3.** *(hunted animals)* caza *f*. ◇ *adj* **1.** *(brave)* valiente. **2.** *(willing)*: **~ (for sthg/to do sthg)** dispuesto(ta) (a algo/a hacer algo). ◆ **games** ◇ *n* (U) *(at school)* deportes *mpl*. ◇ *npl (sporting contest)* juegos *mpl*.

gamekeeper ['geɪmˌkiːpəʳ] *n* guarda *m* de caza.

game reserve *n* coto *m* de caza.

gammon ['gæmən] *n* jamón *m*.

gamut ['gæmət] *n* gama *f*

gang [gæŋ] *n* **1.** *(of criminals)* banda *f*. **2.** *(of young people)* pandilla *f*. ♦ **gang up** *vi inf*: to ~ up (on sb) confabularse (contra alguien).

gangland ['gæŋlænd] *n (U)* bajos fondos *mpl*, mundo del hampa.

gangrene ['gæŋgriːn] *n* gangrena *f*. ·

gangster ['gæŋstəʳ] *n* gángster *m*.

gangway ['gæŋweɪ] *n Br (aisle)* pasillo *m*.

gantry ['gæntrɪ] *n* pórtico *m (para grúas)*.

gaol [dʒeɪl] *Br* = **jail**.

gap [gæp] *n* **1.** *(empty space)* hueco *m*; *(in traffic, trees, clouds)* claro *m*; *(in text)* espacio *m* en blanco. **2.** *(interval)* intervalo *m*. **3.** *fig (in knowledge, report)* laguna *f*. **4.** *fig (great difference)* desfase *m*.

gape [geɪp] *vi* **1.** *(person)* mirar boquiabierto(ta). **2.** *(hole, wound)* estar muy abierto(ta).

gaping ['geɪpɪŋ] *adj* **1.** *(open-mouthed)* boquiabierto(ta). **2.** *(wide-open)* abierto(ta).

garage [*Br* 'gærɑːʒ, 'gærɪdʒ, *Am* gəˈrɑːʒ] *n* **1.** *(for keeping car)* garaje *m*. **2.** *Br (for fuel)* gasolinera *f*. **3.** *(for car repair)* taller *m*. **4.** *Br (for selling cars)* concesionario *m* de automóviles

garbage ['gɑːbɪdʒ] *n (U)* **1.** *(refuse)* basura *f*. **2.** *inf (nonsense)* tonterías *fpl*.

garbage can *n Am* cubo *m* de la basura.

garbage truck *n Am* camión *m* de la basura.

garbled ['gɑːbld] *adj* confuso(sa).

garden ['gɑːdn] *n* jardín *m*.

garden centre *n* centro *m* de jardinería.

gardener ['gɑːdnəʳ] *n* jardinero *m*, -ra *f*.

gardening ['gɑːdnɪŋ] *n* jardinería *f*.

gargle ['gɑːgl] *vi* hacer gárgaras.

gargoyle ['gɑːgɔɪl] *n* gárgola *f*.

garish ['geərɪʃ] *adj* chillón(ona).

garland ['gɑːlənd] *n* guirnalda *f*.

garlic ['gɑːlɪk] *n* ajo *m*.

garlic bread *n* pan *m* de ajo.

garment ['gɑːmənt] *n* prenda *f* (de vestir).

garnish ['gɑːnɪʃ] *vt* guarnecer.

garrison ['gærɪsn] *n* guarnición *f*.

garrulous ['gærələs] *adj* parlanchín(ina).

garter ['gɑːtəʳ] *n* **1.** *(band round leg)*

liga *f*. **2.** *Am (suspender)* portaligas *m inv*.

gas [gæs] *(pl* **-es** OR **-ses)** ◇ *n* **1.** (CHEM) gas *m*. **2.** *Am (petrol)* gasolina *f*, nafta *f CSur*, bencina *f Chile*. ◇ *vt* asfixiar con gas.

gas cooker *n Br* cocina *f* de gas.

gas cylinder *n* bombona *f* de gas.

gas fire *n Br* estufa *f* de gas.

gas gauge *n Am* indicador *m* del nivel de gasolina.

gash [gæʃ] ◇ *n* raja *f*. ◇ *vt* rajar.

gasket ['gæskɪt] *n* junta *f*.

gasman ['gæsmæn] *(pl* **-men** [-men]) *n* hombre *m* del gas

gas mask *n* máscara *f* antigás.

gas meter *n* contador *m* del gas.

gasoline ['gæsəliːn] *n Am* gasolina *f*.

gasp [gɑːsp] ◇ *n* resuello *m*. ◇ *vi* **1.** *(breathe quickly)* resollar, jadear. **2.** *(in shock, surprise)* ahogar un grito

gas pedal *n Am* acelerador *m*.

gas station *n Am* gasolinera *f*, estación *f* de servicio.

gas stove = **gas cooker**.

gas tank *n Am* depósito *m* de gasolina.

gas tap *n* llave *f* del gas.

gastroenteritis ['gæstrəʊˌentəˈraɪtɪs] *n (U)* gastroenteritis *f inv*.

gastronomy [gæsˈtrɒnəmɪ] *n* gastronomía *f*.

gasworks ['gæswɜːks] *(pl inv)* *n* fábrica *f* de gas.

gate [geɪt] *n* **1.** *(gen)* puerta *f*; *(metal)* verja *f*. **2.** (SPORT) *(takings)* taquilla *f*; *(attendance)* entrada *f*.

gâteau ['gætəʊ] *(pl* **-x** [-z]) *n Br* tarta *f* (con nata).

gatecrash ['geɪtkræʃ] *vi inf* colarse de gorra.

gateway ['geɪtweɪ] *n* **(entrance)** puerta *f*, pórtico *m*.

gather ['gæðəʳ] ◇ *vt* **1.** *(collect)* recoger; to ~ together reunir. **2.** *(increase - speed, strength)* ganar, cobrar. **3.** *(understand)*: to ~ (that) sacar en conclusión que. **4.** *(cloth)* fruncir. ◇ *vi* *(people, animals)* reunirse; *(clouds)* acumularse.

gathering ['gæðərɪŋ] *n* *(meeting)* reunión *f*.

gauche [gəʊʃ] *adj* torpe.

gaudy ['gɔːdɪ] *adj* chillón(ona), llamativo(va).

gauge, gage *Am* [geɪdʒ] ◇ *n* **1.** *(for fuel, temperature)* indicador *m*; *(for width of tube, wire)* calibrador *m*. **2.** *(calibre)* calibre *m*. **3.** (RAIL) ancho *m* de vía. ◇ *vt lit & fig* calibrar.

gaunt [gɔ:nt] *adj* **1.** *(person, face)* enjuto(ta) **2.** *(building, landscape)* adusto (ta).

gauntlet [ˈgɔ:ntlɪt] *n* guante *m*; **to run the ~ of** sthg exponerse a algo; **to throw down the ~ (to sb)** arrojar el guante (a alguien).

gauze [gɔ:z] *n* gasa *f*.

gave [geɪv] *pt* → **give**.

gawky [ˈgɔ:kɪ] *adj* desgarbado(da).

gawp [gɔ:p] *vi*: **to ~ (at** sthg/sb**)** mirar boquiabierto(ta) (algo/a alguien).

gay [geɪ] ◇ *adj* **1.** *(homosexual)* gay, homosexual. **2.** *(cheerful, lively, bright)* alegre ◇ *n* gay *m* y *f*.

gaze [geɪz] ◇ *n* mirada *f* fija. ◇ *vi*: **to ~ (at** sthg/sb**)** mirar fijamente (algo/a alguien)

gazelle [gəˈzel] *(pl inv OR -s) n* gacela *f*.

gazetteer [ˌgæzɪˈtɪəʳ] *n* índice *m* geográfico.

gazump [gəˈzʌmp] *vt Br inf*: **to ~ sb** *acordar vender una casa a alguien y luego vendérsela a otro a un precio más alto*.

GB *(abbr of Great Britain) n* GB *f*.

GCE *(abbr of General Certificate of Education) n* **1.** *(O level) antiguo examen final de enseñanza secundaria en Gran Bretaña para alumnos de buen rendimiento escolar*. **2.** = **A level**.

GCSE *(abbr of General Certificate of Secondary Education) n examen final de enseñanza secundaria en Gran Bretaña*.

GDP *(abbr of gross domestic product) n* PIB *m*.

gear [gɪəʳ] ◇ *n* **1.** *(mechanism)* engranaje *m* **2.** *(speed - of car, bicycle)* marcha *f*; **in ~** con una marcha metida; **out of ~** en punto muerto. **3.** *(U) (equipment, clothes)* equipo *m*. ◇ *vt*: **to ~ sthg to** orientar OR encaminar algo hacia. ◆ **gear up** *vi*: **to ~ up for** sthg/ **to do** sthg hacer preparativos para algo/para hacer algo.

gearbox [ˈgɪəbɒks] *n* caja *f* de cambios

gear lever, **gear stick** *Br*, **gear shift** *Am n* palanca *f* de cambios.

gear wheel *n* rueda *f* dentada.

geese [gi:s] *pl* → **goose**.

gel [dʒel] ◇ *n* *(for shower)* gel *m*; *(for hair)* gomina *f*. ◇ *vi* **1.** *(thicken)* aglutinarse **2.** *(plan)* cuajar; *(idea, thought)* tomar forma.

gelatin [ˈdʒelətɪn], **gelatine** [ˌdʒeləˈti:n] *n* gelatina *f*.

gelignite [ˈdʒelɪgnaɪt] *n* gelignita *f*.

gem [dʒem] *n lit & fig* joya *f*.

Gemini [ˈdʒemɪnaɪ] *n* Géminis *m inv*.

gender [ˈdʒendəʳ] *n* género *m*.

gene [dʒi:n] *n* gene *m*, gen *m*.

general [ˈdʒenərəl] ◇ *adj* general. ◇ *n* general *m*. ◆ **in general** *adv* **1.** *(as a whole)* en general. **2.** *(usually)* por lo general.

general anaesthetic *n* anestesia *f* general.

general delivery *n Am* lista *f* de correos.

general election *n* elecciones *fpl* generales.

generalization [ˌdʒenərəlaɪˈzeɪʃn] *n* generalización *f*.

general knowledge *n* cultura *f* general.

generally [ˈdʒenərəlɪ] *adv* en general.

general practitioner *n* médico *m*, -ca *f* de cabecera.

general public *n*: **the ~** el gran público.

generate [ˈdʒenəreɪt] *vt* generar.

generation [ˌdʒenəˈreɪʃn] *n* generación *f*.

generator [ˈdʒenəreɪtəʳ] *n* generador *m*.

generosity [ˌdʒenəˈrɒsətɪ] *n* generosidad *f*.

generous [ˈdʒenərəs] *adj* generoso(sa); *(cut of clothes)* amplio(plia).

genetic [dʒɪˈnetɪk] *adj* genético(ca). ◆ **genetics** *n (U)* genética *f*.

Geneva [dʒɪˈni:və] *n* Ginebra.

genial [ˈdʒi:njəl] *adj* cordial, afable.

genitals [ˈdʒenɪtlz] *npl* genitales *mpl*.

genius [ˈdʒi:njəs] *(pl -es) n* genio *m*.

gent [dʒent] *n inf* caballero *m*. ◆ **gents** *n Br (toilets)* servicio *m* de caballeros.

genteel [dʒenˈti:l] *adj* fino(na), refinado(da).

gentle [ˈdʒentl] *adj* **1.** *(kind)* tierno(na), dulce. **2.** *(breeze, movement, slope)* suave. **3.** *(scolding)* ligero(ra); *(hint)* sutil

gentleman [ˈdʒentlmən] *(pl* **-men** [-mən]) *n* **1.** *(well-behaved man)* caballero *m*. **2.** *(man)* señor *m*, caballero *m*.

gently [ˈdʒentlɪ] *adv* **1.** *(kindly)* dulcemente. **2.** *(softly, smoothly)* suavemente. **3.** *(carefully)* con cuidado.

gentry [ˈdʒentrɪ] *n* alta burguesía *f*.

genuine [ˈdʒenjuɪn] *adj* **1.** *(real)* auténtico(ca). **2.** *(sincere)* sincero(ra).

geography [dʒɪˈɒgrəfɪ] *n* geografía *f*

geology [dʒɪˈɒlədʒɪ] *n* geología *f*.

geometric(al) [ˌdʒɪəˈmetrɪk(l)] *adj* geométrico(ca).

geometry [dʒɪˈɒmətrɪ] *n* geometría *f*.

get

geranium [dʒɪˈreɪnɪəm] (*pl* **-s**) *n* geranio *m*.

gerbil [ˈdʒɜːbɪl] *n* jerbo *m*, gerbo *m*.

geriatric [ˌdʒɛrɪˈætrɪk] *adj* **1.** (*of old people*) geriátrico(ca). **2.** *pej* (*very old, inefficient*) anticuado(da).

germ [dʒɜːm] *n* (BIOL & *fig*) germen *m*; (MED) microbio *m*.

German [ˈdʒɜːmən] ◇ *adj* alemán (ana). ◇ *n* **1.** (*person*) alemán *m*, -ana *f*. **2.** (*language*) alemán *m*

German measles *n* rubéola *f*.

Germany [ˈdʒɜːmənɪ] *n* Alemania.

germinate [ˈdʒɜːmɪneɪt] *vt* & *vi lit* & *fig* germinar.

gerund [ˈdʒerənd] *n* gerundio *m*.

gesticulate [dʒesˈtɪkjʊleɪt] *vi* gesticular.

gesture [ˈdʒestʃəʳ] ◇ *n* gesto *m*. ◇ *vi*: **to ~ to** OR **towards sb** hacer gestos a alguien.

get [get] (*Br pt* & *pp* **got**, *Am pt* **got**, *pp* **gotten**) ◇ *vt* **1.** (*cause to do*): **to ~ sb to do sthg** hacer que alguien haga algo; **I'll ~ my sister to help** le pediré a mi hermana que ayude. **2.** (*cause to be done*): **to ~ sthg done** mandar hacer algo; **have you got the car fixed yet?** ¿te han arreglado ya el coche? **3.** (*cause to become*): **to ~ sthg ready** preparar algo; **to ~ sb pregnant** dejar a alguien preñada. **4.** (*cause to move*): **can you ~ it through the gap?** ¿puedes meterlo por el hueco?; **to ~ sthg/sb out of sthg** conseguir sacar algo/a alguien de algo. **5.** (*bring, fetch*) traer; **can I ~ you something to eat/drink?** ¿te traigo algo de comer/beber?; **I'll ~ my coat** voy a por el abrigo; **could you ~ me the boss, please?** (*when phoning*) póngame con el jefe. **6.** (*obtain*) conseguir; **she got top marks** sacó las mejores notas. **7.** (*receive*) recibir; **what did you ~ for your birthday?** ¿qué te regalaron para tu cumpleaños?; **she ~s a good salary** gana un buen sueldo. **8.** (*experience - a sensation*): **do you ~ the feeling he doesn't like us?** ¿no te da la sensación de que no le gustamos? **9.** (*catch - bus*) tomar, coger *Esp*; (*- criminal, illness*) coger *Esp*, agarrar *Amer*; **I've got a cold** estoy resfriado; **he got cancer** contrajo cáncer. **10.** (*understand*) entender; **I don't ~ it** no me aclaro, no lo entiendo; **he didn't seem to ~ the point** no pareció captar el sentido. **11.** *inf* (*annoy*) poner negro(gra). **12.** (*find*): **you ~ a lot of artists here** hay mucho artista por aquí; *see also* **have** ◇ *vi* **1.** (*become*)

ponerse; **to ~ angry/pale** ponerse furioso/pálido; **to ~ ready** prepararse; **to ~ dressed** vestirse; **I'm getting cold/bored** me estoy enfriando/aburriendo; **it's getting late** se está haciendo tarde. **2.** (*arrive*) llegar; **how do I ~ there?** ¿cómo se llega (allí)?; **I only got back yesterday** regresé justo ayer. **3.** (*eventually succeed*): **to ~ to do sthg** llegar a hacer algo; **did you ~ to see him?** ¿conseguiste verlo? **4.** (*progress*) llegar; **how far have you got?** ¿cuánto llevas?, ¿hasta dónde has llegado?; **now we're getting somewhere** ahora sí que vamos por buen camino; **we're getting nowhere** así no llegamos a ninguna parte. ◇ *aux vb*: **to ~ excited** emocionarse; **someone could ~ hurt** alguien podría resultar herido; **I got beaten up** me zurraron; **let's ~ going** OR **moving** vamos a ponernos en marcha. ◆ **get about, get around** *vi* **1.** (*move from place to place*) salir a menudo. **2.** (*circulate - news etc*) difundirse; *see also* **get around.** ◆ **get along** *vi* **1.** (*manage*) arreglárselas. **2.** (*progress*): **how are you getting along?** ¿cómo te va? **3.** (*have a good relationship*): **to ~ along (with sb)** llevarse bien (con alguien). ◆ **get around, get round** ◇ *vt fus* (*overcome - problem*) solventar; (*- obstacle*) sortear. ◇ *vi* **1.** (*circulate - news etc*) difundirse. **2.** (*eventually do*): **to ~ around to (doing)** sacar tiempo para (hacer) algo; *see also* **get about.** ◆ **get at** *vt fus* **1.** (*reach*) llegar a, alcanzar. **2.** (*imply*) referirse a. **3.** *inf* (*criticize*): **stop getting at me!** ¡deja ya de meterte conmigo! ◆ **get away** *vi* **1.** (*leave*) salir, irse. **2.** (*go on holiday*): **I really need to ~ away** necesito unas buenas vacaciones. **3.** (*escape*) escaparse. ◆ **get away with** *vt fus* salir impune de; **she lets him ~ away with everything** ella se lo consiente todo. ◆ **get back** ◇ *vt sep* (*recover, regain*) recuperar. ◇ *vi* (*move away*) echarse atrás, apartarse. ◆ **get back to** *vt fus* **1.** (*return to previous state, activity*) volver a; **to ~ back to sleep/normal** volver a dormirse/a la normalidad. **2.** *inf* (*phone back*): **I'll ~ back to you later** te llamo de vuelta más tarde. ◆ **get by** *vi* apañárselas, apañarse. ◆ **get down** *vt sep* **1.** (*depress*) deprimir. **2.** (*fetch from higher level*) bajar. ◆ **get down to** *vt fus*: **to ~ down to doing sthg** ponerse a hacer algo. ◆ **get in** *vi*

1. *(enter)* entrar. 2. *(arrive)* llegar.
♦ **get into** *vt fus* 1. *(car)* subir a.
2. *(become involved in)* meterse en.
3. *(enter into a particular situation, state)*:
to ~ **into a panic** OR **state** ponerse
nerviosísimo; to ~ **into trouble**
meterse en líos; to ~ **into the habit of
doing sthg** adquirir el hábito OR coger
la costumbre de hacer algo. 4. *(be
accepted as a student at)*: **she managed
to ~ into Oxford** consiguió entrar en
Oxford. ♦ **get off** ◇ *vt sep (remove)*
quitar. ◇ *vt fus* 1. *(go away from)* irse
OR salirse de; **~ off my land!** ¡fuera de
mis tierras! 2. *(train, bus, etc)* bajarse
de. ◇ *vi* 1. *(leave bus, train)* bajarse,
desembarcarse *Amer.* 2. *(escape punishment)* escaparse; **he got off lightly**
salió bien librado. 3. *(depart)* irse, salir.
♦ **get off with** *vt fus Br inf* ligar con.
♦ **get on** ◇ *vt fus (bus, train, horse)*
subirse a, montarse en. ◇ *vi* 1. *(enter
bus, train)* subirse, montarse. 2. *(have
good relationship)* llevarse bien. 3. *(progress)*: **how are you getting on?**
¿cómo te va? 4. *(proceed)*: to ~ **on
with sthg** seguir OR continuar con
algo. 5. *(be successful professionally)*
triunfar. ♦ **get out** ◇ *vt sep (remove - object, prisoner)* sacar; *(- stain etc)*
quitar; **she got a pen out of her bag**
sacó un bolígrafo del bolso. ◇ *vi*
1. *(leave car, bus, train)* bajarse.
2. *(become known - news)* difundirse,
filtrarse. ♦ **get out of** *vt fus* 1. *(car etc)*
bajar de. 2. *(escape from)* escapar OR
huir de. 3. *(avoid)*: to ~ **out of (doing)
sthg** librarse de (hacer) algo. ♦ **get
over** *vt fus* 1. *(recover from)* recuperarse de. 2. *(overcome)* superar. 3. *(communicate)* hacer comprender. ♦ **get
round = get around.** ♦ **get through**
◇ *vt fus* 1. *(job, task)* terminar.
2. *(exam)* aprobar. 3. *(food, drink)* consumir. 4. *(unpleasant situation)* sobrevivir a. ◇ *vi* 1. *(make oneself understood)*:
to ~ **through (to sb)** hacerse comprender (por alguien). 2. (TELEC) conseguir comunicar. ♦ **get to** *vt fus inf
(annoy)* fastidiar, molestar. ♦ **get
together** ◇ *vt sep (organize - project,
demonstration)* organizar, montar;
(- team) juntar; *(- report)* preparar. ◇ *vi*
juntarse, reunirse. ♦ **get up** ◇ *vi*
levantarse. ◇ *vt fus (organize - petition
etc)* preparar, organizar. ♦ **get up to** *vt
fus inf* hacer, montar.
getaway ['getəweɪ] *n* fuga *f*, huida *f*; **to
make one's ~** darse a la fuga.
get-together *n inf* reunión *f*.

geyser ['gi:zər] *n* 1. *(hot spring)* géiser
m. 2. *Br (water heater)* calentador *m* de
agua.
Ghana ['gɑːnə] *n* Ghana.
ghastly ['gɑːstlɪ] *adj* 1. *inf (very bad,
unpleasant)* horrible, espantoso(sa).
2. *(horrifying)* horripilante. 3. *(ill)*
fatal.
gherkin ['gɜːkɪn] *n* pepinillo *m*.
ghetto ['getəʊ] *(pl* **-s** OR **-es)** *n* gueto
m.
ghetto blaster [-'blɑːstər] *n inf* radiocasete portátil de gran tamaño y potencia.
ghost [gəʊst] *n (spirit)* fantasma *m*.
giant ['dʒaɪənt] ◇ *adj* gigantesco(ca).
◇ *n* gigante *m*.
gibberish ['dʒɪbərɪʃ] *n* galimatías *m
inv*.
gibe [dʒaɪb] ◇ *n* pulla *f*, sarcasmo *m*.
◇ *vi*: to ~ **(at)** mofarse (de).
giblets ['dʒɪblɪts] *npl* menudillos *mpl*.
Gibraltar [dʒɪˈbrɔːltər] *n* Gibraltar; **the
Rock of ~** el Peñón.
giddy ['gɪdɪ] *adj (dizzy)* mareado(da).
gift [gɪft] *n* 1. *(present)* regalo *m*, obsequio *m* 2. *(talent)* don *m*; **to have a ~
for sthg/for doing sthg** tener un don
especial para algo/para hacer algo; **to
have the ~ of the gab** tener un pico
de oro.
gift certificate *Am* = **gift token**.
gifted ['gɪftɪd] *adj* 1. *(talented)* dotado
(da). 2. *(extremely intelligent)* superdo-
tado(da)
gift token, gift voucher *n Br* vale
m OR cupón *m* para regalo.
gig [gɪg] *n inf (concert)* concierto *m*.
gigabyte ['gaɪgəbaɪt] *n* (COMPUT) giga-
octeto *m*.
gigantic [dʒaɪˈgæntɪk] *adj* gigantesco
(ca)
giggle ['gɪgl] ◇ *n* 1. *(laugh)* risita *f*, risa
f tonta. 2. *Br inf (fun)*: **it's a real ~** es
la mar de divertido; **to do sthg for a
~** hacer algo por puro cachondeo. ◇ *vi
(laugh)* tener la risa tonta.
gilded ['gɪldɪd] = **gilt**.
gill [dʒɪl] *n (unit of measurement)* =
0,142 litros.
gills [gɪlz] *npl (of fish)* agallas *fpl*.
gilt [gɪlt] ◇ *adj* dorado(da). ◇ *n* dorado *m*.
gilt-edged *adj* (FIN) de máxima
garantía.
gimmick ['gɪmɪk] *n pej* artilugio *m*
innecesario; **advertising ~** reclamo *m*
publicitario.
gin [dʒɪn] *n* ginebra *f*; **~ and tonic** gin-
tonic *m*.

ginger ['dʒɪndʒə^r] ◇ *adj Br (hair)* bermejo(ja); *(cat)* de color bermejo. ◇ *n* jengibre *m*.

ginger ale *n (mixer)* ginger-ale *m*.

ginger beer *n (slightly alcoholic)* refresco *m* de jengibre.

gingerbread ['dʒɪndʒəbred] *n* **1.** *(cake)* pan *m* de jengibre. **2.** *(biscuit)* galleta *f* de jengibre.

ginger-haired [-'heəd] *adj* pelirrojo (ja).

gingerly ['dʒɪndʒəlɪ] *adv* con mucho tiento.

gipsy ['dʒɪpsɪ] ◇ *adj* gitano(na). ◇ *n Br* gitano *m*, -na *f*.

giraffe [dʒɪ'rɑːf] *(pl inv OR -s) n* jirafa *f*.

girder ['gɜːdə^r] *n* viga *f*.

girdle ['gɜːdl] *n (corset)* faja *f*.

girl [gɜːl] *n* **1.** *(child)* niña *f*. **2.** *(young woman)* chica *f*, muchacha *f*. **3.** *(daughter)* niña *f*, chica *f*. **4.** *inf (female friend)*: **the ~s** las amigas, las chicas.

girlfriend ['gɜːlfrend] *n* **1.** *(female lover)* novia *f*. **2.** *(female friend)* amiga *f*.

girl guide *Br*, **girl scout** *Am n (individual)* exploradora *f*.

giro ['dʒaɪrəu] *(pl -s) n Br* **1.** *(U) (system)* giro *m*. **2. ~ (cheque)** cheque *m* para giro bancario.

girth [gɜːθ] *n* **1.** *(circumference)* circunferencia *f*. **2.** *(of horse)* cincha *f*.

gist [dʒɪst] *n*: **the ~ of** lo esencial de; **to get the ~ (of sthg)** entender el sentido (de algo).

give [gɪv] *(pt* **gave***, pp* **given***)* ◇ *vt* **1.** *(gen)* dar; *(time, effort)* dedicar; *(attention)* prestar; **to ~ sb/sthg sthg, to ~ sthg to sb/sthg** dar algo a alguien/algo. **2.** *(as present)*: **to ~ sb sthg, to ~ sthg to sb** regalar algo a alguien. **3.** *(hand over)*: **to ~ sb sthg, to ~ sthg to sb** entregar OR dar algo a alguien. ◇ *vi (collapse, break)* romperse, ceder. ◆ **give away** *vt sep* más o menos; **in half an hour ~ or take five minutes** en más o menos media hora. ◆ **give away** *vt sep* **1.** *(as present)* regalar. **2.** *(reveal)* revelar, descubrir. ◆ **give back** *vt sep (return)* devolver, regresar *Amer*. ◆ **give in** *vi* **1.** *(admit defeat)* rendirse, darse por vencido(da). **2.** *(agree unwillingly)*: **to ~ in to sthg** ceder ante algo. ◆ **give off** *vt fus (produce, emit)* despedir. ◆ **give out** ◇ *vt sep (distribute)* repartir, distribuir ◇ *vi (supply, strength)* agotarse, acabarse; *(legs, machine)* fallar. ◆ **give up** ◇ *vt sep* **1.** *(stop)* abandonar; **to ~ up chocolate** dejar de comer chocolate **2.** *(job)* dimitir de, renunciar a. **3.**

(surrender): **to ~ o.s. up (to sb)** rendirse (a alguien). ◇ *vi* rendirse, darse por vencido(da).

given ['gɪvn] ◇ *adj* **1.** *(set, fixed)* dado (da). **2.** *(prone)*: **to be ~ to sthg/to doing sthg** ser dado(da) a algo/a hacer algo ◇ *prep (taking into account)* dado(da); **~ that** dado que.

given name *n* nombre *m* de pila.

glacier ['glæsjə^r] *n* glaciar *m*.

glad [glæd] *adj* **1.** *(happy, pleased)* alegre, contento(ta); **to be ~ about/that** alegrarse de/de que. **2.** *(willing)*: **to be ~ to do sthg** tener gusto en hacer algo. **3.** *(grateful)*: **to be ~ of sthg** agradecer algo

gladly ['glædlɪ] *adv* **1.** *(happily, eagerly)* alegremente **2.** *(willingly)* con mucho gusto.

glamor *Am* = **glamour**.

glamorous ['glæmərəs] *adj* atractivo (va), lleno(na) de encanto

glamour *Br*, **glamor** *Am* ['glæmə^r] *n* encanto *m*, atractivo *m*.

glance [glɑːns] ◇ *n (quick look)* mirada *f*, vistazo *m*; **at a ~** de un vistazo; **at first ~** a primera vista. ◇ *vi (look quickly)*: **to ~ at sb** lanzar una mirada a alguien; **to ~ at sthg** echar una ojeada OR un vistazo a algo. ◆ **glance off** *vt fus* rebotar en.

glancing ['glɑːnsɪŋ] *adj* oblicuo(cua).

gland [glænd] *n* glándula *f*.

glandular fever ['glændjulə^r-] *n* mononucleosis *f inv* infecciosa.

glare [gleə^r] ◇ *n* **1.** *(scowl)* mirada *f* asesina. **2.** *(blaze, dazzle)* destello *m*, deslumbramiento *m*. **3.** *(U) fig (of publicity)* foco *m*. ◇ *vi* **1.** *(scowl)*: **to ~ (at sthg/sb)** mirar con furia (algo/a alguien). **2.** *(blaze, dazzle)* deslumbrar

glaring ['gleərɪŋ] *adj* **1.** *(very obvious)* evidente. **2.** *(blazing, dazzling)* deslumbrante

glasnost ['glæznɒst] *n* glasnost *f*.

glass [glɑːs] ◇ *n* **1.** *(material)* vidrio *m*, cristal *m*. **2.** *(drinking vessel, glassful)* vaso *m*; *(with stem)* copa *f*. ◇ *comp* de vidrio, de cristal. ◆ **glasses** *npl (spectacles)* gafas *fpl*.

glassware ['glɑːsweə^r] *n (U)* cristalería *f*.

glassy ['glɑːsɪ] *adj* **1.** *(smooth, shiny)* cristalino(na). **2.** *(blank, lifeless)* vidrioso(sa)

glaze [gleɪz] ◇ *n (on pottery)* vidriado *m*; *(on food)* glaseado *m*. ◇ *vt (pottery)* vidriar; *(food)* glasear.

glazier ['gleɪzjə^r] *n* vidriero *m*, -ra *f*.

gleam [gliːm] ◇ n destello m; (of hope) rayo m. ◇ vi relucir.

gleaming ['gliːmɪŋ] adj reluciente.

glean [gliːn] vt (gather) recoger

glee [gliː] n (U) (joy, delight) alegría f, regocijo m.

glen [glen] n Scot cañada f.

glib [glɪb] adj pej de mucha labia.

glide [glaɪd] vi 1. (move smoothly) deslizarse. 2. (fly) planear

glider ['glaɪdər] n (plane) planeador m.

gliding ['glaɪdɪŋ] n (sport) vuelo m sin motor.

glimmer ['glɪmər] n 1. (faint light) luz f tenue. 2. fig (trace, sign) atisbo m; (of hope) rayo m.

glimpse [glɪmps] ◇ n 1. (look, sight) vislumbre f. 2. (idea, perception) asomo m, atisbo m. ◇ vt entrever, vislumbrar.

glint [glɪnt] ◇ n 1. (flash) destello m. 2. (in eyes) fulgor m. ◇ vi destellar.

glisten ['glɪsn] vi relucir, brillar.

glitter ['glɪtər] vi relucir, brillar.

gloat [gləʊt] vi: to ~ (over sthg) regodearse (con algo).

global ['gləʊbl] adj (worldwide) mundial.

global warming [-'wɔːmɪŋ] n calentamiento m mundial.

globe [gləʊb] n 1. (gen) globo m. 2. (spherical map) globo m (terráqueo).

gloom [gluːm] n (U) 1. (darkness) penumbra f 2. (unhappiness) pesimismo m, melancolía f.

gloomy ['gluːmɪ] adj 1. (dark, cloudy) oscuro(ra). 2. (unhappy) melancólico (ca). 3. (without hope - report, forecast) pesimista; (- situation, prospects) desalentador(ra).

glorious ['glɔːrɪəs] adj magnífico(ca)

glory ['glɔːrɪ] n 1. (gen) gloria f. 2. (beauty, splendour) esplendor m.
♦ **glory in** vt fus (relish) disfrutar de, regocijarse con

gloss [glɒs] n 1. (shine) lustre m, brillo m. 2. ~ (paint) pintura f esmalte.
♦ **gloss over** vt fus tocar muy por encima.

glossary ['glɒsərɪ] n glosario m.

glossy ['glɒsɪ] adj 1. (smooth, shiny) lustroso(sa) 2. (on shiny paper) de papel satinado

glove [glʌv] n guante m

glove compartment n guantera f.

glow [gləʊ] ◇ n (light) fulgor m. ◇ vi (gen) brillar.

glower ['glaʊər] vi: to ~ (at sthg/sb) mirar con furia (algo/a alguien).

glucose ['gluːkəʊs] n glucosa f.

glue [gluː] (cont glueing OR gluing) ◇ n (paste) pegamento m; (for glueing wood, metal etc) cola f. ◇ vt (paste) pegar (con pegamento); (wood, metal etc) encolar.

glum [glʌm] adj (unhappy) sombrío(a).

glut [glʌt] n superabundancia f.

glutton ['glʌtn] n (greedy person) glotón m, -ona f; to be a ~ for punishment ser un masoquista.

gnarled [nɑːld] adj nudoso(sa).

gnash [næʃ] vt: to ~ one's teeth hacer rechinar los dientes

gnat [næt] n mosquito m.

gnaw [nɔː] vt (chew) roer; to ~ (away) at sb corroer a alguien

gnome [nəʊm] n gnomo m.

GNP (abbr of gross national product) n PNB m.

go [gəʊ] (pt went, pp gone, pl goes) ◇ vi 1. (move, travel, attend) ir; where are you ~ing? ¿dónde vas?; he's gone to Portugal se ha ido a Portugal; we went by bus/train fuimos en autobús/tren; to ~ and do sthg ir a hacer algo; where does this path ~? ¿a dónde lleva este camino?; to ~ swimming/shopping ir a nadar/de compras; to ~ for a walk/run ir a dar un paseo/a correr; to ~ to church/school ir a misa/la escuela. 2. (depart - person) irse, marcharse; (- bus) salir; I must ~, I have to ~ tengo que irme; it's time we went es hora de irse OR marcharse; let's ~! ¡vámonos! 3. (pass - time) pasar. 4. (progress) ir; to ~ well/badly ir bien/mal; how's it ~ing? inf (how are you?) ¿qué tal? 5. (belong, fit) ir; the plates ~ in the cupboard los platos van en el armario; it won't ~ into the suitcase no cabe en la maleta. 6. (become) ponerse; to ~ grey ponerse gris; to ~ mad volverse loco; to ~ blind quedarse ciego. 7. (indicating intention, certainty, expectation): to be ~ing to do sthg ir a hacer algo; he said he was ~ing to be late dijo que llegaría tarde; it's ~ing to rain/snow va a llover/nevar. 8. (match, be compatible): to ~ (with) ir bien (con); this blouse goes well with the skirt esta blusa va muy bien OR hace juego con la falda. 9. (function, work) funcionar 10. (bell, alarm) sonar. 11. (stop working) estropearse; the fuse must have gone han debido de saltar los plomos. 12. (deteriorate): her sight/hearing is ~ing está perdiendo la vista/el oído. 13. (be disposed of): he'll have to ~ habrá que despedirle; **everything must ~!** ¡gran liquidación! **14.** *inf (expressing irritation, surprise)*: **now what's he gone and done?** ¿qué leches ha hecho ahora? **15.** *(in division)*: **three into two won't ~** dos entre tres no cabe. ◇ *n* **1.** *(turn)* turno *m*; **it's my ~** me toca a mí. **2.** *inf (attempt)*: **to have a ~ at sthg** intentar OR probar algo. **3.** *phr*: **to have a ~ at sb** *inf* echar una bronca a alguien; **to be on the ~** *inf* no parar, estar muy liado. ♦ **to go** *adv (remaining)*: **there are only three days to ~** sólo quedan tres días. ♦ **go about** ◇ *vt fus* **1.** *(perform)* hacer, realizar; **to ~ about one's business** ocuparse uno de sus asuntos. **2.** *(tackle)*: **to ~ about doing sthg** apañárselas para hacer algo; **how do you intend ~ing about it?** ¿cómo piensas hacerlo? ◇ *vi* = **go around**. ♦ **go ahead** *vi* **1.** *(begin)*: **to ~ ahead (with sthg)** seguir adelante (con algo); **~ ahead!** ¡adelante! **2.** *(take place)* celebrarse. ♦ **go along** *vi (proceed)*: **as you ~ along** a medida que lo vayas haciendo. ♦ **go along with** *vt fus* estar de acuerdo con. ♦ **go around** *vi* **1.** *(associate)*: **to ~ around with sb** juntarse con alguien. **2.** *(joke, illness, story)* correr (por ahí). ♦ **go back on** *vt fus (one's word, promise)* faltar a. ♦ **go back to** *vt fus* **1.** *(return to activity)* continuar OR seguir con; **to ~ back to sleep** volver a dormir. **2.** *(date from)* remontarse a. ♦ **go by** ◇ *vi (time)* pasar. ◇ *vt fus* **1.** *(be guided by)* guiarse por. **2.** *(judge from)*: **~ing by her voice, I'd say she was French** a juzgar por su voz yo diría que es francesa. ♦ **go down** ◇ *vi* **1.** *(get lower - prices etc)* bajar. **2.** *(be accepted)*: **to ~ down well/badly** tener una buena/mala acogida. **3.** *(sun)* ponerse. **4.** *(tyre, balloon)* deshincharse. ◇ *vt fus* bajar. ♦ **go for** *vt fus* **1.** *(choose)* decidirse por. **2.** *(be attracted to)*: **I don't really ~ for men like him** no me gustan mucho los hombres como él. **3.** *(attack)* lanzarse sobre, atacar. **4.** *(try to obtain - record, job)* ir a por. ♦ **go in** *vi* entrar ♦ **go in for** *vt fus* **1.** *(competition, exam)* presentarse a. **2.** *inf (enjoy)*: **I don't really ~ in for classical music** no me va la música clásica. ♦ **go into** *vt fus* **1.** *(investigate)* investigar. **2.** *(take up as a profession)* dedicarse a. ♦ **go off** ◇ *vi* **1.** *(explode - bomb)* estallar; *(- gun)* dispararse. **2.** *(alarm)* sonar. **3.** *(go bad - food)* estropearse;

(- milk) cortarse. **4.** *(lights, heating)* apagarse. **5.** *(happen)*: **to ~ off (well/badly)** salir (bien/mal). ◇ *vt fus inf (lose interest in)* perder el gusto a OR el interés en ♦ **go on** *vi* **1.** *(take place)* pasar, ocurrir. **2.** *(continue)*: **to ~ on (doing sthg)** seguir (haciendo algo). **3.** *(proceed to further activity)*: **to ~ on to sthg/to do sthg** pasar a algo/a hacer algo. **4.** *(heating etc)* encenderse. **5.** *(talk for too long)*: **to ~ on (about)** no parar de hablar (de). ◇ *vt fus (be guided by)* guiarse por. ◇ *excl* ¡venga!, ¡vamos! ♦ **go on at** *vt fus (nag)* dar la lata a ♦ **go out** *vi* **1.** *(leave house)* salir; **to ~ out for a meal** cenar fuera. **2.** *(as friends or lovers)*: **to ~ out (with sb)** salir (con alguien). **3.** *(light, fire, cigarette)* apagarse. ♦ **go over** *vt fus* **1.** *(examine)* repasar. **2.** *(repeat)* repetir. ♦ **go round** *vi (revolve)* girar, dar vueltas; *see also* **go around**. ♦ **go through** *vt fus* **1.** *(experience)* pasar por, experimentar. **2.** *(study, search through)* registrar; **she went through his pockets** le miró en los bolsillos. ♦ **go through with** *vt fus* llevar a cabo. ♦ **go towards** *vt fus* contribuir a. ♦ **go under** *vi lit & fig* hundirse. ♦ **go up** ◇ *vi* **1.** *(rise - prices, temperature, balloon)* subir. **2.** *(be built)* levantarse, construirse. ◇ *vt fus* subir. ♦ **go without** ◇ *vt fus* prescindir de. ◇ *vi* apañárselas.

goad [gəʊd] *vt (provoke)* aguijonear, incitar.

go-ahead ◇ *adj (dynamic)* dinámico (ca). ◇ *n (U) (permission)* luz *f* verde.

goal [gəʊl] *n* **1.** (SPORT) *(area between goalposts)* portería *f*, arco *m* Amer; *(point scored)* gol *m*. **2.** *(aim)* objetivo *m*, meta *f*.

goalkeeper ['gəʊl,ki:pəʳ] *n* portero *m*, -ra *f*, arquero *m*, -ra *f* Amer.

goalmouth ['gəʊlmaʊθ], *pl* -maʊðz] *n* portería *f*, meta *f*, arco *m* Amer.

goalpost ['gəʊlpəʊst] *n* poste *m* (de la portería).

goat [gəʊt] *n (animal)* cabra *f*.

gob [gɒb] *v inf n Br (mouth)* pico *m*.

gobble ['gɒbl] *vt (food)* engullir, tragar. ♦ **gobble down, gobble up** *vt sep* engullir, tragar.

go-between *n* intermediario *m*, -ria *f*.

gobsmacked ['gɒbsmækt] *adj Br inf* alucinado(da), flipado(da).

go-cart = **go-kart**.

god [gɒd] *n* dios *m*. ♦ **God** ◇ *n* Dios *m*; **God knows** sabe Dios; **for God's**

sake ¡por el amor de Dios!; **thank God** ¡gracias a Dios! ◊ *excl*: **(my) God!** ¡Dios (mío)!

godchild ['gɒdtʃaɪld] (*pl* **-children** [-ˌtʃɪldrən]) *n* ahijado *m*, -da *f*.

goddaughter ['gɒdˌdɔːtər] *n* ahijada *f*.

goddess ['gɒdɪs] *n* diosa *f*.

godfather ['gɒdˌfɑːðər] *n* padrino *m*.

godforsaken ['gɒdfəˌseɪkn] *adj* dejado (da) de la mano de Dios.

godmother ['gɒdˌmʌðər] *n* madrina *f*.

godsend ['gɒdsend] *n*: **to be a ~** venir como agua de mayo.

godson ['gɒdsʌn] *n* ahijado *m*.

goes [gəʊz] → **go**.

goggles ['gɒglz] *npl* (*for swimming*) gafas *fpl* submarinas; (*for skiing*) gafas de esquí; (*for welding*) gafas de protección.

going ['gəʊɪŋ] ◊ *adj* **1.** *Br* (*available*) disponible. **2.** (*rate*) actual. ◊ *n* (U) **1.** (*rate of advance*) marcha *f*. **2.** (*conditions*) condiciones *fpl*

go-kart [-kɑːt] *n* kart *m*.

gold [gəʊld] ◊ *adj* (*gold-coloured*) dorado(da). ◊ *n* (*gen*) oro *m*. ◊ *comp* (*made of gold*) de oro.

golden ['gəʊldən] *adj* **1.** (*made of gold*) de oro. **2.** (*gold-coloured*) dorado(da).

goldfish ['gəʊldfɪʃ] (*pl inv*) *n* pez *m* de colores.

gold leaf *n* pan *m* de oro.

gold medal *n* medalla *f* de oro.

goldmine ['gəʊldmaɪn] *n lit & fig* mina *f* de oro.

gold-plated [-'pleɪtɪd] *adj* chapado (da) en oro.

goldsmith ['gəʊldsmɪθ] *n* orfebre *m y f*.

golf [gɒlf] *n* golf *m*.

golf ball *n* **1.** (*for golf*) pelota *f* de golf. **2.** (*for typewriter*) esfera *f* impresora.

golf club *n* **1.** (*society, place*) club *m* de golf. **2.** (*stick*) palo *m* de golf.

golf course *n* campo *m* de golf.

golfer ['gɒlfər] *n* golfista *m y f*.

gone [gɒn] ◊ *pp* → **go**. ◊ *adj*: **those days are ~** esos tiempos ya pasaron. ◊ *prep* (*past*): **it was ~ six already** ya eran las seis pasadas.

gong [gɒŋ] *n* gong *m*.

good [gʊd] (*compar* **better**, *superl* **best**) ◊ *adj* **1.** (*gen*) bueno(na); **it's ~ to see you** me alegro de verte; **she's ~ at it** se le da bien; **to be ~ with** saber manejárselas con; **she's ~ with her hands** es muy mañosa; **it's ~ for you** es bueno, es beneficioso; **to feel ~** sentirse fenomenal; **it's ~ that ...**

está bien que ..; **to look ~** (*attractive*) estar muy guapo; (*appetizing, promising*) tener buena pinta; **~ looks** atractivo *m*; **be ~!** ¡sé bueno!, ¡pórtate bien!; **~!** ¡muy bien!, ¡estupendo! **2.** (*kind*) amable; **to be ~ to sb** ser amable con alguien; **to be ~ enough to do sthg** ser tan amable de hacer algo. ◊ *n* **1.** (U) (*benefit*) bien *m*; **it will do him ~** le hará bien. **2.** (*use*) beneficio *m*, provecho *m*; **what's the ~ of ...?** ¿de qué OR para qué sirve ...?; **it's no ~** no sirve para nada **3.** (*morally correct behaviour*) el bien; **to be up to no ~** estar tramando algo malo. ♦ **goods** *npl* **1.** (COM - *for sale*) productos *mpl*; (- *when transported*) mercancías *fpl*. **2.** (ECON) bienes *mpl*. ♦ **as good as** *adv* casi, prácticamente; **it's as ~ as new** está como nuevo ♦ **for good** *adv* (*forever*) para siempre. ♦ **good afternoon** *excl* ¡buenas tardes! ♦ **good evening** *excl* (*in the evening*) ¡buenas tardes!; (*at night*) ¡buenas noches! ♦ **good morning** *excl* ¡buenos días!, ¡buen día! *Amer*. ♦ **good night** *excl* ¡buenas noches!

goodbye [ˌgʊd'baɪ] ◊ *excl* ¡adiós! ◊ *n* adiós *m*.

Good Friday *n* Viernes *m* Santo.

good-humoured [-'hjuːməd] *adj* jovial.

good-looking [-'lʊkɪŋ] *adj* (*person*) guapo(pa).

good-natured [-'neɪtʃəd] *adj* bondadoso(sa).

goodness ['gʊdnɪs] ◊ *n* (U) **1.** (*kindness*) bondad *f*. **2.** (*nutritive quality*) alimento *m*. ◊ *excl*: **(my) ~!** ¡Dios mío!; **for ~' sake!** ¡por Dios!; **thank ~** ¡gracias a Dios!

goods train [gʊdz-] *n Br* mercancías *m inv*.

goodwill [ˌgʊd'wɪl] *n* **1.** (*kind feelings*) buena voluntad *f*. **2.** (COMM) fondo *m* de comercio.

goody ['gʊdɪ] *n inf* bueno *m*, -na *f*.

goose [guːs] (*pl* **geese**) *n* (*bird*) ganso *m*, oca *f*.

gooseberry ['gʊzbərɪ] *n* (*fruit*) grosella *f* silvestre, uva *f* espina.

gooseflesh ['guːsfleʃ] *n*, **goose pimples** *Br*, **goosebumps** *Am* ['guːsbʌmps] *npl* carne *f* de gallina.

gore [gɔːr] ◊ *n literary* (*blood*) sangre *f* (derramada). ◊ *vt* cornear.

gorge [gɔːdʒ] ◊ *n* cañón *m*. ◊ *vt*: **to ~ o.s. on** OR **with** atracarse de.

gorgeous ['gɔːdʒəs] *adj* **1.** (*lovely*) magnífico(ca), espléndido(da). **2.** *inf* *(good-looking)*: **to be ~** estar como un tren.

gorilla [gə'rɪlə] *n* gorila *m y f*.

gormless ['gɔːmlɪs] *adj Br inf* memo (ma), lerdo(da).

gorse [gɔːs] *n (U)* tojo *m*.

gory ['gɔːrɪ] *adj (death, scene)* sangriento(ta); *(details, film)* escabroso(sa).

gosh [gɒʃ] *excl inf* ¡joroba!, ¡caray!

go-slow *n Br* huelga *f* de celo.

gospel ['gɒspl] *n (doctrine)* evangelio *m*. ◆ **Gospel** *n (in Bible)* Evangelio *m*.

gossip ['gɒsɪp] ◇ *n* **1.** *(conversation)* cotilleo *m*. **2.** *(person)* cotilla *m y f*, chismoso *m*, -sa *f* ◇ *vi* cotillear.

gossip column *n* ecos *mpl* de sociedad.

got [gɒt] *pt & pp* → **get**

gotten ['gɒtn] *pp Am* → **get**.

goulash ['guːlæʃ] *n* gulasch *m*.

gourmet ['gʊəmeɪ] ◇ *n* gastrónomo *m*, -ma *f*. ◇ *comp* para/de gastrónomos.

gout [gaʊt] *n* gota *f*.

govern ['gʌvən] ◇ *vt* **1.** (POL) gobernar **2.** *(control)* dictar. ◇ *vi* (POL) gobernar.

governess ['gʌvənɪs] *n* institutriz *f*.

government ['gʌvnmənt] ◇ *n* gobierno *m*. ◇ *comp* gubernamental.

governor ['gʌvənər] *n* **1.** (POL) gobernador *m*, -ra *f* **2.** *(of school, bank, prison)* director *m*, -ra *f*.

gown [gaʊn] *n* **1.** *(dress)* vestido *m*, traje *m*. **2.** *(of judge etc)* toga *f*.

GP *(abbr of* **general practitioner***) n* médico de cabecera.

grab [græb] ◇ *vt* **1.** *(snatch away)* arrebatar; *(grip)* agarrar, asir. **2.** *inf (appeal to)* seducir. ◇ *vi*: **to ~ at sthg** intentar agarrar algo.

grace [greɪs] ◇ *n* **1.** *(U) (elegance)* elegancia *f*, gracia *f*. **2.** *(U) (delay)* prórroga *f*. **3.** *(prayer)*: **to say ~** bendecir la mesa. ◇ *vt fml* **1.** *(honour)* honrar. **2.** *(decorate)* adornar, embellecer.

graceful ['greɪsfʊl] *adj* **1.** *(beautiful)* elegante. **2.** *(gracious)* cortés.

gracious ['greɪʃəs] ◇ *adj* **1.** *(polite)* cortés. **2.** *(elegant)* elegante. ◇ *excl*: **(good) ~!** ¡Dios mío!

grade [greɪd] ◇ *n* **1.** *(level, quality)* clase *f*, calidad *f* **2.** *Am (class)* curso *m*, clase *f*. **3.** *(mark)* nota *f*. ◇ *vt* **1.** *(classify)* clasificar. **2.** *(mark, assess)* calificar.

grade crossing *n Am* paso *m* a nivel.

grade school *n Am* escuela *f* primaria.

gradient ['greɪdjənt] *n* pendiente *f*.

gradual ['grædʒʊəl] *adj* gradual.

gradually ['grædʒʊəlɪ] *adv* gradualmente.

graduate [*n* 'grædʒʊət, *vb* 'grædʒʊeɪt] ◇ *n* **1.** *(person with a degree)* licenciado *m*, -da *f*, egresado *m*, -da *f Amer.* **2.** *Am (of high school)* = bachiller *m y f*. ◇ *vi* **1.** *(with a degree)*: **to ~ (from)** licenciarse (por), egresar (de) *Amer.* **2.** *Am (from high school)*: **to ~ (from)** = obtener el título de bachiller (en).

graduation [,grædʒʊ'eɪʃn] *n* graduación *f*, egreso *m Amer*.

graffiti [grə'fiːtɪ] *n (U)* pintadas *fpl*.

graft [grɑːft] ◇ *n* **1.** (BOT & MED) injerto *m*. **2.** *Br inf (hard work)* curro *m* muy duro. **3.** *Am inf (corruption)* chanchullos *mpl*. ◇ *vt* (BOT & MED): **to ~ sthg (onto** *sthg)* injertar algo (en algo).

grain [greɪn] *n* **1.** *(seed, granule)* grano *m*. **2.** *(U) (crop)* cereales *mpl*. **3.** *fig (small amount)* pizca *f*. **4.** *(pattern)* veta *f*.

gram [græm] *n* gramo *m*.

grammar ['græmər] *n* gramática *f*.

grammar school *n (in UK)* colegio subvencionado para mayores de once años con un programa de asignaturas tradicional; *(in US)* escuela *f* primaria.

grammatical [grə'mætɪkl] *adj* **1.** *(of grammar)* gramatical. **2.** *(correct)* (gramaticalmente) correcto(ta).

gramme [græm] *Br* = **gram**.

gramophone ['græməfəʊn] *n dated* gramófono *m*.

gran [græn] *n Br inf* abuelita *f*, yaya *f*.

grand [grænd] ◇ *adj* **1.** *(impressive)* grandioso(sa), monumental. **2.** *(ambitious)* ambicioso(sa). **3.** *(important)* distinguido(da). **4.** *inf dated (excellent)* fenomenal. ◇ *n inf (thousand pounds or dollars)*: **a ~** mil libras/dólares; **five ~** cinco mil libras/dólares.

grandchild ['græntʃaɪld] *(pl* **-children** [-,tʃɪldrən]*) n* nieto *m*, -ta *f*.

grand(d)ad ['grændæd] *n inf* abuelito *m*, yayo *m*.

granddaughter ['græn,dɔːtər] *n* nieta *f*.

grandeur ['grændʒər] *n* **1.** *(splendour)* grandiosidad *f*. **2.** *(status)* grandeza *f*.

grandfather ['grænd,fɑːðər] *n* abuelo *m*.

grandma ['grænmɑː] *n inf* abuelita *f*, yaya *f*, mamá *f* grande *Méx*.

grandmother ['græn,mʌðər] *n* abuela *f*.

grandpa ['grænpɑː] *n inf* abuelito *m*,

yayo *m*, papá *m* grande *Méx*.

grandparents ['græn,peərənts] *npl* abuelos *mpl*.

grand piano *n* piano *m* de cola.

grand slam *n* (SPORT) *(in tennis)* gran slam *m*; *(in rugby)* gran chelem *f*.

grandson ['grænsʌn] *n* nieto *m*.

grandstand ['grændstænd] *n* tribuna *f*

grand total *n* *(total number)* cantidad *f* total; *(total sum, cost)* importe *m* total.

granite ['grænɪt] *n* granito *m*.

granny ['grænɪ] *n inf* abuelita *f*, yaya *f*.

grant [grɑːnt] ◇ *n* subvención *f*; *(for study)* beca *f*. ◇ *vt fml* 1. *(gen)* conceder; **to take sthg/sb for ~ed** no apreciar algo/a alguien en lo que vale; **it is taken for ~ed that ...** se da por sentado que ... 2. *(admit - truth, logic)* admitir, aceptar.

granulated sugar ['grænjuleɪtɪd-] *n* azúcar *m* granulado.

granule ['grænjuːl] *n* gránulo *m*.

grape [greɪp] *n* uva *f*.

grapefruit ['greɪpfruːt] *(pl inv OR -s)* *n* pomelo *m*.

grapevine ['greɪpvaɪn] *n* 1. *(plant)* vid *f*; *(against wall)* parra *f*. 2. *(information channel)*: **I heard on the ~ that ...** me ha dicho un pajarito que ...

graph [grɑːf] *n* gráfica *f*.

graphic ['græfɪk] *adj lit & fig* gráfico (ca). ◆ **graphics** *npl (pictures)* ilustraciones *fpl*; **computer ~s** gráficos *mpl*.

graphite ['græfaɪt] *n* grafito *m*.

graph paper *n (U)* papel *m* cuadriculado.

grapple ['græpl] ◆ **grapple with** *vt fus* 1. *(person)* forcejear con. 2. *(problem)* esforzarse por resolver.

grasp [grɑːsp] ◇ *n* 1. *(grip)* agarre *m*, asimiento *m*. 2. *(understanding)* comprensión *f*; **to have a good ~ of sthg** dominar algo. ◇ *vt* 1. *(grip, seize)* agarrar, asir. 2. *(understand)* comprender. 3. *(opportunity)* aprovechar.

grasping ['grɑːspɪŋ] *adj pej* avaro(ra).

grass [grɑːs] ◇ *n* 1. *(plant)* hierba *f*; *(lawn)* césped *m*; *(pasture)* pasto *m*; **'keep off the ~'** 'prohibido pisar el césped'. 2. *drugs sl (marijuana)* hierba *f*, maría *f*. ◇ *vi Br crime sl*: **to ~ (on sb)** chivarse (de alguien).

grasshopper ['grɑːs,hɒpər] *n* saltamontes *m inv*

grass roots ◇ *npl* bases *fpl*. ◇ *comp* de base.

grass snake *n* culebra *f*.

grate [greɪt] ◇ *n* parrilla *f*, rejilla *f*. ◇ *vt* rallar. ◇ *vi* rechinar, chirriar.

grateful ['greɪtful] *adj (gen)* agradecido (da); *(smile, letter)* de agradecimiento; **to be ~ to sb (for sthg)** estar agradecido a alguien (por algo); **I'm very ~ to you** te lo agradezco mucho.

grater ['greɪtər] *n* rallador *m*.

gratify ['grætɪfaɪ] *vt* 1. *(please - person)*: **to be gratified** estar satisfecho. 2. *(satisfy - wish)* satisfacer.

grating ['greɪtɪŋ] ◇ *adj* chirriante. ◇ *n (grille)* reja *f*, enrejado *m*.

gratitude ['grætɪtjuːd] *n (U)*: **~ (to sb for)** agradecimiento *m* OR gratitud *f* (a alguien por).

gratuitous [grə'tjuːɪtəs] *adj fml* gratuito(ta).

grave [greɪv] ◇ *adj* grave. ◇ *n* sepultura *f*, tumba *f*.

gravel ['grævl] *n* grava *f*, gravilla *f*.

gravestone ['greɪvstəun] *n* lápida *f* (sepulcral).

graveyard ['greɪvjɑːd] *n* cementerio *m*.

gravity ['grævətɪ] *n* gravedad *f*.

gravy ['greɪvɪ] *n (U) (meat juice)* salsa *f* OR jugo *m* de carne.

gray *Am* = **grey**.

graze [greɪz] ◇ *vt* 1. *(feed on)* pacer OR pastar en. 2. *(skin, knee etc)* rasguñar. 3. *(touch lightly)* rozar. ◇ *vi* pacer, pastar. ◇ *n* rasguño *m*.

grease [griːs] ◇ *n* grasa *f*. ◇ *vt* engrasar.

greaseproof paper [,griːspruːf-] *n (U) Br* papel *m* de cera (para envolver)

greasy ['griːzɪ] *adj* grasiento(ta); *(inherently)* graso(sa).

great [greɪt] ◇ *adj* 1. *(gen)* grande; *(heat)* intenso(sa); **~ big** enorme. 2. *inf (splendid)* estupendo(da), fenomenal; **we had a ~ time** lo pasamos en grande; **~! ¡**estupendo! ◇ *n* grande *m* y *f*.

Great Britain *n* Gran Bretaña.

greatcoat ['greɪtkəut] *n* gabán *m*.

Great Dane *n* gran danés *m*.

great-grandchild *n* bisnieto *m*, -ta *f*

great-grandfather *n* bisabuelo *m*.

great-grandmother *n* bisabuela *f*.

greatly ['greɪtlɪ] *adv* enormemente.

greatness ['greɪtnɪs] *n* grandeza *f*.

Greece [griːs] *n* Grecia.

greed [griːd] *n (U)*: **~ (for)** *(food)* glotonería *f* (con); *(money)* codicia *f* (de); *(power)* ambición *f* (de).

greedy ['griːdɪ] *adj* 1. *(for food)* glotón (ona) 2. *(for money, power)*: **~ for** codicioso(sa) OR ávido(da) de.

Greek [griːk] ◇ *adj* griego(ga). ◇ *n*

1. *(person)* griego *m*, -ga *f*. **2.** *(language)* griego *m*.

green [griːn] ◊ *adj* **1.** *(gen)* verde. **2.** *inf (pale)* pálido(da). **3.** *inf (inexperienced)* novato(ta). ◊ *n* **1.** *(colour)* verde *m*. **2.** *(in village)* terreno *m* comunal. **3.** *(in golf)* green *m*. ◆ **Green** *n* (POL) verde *m* y *f*, ecologista *m* y *f*; **the Greens** los verdes. ◆ **greens** *npl (vegetables)* verduras *fpl*.

greenback ['griːnbæk] *n Am inf* billete de banco americano.

green belt *n Br* cinturón *m* verde.

green card *n* **1.** *Br (for vehicle)* seguro que cubre a conductores en el extranjero. **2.** *Am (work permit)* permiso *m* de trabajo *(en Estados Unidos)*.

greenery ['griːnəri] *n* vegetación *f*.

greenfly ['griːnflaɪ] *(pl inv* OR **-ies)** *n* pulgón *m*.

greengage ['griːngeɪdʒ] *n* ciruela *f* claudia.

greengrocer ['griːnˌɡrəʊsər] *n* verdulero *m*, -ra *f*; **~'s (shop)** verdulería *f*.

greenhouse ['griːnhaʊs, *pl* -haʊzɪz] *n* invernadero *m*.

greenhouse effect *n*: **the ~** el efecto invernadero

Greenland ['griːnlənd] *n* Groenlandia.

green salad *n* ensalada *f* verde.

greet [griːt] *vt* **1.** *(say hello to)* saludar. **2.** *(receive)* recibir.

greeting ['griːtɪŋ] *n* saludo *m*; *(welcome)* recibimiento *m*. ◆ **greetings** *npl*: **Christmas/birthday ~s!** ¡feliz navidad/cumpleaños!; **~s from ...** recuerdos de ...

greetings card *Br* ['griːtɪŋz-], **greeting card** *Am n* tarjeta *f* de felicitación.

grenade [grəˈneɪd] *n*: **(hand) ~** granada *f* (de mano)

grew [gruː] *pt* → **grow**.

grey *Br*, **gray** *Am* [greɪ] ◊ *adj lit & fig* gris; **to go ~** *(grey-haired)* echar canas, encanecer. ◊ *n* gris *m*.

grey-haired [-ˈheəd] *adj* canoso(sa).

greyhound ['greɪhaʊnd] *n* galgo *m*.

grid [grɪd] *n* **1.** *(grating)* reja *f*, enrejado *m*. **2.** *(system of squares)* cuadrícula *f*.

griddle ['grɪdl] *n* plancha *f*.

gridlock ['grɪdlɒk] *n Am* embotellamiento *m*, atasco *m*.

grief [griːf] *n (U)* **1.** *(sorrow)* dolor *m*, pesar *m*. **2.** *inf (trouble)* problemas *mpl*. **3.** *phr*: **to come to ~** *(person)* sufrir un percance; *(plans)* irse al traste; **good ~!** ¡madre mía!

grievance ['griːvns] *n* (motivo *m* de) queja *f*.

grieve [griːv] *vi*: **to ~ (for)** llorar (por).

grievous ['griːvəs] *adj fml* grave.

grievous bodily harm *n (U)* lesiones *fpl* graves.

grill [grɪl] ◊ *n* **1.** *(of cooker)* parrilla *f*. **2.** *(food)* parrillada *f*. ◊ *vt* **1.** (CULIN) asar a la parrilla. **2.** *inf (interrogate)* someter a un duro interrogatorio.

grille [grɪl] *n (on radiator, machine)* rejilla *f*; *(on window, door)* reja *f*.

grim [grɪm] *adj* **1.** *(expression)* adusto (ta); *(determination)* inexorable **2.** *(place, facts, prospects)* descorazonador (ra), lúgubre.

grimace [grɪˈmeɪs] ◊ *n* mueca *f*. ◊ *vi* hacer una mueca

grime [graɪm] *n* mugre *f*.

grimy ['graɪmɪ] *adj* mugriento(ta).

grin [grɪn] ◊ *n* sonrisa *f* (abierta). ◊ *vi*: **to ~ (at)** sonreír (a).

grind [graɪnd] *(pt & pp* **ground)** ◊ *vt (crush)* moler. ◊ *vi (scrape)* rechinar, chirriar. ◊ *n (hard, boring work)* rutina *f*. ◆ **grind down** *vt sep (oppress)* oprimir, acogotar. ◆ **grind up** *vt sep* pulverizar.

grinder ['graɪndər] *n* molinillo *m*.

grip [grɪp] ◊ *n* **1.** *(grasp, hold)*: **to have a ~ (on sthg/sb)** tener (algo/a alguien) bien agarrado. **2.** *(control, domination)*: **~ on** control *m* de, dominio *m* de; **to get to ~s with** llegar a controlar; **to get a ~ on o.s.** calmarse, controlarse. **3.** *(adhesion)* sujeción *f*, adherencia *f*. **4.** *(handle)* asidero *m*. **5.** *(bag)* bolsa *f* de viaje. ◊ *vt* **1.** *(grasp)* agarrar, asir; *(hand)* apretar; *(weapon)* empuñar. **2.** *(seize)* apoderarse de.

gripe [graɪp] *inf n (complaint)* queja *f*. ◊ *vi*: **to ~ (about)** quejarse (de).

gripping ['grɪpɪŋ] *adj* apasionante.

grisly ['grɪzlɪ] *adj (horrible, macabre)* espeluznante.

gristle ['grɪsl] *n* cartílago *m*, ternilla *f*.

grit [grɪt] ◊ *n* **1.** *(stones)* grava *f*; *(sand, dust)* arena *f*. **2.** *inf (courage)* valor *m*. ◊ *vt* cubrir de arena *(las calles)*.

gritty ['grɪtɪ] *adj inf (brave)* valiente.

groan [grəʊn] ◊ *n* gemido *m*. ◊ *vi* **1.** *(moan)* gemir **2.** *(creak)* crujir.

grocer ['grəʊsər] *n* tendero *m*, -ra *f*, abarrotero *m*, -ra *f Amer*, almacenero *m*, -ra *f Amer*; **~'s (shop)** tienda *f* de comestibles OR ultramarinos, tienda *f* de abarrotes, almacén *m Amer*.

groceries ['grəʊsərɪz] *npl (foods)* comestibles *mpl*, abarrotes *mpl Amer*.

grocery ['grəʊsərɪ] *n (shop)* tienda *f* de

comestibles OR ultramarinos, tienda *f* de abarrotes *Amer*, almacén *m Amer*.

groggy ['grɒgɪ] *adj* atontado(da), mareado(da).

groin [grɔɪn] *n* ingle *f*.

groom [gruːm] ◇ *n* 1. *(of horses)* mozo *m* de cuadra. 2. *(bridegroom)* novio *m*. ◇ *vt* 1. *(brush)* cepillar, almohazar. 2. *(prepare)*: **to ~ sb (for sthg)** preparar a alguien (para algo).

groove [gruːv] *n (deep line)* ranura *f*; *(in record)* surco *m*.

grope [grəʊp] ◇ *vt* 1. *(fondle)* meter mano a. 2. *(try to find)*: **to ~ one's way** andar a tientas. ◇ *vi*: **to ~ (about) for sthg** *(object)* buscar algo a tientas; *(solution, remedy)* buscar algo a ciegas.

gross [grəʊs] *(pl inv OR -es)* ◇ *adj* 1. *(total)* bruto(ta). 2. *fml (serious, inexcusable)* grave. 3. *(coarse, vulgar)* basto (ta), vulgar. 4. *inf (obese)* obeso(sa). ◇ *n* gruesa *f*. ◇ *vt* ganar en bruto.

grossly ['grəʊslɪ] *adv (seriously)* enormemente.

grotesque [grəʊ'tesk] *adj* grotesco (ca).

grotto ['grɒtəʊ] *(pl -es* OR *-s) n* gruta *f*.

grotty ['grɒtɪ] *adj Br inf* asqueroso(sa).

ground [graʊnd] ◇ *pt & pp* → **grind**. ◇ *n* 1. *(surface of earth)* suelo *m*, tierra *f*; **above/below ~** sobre/bajo tierra; **on the ~** en el suelo 2. *(area of land)* terreno *m*; *(SPORT)* campo *m*, terreno *m* de juego. 3. *(subject area)* campo *m* 4. *(advantage)*: **to gain/lose ~** ganar/perder terreno. ◇ *vt* 1. *(base)*: **to be ~ed on** OR **in sthg** basarse en algo. 2. *(aircraft, pilot)* hacer permanecer en tierra. 3. *Am inf (child)* castigar sin salir. 4. *Am (ELEC)*: **to be ~ed** estar conectado(da) a tierra. ◆ **grounds** *npl* 1. *(reason)*: **~s (for sthg/for doing sthg)** motivos *mpl* (para algo/para hacer algo); **on the ~s that** aduciendo que, debido a que. 2. *(around building)* jardines *mpl*. 3. *(of coffee)* poso *m*.

ground crew *n* personal *m* de tierra.

ground floor *n* planta *f* baja; **~ flat** (piso *m*) bajo *m*.

grounding ['graʊndɪŋ] *n*: **~ (in)** base *f* (de), conocimientos *mpl* básicos (de).

groundless ['graʊndlɪs] *adj* infundado (da).

groundsheet ['graʊndʃiːt] *n* lona *f* impermeable *(para camping etc)*.

ground staff *n* 1. *(at sports ground)* personal *m* al cargo de las instalaciones. 2. *Br* = **ground crew**.

groundwork ['graʊndwɜːk] *n (U)* trabajo *m* preliminar.

group [gruːp] ◇ *n* grupo *m*. ◇ *vt* agrupar. ◇ *vi*: **to ~ (together)** agruparse.

groupie ['gruːpɪ] *n inf* groupie *f*.

grouse [graʊs] *(pl inv* OR *-s)* ◇ *n (bird)* urogallo *m*. ◇ *vi inf* quejarse.

grove [grəʊv] *n (of trees)* arboleda *f*.

grovel ['grɒvl] *vi lit & fig*: **to ~ (to)** arrastrarse (ante).

grow [grəʊ] *(pt* grew, *pp* grown*)* ◇ *vi* 1. *(gen)* crecer. 2. *(become)* volverse, ponerse; **to ~ dark** oscurecer; **to ~ old** envejecer. ◇ *vt* 1. *(plants)* cultivar. 2. *(hair, beard)* dejarse crecer. ◆ **grow on** *vt fus inf* gustar cada vez más. ◆ **grow out of** *vt fus* 1. *(become too big for)*: **he has grown out of his clothes** se le ha quedado pequeña la ropa. 2. *(lose - habit etc)* perder. ◆ **grow up** *vi* crecer; **~ up!** ¡no seas niño!

grower ['grəʊəʳ] *n* cultivador *m*, -ra *f*.

growl [graʊl] *vi (dog, person)* gruñir; *(lion, engine)* rugir.

grown [grəʊn] ◇ *pp* → **grow**. ◇ *adj* crecido(da), adulto(ta).

grown-up *n* persona *f* mayor.

growth [grəʊθ] *n* 1. *(gen)*: **~ (of** OR **in)** crecimiento *m* (de). 2. *(MED)* tumor *m*.

grub [grʌb] *n* 1. *(insect)* larva *f*, gusano *m*. 2. *inf (food)* manduca *f*, papeo *m*.

grubby ['grʌbɪ] *adj* sucio(cia), mugriento(ta).

grudge [grʌdʒ] ◇ *n* rencor *m*; **to bear sb a ~**, **to bear a ~ against sb** guardar rencor a alguien. ◇ *vt*: **to ~ sb sthg** conceder algo a alguien a regañadientes; **to ~ doing sthg** hacer algo a regañadientes.

gruelling *Br*, **grueling** *Am* ['grʊəlɪŋ] *adj* agotador(ra).

gruesome ['gruːsəm] *adj* horripilante.

gruff [grʌf] *adj* 1. *(hoarse)* bronco(ca). 2. *(rough, unfriendly)* hosco(ca).

grumble ['grʌmbl] *vi* 1. *(complain)* quejarse, refunfuñar; **to ~ about sthg** quejarse de algo, refunfuñar por algo. 2. *(stomach)* gruñir, hacer ruido.

grumpy ['grʌmpɪ] *adj inf* gruñón(ona).

grunt [grʌnt] *vi* gruñir.

G-string *n* taparrabos *m inv*, tanga *m*.

guarantee [ˌgærən'tiː] ◇ *n* garantía *f*. ◇ *vt* garantizar.

guard [gɑːd] ◇ *n* 1. *(person)* guardia *m* y *f*. 2. *(group of guards, operation)* guardia *f*; **to be on/stand ~** estar de/hacer guardia; **to catch sb off ~** coger a alguien desprevenido. 3. *Br (RAIL)* jefe *m* de tren. 4. *(protective device - for body)* protector *m*; *(- for machine)* cubierta *f* protectora. ◇ *vt* 1. *(protect, hide)* guardar. **2.** *(prevent from escaping)* vigilar.

guard dog *n* perro *m* guardián.

guarded ['gɑːdɪd] *adj* cauteloso(sa).

guardian ['gɑːdjən] *n* **1.** *(of child)* tutor *m*, -ra *f*. **2.** *(protector)* guardián *m*, -ana *f*, protector *m*, -ra *f*.

guardrail ['gɑːdreɪl] *n* Am *(on road)* pretil *m*.

guard's van *n* Br furgón *m* de cola.

Guatemala [ˌgwɑːtə'mɑːlə] *n* Guatemala.

Guatemalan [ˌgwɑːtə'mɑːlən] ◇ *adj* guatemalteco(ca) ◇ *n* guatemalteco *m*, -ca *f*.

guerilla [gə'rɪlə] = **guerrilla**.

Guernsey ['gɜːnzɪ] *n* *(place)* Guernsey.

guerrilla [gə'rɪlə] *n* guerrillero *m*, -ra *f*.

guerrilla warfare *n* (U) guerra *f* de guerrillas.

guess [ges] ◇ *n* suposición *f*, conjetura *f*; **to take a ~** intentar adivinar. ◇ *vt* adivinar; **~ what?** ¿sabes qué? ◇ *vi* **1.** *(conjecture)* suponer, conjeturar; **to ~ at sthg** tratar de adivinar algo. **2.** *(suppose)*: **I ~ (so)** supongo OR me imagino que sí

guesswork ['geswɜːk] *n* (U) conjeturas *fpl*, suposiciones *fpl*.

guest [gest] *n* **1.** *(at home)* invitado *m*, -da *f* **2.** *(at hotel)* huésped *m* y *f*.

guesthouse ['gesthaʊs, *pl* -haʊzɪz] *n* casa *f* de huéspedes.

guestroom ['gestrʊm] *n* cuarto *m* de los huéspedes

guffaw [gʌ'fɔː] ◇ *n* carcajada *f*. ◇ *vi* reírse a carcajadas

guidance ['gaɪdəns] *n* (U) **1.** *(help)* orientación *f*. **2.** *(leadership)* dirección *f*.

guide [gaɪd] ◇ *n* **1.** *(person)* guía *m* y *f* **2.** *(book)* guía *f*. ◇ *vt* **1.** *(show by leading)* guiar. **2.** *(control)* conducir, dirigir. **3.** *(influence)*: **to be ~d by** guiarse por. ◆ **Guide** *n* = **Girl Guide**.

guide book *n* guía *f*.

guide dog *n* perro *m* lazarillo.

guidelines ['gaɪdlaɪnz] *npl* directrices *fpl*

guild [gɪld] *n* **1.** (HISTORY) gremio *m*. **2.** *(association)* corporación *f*.

guile [gaɪl] *n* (U) *literary* astucia *f*.

guillotine ['gɪlə,tiːn] *n* *(gen)* guillotina *f*.

guilt [gɪlt] *n* **1.** *(remorse)* culpa *f*. **2.** (JUR) culpabilidad *f*.

guilty ['gɪltɪ] *adj* *(gen)*: **~ (of)** culpable (de); **to be found ~/not ~** ser declarado culpable/inocente

guinea pig ['gɪnɪ-] *n* lit & fig conejillo *m* de Indias.

guise [gaɪz] *n* fml apariencia *f*.

guitar [gɪ'tɑːr] *n* guitarra *f*.

guitarist [gɪ'tɑːrɪst] *n* guitarrista *m* y *f*.

gulf [gʌlf] *n* **1.** *(sea)* golfo *m*. **2.** *(chasm)* sima *f*, abismo *m*. **3.** *(big difference)*: **~ (between)** abismo *m* (entre). ◆ **Gulf** *n*: **the Gulf** el Golfo

gull [gʌl] *n* gaviota *f*.

gullet ['gʌlɪt] *n* esófago *m*.

gullible ['gʌləbl] *adj* crédulo(la).

gully ['gʌlɪ] *n* barranco *m*.

gulp [gʌlp] ◇ *n* trago *m*. ◇ *vt* *(liquid)* tragarse; *(food)* engullir. ◇ *vi* tragar saliva. ◆ **gulp down** *vt sep* *(liquid)* tragarse; *(food)* engullir.

gum [gʌm] *n* **1.** *(chewing gum)* chicle *m*. **2.** *(adhesive)* cola *f*, pegamento *m*. **3.** (ANAT) encía *f* ◇ *vt* pegar, engomar.

gumboots ['gʌmbuːts] *npl* Br botas *fpl* de agua OR de goma.

gun [gʌn] *n* **1.** *(pistol)* pistola *f*; *(rifle)* escopeta *f*, fusil *m*. **2.** *(tool)* pistola *f*. ◆ **gun down** *vt sep* abatir (a tiros).

gunboat ['gʌnbəʊt] *n* cañonero *m*.

gunfire ['gʌnfaɪər] *n* (U) disparos *mpl*, tiroteo *m*.

gunman ['gʌnmən] *(pl* -men [-mən]) *n* pistolero *m*.

gunpoint ['gʌnpɔɪnt] *n*: **at ~** a punta de pistola.

gunpowder ['gʌn,paʊdər] *n* pólvora *f*

gunshot ['gʌnʃɒt] *n* tiro *m*, disparo *m*

gunsmith ['gʌnsmɪθ] *n* armero *m*.

gurgle ['gɜːgl] *vi* **1.** *(water)* gorgotear. **2.** *(baby)* gorjear

guru ['guruː] *n* lit & fig gurú *m*.

gush [gʌʃ] ◇ *n* chorro *m*. ◇ *vi* **1.** *(flow out)* chorrear, manar. **2.** *pej (enthuse)* ser muy efusivo(va)

gusset ['gʌsɪt] *n* escudete *m*.

gust [gʌst] *n* ráfaga *f*, racha *f*

gusto ['gʌstəʊ] *n*: **with ~** con deleite.

gut [gʌt] *n* **1.** (MED) intestino *m*. **2.** *(strong thread)* sedal *m* ◇ *vt* **1.** *(animal)* destripar. **2.** *(building etc)* destruir el interior de. ◆ **guts** *npl inf* **1.** *(intestines)* tripas *fpl*; **to hate sb's ~s** odiar a alguien a muerte. **2.** *(courage)* agallas *fpl*.

gutter ['gʌtər] *n* **1.** *(ditch)* cuneta *f*. **2.** *(on roof)* canalón *m*

gutter press *n* pej prensa *f* amarilla OR sensacionalista.

guy [gaɪ] *n* **1.** inf *(man)* tipo *m*, tío *m* Esp, chavo *m* Amer **2.** Br *(dummy)* muñeco que se quema en Gran Bretaña la noche de Guy Fawkes.

Guy Fawkes' Night n *fiesta que se celebra el 5 de noviembre en Gran Bretaña en que se encienden hogueras y se lanzan fuegos artificiales.*

guy rope n viento m, cuerda f *(de tienda de campaña).*

guzzle [ˈgʌzl] ◇ vt zamparse. ◇ vi zampar.

gym [dʒɪm] n inf 1. *(gymnasium)* gimnasio m. 2. *(exercises)* gimnasia f.

gymnasium [dʒɪmˈneɪzjəm] *(pl* -siums OR -sia [-zjə]) n gimnasio m.

gymnast [ˈdʒɪmnæst] n gimnasta m y f.

gymnastics [dʒɪmˈnæstɪks] n (U) gimnasia f.

gym shoes npl zapatillas fpl de gimnasia

gymslip [ˈdʒɪmˌslɪp] n Br bata f de colegio

gynaecologist Br, **gynecologist** Am [ˌgaɪnəˈkɒlədʒɪst] n ginecólogo m, -ga f.

gynaecology Br, **gynecology** Am [ˌgaɪnəˈkɒlədʒɪ] n ginecología f.

gypsy [ˈdʒɪpsɪ] = **gipsy**.

gyrate [dʒaɪˈreɪt] vi girar.

H

h *(pl* h's OR hs), **H** *(pl* H's OR Hs) [eɪtʃ] n (letter) h f, H f.

haberdashery [ˈhæbədæʃərɪ] n mercería f.

habit [ˈhæbɪt] n 1. *(custom)* costumbre f, hábito m; **to make a ~ of doing sthg** tener por costumbre hacer algo. 2. *(garment)* hábito m.

habitat [ˈhæbɪtæt] n hábitat m.

habitual [həˈbɪtʃʊəl] adj 1. *(usual)* habitual, acostumbrado(da). 2. *(smoker, gambler)* empedernido(da).

hack [hæk] ◇ n pej *(writer)* escritorzuelo m, -la f; *(journalist)* gacetillero m, -ra f. ◇ vt *(cut)* cortar en tajos, acuchillar.
  ◆ **hack into** vt fus piratear.

hacker [ˈhækər] n: **(computer) ~** pirata m informático, pirata f informática.

hackneyed [ˈhæknɪd] adj pej trillado(da), gastado(da).

hacksaw [ˈhæksɔː] n sierra f para metales.

had [weak form həd, strong form hæd] pt & pp → **have**.

haddock [ˈhædək] *(pl inv)* n eglefino m.

hadn't [ˈhædnt] = **had not**.

haemophiliac [ˌhiːməˈfɪlɪæk] = **hemophiliac**.

haemorrhage [ˈhemərɪdʒ] = **hemorrhage**.

haemorrhoids [ˈhemərɔɪdz] = **hemorrhoids**.

haggard [ˈhægəd] adj ojeroso(sa).

haggis [ˈhægɪs] n *plato típico escocés hecho con las asaduras del cordero.*

haggle [ˈhægl] vi: **to ~ (with sb over OR about sthg)** regatear (algo con alguien).

Hague [heɪg] n: **The ~** La Haya.

hail [heɪl] ◇ n 1. (METEOR) granizo m, pedrisco m. 2. fig *(large number)* lluvia f. ◇ vt 1. *(call)* llamar. 2. *(acclaim)*: **to ~ sb as sthg** aclamar a alguien algo; **to ~ sthg as sthg** ensalzar algo catalogándolo de algo. ◇ v impers granizar.

hailstone [ˈheɪlstəʊn] n granizo m, piedra f.

hair [heər] n 1. (U) *(gen)* pelo m; **to do one's ~** arreglarse el pelo. 2. *(on person's skin)* vello m.

hairbrush [ˈheəbrʌʃ] n cepillo m para el pelo.

haircut [ˈheəkʌt] n corte m de pelo.

hairdo [ˈheəduː] *(pl* -s) n inf peinado m.

hairdresser [ˈheəˌdresər] n peluquero m, -ra f; **~'s (salon)** peluquería f.

hairdryer [ˈheəˌdraɪər] n secador m (de pelo).

hair gel n gomina f.

hairgrip [ˈheəgrɪp] n Br horquilla f.

hairpin [ˈheəpɪn] n horquilla f de moño.

hairpin bend n curva f muy cerrada.

hair-raising [-ˌreɪzɪŋ] adj espeluznante.

hair remover [-rɪˌmuːvər] n depilatorio m.

hair slide n Br pasador m.

hairspray [ˈheəspreɪ] n laca f (para el pelo).

hairstyle [ˈheəstaɪl] n peinado m.

hairy [ˈheərɪ] adj 1. *(covered in hair)* peludo(da). 2. inf *(scary)* espeluznante, espantoso(sa).

Haiti [ˈheɪtɪ] n Haití.

hake [heɪk] *(pl inv OR* -s) n merluza f.

half [Br hɑːf, Am hæf] *(pl senses 1 and 3* halves, pl senses 2 and 4 **halves** OR **halfs**) ◇ adj medio(dia); **~ a dozen/**

mile media docena/milla; **~ an hour** media hora. ◇ *adv* **1.** *(gen)*: **~ full/ open** lleno/abierto por la mitad; **~ and ~** mitad y mitad. **2.** *(by half)*: **~ as big (as)** la mitad de grande (que). **3.** *(in telling the time)*: **~ past nine, ~ after nine** *Am* las nueve y media; **it's ~ past** son y media. ◇ *n* **1.** *(one of two parts)* mitad *f*; **~ (of)** the group la mitad del grupo; **a pound/mile and a ~** una libra/milla y media; **in ~** por la mitad, en dos; **to go halves (with sb)** ir a medias (con alguien). **2.** *(fraction, halfback, child's ticket)* medio *m*. **3.** *(of sports match)* tiempo *m*, mitad *f* **4.** *(of beer)* media pinta *f*. ◇ *pron* la mitad; **~ of it/them** la mitad

halfback ['hɑːfbæk] *n* medio *m*.

half board *n* media pensión *f*.

half-breed ◇ *adj* mestizo(za). ◇ *n* mestizo *m*, -za *f* *(atención: el término 'half-breed' se considera racista)*.

half-caste [-kɑːst] ◇ *adj* mestizo(za). ◇ *n* mestizo *m*, -za *f* *(atención: el término 'half-caste' se considera racista)*.

half-hearted [-'hɑːtɪd] *adj* poco entusiasta.

half hour *n* media hora *f*.

half-mast *n*: **at ~** *(flag)* a media asta.

half moon *n* media luna *f*.

half note *n Am* (MUS) blanca *f*.

halfpenny ['heɪpnɪ] *(pl* **-pennies** OR **-pence)** *n* medio penique *m*.

half-price *adj* a mitad de precio

half term *n Br* breves vacaciones escolares a mitad de trimestre.

half time *n* (U) descanso *m*.

halfway ['hɑːf'weɪ] ◇ *adj* intermedio (dia). ◇ *adv* **1.** *(in space)*: **I was ~ down the street** llevaba la mitad de la calle andada. **2.** *(in time)*: **the film was ~ through** la película iba por la mitad.

halibut ['hælɪbət] *(pl inv* OR **-s)** *n* halibut *m*.

hall [hɔːl] *n* **1.** *(in house)* vestíbulo *m*. **2.** *(public building)* sala *f*. **3.** *Br* (UNIV) colegio *m* mayor. **4.** *(country house)* mansión *f*, casa *f* solariega.

hallmark ['hɔːlmɑːk] *n* **1.** *(typical feature)* sello *m* distintivo. **2.** *(on metal)* contraste *m*

hallo [hə'ləʊ] = **hello**.

hall of residence *(pl* halls of residence) *n Br* residencia *f* universitaria, colegio *m* mayor.

Hallowe'en [,hæləʊ'iːn] *n* fiesta celebrada la noche del 31 de octubre.

hallucinate [hə'luːsɪneɪt] *vi* alucinar.

hallway ['hɔːlweɪ] *n* vestíbulo *m*.

halo ['heɪləʊ] *(pl* **-es** OR **-s)** *n* halo *m*, aureola *f*.

halt [hɔːlt] ◇ *n (stop)*: **to come to a ~** *(vehicle)* pararse; *(activity)* interrumpirse; **to call a ~ to** poner fin a ◇ *vt (person)* parar, detener; *(development, activity)* interrumpir. ◇ *vi (person, train)* pararse, detenerse; *(development, activity)* interrumpirse

halterneck ['hɔːltənek] *adj* escotado (da) por detrás.

halve [*Br* hɑːv, *Am* hæv] *vt* **1.** *(reduce by half)* reducir a la mitad. **2.** *(divide)* partir en dos

halves [*Br* hɑːvz, *Am* hævz] *pl* → **half**.

ham [hæm] ◇ *n (meat)* jamón *m*. ◇ *comp* de jamón.

hamburger ['hæmbɜːgə^r] *n* **1.** *(burger)* hamburguesa *f*. **2.** *(U) Am (mince)* carne *f* picada.

hamlet ['hæmlɪt] *n* aldea *f*.

hammer ['hæmə^r] ◇ *n* *(gen & SPORT)* martillo *m*. ◇ *vt* **1.** *(with tool)* martillear. **2.** *(with fist)* aporrear. **3.** *inf (defeat)* dar una paliza a. ◇ *vi*: **to ~ (on sthg)** aporrear (algo). ◆ **hammer out** *vt fus (solution, agreement)* alcanzar con esfuerzo.

hammock ['hæmək] *n* hamaca *f*, chinchorro *m Amer*.

hamper ['hæmpə^r] ◇ *n* **1.** *(for food)* cesta *f*. **2.** *Am (for laundry)* cesto *m* de la ropa sucia. ◇ *vt* obstaculizar.

hamster ['hæmstə^r] *n* hámster *m*.

hamstring ['hæmstrɪŋ] *(pt & pp* **-strung** [-strʌŋ]) *n* tendón *m* de la corva.

hand [hænd] ◇ *n* **1.** *(gen)* mano *f*; **to hold ~s** ir cogidos de la mano; **~ in ~** *(people)* (cogidos de la mano); **by ~** a mano; **in the ~s of** en manos de; **to have sthg on one's ~s** tener uno algo en sus manos; **to get** OR **lay one's ~s on sthg** hacerse con algo; **to get** OR **lay one's ~s on sb** pillar a alguien; **to get out of ~** *(situation)* hacerse incontrolable; *(person)* desmandarse; **to give** OR **lend sb a ~ (with)** echar una mano a alguien (con); **to have one's ~s full** estar muy ocupado; **to have time in ~** tener tiempo de sobra; **to take sb in ~** hacerse cargo OR ocuparse de alguien; **to try one's ~ at sthg** intentar hacer algo. **2.** *(influence)* influencia *f*. **3.** *(worker - on farm)* bracero *m*, peón *m*; *(- on ship)* tripulante *m*. **4.** *(of clock, watch)* manecilla *f*, aguja *f*. **5.** *(handwriting)* letra *f*. ◇ *vt*: **to ~ sthg to sb, to ~ sb sthg** dar OR entregar algo a alguien. ◆ **(close) at hand** *adv* cerca. ◆ **on hand** *adv* al alcance de la mano. ◆ **on the other hand** *conj* por otra parte. ◆ **out of hand** *adv* (*completely*) terminantemente. ◆ **to hand** *adv* a mano. ◆ **hand down** *vt sep* (*heirloom*) pasar en herencia; (*knowledge*) transmitir. ◆ **hand in** *vt sep* entregar. ◆ **hand out** *vt sep* repartir, distribuir. ◆ **hand over** ◇ *vt sep* **1.** (*baton, money*) entregar. **2.** (*responsibility, power*) ceder. ◇ *vi*: **to ~ over (to)** dar paso (a).

handbag ['hændbæg] *n* bolso *m Esp*, cartera *f Amer.*

handball ['hændbɔːl] *n* balonmano *m*.

handbook ['hændbʊk] *n* manual *m*.

handbrake ['hændbreɪk] *n* freno *m* de mano.

handcuffs ['hændkʌfs] *npl* esposas *fpl*.

handful ['hændfʊl] *n* (*gen*) puñado *m*

handgun ['hændgʌn] *n* pistola *f*.

handicap ['hændɪkæp] ◇ *n* **1.** (*disability*) incapacidad *f*, minusvalía *f*. **2.** (*disadvantage*) desventaja *f*, obstáculo *m*. **3.** (SPORT) hándicap *m*. ◇ *vt* estorbar

handicapped ['hændɪkæpt] ◇ *adj* minusválido(da). ◇ *npl*: **the ~** los minusválidos.

handicraft ['hændɪkrɑːft] *n* (*skill*) trabajos *mpl* manuales, artesanía *f*.

handiwork ['hændɪwɜːk] *n* (U) (*doing, work*) obra *f*.

handkerchief ['hæŋkətʃɪf] (*pl* -chiefs OR -chieves [-tʃiːvz]) *n* pañuelo *m*.

handle ['hændl] ◇ *n* (*of door, window*) pomo *m*; (*of tool*) mango *m*; (*of suitcase, cup, jug*) asa *f*. ◇ *vt* (*gen*) manejar; (*order, complaint, application*) encargarse de; (*negotiations, takeover*) conducir; (*people*) tratar.

handlebars ['hændlbɑːz] *npl* manillar *m*.

handler ['hændlə'] *n* **1.** (*of animal*) guardián *m*, -ana *f*. **2.** (*at airport*): (**baggage**) **~** mozo *m* de equipajes.

hand luggage *n Br* equipaje *m* de mano.

handmade [,hænd'meɪd] *adj* hecho (cha) a mano.

handout ['hændaʊt] *n* **1.** (*gift*) donativo *m*. **2.** (*leaflet*) hojas *fpl* (informativas).

handrail ['hændreɪl] *n* pasamano *m*.

handset ['hændset] *n* auricular *m* (*de teléfono*); **to lift/replace the ~** descolgar/colgar (el teléfono).

handshake ['hændʃeɪk] *n* apretón *m* de manos.

handsome ['hænsəm] *adj* **1.** (*man*) guapo, atractivo. **2.** (*literary*) (*woman*) bella. **3.** (*reward, profit*) considerable.

handstand ['hændstænd] *n* pino *m*.

handwriting ['hænd,raɪtɪŋ] *n* letra *f*, caligrafía *f*

handy ['hændɪ] *adj inf* **1.** (*useful*) práctico(ca); **to come in ~** venir bien. **2.** (*skilful*) mañoso(sa). **3.** (*near*) a mano, cerca.

handyman ['hændɪmæn] (*pl* -men [-men]) *n*: **a good ~** un manitas.

hang [hæŋ] (*pt & pp sense 1* hung, *pt & pp sense 2* hung OR hanged) ◇ *vt* **1.** (*fasten*) colgar. **2.** (*execute*) ahorcar. ◇ *vi* **1.** (*be fastened*) colgar, pender. **2.** (*be executed*) ser ahorcado(da). ◇ *n*: **to get the ~ of sthg** *inf* coger el tranquillo a algo. ◆ **hang about, hang around** *vi* pasar el rato; **they didn't ~ about** se pusieron en marcha sin perder un minuto. ◆ **hang on** *vi* **1.** (*keep hold*): **to ~ on (to)** agarrarse (a). **2.** *inf* (*continue waiting*) esperar, aguardar. **3.** (*persevere*) resistir. ◆ **hang out** *vi inf* (*spend time*) moverse, pasar el rato. ◆ **hang round** = **hang about**. ◆ **hang up** ◇ *vt sep* colgar. ◇ *vi* colgar. ◆ **hang up on** *vt fus* colgar.

hangar ['hæŋə'] *n* hangar *m*.

hanger ['hæŋə'] *n* percha *f*.

hanger-on (*pl* hangers-on) *n* lapa *f*, moscón *m*, -ona *f*.

hang gliding *n* vuelo *m* con ala delta.

hangover ['hæŋ,əʊvə'] *n* (*from drinking*) resaca *f*.

hang-up *n inf* complejo *m*.

hanker ['hæŋkə'] ◆ **hanker after, hanker for** *vt fus* anhelar.

hankie, hanky ['hæŋkɪ] (*abbr of* handkerchief) *n inf* pañuelo *m*.

haphazard [,hæp'hæzəd] *adj* caótico (ca).

hapless ['hæplɪs] *adj literary* desventurado(da), desgraciado(da)

happen ['hæpən] *vi* **1.** (*occur*) pasar, ocurrir; **to ~ to sb** pasarle OR sucederle a alguien **2.** (*chance*): **I ~ed to be looking out of the window** ... dio la casualidad de que estaba mirando por la ventana ...; **do you ~ to have a pen on you?** ¿no tendrás un boli acaso OR por casualidad?; **as it ~s** ... da la casualidad de que ...

happening ['hæpənɪŋ] *n* suceso *m*, acontecimiento *m*.

happily ['hæpɪlɪ] *adv* **1.** (*with pleasure*)

harsh

alegremente, felizmente. **2.** *(fortunately)* afortunadamente.

happiness ['hæpɪnɪs] *n (state)* felicidad *f*; *(feeling)* alegría *f*.

happy ['hæpɪ] *adj* **1.** *(gen)* feliz, contento(ta); **~ Christmas/birthday!** ¡Feliz Navidad/cumpleaños!; **to be ~ with/about sthg** estar contento con algo. **2.** *(causing contentment)* feliz, alegre. **3.** *(fortunate)* feliz, oportuno(na). **4.** *(willing)*: **to be ~ to do sthg** estar más que dispuesto(ta) a hacer algo; **I'd be ~ to do it** yo lo haría con gusto.

happy-go-lucky *adj* despreocupado (da).

happy medium *n* término *m* medio

harangue [hə'ræŋ] ◇ *n* arenga *f*. ◇ *vt* arengar.

harass ['hærəs] *vt* acosar.

harbour *Br*, **harbor** *Am* ['hɑːbəʳ] ◇ *n* puerto *m* ◇ *vt* **1.** *(feeling)* abrigar. **2.** *(person)* dar refugio a, encubrir

hard [hɑːd] ◇ *adj* **1.** *(gen)* duro(ra); *(frost)* fuerte; **to be ~ on sb/sthg** *(subj: person)* ser duro con alguien/algo; *(subj: work, strain)* perjudicar a alguien/algo; *(subj: result)* ser inmerecido para alguien/algo. **2.** *(difficult)* difícil. **3.** *(forceful - push, kick etc)* fuerte. **4.** *(fact, news)* concreto(ta). **5.** *Br (extreme)*: **~ left/right** extrema izquierda/derecha. ◇ *adv* **1.** *(try)* mucho; *(work, rain)* intensamente; *(listen)* atentamente. **2.** *(push, kick)* fuerte, con fuerza. **3.** *phr*: **to be ~ pushed** OR **put** OR **pressed to do sthg** vérselas y deseárselas para hacer algo; **to feel ~ done by** sentirse tratado injustamente.

hardback ['hɑːdbæk] *n* edición *f* en pasta dura OR en tela.

hardboard ['hɑːdbɔːd] *n* madera *f* conglomerada.

hard-boiled *adj lit & fig* duro(ra).

hard cash *n* dinero *m* contante y sonante.

hard copy *n* (COMPUT) copia *f* impresa

hard disk *n* (COMPUT) disco *m* duro

harden ['hɑːdn] ◇ *vt* **1.** *(gen)* endurecer. **2.** *(resolve, opinion)* reforzar. ◇ *vi* **1.** *(gen)* endurecerse **2.** *(resolve, opinion)* reforzarse.

hard-headed [-'hedɪd] *adj* realista.

hard-hearted [-'hɑːtɪd] *adj* insensible.

hard labour *n* (U) trabajos *mpl* forzados.

hard-liner *n* partidario *m*, -ria *f* de la línea dura.

hardly ['hɑːdlɪ] *adv* apenas; **~ ever/anything** casi nunca/nada; **I'm ~ a communist, am I?** ¡pues sí que tengo yo mucho que ver con el comunismo!

hardness ['hɑːdnɪs] *n* **1.** *(firmness)* dureza *f*. **2.** *(difficulty)* dificultad *f*.

hardship ['hɑːdʃɪp] *n* **1.** *(U) (difficult conditions)* privaciones *fpl*. **2.** *(difficult circumstance)* infortunio *m*.

hard shoulder *n Br* (AUT) arcén *m*.

hard up *adj inf* sin un duro; **to be ~ for sthg** andar escaso de algo.

hardware ['hɑːdweəʳ] *n* (U) **1.** *(tools, equipment)* artículos *mpl* de ferretería. **2.** (COMPUT) hardware *m*.

hardware shop *n* ferretería *f*.

hardwearing [,hɑːd'weərɪŋ] *adj Br* resistente, duradero(ra).

hardworking [,hɑːd'wɜːkɪŋ] *adj* trabajador(ra).

hardy ['hɑːdɪ] *adj* **1.** *(person, animal)* fuerte, robusto(ta). **2.** *(plant)* resistente.

hare [heəʳ] *n* liebre *f*.

harebrained ['heə,breɪnd] *adj inf* atolondrado(da).

harelip [,heə'lɪp] *n* labio *m* leporino.

haricot (bean) ['hærɪkəu-] *n* judía *f*, alubia *f*.

Harley Street ['hɑːlɪ-] *n* calle londinense famosa por sus médicos especialistas.

harm [hɑːm] ◇ *n* daño *m*; **to do ~ to sthg/sb, to do sthg/sb ~** *(physically)* hacer daño a algo/alguien; *fig* perjudicar algo/a alguien; **to be out of ~'s way** estar a salvo ◇ *vt (gen)* hacer daño a, dañar; *(reputation, chances, interests)* dañar

harmful ['hɑːmful] *adj*: **~ (to)** perjudicial OR dañino(na) (para)

harmless ['hɑːmlɪs] *adj* inofensivo (va).

harmonica [hɑː'mɒnɪkə] *n* armónica *f*.

harmonize, -ise ['hɑːmənaɪz] ◇ *vi*: **to ~ (with)** armonizar (con). ◇ *vt* armonizar.

harmony ['hɑːmənɪ] *n* armonía *f*.

harness ['hɑːnɪs] ◇ *n (for horse)* arreos *mpl*, guarniciones *fpl* ◇ *vt* **1.** *(horse)* enjaezar. **2.** *(use)* aprovechar.

harp [hɑːp] *n* arpa *f*. ◆ **harp on** *vi*: **to ~ on (about sthg)** dar la matraca (con algo).

harpoon [hɑː'puːn] *n* arpón *m*.

harpsichord ['hɑːpsɪkɔːd] *n* clavicordio *m*

harrowing ['hærəuɪŋ] *adj* pavoroso(sa).

harsh [hɑːʃ] *adj* **1.** *(life, conditions, winter)* duro(ra). **2.** *(punishment, decision,* *person*) severo(ra). **3.** *(texture, taste, voice)* áspero(ra); *(light, sound)* violento (ta).

harvest ['hɑːvɪst] ◇ *n* *(gen)* cosecha *f*, pizca *f Méx*; *(of grapes)* vendimia *f*. ◇ *vt* cosechar.

has [*weak form* həz, *strong form* hæz] *3rd person sg* → **have**.

has-been *n inf pej* vieja gloria *f*.

hash [hæʃ] *n* **1.** *(meat)* picadillo *m* (de carne). **2.** *inf (mess)*: **to make a ~ of** **sthg** hacer algo fatal.

hashish ['hæʃiːʃ] *n* hachís *m*.

hasn't ['hæznt] = **has not**.

hassle ['hæsl] *inf* ◇ *n* *(U)* *(annoyance)* rollo *m*, lío *m*. ◇ *vt* dar la lata a.

haste [heɪst] *n* prisa *f*; **to do sthg in ~** hacer algo de prisa y corriendo.

hasten ['heɪsn] *fml* ◇ *vt* acelerar. ◇ *vi*: **to ~ (to do sthg)** apresurarse (a hacer algo).

hastily ['heɪstɪlɪ] *adv* **1.** *(quickly)* de prisa, precipitadamente. **2.** *(rashly)* a la ligera, sin reflexionar.

hasty ['heɪstɪ] *adj* **1.** *(quick)* apresurado (da), precipitado(da). **2.** *(rash)* irreflexivo(va).

hat [hæt] *n* sombrero *m*.

hatch [hætʃ] ◇ *vi* **1.** *(chick)* romper el cascarón, salir del huevo. **2.** *(egg)* romperse. ◇ *vt* **1.** *(chick, egg)* incubar. **2.** *fig (scheme, plot)* idear, tramar. ◇ *n* *(for serving food)* ventanilla *f*.

hatchback ['hætʃˌbæk] *n* coche *m* con puerta trasera.

hatchet ['hætʃɪt] *n* hacha *f*.

hatchway ['hætʃˌweɪ] *n* escotilla *f*.

hate [heɪt] ◇ *n* odio *m*. ◇ *vt* odiar; **to ~ doing sthg** odiar hacer algo.

hateful ['heɪtful] *adj* odioso(sa).

hatred ['heɪtrɪd] *n* odio *m*.

hat trick *n* (SPORT) tres tantos marcados por un jugador en el mismo partido.

haughty ['hɔːtɪ] *adj* altanero(ra), altivo(va)

haul [hɔːl] ◇ *n* **1.** *(of stolen goods)* botín *m*; *(of drugs)* alijo *m*. **2.** *(distance)*: **long ~** largo camino *m*, largo trayecto *m*. ◇ *vt* *(pull)* tirar, arrastrar.

haulage ['hɔːlɪdʒ] *n* transporte *m*.

haulier *Br* ['hɔːlɪər], **hauler** *Am* ['hɔːlər] *n* transportista *m y f*.

haunch [hɔːntʃ] *n* **1.** *(of person)* asentaderas *fpl*; **to squat on one's ~es** ponerse en cuclillas. **2.** *(of animal)* pernil *m*.

haunt [hɔːnt] ◇ *n* sitio *m* favorito ◇ *vt* **1.** *(subj: ghost)* aparecer en **2.** *(subj: memory, fear, problem)* atormentar.

have [hæv] (*pt & pp* had) ◇ *aux vb* *(to form perfect tenses)* haber; **to ~ eaten** haber comido; **he hasn't gone yet, has he?** no se habrá ido ya ¿no?; **no, he hasn't (done it)** no, no lo ha hecho; **yes, he has (done it)** sí, lo ha hecho; **I was out of breath, having run all the way** estaba sin aliento después de haber corrido todo el camino. ◇ *vt* **1.** *(possess, receive)*: **to ~ (got)** tener; **I ~ no money, I haven't got any money** no tengo dinero; **he has big hands** tiene las manos grandes; **do you ~ a car?, ~ you got a car?** ¿tienes coche? **2.** *(experience, suffer)* tener; **I had an accident** tuve un accidente; **to ~ a cold** tener un resfriado. **3.** *(referring to an action, instead of another verb)*: **to ~ a look** mirar, echar una mirada; **to ~ a swim** darse un baño, nadar; **to ~ breakfast** desayunar; **to ~ lunch** comer; **to ~ dinner** cenar; **to ~ a cigarette** fumarse un cigarro; **to ~ an operation** operarse. **4.** *(give birth to)*: **to ~ a baby** tener un niño. **5.** *(cause to be done)*: **to ~ sb do sthg** hacer que alguien haga algo; **to ~ sthg done** hacer que se haga algo; **to ~ one's hair cut** (ir a) cortarse el pelo. **6.** *(be treated in a certain way)*: **I had my car stolen** me robaron el coche. **7.** *inf (cheat)*: **you've been had** te han timado. **8.** *phr*: **to ~ had it** *(car, machine)* estar para el arrastre. ◇ *modal vb* *(be obliged)*: **to ~ (got) to do sthg** tener que hacer algo; **do you ~ to go?, ~ you got to go?** ¿tienes que irte? ◆ **have on** *vt sep* **1.** *(be wearing)* llevar (puesto). **2.** *(tease)* tomar el pelo a. **3.** *(have to do)*: **~ you got anything on on Friday?** ¿estás libre OR haces algo el viernes? ◆ **have out** *vt sep* **1.** *(have removed)*: **to ~ one's tonsils out** operarse de las amígdalas. **2.** *(discuss frankly)*: **to ~ it out with sb** poner las cuentas claras con alguien.

haven ['heɪvn] *n fig* refugio *m*, asilo *m*.

haven't ['hævnt] = **have not**.

haversack ['hævəsæk] *n* mochila *f*.

havoc ['hævək] *n* *(U)* caos *m*, estragos *mpl*; **to play ~ with** sthg causar estragos en algo.

Hawaii [hə'waɪiː] *n* Hawai.

hawk [hɔːk] *n* halcón *m*.

hawker ['hɔːkər] *n* vendedor *m*, -ra *f* ambulante

hay [heɪ] *n* heno *m*

hay fever *n* *(U)* fiebre *f* del heno.

haystack ['heɪˌstæk] *n* almiar *m*.

haywire ['heɪˌwaɪər] *adj inf*: **to go ~**

(person) volverse majara; *(plan)* liarse, embrollarse; *(computer, TV etc)* changarse.

hazard ['hæzəd] ◇ *n* riesgo *m*, peligro *m*. ◇ *vt (guess, suggestion)* aventurar.

hazardous ['hæzədəs] *adj* arriesgado (da), peligroso(sa).

hazard warning lights *npl* Br luces *fpl* de emergencia.

haze [heɪz] *n* neblina *f*.

hazel ['heɪzl] *adj* color avellana *(inv)*.

hazelnut ['heɪzl,nʌt] *n* avellana *f*.

hazy ['heɪzɪ] *adj* 1. *(misty)* neblinoso (sa). 2. *(vague)* vago(ga), confuso(sa).

he [hi:] ◇ *pers pron* él; **~'s tall/happy** es alto/feliz; HE **can't do it** ÉL no puede hacerlo; **there ~ is** allí está. ◇ *comp*: **~-goat** macho cabrío *m*.

head [hed] ◇ *n* 1. (ANAT & COMPUT) cabeza *f*; **a** OR **per ~** por persona, por cabeza; **to be soft in the ~** estar mal de la sesera; **to be off one's ~** Br, **to be out of one's ~** Am estar como una cabra; **it went to her ~** se le subió a la cabeza; **to keep/lose one's ~** no perder/perder la cabeza; **to laugh one's ~ off** reír a mandíbula batiente. 2. *(mind, brain)* talento *m*, aptitud *f*; **she has a ~ for figures** se le dan bien las cuentas. 3. *(top - gen)* cabeza *f*; *(- of bed)* cabecera *f*. 4. *(of flower)* cabezuela *f*; *(of cabbage)* cogollo *m*. 5. *(leader)* jefe *m*, -fa *f*. 6. *(head teacher)* director *m*, -ra *f* (de colegio). ◇ *vt* 1. *(procession, convoy, list)* encabezar. 2. *(organization, delegation)* dirigir. 3. (FTBL) cabecear. ◇ *vi*: **to ~ north/for home** dirigirse hacia el norte/a casa. ♦ **heads** *npl (on coin)* cara *f*; **~s or tails?** ¿cara o cruz? ♦ **head for** *vt fus* 1. *(place)* dirigirse a. 2. *fig (trouble, disaster)* ir camino a.

headache ['hedeɪk] *n* 1. (MED) dolor *m* de cabeza. 2. *fig (problem)* quebradero *m* de cabeza.

headband ['hedbænd] *n* cinta *f*, banda *f (para el pelo)*.

head boy *n* Br *(at school)* alumno delegado principal que suele representar a sus condiscípulos en actos escolares.

headdress ['hed,dres] *n* tocado *m*.

header ['hedə^r] *n* (FTBL) cabezazo *m*.

headfirst [,hed'fɜ:st] *adv* de cabeza.

head girl *n* Br *(in school)* alumna delegada principal que suele representar a sus condiscípulas en actos escolares.

heading ['hedɪŋ] *n* encabezamiento *m*.

headlamp ['hedlæmp] *n* Br faro *m*.

headland ['hedlənd] *n* cabo *m*, promontorio *m*.

headlight ['hedlaɪt] *n* faro *m*.

headline ['hedlaɪn] *n* titular *m*.

headlong ['hedlɒŋ] *adv* 1. *(headfirst)* de cabeza. 2. *(quickly, unthinkingly)* precipitadamente.

headmaster [,hed'mɑːstə^r] *n* director *m* (de colegio).

headmistress [,hed'mɪstrɪs] *n* directora *f* (de colegio).

head office *n* oficina *f* central.

head-on ◇ *adj* de frente, frontal. ◇ *adv* de frente.

headphones ['hedfəʊnz] *npl* auriculares *mpl*.

headquarters [,hed'kwɔːtəz] *npl* (oficina *f*) central *f*, sede *f*; (MIL) cuartel *m* general.

headrest ['hedrest] *n* reposacabezas *m* *inv*.

headroom ['hedrʊm] *n* (U) *(in car)* espacio *m* entre la cabeza y el techo; *(below bridge)* altura *f* libre, gálibo *m*.

headscarf ['hedskɑːf] *(pl* **-scarves** [-skɑːvz] OR **-scarfs)** *n* pañuelo *m* (para la cabeza).

headset ['hedset] *n* auriculares *mpl* con micrófono.

head start *n*: **~ (on** OR **over)** ventaja *f* (con respecto a).

headstrong ['hedstrɒŋ] *adj* obstinado (da).

head waiter *n* jefe *m* de rango OR de camareros.

headway ['hedweɪ] *n*: **to make ~** avanzar, hacer progresos

headwind ['hedwɪnd] *n* viento *m* de proa.

heady ['hedɪ] *adj* 1. *(exciting)* emocionante. 2. *(causing giddiness)* embriagador(ra).

heal [hi:l] ◇ *vt* 1. *(person)* curar, sanar; *(wound)* cicatrizar. 2. *fig (troubles, discord)* remediar. ◇ *vi* cicatrizar.

healing ['hi:lɪŋ] *n* curación *f*.

health [helθ] *n* 1. *(gen)* salud *f*; **to be in good/poor ~** estar bien/mal de salud. 2. *fig (of country, organization)* buen estado *m*.

health centre *n* centro *m* de salud.

health food *n* comida *f* dietética

health food shop *n* tienda *f* de dietética

health service *n* servicio *m* sanitario de la Seguridad Social, ≃ INSALUD *m*.

healthy ['helθɪ] *adj* 1. *(gen)* sano(na), saludable 2. *(profit)* pingüe. 3. *(attitude, respect)* natural, sano(na).

heap [hi:p] ◇ *n* montón *m*, pila *f* ◇ *vt*

(pile up): to ~ sthg (on OR onto sthg) amontonar algo (sobre algo). ◆ **heaps** *npl inf* montones *fpl*.

hear [hɪəʳ] *(pt & pp* **heard** [hɜːd]) ◇ *vt* **1.** *(gen)* oír; I ~ **(that)** me dicen que. **2.** *(JUR)* ver. ◇ *vi* **1.** *(gen)* oír; **have you heard about that job yet?** ¿sabes algo del trabajo ese?; **to ~ from sb** tener noticias de alguien. **2.** *phr:* **to have heard of** haber oído hablar de; I **won't ~ of it!** ¡de eso ni hablar!

hearing ['hɪərɪŋ] *n* **1.** *(sense)* oído *m;* **hard of ~** duro de oído **2.** *(JUR)* vista *f.*

hearing aid *n* audífono *m.*

hearsay ['hɪəseɪ] *n (U)* habladurías *fpl.*

hearse [hɜːs] *n* coche *m* fúnebre.

heart [hɑːt] *n* **1.** *(gen)* corazón *m;* **from the ~** con toda sinceridad; **to break sb's ~** romper OR partir el corazón a alguien. **2.** *(courage):* I **didn't have the ~ to tell her** no tuve valor para decírselo; **to lose ~** descorazonarse. **3.** *(centre - of issue, problem)* quid *m; (- of city etc)* centro *m; (- of lettuce)* cogollo *m.* ◆ **hearts** *npl* corazones *mpl.* ◆ **at heart** *adv* en el fondo. ◆ **by heart** *adv* de memoria.

heartache ['hɑːteɪk] *n* congoja *f.*

heart attack *n* infarto *m.*

heartbeat ['hɑːtbiːt] *n* latido *m.*

heartbroken ['hɑːt,brəʊkn] *adj* desolado(da), abatido(da).

heartburn ['hɑːtbɜːn] *n* ardor *m* de estómago.

heart failure *n* paro *m* cardíaco.

heartfelt ['hɑːtfelt] *adj* sincero(ra), de todo corazón.

hearth [hɑːθ] *n* hogar *m.*

heartless ['hɑːtlɪs] *adj* cruel

heartwarming ['hɑːt,wɔːmɪŋ] *adj* gratificante, grato(ta).

hearty ['hɑːtɪ] *adj* **1.** *(laughter)* bonachón(ona); *(welcome, congratulations, thanks)* cordial; *(person)* fuertote(ta). **2.** *(meal)* abundante; *(appetite)* bueno (na). **3.** *(dislike, distrust)* profundo(da).

heat [hiːt] ◇ *n* **1.** *(gen)* calor *m.* **2.** *(specific temperature)* temperatura *f.* **3.** *fig (pressure)* tensión *f;* **in the ~ of the moment** en el calor del momento. **4.** *(eliminating round)* serie *f,* prueba *f* eliminatoria. **5.** *(ZOOL):* **on** *Br* OR **in ~** en celo. ◇ *vt* calentar. ◆ **heat up** ◇ *vt sep* calentar. ◇ *vi* calentarse.

heated ['hiːtɪd] *adj* acalorado(da).

heater ['hiːtəʳ] *n* calentador *m.*

heath [hiːθ] *n (place)* brezal *m.*

heathen ['hiːðn] *n* pagano *m,* -na *f.*

heather ['heðəʳ] *n* brezo *m.*

heating ['hiːtɪŋ] *n* calefacción *f.*

heatstroke ['hiːtstrəʊk] *n (U)* insolación *f.*

heat wave *n* ola *f* de calor

heave [hiːv] ◇ *vt* **1.** *(pull)* tirar de, arrastrar; *(push)* empujar. **2.** *inf (throw)* tirar. ◇ *vi* **1.** *(pull)* tirar. **2.** *(rise and fall - waves)* ondular; *(- chest)* palpitar.

heaven ['hevn] *n (Paradise)* cielo *m.* ◆ **heavens** *npl:* **the ~s** *literary* los cielos; **(good) ~s!** ¡cielos!

heavenly ['hevnlɪ] *adj inf dated (delightful)* divino(na).

heavily ['hevɪlɪ] *adv* **1.** *(smoke, drink)* mucho; *(rain)* con fuerza; **~ in debt** con muchas deudas. **2.** *(solidly):* **~ built** corpulento(ta). **3.** *(breathe, sigh)* profundamente **4.** *(sit, move, fall)* pesadamente **5.** *(speak)* pesarosamente.

heavy ['hevɪ] *adj* **1.** *(gen)* pesado(da); *(solid)* sólido(da); **~ build** corpulencia *f;* **how ~ is it?** ¿cuánto pesa? **2.** *(traffic, rain, fighting)* intenso(sa); **to be a ~ smoker/drinker** ser un fumador/ bebedor empedernido. **3.** *(soil, mixture)* denso(sa). **4.** *(blow)* duro(ra). **5.** *(busy - schedule, day)* apretado(da). **6.** *(work)* duro(ra). **7.** *(weather, air, day)* cargado(da).

heavy cream *n Am* nata *f* para montar.

heavy goods vehicle *n Br* vehículo *m* (de transporte) pesado.

heavyweight ['hevɪweɪt] (SPORT) ◇ *adj* de los pesos pesados. ◇ *n* peso *m* pesado.

Hebrew ['hiːbruː] ◇ *adj* hebreo(a). ◇ *n* **1.** *(person)* hebreo *m,* -a *f.* **2.** *(language)* hebreo *m.*

Hebrides ['hebrɪdiːz] *npl:* **the ~** las Hébridas.

heck [hek] *excl:* **what/where/why the ~ ...?** ¡qué/dónde/por qué demonios ..?; **a ~ of a lot of** la mar de.

heckle ['hekl] *vt & vi* interrumpir con exabruptos.

hectic ['hektɪk] *adj* ajetreado(da).

he'd [hiːd] = **he had, he would.**

hedge [hedʒ] ◇ *n* seto *m.* ◇ *vi (prevaricate)* contestar con evasivas.

hedgehog ['hedʒhɒg] *n* erizo *m.*

heed [hiːd] ◇ *n:* **to take ~ of sthg** tener algo en cuenta. ◇ *vt fml* tener en cuenta.

heedless ['hiːdlɪs] *adj:* **to be ~ of sthg** no hacer caso de algo.

heel [hiːl] *n* **1.** *(of foot)* talón *m.* **2.** *(of* *shoe)* tacón *m,* taco *m CSur.*

hefty ['heftɪ] *adj inf* **1.** *(person)* fornido (da). **2.** *(salary, fee, fine)* considerable, importante.

heifer ['hefər] *n* vaquilla *f.*

height [haɪt] *n* **1.** *(gen)* altura *f; (of person)* estatura *f;* **5 metres in ~** 5 metros de altura; **what ~ is it/are you?** ¿cuánto mide/mides? **2.** *(zenith)*: **the ~ of** *(gen)* el punto álgido de; *(ignorance, bad taste)* el colmo de.

heighten ['haɪtn] ◇ *vt* intensificar, aumentar. ◇ *vi* intensificarse, aumentar.

heir [eər] *n* heredero *m.*

heiress ['eərɪs] *n* heredera *f.*

heirloom ['eəluːm] *n* reliquia *f* de familia.

heist [haɪst] *n inf* golpe *m,* robo *m.*

held [held] *pt & pp* → **hold.**

helicopter ['helɪkɒptər] *n* helicóptero *m.*

helium ['hiːljəm] *n* helio *m.*

hell [hel] ◇ *n* infierno *m;* **what/where/ why the ~ ...?** *inf* ¿qué/dónde/por qué demonios ...?; **one** OR **a ~ of a nice guy** *inf* un tipo estupendo; **to do sthg for the ~ of it** *inf* hacer algo porque sí; **to give sb ~** *inf* hacérselas pasar canutas a alguien; **go to ~!** *v inf* ¡vete al infierno! ◇ *excl* ¡hostias!

he'll [hiːl] = **he will.**

hellish ['helɪʃ] *adj inf* diabólico(ca).

hello [hə'ləu] *excl* **1.** *(as greeting)* ¡hola!; *(on phone - when answering)* ¿sí?, ¿diga? *Esp,* ¿hola? *CSur,* ¿bueno? *Méx; (- when calling)* ¡oiga! *Esp,* ¡hola! *Amer.* **2.** *(to attract attention)* ¡oiga!

helm [helm] *n lit & fig* timón *m*

helmet ['helmɪt] *n* casco *m.*

help [help] ◇ *n* **1.** *(gen)* ayuda *f;* **with the ~ of** con la ayuda de; **to be a ~** ser una ayuda; **to be of ~** ayudar **2.** *(U) (emergency aid)* socorro *m,* ayuda *f.* ◇ *vt* **1.** *(assist)*: **to ~ sb (to) do sthg/ with sthg** ayudar a alguien (a hacer algo/con algo); **can I ~ you?** *(in shop, bank)* ¿en qué puedo servirle? **2.** *(avoid)*: **I can't ~ it/feeling sad** no puedo evitarlo/evitar que me dé pena. **3.** *(with food, drink)*: **to ~ o.s. (to sthg)** servirse (algo). ◇ *vi*: **to ~ (with)** ayudar (con). ◇ *excl* ¡socorro!, ¡auxilio!

◆ **help out** ◇ *vt sep* echar una mano a. ◇ *vi* echar una mano

helper ['helpər] *n* **1.** *(gen)* ayudante *m y f.* **2.** *Am (to do housework)* mujer *f* OR señora *f* de la limpieza.

helpful ['helpful] *adj* **1.** *(willing to help)*

servicial, atento(ta). **2.** *(providing assistance)* útil.

helping ['helpɪŋ] *n* ración *f;* **would you like a second ~?** ¿quiere repetir?

helpless ['helplɪs] *adj (child)* indefenso (sa); *(look, gesture)* impotente.

helpline ['helplaɪn] *n* servicio *m* telefónico de ayuda.

Helsinki ['helsɪŋkɪ] *n* Helsinki.

hem [hem] *n* dobladillo *m* ◆ **hem in** *vt sep* rodear, cercar.

hemisphere ['hemɪ,sfɪər] *n (of earth)* hemisferio *m.*

hemline ['hemlaɪn] *n* bajo *m (de falda etc).*

hemophiliac [,hiːmə'fɪliæk] *n* hemofílico *m,* -ca *f*

hemorrhage ['hemərɪdʒ] *n* hemorragia *f.*

hemorrhoids ['hemərɔɪdz] *npl* hemorroides *fpl.*

hen [hen] *n* **1.** *(female chicken)* gallina *f.* **2.** *(female bird)* hembra *f.*

hence [hens] *adv fml* **1.** *(therefore)* por lo tanto, así pues. **2.** *(from now)*: **five years ~** de aquí a cinco años.

henceforth [,hens'fɔːθ] *adv fml* de ahora en adelante.

henchman ['hentʃmən] *(pl* **-men** [-mən]) *n pej* esbirro *m*

henpecked ['henpekt] *adj pej* calzonazos *(inv).*

hepatitis [,hepə'taɪtɪs] *n* hepatitis *f inv.*

her [hɜːr] ◇ *pers pron* **1.** *(direct - unstressed)* la; *(- stressed)* ella; *(referring to ship, car etc)* lo; **I know ~** la conozco; **I like ~** me gusta; **it's ~** es ella; **if I were OR was ~** si (yo) fuera ella; **you can't expect** HER **to do it** no esperarás que ELLA lo haga; **fill ~ up!** *(AUT)* ¡llénemelo!, ¡lléneme el depósito! **2.** *(indirect - gen)* le; *(- with other third person pronouns)* se; **he sent ~ a letter** le mandó una carta; **we spoke to ~** hablamos con ella; **I gave it to ~** se lo di. **3.** *(after prep, in comparisons etc)* ella; **I'm shorter than ~** yo soy más bajo que ella. ◇ *poss adj* su, sus *(pl);* **~ coat** su abrigo; **~ children** sus niños; **~ name is Sarah** se llama Sarah; **it wasn't** HER **fault** no fue culpa suya OR su culpa; **she washed ~ hair** se lavó el pelo.

herald ['herəld] ◇ *vt fml* **1.** *(signify, usher in)* anunciar. **2.** *(proclaim)* proclamar ◇ *n* **1.** *(messenger)* heraldo *m.* **2.** *(sign)* anuncio *m*

herb [hɜːb] *n* hierba *f (aromática o medicinal).*

herd [hɜːd] ◊ n manada f, rebaño m. ◊ vt fig (push) conducir (en grupo) bruscamente.

here [hɪəʳ] adv aquí; ~ **he is/they are** aquí está/están; ~ **it is** aquí está; ~ **is the book** aquí tienes el libro; ~ **and there** aquí y allá; ~ **are the keys** aquí tienes las llaves.

hereabouts Br [ˌhɪərəˈbauts], **hereabout** Am [ˌhɪərəˈbaut] adv por aquí.

hereafter [ˌhɪərˈɑːftəʳ] ◊ adv fml (from now on) de ahora en adelante; (later on) más tarde. ◊ n: **the** ~ el más allá, la otra vida.

hereby [ˌhɪəˈbaɪ] adv fml 1. (in documents) por la presente. 2. (when speaking): **I ~ declare you the winner** desde este momento te declaro vencedor.

hereditary [hɪˈredɪtrɪ] adj hereditario (ria).

heresy [ˈherəsɪ] n (RELIG & fig) herejía f.

herewith [ˌhɪəˈwɪð] adv fml (with letter): **please find** ~ ... le mando adjunto ...

heritage [ˈherɪtɪdʒ] n patrimonio m.

hermetically [hɜːˈmetɪklɪ] adv: ~ **sealed** cerrado(da) herméticamente.

hermit [ˈhɜːmɪt] n ermitaño m, -ña f.

hernia [ˈhɜːnjə] n hernia f de hiato OR hiatal.

hero [ˈhɪərəʊ] (pl -es) n 1. (gen) héroe m. 2. (idol) ídolo m.

heroic [hɪˈrəʊɪk] adj heroico(ca).

heroin [ˈherəʊɪn] n heroína f (droga).

heroine [ˈherəʊɪn] n heroína f.

heron [ˈherən] (pl inv OR -s) n garza f real.

herring [ˈherɪŋ] (pl inv OR -s) n arenque m.

hers [hɜːz] poss pron suyo (suya); **that money is** ~ ese dinero es suyo; **those keys are** ~ esas llaves son suyas; **it wasn't his fault, it was HERS** no fue culpa de él sino de ella; **a friend of** ~ un amigo suyo, una amiga de ella; **mine is good, but** ~ **is bad** el mío es bueno pero el suyo es malo.

herself [hɜːˈself] pron 1. (reflexive) se; (after prep) sí misma; **with** ~ consigo misma. 2. (for emphasis) ella misma; **she did it** ~ lo hizo ella sola.

he's [hiːz] = **he is, he has**.

hesitant [ˈhezɪtənt] adj 1. (unsure of oneself) indeciso(sa), inseguro(ra) 2. (faltering, slow to appear) vacilante.

hesitate [ˈhezɪteɪt] vi vacilar, dudar; **to** ~ **to do sthg** dudar en hacer algo.

hesitation [ˌhezɪˈteɪʃn] n vacilación f.

heterogeneous [ˌhetərəˈdʒiːnjəs] adj fml heterogéneo(a).

heterosexual [ˌhetərəʊˈsekʃuəl] ◊ adj heterosexual. ◊ n heterosexual m y f.

het up [het-] adj inf nervioso(sa), hecho(cha) un manojo de nervios.

hey [heɪ] excl ¡eh!, ¡oye!

heyday [ˈheɪdeɪ] n apogeo m, auge m.

HGV n abbr of **heavy goods vehicle**.

hi [haɪ] excl inf (hello) ¡hola!

hiatus [haɪˈeɪtəs] (pl -es) n fml (pause) pausa f.

hibernate [ˈhaɪbəneɪt] vi hibernar.

hiccough, hiccup [ˈhɪkʌp] ◊ n 1. (caused by wind) hipo m; **to have** ~**s** tener hipo. 2. fig (difficulty) contratiempo m. ◊ vi hipar.

hid [hɪd] pt → **hide**.

hidden [ˈhɪdn] ◊ pp → **hide**. ◊ adj oculto(ta).

hide [haɪd] (pt **hid**, pp **hidden**) ◊ vt 1. (conceal) esconder, ocultar; **to** ~ **sthg (from sb)** esconder OR ocultar algo (a alguien). 2. (cover) tapar, ocultar. ◊ vi esconderse. ◊ n 1. (animal skin) piel f. 2. (for watching birds, animals) puesto m.

hide-and-seek n escondite m.

hideaway [ˈhaɪdəweɪ] n inf escondite m.

hideous [ˈhɪdɪəs] adj horrible.

hiding [ˈhaɪdɪŋ] n 1. (concealment): **in** ~ escondido(da). 2. inf (beating): **to give sb/get a (good)** ~ darle a alguien/recibir una (buena) paliza.

hiding place n escondite m

hierarchy [ˈhaɪərɑːkɪ] n jerarquía f.

hi-fi [ˈhaɪfaɪ] n equipo m de alta fidelidad.

high [haɪ] ◊ adj 1. (gen) alto(ta); (wind) fuerte; (altitude) grande; **it's 6 metres** ~ tiene 6 metros de alto OR altura; **how** ~ **is it?** ¿cuánto mide?; **temperatures in the** ~ **20s** temperaturas cercanas a los 30 grados. 2. (ideals, principles, tone) elevado(da). 3. (high-pitched) agudo(da). 4. drug sl flipado (da). ◊ adv alto; **he threw the ball** ~ **in the air** lanzó la bola muy alto. ◊ n (highest point) punto m álgido.

highbrow [ˈhaɪbrau] adj culto(ta), intelectual.

high chair n trona f.

high-class adj (superior) de (alta) categoría.

High Court n Br tribunal m supremo.

higher [ˈhaɪəʳ] adj (exam, qualification) superior ◆ **Higher** n: **Higher (Grade)** * *en Escocia, examen realizado al final de la enseñanza secundaria.*

higher education *n* enseñanza *f* superior.

high-handed [-'hændɪd] *adj* despótico (ca), arbitrario(ria).

high jump *n* salto *m* de altura.

Highland Games ['haɪlənd-] *npl* fiesta de deportes escoceses

Highlands ['haɪləndz] *npl*: **the ~** *(of Scotland)* las Tierras Altas del Norte (de Escocia).

highlight ['haɪlaɪt] ◇ *n (of event, occasion)* punto *m* culminante. ◇ *vt* **1.** *(visually)* subrayar, marcar. **2.** *(emphasize)* destacar, resaltar. ◆ **highlights** *npl (in hair)* reflejos *mpl*.

highlighter (pen) ['haɪlaɪtəʳ-] *n* rotulador *m*, marcador *m*.

highly ['haɪlɪ] *adv* **1.** *(very, extremely)* muy, enormemente. **2.** *(in important position)*: **~ placed** en un puesto importante. **3.** *(favourably)*: **to think ~ of sb** tener a alguien en mucha estima.

highly-strung *adj* muy nervioso(sa).

Highness ['haɪnɪs] *n*: **His/Her/Your (Royal) ~** Su Alteza *f* (Real); **their (Royal) ~es** Sus Altezas (Reales).

high-pitched [-'pɪtʃt] *adj* agudo(da).

high point *n (of occasion)* momento *m* OR punto *m* culminante.

high-powered [-'pauəd] *adj* **1.** *(powerful)* de gran potencia. **2.** *(prestigious - activity, place)* prestigioso(sa); *(- person)* de altos vuelos.

high-ranking [-'ræŋkɪŋ] *adj (in army etc)* de alta graduación; *(in government)*: **~ official** alto cargo *m*.

high-rise *adj*: **~ building** edificio de muchos pisos.

high school *n* = instituto *m* de bachillerato.

high season *n* temporada *f* alta.

high street *n Br* calle *f* mayor OR principal.

high tech [-'tek] *adj* de alta tecnología.

high tide *n (of sea)* marea *f* alta.

highway ['haɪweɪ] *n* **1.** *Am (main road between cities)* autopista *f*. **2.** *Br (any main road)* carretera *f*.

Highway Code *n Br*: **the ~** el código de la circulación.

hijack ['haɪdʒæk] *vt (aircraft)* secuestrar.

hijacker ['haɪdʒækəʳ] *n* secuestrador *m*, -ra *f (de un avión)*.

hike [haɪk] ◇ *n (long walk)* caminata *f*.

◇ *vi (go for walk)* ir de excursión.

hiker ['haɪkəʳ] *n* excursionista *m y f*.

hiking ['haɪkɪŋ] *n* excursionismo *m*; **to go ~** ir de excursión.

hilarious [hɪ'leərɪəs] *adj* desternillante.

hill [hɪl] *n* **1.** *(mound)* colina *f*. **2.** *(slope)* cuesta *f*.

hillside ['hɪlsaɪd] *n* ladera *f*.

hilly ['hɪlɪ] *adj* montañoso(sa).

hilt [hɪlt] *n* puño *m*, empuñadura *f*; **to support/defend sb to the ~** apoyar/defender a alguien sin reservas.

him [hɪm] *pers pron* **1.** *(direct - unstressed)* lo, le; *(- stressed)* él; **I know ~** lo OR le conozco; **I like ~** me gusta; **it's ~** es él; **if I were** OR **was ~** si (yo) fuera él; **you can't expect HIM to do it** no esperarás que ÉL lo haga. **2.** *(indirect - gen)* le; *(- with other third person pronouns)* se; **she sent ~ a letter** le mandó una carta; **we spoke to ~** hablamos con él; **I gave it to ~** se lo di. **3.** *(after prep, in comparisons etc)* él; **I'm shorter than ~** yo soy más bajo que él.

Himalayas [ˌhɪmə'leɪəz] *npl*: **the ~** el Himalaya.

himself [hɪm'self] *pron* **1.** *(reflexive)* se; *(after prep)* sí mismo; **with ~** consigo mismo. **2.** *(for emphasis)* él mismo; **he did it ~** lo hizo él solo.

hind [haɪnd] *(pl inv OR -s)* ◇ *adj* trasero(ra), posterior. ◇ *n* cierva *f*.

hinder ['hɪndəʳ] *vt (gen)* estorbar; *(progress, talks, attempts)* entorpecer.

Hindi ['hɪndɪ] *n (language)* hindi *m*.

hindrance ['hɪndrəns] *n* **1.** *(obstacle)* obstáculo *m*, impedimento *m*; *(person)* estorbo *m*. **2.** *(U) (delay)* interrupciones *fpl*, retrasos *mpl*.

hindsight ['haɪndsaɪt] *n*: **with the benefit of ~** ahora que se sabe lo que pasó.

Hindu ['hɪnduː] *(pl -s)* ◇ *adj* hindú. ◇ *n* hindú *m y f*.

hinge [hɪndʒ] *n (on door, window)* bisagra *f*. ◆ **hinge (up)on** *vt fus (depend on)* depender de.

hint [hɪnt] ◇ *n* **1.** *(indication)* indirecta *f*; **to drop a ~** lanzar una indirecta. **2.** *(piece of advice)* consejo *m*. **3.** *(small amount, suggestion)* asomo *m*; *(of colour)* pizca *f*. ◇ *vi*: **to ~ at sthg** insinuar algo. ◇ *vt*: **to ~ that** insinuar que.

hip [hɪp] *n (ANAT)* cadera *f*.

hippie ['hɪpɪ] *n* hippy *m y f*.

hippopotamus [ˌhɪpə'pɒtəməs] *(pl -muses* OR *-mi* [-maɪ]*)* *n* hipopótamo *m*.

hippy ['hɪpɪ] = **hippie**.

hire ['haɪəʳ] ◇ n (U) (of car, equipment) alquiler m; **for ~** (taxi) libre; **boats for ~ se alquilan barcos.** ◇ vt **1.** (rent) alquilar. **2.** (employ) contratar. ◆ **hire out** vt sep (car, equipment) alquilar; (one's services) ofrecer.

hire car n Br coche m de alquiler.

hire purchase n (U) Br compra f a plazos.

his [hɪz] ◇ poss adj su, sus (pl); **~ house** su casa; **~ children** sus niños; **~ name is Joe** se llama Joe; **it wasn't HIS fault** no fue culpa suya OR su culpa; **he washed ~ hair** se lavó el pelo. ◇ poss pron suyo (suya); **that money is ~** ese dinero es suyo; **those keys are ~** esas llaves son suyas; **it wasn't her fault, it was HIS** no fue culpa de ella sino de él; **a friend of ~** un amigo suyo, un amigo de él; **mine is good, but ~ is bad** el mío es bueno pero el suyo es malo.

Hispanic [hɪ'spænɪk] ◇ adj hispánico (ca). ◇ n hispano m, -na f.

hiss [hɪs] ◇ n **1.** (of person) bisbiseo m, siseo m. **2.** (of steam, gas, snake) silbido m. ◇ vi **1.** (person) bisbisear, sisear; (to express disapproval) ≈ silbar, ≈ pitar. **2.** (steam, gas, snake) silbar.

historic [hɪ'stɒrɪk] adj (significant) histórico(ca).

historical [hɪ'stɒrɪkəl] adj histórico (ca).

history ['hɪstərɪ] n **1.** (gen) historia f. **2.** (past record) historial m.

hit [hɪt] (pt & pp hit) ◇ n **1.** (blow) golpe m. **2.** (successful strike) impacto m. **3.** (success) éxito m. ◇ comp de éxito ◇ vt **1.** (subj: person) pegar, golpear. **2.** (crash into) chocar contra OR con. **3.** (reach) alcanzar, llegar a; (bull's-eye) dar en. **4.** (affect badly) afectar. **5.** phr: **to ~ it off (with sb)** hacer buenas migas (con alguien).

hit-and-miss = **hit-or-miss**.

hit-and-run adj (driver) que se da a la fuga después de causar un accidente.

hitch [hɪtʃ] ◇ n (problem, snag) obstáculo m, pega f. ◇ vt **1.** (catch): **to ~ a lift** conseguir que le lleven en coche a uno. **2.** (fasten): **to ~ sthg on** OR **onto sthg** enganchar algo a algo. ◇ vi (hitchhike) hacer autoestop. ◆ **hitch up** vt sep (clothes) subirse.

hitchhike ['hɪtʃhaɪk] vi hacer autoestop.

hitchhiker ['hɪtʃhaɪkəʳ] n autoestopista m y f.

hi-tech [,haɪ'tek] = **high tech**.

hitherto [,hɪðə'tuː] adv fml hasta ahora.

hit-or-miss adj azaroso(sa).

HIV (abbr of **human immunodeficiency virus**) n VIH m, HIV m; **to be ~-positive** ser seropositivo.

hive [haɪv] n (for bees) colmena f; **a ~ of activity** un enjambre, un centro de actividad. ◆ **hive off** vt sep (separate) transferir.

HNC (abbr of **Higher National Certificate**) n diploma técnico en Gran Bretaña.

HND (abbr of **Higher National Diploma**) n diploma técnico superior en Gran Bretaña

hoard [hɔːd] ◇ n (store) acopio m. ◇ vt (collect, save) acumular; (food) acaparar.

hoarding ['hɔːdɪŋ] n Br (for advertisements, posters) valla f publicitaria.

hoarfrost ['hɔːfrɒst] n escarcha f.

hoarse [hɔːs] adj **1.** (voice) ronco(ca). **2.** (person) afónico(ca).

hoax [həʊks] n engaño m; **~ call** falsa alarma telefónica.

hob [hɒb] n Br (on cooker) encimera f.

hobble ['hɒbl] vi (limp) cojear.

hobby ['hɒbɪ] n (leisure activity) hobby m, distracción f favorita.

hobbyhorse ['hɒbɪhɔːs] n **1.** (toy) caballo m de juguete. **2.** (favourite topic) caballo m de batalla.

hobo ['həʊbəʊ] (pl **-es** OR **-s**) n Am (tramp) vagabundo m, -da f.

hockey ['hɒkɪ] n **1.** (on grass) hockey m sobre hierba. **2.** Am (ice hockey) hockey m sobre hielo.

hoe [həʊ] ◇ n azada f. ◇ vt azadonar.

hog [hɒg] ◇ n cerdo m; **to go the whole ~** fig ir a por todas. ◇ vt inf (monopolize) acaparar.

Hogmanay ['hɒgmənei] n denominación escocesa de la Nochevieja.

hoist [hɔɪst] ◇ n (pulley, crane) grúa f; (lift) montacargas m inv. ◇ vt izar.

hold [həʊld] (pt & pp held) ◇ vt **1.** (have hold of) tener cogido(da). **2.** (embrace) abrazar. **3.** (keep in position, sustain, support) sostener, aguantar. **4.** (as prisoner) detener; **to ~ sb prisoner/hostage** tener a alguien como prisionero/rehén. **5.** (have, possess) poseer. **6.** (contain - gen) contener; (- fears, promise etc) guardar; (- number of people) tener cabida para. **7.** (conduct, stage - event) celebrar; (- conversation) mantener. **8.** fml (consider) considerar; **to ~ sb responsible**

for sthg considerar a alguien responsable de algo. **9.** *(on telephone)*: **please ~ the line** no cuelgue por favor. **10.** *(maintain - interest etc)* mantener. **11.** (MIL) ocupar, tener. **12.** *phr*: **~ it OR everything!** ¡para!, ¡espera!; **to ~ one's own** defenderse. ◇ *vi* **1.** *(luck, weather)* continuar así; *(promise, offer)* seguir en pie; **to ~ still** OR **steady** estarse quieto. **2.** *(on phone)* esperar. ◇ *n* **1.** *(grasp, grip)*: **to have a firm ~ on sthg** tener algo bien agarrado; **to take** OR **lay ~ of sthg** agarrar algo; **to get ~ of sthg** *(obtain)* hacerse con algo; **to get ~ of sb** *(find)* localizar a alguien. **2.** *(of ship, aircraft)* bodega *f*. **3.** *(control, influence)* dominio *m*.
♦ **hold back** *vt sep* **1.** *(tears, anger)* contener, reprimir. **2.** *(secret)* ocultar.
♦ **hold down** *vt sep (job)* conservar.
♦ **hold off** *vt sep (fend off)* mantener a distancia. ♦ **hold on** *vi* **1.** *(wait)* esperar; *(on phone)* no colgar. **2.** *(grip)*: **to ~ on (to sthg)** agarrarse (a algo).
♦ **hold out** ◇ *vt sep (hand, arms)* extender, tender. ◇ *vi* **1.** *(last)* durar. **2.** *(resist)*: **to ~ out (against sthg/sb)** resistir (ante algo/a alguien). ♦ **hold up** *vt sep* **1.** *(raise)* levantar, alzar. **2.** *(delay)* retrasar.

holdall ['hǝʊldɔːl] *n* Br bolsa *f* de viaje.

holder ['hǝʊldǝ^r] *n* **1.** *(container)* soporte *m*; *(for candle)* candelero *m*; *(for cigarette)* boquilla *f*. **2.** *(owner)* titular *m* y *f*; *(of ticket, record, title)* poseedor *m*, -ra *f*.

holding ['hǝʊldɪŋ] *n* **1.** *(investment)* participación *f*, acciones *fpl*. **2.** *(farm)* propiedad *f*, terreno *m* de cultivo.

holdup ['hǝʊldʌp] *n* **1.** *(robbery)* atraco *m* a mano armada **2.** *(delay)* retraso *m*.

hole [hǝʊl] *n* **1.** *(gen)* agujero *m*; *(in ground, road etc)* hoyo *m*. **2.** *(in golf)* hoyo *m*. **3.** *(horrible place)* cuchitril *m*.

holiday ['hɒlɪdeɪ] *n* **1.** *(vacation)* vacaciones *fpl*; **to be/go on ~** estar/ir de vacaciones. **2.** *(public holiday)* fiesta *f*, día *m* festivo.

holiday camp *n* Br colonia *f* veraniega.

holidaymaker ['hɒlɪdeɪ,meɪkǝ^r] *n* Br turista *m* y *f*.

holiday pay *n* Br sueldo *m* de vacaciones.

holiday resort *n* Br lugar *m* de veraneo.

holistic [hǝʊ'lɪstɪk] *adj* holístico(ca).

Holland ['hɒlǝnd] *n* Holanda.

holler ['hɒlǝ^r] *vt & vi inf* gritar.

hollow ['hɒlǝʊ] ◇ *adj* **1.** *(not solid)* hueco(ca). **2.** *(cheeks, eyes)* hundido(da). **3.** *(resonant)* sonoro(ra), resonante. **4.** *(false, meaningless)* vano(na); *(laugh)* falso(sa). ◇ *n* hueco *m*; *(in ground)* depresión *f*, hondonada *f*.
♦ **hollow out** *vt sep* **1.** *(make hollow)* dejar hueco. **2.** *(make by hollowing)* hacer ahuecando.

holly ['hɒlɪ] *n* acebo *m*.

holocaust ['hɒlǝkɔːst] *n* holocausto *m*.
♦ **Holocaust** *n*: **the Holocaust** el Holocausto.

holster ['hǝʊlstǝ^r] *n* pistolera *f*.

holy ['hǝʊlɪ] *adj* **1.** *(sacred)* sagrado(da); *(water)* bendito(ta). **2.** *(pure and good)* santo(ta).

Holy Ghost *n*: **the ~** el Espíritu Santo.

Holy Spirit *n*: **the ~** el Espíritu Santo.

homage ['hɒmɪdʒ] *n* (U) *fml* homenaje *m*; **to pay ~ to** rendir homenaje a.

home [hǝʊm] ◇ *n* **1.** *(house, flat)* casa *f*; **to make one's ~ somewhere** establecerse en algún sitio. **2.** *(own country)* tierra *f*; *(own city)* ciudad *f* natal. **3.** *(family)* hogar *m*; **to leave ~** independizarse, irse de casa. **4.** *(place of origin)* cuna *f* **5.** *(institution)* asilo *m*. ◇ *adj* **1.** *(not foreign)* nacional. **2.** *(in one's own home - cooking)* casero(ra); *(- life)* familiar; *(- improvements)* en la casa **3.** (SPORT) de casa. ◇ *adv (to one's house)* a casa; *(at one's house)* en casa.
♦ **at home** *adv* **1.** *(in one's house, flat)* en casa. **2.** *(comfortable)*: **at ~ (with)** a gusto (con); **to make o.s. at ~** acomodarse. **3.** *(in one's own country)* en mi país.

home address *n* domicilio *m* particular.

home brew *n* (U) *(beer)* cerveza *f* casera

home computer *n* ordenador *m* personal.

Home Counties *npl*: **the ~** los condados de los alrededores de Londres

home economics *n* (U) economía *f* doméstica.

home help *n* Br asistente empleado por el ayuntamiento para ayudar en las tareas domésticas a enfermos y ancianos.

homeland ['hǝʊmlænd] *n* **1.** *(country of birth)* tierra *f* natal, patria *f*. **2.** *(in South Africa)* territorio donde se confina a la población negra.

homeless ['hǝʊmlɪs] *adj* sin hogar.

homely ['hǝʊmlɪ] *adj* **1.** *(simple)* sencillo(lla). **2.** *(unattractive)* feúcho(cha).

homemade [ˌhəʊmˈmeɪd] *adj (clothes)* de fabricación casera; *(food)* casero (ra).

Home Office *n Br*: the ~ el Ministerio del Interior británico

homeopathy [ˌhəʊmɪˈɒpəθɪ] *n* homeopatía *f*

home page *n (on Internet)* página *f* inicial OR de inicio

Home Secretary *n Br*: the ~ el Ministro del Interior británico

homesick [ˈhəʊmsɪk] *adj* nostálgico (ca); **to be ~** tener morriña.

hometown [ˈhəʊmtaʊn] *n* pueblo *m*/ ciudad *f* natal.

homeward [ˈhəʊmwəd] ◇ *adj* de regreso OR vuelta (a casa). ◇ *adv* = **homewards**.

homewards [ˈhəʊmwədz] *adv* hacia casa.

homework [ˈhəʊmwɜːk] *n (U) lit & fig* deberes *mpl*.

homey, homy [ˈhəʊmɪ] *adj Am* confortable, agradable.

homicide [ˈhɒmɪsaɪd] *n fml* homicidio *m*.

homoeopathy [ˌhəʊmɪˈɒpəθɪ] *etc* = **homeopathy** *etc*.

homogeneous [ˌhɒməˈdʒiːnjəs] *adj* homogéneo(a).

homosexual [ˌhɒməˈseksʊəl] ◇ *adj* homosexual. ◇ *n* homosexual *m y f*.

homy = **homey**.

Honduran [hɒnˈdjʊərən] ◇ *adj* hondureño(ña) ◇ *n* hondureño *m*, -ña *f*.

Honduras [hɒnˈdjʊərəs] *n* Honduras.

hone [həʊn] *vt* 1. *(sharpen)* afilar. 2. *(develop, refine)* afinar.

honest [ˈɒnɪst] ◇ *adj* 1. *(trustworthy, legal)* honrado(da). 2. *(frank)* franco (ca), sincero(ra); **to be ~** ... si he de serte franco .. ◇ *adv inf* = **honestly** 2.

honestly [ˈɒnɪstlɪ] ◇ *adv* 1. *(truthfully)* honradamente. 2. *(expressing sincerity)* de verdad, en serio. ◇ *excl (expressing impatience, disapproval)* ¡será posible!

honesty [ˈɒnɪstɪ] *n* honradez *f*.

honey [ˈhʌnɪ] *n* 1. *(food)* miel *f*. 2. *(form of address)* cielo *m*, mi vida *f*.

honeycomb [ˈhʌnɪkəʊm] *n* panal *m*.

honeymoon [ˈhʌnɪmuːn] *n* luna *f* de miel; *fig* periodo *m* idílico.

honeysuckle [ˈhʌnɪˌsʌkl] *n* madreselva *f*.

Hong Kong [ˌhɒŋˈkɒŋ] *n* Hong Kong.

honk [hɒŋk] ◇ *vi* 1. *(motorist)* tocar el claxon 2. *(goose)* graznar. ◇ *vt* tocar.

honor *Am etc* = **honour** *etc*.

honorary [*Br* ˈɒnərərɪ, *Am* ɒnəˈreərɪ] *adj* 1. *(given as an honour)* honorario(ria). 2. *(unpaid)* honorífico(ca).

honour *Br*, **honor** *Am* [ˈɒnəʳ] ◇ *n* 1. *(gen)* honor *m*, honra *f*; **in ~ of** en honor de. 2. *(source of pride - person)* honra *f*. ◇ *vt* 1. *(promise, agreement)* cumplir; *(debt)* satisfacer; *(cheque)* pagar, aceptar. 2. *fml (bring honour to)* honrar. ◆ **honours** *npl* 1. *(tokens of respect)* honores *mpl*. 2. *Br* (UNIV): **~s degree** licenciatura de cuatro años necesaria para acceder a un máster.

honourable *Br*, **honorable** *Am* [ˈɒnərəbl] *adj* 1. *(proper)* honroso(sa). 2. *(morally upright)* honorable.

hood [hʊd] *n* 1. *(on cloak, jacket)* capucha *f*. 2. *(of pram, convertible car)* capota *f*; *(of cooker)* campana *f*. 3. *Am (car bonnet)* capó *m*.

hoodlum [ˈhuːdləm] *n Am inf* matón *m*.

hoof [huːf, hʊf] *(pl -s* OR **hooves)** *n (of horse)* casco *m*; *(of cow etc)* pezuña *f*.

hook [hʊk] ◇ *n* 1. *(gen)* gancho *m*; **off the ~** *(phone)* descolgado(da). 2. *(for catching fish)* anzuelo *m*. 3. *(fastener)* corchete *m*. ◇ *vt* 1. *(attach with hook)* enganchar. 2. *(fish)* pescar, coger ◆ **hook up** *vt sep*: **to ~ sthg up to sthg** conectar algo a algo.

hooked [hʊkt] *adj* 1. *(nose)* aguileño (ña). 2. *inf (addicted)*: **to be ~ (on)** estar enganchado(da) (a)

hook(e)y [ˈhʊkɪ] *n Am inf*: **to play ~** hacer pellas OR novillos

hooligan [ˈhuːlɪgən] *n* gamberro *m*.

hoop [huːp] *n* aro *m*.

hooray [hʊˈreɪ] = **hurray**.

hoot [huːt] ◇ *n* 1. *(of owl)* grito *m*, ululato *m*. 2. *(of horn)* bocinazo *m*. ◇ *vi* 1. *(owl)* ulular. 2. *(horn)* sonar ◇ *vt* tocar.

hooter [ˈhuːtəʳ] *n (horn)* claxon *m*, bocina *f*.

Hoover® [ˈhuːvəʳ] *n Br* aspiradora *f*. ◆ **hoover** *vt* pasar la aspiradora por.

hooves [huːvz] *pl* → **hoof**.

hop [hɒp] *vi* 1. *(person)* saltar a la pata coja. 2. *(bird etc)* dar saltitos. 3. *inf (move nimbly)* ponerse de un brinco ◆ **hops** *npl* lúpulo *m*.

hope [həʊp] ◇ *vi*: **to ~ (for sthg)** esperar (algo); **I ~ so/not** espero que sí/no. ◇ *vt*: **to ~ (that)** esperar que; **~ to do sthg** esperar hacer algo. ◇ *n* esperanza *f*; **in the ~ of** con la esperanza de.

hopeful [ˈhəʊpfʊl] *adj* 1. *(optimistic)* optimista; **to be ~ of sthg/of doing**

sthg tener esperanzas de algo/hacer algo. 2. *(promising)* prometedor(ra).

hopefully ['həʊpfəlɪ] *adv* 1. *(in a hopeful way)* esperanzadamente. 2. *(with luck)* con suerte.

hopeless ['həʊplɪs] *adj* 1. *(despairing)* desesperado(da). 2. *(impossible)* imposible. 3. *inf (useless)* inútil.

hopelessly ['həʊplɪslɪ] *adv* 1. *(despairingly)* desesperadamente. 2. *(completely)* totalmente.

horizon [hə'raɪzn] *n (of sky)* horizonte *m*; **on the ~** en el horizonte; *fig* a la vuelta de la esquina.

horizontal [,hɒrɪ'zɒntl] *adj* horizontal.

hormone ['hɔːməʊn] *n* hormona *f*

horn [hɔːn] *n* 1. *(of animal)* cuerno *m*. 2. (MUS) *(instrument)* trompa *f*. 3. *(on car)* claxon *m*, bocina *f*; *(on ship)* sirena *f*.

hornet ['hɔːnɪt] *n* avispón *m*.

horny ['hɔːnɪ] *adj* 1. *(scale, body, armour)* córneo(a); *(hand)* calloso(sa). 2. *v inf (sexually excited)* cachondo(da), caliente.

horoscope ['hɒrəskəʊp] *n* horóscopo *m*.

horrendous [hɒ'rendəs] *adj* horrendo (da).

horrible ['hɒrəbl] *adj* horrible.

horrid ['hɒrɪd] *adj (person)* antipático (ca); *(idea, place)* horroroso(sa).

horrific [hɒ'rɪfɪk] *adj* horrendo(da).

horrify ['hɒrɪfaɪ] *vt* horrorizar

horror ['hɒrər] *n* horror *m*.

horror film *n* película *f* de terror OR de miedo.

hors d'oeuvre [ɔː'dɜːvr] *(pl hors d'oeuvres* [ɔː'dɜːvr]*) n* entremeses *mpl*.

horse [hɔːs] *n (animal)* caballo *m*.

horseback ['hɔːsbæk] ◊ *adj*: **~ riding** equitación *f*. ◊ *n*: **on ~** a caballo.

horse chestnut *n (nut)* castaña *f* de Indias; **~ (tree)** castaño *m* de Indias.

horseman ['hɔːsmən] *(pl* -men [-mən]*) n* jinete *m*.

horsepower ['hɔːs,paʊər] *n (U)* caballos *mpl* de vapor.

horse racing *n (U)* carreras *fpl* de caballos.

horseradish ['hɔːs,rædɪʃ] *n* rábano *m* silvestre.

horse riding *n* equitación *f*; **to go ~** montar a caballo.

horseshoe ['hɔːsʃuː] *n* herradura *f*.

horsewoman ['hɔːs,wʊmən] *(pl* -women [-,wɪmɪn]*) n* amazona *f*.

horticulture ['hɔːtɪkʌltʃər] *n* horticultura *f*.

hose [həʊz] *n (hosepipe)* manguera *f*.

hosepipe ['həʊzpaɪp] = **hose**.

hosiery ['həʊzɪərɪ] *n (U)* medias *fpl* y calcetines.

hospice ['hɒspɪs] *n* hospicio *m*.

hospitable [hɒ'spɪtəbl] *adj* hospitalario(ria).

hospital ['hɒspɪtl] *n* hospital *m*.

hospitality [,hɒspɪ'tælətɪ] *n* hospitalidad *f*.

host [həʊst] ◊ *n* 1. *(person, place, organization)* anfitrión *m*, -ona *f*. 2. *(compère)* presentador *m*, -ra *f*. 3. *literary (large number)*: **a ~ of** una multitud de. 4. (RELIG) hostia *f*. ◊ *vt (show)* presentar; *(event)* ser el anfitrión de.

hostage ['hɒstɪdʒ] *n* rehén *m*.

hostel ['hɒstl] *n* albergue *m*.

hostess ['həʊstes] *n* 1. *(at party)* anfitriona *f*. 2. *(in club etc)* chica *f* de alterne.

hostile [*Br* 'hɒstaɪl, *Am* 'hɒstl] *adj* 1. *(antagonistic, enemy)*: **~ (to)** hostil (hacia). 2. *(unfavourable)* adverso(sa).

hostility [hɒ'stɪlətɪ] *n (antagonism)* hostilidad *f*. ♦ **hostilities** *npl* hostilidades *fpl*.

hot [hɒt] *adj* 1. *(gen)* caliente; **I'm ~** tengo calor. 2. *(weather, climate)* caluroso(sa); **it's (very) ~** hace (mucho) calor. 3. *(spicy)* picante, picoso(sa) *Méx*. 4. *inf (expert)*: **~ on** OR **at** experto(ta) en 5. *(recent)* caliente, último (ma). 6. *(temper)* vivo(va).

hot-air balloon *n* aeróstato *m*, globo *m*.

hotbed ['hɒtbed] *n* semillero *m*.

hot-cross bun *n* bollo *a base de especias y pasas con una cruz dibujada en una cara que se come en Semana Santa*.

hot dog *n* perrito *m* caliente

hotel [həʊ'tel] *n* hotel *m*.

hot flush *Br*, **hot flash** *Am n* sofoco *m*.

hotfoot ['hɒt,fʊt] *adv literary* presto.

hotheaded [,hɒt'hedɪd] *adj* irreflexivo (va).

hothouse ['hɒthaʊs, *pl* -haʊzɪz] *n (greenhouse)* invernadero *m*

hot line *n* teléfono *m* rojo.

hotly ['hɒtlɪ] *adv* 1. *(passionately)* acaloradamente. 2. *(closely)*: **we were ~ pursued** nos pisaban los talones.

hotplate ['hɒtpleɪt] *n* calentador *m*, fuego *m*.

hot-tempered *adj* iracundo(da).

hot-water bottle *n* bolsa *f* de agua caliente

hound [haʊnd] ◊ *n (dog)* perro *m* de

caza, sabueso *m*. ◊ *vt* **1.** *(persecute)* acosar. **2.** *(drive)*: **to ~ sb out (of somewhere)** conseguir echar a alguien (de algún sitio) acosándolo.

hour ['auə^r] *n* **1.** *(gen)* hora *f*; **half an ~** media hora; **70 miles per** OR **an ~** 70 millas por hora; **on the ~** a la hora en punto cada hora. **2.** *literary (important time)* momento *m*. ◆ **hours** *npl* **1.** *(of business)* horas *fpl*. **2.** *(of person - routine)* horario *m*.

hourly ['auəlɪ] ◊ *adj* **1.** *(happening every hour)* de hora en hora, cada hora. **2.** *(per hour)* por hora. ◊ *adv* **1.** *(every hour)* cada hora. **2.** *(per hour)* por hora.

house [*n & adj* haus, *pl* 'hauzɪz, *vb* hauz] ◊ *n* **1.** *(gen)* casa *f*; **it's on the ~** la casa invita, es cortesía de la casa. **2.** (POL) cámara *f*. **3.** *(in theatre)* audiencia *f*; **to bring the ~ down** *inf* ser un exitazo, ser muy aplaudido ◊ *vt* *(person, family)* alojar; *(department, library, office)* albergar ◊ *adj* **1.** *(within business)* de la empresa. **2.** *(wine)* de la casa.

house arrest *n*: **under ~** bajo arresto domiciliario.

houseboat ['hausbəut] *n* casa *f* flotante

housebreaking ['haus,breɪkɪŋ] *n* allanamiento *m* de morada.

housecoat ['hauskəut] *n* bata *f*.

household ['haushəuld] ◊ *adj* **1.** *(domestic)* doméstico(ca), de la casa. **2.** *(word, name)* conocido(da) por todos. ◊ *n* hogar *m*, casa *f*.

housekeeper ['haus,ki:pə^r] *n* ama *f* de llaves.

housekeeping ['haus,ki:pɪŋ] *n* (U) **1.** *(work)* quehaceres *mpl* domésticos. **2.** **~ (money)** dinero *m* para los gastos de la casa.

house music *n* música *f* ácida OR house.

House of Commons *n* Br: **the ~** la Cámara de los Comunes.

House of Lords *n* Br: **the ~** la Cámara de los Lores.

House of Representatives *n* Am: **the ~** la Cámara de los Representantes.

houseplant ['hausplɑ:nt] *n* planta *f* interior.

Houses of Parliament *n*: **the ~** el Parlamento británico.

housewarming (party) ['haus,wɔ:mɪŋ-] *n* fiesta *f* de inauguración de una casa.

housewife ['hauswaɪf] (*pl* **-wives** [-waɪvz]) *n* ama *f* de casa.

housework ['hauswɜ:k] *n* (U) quehaceres *mpl* domésticos.

housing ['hauzɪŋ] *n* *(houses)* vivienda *f*; *(act of accommodating)* alojamiento *m*.

housing association *n* Br cooperativa *f* de viviendas.

housing benefit *n* (U) subsidio estatal para ayudar con el pago del alquiler y otros gastos.

housing estate Br, **housing project** Am *n* urbanización generalmente de protección oficial, = fraccionamiento *m* Amer.

hovel ['hɒvl] *n* casucha *f*, tugurio *m*.

hover ['hɒvə^r] *vi* *(fly)* cernerse.

hovercraft ['hɒvəkrɑ:ft] (*pl inv* OR **-s**) *n* aerodeslizador *m*.

how [hau] *adv* **1.** *(gen)* cómo; **~ do you do it?** ¿cómo se hace?; **I found out ~ he did it** averigüé cómo lo hizo; **~ are you?** ¿cómo estás?; **~ do you do?** mucho gusto. **2.** *(referring to degree, amount)*: **~ high is it?** ¿cuánto mide de alto OR de altura?; **he asked ~ high it was** preguntó cuánto medía de alto; **~ expensive is it?** ¿cómo de caro es?, ¿es muy caro?; **~ long have you been waiting?** ¿cuánto llevas esperando?; **~ many people came?** ¿cuánta gente vino?; **~ old are you?** ¿qué edad OR cuántos años tienes? **3.** *(in exclamations)* qué; **~ nice/awful!** ¡qué bonito/horrible!; **~ I hate doing it!** ¡cómo OR cuánto odio tener que hacerlo! ◆ **how about** *adv*: **~ about a drink?** ¿qué tal una copa?; **~ about you?** ¿qué te parece?, ¿y tú? ◆ **how much** ◊ *pron* cuánto(ta); **~ much does it cost?** ¿cuánto cuesta? ◊ *adj* cuánto(ta); **~ much bread?** ¿cuánto pan?

however [hau'evə^r] ◊ *adv* **1.** *(nevertheless)* sin embargo, no obstante. **2.** *(no matter how)*: **~ difficult it may be** por (muy) difícil que sea; **~ many times** OR **much I told her** por mucho que se lo dijera **3.** *(how)* cómo. ◊ *conj* comoquiera que; **~ you want** como quieras.

howl [haul] ◊ *n* **1.** *(of animal)* aullido *m*. **2.** *(of person - in pain, anger)* alarido *m*, grito *m*; *(- in laughter)* carcajada *f*. ◊ *vi* **1.** *(animal)* aullar. **2.** *(person - in pain, anger)* gritar; *(- in laughter)* reírse a carcajadas. **3.** *(wind)* bramar.

hp *(abbr of* **horsepower***)* CV *m*, cv *m*.

HP *n* **1.** Br *abbr of* **hire purchase**. **2. =** hp.

HQ *n abbr of* **headquarters**.

HTML *(abbr of* **hypertext markup**

language) *n* HTML *m*.

hub [hʌb] *n* **1.** *(of wheel)* cubo *m*. **2.** *(of activity)* centro *m*, eje *m*.

hubbub [ˈhʌbʌb] *n* alboroto *m*.

hubcap [ˈhʌbkæp] *n* tapacubos *m inv.*

huddle [ˈhʌdl] *vi* **1.** *(crouch, curl up)* acurrucarse. **2.** *(cluster)* apretarse unos contra otros, apiñarse.

hue [hju:] *n (colour)* tono *m*, matiz *m*.

huff [hʌf] *n*: **in a ~** enojado(da).

hug [hʌg] ◇ *n* abrazo *m*; **to give sb a ~** abrazar a alguien. ◇ *vt* **1.** *(embrace, hold)* abrazar. **2.** *(stay close to)* ceñirse OR ir pegado a.

huge [hju:dʒ] *adj* enorme.

hulk [hʌlk] *n* **1.** *(of ship)* casco *m* abandonado. **2.** *(person)* tiarrón *m*, -ona *f*.

hull [hʌl] *n* casco *m*.

hullo [həˈləʊ] = **hello**.

hum [hʌm] ◇ *vi* **1.** *(buzz)* zumbar. **2.** *(sing)* canturrear, tararear. **3.** *(be busy)* bullir, hervir. ◇ *vt* tararear, canturrear.

human [ˈhju:mən] ◇ *adj* humano(na). ◇ *n*: **~ (being)** (ser *m*) humano *m*.

humane [hju:ˈmeɪn] *adj* humano(na), humanitario(ria).

humanitarian [hju:ˌmænɪˈteərɪən] *adj* humanitario(ria).

humanity [hju:ˈmænətɪ] *n* humanidad *f*. **♦ humanities** *npl*: **the humanities** las humanidades.

human race *n*: **the ~** la raza humana.

human rights *npl* derechos *mpl* humanos.

humble [ˈhʌmbl] ◇ *adj* humilde. ◇ *vt fml* humillar.

humbug [ˈhʌmbʌg] *n* **1.** *(U) dated (hypocrisy)* farsa *f*, hipocresía *f*. **2.** *Br (sweet)* caramelo *m* de menta.

humdrum [ˈhʌmdrʌm] *adj* rutinario(ria), aburrido(da).

humid [ˈhju:mɪd] *adj* húmedo(da).

humidity [hju:ˈmɪdətɪ] *n* humedad *f*

humiliate [hju:ˈmɪlɪeɪt] *vt* humillar.

humiliation [hju:ˌmɪlɪˈeɪʃn] *n* humillación *f*

humility [hju:ˈmɪlətɪ] *n* humildad *f*.

humor *Am* = **humour**

humorous [ˈhju:mərəs] *adj* humorístico(ca).

humour *Br*, **humor** *Am* [ˈhju:mər] ◇ *n* **1.** *(sense of fun, mood)* humor *m*; **in good/bad ~** de buen/mal humor. **2.** *(funny side)* gracia *f*. ◇ *vt* complacer.

hump [hʌmp] *n* **1.** *(hill)* montículo *m*. **2.** *(on back)* joroba *f*, giba *f*.

humpbacked bridge [ˈhʌmpbækt-] *n* puente *m* peraltado.

hunch [hʌntʃ] ◇ *n inf* presentimiento *m*. ◇ *vt* encorvar.

hunchback [ˈhʌntʃbæk] *n* jorobado *m*, -da *f*.

hunched [hʌntʃt] *adj* encorvado(da).

hundred [ˈhʌndrəd] *num* cien; **a OR one ~** cien; **a OR one ~ and eighty** ciento ochenta; *see also* **six ♦ hundreds** *npl* centenares *mpl*.

hundredth [ˈhʌndrətθ] ◇ *num adj* centésimo(ma). ◇ *num n (fraction)* centésimo *m*; **a ~ of a second** una centésima; *see also* **sixth**.

hundredweight [ˈhʌndrədweɪt] *n (in UK)* = 50,8 *kg*; *(in US)* = 45,3 *kg*.

hung [hʌŋ] *pt & pp →* **hang**.

Hungarian [hʌŋˈgeərɪən] ◇ *adj* húngaro(ra). ◇ *n* **1.** *(person)* húngaro *m*, -ra *f*. **2.** *(language)* húngaro *m*.

Hungary [ˈhʌŋgərɪ] *n* Hungría.

hunger [ˈhʌŋgər] *n* **1.** *(for food)* hambre *f*. **2.** *literary (for change, knowledge etc)* sed *f*. **♦ hunger after, hunger for** *vt fus literary* anhelar, ansiar.

hunger strike *n* huelga *f* de hambre.

hung over *adj inf*: **to be ~** tener resaca.

hungry [ˈhʌŋgrɪ] *adj (for food)* hambriento(ta); **to be/go ~** tener/pasar hambre.

hung up *adj inf*: **to be ~ (on OR about)** estar neura (por culpa de).

hunk [hʌŋk] *n* **1.** *(large piece)* pedazo *m*, trozo *m*. **2.** *inf (attractive man)* tío *m* bueno, macizo *m*

hunt [hʌnt] ◇ *n* **1.** *(of animals, birds)* caza *f*, cacería *f*. **2.** *(for person, clue etc)* busca *f*, búsqueda *f*. ◇ *vi* **1.** *(for animals, birds)* cazar. **2.** *(for person, clue etc)*: **to ~ (for sth)** buscar (algo). ◇ *vt* **1.** *(animals, birds)* cazar. **2.** *(person)* perseguir.

hunter [ˈhʌntər] *n (of animals, birds)* cazador *m*, -ra *f*.

hunting [ˈhʌntɪŋ] *n* **1.** *(of animals)* caza *f*; **to go ~** ir de caza OR cacería. **2.** *(of foxes)* caza *f* del zorro.

hurdle [ˈhɜ:dl] ◇ *n* **1.** *(in race)* valla *f*. **2.** *(obstacle)* obstáculo *m* ◇ *vt* saltar.

hurl [hɜ:l] *vt* **1.** *(throw)* lanzar, arrojar. **2.** *(shout)* proferir, soltar.

hurray [hʊˈreɪ] *excl* ¡hurra!

hurricane [ˈhʌrɪkən] *n* huracán *m*.

hurried [ˈhʌrɪd] *adj (hasty)* apresurado(da), precipitado(da).

hurriedly [ˈhʌrɪdlɪ] *adv* apresuradamente, precipitadamente.

hurry [ˈhʌrɪ] ◇ *vt (person)* meter prisa

a; *(work, speech)* apresurar. ◇ *vi*: to ~ (to do sthg) apresurarse (a hacer algo). ◇ *n* prisa *f*; to be in a ~ tener prisa; to do sthg in a ~ hacer algo de prisa OR apresuradamente. ◆ **hurry up** *vi* darse prisa.

hurt [hɜːt] *(pt & pp* hurt) ◇ *vt* 1. *(physically - person)* hacer daño a; *(- one's leg, arm)* hacerse daño en. 2. *(emotionally)* herir. 3. *(harm)* perjudicar. ◇ *vi* 1. *(gen)* doler; **my head ~s** me duele la cabeza. 2. *(cause physical pain, do harm)* hacer daño. ◇ *adj* 1. *(injured)* herido(da). 2. *(offended)* dolido(da).

hurtful ['hɜːtful] *adj* hiriente.

hurtle ['hɜːtl] *vi*: to ~ **past** pasar como un rayo.

husband ['hʌzbənd] *n* marido *m*.

hush [hʌʃ] ◇ *n* silencio *m*. ◇ *excl* ¡silencio!, ¡a callar!

husk [hʌsk] *n (of seed, grain)* cáscara *f*.

husky ['hʌskɪ] ◇ *adj (hoarse)* ronco (ca). ◇ *n* (perro *m*) samoyedo *m*, perro *m* esquimal.

hustle ['hʌsl] ◇ *vt (hurry)* meter prisa a. ◇ *n*: ~ **(and bustle)** bullicio *m*, ajetreo *m*.

hut [hʌt] *n* 1. *(rough house)* cabaña *f*, choza *f*. 2. *(shed)* cobertizo *m*.

hutch [hʌtʃ] *n* conejera *f*.

hyacinth ['haɪəsɪnθ] *n* jacinto *m*.

hydrant ['haɪdrənt] *n* boca *f* de riego; *(for fire)* boca *f* de incendio.

hydraulic [haɪ'drɔːlɪk] *adj* hidráulico (ca).

hydroelectric [,haɪdrəʊ'lektrɪk] *adj* hidroeléctrico(ca).

hydrofoil ['haɪdrəfɔɪl] *n* embarcación *f* con hidroala.

hydrogen ['haɪdrədʒən] *n* hidrógeno *m*.

hyena [haɪ'iːnə] *n* hiena *f*.

hygiene ['haɪdʒiːn] *n* higiene *f*.

hygienic [haɪ'dʒiːnɪk] *adj* higiénico(ca).

hymn [hɪm] *n* himno *m*.

hype [haɪp] *n inf* bombo *m*, publicidad *f* exagerada.

hyperactive [,haɪpər'æktɪv] *adj* hiperactivo(va).

hypermarket ['haɪpə,mɑːkɪt] *n* hipermercado *m*.

hyphen ['haɪfn] *n* guión *m*

hypnosis [hɪp'nəʊsɪs] *n* hipnosis *f inv*.

hypnotic [hɪp'nɒtɪk] *adj* hipnótico(ca)

hypnotize, -ise ['hɪpnətaɪz] *vt* hipnotizar.

hypochondriac [,haɪpə'kɒndrɪæk] *n* hipocondríaco *m*, -ca *f*.

hypocrisy [hɪ'pɒkrəsɪ] *n* hipocresía *f*.

hypocrite ['hɪpəkrɪt] *n* hipócrita *m* y *f*.

hypocritical [,hɪpə'krɪtɪkl] *adj* hipócrita.

hypothesis [haɪ'pɒθɪsɪs] *(pl* -theses [-θɪsiːz]) *n* hipótesis *f inv*.

hypothetical [,haɪpə'θetɪkl] *adj* hipotético(ca).

hysteria [hɪs'tɪərɪə] *n* histeria *f*.

hysterical [hɪs'terɪkl] *adj* 1. *(frantic)* histérico(ca). 2. *inf (very funny)* tronchante.

hysterics [hɪs'terɪks] *npl* 1. *(panic, excitement)* histeria *f*, histerismo *m*. 2. *inf (fits of laughter)*: to be in ~ troncharse OR partirse de risa.

I

i *(pl* **i's** OR **is**), **I** *(pl* **I's** OR **Is**) [aɪ] *n (letter)* i *f*, I *f*

I [aɪ] *pers pron* yo; **I'm happy** soy feliz; **I'm leaving** me voy; **she and ~ were at college together** ella y yo fuimos juntos a la universidad; **it is ~** *fml* soy yo; **I can't do it** yo no puedo hacer esto.

ice [aɪs] ◇ *n* 1. *(frozen water)* hielo *m*. 2. *Br (ice cream)* helado *m*. 3. *(on road)* hielo transparente en el suelo. ◇ *vt* glasear, alcorzar. ◆ **ice over, ice up** *vi* helarse.

iceberg ['aɪsbɜːg] *n* iceberg *m*.

iceberg lettuce *n* lechuga *f* iceberg.

icebox ['aɪsbɒks] *n* 1. *Br (in refrigerator)* congelador *m*. 2. *Am (refrigerator)* refrigerador *m*.

ice cream *n* helado *m*.

ice cube *n* cubito *m* de hielo.

ice hockey *n* hockey *m* sobre hielo.

Iceland ['aɪslənd] *n* Islandia

Icelandic [aɪs'lændɪk] ◇ *adj* islandés (esa). ◇ *n (language)* islandés *m*.

ice lolly *n Br* polo *m*.

ice pick *n* pico *m* para el hielo.

ice rink *n* pista *f* de (patinaje sobre) hielo

ice skate *n* patín *m* de cuchilla. ◆ **ice-skate** *vi* patinar sobre hielo.

ice-skating *n* patinaje *m* sobre hielo.

icicle ['aɪsɪkl] *n* carámbano *m*.

icing ['aɪsɪŋ] *n* glaseado *m*.

icing sugar *n Br* azúcar *m* glas.

icon ['aɪkɒn] *n* (COMPUT & RELIG) icono *m*.

icy ['aɪsɪ] *adj* 1. (*gen*) helado(da). 2. *fig* (*unfriendly*) glacial.

I'd [aɪd] = **I would, I had.**

ID *n* (U) (*abbr of* **identification**) = DNI *m*.

idea [aɪ'dɪə] *n* 1. (*gen*) idea *f*; **to have no** ~ no tener ni idea; **to get the** ~ *inf* captar la idea, hacerse una idea. 2. (*intuition, feeling*) sensación *f*, impresión *f*; **to have an** ~ **(that)** ... tener la sensación de que ...

ideal [aɪ'dɪəl] ◊ *adj*: ~ **(for)** ideal (para). ◊ *n* ideal *m*.

ideally [aɪ'dɪəlɪ] *adv* 1. (*perfectly*) idealmente; (*suited*) perfectamente. 2. (*preferably*) a ser posible.

identical [aɪ'dentɪkl] *adj* idéntico(ca).

identification [aɪ,dentɪfɪ'keɪʃn] *n* 1. (*gen*): ~ **(with)** identificación *f* (con). 2. (*documentation*) documentación *f*.

identify [aɪ'dentɪfaɪ] ◊ *vt* identificar; **to** ~ **sb with sthg** relacionar a alguien con algo. ◊ *vi*: **to** ~ **with sb/sthg** identificarse con alguien/algo.

Identikit picture® [aɪ'dentɪkɪt-] *n* fotorrobot *f*.

identity [aɪ'dentətɪ] *n* identidad *f*.

identity card *n* carné *m* OR documento *m* de identidad, cédula *f* (de identidad) *CSur*.

identity parade *n* rueda *f* de identificación.

ideology [,aɪdɪ'ɒlədʒɪ] *n* ideología *f*.

idiom ['ɪdɪəm] *n* 1. (*phrase*) locución *f*, modismo *m*. 2. *fml* (*style*) lenguaje *m*.

idiomatic [,ɪdɪə'mætɪk] *adj* idiomático(ca).

idiosyncrasy [,ɪdɪə'sɪŋkrəsɪ] *n* rareza *f*, manía *f*.

idiot ['ɪdɪət] *n* (*fool*) idiota *m y f*.

idiotic [,ɪdɪ'ɒtɪk] *adj* idiota.

idle ['aɪdl] ◊ *adj* 1. (*lazy*) perezoso(sa), vago(ga). 2. (*not working - machine, factory*) parado(da); (- *person*) desocupado (da), sin trabajo. 3. (*rumour*) infundado (da); (*threat, boast*) vano(na); (*curiosity*) que no viene a cuento ◊ *vi* estar en punto muerto. ◆ **idle away** *vt sep* desperdiciar.

idol ['aɪdl] *n* ídolo *m*.

idolize, -ise ['aɪdəlaɪz] *vt* idolatrar.

idyllic [ɪ'dɪlɪk] *adj* idílico(ca).

i.e. (*abbr of* **id est**) i.e.

if [ɪf] *conj* 1. (*gen*) si; ~ **I were you** yo que tú, yo en tu lugar. 2. (*though*) aunque. ◆ **if not** *conj* por no decir. ◆ **if only** ◊ *conj* 1. (*naming a reason*) aunque sólo sea. 2. (*expressing regret*) si; ~ **only I'd been quicker!** ¡ojalá hubiera sido más rápido! ◊ *excl* ¡ojalá!

igloo ['ɪgluː] (*pl* **-s**) *n* iglú *m*.

ignite [ɪg'naɪt] ◊ *vt* encender. ◊ *vi* encenderse.

ignition [ɪg'nɪʃn] *n* 1. (*act of igniting*) ignición *f*. 2. (*in car*) encendido *m*; **to switch on the** ~ arrancar (el motor).

ignition key *n* llave *f* de contacto.

ignorance ['ɪgnərəns] *n* ignorancia *f*.

ignorant ['ɪgnərənt] *adj* 1. (*uneducated, rude*) ignorante. 2. *fml* (*unaware*): **to be** ~ **of sthg** ignorar algo.

ignore [ɪg'nɔːʳ] *vt* (*take no notice of*) no hacer caso de, ignorar.

ilk [ɪlk] *n*: **of that** ~ (*of that sort*) de ese tipo.

ill [ɪl] ◊ *adj* 1. (*unwell*) enfermo(ma); **to feel** ~ encontrarse mal; **to be taken** OR **to fall** ~ caer OR ponerse enfermo. 2. (*bad*) malo(la). ◊ *adv* 1. (*badly*) mal. 2. *fml* (*unfavourably*): **to speak/think** ~ **of sb** hablar/pensar mal de alguien.

I'll [aɪl] = **I will, I shall.**

ill-advised [-əd'vaɪzd] *adj* (*action*) poco aconsejable; (*person*) imprudente.

ill at ease *adj* incómodo(da), violento(ta).

illegal [ɪ'liːgl] *adj* ilegal.

illegible [ɪ'ledʒəbl] *adj* ilegible.

illegitimate [,ɪlɪ'dʒɪtɪmət] *adj* ilegítimo (ma)

ill-equipped [-ɪ'kwɪpt] *adj*: **to be** ~ **to do sthg** estar mal preparado(da) para hacer algo.

ill-fated [-'feɪtɪd] *adj* desafortunado (da).

ill feeling *n* resentimiento *m*

ill health *n* mala salud *f*

illicit [ɪ'lɪsɪt] *adj* ilícito(ta).

illiteracy [ɪ'lɪtərəsɪ] *n* analfabetismo *m*.

illiterate [ɪ'lɪtərət] ◊ *adj* analfabeto (ta). ◊ *n* analfabeto *m*, -ta *f*.

illness ['ɪlnɪs] *n* enfermedad *f*

illogical [ɪ'lɒdʒɪkl] *adj* ilógico(ca)

ill-suited *adj*: ~ **(for)** poco adecuado (da) (para)

ill-timed [-'taɪmd] *adj* inoportuno(na).

ill-treat *vt* maltratar.

illuminate [ɪ'luːmɪneɪt] *vt* 1. (*light up*) iluminar. 2. (*explain*) ilustrar, aclarar.

illumination [ɪ,luːmɪ'neɪʃn] *n* (*lighting*) alumbrado *m*, iluminación *f*. ◆ **illuminations** *npl Br* iluminaciones *fpl*, alumbrado *m* decorativo.

illusion [ɪ'luːʒn] *n* 1. (*gen*) ilusión *f*; **to**

be under the ~ that creer equivocadamente que. 2. *(magic trick)* truco *m*
de ilusionismo.

illustrate ['ɪləstreɪt] *vt* ilustrar.

illustration [,ɪlə'streɪʃn] *n* ilustración
f.

illustrious [ɪ'lʌstrɪəs] *adj fml* ilustre.

ill will *n* rencor *m*, animadversión *f*.

I'm [aɪm] = **I am**.

image ['ɪmɪdʒ] *n* imagen *f*.

imagery ['ɪmɪdʒrɪ] *n (U)* imágenes *fpl*.

imaginary [ɪ'mædʒɪnrɪ] *adj* imaginario
(ria).

imagination [ɪ,mædʒɪ'neɪʃn] *n* imaginación *f*

imaginative [ɪ'mædʒɪnətɪv] *adj* imagi-
nativo(va).

imagine [ɪ'mædʒɪn] *vt* 1. *(gen)* imaginar; **~ never having to work!** ¡imagi-
na que nunca tuvieras que trabajar!; **~
(that)!** ¡imagínate! 2. *(suppose):* **to ~
(that)** imaginarse que.

imbalance [,ɪm'bæləns] *n* desequilibrio
m.

imbecile ['ɪmbɪsiːl] *n* imbécil *m y f*.

IMF *(abbr of International Monetary Fund)* *n* FMI *m*.

imitate ['ɪmɪteɪt] *vt* imitar.

imitation [,ɪmɪ'teɪʃn] ◇ *n* imitación *f*.
◇ *adj* de imitación.

immaculate [ɪ'mækjʊlət] *adj* 1. *(clean
and tidy)* inmaculado(da); *(taste)* exqui-
sito(ta). 2. *(impeccable)* impecable.

immaterial [,ɪmə'tɪərɪəl] *adj (irrelevant,
unimportant)* irrelevante.

immature [,ɪmə'tjʊər] *adj* inmaduro
(ra); *(animal)* joven.

immediate [ɪ'miːdjət] *adj* 1. *(gen)* inme-
diato(ta); **in the ~ future** en el futuro
más cercano. 2. *(family)* directo(ta).

immediately [ɪ'miːdjətlɪ] ◇ *adv* 1. *(at
once)* inmediatamente. 2. *(directly)* directamente. ◇ *conj* en cuanto.

immense [ɪ'mens] *adj* inmenso(sa).

immerse [ɪ'mɜːs] *vt* 1. *(plunge):* **to ~
sthg in sthg** sumergir algo en algo.
2. *(involve):* **to ~ o.s. in sthg** enfrascarse en algo.

immersion heater [ɪ'mɜːʃn-] *n* calentador *m* de inmersión.

immigrant ['ɪmɪgrənt] *n* inmigrante *m
y f*.

immigration [,ɪmɪ'greɪʃn] *n* inmigración *f*.

imminent ['ɪmɪnənt] *adj* inminente.

immobilize, -ise [ɪ'məʊbɪlaɪz] *vt*
inmovilizar.

immobilizer, -iser [ɪ'məʊbɪlaɪzər] *n*
(AUT) (sistema *m*) inmovilizador *m*.

immoral [ɪ'mɒrəl] *adj* inmoral.

immortal [ɪ'mɔːtl] *adj* inmortal.

immortalize, -ise [ɪ'mɔːtəlaɪz] *vt*
inmortalizar.

immovable [ɪ'muːvəbl] *adj* 1. *(fixed)*
fijo(ja), inamovible. 2. *(determined,
decided)* inconmovible, inflexible

immune [ɪ'mjuːn] *adj* 1. *(gen & MED):*
~ (to) inmune (a) 2. *(exempt):* **~
(from)** exento(ta) (de).

immunity [ɪ'mjuːnətɪ] *n* 1. *(gen &
MED):* **~ (to)** inmunidad *f* (a) 2.
(exemption): **~ (from)** exención *f* (de).

immunize, -ise ['ɪmjuːnaɪz] *vt:* **to ~
sb (against sthg)** inmunizar a alguien
(contra algo).

imp [ɪmp] *n* 1. *(creature)* duendecillo
m. 2. *(naughty child)* diablillo *m*.

impact [*n* 'ɪmpækt, *vb* ɪm'pækt] ◇ *n*
impacto *m*; **to make an ~ on** OR **upon**
causar impacto en. ◇ *vt (influence)* influenciar.

impair [ɪm'peər] *vt (sight, hearing)*
dañar, debilitar; *(ability, efficiency)* mermar; *(movement)* entorpecer.

impart [ɪm'pɑːt] *vt fml* 1. *(information):*
to ~ sthg (to sb) comunicar algo (a
alguien) 2. *(feeling, quality):* **to ~ sthg
(to sthg)** conferir algo (a algo)

impartial [ɪm'pɑːʃl] *adj* imparcial

impassable [ɪm'pɑːsəbl] *adj* intransitable, impracticable.

impasse [æm'pɑːs] *n* impasse *m*, callejón *m* sin salida.

impassive [ɪm'pæsɪv] *adj* impasible.

impatience [ɪm'peɪʃns] *n* impaciencia
f.

impatient [ɪm'peɪʃnt] *adj* impaciente;
to be ~ to do sthg estar impaciente
por hacer algo; **to be ~ for sthg** esperar algo con impaciencia.

impeccable [ɪm'pekəbl] *adj* impecable.

impede [ɪm'piːd] *vt* dificultar

impediment [ɪm'pedɪmənt] *n* 1. *(obstacle)* impedimento *m*, obstáculo *m*.
2. *(disability)* defecto *m*

impel [ɪm'pel] *vt:* **to ~ sb to do sthg**
impulsar OR impeler a alguien a hacer
algo.

impending [ɪm'pendɪŋ] *adj* inminente.

imperative [ɪm'perətɪv] ◇ *adj (essential)* apremiante. ◇ *n* imperativo *m*.

imperfect [ɪm'pɜːfɪkt] ◇ *adj (not perfect)* imperfecto(ta). ◇ *n* (GRAMM): **~
(tense)** (pretérito *m*) imperfecto *m*.

imperial [ɪm'pɪərɪəl] *adj* 1. *(of an empire or emperor)* imperial 2. *(system of
measurement):* **~ system** sistema
anglosajón de medidas.

imperialism [ɪm'pɪərɪəlɪzm] *n* imperialismo *m*.

impersonal [ɪm'pɜːsnl] *adj* impersonal.

impersonate [ɪm'pɜːsəneɪt] *vt (gen)* hacerse pasar por; (THEATRE) imitar.

impersonation [ɪm,pɜːsə'neɪʃn] *n* 1. *(pretending to be):* **charged with ~ of a policeman** acusado de hacerse pasar por policía. 2. *(impression)* imitación *f*; **to do ~s (of)** imitar (a), hacer imitaciones (de).

impertinent [ɪm'pɜːtɪnənt] *adj* impertinente, insolente.

impervious [ɪm'pɜːvjəs] *adj (not influenced):* **~ to** insensible a

impetuous [ɪm'petʃʊəs] *adj* impetuoso(sa), irreflexivo(va)

impetus ['ɪmpɪtəs] *n (U)* 1. *(momentum)* ímpetu *m*. 2. *(stimulus)* incentivo *m*, impulso *m*

impinge [ɪm'pɪndʒ] *vi:* **to ~ on sthg/ sb** afectar algo/a alguien.

implant [*n* 'ɪmplɑːnt, *vb* ɪm'plɑːnt] ◊ *n* injerto *m*. ◊ *vt* 1. *(fix - idea etc):* **to ~ sthg in** OR **into** inculcar algo en. 2. (MED): **to ~ sthg in** OR **into** implantar algo en.

implausible [ɪm'plɔːzəbl] *adj* inverosímil.

implement [*n* 'ɪmplɪmənt, *vt* 'ɪmplɪment] ◊ *n* herramienta *f*. ◊ *vt* llevar a cabo, poner en práctica.

implication [,ɪmplɪ'keɪʃn] *n* 1. *(involvement)* implicación *f*. 2. *(inference)* consecuencia *f*; **by ~** de forma indirecta.

implicit [ɪm'plɪsɪt] *adj* 1. *(gen):* **~ (in)** implícito(ta) (en). 2. *(complete - belief)* absoluto(ta); *(- faith)* incondicional.

implore [ɪm'plɔːr] *vt:* **to ~ sb (to do sthg)** suplicar a alguien (que haga algo).

imply [ɪm'plaɪ] *vt* 1. *(suggest)* insinuar, dar a entender. 2. *(involve)* implicar, suponer.

impolite [,ɪmpə'laɪt] *adj* maleducado(da), descortés

import [*n* 'ɪmpɔːt, *vt* ɪm'pɔːt] ◊ *n* 1. *(act of importing, product)* importación *f*. 2. *fml (meaning)* sentido *m*, significado *m*. ◊ *vt lit & fig* importar.

importance [ɪm'pɔːtns] *n* importancia *f*.

important [ɪm'pɔːtnt] *adj:* **~ (to)** importante (para); **it's not ~** no importa.

importer [ɪm'pɔːtər] *n* importador *m*, -ra *f*.

impose [ɪm'pəʊz] ◊ *vt:* **to ~ sthg (on)** imponer algo (a). ◊ *vi:* **to ~ (on)** abusar (de), molestar (a).

imposing [ɪm'pəʊzɪŋ] *adj* imponente, impresionante.

imposition [,ɪmpə'zɪʃn] *n* 1. *(enforcement)* imposición *f*. 2. *(cause of trouble)* molestia *f*.

impossible [ɪm'pɒsəbl] *adj* 1. *(gen)* imposible. 2. *(person, behaviour)* inaguantable, insufrible.

impostor, imposter *Am* [ɪm'pɒstər] *n* impostor *m*, -ra *f*.

impotent ['ɪmpətənt] *adj* impotente.

impound [ɪm'paʊnd] *vt* incautarse.

impoverished [ɪm'pɒvərɪʃt] *adj (country, people, imagination)* empobrecido(da).

impracticable [ɪm'præktɪkəbl] *adj* impracticable, irrealizable.

impractical [ɪm'præktɪkl] *adj* poco práctico(ca).

impregnable [ɪm'pregnəbl] *adj lit & fig* inexpugnable, impenetrable.

impregnate ['ɪmpregneɪt] *vt* 1. *(introduce substance into):* **to ~ sthg (with)** impregnar OR empapar algo (de). 2. *fml (fertilize)* fecundar.

impress [ɪm'pres] *vt* 1. *(produce admiration in)* impresionar. 2. *(stress):* **to ~ sthg on sb** hacer comprender a alguien la importancia de algo.

impression [ɪm'preʃn] *n* 1. *(gen)* impresión *f*; **to make an ~** impresionar; **to make a good/bad ~** causar una buena/mala impresión; **to be under the ~ that** tener la impresión de que. 2. *(imitation)* imitación *f*.

impressive [ɪm'presɪv] *adj* impresionante.

imprint ['ɪmprɪnt] *n* 1. *(mark)* huella *f*, impresión *f*. 2. *(publisher's name)* pie *m* de imprenta.

imprison [ɪm'prɪzn] *vt* encarcelar.

improbable [ɪm'prɒbəbl] *adj (event)* improbable; *(story, excuse)* inverosímil; *(clothes, hat)* estrafalario(ria); *(contraption)* extraño(ña).

impromptu [ɪm'prɒmptjuː] *adj* improvisado(da).

improper [ɪm'prɒpər] *adj* 1. *(unsuitable)* impropio(pia). 2. *(incorrect, illegal)* indebido(da). 3. *(rude)* indecoroso(sa).

improve [ɪm'pruːv] ◊ *vi* mejorar, mejorarse; **to ~ on** OR **upon sthg** mejorar algo. ◊ *vt* mejorar.

improvement [ɪm'pruːvmənt] *n* 1. *(gen):* **~ (in/on)** mejora *f* (en/con respecto a). 2. *(to home)* reforma *f*.

improvise [ˈɪmprəvaɪz] vt & vi improvisar.

impudent [ˈɪmpjʊdənt] adj insolente.

impulse [ˈɪmpʌls] n impulso m; on ~ sin pensar.

impulsive [ɪmˈpʌlsɪv] adj impulsivo (va), irreflexivo(va).

impunity [ɪmˈpjuːnətɪ] n: with ~ impunemente.

impurity [ɪmˈpjʊərətɪ] n impureza f.

in [ɪn] ◇ prep 1. (indicating place, position) en; ~ a box/the garden/the lake en una caja/el jardín/el lago; ~ Paris/Belgium/the country en París/Bélgica/el campo; ~ here/there aquí/allí dentro. 2. (wearing) con; she was still ~ her nightclothes todavía llevaba su vestido de noche. 3. (at a particular time): at four o'clock ~ the morning/afternoon a las cuatro de la mañana/tarde; ~ the morning por la mañana; ~ 1992/May/the spring en 1992/mayo/primavera. 4. (within) en; he learned to type ~ two weeks aprendió a escribir a máquina en dos semanas; I'll be ready ~ five minutes estoy listo en cinco minutos. 5. (during) desde hace; it's my first decent meal ~ weeks es lo primero decente que como desde hace OR en semanas. 6. (indicating situation, circumstances): ~ danger/difficulty en peligro/dificultades; ~ the sun al sol; ~ the rain bajo la lluvia; a rise ~ prices un aumento de los precios. 7. (indicating manner, condition) en; ~ a loud/soft voice en voz alta/baja; ~ pencil/ink a lápiz/bolígrafo. 8. (indicating emotional state) con; ~ anger/joy con enfado/alegría. 9. (specifying area of activity): advances ~ medicine avances en la medicina; he's ~ computers está metido en informática. 10. (with numbers - showing quantity, age): ~ large/small quantities en grandes/pequeñas cantidades; ~ (their) thousands a OR por millares; she's ~ her sixties andará por los sesenta. 11. (describing arrangement): ~ a line/circle en línea/círculo; to stand ~ twos estar en pares OR parejas. 12. (as regards) en; ~ these matters en estos temas; two metres ~ length/width dos metros de largo/ancho; a change ~ direction un cambio de dirección. 13. (in ratios): one ~ ten uno de cada diez; five pence ~ the pound cinco peniques por libra. 14. (after superl) de; the best ~ the world el mejor del mundo 15. (+ pres-

ent participle): ~ doing sthg al hacer algo. ◇ adv 1. (inside) dentro; to jump ~ saltar adentro; do come ~ pasa por favor. 2. (at home, work): is Judith ~? ¿está Judith?; I'm staying ~ tonight esta noche no salgo. 3. (of train, boat, plane): is the train ~ yet? ¿ha llegado el tren? 4. (of tide): the tide's ~ la marea está alta. 5. phr: you're ~ for a surprise te vas a llevar una sorpresa; to have it ~ for sb tenerla tomada con alguien. ◇ adj inf de moda. ◆ ins npl: the ~s and outs los detalles, los pormenores

in. abbr of **inch**.

inability [ˌɪnəˈbɪlətɪ] n: ~ (to do sthg) incapacidad f (de hacer algo).

inaccessible [ˌɪnəkˈsesəbl] adj inaccesible.

inaccurate [ɪnˈækjʊrət] adj incorrecto (ta), inexacto(ta).

inadequate [ɪnˈædɪkwət] adj 1. (insufficient) insuficiente. 2. (person) incapaz.

inadvertently [ˌɪnədˈvɜːtəntlɪ] adv sin querer, accidentalmente.

inadvisable [ˌɪnədˈvaɪzəbl] adj poco aconsejable

inane [ɪˈneɪn] adj necio(cia)

inanimate [ɪnˈænɪmət] adj inanimado (da).

inappropriate [ˌɪnəˈprəʊprɪət] adj (remark, clothing) impropio(pia); (time) inoportuno(na).

inarticulate [ˌɪnɑːˈtɪkjʊlət] adj (person) incapaz de expresarse; (speech, explanation) mal pronunciado(da) OR expresado(da).

inasmuch [ˌɪnəzˈmʌtʃ] ◆ **inasmuch as** conj en la medida en que.

inaudible [ɪˈnɔːdɪbl] adj inaudible.

inauguration [ɪˌnɔːgjʊˈreɪʃn] n 1. (of leader, president) investidura f. 2. (of building, system) inauguración f.

in-between adj intermedio(dia).

inborn [ˌɪnˈbɔːn] adj innato(ta).

inbound [ˈɪnbaʊnd] adj Am que se aproxima.

inbred [ˌɪnˈbred] adj 1. (closely related) endogámico(ca). 2. (inborn) innato(ta).

inbuilt [ˌɪnˈbɪlt] adj (in person) innato (ta); (in thing) inherente.

inc. abbr of **inclusive**) inclus.

Inc. [ɪŋk] (abbr of **incorporated**) = S.A.

incapable [ɪnˈkeɪpəbl] adj 1. (unable): to be ~ of sthg/of doing sthg ser incapaz de algo/de hacer algo. 2. (useless) incompetente

incapacitated [,ɪnkəˈpæsɪteɪtɪd] *adj* incapacitado(da).

incarcerate [ɪnˈkɑːsəreɪt] *vt fml* encarcelar.

incarnation [,ɪnkɑːˈneɪʃn] *n* **1.** *(personification)* personificación *f*. **2.** *(existence)* encarnación *f*.

incendiary device [ɪnˈsendjərɪ-] *n* artefacto *m* incendiario.

incense [*n* ˈɪnsens, *vt* ɪnˈsens] ◊ *n* incienso *m*. ◊ *vt* sulfurar, indignar.

incentive [ɪnˈsentɪv] *n* incentivo *m*.

incentive scheme *n* plan *m* de incentivos.

inception [ɪnˈsepʃn] *n fml* inicio *m*.

incessant [ɪnˈsesnt] *adj* incesante, constante.

incessantly [ɪnˈsesntlɪ] *adv* incesantemente, constantemente.

incest [ˈɪnsest] *n* incesto *m*.

inch [ɪntʃ] ◊ *n* = 2,5 cm, pulgada *f*. ◊ *vi* avanzar poco a poco.

incidence [ˈɪnsɪdəns] *n (of disease, theft)* índice *m*.

incident [ˈɪnsɪdənt] *n* incidente *m*, suceso *m*.

incidental [,ɪnsɪˈdentl] *adj* accesorio (ria).

incidentally [,ɪnsɪˈdentəlɪ] *adv* por cierto, a propósito.

incinerate [ɪnˈsɪnəreɪt] *vt* incinerar.

incipient [ɪnˈsɪpɪənt] *adj fml* incipiente.

incisive [ɪnˈsaɪsɪv] *adj (comment, person)* incisivo(va); *(mind)* penetrante.

incite [ɪnˈsaɪt] *vt* incitar, provocar; **to ~ sb to do sthg** incitar a alguien a que haga algo.

inclination [,ɪnklɪˈneɪʃn] *n* **1.** *(U) (liking, preference)* inclinación *f*, propensión *f*. **2.** *(tendency)*: ~ **to do sthg** tendencia *f* a hacer algo.

incline [*n* ˈɪnklaɪn, *vb* ɪnˈklaɪn] ◊ *n* pendiente *f*. ◊ *vt (head)* inclinar, ladear.

inclined [ɪnˈklaɪnd] *adj* **1.** *(tending)*: **to be ~ to sthg** ser propenso OR tener tendencia a algo; **to be ~ to do sthg** tener tendencia a hacer algo. **2.** *fml (wanting)*: **to be ~ to do sthg** estar dispuesto a hacer algo. **3.** *(sloping)* inclinado(da).

include [ɪnˈkluːd] *vt* **1.** *(gen)* incluir. **2.** *(with letter)* adjuntar.

included [ɪnˈkluːdɪd] *adj* incluido(da)

including [ɪnˈkluːdɪŋ] *prep* inclusive; **six died, ~ a child** seis murieron, incluido un niño.

inclusive [ɪnˈkluːsɪv] *adj* **1.** *(including everything)* inclusivo(va); **one to nine ~** uno a nueve inclusive. **2.** *(including all costs)*: ~ **of VAT** con el IVA incluido; **£150 ~** 150 libras todo incluido.

incoherent [,ɪnkəʊˈhɪərənt] *adj* incoherente, ininteligible.

income [ˈɪŋkʌm] *n (gen)* ingresos *mpl*; *(from property)* renta *f*; *(from investment)* réditos *mpl*.

income support *n (U) Br* subsidio *para personas con muy bajos ingresos o desempleados sin derecho a subsidio de paro*, ≈ salario *m* social.

income tax *n* impuesto *m* sobre la renta.

incompatible [,ɪnkəmˈpætɪbl] *adj*: ~ **(with)** incompatible (con).

incompetent [ɪnˈkɒmpɪtənt] *adj* incompetente, incapaz.

incomplete [,ɪnkəmˈpliːt] *adj* incompleto(ta).

incomprehensible [ɪn,kɒmprɪˈhensəbl] *adj* incomprensible.

inconceivable [,ɪnkənˈsiːvəbl] *adj* inconcebible.

inconclusive [,ɪnkənˈkluːsɪv] *adj (evidence, argument)* poco convincente; *(meeting, outcome)* sin conclusión clara.

incongruous [ɪnˈkɒŋgrʊəs] *adj* incongruente.

inconsequential [,ɪnkɒnsɪˈkwenʃl] *adj* intrascendente, de poca importancia.

inconsiderable [,ɪnkənˈsɪdərəbl] *adj*: **not ~** nada insignificante OR despreciable.

inconsiderate [,ɪnkənˈsɪdərət] *adj* desconsiderado(da).

inconsistency [,ɪnkənˈsɪstənsɪ] *n* **1.** *(between theory and practice)* inconsecuencia *f*; *(between statements etc)* falta *f* de correspondencia. **2.** *(contradictory point)* contradicción *f*

inconsistent [,ɪnkənˈsɪstənt] *adj* **1.** *(translation, statement)*: ~ **(with)** falto(ta) de correspondencia (con). **2.** *(group, government, person)* inconsecuente. **3.** *(erratic)* irregular, desigual.

inconspicuous [,ɪnkənˈspɪkjʊəs] *adj* discreto(ta).

inconvenience [,ɪnkənˈviːnjəns] ◊ *n* **1.** *(difficulty, discomfort)* molestia *f*, incomodidad *f*. **2.** *(inconvenient thing)* inconveniente *m*. ◊ *vt* incomodar.

inconvenient [,ɪnkənˈviːnjənt] *adj (time)* inoportuno(na); *(position)* incómodo(da); **that date is ~** esa fecha no me viene bien.

incorporate [ɪnˈkɔːpəreɪt] *vt* **1.** *(integrate)*: **to ~ sthg/sb (in), to ~ sthg/sb (into)** incorporar algo/a alguien (en).

2. *(include)* incluir, comprender.

incorporated [ɪn'kɔːpəreɪtɪd] *adj*
(COMM): ~ **company** sociedad *f* anónima.

incorrect [ˌɪnkə'rekt] *adj* incorrecto
(ta).

incorrigible [ɪn'kɒrɪdʒəbl] *adj* incorregible.

increase [*n* 'ɪnkriːs, *vb* ɪn'kriːs] ◇ *n*: ~
(in) *(gen)* aumento *m* (de); *(in price)*
subida *f* (de); **to be on the** ~ ir en
aumento. ◇ *vt* aumentar, incrementar. ◇ *vi* *(gen)* aumentar, aumentarse;
(price) subir.

increasing [ɪn'kriːsɪŋ] *adj* creciente.

increasingly [ɪn'kriːsɪŋlɪ] *adv* cada vez
más.

incredible [ɪn'kredəbl] *adj* increíble.

incredulous [ɪn'kredjʊləs] *adj* incrédulo(la).

increment ['ɪnkrɪmənt] *n* incremento
m.

incriminating [ɪn'krɪmɪneɪtɪŋ] *adj*
incriminatorio(ria).

incubator ['ɪnkjʊbeɪtər] *n* *(for baby)*
incubadora *f*.

incumbent [ɪn'kʌmbənt] *fml* ◇ *adj*: **to
be ~ on** OR **upon sb to do sthg**
incumbir a alguien hacer algo. ◇ *n*
titular *m* y *f*.

incur [ɪn'kɜːr] *vt* *(wrath, criticism)* incurrir en, atraerse; *(loss)* contraer; *(expenses)* incurrir en.

indebted [ɪn'detɪd] *adj* **1.** *(grateful)*: ~
(to) agradecido(da) (a). **2.** *(owing
money)*: ~ **(to)** en deuda (con).

indecent [ɪn'diːsnt] *adj* **1.** *(improper)*
indecente. **2.** *(unreasonable, excessive)*
desmedido(da).

indecent assault *n* atentado *m* contra el pudor.

indecent exposure *n* exhibicionismo *m*.

indecisive [ˌɪndɪ'saɪsɪv] *adj* **1.** *(person)*
indeciso(sa). **2.** *(result)* no decisivo(va)

indeed [ɪn'diːd] *adv* **1.** *(certainly)* ciertamente, realmente; **are you coming?**
– ~ **I am** ¿vienes tú? – por supuesto
que sí. **2.** *(in fact)* de hecho. **3.** *(for
emphasis)* realmente; **very big** ~ grandísimo; **very few** ~ poquísimos. **4.** *(to
express surprise, disbelief)*: ~? ¿ah sí?

indefinite [ɪn'defɪnɪt] *adj* **1.** *(time, number)* indefinido(da). **2.** *(answer, opinion)*
impreciso(sa).

indefinitely [ɪn'defɪnɪtlɪ] *adv* **1.** *(for
unfixed period)* indefinidamente.
2. *(imprecisely)* de forma imprecisa.

indemnity [ɪn'demnətɪ] *n* **1.** *(insurance)*

indemnidad *f*. **2.** *(compensation)* indemnización *f*, compensación *f*.

indent [ɪn'dent] *vt* **1.** *(dent)* mellar.
2. *(text)* sangrar.

independence [ˌɪndɪ'pendəns] *n* independencia *f*.

Independence Day *n* fiesta del 4 de
julio en Estados Unidos en conmemoración de la Declaración de Independencia
de este país en 1776.

independent [ˌɪndɪ'pendənt] *adj*: ~
(of) independiente (de).

independent school *n* *Br* colegio *m*
privado.

in-depth *adj* a fondo, exhaustivo
(va)

indescribable [ˌɪndɪ'skraɪbəbl] *adj*
indescriptible.

indestructible [ˌɪndɪ'strʌktəbl] *adj*
indestructible.

index ['ɪndeks] *(pl* -es OR **indices)** *n*
índice *m*.

index card *n* ficha *f*

index finger *n* (dedo *m*) índice *m*.

index-linked [-lɪŋkt] *adj* ligado(da) al
coste de la vida.

India ['ɪndjə] *n* (la) India.

Indian ['ɪndjən] ◇ *adj* **1.** *(from India)*
hindú, indio(dia). **2.** *(from the Americas)* indio(dia). ◇ *n* **1.** *(from India)*
hindú *m* y *f*, indio *m*, -dia *f*. **2.** *(from the
Americas)* indio *m*, -dia *f*

Indian Ocean *n*: **the** ~ el océano
Índico.

indicate ['ɪndɪkeɪt] ◇ *vt* indicar. ◇ *vi*
(when driving): **to** ~ **left/right** indicar a
la izquierda/derecha.

indication [ˌɪndɪ'keɪʃn] *n* **1.** *(suggestion,
idea)* indicación *f*. **2.** *(sign)* indicio *m*.

indicative [ɪn'dɪkətɪv] ◇ *adj*: ~ **of sthg**
indicativo(va) de algo. ◇ *n* (GRAMM)
indicativo *m*.

indicator ['ɪndɪkeɪtər] *n* **1.** *(sign)* indicador *m*. **2.** *(on car)* intermitente *m*.

indices ['ɪndɪsiːz] *pl* → **index**.

indict [ɪn'daɪt] *vt*: **to** ~ **sb (for)** acusar
a alguien (de)

indictment [ɪn'daɪtmənt] *n* **1.** (JUR) acusación *f*. **2.** *(criticism)* crítica *f* severa.

indifference [ɪn'dɪfrəns] *n* indiferencia *f*.

indifferent [ɪn'dɪfrənt] *adj* **1.** *(uninterested)*: ~ **(to)** indiferente (a). **2.** *(mediocre)* ordinario(ria), mediocre.

indigenous [ɪn'dɪdʒɪnəs] *adj* indígena.

indigestion [ˌɪndɪ'dʒestʃn] *n* (U) indigestión *f*.

indignant [ɪn'dɪgnənt] *adj*: ~ **(at)**
indignado(da) (por).

indignity [ɪnˈdɪgnətɪ] *n* indignidad *f.*

indigo [ˈɪndɪgəʊ] ◊ *adj* (color) añil. ◊ *n* añil *m.*

indirect [ˌɪndɪˈrekt] *adj* indirecto(ta).

indiscreet [ˌɪndɪˈskriːt] *adj* indiscreto (ta), imprudente.

indiscriminate [ˌɪndɪˈskrɪmɪnət] *adj* indiscriminado(da).

indispensable [ˌɪndɪˈspensəbl] *adj* indispensable, imprescindible.

indisputable [ˌɪndɪˈspjuːtəbl] *adj* incuestionable.

indistinct [ˌɪndɪˈstɪŋkt] *adj* (memory) confuso(sa); (picture, marking) borroso (sa).

indistinguishable [ˌɪndɪˈstɪŋgwɪʃəbl] *adj:* ~ (**from**) indistinguible (de).

individual [ˌɪndɪˈvɪdʒʊəl] ◊ *adj* **1.** (gen) individual. **2.** (tuition) particular. **3.** (approach, style) personal. ◊ *n* individuo *m.*

individually [ˌɪndɪˈvɪdʒʊəlɪ] *adv* (separately) individualmente, por separado.

indoctrination [ɪnˌdɒktrɪˈneɪʃn] *n* adoctrinamiento *m.*

Indonesia [ˌɪndəˈniːzjə] *n* Indonesia.

indoor [ˈɪndɔːʳ] *adj* (gen) interior; (shoes) de andar por casa; (plant) de interior; (sports) en pista cubierta; ~ **swimming pool** piscina *f* cubierta.

indoors [ˌɪnˈdɔːz] *adv* (gen) dentro; (at home) en casa.

induce [ɪnˈdjuːs] *vt* **1.** (persuade): **to** ~ **sb to do sthg** inducir OR persuadir a alguien a que haga algo. **2.** (labour, sleep, anger) provocar

inducement [ɪnˈdjuːsmənt] *n* (incentive) incentivo *m*, aliciente *m.*

induction [ɪnˈdʌkʃn] *n* **1.** (into official position): ~ **into** introducción *f* OR inducción *f* a. **2.** (ELEC & MED) inducción *f.* **3.** (introduction to job) introducción *f.*

induction course *n* cursillo *m* introductorio.

indulge [ɪnˈdʌldʒ] ◊ *vt* **1.** (whim, passion) satisfacer. **2.** (child, person) consentir. ◊ *vi:* **to** ~ **in sthg** permitirse algo

indulgence [ɪnˈdʌldʒəns] *n* **1.** (act of indulging) indulgencia *f.* **2.** (special treat) gratificación *f*, vicio *m.*

indulgent [ɪnˈdʌldʒənt] *adj* indulgente.

industrial [ɪnˈdʌstrɪəl] *adj* industrial.

industrial action *n* huelga *f*; **to take** ~ declararse en huelga.

industrial estate *Br*, **industrial park** *Am n* polígono *m* industrial.

industrialist [ɪnˈdʌstrɪəlɪst] *n* industrial *m y f.*

industrial park *Am* = **industrial estate.**

industrial relations *npl* relaciones *fpl* laborales.

industrial revolution *n* revolución *f* industrial

industrious [ɪnˈdʌstrɪəs] *adj* diligente, trabajador(ra)

industry [ˈɪndəstrɪ] *n* **1.** (gen) industria *f.* **2.** (hard work) laboriosidad *f.*

inebriated [ɪˈniːbrɪeɪtɪd] *adj fml* ebrio (ebria).

inedible [ɪnˈedɪbl] *adj* no comestible.

ineffective [ˌɪnɪˈfektɪv] *adj* ineficaz, inútil.

ineffectual [ˌɪnɪˈfektʃʊəl] *adj* ineficaz, inútil.

inefficiency [ˌɪnɪˈfɪʃnsɪ] *n* ineficacia *f.*

inefficient [ˌɪnɪˈfɪʃnt] *adj* ineficaz, ineficiente.

ineligible [ɪnˈelɪdʒəbl] *adj:* ~ (**for**) inelegible (para)

inept [ɪˈnept] *adj* inepto(ta); ~ **at** incapaz para.

inequality [ˌɪnɪˈkwɒlətɪ] *n* desigualdad *f.*

inert [ɪˈnɜːt] *adj* inerte.

inertia [ɪˈnɜːʃə] *n* inercia *f.*

inescapable [ˌɪnɪˈskeɪpəbl] *adj* ineludible.

inevitable [ɪnˈevɪtəbl] *adj* inevitable

inevitably [ɪnˈevɪtəblɪ] *adv* inevitablemente.

inexcusable [ˌɪnɪkˈskjuːzəbl] *adj* inexcusable, imperdonable.

inexhaustible [ˌɪnɪgˈzɔːstəbl] *adj* inagotable.

inexpensive [ˌɪnɪkˈspensɪv] *adj* barato (ta), económico(ca)

inexperienced [ˌɪnɪkˈspɪərɪənst] *adj* inexperto(ta).

inexplicable [ˌɪnɪkˈsplɪkəbl] *adj* inexplicable.

infallible [ɪnˈfæləbl] *adj* infalible.

infamous [ˈɪnfəməs] *adj* infame.

infancy [ˈɪnfənsɪ] *n* primera infancia *f.*

infant [ˈɪnfənt] *n* **1.** (baby) bebé *m.* **2.** (young child) niño pequeño *m*, niña pequeña *f*

infantry [ˈɪnfəntrɪ] *n* infantería *f*

infant school *n Br* colegio *m* preescolar.

infatuated [ɪnˈfætjʊeɪtɪd] *adj:* ~ (**with**) encaprichado(da) (con).

infatuation [ɪnˌfætjʊˈeɪʃn] *n:* ~ (**with**) encaprichamiento *m* (con)

infect [ɪnˈfekt] *vt* (wound) infectar;

(person): **to ~ sb (with sthg)** contagiar a alguien (algo)

infection [ɪnˈfekʃn] *n* **1.** *(disease)* infección *f*. **2.** *(spreading of germs)* contagio *m*.

infectious [ɪnˈfekʃəs] *adj lit & fig* contagioso(sa).

infer [ɪnˈfɜːʳ] *vt* **1.** *(deduce)*: **to ~ (that)** deducir OR inferir que; **to ~ sthg (from sthg)** deducir OR inferir algo (de algo). **2.** *inf (imply)* insinuar, sugerir.

inferior [ɪnˈfɪərɪəʳ] ◇ *adj*: **~ (to)** inferior (a). ◇ *n (in status)* inferior *m y f*.

inferiority [ɪnˌfɪərɪˈɒrətɪ] *n* inferioridad *f*.

inferiority complex *n* complejo *m* de inferioridad.

inferno [ɪnˈfɜːnəʊ] *(pl* **-s)** *n* infierno *m*.

infertile [ɪnˈfɜːtaɪl] *adj* estéril.

infested [ɪnˈfestɪd] *adj*: **~ with** infestado(da) de.

infighting [ˈɪnˌfaɪtɪŋ] *n (U)* disputas *fpl* internas.

infiltrate [ˈɪnfɪltreɪt] *vt* infiltrar.

infinite [ˈɪnfɪnət] *adj* infinito(ta).

infinitive [ɪnˈfɪnɪtɪv] *n* infinitivo *m*.

infinity [ɪnˈfɪnətɪ] *n* **1.** (MATH) infinito *m*. **2.** *(incalculable number)*: **an ~ (of)** infinidad *f* (de).

infirm [ɪnˈfɜːm] ◇ *adj* achacoso(sa). ◇ *npl*: **the ~** los enfermos.

infirmary [ɪnˈfɜːmərɪ] *n* **1.** *(hospital)* hospital *m*. **2.** *(room)* enfermería *f*.

infirmity [ɪnˈfɜːmətɪ] *n* **1.** *(illness)* dolencia *f*. **2.** *(state)* enfermedad *f*.

inflamed [ɪnˈfleɪmd] *adj* (MED) inflamado(da).

inflammable [ɪnˈflæməbl] *adj (burning easily)* inflamable.

inflammation [ˌɪnfləˈmeɪʃn] *n* (MED) inflamación *f*.

inflatable [ɪnˈfleɪtəbl] *adj* inflable, hinchable.

inflate [ɪnˈfleɪt] *vt* **1.** *(gen)* inflar, hinchar. **2.** (ECON) inflar.

inflation [ɪnˈfleɪʃn] *n* (ECON) inflación *f*.

inflationary [ɪnˈfleɪʃnrɪ] *adj* (ECON) inflacionario(ria), inflacionista

inflict [ɪnˈflɪkt] *vt*: **to ~ sthg on sb** infligir algo a alguien.

influence [ˈɪnfluəns] ◇ *n*: **~ (on** OR **over sb)** influencia *f* (sobre alguien); **~ (on sthg)** influencia (en algo); **under the ~ of** *(person, group)* bajo la influencia de; *(alcohol, drugs)* bajo los efectos de. ◇ *vt* influenciar.

influential [ˌɪnfluˈenʃl] *adj* influyente.

influenza [ˌɪnfluˈenzə] *n fml* gripe *f*.

influx [ˈɪnflʌks] *n* afluencia *f*.

inform [ɪnˈfɔːm] *vt*: **to ~ sb (of/about sthg)** informar a alguien (de/sobre algo). ◆ **inform on** *vt fus* delatar.

informal [ɪnˈfɔːml] *adj* informal; *(language)* familiar.

informant [ɪnˈfɔːmənt] *n* **1.** *(informer)* delator *m*, -ra *f*. **2.** *(of researcher)* fuente *f* de información *(persona)*.

information [ˌɪnfəˈmeɪʃn] *n (U)*: **~ (on** OR **about)** información *f* OR datos *mpl* (sobre); **a piece of ~** un dato; **for your ~** para tu información.

information desk *n* (mostrador *m* de) información *f*.

information technology *n* informática *f*.

informative [ɪnˈfɔːmətɪv] *adj* informativo(va).

informer [ɪnˈfɔːməʳ] *n* delator *m*, -ra *f*.

infrared [ˌɪnfrəˈred] *adj* infrarrojo(ja).

infrastructure [ˈɪnfrəˌstrʌktʃəʳ] *n* infraestructura *f*.

infringe [ɪnˈfrɪndʒ] ◇ *vt* infringir, vulnerar. ◇ *vi*: **to ~ on sthg** infringir OR vulnerar algo.

infringement [ɪnˈfrɪndʒmənt] *n* violación *f*, transgresión *f*.

infuriating [ɪnˈfjuərɪeɪtɪŋ] *adj* exasperante.

ingenious [ɪnˈdʒiːnjəs] *adj* ingenioso(sa), inventivo(va).

ingenuity [ˌɪndʒɪˈnjuːətɪ] *n* ingenio *m*, inventiva *f*

ingenuous [ɪnˈdʒenjuəs] *adj fml* ingenuo(nua).

ingot [ˈɪŋɡət] *n* lingote *m*.

ingrained [ˌɪnˈɡreɪnd] *adj* **1.** *(ground in)* incrustado(da). **2.** *(deeply rooted)* arraigado(da).

ingratiating [ɪnˈɡreɪʃɪeɪtɪŋ] *adj* obsequioso(sa), lisonjero(ra).

ingredient [ɪnˈɡriːdjənt] *n* ingrediente *m*.

inhabit [ɪnˈhæbɪt] *vt* habitar

inhabitant [ɪnˈhæbɪtənt] *n* habitante *m y f*.

inhale [ɪnˈheɪl] ◇ *vt* inhalar. ◇ *vi (gen)* inspirar; *(smoker)* tragarse el humo.

inhaler [ɪnˈheɪləʳ] *n* (MED) inhalador *m*.

inherent [ɪnˈhɪərənt, ɪnˈherənt] *adj*: **~ (in)** inherente (a).

inherently [ɪnˈhɪərəntlɪ, ɪnˈherəntlɪ] *adv* intrínsecamente.

inherit [ɪnˈherɪt] ◇ *vt*: **to ~ sthg (from sb)** heredar algo (de alguien). ◇ *vi* heredar.

inheritance [ɪnˈherɪtəns] *n* herencia *f*.

inhibit [ɪnˈhɪbɪt] vt *(restrict)* impedir

inhibition [ˌɪnhɪˈbɪʃn] n inhibición f.

inhospitable [ˌɪnhɒˈspɪtəbl] adj **1.** *(unwelcoming)* inhospitalario(ria). **2.** *(harsh)* inhóspito(ta).

in-house ◇ adj *(journal, report)* de circulación interna; *(staff)* de plantilla. ◇ adv en la oficina.

inhuman [ɪnˈhjuːmən] adj **1.** *(cruel)* inhumano(na). **2.** *(not human)* infrahumano(na).

initial [ɪˈnɪʃl] ◇ adj inicial. ◇ vt poner las iniciales a. ◆ **initials** npl *(of person)* iniciales fpl.

initially [ɪˈnɪʃəlɪ] adv inicialmente

initiate [ɪˈnɪʃɪeɪt] vt iniciar; **to ~ sb into sthg** iniciar a alguien en algo.

initiative [ɪˈnɪʃətɪv] n iniciativa f.

inject [ɪnˈdʒekt] vt (MED): **to ~ sb with sthg, to ~ sthg into sb** inyectarle algo a alguien.

injection [ɪnˈdʒekʃn] n inyección f.

injunction [ɪnˈdʒʌŋkʃn] n interdicto m.

injure [ˈɪndʒəˠ] vt *(gen)* herir; *(reputation)* dañar; *(chances)* perjudicar.

injured [ˈɪndʒəd] adj *(gen)* herido(da); *(reputation)* dañado(da).

injury [ˈɪndʒərɪ] n **1.** *(U) (physical harm)* lesiones fpl. **2.** *(wound)* lesión f. **3.** *(to pride, reputation)* agravio m.

injury time n *(U)* (tiempo m de) descuento m.

injustice [ɪnˈdʒʌstɪs] n injusticia f; **to do sb an ~** no hacerle justicia a alguien.

ink [ɪŋk] n tinta f

ink-jet printer n (COMPUT) impresora f de chorro de tinta.

inkling [ˈɪŋklɪŋ] n: **to have an ~ of sthg** tener una vaga idea de algo.

inlaid [ˌɪnˈleɪd] adj incrustado(da); **~ with** *(jewels)* con incrustaciones de.

inland [adj ˈɪnlənd, adv ɪnˈlænd] ◇ adj interior. ◇ adv hacia el interior.

Inland Revenue n Br: **the ~** ≃ Hacienda f.

in-laws npl inf suegros mpl.

inlet [ˈɪnlet] n **1.** *(stretch of water)* entrante m. **2.** *(way in)* entrada f, admisión f.

inmate [ˈɪnmeɪt] n *(of prison)* preso m, -sa f; *(of mental hospital)* interno m, -na f

inn [ɪn] n fonda f; *(pub)* pub decorado a la vieja usanza

innate [ˌɪˈneɪt] adj innato(ta).

inner [ˈɪnəˠ] adj **1.** *(gen)* interior. **2.** *(feelings)* íntimo(ma); *(fears, doubts, meaning)* interno(na).

inner city n núcleo m urbano deprimido.

inner tube n cámara f (de aire).

innings [ˈɪnɪŋz] *(pl inv)* n Br *(in cricket)* entrada f, turno m.

innocence [ˈɪnəsəns] n inocencia f.

innocent [ˈɪnəsənt] ◇ adj: **~ (of)** inocente (de) ◇ n *(naive person)* inocente m y f

innocuous [ɪˈnɒkjuəs] adj inocuo (cua)

innovation [ˌɪnəˈveɪʃn] n innovación f.

innovative [ˈɪnəvətɪv] adj innovador (ra).

innuendo [ˌɪnjuːˈendəʊ] *(pl -es OR -s)* n **1.** *(individual remark)* insinuación f, indirecta f **2.** *(U) (style of speaking)* insinuaciones fpl, indirectas fpl.

inoculate [ɪˈnɒkjuleɪt] vt: **to ~ sb with sthg** inocular algo a alguien.

inordinately [ɪˈnɔːdɪnətlɪ] adv fml desmesuradamente.

in-patient n paciente interno m, paciente interna f.

input [ˈɪnpʊt] *(pt & pp input OR -ted)* ◇ n **1.** *(contribution)* aportación f, contribución f **2.** (COMPUT) entrada f. ◇ vt (COMPUT) entrar.

inquest [ˈɪnkwest] n investigación f judicial.

inquire [ɪnˈkwaɪəˠ] ◇ vi *(ask for information)* informarse, pedir información; **to ~ about sthg** informarse de algo. ◇ vt: **to ~ when/if/how ...** preguntar cuándo/si/cómo ... ◆ **inquire after** vt fus preguntar por. ◆ **inquire into** vt fus investigar.

inquiry [ɪnˈkwaɪərɪ] n **1.** *(question)* pregunta f; 'Inquiries' 'Información'. **2.** *(investigation)* investigación f.

inquiry desk n (mostrador m de) información f.

inquisitive [ɪnˈkwɪzətɪv] adj curioso (sa).

inroads [ˈɪnrəʊdz] npl: **to make ~ into** *(savings, supplies)* mermar; *(market, enemy territory)* abrirse paso en

insane [ɪnˈseɪn] adj *(mad)* demente; fig *(jealousy, person)* loco(ca)

insanity [ɪnˈsænətɪ] n *(madness)* demencia f; fig locura f.

insatiable [ɪnˈseɪʃəbl] adj insaciable.

inscription [ɪnˈskrɪpʃn] n **1.** *(engraved)* inscripción f. **2.** *(written)* dedicatoria f.

inscrutable [ɪnˈskruːtəbl] adj inescrutable.

insect [ˈɪnsekt] n insecto m.

insecticide [ɪnˈsektɪsaɪd] n insecticida m.

insect repellent n loción f antiin-
sectos.

insecure [ˌɪnsɪˈkjʊəʳ] adj 1. (not confident) inseguro(ra). 2. (not safe) poco
seguro(ra).

insensible [ɪnˈsensəbl] adj 1. (unconscious) inconsciente. 2. (unaware): to
be ~ of sthg no ser consciente de
algo 3. (unable to feel): to be ~ to sthg
ser insensible a algo.

insensitive [ɪnˈsensətɪv] adj: ~ (to)
insensible (a)

inseparable [ɪnˈseprəbl] adj: ~ (from)
inseparable (de).

insert [vb ɪnˈsɜːt, n ˈɪnsɜːt] ◇ vt: to ~
sthg (in OR into) (hole) introducir algo
(en); (text) insertar algo (en). ◇ n
(PRESS) encarte m.

insertion [ɪnˈsɜːʃn] n inserción f.

in-service training n Br formación
f en horas de trabajo.

inshore [adj ˈɪnʃɔːʳ, adv ɪnˈʃɔːʳ] ◇ adj
costero(ra). ◇ adv hacia la orilla OR la
costa.

inside [ɪnˈsaɪd] ◇ prep dentro de; ~
three months en menos de tres
meses. ◇ adv (be, remain) dentro; (go,
move etc) hacia dentro; fig (feel, hurt etc)
interiormente; come ~! ¡metéos dentro! ◇ adj interior. ◇ n interior m;
from the ~ desde dentro; to overtake
on the ~ (of road) adelantar por dentro; ~ out (wrong way) al revés; to
know sthg ~ out conocer algo de
arriba abajo OR al dedillo ◆ insides
npl inf tripas fpl. ◆ inside of prep Am
(building, object) dentro de.

inside lane n (AUT) carril m de dentro.

insight [ˈɪnsaɪt] n 1. (U) (power of
understanding) perspicacia f. 2.
(understanding) idea f.

insignificant [ˌɪnsɪgˈnɪfɪkənt] adj insignificante.

insincere [ˌɪnsɪnˈsɪəʳ] adj insincero(ra).

insinuate [ɪnˈsɪnjueɪt] vt pej: to ~
(that) insinuar (que).

insipid [ɪnˈsɪpɪd] adj pej soso(sa), insí-
pido(da).

insist [ɪnˈsɪst] ◇ vt: to ~ that insistir
en que. ◇ vi: to ~ on sthg exigir algo;
to ~ (on doing sthg) insistir (en hacer
algo).

insistent [ɪnˈsɪstənt] adj 1. (determined)
insistente; to be ~ on sthg insistir en
algo. 2. (continual) persistente.

insofar [ɪnsəʊˈfɑːʳ] ◆ insofar as conj
en la medida en que.

insole [ˈɪnsəʊl] n plantilla f.

insolent [ˈɪnsələnt] adj insolente.

insolvent [ɪnˈsɒlvənt] adj insolvente.

insomnia [ɪnˈsɒmnɪə] n insomnio m.

inspect [ɪnˈspekt] vt inspeccionar;
(troops) pasar revista a.

inspection [ɪnˈspekʃn] n inspección f.

inspector [ɪnˈspektəʳ] n inspector m,
-ra f; (on bus, train) revisor m, -ra f.

inspiration [ˌɪnspəˈreɪʃn] n 1. (gen) inspiración f. 2. (source of inspiration): ~
(for) fuente f de inspiración (para).

inspire [ɪnˈspaɪəʳ] vt 1. (stimulate,
encourage): to ~ sb (to do sthg) alentar OR animar a alguien (a hacer algo).
2. (fill): to ~ sb with sthg, to ~ sthg
in sb inspirar algo a alguien.

install Br, **instal** Am [ɪnˈstɔːl] vt (gen
& COMPUT) instalar.

installation [ˌɪnstəˈleɪʃn] n (gen &
COMPUT) instalación f.

installment Am = instalment.

installment plan n Am compra f a
plazos.

instalment Br, **installment** Am [ɪn-
ˈstɔːlmənt] n 1. (payment) plazo m; in ~s
a plazos. 2. (TV & RADIO) episodio m;
(of novel) entrega f.

instance [ˈɪnstəns] n (example, case)
ejemplo m; for ~ por ejemplo; in this
~ en este caso.

instant [ˈɪnstənt] ◇ adj instantáneo(a).
◇ n (moment) instante m; at that OR
the same ~ en aquel mismo instante;
the ~ (that) ... en cuanto ...; this ~
ahora mismo

instantly [ˈɪnstəntlɪ] adv en el acto.

instead [ɪnˈsted] adv en cambio.
◆ instead of prep en lugar de, en vez
de.

instep [ˈɪnstep] n (of foot) empeine m.

instigate [ˈɪnstɪgeɪt] vt iniciar; to ~ sb
to do sthg instigar a alguien a hacer
algo.

instil Br, **instill** Am [ɪnˈstɪl] vt: to ~
sthg in OR into sb inculcar OR infundir algo a alguien.

instinct [ˈɪnstɪŋkt] n instinto m; my
first ~ was ... mi primer impulso
fue ...

instinctive [ɪnˈstɪŋktɪv] adj instintivo
(va)

institute [ˈɪnstɪtjuːt] ◇ n instituto m.
◇ vt (proceedings) iniciar, entablar;
(system) instituir.

institution [ˌɪnstɪˈtjuːʃn] n 1. (gen) institución f. 2. (home - for children, old
people) asilo m; (- for mentally-
handicapped) hospital m psiquiátrico.

instruct [ɪnˈstrʌkt] vt 1. (tell, order): to

~ **sb to do sthg** mandar OR ordenar a alguien que haga algo. **2.** *(teach)*: **to ~ sb (in sthg)** instruir a alguien (en algo).

instruction [ɪn'strʌkʃn] *n* instrucción *f*. ✦ **instructions** *npl (for use)* instrucciones *fpl*.

instructor [ɪn'strʌktər] *n* **1.** *(gen)* instructor *m*. **2.** *(in skiing)* monitor *m*. **3.** *(in driving)* profesor *m*. **4.** *Am* (SCH) profesor *m*, -ra *f*.

instrument ['ɪnstrumənt] *n* instrumento *m*

instrumental [,ɪnstru'mentl] *adj (important, helpful)*: **to be ~ in sthg** jugar un papel fundamental en algo.

instrument panel *n* tablero *m* de instrumentos

insubordinate [,ɪnsə'bɔːdɪnət] *adj fml* insubordinado(da)

insubstantial [,ɪnsəb'stænʃl] *adj (frame, structure)* endeble; *(meal)* poco sustancioso(sa).

insufficient [,ɪnsə'fɪʃnt] *adj*: **~ (for)** insuficiente (para)

insular ['ɪnsjʊlər] *adj* estrecho(cha) de miras.

insulate ['ɪnsjʊleɪt] *vt* aislar; **to ~ sb against** OR **from sthg** aislar a alguien de algo.

insulating tape ['ɪnsjʊleɪtɪŋ-] *n Br* cinta *f* aislante.

insulation [,ɪnsjʊ'leɪʃn] *n (material, substance)* aislamiento *m*.

insulin ['ɪnsjʊlɪn] *n* insulina *f*.

insult [*vt* ɪn'sʌlt, *n* 'ɪnsʌlt] ◇ *vt (with words)* insultar; *(with actions)* ofender. ◇ *n (remark)* insulto *m*; *(action)* ofensa *f*.

insuperable [ɪn'suːprəbl] *adj fml* insalvable, insuperable.

insurance [ɪn'ʃʊərəns] *n* **1.** *(against fire, accident, theft)*: **~ (against)** seguro *m* (contra) **2.** *fig (safeguard, protection)*: **~ (against)** prevención *f* (contra).

insurance policy *n* póliza *f* de seguros.

insure [ɪn'ʃʊər] ◇ *vt* **1.** *(against fire, accident, theft)*: **to ~ sthg/sb (against)** asegurar algo/a alguien (contra) **2.** *Am (make certain)* asegurar. ◇ *vi (prevent)*: **to ~ (against)** prevenir OR prevenirse (contra).

insurer [ɪn'ʃʊərər] *n* asegurador *m*, -ra *f*.

insurmountable [,ɪnsə'maʊntəbl] *adj fml* infranqueable, insuperable.

intact [ɪn'tækt] *adj* intacto(ta).

intake ['ɪnteɪk] *n* **1.** *(of food, drink)* ingestión *f*; *(of air)* inspiración *f* **2.** *(in army)* reclutamiento *m*; *(in organization)* número *m* de ingresos.

integral ['ɪntɪgrəl] *adj* integrante; **to be ~ to** ser parte integrante de.

integrate ['ɪntɪgreɪt] ◇ *vi*: **to ~ (with** OR **into)** integrarse (en). ◇ *vt*: **to ~ sthg/sb with sthg, to ~ sthg/sb into sthg** integrar algo/a alguien en algo.

integrity [ɪn'tegrəti] *n* integridad *f*.

intellect ['ɪntəlekt] *n (mind, cleverness)* intelecto *m*, inteligencia *f*.

intellectual [,ɪntə'lektjʊəl] ◇ *adj* intelectual ◇ *n* intelectual *m y f*.

intelligence [ɪn'telɪdʒəns] *n (U)* **1.** *(ability to think)* inteligencia *f*. **2.** *(information service)* servicio *m* secreto OR de espionaje. **3.** *(information)* información *f* secreta.

intelligent [ɪn'telɪdʒənt] *adj (clever)* inteligente.

intelligent card *n* tarjeta *f* inteligente

intend [ɪn'tend] *vt* pretender, proponerse; **to be ~ed for/as sthg** *(project, book)* estar pensado para/como algo; **to ~ doing** OR **to do sthg** tener la intención de OR pretender hacer algo; **later than I had ~ed** más tarde de lo que había pensado.

intended [ɪn'tendɪd] *adj* pretendido (da).

intense [ɪn'tens] *adj* **1.** *(extreme, profound)* intenso(sa) **2.** *(serious - person)* muy serio(ria).

intensely [ɪn'tensli] *adv* **1.** *(very - boring, irritating)* enormemente. **2.** *(very much - suffer)* intensamente; *(- dislike)* profundamente

intensify [ɪn'tensɪfaɪ] ◇ *vt* intensificar. ◇ *vi* intensificarse.

intensity [ɪn'tensəti] *n* intensidad *f*.

intensive [ɪn'tensɪv] *adj (concentrated)* intensivo(va).

intensive care *n (U)*: **(in) ~** (bajo) cuidados *mpl* intensivos

intent [ɪn'tent] ◇ *adj* **1.** *(absorbed)* atento(ta) **2.** *(determined)*: **to be ~ on** OR **upon doing sthg** estar empeñado (da) en hacer algo. ◇ *n fml* intención *f*; **to all ~s and purposes** para todos los efectos.

intention [ɪn'tenʃn] *n* intención *f*.

intentional [ɪn'tenʃənl] *adj* deliberado (da), intencionado(da).

intently [ɪn'tentli] *adv* atentamente.

interact [,ɪntər'ækt] *vi* **1.** *(communicate, work together)*: **to ~ (with sb)** comunicarse (con alguien) **2.** *(react)*: **to ~**

(with sthg) interaccionar (con algo).
intercede [ˌɪntəˈsiːd] *vi fml*: **to ~ (with/for)** interceder (ante/por).
intercept [ˌɪntəˈsept] *vt* interceptar.
interchange [*n* ˈɪntətʃeɪndʒ, *vb* ˌɪntəˈtʃeɪndʒ] ◇ *n* **1.** *(exchange)* intercambio *m*. **2.** *(on motorway)* cruce *m*. ◇ *vt* intercambiar.
interchangeable [ˌɪntəˈtʃeɪndʒəbl] *adj*: **~ (with)** intercambiable (con).
intercity [ˌɪntəˈsɪtɪ] *n* red de trenes rápidos que conecta las principales ciudades británicas.
intercom [ˈɪntəkɒm] *n (for block of flats)* portero *m* automático; *(within a building)* interfono *m*.
intercourse [ˈɪntəkɔːs] *n (U)*: **sexual ~** relaciones *fpl* sexuales, coito *m*.
interest [ˈɪntrəst] ◇ *n* **1.** *(gen & FIN)*: **~ (in)** interés *m* (en OR por); **that's of no ~** eso no tiene interés. **2.** *(hobby)* afición *f*. ◇ *vt* interesar.
interested [ˈɪntrəstɪd] *adj* interesado (da); **to be ~ in sthg/in doing sthg** estar interesado en algo/en hacer algo.
interesting [ˈɪntrəstɪŋ] *adj* interesante.
interest rate *n* tipo *m* de interés.
interface [ˈɪntəfeɪs] *n (COMPUT)* interfaz *f*.
interfere [ˌɪntəˈfɪər] *vi* **1.** *(meddle)*: **to ~ (with OR in sthg)** entrometerse OR interferir (en algo). **2.** *(damage)* interferir; **to ~ with sthg** *(career, routine)* interferir en algo; *(work, performance)* interrumpir algo.
interference [ˌɪntəˈfɪərəns] *n (U)* **1.** *(meddling)*: **~ (with OR in)** intromisión *f* OR interferencia *f* (en). **2.** *(on radio, TV, telephone)* interferencia *f*.
interim [ˈɪntərɪm] ◇ *adj (report)* parcial; *(measure)* provisional; *(government)* interino(na). ◇ *n*: **in the ~** entre tanto.
interior [ɪnˈtɪərɪər] ◇ *adj* **1.** *(inner)* interior. **2.** *(POL) (minister, department)* del Interior. ◇ *n* interior *m*
interior decorator, interior designer *n* diseñador *m*, -ra *f* de interiores.
interlock [ˌɪntəˈlɒk] *vi (fingers)* entrelazarse; *(cogs)* engranar.
interloper [ˈɪntələupər] *n* intruso *m*, -sa *f*.
interlude [ˈɪntəluːd] *n* **1.** *(pause)* intervalo *m*. **2.** *(interval)* intermedio *m*.
intermediary [ˌɪntəˈmiːdjərɪ] *n* intermediario *m*, -ria *f*.

intermediate [ˌɪntəˈmiːdjət] *adj* intermedio(dia).
interminable [ɪnˈtɜːmɪnəbl] *adj* interminable.
intermission [ˌɪntəˈmɪʃn] *n (of film)* descanso *m*; *(of play, opera, ballet)* entreacto *m*.
intermittent [ˌɪntəˈmɪtənt] *adj* intermitente.
intern [*vb* ɪnˈtɜːn, *n* ˈɪntɜːn] ◇ *vt* recluir, internar ◇ *n* médico *m* interno residente.
internal [ɪnˈtɜːnl] *adj* **1.** *(gen)* interno (na). **2.** *(within a country)* interior, nacional; **~ flight** vuelo *m* nacional.
internally [ɪnˈtɜːnəlɪ] *adv* **1.** *(gen)* internamente. **2.** *(within a country)* a nivel nacional.
Internal Revenue *n Am*: **the ~** ≃ Hacienda *f*.
international [ˌɪntəˈnæʃənl] ◇ *adj* internacional. ◇ *n Br (SPORT)* **1.** *(match)* encuentro *m* internacional. **2.** *(player)* internacional *m y f*.
Internet [ˈɪntənet] *n*: **the ~** Internet *f*.
interpret [ɪnˈtɜːprɪt] ◇ *vt* interpretar. ◇ *vi* hacer de intérprete.
interpreter [ɪnˈtɜːprɪtər] *n (person)* intérprete *m y f*
interrelate [ˌɪntərɪˈleɪt] *vi*: **to ~ (with)** interrelacionarse (con).
interrogate [ɪnˈterəgeɪt] *vt (gen & COMPUT)* interrogar.
interrogation [ɪnˌterəˈgeɪʃn] *n* interrogatorio *m*.
interrogation mark *n Am* signo *m* de interrogación.
interrogative [ˌɪntəˈrogatɪv] *adj (GRAMM)* interrogativo(va).
interrupt [ˌɪntəˈrʌpt] *vt & vi* interrumpir.
interruption [ˌɪntəˈrʌpʃn] *n* interrupción *f*.
intersect [ˌɪntəˈsekt] ◇ *vi* cruzarse, cortarse. ◇ *vt* cruzar, cortar.
intersection [ˌɪntəˈsekʃn] *n (junction)* intersección *f*, cruce *m*.
intersperse [ˌɪntəˈspɜːs] *vt*: **to be ~d with OR by** estar entremezclado con.
interstate (highway) [ˈɪntərsteɪt-] *n* autopista *f* interestatal.
interval [ˈɪntəvl] *n* **1.** *(gen & MUS)*: **~ (between)** intervalo *m* (entre); **at ~s** *(now and again)* a ratos; *(regularly)* a intervalos; **at monthly/yearly ~s** a intervalos de un mes/un año. **2.** *Br (at play, concert)* intermedio *m*, descanso *m*.
intervene [ˌIntəˈviːn] *vi* **1.** *(gen)*: **to ~ (in)** intervenir (en) **2.** *(prevent thing*

from happening) interponerse. **3.** *(pass)* transcurrir.

intervention [ˌɪntə'venʃn] *n* intervención *f.*

interview ['ɪntəvjuː] ◇ *n* entrevista *f.* ◇ *vt* entrevistar.

interviewer ['ɪntəvjuːəʳ] *n* entrevistador *m*, -ra *f.*

intestine [ɪn'testɪn] *n* intestino *m.*

intimacy ['ɪntɪməsɪ] *n*: ~ **(between/ with)** intimidad *f* (entre/con).

intimate [*adj* 'ɪntɪmət, *vb* 'ɪntɪmeɪt] ◇ *adj* **1.** *(gen)* íntimo(ma). **2.** *(knowledge)* profundo(da). ◇ *vt fml*: **to ~ (that)** dar a entender (que).

intimidate [ɪn'tɪmɪdeɪt] *vt* intimidar.

into ['ɪntʊ] *prep* **1.** *(inside)* en; **to put sthg ~ sthg** meter algo en algo; **to get ~ a car** subir a un coche. **2.** *(against)* con; **to bump/crash ~** tropezar/chocar con. **3.** *(referring to change in condition etc)*: **to turn** OR **develop ~** convertirse en; **to translate sthg ~ Spanish** traducir algo al español. **4.** *(concerning)* en relación con; **research ~ electronics** investigación en torno a la electrónica. **5.** (MATH): **to divide 4 ~ 8** dividir 8 entre 4

intolerable [ɪn'tɒlrəbl] *adj fml (position, conditions)* intolerable; *(boredom, pain)* inaguantable.

intolerance [ɪn'tɒlərəns] *n* intolerancia *f*

intolerant [ɪn'tɒlərənt] *adj* intolerante.

intoxicated [ɪn'tɒksɪkeɪtɪd] *adj* **1.** *(drunk)* embriagado(da). **2.** *fig (excited)*: ~ **(by** OR **with)** ebrio (ebria) (de).

intractable [ɪn'træktəbl] *adj fml* **1.** *(stubborn)* intratable. **2.** *(insoluble)* inextricable, insoluble.

intransitive [ɪn'trænzətɪv] *adj* intransitivo(va).

intravenous [ˌɪntrə'viːnəs] *adj* intravenoso(sa).

in-tray *n* bandeja para cartas y documentos recién llegados a la oficina.

intricate ['ɪntrɪkət] *adj* intrincado(da).

intrigue [ɪn'triːg] ◇ *n* intriga *f.* ◇ *vt* intrigar.

intriguing [ɪn'triːgɪŋ] *adj* intrigante.

intrinsic [ɪn'trɪnsɪk] *adj* intrínseco(ca).

introduce [ˌɪntrə'djuːs] *vt* **1.** *(present person, programme)* presentar; **to ~ sb (to sb)** presentar a alguien (a alguien); **to ~ o.s.** presentarse. **2.** *(bring in)*: **to ~ sthg (to** OR **into)** introducir algo (en). **3.** *(show for first time)*: **to ~ sb to sthg** iniciar a alguien en algo.

introduction [ˌɪntrə'dʌkʃn] *n* **1.** *(gen)*: ~ **(to sthg)** introducción *f* (a algo) **2.** *(of people)*: ~ **(to sb)** presentación *f* (a alguien).

introductory [ˌɪntrə'dʌktrɪ] *adj (chapter)* introductorio(ria); *(remarks)* preliminar

introvert ['ɪntrəvɜːt] *n* introvertido *m*, -da *f.*

introverted ['ɪntrəvɜːtɪd] *adj* introvertido(da).

intrude [ɪn'truːd] *vi*: **to ~ (on** OR **upon sb)** inmiscuirse (en los asuntos de alguien); **to ~ (on** OR **upon sthg)** inmiscuirse (en algo)

intruder [ɪn'truːdəʳ] *n* intruso *m*, -sa *f*

intrusive [ɪn'truːsɪv] *adj (person)* entrometido(da); *(presence)* indeseado (da).

intuition [ˌɪntjuː'ɪʃn] *n* intuición *f.*

inundate ['ɪnʌndeɪt] *vt* **1.** *fml (flood)* inundar. **2.** *(overwhelm)* desbordar; **to be ~d with** verse desbordado por

invade [ɪn'veɪd] *vt* invadir.

invalid [*adj* ɪn'vælɪd, *n* 'ɪnvəlɪd] ◇ *adj* **1.** *(marriage, vote, ticket)* nulo(la) **2.** *(argument, result)* que no es válido (da). ◇ *n* inválido *m*, -da *f.*

invaluable [ɪn'væljʊəbl] *adj*: ~ **(to)** *(information, advice)* inestimable (para); *(person)* valiosísimo(ma) (para).

invariably [ɪn'veərɪəblɪ] *adv* siempre, invariablemente.

invasion [ɪn'veɪʒn] *n* invasión *f*

invent [ɪn'vent] *vt* inventar.

invention [ɪn'venʃn] *n* **1.** *(gen)* invención *f.* **2.** *(ability to invent)* inventiva *f.*

inventive [ɪn'ventɪv] *adj (person, mind)* inventivo(va); *(solution)* ingenioso(sa)

inventor [ɪn'ventəʳ] *n* inventor *m*, -ra *f.*

inventory ['ɪnvəntrɪ] *n* **1.** *(list)* inventario *m.* **2.** *Am (goods)* existencias *fpl.*

invert [ɪn'vɜːt] *vt fml* invertir

inverted commas [ɪn'vɜːtɪd-] *npl Br* comillas *fpl*; **in ~** entre comillas.

invest [ɪn'vest] ◇ *vt (money, time, energy)*: **to ~ sthg (in)** invertir algo (en). ◇ *vi lit & fig*: **to ~ (in)** invertir (en).

investigate [ɪn'vestɪgeɪt] *vt & vi* investigar.

investigation [ɪnˌvestɪ'geɪʃn] *n (enquiry, examination)*: ~ **(into)** investigación *f* (en).

investment [ɪn'vestmənt] *n* inversión *f*

investor [ɪn'vestəʳ] *n* inversor *m*, -ra *f*

inveterate [ɪn'vetərət] *adj (liar)* incorregible; *(reader, smoker)* empedernido (da).

invidious [ɪn'vɪdɪəs] *adj (task, role)* desagradable; *(comparison)* odioso(sa).

invigilate [ɪn'vɪdʒɪleɪt] *vt & vi Br* vigilar *(en un examen)*.

invigorating [ɪn'vɪgəreɪtɪŋ] *adj (bath, walk)* vigorizante; *(experience)* estimulante.

invincible [ɪn'vɪnsɪbl] *adj* 1. *(unbeatable)* invencible. 2. *(unchangeable)* inalterable.

invisible [ɪn'vɪzɪbl] *adj* invisible.

invitation [ˌɪnvɪ'teɪʃn] *n* invitación *f*.

invite [ɪn'vaɪt] *vt*: **to ~ sb (to sthg/to do sthg)** invitar a alguien (a algo/a hacer algo).

inviting [ɪn'vaɪtɪŋ] *adj* tentador(ra).

invoice ['ɪnvɔɪs] ◊ *n* factura *f*. ◊ *vt* 1. *(send invoice to)* mandar la factura a. 2. *(prepare invoice for)* facturar.

invoke [ɪn'vəʊk] *vt fml (quote as justification)* acogerse a.

involuntary [ɪn'vɒləntrɪ] *adj* involuntario(ria).

involve [ɪn'vɒlv] *vt* 1. *(entail, require)*: **to ~ sthg/doing sthg** conllevar algo/ hacer algo; **it ~s working weekends** supone OR implica trabajar los fines de semana. 2. *(concern, affect)* afectar a. 3. *(make part of sthg)*: **to ~ sb (in)** involucrar a alguien (en).

involved [ɪn'vɒlvd] *adj* 1. *(complex)* enrevesado(da). 2. *(participating)*: **to be ~ in** estar metido(da) en. 3. *(in a relationship)*: **to be/get ~ with sb** estar liado(da)/liarse con alguien.

involvement [ɪn'vɒlvmənt] *n* 1. **~ (in)** *(crime)* implicación *f* (en); *(running sthg)* participación *f* (en). 2. *(concern, enthusiasm)*: **~ (in)** compromiso *m* (con).

inward ['ɪnwəd] ◊ *adj* 1. *(inner)* interno(na). 2. *(towards the inside)* hacia el interior. ◊ *adv Am* = **inwards**.

inwards ['ɪnwədz] *adv* hacia dentro.

iodine [*Br* 'aɪədiːn, *Am* 'aɪədaɪn] *n* yodo *m*.

iota [aɪ'əʊtə] *n* pizca *f*, ápice *m*.

IOU *(abbr of* **I owe you)** *n* pag. *m*

IQ *(abbr of* **intelligence quotient)** *n* C.I. *m*.

IRA *n (abbr of* **Irish Republican Army)** IRA *m*.

Iran [ɪ'rɑːn] *n* (el) Irán.

Iranian [ɪ'reɪnjən] ◊ *adj* iraní. ◊ *n (person)* iraní *m y f*.

Iraq [ɪ'rɑːk] *n* (el) Irak.

Iraqi [ɪ'rɑːkɪ] ◊ *adj* iraquí. ◊ *n (person)* iraquí *m y f*.

irate [aɪ'reɪt] *adj* iracundo(da), airado (da).

Ireland ['aɪələnd] *n* Irlanda.

iris ['aɪərɪs] *(pl* **-es)** *n* 1. *(flower)* lirio *m*. 2. *(of eye)* iris *m inv*.

Irish ['aɪrɪʃ] ◊ *adj* irlandés(esa). ◊ *n (language)* irlandés *m*. ◊ *npl (people)*: **the ~** los irlandeses

Irishman ['aɪrɪʃmən] *(pl* **-men** [-mən]) *n* irlandés *m*.

Irish Sea *n*: **the ~** el mar de Irlanda.

Irishwoman ['aɪrɪʃˌwʊmən] *(pl* **-women** [-ˌwɪmɪn]) *n* irlandesa *f*.

irksome ['ɜːksəm] *adj* fastidioso(sa).

iron ['aɪən] ◊ *adj lit & fig* de hierro. ◊ *n* 1. *(metal)* hierro *m*, fierro *m Amer*. 2. *(for clothes)* plancha *f*. 3. *(golf club)* hierro *m*. ◊ *vt* planchar. ♦ **iron out** *vt sep fig (overcome)* resolver.

Iron Curtain *n*: **the ~** el telón de acero.

ironic(al) [aɪ'rɒnɪk(l)] *adj* irónico(ca); **how ~!** ¡qué ironía!

ironing ['aɪənɪŋ] *n* 1. *(work)* planchado *m*. 2. *(clothes to be ironed)* ropa *f* para planchar.

ironing board *n* tabla *f* de planchar.

ironmonger ['aɪənˌmʌŋgəʳ] *n Br* ferretero *m*, -ra *f*; **~'s (shop)** ferretería *f*.

irony ['aɪrənɪ] *n* ironía *f*.

irrational [ɪ'ræʃənl] *adj* irracional.

irreconcilable [ɪˌrekən'saɪləbl] *adj (completely different)* irreconciliable.

irregular [ɪ'regjʊləʳ] *adj (gen & GRAMM)* irregular.

irrelevant [ɪ'reləvənt] *adj* irrelevante, que no viene al caso.

irreparable [ɪ'repərəbl] *adj* irreparable.

irreplaceable [ˌɪrɪ'pleɪsəbl] *adj* irreemplazable, insustituible.

irrepressible [ˌɪrɪ'presəbl] *adj (enthusiasm)* irreprimible; *(person)* imparable.

irresistible [ˌɪrɪ'zɪstəbl] *adj* irresistible.

irrespective [ˌɪrɪ'spektɪv] ♦ **irrespective of** *prep* con independencia de.

irresponsible [ˌɪrɪ'spɒnsəbl] *adj* irresponsable

irrigate ['ɪrɪgeɪt] *vt* regar, irrigar.

irrigation [ˌɪrɪ'geɪʃn] *n* riego *m*.

irritable ['ɪrɪtəbl] *adj* irritable.

irritate ['ɪrɪteɪt] *vt* irritar.

irritating ['ɪrɪteɪtɪŋ] *adj* irritante

irritation [ɪrɪ'teɪʃn] *n* 1. *(anger, soreness)* irritación *f*. 2. *(cause of anger)* motivo *m* de irritación.

IRS *(abbr of* **Internal Revenue Service)** *n Am*: **the ~** ≃ Hacienda *f*.

is [ɪz] → **be**.

ISDN (*abbr of* **Integrated Services Digital Network**) *n* RDSI *f*.

Islam ['ɪzlɑːm] *n (religion)* islam *m*.

island ['aɪlənd] *n* **1.** *(in water)* isla *f* **2.** *(in traffic)* isleta *f*, refugio *m*.

islander ['aɪləndəʳ] *n* isleño *m*, -ña *f*.

isle [aɪl] *n (as part of name)* isla *f*; *literary (island)* ínsula *f*.

Isle of Man *n*: **the ~** la isla de Man.

Isle of Wight [-waɪt] *n*: **the ~** la isla de Wight.

isn't ['ɪznt] = **is not**.

isobar ['aɪsəbɑːʳ] *n* isobara *f*.

isolate ['aɪsəleɪt] *vt*: **to ~ sb (from)** *(physically)* aislar a alguien (de); *(socially)* marginar a alguien (de).

isolated ['aɪsəleɪtɪd] *adj* aislado(da).

Israel ['ɪzreɪəl] *n* Israel.

Israeli [ɪz'reɪlɪ] ◇ *adj* israelí. ◇ *n* israelí *m y f*.

issue ['ɪʃuː] ◇ *n* **1.** *(important subject)* cuestión *f*, tema *m*; **at ~** en cuestión; **to make an ~ of sthg** darle demasiada importancia a algo. **2.** *(of newspaper, magazine)* número *m*, edición *f*. **3.** *(of stamps, shares, banknotes)* emisión *f*. ◇ *vt* **1.** *(decree)* promulgar; *(statement, warning)* hacer público(ca). **2.** *(stamps, shares, banknotes)* emitir. **3.** *(passport, document)*: **to ~ sthg to sb**, **to ~ sb with sthg** expedir algo a alguien.

isthmus ['ɪsməs] *n* istmo *m*

it [ɪt] *pron* **1.** *(referring to specific thing or person - subj)* él *m*, ella *f*; *(- direct object)* lo *m*, la *f*; *(- indirect object)* le; **~ is in my hand** está en mi mano; **did you find ~?** ¿lo encontraste?; **give ~ to me** dámelo; **he gave ~ a kick** le dio una patada. **2.** *(with prepositions)* él *m*, ella *f*; *(- meaning 'this matter' etc)* ello; **as if his life depended on ~** como si la fuera la vida en ello; **in ~** dentro; **have you been to ~ before?** ¿has estado antes?; **on ~** encima; **to talk about ~** hablar de él/ella/ello; **under/beneath ~** debajo; **beside ~** al lado; **from/of ~** de él/ella/ello; **over ~** por encima. **3.** *(impersonal use)*: **~ was raining** llovía; **~ is cold today** hace frío hoy; **~'s two o'clock** son las dos; **who is ~?** – **it's Mary/me** ¿quién es? – soy Mary/yo; **what day is ~?** ¿a qué (día) estamos hoy?

IT *n abbr of* **information technology**.

Italian [ɪ'tæljən] ◇ *adj* italiano(na). ◇ *n* **1.** *(person)* italiano *m*, -na *f*. **2.** *(language)* italiano *m*.

italic [ɪ'tælɪk] *adj* cursiva. ◆ **italics** *npl* cursiva *f*.

Italy ['ɪtəlɪ] *n* Italia.

itch [ɪtʃ] ◇ *n* picor *m*, picazón *f*. ◇ *vi* **1.** *(be itchy - person)* tener picazón; *(- arm, leg etc)* picar. **2.** *fig (be impatient)*: **to be ~ing to do sthg** estar deseando hacer algo.

itchy ['ɪtʃɪ] *adj* que pica.

it'd ['ɪtəd] = **it would**, **it had**.

item ['aɪtəm] *n* **1.** *(in collection)* artículo *m*; *(on list, agenda)* asunto *m*, punto *m*. **2.** *(article in newspaper)* artículo *m*; **news ~** noticia *f*.

itemize, -ise ['aɪtəmaɪz] *vt* detallar.

itinerary [aɪ'tɪnərərɪ] *n* itinerario *m*.

it'll [ɪtl] = **it will**.

its [ɪts] *poss adj* su, sus *(pl)*; **the dog broke ~ leg** el perro se rompió la pata.

it's [ɪts] = **it is**, **it has**.

itself [ɪt'self] *pron* **1.** *(reflexive)* se; *(after prep)* sí mismo(ma); **with ~** consigo mismo(ma). **2.** *(for emphasis)*: **the town ~ is lovely** el pueblo en sí es bonito; **in ~** en sí.

ITV (*abbr of* **Independent Television**) *n* ITV *f*, canal privado de televisión *en Gran Bretaña*.

I've [aɪv] = **I have**.

ivory ['aɪvərɪ] *n* marfil *m*.

ivy ['aɪvɪ] *n* hiedra *f*.

Ivy League *n Am* grupo de ocho prestigiosas universidades del este de los EEUU.

j (*pl* **j's** OR **js**), **J** (*pl* **J's** OR **Js**) [dʒeɪ] *n (letter)* j *f*, J *f*.

jab [dʒæb] ◇ *n Br inf (injection)* pinchazo *m*. ◇ *vt*: **to ~ sthg into** clavar algo en; **to ~ sthg at** apuntarle algo a.

jabber ['dʒæbəʳ] *vi* charlotear.

jack [dʒæk] *n* **1.** *(device)* gato *m*. **2.** *(playing card)* = sota *f*. ◆ **jack up** *vt sep* **1.** *(lift with a jack)* levantar con gato. **2.** *(force up)* subir.

jackal ['dʒækəl] *n* chacal *m*.

jackdaw ['dʒækdɔː] *n* grajilla *f*.

jacket ['dʒækɪt] *n* **1.** *(garment)* chaqueta *f*, americana *f*, saco *m Amer.* **2.** *(potato* *skin*) piel f. **3.** *(book cover)* sobrecubierta f. **4.** *Am (of record)* cubierta f.

jacket potato n patata f asada con piel.

jackhammer [ˈdʒækˌhæməʳ] n *Am* martillo m neumático.

jack knife n navaja f. ♦ **jack-knife** *vi* derrapar la parte delantera.

jack plug n (enchufe m de) clavija f.

jackpot [ˈdʒækpɒt] n (premio m) gordo m.

jaded [ˈdʒeɪdɪd] adj *(tired)* agotado(da); *(bored)* hastiado(da).

jagged [ˈdʒægɪd] adj dentado(da).

jail [dʒeɪl] ◇ n cárcel f ◇ vt encarcelar

jailer [ˈdʒeɪləʳ] n carcelero m, -ra f.

jam [dʒæm] ◇ n **1.** *(preserve)* mermelada f. **2.** *(of traffic)* embotellamiento m, atasco m. **3.** *inf (difficult situation)*: **to get into/be in a ~** meterse/estar en un apuro. ◇ vt **1.** *(place roughly)* meter a la fuerza **2.** *(fix)* sujetar; **~ the door shut** atranca la puerta. **3.** *(pack tightly)* apiñar. **4.** *(fill)* abarrotar, atestar. **5.** (TELEC) bloquear **6.** *(cause to stick)* atascar. **7.** (RADIO) interferir. ◇ vi *(stick)* atascarse.

Jamaica [dʒəˈmeɪkə] n Jamaica.

jam-packed [-ˈpækt] adj inf a tope.

jangle [ˈdʒæŋgl] vi tintinear.

janitor [ˈdʒænɪtəʳ] n *Am & Scot* conserje m, portero m.

January [ˈdʒænjʊərɪ] n enero m; *see also* **September**.

Japan [dʒəˈpæn] n (el) Japón.

Japanese [ˌdʒæpəˈniːz] *(pl inv)* ◇ adj japonés(esa). ◇ n *(language)* japonés m. ◇ npl: **the ~** los japoneses.

jar [dʒɑːʳ] ◇ n tarro m. ◇ vt *(shake)* sacudir. ◇ vi **1.** *(upset)*: **to ~ (on sb)** poner los nervios de punta (a alguien). **2.** *(clash - opinions)* discordar; *(- colours)* desentonar.

jargon [ˈdʒɑːgən] n jerga f.

jaundice [ˈdʒɔːndɪs] n ictericia f.

jaundiced [ˈdʒɔːndɪst] adj fig *(attitude, view)* desencantado(da).

jaunt [dʒɔːnt] n excursión f.

jaunty [ˈdʒɔːntɪ] adj *(hat, wave)* airoso (sa); *(person)* vivaz, desenvuelto(ta).

javelin [ˈdʒævlɪn] n jabalina f.

jaw [dʒɔː] n *(of person)* mandíbula f; *(of animal)* quijada f

jawbone [ˈdʒɔːbəʊn] n *(of person)* mandíbula f, maxilar m; *(of animal)* quijada f.

jay [dʒeɪ] n arrendajo m.

jaywalker [ˈdʒeɪwɔːkəʳ] n peatón m imprudente.

jazz [dʒæz] n (MUS) jazz m. ♦ **jazz up** vt sep inf alegrar, avivar

jazzy [ˈdʒæzɪ] adj *(bright)* llamativo(va).

jealous [ˈdʒeləs] adj **1.** *(envious)*: **to be ~ (of)** tener celos OR estar celoso(sa) (de). **2.** *(possessive)*: **to be ~ (of)** ser celoso(sa) (de).

jealousy [ˈdʒeləsɪ] n (U) celos mpl

jeans [dʒiːnz] npl vaqueros mpl, tejanos mpl.

Jeep® [dʒiːp] n Jeep® m, campero m *Col*.

jeer [dʒɪəʳ] ◇ vt *(boo)* abuchear; *(mock)* mofarse de. ◇ vi: **to ~ (at sb)** *(boo)* abuchear (a alguien); *(mock)* mofarse (de alguien)

Jehovah's Witness [dʒɪˈhəʊvəz-] n testigo m y f de Jehová.

Jello® [ˈdʒeləʊ] n *Am* jalea f, gelatina f

jelly [ˈdʒelɪ] n **1.** *(dessert)* jalea f, gelatina f. **2.** *(jam)* mermelada f.

jellyfish [ˈdʒelɪfɪʃ] *(pl inv OR -es)* n medusa f.

jeopardize, -ise [ˈdʒepədaɪz] vt poner en peligro, arriesgar.

jerk [dʒɜːk] ◇ n **1.** *(of head)* movimiento m brusco; *(of arm)* tirón m; *(of vehicle)* sacudida f. **2.** v inf *(fool)* idiota m y f, majadero m, -ra f. ◇ vi *(person)* saltar; *(vehicle)* dar sacudidas.

jersey [ˈdʒɜːzɪ] *(pl jerseys)* n *(sweater)* jersey m.

Jersey [ˈdʒɜːzɪ] n Jersey.

jest [dʒest] n: **in ~** en broma.

Jesus (Christ) [ˈdʒiːzəs-] n Jesús m, Jesucristo m.

jet [dʒet] n **1.** *(aircraft)* reactor m. **2.** *(stream)* chorro m. **3.** *(nozzle, outlet)* boquilla f.

jet-black adj negro(gra) azabache.

jet engine n reactor m.

jetfoil [ˈdʒetfɔɪl] n hidroplano m.

jet lag n aturdimiento tras un largo viaje en avión.

jetsam [ˈdʒetsəm] → **flotsam**.

jet ski n moto f acuática.

jettison [ˈdʒetɪsən] vt *(cargo)* deshacerse de; fig *(ideas)* desechar

jetty [ˈdʒetɪ] n embarcadero m.

Jew [dʒuː] n judío m, -a f

jewel [ˈdʒuːəl] n **1.** *(gemstone)* piedra f preciosa. **2.** *(jewellery)* joya f.

jeweller Br, **jeweler** *Am* [ˈdʒuːələʳ] n joyero m, -ra f; **~'s (shop)** joyería f.

jewellery Br, **jewelry** *Am* [ˈdʒuːəlrɪ] n (U) joyas fpl, alhajas fpl.

Jewess [ˈdʒuːɪs] n judía f

Jewish [ˈdʒuːɪʃ] adj judío(a).

jib [dʒɪb] n **1.** *(beam)* aguilón m. **2.** *(sail)* foque m

jibe [dʒaɪb] *n* pulla *f*, burla *f*.

jiffy ['dʒɪfɪ] *n inf*: **in a ~** en un santiamén.

Jiffy bag® *n* sobre *m* acolchado.

jig [dʒɪg] *n* giga *f*.

jigsaw (puzzle) ['dʒɪgsɔː-] *n* rompecabezas *m inv*, puzzle *m*.

jilt [dʒɪlt] *vt* dejar plantado(da).

jingle ['dʒɪŋgl] ◇ *n (song)* sintonía *de anuncio publicitario.* ◇ *vi* tintinear

jinx [dʒɪŋks] *n* gafe *m*.

jitters ['dʒɪtəz] *npl inf*: **to have the ~** estar como un flan.

job [dʒɒb] *n* **1.** *(paid employment)* trabajo *m*, empleo *m*. **2.** *(task)* trabajo *m*. **3.** *(difficult task)*: **we had a ~ doing it** nos costó trabajo hacerlo. **4.** *(function)* cometido *m*. **5.** *phr*: **that's just the ~** *Br inf* eso me viene de perilla.

job centre *n Br* oficina *f* de empleo.

jobless ['dʒɒblɪs] *adj* desempleado (da).

jobsharing ['dʒɒbˌʃeərɪŋ] *n (U)* empleo *m* compartido.

jockey ['dʒɒkɪ] *(pl* -**s**) ◇ *n* jockey *m*, jinete *m*. ◇ *vi*: **to ~ for position** competir por colocarse en mejor posición.

jocular ['dʒɒkjʊlər] *adj* **1.** *(cheerful)* bromista. **2.** *(funny)* jocoso(sa).

jodhpurs ['dʒɒdpəz] *npl* pantalón *m* de montar.

jog [dʒɒg] ◇ *n* trote *m*; **to go for a ~** hacer footing. ◇ *vt* golpear ligeramente; **to ~ sb's memory** refrescar la memoria a alguien. ◇ *vi* hacer footing.

jogging ['dʒɒgɪŋ] *n* footing *m*.

john [dʒɒn] *n Am inf (toilet)* baño *m*, wáter *m Esp*.

join [dʒɔɪn] ◇ *n* juntura *f*. ◇ *vt* **1.** *(unite)* unir, juntar. **2.** *(get together with)* reunirse con. **3.** *(become a member of - political party)* afiliarse a; *(- club)* hacerse socio de; *(- army)* alistarse en. **4.** *(take part in)* unirse a; **to ~ a queue** *Br*, **to ~ a line** *Am* meterse en la cola. ◇ *vi* **1.** *(rivers)* confluir; *(edges, pieces)* unirse, juntarse. **2.** *(become a member - of political party)* afiliarse; *(- of club)* hacerse socio; *(- of army)* alistarse. ◆ **join in** *vt fus* participar en. ◇ *vi* participar. ◆ **join up** *vi* (MIL) alistarse.

joiner ['dʒɔɪnər] *n* carpintero *m*.

joinery ['dʒɔɪnərɪ] *n* carpintería *f*

joint [dʒɔɪnt] ◇ *adj (responsibility)* compartido(da); *(effort)* conjunto(ta); ~ **owner** copropietario *m*, -ria *f*. ◇ *n* **1.** (ANAT) articulación *f*. **2.** *(place where things are joined)* juntura *f*. **3.** *Br (of meat - uncooked)* corte *m* para asar;

(- cooked) asado *m*. **4.** *inf pej (place)* antro *m*. **5.** *drugs sl* porro *m*.

joint account *n* cuenta *f* conjunta.

jointly ['dʒɔɪntlɪ] *adv* conjuntamente.

joist [dʒɔɪst] *n* vigueta *f*.

joke [dʒəʊk] ◇ *n (funny story)* chiste *m*; *(funny action)* broma *f*; **to play a ~ on sb** gastarle una broma a alguien; **it's no ~** *(not easy)* no es (nada) fácil. ◇ *vi* bromear; **you're joking** estás de broma; **to ~ about sthg/with sb** bromear acerca de algo/con alguien.

joker ['dʒəʊkər] *n* **1.** *(person)* bromista *m y f*. **2.** *(playing card)* comodín *m*.

jolly ['dʒɒlɪ] ◇ *adj (person, laugh)* alegre; *(time)* divertido(da). ◇ *adv Br inf* muy.

jolt [dʒəʊlt] ◇ *n lit & fig* sacudida *f* ◇ *vt (jerk)* sacudir, zarandear.

Jordan ['dʒɔːdn] *n* Jordania.

jostle ['dʒɒsl] ◇ *vt* empujar, dar empujones a. ◇ *vi* empujar, dar empujones.

jot [dʒɒt] *n* pizca *f*. ◆ **jot down** *vt sep* apuntar, anotar.

jotter ['dʒɒtər] *n* bloc *m*.

journal ['dʒɜːnl] *n* **1.** *(magazine)* revista *f*, boletín *m*. **2.** *(diary)* diario *m*.

journalism ['dʒɜːnəlɪzm] *n* periodismo *m*.

journalist ['dʒɜːnəlɪst] *n* periodista *m y f*.

journey ['dʒɜːnɪ] *(pl* -**s**) *n* viaje *m*.

jovial ['dʒəʊvjəl] *adj* jovial.

jowls [dʒaʊlz] *npl* carrillo *m*.

joy [dʒɔɪ] *n* **1.** *(happiness)* alegría *f*, regocijo *m*. **2.** *(cause of joy)* placer *m*.

joyful ['dʒɔɪfʊl] *adj* alegre.

joyous ['dʒɔɪəs] *adj* jubiloso(sa).

joyride ['dʒɔɪraɪd] *(pt* -**rode**, *pp* -**ridden**) *vi* darse una vuelta en un coche robado.

joystick ['dʒɔɪstɪk] *n (of aircraft)* palanca *f* de mando; *(for video games, computers)* joystick *m*.

JP *n abbr of* **Justice of the Peace**.

Jr. *Am (abbr of Junior)* jr.

jubilant ['dʒuːbɪlənt] *adj (person)* jubiloso(sa); *(shout)* alborozado(da).

jubilee ['dʒuːbɪliː] *n* aniversario *m*.

judge [dʒʌdʒ] ◇ *n (gen & JUR)* juez *m y f* ◇ *vt* **1.** *(gen & JUR)* juzgar. **2.** *(age, distance)* calcular. ◇ *vi* juzgar; **to ~ from** OR **by, judging from** OR **by a** juzgar por.

judg(e)ment ['dʒʌdʒmənt] *n* **1.** (JUR) fallo *m*, sentencia *f* **2.** *(opinion)* juicio *m*; **to pass ~ (on sb/sthg)** pronunciarse (sobre alguien/algo). **3.** *(ability to form opinion)* juicio *m*

judiciary [dʒuːˈdɪʃərɪ] *n*: **the ~** el poder judicial.

judicious [dʒuːˈdɪʃəs] *adj* juicioso(sa).

judo [ˈdʒuːdəʊ] *n* judo *m*.

jug [dʒʌg] *n* jarra *f*.

juggernaut [ˈdʒʌgənɔːt] *n* camión *m* grande.

juggle [ˈdʒʌgl] ◊ *vt* 1. *(throw)* hacer juegos malabares con. 2. *(rearrange)* jugar con. ◊ *vi* hacer juegos malabares.

juggler [ˈdʒʌglər] *n* malabarista *m* y *f*.

jugular (vein) [ˈdʒʌgjʊlər-] *n* yugular *f*.

juice [dʒuːs] *n* 1. *(from fruit, vegetables)* zumo *m*, jugo *m*. 2. *(from meat)* jugo *m*.

juicy [ˈdʒuːsɪ] *adj* 1. *(gen)* jugoso(sa). 2. *inf (scandalous)* picante.

jukebox [ˈdʒuːkbɒks] *n* máquina *f* de discos.

July [dʒuːˈlaɪ] *n* julio *m*; *see also* **September**.

jumble [ˈdʒʌmbl] ◊ *n (mixture)* revoltijo *m*. ◊ *vt*: **to ~ (up)** revolver.

jumble sale *n Br* rastrillo *m* benéfico.

jumbo jet [ˈdʒʌmbəʊ-] *n* jumbo *m*.

jumbo-sized [ˈdʒʌmbəʊsaɪzd] *adj* gigante.

jump [dʒʌmp] ◊ *n* 1. *(act of jumping)* salto *m*. 2. *(rapid increase)* incremento *m*, salto *m* ◊ *vt* 1. *(cross by jumping)* saltar. 2. *inf (attack)* asaltar. ◊ *vi* 1. *(spring)* saltar. 2. *(make a sudden movement)* sobresaltarse. 3. *(increase rapidly)* aumentar de golpe. ◆ **jump at** *vt fus* no dejar escapar.

jumper [ˈdʒʌmpər] *n* 1. *Br (pullover)* jersey *m*. 2. *Am (dress)* pichi *m Esp*, jumper *m Amer*.

jump leads *npl* cables *mpl* de empalme *(de batería)*.

jump-start *vt* arrancar empujando.

jumpsuit [ˈdʒʌmpsuːt] *n* mono *m*.

jumpy [ˈdʒʌmpɪ] *adj* inquieto(ta).

junction [ˈdʒʌŋkʃn] *n (of roads)* cruce *m*; *(of railway lines)* empalme *m*.

June [dʒuːn] *n* junio *m*; *see also* **September**.

jungle [ˈdʒʌŋgl] *n lit & fig* selva *f*.

junior [ˈdʒuːnjər] ◊ *adj* 1. *(officer)* subalterno(na); *(partner, member)* de menor antigüedad, júnior *(inv)* 2. *Am (after name)* júnior *(inv)*, hijo(ja). ◊ *n* 1. *(person of lower rank)* subalterno *m*, -na *f*. 2. *(younger person)*: **he's my ~** soy mayor que él. 3. *Am (SCH & UNIV)* alumno de penúltimo año.

junior high school *n Am* ≃ instituto *m* de bachillerato *(13-15 años)*.

junior school *n Br* ≃ escuela *f* primaria.

junk [dʒʌŋk] *n inf (U) (unwanted things)* trastos *mpl*.

junk food *n (U) pej* comida preparada poco nutritiva o saludable.

junkie [ˈdʒʌŋkɪ] *n drugs sl* yonqui *m* y *f*.

junk mail *n (U) pej* propaganda *f (por correo)*.

junk shop *n* tienda *f* de objetos usados

Jupiter [ˈdʒuːpɪtər] *n* Júpiter *m*.

jurisdiction [ˌdʒʊərɪsˈdɪkʃn] *n* jurisdicción *f*.

juror [ˈdʒʊərər] *n* jurado *m*.

jury [ˈdʒʊərɪ] *n* jurado *m*.

just [dʒʌst] ◊ *adv* 1. *(recently)*: **he has ~ left/moved** acaba de salir/mudarse. 2. *(at that moment)*: **we were ~ leaving when ...** justo íbamos a salir cuando ...; **I'm ~ about to do it** voy a hacerlo ahora; **I couldn't do it ~ then** no lo podía hacer en aquel momento; **~ as I was leaving** justo en el momento en que salía. 3. *(only, simply)* sólo, solamente; **'~ add water'** 'añada un poco de agua'; **~ a minute** OR **moment** OR **second** un momento. 4. *(almost not)* apenas; **(only) ~ did it** conseguí hacerlo por muy poco 5. *(for emphasis)*: **I ~ know it!** ¡estoy seguro! 6. *(exactly, precisely)* exactamente; **~ what I need** justo lo que necesito; **~ here/ there** aquí/allí mismo. 7. *(in requests)*: **could you ~ open your mouth?** ¿podrías abrir la boca un momento, por favor? ◊ *adj* justo(ta). ◆ **just about** *adv* casi. ◆ **just as** *adv*: **~ as ... as** tan ... como, igual de ... que ◆ **just now** *adv* 1. *(a short time ago)* hace un momento. 2. *(at this moment)* justo ahora, ahora mismo.

justice [ˈdʒʌstɪs] *n* justicia *f*; **to bring sb to ~** llevar a alguien ante los tribunales.

Justice of the Peace *(pl Justices of the Peace)* *n* juez *m* y *f* de paz.

justify [ˈdʒʌstɪfaɪ] *vt*: **to ~ (sthg/doing sthg)** justificar (algo/el haber hecho algo).

jut [dʒʌt] *vi*: **to ~ (out)** sobresalir.

juvenile [ˈdʒuːvənaɪl] ◊ *adj* 1. (JUR) juvenil. 2. *(childish)* infantil. ◊ *n* (JUR) menor *m* y *f* (de edad).

juxtapose [ˌdʒʌkstəˈpəʊz] *vt*: **to ~ sthg (with)** yuxtaponer algo (a).

K

k (*pl* **k's** OR **ks**), **K** (*pl* **K's** OR **Ks**) [keɪ] *n* (letter) k *f*, K *f*. ◆ **K 1.** (*abbr of* **kilobyte(s)**) K. **2.** *abbr of* **thousand**.

kaleidoscope [kə'laɪdəskəʊp] *n lit & fig* caleidoscopio *m*.

kangaroo [ˌkæŋɡə'ruː] *n* canguro *m*.

karaoke [ˌkærɪ'əʊkɪ] *n* karaoke *m*.

karat ['kærət] *n Am* quilate *m*.

karate [kə'rɑːtɪ] *n* kárate *m*.

kayak ['kaɪæk] *n* kayac *m*.

KB *n abbr of* **kilobyte**.

kcal (*abbr of* **kilocalorie**) kcal.

kebab [kɪ'bæb] *n* pincho *m* moruno.

keel [kiːl] *n* quilla *f*; **on an even ~** en equilibrio estable.

keen [kiːn] *adj* **1.** (*enthusiastic*) entusiasta; **to be ~ on sthg** ser aficionado (da) a algo; **she is ~ on you** tú le gustas; **to be ~ to do** OR **on doing sthg** tener ganas de hacer algo. **2.** (*intense - interest, desire*) profundo(da); (*- competition*) reñido(da). **3.** (*sharp - sense of smell, hearing, vision*) agudo(da); (*- eye, ear*) fino(na); (*- mind*) agudo.

keep [kiːp] (*pt & pp* **kept**) ◇ *vt* **1.** (*maintain in a particular place or state or position*) mantener; **to ~ sb waiting/awake** tener a alguien esperando/despierto. **2.** (*retain*) quedarse con; **~ the change** quédese con la vuelta. **3.** (*put aside, store*) guardar. **4.** (*prevent*): **to ~ sb/sthg from doing sthg** impedir a alguien/algo hacer algo. **5.** (*detain*) detener; **to ~ sb waiting** hacer esperar a alguien. **6.** (*fulfil, observe - appointment*) acudir a; (*- promise, vow*) cumplir. **7.** (*not disclose*): **to ~ sthg from sb** ocultar algo a alguien; **to ~ sthg to o.s.** no contarle a nadie. **8.** (*in writing - record, account*) llevar; (*- diary*) escribir; (*- note*) tomar. **9.** (*own - animals*) criar; (*- shop*) tener. ◇ *vi* **1.** (*remain*) mantenerse; **to ~ quiet** callarse. **2.** (*continue*): **to ~ doing sthg** (*repeatedly*) no dejar de hacer algo; (*without stopping*) continuar OR seguir haciendo algo; **to ~ going** seguir adelante **3.** (*continue in a particular direction*) continuar, seguir; **to ~ left/right** circular por la izquierda/derecha. **4.** (*food*) conservarse. **5.** *Br* (*be in a particular state of health*) estar, andar. ◇ *n*

(*food, board etc*): **to earn one's ~** ganarse el pan. ◆ **keeps** *n*: **for ~s** para siempre. ◆ **keep back** *vt sep* (*information*) ocultar; (*money, salary*) retener. ◆ **keep off** *vt fus*: '**~ off the grass**' 'no pisar la hierba'. ◆ **keep on** *vi* **1.** (*continue*): **to ~ on doing sthg** (*continue to do*) continuar OR seguir haciendo algo; (*do repeatedly*) no dejar de hacer algo. **2.** (*talk incessantly*): **to ~ on (about)** seguir dale que te pego (con). ◆ **keep out** ◇ *vt sep* no dejar pasar ◇ *vi*: '**~ out**' 'prohibida la entrada'. ◆ **keep to** *vt fus* (*follow*) ceñirse a. ◆ **keep up** ◇ *vt sep* mantener. ◇ *vi* (*maintain pace, level etc*) mantener el ritmo; **to ~ up with sb/sthg** seguir el ritmo de alguien/algo.

keeper ['kiːpər] *n* guarda *m* y *f*.

keep-fit *n* (*U*) *Br* ejercicios *mpl* de mantenimiento.

keeping ['kiːpɪŋ] *n* **1.** (*care*): **in sb's ~** al cuidado de alguien; **in safe ~** en lugar seguro. **2.** (*conformity, harmony*): **in/out of ~ (with)** en armonía/desacuerdo (con).

keepsake ['kiːpseɪk] *n* recuerdo *m*.

keg [keɡ] *n* barrilete *m*.

kennel ['kenl] *n* **1.** (*for dog*) caseta *f* del perro. **2.** *Am* = **kennels**. ◆ **kennels** *npl Br* residencia *f* para perros.

Kenya ['kenjə] *n* Kenia *f*.

Kenyan ['kenjən] ◇ *adj* keniano(na). ◇ *n* keniano *m*, -na *f*.

kept [kept] *pt & pp* → **keep**.

kerb [kɜːb] *n Br* bordillo *m*.

kernel ['kɜːnl] *n* (*of nut, fruit*) pepita *f*.

kerosene ['kerəsiːn] *n* queroseno *m*.

kestrel ['kestrəl] *n* cernícalo *m*.

ketchup ['ketʃəp] *n* catsup *m*.

kettle ['ketl] *n* tetera *f* para hervir.

key [kiː] ◇ *n* **1.** (*for lock*) llave *f*. **2.** (*of typewriter, computer, piano*) tecla *f*. **3.** (*explanatory list*) clave *f*. **4.** (*solution, answer*): **the ~ (to)** la clave (de). **5.** (MUS) (*scale of notes*) tono *m*. ◇ *adj* clave (*inv*).

keyboard ['kiːbɔːd] *n* teclado *m*.

keyed up [kiːd-] *adj* nervioso(sa).

keyhole ['kiːhəʊl] *n* ojo *m* de la cerradura.

keynote ['kiːnəʊt] *comp*: **~ speech** discurso *m* que marca la tónica.

keypad ['kiːpæd] *n* teclado *m* (*de teléfono, fax etc*).

key ring *n* llavero *m*.

kg (*abbr of* **kilogram**) kg *m*.

khaki ['kɑːkɪ] ◇ *adj* caqui. ◇ *n* caqui *m*.

kick [kɪk] ◇ *n* **1.** *(from person)* patada *f*, puntapié *m*; *(from animal)* coz *f*. **2.** *inf (excitement)*: **to get a ~ from sthg** disfrutar con algo ◇ *vt* **1.** *(hit with foot)* dar una patada OR un puntapié a. **2.** *inf (give up)* dejar. ◇ *vi (person)* dar patadas; *(animal)* dar coces, cocear. ◆ **kick about, kick around** *vi Br inf* andar rondando por ahí. ◆ **kick off** *vi (football)* hacer el saque inicial. ◆ **kick out** *vt sep inf* echar, poner de patitas en la calle.

kid [kɪd] ◇ *n* **1.** *inf (child)* crío *m*, -a *f*. **2.** *inf (young person)* chico *m*, -ca *f*, chaval *m*, -la *f*. **3.** *(young goat)* cabrito *m*. **4.** *(leather)* cabritilla *f*. ◇ *comp inf (brother, sister)* menor. ◇ *vt inf* **1.** *(tease)* tomar el pelo a. **2.** *(delude)*: **to ~ o.s.** hacerse ilusiones ◇ *vi inf*: **to be kidding** estar de broma.

kidnap [ˈkɪdnæp] *vt* secuestrar, raptar, plagiar *CAm & Méx.*

kidnapper *Br*, **kidnaper** *Am* [ˈkɪdnæpəʳ] *n* secuestrador *m*, -ra *f*, raptor *m*, -ra *f*, plagiario *m*, -ria *f CAm & Méx.*

kidnapping *Br*, **kidnaping** *Am* [ˈkɪdnæpɪŋ] *n* secuestro *m*, rapto *m*, plagio *m CAm & Méx.*

kidney [ˈkɪdnɪ] *(pl* **kidneys)** *n* (ANAT & CULIN) riñón *m*.

kidney bean *n* judía *f* pinta.

kill [kɪl] ◇ *vt* **1.** *(gen)* matar. **2.** *fig (cause to end, fail)* poner fin a. **3.** *(occupy)*: **to ~ time** matar el tiempo. ◇ *vi* matar. ◇ *n* **1.** *(killing)* matanza *f*. **2.** *(dead animal)* pieza *f*.

killer [ˈkɪləʳ] *n (person, animal)* asesino *m*, -na *f*.

killing [ˈkɪlɪŋ] *n* asesinato *m*.

killjoy [ˈkɪldʒɔɪ] *n* aguafiestas *m y f inv.*

kiln [kɪln] *n* horno *m*.

kilo [ˈkiːləʊ] *(pl* **-s)** *(abbr of* **kilogram)** *n* kilo *m*.

kilobyte [ˈkɪləbaɪt] *n* kilobyte *m*.

kilogram(me) [ˈkɪləgræm] *n* kilogramo *m*.

kilohertz [ˈkɪləhɜːtz] *(pl inv)* *n* kilohercio *m*.

kilometre *Br* [ˈkɪləˌmiːtəʳ], **kilometer** *Am* [kɪˈlɒmɪtəʳ] *n* kilómetro *m*.

kilowatt [ˈkɪləwɒt] *n* kilovatio *m*.

kilt [kɪlt] *n* falda *f* escocesa

kin [kɪn] → **kith.**

kind [kaɪnd] ◇ *adj (person, gesture)* amable; *(thought)* considerado(da). ◇ *n* tipo *m*, clase *f*; **a ~ of** una especie de; **~ of** *Am inf* un poco; **they're two of a ~** son tal para cual; **in ~** *(payment)* en especie

kindergarten [ˈkɪndəˌgɑːtn] *n* jardín *m* de infancia.

kind-hearted [-ˈhɑːtɪd] *adj* bondadoso(sa).

kindle [ˈkɪndl] *vt* **1.** *(fire)* encender. **2.** *fig (idea, feeling)* despertar.

kindly [ˈkaɪndlɪ] ◇ *adj* amable, bondadoso(sa) ◇ *adv* **1.** *(gently, favourably)* amablemente. **2.** *(please)*: **will you ~ …?** ¿sería tan amable de …?

kindness [ˈkaɪndnɪs] *n* **1.** *(gentleness)* amabilidad *f*. **2.** *(helpful act)* favor *m*.

kindred [ˈkɪndrɪd] *adj (similar)* afín; **~ spirit** alma *f* gemela

king [kɪŋ] *n* rey *m*.

kingdom [ˈkɪŋdəm] *n* reino *m*.

kingfisher [ˈkɪŋˌfɪʃəʳ] *n* martín *m* pescador.

king-size(d) [-saɪz(d)] *adj (cigarette)* extra largo; *(bed, pack)* gigante.

kinky [ˈkɪŋkɪ] *adj inf* morboso(sa), pervertido(da).

kiosk [ˈkiːɒsk] *n* **1.** *(small shop)* quiosco *m*. **2.** *Br (telephone box)* cabina *f* telefónica.

kip [kɪp] *Br inf* ◇ *n* sueñecito *m*. ◇ *vi* dormir.

kipper [ˈkɪpəʳ] *n* arenque *m* ahumado.

kiss [kɪs] ◇ *n* beso *m* ◇ *vt* besar. ◇ *vi* besarse.

kiss of life *n (to resuscitate sb)*: **the ~** la respiración boca a boca.

kit [kɪt] *n* **1.** *(set)* utensilios *mpl*, equipo *m*. **2.** *Br (clothes)* equipo *m*. **3.** *(to be assembled)* modelo *m* para armar, kit *m*.

kit bag *n* macuto *m*, petate *m*.

kitchen [ˈkɪtʃɪn] *n* cocina *f*.

kitchen sink *n* fregadero *m*.

kitchen unit *n* módulo *m* OR armario *m* de cocina.

kite [kaɪt] *n (toy)* cometa *f*.

kith [kɪθ] *n*: **~ and kin** parientes *mpl* y amigos.

kitten [ˈkɪtn] *n* gatito *m*.

kitty [ˈkɪtɪ] *n (for bills, drinks)* fondo *m* común; *(in card games)* bote *m*, puesta *f*.

kiwi [ˈkiːwiː] *n* **1.** *(bird)* kiwi *m*. **2.** *inf (New Zealander)* persona *f* de Nueva Zelanda.

kiwi fruit *n* kiwi *m*.

km *(abbr of* **kilometre)** km.

km/h *(abbr of* **kilometres per hour)** km/h.

knack [næk] *n*: **it's easy once you've got the ~** es fácil cuando le coges el tranquillo; **he has the ~ of appearing at the right moment** tiene el don de aparecer en el momento adecuado.

knackered ['nækəd] *adj Br inf* hecho (cha) polvo.

knapsack ['næpsæk] *n* mochila *f*.

knead [ni:d] *vt* amasar.

knee [ni:] *n* rodilla *f*.

kneecap ['ni:kæp] *n* rótula *f*.

kneel [ni:l] (*Br pt & pp* **knelt,** *Am pt & pp* **-ed** OR **knelt**) *vi* arrodillarse.
♦ **kneel down** *vi* arrodillarse.

knelt [nelt] *pt & pp* → **kneel.**

knew [nju:] *pt* → **know.**

knickers ['nɪkəz] *npl* **1.** *Br (underwear)* bragas *fpl Esp,* calzones *mpl Amer,* pantaletas *fpl Col & Méx,* bombachas *fpl CSur.* **2.** *Am (knickerbockers)* bombachos *mpl.*

knick-knack ['nɪknæk] *n* baratija *f*.

knife [naɪf] (*pl* **knives**) ◇ *n* cuchillo *m*. ◇ *vt* acuchillar.

knight [naɪt] ◇ *n* **1.** (HIST) caballero *m*. **2.** *(knighted man)* hombre con el título de 'Sir'. **3.** *(in chess)* caballo *m*. ◇ *vt* conceder el título de 'Sir' a.

knighthood ['naɪthʊd] *n* **1.** *(present-day title)* título *m* de 'Sir'. **2.** (HIST) título *m* de caballero.

knit [nɪt] (*pt & pp* **knit** OR **-ted**) ◇ *vt (make with wool)* tejer, tricotar. ◇ *vi* **1.** *(with wool)* hacer punto, tricotar. **2.** *(join)* soldarse.

knitting ['nɪtɪŋ] *n (U)* **1.** *(activity)* labor *f* de punto. **2.** *(work produced)* punto *m*, calceta *f*.

knitting needle *n* aguja *f* de hacer punto.

knitwear ['nɪtweəʳ] *n (U)* género *m* OR ropa *f* de punto.

knives [naɪvz] *pl* → **knife.**

knob [nɒb] *n* **1.** *(on door, drawer, bedstead)* pomo *m*. **2.** *(on TV, radio etc)* botón *m*.

knock [nɒk] ◇ *n* **1.** *(hit)* golpe *m*. **2.** *inf (piece of bad luck)* revés *m*. ◇ *vt* **1.** *(hit hard)* golpear; **to ~ sb over** *(gen)* hacer caer a alguien; (AUT) atropellar a alguien; **to ~ sthg over** tirar OR volcar algo. **2.** *(make by hitting)* hacer, abrir. **3.** *inf (criticize)* poner por los suelos ◇ *vi* **1.** *(on door):* **to ~ (at** OR **on)** llamar (a). **2.** *(car engine)* traquetear.
♦ **knock down** *vt sep* **1.** *(subj: car, driver)* atropellar. **2.** *(building)* derribar.
♦ **knock off** *vi inf (stop working)* parar de currar.
♦ **knock out** *vt sep* **1.** *(subj: person, punch)* dejar sin conocimiento; *(subj: drug)* dejar dormido a. **2.** *(elim-*

inate from competition) eliminar.

knocker ['nɒkəʳ] *n (on door)* aldaba *f*.

knock-kneed [-'ni:d] *adj* patizambo (ba).

knock-on effect *n Br* reacción *f* en cadena.

knockout ['nɒkaʊt] *n* K.O. *m*.

knot [nɒt] ◇ *n* **1.** *(gen)* nudo *m*; **to tie/untie a ~** hacer/deshacer un nudo. **2.** *(of people)* corrillo *m*. ◇ *vt* anudar.

knotty ['nɒtɪ] *adj* intrincado(da).

know [nəʊ] (*pt* **knew,** *pp* **known**) ◇ *vt* **1.** *(gen):* **to ~ (that)** saber (que); *(language)* saber hablar; **to ~ how to do sthg** saber hacer algo; **to get to ~ sthg** enterarse de algo; **to let sb ~ (about)** avisar a alguien (de). **2.** *(be familiar with - person, place)* conocer; **to get to ~ sb** llegar a conocer a alguien. ◇ *vi* **1.** *(have knowledge)* saber; **to ~ of** OR **about sthg** saber algo, estar enterado(da) de algo; **you ~** *(to emphasize)* ¿sabes?; *(to remind)* ¡ya sabes!, ¡sí hombre! **2.** *(be knowledgeable):* **to ~ about sthg** saber de algo. ◇ *n:* **to be in the ~** estar enterado(da).

know-all *n Br* sabelotodo *m y f*.

know-how *n* conocimientos *mpl*.

knowing ['nəʊɪŋ] *adj* cómplice.

knowingly ['nəʊɪŋlɪ] *adv* **1.** *(in knowing manner)* con complicidad. **2.** *(intentionally)* adrede.

know-it-all = **know-all.**

knowledge ['nɒlɪdʒ] *n (U)* conocimiento *m*; **to the best of my ~** por lo que yo sé.

knowledgeable ['nɒlɪdʒəbl] *adj* entendido(da).

known [nəʊn] *pp* → **know.**

knuckle ['nʌkl] *n* **1.** (ANAT) nudillo *m*. **2.** *(of meat)* jarrete *m*.

knuckle-duster *n* puño *m* americano.

koala (bear) [kəʊ'ɑːlə-] *n* koala *m*.

Koran [kɒ'rɑːn] *n:* **the ~** el Corán *m*.

Korea [kə'rɪə] *n* Corea.

Korean [kə'rɪən] ◇ *adj* coreano(na). ◇ *n* **1.** *(person)* coreano *m*, -na *f*. **2.** *(language)* coreano *m*.

kosher ['kəʊʃəʳ] *adj* **1.** *(meat)* permitido por la religión judía. **2.** *inf (reputable)* limpio(pia), legal.

Koweit [kəʊ'weɪt] = **Kuwait.**

kung fu [ˌkʌŋ'fuː] *n* kung-fu *m*.

Kurd [kɜːd] *n* kurdo *m*, -da *f*.

Kuwait [kʊ'weɪt] *n* Kuwait.

l¹ (*pl* l's OR ls), **L** (*pl* L's OR Ls) [el] *n* (*letter*) l *f*, L *f*.
l² (*abbr of* litre) l.
lab [læb] *inf* = laboratory.
label ['leɪbl] ◇ *n* 1. (*identification*) etiqueta *f*. 2. (*of record*) sello *m* discográfico. ◇ *vt* 1. (*fix label to*) etiquetar. 2. *usu pej* (*describe*): **to ~ sb (as)** calificar OR etiquetar a alguien (de).
labor *etc Am* = labour *etc*.
laboratory [*Br* lə'bɒrətrɪ, *Am* 'læbrə,tɔːrɪ] *n* laboratorio *m*.
laborious [lə'bɔːrɪəs] *adj* laborioso(sa).
labor union *n Am* sindicato *m*.
labour *Br*, **labor** *Am* ['leɪbər] ◇ *n* 1. (*hard work*) trabajo *m*. 2. (*piece of work*) esfuerzo *m*. 3. (*workers, work carried out*) mano *f* de obra. 4. (*giving birth*) parto *m*. ◇ *vi* 1. (*work hard*) trabajar (duro). 2. (*work with difficulty*): **to ~ at** OR **over** trabajar duro en. ◆ **Labour** (POL) ◇ *adj* laborista. ◇ *n Br* (*U*) los laboristas.
laboured *Br*, **labored** *Am* ['leɪbəd] *adj* (*style*) trabajoso(sa); (*gait, breathing*) penoso(sa), fatigoso(sa).
labourer *Br*, **laborer** *Am* ['leɪbərər] *n* obrero *m*, -ra *f*
Labour Party *n Br*: **the ~** el partido Laborista.
Labrador ['læbrədɔːr] *n* (*dog*) (perro *m* de) terranova *m*, labrador *m*.
labyrinth ['læbərɪnθ] *n* laberinto *m*.
lace [leɪs] ◇ *n* 1. (*fabric*) encaje *m*. 2. (*shoelace*) cordón *m*. ◇ *vt* 1. (*shoe, boot*) atar. 2. (*drink, food*): **coffee ~d with brandy** café con unas gotas de coñac. ◆ **lace up** *vt sep* atar.
lack [læk] ◇ *n* falta *f*; **for** OR **through ~ of** por falta de; **no ~ of** abundancia de. ◇ *vt* carecer de. ◇ *vi*: **to be ~ing in** carecer de; **to be ~ing** faltar.
lackadaisical [,lækə'deɪzɪkl] *adj pej* apático(ca), desganado(da).
lacklustre *Br*, **lackluster** *Am* ['læk,lʌstər] *adj pej* soso(sa), apagado(da).
laconic [lə'kɒnɪk] *adj* lacónico(ca).
lacquer ['lækər] *n* laca *f*.
lad [læd] *n inf* (*boy*) chaval *m*.
ladder ['lædər] ◇ *n* 1. (*for climbing*) escalera *f*. 2. *Br* (*in tights*) carrera *f*. ◇ *vt*

Br (*tights*) hacerse una carrera en.
laden ['leɪdn] *adj*: **~ (with)** cargado (da) (de).
ladies *Br* ['leɪdɪz], **ladies' room** *Am n* lavabo *m* de señoras
ladle ['leɪdl] ◇ *n* cucharón *m*. ◇ *vt* servir con cucharón.
lady ['leɪdɪ] ◇ *n* 1. (*woman*) señora *f*. 2. (*woman of high status*) dama *f*. ◇ *comp* mujer; **~ doctor** doctora *f*. ◆ **Lady** *n* (*woman of noble rank*) lady *f*.
ladybird *Br* ['leɪdɪbɜːd], **ladybug** *Am* ['leɪdɪbʌɡ] *n* mariquita *f*.
lady-in-waiting [-'weɪtɪŋ] (*pl* ladies-in-waiting) *n* dama *f* de honor.
ladylike ['leɪdɪlaɪk] *adj* distinguido (da), elegante.
Ladyship ['leɪdɪʃɪp] *n*: **her/your ~** su señoría *f*.
lag [læg] ◇ *vi* 1. (*move more slowly*): **to ~ (behind)** rezagarse. 2. (*develop more slowly*): **to ~ (behind)** andar a la zaga. ◇ *vt* revestir ◇ *n* (*timelag*) retraso *m*, demora *f*.
lager ['lɑːɡər] *n* cerveza *f* rubia.
lagoon [lə'ɡuːn] *n* laguna *f*.
laid [leɪd] *pt & pp* → lay.
laid-back *adj inf* relajado(da).
lain [leɪn] *pp* → lie.
lair [leər] *n* guarida *f*.
laity ['leɪətɪ] *n* (RELIG): **the ~** los seglares.
lake [leɪk] *n* lago *m*.
Lake District *n*: **the ~** el Distrito de los Lagos al noroeste de Inglaterra.
lamb [læm] *n* cordero *m*.
lambswool ['læmzwʊl] ◇ *n* lana *f* de cordero. ◇ *comp* de lana de cordero.
lame [leɪm] *adj* 1. (*person, horse*) cojo (ja). 2. (*excuse, argument*) pobre.
lament [lə'ment] ◇ *n* lamento *m*. ◇ *vt* lamentar.
lamentable ['læməntəbl] *adj* lamentable.
laminated ['læmɪneɪtɪd] *adj* laminado (da).
lamp [læmp] *n* lámpara *f*.
lampoon [læm'puːn] ◇ *n* pasquín *m*, sátira *f*. ◇ *vt* satirizar.
lamppost ['læmppəʊst] *n* farol *m*.
lampshade ['læmpʃeɪd] *n* pantalla *f*.
lance [lɑːns] ◇ *n* lanza *f*. ◇ *vt* abrir con lanceta.
lance corporal *n* cabo *m* interino, soldado *m* de primero.
land [lænd] ◇ *n* 1. (*gen*) tierra *f* 2. (*property*) tierras *fpl*, finca *f*. ◇ *vt* 1. (*unload*) desembarcar. 2. (*catch fish*) pescar. 3. *inf* (*obtain*) conseguir,

pillar. **4.** *(plane)* hacer aterrizar. **5.** *inf (place)*: **to ~ sb in sthg** meter a alguien en algo; **to ~ sb with sb/sthg** cargar a alguien con alguien/algo. ◇ *vi* **1.** *(by plane)* aterrizar, tomar tierra. **2.** *(fall)* caer. **3.** *(from ship)* desembarcar. ◆ **land up** *vi inf*: **to ~ up (in)** acabar (en).

landing ['lændɪŋ] *n* **1.** *(of stairs)* rellano *m*. **2.** *(of aeroplane)* aterrizaje *m*. **3.** *(of person)* desembarco *m*.

landing card *n* tarjeta *f* de desembarque.

landing gear *n (U)* tren *m* de aterrizaje.

landing stage *n* desembarcadero *m*.

landing strip *n* pista *f* de aterrizaje.

landlady ['lænd,leɪdɪ] *n* casera *f*, patrona *f*.

landlord ['lændlɔːd] *n* **1.** *(of rented room or building)* dueño *m*, casero *m*. **2.** *(of pub)* patrón *m*.

landmark ['lændmɑːk] *n* **1.** *(prominent feature)* punto *m* de referencia. **2.** *fig (in history)* hito *m*.

landowner ['lænd,əʊnəʳ] *n* terrateniente *m y f*.

landscape ['lændskeɪp] *n* paisaje *m*.

landslide ['lændslaɪd] *n* **1.** *(of earth, rocks)* desprendimiento *m* de tierras. **2.** *(POL)* victoria *f* arrolladora OR aplastante.

lane [leɪn] *n* **1.** *(road in country)* camino *m*. **2.** *(road in town)* callejuela *f*, callejón *m*. **3.** *(for traffic)* carril *m*. **4.** *(in swimming pool, race track)* calle *f*. **5.** *(for shipping, aircraft)* ruta *f*.

language ['læŋgwɪdʒ] *n* **1.** *(gen)* lengua *f*, idioma *m*. **2.** *(faculty or style of communication)* lenguaje *m*.

language laboratory *n* laboratorio *m* de idiomas.

languid ['læŋgwɪd] *adj* lánguido(da).

languish ['læŋgwɪʃ] *vi (in misery)* languidecer; *(in prison)* pudrirse.

lank [læŋk] *adj* lacio(cia).

lanky ['læŋkɪ] *adj* larguirucho(cha).

lantern ['læntən] *n* farol *m*.

lap [læp] ◇ *n* **1.** *(of person)* regazo *m*. **2.** *(of race)* vuelta *f*. ◇ *vt* **1.** *(subj: animal)* beber a lengüetadas. **2.** *(overtake in race)* doblar. ◇ *vi (water, waves)* romper con suavidad.

lapel [lə'pel] *n* solapa *f*.

Lapland ['læplænd] *n* Laponia.

lapse [læps] ◇ *n* **1.** *(failing)* fallo *m*, lapsus *m inv*. **2.** *(in behaviour)* desliz *m*. **3.** *(of time)* lapso *m*, periodo *m*. ◇ *vi* **1.** *(membership)* caducar; *(treatment,*

agreement) cumplir, expirar. **2.** *(standards, quality)* bajar momentáneamente; *(tradition)* extinguirse. **3.** *(subj: person)*: **to ~ into** terminar cayendo en.

lap-top (computer) *n* (COMPUT) (pequeño) ordenador *m* portátil.

larceny ['lɑːsənɪ] *n (U)* latrocinio *m*.

lard [lɑːd] *n* manteca *f* de cerdo.

larder ['lɑːdəʳ] *n* despensa *f*.

large [lɑːdʒ] *adj (gen)* grande; *(family)* numeroso(sa); *(sum)* importante. ◆ **at large** *adv* **1.** *(as a whole)* en general. **2.** *(escaped prisoner, animal)* suelto(ta). ◆ **by and large** *adv* en general

largely ['lɑːdʒlɪ] *adv (mostly)* en gran parte; *(chiefly)* principalmente.

lark [lɑːk] *n* **1.** *(bird)* alondra *f*. **2.** *inf (joke)* broma *f*. ◆ **lark about** *vi* hacer el gamberro.

laryngitis [,lærɪn'dʒaɪtɪs] *n (U)* laringitis *f inv*.

larynx ['lærɪŋks] *n* laringe *f*.

lasagna, lasagne [lə'zænjə] *n (U)* lasaña *f*.

laser ['leɪzəʳ] *n* láser *m*.

laser printer *n* (COMPUT) impresora *f* láser.

lash [læʃ] ◇ *n* **1.** *(eyelash)* pestaña *f*. **2.** *(blow with whip)* latigazo *m*. ◇ *vt* **1.** *lit & fig (with whip)* azotar. **2.** *(tie)*: **to ~ sthg (to)** amarrar algo (a). ◆ **lash out** *vi* **1.** *(physically)*: **to ~ out (at OR against sb)** soltar un golpe (a alguien). **2.** *Br inf (spend money)*: **to ~ out (on sthg)** derrochar el dinero (en algo).

lass [læs] *n* chavala *f*, muchacha *f*.

lasso [læ'suː] *n (pl -s)* lazo *m*.

last [lɑːst] *adj* último(ma); **~ month/Tuesday** el mes/martes pasado; **~ but one** penúltimo(ma); **~ but two** antepenúltimo(ma); **~ night** anoche. ◇ *adv* **1.** *(most recently)* por última vez. **2.** *(finally, in final position)* en último lugar; **he arrived ~** llegó el último. ◇ *pron*: **the year/Saturday before ~** no el año/sábado pasado, sino el anterior; **the ~ but one** el penúltimo (la penúltima); **the night before ~** anteanoche; **the time before ~** la vez anterior a la pasada; **to leave sthg till ~** dejar algo para lo último. ◇ *n*: **the ~ I saw/heard of him** la última vez que lo vi/que oí de él. ◇ *vi* durar; *(food)* conservarse. ◆ **at (long) last** *adv* por fin.

last-ditch *adj* último(ma), desesperado(da).

lasting ['lɑːstɪŋ] *adj (peace, effect)* duradero(ra); *(mistrust)* profundo(da).

lastly ['lɑːstlɪ] adv 1. *(to conclude)* por último. 2. *(at the end)* al final.

last-minute adj de última hora.

latch [lætʃ] n pestillo m. ♦ **latch onto** vt fus inf *(person)* pegarse OR engancharse a; *(idea)* pillar.

late [leɪt] ◇ adj 1. *(not on time)* con retraso; **to be ~ (for)** llegar tarde (a). 2. *(near end of)*: **in the ~ afternoon** al final de la tarde; **in ~ December** a finales de diciembre. 3. *(later than normal)* tardío(a); **we had a ~ breakfast** desayunamos tarde. 4. *(former)*: **the ~ president** el ex-presidente 5. *(dead)* difunto(ta). ◇ adv 1. *(gen)* tarde. 2. *(near end of period)*: **~ in the day** al final del día; **~ in August** a finales de agosto. ♦ **of late** adv últimamente.

latecomer ['leɪt‚kʌmə^r] n persona f que llega tarde.

lately ['leɪtlɪ] adv últimamente.

latent ['leɪtənt] adj latente.

later ['leɪtə^r] ◇ adj 1. *(date, edition)* posterior. 2. *(near end of)*: **in the ~ 15th century** a finales del siglo XV. ◇ adv *(at a later time)*: **~ (on)** más tarde.

lateral ['lætərəl] adj lateral.

latest ['leɪtɪst] ◇ adj *(most recent)* último(ma). ◇ n: **at the ~** a más tardar, como muy tarde.

lathe [leɪð] n torno m.

lather ['lɑːðə^r] ◇ n espuma f (de jabón). ◇ vt enjabonar.

Latin ['lætɪn] ◇ adj 1. *(temperament, blood)* latino(na) 2. *(studies)* de latín. ◇ n *(language)* latín m.

Latin America n América f Latina, Latinoamérica f.

Latin American ◇ adj latinoamericano(na). ◇ n *(person)* latinoamericano m, -na f.

latitude ['lætɪtjuːd] n (GEOGR) latitud f.

latter ['lætə^r] ◇ adj 1. *(near to end)* último(ma). 2. *(second)* segundo(da). ◇ n: **the ~** éste m, -ta f.

latterly ['lætəlɪ] adv últimamente.

lattice ['lætɪs] n enrejado m, celosía f.

Latvia ['lætvɪə] n Letonia f.

laudable ['lɔːdəbl] adj loable.

laugh [lɑːf] ◇ n 1. *(sound)* risa f. 2. inf *(fun, joke)*: **to have a ~** reírse un rato; **to do sthg for ~s** OR a ~ hacer algo para divertirse OR en cachondeo ◇ vi reírse. ♦ **laugh at** vt fus *(mock)* reírse de. ♦ **laugh off** vt sep *(dismiss)* restar importancia a, tomarse a risa.

laughable ['lɑːfəbl] adj pej *(absurd)* ridículo(la), risible.

laughing stock ['lɑːfɪŋstɒk] n hazmerreír m.

laughter ['lɑːftə^r] n (U) risa f.

launch [lɔːntʃ] ◇ n 1. *(of boat, ship)* botadura f. 2. *(of rocket, missile, product)* lanzamiento m; *(of book)* publicación f. 3. *(boat)* lancha f. ◇ vt 1. *(boat, ship)* botar. 2. *(missile, attack, product)* lanzar; *(book)* publicar, sacar. 3. *(strike)* convocar; *(company)* fundar.

launch(ing) pad ['lɔːntʃ(ɪŋ)-] n plataforma f de lanzamiento.

launder ['lɔːndə^r] vt 1. *(wash)* lavar. 2. inf *(money)* blanquear.

laund(e)rette [lɔːn'dret], **Laundromat**® Am ['lɔːndrəmæt] n lavandería f (automática).

laundry ['lɔːndrɪ] n 1. *(clothes - about to be washed)* colada f, ropa f sucia; *(- newly washed)* ropa f limpia. 2. *(business, room)* lavandería f.

laureate ['lɔːrɪət] → **poet laureate**.

lava ['lɑːvə] n lava f.

lavatory ['lævətrɪ] n 1. *(receptacle)* wáter m. 2. *(room)* servicio m.

lavender ['lævəndə^r] n 1. *(plant)* lavanda f. 2. *(colour)* color m lavanda.

lavish ['lævɪʃ] ◇ adj 1. *(person)* pródigo(ga); *(gifts, portions)* muy generoso (sa); **to be ~ with** *(praise, attention)* ser pródigo en; *(money)* ser desprendido (da) con 2. *(sumptuous)* espléndido (da), suntuoso(sa) ◇ vt: **to ~ sthg on** *(praise, care)* prodigar algo a; *(time, money)* gastar algo en.

law [lɔː] n 1. *(gen)* ley f; **against the ~** contra la ley; **to break the ~** infringir OR violar la ley; **~ and order** el orden público 2. *(set of rules, study, profession)* derecho m.

law-abiding [-ə‚baɪdɪŋ] adj observante de la ley.

law court n tribunal m de justicia.

lawful ['lɔːful] adj fml legal, lícito(ta).

lawn [lɔːn] n *(grass)* césped m.

lawnmower ['lɔːn‚məuə^r] n cortacésped m o f

lawn tennis n tenis m sobre hierba.

law school n facultad f de derecho.

lawsuit ['lɔːsuːt] n pleito m.

lawyer ['lɔːjə^r] n abogado m, -da f

lax [læks] adj *(discipline, morals)* relajado(da); *(person)* negligente.

laxative ['læksətɪv] n laxante m.

lay [leɪ] *(pt & pp laid)* ◇ pt → **lie**. ◇ vt 1. *(put, place)* colocar, poner. 2. *(prepare - plans)* hacer; **to ~ the table** poner la mesa. 3. *(put in position - bricks)* poner; *(- cable, trap)* tender; (- *foundations*) echar. **4.** (*egg*) poner. **5.** (*blame, curse*) echar. ◊ *adj* **1.** (*not clerical*) laico(ca). **2.** (*untrained, unqualified*) lego(ga). ◆ **lay aside** *vt sep* **1.** (*store for future - food*) guardar; (- *money*) ahorrar. **2.** (*put away*) dejar a un lado. ◆ **lay down** *vt sep* **1.** (*set out*) imponer, dictar. **2.** (*put down - arms*) deponer, entregar; (- *tools*) dejar. ◆ **lay off** ◊ *vt sep* (*make redundant*) despedir. ◊ *vt fus inf* **1.** (*leave in peace*) dejar en paz. **2.** (*stop, give up*): **to ~ off** (*doing sthg*) dejar (de hacer algo). ◆ **lay on** *vt sep Br* (*provide, supply*) proveer. ◆ **lay out** *vt sep* **1.** (*arrange, spread out*) disponer. **2.** (*plan, design*) diseñar el trazado de.

layabout ['leɪəbaʊt] *n Br inf* holgazán *m*, -ana *f*, gandul *m*, -la *f*.

lay-by (*pl* **lay-bys**) *n Br* área *f* de descanso.

layer ['leɪə^r] *n* **1.** (*of substance, material*) capa *f*. **2.** *fig* (*level*) nivel *m*.

layman ['leɪmən] (*pl* **-men** [-mən]) *n* **1.** (*untrained, unqualified person*) lego *m*, -ga *f*. **2.** (RELIG) laico *m*, -ca *f*.

layout ['leɪaʊt] *n* (*of building, garden*) trazado *m*, diseño *m*; (*of text*) presentación *f*, composición *f*.

laze [leɪz] *vi*: **to ~** (**about** OR **around**) gandulear, holgazanear.

lazy ['leɪzɪ] *adj* **1.** (*person*) perezoso (sa), vago(ga). **2.** (*stroll, gesture*) lento (ta); (*afternoon*) ocioso(sa).

lazybones ['leɪzɪbəʊnz] (*pl inv*) *n* gandul *m*, -la *f*.

lb (*abbr of* **pound**) lb.

LCD *n abbr of* **liquid crystal display**.

lead[1] [liːd] (*pt & pp* **led**) ◊ *n* **1.** (*winning position*) delantera *f*; **to be in** OR **have the ~** llevar la delantera. **2.** (*amount ahead*): **to have a ~ of ...** llevar una ventaja de ... **3.** (*initiative, example*) iniciativa *f*, ejemplo *m*; **to take the ~** (*do sthg first*) tomar la delantera. **4.** (THEATRE): (**to play**) **the ~** (hacer) el papel principal. **5.** (*clue*) pista *f*. **6.** (*for dog*) correa *f*. **7.** (*wire, cable*) cable *m*. ◊ *adj* (*singer, actor*) principal; (*story in newspaper*) más destacado(da). ◊ *vt* **1.** (*be in front of*) encabezar. **2.** (*take, guide, direct*) conducir. **3.** (*be in charge of, take the lead in*) estar al frente de, dirigir. **4.** (*life*) llevar. **5.** (*cause*): **to ~ sb to do sthg** llevar a alguien a hacer algo. ◊ *vi* **1.** (*go*): **to ~** (**to**) conducir OR llevar (a). **2.** (*give access to*): **to ~** (**to** OR **into**) dar (a). **3.** (*be winning*) ir en cabeza **4.** (*result*

in): **to ~ to** conducir a ◆ **lead up to** *vt fus* **1.** (*build up to*) conducir a, preceder. **2.** (*plan to introduce*) apuntar a.

lead[2] [led] *n* **1.** (*metal*) plomo *m*. **2.** (*in pencil*) mina *f*.

leaded ['ledɪd] *adj* **1.** (*petrol*) con plomo. **2.** (*window*) emplomado(da).

leader ['liːdə^r] *n* **1.** (*of party etc, in competition*) líder *m y f*. **2.** *Br* (*in newspaper*) editorial *m*, artículo *m* de fondo.

leadership ['liːdəʃɪp] *n* (U) **1.** (*people in charge*): **the ~** los líderes. **2.** (*position of leader*) liderazgo *m*. **3.** (*qualities of leader*) dotes *fpl* de mando.

lead-free [led-] *adj* sin plomo.

leading ['liːdɪŋ] *adj* **1.** (*major - athlete, writer*) destacado(da). **2.** (*at front*) que va en cabeza.

leading lady *n* primera actriz *f*.

leading light *n* cerebro *m*, cabeza *f* pensante.

leading man *n* primer actor *m*.

leaf [liːf] (*pl* **leaves**) *n* **1.** (*of tree, book*) hoja *f*. **2.** (*of table*) hoja *f* abatible. ◆ **leaf through** *vt fus* hojear.

leaflet ['liːflɪt] *n* (*small brochure*) folleto *m*; (*piece of paper*) octavilla *f*.

league [liːg] *n* (*gen &* SPORT) liga *f*; **to be in ~ with** (*work with*) estar confabulado con.

leak [liːk] ◊ *n* **1.** (*hole - in tank, bucket*) agujero *m*; (- *in roof*) gotera *f*. **2.** (*escape*) escape *m*, fuga *f*. **3.** (*disclosure*) filtración *f*. ◊ *vt* (*make known*) filtrar. ◊ *vi* **1.** (*bucket*) tener un agujero; (*roof*) tener goteras. **2.** (*water, gas*) salirse, escaparse; **to ~** (**out**) **from** salirse de. ◆ **leak out** *vi* **1.** (*liquid*) escaparse. **2.** *fig* (*secret, information*) trascender.

leakage ['liːkɪdʒ] *n* fuga *f*, escape *m*.

lean [liːn] (*pt & pp* **leant** OR **-ed**) ◊ *adj* **1.** (*person*) delgado(da). **2.** (*meat*) magro(gra), sin grasa. **3.** (*winter, year*) de escasez. ◊ *vt* (*support, prop*): **to ~ sthg against** apoyar algo contra. ◊ *vi* **1.** (*bend, slope*) inclinarse. **2.** (*rest*): **to ~ on/against** apoyarse en/contra.

leaning ['liːnɪŋ] *n*: **~** (**towards**) inclinación *f* (hacia OR por).

leant [lent] *pt & pp* → **lean**.

lean-to (*pl* **lean-tos**) *n* cobertizo *m*.

leap [liːp] (*pt & pp* **leapt** OR **-ed**) ◊ *n* salto *m*. ◊ *vi* (*gen*) saltar; (*prices*) dispararse.

leapfrog ['liːpfrɒg] ◊ *n* pídola *f*. ◊ *vt* saltar.

leapt [lept] *pt & pp* → **leap**.

leap year *n* año *m* bisiesto.

learn [lɜːn] (*pt & pp* **-ed** OR **learnt**)

◇ vt 1. *(acquire knowledge of, memorize)* aprender; **to ~ (how) to do sthg** aprender a hacer algo. 2. *(hear):* **to ~ (that)** enterarse de (que). ◇ vi 1. *(acquire knowledge)* aprender. 2. *(hear):* **to ~ (of OR about)** enterarse (de).

learned ['lɜːnɪd] *adj* erudito(ta).

learner ['lɜːnəʳ] *n* principiante *m y f*.

learner (driver) *n* conductor *m* principiante OR en prácticas.

learning ['lɜːnɪŋ] *n* saber *m*, erudición *f*.

learnt [lɜːnt] *pt & pp* → **learn**.

lease [liːs] ◇ *n* (JUR) contrato *m* de arrendamiento, arriendo *m*. ◇ *vt* arrendar; **to ~ sthg from/to sb** arrendar algo de/a alguien.

leasehold ['liːshəʊld] ◇ *adj* arrendado(da). ◇ *adv* en arriendo.

leash [liːʃ] *n (for dog)* correa *f*.

least [liːst] *(superl of* **little***)* ◇ *adj (smallest in amount, degree)* menor; **he earns the ~ money** es el que menos dinero gana. ◇ *pron (smallest amount):* **the ~** lo menos; **it's the ~ (that) he can do** es lo menos que puede hacer; **not in the ~** en absoluto; **to say the ~** por no decir otra cosa. ◇ *adv (to the smallest amount, degree)* menos. ◆ **at least** *adv* por lo menos. ◆ **least of all** *adv* y menos (todavía). ◆ **not least** *adv fml* en especial.

leather ['leðəʳ] ◇ *n* cuero *m*, piel *f*. ◇ *comp (jacket, trousers)* de cuero; *(shoes, bag)* de piel.

leave [liːv] *(pt & pp* **left***)* ◇ *vt* 1. *(gen)* dejar; **he left it to her to decide** dejó que ella decidiera; **to ~ sb alone** dejar a alguien en paz. 2. *(go away from - house, room)* salir de; *(- wife, home)* abandonar. 3. *(do not take, forget)* dejarse. 4. *(bequeath):* **to ~ sb sthg, to ~ sthg to sb** dejarle algo a alguien. ◇ *vi (bus, train, plane)* salir; *(person)* irse, marcharse. ◇ *n (time off)* permiso *m*; **to be on ~** estar de permiso. ◆ **leave behind** *vt sep* 1. *(abandon)* dejar. 2. *(forget)* dejarse. ◆ **leave out** *vt sep* excluir.

leave of absence *n* excedencia *f*.

leaves [liːvz] *pl* → **leaf**.

Lebanon ['lebənən] *n:* **(the) ~** (el) Líbano.

lecherous ['letʃərəs] *adj* lascivo(va).

lecture ['lektʃəʳ] ◇ *n* 1. *(talk - at university)* clase *f*; *(- at conference)* conferencia *f*. 2. *(criticism, reprimand)* sermón *m*. ◇ *vt (scold)* echar un sermón a. ◇ *vi (give talk):* **to ~ (on/in)** *(at university)* dar una clase (de/en); *(at confer-*ence*)* dar una conferencia (sobre/en).

lecturer ['lektʃərəʳ] *n* profesor *m*, -ra *f* de universidad.

led [led] *pt & pp* → **lead**¹.

ledge [ledʒ] *n* 1. *(of window)* alféizar *m*. 2. *(of mountain)* saliente *m*.

ledger ['ledʒəʳ] *n* libro *m* mayor.

leech [liːtʃ] *n lit & fig* sanguijuela *f*.

leek [liːk] *n* puerro *m*.

leer [lɪəʳ] *vi:* **to ~ at sb** mirar lascivamente a alguien.

leeway ['liːweɪ] *n (room to manoeuvre)* libertad *f* (de acción OR movimientos).

left [left] ◇ *adj* 1. *(remaining):* **there's no wine ~** no queda vino. 2. *(not right)* izquierdo(da). ◇ *adv* a la izquierda. ◇ *n:* **on** OR **to the ~** a la izquierda. ◆ **Left** *n* (POL): **the Left** la izquierda.

left-hand *adj* izquierdo(da); **the ~ side** el lado izquierdo, la izquierda.

left-hand drive *adj* con el volante a la izquierda.

left-handed [-'hændɪd] *adj* 1. *(person)* zurdo(da) 2. *(implement)* para zurdos.

left luggage (office) *n Br* consigna *f*.

leftover ['leftəʊvəʳ] *adj* sobrante. ◆ **leftovers** *npl* sobras *fpl*.

left wing *n* (POL) izquierda *f*. ◆ **left-wing** *adj* izquierdista.

leg [leg] *n* 1. *(of person)* pierna *f*; **to pull sb's ~** tomarle el pelo a alguien. 2. *(of animal)* pata *f* 3. *(of trousers)* pernera *f*, pierna *f* 4. (CULIN) *(of lamb, pork)* pierna *f*; *(of chicken)* muslo *m*. 5. *(of furniture)* pata *f* 6. *(of journey)* etapa *f*; *(of tournament)* fase *f*, manga *f*.

legacy ['legəsɪ] *n lit & fig* legado *m*.

legal ['liːgl] *adj* 1. *(concerning the law)* jurídico(ca), legal. 2. *(lawful)* legal, lícito(ta).

legalize, -ise ['liːgəlaɪz] *vt* legalizar.

legal tender *n* moneda *f* de curso legal.

legend ['ledʒənd] *n lit & fig* leyenda *f*.

leggings ['legɪŋz] *npl* mallas *fpl*.

legible ['ledʒəbl] *adj* legible.

legislation [,ledʒɪs'leɪʃn] *n* legislación *f*.

legislature ['ledʒɪsleɪtʃəʳ] *n* legislatura *f*.

legitimate [lɪ'dʒɪtɪmət] *adj* legítimo (ma).

legless ['leglɪs] *adj Br inf (drunk)* trompa, como una cuba

legroom ['legrum] *n (U)* sitio *m* para las piernas.

leg-warmers [-,wɔːməz] *npl* calentadores *mpl*.

leisure [Br 'leʒəʳ, Am 'li:ʒər] n ocio m, tiempo m libre; **do it at your ~** hazlo cuando tengas tiempo.

leisure centre n centro m deportivo y cultural.

leisurely [Br 'leʒəlɪ, Am 'li:ʒərlɪ] ◇ adj lento(ta). ◇ adv con calma, sin prisa.

leisure time n tiempo m libre, ocio m.

lemon ['lemən] n (fruit) limón m.

lemonade [,lemə'neɪd] n 1. Br (fizzy drink) gaseosa f 2. (made with fresh lemons) limonada f.

lemon juice n zumo m de limón.

lemon sole n platija f.

lemon squeezer [-'skwi:zəʳ] n exprimidor m, exprimelimones m inv.

lemon tea n té m con limón.

lend [lend] (pt & pp lent) vt 1. (loan) prestar, dejar; **to ~ sb sthg, to ~ sthg to sb** prestarle algo a alguien. 2. (offer): **to ~ sthg (to sb)** prestar algo (a alguien); **to ~ itself to sthg** prestarse a algo. 3. (add): **to ~ sthg to** prestar algo a.

lending rate ['lendɪŋ-] n tipo m de interés (en un crédito).

length [leŋθ] n 1. (measurement) longitud f, largo m; **what ~ is it?** ¿cuánto mide de largo?; **in ~** de largo. 2. (whole distance, size) extensión f. 3. (of swimming pool) largo m. 4. (piece - of string, wood) trozo m alargado; (- of cloth) largo m. 5. (duration) duración f. 6. phr: **to go to great ~s to do sthg** hacer lo imposible para hacer algo. ♦ **at length** adv 1. (eventually) por fin. 2. (in detail - speak) largo y tendido; (- discuss) con detenimiento

lengthen ['leŋθən] ◇ vt alargar. ◇ vi alargarse.

lengthways ['leŋθweɪz] adv a lo largo.

lengthy ['leŋθɪ] adj (stay, visit) extenso (sa); (discussions, speech) prolongado (da).

lenient ['li:njənt] adj indulgente.

lens [lenz] n 1. (in glasses) lente f; (in camera) objetivo m. 2. (contact lens) lentilla f, lente f de contacto.

lent [lent] pt & pp → lend.

Lent [lent] n Cuaresma f.

lentil ['lentɪl] n lenteja f.

Leo ['li:əʊ] n Leo m.

leopard ['lepəd] n leopardo m

leotard ['li:ətɑːd] n malla f.

leper ['lepəʳ] n leproso m, -sa f.

leprosy ['leprəsɪ] n lepra f.

lesbian ['lezbɪən] n lesbiana f.

less [les] (compar of little) ◇ adj

menos; **~ ... than** menos ... que; **~ and ~** cada vez menos. ◇ pron menos; **the ~ you work, the ~ you earn** cuanto menos trabajas, menos ganas; **it costs ~ than you think** cuesta menos de lo que piensas; **no ~ than** nada menos que. ◇ adv menos; **~ than five** menos de cinco; **~ and ~** cada vez menos. ◇ prep (minus) menos.

lessen ['lesn] ◇ vt aminorar, reducir. ◇ vi aminorarse, reducirse.

lesser ['lesəʳ] adj menor; **to a ~ extent** OR **degree** en menor grado.

lesson ['lesn] n 1. (class) clase f 2. (warning experience) lección f

lest [lest] conj fml para que no; **~ we forget** no sea que nos olvidemos.

let [let] (pt & pp let) vt 1. (allow): **to ~ sb do sthg** dejar a alguien hacer algo; **to ~ sthg happen** dejar que algo ocurra; **to ~ sb know sthg** avisar a alguien de algo; **to ~ go of sthg/sb** soltar algo/a alguien; **to ~ sthg/sb go (release)** liberar a algo/alguien, soltar a algo/alguien. 2. (in verb forms): **~'s go!** ¡vamos!; **~'s see** veamos; **~ him wait!** ¡déjale que espere! 3. (rent out - house, room) alquilar; (- land) arrendar; **'to ~'** 'se alquila'. ♦ **let alone** adv ni mucho menos. ♦ **let down** vt sep 1. (deflate) desinflar. 2. (disappoint) fallar, defraudar. ♦ **let in** vt sep 1. (admit) dejar entrar. 2. (leak) dejar pasar. ♦ **let off** vt sep 1. (excuse): **to ~ sb off sthg** eximir a alguien de algo. 2. (not punish) perdonar. 3. (cause to explode - bomb) hacer estallar; (- gun) disparar. ♦ **let on** vi: **don't ~ on!** ¡no cuentes nada! ♦ **let out** vt sep 1. (allow to go out) dejar salir. 2. (emit - sound) soltar. ♦ **let up** vi 1. (heat, rain) cesar. 2. (person) parar.

letdown ['letdaʊn] n inf chasco m.

lethal ['li:θl] adj letal, mortífero(ra).

lethargic [lə'θɑːdʒɪk] adj (mood) letárgico(ca); (person) aletargado(da)

let's [lets] = **let us**.

letter ['letəʳ] n 1. (written message) carta f 2. (of alphabet) letra f.

letter bomb n carta f bomba

letterbox ['letəbɒks] n Br buzón m.

letter of credit n carta f de crédito.

lettuce ['letɪs] n lechuga f.

letup ['letʌp] n tregua f, respiro m

leuk(a)emia [luːˈkiːmɪə] n leucemia f.

level ['levl] ◇ adj 1. (equal in speed, score) igualado(da); (equal in height) nivelado(da); **to be ~ (with sthg)**

estar al mismo nivel (que algo). **2.**
(flat - floor, field) liso(sa), llano(na). ◇ *n*
1. *(gen)* nivel *m*. **2.** *phr:* **to be on the ~**
-inf ir en serio. **3.** *Am (spirit level)* nivel
m de burbuja de aire. ◇ *vt* **1.** *(make
flat)* allanar. **2.** *(demolish - building)*
derribar; *(- forest)* arrasar. ◆ **level off,
level out** *vi* **1.** *(stabilize, slow down)*
estabilizarse. **2.** *(ground)* nivelarse;
(plane) enderezarse. ◆ **level with** *vt
fus inf* ser sincero(ra) con.
level crossing *n Br* paso *m* a nivel.
level-headed [-'hedɪd] *adj* sensato
(ta).
lever [*Br* 'liːvər, *Am* 'levər] *n* **1.** *(handle,
bar)* palanca *f*. **2.** *fig (tactic)* resorte *m*.
leverage [*Br* 'liːvərɪdʒ, *Am* 'levərɪdʒ] *n*
(U) **1.** *(force)* fuerza *f* de apalanque. **2.**
fig (influence) influencia *f*.
levy ['levɪ] ◇ *n:* ~ **(on)** *(financial contribution)* contribución *f* (a OR para); *(tax)*
recaudación *f* OR impuesto *m* (sobre). ◇
vt recaudar.
lewd [ljuːd] *adj (person, look)* lascivo
(va); *(behaviour, song)* obsceno(na);
(joke) verde.
liability [,laɪə'bɪlətɪ] *n* **1.** *(hindrance)*
estorbo *m* **2.** *(legal responsibility):* ~
(for) responsabilidad *f* (de OR por).
◆ **liabilities** *npl* (FIN) pasivo *m*.
liable ['laɪəbl] *adj* **1.** *(likely):* **that's ~ to
happen** eso pueda que ocurra. **2.**
(prone): **to be ~ to** ser propenso(sa) a.
3. *(legally responsible):* **to be ~ (for)** ser
responsable (de).
liaise [lɪ'eɪz] *vi:* **to ~ (with)** estar en
contacto (con).
liaison [lɪ'eɪzɒn] *n (contact, co-operation):*
~ **(with/between)** relación *f* (con/
entre), enlace *m* (con/entre).
liar ['laɪər] *n* mentiroso *m*, -sa *f*.
libel ['laɪbl] ◇ *n* libelo *m*. ◇ *vt* publicar
un libelo contra.
liberal ['lɪbərəl] ◇ *adj* **1.** *(tolerant)* liberal. **2.** *(generous)* generoso(sa). ◇ *n*
liberal *m y f*. ◆ **Liberal** (POL) ◇ *adj*
liberal. ◇ *n* (miembro *m* del partido)
liberal *m y f*.
Liberal Democrat ◇ *adj* demócrata
liberal. ◇ *n* (miembro *m* del partido)
demócrata liberal *m y f*.
liberate ['lɪbəreɪt] *vt* liberar.
liberation [,lɪbə'reɪʃn] *n* liberación *f*
liberty ['lɪbətɪ] *n* libertad *f*; **at ~** en libertad; **to be at ~ to do sthg** ser libre
de hacer algo; **to take liberties (with
sb)** tomarse demasiadas libertades
(con alguien).
Libra ['liːbrə] *n* Libra *f*.

librarian [laɪ'breərɪən] *n* bibliotecario
m, -ria *f*.
library ['laɪbrərɪ] *(pl* **-ies)** *n (public institution)* biblioteca *f*.
libretto [lɪ'bretəʊ] *(pl* **-s)** *n* libreto *m*.
Libya ['lɪbɪə] *n* Libia *f*.
lice [laɪs] *pl* → **louse**.
licence ['laɪsəns] ◇ *n* permiso *m*, licencia *f*. ◇ *vt Am* = **license**.
license ['laɪsəns] ◇ *vt (person, organization)* dar licencia a; *(activity)* autorizar. ◇ *n Am* = **licence**.
licensed ['laɪsənst] *adj* **1.** *(person):* **to
be ~ to do sthg** estar autorizado(da)
para hacer algo **2.** *(object)* registrado
(da), con licencia. **3.** *Br (premises)*
autorizado(da) a vender alcohol.
license plate *n Am* (placa *f* de) matrícula *f*.
lick [lɪk] ◇ *n inf (small amount):* **a ~ of
paint** una mano de pintura. ◇ *vt lit &
fig* lamer
licorice ['lɪkərɪs] = **liquorice**.
lid [lɪd] *n* **1.** *(cover)* tapa *f*, tapadera *f*.
2. *(eyelid)* párpado *m*.
lie [laɪ] *(pt sense 1* **lied,** *pt senses 2-5*
lay, *pp sense 1* **lied,** *pp senses 2-5* **lain,**
cont all senses **lying)** ◇ *n* mentira *f*; **to
tell ~s** contar mentiras, mentir. ◇ *vi*
1. *(tell lie)* mentir; **to ~ to sb** mentirle
a alguien. **2.** *(be horizontal, lie down)*
tumbarse, echarse; *(be buried)* yacer;
to be lying estar tumbado(da). **3.** *(be
situated)* hallarse **4.** *(be - solution,
attraction)* hallarse, encontrarse. **5.** *phr:*
to ~ low permanecer escondido(da).
◆ **lie about, lie around** *vi* estar OR
andar tirado(da). ◆ **lie down** *vi* tumbarse, echarse. ◆ **lie in** *vi Br* quedarse
en la cama hasta tarde.
Liechtenstein ['lɪktən,staɪn] *n* Liechtenstein.
lie-down *n Br* siesta *f*.
lie-in *n Br:* **to have a ~** quedarse en
la cama hasta tarde.
lieu [ljuː, luː] ◆ **in lieu** *adv:* **in ~ of** en
lugar de.
lieutenant [*Br* lef'tenənt, *Am* luː'tenənt]
n teniente *m*.
life [laɪf] *(pl* **lives)** *n (gen)* vida *f*; **that's
~!** ¡así es la vida!; **for ~** de por vida,
para toda la vida; **to come to ~** *(thing)*
cobrar vida; *(person)* reanimarse de
pronto; **to scare the ~ out of sb**
pegarle a alguien un susto de muerte.
life assurance = **life insurance**.
life belt *n* flotador *m*, salvavidas *m
inv*.
lifeboat ['laɪfbəʊt] *n (on a ship)* bote *m*

salvavidas; *(on shore)* lancha *f* de salvamento.

life buoy *n* flotador *m*, salvavidas *m inv*.

life expectancy [-ɪk'spektənsɪ] *n* expectativa *f* de vida.

lifeguard ['laɪfɡɑːd] *n* socorrista *m* y *f*.

life imprisonment [-ɪm'prɪznmənt] *n* cadena *f* perpetua.

life insurance *n (U)* seguro *m* de vida.

life jacket *n* chaleco *m* salvavidas.

lifeless ['laɪflɪs] *adj* 1. *(dead)* sin vida. 2. *(listless)* insulso(sa).

lifelike ['laɪflaɪk] *adj* realista, natural.

lifeline ['laɪflaɪn] *n* 1. *(rope)* cuerda *f* OR cable *m* (de salvamento). 2. *(something vital for survival)* cordón *m* umbilical.

lifelong ['laɪflɒŋ] *adj* de toda la vida.

life preserver [-prɪˌzɜːvəʳ] *n* Am salvavidas *m inv*.

life raft *n* balsa *f* salvavidas.

lifesaver ['laɪfˌseɪvəʳ] *n (person)* socorrista *m* y *f*.

life sentence *n* (condena *f* a) cadena *f* perpetua.

life-size(d) [-saɪz(d)] *adj* (de) tamaño natural.

lifespan ['laɪfspæn] *n (of person, animal, plant)* vida *f*.

lifestyle ['laɪfstaɪl] *n* estilo *m* OR modo *m* de vida.

life-support system *n* aparato *m* de respiración artificial.

lifetime ['laɪftaɪm] *n* vida *f*.

lift [lɪft] ◇ *n* 1. *(ride - in car etc)*: **to give sb a ~ (somewhere)** acercar OR llevar a alguien (a algún sitio). 2. Br *(elevator)* ascensor *m*, elevador *m* Amer. ◇ *vt* 1. *(gen)* levantar; **to ~ sthg down** bajar algo. 2. *(plagiarize)* copiar. ◇ *vi (disappear - mist)* despejarse.

lift-off *n* despegue *m*.

light [laɪt] *(pt & pp* **lit** OR **-ed)** ◇ *adj* 1. *(gen)* ligero(ra); *(rain)* fino(na); *(traffic)* escaso(sa). 2. *(not strenuous - duties, responsibilities)* simple; *(- work)* suave; *(- punishment)* leve. 3. *(bright)* luminoso(sa), lleno(na) de luz; **it's growing ~** se hace de día. 4. *(pale - colour)* claro(ra). ◇ *n* 1. *(brightness, source of light)* luz *f*. 2. *(for cigarette, pipe)* fuego *m*, lumbre *f*; **have you got a ~?** ¿tienes fuego? 3. *(perspective)*: **in the ~ of** Br, **in ~ of** Am a la luz de. 4. *phr*: **to come to ~** salir a la luz *(pública)*; **to set ~ to** prender fuego a. ◇ *vt* 1. *(ignite)* encender 2. *(illuminate)* iluminar ◇ *adv* con poco equipaje. ◆ **light up** ◇ *vt sep*

(illuminate) iluminar. ◇ *vi* 1. *(look happy)* iluminarse, encenderse. 2. *inf (start smoking)* ponerse a fumar.

light bulb *n* bombilla *f*, foco *m* Amer.

lighten ['laɪtn] ◇ *vt* 1. *(make brighter - room)* iluminar. 2. *(make less heavy)* aligerar. ◇ *vi (brighten)* aclararse.

lighter ['laɪtəʳ] *n (cigarette lighter)* encendedor *m*, mechero *m*.

light-headed [-'hedɪd] *adj* mareado(da).

light-hearted [-'hɑːtɪd] *adj* 1. *(cheerful)* alegre. 2. *(amusing)* frívolo(la).

lighthouse ['laɪthaʊs, *pl* -haʊzɪz] *n* faro *m*.

lighting ['laɪtɪŋ] *n* iluminación *f*; **street ~** alumbrado *m* público.

lightly ['laɪtlɪ] *adv* 1. *(gently)* suavemente. 2. *(slightly)* ligeramente. 3. *(frivolously)* a la ligera.

light meter *n* fotómetro *m*.

lightning ['laɪtnɪŋ] *n (U)* relámpago *m*.

lightweight ['laɪtweɪt] ◇ *adj (object)* ligero(ra). ◇ *n (boxer)* peso *m* ligero.

likable ['laɪkəbl] *adj* simpático(ca).

like [laɪk] ◇ *prep* 1. *(gen)* como; *(in questions or indirect questions)* cómo; **what did it taste ~?** ¿a qué sabía?; **what did it look ~?** ¿cómo era?; **tell me what it's ~** dime cómo es; **something ~ £100** algo así como cien libras; **something ~ that** algo así, algo por el estilo. 2. *(in the same way as)* como, igual que; **~ this/that** así 3. *(typical of)* propio(pia) OR típico(ca) de. ◇ *vt* 1. *(find pleasant, approve of)*: **I ~ cheese** me gusta el queso; **I ~ it/them** me gusta/gustan; **he ~s doing** OR **to do sthg** (a él) le gusta hacer algo. 2. *(want)* querer; **I don't ~ to bother her** no quiero molestarla; **would you ~ some more?** ¿quieres un poco más?; **I'd ~ to come tomorrow** querría OR me gustaría venir mañana; **I'd ~ you to come to dinner** me gustaría que vinieras a cenar; *(in shops, restaurants)*: **I'd ~ a kilo of apples/the soup** póngame un kilo de manzanas/la sopa. ◇ *n*: **the ~ of sb/sthg** alguien/algo del estilo. ◆ **likes** *npl (things one likes)* gustos *mpl*, preferencias *fpl*.

likeable ['laɪkəbl] = **likable**.

likelihood ['laɪklɪhʊd] *n (U)* probabilidad *f*.

likely ['laɪklɪ] *adj* 1. *(probable)* probable; **rain is ~** es probable que llueva; **he's ~ to come** es probable que venga. 2. *(suitable)* indicado(da).

liken ['laɪkn] *vt*: **to ~ sthg/sb to** comparar algo/a alguien con.

likeness ['laɪknɪs] *n* **1.** *(resemblance)*: ~ **(to)** parecido *m* (con). **2.** *(portrait)* retrato *m*

likewise ['laɪkwaɪz] *adv (similarly)* de la misma forma; **to do** ~ hacer lo mismo.

liking ['laɪkɪŋ] *n*: **to have a** ~ **for sthg** tener afición *f* por OR a algo; **to take a** ~ **to sb** tomar OR coger cariño *m* a alguien; **to be to sb's** ~ ser del gusto de alguien; **for my/his** *etc* ~ para mi/su *etc* gusto.

lilac ['laɪlək] ◇ *adj (colour)* lila. ◇ *n* **1.** *(tree)* lila *f.* **2.** *(colour)* lila *m.*

Lilo® ['laɪləʊ] *(pl* **-s)** *n Br* colchoneta *f,* colchón *m* hinchable.

lily ['lɪlɪ] *n* lirio *m,* azucena *f.*

lily of the valley *(pl* **lilies of the valley)** *n* lirio *m* de los valles.

limb [lɪm] *n* **1.** *(of body)* miembro *m,* extremidad *f.* **2.** *(of tree)* rama *f.*

limber ['lɪmbəʳ] ◆ **limber up** *vi* desentumecerse.

limbo ['lɪmbəʊ] *(pl* **-s)** *n (U) (uncertain state)*: **to be in** ~ estar en un estado de incertidumbre.

lime [laɪm] *n* **1.** *(fruit)* lima *f.* **2.** *(drink)*: ~ **(juice)** lima *f.* **3.** (CHEM) cal *f.*

limelight ['laɪmlaɪt] *n*: **in the** ~ en (el) candelero.

limerick ['lɪmərɪk] *n copla humorística de cinco versos.*

limestone ['laɪmstəʊn] *n (U)* (piedra *f*) caliza *f.*

limey ['laɪmɪ] *(pl* **limeys)** *n Am inf término peyorativo que designa a un inglés.*

limit ['lɪmɪt] ◇ *n* **1.** *(gen)* límite *m.* **2.** *phr*: **off** ~**s** en zona prohibida; **within** ~**s** dentro de un límite. ◇ *vt* limitar, restringir.

limitation [,lɪmɪ'teɪʃn] *n* limitación *f.*

limited ['lɪmɪtɪd] *adj (restricted)* limitado(da); **to be** ~ estar limitado a.

limited (liability) company *n* sociedad *f* limitada.

limousine ['lɪməziːn] *n* limusina *f.*

limp [lɪmp] ◇ *adj* flojo(ja). ◇ *vi* cojear.

limpet ['lɪmpɪt] *n* lapa *f.*

line [laɪn] ◇ *n* **1.** *(gen)* línea *f.* **2.** *(row)* fila *f.* **3.** *(queue)* cola *f*; **to stand OR wait in** ~ hacer cola. **4.** *(course - direction)* línea *f; (- of action)* camino *m*; **what's his** ~ **of business?** ¿a qué negocios se dedica? **5.** *(length - of rope)* cuerda *f; (- for fishing)* sedal *m; (- of wire)* hilo *m*: **6.** (TELEC): **(telephone)** ~ línea *f* (telefónica); **hold the** ~**, please** no cuelgue, por favor; **the** ~ **is busy** está comunicando; **it's a bad** ~ hay

interferencias. **7.** *(on page)* línea *f,* renglón *m; (of poem, song)* verso *m; (letter)*: **to drop sb a** ~ *inf* mandar unas letras a alguien. **8.** *(system of transport)*: **(rail-way)** ~ *(track)* vía *f* (férrea); *(route)* línea *f* (férrea). **9.** *(wrinkle)* arruga *f.* **10.** *(borderline)* límite *m.* **11.** (COMM) línea *f.* **12.** *phr*: **to draw the** ~ **at sthg** no pasar por algo, negarse a algo. ◇ *vt (coat, curtains)* forrar; *(drawer)* cubrir el interior de. ◆ **out of line** *adv*: **to be out of** ~ estar fuera de lugar. ◆ **line up** ◇ *vt sep* **1.** *(make into a row or queue)* alinear. **2.** *(arrange)* programar, organizar. ◇ *vi (form a queue)* alinearse.

lined [laɪnd] *adj* **1.** *(of paper)* de rayas. **2.** *(wrinkled)* arrugado(da).

linen ['lɪnɪn] *n* **1.** *(cloth)* lino *m.* **2.** *(tablecloths, sheets)* ropa *f* blanca OR de hilo; **bed** ~ ropa *f* de cama.

liner ['laɪnəʳ] *n (ship)* transatlántico *m.*

linesman ['laɪnzmən] *(pl* **-men** [-mən]) *n* juez *m* y *f* de línea.

lineup ['laɪnʌp] *n* **1.** *(of players, competitors)* alineación *f.* **2.** *Am (identification parade)* rueda *f* de identificación.

linger ['lɪŋgəʳ] *vi* **1.** *(remain - over activity)* entretenerse; *(- in a place)* rezagarse. **2.** *(persist)* persistir.

lingerie ['lænʒərɪ] *n* ropa *f* interior femenina.

lingo ['lɪŋgəʊ] *(pl* **-es)** *n inf (foreign language)* idioma *m; (jargon)* jerga *f.*

linguist ['lɪŋgwɪst] *n* **1.** *(someone good at languages)* persona *f* con facilidad para las lenguas. **2.** *(student or teacher of linguistics)* lingüista *m* y *f.*

linguistics [lɪŋ'gwɪstɪks] *n (U)* lingüística *f.*

lining ['laɪnɪŋ] *n* **1.** *(gen & AUT)* forro *m.* **2.** *(of stomach, nose)* paredes *fpl* interiores.

link [lɪŋk] ◇ *n* **1.** *(of chain)* eslabón *m.* **2.** *(connection)* conexión *f,* enlace *m; ~***s (between/with)** lazos *mpl* (entre/con), vínculos *mpl* (entre/con). ◇ *vt* **1.** *(connect - cities)* comunicar; *(- computers)* conectar; *(- facts)* relacionar; **to** ~ **sthg with OR to** relacionar OR asociar algo con. **2.** *(join - arms)* enlazar. ◆ **link up** *vt sep*: **to** ~ **sthg up (with)** conectar algo (con).

links [lɪŋks] *(pl inv)* *n* campo *m* de golf.

lino ['laɪnəʊ], **linoleum** [lɪ'nəʊljəm] *n* linóleo *m.*

lintel ['lɪntl] *n* dintel *m.*

lion ['laɪən] *n* león *m.*

lioness ['laɪənes] *n* leona *f.*

lip [lɪp] *n* **1.** *(of mouth)* labio *m.* **2.** *(of* *cup)* borde *m*; *(of jug)* pico *m*.

lip-read *vi* leer en los labios.

lip salve [-sælv] *n Br* vaselina® *f*, cacao *m*.

lip service *n*: **to pay ~ to sthg** hablar en favor de algo sin hacer nada al respeto.

lipstick ['lɪpstɪk] *n* 1. *(container)* lápiz *m* OR barra *f* de labios. 2. *(substance)* carmín *m*, lápiz *m* de labios.

liqueur [lɪˈkjʊəʳ] *n* licor *m*.

liquid ['lɪkwɪd] ◇ *adj* líquido(da). ◇ *n* líquido *m*.

liquidation [ˌlɪkwɪˈdeɪʃn] *n* liquidación *f*.

liquid crystal display *n* pantalla *f* de cristal líquido.

liquidize, -ise ['lɪkwɪdaɪz] *vt Br* licuar.

liquidizer ['lɪkwɪdaɪzəʳ] *n Br* licuadora *f*.

liquor ['lɪkəʳ] *n (U)* alcohol *m*, bebida *f* alcohólica.

liquorice ['lɪkərɪʃ, 'lɪkərɪs] *n (U)* regaliz *m*.

liquor store *n Am tienda donde se venden bebidas alcohólicas para llevar.*

Lisbon ['lɪzbən] *n* Lisboa.

lisp [lɪsp] ◇ *n* ceceo *m*. ◇ *vi* cecear.

list [lɪst] ◇ *n* lista *f*. ◇ *vt* 1. *(in writing)* hacer una lista de. 2. *(in speech)* enumerar. ◇ *vi* (NAUT) escorar.

listed building [ˌlɪstɪd-] *n Br edificio declarado de interés histórico y artístico.*

listen ['lɪsn] *vi* 1. *(give attention)*: **to ~ (to sthg/sb)** escuchar (algo/a alguien); **to ~ for** estar atento a. 2. *(heed advice)*: **to ~ (to sb/sthg)** hacer caso (a alguien/de algo); **to ~ to reason** atender a razones.

listener ['lɪsnəʳ] *n* 1. *(person listening)* oyente *m y f*. 2. *(to radio)* radioyente *m y f*.

listless ['lɪstlɪs] *adj* apático(ca).

lit [lɪt] *pt & pp* → **light**.

litany ['lɪtənɪ] *(pl* -ies) *n lit & fig* letanía *f*.

liter *Am* = **litre**

literacy ['lɪtərəsɪ] *n* alfabetización *f*.

literal ['lɪtərəl] *adj* literal.

literally ['lɪtərəlɪ] *adv* literalmente; **to take sthg ~** tomarse algo al pie de la letra.

literary ['lɪtərərɪ] *adj* 1. *(gen)* literario (ria). 2. *(person)* literato(ta).

literate ['lɪtərət] *adj* 1. *(able to read and write)* alfabetizado(da). 2. *(well-read)* culto(ta), instruido(da).

literature ['lɪtrətʃəʳ] *n* 1. *(novels, plays, poetry)* literatura *f*. 2. *(books on a par-*

ticular subject) publicaciones *fpl*. 3. *(printed information)* documentación *f*

lithe [laɪð] *adj* ágil.

Lithuania [ˌlɪθjʊˈeɪnɪə] *n* Lituania.

litigation [ˌlɪtɪˈgeɪʃn] *n fml* litigio *m*.

litre *Br*, **liter** *Am* ['liːtəʳ] *n* litro *m*

litter ['lɪtəʳ] ◇ *n* 1. *(waste material)* basura *f* 2. *(newborn animals)* camada *f*. ◇ *vt*: **papers ~ed the floor** los papeles estaban esparcidos por el suelo.

litterbin ['lɪtəˌbɪn] *n Br* papelera *f*

little ['lɪtl] *(compar sense 3* less, *superl sense 3* least) ◇ *adj* 1. *(small in size, younger)* pequeño(ña). 2. *(short in length)* corto(ta); **a ~ while** una ratito. 3. *(not much)* poco(ca); **he speaks ~ English** habla poco inglés; **he speaks a ~ English** habla un poco de inglés. ◇ *pron*: **I understood very ~** entendí muy poco; **a ~** un poco; **a ~ (bit)** un poco; **give me a ~ (bit)** dame un poco ◇ *adv* poco; **~ by ~** poco a poco.

little finger *n* dedo *m* meñique.

live[1] [lɪv] ◇ *vi (gen)* vivir. ◇ *vt* llevar; **to ~ a quiet life** llevar una vida tranquila ◆ **live down** *vt sep* lograr hacer olvidar. ◆ **live off** *vt fus (savings, land)* vivir de; *(people)* vivir a costa de ◆ **live on** ◇ *vt fus* 1. *(survive on)* vivir con OR de. 2. *(eat)* vivir de ◇ *vi (memory, feeling)* permanecer, perdurar. ◆ **live together** *vt* vivir juntos. ◆ **live up to** *vt fus* estar a la altura de. ◆ **live with** *vt fus* 1. *(live in same house as)* vivir con. 2. *(accept - situation, problem)* aceptar.

live[2] [laɪv] *adj* 1. *(living)* vivo(va). 2. *(burning)* encendido(da). 3. *(unexploded)* sin explotar. 4. (ELEC) cargado (da). 5. *(performance)* en directo.

livelihood ['laɪvlɪhʊd] *n* sustento *m*, medio *m* de vida.

lively ['laɪvlɪ] *adj* 1. *(person, debate, time)* animado(da). 2. *(mind)* agudo (da), perspicaz 3. *(colours)* vivo(va), llamativo(va).

liven ['laɪvn] ◆ **liven up** ◇ *vt sep* animar. ◇ *vi* animarse

liver ['lɪvəʳ] *n* hígado *m*

livery ['lɪvərɪ] *n (of servant)* librea *f*; *(of company)* uniforme *m*.

lives [laɪvz] *pl* → **life**.

livestock ['laɪvstɒk] *n* ganado *m*.

livid ['lɪvɪd] *adj* 1. *(angry)* furioso(sa). 2. *(blue-grey)* lívido(da).

living ['lɪvɪŋ] ◇ *adj (relatives, language)* vivo(va); *(artist etc)* contemporáneo(a). ◇ *n* 1. *(means of earning money)*: **what**

do you do for a ~? ¿cómo te ganas la vida? **2.** *(lifestyle)* vida *f.*

living conditions *npl* condiciones *fpl* de vida.

living room *n* cuarto *m* de estar, salón *m.*

living standards *npl* nivel *m* de vida.

living wage *n* salario *m* OR sueldo *m* mínimo.

lizard ['lɪzəd] *n* *(small)* lagartija *f*; *(big)* lagarto *m.*

llama ['lɑːmə] *(pl inv* OR *-s) n* llama *f.*

load [ləʊd] ◇ *n* **1.** *(something carried)* carga *f.* **2.** *(amount of work):* **a heavy/light ~** mucho/poco trabajo. **3.** *(large amount):* **~s of** *inf* montones OR un montón de; **it was a ~ of rubbish** *inf* fue una porquería. ◇ *vt* **1.** *(gen &* COMPUT*):* **to ~ sthg/sb (with)** cargar algo/a alguien (de). **2.** *(camera, video recorder):* **he ~ed the camera with a film** cargó la cámara con una película. ◆ **load up** *vt sep & vi* cargar.

loaded ['ləʊdɪd] *adj* **1.** *(question, statement)* con doble sentido OR intención. **2.** *inf (rich)* forrado(da).

loading bay ['ləʊdɪŋ-] *n* zona *f* de carga y descarga.

loaf [ləʊf] *(pl* **loaves)** *n* *(of bread)* (barra *f* de) pan *m.*

loafer ['ləʊfər] *n* *(shoe)* mocasín *m.*

loan [ləʊn] ◇ *n* *(something lent)* préstamo *m*; **on ~** prestado(da). ◇ *vt* prestar; **to ~ sthg to sb, to ~ sb sthg** prestar algo a alguien.

loath [ləʊθ] *adj:* **to be ~ to do sthg** ser reacio(cia) a hacer algo.

loathe [ləʊð] *vt:* **to ~ (doing sthg)** aborrecer OR detestar (hacer algo).

loathsome ['ləʊðsəm] *adj* *(smell)* repugnante; *(person, behaviour)* odioso (sa).

loaves [ləʊvz] *pl* → **loaf.**

lob [lɒb] *n* (TENNIS) lob *m.*

lobby ['lɒbɪ] ◇ *n* **1.** *(hall)* vestíbulo *m.* **2.** *(pressure group)* grupo *m* de presión, lobby *m.* ◇ *vt* ejercer presión (política) sobre.

lobe [ləʊb] *n* lóbulo *m.*

lobster ['lɒbstər] *n* langosta *f.*

local ['ləʊkl] ◇ *adj* local. ◇ *n* *inf* **1.** *(person):* **the ~s** *(in village)* los lugareños; *(in town)* los vecinos del lugar. **2.** *Br (pub)* bar *m* del barrio. **3.** *Am (bus, train)* omnibús *m.*

local authority *n Br* autoridad *f* local.

local call *n* llamada *f* local.

local government *n* gobierno *m* municipal.

locality [ləʊˈkælətɪ] *n* localidad *f.*

locally ['ləʊkəlɪ] *adv* **1.** *(on local basis)* en el lugar. **2.** *(nearby)* por la zona.

locate [*Br* ləʊˈkeɪt, *Am* ˈləʊkeɪt] *vt* **1.** *(find)* localizar. **2.** *(situate)* ubicar.

location [ləʊˈkeɪʃn] *n* **1.** *(place)* localización *f*, situación *f.* **2.** (CINEMA): **on ~** en exteriores.

loch [lɒk, lɒx] *n Scot* lago *m.*

lock [lɒk] ◇ *n* **1.** *(of door)* cerradura *f*; *(of bicycle)* candado *m* **2.** *(on canal)* esclusa *f.* **3.** (AUT) *(steering lock)* ángulo *m* de giro **4.** *literary (of hair)* mechón *m.* ◇ *vt* **1.** *(with key)* cerrar con llave; *(with padlock)* cerrar con candado. **2.** *(keep safely)* poner bajo llave. **3.** *(immobilize)* bloquear. ◇ *vi* **1.** *(with key)* cerrarse con llave; *(with padlock)* cerrarse con candado. **2.** *(become immobilized)* bloquearse. ◆ **lock in** *vt sep* encerrar. ◆ **lock out** *vt sep* **1.** *(accidentally)* dejar fuera al cerrar accidentalmente la puerta; **to ~ o.s. out** quedarse fuera *(por olvidarse la llave dentro).* **2.** *(deliberately)* dejar fuera a. ◆ **lock up** *vt sep* **1.** *(person - in prison)* encerrar; *(- in asylum)* internar. **2.** *(house)* cerrar (con llave).

locker ['lɒkər] *n* taquilla *f*, armario *m.*

locker room *n Am* vestuario *m* con taquillas.

locket ['lɒkɪt] *n* guardapelo *m.*

locksmith ['lɒksmɪθ] *n* cerrajero *m*, -ra *f*

locomotive ['ləʊkəˌməʊtɪv] *n* locomotora *f.*

locum ['ləʊkəm] *(pl* **-s)** *n* interino *m*, -na *f.*

locust ['ləʊkəst] *n* langosta *f.*

lodge [lɒdʒ] ◇ *n* **1.** *(caretaker's etc room)* portería *f.* **2.** *(of manor house)* casa *f* del guarda. **3.** *(of freemasons)* logia *f.* **4.** *(for hunting)* refugio *m* de caza. ◇ *vi* **1.** *(stay):* **to ~ (with sb)** alojarse (con alguien). **2.** *(become stuck)* alojarse. ◇ *vt fml (register)* presentar.

lodger ['lɒdʒər] *n* huésped *m* y *f.*

lodging ['lɒdʒɪŋ] → **board.** ◆ **lodgings** *npl* habitación *f* (alquilada).

loft [lɒft] *n (in house)* desván *m*, entretecho *m Amer*; *(for hay)* pajar *m.*

lofty ['lɒftɪ] *adj* **1.** *(noble)* noble, elevado(da). **2.** *pej (haughty)* arrogante, altanero(ra). **3.** *literary (high)* elevado(da).

log [lɒg] ◇ *n* **1.** *(of wood)* tronco *m.* **2.** *(written record - of ship)* diario *m* de a bordo; *(- of plane)* diario *m* de vuelo.

◇ vt anotar. ◆ **log in** vi (COMPUT) entrar (en el sistema). ◆ **log out** vi (COMPUT) salir (del sistema).

logbook ['lɒgbʊk] n 1. (of ship) diario m de a bordo; (of plane) diario m de vuelo. 2. (of car) documentación f.

loggerheads ['lɒgəhedz] n: **to be at ~** estar a matar.

logic ['lɒdʒɪk] n lógica f.

logical ['lɒdʒɪkl] adj lógico(ca).

logistics [lə'dʒɪstɪks] ◇ n (U) logística f. ◇ npl logística f.

logo ['ləʊgəʊ] (pl -s) n logotipo m.

loin [lɔɪn] n lomo m.

loiter ['lɔɪtər] vi (for bad purpose) merodear; (hang around) vagar.

loll [lɒl] vi 1. (sit, lie about) repantigarse. 2. (hang down) colgar.

lollipop ['lɒlɪpɒp] n pirulí m.

lollipop lady n Br mujer encargada de parar el tráfico en un paso de cebra para que crucen los niños.

lollipop man n Br hombre encargado de parar el tráfico en un paso de cebra para que crucen los niños.

lolly ['lɒlɪ] n inf 1. (lollipop) pirulí m. 2. Br (ice lolly) polo m.

London ['lʌndən] n Londres.

Londoner ['lʌndənər] n londinense m y f.

lone [ləʊn] adj solitario(ria).

loneliness ['ləʊnlɪnɪs] n soledad f.

lonely ['ləʊnlɪ] adj 1. (person) solo(la). 2. (time, childhood) solitario(ria). 3. (place) solitario(ria), aislado(da).

lonesome ['ləʊnsəm] adj Am inf 1. (person) solo(la). 2. (place) solitario(ria).

long [lɒŋ] ◇ adj largo(ga); **two days** ~ de dos días de duración; **the table is 5m** ~ la mesa mide OR tiene 5m de largo; **the journey is 50km** ~ el viaje es de 50 km; **the book is 500 pages** ~ el libro tiene 500 páginas. ◇ adv mucho tiempo; **how** ~ **will it take?** ¿cuánto se tarda?; **how** ~ **will you be?** ¿cuánto tardarás?; **how** ~ **have you been waiting?** ¿cuánto tiempo llevas esperando?; **how** ~ **is the journey?** ¿cuánto hay de viaje?; **I'm no** ~**er young** ya no soy joven; **I can't wait any** ~**er** no puedo esperar más; **so** ~ inf hasta luego OR pronto; **before** ~ pronto; **for** ~ mucho tiempo. ◇ vt: **to** ~ **to do sthg** desear ardientemente hacer algo. ◆ **as long as, so long as** conj mientras; **as** ~ **as you do it, so will I** siempre y cuando tú lo hagas, yo también lo haré. ◆ **long for** vt fus desear ardientemente.

long-distance adj (runner) de fondo; (lorry driver) para distancias grandes.

long-distance call n conferencia f (telefónica).

longhand ['lɒŋhænd] n escritura f a mano.

long-haul adj de larga distancia.

longing ['lɒŋɪŋ] ◇ adj anhelante. ◇ n 1. (desire) anhelo m, deseo m; (nostalgia) nostalgia f, añoranza f. 2. (strong wish): (a) ~ (for) (un) ansia f (de).

longitude ['lɒndʒɪtjuːd] n longitud f.

long jump n salto m de longitud.

long-life adj de larga duración.

long-playing record [-'pleɪɪŋ-] n disco m de larga duración.

long-range adj 1. (missile, bomber) de largo alcance. 2. (plan, forecast) a largo plazo.

long shot n posibilidad f remota.

longsighted [,lɒŋ'saɪtɪd] adj présbita.

long-standing adj antiguo(gua).

longsuffering [,lɒŋ'sʌfərɪŋ] adj sufrido(da).

long term n: **in the** ~ a largo plazo.

long wave n (U) onda f larga.

long weekend n puente m.

longwinded [,lɒŋ'wɪndɪd] adj prolijo (ja).

loo [luː] (pl -s) n Br inf wáter m.

look [lʊk] ◇ n 1. (with eyes) mirada f; **to give sb a** ~ dirigir la mirada hacia OR a alguien; **to take** OR **have a** ~ **(at sthg)** echar una mirada OR ojeada (a algo). 2. (search): **to have a** ~ **(for sthg)** buscar (algo) 3. (appearance) aspecto m; **by the** ~ OR ~**s of it, it has been here for ages** parece que hace años que está aquí. ◇ vi 1. (with eyes): **to** ~ **(at sthg/sb)** mirar (algo/a alguien) 2. (search): **to** ~ **(for sthg/sb)** buscar (algo/a alguien). 3. (building, window): **to** ~ **(out) onto** dar a. 4. (have stated appearance) verse; (seem) parecer; **it** ~**s like rain** OR **as if it will rain** parece que va a llover; **she** ~**s like her mother** se parece a su madre. ◇ vt 1. (look at) mirar. 2. (appear): **to** ~ **one's age** representar la edad que se tiene. ◆ **looks** npl belleza f. ◆ **look after** vt fus 1. (take care of) cuidar. 2. (be responsible for) encargarse de ◆ **look at** vt fus 1. (see, glance at) mirar; (examine) examinar. 2. (judge) estudiar. ◆ **look down on** vt fus (condescend to) despreciar. ◆ **look for** vt fus buscar. ◆ **look forward to** vt fus esperar (con ilusión). ◆ **look into** vt *fus (problem, possibility)* estudiar; *(issue)* investigar. ♦ **look on** *vi* mirar, observar. ♦ **look out** *vi* tener cuidado; ~ **out!** ¡cuidado! ♦ **look out for** *vt fus* estar atento(ta) a. ♦ **look round** ◇ *vt fus (shop)* echar un vistazo; *(castle, town)* visitar. ◇ *vi* volver la cabeza. ♦ **look to** *vt fus* **1.** *(depend on)* recurrir a. **2.** *(think about)* pensar en. ♦ **look up** ◇ *vt sep* **1.** *(in book)* buscar. **2.** *(visit - person)* ir a ver OR visitar. ◇ *vi (improve)* mejorar. ♦ **look up to** *vt fus* respetar, admirar.

lookout ['lʊkaʊt] *n* **1.** *(place)* puesto *m* de observación. **2.** *(person)* centinela *m y f*. **3.** *(search):* **to be on the ~ for** estar al acecho de.

loom [luːm] ◇ *n* telar *m*. ◇ *vi* **1.** *(rise up)* surgir OR aparecer amenazante. **2.** *fig (be imminent)* ser inminente. ♦ **loom up** *vi* divisarse sombríamente.

loony ['luːnɪ] *inf* ◇ *adj* majara. ◇ *n* majara *m y f*.

loop [luːp] *n* **1.** *(shape)* lazo *m*. **2.** (COMPUT) bucle *m*.

loophole ['luːphəʊl] *n* laguna *f*.

loose [luːs] *adj* **1.** *(not firmly fixed)* flojo (ja). **2.** *(unattached - paper, sweets, hair)* suelto(ta). **3.** *(clothes, fit)* holgado(da). **4.** *dated (promiscuous)* promiscuo(cua). **5.** *(inexact - translation)* impreciso(sa).

loose change *n (dinero m)* suelto *m*.

loose end *n:* **to be at a ~** *Br*, **to be at ~s** *Am* estar desocupado(da).

loosely ['luːslɪ] *adv* **1.** *(not firmly)* holgadamente, sin apretar. **2.** *(inexactly)* vagamente.

loosen ['luːsn] *vt* aflojar. ♦ **loosen up** *vi* **1.** *(before game, race)* desentumecerse. **2.** *inf (relax)* relajarse.

loot [luːt] ◇ *n* botín *m*. ◇ *vt* saquear.

looting ['luːtɪŋ] *n* saqueo *m*.

lop [lɒp] *vt* podar. ♦ **lop off** *vt sep* cortar.

lop-sided [-'saɪdɪd] *adj* **1.** *(uneven)* ladeado(da), torcido(da). **2.** *fig (biased)* desequilibrado(da).

lord [lɔːd] *n Br (man of noble rank)* noble *m*. ♦ **Lord** *n* **1.** (RELIG): **the Lord** *(God)* el Señor; **good Lord!** *Br* ¡Dios mío! **2.** *(in titles)* lord *m*; *(as form of address):* **my Lord** *(bishop)* su Ilustrísima; *(judge)* su Señoría. ♦ **Lords** *npl Br* (POL): **the Lords** la Cámara de los Lores.

Lordship ['lɔːdʃɪp] *n:* **your/his ~** su Señoría *f*.

lore [lɔːʳ] *n (U)* saber *m* OR tradición *f* popular.

lorry ['lɒrɪ] *n Br* camión *m*.

lorry driver *n Br* camionero *m*, -ra *f*.

lose [luːz] *(pt & pp lost)* ◇ *vt (gen)* perder; *(subj: clock, watch)* atrasarse; **to ~ sight of sthg/sb** *lit & fig* perder de vista algo/a alguien; **to ~ one's way** perderse. ◇ *vi (fail to win)* perder.

loser ['luːzəʳ] *n* **1.** *(of competition)* perdedor *m*, -ra *f*. **2.** *inf pej (unsuccessful person)* desgraciado *m*, -da *f*.

loss [lɒs] *n* **1.** *(gen)* pérdida *f*; **to make a ~** sufrir pérdidas. **2.** *(failure to win)* derrota *f*. **3.** *phr:* **to be at a ~ to explain sthg** no saber cómo explicar algo.

lost [lɒst] ◇ *pt & pp → lose*. ◇ *adj* **1.** *(unable to find way)* perdido(da); **to get ~** perderse; **get ~!** *inf* ¡vete a la porra! **2.** *(that cannot be found)* extraviado(da), perdido(da).

lost-and-found office *n Am* oficina *f* de objetos perdidos.

lost property office *n Br* oficina *f* de objetos perdidos.

lot [lɒt] *n* **1.** *(large amount):* **a ~ of**, **~s of** mucho(cha); **a ~ of people** mucha gente, muchas personas; **a ~ of problems** muchos problemas; **the ~** todo. **2.** *(group, set)* grupo *m* **3.** *(destiny)* destino *m*, suerte *f*. **4.** *Am (of land)* terreno *m*; *(car park)* aparcamiento *m*. **5.** *(at auction)* partida *f*, lote *m*. **6.** *phr:* **to draw ~s** echar a suerte. ♦ **a lot** *adv* mucho.

lotion ['ləʊʃn] *n* loción *f*.

lottery ['lɒtərɪ] *n* lotería *f*.

loud [laʊd] ◇ *adj* **1.** *(voice, music)* alto (ta); *(bang)* fuerte; *(person)* ruidoso(sa). **2.** *(emphatic):* **to be ~ in one's criticism of** ser enérgico(ca) en la crítica de. **3.** *(too bright)* chillón(ona). ◇ *adv* fuerte; **out ~** en voz alta.

loudhailer [ˌlaʊd'heɪləʳ] *n Br* megáfono *m*.

loudly ['laʊdlɪ] *adv* **1.** *(shout)* a voz en grito; *(talk)* en voz alta. **2.** *(gaudily)* con colores chillones OR llamativos.

loudspeaker [ˌlaʊd'spiːkəʳ] *n* altavoz *m*

lounge [laʊndʒ] ◇ *n* **1.** *(in house)* salón *m*. **2.** *(in airport)* sala *f* de espera. ◇ *vi* repantigarse

lounge bar *n Br* salón-bar *m*.

louse [laʊs] *(pl lice)* *n (insect)* piojo *m*.

lousy ['laʊzɪ] *adj inf (poor quality)* fatal, pésimo(ma).

lout [laʊt] *n* gamberro *m*

louvre *Br*, **louver** *Am* ['luːvəʳ] *n* persiana *f*.

lovable ['lʌvəbl] *adj* adorable.

love [lʌv] ◇ *n* **1.** *(gen)* amor *m*; **give**

her my ~ dale un abrazo de mi parte; **~ from** *(at end of letter)* un abrazo de; **to be in ~ (with)** estar enamorado(da) (de); **to fall in ~** enamorarse; **to make ~** hacer el amor. **2.** *(liking, interest)* pasión *f*; **a ~ of** OR **for** una pasión por. **3.** *inf (form of address)* cariño *m* y *f* **4.** *(TENNIS)*: **30 ~ 30** a nada. ◇ *vt* **1.** *(feel affection for)* amar, querer. **2.** *(like)*: **I ~ football** me encanta el fútbol; **I ~ going to** OR **to go to the theatre** me encanta ir al teatro.

love affair *n* aventura *f* amorosa

love life *n* vida *f* amorosa.

lovely ['lʌvlɪ] *adj* **1.** *(beautiful - person)* encantador(ra); *(- dress, place)* precioso (sa). **2.** *(pleasant)* estupendo(da).

lover ['lʌvə'] *n* **1.** *(sexual partner)* amante *m* y *f*. **2.** *(enthusiast)* amante *m* y *f*, apasionado *m*, -da *f*.

loving ['lʌvɪŋ] *adj* cariñoso(sa).

low [ləʊ] ◇ *adj* **1.** *(gen)* bajo(ja); **in the ~ twenties** 20 y algo; **a ~ trick** una mala jugada. **2.** *(little remaining)* escaso (sa). **3.** *(unfavourable - opinion)* malo (la); *(- esteem)* poco(ca). **4.** *(dim)* tenue. **5.** *(dress, neckline)* escotado(da). **6.** *(depressed)* deprimido(da). ◇ *adv* **1.** *(gen)* bajo; **morale is very ~** la moral está por los suelos; **~ paid** mal pagado. **2.** *(speak)* en voz baja. ◇ *n* **1.** *(low point)* punto *m* más bajo. **2.** *(METEOR)* área *f* de bajas presiones

low-calorie *adj* light *(inv)*, bajo(ja) en calorías.

low-cut *adj* escotado(da).

lower ['ləʊə'] ◇ *adj* inferior. ◇ *vt* **1.** *(gen)* bajar; *(flag)* arriar. **2.** *(reduce)* reducir.

low-fat *adj* bajo(ja) en grasas.

low-key *adj* discreto(ta).

lowly ['ləʊlɪ] *adj* humilde.

low-lying *adj* bajo(ja).

loyal ['lɔɪəl] *adj* leal, fiel.

loyalty ['lɔɪəltɪ] *n* lealtad *f*.

lozenge ['lɒzɪndʒ] *n* **1.** *(tablet)* tableta *f*, pastilla *f* **2.** *(shape)* rombo *m*.

LP *(abbr of* **long-playing record)** *n* LP *m*.

L-plate *n* Br placa *f* L *(de prácticas)*.

Ltd, ltd *(abbr of* **limited)** S.L.

lubricant ['lu:brɪkənt] *n* lubricante *m*.

lubricate ['lu:brɪkeɪt] *vt* lubricar, engrasar.

lucid ['lu:sɪd] *adj* **1.** *(clear)* claro(ra). **2.** *(not confused)* lúcido(da).

luck [lʌk] *n* suerte *f*; **good/bad ~** *(good, bad fortune)* buena/mala suerte; **good ~!** *(said to express best wishes)*

¡buena suerte!; **bad** OR **hard ~!** ¡mala suerte!; **to be in ~** estar de suerte; **with (any) ~** con un poco de suerte.

luckily ['lʌkɪlɪ] *adv* afortunadamente.

lucky ['lʌkɪ] *adj* **1.** *(fortunate - person)* afortunado(da); *(- event)* oportuno(na). **2.** *(bringing good luck)* que trae buena suerte

lucrative ['lu:krətɪv] *adj* lucrativo(va).

ludicrous ['lu:dɪkrəs] *adj* absurdo(da).

lug [lʌg] *vt inf* arrastrar, tirar con dificultad.

luggage ['lʌgɪdʒ] *n Br* equipaje *m*.

luggage rack *n Br (of car)* baca *f*, portaequipajes *m inv*; *(in train)* rejilla *f*.

lukewarm ['lu:kwɔ:m] *adj* **1.** *(tepid)* tibio(bia), templado(da) **2.** *(unenthusiastic)* indiferente, desapasionado(da).

lull [lʌl] ◇ *n*: **~ (in)** *(activity)* respiro *m* OR pausa *f* (en); *(fighting)* tregua *f* (en). ◇ *vt*: **to ~ sb into a false sense of security** infundir una sensación de falsa seguridad a alguien; **to ~ sb to sleep** adormecer OR hacer dormir a alguien.

lullaby ['lʌləbaɪ] *n* nana *f*, canción *f* de cuna.

lumber ['lʌmbə'] *n* (U) **1.** *Am (timber)* maderos *mpl*. **2.** *Br (bric-a-brac)* trastos *mpl*. ♦ **lumber with** *vt sep Br inf*: **to ~ sb with sthg** cargar a alguien con algo.

lumberjack ['lʌmbədʒæk] *n* leñador *m*, -ra *f*.

luminous ['lu:mɪnəs] *adj* luminoso (sa).

lump [lʌmp] ◇ *n* **1.** *(of coal, earth)* trozo *m*; *(of sugar)* terrón *m*; *(in sauce)* grumo *m* **2.** *(on body)* bulto *m*. **3.** *fig (in throat)* nudo *m*. ◇ *vt*: **to ~ sthg together** *(things)* amontonar algo; *(people, beliefs)* agrupar OR juntar algo.

lump sum *n* suma *f* OR cantidad *f* global

lumpy ['lʌmpɪ] *(compar* -ier, *superl* -iest) *adj (sauce)* grumoso(sa); *(mattress)* lleno(na) de bultos.

lunacy ['lu:nəsɪ] *n* locura *f*.

lunar ['lu:nə'] *adj* lunar.

lunatic ['lu:nətɪk] *n* **1.** *pej (fool)* idiota *m* y *f*. **2.** *(insane person)* loco *m*, -ca *f*

lunch [lʌntʃ] ◇ *n* comida *f*, almuerzo *m*. ◇ *vi* almorzar, comer.

luncheon ['lʌntʃən] *n fml* comida *f*, almuerzo *m*.

luncheon meat *n* carne de cerdo en lata troceada

luncheon voucher *n Br* vale *m* del almuerzo.

lunch hour *n* hora *f* del almuerzo.

lunchtime ['lʌntʃtaɪm] *n* hora *f* del almuerzo.

lung [lʌŋ] *n* pulmón *m*.

lunge [lʌndʒ] *vi* lanzarse, abalanzarse; **to ~ at sb** arremeter contra alguien.

lurch [lɜːtʃ] ◇ *n* (*of boat*) bandazo *m*; (*of person*) tumbo *m*; **to leave sb in the ~** dejar a alguien en la estacada. ◇ *vi* (*boat*) dar bandazos; (*person*) tambalearse.

lure [ljuəʳ] ◇ *n* atracción *f*. ◇ *vt* atraer OR convencer con engaños.

lurid ['ljuərɪd] *adj* **1.** (*brightly coloured*) chillón(ona). **2.** (*shockingly unpleasant*) espeluznante

lurk [lɜːk] *vi* **1.** (*person*) estar al acecho. **2.** (*memory, danger, fear*) ocultarse.

luscious ['lʌʃəs] *adj lit & fig* apetitoso (sa).

lush [lʌʃ] *adj* (*luxuriant*) exuberante.

lust [lʌst] *n* **1.** (*sexual desire*) lujuria *f*. **2.** (*strong desire*): **~ for sthg** ansia *f* de algo. ◆ **lust after, lust for** *vt fus* **1.** (*desire - wealth, success*) codiciar. **2.** (*desire sexually*) desear.

lusty ['lʌstɪ] *adj* vigoroso(sa), fuerte.

Luxembourg ['lʌksəm,bɜːg] *n* Luxemburgo.

luxuriant [lʌg'ʒuərɪənt] *adj* exuberante.

luxurious [lʌg'ʒuərɪəs] *adj* **1.** (*expensive*) lujoso(sa). **2.** (*pleasurable*) voluptuoso(sa).

luxury ['lʌkʃərɪ] ◇ *n* lujo *m*. ◇ *comp* de lujo.

LW (*abbr of* long wave) *n* OL *f*

Lycra® ['laɪkrə] *n* lycra® *f*.

lying ['laɪɪŋ] ◇ *adj* mentiroso(sa), falso (sa). ◇ *n* (*U*) mentira *f*.

lynch [lɪntʃ] *vt* linchar.

lyric ['lɪrɪk] *adj* lírico(ca).

lyrical ['lɪrɪkl] *adj* (*poetic*) lírico(ca).

lyrics ['lɪrɪks] *npl* letra *f*.

M

m¹ (*pl* m's OR ms), **M** (*pl* M's OR Ms) [em] *n* (*letter*) m *f*, M *f*. ◆ **M** *abbr of* **motorway**.

m² **1.** (*abbr of* metre) m. **2.** (*abbr of* million) m. **3.** *abbr of* **mile**.

MA *n abbr of* **Master of Arts**.

mac [mæk] (*abbr of* mackintosh) *n Br inf* (*coat*) impermeable *m*.

macaroni [,mækə'rəunɪ] *n* (*U*) macarrones *mpl*.

mace [meɪs] *n* **1.** (*ornamental rod*) maza *f*. **2.** (*spice*) macis *f inv*.

machine [mə'ʃiːn] ◇ *n* **1.** (*power-driven device*) máquina *f* **2.** (*organization*) aparato *m*. ◇ *vt* **1.** (SEWING) coser a máquina. **2.** (TECH) hacer con una máquina.

machinegun [mə'ʃiːngʌn] *n* ametralladora *f*

machine language *n* (COMPUT) lenguaje *m* máquina.

machinery [mə'ʃiːnərɪ] *n lit & fig* maquinaria *f*.

macho ['mætʃəu] *adj inf* macho.

mackerel ['mækrəl] (*pl inv* OR **-s**) *n* caballa *f*.

mackintosh ['mækɪntɒʃ] *n Br* impermeable *m*.

mad [mæd] *adj* **1.** (*gen*) loco(ca); (*attempt, idea*) disparatado(da); **to be ~ about sb/sthg** estar loco(ca) por alguien/algo; **to go ~** volverse loco. **2.** (*furious*) furioso(sa). **3.** (*hectic*) desenfrenado(da).

Madagascar [,mædə'gæskəʳ] *n* Madagascar.

madam ['mædəm] *n* señora *f*.

madcap ['mædkæp] *adj* descabellado (da).

madden ['mædn] *vt* volver loco(ca)

made [meɪd] *pt & pp* → **make**.

Madeira [mə'dɪərə] *n* **1.** (*wine*) madeira *m*, madera *m*. **2.** (GEOGR) Madeira.

made-to-measure *adj* hecho(cha) a la medida.

made-up *adj* **1.** (*with make-up - face, person*) maquillado(da); (*- lips, eyes*) pintado(da). **2.** (*invented*) inventado (da).

madly ['mædlɪ] *adv* (*frantically*) enloquecidamente; **~ in love** locamente enamorado.

madman ['mædmən] (*pl* **-men** [-mən]) *n* loco *m*.

madness ['mædnɪs] *n* locura *f*.

Madrid [mə'drɪd] *n* Madrid.

Mafia ['mæfɪə] *n*: **the ~** la mafia.

magazine [,mægə'ziːn] *n* **1.** (*periodical*) revista *f*. **2.** (*news programme*) magazín *m*. **3.** (*on a gun*) recámara *f*.

maggot ['mægət] *n* gusano *m*, cresa *f*.

magic ['mædʒɪk] ◇ *adj* (*gen*) mágico (ca). ◇ *n* magia *f*.

magical ['mædʒɪkl] *adj lit & fig* mágico (ca).

magician [mə'dʒɪʃn] *n* **1.** *(conjuror)* prestidigitador *m*, -ra *f*. **2.** *(wizard)* mago *m*.

magistrate ['mædʒɪstreɪt] *n* magistrado *m*, -da *f*.

magistrates' court *n Br* juzgado *m* de primera instancia.

magnanimous [mæg'nænɪməs] *adj* magnánimo(ma).

magnate ['mægneɪt] *n* magnate *m*.

magnesium [mæg'ni:zɪəm] *n* magnesio *m*.

magnet ['mægnɪt] *n* imán *m*.

magnetic [mæg'netɪk] *adj* **1.** *(attracting iron)* magnético(ca). **2.** *fig (appealingly forceful)* atrayente, carismático (ca).

magnetic tape *n* cinta *f* magnetofónica.

magnificent [mæg'nɪfɪsənt] *adj (building, splendour)* grandioso(sa); *(idea, book, game)* magnífico(ca).

magnify ['mægnɪfaɪ] *vt* **1.** *(in vision)* aumentar. **2.** *(in the mind)* exagerar.

magnifying glass ['mægnɪfaɪɪŋ-] *n* lupa *f*.

magnitude ['mægnɪtju:d] *n* magnitud *f*.

magpie ['mægpaɪ] *n* urraca *f*.

mahogany [mə'hɒgənɪ] *n* **1.** *(wood)* caoba *f*. **2.** *(colour)* caoba *m*.

maid [meɪd] *n (in hotel)* camarera *f*; *(domestic)* criada *f*.

maiden ['meɪdn] ◊ *adj* inaugural. ◊ *n literary* doncella *f*.

maiden aunt *n* tía *f* soltera

maiden name *n* nombre *m* de soltera.

mail [meɪl] ◊ *n* **1.** *(letters, parcels received)* correspondencia *f*. **2.** *(system)* correo *m*; **by ~** por correo. ◊ *vt (send)* mandar por correo; *(put in mail box)* echar al buzón.

mailbox ['meɪlbɒks] *n Am* buzón *m*.

mailing list ['meɪlɪŋ-] *n* lista *f* de distribución de publicidad OR información

mailman ['meɪlmən] *(pl* **-men** [-mən]*) n Am* cartero *m*.

mail order *n* pedido *m* por correo.

mailshot ['meɪlʃɒt] *n* folleto *m* de publicidad (por correo)

maim [meɪm] *vt* mutilar.

main [meɪn] ◊ *adj* principal. ◊ *n (pipe)* tubería *f* principal; *(wire)* cable *m* principal. ◆ **mains** *npl:* **the ~s** *(gas, water)* la tubería principal; *(electricity)* la red

eléctrica. ◆ **in the main** *adv* por lo general.

main course *n* plato *m* fuerte.

mainframe (computer) ['meɪnfreɪm-] *n* unidad *f* central.

mainland ['meɪnlənd] ◊ *adj* continental; **~ Spain** la Península. ◊ *n:* **the ~** el continente.

mainly ['meɪnlɪ] *adv* principalmente.

main road *n* carretera *f* principal.

mainstay ['meɪnsteɪ] *n* fundamento *m*.

mainstream ['meɪnstri:m] ◊ *adj (gen)* predominante; *(taste)* corriente; *(political party)* convencional ◊ *n:* **the ~** la tendencia general.

maintain [meɪn'teɪn] *vt* **1.** *(gen)* mantener. **2.** *(support, provide for)* sostener. **3.** *(assert):* **to ~ (that)** sostener que

maintenance ['meɪntənəns] *n* **1.** *(gen)* mantenimiento *m*. **2.** *(money)* pensión *f* alimenticia.

maize [meɪz] *n* maíz *m*.

majestic [mə'dʒestɪk] *adj* majestuoso (sa).

majesty ['mædʒəstɪ] *n (grandeur)* majestad *f*. ◆ **Majesty** *n:* **His/Her/Your Majesty** Su Majestad

major ['meɪdʒər] ◊ *adj* **1.** *(important)* principal. **2.** *(MUS)* mayor. ◊ *n (MIL)* comandante *m*

Majorca [mə'jɔ:kə, mə'dʒɔ:kə] *n* Mallorca.

majority [mə'dʒɒrətɪ] *n* mayoría *f*

make [meɪk] *(pt & pp* **made**) ◊ *vt* **1.** *(produce)* hacer; **to ~ one's own clothes** se hace su propia ropa. **2.** *(perform - action)* hacer; **to ~ a speech** pronunciar OR dar un discurso; **to ~ a decision** tomar una decisión; **to ~ a mistake** cometer un error **3.** *(cause to be, cause to do)* hacer; **it ~s me sick** me pone enfermo; **it made him angry** hizo que se enfadara; **you made me jump!** ¡vaya susto que me has dado!; **to ~ sb happy** hacer a alguien feliz; **to ~ sb sad** entristecer a alguien. **4.** *(force):* **to ~ sb do sthg** hacer que alguien haga algo, obligar a alguien a hacer algo **5.** *(construct):* **to be made of sthg** estar hecho(cha) de algo; **made in Spain** fabricado en España **6.** *(add up to)* hacer, ser; **2 and 2 ~ 4** 2 y 2 hacen OR son 4. **7.** *(calculate)* calcular; **I ~ it 50/six o'clock** calculo que serán 50/las seis; **what time do you ~ it?** ¿qué hora es? **8.** *(earn)* ganar; **to ~ a profit** obtener beneficios; **to ~ a loss** sufrir pérdidas. **9.** *(have the right qualities for)* ser; **she'd ~ a good doctor** seguro que sería una buena doctora. **10.** *(reach)* llegar a. **11.** *(gain - friend, enemy)* hacer; **to ~ friends with sb** hacerse amigo de alguien. **12.** *phr:* **to ~ it** *(arrive in time)* conseguir llegar a tiempo; *(be a success)* alcanzar el éxito; *(be able to attend)* venir/ir; **to ~ do with sthg** apañarse OR arreglarse con algo. ◇ *n (brand)* marca *f*.

◆ **make for** *vt fus* **1.** *(move towards)* dirigirse a OR hacia. **2.** *(contribute to)* contribuir a. ◆ **make of** *vt sep* **1.** *(understand)* entender; **what do you ~ of this word?** ¿qué entiendes tú por esta palabra? **2.** *(have opinion of)* opinar de. ◆ **make off** *vi* darse a la fuga. ◆ **make out** *vt sep* **1.** *inf (see)* distinguir; *(hear)* entender, oír. **2.** *inf (understand - word, number)* descifrar; *(- person, attitude)* comprender. **3.** *(fill out - form)* rellenar; *(- cheque, receipt)* extender; *(- list)* hacer. ◆ **make up** ◇ *vt sep* **1.** *(compose, constitute)* componer, constituir. **2.** *(invent)* inventar. **3.** *(apply cosmetics to)* maquillar. **4.** *(prepare - parcel, prescription, bed)* preparar. **5.** *(make complete - amount)* completar; *(- difference)* cubrir. ◇ *vi (become friends again):* **to ~ up (with sb)** hacer las paces (con alguien). ◆ **make up for** *vt fus* compensar. ◆ **make up to** *vt sep:* **to ~ it up to sb (for sthg)** recompensar a alguien (por algo).

make-believe *n* invención *f*.

maker ['meɪkə*r*] *n (of film, programme)* creador *m*, -ra *f*; *(of product)* fabricante *m y f*.

makeshift ['meɪkʃɪft] *adj (temporary)* provisional; *(improvized)* improvisado (da).

make-up *n* **1.** *(cosmetics)* maquillaje *m*; **~ remover** loción *f* OR leche *f* desmaquilladora. **2.** *(person's character)* carácter *m*. **3.** *(structure)* estructura *f*; *(of team)* composición *f*.

making ['meɪkɪŋ] *n (of product)* fabricación *f*; *(of film)* rodaje *m*; *(of decision)* toma *f*; **this is history in the ~** esto pasará a la historia; **your problems are of your own ~** tus problemas te los has buscado tú mismo; **to have the ~s of** tener madera de.

malaise [mə'leɪz] *n fml* malestar *m*.

malaria [mə'leərɪə] *n* malaria *f*.

Malaya [mə'leɪə] *n* Malaya.

Malaysia [mə'leɪzɪə] *n* Malaisia.

male [meɪl] ◇ *adj* **1.** *(animal)* macho. **2.** *(human)* masculino(na), varón. **3.** *(concerning men)* masculino(na). ◇ *n* **1.** *(animal)* macho *m*. **2.** *(human)* varón *m*

male nurse *n* enfermero *m*.

malevolent [mə'levələnt] *adj* malévolo (la).

malfunction [mæl'fʌŋkʃn] ◇ *n* funcionamiento *m* defectuoso. ◇ *vi* funcionar mal.

malice ['mælɪs] *n* malicia *f*.

malicious [mə'lɪʃəs] *adj* malicioso (sa).

malign [mə'laɪn] ◇ *adj* maligno(na), perjudicial. ◇ *vt fml* difamar.

malignant [mə'lɪgnənt] *adj* **1.** *fml (full of hate)* malvado(da). **2.** (MED) maligno (na).

mall [mɔːl] *n:* **(shopping) ~** centro *m* comercial peatonal

mallet ['mælɪt] *n* mazo *m*.

malnutrition [,mælnjuː'trɪʃn] *n* malnutrición *f*.

malpractice [,mæl'præktɪs] *n (U)* (JUR) negligencia *f*.

malt [mɔːlt] *n* **1.** *(grain)* malta *f*. **2.** *(whisky)* whisky *m* de malta.

Malta ['mɔːltə] *n* Malta.

mammal ['mæml] *n* mamífero *m*.

mammoth ['mæməθ] ◇ *adj* descomunal. ◇ *n* mamut *m*.

man [mæn] *(pl* **men**) ◇ *n* hombre *m*; **the ~ in the street** el hombre de la calle, el ciudadano de a pie. ◇ *vt (gen)* manejar; *(ship, plane)* tripular; **manned 24 hours a day** *(telephone)* en servicio las 24 horas del día.

manage ['mænɪdʒ] ◇ *vi* **1.** *(cope)* poder. **2.** *(survive)* apañárselas. ◇ *vt* **1.** *(succeed):* **to ~ to do sthg** conseguir hacer algo. **2.** *(company)* dirigir, llevar; *(money)* administrar, manejar; *(pop star)* representar; *(time)* organizar. **3.** *(cope with)* poder con; **can you ~ that box?** ¿puedes con la caja?

manageable ['mænɪdʒəbl] *adj (task)* factible, posible; *(children)* dominable; *(inflation, rate)* controlable.

management ['mænɪdʒmənt] *n* **1.** *(control, running)* gestión *f*. **2.** *(people in control)* dirección *f*.

manager ['mænɪdʒə*r*] *n* **1.** *(of company)* director *m*, -ra *f*; *(of shop)* jefe *m*, -fa *f*; *(of pop star)* manager *m y f*. **2.** (SPORT) = entrenador *m*, -ra *f*.

manageress [,mænɪdʒə'res] *n Br (of company)* directora *f*; *(of shop)* jefa *f*.

managerial [,mænɪ'dʒɪərɪəl] *adj* directivo(va).

managing director ['mænɪdʒɪŋ-] *n* director *m*, -ra *f* gerente.

mandarin ['mændərɪn] *n (fruit)* mandarina *f*.

mandate ['mændeɪt] n 1. (elected right or authority) mandato m 2. (task) misión f.

mandatory ['mændətrɪ] adj obligatorio(ria).

mane [meɪn] n (of horse) crin f; (of lion) melena f.

maneuver Am = **manoeuvre**.

manfully ['mænfʊlɪ] adv valientemente

mangle ['mæŋgl] vt (crush) aplastar; (tear to pieces) despedazar.

mango ['mæŋgəʊ] (pl -es OR -s) n mango m.

mangy ['meɪndʒɪ] adj sarnoso(sa)

manhandle ['mæn,hændl] vt (person) maltratar.

manhole ['mænhəʊl] n boca f (del alcantarillado).

manhood ['mænhʊd] n 1. (state) virilidad f. 2. (time) edad f viril OR adulta.

manhour ['mæn,aʊəʳ] n hora f de trabajo (realizada por una persona).

mania ['meɪnjə] n 1. (excessive liking): ~ (for) manía f (por). 2. (PSYCHOLOGY) manía f.

maniac ['meɪnɪæk] n 1. (madman) maníaco m, -ca f. 2. (fanatic) fanático m, -ca f.

manic ['mænɪk] adj maníaco(ca).

manicure ['mænɪˌkjʊəʳ] n manicura f.

manifest ['mænɪfest] fml ◇ adj manifiesto(ta). ◇ vt manifestar

manifesto [ˌmænɪˈfestəʊ] (pl -s OR -es) n manifiesto m.

manipulate [mə'nɪpjʊleɪt] vt 1. (control for personal benefit) manipular. 2. (machine) manejar; (controls, lever) accionar.

mankind [mæn'kaɪnd] n la humanidad, el género humano.

manly ['mænlɪ] adj varonil, viril.

man-made adj (environment, problem, disaster) producido(da) por el hombre; (fibre) artificial.

manner ['mænəʳ] n 1. (method) manera f, forma f. 2. (bearing, attitude) comportamiento m. 3. esp literary (type, sort) tipo m, clase f. ◆ **manners** npl modales mpl; it's good/bad ~s to do sthg es de buena/mala educación hacer algo.

mannerism ['mænərɪzm] n costumbre f (típica de uno)

mannish ['mænɪʃ] adj (woman) hombruno(na).

manoeuvre Br, **maneuver** Am [mə'nuːvəʳ] ◇ n lit & fig maniobra f. ◇ vt

maniobrar. ◇ vi maniobrar.

manor ['mænəʳ] n (house) casa f solariega.

manpower ['mæn,paʊəʳ] n (manual workers) mano f de obra; (white-collar workers) personal m.

mansion ['mænʃn] n (manor) casa f solariega; (big house) casa grande.

manslaughter ['mæn,slɔːtəʳ] n homicidio m involuntario.

mantelpiece ['mæntlpiːs] n repisa f (de la chimenea).

manual ['mænjʊəl] ◇ adj manual. ◇ n manual m.

manual worker n obrero m, -ra f.

manufacture [ˌmænjʊ'fæktʃəʳ] ◇ n fabricación f. ◇ vt (make) fabricar.

manufacturer [ˌmænjʊ'fæktʃərəʳ] n fabricante m y f

manure [mə'njʊəʳ] n estiércol m.

manuscript ['mænjʊskrɪpt] n 1. (gen) manuscrito m 2. (in exam) hoja f de examen.

many ['menɪ] (compar **more**, superl **most**) ◇ adj muchos(chas); ~ **people** muchas personas, mucha gente; **how ~?** ¿cuántos(tas)?; I **wonder how ~ people went** me pregunto cuánta gente fue; **too ~** demasiados(das); **there weren't too ~ students** no había muchos estudiantes; **as ~ ... as** tantos(tas) ... como; **so ~** tantos(tas); I've **never seen so ~ people** nunca había visto tanta gente; **a good** OR **great ~** muchísimos(mas). ◇ pron muchos(chas).

map [mæp] n mapa m. ◆ **map out** vt sep planear, planificar

maple ['meɪpl] n arce m.

mar [mɑːʳ] vt deslucir.

marathon ['mærəθn] n maratón m.

marauder [mə'rɔːdəʳ] n merodeador m, -ra f.

marble ['mɑːbl] n 1. (stone) mármol m. 2. (for game) canica f, bolita f CSur.

march [mɑːtʃ] ◇ n 1. (MIL) marcha f. 2. (of demonstrators) manifestación f. 3. (steady progress) avance m, progreso m. ◇ vi 1. (in formation) marchar. 2. (in protest) manifestarse. 3. (speedily): **to ~ up to sb** abordar a alguien decididamente. ◇ vt llevar por la fuerza.

March [mɑːtʃ] n marzo m; see also **September**

marcher ['mɑːtʃəʳ] n (protester) manifestante m y f.

mare [meəʳ] n yegua f.

margarine [ˌmɑːdʒə'riːn, ˌmɑːgə'riːn] n margarina f

marge [mɑːdʒ] *n inf* margarina *f.*

margin [ˈmɑːdʒɪn] *n (gen)* margen *m.*

marginal [ˈmɑːdʒɪnl] *adj* **1.** *(unimportant)* marginal. **2.** *Br* (POL): **~ seat** OR **constituency** *escaño vulnerable a ser perdido en las elecciones por tener una mayoría escasa.*

marginally [ˈmɑːdʒɪnəlɪ] *adv* ligeramente.

marigold [ˈmærɪɡəʊld] *n* caléndula *f.*

marihuana, marijuana [ˌmærɪˈwɑːnə] *n* marihuana *f.*

marine [məˈriːn] ◇ *adj* marino(na). ◇ *n* soldado *m* de infantería de marina.

marital [ˈmærɪtl] *adj* matrimonial.

marital status *n* estado *m* civil.

maritime [ˈmærɪtaɪm] *adj* marítimo (ma).

mark [mɑːk] ◇ *n* **1.** *(stain)* mancha *f.* **2.** *(written symbol - on paper)* marca *f;* *(- in the sand)* señal *f.* **3.** *(in exam)* nota *f;* **to get good ~s** sacar buenas notas. **4.** *(stage, level):* **once past the halfway** - una vez llegado a medio camino. **5.** *(sign - of respect)* señal *f;* *(- of illness, old age)* huella *f.* **6.** *(currency)* marco *m.* ◇ *vt* **1.** *(stain)* manchar **2.** *(label - with initials etc)* señalar. **3.** *(exam, essay)* puntuar, calificar. **4.** *(identify - place)* señalar; *(- beginning, end)* marcar **5.** *(commemorate)* conmemorar. **6.** *(characterize)* caracterizar. ◆ **mark off** *vt sep (cross off)* tachar.

marked [mɑːkt] *adj (improvement)* notable; *(difference)* acusado(da).

marker [ˈmɑːkəʳ] *n (sign)* señal *f*

marker pen *n* rotulador *m.*

market [ˈmɑːkɪt] ◇ *n* mercado *m.* ◇ *vt* comercializar

market garden *n (small)* huerto *m;* *(large)* huerta *f*

marketing [ˈmɑːkɪtɪŋ] *n* marketing *m.*

marketplace [ˈmɑːkɪtpleɪs] *n lit & fig* mercado *m.*

market research *n* estudio *m* de mercados.

market value *n* valor *m* actual OR en venta.

marking [ˈmɑːkɪŋ] *n (of exams etc)* corrección *f.* ◆ **markings** *npl (of flower, animal)* pintas *fpl;* *(on road)* señales *fpl.*

marksman [ˈmɑːksmən] *(pl* **-men** [-mən]) *n* tirador *m*

marmalade [ˈmɑːməleɪd] *n* mermelada *f (de cítricos).*

maroon [məˈruːn] *adj* granate.

marooned [məˈruːnd] *adj* incomunicado(da), aislado(da).

marquee [mɑːˈkiː] *n* carpa *f,* toldo *m* grande.

marriage [ˈmærɪdʒ] *n* **1.** *(act)* boda *f.* **2.** *(state, institution)* matrimonio *m.*

marriage bureau *n Br* agencia *f* matrimonial.

marriage certificate *n* certificado *m* de matrimonio.

marriage guidance *n* asesoría *f* matrimonial.

married [ˈmærɪd] *adj* **1.** *(wedded)* casado(da). **2.** *(of marriage)* matrimonial.

marrow [ˈmærəʊ] *n* **1.** *Br (vegetable)* calabacín *m* grande. **2.** *(in bones)* médula *f.*

marry [ˈmærɪ] ◇ *vt* casar; **to get married** casarse. ◇ *vi* casarse.

Mars [mɑːz] *n* Marte *m*

marsh [mɑːʃ] *n* **1.** *(area of land)* zona *f* pantanosa. **2.** *(type of land)* pantano *m.*

marshal [ˈmɑːʃl] ◇ *n* **1.** (MIL) mariscal *m.* **2.** *(steward)* oficial *m y f,* miembro *m y f* del servicio de orden. **3.** *Am (officer)* jefe *m,* -fa *f* de policía ◇ *vt (people)* dirigir, conducir; *(thoughts)* ordenar.

martial arts [ˌmɑːʃl-] *npl* artes *fpl* marciales.

martial law [ˌmɑːʃl-] *n* ley *f* marcial.

martyr [ˈmɑːtəʳ] *n* mártir *m y f.*

martyrdom [ˈmɑːtədəm] *n* martirio *m.*

marvel [ˈmɑːvl] ◇ *n* maravilla *f.* ◇ *vi:* **to ~ (at)** maravillarse OR asombrarse (ante)

marvellous *Br,* **marvelous** *Am* [ˈmɑːvələs] *adj* maravilloso(sa).

Marxism [ˈmɑːksɪzm] *n* marxismo *m.*

Marxist [ˈmɑːksɪst] ◇ *adj* marxista. ◇ *n* marxista *m y f*

marzipan [ˈmɑːzɪpæn] *n* mazapán *m.*

mascara [mæsˈkɑːrə] *n* rímel *m.*

masculine [ˈmæskjʊlɪn] *adj (gen)* masculino(na); *(woman, appearance)* hombruno(na).

mash [mæʃ] *vt* triturar. ,

mashed potatoes [mæʃt-] *npl* puré *m* de patatas.

mask [mɑːsk] ◇ *n lit & fig* máscara *f.* ◇ *vt* **1.** *(to hide)* enmascarar **2.** *(cover up)* ocultar, disfrazar.

masochist [ˈmæsəkɪst] *n* masoquista *m y f.*

mason [ˈmeɪsn] *n* **1.** *(stonemason)* cantero *m.* **2.** *(freemason)* masón *m.*

masonry [ˈmeɪsnrɪ] *n (stones)* albañilería *f.*

masquerade [ˌmæskəˈreɪd] *vi:* **to ~ as** hacerse pasar por.

mass [mæs] ◇ *n* **1.** *(gen)* masa *f.* **2.**

(large amount) cantidad f, montón m. ◇ *adj (unemployment)* masivo(va); *(communication)* de masas. ◇ *vi* agruparse, concentrarse. ◆ **Mass** *n (religious ceremony)* misa f. ◆ **masses** *npl* 1. *inf (lots)* montones *mpl*. 2. *(workers)*: **the ~es** las masas.

massacre ['mæsəkə'] ◇ *n* matanza f, masacre f. ◇ *vt* masacrar.

massage [Br 'mæsɑːȝ, Am məˈsɑːȝ] ◇ *n* masaje m. ◇ *vt* dar masajes a.

massive ['mæsɪv] *adj (gen)* enorme; *(majority)* aplastante.

mass media *n* or *npl*: **the ~** los medios de comunicación de masas.

mass production *n* producción f OR fabricación f en serie

mast [mɑːst] *n* 1. *(on boat)* mástil m. 2. (RADIO & TV) poste m, torre f.

master ['mɑːstə'] ◇ *n* 1. *(of people, animals)* amo m, dueño m; *(of house)* señor m. 2. *fig (of situation)* dueño m, -ña f. 3. Br *(teacher - primary school)* maestro m; *(- secondary school)* profesor m. ◇ *adj* maestro(tra). ◇ *vt* 1. *(situation)* dominar, controlar; *(difficulty)* superar. 2. *(technique etc)* dominar.

master key *n* llave f maestra.

masterly ['mɑːstəlɪ] *adj* magistral.

mastermind ['mɑːstəmaɪnd] ◇ *n* cerebro m. ◇ *vt* ser el cerebro de, dirigir.

Master of Arts *(pl* **Masters of Arts)** *n* 1. *(degree)* maestría f OR máster m en Letras. 2. *(person)* licenciado m, -da f con maestría en Letras.

Master of Science *(pl* **Masters of Science)** *n* 1. *(degree)* maestría f OR máster m en Ciencias. 2. *(person)* licenciado m, -da f con maestría en Ciencias.

masterpiece ['mɑːstəpiːs] *n lit & fig* obra f maestra.

master's degree *n* máster m.

mastery ['mɑːstərɪ] *n* dominio m.

mat [mæt] *n* 1. *(beer mat)* posavasos m *inv*; *(tablemat)* salvamanteles m *inv*. 2. *(doormat)* felpudo m; *(rug)* alfombrilla f.

match [mætʃ] ◇ *n* 1. *(game)* partido m. 2. *(for lighting)* cerilla f. 3. *(equal)*: **to be no ~ for** no poder competir con. ◇ *vt* 1. *(be the same as)* coincidir con 2. *(pair off)*: **to ~ sthg (to)** emparejar algo (con). 3. *(be equal with)* competir con. 4. *(go well with)* hacer juego con. ◇ *vi* 1. *(be the same)* coincidir. 2. *(go together well)* hacer juego.

matchbox ['mætʃbɒks] *n* caja f de cerillas.

matching ['mætʃɪŋ] *adj* a juego, que combina bien.

mate [meɪt] ◇ *n* 1. *inf (friend)* amigo m, -ga f, compañero m, -ra f. 2. Br *inf (term of address)* colega m y f. 3. *(of animal)* macho m, hembra f. 4. (NAUT): *(first)* ~ *(primer)* oficial m. ◇ *vi (animals)*: **to ~ (with)** aparearse (con).

material [məˈtɪərɪəl] ◇ *adj* 1. *(physical)* material. 2. *(important)* sustancial. ◇ *n* 1. *(substance)* material m. 2. *(type of substance)* materia f. 3. *(fabric)* tela f, tejido m. 4. *(type of fabric)* tejido m. 5. *(U) (ideas, information)* información f, documentación f. ◆ **materials** *npl*: **building ~s** materiales *mpl* de construcción; **writing ~s** objetos *mpl* de escritorio; **cleaning ~s** productos *mpl* de limpieza.

materialistic [mə,tɪərɪəˈlɪstɪk] *adj* materialista.

maternal [məˈtɜːnl] *adj (gen)* maternal; *(grandparent)* materno(na).

maternity [məˈtɜːnətɪ] *n* maternidad f.

maternity dress *n* vestido m premamá.

maternity hospital *n* hospital m de maternidad.

math Am = **maths**.

mathematical [,mæθəˈmætɪkl] *adj* matemático(ca).

mathematics [,mæθəˈmætɪks] *n (U)* matemáticas *fpl*.

maths Br [mæθs], **math** Am [mæθ] *(abbr of* **mathematics)** *inf n (U)* mates *fpl*.

matinée ['mætɪneɪ] *n (at cinema)* primera sesión f; *(at theatre)* función f de tarde.

mating season ['meɪtɪŋ-] *n* época f de celo.

matrices ['meɪtrɪsiːz] *pl* → **matrix**.

matriculation [mə,trɪkjʊˈleɪʃn] *n* matrícula f.

matrimonial [,mætrɪˈməʊnjəl] *adj* matrimonial.

matrimony ['mætrɪmənɪ] *n (U)* matrimonio m.

matrix ['meɪtrɪks] *(pl* **matrices** OR **-es)** *n* matriz f.

matron ['meɪtrən] *n* 1. Br *(in hospital)* enfermera f jefa. 2. *(in school)* ama f de llaves.

matronly ['meɪtrənlɪ] *adj euphemism* corpulenta y de edad madura.

matt Br, **matte** Am [mæt] *adj* mate.

matted ['mætɪd] *adj* enmarañado(da).

matter ['mætə'] ◇ *n* 1. *(question, situation)* asunto m; **that's another** OR **a**

different ~ es otra cuestión OR cosa; **as a ~ of** course automáticamente; **to make** ~s **worse** para colmo de desgracias; **a ~ of opinion** una cuestión de opiniones. **2.** *(trouble, cause of pain)*: **what's the ~ (with it/her)?** ¿qué (le) pasa?; **something's the ~ with my car** algo le pasa a mi coche. **3.** (PHYSICS) materia *f*. **4.** *(U) (material)* material *m*. ◇ *vi (be important)* importar; **it doesn't ~** no importa. ◆ **as a matter of fact** *adv* en realidad. ◆ **for that matter** *adv* de hecho. ◆ **no matter** *adv*: **no ~ how hard I try** por mucho que lo intente; **no ~ what he does** haga lo que haga; **we must win, no ~ what** tenemos que ganar como sea.

Matterhorn ['mætə,hɔːn] *n*: **the ~** el monte Cervino.

matter-of-fact *adj* pragmático(ca).

mattress ['mætrɪs] *n* colchón *m*.

mature [mə'tjʊəʳ] ◇ *adj (person, wine)* maduro(ra); *(cheese)* curado(da). ◇ *vi* madurar.

mature student *n* Br (UNIV) estudiante *m* y *f* en edad adulta.

maul [mɔːl] *vt (savage)* herir gravemente.

mauve [məʊv] *adj* malva.

max. [mæks] *(abbr of* **maximum)** máx.

maxim ['mæksɪm] *(pl* -s) *n* máxima *f*.

maximum ['mæksɪməm] *(pl* **maxima** OR -s) ◇ *adj* máximo(ma) ◇ *n* máximo *m*.

may [meɪ] *modal vb* poder; **the coast ~ be seen** se puede ver la costa; **you ~ like it** puede OR es posible que te guste; **I ~ come, I ~ not** puede que venga, puede que no; **it ~ be done in two different ways** puede hacerse de dos maneras (distintas); **~ I come in?** ¿se puede (pasar)?; **~ I?** ¿me permite?; **it ~ be cheap, but it's good** puede que sea barato, pero es bueno; **~ all your dreams come true!** ¡que todos tus sueños se hagan realidad!; **be that as it ~** aunque así sea; **come what ~** pase lo que pase; *see also* **might**.

May [meɪ] *n* mayo *m*; *see also* **September**

maybe ['meɪbiː] *adv* **1.** *(perhaps)* quizás, tal vez; **~ she'll come** tal vez venga. **2.** *(approximately)* más o menos.

May Day *n* Primero *m* de Mayo.

mayhem ['meɪhem] *n* alboroto *m*.

mayonnaise [,meɪə'neɪz] *n* mayonesa *f*.

mayor [meəʳ] *n* alcalde *m*, -esa *f*.

mayoress ['meərɪs] *n* alcaldesa *f*.

maze [meɪz] *n lit & fig* laberinto *m*.

MB *(abbr of* **megabyte)** MB *m*.

MD *n abbr of* **managing director**.

me [miː] *pers pron* **1.** *(direct, indirect)* me; **can you see/hear ~?** ¿me ves/oyes?; **it's ~** soy yo; **they spoke to ~** hablaron conmigo; **she gave it to ~** me lo dio; **give it to ~!** ¡dámelo! **2.** *(stressed)*: **you can't expect ME to do it** no esperarás que YO lo haga **3.** *(after prep)*: **they went with/without ~** fueron conmigo/sin mí **4.** *(in comparisons)* yo; **she's shorter than ~** (ella) es más baja que yo.

meadow ['medəʊ] *n* prado *m*, pradera *f*.

meagre Br, **meager** Am ['miːgəʳ] *adj* miserable, escaso(sa).

meal [miːl] *n* comida *f*.

mealtime ['miːltaɪm] *n* hora *f* de la comida.

mean [miːn] *(pt & pp* **meant)** ◇ *vt* **1.** *(signify)* significar, querer decir; **it ~s nothing to me** no significa nada para mí. **2.** *(have in mind)* querer decir, referirse a; **what do you ~?** ¿qué quieres decir?; **to ~ to do sthg** tener la intención de OR querer hacer algo; **to be meant for** estar destinado(da) a; **to be meant to do sthg** deber hacer algo; **that's not meant to be there** esto no debería estar allí; **it was meant to be a joke** era solamente una broma; **to ~ well** tener buenas intenciones. **3.** *(be serious about)*: **I ~ it** hablo OR lo digo en serio. **4.** *(be important, matter)* significar. **5.** *(entail)* suponer, implicar. **6.** *phr*: **I ~ quiero decir, o sea.** ◇ *adj* **1.** *(miserly)* tacaño (ña). **2.** *(unkind)* mezquino(na), malo (la); **to be ~ to sb** ser malo con alguien **3.** *(average)* medio(dia). ◇ *n (average)* promedio *m*, media *f*; *see also* **means**.

meander [mɪ'ændəʳ] *vi* **1.** *(river, road)* serpentear. **2.** *(walk aimlessly)* vagar; *(write, speak aimlessly)* divagar.

meaning ['miːnɪŋ] *n* **1.** *(sense - of a word etc)* significado *m*. **2.** *(significance)* intención *f*, sentido *m*. **3.** *(purpose, point)* propósito *m*, razón *f* de ser.

meaningful ['miːnɪŋfʊl] *adj* **1.** *(expressive)* significativo(va) **2.** *(profound)* profundo(da).

meaningless ['miːnɪŋlɪs] *adj* **1.** *(without meaning, purpose)* sin sentido. **2.** *(irrelevant, unimportant)* irrelevante.

means [miːnz] ◇ *n (method, way)* medio *m*; **we have no ~ of doing it** no tenemos manera de hacerlo; **by ~**

of por medio de. ◊ *npl (money)* recursos *mpl*. ♦ **by all means** *adv* por supuesto. ♦ **by no means** *adv fml* en absoluto.

meant [ment] *pt & pp* → **mean**.

meantime ['mi:n,taɪm] *n*: **in the ~** mientras tanto.

meanwhile ['mi:n,waɪl] *adv* mientras tanto, entre tanto

measles ['mi:zlz] *n*: **(the) ~** sarampión *m*.

measly ['mi:zlɪ] *adj inf* raquítico(ca).

measure ['meʒər] ◊ *n* **1.** *(step, action)* medida *f*. **2.** *(of alcohol)* medida *f*. **3.** *(indication, sign)*: **a ~ of** una muestra de. ◊ *vt (object)* medir; *(damage, impact etc)* determinar, juzgar. ◊ *vi* medir

measurement ['meʒəmənt] *n* medida *f*.

meat [mi:t] *n* carne *f*; **cold ~** fiambre *m*.

meatball ['mi:tbɔ:l] *n* albóndiga *f*.

meat pie *n Br* pastel *m* de carne.

meaty ['mi:tɪ] *adj fig* sustancioso(sa).

Mecca ['mekə] *n* (GEOGR) La Meca; *fig* meca *f*.

mechanic [mɪ'kænɪk] *n* mecánico *m*, -ca *f*. ♦ **mechanics** ◊ *n (U) (study)* mecánica *f*. ◊ *npl fig* mecanismos *mpl*.

mechanical [mɪ'kænɪkl] *adj (worked by machinery, routine)* mecánico(ca).

mechanism ['mekənɪzm] *n lit & fig* mecanismo *m*.

medal ['medl] *n* medalla *f*.

medallion [mɪ'dæljən] *n* medallón *m*.

meddle ['medl] *vi*: **to ~ (in)** entrometerse OR interferir (en); **to ~ with sthg** manosear algo.

media ['mi:djə] ◊ *pl* → **medium**. ◊ *n or npl*: **the ~** los medios de comunicación.

mediaeval [,medɪ'i:vl] = **medieval**.

median ['mi:djən] ◊ *adj* mediano(na). ◊ *n Am (of road)* mediana *f*.

mediate ['mi:dɪeɪt] *vi*: **to ~ (for/between)** mediar (por/entre).

mediator ['mi:dɪeɪtər] *n* mediador *m*, -ra *f*.

Medicaid ['medɪkeɪd] *n Am sistema estatal de ayuda médica.*

medical ['medɪkl] ◊ *adj* médico(ca). ◊ *n* reconocimiento *m* médico.

Medicare ['medɪkeər] *n Am ayuda médica estatal para ancianos*

medicated ['medɪkeɪtɪd] *adj* medicinal.

medicine ['medsɪn] *n* **1.** *(treatment of illness)* medicina *f*; **Doctor of Medicine** (UNIV) doctor *m*, -ra *f* en

medicina. **2.** *(substance)* medicina *f*, medicamento *m*.

medieval [,medɪ'i:vl] *adj* medieval.

mediocre [,mi:dr'əʊkər] *adj* mediocre.

meditate ['medɪteɪt] *vi*: **to ~ (on OR upon)** meditar (sobre).

Mediterranean [,medɪtə'reɪnjən] ◊ *n (sea)*: **the ~ (Sea)** el (mar) Mediterráneo. ◊ *adj* mediterráneo(a).

medium ['mi:djəm] *(pl sense 1* **media**, *pl sense 2* **mediums**) ◊ *adj* mediano (na). ◊ *n* **1.** *(way of communicating)* medio *m*. **2.** *(spiritualist)* médium *m y f*.

medium-sized [-saɪzd] *adj* de tamaño mediano.

medium wave *n* onda *f* media.

medley ['medlɪ] *(pl* **medleys**) *n* **1.** *(mixture)* mezcla *f*. **2.** *(selection of music)* popurrí *m*.

meek [mi:k] *adj* sumiso(sa), dócil.

meet [mi:t] *(pt & pp* **met**) ◊ *vt* **1.** *(by chance)* encontrarse con; *(for first time, come across)* conocer; *(by arrangement, for a purpose)* reunirse con. **2.** *(go to meet - person)* ir/venir a buscar. **3.** *(need, demand)* satisfacer. **4.** *(deal with - problem, challenge)* hacer frente a. **5.** *(costs, debts)* pagar. **6.** *(experience - problem, situation)* encontrarse con. **7.** *(hit, touch)* darse OR chocar contra. **8.** *(join)* juntarse OR unirse con. ◊ *vi* **1.** *(by chance)* encontrarse; *(by arrangement)* verse; *(for a purpose)* reunirse. **2.** *(get to know sb)* conocerse. **3.** *(hit in collision)* chocar; *(touch)* tocar. **4.** *(eyes)* cruzarse. **5.** *(join - roads etc)* juntarse. ◊ *n Am (meeting)* encuentro *m*. ♦ **meet up** *vi*: **to ~ up (with sb)** quedarse en verse (con alguien). ♦ **meet with** *vt fus* **1.** *(refusal, disappointment)* recibir; **to ~ with success** tener éxito; **to ~ with failure** fracasar. **2.** *Am (by arrangement)* reunirse con.

meeting ['mi:tɪŋ] *n* **1.** *(for discussions, business)* reunión *f*. **2.** *(by chance, in sport)* encuentro *m*; *(by arrangement)* cita *f*; *(formal)* entrevista *f*.

megabyte ['megabaɪt] *n* (COMPUT) megaocteto *m*.

megaphone ['megəfəʊn] *n* megáfono *m*.

melancholy ['melənkəlɪ] ◊ *adj* melancólico(ca). ◊ *n* melancolía *f*.

mellow ['meləʊ] ◊ *adj (sound, colour, light)* suave; *(wine)* añejo(ja). ◊ *vi* suavizarse; *(person)* ablandarse.

melody ['melədɪ] *n* melodía *f*.

melon ['melən] *n* melón *m*.

melt [melt] ◊ *vt* **1.** *(make liquid)* derretir. **2.** *fig (soften)* ablandar. ◊ *vi*

1. *(become liquid)* derretirse. **2.** *fig (soften)* ablandarse. **3.** *(disappear):* **to ~ away** *(savings)* esfumarse; *(anger)* desvanecerse ◆ **melt down** *vt sep* fundir.

meltdown ['meltdaʊn] *n* **1.** *(act of melting)* fusión *f*. **2.** *(incident)* fuga *f* radiactiva.

melting pot ['meltɪŋ] *n fig* crisol *m*.

member ['membər] *n* **1.** *(of social group)* miembro *m* y *f*. **2.** *(of party, union)* afiliado *m*, -da *f*, miembro *m* y *f*; *(of organization, club)* socio *m*, -cia *f*.

Member of Congress (*pl* **Members of Congress**) *n* miembro *m* y *f* del Congreso *(de los Estados Unidos).*

Member of Parliament (*pl* **Members of Parliament**) *n Br* diputado *m*, -da *f* *(del parlamento británico).*

membership ['membəʃɪp] *n* **1.** *(of party, union)* afiliación *f*; *(of club)* calidad *f* de miembro OR socio. **2.** *(number of members)* número *m* de socios. **3.** *(people themselves):* **the ~** *(of organization)* los miembros; *(of club)* los socios.

membership card *n* carnet *m* de socio, -cia *f*.

memento [mɪ'mentəʊ] (*pl* -**s**) *n* recuerdo *m*.

memo ['meməʊ] (*pl* -**s**) *n* memorándum *m*.

memoirs ['memwɑːz] *npl* memorias *fpl*.

memorandum [,memə'rændəm] (*pl* -**da** [-də] OR -**dums**) *n fml* memorándum *m*

memorial [mɪ'mɔːrɪəl] ◇ *adj* conmemorativo(va). ◇ *n* monumento *m* conmemorativo.

memorize, -ise ['meməraɪz] *vt* memorizar, aprender de memoria.

memory ['memərɪ] *n* **1.** *(faculty, of computer)* memoria *f*. **2.** *(thing or things remembered)* recuerdo *m*; **from ~** de memoria.

men [men] *pl →* **man**.

menace ['menəs] ◇ *n* **1.** *(threat)* amenaza *f*; *(danger)* peligro *m*. **2.** *inf (nuisance, pest)* pesadez *f*. ◇ *vt* amenazar.

menacing ['menəsɪŋ] *adj* amenazador(ra).

mend [mend] ◇ *n inf:* **to be on the ~** ir recuperándose. ◇ *vt (shoes, toy)* arreglar; *(socks)* zurcir; *(clothes)* remendar.

menial ['miːnjəl] *adj* servil, bajo(ja).

meningitis [,menɪn'dʒaɪtɪs] *n* (*U*) meningitis *f*.

menopause ['menəpɔːz] *n:* **the ~** la menopausia.

men's room *n Am:* **the ~** los servicios de caballeros.

menstruation [,menstru'eɪʃn] *n* menstruación *f*.

menswear ['menzweər] *n* ropa *f* de caballeros.

mental ['mentl] *adj* mental.

mental hospital *n* hospital *m* psiquiátrico.

mentality [men'tælətɪ] *n* mentalidad *f*.

mentally handicapped ['mentəlɪ-] *npl:* **the ~** los disminuidos psíquicos.

mention ['menʃn] ◇ *vt:* **to ~ sthg (to)** mencionar algo (a); **not to ~** sin mencionar; **don't ~ it!** ¡de nada!, ¡no hay de qué! ◇ *n* mención *f*.

menu ['menjuː] *n* **1.** *(in restaurant)* carta *f*. **2.** (COMPUT) menú *m*.

meow *Am* = **miaow**.

MEP *(abbr of* **Member of the European Parliament**) *n* eurodiputado *m*, -da *f*.

mercenary ['mɜːsɪnrɪ] ◇ *adj* mercenario(ria). ◇ *n* mercenario *m*, -ria *f*.

merchandise ['mɜːtʃəndaɪz] *n* (*U*) mercancías *fpl*, géneros *mpl*.

merchant ['mɜːtʃənt] ◇ *adj (seaman, ship)* mercante. ◇ *n* comerciante *m* y *f*.

merchant bank *n Br* banco *m* comercial

merchant navy *Br,* **merchant marine** *Am n* marina *f* mercante.

merciful ['mɜːsɪful] *adj* **1.** *(showing mercy)* compasivo(va). **2.** *(fortunate)* afortunado(da).

merciless ['mɜːsɪlɪs] *adj* despiadado(da).

mercury ['mɜːkjurɪ] *n* mercurio *m*.

Mercury ['mɜːkjurɪ] *n* Mercurio *m*.

mercy ['mɜːsɪ] *n* **1.** *(kindness, pity)* compasión *f*, misericordia *f*; **at the ~ of** *fig* a merced de. **2.** *(blessing)* suerte *f*.

mere [mɪər] *adj* simple, mero(ra); **she's a ~ child** no es más que una niña

merely ['mɪəlɪ] *adv* simplemente, sólo.

merge [mɜːdʒ] ◇ *vt* **1.** *(gen)* mezclar. **2.** (COMM & COMPUT) fusionar. ◇ *vi* **1.** *(join, combine):* **to ~ (with)** *(company)* fusionarse (con); *(roads, branches)* unirse OR convergir (con) **2.** *(blend - colours)* fundirse; **to ~ into** confundirse con.

merger ['mɜːdʒər] *n* fusión *f*.

meringue [mə'ræŋ] *n* merengue *m*.

merit ['merɪt] ◇ *n* mérito *m*. ◇ *vt* merecer, ser digno(na) de. ◆ **merits** *npl* ventajas *fpl*.

mermaid ['mɜːmeɪd] *n* sirena *f*.

merry ['merɪ] *adj* **1.** *literary (gen)* alegre. **2.** *(party)* animado(da); **Merry Christmas!** ¡feliz Navidad! **3.** *inf (tipsy)* achispado(da).

merry-go-round *n* tiovivo *m*.

mesh [meʃ] ◇ *n* malla *f*. ◇ *vi* encajar.

mesmerize, -ise ['mezməraɪz] *vt*: **to be ~d (by)** estar fascinado(da) (por).

mess [mes] *n* **1.** *(untidy state)* desorden *m*. **2.** *(muddle, problematic situation)* lío *m*. **3.** (MIL) *(room)* comedor *m*; *(food)* rancho *m*. ◆ **mess about, mess around** *inf* ◇ *vt sep* fastidiar. ◇ *vi* **1.** *(waste time)* pasar el rato; *(fool around)* hacer el tonto. **2.** *(interfere)*: **to ~ about with sthg** manosear algo. ◆ **mess up** *vt sep inf* **1.** *(clothes)* ensuciar; *(room)* desordenar. **2.** *(plan, evening)* echar a perder.

message ['mesɪdʒ] *n* **1.** *(piece of information)* recado *m*, mensaje *m*. **2.** *(of book etc)* mensaje *m*.

messenger ['mesɪndʒəʳ] *n* mensajero *m*, -ra *f*.

Messrs, Messrs. ['mesəz] *(abbr of messieurs)* Sres.

messy ['mesɪ] *adj (dirty)* sucio(cia), desordenado(da).

met [met] *pt & pp* → **meet**.

metal ['metl] ◇ *n* metal *m*. ◇ *comp* de metal, metálico(ca).

metallic [mɪ'tælɪk] *adj* **1.** *(gen)* metálico(ca). **2.** *(paint, finish)* metalizado(da).

metalwork ['metəlwɜːk] *n (craft)* metalistería *f*.

metaphor ['metəfəʳ] *n* metáfora *f*.

mete [miːt] ◆ **mete out** *vt sep*: **to ~ sthg out to sb** imponer algo a alguien

meteor ['miːtɪəʳ] *n* bólido *m*.

meteorology [ˌmiːtjə'rɒlədʒɪ] *n* meteorología *f*.

meter ['miːtəʳ] *n* **1.** *(device)* contador *m*. **2.** *Am* = **metre**.

method ['meθəd] *n* método *m*.

methodical [mɪ'θɒdɪkl] *adj* metódico(ca)

Methodist ['meθədɪst] ◇ *adj* metodista. ◇ *n* metodista *m y f*.

meths [meθs] *n Br inf* alcohol *m* metilado OR desnaturalizado.

methylated spirits ['meθɪleɪtɪd-] *n* alcohol *m* metilado OR desnaturalizado.

meticulous [mɪ'tɪkjʊləs] *adj* meticuloso(sa), minucioso(sa).

metre *Br*, **meter** *Am* ['miːtəʳ] *n* metro *m*.

metric ['metrɪk] *adj* métrico(ca).

metronome ['metrənəʊm] *n* metrónomo *m*.

metropolitan [ˌmetrə'pɒlɪtn] *adj (of a metropolis)* metropolitano(na).

Metropolitan Police *npl* policía de Londres.

mettle ['metl] *n*: **to be on one's ~** estar dispuesto(ta) a hacer lo mejor posible; **to show** OR **prove one's ~** mostrar el valor de uno.

mew [mjuː] = **miaow**.

mews [mjuːz] *(pl inv) n Br* callejuela de antiguas caballerizas convertidas en viviendas de lujo.

Mexican ['meksɪkn] ◇ *adj* mejicano (na). ◇ *n* mejicano *m*, -na *f*.

Mexico ['meksɪkəʊ] *n* Méjico.

MI5 *(abbr of Military Intelligence 5) n* organismo británico de contraespionaje.

MI6 *(abbr of Military Intelligence 6) n* organismo británico de espionaje.

miaow *Br* [miː'aʊ], **meow** *Am* [mɪ'aʊ] ◇ *n* maullido *m*. ◇ *vi* maullar.

mice [maɪs] *pl* → **mouse**.

mickey ['mɪkɪ] *n*: **to take the ~ out of sb** *Br inf* tomar el pelo a alguien.

microchip ['maɪkrəʊtʃɪp] *n* (COMPUT) microchip *m*.

microcomputer [ˌmaɪkrəʊkəm'pjuːtəʳ] *n* microordenador *m*.

microfilm ['maɪkrəʊfɪlm] *n* microfilm *m*.

microphone ['maɪkrəfəʊn] *n* micrófono *m*.

microscope ['maɪkrəskəʊp] *n* microscopio *m*.

microscopic [ˌmaɪkrə'skɒpɪk] *adj lit & fig* microscópico(ca).

microwave (oven) ['maɪkrəweɪv-] *n* (horno *m*) microondas *m inv*.

mid- [mɪd] *prefix* medio(dia); **(in) ~morning** a media mañana; **(in) ~August** a mediados de agosto; **(in) ~winter** en pleno invierno; **she's in her ~twenties** tiene unos 25 años.

midair [mɪd'eəʳ] *n*: **in ~** en el aire.

midday ['mɪddeɪ] *n* mediodía *m*.

middle ['mɪdl] ◇ *adj (gen)* del medio. ◇ *n* **1.** *(of room, town etc)* medio *m*, centro *m*; **in the ~ of the month/the 19th century** a mediados del mes/del siglo XIX; **to be in the ~ of doing sthg** estar haciendo algo; **in the ~ of the night** en plena noche. **2.** *(waist)* cintura *f*.

middle-aged *adj* de mediana edad.

Middle Ages *npl*: **the ~** la Edad Media.

middle-class *adj* de clase media.

middle classes *npl*: **the ~** la clase media.

Middle East *n*: **the ~** el Oriente Medio.

middleman ['mɪdlmæn] (*pl* **-men** [-men]) *n* intermediario *m*.

middle name *n* segundo nombre *m* (*en un nombre compuesto*).

middleweight ['mɪdlweɪt] *n* peso *m* medio.

middling ['mɪdlɪŋ] *adj* regular, mediano(na).

Mideast [,mɪd'i:st] *n Am*: **the ~** el Oriente Medio.

midfield [,mɪd'fi:ld] *n* (FTBL) medio campo *m*.

midge [mɪdʒ] *n* (tipo *m* de) mosquito *m*.

midget ['mɪdʒɪt] *n* enano *m*, -na *f*.

midi system ['mɪdɪ-] *n* minicadena *f*.

Midlands ['mɪdləndz] *npl*: **the ~** *la región central de Inglaterra*.

midnight ['mɪdnaɪt] *n* medianoche *f*.

midriff ['mɪdrɪf] *n* diafragma *m*.

midst [mɪdst] *n* **1.** (*in space*): **in the ~ of** *literary* en medio de. **2.** (*in time*): **in the ~ of** en medio de.

midsummer ['mɪd,sʌmər] *n* pleno verano *m*.

Midsummer Day *n* Día *m* de San Juan (*24 de junio*).

midway [,mɪd'weɪ] *adv* **1.** (*in space*): **~ (between)** a medio camino (entre). **2.** (*in time*): **~ (through)** a la mitad (de).

midweek [*adj* mɪd'wi:k, *adv* 'mɪdwi:k] ◊ *adj* de entre semana. ◊ *adv* entre semana.

midwife ['mɪdwaɪf] (*pl* **-wives** [-waɪvz]) *n* comadrona *f*.

midwifery ['mɪd,wɪfərɪ] *n* obstetricia *f*.

might [maɪt] ◊ *modal vb* **1.** (*expressing possibility*): **he ~ be armed** podría estar armado; **I ~ do it** puede que OR quizás lo haga; **we ~ have been killed, had we not been careful** si no hubiéramos tenido cuidado, podríamos haber muerto. **2.** (*expressing suggestion*): **you ~ have told me!** ¡podrías habérmelo dicho!; **it ~ be better to wait** quizás sea mejor esperar. **3.** *fml* (*asking permission*): **he asked if he ~ leave the room** pidió permiso para salir. **4.** (*expressing concession*): **you ~ well be right, but ...** puede que tengas razón, pero ... **5.** *phr*: **I ~ have known** OR **guessed** podría haberlo sospechado ◊ *n* (U) fuerza *f*, poder *m*.

mighty ['maɪtɪ] ◊ *adj* (*strong*) fuerte; (*powerful*) poderoso(sa). ◊ *adv* muy.

migraine ['mi:greɪn, 'maɪgreɪn] *n* jaqueca *f*.

migrant ['maɪgrənt] ◊ *adj* **1.** (*bird, animal*) migratorio(ria). **2.** (*workers*) emigrante. ◊ *n* (*person*) emigrante *m y f*.

migrate [*Br* maɪ'greɪt, *Am* 'maɪgreɪt] *vi* emigrar.

mike [maɪk] (*abbr of* **microphone**) *n inf* micro *m*.

mild [maɪld] *adj* **1.** (*taste, disinfectant, wind*) suave; (*effect, surprise, illness*) leve. **2.** (*person, nature*) apacible; (*tone of voice*) sereno(na). **3.** (*climate*) templado(da).

mildew ['mɪldju:] *n* (*gen*) moho *m*; (*on plants*) añublo *m*.

mildly ['maɪldlɪ] *adv* **1.** (*gen*) ligeramente, levemente; **to put it ~** por no decir más. **2.** (*talk*) suavemente.

mile [maɪl] *n* milla *f*; **to be ~s away** *fig* estar en la luna.

mileage ['maɪlɪdʒ] *n* distancia *f* en millas

mileometer [maɪ'lɒmɪtər] *n* cuentamillas *m inv*, = cuentakilómetros *m inv*.

milestone ['maɪlstəʊn] *n* **1.** (*marker stone*) mojón *m*. **2.** *fig* (*event*) hito *m*.

militant ['mɪlɪtənt] ◊ *adj* militante. ◊ *n* militante *m y f*.

military ['mɪlɪtrɪ] ◊ *adj* militar. ◊ *n*: **the ~** los militares.

militia [mɪ'lɪʃə] *n* milicia *f*.

milk [mɪlk] ◊ *n* leche *f*. ◊ *vt* **1.** (*cow etc*) ordeñar. **2.** (*use to own ends*) sacar todo el jugo a; **they ~ed him for every penny he had** le chuparon hasta el último centavo

milk chocolate *n* chocolate *m* con leche.

milkman ['mɪlkmən] (*pl* **-men** [-mən]) *n* lechero *m*.

milk shake *n* batido *m*.

milky ['mɪlkɪ] *adj* **1.** *Br* (*with milk*) con mucha leche. **2.** (*pale white*) lechoso(sa).

Milky Way *n*: **the ~** la Vía Láctea.

mill [mɪl] ◊ *n* **1.** (*flour-mill*) molino *m*. **2.** (*factory*) fábrica *f*. **3.** (*grinder*) molinillo *m*. ◊ *vt* moler. ♦ **mill about, mill around** *vi* arremolinarse.

millennium [mɪ'lenɪəm] (*pl* **-nnia** [-nɪə]) *n* milenio *m*.

millennium bug *n* efecto *m* 2000.

miller ['mɪlər] *n* molinero *m*, -ra *f*

millet ['mɪlɪt] *n* mijo *m*.

milligram(me) ['mɪlɪgræm] *n* miligramo *m*

millimetre *Br*, **millimeter** *Am* ['mɪlɪ,miːtə^r] *n* milímetro *m*.

millinery ['mɪlɪnrɪ] *n* sombrerería *f* (de señoras).

million ['mɪljən] *n* millón *m*; **a ~, ~s of** *fig* millones de.

millionaire [,mɪljə'neə^r] *n* millonario *m*.

millstone ['mɪlstəʊn] *n* piedra *f* de molino, muela *f*.

milometer [marˈlɒmɪtə^r] = **mileometer**.

mime [maɪm] ◊ *n* (*acting*) mímica *f*. ◊ *vt* describir con gestos. ◊ *vi* hacer mímica.

mimic ['mɪmɪk] (*pt & pp* **-ked**, *cont* **-king**) ◊ *n* imitador *m*, -ra *f*. ◊ *vt* imitar.

mimicry ['mɪmɪkrɪ] *n* imitación *f*.

min. [mɪn] **1.** (*abbr of* **minute**) min. **2.** (*abbr of* **minimum**) mín.

mince [mɪns] ◊ *n Br* carne *f* picada. ◊ *vt* picar. ◊ *vi* andar dando pasitos.

mincemeat ['mɪnsmiːt] *n* **1.** (*fruit*) mezcla de fruta confitada y especias. **2.** *Am* (*minced meat*) carne *f* picada.

mince pie *n* pastelillo *m* de fruta confitada.

mincer ['mɪnsə^r] *n* máquina *f* de picar carne.

mind [maɪnd] ◊ *n* **1.** (*gen*) mente *f*; **state of ~** estado *m* de ánimo; **to come into** OR **to cross sb's ~** pasársele a alguien por la cabeza; **to have sthg on one's ~** estar preocupado por algo; **to keep an open ~** tener una actitud abierta; **to take sb's ~ off sthg** hacer olvidar algo a alguien; **to make one's ~ up** decidirse. **2.** (*attention*) atención *f*; **to put one's ~ to sthg** poner empeño en algo. **3.** (*opinion*): **to change one's ~** cambiar de opinión; **to my ~** en mi opinión; **to be in two ~s about sthg** no estar seguro(ra) de algo; **to speak one's ~** hablar sin rodeos. **4.** (*memory*) memoria *f*; **to bear sthg in ~** tener presente algo. **5.** (*intention*): **to have sthg in ~** tener algo en mente; **to have a ~ to do sthg** estar pensando en hacer algo. ◊ *vi* (*be bothered*): **do you ~?** ¿te importa?; **I don't ~ ...** no me importa ...; **never ~** (*don't worry*) no te preocupes; (*it's not important*) no importa. ◊ *vt* **1.** (*be bothered about, dislike*): **do you ~ if I leave?** ¿te molesta si me voy?; **I don't ~ waiting** no me importa esperar; **I wouldn't ~ a ...** no me vendría mal un ... **2.** (*pay attention to*) tener cuidado con. **3.** (*take care of*) cuidar.

◆ **mind you** *adv*: **he's a bit deaf; ~ you, he is old** está un poco sordo; te advierto que es ya mayor.

minder ['maɪndə^r] *n Br inf* (*bodyguard*) guardaespaldas *m y f*.

mindful ['maɪndfʊl] *adj*: **~ of** consciente de.

mindless ['maɪndlɪs] *adj* **1.** (*stupid*) absurdo(da), sin sentido. **2.** (*not requiring thought*) aburrido(da).

mine[1] [maɪn] *poss pron* mío (mía); **that money is ~** ese dinero es mío; **his car hit ~** su coche chocó contra el mío; **it wasn't your fault, it was** MINE la culpa no fue tuya sino MÍA; **a friend of ~** un amigo mío.

mine[2] [maɪn] ◊ *n* mina *f*. ◊ *vt* **1.** (*excavate - coal*) extraer. **2.** (*lay mines in*) minar.

minefield ['maɪnfiːld] *n lit & fig* campo *m* de minas.

miner ['maɪnə^r] *n* minero *m*, -ra *f*.

mineral ['mɪnərəl] ◊ *adj* mineral. ◊ *n* mineral *m*.

mineral water *n* agua *f* mineral.

minesweeper ['maɪn,swiːpə^r] *n* dragaminas *m inv*.

mingle ['mɪŋgl] *vi* **1.** (*combine*): **to ~ (with)** mezclarse (con). **2.** (*socially*): **to ~ (with)** alternar (con).

miniature ['mɪnətʃə^r] ◊ *adj* en miniatura ◊ *n* **1.** (*painting*) miniatura *f*. **2.** (*of alcohol*) botellín de licor en miniatura.

minibus ['mɪnɪbʌs] (*pl* **-es**) *n* microbús *m*.

minicab ['mɪnɪkæb] *n Br* taxi que se puede pedir por teléfono, pero no se puede parar en la calle.

MiniDisc® ['mɪnɪdɪsk] *n* MiniDisc® *m*.

minima ['mɪnɪmə] *pl* → **minimum**.

minimal ['mɪnɪml] *adj* mínimo(ma).

minimum ['mɪnɪməm] (*pl* **-mums** OR **-ma**) ◊ *adj* mínimo(ma). ◊ *n* mínimo *m*.

mining ['maɪnɪŋ] ◊ *n* minería *f*. ◊ *adj* minero(ra)

miniskirt ['mɪnɪskɜːt] *n* minifalda *f*

minister ['mɪnɪstə^r] *n* **1.** (POL): **~ (for)** ministro *m*, -tra *f* (de). **2.** (RELIG) pastor *m*, -ra *f*. ◆ **minister to** *vt fus* atender a.

ministerial [,mɪnɪ'stɪərɪəl] *adj* ministerial

minister of state *n*: **~ (for)** ministro *m*, -tra *f* de estado (para).

ministry ['mɪnɪstrɪ] *n* **1.** (POL) ministerio *m*. **2.** (RELIG): **the ~** el clero.

mink [mɪŋk] (*pl inv*) *n* visón *m*.

minnow ['mɪnəʊ] *n* pececillo *m* (de agua dulce).

minor ['maɪnəʳ] ◇ *adj* menor. ◇ *n* menor *m y f* (de edad).

Minorca [mɪ'nɔːkə] *n* Menorca.

minority [maɪ'nɒrətɪ] *n* minoría *f*.

mint [mɪnt] ◇ *n* **1.** *(herb)* menta *f*, hierbabuena *f*. **2.** *(peppermint)* pastilla *f* de menta. **3.** *(for coins)*: **the ~** la Casa de la Moneda; **in ~ condition** en perfecto estado, como nuevo(va). ◇ *vt* acuñar.

minus ['maɪnəs] *(pl* **-es)** ◇ *prep* **1.** (MATH) *(less)*: **4 ~ 2 is 2** 4 menos 2 es 2. **2.** *(in temperatures)*: **it's ~ 5°C** estamos a 5° bajo cero. ◇ *n* **1.** (MATH) signo *m* (de) menos. **2.** *(disadvantage)* pega *f*, desventaja *f*.

minus sign *n* signo *m* (de) menos.

minute¹ ['mɪnɪt] *n* minuto *m*; **at any ~** en cualquier momento; **this ~** ahora mismo. ◆ **minutes** *npl* acta *f*; **to take ~s** levantar OR tomar acta.

minute² [maɪ'njuːt] *adj* diminuto(ta).

miracle ['mɪrəkl] *n lit & fig* milagro *m*.

miraculous [mɪ'rækjʊləs] *adj* milagroso(sa).

mirage [mɪ'rɑːʒ] *n lit & fig* espejismo *m*.

mire [maɪəʳ] *n* fango *m*, lodo *m*.

mirror ['mɪrəʳ] ◇ *n* espejo *m*. ◇ *vt* reflejar.

mirth [mɜːθ] *n* risa *f*.

misadventure [,mɪsəd'ventʃəʳ] *n* desgracia *f*; **death by ~** (JUR) muerte *f* accidental

misapprehension ['mɪs,æprɪ'henʃn] *n* **1.** *(misunderstanding)* malentendido *m*. **2.** *(mistaken belief)* creencia *f* errónea.

misappropriation ['mɪsə,prəʊprɪ'eɪʃn] *n*: **~ (of)** malversación *f* (de).

misbehave [,mɪsbɪ'heɪv] *vi* portarse mal.

miscalculate [,mɪs'kælkjʊleɪt] *vt & vi* calcular mal.

miscarriage [,mɪs'kærɪdʒ] *n (at birth)* aborto *m* (natural)

miscarriage of justice *n* error *m* judicial.

miscellaneous [,mɪsə'leɪnjəs] *adj* diverso(sa).

mischief ['mɪstʃɪf] *n* (U) **1.** *(playfulness)* picardía *f*. **2.** *(naughty behaviour)* travesuras *fpl*. **3.** *(harm)* daño *m*.

mischievous ['mɪstʃɪvəs] *adj* **1.** *(playful)* lleno(na) de picardía. **2.** *(naughty)* travieso(sa).

misconception [,mɪskən'sepʃn] *n* concepto *m* erróneo.

misconduct [,mɪs'kɒndʌkt] *n* mala conducta *f*.

misconstrue [,mɪskən'struː] *vt fml* malinterpretar.

miscount [,mɪs'kaʊnt] *vt & vi* contar mal.

misdeed [,mɪs'diːd] *n literary* fechoría *f*.

misdemeanour *Br*, **misdemeanor** *Am* [,mɪsdɪ'miːnəʳ] *n fml* delito *m* menor

miser ['maɪzəʳ] *n* avaro *m*, -ra *f*.

miserable ['mɪzrəbl] *adj* **1.** *(unhappy)* infeliz, triste. **2.** *(wretched, poor)* miserable **3.** *(weather)* horrible. **4.** *(pathetic)* lamentable.

miserly ['maɪzəlɪ] *adj* miserable, mezquino(na).

misery ['mɪzərɪ] *n* **1.** *(unhappiness)* desdicha *f*. **2.** *(wretchedness)* miseria *f*.

misfire [,mɪs'faɪəʳ] *vi* **1.** *(car engine)* no arrancar. **2.** *(plan)* fracasar.

misfit ['mɪsfɪt] *n* inadaptado *m*, -da *f*.

misfortune [mɪs'fɔːtʃuːn] *n* **1.** *(bad luck)* mala suerte *f*. **2.** *(piece of bad luck)* desgracia *f*, infortunio *m*.

misgivings [mɪs'gɪvɪŋz] *npl* recelos *mpl*.

misguided [,mɪs'gaɪdɪd] *adj (person)* descaminado(da); *(attempt)* equivocado(da)

mishandle [,mɪs'hændl] *vt* **1.** *(person, animal)* maltratar. **2.** *(affair)* llevar mal.

mishap ['mɪshæp] *n* contratiempo *m*.

misinterpret [,mɪsɪn'tɜːprɪt] *vt* malinterpretar.

misjudge [,mɪs'dʒʌdʒ] *vt* **1.** *(guess wrongly)* calcular mal. **2.** *(appraise wrongly)* juzgar mal.

mislay [,mɪs'leɪ] *(pt & pp* **-laid)** *vt* extraviar, perder

mislead [,mɪs'liːd] *(pt & pp* **-led)** *vt* engañar.

misleading [,mɪs'liːdɪŋ] *adj* engañoso (sa).

misled [,mɪs'led] *pt & pp* → **mislead**.

misnomer [,mɪs'nəʊməʳ] *n* término *m* equivocado.

misplace [,mɪs'pleɪs] *vt* extraviar.

misprint ['mɪsprɪnt] *n* errata *f*, error *m* de imprenta.

miss [mɪs] ◇ *vt* **1.** *(fail to see - TV programme, film)* perderse; *(- error, person in crowd)* no ver. **2.** *(shot)* fallar; *(ball)* no dar a. **3.** *(feel absence of)* echar de menos OR en falta. **4.** *(opportunity)* perder, dejar pasar; *(turning)* pasarse. **5.** *(train, bus)* perder. **6.** *(appointment)* faltar a. **7.** *(avoid)* evitar. ◇ *vi* fallar. ◇ *n*: **to give sthg a ~** *inf* pasar de algo.

◆ **miss out** ◇ *vt sep* pasar por alto. ◇ *vi*: **to ~ out (on sthg)** perderse (algo).

Miss [mɪs] *n* señorita *f*.

misshapen [ˌmɪsˈʃeɪpn] *adj* deforme.

missile [*Br* ˈmɪsaɪl, *Am* ˈmɪsəl] *n* **1.** *(weapon)* misil *m*. **2.** *(thrown object)* proyectil *m*.

missing [ˈmɪsɪŋ] *adj* **1.** *(lost)* perdido (da), extraviado(da). **2.** *(not present)* que falta; **to be ~** faltar.

mission [ˈmɪʃn] *n* misión *f*.

missionary [ˈmɪʃənrɪ] *n* misionero *m*, -ra *f*.

misspend [ˌmɪsˈspend] (*pt & pp* -**spent**) *vt* malgastar.

mist [mɪst] *n* *(gen)* neblina *f*; *(at sea)* bruma *f*. ◆ **mist over, mist up** *vi* *(windows, spectacles)* empañarse; *(eyes)* llenarse de lágrimas.

mistake [mɪˈsteɪk] (*pt* -**took**, *pp* -**taken**) ◇ *n* error *m*; **to make a ~** equivocarse, cometer un error; **by ~** por error. ◇ *vt* **1.** *(misunderstand)* entender mal. **2.** *(fail to recognize)*: **to ~ sthg/sb for** confundir algo/a alguien con.

mistaken [mɪˈsteɪkn] ◇ *pp* → **mistake**. ◇ *adj* equivocado(da); **to be ~ about sb/sthg** estar equivocado respecto a alguien/algo.

mister [ˈmɪstəʳ] *n inf* amigo *m*. ◆ **Mister** *n* señor *m*.

mistletoe [ˈmɪsltəʊ] *n* muérdago *m*.

mistook [mɪˈstʊk] *pt* → **mistake**.

mistreat [ˌmɪsˈtriːt] *vt* maltratar.

mistress [ˈmɪstrɪs] *n* **1.** *(woman in control)* señora *f*. **2.** *(female lover)* amante *f*. **3.** *Br (school teacher - primary)* maestra *f*; *(- secondary)* profesora *f*.

mistrust [ˌmɪsˈtrʌst] ◇ *n* desconfianza *f*, recelo *m*. ◇ *vt* desconfiar de.

misty [ˈmɪstɪ] *adj (gen)* neblinoso(sa); *(at sea)* brumoso(sa).

misunderstand [ˌmɪsʌndəˈstænd] (*pt & pp* -**stood**) *vt & vi* entender OR comprender mal.

misunderstanding [ˌmɪsʌndəˈstændɪŋ] *n* malentendido *m*.

misunderstood [ˌmɪsʌndəˈstʊd] *pt & pp* → **misunderstand**.

misuse [*n* ˌmɪsˈjuːs, *vb* ˌmɪsˈjuːz] ◇ *n* uso *m* indebido. ◇ *vt* hacer uso indebido de.

miter *Am* = **mitre**.

mitigate [ˈmɪtɪgeɪt] *vt fml* mitigar.

mitre *Br*, **miter** *Am* [ˈmaɪtəʳ] *n (hat)* mitra *f*.

mitt [mɪt] *n* manopla *f*.

mitten [ˈmɪtn] *n* manopla *f*.

mix [mɪks] ◇ *vt*: **to ~ sthg (with)** mezclar algo (con). ◇ *vi* **1.** *(substances)* mezclarse; *(activities)* ir bien juntos (tas). **2.** *(socially)*: **to ~ with** alternar OR salir con. ◇ *n* mezcla *f* ◆ **mix up** *vt sep* **1.** *(confuse)* confundir. **2.** *(disorder)* mezclar.

mixed [mɪkst] *adj* **1.** *(of different kinds)* surtido(da), variado(da). **2.** *(of different sexes)* mixto(ta).

mixed-ability *adj Br* de varios niveles

mixed grill *n* parrillada *f* mixta.

mixed up *adj* **1.** *(confused)* confuso (sa). **2.** *(involved)*: **~ in** *(fight, crime)* involucrado(da) en.

mixer [ˈmɪksəʳ] *n* **1.** *(for food)* batidora *f*; *(for cement)* hormigonera *f*. **2.** *(non-alcoholic drink)* bebida no alcohólica *para mezclar con bebidas alcohólicas*

mixture [ˈmɪkstʃəʳ] *n* *(gen)* mezcla *f*; *(of sweets)* surtido *m*

mix-up *n inf* lío *m*, confusión *f*

mm *(abbr of millimetre)* mm.

moan [məʊn] ◇ *n* *(of pain, sadness)* gemido *m*. ◇ *vi* **1.** *(in pain, sadness)* gemir. **2.** *inf (complain)*: **to ~ (about)** quejarse (de)

moat [məʊt] *n* foso *m*.

mob [mɒb] ◇ *n* muchedumbre *f*. ◇ *vt* asediar.

mobile [ˈməʊbaɪl] ◇ *adj (able to move)* móvil. ◇ *n* **1.** *(ornament)* móvil *m*. **2.** *inf (mobile phone)* (teléfono *m*) móvil *m*, movicom® *m CSur*.

mobile home *n* caravana *f*.

mobile phone *n* teléfono *m* portátil.

mobilize, -ise [ˈməʊbɪlaɪz] *vt* movilizar.

mock [mɒk] ◇ *adj* fingido(da); **~ (exam)** simulacro *m* de examen. ◇ *vt* burlarse de. ◇ *vi* burlarse.

mockery [ˈmɒkərɪ] *n* burla *f*

mod cons [ˌmɒd-] *(abbr of modern conveniences)* *npl Br inf*: **all ~** con todas las comodidades.

mode [məʊd] *n* modo *m*

model [ˈmɒdl] ◇ *n* **1.** *(gen)* modelo *m*. **2.** *(small copy)* maqueta *f*. **3.** *(for painter, in fashion)* modelo *m y f*. ◇ *adj* **1.** *(exemplary)* modelo *(inv)*. **2.** *(reduced-scale)* en miniatura. ◇ *vt* **1.** *(shape)* modelar. **2.** *(wear)* lucir *(en pase de modelos)*. **3.** *(copy)*: **to ~ o.s. on sb** tener a alguien como modelo. ◇ *vi* trabajar de modelo.

modem [ˈməʊdem] *n* (COMPUT) módem *m*.

moderate [*adj & n* ˈmɒdərət, *vb*

'mɒdəreɪt] ◊ adj moderado(da). ◊ n (POL) moderado m, -da f. ◊ vt moderar. ◊ vi moderarse.

moderation [ˌmɒdəˈreɪʃn] n moderación f; **in ~** con moderación.

modern ['mɒdən] adj moderno(na).

modernize, -ise ['mɒdənaɪz] ◊ vt modernizar. ◊ vi modernizarse.

modern languages npl lenguas fpl modernas.

modest ['mɒdɪst] adj 1. (gen) modesto (ta). 2. (improvement) ligero(ra); (price) módico(ca)

modesty ['mɒdɪstɪ] n modestia f.

modicum ['mɒdɪkəm] n fml: **a ~ of** un mínimo de.

modify ['mɒdɪfaɪ] vt modificar.

module ['mɒdjuːl] n módulo m.

mogul ['məʊgl] n magnate m y f.

mohair ['məʊheəʳ] n mohair m.

moist [mɔɪst] adj húmedo(da).

moisten ['mɔɪsn] vt humedecer.

moisture ['mɔɪstʃəʳ] n humedad f.

moisturizer ['mɔɪstʃəraɪzəʳ] n (crema f) hidratante m.

molar ['məʊləʳ] n muela f.

molasses [məˈlæsɪz] n (U) melaza f.

mold etc Am = **mould**.

mole [məʊl] n 1. (animal, spy) topo m. 2. (spot) lunar m.

molecule ['mɒlɪkjuːl] n molécula f.

molest [məˈlest] vt 1. (attack sexually) acosar sexualmente. 2. (attack) atacar.

mollusc, mollusk Am ['mɒləsk] n molusco m.

mollycoddle ['mɒlɪˌkɒdl] vt inf mimar.

molt Am = **moult**.

molten ['məʊltn] adj fundido(da).

mom [mɒm] n Am inf mamá f.

moment ['məʊmənt] n momento m; **at any ~** de un momento a otro; **at the ~** en este momento; **for the ~** de momento.

momentarily ['məʊməntərɪlɪ] adv 1. (for a short time) momentáneamente. 2. Am (soon) pronto.

momentary ['məʊməntrɪ] adj momentáneo(a).

momentous [məˈmentəs] adj trascendental.

momentum [məˈmentəm] n (U) 1. (PHYSICS) momento m. 2. fig (speed, force) ímpetu m, impulso m; **to gather ~** cobrar intensidad.

momma ['mɒmə], **mommy** ['mɒmɪ] n Am mamá f.

Monaco ['mɒnəkəʊ] n Mónaco m.

monarch ['mɒnək] n monarca m y f.

monarchy ['mɒnəkɪ] n 1. (gen) monar-

quía f. 2. (royal family): **the ~** la familia real

monastery ['mɒnəstrɪ] n monasterio m.

Monday ['mʌndɪ] n lunes m inv; see also **Saturday**.

monetary ['mʌnɪtrɪ] adj monetario (ria).

money ['mʌnɪ] n dinero m; **to make ~** hacer dinero; **to get one's ~'s worth** sacarle provecho al dinero de uno.

moneybox ['mʌnɪbɒks] n hucha f.

moneylender ['mʌnɪˌlendəʳ] n prestamista m y f.

money order n giro m postal.

money-spinner [-ˌspɪnəʳ] n inf mina f (de dinero).

mongol ['mɒŋgəl] n dated & offensive mongólico m, -ca f.

Mongolia [mɒŋˈgəʊlɪə] n Mongolia.

mongrel ['mʌŋgrəl] n perro m cruzado OR sin pedigrí.

monitor ['mɒnɪtəʳ] ◊ n (gen & COMPUT) monitor m. ◊ vt 1. (check) controlar 2. (listen in to) escuchar.

monk [mʌŋk] n monje m.

monkey ['mʌŋkɪ] (pl monkeys) n mono m.

monkey nut n cacahuete m Esp, maní m Amer, cacahuate m Méx.

monkey wrench n llave f inglesa.

mono ['mɒnəʊ] adj mono (inv).

monochrome ['mɒnəkrəʊm] adj monocromo(ma).

monocle ['mɒnəkl] n monóculo m.

monologue, monolog Am ['mɒnəlɒg] n monólogo m.

monopolize, -ise [məˈnɒpəlaɪz] vt monopolizar

monopoly [məˈnɒpəlɪ] n: **~ (on OR of)** monopolio m (de)

monotone ['mɒnətəʊn] n: **in a ~** con voz monótona.

monotonous [məˈnɒtənəs] adj monótono(na).

monotony [məˈnɒtənɪ] n monotonía f

monsoon [mɒnˈsuːn] n monzón m.

monster ['mɒnstəʳ] n (imaginary creature, cruel person) monstruo m.

monstrosity [mɒnˈstrɒsətɪ] n monstruosidad f.

monstrous ['mɒnstrəs] adj 1. (very unfair, frightening, ugly) monstruoso (sa). 2. (very large) gigantesco(ca).

Mont Blanc [mɔ̃blɑ̃] n Mont Blanc.

month [mʌnθ] n mes m.

monthly ['mʌnθlɪ] ◊ adj mensual. ◊ adv mensualmente.

monument ['mɒnjumənt] n monumento m.

monumental [ˌmɒnjuˈmentl] *adj* **1.** *(gen)* monumental. **2.** *(error)* descomunal.

moo [muː] *(pl -s)* *vi* mugir.

mood [muːd] *n (of individual)* humor *m*; *(of public, voters)* disposición *f*; **in a (bad) ~** de mal humor; **in a good ~** de buen humor.

moody [ˈmuːdɪ] *adj pej* **1.** *(changeable)* de humor variable **2.** *(bad-tempered)* malhumorado(da).

moon [muːn] *n* luna *f*.

moonlight [ˈmuːnlaɪt] *n* luz *f* de la luna.

moonlighting [ˈmuːnlaɪtɪŋ] *n* pluriempleo *m*.

moonlit [ˈmuːnlɪt] *adj (night)* de luna; *(landscape)* iluminado(da) por la luna.

moor [mɔːʳ] ◊ *n* páramo *m*. ◊ *vt* amarrar. ◊ *vi* echar las amarras.

Moor [mɔːʳ] *n* moro *m*, -ra *f*.

Moorish [ˈmɔːrɪʃ] *adj* moro(ra), morisco(ca).

moorland [ˈmɔːlənd] *n* páramo *m*, brezal *m*.

moose [muːs] *(pl inv)* *n (North American)* alce *m*.

mop [mɒp] ◊ *n* **1.** *(for cleaning)* fregona *f* **2.** *inf (of hair)* pelambrera *f*. ◊ *vt* **1.** *(clean with mop)* pasar la fregona por. **2.** *(dry with cloth - sweat)* enjugar. ◆ **mop up** *vt sep (clean up)* limpiar.

mope [məʊp] *vi pej* estar deprimido(da).

moped [ˈməʊped] *n* ciclomotor *m*, motoneta *f Amer*.

moral [ˈmɒrəl] ◊ *adj* moral. ◊ *n (lesson)* moraleja *f*. ◆ **morals** *npl (principles)* moral *f*.

morale [məˈrɑːl] *n (U)* moral *f*.

morality [məˈrælətɪ] *n* **1.** *(gen)* moralidad *f* **2.** *(system of principles)* moral *f*.

morass [məˈræs] *n* cenagal *m*.

morbid [ˈmɔːbɪd] *adj* morboso(sa).

more [mɔːʳ] ◊ *adv* **1.** *(with adjectives and adverbs)* más; **~ important (than)** más importante (que); **~ quickly/often (than)** más rápido/a menudo (que). **2.** *(to a greater degree)* más; **we were ~ hurt than angry** más que enfadados estábamos heridos. **3.** *(another time)*: **once/twice ~** una vez/dos veces más. ◊ *adj* más; **~ food than drink** más comida que bebida; **~ than 70 people died** más de 70 personas murieron; **have some ~ tea** toma un poco más de té; **I finished two ~ chapters today** acabé otros dos capítulos hoy. ◊ *pron* más; **~ than five** más de cinco; **he's got ~ than I**

have **él** tiene más que yo; **there's no ~ (left)** no queda nada (más); **(and) what's ~** (y lo que) es más. ◆ **any more** *adv*: **not ... any ~** ya no ... ◆ **more and more** *adv, adj & pron* cada vez más. ◆ **more or less** *adv* más o menos.

moreover [mɔːˈrəʊvəʳ] *adv fml* además.

morgue [mɔːg] *n* depósito *m* de cadáveres.

Mormon [ˈmɔːmən] *n* mormón *m*, -ona *f*.

morning [ˈmɔːnɪŋ] *n* **1.** *(first part of day)* mañana *f*; **in the ~** por la mañana; **six o'clock in the ~** las seis de la mañana. **2.** *(between midnight and dawn)* madrugada *f*. **3.** *(tomorrow morning)*: **in the ~** mañana por la mañana. ◆ **mornings** *adv Am* por la mañana.

Moroccan [məˈrɒkən] ◊ *adj* marroquí. ◊ *n* marroquí *m y f*

Morocco [məˈrɒkəʊ] *n* Marruecos.

moron [ˈmɔːrɒn] *n inf* imbécil *m y f*.

morose [məˈrəʊs] *adj* malhumorado(da).

morphine [ˈmɔːfiːn] *n* morfina *f*.

Morse (code) [mɔːs-] *n* (alfabeto *m*) Morse *m*.

morsel [ˈmɔːsl] *n* bocado *m*.

mortal [ˈmɔːtl] ◊ *adj (gen)* mortal. ◊ *n* mortal *m y f*

mortality [mɔːˈtælətɪ] *n* mortalidad *f*.

mortar [ˈmɔːtəʳ] *n* **1.** *(cement mixture)* argamasa *f*. **2.** *(gun, bowl)* mortero *m*.

mortgage [ˈmɔːgɪdʒ] ◊ *n* hipoteca *f*. ◊ *vt* hipotecar.

mortified [ˈmɔːtɪfaɪd] *adj* muerto(ta) de vergüenza.

mortuary [ˈmɔːtʃʊərɪ] *n* depósito *m* de cadáveres.

mosaic [məˈzeɪɪk] *n* mosaico *m*.

Moscow [ˈmɒskəʊ] *n* Moscú.

Moslem [ˈmɒzləm] = **Muslim**.

mosque [mɒsk] *n* mezquita *f*.

mosquito [məˈskiːtəʊ] *(pl -es OR -s)* *n* mosquito *m*, zancudo *m Amer*

moss [mɒs] *n* musgo *m*.

most [məʊst] *(superl of many)* ◊ *adj* **1.** *(the majority of)* la mayoría de; **~ people** la mayoría de la gente. **2.** *(largest amount of)*: **(the) ~ money; who has got (the) ~ money?** ¿quién es el que tiene más dinero? ◊ *pron* **1.** *(the majority)*: **~ (of)** la mayoría (de); **~ of the time** la mayor parte del tiempo **2.** *(largest amount)*: **(the) ~** lo más, lo máximo; **at ~** como mucho, todo lo más. **3.** *phr*: **to make the ~ of sthg**

sacarle el mayor partido a algo. ◊ *adv* **1.** *(to the greatest extent):* **(the)** ~ el/la/lo más; **what I like** ~ lo que más me gusta. **2.** *fml (very)* muy; ~ **certainly** con toda seguridad. **3.** *Am (almost)* casi.

mostly ['məʊstlɪ] *adv (in the main part)* principalmente; *(usually)* normalmente

MOT *(abbr of Ministry of Transport test)* n = ITV f.

motel [məʊ'tel] *n* motel *m*.

moth [mɒθ] *n* polilla *f*.

mothball ['mɒθbɔːl] *n* bola *f* de naftalina.

mother ['mʌðəʳ] ◊ *n* madre *f*. ◊ *vt usu pej (spoil)* mimar.

motherhood ['mʌðəhʊd] *n* maternidad *f*.

mother-in-law *(pl* mothers-in-law OR mother-in-laws) *n* suegra *f*.

motherly ['mʌðəlɪ] *adj* maternal

mother-of-pearl *n* nácar *m*.

mother-to-be *(pl* mothers-to-be) *n* futura madre *f*.

mother tongue *n* lengua *f* materna.

motif [məʊ'tiːf] *n* (ART & MUS) motivo *m*.

motion ['məʊʃn] ◊ *n* **1.** *(gen)* movimiento *m*; **to set sthg in** ~ poner algo en marcha. **2.** *(proposal)* moción *f*. ◊ *vt:* **to** ~ **sb to do sthg** indicar a alguien con un gesto que haga algo ◊ *vi:* **to** ~ **to sb** hacer una señal (con la mano) a alguien.

motionless ['məʊʃənlɪs] *adj* inmóvil.

motion picture *n Am* película *f*.

motivated ['məʊtɪveɪtɪd] *adj* motivado (da).

motivation [,məʊtɪ'veɪʃn] *n* motivación *f*.

motive ['məʊtɪv] *n (gen)* motivo *m*; *(for crime)* móvil *m*.

motley ['mɒtlɪ] *adj pej* variopinto(ta).

motor ['məʊtəʳ] ◊ *adj Br (industry, accident)* automovilístico(ca); *(mechanic)* de automóviles. ◊ *n* motor *m*.

motorbike ['məʊtəbaɪk] *n inf* moto *f*.

motorboat ['məʊtəbəʊt] *n* lancha *f* motora.

motorcar ['məʊtəkɑːʳ] *n* automóvil *m*.

motorcycle ['məʊtə,saɪkl] *n* motocicleta *f*.

motorcyclist ['məʊtə,saɪklɪst] *n* motociclista *m y f*.

motoring ['məʊtərɪŋ] *n dated* automovilismo *m*.

motorist ['məʊtərɪst] *n* automovilista *m y f*, conductor *m*, -ra *f*.

motor racing *n* automovilismo *m* deportivo.

motor scooter *n* Vespa® *f*, escúter *m*.

motor vehicle *n* vehículo *m* de motor.

motorway ['məʊtəweɪ] *n Br* autopista *f*.

mottled ['mɒtld] *adj* moteado(da).

motto ['mɒtəʊ] *(pl* -s OR -es) *n* lema *m*.

mould, mold Am [məʊld] ◊ *n* **1.** *(growth)* moho *m*. **2.** *(shape)* molde *m* ◊ *vt lit & fig* moldear.

moulding, molding Am ['məʊldɪŋ] *n (decoration)* moldura *f*.

mouldy, moldy Am ['məʊldɪ] *adj* mohoso(sa).

moult, molt Am [məʊlt] *vi (bird)* mudar la pluma; *(dog)* mudar el pelo.

mound [maʊnd] *n* **1.** *(small hill)* montículo *m*. **2.** *(untidy pile)* montón *m*.

mount [maʊnt] ◊ *n* **1.** *(gen)* montura *f*; *(for photograph)* marco *m*; *(for jewel)* engaste *m*. **2.** *(mountain)* monte *m*. ◊ *vt* **1.** *(horse, bike)* subirse a, montar en. **2.** *(attack)* lanzar. **3.** *(exhibition)* montar. **4.** *(jewel)* engastar; *(photograph)* enmarcar. ◊ *vi (increase)* aumentar.

mountain ['maʊntɪn] *n lit & fig* montaña *f*

mountain bike *n* bicicleta *f* de montaña.

mountaineer [,maʊntɪ'nɪəʳ] *n* montañero *m*, -ra *f*, andinista *m y f Amer*.

mountaineering [,maʊntɪ'nɪərɪŋ] *n* montañismo *m*, andinismo *m Amer*.

mountainous ['maʊntɪnəs] *adj* montañoso(sa).

mourn [mɔːn] ◊ *vt (person)* llorar por; *(thing)* lamentarse de. ◊ *vi* afligirse; **to** ~ **for sb** llorar la muerte de alguien.

mourner ['mɔːnəʳ] *n* doliente *m y f*.

mournful ['mɔːnful] *adj (face, voice)* afligido(da), lúgubre; *(sound)* lastimero (ra).

mourning ['mɔːnɪŋ] *n* luto *m*; **in** ~ de luto.

mouse [maʊs] *(pl* mice) *n* (ZOOL & COMPUT) ratón *m*.

mousetrap ['maʊstræp] *n* ratonera *f*.

mousse [muːs] *n* **1.** *(food)* mousse *m* **2.** *(for hair)* espuma *f*.

moustache Br [mə'stɑːʃ], **mustache** Am ['mʌstæʃ] *n* bigote *m*.

mouth [maʊθ] *n (gen)* boca *f*; *(of river)* desembocadura *f*.

mouthful ['maʊθful] *n (of food)* bocado *m*; *(of drink)* trago *m*

mouthorgan ['maʊθ,ɔːgən] n armónica f.

mouthpiece ['maʊθpiːs] n 1. (of telephone) micrófono m. 2. (of musical instrument) boquilla f 3. (spokesperson) portavoz m y f.

mouthwash ['maʊθwɒʃ] n elixir m bucal.

mouth-watering [-,wɔːtərɪŋ] adj muy apetitoso(sa)

movable ['muːvəbl] adj movible

move [muːv] ◇ n 1. (movement) movimiento m; to get a ~ on inf espabilarse, darse prisa. 2. (change of house) mudanza f; (- of job) cambio m. 3. (in board game) jugada f. 4. (course of action) medida f. ◇ vt 1. (shift) mover. 2. (change - house) mudarse de; (- job) cambiar de. 3. (affect) conmover. 4. (in debate - motion) proponer. 5. (cause): to ~ sb to do sthg mover OR llevar a alguien a hacer algo. ◇ vi 1. (gen) moverse; (events) cambiar. 2. (change house) mudarse; (change job) cambiar de trabajo. ◆ **move about** vi 1. (fidget) ir de aquí para allá. 2. (travel) viajar. ◆ **move along** ◇ vt sep hacer circular. ◇ vi 1. (move towards front or back) hacerse a un lado. 2. (move away - crowd, car) circular. ◆ **move around** = **move about**. ◆ **move away** vi (leave) marcharse. ◆ **move in** vi 1. (to new house) instalarse. 2. (take control, attack) prepararse para el ataque. ◆ **move on** vi 1. (go away) reanudar la marcha. 2. (progress) avanzar. ◆ **move out** vi mudarse. ◆ **move over** vi hacer sitio. ◆ **move up** vi (on bench etc) hacer sitio.

moveable = **movable**.

movement ['muːvmənt] n 1. (gen) movimiento m. 2. (transportation) transporte m.

movie ['muːvɪ] n película f.

movie camera n cámara f cinematográfica

moving ['muːvɪŋ] adj 1. (touching) conmovedor(ra). 2. (not fixed) móvil.

mow [məʊ] (pt -ed, pp -ed OR mown) vt (grass, lawn) cortar; (corn) segar. ◆ **mow down** vt sep acribillar.

mower ['məʊəʳ] n cortacésped m o f.

mown [məʊn] pp → **mow**

MP n 1. (abbr of Military Police) PM f. 2. Br abbr of **Member of Parliament**

mpg (abbr of miles per gallon) millas/galón.

mph (abbr of miles per hour) mph.

Mr ['mɪstəʳ] n Sr.; ~ **Jones** el Sr. Jones.

Mrs ['mɪsɪz] n Sra.; ~ **Jones** la Sra. Jones.

Ms [mɪz] n abreviatura utilizada delante de un apellido de mujer cuando no se quiere especificar si está casada o no.

MS, ms n abbr of **'multiple sclerosis**.

MSc (abbr of Master of Science) n (titular de un) título postuniversitario de unos dos años de duración en el campo de las ciencias.

much [mʌtʃ] (compar **more**, superl **most**) ◇ adj mucho(cha); **there isn't ~ rice** left no queda mucho arroz; as ~ time as ... tanto tiempo como ...; **how ~ money?** ¿cuánto dinero?; **so ~** tanto(ta); **too ~** demasiado(da); **how ~ ...?** ¿cuánto(ta) ...? ◇ pron: **have you got ~?** ¿tienes mucho?; **I don't see ~ of him** no lo veo mucho; **I don't think ~ of it** no me parece gran cosa; **as ~ as** tanto como; **too ~** demasiado; **how ~?** ¿cuánto?; **this isn't ~ of a party** esta fiesta no es nada del otro mundo; **so ~ for** tanto con; **I thought as ~** ya me lo imaginaba. ◇ adv mucho; **I don't go out ~** no salgo mucho; **too cold** demasiado frío; **so ~** tanto; **thank you very ~** muchas gracias; **as ~ as** tanto como; **he is not so ~ stupid as lazy** más que tonto es vago; **too ~** demasiado; **without so ~ as ...** sin siquiera ... ◆ **much as** conj: ~ **as (I like him)** por mucho OR más que (me guste).

muck [mʌk] n (U) inf 1. (dirt) mugre f, porquería f. 2. (manure) estiércol m. ◆ **muck about, muck around** vi Br inf hacer el indio OR tonto. ◆ **muck up** vt sep Br inf fastidiar.

mucky ['mʌkɪ] adj guarro(rra).

mucus ['mjuːkəs] n mucosidad f.

mud [mʌd] n barro m, lodo m.

muddle ['mʌdl] ◇ n 1. (disorder) desorden m. 2. (confusion) lío m, confusión f; **to be in a ~** estar hecho un lío. ◇ vt 1. (put into disorder) desordenar. 2. (confuse) liar, confundir. ◆ **muddle along** vi apañárselas más o menos ◆ **muddle through** vi arreglárselas ◆ **muddle up** vt sep (put into disorder) desordenar; (confuse) liar, confundir.

muddy ['mʌdɪ] adj (gen) lleno(na) de barro; (river) cenagoso(sa).

mudguard ['mʌdgɑːd] n guardabarros m inv, salpicadera f Méx.

mudslinging ['mʌd,slɪŋɪŋ] n (U) fig insultos mpl, improperios mpl.

muesli ['mjuːzlɪ] n Br muesli m.

muff [mʌf] ◇ n manguito m. ◇ vt inf

(catch) fallar; *(chance)* dejar escapar.

muffin ['mʌfɪn] *n* **1.** *Br (bread roll)* panecillo *m*. **2.** *Am (cake) especie de magdalena que se come caliente.*

muffle ['mʌfl] *vt (sound)* amortiguar.

muffler ['mʌflər] *n Am (for car)* silenciador *m*.

mug [mʌg] ◊ *n* **1.** *(cup)* taza *f* (alta). **2.** *inf (fool)* primo *m*, -ma *f*. ◊ *vt* asaltar, atracar.

mugging ['mʌgɪŋ] *n (single attack)* atraco *m*; *(series of attacks)* atracos *mpl*.

muggy ['mʌgɪ] *adj* bochornoso(sa).

mule [mjuːl] *n* mula *f*.

mull [mʌl] ◆ **mull over** *vt sep* reflexionar sobre.

mulled [mʌld] *adj*: ~ **wine** vino caliente con azúcar y especias.

multicoloured *Br*, **multicolored** *Am* [,mʌltɪ'kʌləd] *adj* multicolor.

multigym ['mʌltɪdʒɪm] *n* multiestación *f* (de musculación).

multilateral [,mʌltɪ'lætərəl] *adj* multilateral.

multimedia [,mʌltɪ'miːdjə] ◊ *adj* multimedia. ◊ *n* multimedia *f*.

multinational [,mʌltɪ'næʃənl] *n* multinacional *f*.

multiple ['mʌltɪpl] ◊ *adj* múltiple. ◊ *n* múltiplo *m*.

multiple sclerosis [-sklɪ'rəʊsɪs] *n* esclerosis *f inv* múltiple.

multiplex cinema ['mʌltɪpleks-] *n* (cine *m*) multisalas *m inv*.

multiplication [,mʌltɪplɪ'keɪʃn] *n* multiplicación *f*.

multiply ['mʌltɪplaɪ] ◊ *vt* multiplicar. ◊ *vi (increase, breed)* multiplicarse.

multistorey *Br*, **multistory** *Am* [,mʌltɪ'stɔːrɪ] *adj* de varias plantas.

multitude ['mʌltɪtjuːd] *n* multitud *f*.

mum [mʌm] *Br inf* ◊ *n* mamá *f*. ◊ *adj*: **to keep** ~ no decir ni pío.

mumble ['mʌmbl] ◊ *vt* mascullar. ◊ *vi* musitar, hablar entre dientes.

mummy ['mʌmɪ] *n* **1.** *Br inf (mother)* mamá *f*. **2.** *(preserved body)* momia *f*.

mumps [mʌmps] *n (U)* paperas *fpl*.

munch [mʌntʃ] *vt & vi* masticar.

mundane [mʌn'deɪn] *adj* trivial.

municipal [mjuː'nɪsɪpl] *adj* municipal.

municipality [mjuː,nɪsɪ'pælətɪ] *n* municipio *m*.

mural ['mjuːərəl] *n* mural *m*.

murder ['mɜːdər] ◊ *n* asesinato *m*. ◊ *vt* asesinar.

murderer ['mɜːdərər] *n* asesino *m*.

murderous ['mɜːdərəs] *adj* asesino(na).

murky ['mɜːkɪ] *adj* **1.** *(water, past)* turbio(bia). **2.** *(night, street)* sombrío(a), lúgubre.

murmur ['mɜːmər] ◊ *n (low sound)* murmullo *m*. ◊ *vt & vi* murmurar.

muscle ['mʌsl] *n* **1.** (MED) músculo *m*. **2.** *fig (power)* poder *m* ◆ **muscle in** *vi* entrometerse.

muscular ['mʌskjʊlər] *adj* **1.** *(of muscles)* muscular **2.** *(strong)* musculoso(sa).

muse [mjuːz] ◊ *n* musa *f*. ◊ *vi* meditar.

museum [mjuː'ziːəm] *n* museo *m*.

mushroom ['mʌʃrʊm] ◊ *n (button)* champiñón *m*; *(field)* seta *f*; (BOT) hongo *m*, callampa *f Chile*. ◊ *vi* extenderse rápidamente.

music ['mjuːzɪk] *n* música *f*.

musical ['mjuːzɪkl] ◊ *adj* **1.** *(gen)* musical. **2.** *(talented in music)* con talento para la música. ◊ *n* musical *m*.

musical instrument *n* instrumento *m* musical.

music centre *n* cadena *f* (musical).

music hall *n Br* teatro *m* de variedades OR de revista.

musician [mjuː'zɪʃn] *n* músico *m*, -ca *f*

Muslim ['mʊzlɪm] ◊ *adj* musulmán (ana). ◊ *n* musulmán *m*, -ana *f*.

muslin ['mʌzlɪn] *n* muselina *f*.

mussel ['mʌsl] *n* mejillón *m*.

must [mʌst] ◊ *aux vb* **1.** *(have to, intend to)* deber, tener que; **I** ~ **go** tengo que OR debo irme. **2.** *(as suggestion)* tener que; **you** ~ **come and see us** tienes que venir a vernos. **3.** *(to express likelihood)* deber (de); **it** ~ **be true** debe (de) ser verdad; **they** ~ **have known** deben de haberlo sabido. ◊ *n inf*: **a** ~ algo imprescindible.

mustache *Am* = **moustache**.

mustard ['mʌstəd] *n* mostaza *f*.

muster ['mʌstər] *vt* reunir.

mustn't ['mʌsnt] = **must not**.

must've ['mʌstəv] = **must have**.

musty ['mʌstɪ] *adj (room)* que huele a cerrado; *(book)* que huele a viejo.

mute [mjuːt] ◊ *adj* mudo(da). ◊ *n* mudo *m*, -da *f*

muted ['mjuːtɪd] *adj* **1.** *(not bright)* apagado(da). **2.** *(subdued)* contenido(da).

mutilate ['mjuːtɪleɪt] *vt* mutilar

mutiny ['mjuːtɪnɪ] ◊ *n* motín *m*. ◊ *vi* amotinarse.

mutter ['mʌtər] ◊ *vt* musitar, mascullar. ◊ *vi* murmurar.

mutton ['mʌtn] *n* (carne *f* de) carnero *m*.

mutual [ˈmjuːtʃʊəl] *adj* **1.** *(reciprocal)* mutuo(tua). **2.** *(common)* común.

mutually [ˈmjuːtʃʊəlɪ] *adv* mutuamente.

muzzle [ˈmʌzl] ◇ *n* **1.** *(animal's nose and jaws)* hocico *m*, morro *m*. **2.** *(wire guard)* bozal *m*. **3.** *(of gun)* boca *f*. ◇ *vt (put muzzle on)* poner bozal a.

MW *(abbr of* medium wave*)* OM *f*.

my [maɪ] *poss adj* **1.** *(gen)* mi, mis *(pl)*; ~ **house/sister** mi casa/hermana; ~ **children** mis hijos; ~ **name is Sarah** me llamo Sarah; **it wasn't MY fault** no fue culpa mía OR mi culpa; **I washed** ~ **hair** me lavé el pelo **2.** *(in titles)*: ~ **Lord** milord; ~ **Lady** milady.

myriad [ˈmɪrɪəd] *adj literary* innumerables.

myself [maɪˈself] *pron* **1.** *(reflexive)* me; *(after prep)* mí mismo(ma); **with** ~ conmigo mismo. **2.** *(for emphasis)* yo mismo (ma); **I did it** ~ lo hice yo solo(la).

mysterious [mɪˈstɪərɪəs] *adj* misterioso(sa).

mystery [ˈmɪstərɪ] *n* misterio *m*.

mystical [ˈmɪstɪkl] *adj* místico(ca).

mystified [ˈmɪstɪfaɪd] *adj* desconcertado(da), perplejo(ja)

mystifying [ˈmɪstɪfaɪɪŋ] *adj* desconcertante.

mystique [mɪˈstiːk] *n* misterio *m*.

myth [mɪθ] *n* mito *m*.

mythical [ˈmɪθɪkl] *adj* **1.** *(imaginary)* mítico(ca). **2.** *(untrue)* falso(sa).

mythology [mɪˈθɒlədʒɪ] *n (collection of myths)* mitología *f*.

N

n *(pl* n's OR ns*)*, **N** *(pl* N's OR Ns*)* [en] *n (letter)* n *f*, N *f*. ♦ **N** *(abbr of* north*)* N.

n/a, N/A *(abbr of* not applicable*)* no interesa.

nab [næb] *vt inf* **1.** *(arrest)* pillar, echar el guante a. **2.** *(get quickly)* coger.

nag [næg] *vt* dar la lata a

nagging [ˈnægɪŋ] *adj* **1.** *(thought, doubt)* persistente. **2.** *(person)* gruñón(ona).

nail [neɪl] ◇ *n* **1.** *(for fastening)* clavo *m*. **2.** *(of finger, toe)* uña *f*. ◇ *vt*: **to** ~ **sthg to sthg** clavar algo en OR a algo.

♦ **nail down** *vt sep* **1.** *(fasten)* clavar

2. *(person)*: **I couldn't** ~ **him down** no pude hacerle concretar.

nailbrush [ˈneɪlbrʌʃ] *n* cepillo *m* de uñas.

nail file *n* lima *f* de uñas

nail polish *n* esmalte *m* para las uñas.

nail scissors *npl* tijeras *fpl* para las uñas.

nail varnish *n* esmalte *m* para las uñas.

nail varnish remover [-rɪˈmuːvəʳ] *n* quitaesmaltes *m inv*.

naive, naïve [naɪˈiːv] *adj* ingenuo (nua).

naked [ˈneɪkɪd] *adj* **1.** *(gen)* desnudo (da); ~ **flame** llama *f* sin protección. **2.** *(blatant - hostility, greed)* abierto(ta); *(- facts)* sin apoyos. **3.** *(unaided)*: **with the** ~ **eye** a simple vista.

name [neɪm] ◇ *n (gen)* nombre *m*; *(surname)* apellido *m*; **what's your** ~? ¿cómo te llamas?; **my** ~ **is John** me llamo John; **by** ~ por el nombre; **in sb's** ~ a nombre de alguien; **in the** ~ **of** en nombre de alguien; **to call sb** ~**s** llamar de todo a alguien. ◇ *vt* **1.** *(christen)* poner nombre a; **to** ~ **sb after sb** *Br*, **to** ~ **sb for sb** *Am* poner a alguien el nombre de alguien. **2.** *(identify)* nombrar. **3.** *(date, price)* poner, decir. **4.** *(appoint)* nombrar.

nameless [ˈneɪmlɪs] *adj (unknown - person, author)* anónimo(ma); *(- disease)* desconocido(da).

namely [ˈneɪmlɪ] *adv* a saber.

namesake [ˈneɪmseɪk] *n* tocayo *m*, -ya *f*.

nanny [ˈnænɪ] *n* niñera *f*.

nap [næp] ◇ *n* siesta *f* ◇ *vi*: **we were caught napping** *inf* nos pilló desprevenidos.

nape [neɪp] *n*: ~ **of the neck** nuca *f*.

napkin [ˈnæpkɪn] *n* servilleta *f*.

nappy [ˈnæpɪ] *n Br* pañal *m*.

nappy liner *n parte desechable de un pañal de gasa.*

narcissi [nɑːˈsɪsaɪ] *pl* → **narcissus**.

narcissus [nɑːˈsɪsəs] *(pl* -**cissuses** OR -**cissi***)* *n* narciso *m*.

narcotic [nɑːˈkɒtɪk] *n* narcótico *m*

narrative [ˈnærətɪv] ◇ *adj* narrativo (va). ◇ *n* **1.** *(account)* narración *f*. **2.** *(art of narrating)* narrativa *f*.

narrator [*Br* nəˈreɪtəʳ, *Am* ˈnæreɪtər] *n* narrador *m*, -ra *f*

narrow [ˈnærəʊ] ◇ *adj* **1.** *(not wide)* estrecho(cha). **2.** *(limited)* estrecho (cha) de miras. **3.** *(victory, defeat)* por un estrecho margen; *(escape, miss)* por muy poco. ◊ *vi* **1.** *(become less wide)* estrecharse. **2.** *(eyes)* entornarse. **3.** *(gap)* reducirse. ♦ **narrow down** *vt sep* reducir.

narrowly ['nærəʊlɪ] *adv (barely)* por muy poco.

narrow-minded [-'maɪndɪd] *adj* estrecho(cha) de miras.

nasal ['neɪzl] *adj* nasal.

nasty ['nɑːstɪ] *adj* **1.** *(unkind)* malintencionado(da). **2.** *(smell, taste, feeling)* desagradable; *(weather)* horrible. **3.** *(problem, decision)* peliagudo(da). **4.** *(injury, disease)* doloroso(sa); *(fall)* malo(la).

nation ['neɪʃn] *n* nación *f*.

national ['næʃənl] ◊ *adj* nacional. ◊ *n* súbdito *m*, -ta *f*.

national anthem *n* himno *m* nacional.

national dress *n* traje *m* típico (de un país).

National Front *n*: the ~ partido político minoritario de extrema derecha en Gran Bretaña.

National Health Service *n Br*: the ~ organismo gestor de la salud pública, ≈ el Insalud.

National Insurance *n Br* ≈ Seguridad *f* Social.

nationalism ['næʃnəlɪzm] *n* nacionalismo *m*.

nationalist ['næʃnəlɪst] ◊ *adj* nacionalista. ◊ *n* nacionalista *m y f*.

nationality [ˌnæʃə'nælətɪ] *n* nacionalidad *f*.

nationalize, -ise ['næʃnəlaɪz] *vt* nacionalizar.

National Lottery *n* lotería nacional británica, = lotería *f* primitiva *Esp*

national park *n* parque *m* nacional.

national service *n Br* (MIL) servicio *m* militar.

National Trust *n Br*: the ~ organización británica encargada de la preservación de edificios históricos y lugares de interés, ≈ el Patrimonio Nacional.

nationwide ['neɪʃənwaɪd] ◊ *adj* a escala nacional. ◊ *adv (travel)* por todo el país; *(be broadcast)* a todo el país.

native ['neɪtɪv] ◊ *adj* **1.** *(country, area)* natal. **2.** *(speaker)* nativo(va); ~ **language** lengua *f* materna. **3.** *(plant, animal)*: ~ **(to)** originario(ria) (de). ◊ *n* natural *m y f*, nativo *m*, -va *f*.

Native American *n* indio americano *m*, india americana *f*.

Nativity [nə'tɪvətɪ] *n*: the ~ la Natividad.

NATO ['neɪtəʊ] *(abbr of* **North Atlantic Treaty Organization***)* *n* OTAN *f*.

natural ['nætʃrəl] *adj* **1.** *(gen)* natural. **2.** *(comedian, musician)* nato(ta).

natural gas *n* gas *m* natural.

naturalize, -ise ['nætʃrəlaɪz] *vt* naturalizar; **to be ~d** naturalizarse.

naturally ['nætʃrəlɪ] *adv* **1.** *(as expected, understandably)* naturalmente. **2.** *(unaffectedly)* con naturalidad. **3.** *(instinctively)* por naturaleza.

natural wastage *n* (U) reducción de plantilla por jubilación escalonada.

nature ['neɪtʃəʳ] *n* **1.** *(gen)* naturaleza *f*. **2.** *(disposition)* modo *m* de ser, carácter *m*; **by ~** por naturaleza.

nature reserve *n* reserva *f* natural.

naughty ['nɔːtɪ] *adj* **1.** *(badly behaved)* travieso(sa), malo(la). **2.** *(rude)* verde.

nausea ['nɔːsjə] *n* náusea *f*.

nauseam ['nɔːzɪæm] → **ad nauseam**.

nauseating ['nɔːsɪeɪtɪŋ] *adj* lit & fig nauseabundo(da).

nautical ['nɔːtɪkl] *adj* náutico(ca), marítimo(ma).

naval ['neɪvl] *adj* naval.

nave [neɪv] *n* nave *f*.

navel ['neɪvl] *n* ombligo *m*.

navigate ['nævɪgeɪt] ◊ *vt* **1.** *(steer)* pilotar, gobernar. **2.** *(travel safely across)* surcar, navegar por. ◊ *vi (in plane, ship)* dirigir, gobernar; *(in car)* guiar, dirigir.

navigation [ˌnævɪ'geɪʃn] *n* gobierno *m*.

navigator ['nævɪgeɪtəʳ] *n* oficial *m y f* de navegación, navegante *m y f*.

navvy ['nævɪ] *n Br inf* peón *m* caminero.

navy ['neɪvɪ] ◊ *n* armada *f*. ◊ *adj (in colour)* azul marino *(inv)*.

navy blue *adj* azul marino *(inv)*.

Nazi ['nɑːtsɪ] *(pl* **-s***)* ◊ *adj* nazi. ◊ *n* nazi *m y f*.

NB *(abbr of* **nota bene***)* N B.

near [nɪəʳ] ◊ *adj* **1.** *(close in distance, time)* cerca; **in the ~ future** en un futuro próximo. **2.** *(related)* cercano(na), próximo(ma). **3.** *(almost happened)*: **it was a ~ thing** poco le faltó. ◊ *adv* **1.** *(close in distance, time)* cerca; **nowhere ~** ni de lejos, ni mucho menos; **to draw** OR **come ~** acercarse. **2.** *(almost)* casi. ◊ *prep* **1.** *(close in position)*: ~ **(to)** cerca de. **2.** *(close in time)*: ~ **(to)** casi; **the end** casi al final; **~er the time** cuando se acerque la fecha. **3.** *(on the point of)*: ~ **(to)** al borde de. **4.** *(similar to)*: ~ **(to)** cerca de. ◊ *vt* acercarse OR aproximarse a. ◇ *vi* acercarse, aproximarse.

nearby ['nɪə'baɪ] ◇ *adj* cercano(na). ◇ *adv* cerca.

nearly ['nɪəlɪ] *adv* casi; **I ~ fell** por poco me caigo.

near miss *n* 1. *(nearly a hit)*: **to be a ~** fallar por poco. 2. *(nearly a collision)* incidente *m* aéreo (sin colisión).

nearside ['nɪəsaɪd] ◇ *adj (right-hand drive)* del lado izquierdo; *(left-hand drive)* del lado derecho. ◇ *n (right-hand drive)* lado *m* izquierdo; *(left-hand drive)* lado derecho.

nearsighted [‚nɪə'saɪtɪd] *adj Am* miope, corto(ta) de vista.

neat [niːt] *adj* 1. *(tidy, precise - gen)* pulcro(cra); *(- room, house)* arreglado (da); *(- handwriting)* esmerado (da). 2. *(smart)* arreglado(da), pulcro(cra). 3. *(skilful)* hábil. 4. *(undiluted)* solo(la). 5. *Am inf (very good)* buenísimo(ma), guay *Esp*.

neatly ['niːtlɪ] *adv* 1. *(tidily, smartly)* con pulcritud. 2. *(skilfully)* hábilmente.

nebulous ['nebjʊləs] *adj fml* nebuloso (sa).

necessarily [*Br* 'nesəsrəlɪ, ‚nesə'serəlɪ] *adv* necesariamente.

necessary ['nesəsrɪ] *adj* 1. *(required)* necesario(ria). 2. *(inevitable)* inevitable.

necessity [nɪ'sesətɪ] *n* necesidad *f*; **of ~** por fuerza, por necesidad. ◆ **necessities** *npl* artículos *mpl* de primera necesidad.

neck [nek] ◇ *n (of person)* cuello *m*; *(of animal)* pescuezo *m*, cuello. ◇ *vi inf* pegarse el lote.

necklace ['neklɪs] *n* collar *m*.

neckline ['neklaɪn] *n* escote *m*.

necktie ['nektaɪ] *n Am* corbata *f*.

nectarine ['nektərɪn] *n* nectarina *f*.

née [neɪ] *adj* de soltera.

need [niːd] ◇ *n*: **~ (for sthg/to do sthg)** necesidad *f* (de algo/de hacer algo); **to be in** OR **to have ~ of sthg** necesitar algo; **there's no ~ for you to cry** no hace falta que llores; **if ~ be** si hace falta; **in ~** necesitado(da). ◇ *vt* 1. *(require)* necesitar; **I ~ a haircut** me hace falta un corte de pelo. 2. *(be obliged)*: **to ~ to do sthg** tener que hacer algo. ◇ *modal vb*: **to ~ to do sthg** necesitar hacer algo; **~ we go?** ¿tenemos que irnos?; **it ~ not happen** no tiene por qué ser así.

needle ['niːdl] ◇ *n* aguja *f*. ◇ *vt inf* pinchar.

needless ['niːdlɪs] *adj* innecesario(ria); **~ to say ...** está de más decir que ...

needlework ['niːdlwɜːk] *n* 1. *(embroidery)* bordado *m*. 2. *(U) (activity)* costura *f*.

needn't ['niːdnt] = **need not**.

needy ['niːdɪ] *adj* necesitado(da).

negative ['negətɪv] ◇ *adj* negativo(va). ◇ *n* 1. (PHOT) negativo *m*. 2. (LING) negación *f*; **to answer in the ~** decir que no.

neglect [nɪ'glekt] ◇ *n (of garden, work)* descuido *m*; *(of duty)* incumplimiento *m*; **a state of ~** un estado de abandono. ◇ *vt* 1. *(ignore)* desatender. 2. *(duty, work)* no cumplir con; **to ~ to do sthg** dejar de hacer algo.

neglectful [nɪ'glektfʊl] *adj* descuidado (da), negligente.

negligee ['neglɪʒeɪ] *n* salto *m* de cama.

negligence ['neglɪdʒəns] *n* negligencia *f*.

negligible ['neglɪdʒəbl] *adj* insignificante.

negotiate [nɪ'gəʊʃɪeɪt] ◇ *vt* 1. *(obtain through negotiation)* negociar. 2. *(obstacle)* salvar, franquear; *(hill)* superar; *(bend)* tomar. ◇ *vi*: **to ~ (with sb for sthg)** negociar (con alguien algo).

negotiation [nɪ‚gəʊʃɪ'eɪʃn] *n* negociación *f*. ◆ **negotiations** *npl* negociaciones *fpl*.

Negress ['niːgrɪs] *n* negra *f*.

Negro ['niːgrəʊ] *(pl -es)* ◇ *adj* negro (gra). ◇ *n* negro *m*, -gra *f*.

neigh [neɪ] *vi* relinchar.

neighbour *Br*, **neighbor** *Am* ['neɪbər] *n* vecino *m*, -na *f*.

neighbourhood *Br*, **neighborhood** *Am* ['neɪbəhʊd] *n* 1. *(of town)* barrio *m*, vecindad *f*. 2. *(approximate figure)*: **in the ~ of** alrededor de.

neighbouring *Br*, **neighboring** *Am* ['neɪbərɪŋ] *adj* vecino(na).

neighbourly *Br*, **neighborly** *Am* ['neɪbəlɪ] *adj* de buen vecino.

neither ['naɪðər, 'niːðər] ◇ *adv*: **I don't drink – me ~** no bebo – yo tampoco; **the food was ~ good nor bad** la comida no era ni buena ni mala; **to be ~ here nor there** no tener nada que ver. ◇ *pron* ninguno(na); **~ of us/them** ninguno de nosotros/ellos. ◇ *adj*: **~ cup is blue** ninguna de las dos tazas es azul. ◇ *conj*: **~ ... nor ...** ni ... ni ...; **she could ~ eat nor sleep** no podía ni comer ni dormir

neon ['niːɒn] *n* neón *m*.

neon light n lámpara f OR luz f de neón.

nephew ['nefju:] n sobrino m.

Neptune ['neptju:n] n Neptuno m.

nerve [nɜːv] n **1.** (ANAT) nervio m **2.** (courage) valor m; **to keep one's ~** mantener la calma, no perder los nervios; **to lose one's ~** echarse atrás, perder el valor. **3.** (cheek) cara f. **♦ nerves** npl nervios mpl; **to get on sb's ~s** sacar de quicio OR poner los nervios de punta a alguien

nerve-racking [-ˌrækɪŋ] adj crispante.

nervous ['nɜːvəs] adj **1.** (ANAT & PSYCHOLOGY) nervioso(sa). **2.** (apprehensive) inquieto(ta), aprensivo(va).

nervous breakdown n crisis f inv nerviosa.

nest [nest] ◇ n nido m; **wasps' ~** avispero m; **~ of tables** mesas fpl nido. ◇ vi anidar.

nest egg n ahorros mpl.

nestle ['nesl] vi (settle snugly - in chair) arrellanarse; (- in bed) acurrucarse.

net [net] ◇ adj (weight, price, loss) neto (ta). ◇ n red f. ◇ vt **1.** (catch) coger con red. **2.** (acquire) embolsarse.

Net [net] n (COMPUT): **the ~** la Red; **to surf the ~** navegar por la Red.

netball ['netbɔːl] n deporte parecido al baloncesto femenino.

net curtains npl visillos mpl.

Netherlands ['neðələndz] npl: **the ~** los Países Bajos.

net revenue n Am facturación f.

nett [net] adj = **net**.

netting ['netɪŋ] n red f, malla f.

nettle ['netl] n ortiga f.

network ['netwɜːk] ◇ n **1.** (gen & COMPUT) red f. **2.** (RADIO & TV) (station) cadena f. ◇ vt (COMPUT) conectar a la red.

neurosis [ˌnjʊəˈrəʊsɪs] (pl -ses [-siːz]) n neurosis f inv.

neurotic [ˌnjʊəˈrɒtɪk] ◇ adj neurótico (ca). ◇ n neurótico m, -ca f.

neuter ['njuːtər] ◇ adj neutro(tra). ◇ vt castrar.

neutral ['njuːtrəl] ◇ adj **1.** (gen) neutro (tra); (shoe cream) incoloro(ra). **2.** (non-allied) neutral. ◇ n (AUT) punto m muerto.

neutrality [njuːˈtrælɪtɪ] n neutralidad f.

neutralize, -ise ['njuːtrəlaɪz] vt neutralizar.

never ['nevər] adv **1.** (at no time) nunca, jamás; **~ ever** nunca jamás; **well I ~!** ¡vaya!, ¡caramba! **2.** inf (as negative) no;

you ~ did! ¡no (me digas)!

never-ending adj inacabable.

nevertheless [ˌnevəðəˈles] adv sin embargo, no obstante.

new [adj njuː, n njuːz] adj nuevo(va); (baby) recién nacido (recién nacida); **as good as ~** como nuevo. **♦ news** n (U) noticias fpl; **a piece of ~s** una noticia; **the ~s** las noticias; **that's ~s to me** me coge de nuevas.

newborn ['njuːbɔːn] adj recién nacido (recién nacida).

newcomer ['njuːˌkʌmər] n: **~ (to)** recién llegado m, recién llegada f (a).

newfangled [ˌnjuːˈfæŋgld] adj inf pej novedoso(sa).

new-found adj (gen) recién descubierto (recién descubierta); (friend) reciente.

newly ['njuːlɪ] adv recién.

newlyweds ['njuːlɪwedz] npl recién casados mpl.

new moon n luna f nueva.

news agency n agencia f de noticias.

newsagent Br ['njuːzeɪdʒənt], **newsdealer** Am ['njuːzdiːlər] n (person) vendedor m, -ra f de periódicos; **~'s (shop)** = quiosco m de periódicos.

newscaster ['njuːzkɑːstər] n presentador m, -ra f, locutor m, -ra f.

newsdealer Am = **newsagent**.

newsflash ['njuːzflæʃ] n flash m informativo, noticia f de última hora.

newsletter ['njuːzˌletər] n boletín m, hoja f informativa.

newspaper ['njuːzˌpeɪpər] n **1.** (publication, company) periódico m, diario m. **2.** (paper) papel m de periódico.

newsprint ['njuːzprɪnt] n papel m de periódico.

newsreader ['njuːzˌriːdər] n presentador m, -ra f, locutor m, -ra f.

newsreel ['njuːzriːl] n noticiario m cinematográfico.

newsstand ['njuːzstænd] n puesto m de periódicos

newt [njuːt] n tritón m.

new technology n nueva tecnología f.

new town n Br ciudad nueva construida por el gobierno.

New Year n Año m Nuevo; **Happy ~!** ¡Feliz Año Nuevo!

New Year's Day n día m de Año Nuevo.

New Year's Eve n Nochevieja f.

New York [-ˈjɔːk] n **1.** (city): **~ (City)** Nueva York. **2.** (state): **~ State** (el estado de) Nueva York.

New Zealand [-'zi:lənd] *n* Nueva Zelanda.

New Zealander [-'zi:ləndəʳ] *n* neozelandés *m*, -esa *f*

next [nekst] ◇ *adj* **1.** *(in time)* próximo (ma); **the ~ day** el día siguiente; **~ Tuesday/year** el martes/el año que viene; **~ week** la semana próxima OR que viene; **the ~ week** los próximos siete días **2.** *(in space - page etc)* siguiente; *(- room)* de al lado. ◇ *pron* el siguiente (la siguiente); **the day after ~** pasado mañana; **the week after ~** la semana que viene no, la otra. ◇ *adv* **1.** *(afterwards)* después. **2.** *(again)* de nuevo **3.** *(with superlatives):* **~ best/ biggest** *etc* el segundo mejor/más grande *etc*. ◇ *prep Am* al lado de, junto a. ◆ **next to** *prep* al lado de, junto a; **~ to nothing** casi nada.

next door *adv* (en la casa de) al lado. ◆ **next-door** *adj*: **next-door neighbour** vecino *m*, -na *f* de al lado

next of kin *n* pariente más cercano *m*, pariente más cercana *f*

NHS *n abbr of* **National Health Service**

NI ◇ *n abbr of* **National Insurance**. ◇ *abbr of* **Northern Ireland**.

nib [nɪb] *n* plumilla *f*.

nibble ['nɪbl] *vt* mordisquear.

Nicaragua [ˌnɪkə'rægjʊə] *n* Nicaragua.

Nicaraguan [ˌnɪkə'rægjʊən] ◇ *adj* nicaragüense. ◇ *n* nicaragüense *m* y *f*.

nice [naɪs] *adj* **1.** *(attractive)* bonito(ta); *(good)* bueno(na) **2.** *(kind)* amable; *(pleasant, friendly)* agradable, simpático(ca), dije *Amer*; **to be ~ to sb** ser agradable con alguien.

nice-looking [-'lʊkɪŋ] *adj* *(person)* guapo(pa); *(car, room)* bonito(ta).

nicely ['naɪslɪ] *adv* **1.** *(well, attractively)* bien. **2.** *(politely)* educadamente, con educación **3.** *(satisfactorily)* bien; **that will do ~** esto irá de perlas

niche [niːʃ] *n* **1.** *(in wall)* nicho *m*, hornacina *f*. **2.** *(in life)* buena posición *f*.

nick [nɪk] ◇ *n* **1.** *(cut)* cortecito *m*; *(notch)* muesca *f*. **2.** *phr*: **in the ~ of time** justo a tiempo. ◇ *vt* **1.** *(cut)* cortar; *(make notch in)* mellar. **2.** *Br inf* *(steal)* birlar.

nickel ['nɪkl] *n* **1.** *(metal)* níquel *m*. **2.** *Am (coin)* moneda *f* de cinco centavos.

nickname ['nɪkneɪm] ◇ *n* apodo *m*. ◇ *vt* apodar.

nicotine ['nɪkətiːn] *n* nicotina *f*.

niece [niːs] *n* sobrina *f*.

Nigeria [naɪ'dʒɪərɪə] *n* Nigeria

Nigerian [naɪ'dʒɪərɪən] ◇ *adj* nigeriano (na). ◇ *n* nigeriano *m*, -na *f*.

niggle ['nɪgl] *vt Br* **1.** *(worry)* inquietar. **2.** *(criticize)* meterse con, criticar.

night [naɪt] *n* noche *f*; *(evening)* tarde *f*; **last ~** anoche, ayer por la noche; **at ~** por la noche, de noche; **to have an early/a late ~** irse a dormir pronto/ tarde. ◆ **nights** *adv* **1.** *Am (at night)* por las noches. **2.** *Br (nightshift):* **to work ~s** hacer el turno de noche.

nightcap ['naɪtkæp] *n* *(drink) bebida que se toma antes de ir a dormir.*

nightclub ['naɪtklʌb] *n* club *m* nocturno.

nightdress ['naɪtdres] *n* camisón *m*.

nightfall ['naɪtfɔːl] *n* anochecer *m*

nightgown ['naɪtgaʊn] *n* camisón *m*.

nightie ['naɪtɪ] *n inf* camisón *m*.

nightingale ['naɪtɪŋgeɪl] *n* ruiseñor *m*.

nightlife ['naɪtlaɪf] *n* vida *f* nocturna.

nightly ['naɪtlɪ] ◇ *adj* nocturno(na), de cada noche. ◇ *adv* cada noche.

nightmare ['naɪtmeəʳ] *n lit & fig* pesadilla *f*.

night porter *n* recepcionista *m* y *f* del turno de noche.

night school *n (U)* escuela *f* nocturna.

night shift *n* turno *m* de noche.

nightshirt ['naɪtʃɜːt] *n* camisa *f* de dormir (masculina).

nighttime ['naɪttaɪm] *n* noche *f*.

nil [nɪl] *n* **1.** *(nothing)* nada *f*. **2.** *Br* (SPORT) cero *m*.

Nile [naɪl] *n*: **the ~** el Nilo.

nimble ['nɪmbl] *adj* **1.** *(person, fingers)* ágil. **2.** *(mind)* rápido(da).

nine [naɪn] *num* nueve; *see also* **six**.

nineteen [ˌnaɪn'tiːn] *num* diecinueve; *see also* **six**.

ninety ['naɪntɪ] *num* noventa; *see also* **sixty**.

ninth [naɪnθ] *num* noveno(na); *see also* **sixth**.

nip [nɪp] ◇ *n* *(of drink)* trago *m*. ◇ *vt* *(pinch)* pellizcar; *(bite)* mordisquear.

nipple ['nɪpl] *n* **1.** *(of woman)* pezón *m*. **2.** *(of baby's bottle, man)* tetilla *f*.

nit [nɪt] *n* *(in hair)* liendre *f*.

nitpicking ['nɪtpɪkɪŋ] *n (U) inf* nimiedades *fpl*.

nitrogen ['naɪtrədʒən] *n* nitrógeno *m*.

nitty-gritty [ˌnɪtɪ'grɪtɪ] *n inf*: **to get down to the ~** ir al grano.

no [nəʊ] *(pl* **-es**) ◇ *adv (gen)* no; **you're ~ better than me** tú no eres mejor que yo. ◇ *adj* no; **I have ~ time** no tengo tiempo; **that's ~ excuse** esa no es excusa que valga; **there are ~ taxis** no hay taxis; **he's ~ fool** no es ningún tonto; **she's ~ friend of mine** no es amiga mía; **'~ smoking/parking/cameras'** 'prohibido fumar/aparcar/hacer fotos'. ◇ *n* no *m*; **he/she won't take ~ for an answer** no acepta una respuesta negativa.

No., no. (*abbr of* **number**) n.º

nobility [nə'bɪlətɪ] *n* nobleza *f*.

noble ['nəubl] ◇ *adj* noble. ◇ *n* noble *m y f*.

nobody ['nəubədɪ] ◇ *pron* nadie ◇ *n pej* don nadie *m*

nocturnal [nɒk'tɜ:nl] *adj* nocturno (na).

nod [nɒd] ◇ *vt*: **to ~ one's head** (*in agreement*) asentir con la cabeza; (*as greeting*) saludar con la cabeza. ◇ *vi* **1.** (*in agreement*) asentir con la cabeza. **2.** (*to indicate sthg*) indicar con la cabeza. **3.** (*as greeting*) saludar con la cabeza. ◆ **nod off** *vi* dar cabezadas.

noise [nɔɪz] *n* ruido *m*; **to make a ~** armar OR hacer ruido.

noisy ['nɔɪzɪ] *adj* ruidoso(sa).

no-man's-land *n* tierra *f* de nadie.

nominal ['nɒmɪnl] *adj* nominal

nominate ['nɒmɪneɪt] *vt* **1.** (*propose*): **to ~ sb** (**for** OR **as**) proponer a alguien (por OR como). **2.** (*appoint*): **to ~ sb** (**to sthg**) nombrar a alguien (algo).

nomination [,nɒmɪ'neɪʃn] *n* **1.** (*proposal*) nominación *f*. **2.** (*appointment*): **~ (to sthg)** nombramiento *m* (a algo).

nominee [,nɒmɪ'ni:] *n* nominado *m*, -da *f*.

non- [nɒn] *prefix* no.

nonalcoholic [,nɒnælkə'hɒlɪk] *adj* sin alcohol.

nonaligned [,nɒnə'laɪnd] *adj* no alineado(da).

nonchalant [*Br* 'nɒnʃələnt, *Am* ,nɒnʃə'lɑ:nt] *adj* despreocupado(da).

noncommittal [,nɒnkə'mɪtl] *adj* que no compromete a nada, evasivo(va).

nonconformist [,nɒnkən'fɔ:mɪst] ◇ *adj* inconformista. ◇ *n* inconformista *m y f*.

nondescript [*Br* 'nɒndɪskrɪpt, *Am* ,nɒndɪ'skrɪpt] *adj* anodino(na), soso(sa).

none [nʌn] ◇ *pron* **1.** (*not any*) nada; **there is ~ left** no queda nada; **it's ~ of your business** no es asunto tuyo. **2.** (*not one - object, person*) ninguno (na); **~ of us/the books** ninguno de nosotros/de los libros; **I had ~** no tenía ninguno. ◇ *adv*: **I'm ~ the worse/better** no me ha perjudicado/

ayudado en nada; **I'm ~ the wiser** no he entendido nada. ◆ **none too** *adv* no demasiado.

nonentity [nɒ'nentətɪ] *n* cero *m* a la izquierda.

nonetheless [,nʌnðə'les] *adv* sin embargo, no obstante.

non-event *n* fracaso *m*.

nonexistent [,nɒnɪg'zɪstənt] *adj* inexistente.

nonfiction [,nɒn'fɪkʃn] *n* no ficción *f*.

no-nonsense *adj* práctico(ca).

nonpayment [,nɒn'peɪmənt] *n* impago *m*.

nonplussed, nonplused *Am* [,nɒn-'plʌst] *adj* perplejo(ja).

nonreturnable [,nɒnrɪ'tɜ:nəbl] *adj* no retornable, sin retorno.

nonsense ['nɒnsəns] ◇ *n* (*U*) **1.** (*gen*) tonterías *fpl*, bobadas *fpl*; **it is ~ to suggest that ...** es absurdo sugerir que ...; **to make (a) ~ of sthg** dar al traste con algo **2.** (*incomprehensible words*) galimatías *m inv*. ◇ *excl* ¡tonterías!

nonsensical [nɒn'sensɪkl] *adj* disparatado(da), absurdo(da).

nonsmoker [,nɒn'sməukəʳ] *n* no fumador *m*, no fumadora *f*.

nonstick [,nɒn'stɪk] *adj* antiadherente.

nonstop [,nɒn'stɒp] ◇ *adj* (*activity, rain*) continuo(nua), incesante; (*flight*) sin escalas. ◇ *adv* sin parar.

noodles ['nu:dlz] *npl* fideos *mpl*

nook [nuk] *n* (*of room*): **every ~ and cranny** todos los recovecos.

noon [nu:n] *n* mediodía *m*.

no one *pron* = **nobody**.

noose [nu:s] *n* (*loop*) nudo *m* corredizo; (*for hanging*) soga *f*.

no-place *Am* = **nowhere**.

nor [nɔ:ʳ] *conj* **1.** → **neither**. **2.** (*and not*) ni; **I don't smoke ~ ~ do I** no fumo – yo tampoco; **I don't know, ~ do I care** ni lo sé, ni me importa.

norm [nɔ:m] *n* norma *f*; **the ~** lo normal.

normal ['nɔ:ml] *adj* normal.

normality [nɔ:'mælɪtɪ], **normalcy** *Am* ['nɔ:mlsɪ] *n* normalidad *f*

normally ['nɔ:məlɪ] *adv* normalmente.

north [nɔ:θ] ◇ *n* **1.** (*direction*) norte *m*. **2.** (*region*): **the North** el norte. ◇ *adj* del norte; **North London** el norte de Londres. ◇ *adv*: **~ (of)** al norte (de).

North Africa *n* África del Norte.

North America *n* Norteamérica.

North American ◇ *adj* norteamericano(na). ◇ *n* norteamericano *m*, -na *f*.

northeast [ˌnɔːθˈiːst] ◇ *n* **1.** *(direction)* nordeste *m*. **2.** *(region)*: **the Northeast** el nordeste. ◇ *adj* del nordeste. ◇ *adv*: ~ **(of)** al nordeste (de).

northerly [ˈnɔːðəlɪ] *adj* del norte.

northern [ˈnɔːðən] *adj* del norte, norteño(ña).

Northern Ireland *n* Irlanda del Norte.

northernmost [ˈnɔːðənməʊst] *adj* más septentrional OR al norte.

North Korea *n* Corea del Norte.

North Pole *n*: **the** ~ el Polo Norte.

North Sea *n*: **the** ~ el Mar del Norte

northward [ˈnɔːθwəd] ◇ *adj* hacia el norte. ◇ *adv* = **northwards**

northwards [ˈnɔːθwədz] *adv* hacia el norte.

northwest [ˌnɔːθˈwest] ◇ *n* **1.** *(direction)* noroeste *m* **2.** *(region)*: **the Northwest** el noroeste. ◇ *adj* del noroeste ◇ *adv*: ~ **(of)** al noroeste (de).

Norway [ˈnɔːweɪ] *n* Noruega.

Norwegian [nɔːˈwiːdʒən] ◇ *adj* noruego(ga). ◇ *n* **1.** *(person)* noruego *m*, -ga *f*. **2.** *(language)* noruego *m*.

nose [nəʊz] *n* (*of person*) nariz *f*; (*of animal*) hocico *m*; (*of plane, car*) morro *m*; **to keep one's** ~ **out of sthg** no meter las narices en algo; **to look down one's** ~ **at sb/sthg** mirar por encima del hombro a alguien/algo; **to poke** OR **stick one's** ~ **in** *inf* meter las narices; **to turn up one's** ~ **at sthg** hacerle ascos a algo. ◆ **nose about, nose around** *vi* curiosear.

nosebleed [ˈnəʊzbliːd] *n* hemorragia *f* nasal.

nosedive [ˈnəʊzdaɪv] ◇ *n* (*of plane*) picado *m*. ◇ *vi lit & fig* bajar en picado.

nosey [ˈnəʊzɪ] = **nosy**.

nostalgia [nɒˈstældʒə] *n*: ~ **(for)** nostalgia *f* (de).

nostril [ˈnɒstrəl] *n* ventana *f* de la nariz.

nosy [ˈnəʊzɪ] *adj* fisgón(ona), curioso(sa).

not [nɒt] *adv* no; **this is** ~ **the first time** no es la primera vez; **it's green, isn't it?** es verde, ¿no?; **I hope/think** ~ espero/creo que no; ~ **a chance** de ninguna manera; ~ **even a ...** ni siquiera un (una) ...; ~ **all** OR **every** no todos(das); ~ **always** no siempre; ~ **that ...** no es que ...; ~ **at all** *(no)* en absoluto; *(to acknowledge thanks)* de nada.

notable [ˈnəʊtəbl] *adj* notable; **to be** ~ **for sthg** destacar por algo.

notably [ˈnəʊtəblɪ] *adv* **1.** *(in particular)* especialmente. **2.** *(noticeably)* marcadamente

notary [ˈnəʊtərɪ] *n*: ~ **(public)** notario *m*, -ria *f*.

notch [nɒtʃ] *n* (*cut*) muesca *f*.

note [nəʊt] ◇ *n* **1.** *(gen)* nota *f*; **to take** ~ **of sthg** tener algo presente. **2.** *(paper money)* billete *m*. **3.** *(tone)* tono *m*. ◇ *vt* **1.** *(observe)* notar **2.** *(mention)* mencionar ◆ **notes** *npl* *(written record)* apuntes *mpl*; *(in book)* notas *fpl*; **to take** ~**s** tomar apuntes ◆ **note down** *vt sep* anotar, apuntar

notebook [ˈnəʊtbʊk] *n* **1.** *(for taking notes)* libreta *f*, cuaderno *m* **2.** (COMPUT): ~ **(computer)** ordenador *m* portátil.

noted [ˈnəʊtɪd] *adj* destacado(da); **to be** ~ **for** distinguirse por.

notepad [ˈnəʊtpæd] *n* bloc *m* de notas

notepaper [ˈnəʊtpeɪpə*r*] *n* papel *m* de escribir OR de cartas

noteworthy [ˈnəʊtˌwɜːðɪ] *adj* digno(na) de mención.

nothing [ˈnʌθɪŋ] ◇ *pron* nada; **I've got** ~ **to do** no tengo nada que hacer; **for** ~ *(free)* gratis; *(for no purpose)* en vano, en balde; **he's** ~ **if not generous** otra cosa no será pero desde luego generoso sí que es; ~ **but** tan sólo; **there's** ~ **for it (but to do sthg)** *Br* no hay más remedio (que hacer algo) ◇ *adv*: **to be** ~ **like sb/sthg** no parecerse en nada a alguien/algo; **I'm** ~ **like finished** no he terminado ni mucho menos.

notice [ˈnəʊtɪs] ◇ *n* **1.** *(on wall, door)* letrero *m*, cartel *m*; *(in newspaper)* anuncio *m*. **2.** *(attention)* atención *f*; **to take** ~ **(of)** hacer caso (de), prestar atención (a). **3.** *(warning)* aviso *m*; **at short** ~ casi sin previo aviso; **until further** ~ hasta nuevo aviso. **4.** *(at work)*: **to be given one's** ~ ser despedido(da); **to hand in one's** ~ presentar la dimisión ◇ *vt* *(sense, smell)* notar; *(see)* fijarse en, ver; **to** ~ **sb doing sthg** fijarse en alguien que está haciendo algo.

noticeable [ˈnəʊtɪsəbl] *adj* notable

notice board *n* tablón *m* de anuncios.

notify [ˈnəʊtɪfaɪ] *vt*: **to** ~ **sb (of sthg)** notificar OR comunicar (algo) a alguien

notion [ˈnəʊʃn] *n* noción *f*. ◆ **notions** *npl Am* artículos *mpl* de mercería.

notorious [nəʊˈtɔːrɪəs] *adj* notorio (ria), célebre

notwithstanding [ˌnɒtwɪθˈstændɪŋ] *fml* ◇ *prep* a pesar de. ◇ *adv* sin embargo.

nougat [ˈnuːgɑː] *n* dulce hecho a base de nueces y frutas

nought [nɔːt] *num* cero.

noun [naʊn] *n* nombre *m*, sustantivo *m*.

nourish [ˈnʌrɪʃ] *vt* 1. *(feed)* nutrir. 2. *(entertain)* alimentar, albergar.

nourishing [ˈnʌrɪʃɪŋ] *adj* nutritivo (va).

nourishment [ˈnʌrɪʃmənt] *n* alimento *m*, sustento *m*.

novel [ˈnɒvl] ◇ *adj* original. ◇ *n* novela *f*.

novelist [ˈnɒvəlɪst] *n* novelista *m y f*.

novelty [ˈnɒvltɪ] *n* 1. *(gen)* novedad *f*. 2. *(cheap object)* baratija *f* (poco útil).

November [nəˈvembəʳ] *n* noviembre *m*; *see also* **September**.

novice [ˈnɒvɪs] *n* 1. *(inexperienced person)* principiante *m y f*. 2. (RELIG) novicio *m*, -cia *f*

now [naʊ] ◇ *adv* 1. *(at this time, at once)* ahora; **do it ~** hazlo ahora; **he's been away for two weeks ~** lleva dos semanas fuera; **any day ~** cualquier día de éstos; **any time ~** en cualquier momento; **for ~** por ahora, por el momento; **~ and then** OR **again** de vez en cuando. 2. *(at a particular time in the past)* entonces. 3. *(to introduce statement)* vamos a ver. ◇ *conj*: **~ (that)** ahora que, ya que; **from ~ on** a partir de ahora; **they should be here by ~** ya deberían estar aquí; **up until ~** hasta ahora.

nowadays [ˈnaʊədeɪz] *adv* hoy en día, actualmente.

nowhere Br [ˈnəʊweəʳ], **no-place** Am *adv* en ninguna parte; **~ else** en ninguna otra parte; **to be getting ~** no estar avanzando nada, no ir a ninguna parte; **(to be) ~ near (as ... as ...)** (no ser) ni mucho menos (tan ... como ...).

nozzle [ˈnɒzl] *n* boquilla *f*.

nuance [ˈnjuːɑːns] *n* matiz *m*.

nuclear [ˈnjuːklɪəʳ] *adj* nuclear.

nuclear bomb *n* bomba *f* atómica.

nuclear disarmament *n* desarme *m* nuclear

nuclear energy *n* energía *f* nuclear.

nuclear power *n* energía *f* nuclear.

nuclear reactor *n* reactor *m* nuclear.

nucleus [ˈnjuːklɪəs] *(pl* **-lei** [-lɪaɪ]*)* *n* *lit & fig* núcleo *m*.

nude [njuːd] ◇ *adj* desnudo(da). ◇ *n* (ART) desnudo *m*; **in the ~** desnudo (da), en cueros.

nudge [nʌdʒ] *vt (with elbow)* dar un codazo a.

nudist [ˈnjuːdɪst] *n* nudista *m y f*

nudity [ˈnjuːdətɪ] *n* desnudez *f*

nugget [ˈnʌgɪt] *n (of gold)* pepita *f*.

nuisance [ˈnjuːsns] *n (thing)* fastidio *m*, molestia *f*; *(person)* pesado *m*; **to make a ~ of o.s.** dar la lata.

nuke [njuːk] *inf* ◇ *n* bomba *f* atómica. ◇ *vt* atacar con arma nuclear.

null [nʌl] *adj*: **~ and void** nulo(la) y sin efecto.

numb [nʌm] ◇ *adj (gen)* entumecido (da); *(leg, hand)* dormido(da); **to be ~ with cold** estar helado(da) de frío; **to be ~ with fear** estar paralizado(da) de miedo. ◇ *vt* entumecer.

number [ˈnʌmbəʳ] ◇ *n* 1. *(gen)* número *m*; **a ~ of** varios(rias); **any ~ of** la mar de. 2. *(of car)* matrícula *f*. ◇ *vt* 1. *(amount to)* ascender a. 2. *(give a number to)* numerar. 3. *(include)*: **to be ~ed among** figurar entre.

number one ◇ *adj* principal, número uno. ◇ *n inf (oneself)* uno mismo (una misma).

numberplate [ˈnʌmbəpleɪt] *n* matrícula *f* (de vehículo).

Number Ten *n* el número 10 de *Downing Street, residencia oficial del primer ministro británico.*

numeral [ˈnjuːmərəl] *n* número *m*, cifra *f*.

numerate [ˈnjuːmərət] *adj* Br competente en aritmética.

numerical [njuːˈmerɪkl] *adj* numérico (ca).

numerous [ˈnjuːmərəs] *adj* numeroso (sa).

nun [nʌn] *n* monja *f*.

nurse [nɜːs] ◇ *n* (MED) enfermero *m*, -ra *f*; *(nanny)* niñera *f*. ◇ *vt* 1. *(care for)* cuidar, atender. 2. *(try to cure - a cold)* curarse. 3. *(nourish)* abrigar 4. *(subj: mother)* amamantar.

nursery [ˈnɜːsərɪ] *n* 1. *(at home)* cuarto de los niños; *(away from home)* guardería *f*. 2. *(for plants)* semillero *m*, vivero *m*.

nursery rhyme *n* poema *m* OR canción *f* infantil.

nursery school *n* parvulario *m*.

nursery slopes *npl* pista *f* para principiantes.

nursing ['nɜːsɪŋ] *n (profession)* profesión *f* de enfermero; *(of patient)* asistencia *f*, cuidado m.

nursing home *n (for old people)* clínica *f* de reposo (privada); *(for childbirth)* clínica *f* (privada) de maternidad.

nurture ['nɜːtʃərʳ] *vt* 1. *(child, plant)* criar. 2. *(plan, feelings)* alimentar.

nut [nʌt] *n* 1. *(to eat)* nuez *f*. 2. *(of metal)* tuerca *f*. 3. *inf (mad person)* chiflado m, -da *f*. ♦ **nuts** *inf* ♦ *adj*: **to be ~s** estar chalado(da). ♦ *excl Am* ¡maldita sea!

nutcrackers ['nʌt,krækəz] *npl* cascanueces *m inv*.

nutmeg ['nʌtmeg] *n* nuez *f* moscada.

nutritious [njuːˈtrɪʃəs] *adj* nutritivo (va).

nutshell ['nʌtʃel] *n*: **in a ~** en una palabra.

nuzzle ['nʌzl] ♦ *vt* rozar con el hocico. ♦ *vi*: **to ~ (up) against** arrimarse a.

nylon ['naɪlɒn] ♦ *n* nylon m. ♦ *comp* de nylon.

O

o *(pl* o's OR os), **O** *(pl* O's OR Os) [əʊ] *n* 1. *(letter)* o *f*, O *f*. 2. *(zero)* cero m.

oak [əʊk] ♦ *n* roble m ♦ *comp* de roble.

OAP *n abbr of* **old age pensioner**.

oar [ɔːʳ] *n* remo m.

oasis [əʊˈeɪsɪs] *(pl* oases [əʊˈeɪsiːz]) *n lit & fig* oasis *m inv*.

oatcake ['əʊtkeɪk] *n* galleta *f* de avena.

oath [əʊθ] *n* 1. *(promise)* juramento m; **on** OR **under ~** bajo juramento. 2. *(swearword)* palabrota *f*.

oatmeal ['əʊtmiːl] *n* harina *f* de avena

oats [əʊts] *npl (grain)* avena *f*.

obedience [əˈbiːdjəns] *n*: **~ (to sb)** obediencia *f* (a alguien).

obedient [əˈbiːdjənt] *adj* obediente.

obese [əʊˈbiːs] *adj fml* obeso(sa).

obey [əˈbeɪ] *vt & vi* obedecer.

obituary [əˈbɪtʃʊərɪ] *n* nota *f* necrológica, necrología *f*.

object [*n* 'ɒbdʒɪkt, *vb* əbˈdʒekt] ♦ *n* 1. *(gen)* objeto m 2. *(aim)* objeto m, propósito m. 3. (GRAMM) complemen-

to m. ♦ *vt* objetar. ♦ *vi*: **to ~ (to sthg/to doing sthg)** oponerse (a algo/a hacer algo).

objection [əbˈdʒekʃn] *n* objeción *f*, reparo m; **to have no ~ (to sthg/to doing sthg)** no tener inconveniente (en algo/en hacer algo).

objectionable [əbˈdʒekʃənəbl] *adj (person)* desagradable; *(behaviour)* censurable.

objective [əbˈdʒektɪv] ♦ *adj* objetivo (va). ♦ *n* objetivo m

obligation [,ɒblɪˈgeɪʃn] *n* 1. *(compulsion)* obligación *f*; **to be under an ~ to do sthg** tener la obligación de hacer algo. 2. *(duty)* deber m

obligatory [əˈblɪgətrɪ] *adj* obligatorio (ria).

oblige [əˈblaɪdʒ] *vt* 1. *(force)*: **to ~ sb to do sthg** obligar a alguien a hacer algo. 2. *fml (do a favour to)* hacer un favor a.

obliging [əˈblaɪdʒɪŋ] *adj* servicial, atento(ta).

oblique [əˈbliːk] ♦ *adj* 1. *(indirect - reference)* indirecto(ta). 2. *(slanting)* oblicuo(cua). ♦ *n* (TYPO) barra *f*.

obliterate [əˈblɪtəreɪt] *vt* arrasar.

oblivion [əˈblɪvɪən] *n* olvido m.

oblivious [əˈblɪvɪəs] *adj* inconsciente; **to be ~ to** OR **of sthg** no ser consciente de algo

oblong ['ɒblɒŋ] ♦ *adj* rectangular, oblongo(ga). ♦ *n* rectángulo m.

obnoxious [əbˈnɒkʃəs] *adj* detestable.

oboe ['əʊbəʊ] *n* oboe m.

obscene [əbˈsiːn] *adj* obsceno(na).

obscure [əbˈskjʊəʳ] ♦ *adj lit & fig* oscuro(ra). ♦ *vt* 1. *(make difficult to understand)* oscurecer. 2. *(hide)* esconder.

obsequious [əbˈsiːkwɪəs] *adj fml & pej* servil.

observance [əbˈzɜːvəns] *n* observancia *f*, cumplimiento m.

observant [əbˈzɜːvnt] *adj* observador (ra)

observation [,ɒbzəˈveɪʃn] *n* 1. *(by police)* vigilancia *f*; *(by doctor)* observación *f*. 2. *(comment)* comentario m.

observatory [əbˈzɜːvətrɪ] *n* observatorio m.

observe [əbˈzɜːv] *vt* 1. *(gen)* observar. 2. *(obey)* cumplir con, observar.

observer [əbˈzɜːvəʳ] *n* observador m, -ra *f*

obsess [əbˈses] *vt* obsesionar; **to be ~ed by** OR **with** estar obsesionado con.

obsessive [əbˈsesɪv] *adj* obsesivo(va).

obsolescent [,ɒbsə'lesnt] *adj* obsolescente.

obsolete ['ɒbsəliːt] *adj* obsoleto(ta).

obstacle ['ɒbstəkl] *n* **1.** *(object)* obstáculo *m*. **2.** *(difficulty)* estorbo *m*

obstetrics [ɒb'stetrɪks] *n* obstetricia *f*.

obstinate ['ɒbstənət] *adj* **1.** *(stubborn)* obstinado(da), terco(ca). **2.** *(persistent)* tenaz.

obstruct [əb'strʌkt] *vt* **1.** *(block)* obstruir, bloquear. **2.** *(hinder)* estorbar.

obstruction [əb'strʌkʃn] *n* *(gen)* obstrucción *f*; *(in road)* obstáculo *m*.

obtain [əb'teɪn] *vt* obtener, conseguir.

obtainable [əb'teɪnəbl] *adj* que se puede conseguir, asequible.

obtrusive [əb'truːsɪv] *adj* *(smell)* penetrante; *(colour)* chillón(ona); *(person)* entrometido(da).

obtuse [əb'tjuːs] *adj lit & fig* obtuso (sa).

obvious ['ɒbvɪəs] *adj* obvio(via), evidente.

obviously ['ɒbvɪəslɪ] *adv* **1.** *(of course)* evidentemente, obviamente; **~ not** claro que no. **2.** *(clearly)* claramente.

occasion [ə'keɪʒn] *n* **1.** *(time)* vez *f*, ocasión *f*; **on one ~** una vez, en una ocasión; **on several ~s** varias veces, en varias ocasiones. **2.** *(important event)* acontecimiento *m*; **to rise to the ~** ponerse a la altura de las circunstancias. **3.** *fml (opportunity)* ocasión *f*.

occasional [ə'keɪʒənl] *adj* *(trip, drink)* poco frecuente, esporádico(ca); *(showers)* ocasional.

occasionally [ə'keɪʒnəlɪ] *adv* de vez en cuando.

occult [ɒ'kʌlt] *adj* oculto(ta).

occupant ['ɒkjʊpənt] *n* **1.** *(of building, room)* inquilino *m*, -na *f*. **2.** *(of chair, vehicle)* ocupante *m y f*.

occupation [,ɒkjʊ'peɪʃn] *n* **1.** *(job)* empleo *m*, ocupación *f*. **2.** *(pastime)* pasatiempo *m*. **3.** (MIL) *(of country, building)* ocupación *f*.

occupational hazard [ɒkjʊ,peɪʃənl-] *n*: **~s** gajes *mpl* del oficio.

occupational therapy [ɒkjʊ,peɪʃnl-] *n* terapia *f* ocupacional.

occupier ['ɒkjʊpaɪəʳ] *n* inquilino *m*, -na *f*

occupy ['ɒkjʊpaɪ] *vt* **1.** *(gen)* ocupar. **2.** *(live in)* habitar. **3.** *(entertain)*: **to ~ o.s.** entretenerse.

occur [ə'kɜːʳ] *vi* **1.** *(happen)* ocurrir, suceder. **2.** *(be present)* encontrarse. **3.** *(thought, idea)*: **to ~ to sb** ocurrírsele a alguien.

occurrence [ə'kʌrəns] *n* *(event)* acontecimiento *m*.

ocean ['əʊʃn] *n* océano *m*; *Am (sea)* mar *m o f*.

oceangoing ['əʊʃn,gəʊɪŋ] *adj* de alta mar.

ochre *Br*, **ocher** *Am* ['əʊkəʳ] *adj* ocre.

o'clock [ə'klɒk] *adv*: **it's one ~** es la una; **it's two/three ~** son las dos/las tres; **at one/two ~** a la una/las dos.

octave ['ɒktɪv] *n* octava *f*.

October [ɒk'təʊbəʳ] *n* octubre *m*; *see also* **September**.

octopus ['ɒktəpəs] (*pl* **-puses** OR **-pi** [-paɪ]) *n* pulpo *m*.

OD 1. *abbr of* **overdose**. **2.** *abbr of* **overdrawn**.

odd [ɒd] *adj* **1.** *(strange)* raro(ra), extraño(ña). **2.** *(not part of pair)* sin pareja **3.** *(number)* impar. **4.** *inf (leftover)* sobrante. **5.** *inf (occasional)*: **I play the ~ game** juego alguna que otra vez. **6.** *inf (approximately)*: **30 ~ years** 30 y tantos OR y pico años. ♦ **odds** *npl* **1.** **the ~s** *(probability)* las probabilidades; *(in betting)* las apuestas; **the ~s are that ...** lo más probable es que ...; **against all ~s** contra viento y marea. **2.** *(bits)*: **~s and ends** chismes *mpl*, cosillas *fpl*. **3.** *phr*: **to be at ~s with sb** estar reñido con alguien.

oddity ['ɒdɪtɪ] (*pl* **-ies**) *n* rareza *f*.

odd jobs *npl* chapuzas *fpl*.

oddly ['ɒdlɪ] *adv* extrañamente; **~ enough** aunque parezca mentira.

oddments ['ɒdmənts] *npl* retales *mpl*.

odds-on ['ɒdz-] *adj inf*: **the ~ favourite** el favorito indiscutible.

odometer [əʊ'dɒmɪtəʳ] *n* cuentakilómetros *m inv*.

odour *Br*, **odor** *Am* ['əʊdəʳ] *n* *(gen)* olor *m*; *(of perfume)* fragancia *f*.

of [*unstressed* əv, *stressed* ɒv] *prep* **1.** *(gen)* de; **the cover ~ a book** la portada de un libro; **both ~ us** nosotros dos; **to die ~ sthg** morir de algo. **2.** *(expressing quantity, referring to container)* de; **thousands ~ people** miles de personas; **a cup ~ coffee** una taza de café. **3.** *(indicating amount, age, time)* de; **a child ~ five** un niño de cinco (años); **an increase ~ 6%** un incremento del 6%; **the 12th ~ February** el 12 de febrero. **4.** *(made from)* de; **a dress ~ silk** un vestido de seda. **5.** *(with emotions, opinions)*: **fear ~ ghosts** miedo a los fantasmas; **love ~ good food** amor por la buena mesa; **it was very kind ~ you** fue muy amable de OR por tu parte.

off [ɒf] ◇ *adv* **1.** *(away)*: to drive ~ alejarse conduciendo; **to turn ~ (the road)** salir de la carretera; **I'm ~!** ¡me voy! **2.** *(at a distance - in time)*: it's two days ~ quedan dos días; that's a long time ~ aún queda mucho para eso; *(- in space)*: it's ten miles ~ está a diez millas; far ~ lejos. **3.** *(so as to remove)*: to take ~ *(gen)* quitar; *(one's clothes)* quitarse; to cut ~ cortar; could you help me ~ with my coat? ¿me ayudas a quitarme el abrigo? **4.** *(so as to complete)*: to finish ~ terminar, acabar; to kill ~ rematar. **5.** *(not at work)* libre, de vacaciones; a day ~ un día libre; time ~ tiempo *m* libre. **6.** *(so as to separate)*: to fence ~ vallar; to wall ~ tapiar. **7.** *(discounted)*: £10 ~ 10 libras de descuento. **8.** *(having money)*: to be well/badly ~ andar bien/mal de dinero. ◇ *prep* **1.** *(away from)*: to get ~ sthg bajarse de algo; to keep ~ sthg mantenerse alejado de algo; 'keep ~ the grass' 'prohibido pisar el césped'. **2.** *(close to)*: just ~ the coast cerca de la costa; it's ~ Oxford Street está al lado de Oxford Street. **3.** *(removed from)*: to cut a slice ~ sthg cortar un pedazo de algo; take your hands ~ me! ¡quítame las manos de encima! **4.** *(not attending)*: to be ~ work/duty no estar trabajando/de servicio. **5.** *inf (no longer liking)*: she's ~ coffee/her food no le apetece café/comer. **6.** *(deducted from)*: there's 10% ~ the price hay un 10% de rebaja sobre el precio. **7.** *inf (from)*: I bought it ~ him se lo compré a él. ◇ *adj* **1.** *(gone bad - meat, cheese)* pasado(da), estropeado(da); *(- milk)* cortado(da). **2.** *(not operating)* apagado(da). **3.** *(cancelled)* suspendido(da).

offal ['ɒfl] *n (U)* asaduras *fpl*.

off-chance *n*: on the ~ por si acaso.

off colour *adj* indispuesto(ta).

off duty *adj* fuera de servicio.

offence *Br*, **offense** *Am* [ə'fens] *n* **1.** *(crime)* delito *m*. **2.** *(cause of upset)* ofensa *f*; to take ~ ofenderse.

offend [ə'fend] *vt* ofender.

offender [ə'fendə^r] *n* **1.** *(criminal)* delincuente *m y f*. **2.** *(culprit)* culpable *m y f*.

offense *Am* [sense 2 'ɒfens] *n* **1.** = **offence**. **2.** (SPORT) ataque *m*.

offensive [ə'fensɪv] ◇ *adj* **1.** *(remark, behaviour)* ofensivo(va); *(smell)* repugnante. **2.** *(aggressive)* atacante. ◇ *n* (MIL) ofensiva *f*.

offer ['ɒfə^r] ◇ *n* oferta *f*; on ~ *(available)* disponible; *(at a special price)* en oferta. ◇ *vt* ofrecer; to ~ sthg to sb, to ~ sb sthg ofrecer algo a alguien; *(be willing)*: to ~ to do sthg ofrecerse a hacer algo. ◇ *vi* ofrecerse.

offering ['ɒfərɪŋ] *n* **1.** *(thing offered)* ofrecimiento *m*; *(gift)* regalo *m*. **2.** *(sacrifice)* ofrenda *f*.

off-guard *adj* desprevenido(da).

offhand [,ɒf'hænd] ◇ *adj* brusco(ca), descortés. ◇ *adv* de improviso.

office ['ɒfɪs] *n* **1.** *(gen)* oficina *f*. **2.** *(room)* despacho *m*, oficina *f*. **3.** *(position of authority)* cargo *m*; in ~ *(political party)* en el poder; *(person)* en el cargo; to take ~ *(political party)* subir al poder; *(person)* asumir el cargo.

office automation *n* ofimática *f*.

office block *n* bloque *m* de oficinas.

office hours *npl* horas *fpl* de oficina.

officer ['ɒfɪsə^r] *n* **1.** (MIL) oficial *m y f*. **2.** *(in organization)* director *m*, -ra *f*. **3.** *(in police force)* agente *m y f* de policía.

office worker *n* oficinista *m y f*.

official [ə'fɪʃl] ◇ *adj* oficial. ◇ *n* *(of union)* delegado *m*, -da *f*; *(of government)* funcionario *m*, -ria *f*.

officialdom [ə'fɪʃəldəm] *n* burocracia *f*.

offing ['ɒfɪŋ] *n*: to be in the ~ estar al caer OR a la vista.

off-licence *n Br* tienda donde se venden bebidas alcohólicas para llevar.

off-line *adj* (COMPUT) desconectado(da).

off-peak *adj* *(electricity, phone call, travel)* de tarifa reducida; *(period)* económico(ca).

off-putting [-,pʊtɪŋ] *adj* repelente.

off season *n*: the ~ la temporada baja.

offset ['ɒfset] *(pt & pp* offset*)* *vt* compensar, contrarrestar.

offshoot ['ɒfʃuːt] *n* retoño *m*.

offshore ['ɒfʃɔː^r] ◇ *adj* *(wind)* costero(ra); *(fishing)* de bajura; *(oil rig)* marítimo(ma); *(banking)* en bancos extranjeros. ◇ *adv* mar adentro; two miles ~ a dos millas de la costa.

offside [,ɒf'saɪd] ◇ *adj* **1.** *(part of vehicle - right-hand drive)* izquierdo(da); *(- left-hand drive)* derecho(cha). **2.** (SPORT) fuera de juego. ◇ *adv* (SPORT) fuera de juego.

offspring ['ɒfsprɪŋ] *(pl inv)* *n* **1.** *(of people - child)* fml *or hum* descendiente *m y f; (- children)* descendencia *f.* **2.** *(of animals)* crías *fpl.*

offstage [,ɒf'steɪdʒ] *adj & adv* entre bastidores.

off-the-cuff ◇ *adj* improvisado(da). ◇ *adv* improvisadamente.

off-the-peg *adj Br* confeccionado (da).

off-the-record ◇ *adj* extraoficial. ◇ *adv* extraoficialmente.

off-white *adj* blancuzco(ca).

often ['ɒfn, 'ɒftn] *adv (many times)* a menudo, con frecuencia; **how ~ do you go?** ¿cada cuánto OR con qué frecuencia vas?; **I don't ~ see him** no lo veo mucho. ♦ **as often as not** *adv* muchas veces. ♦ **every so often** *adv* cada cierto tiempo. ♦ **more often than not** *adv* la mayoría de las veces.

ogle ['əʊgl] *vt pej* comerse con los ojos.

oh [əʊ] *excl* **1.** *(to introduce comment)* ¡ah!; ~ **really?** ¿de verdad? **2.** *(expressing joy, surprise, fear)* ¡oh!; ~ **no!** ¡no!

oil [ɔɪl] ◇ *n* **1.** *(gen)* aceite *m.* **2.** *(petroleum)* petróleo *m.* ◇ *vt* engrasar.

oilcan ['ɔɪlkæn] *n* aceitera *f.*

oilfield ['ɔɪlfiːld] *n* yacimiento *m* petrolífero.

oil filter *n* filtro *m* del aceite.

oil-fired [-,faɪəd] *adj* de fuel-oil.

oil painting *n* (pintura *f* al) óleo *m.*

oilrig ['ɔɪlrɪg] *n* plataforma *f* petrolífera.

oilskins ['ɔɪlskɪnz] *npl (gen)* prenda *f* de hule; *(coat)* impermeable *m*, chubasquero *m.*

oil slick *n* marea *f* negra.

oil tanker *n* **1.** *(ship)* petrolero *m.* **2.** *(lorry)* camión *m* cisterna.

oil well *n* pozo *m* petrolífero OR de petróleo

oily ['ɔɪlɪ] *adj (food)* aceitoso(sa); *(rag, cloth)* grasiento(ta).

ointment ['ɔɪntmənt] *n* pomada *f*, ungüento *m.*

OK (*pt & pp* OKed, *cont* OKing), **okay** [,əʊ'keɪ] *inf* ◇ *adj*: **is it ~ with you?** ¿te parece bien? ◇ *excl* **1.** *(gen)* vale, de acuerdo. **2.** *(to introduce new topic)* bien, vale. ◇ *vt* dar el visto bueno a.

old [əʊld] ◇ *adj* **1.** *(gen)* viejo(ja); **how ~ are you?** ¿cuántos años tienes?, ¿qué edad tienes?; **I'm 20 years ~** tengo 20 años. **2.** *(former)* antiguo (gua). ◇ *npl*: **the ~** los ancianos.

old age *n* vejez *f.*

old age pensioner *n Br* pensionista *m y f*, jubilado *m*, -da *f.*

Old Bailey [-'beɪlɪ] *n*: **the ~** el juzgado criminal central de Inglaterra.

old-fashioned [-'fæʃnd] *adj* **1.** *(outmoded)* pasado(da) de moda, anticuado(da). **2.** *(traditional)* tradicional.

old people's home *n* residencia *f* OR hogar *m* de ancianos.

O level *n Br* = Bachillerato *m*, ≃ BUP *m.*

olive ['ɒlɪv] ◇ *adj* verde oliva. ◇ *n (fruit)* aceituna *f*, oliva *f*

olive green *adj* verde oliva.

olive oil *n* aceite *m* de oliva.

Olympic [ə'lɪmpɪk] *adj* olímpico(ca). ♦ **Olympics** *npl*: **the ~s** los Juegos Olímpicos

Olympic Games *npl*: **the ~** los Juegos Olímpicos.

ombudsman ['ɒmbudzmən] (*pl* -men [-mən]) *n* = Defensor *m* del Pueblo.

omelet(te) ['ɒmlɪt] *n* tortilla *f.*

omen ['əʊmen] *n* presagio *m*, agüero *m.*

ominous ['ɒmɪnəs] *adj* siniestro(tra), de mal agüero.

omission [ə'mɪʃn] *n* **1.** *(thing left out)* olvido *m*, descuido *m.* **2.** *(act of omitting)* omisión *f.*

omit [ə'mɪt] *vt* omitir; *(name - from list)* pasar por alto; **to ~ to do sthg** olvidar hacer algo.

omnibus ['ɒmnɪbəs] *n* **1.** *(book)* antología *f.* **2.** *Br* (RADIO & TV) *programa que emite varios capítulos seguidos.*

on [ɒn] ◇ *prep* **1.** *(indicating position - gen)* en; *(- on top of)* sobre, en; ~ **a chair** en OR sobre una silla; ~ **the wall/ground** en la pared/el suelo; **he was lying ~ his side/back** estaba tumbado de costado/de espaldas; ~ **the left/right** a la izquierda/derecha; **I haven't got any money ~ me** no llevo nada de dinero encima. **2.** *(indicating means)*: **it runs ~ diesel** funciona con diesel; ~ **TV/the radio** en la tele/la radio; **she's ~ the telephone** está al teléfono; **he lives ~ fruit** vive (a base) de fruta; **to hurt o.s. ~ sthg** hacerse daño con algo. **3.** *(indicating mode of transport)*: **to travel ~ a bus/ train/ship** viajar en autobús/tren/ barco; **I was ~ the bus** iba en el autobús; **to get ~ a bus/train/ship** subirse a un autobús/tren/barco; ~ **foot** a pie. **4.** *(indicating time, activity)*: ~ **Thursday** el jueves; ~ **my birthday** el día de mi cumpleaños; ~ **the 10th of February** el 10 de febrero; ~ **my return**, ~ **returning** al volver; ~ **business/holiday** de negocios/vacaciones. **5.** *(concerning)* sobre, acerca de; **a**

book ~ astronomy un libro acerca de OR sobre astronomía. **6.** *(indicating influence)* en, sobre; **the impact ~ the environment** el impacto en OR sobre el medio ambiente. **7.** *(using, supported by)*: **to be ~ social security** cobrar dinero de la seguridad social; **he's ~ tranquillizers** está tomando tranquilizantes; **to be ~ drugs** *(addicted)* drogarse. **8.** *(earning)*: **she's ~ £25,000 a year** gana 25.000 libras al año. **9.** *(referring to musical instrument)* con; **~ the violin** con el violín; **~ the piano** al piano. **10.** *inf (paid by)*: **the drinks are ~ me** yo pago las copas, a las copas invito yo. ◇ *adv* **1.** *(indicating covering, clothing)*: **put the lid ~** pon la tapa; **what did she have ~?** ¿qué llevaba encima OR puesto?; **put your coat ~** ponte el abrigo. **2.** *(being shown)*: **what's ~ at the cinema?** ¿qué echan OR ponen en el cine? **3.** *(working - machine)* funcionando; *(- radio, TV, light)* encendido(da); *(- tap)* abierto(ta); *(- brakes)* puesto(ta); **turn ~ the power** pulse el botón de encendido. **4.** *(indicating continuing action)*: **he kept ~ walking** siguió caminando. **5.** *(forward)*: **send my mail ~** *(to me)* reenvíame el correo; **later ~** más tarde, después; **earlier ~** con anterioridad, antes. **6.** *inf (referring to behaviour)*: **it's just not ~!** ¡es una pasada! ◆ **from ... on** *adv*: **from now ~** de ahora en adelante; **from that moment/time ~** desde aquel momento/aquella vez. ◆ **on and off** *adv* de vez en cuando. ◆ **on to, onto** *prep (only written as onto for senses 4 and 5)* **1.** *(to a position on top of)* encima de, sobre; **she jumped ~ to the chair** salto encima de OR sobre la silla. **2.** *(to a position on a vehicle)*: **to get ~ to a bus/train/plane** subirse a un autobús/tren/avión. **3.** *(to a position attached to)* a; **stick the photo ~ to the page** pega la foto a la hoja **4.** *(aware of wrongdoing)*: **to be onto sb** andar detrás de alguien. **5.** *(into contact with)*: **get onto the factory** ponte en contacto con la fábrica.
once [wʌns] ◇ *adv* **1.** *(on one occasion)* una vez; **~ a week** una vez a la semana; **~ again** OR **more** otra vez; **for ~** por una vez; **and for all** de una vez por todas; **~ or twice** alguna que otra vez; **~ in a while** de vez en cuando. **2.** *(previously)* en otro tiempo, antiguamente; **~ upon a time** érase una vez. ◇ *conj* una vez que; **~ you have done it** una vez que lo hayas hecho.

◆ **at once** *adv* **1.** *(immediately)* en seguida, inmediatamente. **2.** *(at the same time)* a la vez, al mismo tiempo; **all at ~** de repente, de golpe
oncoming ['ɒn,kʌmɪŋ] *adj (traffic)* que viene en dirección contraria; *(danger, event)* venidero(ra).
one [wʌn] ◇ *num (the number 1)* un (una); **I only want ~** sólo quiero uno; **~ fifth** un quinto, una quinta parte; **~ of my friends** uno de mis amigos; **on page a hundred and ~** en la página ciento uno; *(number)* **~** el uno. ◇ *adj* **1.** *(only)* único(ca); **it's her ~ ambition** es su única ambición. **2.** *(indefinite)*: **~ of these days** un día de éstos. ◇ *pron* **1.** *(referring to a particular thing or person)* uno (una); **I want the red ~** yo quiero el rojo; **the ~ with the blond hair** la del pelo rubio; **which ~ do you want?** ¿cuál quieres?; **this ~** éste (ésta); **that ~** ése (ésa); **she's the ~ I told you about** es (ésa) de la que te hablé **2.** *fml (you, anyone)* uno (una); **to do ~'s duty** cumplir uno con su deber. ◆ **for one** *adv*: **I for ~ remain unconvinced** yo, por lo menos OR por mi parte, sigo poco convencido
one-armed bandit *n* (máquina *f*) tragaperras *f inv*.
one-man *adj* individual, en solitario.
one-man band *n (musician)* hombre *m* orquesta.
one-off *inf* ◇ *adj* único(ca). ◇ *n* caso *m* excepcional.
one-on-one *Am* = **one-to-one**.
one-parent family *n* familia *f* monoparental.
oneself [wʌn'self] *pron* **1.** *(reflexive, after prep)* uno mismo (una misma); **to buy presents for ~** hacerse regalos a sí mismo. **2.** *(for emphasis)*: **by ~** *(without help)* solo(la).
one-sided [-'saɪdɪd] *adj* **1.** *(unequal)* desigual. **2.** *(biased)* parcial.
one-to-one *Br*, **one-on-one** *Am adj (relationship, discussion)* entre dos; *(tuition)* individual.
one-upmanship [,wʌn'ʌpmənʃɪp] *n* habilidad para ganar ventaja sin hacer trampas.
one-way *adj* **1.** *(street)* de dirección única. **2.** *(ticket)* de ida.
ongoing ['ɒn,gəʊɪŋ] *adj* actual, en curso.
onion ['ʌnjən] *n* cebolla *f*.
online ['ɒnlaɪn] *adj & adv* (COMPUT) en línea.
onlooker ['ɒn,lʊkəʳ] *n* espectador *m*, -ra *f*.

only ['əʊnlı] ◊ adj único(ca); **an ~ child** hijo único. ◊ adv (exclusively) sólo, solamente; **I was ~ too willing to help** estaba encantado de poder ayudar; **I ~ wish I could!** ¡ojalá pudiera!; **it's ~ natural** es completamente normal; **not ~ ... but no sólo . sino; ~ just** apenas. ◊ conj sólo OR solamente que; **I would go, ~ I'm too tired** iría, lo que pasa es que estoy muy cansado.

onset ['ɒnset] n comienzo m.

onshore ['ɒnʃɔːr] adj (wind) procedente del mar; (oil production) en tierra firme.

onslaught ['ɒnslɔːt] n lit & fig acometida f.

onto [unstressed before consonant 'ɒntə, unstressed before vowel 'ɒntʊ, stressed 'ɒntuː] = **on to.**

onus ['əʊnəs] n responsabilidad f.

onward ['ɒnwəd] ◊ adj (in time) progresivo(va); (in space) hacia delante. ◊ adv = **onwards.**

onwards ['ɒnwədz] adv (in space) adelante, hacia delante; (in time): **from now/then ~** de ahora/allí en adelante.

ooze [uːz] ◊ vt fig rebosar. ◊ vi: **to ~ (from** OR **out of)** rezumar (de); **to ~ with sthg** fig rebosar OR irradiar algo.

opaque [əʊ'peɪk] adj 1. (not transparent) opaco(ca). 2. fig (obscure) oscuro(ra).

OPEC ['əʊpek] (abbr of **Organization of Petroleum Exporting Countries**) n OPEP f.

open ['əʊpn] ◊ adj 1. (gen) abierto(ta); (curtains) descorrido(da); (view, road) despejado(da). 2. (receptive): **to be ~ to** (ideas, suggestions) estar abierto a; (blame, criticism, question) prestarse a. 3. (frank) sincero(ra), franco(ca). 4. (uncovered - car) descubierto(ta). 5. (available - subj: choice, chance): **to be ~ to sb** estar disponible para alguien. ◊ n: **in the ~** (fresh air) al aire libre; **to bring sthg out into the ~** sacar a la luz algo ◊ vt 1. (gen) abrir; **to ~ fire** abrir fuego. 2. (inaugurate - public area, event) inaugurar. ◊ vi 1. (door, flower) abrirse. 2. (shop, office) abrir. 3. (event, play) dar comienzo. ◆ **open on to** vt fus dar a ◆ **open up** ◊ vt sep abrir. ◊ vi 1. (become available) surgir. 2. (unlock door) abrir.

opener ['əʊpnər] n (gen) abridor m; (for tins) abrelatas m inv; (for bottles) abrebotellas m inv

opening ['əʊpnɪŋ] ◊ adj inicial. ◊ n 1. (beginning) comienzo m, principio

m. 2. (gap - in fence) abertura f. 3. (opportunity) oportunidad f. 4. (job vacancy) puesto m vacante.

opening hours npl horario m (de apertura).

openly ['əʊpənlɪ] adv abiertamente.

open-minded [-'maɪndɪd] adj sin prejuicios.

open-plan adj de plan abierto, sin tabiques.

Open University n Br: **the ~** ≃ la Universidad Nacional de Educación a Distancia

opera ['ɒpərə] n ópera f.

opera house n teatro m de la ópera.

operate ['ɒpəreɪt] ◊ vt 1. (machine) hacer funcionar. 2. (business, system) dirigir. ◊ vi 1. (carry out trade, business) operar, actuar. 2. (function) funcionar. 3. (MED): **to ~ (on sb/sthg)** operar (a alguien/de algo)

operating theatre Br, **operating room** Am ['ɒpəreɪtɪŋ-] n quirófano m.

operation [ˌɒpə'reɪʃn] n 1. (planned activity - police, rescue, business) operación f; (- military) maniobra f 2. (running - of business) administración f. 3. (functioning - of machine) funcionamiento m; **to be in ~** (machine) funcionar; (law, system) estar en vigor. 4. (MED) operación f, intervención f quirúrgica; **to have an ~ (for/on)** operarse (de).

operational [ˌɒpə'reɪʃənl] adj (ready for use) operacional, en estado de funcionamiento.

operative ['ɒprətɪv] ◊ adj en vigor, vigente ◊ n operario m, -ria f.

operator ['ɒpəreɪtər] n 1. (TELEC) operador m, -ra f, telefonista m y f. 2. (employee) operario m, -ria f. 3. (person in charge - of business) encargado m, -da f.

opinion [ə'pɪnjən] n opinión f; **to be of the ~ that** opinar OR creer que; **in my ~** a mi juicio, en mi opinión.

opinionated [ə'pɪnjəneɪtɪd] adj pej terco(ca).

opinion poll n sondeo m, encuesta f.

opponent [ə'pəʊnənt] n 1. (POL) adversario m, -ria f. 2. (SPORT) contrincante m y f.

opportune ['ɒpətjuːn] adj oportuno (na).

opportunist [ˌɒpə'tjuːnɪst] n oportunista m y f.

opportunity [ˌɒpə'tjuːnətɪ] n oportunidad f, ocasión f; **to take the ~ to do** OR **of doing sthg** aprovechar la ocasión de OR para hacer algo.

oppose [əˈpəʊz] *vt* oponerse a.

opposed [əˈpəʊzd] *adj* opuesto(ta); **to be ~ to** oponerse a; **as ~ to** en vez de, en lugar de; **I like beer as ~ to wine** me gusta la cerveza y no el vino.

opposing [əˈpəʊzɪŋ] *adj* opuesto(ta), contrario(ria).

opposite [ˈɒpəzɪt] ◇ *adj* **1.** *(facing - side, house)* de enfrente. **2.** *(very different)*: **~ (to)** opuesto(ta) OR contrario (ria) (a). ◇ *adv* enfrente. ◇ *prep* enfrente de. ◇ *n* contrario *m*.

opposite number *n* homólogo *m*, -ga *f*

opposition [ˌɒpəˈzɪʃn] *n* **1.** *(gen)* oposición *f*. **2.** *(opposing team)* oponentes *mpl y fpl*. **♦ Opposition** *n Br* (POL): **the Opposition** la oposición.

oppress [əˈpres] *vt* **1.** *(persecute)* oprimir. **2.** *(depress)* agobiar, deprimir.

oppressive [əˈpresɪv] *adj* **1.** *(unjust)* tiránico(ca), opresivo(va). **2.** *(stifling)* agobiante, sofocante. **3.** *(causing unease)* opresivo(va), agobiante.

opt [ɒpt] ◇ *vt*: **to ~ to do sthg** optar por OR elegir hacer algo. ◇ *vi*: **to ~ for sthg** optar por OR elegir algo. **♦ opt in** *vi*: **to ~ in (to sthg)** optar por participar (en algo). **♦ opt out** *vi*: **to ~ out (of sthg)** decidir no tomar parte (en algo)

optical [ˈɒptɪkl] *adj* óptico(ca).

optician [ɒpˈtɪʃn] *n* óptico *m*, -ca *f*; **~'s (shop)** la óptica.

optimist [ˈɒptɪmɪst] *n* optimista *m y f*.

optimistic [ˌɒptɪˈmɪstɪk] *adj* optimista.

optimum [ˈɒptɪməm] *adj* óptimo(ma).

option [ˈɒpʃn] *n* opción *f*; **to have the ~ to do** OR **of doing sthg** tener la opción OR la posibilidad de hacer algo.

optional [ˈɒpʃənl] *adj* facultativo(va), optativo(va); **~ extra** extra *m* opcional.

or [ɔːʳ] *conj* **1.** *(gen)* o; *(before 'o' or 'ho')* u; **~ (else)** o de lo contrario, si no **2.** *(after negative)*: **he cannot read ~ write** no sabe ni leer ni escribir.

oral [ˈɔːrəl] ◇ *adj* **1.** *(spoken)* oral. **2.** *(relating to the mouth)* bucal. ◇ *n* examen *m* oral.

orally [ˈɔːrəlɪ] *adv* **1.** *(in spoken form)* oralmente. **2.** *(via the mouth)* por vía oral.

orange [ˈɒrɪndʒ] ◇ *adj* naranja *(inv)*. ◇ *n (fruit)* naranja *f*.

orator [ˈɒrətəʳ] *n* orador *m*, -ra *f*.

orbit [ˈɔːbɪt] ◇ *n* órbita *f*. ◇ *vt* girar alrededor de.

orchard [ˈɔːtʃəd] *n* huerto *m*.

orchestra [ˈɔːkɪstrə] *n* orquesta *f*.

orchestral [ɔːˈkestrəl] *adj* orquestal

orchid [ˈɔːkɪd] *n* orquídea *f*.

ordain [ɔːˈdeɪn] *vt* **1.** *fml (decree)* decretar, ordenar. **2.** (RELIG): **to be ~ed** ordenarse (sacerdote).

ordeal [ɔːˈdiːl] *n* calvario *m*, experiencia *f* terrible.

order [ˈɔːdəʳ] ◇ *n* **1.** *(instruction)* orden *f*; **to be under ~s to do sthg** tener órdenes de hacer algo. **2.** (COMM) *(request)* pedido *m*; **to ~** por encargo. **3.** *(sequence, discipline, system)* orden *m*; **in ~** en orden; **in ~ of importance** por orden de importancia. **4.** *(fitness for use)*: **in working ~** en funcionamiento; **'out of ~'** 'no funciona'; **to be out of ~** *(not working)* estar estropeado(da); *(incorrect behaviour)* ser improcedente; **in ~ (correct)** en regla. **5.** (RELIG) orden *f* **6.** *Am (portion)* ración *f*. ◇ *vt* **1.** *(command)*: **to ~ sb (to do sthg)** ordenar a alguien (que haga algo); **to ~ that** ordenar que. **2.** *(request - drink, taxi)* pedir. **3.** (COM) encargar. **♦ in the order of** *Br*, **on the order of** *Am prep* del orden de. **♦ in order that** *conj* para que. **♦ in order to** *conj* para. **♦ order about, order around** *vt sep* mangonear.

order form *n* hoja *f* de pedido.

orderly [ˈɔːdəlɪ] ◇ *adj (person, crowd)* obediente; *(room)* ordenado(da), en orden. ◇ *n (in hospital)* auxiliar *m y f* sanitario.

ordinarily [ˈɔːdənrəlɪ] *adv* de ordinario.

ordinary [ˈɔːdənrɪ] ◇ *adj* **1.** *(normal)* corriente, normal. **2.** *pej (unexceptional)* mediocre, ordinario(ria) ◇ *n*: **out of the ~** fuera de lo común.

ordnance [ˈɔːdnəns] *n (U)* **1.** *(military supplies)* pertrechos *mpl* de guerra. **2.** *(artillery)* artillería *f*

ore [ɔːʳ] *n* mineral *m*.

oregano [ˌɒrɪˈgɑːnəʊ] *n* orégano *m*

organ [ˈɔːgən] *n* órgano *m*.

organic [ɔːˈgænɪk] *adj* orgánico(ca).

organization [ˌɔːgənaɪˈzeɪʃn] *n* organización *f*.

organize, -ise [ˈɔːgənaɪz] *vt* organizar.

organizer [ˈɔːgənaɪzəʳ] *n* organizador *m*, -ra *f*

orgasm [ˈɔːgæzm] *n* orgasmo *m*.

orgy [ˈɔːdʒɪ] *n lit & fig* orgía *f*.

Orient [ˈɔːrɪənt] *n*: **the ~** el Oriente.

oriental [ˌɔːrɪˈentl] ◊ *adj* oriental. ◊ *n* oriental *m y f* (*atención: el término 'oriental' se considera racista*).

orienteering [ˌɔːrɪənˈtɪərɪŋ] *n* deporte *m* de orientación, orienteering *m*.

origami [ˌɒrɪˈɡɑːmɪ] *n* papiroflexia *f*.

origin [ˈɒrɪdʒɪn] *n* origen *m*; **country of ~** país *m* de origen. ◆ **origins** *npl* origen *m*.

original [əˈrɪdʒənl] ◊ *adj* original; **the ~ owner** el primer propietario. ◊ *n* original *m*.

originally [əˈrɪdʒənəlɪ] *adv* (*at first*) originariamente; (*with originality*) originalmente.

originate [əˈrɪdʒəneɪt] ◊ *vt* originar, producir. ◊ *vi*: **to ~ (in)** nacer OR surgir (de); **to ~ from** nacer OR surgir de.

Orkney Islands [ˈɔːknɪ-], **Orkneys** [ˈɔːknɪz] *npl*: **the ~** las Orcadas.

ornament [ˈɔːnəmənt] *n* adorno *m*.

ornamental [ˌɔːnəˈmentl] *adj* ornamental, decorativo(va).

ornate [ɔːˈneɪt] *adj* (*style*) recargado (da); (*decoration, vase*) muy vistoso(sa).

ornithology [ˌɔːnɪˈθɒlədʒɪ] *n* ornitología *f*.

orphan [ˈɔːfn] ◊ *n* huérfano *m*, -na *f*. ◊ *vt*: **to be ~ed** quedarse huérfano.

orphanage [ˈɔːfənɪdʒ] *n* orfelinato *m*.

orthodox [ˈɔːθədɒks] *adj* ortodoxo (xa).

orthopaedic [ˌɔːθəˈpiːdɪk] *adj* ortopédico(ca).

orthopedic [ˌɔːθəˈpiːdɪk] *etc* = **orthopaedic** *etc*.

oscillate [ˈɒsɪleɪt] *vi lit & fig*: **to ~ (between)** oscilar (entre).

Oslo [ˈɒzləʊ] *n* Oslo.

ostensible [ɒˈstensəbl] *adj* aparente.

ostentatious [ˌɒstenˈteɪʃəs] *adj* 1. (*lifestyle, wealth*) ostentoso(sa). 2. (*person*) ostentativo(va). 3. (*behaviour*) ostensible.

osteopath [ˈɒstɪəpæθ] *n* osteópata *m y f*.

ostracize, -ise [ˈɒstrəsaɪz] *vt* (*colleague etc*) marginar, hacer el vacío a; (POL) condenar al ostracismo.

ostrich [ˈɒstrɪtʃ] *n* avestruz *m*.

other [ˈʌðəʳ] ◊ *adj* otro (otra); **the ~ one** el otro (la otra); **the ~ day** el otro día. ◊ *pron* 1. (*different one*): **~s** otros (otras) 2. (*remaining, alternative one*): **the ~** el otro (la otra); **the ~s** los otros (las otras), los demás; **one after the ~** uno tras otro; **one or ~** uno u otro; **to be none ~ than** no ser otro(tra) sino. ◆ **something or other**

pron una cosa u otra. ◆ **somehow or other** *adv* de una u otra forma. ◆ **other than** *conj* excepto, salvo.

otherwise [ˈʌðəwaɪz] ◊ *adv* 1. (*or else*) si no. 2. (*apart from that*) por lo demás. 3. (*differently*) de otra manera; **deliberately or ~** adrede o no ◊ *conj* sino, de lo contrario.

otter [ˈɒtəʳ] *n* nutria *f*.

ouch [aʊtʃ] *excl* ¡ay!

ought [ɔːt] *aux vb* deber; **you ~ to go/to be nicer** deberías irte/ser más amable; **she ~ to pass the exam** tiene probabilidades de aprobar el examen.

ounce [aʊns] *n* (*unit of measurement*) = 28,35g, ≈ onza *f*.

our [ˈaʊəʳ] *poss adj* nuestro(tra), nuestros(tras) (*pl*); **~ money** nuestro dinero; **~ house** nuestra casa; **~ children** nuestros hijos; **it wasn't** OUR **fault** no fue culpa nuestra OR nuestra culpa; **we washed ~ hair** nos lavamos el pelo.

ours [ˈaʊəz] *poss pron* nuestro(tra); **that money is ~** ese dinero es nuestro; **those keys are ~** esas llaves son nuestras; **it wasn't their fault, it was** OURS no fue culpa de ellos sino de nosotros; **a friend of ~** un amigo nuestro; **their car hit ~** suyo coche chocó contra el nuestro.

ourselves [aʊəˈselvz] *pron pl* 1. (*reflexive*) nos *mpl y fpl*; (*after prep*) nosotros *mpl*, nosotras *fpl* 2. (*for emphasis*) nosotros mismos *mpl*, nosotras mismas *fpl*; **we did it by ~** lo hicimos nosotros solos.

oust [aʊst] *vt fml*: **to ~ sb (from)** (*job*) desbancar a alguien (de); (*land*) desalojar a alguien (de)

out [aʊt] *adv* 1. (*not inside, out of doors*) fuera; **we all went ~** todos salimos fuera; **I'm going ~ for a walk** voy a salir a dar un paseo; **they ran ~** salieron corriendo; **he poured the water ~** sirvió el agua; **~ here/there** aquí/allí fuera. 2. (*away from home, office*) fuera; **John's ~ at the moment** John está fuera ahora mismo. 3. (*extinguished*) apagado(da); **the fire went ~** el fuego se apagó. 4. (*of tides*): **the tide had gone ~** la marea estaba baja. 5. (*out of fashion*) pasado(da) de moda. 6. (*published, released - book*) publicado(da); **they've a new record ~** han sacado un nuevo disco. 7. (*in flower*) en flor. 8. *inf* (*on strike*) en huelga. 9. (*determined*): **to be ~ to do sthg** estar decidido(da) a hacer algo. ◆ **out of** *prep* 1. (*away from, outside*) fuera de;

to go ~ of the room salir de la habitación. **2.** *(indicating cause)* por; **~ of spite/love** por rencor/amor. **3.** *(indicating origin, source)* de; **a page ~ of a book** una página de un libro. **4.** *(without)* sin; **we're ~ of sugar** estamos sin azúcar, se nos ha acabado el azúcar. **5.** *(made from)* de; **it's made ~ of plastic** está hecho de plástico. **6.** *(sheltered from)* a resguardo de. **7.** *(to indicate proportion)*: **one ~ of ten people** una de cada diez personas; **ten ~ of ten** *(mark)* diez de OR sobre diez.

out-and-out *adj (disgrace, lie)* infame; *(liar, crook)* redomado(da).

outback ['aʊtbæk] *n*: **the ~** los llanos del interior de Australia.

outboard (motor) ['aʊtbɔːd-] *n (motor m)* fueraborda *m*.

outbreak ['aʊtbreɪk] *n (of war)* comienzo *m*; *(of crime)* ola *f*; *(of illness)* epidemia *f*; *(of spots)* erupción *f*.

outburst ['aʊtbɜːst] *n* **1.** *(sudden expression of emotion)* explosión *f*, arranque *m*. **2.** *(sudden occurrence)* estallido *m*.

outcast ['aʊtkɑːst] *n* marginado *m*, -da *f*, paria *m y f*

outcome ['aʊtkʌm] *n* resultado *m*.

outcrop ['aʊtkrɒp] *n* afloramiento *m*.

outcry ['aʊtkraɪ] *n* protestas *fpl*.

outdated [,aʊt'deɪtɪd] *adj* anticuado (da), pasado(da) de moda.

outdid [,aʊt'dɪd] *pt* → **outdo**

outdo [,aʊt'duː] *(pt* -**did,** *pp* -**done** [-dʌn]) *vt* aventajar, superar.

outdoor ['aʊtdɔːr] *adj (life, swimming pool)* al aire libre; *(clothes)* de calle.

outdoors [aʊt'dɔːz] *adv* al aire libre.

outer ['aʊtər] *adj* exterior, externo(na).

outer space *n* espacio *m* exterior.

outfit ['aʊtfɪt] *n* **1.** *(clothes)* conjunto *m*, traje *m*. **2.** *inf (organization)* equipo *m*.

outfitters ['aʊt,fɪtəz] *n dated* tienda *f* de confección.

outgoing ['aʊt,gəʊɪŋ] *adj* **1.** *(chairman)* saliente. **2.** *(sociable)* extrovertido(da).

♦ **outgoings** *npl Br* gastos *mpl*.

outgrow [,aʊt'grəʊ] *(pt* -**grew,** *pp* -**grown)** *vt* **1.** *(grow too big for)*: **he has ~n his shirts** las camisas se le han quedado pequeñas **2.** *(grow too old for)* ser demasiado mayor para.

outhouse ['aʊthaʊs, *pl* -haʊzɪz] *n* dependencia *f*.

outing ['aʊtɪŋ] *n (trip)* excursión *f*.

outlandish [aʊt'lændɪʃ] *adj* estrafalario(ria).

outlaw ['aʊtlɔː] ◇ *n* proscrito *m*, -ta *f*. ◇ *vt (make illegal)* ilegalizar.

outlay ['aʊtleɪ] *n* desembolso *m*.

outlet ['aʊtlet] *n* **1.** *(for emotions)* salida *f*. **2.** *(for water)* desagüe *m*; *(for gas)* salida *f*. **3.** *(shop)* punto *m* de venta. **4.** *Am* (ELEC) toma *f* de corriente.

outline ['aʊtlaɪn] ◇ *n* **1.** *(brief description)* esbozo *m*, resumen *m*; **in ~** en líneas generales. **2.** *(silhouette)* contorno *m*. ◇ *vt (describe briefly)* esbozar, resumir.

outlive [,aʊt'lɪv] *vt (subj: person)* sobrevivir a

outlook ['aʊtlʊk] *n* **1.** *(attitude, disposition)* enfoque *m*, actitud *f*. **2.** *(prospect)* perspectiva *f* (de futuro).

outlying ['aʊt,laɪɪŋ] *adj (remote)* lejano (na), remoto(ta); *(on edge of town)* periférico(ca).

outmoded [,aʊt'məʊdɪd] *adj* anticuado (da), pasado(da) de moda

outnumber [,aʊt'nʌmbər] *vt* exceder en número

out-of-date *adj* **1.** *(clothes, belief)* anticuado(da), pasado(da) de moda. **2.** *(passport, season ticket)* caducado (da).

out of doors *adv* al aire libre.

out-of-the-way *adj (far away)* remoto(ta); *(unusual)* poco común.

outpatient ['aʊt,peɪʃnt] *n* paciente externo *m*, paciente externa *f*.

outpost ['aʊtpəʊst] *n* puesto *m* avanzado

output ['aʊtpʊt] *n* **1.** *(production)* producción *f*, rendimiento *m*. **2.** (COMPUT - *printing out)* salida *f*; *(- printout)* impresión *f*.

outrage ['aʊtreɪdʒ] ◇ *n* **1.** *(anger)* indignación *f*. **2.** *(atrocity)* atrocidad *f*, escándalo *m*. ◇ *vt* ultrajar, atropellar.

outrageous [aʊt'reɪdʒəs] *adj* **1.** *(offensive, shocking)* indignante, escandaloso (sa). **2.** *(very unusual)* extravagante.

outright [*adj* 'aʊtraɪt, *adv* ,aʊt'raɪt] ◇ *adj* **1.** *(categoric)* categórico(ca). **2.** *(total - disaster)* completo(ta); *(- victory, winner)* indiscutible. ◇ *adv* **1.** *(ask)* abiertamente; *(deny)* categóricamente **2.** *(win, ban)* totalmente; *(be killed)* en el acto.

outset ['aʊtset] *n*: **at the ~** al principio; **from the ~** desde el principio.

outside [*adv* ,aʊt'saɪd, *adj, prep & n* 'aʊtsaɪd] ◇ *adj* **1.** *(gen)* exterior. **2.** *(opinion, criticism)* independiente **3.** *(chance)* remoto(ta) ◇ *adv* fuera; **to go/run/look ~** ir/correr/mirar fuera. ◇ *prep*

fuera de; **we live half an hour ~ London** vivimos a media hora de Londres. ◇ *n (exterior)* exterior *m*
♦ **outside of** *prep Am (apart from)* aparte de.

outside lane *n* carril *m* de adelantamiento.

outside line *n* línea *f* exterior.

outsider [‚aut'saɪdə^r] *n* **1.** *(stranger)* forastero *m*, -ra *f*. **2.** *(in horse race)* caballo que no es uno de los favoritos.

outsize ['autsaɪz] *adj* **1.** *(bigger than usual)* enorme. **2.** *(clothes)* de talla muy grande.

outskirts ['autskɜːts] *npl*: **the ~** las afueras.

outspoken [‚aut'spəukn] *adj* franco (ca).

outstanding [‚aut'stændɪŋ] *adj* **1.** *(excellent)* destacado(da). **2.** *(not paid, unfinished)* pendiente

outstay [aut'steɪ] *vt*: **to ~ one's welcome** quedarse más tiempo de lo debido.

outstretched [‚aut'stretʃt] *adj* extendido(da).

outstrip [‚aut'strɪp] *vt lit & fig* aventajar, dejar atrás.

out-tray *n* cubeta o bandeja de asuntos ya resueltos.

outward ['autwəd] ◇ *adj* **1.** *(journey)* de ida. **2.** *(composure, sympathy)* aparente. **3.** *(sign, proof)* visible, exterior. ◇ *adv Am* = **outwards**.

outwardly ['autwədlɪ] *adv (apparently)* aparentemente, de cara al exterior.

outwards *Br* ['autwədz], **outward** *Am adv* hacia fuera.

outweigh [‚aut'weɪ] *vt* pesar más que.

outwit [‚aut'wɪt] *vt* ser más listo(ta) que.

oval ['əuvl] ◇ *adj* oval, ovalado(da). ◇ *n* óvalo *m*.

Oval Office *n*: **the ~** el Despacho Oval, *oficina que tiene el presidente de Estados Unidos en la Casa Blanca.*

ovary ['əuvərɪ] *n* ovario *m*.

ovation [əu'veɪʃn] *n* ovación *f*; **a standing ~** una ovación de gala (con el público en pie).

oven ['ʌvn] *n* horno *m*.

ovenproof ['ʌvnpruːf] *adj* refractario (ria).

over ['əuvə^r] ◇ *prep* **1.** *(directly above, on top of)* encima de; **a fog hung ~ the river** una espesa niebla flotaba sobre el río; **put your coat ~ the chair** pon el abrigo encima de la silla. **2.** *(to cover)* sobre; **she wore a veil ~ her face** un velo le cubría el rostro. **3.** *(on other side of)* al otro lado de; **he lives ~ the road** vive enfrente. **4.** *(across surface of)* por encima de; **they sailed ~ the ocean** cruzaron el océano en barco. **5.** *(more than)* más de; **~ and above** además de. **6.** *(senior to)* por encima de. **7.** *(with regard to)* por; **a fight ~ a woman** una pelea por una mujer. **8.** *(during)* durante; **~ the weekend** (en) el fin de semana. ◇ *adv* **1.** *(short distance away)*: **~ here** aquí; **~ there** allí. **2.** *(across)*: **to cross ~** cruzar; **to go ~** ir. **3.** *(down)*: **to fall ~** caerse; **to push ~** empujar, tirar. **4.** *(round)*: **to turn sthg ~** dar la vuelta a algo; **to roll ~** darse la vuelta. **5.** *(more)* más **6.** *(remaining)*: **to be (left) ~** quedar, sobrar. **7.** *(at sb's house)*: **invite them ~** invítalos a casa. **8.** (RADIO): **~ (and out)!** ¡cambio (y cierro)! **9.** *(involving repetitions)*: **(all) again** otra vez desde el principio; **~ and ~ (again)** una y otra vez. ◇ *adj (finished)* terminado(da). ♦ **all over** ◇ *prep* por todo(da). ◇ *adv (everywhere)* por todas partes. ◇ *adj (finished)* terminado(da).

overall [*adj & n* ‚əuvər'ɔːl, *adv* ‚əuvə'rɔːl] ◇ *adj (general)* global, total. ◇ *adv* en conjunto. ◇ *n* **1.** *(gen)* guardapolvo *m*. **2.** *Am (for work)* mono *m*. ♦ **overalls** *npl* **1.** *(for work)* mono *m*. **2.** *Am (dungarees)* pantalones *mpl* de peto.

overawe [‚əuvər'ɔː] *vt* intimidar.

overbalance [‚əuvə'bæləns] *vi* perder el equilibrio.

overbearing [‚əuvə'beərɪŋ] *adj pej* despótico(ca).

overboard ['əuvəbɔːd] *adv*: **to fall ~** caer al agua OR por la borda.

overbook [‚əuvə'buk] *vi* hacer overbooking.

overcame [‚əuvə'keɪm] *pt* → **overcome**.

overcast ['əuvəkɑːst] *adj* cubierto(ta), nublado(da).

overcharge [‚əuvə'tʃɑːdʒ] *vt*: **to ~ sb (for sthg)** cobrar a alguien en exceso (por algo)

overcoat ['əuvəkəut] *n* abrigo *m*.

overcome [‚əuvə'kʌm] *(pt* -**came***, pp* -**come***) vt* **1.** *(deal with)* vencer, superar **2.** *(overwhelm)*: **to be ~ (by OR with)** *(fear, grief, emotion)* estar abrumado(da) (por); *(smoke, fumes)* estar asfixiado(da) (por).

overcrowded [‚əuvə'kraudɪd] *adj (room)* atestado(da) de gente; *(country)* superpoblado(da)

overcrowding [‚əuvə'kraudɪŋ] *n (of*

country) superpoblación *f; (of prison)* hacinamiento *m*.

overdo [,əʊvə'duː] *(pt* **-did** [-dɪd], *pp* **-done)** *vt* 1. *pej (exaggerate)* exagerar. 2. *(do too much):* **to ~ one's work/the walking** trabajar/andar demasiado. 3. *(overcook)* hacer demasiado.

overdone [,əʊvə'dʌn] *◇ pp →* **overdo**. *◇ adj* muy hecho(cha).

overdose ['əʊvədəʊs] sobredosis *f inv*.

overdraft ['əʊvədrɑːft] *n (sum owed)* saldo *m* deudor; *(loan arranged)* (giro *m* OR crédito *m* en) descubierto *m*.

overdrawn [,əʊvə'drɔːn] *adj:* **to be ~** tener un saldo deudor.

overdue [,əʊvə'djuː] *adj* 1. *(late):* **to be ~** *(train)* ir con retraso; *(library book)* estar con el plazo de préstamo caducado; **I'm ~ (for) a bit of luck** va siendo hora de tener un poco de suerte. 2. *(awaited):* **(long) ~** (largamente) esperado(da), ansiado(da). 3. *(unpaid)* vencido(da) y sin pagar.

overestimate [,əʊvər'estɪmeɪt] *vt* sobreestimar.

overflow [*vb* ,əʊvə'fləʊ, *n* 'əʊvəfləʊ] *◇ vi* 1. *(spill over)* rebosar; *(river)* desbordarse. 2. *(go beyond limits):* **to ~ (into)** rebosar (hacia). 3. *(be very full):* **to be ~ing (with)** rebosar (de). *◇ n (pipe)* cañería *f* de desagüe.

overgrown [,əʊvə'grəʊn] *adj* cubierto (ta) de matojos.

overhaul [*n* ,əʊvəhɔːl, *vb* ,əʊvə'hɔːl] *◇ n* 1. *(of car, machine)* revisión *f*. 2. *(of method, system)* repaso *m* general. *◇ vt* revisar.

overhead [*adv* ,əʊvə'hed, *adj & n* 'əʊvəhed] *◇ adj* aéreo(a). *◇ adv* por lo alto, por encima. *◇ n Am (U)* gastos *mpl* generales. *♦* **overheads** *npl* gastos *mpl* generales.

overhead projector *n* retroproyector *m*.

overhear [,əʊvə'hɪər] *(pt & pp* **-heard** [-hɜːd]) *vt* oír por casualidad.

overheat [,əʊvə'hiːt] *vi* recalentarse.

overjoyed [,əʊvə'dʒɔɪd] *adj:* **to be ~ (at sthg)** estar encantado(da) (con algo).

overkill ['əʊvəkɪl] *n* exageración *f*, exceso *m*.

overladen [,əʊvə'leɪdn] *pp →* **overload**.

overland ['əʊvəlænd] *◇ adj* terrestre. *◇ adv* por tierra.

overlap [,əʊvə'læp] *vi* 1. *(cover each other)* superponerse. 2. *(be similar):* **to**

~ (with sthg) coincidir en parte (en algo).

overleaf [,əʊvə'liːf] *adv* al dorso.

overload [,əʊvə'ləʊd] *(pp* **-loaded** OR **-laden)** *vt* sobrecargar.

overlook [,əʊvə'lʊk] *vt* 1. *(look over)* mirar OR dar a. 2. *(disregard, miss)* pasar por alto. 3. *(forgive)* perdonar.

overnight [*adj* 'əʊvənaɪt, *adv* ,əʊvə'naɪt] *◇ adj* 1. *(for all of night)* de noche, nocturno(na). 2. *(for a night's stay - clothes)* para una noche. 3. *(very sudden)* súbito(ta). *◇ adv* 1. *(for all of night)* durante la noche. 2. *(very suddenly)* de la noche a la mañana.

overpass ['əʊvəpɑːs] *n Am* paso *m* elevado.

overpower [,əʊvə'paʊər] *vt* 1. *(in fight)* vencer, subyugar. 2. *fig (overwhelm)* sobreponerse a, vencer.

overpowering [,əʊvə'paʊərɪŋ] *adj* arrollador(ra), abrumador(ra).

overran [,əʊvə'ræn] *pt →* **overrun**.

overrated [,əʊvə'reɪtɪd] *adj* sobreestimado(da).

override [,əʊvə'raɪd] *(pt* **-rode**, *pp* **-ridden)** *vt* 1. *(be more important than)* predominar sobre. 2. *(overrule)* desautorizar.

overriding [,əʊvə'raɪdɪŋ] *adj* predominante.

overrode [,əʊvə'rəʊd] *pt →* **override**.

overrule [,əʊvə'ruːl] *vt (person)* desautorizar; *(decision)* anular; *(request)* denegar.

overrun [,əʊvə'rʌn] *(pt* **-ran**, *pp* **-run)** *◇ vt* 1. (MIL) *(enemy, army)* apabullar, arrasar; *(country)* ocupar, invadir. 2. *fig (cover):* **to be ~ with** estar invadido(da) de. *◇ vi* rebasar el tiempo previsto.

oversaw [,əʊvə'sɔː] *pt →* **oversee**.

overseas [*adj* 'əʊvəsiːz, *adv* ,əʊvə'siːz] *◇ adj* 1. *(in or to foreign countries - market)* exterior; *(- sales, aid)* al extranjero; *(- network, branches)* en el extranjero. 2. *(from abroad)* extranjero(ra). *◇ adv (go, travel)* al extranjero; *(study, live)* en el extranjero.

oversee [,əʊvə'siː] *(pt* **-saw**, *pp* **-seen** [-'siːn]) *vt* supervisar.

overseer ['əʊvə,siːər] *n* supervisor *m*, -ra *f*

overshadow [,əʊvə'ʃædəʊ] *vt* 1. *(be more important than):* **to be ~ed by** ser eclipsado(da) por. 2. *(mar):* **to be ~ed by sthg** ser ensombrecido(da) por algo.

overshoot [,əʊvə'ʃuːt] *(pt & pp* **-shot)** *vt (go past)* pasarse

oversight ['əʊvəsaɪt] *n* descuido *m*.

oversleep [,əʊvə'sliːp] (*pt & pp* **-slept** [-'slept]) *vi* no despertarse a tiempo, quedarse dormido(da).

overspill ['əʊvəspɪl] *n* exceso *m* de población.

overstep [,əʊvə'step] *vt* pasar de; **to ~ the mark** pasarse de la raya.

overt ['əʊvɜːt] *adj* abierto(ta), evidente.

overtake [,əʊvə'teɪk] (*pt* **-took**, *pp* **-taken** [-'teɪkn]) *vt* **1.** (AUT) adelantar. **2.** (*subj: event*) coger de improviso.

overthrow [,əʊvə'θrəʊ] (*pt* **-threw**, *pp* **-thrown**) *vt* (*oust*) derrocar.

overtime ['əʊvətaɪm] ◇ *n* (U) **1.** (*extra work*) horas *fpl* extra. **2.** *Am* (SPORT) (tiempo *m* de) descuento *m*. ◇ *adv*: **to work ~** trabajar horas extra.

overtones ['əʊvətəʊnz] *npl* matiz *m*.

overtook [,əʊvə'tʊk] *pt* → **overtake**.

overture ['əʊvə,tjʊəʳ] *n* (MUS) obertura *f*.

overturn [,əʊvə'tɜːn] ◇ *vt* **1.** (*turn over*) volcar. **2.** (*overrule*) rechazar. **3.** (*overthrow*) derrocar, derrumbar. ◇ *vi* (*vehicle*) volcar; (*boat*) zozobrar.

overweight [,əʊvə'weɪt] *adj* grueso (sa), gordo(da).

overwhelm [,əʊvə'welm] *vt* **1.** (*make helpless*) abrumar. **2.** (*defeat*) aplastar.

overwhelming [,əʊvə'welmɪŋ] *adj* **1.** (*despair, kindness*) abrumador(ra). **2.** (*defeat, majority*) aplastante.

overwork [,əʊvə'wɜːk] ◇ *n* trabajo *m* excesivo. ◇ *vt* (*give too much work to*) hacer trabajar demasiado.

overwrought [,əʊvə'rɔːt] *adj fml* nerviosísimo(ma), sobreexcitado(da).

owe [əʊ] *vt*: **to ~ sthg to sb, to ~ sb sthg** deber algo a alguien.

owing ['əʊɪŋ] *adj* que se debe.
♦ **owing to** *prep* debido a.

owl [aʊl] *n* búho *m*, lechuza *f*.

own [əʊn] ◇ *adj*: **my/your/his** *etc* ~ **car** mi/tu/su *etc* propio coche. ◇ *pron*: **my ~** el mío (la mía); **his/her ~** el suyo (la suya); **a house of my/his ~** mi/su propia casa; **on one's ~** solo(la); **to get one's ~ back** *inf* tomarse la revancha, desquitarse. ◇ *vt* poseer, tener. ♦ **own up** *vi*: **to ~ up (to sthg)** confesar (algo).

owner ['əʊnəʳ] *n* propietario *m*, -ria *f*.

ownership ['əʊnəʃɪp] *n* propiedad *f*.

ox [ɒks] (*pl* **oxen**) *n* buey *m*.

Oxbridge ['ɒksbrɪdʒ] *n* (U) las universidades de Oxford y Cambridge.

oxen ['ɒksn] *pl* → **ox**.

oxtail soup ['ɒksteɪl-] *n* sopa *f* de rabo de buey.

oxygen ['ɒksɪdʒən] *n* oxígeno *m*.

oxygen mask *n* máscara *f* de oxígeno.

oxygen tent *n* tienda *f* de oxígeno.

oyster ['ɔɪstəʳ] *n* ostra *f*

oz. *abbr of* **ounce.**

ozone ['əʊzəʊn] *n* ozono *m*.

ozone-friendly *adj* que no daña a la capa de ozono

ozone layer *n* capa *f* de ozono

P

p¹ (*pl* **p's** OR **ps**), **P** (*pl* **P's** OR **Ps**) [piː] *n* (*letter*) p *f*, P *f*.

p² **1.** (*abbr of* **page**) p. **2.** *abbr of* **penny, pence.**

pa [pɑː] *n inf* papá *m*.

p.a. (*abbr of* **per annum**) p.a.

PA *n* **1.** *Br abbr of* **personal assistant.** **2.** *abbr of* **public-address system.**

pace [peɪs] ◇ *n* paso *m*, ritmo *m*; **to keep ~ (with sthg)** (*change, events*) mantenerse al corriente (de algo); **to keep ~ (with sb)** llevar el mismo paso (que alguien). ◇ *vi*: **to ~ (up and down)** pasearse de un lado a otro.

pacemaker ['peɪs,meɪkəʳ] *n* **1.** (MED) marcapasos *m inv* **2.** (*in race*) liebre *f*.

Pacific [pə'sɪfɪk] ◇ *adj* del Pacífico. ◇ *n*: **the ~ (Ocean)** el (océano) Pacífico.

pacifier ['pæsɪfaɪəʳ] *n Am* (*for child*) chupete *m*.

pacifist ['pæsɪfɪst] *n* pacifista *m y f*

pacify ['pæsɪfaɪ] *vt* (*person, mob*) calmar, apaciguar

pack [pæk] ◇ *n* **1.** (*bundle*) lío *m*, fardo *m*; (*rucksack*) mochila *f*. **2.** (*packet*) paquete *m*. **3.** (*of cards*) baraja *f*. **4.** (*of dogs*) jauría *f*; (*of wolves*) manada *f*; *pej* (*of people*) banda *f*. ◇ *vt* **1.** (*for journey - bags, suitcase*) hacer; (*- clothes, etc*) meter (en la maleta) **2.** (*put in parcel*) empaquetar; (*put in container*) envasar. **3.** (*fill*) llenar, abarrotar; **to be ~ed into** estar apretujados dentro de. ◇ *vi* hacer las maletas. ♦ **pack in** *inf* ◇ *vt sep Br* (*stop*) dejar; **~ it in!** ¡déjalo!, ¡ya

basta! ◊ *vi* parar. ◆ **pack off** *vt sep inf* enviar, mandar.

package ['pækɪdʒ] ◊ *n* (*gen & COMPUT*) paquete *m.* ◊ *vt* (*wrap up*) envasar.

package deal *n* convenio *m* OR acuerdo *m* global.

package tour *n* vacaciones *fpl* con todo incluido.

packaging ['pækɪdʒɪŋ] *n* (*wrapping*) envasado *m.*

packed [pækt] *adj*: ~ **(with)** repleto (ta) (de).

packed lunch *n Br* almuerzo preparado de antemano que se lleva uno al colegio, la oficina etc

packed-out *adj Br inf* a tope.

packet ['pækɪt] *n* (*gen*) paquete *m*; (*of crisps, sweets*) bolsa *f.*

packing ['pækɪŋ] *n* **1.** (*protective material*) embalaje *m* **2.** (*for journey*): **to do the** ~ hacer el equipaje.

packing case *n* cajón *m* de embalaje.

pact [pækt] *n* pacto *m.*

pad [pæd] ◊ *n* **1.** (*of material*) almohadillado *m.* **2.** (*of paper*) bloc *m.* **3.** (SPACE): **(launch)** ~ plataforma *f* (de lanzamiento). **4.** *inf dated* (*home*) casa *f.* ◊ *vt* acolchar, rellenar. ◊ *vi* (*walk softly*) andar con suavidad.

padding ['pædɪŋ] *n* (U) **1.** (*in jacket, chair*) relleno *m* **2.** (*in speech*) paja *f.*

paddle ['pædl] ◊ *n* **1.** (*for canoe, dinghy*) pala *f*, canalete *m* **2.** (*walk in sea*) paseo *m* por la orilla. ◊ *vt* remar. ◊ *vi* **1.** (*in canoe*) remar. **2.** (*person - in sea*) pasear por la orilla.

paddle boat, paddle steamer *n* vapor *m* de paletas OR ruedas.

paddling pool ['pædlɪŋ-] *n Br* **1.** (*in park*) estanque *m* para chapotear. **2.** (*inflatable*) piscina *f* inflable.

paddock ['pædək] *n* **1.** (*small field*) potrero *m*, corral *m.* **2.** (*at racecourse*) paddock *m.*

paddy field ['pædɪ-] *n* arrozal *m*

padlock ['pædlɒk] ◊ *n* candado *m.* ◊ *vt* cerrar con candado.

paediatrics [ˌpiːdɪˈætrɪks] = **pediatrics**

pagan ['peɪgən] ◊ *adj* pagano(na). ◊ *n* pagano *m*, -na *f.*

page [peɪdʒ] ◊ *n* página *f.* ◊ *vt* (*in hotel, airport*) llamar por megafonía.

pageant ['pædʒənt] *n* desfile *m.*

pageantry ['pædʒəntrɪ] *n* boato *m.*

pager ['peɪdʒər] ◊ *n* buscapersonas *m inv*, busca *m.*

paid [peɪd] ◊ *pt & pp* → **pay.** ◊ *adj*

(*holiday, leave*) pagado(da); (*work, staff*) remunerado(da).

pail [peɪl] *n* cubo *m.*

pain [peɪn] *n* **1.** (*ache*) dolor *m*; **to be in** ~ dolerse, sufrir dolor. **2.** (*mental suffering*) pena *f*, sufrimiento *m* **3.** *inf* (*annoyance - person*) pesado *m*, -da *f*; (- *thing*) pesadez *f.* ◆ **pains** *npl* (*effort, care*) esfuerzos *mpl*; **to be at ~s to do sthg** afanarse por hacer algo; **to take ~s to do sthg** esforzarse en hacer algo.

pained [peɪnd] *adj* apenado(da).

painful ['peɪnfʊl] *adj* (*back, eyes*) dolorido(da); (*injury, exercise, memory*) doloroso(sa).

painfully ['peɪnfʊlɪ] *adv* **1.** (*causing pain*) dolorosamente. **2.** (*extremely*) terriblemente.

painkiller ['peɪnˌkɪlər] *n* calmante *m.*

painless ['peɪnlɪs] *adj* **1.** (*physically*) indoloro(ra). **2.** (*emotionally*) sin complicaciones.

painstaking ['peɪnzˌteɪkɪŋ] *adj* meticuloso(sa), minucioso(sa).

paint [peɪnt] ◊ *n* pintura *f.* ◊ *vt* pintar; **to ~ the ceiling white** pintar el techo de blanco.

paintbrush ['peɪntbrʌʃ] *n* **1.** (ART) pincel *m* **2.** (*of decorator*) brocha *f.*

painter ['peɪntər] *n* pintor *m*, -ra *f.*

painting ['peɪntɪŋ] *n* **1.** (*picture*) cuadro *m*, pintura *f.* **2.** (U) (*art form, trade*) pintura *f.*

paint stripper *n* quitapinturas *f inv.*

paintwork ['peɪntwɜːk] *n* (U) pintura *f.*

pair [peər] *n* **1.** (*of shoes, socks, wings*) par *m*; (*of aces*) pareja *f.* **2.** (*two-part object*): **a** ~ **of scissors** unas tijeras; **a** ~ **of trousers** unos pantalones. **3.** (*couple - of people*) pareja *f.*

pajamas [pəˈdʒɑːməz] = **pyjamas**.

Pakistan [*Br* ˌpɑːkɪˈstɑːn, *Am* ˌpækɪˈstæn] *n* (el) Paquistán

Pakistani [*Br* ˌpɑːkɪˈstɑːnɪ, *Am* ˌpækɪˈstænɪ] ◊ *adj* paquistaní ◊ *n* paquistaní *m y f.*

pal [pæl] *n inf* (*friend*) amiguete *m*, -ta *f*, colega *m y f.*

palace ['pælɪs] *n* palacio *m.*

palatable ['pælətəbl] *adj* **1.** (*pleasant to taste*) sabroso(sa). **2.** (*acceptable*) aceptable.

palate ['pælət] *n* paladar *m*

palaver [pəˈlɑːvər] *n inf* (*fuss*) follón *m*

pale [peɪl] ◊ *adj* **1.** (*colour, clothes, paint*) claro(ra); (*light*) tenue. **2.** (*person*) pálido(da) ◊ *vi* palidecer.

Palestine ['pælɪˌstaɪn] *n* Palestina.

Palestinian [ˌpæləˈstɪnɪən] ◊ *adj* palestino(na). ◊ *n (person)* palestino *m*, -na *f*.
palette [ˈpælət] *n* paleta *f*.
palings [ˈpeɪlɪŋz] *npl* empalizada *f*.
pall [pɔːl] ◊ *n* 1. *(of smoke)* nube *f*, cortina *f*. 2. *Am (coffin)* féretro *m*. ◊ *vi* hacerse pesado(da).
pallet [ˈpælɪt] *n* plataforma *f* de carga.
pallor [ˈpælər] *n literary* palidez *f*.
palm [pɑːm] *n* 1. *(tree)* palmera *f*. 2. *(of hand)* palma *f*. ◆ **palm off** *vt sep inf*: to ~ sthg off on sb endosar OR encasquetar algo a alguien; to ~ sb off with despachar a alguien con.
Palm Sunday *n* Domingo *m* de Ramos.
palmtop [ˈpɑːmtɒp] *n* palmtop *m*, asistente *m* personal.
palm tree *n* palmera *f*.
palpable [ˈpælpəbl] *adj* palpable.
paltry [ˈpɔːltrɪ] *adj* mísero(ra).
pamper [ˈpæmpər] *vt* mimar.
pamphlet [ˈpæmflɪt] *n (political)* panfleto *m*; *(publicity, information)* folleto *m*.
pan [pæn] ◊ *n* 1. *(saucepan)* cazuela *f*, cacerola *f*; *(frying pan)* sartén *f*. 2. *Am (for bread, cakes etc)* molde *m*. ◊ *vt inf (criticize)* poner por los suelos. ◊ *vi (CINEMA)* tomar vistas panorámicas.
panacea [ˌpænəˈsɪə] *n*: a ~ (for) la panacea (de).
Panama [ˌpænəˈmɑː] *n* Panamá.
Panama Canal *n*: the ~ el canal de Panamá.
panama (hat) *n* panamá *m*.
pancake [ˈpænkeɪk] *n* torta *f*, crepe *f*.
Pancake Day *n Br* ≈ Martes *m inv* de Carnaval.
panda [ˈpændə] *(pl inv OR -s)* *n* panda *m*.
Panda car *n Br* coche *m* patrulla.
pandemonium [ˌpændɪˈməʊnjəm] *n* pandemónium *m*, jaleo *m*.
pander [ˈpændər] *vi*: to ~ to complacer a.
pane [peɪn] *n* (hoja *f* de) cristal *m*.
panel [ˈpænl] *n* 1. *(group of people)* equipo *m*; *(in debates)* mesa *f*. 2. *(of a material)* panel *m*. 3. *(of a machine)* tablero *m*, panel *m*.
panelling *Br*, **paneling** *Am* [ˈpænəlɪŋ] *n (U) (on a ceiling)* artesonado *m*; *(on a wall)* paneles *mpl*.
pang [pæŋ] *n* punzada *f*.
panic [ˈpænɪk] *(pt & pp -ked, cont -king)* ◊ *n* pánico *m*. ◊ *vi* aterrarse.
panicky [ˈpænɪkɪ] *adj (person)* aterrado(da), nervioso(sa); *(feeling)* de pánico.
panic-stricken *adj* preso(sa) OR víctima del pánico.

panorama [ˌpænəˈrɑːmə] *n* panorama *m*, vista *f*.
pansy [ˈpænzɪ] *n* 1. *(flower)* pensamiento *m*. 2. *pej inf (man)* marica *m*.
pant [pænt] *vi* jadear.
panther [ˈpænθər] *(pl inv OR -s)* *n* pantera *f*.
panties [ˈpæntɪz] *npl inf* bragas *fpl Esp*, calzones *mpl Amer*, pantaletas *fpl Col & Méx*, bombachas *fpl CSur*.
pantihose [ˈpæntɪhəʊz] = **panty hose**.
pantomime [ˈpæntəmaɪm] *n Br* obra musical humorística para niños celebrada en Navidad.
pantry [ˈpæntrɪ] *n* despensa *f*.
pants [pænts] *npl* 1. *Br (underpants)* calzoncillos *mpl*. 2. *Am (trousers)* pantalones *mpl*.
panty hose [ˈpæntɪ-] *npl Am* medias *fpl*.
papa [*Br* pəˈpɑː, *Am* ˈpæpə] *n* papá *m*.
paper [ˈpeɪpər] ◊ *n* 1. *(U) (material)* papel *m*; **piece of ~** *(sheet)* hoja *f* de papel; *(scrap)* trozo *m* de papel; **on ~** *(written down)* por escrito; *(in theory)* sobre el papel. 2. *(newspaper)* periódico *m*. 3. *(in exam)* examen *m*. 4. *(essay - gen)* estudio *m*, ensayo *m*; *(- for conference)* ponencia *f*. ◊ *adj (made of paper)* de papel. ◊ *vt* empapelar. ◆ **papers** *npl (official documents)* documentación *f*.
paperback [ˈpeɪpəbæk] *n* libro *m* en rústica.
paper clip *n* clip *m*.
paper handkerchief *n* pañuelo *m* de papel, klínex® *m inv*.
paper knife *n* abrecartas *m inv*.
paper shop *n Br* quiosco *m* de periódicos.
paperweight [ˈpeɪpəweɪt] *n* pisapapeles *m inv*.
paperwork [ˈpeɪpəwɜːk] *n* papeleo *m*.
papier-mâché [ˌpæpjeɪˈmæʃeɪ] *n* cartón *m* piedra.
paprika [ˈpæprɪkə] *n* pimentón *m*.
par [pɑːr] *n* 1. *(parity)*: **on a ~ with** al mismo nivel que. 2. *(GOLF)* par *m*. 3. *(good health)*: **below** OR **under** ~ pachucho(cha).
parable [ˈpærəbl] *n* parábola *f*.
parachute [ˈpærəʃuːt] *n* paracaídas *m inv*.
parade [pəˈreɪd] ◊ *n (procession)* desfile *m*. ◊ *vt* 1. *(soldiers)* hacer desfilar; *(criminals, captives)* pasear. 2. *fig (flaunt)* hacer alarde de ◊ *vi* desfilar.
paradise [ˈpærədaɪs] *n fig* paraíso *m*.
paradox [ˈpærədɒks] *n* paradoja *f*.

paradoxically [ˌpærəˈdɒksɪklɪ] *adv* paradójicamente.

paraffin [ˈpærəfɪn] *n* parafina *f*.

paragon [ˈpærəgən] *n* dechado *m*.

paragraph [ˈpærəgrɑːf] *n* párrafo *m*.

Paraguay [ˈpærəgwaɪ] *n* (el) Paraguay.

Paraguayan [ˌpærəˈgwaɪən] ◊ *adj* paraguayo(ya). ◊ *n* paraguayo *m*, -ya *f*.

parallel [ˈpærəlel] ◊ *adj*: ~ **(to** OR **with)** paralelo(la) (a). ◊ *n* **1.** *(parallel line, surface)* paralela *f*. **2.** *(something, someone similar)*: **to have no ~ no** tener precedente. **3.** *(similarity)* semejanza *f* **4.** (GEOGR) paralelo *m*

paralyse *Br*, **-yze** *Am* [ˈpærəlaɪz] *vt lit & fig* paralizar

paralysis [pəˈrælɪsɪs] *(pl* **-lyses** [-lɪsiːz]*)* *n* parálisis *f inv*.

paramedic [ˌpærəˈmedɪk] *n* auxiliar sanitario *m*, auxiliar sanitaria *f*.

parameter [pəˈræmɪtər] *n* parámetro *m*.

paramount [ˈpærəmaunt] *adj* vital, fundamental; **of ~ importance** de suma importancia.

paranoid [ˈpærənɔɪd] *adj* paranoico (ca).

paraphernalia [ˌpærəfəˈneɪljə] *n* parafernalia *f*.

parasite [ˈpærəsaɪt] *n* parásito *m*, -ta *f*.

parasol [ˈpærəsɒl] *n* sombrilla *f*.

paratrooper [ˈpærətruːpər] *n* paracaidista *m y f (del ejército)*.

parcel [ˈpɑːsl] *n* paquete *m*. ◆ **parcel up** *vt sep* empaquetar.

parcel post *n* (servicio *m* de) paquete *m* postal.

parched [pɑːtʃt] *adj* **1.** *(throat, mouth)* seco(ca); *(lips)* quemado(da). **2.** *inf (very thirsty)* seco(ca).

parchment [ˈpɑːtʃmənt] *n (paper)* pergamino *m*

pardon [ˈpɑːdn] ◊ *n* **1.** (JUR) perdón *m*, indulto *m*. **2.** *(forgiveness)* perdón *m*; **I beg your ~?** *(showing surprise, asking for repetition)* ¿perdón?, ¿cómo (dice)?; **I beg your ~** *(to apologize)* le ruego me disculpe, perdón. ◊ *vt* **1.** *(forgive)*: **to ~ sb (for sthg)** perdonar a alguien (por algo); **~?** ¿perdón?, ¿cómo (dice)?; **~ me** *(touching sb accidentally, belching)* discúlpeme, perdón; *(excuse me)* con permiso. **2.** (JUR) indultar

parent [ˈpeərənt] *n (father)* padre *m*; *(mother)* madre *f* ◆ **parents** *npl* padres *mpl*.

parental [pəˈrentl] *adj (paternal)* paterno(na); *(maternal)* materno(na).

parenthesis [pəˈrenθɪsɪs] *(pl* **-theses** [-θɪsiːz]*)* *n* paréntesis *m inv*.

Paris [ˈpærɪs] *n* París.

parish [ˈpærɪʃ] *n* **1.** *(of church)* parroquia *f*. **2.** *Br (area of local government)* municipio *m*.

parity [ˈpærətɪ] *n*: ~ **(with/between)** igualdad *f* (con/entre).

park [pɑːk] ◊ *n* parque *m*. ◊ *vt & vi* estacionar, aparcar *Esp*, parquear *Amer*.

parking [ˈpɑːkɪŋ] *n* estacionamiento *m*, aparcamiento *m Esp*; **'no ~'** 'prohibido estacionar'.

parking lot *n Am* estacionamiento *m* (al aire libre).

parking meter *n* parquímetro *m*.

parking ticket *n* multa *f* por estacionamiento indebido.

parlance [ˈpɑːləns] *n*: **in common/legal** *etc* ~ en el habla común/legal *etc*, en el lenguaje común/legal *etc*.

parliament [ˈpɑːləmənt] *n* **1.** *(assembly, institution)* parlamento *m*. **2.** *(session)* legislatura *f*.

parliamentary [ˌpɑːləˈmentərɪ] *adj* parlamentario(ria).

parlour *Br*, **parlor** *Am* [ˈpɑːlər] *n dated* salón *m*.

parochial [pəˈrəukjəl] *adj pej* de miras estrechas.

parody [ˈpærədɪ] ◊ *n* parodia *f*. ◊ *vt* parodiar.

parole [pəˈrəul] *n* libertad *f* condicional (bajo palabra); **on ~** en libertad condicional.

parquet [ˈpɑːkeɪ] *n* parqué *m*.

parrot [ˈpærət] *n* loro *m*, papagayo *m*.

parry [ˈpærɪ] *vt (blow)* parar; *(attack)* desviar.

parsimonious [ˌpɑːsɪˈməunjəs] *adj fml & pej* mezquino(na), tacaño(ña).

parsley [ˈpɑːslɪ] *n* perejil *m*.

parsnip [ˈpɑːsnɪp] *n* chirivía *f*.

parson [ˈpɑːsn] *n* párroco *m*.

part [pɑːt] ◊ *n* **1.** *(gen)* parte *f*; **for the most ~** en su mayoría. **2.** *(component)* pieza *f* **3.** (THEATRE) papel *m*. **4.** *(involvement)*: ~ **(in)** participación *f* (en); **to play an important ~ (in)** desempeñar OR jugar un papel importante (en); **to take ~ (in)** tomar parte (en); **for my/his ~** por mi/su parte. **5.** *Am (hair parting)* raya *f*. ◊ *adv* en parte ◊ *vt* **1.** *(lips, curtains)* abrir. **2.** *(hair)* peinar con raya. ◊ *vi* **1.** *(leave one another)* separarse. **2.** *(separate - lips, curtains)* abrirse. ◆ **parts** *npl (place)* pagos *mpl*. ◆ **part with** *vt fus* separarse de

part exchange *n* sistema de *pagar parte de algo con un artículo usado*; **in ~** como parte del pago.

partial [ˈpɑːʃl] *adj* **1.** *(incomplete, biased)* parcial. **2.** *(fond)*: ~ **to** amigo (ga) de, aficionado(da) a.

participant [pɑːˈtɪsɪpənt] *n* participante *m y f*.

participate [pɑːˈtɪsɪpeɪt] *vi*: **to ~ (in)** participar (en).

participation [pɑːˌtɪsɪˈpeɪʃn] *n* participación *f*.

participle [ˈpɑːtɪsɪpl] *n* participio *m*.

particle [ˈpɑːtɪkl] *n* partícula *f*.

particular [pəˈtɪkjʊləʳ] *adj* **1.** *(specific, unique)* especial, en concreto OR particular. **2.** *(extra, greater)* especial. **3.** *(difficult)* exigente. ♦ **particulars** *npl* *(of person)* datos *mpl*; *(of thing)* detalles *mpl*. ♦ **in particular** *adv* en particular.

particularly [pəˈtɪkjʊləlɪ] *adv* especialmente.

parting [ˈpɑːtɪŋ] *n* **1.** *(separation)* despedida *f*. **2.** *Br (in hair)* raya *f*.

partisan [ˌpɑːtɪˈzæn] ◇ *adj* partidista. ◇ *n (freedom fighter)* partisano *m*, -na *f*.

partition [pɑːˈtɪʃn] ◇ *n* **1.** *(wall)* tabique *m*; *(screen)* separación *f*. **2.** *(of a country)* división *f*. ◇ *vt* **1.** *(room)* dividir con tabiques. **2.** *(country)* dividir.

partly [ˈpɑːtlɪ] *adv* en parte.

partner [ˈpɑːtnəʳ] *n* **1.** *(spouse, lover)* pareja *f*. **2.** *(in an activity)* compañero *m*, -ra *f*. **3.** *(in a business)* socio *m*, -cia *f*. **4.** *(ally)* colega *m y f*.

partnership [ˈpɑːtnəʃɪp] *n* **1.** *(relationship)* asociación *f*. **2.** *(business)* sociedad *f*.

partridge [ˈpɑːtrɪdʒ] *n* perdiz *f*.

part-time ◇ *adj* a tiempo parcial. ◇ *adv* a tiempo parcial.

party [ˈpɑːtɪ] *n* **1.** (POL) partido *m*. **2.** *(social gathering)* fiesta *f*. **3.** *(group)* grupo *m*. **4.** (JUR) parte *f*.

party line *n* **1.** (POL) línea *f* (política) del partido. **2.** (TELEC) línea *f* (telefónica) compartida.

pass [pɑːs] ◇ *n* **1.** (SPORT) pase *m*. **2.** *(document, permit)* pase *m*; **travel ~** tarjeta *f* OR abono *m* de transportes. **3.** *Br (successful result)* aprobado *m*. **4.** *(route between mountains)* vía *f*, desfiladero *m*. **5.** *phr*: **to make a ~ at sb** intentar ligar con alguien. ◇ *vt* **1.** *(gen)* pasar; **to ~ sthg (to sb), to ~ (sb) sthg** pasar OR pasarle algo (a alguien). **2.** *(move past - thing)* pasar por (delante de); *(- person)* pasar delante de; **to ~ sb in the street** cruzarse con alguien. **3.** (AUT) adelantar. **4.** *(exceed)* sobrepasar. **5.** *(exam, candidate, law)* aprobar;

to ~ sthg fit (for) dar algo por bueno (para). **6.** *(opinion, judgement)* formular; *(sentence)* dictar. ◇ *vi* **1.** *(gen)* pasar. **2.** (AUT) adelantar. **3.** *(in exam)* pasar, aprobar. **4.** *(occur)* transcurrir. ♦ **pass as** *vt fus* pasar por. ♦ **pass away** *vi* fallecer. ♦ **pass by** ◇ *vt sep (subj: people)* hacer caso omiso a; *(subj: events, life)* pasar desapercibido(da) a. ◇ *vi* pasar cerca. ♦ **pass for** *vt fus* = **pass as**. ♦ **pass on** ◇ *vt sep*: **to ~ sthg on (to)** pasar algo (a) ◇ *vi* **1.** *(move on)* continuar. **2.** = **pass away**. ♦ **pass out** *vi* **1.** *(faint)* desmayarse. **2.** *Br* (MIL) graduarse. ♦ **pass over** *vt fus* pasar por alto. ♦ **pass up** *vt sep* dejar pasar OR escapar.

passable [ˈpɑːsəbl] *adj* **1.** *(satisfactory)* pasable. **2.** *(not blocked)* transitable.

passage [ˈpæsɪdʒ] *n* **1.** *(corridor - between houses)* pasadizo *m*, pasaje *m*; *(- between rooms)* pasillo *m*. **2.** *(clear path)* paso *m*, hueco *m*. **3.** (MED) conducto *m*, tubo *m*. **4.** *(of music, speech)* pasaje *m*. **5.** *fml (of vehicle, person, time)* paso *m*. **6.** *(sea journey)* travesía *f*.

passageway [ˈpæsɪdʒweɪ] *n* *(between houses)* pasadizo *m*, pasaje *m*; *(between rooms)* pasillo *m*.

passbook [ˈpɑːsbʊk] *n* = cartilla *f* OR libreta *f* de banco.

passenger [ˈpæsɪndʒəʳ] *n* pasajero *m*, -ra *f*.

passerby [ˌpɑːsəˈbaɪ] *(pl* **passersby** [ˌpɑːsəzˈbaɪ]) *n* transeúnte *m y f*.

passing [ˈpɑːsɪŋ] ◇ *adj (fad)* pasajero (ra); *(remark)* de pasada. ◇ *n* transcurso *m*. ♦ **in passing** *adv* de pasada.

passion [ˈpæʃn] *n*: ~ **(for)** pasión *f* (por).

passionate [ˈpæʃənət] *adj* apasionado (da).

passive [ˈpæsɪv] *adj* pasivo(va).

Passover [ˈpɑːsˌəʊvəʳ] *n*: **(the) ~** (la) Pascua judía.

passport [ˈpɑːspɔːt] *n* pasaporte *m*.

passport control *n* control *m* de pasaportes.

password [ˈpɑːswɜːd] *n (gen & COMPUT)* contraseña *f*.

past [pɑːst] ◇ *adj* **1.** *(former)* anterior. **2.** *(most recent)* pasado(da); **over the ~ week** durante la última semana. **3.** *(finished)* terminado(da). ◇ *adv* **1.** *(telling the time)*: **it's ten ~** son y diez. **2.** *(beyond, in front)* por delante; **to walk/run ~** pasar andando/corriendo. ◇ *n* **1.** *(time)*: **the ~** el pasado. **2.** *(personal history)* pasado *m*. ◇ *prep* **1.** *(telling the time)*: **it's five/**

half/a quarter ~ ten son las diez y cinco/media/cuarto. **2.** *(alongside, in front of)* por delante de. **3.** *(beyond)* más allá de; **it's ~ the bank** está pasado el banco.

pasta ['pæstə] *n (U)* pasta *f*

paste [peɪst] ◇ *n* **1.** *(smooth mixture)* pasta *f*. **2.** *(food)* paté *m*, pasta *f*. **3.** *(glue)* engrudo *m*. ◇ *vt (labels, stamps)* pegar; *(surface)* engomar, engrudar.

pastel ['pæstl] ◇ *adj* pastel *(inv)*. ◇ *n* (ART) *(crayon)* pastel *m*.

pasteurize, -ise ['pɑːstʃəraɪz] *vt* pasteurizar.

pastille ['pæstɪl] *n* pastilla *f*

pastime ['pɑːstaɪm] *n* pasatiempo *m*.

pastor ['pɑːstər] *n* pastor *m* (RELIG).

past participle *n* participio *m* pasado.

pastry ['peɪstrɪ] *n* **1.** *(mixture)* pasta *f*. **2.** *(cake)* pastel *m*.

past tense *n*: **the ~** el pasado.

pasture ['pɑːstʃər] *n* pasto *m*.

pasty¹ ['peɪstɪ] *adj* pálido(da).

pasty² ['pæstɪ] *n Br* empanada *f*.

pat [pæt] ◇ *n (of butter etc)* porción *f*. ◇ *vt (gen)* golpear ligeramente; *(dog)* acariciar; *(back, hand)* dar palmaditas a.

patch [pætʃ] ◇ *n* **1.** *(for mending)* remiendo *m*; *(to cover eye)* parche *m*. **2.** *(part of surface)* área *f*. **3.** *(area of land)* bancal *m*, parcela *f*. **4.** *(period of time)* periodo *m*. ◇ *vt* remendar.
♦ **patch up** *vt sep* **1.** *(mend)* reparar. **2.** *(resolve - quarrel)* resolver.

patchwork ['pætʃwɜːk] *adj* de trozos de distintos colores y formas.

patchy ['pætʃɪ] *adj* **1.** *(uneven - fog, sunshine)* irregular; *(- colour)* desigual. **2.** *(incomplete)* deficiente, incompleto (ta). **3.** *(good in parts)* irregular

pâté ['pæteɪ] *n* paté *m*.

patent [Br 'peɪtənt, Am 'pætənt] ◇ *adj (obvious)* patente, evidente. ◇ *n* patente *f*. ◇ *vt* patentar.

patent leather *n* charol *m*

paternal [pə'tɜːnl] *adj (love, attitude)* paternal; *(grandmother, grandfather)* paterno(na).

paternity [pə'tɜːnətɪ] *n* paternidad *f*.

path [pɑːθ, *pl* pɑːðz] *n* **1.** *(track, way ahead)* camino *m* **2.** *(trajectory - of bullet)* trayectoria *f*; *(- of flight)* rumbo *m*. **3.** *(course of action)* curso *m*.

pathetic [pə'θetɪk] *adj* **1.** *(causing pity)* patético(ca), lastimoso(sa). **2.** *(attempt, person)* inútil; *(actor, film)* malísimo (ma).

pathological [ˌpæθə'lɒdʒɪkl] *adj* patológico(ca).

pathology [pə'θɒlədʒɪ] *n* patología *f*.

pathos ['peɪθɒs] *n* patetismo *m*.

pathway ['pɑːθweɪ] *n* camino *m*, sendero *m*.

patience ['peɪʃns] *n* **1.** *(quality)* paciencia *f*. **2.** *(card game)* solitario *m*.

patient ['peɪʃnt] ◇ *adj* paciente. ◇ *n* paciente *m y f*.

patio ['pætɪəʊ] *(pl -s)* *n* patio *m*.

patriotic [Br ˌpætrɪ'ɒtɪk, Am ˌpeɪtrɪ'ɒtɪk] *adj* patriótico(ca).

patrol [pə'trəʊl] ◇ *n* patrulla *f*. ◇ *vt* patrullar

patrol car *n* coche *m* patrulla

patrolman [pə'trəʊlmən] *(pl -men* [-mən]) *n Am* policía *m*, guardia *m*

patron ['peɪtrən] *n* **1.** *(of arts)* mecenas *m y f inv*. **2.** *Br (of charity, campaign)* patrocinador *m*, -ra *f*. **3.** *fml (customer)* cliente *m y f*.

patronize, -ise ['pætrənaɪz] *vt* **1.** *pej (talk down to)* tratar con aire paternalista OR condescendiente. **2.** *fml (back financially)* patrocinar.

patronizing ['pætrənaɪzɪŋ] *adj pej* paternalista, condescendiente.

patter ['pætər] *n* **1.** *(of raindrops)* repiqueteo *m*; *(of feet)* pasitos *mpl*. **2.** *(sales talk)* charlatanería *f*. ◇ *vi (dog, feet)* corretear; *(rain)* repiquetear.

pattern ['pætən] *n* **1.** *(design)* dibujo *m*, diseño *m*. **2.** *(of life, work)* estructura *f*; *(of illness, events)* desarrollo *m*, evolución *f*. **3.** *(for sewing, knitting)* patrón *m*. **4.** *(model)* modelo *m*.

paunch [pɔːntʃ] *n* barriga *f*, panza *f*.

pauper ['pɔːpər] *n* indigente *m y f*.

pause [pɔːz] ◇ *n* pausa *f*. ◇ *vi* **1.** *(stop speaking)* hacer una pausa. **2.** *(stop moving, doing sthg)* detenerse.

pave [peɪv] *vt* pavimentar; **to ~ the way for** preparar el terreno para.

pavement ['peɪvmənt] *n* **1.** *Br (at side of road)* acera *f*, andén *m CAm*, banqueta *f Méx*, vereda *f CSur*. **2.** *Am (roadway)* calzada *f*.

pavilion [pə'vɪljən] *n* **1.** *Br (at sports field)* vestuarios *mpl*. **2.** *(at exhibition)* pabellón *m*.

paving ['peɪvɪŋ] *n (U)* pavimento *m*.

paving stone *n* losa *f*.

paw [pɔː] *n (foot)* pata *f*; *(claw)* zarpa *f*

pawn [pɔːn] ◇ *n* **1.** *(chesspiece)* peón *m*. **2.** *(unimportant person)* marioneta *f*. ◇ *vt* empeñar

pawnbroker ['pɔːnˌbrəʊkər] *n* prestamista *m y f*.

pawnshop ['pɔ:nʃɒp] *n* monte *m* de piedad.

pay [peɪ] (*pt & pp* **paid**) ◇ *vt* **1.** *(gen)* pagar; **to ~ sb for sthg** pagar a alguien por algo; **he paid £20 for it** pagó 20 libras por ello **2.** *Br (put into bank account)*: **to ~ sthg into** ingresar algo en. **3.** *(be profitable to)* ser rentable a. **4.** *(compliment, visit)* hacer; *(respects)* ofrecer; *(attention)* prestar; *(homage)* rendir. ◇ *vi* **1.** *(gen)* pagar; **to ~ dearly for sthg** pagar caro (por) algo. **2.** *(be profitable)* ser rentable. ◇ *n* paga *f*.
♦ **pay back** *vt sep* **1.** *(money)* devolver, reembolsar. **2.** *(revenge oneself)*: **to ~ sb back (for sthg)** hacer pagar a alguien (por algo). ♦ **pay for** *vt fus* pagar. ♦ **pay off** ◇ *vt sep* **1.** *(repay - debt)* liquidar, saldar. **2.** *(dismiss)* despedir con indemnización. **3.** *(bribe)* comprar, pagar. ◇ *vi* salir bien, tener éxito. ♦ **pay up** *vi* pagar.

payable ['peɪəbl] *adj* **1.** *(to be paid)* pagadero(ra). **2.** *(on cheque)*: **~ to** a favor de.

paycheck ['peɪtʃek] *n Am* paga *f*.

payday ['peɪdeɪ] *n* día *m* de paga.

payee [peɪ'i:] *n* beneficiario *m*, -ria *f*.

pay envelope *n Am* sobre *m* de paga.

payment ['peɪmənt] *n* pago *m*.

pay packet *n Br* **1.** *(envelope)* sobre *m* de paga. **2.** *(wages)* paga *f*.

pay phone, pay station *Am n* teléfono *m* público.

payroll ['peɪrəʊl] *n* nómina *f*.

payslip ['peɪslɪp] *n Br* hoja *f* de paga.

pay station *Am* = **pay phone**.

pc *(abbr of* **per cent)** p.c.

PC 1. *(abbr of* **personal computer)** PC *m*. **2.** *abbr of* **police constable**.

PE *(abbr of* **physical education)** *n* EF *f*.

pea [pi:] *n* guisante *m Esp*, arveja *f Amer*, chícharo *m Méx*.

peace [pi:s] *n* **1.** *(gen)* paz *f*. **2.** *(quiet)* calma *f*, tranquilidad *f*. **3.** *(freedom from disagreement)* orden *m*; **to make (one's) ~ (with)** hacer las paces (con).

peaceable ['pi:səbl] *adj (not aggressive)* pacífico(ca).

peaceful ['pi:sful] *adj* **1.** *(quiet, calm)* tranquilo(la). **2.** *(not aggressive)* pacífico(ca).

peacetime ['pi:staɪm] *n (U)* tiempos *mpl* de paz.

peach [pi:tʃ] ◇ *adj (in colour)* de color melocotón *Esp* OR de durazno *Amer*. ◇ *n* **1.** *(fruit)* melocotón *m Esp*, durazno *m Amer*. **2.** *(colour)* color *m* melocotón *Esp* OR durazno *Amer*.

peacock ['pi:kɒk] *n* pavo *m* real.

peak [pi:k] ◇ *n* **1.** *(mountain top)* pico *m*, cima *f*. **2.** *(highest point)* apogeo *m*. **3.** *(of cap)* visera *f*. ◇ *adj (season)* alto (ta); *(condition)* perfecto(ta). ◇ *vi* alcanzar el máximo.

peaked ['pi:kt] *adj* con visera.

peak hour *n* hora *f* punta.

peak period *n (of electricity etc)* periodo *m* de tarifa máxima; *(of traffic)* horas *fpl* punta.

peak rate *n* tarifa *f* máxima.

peal [pi:l] ◇ *n (of bells)* repique *m*; **~ (of laughter)** carcajada *f*. ◇ *vi* repicar.

peanut ['pi:nʌt] *n* cacahuete *m Esp*, maní *m Amer*, cacahuate *m Méx*.

peanut butter *n* manteca *f* de cacahuete *Esp* OR de maní *Amer* OR de cacahuate *Méx*

pear [peəʳ] *n* pera *f*.

pearl [pɜ:l] *n* perla *f*.

peasant ['peznt] *n (in countryside)* campesino *m*, -na *f*.

peat [pi:t] *n* turba *f*.

pebble ['pebl] *n* guijarro *m*.

peck [pek] ◇ *n* **1.** *(with beak)* picotazo *m*. **2.** *(kiss)* besito *m*. ◇ *vt (with beak)* picotear. ◇ *vi* picotear.

pecking order ['pekɪŋ-] *n* jerarquía *f*.

peckish ['pekɪʃ] *adj Br inf*: **to feel ~** estar algo hambriento(ta).

peculiar [pɪ'kju:ljəʳ] *adj* **1.** *(odd)* singular, extraño(ña). **2.** *(slightly ill)* raro(ra), indispuesto(ta). **3.** *(characteristic)*: **to be ~ to** ser propio(pia) de.

peculiarity [pɪ,kju:lɪ'ærətɪ] *n* **1.** *(eccentricity)* extravagancia *f*. **2.** *(characteristic)* peculiaridad *f*.

pedal ['pedl] ◇ *n* pedal *m*. ◇ *vi* pedalear.

pedal bin *n* cubo *m* de basura con pedal.

pedantic [pɪ'dæntɪk] *adj pej* puntilloso (sa).

peddle ['pedl] *vt (drugs)* traficar con; *(wares)* vender de puerta en puerta.

pedestal ['pedɪstl] *n* pedestal *m*.

pedestrian [pɪ'destrɪən] ◇ *adj pej* mediocre. ◇ *n* peatón *m*.

pedestrian crossing *n Br* paso *m* de peatones.

pedestrian precinct *Br*, **pedestrian zone** *Am n* zona *f* peatonal.

pediatrics [,pi:dɪ'ætrɪks] *n* pediatría *f*.

pedigree ['pedɪgri:] ◇ *adj* de raza. ◇ *n* **1.** *(of animal)* pedigrí *m*. **2.** *(of person)* linaje *m*.

pedlar *Br*, **peddler** *Am* ['pedləʳ] *n* vendedor *m*, -ra *f* ambulante.

pee [piː] *inf* ◇ *n* pis *m*. ◇ *vi* mear.

peek [piːk] *inf* ◇ *n* mirada *f*, ojeada *f*. ◇ *vi* mirar a hurtadillas.

peel [piːl] ◇ *n* (*gen*) piel *f*; (*of orange, lemon*) corteza *f*; (*once removed*) mondaduras *fpl*. ◇ *vt* pelar, mondar. ◇ *vi* (*walls, paint*) desconcharse; (*wallpaper*) despegarse; (*skin, nose*) pelarse.

peelings ['piːlɪŋz] *npl* peladuras *fpl*.

peep [piːp] ◇ *n* **1.** (*look*) mirada *f* furtiva, ojeada *f*. **2.** *inf* (*sound*) pío *m*. ◇ *vi* (*look*) mirar furtivamente. ♦ **peep out** *vi* asomar.

peephole ['piːphəʊl] *n* mirilla *f*.

peer [pɪəʳ] ◇ *n* **1.** (*noble*) par *m*. **2.** (*equal*) igual *m*. ◇ *vi* mirar con atención.

peerage ['pɪərɪdʒ] *n* **1.** (*rank*) rango *m* de par. **2.** (*group*): **the ~** la nobleza.

peer group *n* grupo generacional o social

peeved [piːvd] *adj inf* disgustado(da).

peevish ['piːvɪʃ] *adj* malhumorado (da).

peg [peg] *n* **1.** (*hook*) gancho *m*. **2.** (*for washing line*) pinza *f*. **3.** (*on tent*) estaca *f*.

pejorative [prˈdʒɒrətɪv] *adj* peyorativo (va), despectivo(va).

pekinese [ˌpiːkəˈniːz], **pekingese** [ˌpiːkɪŋˈiːz] (*pl inv* OR **-s**) *n* (*dog*) pequinés *m*.

Peking [piːˈkɪŋ] *n* Pekín.

pelican ['pelɪkən] (*pl inv* OR **-s**) *n* pelícano *m*.

pelican crossing *n Br* paso de peatones con semáforo accionado por el usuario.

pellet ['pelɪt] *n* **1.** (*small ball*) bolita *f*. **2.** (*for gun*) perdigón *m*.

pelmet ['pelmɪt] *n Br* galería *f*.

pelt [pelt] ◇ *n* (*animal skin*) piel *f*. ◇ *vt*: **to ~ sb with sthg** acribillar a alguien con algo, arrojar algo a alguien. ◇ *vi* **1.** (*rain*) llover a cántaros. **2.** (*run very fast*) correr a toda pastilla.

pelvis ['pelvɪs] (*pl* **-vises** OR **-ves** [-viːz]) *n* pelvis *f*.

pen [pen] ◇ *n* **1.** (*ballpoint*) bolígrafo *m*, lapicera *f Amer*; (*fountain pen*) pluma *f*; (*felt-tip*) rotulador *m*. **2.** (*enclosure*) redil *m*, corral *m*. ◇ *vt* (*enclose*) encerrar.

penal ['piːnl] *adj* penal.

penalize, **-ise** ['piːnəlaɪz] *vt* (*gen*) penalizar; (SPORT) penalizar, castigar.

penalty ['penltɪ] *n* **1.** (*punishment*) pena *f*; **to pay the ~ (for sthg)** *fig* pagar las consecuencias (de algo). **2.** (*fine*) multa *f*. **3.** (SPORT) penalty *m*;

~ (kick) (FTBL) penalty *m*; (RUGBY) golpe *m* de castigo.

penance ['penəns] *n* penitencia *f*.

pence [pens] *Br pl* → **penny**.

penchant [*Br* 'pɑ̃ʃɑ̃, *Am* 'pentʃənt] *n*: **to have a ~ for** tener debilidad por.

pencil ['pensl] *n* lápiz *m*, lapicero *m*; **in ~** a lápiz.

pencil case *n* estuche *m*, plumero *m*.

pencil sharpener *n* sacapuntas *m inv*.

pendant ['pendənt] *n* (*jewel on chain*) colgante *m*.

pending ['pendɪŋ] *fml* ◇ *adj* **1.** (*about to happen*) inminente. **2.** (*waiting to be dealt with*) pendiente. ◇ *prep* a la espera de.

pendulum ['pendjʊləm] (*pl* **-s**) *n* (*of clock*) péndulo *m*.

penetrate ['penɪtreɪt] *vt* **1.** (*barrier*) atravesar; (*jungle, crowd*) penetrar en. **2.** (*infiltrate - organization*) infiltrarse en.

pen friend *n* amigo *m*, **-ga** *f* por correspondencia.

penguin ['peŋgwɪn] *n* pingüino *m*.

penicillin [ˌpenɪˈsɪlɪn] *n* penicilina *f*.

peninsula [pəˈnɪnsjʊlə] (*pl* **-s**) *n* península *f*.

penis ['piːnɪs] (*pl* **penises** ['piːnɪsɪz]) *n* pene *m*.

penitentiary [ˌpenɪˈtenʃərɪ] *n Am* penitenciaría *f*.

penknife ['pennaɪf] (*pl* **-knives** [-naɪvz]) *n* navaja *f*

pen name *n* seudónimo *m*.

pennant ['penənt] *n* banderín *m*.

penniless ['penɪlɪs] *adj* sin dinero.

penny ['penɪ] (*pl sense 1* **-ies**, *pl sense 2* **pence**) *n* **1.** (*coin*) *Br* penique *m*; *Am* centavo *m*. **2.** *Br* (*value*) penique *m*.

pen pal *n inf* amigo *m*, **-ga** *f* por correspondencia.

pension ['penʃn] *n* **1.** *Br* (*gen*) pensión *f* **2.** (*disability pension*) subsidio *m*.

pensioner ['penʃənəʳ] *n Br*: (**old-age**) **~** pensionista *m* y *f*.

pensive ['pensɪv] *adj* pensativo(va)

pentagon ['pentəgən] *n* pentágono *m*. ♦ **Pentagon** *n Am*: **the Pentagon** el Pentágono, sede del ministerio de Defensa estadounidense

Pentecost ['pentɪkɒst] *n* Pentecostés *m*.

penthouse ['penthaʊs, *pl* -haʊzɪz] *n* ático *m*.

pent up ['pent-] *adj* reprimido(da).

penultimate [peˈnʌltɪmət] *adj* penúltimo(ma).

people ['pi:pl] ◊ *n (nation, race)* pueblo *m.* ◊ *npl* **1.** *(gen)* gente *f*; *(individuals)* personas *fpl*; **a table for eight** ~ una mesa para ocho personas; **~ say that ...** dice la gente que ... **2.** *(inhabitants)* habitantes *mpl.* **3.** (POL): **the** ~ el pueblo. ◊ *vt*: **to be ~d by** OR **with** estar poblado(da) de.

pep [pep] *n inf* vitalidad *f.* ◆ **pep up** *vt sep* animar.

pepper ['pepə^r] *n* **1.** *(spice)* pimienta *f.* **2.** *(vegetable)* pimiento *m.*

pepperbox *Am* = **pepper pot.**

peppermint ['pepəmɪnt] *n* **1.** *(sweet)* pastilla *f* de menta. **2.** *(herb)* menta *f.*

pepper pot *Br,* **pepperbox** *Am* ['pepəbɒks] *n* pimentero *m.*

pep talk *n inf* palabras *fpl* de ánimo.

per [pɜ:^r] *prep (expressing rate, ratio)* po[.]; ~ **hour/kilo/person** por hora/kilo/persona; ~ **day** al día; **as ~ instructions** de acuerdo con OR según la instrucciones

per annum *adv* al OR por año.

per capita [pə'kæpɪtə] ◊ *adj* per cápita. ◊ *adv* por cabeza.

perceive [pə'si:v] *vt* **1.** *(notice)* percibir, apreciar. **2.** *(understand, realize)* advertir, apreciar. **3.** *(see)*: **to ~ sthg/sb as** ver algo/a alguien como.

per cent *adv* por ciento.

percentage [pə'sentɪdʒ] *n* porcentaje *m.*

perception [pə'sepʃn] *n* **1.** *(act of seeing)* percepción *f.* **2.** *(insight)* perspicacia *f.* **3.** *(opinion)* idea *f.*

perceptive [pə'septɪv] *adj* perspicaz

perch [pɜ:tʃ] *n* **1.** *(for bird)* percha *f,* vara *f.* **2.** *(fish)* perca *f.* ◊ *vi*: **to ~ (on)** *(bird)* posarse (en); *(person)* sentarse (en).

percolator ['pɜ:kəleɪtə^r] *n* percolador *m*

percussion [pə'kʌʃn] *n* (MUS) percusión *f.*

perennial [pə'renjəl] ◊ *adj (gen &* BOT) perenne. ◊ *n* (BOT) planta *f* perenne.

perfect [*adj & n* 'pɜ:fɪkt, *vb* pə'fekt] ◊ *adj* perfecto(ta); **he's a ~ stranger to me** me es completamente desconocido. ◊ *n* (GRAMM): **the** ~ **(tense)** el perfecto. ◊ *vt* perfeccionar.

perfection [pə'fekʃn] *n* perfección *f*; **to** ~ a la perfección.

perfectionist [pə'fekʃənɪst] *n* perfeccionista *m y f.*

perfectly ['pɜ:fɪktlɪ] *adv* **1.** *(for emphasis)* absolutamente; ~ **well** perfec-

tamente bien. **2.** *(to perfection)* perfectamente.

perforate ['pɜ:fəreɪt] *vt* perforar.

perforation [,pɜ:fə'reɪʃn] *n (in paper)* perforación *f.*

perform [pə'fɔ:m] ◊ *vt* **1.** *(carry out)* llevar a cabo, realizar. **2.** *(music, dance)* interpretar; *(play)* representar. ◊ *vi* **1.** *(function - car, machine)* funcionar; *(- person, team)* desenvolverse. **2.** *(in front of audience)* actuar.

performance [pə'fɔ:məns] *n* **1.** *(carrying out)* realización *f* **2.** *(show)* representación *f.* **3.** *(of actor, singer etc)* interpretación *f,* actuación *f.* **4.** *(of car, engine)* rendimiento *m.*

performer [pə'fɔ:mə^r] *n (actor, singer etc)* intérprete *m y f.*

perfume ['pɜ:fju:m] *n* perfume *m.*

perfunctory [pə'fʌŋktərɪ] *adj* superficial.

perhaps [pə'hæps] *adv* **1.** *(maybe)* quizás, quizá; ~ **she'll do it** quizás ella lo haga; ~ **so/not** tal vez sí/no. **2.** *(in polite requests, suggestions, remarks)*: **you could help?** ¿te importaría ayudar?; ~ **you should start again** ¿por qué no empiezas de nuevo?

peril ['perɪl] *n literary* peligro *m.*

perimeter [pə'rɪmɪtə^r] *n* perímetro *m.*

period ['pɪərɪəd] ◊ *n* **1.** *(of time)* período *m,* periodo *m.* **2.** (HISTORY) época *f.* **3.** (SCH) clase *f,* hora *f.* **4.** *(menstruation)* período *m.* **5.** *Am (full stop)* punto *m.* ◊ *comp* de época.

periodic [,pɪərɪ'ɒdɪk] *adj* periódico(ca).

periodical [,pɪərɪ'ɒdɪkl] ◊ *adj* = **periodic.** ◊ *n (magazine)* revista *f.*

peripheral [pə'rɪfərəl] ◊ *adj* **1.** *(of little importance)* marginal. **2.** *(at edge)* periférico(ca). ◊ *n* (COMPUT) periférico *m.*

perish ['perɪʃ] *vi* **1.** *(die)* perecer. **2.** *(decay)* deteriorarse.

perishable ['perɪʃəbl] *adj* perecedero (ra). ◆ **perishables** *npl* productos *mpl* perecederos.

perjury ['pɜ:dʒərɪ] *n* (JUR) perjurio *m.*

perk [pɜ:k] *n inf* extra *m,* beneficio *m* adicional. ◆ **perk up** *vi* animarse.

perky ['pɜ:kɪ] *adj inf* alegre, animado (da).

perm [pɜ:m] *n* permanente *f.*

permanent ['pɜ:mənənt] ◊ *adj* **1.** *(gen)* permanente; *(job, address)* fijo(ja). **2.** *(continuous, constant)* constante. ◊ *n Am (perm)* permanente *f.*

permeate ['pɜ:mɪeɪt] *vt* impregnar.

permissible [pə'mɪsəbl] *adj* permisible.

permission [pə'mɪʃn] n: ~ **(to do sthg)** permiso m (para hacer algo).

permissive [pə'mɪsɪv] adj permisivo (va).

permit [vb pə'mɪt, n 'pɜːmɪt] ◊ vt permitir; **to ~ sb sthg/to do sthg** permitir a alguien algo/hacer algo. ◊ n permiso m.

pernicious [pə'nɪʃəs] adj fml pernicioso(sa).

pernickety [pə'nɪkətɪ] adj inf quisquilloso(sa).

perpendicular [ˌpɜːpən'dɪkjʊləʳ] ◊ adj 1. (MATH): ~ **(to)** perpendicular (a). 2. (upright) vertical ◊ n (MATH) perpendicular f.

perpetrate ['pɜːpɪtreɪt] vt fml perpetrar.

perpetual [pə'petʃʊəl] adj 1. pej (constant) constante. 2. (everlasting) perpetuo(tua).

perplex [pə'pleks] vt dejar perplejo(ja).

perplexing [pə'pleksɪŋ] adj desconcertante.

persecute ['pɜːsɪkjuːt] vt perseguir.

perseverance [ˌpɜːsɪ'vɪərəns] n perseverancia f.

persevere [ˌpɜːsɪ'vɪəʳ] vi: **to ~ (with sthg/in doing sthg)** perseverar (en algo/en hacer algo).

Persian ['pɜːʃn] adj persa.

persist [pə'sɪst] vi 1. (problem, rain) persistir. 2. (person): **to ~ in doing sthg** empeñarse en hacer algo.

persistence [pə'sɪstəns] n 1. (continuation) persistencia f. 2. (determination) perseverancia f.

persistent [pə'sɪstənt] adj 1. (constant) continuo(nua). 2. (determined) persistente.

person ['pɜːsn] (pl **people** OR **persons** fml) n 1. (man, woman) persona f; **in ~** en persona. 2. (body): **about one's ~** en su cuerpo.

personable ['pɜːsnəbl] adj agradable.

personal ['pɜːsənl] adj 1. (gen) personal. 2. (private - life, problem) privado (da). 3. pej (rude) ofensivo(va); **to be ~** hacer alusiones personales.

personal assistant n asistente m, -ta f personal.

personal column n sección f de asuntos personales.

personal computer n ordenador m personal.

personality [ˌpɜːsə'nælətɪ] n personalidad f.

personally ['pɜːsnəlɪ] adv personalmente; **to take sthg ~** tomarse algo como algo personal.

personal organizer n agenda f (personal).

personal property n (U) bienes mpl muebles.

personal stereo n walkman® m inv.

personify [pə'sɒnɪfaɪ] vt personificar.

personnel [ˌpɜːsə'nel] ◊ n (U) (department) personal m. ◊ npl (staff) personal m.

perspective [pə'spektɪv] n perspectiva f.

Perspex® ['pɜːspeks] n Br = plexiglás® m.

perspiration [ˌpɜːspə'reɪʃn] n transpiración f.

persuade [pə'sweɪd] vt: **to ~ sb (of sthg/to do sthg)** persuadir a alguien (de algo/a hacer algo); **to ~ sb that** convencer a alguien (de) que.

persuasion [pə'sweɪʒn] n 1. (act of persuading) persuasión f 2. (belief) creencia f

persuasive [pə'sweɪsɪv] adj persuasivo (va).

pert [pɜːt] adj vivaracho(cha).

pertain [pə'teɪn] vi fml: **~ing to** relacionado(da) con.

pertinent ['pɜːtɪnənt] adj pertinente

perturb [pə'tɜːb] vt fml perturbar.

Peru [pə'ruː] n (el) Perú.

peruse [pə'ruːz] vt (read carefully) leer detenidamente; (browse through) leer por encima.

Peruvian [pə'ruːvjən] ◊ adj peruano (na) ◊ n (person) peruano m, -na f.

pervade [pə'veɪd] vt impregnar.

perverse [pə'vɜːs] adj (delight, enjoyment) perverso(sa); (contrary) puñetero (ra).

perversion [Br pə'vɜːʃn, Am pə'vɜːrʒn] n 1. (sexual deviation) perversión f. 2. (of justice, truth) tergiversación f.

pervert [n 'pɜːvɜːt, vb pə'vɜːt] ◊ n pervertido m, -da f. ◊ vt 1. (course of justice) tergiversar. 2. (corrupt sexually) pervertir.

pessimist ['pesɪmɪst] n pesimista m y f.

pessimistic [ˌpesɪ'mɪstɪk] adj pesimista.

pest [pest] n 1. (insect) insecto m nocivo; (animal) animal m nocivo. 2. inf (annoying person) pesado m, -da f; (annoying thing) lata f.

pester ['pestəʳ] vt dar la lata a.

pet [pet] ◊ adj (subject, theory) preferido(da); **~ hate** gran fobia f. ◊ n 1. (domestic animal) animal m doméstico. 2. (favourite person) preferido m,

-da f. ◊ vt acariciar. ◊ vi besuquearse.
petal ['petl] n pétalo m.
peter ['pi:tə'] ♦ **peter out** vi (supplies, interest) agotarse; (path) desaparecer.
petite [pə'ti:t] adj (woman) chiquita.
petition [pɪ'tɪʃn] ◊ n petición f. ◊ vi (JUR): **to ~ for divorce** pedir el divorcio.
petrified ['petrɪfaɪd] adj (terrified) petrificado(da).
petrol ['petrəl] n Br gasolina f, nafta f CSur, bencina f Chile
petrol bomb n Br bomba f de gasolina.
petrol can n Br lata f de gasolina.
petroleum [pɪ'trəʊljəm] n petróleo m.
petrol pump n Br surtidor m de gasolina, bomba f Amer.
petrol station n Br gasolinera f, estación f de servicio.
petrol tank n Br depósito m de gasolina.
petticoat ['petɪkəʊt] n (underskirt) enaguas fpl; (full-length) combinación f.
petty ['petɪ] adj 1. (small-minded) mezquino(na). 2. (trivial) insignificante.
petty cash n dinero m para gastos menores.
petty officer n sargento m de la marina.
petulant ['petjʊlənt] adj cascarrabias (inv).
pew [pju:] n banco m.
pewter ['pju:tə'] n peltre m.
phantom ['fæntəm] ◊ adj ilusorio(ria). ◊ n (ghost) fantasma m.
pharmaceutical [,fɑ:mə'sju:tɪkl] adj farmacéutico(ca).
pharmacist ['fɑ:məsɪst] n farmacéutico m, -ca f.
pharmacy ['fɑ:məsɪ] n (shop) farmacia f.
phase [feɪz] ◊ n fase f. ◊ vt escalonar. ♦ **phase in** vt sep introducir progresivamente. ♦ **phase out** vt sep retirar progresivamente.
PhD (abbr of **Doctor of Philosophy**) n (titular de un) doctorado en el campo de las humanidades.
pheasant ['feznt] (pl inv OR **-s**) n faisán m.
phenomena [fɪ'nɒmɪnə] pl → **phenomenon**.
phenomenal [fɪ'nɒmɪnl] adj fenomenal.
phenomenon [fɪ'nɒmɪnən] (pl **-mena**) n lit & fig fenómeno m.
phial ['faɪəl] n frasco m (pequeño).
philanthropist [fɪ'lænθrəpɪst] n filantrópico m, -ca f.

philately [fɪ'lætəlɪ] n filatelia f.
Philippine ['fɪlɪpi:n] adj filipino(na). ♦ **Philippines** npl: **the ~s** las Filipinas.
philosopher [fɪ'lɒsəfə'] n filósofo m, -fa f.
philosophical [,fɪlə'sɒfɪkl] adj filosófico(ca).
philosophy [fɪ'lɒsəfɪ] n filosofía f.
phlegm [flem] n (mucus) flema f.
phlegmatic [fleg'mætɪk] adj flemático (ca).
phobia ['fəʊbjə] n fobia f.
phone [fəʊn] ◊ n teléfono m; **to be on the ~** (speaking) estar al teléfono; Br (connected to network) tener teléfono. ◊ vt & vi telefonear, llamar. ♦ **phone up** vt sep & vi llamar.
phone book n guía f telefónica.
phone booth n teléfono m público.
phone box n Br cabina f telefónica.
phone call n llamada f telefónica; **to make a ~** hacer una llamada.
phonecard ['fəʊnkɑ:d] n tarjeta f telefónica.
phone-in n (RADIO & TV) programa m a micrófono abierto.
phone number n número m de teléfono.
phonetics [fə'netɪks] n (U) fonética f.
phoney Br, **phony** Am ['fəʊnɪ] (compar **-ier**, superl **-iest**) ◊ adj inf falso(sa). ◊ n farsante m y f.
phosphorus ['fɒsfərəs] n fósforo m.
photo ['fəʊtəʊ] n foto f; **to take a ~ (of)** sacar una foto (de).
photocopier [,fəʊtəʊ'kɒpɪə'] n fotocopiadora f.
photocopy ['fəʊtəʊ,kɒpɪ] ◊ n fotocopia f. ◊ vt fotocopiar.
photograph ['fəʊtəgrɑ:f] ◊ n fotografía f; **to take a ~ (of)** sacar una fotografía (de). ◊ vt fotografiar.
photographer [fə'tɒgrəfə'] n fotógrafo m, -fa f.
photography [fə'tɒgrəfɪ] n (U) fotografía f.
phrasal verb ['freɪzl-] n verbo m con preposición.
phrase [freɪz] ◊ n 1. (group of words) locución f, frase f. 2. (expression) expresión f ◊ vt (apology, refusal) expresar; (letter) redactar.
phrasebook ['freɪzbʊk] n libro m de frases.
physical ['fɪzɪkl] ◊ adj físico(ca). ◊ n (examination) examen m médico.
physical education n educación f física.

physically ['fɪzɪklɪ] *adv* físicamente.
physically handicapped *npl*: **the ~** los minusválidos.

physician [fɪ'zɪʃn] *n* médico *m y f*.

physicist ['fɪzɪsɪst] *n* físico *m*, -ca *f*.

physics ['fɪzɪks] *n (U)* física *f*.

physiotherapy [ˌfɪzɪəʊ'θerəpɪ] *n* fisioterapia *f*.

physique [fɪ'ziːk] *n* físico *m*.

pianist ['pɪənɪst] *n* pianista *m y f*.

piano [pɪ'ænəʊ] *(pl* -s*) n (instrument)* piano *m*.

piccolo ['pɪkələʊ] *(pl* -s*) n* flautín *m*.

pick [pɪk] ◇ *n* 1. *(tool)* piqueta *f*. 2. *(selection)*: **take your ~** escoge el que quieras. 3. *(best)*: **the ~ of** lo mejor de. ◇ *vt* 1. *(team, winner)* seleccionar; *(time, book, dress)* elegir. 2. *(fruit, flowers)* coger. 3. *(remove - hairs etc)*: **to ~ sthg off sthg** quitar algo de algo. 4. *(nose)* hurgarse; *(teeth)* mondarse. 5. *(provoke)*: **to ~ a fight/quarrel (with)** buscar pelea/bronca (con). 6. *(open - lock)* forzar (con ganzúa). ◆ **pick on** *vt fus* meterse con.
◆ **pick out** *vt sep* 1. *(recognize)* reconocer, identificar. 2. *(select)* escoger.
◆ **pick up** ◇ *vt sep* 1. *(gen)* recoger. 2. *(buy, acquire)* adquirir; **to ~ up speed** *(car)* acelerar. 3. *(learn - tips, language)* aprender. 4. *inf (approach)* ligar con. 5. (RADIO & TELEC) captar. 6. *(start again)* reanudar. ◇ *vi* 1. *(improve)* mejorar. 2. *(start again)* proseguir.

pickaxe *Br*, **pickax** *Am* ['pɪkæks] *n* piqueta *f*.

picket ['pɪkɪt] ◇ *n* piquete *m*. ◇ *vt* formar piquetes en.

picket line *n* piquete *m* (de huelga).

pickle ['pɪkl] ◇ *n* 1. *(vinegar preserve)* encurtido *m*; *(sweet vegetable sauce)* salsa espesa agridulce con trozos de cebolla etc. 2. *inf (difficult situation)*: **to be in a ~** estar en un lío. ◇ *vt* encurtir.

pickpocket ['pɪkˌpɒkɪt] *n* carterista *m y f*.

pick-up *n* 1. *(of record player)* fonocaptor *m*. 2. *(truck)* furgoneta *f*.

picnic ['pɪknɪk] *(pt & pp* -ked, *cont* -king*)* ◇ *n* comida *f* campestre, picnic *m*. ◇ *vi* ir de merienda al campo.

pictorial [pɪk'tɔːrɪəl] *adj* ilustrado(da).

picture ['pɪktʃəʳ] ◇ *n* 1. *(painting)* cuadro *m*; *(drawing)* dibujo *m*. 2. *(photograph)* foto *f*. 3. *(on TV)* imagen *f*. 4. *(cinema film)* película *f*. 5. *(in mind)* idea *f*, imagen *f*. 6. *(situation)* situación *f*. 7. *phr*: **to get the ~** *inf* entenderlo; **to**

put sb in the ~ poner a alguien al corriente ◇ *vt* 1. *(in mind)* imaginarse. 2. *(in media)*: **to be ~d** aparecer en la foto. ◆ **pictures** *npl Br*: **the ~s** el cine.

picture book *n* libro *m* ilustrado.

picturesque [ˌpɪktʃə'resk] *adj* pintoresco(ca).

pie [paɪ] *n (sweet)* tarta *f (cubierta de hojaldre)*; *(savoury)* empanada *f*, pastel *m*.

piece [piːs] *n* 1. *(individual part or portion)* trozo *m*, pedazo *m*; **to come to ~s** deshacerse; **to take sthg to ~s** desmontar algo; **in ~s** en pedazos; **in one ~** *(intact)* intacto(ta); *(unharmed)* sano y salvo (sana y salva). 2. *(with uncountable noun) (individual object)*: **~ of furniture** mueble *m*; **~ of clothing** prenda *f* de vestir; **~ of advice** consejo *m*; **~ of news** noticia *f*; **~ of luck** golpe *m* de suerte 3. *(in board game)* pieza *f*. 4. *(of journalism)* artículo *m* 5. *(coin)* moneda *f* ◆ **piece together** *vt sep (discover)* componer.

piecemeal ['piːsmiːl] ◇ *adj* poco sistemático(ca). ◇ *adv* por etapas.

piecework ['piːswɜːk] *n (U)* trabajo *m* a destajo.

pie chart *n* gráfico *m* circular OR de sectores.

pier [pɪəʳ] *n (at seaside)* paseo marítimo en un malecón.

pierce [pɪəs] *vt* 1. *(subj: bullet, needle)* perforar; **to have one's ears ~d** hacerse agujeros en las orejas 2. *(subj: voice, scream)* romper

piercing ['pɪəsɪŋ] *adj* 1. *(scream)* desgarrador(ra); *(sound, voice)* agudo(da). 2. *(wind)* cortante. 3. *(look, eyes)* penetrante.

piety ['paɪətɪ] *n* piedad *f*

pig [pɪg] *n* 1. *(animal)* cerdo *m*, puerco *m*, chancho *m* *Amer* 2. *inf pej (greedy eater)* tragón *m*, -ona *f*. 3. *inf pej (unkind person)* cerdo *m*, -da *f*.

pigeon ['pɪdʒɪn] *(pl inv* OR -s*) n* paloma *f*

pigeonhole ['pɪdʒɪnhəʊl] ◇ *n (compartment)* casilla *f* ◇ *vt (classify)* encasillar

piggybank ['pɪgɪbæŋk] *n* hucha *f* con forma de cerdo.

pigheaded [ˌpɪg'hedɪd] *adj* cabezota

pigment ['pɪgmənt] *n* pigmento *m*

pigpen *Am* = **pigsty**

pigskin ['pɪgskɪn] *n* piel *f* de cerdo

pigsty ['pɪgstaɪ], **pigpen** *Am* ['pɪgpen] *n lit & fig* pocilga *f*.

pigtail ['pɪgteɪl] *n (girl's)* trenza *f*;

(Chinese, bullfighter's) coleta f.

pike [paɪk] *(pl sense 1 only inv* OR **-s)** *n*
1. *(fish)* lucio m. 2. *(weapon)* pica f.

pilchard ['pɪltʃəd] *n* sardina f.

pile [paɪl] ◇ *n* 1. *(heap)* montón m; **a ~**
OR **~s of** un montón de. 2. *(neat stack)*
pila f. 3. *(of carpet, fabric)* pelo m. ◇ *vt*
amontonar. ◆ **piles** *npl* (MED) almo-
rranas fpl. ◆ **pile into** *vt fus inf* amontonarse OR meterse en. ◆ **pile up** ◇ *vt sep*
amontonar ◇ *vi* 1. *(form a heap)* amontonarse. 2. *(mount up)* acumularse.

pileup ['paɪlʌp] *n* accidente m en cadena.

pilfer ['pɪlfər] ◇ *vt* sisar ◇ *vi*: **to ~**
(from) sisar (de).

pilgrim ['pɪlgrɪm] *n* peregrino m, -na f.

pilgrimage ['pɪlgrɪmɪdʒ] *n* peregrinación f.

pill [pɪl] *n* 1. (MED) píldora f, pastilla f.
2. *(contraceptive)*: **the ~** la píldora (anti-
conceptiva); **to be on the ~** tomar la
píldora.

pillage ['pɪlɪdʒ] *vt* saquear, pillar.

pillar ['pɪlər] *n lit & fig* pilar m

pillar box *n Br* buzón m.

pillion ['pɪljən] *n*: **to ride ~** ir en el
asiento trasero *(de una moto)*.

pillow ['pɪləʊ] *n* 1. *(for bed)* almohada
f. 2. *Am (on sofa, chair)* cojín m.

pillowcase ['pɪləʊkeɪs], **pillowslip**
['pɪləʊslɪp] *n* funda f de almohada.

pilot ['paɪlət] ◇ *n* 1. (AERON & NAUT)
piloto m. 2. (TV) programa m piloto.
◇ *comp* piloto (inv), de prueba. ◇ *vt*
(AERON & NAUT) pilotar.

pilot burner, pilot light *n* piloto
m, luz f indicadora.

pilot study *n* estudio m piloto.

pimp [pɪmp] *n inf* proxeneta m, chulo
m Esp, padrote m Méx.

pimple ['pɪmpl] *n* grano m.

pin [pɪn] ◇ *n* 1. *(for sewing)* alfiler m;
~s and needles hormigueo m. 2. *(of*
plug) polo m 3. (TECH) clavija f. ◇ *vt*
1. *(fasten)*: **to ~ sthg to** OR **on** *(notice)*
clavar con alfileres algo en; *(medal,*
piece of cloth) prender algo en. 2. *(trap)*:
to ~ sb against OR **to** inmovilizar a
alguien contra. 3. *(apportion)*: **to ~**
sthg on OR **upon sb** endosar algo a
alguien. ◆ **pin down** *vt sep* 1. *(iden-*
tify) determinar, identificar. 2. *(force to*
make a decision): **to ~ sb down (to)**
obligar a alguien a comprometerse (a).

pinafore ['pɪnəfɔːr] *n* 1. *(apron)* delantal m. 2. *Br (dress)* pichi m Esp, jumper
m Amer.

pinball ['pɪnbɔːl] *n* millón m, flíper m.

pincers ['pɪnsəz] *npl* 1. *(tool)* tenazas
fpl. 2. *(front claws)* pinzas fpl.

pinch [pɪntʃ] ◇ *n* 1. *(nip)* pellizco m.
2. *(small quantity)* pizca f. ◇ *vt* 1. *(nip)*
pellizcar; *(subj: shoes)* apretar. 2. *inf*
(steal) mangar. ◆ **at a pinch** *Br*, **in a**
pinch *Am* si no hay más remedio.

pincushion ['pɪn,kʊʃn] *n* acerico m.

pine [paɪn] ◇ *n* pino m. ◇ *vi*: **to ~ for**
suspirar por. ◆ **pine away** *vi* morirse
de pena.

pineapple ['paɪnæpl] *n* piña f, ananá m
Amer.

pinetree ['paɪntriː] *n* pino m

ping [pɪŋ] *n (of bell)* tilín m; *(of metal)*
sonido m metálico.

Ping-Pong® [-pɒŋ] *n* ping-pong® m.

pink [pɪŋk] ◇ *adj* rosa. ◇ *n* 1. *(colour)*
rosa m. 2. *(flower)* clavel m.

pinnacle ['pɪnəkl] *n* 1. *(high point)* cumbre f. 2. *(mountain peak, spire)* pináculo
m, cima f.

pinpoint ['pɪnpɔɪnt] *vt* determinar,
identificar.

pin-striped [-,straɪpt] *adj* a rayas.

pint [paɪnt] *n* 1. *(unit of measurement)*
Br = 0,568 litros; *Am* = 0,473 litros, ≈
pinta f. 2. *Br (beer)*: **they went out for**
a ~ salieron a tomar una caña.

pioneer [,paɪə'nɪər] *n* pionero m, -ra f.

pious ['paɪəs] *adj* 1. *(religious)* piadoso
(sa) 2. *pej (sanctimonious)* mojigato(ta).

pip [pɪp] *n* 1. *(seed)* pepita f. 2. *Br*
(bleep) señal f.

pipe [paɪp] ◇ *n* 1. *(for gas, water)* tubería f. 2. *(for smoking)* pipa f. ◇ *vt*
(transport via pipes) conducir por tuberías. ◆ **pipes** *npl* (MUS) gaita f. ◆ **pipe**
down *vi inf* cerrar la boca. ◆ **pipe up**
vi inf: **to ~ up with a suggestion** saltar con una sugerencia

pipe cleaner *n* limpiapipas m inv.

pipe dream *n* sueño m imposible.

pipeline ['paɪplaɪn] *n (for gas)* gaso-
ducto m; *(for oil)* oleoducto m; *(for*
water) tuberías fpl.

piper ['paɪpər] *n* gaitero m, -ra f

piping hot ['paɪpɪŋ-] *adj* humeante,
calentito(ta).

piquant ['piːkənt] *adj* 1. *(food)* picante.
2. *(story)* intrigante; *(situation)* que sus-
cita un placer mordaz.

pique [piːk] *n* resentimiento m

pirate ['paɪrət] ◇ *adj (gen & COMPUT)*
pirata. ◇ *n (sailor)* pirata m y f. ◇ *vt*
piratear.

pirate radio *n Br* radio f pirata.

pirouette [,pɪruˈet] *n* pirueta f.

Pisces ['paɪsiːz] *n* Piscis m inv.

piss [pɪs] *vulg* ◇ *n (urine)* meada *f*. ◇ *vi* mear.

pissed [pɪst] *adj vulg* **1.** *Br (drunk)* pedo *(inv)*. **2.** *Am (annoyed)* irritado (da).

pissed off *adj vulg:* **to be** OR **to feel** ~ estar cabreado(da).

pistol ['pɪstl] *n* pistola *f*.

piston ['pɪstən] *n* pistón *m*, émbolo *m*.

pit [pɪt] ◇ *n* **1.** *(large hole)* hoyo *m*. **2.** *(small hole - in metal, glass)* señal *f*, marca *f*; *(- on face)* picadura *f*. **3.** *(for orchestra)* foso *m* de la orquesta. **4.** *(mine)* mina *f*. **5.** *Am (of fruit)* hueso *m*. ◇ *vt:* **to be pitted against** ser enfrentado(da) con. ♦ **pits** *npl (in motor racing):* **the ~s** el box.

pitch [pɪtʃ] ◇ *n* **1.** *(SPORT)* campo *m*. **2.** *(MUS)* tono *m*. **3.** *(level, degree)* grado *m*, punto *m*. **4.** *(selling place)* puesto *m*. **5.** *inf (sales talk)* labia *f* de comerciante. ◇ *vt* **1.** *(throw)* lanzar, arrojar. **2.** *(speech)* dar un tono a; *(price)* establecer un precio para. **3.** *(tent)* montar, poner. ◇ *vi* **1.** *(ball)* tocar el suelo; **to ~ forwards** *(person)* precipitarse hacia delante. **2.** *(ship, plane)* dar un bandazo.

pitch-black *adj* negro(gra) como boca de lobo.

pitched battle [ˌpɪtʃt-] *n (HISTORY)* batalla *f* campal; *fig (bitter struggle)* lucha *f* encarnizada.

pitcher ['pɪtʃər] *n Am (jug)* cántaro *m*.

pitchfork ['pɪtʃfɔːk] *n* horca *f*.

piteous ['pɪtɪəs] *adj* lastimero(ra).

pitfall ['pɪtfɔːl] *n* peligro *m*, escollo *m*.

pith [pɪθ] *n parte blanca de la piel de una fruta.*

pithy ['pɪθɪ] *adj* conciso(sa) y contundente.

pitiful ['pɪtɪful] *adj (condition, excuse, effort)* lamentable; *(person, appearance)* lastimoso(sa).

pitiless ['pɪtɪlɪs] *adj (person)* despiadado(da), cruel; *(weather)* deplorable.

pit stop *n (in motor racing)* parada *f* en boxes.

pittance ['pɪtəns] *n* miseria *f*.

pity ['pɪtɪ] ◇ *n (compassion)* compasión *f*; *(shame)* pena *f*, lástima *f*; **what a ~!** ¡qué pena!; **to take** OR **have ~ on** compadecerse de. ◇ *vt* compadecerse de, sentir pena por.

pivot ['pɪvət] *n* pivote *m*, eje *m*; *fig* eje *m*.

pizza ['piːtsə] *n* pizza *f*.

placard ['plækɑːd] *n* pancarta *f*.

placate [plə'keɪt] *vt* aplacar, apaciguar.

place [pleɪs] ◇ *n* **1.** *(gen)* lugar *m*, sitio *m*; **~ of birth** lugar de nacimiento. **2.** *(proper position)* sitio *m*. **3.** *(suitable occasion, time)* momento *m*. **4.** *(home)* casa *f*. **5.** *(specific seat)* asiento *m*; *(THEATRE)* localidad *f*. **6.** *(setting at table)* cubierto *m*. **7.** *(on course, at university)* plaza *f*. **8.** *(on committee, in team)* puesto *m*. **9.** *(role, function)* papel *m*; **to have an important ~ in** desempeñar un papel importante en. **10.** *(rank)* lugar *m*, posición *f*. **11.** *(in book)* página *f*; *(in speech)* momento *m*; **to lose one's ~** no saber (uno) dónde estaba. **12.** *(MATH):* **decimal ~** punto *m* decimal. **13.** *(instance):* **in the first ~** *(from the start)* desde el principio; **in the first ~ ... and in the second ~ ...** *(firstly, secondly)* en primer lugar .. y en segundo lugar ... **14.** *phr:* **to take ~** tener lugar; **to take the ~ of** sustituir a. ◇ *vt* **1.** *(position, put)* colocar, poner; **to be well ~d to do sthg** estar en buena posición para hacer algo. **2.** *(lay, apportion):* **to ~ pressure on** ejercer presión sobre. **3.** *(identify):* **I recognize the face, but I can't ~ her** me suena su cara, pero no sé de qué. **4.** *(bet, order etc)* hacer. **5.** *(in horse racing):* **to be ~d** llegar entre los tres primeros. ♦ **all over the place** *adv* por todas partes. ♦ **in place** *adv* **1.** *(in proper position)* en su sitio. **2.** *(established, set up)* en marcha OR funcionamiento. ♦ **in place of** *prep* en lugar de. ♦ **out of place** *adv* **1.** *(in wrong position):* **to be out of ~** no estar en su sitio. **2.** *(inappropriate, unsuitable)* fuera de lugar.

place mat *n* mantel *m* individual.

placement ['pleɪsmənt] *n* colocación *f*.

placid ['plæsɪd] *adj* **1.** *(even-tempered)* apacible. **2.** *(peaceful)* tranquilo(la).

plagiarize, -ise ['pleɪdʒəraɪz] *vt* plagiar.

plague [pleɪg] ◇ *n* **1.** *(attack of disease)* peste *f* **2.** *(disease):* **(the) ~** la peste **3.** *(of rats, insects)* plaga *f*. ◇ *vt:* **to ~ sb with** *(complaints, requests)* acosar a alguien con; *(questions)* coser a alguien a; **to be ~d by** *(ill health)* estar acosado de; *(doubts)* estar atormentado de.

plaice [pleɪs] *(pl inv) n* platija *f*.

plaid [plæd] *n* tejido *m* escocés.

Plaid Cymru [ˌplaɪd'kʌmrɪ] *n Br (POL)* partido nacionalista galés.

plain [pleɪn] ◇ *adj* **1.** *(not patterned)* liso(sa) **2.** *(simple - gen)* sencillo(lla); *(- yoghurt)* natural. **3.** *(clear)* evidente, claro(ra) **4.** *(speaking, statement)* franco(ca). **5.** *(absolute - madness etc)* total, auténtico(ca). **6.** *(not pretty)* sin atractivo. ◇ *adv inf* completamente. ◇ *n* (GEOGR) llanura *f*, planicie *f*.

plain chocolate *n Br* chocolate *m* amargo.

plain-clothes *adj* vestido(da) de paisano.

plain flour *n Br* harina *f* (sin levadura).

plainly ['pleınlı] *adv* **1.** *(upset, angry)* evidentemente. **2.** *(visible, audible)* claramente. **3.** *(frankly)* francamente. **4.** *(simply)* sencillamente.

plaintiff ['pleıntıf] *n* demandante *m* y *f*

plait [plæt] ◇ *n* trenza *f*. ◇ *vt* trenzar.

plan [plæn] ◇ *n* **1.** *(strategy)* plan *m*, proyecto *m*; **to go according to ~** salir según lo previsto. **2.** *(of story, essay)* esquema *m*. **3.** *(of building etc)* plano *m*. ◇ *vt* **1.** *(organize)* planear, organizar. **2.** *(career, future)* planificar; **to ~ to do sthg** tener la intención de hacer algo. **3.** *(design, devise)* trazar un esquema OR boceto de. ◇ *vi* hacer planes OR proyectos. ♦ **plans** *npl* planes *mpl*; **to have ~s for** tener planes para. ♦ **plan on** *vt fus*: **to ~ on doing sthg** pensar hacer algo.

plane [pleın] ◇ *adj* plano(na). ◇ *n* **1.** *(aircraft)* avión *m*. **2.** (GEOM) *(flat surface)* plano *m*. **3.** *fig (level - intellectual)* plano *m*. **4.** *(tool)* cepillo *m*. **5.** *(tree)* plátano *m*.

planet ['plænıt] *n* planeta *m*.

plank [plæŋk] *n* *(piece of wood)* tablón *m*, tabla *f*.

planning ['plænıŋ] *n* *(gen)* planificación *f*.

planning permission *n* permiso *m* de construcción OR de obras.

plant [plɑːnt] ◇ *n* **1.** (BOT) planta *f*. **2.** *(factory)* planta *f*, fábrica *f*. **3.** *(heavy machinery)* maquinaria *f*. ◇ *vt* **1.** *(seed, tree, vegetable)*: **to ~ sthg (in)** plantar algo (en). **2.** *(field, garden)*: **to ~ sthg with** sembrar algo de. **3.** *(bomb, bug)* colocar secretamente.

plantation [plæn'teıʃn] *n* plantación *f*.

plaque [plɑːk] *n* placa *f*.

plaster ['plɑːstəʳ] ◇ *n* **1.** *(for wall, ceiling)* yeso *m*. **2.** *(for broken bones)* escayola *f*. *Br (bandage)* esparadrapo *m*, tirita® *f Esp*, curita *f Amer*. ◇ *vt* **1.** *(put plaster on)* enyesar. **2.** *(cover)*: **to ~ sthg (with)** cubrir algo de (de).

plaster cast *n* **1.** *(for broken bones)* escayola *f*. **2.** *(model, statue)* vaciado *m* en yeso.

plastered ['plɑːstəd] *adj inf (drunk)* cocido(da).

plasterer ['plɑːstərəʳ] *n* yesero *m*, -ra *f*.

plastic ['plæstık] ◇ *adj (made from plastic)* de plástico. ◇ *n* plástico *m*.

Plasticine® ['plæstısiːn] *n Br* plastilina® *f*.

plastic surgery *n* cirugía *f* plástica.

plate [pleıt] ◇ *n* **1.** *(dish, plateful)* plato *m*. **2.** *(on machinery, wall, door)* placa *f*. **3.** *(U) (metal covering)*: **gold/silver ~** chapa *f* de oro/plata. **4.** *(photograph)* lámina *f* **5.** *(in dentistry)* dentadura *f* postiza ◇ *vt*: **to be ~d (with)** estar chapado(da) (en OR de).

plateau ['plætəʊ] *(pl* -s OR -x [-z]*) n (high, flat land)* meseta *f*.

plate glass *n* vidrio *m* cilindrado.

platform ['plætfɔːm] *n* **1.** *(gen)* plataforma *f*; *(stage)* estrado *m*; *(at meeting)* tribuna *f*. **2.** (RAIL) andén *m*; **~ 12** la vía 12 **3.** (POL) programa *m* electoral.

platform ticket *n Br* billete *m* de andén.

platinum ['plætınəm] *n* platino *m*.

platitude ['plætıtjuːd] *n* tópico *m*.

platoon [plə'tuːn] *n* pelotón *m*.

platter ['plætəʳ] *n (dish)* fuente *f*

plausible ['plɔːzəbl] *adj* plausible, admisible.

play [pleı] ◇ *n* **1.** *(U) (amusement)* juego *m*. **2.** *(piece of drama)* obra *f*. **3.** *(game)*: **~ on words** juego *m* de palabras. **4.** (TECH) juego *m*. ◇ *vt* **1.** *(game, sport)* jugar a. **2.** *(play game against)*: **to ~ sb (at sthg)** jugar contra alguien (a algo). **3.** *(perform for amusement)*: **to ~ a joke on** gastar una broma a; **to ~ a dirty trick on** jugar una mala pasada a. **4.** *(act - part, character)* representar; **to ~ a part OR role in** *fig* desempeñar un papel en; **to ~ the fool** hacer OR hacerse el tonto. **5.** *(instrument, tune)* tocar; *(record, cassette)* poner **6.** *phr*: **to ~ it safe** actuar sobre seguro. ◇ *vi* **1.** *(gen)*: **to ~ (with/against)** jugar (con/contra); **to ~ for sb/a team** jugar para alguien/con un equipo. **2.** (MUS - *person)* tocar; *(- music)* sonar. ♦ **play along** *vi*: **to ~ along (with)** seguir la corriente (a). ♦ **play down** *vt sep* quitar importancia a. ♦ **play up** ◇ *vt sep (emphasize)* hacer resaltar. ◇ *vi (machine, part of body, child)* dar guerra.

play-act *vi* fingir, hacer comedia.

playboy ['pleıbɔı] *n* playboy *m*.

player ['pleıəʳ] *n* **1.** *(of sport, game)* jugador *m*, -ra *f*. **2.** (MUS) intérprete *m* *y f.* **3.** (THEATRE) actor *m*, actriz *f*.

playful ['pleɪful] *adj* juguetón(ona).

playground ['pleɪgraʊnd] *n* patio *m* de recreo.

playgroup ['pleɪgruːp] *n* jardín *m* de infancia, guardería *f*.

playing card ['pleɪɪŋ-] *n* naipe *m*, carta *f*.

playing field ['pleɪɪŋ-] *n* campo *m* de juego.

playmate ['pleɪmeɪt] *n* compañero *m*, -ra *f* de juego.

play-off *n* partido *m* de desempate.

playpen ['pleɪpen] *n* parque *m* (de niños) *(tipo cuna)*.

playschool ['pleɪskuːl] *n* jardín *m* de infancia, guardería *f*.

plaything ['pleɪθɪŋ] *n lit & fig* juguete *m*.

playtime ['pleɪtaɪm] *n* recreo *m*.

playwright ['pleɪraɪt] *n* dramaturgo *m*, -ga *f*.

plc *abbr of* **public limited company**.

plea [pliː] *n* **1.** *(appeal)* súplica *f*, petición *f*. **2.** (JUR) *declaración por parte del acusado de culpabilidad o inocencia*.

plead [pliːd] *(pt & pp -ed* OR **pled)** ◇ *vt* **1.** (JUR) *(one's cause)* defender; **to ~ guilty/not guilty** declararse culpable/inocente. **2.** *(give as excuse)* pretender. ◇ *vi* **1.** *(beg):* **to ~ (with sb to do sthg)** rogar OR implorar (a alguien que haga algo); **to ~ for sthg** pedir algo. **2.** (JUR) declarar.

pleasant ['pleznt] *adj* **1.** *(smell, taste, view)* agradable; *(surprise, news)* grato (ta). **2.** *(person, smile, face)* simpático (ca).

pleasantry ['plezntrɪ] *n*: **to exchange pleasantries** intercambiar cumplidos.

please [pliːz] ◇ *vt* complacer, agradar; **he always ~s himself** él siempre hace lo que le da la gana; **~ yourself!** ¡como quieras! ◇ *vi* **1.** *(give satisfaction)* satisfacer, agradar. **2.** *(think appropriate):* **to do as one ~s** hacer como a uno le parezca. ◇ *adv* por favor.

pleased [pliːzd] *adj*: **to be ~ (about/with)** estar contento(ta) (por/con); **~ to meet you!** ¡encantado(da) de conocerle!, ¡mucho gusto!

pleasing ['pliːzɪŋ] *adj* agradable, grato (ta).

pleasure ['pleʒəʳ] *n* **1.** *(feeling of happiness)* gusto *m*; **to take ~ in sthg** disfrutar haciendo algo **2.** *(enjoyment)* diversión *f*. **3.** *(delight)* placer *m*; **it's a ~, my ~** no hay de qué.

pleat [pliːt] ◇ *n* pliegue *m*. ◇ *vt* plisar.

pled [pled] *pt & pp →* **plead**.

pledge [pledʒ] ◇ *n* **1.** *(promise)* promesa *f*. **2.** *(token)* señal *f*, prenda *f*. ◇ *vt* **1.** *(promise)* prometer. **2.** *(make promise):* **to ~ sb to sthg** hacer jurar a alguien algo; **to ~ o.s. to** comprometerse a. **3.** *(pawn)* empeñar.

plentiful ['plentɪful] *adj* abundante.

plenty ['plentɪ] ◇ *n* (U) abundancia *f*. ◇ *pron*: **we've got ~** tenemos de sobra; **~ of** mucho(cha).

pliable ['plaɪəbl], **pliant** ['plaɪənt] *adj* flexible.

pliers ['plaɪəz] *npl* alicates *mpl*.

plight [plaɪt] *n* grave situación *f*

plimsoll ['plɪmsəl] *n Br* playera *f*, zapato *m* de tenis.

plinth [plɪnθ] *n (for statue)* peana *f*; *(for pillar)* plinto *m*.

PLO *(abbr of* **Palestine Liberation Organization)** *n* OLP *f*.

plod [plɒd] *vi* **1.** *(walk slowly)* caminar con paso cansino. **2.** *(work slowly)* llevar a cabo un trabajo pesado.

plodder ['plɒdəʳ] *n pej* persona *f* mediocre pero voluntariosa *(en el trabajo)*.

plonk [plɒŋk] *n* (U) *Br inf (wine)* vino *m* peleón. ◆ **plonk down** *vt sep inf* dejar caer.

plot [plɒt] ◇ *n* **1.** *(plan)* complot *m*, conspiración *f*. **2.** *(story)* argumento *m*, trama *f*. **3.** *(of land)* parcela *f* ◇ *vt* **1.** *(plan)* tramar, urdir. **2.** *(on map, graph)* trazar. ◇ *vi*: **to ~ (to do sthg)** tramar (hacer algo); **to ~ against** conspirar contra.

plotter ['plɒtəʳ] *n (schemer)* conspirador *m*, -ra *f*.

plough *Br*, **plow** *Am* ◇ *n* arado *m*. ◇ *vt* arar. ◆ **plough into** ◇ *vt sep (invest)* invertir. ◇ *vt fus (hit)* chocar contra.

ploughman's ['plaʊmənz] *(pl inv)* *n Br*: **~ (lunch)** *queso, cebolletas y ensalada con pan*.

plow *etc Am* = **plough** *etc*.

ploy [plɔɪ] *n* táctica *f*, estratagema *f*.

pluck [plʌk] ◇ *vt* **1.** *(fruit, flower)* coger. **2.** *(pull sharply)* arrancar **3.** *(bird)* desplumar. **4.** *(eyebrows)* depilar. **5.** *(instrument)* puntear ◇ *n dated* valor *m*. ◆ **pluck up** *vt fus*: **to ~ up the courage to do sthg** armarse de valor para hacer algo.

plucky ['plʌkɪ] *adj dated* valiente.

plug [plʌg] ◇ *n* **1.** (ELEC) enchufe *m*, clavija *f*. **2.** *(for bath or sink)* tapón *m*.

◇ *vt* **1.** *(hole, leak)* tapar. **2.** *inf (mention favourably)* dar publicidad a. ◆ **plug in** *vt sep* enchufar.

plughole ['plʌghəʊl] *n* desagüe *m*.

plum [plʌm] ◇ *adj* **1.** *(colour)* de color ciruela. **2.** *(choice)*: ~ **job** chollo *m*. ◇ *n (fruit)* ciruela *f*.

plumb [plʌm] ◇ *adv* **1.** *Br (exactly)*: ~ **in the middle** justo en medio. **2.** *Am (completely)* completamente. ◇ *vt*: **to ~ the depths of** alcanzar las cotas más bajas de.

plumber ['plʌmər] *n* fontanero *m*, -ra *f*, plomero *m*, -ra *f Amer*.

plumbing ['plʌmɪŋ] *n (U)* **1.** *(fittings)* tubería *f*. **2.** *(work)* fontanería *f*.

plume [plu:m] *n* **1.** *(feather)* pluma *f*. **2.** *(decoration, of smoke)* penacho *m*.

plummet ['plʌmɪt] *vi* caer en picado.

plump [plʌmp] *adj* regordete(ta). ◆ **plump for** *vt fus* optar OR decidirse por. ◆ **plump up** *vt sep* ahuecar.

plum pudding *n* budín navideño con pasas.

plunder ['plʌndər] ◇ *n* **1.** *(stealing, raiding)* saqueo *m*, pillaje *m*. **2.** *(stolen goods)* botín *m*. ◇ *vt* saquear.

plunge [plʌndʒ] ◇ *n (fall, dive)* chapuzón *m*, zambullida *f*; **to take the ~** dar el paso decisivo. ◇ *vt* **1.** *(knife etc)*: **to ~ sthg into** hundir algo en. **2.** *(into darkness, water)*: **to ~ sthg into** sumergir algo en. ◇ *vi* **1.** *(fall, dive)* hundirse, zambullirse. **2.** *(decrease)* bajar vertiginosamente.

plunger ['plʌndʒər] *n (for blocked pipes)* desatascador *m*.

pluperfect [,plu:'pɜ:fɪkt] *n*: ~ **(tense)** (pretérito *m*) pluscuamperfecto *m*.

plural ['plʊərəl] ◇ *adj (gen)* plural. ◇ *n* plural *m*.

plus [plʌs] *(pl* **-es** OR **-ses)** ◇ *adj (or more)*: **35-~** 35 o más. ◇ *n* **1.** (MATH) *(sign)* signo *m* más. **2.** *inf (bonus)* ventaja *f*. ◇ *prep* más. ◇ *conj* además.

plush [plʌʃ] *adj* lujoso(sa).

plus sign *n* signo *m* más.

Pluto ['plu:təʊ] *n (planet)* Plutón *m*.

plutonium [plu:'təʊnɪəm] *n* plutonio *m*.

ply [plaɪ] ◇ *vt* **1.** *(trade)* ejercer. **2.** *(supply, provide)*: **to ~ sb with sthg** *(questions)* acosar a alguien con algo; *(food, drink)* no parar de ofrecer a alguien algo. ◇ *vi* navegar.

plywood ['plaɪwʊd] *n* contrachapado *m*.

p.m., pm *(abbr of* **post meridiem**): **at 3** ~ a las tres de la tarde.

PM *n abbr of* **prime minister**.

PMT, PMS *(abbr of* **premenstrual tension, premenstrual syndrome)** *n* SPM *m*.

pneumatic [njʊ'mætɪk] *adj (tyre, chair)* neumático(ca).

pneumatic drill *n* martillo *m* neumático.

pneumonia [nju:'məʊnjə] *n (U)* pulmonía *f*.

poach [pəʊtʃ] ◇ *vt* **1.** *(game)* cazar en vedado; *(fish)* pescar en vedado. **2.** *(copy)* plagiar **3.** (CULIN) *(salmon)* hervir; *(egg)* escalfar. ◇ *vi (for game)* cazar en vedado; *(for fish)* pescar en vedado.

poacher ['pəʊtʃər] *n (hunter)* cazador furtivo *m*, cazadora furtiva *f*; *(fisherman)* pescador furtivo *m*, pescadora furtiva *f*.

poaching ['pəʊtʃɪŋ] *n (for game)* caza *f* furtiva; *(for fish)* pesca *f* furtiva.

PO Box *(abbr of* **Post Office Box)** *n* apdo. *m*.

pocket ['pɒkɪt] ◇ *n* **1.** *(in clothes)* bolsillo *m*; **to be £10 out of ~** salir perdiendo 10 libras; **to pick sb's ~** vaciar a alguien el bolsillo. **2.** *(in car door etc)* bolsa *f*, bolsillo *m*. **3.** *(of resistance)* foco *m*; *(of air)* bolsa *f*. ◇ *vt* **1.** *(place in pocket)* meterse en el bolsillo. **2.** *(steal)* birlar. ◇ *adj* de bolsillo.

pocketbook ['pɒkɪtbʊk] *n* **1.** *(notebook)* libreta *f*. **2.** *Am (handbag)* bolso *m Esp*, cartera *f Amer*.

pocketknife ['pɒkɪtnaɪf] *(pl* **-knives** [-naɪvz]) *n* navaja *f* (de bolsillo).

pocket money *n* propina *f*, dinero *m* para gastar.

pockmark ['pɒkmɑ:k] *n* marca *f* OR señal *f* (en la cara).

pod [pɒd] *n (of plants)* vaina *f*.

podgy ['pɒdʒɪ] *adj inf* gordinflón(ona).

podiatrist [pə'daɪətrɪst] *n Am* podólogo *m*, -ga *f*.

podium ['pəʊdɪəm] *(pl* **-diums** OR **-dia** [-dɪə]) *n* podio *m*.

poem ['pəʊɪm] *n* poema *m*, poesía *f*.

poet ['pəʊɪt] *n* poeta *m y f*.

poetic [pəʊ'etɪk] *adj* poético(ca).

poet laureate *n* poeta *m* laureado.

poetry ['pəʊɪtrɪ] *n* poesía *f*.

poignant ['pɔɪnjənt] *adj* patético(ca), conmovedor(ra).

point [pɔɪnt] ◇ *n* **1.** *(gen)* punto *m*; **at that** ~ en aquel momento. **2.** *(tip)* punta *f*. **3.** *(detail, argument)*: **to make a ~** hacer una observación; **to have a ~** tener razón. **4.** *(main idea)*: **the ~ is ...** lo fundamental OR más importante es ...; **to miss the ~ of** no coger la idea de; **to get** OR **come to the ~** ir al grano; **it's beside the ~** no viene al caso. **5.** *(feature)* cualidad *f*; **weak/ strong ~** punto *m* débil/fuerte. **6.** *(purpose)* sentido *m*; **what's the ~?** ¿para qué?; **there's no ~ in it** no tiene sentido. **7.** *(decimal point)* coma *f*; **two ~ six** dos coma seis. **8.** *Br* (ELEC) toma *f* de corriente. **9.** *phr*: **to make a ~ of doing sthg** poner empeño en hacer algo. ◇ *vt*: **to ~ a gun at sthg/sb** apuntar a algo/alguien con una pistola; **to ~ one's finger at sthg/sb** señalar algo/a alguien con el dedo. ◇ *vi* **1.** *(indicate with finger)*: **to ~ at sthg/ sb, to ~ to sthg/sb** señalar algo/a alguien con el dedo. **2.** *fig (suggest)*: **everything ~s to her guilt** todo indica que ella es la culpable. ◆ **points** *npl Br* (RAIL) agujas *fpl*. ◆ **up to a point** *adv* hasta cierto punto ◆ **on the point of** *prep*: **to be on the ~ of doing sthg** estar a punto de hacer algo. ◆ **point out** *vt sep (person, object, fact)* señalar, indicar; *(mistake)* hacer notar.

point-blank *adv* **1.** *(refuse, deny)* categóricamente. **2.** *(at close range)* a quemarropa.

pointed ['pɔɪntɪd] *adj* **1.** *(sharp, angular)* en punta, puntiagudo(da). **2.** *(cutting, incisive)* intencionado(da).

pointer ['pɔɪntə^r] *n* **1.** *(piece of advice)* consejo *m*. **2.** *(needle)* aguja *f*. **3.** (COMPUT) puntero *m*.

pointless ['pɔɪntlɪs] *adj* sin sentido.

point of view *(pl* points of view*) n* **1.** *(opinion)* punto *m* de vista. **2.** *(aspect, perspective)* perspectiva *f*.

poise [pɔɪz] *n (self-assurance)* aplomo *m*, serenidad *f*; *(elegance)* elegancia *f*.

poised [pɔɪzd] *adj* **1.** *(ready)*: **to be ~ to do sthg** estar listo(ta) para hacer algo. **2.** *(calm and dignified)* sereno(na).

poison ['pɔɪzn] ◇ *n* veneno *m*. ◇ *vt (gen - intentionally)* envenenar; *(- unintentionally)* intoxicar.

poisoning ['pɔɪznɪŋ] *n (intentional)* envenenamiento *m*; *(unintentional)* intoxicación *f*.

poisonous ['pɔɪznəs] *adj* **1.** *(substance, gas)* tóxico(ca). **2.** *(snake)* venenoso(sa).

poke [pəʊk] ◇ *vt* **1.** *(with finger, stick)* empujar; *(with elbow)* dar un codazo a; *(fire)* atizar; **to ~ sb in the eye** meter el dedo en el ojo de alguien. **2.** *(push, stuff)*: **to ~ sthg into** meter algo en. ◇ *vi (protrude)*: **to ~ out of sthg** sobre-

salir por algo. ◆ **poke about, poke around** *vi inf* fisgonear, hurgar.

poker ['pəʊkə^r] *n* **1.** *(game)* póker *m*. **2.** *(for fire)* atizador *m*.

poker-faced [-,feɪst] *adj* con cara inexpresiva.

poky ['pəʊkɪ] *adj pej*: **a ~ little room** un cuartucho.

Poland ['pəʊlənd] *n* Polonia.

polar ['pəʊlə^r] *adj* polar.

Polaroid® ['pəʊlərɔɪd] *n* **1.** *(camera)* polaroid® *f*. **2.** *(photograph)* fotografía *f* polaroid.

pole [pəʊl] *n* **1.** *(rod, post)* palo *m*; **telegraph ~** poste *m* telegráfico. **2.** (ELEC & GEOGR) polo *m*.

Pole [pəʊl] *n* polaco *m*, -ca *f*.

pole vault *n*: **the ~** el salto con pértiga.

police [pə'liːs] ◇ *npl (police force)*: **the ~** la policía ◇ *vt* mantener el orden en, vigilar.

police car *n* coche *m* patrulla.

police constable *n Br* policía *m y f*.

police force *n* cuerpo *m* de policía.

policeman [pə'liːsmən] *(pl* -men [-mən]*) n* policía *m*.

police officer *n* agente *m y f* de la policía.

police record *n*: **(to have a) ~** (tener) antecedentes *mpl* policiales.

police station *n* comisaría *f* (de policía).

policewoman [pə'liːs,wʊmən] *(pl* -women [-,wɪmɪn]*) n (mujer f)* policía *f*.

policy ['pɒləsɪ] *n* **1.** *(plan, practice)* política *f*. **2.** *(document, agreement)* póliza *f*.

polio ['pəʊlɪəʊ] *n* polio *f*.

polish ['pɒlɪʃ] ◇ *n* **1.** *(for floor)* cera *f*; *(for shoes)* betún *m*; *(for window)* limpiacristales *m inv*; *(for nails)* esmalte *m*. **2.** *(shine)* brillo *m*, lustre *m*. **3.** *fig (refinement)* refinamiento *m*. ◇ *vt (floor)* encerar; *(shoes, window, car)* limpiar; *(cutlery, silver, glasses)* sacar brillo a. ◆ **polish off** *vt sep inf (food)* zamparse; *(job)* despachar

Polish ['pəʊlɪʃ] ◇ *adj* polaco(ca). ◇ *n (language)* polaco *m*. ◇ *npl*: **the ~** los polacos *mpl*.

polished ['pɒlɪʃt] *adj* **1.** *(person, manner)* refinado(da). **2.** *(performance, speech)* esmerado(da).

polite [pə'laɪt] *adj* educado(da), cortés.

politic ['pɒlətɪk] *adj fml* oportuno(na), conveniente.

political [pə'lɪtɪkl] *adj (concerning politics)* político(ca).

politically correct [pə,lɪtɪklɪ-] *adj* políticamente correcto(ta), *conforme a la ética según la cual se sustituyen términos considerados sexistas, racistas etc por otros considerados aceptables.*

politician [,pɒlɪ'tɪʃn] *n* político *m*, -ca *f*.

politics ['pɒlətɪks] ◊ *n (U)* **1.** *(gen)* política *f*. **2.** *(field of study)* ciencias *fpl* políticas. ◊ *npl* **1.** *(personal beliefs)* ideas *fpl* políticas. **2.** *(of a group, area)* política *f*.

polka ['pɒlkə] *n* polca *f*.

polka dot *n* lunar *m* (en un vestido).

poll [pəʊl] ◊ *n (vote)* votación *f*; *(of opinion)* encuesta *f*. ◊ *vt* **1.** *(people)* sondear. **2.** *(votes)* obtener. ♦ **polls** *npl*: **the ~s** los comicios.

pollen ['pɒlən] *n* polen *m*.

polling booth ['pəʊlɪŋ-] *n* cabina *f* electoral

polling day ['pəʊlɪŋ-] *n Br* día *m* de elecciones.

polling station ['pəʊlɪŋ-] *n* mesa *f* OR centro *m* electoral.

pollute [pə'luːt] *vt* contaminar.

pollution [pə'luːʃn] *n (U)* **1.** *(process of polluting)* contaminación *f*. **2.** *(impurities)* substancias *fpl* contaminantes.

polo ['pəʊləʊ] *n* polo *m*.

polo neck *Br n* **1.** *(neck)* cuello *m* alto. **2.** *(jumper)* jersey *m* de cuello alto.

polyethylene *Am* = **polythene**.

Polynesia [,pɒlɪ'niːʒə] *n* Polinesia.

polystyrene [,pɒlɪ'staɪriːn] *n* poliestireno *m*.

polytechnic [,pɒlɪ'teknɪk] *n Br* politécnico *m*, escuela *f* politécnica.

polythene *Br* ['pɒlɪθiːn], **polyethylene** *Am* ['pɒlɪ'eθiliːn] *n* polietileno *m*.

polythene bag *n Br* bolsa *f* de plástico.

pomegranate ['pɒmɪ,grænɪt] *n* granada *f*.

pomp [pɒmp] *n* pompa *f*.

pompom ['pɒmpɒm] *n* borla *f*, pompón *m*.

pompous ['pɒmpəs] *adj* **1.** *(self-important)* presumido(da). **2.** *(style)* pomposo(sa); *(building)* ostentoso(sa).

pond [pɒnd] *n* estanque *m*.

ponder ['pɒndər] *vt* considerar.

ponderous ['pɒndərəs] *adj* **1.** *(speech, book)* pesado(da). **2.** *(action, walk)* lento(ta) y torpe.

pong [pɒŋ] *n Br inf* (olor *m* a) peste *f*.

pontoon [pɒn'tuːn] *n* **1.** *(bridge)* pontón *m*. **2.** *Br (game)* veintiuna *f*.

pony ['pəʊnɪ] *n* poni *m*.

ponytail ['pəʊnɪteɪl] *n* coleta *f* (de caballo).

pony-trekking [-,trekɪŋ] *n (U)* excursión *f* en poni

poodle ['puːdl] *n* caniche *m*.

pool [puːl] ◊ *n* **1.** *(of water, blood, ink)* charco *m*; *(pond)* estanque *m*. **2.** *(swimming pool)* piscina *f*. **3.** *(of light)* foco *m*. **4.** (COMM) *(fund)* fondos *mpl* comunes. **5.** *(of people, things)*: **typing** ~ servicio *m* de mecanografía; **car** ~ parque *m* de automóviles. **6.** *(game)* billar *m* americano. ◊ *vt (resources, funds)* juntar; *(knowledge)* poner en común ♦ **pools** *npl Br*: **the ~s** las quinielas

poor [pɔːr] ◊ *adj* **1.** *(gen)* pobre; ~ **old John!** ¡el pobre de John! **2.** *(quality, result)* malo(la). ◊ *npl*: **the** ~ los pobres.

poorly ['pɔːlɪ] ◊ *adj Br* pachucho(cha). ◊ *adv* mal.

pop [pɒp] ◊ *n* **1.** *(music)* (música *f*) pop *m*. **2.** *(U) inf (fizzy drink)* gaseosa *f*. **3.** *inf (father)* papá *m*. **4.** *(sound)* pequeña explosión *f*. ◊ *vt* **1.** *(balloon, bubble)* pinchar. **2.** *(put quickly)*: **to** ~ **sthg into** meter algo en ◊ *vi* **1.** *(balloon)* reventar; *(cork, button)* saltar. **2.** *(eyes)* salirse de las órbitas. **3.** *(go quickly)*: **I'm just popping round to the shop** voy un momento a la tienda. ♦ **pop in** *vi* entrar un momento. ♦ **pop up** *vi* aparecer de repente.

pop concert *n* concierto *m* de música pop.

popcorn ['pɒpkɔːn] *n* palomitas *fpl* (de maíz).

pope [pəʊp] *n* papa *m*.

pop group *n* grupo *m* (de música) pop.

poplar ['pɒplər] *n* álamo *m*.

poppy ['pɒpɪ] *n* amapola *f*.

Popsicle® ['pɒpsɪkl] *n Am* polo *m*.

populace ['pɒpjʊləs] *n*: **the** ~ *(masses)* el populacho; *(people)* el pueblo.

popular ['pɒpjʊlər] *adj* **1.** *(gen)* popular; *(person)* estimado(da). **2.** *(belief, attitude, discontent)* generalizado(da). **3.** *(newspaper, politics)* para las masas.

popularize, -ise ['pɒpjʊləraɪz] *vt* **1.** *(make popular)* popularizar. **2.** *(simplify)* vulgarizar.

population [,pɒpjʊ'leɪʃn] *n* población *f*.

porcelain ['pɔːsəlɪn] *n* porcelana *f*.

porch [pɔːtʃ] *n* **1.** *(entrance)* porche *m*, pórtico *m*. **2.** *Am (verandah)* terraza *f*

porcupine ['pɔːkjʊpaɪn] *n* puerco *m* espín.

pore [pɔːʳ] *n* poro *m*. ◆ **pore over** *vt fus* estudiar esmeradamente.

pork [pɔːk] *n* carne *f* de cerdo.

pork pie *n* empanada *f* de carne de cerdo.

pornography [pɔːˈnɒgrəfɪ] *n* pornografía *f*

porous ['pɔːrəs] *adj* poroso(sa).

porridge ['pɒrɪdʒ] *n* papilla *f* OR gachas *fpl* de avena.

port [pɔːt] *n* 1. *(coastal town, harbour)* puerto *m* 2. (NAUT) *(left-hand side)* babor *m*. 3. *(drink)* oporto *m*. 4. (COMPUT) conexión *f*

portable ['pɔːtəbl] *adj* portátil

portent ['pɔːtənt] *n literary* presagio *m*.

porter ['pɔːtəʳ] *n* 1. *Br (in block of flats)* portero *m*, -ra *f*; *(in public building, hotel)* conserje *m* y *f*. 2. *(for luggage)* mozo *m*.

portfolio [ˌpɔːtˈfəʊljəʊ] *(pl* -s) *n* 1. (ART, FIN & POL) cartera *f*. 2. *(sample of work)* carpeta *f*.

porthole ['pɔːthəʊl] *n* portilla *f*.

portion ['pɔːʃn] *n* 1. *(part, section)* porción *f*. 2. *(of chips, vegetables etc)* ración *f*.

portly ['pɔːtlɪ] *adj* corpulento(ta).

port of call *n* 1. (NAUT) puerto *m* de escala. 2. *fig (on journey)* escala *f*.

portrait ['pɔːtreɪt] *n* retrato *m*.

portray [pɔːˈtreɪ] *vt* 1. *(represent - in a play, film)* representar. 2. *(describe)* describir. 3. *(paint)* retratar.

Portugal ['pɔːtʃʊgl] *n* Portugal.

Portuguese [ˌpɔːtʃʊˈgiːz] ◇ *adj* portugués(esa). ◇ *n (language)* portugués *m*. ◇ *npl*: **the ~** los portugueses.

pose [pəʊz] ◇ *n* 1. *(position, stance)* postura *f*. 2. *pej (pretence, affectation)* pose *f*. ◇ *vt* 1. *(problem, threat)* presentar 2. *(question)* formular. ◇ *vi* 1. *(model)* posar. 2. *pej (behave affectedly)* adoptar una pose. 3. *(pretend to be)*: to ~ **as sb/sthg** fingir ser alguien/algo.

posh [pɒʃ] *adj inf* 1. *(hotel, area etc)* de lujo, elegante. 2. *Br (person, accent)* afectado(da)

position [pəˈzɪʃn] ◇ *n* 1. *(gen)* posición *f*. 2. *(right place)* sitio *m*, lugar *m*. 3. *(status)* rango *m*. 4. *(job)* puesto *m*. 5. *(in a race, competition)* lugar *m*. 6. *(state, situation)* situación *f*. 7. *(stance, opinion)*: **~ on** opinión *f* respecto a. ◇ *vt* colocar.

positive ['pɒzətɪv] *adj* 1. *(gen)* positivo(va). 2. *(sure)*: **to be ~ (about)** estar

seguro(ra) (de). 3. *(optimistic, confident)*: **to be ~ (about)** ser optimista (respecto a). 4. *(definite - action)* decisivo(va); *(- decision)* categórico(ca). 5. *(irrefutable - evidence, fact)* irrefutable; *(- proof)* concluyente.

posse ['pɒsɪ] *n Am* 1. *(to pursue criminal)* grupo *m* de hombres a caballo. 2. *(group)* grupo *m*

possess [pəˈzes] *vt* 1. *(gen)* poseer. 2. *(subj: emotion)* adueñarse de.

possession [pəˈzeʃn] *n* posesión *f*. ◆ **possessions** *npl* bienes *mpl*.

possessive [pəˈzesɪv] *adj* 1. *(gen)* posesivo(va). 2. *pej (selfish)* egoísta.

possibility [ˌpɒsəˈbɪlətɪ] *n* posibilidad *f*.

possible ['pɒsəbl] *adj* 1. *(gen)* posible; **as soon as ~** cuanto antes; **as much as ~** todo lo posible; **it's ~ that she'll come** es posible que venga 2. *(viable - plan etc)* viable, factible.

possibly ['pɒsəblɪ] *adv* 1. *(perhaps)* posiblemente, quizás. 2. *(within one's power)*: **could you ~ help me?** ¿te importaría ayudarme? 3. *(to show surprise)*: **how could he ~ do that?** ¿cómo demonios pudo hacer eso? 4. *(for emphasis)*: **I can't ~ do it** no puedo hacerlo de ninguna manera.

post [pəʊst] ◇ *n* 1. *(service)*: **the ~** el correo; **by ~** por correo. 2. *(U) (letters etc)* cartas *fpl*. 3. *(delivery)* reparto *m*. 4. *Br (collection)* colecta *f*. 5. *(pole)* poste *m*. 6. *(position, job)* puesto *m*. 7. (MIL) puesto *m*. ◇ *vt* 1. *(by mail)* echar al correo. 2. *(transfer)* enviar, destinar.

postage ['pəʊstɪdʒ] *n* franqueo *m*, porte *m*; **~ and packing** gastos *mpl* de envío.

postal ['pəʊstl] *adj* postal.

postal order *n* giro *m* postal.

postbox ['pəʊstbɒks] *n Br* buzón *m*.

postcard ['pəʊstkɑːd] *n* postal *f*.

postcode ['pəʊstkəʊd] *n Br* código *m* postal.

postdate [ˌpəʊstˈdeɪt] *vt* poner posfecha a.

poster ['pəʊstəʳ] *n* cartel *m*, póster *m*.

poste restante [ˌpəʊstˈrestɑːnt] *n* lista *f* de correos.

posterior [pɒˈstɪərɪəʳ] *n hum* trasero *m*.

postgraduate [ˌpəʊstˈgrædʒʊət] *n* posgraduado *m*, -da *f*.

posthumous ['pɒstjʊməs] *adj* póstumo(ma).

postman ['pəʊstmən] *(pl* -men [-mən]) *n* cartero *m*.

postmark ['pəustmɑːk] n matasellos m inv.

postmaster ['pəust,mɑːstər] n administrador m de correos.

postmortem [,pəust'mɔːtəm] ◇ adj post-mórtem (inv). ◇ n (autopsy) autopsia f.

post office n 1. (organization): **the Post Office** = Correos m inv. 2. (building) oficina f de correos.

post office box n apartado m de correos, casilla f de correos Amer.

postpone [,pəust'pəun] vt posponer.

postscript ['pəustskrɪpt] n (additional message) posdata f; fig (additional information) nota f final.

posture ['pɒstʃər] n lit & fig postura f; **~ on sthg** postura hacia algo.

postwar [,pəust'wɔːr] adj de (la) posguerra.

posy ['pəuzɪ] n ramillete m.

pot [pɒt] ◇ n 1. (for cooking) olla f. 2. (for tea) tetera f; (for coffee) cafetera f. 3. (for paint) bote m; (for jam) tarro m. 4. (flowerpot) tiesto m, maceta f. 5. (U) inf (cannabis) maría f, hierba f. 6. phr: **to go to ~** ir al traste. ◇ vt plantar (en un tiesto).

potassium [pə'tæsɪəm] n potasio m.

potato [pə'teɪtəu] (pl -es) n patata f Esp, papa f Amer.

potato peeler [-,piːlər] n pelapatatas m inv.

potent ['pəutənt] adj 1. (powerful, influential) poderoso(sa). 2. (drink, drug) fuerte. 3. (sexually capable) potente.

potential [pə'tenʃl] ◇ adj potencial, posible. ◇ n (U) potencial m; **to have ~** tener posibilidades, prometer.

potentially [pə'tenʃəlɪ] adv en potencia

pothole ['pɒthəul] n 1. (in road) bache m 2. (underground) cueva f.

potholing ['pɒt,həulɪŋ] n Br espeleología f.

potion ['pəuʃn] n poción f.

potluck [,pɒt'lʌk] n: **to take ~** (gen) elegir a ojo; (at meal) conformarse con lo que haya.

potshot ['pɒt,ʃɒt] n: **to take a ~** (at sthg/sb) disparar (a algo/alguien) sin apuntar.

potted ['pɒtɪd] adj 1. (plant) en tiesto. 2. (meat, fish) en conserva.

potter ['pɒtər] n alfarero m, -ra f. ♦ **potter about, potter around** vi Br entretenerse.

pottery ['pɒtərɪ] n 1. (gen) cerámica f,

alfarería f. 2. (factory) fábrica f de cerámica.

potty ['pɒtɪ] Br inf ◇ adj (person) chalado(da). ◇ n orinal m.

pouch [pautʃ] n 1. (small bag) bolsa f pequeña; (for tobacco) petaca f. 2. (on animal's body) bolsa f (abdominal).

poultry ['pəultrɪ] ◇ n (meat) carne f de pollería. ◇ npl (birds) aves fpl de corral.

pounce [pauns] vi (leap): **to ~ (on OR upon)** abalanzarse (sobre).

pound [paund] ◇ n 1. (unit of money, weight) libra f. 2. (for cars) depósito m (de coches); (for dogs) perrera f. ◇ vt 1. (hammer on) golpear, aporrear. 2. (pulverize) machacar. ◇ vi 1. (hammer): **to ~ on sthg** golpear OR aporrear algo. 2. (beat, throb) palpitar.

pound sterling n libra f esterlina.

pour [pɔːr] ◇ vt (cause to flow): **to ~ sthg (into)** echar OR verter algo (en); **to ~ sb a drink, to ~ a drink for sb** servirle una copa a alguien. ◇ vi 1. (liquid) chorrear; (smoke) salir a borbotones. 2. fig (rush): **to ~ in/out** entrar/salir en manada. ◇ v impers (rain hard) llover a cántaros. ♦ **pour in** vi llegar a raudales. ♦ **pour out** vt sep 1. (empty) echar, vaciar. 2. (serve) servir.

pouring ['pɔːrɪŋ] adj (rain) torrencial.

pout [paut] vi (showing displeasure) hacer pucheros; (being provocative) hacer un gesto provocador con los labios.

poverty ['pɒvətɪ] n lit & fig pobreza f.

poverty-stricken adj necesitado(da).

powder ['paudər] ◇ n polvo m; (make-up) polvos mpl. ◇ vt poner polvos en; **to ~ o.s.** darse polvos, empolvarse.

powder compact n polvera f.

powdered ['paudəd] adj (in powder form) en polvo.

powder puff n borla f.

powder room n servicios mpl de señoras.

power ['pauər] ◇ n 1. (U) (authority, control) poder m; **to come to/take ~** llegar al/hacerse con el poder; **to be in ~** estar en el poder. 2. (ability) facultad f; **it isn't within my ~ to do it** no está dentro de mis posibilidades hacerlo. 3. (legal authority) autoridad f, competencia f. 4. (physical strength) fuerza f. 5. (energy - solar, steam etc) energía f. 6. (electricity) corriente f; **to turn the ~ on/off** dar/cortar la corriente 7.

(powerful nation, person, group) potencia *f.* ◇ *vt* impulsar.

powerboat ['pauəbəut] *n* motora *f.*

power cut *n* apagón *m.*

power failure *n* corte *m* de corriente.

powerful ['pauəful] *adj* 1. *(gen)* poderoso(sa). 2. *(blow, voice, drug)* potente. 3. *(speech, film)* conmovedor(ra).

powerless ['pauəlıs] *adj* 1. *(helpless)* impotente. 2. *(unable)*: **to be ~ to do** sthg no poder hacer algo.

power point *n* Br toma *f* (de corriente).

power station *n* central *f* eléctrica.

power steering *n* dirección *f* asistida.

pp *(abbr of* per procurationem) p.p.

p & p *abbr of* **postage and packing**.

PR *n* 1. *abbr of* **proportional representation**. 2. *abbr of* **public relations**.

practicable ['præktıkəbl] *adj* factible.

practical ['præktıkl] ◇ *adj* 1. *(gen)* práctico(ca). 2. *(skilled with hands)* hábil, mañoso(sa). ◇ *n* práctica *f.*

practicality [,præktı'kælətı] *n* viabilidad *f.*

practical joke *n* broma *f* pesada

practically ['præktıklı] *adv* 1. *(in a practical way)* de manera práctica. 2. *(almost)* prácticamente, casi.

practice, practise Am ['præktıs] *n* 1. *(training, training session)* práctica *f;* (SPORT) entrenamiento *m;* (MUS) ensayo *m;* **I'm out of ~** me falta práctica. 2. *(reality)*: **to put sthg into ~** llevar algo a la práctica; **in ~** *(in fact)* en la práctica. 3. *(habit, regular activity)* costumbre *f.* 4. *(of profession)* ejercicio *m.* 5. *(business - of doctor)* consulta *f;* (- of lawyer) bufete *m,* despacho *m.*

practicing Am = **practising**.

practise, practice Am ['præktıs] ◇ *vt* 1. (SPORT) entrenar; (MUS & THEATRE) ensayar. 2. *(religion, economy, safe sex)* practicar. 3. *(medicine, law)* ejercer. ◇ *vi* 1. *(train - gen)* practicar; (SPORT) entrenarse. 2. *(as doctor)* practicar; *(as lawyer)* ejercer.

practising, practicing Am ['præktısıŋ] *adj* 1. *(Catholic, Jew etc)* practicante. 2. *(doctor, lawyer)* en ejercicio. 3. *(homosexual)* activo(va).

practitioner [præk'tıʃnər] *n:* **medical ~** médico *m,* -ca *f.*

Prague [prɑːg] *n* Praga *f.*

prairie ['preərı] *n* pradera *f,* prado *m.*

praise [preız] ◇ *n (U)* elogio *m,* alabanza *f.* ◇ *vt* elogiar, alabar.

praiseworthy ['preız,wɜːðı] *adj* encomiable.

pram [præm] *n* cochecito *m* de niño.

prance [prɑːns] *vi* 1. *(person)* ir dando brincos. 2. *(horse)* hacer cabriolas.

prank [præŋk] *n* travesura *f.*

prawn [prɔːn] *n* gamba *f.*

pray [preı] *vi* rezar, orar; **to ~ to sb** rogar a alguien; **to ~ for sthg/for sthg to happen** *lit & fig* rogar algo/que pase algo.

prayer [preər] *n* 1. (RELIG) oración *f.* 2. *fig (strong hope)* ruego *m,* súplica *f.*

prayer book *n* misal *m*

preach [priːtʃ] ◇ *vt (gen)* predicar; *(sermon)* dar. ◇ *vi* 1. (RELIG): **to ~ (to)** predicar (a). 2. *pej (pontificate)*: **to ~ (at)** sermonear (a).

preacher ['priːtʃər] *n* predicador *m,* -ra *f.*

precarious [prı'keərıəs] *adj* precario (ria).

precaution [prı'kɔːʃn] *n* precaución *f.*

precede [prı'siːd] *vt* preceder.

precedence ['presıdəns] *n:* **to take ~ over** tener prioridad sobre.

precedent ['presıdənt] *n* precedente *m.*

precinct ['priːsıŋkt] *n* 1. Br *(shopping area)* zona *f* comercial. 2. Am *(district)* distrito *m.* ♦ **precincts** *npl* recinto *m.*

precious ['preʃəs] *adj* 1. *(gen)* precioso (sa). 2. *(memories, possessions)* preciado (da). 3. *(affected)* afectado(da).

precipice ['presıpıs] *n lit & fig* precipicio *m.*

precipitate [prı'sıpıteıt] *vt fml* precipitar.

precise [prı'saıs] *adj* preciso(sa), exacto(ta).

precisely [prı'saıslı] *adv* 1. *(with accuracy)* exactamente. 2. *(exactly, literally)* precisamente. 3. *(as confirmation)*: **~!** ¡eso es!

precision [prı'sıʒn] *n* precisión *f.*

preclude [prı'kluːd] *vt fml* evitar, impedir; *(possibility)* excluir; **to ~ sthg/sb from doing sthg** impedir que algo/alguien haga algo.

precocious [prı'kəuʃəs] *adj* precoz.

preconceived [,priːkən'siːvd] *adj* preconcebido(da).

precondition [,priːkən'dıʃn] *n fml:* **~ (for)** requisito *m* previo (para)

predator ['predətər] *n* depredador *m,* -ra *f; fig* buitre *m* y *f.*

predecessor ['priːdısesər] *n* antecesor *m,* -ra *f.*

predicament [prı'dıkəmənt] *n* apuro *m.*

predict [prɪ'dɪkt] *vt* predecir, pronosticar.

predictable [prɪ'dɪktəbl] *adj* 1. *(result etc)* previsible. 2. *(film, book, person)* poco original.

prediction [prɪ'dɪkʃn] *n* pronóstico *m*.

predispose [ˌpriːdɪs'pəʊz] *vt*: **to be ~d to sthg/to do sthg** *(by nature)* estar predispuesto(ta) a algo/a hacer algo.

predominant [prɪ'dɒmɪnənt] *adj* predominante.

predominantly [prɪ'dɒmɪnəntlɪ] *adv* fundamentalmente.

preempt [ˌpriː'empt] *vt (make ineffective)* adelantarse a

preemptive [ˌpriː'emptɪv] *adj* preventivo(va)

preen [priːn] *vt* 1. *(subj: bird)* arreglar (con el pico). 2. *fig (subj: person)*: **to ~ o.s.** acicalarse

prefab ['priːfæb] *n inf* casa *f* prefabricada.

preface ['prefɪs] *n*: **~ (to)** prólogo *m* OR prefacio *m* (a).

prefect ['priːfekt] *n Br (pupil)* delegado *m*, -da *f* de curso.

prefer [prɪ'fɜːr] *vt*: **to ~ sthg (to)** preferir algo (a); **to ~ to do sthg** preferir hacer algo.

preferable ['prefrəbl] *adj*: **to be ~ (to)** ser preferible (a).

preferably ['prefrəblɪ] *adv* preferentemente.

preference ['prefərəns] *n*: **~ (for)** preferencia *f* (por).

preferential [ˌprefə'renʃl] *adj* preferente.

prefix ['priːfɪks] *n* prefijo *m*.

pregnancy ['pregnənsɪ] *n* embarazo *m*.

pregnant ['pregnənt] *adj (carrying unborn baby)* embarazada.

prehistoric [ˌpriːhɪ'stɒrɪk] *adj* prehistórico(ca)

prejudice ['predʒudɪs] ◇ *n*: **~ (against)** prejuicio *m* (contra); **~ in favour of** predisposición *f* a favor de ◇ *vt* 1. *(bias)*: **to ~ sb (in favour of/against)** predisponer a alguien (a favor de/en contra de). 2. *(harm)* perjudicar.

prejudiced ['predʒudɪst] *adj* parcial; **to be ~ in favour of/against** estar predispuesto a favor de/en contra de

prejudicial [ˌpredʒu'dɪʃl] *adj*: **~ (to)** perjudicial (para).

preliminary [prɪ'lɪmɪnərɪ] *adj* preliminar.

prelude ['prelju:d] *n (event)*: **~ (to)** preludio *m* (a)

premarital [ˌpriː'mærɪtl] *adj* prematrimonial.

premature ['premə,tjʊər] *adj* prematuro(ra).

premeditated [ˌpriː'medɪteɪtɪd] *adj* premeditado(da).

premenstrual syndrome, premenstrual tension [priː'menstruəl-] *n* síndrome *m* premenstrual.

premier ['premjər] ◇ *adj* primero(ra). ◇ *n* primer ministro *m*, primera ministra *f*.

premiere ['premɪeər] *n* estreno *m*.

premise ['premɪs] *n* premisa *f*. ♦ **premises** *npl* local *m*; **on the ~s** en el local.

premium ['priːmjəm] *n* prima *f*; **at a ~** *(above usual value)* por encima de su valor; *(in great demand)* muy solicitado (da).

premium bond *n Br* boleto numerado emitido por el Estado que autoriza a participar en sorteos mensuales de dinero hasta su amortización.

premonition [ˌpremə'nɪʃn] *n* premonición *f*.

preoccupied [priː'ɒkjʊpaɪd] *adj*: **~ (with)** preocupado(da) (por).

prep [prep] *(abbr of* **preparation)** *n (U) Br inf* tarea *f*, deberes *mpl*.

prepaid ['priːpeɪd] *adj (post paid)* porte pagado.

preparation [ˌprepə'reɪʃn] *n (act of preparing)* preparación *f*. ♦ **preparations** *npl* preparativos *mpl*; **to make ~s for** hacer los preparativos para.

preparatory [prɪ'pærətrɪ] *adj* preparatorio(ria), preliminar.

preparatory school *n (in UK)* colegio de pago para niños de 7 a 12 años; *(in US)* colegio privado que prepara a sus alumnos para estudios superiores.

prepare [prɪ'peər] ◇ *vt* preparar. ◇ *vi*: **to ~ for sthg/to do sthg** prepararse para algo/para hacer algo

prepared [prɪ'peəd] *adj* 1. *(gen)* preparado(da). 2. *(willing)*: **to be ~ to do sthg** estar dispuesto(ta) a hacer algo.

preposition [ˌprepə'zɪʃn] *n* preposición *f*.

preposterous [prɪ'pɒstərəs] *adj* absurdo(da).

prep school *n inf abbr of* **preparatory school**.

prerequisite [ˌpriː'rekwɪzɪt] *n*: **~ (for)** requisito *m* (para).

prerogative [prɪ'rɒgətɪv] *n* prerrogativa *f*

Presbyterian [,prezbɪ'tɪərɪən] ◇ *adj* presbiteriano(na). ◇ *n* presbiteriano *m*, -na *f*.

preschool [,priː'skuːl] ◇ *adj* preescolar. ◇ *n Am* parvulario *m*.

prescribe [prɪ'skraɪb] *vt* 1. (MED) recetar. 2. *(order)* ordenar, mandar.

prescription [prɪ'skrɪpʃn] *n* receta *f*; **on ~** con receta médica.

presence ['prezns] *n* presencia *f*; **to be in sb's ~** OR **in the ~ of sb** estar en presencia de alguien.

presence of mind *n* aplomo *m*.

present [*adj & n* 'preznt, *vb* prɪ'zent] ◇ *adj* 1. *(current)* actual. 2. *(in attendance)* presente; **to be ~ at sthg** asistir a algo, estar presente en algo. ◇ *n* 1. *(current time)*: **the ~** el presente; **at ~** actualmente. 2. (LING): **~ (tense)** (tiempo *m*) presente *m*. 3. *(gift)* regalo *m*. ◇ *vt* 1. *(gen)* presentar; **to ~ sb with sthg, to ~ sthg to sb** *(challenge, opportunity)* representar algo para alguien; **to ~ sb to sb** presentar a alguien a alguien; **to ~ o.s.** *(arrive)* presentarse. 2. *(give)*: **to ~ sb with sthg, to ~ sthg to sb** *(as present)* obsequiar algo a alguien; *(at ceremony)* entregar algo a alguien. 3. *(play etc)* representar.

presentable [prɪ'zentəbl] *adj* presentable; **to make o.s. ~** arreglarse.

presentation [,prezn'teɪʃn] *n* 1. *(gen)* presentación *f*. 2. *(ceremony)* entrega *f*. 3. *(performance)* representación *f*.

present day *n*: **the ~** el presente. ♦ **present-day** *adj* de hoy en día.

presenter [prɪ'zentər] *n Br* presentador *m*, -ra *f*.

presently ['prezntlɪ] *adv* 1. *(soon)* dentro de poco. 2. *(now)* actualmente.

preservation [,prezə'veɪʃn] *n* preservación *f*, conservación *f*.

preservative [prɪ'zɜːvətɪv] *n* conservante *m*.

preserve [prɪ'zɜːv] ◇ *vt* conservar. ◇ *n (jam)* mermelada *f*. ♦ **preserves** *npl (jam)* mermelada *f*; *(vegetables)* conserva *f*.

preset [,priː'set] *(pt & pp* **preset)** *vt* programar

president ['prezɪdənt] *n* presidente *m*, -ta *f*.

presidential [,prezɪ'denʃl] *adj* presidencial.

press [pres] ◇ *n* 1. *(push)*: **to give sthg a ~** apretar algo. 2. *(newspapers, reporters)*: **the ~** la prensa. 3. *(machine)* prensa *f*. ◇ *vt* 1. *(gen)* apretar; **to ~**

sthg against sthg apretar algo contra algo. 2. *(grapes, flowers)* prensar. 3. *(iron)* planchar. 4. *(urge)*: **to ~ sb (to do sthg OR into doing sthg)** presionar a alguien (para que haga algo). 5. *(pursue - claim)* insistir en ◇ *vi* 1. *(gen)*: **to ~ (on sthg)** apretar (algo). 2. *(crowd)*: **to ~ forward** empujar hacia adelante. ♦ **press for** *vt fus* exigir, reclamar. ♦ **press on** *vi (continue)*: **to ~ on (with)** proseguir (con).

press agency *n* agencia *f* de prensa.

press conference *n* rueda *f* de prensa.

pressed [prest] *adj*: **to be ~ (for time/money)** andar escaso(sa) (de tiempo/de dinero).

pressing ['presɪŋ] *adj* apremiante.

press officer *n* jefe *m*, -fa *f* de prensa.

press release *n* comunicado *m* de prensa.

press-stud *n Br* automático *m*.

press-up *n Br* flexión *f*.

pressure ['preʃər] *n* presión *f*; **to put ~ on sb (to do sthg)** presionar a alguien (para que haga algo).

pressure cooker *n* olla *f* a presión.

pressure gauge *n* manómetro *m*.

pressure group *n* grupo *m* de presión.

pressurize, -ise ['preʃəraɪz] *vt* 1. (TECH) presurizar. 2. *Br (force)*: **to ~ sb to do OR into doing sthg** presionar a alguien para que haga algo.

prestige [pre'stiːʒ] *n* prestigio *m*.

presumably [prɪ'zjuːməblɪ] *adv*: **~ you've read it** supongo que los has leído.

presume [prɪ'zjuːm] *vt* suponer; **he is ~d dead** se supone que está muerto.

presumption [prɪ'zʌmpʃn] *n* 1. *(assumption)* suposición *f*; *(of innocence)* presunción *f*. 2. *(U) (audacity)* presunción *f*, osadía *f*.

presumptuous [prɪ'zʌmptʃʊəs] *adj* presuntuoso(sa).

pretence, pretense *Am* [prɪ'tens] *n* fingimiento *m*, simulación *f*; **to make a ~ of doing sthg** fingir hacer algo; **under false ~s** con engaños, con falsos pretextos.

pretend [prɪ'tend] ◇ *vt*: **to ~ to do sthg** fingir hacer algo ◇ *vi* fingir, simular.

pretense *Am* = **pretence**.

pretension [prɪ'tenʃn] *n* pretensión *f*.

pretentious [prɪ'tenʃəs] *adj* pretencioso(sa).

pretext ['priːtekst] *n* pretexto *m*; **on OR under the ~ that .../of doing sthg** con el pretexto de que .../de estar haciendo algo.

pretty ['prɪtɪ] ◇ *adj* bonito(ta). ◇ *adv* bastante; **~ much** más o menos; **~ well** *(almost)* casi.

prevail [prɪ'veɪl] *vi* 1. *(be widespread)* predominar, imperar. 2. *(triumph)*: **to ~ (over)** prevalecer (sobre). 3. *(persuade)*: **to ~ on OR upon sb to do sthg** persuadir a alguien para que haga algo.

prevailing [prɪ'veɪlɪŋ] *adj* predominante.

prevalent ['prevələnt] *adj* predominante.

prevent [prɪ'vent] *vt* impedir; *(event, illness, accident)* evitar; **to ~ sthg (from) happening** impedir OR evitar que algo pase; **to ~ sb (from) doing sthg** impedir a alguien que haga algo.

preventive [prɪ'ventɪv] *adj* preventivo(va).

preview ['priːvjuː] *n (of film, exhibition)* preestreno *m*.

previous ['priːvjəs] *adj* previo(via), anterior; **the ~ week/president** la semana/el presidente anterior.

previously ['priːvjəslɪ] *adv* 1. *(formerly)* anteriormente. 2. *(before)*: **two years ~** dos años antes.

prewar [ˌpriː'wɔːᵣ] *adj* de preguerra.

prey [preɪ] *n* presa *f*, víctima *f*. ♦ **prey on** *vt fus* 1. *(live off)* cazar, alimentarse de. 2. *(trouble)*: **to ~ on sb's mind** atormentar a alguien.

price [praɪs] ◇ *n lit & fig* precio *m*; **to go up/down in ~** subir/bajar de precio; **at any ~** a toda costa, a cualquier precio; **at a ~** a un alto precio. ◇ *vt* poner precio a.

priceless ['praɪslɪs] *adj lit & fig* que no tiene precio, inestimable.

price list *n* lista *f* OR tarifa *f* de precios.

price tag *n (label)* etiqueta *f* (del precio).

pricey ['praɪsɪ] *(compar* **-ier**, *superl* **-iest**) *adj* caro(ra).

prick [prɪk] ◇ *n* 1. *(wound)* pinchazo *m*. 2. *vulg (penis)* polla *f*. 3. *vulg (stupid person)* gilipollas *m y f inv*. ◇ *vt* 1. *(gen)* pinchar. 2. *(sting)* picar. ♦ **prick up** *vt fus*: **to ~ up one's ears** *(subj: animal)* levantar las orejas; *(subj: person)* aguzar el oído.

prickle ['prɪkl] ◇ *n* 1. *(thorn)* espina *f*. 2. *(sensation)* comezón *f* ◇ *vi* picar.

prickly ['prɪklɪ] *adj* 1. *(thorny)* espinoso(sa). 2. *fig (touchy)* susceptible, enojadizo(za).

prickly heat *n* (U) sarpullido por causa del calor.

pride [praɪd] ◇ *n* orgullo *m*; **to take ~ in sthg/in doing sthg** enorgullecerse de algo/de hacer algo. ◇ *vt*: **to ~ o.s. on sthg** enorgullecerse de algo.

priest [priːst] *n* sacerdote *m*.

priestess ['priːstɪs] *n* sacerdotisa *f*.

priesthood ['priːsthʊd] *n* 1. *(position, office)*: **the ~** el sacerdocio. 2. *(priests collectively)*: **the ~** el clero.

prig [prɪg] *n* mojigato *m*, -ta *f*.

prim [prɪm] *adj* remilgado(da)

primarily ['praɪmərɪlɪ] *adv* principalmente.

primary ['praɪmərɪ] ◇ *adj* 1. *(main)* principal. 2. (SCH) primario(ria). ◇ *n Am* (POL) primaria *f*.

primary school *n* escuela *f* primaria.

primate ['praɪmeɪt] *n* 1. (ZOOL) primate *m*. 2. (RELIG) primado *m*

prime [praɪm] ◇ *adj* 1. *(main)* primero (ra), principal. 2. *(excellent)* excelente; *(quality)* primero(ra). ◇ *n*: **in one's ~** en la flor de la vida. ◇ *vt* 1. *(inform)*: **to ~ sb about sthg** preparar a alguien a fondo para algo. 2. *(surface)* preparar 3. *(gun, pump)* cebar.

prime minister *n* primer ministro *m*, primera ministra *f*.

primer ['praɪmᵣ] *n* 1. *(paint)* imprimación *f*. 2. *(textbook)* cartilla *f*

primeval [praɪ'miːvl] *adj (ancient)* primitivo(va).

primitive ['prɪmɪtɪv] *adj (tribe, species etc)* primitivo(va); *(accommodation, sense of humour)* rudimentario(ria).

primrose ['prɪmrəʊz] *n* primavera *f*, prímula *f*.

Primus stove® ['praɪməs-] *n* hornillo *m* de camping.

prince [prɪns] *n* príncipe *m*.

princess [prɪn'ses] *n* princesa *f*.

principal ['prɪnsəpl] ◇ *adj* principal ◇ *n* (SCH) director *m*, -ra *f*.

principle ['prɪnsəpl] *n* 1. *(gen)* principio *m*. 2. (U) *(integrity)* principios *mpl*; **on ~**, **as a matter of ~** por principio. ♦ **in principle** *adv* en principio

print [prɪnt] ◇ *n* 1. (U) *(type)* caracteres *mpl* (de imprenta); **in ~** *(available)* disponible; *(in printed characters)* en letra impresa; **to be out of ~** estar agotado. 2. *(piece of artwork)* grabado *m*. 3. *(reproduction)* reproducción *f*. 4. *(photograph)* fotografía *f* 5. *(fabric)*

estampado *m.* **6.** *(mark - of foot etc)* huella *f.* ◇ *vt* **1.** (TYPO) imprimir. **2.** *(produce by printing - book, newspaper)* tirar. **3.** *(publish)* publicar. **4.** *(decorate - cloth etc)* estampar. **5.** *(write in block letters)* escribir con letra de imprenta ◇ *vi* imprimir.
♦ **print out** *vt sep* (COMPUT) imprimir.

printer ['prɪntər] *n* **1.** *(person)* impresor *m,* -ra *f; (firm)* imprenta *f.* **2.** *(machine)* impresora *f.*

printing ['prɪntɪŋ] *n* **1.** *(U) (act of printing)* impresión *f.* **2.** *(trade)* imprenta *f.*

printout ['prɪntaʊt] *n* (COMPUT) salida *f* de impresora

prior ['praɪər] ◇ *adj* **1.** *(previous)* anterior, previo(via) **2.** *(more important)* preferente. ◇ *n* *(monk)* prior *m.*
♦ **prior to** *prep* antes de.

priority [praɪ'ɒrətɪ] *n* prioridad *f*; **to have** OR **take ~ (over)** tener prioridad (sobre).

prise [praɪz] *vt*: **to ~ sthg open/away** abrir/separar algo haciendo palanca.

prison ['prɪzn] *n* cárcel *f*, prisión *f.*

prisoner ['prɪznər] *n* **1.** *(convict)* preso *m,* -sa *f.* **2.** *(captive)* prisionero *m,* -ra *f.*

prisoner of war *(pl* **prisoners of war)** *n* prisionero *m,* -ra *f* de guerra.

privacy [*Br* 'prɪvəsɪ, *Am* 'praɪvəsɪ] *n* intimidad *f*

private ['praɪvɪt] ◇ *adj* **1.** *(gen)* privado(da); *(class)* particular; *(telephone call, belongings)* personal. **2.** *(thoughts, plans)* secreto(ta) **3.** *(secluded)* retirado (da). **4.** *(unsociable - person)* reservado (da). ◇ *n* **1.** *(soldier)* soldado *m* raso. **2. (to do sthg) in ~** *(in secret)* (hacer algo) en privado.

private enterprise *n (U)* empresa *f* privada

private eye *n* detective privado *m,* -da *f*

privately ['praɪvɪtlɪ] *adv* **1.** *(not by the state)* de forma privada; **~ owned** de propiedad privada. **2.** *(confidentially)* en privado

private property *n* propiedad *f* privada.

private school *n* colegio *m* privado.

privatize, -ise ['praɪvɪtaɪz] *vt* privatizar.

privet ['prɪvɪt] *n* alheña *f*

privilege ['prɪvɪlɪdʒ] *n* privilegio *m.*

privy ['prɪvɪ] *adj*: **to be ~ to sthg** estar enterado(da) de algo.

Privy Council *n Br*: **the ~** en Gran Bretaña, *consejo privado que asesora al monarca.*

prize [praɪz] ◇ *adj* de primera. ◇ *n* premio *m.* ◇ *vt*: **to be ~d** ser apreciado(da).

prize-giving [-ˌgɪvɪŋ] *n Br* entrega *f* de premios.

prizewinner ['praɪzˌwɪnər] *n* premiado *m,* -da *f*

pro [prəʊ] *(pl* **-s)** *n* **1.** *inf (professional)* profesional *m* y *f.* **2.** *(advantage)*: **the ~s and cons** los pros y los contras.

probability [ˌprɒbə'bɪlətɪ] *n* probabilidad *f.*

probable ['prɒbəbl] *adj* probable.

probably ['prɒbəblɪ] *adv* probablemente.

probation [prə'beɪʃn] *n* **1.** *(of prisoner)* libertad *f* condicional; **to put sb on ~** poner a alguien en libertad condicional. **2.** *(trial period)* periodo *m* de prueba; **to be on ~** estar en periodo de prueba

probe [prəʊb] ◇ *n* **1.** *(investigation)*: **~ (into)** investigación *f* (sobre). **2.** (MED & SPACE) sonda *f.* ◇ *vt* **1.** *(investigate)* investigar. **2.** *(with tool)* sondar; *(with finger, stick)* hurgar en.

problem ['prɒbləm] *n* problema *m*; **no ~!** *inf* ¡por supuesto!, ¡desde luego!

procedure [prə'siːdʒər] *n* procedimiento *m.*

proceed [*vb* prə'siːd, *npl* 'prəʊsiːdz] *vi* **1.** *(do subsequently)*: **to ~ to do sthg** proceder a hacer algo **2.** *(continue)*: **to ~ (with sthg)** proseguir (con algo). **3.** *fml (advance)* avanzar. ♦ **proceeds** *npl* ganancias *fpl,* beneficios *mpl*

proceedings [prə'siːdɪŋz] *npl* **1.** *(series of events)* acto *m* **2.** *(legal action)* proceso *m.*

process ['prəʊses] ◇ *n* proceso *m*; **in the ~** en el intento; **to be in the ~ of doing sthg** estar en vías de hacer algo. ◇ *vt* **1.** *(gen & COMPUT)* procesar. **2.** *(application)* tramitar.

processing ['prəʊsesɪŋ] *n* **1.** *(gen & COMPUT)* procesamiento *m.* **2.** *(of applications etc)* tramitación *f.*

procession [prə'seʃn] *n* desfile *m; (religious)* procesión *f.*

proclaim [prə'kleɪm] *vt (gen)* proclamar; *(law)* promulgar.

procrastinate [prə'kræstɪneɪt] *vi* andarse con dilaciones

procure [prə'kjʊər] *vt (obtain)* obtener.

prod [prɒd] *vt (push, poke)* dar golpecitos a.

prodigal ['prɒdɪgl] *adj (son, daughter)* pródigo(ga)

prodigy [ˈprɒdɪdʒɪ] n (person) prodigio m.

produce [n ˈprɒdjuːs, vb prəˈdjuːs] ◊ n (U) productos mpl agrícolas. ◊ vt 1. (gen) producir; (offspring, flowers) engendrar. 2. (bring out) mostrar, enseñar. 3. (THEATRE) poner en escena.

producer [prəˈdjuːsəʳ] n 1. (gen) productor m, -ra f. 2. (THEATRE) director m, -ra f de escena.

product [ˈprɒdʌkt] n producto m.

production [prəˈdʌkʃn] n 1. (gen) producción f. 2. (U) (THEATRE) puesta f en escena

production line n cadena f de producción.

productive [prəˈdʌktɪv] adj 1. (efficient) productivo(va). 2. (rewarding) provechoso(sa).

productivity [ˌprɒdʌkˈtɪvətɪ] n productividad f.

profane [prəˈfeɪn] adj (disrespectful) obsceno(na).

profession [prəˈfeʃn] n profesión f; by ~ de profesión.

professional [prəˈfeʃənl] ◊ adj profesional. ◊ n profesional m y f.

professor [prəˈfesəʳ] n 1. Br (head of department) catedrático m, -ca f. 2. Am & Can (lecturer) profesor m, -ra f (de universidad)

proficiency [prəˈfɪʃənsɪ] n: ~ (in) competencia f (en).

profile [ˈprəʊfaɪl] n perfil m; high ~ notoriedad f.

profit [ˈprɒfɪt] ◊ n 1. (financial gain) beneficio m, ganancia f; to make a ~ sacar un beneficio. 2. (advantage) provecho m. ◊ vi: to ~ (from OR by) sacar provecho (de).

profitability [ˌprɒfɪtəˈbɪlətɪ] n rentabilidad f.

profitable [ˈprɒfɪtəbl] adj 1. (making a profit) rentable. 2. (beneficial) provechoso(sa).

profiteering [ˌprɒfɪˈtɪərɪŋ] n especulación f.

profound [prəˈfaʊnd] adj profundo (da).

profusely [prəˈfjuːslɪ] adv profusamente.

profusion [prəˈfjuːʒn] n profusión f.

progeny [ˈprɒdʒənɪ] n progenie f.

prognosis [prɒgˈnəʊsɪs] (pl -noses [-ˈnəʊsiːz]) n pronóstico m.

program [ˈprəʊgræm] (pt & pp -med OR -ed, cont -ming OR -ing) ◊ n 1. (COMPUT) programa m. 2. Am =

programme. ◊ vt 1. (COMPUT) programar. 2. Am = **programme**. ◊ vi (COMPUT) programar.

programer Am = **programmer**.

programme Br, **program** Am [ˈprəʊgræm] ◊ n programa m. ◊ vt: to ~ sthg (to do sthg) programar algo (para que haga algo).

programmer Br, **programer** Am [ˈprəʊgræməʳ] n (COMPUT) programador m, -ra f.

programming [ˈprəʊgræmɪŋ] n programación f.

progress [n ˈprəʊgres, vb prəˈgres] ◊ n 1. (gen) progreso m; in ~ en curso; to make ~ hacer progresos. 2. (forward movement) avance m. ◊ vi 1. (gen) progresar; (pupil etc) hacer progresos. 2. (move forward) avanzar.

progressive [prəˈgresɪv] adj 1. (enlightened) progresista. 2. (gradual) progresivo(va).

prohibit [prəˈhɪbɪt] vt prohibir; to ~ sb from doing sthg prohibirle a alguien hacer algo.

project [n ˈprɒdʒekt, vb prəˈdʒekt] ◊ n 1. (plan, idea) proyecto m. 2. (SCH): ~ (on) estudio m OR trabajo m (sobre). ◊ vt 1. (gen) proyectar. 2. (estimate - statistic, costs) estimar. 3. (company, person) dar una imagen de; (image) proyectar. ◊ vi proyectarse.

projectile [prəˈdʒektaɪl] n proyectil m.

projection [prəˈdʒekʃn] n 1. (gen) proyección f. 2. (protrusion) saliente m.

projector [prəˈdʒektəʳ] n proyector m.

proletariat [ˌprəʊlɪˈteərɪət] n proletariado m.

prolific [prəˈlɪfɪk] adj prolífico(ca).

prologue, prolog Am [ˈprəʊlɒg] n prólogo m.

prolong [prəˈlɒŋ] vt prolongar.

prom [prɒm] n 1. abbr of **promenade concert**. 2. (abbr of **promenade**) Br inf (road by sea) paseo m marítimo. 3. Am (ball) baile m de gala (en la escuela).

promenade [ˌprɒməˈnɑːd] n Br (by sea) paseo m marítimo.

promenade concert n Br concierto sinfónico en donde parte del público está de pie.

prominent [ˈprɒmɪnənt] adj 1. (important) destacado(da), importante. 2. (noticeable) prominente.

promiscuous [prɒˈmɪskjʊəs] adj promiscuo(cua).

promise [ˈprɒmɪs] ◊ n promesa f. ◊ vt: to ~ (to do sthg) prometer (hacer algo); **to ~ sb sthg** prometer a alguien algo. ◊ *vi*: **I ~ te** lo prometo.

promising ['prɒmɪsɪŋ] *adj* prometedor (ra).

promontory ['prɒməntrɪ] *n* promontorio *m*.

promote [prə'məʊt] *vt* **1.** *(foster)* fomentar, promover. **2.** *(push, advertise)* promocionar **3.** *(in job)*: **to ~ sb (to sthg)** ascender a alguien (a algo). **4.** (SPORT): **to be ~d** subir.

promoter [prə'məʊtə^r] *n* **1.** *(organizer)* organizador *m*, -ra *f*. **2.** *(supporter)* promotor *m*, -ra *f*.

promotion [prə'məʊʃn] *n* **1.** *(in job)* ascenso *m*. **2.** *(advertising)* promoción *f*. **3.** *(campaign)* campaña *f* de promoción.

prompt [prɒmpt] ◊ *adj* rápido(da). ◊ *adv* en punto. ◊ *vt* **1.** *(motivate)*: **to ~ sb (to do sthg)** inducir OR impulsar a alguien (a hacer algo) **2.** (THEATRE) apuntar ◊ *n* (THEATRE) *(line)* apunte *m*.

promptly ['prɒmptlɪ] *adv* **1.** *(reply, react, pay)* inmediatamente, rápidamente. **2.** *(arrive, leave)* puntualmente.

prone [prəʊn] *adj* **1.** *(susceptible)*: **to be ~ to sthg/to do sthg** ser propenso(sa) a algo/a hacer algo. **2.** *(lying flat)* boca abajo.

prong [prɒŋ] *n* diente *m*, punta *f*.

pronoun ['prəʊnaʊn] *n* pronombre *m*.

pronounce [prə'naʊns] ◊ *vt* **1.** *(gen)* pronunciar. **2.** *(declare)* declarar. ◊ *vi*: **to ~ on sthg** pronunciarse sobre algo.

pronounced [prə'naʊnst] *adj* pronunciado(da), marcado(da).

pronouncement [prə'naʊnsmənt] *n* declaración *f*.

pronunciation [prə,nʌnsɪ'eɪʃn] *n* pronunciación *f*.

proof [pruːf] ◊ *n* **1.** *(gen & TYPO)* prueba *f*. **2.** *(of alcohol)*: **to be 10% ~** tener 10 grados. ◊ *adj* *(secure)*: **~ against** a prueba de.

prop [prɒp] ◊ *n* **1.** *(physical support)* puntal *m*, apoyo *m*. **2.** *fig (supporting thing, person)* sostén *m*. ◊ *vt*: **to ~ sthg on** OR **against sthg** apoyar algo contra algo. ◆ **props** *npl* accesorios *mpl*. ◆ **prop up** *vt sep* **1.** *(physically support)* apuntalar. **2.** *fig (sustain)* apoyar.

propaganda [,prɒpə'gændə] *n* propaganda *f*.

propel [prə'pel] *vt* propulsar, impulsar.

propeller [prə'pelə^r] *n* hélice *f*.

propelling pencil [prə'pelɪŋ-] *n Br* portaminas *m inv*.

propensity [prə'pensətɪ] *n fml*: **~ (for**

OR **to sthg)** propensión *f* (a algo).

proper ['prɒpə^r] *adj* **1.** *(real)* de verdad. **2.** *(correct - gen)* correcto(ta); *(- time, place, equipment)* adecuado(da).

properly ['prɒpəlɪ] *adv* **1.** *(satisfactorily, correctly)* bien. **2.** *(decently)* correctamente.

proper noun *n* nombre *m* propio.

property ['prɒpətɪ] *n* **1.** *(gen)* propiedad *f*. **2.** *(estate)* finca *f*. **3.** *fml (house)* inmueble *m*.

property owner *n* propietario *m*, -ria *f* de un inmueble.

prophecy ['prɒfɪsɪ] *n* profecía *f*.

prophesy ['prɒfɪsaɪ] *vt* profetizar.

prophet ['prɒfɪt] *n* profeta *m y f*.

proportion [prə'pɔːʃn] *n* **1.** *(part)* parte *f*. **2.** *(ratio, comparison)* proporción *f*. **3.** *(correct relationship)*: **out of ~** desproporcionado(da); **sense of ~** *fig* sentido *m* de la medida.

proportional [prə'pɔːʃənl] *adj*: **~ (to)** proporcional (a).

proportional representation *n* representación *f* proporcional.

proportionate [prə'pɔːʃnət] *adj*: **~ (to)** proporcional (a).

proposal [prə'pəʊzl] *n* **1.** *(plan, suggestion)* propuesta *f*. **2.** *(offer of marriage)* proposición *f*.

propose [prə'pəʊz] ◊ *vt* **1.** *(suggest)* proponer; *(motion)* presentar. **2.** *(intend)*: **to ~ doing** OR **to do sthg** tener la intención de hacer algo. ◊ *vi (make offer of marriage)* declararse; **to ~ to sb** pedir la mano de alguien.

proposition [,prɒpə'zɪʃn] *n (suggestion)* propuesta *f*.

proprietor [prə'praɪətə^r] *n* propietario *m*, -ria *f*.

propriety [prə'praɪətɪ] *n (U) fml* **1.** *(moral correctness)* propiedad *f*. **2.** *(rightness)* conveniencia *f*, oportunidad *f*.

pro rata [-'rɑːtə] *adj & adv* a prorrata.

prose [prəʊz] *n* **1.** *(U)* (LITERATURE) prosa *f*. **2.** (SCH) traducción *f* inversa.

prosecute ['prɒsɪkjuːt] ◊ *vt* procesar, enjuiciar. ◊ *vi* **1.** *(bring a charge)* entablar una acción judicial. **2.** *(represent in court)* representar al demandante.

prosecution [,prɒsɪ'kjuːʃn] *n* **1.** *(gen)* procesamiento *m* **2.** *(lawyers)*: **the ~** la acusación.

prosecutor ['prɒsɪkjuːtə^r] *n* fiscal *m y f*.

prospect [*n* 'prɒspekt, *vb* prə'spekt] ◊ *n* **1.** *(gen)* perspectiva *f*. **2.** *(possibility)* posibilidad *f*. ◊ *vi*: **to ~ (for)** hacer prospecciones (de). ◆ **prospects** npl: ~**s (for)** perspectivas fpl (de).

prospecting [prə'spektɪŋ] n (U) prospecciones fpl.

prospective [prə'spektɪv] adj posible.

prospector [prə'spektə^r] n prospector m, -ra f.

prospectus [prə'spektəs] (pl -es) n prospecto m, folleto m informativo.

prosper ['prospə^r] vi prosperar.

prosperity [pro'sperətɪ] n prosperidad f.

prosperous ['prospərəs] adj próspero (ra).

prostitute ['prostɪtjuːt] n prostituta f.

prostrate ['prostreɪt] adj postrado(da).

protagonist [prə'tægənɪst] n 1. fml (supporter) partidario m, -ria f. 2. (main character) protagonista m y f.

protect [prə'tekt] vt: to ~ sthg/sb (against/from) proteger algo/a alguien (contra/de).

protection [prə'tekʃn] n: ~ (against/from) protección f (contra/de).

protective [prə'tektɪv] adj protector (ra).

protégé ['protʒeɪ] n protegido m.

protein ['prəutiːn] n proteína f.

protest [n 'prəutest, vb prə'test] ◇ n protesta f. ◇ vt 1. (state) manifestar, aseverar. 2. Am (oppose) protestar en contra de. ◇ vi: to ~ (about/against/at) protestar (por/en contra de/por).

Protestant ['protɪstənt] ◇ adj protestante. ◇ n protestante m y f.

protester [prə'testə^r] n manifestante m y f.

protest march n manifestación f.

protocol ['prəutəkol] n protocolo m.

prototype ['prəutətaɪp] n prototipo m.

protracted [prə'træktɪd] adj prolongado(da).

protrude [prə'truːd] vi: to ~ (from) sobresalir (de).

protuberance [prə'tjuːbərəns] n protuberancia f

proud [praud] adj 1. (gen): ~ (of) orgulloso(sa) (de). 2. pej (arrogant) soberbio (bia), arrogante.

prove [pruːv] (pp -d OR proven) vt 1. (show to be true) probar, demostrar. 2. (show oneself to be): to ~ (to be) sthg demostrar ser algo; to ~ o.s. demostrar (uno) sus cualidades.

proven ['pruːvn, 'prəuvn] ◇ pp → **prove**. ◇ adj probado(da).

proverb ['prova:b] n refrán m.

provide [prə'vaɪd] vt proporcionar, proveer; to ~ sb with sthg proporcio-

nar a alguien algo; to ~ sthg for sb ofrecer algo a alguien. ◆ **provide for** vt fus 1. (support) mantener. 2. fml (make arrangements for) prevenir, tomar medidas para.

provided [prə'vaɪdɪd] ◆ **provided (that)** conj con tal (de) que.

providing [prə'vaɪdɪŋ] ◆ **providing (that)** conj = **provided**.

province ['provɪns] n 1. (part of country) provincia f. 2. (speciality) campo m, competencia f.

provincial [prə'vɪnʃl] adj 1. (of a province) provincial 2. pej (narrow-minded) provinciano(na).

provision [prə'vɪʒn] n 1. (gen) suministro m. 2. (U) (arrangement): to make ~ for (eventuality, future) tomar medidas para. 3. (in agreement, law) disposición f. ◆ **provisions** npl (supplies) víveres mpl.

provisional [prə'vɪʒənl] adj provisional.

proviso [prə'vaɪzəu] (pl -s) n condición f; with the ~ that ... con la condición de que ...

provocative [prə'vokətɪv] adj 1. (controversial) provocador(ra). 2. (sexy) provocativo(va).

provoke [prə'vəuk] vt provocar; to ~ sb to do sthg provocar a alguien a que haga algo.

prow [prau] n proa f.

prowess ['prauɪs] n fml proezas fpl.

prowl [praul] ◇ n: on the ~ merodeando ◇ vt merodear por. ◇ vi merodear.

prowler ['praulə^r] n merodeador m, -ra f.

proxy ['proksɪ] n: by ~ por poderes.

prudent ['pruːdnt] adj prudente.

prudish ['pruːdɪʃ] adj mojigato(ta).

prune [pruːn] ◇ n (fruit) ciruela f pasa. ◇ vt podar.

pry [praɪ] vi fisgonear; to ~ into sthg entrometerse en algo.

PS (abbr of postscript) n P.D.

psalm [sɑːm] n salmo m.

pseudonym ['sjuːdənɪm] n seudónimo m.

psyche ['saɪkɪ] n psique f.

psychiatric [,saɪkɪ'ætrɪk] adj psiquiátrico(ca)

psychiatrist [saɪ'kaɪətrɪst] n psiquiatra m y f.

psychiatry [saɪ'kaɪətrɪ] n psiquiatría f.

psychic ['saɪkɪk] adj 1. (clairvoyant) clarividente. 2. (mental) psíquico(ca).

psychoanalysis [ˌsaɪkəʊəˈnæləsɪs] n psicoanálisis m inv.

psychoanalyst [ˌsaɪkəʊˈænəlɪst] n psicoanalista m y f.

psychological [ˌsaɪkəˈlɒdʒɪkl] adj psicológico(ca).

psychologist [saɪˈkɒlədʒɪst] n psicólogo m, -ga f

psychology [saɪˈkɒlədʒɪ] n psicología f.

psychopath [ˈsaɪkəpæθ] n psicópata m y f.

psychotic [saɪˈkɒtɪk] ◇ adj psicótico (ca). ◇ n psicótico m, -ca f

pt 1. abbr of **pint. 2.** abbr of **point.**

PTO (abbr of please turn over) sigue.

pub [pʌb] (abbr of public house) n pub m (británico).

puberty [ˈpjuːbətɪ] n pubertad f.

pubic [ˈpjuːbɪk] adj púbico(ca).

public [ˈpʌblɪk] ◇ adj público(ca). ◇ n público m; **in ~** en público; **the ~** el gran público.

public-address system n sistema m de megafonía.

publican [ˈpʌblɪkən] n Br patrón m, -ona f de un 'pub'.

publication [ˌpʌblɪˈkeɪʃn] n publicación f.

public bar n Br en ciertos pubs y hoteles, bar de sencilla decoración con precios más bajos que los del 'saloon bar'.

public company n sociedad f anónima (con cotización en Bolsa).

public convenience n Br aseos mpl públicos.

public holiday n fiesta f nacional.

public house n Br fml pub m (británico).

publicity [pʌbˈlɪsɪtɪ] n publicidad f.

publicize, -ise [ˈpʌblɪsaɪz] vt divulgar.

public limited company n sociedad f anónima (con cotización en Bolsa).

public opinion n (U) opinión f pública

public prosecutor n fiscal m y f del Estado

public relations ◇ n (U) relaciones fpl públicas. ◇ npl relaciones fpl públicas.

public school n 1. Br (private school) colegio m privado 2. Am (state school) escuela f pública.

public-spirited adj con sentido cívico.

public transport n transporte m público.

publish [ˈpʌblɪʃ] vt 1. (gen) publicar. 2. (make known) hacer público(ca).

publisher [ˈpʌblɪʃəʳ] n (person) editor m, -ra f; (firm) editorial f.

publishing [ˈpʌblɪʃɪŋ] n (U) industria f editorial.

pub lunch n almuerzo servido en un 'pub'.

pucker [ˈpʌkəʳ] vt fruncir

pudding [ˈpʊdɪŋ] n 1. (sweet) pudín m; (savoury) pastel m 2. (U) Br (course) postre m.

puddle [ˈpʌdl] n charco m.

Puerto Rico [ˌpwɜːtəʊˈriːkəʊ] n Puerto Rico.

puff [pʌf] ◇ n 1. (of cigarette, pipe) calada f. 2. (gasp) jadeo m. 3. (of air) soplo m; (of smoke) bocanada f. ◇ vt dar caladas a. ◇ vi 1. (smoke): **to ~ at** OR **on** dar caladas a. 2. (pant) jadear.
♦ **puff out** vt sep (cheeks, chest) hinchar; (feathers) ahuecar.

puffed [pʌft] adj (swollen): **~ (up)** hinchado(da).

puffin [ˈpʌfɪn] n frailecillo m.

puff pastry, puff paste Am n hojaldre m.

puffy [ˈpʌfɪ] adj hinchado(da).

pugnacious [pʌgˈneɪʃəs] adj fml pugnaz.

pull [pʊl] ◇ vt 1. (gen) tirar de; (trigger) apretar. 2. (tooth, cork) sacar, extraer. 3. (muscle) sufrir un tirón en. 4. (attract) atraer. 5. (gun) sacar y apuntar. ◇ vi tirar. ◇ n 1. (tug with hand) tirón m. 2. (U) (influence) influencia f.
♦ **pull apart** vt sep (machine etc) desmontar. ♦ **pull at** vt fus dar tirones de. ♦ **pull away** vi (from roadside) alejarse (de la acera). ♦ **pull down** vt sep (building) derribar. ♦ **pull in** vi (train) pararse (en el andén). ♦ **pull off** vt sep (succeed in) conseguir llevar a cabo. ♦ **pull out** ◇ vt sep retirar. ◇ vi 1. (vehicle) alejarse (de la acera). 2. (withdraw) retirarse. ♦ **pull over** vi (AUT) hacerse a un lado. ♦ **pull through** vi recobrarse. ♦ **pull together** vt sep: **to ~ o.s. together** calmarse, serenarse. ♦ **pull up** ◇ vt sep (move closer) acercar. ◇ vi parar, detenerse.

pulley [ˈpʊlɪ] (pl pulleys) n polea f

pullover [ˈpʊlˌəʊvəʳ] n jersey m.

pulp [pʌlp] n 1. (soft mass) papilla f. 2. (of fruit) pulpa f. 3. (of wood) pasta f de papel.

pulpit [ˈpʊlpɪt] n púlpito m.

pulsate [pʌlˈseɪt] vi palpitar.

pulse [pʌls] ◇ n 1. (in body) pulso m. 2. (TECH) impulso m. ◇ vi latir.
♦ **pulses** npl (food) legumbres fpl.

puma ['pju:mə] (*pl inv* OR **-s**) *n* puma *m*.

pumice (stone) ['pʌmɪs-] *n* piedra *f* pómez.

pummel ['pʌml] *vt* aporrear.

pump [pʌmp] ◇ *n* **1.** *(machine)* bomba *f*. **2.** *(for petrol)* surtidor *m*. ◇ *vt (convey by pumping)* bombear. ♦ **pumps** *npl (shoes)* zapatillas *fpl* de tenis.

pumpkin ['pʌmpkɪn] *n* calabaza *f*, zapallo *m Amer*.

pun [pʌn] *n* juego *m* de palabras.

punch [pʌntʃ] ◇ *n* **1.** *(blow)* puñetazo *m*. **2.** *(tool - for leather etc)* punzón *m*; *(- for tickets)* máquina *f* para picar billetes **3.** *(drink)* ponche *m*. ◇ *vt* **1.** *(hit)* dar un puñetazo a. **2.** *(ticket)* picar. **3.** *(hole)* perforar.

Punch-and-Judy show [-'dʒu:dɪ-] *n* teatro de guiñol para niños con personajes arquetípicos y representado normalmente en la playa.

punch(ed) card [pʌntʃ(t)-] *n* tarjeta *f* perforada.

punch line *n* remate *m (de un chiste)*.

punch-up *n Br inf* pelea *f*.

punchy ['pʌntʃɪ] *adj inf* efectista, resultón(ona).

punctual ['pʌŋktʃʊəl] *adj* puntual.

punctuation [,pʌŋktʃʊ'eɪʃn] *n* puntuación *f*.

punctuation mark *n* signo *m* de puntuación.

puncture ['pʌŋktʃəʳ] ◇ *n* pinchazo *m*; *(in skin)* punción *f*. ◇ *vt* pinchar.

pundit ['pʌndɪt] *n* experto *m*, -ta *f*.

pungent ['pʌndʒənt] *adj (strong-smelling)* penetrante, fuerte.

punish ['pʌnɪʃ] *vt*: **to ~ sb (for sthg/ for doing sthg)** castigar a alguien (por algo/por haber hecho algo).

punishing ['pʌnɪʃɪŋ] *adj* penoso(sa).

punishment ['pʌnɪʃmənt] *n (for crime)* castigo *m*.

punk [pʌŋk] ◇ *adj* punk. ◇ *n* **1.** *(music)*: **~ (rock)** punk *m*. **2.** *(person)*: **~ (rocker)** punki *m y f*. **3.** *Am inf (lout)* gamberro *m*.

punt [pʌnt] *n* batea *f*.

punter ['pʌntəʳ] *n Br* **1.** *(gambler)* apostante *m y f*. **2.** *inf (customer)* cliente *m*, -ta *f*, parroquiano *m*, -na *f*.

puny ['pju:nɪ] *adj (person, limbs)* enclenque, raquítico(ca); *(effort)* penoso(sa), lamentable.

pup [pʌp] *n* **1.** *(young dog)* cachorro *m*. **2.** *(young seal, otter)* cría *f*.

pupil ['pju:pl] *n* **1.** *(student)* alumno *m*, -na *f* **2.** *(follower)* pupilo *m*, -la *f*. **3.** *(of eye)* pupila *f*.

puppet ['pʌpɪt] *n lit & fig* títere *m*.

puppy ['pʌpɪ] *n* cachorro *m*, perrito *m*.

purchase ['pɜ:tʃəs] *fml* ◇ *n* compra *f*, adquisición *f*. ◇ *vt* comprar, adquirir.

purchaser ['pɜ:tʃəsəʳ] *n* comprador *m*, -ra *f*.

purchasing power ['pɜ:tʃəsɪŋ-] *n* poder *m* adquisitivo.

pure [pjʊəʳ] *adj* puro(ra).

puree ['pjʊəreɪ] *n* puré *m*.

purely ['pjʊəlɪ] *adv* puramente.

purge [pɜ:dʒ] ◇ *n* (POL) purga *f*. ◇ *vt*: **to ~ sthg (of)** purgar algo (de).

purify ['pjʊərɪfaɪ] *vt* purificar

purist ['pjʊərɪst] *n* purista *m y f*.

puritan ['pjʊərɪtən] ◇ *adj* puritano (na). ◇ *n* puritano *m*, -na *f*.

purity ['pjʊərətɪ] *n* pureza *f*.

purl [pɜ:l] *n (U)* punto *m* del revés.

purple ['pɜ:pl] *adj* morado(da).

purport [pə'pɔ:t] *vi fml*: **to ~ to do/be sthg** pretender hacer/ser algo.

purpose ['pɜ:pəs] *n (gen)* propósito *m*; **it serves no ~** carece de sentido; **to no ~** en vano. ♦ **on purpose** *adv* a propósito, adrede.

purposeful ['pɜ:pəsfʊl] *adj* resuelto (ta).

purr [pɜ:ʳ] *vi* **1.** *(cat, person)* ronronear. **2.** *(engine, machine)* zumbar.

purse [pɜ:s] ◇ *n* **1.** *(for money)* monedero *m*. **2.** *Am (handbag)* bolso *m Esp*, cartera *f Amer*. ◇ *vt* fruncir (con desagrado).

purser ['pɜ:səʳ] *n* contador *m*, -ra *f*.

pursue [pə'sju:] *vt* **1.** *(follow)* perseguir. **2.** *fml (policy)* llevar a cabo; *(aim, pleasure etc)* ir en pos de, buscar; *(topic, question)* profundizar en; *(hobby, studies)* dedicarse a.

pursuer [pə'sju:əʳ] *n* perseguidor *m*, -ra *f*.

pursuit [pə'sju:t] *n* **1.** *(U) fml (attempt to achieve)* búsqueda *f*. **2.** *(chase, in cycling)* persecución *f*. **3.** *(occupation, activity)* ocupación *f*; **leisure ~** pasatiempo *m*.

pus [pʌs] *n* pus *m*.

push [pʊʃ] ◇ *vt* **1.** *(shove)* empujar; **to ~ sthg into sthg** meter algo en algo; **to ~ sthg open/shut** abrir/cerrar algo empujándolo. **2.** *(press - button)* apretar, pulsar. **3.** *(encourage)*: **to ~ sb (to do sthg)** empujar a alguien (a hacer algo). **4.** *(force)*: **to ~ sb (into doing sthg)** obligar a alguien (a hacer algo). **5.** *inf (promote)* promocionar. ◇ *vi (press forward)* empujar; *(on button)* apretar, pulsar. ◇ *n lit & fig* empujón *m.* ◆ **push around** *vt sep inf* mandonear. ◆ **push for** *vt fus (demand)* reclamar. ◆ **push in** *vi (in queue)* colarse. ◆ **push off** *vi inf* largarse. ◆ **push on** *vi* seguir adelante sin parar. ◆ **push through** *vt sep (law etc)* conseguir que se apruebe

pushchair ['pʊʃtʃeəʳ] *n Br* silla *f* (de paseo)

pushed [pʊʃt] *adj inf:* **to be ~ for sthg** andar corto(ta) de algo; **to be hard ~ to do sthg** tenerlo difícil para hacer algo.

pusher ['pʊʃəʳ] *n inf* camello *m*.

pushover ['pʊʃ,əʊvəʳ] *n inf:* **it's a ~** está chupado.

push-up *n* flexión *f*.

pushy ['pʊʃɪ] *adj pej* agresivo(va), insistente.

puss [pʊs], **pussy (cat)** ['pʊsɪ-] *n inf* gatito *m*, minino *m*.

put [pʊt] *(pt & pp* put*) vt* 1. *(gen)* poner; **to ~ sthg into sthg** meter algo en algo. 2. *(place exactly)* colocar. 3. *(send - to prison etc)* meter; **to ~ the children to bed** acostar a los niños. 4. *(express)* expresar, formular. 5. *(ask - question)* hacer. 6. *(estimate):* **to ~ sthg at** calcular algo en. 7. *(invest):* **to ~ sthg into sthg** poner algo en algo, dedicar algo a algo. 8. *(apply):* **to ~ pressure on** presionar a. ◆ **put across** *vt sep* transmitir. ◆ **put away** *vt sep (tidy away)* poner en su sitio, guardar. ◆ **put back** *vt sep* 1. *(replace)* volver a poner en su sitio. 2. *(postpone)* aplazar. 3. *(clock, watch)* atrasar ◆ **put by** *vt sep* ahorrar. ◆ **put down** *vt sep* 1. *(lay down)* dejar *(encima de algún sitio)*. 2. *(quell)* sofocar, reprimir. 3. *Br (animal)* matar *(a un animal que es viejo o está enfermo)* 4. *(write down)* apuntar. ◆ **put down to** *vt sep* achacar a. ◆ **put forward** *vt sep* 1. *(plan, theory, name)* proponer; *(proposal)* someter. 2. *(clock, meeting, event)* adelantar. ◆ **put in** *vt sep* 1. *(spend - time)* dedicar. 2. *(submit)* presentar. ◆ **put off** *vt sep* 1. *(postpone)* posponer, aplazar. 2. *(cause to wait)* hacer esperar. 3. *(discourage)* disuadir. 4. *(cause to dislike):* **to ~ sb off sthg** hacerle pasar a alguien las ganas de algo. ◆ **put on** *vt sep* 1. *(wear)* ponerse 2. *(show, play)* representar; *(exhibition)* hacer. 3. *(gain):* **to ~ on weight** engordar. 4. *(radio, light)* encender; **to ~ on the brakes** poner el freno, frenar. 5. *(record, tape)* poner. 6. *(start cooking)* empezar a hacer OR cocinar. 7. *(bet)* apostar por. 8. *(add)* añadir. 9. *(feign*

- air, accent) fingir. ◆ **put out** *vt sep* 1. *(place outside)* sacar. 2. *(issue - statement)* hacer público. 3. *(extinguish)* apagar. 4. *(switch off)* quitar, apagar. 5. *(prepare for use - clothes)* sacar. 6. *(extend - hand, leg)* extender; *(- tongue)* sacar. 7. *(upset):* **to be ~ out** estar enfadado(da). 8. *(inconvenience)* causar molestias a. ◆ **put through** *vt sep* (TELEC) *(call)* poner; **to ~ sb through to sb** poner a alguien con alguien. ◆ **put up** ◇ *vt sep* 1. *(build)* construir 2. *(umbrella)* abrir; *(flag)* izar. 3. *(poster)* fijar; *(painting)* colgar. 4. *(provide - money)* poner 5. *(propose - candidate)* proponer 6. *(increase)* subir, aumentar. 7. *(provide accommodation for)* alojar, hospedar. ◇ *vt fus (resistance)* ofrecer; **to ~ up a fight** resistir. ◆ **put up with** *vt fus* aguantar.

putrid ['pju:trɪd] *adj fml* putrefacto(ta).

putt [pʌt] *n* putt *m*, tiro *m* al hoyo.

putting green ['pʌtɪŋ-] *n* minigolf *m* *(sin obstáculos)*.

putty ['pʌtɪ] *n* masilla *f*.

puzzle ['pʌzl] ◇ *n* 1. *(toy, game)* rompecabezas *m inv*. 2. *(mystery)* misterio *m*, enigma *m*. ◇ *vt* dejar perplejo, desconcertar. ◇ *vi:* **to ~ over sthg** romperse la cabeza con algo. ◆ **puzzle out** *vt sep* descifrar.

puzzling ['pʌzlɪŋ] *adj* desconcertante.

pyjamas [pə'dʒɑːməz] *npl* pijama *m*.

pylon ['paɪlən] *n* torre *f* (de conducción eléctrica).

pyramid ['pɪrəmɪd] *n* 1. *(structure)* pirámide *f*. 2. *(pile)* montón *m*, pila *f*.

Pyrenees [,pɪrə'niːz] *npl:* **the ~** los Pirineos.

Pyrex® ['paɪreks] *n* pírex® *m*.

python ['paɪθn] *(pl inv* OR **-s**) *n* pitón *m*.

q *(pl* **q's** OR **qs**), **Q** *(pl* **Q's** OR **Qs**) [kjuː] *n (letter)* q *f*, Q *f*.

quack [kwæk] *n* 1. *(noise)* graznido *m* *(de pato)* 2. *inf (doctor)* matasanos *m inv*.

quad [kwɒd] *n abbr of* **quadrangle**.

quadrangle ['kwɒdræŋgl] *n* 1. *(figure)*

cuadrángulo m. 2. (courtyard) patio m.

quadruple [kwɒˈdruːpl] ◇ vt cuadruplicar. ◇ vi cuadruplicarse.

quadruplets [ˈkwɒdruplɪts] npl cuatrillizos mpl, -zas fpl.

quads [kwɒdz] npl inf cuatrillizos mpl, -zas fpl.

quagmire [ˈkwægmaɪəʳ] n lodazal m.

quail [kweɪl] (pl inv OR -s) ◇ n codorniz f. ◇ vi literary amedrentarse.

quaint [kweɪnt] adj pintoresco(ca).

quake [kweɪk] ◇ n inf terremoto m. ◇ vi temblar, estremecerse.

Quaker [ˈkweɪkəʳ] n cuáquero m, -ra f.

qualification [ˌkwɒlɪfɪˈkeɪʃn] n 1. (examination, certificate) título m. 2. (ability, skill) aptitud f. 3. (qualifying statement) modificación f.

qualified [ˈkwɒlɪfaɪd] adj 1. (trained) cualificado(da). 2. (limited) limitado (da).

qualify [ˈkwɒlɪfaɪ] ◇ vt 1. (modify) modificar. 2. (entitle): to ~ sb to do sthg capacitar a alguien para hacer algo. ◇ vi 1. (pass exams) sacar el título. 2. (be entitled): to ~ (for) tener derecho (a). 3. (SPORT) clasificarse.

quality [ˈkwɒlətɪ] ◇ n 1. (standard) calidad f. 2. (characteristic) cualidad f. ◇ comp de calidad.

qualms [kwɑːmz] npl escrúpulos mpl.

quandary [ˈkwɒndərɪ] n: to be in a ~ about OR over sthg estar en un dilema sobre algo.

quantify [ˈkwɒntɪfaɪ] vt cuantificar.

quantity [ˈkwɒntətɪ] n cantidad f.

quantity surveyor n aparejador m, -ra f.

quarantine [ˈkwɒrəntiːn] n cuarentena f.

quark [kwɑːk] n (CULIN) tipo de queso blando bajo en grasas.

quarrel [ˈkwɒrəl] ◇ n pelea f, disputa f. ◇ vi pelearse, reñir; to ~ with sb pelearse con alguien; to ~ with sthg no estar de acuerdo con algo.

quarrelsome [ˈkwɒrəlsəm] adj pendenciero(ra).

quarry [ˈkwɒrɪ] n 1. (place) cantera f. 2. (prey) presa f.

quart [kwɔːt] n cuarto m de galón.

quarter [ˈkwɔːtəʳ] n 1. (fraction) cuarto m. 2. (in telling time): ~ past two Br, ~ after two Am las dos y cuarto; ~ to two Br, ~ of two Am las dos menos cuarto. 3. (of year) trimestre m. 4. Am (coin) moneda f de 25 centavos. 5. (four ounces) cuatro onzas fpl. 6. (area in town) barrio m. 7. (group of people) lugar m, parte f. ◆ **quarters** npl (rooms) residencia f, alojamiento m. ◆ **at close quarters** adv muy de cerca.

quarterfinal [ˌkwɔːtəˈfaɪnl] n cuarto m de final.

quarterly [ˈkwɔːtəlɪ] ◇ adj trimestral. ◇ adv trimestralmente. ◇ n trimestral f

quartermaster [ˈkwɔːtəˌmɑːstəʳ] n oficial m de intendencia.

quartet [kwɔːˈtet] n cuarteto m.

quartz [kwɔːts] n cuarzo m.

quartz watch n reloj m de cuarzo.

quash [kwɒʃ] vt 1. (reject) anular, invalidar. 2. (quell) reprimir, sofocar.

quasi- [ˈkweɪzaɪ] prefix cuasi-

quaver [ˈkweɪvəʳ] ◇ n (MUS) corchea f. ◇ vi temblar.

quay [kiː] n muelle m.

quayside [ˈkiːsaɪd] n muelle m.

queasy [ˈkwiːzɪ] adj mareado(da).

queen [kwiːn] n 1. (gen) reina f 2. (playing card) dama f.

Queen Mother n: the ~ la reina madre.

queer [kwɪəʳ] ◇ adj (odd) raro(ra), extraño(ña). ◇ n inf pej marica m.

quell [kwel] vt 1. (rebellion) sofocar, reprimir. 2. (feelings) dominar, contener.

quench [kwentʃ] vt apagar.

querulous [ˈkwerʊləs] adj fml quejumbroso(sa).

query [ˈkwɪərɪ] ◇ n pregunta f, duda f. ◇ vt poner en duda.

quest [kwest] n literary: ~ (for) búsqueda f (de).

question [ˈkwestʃn] ◇ n 1. (query, problem in exam) pregunta f; to ask (sb) a ~ hacer una pregunta (a alguien). 2. (doubt) duda f; to call sthg into ~ poner algo en duda; without ~ sin duda; beyond ~ fuera de toda duda. 3. (issue, matter) cuestión f, asunto m. 4. phr: there's no ~ of ... es imposible que ... ◇ vt 1. (interrogate) interrogar. 2. (express doubt about) cuestionar. ◆ **in question** adv: the matter in ~ el asunto en cuestión. ◆ **out of the question** adv imposible.

questionable [ˈkwestʃənəbl] adj (gen) cuestionable; (taste) dudoso(sa).

question mark n (signo m de) interrogación f.

questionnaire [ˌkwestʃəˈneəʳ] n cuestionario m.

queue [kjuː] Br ◇ n cola f. ◇ vi: to ~ (up for sthg) hacer cola (para algo).

quibble ['kwɪbl] *vi pej* quejarse por tonterías.

quiche [kiːʃ] *n* quiche *f*.

quick [kwɪk] ◇ *adj* **1.** *(gen)* rápido(da); **be ~!** ¡date prisa! **2.** *(clever - person)* espabilado(da); *(- wit)* agudo(da). **3.** *(irritable)*: **a ~ temper** un genio vivo. ◇ *adv* rápidamente.

quicken ['kwɪkn] ◇ *vt* apretar, acelerar. ◇ *vi* acelerarse, apresurarse.

quickly ['kwɪklɪ] *adv* **1.** *(rapidly)* rápidamente, de prisa. **2.** *(without delay)* rápidamente, en seguida.

quicksand ['kwɪksænd] *n* arenas *fpl* movedizas.

quick-witted [-'wɪtɪd] *adj* agudo(da).

quid [kwɪd] *(pl inv) n Br inf* libra *f* (esterlina).

quiet ['kwaɪət] ◇ *adj* **1.** *(silent - gen)* silencioso(sa); *(- room, place)* tranquilo (la); **be ~!** ¡cállate!; **in a ~ voice** en voz baja; **to keep ~ about sthg** guardar silencio sobre algo. **2.** *(not talkative)* callado(da). **3.** *(tranquil, uneventful)* tranquilo(la). **4.** *(unpublicized - wedding etc)* privado(da), íntimo(ma). ◇ *n* tranquilidad *f*, silencio *m*; **on the ~** a escondidas. ◇ *vt Am* tranquilizar.
♦ **quiet down** ◇ *vt sep* tranquilizar. ◇ *vi* tranquilizarse.

quieten ['kwaɪətn] *vt* tranquilizar.
♦ **quieten down** ◇ *vt sep* tranquilizar. ◇ *vi* tranquilizarse.

quietly ['kwaɪətlɪ] *adv* **1.** *(without noise)* silenciosamente, sin hacer ruido; **to speak ~** hablar en voz baja. **2.** *(without moving)* sin moverse. **3.** *(without excitement)* tranquilamente. **4.** *(without fuss)* discretamente

quilt [kwɪlt] *n* edredón *m*.

quinine [kwɪ'niːn] *n* quinina *f*.

quins *Br* [kwɪnz], **quints** *Am* [kwɪnts] *npl inf* quintillizos *mpl*, -zas *fpl*.

quintet [kwɪn'tet] *n* quinteto *m*.

quints *Am* = **quins**.

quintuplets [kwɪn'tjuːplɪts] *npl* quintillizos *mpl*, -zas *fpl*.

quip [kwɪp] *n* ocurrencia *f*, salida *f*

quirk [kwɜːk] *n* **1.** *(habit)* manía *f*, rareza *f* **2.** *(strange event)* extraña coincidencia *f*.

quit [kwɪt] *(Br pt & pp quit OR -ted, Am pt & pp quit) ◇ vt* **1.** *(resign from)* dejar, abandonar. **2.** *(stop)*: **to ~ doing sthg** dejar de hacer algo. ◇ *vi (resign)* dimitir.

quite [kwaɪt] *adv* **1.** *(completely)* totalmente, completamente. **2.** *(fairly)* bastante; **~ a lot of people** bastante gente. **3.** *(after negative)*: **it's not ~ big enough** no es todo lo grande que tendría que ser; **I don't ~ understand/know** no entiendo/sé muy bien. **4.** *(to emphasize)*: **~ a ...** todo un (toda una) ... **5.** *(to express agreement)*: **~ (so)!** ¡efectivamente!, ¡desde luego!

quits [kwɪts] *adj inf*: **to be ~ (with sb)** estar en paz (con alguien); **to call it ~** quedar en paz.

quiver ['kwɪvəʳ] ◇ *n (for arrows)* carcaj *m*. ◇ *vi* temblar, estremecerse.

quiz [kwɪz] *(pl -zes) ◇ n* **1.** *(gen)* concurso *m*. **2.** *Am (SCH)* control *m*. ◇ *vt*: **to ~ sb (about)** interrogar a alguien (sobre).

quizzical ['kwɪzɪkl] *adj (smile)* burlón (ona); *(look, glance)* interrogativo(va).

quota ['kwəʊtə] *n* cuota *f*.

quotation [kwəʊ'teɪʃn] *n* **1.** *(citation)* cita *f*. **2.** *(COMM)* presupuesto *m*

quotation marks *npl* comillas *fpl*.

quote [kwəʊt] ◇ *n* **1.** *(citation)* cita *f* **2.** *(COMM)* presupuesto *m*. ◇ *vt* **1.** *(cite)* citar. **2.** *(figures, example, price)* dar; **he ~d £100** fijó un precio de 100 libras. ◇ *vi* **1.** *(cite)*: **to ~ (from)** citar (de) **2.** *(COMM)*: **to ~ for** dar un presupuesto por

quotient ['kwəʊʃnt] *n* cociente *m*.

R

r *(pl r's OR rs)*, **R** *(pl R's OR Rs)* [ɑːʳ] *n (letter)* r *f*, R *f*.

rabbi ['ræbaɪ] *n* rabino *m*.

rabbit ['ræbɪt] *n* conejo *m*.

rabbit hutch *n* conejera *f*

rabble ['ræbl] *n* chusma *f*, populacho *m*

rabies ['reɪbiːz] *n* rabia *f*.

RAC *(abbr of Royal Automobile Club) n* asociación británica del automóvil, ≃ RACE *m*.

race [reɪs] ◇ *n* **1.** *lit & fig (competition)* carrera *f* **2.** *(people, descent)* raza *f*. ◇ *vt* **1.** *(compete against)* competir con *(corriendo)*; **they ~d each other to the door** echaron una carrera hasta la puerta. **2.** *(cars, pigeons)* hacer carreras de; *(horses)* hacer correr ◇ *vi* **1.** *(rush)* ir corriendo. **2.** *(beat fast)* acelerarse.

race car Am = **racing car**.

racecourse ['reɪskɔːs] n hipódromo m.

race driver Am = **racing driver**.

racehorse ['reɪshɔːs] n caballo m de carreras.

racetrack ['reɪstræk] n (for horses) hipódromo m; (for cars) autódromo m; (for runners) pista f (de carreras).

racial discrimination ['reɪʃl-] n discriminación f racial.

racing ['reɪsɪŋ] n carreras fpl; **motor ~** carreras de coches.

racing car Br, **race car** Am n coche m de carreras.

racing driver Br, **race driver** Am n piloto m y f de carreras.

racism ['reɪsɪzm] n racismo m.

racist ['reɪsɪst] ◇ adj racista. ◇ n racista m y f.

rack [ræk] ◇ n 1. (for plates) escurreplatos m inv; (for clothes) percha f; (for magazines) revistero m; (for bottles) botellero m. 2. (for luggage) portaequipajes m inv. ◇ vt: **to ~ one's brains** Br devanarse los sesos.

racket ['rækɪt] n 1. (noise) jaleo m, alboroto m. 2. (swindle) timo m. 3. (illegal activity) negocio m sucio. 4. (SPORT) raqueta f.

racquet ['rækɪt] n (SPORT) = **racket**.

racy ['reɪsɪ] adj entretenido(da) y picante.

radar ['reɪdɑːr] n radar m.

radial (tyre) ['reɪdjəl-] n neumático m radial.

radiant ['reɪdjənt] adj 1. (happy) radiante. 2. literary (brilliant) resplandeciente.

radiate ['reɪdɪeɪt] ◇ vt lit & fig irradiar. ◇ vi 1. (be emitted) ser irradiado(da) 2. (spread from centre) salir, extenderse.

radiation [,reɪdɪ'eɪʃn] n radiación f.

radiator ['reɪdɪeɪtər] n radiador m.

radical ['rædɪkl] ◇ adj radical. ◇ n (POL) radical m y f.

radically ['rædɪklɪ] adv radicalmente.

radii ['reɪdɪaɪ] pl → **radius**.

radio ['reɪdɪəʊ] (pl -s) ◇ n radio f ◇ comp de radio, radiofónico(ca).

radioactive [,reɪdɪəʊ'æktɪv] adj radiactivo(va)

radio alarm n radiodespertador m.

radio-controlled [-kən'trəʊld] adj teledirigido(da).

radiography [,reɪdɪ'ɒɡrəfɪ] n radiografía f.

radiology [,reɪdɪ'ɒlədʒɪ] n radiología f.

radiotherapy [,reɪdɪəʊ'θerəpɪ] n radioterapia f.

radish ['rædɪʃ] n rábano m.

radius ['reɪdɪəs] (pl radii) n (gen & ANAT) radio m.

RAF [ɑːreɪ'ef, ræf] n abbr of **Royal Air Force**

raffle ['ræfl] ◇ n rifa f, sorteo m. ◇ comp: ~ **ticket** boleto m. ◇ vt rifar.

raft [rɑːft] n (craft) balsa f.

rafter ['rɑːftər] n par m (de armadura de tejado).

rag [ræg] n 1. (piece of cloth) trapo m, harapo m. 2. pej (newspaper) periodicucho m. ◆ **rags** npl (clothes) trapos mpl.

rag-and-bone man n trapero m.

rag doll n muñeca f de trapo.

rage [reɪdʒ] ◇ n 1. (fury) rabia f, ira f. 2. inf (fashion): **it's all the ~** es la última moda ◇ vi 1. (behave angrily) estar furioso(sa). 2. (subj: storm, sea) enfurecerse; (subj: disease) hacer estragos; (subj: argument, controversy) continuar con violencia.

ragged ['ræɡɪd] adj 1. (wearing torn clothes) andrajoso(sa), harapiento(ta). 2. (torn) hecho(cha) jirones.

rag week n Br semana en que los universitarios organizan actividades divertidas con fines benéficos.

raid [reɪd] ◇ n 1. (attack) incursión f. 2. (forced entry - by robbers) asalto m; (- by police) redada f. ◇ vt 1. (attack) atacar por sorpresa. 2. (subj: robbers) asaltar; (subj: police) hacer una redada en.

raider ['reɪdər] n 1. (attacker) invasor m, -ra f. 2. (thief) ladrón m, -ona f.

rail [reɪl] n 1. (on staircase) barandilla f 2. (bar) barra f; **towel ~** toallero m. 3. (of railway line) carril m, riel m. 4. (U) (form of transport) ferrocarril m; **by ~** por ferrocarril.

railcard ['reɪlkɑːd] n Br tarjeta que permite algunos descuentos al viajar en tren.

railing ['reɪlɪŋ] n reja f.

railway Br ['reɪlweɪ], **railroad** Am ['reɪlrəʊd] n 1. (company) ferrocarril m. 2. (route) línea f de ferrocarril.

railway line n línea f de ferrocarril.

railwayman ['reɪlweɪmən] (pl -men [-mən]) n Br ferroviario m.

railway station n estación f de ferrocarril.

railway track n vía f férrea.

rain [reɪn] ◇ n lluvia f. ◇ v impers (METEOR) llover. ◇ vi caer.

rainbow ['reɪnbəʊ] n arco m iris.

rain check *n Am*: I'll take a ~ (on that) no lo quiero ahora, pero igual me apunto la próxima vez.

raincoat ['reɪnkəʊt] *n* impermeable *m*.

raindrop ['reɪndrɒp] *n* gota *f* de lluvia.

rainfall ['reɪnfɔːl] *n* pluviosidad *f*.

rain forest *n* bosque *m* tropical.

rainy ['reɪnɪ] *adj* lluvioso(sa).

raise [reɪz] ◇ *vt* 1. *(lift up)* levantar; **to ~ o.s.** levantarse. 2. *(increase - level)* aumentar; **to ~ one's voice** levantar la voz. 3. *(improve)* elevar. 4. *(obtain - from donations)* recaudar; *(- by selling, borrowing)* conseguir. 5. *(memory, thoughts)* traer; *(doubts)* levantar. 6. *(bring up, breed)* criar 7. *(crops)* cultivar. 8. *(mention)* plantear. 9. *(build)* construir. ◇ *n Am* aumento *m*.

raisin ['reɪzn] *n* pasa *f*.

rake [reɪk] ◇ *n* 1. *(implement)* rastrillo *m*. 2. *dated & literary (immoral man)* libertino *m*. ◇ *vt (smooth)* rastrillar.

rally ['rælɪ] ◇ *n* 1. *(meeting)* mitin *m*, reunión *f*. 2. *(car race)* rally *m*. 3. *(in tennis etc)* peloteo *m*. ◇ *vt* reunir. ◇ *vi* 1. *(come together)* reunirse. 2. *(recover)* recuperarse. ◆ **rally round** ◇ *vt fus* formar una piña con. ◇ *vi inf* formar una piña.

ram [ræm] ◇ *n* carnero *m*. ◇ *vt* 1. *(crash into)* chocar con OR contra. 2. *(force)* embutir

RAM [ræm] *(abbr of* **random access memory)** *n* (COMPUT) RAM *f*.

ramble ['ræmbl] ◇ *n* paseo *m* por el campo. ◇ *vi* 1. *(walk)* pasear. 2. *(talk)* divagar. ◆ **ramble on** *vi* divagar sin parar.

rambler ['ræmblər] *n (walker)* excursionista *m y f*.

rambling ['ræmblɪŋ] *adj* 1. *(building, house)* laberíntico(ca); *(town)* desparramado(da). 2. *(speech, writing)* confuso (sa), incoherente.

ramp [ræmp] *n* 1. *(slope)* rampa *f*. 2. *(AUT) (in road)* rompecoches *m inv*.

rampage [ræm'peɪdʒ] *n*: **to go on the ~** desbandarse.

rampant ['ræmpənt] *adj* desenfrenado (da).

ramparts ['ræmpɑːts] *npl* murallas *fpl*.

ramshackle ['ræm,ʃækl] *adj* destartalado(da).

ran [ræn] *pt* → **run**.

ranch [rɑːntʃ] *n* rancho *m*.

rancher ['rɑːntʃər] *n* ranchero *m*, -ra *f*.

rancid ['rænsɪd] *adj* rancio(cia).

rancour *Br*, **rancor** *Am* ['ræŋkər] *n* rencor *m*.

random ['rændəm] ◇ *adj* fortuito(ta), hecho(cha) al azar ◇ *n*: **at ~** al azar

random access memory *n* (COMPUT) memoria *f* de acceso aleatorio.

R and R *(abbr of* **rest and recreation)** *n Am* permiso militar.

randy ['rændɪ] *adj inf* cachondo(da), caliente.

rang [ræŋ] *pt* → **ring**.

range [reɪndʒ] ◇ *n* 1. *(of missile, telescope)* alcance *m*; *(of ship, plane)* autonomía *f*; **at close ~** de cerca. 2. *(variety)* variedad *f*, gama *f* 3. *(of prices, salaries)* escala *f* 4. *(of mountains)* sierra *f*, cordillera *f*. 5. *(shooting area)* campo *m* de tiro. 6. *(of voice)* registro *m*. ◇ *vt* alinear ◇ *vi* 1. *(vary)*: **to ~ from ... to ...**, **to ~ between ... and ...** oscilar OR fluctuar entre ... y ... 2. *(deal with, include)*: **to ~ over sthg** comprender algo.

ranger ['reɪndʒər] *n* guardabosques *m y f inv*.

rank [ræŋk] ◇ *adj* 1. *(utter, absolute - bad luck, outsider)* absoluto(ta); *(- disgrace, injustice)* flagrante. 2. *(foul)* pestilente. ◇ *n* 1. *(position, grade)* grado *m*, graduación *f*. 2. *(social class)* clase *f*, categoría *f*; **the ~ and file** las bases (del partido). 3. *(row)* fila *f*. ◇ *vt (class)*: **to be ~ed** estar clasificado(da). ◇ *vi*: **to ~ as** estar considerado(da) (como); **to ~ among** encontrarse entre. ◆ **ranks** *npl* 1. (MIL): **the ~s** los soldados rasos. 2. *fig (members)* filas *fpl*

rankle ['ræŋkl] *vi* amargar, doler.

ransack ['rænsæk] *vt (search)* registrar a fondo; *(plunder)* saquear.

ransom ['rænsəm] *n* rescate *m*; **to hold sb to ~** *fig* hacer chantaje a alguien.

rant [rænt] *vi* despotricar

rap [ræp] ◇ *n* 1. *(knock)* golpecito *m*. 2. *(type of music)* rap *m*. ◇ *vt* dar golpecitos en.

rape [reɪp] ◇ *n* 1. *(crime)* violación *f* 2. (BOT) colza *f*. ◇ *vt* violar

rapeseed ['reɪpsiːd] *n* semilla *f* de colza.

rapid ['ræpɪd] *adj* rápido(da) ◆ **rapids** *npl* rápidos *mpl*.

rapidly ['ræpɪdlɪ] *adv* rápidamente.

rapist ['reɪpɪst] *n* violador *m*, -ra *f*

rapport [ræ'pɔːr] *n* compenetración *f*

rapture ['ræptʃər] *n* arrobamiento *m*

rapturous ['ræptʃərəs] *adj* muy entusiasta.

rare [reər] *adj* 1. *(scarce)* poco común, raro(ra) 2. *(infrequent)* poco frecuente, raro(ra). **3.** *(exceptional)* raro(ra), excepcional. **4.** (CULIN) poco hecho(cha).

rarely ['reəli] *adv* raras veces.

raring ['reəriŋ] *adj*: **to be ~ to go** estar ansioso(sa) por empezar.

rarity ['reərəti] *n* rareza *f*.

rascal ['rɑːskl] *n* pícaro *m*, -ra *f*.

rash [ræʃ] ◇ *adj* precipitado(da). ◇ *n* **1.** (MED) erupción *f* (cutánea), sarpullido *m*. **2.** *(spate)* aluvión *m*.

rasher ['ræʃəʳ] *n* loncha *f*.

rasp [rɑːsp] *n (harsh sound)* chirrido *m*.

raspberry ['rɑːzbəri] *n (fruit)* frambuesa *f*

rat [ræt] *n (animal)* rata *f*.

rate [reit] ◇ *n* **1.** *(speed)* velocidad *f*; **at this ~** a este paso. **2.** *(of birth, death)* índice *m*; *(of unemployment, inflation)* tasa *f*. **3.** *(price)* precio *m*, tarifa *f*; *(of interest)* tipo *m*. ◇ *vt* **1.** *(consider)*: **to ~ sthg/sb (as/among)** considerar algo/ a alguien (como/entre) **2.** *(deserve)* merecer. ◆ **rates** *npl Br* = contribución *f* urbana ◆ **at any rate** *adv* **1.** *(at least)* al menos. **2.** *(anyway)* de todos modos.

ratepayer ['reit,peiəʳ] *n Br* contribuyente *m y f*.

rather ['rɑːðəʳ] *adv* **1.** *(to quite a large extent)* bastante. **2.** *(to a limited extent)* algo; **he's ~ like you** se parece (en) algo a ti **3.** *(as preference)*: **I would ~ wait** preferiría esperar; **I'd ~ not** mejor que no. **4.** *(more exactly)*: **or ~ . .** o más bien . ., o mejor dicho … **5.** *(on the contrary)*: **(but) ~ …** (sino) más bien OR por el contrario . . ◆ **rather than** *conj* antes que.

ratify ['rætifai] *vt* ratificar.

rating ['reitiŋ] *n (standing)* clasificación *f*, posición *f*

ratio ['reiʃiəu] *(pl -s) n* proporción *f*, relación *f*.

ration ['ræʃn] ◇ *n* ración *f*. ◇ *vt* racionar. ◆ **rations** *npl* víveres *mpl*.

rational ['ræʃənl] *adj* racional.

rationale [,ræʃə'nɑːl] *n* lógica *f*, razones *fpl*.

rationalize, -ise ['ræʃənəlaiz] *vt* racionalizar.

rat race *n* mundo despiadadamente competitivo de los negocios.

rattle ['rætl] ◇ *n* **1.** *(of engine, metal)* ruido *m*, traqueteo *m*; *(of glass)* tintineo *m*; *(of typewriter)* repiqueteo *m* **2.** *(toy)* sonajero *m* ◇ *vt* **1.** *(make rattle)* hacer sonar. **2.** *(unsettle)* desconcertar. ◇ *vi* golpetear; *(gunfire)* tabletear.

rattlesnake ['rætlsneik], **rattler** *Am* ['rætləʳ] *n* serpiente *f* de cascabel.

raucous ['rɔːkəs] *adj* ronco(ca) y estridente.

ravage ['rævidʒ] *vt* estragar, asolar. ◆ **ravages** *npl* estragos *mpl*.

rave [reiv] ◇ *n Br inf (party)* juerga *f*. ◇ *vi* **1.** *(talk angrily)*: **to ~ against sb/ sthg** despotricar contra alguien/algo. **2.** *(talk enthusiastically)*: **to ~ about sthg** deshacerse en alabanzas sobre algo.

raven ['reivn] *n* cuervo *m*.

ravenous ['rævənəs] *adj (person, animal)* famélico(ca); *(appetite)* voraz.

ravine [rə'viːn] *n* barranco *m*.

raving ['reiviŋ] *adj (lunatic)* de atar; *(fantasy)* delirante.

ravioli [,rævi'əuli] *n (U)* raviolis *mpl*.

ravishing ['ræviʃiŋ] *adj (sight, beauty)* de ensueño; *(person)* bellísimo(ma).

raw [rɔː] *adj* **1.** *(uncooked)* crudo(da). **2.** *(untreated)* en bruto. **3.** *(painful - wound)* en carne viva. **4.** *(inexperienced)* novato(ta). **5.** *(cold)* crudo(da).

raw deal *n*: **to get a ~** recibir un trato injusto.

raw material *n* materia *f* prima

ray [rei] *n* rayo *m*; **~ of hope** resquicio *m* de esperanza.

rayon ['reion] *n* rayón *m*.

raze [reiz] *vt* arrasar.

razor ['reizəʳ] *n (wet shaver)* navaja *f*; *(electric machine)* maquinilla *f* de afeitar.

razor blade *n* hoja *f* de afeitar.

RC *abbr of* **Roman Catholic**.

Rd *abbr of* **road**.

R & D *(abbr of* **research and development***) n* I + D *f*

re [riː] *prep* Ref.

RE *n (abbr of* **religious education***)* religión *f*.

reach [riːtʃ] ◇ *n* alcance *m*; **he has a long ~** tiene los brazos largos; **within (sb's) ~** *(easily touched)* al alcance (de alguien); *(easily travelled to)* a poco distancia (de alguien); **out of** OR **beyond sb's ~** fuera del alcance de alguien. ◇ *vt* **1.** *(gen)* alcanzar, llegar a; **to ~ an agreement/a decision** llegar a un acuerdo/ una decisión. **2.** *(arrive at - place etc)* llegar a. **3.** *(get by stretching - object, shelf)* alcanzar. **4.** *(contact)* localizar. ◇ *vi*: **to ~ out/across** alargar la mano; **to ~ down** agacharse

react [ri'ækt] *vi* **1.** *(respond)*: **to ~ (to)** reaccionar (a OR ante). **2.** *(rebel)*: **to ~ against** reaccionar en contra de.

3. (CHEM): **to ~ with** reaccionar con.
reaction [rɪˈækʃn] *n*: **~ (to/against)** reacción *f* (a/contra)
reactionary [rɪˈækʃənrɪ] ◇ *adj* reaccionario(ria) ◇ *n* reaccionario *m*, -ria *f*.
reactor [rɪˈæktə^r] *n* reactor *m*.
read [riːd] (*pt & pp* **read** [red]) ◇ *vt* 1. (*gen*) leer. 2. (*subj: sign, words*) poner, decir. 3. (*interpret*) interpretar. 4. (*subj: thermometer, meter etc*) marcar. 5. *Br* (UNIV) estudiar. ◇ *vi* 1. (*person*) leer. 2. (*read aloud*): **to ~ (to sb)** leerle (a alguien). 3. (*piece of writing*) leerse.
◆ **read out** *vt sep* leer en voz alta.
◆ **read up on** *vt fus* documentarse sobre.
readable [ˈriːdəbl] *adj* ameno(na), que se lee con agrado
reader [ˈriːdə^r] *n* (*person who reads*) lector *m*, -ra *f*.
readership [ˈriːdəʃɪp] *n* (*total number of readers*) lectores *mpl*
readily [ˈredɪlɪ] *adv* 1. (*willingly*) de buena gana 2. (*easily*) en seguida.
reading [ˈriːdɪŋ] *n* 1. (*gen*) lectura *f*. 2. (*recital*) recital *m*.
readjust [ˌriːəˈdʒʌst] ◇ *vt* reajustar ◇ *vi*: **to ~ (to)** volverse a adaptar (a).
readout [ˈriːdaʊt] *n* (COMPUT) texto *m* en pantalla.
ready [ˈredɪ] ◇ *adj* 1. (*prepared*) listo(ta), preparado(da); **to be ~ for sthg/to do sthg** estar listo para algo/para hacer algo 2. (*willing*): **to be ~ to do sthg** estar dispuesto(ta) a hacer algo. 3. (*in need of*): **to be ~ for sthg** necesitar algo. 4. (*likely*): **to be ~ to do sthg** estar a punto de hacer algo. 5. (*cash*) contante; (*smile*) pronto(ta). ◇ *vt* preparar.
ready cash *n* dinero *m* contante.
ready-made *adj* (*products*) hecho(cha); (*clothes*) confeccionado(da).
ready money *n* dinero *m* contante.
ready-to-wear *adj* confeccionado(da).
reafforestation [ˈriːəˌfɒrɪˈsteɪʃn] *n* repoblación *f* forestal.
real [rɪəl] ◇ *adj* 1. (*not imagined, actual*) real; **the ~ thing** lo auténtico; **for ~** de verdad; **in ~ terms** en términos reales 2. (*genuine, proper*) auténtico(ca). ◇ *adv Am* muy.
real estate *n* propiedad *f* inmobiliaria.
realign [ˌriːəˈlaɪn] *vt* volver a alinear.
realism [ˈrɪəlɪzm] *n* realismo *m*.

realistic [ˌrɪəˈlɪstɪk] *adj* realista.
reality [rɪˈælətɪ] *n* realidad *f*.
realization [ˌrɪəlaɪˈzeɪʃn] *n* 1. (*recognition*) comprensión *f*. 2. (*achievement*) consecución *f*.
realize, -ise [ˈrɪəlaɪz] *vt* 1. (*become aware of*) darse cuenta de 2. (*produce, achieve, make profit of*) realizar
really [ˈrɪəlɪ] ◇ *adv* 1. (*for emphasis*) de verdad; **~ good** buenísimo. 2. (*actually, honestly*) realmente. 3. (*to sound less negative*) en realidad. ◇ *excl* 1. (*expressing doubt*): **~?** (*in affirmatives*) ¿ah sí?; (*in negatives*) ¿ah no? 2. (*expressing surprise, disbelief*): **~?** ¿de verdad?
realm [relm] *n* 1. (*field*) campo *m*, esfera *f*. 2. (*kingdom*) reino *m*
realtor [ˈrɪəltə^r] *n Am* agente inmobiliario *m*, agente inmobiliaria *f*.
reap [riːp] *vt lit & fig* cosechar.
reappear [ˌriːəˈpɪə^r] *vi* reaparecer.
rear [rɪə^r] ◇ *adj* trasero(ra), de atrás. ◇ *n* (*back*) parte *f* de atrás; **to bring up the ~** cerrar la marcha. ◇ *vt* criar. ◇ *vi*: **to ~ (up)** encabritarse.
rearm [riːˈɑːm] *vi* rearmarse.
rearmost [ˈrɪəməʊst] *adj* último(ma)
rearrange [ˌriːəˈreɪndʒ] *vt* 1. (*room, furniture*) colocar de otro modo; (*system, plans*) reorganizar. 2. (*meeting*) volver a concertar.
rearview mirror [ˈrɪəvjuː-] *n* (espejo *m*) retrovisor *m*.
reason [ˈriːzn] ◇ *n* 1. (*cause*): **~ (for)** razón *f* (para); **for some ~** por alguna razón. 2. (*justification*): **to have ~ to do sthg** tener motivo para hacer algo. 3. (*rationality*) razón *f*, sensatez *f*; **it stands to ~** es razonable; **to listen to ~** avenirse a razones. ◇ *vt & vi* razonar. ◆ **reason with** *vt fus* razonar con.
reasonable [ˈriːznəbl] *adj* razonable.
reasonably [ˈriːznəblɪ] *adv* razonablemente.
reasoned [ˈriːznd] *adj* razonado(da).
reasoning [ˈriːznɪŋ] *n* razonamiento *m*.
reassess [ˌriːəˈses] *vt* reconsiderar
reassurance [ˌriːəˈʃɔːrəns] *n* 1. (U) (*comfort*) palabras *fpl* tranquilizadoras 2. (*promise*) promesa *f*, compromiso *m*.
reassure [ˌriːəˈʃɔː^r] *vt* tranquilizar.
reassuring [ˌriːəˈʃɔːrɪŋ] *adj* tranquilizador(ra)
rebate [ˈriːbeɪt] *n* devolución *f*, bonificación *f*.
rebel [*n* ˈrebl, *vb* rɪˈbel] ◇ *n* rebelde *m y*

f. ◇ *vi:* **to ~ (against)** rebelarse (contra).

rebellion [rɪ'beljən] *n* rebelión *f.*

rebellious [rɪ'beljəs] *adj* rebelde.

rebound [*n* 'ri:baʊnd, *vb* ,rɪ'baʊnd] ◇ *n:* **on the ~** *(ball)* de rebote *m.* ◇ *vi (bounce back)* rebotar.

rebuff [rɪ'bʌf] *n* desaire *m*, negativa *f.*

rebuild [,ri:'bɪld] *(pt & pp* **-built)** *vt* reconstruir.

rebuke [rɪ'bju:k] ◇ *n* reprimenda *f*, reprobación *f.* ◇ *vt:* **to ~ sb (for)** reprender a alguien (por).

rebuttal [rɪ'bʌtl] *n* refutación *f.*

recalcitrant [rɪ'kælsɪtrənt] *adj* recalcitrante.

recall [rɪ'kɔːl] ◇ *n (memory)* memoria *f.* ◇ *vt* 1. *(remember)* recordar, acordarse de. 2. *(ambassador)* retirar.

recant [rɪ'kænt] *vi (deny statement)* retractarse; *(deny religion)* renegar de la fe.

recap ['riːkæp] *inf* ◇ *n* resumen *m*, recapitulación *f* ◇ *vt (summarize)* recapitular, resumir. ◇ *vi* recapitular, resumir.

recapitulate [,riːkə'pɪtjʊleɪt] *vt & vi* recapitular, resumir.

recd, rec'd *(abbr of* **received)** rbdo.

recede [riː'siːd] *vi* 1. *(person, car)* alejarse; *(coastline)* retroceder. 2. *fig (disappear)* esfumarse.

receding [rɪ'siːdɪŋ] *adj (chin)* medida hacia dentro; *(forehead)* hundida; **~ hairline** entradas *fpl.*

receipt [rɪ'siːt] *n* recibo *m*; **to acknowledge ~** acusar recibo. ◆ **receipts** *npl* recaudación *f.*

receive [rɪ'siːv] *vt* 1. *(gen)* recibir. 2. *(reaction)* tener; *(injury, setback)* sufrir 3. *(greet):* **to be well/badly ~d** tener una buena/mala acogida.

receiver [rɪ'siːvər] *n* 1. *(of telephone)* auricular *m.* 2. *(radio, TV set)* receptor *m.* 3. *(criminal)* perista *m y f.* 4. (FIN) síndico *m*, -ca *f.*

recent ['riːsnt] *adj* reciente.

recently ['riːsntlɪ] *adv* recientemente.

receptacle [rɪ'septəkl] *n* receptáculo *m.*

reception [rɪ'sepʃn] *n* recepción *f.*

reception desk *n* recepción *f.*

receptionist [rɪ'sepʃənɪst] *n* recepcionista *m y f.*

recess ['riːses, *Br* rɪ'ses] *n* 1. *(vacation)* periodo *m* vacacional; **to be in ~** estar clausurado(da). 2. *(alcove)* nicho *m*, hueco *m.* 3. *Am* (SCH) recreo *m.*

◆ **recesses** *npl (of mind, heart)* recovecos *mpl*; *(of building)* escondrijos *mpl.*

recession [rɪ'seʃn] *n* recesión *f.*

recharge [,riː'tʃɑːdʒ] *vt* recargar.

recipe ['resɪpɪ] *n* (CULIN *& fig)* receta *f.*

recipient [rɪ'sɪpɪənt] *n (of letter, cheque)* destinatario *m*, -ria *f.*

reciprocal [rɪ'sɪprəkl] *adj* recíproco (ca).

recital [rɪ'saɪtl] *n* recital *m.*

recite [rɪ'saɪt] *vt* 1. *(poem)* recitar. 2. *(list)* enumerar.

reckless ['reklɪs] *adj* imprudente, temerario(ria).

reckon ['rekn] *vt* 1. *inf (think):* **to ~ (that)** pensar que, suponer que. 2. *(consider, judge):* **to be ~ed to be sthg** ser considerado(da) algo. 3. *(calculate)* calcular ◆ **reckon on** *vt fus* contar con. ◆ **reckon with** *vt fus (expect)* contar con.

reckoning ['rekənɪŋ] *n (calculation)* cálculo *m.*

reclaim [rɪ'kleɪm] *vt* 1. *(claim back)* reclamar. 2. *(recover):* **to ~ land from the sea** ganarle tierra al mar.

recline [rɪ'klaɪn] *vi* reclinarse.

reclining [rɪ'klaɪnɪŋ] *adj* reclinable.

recluse [rɪ'kluːs] *n* solitario *m*, -ria *f.*

recognition [,rekəg'nɪʃn] *n* reconocimiento *m*; **beyond** OR **out of all ~** de modo irreconocible; **in ~ of** en reconocimiento a.

recognizable ['rekəgnaɪzəbl] *adj* reconocible.

recognize, -ise ['rekəgnaɪz] *vt* reconocer.

recoil [*vb* rɪ'kɔɪl, *n* 'riːkɔɪl] ◇ *vi* 1. *(draw back)* retroceder, echarse atrás. 2. *fig (shrink from):* **to ~ from** OR **at sthg** *(truth, bad news)* esquivar OR rehuir algo; *(idea, suggestion)* estremecerse ante algo. ◇ *n (of gun)* retroceso *m.*

recollect [,rekə'lekt] *vt* recordar.

recollection [,rekə'lekʃn] *n* recuerdo *m.*

recommend [,rekə'mend] *vt* recomendar

recompense ['rekəmpens] ◇ *n:* **~ (for)** compensación *f* OR indemnización *f* (por). ◇ *vt:* **to ~ sb (for)** recompensar a alguien (por)

reconcile ['rekənsaɪl] *vt* 1. *(find agreement between)* conciliar; **to ~ sthg with** hacer compatible algo con. 2. *(make friendly again)* reconciliar 3. *(accept):* **to ~ o.s. to** resignarse a.

redo

reconditioned [,riːkən'dɪʃnd] *adj* revisado(da), reparado(da).

reconnaissance [rɪ'kɒnɪsəns] *n* reconocimiento *m*.

reconnoitre *Br*, **reconnoiter** *Am* [,rekə'nɔɪtər] ◇ *vt* reconocer. ◇ *vi* hacer un reconocimiento.

reconsider [,riːkən'sɪdər] *vt & vi* reconsiderar.

reconstruct [,riːkən'strʌkt] *vt (building, crime)* reconstruir.

record [*n & adj* 'rekɔːd, *vb* rɪ'kɔːd] ◇ *n* **1.** *(of event, piece of information)* registro *m*, anotación *f*; *(of meeting)* actas *fpl*; **on** ~ *(on file)* archivado; *(ever recorded)* de que se tiene constancia; **off the** ~ confidencial. **2.** *(vinyl disc)* disco *m*. **3.** *(best achievement)* récord *m*. **4.** *(history)* historial *m*; **criminal** ~ antecedentes *mpl* penales. ◇ *vt* **1.** *(write down)* anotar, tomar nota de. **2.** *(put on tape)* grabar. ◇ *adj* récord *(inv)*.

recorded delivery [rɪ'kɔːdɪd-] *n* correo *m* certificado.

recorder [rɪ'kɔːdər] *n (musical instrument)* flauta *f*.

record holder *n* plusmarquista *m* y *f*.

recording [rɪ'kɔːdɪŋ] *n* grabación *f*.

record player *n* tocadiscos *m inv*.

recount [*n* 'riːkaʊnt, *vt sense 1* rɪ'kaʊnt, *sense 2* ,riː'kaʊnt] ◇ *n* recuento *m*. ◇ *vt* **1.** *(narrate)* narrar. **2.** *(count again)* volver a contar.

recoup [rɪ'kuːp] *vt* recuperar

recourse [rɪ'kɔːs] *n fml*: **to have** ~ **to** recurrir a.

recover [rɪ'kʌvər] ◇ *vt* **1.** *(retrieve, recoup)* recuperar. **2.** *(regain - calm etc)* recobrar. ◇ *vi*: **to** ~ **(from)** recuperarse (de).

recovery [rɪ'kʌvərɪ] *n* recuperación *f*.

recreation [,rekrɪ'eɪʃn] *n (leisure)* esparcimiento *m*, recreo *m*.

recrimination [rɪ,krɪmɪ'neɪʃn] *n* recriminación *f*.

recruit [rɪ'kruːt] ◇ *n* recluta *m* y *f*. ◇ *vt* **1.** *(gen)* reclutar; **to** ~ **sb (for sthg/to do sthg)** reclutar a alguien (para algo/para hacer algo). **2.** *(find, employ)* contratar ◇ *vi* buscar empleados nuevos.

recruitment [rɪ'kruːtmənt] *n (gen)* reclutamiento *m*; *(of staff)* contratación *f*.

rectangle ['rek,tæŋgl] *n* rectángulo *m*.

rectangular [rek'tæŋgjʊlər] *adj* rectangular.

rectify ['rektɪfaɪ] *vt fml* rectificar

rector ['rektər] *n* **1.** *(priest)* párroco *m*.

2. *Scot (head - of school)* director *m*, -ra *f*; *(- of college, university)* rector *m*, -ra *f*.

rectory ['rektərɪ] *n* rectoría *f*.

recuperate [rɪ'kuːpəreɪt] *vi fml*: **to** ~ **(from)** recuperarse (de).

recur [rɪ'kɜːr] *vi* repetirse.

recurrence [rɪ'kʌrəns] *n fml* repetición *f*

recurrent [rɪ'kʌrənt] *adj* que se repite.

recycle [,riː'saɪkl] *vt* reciclar.

red [red] ◇ *adj* rojo(ja); *(hair)* pelirrojo (ja). ◇ *n (colour)* rojo *m*; **to be in the** ~ *inf* estar en números rojos.

red card *n (FTBL)*: **to show sb the** ~ mostrarle a alguien (la) tarjeta roja.

red carpet *n*: **to roll out the** ~ **for sb** recibir a alguien con todos los honores. ♦ **red-carpet** *adj*: **to give sb the red-carpet treatment** dispensar a alguien un gran recibimiento.

Red Cross *n*: **the** ~ la Cruz Roja.

redcurrant [red'kʌrənt] *n* **1.** *(fruit)* grosella *f*. **2.** *(bush)* grosellero *m*.

redden ['redn] ◇ *vt (make red)* teñir de rojo. ◇ *vi (flush)* enrojecer.

redecorate [,riː'dekəreɪt] *vt & vi* volver a pintar *(o empapelar)*.

redeem [rɪ'diːm] *vt* **1.** *(save, rescue)* salvar, rescatar. **2.** *fml (at pawnbroker's)* desempeñar.

redeeming [rɪ'diːmɪŋ] *adj*: **his only** ~ **feature** lo único que le salva.

redeploy [,riːdɪ'plɔɪ] *vt* reorganizar.

red-faced [-'feɪst] *adj* **1.** *(flushed)* rojo (ja), colorado(da). **2.** *(with embarrassment)* rojo(ja) de vergüenza.

red-haired [-'head] *adj* pelirrojo(ja).

red-handed [-'hændɪd] *adj*: **to catch sb** ~ coger a alguien con las manos en la masa.

redhead ['redhed] *n* pelirrojo *m*, -ja *f*.

red herring *n fig (unhelpful clue)* pista *f* falsa; *(means of distracting attention)* ardid *m* para distraer la atención.

red-hot *adj (metal, person, passion)* al rojo (vivo); *(zeal)* fervoroso(sa).

redid [,riː'dɪd] *pt* → **redo**

redirect [,riːdɪ'rekt] *vt* **1.** *(retarget)* redirigir. **2.** *(send elsewhere)* enviar a otro lugar. **3.** *(forward)* reexpedir.

rediscover [,riːdɪs'kʌvər] *vt* **1.** *(re-experience)* volver a descubrir **2.** *(make popular, famous again)*: **to be** ~**ed** ser descubierto(ta) de nuevo.

red light *n (traffic signal)* semáforo *m* rojo.

red-light district *n* barrio *m* chino.

redo [,riː'duː] *(pt* **-did***, pp* **-done***) vt (do again)* volver a hacer.

redolent ['redələnt] *adj literary* **1.** *(reminiscent):* ~ **of** evocador(ra) de. **2.** *(smelling):* ~ **of** con olor a.

redouble [,riː'dʌbl] *vt:* **to** ~ **one's efforts (to do sthg)** redoblar esfuerzos (para hacer algo).

redraft [,riː'drɑːft] *vt* volver a redactar.

redress [rɪ'dres] *fml* ◇ *n* (U) reparación *f*, desagravio *m*. ◇ *vt:* **to** ~ **the balance (between)** equilibrar la balanza (entre).

red tape *n fig* papeleo *m*.

reduce [rɪ'djuːs] ◇ *vt* reducir; **to be ~d to doing sthg** verse rebajado OR forzado a hacer algo; **to be ~d to** verse sumido OR hundido en. ◇ *vi Am (diet)* (intentar) adelgazar.

reduction [rɪ'dʌkʃn] *n* **1.** *(gen):* ~ **(in)** reducción *f* (de). **2.** (COMM): ~ **(of)** descuento *m* (de).

redundancy [rɪ'dʌndənsɪ] *n* **1.** *Br (job loss)* despido *m*. **2.** *(unemployment)* desempleo *m*

redundant [rɪ'dʌndənt] *adj* **1.** *Br (jobless):* **to be made** ~ perder el empleo. **2.** *(not required - equipment, factory)* innecesario(ria); *(- comment)* redundante.

reed [riːd] *n* **1.** *(plant)* carrizo *m*, cañavera *f*. **2.** *(of musical instrument)* lengüeta *f*.

reef [riːf] *n* arrecife *m*.

reek [riːk] *vi:* **to** ~ **(of)** apestar (a).

reel [riːl] ◇ *n* *(of cotton, film, on fishing rod)* carrete *m*. ◇ *vi* **1.** *(stagger)* tambalearse **2.** *(be stunned):* **to** ~ **from sthg** quedarse atónito(ta) por algo. ◆ **reel in** *vt sep* sacar enrollando el carrete *(en pesca)*. ◆ **reel off** *vt sep* recitar al corrido.

reenact [,riːɪ'nækt] *vt* representar de nuevo

ref [ref] *n* **1.** *(abbr of referee)* inf (SPORT) árbitro *m*. **2.** *(abbr of reference)* ref.

refectory [rɪ'fektərɪ] *n* refectorio *m*.

refer [rɪ'fɜː^r] *vt* **1.** *(send, direct):* **to** ~ **sb to** *(to place)* enviar a alguien a; *(to source of information)* remitir a alguien a **2.** *(report, submit):* **to** ~ **sthg to** remitir algo a. ◆ **refer to** *vt fus* **1.** *(mention, speak about)* referirse a **2.** *(consult)* consultar.

referee [,refə'riː] ◇ *n* **1.** (SPORT) árbitro *m*. **2.** *Br (for job application)* persona que recomienda a alguien para un trabajo. ◇ *vt & vi* (SPORT) arbitrar.

reference ['refrəns] *n* **1.** *(mention, reference number):* **to make** ~ **to** hacer referencia a; **with** ~ **to** *fml* con referencia a. **2.** (U) *(for advice, information):* ~ **(to)** consulta *f* (a). **3.** *(for job - letter)* referencias *fpl*; *(- person)* persona que recomienda a alguien para un trabajo.

reference book *n* libro *m* de consulta.

reference number *n* número *m* de referencia.

referendum [,refə'rendəm] *(pl* **-s** OR **-da** [-də]*) n* referéndum *m*.

refill [*n* 'riːfɪl, *vb* ,riː'fɪl] ◇ *n inf:* **would you like a** ~? ¿te apetece otra copa? ◇ *vt* volver a llenar.

refine [rɪ'faɪn] *vt* **1.** *(oil, food)* refinar. **2.** *(plan, speech)* pulir

refined [rɪ'faɪnd] *adj* **1.** *(oil, food, person)* refinado(da). **2.** *(equipment, theory)* perfeccionado(da).

refinement [rɪ'faɪnmənt] *n* **1.** *(improvement):* ~ **(on)** mejora *f* (de). **2.** (U) *(gentility)* refinamiento *m*.

reflect [rɪ'flekt] ◇ *vt* **1.** *(gen)* reflejar. **2.** *(think, consider):* **to** ~ **that ...** considerar que . ◇ *vi:* **to** ~ **(on** OR **upon)** reflexionar (sobre).

reflection [rɪ'flekʃn] *n* **1.** *(gen)* reflejo *m* **2.** *(criticism):* ~ **on** crítica *f* de. **3.** *(thinking)* reflexión *f*; **on** ~ pensándolo bien.

reflector [rɪ'flektə^r] *n* reflector *m*.

reflex ['riːfleks] *n:* ~ **(action)** (acto *m*) reflejo *m*.

reflexive [rɪ'fleksɪv] *adj* (GRAMM) reflexivo(va)

reforestation [riː,fɒrɪ'steɪʃn] = **reafforestation**

reform [rɪ'fɔːm] ◇ *n* reforma *f*. ◇ *vt* reformar. ◇ *vi* reformarse.

Reformation [,refə'meɪʃn] *n:* **the** ~ la Reforma

reformatory [rɪ'fɔːmətrɪ] *n Am* reformatorio *m*, centro *m* de menores.

reformer [rɪ'fɔːmə^r] *n* reformador *m*, -ra *f*.

refrain [rɪ'freɪn] ◇ *n* *(chorus)* estribillo *m*. ◇ *vi fml:* **to** ~ **from doing sthg** abstenerse de hacer algo.

refresh [rɪ'freʃ] *vt* refrescar.

refreshed [rɪ'freʃt] *adj* descansado(da).

refresher course [rɪ'freʃə^r-] *n* cursillo *m* de reciclaje.

refreshing [rɪ'freʃɪŋ] *adj* *(change, honesty, drink)* refrescante; *(sleep)* vigorizante.

refreshments [rɪ'freʃmənts] *npl* refrigerio *m*.

refrigerator [rɪ'frɪdʒəreɪtə^r] *n* refrigerador *m*.

refuel [,riː'fjʊəl] ◇ vt llenar de carburante. ◇ vi repostar.

refuge ['refjuːdʒ] n refugio m; **to seek** OR **take ~ (in)** fig buscar refugio (en).

refugee [,refjʊ'dʒiː] n refugiado m, -da f.

refund [n 'riːfʌnd, vb rɪ'fʌnd] ◇ n reembolso m. ◇ vt: **to ~ sthg to sb, to ~ sb sthg** reembolsar algo a alguien.

refurbish [,riː'fɜːbɪʃ] vt (building) restaurar; (office, shop) renovar.

refusal [rɪ'fjuːzl] n 1. (disagreement, saying no): ~ **(to do sthg)** negativa f (a hacer algo). 2. (withholding, denial) denegación f. 3. (non-acceptance): **to meet with ~** ser rechazado(da).

refuse[1] [rɪ'fjuːz] ◇ vt 1. (withhold, deny): **to ~ sb sthg, to ~ sthg to sb** denegar a alguien algo. 2. (decline, reject) rechazar. 3. (not agree, be completely unwilling): **to ~ to do sthg** negarse a hacer algo. ◇ vi negarse.

refuse[2] ['refjuːs] n (rubbish) basura f.

refuse collection ['refjuːs-] n recogida f de basuras.

refute [rɪ'fjuːt] vt fml refutar.

regain [rɪ'geɪn] vt (leadership, first place) recuperar; (health, composure) recobrar.

regal ['riːgl] adj regio(gia).

regalia [rɪ'geɪljə] n (U) fml ropaje m.

regard [rɪ'gɑːd] ◇ n 1. fml (respect, esteem): ~ **(for)** estima f OR respeto m (por). 2. (aspect): **in this/that ~** a este/ese respecto. ◇ vt 1. (consider): **to ~ o.s. as sthg** considerarse algo; **to ~ sthg/sb as** considerar algo/a alguien como. 2. (look at, view): **to be highly ~ed** estar muy bien considerado. ♦ **regards** npl (in greetings) recuerdos mpl. ♦ **as regards** prep en cuanto a, por lo que se refiere a. ♦ **in regard to, with regard to** prep respecto a, en cuanto a.

regarding [rɪ'gɑːdɪŋ] prep respecto a, en cuanto a.

regardless [rɪ'gɑːdlɪs] adv a pesar de todo. ♦ **regardless of** prep sin tener en cuenta; ~ **of the cost** cueste lo que cueste.

regime [reɪ'ʒiːm] n régimen m.

regiment ['redʒɪmənt] n (MIL) regimiento m

region ['riːdʒən] n región f; **in the ~ of** alrededor de.

regional ['riːdʒənl] adj regional.

register ['redʒɪstəʳ] ◇ n (of electors etc) registro m; (at school) lista f. ◇ vt 1. (record - gen) registrar; (- car) matri-

cular. 2. (express) mostrar, reflejar. ◇ vi 1. (be put on official list): **to ~ (as/for)** inscribirse (como/para). 2. (book in - at hotel) registrarse; (- at conference) inscribirse. 3. inf (be noticed): **I told him but it didn't seem to ~** se lo dije, pero no pareció que la captara.

registered ['redʒɪstəd] adj 1. (officially listed) inscrito(ta) oficialmente. 2. (letter, parcel) certificado(da).

registered trademark n marca f registrada.

registrar [,redʒɪ'strɑːʳ] n 1. (keeper of records) registrador m, -ra f oficial. 2. (UNIV) secretario m, -ria f general. 3. (doctor) médico m, -ca f de hospital.

registration [,redʒɪ'streɪʃn] n 1. (gen) registro m. 2. (AUT) = **registration number**.

registration number n número m de matrícula.

registry ['redʒɪstrɪ] n registro m.

registry office n registro m civil.

regret [rɪ'gret] ◇ n 1. fml (sorrow) pesar m. 2. (sad feeling): **I've no ~s about it** no lo lamento en absoluto. ◇ vt (be sorry about): **to ~ sthg/doing sthg** lamentar algo/haber hecho algo.

regretfully [rɪ'gretfʊlɪ] adv con pesar; ~, **we have to announce …** lamentamos tener que anunciar …

regrettable [rɪ'gretəbl] adj fml lamentable.

regroup [,riː'gruːp] vi reagruparse.

regular ['regjʊləʳ] ◇ adj 1. (gen) regular. 2. (customer) habitual, asiduo(dua). 3. (time, space) acostumbrado(da); (problem) usual, normal. 4. Am (pleasant) legal. ◇ n cliente m habitual.

regularly ['regjʊləlɪ] adv 1. (gen) con regularidad. 2. (equally spaced) de manera uniforme.

regulate ['regjʊleɪt] vt regular.

regulation [,regjʊ'leɪʃn] n 1. (rule) regla f, norma f. 2. (U) (control) regulación f.

rehabilitate [,riːə'bɪlɪteɪt] vt rehabilitar.

rehearsal [rɪ'hɜːsl] n ensayo m.

rehearse [rɪ'hɜːs] vt ensayar

reign [reɪn] lit & fig ◇ n reinado m. ◇ vi: **to ~ (over)** reinar (sobre).

reimburse [,riːɪm'bɜːs] vt: **to ~ sb (for sthg)** reembolsar a alguien (algo).

rein [reɪn] n fig: **to give (a) free ~ to sb, to give sb free ~** dar rienda suelta a alguien. ♦ **reins** npl (for horse) riendas fpl.

reindeer ['reɪn,dɪə'] (*pl inv*) *n* reno *m*.

reinforce [,riːɪn'fɔːs] *vt* reforzar

reinforced concrete [,riːɪn'fɔːst-] *n* cemento *m* OR hormigón *m* armado.

reinforcement [,riːɪn'fɔːsmənt] *n* refuerzo *m*. ◆ **reinforcements** *npl* refuerzos *mpl*.

reinstate [,riːɪn'steɪt] *vt* **1.** (*give job back to*) restituir OR reintegrar en su puesto a. **2.** (*bring back*) restablecer.

reissue [,riː'ɪʃuː] *vt* (*gen*) reeditar, reimprimir; (*film*) reestrenar

reiterate [riː'ɪtəreɪt] *vt fml* reiterar.

reject [*n* 'riːdʒekt, *vb* rɪ'dʒekt] ◇ *n* desecho *m*; ~s artículos *mpl* defectuosos ◇ *vt* rechazar.

rejection [rɪ'dʒekʃn] *n* rechazo *m*.

rejoice [rɪ'dʒɔɪs] *vi*: to ~ (at OR in) alegrarse OR regocijarse (con).

rejuvenate [rɪ'dʒuːvəneɪt] *vt* rejuvenecer

rekindle [,riː'kɪndl] *vt fig* reavivar.

relapse [rɪ'læps] ◇ *n* recaída *f*. ◇ *vi*: to ~ into volver a caer en

relate [rɪ'leɪt] ◇ *vt* **1.** (*connect*): to ~ sthg (to) relacionar algo (con) **2.** (*tell*) contar, relatar. ◇ *vi* **1.** (*be connected*): to ~ to estar relacionado(da) con. **2.** (*concern*): to ~ to referirse a. **3.** (*empathize*): to ~ (to sb) tener mucho en común (con alguien). ◆ **relating to** *prep* concerniente OR referente a.

related [rɪ'leɪtɪd] *adj* **1.** (*in same family*) emparentado(da); to be ~ to sb ser pariente de alguien. **2.** (*connected*) relacionado(da).

relation [rɪ'leɪʃn] *n* **1.** (*connection*): ~ (to/between) relación *f* (con/entre); to bear no ~ to no tener nada que ver con. **2.** (*family member*) pariente *m y f*, familiar *m y f*. ◆ **relations** *npl* (*family, race, industrial*) relaciones *fpl*.

relationship [rɪ'leɪʃnʃɪp] *n* relación *f*; a good ~ buenas relaciones.

relative ['relətɪv] ◇ *adj* relativo(va). ◇ *n* pariente *m y f*, familiar *m y f*. ◆ **relative to** *prep fml* con relación a.

relatively ['relətɪvlɪ] *adv* relativamente

relax [rɪ'læks] ◇ *vt* **1.** (*gen*) relajar. **2.** (*loosen - grip*) aflojar. ◇ *vi* **1.** (*gen*) relajarse. **2.** (*loosen*) aflojarse.

relaxation [,riːlæk'seɪʃn] *n* **1.** (*recreation*) relajación *f*, esparcimiento *m*. **2.** (*slackening - of discipline*) relajación *f*.

relaxed [rɪ'lækst] *adj* (*gen*) relajado (da); (*person*) tranquilo(la); (*atmos-*

phere) desenfadado(da).

relaxing [rɪ'læksɪŋ] *adj* relajante.

relay ['riːleɪ] ◇ *n* **1.** (SPORT): ~ (race) carrera *f* de relevos. **2.** (RADIO & TV) retransmisión *f* ◇ *vt* **1.** (*broadcast*) retransmitir. **2.** (*repeat*): to ~ sthg (to) transmitir algo (a).

release [rɪ'liːs] ◇ *n* **1.** (*setting free*) puesta *f* en libertad, liberación *f*. **2.** (*relief*) liberación *f*. **3.** (*statement*) comunicado *m*. **4.** (*emitting - of gas*) escape *m*; (*- of heat, pressure*) emisión *f*. **5.** (*thing issued - of film*) estreno *m*; (*- of record*) grabación *f*. ◇ *vt* **1.** (*set free*): to ~ sb (from) liberar a alguien (de). **2.** (*lift restriction on*): to ~ sb from descargar OR liberar a alguien de **3.** (*make available - funds, resources*) entregar. **4.** (*let go - rope, reins, person*) soltar; (*- grip*) aflojar; (*- brake, lever*) soltar; (*- mechanism, trigger*) disparar. **5.** (*emit - gas, heat*) despedir. **6.** (*issue - film*) estrenar; (*- record*) sacar.

relegate ['relɪgeɪt] *vt* **1.** (*demote*): to ~ sthg/sb (to) relegar algo/a alguien (a). **2.** *Br* (FTBL): to be ~d descender (a una división inferior)

relent [rɪ'lent] *vi* (*person*) ablandarse; (*wind, storm*) remitir, aminorar.

relentless [rɪ'lentlɪs] *adj* implacable.

relevant ['reləvənt] *adj* **1.** (*connected*): ~ (to) relacionado(da) (con), pertinente (a). **2.** (*important*): ~ (to) importante OR relevante (para). **3.** (*appropriate*) pertinente, oportuno(na).

reliable [rɪ'laɪəbl] *adj* **1.** (*dependable*) fiable. **2.** (*information*) fidedigno(na).

reliably [rɪ'laɪəblɪ] *adv* **1.** (*dependably*) sin fallar. **2.** (*correctly*): to be ~ informed about sthg saber algo de fuentes fidedignas.

reliant [rɪ'laɪənt] *adj*: to be ~ on sb/ sthg depender de alguien/de algo.

relic ['relɪk] *n* **1.** (*gen*) reliquia *f*. **2.** (*custom still in use*) vestigio *m*.

relief [rɪ'liːf] *n* **1.** (*comfort*) alivio *m*. **2.** (*for poor, refugees*) ayuda *f* (benéfica). **3.** (*U*) *Am* (*social security*) subsidio *m*.

relieve [rɪ'liːv] *vt* **1.** (*ease, lessen*) aliviar **2.** (*take away from*): to ~ sb of sthg liberar a alguien de algo.

religion [rɪ'lɪdʒn] *n* religión *f*.

religious [rɪ'lɪdʒəs] *adj* religioso(sa).

relinquish [rɪ'lɪŋkwɪʃ] *vt* (*power, claim*) renunciar a; (*hold*) soltar

relish ['relɪʃ] ◇ *n* **1.** (*enjoyment*): with (great) ~ con (gran) deleite. **2.** (*pickle*) salsa rojiza agridulce con pepinillo etc. ◇ *vt* disfrutar con; to ~ the thought

OR **idea** OR **prospect of doing sthg**
disfrutar de antemano con la idea de
hacer algo.

relocate [ˌriːləʊˈkeɪt] ◇ *vt* trasladar.
◇ *vi* trasladarse.

reluctance [rɪˈlʌktəns] *n* desgana *f*.

reluctant [rɪˈlʌktənt] *adj* reacio(cia); **to
be ~ to do sthg** estar poco dispuesto
a hacer algo.

reluctantly [rɪˈlʌktəntlɪ] *adv* con desgana.

rely [rɪˈlaɪ] ◆ **rely on** *vt fus* 1. *(count on)*
contar con; **to ~ on sb/sthg to do
sthg** estar seguro de que alguien/algo
hará algo. 2. *(be dependent on)*: **to ~ on
sb/sthg for sthg** depender de alguien/
algo para algo.

remain [rɪˈmeɪn] ◇ *vt* continuar como;
to ~ the same continuar siendo igual.
◇ *vi* 1. *(stay)* quedarse, permanecer. 2.
(survive - custom, problem) quedar, continuar. 3. *(be left)*: **to ~ to be done/
proved** quedar por hacer/probar.
◆ **remains** *npl* restos *mpl*.

remainder [rɪˈmeɪndəʳ] *n* 1. *(rest)*: **the
~ el** resto. 2. (MATH) resto *m*.

remaining [rɪˈmeɪnɪŋ] *adj* restante.

remand [rɪˈmɑːnd] (JUR) ◇ *n*: **on ~**
detenido(da) en espera de juicio. ◇ *vt*:
to be ~ed in custody estar bajo custodia.

remark [rɪˈmɑːk] ◇ *n* *(comment)*
comentario *m*. ◇ *vt*: **to ~ (that)**
comentar que.

remarkable [rɪˈmɑːkəbl] *adj* excepcional, extraordinario(ria).

remarry [ˌriːˈmærɪ] *vi* volverse a
casar.

remedial [rɪˈmiːdjəl] *adj* 1. (SCH) *(class,
teacher)* de refuerzo; *(pupil)* atrasado
(da). 2. *(corrective)* correctivo(va).

remedy [ˈremədɪ] ◇ *n lit & fig*: **~ (for)**
remedio *m* (para). ◇ *vt* remediar.

remember [rɪˈmembəʳ] ◇ *vt* *(gen)*
recordar, acordarse de; **to ~ to do
sthg** acordarse de hacer algo; **to ~
doing sthg** recordar OR acordarse de
haber hecho algo. ◇ *vi* *(gen)* recordar,
acordarse.

remembrance [rɪˈmembrəns] *n fml*: **in
~ of** en conmemoración de.

Remembrance Day *n* en Gran
Bretaña, día en conmemoración por los
caídos en las dos guerras mundiales.

remind [rɪˈmaɪnd] *vt*: **to ~ sb (about
sthg/to do sthg)** recordar a alguien
(algo/que haga algo); **she ~s me of
my sister** me recuerda a mi hermana

reminder [rɪˈmaɪndəʳ] *n* 1. *(to jog*

memory) recordatorio *m*, recuerdo *m*.
2. *(letter, note)* notificación *f*, aviso *m*.

reminisce [ˌremɪˈnɪs] *vi*: **to ~ (about
sthg)** rememorar (algo).

reminiscent [ˌremɪˈnɪsnt] *adj* *(similar
to)*: **~ of** evocador(ra) de.

remiss [rɪˈmɪs] *adj* negligente, remiso
(sa); **it was ~ of me** fue una negligencia por mi parte.

remit[1] [rɪˈmɪt] *vt* *(money)* remitir.

remit[2] [ˈriːmɪt] *n* *(responsibility)* misión
f.

remittance [rɪˈmɪtns] *n* giro *m*.

remnant [ˈremnənt] *n* 1. *(remaining
part)* resto *m*. 2. *(of cloth)* retal *m*.

remold *Am* = **remould**.

remorse [rɪˈmɔːs] *n* *(U)* remordimiento *m*.

remorseful [rɪˈmɔːsfʊl] *adj* lleno(na)
de remordimiento.

remorseless [rɪˈmɔːslɪs] *adj* 1. *(pitiless)* despiadado(da). 2. *(unstoppable)*
implacable.

remote [rɪˈməʊt] *adj* 1. *(place, time
possibility)* remoto(ta). 2. *(from reality
etc)*: **~ (from)** apartado(da) OR alejado
(da) (de).

remote control *n* mando *m* a distancia.

remotely [rɪˈməʊtlɪ] *adv* 1. *(in the
slightest)*: **not ~** ni remotamente, en lo
más mínimo. 2. *(far off)* muy lejos.

remould *Br*, **remold** *Am* [ˈriːməʊld] *n*
neumático *m* recauchutado.

removable [rɪˈmuːvəbl] *adj* *(detachable)* separable.

removal [rɪˈmuːvl] *n* 1. *(U)* *(act of remo-
ving)* separación *f*, extracción *f*; *(of
threat, clause)* supresión *f*. 2. *Br* *(change
of house)* mudanza *f*.

removal van *n Br* camión *m* de
mudanzas.

remove [rɪˈmuːv] *vt* 1. *(take away,
clean away)*: **to ~ sthg (from)** quitar
algo (de). 2. *(take off)* quitarse, sacarse. 3. *(from a job, post)*: **to ~ sb (from)**
destituir a alguien (de). 4. *(problem)*
eliminar, resolver; *(suspicion)* disipar.

remuneration [rɪˌmjuːnəˈreɪʃn] *n fml*
remuneración *f*.

Renaissance [rəˈneɪsəns] *n*: **the ~** el
Renacimiento.

render [ˈrendəʳ] *vt* 1. *(make)*: **to ~ sthg
useless** hacer OR volver algo inútil.
2. *(give - help)* prestar, dar.

rendering [ˈrendərɪŋ] *n* interpretación
f.

rendezvous [ˈrɒndɪvuː] *(pl inv)* *n* *(meeting)* cita *f*.

renegade ['renɪgeɪd] ◇ *adj* renegado (da). ◇ *n* renegado *m*, -da *f*.

renew [rɪ'njuː] *vt* 1. *(attempt, attack)* reemprender. 2. *(relationship)* reanudar, renovar. 3. *(licence, contract)* renovar. 4. *(strength, interest)* reavivar.

renewable [rɪ'njuːəbl] *adj* renovable.

renewal [rɪ'njuːəl] *n* 1. *(of an activity)* reanudación *f*. 2. *(of a contract, licence etc)* renovación *f*.

renounce [rɪ'naʊns] *vt* renunciar a.

renovate ['renəveɪt] *vt* reformar, renovar.

renown [rɪ'naʊn] *n* renombre *m*.

renowned [rɪ'naʊnd] *adj*: ~ **(for)** célebre (por)

rent [rent] ◇ *n* alquiler *m*. ◇ *vt* alquilar, rentar *Méx*.

rental ['rentl] ◇ *adj* de alquiler. ◇ *n* alquiler *m*.

renunciation [rɪ,nʌnsɪ'eɪʃn] *n* renuncia *f*.

reorganize, -ise [,riː'ɔːgənaɪz] *vt* reorganizar.

rep [rep] *n* 1. *abbr of* **representative**. 2. *abbr of* **repertory**.

repaid [riː'peɪd] *pt & pp* → **repay**.

repair [rɪ'peəʳ] ◇ *n* reparación *f*, refacción *f Amer*; **in good/bad ~** en buen/mal estado. ◇ *vt* reparar, refaccionar *Amer*.

repair kit *n* caja de herramientas de una bicicleta.

repartee [,repɑː'tiː] *n* intercambio *m* de réplicas ingeniosas.

repatriate [,riː'pætrɪeɪt] *vt* repatriar.

repay [riː'peɪ] *(pt & pp* **repaid)** *vt* devolver; **to ~ sb sthg, to ~ sthg to sb** devolver a alguien algo.

repayment [riː'peɪmənt] *n* 1. *(act of paying back)* devolución *f*, reembolso *m*. 2. *(sum)* pago *m*.

repeal [rɪ'piːl] ◇ *n* revocación *f*, abrogación *f*. ◇ *vt* revocar, abrogar.

repeat [rɪ'piːt] ◇ *vt* 1. *(gen)* repetir. 2. *(TV, radio programme)* volver a emitir. ◇ *n* reposición *f*.

repeatedly [rɪ'piːtɪdlɪ] *adv* repetidamente.

repel [rɪ'pel] *vt* *(disgust)* repeler.

repellent [rɪ'pelənt] ◇ *adj* repelente. ◇ *n* espray *m* anti-insectos.

repent [rɪ'pent] ◇ *vt* arrepentirse de. ◇ *vi*: **to ~ of** arrepentirse de.

repentance [rɪ'pentəns] *n* arrepentimiento *m*.

repercussions [,riːpə'kʌʃnz] *npl* repercusiones *fpl*.

repertoire ['repətwɑːʳ] *n* repertorio *m*.

repertory ['repətrɪ] *n* repertorio *m*.

repetition [,repɪ'tɪʃn] *n* repetición *f*.

repetitious [,repɪ'tɪʃəs], **repetitive** [rɪ'petɪtɪv] *adj* repetitivo(va).

replace [rɪ'pleɪs] *vt* 1. *(take the place of)* sustituir. 2. *(change for something else)*: **to ~ sthg (with)** cambiar algo (por). 3. *(change for somebody else)*: **to ~ sb (with)** sustituir a alguien (por). 4. *(supply another)*: **to ~ sthg** dar otro (tra). 5. *(put back)* poner en su sitio.

replacement [rɪ'pleɪsmənt] *n* 1. *(act of replacing)* sustitución *f*. 2. *(something new)*: ~ **(for)** sustituto *m*, -ta *f* (para). 3. *(somebody new)*: ~ **(for)** sustituto *m*, -ta *f* OR suplente *m y f* (de).

replay [*n* 'riːpleɪ, *vb* ,riː'pleɪ] ◇ *n* repetición *f (de un partido)*. ◇ *vt* *(film, tape)* volver a poner.

replenish [rɪ'plenɪʃ] *vt fml*: **to ~ sthg (with)** reaprovisionar OR reponer algo (de).

replica ['replɪkə] *n* réplica *f*.

reply [rɪ'plaɪ] ◇ *n*: ~ **(to)** respuesta *f* (a). ◇ *vt* responder, contestar. ◇ *vi*: ~ **(to sb/sthg)** responder (a alguien/algo).

reply coupon *n* cupón *m* de respuesta.

report [rɪ'pɔːt] ◇ *n* 1. *(gen)* informe *m*; (PRESS & TV) reportaje *m*. 2. *Br* (SCH) boletín *m* de evaluación. ◇ *vt* 1. *(say, make known)*: **to ~ that** informar que, reportar que *Amer*; **to ~ sthg (to)** informar de algo (a). 2. *(complain about)*: **to ~ sb (to sb for sthg)** denunciar a alguien (a alguien por algo), reportar a alguien (a alguien por algo) *Amer*. ◇ *vi* 1. *(give account)*: **to ~ on** informar sobre. 2. *(present oneself)*: **to ~ sb/for sthg** presentarse a alguien/para algo.

report card *n* boletín *m* de evaluación.

reportedly [rɪ'pɔːtɪdlɪ] *adv* según se afirma.

reporter [rɪ'pɔːtəʳ] *n* reportero *m*, -ra *f*.

repose [rɪ'pəʊz] *n literary* reposo *m*.

repossess [,riːpə'zes] *vt* requisar la posesión de.

reprehensible [,reprɪ'hensəbl] *adj fml* reprensible.

represent [,reprɪ'zent] *vt* *(gen)* representar; *(person, country)* representar a

representation [,reprɪzen'teɪʃn] *n* representación *f*. ♦ **representations** *npl fml*: **to make ~s to** presentar una queja a.

representative [,reprɪ'zentətɪv] ◇ *adj*: ~ **(of)** representativo(va) (de). ◇ *n* representante *m y f*.

repress [rɪ'pres] *vt* reprimir.

repression [rɪ'preʃn] *n* represión *f*

reprieve [rɪ'priːv] *n* 1. *(delay)* tregua *f*. 2. *(of death sentence)* indulto *m*.

reprimand ['reprɪmɑːnd] ◇ *n* reprensión *f*. ◇ *vt* reprender.

reprisal [rɪ'praɪzl] *n* represalia *f*.

reproach [rɪ'prəʊtʃ] ◇ *n* reproche *m*. ◇ *vt*: **to ~ sb (for** OR **with sthg)** reprochar a alguien (algo).

reproachful [rɪ'prəʊtʃfʊl] *adj* de reproche.

reproduce [,riːprə'djuːs] ◇ *vt* reproducir. ◇ *vi* (BIOL) reproducirse.

reproduction [,riːprə'dʌkʃn] *n* reproducción *f*.

reproof [rɪ'pruːf] *n* 1. *(words of blame)* reprobación *f*. 2. *(disapproval)* reproche *m*.

reprove [rɪ'pruːv] *vt*: **to ~ sb (for)** reprobar a alguien (por).

reptile ['reptaɪl] *n* reptil *m*

republic [rɪ'pʌblɪk] *n* república *f*

republican [rɪ'pʌblɪkən] ◇ *adj* republicano(na). ◇ *n* republicano *m*, -na *f*.
◆ **Republican** ◇ *adj* 1. *(in US)* republicano(na); **the Republican Party** el partido republicano. 2. *(in Northern Ireland)* independentista. ◇ *n* 1. *(in US)* republicano *m*, -na *f*. 2. *(in Northern Ireland)* independentista *m y f*.

repudiate [rɪ'pjuːdɪeɪt] *vt fml* repudiar.

repulse [rɪ'pʌls] *vt* rechazar.

repulsive [rɪ'pʌlsɪv] *adj* repulsivo(va).

reputable ['repjʊtəbl] *adj* de buena fama OR reputación.

reputation [,repjʊ'teɪʃn] *n* reputación *f*.

repute [rɪ'pjuːt] *n fml*: **of good/ill ~** de buena/mala fama.

reputed [rɪ'pjuːtɪd] *adj* reputado(da); **to be ~ to be/do sthg** tener fama de ser/hacer algo.

reputedly [rɪ'pjuːtɪdlɪ] *adv* según se dice.

request [rɪ'kwest] ◇ *n*: ~ **(for)** petición *f* (de); **on ~** a petición del interesado. ◇ *vt* solicitar, pedir; **to ~ sb to do sthg** rogar a alguien que haga algo.

request stop *n Br* parada *f* discrecional.

require [rɪ'kwaɪər] *vt* necesitar, requerir; **to ~ sb to do sthg** exigir a alguien que haga algo.

requirement [rɪ'kwaɪəmənt] *n* requisito *m*.

requisition [,rekwɪ'zɪʃn] *vt* requisar.

rerun ['riː,rʌn] *n* 1. *(film, programme)* reposición *f*. 2. *(repeated situation)* repetición *f*.

resat [,riː'sæt] *pt & pp* → **resit**.

rescind [rɪ'sɪnd] *vt* (JUR) *(contract)* rescindir; *(law)* revocar.

rescue ['reskjuː] ◇ *n* rescate *m*. ◇ *vt*: **to ~ sb/sthg (from)** rescatar a alguien/algo (de).

rescuer ['reskjuər] *n* rescatador *m*, -ra *f*.

research [rɪ'sɜːtʃ] ◇ *n (U)*: ~ **(on** OR **into)** investigación *f* (de OR sobre); ~ **and development** investigación y desarrollo. ◇ *vt* investigar.

researcher [rɪ'sɜːtʃər] *n* investigador *m*, -ra *f*.

resemblance [rɪ'zembləns] *n* parecido *m*, semejanza *f*.

resemble [rɪ'zembl] *vt* parecerse a

resent [rɪ'zent] *vt* tomarse a mal.

resentful [rɪ'zentfʊl] *adj* resentido(da).

resentment [rɪ'zentmənt] *n* resentimiento *m*.

reservation [,rezə'veɪʃn] *n* 1. *(booking)* reserva *f* 2. *(uncertainty)*: **without ~** sin reserva. 3. *Am (for Native Americans)* reserva *f*. ◆ **reservations** *npl (doubts)* reservas *fpl*.

reserve [rɪ'zɜːv] ◇ *n* 1. *(gen)* reserva *f*; **in ~** en reserva. 2. (SPORT) suplente *m y f*. ◇ *vt* 1. *(save, book)* reservar. 2. *(retain)*: **to ~ the right to do sthg** reservarse el derecho a hacer algo.

reserved [rɪ'zɜːvd] *adj* reservado(da).

reservoir ['rezəvwɑːr] *n (lake)* pantano *m*, embalse *m*.

reset [,riː'set] *(pt & pp* reset) *vt (clock)* poner en hora; *(meter, controls, computer)* reinicializar.

reshape [,riː'ʃeɪp] *vt (policy, thinking)* reformar, rehacer.

reshuffle [,riː'ʃʌfl] *n* remodelación *f*; **cabinet ~** remodelación del gabinete.

reside [rɪ'zaɪd] *vi fml (live)* residir.

residence ['rezɪdəns] *n* 1. *(house)* residencia *f*. 2. *(state of residing)*: **to be in ~ (at)** residir (a)

residence permit *n* permiso *m* de residencia.

resident ['rezɪdənt] ◇ *adj* 1. *(settled, living)* residente. 2. *(on-site, live-in)* que vive en su lugar de trabajo. ◇ *n* residente *m y f*.

residential [,rezɪ'denʃl] *adj (live-in)* en régimen de internado.

residential area *n* zona *f* residencial.

residue ['rezɪdjuː] *n* residuo *m*

resign [rɪ'zaɪn] ◇ *vt* 1. *(give up)* dimitir de, renunciar a. 2. *(accept calmly)*: to ~ o.s. to sthg resignarse a algo. ◇ *vi (quit)*: to ~ (from) dimitir (de).

resignation [,rezɪg'neɪʃn] *n* 1. *(from job)* dimisión *f* 2. *(calm acceptance)* resignación *f*.

resigned [rɪ'zaɪnd] *adj*: ~ (to) resignado(da) (a).

resilient [rɪ'zɪlɪənt] *adj (person)* resistente, fuerte; *(rubber)* elástico(ca).

resin ['rezɪn] *n* resina *f*.

resist [rɪ'zɪst] *vt* 1. *(refuse to accept)* resistir, oponerse a. 2. *(fight against)* resistir a 3. *(refuse to give in to - temptation)* resistir.

resistance [rɪ'zɪstəns] *n*: ~ (to) resistencia *f* (a)

resit [*n* 'riːsɪt, *vb* ,riː'sɪt] *(pt & pp* -sat) *Br* ◇ *n* (examen *m* de) repesca *f*. ◇ *vt* volver a presentarse a.

resolute ['rezəluːt] *adj* resuelto(ta), determinado(da).

resolution [,rezə'luːʃn] *n* 1. *(gen)* resolución *f*. 2. *(vow, promise)* propósito *m*.

resolve [rɪ'zɒlv] ◇ *n* (U) resolución *f*. ◇ *vt* 1. *(vow, promise)*: to ~ that resolver que; to ~ to do sthg resolver hacer algo. 2. *(solve)* resolver.

resort [rɪ'zɔːt] *n* 1. *(for holidays)* lugar *m* de vacaciones. 2. *(solution)*: as a OR in the last ~ como último recurso. ◆ **resort to** *vt fus* recurrir a.

resound [rɪ'zaʊnd] *vi* 1. *(noise)* resonar. 2. *(place)*: the room ~ed with laughter la risa resonaba por la habitación.

resounding [rɪ'zaʊndɪŋ] *adj* 1. *(loud - noise, knock)* retumbante; *(- crash)* estruendoso(sa). 2. *(very great)* clamoroso(sa).

resource [rɪ'sɔːs] *n* recurso *m*.

resourceful [rɪ'sɔːsfʊl] *adj* de recursos.

respect [rɪ'spekt] ◇ *n* 1. *(gen)*: ~ (for) respeto *m* (por); with ~ con respeto. 2. *(aspect)* aspecto *m*; in this ~ a este respecto; in that ~ en cuanto a esto ◇ *vt (admire)* respetar; to ~ sb for sthg respetar a alguien por algo. ◆ **respects** *npl*: to pay one's ~s (to) presentar uno sus respetos (a). ◆ **with respect to** *prep* con respecto a.

respectable [rɪ'spektəbl] *adj* respetable.

respectful [rɪ'spektfʊl] *adj* respetuoso(sa).

respective [rɪ'spektɪv] *adj* respectivo(va).

respectively [rɪ'spektɪvlɪ] *adv* respectivamente.

respite ['respaɪt] *n* 1. *(lull)* respiro *m*. 2. *(delay)* aplazamiento *m*.

resplendent [rɪ'splendənt] *adj literary* resplandeciente.

respond [rɪ'spɒnd] *vi*: to ~ (to) responder (a); to ~ by doing sthg responder haciendo algo.

response [rɪ'spɒns] *n* respuesta *f*.

responsibility [rɪ,spɒnsə'bɪlətɪ] *n*: ~ (for) responsabilidad *f* (de).

responsible [rɪ'spɒnsəbl] *adj* 1. *(gen)* responsable; ~ (for) responsable (de) 2. *(answerable)*: ~ to sb responsable ante alguien. 3. *(job, position)* de responsabilidad.

responsibly [rɪ'spɒnsəblɪ] *adv* de manera responsable.

responsive [rɪ'spɒnsɪv] *adj* 1. *(quick to react)* que responde muy bien 2. *(aware)*: ~ (to) sensible OR perceptivo(va) (a).

rest [rest] ◇ *n* 1. *(remainder)*: the ~ (of) el resto (de). 2. *(relaxation, break)* descanso *m*; to have a ~ descansar. 3. *(support - for feet)* descanso *m*; *(- for head)* respaldo *m*. ◇ *vt* 1. *(relax - eyes, feet)* descansar. 2. *(support)* apoyar, descansar. ◇ *vi* 1. *(relax, be still)* descansar. 2. *(depend)*: to ~ on OR upon depender de. 3. *(be supported)* apoyarse, descansar. 4. *phr*: ~ assured that … tenga la seguridad de que …

restaurant ['restərɒnt] *n* restaurante *m*.

restaurant car *n Br* coche *m* OR vagón *m* restaurante.

restful ['restfʊl] *adj* tranquilo(la), apacible.

rest home *n (for the elderly)* asilo *m* de ancianos; *(for the sick)* casa *f* de reposo.

restive ['restɪv] *adj* inquieto(ta).

restless ['restlɪs] *adj* 1. *(bored, dissatisfied)* impaciente, desasosegado(da). 2. *(fidgety)* inquieto(ta), agitado(da). 3. *(sleepless)* en blanco, agitado(da).

restoration [,restə'reɪʃn] *n* restauración *f*.

restore [rɪ'stɔːr] *vt* 1. *(reestablish)* restablecer. 2. *(to a previous position or condition)*: to ~ sb to sthg restaurar a alguien en algo; to ~ sthg to sthg volver a poner algo en algo. 3. *(renovate)* restaurar. 4. *(give back)* devolver.

restrain [rɪ'streɪn] *vt* controlar; to ~

o.s. from doing sthg contenerse para no hacer algo.

restrained [rɪ'streɪnd] *adj* comedido (da).

restraint [rɪ'streɪnt] *n* **1.** *(rule, check)* restricción *f*. **2.** *(control) (U)* control *m*.

restrict [rɪ'strɪkt] *vt (limit)* restringir, limitar; **to ~ sthg/sb to** restringir algo/a alguien a.

restriction [rɪ'strɪkʃn] *n* restricción *f*.

restrictive [rɪ'strɪktɪv] *adj* restrictivo (va).

rest room *n Am* baño *m*, aseos *mpl*.

result [rɪ'zʌlt] ◇ *n* resultado *m*; **as a ~** como resultado. ◇ *vi* **1.** *(cause)*: **to ~ (in sthg)** tener como resultado (algo). **2.** *(be caused)*: **to ~ (from)** resultar (de).

resume [rɪ'zju:m] ◇ *vt (start again)* reanudar. ◇ *vi* volver a empezar.

résumé ['rezju:meɪ] *n* **1.** *(summary)* resumen *m*. **2.** *Am (of career, qualifications)* currículum *m (vitae)*.

resumption [rɪ'zʌmpʃn] *n* reanudación *f*.

resurgence [rɪ'sɜ:dʒəns] *n* resurgimiento *m*.

resurrection [,rezə'rekʃn] *n* resurrección *f*.

resuscitate [rɪ'sʌsɪteɪt] *vt* resucitar.

retail ['ri:teɪl] ◇ *n* venta *f* al por menor OR al detalle. ◇ *adv* al por menor.

retailer ['ri:teɪlə^r] *n* minorista *m y f*, detallista *m y f*.

retail price *n* precio *m* de venta al público

retain [rɪ'teɪn] *vt* retener.

retainer [rɪ'teɪnə^r] *n (fee)* anticipo *m*.

retaliate [rɪ'tælɪeɪt] *vi* desquitarse, tomar represalias.

retaliation [rɪ,tælɪ'eɪʃn] *n (U)* represalias *fpl*.

retarded [rɪ'tɑ:dɪd] *adj* retrasado (da).

retch [retʃ] *vi* tener náuseas.

retentive [rɪ'tentɪv] *adj* retentivo (va).

reticent ['retɪsənt] *adj* reticente, reservado (da).

retina ['retɪnə] *(pl* -**nas** OR -**nae** [-ni:]) *n* retina *f*.

retinue ['retɪnju:] *n* séquito *m*.

retire [rɪ'taɪə^r] *vi* **1.** *(from work)* jubilarse **2.** *fml (to another place, to bed)* retirarse.

retired [rɪ'taɪəd] *adj* jubilado (da).

retirement [rɪ'taɪəmənt] *n* jubilación *f*, retiro *m*.

retiring [rɪ'taɪərɪŋ] *adj (shy)* retraído (da).

retort [rɪ'tɔ:t] ◇ *n (sharp reply)* réplica

f. ◇ *vt*: **to ~ (that)** replicar (que).

retrace [rɪ'treɪs] *vt*: **to ~ one's steps** desandar lo andado.

retract [rɪ'trækt] ◇ *vt* **1.** *(withdraw, take back)* retractarse de. **2.** *(pull in - claws)* retraer. ◇ *vi (subj: claws)* meterse, retraerse; *(subj: wheels)* replegarse.

retrain [,ri:'treɪn] *vt* reciclar.

retraining [,ri:'treɪnɪŋ] *n* reciclaje *m*.

retread ['ri:tred] *n* neumático *m* recauchutado.

retreat [rɪ'tri:t] ◇ *n* **1.** (MIL): **~ (from)** retirada *f* (de). **2.** *(peaceful place)* refugio *m*. ◇ *vi (move away)*: **to ~ (from)** *(gen)* retirarse (de); *(from a person)* apartarse (de)

retribution [,retrɪ'bju:ʃn] *n* castigo *m* merecido.

retrieval [rɪ'tri:vl] *n* (COMPUT) recuperación *f*.

retrieve [rɪ'tri:v] *vt* **1.** *(get back)* recobrar. **2.** (COMPUT) recuperar. **3.** *(rescue - situation)* salvar.

retriever [rɪ'tri:və^r] *n* perro *m* cobrador.

retrograde ['retrəgreɪd] *adj fml (gen)* retrógrado (da); *(step)* hacia atrás.

retrospect ['retrəspekt] *n*: **in ~** retrospectivamente, mirando hacia atrás.

retrospective [,retrə'spektɪv] *adj* **1.** *fml (gen)* retrospectivo (va). **2.** *(law, pay rise)* con efecto retroactivo.

return [rɪ'tɜ:n] ◇ *n* **1.** *(U) (arrival back)* vuelta *f*, regreso *m*. **2.** *Br (ticket)* billete *m* de ida y vuelta. **3.** *(profit)* ganancia *f*, rédito *m*. ◇ *vt* **1.** *(book, visit, compliment)* devolver. **2.** *(reciprocate)* corresponder a. **3.** *(replace)* volver a poner en su sitio. **4.** (JUR) *(verdict)* pronunciar. **5.** (POL) *(candidate)* elegir. ◇ *vi*: **to ~ (from/to)** volver (de/a), regresar (de/a). ◆ **returns** *npl* **1.** (COMM) réditos *mpl*. **2.** *phr*: **many happy ~s (of the day)!** ¡y que cumplas muchos más! ◆ **in return** *adv* en recompensa. ◆ **in return for** *prep* en recompensa por.

return (key) *n* (COMPUT) tecla *f* de retorno de carro.

return ticket *n Br* billete *m* de ida y vuelta.

reunification [,ri:ju:nɪfɪ'keɪʃn] *n* reunificación *f*.

reunion [,ri:'ju:njən] *n* reunión *f*.

reunite [,ri:ju:'naɪt] *vt (people)*: **to be ~d with** volver a encontrarse OR verse con; *(factions, parts)* reunir.

rev [rev] *inf ◇ n (abbr of* revolution) revolución *f* (motriz). ◇ *vt:* **to ~ sthg (up)** acelerar algo. ◇ *vi:* **to ~ (up)** acelerar el motor.

revamp [ˌriːˈvæmp] *vt inf* renovar.

reveal [rɪˈviːl] *vt* revelar.

revealing [rɪˈviːlɪŋ] *adj* revelador(ra).

reveille [*Br* rɪˈvælɪ, *Am* ˈrevəlɪ] *n* toque *m* de diana.

revel [ˈrevl] *vi:* **to ~ in** deleitarse en.

revelation [ˌrevəˈleɪʃn] *n* revelación *f.*

revenge [rɪˈvendʒ] *n* venganza *f;* **to take ~ (on sb)** vengarse (en alguien).

revenue [ˈrevənjuː] *n* ingresos *mpl.*

reverberate [rɪˈvɜːbəreɪt] *vi* **1.** *(reecho)* resonar, retumbar. **2.** *(have repercussions)* repercutir.

reverberations [rɪˌvɜːbəˈreɪʃnz] *npl* **1.** *(echoes)* reverberación *f.* **2.** *(repercussions)* repercusiones *fpl.*

revere [rɪˈvɪər] *vt fml* venerar.

reverence [ˈrevərəns] *n fml* reverencia *f.*

Reverend [ˈrevərənd] *n* reverendo *m.*

reverie [ˈrevərɪ] *n fml* ensueño *m.*

reversal [rɪˈvɜːsl] *n* **1.** *(turning around)* cambio *m* total. **2.** *(ill fortune)* contratiempo *m.*

reverse [rɪˈvɜːs] ◇ *adj* inverso(sa). ◇ *n* **1.** (AUT): **~ (gear)** marcha *f* atrás. **2.** *(opposite):* **the ~** lo contrario. **3.** *(opposite side, back):* **the ~** *(gen)* el revés; *(of coin)* el reverso; *(of piece of paper)* el dorso. ◇ *vt* **1.** (AUT) dar marcha atrás a. **2.** *(change usual order)* invertir. **3.** *(change to opposite)* cambiar completamente. **4.** *Br* (TELEC): **to ~ the charges** llamar a cobro revertido. ◇ *vi* (AUT) dar marcha atrás.

reverse-charge call *n Br* llamada *f* a cobro revertido.

reversing light [rɪˈvɜːsɪŋ-] *n Br* luz *f* de marcha atrás.

revert [rɪˈvɜːt] *vi:* **to ~ to** volver a.

review [rɪˈvjuː] ◇ *n* **1.** *(examination)* revisión *f,* repaso *m.* **2.** *(critique)* reseña *f.* ◇ *vt* **1.** *(reexamine)* revisar. **2.** *(consider)* reconsiderar. **3.** *(write an article on)* reseñar. **4.** *Am (study again)* repasar.

reviewer [rɪˈvjuːər] *n* crítico *m,* -ca *f*

revile [rɪˈvaɪl] *vt literary* injuriar.

revise [rɪˈvaɪz] *vt* **1.** *(reconsider)* revisar. **2.** *(rewrite)* modificar, corregir. **3.** *Br (study)* repasar. ◇ *vi Br:* **to ~ (for sthg)** repasar (para algo).

revision [rɪˈvɪʒn] *n* **1.** *(alteration)* corrección *f,* modificación *f.* **2.** *Br (study)* repaso *m.*

revitalize, -ise [ˌriːˈvaɪtəlaɪz] *vt* revivificar.

revival [rɪˈvaɪvl] *n* reactivación *f.*

revive [rɪˈvaɪv] ◇ *vt* **1.** *(person, plant)* resucitar; *(economy)* reactivar. **2.** *(tradition, play, memories)* restablecer ◇ *vi* reponerse.

revolt [rɪˈvəʊlt] ◇ *n* rebelión *f.* ◇ *vt* repugnar. ◇ *vi:* **to ~ (against)** rebelarse OR sublevarse (contra).

revolting [rɪˈvəʊltɪŋ] *adj* repugnante, asqueroso(sa).

revolution [ˌrevəˈluːʃn] *n* revolución *f.*

revolutionary [ˌrevəˈluːʃnərɪ] ◇ *adj* revolucionario(ria). ◇ *n* revolucionario *m,* -ria *f.*

revolve [rɪˈvɒlv] *vi (go round)* dar vueltas, girar

revolver [rɪˈvɒlvər] *n* revólver *m.*

revolving [rɪˈvɒlvɪŋ] *adj* giratorio(ria).

revolving door *n* puerta *f* giratoria.

revue [rɪˈvjuː] *n* revista *f* (teatral).

revulsion [rɪˈvʌlʃn] *n* asco *m,* repugnancia *f.*

reward [rɪˈwɔːd] ◇ *n* recompensa *f,* premio *m.* ◇ *vt:* **to ~ sb (for/with)** recompensar a alguien (por/con).

rewarding [rɪˈwɔːdɪŋ] *adj* gratificador (ra).

rewind [ˌriːˈwaɪnd] *(pt & pp* rewound*)* *vt* rebobinar

rewire [ˌriːˈwaɪər] *vt* cambiar la instalación eléctrica de.

reword [ˌriːˈwɜːd] *vt* expresar de otra forma

rewound [ˌriːˈwaʊnd] *pt & pp →* rewind.

rewrite [ˌriːˈraɪt] *(pt* rewrote [ˌriːˈrəʊt]*, pp* rewritten [ˌriːˈrɪtn]*) vt* volver a escribir.

Reykjavik [ˈrekjəvɪk] *n* Reykjavik.

rhapsody [ˈræpsədɪ] *n* (MUS) rapsodia *f*

rhetoric [ˈretərɪk] *n* retórica *f.*

rhetorical question [rɪˈtɒrɪkl-] *n* pregunta *f* retórica *(a la que no se espera contestación).*

rheumatism [ˈruːmətɪzm] *n* reumatismo *m.*

Rhine [raɪn] *n:* **the ~** el Rin

rhino [ˈraɪnəʊ] *(pl inv* OR *-s),* **rhinoceros** [raɪˈnɒsərəs] *(pl inv* OR *-es) n* rinoceronte *m*

rhododendron [ˌrəʊdəˈdendrən] *n* rododendro *m.*

Rhône [rəʊn] *n:* **the (River) ~** el (río) Ródano.

rhubarb [ˈruːbɑːb] *n* ruibarbo *m.*

rhyme [raɪm] ◇ *n* **1.** *(gen)* rima *f*

2. *(poem)* poesía *f*, versos *mpl*. ◊ *vi*: **to ~ (with)** rimar (con).

rhythm ['riðm] *n* ritmo *m*.

rib [rib] *n* **1.** (ANAT) costilla *f*. **2.** *(of umbrella)* varilla *f*.

ribbed [ribd] *adj* de canalé.

ribbon ['ribən] *n* cinta *f*.

rice [rais] *n* arroz *m*.

rice pudding *n* arroz *m* con leche.

rich [ritʃ] ◊ *adj* **1.** *(gen)* rico(ca) **2.** *(full)*: **to be ~ in** abundar en. **3.** *(fertile)* fértil. **4.** *(indigestible)* pesado (da). ◊ *npl*: **the ~** los ricos. ◆ **riches** *npl* **1.** *(natural resources)* riquezas *fpl*. **2.** *(wealth)* riqueza *f*.

richly ['ritʃli] *adv* **1.** *(well - rewarded)* ricamente. **2.** *(plentifully)* copiosamente.

richness ['ritʃnis] *n* **1.** *(gen)* riqueza *f*. **2.** *(fertility)* fertilidad *f*. **3.** *(indigestibility)* pesadez *f*.

rickety ['rikəti] *adj* desvencijado(da).

rickshaw ['rikʃɔː] *n* jinrikisha *f*.

ricochet ['rikəʃei] *(pt & pp -ed* OR *-ted, cont -ing* OR *-ting)* ◊ *n* rebote *m*. ◊ *vi*: **to ~ (off)** rebotar (de).

rid [rid] *(pt* rid OR *-ded, pp* rid) *vt*: **to ~ sthg/sb of** librar algo/a alguien de; **to get ~ of** deshacerse de.

ridden ['ridn] *pp* → **ride**

riddle ['ridl] *n* **1.** *(verbal puzzle)* acertijo *m*. **2.** *(mystery)* enigma *m*.

riddled ['ridld] *adj*: **to be ~ with** estar plagado(da) de.

ride [raid] *(pt* rode, *pp* ridden) ◊ *n* paseo *m*; **to go for a ~** *(on horseback)* darse un paseo a caballo; *(on bike)* darse un paseo en bicicleta; *(in car)* darse una vuelta en coche; **to take sb for a ~** *inf fig* embaucar a alguien. ◊ *vt* **1.** *(horse)* montar a **2.** *(bicycle, motorbike)* montar en; **he rode his bike to the station** fue a la estación en bici. **3.** *Am (bus, train)* ir en; *(elevator)* subir/bajar en. **4.** *(distance)* recorrer. ◊ *vi* **1.** *(on horseback)* montar a caballo; **she rode over to see me** vino a verme a caballo. **2.** *(on bicycle)* ir en bici; *(on motorbike)* ir en moto **3.** *(in car)*: **we rode to London in a jeep** fuimos a Londres en jeep.

rider ['raidə^r] *n* **1.** *(on horseback)* jinete *m*, amazona *f* **2.** *(on bicycle)* ciclista *m* y *f*; *(on motorbike)* motorista *m* y *f*.

ridge [ridʒ] *n* **1.** *(on mountain)* cresta *f*. **2.** *(on flat surface)* rugosidad *f*.

ridicule ['ridikjuːl] ◊ *n* (U) burlas *fpl*. ◊ *vt* ridiculizar

ridiculous [ri'dikjuləs] *adj* ridículo(la).

riding ['raidiŋ] *n* equitación *f*.

riding school *n* escuela *f* de equitación.

rife [raif] *adj* extendido(da); **to be ~ with** estar lleno de.

riffraff ['rifræf] *n* gentuza *f*.

rifle ['raifl] ◊ *n* rifle *m*, fusil *m*. ◊ *vt* desvalijar.

rifle range *n* campo *m* de tiro.

rift [rift] *n* **1.** (GEOL) hendedura *f*, grieta *f* **2.** *(quarrel)* desavenencia *f*. **3.** (POL): **~ between/in** escisión *f* entre/en.

rig [rig] ◊ *n*: **(oil) ~** *(onshore)* torre *f* de perforación; *(offshore)* plataforma *f* petrolífera. ◊ *vt* *(falsify)* amañar, falsificar ◆ **rig up** *vt sep* construir, armar.

rigging ['rigiŋ] *n* cordaje *m*.

right [rait] ◊ *adj* **1.** *(correct)* correcto (ta), bueno(na); **to be ~ (respecto a)** tener razón (respecto a); **get it ~!** ¡hazlo bien! **2.** *(satisfactory)* bien. **3.** *(morally correct, socially acceptable)* apropiado (da); **to be ~ to do sthg** hacer bien en hacer algo. **4.** *(uppermost)*: **~ side** cara *f* anterior OR de arriba **5.** *(on right-hand side)* derecho(cha). ◊ *n* **1.** (U) *(moral correctness)* bien *m*; **to be in the ~** tener razón. **2.** *(entitlement, claim)* derecho *m*; **by ~s** en justicia. **3.** *(right-hand side)* derecha *f*. ◊ *adv* **1.** *(correctly)* bien, correctamente. **2.** *(to right-hand side)* a la derecha. **3.** *(emphatic use)*: **~ here** aquí mismo; **~ at the top** arriba del todo; **~ in the middle** justo en el medio. **4.** *(immediately)*: **I'll be ~ back** ahora mismo vuelvo; **~ before/after (sthg)** justo antes/después (de algo); **~ now** ahora mismo, ahorita *Amer*; **~ away** en seguida. ◊ *vt* **1.** *(correct)* corregir, rectificar. **2.** *(make upright)* enderezar. ◊ *excl* ¡bien! ◆ **Right** *n* (POL): **the Right** la derecha.

right angle *n* ángulo *m* recto; **at ~s (to)** en ángulo recto (con).

righteous ['raitʃəs] *adj* *(anger)* justo (ta); *(person)* honrado(da)

rightful ['raitfl] *adj* legítimo(ma).

right-hand *adj* derecho(cha); **the ~ side** el lado derecho, la derecha.

right-hand drive *adj* que se conduce por la derecha.

right-handed [-'hændid] *adj* diestro (tra)

right-hand man *n* brazo *m* derecho.

rightly ['raitli] *adv* **1.** *(correctly)* correctamente. **2.** *(appropriately)* debidamente, bien **3.** *(morally)* con razón.

right of way *n* **1.** (AUT) prioridad *f*

2. *(access)* derecho *m* de paso.

right-on *adj inf* esnob.

right wing *n*: **the ~** la derecha.
♦ **right-wing** *adj* derechista.

rigid ['rɪdʒɪd] *adj* **1.** *(stiff)* rígido(da). **2.** *(harsh, unbending)* inflexible.

rigmarole ['rɪgmərəʊl] *n inf pej* **1.** *(process)* ritual *m* **2.** *(story)* galimatías *m inv*.

rigor *Am* = **rigour**.

rigorous ['rɪgərəs] *adj* riguroso(sa).

rigour *Br*, **rigor** *Am* ['rɪgəᵊ] *n (firmness)* rigor *m*, severidad *f*.

rile [raɪl] *vt* irritar, sacar de quicio.

rim [rɪm] *n* **1.** *(of container)* borde *m*. **2.** *(of spectacles)* montura *f*.

rind [raɪnd] *n* corteza *f*.

ring [rɪŋ] *(pt* **rang**, *pp* **rung** *vt senses 1 & 2 & vi, pt & pp* **ringed** *vt senses 3 & 4 only)* ◇ *n* **1.** *(telephone call)*: **to give sb a ~** llamar a alguien (por teléfono). **2.** *(sound of doorbell)* timbrazo *m*. **3.** *(metal hoop)* aro *m*; *(for curtains)* anilla *f*. **4.** *(on finger)* anillo *m*. **5.** *(circle - of trees)* círculo *m*; *(- of people)* corro *m*. **6.** *(for boxing)* cuadrilátero *m*. **7.** *(illegal group)* cartel *m*. ◇ *vt* **1.** *Br (phone)* llamar por teléfono, telefonear. **2.** *(bell)* tocar. **3.** *(draw a circle round)* señalar con un círculo. **4.** *(surround)* rodear. ◇ *vi* **1.** *Br (phone)* llamar por teléfono, telefonear. **2.** *(bell)* sonar. **3.** *(to attract attention)*: **to ~ (for)** llamar (para). **4.** *(resound)*: **to ~ with** resonar con. ♦ **ring back** *vt sep & vi Br* volver a llamar. ♦ **ring off** *vi Br* colgar. ♦ **ring up** *vt sep Br* llamar (por teléfono).

ring binder *n* carpeta *f* de anillas.

ringing ['rɪŋɪŋ] *n (of bell)* repique *m*, tañido *m*; *(in ears)* zumbido *m*.

ringing tone *n* tono *m* de llamada.

ringleader ['rɪŋ,li:dəᵊ] *n* cabecilla *m y f*.

ringlet ['rɪŋlɪt] *n* rizo *m*, tirabuzón *m*.

ring road *n Br* carretera *f* de circunvalación.

rink [rɪŋk] *n* pista *f*.

rinse [rɪns] *vt* **1.** *(dishes, vegetables)* enjuagar; *(clothes)* aclarar. **2.** *(wash out)*: **to ~ one's mouth out** enjuagarse la boca

riot ['raɪət] ◇ *n* disturbio *m*; **to run ~** desbocarse. ◇ *vi* amotinarse.

rioter ['raɪətəᵊ] *n* amotinado *m*, -da *f*.

riotous ['raɪətəs] *adj* ruidoso(sa).

riot police *npl* brigada *f* antidisturbios

rip [rɪp] ◇ *n* rasgón *m*. ◇ *vt* **1.** *(tear)* rasgar, desgarrar. **2.** *(remove violently)*

quitar de un tirón. ◇ *vi* rasgarse, romperse.

RIP *(abbr of* **rest in peace)** RIP.

ripe [raɪp] *adj* maduro(ra); **to be ~ (for sthg)** estar listo (para algo).

ripen ['raɪpn] *vt & vi* madurar.

rip-off *n inf* estafa *f*

ripple ['rɪpl] ◇ *n* **1.** *(in water)* onda *f*, rizo *m*. **2.** *(of laughter, applause)* murmullo *m*. ◇ *vt* rizar.

rise [raɪz] *(pt* **rose**, *pp* **risen** ['rɪzn]) ◇ *n* **1.** *(increase)* ascenso *m*. **2.** *Br (increase in salary)* aumento *m*. **3.** *(to fame etc)* subida *f*. **4.** *phr*: **to give ~ to sthg** dar origen a algo. ◇ *vi* **1.** *(gen)* elevarse. **2.** *(sun, moon)* salir *(price, wage, temperature)* subir. **3.** *(stand up, get out of bed)* levantarse. **4.** *(street, ground)* subir. **5.** *(respond)*: **to ~** to reaccionar ante. **6.** *(rebel)* sublevarse. **7.** *(move up in status)* ascender; **to ~ to power/fame** ascender al poder/a la gloria.

rising ['raɪzɪŋ] ◇ *adj* **1.** *(sloping upwards)* ascendente. **2.** *(increasing)* creciente. **3.** *(increasingly successful)* prometedor(ra). ◇ *n* rebelión *f*.

risk [rɪsk] ◇ *n* *(gen)* riesgo *m*; *(danger)* peligro *m*; **to run the ~ of sthg/of doing sthg** correr el riesgo de algo/de hacer algo; **to take a ~** arriesgarse; **at your own ~** bajo tu cuenta y riesgo; **at ~** en peligro. ◇ *vt* **1.** *(put in danger)* arriesgar. **2.** *(take the chance of)*: **to ~ doing sthg** exponerse a hacer algo.

risky ['rɪskɪ] *adj* peligroso(sa), arriesgado(da).

risqué ['ri:skeɪ] *adj* subido(da) de tono.

rissole ['rɪsəʊl] *n Br especie de albóndiga de carne o verduras*.

rite [raɪt] *n* rito *m*.

ritual ['rɪtʃʊəl] ◇ *adj* ritual. ◇ *n* ritual *m*.

rival ['raɪvl] ◇ *adj* rival, opuesto(ta). ◇ *n* rival *m y f*, competidor *m*, -ra *f*. ◇ *vt* rivalizar OR competir con.

rivalry ['raɪvlrɪ] *n* rivalidad *f*, competencia *f*.

river ['rɪvəᵊ] *n* río *m*.

river bank *n* orilla *f* OR margen *f* del río.

riverbed ['rɪvəbed] *n* cauce *m* OR lecho *m* del río.

riverside ['rɪvəsaɪd] *n*: **the ~** la ribera OR orilla del río.

rivet ['rɪvɪt] ◇ *n* remache *m*. ◇ *vt* **1.** *(fasten)* remachar. **2.** *fig (fascinate)*: **to be ~ed by sthg** estar fascinado(da) con algo.

Riviera [ˌrɪvɪˈeərə] *n*: **the ~** la Riviera francesa

road [rəʊd] *n (minor)* camino *m*; *(major)* carretera *f*; *(street)* calle *f*; **to be on the ~ to** *fig* estar en camino de.

roadblock [ˈrəʊdblɒk] *n* control *m*.

road hog *n inf pej* conductor rápido y negligente.

road map *n* mapa *m* de carreteras.

road rage *n* arrebato de ira de un automovilista que puede conducirle en ocasiones a cometer una agresión.

road safety *n* seguridad *f* en carretera.

roadside [ˈrəʊdsaɪd] *n*: **the ~** el borde de la carretera

road sign *n* señal *f* de carretera.

road tax *n* impuesto *m* de circulación.

roadway [ˈrəʊdweɪ] *n* calzada *f*.

road works *npl* obras *fpl* de carretera.

roadworthy [ˈrəʊdˌwɜːðɪ] *adj* apto(ta) para circular

roam [rəʊm] ◇ *vt* vagar por. ◇ *vi* vagar.

roar [rɔːr] ◇ *vi (make a loud noise)* rugir, bramar; **to ~ with laughter** reírse a carcajadas. ◇ *vt* rugir, decir a voces. ◇ *n* 1. *(of traffic)* fragor *m*. 2. *(of lion, person)* rugido *m*.

roaring [ˈrɔːrɪŋ] *adj* 1. *(loud)* clamoroso(sa). 2. *(fire)* espectacular. 3. *(as emphasis):* **to do a ~ trade** hacer un gran negocio

roast [rəʊst] ◇ *adj* asado(da). ◇ *n* asado *m* ◇ *vt* 1. *(potatoes, meat)* asar. 2. *(nuts, coffee beans)* tostar.

roast beef *n* rosbif *m*

rob [rɒb] *vt* robar; **to ~ sb of sthg** *lit & fig* robar a alguien algo.

robber [ˈrɒbər] *n* ladrón *m*, -ona *f*.

robbery [ˈrɒbərɪ] *n* robo *m*.

robe [rəʊb] *n* 1. *(towelling)* albornoz *m*. 2. *(of student)* toga *f* 3. *(of priest)* sotana *f*. 4. *Am (dressing gown)* bata *f*.

robin [ˈrɒbɪn] *n* petirrojo *m*.

robot [ˈrəʊbɒt] *n* robot *m*.

robust [rəʊˈbʌst] *adj* robusto(ta), fuerte.

rock [rɒk] ◇ *n* 1. *(U) (substance)* roca *f*. 2. *(boulder)* peñasco *m*. 3. *Am (pebble)* guijarro *m*. 4. *(music)* rock *m*. 5. *Br (sweet)* palo *m* de caramelo. ◇ *comp* de rock. ◇ *vt (cause to move)* mecer, balancear ◇ *vi* mecerse. ◆ **Rock** *n inf (Gibraltar):* **the Rock** el Peñón. ◆ **on the rocks** *adv* 1. *(drink)* con hielo. 2. *(marriage, relationship)* que va mal.

rock and roll *n* rock and roll *m*.

rock bottom *n* el fondo; **to hit ~** tocar fondo. ◆ **rock-bottom** *adj*: **rock-bottom prices** precios muy bajos.

rockery [ˈrɒkərɪ] *n* jardín *m* de rocas.

rocket [ˈrɒkɪt] *n* cohete *m*.

rocket launcher [-ˌlɔːntʃər] *n* lanzacohetes *m inv*.

rocking chair [ˈrɒkɪŋ-] *n* mecedora *f*.

rocking horse [ˈrɒkɪŋ-] *n* caballo *m* de balancín.

rock'n'roll [ˌrɒkənˈrəʊl] = **rock and roll**.

rocky [ˈrɒkɪ] *adj (full of rocks)* rocoso (sa)

Rocky Mountains *npl*: **the ~** las montañas Rocosas.

rod [rɒd] *n (wooden)* vara *f*; *(metal)* barra *f*; *(for fishing)* caña *f*.

rode [rəʊd] *pt → ride*.

rodent [ˈrəʊdənt] *n* roedor *m*.

roe [rəʊ] *n* hueva *f*

roe deer *n* corzo *m*.

rogue [rəʊg] *n (likeable rascal)* picaruelo *m*, -la *f*.

role [rəʊl] *n* (THEATRE & *fig*) papel *m*.

roll [rəʊl] ◇ *n* 1. *(gen)* rollo *m*; *(of paper, banknotes)* fajo *m*; *(of cloth)* pieza *f*. 2. *(of bread)* panecillo *m*. 3. *(list)* lista *f*; *(payroll)* nómina *f*. 4. *(of drums)* redoble *m*; *(of thunder)* retumbo *m*. ◇ *vt* 1. *(turn over)* hacer rodar. 2. *(roll up)* enrollar. 3. *(cigarette)* liar. ◇ *vi* 1. *(ball, barrel)* rodar. 2. *(vehicle)* ir, avanzar. 3. *(ship)* balancearse. 4. *(thunder)* retumbar; *(drum)* redoblar. ◆ **roll about, roll around** *vi*: **to ~ about** OR **around (on)** rodar (por). ◆ **roll in** *vi inf* llegar a raudales ◆ **roll over** *vi* darse la vuelta. ◆ **roll up** ◇ *vt sep* 1. *(make into roll)* enrollar. 2. *(sleeves)* remangarse. ◇ *vi* 1. *(vehicle)* llegar. 2. *inf (person)* presentarse, aparecer.

roll call *n*: **to take a ~** pasar lista.

roller [ˈrəʊlər] *n* 1. *(cylinder)* rodillo *m*. 2. *(curler)* rulo *m*

Rollerblades® [ˈrəʊləbleɪdz] *npl* patines *mpl* en línea.

roller coaster *n* montaña *f* rusa.

roller skate *n* patín *m* de ruedas.

rolling [ˈrəʊlɪŋ] *adj* 1. *(undulating)* ondulante 2. *phr*: **to be ~ in it** *inf* nadar en la abundancia.

rolling pin *n* rodillo *m* (de cocina).

rolling stock *n* material *m* rodante.

roll-on *adj (deodorant etc)* de bola.

ROM [rɒm] *(abbr of read only memory)* *n* ROM *f*.

Roman ['rəumən] ◇ *adj* romano(na). ◇ *n* romano *m*, -na *f*.

Roman Catholic ◇ *adj* católico (romano) (católica (romana)). ◇ *n* católico (romano) *m*, católica (romana) *f*.

romance [rəu'mæns] *n* 1. *(romantic quality)* lo romántico. 2. *(love affair)* amorío *m*. 3. *(in fiction - modern)* novela *f* romántica.

Romania [ru:'meɪnjə] *n* Rumanía.

Romanian [ru:'meɪnjən] ◇ *adj* rumano(na). ◇ *n* 1. *(person)* rumano *m*, -na *f*. 2. *(language)* rumano *m*

Roman numerals *npl* números *mpl* romanos.

romantic [rəu'mæntɪk] *adj* romántico (ca).

Rome [rəum] *n* Roma.

romp [rɒmp] ◇ *n* retozo *m*, jugueteo *m*. ◇ *vi* retozar, juguetear.

rompers ['rɒmpəz] *npl*, **romper suit** ['rɒmpəˈ-] *n* pelele *m*.

roof [ru:f] *n* 1. *(of building)* tejado *m*; *(of vehicle)* techo *m*; **to go through** OR **hit the ~** *(person)* subirse por las paredes. 2. *(of mouth)* paladar *m*.

roofing ['ru:fɪŋ] *n* techumbre *f*.

roof rack *n* baca *f*, portaequipajes *m inv*.

rooftop ['ru:ftɒp] *n* tejado *m*.

rook [rʊk] *n* 1. *(bird)* grajo *m*. 2. *(chess piece)* torre *f*.

rookie ['rʊkɪ] *n Am inf* novato *m*, -ta *f*.

room [ru:m, rʊm] *n* 1. *(in house, building)* habitación *f*. 2. *(for conferences etc)* sala *f*. 3. *(bedroom)* habitación *f*, cuarto *m*. 4. *(U) (space)* sitio *m*, espacio *m*.

rooming house ['ru:mɪŋ-] *n Am* casa *f* de huéspedes, pensión *f*.

roommate ['ru:mmeɪt] *n* compañero *m*, -ra *f* de habitación.

room service *n* servicio *m* de habitación.

roomy ['ru:mɪ] *adj* espacioso(sa), amplio(plia).

roost [ru:st] *n* percha *f*, palo *m*.

rooster ['ru:stəˈ] *n* gallo *m*

root [ru:t] ◇ *n lit & fig* raíz *f*; **to take ~** *lit & fig* arraigar. ◇ *vi (pig etc)* hozar; *(person)* hurgar, escarbar. ◆ **roots** *npl (origins)* raíces *fpl*. ◆ **root for** *vt fus Am inf* apoyar a. ◆ **root out** *vt sep (eradicate)* desarraigar.

rope [rəup] ◇ *n (thin)* cuerda *f*; *(thick)* soga *f*; *(NAUT)* maroma *f*, cable *m*; **to know the ~s** saber de qué va el asunto. ◇ *vt* atar con cuerda. ◆ **rope in** *vt*

sep inf arrastrar OR enganchar a.

rosary ['rəuzərɪ] *n* rosario *m*.

rose [rəuz] ◇ *pt* → **rise**. ◇ *adj (pink)* rosa, color de rosa. ◇ *n (flower)* rosa *f*.

rosé ['rəuzeɪ] *n* rosado *m*.

rosebud ['rəuzbʌd] *n* capullo *m* de rosa.

rose bush *n* rosal *m*.

rosemary ['rəuzmərɪ] *n* romero *m*.

rosette [rəu'zet] *n (badge)* escarapela *f*.

roster ['rɒstəˈ] *n* lista *f*.

rostrum ['rɒstrəm] *(pl* **-trums** OR **-tra** [-trə]*) n* tribuna *f*.

rosy ['rəuzɪ] *adj* 1. *(pink)* sonrosado (da). 2. *(hopeful)* prometedor(ra).

rot [rɒt] ◇ *n (U)* 1. *(of wood, food)* podredumbre *f*; *(in society, organization)* decadencia *f*. 2. *Br dated (nonsense)* tonterías *fpl*. ◇ *vt* pudrir. ◇ *vi* pudrirse.

rota ['rəutə] *n* lista *f* (de turnos).

rotary ['rəutərɪ] ◇ *adj* giratorio(ria), rotativo(va). ◇ *n Am (roundabout)* glorieta *f*, cruce *m* de circulación giratoria.

rotate [rəu'teɪt] ◇ *vt (turn)* hacer girar, dar vueltas a. ◇ *vi (turn)* girar, dar vueltas.

rotation [rəu'teɪʃn] *n (gen)* rotación *f*.

rote [rəut] *n*: **by ~** de memoria.

rotten ['rɒtn] *adj* 1. *(decayed)* podrido (da). 2. *inf (poor-quality)* malísimo (ma), fatal. 3. *inf (unpleasant)* despreciable. 4. *inf (unwell)*: **to feel ~** sentirse fatal OR muy mal.

rouge [ru:ʒ] *n* colorete *m*.

rough [rʌf] ◇ *adj* 1. *(not smooth - surface, skin)* áspero(ra); *(- ground, road)* desigual. 2. *(not gentle, brutal)* bruto (ta). 3. *(crude, not refined - person, manner)* grosero(ra), tosco(ca); *(- shelter)* precario(ria); *(- food, living conditions)* simple. 4. *(approximate - plan, sketch)* a grandes rasgos; *(- estimate, translation)* aproximado(da). 5. *(unpleasant)* duro (ra), difícil. 6. *(wind)* violento(ta); *(sea)* picado(da); *(weather, day)* tormentoso (sa). 7. *(harsh - wine, voice)* áspero(ra). 8. *(violent - area)* peligroso(sa); *(- person)* violento(ta). ◇ *adv*: **to sleep ~** dormir al raso. ◇ *n* 1. (GOLF): **the ~** el rough. 2. *(undetailed form)*: **in ~** en borrador. ◇ *vt phr*: **to ~ it** vivir sin comodidades.

roughage ['rʌfɪdʒ] *n (U)* fibra *f*.

rough and ready *adj* tosco(ca).

roughcast ['rʌfkɑ:st] *n* mortero *m* grueso.

roughen ['rʌfn] *vt* poner áspero(ra)

roughly ['rʌflɪ] *adv* 1. *(approximately)* más o menos. 2. *(not gently)* brutalmente. 3. *(crudely)* toscamente.

roulette [ru:'let] *n* ruleta *f*.

round [raʊnd] ◇ *adj* redondo(da). ◇ *prep* 1. *(surrounding)* alrededor de. 2. *(near)* cerca de; ~ **here** por aquí. 3. *(all over - the world etc)* por todo(da) 4. *(in circular movement)*: ~ **(and ~)** alrededor de. 5. *(in measurements)*: **she's 30 inches ~ the waist** mide 30 pulgadas de cintura. 6. *(at or to the other side of)*: **they were waiting ~ the corner** esperaban a la vuelta de la esquina; **to drive ~ the corner** doblar la esquina; **to go ~ sthg** rodear algo. 7. *(so as to avoid)*: **he drove ~ the pothole** condujo esquivando el bache. ◇ *adv* 1. *(on all sides)*: **all ~** por todos lados. 2. *(near)*: ~ **about** alrededor, en las proximidades. 3. *(all over)*: **to travel ~** viajar por ahí. 4. *(in circular movement)*: ~ **(and ~)** en redondo; **to go OR spin ~** girar. 5. *(in measurements)* en redondo. 6. *(to the other side)* al otro lado; **to go ~** dar un rodeo. 7. *(at or to nearby place)*: **he came ~ to see us** vino a vernos. ◇ *n* 1. *(of talks, drinks)* ronda *f*; **a ~ of applause** una salva de aplausos. 2. *(in championship)* vuelta *f* 3. *(of doctor)* visita *f*; *(of milkman, postman)* recorrido *m*. 4. *(of ammunition)* cartucho *m*. 5. *(in boxing)* asalto *m*. 6. *(in golf)* vuelta *f*. ◇ *vt* doblar ◆ **rounds** *npl* *(of doctor)* visitas *fpl*; *(of postman)* recorrido *m*; **to do OR go the ~s** *(joke, rumour)* divulgarse; *(illness)* estar rodando. ◆ **round off** *vt sep* terminar. ◆ **round up** *vt sep* 1. *(gather together)* reunir. 2. (MATH) redondear.

roundabout ['raʊndəbaʊt] *n* Br 1. *(on road)* glorieta *f*, cruce *m* de circulación giratoria. 2. *(at fairground)* tiovivo *m*.

rounders ['raʊndəz] *n* Br juego parecido al béisbol.

roundly ['raʊndlɪ] *adv* rotundamente.

round-shouldered [-'ʃəʊldəd] *adj* cargado(da) de espaldas.

round trip *n* viaje *m* de ida y vuelta.

roundup ['raʊndʌp] *n* *(summary)* resumen *m*.

rouse [raʊz] *vt* 1. *fml (wake up)* despertar 2. *(impel)*: **to ~ sb/o.s. to do sthg** animar a alguien/animarse a hacer algo. 3. *(excite)* excitar.

rousing ['raʊzɪŋ] *adj* *(speech)* conmovedor(ra); *(cheer)* entusiasta.

rout [raʊt] ◇ *n* derrota *f* aplastante. ◇ *vt* derrotar, aplastar

route [ru:t] *n* *(gen)* ruta *f*; *(of bus)* línea *f*, recorrido *m*; *(of ship)* rumbo *m*.

route map *n* plano *m* (del camino).

routine [ru:'ti:n] ◇ *adj* rutinario(ria). ◇ *n* rutina *f*.

roving ['rəʊvɪŋ] *adj* volante, itinerante

row¹ [rəʊ] ◇ *n* 1. *(line)* fila *f*, hilera *f*. 2. *(succession)* serie *f*; **three in a ~** tres seguidos. ◇ *vt (boat)* remar. ◇ *vi* remar.

row² [raʊ] ◇ *n* 1. *(quarrel)* pelea *f*, bronca *f*. 2. *inf (noise)* estruendo *m*, ruido *m* ◇ *vi (quarrel)* reñir, pelearse.

rowboat ['rəʊbəʊt] *n* Am bote *m* de remos.

rowdy ['raʊdɪ] *adj (noisy)* ruidoso(sa); *(quarrelsome)* pendenciero(ra).

row house [rəʊ-] *n* Am casa *f* adosada.

rowing ['rəʊɪŋ] *n* remo *m*.

rowing boat *n* bote *m* de remo.

royal ['rɔɪəl] ◇ *adj* real. ◇ *n inf* miembro *m* de la familia real.

Royal Air Force *n*: **the ~** las Fuerzas Aéreas de Gran Bretaña

royal family *n* familia *f* real.

Royal Mail *n Br*: **the ~** = Correos *m*.

Royal Navy *n*: **the ~** la Armada de Gran Bretaña.

royalty ['rɔɪəltɪ] *n* realeza *f*. ◆ **royalties** *npl* derechos *mpl* de autor.

rpm *(abbr of* revolutions per minute*)* r.p.m. *fpl*

RSPCA *(abbr of* Royal Society for the Prevention of Cruelty to Animals*)* *n* sociedad británica protectora de animales, = SPA *f*.

RSVP *(abbr of* répondez s'il vous plaît*)* s.r.c.

Rt Hon *(abbr of* Right Honourable*)* su Sría.

rub [rʌb] ◇ *vt*: **to ~ sthg (against OR on)** frotar algo (en OR contra); **to ~ sthg on OR onto** frotar algo en; **to ~ sthg in OR into** frotar algo en; **to ~ sb up the wrong way** *Br*, **to ~ sb the wrong way** *Am* sacar a alguien de quicio ◇ *vi*: **to ~ (against sthg)** rozar (algo); **to ~ (together)** rozarse. ◆ **rub off on** *vt fus (subj: quality)* influir en. ◆ **rub out** *vt sep (erase)* borrar

rubber ['rʌbəʳ] *n* 1. *(substance)* goma *f*, caucho *m* 2. *Br (eraser)* goma *f* de borrar. 3. *Am inf (condom)* goma *f* 4. *(in bridge)* partida *f*.

rubber band *n* gomita *f*, goma *f*.

rubber plant *n* ficus *m* inv

rubber stamp *n* estampilla *f* ◆ **rubber-stamp** *vt* aprobar oficialmente

rubbish ['rʌbɪʃ] *n* (U) **1.** *(refuse)* basura *f*. **2.** *inf fig (worthless matter)* porquería *f*. **3.** *inf (nonsense)* tonterías *fpl*.

rubbish bin *n Br* cubo *m* de la basura.

rubbish dump *n Br* vertedero *m*, basurero *m*.

rubble ['rʌbl] *n* (U) escombros *mpl*.

ruby ['ru:bɪ] *n* rubí *m*.

rucksack ['rʌksæk] *n* mochila *f*.

ructions ['rʌkʃnz] *npl inf* bronca *f*.

rudder ['rʌdə^r] *n* timón *m*.

ruddy ['rʌdɪ] *adj* **1.** *(reddish)* rojizo(za). **2.** *Br dated (for emphasis)* maldito(ta).

rude [ru:d] *adj* **1.** *(impolite - person, manners, word)* grosero(ra); *(- joke)* verde. **2.** *(shocking)* violento(ta), brusco(ca).

rudimentary [,ru:dɪ'mentərɪ] *adj* rudimentario(ria).

rueful ['ru:fʊl] *adj* arrepentido(da).

ruffian ['rʌfjən] *n* rufián *m*.

ruffle ['rʌfl] *vt* **1.** *(hair)* despeinar; *(water)* agitar; *(feathers)* encrespar. **2.** *(composure, nerves)* encrespar.

rug [rʌg] *n* **1.** *(carpet)* alfombra *f*. **2.** *(blanket)* manta *f* de viaje.

rugby ['rʌgbɪ] *n* rugby *m*.

rugged ['rʌgɪd] *adj* **1.** *(wild, inhospitable)* escabroso(sa). **2.** *(sturdy)* fuerte. **3.** *(roughly handsome)* duro y atractivo (dura y atractiva).

rugger ['rʌgə^r] *n Br inf* rugby *m*.

ruin ['ru:ɪn] ◇ *n* ruina *f*. ◇ *vt* **1.** *(destroy)* arruinar, estropear. **2.** *(bankrupt)* arruinar. ♦ **in ruin(s)** *adv* en ruinas.

rule [ru:l] ◇ *n* **1.** *(regulation, guideline)* regla *f*, norma *f*. **2.** *(norm)*: **the ~** la norma; **as a ~** por regla general. **3.** *(government)* dominio *m*. **4.** *(ruler)* regla *f*. ◇ *vt* **1.** *fml (control)* regir. **2.** *(govern)* gobernar. **3.** *(decide)*: **to ~ that** decidir OR ordenar que. ◇ *vi* **1.** *(give decision)* decidir, fallar. **2.** *fml (be paramount)* ser primordial. **3.** *(govern)* gobernar. ♦ **rule out** *vt sep* descartar

ruled [ru:ld] *adj* rayado(da).

ruler ['ru:lə^r] *n* **1.** *(for measurement)* regla *f*. **2.** *(monarch)* soberano *m*, -na *f*.

ruling ['ru:lɪŋ] ◇ *adj* en el poder. ◇ *n* fallo *m*, decisión *f*.

rum [rʌm] *n* ron *m*.

Rumania [ru:'meɪnjə] = **Romania**

Rumanian [ru:'meɪnjən] = **Romanian**.

rumble ['rʌmbl] ◇ *n* *(gen)* estruendo *m*; *(of stomach)* ruido *m* ◇ *vi* *(gen)* retumbar; *(stomach)* hacer ruido.

rummage ['rʌmɪdʒ] *vi* hurgar, rebuscar.

rumour *Br*, **rumor** *Am* ['ru:mə^r] *n* rumor *m*.

rumoured *Br*, **rumored** *Am* ['ru:məd] *adj*: **to be ~** rumorearse; **she is ~ to be very rich** se rumorea que es muy rica.

rump [rʌmp] *n* **1.** *(of animal)* grupa *f*, ancas *fpl*. **2.** *inf (of person)* trasero *m*.

rump steak *n* filete *m* de lomo.

rumpus ['rʌmpəs] *n inf* lío *m*, jaleo *m*.

run [rʌn] *(pt* ran, *pp* run*)* ◇ *n* **1.** *(on foot)* carrera *f*; **to go for a ~** ir a correr; **on the ~** en fuga. **2.** *(journey - in car)* paseo *m* OR vuelta *f* (en coche); *(- in plane, ship)* viaje *m*. **3.** *(series - of wins, disasters)* serie *f*; *(- of luck)* racha *f*. **4.** (THEATRE): **the play had a 6-week ~** la obra estuvo en cartelera 6 semanas. **5.** *(great demand)*: **~ on sthg** gran demanda de algo. **6.** *(in tights)* carrera *f*. **7.** *(in cricket, baseball)* carrera *f*. **8.** *(for skiing etc)* pista *f*. **9.** *(term)*: **in the short/long ~** a corto/largo plazo. ◇ *vt* **1.** *(on foot)* correr. **2.** *(manage - business)* dirigir, administrar; *(- life, event)* organizar. **3.** *(operate - computer program, machine, test)* pasar. **4.** *(have and use - car etc)* hacer funcionar. **5.** *(open - tap)* abrir; **to ~ a bath** llenar la bañera. **6.** *(publish)* publicar. **7.** *(move)*: **to ~ sthg along** OR **over** pasar algo por. ◇ *vi* **1.** *(on foot)* correr. **2.** *(follow a direction)* seguir. **3.** *(in election)*: **to ~ (for)** presentarse como candidato(ta) (a). **4.** *(factory, machine)* funcionar; *(engine)* estar encendido(da); **to ~ on** OR **off sthg** funcionar con algo; **to ~ smoothly** ir bien. **5.** *(bus, train)* ir. **6.** *(flow)* correr. **7.** *(tap)* gotear; *(nose)* moquear; *(eyes)* llorar. **8.** *(colour)* desteñir. **9.** *(pass - gen)* pasar. **10.** *(continue to be)* seguir. **11.** *(remain valid)* ser válido(da). ♦ **run across** *vt fus (meet)* encontrarse con. ♦ **run away** *vi (flee)*: **to ~ away (from)** huir OR fugarse (de). ♦ **run down** ◇ *vt sep* **1.** *(run over)* atropellar. **2.** *(criticize)* hablar mal de. **3.** *(allow to decline)* debilitar. ◇ *vi (battery)* acabarse; *(clock)* pararse; *(project, business)* debilitarse. ♦ **run into** *vt fus* **1.** *(problem)* encontrar; *(person)* tropezarse con. **2.** *(in vehicle)* chocar con. ♦ **run off** ◇ *vt sep* imprimir. ◇ *vi*: **to ~ off (with)** fugarse (con). ♦ **run out** *vi* **1.** *(become used up)* acabarse. **2.** *(expire)* caducar. ♦ **run out of** *vt fus* quedarse sin ♦ **run over** *vt sep* atropellar.

♦ **run through** *vt fus* **1.** *(be present in)* recorrer, atravesar. **2.** *(practise)* ensayar. **3.** *(read through)* echar un vistazo a. ♦ **run to** *vt fus (amount to)* ascender a. ♦ **run up** *vt fus (amass)* incurrir en. ♦ **run up against** *vt fus* tropezar con.

runaway ['rʌnəweɪ] ◇ *adj* **1.** *(gen)* fugitivo(va); *(horse)* desbocado(da); *(train)* fuera de control; *(inflation)* desenfrenado(da). **2.** *(victory)* fácil. ◇ *n* fugitivo *m*, -va *f*.

rundown ['rʌndaʊn] *n (report)* informe *m*, resumen *m*. ♦ **run-down** *adj* **1.** *(dilapidated)* en ruinas. **2.** *(tired)* agotado(da).

rung [rʌŋ] ◇ *pp* → **ring**. ◇ *n lit & fig* peldaño *m*

runner ['rʌnə^r] *n* **1.** *(athlete)* corredor *m*, -ra *f*. **2.** *(smuggler)* contrabandista *m y f* **3.** *(on skate)* cuchilla *f*; *(on sledge)* carril *m*; *(of drawer, sliding seat)* carro *m*.

runner bean *n Br* judía *f* escarlata.

runner-up *(pl* runners-up*)* *n* subcampeón *m*, -ona *f*.

running ['rʌnɪŋ] ◇ *adj* **1.** *(continuous)* continuo(nua). **2.** *(consecutive)* seguidos(das). **3.** *(water)* corriente. ◇ *n* **1.** *(act of running)* el correr; **to go ~** hacer footing. **2.** (SPORT) carreras *fpl*. **3.** *(management)* dirección *f*, organización *f*. **4.** *(operation)* funcionamiento *m*. **5.** *phr:* **to be in/out of the ~** *(for sthg)* tener/no tener posibilidades (de algo).

runny ['rʌnɪ] *adj* **1.** *(food)* derretido (da) **2.** *(nose)* que moquea; *(eyes)* llorosos(as).

run-of-the-mill *adj* normal y corriente.

runt [rʌnt] *n* **1.** *(animal)* cría *f* más pequeña y débil. **2.** *pej (person)* renacuajo *m*.

run-up *n* **1.** *(preceding time)* periodo *m* previo. **2.** (SPORT) carrerilla *f*.

runway ['rʌnweɪ] *n* pista *f*.

rupture ['rʌptʃə^r] *n* (MED) hernia *f*.

rural ['rʊərəl] *adj* rural

ruse [ru:z] *n* ardid *m*.

rush [rʌʃ] ◇ *n* **1.** *(hurry)* prisa *f*; **to be in a ~** tener prisa. **2.** *(burst of activity)*: **~ (for** OR **on sthg)** avalancha *f* (en busca de algo). **3.** *(busy period)* hora *f* punta. **4.** *(surge - of air)* ráfaga *f*; *(- of water)* torrente *m*; *(- mental)* arrebato *m*; **to make a ~ for sthg** ir en desbandada hacia algo. ◇ *vt* **1.** *(hurry)* apresurar. **2.** *(send quickly)* llevar rápidamente. ◇ *vi* **1.** *(hurry)* ir de prisa, correr; **to ~ into sthg** meterse de cabeza en

algo. **2.** *(surge)* precipitarse. ♦ **rushes** *npl* (BOT) juncos *mpl*.

rush hour *n* hora *f* punta.

rusk [rʌsk] *n* galleta que se da a los niños pequeños para que se acostumbran a masticar.

Russia ['rʌʃə] *n* Rusia.

Russian ['rʌʃn] ◇ *adj* ruso(sa). ◇ *n* **1.** *(person)* ruso *m*, -sa *f*. **2.** *(language)* ruso *m*.

rust [rʌst] ◇ *n* moho *m*, óxido *m*. ◇ *vi* oxidarse.

rustic ['rʌstɪk] *adj* rústico(ca).

rustle ['rʌsl] ◇ *vt* **1.** *(paper)* hacer crujir **2.** *Am (cattle)* robar ◇ *vi (wind, leaves)* susurrar; *(paper)* crujir.

rusty ['rʌstɪ] *adj lit & fig* oxidado(da).

rut [rʌt] *n (track)* rodada *f*; **to get into/ be in a ~** *fig* caer/estar metido en una rutina

ruthless ['ru:θlɪs] *adj* despiadado(da).

RV *n Am (abbr of recreational vehicle)* casa-remolque *f*

rye [raɪ] *n (grain)* centeno *m*.

rye bread *n* pan *m* de centeno.

S

s *(pl* ss OR s's*)*, **S** *(pl* Ss OR S's*)* [es] *n* *(letter)* s *f*, S *f*. ♦ **S** *(abbr of south)* S.

Sabbath ['sæbəθ] *n:* **the ~** *(for Christians)* el domingo; *(for Jews)* el sábado.

sabbatical [sə'bætɪkl] *n* sabático *m*; **on ~** de sabático

sabotage ['sæbətɑ:ʒ] ◇ *n* sabotaje *m*. ◇ *vt* sabotear.

saccharin(e) ['sækərɪn] *n* sacarina *f*.

sachet ['sæʃeɪ] *n* bolsita *f*

sack [sæk] ◇ *n* **1.** *(bag)* saco *m*. **2.** *Br inf (dismissal)*: **to get** OR **be given the ~** ser despedido(da) ◇ *vt Br inf* despedir.

sacking ['sækɪŋ] *n (fabric)* harpillera *f*.

sacred ['seɪkrɪd] *adj lit & fig* sagrado (da).

sacrifice ['sækrɪfaɪs] (RELIG & *fig)* ◇ *n* sacrificio *m*. ◇ *vt* sacrificar.

sacrilege ['sækrɪlɪdʒ] *n* (RELIG & *fig)* sacrilegio *m*

sacrosanct ['sækrəʊsæŋkt] *adj* sacrosanto(ta).

sad [sæd] *adj* triste.

sadden ['sædn] *vt* entristecer.

saddle ['sædl] ◇ *n* **1.** *(for horse)* silla *f* (de montar). **2.** *(of bicycle, motorcycle)* sillín *m*, asiento *m*. ◇ *vt* **1.** *(horse)* ensillar. **2.** *fig (burden)*: **to ~ sb with sthg** cargar a alguien con algo.

saddlebag ['sædlbæg] *n* alforja *f*.

sadistic [sə'dɪstɪk] *adj* sádico(ca).

sadly ['sædlɪ] *adv* tristemente.

sadness ['sædnɪs] *n* tristeza *f*.

s.a.e., sae *n abbr of* **stamped addressed envelope**.

safari [sə'fɑːrɪ] *n* safari *m*.

safe [seɪf] ◇ *adj* **1.** *(gen)* seguro(ra); **~ and sound** sano y salvo (sana y salva). **2.** *(without harm)* sin contratiempos. **3.** *(not causing disagreement)*: **it's ~ to say that ...** se puede afirmar con seguridad que ...; **to be on the ~ side** por mayor seguridad. **4.** *(reliable)* digno(na) de confianza. ◇ *n* caja *f* (de caudales).

safe-conduct *n* salvoconducto *m*.

safe-deposit box *n* caja *f* de seguridad.

safeguard ['seɪfgɑːd] ◇ *n* salvaguardia *f*, protección *f*; **~ against sthg** protección contra algo. ◇ *vt*: **to ~ sthg/sb (against sthg)** salvaguardar OR proteger algo/a alguien (contra algo).

safekeeping [,seɪf'kiːpɪŋ] *n* protección *f*.

safely ['seɪflɪ] *adv* **1.** *(with no danger)* con seguridad. **2.** *(not in danger)* seguramente. **3.** *(unharmed)* sin novedad. **4.** *(for certain)*: **I can ~ say that** puedo decir con toda confianza que.

safe sex *n* sexo *m* sin riesgo

safety ['seɪftɪ] *n* seguridad *f*.

safety belt *n*. cinturón *m* de seguridad.

safety pin *n* imperdible *m*, seguro *m* *Méx*, alfiler *m* de gancho *CSur*.

saffron ['sæfrən] *n* *(spice)* azafrán *m*.

sag [sæg] *vi (sink downwards)* hundirse, combarse.

sage [seɪdʒ] ◇ *adj* sabio(bia). ◇ *n* **1.** *(herb)* salvia *f*. **2.** *(wise man)* sabio *m*.

Sagittarius [,sædʒɪ'teərɪəs] *n* Sagitario *m*.

Sahara [sə'hɑːrə] *n*: **the ~ (Desert)** el. (desierto del) Sáhara.

said [sed] *pt & pp* → **say**.

sail [seɪl] ◇ *n* **1.** *(of boat)* vela *f*; **to set ~** zarpar. **2.** *(journey by boat)* paseo *m* en barco de vela. ◇ *vt* **1.** *(boat, ship)* gobernar. **2.** *(sea)* cruzar. ◇ *vi* **1.** *(travel by boat)* navegar. **2.** *(move - boat)*:

the ship ~ed across the ocean el barco cruzó el océano. **3.** *(leave by boat)* zarpar. ◆ **sail through** *vt fus* hacer con facilidad.

sailboat *Am* = **sailing boat**.

sailing ['seɪlɪŋ] *n* **1.** *(U)* (SPORT) vela *f*. **2.** *(trip by ship)* travesía *f*.

sailing boat *Br*, **sailboat** *Am* ['seɪlbəʊt] *n* barco *m* de vela.

sailing ship *n* (buque *m*) velero *m*.

sailor ['seɪləʳ] *n* marinero *m*, -ra *f*.

saint [seɪnt] *n* (RELIG & fig) santo *m*, -ta *f*.

saintly ['seɪntlɪ] *adj* santo(ta), piadoso (sa).

sake [seɪk] *n*: **for the ~ of** por (el bien de); **for God's** OR **heaven's ~** ¡por el amor de Dios!

salad ['sæləd] *n* ensalada *f*.

salad bowl *n* ensaladera *f*.

salad cream *n* *Br* salsa parecida a la mahonesa para aderezar la ensalada.

salad dressing *n* aliño *m* (para la ensalada).

salami [sə'lɑːmɪ] *n* salami *m*.

salary ['sælərɪ] *n* sueldo *m*.

sale [seɪl] *n* **1.** *(gen)* venta *f*; **on ~** en venta; **(up) for ~** en venta; **'for ~'** 'se vende'. **2.** *(at reduced prices)* liquidación *f*, saldo *m* ◆ **sales** *npl* **1.** (ECON) ventas *fpl*. **2.** *(at reduced prices)*: **the ~s** las rebajas.

saleroom *Br* ['seɪlrʊm], **salesroom** *Am* ['seɪlzrʊm] *n* sala *f* de subastas.

sales assistant ['seɪlz-], **salesclerk** *Am* ['seɪlzklɜːrk] *n* dependiente *m*, -ta *f*.

salesman ['seɪlzmən] *(pl* **-men** [-mən]) *n* *(in shop)* dependiente *m*, vendedor *m*; *(travelling)* viajante *m*.

sales rep *n inf* representante *m y f*.

salesroom *Am* = **saleroom**.

saleswoman ['seɪlz,wʊmən] *(pl* **-women** [-,wɪmɪn]) *n* *(in shop)* dependienta *f*, vendedora *f*; *(travelling)* viajante *f*.

salient ['seɪlɪənt] *adj fml* sobresaliente.

saliva [sə'laɪvə] *n* saliva *f*.

sallow ['sæləʊ] *adj* cetrino(na).

salmon ['sæmən] *(pl inv* OR **-s)** *n* salmón *m*.

salmonella [,sælmə'nelə] *n* salmonelosis *f inv*.

salon ['sælɒn] *n* salón *m*.

saloon [sə'luːn] *n* **1.** *Br (car)* (coche *m*) utilitario *m*. **2.** *Am (bar)* bar *m*. **3.** *Br (in pub)*: **~ (bar)** *en ciertos pubs y hoteles, bar elegante con precios más altos que los del 'public bar'*. **4.** *(in ship)* salón *m*.

salt [sɔːlt, sɒlt] ◇ *n* sal *f*. ◇ *vt (food)*

salar; *(roads)* echar sal en *(las carreteras etc para evitar que se hielen).* ♦ **salt away** *vt sep inf* ahorrar.

salt cellar *Br,* **salt shaker** *Am* [-ˌʃeɪkər] *n* salero *m.*

saltwater [ˈsɔːltˌwɔːtər] *adj* de agua salada.

salty [ˈsɔːltɪ] *adj* salado(da), salobre.

salutary [ˈsæljʊtrɪ] *adj* saludable.

salute [səˈluːt] ◊ *n* **1.** *(with hand)* saludo *m.* **2.** (MIL) *(firing of guns)* salva *f,* saludo *m.* ◊ *vt* **1.** (MIL) *(with hand)* saludar **2.** *(acknowledge formally)* reconocer.

Salvadorean, Salvadorian [ˌsælvəˈdɔːrɪən] ◊ *adj* salvadoreño(ña). ◊ *n* salvadoreño *m,* -ña *f.*

salvage [ˈsælvɪdʒ] ◊ *n* (U) **1.** *(rescue of ship)* salvamento *m.* **2.** *(property rescued)* objetos *mpl* recuperados OR rescatados. ◊ *vt lit & fig:* **to ~ sthg (from)** salvar algo (de).

salvation [sælˈveɪʃn] *n* salvación *f.*

Salvation Army *n:* **the ~** el Ejército de Salvación.

same [seɪm] ◊ *adj* mismo(ma); **the ~ colour as his** el mismo color que el suyo; **at the ~ time** *(simultaneously)* al mismo tiempo; *(yet)* aún así; **one and the ~** el mismo (la misma) ◊ *pron:* **the ~** el mismo (la misma); **she did the ~** hizo lo mismo; **the ingredients are the ~** los ingredientes son los mismos OR iguales; **I'll have the ~ (again)** tomaré lo mismo (que antes); **all** OR **just the ~** *(nevertheless, anyway)* de todos modos; **it's all the ~ to me** me da igual; **it's not the ~** no es lo mismo. ◊ *adv:* **the ~** lo mismo.

sample [ˈsɑːmpl] ◊ *n* muestra *f.* ◊ *vt (food, wine, attractions)* probar.

sanatorium *(pl* **-riums** OR **-ria** [-rɪə]*),* **sanitorium** *Am (pl* **-riums** OR **-ria** [-rɪə]*),* [ˌsænəˈtɔːrɪəm] *n* sanatorio *m.*

sanctimonious [ˌsæŋktɪˈməʊnjəs] *adj pej* santurrón(ona).

sanction [ˈsæŋkʃn] ◊ *n* sanción *f.* ◊ *vt* sancionar.

sanctity [ˈsæŋktətɪ] *n* santidad *f.*

sanctuary [ˈsæŋktʃʊərɪ] *n* **1.** *(for birds, wildlife)* reserva *f* **2.** *(refuge)* refugio *m* **3.** *(holy place)* santuario *m.*

sand [sænd] ◊ *n* arena *f.* ◊ *vt* lijar.

sandal [ˈsændl] *n* sandalia *f*

sandalwood [ˈsændlwʊd] *n* sándalo *m.*

sandbox *Am* = **sandpit.**

sandcastle [ˈsændˌkɑːsl] *n* castillo *m* de arena

sand dune *n* duna *f*

sandpaper [ˈsændˌpeɪpər] ◊ *n* (U) papel *m* de lija. ◊ *vt* lijar.

sandpit *Br* [ˈsændpɪt]*,* **sandbox** *Am* [ˈsændbɒks] *n* cuadro *m* de arena.

sandstone [ˈsændstəʊn] *n* piedra *f* arenisca.

sandwich [ˈsænwɪdʒ] ◊ *n (made with roll etc)* bocadillo *m;* ·*(made with sliced bread)* sandwich *m* frío. ◊ *vt fig* apretujar

sandwich board *n* cartelón *m* (de hombre-anuncio).

sandwich course *n Br* curso universitario que incluye un cierto tiempo de experiencia profesional

sandy [ˈsændɪ] *adj* **1.** *(covered in sand)* arenoso(sa) **2.** *(sand-coloured)* rojizo (za)

sane [seɪn] *adj* **1.** *(not mad)* cuerdo(da). **2.** *(sensible)* prudente, sensato(ta).

sang [sæŋ] *pt* → **sing**

sanitary [ˈsænɪtrɪ] *adj* **1.** *(connected with health)* sanitario(ria) **2.** *(clean, hygienic)* higiénico(ca).

sanitary towel, sanitary napkin *Am n (disposable)* compresa *f* (higiénica); *(made of cloth)* paño *m* (higiénico).

sanitation [ˌsænɪˈteɪʃn] *n* sanidad *f.*

sanitorium *Am* = **sanatorium.**

sanity [ˈsænɪtɪ] *n* **1.** *(saneness)* cordura *f.* **2.** *(good sense)* sensatez *f*

sank [sæŋk] *pt* → **sink.**

Santa (Claus) [ˈsæntə(ˌklauz)] *n* Papá *m* Noel.

sap [sæp] ◊ *n (of plant)* savia *f* ◊ *vt (weaken)* minar

sapling [ˈsæplɪŋ] *n* árbol *m* nuevo, arbolito *m.*

sapphire [ˈsæfaɪər] *n* zafiro *m*

Saragossa [ˌsærəˈɡɒsə] *n* Zaragoza.

sarcastic [sɑːˈkæstɪk] *adj* sarcástico (ca).

sardine [sɑːˈdiːn] *n* sardina *f*

sardonic [sɑːˈdɒnɪk] *adj* sardónico(ca).

SAS *(abbr of* **Special Air Service)** *n unidad especial del ejército británico encargada de operaciones de sabotaje.*

SASE *n abbr of* **self-addressed stamped envelope**

sash [sæʃ] *n* faja *f.*

sat [sæt] *pt & pp* → **sit.**

SAT [sæt] *n* **1.** *(abbr of* **Standard Assessment Test)** *examen de aptitud que se realiza a los siete, once y catorce años en Inglaterra y Gales.* **2.** *(abbr of* **Scholastic Aptitude Test)** *examen de ingreso a la universidad en Estados Unidos.*

Satan [ˈseɪtn] *n* Satanás *m.*

satchel ['sætʃəl] *n* cartera *f*

satellite ['sætəlaɪt] *n lit & fig* satélite *m*.

satellite TV *n* televisión *f* por satélite.

satin ['sætɪn] ◇ *n* satén *m*, raso *m*. ◇ *comp* de satén, de raso.

satire ['sætaɪəʳ] *n* sátira *f*.

satisfaction [ˌsætɪs'fækʃn] *n* satisfacción *f*.

satisfactory [ˌsætɪs'fæktərɪ] *adj* satisfactorio(ria).

satisfied ['sætɪsfaɪd] *adj* satisfecho (cha).

satisfy ['sætɪsfaɪ] *vt* 1. *(gen)* satisfacer. 2. *(convince)* convencer; **to ~ sb that** convencer a alguien (de) que.

satisfying ['sætɪsfaɪɪŋ] *adj* agradable, satisfactorio(ria).

satsuma [ˌsæt'suːmə] *n* satsuma *f*, *tipo de mandarina*.

saturate ['sætʃəreɪt] *vt* 1. *(drench)*: **to ~ sthg (with)** empapar algo (de). 2. *(fill completely)*: **to ~ sthg (with)** saturar algo (de)

Saturday ['sætədɪ] ◇ *n* sábado *m*; **what day is it? - it's** ¿a qué estamos hoy? - estamos a sábado; **on ~** el sábado; **on ~s** los sábados; **last ~** el sábado pasado; **this ~** este sábado, el sábado que viene; **next ~** el sábado de la semana que viene; **every ~** todos los sábados; **every other ~** cada dos sábados; **the ~ before** el sábado anterior; **the ~ after next** no este sábado sino el siguiente; **the ~ before last** hace dos sábados; **~ week, a week on ~** del sábado en ocho días. ◇ *comp* del sábado.

Saturn ['sætən] *n* Saturno *m*.

sauce [sɔːs] *n* (CULIN) salsa *f*.

saucepan ['sɔːspən] *n* *(with two handles)* cacerola *f*; *(with one long handle)* cazo *m*.

saucer ['sɔːsəʳ] *n* platillo *m*.

saucy ['sɔːsɪ] *adj inf* descarado(da), fresco(ca).

Saudi Arabia [ˌsaʊdɪə'reɪbjə] *n* Arabia Saudí.

Saudi (Arabian) ['saʊdɪ-] ◇ *adj* saudí, saudita. ◇ *n (person)* saudí *m y f*, saudita *m y f*.

sauna ['sɔːnə] *n* sauna *f*

saunter ['sɔːntəʳ] *vi* pasearse (tranquilamente).

sausage ['sɒsɪdʒ] *n* salchicha *f*.

sausage roll *n Br* salchicha envuelta en masa como de empanadilla.

sauté [*Br* 'səʊteɪ, *Am* səʊ'teɪ] *(pt & pp*

sautéed OR **sautéd)** *vt* saltear.

savage ['sævɪdʒ] ◇ *adj (cruel, fierce)* feroz, salvaje. ◇ *n pej* salvaje *m y f*. ◇ *vt* 1. *(subj: animal)* embestir, atacar. 2. *(subj: person)* atacar con ferocidad.

save [seɪv] ◇ *vt* 1. *(rescue)* salvar, rescatar; **to ~ sb from sthg** salvar a alguien de algo. 2. *(prevent waste of - time, money, energy)* ahorrar; *(- food, strength)* guardar, reservar. 3. *(set aside - money)* ahorrar; *(- food, strength)* guardar, reservar 4. *(avoid)* evitar; **to ~ sb from doing sthg** evitar a alguien (el) hacer algo. 5. (SPORT) parar. 6. (COMPUT) guardar ◇ *vi* ahorrar ◇ *n* (SPORT) parada *f*. ◇ *prep fml*: **(for)** excepto. ♦ **save up** *vi* ahorrar.

saving grace ['seɪvɪŋ-] *n* lo único positivo.

savings ['seɪvɪŋz] *npl* ahorros *mpl*.

savings account *n Am* cuenta *f* de ahorros.

savings and loan association *n Am* sociedad *f* de préstamos inmobiliarios.

savings bank *n* = caja *f* de ahorros.

saviour *Br*, **savior** *Am* ['seɪvjəʳ] *n* salvador *m*, -ra *f*.

savour *Br*, **savor** *Am* ['seɪvəʳ] *vt lit & fig* saborear.

savoury *Br*, **savory** *Am* ['seɪvərɪ] ◇ *adj* 1. *(not sweet)* salado(da). 2. *(respectable, pleasant)* agradable. ◇ *n* comida *f* de aperitivo.

saw [sɔː] *(Br pt* -ed, *pp* sawn, *Am pt & pp* -ed) ◇ *pt* → **see**. ◇ *n* sierra *f*. ◇ *vt* serrar.

sawdust ['sɔːdʌst] *n* serrín *m*.

sawed-off shotgun *Am* = **sawn-off shotgun**.

sawmill ['sɔːmɪl] *n* aserradero *m*.

sawn [sɔːn] *pp Br* → **saw**.

sawn-off shotgun *Br*, **sawed-off shotgun** *Am* [sɔːd-] *n* arma *f* de cañones recortados.

saxophone ['sæksəfəʊn] *n* saxofón *m*.

say [seɪ] *(pt & pp* said) ◇ *vt* 1. *(gen)* decir; **to ~ yes** decir que sí; **he's said to be good** se dice que es bueno; **let's ~ you were to win** pongamos que ganaras; **that goes without ~ing** ni que decir tiene; **it has a lot to be said for it** tiene muy buenos puntos en su favor. 2. *(indicate - clock, meter)* marcar. ◇ *n*: **to have a/no ~ in sthg** tener/no tener voz y voto en algo; **let me have my ~** déjame decir lo que pienso. ♦ **that is to say** *adv* es decir.

saying ['seɪɪŋ] *n* dicho *m*

scab [skæb] *n* 1. (MED) costra *f*. 2. *pej (non-striker)* esquirol *m*.

scaffold ['skæfəʊld] *n* 1. (around building) andamio *m*. 2. (for execution) cadalso *m*.

scaffolding ['skæfəldɪŋ] *n (U)* andamios *mpl*, andamiaje *m*.

scald [skɔːld] *vt* escaldar.

scale [skeɪl] ◇ *n* 1. (gen) escala *f*. 2. (size, extent) tamaño *m*, escala *f*; **to ~** a escala. 3. (of fish, snake) escama *f*. 4. *Am* = **scales** ◇ *vt* 1. (climb) escalar. 2. (remove scales from) escamar. ♦ **scales** *npl* 1. (for weighing food) balanza *f*. 2. (for weighing person) báscula *f*. ♦ **scale down** *vt fus* reducir

scale model *n* maqueta *f*.

scallop ['skɒləp] ◇ *n* (ZOOL) vieira *f*. ◇ *vt* (decorate edge of) festonear.

scalp [skælp] ◇ *n* cuero *m* cabelludo ◇ *vt* escalpar.

scalpel ['skælpəl] *n* bisturí *m*.

scamper ['skæmpəʳ] *vi* corretear.

scampi ['skæmpɪ] *n (U)*: (breaded) ~ gambas *fpl* a la gabardina.

scan [skæn] ◇ *n* exploración *f* ultrasónica. ◇ *vt* 1. (examine carefully) examinar. 2. (glance at) dar un vistazo a. 3. (ELECTRON & TV) registrar.

scandal ['skændl] *n* 1. (scandalous event, outrage) escándalo *m* 2. (scandalous talk) habladurías *fpl*

scandalize, -ise ['skændəlaɪz] *vt* escandalizar.

Scandinavia [,skændɪ'neɪvjə] *n* Escandinavia.

Scandinavian [,skændɪ'neɪvjən] ◇ *adj* escandinavo(va). ◇ *n* (person) escandinavo *m*, -va *f*.

scant [skænt] *adj* escaso(sa).

scanty ['skæntɪ] *adj* (amount, resources) escaso(sa); (dress) ligero(ra); (meal) insuficiente.

scapegoat ['skeɪpgəʊt] *n* cabeza *f* de turco.

scar [skɑːʳ] *n* 1. (physical) cicatriz *f* 2. *fig* (mental) señal *f*.

scarce [skeəs] *adj* escaso(sa).

scarcely ['skeəslɪ] *adv* apenas; ~ **anyone/ever** casi nadie/nunca.

scare [skeəʳ] ◇ *n* 1. (sudden fear) susto *m*, sobresalto *m*. 2. (public fear) temor *m*. ◇ *vt* asustar, sobresaltar. ♦ **scare away, scare off** *vt sep* ahuyentar.

scarecrow ['skeəkrəʊ] *n* espantapájaros *m inv*.

scared ['skeəd] *adj* 1. (frightened) asustado(da); **to be ~ stiff** OR **to death** estar muerto de miedo. 2. (worried): **to**

be ~ that tener miedo que

scarf [skɑːf] (*pl* **-s** OR **scarves**) *n* (for neck) bufanda *f*; (for head) pañuelo *m* de cabeza.

scarlet ['skɑːlət] *adj* color escarlata.

scarlet fever *n* escarlatina *f*

scarves [skɑːvz] *pl* → **scarf**

scathing ['skeɪðɪŋ] *adj* mordaz.

scatter ['skætəʳ] ◇ *vt* esparcir, desparramar. ◇ *vi* dispersarse.

scatterbrained ['skætəbreɪnd] *adj inf* atolondrado(da)

scavenger ['skævɪndʒəʳ] *n* 1. (animal) carroñero *m*, -ra *f* 2. (person) persona *f* que rebusca en las basuras

scenario [sɪ'nɑːrɪəʊ] (*pl* **-s**) *n* 1. (possible situation) situación *f* hipotética. 2. (of film, play) resumen *m* del argumento.

scene [siːn] *n* 1. (gen) escena *f*; **behind the ~s** entre bastidores. 2. (painting of place) panorama *m*, paisaje *m*. 3. (location) sitio *m*. 4. (show of emotion) jaleo *m*, escándalo *m*. 5. *phr*: **to set the ~** (for person) describir la escena; (for event) crear el ambiente propicio.

scenery ['siːnərɪ] *n (U)* 1. (of countryside) paisaje *m*. 2. (THEATRE) decorado *m*.

scenic ['siːnɪk] *adj* (view) pintoresco (ca); (tour) turístico(ca).

scent [sent] *n* 1. (smell - of flowers) fragancia *f*; (- of animal) rastro *m* 2. *fig* (track) pista *f* 3. (perfume) perfume *m*.

scepter *Am* = **sceptre**.

sceptic *Br*, **skeptic** *Am* ['skeptɪk] *n* escéptico *m*, -ca *f*.

sceptical *Br*, **skeptical** *Am* ['skeptɪkl] *adj* escéptico(ca); **to be ~ about** tener muchas dudas acerca de.

sceptre *Br*, **scepter** *Am* ['septəʳ] *n* cetro *m*.

schedule [*Br* 'ʃedjuːl, *Am* 'skedʒʊl] ◇ *n* 1. (plan) programa *m*, plan *m*; **on ~** sin retraso; **ahead of ~** con adelanto; **behind ~** con retraso. 2. (of prices, contents) lista *f*; (of times) horario *m*. ◇ *vt*: **to ~ sthg (for)** fijar algo (para).

scheduled flight [*Br* 'ʃedjuːld-, *Am* 'skedʒʊld-] *n* vuelo *m* regular.

scheme [skiːm] ◇ *n* 1. (plan) plano *m*, proyecto *m*. 2. *pej* (dishonest plan) intriga *f* 3. (arrangement, decoration - of room) disposición *f*; (- of colours) combinación *f*. ◇ *vi pej*: **to ~ (to do sthg)** intrigar (para hacer algo).

scheming ['skiːmɪŋ] *adj* intrigante

schism ['sɪzm, 'skɪzm] *n* cisma *f*

schizophrenic [,skɪtsə'frenɪk] *adj* esquizofrénico(ca).

scholar ['skɒlə^r] n 1. (expert) erudito m, -ta f. 2. dated (student) alumno m, -na f.

scholarship ['skɒləʃɪp] n 1. (grant) beca f. 2. (learning) erudición f.

school [sku:l] n 1. (gen) colegio m, escuela f; (for driving, art) escuela f; (for medicine, law) facultad f. 2. Am (university) universidad f.

school age n edad f escolar.

schoolbook ['sku:lbʊk] n libro m de texto.

schoolboy ['sku:lbɔɪ] n colegial m.

schoolchild ['sku:ltʃaɪld] (pl -children [-tʃɪldrən]) n colegial m, -la f

schooldays ['sku:ldeɪz] npl años mpl de colegio.

schoolgirl ['sku:lgɜ:l] n colegiala f.

schooling ['sku:lɪŋ] n educación f escolar.

school-leaver [-ˌli:və^r] n Br joven que ha terminado la enseñanza obligatoria.

schoolmaster ['sku:lˌmɑ:stə^r] n dated (at primary school) maestro m; (at secondary school) profesor m.

schoolmistress ['sku:lˌmɪstrɪs] n dated (at primary school) maestra f; (at secondary school) profesora f.

school of thought n corriente f de opinión.

schoolteacher ['sku:lˌti:tʃə^r] n (primary) maestro m, -tra f; (secondary) profesor m, -ra f.

school year n año m escolar.

schooner ['sku:nə^r] n 1. (ship) goleta f 2. Br (sherry glass) copa f larga (para jerez).

sciatica [saɪˈætɪkə] n ciática f.

science ['saɪəns] n ciencia f.

science fiction n ciencia f ficción.

scientific [ˌsaɪənˈtɪfɪk] adj científico (ca).

scientist ['saɪəntɪst] n científico m, -ca f.

scintillating ['sɪntɪleɪtɪŋ] adj brillante, chispeante.

scissors ['sɪzəz] npl tijeras fpl; a pair of ~ unas tijeras.

sclerosis → **multiple sclerosis**.

scoff [skɒf] ◇ vt Br inf zamparse, tragarse ◇ vi: to ~ (at sb/sthg) mofarse OR burlarse (de alguien/de algo).

scold [skəʊld] vt regañar, reñir.

scone [skɒn] n bollo tomado con té a la hora de la merienda.

scoop [sku:p] ◇ n 1. (utensil - for sugar) cucharita f plana; (- for ice cream) pinzas fpl (de helado); (- for flour) paleta f 2. (PRESS) exclusiva f. ◇ vt 1. (with hands) recoger. 2. (with utensil) recoger con cucharilla. ◆ **scoop out** vt sep sacar con cuchara.

scooter ['sku:tə^r] n 1. (toy) patinete m. 2. (motorcycle) Vespa® f, motoneta f Amer.

scope [skəʊp] n (U) 1. (opportunity) posibilidades fpl. 2. (range) alcance m.

scorch [skɔ:tʃ] vt 1. (dress, meat) chamuscar; (face, skin) quemar. 2. (dry out) secar.

scorching ['skɔ:tʃɪŋ] adj inf abrasador (ra).

score [skɔ:^r] ◇ n 1. (in test) calificación f, nota f; (in competition) puntuación f. 2. (SPORT) resultado m; what's the ~? ¿cómo van? 3. dated (twenty) veintena f. 4. (MUS) partitura f. 5. (subject): on that ~ a ese respecto. ◇ vt 1. (SPORT) marcar. 2. (achieve - success, victory) obtener 3. (cut) grabar. ◇ vi 1. (SPORT) marcar. 2. (in test etc) obtener una puntuación ◆ **score out** vt sep Br tachar.

scoreboard ['skɔ:bɔ:d] n marcador m.

scorer ['skɔ:rə^r] n 1. (official) tanteador m, -ra f. 2. (player - in football) goleador m, -ra f; (- in other sports) marcador m, -ra f

scorn [skɔ:n] ◇ n menosprecio m, desdén m. ◇ vt menospreciar, desdeñar.

scornful ['skɔ:nful] adj despectivo(va); to be ~ of sthg desdeñar algo.

Scorpio ['skɔ:pɪəʊ] (pl -s) n Escorpión m.

scorpion ['skɔ:pjən] n alacrán m.

Scot [skɒt] n escocés m, -esa f.

scotch [skɒtʃ] vt (rumour) desmentir; (idea) desechar.

Scotch [skɒtʃ] ◇ adj escocés(esa). ◇ n whisky m escocés.

Scotch (tape)® n Am cinta f adhesiva, = celo® m Esp, = durex® m Amer.

scot-free adj inf: to get off ~ salir impune.

Scotland ['skɒtlənd] n Escocia.

Scots [skɒts] ◇ adj escocés(esa). ◇ n (dialect) escocés m.

Scotsman ['skɒtsmən] (pl -men [-mən]) n escocés m.

Scotswoman ['skɒtswʊmən] (pl -women [-ˌwɪmɪn]) n escocesa f.

Scottish ['skɒtɪʃ] adj escocés(esa).

Scottish National Party n: the ~ el Partido Nacionalista Escocés.

scoundrel ['skaʊndrəl] n dated sinvergüenza m, canalla m

scour [skaʊə^r] vt 1. (clean) fregar, restregar. 2. (search) registrar, batir.

scourge [skɜːdʒ] *n* 1. *(cause of suffering)* azote *m*. 2. *(critic)* castigador *m*, -ra *f*.

scout [skaʊt] *n* (MIL) explorador *m*.
♦ **Scout** *n (boy scout)* explorador *m*
♦ **scout around** *vi*: to ~ around (for) explorar el terreno (en busca de).

scowl [skaʊl] *vi* fruncir el ceño; **to ~ at sb** mirar con ceño a alguien.

scrabble ['skræbl] *vi* 1. *(scramble, scrape)* escarbar. 2. *(feel around)*: to ~ around for sthg hurgar en busca de algo.

Scrabble® ['skræbl] *n* Scrabble® *m*.

scraggy ['skrægɪ] *adj inf* flaco(ca)

scramble ['skræmbl] ◇ *n (rush)* pelea *f* ◇ *vi* 1. *(climb)* trepar. 2. *(move clumsily)*: to ~ to one's feet levantarse rápidamente y tambaleándose.

scrambled eggs ['skræmbld-] *npl* huevos *mpl* revueltos.

scrap [skræp] ◇ *n* 1. *(small piece)* trozo *m*, pedazo *m*. 2. *(metal)* chatarra *f*. 3. *inf (fight, quarrel)* pelotera *f*. ◇ *vt* desechar, descartar. ♦ **scraps** *npl (food)* sobras *fpl*.

scrapbook ['skræpbʊk] *n* álbum *m* de recortes.

scrap dealer *n* chatarrero *m*, -ra *f*.

scrape [skreɪp] ◇ *n* 1. *(noise)* chirrido *m*. 2. *dated (difficult situation)* apuro *m*. ◇ *vt* 1. *(remove)*: to ~ sthg off sthg raspar algo de algo. 2. *(vegetables)* raspar. 3. *(car, bumper, glass)* rayar; *(knee, elbow, skin)* rasguñar. ◇ *vi* 1. *(rub)*: to ~ against/on sthg rozar contra/en algo. 2. *(save money)* economizar. ♦ **scrape through** *vt fus* aprobar por los pelos.

scraper ['skreɪpər] *n* raspador *m*

scrap merchant *n Br* chatarrero *m*, -ra *f*.

scrap paper *Br*, **scratch paper** *Am* *n (U)* papel *m* usado.

scrapyard ['skræpjɑːd] *n (gen)* depósito *m* de chatarra; *(for cars)* cementerio *m* de coches.

scratch [skrætʃ] ◇ *n* 1. *(wound)* arañazo *m*, rasguño *m*. 2. *(mark)* raya *f*, surco *m*. 3. *phr*: to do sthg from ~ hacer algo partiendo desde el principio; to be up to ~ estar a la altura requerida. ◇ *vt* 1. *(wound)* arañar, rasguñar 2. *(mark)* rayar. 3. *(rub - head, leg)* rascar *vi* 1. *(rub)* rascarse.

scratch card *n* tarjeta con una zona que hay que rascar para ver si contiene premio.

scratch paper *Am* = **scrap paper**.

scrawl [skrɔːl] ◇ *n* garabatos *mpl*. ◇ *vt* garabatear

scrawny ['skrɔːnɪ] *adj* flaco(ca).

scream [skriːm] ◇ *n* 1. *(cry, shout)* grito *m*, chillido *m*. 2. *(noise)* chirrido *m*. ◇ *vt* vociferar. ◇ *vi (person)* chillar.

scree [skriː] *n* montón *de piedras desprendidas de la ladera de una montaña.

screech [skriːtʃ] ◇ *n* 1. *(of person)* chillido *m*; *(of bird)* chirrido *m*. 2. *(of car, tyres)* chirrido *m*, rechinar *m*. ◇ *vt* gritar. ◇ *vi* 1. *(person, bird)* chillar. 2. *(car, tyres)* chirriar, rechinar.

screen [skriːn] ◇ *n* 1. (TV, CINEMA & COMPUT) pantalla *f* 2. *(panel)* biombo *m* ◇ *vt* 1. *(show in cinema)* proyectar. 2. *(broadcast on TV)* emitir. 3. *(shield)*: to ~ sthg/sb (from) proteger algo/a alguien (de). 4. *(candidate, patient)* examinar.

screening ['skriːnɪŋ] *n* 1. *(of film)* proyección *f*. 2. *(of TV programme)* emisión *f*. 3. *(for security)* examen *m*. 4. (MED) *(examination)* chequeo *m*.

screenplay ['skriːnpleɪ] *n* guión *m*

screw [skruː] ◇ *n (for fastening)* tornillo *m*. ◇ *vt* 1. *(fix)*: to ~ sthg to atornillar algo a. 2. *(twist)* enroscar. 3. *vulg (woman)* follar *Esp*, coger *Amer*. ♦ **screw up** *vt sep* 1. *(sheet of paper etc)* arrugar 2. *(eyes)* entornar; *(face)* arrugar. 3. *v inf (ruin)* jorobar.

screwdriver ['skruːˌdraɪvər] *n* destornillador *m*.

scribble ['skrɪbl] ◇ *n* garabato *m*. ◇ *vt* & *vi* garabatear

script [skrɪpt] *n* 1. *(of play, film etc)* guión *m*. 2. *(system of writing)* escritura *f*. 3. *(handwriting)* letra *f*.

Scriptures ['skrɪptʃəz] *npl*: the ~ las Sagradas Escrituras.

scriptwriter ['skrɪptˌraɪtər] *n* guionista *m y f*.

scroll [skrəʊl] ◇ *n* rollo *m* de pergamino/papel. ◇ *vt* (COMPUT) desplazar.

scrounge [skraʊndʒ] *vt inf* gorronear.

scrounger ['skraʊndʒər] *n inf* gorrón *m*, -ona *f*.

scrub [skrʌb] ◇ *n* 1. *(rub)* restregón *m*. 2. *(undergrowth)* maleza *f*. ◇ *vt* restregar.

scruff [skrʌf] *n*: by the ~ of the neck por el pescuezo.

scruffy ['skrʌfɪ] *adj (person)* dejado (da); *(clothes)* andrajoso(sa); *(room)* desordenado(da).

scrum(mage) ['skrʌm(ɪdʒ)] *n* (RUGBY) melé *f*

scruples ['skru:plz] *npl* escrúpulos *mpl*.

scrutinize, -ise ['skru:tınaız] *vt* escudriñar.

scrutiny ['skru:tını] *n (U)* escrutinio *m*, examen *m*.

scuff [skʌf] *vt (damage - shoes)* pelar; *(- furniture, floor)* rayar.

scuffle ['skʌfl] *n* refriega *f*, reyerta *f*.

scullery ['skʌlərı] *n* trascocina *f*.

sculptor ['skʌlptə*ʳ*] *n* escultor *m*, -ra *f*.

sculpture ['skʌlptʃə*ʳ*] *n* escultura *f*.

scum [skʌm] *n* **1.** *(froth)* espuma *f*. **2.** *v inf pej (worthless person)* escoria *f*.

scupper ['skʌpə*ʳ*] *vt (NAUT & fig)* hundir.

scurrilous ['skʌrələs] *adj fml* injurioso (sa), difamatorio(ria).

scurry ['skʌrı] *vi*: **to ~ off** OR **away** escabullirse.

scuttle ['skʌtl] ◇ *n* cubo *m* del carbón. ◇ *vi (rush)*: **to ~ off** OR **away** escabullirse.

scythe [saıð] *n* guadaña *f*.

SDLP *(abbr of Social Democratic and Labour Party)* *n* partido político norirlandés que defiende la integración pacífica en la república de Irlanda.

sea [si:] ◇ *n* **1.** *(not land)* mar *m o f*; **at ~** en el mar; **by ~** en barco; **by the ~** a orillas del mar; **out to ~** *(away from shore)* mar adentro; *(across the water)* hacia el mar **2.** *(not ocean)* mar *m*. **3.** *phr*: **to be all at ~** estar totalmente perdido(da). ◇ *comp* de mar.

seabed ['si:bed] *n*: **the ~** el lecho marino.

seaboard ['si:bɔ:d] *n fml* litoral *m*.

sea breeze *n* brisa *f* marina.

seafood ['si:fu:d] *n (U)* mariscos *mpl*.

seafront ['si:frʌnt] *n* paseo *m* marítimo.

seagull ['si:gʌl] *n* gaviota *f*.

seal [si:l] *(pl inv* OR **-s)** ◇ *n* **1.** *(animal)* foca *f*. **2.** *(official mark)* sello *m*. **3.** *(on bottle, meter)* precinto *m*; *(on letter)* sello *m*. ◇ *vt* **1.** *(envelope)* sellar, cerrar **2.** *(opening, tube, crack)* tapar, cerrar.
♦ **seal off** *vt sep (entrance, exit)* cerrar; *(area)* acordonar.

sea level *n* nivel *m* del mar.

sea lion *(pl inv* OR **-s)** *n* león *m* marítimo

seam [si:m] *n* **1.** (SEWING) costura *f*. **2.** *(of coal)* veta *f*.

seaman ['si:mən] *(pl* **-men** [-mən]) *n* marinero *m*

seamy ['si:mı] *adj* sórdido(da).

séance ['seıɒns] *n* sesión *f* de espiritismo.

seaplane ['si:pleın] *n* hidroavión *m*.

seaport ['si:pɔ:t] *n* puerto *m* de mar.

search [sɜ:tʃ] ◇ *n (gen)* búsqueda *f*; *(of room, drawer)* registro *m*; *(of person)* cacheo *m*; **~ for sthg** búsqueda de algo; **in ~ of** en busca de. ◇ *vt (gen)* registrar; *(one's mind)* escudriñar; **to ~ sthg for sthg** buscar algo en algo. ◇ *vi*: **to ~ (for sthg/sb)** buscar (algo/a alguien).

searching ['sɜ:tʃıŋ] *adj (question)* agudo(da); *(look)* penetrante.

searchlight ['sɜ:tʃlaıt] *n* reflector *m*.

search party *n* equipo *m* de búsqueda.

search warrant *n* mandamiento *m* de registro.

seashell ['si:ʃel] *n* concha *f* (marina).

seashore ['si:ʃɔ:*ʳ*] *n*: **the ~** la orilla del mar.

seasick ['si:sık] *adj* mareado(da).

seaside ['si:saıd] *n*: **the ~** la playa.

seaside resort *n* lugar *m* de veraneo (en la playa).

season ['si:zn] ◇ *n* **1.** *(of year)* estación *f*. **2.** *(particular period)* época *f*. **3.** *(of holiday)* temporada *f*. **4.** *(of food)*: **out of/in ~** fuera de/en sazón. **5.** *(of talks, films)* temporada *f*. ◇ *vt* sazonar.

seasonal ['si:zənl] *adj (work)* temporal; *(change)* estacional.

seasoned ['si:znd] *adj (experienced)* veterano(na).

seasoning ['si:znıŋ] *n* condimento *m*.

season ticket *n* abono *m*.

seat [si:t] ◇ *n* **1.** *(gen)* asiento *m*. **2.** *(of trousers, skirt)* trasero *m*. **3.** (POL) *(in parliament)* escaño *m*. ◇ *vt* **1.** *(sit down)* sentar; **be ~ed!** ¡siéntese! **2.** *(subj: building, vehicle)* tener cabida para.

seat belt *n* cinturón *m* de seguridad.

seating ['si:tıŋ] *n (U) (capacity)* asientos *mpl*.

seawater ['si:,wɔ:tə*ʳ*] *n* agua *f* de mar.

seaweed ['si:wi:d] *n (U)* alga *f* marina.

seaworthy ['si:,wɜ:ðı] *adj* en condiciones de navegar.

sec. *(abbr of* **second)** seg.

secede [sı'si:d] *vi fml*: **to ~ (from sthg)** separarse (de algo).

secluded [sı'klu:dıd] *adj* apartado(da).

seclusion [sı'klu:ʒn] *n* aislamiento *m*.

second ['sekənd] ◇ *n* **1.** *(gen)* segundo *m*. **2.** *Br* (UNIV) ≃ licenciatura *f* con notable. ◇ *num* segundo(da); *see also* **sixth.** ◇ *vt* secundar. ♦ **seconds** *npl* **1.** (COMM) artículos *mpl* defectuosos

2. *(of food):* **to have ~s** repetir *(en una comida).*

secondary ['sekəndrɪ] *adj* **1.** *(SCH - school)* secundario(ria); *(- education)* medio(dia). **2.** *(less important):* **to be ~ to** ser secundario(ria) a.

secondary school *n* escuela *f* de enseñanza media.

second-class ['sekənd-] *adj* **1.** *(gen)* de segunda clase. **2.** *Br (UNIV) nota global de licenciatura equivalente a un notable o un aprobado alto.*

second hand ['sekənd-] *n (of clock)* segundero *m.*

second-hand ['sekənd-] ◇ *adj (goods, information)* de segunda mano. ◇ *adv (not new)* de segunda mano.

secondly ['sekəndlɪ] *adv* en segundo lugar.

secondment [sɪ'kɒndmənt] *n Br* traslado *m* temporal.

second-rate ['sekənd-] *adj pej* de segunda categoría, mediocre.

second thought ['sekənd-] *n:* **to have ~s about sthg** tener dudas acerca de algo; **on ~s** *Br,* **on ~** *Am* pensándolo bien.

secrecy ['si:krəsɪ] *n (U)* secreto *m.*

secret ['si:krɪt] ◇ *adj* secreto(ta). ◇ *n* secreto *m;* **in ~** en secreto.

secretarial [,sekrə'teərɪəl] *adj (course, training)* de secretariado; *(staff)* administrativo(va).

secretary [*Br* 'sekrətrɪ, *Am* 'sekrə,terɪ] *n* **1.** *(gen)* secretario *m,* -ria *f.* **2.** *(POL) (minister)* ministro *m.*

Secretary of State *n* **1.** *Br:* **~ (for)** ministro *m* (de). **2.** *Am* ministro *m* estadounidense de Asuntos Exteriores.

secretive ['si:krətɪv] *adj (person)* reservado(da); *(organization)* secreto(ta).

secretly ['si:krɪtlɪ] *adv (hope, think)* secretamente; *(tell)* en secreto.

sect [sekt] *n* secta *f.*

sectarian [sek'teərɪən] *adj* sectario (ria).

section ['sekʃn] *n* sección *f.*

sector ['sektər] *n* sector *m.*

secular ['sekjʊlər] *adj (education, life)* laico(ca), secular; *(music)* profano(na).

secure [sɪ'kjʊər] ◇ *adj (gen)* seguro (ra). ◇ *vt* **1.** *(obtain)* conseguir, obtener. **2.** *(make safe)* proteger. **3.** *(fasten)* cerrar bien.

security [sɪ'kjʊərətɪ] *n* **1.** seguridad *f.* **2.** *(for loan)* garantía *f.* ♦ **securities** *npl (FIN)* valores *mpl.*

security guard *n* guardia *m* jurado OR de seguridad

sedan [sɪ'dæn] *n Am (coche m)* utilitario *m*

sedate [sɪ'deɪt] ◇ *adj* sosegado(da). ◇ *vt* sedar.

sedation [sɪ'deɪʃn] *n (U)* sedación *f.*

sedative ['sedətɪv] *n* sedante *m.*

sediment ['sedɪmənt] *n* sedimento *m*

seduce [sɪ'dju:s] *vt:* **to ~ sb (into doing sthg)** seducir a alguien (a hacer algo).

seductive [sɪ'dʌktɪv] *adj* seductor(ra).

see [si:] *(pt* **saw,** *pp* **seen)** ◇ *vt* **1.** *(gen)* ver. **2.** *(visit - friend, doctor)* ir a ver, visitar; **~ you soon/later/tomorrow!** *etc* ¡hasta pronto/luego/mañana! *etc;* **~ you!** ¡hasta luego!; **~ below/p 10** véase más abajo/pág. 10. **3.** *(accompany - to door etc)* acompañar. **4.** *(make sure):* **to ~ (to it) that ...** encargarse de que ... ◇ *vi (gen)* ver; *(understand)* entender; **let's ~, let me ~** vamos a ver, veamos; **you ~** ... verás, es que ...; **I ~** ya veo. ♦ **seeing as, seeing that** *conj inf* como. ♦ **see about** *vt fus (arrange)* encargarse de. ♦ **see off** *vt sep* **1.** *(say goodbye to)* despedir. **2.** *Br (chase away)* ahuyentar. ♦ **see through** *vt fus (person)* ver claramente las intenciones de. ♦ **see to** *vt fus* ocuparse de.

seed [si:d] *n (of plant)* semilla *f.* ♦ **seeds** *npl fig (of doubt)* semilla *f; (of idea)* germen *m.*

seedling ['si:dlɪŋ] *n* plantón *m.*

seedy ['si:dɪ] *adj (room, area)* sórdido (da); *(person)* desaliñado(da).

seek [si:k] *(pt & pp* **sought)** *vt fml* **1.** *(look for, try to obtain)* buscar. **2.** *(ask for)* solicitar. **3.** *(try):* **to ~ to do sthg** procurar hacer algo.

seem [si:m] *vi* parecer; **it ~s (to be) good** parece (que es) bueno; **I can't ~ to do it** no puedo hacerlo (por mucho que lo intente). ◇ *v impers:* **it ~s (that)** parece que.

seemingly ['si:mɪŋlɪ] *adv* aparentemente.

seen [si:n] *pp* → **see.**

seep [si:p] *vi* rezumar, filtrarse.

seesaw ['si:sɔ:] *n* balancín *m*

seethe [si:ð] *vi* **1.** *(person)* rabiar. **2.** *(place):* **to be seething with** estar a rebosar de.

see-through *adj* transparente.

segment ['segmənt] *n* **1.** *(proportion, section)* segmento *m.* **2.** *(of fruit)* gajo *m.*

segregate ['segrɪgeɪt] *vt* segregar.

Seine [seɪn] *n:* **the (River) ~** el *(río)* Sena.

seize [si:z] *vt* **1.** *(grab)* agarrar, coger. **2.** *(capture - control, power, town)* tomar, hacerse con. **3.** *(arrest)* detener. **4.** *(take advantage of)* aprovechar.
♦ **seize (up)on** *vt fus* valerse de.
♦ **seize up** *vi* agarrotarse.

seizure ['si:ʒəʳ] *n* **1.** (MED) ataque *m* **2.** *(taking, capturing)* toma *f.*

seldom ['seldəm] *adv* raramente.

select [sɪ'lekt] ◇ *adj* selecto(ta). ◇ *vt* *(gen)* elegir, escoger; *(team)* seleccionar.

selection [sɪ'lekʃn] *n* **1.** *(gen)* selección *f.* **2.** *(fact of being selected)* elección *f.* **3.** *(in shop)* surtido *m.*

selective [sɪ'lektɪv] *adj* selectivo(va).

self [self] *(pl* **selves)** *n* uno mismo *m,* una misma *f;* **the ~** el yo.

self-addressed stamped envelope [-ə,drest'stæmpt-] *n Am* sobre con sus señas y franqueo

self-assured *adj* seguro de sí mismo (segura de sí misma).

self-catering *adj* sin pensión.

self-centred [-'sentəd] *adj* egocéntrico(ca).

self-confessed [-kən'fest] *adj* confeso (sa).

self-confident *adj (person)* seguro de sí mismo (segura de sí misma); *(attitude, remark)* lleno(na) de seguridad.

self-conscious *adj* cohibido(da).

self-contained [-kən'teɪnd] *adj* autosuficiente.

self-control *n* control *m* de sí mismo/misma.

self-defence *n* defensa *f* propia; **in ~** en defensa propia.

self-discipline *n* autodisciplina *f.*

self-employed [-ɪm'plɔɪd] *adj* autónomo(ma), que trabaja por cuenta propia.

self-esteem *n* amor *m* propio.

self-evident *adj* evidente, patente.

self-explanatory *adj* evidente.

self-government *n* autogobierno *m.*

self-important *adj pej* engreído (da).

self-indulgent *adj pej* que se permite excesos.

self-interest *n pej (U)* interés *m* propio

selfish ['selfɪʃ] *adj* egoísta.

selfishness ['selfɪʃnɪs] *n* egoísmo *m.*

selfless ['selflɪs] *adj* desinteresado(da).

self-made *adj* que ha triunfado por su propio esfuerzo.

self-opinionated *adj pej* que siempre tiene que decir la suya.

self-pity *n pej* lástima *f* de uno mismo/una misma.

self-portrait *n* autorretrato *m.*

self-possessed [-pə'zest] *adj* dueño de sí mismo (dueña de sí misma).

self-raising flour *Br* [-,reɪzɪŋ-], **self-rising flour** *Am n* harina *f* con levadura.

self-reliant *adj* independiente.

self-respect *n* amor *m* propio.

self-respecting [-rɪs'pektɪŋ] *adj* que se precie, digno(na).

self-restraint *n* dominio *m* de sí mismo/misma.

self-righteous *adj pej* santurrón (ona).

self-rising flour *Am* = **self-raising flour**

self-sacrifice *n* abnegación *f*

self-satisfied *adj pej (person)* satisfecho de sí mismo (satisfecha de sí misma); *(smile)* lleno(na) de suficiencia.

self-service *comp* de autoservicio.

self-sufficient *adj:* **~ (in)** autosuficiente (en).

self-taught *adj* autodidacta.

sell [sel] *(pt & pp* **sold)** ◇ *vt* **1.** *(gen)* vender; **to ~ sthg to sb, to ~ sb sthg** vender algo a alguien; **to ~ sthg for** vender algo por **2.** *(encourage sale of)* hacer vender. ◇ *vi* **1.** *(exchange for money)* vender. **2.** *(be bought):* **to ~ (for** OR **at)** venderse (a). ♦ **sell off** *vt sep* liquidar. ♦ **sell out** ◇ *vt sep (performance):* **to have sold out** estar agotado (da). ◇ *vi* **1.** *(shop):* **to ~ out (of sthg)** agotar las existencias (de algo). **2.** *(be disloyal, unprincipled)* venderse.

sell-by date *n Br* fecha *f* de caducidad.

seller ['seləʳ] *n* vendedor *m,* -ra *f.*

selling price ['selɪŋ-] *n* precio *m* de venta.

Sellotape® ['seləteɪp] *n Br* cinta *f* adhesiva, ≃ celo® *m Esp,* ≃ durex® *m Amer.*

sell-out *n (performance, match)* lleno *m.*

selves [selvz] *pl* → **self**.

semaphore ['seməfɔːʳ] *n (U)* semáforo *m*

semblance ['sembləns] *n fml* apariencia *f.*

semen ['siːmen] *n* semen *m.*

semester [sɪ'mestəʳ] *n* semestre *m.*

semicircle ['semɪ,sɜːkl] *n* semicírculo *m*

semicolon [ˌsemɪ'kəʊlən] *n* punto *m* y coma.

semidetached [ˌsemɪdɪ'tætʃt] ◊ *adj* adosado(da). ◊ *n Br* casa *f* adosada (a otra).

semifinal [ˌsemɪ'faɪnl] *n* semifinal *f*.

seminar [ˈsemɪnɑːʳ] *n* seminario *m*.

seminary [ˈsemɪnərɪ] *n* (RELIG) seminario *m*.

semiskilled [ˌsemɪ'skɪld] *adj* semicualificado(da).

semolina [ˌsemə'liːnə] *n* sémola *f*.

Senate [ˈsenɪt] *n* (POL): **the (United States)** ~ el Senado (de los Estados Unidos).

senator [ˈsenətəʳ] *n* senador *m*, -ra *f*.

send [send] (*pt & pp* sent) *vt* **1.** (*gen*) mandar; **to** ~ **sb sthg, to** ~ **sthg to sb** mandar a alguien algo. **2.** (*tell to go, arrange for attendance*): **to** ~ **sb (to)** enviar OR mandar a alguien (a). ♦ **send for** *vt fus* (*person*) mandar llamar a. ♦ **send in** *vt sep* mandar, enviar. ♦ **send off** *vt sep* **1.** (*by post*) mandar (por correo). **2.** (SPORT) expulsar. ♦ **send off for** *vt fus* (*goods, information*) pedir, encargar. ♦ **send up** *vt sep Br inf* (*imitate*) parodiar.

sender [ˈsendəʳ] *n* remitente *m* y *f*.

send-off *n* despedida *f*.

senile [ˈsiːnaɪl] *adj* senil.

senior [ˈsiːnjəʳ] ◊ *adj* **1.** (*highest-ranking*) superior, de rango superior. **2.** (*higher-ranking*): ~ **to sb** superior a alguien. **3.** (SCH) (*pupil*) mayor; (*class, common room*) de los mayores. ◊ *n* **1.** (*older person*): **I'm five years his** ~ le llevo cinco años. **2.** (SCH) mayor *m* y *f*.

senior citizen *n* ciudadano *m*, -na *f* de la tercera edad.

sensation [sen'seɪʃn] *n* sensación *f*.

sensational [sen'seɪʃənl] *adj* (*gen*) sensacional.

sensationalist [sen'seɪʃnəlɪst] *adj pej* sensacionalista.

sense [sens] ◊ *n* **1.** (*faculty, meaning*) sentido *m*; **to make** ~ (*have meaning*) tener sentido. **2.** (*feeling - of guilt, terror*) sentimiento *m*; (*- of urgency*) sensación *f*; (*- of honour, duty*) sentido *m*. **3.** (*natural ability*): **business** ~ talento *m* para los negocios; ~ **of humour/style** sentido *m* del humor/estilo. **4.** (*wisdom, reason*) juicio *m*, sentido *m* común; **to make** ~ (*be sensible*) ser sensato. ◊ *vt* sentir, percibir; **to** ~ (**that**) percibir OR sentir que. ♦ **in a sense** *adv* en cierto sentido.

senseless [ˈsenslɪs] *adj* **1.** (*stupid*) sin

sentido. **2.** (*unconscious*) inconsciente.

sensibilities [ˌsensɪ'bɪlətɪz] *npl* (*delicate feelings*) sensibilidad *f*.

sensible [ˈsensəbl] *adj* (*person, decision*) sensato(ta); (*clothes*) práctico(ca).

sensitive [ˈsensɪtɪv] *adj* **1.** (*understanding*): ~ (**to**) comprensivo(va) (hacia). **2.** (*easily hurt, touchy*): ~ (**to/about**) susceptible (a/acerca de). **3.** (*controversial*) delicado(da). **4.** (*easily damaged, tender*): ~ (**to**) sensible (a). **5.** (*responsive - instrument*) sensible.

sensual [ˈsensjʊəl] *adj* sensual.

sensuous [ˈsensjʊəs] *adj* sensual.

sent [sent] *pt & pp* → send.

sentence [ˈsentəns] ◊ *n* **1.** (*group of words*) frase *f*, oración *f*. **2.** (JUR) sentencia *f*. ◊ *vt*: **to** ~ **sb (to)** condenar a alguien (a).

sentiment [ˈsentɪmənt] *n* **1.** (*feeling*) sentimiento *m*. **2.** (*opinion*) opinión *f*.

sentimental [ˌsentɪ'mentl] *adj* sentimental.

sentry [ˈsentrɪ] *n* centinela *m*.

separate [*adj & n* 'seprət, *vb* 'sepəreɪt] ◊ *adj* **1.** (*not joined, apart*): ~ (**from**) separado(da) (de). **2.** (*individual, distinct*) distinto(ta). ◊ *vt* **1.** (*keep or move apart*): **to** ~ **sthg/sb (from)** separar algo/a alguien (de). **2.** (*distinguish*): **to** ~ **sthg/sb from** diferenciar algo/a alguien de. **3.** (*divide*): **to** ~ **sthg/sb into** dividir algo/a alguien en. ◊ *vi* **1.** (*gen*): **to** ~ (**from**) separarse (de). **2.** (*divide*): **to** ~ (**into**) dividirse (en). ♦ **separates** *npl Br* piezas *fpl* (de vestir que combinan).

separately [ˈseprətlɪ] *adv* **1.** (*on one's own*) independientemente. **2.** (*one by one*) por separado.

separation [ˌsepə'reɪʃn] *n* separación *f*.

September [sep'tembəʳ] *n* septiembre *m*, setiembre *m*; **1** ~ **1992** (*in letters etc*) 1 de septiembre de 1992; **by/in** ~ para/en septiembre; **last/this/next** ~ en septiembre del año pasado/de este año/del año que viene; **every** ~ todos los años en septiembre; **during** ~ en septiembre; **at the beginning/end of** ~ a principios/finales de septiembre; **in the middle of** ~ a mediados de septiembre.

septic [ˈseptɪk] *adj* séptico(ca).

septic tank *n* fosa *f* séptica.

sequel [ˈsiːkwəl] *n* **1.** (*book, film*): ~ (**to**) continuación *f* (de). **2.** (*consequence*): ~ (**to**) secuela *f* (de).

sequence [ˈsiːkwəns] *n* **1.** (*series*) sucesión f. 2. (order, of film) secuencia f.

Serb = **Serbian**.

Serbia ['sɜːbjə] n Serbia.

Serbian ['sɜːbjən], **Serb** [sɜːb] ◇ adj serbio(bia). ◇ n 1. (person) serbio m, -bia f. 2. (dialect) serbio m.

serene [sɪˈriːn] adj sereno(na).

sergeant ['sɑːdʒənt] n 1. (MIL) sargento m. 2. (in police) ≃ subinspector m de policía.

sergeant major n sargento m mayor

serial ['sɪərɪəl] n serial m.

serial number n número m de serie.

series ['sɪəriːz] (pl inv) n serie f

serious ['sɪərɪəs] adj 1. (gen) serio(ria); **are you ~?** ¿hablas en serio? 2. (very bad) grave.

seriously ['sɪərɪəslɪ] adv 1. (honestly) en serio 2. (very badly) gravemente. 3. (in a considered, earnest, solemn manner) seriamente. 4. phr: **to take sthg/ sb ~** tomar algo/a alguien en serio.

seriousness ['sɪərɪəsnɪs] n 1. (gravity) gravedad f. 2. (solemnity) seriedad f.

sermon ['sɜːmən] n (RELIG & pej) sermón m.

serrated [sɪˈreɪtɪd] adj dentado(da).

servant ['sɜːvənt] n sirviente m, -ta f.

serve [sɜːv] ◇ vt 1. (work for) servir. 2. (have effect): **to ~ to do sthg** servir para hacer algo. 3. (fulfil): **to ~ a purpose** cumplir un propósito 4. (provide for) abastecer. 5. (food, drink): **to ~ sthg to sb, to ~ sb sthg** servir algo a alguien. 6. (in shop, bar etc) despachar, servir. 7. (JUR): **to ~ sb with sthg, to ~ sthg on sb** entregar a alguien algo. 8. (prison sentence) cumplir; (apprenticeship) hacer; (term of office) ejercer. 9. (SPORT) servir, sacar. 10. phr: **that ~s you right!** ¡bien merecido lo tienes! ◇ vi 1. (work, give food or drink) servir. 2. (function): **to ~ as** servir de. 3. (in shop, bar etc) despachar. 4. (SPORT) sacar. ◆ **serve out, serve up** vt sep servir

service ['sɜːvɪs] ◇ n 1. (gen) servicio m; **in ~** en funcionamiento; **out of ~** fuera de servicio. 2. (mechanical check) revisión f. 3. (RELIG) oficio m, servicio m. 4. (set - of plates etc) servicio m, juego m. 5. (SPORT) saque m. 6. (use): **to be of ~ (to sb)** servir (a alguien). ◇ vt (car, machine) revisar. ◆ **services** npl 1. (on motorway) área f de servicios. 2. (armed forces): **the ~s** las fuerzas armadas. 3. (efforts, work) servicios mpl.

serviceable ['sɜːvɪsəbl] adj útil, práctico(ca).

service area n área f de servicios.

service charge n servicio m

serviceman ['sɜːvɪsmən] (pl -men [-mən]) n militar m.

service station n estación f de servicio.

serviette [ˌsɜːvɪˈet] n servilleta f.

sesame ['sesəmɪ] n sésamo m.

session ['seʃn] n 1. (gen) sesión f; **in ~** en sesión. 2. Am (school term) trimestre m.

set [set] (pt & pp set) ◇ adj 1. (fixed - expression, amount) fijo(ja); (- pattern, method) establecido(da). 2. Br (SCH - text etc) asignado(da). 3. (ready, prepared): **~ (for sthg/to do sthg)** listo(ta) (para algo/para hacer algo). 4. (determined): **to be ~ on sthg/ doing sthg** estar empeñado(da) en algo/hacer algo ◇ n 1. (collection - gen) juego m; (- of stamps) serie f. 2. (TV, radio) aparato m. 3. (THEATRE) decorado m; (CINEMA) plató m. 4. (TENNIS) set m. ◇ vt 1. (position, place) poner, colocar. 2. (fix, insert): **to ~ sthg in OR into** montar algo en 3. (cause to be or start): **to ~ free** poner en libertad; **to ~ fire to** prender fuego a; **to ~ sthg in motion** poner algo en marcha. 4. (trap, table, essay) poner. 5. (alarm, meter) poner. 6. (time, wage) fijar. 7. (example) dar; (precedent) sentar; (trend) imponer, dictar. 8. (target) fijar. 9. (MED - bones, leg) componer. 10. (book, play, film) situar, ambientar. ◇ vi 1. (sun) ponerse. 2. (jelly) cuajarse; (glue, cement) secarse. ◆ **set about** vt fus (start - task) comenzar; (- problem) atacar; **to ~ about doing sthg** ponerse a hacer algo. ◆ **set aside** vt sep 1. (keep, save) reservar 2. (dismiss - enmity, differences) dejar de lado. ◆ **set back** vt sep (delay) retrasar. ◆ **set off** ◇ vt sep 1. (initiate, cause) provocar. 2. (ignite - bomb) hacer estallar. ◇ vi ponerse en camino. ◆ **set out** ◇ vt sep 1. (arrange) disponer 2. (explain) exponer. ◇ vi 1. (on journey) ponerse en camino 2. (intend): **to ~ out to do sthg** proponerse a hacer algo. ◆ **set up** vt sep 1. (business) poner, montar; (committee, organization) crear; (procedure) establecer; (interview, meeting) organizar 2. (statue, roadblock) levantar. 3. (prepare for use) preparar. 4. inf (frame) tender una trampa a.

setback ['setbæk] n revés m, contratiempo m

set menu n menú m del día

settee [se'tiː] *n* sofá *m*.

setting ['setɪŋ] *n* **1.** *(surroundings)* escenario *m*. **2.** *(of dial, control)* posición *f*.

settle ['setl] ◇ *vt* **1.** *(conclude, decide)* resolver. **2.** *(pay)* ajustar, saldar. **3.** *(calm - nerves)* tranquilizar. ◇ *vi* **1.** *(stop travelling)* instalarse. **2.** *(make o.s. comfortable)* acomodarse. **3.** *(dust, sediment)* depositarse. **4.** *(calm down - person)* calmarse. ♦ **settle down** *vi* **1.** *(concentrate on):* **to ~ down to doing sthg** ponerse a hacer algo. **2.** *(become respectable)* sentar la cabeza. **3.** *(calm oneself)* calmarse. ♦ **settle for** *vt fus* conformarse con. ♦ **settle in** *vi (in new home)* instalarse; *(in new job)* adaptarse. ♦ **settle on** *vt fus (choose)* decidirse por. ♦ **settle up** *vi:* **to ~ up (with sb)** ajustar las cuentas (con alguien).

settlement ['setlmənt] *n* **1.** *(agreement)* acuerdo *m*. **2.** *(village)* poblado *m*.

settler ['setlə^r] *n* colono *m*.

set-up *n inf* **1.** *(system, organization)* sistema *m*. **2.** *(frame, trap)* trampa *f*.

seven ['sevn] *num* siete; *see also* **six**.

seventeen [,sevn'tiːn] *num* diecisiete; *see also* **six**.

seventeenth [,sevn'tiːnθ] *num* decimoséptimo(ma); *see also* **sixth**.

seventh ['sevnθ] *num* séptimo(ma); *see also* **sixth**.

seventy ['sevntɪ] *num* setenta; *see also* **sixty**.

sever ['sevə^r] *vt* **1.** *(cut through)* cortar. **2.** *(finish completely)* romper.

several ['sevrəl] ◇ *adj* varios(rias). ◇ *pron* varios *mpl*, -rias *fpl*.

severance ['sevrəns] *n fml* ruptura *f*.

severance pay *n* despido *m*.

severe [sɪ'vɪə^r] *adj (gen)* severo(ra); *(pain)* fuerte, agudo(da).

severity [sɪ'verətɪ] *n (gen)* gravedad *f*; *(of shortage, problem)* severidad *f*.

Seville [sə'vɪl] *n* Sevilla.

sew [səʊ] *(Br pp* **sewn**, *Am pp* **sewed** OR **sewn)** *vt & vi* coser. ♦ **sew up** *vt sep (cloth)* coser.

sewage ['suːɪdʒ] *n (U)* aguas *fpl* residuales.

sewer ['suə^r] *n* alcantarilla *f*, cloaca *f*.

sewing ['səʊɪŋ] *n (U)* **1.** *(activity)* labor *f* de costura. **2.** *(items)* costura *f*.

sewing machine *n* máquina *f* de coser.

sewn [səʊn] *pp* → **sew**.

sex [seks] *n* sexo *m*; **to have ~** tener relaciones sexuales

sexist ['seksɪst] ◇ *adj* sexista. ◇ *n* sexista *m y f*.

sexual ['sekʃʊəl] *adj* sexual.

sexual harassment *n* acoso *m* sexual.

sexual intercourse *n (U)* relaciones *fpl* sexuales.

sexy ['seksɪ] *adj inf* sexi *(inv)*.

shabby ['ʃæbɪ] *adj* **1.** *(clothes, briefcase)* desastrado(da); *(street)* de aspecto abandonado. **2.** *(person)* andrajoso (sa).

shack [ʃæk] *n* chabola *f*.

shackle ['ʃækl] *vt (enchain)* poner grilletes a. ♦ **shackles** *npl (metal rings)* grilletes *mpl*.

shade [ʃeɪd] ◇ *n* **1.** *(U) (shadow)* sombra *f*. **2.** *(lampshade)* pantalla *f*. **3.** *(of colour, meaning)* matiz *m*. ◇ *vt (from light)* dar sombra a. ♦ **shades** *npl inf (sunglasses)* gafas *fpl* de sol.

shadow ['ʃædəʊ] *n* **1.** *(dark shape, form)* sombra *f*. **2.** *(darkness)* oscuridad *f*. **3.** *phr:* **there's not a** OR **the ~ of a doubt** no hay la menor duda.

shadow cabinet *n* gobierno *m* en la sombra, *directiva del principal partido de la oposición en Gran Bretaña.*

shadowy ['ʃædəʊɪ] *adj* **1.** *(dark)* sombrío(a). **2.** *(hard to see)* vago(ga).

shady ['ʃeɪdɪ] *adj* **1.** *(sheltered from sun)* sombreado(da). **2.** *inf (dishonest - businessman)* sospechoso(sa); *(- deal)* turbio(bia).

shaft [ʃɑːft] *n* **1.** *(vertical passage)* pozo *m*. **2.** *(rod - of propeller etc)* eje *m*. **3.** *(of light)* rayo *m*.

shaggy ['ʃægɪ] *adj (dog)* peludo(da).

shake [ʃeɪk] *(pt* **shook**, *pp* **shaken** ['ʃeɪkən]) ◇ *vt* **1.** *(move vigorously)* sacudir; **to ~ sb's hand** dar OR estrechar la mano a alguien; **to ~ hands** darse OR estrecharse la mano; **to ~ one's head** *(in refusal)* negar con la cabeza; *(in disbelief)* mover la cabeza mostrando incredulidad. **2.** *(shock)* trastornar, conmocionar. ◇ *vi* temblar. ♦ **shake off** *vt sep (pursuer)* deshacerse de; *(cold)* quitarse de encima; *(illness)* superar.

shaken ['ʃeɪkn] *pp* → **shake**.

shaky ['ʃeɪkɪ] *adj* **1.** *(weak, nervous)* tembloroso(sa). **2.** *(unconfident, insecure - start)* incierto(ta); *(- argument)* poco sólido(da).

shall *[weak form* ʃəl, *strong form* ʃæl] *aux vb* **1.** *(1st person sg & 1st person pl) (to express future tense):* **we ~ be there tomorrow** mañana estaremos ahí; **I**

shan't be home till ten no estaré en casa hasta las diez 2. *(esp 1st person sg & 1st person pl) (in questions)*: ~ **we go for a walk?** ¿vamos a dar una vuelta?; ~ **I give her a ring?** ¿la llamo?; **I'll do that,** ~ **I?** hago esto, ¿vale? 3. *(in orders)*: **you** ~ **do as I tell you!** ¡harás lo que yo te diga!; **no one** ~ **leave until I say so** que nadie salga hasta que yo lo diga.

shallow ['ʃæləʊ] *adj* 1. *(in size)* poco profundo(da). 2. *pej (superficial)* superficial.

sham [ʃæm] ◊ *n* farsa *f*. ◊ *vi* fingir.

shambles ['ʃæmblz] *n* desbarajuste *m*, follón *m*

shame [ʃeɪm] ◊ *n* 1. *(U) (remorse)* vergüenza *f*, pena *f Amer*. 2. *(dishonour)*: **to bring** ~ **on** OR **upon sb** deshonrar a alguien. 3. *(pity)*: **what a** ~! ¡qué pena OR lástima!; **it's a** ~ es una pena OR lástima. ◊ *vt* 1. *(fill with shame)* avergonzar 2. *(force by making ashamed)*: **to** ~ **sb into doing sthg** conseguir que alguien haga algo avergonzándole.

shamefaced [,ʃeɪm'feɪst] *adj* avergonzado(da).

shameful ['ʃeɪmfʊl] *adj* vergonzoso (sa).

shameless ['ʃeɪmlɪs] *adj* desvergonzado(da).

shampoo [ʃæm'puː] (*pl* -s) ◊ *n (liquid)* champú *m*. ◊ *vt* lavar (con champú).

shamrock ['ʃæmrɒk] *n* trébol *m*

shandy ['ʃændɪ] *n* cerveza *f* con gaseosa, clara *f*

shan't [ʃɑːnt] = **shall not**.

shantytown ['ʃæntɪtaʊn] *n* barrio *m* de chabolas *Esp*, barriada *f Amer*.

shape [ʃeɪp] ◊ *n* 1. *(outer form)* forma *f*. 2. *(definite form, silhouette)* figura *f*. 3. *(structure)* configuración *f*; **to take** ~ tomar forma. 4. *(form, health)*: **to be in good/bad** ~ *(person)* estar/no estar en forma; *(business etc)* estar en buen/mal estado. ◊ *vt (mould)*: **to** ~ **sthg (into)** dar a algo forma (de). 2. *(cause to develop)* desarrollar. ♦ **shape up** *vi (develop)* desarrollarse.

-shaped ['ʃeɪpt] *suffix*: **egg/star~** en forma de huevo/estrella.

shapeless ['ʃeɪplɪs] *adj* sin forma.

shapely ['ʃeɪplɪ] *adj* bien hecho(cha).

share [ʃeəʳ] ◊ *n* 1. *(portion)*: ~ **(of** OR **in)** parte *f* (de). 2. *(contribution, quota)*: **to have/do one's** ~ **of sthg** tener/hacer la parte que a uno le toca de algo. ◊ *vt (gen)*: **to** ~ **sthg (with)** compartir algo (con). ◊ *vi* compartir.

♦ **shares** *npl* acciones *fpl*. ♦ **share out** *vt sep* repartir, distribuir.

shareholder ['ʃeə,həʊldəʳ] *n* accionista *m y f*.

shareware ['ʃeəweəʳ] *n (U)* shareware *m*.

shark [ʃɑːk] (*pl inv* OR -s) *n* tiburón *m*; *fig* estafador *m*, -ra *f*.

sharp [ʃɑːp] ◊ *adj* 1. *(not blunt)* afilado (da). 2. *(well-defined - outline)* definido (da); *(- photograph)* nítido(da); *(- contrast)* marcado(da). 3. *(intelligent, keen - person)* listo(ta); *(- eyesight)* penetrante; *(- hearing)* fino(na); *(- intelligence)* vivo (va). 4. *(abrupt, sudden)* brusco(ca). 5. *(quick, firm - blow)* seco(ca). 6. *(angry, severe)* cortante. 7. *(piercing, acute - sound, cry, pain)* agudo(da); *(- cold, wind)* penetrante. 8. *(bitter)* ácido(da). 9. (MUS) desafinado(da). ◊ *adv* 1. *(punctually)* en punto. 2. *(quickly, suddenly)* bruscamente. ◊ *n* (MUS) sostenido *m*.

sharpen ['ʃɑːpn] *vt* 1. *(make sharp)* afilar; *(pencil)* sacar punta a. 2. *(make keener, quicker, greater)* agudizar.

sharpener ['ʃɑːpnəʳ] *n (for pencils)* sacapuntas *m inv*; *(for knives)* afilador *m*.

sharp-eyed [-'aɪd] *adj* perspicaz.

sharply ['ʃɑːplɪ] *adv* 1. *(distinctly)* claramente. 2. *(suddenly)* repentinamente. 3. *(harshly)* duramente.

shat [ʃæt] *pt & pp* → **shit**

shatter ['ʃætəʳ] ◊ *vt* 1. *(smash)* hacer añicos. 2. *(hopes etc)* echar por tierra. ◊ *vi* hacerse añicos.

shattered ['ʃætəd] *adj* 1. *(shocked, upset)* destrozado(da). 2. *Br inf (very tired)* hecho(cha) polvo.

shave [ʃeɪv] ◊ *n* afeitado *m*; **to have a** ~ afeitarse. ◊ *vt* 1. *(face, body)* afeitar. 2. *(cut pieces off)* raspar. ◊ *vi* afeitar.

shaver ['ʃeɪvəʳ] *n* maquinilla *f* (de afeitar) eléctrica.

shaving brush ['ʃeɪvɪŋ-] *n* brocha *f* de afeitar.

shaving cream ['ʃeɪvɪŋ-] *n* crema *f* de afeitar.

shaving foam ['ʃeɪvɪŋ-] *n* espuma *f* de afeitar.

shavings ['ʃeɪvɪŋz] *npl* virutas *fpl*.

shawl [ʃɔːl] *n* chal *m*.

she [ʃiː] ◊ *pers pron* 1. *(referring to woman, girl, animal)* ella; ~'s **tall** es alta; SHE **can't do it** ella no puede hacerlo; **there** ~ **is** allí está; **if I were** OR **was** ~ *fml* si (yo) fuera ella. 2. *(referring to boat, car, country)*: ~'s **a**

fine ship es un buen barco. ◇ *comp*: **~-elephant** elefanta *f*; **~ bear** osa *f*.

sheaf [ʃiːf] (*pl* **sheaves**) *n* **1.** (*of papers, letters*) fajo *m*. **2.** (*of corn, grain*) gavilla *f*.

shear [ʃɪəʳ] (*pp* **-ed** OR **shorn**) *vt* (*sheep*) esquilar. ◆ **shears** *npl* (*for garden*) tijeras *fpl* de podar. ◆ **shear off** *vi* romperse.

sheath [ʃiːθ] (*pl* **-s**) *n* **1.** (*covering for knife*) vaina *f*. **2.** *Br* (*condom*) preservativo *m*.

sheaves [ʃiːvz] *pl* → **sheaf**.

shed [ʃed] (*pt & pp* **shed**) ◇ *n* cobertizo *m*. ◇ *vt* **1.** (*skin*) mudar de; (*leaves*) despojarse de. **2.** (*discard*) deshacerse de. **3.** (*tears, blood*) derramar.

she'd [*weak form* ʃɪd, *strong form* ʃiːd] = **she had, she would**.

sheen [ʃiːn] *n* brillo *m*, lustre *m*.

sheep [ʃiːp] (*pl inv*) *n* (*animal*) oveja *f*; *fig* (*person*) borrego *m*, cordero *m*.

sheepdog [ˈʃiːpdɒg] *n* perro *m* pastor.

sheepish [ˈʃiːpɪʃ] *adj* avergonzado (da).

sheepskin [ˈʃiːpskɪn] *n* piel *f* de carnero.

sheer [ʃɪəʳ] *adj* **1.** (*absolute*) puro(ra). **2.** (*very steep - cliff*) escarpado(da); (*- drop*) vertical. **3.** (*delicate*) diáfano (na).

sheet [ʃiːt] *n* **1.** (*for bed*) sábana *f*. **2.** (*of paper*) hoja *f*. **3.** (*of glass, metal, wood*) lámina *f*.

sheik(h) [ʃeɪk] *n* jeque *m*.

shelf [ʃelf] (*pl* **shelves**) *n* estante *m*.

shell [ʃel] ◇ *n* **1.** (*of egg, nut*) cáscara *f*. **2.** (*of tortoise, crab*) caparazón *m*; (*of snail, mussels*) concha *f*. **3.** (*on beach*) concha *f*. **4.** (*of building*) esqueleto *m*; (*of boat*) casco *m*; (*of car*) armazón *m*, chasis *m inv*. **5.** (MIL) (*missile*) proyectil *m*. ◇ *vt* **1.** (*peas*) desvainar; (*nuts, eggs*) quitar la cáscara a. **2.** (MIL) (*fire shells at*) bombardear.

she'll [ʃiːl] = **she will, she shall**.

shellfish [ˈʃelfɪʃ] (*pl inv*) *n* **1.** (*creature*) crustáceo *m*. **2.** (*U*) (*food*) mariscos *mpl*.

shell suit *n Br* chandal *m* (de nailon).

shelter [ˈʃeltəʳ] ◇ *n* (*building, protection*) refugio *m*. ◇ *vt* **1.** (*protect*): to be **~ed by/from** estar protegido(da) por/de. **2.** (*provide place to live for*) dar asilo OR cobijo a. **3.** (*hide*) proteger, esconder. ◇ *vi*: to **~ from/in** resguardarse de/en, protegerse de/en.

sheltered [ˈʃeltəd] *adj* (*place, existence*) protegido(da).

shelve [ʃelv] *vt* dar carpetazo a.

shelves [ʃelvz] *pl* → **shelf**.

shepherd [ˈʃepəd] ◇ *n* pastor *m*. ◇ *vt fig* acompañar.

shepherd's pie [ˈʃepədz-] *n* carne picada cubierta de puré de patatas.

sheriff [ˈʃerɪf] *n Am* sheriff *m*.

sherry [ˈʃerɪ] *n* jerez *m*.

she's [ʃiːz] = **she is, she has**.

Shetland [ˈʃetlənd] *n*: **(the) ~ (Islands)** las islas Shetland.

shield [ʃiːld] ◇ *n* (*armour, sports trophy*) escudo *m*. ◇ *vt*: to **~ sb (from)** proteger a alguien (de).

shift [ʃɪft] ◇ *n* **1.** (*slight change*) cambio *m*. **2.** (*period of work, workers*) turno *m* ◇ *vt* **1.** (*furniture etc*) cambiar de sitio, mover. **2.** (*attitude, belief*) cambiar de. ◇ *vi* **1.** (*person*) moverse; (*wind, opinion*) cambiar. **2.** *Am* (AUT) cambiar de marcha.

shiftless [ˈʃɪftlɪs] *adj* vago(ga).

shifty [ˈʃɪftɪ] *adj inf* (*person*) con pinta deshonesta; (*behaviour*) sospechoso (sa); (*look*) huidizo(za).

shilling [ˈʃɪlɪŋ] *n* chelín *m*.

shilly-shally [ˈʃɪlɪˌʃælɪ] (*pt & pp* **-ied**) *vi* titubear, vacilar.

shimmer [ˈʃɪməʳ] *vi* rielar, brillar con luz trémula.

shin [ʃɪn] *n* espinilla *f*.

shinbone [ˈʃɪnbəʊn] *n* espinilla *f*.

shine [ʃaɪn] (*pt & pp* **shone**) ◇ *n* brillo *m*. ◇ *vt* (*torch, lamp*) dirigir. ◇ *vi* (*gen*) brillar.

shingle [ˈʃɪŋgl] *n* (*U*) (*on beach*) guijarros *mpl*. ◆ **shingles** *n* (*U*) herpes *m inv*.

ship [ʃɪp] ◇ *n* barco *m*, buque *m* ◇ *vt* enviar por barco.

shipbuilding [ˈʃɪpˌbɪldɪŋ] *n* construcción *f* naval.

shipment [ˈʃɪpmənt] *n* envío *m*.

shipper [ˈʃɪpəʳ] *n* compañía *f* naviera.

shipping [ˈʃɪpɪŋ] *n* (*U*) **1.** (*transport*) envío *m*, transporte *m*. **2.** (*ships*) barcos *mpl*, buques *mpl*.

shipshape [ˈʃɪpʃeɪp] *adj* en orden.

shipwreck [ˈʃɪprek] ◇ *n* **1.** (*destruction of ship*) naufragio *m*. **2.** (*wrecked ship*) barco *m* náufrago. ◇ *vt*: to be **~ed** naufragar.

shipyard [ˈʃɪpjɑːd] *n* astillero *m*.

shire [ʃaɪəʳ] *n* (*county*) condado *m*

shirk [ʃɜːk] *vt* eludir.

shirt [ʃɜːt] *n* camisa *f*.

shirtsleeves [ˈʃɜːtsliːvz] *npl*: to be in (one's) **~** ir en mangas de camisa.

shit [ʃɪt] (*pt & pp* **shit** OR **-ted** OR **shat**) *vulg* ◇ *n* **1.** (*excrement*) mierda *f*.

2. *(U)* *(nonsense)* gilipolleces *fpl.* ◇ *vi* cagar. ◇ *excl* ¡mierda!

shiver ['ʃɪvəʳ] ◇ *n* escalofrío *m.* ◇ *vi*: **to ~ (with)** *(fear)* temblar OR estremecerse (de); *(cold)* tiritar (de).

shoal [ʃəʊl] *n* banco *m.*

shock [ʃɒk] ◇ *n* **1.** *(unpleasant surprise, reaction, emotional state)* susto *m*; **it came as a ~** fue un duro golpe. **2.** *(U)* (MED): **to be suffering from ~** estar en un estado de choque. **3.** *(impact)* choque *m.* **4.** *(electric shock)* descarga *f* OR sacudida *f* (eléctrica). ◇ *vt* **1.** *(upset)* conmocionar. **2.** *(offend)* escandalizar

shock absorber [-əb,zɔːbəʳ] *n* amortiguador *m.*

shocking ['ʃɒkɪŋ] *adj* **1.** *(very bad)* pésimo(ma). **2.** *(behaviour, film)* escandaloso(sa); *(price)* de escándalo.

shod [ʃɒd] ◇ *pt & pp* → **shoe.** ◇ *adj* calzado(da).

shoddy ['ʃɒdɪ] *adj* *(work)* chapucero (ra); *(goods)* de pacotilla; *fig (treatment)* vil, despreciable.

shoe [ʃuː] *(pt & pp* **shod** OR **shoed)** ◇ *n* zapato *m.* ◇ *vt* herrar.

shoebrush ['ʃuːbrʌʃ] *n* cepillo *m* para los zapatos.

shoehorn ['ʃuːhɔːn] *n* calzador *m.*

shoelace ['ʃuːleɪs] *n* cordón *m* del zapato.

shoe polish *n* betún *m.*

shoe shop *n* zapatería *f.*

shoestring ['ʃuːstrɪŋ] *n* *fig*: **on a ~** con cuatro cuartos, con muy poco dinero.

shone [ʃɒn] *pt & pp* → **shine.**

shoo [ʃuː] ◇ *vt (animal)* espantar, ahuyentar; *(person)* mandar a otra parte. ◇ *excl* ¡fuera!

shook [ʃʊk] *pt* → **shake.**

shoot [ʃuːt] *(pt & pp* **shot)** ◇ *n* **1.** *Br (hunting expedition)* cacería *f.* **2.** *(new growth)* brote *m*, retoño *m.* ◇ *vt* **1.** *(fire gun at)* disparar contra, abalear *Amer*; *(injure)* herir a tiros; *(kill)* matar a tiros; **to ~ o.s.** pegarse un tiro. **2.** *Br (hunt)* cazar. **3.** *(arrow)* disparar. **4.** (CINEMA) rodar, filmar ◇ *vi* **1.** *(fire gun)*: **to ~ (at)** disparar (contra). **2.** *Br (hunt)* cazar **3.** *(move quickly)*: **to ~ in/out/past** entrar/salir/pasar disparado(da). **4.** (CINEMA) rodar, filmar **5.** (SPORT) chutar. ◆ **shoot down** *vt sep* **1.** *(plane)* derribar **2.** *(person)* matar a tiros. ◆ **shoot up** *vi* **1.** *(child, plant)* crecer rápidamente **2.** *(prices)* dispararse.

shooting ['ʃuːtɪŋ] *n* **1.** *(killing)* asesi-nato *m (a tiros).* **2.** *(U)* *(hunting)* caza *f*, cacería *f.*

shooting star *n* estrella *f* fugaz.

shop [ʃɒp] ◇ *n* **1.** *(store)* tienda *f.* **2.** *(workshop)* taller *m* ◇ *vi* comprar; **to go shopping** ir de compras.

shop assistant *n Br* dependiente *m*, -ta *f.*

shop floor *n*: **the ~** el personal, los obreros.

shopkeeper ['ʃɒp,kiːpəʳ] *n* tendero *m*, -ra *f.*

shoplifting ['ʃɒp,lɪftɪŋ] *n* *(U)* robo *m* en una tienda.

shopper ['ʃɒpəʳ] *n* comprador *m*, -ra *f.*

shopping ['ʃɒpɪŋ] *n* *(U)* **1.** *(purchases)* compras *fpl.* **2.** *(act of shopping)* compra *f.*

shopping bag *n* bolsa *f* de la compra.

shopping centre *Br*, **shopping mall** *Am*, **shopping plaza** *Am* [-,plɑːzə] *n* centro *m* comercial.

shopsoiled *Br* ['ʃɒpsɔɪld], **shopworn** *Am* ['ʃɒpwɔːn] *adj* deteriorado (da).

shop steward *n* enlace *m y f* sindical.

shopwindow [,ʃɒp'wɪndəʊ] *n* escaparate *m.*

shopworn *Am* = **shopsoiled.**

shore [ʃɔːʳ] *n* **1.** *(of sea, lake, river)* orilla *f.* **2.** *(land)*: **on ~** en tierra. ◆ **shore up** *vt sep* apuntalar.

shorn [ʃɔːn] ◇ *pp* → **shear.** ◇ *adj* *(grass, hair)* corto(ta); *(head)* rapado(da).

short [ʃɔːt] ◇ *adj* **1.** *(gen)* corto(ta). **2.** *(not tall)* bajo(ja). **3.** *(curt)*: **to be ~ (with sb)** ser seco(ca) (con alguien) **4.** *(lacking)* escaso(sa); **to be ~ on sthg** no andar sobrado de algo; **to be ~ of** estar OR andar mal de. **5.** *(be shorter form)*: **to be ~ for** ser el diminutivo de ◇ *adv* **1.** *(out of)*: **we are running ~ of water** se nos está acabando el agua **2.** *(suddenly, abruptly)*: **to cut sthg ~** interrumpir algo antes de acabar; **to stop ~** parar en seco OR de repente; **to bring** OR **pull sb up ~** hacer a alguien parar en seco. ◇ *n* **1.** *Br (alcoholic drink)* licor *m.* **2.** *(film)* cortometraje *m.* ◆ **shorts** *npl* **1.** *(gen)* pantalones *mpl* cortos. **2.** *Am (underwear)* calzoncillos *mpl.* ◆ **for short** *adv* para abreviar. ◆ **in short** *adv* en resumen. ◆ **nothing short of** *prep*: **it was nothing ~ of madness/a disgrace** fue una auténtica locura/vergüenza. ◆ **short of** *prep* **1.** *(just before)* cerca de. **2.** *(without)*: **~ of asking, I**

can't see how you'll find out salvo que preguntes, no sé cómo lo vas a averiguar.

shortage ['ʃɔːtɪdʒ] n falta f, escasez f.

shortbread ['ʃɔːtbred] n especie de torta hecha de azúcar, harina y mantequilla.

short-change vt (in shop) dar mal el cambio a; fig (reward unfairly) estafar.

short circuit n cortocircuito m.

shortcomings ['ʃɔːt,kʌmɪŋz] npl defectos mpl.

shortcrust pastry ['ʃɔːtkrʌst-] n pasta f quebrada.

short cut n 1. (quick way) atajo m. 2. (quick method) método m rápido.

shorten ['ʃɔːtn] ◇ vt acortar. ◇ vi acortarse.

shortfall ['ʃɔːtfɔːl] n: ~ (in OR of) déficit m (de).

shorthand ['ʃɔːthænd] n (writing system) taquigrafía f.

shorthand typist n Br taquimecanógrafo m, -fa f.

short list n Br (for job) lista f de candidatos seleccionados; (for prize) relación f de finalistas.

shortly ['ʃɔːtlɪ] adv (soon) dentro de poco; ~ before/after poco antes/después de.

shortsighted [,ʃɔːt'saɪtɪd] adj (myopic) miope, corto(ta) de vista; fig (lacking foresight) corto de miras.

short-staffed [-'stɑːft] adj: to be ~ estar falto(ta) de personal.

short story n cuento m.

short-tempered [-'tempəd] adj de mal genio.

short-term adj a corto plazo.

short wave n (U) onda f corta.

shot [ʃɒt] ◇ pt & pp → **shoot**. ◇ n 1. (gunshot) tiro m, disparo m; like a ~ (quickly) en el acto. 2. (marksman) tirador m, -ra f. 3. (in football) chut m, tiro m; (in golf, tennis) golpe m. 4. (photograph) foto f. 5. (CINEMA) plano m, toma f. 6. inf (try, go) intento m. 7. (injection) inyección f.

shotgun ['ʃɒtgʌn] n escopeta f.

should [ʃʊd] aux vb 1. (be desirable): **we ~ leave now** deberíamos irnos ya OR ahora. 2. (seeking advice, permission): **~ I go too?** ¿voy yo también? 3. (as suggestion): **I ~ deny everything** yo lo negaría todo. 4. (indicating probability): **she ~ be home soon** tiene que llegar a casa pronto. 5. (have been expected): **they ~ have won the**

match tendrían que OR deberían haber ganado el partido. 6. (indicating intention, wish): **I ~ like to come with you** me gustaría ir contigo. 7. (as conditional): **you ~ go if you were invited** tendrías que OR deberías ir si te han invitado 8. (in 'that' clauses): **we decided that you ~ do it** decidimos que lo hicieras tú 9. (expressing uncertain opinion): **I ~ think he's about 50 (years old)** yo diría que tiene unos 50 (años).

shoulder ['ʃəʊldər] ◇ n 1. (part of body, clothing) hombro m. 2. (CULIN) espaldilla f. ◇ vt (accept - responsibility) cargar con

shoulder blade n omóplato m.

shoulder strap n 1. (on dress) tirante m. 2. (on bag) correa f, bandolera f.

shouldn't ['ʃʊdnt] = **should not**.

should've ['ʃʊdəv] = **should have**.

shout [ʃaʊt] ◇ n grito m. ◇ vt gritar. ◇ vi: **to ~ (at)** gritar (a). ◆ **shout down** vt sep acallar a gritos

shouting ['ʃaʊtɪŋ] n (U) gritos mpl.

shove [ʃʌv] ◇ n: **(to give sthg/sb) a ~** (dar a algo/a alguien) un empujón. ◇ vt empujar; **to ~ sthg/sb in** meter algo/a alguien a empujones; **to ~ sthg/sb out** sacar algo/a alguien a empujones. ◆ **shove off** vi (go away) inf largarse

shovel ['ʃʌvl] ◇ n pala f. ◇ vt remover con la pala OR a paletadas

show [ʃəʊ] (pp **shown** OR **-ed**) ◇ n 1. (display, demonstration) demostración f 2. (piece of entertainment - at theatre) espectáculo m; (- on radio, TV) programa m. 3. (performance) función f. 4. (of dogs, flowers, art) exposición f. ◇ vt 1. (gen) mostrar; **to ~ sb sthg, to ~ sthg to sb** enseñar OR mostrar a alguien algo. 2. (escort): **to ~ sb to sthg** llevar OR acompañar a alguien hasta algo. 3. (make visible, reveal) dejar ver. 4. (indicate - increase, profit, loss) arrojar, registrar. 5. (broadcast - film) proyectar; (- TV programme) emitir. ◇ vi 1. (indicate, make clear) indicar, mostrar 2. (be visible) verse 3. (film) proyectarse. ◆ **show off** vt sep lucir, presumir de. ◇ vi presumir. ◆ **show up** vt sep poner en evidencia. ◇ vi 1. (stand out) resaltar. 2. (turn up) aparecer.

show business n (U) mundo m del espectáculo

showdown ['ʃəʊdaʊn] n: **to have a ~ with** enfrentarse abiertamente a OR con.

shower ['ʃauər] ◇ *n* **1.** *(device)* ducha *f.* **2.** *(wash):* **to have** OR **take a ~** ducharse. **3.** *(of rain)* chubasco *m*, chaparrón *m.* **4.** *(stream)* lluvia *f.* ◇ *vt* **1.** *(sprinkle)* rociar. **2.** *(bestow):* **to ~ sb with sthg**, **to ~ sthg on** OR **upon sb** *(present, compliments)* colmar a alguien de algo; *(insults)* acribillar a alguien a algo. ◇ *vi* ducharse.

shower cap *n* gorro *m* de baño.

showing ['ʃəuɪŋ] *n* *(of film)* pase *m*, proyección *f*; *(of paintings)* exposición *f.*

show jumping [-,dʒʌmpɪŋ] *n* concurso *m* hípico de salto.

shown [ʃəun] *pp* → **show**.

show-off *n inf* presumido *m*, -da *f.*

showpiece ['ʃəupi:s] *n* pieza *f* de mayor interés.

showroom ['ʃəurum] *n* salón *m* OR sala *f* de exposición.

shrank [ʃræŋk] *pt* → **shrink**.

shrapnel ['ʃræpnl] *n* metralla *f.*

shred [ʃred] ◇ *n* *(small piece - of material)* jirón *m*; *(- of paper)* pedacito *m*; *fig (scrap)* pizca *f.* ◇ *vt* *(paper)* hacer trizas; *(food)* rallar.

shredder ['ʃredər] *n* *(for paper)* destructora *f*; *(for food)* rallador *m.*

shrewd [ʃru:d] *adj* astuto(ta).

shriek [ʃri:k] ◇ *n* chillido *m*, grito *m.* ◇ *vi:* **to ~ (with** OR **in)** chillar (de).

shrill [ʃrɪl] *adj (high-pitched)* estridente, agudo(da).

shrimp [ʃrɪmp] *n* camarón *m.*

shrine [ʃraɪn] *n* santuario *m.*

shrink [ʃrɪŋk] *(pt* **shrank**, *pp* **shrunk**) ◇ *vt* encoger. ◇ *vi* **1.** *(become smaller)* encoger. **2.** *fig (contract, diminish)* disminuir. **3.** *(recoil):* **to ~ away from** retroceder OR arredrarse ante. **4.** *(be reluctant):* **to ~ from sthg** eludir algo.

shrinkage ['ʃrɪŋkɪdʒ] *n (loss in size)* encogimiento *m*; *fig (contraction)* reducción *f.*

shrink-wrap *vt* precintar o envasar con plástico termoretráctil.

shrivel ['ʃrɪvl] ◇ *vt:* **to ~ (up)** secar, marchitar. ◇ *vi:* **to ~ (up)** secarse, marchitarse.

shroud [ʃraud] ◇ *n (cloth)* mortaja *f*, sudario *m.* ◇ *vt:* **to be ~ed in sthg** estar envuelto(ta) en algo.

Shrove Tuesday ['ʃrəuv-] *n* martes *m inv* de carnaval.

shrub [ʃrʌb] *n* arbusto *m.*

shrubbery ['ʃrʌbərɪ] *n* (zona *f* de) arbustos *mpl.*

shrug [ʃrʌg] ◇ *vt:* **to ~ one's shoul-**

ders encogerse de hombros ◇ *vi* encogerse de hombros. ◆ **shrug off** *vt sep* quitar importancia a.

shrunk [ʃrʌŋk] *pp* → **shrink**.

shudder ['ʃʌdər] *vi (tremble):* **to ~ (with)** estremecerse (de).

shuffle ['ʃʌfl] ◇ *vt* **1.** *(feet)* arrastrar. **2.** *(cards)* barajar. ◇ *vi (walk by dragging feet):* **to ~ in/out/along** entrar/salir/andar arrastrando los pies.

shun [ʃʌn] *vt* rehuir, esquivar.

shunt [ʃʌnt] *vt* (RAIL) cambiar de vía; *fig (move)* llevar (de un sitio a otro).

shut [ʃʌt] *(pt & pp* **shut**) ◇ *adj* cerrado(da). ◇ *vt* cerrar. ◇ *vi* **1.** *(close)* cerrarse. **2.** *(close for business)* cerrar. ◆ **shut away** *vt sep* guardar bajo llave. ◆ **shut down** *vt sep & vi* cerrar. ◆ **shut out** *vt sep (person, cat)* dejar fuera a; *(light, noise)* no dejar entrar. ◆ **shut up** *inf* ◇ *vt sep (silence)* hacer callar. ◇ *vi* callarse.

shutter ['ʃʌtər] *n* **1.** *(on window)* postigo *m.* **2.** *(in camera)* obturador *m.*

shuttle ['ʃʌtl] ◇ *adj:* **~ service** *(of planes)* puente *m* aéreo; *(of buses, trains)* servicio *m* regular. ◇ *n (plane)* avión *m* (de puente aéreo).

shuttlecock ['ʃʌtlkɒk] *n* volante *m.*

shy [ʃaɪ] ◇ *adj (timid)* tímido(da). ◇ *vi* espantarse.

Siberia [saɪ'bɪərɪə] *n* Siberia.

sibling ['sɪblɪŋ] *n* hermano *m*, -na *f.*

Sicily ['sɪsɪlɪ] *n* Sicilia.

sick [sɪk] *adj* **1.** *(ill)* enfermo(ma). **2.** *(nauseous):* **to feel ~** marearse. **3.** *(vomiting):* **to be ~** *Br* devolver, vomitar. **4.** *(fed up):* **to be ~ of sthg/of doing sthg** estar harto(ta) de algo/de hacer algo. **5.** *(offensive)* de mal gusto.

sickbay ['sɪkbeɪ] *n* enfermería *f.*

sicken ['sɪkn] ◇ *vt* poner enfermo (ma), asquear. ◇ *vi Br:* **to be ~ing for sthg** estar cogiendo algo.

sickening ['sɪknɪŋ] *adj* **1.** *(disgusting)* asqueroso(sa). **2.** *(infuriating)* exasperante.

sickle ['sɪkl] *n* hoz *f.*

sick leave *n (U)* baja *f* por enfermedad.

sickly ['sɪklɪ] *adj* **1.** *(unhealthy)* enfermizo(za). **2.** *(unpleasant)* nauseabundo (da).

sickness ['sɪknɪs] *n* **1.** *(illness)* enfermedad *f.* **2.** *Br (U) (nausea, vomiting)* mareo *m.*

sick pay *n (U)* paga *f* por enfermedad.

side [saɪd] ◇ *n* **1.** *(gen)* lado *m*; **at** OR

by one's ~ al lado de uno; **on every ~, on all ~s** por todos los lados; **from ~ to ~** de un lado a otro; **~ by ~** juntos, uno al lado de otro. **2.** *(of person)* costado *m*; *(of animal)* ijada *f*. **3.** *(edge)* lado *m*, borde *m*. **4.** *(of hill, valley)* falda *f*, ladera *f*. **5.** *(bank)* orilla *f*. **6.** *(page)* cara *f*. **7.** *(participant - in war, game)* lado *m*, bando *m*; *(- in sports match)* equipo *m*. **8.** *(viewpoint)* punto *m* de vista; **to take sb's ~** ponerse del lado OR de parte de alguien. **9.** *(aspect)* aspecto *m*; **to be on the safe ~** para estar seguro. ◇ *adj* lateral ◆ **side with** *vt fus* ponerse de parte de.

sideboard ['saɪdbɔːd] *n* aparador *m*.

sideboards *Br* ['saɪdbɔːdz], **sideburns** *Am* ['saɪdbɜːnz] *npl* patillas *fpl*.

side effect *n* (MED & fig) efecto *m* secundario.

sidelight ['saɪdlaɪt] *n* luz *f* lateral.

sideline ['saɪdlaɪn] *n* **1.** *(extra business)* negocio *m* suplementario. **2.** *(on tennis court)* línea *f* lateral; *(on football pitch)* línea de banda.

sidelong ['saɪdlɒŋ] *adj & adv* de reojo OR soslayo.

sidesaddle ['saɪd,sædl] *adv*: **to ride ~** montar a sentadillas OR mujeriegas.

sideshow ['saɪdʃəʊ] *n* barraca *f* OR caseta *f* de feria.

sidestep ['saɪdstep] *vt* **1.** *(in football, rugby)* regatear. **2.** *fig (problem, question)* esquivar.

side street *n* calle *f* lateral.

sidetrack ['saɪdtræk] *vt*: **to be ~ed** desviarse OR salirse del tema.

sidewalk ['saɪdwɔːk] *n Am* acera *f*, andén *m CAm*, banqueta *f Méx*, vereda *f CSur*

sideways ['saɪdweɪz] ◇ *adj (movement)* hacia un lado; *(glance)* de soslayo. ◇ *adv (move)* de lado; *(look)* de reojo.

siding ['saɪdɪŋ] *n* vía *f* muerta

sidle ['saɪdl] ◆ **sidle up** *vi*: **to ~ up to** acercarse furtivamente a.

siege [siːdʒ] *n* **1.** *(by army)* sitio *m*, cerco *m*. **2.** *(by police)* cerco *m* policial.

sieve [sɪv] ◇ *n (utensil)* colador *m*. ◇ *vt (soup)* colar; *(flour, sugar)* tamizar.

sift [sɪft] ◇ *vt* **1.** *(sieve)* tamizar. **2.** *fig (examine carefully)* examinar cuidadosamente ◇ *vi*: **to ~ through sthg** examinar cuidadosamente algo

sigh [saɪ] ◇ *n* suspiro *m*. ◇ *vi* suspirar.

sight [saɪt] ◇ *n* **1.** *(vision)* vista *f*. **2.** *(act of seeing)*: **her first ~ of the sea** la primera vez que vio el mar; **in ~** a la vista; **to disappear out of ~** perderse

de vista; **at first ~** a primera vista. **3.** *(something seen)* imagen *f*. **4.** *(on gun)* mira *f*. ◇ *vt* divisar, avistar. ◆ **sights** *npl* atracciones *fpl* turísticas.

sightseeing ['saɪt,siːɪŋ] *n (U)* recorrido *m* turístico.

sightseer ['saɪt,siːə^r] *n* turista *m y f*.

sign [saɪn] ◇ *n* **1.** *(written symbol)* signo *m*. **2.** *(gesture)* señal *f*. **3.** *(of pub, shop)* letrero *m*; *(on road)* señal *f*; *(notice)* cartel *m*. **4.** *(indication)* señal *f*, indicio *m*. ◇ *vt* firmar. ◆ **sign on** *vi* **1.** *(enrol, register)*: **to ~ on (for)** *(army)* alistarse (en); *(job)* firmar el contrato (de); *(course)* matricularse (en). *(register as unemployed)* firmar para cobrar el paro. ◆ **sign up** ◇ *vt sep (employee)* contratar; *(recruit)* alistar. ◇ *vi*: **to ~ up (for)** *(army)* alistarse (en); *(job)* firmar el contrato (de); *(course)* matricularse (en).

signal ['sɪgnl] ◇ *n* señal *f*. ◇ *vt* **1.** *(indicate)* indicar. **2.** *(tell)*: **to ~ sb (to do sthg)** hacer señas a alguien (para que haga algo). ◇ *vi* **1.** (AUT) señalizar. **2.** *(indicate)*: **to ~ to sb (to do sthg)** hacer señas a alguien (para que haga algo).

signalman ['sɪgnlmən] *(pl -men [-mən])* *n* (RAIL) guardavía *m*.

signature ['sɪgnətʃə^r] *n* firma *f*.

signature tune *n* sintonía *f*.

signet ring ['sɪgnɪt-] *n* (anillo *m* de) sello *m*.

significance [sɪg'nɪfɪkəns] *n* trascendencia *f*, importancia *f*.

significant [sɪg'nɪfɪkənt] *adj* **1.** *(considerable, meaningful)* significativo(va). **2.** *(important)* trascendente.

signify ['sɪgnɪfaɪ] *vt* significar.

signpost ['saɪnpəʊst] *n* letrero *m* indicador.

Sikh [siːk] ◇ *adj* sij. ◇ *n (person)* sij *m y f*.

silence ['saɪləns] ◇ *n* silencio *m*. ◇ *vt (person, critic)* acallar; *(gun)* silenciar

silencer ['saɪlənsə^r] *n* silenciador *m*.

silent ['saɪlənt] *adj* **1.** *(gen)* silencioso(sa). **2.** *(not revealing anything)*: **to be ~ about** quedar en silencio respecto a. **3.** (CINEMA & LING) mudo(da).

silhouette [,sɪluː'et] *n* silueta *f*.

silicon chip [,sɪlɪkən-] *n* chip *m* de silicio.

silk [sɪlk] ◇ *n* seda *f*. ◇ *comp* de seda.

silky ['sɪlkɪ] *adj (hair, dress, skin)* sedoso(sa); *(voice)* aterciopelado(da).

sill [sɪl] *n (of window)* alféizar *m*.

silly ['sɪlɪ] *adj* estúpido(da).

silo ['saɪləʊ] *(pl -s)* *n* silo *m*.

silt [sɪlt] *n* cieno *m*, légamo *m*.

silver ['sɪlvə^r] ◇ *adj (of colour)* plateado (da). ◇ *n (U)* 1. *(metal, silverware)* plata *f*. 2. *(coins)* monedas *fpl* plateadas. ◇ *comp* de plata.

silver foil, silver paper *n (U)* papel *m* de plata.

silver-plated [-'pleɪtɪd] *adj* plateado (da).

silversmith ['sɪlvəsmɪθ] *n* platero *m*, -ra *f*.

silverware ['sɪlvəweə^r] *n (U)* 1. *(dishes etc)* plata *f*. 2. *Am (cutlery)* cubertería *f* de plata.

similar ['sɪmɪlə^r] *adj*: ~ **(to)** parecido (da) OR similar (a).

similarly ['sɪmɪləlɪ] *adv (likewise)* asimismo; *(equally)* igualmente.

simmer ['sɪmə^r] *vt & vi* hervir a fuego lento.

simpering ['sɪmpərɪŋ] *adj (person)* que sonríe con cara de tonto(ta); *(smile)* bobo(ba).

simple ['sɪmpl] *adj* 1. *(gen)* sencillo (lla). 2. *dated (mentally retarded)* simple. 3. *(plain - fact)* mero(ra); *(- truth)* puro(ra).

simple-minded [-'maɪndɪd] *adj* simple.

simplicity [sɪm'plɪsətɪ] *n* sencillez *f*.

simplify ['sɪmplɪfaɪ] *vt* simplificar.

simply ['sɪmplɪ] *adv* 1. *(merely)* sencillamente, simplemente. 2. *(for emphasis)*: ~ **dreadful/wonderful** francamente terrible/maravilloso. 3. *(in a simple way)* de manera sencilla.

simulate ['sɪmjʊleɪt] *vt* simular.

simultaneous [*Br* ˌsɪmʊl'teɪnjəs, *Am* ˌsaɪməl'teɪnjəs] *adj* simultáneo(a).

sin [sɪn] ◇ *n* pecado *m*. ◇ *vi*: **to ~ (against)** pecar (contra).

since [sɪns] ◇ *adv* desde entonces. ◇ *prep* desde; **he has worked here ~ 1975** trabaja aquí desde 1975. ◇ *conj* 1. *(in time)* desde que; **it's ages - I saw you** hace siglos que no te veo. 2. *(because)* ya que, puesto que.

sincere [sɪn'sɪə^r] *adj* sincero(ra).

sincerely [sɪn'sɪəlɪ] *adv* sinceramente; **Yours ~** *(at end of letter)* atentamente.

sincerity [sɪn'serətɪ] *n* sinceridad *f*.

sinew ['sɪnjuː] *n* tendón *m*.

sinful ['sɪnfʊl] *adj* 1. *(person)* pecador (ra). 2. *(thought, act)* pecaminoso(sa).

sing [sɪŋ] *(pt* **sang**, *pp* **sung)** *vt & vi* cantar.

Singapore [ˌsɪŋə'pɔː^r] *n* Singapur *m*.

singe [sɪndʒ] *vt* chamuscar.

singer ['sɪŋə^r] *n* cantante *m y f*.

singing ['sɪŋɪŋ] *n (U)* canto *m*

single ['sɪŋgl] ◇ *adj* 1. *(only one)* único (ca). 2. *(individual)*: **every ~ penny** todos y cada uno de los peniques. 3. *(unmarried)* soltero(ra). 4. *Br (oneway)* de ida. ◇ *n* 1. *Br (one-way ticket)* billete *m* de ida. 2. (MUS) *(record)* sencillo *m*, single *m*. ◆ **singles** *npl* (TENNIS) *(partido m)* individual *m*. ◆ **single out** *vt sep*: **to ~ sb out (for)** escoger a alguien (para).

single bed *n* cama *f* individual.

single-breasted [-'brestɪd] *adj* recto (ta).

single cream *n Br* nata *f* líquida.

single file *n*: **in ~** en fila india.

single-handed [-'hændɪd] *adv* sin ayuda.

single-minded [-'maɪndɪd] *adj* resuelto(ta).

single-parent family *n* familia *f* en la que falta uno de los padres.

single room *n* habitación *f* individual.

singlet ['sɪŋglɪt] *n Br* camiseta *f* sin mangas.

singular ['sɪŋgjʊlə^r] ◇ *adj* singular. ◇ *n* singular *m*.

sinister ['sɪnɪstə^r] *adj* siniestro(tra).

sink [sɪŋk] *(pt* **sank**, *pp* **sunk)** ◇ *n* 1. *(in kitchen)* fregadero *m*. 2. *(in bathroom)* lavabo *m*. ◇ *vt* 1. *(cause to go under water)* hundir. 2. *(cause to penetrate)*: **to ~ sthg into** *(knife, claws)* clavar algo en; *(teeth)* hincar algo en. ◇ *vi* 1. *(go down - ship, sun)* hundirse. 2. *(slump - person)* hundirse. 3. *(decrease)* bajar. ◆ **sink in** *vi* hacer mella.

sink unit *n* fregadero *m* (con mueble debajo).

sinner ['sɪnə^r] *n* pecador *m*, -ra *f*.

sinus ['saɪnəs] *(pl* **-es)** *n* seno *m*.

sip [sɪp] ◇ *n* sorbo *m*. ◇ *vt* beber a sorbos.

siphon ['saɪfn] *n* sifón *m*. ◆ **siphon off** *vt sep* 1. *(liquid)* sacar con sifón. 2. *fig (funds)* desviar.

sir [sɜː^r] *n* 1. *(form of address)* señor *m*. 2. *(in titles)*: **Sir Philip Holden** Sir Philip Holden.

siren ['saɪərən] *n (alarm)* sirena *f*.

sirloin (steak) ['sɜːlɔɪn] *n* solomillo *m*.

sissy ['sɪsɪ] *n inf* mariquita *f*.

sister ['sɪstə^r] *n* 1. *(gen)* hermana *f*. 2. *Br (senior nurse)* enfermera *f* jefe.

sister-in-law *(pl* **sisters-in-law** OR **sister-in-laws)** *n* cuñada *f*.

sit [sɪt] *(pt & pp* **sat)** ◇ *vi* 1. *(be seated,*

sit down) sentarse. **2.** *(be member)*: **to ~ on** ser miembro de. **3.** *(be in session)* reunirse. ◇ *vt Br (exam)* presentarse a.
♦ **sit about, sit around** *vi* estar sentado(da) sin hacer nada. ♦ **sit down** *vi* sentarse ♦ **sit in on** *vt fus* estar presente en *(sin tomar parte)*. ♦ **sit through** *vt fus* aguantar (hásta el final). ♦ **sit up** *vi* **1.** *(sit upright)* incorporarse. **2.** *(stay up)* quedarse levantado(da).

sitcom ['sɪtkɒm] *n inf* comedia *f* de situación

site [saɪt] ◇ *n (place)* sitio *m*, lugar *m*; *(of construction work)* obra *f*. ◇ *vt* situar.

sit-in *n* sentada *f*.

sitting ['sɪtɪŋ] *n* **1.** *(serving of meal)* turno *m* (para comer). **2.** *(session)* sesión *f*.

sitting room *n* sala *f* de estar.

situated ['sɪtjʊeɪtɪd] *adj (located)*: **to be ~** estar situado(da).

situation [,sɪtjʊ'eɪʃn] *n* **1.** *(gen)* situación *f*. **2.** *(job)* colocación *f*; **'Situations Vacant'** *Br* 'Ofertas de trabajo'.

six [sɪks] ◇ *num adj* seis *(inv)*; **she's ~ (years old)** tiene seis años. ◇ *num n* **1.** *(the number six)* seis *m inv*; **two hundred and ~** doscientos seis; **~ comes before seven** el seis va antes que el siete. **2.** *(in times)*: **it's ~ (thirty)** las seis (y media); **we arrived at ~** llegamos a las seis. **3.** *(in addresses)*: **~ Peyton Place** Peyton Place número seis. **4.** *(in scores)*: **~-nil** seis a cero. ◇ *num pron* seis *m y f*; **there are ~ of us** somos seis.

sixteen [sɪks'tiːn] *num* dieciséis; *see also* **six**.

sixteenth [sɪks'tiːnθ] *num* decimosexto(ta); *see also* **sixth**.

sixth [sɪksθ] ◇ *num adj* sexto(ta). ◇ *num adv* sexto(ta). ◇ *num pron* sexto *m*, -ta *f*. ◇ *n* **1.** *(fraction)*: **a ~** OR **one ~ of** un sexto de, la sexta parte de. **2.** *(in dates)*: **the ~ of** (el día) seis; **the ~ of September** el seis de septiembre.

sixth form *n Br (SCH)* curso optativo de dos años de enseñanza secundaria con vistas al examen de ingreso a la universidad, ≃ COU *m*

sixth form college *n Br* centro público para alumnos de 16 a 18 años donde se preparan para los 'A levels' o para exámenes de formación profesional.

sixty ['sɪkstɪ] *num* sesenta; *see also* **six**.
♦ **sixties** *npl* **1.** *(decade)*: **the sixties** los años sesenta **2.** *(in ages)*: **to be in one's sixties** tener más de sesenta años.

size [saɪz] *n* **1.** *(gen)* tamaño *m*. **2.** *(of clothes)* talla *f*; *(of shoes)* número *m*.
♦ **size up** *vt sep (situation)* evaluar; *(person)* juzgar.

sizeable ['saɪzəbl] *adj* considerable.

sizzle ['sɪzl] *vi* chisporrotear.

skate [skeɪt] *(pl sense 2 only inv* OR **-s)** ◇ *n* **1.** *(ice skate, roller skate)* patín *m*. **2.** *(fish)* raya *f*. ◇ *vi (on skates)* patinar.

skateboard ['skeɪtbɔːd] *n* monopatín *m*.

skater ['skeɪtəʳ] *n* patinador *m*, -ra *f*.

skating ['skeɪtɪŋ] *n* patinaje *m*.

skating rink *n* pista *f* de patinaje.

skeleton ['skelɪtn] *n* (ANAT) esqueleto *m*.

skeleton key *n* llave *f* maestra.

skeleton staff *n* personal *m* mínimo.

skeptic *etc Am* = **sceptic** *etc*.

sketch [sketʃ] ◇ *n* **1.** *(drawing, brief outline)* esbozo *m*, bosquejo *m*. **2.** *(humorous scene)* sketch *m*. ◇ *vt* esbozar.

sketchbook ['sketʃbʊk] *n* cuaderno *m* de dibujo.

sketchpad ['sketʃpæd] *n* bloc *m* de dibujo.

sketchy ['sketʃɪ] *adj* incompleto(ta).

skewer ['skjuəʳ] *n* brocheta *f*.

ski [skiː] *(pt & pp* **skied***, cont* **skiing)** ◇ *n* esquí *m*. ◇ *vi* esquiar.

ski boots *npl* botas *fpl* de esquí.

skid [skɪd] ◇ *n* patinazo *m*. ◇ *vi* patinar.

skier ['skiːəʳ] *n* esquiador *m*, -ra *f*.

skies [skaɪz] *pl* → **sky**.

skiing ['skiːɪŋ] *n (U)* esquí *m*.

ski jump *n* **1.** *(slope)* pista *f* para saltos de esquí. **2.** *(event)* saltos *mpl* de esquí.

skilful, skillful *Am* ['skɪlfʊl] *adj* hábil.

ski lift *n* telesilla *m*.

skill [skɪl] *n* **1.** *(U) (expertise)* habilidad *f*, destreza *f*. **2.** *(craft, technique)* técnica *f*.

skilled [skɪld] *adj* **1.** *(skilful)* habilidoso(sa). **2.** *(trained)* cualificado(da).

skillful *etc Am* = **skilful** *etc*.

skim [skɪm] ◇ *vt* **1.** *(remove - cream)* desnatar. **2.** *(fly above)* volar rozando. ◇ *vi*: **to ~ through sthg** hojear algo, leer algo por encima.

skim(med) milk [skɪm(d)-] *n* leche *f* desnatada.

skimp [skɪmp] ◇ *vt (gen)* escatimar; *(work)* hacer de prisa y corriendo. ◇ *vi*: **to ~ on sthg** *(gen)* escatimar algo; *(work)* hacer algo de prisa y corriendo.

skimpy ['skɪmpɪ] *adj (clothes)* muy corto y estrecho (muy corta y estrecha); *(meal, facts)* escaso(sa).

skin [skɪn] ◇ *n* 1. *(gen)* piel *f; (on face)* cutis *m*. 2. *(on milk, pudding)* nata *f; (on paint)* capa *f*, película *f*. ◇ *vt* 1. *(animal)* despellejar. 2. *(knee, elbow etc)* rasguñarse.

skin-deep *adj* superficial.

skin diving *n* buceo *m*, submarinismo *m* (sin traje ni escafandra).

skinny ['skɪnɪ] *adj inf* flaco(ca).

skin-tight *adj* muy ajustado(da).

skip [skɪp] ◇ *n* 1. *(little jump)* brinco *m*, saltito *m*. 2. *Br (large container)* contenedor *m*, container *m*. ◇ *vt* saltarse. ◇ *vi* 1. *(move in little jumps)* ir dando brincos. 2. *Br (jump over rope)* saltar a la comba.

ski pants *npl* pantalones *mpl* de esquí.

ski pole *n* bastón *m* para esquiar.

skipper ['skɪpər] *n* (NAUT & SPORT) capitán *m*, -ana *f*.

skipping rope ['skɪpɪŋ-] *n Br* comba *f*, cuerda *f* de saltar.

skirmish ['skɜːmɪʃ] *n lit & fig* escaramuza *f*.

skirt [skɜːt] ◇ *n* falda *f*, pollera *f Andes & CSur*. ◇ *vt* 1. *(border)* rodear, bordear. 2. *(go round - obstacle)* sortear; *(- person, group)* esquivar. 3. *(avoid dealing with)* eludir. ♦ **skirt round** *vt fus* 1. *(obstacle)* sortear. 2. *(issue, problem)* evitar, eludir.

skit [skɪt] *n*: ~ **(on)** parodia *f* (de).

skittle ['skɪtl] *n Br* bolo *m*. ♦ **skittles** *n (U)* bolos *mpl*.

skive [skaɪv] *vi Br inf*: **to ~ (off)** escaquearse.

skulk [skʌlk] *vi* esconderse.

skull [skʌl] *n (gen)* calavera *f*; (ANAT) cráneo *m*.

skunk [skʌŋk] *n* mofeta *f*.

sky [skaɪ] *n* cielo *m*.

skylight ['skaɪlaɪt] *n* claraboya *f*, tragaluz *m*.

skyscraper ['skaɪˌskreɪpər] *n* rascacielos *m inv*.

slab [slæb] *n (of stone)* losa *f*; *(of cheese)* pedazo *m*; *(of chocolate)* tableta *f*.

slack [slæk] ◇ *adj* 1. *(rope, cable)* flojo (ja). 2. *(business)* inactivo(va). 3. *(person - careless)* descuidado(da). ◇ *n (in rope)* parte *f* floja.

slacken ['slækn] ◇ *vt (speed, pace)* reducir; *(rope)* aflojar. ◇ *vi (speed, pace)* reducirse.

slag [slæg] *n (waste material)* escoria *f*

slagheap ['slæghiːp] *n* escorial *m*.

slain [sleɪn] *pp* → **slay**.

slam [slæm] ◇ *vt* 1. *(shut)* cerrar de golpe. 2. *(place with force)*: **to ~ sthg on** OR **onto sthg** dar un golpe con algo contra algo violentamente. ◇ *vi (shut)* cerrarse de golpe

slander ['slɑːndər] ◇ *n* calumnia *f*, difamación *f*. ◇ *vt* calumniar, difamar.

slang [slæŋ] *n* argot *m*, jerga *f*.

slant [slɑːnt] ◇ *n* 1. *(diagonal angle)* inclinación *f*. 2. *(perspective)* enfoque *m*. ◇ *vi* inclinarse.

slanting ['slɑːntɪŋ] *adj* inclinado(da).

slap [slæp] ◇ *n (in face)* bofetada *f*; *(on back)* palmada *f*. ◇ *vt* 1. *(person, face)* abofetear; *(back)* dar una palmada a 2. *(place with force)*: **to ~ sthg on** OR **onto** dar un golpe con algo contra. ◇ *adv inf (directly)* de narices.

slapdash ['slæpdæʃ], **slaphappy** ['slæpˌhæpɪ] *adj inf* chapucero(ra).

slapstick ['slæpstɪk] *n (U)* payasadas *fpl*.

slap-up *adj Br inf*: ~ **meal** comilona *f*.

slash [slæʃ] ◇ *n* 1. *(long cut)* raja *f*, tajo *m*. 2. *(oblique stroke)* barra *f* oblicua. ◇ *vt* 1. *(material)* rasgar; *(wrists)* cortar. 2. *inf (prices etc)* recortar drásticamente.

slat [slæt] *n* tablilla *f*.

slate [sleɪt] ◇ *n* pizarra *f*. ◇ *vt (criticize)* poner por los suelos.

slaughter ['slɔːtər] ◇ *n lit & fig* matanza *f*. ◇ *vt* matar.

slaughterhouse ['slɔːtəhaus, *pl* -hauzɪz] *n* matadero *m*.

slave [sleɪv] ◇ *n* esclavo *m*, -va *f*. ◇ *vi (work hard)*: **to ~ (over)** trabajar como un negro (en).

slavery ['sleɪvərɪ] *n lit & fig* esclavitud *f*.

slay [sleɪ] *(pt* **slew**, *pp* **slain)** *vt literary* asesinar, matar.

sleazy ['sliːzɪ] *adj (disreputable)* de mala muerte

sledge [sledʒ], **sled** *Am* [sled] *n* trineo *m*.

sledgehammer ['sledʒˌhæmər] *n* almádena *f*

sleek [sliːk] *adj* 1. *(hair)* suave y brillante; *(fur)* lustroso(sa). 2. *(shape)* de línea depurada.

sleep [sliːp] *(pt & pp* **slept)** ◇ *n* sueño *m*; **to go to ~** *(doze off)* dormirse. ◇ *vi* dormir. ♦ **sleep in** *vi* levantarse tarde. ♦ **sleep with** *vt fus euphemism* acostarse con.

sleeper ['sliːpər] *n* 1. *(person)*: **to be a**

heavy/light ~ tener el sueño profundo/ligero. **2.** *(sleeping compartment)* coche-cama *m*. **3.** *(train)* tren *m* nocturno (con literas). **4.** *Br (on railway track)* traviesa *f*

sleeping bag ['sli:pɪŋ-] *n* saco *m* de dormir.

sleeping car ['sli:pɪŋ-] *n* coche-cama *m*.

sleeping pill ['sli:pɪŋ-] *n* pastilla *f* para dormir.

sleepless ['sli:plɪs] *adj* en blanco.

sleepwalk ['sli:pwɔːk] *vi (be a sleepwalker)* ser somnámbulo(la); *(walk in óne's sleep)* andar mientras uno duerme.

sleepy ['sli:pɪ] *adj (person)* soñoliento (ta).

sleet [sli:t] ◇ *n* aguanieve *f*. ◇ *v impers*: it's ~ing cae aguanieve.

sleeve [sli:v] *n* **1.** *(of garment)* manga *f*. **2.** *(for record)* cubierta *f*.

sleigh [sleɪ] *n* trineo *m*.

sleight of hand [,slaɪt-] *n (U) lit & fig* juego *m* de manos

slender ['slendər] *adj* **1.** *(thin)* esbelto (ta). **2.** *(scarce)* escaso(sa).

slept [slept] *pt & pp* → **sleep**.

slew [slu:] ◇ *pt* → **slay**. ◇ *vi* girar bruscamente.

slice [slaɪs] ◇ *n* **1.** *(of bread)* rebanada *f*; *(of cheese)* loncha *f*; *(of sausage)* raja *f*; *(of lemon)* rodaja *f*; *(of meat)* tajada *f*. **2.** *(of market, glory)* parte *f*. ◇ *vt (gen)* cortar; *(bread)* rebanar.

slick [slɪk] *adj* **1.** *(smooth, skilful)* logrado(da). **2.** *pej (superficial - talk)* aparentemente brillante; *(- person)* de labia fácil.

slide [slaɪd] *(pt & pp* slid [slɪd]) ◇ *n* **1.** *(decline)* descenso *m*. **2.** (PHOT) diapositiva *f*. **3.** *(in playground)* tobogán *m*. **4.** *Br (for hair)* pasador *m*. ◇ *vt* deslizar. ◇ *vi* **1.** *(slip)* resbalar. **2.** *(glide)* deslizarse. **3.** *(decline gradually)* caer.

sliding door [,slaɪdɪŋ-] *n* puerta *f* corredera.

sliding scale [,slaɪdɪŋ-] *n* escala *f* móvil.

slight [slaɪt] ◇ *adj* **1.** *(improvement, hesitation etc)* ligero(ra); *(wound)* superficial; **not in the ~est** *fml* en absoluto. **2.** *(slender)* menudo(da). ◇ *n* desaire *m*. ◇ *vt* menospreciar, desairar.

slightly ['slaɪtlɪ] *adv (to small extent)* ligeramente.

slim [slɪm] ◇ *adj* **1.** *(person, object)* delgado(da) **2.** *(chance, possibility)* remoto (ta). ◇ *vi (intentar)* adelgazar

slime [slaɪm] *n (in pond etc)* lodo *m*, cieno *m*; *(of snail, slug)* baba *f*.

slimming ['slɪmɪŋ] *n* adelgazamiento *m*.

sling [slɪŋ] *(pt & pp* slung) ◇ *n* **1.** *(for injured arm)* cabestrillo *m* **2.** *(for carrying things)* braga *f*, honda *f*. ◇ *vt* **1.** *(hang roughly)* colgar descuidadamente. **2.** *inf (throw)* tirar.

slip [slɪp] ◇ *n* **1.** *(mistake)* descuido *m*, desliz *m*; **a ~ of the pen/tongue** un lapsus. **2.** *(of paper - gen)* papelito *m*; *(- form)* hoja *f*. **3.** *(underskirt)* enaguas *fpl*. **4.** *phr*: **to give sb the ~** *inf* dar esquinazo a alguien. ◇ *vt*: **to ~ sthg into** meter algo rápidamente en; **to ~ into sthg, to ~ sthg on** *(clothes)* ponerse rápidamente algo. ◇ *vi* **1.** *(lose one's balance)* resbalar, patinar. **2.** *(slide)* escurrirse, resbalar. **3.** *(decline)* empeorar ♦ **slip up** *vi* cometer un error *(poco importante)*

slipped disc [,slɪpt-] *n* hernia *f* discal.

slipper ['slɪpər] *n* zapatilla *f*.

slippery ['slɪpərɪ] *adj* resbaladizo(za).

slip road *n Br (for joining motorway)* acceso *m*; *(for leaving motorway)* salida *f*.

slipshod ['slɪpʃɒd] *adj* chapucero(ra).

slip-up *n inf* fallo *m* poco importante.

slipway ['slɪpweɪ] *n* grada *f*.

slit [slɪt] *(pt & pp* slit) ◇ *n* ranura *f*, hendidura *f* ◇ *vt* abrir, cortar (a lo largo).

slither ['slɪðər] *vi* deslizarse.

sliver ['slɪvər] *n (of glass)* esquirla *f*; *(of wood)* astilla *f*; *(of cheese, ham)* tajada *f* muy fina.

slob [slɒb] *n inf* guarro *m*, -rra *f*.

slog [slɒg] *inf* ◇ *n (work)* curro *m*, trabajo *m* pesado. ◇ *vi (work)*: **to ~ (away) at** trabajar sin descanso en.

slogan ['sləugən] *n* eslogan *m*.

slop [slɒp] ◇ *vt* derramar. ◇ *vi* derramarse.

slope [sləup] ◇ *n* cuesta *f*, pendiente *f*. ◇ *vi* inclinarse

sloping ['sləupɪŋ] *adj (gen)* inclinado (da); *(ground)* en pendiente.

sloppy ['slɒpɪ] *adj (person)* descuidado (da); *(work)* chapucero(ra); *(appearance)* dejado(da)

slot [slɒt] *n* **1.** *(opening - gen & COMPUT)* ranura *f*. **2.** *(groove)* muesca *f* **3.** *(place in schedule)* espacio *m*

slot machine *n* **1.** *(vending machine)* máquina *f* automática *(de bebidas, cigarrillos etc)*. **2.** *(arcade machine)* máquina *f* tragaperras

slouch [slautʃ] *vi* ir con los hombros caídos.

Slovakia [slə'vækɪə] *n* Eslovaquia.

slovenly ['slʌvnlɪ] *adj (unkempt)* desaliñado(da); *(careless)* descuidado(da).

slow [sləʊ] ◇ *adj* 1. *(not fast)* lento(ta). 2. *(not prompt)*: **to be ~ to do sthg** tardar en hacer algo. 3. *(clock etc)* atrasado(da). 4. *(not intelligent)* corto(ta) (de alcances). ◇ *vt* aminorar, ralentizar. ◇ *vi* ir más despacio. ◆ **slow down, slow up** ◇ *vt sep (growth)* retrasar; *(car)* reducir la velocidad de. ◇ *vi (walker)* ir más despacio; *(car)* reducir la velocidad.

slowdown ['sləʊdaʊn] *n* ralentización *f*.

slowly ['sləʊlɪ] *adv* despacio, lentamente.

slow motion *n*: **in ~ a** cámara lenta.

sludge [slʌdʒ] *n (U) (mud)* fango *m*, lodo *m*; *(sewage)* aguas *fpl* residuales.

slug [slʌg] *n* 1. *(animal)* babosa *f*. 2. *Am inf (bullet)* bala *f*.

sluggish ['slʌgɪʃ] *adj (movement, activity)* lento(ta); *(feeling)* aturdido(da).

sluice [sluːs] *n (passage)* canal *m* de desagüe; *(gate)* compuerta *f*.

slum [slʌm] *n (area)* barrio *m* bajo.

slumber ['slʌmbə^r] *vi literary* dormir.

slump [slʌmp] ◇ *n* 1. *(decline)*: **~ (in)** bajón *m* (en). 2. (ECON) crisis *f* económica. ◇ *vi* 1. *(fall in value)* dar un bajón. 2. *(fall heavily - person)* desplomarse, dejarse caer.

slung [slʌŋ] *pt & pp* → **sling**.

slur [slɜː^r] ◇ *n (insult)* agravio *m*. ◇ *vt* mascullar.

slush [slʌʃ] *n* nieve *f* medio derretida.

slush fund, slush money *Am n* fondos utilizados para actividades corruptas

slut [slʌt] *n* 1. *inf (dirty or untidy woman)* marrana *f*. 2. *v inf (sexually immoral woman)* ramera *f*.

sly [slaɪ] *(compar* slyer OR slier, *superl* slyest OR sliest) *adj* 1. *(look, smile)* furtivo(va). 2. *(person)* astuto(ta).

smack [smæk] ◇ *n* 1. *(slap)* cachete *m*. 2. *(impact)* golpe *m*. ◇ *vt* 1. *(slap)* pegar, dar un cachete a. 2. *(place violently)* tirar de golpe.

small [smɔːl] *adj (gen)* pequeño(ña); *(person)* bajo(ja); *(matter, attention)* de poca importancia; *(importance)* poco (ca).

small ads [-ædz] *npl Br* anuncios *mpl* clasificados.

small change *n* cambio *m*, suelto *m*.

smallholder ['smɔːl,həʊldə^r] *n Br* minifundista *m y f*.

small hours *npl* primeras horas *fpl* de la madrugada.

smallpox ['smɔːlpɒks] *n* viruela *f*.

small print *n*: **the ~** la letra pequeña.

small talk *n (U)* conversación *f* trivial.

smarmy ['smɑːmɪ] *adj* cobista.

smart [smɑːt] *adj* 1. *(neat, stylish)* elegante. 2. *(clever)* inteligente. 3. *(fashionable, exclusive)* elegante. 4. *(quick, sharp)* rápido(da). ◇ *vi* 1. *(eyes, wound)* escocer. 2. *(person)* sentir resquemor.

smart card *n* tarjeta *f* inteligente.

smarten ['smɑːtn] ◆ **smarten up** *vt sep* arreglar.

smash [smæʃ] ◇ *n* 1. *(sound)* estrépito *m*. 2. *inf (car crash)* accidente *m*. 3. (TENNIS) mate *m*, smash *m*. ◇ *vt* 1. *(break into pieces)* romper, hacer pedazos. 2. *(hit, crash)*: **to ~ one's fist into sthg** dar un puñetazo en algo. 3. *fig (defeat)* aplastar. ◇ *vi* 1. *(break into pieces)* romperse, hacerse pedazos. 2. *(crash, collide)*: **to ~ into sthg** chocar violentamente con algo.

smashing ['smæʃɪŋ] *adj inf* fenomenal.

smattering ['smætərɪŋ] *n* nociones *fpl*; **he has a ~ of Spanish** habla cuatro palabras de español.

smear [smɪə^r] ◇ *n* 1. *(dirty mark)* mancha *f*. 2. (MED) frotis *m*. 3. *(slander)* calumnia *f*, difamación *f*. ◇ *vt* 1. *(smudge)* manchar. 2. *(spread)*: **to ~ sthg onto sthg** untar algo con algo. 3. *(slander)* calumniar, difamar.

smell [smel] *(pt & pp -ed OR smelt)* ◇ *n* 1. *(odour)* olor *m*. 2. *(sense of smell)* olfato *m*. ◇ *vt* 1. *lit & fig* oler. ◇ *vi* 1. *(gen)* oler; **to ~ of/like** oler a/como; **to ~ good/bad** oler bien/mal. 2. *(smell unpleasantly)* apestar.

smelly ['smelɪ] *adj* maloliente.

smelt [smelt] ◇ *pt & pp* → **smell**. ◇ *vt* fundir.

smile [smaɪl] ◇ *n* sonrisa *f*. ◇ *vi* sonreír.

smirk [smɜːk] *n* sonrisa *f* desdeñosa.

smock [smɒk] *n* blusón *m*.

smog [smɒg] *n* niebla *f* baja, smog *m*.

smoke [sməʊk] ◇ *n (gen)* humo *m*. ◇ *vt* 1. *(cigarette, cigar)* fumar. 2. *(fish, meat, cheese)* ahumar. ◇ *vi* 1. *(smoke tobacco)* fumar. 2. *(give off smoke)* echar humo.

smoked [sməʊkt] *adj* ahumado(da).

smoker ['sməʊkə^r] *n* 1. *(person)* fuma-

dor m, **-ra** f **2.** (RAIL) (compartment) compartimiento m de fumadores.

smokescreen ['sməʊkskriːn] n fig cortina f de humo.

smoke shop n Am estanco m.

smoking ['sməʊkɪŋ] n: ~ **is bad for you** fumar es malo; '**no ~**' 'prohibido fumar'.

smoky ['sməʊkɪ] adj **1.** (full of smoke) lleno(na) de humo. **2.** (taste, colour) ahumado(da).

smolder Am = **smoulder**.

smooth [smuːð] ◇ adj **1.** (surface) liso (sa); (skin) terso(sa) **2.** (mixture) sin grumos. **3.** (movement, taste) suave. **4.** (flight, ride) tranquilo(la). **5.** pej (person, manner) meloso(sa). **6.** (trouble-free) sin problemas. ◇ vt alisar.
♦ **smooth out** vt sep alisar.

smother ['smʌðəʳ] vt **1.** (cover thickly): **to ~ sthg in** OR **with** cubrir algo de. **2.** (kill) asfixiar. **3.** (extinguish) sofocar, apagar. **4.** fig (control) contener.

smoulder Br, **smolder** Am ['sməʊldəʳ] vi **1.** (fire) arder sin llama. **2.** fig (person, feelings) arder.

smudge [smʌdʒ] ◇ n (dirty mark) mancha f; (ink blot) borrón m. ◇ vt (by blurring) emborronar; (by dirtying) manchar.

smug [smʌg] adj pej pagado(da) OR satisfecho(cha) de sí mismo(ma).

smuggle ['smʌgl] vt (across frontiers) pasar de contrabando.

smuggler ['smʌgləʳ] n contrabandista m y f.

smuggling ['smʌglɪŋ] n (U) contrabando m.

smutty ['smʌtɪ] adj inf pej guarro(rra).

snack [snæk] n bocado m, piscolabis m inv.

snack bar n bar m, cafetería f.

snag [snæg] ◇ n (problem) pega f. ◇ vi: **to ~ (on)** engancharse (en).

snail [sneɪl] n caracol m

snake [sneɪk] n (large) serpiente f; (small) culebra f

snap [snæp] ◇ adj repentino(na). ◇ n **1.** (act or sound) crujido m, chasquido m. **2.** inf (photograph) foto f. ◇ vt **1.** (break) partir (en dos). **2.** (move with a snap): **to ~ sthg open** abrir algo de golpe ◇ vi **1.** (break) partirse (en dos) **2.** (attempt to bite): **to ~ at sthg/sb** intentar morder algo/a alguien. **3.** (speak sharply): **to ~ (at sb)** contestar bruscamente OR de mala manera a alguien. ♦ **snap up** vt sep no dejar escapar.

snap fastener n cierre m (en la ropa etc).

snappy ['snæpɪ] adj inf **1.** (stylish) con estilo. **2.** (quick) rápido(da); **make it ~!** ¡date prisa!

snapshot ['snæpʃɒt] n foto f.

snare [sneəʳ] n trampa f.

snarl [snɑːl] vi gruñir.

snatch [snætʃ] ◇ n (of conversation, song) fragmento m. ◇ vt (grab) agarrar; **to ~ sthg from sb** arrancarle OR arrebatarle algo a alguien.

sneak [sniːk] (Am pt **snuck**) ◇ n Br inf acusica m y f, chivato m, -ta f. ◇ vt colar, pasar a escondidas. ◇ vi: **to ~ in/out** entrar/salir a escondidas

sneakers ['sniːkəz] npl Am zapatos mpl de lona.

sneaky ['sniːkɪ] adj inf solapado(da).

sneer [snɪəʳ] vi (smile unpleasantly) sonreír con desprecio.

sneeze [sniːz] vi estornudar.

snide [snaɪd] adj sarcástico(ca).

sniff [snɪf] ◇ vt **1.** (smell) oler. **2.** (drug) esnifar. ◇ vi (to clear nose) sorber por la nariz.

snigger ['snɪgəʳ] ◇ n risa f disimulada. ◇ vi reírse por lo bajo.

snip [snɪp] ◇ n inf (bargain) ganga f. ◇ vt cortar con tijeras

sniper ['snaɪpəʳ] n francotirador m, -ra f.

snippet ['snɪpɪt] n retazo m.

snivel ['snɪvl] vi lloriquear.

snob [snɒb] n esnob m y f.

snobbish ['snɒbɪʃ], **snobby** ['snɒbɪ] adj esnob.

snooker ['snuːkəʳ] n snooker m, juego parecido al billar.

snoop [snuːp] vi inf fisgonear

snooty ['snuːtɪ] adj engreído(da).

snooze [snuːz] ◇ n cabezada f. ◇ vi dormitar

snore [snɔːʳ] ◇ n ronquido m. ◇ vi roncar.

snoring ['snɔːrɪŋ] n (U) ronquidos mpl.

snorkel ['snɔːkl] n tubo m respiratorio.

snort [snɔːt] ◇ n resoplido m. ◇ vi resoplar.

snout [snaʊt] n hocico m.

snow [snəʊ] ◇ n nieve f ◇ v impers nevar.

snowball ['snəʊbɔːl] ◇ n bola f de nieve. ◇ vi fig aumentar rápidamente.

snowbound ['snəʊbaʊnd] adj bloqueado(da) por la nieve.

snowdrift ['snəʊdrɪft] n montón m de nieve.

snowdrop ['snəʊdrɒp] n campanilla f blanca.

snowfall ['snəʊfɔːl] n nevada f.

snowflake ['snəʊfleɪk] n copo m de nieve.

snowman ['snəʊmæn] (pl -men [-men]) n muñeco m de nieve.

snowplough Br, **snowplow** Am ['snəʊplaʊ] n quitanieves m inv.

snowshoe ['snəʊʃuː] n raqueta f de nieve.

snowstorm ['snəʊstɔːm] n tormenta f de nieve.

SNP n abbr of **Scottish National Party**.

Snr, snr (abbr of senior) sén.

snub [snʌb] ◇ n desaire m. ◇ vt desairar.

snuck [snʌk] Am pt → **sneak**.

snuff [snʌf] n (tobacco) rapé m.

snug [snʌg] adj 1. (person) cómodo y calentito (cómoda y calentita); (feeling) de bienestar. 2. (place) acogedor (ra). 3. (close-fitting) ajustado(da).

snuggle ['snʌgl] vi: to ~ up to sb arrimarse a alguien acurrucándose.

so [səʊ] ◇ adv 1. (to such a degree) tan; ~ difficult (that) tan difícil (que); don't be ~ stupid! ¡no seas bobo!; I've never seen ~ much money/ many cars en mi vida he visto tanto dinero/tantos coches. 2. (in referring back to previous statement, event etc): ~ what's the point then? entonces ¿qué sentido tiene?; ~ you knew already? ¿así que ya lo sabías?; I don't think ~ no creo, me parece que no; I'm afraid ~ me temo que sí; if ~ de ser así; is that ~? ¿es así? 3. (also) también; ~ can I y yo (también puedo); ~ do I y yo (también); she speaks French and ~ does her husband ella habla francés y su marido también. 4. (in such a way): (like) ~ así, de esta forma. 5. (in expressing agreement): ~ there is! ¡pues (sí que) es verdad!, ¡sí que lo hay, sí!; ~ I see ya lo veo. 6. (unspecified amount, limit): they pay us ~ much a week nos pagan tanto a la semana; it's not ~ much the money as the time involved no es tanto el dinero como el tiempo que conlleva; or ~ o así. ◇ conj 1. (with the result that, therefore) así que, por lo tanto. 2. (to introduce a statement) (bueno) pues; ~ what have you been up to? bueno, ¿y qué has estado haciendo?; ~ that's who she is! ¡anda! ¡con que es ella!; ~ what? inf ¿y qué?; ~ there inf ¡(y si no te gusta,) te chinchas! ♦ **and so on, and so forth** adv y cosas por el estilo. ♦ **so as** conj

para; we didn't knock ~ as not to disturb them no llamamos para no molestarlos. ♦ **so that** conj para que; he lied ~ that she would go free mintió para que ella saliera en libertad.

soak [səʊk] ◇ vt 1. (leave immersed) poner en remojo. 2. (wet thoroughly) empapar. ◇ vi 1. (become thoroughly wet): to leave sthg to ~, to let sthg ~ dejar algo en remojo 2. (spread): to ~ into OR through sthg calar algo. ♦ **soak up** vt sep (liquid) absorber.

soaking ['səʊkɪŋ] adj empapado(da).

so-and-so n inf 1. (to replace a name) fulano m, -na f de tal. 2. (annoying person) hijo m, -ja f de tal.

soap [səʊp] n 1. (U) (for washing) jabón m. 2. (TV) culebrón m.

soap flakes npl escamas fpl de jabón.

soap opera n culebrón m.

soap powder n jabón m en polvo.

soapy ['səʊpɪ] adj (full of soap) jabonoso(sa).

soar [sɔːr] vi 1. (bird) remontar el vuelo. 2. (rise into the sky) elevarse. 3. (increase rapidly) alcanzar cotas muy altas.

sob [sɒb] ◇ n sollozo m. ◇ vi sollozar.

sober ['səʊbər] adj 1. (gen) sobrio (bria). 2. (serious) serio(ria). ♦ **sober up** vi pasársele a uno la borrachera.

sobering ['səʊbərɪŋ] adj que hace reflexionar.

so-called [-kɔːld] adj 1. (misleadingly named) mal llamado(da), supuesto(ta). 2. (widely known as) así llamado(da).

soccer ['sɒkər] n (U) fútbol m.

sociable ['səʊʃəbl] adj sociable.

social ['səʊʃl] adj social.

social club n local m social de una empresa.

socialism ['səʊʃəlɪzm] n socialismo m.

socialist ['səʊʃəlɪst] ◇ adj socialista. ◇ n socialista m y f.

socialize, -ise ['səʊʃəlaɪz] vi: to ~ (with) alternar (con).

social security n seguridad f social.

social services npl servicios mpl sociales.

social worker n asistente m, -ta f social.

society [sə'saɪətɪ] n 1. (gen) sociedad f. 2. (club, organization) sociedad f, asociación f.

sociology [ˌsəʊsɪ'ɒlədʒɪ] n sociología f.

sock [sɒk] n calcetín m.

socket ['sɒkɪt] n 1. (ELEC) enchufe m.

2. *(of eye)* cuenca *f*; *(of joint)* glena *f*.
sod [sɒd] *n* **1.** *(of turf)* tepe *m*. **2.** *v inf (person)* cabroncete *m*
soda ['səʊdə] *n* **1.** *(gen)* soda *f* **2.** *Am (fizzy drink)* gaseosa *f*.
soda water *n* soda *f*.
sodden ['sɒdn] *adj* empapado(da).
sodium ['səʊdɪəm] *n* sodio *m*.
sofa ['səʊfə] *n* sofá *m*.
Sofia ['səʊfjə] *n* Sofía.
soft [sɒft] *adj* **1.** *(pliable, not stiff, not strict)* blando(da). **2.** *(smooth, gentle, not bright)* suave.
soft drink *n* refresco *m*.
soften ['sɒfn] ◇ *vt* suavizar. ◇ *vi* **1.** *(substance)* ablandarse. **2.** *(expression)* suavizarse.
softhearted [,sɒft'hɑːtɪd] *adj* de buen corazón.
softly ['sɒftlɪ] *adv* **1.** *(gently)* con delicadeza. **2.** *(quietly, not brightly)* suavemente. **3.** *(leniently)* con indulgencia.
soft-spoken *adj* de voz suave.
software ['sɒftweəʳ] *n* (COMPUT) software *m*.
soggy ['sɒgɪ] *adj inf* empapado(da).
soil [sɔɪl] ◇ *n* (earth) tierra *f*, suelo *m*. ◇ *vt* ensuciar.
soiled [sɔɪld] *adj* sucio(cia).
solace ['sɒləs] *n literary* consuelo *m*.
solar ['səʊləʳ] *adj* solar.
sold [səʊld] *pt & pp* → **sell**.
solder ['səʊldəʳ] ◇ *n (U)* soldadura *f* ◇ *vt* soldar.
soldier ['səʊldʒəʳ] *n* soldado *m*.
sold-out *adj* agotado(da); **the theatre was ~** se agotaron las localidades.
sole [səʊl] *(pl sense 2 only inv* OR **-s)** ◇ *adj* **1.** *(only)* único(ca). **2.** *(exclusive)* exclusivo(va). **1.** *(of foot)* planta *f*; *(of shoe)* suela *f*. **2.** *(fish)* lenguado *m*.
solemn ['sɒləm] *adj* solemne.
solicit [sə'lɪsɪt] ◇ *vt fml (request)* solicitar. ◇ *vi (prostitute)* ofrecer sus servicios.
solicitor [sə'lɪsɪtəʳ] *n Br* (JUR) *abogado que lleva casos administrativos y legales, pero que no acude a los tribunales superiores.*
solid ['sɒlɪd] ◇ *adj* **1.** *(gen)* sólido(da). **2.** *(rock, wood, gold)* macizo(za) **3.** *(reliable, respectable)* serio(ria), formal. **4.** *(without interruption)* sin interrupción. ◇ *n* sólido *m*.
solidarity [,sɒlɪ'dærətɪ] *n* solidaridad *f*.
solitaire [,sɒlɪ'teəʳ] *n* **1.** *(jewel, board game)* solitario *m*. **2.** *Am (card game)* solitario *m*

solitary ['sɒlɪtrɪ] *adj* solitario(ria).
solitary confinement *n*: **to be in ~** estar incomunicado(da) (en la cárcel).
solitude ['sɒlɪtjuːd] *n* soledad *f*.
solo ['səʊləʊ] *(pl* **-s)** ◇ *adj & adv* a solas. ◇ *n* solo *m*.
soloist ['səʊləʊɪst] *n* solista *m y f*.
soluble ['sɒljʊbl] *adj* soluble.
solution [sə'luːʃn] *n*: **~ (to)** solución *f* (a).
solve [sɒlv] *vt* resolver
solvent ['sɒlvənt] ◇ *adj* (FIN) solvente. ◇ *n* disolvente *m*
Somalia [sə'mɑːlɪə] *n* Somalia.
sombre *Br*, **somber** *Am* ['sɒmbəʳ] *adj* sombrío(a)
some [sʌm] ◇ *adj* **1.** *(a certain amount, number of)*: **would you like ~ coffee?** ¿quieres café?; **give me ~ money** dame algo de dinero; **there are ~ good articles in it** tiene algunos artículos buenos; **I bought ~ socks** *(one pair)* me compré unos calcetines; *(more than one pair)* me compré calcetines. **2.** *(fairly large number or quantity of)*: **I've known him for ~ years** lo conozco desde hace bastantes años; **I had ~ difficulty getting here** me costó lo mío llegar aquí **3.** *(contrastive use) (certain)* algunos(as), ciertos(as); **~ jobs are better paid than others** algunos trabajos están mejor pagados que otros; **~ people say that ...** los hay que dicen que ... **4.** *(in imprecise statements)* algún(una); **there must be ~ mistake** debe haber un OR algún error; **she married ~ writer or other** se casó con no sé qué escritor. **5.** *inf (very good)* menudo(da); **that's ~ car he's got** ¡menudo coche tiene! ◇ *pron* **1.** *(a certain amount)*: **can I have ~?** *(money, milk, coffee etc)* ¿puedo coger un poco?; **~ of** parte de. **2.** *(a certain number)* algunos(as); **can I have ~?** *(books, potatoes etc)* ¿puedo coger algunos?; **~ of them** left early algunos se fueron temprano; **~ say he lied** hay quien dice que mintió. ◇ *adv* unos(as); **there were ~ 7,000 people there** habría unas 7.000 personas.
somebody ['sʌmbədɪ] *pron* alguien.
someday ['sʌmdeɪ] *adv* algún día.
somehow ['sʌmhaʊ], **someway** *Am* ['sʌmweɪ] *adv* **1.** *(by some action)* de alguna manera **2.** *(for some reason)* por alguna razón.
someone ['sʌmwʌn] *pron* alguien; **~ or other** alguien, no sé quien.
someplace *Am* = **somewhere**.
somersault ['sʌməsɔːlt] *n (in air)* salto

m mortal; *(on ground)* voltereta *f*.
something ['sʌmθɪŋ] ◇ *pron* algo; **or ~ *inf*** o algo así. ◇ *adv*: **~ like, ~ in the region of** algo así como.
sometime ['sʌmtaɪm] *adv* en algún momento; **~ next week** durante la semana que viene.
sometimes ['sʌmtaɪmz] *adv* a veces.
someway *Am* = **somehow**.
somewhat ['sʌmwɒt] *adv fml* algo.
somewhere *Br* ['sʌmweəʳ], **someplace** *Am* ['sʌmpleɪs] *adv* **1.** *(unknown place - with verbs of position)* en alguna parte; *(- with verbs of movement)* a alguna parte; **it's ~ else** está en otra parte; **shall we go ~ else?** ¿nos vamos a otra parte? **2.** *(in approximations)*: **~ between five and ten** entre cinco y diez; **~ around 20** alrededor de 20.
son [sʌn] *n* hijo *m*.
song [sɒŋ] *n* **1.** *(gen)* canción *f*. **2.** *(of bird)* canto *m*.
sonic ['sɒnɪk] *adj* sónico(ca).
son-in-law *(pl* **sons-in-law** OR **son-in-laws)** *n* yerno *m*.
sonnet ['sɒnɪt] *n* soneto *m*.
sonny ['sʌnɪ] *n inf* hijo *m*, chico *m*.
soon [suːn] *adv* pronto; **how ~ will it be ready?** ¿para cuándo estará listo?; **~ after** poco después; **as ~ as** tan pronto como; **as ~ as possible** cuanto antes.
sooner ['suːnəʳ] *adv* **1.** *(in time)* antes; **no ~ did he arrive than ...** apenas había llegado cuando ...; **~ or later** (más) tarde o (más) temprano; **the ~ the better** cuanto antes mejor. **2.** *(expressing preference)*: **I'd ~ ...** preferiría ...
soot [sʊt] *n* hollín *m*.
soothe [suːð] *vt* **1.** *(pain)* aliviar. **2.** *(nerves etc)* calmar.
sophisticated [sə'fɪstɪkeɪtɪd] *adj (gen)* sofisticado(da).
sophomore ['sɒfəmɔːʳ] *n Am* estudiante *m y f* del segundo curso.
soporific [ˌsɒpə'rɪfɪk] *adj* soporífico (ca).
sopping ['sɒpɪŋ] *adj*: **~ (wet)** chorreando.
soppy ['sɒpɪ] *adj inf pej* sentimentaloide.
soprano [sə'prɑːnəʊ] *(pl* **-s)** *n* soprano *f*.
sorbet ['sɔːbeɪ] *n* sorbete *m*.
sorcerer ['sɔːsərəʳ] *n* brujo *m*, -ja *f*.
sordid ['sɔːdɪd] *adj* **1.** *(immoral)* obsceno(na). **2.** *(dirty, unpleasant)* sórdido (da).

sore [sɔːʳ] ◇ *adj* **1.** *(painful)* dolorido (da); **to have a ~ throat** tener dolor de garganta. **2.** *Am (upset)* enfadado (da). ◇ *n* llaga *f*, úlcera *f*.
sorely ['sɔːlɪ] *adv literary* enormemente.
sorrow ['sɒrəʊ] *n* pesar *m*, pena *f*.
sorry ['sɒrɪ] ◇ *adj* **1.** *(expressing apology)*: **to be ~ about sthg** sentir OR lamentar algo; **I'm ~ for what I did** siento lo que hice; **I'm ~** lo siento. **2.** *(expressing shame, disappointment)*: **to be ~ that** sentir que; **we were ~ about his resignation** sentimos que dimitiera; **to be ~ for** arrepentirse de. **3.** *(expressing regret)*: **I'm ~ to have to say that ...** siento tener que decir que . . **4.** *(expressing pity)*: **to be** OR **feel ~ for sb** sentir lástima por alguien. **5.** *(expressing polite disagreement)*: **I'm ~, but ...** perdón, pero ... **6.** *(poor, pitiable)* lamentable, penoso(sa) ◇ *excl* **1.** *(pardon)*: **~?** ¿perdón? **2.** *(to correct oneself)*: **a girl, ~, a woman** una chica, perdón, una mujer.
sort [sɔːt] ◇ *n* tipo *m*, clase *f*; **all ~s of** todo tipo de; **~ of** más o menos, así así; **a ~ of** una especie de. ◇ *vt* clasificar. ◆ **sort out** *vt sep* **1.** *(classify)* clasificar. **2.** *(solve)* solucionar, resolver.
sorting office ['sɔːtɪŋ-] *n* oficina de clasificación del correo.
SOS *(abbr of* **save our souls)** *n* SOS *m*.
so-so *adj & adv inf* así así.
soufflé ['suːfleɪ] *n* suflé *m*.
sought [sɔːt] *pt & pp* → **seek**.
soul [səʊl] *n* **1.** *(gen)* alma *f*. **2.** *(music)* música *f* soul.
soul-destroying [-dɪˌstrɔɪɪŋ] *adj* desmoralizador(ra).
soulful ['səʊlfʊl] *adj* lleno(na) de sentimiento.
sound [saʊnd] ◇ *adj* **1.** *(healthy)* sano (na). **2.** *(sturdy)* sólido(da). **3.** *(reliable)* fiable, seguro(ra). ◇ *adv*: **to be ~ asleep** estar profundamente dormido (da). ◇ *n* **1.** *(gen)* sonido *m*. **2.** *(particular noise)* ruido *m*. **3.** *(impression)*: **by the ~ of it** por lo que parece. ◇ *vt (bell etc)* hacer sonar, tocar. ◇ *vi* **1.** *(gen)* sonar **2.** *(give impression)*: **it ~s like fun** suena divertido. ◆ **sound out** *vt sep*: **to ~ sb out (on** OR **about)** sondear a alguien (sobre).
sound barrier *n* barrera *f* del sonido.
sound effects *npl* efectos *mpl* sonoros.
sounding ['saʊndɪŋ] *n* (NAUT) sondeo *m* marino.

soundly ['saʊndlɪ] *adv* **1.** *(severely - beat)* totalmente. **2.** *(deeply)* profundamente.

soundproof ['saʊndpru:f] *adj* insonorizado(da).

soundtrack ['saʊndtræk] *n* banda *f* sonora.

soup [su:p] *n* *(thick)* sopa *f*; *(clear)* caldo *m*.

soup plate *n* plato *m* hondo OR sopero.

soup spoon *n* cuchara *f* sopera.

sour [saʊəʳ] ◇ *adj* **1.** *(acidic)* ácido(da). **2.** *(milk, person, reply)* agrio(gria) ◇ *vt* agriar.

source [sɔ:s] *n* **1.** *(gen)* fuente *f* **2.** *(cause)* origen *m*.

sour grapes *n* *(U)* *inf*: it's ~! ¡están verdes!

south [saʊθ] ◇ *n* **1.** *(direction)* sur *m*. **2.** *(region)*: the South el sur. ◇ *adj* del sur ◇ *adv*: ~ (of) al sur (de).

South Africa *n*: (the Republic of) ~ (la república de) Suráfrica.

South African ◇ *adj* surafricano (na). ◇ *n* *(person)* surafricano *m*, -na *f*.

South America *n* Sudamérica.

South American ◇ *adj* sudamericano(na). ◇ *n* *(person)* sudamericano *m*, -na *f*.

southeast [ˌsaʊθ'i:st] ◇ *n* **1.** *(direction)* sudeste *m*. **2.** *(region)*: the Southeast el sudeste ◇ *adj* del sudeste ◇ *adv*: ~ (of) hacia el sudeste (de).

southerly ['sʌðəlɪ] *adj* del sur.

southern ['sʌðən] *adj* del sur, sureño (ña).

South Korea *n* Corea del Sur.

South Pole *n*: the ~ el polo Sur.

southward ['saʊθwəd] ◇ *adj* sur. ◇ *adv* = **southwards**.

southwards ['saʊθwədz] *adv* hacia el sur.

southwest [ˌsaʊθ'west] ◇ *n* **1.** *(direction)* suroeste *m*. **2.** *(region)*: the Southwest el suroeste. ◇ *adj* del suroeste. ◇ *adv*: ~ (of) hacia el suroeste (de).

souvenir [ˌsu:və'nɪəʳ] *n* recuerdo *m*.

sovereign ['sɒvrɪn] ◇ *adj* soberano (na). ◇ *n* **1.** *(ruler)* soberano *m*, -na *f*. **2.** *(coin)* soberano *m*.

soviet ['səʊvɪət] *n* soviet *m*. ◆ **Soviet** ◇ *adj* soviético(ca) ◇ *n* *(person)* soviético *m*, -ca *f*

Soviet Union *n*: the (former) ~ la (antigua) Unión Soviética.

sow¹ [saʊ] *(pt* -ed, *pp* sown OR -ed) *vt* *lit & fig* sembrar

sow² [saʊ] *n* cerda *f*, puerca *f*

sown [səʊn] *pp* → **sow¹**.

soya ['sɔɪə] *n* soja *f*.

soy(a) bean ['sɔɪ(ə)-] *n* semilla *f* de soja.

spa [spɑ:] *n* balneario *m*.

space [speɪs] ◇ *n* espacio *m*. ◇ *comp* espacial ◇ *vt* espaciar. ◆ **space out** *vt sep* *(arrange with spaces between)* espaciar

spacecraft ['speɪskrɑ:ft] *(pl inv)* *n* nave *f* espacial.

spaceman ['speɪsmæn] *(pl* -men [-men]) *n* *inf* astronauta *m*.

spaceship ['speɪsʃɪp] *n* nave *f* espacial

space shuttle *n* transbordador *m* espacial

spacesuit ['speɪssu:t] *n* traje *m* espacial.

spacing ['speɪsɪŋ] *n* (TYPO) espacio *m*.

spacious ['speɪʃəs] *adj* espacioso(sa).

spade [speɪd] *n* *(tool)* pala *f*. ◆ **spades** *npl* picas *fpl*.

spaghetti [spə'getɪ] *n* *(U)* espaguetis *mpl*.

Spain [speɪn] *n* España

span [spæn] ◇ *pt* → **spin**. ◇ *n* **1.** *(in time)* lapso *m*, periodo *m*. **2.** *(range)* gama *f*. **3.** *(of wings)* envergadura *f*. **4.** *(of bridge, arch)* ojo *m*. ◇ *vt* **1.** *(in time)* abarcar. **2.** *(subj: bridge etc)* cruzar, atravesar.

Spaniard ['spænjəd] *n* español *m*, -la *f*.

spaniel ['spænjəl] *n* perro *m* de aguas.

Spanish ['spænɪʃ] ◇ *adj* español(la). ◇ *n* *(language)* español *m*, castellano *m*. ◇ *npl* *(people)*: the ~ los españoles

spank [spæŋk] *vt* zurrar.

spanner ['spænəʳ] *n* llave *f* inglesa

spar [spɑ:ʳ] ◇ *n* palo *m*, verga *f* ◇ *vi* (BOXING): to ~ (with) entrenarse (con)

spare [speəʳ] ◇ *adj* **1.** *(surplus)* de sobra. **2.** *(free - chair, time)* libre. ◇ *n* **1.** *(spare object)* (pieza *f* de) recambio *m*, repuesto *m*. **2.** *inf* *(part)* pieza *f* de recambio OR repuesto. ◇ *vt* **1.** *(time)* conceder; *(money)* dejar; we can't ~ any time/money no tenemos tiempo/dinero; to ~ de sobra. **2.** *(not harm - person, life)* perdonar; *(- company, city)* salvar **3.** *(not use, not take)*: to ~ no expense/effort no escatimar gastos/esfuerzos. **4.** *(save from)*: to ~ sb sthg ahorrarle a alguien algo.

spare part *n* (AUT) pieza *f* de recambio OR repuesto.

spare time *n* tiempo *m* libre.

spare wheel *n* rueda *f* de recambio

sparing ['speərɪŋ] *adj*: ~ with OR of parco(ca) en.

sparingly ['speərɪŋlɪ] *adv* con moderación.

spark [spɑːk] *n lit & fig* chispa *f*.

sparking plug ['spɑːkɪŋ-] *Br* = **spark plug**.

sparkle ['spɑːkl] ◇ *n* (U) (of diamond) destello *m*; (of eyes) brillo *m*. ◇ *vi* (star, jewels) centellear; (eyes) brillar.

sparkling wine ['spɑːklɪŋ-] *n* vino *m* espumoso.

spark plug *n* bujía *f*.

sparrow ['spærəʊ] *n* gorrión *m*.

sparse [spɑːs] *adj* escaso(sa).

spasm ['spæzm] *n* 1. (MED) (state) espasmo *m*. 2. (MED) (attack) acceso *m*.

spastic ['spæstɪk] *n* (MED) espástico *m*, -ca *f*.

spat [spæt] *pt & pp* → spit.

spate [speɪt] *n* cadena *f*, serie *f*.

spatter ['spætər] *vt* salpicar.

spawn [spɔːn] ◇ *n* (U) huevas *fpl*. ◇ *vt fig* engendrar. ◇ *vi* desovar, frezar.

speak [spiːk] (*pt* spoke, *pp* spoken) ◇ *vt* 1. (say) decir. 2. (language) hablar. ◇ *vi* hablar; to ~ to OR with hablar con; to ~ to sb (about) hablar con alguien (de); to ~ about hablar de; to ~ to sb (on sthg) (give speech) hablar ante alguien (sobre algo). ◆ so to speak *adv* por así decirlo. ◆ speak for *vt fus* (represent) hablar en nombre de. ◆ speak up *vi* 1. (speak out): to ~ up for salir en defensa de. 2. (speak louder) hablar más alto.

speaker ['spiːkər] *n* 1. (person talking) persona *f* que habla. 2. (person making a speech - at meal etc) orador *m*, -ra *f*; (- at conference) conferenciante *m y f*. 3. (of a language) hablante *m y f*. 4. (of radio) altavoz *m*.

speaking ['spiːkɪŋ] *adv*: generally ~ en general; legally ~ desde una perspectiva legal.

spear [spɪər] ◇ *n* (gen) lanza *f*; (for hunting) jabalina *f*. ◇ *vt* (animal) atravesar; (piece of food) pinchar.

spearhead ['spɪəhed] *vt* encabezar.

spec [spek] *n Br inf*: to buy on ~ comprar sin garantías.

special ['speʃl] *adj* 1. (gen) especial. 2. (particular, individual) particular.

special delivery *n* correo *m* urgente.

specialist ['speʃəlɪst] ◇ *adj* (doctor) especialista; (literature) especializado (da). ◇ *n* especialista *m y f*.

speciality [,speʃɪ'ælətɪ], **specialty** *Am* ['speʃltɪ] *n* especialidad *f*.

specialize, -ise ['speʃəlaɪz] *vi*: to ~ (in) especializarse (en).

specially ['speʃəlɪ] *adv* especialmente.

specialty *Am* = **speciality**.

species ['spiːʃiːz] (*pl inv*) *n* especie *f*.

specific [spə'sɪfɪk] *adj* 1. (particular) determinado(da). 2. (precise) específico (ca). 3. (unique): ~ to específico(ca) de.

specifically [spə'sɪfɪklɪ] *adv* 1. (particularly) expresamente. 2. (precisely) específicamente.

specify ['spesɪfaɪ] *vt*: to ~ (that) especificar (que).

specimen ['spesɪmən] *n* 1. (example) espécimen *m*, ejemplar *m*. 2. (sample) muestra *f*.

speck [spek] *n* 1. (small stain) manchita *f*. 2. (small particle) mota *f*.

speckled ['spekld] *adj*: ~ (with) moteado(da) (de).

specs [speks] *npl Br inf* (glasses) gafas *fpl*

spectacle ['spektəkl] *n* (gen) espectáculo *m*. ◆ **spectacles** *npl Br* gafas *fpl*.

spectacular [spek'tækjʊlər] *adj* espectacular.

spectator [spek'teɪtər] *n* espectador *m*, -ra *f*

spectre *Br*, **specter** *Am* ['spektər] *n lit & fig* fantasma *m*.

spectrum ['spektrəm] (*pl* -tra [-trə]) *n* 1. (gen) espectro *m* 2. fig (variety) gama *f*.

speculation [,spekjʊ'leɪʃn] *n* especulación *f*.

sped [sped] *pt & pp* → speed.

speech [spiːtʃ] *n* 1. (gen) habla *f*. 2. (formal talk) discurso *m*. 3. (THEATRE) parlamento *m*. 4. (manner of speaking) manera *f* de hablar. 5. (dialect) dialecto *m*, habla *f*.

speechless ['spiːtʃlɪs] *adj*: to be ~ (with) enmudecer (de).

speed [spiːd] (*pt & pp* -ed OR sped) ◇ *n* 1. (rate of movement) velocidad *f*; at top ~ a toda velocidad. 2. (rapidity) rapidez *f*. ◇ *vi* 1. (move fast): to ~ (along/away/by) ir/alejarse/pasar a toda velocidad. 2. (AUT) (go too fast) conducir con exceso de velocidad. ◆ **speed up** ◇ *vt sep* (gen) acelerar; (person) meter prisa a. ◇ *vi* (gen) acelerarse; (person) darse prisa.

speedboat ['spiːdbəʊt] *n* lancha *f* motora.

speed camera *n* cámara *f* de control de velocidad.

speeding ['spiːdɪŋ] *n* (U) exceso *m* de velocidad.

speed limit *n* límite *m* de velocidad.
speedometer [spɪˈdɒmɪtəʳ] *n* velocímetro *m*.
speedway [ˈspiːdweɪ] *n* **1.** *(U)* (SPORT) carreras *fpl* de moto. **2.** *Am (road)* autopista *f*.
speedy [ˈspiːdɪ] *adj* rápido(da).
spell [spel] *(Br pt & pp* **spelt** OR **-ed,** *Am pt & pp* **-ed)** ◇ *n* **1.** *(of time)* temporada *f*; *(of weather)* racha *f* **2.** *(enchantment)* hechizo *m*; **to cast** OR **put a ~ on sb** hechizar a alguien. **3.** *(magic words)* conjuro *m*. ◇ *vt* **1.** *(form by writing)* deletrear. **2.** *fig (signify)* significar. ◇ *vi* escribir correctamente. ♦ **spell out** *vt sep* **1.** *(read aloud)* deletrear. **2.** *(explain):* **to ~ sthg out (for** OR **to sb)** decir algo por las claras (a alguien).
spellbound [ˈspelbaʊnd] *adj* hechizado(da), embelesado(da).
spelling [ˈspelɪŋ] *n* ortografía *f*; **~ mistake** falta *f* de ortografía.
spelt [spelt] *Br pt & pp →* **spell**.
spend [spend] *(pt & pp* **spent)** *vt* **1.** *(gen)* gastar; **to ~ sthg on** gastar algo en. **2.** *(time, life)* pasar.
spendthrift [ˈspendθrɪft] *n* derrochador *m*, -ra *f*.
spent [spent] ◇ *pt & pp →* **spend**. ◇ *adj (matches, ammunition)* usado(da); *(patience)* agotado(da).
sperm [spɜːm] *(pl inv* OR **-s)** *n* esperma *m*.
spew [spjuː] *vt* arrojar, escupir.
sphere [sfɪəʳ] *n* **1.** *(gen)* esfera *f*. **2.** *(of people)* círculo *m*.
spice [spaɪs] *n* (CULIN) especia *f*.
spick-and-span [ˌspɪkənˈspæn] *adj* inmaculado(da).
spicy [ˈspaɪsɪ] *adj* (CULIN & *fig)* picante.
spider [ˈspaɪdəʳ] *n* araña *f*.
spike [spaɪk] *n* **1.** *(on railing etc)* punta *f*; *(on wall)* clavo *m*. **2.** *(on plant)* pincho *m*; *(of hair)* pelo *m* de punta.
spill [spɪl] *(Br pt & pp* **spilt** OR **-ed,** *Am pt & pp* **-ed)** ◇ *vt* derramar, verter. ◇ *vi (flow)* derramarse, verterse.
spilt [spɪlt] *Br pt & pp →* **spill**.
spin [spɪn] *(pt* **span** OR **spun,** *pp* **spun)** ◇ *n* **1.** *(turn)* vuelta *f*. **2.** (AERON) barrena *f*. **3.** *inf (in car)* vuelta *f* ◇ *vt* **1.** *(cause to rotate)* girar, dar vueltas a **2.** *(clothes, washing)* centrifugar. **3.** *(wool, yarn)* hilar. ◇ *vi (rotate)* girar, dar vueltas. ♦ **spin out** *vt sep (story)* alargar, prolongar; *(money)* estirar.
spinach [ˈspɪnɪdʒ] *n (U)* espinacas *fpl*.

spinal column [ˈspaɪnl-] *n* columna *f* vertebral.
spinal cord [ˈspaɪnl-] *n* médula *f* espinal.
spindly [ˈspɪndlɪ] *adj* larguirucho(cha).
spin-dryer *n Br* centrifugadora *f*.
spine [spaɪn] *n* **1.** (ANAT) espina *f* dorsal **2.** *(of book)* lomo *m*. **3.** *(spike, prickle)* espina *f*, púa *f*.
spinning [ˈspɪnɪŋ] *n* hilado *m*
spinning top *n* peonza *f*
spin-off *n (by-product)* resultado *m* OR efecto *m* indirecto.
spinster [ˈspɪnstəʳ] *n* soltera *f*
spiral [ˈspaɪərəl] ◇ *adj* en espiral ◇ *n (curve)* espiral *f*. ◇ *vi (move in spiral curve)* moverse en espiral.
spiral staircase *n* escalera *f* de caracol.
spire [spaɪəʳ] *n* aguja *f*
spirit [ˈspɪrɪt] *n* **1.** *(gen)* espíritu *m*. **2.** *(vigour)* vigor *m*, valor *m*. ♦ **spirits** *npl* **1.** *(mood)* humor *m*; **to be in high/ low ~s** estar exultante/alicaído. **2.** *(alcohol)* licores *mpl*.
spirited [ˈspɪrɪtɪd] *adj* enérgico(ca).
spirit level *n* nivel *m* de burbuja de aire.
spiritual [ˈspɪrɪtʃʊəl] *adj* espiritual.
spit [spɪt] *(Br pt & pp* **spat,** *Am pt & pp* **spit)** ◇ *n* **1.** *(saliva)* saliva *f*. **2.** *(skewer)* asador *m*. ◇ *vi* escupir. ◇ *v impers Br (rain lightly):* **it's spitting** está chispeando.
spite [spaɪt] ◇ *n* rencor *m*. ◇ *vt* fastidiar, molestar. ♦ **in spite of** *prep* a pesar de.
spiteful [ˈspaɪtfʊl] *adj (person, behaviour)* rencoroso(sa); *(action, remark)* malintencionado(da).
spittle [ˈspɪtl] *n* saliva *f*
splash [splæʃ] ◇ *n* **1.** *(sound)* chapoteo *m*. **2.** *(of colour, light)* mancha *f*. ◇ *vt* salpicar. ◇ *vi* **1.** *(person):* **to ~ about** OR **around** chapotear. **2.** *(water, liquid):* **to ~ on** OR **against sthg** salpicar algo. ♦ **splash out** *vi inf:* **to ~ out (on sthg)** gastar un dineral (en algo).
spleen [spliːn] *n* (ANAT) bazo *m; fig (anger)* cólera *f*.
splendid [ˈsplendɪd] *adj* **1.** *(marvellous)* espléndido(da). **2.** *(magnificent, beautiful)* magnífico(ca)
splint [splɪnt] *n* tablilla *f*.
splinter [ˈsplɪntəʳ] ◇ *n (of wood)* astilla *f*; *(of glass, metal)* fragmento *m*. ◇ *vi* astillarse.
split [splɪt] *(pt & pp* **split)** ◇ *n* **1.** *(crack - in wood)* grieta *f*; *(- in gar-*

ment) desgarrón *m.* **2.** (*division*): ~ **(in)** escisión *f* (en). **3.** (*difference*): ~ **(between)** diferencia *f* (entre). ◇ *vt* **1.** (*tear*) desgarrar, rasgar; (*crack*) agrietar. **2.** (*break in two*) partir. **3.** (*party, organization*) escindir. **4.** (*share*) repartir. ◇ *vi* **1.** (*break up - road*) bifurcarse; (*- object*) partirse **2.** (*party, organization*) escindirse **3.** (*wood*) agrietarse; (*fabric*) desgarrarse. ♦ **split up** *vi* separarse

split second *n* fracción *f* de segundo.

splutter ['splʌtər] *vi* **1.** (*person*) balbucear. **2.** (*fire, oil*) chisporrotear

spoil [spɔɪl] (*pt & pp* **-ed** OR **spoilt**) *vt* **1.** (*ruin*) estropear, echar a perder **2.** (*child etc*) mimar. ♦ **spoils** *npl* botín *m*

spoiled [spɔɪld] = **spoilt**.

spoilsport ['spɔɪlspɔːt] *n* aguafiestas *m y f inv.*

spoilt [spɔɪlt] ◇ *pt & pp* → **spoil** ◇ *adj* mimado(da), consentido(da).

spoke [spəʊk] ◇ *pt* → **speak**. ◇ *n* radio *m.*

spoken ['spəʊkn] *pp* → **speak**.

spokesman ['spəʊksmən] (*pl* **-men** [-mən]) *n* portavoz *m.*

spokeswoman ['spəʊks,wʊmən] (*pl* **-women** [-,wɪmɪn]) *n* portavoz *f.*

sponge [spʌndʒ] ◇ *n* **1.** (*for cleaning, washing*) esponja *f.* **2.** (*cake*) bizcocho *m.* ◇ *vt* limpiar con una esponja. ◇ *vi inf*: **to** ~ **off** vivir a costa de.

sponge bag *n Br* neceser *m.*

sponge cake *n* bizcocho *m.*

sponsor ['spɒnsər] ◇ *n* patrocinador *m*, -ra *f.* ◇ *vt* **1.** (*gen*) patrocinar. **2.** (*support*) respaldar

sponsored walk [,spɒnsəd-] *n* marcha *f* benéfica.

sponsorship ['spɒnsəʃɪp] *n* patrocinio *m.*

spontaneous [spɒn'teɪnjəs] *adj* espontáneo(a).

spooky ['spuːkɪ] *adj inf* escalofriante.

spool [spuːl] *n* (*gen & COMPUT*) bobina *f*

spoon [spuːn] *n* **1.** (*piece of cutlery*) cuchara *f.* **2.** (*spoonful*) cucharada *f.*

spoon-feed *vt* (*feed with spoon*) dar de comer con cuchara a.

spoonful ['spuːnful] (*pl* **-s** OR **spoonsful** ['spuːnzful]) *n* cucharada *f.*

sporadic [spə'rædɪk] *adj* esporádico(ca).

sport [spɔːt] *n* **1.** (*game*) deporte *m.* **2.** *dated* (*cheerful person*) persona *f* amable.

sporting ['spɔːtɪŋ] *adj lit & fig* deportivo(va); **to give sb a** ~ **chance** dar a alguien la oportunidad de ganar.

sports car ['spɔːts-] *n* coche *m* deportivo.

sports jacket ['spɔːts-] *n* chaqueta *f* de esport.

sportsman ['spɔːtsmən] (*pl* **-men** [-mən]) *n* deportista *m.*

sportsmanship ['spɔːtsmənʃɪp] *n* deportividad *f.*

sportswear ['spɔːtsweər] *n* ropa *f* deportiva

sportswoman ['spɔːts,wʊmən] (*pl* **-women** [-,wɪmɪn]) *n* deportista *f.*

sporty ['spɔːtɪ] *adj inf* (*fond of sports*) aficionado(da) a los deportes.

spot [spɒt] ◇ *n* **1.** (*stain*) mancha *f*, mota *f*; (*dot*) punto *m.* **2.** (*pimple*) grano *m.* **3.** (*drop*) gota *f.* **4.** *inf* (*bit, small amount*) pizca *f.* **5.** (*place*) lugar *m*; **on the** ~ en el lugar; **to do sthg on the** ~ hacer algo en el acto. **6.** (RADIO & TV) espacio *m.* ◇ *vt* (*notice*) notar, ver.

spot check *n* control *m* aleatorio.

spotless ['spɒtlɪs] *adj* (*thing*) inmaculado(da); (*reputation*) intachable.

spotlight ['spɒtlaɪt] *n* (*of car*) faro *m* auxiliar; (*in theatre, home*) foco *m*, reflector *m* de luz; **to be in the** ~ *fig* ser el centro de atención.

spotted ['spɒtɪd] *adj* de lunares.

spotty ['spɒtɪ] *adj Br* (*skin*) con granos.

spouse [spaʊs] *n* cónyuge *m y f.*

spout [spaʊt] ◇ *n* (*of kettle, teapot*) pitorro *m*; (*of jug*) pico *m*; (*of pipe*) caño *m.* ◇ *vi*: **to** ~ **from** OR **out of** (*liquid*) salir a chorros de; (*smoke, flames*) salir incesantemente de.

sprain [spreɪn] ◇ *n* torcedura *f.* ◇ *vt* torcerse.

sprang [spræŋ] *pt* → **spring**.

sprawl [sprɔːl] *vi* (*sit*) repantigarse, arrellanarse; (*lie*) echarse, tumbarse.

spray [spreɪ] ◇ *n* **1.** (*small drops - of liquid*) rociada *f*; (*- of sea*) espuma *f*; (*- of aerosol*) pulverización *f.* **2.** (*pressurized liquid*) líquido *m* pulverizado, espray *m.* **3.** (*can, container - gen*) atomizador *m*; (*- for garden*) pulverizador *m.* **4.** (*of flowers*) ramo *m.* ◇ *vt* rociar, vaporizar.

spread [spred] (*pt & pp* **spread**) ◇ *n* **1.** (*soft food*): **cheese** ~ queso *m* para untar. **2.** (*of fire, disease*) propagación *f.* ◇ *vt* **1.** (*rug, tablecloth*) extender; (*map*) desplegar. **2.** (*legs, fingers etc*) estirar. **3.** (*butter, jam*) untar; (*glue*) repartir; **to ~ sthg over sthg** extender algo por algo. **4.** *(disease)* propagar; *(news)* difundir, diseminar. **5.** *(wealth, work)* repartir equitativamente. ◇ *vi* **1.** *(disease, fire, news)* extenderse, propagarse. **2.** *(gas, cloud)* esparcirse. ◆ **spread out** *vi* diseminarse, dispersarse.

spread-eagled [-,iːgld] *adj* despatarrado(da).

spreadsheet ['spredʃiːt] *n* (COMPUT) hoja *f* de cálculo electrónica.

spree [spriː] *n* jarana *f.*

sprightly ['spraɪtlɪ] *adj* animado(da).

spring [sprɪŋ] *(pt* **sprang,** *pp* **sprung)** ◇ *n* **1.** *(season)* primavera *f.* **2.** *(coil)* muelle *m.* **3.** *(jump)* salto *m.* **4.** *(water source)* manantial *m*, vertiente *f CSur.* ◇ *vi* **1.** *(jump)* saltar. **2.** *(move suddenly)* moverse de repente. ◆ **spring up** *vi* surgir de repente.

springboard ['sprɪŋbɔːd] *n lit & fig* trampolín *m.*

spring-clean *vt* limpiar a fondo.

spring onion *n Br* cebolleta *f.*

springtime ['sprɪŋtaɪm] *n*: **in (the) ~** en primavera.

springy ['sprɪŋɪ] *adj (carpet, mattress, grass)* mullido(da); *(rubber)* elástico (ca).

sprinkle ['sprɪŋkl] *vt* rociar, salpicar; **to ~ sthg over** OR **on sthg, to ~ sthg with sthg** rociar algo sobre algo.

sprinkler ['sprɪŋklə^r] *n* aspersor *m*

sprint [sprɪnt] ◇ *n* **1.** (SPORT) esprint *m.* **2.** *(fast run)* carrera *f.* ◇ *vi* (SPORT) esprintar; *(run fast)* correr a toda velocidad.

sprout [spraʊt] ◇ *n* **1.** **(Brussels) ~s** coles *fpl* de Bruselas. **2.** *(shoot)* brote *m*, retoño *m* ◇ *vt (subj: plant)* echar. ◇ *vi* **1.** *(plants, vegetables)* crecer. **2.** *(leaves, shoots)* brotar.

spruce [spruːs] ◇ *adj* pulcro(cra) ◇ *n* picea *f.* ◆ **spruce up** *vt sep* arreglar.

sprung [sprʌŋ] *pp* → **spring.**

spry [spraɪ] *adj* ágil, activo(va).

spun [spʌn] *pt & pp* → **spin.**

spur [spɜː^r] ◇ *n* **1.** *(incentive)*: **~ (to sthg)** estímulo *m* (para conseguir algo). **2.** *(on rider's boot)* espuela *f.* ◇ *vt (encourage)*: **to ~ sb to do sthg** animar a alguien a hacer algo. ◆ **on the spur of the moment** *adv* sin pensarlo dos veces. ◆ **spur on** *vt sep*: **to ~ sb on** animar a alguien.

spurious ['spʊərɪəs] *adj* falso(sa).

spurn [spɜːn] *vt* rechazar.

spurt [spɜːt] ◇ *n* **1.** *(of water)* chorro *m*; *(of flame)* llamarada *f.* **2.** *(of activity, effort)* arranque *m.* **3.** *(of speed)* acelerón *m.* ◇ *vi (gush)*: **to ~ (out of** OR **from)** *(liquid)* salir a chorros de; *(flame)* salir incesantemente de.

spy [spaɪ] ◇ *n* espía *m y f.* ◇ *vt inf* divisar. ◇ *vi*: **to ~ (on)** espiar (a).

spying ['spaɪɪŋ] *n* espionaje *m.*

Sq., sq. *abbr of* **square.**

squabble ['skwɒbl] ◇ *n* riña *f.* ◇ *vi*: **to ~ (about** OR **over)** reñir (por).

squad [skwɒd] *n* **1.** *(of police)* brigada *f.* **2.** (MIL) pelotón *m.* **3.** (SPORT - *of club)* plantilla *f*, equipo *m* completo; *(- of national team)* seleccionado *m*

squadron ['skwɒdrən] *n (of planes)* escuadrilla *f*; *(of warships)* escuadra *f*; *(of soldiers)* escuadrón *m.*

squalid ['skwɒlɪd] *adj (filthy)* miserable, sórdido(da).

squall [skwɔːl] *n (storm)* turbión *m.*

squalor ['skwɒlə^r] *n* (U) miseria *f.*

squander ['skwɒndə^r] *vt (opportunity)* desaprovechar; *(money)* despilfarrar; *(resources)* malgastar.

square [skweə^r] ◇ *adj* **1.** *(gen)* cuadrado(da). **2.** *(not owing money)*: **we're ~ now** ya estamos en paz. ◇ *n* **1.** *(shape)* cuadrado *m.* **2.** *(in town, city)* plaza *f.* **3.** *inf (unfashionable person)* carroza *m y f.* ◇ *vt* **1.** (MATH) elevar al cuadrado. **2.** *(balance, reconcile)*: **how can you ~ that with your principles?** ¿cómo encajas esto con tus principios? ◆ **square up** *vi (settle up)*: **to ~ up with** saldar cuentas con.

squarely ['skweəlɪ] *adv (directly)* justo, exactamente.

square meal *n* comida *f* satisfactoria.

squash [skwɒʃ] ◇ *n* **1.** *(game)* squash *m.* **2.** *Br (drink)* zumo *m.* **3.** *Am (vegetable)* cucurbitácea *f.* ◇ *vt (squeeze, flatten)* aplastar.

squat [skwɒt] ◇ *adj* achaparrado(da) ◇ *vi (crouch)*: **to ~ (down)** agacharse, ponerse en cuclillas.

squatter ['skwɒtə^r] *n Br* ocupante *m y f* ilegal, squatter *m y f.*

squawk [skwɔːk] *n (of bird)* graznido *m.*

squeak [skwiːk] *n* **1.** *(of animal)* chillido *m.* **2.** *(of hinge)* chirrido *m.*

squeal [skwiːl] *vi* **1.** *(person, animal)* chillar, gritar. **2.** *(brakes)* chirriar.

squeamish ['skwiːmɪʃ] *adj* aprensivo (va).

squeeze [skwiːz] ◇ *n (pressure)* apretón *m*. ◇ *vt* **1.** *(press firmly)* apretar. **2.** *(force out - toothpaste)* sacar (estrujando); *(- juice)* exprimir. **3.** *(cram)*: to ~ sthg into sthg *(into place)* conseguir meter algo en algo; *(into time)* arreglárselas para hacer algo en algo.

squelch [skweltʃ] *vi*: to ~ through mud cruzar el barro chapoteando.

squid [skwɪd] *(pl inv OR -s)* *n* **1.** (ZOOL) calamar *m*. **2.** *(U)* *(food)* calamares *mpl*.

squiggle ['skwɪgl] *n* garabato *m*.

squint [skwɪnt] ◇ *n* estrabismo *m*, bizquera *f*. ◇ *vi*: to ~ at mirar con los ojos entrecerrados.

squire ['skwaɪəʳ] *n* *(landowner)* terrateniente *m y f*.

squirm [skwɜːm] *vi* *(wriggle)* retorcerse.

squirrel [*Br* 'skwɪrəl, *Am* 'skwɜːrəl] *n* ardilla *f*.

squirt [skwɜːt] ◇ *vt* *(force out)* sacar a chorro de. ◇ *vi*: to ~ out salir a chorro.

Sr *abbr of* **senior**.

Sri Lanka [ˌsriː'læŋkə] *n* Sri Lanka.

St 1. *(abbr of saint)* Sto. (Sta.). **2.** *(abbr of Street)* c/.

stab [stæb] ◇ *n* **1.** *(with knife)* puñalada *f*. **2.** *inf* *(attempt)*: to have a ~ (at sthg) probar (a hacer algo). **3.** *(twinge)* punzada *f*. ◇ *vt* **1.** *(with knife)* apuñalar. **2.** *(jab)* pinchar.

stable ['steɪbl] ◇ *adj* **1.** *(unchanging)* estable. **2.** *(not moving)* fijo(ja). **3.** (MED) *(condition)* estacionario(ria); *(mental health)* equilibrado(da). ◇ *n* *(building)* cuadra *f*.

stack [stæk] ◇ *n* *(pile)* pila *m*. ◇ *vt* *(pile up)* apilar.

stadium ['steɪdjəm] *(pl -diums OR -dia* [-djə]*)* *n* estadio *m*.

staff [stɑːf] ◇ *n* *(employees)* empleados *mpl*, personal *m*. ◇ *vt*: the shop is ~ed by women la tienda está llevada por una plantilla de mujeres.

stag [stæg] *(pl inv OR -s)* *n* ciervo *m*, venado *m*.

stage [steɪdʒ] ◇ *n* **1.** *(part of process, phase)* etapa *f*. **2.** *(in theatre, hall)* escenario *m*, escena *f*. **3.** *(acting profession)*: the ~ el teatro. ◇ *vt* **1.** (THEATRE) representar. **2.** *(event, strike)* organizar.

stagecoach ['steɪdʒkəʊtʃ] *n* diligencia *f*.

stage fright *n* miedo *m* al público.

stage-manage *vt* **1.** (THEATRE) dirigir. **2.** *fig* *(orchestrate)* urdir, maquinar.

stagger ['stægəʳ] ◇ *vt* **1.** *(astound)* dejar atónito(ta). **2.** *(arrange at different times)* escalonar. ◇ *vi* tambalearse.

stagnant ['stægnənt] *adj lit & fig* estancado(da).

stagnate [stæg'neɪt] *vi* estancarse.

stag party *n* despedida *f* de soltero.

staid [steɪd] *adj* recatado y conservador (recatada y conservadora).

stain [steɪn] ◇ *n* mancha *f*. ◇ *vt* manchar.

stained glass [ˌsteɪnd-] *n* *(U)* vidrio *m* de color.

stainless steel [ˌsteɪnlɪs-] *n* acero *m* inoxidable.

stain remover [-rɪˌmuːvəʳ] *n* quitamanchas *m inv*.

stair [steəʳ] *n* peldaño *m*, escalón *m*. ◆ **stairs** *npl* escaleras *fpl*, escalera *f*.

staircase ['steəkeɪs] *n* escalera *f*.

stairway ['steəweɪ] *n* escalera *f*.

stairwell ['steəwel] *n* hueco *m* OR caja *f* de la escalera.

stake [steɪk] ◇ *n* **1.** *(share)*: to have a ~ in tener intereses en. **2.** *(wooden post)* estaca *f*. **3.** *(in gambling)* apuesta *f*. ◇ *vt* **1.** *(risk)*: to ~ sthg (on OR upon) arriesgar OR jugarse algo (en). **2.** *(in gambling)* apostar. ◆ **at stake** *adv*: to be at ~ estar en juego.

stale [steɪl] *adj* *(bread)* duro(ra); *(food)* pasado(da); *(air)* viciado(da).

stalemate ['steɪlmeɪt] *n* **1.** *(deadlock)* punto *m* muerto. **2.** (CHESS) tablas *fpl*.

stalk [stɔːk] ◇ *n* **1.** *(of flower, plant)* tallo *m*. **2.** *(of leaf, fruit)* pecíolo *m*, rabillo *m*. ◇ *vt* *(hunt)* acechar, seguir sigilosamente ◇ *vi*: to ~ in/out entrar/salir con paso airado.

stall [stɔːl] ◇ *n* *(in market, at exhibition)* puesto *m*, caseta *f*. ◇ *vt* (AUT) calar. ◇ *vi* **1.** (AUT) calarse. **2.** *(delay)* andar con evasivas ◆ **stalls** *npl Br* platea *f*.

stallion ['stæljən] *n* semental *m*.

stalwart ['stɔːlwət] *n* partidario *m*, -ria *f* incondicional.

stamina ['stæmɪnə] *n* resistencia *f*.

stammer ['stæməʳ] ◇ *n* tartamudeo *m*. ◇ *vi* tartamudear.

stamp [stæmp] ◇ *n* **1.** *(gen)* sello *m*, estampilla *f Amer* **2.** *(tool)* tampón *m*. ◇ *vt* **1.** *(mark by stamping)* timbrar. **2.** *(stomp)*: to ~ one's feet patear. ◇ *vi* **1.** *(stomp)* patalear. **2.** *(tread heavily)*: to ~ on sthg pisotear OR pisar algo.

stamp album *n* álbum *m* de sellos.

stamp-collecting [-kəˌlektɪŋ] *n* filatelia *f*

stamped addressed envelope ['stæmptəˌdrest-] *n Br* sobre con sus señas y franqueo.

stampede [stæm'piːd] ◇ *n* *lit & fig*

estampida f. ◊ vi salir de estampida.

stance [stæns] n 1. *(way of standing)* postura f. 2. *(attitude)*: ~ **(on)** postura f (ante).

stand [stænd] *(pt & pp* stood*)* ◊ n 1. *(stall)* puesto m; *(selling newspapers)* quiosco m. 2. *(supporting object)* soporte m; **coat ~** perchero m. 3. (SPORT) tribuna f 4. *(act of defence)*: **to make a ~** resistir al enemigo. 5. *(publicly stated view)* postura f. 6. *Am* (JUR) estrado m. ◊ vt 1. *(place upright)* colocar (verticalmente). 2. *(withstand, tolerate)* soportar. ◊ vi 1. *(be upright - person)* estar de pie; *(- object)* estar *(en posición vertical)*. 2. *(get to one's feet)* ponerse de pie, levantarse. 3. *(liquid)* reposar. 4. *(still be valid)* seguir vigente OR en pie. 5. *(be in particular state)*: **as things ~** tal como están las cosas. 6. *Br* (POL) *(be a candidate)* presentarse; **to ~ for Parliament** presentarse para las elecciones al Parlamento. 7. *Am* (AUT): **'no ~ing'** 'prohibido aparcar'. ◆ **stand back** vi echarse para atrás. ◆ **stand by** ◊ vt fus 1. *(person)* seguir al lado de. 2. *(promise, decision)* mantener. ◊ vi 1. *(in readiness)*: **to ~ by (for sthg/to do sthg)** estar preparado(da) (para algo/para hacer algo). 2. *(remain inactive)* quedarse sin hacer nada. ◆ **stand down** vi *(resign)* retirarse. ◆ **stand for** vt fus 1. *(signify)* significar. 2. *(tolerate)* aguantar, tolerar. ◆ **stand in** vi: **to ~ in for sb** sustituir a alguien ◆ **stand out** vi sobresalir, destacarse. ◆ **stand up** ◊ vt sep inf *(boyfriend etc)* dejar plantado(da). ◊ vi *(rise from seat)* levantarse. ◆ **stand up for** vt fus salir en defensa de. ◆ **stand up to** vt fus 1. *(weather, heat etc)* resistir. 2. *(person)* hacer frente a.

standard ['stændəd] ◊ adj 1. *(normal)* corriente, estándar. 2. *(accepted)* establecido(da). ◊ n 1. *(acceptable level)* nivel m. 2. *(point of reference - moral)* criterio m; *(- technical)* norma f. 3. *(flag)* estandarte m. ◆ **standards** npl *(principles)* valores mpl morales.

standard lamp n *Br* lámpara f de pie.

standard of living *(pl* standards of living*)* n nivel m de vida.

standby ['stændbaɪ] *(pl* standbys*)* ◊ n recurso m; **on ~** preparado(da). ◊ comp: **~ ticket** billete m en lista de espera.

stand-in n *(stuntman)* doble m y f; *(temporary replacement)* sustituto m, -ta f.

standing ['stændɪŋ] ◊ adj *(permanent)* permanente. ◊ n 1. *(reputation)* reputación f. 2. *(duration)* duración f; **friends of 20 years' ~** amigos desde hace 20 años.

standing order n domiciliación f de pago.

standing room n *(U) (on bus)* sitio m para estar de pie; *(at theatre, sports ground)* localidades fpl de pie.

standoffish [ˌstændˈɒfɪʃ] adj distante.

standpoint ['stændpɔɪnt] n punto m de vista.

standstill ['stændstɪl] n: **at a ~** *(not moving)* parado(da); *fig (not active)* en un punto muerto; **to come to a ~** *(stop moving)* pararse; *fig (cease)* llegar a un punto muerto.

stank [stæŋk] pt → **stink**.

staple ['steɪpl] ◊ adj *(principal)* básico (ca), de primera necesidad ◊ n 1. *(item of stationery)* grapa f. 2. *(principal commodity)* producto m básico OR de primera necesidad ◊ vt grapar.

stapler ['steɪplər] n grapadora f.

star [stɑːr] ◊ n *(gen)* estrella f. ◊ comp estelar. ◊ vi: **to ~ (in)** hacer de protagonista en. ◆ **stars** npl horóscopo m.

starboard ['stɑːbəd] ◊ adj de estribor. ◊ n: **to ~** a estribor.

starch [stɑːtʃ] n 1. *(gen)* almidón m. 2. *(in potatoes etc)* fécula f.

stardom ['stɑːdəm] n estrellato m.

stare [steər] ◊ n mirada f fija. ◊ vi: **to ~ (at sthg/sb)** mirar fijamente (algo/a alguien).

stark [stɑːk] ◊ adj 1. *(landscape, decoration, room)* austero(ra). 2. *(harsh - reality)* crudo(da). ◊ adv: **~ naked** en cueros.

starling ['stɑːlɪŋ] n estornino m.

starry ['stɑːrɪ] adj estrellado(da).

starry-eyed [-'aɪd] adj *(optimism etc)* iluso(sa); *(lovers)* encandilado(da).

Stars and Stripes n: **the ~** la bandera de las barras y estrellas.

start [stɑːt] ◊ n 1. *(beginning)* principio m, comienzo m; **at the ~ of the year** a principios de año. 2. *(jerk, jump)* sobresalto m. 3. *(starting place)* salida f. 4. *(time advantage)* ventaja f. ◊ vt 1. *(begin)* empezar, comenzar; **to ~ doing** OR **to do sthg** empezar a hacer algo. 2. *(turn on - machine, engine)* poner en marcha; *(- vehicle)* arrancar. 3. *(set up)* formar, crear; *(business)* montar ◊ vi 1. *(begin)* empezar, comenzar; **to ~ with sb/**

sthg empezar por alguien/algo. **2.** *(machine, tape)* ponerse en marcha; *(vehicle)* arrancar. **3.** *(begin journey)* ponerse en camino **4.** *(jerk, jump)* sobresaltarse. ♦ **start off** ◇ *vt sep (discussion, rumour)* desencadenar; *(meeting)* empezar; *(person)*: **this should be enough to ~ you off** con esto tienes suficiente trabajo para empezar. ◇ *vi* **1.** *(begin)* empezar, comenzar. **2.** *(leave on journey)* salir, ponerse en camino ♦ **start out** *vi* **1.** *(originally be)* empezar, comenzar. **2.** *(leave on journey)* salir, ponerse en camino. ♦ **start up** ◇ *vt sep* **1.** *(business)* montar; *(shop)* poner; *(association)* crear. **2.** *(car, engine)* arrancar. ◇ *vi* **1.** *(begin)* empezar *(car, engine)* arrancar.

starter ['stɑːtə^r] *n* **1.** *Br (of meal)* primer plato *m*, entrada *f*. **2.** (AUT) *(motor m* de*)* arranque *m* **3.** *(person participating in race)* participante *m y f*

starting point ['stɑːtɪŋ-] *n lit & fig* punto *m* de partida.

startle ['stɑːtl] *vt* asustar.

startling ['stɑːtlɪŋ] *adj* asombroso(sa).

starvation [stɑːˈveɪʃn] *n* hambre *f*, inanición *f*.

starve [stɑːv] ◇ *vt (deprive of food)* privar de comida. ◇ *vi* **1.** *(have no food)* pasar hambre. **2.** *inf (be hungry)*: **I'm starving!** ¡me muero de hambre!

state [steɪt] ◇ *n* estado *m*; **not to be in a fit ~ to do sthg** no estar en condiciones de hacer algo; **to be in a ~** tener los nervios de punta ◇ *comp (ceremony)* oficial, de Estado; *(control, ownership)* estatal. ◇ *vt* **1.** *(gen)* indicar; *(reason, policy)* plantear; *(case)* exponer. **2.** *(time, date, amount)* fijar. ♦ **State** *n*: **the State** el Estado. ♦ **States** *npl*: **the States** los Estados Unidos.

State Department *n Am* ≃ Ministerio *m* de Asuntos Exteriores.

stately ['steɪtlɪ] *adj* majestuoso(sa).

statement ['steɪtmənt] *n* **1.** *(gen)* declaración *f*. **2.** *(from bank)* extracto *m* OR estado *m* de cuenta.

state of mind *(pl* states of mind) *n* estado *m* de ánimo.

statesman ['steɪtsmən] *(pl* **-men** [-mən]) *n* estadista *m*

static ['stætɪk] ◇ *adj* estático(ca). ◇ *n (U)* interferencias *fpl*, parásitos *mpl*.

static electricity *n* electricidad *f* estática.

station ['steɪʃn] ◇ *n* **1.** *(gen)* estación *f*. **2.** (RADIO) emisora *f*. **3.** *(centre of activity)* centro *m*, puesto *m*. **4.** *fml (rank)*

rango *m*. ◇ *vt* **1.** *(position)* situar, colocar. **2.** (MIL) estacionar, apostar.

stationary ['steɪʃnərɪ] *adj* inmóvil.

stationer ['steɪʃnə^r] *n* papelero *m*, -ra *f*; **~'s (shop)** papelería *f*.

stationery ['steɪʃnərɪ] *n (U)* objetos *mpl* de escritorio.

stationmaster ['steɪʃn,mɑːstə^r] *n* jefe *m* de estación.

station wagon *n Am* ranchera *f*

statistic [stəˈtɪstɪk] *n* estadística *f*. ♦ **statistics** *n (U)* estadística *f*.

statistical [stəˈtɪstɪkl] *adj* estadístico (ca).

statue ['stætʃuː] *n* estatua *f*

stature ['stætʃə^r] *n* **1.** *(height)* estatura *f*, talla *f* **2.** *(importance)* categoría *f*.

status ['steɪtəs] *n (U)* **1.** *(position, condition)* condición *f*, estado *m*. **2.** *(prestige)* prestigio *m*, estatus *m inv*.

status symbol *n* símbolo *m* de posición social.

statute ['stætjuːt] *n* estatuto *m*.

statutory ['stætjʊtrɪ] *adj* reglamentario(ria).

staunch [stɔːntʃ] ◇ *adj* fiel, leal. ◇ *vt* restañar.

stave [steɪv] *(pt & pp* **-d** OR **stove)** *n* (MUS) pentagrama *m*. ♦ **stave off** *vt sep (disaster, defeat)* retrasar; *(hunger, illness)* aplacar temporalmente.

stay [steɪ] ◇ *vi* **1.** *(not move away)* quedarse, permanecer; **to ~ put** permanecer en el mismo sitio. **2.** *(as visitor)* alojarse. **3.** *(continue, remain)* permanecer. ◇ *n* estancia *f*. ♦ **stay in** *vi* quedarse en casa. ♦ **stay on** *vi* permanecer, quedarse. ♦ **stay out** *vi (from home)* quedarse fuera. ♦ **stay up** *vi* quedarse levantado(da)

staying power ['steɪɪŋ-] *n* resistencia *f*.

stead [sted] *n*: **to stand sb in good ~** servir de mucho a alguien.

steadfast ['stedfɑːst] *adj (supporter)* fiel; *(gaze)* fijo(ja); *(resolve)* inquebrantable.

steadily ['stedɪlɪ] *adv* **1.** *(gradually)* constantemente. **2.** *(regularly - breathe, move)* normalmente. **3.** *(calmly - look)* fijamente; *(- speak)* con tranquilidad.

steady ['stedɪ] ◇ *adj* **1.** *(gradual)* gradual. **2.** *(regular, constant)* constante, continuo(nua). **3.** *(not shaking)* firme **4.** *(voice)* sereno(na); *(stare)* fijo(ja). **5.** *(relationship)* estable, serio(ria); *(boyfriend, girlfriend)* formal; **a ~ job** un trabajo fijo. **6.** *(reliable, sensible)* sensato (ta). ◇ *vt* **1.** *(stop from shaking)* mante-

ner firme; **to ~ o.s.** dejar de temblar.
2. *(nerves, voice)* dominar, controlar.

steak [steɪk] *n* **1.** *(U) (meat)* bistec *m*,
filete *m*, bife *m* Amer. **2.** *(piece of meat,
fish)* filete *m*.

steal [stiːl] *(pt stole, pp stolen)* ◇ *vt*
(gen) robar; *(idea)* apropiarse de; **to ~
sthg from sb** robar algo a alguien.
◇ *vi (move secretly)* moverse sigilosamente.

stealthy [ˈstelθɪ] *adj* cauteloso(sa), si-
giloso(sa).

steam [stiːm] ◇ *n (U)* vapor *m*, vaho
m ◇ *vt* (CULIN) cocer al vapor. ◇ *vi*
(water, food) echar vapor. ◆ **steam up**
◇ *vt sep (mist up)* empañar. ◇ *vi* empañarse

steamboat [ˈstiːmbəʊt] *n* buque *m* de
vapor.

steam engine *n* máquina *f* de vapor.

steamer [ˈstiːməʳ] *n (ship)* buque *m* de
vapor.

steamroller [ˈstiːmˌrəʊləʳ] *n* apisonadora *f*.

steamy [ˈstiːmɪ] *adj* **1.** *(full of steam)*
lleno(na) de vaho. **2.** *inf (erotic)* caliente, erótico(ca).

steel [stiːl] ◇ *n* acero *m*. ◇ *comp* de
acero.

steelworks [ˈstiːlwɜːks] *(pl inv)* *n* fundición *f* de acero.

steep [stiːp] ◇ *adj* **1.** *(hill, road)* empi-
nado(da). **2.** *(considerable - increase,
fall)* considerable. **3.** *inf (expensive)*
muy caro(ra), abusivo(va). ◇ *vt* remojar.

steeple [ˈstiːpl] *n* aguja *f (de un campanario)*.

steeplechase [ˈstiːpltʃeɪs] *n* carrera *f*
de obstáculos.

steer [stɪəʳ] ◇ *n* buey *m*. ◇ *vt* **1.** *(vehicle)* conducir. **2.** *(person, discussion
etc)* dirigir. ◇ *vi*: **the car ~s well** el
coche se conduce bien; **to ~ clear of
sthg/sb** evitar algo/a alguien.

steering [ˈstɪərɪŋ] *n (U)* dirección *f*.

steering wheel *n* volante *m*, timón
m Amer.

stem [stem] ◇ *n* **1.** *(of plant)* tallo *m*.
2. *(of glass)* pie *m*. **3.** *(of pipe)* tubo *m*.
4. (GRAMM) raíz *f*. ◇ *vt (flow)* contener;
(blood) restañar. ◆ **stem from** *vt fus*
derivarse de.

stench [stentʃ] *n* hedor *m*

stencil [ˈstensl] ◇ *n* plantilla *f*. ◇ *vt*
estarcir.

stenographer [stəˈnɒgrəfəʳ] *n* Am
taquígrafo *m*, -fa *f*.

step [step] ◇ *n* **1.** *(gen)* paso *m*; **~ by ~**

paso a paso; **to be in/out of ~** llevar/
no llevar el paso; *fig* estar/no estar al
tanto. **2.** *(action)* medida *f*. **3.** *(stair,
rung)* peldaño *m* ◇ *vi* **1.** *(move foot)* dar
un paso; **he stepped off the bus** se
bajó del autobús. **2.** *(tread)*: **to ~ on
sthg** pisar algo; **to ~ in sthg** meter el
pie en algo ◆ **steps** *npl* **1.** *(stairs
- indoors)* escaleras *fpl*; *(- outside)* escalinata *f*. **2.** Br *(stepladder)* escalera *f* de
tijera. ◆ **step down** *vi (leave job)*
renunciar. ◆ **step in** *vi* intervenir.
◆ **step up** *vt sep* aumentar.

step aerobics *n (U)* step *m*, aerobic
m con escalón

stepbrother [ˈstepˌbrʌðəʳ] *n* hermanastro *m*.

stepdaughter [ˈstepˌdɔːtəʳ] *n* hijastra *f*

stepfather [ˈstepˌfɑːðəʳ] *n* padrastro
m.

stepladder [ˈstepˌlædəʳ] *n* escalera *f* de
tijera.

stepmother [ˈstepˌmʌðəʳ] *n* madrastra
f.

stepping-stone [ˈstepɪŋ-] *n (in river)*
pasadera *f*.

stepsister [ˈstepˌsɪstəʳ] *n* hermanastra
f.

stepson [ˈstepsʌn] *n* hijastro *m*.

stereo [ˈsterɪəʊ] *(pl -s)* ◇ *adj* estéreo
(inv). ◇ *n* **1.** *(record player)* equipo *m*
estereofónico **2.** *(stereo sound)* estéreo
m.

stereotype [ˈsterɪətaɪp] *n* estereotipo
m.

sterile [ˈsteraɪl] *adj* **1.** *(germ-free)*
esterilizado(da). **2.** *(unable to produce
offspring)* estéril.

sterilize, -ise [ˈsterɪlaɪz] *vt* esterilizar.

sterling [ˈstɜːlɪŋ] ◇ *adj* **1.** *(of British
money)* esterlina. **2.** *(excellent)* excelente. ◇ *n (U)* libra *f* esterlina.

sterling silver *n* plata *f* de ley

stern [stɜːn] ◇ *adj* severo(ra). ◇ *n*
popa *f*.

steroid [ˈstɪərɔɪd] *n* esteroide *m*.

stethoscope [ˈsteθəskəʊp] *n* estetos-
copio *m*.

stew [stjuː] ◇ *n* estofado *m*, guisado
m. ◇ *vt (meat, vegetables)* estofar, guisar; *(fruit)* hacer una compota de.

steward [ˈstjuəd] *n* **1.** *(on plane)* auxiliar *m* de vuelo; *(on ship, train)* camarero *m*. **2.** Br *(organizer)* ayudante *m* y *f*
de organización.

stewardess [ˈstjuədɪs] *n* auxiliar *f* de
vuelo, azafata *f*

stick [stɪk] *(pt & pp stuck)* ◇ *n* **1.** *(of
wood, for playing sport)* palo *m*. **2.** *(of*

dynamite) cartucho *m*; (*of liquorice, rock*) barra *f*. **3.** (*walking stick*) bastón *m*. ◇ *vt* **1.** (*push*): **to ~ sthg in** OR **into sthg** (*knife, pin*) clavar algo en algo; (*finger*) meter algo en algo. **2.** (*make adhere*): **to ~ sthg** (**on** OR **to sthg**) pegar algo (en algo). **3.** *inf* (*put*) meter. **4.** *Br inf* (*tolerate*) soportar, aguantar. ◇ *vi* **1.** (*adhere*): **to ~** (**to**) pegarse (a). **2.** (*jam*) atrancarse. ◆ **stick out** ◇ *vt sep* **1.** (*make protrude*) sacar. **2.** (*endure*) aguantar. ◇ *vi* (*protrude*) sobresalir. ◆ **stick to** *vt fus* **1.** (*follow closely*) seguir. **2.** (*principles*) ser fiel a; (*promise, agreement*) cumplir con; (*decision*) atenerse a. ◆ **stick up** *vi* salir, sobresalir. ◆ **stick up for** *vt fus* defender.

sticker ['stɪkər] *n* (*piece of paper*) pegatina *f*.

sticking plaster ['stɪkɪŋ-] *n* esparadrapo *m*.

stickler ['stɪklər] *n*: **~ for sthg** maniático *m*, -ca *f* de algo.

stick shift *n Am* palanca *f* de cambios.

stick-up *n inf* atraco *m* a mano armada.

sticky ['stɪkɪ] *adj* **1.** (*tacky*) pegajoso (sa). **2.** (*adhesive*) adhesivo(va). **3.** *inf* (*awkward*) engorroso(sa).

stiff [stɪf] ◇ *adj* **1.** (*inflexible*) rígido (da). **2.** (*door, drawer*) atascado(da). **3.** (*aching*) agarrotado(da); **to be ~** tener agujetas. **4.** (*formal - person, manner*) estirado(da); (*- smile*) rígido (da). **5.** (*severe, intense*) severo(ra). **6.** (*difficult - task*) duro(ra). ◇ *adv inf*: **bored/frozen ~** muerto(ta) de aburrimiento/frío.

stiffen ['stɪfn] *vi* **1.** (*become inflexible*) endurecerse **2.** (*bones*) entumecerse; (*muscles*) agarrotarse. **3.** (*become more severe, intense*) intensificarse.

stifle ['staɪfl] *vt* **1.** (*prevent from breathing*) ahogar, sofocar **2.** (*prevent from happening*) reprimir.

stifling ['staɪflɪŋ] *adj* sofocante.

stigma ['stɪgmə] *n* estigma *m*.

stile [staɪl] *n* escalones *mpl* para pasar una valla.

stiletto heel [stɪ'letəʊ-] *n Br* tacón *m* fino OR de aguja.

still [stɪl] ◇ *adv* **1.** (*up to now, up to then, even now*) todavía. **2.** (*to emphasize remaining amount*) aún; **I've ~ got two left** aún me quedan dos. **3.** (*nevertheless, however*) sin embargo, no obstante. **4.** (*with comparatives*) aún. **5.** (*motionless*) sin moverse. ◇ *adj* **1.** (*not moving*) inmóvil. **2.** (*calm, quiet,*) tranquilo(la), sosegado(da). **3.** (*not windy*) apacible. **4.** (*not fizzy*) sin gas. ◇ *n* **1.** (PHOT) vista *f* fija. **2.** (*for making alcohol*) alambique *m*.

stillborn ['stɪlbɔːn] *adj* nacido muerto (nacida muerta).

still life (*pl* -s) *n* bodegón *m*, naturaleza *f* muerta.

stilted ['stɪltɪd] *adj* forzado(da).

stilts [stɪlts] *npl* **1.** (*for person*) zancos *mpl*. **2.** (*for building*) pilotes *mpl*.

stimulate ['stɪmjʊleɪt] *vt* (*gen*) estimular; (*interest*) excitar

stimulating ['stɪmjʊleɪtɪŋ] *adj* (*physically*) estimulante; (*mentally*) interesante.

stimulus ['stɪmjʊləs] (*pl* -li [-laɪ]) *n* estímulo *m*.

sting [stɪŋ] (*pt & pp* stung) ◇ *n* **1.** (*by bee*) picadura *f*. **2.** (*of bee*) aguijón *m*. **3.** (*sharp pain*) escozor *m*. ◇ *vt* **1.** (*subj: bee, nettle*) picar. **2.** (*cause sharp pain to*) escocer. ◇ *vi* picar.

stingy ['stɪndʒɪ] *adj inf* tacaño(ña), roñoso(sa).

stink [stɪŋk] (*pt* stank OR stunk, *pp* stunk) ◇ *n* peste *f*, hedor *m*. ◇ *vi* (*have unpleasant smell*) apestar, heder.

stinking ['stɪŋkɪŋ] *inf fig* ◇ *adj* asqueroso(sa). ◇ *adv* increíblemente.

stint [stɪnt] ◇ *n* periodo *m*. ◇ *vi*: **to ~ on sthg** escatimar algo.

stipulate ['stɪpjʊleɪt] *vt* estipular.

stir [stɜːr] ◇ *n* (*public excitement*) revuelo *m* ◇ *vt* **1.** (*mix*) remover. **2.** (*move gently*) agitar, mover. **3.** (*move emotionally*) conmover. ◇ *vi* (*move gently*) moverse, agitarse. ◆ **stir up** *vt sep* **1.** (*cause to rise*) levantar. **2.** (*cause*) provocar.

stirrup ['stɪrəp] *n* estribo *m*.

stitch [stɪtʃ] ◇ *n* **1.** (SEWING) puntada *f*. **2.** (*in knitting*) punto *m*. **3.** (MED) punto *m* (de sutura). **4.** (*stomach pain*): **to have a ~** sentir pinchazos (en el estómago). ◇ *vt* **1.** (SEWING) coser. **2.** (MED) suturar.

stoat [stəʊt] *n* armiño *m*.

stock [stɒk] ◇ *n* **1.** (*supply*) reserva *f*. **2.** (U) (COMM) (*reserves*) existencias *fpl*; (*selection*) surtido *m*; **in ~** en existencia; **out of ~** agotado(da). **3.** (FIN) (*of company*) capital *m*; **~s and shares** acciones *fpl*, valores *mpl* **4.** (*ancestry*) linaje *m*, estirpe *f*. **5.** (CULIN) caldo *m*. **6.** (*livestock*) ganado *m*, ganadería *f*. **7.** *phr*: **to take ~** (*of*) evaluar (algo). ◇ *adj* estereotipado(da). ◇ *vt* **1.** (COMM) abastecer de, tener en el almacén. **2.** (*shelves*) llenar; (*lake*) repoblar.

♦ **stock up** *vi*: to ~ **up (with)** abastecerse (de).

stockbroker ['stɒk,brəʊkəʳ] *n* corredor *m*, -ra *f* de bolsa.

stock cube *n* Br pastilla *f* de caldo.

stock exchange *n* bolsa *f*.

stockholder ['stɒk,həʊldəʳ] *n* Am accionista *m* y *f*.

Stockholm ['stɒkhəʊm] *n* Estocolmo.

stocking ['stɒkɪŋ] *n (for woman)* media *f*.

stockist ['stɒkɪst] *n* Br distribuidor *m*, -ra *f*.

stock market *n* bolsa *f*, mercado *m* de valores.

stock phrase *n* frase *f* estereotipada.

stockpile ['stɒkpaɪl] ◇ *n* reservas *fpl*. ◇ *vt* almacenar, acumular.

stocktaking ['stɒk,teɪkɪŋ] *n (U)* inventario *m*, balance *m*.

stocky ['stɒkɪ] *adj* corpulento(ta), robusto(ta).

stodgy ['stɒdʒɪ] *adj (indigestible)* indigesto(ta).

stoical ['stəʊɪkl] *adj* estoico(ca).

stoke [stəʊk] *vt (fire)* avivar, alimentar.

stole [stəʊl] ◇ *pt* → **steal**. ◇ *n* estola *f*.

stolen ['stəʊln] *pp* → **steal**.

stolid ['stɒlɪd] *adj* impasible.

stomach ['stʌmək] ◇ *n* 1. *(organ)* estómago *m*. 2. *(abdomen)* vientre *m* ◇ *vt* tragar, aguantar.

stomachache ['stʌməkeɪk] *n* dolor *m* de estómago

stomach upset [-ʌpset] *n* trastorno *m* gástrico.

stone [stəʊn] *(pl sense 4 only inv OR -s)* ◇ *n* 1. *(mineral)* piedra *f*. 2. *(jewel)* piedra *f* preciosa. 3. *(seed)* hueso *m*. 4. Br *(unit of measurement)* = 6,35 kilos. ◇ *comp* de piedra. ◇ *vt* apedrear.

stone-cold *adj* helado(da).

stonewashed ['stəʊnwɒʃt] *adj* lavado (da) a la piedra.

stonework ['stəʊnwɜːk] *n* mampostería *f*.

stood [stʊd] *pt & pp* → **stand**.

stool [stuːl] *n (seat)* taburete *m*.

stoop [stuːp] ◇ *n (bent back)*: **to walk with a ~** caminar encorvado(da). ◇ *vi* 1. *(bend)* inclinarse, agacharse. 2. *(hunch shoulders)* encorvarse

stop [stɒp] ◇ *n* 1. *(gen)* parada *f*; **to put a ~ to sthg** poner fin a algo 2. *(full stop)* punto *m*. ◇ *vt* 1. *(gen)* parar; **to ~ doing sthg** dejar de hacer algo. 2. *(prevent)* impedir; **to ~ sb/sthg from doing sthg** impedir que

alguien/algo haga algo. 3. *(cause to stop moving)* detener. ◇ *vi (gen)* pararse; *(rain, music)* cesar. ♦ **stop off** *vi* hacer una parada ♦ **stop up** *vt sep (block)* taponar, tapar.

stopgap ['stɒpgæp] *n (thing)* recurso *m* provisional; *(person)* sustituto *m*, -ta *f*.

stopover ['stɒp,əʊvəʳ] *n (gen)* parada *f*; *(of plane)* escala *f*.

stoppage ['stɒpɪdʒ] *n* 1. *(strike)* paro *m*, huelga *f*. 2. Br *(deduction)* retención *f*.

stopper ['stɒpəʳ] *n* tapón *m*.

stop press *n* noticias *fpl* de última hora.

stopwatch ['stɒpwɒtʃ] *n* cronómetro *m*.

storage ['stɔːrɪdʒ] *n* almacenamiento *m*.

storage heater *n* Br calentador por almacenamiento térmico.

store [stɔːʳ] ◇ *n* 1. *(shop)* tienda *f*. 2. *(supply)* provisión *f*, reserva *f*. 3. *(place of storage)* almacén *m*. ◇ *vt* 1. *(gen & COMPUT)* almacenar. 2. *(keep)* guardar. ♦ **store up** *vt sep (provisions, goods)* almacenar; *(information)* acumular.

storekeeper ['stɔː,kiːpəʳ] *n* Am tendero *m*, -ra *f*.

storeroom ['stɔːrum] *n (gen)* almacén *m*; *(for food)* despensa *f*.

storey Br *(pl* storeys*)*, **story** Am ['stɔːrɪ] *n* planta *f*.

stork [stɔːk] *n* cigüeña *f*.

storm [stɔːm] ◇ *n* 1. *(bad weather)* tormenta *f*. 2. *(violent reaction)* torrente *m*. ◇ *vt* (MIL) asaltar. ◇ *vi* 1. *(go angrily)*: **to ~ out** salir echando pestes. 2. *(say angrily)* vociferar.

stormy ['stɔːmɪ] *adj* 1. *(weather)* tormentoso(sa). 2. *(meeting)* acalorado (da); *(relationship)* tempestuoso(sa).

story ['stɔːrɪ] *n* 1. *(tale)* cuento *m*. 2. *(history)* historia *f*. 3. *(news article)* artículo *m*. 4. Am = **storey**.

storybook ['stɔːrɪbʊk] *adj* de cuento.

storyteller ['stɔːrɪ,teləʳ] *n (teller of story)* narrador *m*, -ra *f*, cuentista *m* y *f*.

stout [staʊt] ◇ *adj* 1. *(rather fat)* corpulento(ta). 2. *(strong, solid)* fuerte, sólido(da). 3. *(resolute)* firme. ◇ *n (U)* cerveza *f* negra.

stove [stəʊv] ◇ *pt & pp* → **stave**. ◇ *n (for heating)* estufa *f*; *(for cooking)* cocina *f*.

stow [stəʊ] *vt*: **to ~ sthg (away)** guardar algo.

stowaway ['stəʊəweɪ] *n* polizón *m*.

straddle ['strædl] vt (subj: person) sentarse a horcajadas sobre.

straggle ['strægl] vi 1. (sprawl) desparramarse. 2. (dawdle) rezagarse.

straggler ['stræglə^r] n rezagado m, -da f.

straight [streɪt] ◇ adj 1. (not bent) recto(ta). 2. (hair) liso(sa). 3. (honest, frank) sincero(ra). 4. (tidy) arreglado (da). 5. (choice, swap) simple, fácil. 6. (alcoholic drink) solo(la). ◇ adv 1. (in a straight line - horizontally) directamente; (- vertically) recto(ta); ~ ahead todo recto. 2. (directly) directamente; (immediately) inmediatamente. 3. (frankly) francamente. 4. (tidy) en orden. 5. (undiluted) solo(la) 6. phr: let's get things ~ vamos a aclarar las cosas. ♦ straight off adv en el acto. ♦ straight out adv sin tapujos.

straightaway [,streɪtə'weɪ] adv en seguida.

straighten ['streɪtn] vt 1. (tidy - room) ordenar; (- hair, dress) poner bien. 2. (make straight - horizontally) poner recto(ta); (- vertically) enderezar. ♦ straighten out vt sep (mess) arreglar; (problem) resolver

straight face n: to keep a ~ aguantar la risa.

straightforward [,streɪt'fɔːwəd] adj 1. (easy) sencillo(lla). 2. (frank - answer) directo(ta); (- person) sincero(ra).

strain [streɪn] ◇ n 1. (weight) peso m; (pressure) presión f. 2. (mental stress) tensión f nerviosa. 3. (physical injury) torcedura f. 4. (worry, difficulty) esfuerzo m. ◇ vt 1. (overtax - budget) estirar; (- enthusiasm) agotar. 2. (use hard): to ~ one's eyes/ears aguzar la vista/el oído. 3. (injure - eyes) cansar; (- muscle, back) torcerse. 4. (drain) colar. ◇ vi: to ~ to do sthg esforzarse por hacer algo. ♦ strains npl literary (of music) acordes mpl.

strained [streɪnd] adj 1. (worried) preocupado(da). 2. (unfriendly) tirante, tenso(sa). 3. (insincere) forzado(da)

strainer ['streɪnə^r] n colador m.

strait [streɪt] n estrecho m. ♦ straits npl: in dire OR desperate ~s en un serio aprieto

straitjacket ['streɪt,dʒækɪt] n (garment) camisa f de fuerza.

straitlaced [,streɪt'leɪst] adj pej mojigato(ta).

strand [strænd] n (thin piece) hebra f; a ~ of hair un pelo del cabello.

stranded ['strændɪd] adj (ship) varado (da); (person) colgado(da).

strange [streɪndʒ] adj 1. (unusual) raro (ra), extraño(ña). 2. (unfamiliar) extraño(ña), desconocido(da).

stranger ['streɪndʒə^r] n 1. (unfamiliar person) extraño m, -ña f, desconocido m, -da f. 2. (outsider) forastero m, -ra f.

strangle ['stræŋgl] vt (kill) estrangular.

stranglehold ['stræŋglhəʊld] n fig (strong influence) dominio m absoluto.

strap [stræp] ◇ n 1. (of handbag, rifle) bandolera f. 2. (of watch, case) correa f; (of dress, bra) tirante m. ◇ vt (fasten) atar con correa.

strapping ['stræpɪŋ] adj robusto(ta).

Strasbourg ['stræzbɜːg] n Estrasburgo.

strategic [strə'tiːdʒɪk] adj estratégico (ca).

strategy ['strætɪdʒɪ] n estrategia f.

straw [strɔː] n 1. (AGR) paja f. 2. (for drinking) pajita f, paja f. 3. phr: the last ~ el colmo.

strawberry ['strɔːbərɪ] ◇ n fresa f, frutilla f Amer. ◇ comp de fresa.

stray [streɪ] ◇ adj 1. (animal - without owner) callejero(ra); (- lost) extraviado (da). 2. (bullet) perdido(da); (example) aislado(da). ◇ vi 1. (from path) desviarse; (from group) extraviarse. 2. (thoughts, mind) perderse.

streak [striːk] ◇ n 1. (of hair) mechón m; (of lightning) rayo m; (of grease) raya f. 2. (in character) vena f. ◇ vi (move quickly) ir como un rayo.

stream [striːm] ◇ n 1. (small river) riachuelo m. 2. (of liquid, smoke) chorro m; (of light) raudal m. 3. (current) corriente f. 4. (of people, cars) torrente m. 5. (continuous series) sarta f, serie f. 6. Br (SCH) grupo m. ◇ vi 1. (liquid, smoke, light): to ~ into entrar a raudales en; to ~ out of brotar de. 2. (people, cars): to ~ into entrar atropelladamente en; to ~ out of salir atropelladamente de. ◇ vt Br (SCH) agrupar de acuerdo con el rendimiento escolar.

streamer ['striːmə^r] n (for party) serpentina f.

streamlined ['striːmlaɪnd] adj 1. (aerodynamic) aerodinámico(ca). 2. (efficient) racional.

street [striːt] n calle f.

streetcar ['striːtkɑː^r] n Am tranvía m.

street lamp, street light n farola f.

street plan n plano m (de la ciudad).

streetwise ['striːtwaɪz] adj inf espabilado(da).

strength [streŋθ] n 1. (physical or mental power) fuerza f. 2. (power, influence) poder *m*. **3.** *(quality)* punto *m* fuerte. **4.** *(solidity - of material structure)* solidez *f*. **5.** *(intensity - of smell, wind)* intensidad *f*; *(- of accent, wine)* fuerza *f*; *(- of drug)* potencia *f*. **6.** *(credibility, weight)* peso *m*, fuerza *f*.

strengthen ['streŋθn] *vt* **1.** *(gen)* fortalecer. **2.** *(reinforce - argument, bridge)* reforzar. **3.** *(intensify)* acentuar, intensificar. **4.** *(make closer)* estrechar.

strenuous ['strenjʊəs] *adj* agotador (ra).

stress [stres] ◇ *n* **1.** *(emphasis)*: ~ **(on)** hincapié *m* OR énfasis *m* inv (en). **2.** *(tension, anxiety)* estrés *m*. **3.** *(physical pressure)*: ~ **(on)** presión *f* (en). **4.** (LING) *(on word, syllable)* acento *m*. ◇ *vt* **1.** *(emphasize)* recalcar, subrayar. **2.** (LING) *(word, syllable)* acentuar.

stressful ['stresfʊl] *adj* estresante.

stretch [stretʃ] ◇ *n* **1.** *(of land, water)* extensión *f*; *(of road, river)* tramo *m*, trecho *m*. **2.** *(of time)* periodo *m*. ◇ *vt* **1.** *(gen)* estirar. **2.** *(overtax - person)* extender. **3.** *(challenge)* hacer rendir al máximo. ◇ *vi* *(area)*: **to ~ over/from ... to** extenderse por/desde ... hasta. ◆ **stretch out** *vt sep* *(foot, leg)* estirar; *(hand, arm)* alargar. ◇ *vi* **1.** *(lie down)* tumbarse. **2.** *(reach out)* estirarse.

stretcher ['stretʃəʳ] *n* camilla *f*.

strew [struː] *(pp* **strewn** [struːn] OR **-ed)** *vt*: **to be strewn with** estar cubierto(ta) de.

stricken ['strikn] *adj*: **to be ~ by** OR **with** *(illness)* estar aquejado(da) de; *(grief)* estar afligido(da) por; *(doubts, horror)* estar atenazado(da) por.

strict [strikt] *adj* **1.** *(gen)* estricto(ta). **2.** *(precise)* exacto(ta), estricto(ta).

strictly ['striktli] *adv* **1.** *(severely)* severamente **2.** *(absolutely - prohibited)* terminantemente; *(- confidential)* absolutamente. **3.** *(exactly)* exactamente; ~ **speaking** en el sentido estricto de la palabra. **4.** *(exclusively)* exclusivamente.

stride [straid] *(pt* **strode**, *pp* **stridden** ['stridn]) ◇ *n* zancada *f*. ◇ *vi* andar a zancadas.

strident ['straidnt] *adj* **1.** *(harsh)* estridente. **2.** *(vociferous)* exaltado(da).

strife [straif] *n* (U) *fml* conflictos *mpl*.

strike [straik] *(pt & pp* **struck)** ◇ *n* **1.** *(refusal to work etc)* huelga *f*; **to be (out) on ~** estar en huelga; **to go on ~** declararse en huelga. **2.** (MIL) ataque *m*. **3.** *(find)* descubrimiento *m*. ◇ *vt* **1.** *fml (hit - deliberately)* golpear, pegar;

(- accidentally) chocar contra. **2.** *(subj: disaster, earthquake)* asolar; *(subj: lightning)* fulminar. **3.** *(subj: thought, idea)* ocurrírsele a **4.** *(deal, bargain)* cerrar. **5.** *(match)* encender. ◇ *vi* **1.** *(stop working)* estar en huelga. **2.** *fml (hit accidentally)*: **to ~ against** chocar contra. **3.** *(hurricane, disaster)* sobrevenir; *(lightning)* caer. **4.** *fml (attack)* atacar. **5.** *(chime)* dar la hora; **the clock struck six** el reloj dio las seis. ◆ **strike down** *vt sep* fulminar. ◆ **strike out** *vt sep* tachar. ◆ **strike up** *vt fus* **1.** *(friendship)* trabar; *(conversation)* entablar. **2.** *(tune)* empezar a tocar.

striker ['straikəʳ] *n* **1.** *(person on strike)* huelguista *m y f*. **2.** (FTBL) delantero *m*, -ra *f*.

striking ['straikiŋ] *adj* **1.** *(noticeable, unusual)* chocante, sorprendente. **2.** *(attractive)* llamativo(va), atractivo (va).

string [striŋ] *(pt & pp* **strung)** *n* **1.** *(thin rope)* cuerda *f*; **a (piece of) ~** un cordón; **to pull ~s** utilizar uno sus influencias. **2.** *(of beads, pearls)* sarta *f*. **3.** *(series)* serie *f*, sucesión *f*. **4.** *(of musical instrument)* cuerda *f*. ◆ **strings** *npl* (MUS): **the ~s** los instrumentos de cuerda. ◆ **string out** *vt fus*: **to be strung out** alinearse. ◆ **string together** *vt sep* enlazar.

string bean *n* judía *f* verde.

stringed instrument ['striŋd-] *n* instrumento *m* de cuerda.

stringent ['strindʒənt] *adj* estricto(ta), severo(ra).

strip [strip] ◇ *n* **1.** *(narrow piece)* tira *f*. **2.** *(narrow area)* franja *f*. **3.** *Br* (SPORT) camiseta *f*, colores *mpl*. ◇ *vt* **1.** *(undress)* desnudar. **2.** *(paint, wallpaper)* quitar. ◇ *vi* *(undress)* desnudarse. ◆ **strip off** *vi* desnudarse.

strip cartoon *n Br* historieta *f*, tira *f* cómica.

stripe [straip] *n* **1.** *(band of colour)* raya *f*, franja *f*. **2.** *(sign of rank)* galón *m*.

striped [straipt] *adj* a rayas.

strip lighting *n* alumbrado *m* fluorescente.

stripper ['stripəʳ] *n* **1.** *(performer of striptease)* artista *m y f* de striptease. **2.** *(for paint)* disolvente *m*.

striptease ['striptiːz] *n* striptease *m*.

strive [straiv] *(pt* **strove**, *pp* **striven** ['strivn]) *vi fml*: **to ~ for sthg** luchar por algo; **to ~ to do sthg** esforzarse por hacer algo.

strode [strəud] *pt* → **stride**.

stroke [strəʊk] ◇ *n* **1.** (MED) apoplejía f, derrame *m* cerebral. **2.** *(of pen)* trazo *m*; *(of brush)* pincelada f. **3.** *(style of swimming)* estilo *m*. **4.** *(in tennis, golf etc)* golpe *m*. **5.** *(of clock)* campanada f. **6.** Br (TYPO) *(oblique)* barra f. **7.** *(piece)*: **a ~ of genius** una genialidad; **a ~ of luck** un golpe de suerte; **at a ~** de una vez, de golpe. ◇ *vt* acariciar.

stroll [strəʊl] ◇ *n* paseo *m*. ◇ *vi* pasear.

stroller ['strəʊləʳ] *n Am (for baby)* silli-ta f (de niño).

strong [strɒŋ] *adj* **1.** *(gen)* fuerte. **2.** *(material, structure)* sólido(da), resis-tente. **3.** *(feeling, belief)* profundo(da); *(opposition, denial)* firme; *(support)* acé-rrimo(ma); *(accent)* marcado(da). **4.** *(discipline, policy)* estricto(ta). **5.** *(argu-ment)* convincente. **6.** *(in numbers)*: **the crowd was 2,000 ~** la multitud cons-taba de 2.000 personas **7.** *(good, gif-ted)*: **one's ~ point** el punto fuerte de uno. **8.** *(concentrated)* concentrado(da).

strongbox ['strɒŋbɒks] *n* caja f fuerte.

stronghold ['strɒŋhəʊld] *n fig (bastion)* bastión *m*, baluarte *m*.

strongly ['strɒŋlɪ] *adv* **1.** *(sturdily)* fuertemente. **3.** *(in degree)* intensa-mente. **3.** *(fervently)*: **to support/ oppose sthg ~** apoyar/oponerse a algo totalmente.

strong room *n* cámara f acorazada.

strove [strəʊv] *pt* → **strive**.

struck [strʌk] *pt & pp* → **strike**.

structure ['strʌktʃəʳ] *n* **1.** *(arrangement)* estructura f. **2.** *(building)* construcción f.

struggle ['strʌgl] ◇ *n* **1.** *(great effort)*: **~ (for sthg/to do sthg)** lucha f (por algo/por hacer algo). **2.** *(fight, tussle)* forcejeo *m* ◇ *vi* **1.** *(make great effort)*: **to ~ (for sthg/to do sthg)** luchar (por algo/por hacer algo). **2.** *(to free o.s.)*: **to ~ free** forcejear para soltarse. **3.** *(move with difficulty)*: **to ~ with sthg** llevar algo con dificultad.

strum [strʌm] *vt & vi* rasguear.

strung [strʌŋ] *pt & pp* → **string**.

strut [strʌt] ◇ *n* (CONSTR) puntal *m* ◇ *vi* andar pavoneándose.

stub [stʌb] ◇ *n* **1.** *(of cigarette)* colilla f; *(of pencil)* cabo *m*. **2.** *(of ticket)* resguar-do *m*; *(of cheque)* matriz f. ◇ *vt*: **to ~ one's toe** on darse con el pie en. ♦ **stub out** *vt sep* apagar.

stubble ['stʌbl] *n* **1.** *(U)* *(in field)* ras-trojo *m*. **2.** *(on chin)* barba f incipiente OR de tres días.

stubborn ['stʌbən] *adj (person)* terco (ca), testarudo(da).

stuck [stʌk] ◇ *pt & pp* → **stick**. ◇ *adj* **1.** *(jammed - lid, window)* atascado(da). **2.** *(unable to progress)* atascado(da). **3.** *(stranded)* colgado(da). **4.** *(in a meet-ing, at home)* encerrado(da).

stuck-up *adj inf pej* engreído(da)

stud [stʌd] *n* **1.** *(metal decoration)* tachón *m*. **2.** *(earring)* pendiente *m*. **3.** Br *(on boot, shoe)* taco *m* **4.** *(horse)* semental *m*.

studded ['stʌdɪd] *adj*: **~ (with)** tacho-nado(da) (con)

student ['stju:dnt] ◇ *n* **1.** *(at college, university)* estudiante *m* y f **2.** *(scholar)* estudioso *m*, -sa f. ◇ *comp* estudiantil

studio ['stju:dɪəʊ] *(pl* -s) *n* estudio *m*.

studio flat Br, **studio apartment** Am *n* estudio *m*.

studious ['stju:djəs] *adj* estudioso(sa).

studiously ['stju:djəslɪ] *adv* cuidado-samente.

study ['stʌdɪ] ◇ *n* estudio *m*. ◇ *vt* **1.** *(learn)* estudiar. **2.** *(examine - report, sb's face)* examinar, estudiar ◇ *vi* estu-diar. ♦ **studies** *npl* estudios *mpl*.

stuff [stʌf] ◇ *n* *(U)* *inf* **1.** *(things, belongings)* cosas *fpl*. **2.** *(substance)*: **what's that ~ in your pocket?** ¿qué es eso que llevas en el bolsillo? ◇ *vt* **1.** *(push, put)* meter. **2.** *(fill, cram)*: **to ~ sthg (with)** *(box, room)* llenar algo (de); *(pillow, doll)* rellenar algo (de). **3.** (CULIN) rellenar.

stuffed [stʌft] *adj* **1.** *(filled, crammed)*: **~ with** atestado(da) de **2.** *inf (subj: person - with food)* lleno(na), inflado (da). **3.** (CULIN) relleno(na). **4.** *(pre-served - animal)* disecado(da)

stuffing ['stʌfɪŋ] *n* *(U)* relleno *m*.

stuffy ['stʌfɪ] *adj* **1.** *(atmosphere)* carga-do(da); *(room)* mal ventilado(da). **2.** *(old-fashioned)* retrógrado(da), car-ca.

stumble ['stʌmbl] *vi (trip)* tropezar. ♦ **stumble across, stumble on** *vt fus (thing)* dar con; *(person)* encontrar-se con.

stumbling block ['stʌmblɪŋ-] *n* obs-táculo *m*, escollo *m*.

stump [stʌmp] ◇ *n* *(of tree)* tocón *m*; *(of limb)* muñón *m*. ◇ *vt (subj: question, problem)* dejar perplejo(ja).

stun [stʌn] *vt lit & fig* aturdir.

stung [stʌŋ] *pt & pp* → **sting**.

stunk [stʌŋk] *pt & pp* → **stink**.

stunning ['stʌnɪŋ] *adj* **1.** *(very beauti-ful)* imponente. **2.** *(shocking)* pasmoso (sa)

stunt [stʌnt] ◇ *n* **1.** *(for publicity)* truco

m publicitario. **2.** (CINEMA) escena *f* arriesgada OR peligrosa. ◊ *vt* atrofiar.

stunted ['stʌntɪd] *adj* esmirriado (da).

stunt man *n* especialista *m*, doble *m*

stupefy ['stjuːpɪfaɪ] *vt* **1.** *(tire, bore)* aturdir, atontar. **2.** *(surprise)* dejar estupefacto(ta).

stupendous [stjuːˈpendəs] *adj inf (wonderful)* estupendo(da); *(very large)* enorme.

stupid ['stjuːpɪd] *adj* **1.** *(foolish)* estúpido(da) **2.** *inf (annoying)* puñetero(ra).

stupidity [stjuːˈpɪdətɪ] *n* (U) estupidez *f*.

sturdy ['stɜːdɪ] *adj (person, shoulders)* fuerte; *(furniture, bridge)* firme, sólido (da).

stutter ['stʌtə^r] *vi* tartamudear

sty [staɪ] *n (pigsty)* pocilga *f*.

stye [staɪ] *n* orzuelo *m*

style [staɪl] ◊ *n* **1.** *(characteristic manner)* estilo *m*. **2.** (U) *(smartness, elegance)* clase *f*. **3.** *(design)* modelo *m*. ◊ *vt (hair)* peinar

stylish ['staɪlɪʃ] *adj* elegante, con estilo.

stylist ['staɪlɪst] *n (hairdresser)* peluquero *m*, -ra *f*.

stylus ['staɪləs] *(pl -es) n (on record player)* aguja *f*.

suave [swɑːv] *adj (well-mannered)* afable, amable; *(obsequious)* zalamero(ra).

sub [sʌb] *n inf* (SPORT) *(abbr of* **substitute)** reserva *m y f*.

subconscious [ˌsʌbˈkɒnʃəs] *adj* subconsciente.

subcontract [ˌsʌbkənˈtrækt] *vt* subcontratar

subdivide [ˌsʌbdɪˈvaɪd] *vt* subdividir.

subdue [səbˈdjuː] *vt* **1.** *(enemy, nation)* sojuzgar. **2.** *(feelings)* contener.

subdued [səbˈdjuːd] *adj* **1.** *(person)* apagado(da). **2.** *(colour, light)* tenue.

subject [*adj, n & prep* 'sʌbdʒekt, *vt* səbˈdʒekt] ◊ *adj (affected):* **~ to** *(taxes, changes, law)* sujeto(ta) a; *(illness)* proclive a. ◊ *n* **1.** *(topic)* tema *m*. **2.** (GRAMM) sujeto *m*. **3.** (SCH & UNIV) asignatura *f* **4.** *(citizen)* súbdito *m*, -ta *f*. ◊ *vt* **1.** *(bring under control)* someter, dominar. **2.** *(force to experience):* **to ~ sb to sthg** someter a alguien a algo.
◆ **subject to** *prep* dependiendo de.

subjective [səbˈdʒektɪv] *adj* subjetivo (va).

subject matter ['sʌbdʒekt-] *n* (U) tema *m*, contenido *m*

subjunctive [səbˈdʒʌŋktɪv] *n* (GRAMM):

~ (mood) *(modo m)* subjuntivo *m*.

sublet [ˌsʌbˈlet] *(pt & pp* **sublet)** *vt & vi* subarrendar.

sublime [səˈblaɪm] *adj (wonderful)* sublime.

submachine gun [ˌsʌbməˈʃiːn-] *n* metralleta *f*.

submarine [ˌsʌbməˈriːn] *n* submarino *m*.

submerge [səbˈmɜːdʒ] ◊ *vt* **1.** *(in water)* sumergir. **2.** *fig (in activity):* **to ~ o.s. in sthg** dedicarse de lleno a algo. ◊ *vi* sumergirse.

submission [səbˈmɪʃn] *n* **1.** *(capitulation)* sumisión *f*. **2.** *(presentation)* presentación *f*

submissive [səbˈmɪsɪv] *adj* sumiso (sa).

submit [səbˈmɪt] ◊ *vt* presentar. ◊ *vi:* **to ~ (to sb)** rendirse (a alguien); **to ~ (to sthg)** someterse (a algo).

subnormal [ˌsʌbˈnɔːml] *adj* subnormal.

subordinate [səˈbɔːdɪnət] ◊ *adj fml (less important):* **~ (to)** subordinado(da) (a). ◊ *n* subordinado *m*, -da *f*.

subpoena [səˈpiːnə] (JUR) ◊ *n* citación *f*. ◊ *vt* citar.

subscribe [səbˈskraɪb] *vi* **1.** *(to magazine, newspaper):* **to ~ (to)** suscribirse (a). **2.** *(to belief):* **to ~ to** estar de acuerdo con.

subscriber [səbˈskraɪbə^r] *n* **1.** *(to magazine, newspaper)* suscriptor *m*, -ra *f* **2.** *(to service)* abonado *m*, -da *f*.

subscription [səbˈskrɪpʃn] *n (to magazine)* suscripción *f*; *(to service)* abono *m*; *(to society, club)* cuota *f*.

subsequent ['sʌbsɪkwənt] *adj* subsiguiente, posterior.

subsequently ['sʌbsɪkwəntlɪ] *adv* posteriormente.

subservient [səbˈsɜːvjənt] *adj (servile):* **~ (to sb)** servil (ante alguien)

subside [səbˈsaɪd] *vi* **1.** *(anger)* apaciguarse; *(pain)* calmarse; *(grief)* pasarse; *(storm, wind)* amainar **2.** *(noise)* apagarse. **3.** *(river)* bajar, descender; *(building, ground)* hundirse

subsidence [səbˈsaɪdns, 'sʌbsɪdns] *n* (CONSTR) hundimiento *m*.

subsidiary [səbˈsɪdjərɪ] ◊ *adj* secundario(ria). ◊ *n:* **~ (company)** filial *f*.

subsidize, -ise ['sʌbsɪdaɪz] *vt* subvencionar

subsidy ['sʌbsɪdɪ] *n* subvención *f*.

substance ['sʌbstəns] *n* **1.** *(gen)* sustancia *f* **2.** *(essence)* esencia *f*

substantial [səbˈstænʃl] *adj* **1.** *(large,*

considerable) sustancial, considerable; *(meal)* abundante. **2.** *(solid)* sólido(da).

substantially [səb'stænʃəlı] *adv* **1.** *(quite a lot)* sustancialmente, considerablemente. **2.** *(fundamentally)* esencialmente; *(for the most part)* en gran parte.

substantiate [səb'stænʃıeıt] *vt fml* justificar.

substitute ['sʌbstıtjuːt] ◇ *n* **1.** *(replacement)*: **~ (for)** sustituto *m*, -ta *f* (de). **2.** (SPORT) suplente *m y f*, reserva *m y f*. ◇ *vt*: **to ~ sthg/sb for** sustituir algo/a alguien por.

subtitle ['sʌb,taıtl] *n* subtítulo *m*.

subtle ['sʌtl] *adj* **1.** *(gen)* sutil; *(taste, smell)* delicado(da). **2.** *(plan, behaviour)* ingenioso(sa).

subtlety ['sʌtltı] *n* **1.** *(gen)* sutileza *f*; *(of taste, smell)* delicadeza *f*. **2.** *(of plan, behaviour)* ingenio *m*.

subtract [səb'trækt] *vt*: **to ~ sthg (from)** restar algo (de).

subtraction [səb'trækʃn] *n* resta *f*.

suburb ['sʌbɜːb] *n* barrio *m* residencial. ◆ **suburbs** *npl*: **the ~s** las afueras.

suburban [sə'bɜːbn] *adj* **1.** *(of suburbs)* de los barrios residenciales. **2.** *pej (boring)* convencional, burgués(esa).

suburbia [sə'bɜːbıə] *n (U)* barrios *mpl* residenciales.

subversive [səb'vɜːsıv] ◇ *adj* subversivo(va). ◇ *n* subversivo *m*, -va *f*.

subway ['sʌbweı] *n* **1.** *Br (underground walkway)* paso *m* subterráneo. **2.** *Am (underground railway)* metro *m*.

succeed [sək'siːd] ◇ *vt* suceder a. ◇ *vi* **1.** *(gen)* tener éxito. **2.** *(achieve desired result)*: **to ~ in sthg/in doing sthg** conseguir algo/hacer algo. **3.** *(plan, tactic)* salir bien. **4.** *(go far in life)* triunfar.

succeeding [sək'siːdıŋ] *adj fml* sucesivo(va).

success [sək'ses] *n* **1.** *(gen)* éxito *m*; **to be a ~** tener éxito. **2.** *(in career, life)* triunfo *m*.

successful [sək'sesful] *adj (gen)* de éxito; *(attempt)* logrado(da); *(politician)* popular.

succession [sək'seʃn] *n* sucesión *f*.

successive [sək'sesıv] *adj* sucesivo(va).

succinct [sək'sıŋkt] *adj* sucinto(ta).

succumb [sə'kʌm] *vi*: **to ~ (to)** sucumbir (a).

such [sʌtʃ] ◇ *adj* **1.** *(like that)* semejante, tal; **~ stupidity** tal OR semejante estupidez. **2.** *(like this)*: **have you got ~ a thing as a tin opener?** ¿tendrías acaso un abrelatas?; **~ words as 'duty' and 'honour'** palabras (tales) como 'deber' y 'honor'. **3.** *(whatever)*: **I've spent ~ money as I had** he gastado el poco dinero que tenía. **4.** *(so great, so serious)*: **there are ~ differences that ...** las diferencias son tales que ...; **~ ... that** tal ... que. ◇ *adv* tan; **~ a lot of books** tantos libros; **~ nice people** una gente tan amable; **~ a good car** un coche tan bueno; **~ a long time** tanto tiempo. ◇ *pron*: **and ~ (like)** y otros similares OR por el estilo. ◆ **as such** *pron* propiamente dicho(cha). ◆ **such and such** *adj*: **at ~ and ~ a time** a tal hora.

suck [sʌk] *vt* **1.** *(by mouth)* chupar. **2.** *(subj: machine)* aspirar.

sucker ['sʌkər] *n* **1.** *(of animal)* ventosa *f*. **2.** *inf (gullible person)* primo *m*, -ma *f*, ingenuo *m*, -nua *f*.

suction ['sʌkʃn] *n (gen)* succión *f*; *(by machine)* aspiración *f*.

Sudan [suː'dɑːn] *n* (el) Sudán.

sudden ['sʌdn] *adj (quick)* repentino (na); *(unforeseen)* inesperado(da); **all of a ~** de repente.

suddenly ['sʌdnlı] *adv* de repente.

suds [sʌdz] *npl* espuma *f* del jabón.

sue [suː] *vt*: **to ~ sb (for)** demandar a alguien (por).

suede [sweıd] *n (for jacket, shoes)* ante *m*; *(for gloves)* cabritilla *f*.

suet ['suıt] *n* sebo *m*.

suffer ['sʌfər] ◇ *vt* sufrir. ◇ *vi* **1.** *(gen)* sufrir. **2.** *(experience negative effects)* salir perjudicado(da). **3.** (MED): **to ~ from** *(illness)* sufrir OR padecer de.

sufferer ['sʌfrər] *n* enfermo *m*, -ma *f*.

suffering ['sʌfrıŋ] *n (gen)* sufrimiento *m*; *(pain)* dolor *m*.

suffice [sə'faıs] *vi fml* ser suficiente, bastar.

sufficient [sə'fıʃnt] *adj fml* suficiente, bastante.

sufficiently [sə'fıʃntlı] *adv fml* suficientemente, bastante.

suffocate ['sʌfəkeıt] ◇ *vt* asfixiar, ahogar. ◇ *vi* asfixiarse, ahogarse.

suffrage ['sʌfrıdʒ] *n* sufragio *m*.

suffuse [sə'fjuːz] *vt*: **~d with** bañado de.

sugar ['ʃugər] ◇ *n* azúcar *m o f*. ◇ *vt* echar azúcar a.

sugar beet *n* remolacha *f* (azucarera)

sugarcane ['ʃugəkeın] *n (U)* caña *f* de azúcar.

sugary ['ʃugərɪ] *adj (high in sugar)* azucarado(da), dulce

suggest [sə'dʒest] *vt* **1.** *(propose)* sugerir; **to ~ that sb do sthg** sugerir que alguien haga algo. **2.** *(imply)* insinuar.

suggestion [sə'dʒestʃn] *n* **1.** *(proposal)* sugerencia *f*. **2.** *(implication)* insinuación *f*.

suggestive [sə'dʒestɪv] *adj (implying sexual connotation)* provocativo(va), insinuante.

suicide ['suːɪsaɪd] *n lit & fig* suicidio *m*; **to commit ~** suicidarse.

suit [suːt] *n* **1.** *(clothes - for men)* traje *m*; *(- for women)* traje de chaqueta. **2.** *(in cards)* palo *m*. **3.** (JUR) pleito *m* ◇ *vt* **1.** *(look attractive on)* favorecer, sentar bien a. **2.** *(be convenient or agreeable to)* convenir **3.** *(be appropriate to)* ser adecuado(da) para; **that job ~s you perfectly** ese trabajo te va de perlas.

suitable ['suːtəbl] *adj* adecuado(da); **the most ~ person** la persona más indicada.

suitably ['suːtəblɪ] *adv* adecuadamente.

suitcase ['suːtkeɪs] *n* maleta *f*, petaca *f* *Méx*, valija *f CSur*

suite [swiːt] *n* **1.** *(of rooms)* suite *f*. **2.** *(of furniture)* juego *m*; **dining-room ~** comedor *m*.

suited ['suːtɪd] *adj*: **~ to/for** adecuado (da) para; **the couple are ideally ~** forman una pareja perfecta.

suitor ['suːtər] *n dated* pretendiente *m*.

sulfur *Am* = **sulphur**.

sulk [sʌlk] *vi* estar de mal humor.

sulky ['sʌlkɪ] *adj* malhumorado(da).

sullen ['sʌlən] *adj* hosco(ca), antipático(ca).

sulphur *Br*, **sulfur** *Am* ['sʌlfər] *n* azufre *m*.

sultana [səl'tɑːnə] *n Br (dried grape)* pasa *f* de Esmirna.

sultry ['sʌltrɪ] *adj (hot)* bochornoso (sa), sofocante.

sum [sʌm] *n* suma *f*. ◆ **sum up** *vt sep & vi (summarize)* resumir.

summarize, -ise ['sʌməraɪz] *vt & vi* resumir

summary ['sʌmərɪ] *n* resumen *m*

summer ['sʌmər] ◇ *n* verano *m*. ◇ *comp* de verano.

summerhouse ['sʌməhaus, *pl* -hauzɪz] *n* cenador *m*.

summer school *n* escuela *f* de verano

summertime ['sʌmətaɪm] *n*: **(the) ~** (el) verano.

summit ['sʌmɪt] *n* **1.** *(mountain-top)* cima *f*, cumbre *f*. **2.** *(meeting)* cumbre *f*.

summon ['sʌmən] *vt (person)* llamar; *(meeting)* convocar. ◆ **summon up** *vt sep (courage)* armarse de.

summons ['sʌmənz] *(pl* **summonses)** (JUR) ◇ *n* citación *f*. ◇ *vt* citar.

sump [sʌmp] *n* cárter *m*

sumptuous ['sʌmptʃuəs] *adj* suntuoso (sa).

sun [sʌn] *n* sol *m*; **in the ~** al sol.

sunbathe ['sʌnbeɪð] *vi* tomar el sol.

sunbed ['sʌnbed] *n* camilla *f* de rayos ultravioletas.

sunburn ['sʌnbɜːn] *n (U)* quemadura *f* de sol.

sunburned ['sʌnbɜːnd], **sunburnt** ['sʌnbɜːnt] *adj* quemado(da) por el sol.

Sunday ['sʌndɪ] *n* domingo *m*; **~ lunch** *comida del domingo que generalmente consiste en rosbif, patatas asadas etc; see also* **Saturday.**

Sunday school *n* catequesis *f inv.*

sundial ['sʌndaɪəl] *n* reloj *m* de sol.

sundown ['sʌndaun] *n* anochecer *m*.

sundries ['sʌndrɪz] *npl fml (gen)* artículos *mpl* diversos; (FIN) gastos *mpl* diversos

sundry ['sʌndrɪ] *adj fml* diversos(sas); **all and ~** todos sin excepción.

sunflower ['sʌn,flauər] *n* girasol *m*.

sung [sʌŋ] *pp* → **sing**.

sunglasses ['sʌn,glɑːsɪz] *npl* gafas *fpl* de sol.

sunk [sʌŋk] *pp* → **sink**.

sunlight ['sʌnlaɪt] *n* luz *f* del sol.

sunlit ['sʌnlɪt] *adj* iluminado(da) por el sol.

sunny ['sʌnɪ] *adj* **1.** *(day)* de sol; *(room)* soleado(da) **2.** *(cheerful)* alegre.

sunrise ['sʌnraɪz] *n* **1.** *(U) (time of day)* amanecer *m*. **2.** *(event)* salida *f* del sol.

sunroof ['sʌnruːf] *n (on car)* techo *m* corredizo; *(on building)* azotea *f*.

sunset ['sʌnset] *n* **1.** *(U) (time of day)* anochecer *m*. **2.** *(event)* puesta *f* del sol.

sunshade ['sʌnʃeɪd] *n* sombrilla *f*.

sunshine ['sʌnʃaɪn] *n* (luz *f* del) sol *m*.

sunstroke ['sʌnstrəuk] *n (U)* insolación *f*

suntan ['sʌntæn] ◇ *n* bronceado *m*. ◇ *comp* bronceador(ra).

suntrap ['sʌntræp] *n* lugar *m* muy soleado.

super ['suːpər] *adj* **1.** *inf (wonderful)*

estupendo(da), fenomenal. **2.** *(better than normal - size etc)* superior.

superannuation [ˌsuːpəˌrænjuˈeɪʃn] n (U) jubilación f, pensión f.

superb [suːˈpɜːb] adj excelente, magnífico(ca).

supercilious [ˌsuːpəˈsɪlɪəs] adj altanero(ra).

superficial [ˌsuːpəˈfɪʃl] adj superficial.

superfluous [suːˈpɜːfluəs] adj superfluo(flua).

superhuman [ˌsuːpəˈhjuːmən] adj sobrehumano(na).

superimpose [ˌsuːpərɪmˈpəʊz] vt: **to ~ sthg on** superponer OR sobreponer algo a.

superintendent [ˌsuːpərɪnˈtendənt] n **1.** Br (of police) = subjefe m, -fa f (de policía). **2.** fml (of department) supervisor m, -ra f.

superior [suːˈpɪərɪər] ◇ adj **1.** (gen): **~ (to)** superior (a). **2.** pej (arrogant) altanero(ra), arrogante. ◇ n superior m y f.

superlative [suːˈpɜːlətɪv] ◇ adj (of the highest quality) supremo(ma). ◇ n (GRAMM) superlativo m.

supermarket ['suːpəˌmɑːkɪt] n supermercado m.

supernatural [ˌsuːpəˈnætʃrəl] adj sobrenatural.

superpower ['suːpəˌpaʊər] n superpotencia f.

supersede [ˌsuːpəˈsiːd] vt suplantar.

supersonic [ˌsuːpəˈsɒnɪk] adj supersónico(ca).

superstitious [ˌsuːpəˈstɪʃəs] adj supersticioso(sa).

superstore ['suːpəstɔːr] n hipermercado m.

supertanker ['suːpəˌtæŋkər] n superpetrolero m.

supervise ['suːpəvaɪz] vt (person) vigilar; (activity) supervisar.

supervisor ['suːpəvaɪzər] n (gen) supervisor m, -ra f; (of thesis) director m, -ra f.

supper ['sʌpər] n (evening meal) cena f.

supple ['sʌpl] adj flexible.

supplement [n 'sʌplɪmənt, vb 'sʌplɪment] ◇ n suplemento m. ◇ vt complementar.

supplementary [ˌsʌplɪˈmentərɪ] adj suplementario(ria).

supplementary benefit n Br subsidio m social.

supplier [səˈplaɪər] n proveedor m, -ra f.

supply [səˈplaɪ] ◇ n **1.** (gen) suministro m; (of jokes etc) surtido m. **2.** (U)

(ECON) oferta f. ◇ vt: **to ~ sthg (to) sb (with)** suministrar OR proveer algo (a); **to ~ sb (with)** proveer a alguien (de).

♦ **supplies** npl (MIL) pertrechos mpl; (food) provisiones fpl; (for office etc) material m.

support [səˈpɔːt] ◇ n **1.** (U) (physical, moral, emotional) apoyo m. **2.** (U) (financial) ayuda f. **3.** (U) (intellectual) respaldo m. **4.** (TECH) soporte m. ◇ vt **1.** (physically) sostener. **2.** (emotionally, morally, intellectually) apoyar. **3.** (financially - oneself, one's family) mantener; (- company, organization) financiar. **4.** (SPORT) seguir.

supporter [səˈpɔːtər] n **1.** (gen) partidario m, -ria f. **2.** (SPORT) hincha m y f.

suppose [səˈpəʊz] ◇ vt suponer. ◇ vi suponer; **I ~ (so)** supongo (que sí); **I ~ not** supongo que no.

supposed [səˈpəʊzd] adj **1.** (doubtful) supuesto(ta). **2.** (intended): **he was ~ to be here at eight** debería haber estado aquí a las ocho. **3.** (reputed): **it's ~ to be very good** se supone OR se dice que es muy bueno.

supposedly [səˈpəʊzɪdlɪ] adv según cabe suponer.

supposing [səˈpəʊzɪŋ] conj: **~ your father found out?** ¿y si se entera tu padre?

suppress [səˈpres] vt **1.** (uprising) reprimir. **2.** (emotions) contener.

supreme [suˈpriːm] adj supremo(ma).

Supreme Court n: **the ~** (in US) el Tribunal Supremo (de los Estados Unidos).

surcharge ['sɜːtʃɑːdʒ] n: **~ (on)** recargo m (en).

sure [ʃʊər] ◇ adj **1.** (gen) seguro(ra). **2.** (certain - of outcome): **to be ~ of** poder estar seguro(ra) de; **make ~ (that) you do it** asegúrate de que lo haces. **3.** (confident): **to be ~ of o.s.** estar seguro(ra) de uno mismo. ◇ adv **1.** inf (yes) por supuesto, pues claro. **2.** Am (really) realmente. ♦ **for sure** adv a ciencia cierta. ♦ **sure enough** adv efectivamente.

surely ['ʃʊəlɪ] adv sin duda; **~ you remember him?** ¡no me digas que no te acuerdas de él!

surety ['ʃʊərətɪ] n (U) fianza f.

surf [sɜːf] n espuma f (de las olas).

surface ['sɜːfɪs] ◇ n **1.** (gen) superficie f. **2.** fig (immediately visible part): **on the ~** a primera vista. ◇ vi (gen) salir a la superficie.

surface mail n correo m por vía terrestre/marítima.

surfboard ['sɜːfbɔːd] *n* plancha *f* OR tabla *f* de surf.

surfeit ['sɜːfɪt] *n fml* exceso *m*.

surfing ['sɜːfɪŋ] *n* surf *m*.

surge [sɜːdʒ] ◇ *n* **1.** *(of waves, people)* oleada *f*; *(of electricity)* sobrecarga *f* momentánea **2.** *(of emotion)* arrebato *m*. **3.** *(of interest, support, sales)* aumento *m* súbito. ◇ *vi (people, vehicles)* avanzar en masa; *(sea)* encresparse.

surgeon ['sɜːdʒən] *n* cirujano *m*, -na *f*.

surgery ['sɜːdʒərɪ] *n* **1.** *(U)* (MED) *(performing operations)* cirugía *f*. **2.** *Br* (MED) *(place)* consultorio *m*; *(consulting period)* consulta *f*.

surgical ['sɜːdʒɪkl] *adj (gen)* quirúrgico (ca).

surgical spirit *n Br* alcohol *m* de 90°.

surly ['sɜːlɪ] *adj* hosco(ca), malhumorado(da).

surmount [sɜː'maʊnt] *vt (overcome)* superar, vencer.

surname ['sɜːneɪm] *n* apellido *m*.

surpass [sə'pɑːs] *vt fml (exceed)* superar, sobrepasar.

surplus ['sɜːpləs] ◇ *adj* excedente, sobrante. ◇ *n (gen)* excedente *m*, sobrante *m*; *(in budget)* superávit *m*.

surprise [sə'praɪz] ◇ *n* sorpresa *f*. ◇ *vt* sorprender.

surprised [sə'praɪzd] *adj (person, expression)* asombrado(da).

surprising [sə'praɪzɪŋ] *adj* sorprendente.

surrender [sə'rendər] ◇ *n* rendición *f*. ◇ *vi lit & fig:* **to ~ (to)** rendirse OR entregarse (a).

surreptitious [ˌsʌrəp'tɪʃəs] *adj* subrepticio(cia).

surrogate ['sʌrəgeɪt] ◇ *adj* sustitutorio(ria) ◇ *n* sustituto *m*, -ta *f*.

surrogate mother *n* madre *f* de alquiler

surround [sə'raʊnd] *vt lit & fig* rodear.

surrounding [sə'raʊndɪŋ] *adj* **1.** *(area, countryside)* circundante. **2.** *(controversy, debate)* relacionado(da).

surroundings [sə'raʊndɪŋz] *npl (physical)* alrededores *mpl*; *(social)* entorno *m*.

surveillance [sɜː'veɪləns] *n* vigilancia *f*

survey [*n* 'sɜːveɪ, *vb* sə'veɪ] ◇ *n* **1.** *(of public opinion, population)* encuesta *f*. **2.** *(of land)* medición *f*; *(of building)* inspección *f*. ◇ *vt* **1.** *(contemplate)* contemplar. **2.** *(investigate statistically)* hacer un estudio de. **3.** *(examine* *- land)* medir; *(- building)* inspeccionar.

surveyor [sə'veɪər] *n (of property)* perito *m* tasador de la propiedad; *(of land)* agrimensor *m*, -ra *f*

survival [sə'vaɪvl] *n (gen)* supervivencia *f*.

survive [sə'vaɪv] ◇ *vt* sobrevivir a. ◇ *vi (person)* sobrevivir; *(custom, project)* perdurar

survivor [sə'vaɪvər] *n (person who escapes death)* superviviente *m y f*.

susceptible [sə'septəbl] *adj* **1.** *(to pressure, flattery):* **~ (to)** sensible (a). **2.** (MED): **~ (to)** propenso(sa) (a).

suspect [*adj & n* 'sʌspekt, *vb* sə'spekt] ◇ *adj* sospechoso(sa) ◇ *n* sospechoso *m*, -sa *f*. ◇ *vt* **1.** *(distrust)* sospechar. **2.** *(think likely)* imaginar. **3.** *(consider guilty):* **to ~ sb (of)** considerar a alguien sospechoso(sa) (de).

suspend [sə'spend] *vt (gen)* suspender; *(payments, work)* interrumpir; *(school-child)* expulsar temporalmente.

suspended sentence [sə'spendɪd-] *n* condena *f* condicional.

suspender belt [sə'spendər-] *n Br* liguero *m*.

suspenders [sə'spendəz] *npl* **1.** *Br (for stockings)* ligas *fpl* **2.** *Am (for trousers)* tirantes *mpl*.

suspense [sə'spens] *n (gen)* incertidumbre *f*; (CINEMA) suspense *m*

suspension [sə'spenʃn] *n* **1.** *(gen & AUT)* suspensión *f*. **2.** *(from job, school)* expulsión *f* temporal.

suspension bridge *n* puente *m* colgante.

suspicion [sə'spɪʃn] *n* **1.** *(gen)* sospecha *f*; *(distrust)* recelo *m*. **2.** *(small amount)* pizca *f*.

suspicious [sə'spɪʃəs] *adj* **1.** *(having suspicions)* receloso(sa). **2.** *(causing suspicion)* sospechoso(sa)

sustain [sə'steɪn] *vt* **1.** *(gen)* sostener. **2.** *fml (injury, damage)* sufrir.

sustenance ['sʌstɪnəns] *n (U) fml* sustento *m*.

SW *(abbr of* **short wave***)* OC.

swab [swɒb] *n (trozo m de)* algodón *m*

swagger ['swægər] *vi* pavonearse.

Swahili [swɑː'hiːlɪ] *n (language)* suahili *m*.

swallow ['swɒləʊ] ◇ *n (bird)* golondrina *f* ◇ *vt (food, drink)* tragar.

swam [swæm] *pt* → **swim**.

swamp [swɒmp] ◇ *n* pantano *m*, ciénaga *f*. ◇ *vt* **1.** *(flood - boat)* hundir; *(- land)* inundar. **2.** *(overwhelm):* **to ~ sthg (with)** *(office)* inundar algo (de);

to ~ **sb (with)** agobiar a alguien (con).

swan [swɒn] *n* cisne *m*.

swap [swɒp] *vt* **1.** *(of one thing)*: **to ~ sthg (for/with)** cambiar algo (por/con). **2.** *(of two things)*: **to ~ sthg (over** OR **round)** *(hats, chairs)* cambiarse algo. **3.** *fig (stories, experiences)* intercambiar

swarm [swɔːm] ◇ *n (of bees)* enjambre *m*; *fig (of people)* multitud *f*. ◇ *vi* **1.** *fig (people)* ir en tropel. **2.** *fig (place)*: **to be ~ing (with)** estar abarrotado(da) (de).

swarthy ['swɔːðɪ] *adj* moreno(na).

swastika ['swɒstɪkə] *n* esvástica *f*, cruz *f* gamada.

swat [swɒt] *vt* aplastar.

sway [sweɪ] ◇ *vt (influence)* convencer. ◇ *vi* balancearse.

swear [sweəʳ] *(pt* swore, *pp* sworn) ◇ *vt*: **to ~ (to do sthg)** jurar (hacer algo). ◇ *vi* **1.** *(state emphatically)* jurar. **2.** *(use swearwords)* decir tacos, jurar.

swearword ['sweəwɜːd] *n* palabrota *f*.

sweat [swet] ◇ *n (perspiration)* sudor *m*. ◇ *vi (perspire)* sudar.

sweater ['swetəʳ] *n* suéter *m*, jersey *m*.

sweatshirt ['swetʃɜːt] *n* sudadera *f*.

sweaty ['swetɪ] *adj (skin)* sudoroso (sa); *(clothes)* sudado(da).

swede [swiːd] *n Br* nabo *m* sueco.

Swede [swiːd] *n* sueco *m*, -ca *f*.

Sweden ['swiːdn] *n* Suecia *f*.

Swedish ['swiːdɪʃ] ◇ *adj* sueco(ca). ◇ *n (language)* sueco *m*. ◇ *npl*: **the ~** los suecos.

sweep [swiːp] *(pt & pp* swept) ◇ *n* **1.** *(movement - of broom)* barrido *m*; *(- of arm, hand)* movimiento *m* OR gesto *m* amplio. **2.** *(chimney sweep)* deshollinador *m*, -ra *f*. ◇ *vt* **1.** *(with brush)* barrer. **2.** *(with light-beam)* rastrear; *(with eyes)* recorrer. ◇ *vi* **1.** *(wind, rain)*: **to ~ over** OR **across** sthg azotar algo. **2.** *(person)*: **to ~ past** pasar como un rayo. ◆ **sweep away** *vt sep (destroy)* destruir completamente. ◆ **sweep up** *vt sep & vi* barrer

sweeping ['swiːpɪŋ] *adj* **1.** *(effect, change)* radical. **2.** *(statement)* demasiado general. **3.** *(curve)* amplio(plia).

sweet [swiːt] ◇ *adj* **1.** *(gen)* dulce; *(sugary)* azucarado(da). **2.** *(feelings)* placentero(ra). **3.** *(smell - of flowers, air)* fragante, perfumado(da). **4.** *(sound)* melodioso(sa). **5.** *(character, person)* amable. ◇ *n Br* **1.** *(candy)* caramelo *m*, golosina *f*. **2.** *(dessert)* postre *m*.

sweet corn *n* maíz *m*.

sweeten ['swiːtn] *vt* endulzar.

sweetheart ['swiːthɑːt] *n* **1.** *(term of endearment)* cariño *m*. **2.** *(boyfriend or girlfriend)* amor *m*, novio *m*, -via *f*.

sweetness ['swiːtnɪs] *n* **1.** *(gen)* dulzura *f*. **2.** *(of taste)* dulzor *m*.

sweet pea *n* guisante *m* de olor.

swell [swel] *(pp* swollen OR -ed) ◇ *vi* **1.** *(become larger)* hincharse. **2.** *(population, sound)* aumentar. ◇ *vt (numbers etc)* aumentar. ◇ *n (of sea)* oleaje *m*. ◇ *adj Am inf* estupendo(da).

swelling ['swelɪŋ] *n* hinchazón *f*.

sweltering ['sweltərɪŋ] *adj* **1.** *(weather)* abrasador(ra), sofocante. **2.** *(person)* achicharrado(da).

swept [swept] *pt & pp* → **sweep**.

swerve [swɜːv] *vi* virar bruscamente.

swift [swɪft] ◇ *adj* **1.** *(fast)* rápido(da). **2.** *(prompt)* pronto(ta). ◇ *n (bird)* vencejo *m*.

swig [swɪg] *n inf* trago *m*.

swill [swɪl] ◇ *n (pig food)* bazofia *f*. ◇ *vt Br (wash)* enjuagar.

swim [swɪm] *(pt* swam, *pp* swum) ◇ *n* baño *m*; **to go for a ~** ir a nadar OR a darse un baño. ◇ *vi* **1.** *(in water)* nadar. **2.** *(head, room)* dar vueltas.

swimmer ['swɪməʳ] *n* nadador *m*, -ra *f*.

swimming ['swɪmɪŋ] *n* natación *f*.

swimming cap *n* gorro *m* de baño.

swimming costume *n Br* bañador *m*, traje *m* de baño.

swimming pool *n* piscina *f*, alberca *f Méx*, pileta *f CSur*.

swimming trunks *npl* bañador *m*.

swimsuit ['swɪmsuːt] *n* bañador *m*, traje *m* de baño.

swindle ['swɪndl] ◇ *n* estafa *f*, timo *m*. ◇ *vt* estafar, timar; **to ~ sb out of sthg** estafar a alguien algo.

swine [swaɪn] *n inf pej (person)* cerdo *m*, -da *f*, canalla *m* y *f*.

swing [swɪŋ] *(pt & pp* swung) ◇ *n* **1.** *(child's toy)* columpio *m*. **2.** *(change)* viraje *m*. **3.** *(sway)* meneo *m*, balanceo *m*. **4.** *phr*: **to be in full ~** estar en plena marcha. ◇ *vt* **1.** *(move back and forth)* balancear. **2.** *(move in a curve - car etc)* hacer virar bruscamente. ◇ *vi* **1.** *(move back and forth)* balancearse, oscilar. **2.** *(move in a curve)* girar. **3.** *(turn)*: **to ~ (round)** volverse, girarse. **4.** *(change)* virar, cambiar.

swing bridge *n* puente *m* giratorio.

swing door *n* puerta *f* oscilante.

swingeing ['swɪndʒɪŋ] *adj* severo(ra).

swipe [swaɪp] ◇ vt inf (steal) birlar. ◇ vi: **to ~ at** sthg intentar golpear algo.

swirl [swɜːl] vi arremolinarse.

swish [swɪʃ] vt (tail) agitar, menear.

Swiss [swɪs] ◇ adj suizo(za). ◇ n (person) suizo m, -za f. ◇ npl: **the ~** los suizos.

switch [swɪtʃ] ◇ n **1.** (control device) interruptor m. **2.** (change) cambio m completo, viraje m. ◇ vt **1.** (change) cambiar de. **2.** (swap) intercambiar. ◆ **switch off** vt sep (light, radio etc) apagar; (engine) parar. ◆ **switch on** vt sep (light, radio etc) encender; (engine) poner en marcha.

switchboard ['swɪtʃbɔːd] n centralita f, conmutador m Amer.

Switzerland ['swɪtsələnd] n Suiza.

swivel ['swɪvl] ◇ vt hacer girar. ◇ vi girar.

swivel chair n silla f giratoria.

swollen ['swəʊln] ◇ pp → **swell.** ◇ adj (ankle, leg etc) hinchado(da); (river) crecido(da).

swoop [swuːp] ◇ n (raid) redada f. ◇ vi **1.** (move downwards) caer en picado. **2.** (move quickly) atacar por sorpresa.

swop [swɒp] = **swap.**

sword [sɔːd] n espada f.

swordfish ['sɔːdfɪʃ] (pl inv OR **-es**) n pez m espada.

swore [swɔːr] pt → **swear.**

sworn [swɔːn] ◇ pp → **swear.** ◇ adj (JUR) jurado(da).

swot [swɒt] Br inf ◇ n pej empollón m, -ona f. ◇ vi: **to ~ (for)** empollar (para).

swum [swʌm] pp → **swim.**

swung [swʌŋ] pt & pp → **swing.**

sycamore ['sɪkəmɔːr] n sicomoro m.

syllable ['sɪləbl] n sílaba f.

syllabus ['sɪləbəs] (pl **-buses** OR **-bi** [-baɪ]) n programa m (de estudios).

symbol ['sɪmbl] n símbolo m.

symbolize, -ise ['sɪmbəlaɪz] vt simbolizar.

symmetry ['sɪmətrɪ] n simetría f.

sympathetic [ˌsɪmpə'θetɪk] adj **1.** (understanding) comprensivo(va). **2.** (willing to support) favorable; **~ to** bien dispuesto(ta) hacia.

sympathize, -ise ['sɪmpəθaɪz] vi **1.** (feel sorry): **to ~ (with)** compadecerse (de). **2.** (understand): **to ~ (with** sthg) comprender (algo). **3.** (support): **to ~ with** sthg apoyar algo.

sympathizer, -iser ['sɪmpəθaɪzər] n simpatizante m y f.

sympathy ['sɪmpəθɪ] n **1.** (understanding): **~ (for)** comprensión f (hacia); (compassion) compasión f (por). **2.** (agreement) solidaridad f. ◆ **sympathies** npl (to bereaved person) pésame m.

symphony ['sɪmfənɪ] n sinfonía f.

symposium [sɪm'pəʊzjəm] (pl **-siums** OR **-sia** [-zjə]) n fml simposio m.

symptom ['sɪmptəm] n lit & fig síntoma m.

synagogue ['sɪnəgɒg] n sinagoga f.

syndicate ['sɪndɪkət] n sindicato m.

syndrome ['sɪndrəum] n síndrome m.

synonym ['sɪnənɪm] n: **~ (for** OR **of)** sinónimo m (de).

synopsis [sɪ'nɒpsɪs] (pl **-ses** [-siːz]) n sinopsis f inv

syntax ['sɪntæks] n sintaxis f inv

synthesis ['sɪnθəsɪs] (pl **-ses** [-siːz]) n síntesis f inv.

synthetic [sɪn'θetɪk] adj **1.** (man-made) sintético(ca). **2.** pej (insincere) artificial.

syphilis ['sɪfɪlɪs] n sífilis f inv.

syphon ['saɪfn] = **siphon.**

Syria ['sɪrɪə] n Siria.

syringe [sɪ'rɪndʒ] n jeringa f, jeringuilla f.

syrup ['sɪrəp] n (U) **1.** (CULIN) almíbar m. **2.** (MED) jarabe m.

system ['sɪstəm] n (gen) sistema m; (of central heating etc) instalación f.

systematic [ˌsɪstə'mætɪk] adj sistemático(ca)

system disk n (COMPUT) disco m del sistema.

systems analyst ['sɪstəmz-] n (COMPUT) analista m y f de sistemas.

t (pl **t's** OR **ts**), **T** (pl **T's** OR **Ts**) [tiː] n (letter) t f, T f.

ta [tɑː] excl Br inf ¡gracias!

tab [tæb] n **1.** (of cloth) etiqueta f. **2.** (of metal, card etc) lengüeta f. **3.** Am (bill) cuenta f. **4.** phr: **to keep ~s on** sb vigilar de cerca a alguien

tabby ['tæbɪ] n: **~ (cat)** gato m atigrado.

table ['teɪbl] ◇ n **1.** (piece of furniture) mesa f; (small) mesilla f. **2.** (diagram)

tabla f. ◇ vt Br (propose) presentar.
tablecloth ['teɪblklɒθ] n mantel m
table lamp n lámpara f de mesa.
tablemat ['teɪblmæt] n salvamanteles m inv.
tablespoon ['teɪblspuːn] n 1. (spoon) cuchara f grande (para servir). 2. (spoonful) cucharada f (grande).
tablet ['tæblɪt] n 1. (pill, piece of soap) pastilla f. 2. (piece of stone) lápida f.
table tennis n tenis m de mesa.
table wine n vino m de mesa.
tabloid ['tæblɔɪd] n: the ~s los periódicos sensacionalistas; ~ (newspaper) tabloide m.
tabulate ['tæbjʊleɪt] vt tabular.
tacit ['tæsɪt] adj fml tácito(ta).
taciturn ['tæsɪtɜːn] adj fml taciturno(na).
tack [tæk] ◇ n 1. (nail) tachuela f. 2. fig (course of action) táctica f. ◇ vt 1. (fasten with nail) fijar con tachuelas. 2. (in sewing) hilvanar ◇ vi (NAUT) virar.
tackle ['tækl] ◇ n 1. (FTBL) entrada f. 2. (RUGBY) placaje m. 3. (U) (equipment) equipo m, aparejos mpl. 4. (for lifting) aparejo m. ◇ vt 1. (deal with - job) emprender; (- problem) abordar. 2. (FTBL) entrar. 3. (RUGBY) placar. 4. (attack) atacar, arremeter.
tacky ['tækɪ] adj 1. inf (cheap and nasty) cutre; (ostentatious and vulgar) hortera. 2. (sticky) pegajoso(sa).
tact [tækt] n (U) tacto m, discreción f
tactful ['tæktful] adj discreto(ta).
tactic ['tæktɪk] n táctica f. ◆ **tactics** n (U) (MIL) táctica f.
tactical ['tæktɪkl] adj estratégico(ca); (weapons) táctico(ca).
tactless ['tæktlɪs] adj indiscreto(ta).
tadpole ['tædpəʊl] n renacuajo m.
tag [tæg] n (of cloth, paper) etiqueta f. ◆ **tag along** vi inf pegarse, engancharse.
tail [teɪl] ◇ n (gen) cola f; (of coat, shirt) faldón m ◇ vt inf (follow) seguir de cerca. ◆ **tails** npl 1. (formal dress) frac m. 2. (side of coin) cruz f. ◆ **tail off** vi (voice) ir debilitándose; (sound) ir disminuyendo
tailback ['teɪlbæk] n Br cola f.
tailcoat [ˌteɪl'kəʊt] n frac m.
tail end n parte f final.
tailgate ['teɪlgeɪt] n (of hatchback car) portón m.
tailor ['teɪlər] ◇ n sastre m. ◇ vt adaptar.

tailor-made adj (hecho(cha)) a la medida
tailwind ['teɪlwɪnd] n viento m de cola.
tainted ['teɪntɪd] adj 1. (reputation) manchado(da). 2. Am (food) estropeado(da).
Taiwan [ˌtaɪ'wɑːn] n Taiwán.
take [teɪk] (pt took, pp taken) ◇ vt 1. (gen) tomar; to ~ a photo hacer OR tomar una foto; to ~ a walk dar un paseo; to ~ a bath bañarse; to ~ a test hacer un examen; to ~ offence ofenderse. 2. (bring, carry, accompany) llevar 3. (steal) quitar, robar. 4. (buy) coger, quedarse con; (rent) alquilar. 5. (receive) recibir. 6. (take hold of) coger; to ~ sb prisoner capturar a alguien. 7. (accept - offer, cheque, criticism) aceptar; (- advice) seguir; (- responsibility, blame) asumir; the machine only ~s 50p pieces la máquina sólo admite monedas de 50 peniques. 8. (have room for - passengers, goods) tener cabida para. 9. (bear - pain etc) soportar, aguantar. 10. (require - time, courage) requerir; (- money) costar; it will ~ a week/three hours llevará una semana/tres horas. 11. (travel by - means of transport, route) tomar, coger 12. (wear - shoes) calzar; (- clothes) usar. 13. (consider) considerar. 14. (assume): I ~ it (that) ... supongo que ... ◇ n (CINEMA) toma f. ◆ **take after** vt fus parecerse a. ◆ **take apart** vt sep (dismantle) desmontar. ◆ **take away** vt sep 1. (remove) quitar. 2. (deduct) restar, sustraer. ◆ **take back** vt sep 1. (return) devolver 2. (accept - faulty goods) aceptar la devolución de 3. (admit as wrong) retirar. ◆ **take down** vt sep 1. (dismantle) desmontar 2. (write down) tomar nota de. ◆ **take in** vt sep 1. (deceive) engañar. 2. (understand) comprender, asimilar. 3. (include) incluir, abarcar. 4. (provide accommodation for) acoger. ◆ **take off** ◇ vt sep 1. (clothes, glasses) quitarse. 2. (have as holiday) tomarse. 3. Br inf (imitate) imitar. ◇ vi 1. (plane) despegar 2. (go away suddenly) irse, marcharse. ◆ **take on** vt sep 1. (accept - work, job) aceptar; (- responsibility) asumir. 2. (employ) emplear, coger. 3. (confront) desafiar. ◆ **take out** vt sep 1. (from container, pocket) sacar. 2. (go out with): to ~ sb out invitar a salir a alguien. ◆ **take over** ◇ vt sep 1. (company, business) absorber, adquirir; (country, government) apoderarse de. 2. (job) asumir. ◇ vi 1. (take control) tomar el poder. 2. (in job) entrar en funciones. ◆ **take to** vt

fus **1.** *(feel a liking for - person)* coger
cariño a; *(- activity)* aficionarse a. **2.**
(begin): **to ~ to doing sthg** empezar a
hacer algo. ◆ **take up** *vt sep* **1.** *(begin):*
to ~ up singing dedicarse a cantar;
(job) aceptar, tomar. **2.** *(use up - time,
space)* ocupar; *(- effort)* requerir ◆ **take
up on** *vt sep (accept):* **to ~ sb up on
an offer** aceptar una oferta de
alguien.

takeaway *Br* ['teɪkə,weɪ], **takeout**
Am ['teɪkaʊt] *n (food)* comida *f* para llevar.

taken ['teɪkn] *pp* → **take**.

takeoff ['teɪkɒf] *n (of plane)* despegue
m

takeout *Am* = **takeaway**.

takeover ['teɪk,əʊvə^r] *n (of company)*
adquisición *f*

takings *npl (of shop)* venta *f*; *(of show)*
recaudación *f*

talc [tælk], **talcum** **(powder)**
['tælkəm-] *n* talco *m*.

tale [teɪl] *n* **1.** *(fictional story)* cuento *m*.
2. *(anecdote)* anécdota *f*.

talent ['tælənt] *n:* **~ (for sthg)** talento
m (para algo).

talented ['tæləntɪd] *adj* con talento.

talk [tɔːk] ◇ *n* **1.** *(conversation)* conversación *f*. **2.** *(U) (gossip)* habladurías *fpl*.
3. *(lecture)* charla *f*, conferencia *f*. ◇ *vi*
1. *(gen)* hablar; **to ~ to/of** hablar con/
de; **to ~ on** OR **about** hablar acerca de
OR sobre. **2.** *(gossip)* chismorrear. ◇ *vt*
hablar de. ◆ **talks** *npl* conversaciones
fpl. ◆ **talk into** *vt sep:* **to ~ sb into
doing sthg** convencer a alguien para
que haga algo. ◆ **talk out of** *vt sep:* **to
~ sb out of doing sthg** disuadir a
alguien de que haga algo. ◆ **talk over**
vt sep discutir, hablar de

talkative ['tɔːkətɪv] *adj* hablador(ra).

talk show *n Am* programa *m* de
entrevistas.

tall [tɔːl] *adj* alto(ta); **she's 2 metres ~**
mide 2 metros.

tall story *n* cuento *m* (increíble).

tally ['tælɪ] ◇ *n* cuenta *f*; **to keep a ~**
llevar la cuenta *f*. ◇ *vi* concordar.

talon ['tælən] *n* garra *f*.

tambourine [,tæmbə'riːn] *n* pandereta
f

tame [teɪm] ◇ *adj* **1.** *(domesticated)*
doméstico(ca). **2.** *pej (unexciting)* soso
(sa). ◇ *vt* **1.** *(domesticate)* domesticar.
2. *(bring under control)* dominar.

tamper ['tæmpə^r] ◆ **tamper with** *vt
fus (lock)* intentar forzar; *(records, file)*
falsear; *(machine)* manipular

tampon ['tæmpɒn] *n* tampón *m*.

tan [tæn] ◇ *adj* de color marrón claro.
◇ *n* bronceado *m*. ◇ *vi* broncearse

tang [tæŋ] *n (smell)* olor *m* fuerte;
(taste) sabor *m* fuerte.

tangent ['tændʒənt] *n* (GEOM) tangente
f; **to go off at a ~** salirse por la tangente

tangerine [,tændʒə'riːn] *n* mandarina *f*.

tangible ['tændʒəbl] *adj* tangible.

tangle ['tæŋgl] *n (mass)* maraña *f*; *fig
(mess)* enredo *m*, embrollo *m*.

tank [tæŋk] *n* **1.** *(container)* depósito *m*,
tanque *m* **2.** (MIL) tanque *m*, carro *m*
de combate

tanker ['tæŋkə^r] *n* **1.** *(ship - gen)* barco
m cisterna, tanque *m*; *(- for oil)* petro-
lero *m*. **2.** *(truck)* camión *m* cisterna.

tanned [tænd] *adj* bronceado(da).

Tannoy® ['tænɔɪ] *n* (sistema *m* de)
altavoces *mpl*

tantalizing ['tæntəlaɪzɪŋ] *adj* tentador
(ra).

tantamount ['tæntəmaʊnt] *adj:* **~ to**
equivalente a

tantrum ['tæntrəm] *(pl* **-s)** *n* rabieta *f*.

Tanzania [,tænzə'nɪə] *n* Tanzania.

tap [tæp] ◇ *n* **1.** *(device)* llave *f*, grifo *m*
Esp. **2.** *(light blow)* golpecito *m*. ◇ *vt* **1.**
(hit) golpear ligeramente. **2.** *(strength,
resources)* utilizar. **3.** *(phone)* intervenir.

tap dance *n* claqué *m*

tape [teɪp] ◇ *n* **1.** *(cassette, magnetic
tape, strip of cloth)* cinta *f* **2.** *(adhesive
plastic)* cinta *f* adhesiva. ◇ *vt* **1.** *(on
tape recorder, video recorder)* grabar.
2. *(with adhesive tape)* pegar con cinta
adhesiva.

tape measure *n* cinta *f* métrica.

taper ['teɪpə^r] ◇ *n (candle)* vela *f*. ◇ *vi*
afilarse.

tape recorder *n* magnetófono *m*.

tapestry ['tæpɪstrɪ] *n* **1.** *(piece of work)*
tapiz *m* **2.** *(craft)* tapicería *f*.

tar [tɑː^r] *n* alquitrán *m*.

target ['tɑːgɪt] *n* **1.** *(of missile, goal,
aim)* objetivo *m* **2.** *(in archery, shooting,
of criticism)* blanco *m*.

tariff ['tærɪf] *n* tarifa *f*.

Tarmac® ['tɑːmæk] *n (material)* alquitrán *m* ◆ **tarmac** *n* (AERON): **the tarmac** la pista.

tarnish ['tɑːnɪʃ] *vt (make dull)* des-
lustrar; *fig (damage)* empañar, manchar.

tarpaulin [tɑː'pɔːlɪn] *n* lona *f* alqui-
tranada

tart [tɑːt] ◇ *adj (bitter)* agrio (agria).

◇ *n* **1.** *(sweet pastry)* tarta *f*. **2.** *v inf* *(prostitute)* furcia *f*, fulana *f*. ◆ **tart up** *vt sep Br inf pej* emperejilar.

tartan ['tɑːtn] ◇ *n* tartán *m*. ◇ *comp* de tartán.

tartar(e) sauce ['tɑːtəʳ-] *n* salsa *f* tártara.

task [tɑːsk] *n* tarea *f*.

task force *n* (MIL) destacamento *m* de fuerzas.

tassel ['tæsl] *n* borla *f*.

taste [teɪst] ◇ *n* **1.** *(physical sense, discernment)* gusto *m*; **in bad/good ~** de mal/buen gusto. **2.** *(flavour)* sabor *m*. **3.** *(try):* **have a ~** pruébalo. **4.** *fig (for success, fast cars etc):* **~ (for)** afición *f* (a), gusto *m* (por). **5.** *fig (experience)* experiencia *f*. ◇ *vt* **1.** *(food)* notar un sabor a. **2.** *(test, try)* probar. **3.** *fig (experience)* conocer. ◇ *vi* saber; **to ~ of** OR **like** saber a

tasteful ['teɪstful] *adj* de buen gusto.

tasteless ['teɪstlɪs] *adj* **1.** *(offensive, cheap and unattractive)* de mal gusto. **2.** *(without flavour)* insípido(da), soso (sa).

tasty ['teɪstɪ] *adj* sabroso(sa).

tatters ['tætəz] *npl*: **in ~** *(clothes)* andrajoso(sa); *fig (confidence, reputation)* por los suelos.

tattoo [tə'tuː] *(pl -s)* ◇ *n* **1.** *(design)* tatuaje *m*. **2.** *Br (military display)* desfile *m* militar. ◇ *vt* tatuar.

tatty ['tætɪ] *adj Br inf pej* desastrado (da).

taught [tɔːt] *pt & pp* → **teach**.

taunt [tɔːnt] ◇ *vt* zaherir a. ◇ *n* pulla *f*.

Taurus ['tɔːrəs] *n* Tauro *m*.

taut [tɔːt] *adj* tenso(sa).

tawdry ['tɔːdrɪ] *adj pej* de oropel.

tax [tæks] ◇ *n* impuesto *m*. ◇ *vt* **1.** *(goods, profits)* gravar. **2.** *(business, person)* imponer contribuciones a **3.** *(strain, test)* poner a prueba.

taxable ['tæksəbl] *adj* imponible.

tax allowance *n* desgravación *f* fiscal.

taxation [tæk'seɪʃn] *n (U)* **1.** *(system)* sistema *m* tributario **2.** *(amount)* impuestos *mpl*.

tax avoidance [-ə'vɔɪdəns] *n* evasión *f* fiscal.

tax collector *n* recaudador *m*, -ra *f* de impuestos

tax disc *n Br pegatina del impuesto de circulación*.

tax evasion *n* fraude *m* fiscal, evasión *f* de impuestos.

tax-exempt *Am* = **tax-free**.

tax-free *Br*, **tax-exempt** *Am adj* exento(ta) de impuestos.

taxi ['tæksɪ] ◇ *n* taxi *m*. ◇ *vi (plane)* rodar por la pista.

taxi driver *n* taxista *m y f*.

tax inspector *n* ≃ inspector *m*, -ra *f* de Hacienda.

taxi rank *Br*, **taxi stand** *n* parada *f* de taxis.

taxpayer ['tæks,peɪəʳ] *n* contribuyente *m y f*.

tax relief *n (U)* desgravación *f* fiscal.

tax return *n* declaración *f* de renta

TB *n abbr of* **tuberculosis**

tea [tiː] *n* **1.** *(drink, leaves)* té *m*. **2.** *Br (afternoon snack)* té *m*, merienda *f*. **3.** *Br (evening meal)* merienda cena *f*.

teabag ['tiːbæg] *n* bolsita *f* de té.

tea break *n Br* descanso *m (durante la jornada laboral)*

teach [tiːtʃ] *(pt & pp* taught) ◇ *vt* **1.** *(give lessons to)* dar clases a; **to ~ sb sthg** enseñar algo a alguien; **to ~ sb to do sthg** enseñar a alguien a hacer algo. **2.** *(give lessons in)* dar clases de. ◇ *vi* ser profesor(ra).

teacher ['tiːtʃəʳ] *n (at primary school)* maestro *m*, -tra *f*; *(at secondary school)* profesor *m*, -ra *f*.

teachers college *Am* = **teacher training college**.

teacher training college *Br*, **teachers college** *Am n* escuela *f* normal

teaching ['tiːtʃɪŋ] *n* enseñanza *f*.

tea cloth *n Br* **1.** *(tablecloth)* mantel *m*. **2.** *(tea towel)* paño *m* de cocina.

tea cosy *Br*, **tea cozy** *Am n* cubretetera *f*.

teacup ['tiːkʌp] *n* taza *f* de té.

teak [tiːk] *n* teca *f*.

team [tiːm] *n* equipo *m*.

teammate ['tiːmmeɪt] *n* compañero *m*, -ra *f* de equipo.

teamwork ['tiːmwɜːk] *n (U)* trabajo *m* en equipo.

teapot ['tiːpɒt] *n* tetera *f*.

tear[1] [tɪəʳ] *n* lágrima *f*; **in ~s** llorando

tear[2] [teəʳ] *(pt* tore, *pp* torn) ◇ *vt* **1.** *(rip)* rasgar, romper. **2.** *(remove roughly)* arrancar. ◇ *vi* **1.** *(rip)* romperse, rasgarse. **2.** *inf (move quickly)* ir a toda pastilla. ◇ *n* rasgón *m*, desgarrón *m*. ◆ **tear apart** *vt sep* **1.** *(rip up)* despedazar **2.** *(upset greatly)* desgarrar. ◆ **tear down** *vt sep* echar abajo. ◆ **tear up** *vt sep* hacer pedazos.

teardrop ['tɪədrɒp] *n* lágrima *f*

tearful ['tɪəful] *adj (person)* lloroso(sa).

tear gas [tɪəʳ-] n (U) gas m lacrimógeno.

tearoom ['tiːrʊm] n salón m de té.

tease [tiːz] vt (mock): **to ~ sb (about)** tomar el pelo a alguien (acerca de).

tea service, tea set n servicio m OR juego m de té.

teaspoon ['tiːspuːn] n **1.** (utensil) cucharilla f. **2.** (amount) cucharadita f.

teat [tiːt] n **1.** (of animal) tetilla f. **2.** (of bottle) tetina f.

teatime ['tiːtaɪm] n Br hora f del té.

tea towel n paño m de cocina.

technical ['teknɪkl] adj técnico(ca).

technical college n Br ≃ centro m de formación profesional.

technicality [ˌteknɪ'kælətɪ] n detalle m técnico.

technically ['teknɪklɪ] adv **1.** (gen) técnicamente **2.** (theoretically) teóricamente, en teoría.

technician [tek'nɪʃn] n técnico m, -ca f.

technique [tek'niːk] n técnica f.

technological [ˌteknə'lɒdʒɪkl] adj tecnológico(ca).

technology [tek'nɒlədʒɪ] n tecnología f.

teddy ['tedɪ] n: **~ (bear)** oso m de peluche.

tedious ['tiːdjəs] adj tedioso(sa).

tee [tiː] n tee m.

teem [tiːm] vi **1.** (rain) llover a cántaros. **2.** (be busy): **to be ~ing with** estar inundado(da) de.

teenage ['tiːneɪdʒ] adj adolescente.

teenager ['tiːnˌeɪdʒəʳ] n adolescente m y f, quinceañero m, -ra f.

teens [tiːnz] npl adolescencia f.

tee shirt n camiseta f.

teeter ['tiːtəʳ] vi lit & fig tambalearse.

teeth [tiːθ] pl → **tooth**.

teethe [tiːð] vi echar los dientes.

teething troubles ['tiːðɪŋ-] npl fig problemas mpl iniciales.

teetotaller Br, **teetotaler** Am [tiː-'təʊtləʳ] n abstemio m, -mia f.

TEFL ['tefl] (abbr of **teaching of English as a foreign language**) n enseñanza de inglés para extranjeros.

tel. (abbr of **telephone**) tfno.

telecommunications ['telɪkəˌmjuːnɪ-'keɪʃnz] npl telecomunicaciones fpl.

telegram ['telɪgræm] n telegrama m.

telegraph ['telɪgrɑːf] n telégrafo m.

telegraph pole, telegraph post Br n poste m de telégrafos

telepathy [tɪ'lepəθɪ] n telepatía f.

telephone ['telɪfəʊn] ◊ n teléfono m;

to be on the ~ Br (connected to network) tener teléfono m; (speaking) estar al teléfono. ◊ vt & vi telefonear

telephone book n guía f telefónica.

telephone booth n teléfono m público.

telephone box n Br cabina f (telefónica)

telephone call n llamada f telefónica.

telephone directory n guía f telefónica.

telephone number n número m de teléfono.

telephonist [tɪ'lefənɪst] n Br telefonista m y f

telephoto lens [ˌtelɪ'fəʊtəʊ-] n teleobjetivo m.

telescope ['telɪskəʊp] n telescopio m

teletext ['telɪtekst] n teletexto m.

televise ['telɪvaɪz] vt televisar.

television ['telɪˌvɪʒn] n televisión f.

television set n televisor m, (aparato m de) televisión f.

telex ['teleks] ◊ n télex m. ◊ vt (message) transmitir por télex; (person) mandar un télex a

tell [tel] (pt & pp told) ◊ vt **1.** (gen) decir; **to ~ sb (that)** decir a alguien que; **to ~ sb sthg, to ~ sthg to sb** decir a alguien algo; **to ~ sb to do sthg** decir a alguien que (haga algo. **2.** (joke, story) contar **3.** (judge, recognize): **to ~ what sb is thinking** saber en qué está pensando alguien; **to ~ the time** decir la hora. ◊ vi (have effect) surtir efecto ◆ **tell apart** vt sep distinguir ◆ **tell off** vt sep reñir, reprender.

telling ['telɪŋ] adj **1.** (speech, argument) efectivo(va). **2.** (remark, incident) revelador(ra).

telltale ['telteɪl] ◊ adj revelador(ra). ◊ n chivato m, -ta f, acusica m y f.

telly ['telɪ] (abbr of **television**) n Br inf tele f.

temp [temp] ◊ n inf Br (abbr of **temporary (employee)**) secretario m eventual, secretaria f eventual (por horas). ◊ vi: **she's ~ing** está de secretaria eventual.

temper ['tempəʳ] ◊ n **1.** (state of mind, mood) humor m; **to lose one's ~** enfadarse, perder la paciencia. **2.** (angry state): **to be in a ~** estar de mal humor. **3.** (temperament) temperamento m. ◊ vt fml templar, suavizar.

temperament ['tempərəmənt] n temperamento m.

temperamental [ˌtemprəˈmentl] *adj (volatile)* temperamental.

temperate [ˈtemprət] *adj* templado (da).

temperature [ˈtemprətʃəʳ] *n* temperatura *f*; **to have a ~** tener fiebre.

tempestuous [temˈpestjʊəs] *adj lit & fig* tempestuoso(sa).

template [ˈtemplɪt] *n* plantilla *f*.

temple [ˈtempl] *n* **1.** (RELIG) templo *m*. **2.** (ANAT) sien *f*.

temporarily [ˌtempəˈrerəlɪ] *adv* temporalmente, provisionalmente.

temporary [ˈtempərərɪ] *adj (gen)* temporal, provisional; *(improvement, problem)* pasajero(ra).

tempt [tempt] *vt (entice)*: **to ~ sb (to do sthg)** tentar a alguien (a hacer algo).

temptation [tempˈteɪʃn] *n* tentación *f*.

tempting [ˈtemptɪŋ] *adj* tentador(ra).

ten [ten] *num* diez; *see also* **six**.

tenable [ˈtenəbl] *adj (reasonable, credible)* sostenible.

tenacious [tɪˈneɪʃəs] *adj* tenaz.

tenancy [ˈtenənsɪ] *n (period - of house)* alquiler *m*; *(- of land)* arrendamiento *m*.

tenant [ˈtenənt] *n (of house)* inquilino *m*, -na *f*; *(of pub)* arrendatario *m*, -ria *f*.

tend [tend] *vt* **1.** *(have tendency)*: **to ~ to do sthg** soler hacer algo, tender a hacer algo. **2.** *(look after)* cuidar.

tendency [ˈtendənsɪ] *n* **1.** *(trend)*: **~ (for sb/sthg to do sthg)** tendencia *f* (de alguien/algo a hacer algo) **2.** *(leaning, inclination)* inclinación *f*.

tender [ˈtendəʳ] *adj (gen)* tierno(na); *(sore)* dolorido(da). *◇ n* (COMM) propuesta *f*, oferta *f*. *◇ vt fml (resignation)* presentar; *(apology, suggestion)* ofrecer.

tendon [ˈtendən] *n* tendón *m*.

tenement [ˈtenəmənt] *n* bloque *de* viviendas modestas.

Tenerife [ˌtenəˈriːf] *n* Tenerife.

tenet [ˈtenɪt] *n fml* principio *m*.

tennis [ˈtenɪs] *◇ n* tenis *m*. *◇ comp* de tenis; **~ player** tenista *m* y *f*

tennis ball *n* pelota *f* de tenis.

tennis court *n* pista *f* de tenis.

tennis racket *n* raqueta *f* de tenis.

tenor [ˈtenəʳ] *n (singer)* tenor *m*.

tense [tens] *◇ adj* tenso(sa). *◇ n* tiempo *m*. *◇ vt* tensar.

tension [ˈtenʃn] *n* tensión *f*.

tent [tent] *n* tienda *f* (de campaña).

tentacle [ˈtentəkl] *n* tentáculo *m*.

tentative [ˈtentətɪv] *adj* **1.** *(person)* indeciso(sa); *(step, handshake)* vacilan-

te. **2.** *(suggestion, conclusion etc)* provisional.

tenterhooks [ˈtentəhʊks] *npl*: **to be on ~** estar sobre ascuas.

tenth [tenθ] *num* décimo(ma); *see also* **sixth**.

tent peg *n* estaca *f*

tent pole *n* mástil *m* de tienda.

tenuous [ˈtenjʊəs] *adj (argument)* flojo (ja); *(evidence, connection)* débil, insignificante; *(hold)* ligero(ra).

tenure [ˈtenjəʳ] *n (U) fml* **1.** *(of property)* arrendamiento *m*. **2.** *(of job)* ocupación *f*, ejercicio *m*.

tepid [ˈtepɪd] *adj (liquid)* tibio(bia).

term [tɜːm] *◇ n* **1.** *(word, expression)* término *m*. **2.** (SCH & UNIV) trimestre *m*. **3.** (POL) mandato *m*. **4.** *(period of time)* periodo *m*; **in the long/short ~** a largo/corto plazo. *◇ vt*: **to ~ sthg sthg** calificar algo de algo ◆ **terms** *npl* **1.** *(of contract, agreement)* condiciones *fpl*. **2.** *(basis)*: **in international/real ~s** en términos internacionales/reales; **to be on good ~s (with sb)** mantener buenas relaciones (con alguien); **to come to ~s with sthg** aceptar algo. ◆ **in terms of** *prep* por lo que se refiere a.

terminal [ˈtɜːmɪnl] *◇ adj* (MED) incurable, terminal. *◇ n* **1.** *(transport)* terminal *f*. **2.** (COMPUT) terminal *m*.

terminate [ˈtɜːmɪneɪt] *◇ vt fml (gen)* poner fin a; *(pregnancy)* interrumpir. *◇ vi* **1.** *(bus, train)* finalizar el trayecto. **2.** *(contract)* terminarse.

termini [ˈtɜːmɪnaɪ] *pl →* **terminus**.

terminus [ˈtɜːmɪnəs] *(pl* **-ni** OR **-nuses**) *n* (estación *f*) terminal *f*.

terrace [ˈterəs] *n* **1.** *(gen)* terraza *f*. **2.** *Br (of houses)* hilera *f* de casas adosadas. ◆ **terraces** *npl* (FTBL): **the ~s** las gradas.

terraced [ˈterəst] *adj* **1.** *(hillside)* a terrazas. **2.** *(house, housing)* adosado (da).

terraced house *n Br* casa *f* adosada.

terrain [teˈreɪn] *n* terreno *m*.

terrible [ˈterəbl] *adj* **1.** *(crash, mess, shame)* terrible, espantoso(sa). **2.** *(unwell, unhappy, very bad)* fatal.

terribly [ˈterəblɪ] *adv (sing, play, write)* malísimamente; *(injured, sorry, expensive)* terriblemente.

terrier [ˈterɪəʳ] *n* terrier *m*

terrific [təˈrɪfɪk] *adj* **1.** *(wonderful)* estupendo(da). **2.** *(enormous)* enorme.

terrified [ˈterɪfaɪd] *adj* aterrorizado (da); **to be ~ (of)** tener terror a.

terrifying ['terıfaııŋ] *adj* aterrador(ra)

territory ['terıtrı] *n* **1.** *(political area)* territorio *m*. **2.** *(terrain)* terreno *m*. **3.** *(area of knowledge)* esfera *f*.

terror ['terər] *n (fear)* terror *m*.

terrorism ['terərızm] *n* terrorismo *m*.

terrorist ['terərıst] *n* terrorista *m y f*

terrorize, -ise ['terəraız] *vt* aterrorizar.

terse [tɜːs] *adj* seco(ca).

Terylene® ['terəliːn] *n* terylene® *m*.

test [test] ◊ *n* **1.** *(trial)* prueba *f*. **2.** *(examination)* examen *m*, prueba *f*. **3.** (MED) *(of blood, urine)* análisis *m inv*; *(of eyes)* revisión *f* ◊ *vt* **1.** *(try out)* probar, poner a prueba. **2.** *(examine)* examinar; **to ~ sb on** examinar a alguien de.

testament ['testəmənt] *n (will)* testamento *m*.

test-drive *vt* someter a prueba de carretera.

testicles ['testıklz] *npl* testículos *mpl*.

testify ['testıfaı] ◊ *vi* **1.** (JUR) prestar declaración. **2.** *(be proof)*: **to ~ to sthg** dar fe de OR atestiguar algo. ◊ *vt*: **to ~ that** declarar que

testimony [*Br* 'testımənı, *Am* 'testəmouni] *n* (JUR) testimonio *m*, declaración *f*.

testing ['testıŋ] *adj* duro(ra).

test match *n Br* partido *m* internacional.

test pilot *n* piloto *m y f* de pruebas.

test tube *n* probeta *f*.

test-tube baby *n* bebé *m y f* probeta.

tetanus ['tetənəs] *n* tétanos *m inv*.

tether ['teðər] ◊ *vt* atar. ◊ *n*: **to be at the end of one's ~** estar uno que ya no puede más.

text [tekst] *n* **1.** *(gen)* texto *m*. **2.** *(textbook)* libro *m* de texto.

textbook ['tekstbʊk] *n* libro *m* de texto.

textile ['tekstaıl] *n* textil *m*, tejido *m*.

texture ['tekstʃər] *n* textura *f*.

Thai [taı] ◊ *adj* tailandés(esa). ◊ *n* **1.** *(person)* tailandés *m*, -esa *f*. **2.** *(language)* tailandés *m*.

Thailand ['taılænd] *n* Tailandia.

Thames [temz] *n*: **the ~** el Támesis.

than [*weak form* ðən, *strong form* ðæn] ◊ *prep* que; **you're older ~ me** eres mayor que yo; **you're older ~ I thought** eres mayor de lo que pensaba ◊ *conj* que; **I'd sooner read ~ sleep** prefiero leer que dormir; **no sooner did he arrive ~ she left** tan

pronto llegó él, ella se fue; **more ~ three/once** más de tres/de una vez; **rather ~ stay, he chose to go** en vez de quedarse, prefirió irse.

thank [θæŋk] *vt*: **to ~ sb (for sthg)** dar las gracias a alguien (por algo), agradecer a alguien (algo); **~ God OR goodness OR heavens!** ¡gracias a Dios!, ¡menos mal! ◆ **thanks** ◊ *npl* agradecimiento *m*. ◊ *excl* ¡gracias! ◆ **thanks to** *prep* gracias a.

thankful ['θæŋkfʊl] *adj* **1.** *(relieved)* aliviado(da). **2.** *(grateful)*: **~ (for)** agradecido(da) (por).

thankless ['θæŋklıs] *adj* ingrato(ta).

thanksgiving ['θæŋks,gıvıŋ] *n* acción *f* de gracias. ◆ **Thanksgiving (Day)** *n* Día *m* de Acción de Gracias.

thank you *excl* ¡gracias!; **~ for** gracias por.

that [ðæt, *weak form of pron and conj* ðət] *(pl* **those**) ◊ *pron* **1.** *(demonstrative use: pl 'those')* ése *m*, ésa *f*, ésos *mpl*, ésas *fpl*; *(indefinite)* eso; **~ sounds familiar** eso me resulta familiar; **who's ~?** *(who is it?)* ¿quién es?; **what's ~?** ¿qué es eso?; **~'s a shame** es una pena; **is ~ Maureen?** *(asking someone else)* ¿es ésa Maureen?; *(asking person in question)* ¿eres Maureen?; **do you like these or those?** ¿te gustan éstos o ésos? **2.** *(further away in distance, time)* aquél *m*, aquélla *f*, aquéllos *mpl*, aquéllas *fpl*; *(indefinite)* aquello; **~ was the life!** ¡aquello sí que era vida!; **all those who helped me** todos aquellos que me ayudaron **3.** *(to introduce relative clauses)* que; **a path ~ led into the woods** un sendero que conducía al bosque; **everything ~ I have done** todo lo que he hecho; **the room ~ I sleep in** el cuarto donde OR en (el) que duermo; **the day ~ he arrived** el día en que llegó; **the firm ~ he's applying to** la empresa a la que solicita trabajo. ◊ *adj (demonstrative: pl 'those')* ese (esa), esos (esas) *(pl)*; *(further away in distance, time)* aquel (aquella), aquellos (aquellas) *(pl)*; **those chocolates are delicious** esos bombones están exquisitos; **I'll take ~ book at the back** yo cogeré aquel libro del fondo; **later ~ day** más tarde ese/aquel mismo día ◊ *adv* tan; **it wasn't ~ bad** no estuvo tan mal; **it doesn't cost ~ much** no cuesta tanto; **it was ~ big** fue así de grande. ◊ *conj* que; **he recommended ~ I phone you** aconsejó que te telefoneara; **it's time ~ we**

were leaving deberíamos irnos ya, ya va siendo hora de irse. ✦ **that is** adv es decir.

thatched [ˈθætʃt] adj con techo de paja.

that's [ˈðæts] = **that is**.

thaw [θɔː] ◊ vt (snow, ice) derretir; (frozen food) descongelar. ◊ vi (snow, ice) derretirse; (frozen food) descongelarse; fig (people, relations) distenderse. ◊ n deshielo m.

the [weak form ðə, before vowel ðɪ, strong form ðiː] def art **1.** (gen) el (la), (pl) los (las); (before feminine nouns beginning with stressed 'a' or 'ha' = el; 'a' + 'el' = al; 'de' + 'el' = del): ~ **boat** el barco; ~ **Queen** la reina; ~ **men** los hombres; ~ **women** las mujeres; ~ **(cold) water** el agua (fría); **to ~ end of** ~ **world** al fin del mundo;+ **to play** ~ **piano** tocar el piano; ~ **Joneses are coming to supper** los Jones vienen a cenar. **2.** (with an adjective to form a noun): ~ **old/young** los viejos/jóvenes; ~ **impossible** lo imposible. **3.** (in dates): ~ **twelfth of May** el doce de mayo; ~ **forties** los cuarenta. **4.** (in comparisons): ~ **more I see her,** ~ **less I like her** cuanto más la veo, menos me gusta; ~ **sooner** ~ **better** cuanto antes mejor. **5.** (in titles): **Catherine** ~ **Great** Catalina la Grande; **George** ~ **First** Jorge Primero.

theatre, theater Am [ˈθɪətəʳ] n **1.** (for plays etc) teatro m. **2.** Br (in hospital) quirófano m. **3.** Am (cinema) cine m.

theatregoer, theatergoer Am [ˈθɪətəˌɡəʊəʳ] n aficionado m, -da f al teatro.

theatrical [θɪˈætrɪkl] adj lit & fig teatral.

theft [θeft] n (more serious) robo m; (less serious) hurto m.

their [ðeəʳ] poss adj su, sus (pl); ~ **house** su casa; ~ **children** sus hijos; **it wasn't** THEIR **fault** no fue culpa suya OR su culpa; **they washed** ~ **hair** se lavaron el pelo.

theirs [ðeəz] poss pron suyo (suya); **that money is** ~ ese dinero es suyo; **our car hit** ~ nuestro coche chocó contra el suyo; **it wasn't our fault, it was** THEIRS no fue culpa nuestra sino suya OR de ellos; **a friend of** ~ un amigo suyo OR de ellos

them [weak form ðəm, strong form ðem] pers pron pl **1.** (direct) los mpl, las fpl; **I know** ~ los conozco; **I like** ~ me gustan; **if I were** OR **was** ~ si (yo) fuera ellos. **2.** (indirect - gen) les mpl y fpl; (- with other third person prons) se mpl y

fpl; **she sent** ~ **a letter** les mandó una carta; **we spoke to** ~ hablamos con ellos; **I gave it to** ~ se lo di (a ellos). **3.** (stressed, after prep, in comparisons etc) ellos mpl, ellas fpl; **you can't expect** THEM **to do it** no esperarás que ELLOS lo hagan; **with/without** ~ con/sin ellos; **we're not as wealthy as** ~ no somos tan ricos como ellos.

theme [θiːm] n **1.** (gen) tema m. **2.** (signature tune) sintonía f

theme tune n tema m musical.

themselves [ðemˈselvz] pron **1.** (reflexive) se; (after preposition) sí; **they enjoyed** ~ se divirtieron **2.** (for emphasis) ellos mismos mpl, ellas mismas fpl; **they did it** ~ lo hicieron ellos mismos. **3.** (alone) solos(las); **they organized it (by)** ~ lo organizaron ellas solas.

then [ðen] adv **1.** (not now) entonces. **2.** (next, afterwards) luego, después. **3.** (in that case) entonces; **all right** ~ de acuerdo, pues. **4.** (therefore) entonces, por lo tanto **5.** (furthermore, also) además.

theology [θɪˈɒlədʒɪ] n teología f.

theoretical [θɪəˈretɪkl] adj teórico(ca).

theorize, -ise [ˈθɪəraɪz] vi: **to** ~ **(about sthg)** teorizar (sobre algo).

theory [ˈθɪərɪ] n teoría f; **in** ~ en teoría

therapist [ˈθerəpɪst] n terapeuta m y f.

therapy [ˈθerəpɪ] n terapia f.

there [ðeəʳ] ◊ pron (indicating existence): ~ **is/are** hay; ~**'s someone at the door** hay alguien en la puerta; ~ **must be some mistake** debe (de) haber un error; ~ **are five of us** somos cinco. ◊ adv **1.** (in existence, available) ahí; **is anybody** ~? ¿hay alguien ahí?; **is John** ~, **please?** (when telephoning) ¿está John? **2.** (referring to place - near speaker) ahí; (- further away) allí, allá; **I'm going** ~ **next week** voy para allá OR allí la semana que viene; ~ **it is** ahí está; **over** ~ por allí; **it's six miles** ~ **and back** hay seis millas entre ir y volver ◊ excl: ~, **I knew he'd turn up** ¡mira!, sabía que aparecería; ~, ~ **(don't cry)** ¡venga, venga (no llores)! ✦ **there and then, then and there** adv en el acto

thereabouts [ˌðeərəˈbaʊts], **thereabout** Am [ˌðeərəˈbaʊt] adv: **or** ~ o por ahí

thereafter [ˌðeərˈɑːftəʳ] adv fml después, a partir de entonces

thereby [ˌðeəʳˈbaɪ] adv fml de ese modo.

therefore [ˈðeəfɔːʳ] *adv* por lo tanto.

there's [ðeəz] = **there is**.

thermal [ˈθɜːml] *adj* térmico(ca).

thermometer [θəˈmɒmɪtəʳ] *n* termómetro *m*.

Thermos (flask)® [ˈθɜːməs-] *n* termo *m*.

thermostat [ˈθɜːməstæt] *n* termostato *m*.

thesaurus [θɪˈsɔːrəs] (*pl* **-es**) *n* diccionario *m* de sinónimos y voces afines.

these [ðiːz] *pl* → **this**.

thesis [ˈθiːsɪs] (*pl* **theses** [ˈθiːsiːz]) *n* tesis *f inv*.

they [ðeɪ] *pers pron pl* **1.** (*gen*) ellos *mpl*, ellas *fpl*; **~'re pleased** (ellos) están satisfechos; **~'re pretty earrings** son unos pendientes bonitos; THEY **can't do it** ELLOS no pueden hacerlo; **there ~ are** allí están. **2.** (*unspecified people*): **~ say it's going to snow** dicen que va a nevar.

they'd [ðeɪd] = **they had, they would**.

they'll [ðeɪl] = **they shall, they will**.

they're [ðeəʳ] = **they are**.

they've [ðeɪv] = **they have**.

thick [θɪk] ◇ *adj* **1.** (*not thin*) grueso (sa); **it's 3 cm ~** tiene 3 cm de grueso; **how ~ is it?** ¿qué espesor tiene? **2.** (*dense - hair, liquid, fog*) espeso(sa). **3.** *inf* (*stupid*) necio(cia). ◇ *n*: **to be in the ~ of** estar en el centro OR meollo de.

thicken [ˈθɪkn] ◇ *vt* espesar. ◇ *vi* (*gen*) espesarse.

thicket [ˈθɪkɪt] *n* matorral *m*.

thickness [ˈθɪknɪs] *n* espesor *m*.

thickset [ˌθɪkˈset] *adj* fornido(da).

thick-skinned [-ˈskɪnd] *adj* insensible.

thief [θiːf] (*pl* **thieves**) *n* ladrón *m*, -ona *f*.

thieve [θiːv] *vt & vi* robar, hurtar.

thieves [θiːvz] *pl* → **thief**.

thigh [θaɪ] *n* muslo *m*.

thimble [ˈθɪmbl] *n* dedal *m*.

thin [θɪn] *adj* **1.** (*not thick*) delgado(da), fino(na). **2.** (*skinny*) delgado(da), flaco (ca). **3.** (*watery*) claro(ra), aguado(da). **4.** (*sparse - crowd, vegetation, mist*) poco denso (poco densa); (*- hair*) ralo(la)
◆ **thin down** *vt sep* aclarar.

thing [θɪŋ] *n* **1.** (*gen*) cosa *f*; **the next ~ on the list** lo siguiente de la lista; **the (best) ~ to do would be ...** lo mejor sería ...; **the ~ is ...** el caso es que ... **2.** (*anything*): **not a ~** nada. **3.** (*person*): **poor ~!** ¡pobrecito *m*, -ta *f*!
◆ **things** *npl* **1.** (*clothes, possessions*)

cosas *fpl*. **2.** *inf* (*life*): **how are ~s?** ¿qué tal (van las cosas)?

think [θɪŋk] (*pt & pp* **thought**) ◇ *vt* **1.** (*believe*): **to ~ (that)** creer OR pensar que; **I ~ so/not** creo que sí/no. **2.** (*have in mind*) pensar; **what are you ~ing?** ¿en qué piensas? **3.** (*imagine*) entender, hacerse una idea de; **I thought so** ya me lo imaginaba. **4.** (*in polite requests*) creer; **do you ~ you could help me?** ¿cree que podría ayudarme? ◇ *vi* **1.** (*use mind*) pensar. **2.** (*have stated opinion*): **what do you ~ of OR about his new film?** ¿qué piensas de su nueva película?; **to ~ a lot of sthg/sb** tener en mucha estima algo/a alguien. **3.** *phr*: **to ~ twice** pensárselo dos veces. ◆ **think about** *vt fus* pensar en; **I'll have to ~ about it** tendré que pensarlo; **to ~ about doing sthg** pensar en hacer algo. ◆ **think of** *vt fus* **1.** (*consider*): **to ~ of doing sthg** pensar en hacer algo. **2.** (*remember*) acordarse de. **3.** (*conceive*) pensar; **how did you ~ of (doing) that?** ¿cómo se te ocurrió (hacer) esto? ◆ **think out, think through** *vt sep* (*plan*) elaborar; (*problem*) examinar. ◆ **think over** *vt sep* pensarse. ◆ **think up** *vt sep* idear.

think tank *n* grupo de expertos convocados por una organización para aconsejar sobre un tema determinado.

third [θɜːd] ◇ *num adj* tercer(ra). ◇ *num n* **1.** (*fraction*) tercio *m*. **2.** (*in order*) tercero *m*, -ra *f*. **3.** (UNIV) ≃ aprobado *m* (*en un título universitario*); *see also* **sixth**.

thirdly [ˈθɜːdlɪ] *adv* en tercer lugar.

third party insurance *n* seguro *m* a terceros.

third-rate *adj pej* de poca categoría.

Third World *n*: **the ~** el Tercer Mundo.

thirst [θɜːst] *n lit & fig*: **~ (for)** sed *f* (de).

thirsty [ˈθɜːstɪ] *adj* (*parched*): **to be OR feel ~** tener sed.

thirteen [ˌθɜːˈtiːn] *num* trece; *see also* **six**.

thirty [ˈθɜːtɪ] *num* treinta; *see also* **sixty**.

this [ðɪs] (*pl* **these**) ◇ *pron* (*gen*) éste *m*, ésta *f*, éstos *mpl*, éstas *fpl*; (*indefinite*) esto; **~ is/these are for you** esto es/éstos son para tí; **~ can't be true** esto no puede ser cierto; **do you prefer these or those?** ¿prefieres éstos o aquéllos?; **~ is Daphne Logan** (*introducing another person*) ésta es OR te presento a Daphne Logan; (*introducing* *oneself on phone)* soy Daphne Logan; **what's ~?** ¿qué es eso? ◊ *adj* **1.** *(gen)* este (esta), estos (estas) *(pl)*; **~ country** este país; **these thoughts** estos pensamientos; **I prefer ~ one** prefiero éste; **~ morning/week** esta mañana/semana; **~ Sunday/summer** este domingo/verano. **2.** *inf (a certain)* un (una); **there's ~ woman I know** hay una tía que conozco. ◊ *adv*: **it was ~ big** era así de grande; **you'll need about ~ much** te hará falta un tanto así.

thistle ['θɪsl] *n* cardo *m*.

thong [θɒŋ] *n (of leather)* correa *f*.

thorn [θɔːn] *n (prickle)* espina *f*.

thorough ['θʌrə] *adj* **1.** *(investigation etc)* exhaustivo(va). **2.** *(person, work)* minucioso(sa).

thoroughbred ['θʌrəbred] *n* pura sangre *m y f*

thoroughfare ['θʌrəfeəʳ] *n fml* calle *f* mayor.

thoroughly ['θʌrəlɪ] *adv* **1.** *(fully, in detail)* a fondo. **2.** *(completely, utterly)* completamente.

those [ðəuz] *pl* → **that**.

though [ðəu] ◊ *conj* aunque; **even ~** aunque; **as ~** como si. ◊ *adv* sin embargo.

thought [θɔːt] ◊ *pt & pp* → **think**. ◊ *n* **1.** *(notion, idea)* idea *f*. **2.** *(act of thinking)*: **after much ~** después de pensarlo mucho. **3.** *(philosophy, thinking)* pensamiento *m*. ♦ **thoughts** *npl* **1.** *(reflections)* reflexiones *fpl*. **2.** *(views)* opiniones *fpl*.

thoughtful ['θɔːtful] *adj* **1.** *(pensive)* pensativo(va). **2.** *(considerate)* considerado(da).

thoughtless ['θɔːtlɪs] *adj* desconsiderado(da).

thousand ['θauznd] *num* mil; **a OR one ~ mil**; **two ~** dos mil; **~s of** miles de; *see also* **six**.

thousandth ['θauznθ] ◊ *num adj* milésimo(ma). ◊ *num n (fraction)* milésima *f*; *see also* **sixth**.

thrash [θræʃ] *vt lit & fig* dar una paliza a. ♦ **thrash about, thrash around** *vi* agitarse violentamente. ♦ **thrash out** *vt sep* darle vueltas a, discutir.

thread [θred] ◊ *n* **1.** *(of cotton, argument)* hilo *m*. **2.** *(of screw)* rosca *f*, filete *m* ◊ *vt (needle)* enhebrar.

threadbare ['θredbeəʳ] *adj* raído(da).

threat [θret] *n*: **~ (to/of)** amenaza *f* (para/de).

threaten ['θretn] ◊ *vt* amenazar; **to ~ sb (with)** amenazar a alguien (con); **to ~ to do sthg** amenazar con hacer algo. ◊ *vi* amenazar.

three [θriː] *num* tres; *see also* **six**.

three-dimensional [-dɪ'menʃənl] *adj* tridimensional.

threefold ['θriːfəuld] ◊ *adj* triple. ◊ *adv* tres veces.

three-piece *adj* de tres piezas; **~ suite** tresillo *m*.

three-ply *adj (wood)* de tres capas; *(rope, wool)* de tres hebras.

thresh [θreʃ] *vt* trillar

threshold ['θreʃhəuld] *n* **1.** *(doorway)* umbral *m*. **2.** *(level)* límite *m*.

threw [θruː] *pt* → **throw**.

thrifty ['θrɪftɪ] *adj (person)* ahorrativo(va); *(meal)* frugal.

thrill [θrɪl] ◊ *n* **1.** *(sudden feeling)* estremecimiento *m*. **2.** *(exciting experience)*: **it was a ~ to see it** fue emocionante verlo. ◊ *vt* entusiasmar

thrilled [θrɪld] *adj*: **~ (with sthg/to do sthg)** encantado(da) (de algo/de hacer algo).

thriller ['θrɪləʳ] *n* novela *f*/película *f*/obra *f* de suspense.

thrilling ['θrɪlɪŋ] *adj* emocionante.

thrive [θraɪv] *(pt -d OR throve)* *vi (plant)* crecer mucho; *(person)* rebosar de salud; *(business)* prosperar.

thriving ['θraɪvɪŋ] *adj (plant)* que crece bien.

throat [θrəut] *n* garganta *f*

throb [θrɒb] *vi* **1.** *(heart, pulse)* latir; *(head)* palpitar. **2.** *(engine, music)* vibrar, resonar.

throes [θrəuz] *npl*: **to be in the ~ of** estar en medio de.

throne [θrəun] *n* trono *m*.

throng [θrɒŋ] ◊ *n* multitud *f*. ◊ *vt* llegar en tropel a

throttle ['θrɒtl] ◊ *n* válvula *f* reguladora. ◊ *vt (strangle)* estrangular.

through [θruː] ◊ *adj (finished)*: **to be ~ with sthg** haber terminado algo. ◊ *adv* **1.** *(in place)* de parte a parte, de un lado a otro; **they let us ~** nos dejaron pasar; **I read it ~** lo leí hasta el final. **2.** *(in time)* hasta el final. ◊ *prep* **1.** *(relating to place, position)* a través de; **to cut/travel ~ sthg** cortar/viajar por algo. **2.** *(during)* durante; **to go ~ an experience** pasar por una experiencia. **3.** *(because of)* a causa de, por. **4.** *(by means of)* gracias a, por medio de; **I got it ~ a friend** lo conseguí a través de un amigo. **5.** *Am (up to and* *including*): **Monday ~ Friday** de lunes a viernes. ♦ **through and through** *adv* de pies a cabeza.

throughout [θruːˈaʊt] ◇ *prep* **1.** *(during)* a lo largo de, durante todo (durante toda) **2.** *(everywhere in)* por todo(da) ◇ *adv* **1.** *(all the time)* todo el tiempo. **2.** *(everywhere)* por todas partes.

throve [θrəʊv] *pt* → **thrive**

throw [θrəʊ] *(pt* **threw***, pp* **thrown)** ◇ *vt* **1.** *(gen)* tirar; *(ball, hammer, javelin)* lanzar. **2.** *(subj: horse)* derribar, desmontar. **3.** *fig (confuse)* desconcertar. ◇ *n* lanzamiento *m*, tiro *m*. ♦ **throw away** *vt sep (discard)* tirar; *fig (waste)* desperdiciar. ♦ **throw out** *vt sep* **1.** *(discard)* tirar. **2.** *(force to leave)* echar. ♦ **throw up** *vi inf (vomit)* vomitar

throwaway [ˈθrəʊəˌweɪ] *adj* **1.** *(bottle, product)* desechable. **2.** *(remark, gesture)* hecho(cha) como quien no quiere la cosa.

throw-in *n Br* (FTBL) saque *m* de banda.

thrown [θrəʊn] *pp* → **throw**.

thru [θruː] *Am inf* = **through**.

thrush [θrʌʃ] *n* **1.** *(bird)* tordo *m*. **2.** (MED) *(vaginal)* hongos *mpl* (vaginales).

thrust [θrʌst] *(pt & pp* **thrust)** ◇ *n* **1.** *(of sword)* estocada *f*; *(of knife)* cuchillada *f*; *(of troops)* arremetida *f*. **2.** (TECH) *(fuerza f de)* propulsión *f*. **3.** *(main meaning)* esencia *f*. ◇ *vt (shove):* **he ~ the knife into his enemy** hundió el cuchillo en el cuerpo de su enemigo.

thud [θʌd] *vi* dar un golpe seco.

thug [θʌg] *n* matón *m*.

thumb [θʌm] ◇ *n (of hand)* pulgar *m*. ◇ *vt inf (hitch):* **to ~ a lift** hacer dedo. ♦ **thumb through** *vt fus* hojear.

thumbs down [ˌθʌmz-] *n:* **to get** OR **be given the ~** *(plan)* ser rechazado (da); *(play)* ser recibido(da) con descontento.

thumbs up [ˌθʌmz-] *n:* **we got** OR **were given the ~** nos dieron luz verde OR el visto bueno.

thumbtack [ˈθʌmtæk] *n Am* tachuela *f*, chincheta *f Esp*, chinche *f Amer*.

thump [θʌmp] ◇ *n* **1.** *(blow)* puñetazo *m*. **2.** *(thud)* golpe *m* seco. ◇ *vt (punch)* dar un puñetazo a. ◇ *vi (heart, head)* latir con fuerza.

thunder [ˈθʌndəʳ] ◇ *n (U)* **1.** (METEOR) truenos *mpl* **2.** *fig (loud sound)* estruendo *m*. ◇ *v impers* (METEOR) tro-

nar. ◇ *vi (make loud sound)* retumbar.

thunderbolt [ˈθʌndəbəʊlt] *n* rayo *m*.

thunderclap [ˈθʌndəklæp] *n* trueno *m*.

thunderstorm [ˈθʌndəstɔːm] *n* tormenta *f*.

thundery [ˈθʌndərɪ] *adj* tormentoso (sa).

Thursday [ˈθɜːzdɪ] *n* jueves *m inv*; *see also* **Saturday**.

thus [ðʌs] *adv fml* **1.** *(therefore)* por consiguiente, así que. **2.** *(in this way)* así, de esta manera.

thwart [θwɔːt] *vt* frustrar.

thyme [taɪm] *n* tomillo *m*.

thyroid [ˈθaɪrɔɪd] *n* tiroides *m inv*

tiara [tɪˈɑːrə] *n* tiara *f*.

Tibet [tɪˈbet] *n* (el) Tibet.

tic [tɪk] *n* tic *m*.

tick [tɪk] ◇ *n* **1.** *(written mark)* marca *f* OR señal *f* de visto bueno. **2.** *(sound)* tictac *m*. ◇ *vt* marcar (con una señal). ◇ *vi (make ticking sound)* hacer tictac. ♦ **tick off** *vt sep* **1.** *(mark off)* marcar (con una señal de visto bueno). **2.** *(tell off):* **to ~ sb off (for sthg)** echar una bronca a alguien (por algo). ♦ **tick over** *vi* funcionar al ralentí.

ticket [ˈtɪkɪt] *n* **1.** *(for bus, train etc)* billete *m*, boleto *m Amer*; *(for cinema, football match)* entrada *f*. **2.** *(for traffic offence)* multa *f*.

ticket collector *n Br* revisor *m*, -ra *f*.

ticket inspector *n Br* revisor *m*, -ra *f*

ticket machine *n* máquina *f* automática para la venta de billetes.

ticket office *n* taquilla *f*, boletería *f Amer*.

tickle [ˈtɪkl] *vt* **1.** *(touch lightly)* hacer cosquillas a. **2.** *fig (amuse)* divertir.

ticklish [ˈtɪklɪʃ] *adj (sensitive to touch):* **to be ~** tener cosquillas.

tidal [ˈtaɪdl] *adj* de la marea.

tidal wave *n* maremoto *m*.

tidbit *Am* = **titbit**.

tiddlywinks [ˈtɪdlɪwɪŋks], **tiddledywinks** *Am* [ˈtɪdldɪwɪŋks] *n* juego *m* de la pulga.

tide [taɪd] *n* **1.** *(of sea)* marea *f*. **2.** *fig (of protest, feeling)* oleada *f*.

tidy [ˈtaɪdɪ] ◇ *adj* **1.** *(room, desk etc)* ordenado(da). **2.** *(person, dress, hair)* arreglado(da). ◇ *vt* ordenar, arreglar. ♦ **tidy up** *vt sep* ordenar, arreglar.

tie [taɪ] *(pt & pp* **tied***, cont* **tying)** ◇ *n* **1.** *(necktie)* corbata *f*. **2.** *(string, cord)* atadura *f*. **3.** *(bond, link)* vínculo *m*, lazo *m*. **4.** (SPORT) *(draw)* empate *m*. ◇ *vt* **1.** *(attach, fasten):* **to ~ sthg (to** OR

onto sthg) atar algo (a algo); **to ~ sthg round/with sthg** atar algo a/con algo. **2.** *(do up - shoelaces)* atar; *(- knot)* hacer. **3.** *fig (link)*: **to be ~d to** estar ligado(da) a. ◇ *vi (draw)*: **to ~ (with)** empatar (con). ◆ **tie down** *vt sep fig* atar. ◆ **tie in with** *vt fus* concordar con. ◆ **tie up** *vt sep* **1.** *(gen)* atar. **2.** *fig (money, resources)* inmovilizar. **3.** *fig (link)*: **to be ~d up with** estar ligado (da) a.

tiebreak(er) ['taɪbreɪk(əʳ)] *n* **1.** (TENNIS) muerte *f* súbita, tiebreak *m*. **2.** *(in game, competition)* pregunta adicional *para romper un empate.*

tiepin ['taɪpɪn] *n* alfiler *m* de corbata.

tier [tɪəʳ] *n (of seats)* hilera *f*; *(of cake)* piso *m*

tiff [tɪf] *n* pelea *f (de poca importancia).*

tiger ['taɪgəʳ] *n* tigre *m.*

tight [taɪt] ◇ *adj* **1.** *(gen)* apretado(da); *(shoes)* estrecho(cha). **2.** *(string, skin)* tirante **3.** *(budget)* ajustado(da). **4.** *rules, restrictions)* riguroso(sa). **5.** *(corner, bend)* cerrado(da). **6.** *(match, finish)* reñido(da). **7.** *inf (drunk)* cocido(da). **8.** *inf (miserly)* agarrado(da). ◇ *adv* **1.** *(hold, squeeze)* con fuerza; **to hold ~** agarrarse (fuerte); **to shut** OR **close sthg ~** cerrar algo bien. **2.** *(pull, stretch)* de modo tirante. ◆ **tights** *npl* medias *fpl.*

tighten ['taɪtn] ◇ *vt* **1.** *(hold, grip)*: **to ~ one's hold** OR **grip on sthg** coger con más fuerza algo. **2.** *(rope, chain)* tensar. **3.** *(knot)* apretar; *(belt)* apretarse. **4.** *(rules, system)* intensificar. ◇ *vi (rope, chain)* tensarse.

tightfisted [ˌtaɪt'fɪstɪd] *adj inf pej* agarrado(da)

tightly ['taɪtlɪ] *adv* **1.** *(hold, squeeze)* con fuerza; *(fasten)* bien. **2.** *(pack)* apretadamente.

tightrope ['taɪtrəʊp] *n* cuerda *f* floja.

tile [taɪl] *n* **1.** *(on roof)* teja *f.* **2.** *(on floor)* baldosa *f; (on wall)* azulejo *m.*

tiled [taɪld] *adj (roof)* tejado(da); *(floor)* embaldosado(da); *(wall)* alicatado(da).

till [tɪl] ◇ *prep* hasta; **~ now/then** hasta ahora/entonces. ◇ *conj* hasta que; **wait ~ he arrives** espera hasta que llegue. ◇ *n* caja *f (registradora).*

tiller ['tɪləʳ] *n* (NAUT) caña *f* del timón.

tilt [tɪlt] ◇ *vt* inclinar. ◇ *vi* inclinarse.

timber ['tɪmbəʳ] *n* **1.** *(U) (wood)* madera *f (para la construcción).* **2.** *(beam - of ship)* cuaderna *f; (- of house)* viga *f*

time [taɪm] ◇ *n* **1.** *(gen)* tiempo *m*; **ahead of ~** temprano; **in good ~** con tiempo; **on ~** puntualmente; **to take ~**

llevar tiempo; **it's (about) ~ to ...** ya es hora de .. ; **to have no ~ for** no poder con, no aguantar; **to pass the ~** pasar el rato; **to play for ~** intentar ganar tiempo; **to take one's ~ (doing sthg)** tomarse uno mucho tiempo (para hacer algo). **2.** *(as measured by clock)* hora *f*; **what ~ is it?**, **what's the ~?** ¿qué hora es?; **the ~ is three o'clock** son las tres; **in a week's/year's ~** dentro de una semana/un año. **3.** *(length of time)* rato *m*; **it was a long ~ before he came** pasó mucho tiempo antes de que viniera; **for a ~** durante un tiempo. **4.** *(point in time in past, era)* época *f*; **at that ~** en aquella época; **before my ~** antes de que yo naciera. **5.** *(occasion)* vez *f*; **three ~s a week** tres veces a la semana; **from ~ to ~** de vez en cuando; **~ after ~, ~ and again** una y otra vez. **6.** *(experience)*: **we had a good/bad ~** lo pasamos bien/mal. **7.** (MUS) compás *m.* ◇ *vt* **1.** *(schedule)* programar. **2.** *(race, runner)* cronometrar. **3.** *(arrival, remark)* elegir el momento oportuno para. ◆ **times** ◇ *n*: **four ~s as much as me** cuatro veces más que yo. ◇ *prep* (MATH): **4 ~s 5 4** por **5.** ◆ **about time** *adv*: **it's about ~** ya va siendo hora. ◆ **at a time** *adv*: **for months at a ~** durante meses seguidos; **one at a ~** de uno en uno. ◆ **at times** *adv* a veces. ◆ **at the same time** *adv* al mismo tiempo. ◆ **for the time being** *adv* de momento. ◆ **in time** *adv* **1.** *(not late)*: **in ~ (for)** a tiempo (para). **2.** *(eventually)* con el tiempo.

time bomb *n (bomb)* bomba *f* de relojería; *fig (dangerous situation)* bomba *f.*

time lag *n* intervalo *m*

timeless ['taɪmlɪs] *adj* eterno(na).

time limit *n* plazo *m.*

timely ['taɪmlɪ] *adj* oportuno(na).

time off *n* tiempo *m* libre.

time out *n Am* (SPORT) tiempo *m* muerto

timer ['taɪməʳ] *n* temporizador *m.*

time scale *n* tiempo *m* de ejecución.

time-share *n Br* multipropiedad *f.*

time switch *n* interruptor *m* de reloj.

timetable ['taɪm,teɪbl] *n* **1.** *(of buses, trains, school)* horario *m.* **2.** *(schedule of events)* programa *m.*

time zone *n* huso *m* horario.

timid ['tɪmɪd] *adj* tímido(da).

timing ['taɪmɪŋ] *n* (U) **1.** *(judgment)*: **she made her comment with perfect ~** su comentario fue hecho en

el momento más oportuno. **2.**
(scheduling): **the ~ of the election is
crucial** es crucial que las elecciones se
celebren en el momento oportuno.
3. *(measuring)* cronometraje *m*.

timpani ['timpənɪ] *npl* timbales *mpl*.

tin [tɪn] *n* **1.** *(metal)* estaño *m*; **~ plate**
hojalata *f*. **2.** *Br (can, container)* lata *f*.

tin can *n* lata *f*.

tinfoil ['tɪnfɔɪl] *n (U)* papel *m* de aluminio.

tinge [tɪndʒ] *n* **1.** *(of colour)* matiz *m*.
2. *(of feeling)* ligera sensación *f*.

tinged [tɪndʒd] *adj*: **~ with** con un
toque de

tingle ['tɪŋgl] *vi*: **my feet are tingling**
siento hormigueo en los pies.

tinker ['tɪŋkəʳ] ◇ *n Br pej (gypsy)* gitano *m*, -na *f*. ◇ *vi* hacer chapuzas; **to ~
with** enredar con.

tinkle ['tɪŋkl] *vi (ring)* tintinear.

tinned [tɪnd] *adj Br* enlatado(da), en
conserva

tin opener *n Br* abrelatas *m inv*.

tinsel ['tɪnsl] *n (U)* oropel *m*.

tint [tɪnt] *n* tinte *m*, matiz *m*.

tinted ['tɪntɪd] *adj (glasses, windows)*
tintado(da), ahumado(da).

tiny ['taɪnɪ] *adj* diminuto(ta), pequeñito(ta).

tip [tɪp] ◇ *n* **1.** *(end)* punta *f* **2.** *Br
(dump)* vertedero *m*. **3.** *(gratuity)* propina *f*. **4.** *(piece of advice)* consejo *m*.
◇ *vt* **1.** *(tilt)* inclinar, ladear. **2.** *(spill,
pour)* vaciar, verter **3.** *(give a gratuity
to)* dar una propina a. ◇ *vi* **1.** *(tilt)* inclinarse, ladearse. **2.** *(spill)* derramarse.
♦ **tip over** ◇ *vt sep* volcar. ◇ *vi* volcarse.

tip-off *n* información *f* (confidencial).

tipped [tɪpt] *adj (cigarette)* con filtro.

tipsy ['tɪpsɪ] *adj inf dated* piripi.

tiptoe ['tɪptəʊ] *n*: **on ~** de puntillas.

tip-top *adj inf dated* de primera.

tire ['taɪəʳ] ◇ *n Am* = **tyre**. ◇ *vt* cansar.
◇ *vi*: **to ~ (of)** cansarse (de).

tired ['taɪəd] *adj*: **~ (of sthg/of doing
sthg)** cansado(da) (de algo/de hacer
algo)

tireless ['taɪəlɪs] *adj* incansable.

tiresome ['taɪəsəm] *adj* pesado(da).

tiring ['taɪərɪŋ] *adj* cansado(da).

tissue ['tɪʃuː] *n* **1.** *(paper handkerchief)*
pañuelo *m* de papel. **2.** *(U)* (BIOL) tejido *m*. **3.** *(paper)* papel *m* de seda.

tissue paper *n (U)* papel *m* de seda.

tit [tɪt] *n* **1.** *(bird)* herrerillo *m*. **2.** *vulg
(breast)* teta *f*

titbit *Br* ['tɪtbɪt], **tidbit** *Am* ['tɪdbɪt] *n*

1. *(of food)* golosina *f*. **2.** *fig (of news)*
noticia *f* breve e interesante.

tit for tat [-'tæt] *n*: **it's ~** donde las
dan las toman.

titillate ['tɪtɪleɪt] *vt & vi* excitar.

title ['taɪtl] *n* título *m*.

title deed *n* título *m* de propiedad.

title role *n* papel *m* principal.

titter ['tɪtəʳ] *vi* reírse por lo bajo.

TM *abbr of* **trademark**.

to [*unstressed before consonant* tə, *unstressed before vowel* tu, *stressed* tuː]
◇ *prep* **1.** *(indicating place, direction)* a;
to go ~ Liverpool/Spain/school ir a
Liverpool/España/la escuela; **to go ~
the doctor's/John's** ir al médico/a
casa de John; **the road ~ Glasgow** la
carretera de Glasgow; **~ the left/right**
a la izquierda/derecha; **~ the east/
west** hacia el este/oeste **2.** *(to express
indirect object)* a; **to give sthg ~ sb**
darle algo a alguien; **to talk ~ sb**
hablar con alguien; **a threat ~ sb** una
amenaza para alguien; **we were listening ~ the radio** escuchábamos la
radio. **3.** *(as far as)* hasta, a; **to count
~ ten** contar hasta diez; **we work
from nine ~ five** trabajamos de nueve
a cinco. **4.** *(in expressions of time)*: **it's
ten/a quarter ~ three** son las tres
menos diez/cuarto. **5.** *(per)* por; **40
miles ~ the gallon** un galón (por)
cada 40 millas. **6.** *(of)* de; *(for)* para;
the key ~ the car la llave del coche; **a
letter ~ my daughter** una carta para
OR a mi hija. **7.** *(indicating reaction,
effect)*: **~ my surprise** para sorpresa
mía **8.** *(in stating opinion)*: **it seemed
quite unnecessary ~ me/him** *etc* para
mí/él *etc* aquello parecía del todo innecesario. **9.** *(indicating state, process)*: **to
drive sb ~ drink** llevar a alguien a la
bebida; **to lead ~ trouble** traer problemas. ◇ *adv (shut)*: **push the door ~**
cierra la puerta. ◇ *with infinitive* **1.**
(forming simple infinitive): **~ walk**
andar. **2.** *(following another verb)*: **to
begin ~ do sthg** empezar a hacer
algo; **to try/want ~ do sthg** intentar/
querer hacer algo; **to hate ~ do sthg**
odiar tener que hacer algo. **3.** *(following an adjective)*: **difficult ~ do** difícil
de hacer; **ready ~ go** listos para marchar **4.** *(indicating purpose)* para; **I'm
doing it ~ help you** lo hago para ayudarte; **he came ~ see me** vino a
verme. **5.** *(substituting for a relative
clause)*: **I have a lot ~ do** tengo mucho
que hacer; **he told me ~ leave** me dijo
que me fuera. **6.** *(to avoid repetition of*

infinitive): **I meant to call him but I forgot ~** tenía intención de llamarle pero se me olvidó. **7.** *(in comments):* **~ be honest ...** para ser honesto ...; **~ sum up ...** para resumir ..., resumiendo ... ◆ **to and fro** *adv* de un lado para otro.

toad [təʊd] *n* sapo *m*.

toadstool ['təʊdstuːl] *n* seta *f* venenosa.

toast [təʊst] ◇ *n* **1.** *(U) (bread)* pan *m* tostado; **a slice of ~** una tostada. **2.** *(drink)* brindis *m*. ◇ *vt* **1.** *(bread)* tostar. **2.** *(person)* brindar por.

toasted sandwich [ˌtəʊstɪd-] *n* sándwich *m* tostado.

toaster ['təʊstər] *n* tostador *m*, -ra *f*.

tobacco [tə'bækəʊ] *n* tabaco *m*.

tobacconist [tə'bækənɪst] *n* estanquero *m*, -ra *f*; **~'s (shop)** estanco *m*.

toboggan [tə'bɒgən] *n* tobogán *m*, trineo *m*.

today [tə'deɪ] ◇ *n* **1.** *(this day)* hoy *m*. **2.** *(nowadays)* hoy (en día). ◇ *adv* **1.** *(this day)* hoy. **2.** *(nowadays)* hoy (en día).

toddler ['tɒdlər] *n* niño pequeño *m*, niña pequeña *f* (que empieza a andar).

toddy ['tɒdɪ] *n* ponche *m*.

to-do (*pl* -s) *n inf dated* jaleo *m*.

toe [təʊ] ◇ *n* **1.** *(of foot)* dedo *m* (del pie). **2.** *(of sock)* punta *f*; *(of shoe)* puntera *f*. ◇ *vt*: **to ~ the line** acatar las normas.

toenail ['təʊneɪl] *n* uña *f* del dedo del pie.

toffee ['tɒfɪ] *n* caramelo *m*.

toga ['təʊgə] *n* toga *f*.

together [tə'geðər] *adv* **1.** *(gen)* juntos (tas); **all ~** todos juntos; **to stick ~** pegar; **to go (well) ~** combinar bien. **2.** *(at the same time)* a la vez, juntos (tas). ◆ **together with** *prep* junto con.

toil [tɔɪl] *fml* ◇ *n* trabajo *m* duro. ◇ *vi* trabajar sin descanso.

toilet ['tɔɪlɪt] *n* *(at home)* baño *m*, wáter *m Esp*; *(in public place)* baños *mpl*, servicios *mpl*, lavabo *m*; **to go to the ~** ir al baño.

toilet bag *n* neceser *m*.

toilet paper *n (U)* papel *m* higiénico.

toiletries ['tɔɪlɪtrɪz] *npl* artículos *mpl* de tocador.

toilet roll *n (roll)* rollo *m* de papel higiénico.

toilet water *n* (agua *f* de) colonia *f*.

token ['təʊkn] ◇ *adj* simbólico(ca). ◇ *n* **1.** *(voucher)* vale *m*; *(disk)* ficha *f*

2. *(symbol)* muestra *f*, símbolo *m*. ◆ **by the same token** *adv* del mismo modo.

told [təʊld] *pt & pp* → **tell**.

tolerable ['tɒlərəbl] *adj* tolerable, pasable.

tolerance ['tɒlərəns] *n* tolerancia *f*.

tolerant ['tɒlərənt] *adj* tolerante.

tolerate ['tɒləreɪt] *vt* **1.** *(put up with)* soportar, tolerar. **2.** *(permit)* tolerar.

toll [təʊl] ◇ *n* **1.** *(number):* **death ~** número *m* de víctimas. **2.** *(fee)* peaje *m*. **3.** *phr:* **to take its ~** hacer mella. ◇ *vi* tocar, doblar.

toll-free *adv Am:* **to call a number ~** llamar a un número gratis.

tomato [*Br* tə'mɑːtəʊ, *Am* tə'meɪtəʊ] (*pl* -es) *n* tomate *m*, jitomate *m Méx*.

tomb [tuːm] *n* tumba *f*, sepulcro *m*.

tomboy ['tɒmbɔɪ] *n* niña *f* poco femenina.

tombstone ['tuːmstəʊn] *n* lápida *f*.

tomcat ['tɒmkæt] *n* gato *m* (macho).

tomorrow [tə'mɒrəʊ] ◇ *n lit & fig* mañana *f*; **the day after ~** pasado mañana; **~ night** mañana por la noche. ◇ *adv* mañana.

ton [tʌn] (*pl inv* OR -s) *n* **1.** *(imperial) Br* = 1016 kg; *Am* = 907,2 kg, ≈ tonelada *f*. **2.** *(metric)* = 1000 kg, tonelada *f*. ◆ **tons** *npl inf*: **~s (of)** un montón (de).

tone [təʊn] *n* **1.** *(gen)* tono *m*. **2.** *(on phone)* señal *f*. ◆ **tone down** *vt sep* suavizar, moderar. ◆ **tone up** *vt sep* poner en forma.

tone-deaf *adj* que no tiene (buen) oído.

tongs [tɒŋz] *npl (for coal)* tenazas *fpl*; *(for sugar)* pinzas *fpl*, tenacillas *fpl*.

tongue [tʌŋ] *n* **1.** *(gen)* lengua *f*; **to hold one's ~** *fig* quedarse callado(da). **2.** *(of shoe)* lengüeta.

tongue-in-cheek *adj*: **it was only ~** no iba en serio.

tongue-tied [-ˌtaɪd] *adj* incapaz de hablar *(por timidez o nervios)*

tongue twister [-ˌtwɪstər] *n* trabalenguas *m inv*.

tonic ['tɒnɪk] *n* **1.** *(gen)* tónico *m*. **2.** *(tonic water)* tónica *f*.

tonic water *n* agua *f* tónica.

tonight [tə'naɪt] ◇ *n* esta noche *f*. ◇ *adv* esta noche.

tonnage ['tʌnɪdʒ] *n* tonelaje *m*

tonne [tʌn] (*pl inv* OR -s) *n* tonelada *f* métrica.

tonsil ['tɒnsl] *n* amígdala *f*.

tonsil(l)itis [ˌtɒnsɪ'laɪtɪs] *n (U)* amigdalitis *f inv*.

too [tu:] *adv* **1.** *(also)* también. **2.** *(excessively)* demasiado; ~ **much** demasiado; ~ **many things** demasiadas cosas; **it finished all** OR **only** ~ **soon** terminó demasiado pronto; **I'd be only** ~ **happy to help** me encantaría ayudarte; **not** ~ ... no muy ...

took [tʊk] *pt* → **take**.

tool [tu:l] *n* *(implement)* herramienta *f*; **garden** ~**s** útiles *mpl* del jardín.

tool box *n* caja *f* de herramientas.

tool kit *n* juego *m* de herramientas.

toot [tu:t] ◊ *n* bocinazo *m*. ◊ *vi* tocar la bocina

tooth [tu:θ] *(pl* teeth) *n* *(in mouth, of saw, gear wheel)* diente *m*.

toothache ['tu:θeɪk] *n* dolor *m* de muelas.

toothbrush ['tu:θbrʌʃ] *n* cepillo *m* de dientes.

toothpaste ['tu:θpeɪst] *n* pasta *f* de dientes.

toothpick ['tu:θpɪk] *n* palillo *m*.

top [tɒp] ◊ *adj* **1.** *(highest - step, floor)* de arriba; *(- object on pile)* de encima. **2.** *(most important, successful)* importante; **she got the** ~ **mark** sacó la mejor nota. **3.** *(maximum)* máximo (ma). ◊ *n* **1.** *(highest point)* parte *f* superior OR de arriba; *(of list)* cabeza *f*, principio *m*; *(of tree)* copa *f*; *(of hill, mountain)* cumbre *f*, cima *f*; **on** ~ encima; **at the** ~ **of one's voice** a voz en grito. **2.** *(lid, cap - of jar, box)* tapa *f*; *(- of bottle, tube)* tapón *m*; *(- of pen)* capuchón *m*. **3.** *(upper side)* superficie *f*. **4.** *(blouse)* blusa *f*; *(T-shirt)* camiseta *f*; *(of pyjamas)* parte *f* de arriba. **5.** *(toy)* peonza *f*. **6.** *(most important level)* cúpula *f*. **7.** *(of league, table, scale)* cabeza *f*. ◊ *vt* **1.** *(be first in)* estar a la cabeza de. **2.** *(better)* superar. **3.** *(exceed)* exceder. ◆ **on top of** *prep* **1.** *(in space)* encima de. **2.** *(in addition to)* además de. ◆ **top up** *Br*, **top off** *Am vt sep* volver a llenar.

top floor *n* último piso *m*.

top hat *n* sombrero *m* de copa.

top-heavy *adj* demasiado pesado (da) en la parte de arriba.

topic ['tɒpɪk] *n* tema *m*, asunto *m*.

topical ['tɒpɪkl] *adj* actual

topless ['tɒplɪs] *adj* en topless.

top-level *adj* de alto nivel.

topmost ['tɒpməʊst] *adj* más alto(ta).

topping ['tɒpɪŋ] *n* capa *f*; **with a** ~ **of cream** cubierto de nata.

topple ['tɒpl] ◊ *vt* *(government, pile)* derribar; *(president)* derrocar. ◊ *vi* venirse abajo.

top-secret *adj* sumamente secreto (sumamente secreta).

topspin ['tɒpspɪn] *n* (TENNIS) liftado *m*.

topsy-turvy [ˌtɒpsɪ'tɜːvɪ] ◊ *adj* *(messy)* patas arriba *(inv)*. ◊ *adv* *(messily)* en desorden, de cualquier manera.

torch [tɔːtʃ] *n* **1.** *Br (electric)* linterna *f*. **2.** *(burning)* antorcha *f*.

tore [tɔːʳ] *pt* → **tear²**.

torment [*n* 'tɔːment, *vb* tɔː'ment] ◊ *n* tormento *m*. ◊ *vt* **1.** *(worry greatly)* atormentar **2.** *(annoy)* fastidiar

torn [tɔːn] *pp* → **tear²**.

tornado [tɔː'neɪdəʊ] *(pl* -es OR -s) *n* tornado *m*.

torpedo [tɔː'piːdəʊ] *(pl* -es) *n* torpedo *m*.

torrent ['tɒrənt] *n* torrente *m*.

torrid ['tɒrɪd] *adj* *(hot)* tórrido(da); *fig (passionate)* apasionado(da).

tortoise ['tɔːtəs] *n* tortuga *f* (de tierra).

tortoiseshell ['tɔːtəʃel] ◊ *adj*: ~ **cat** gato *m* pardo atigrado. ◊ *n* (U) *(material)* carey *m*, concha *f*.

torture ['tɔːtʃəʳ] ◊ *n* tortura *f*. ◊ *vt* torturar.

Tory ['tɔːrɪ] ◊ *adj* tory, del partido conservador (británico). ◊ *n* tory *m* y *f*, miembro *m* del partido conservador (británico).

toss [tɒs] ◊ *vt* **1.** *(throw carelessly)* tirar. **2.** *(move from side to side - head, boat)* sacudir. **3.** *(salad)* remover; *(pancake)* dar la vuelta en el aire. **4.** *(coin)*: **to** ~ **a coin** echar a cara o cruz. ◊ *vi (move rapidly)*: **to** ~ **and turn** dar vueltas (en la cama). ◆ **toss up** *vi* jugar a cara o cruz.

tot [tɒt] *n* **1.** *inf (small child)* nene *m*, nena *f*. **2.** *(of drink)* trago *m*.

total ['təʊtl] ◊ *adj* total. ◊ *n* total *m*. ◊ *vt (add up)* sumar. ◊ *vi (amount to)* ascender a

totalitarian [ˌtəʊtælɪ'teərɪən] *adj* totalitario(ria).

totally ['təʊtəlɪ] *adv (entirely)* totalmente.

totter ['tɒtəʳ] *vi lit & fig* tambalearse.

touch [tʌtʃ] ◊ *n* **1.** *(sense, act of feeling)* tacto *m* **2.** *(detail, skill, knack)* toque *m*. **3.** *(contact)*: **to get/keep in** ~ **(with)** ponerse/mantenerse en contacto (con); **to lose** ~ **(with)** perder el contacto (con); **to be out of** ~ **with** no estar al tanto de. **4.** (SPORT): **in** ~ fuera de banda. **5.** *(small amount)*: **a** ~ un poquito. ◊ *vt* **1.** *(gen)* tocar. **2.** *(emotionally)* conmover. ◊ *vi (be in* *contact)* tocarse. ◆ **touch down** *vi (plane)* aterrizar ◆ **touch on** *vt fus* tratar por encima.

touch-and-go *adj* dudoso(sa), poco seguro (poco segura).

touchdown ['tʌtʃdaʊn] *n* 1. *(of plane)* aterrizaje *m* 2. *(in American football)* ensayo *m*.

touched [tʌtʃt] *adj (grateful)* emocionado(da).

touching ['tʌtʃɪŋ] *adj* conmovedor (ra).

touchline ['tʌtʃlaɪn] *n* línea *f* de banda

touchy ['tʌtʃi] *adj* 1. *(person)*: ~ **(about)** susceptible (con). 2. *(subject, question)* delicado(da).

tough [tʌf] *adj* 1. *(resilient)* fuerte. 2. *(hard-wearing)* resistente 3. *(meat, regulations, policies)* duro(ra). 4. *(difficult to deal with)* difícil. 5. *(rough - area)* peligroso(sa).

toughen ['tʌfn] *vt* endurecer.

toupee ['tuːpeɪ] *n* peluquín *m*.

tour [tʊəʳ] ◇ *n* 1. *(long journey)* viaje *m* largo. 2. *(of pop group etc)* gira *f*. 3. *(for sightseeing)* recorrido *m*, visita *f*. ◇ *vt (museum)* visitar; *(country)* recorrer, viajar por. ◇ *vi* estar de gira.

touring ['tʊərɪŋ] *n* viajes *mpl* turísticos.

tourism ['tʊərɪzm] *n* turismo *m*.

tourist ['tʊərɪst] *n* turista *m* y *f*.

tourist (information) office *n* oficina *f* de turismo.

tournament ['tɔːnəmənt] *n* torneo *m*.

tour operator *n* touroperador *m*.

tousle ['taʊzl] *vt* despeinar, alborotar.

tout [taʊt] ◇ *n* revendedor *m*, -ra *f*. ◇ *vt* revender ◇ *vi*: **to ~ for sthg** solicitar algo.

tow [təʊ] ◇ *n*: **on ~** *Br (car)* a remolque. ◇ *vt* remolcar.

towards *Br* [tə'wɔːdz], **toward** *Am* [tə'wɔːd] *prep* 1. *(gen)* hacia. 2. *(for the purpose or benefit of)* para.

towel ['taʊəl] *n* toalla *f*.

towelling *Br*, **toweling** *Am* ['taʊəlɪŋ] *n (U)* (tejido *m* de) toalla *f*

towel rail *n* toallero *m*

tower ['taʊəʳ] ◇ *n* torre *f* ◇ *vi*: **to ~ (over sthg)** elevarse (por encima de algo).

tower block *n Br* bloque *m* (de pisos u oficinas).

towering ['taʊərɪŋ] *adj* altísimo(ma).

town [taʊn] *n* 1. *(gen)* ciudad *f*; *(smaller)* pueblo *m*. 2. *(centre of town, city)* centro *m* de la ciudad; **to go out**

on the ~ irse de juerga; **to go to ~** *fig (to put in a lot of effort)* emplearse a fondo; *(spend a lot of money)* tirar la casa por la ventana.

town centre *n* centro *m* (de la ciudad).

town council *n* ayuntamiento *m*.

town hall *n* ayuntamiento *m*.

town plan *n* plano *m* de la ciudad.

town planning *n (study)* urbanismo *m*.

township ['taʊnʃɪp] *n* 1. *(in South Africa)* zona urbana asignada por el gobierno para la población negra. 2. *(in US)* = municipio *m*.

towpath ['təʊpɑːθ, *pl* -pɑːðz] *n* camino *m* de sirga.

towrope ['təʊrəʊp] *n* cable *m* de remolque.

tow truck *n Am* (coche *m*) grúa *f*.

toxic ['tɒksɪk] *adj* tóxico(ca).

toy [tɔɪ] *n* juguete *m* ◆ **toy with** *vt fus (idea)* acariciar; *(food, coin etc)* jugetear con.

toy shop *n* juguetería *f*.

trace [treɪs] ◇ *n* 1. *(evidence, remains)* rastro *m*, huella *f*. 2. *(small amount)* pizca *f*. ◇ *vt* 1. *(find)* localizar, encontrar 2. *(follow progress of)* describir. 3. *(on paper)* calcar.

tracing paper ['treɪsɪŋ-] *n (U)* papel *m* de calcar.

track [træk] ◇ *n* 1. *(path)* sendero *m*. 2. (SPORT) pista *f*. 3. (RAIL) vía *f*. 4. *(mark, trace)* rastro *m*, huella *f*. 5. *(on record, tape)* canción *f*. 6. *phr*: **to keep/lose ~ of sb** no perder/perder la pista a alguien; **to be on the right/wrong ~** ir por el buen/mal camino ◇ *vt (follow tracks of)* seguir la pista de. ◆ **track down** *vt sep* localizar.

track record *n* historial *m*.

tracksuit ['træksuːt] *n* chandal *m*.

tract [trækt] *n* 1. *(pamphlet)* artículo *m* breve. 2. *(of land, forest)* extensión *f*.

traction ['trækʃn] *n* tracción *f*; **to have one's leg in ~** tener la pierna escayolada en alto.

tractor ['træktəʳ] *n* tractor *m*.

trade [treɪd] ◇ *n* 1. *(U) (commerce)* comercio *m* 2. *(job)* oficio *m*; **by ~** de oficio ◇ *vt (exchange)*: **to ~ sthg (for)** cambiar algo (por). ◇ *vi* (COMM): **to ~ (with)** comerciar (con). ◆ **trade in** *vt sep (exchange)* dar como entrada

trade fair *n* feria *f* de muestras.

trade-in *n* artículo usado que se entrega como entrada al comprar un artículo nuevo.

trademark ['treɪdmɑːk] n (COMM) marca f comercial.

trade name n (COMM) nombre m comercial.

trader ['treɪdər] n comerciante m y f.

tradesman ['treɪdzmən] (pl -men [-mən]) n (trader) comerciante m; (shopkeeper) tendero m.

trade(s) union n Br sindicato m.

Trades Union Congress n Br: the ~ la asociación británica de sindicatos.

trade(s) unionist n Br sindicalista m y f.

trading ['treɪdɪŋ] n (U) comercio m.

trading estate n Br polígono m industrial.

tradition [trə'dɪʃn] n tradición f.

traditional [trə'dɪʃənl] adj tradicional.

traffic ['træfɪk] (pt & pp -ked, cont -king) ◇ n 1. (vehicles) tráfico m. 2. (illegal trade): ~ (in) tráfico m (de). ◇ vi: to ~ in traficar con.

traffic circle n Am glorieta f.

traffic jam n embotellamiento m.

trafficker ['træfɪkər] n: ~ (in) traficante m y f (de).

traffic lights npl semáforos mpl.

traffic warden n Br ≃ guardia m y f de tráfico.

tragedy ['trædʒədɪ] n tragedia f.

tragic ['trædʒɪk] adj trágico(ca).

trail [treɪl] ◇ n 1. (path) sendero m, camino m. 2. (trace, track) rastro m, huellas fpl. ◇ vt 1. (drag) arrastrar. 2. (lose to) ir por detrás de. ◇ vi 1. (drag) arrastrarse. 2. (move slowly) andar con desgana. 3. (lose) ir perdiendo ◆ **trail away, trail off** vi apagarse.

trailer ['treɪlər] n 1. (vehicle for luggage) remolque m. 2. (for living in) roulotte m, caravana f. 3. (CINEMA) trailer m.

train [treɪn] ◇ n 1. (RAIL) tren m. 2. (of dress) cola f. ◇ vt 1. (teach): to ~ sb (to do sthg) enseñar a alguien (a hacer algo); to ~ sb in sthg preparar a alguien para algo. 2. (for job): to ~ sb (as sthg) formar OR preparar a alguien (como algo). 3. (SPORT): to ~ sb (for) entrenar a alguien (para). 4. (aim - gun) apuntar. ◇ vi 1. (for job) estudiar; to ~ as formarse OR prepararse como. 2. (SPORT): to ~ (for) entrenarse (para).

trained [treɪnd] adj cualificado(da).

trainee [treɪ'niː] n aprendiz m, -za f.

trainer ['treɪnər] n 1. (of animals) amaestrador m, -ra f. 2. (SPORT) entrenador m, -ra f. ◆ **trainers** npl Br zapatillas fpl de deporte.

training ['treɪnɪŋ] n (U) 1. (for job): ~ (in) formación f OR preparación f (para). 2. (SPORT) entrenamiento m.

training college n Br (gen) centro m de formación especializada; (for teachers) escuela f normal

training shoes npl Br zapatillas fpl de deporte.

train of thought n hilo m del razonamiento.

traipse [treɪps] vi andar con desgana.

trait [treɪt] n rasgo m, característica f.

traitor ['treɪtər] n: ~ (to) traidor m, -ra f (a).

trajectory [trə'dʒektərɪ] n trayectoria f.

tram [træm], **tramcar** ['træmkɑːr] n Br tranvía m.

tramp [træmp] ◇ n 1. (homeless person) vagabundo m, -da f. 2. Am inf (woman) fulana f. ◇ vi andar pesadamente.

trample ['træmpl] vt pisar, pisotear.

trampoline ['træmpəliːn] n cama f elástica.

trance [trɑːns] n trance m.

tranquil ['træŋkwɪl] adj literary tranquilo(la), apacible.

tranquillizer Br, **tranquilizer** Am ['træŋkwɪlaɪzər] n tranquilizante m.

transaction [træn'zækʃn] n transacción f.

transcend [træn'send] vt fml ir más allá de.

transcript ['trænskrɪpt] n transcripción f.

transfer [n 'trænsfɜːr, vb træns'fɜːr] ◇ n 1. (gen) transferencia f. 2. (for job) traslado m. 3. (SPORT) traspaso m. 4. (design) calcomanía f. ◇ vt 1. (from one place to another) trasladar. 2. (from one person to another) transferir. ◇ vi (to different job etc): **he transferred to a different department** lo trasladaron a otro departamento.

transfix [træns'fɪks] vt (immobilize) paralizar.

transform [træns'fɔːm] vt: to ~ sthg/sb (into) transformar algo/a alguien (en)

transfusion [træns'fjuːʒn] n transfusión f.

transient ['trænzɪənt] adj fml (fleeting) transitorio(ria), pasajero(ra).

transistor [træn'zɪstər] n transistor m.

transistor radio n dated transistor m.

transit ['trænsɪt] n: in ~ de tránsito.

transition [træn'zɪʃn] n: ~ **(from sthg to sthg)** transición f (de algo a algo).

transitive ['trænzɪtɪv] adj (GRAMM) transitivo(va).

transitory ['trænzɪtrɪ] adj transitorio (ria).

translate [træns'leɪt] vt (languages) traducir.

translation [træns'leɪʃn] n traducción f.

translator [træns'leɪtə^r] n traductor m, -ra f.

transmission [trænz'mɪʃn] n transmisión f.

transmit [trænz'mɪt] vt transmitir.

transmitter [trænz'mɪtə^r] n (ELECTRON) transmisor m.

transparency [trans'pærənsɪ] n transparencia f.

transparent [træns'pærənt] adj 1. (see-through) transparente. 2. (obvious) claro(ra).

transpire [træn'spaɪə^r] fml vt: **it ~s that** ... resulta que ... ◊ vi (happen) ocurrir.

transplant ['trænsplɑːnt] n trasplante m.

transport [n 'trænspɔːt, vb træn'spɔːt] ◊ n transporte m. ◊ vt transportar.

transportation [ˌtrænspɔː'teɪʃn] n transporte m.

transport cafe ['trænspɔːt-] n Br bar m de camioneros.

transpose [træns'pəʊz] vt (change round) invertir.

trap [træp] ◊ n trampa f. ◊ vt 1. (catch - animals, birds) coger con trampa. 2. (trick) atrapar, engañar.

trapdoor [ˌtræp'dɔː^r] n (gen) trampilla f, trampa f; (THEATRE) escotillón m.

trapeze [trə'piːz] n trapecio m.

trappings ['træpɪŋz] npl atributos mpl.

trash [træʃ] n Am lit & fig basura f.

trashcan ['træʃkæn] n Am cubo m de la basura.

traumatic [trɔː'mætɪk] adj traumático (ca).

travel ['trævl] ◊ n (U) viajes mpl. ◊ vt (place) viajar por; (distance) recorrer. ◊ vi viajar.

travel agency n agencia f de viajes.

travel agent n empleado m, -da f de una agencia de viajes; **~'s** agencia f de viajes.

traveller Br, **traveler** Am ['trævlə^r] n (person on journey) viajero m, -ra f.

traveller's cheque n cheque m de viajero.

travelling Br, **traveling** Am ['trævlɪŋ]

adj (theatre, showman) ambulante.

travelsick ['trævəlsɪk] adj que se marea al viajar.

travesty ['trævəstɪ] n burda parodia f.

trawler ['trɔːlə^r] n trainera f.

tray [treɪ] n bandeja f.

treacherous ['tretʃərəs] adj 1. (plan, action) traicionero(ra); (person) traidor (ra). 2. (dangerous) peligroso(sa).

treachery ['tretʃərɪ] n traición f.

treacle ['triːkl] n Br melaza f.

tread [tred] (pt trod, pp trodden) ◊ n 1. (on tyre, shoe) banda f 2. (sound of walking) pasos mpl; (way of walking) modo m de andar ◊ vi 1. (step): **to ~ on sthg** pisar algo. 2. (walk) andar

treason ['triːzn] n traición f.

treasure ['treʒə^r] ◊ n lit & fig tesoro m. ◊ vt guardar como oro en paño.

treasurer ['treʒərə^r] n tesorero m, -ra f.

treasury ['treʒərɪ] n (room) habitación donde se guarda el tesoro de un castillo, de una catedral etc. ◆ **Treasury** n: **the Treasury** ≃ el Ministerio de Hacienda.

treat [triːt] ◊ vt 1. (gen) tratar; **to ~ sb as/like** tratar a alguien como. 2. (give sthg special): **to ~ sb (to)** invitar a alguien (a). ◊ n (something special) regalo m; **he took me out to dinner as a ~** me invitó a cenar

treatise ['triːtɪs] n fml: ~ **(on)** tratado m (sobre).

treatment ['triːtmənt] n 1. (MED) tratamiento m. 2. (manner of dealing) trato m.

treaty ['triːtɪ] n tratado m.

treble ['trebl] ◊ adj 1. (MUS) de tiple 2. (with numbers) triple. ◊ n (MUS) (range, singer) tiple m. ◊ vt triplicar. ◊ vi triplicarse.

treble clef n clave f de sol.

tree [triː] n (BOT & COMPUT) árbol m.

treetop ['triːtɒp] n copa f (de árbol).

tree-trunk n tronco m (de árbol).

trek [trek] n viaje m largo y difícil

trellis ['trelɪs] n enrejado m, espaldera f.

tremble ['trembl] vi temblar.

tremendous [trɪ'mendəs] adj 1. (impressive, large) enorme, tremendo(da). 2. inf (really good) estupendo(da).

tremor ['tremə^r] n 1. (of person, body, voice) estremecimiento m. 2. (small earthquake) temblor m.

trench [trentʃ] n 1. (narrow channel) zanja f. 2. (MIL) trinchera f.

trench coat n trinchera f.

trend [trend] *n (tendency)* tendencia *f*; *(fashion)* moda *f*

trendy ['trendɪ] *adj inf (person)* moderno(na); *(clothes)* de moda.

trepidation [,trepɪ'deɪʃn] *n fml*: **in** OR **with** ~ con ansiedad OR agitación.

trespass ['trespəs] *vi* entrar ilegalmente; **'no ~ing'** 'prohibido el paso'.

trespasser ['trespəsəʳ] *n* intruso *m*, -sa *f*.

trestle ['tresl] *n* caballete *m*.

trestle table *n* mesa *f* de caballete.

trial ['traɪəl] *n* **1.** (JUR) juicio *m*, proceso *m*; **to be on ~ (for)** ser procesado (da) (por). **2.** *(test, experiment)* prueba *f*; **on ~** de prueba; **by ~ and error** a base de probar. **3.** *(unpleasant experience)* suplicio *m*, fastidio *m*.

triangle ['traɪæŋgl] *n* (GEOM & MUS) triángulo *m*

tribe [traɪb] *n* tribu *f*.

tribunal [traɪ'bjuːnl] *n* tribunal *m*

tributary ['trɪbjutrɪ] *n* afluente *m*.

tribute ['trɪbjuːt] *n* **1.** *(credit)* tributo *m*; **to be a ~ to** hacer honor a. **2.** *(U) (respect, admiration)*: **to pay ~ (to)** rendir homenaje (a).

trice [traɪs] *n*: **in a ~** en un dos por tres

trick [trɪk] ◇ *n* **1.** *(to deceive)* truco *m*; *(to trap)* trampa *f*; *(joke)* broma *f*; **to play a ~ on sb** gastarle una broma a alguien. **2.** *(in magic)* juego *m* (de manos). **3.** *(knack)* truco *m*; **that should do the ~** eso es lo que necesitamos ◇ *vt* engañar; **to ~ sb into doing sthg** engañar a alguien para que haga algo.

trickery ['trɪkərɪ] *n (U)* engaño *m*.

trickle ['trɪkl] ◇ *n (of liquid)* hilo *m*. ◇ *vi* **1.** *(liquid)* resbalar *(formando un hilo)*. **2.** *(people, things)*: **to ~ in/out** llegar/salir poco a poco.

tricky ['trɪkɪ] *adj (difficult)* difícil.

tricycle ['traɪsɪkl] *n* triciclo *m*.

tried [traɪd] *adj*: ~ **and tested** probado(da)

trifle ['traɪfl] *n* **1.** *Br* (CULIN) *postre de bizcocho con gelatina, crema, frutas y nata* **2.** *(unimportant thing)* nadería *f*. ♦ **a trifle** *adv fml* un poco, ligeramente.

trifling ['traɪflɪŋ] *adj pej* trivial.

trigger ['trɪgəʳ] *n (on gun)* gatillo *m*. ♦ **trigger off** *vt sep* desencadenar.

trill [trɪl] *n* trino *m*.

trim [trɪm] ◇ *adj* **1.** *(neat and tidy)* limpio y arreglado (limpia y arreglada). **2.** *(slim)* esbelto(ta). ◇ *n (of hair)* recor-

te *m*. ◇ *vt* **1.** *(nails, moustache)* recortar. **2.** *(decorate)*: **to ~ sthg (with)** adornar algo (con).

trimmings ['trɪmɪŋz] *npl* **1.** *(on clothing)* adornos *mpl*. **2.** *(with food)* guarnición *f*.

trinket ['trɪŋkɪt] *n* baratija *f*.

trio ['triːəʊ] *(pl* -s) *n* trío *m*.

trip [trɪp] ◇ *n (gen & drugs sl)* viaje *m*. ◇ *vt (make stumble)* hacer la zancadilla a. ◇ *vi (stumble)* tropezar; **to ~ over sthg** tropezar con algo. ♦ **trip up** *vt sep (make stumble)* hacer tropezar, hacer la zancadilla a

tripe [traɪp] *n (U)* **1.** (CULIN) callos *mpl* **2.** *inf (nonsense)* tonterías *fpl*.

triple ['trɪpl] ◇ *adj* triple. ◇ *vt* triplicar. ◇ *vi* triplicarse.

triple jump *n*: **the ~** el triple salto.

triplets ['trɪplɪts] *npl* trillizos *mpl*, -zas *fpl*.

triplicate ['trɪplɪkət] *n*: **in ~** por triplicado.

tripod ['traɪpɒd] *n* trípode *m*.

trite [traɪt] *adj pej* trillado(da).

triumph ['traɪəmf] ◇ *n* triunfo *m*. ◇ *vi*: **to ~ (over)** triunfar (sobre).

trivia ['trɪvɪə] *n (U)* trivialidades *fpl*.

trivial ['trɪvɪəl] *adj pej* trivial.

trod [trɒd] *pt* → **tread**.

trodden ['trɒdn] *pp* → **tread**.

trolley ['trɒlɪ] *(pl* trolleys) *n* **1.** *Br (for shopping, food, drinks)* carrito *m*. **2.** *Am (tram)* tranvía *m*

trombone [trɒm'bəʊn] *n* trombón *m*.

troop [truːp] ◇ *n (of people)* grupo *m*, bandada *f*; *(of animals)* manada *f*. ◇ *vi* ir en grupo. ♦ **troops** *npl* tropas *fpl*.

trooper ['truːpəʳ] *n* **1.** (MIL) soldado *m* de caballería. **2.** *Am (policeman)* miembro de la policía estatal.

trophy ['trəʊfɪ] *n* (SPORT) trofeo *m*.

tropical ['trɒpɪkl] *adj* tropical.

tropics ['trɒpɪks] *npl*: **the ~** el trópico.

trot [trɒt] ◇ *n* **1.** *(of horse)* trote *m*. **2.** *(of person)* paso *m* rápido. ◇ *vi* **1.** *(horse)* trotar **2.** *(person)* andar con pasos rápidos ♦ **on the trot** *adv inf*: **three times on the ~** tres veces seguidas.

trouble ['trʌbl] ◇ *n (U)* **1.** *(bother)* molestia *f*; *(difficulty, main problem)* problema *m*; **would it be too much ~ to ask you to ...?** ¿tendría inconveniente en ...?; **to be in ~** tener problemas; **to take the ~ to do sthg** tomarse la molestia de hacer algo. **2.** *(U) (pain)* dolor *m*; *(illness)* enfermedad *f*. **3.** *(U) (violence, unpleasantness)* problemas *mpl.* ◇ *vt* **1.** *(worry, upset)* preocupar. **2.** *(disturb, give pain to)* molestar. ◆ **troubles** *npl* **1.** *(problems, worries)* problemas *mpl.* **2.** (POL) conflicto *m.*

troubled ['trʌbld] *adj* **1.** *(worried, upset)* preocupado(da). **2.** *(disturbed, problematic)* agitado(da), turbulento (ta).

troublemaker ['trʌbl,meɪkəʳ] *n* alborotador *m,* -ra *f.*

troubleshooter ['trʌbl,ʃuːtəʳ] *n (for machines)* especialista en la localización y reparación de averías; *(in organizations)* persona contratada para resolver problemas.

troublesome ['trʌblsəm] *adj* molesto (ta).

trough [trɒf] *n* **1.** *(for drinking)* abrevadero *m;* *(for eating)* comedero *m.* **2.** *(low point)* punto *m* más bajo.

troupe [truːp] *n* compañía *f.*

trousers ['traʊzəz] *npl* pantalones *mpl.*

trousseau ['truːsəʊ] *(pl* -x [-z] OR -s) *n* ajuar *m.*

trout [traʊt] *(pl inv* OR -s) *n* trucha *f.*

trowel ['traʊəl] *n* **1.** *(for the garden)* desplantador *m.* **2.** *(for cement, plaster)* paleta *f,* palustre *m.*

truant ['truːənt] *n (child)* alumno *m,* -na *f* que hace novillos; **to play ~** hacer novillos.

truce [truːs] *n:* **~ (between)** tregua *f* (entre).

truck [trʌk] *n* **1.** *(lorry)* camión *m.* **2.** (RAIL) vagón *m* de mercancías.

truck driver *n* camionero *m,* -ra *f.*

trucker ['trʌkəʳ] *n Am* camionero *m,* -ra *f.*

truck farm *n Am* puesto de verduras y frutas para la venta.

truculent ['trʌkjʊlənt] *adj* agresivo (va), pendenciero(ra).

trudge [trʌdʒ] *vi* caminar con dificultad.

true [truː] *adj* **1.** *(gen)* verdadero(ra); **it's ~** es verdad; **to come ~** hacerse realidad. **2.** *(genuine)* auténtico(ca); *(friend)* de verdad. **3.** *(exact)* exacto (ta).

truffle ['trʌfl] *n* trufa *f.*

truly ['truːlɪ] *adv* verdaderamente; **yours ~** le saluda atentamente.

trump [trʌmp] *n* triunfo *m* (en cartas)

trumped-up ['trʌmpt-] *adj pej* inventado(da).

trumpet ['trʌmpɪt] *n* trompeta *f.*

truncheon ['trʌntʃən] *n* porra *f.*

trundle ['trʌndl] *vi* rodar lentamente

trunk [trʌŋk] *n* **1.** *(of tree, person)* tronco *m.* **2.** *(of elephant)* trompa *f.* **3.** *(box)* baúl *m.* **4.** *Am (of car)* maletero *m,* cajuela *f Méx,* baúl *m CSur.* ◆ **trunks** *npl* bañador *m* (de hombre).

trunk call *n Br* conferencia *f,* llamada *f* interurbana.

trunk road *n* ≃ carretera *f* nacional.

truss [trʌs] *n* (MED) braguero *m.*

trust [trʌst] ◇ *vt* **1.** *(believe in)* confiar en. **2.** *(have confidence in):* **to ~ sb to do sthg** confiar en alguien para que haga algo. **3.** *(entrust):* **to ~ sb with sthg** confiar algo a alguien. **4.** *(accept as safe, reliable)* fiarse de. ◇ *n* **1.** *(U)* *(faith, responsibility):* **~ (in)** confianza *f* (en). **2.** (FIN) trust *m;* **in ~** en fideicomiso.

trusted ['trʌstɪd] *adj* de confianza.

trustee [trʌs'tiː] *n* (FIN & JUR) fideicomisario *m,* -ria *f.*

trust fund *n* fondo *m* de fideicomiso.

trusting ['trʌstɪŋ] *adj* confiado(da).

trustworthy ['trʌst,wɜːðɪ] *adj* digno (na) de confianza.

truth [truːθ] *n* verdad *f;* **in (all) ~** en verdad, verdaderamente.

truthful ['truːθfʊl] *adj* **1.** *(person)* sincero(ra). **2.** *(story)* verídico(ca).

try [traɪ] ◇ *vt* **1.** *(attempt)* intentar; **to ~ to do sthg** tratar de OR intentar hacer algo. **2.** *(sample, test)* probar. **3.** (JUR) *(case)* ver; *(criminal)* juzgar, procesar. **4.** *(put to the test - person)* acabar con la paciencia de; *(- patience)* acabar con. ◇ *vi* intentar; **to ~ for sthg** tratar de conseguir algo ◇ *n* **1.** *(attempt)* intento *m,* tentativa *f.* **2.** *(sample, test):* **to give sthg a ~** probar algo. **3.** (RUGBY) ensayo *m.* ◆ **try on** *vt sep* probarse.

◆ **try out** *vt sep* *(car, machine)* probar; *(plan)* poner a prueba.

trying ['traɪɪŋ] *adj* difícil, pesado(da).

T-shirt *n* camiseta *f.*

T-square *n* escuadra *f* en forma de T.

tub [tʌb] *n* **1.** *(container - small)* bote *m;* *(- large)* tina *f.* **2.** *inf (bath)* bañera *f*

tubby ['tʌbɪ] *adj inf* regordete(ta).

tube [tjuːb] *n* **1.** *(cylinder, container)* tubo *m.* **2.** (ANAT) conducto *m.* **3.** *Br* (RAIL) metro *m;* **by ~** en metro.

tuberculosis [tjuː,bɜːkjʊ'ləʊsɪs] *n* tuberculosis *f.*

tubing ['tjuːbɪŋ] *n (U)* tubos *mpl.*

tubular ['tjuːbjʊləʳ] *adj* tubular.

TUC *n abbr of* **Trades Union Congress.**

tuck [tʌk] *vt* *(place neatly)* meter.

◆ **tuck away** *vt sep* *(money etc)* guardar. ◆ **tuck in** ◇ vt sep 1. *(person - in bed)* arropar. 2. *(clothes)* meterse. ◇ vi *inf* comer con apetito. ◆ **tuck up** vt sep arropar.

tuck shop n Br confitería f *(emplazada cerca de un colegio)*.

Tuesday ['tju:zdɪ] n martes m inv; *see also* **Saturday**.

tuft [tʌft] n *(of hair)* mechón m; *(of grass)* manojo m.

tug [tʌg] ◇ n 1. *(pull)* tirón m. 2. *(boat)* remolcador m. ◇ vt tirar de. ◇ vi: **to ~ (at)** tirar (de).

tug-of-war n juego m de la cuerda *(en el que dos equipos compiten tirando de ella)*.

tuition [tjuː'ɪʃn] n enseñanza f; **private ~** clases fpl particulares.

tulip ['tjuːlɪp] n tulipán m.

tumble ['tʌmbl] ◇ vi *(person)* caerse (rodando) ◇ n caída f. ◆ **tumble to** vt fus Br inf caerse en la cuenta de.

tumbledown ['tʌmbldaʊn] adj ruinoso(sa).

tumble-dryer [-,draɪəʳ] n secadora f.

tumbler ['tʌmbləʳ] n *(glass)* vaso m.

tummy ['tʌmɪ] n inf barriga f.

tumour Br, **tumor** Am ['tjuːməʳ] n tumor m.

tuna [Br 'tjuːnə, Am 'tuːnə] *(pl inv OR -s)* n atún m.

tune [tjuːn] ◇ n 1. *(song, melody)* melodía f 2. *(harmony)*: **in ~** (MUS) afinado(da); **out of ~** (MUS) desafinado (da); **to be out of/in ~ (with sb/sthg)** *fig* no avenirse/avenirse (con alguien/algo) ◇ vt 1. (MUS) afinar. 2. (RADIO & TV) sintonizar. 3. *(engine)* poner a punto. ◆ **tune in** vi (RADIO & TV): **to ~ in (to sthg)** sintonizar (algo). ◆ **tune up** vi (MUS) concertar OR afinar los instrumentos.

tuneful ['tjuːnfʊl] adj melodioso(sa).

tuner ['tjuːnəʳ] n 1. (RADIO & TV) sintonizador m. 2. (MUS) afinador m, -ra f

tunic ['tjuːnɪk] n túnica f.

tuning fork ['tjuːnɪŋ-] n diapasón m.

Tunisia [tjuːˈnɪzɪə] n Túnez.

tunnel ['tʌnl] ◇ n túnel m ◇ vi hacer un túnel.

turban ['tɜːbən] n turbante m.

turbine ['tɜːbaɪn] n turbina f.

turbocharged ['tɜːbəʊtʃɑːdʒd] adj provisto(ta) de turbina; *(car)* turbo *(inv)*.

turbulence ['tɜːbjʊləns] n (U) *lit & fig* turbulencia f

turbulent ['tɜːbjʊlənt] adj *lit & fig* turbulento(ta).

tureen [təˈriːn] n sopera f.

turf [tɜːf] *(pl -s OR turves)* ◇ n 1. *(grass surface)* césped m. 2. *(clod)* tepe m. ◇ vt encespedar. ◆ **turf out** vt sep Br inf *(person)* dar la patada a, echar; *(old clothes)* tirar.

turgid ['tɜːdʒɪd] adj *fml (over-solemn)* ampuloso(sa).

Turk [tɜːk] n turco m, -ca f.

turkey ['tɜːkɪ] *(pl turkeys)* n pavo m.

Turkey ['tɜːkɪ] n Turquía.

Turkish ['tɜːkɪʃ] ◇ adj turco(ca) ◇ n *(language)* turco m. ◇ npl *(people)*: **the ~** los turcos.

Turkish delight n rahat lokum m, dulce de una sustancia gelatinosa, cubierto de azúcar glas.

turmoil ['tɜːmɔɪl] n confusión f, alboroto m.

turn [tɜːn] ◇ n 1. *(in road, river)* curva f. 2. *(of knob, wheel)* vuelta f. 3. *(change)* cambio m. 4. *(in game)* turno m; **it's my ~** me toca a mí; **in ~** sucesivamente, uno tras otro. 5. *(performance)* número m. 6. (MED) ataque m. 7. phr: **to do sb a good ~** hacerle un favor a alguien. ◇ vt 1. *(chair, page, omelette)* dar la vuelta a. 2. *(knob, wheel)* girar. 3. *(corner)* doblar. 4. *(thoughts, attention)*: **to ~ sthg to** dirigir algo hacia. 5. *(change)*: **to ~ sthg into** convertir OR transformar algo en. 6. *(cause to become)*: **the cold ~ed his fingers blue** se le pusieron los dedos azules por el frío. 7. *(become)*: **it ~ed black** se volvió negro. ◇ vi 1. *(car)* girar; *(road)* torcer; *(person)* volverse, darse la vuelta. 2. *(wheel)* dar vueltas. 3. *(turn page over)*: pasen a la página dos 4. *(thoughts, attention)*: **to ~ to** dirigirse hacia 5. *(seek consolation)*: **to ~ to sb/sthg** buscar consuelo en alguien/algo. 6. *(change)*: **to ~ into** convertirse OR transformarse en. 7. *(go sour)* cortarse. ◆ **turn around** = **turn round**. ◆ **turn away** vt sep *(refuse entry to)* no dejar entrar. ◆ **turn back** ◇ vt sep *(person, vehicle)* hacer volver. ◇ vi volver, volverse ◆ **turn down** vt sep 1. *(offer, person)* rechazar. 2. *(volume etc)* bajar. ◆ **turn in** vi inf *(go to bed)* irse a dormir. ◆ **turn off** ◇ vt fus *(road, path)* desviarse de ◇ vt sep *(radio, heater)* apagar; *(engine)* parar; *(gas, tap)* cerrar ◇ vi *(leave road)* desviarse. ◆ **turn on** ◇ vt sep 1. *(radio, TV, engine)* encender; *(gas, tap)* abrir. 2. inf *(excite sexually)* poner cachondo(da). ◇ vt fus *(attack)* atacar. ◆ **turn out** ◇ vt sep 1. *(extinguish)* apagar. 2. *(empty - pockets, bag)*

vaciar. ◊ *vt fus*: **to ~ out** to be resultar ser. ◊ *vi* **1.** *(end up)* salir. **2.** *(arrive)*: **to ~ out (for)** venir OR presentarse (a).
♦ **turn over** ◊ *vt sep* **1.** *(turn upside down)* dar la vuelta a; *(page)* volver. **2.** *(consider)* darle vueltas a. **3.** Br (RADIO & TV) cambiar. **4.** *(hand over)*: **to ~ sthg/sb over (to)** entregar algo/a alguien (a). ◊ *vi* **1.** *(roll over)* darse la vuelta. **2.** Br (RADIO & TV) cambiar de canal ♦ **turn round** ◊ *vt sep* **1.** *(gen)* dar la vuelta a. **2.** *(knob, key)* hacer girar. ◊ *vi* *(person)* darse la vuelta, volverse. ♦ **turn up** ◊ *vt sep* *(volume, heating)* subir. ◊ *vi inf* aparecer.

turning ['tɜːnɪŋ] *n (road)* bocacalle *f*.

turning point *n* momento *m* decisivo.

turnip ['tɜːnɪp] *n* nabo *m*.

turnout ['tɜːnaut] *n* número *m* de asistentes, asistencia *f*.

turnover ['tɜːn,əʊvəʳ] *n* (U) **1.** *(of personnel)* movimiento *m* de personal. **2.** Br (FIN) volumen *m* de ventas, facturación *f*.

turnpike ['tɜːnpaɪk] *n Am* autopista *f* de peaje.

turnstile ['tɜːnstaɪl] *n* torniquete *m*.

turntable ['tɜːn,teɪbl] *n* plato *m* giratorio.

turn-up *n Br (on trousers)* vuelta *f*; **a ~ for the books** *inf* una auténtica sorpresa.

turpentine ['tɜːpəntaɪn] *n* trementina *f*.

turquoise ['tɜːkwɔɪz] ◊ *adj* turquesa. ◊ *n (mineral, gem)* turquesa *f*.

turret ['tʌrɪt] *n* torreta *f*, torrecilla *f*.

turtle ['tɜːtl] *(pl inv* OR **-s)** *n* tortuga *f* (marina).

turtleneck ['tɜːtlnek] *n* cuello *m* (de) cisne.

turves [tɜːvz] *Br pl →* **turf**.

tusk [tʌsk] *n* colmillo *m*.

tussle ['tʌsl] ◊ *n* lucha *f*, pelea *f*. ◊ *vi*: **to ~ (over)** pelearse (por).

tutor ['tjuːtəʳ] *n* **1.** *(private)* profesor particular *m*, profesora particular *f*, tutor *m*, -ra *f*. **2.** (UNIV) profesor universitario *m*, profesora universitaria *f* *(de un grupo pequeño)*.

tutorial [tjuː'tɔːrɪəl] *n* tutoría *f*, clase *f* con grupo reducido.

tuxedo [tʌk'siːdəu] *(pl* **-s)** *n* esmoquin *m*.

TV *(abbr of television)* ◊ *n* televisión *f*; **on ~** en la televisión. ◊ *comp* de televisión

twang [twæŋ] *n* **1.** *(of guitar)* tañido *m*;

(of string, elastic) sonido *m* vibrante. **2.** *(accent)* gangueo *m*, acento *m* nasal.

tweed [twiːd] *n* tweed *m*.

tweezers ['twiːzəz] *npl* pinzas *fpl*.

twelfth [twelfθ] *num* duodécimo(ma); *see also* **sixth**.

twelve [twelv] *num* doce; *see also* **six**.

twentieth ['twentɪəθ] *num* vigésimo (ma); *see also* **sixth**.

twenty ['twentɪ] *num* veinte; *see also* **sixty**.

twice [twaɪs] ◊ *num adv* dos veces; **~ a week** dos veces por semana; **it costs ~ as much** cuesta el doble ◊ *num adj* dos veces; **~ as big** el doble de grande.

twiddle ['twɪdl] ◊ *vt* dar vueltas a. ◊ *vi*: **to ~ with** juguetear con.

twig [twɪg] *n* ramita *f*.

twilight ['twaɪlaɪt] *n* crepúsculo *m*.

twin [twɪn] ◊ *adj* gemelo(la). ◊ *n* gemelo *m*, -la *f*.

twin-bedded [-'bedɪd] *adj* de dos camas.

twine [twaɪn] ◊ *n* (U) bramante *m*. ◊ *vt*: **to ~ sthg round sthg** enrollar algo en algo.

twinge [twɪndʒ] *n (of pain)* punzada *f*; *(of guilt)* remordimiento *m*

twinkle ['twɪŋkl] *vi* **1.** *(star)* centellear, parpadear. **2.** *(eyes)* brillar.

twin room *n* habitación *f* con dos camas.

twin town *n* ciudad *f* hermanada.

twirl [twɜːl] ◊ *vt* dar vueltas a. ◊ *vi* dar vueltas rápidamente.

twist [twɪst] *n* **1.** *(in road)* vuelta *f*, recodo *m*; *(in river)* meandro *m*. **2.** *(of head, lid, knob)* giro *m*. **3.** *(shape)* espiral *f*. **4.** *fig (in plot)* giro *m* imprevisto. ◊ *vt* **1.** *(cloth, rope)* retorcer; *(hair)* enroscar. **2.** *(face etc)* torcer. **3.** *(dial, lid)* dar vueltas a; *(head)* volver. **4.** *(ankle, knee etc)* torcerse. **5.** *(misquote)* tergiversar. ◊ *vi* **1.** *(person)* retorcerse; *(road, river)* serpentear. **2.** *(face)* contorsionarse; *(frame, rail)* torcerse. **3.** *(turn - head, hand)* volverse.

twit [twɪt] *n Br inf* imbécil *m y f*.

twitch [twɪtʃ] ◊ *n* contorsión *f*; **nervous ~ tic** *m* (nervioso). ◊ *vi* contorsionarse.

two [tuː] *num* dos; **in ~** en dos; *see also* **six**.

two-door *adj (car)* de dos puertas.

twofaced [,tuː'feɪst] *adj pej* hipócrita.

twofold ['tuːfəʊld] ◊ *adj* doble; **a ~ increase** un incremento del doble. ◊ *adv*: **to increase ~** duplicarse

two-piece adj (suit) de dos piezas.

twosome ['tu:səm] n inf pareja f.

two-way adj (traffic) en ambas direcciones; (agreement, cooperation) mutuo (tua).

tycoon [tar'ku:n] n magnate m.

type [taɪp] ◇ n 1. (gen) tipo m. 2. (U) (TYPO) tipo m, letra f. ◇ vt 1. (on typewriter) escribir a máquina, mecanografiar. 2. (on computer) escribir en el ordenador; **to ~ sthg into sthg** entrar algo en algo. ◇ vi escribir a máquina.

typecast ['taɪpkɑːst] (pt & pp **typecast**) vt: **to ~ sb (as)** encasillar a alguien (como)

typeface ['taɪpfeɪs] n tipo m, letra f.

typescript ['taɪpskrɪpt] n copia f mecanografiada.

typeset ['taɪpset] (pt & pp **typeset**) vt componer.

typewriter ['taɪp,raɪtə'] n máquina f de escribir.

typhoid (fever) ['taɪfɔɪd-] n fiebre f tifoidea.

typhoon [taɪ'fuːn] n tifón m.

typical ['tɪpɪkl] adj: **~ (of)** típico(ca) (de).

typing ['taɪpɪŋ] n mecanografía f.

typist ['taɪpɪst] n mecanógrafo m, -fa f.

typography [taɪ'pɒɡrəfɪ] n (process, job) tipografía f.

tyranny ['tɪrənɪ] n tiranía f.

tyrant ['taɪrənt] n tirano m, -na f.

tyre Br, **tire** Am ['taɪə'] n neumático m

tyre pressure n presión f de los neumáticos.

U

u (pl **u's** OR **us**), **U** (pl **U's** OR **Us**) [juː] n (letter) u f, U f

U-bend n sifón m.

udder ['ʌdə'] n ubre f.

UFO (abbr of **unidentified flying object**) n OVNI m.

Uganda [juː'ɡændə] n Uganda.

ugh [ʌɡ] excl ¡puf!

ugly ['ʌɡlɪ] adj 1. (unattractive) feo(a). 2. fig (unpleasant) desagradable.

UHF (abbr of **ultra-high frequency**) UHF.

UK (abbr of **United Kingdom**) n RU m; **the ~** el Reino Unido

Ukraine [juː'kreɪn] n: **the ~** Ucrania.

ulcer ['ʌlsə'] n úlcera f.

ulcerated ['ʌlsəreɪtɪd] adj ulceroso(sa).

Ulster ['ʌlstə'] n (el) Úlster.

ulterior [ʌl'tɪərɪə'] adj: **~ motive** motivo m oculto.

ultimata [ʌltɪ'meɪtə] pl → **ultimatum**.

ultimate ['ʌltɪmət] ◇ adj 1. (final, long-term) final, definitivo(va). 2. (most powerful) máximo(ma). ◇ n: **the ~ in** el colmo de.

ultimately ['ʌltɪmətlɪ] adv finalmente, a la larga.

ultimatum [ʌltɪ'meɪtəm] (pl **-s** OR **-ta**) n ultimátum m.

ultrasound ['ʌltrəsaʊnd] n ultrasonido m.

ultraviolet [ʌltrə'vaɪələt] adj ultravioleta.

umbilical cord [ʌm'bɪlɪkl-] n cordón m umbilical.

umbrella [ʌm'brelə] ◇ n 1. (for rain) paraguas m inv. 2. (on beach) parasol m. ◇ adj que engloba a otros (otras).

umpire ['ʌmpaɪə'] n árbitro m.

umpteen [ʌmp'tiːn] num adj inf: **~ times** la tira de veces.

umpteenth [ʌmp'tiːnθ] num adj inf enésimo(ma); **for the ~ time** por enésima vez.

UN (abbr of **United Nations**) n: **the ~** la ONU.

unabated [ʌnə'beɪtɪd] adj incesante.

unable [ʌn'eɪbl] adj: **to be ~ to do sthg** no poder hacer algo.

unacceptable [ʌnək'septəbl] adj inaceptable.

unaccompanied [ʌnə'kʌmpənɪd] adj 1. (child) que no va acompañado(da); (luggage) desatendido(da). 2. (song) sin acompañamiento.

unaccountably [ʌnə'kaʊntəblɪ] adv inexplicablemente.

unaccounted [ʌnə'kaʊntɪd] adj: **12 people are ~ for** hay 12 personas aún sin localizar.

unaccustomed [ʌnə'kʌstəmd] adj (unused): **to be ~ to** no estar acostumbrado(da) a.

unadulterated [ʌnə'dʌltəreɪtɪd] adj 1. (unspoilt) sin adulterar 2. (absolute) completo(ta), absoluto(ta).

unanimous [juː'nænɪməs] adj unánime.

unanimously [juː'nænɪməslɪ] adv unánimemente.

unanswered [ˌʌnˈɑːnsəd] adj sin contestar.

unappetizing, -ising [ˌʌnˈæpɪtaɪzɪŋ] adj poco apetitoso(sa).

unarmed [ˌʌnˈɑːmd] adj desarmado(da).

unarmed combat n lucha f OR combate m a brazo partido.

unashamed [ˌʌnəˈʃeɪmd] adj descarado(da).

unassuming [ˌʌnəˈsjuːmɪŋ] adj sin pretensiones.

unattached [ˌʌnəˈtætʃt] adj 1. (not fastened, linked) independiente; ~ to que no está ligado a. 2. (without partner) libre, sin compromiso.

unattended [ˌʌnəˈtendɪd] adj desatendido(da).

unattractive [ˌʌnəˈtræktɪv] adj poco atractivo(va).

unauthorized, -ised [ˌʌnˈɔːθəraɪzd] adj no autorizado(da).

unavailable [ˌʌnəˈveɪləbl] adj que no está disponible.

unavoidable [ˌʌnəˈvɔɪdəbl] adj inevitable, ineludible.

unaware [ˌʌnəˈweər] adj inconsciente; to be ~ of no ser consciente de.

unawares [ˌʌnəˈweəz] adv: to catch OR take sb ~ coger a alguien desprevenido(da).

unbalanced [ˌʌnˈbælənst] adj desequilibrado(da).

unbearable [ʌnˈbeərəbl] adj insoportable, inaguantable.

unbeatable [ˌʌnˈbiːtəbl] adj (gen) insuperable; (prices, value) inmejorable.

unbeknown(st) [ˌʌnbɪˈnəʊn(st)] adv: ~ to sin conocimiento de.

unbelievable [ˌʌnbɪˈliːvəbl] adj increíble.

unbending [ʌnˈbendɪŋ] adj resoluto(ta).

unbia(s)sed [ˌʌnˈbaɪəst] adj imparcial.

unborn [ˌʌnˈbɔːn] adj (child) no nacido(da) aún.

unbreakable [ˌʌnˈbreɪkəbl] adj irrompible.

unbridled [ˌʌnˈbraɪdld] adj desmesurado(da), desenfrenado(da).

unbutton [ˌʌnˈbʌtn] vt desabrochar.

uncalled-for [ˌʌnˈkɔːld-] adj injusto(ta), inmerecido(da)

uncanny [ʌnˈkænɪ] adj extraño(ña).

unceasing [ʌnˈsiːsɪŋ] adj fml incesante.

unceremonious [ˈʌnˌserɪˈməʊnjəs] adj (curt) brusco(ca)

uncertain [ʌnˈsɜːtn] adj (gen) incierto

(ta); (undecided, hesitant) indeciso(sa); in no ~ terms de forma vehemente.

unchanged [ˌʌnˈtʃeɪndʒd] adj sin alterar.

unchecked [ˌʌnˈtʃekt] ◇ adj (unrestrained) desenfrenado(da). ◇ adv (unrestrained) libremente, sin restricciones.

uncivilized, -ised [ˌʌnˈsɪvɪlaɪzd] adj (society) incivilizado(da); (person) inculto(ta).

uncle [ˈʌŋkl] n tío m.

unclear [ˌʌnˈklɪər] adj poco claro(ra); to be ~ about sthg no tener claro algo.

uncomfortable [ˌʌnˈkʌmftəbl] adj 1. (gen) incómodo(da). 2. fig (fact, truth) inquietante, desagradable.

uncommon [ʌnˈkɒmən] adj (rare) poco común, raro(ra).

uncompromising [ˌʌnˈkɒmprəmaɪzɪŋ] adj inflexible, intransigente.

unconcerned [ˌʌnkənˈsɜːnd] adj (not anxious) indiferente

unconditional [ˌʌnkənˈdɪʃənl] adj incondicional.

unconscious [ʌnˈkɒnʃəs] ◇ adj inconsciente; to be ~ of sthg ser inconsciente de OR ignorar algo. ◇ n inconsciente m.

unconsciously [ʌnˈkɒnʃəslɪ] adv inconscientemente.

uncontrollable [ˌʌnkənˈtrəʊləbl] adj (gen) incontrolable; (desire, hatred) irrefrenable; (laughter) incontenible.

unconventional [ˌʌnkənˈvenʃənl] adj poco convencional.

unconvinced [ˌʌnkənˈvɪnst] adj: to remain ~ seguir sin convencerse.

uncouth [ʌnˈkuːθ] adj grosero(ra).

uncover [ʌnˈkʌvər] vt (gen) descubrir; (jar, tin etc) destapar.

undecided [ˌʌndɪˈsaɪdɪd] adj 1. (person) indeciso(sa) 2. (issue) pendiente.

undeniable [ˌʌndɪˈnaɪəbl] adj innegable.

under [ˈʌndər] ◇ prep 1. (beneath) debajo de. 2. (with movement) bajo; they walked ~ the bridge pasaron por debajo del puente. 3. (subject to, undergoing, controlled by) bajo; ~ the circumstances dadas las circunstancias; ~ discussion en proceso de discusión; he has 20 men ~ him tiene 20 hombres a su cargo. 4. (less than) menos de 5. (according to) según. 6. (in headings, classifications): he filed it ~ 'D' lo archivó en la 'D'. 7. (name, title): ~ an alias bajo nombre supuesto. ◇ adv 1. (gen) debajo; to go ~

(business) irse a pique. **2.** *(less)*: **children of 12 years and ~** niños menores de 12 años.

underage [ˌʌndərˈeɪdʒ] *adj (person)* menor de edad; *(sex, drinking)* en menores de edad.

undercarriage [ˈʌndəˌkærɪdʒ] *n* tren *m* de aterrizaje.

undercharge [ˌʌndəˈtʃɑːdʒ] *vt* cobrar menos del precio estipulado a.

underclothes [ˈʌndəkləʊðz] *npl* ropa *f* interior.

undercoat [ˈʌndəkəʊt] *n (of paint)* primera mano *f* OR capa *f*.

undercover [ˌʌndəˈkʌvəʳ] *adj* secreto (ta).

undercurrent [ˈʌndəˌkʌrənt] *n fig* sentimiento *m* oculto.

undercut [ˌʌndəˈkʌt] *(pt & pp* **undercut)** *vt (in price)* vender más barato que.

underdeveloped [ˌʌndədɪˈveləpt] *adj* subdesarrollado(da).

underdog [ˈʌndədɒg] *n*: **the ~** el que lleva las de perder.

underdone [ˌʌndəˈdʌn] *adj* poco hecho(cha).

underestimate [ˌʌndərˈestɪmeɪt] *vt* subestimar.

underexposed [ˌʌndərɪkˈspəʊzd] *adj* (PHOT) subexpuesto(ta).

underfoot [ˌʌndəˈfʊt] *adv* debajo de los pies; **it's wet ~** el suelo está mojado

undergo [ˌʌndəˈgəʊ] *(pt* **-went,** *pp* **-gone)** *vt (pain, change, difficulties)* sufrir, experimentar; *(operation, examination)* someterse a.

undergraduate [ˌʌndəˈgrædʒʊət] *n* estudiante universitario no licenciado *m*, estudiante universitaria no licenciada *f*.

underground [*adj & n* ˈʌndəgraʊnd, *adv* ˌʌndəˈgraʊnd] ◇ *adj* **1.** *(below the ground)* subterráneo(a). **2.** *fig (secret, illegal)* clandestino(na). ◇ *adv*: **to go ~** pasar a la clandestinidad ◇ *n* **1.** *Br (railway system)* metro *m*. **2.** *(activist movement)* movimiento *m* clandestino

undergrowth [ˈʌndəgrəʊθ] *n (U)* maleza *f*.

underhand [ˌʌndəˈhænd] *adj* turbio (bia), poco limpio(pia).

underline [ˌʌndəˈlaɪn] *vt* subrayar.

underlying [ˌʌndəˈlaɪɪŋ] *adj* subyacente.

undermine [ˌʌndəˈmaɪn] *vt fig* minar, socavar.

underneath [ˌʌndəˈniːθ] ◇ *prep* **1.**

(beneath) debajo de. **2.** *(with movement)* bajo ◇ *adv (under, below)* debajo. ◇ *adj inf* inferior, de abajo. ◇ *n (underside)*: **the ~** la superficie inferior

underpaid [ˈʌndəpeɪd] *adj* mal pagado (da).

underpants [ˈʌndəpænts] *npl* calzoncillos *mpl*.

underpass [ˈʌndəpɑːs] *n* paso *m* subterráneo.

underprivileged [ˌʌndəˈprɪvɪlɪdʒd] *adj* desvalido(da), desamparado(da).

underrated [ˌʌndəˈreɪtɪd] *adj* subestimado(da), infravalorado(da).

undershirt [ˈʌndəʃɜːt] *n Am* camiseta *f*.

underside [ˈʌndəsaɪd] *n*: **the ~** la superficie inferior.

underskirt [ˈʌndəskɜːt] *n* enaguas *fpl*.

understand [ˌʌndəˈstænd] *(pt & pp* **-stood)** ◇ *vt* **1.** *(gen)* comprender, entender. **2.** *(know all about)* entender de. **3.** *fml (be informed)*: **to ~ that** tener entendido que ◇ *vi* comprender, entender.

understandable [ˌʌndəˈstændəbl] *adj* comprensible.

understanding [ˌʌndəˈstændɪŋ] ◇ *n* **1.** *(knowledge)* entendimiento *m*, comprensión *f*. **2.** *(sympathy)* comprensión *f* mutua. **3.** *(informal agreement)* acuerdo *m*. ◇ *adj* comprensivo(va).

understatement [ˌʌndəˈsteɪtmənt] *n* **1.** *(inadequate statement)* atenuación *f*; **it's an ~ to say he's fat** decir que es gordo es quedarse corto. **2.** *(U) (quality of understating)*: **he's a master of ~** puede quitarle importancia a cualquier cosa.

understood [ˌʌndəˈstʊd] *pt & pp →* **understand.**

understudy [ˈʌndəˌstʌdɪ] *n* suplente *m* y *f*.

undertake [ˌʌndəˈteɪk] *(pt* **-took,** *pp* **-taken)** *vt* **1.** *(task)* emprender; *(responsibility, control)* asumir, tomar **2.** *(promise)*: **to ~ to do sthg** comprometerse a hacer algo.

undertaker [ˈʌndəˌteɪkəʳ] *n* director *m*, -ra *f* de pompas fúnebres

undertaking [ˌʌndəˈteɪkɪŋ] *n* **1.** *(task)* tarea *f*, empresa *f*. **2.** *(promise)* promesa *f*.

undertone [ˈʌndətəʊn] *n* **1.** *(quiet voice)* voz *f* baja. **2.** *(vague feeling)* matiz *m*.

undertook [ˌʌndəˈtʊk] *pt →* **undertake.**

underwater [ˌʌndəˈwɔːtərˈ] ◇ adj submarino(na). ◇ adv bajo el agua.

underwear [ˈʌndəweərˈ] n ropa f interior.

underwent [ˌʌndəˈwent] pt → **undergo**.

underworld [ˈʌndəˌwɜːld] n (criminal society): the ~ el hampa, los bajos fondos.

underwriter [ˈʌndəˌraɪtərˈ] n asegurador m, -ra f

undid [ˌʌnˈdɪd] pt → **undo**.

undies [ˈʌndɪz] npl inf paños mpl menores.

undisputed [ˌʌndɪˈspjuːtɪd] adj indiscutible.

undistinguished [ˌʌndɪˈstɪŋgwɪʃt] adj mediocre.

undo [ˌʌnˈduː] (pt -did, pp -done) vt 1. (unfasten - knot) desatar, desanudar; (- button, clasp) desabrochar; (- parcel) abrir. 2. (nullify) anular, deshacer.

undoing [ˌʌnˈduːɪŋ] n (U) fml ruina f, perdición f.

undone [ˌʌnˈdʌn] pp → **undo**. ◇ adj 1. (coat) desabrochado(da); (shoes) desatado(da). 2. fml (not done) por hacer

undoubted [ˌʌnˈdaʊtɪd] adj indudable.

undoubtedly [ˌʌnˈdaʊtɪdlɪ] adv fml indudablemente, sin duda (alguna).

undress [ˌʌnˈdres] ◇ vt desnudar. ◇ vi desnudarse.

undue [ˌʌnˈdjuː] adj fml indebido(da).

undulate [ˈʌndjʊleɪt] vi fml ondular.

unduly [ˌʌnˈdjuːlɪ] adv fml indebidamente.

unearth [ˌʌnˈɜːθ] vt (dig up) desenterrar; fig (discover) descubrir.

unearthly [ʌnˈɜːθlɪ] adj inf (hour) intempestivo(va)

unease [ʌnˈiːz] n malestar m.

uneasy [ʌnˈiːzɪ] adj 1. (person, feeling) intranquilo(la). 2. (peace) inseguro(ra).

uneconomic [ˈʌnˌiːkəˈnɒmɪk] adj poco rentable

uneducated [ʌnˈedjʊkeɪtɪd] adj ignorante, inculto(ta).

unemployed [ˌʌnɪmˈplɔɪd] ◇ adj parado(da), desempleado(da). ◇ npl: the ~ los parados.

unemployment [ˌʌnɪmˈplɔɪmənt] n desempleo m, paro m.

unemployment benefit Br, **unemployment compensation** Am n subsidio m de desempleo OR paro.

unerring [ˌʌnˈɜːrɪŋ] adj infalible

uneven [ˌʌnˈiːvn] adj 1. (not flat - road) lleno(na) de baches; (- land) escabroso

(sa). 2. (inconsistent, unfair) desigual.

unexpected [ˌʌnɪkˈspektɪd] adj inesperado(da).

unexpectedly [ˌʌnɪkˈspektɪdlɪ] adv inesperadamente.

unfailing [ʌnˈfeɪlɪŋ] adj indefectible.

unfair [ˌʌnˈfeərˈ] adj injusto(ta).

unfaithful [ˌʌnˈfeɪθfʊl] adj (sexually) infiel.

unfamiliar [ˌʌnfəˈmɪljərˈ] adj 1. (not well-known) desconocido(da). 2. (not acquainted): to be ~ with sthg/sb desconocer algo/a alguien.

unfashionable [ˌʌnˈfæʃnəbl] adj (clothes, ideas) pasado(da) de moda; (area of town) poco popular

unfasten [ˌʌnˈfɑːsn] vt (garment, buttons) desabrochar; (rope, tie) desatar, soltar; (door) abrir.

unfavourable Br, **unfavorable** Am [ˌʌnˈfeɪvrəbl] adj desfavorable.

unfeeling [ʌnˈfiːlɪŋ] adj insensible.

unfinished [ˌʌnˈfɪnɪʃt] adj sin terminar.

unfit [ˌʌnˈfɪt] adj 1. (injured) lesionado(da); (in poor shape) que no está en forma. 2. (not suitable - thing) impropio(pia); (- person): ~ to incapaz de; ~ for no apto para.

unfold [ʌnˈfəʊld] ◇ vt 1. (open out) desplegar, desdoblar. 2. (explain) revelar. ◇ vi (become clear) revelarse.

unforeseen [ˌʌnfɔːˈsiːn] adj imprevisto(ta).

unforgettable [ˌʌnfəˈgetəbl] adj inolvidable.

unforgivable [ˌʌnfəˈgɪvəbl] adj imperdonable.

unfortunate [ʌnˈfɔːtʃnət] adj 1. (unlucky) desgraciado(da), desdichado(da). 2. (regrettable) inoportuno(na).

unfortunately [ʌnˈfɔːtʃnətlɪ] adv desgraciadamente, desafortunadamente.

unfounded [ˌʌnˈfaʊndɪd] adj infundado(da).

unfriendly [ˌʌnˈfrendlɪ] adj poco amistoso(sa).

unfurnished [ˌʌnˈfɜːnɪʃt] adj desamueblado(da)

ungainly [ʌnˈgeɪnlɪ] adj desgarbado(da).

ungodly [ˌʌnˈgɒdlɪ] adj inf (hour) intempestivo(va)

ungrateful [ʌnˈgreɪtfʊl] adj desagradecido(da), ingrato(ta).

unhappy [ʌnˈhæpɪ] adj 1. (sad) triste; (wretched) desdichado(da), infeliz. 2. (uneasy): to be ~ (with OR about) estar inquieto(ta) (por). 3. fml (unfortunate) desafortunado(da).

unharmed [ˌʌnˈhɑːmd] *adj (person)* ileso(sa); *(thing)* indemne.

unhealthy [ʌnˈhelθɪ] *adj* **1.** *(in bad health)* enfermizo(za) **2.** *(causing bad health)* insalubre. **3.** *fig (interest etc)* morboso(sa).

unheard-of [ʌnˈhɜːd-] *adj* **1.** *(unknown, completely absent)* inaudito(ta). **2.** *(unprecedented)* sin precedente.

unhook [ʌnˈhʊk] *vt* **1.** *(unfasten hooks of)* desabrochar. **2.** *(remove from hook)* descolgar, desenganchar.

unhurt [ʌnˈhɜːt] *adj* ileso(sa).

unhygienic [ˌʌnharˈdʒiːnɪk] *adj* antihigiénico(ca).

unidentified flying object *n* objeto m volador no identificado.

unification [ˌjuːnɪfɪˈkeɪʃn] *n* unificación *f.*

uniform [ˈjuːnɪfɔːm] ◇ *adj* uniforme, constante ◇ *n* uniforme *m*

unify [ˈjuːnɪfaɪ] *vt* unificar, unir.

unilateral [ˌjuːnɪˈlætərəl] *adj* unilateral.

unimportant [ˌʌnɪmˈpɔːtənt] *adj* sin importancia, insignificante

uninhabited [ˌʌnɪnˈhæbɪtɪd] *adj* deshabitado(da).

uninjured [ˌʌnˈɪndʒəd] *adj* ileso(sa).

unintelligent [ˌʌnɪnˈtelɪdʒent] *adj* poco inteligente

unintentional [ˌʌnɪnˈtenʃənl] *adj* involuntario(ria).

union [ˈjuːnjən] ◇ *n* **1.** *(trade union)* sindicato *m* **2.** *(alliance)* unión *f*, alianza *f.* ◇ *comp* sindical

Union Jack *n*: the ~ la bandera del *Reino Unido.*

unique [juːˈniːk] *adj* **1.** *(gen)* único(ca). **2.** *fml (peculiar, exclusive)*: ~ to peculiar de.

unison [ˈjuːnɪzn] *n* unísono *m*; in ~ *(simultaneously)* al unísono.

unit [ˈjuːnɪt] *n* **1.** *(gen)* unidad *f.* **2.** *(piece of furniture)* módulo *m*, elemento *m*.

unite [juːˈnaɪt] ◇ *vt (gen)* unir; *(country)* unificar. ◇ *vi* unirse, juntarse.

united [juːˈnaɪtɪd] *adj* unido(da).

United Kingdom *n*: the ~ el Reino Unido.

United Nations *n*: the ~ las Naciones Unidas

United States *n*: the ~ (of America) los Estados Unidos (de América).

unit trust *n Br* fondo *m* de inversión mobiliaria.

unity [ˈjuːnətɪ] *n (U)* unidad *f*, unión *f.*

universal [ˌjuːnɪˈvɜːsl] *adj* universal

universe [ˈjuːnɪvɜːs] *n*: the ~ el universo.

university [ˌjuːnɪˈvɜːsətɪ] ◇ *n* universidad *f* ◇ *comp* universitario(ria); ~ student (estudiante) universitario *m*, (estudiante) universitaria *f.*

unjust [ˌʌnˈdʒʌst] *adj* injusto(ta).

unkempt [ˌʌnˈkempt] *adj (person)* desaseado(da); *(hair)* despeinado(da); *(clothes)* descuidado(da).

unkind [ʌnˈkaɪnd] *adj (uncharitable)* poco amable, cruel

unknown [ˌʌnˈnəʊn] *adj* desconocido (da).

unlawful [ˌʌnˈlɔːfʊl] *adj* ilegal, ilícito (ta).

unleaded [ˌʌnˈledɪd] *adj* sin plomo.

unleash [ˌʌnˈliːʃ] *vt literary* desatar.

unless [ənˈles] *conj* a menos que; ~ I say so a menos que yo lo diga; ~ I'm mistaken si no me equivoco.

unlike [ˌʌnˈlaɪk] *prep* **1.** *(different from)* distinto(ta) a, diferente a. **2.** *(differently from)* a diferencia de. **3.** *(not typical of)* poco característico(ca) de.

unlikely [ʌnˈlaɪklɪ] *adj* **1.** *(not probable)* poco probable. **2.** *(bizarre)* inverosímil.

unlisted [ʌnˈlɪstɪd] *adj Am (phone number)* que no figura en la guía telefónica.

unload [ˌʌnˈləʊd] *vt (goods, car)* descargar

unlock [ˌʌnˈlɒk] *vt* abrir (con llave).

unlucky [ʌnˈlʌkɪ] *adj* **1.** *(unfortunate)* desgraciado(da). **2.** *(number, colour etc)* de la mala suerte.

unmarried [ˌʌnˈmærɪd] *adj* que no se ha casado

unmistakable [ˌʌnmɪˈsteɪkəbl] *adj* inconfundible.

unmitigated [ʌnˈmɪtɪɡeɪtɪd] *adj* absoluto(ta).

unnatural [ʌnˈnætʃrəl] *adj* **1.** *(unusual, strange)* anormal. **2.** *(affected)* afectado (da).

unnecessary [ʌnˈnesəsərɪ] *adj* innecesario(ria).

unnerving [ˌʌnˈnɜːvɪŋ] *adj* desconcertante.

unnoticed [ˌʌnˈnəʊtɪst] *adj* inadvertido(da), desapercibido(da).

unobtainable [ˌʌnəbˈteɪnəbl] *adj* inasequible

unobtrusive [ˌʌnəbˈtruːsɪv] *adj* discreto(ta).

unofficial [ˌʌnəˈfɪʃl] *adj* extraoficial

unorthodox [ˌʌnˈɔːθədɒks] *adj* poco ortodoxo(xa).

unpack [ˌʌnˈpæk] ◇ *vt* **1.** *(box)* desempaquetar, desembalar; *(suitcases)* deshacer. **2.** *(clothes)* sacar (de la maleta). ◇ *vi* deshacer las maletas.

unpalatable [ʌnˈpælətəbl] *adj (food)* incomible; *(drink)* imbebible; *fig (difficult to accept)* desagradable.

unparalleled [ʌnˈpærəleld] *adj* incomparable, sin precedente.

unpleasant [ʌnˈpleznt] *adj* **1.** *(disagreeable)* desagradable. **2.** *(unfriendly, rude person)* antipático(ca); *(- remark)* mezquino(na).

unplug [ʌnˈplʌg] *vt* desenchufar, desconectar.

unpopular [ˌʌnˈpɒpjʊləʳ] *adj* poco popular.

unprecedented [ʌnˈpresɪdəntɪd] *adj* sin precedentes, inaudito(ta).

unpredictable [ˌʌnprɪˈdɪktəbl] *adj* imprevisible.

unprofessional [ˌʌnprəˈfeʃənl] *adj* poco profesional.

unqualified [ˌʌnˈkwɒlɪfaɪd] *adj* **1.** *(not qualified)* sin título, no cualificado(da). **2.** *(total, complete)* incondicional.

unquestionable [ʌnˈkwestʃənəbl] *adj* incuestionable, indiscutible

unquestioning [ʌnˈkwestʃənɪŋ] *adj* incondicional

unravel [ʌnˈrævl] *vt lit & fig* desenmarañar.

unreal [ˌʌnˈrɪəl] *adj* irreal.

unrealistic [ˌʌnrɪəˈlɪstɪk] *adj (person)* poco realista; *(idea, plan)* impracticable.

unreasonable [ʌnˈriːznəbl] *adj* **1.** *(person, behaviour, decision)* poco razonable. **2.** *(demand, price)* excesivo(va).

unrelated [ˌʌnrɪˈleɪtɪd] *adj*: **to be ~ (to)** no tener conexión (con).

unrelenting [ˌʌnrɪˈlentɪŋ] *adj* implacable, inexorable.

unreliable [ˌʌnrɪˈlaɪəbl] *adj* que no es de fiar.

unremitting [ˌʌnrɪˈmɪtɪŋ] *adj* incesante.

unrequited [ˌʌnrɪˈkwaɪtɪd] *adj* no correspondido(da)

unreserved [ˌʌnrɪˈzɜːvd] *adj (wholehearted)* incondicional, absoluto(ta).

unresolved [ˌʌnrɪˈzɒlvd] *adj* sin resolver, pendiente.

unrest [ˌʌnˈrest] *n (U)* malestar *m*, inquietud *f*.

unrivalled *Br*, **unrivaled** *Am* [ʌnˈraɪvld] *adj* incomparable, sin par.

unroll [ˌʌnˈrəʊl] *vt* desenrollar.

unruly [ʌnˈruːlɪ] *adj* **1.** *(person, behav-*

iour) revoltoso(sa). **2.** *(hair)* rebelde.

unsafe [ˌʌnˈseɪf] *adj (gen)* inseguro(ra); *(risky)* arriesgado(da).

unsaid [ˌʌnˈsed] *adj*: **to leave sthg ~** dejar algo sin decir

unsatisfactory [ˈʌnˌsætɪsˈfæktərɪ] *adj* insatisfactorio(ria).

unsavoury, **unsavory** *Am* [ʌnˈseɪvərɪ] *adj* desagradable.

unscathed [ˌʌnˈskeɪðd] *adj* ileso(sa).

unscrew [ˌʌnˈskruː] *vt* **1.** *(lid, top)* abrir. **2.** *(sign, hinge)* desatornillar.

unscrupulous [ʌnˈskruːpjʊləs] *adj* desaprensivo(va), poco escrupuloso(sa)

unseemly [ʌnˈsiːmlɪ] *adj* indecoroso(sa).

unselfish [ˌʌnˈselfɪʃ] *adj* altruista

unsettle [ˌʌnˈsetl] *vt* perturbar.

unsettled [ˌʌnˈsetld] *adj* **1.** *(person)* nervioso(sa), intranquilo(la) **2.** *(weather)* variable. **3.** *(argument, matter, debt)* pendiente. **4.** *(situation)* inestable.

unshak(e)able [ʌnˈʃeɪkəbl] *adj* inquebrantable.

unshaven [ˌʌnˈʃeɪvn] *adj* sin afeitar.

unsightly [ʌnˈsaɪtlɪ] *adj (building)* feo (fea); *(scar, bruise)* desagradable.

unskilled [ˌʌnˈskɪld] *adj (person)* no cualificado(da); *(work)* no especializado(da).

unsociable [ʌnˈsəʊʃəbl] *adj* poco sociable.

unsocial [ˌʌnˈsəʊʃl] *adj*: **to work ~ hours** trabajar a horas intempestivas.

unsound [ˌʌnˈsaʊnd] *adj* **1.** *(conclusion, method)* erróneo(a). **2.** *(building, structure)* defectuoso(sa).

unspeakable [ʌnˈspiːkəbl] *adj (crime)* incalificable; *(pain)* indecible.

unstable [ˌʌnˈsteɪbl] *adj* inestable.

unsteady [ˌʌnˈstedɪ] *adj (gen)* inestable; *(hands, voice)* tembloroso(sa); *(footsteps)* vacilante.

unstoppable [ʌnˈstɒpəbl] *adj* irrefrenable.

unstuck [ˌʌnˈstʌk] *adj*: **to come ~** *(notice, stamp, label)* despegarse, desprenderse; *fig (plan, system, person)* fracasar

unsuccessful [ˌʌnsəkˈsesfʊl] *adj (person)* fracasado(da); *(attempt, meeting)* infructuoso(sa).

unsuccessfully [ˌʌnsəkˈsesfʊlɪ] *adv* sin éxito, en vano.

unsuitable [ˌʌnˈsuːtəbl] *adj* inadecuado(da), inapropiado(da); **he is ~ for the job** no es la persona indicada para el trabajo; **I'm afraid 3 o'clock would be ~** lo siento, pero no me va bien a las 3.

unsure [ʌnˈʃɔːʳ] *adj* **1.** *(not confident)*: **to be ~ of o.s.** sentirse inseguro(ra). **2.** *(not certain)*: **to be ~ (about OR of)** no estar muy seguro (de).

unsuspecting [ˌʌnsəˈspektɪŋ] *adj* desprevenido(da), confiado(da).

unsympathetic [ˈʌnˌsɪmpəˈθetɪk] *adj*: **~ to** indiferente a.

untangle [ʌnˈtæŋgl] *vt* desenmarañar.

untapped [ʌnˈtæpt] *adj* sin explotar.

untenable [ʌnˈtenəbl] *adj* insostenible.

unthinkable [ʌnˈθɪŋkəbl] *adj* impensable, inconcebible.

untidy [ʌnˈtaɪdɪ] *adj (room, desk)* desordenado(da); *(person, appearance)* desaliñado(da).

untie [ʌnˈtaɪ] *(cont* **untying)** *vt* desatar.

until [ənˈtɪl] ◇ *prep* hasta; **~ now/then** hasta ahora/entonces. ◇ *conj* **1.** *(gen)* hasta que. **2.** *(after negative)*: **don't leave ~ you've finished** no te vayas hasta que no hayas terminado.

untimely [ʌnˈtaɪmlɪ] *adj* **1.** *(premature)* prematuro(ra). **2.** *(inappropriate)* inoportuno(na).

untold [ʌnˈtəʊld] *adj (incalculable, vast)* incalculable; *(suffering, joy)* indecible.

untoward [ˌʌntəˈwɔːd] *adj (event)* adverso(sa); *(behaviour)* fuera de lugar.

untrue [ʌnˈtruː] *adj (not true)* falso(sa).

unused [*sense 1* ˌʌnˈjuːzd, *sense 2* ʌnˈjuːst] *adj* **1.** *(not previously used)* nuevo(va), sin usar. **2.** *(unaccustomed)*: **to be ~ to sthg/to doing sthg** no estar acostumbrado(da) a algo/a hacer algo.

unusual [ʌnˈjuːʒl] *adj (rare)* insólito(ta), poco común.

unusually [ʌnˈjuːʒəlɪ] *adv* **1.** *(exceptionally)* extraordinariamente. **2.** *(surprisingly)* sorprendentemente.

unveil [ʌnˈveɪl] *vt* **1.** *(statue, plaque)* descubrir. **2.** *fig (plans, policy)* revelar.

unwanted [ʌnˈwɒntɪd] *adj (clothes, furniture)* superfluo(flua); *(child, pregnancy)* no deseado(da).

unwavering [ʌnˈweɪvərɪŋ] *adj (determination, feeling)* firme, inquebrantable; *(concentration)* constante; *(gaze)* fijo(ja).

unwelcome [ʌnˈwelkəm] *adj* inoportuno(na).

unwell [ʌnˈwel] *adj*: **to be/feel ~** estar/sentirse mal.

unwieldy [ʌnˈwiːldɪ] *adj* **1.** *(object)* abultado(da); *(tool)* poco manejable **2.** *fig (system, organization)* poco eficiente

unwilling [ʌnˈwɪlɪŋ] *adj*: **to be ~ to do sthg** no estar dispuesto a hacer algo.

unwind [ʌnˈwaɪnd] *(pt & pp* **unwound)** ◇ *vt* desenrollar. ◇ *vi fig (person)* relajarse

unwise [ʌnˈwaɪz] *adj* imprudente.

unwitting [ʌnˈwɪtɪŋ] *adj fml* inconsciente.

unworkable [ʌnˈwɜːkəbl] *adj* impracticable

unworthy [ʌnˈwɜːðɪ] *adj (undeserving)*: **to be ~ of** no ser digno(na) de

unwound [ʌnˈwaʊnd] *pt & pp* → **unwind**

unwrap [ʌnˈræp] *vt (present)* desenvolver; *(parcel)* desempaquetar.

unwritten law [ʌnˈrɪtn-] *n* ley *f* no escrita

up [ʌp] ◇ *adv* **1.** *(towards a higher position)* hacia arriba; *(in a higher position)* arriba; **to throw sthg ~** lanzar algo hacia arriba; **she's ~ in her room** está arriba en su cuarto; **pick it ~!** ¡cógelo!, ¡agárralo! *Amer*; **we walked ~ to the top** subimos hasta arriba del todo; **prices are going ~** los precios están subiendo. **2.** *(into an upright position)*: **to stand ~** levantarse. **3.** *(northwards)*: **I'm going ~ to York next week** voy a subir a York la semana próxima; **~ north** en el norte. **4.** *(along a road or river)* adelante; **their house is 100 metres further ~** su casa está 100 metros más adelante ◇ *prep* **1.** *(towards a higher position)*: **we went ~ the mountain** subimos por la montaña; **I went ~ the stairs** subí las escaleras. **2.** *(in a higher position)* en lo alto de; **~ a tree** en un árbol. **3.** *(at far end of)* al final de; **they live ~ the road from us** viven al final de nuestra calle. **4.** *(against current of river)*: **~ the Amazon** Amazonas arriba. ◇ *adj* **1.** *(out of bed)* levantado(da); **I was ~ at six today** hoy me levanté a las seis **2.** *(at an end)* terminado(da). **3.** *inf (wrong)*: **is something ~?** ¿pasa algo?, ¿algo va mal?; **what's ~?** ¿qué pasa? ◇ *n*: **~s and downs** altibajos *mpl*. ◆ **up and down** ◇ *adv*: **to jump ~ and down** saltar para arriba y para abajo; **to walk ~ and down** andar para un lado y para otro ◇ *prep*: **we walked ~ and down the avenue** estuvimos caminando arriba y abajo de la avenida. ◆ **up to** *prep* **1.** *(indicating level)* hasta; **it could take ~ to six**

weeks podría tardar hasta seis semanas; **it's not ~ to standard** no tiene el nivel necesario. **2.** *(well or able enough for)*: **to be ~ to doing sthg** sentirse con fuerzas (como) para hacer algo; **my French isn't ~ to much** mi francés no es gran cosa. **3.** *inf (secretly doing something)*: **what are you ~ to?** ¿qué andas tramando? **4.** *(indicating responsibility)*: **it's not ~ to me to decide** no depende de mí el decidir

♦ **up to, up until** *prep* hasta.

up-and-coming *adj* prometedor (ra).

upbringing ['ʌpˌbrɪŋɪŋ] *n* educación *f*.

update [ˌʌp'deɪt] *vt* actualizar.

upheaval [ʌp'hiːvl] *n* trastorno *m*, agitación *f*.

upheld [ʌp'held] *pt & pp* → **uphold**.

uphill [ˌʌp'hɪl] ◇ *adj (rising)* empinado (da), cuesta arriba; *fig (difficult)* arduo (dua), difícil. ◇ *adv* cuesta arriba.

uphold [ʌp'həʊld] *(pt & pp* **-held)** *vt* sostener, apoyar.

upholstery [ʌp'həʊlstərɪ] *n* tapicería *f*.

upkeep ['ʌpkiːp] *n* mantenimiento *m*.

uplifting [ʌp'lɪftɪŋ] *adj* inspirador(ra)

up-market *adj* de clase superior.

upon [ə'pɒn] *prep fml* en, sobre; **~ entering the room** al entrar en el cuarto; **question ~ question** pregunta tras pregunta; **summer is ~ us** ya tenemos el verano encima.

upper ['ʌpəʳ] ◇ *adj* superior. ◇ *n (of shoe)* pala *f*.

upper class *n*: **the ~** la clase alta.

♦ **upper-class** *adj* de clase alta.

upper hand *n*: **to have/gain the ~ (in)** llevar/empezar a llevar la ventaja (en)

uppermost ['ʌpəməʊst] *adj* **1.** *(highest)* más alto(ta). **2.** *(most important)*: **to be ~ in one's mind** ser lo más importante para uno.

upright [*adj senses 1 & 2 & adv* ˌʌp-'raɪt, *adj sense 3 & n* 'ʌpraɪt] ◇ *adj* **1.** *(erect - person, chair)* derecho(cha). **2.** *(standing vertically - object)* vertical. **3.** *fig (honest)* recto(ta), honrado(da). ◇ *adv* erguidamente. ◇ *n* poste *m*.

uprising ['ʌpˌraɪzɪŋ] *n* sublevación *f*

uproar ['ʌprɔːʳ] *n* **1.** *(U) (commotion)* alboroto *m*. **2.** *(protest)* escándalo *m*.

uproot [ʌp'ruːt] *vt* **1.** *(person)* desplazar, mudar. **2.** (BOT) *(plant)* desarraigar.

upset [ʌp'set] *(pt & pp* **upset)** ◇ *adj* **1.** *(distressed)* disgustado(da) **2.** (MED): **to have an ~ stomach** sentirse mal

del estómago. ◇ *n*: **to have a stomach ~** sentirse mal del estómago. ◇ *vt* **1.** *(distress)* disgustar, perturbar. **2.** *(mess up)* dar al traste con. **3.** *(overturn, knock over)* volcar.

upshot ['ʌpʃɒt] *n* resultado *m*.

upside down [ˌʌpsaɪd-] ◇ *adj* al revés. ◇ *adv* al revés; **to turn sthg ~** revolver algo, desordenar algo.

upstairs [ʌp'steəz] ◇ *adj* de arriba. ◇ *adv* arriba. ◇ *n* el piso de arriba.

upstart ['ʌpstaːt] *n* advenedizo *m*, -za *f*.

upstream [ˌʌp'striːm] *adv* río arriba.

upsurge ['ʌpsɜːdʒ] *n*: **~ of** OR **in** aumento *m* considerable de.

uptake ['ʌpteɪk] *n*: **to be quick on the ~** cogerlas al vuelo; **to be slow on the ~** ser un poco torpe.

uptight [ʌp'taɪt] *adj inf* tenso(sa), nervioso(sa).

up-to-date *adj* **1.** *(modern)* moderno (na). **2.** *(most recent)* actual, al día. **3.** *(informed)*: **to keep ~ with** mantenerse al día de.

upturn ['ʌptɜːn] *n*: **~ (in)** mejora *f* (de)

upward ['ʌpwəd] ◇ *adj* hacia arriba. ◇ *adv Am* = **upwards.**

upwards ['ʌpwədz] *adv* hacia arriba.

♦ **upwards of** *prep* más de

uranium [jʊ'reɪnjəm] *n* uranio *m*.

Uranus ['jʊərənəs] *n* Urano *m*.

urban ['ɜːbən] *adj* urbano(na)

urbane [ɜː'beɪn] *adj* cortés, urbano(na)

urchin ['ɜːtʃɪn] *n dated* pilluelo *m*, -la *f*.

Urdu ['ʊəduː] *n* urdu *m*.

urge [ɜːdʒ] ◇ *n* impulso *m*, deseo *m*; **to have an ~ to do sthg** desear ardientemente hacer algo. ◇ *vt* **1.** *(try to persuade)*: **to ~ sb to do sthg** instar a alguien a hacer algo. **2.** *(advocate)* recomendar encarecidamente.

urgency ['ɜːdʒənsɪ] *n (U)* urgencia *f*.

urgent ['ɜːdʒənt] *adj* **1.** *(pressing)* urgente. **2.** *(desperate)* apremiante.

urinal [ˌjʊə'raɪnl] *n (place)* urinario *m*; *(vessel)* orinal *m*.

urinate ['jʊərɪneɪt] *vi* orinar.

urine ['jʊərɪn] *n* orina *f*.

urn [ɜːn] *n* **1.** *(for ashes)* urna *f* **2.** *(for tea, coffee)* cilindro o barril con grifo para servir té o café en grandes cantidades.

Uruguay ['jʊərəgwaɪ] *n* Uruguay.

Uruguayan [ˌjʊərə'gwaɪən] ◇ *adj* uruguayo(ya). ◇ *n* uruguayo *m*, -ya *f*.

us [ʌs] *pers pron* **1.** *(direct, indirect)* nos; **can you see/hear ~?** ¿puedes vernos/oírnos?; **it's ~** somos nosotros; **he**

sent ~ **a letter** nos mandó una carta; **she gave it to** ~ nos lo dio. **2.** *(stressed, after prep, in comparisons etc)* nosotros(tras); **you can't expect** US **to do it** no esperarás que lo hagamos NOSOTROS; **with/without** ~ con/sin nosotros; **they are more wealthy than** ~ son más ricos que nosotros; **all of** ~ todos (nosotros); **some of** ~ algunos de nosotros.

US *(abbr of* **United States)** *n* EEUU *mpl.*

USA *n (abbr of* **United States of America)** EEUU *mpl.*

usage ['juːzɪdʒ] *n* uso *m.*

use [*n & aux vb* juːs, *vt* juːz] ◇ *n* uso *m;* **to be in** ~ usarse; **to be out of** ~ no usarse; **'out of** ~' 'no funciona'; **to make** ~ **of sthg** utilizar OR aprovechar algo; **to be of/no** ~ ser útil/inútil; **what's the** ~ **(of doing sthg)?** ¿de qué sirve (hacer algo)? ◇ *aux vb* soler, acostumbrar; **he** ~**d to be fat** antes estaba gordo; **I** ~**d to go swimming** solía OR acostumbraba ir a nadar. ◇ *vt* **1.** *(utilize, employ)* usar, emplear. **2.** *(exploit)* usar, manejar. ♦ **use up** *vt sep* agotar

used [*sense 1* juːzd, *sense 2* juːst] *adj* **1.** *(dirty, second-hand)* usado(da). **2.** *(accustomed)*: **to be** ~ **to** estar acostumbrado(da) a; **to get** ~ **to** acostumbrarse a.

useful ['juːsful] *adj* **1.** *(handy)* útil. **2.** *(helpful - person)* valioso(sa).

useless ['juːslɪs] *adj* **1.** *(gen)* inútil. **2.** *inf (hopeless)* incompetente.

user ['juːzər] *n* usuario *m,* -ria *f*

user-friendly *adj (gen & COMPUT)* fácil de utilizar.

usher ['ʌʃər] ◇ *n (at wedding)* ujier *m; (at theatre, concert)* acomodador *m,* -ra *f.* ◇ *vt*: **to** ~ **sb in** hacer pasar a alguien; **to** ~ **sb out** acompañar a alguien hasta la puerta.

usherette [ˌʌʃə'ret] *n* acomodadora *f*

USSR *(abbr of* **Union of Soviet Socialist Republics)** *n*: **the** *(former)* ~ **la** (antigua) URSS.

usual ['juːʒəl] *adj* habitual; **as** ~ *(as normal)* como de costumbre; *(as often happens)* como siempre.

usually ['juːʒəlɪ] *adv* por regla general

usurp [juː'zɜːp] *vt fml* usurpar.

utensil [juː'tensl] *n* utensilio *m.*

uterus ['juːtərəs] *(pl* **-ri** [-raɪ] OR **-ruses)** *n* útero *m.*

utility [juː'tɪlətɪ] *n* **1.** *(gen & COMPUT)* utilidad *f.* **2.** *(public service)* servicio *m* público.

utility room *n* trascocina *f*

utilize, -ise ['juːtəlaɪz] *vt* utilizar.

utmost ['ʌtməʊst] ◇ *adj* mayor, supremo(ma). ◇ *n*: **to do one's** ~ hacer lo imposible; **to the** ~ al máximo, a más no poder.

utter ['ʌtər] ◇ *adj* puro(ra), completo(ta). ◇ *vt (word)* pronunciar; *(sound, cry)* emitir.

utterly ['ʌtəlɪ] *adv* completamente

U-turn *n lit & fig* giro *m* de 180°.

v¹ *(pl* **v's** OR **vs),** **V** *(pl* **V's** OR **Vs)** [viː] *n (letter)* v *f,* V *f.*

v² **1.** *(abbr of* **verse)** v. **2.** *(abbr of* **volt)** v. **3.** *(abbr of* **vide)** *(cross-reference)* v. **4.** *abbr of* **versus.**

vacancy ['veɪkənsɪ] *n* **1.** *(job, position)* vacante *f.* **2.** *(room available)* habitación *f* libre; **'no vacancies'** 'completo'.

vacant ['veɪkənt] *adj* **1.** *(room, chair, toilet)* libre. **2.** *(job, post)* vacante. **3.** *(look, expression)* distraído(da).

vacant lot *n* terreno *m* disponible.

vacate [və'keɪt] *vt* **1.** *(job, post)* dejar vacante. **2.** *(room, seat, premises)* desocupar.

vacation [və'keɪʃn] *n* vacaciones *fpl.*

vacationer [və'keɪʃənər] *n Am*: **summer** ~ veraneante *m y f.*

vaccinate ['væksɪneɪt] *vt*: **to** ~ **sb (against sthg)** vacunar a alguien (de OR contra algo).

vaccine [*Br* 'væksiːn, *Am* væk'siːn] *n* vacuna *f.*

vacuum ['vækjʊəm] ◇ *n* **1.** *(TECH & fig)* vacío *m.* **2.** *(cleaner)* aspiradora *f.* ◇ *vt* pasar la aspiradora por.

vacuum cleaner *n* aspiradora *f*

vacuum-packed *adj* envasado(da) al vacío

vagina [və'dʒaɪnə] *n* vagina *f*

vagrant ['veɪgrənt] *n* vagabundo *m,* -da *f.*

vague [veɪg] *adj* **1.** *(imprecise)* vago(ga), impreciso(sa) **2.** *(person)* poco claro(ra). **3.** *(feeling)* leve. **4.** *(evasive)* evasivo(va). **5.** *(absent-minded)* distraí-

do(da). **6.** *(outline)* borroso(sa).
vaguely ['veɪɡlɪ] *adv* **1.** *(imprecisely)* vagamente. **2.** *(slightly, not very)* levemente.
vain [veɪn] *adj* **1.** *pej (conceited)* vanidoso(sa). **2.** *(futile)* vano(na). ◆ **in vain** *adv* en vano.
valentine card ['væləntaɪn-] *n* tarjeta *f* que se manda el Día de los Enamorados.
Valentine's Day ['væləntaɪnz-] *n*: **(St)** ~ San Valentín *m*, Día *m* de los Enamorados.
valet ['væleɪ, 'vælɪt] *n* ayuda *m* de cámara.
valiant ['væljənt] *adj* valeroso(sa).
valid ['vælɪd] *adj* **1.** *(argument, explanation)* válido(da). **2.** *(ticket, driving licence)* valedero(ra).
valley ['vælɪ] *(pl* **valleys)** *n* valle *m*.
valour *Br*, **valor** *Am* ['vælə'] *n (U)* *fml & literary* valor *m*.
valuable ['væljuəbl] *adj* valioso(sa).
◆ **valuables** *npl* objetos *mpl* de valor.
valuation [,væljʊ'eɪʃn] *n* **1.** *(pricing, estimated price)* valuación *f*. **2.** *(opinion, judging of worth)* valoración *f*.
value ['vælju:] ◇ *n* valor *m*; **to be good ~** estar muy bien de precio; **to be ~ for money** estar muy bien de precio. ◇ *vt* **1.** *(estimate price of)* valorar, tasar **2.** *(cherish)* apreciar.
◆ **values** *npl (morals)* valores *mpl* morales.
value-added tax [-ædɪd-] *n* impuesto *m* sobre el valor añadido.
valued ['vælju:d] *adj* apreciado(da).
valve [vælv] *n (in pipe, tube)* válvula *f*.
van [væn] *n* **1.** (AUT) furgoneta *f*, camioneta *f* **2.** *Br* (RAIL) furgón *m*
vandal ['vændl] *n* vándalo *m*, gamberro *m*, -rra *f*.
vandalism ['vændəlɪzm] *n* vandalismo *m*, gamberrismo *m*.
vandalize, -ise ['vændəlaɪz] *vt* destruir, destrozar
vanguard ['vænɡɑːd] *n* vanguardia *f*; **in the ~ of** a la vanguardia de.
vanilla [və'nɪlə] *n* vainilla *f*.
vanish ['vænɪʃ] *vi* desaparecer.
vanity ['vænətɪ] *n* *pej* vanidad *f*
vantagepoint ['vɑːntɪdʒ,pɔɪnt] *n* posición *f* ventajosa.
vapour *Br*, **vapor** *Am* ['veɪpə'] *n (U)* vapor *m*.
variable ['veərɪəbl] *adj* variable.
variance ['veərɪəns] *n* *fml*: **at ~ (with)** en desacuerdo (con).

variation [,veərɪ'eɪʃn] *n*: ~ **(in/on)** variación *f* (en/sobre).
varicose veins ['værɪkəʊs-] *npl* varices *fpl*.
varied ['veərɪd] *adj* variado(da).
variety [və'raɪətɪ] *n* **1.** *(gen)* variedad *f*; **for a ~ of reasons** por razones varias. **2.** *(U)* (THEATRE) variedades *fpl*.
variety show *n* espectáculo *m* de variedades.
various ['veərɪəs] *adj* **1.** *(several)* varios(rias). **2.** *(different)* diversos(sas).
varnish ['vɑːnɪʃ] ◇ *n* barniz *m*. ◇ *vt (with varnish)* barnizar; *(with nail varnish)* pintar
vary ['veərɪ] ◇ *vt* variar. ◇ *vi*: **to ~ (in/ with)** variar (de/con).
vase [*Br* vɑːz, *Am* veɪz] *n* florero *m*.
Vaseline® ['væsəliːn] *n* vaselina® *f*.
vast [vɑːst] *adj* enorme, inmenso(sa).
vat [væt] *n* cuba *f*, tina *f*.
VAT [væt, viːeɪ'tiː] *(abbr of* **value added tax)** *n* IVA *m*
Vatican ['vætɪkən] *n*: **the ~** el Vaticano.
vault [vɔːlt] ◇ *n* **1.** *(in bank)* cámara *f* acorazada. **2.** *(in church)* cripta *f*. **3.** *(roof)* bóveda *f*. ◇ *vt* saltar. ◇ *vi*: **to ~ over sthg** saltar por encima de algo.
VCR *(abbr of* **video cassette recorder)** *n* vídeo *m*.
VD *(abbr of* **venereal disease)** *n* ETS *f*.
VDU *(abbr of* **visual display unit)** *n* monitor *m*.
veal [viːl] *n (U)* ternera *f*.
veer [vɪə'] *vi* virar.
vegan ['viːɡən] *n* vegetariano que no consume ningún producto que provenga de un animal, como huevos, leche etc.
vegetable ['vedʒtəbl] ◇ *n* **1.** (BOT) vegetal *m* **2.** *(food)* hortaliza *f*, legumbre *f*; **~s** verduras *fpl* ◇ *adj* vegetal.
vegetarian [,vedʒɪ'teərɪən] ◇ *adj* vegetariano(na). ◇ *n* vegetariano *m*, -na *f*.
vegetation [,vedʒɪ'teɪʃn] *n* vegetación *f*.
vehement ['viːəmənt] *adj (person, denial)* vehemente; *(attack, gesture)* violento(ta)
vehicle ['viːəkl] *n (for transport)* vehículo *m*
veil [veɪl] *n lit & fig* velo *m*.
vein [veɪn] *n* **1.** (ANAT & BOT) vena *f*. **2.** *(of mineral)* filón *m* veta *f*.
velocity [vɪ'lɒsətɪ] *n* velocidad *f*.
velvet ['velvɪt] *n* terciopelo *m*
vendetta [ven'detə] *n* enemistad *f* mortal.
vending machine ['vendɪŋ-] *n* máquina *f* de venta.

vendor ['vendɔːʳ] *n* vendedor *m*, -ra *f*.

veneer [və'nɪəʳ] *n* (*of wood*) chapa *f*; *fig* (*appearance*) apariencia *f*.

venereal disease [vɪ'nɪərɪəl-] *n* enfermedad *f* venérea.

venetian blind *n* persiana *f* veneciana.

Venezuela [ˌvenɪz'weɪlə] *n* Venezuela.

Venezuelan [ˌvenɪz'weɪlən] ◇ *adj* venezolano(na). ◇ *n* venezolano *m*, -na *f*.

vengeance ['vendʒəns] *n* venganza *f*; **with a ~** con creces.

venison ['venɪzn] *n* carne *f* de venado.

venom ['venəm] *n* (*poison*) veneno *m*; *fig* (*spite*) malevolencia *f*.

vent [vent] *n* (*opening*) abertura *f* de escape; (*grille*) rejilla *f* de ventilación; **to give ~ to sthg** dar rienda suelta a algo. ◇ *vt*: **to ~ sthg (on)** desahogar algo (contra).

ventilate ['ventɪleɪt] *vt* ventilar.

ventilator ['ventɪleɪtəʳ] *n* ventilador *m*.

ventriloquist [ven'trɪləkwɪst] *n* ventrílocuo *m*, -cua *f*.

venture ['ventʃəʳ] ◇ *n* empresa *f*. ◇ *vt* aventurar; **to ~ to do sthg** aventurarse a hacer algo. ◇ *vi* **1.** (*go somewhere dangerous*): **she ~d outside** se atrevió a salir. **2.** (*take a risk*): **to ~ into** lanzarse a.

venue ['venjuː] *n* lugar *m* (*en que se celebra algo*).

Venus ['viːnəs] *n* (*planet*) Venus *m*.

veranda(h) [və'rændə] *n* veranda *f*.

verb [vɜːb] *n* verbo *m*.

verbal ['vɜːbl] *adj* verbal.

verbatim [vɜː'beɪtɪm] ◇ *adj* literal. ◇ *adv* literalmente, palabra por palabra.

verbose [vɜː'bəʊs] *adj fml* (*person*) verboso(sa); (*report*) prolijo(ja).

verdict ['vɜːdɪkt] *n* **1.** (JUR) veredicto *m*, fallo *m*. **2.** (*opinion*): **~ (on)** juicio *m* OR opinión *f* (sobre).

verge [vɜːdʒ] *n* **1.** (*edge, side*) borde *m*. **2.** (*brink*): **on the ~ of sthg** al borde de algo; **on the ~ of doing sthg** a punto de hacer algo. ♦ **verge (up)on** *vt fus* rayar en.

verify ['verɪfaɪ] *vt* **1.** (*check*) verificar, comprobar. **2.** (*confirm*) confirmar.

veritable ['verɪtəbl] *adj hum or fml* verdadero(ra).

vermin ['vɜːmɪn] *npl* bichos *mpl*.

vermouth ['vɜːməθ] *n* vermut *m*.

versa → **vice versa**.

versatile ['vɜːsətaɪl] *adj* **1.** (*person*)

polifacético(ca). **2.** (*machine, tool*) que tiene muchos usos.

verse [vɜːs] *n* **1.** (U) (*poetry*) versos *mpl*, poesía *f*. **2.** (*stanza*) estrofa *f*. **3.** (*in Bible*) versículo *m*.

versed [vɜːst] *adj*: **well ~ in** versado (da) en

version ['vɜːʃn] *n* versión *f*.

versus ['vɜːsəs] *prep* (SPORT) contra.

vertebra ['vɜːtɪbrə] (*pl* **-brae** [-briː]) *n* vértebra *f*.

vertical ['vɜːtɪkl] *adj* vertical.

vertigo ['vɜːtɪgəʊ] *n* vértigo *m*.

verve [vɜːv] *n* brío *m*, entusiasmo *m*.

very ['verɪ] ◇ *adv* **1.** (*as intensifier*) muy; **~ much** mucho. **2.** (*as euphemism*): **not ~ often** OR **much** no mucho; **he's not ~ intelligent** no es muy inteligente; **is it good? – not ~** ¿es bueno? – no mucho. ◇ *adj* mismísimo(ma); **the ~ thing I was looking for** justo lo que estaba buscando; **the ~ thought makes me ill** sólo con pensarlo me pongo enfermo; **fighting for his ~ life** luchando por su propia vida; **the ~ best** el mejor (de todos); **at the ~ least** como muy poco; **a house of my ~ own** mi propia casa. ♦ **very well** *adv* muy bien; **you can't ~ well stop him now** es un poco tarde para impedírselo.

vessel ['vesl] *n fml* **1.** (*boat*) nave *f*. **2.** (*container*) vasija *f*, recipiente *m*.

vest [vest] *n* **1.** *Br* (*undershirt*) camiseta *f*. **2.** *Am* (*waistcoat*) chaleco *m*.

vested interest ['vestɪd-] *n*: **~ (in)** intereses *mpl* creados (en).

vestibule ['vestɪbjuːl] *n fml* (*entrance hall*) vestíbulo *m*.

vestige ['vestɪdʒ] *n fml* vestigio *m*.

vestry ['vestrɪ] *n* sacristía *f*.

vet [vet] ◇ *n Br* (*abbr of* **veterinary surgeon**) veterinario *m*, -ria *f*. ◇ *vt* someter a una investigación.

veteran ['vetrən] *n* veterano *m*, -na *f*.

veterinarian [ˌvetərɪ'neərɪən] *n Am* veterinario *m*, -ria *f*.

veterinary surgeon ['vetərɪnrɪ-] *n Br fml* veterinario *m*, -ria *f*.

veto ['viːtəʊ] (*pl* **-es**) ◇ *n* veto *m*. ◇ *vt* vetar.

vex [veks] *vt fml* molestar.

vexed question [ˌvekst-] *n* manzana *f* de la discordia.

vg (*abbr of* **very good**) MB.

VHF (*abbr of* **very high frequency**) VHF.

VHS (*abbr of* **video home system**) *n* VHS *m*.

via ['vaɪə] *prep* **1.** *(travelling through)* vía. **2.** *(by means of)* a través de, por.

viable ['vaɪəbl] *adj* viable.

vibrate [vaɪ'breɪt] *vi* vibrar.

vicar ['vɪkəʳ] *n* *(in Church of England)* párroco *m*; *(in Roman Catholic Church)* vicario *m*.

vicarage ['vɪkərɪdʒ] *n* casa *f* del párroco.

vicarious [vɪ'keərɪəs] *adj* indirecto(ta).

vice [vaɪs] *n* **1.** *(immorality, moral fault)* vicio *m*. **2.** *(tool)* torno *m* de banco.

vice-chairman *n* vicepresidente *m*.

vice-chancellor *n* (UNIV) rector *m*, -ra *f*.

vice-president *n* vicepresidente *m*, -ta *f*.

vice versa [,vaɪs'vɜːsə] *adv* viceversa.

vicinity [vɪ'sɪnətɪ] *n*: **in the ~ (of)** cerca (de).

vicious ['vɪʃəs] *adj* *(dog)* furioso(sa); *(person, ruler)* cruel; *(criticism, attack)* despiadado(da).

vicious circle *n* círculo *m* vicioso.

victim ['vɪktɪm] *n* víctima *f*.

victimize, -ise ['vɪktɪmaɪz] *vt* *(retaliate against)* tomar represalias contra; *(pick on)* mortificar.

victor ['vɪktəʳ] *n* *literary* vencedor *m*, -ra *f*.

victorious [vɪk'tɔːrɪəs] *adj* victorioso (sa).

victory ['vɪktərɪ] *n*: **~ (over)** victoria *f* (sobre).

video ['vɪdɪəʊ] *(pl -s)* ◇ *n* **1.** *(recording, medium, machine)* vídeo *m*. **2.** *(cassette)* videocasete *m*. ◇ *comp* vídeo ◇ *vt* **1.** *(using video recorder)* grabar en vídeo. **2.** *(using camera)* hacer un vídeo de.

video camera *n* videocámara *f*.

video cassette *n* videocasete *m*.

videoconference [,vɪdɪəʊ'kɒnfərəns] *n* videoconferencia *f*.

video game *n* videojuego *m*.

videorecorder ['vɪdɪəʊrɪ,kɔːdəʳ] *n* vídeo *m*.

video shop *n* tienda *f* de vídeos.

videotape ['vɪdɪəʊteɪp] *n* videocinta *f*.

vie [vaɪ] *(pt & pp vied, cont vying)* *vi*: **to ~ (with sb for sthg/to do sthg)** competir (con alguien por algo/para hacer algo)

Vienna [vɪ'enə] *n* Viena.

Vietnam [*Br* ,vjet'næm, *Am* ,vjet'nɑːm] *n* (el) Vietnam.

Vietnamese [,vjetnə'miːz] ◇ *adj* vietnamita. ◇ *n* **1.** *(person)* vietnamita *m* y *f*. **2.** *(language)* vietnamita *m*.

view [vjuː] ◇ *n* **1.** *(opinion)* parecer *m*,

opinión *f*; **in my ~** en mi opinión. **2.** *(attitude)*: **~ (of)** actitud *f* (frente a). **3.** *(scene)* vista *f*, panorama *m*. **4.** *(field of vision)* vista *f*; **to come into ~** aparecer. ◇ *vt* **1.** *(consider)* ver, considerar. **2.** *fml* *(examine, look at - stars etc)* observar; *(- house, flat)* visitar, ver. ♦ **in view of** *prep* en vista de. ♦ **with a view to** *conj* con miras OR vistas a.

viewer ['vjuːəʳ] *n* **1.** *(person)* espectador *m*, -ra *f*. **2.** *(apparatus)* visionador *m*.

viewfinder ['vjuː,faɪndəʳ] *n* visor *m*.

viewpoint ['vjuːpɔɪnt] *n* **1.** *(opinion)* punto *m* de vista. **2.** *(place)* mirador *m*.

vigil ['vɪdʒɪl] *n* **1.** *(watch)* vigilia *f*. **2.** (RELIG) Vigilia *f*

vigilante [,vɪdʒɪ'læntɪ] *n persona que extraoficialmente patrulla un área para protegerla, tomándose la justicia en sus manos.*

vigorous ['vɪgərəs] *adj* enérgico(ca).

vile [vaɪl] *adj* *(person, act)* vil, infame; *(food, smell)* repugnante; *(mood)* de perros.

villa ['vɪlə] *n* *(in country)* villa *f*; *(in town)* chalet *m*.

village ['vɪlɪdʒ] *n* aldea *f*, pueblecito *m*.

villager ['vɪlɪdʒəʳ] *n* aldeano *m*, -na *f*.

villain ['vɪlən] *n* **1.** *(of film, book)* malo *m*, -la *f*. **2.** *dated (criminal)* criminal *m* y *f*.

vinaigrette [,vɪnɪ'gret] *n* vinagreta *f*.

vindicate ['vɪndɪkeɪt] *vt* justificar.

vindictive [vɪn'dɪktɪv] *adj* vengativo (va).

vine [vaɪn] *n* *(on ground)* vid *f*; *(climbing plant)* parra *f*.

vinegar ['vɪnɪgəʳ] *n* vinagre *m*.

vineyard ['vɪnjəd] *n* viña *f*, viñedo *m*.

vintage ['vɪntɪdʒ] ◇ *adj* **1.** *(wine)* añejo (ja). **2.** *(classic)* clásico(ca). ◇ *n* cosecha *f* *(de vino)*.

vintage wine *n* vino *m* añejo.

vinyl ['vaɪnɪl] *n* vinilo *m*.

viola [vɪ'əʊlə] *n* viola *f*.

violate ['vaɪəleɪt] *vt* **1.** *(law, treaty, rights)* violar, infringir. **2.** *(peace, privacy)* invadir.

violence ['vaɪələns] *n* violencia *f*.

violent ['vaɪələnt] *adj* **1.** *(gen)* violento (ta). **2.** *(emotion, anger)* intenso(sa).

violet ['vaɪələt] ◇ *adj* violeta, violado (da). ◇ *n* *(flower)* violeta *f*.

violin [,vaɪə'lɪn] *n* violín *m*.

violinist [,vaɪə'lɪnɪst] *n* violinista *m* y *f*.

VIP *(abbr of* **very important person***)* *n* celebridad *f*

viper ['vaɪpəʳ] *n* víbora *f*.

virgin ['vɜːdʒɪn] ◇ adj literary (spotless) virgen. ◇ n virgen m y f.

Virgo ['vɜːgəʊ] (pl -s) n Virgo m.

virile ['vɪraɪl] adj viril.

virtually ['vɜːtʃʊəlɪ] adv prácticamente.

virtual reality n realidad f virtual.

virtue ['vɜːtjuː] n 1. (morality, good quality) virtud f. 2. (benefit) ventaja f. ♦ **by virtue of** prep fml en virtud de.

virtuous ['vɜːtʃʊəs] adj virtuoso(sa).

virus ['vaɪrəs] n (COMPUT & MED) virus m.

visa ['viːzə] n visado m.

vis-à-vis [,viːzɑːˈviː] prep fml con relación a.

viscose ['vɪskəʊs] n viscosa f.

visibility [,vɪzɪˈbɪlətɪ] n visibilidad f.

visible ['vɪzəbl] adj visible.

vision ['vɪʒn] n 1. (U) (ability to see) visión f, vista f. 2. fig (foresight) clarividencia f. 3. (impression, dream) visión f.

visit ['vɪzɪt] ◇ n visita f; on a ~ de visita. ◇ vt visitar.

visiting hours ['vɪzɪtɪŋ-] npl horas fpl de visita.

visitor ['vɪzɪtər] n 1. (to one's home, hospital) visita f. 2. (to museum, town etc) visitante m y f.

visitors' book n libro m de visitas.

visitor's passport n Br pasaporte m provisional.

visor ['vaɪzər] n visera f.

vista ['vɪstə] n (view) vista f, perspectiva f; fig (wide range) perspectiva f.

visual ['vɪʒʊəl] adj (gen) visual; (of the eyes) ocular.

visual aids npl medios mpl visuales.

visual display unit n monitor m.

visualize, -ise ['vɪʒʊəlaɪz] vt visualizar; to ~ (sb) doing sthg imaginar (a alguien) haciendo algo.

vital ['vaɪtl] adj 1. (essential) vital, esencial. 2. (full of life) enérgico(ca).

vitally ['vaɪtəlɪ] adv sumamente

vital statistics npl inf medidas fpl (del cuerpo de la mujer).

vitamin [Br 'vɪtəmɪn, Am 'vaɪtəmɪn] n vitamina f.

vivacious [vɪˈveɪʃəs] adj vivaz.

vivid ['vɪvɪd] adj 1. (colour) vivo(va) 2. (description, memory) vívido(da).

vividly ['vɪvɪdlɪ] adv 1. (brightly) con colores muy vivos. 2. (clearly) vívidamente.

vixen ['vɪksn] n zorra f.

VLF (abbr of very low frequency) VLF

V-neck n (sweater, dress) jersey m con cuello de pico

vocabulary [vəˈkæbjʊlərɪ] n vocabulario m.

vocal ['vəʊkl] adj 1. (outspoken) vociferante 2. (of the voice) vocal.

vocal cords npl cuerdas fpl vocales.

vocalist ['vəʊkəlɪst] n (in orchestra) vocalista m y f; (in pop group) cantante m y f.

vocation [vəʊˈkeɪʃn] n vocación f.

vocational [vəʊˈkeɪʃənl] adj profesional.

vociferous [vəˈsɪfərəs] adj fml ruidoso (sa).

vodka ['vɒdkə] n (drink) vodka m.

vogue [vəʊg] n moda f; in ~ en boga.

voice [vɔɪs] ◇ n voz f. ◇ vt (opinion, emotion) expresar.

voice mail n correo m de voz.

void [vɔɪd] ◇ adj 1. (invalid) inválido (da); → null. 2. fml (empty): ~ of falto (ta) de. ◇ n literary vacío m.

volatile [Br 'vɒlətaɪl, Am 'vɒlətl] adj (situation) volátil; (person) voluble.

vol-au-vent ['vɒləʊvɒŋ] n volován m.

volcano [vɒlˈkeɪnəʊ] (pl -es OR -s) n volcán m.

volition [vəˈlɪʃn] n fml: of one's own ~ por voluntad propia.

volley ['vɒlɪ] (pl volleys) ◇ n 1. (of gunfire) ráfaga f. 2. fig (rapid succession) torrente m. 3. (SPORT) volea f ◇ vt volear.

volleyball ['vɒlɪbɔːl] n voleibol m.

volt [vəʊlt] n voltio m.

voltage ['vəʊltɪdʒ] n voltaje m.

voluble ['vɒljʊbl] adj fml locuaz.

volume ['vɒljuːm] n (gen & COMPUT) volumen m.

voluntarily [Br 'vɒləntrɪlɪ, Am ,vɒlənˈterəlɪ] adv voluntariamente.

voluntary ['vɒləntrɪ] adj voluntario (ria); ~ **organization** organización f benéfica.

volunteer [,vɒlənˈtɪər] ◇ n (person who volunteers) voluntario m, -ria f. ◇ vt 1. (offer of one's free will): to ~ to do sthg ofrecerse para hacer algo. 2. (information, advice) dar, ofrecer. ◇ vi 1. (freely offer one's services): to ~ (for) ofrecerse (para). 2. (MIL) alistarse.

vomit ['vɒmɪt] ◇ n vómito m. ◇ vi vomitar.

vote [vəʊt] ◇ n 1. (gen) voto m; ~ for/ against voto a favor de/en contra de. 2. (session, ballot, result) votación f. 3. (votes cast): the ~ los votos. ◇ vt 1. (person, leader) elegir. 2. (choose): to

~ **to do sthg** votar hacer algo. ◇ *vi*: **to ~ (for/against)** votar (a favor de/en contra de).

vote of thanks (*pl* **votes of thanks**) *n* palabras *fpl* de agradecimiento.

voter ['vəʊtər] *n* votante *m y f*.

voting ['vəʊtɪŋ] *n* votación *f*.

vouch [vaʊtʃ] ◆ **vouch for** *vt fus* 1. (*person*) responder por. 2. (*character, accuracy*) dar fe de

voucher ['vaʊtʃər] *n* vale *m*.

vow [vaʊ] ◇ *n* (RELIG) voto *m*; (*solemn promise*) promesa *f* solemne. ◇ *vt*: **to ~ to do sthg** jurar hacer algo; **to ~ that** jurar que.

vowel ['vaʊəl] *n* vocal *f*

voyage ['vɔɪɪdʒ] *n* viaje *m*.

vs *abbr of* **versus**.

VSO (*abbr of* **Voluntary Service Overseas**) *n organización británica de voluntarios que ayuda a países en vías de desarrollo.*

vulgar ['vʌlgər] *adj* 1. (*in bad taste*) ordinario(ria). 2. (*offensive*) grosero (ra).

vulnerable ['vʌlnərəbl] *adj*: ~ (**to**) vulnerable (a).

vulture ['vʌltʃər] *n lit & fig* buitre *m*.

w (*pl* **w's** OR **ws**), **W** (*pl* **W's** OR **Ws**) ['dʌblju:] *n* (*letter*) w *f*, W *f*. ◆ **W** 1. (*abbr of* **west**) O. 2. (*abbr of* **watt**) w.

wad [wɒd] *n* 1. (*of paper*) taco *m*. 2. (*of banknotes, documents*) fajo *m*. 3. (*of cotton, cotton wool, tobacco*) bola *f*.

waddle ['wɒdl] *vi* anadear.

wade [weɪd] *vi* caminar por el agua. ◆ **wade through** *vt fus fig*: **he was wading through the documents** le costaba mucho leer los documentos.

wading pool ['weɪdɪŋ-] *n Am* piscina *f* para niños.

wafer ['weɪfər] *n* (*thin biscuit*) barquillo *m*.

waffle ['wɒfl] ◇ *n* 1. (CULIN) gofre *m*. 2. *Br inf* (*vague talk*) paja *f*. ◇ *vi* enrollarse.

waft [wɑːft, wɒft] *vi* flotar

wag [wæg] ◇ *vt* menear. ◇ *vi* menearse.

wage [weɪdʒ] ◇ *n* (*gen*) salario *m*; (*daily*) jornal *m*. ◇ *vt*: **to ~ war** hacer la guerra. ◆ **wages** *npl* (*gen*) salario *m*; (*daily*) jornal *m*

wage earner [-,ɜːnər] *n* asalariado *m*, -da *f*.

wage packet *n Br* 1. (*envelope*) sobre *m* de pago. 2. *fig* (*pay*) paga *f*.

wager ['weɪdʒər] *n* apuesta *f*.

waggle ['wægl] *vt inf* menear.

waggon ['wægən] *Br* = **wagon**.

wagon ['wægən] *n* 1. (*horse - drawn vehicle*) carro *m* 2. *Br* (RAIL) vagón *m*.

wail [weɪl] ◇ *n* lamento *m*, gemido *m*. ◇ *vi* lamentarse, gemir.

waist [weɪst] *n* cintura *f*.

waistcoat ['weɪskəʊt] *n* chaleco *m*.

waistline ['weɪstlaɪn] *n* cintura *f*, talle *m*.

wait [weɪt] ◇ *n* espera *f*. ◇ *vi*: **to ~ (for sthg/sb)** esperar (algo/a alguien); **to be unable to ~ to do sthg** estar impaciente por hacer algo; **to ~ and see** esperar y ver lo que pasa. ◆ **wait for** *vt fus* esperar ◆ **wait on** *vt fus* (*serve food to*) servir. ◆ **wait up** *vi* quedarse despierto(ta) esperando.

waiter ['weɪtər] *n* camarero *m*.

waiting list ['weɪtɪŋ-] *n* lista *f* de espera.

waiting room ['weɪtɪŋ-] *n* sala *f* de espera.

waitress ['weɪtrɪs] *n* camarera *f*.

waive [weɪv] *vt fml* (*rule*) no aplicar.

wake [weɪk] (*pt* **woke** OR **-d**, *pp* **woken** OR **-d**) ◇ *n* (*of ship, boat*) estela *f*. ◇ *vt* despertar. ◇ *vi* despertarse ◆ **wake up** ◇ *vt sep* despertar ◇ *vi* (*wake*) despertarse.

waken ['weɪkən] *fml* ◇ *vt* despertar. ◇ *vi* despertarse

Wales [weɪlz] *n* (el país de) Gales.

walk [wɔːk] ◇ *n* 1. (*way of walking*) andar *m*, paso *m*. 2. (*journey on foot*) paseo *m*; (*on foot*) paseo *m*; **it's ten minutes' ~ away** está a diez minutos andando. ◇ *vt* 1. (*dog*) pasear 2. (*streets*) andar por; (*distance*) recorrer, andar ◇ *vi* 1. (*move on foot*) andar, caminar. 2. (*for pleasure*) pasear. ◆ **walk out** *vi* 1. (*leave suddenly*) salirse 2. (*go on strike*) declararse en huelga. ◆ **walk out on** *vt fus* abandonar.

walker ['wɔːkər] *n* caminante *m y f*, paseante *m y f*

walkie-talkie [ˌwɔːkɪˈtɔːkɪ] *n* walki-talki *m*.

walking [ˈwɔːkɪŋ] *n (U) (for sport)* marcha *f*; *(for pleasure)* andar *m*.

walking shoes *npl* zapatos *mpl* para caminar.

walking stick *n* bastón *m*.

Walkman® [ˈwɔːkmən] *n* walkman® *m*.

walk of life *(pl* **walks of life)** *n*: **people from all walks of life** gente de toda condición.

walkout [ˈwɔːkaʊt] *n* huelga *f*.

walkover [ˈwɔːkˌəʊvəʳ] *n* victoria *f* fácil.

walkway [ˈwɔːkweɪ] *n (on ship, oilrig, machine)* pasarela *f*; *(between buildings)* paso *m*.

wall [wɔːl] *n* 1. *(inside building, of cell, stomach)* pared *f* 2. *(outside)* muro *m*.

wallchart [ˈwɔːltʃɑːt] *n (gráfico m)* mural *m*.

walled [wɔːld] *adj* amurallado(da).

wallet [ˈwɒlɪt] *n* cartera *f*, billetera *f*.

wallflower [ˈwɔːlˌflaʊəʳ] *n* 1. *(plant)* alhelí *m*. 2. *inf fig (person)* persona tímida que queda al margen de una fiesta.

wallop [ˈwɒləp] *vt inf (child)* pegar una torta a; *(ball)* golpear fuerte.

wallow [ˈwɒləʊ] *vi (in liquid)* revolcarse.

wallpaper [ˈwɔːlˌpeɪpəʳ] ◇ *n* papel *m* de pared OR de empapelar. ◇ *vt* empapelar.

Wall Street *n* Wall Street *f*, zona financiera neoyorquina.

wally [ˈwɒlɪ] *n Br inf* imbécil *m y f*.

walnut [ˈwɔːlnʌt] *n* 1. *(nut)* nuez *f*. 2. *(wood, tree)* nogal *m*.

walrus [ˈwɔːlrəs] *(pl inv* OR **-es)** *n* morsa *f*.

waltz [wɔːls] ◇ *n* vals *m*. ◇ *vi (dance)* bailar el vals.

wan [wɒn] *adj* pálido(da).

wand [wɒnd] *n* varita *f* mágica.

wander [ˈwɒndəʳ] *vi* vagar; **my mind kept ~ing** se me iba la mente en otras cosas.

wane [weɪn] *vi (influence, interest)* disminuir, decrecer.

wangle [ˈwæŋgl] *vt inf* agenciarse.

want [wɒnt] ◇ *n fml* 1. *(need)* necesidad *f*. 2. *(lack)* falta *f*; **for ~ of** OR **a falta de.** 3. *(deprivation)* indigencia *f*, miseria *f*. ◇ *vt (desire)* querer; **to ~ to do sthg** querer hacer algo; **to ~ sb to do sthg** querer que alguien haga algo.

wanted [ˈwɒntɪd] *adj*: **to be ~ (by the police)** ser buscado(da) (por la policía).

wanton [ˈwɒntən] *adj fml* gratuito(ta), sin motivo.

war [wɔːʳ] ◇ *n lit & fig* guerra *f*. ◇ *vi* estar en guerra.

ward [wɔːd] *n* 1. *(in hospital)* sala *f*. 2. *Br* (POL) distrito *m* electoral. 3. (JUR) pupilo *m*, -la *f*. ◆ **ward off** *vt fus* protegerse de.

warden [ˈwɔːdn] *n* 1. *(of park)* guarda *m y f*. 2. *Br (of youth hostel, hall of residence)* encargado *m*, -da *f*. 3. *(of monument)* guardián *m*, -ana *f*. 4. *Am (prison governor)* director *m*, -ra *f*.

warder [ˈwɔːdəʳ] *n (in prison)* carcelero *m*, -ra *f*.

wardrobe [ˈwɔːdrəʊb] *n* 1. *(piece of furniture)* armario *m*, guardarropa *m*. 2. *(collection of clothes)* guardarropa *m*, vestuario *m*.

warehouse [ˈweəhaʊs, *pl* -haʊzɪz] *n* almacén *m*.

wares [weəz] *npl literary* mercancías *fpl*.

warfare [ˈwɔːfeəʳ] *n (U)* guerra *f*.

warhead [ˈwɔːhed] *n* ojiva *f*, cabeza *f*.

warily [ˈweərɪlɪ] *adv* con cautela.

warm [wɔːm] ◇ *adj* 1. *(pleasantly hot - gen)* caliente; *(- weather, day)* caluroso(sa); *(- lukewarm)* tibio(bia), templado(da); **it's/I'm ~** hace/tengo calor. 2. *(clothes etc)* que abriga. 3. *(colour, sound)* cálido(da). 4. *(friendly - person, atmosphere, smile)* afectuoso (sa); *(- congratulations)* efusivo(va). ◇ *vt* calentar. ◆ **warm up** ◇ *vt sep* calentar. ◇ *vi (gen)* entrar en calor; *(weather, room, engine)* calentarse.

warm-hearted [-ˈhɑːtɪd] *adj* afectuoso(sa).

warmly [ˈwɔːmlɪ] *adv* 1. *(in warm clothes)*: **to dress ~** vestirse con ropa de abrigo. 2. *(in a friendly way)* calurosamente.

warmth [wɔːmθ] *n* 1. *(heat)* calor *m*. 2. *(of clothes)* abrigo *m*. 3. *(friendliness)* cordialidad *f*.

warn [wɔːn] *vt* prevenir, advertir; **to ~ sb of sthg** prevenir a alguien algo; **to ~ sb not to do sthg** advertir a alguien que no haga algo.

warning [ˈwɔːnɪŋ] *n* aviso *m*, advertencia *f*.

warning light *n* piloto *m*.

warning triangle *n Br* triángulo *m* de avería.

warp [wɔːp] ◇ *vt* 1. *(wood)* alabear. 2. *(personality)* torcer, deformar. ◇ *vi* alabearse.

warrant [ˈwɒrənt] ◇ *n* orden *f* OR

mandamiento *m* judicial. ◇ *vt fml* merecer.

warranty ['wɒrəntɪ] *n* garantía *f*.

warren ['wɒrən] *n* zona *f* de conejos.

warrior ['wɒrɪəʳ] *n* guerrero *m*, -ra *f*.

Warsaw ['wɔːsɔː] *n* Varsovia; **the ~ Pact** el Pacto de Varsovia.

warship ['wɔːʃɪp] *n* buque *m* de guerra.

wart [wɔːt] *n* verruga *f*.

wartime ['wɔːtaɪm] *n* tiempos *mpl* de guerra.

wary ['weərɪ] *adj*: ~ **(of)** receloso(sa) (de).

was [*weak form* wəz, *strong form* wɒz] *pt* → **be**.

wash [wɒʃ] ◇ *n* 1. *(act of washing)* lavado *m*. 2. *(things to wash)* ropa sucia. 3. *(from boat)* estela *f*. ◇ *vt* 1. *(gen)* lavar; *(hands, face)* lavarse. 2. *(carry - subj: waves etc)* arrastrar, llevarse. ◇ *vi* 1. *(clean oneself)* lavarse. 2. *(waves, oil)*: **to ~ over sthg** bañar algo. ◆ **wash away** *vt sep (subj: water, waves)* llevarse, barrer. ◆ **wash up** ◇ *vt sep Br (dishes)* lavar, fregar. ◇ *vi* 1. *Br (wash the dishes)* fregar OR lavar los platos. 2. *Am (wash o.s.)* lavarse.

washable ['wɒʃəbl] *adj* lavable.

washbasin *Br* ['wɒʃ,beɪsn], **washbowl** *Am* ['wɒʃbəʊl] *n* lavabo *m*.

washcloth ['wɒʃ,klɒθ] *n Am* toallita *f* para lavarse la cara.

washer ['wɒʃəʳ] *n* (TECH) arandela *f*.

washing ['wɒʃɪŋ] *n* (U) 1. *(operation)* colada *f*. 2. *(clothes - dirty)* ropa *f* sucia OR para lavar; *(- clean)* colada *f*.

washing line *n* tendedero *m*.

washing machine *n* lavadora *f*.

washing powder *n Br* detergente *m*, jabón *m* en polvo.

Washington ['wɒʃɪŋtən] *n (town)*: ~ **D.C.** ciudad *f* de Washington.

washing-up *n* 1. *Br (crockery, pans etc)* platos *mpl* para fregar. 2. *(operation)* fregado *m*; **to do the ~** fregar los platos.

washing-up liquid *n Br* detergente *m* para vajillas.

washout ['wɒʃaʊt] *n inf* desastre *m*.

washroom ['wɒʃrum] *n Am* baño *m*, aseos *mpl*.

wasn't [wɒznt] = **was not**.

wasp [wɒsp] *n (insect)* avispa *f*.

wastage ['weɪstɪdʒ] *n* desperdicio *m*.

waste [weɪst] ◇ *adj (land)* yermo(ma); *(material, fuel)* de desecho. ◇ *n* 1. *(misuse, incomplete use)* desperdicio *m*, derroche *m*; **a ~ of time** una pérdi-

da de tiempo. 2. *(U) (refuse)* desperdicios *mpl*; *(chemical, toxic etc)* residuos *mpl*. ◇ *vt (time)* perder; *(money)* malgastar, derrochar; *(food, energy, opportunity)* desperdiciar. ◆ **wastes** *npl literary* yermos *mpl*

wastebasket *Am* = **wastepaper basket**

waste disposal unit *n* triturador *m* de basuras.

wasteful ['weɪstful] *adj* derrochador (ra).

waste ground *n (U)* descampados *mpl*.

wastepaper basket [,weɪst'peɪpəʳ-], **wastepaper bin** [,weɪst'peɪpəʳ-], **wastebasket** *Am* ['weɪst,bɑːskɪt] *n* papelera *f*.

watch [wɒtʃ] ◇ *n* 1. *(timepiece)* reloj *m*. 2. *(act of watching)*: **to keep ~** estar de guardia; **to keep ~ on sthg/sb** vigilar algo/a alguien. 3. (MIL) *(group of people)* guardia *f*. ◇ *vt* 1. *(look at - gen)* mirar; *(- sunset)* contemplar; *(- football match, TV)* ver. 2. *(spy on)* vigilar. 3. *(be careful about)* tener cuidado con, vigilar. ◇ *vi* mirar, observar. ◆ **watch out** *vi* tener cuidado.

watchdog ['wɒtʃdɒg] *n* 1. *(dog)* perro *m* guardián. 2. *fig (organization)* comisión *f* de vigilancia.

watchful ['wɒtʃful] *adj* atento(ta).

watchmaker ['wɒtʃ,meɪkəʳ] *n* relojero *m*, -ra *f*.

watchman ['wɒtʃmən] *(pl* **-men** [-mən]) *n* vigilante *m*.

water ['wɔːtəʳ] ◇ *n (gen)* agua *f*. ◇ *vt* regar. ◇ *vi* 1. *(eyes)*: **my eyes are ~ing** me lloran los ojos. 2. *(mouth)*: **my mouth is ~ing** se me hace la boca agua. ◆ **waters** *npl* aguas *fpl*. ◆ **water down** *vt sep* 1. *(dilute)* diluir, aguar. 2. *usu pej (moderate)* moderar.

water bottle *n* cantimplora *f*.

water closet *n dated* wáter *m*.

watercolour ['wɔːtə,kʌləʳ] *n* acuarela *f*

watercress ['wɔːtəkres] *n* berro *m*.

waterfall ['wɔːtəfɔːl] *n* cascada *f*, salto *m* de agua.

water heater *n* calentador *m* de agua.

waterhole ['wɔːtəhəʊl] *n* balsa *f* (donde acuden a beber los animales).

watering can ['wɔːtərɪŋ-] *n* regadera *f*.

water level *n* nivel *m* del agua.

water lily *n* nenúfar *m*.

waterline ['wɔːtəlaɪn] *n* (NAUT) línea *f* de flotación.

waterlogged [ˈwɔːtəlɒgd] *adj* inundado(da).

water main *n* cañería *f* principal.

watermark [ˈwɔːtəmɑːk] *n* **1.** *(in paper)* filigrana *f*. **2.** *(showing water level)* marca *f* del nivel del agua.

watermelon [ˈwɔːtəˌmelən] *n* sandía *f*.

water polo *n* water-polo *m*.

waterproof [ˈwɔːtəpruːf] ◇ *adj* impermeable. ◇ *n* impermeable *m*.

watershed [ˈwɔːtəʃed] *n* fig momento *m* decisivo.

water skiing *n* esquí *m* acuático.

water tank *n* reserva *f* de agua.

watertight [ˈwɔːtətaɪt] *adj* *(waterproof)* hermético(ca).

waterway [ˈwɔːtəweɪ] *n* vía *f* navegable.

waterworks [ˈwɔːtəwɜːks] *(pl inv)* *n* *(building)* central *f* de agua.

watery [ˈwɔːtərɪ] *adj* **1.** *(food)* soso(sa); *(drink)* aguado(da). **2.** *(pale)* desvaído(da).

watt [wɒt] *n* vatio *m*.

wave [weɪv] ◇ *n* **1.** *(of hand)* además *m* OR señal *f* (con la mano). **2.** *(of water)* ola *f*. **3.** *(of emotion, nausea, panic)* arranque *m*; *(of immigrants, crime etc)* oleada *f*. **4.** *(of light, sound, heat)* onda *f*. **5.** *(in hair)* ondulación *f*. ◇ *vt* **1.** *(move about as signal)* agitar. **2.** *(signal to)* hacer señales OR señas a. ◇ *vi* **1.** *(with hand - in greeting)* saludar con la mano; *(- to say goodbye)* decir adiós con la mano; **to ~ at** OR **to sb** saludar a alguien con la mano. **2.** *(flag)* ondear; *(trees)* agitarse.

wavelength [ˈweɪvleŋθ] *n* longitud *f* de onda; **to be on the same ~** *fig* estar en la misma onda.

waver [ˈweɪvəʳ] *vi* **1.** *(falter - resolution, confidence)* flaquear. **2.** *(hesitate)* dudar, vacilar. **3.** *(fluctuate)* oscilar.

wavy [ˈweɪvɪ] *adj* ondulado(da).

wax [wæks] ◇ *n* cera *f*. ◇ *vt* encerar.

wax paper *n* Am papel *m* de cera.

waxworks [ˈwæksˌwɜːks] *(pl inv)* *n* museo *m* de cera.

way [weɪ] ◇ *n* **1.** *(manner, method)* manera *f*, modo *m*; **in the same ~** del mismo modo, igualmente; **this/that ~** así; **in a ~** en cierto modo; **to get have one's ~** salirse uno con la suya. **2.** *(route, path)* camino *m*; **to lose one's ~** perderse; **~ in** entrada *f*; **~ out** salida *f*; **it's out of my ~** no me pilla de camino; **it's out of the ~** *(place)* está algo aislado; **on the** OR **on one's ~** de camino; **I'm on my ~** voy de camino; **to be under ~** *(ship)* estar navegando; *fig (meeting)* estar en marcha; **to get under ~** *(ship)* zarpar; *(meeting)* ponerse en marcha; **to be in the ~** estar en medio; **to go out of one's ~ to do sthg** tomarse muchas molestias para hacer algo; **to keep out of the ~** mantenerse alejado; **to make ~ for** dar paso a. **3.** *(direction)* dirección *f*; **come this ~** ven por aquí; **go that ~** ve por ahí; **which ~ do we go?** ¿hacia dónde vamos?; **the wrong ~ up** OR **round** al revés; **the right ~ up** OR **round** del derecho. **4.** *(distance)*: **all the ~** todo el camino OR trayecto; **it's a long ~ away** está muy lejos; **we have a long ~ to go** queda mucho camino por recorrer. **5.** *phr*: **to give ~** *(under weight, pressure)* ceder; **'give ~'** *Br* (AUT) 'ceda el paso'; **no ~!** ¡ni hablar! ◇ *adv* *inf (far)* mucho; **it's ~ too big** es tela de grande ♦ **ways** *npl* *(customs, habits)* costumbres *fpl*, hábitos *mpl*. ♦ **by the way** *adv* por cierto.

waylay [ˌweɪˈleɪ] *(pt & pp* -**laid**) *vt* abordar.

wayward [ˈweɪwəd] *adj* *(person, behaviour)* incorregible.

WC *(abbr of* **water closet**) WC.

we [wiː] *pers pron* nosotros *mpl*, -tras *fpl*; **WE can't do it** NOSOTROS no podemos hacerlo; **as ~ say in France** como decimos en Francia; **~ British** nosotros los británicos.

weak [wiːk] *adj* **1.** *(gen)* débil. **2.** *(material, structure)* frágil. **3.** *(argument, tea etc)* flojo(ja). **4.** *(lacking knowledge, skill)*: **to be ~ on sthg** estar flojo(ja) en algo.

weaken [ˈwiːkn] ◇ *vt* debilitar. ◇ *vi* **1.** *(become less determined)* ceder, flaquear. **2.** *(physically)* debilitarse.

weakling [ˈwiːklɪŋ] *n pej* enclenque *m* y *f*.

weakness [ˈwiːknɪs] *n* **1.** *(gen)* debilidad *f*. **2.** *(imperfect point)* defecto *m*.

wealth [welθ] *n* **1.** *(riches)* riqueza *f*. **2.** *(abundance)* profusión *f*.

wealthy [ˈwelθɪ] *adj* rico(ca).

wean [wiːn] *vt* *(from mother's milk)* destetar

weapon [ˈwepən] *n* arma *f*.

weaponry [ˈwepənrɪ] *n (U)* armamento *m*.

wear [weəʳ] *(pt* **wore**, *pp* **worn**) ◇ *n* *(U)* **1.** *(use)* uso *m*. **2.** *(damage)* desgaste *m*; **~ and tear** desgaste. **3.** *(type of clothes)* ropa *f*. ◇ *vt* **1.** *(clothes, hair)* llevar; *(shoes)* calzar; **to ~ red** vestirse de rojo. **2.** *(damage)* desgastar. ◇ *vi*

1. *(deteriorate)* desgastarse. 2. *(last):* to ~ **well/badly** durar mucho/poco.
♦ **wear away** *vt sep* desgastar. ◊ *vi* desgastarse. ♦ **wear down** *vt sep* 1. *(reduce size of)* desgastar. 2. *(weaken)* agotar. ♦ **wear off** *vi* desaparecer, disiparse. ♦ **wear out** ◊ *vt sep* 1. *(shoes, clothes)* gastar. 2. *(person)* agotar. ◊ *vi* gastarse.

weary ['wɪərɪ] *adj* fatigado(da), cansado(da); **to be ~ of sthg/of doing sthg** estar cansado de algo/de hacer algo.

weasel ['wiːzl] *n* comadreja *f.*

weather ['weðə'] ◊ *n* tiempo *m*; **to be under the ~** no encontrarse muy bien. ◊ *vt (crisis etc)* superar.

weather-beaten [-‚biːtn] *adj (face, skin)* curtido(da).

weathercock ['weðəkɒk] *n* veleta *f.*

weather forecast *n* parte *m* meteorológico.

weatherman ['weðəmæn] *(pl* **-men** [-men]) *n* hombre *m* del tiempo.

weather vane [-veɪn] *n* veleta *f.*

weave [wiːv] *(pt* **wove,** *pp* **woven)** ◊ *vt (using loom)* tejer. ◊ *vi (move):* to ~ **through** colarse por entre.

weaver ['wiːvə'] *n* tejedor *m*, -ra *f.*

web [web] *n* 1. *(cobweb)* telaraña *f.* 2. *fig (of lies etc)* urdimbre *f.*

Web [web] *n:* **the ~** la Web.

website *n* sitio *m* Web.

wed [wed] *(pt & pp* **-ded** OR **wed)** *literary* ◊ *vt* desposar. ◊ *vi* desposarse.

we'd [wiːd] = **we had, we would.**

wedding ['wedɪŋ] *n* boda *f*, casamiento *m.*

wedding anniversary *n* aniversario *m* de boda.

wedding cake *n* tarta *f* nupcial.

wedding dress *n* traje *m* de novia.

wedding ring *n* anillo *m* de boda, argolla *f Amer.*

wedge [wedʒ] ◊ *n* 1. *(for steadying or splitting)* cuña *f.* 2. *(triangular slice)* porción *f*, trozo *m.* ◊ *vt:* to ~ **sthg open/shut** dejar algo abierto/cerrado con una cuña

Wednesday ['wenzdɪ] *n* miércoles *m inv; see also* **Saturday.**

wee [wiː] ◊ *adj Scot* pequeño(ña). ◊ *n v inf* pipí *m* ◊ *vi v inf* hacer pipí.

weed [wiːd] ◊ *n* 1. *(wild plant)* mala hierba *f.* 2. *Br inf (feeble person)* canijo *m*, -ja *f.* ◊ *vt* desherbar, escardar.

weedkiller ['wiːd‚kɪlə'] *n* herbicida *m.*

weedy ['wiːdɪ] *adj Br inf (feeble)* enclenque.

week [wiːk] *n (gen)* semana *f.*

weekday ['wiːkdeɪ] *n* día *m* laborable.

weekend [‚wiːk'end] *n* fin *m* de semana.

weekly ['wiːklɪ] ◊ *adj* semanal. ◊ *adv* semanalmente. ◊ *n* semanario *m.*

weep [wiːp] *(pt & pp* **wept)** ◊ *vt* derramar. ◊ *vi* llorar.

weeping willow [‚wiːpɪŋ-] *n* sauce *m* llorón

weigh [weɪ] *vt* 1. *(gen)* pesar. 2. *(consider carefully)* sopesar. ♦ **weigh down** *vt sep* 1. *(physically)* sobrecargar. 2. *(mentally):* to be ~ed down by OR with estar abrumado(da) de OR por. ♦ **weigh up** *vt sep* 1. *(consider carefully)* sopesar 2. *(size up)* hacerse una idea de.

weight [weɪt] *n* 1. *(gen)* peso *m*; to put on OR gain ~ engordar; to lose ~ adelgazar; to pull one's ~ poner (uno) de su parte. 2. *(metal object)* pesa *f.*

weighted ['weɪtɪd] *adj:* to be ~ in favour of/against inclinarse a favor/en contra de.

weighting ['weɪtɪŋ] *n* prima por vivir en una ciudad con alto coste de vida.

weightlifting ['weɪt‚lɪftɪŋ] *n* levantamiento *m* de pesos, halterofilia *f.*

weighty ['weɪtɪ] *adj (serious)* de peso.

weir [wɪə'] *n* presa *f*, dique *m.*

weird [wɪəd] *adj* raro(ra), extraño(ña).

welcome ['welkəm] ◊ *adj* 1. *(guest)* bienvenido(a). 2. *(free):* you're ~ to come si quieres, puedes venir. 3. *(appreciated):* to be ~ ser de agradecer. 4. *(in reply to thanks):* you're ~ de nada. ◊ *n* bienvenida *f.* ◊ *vt* 1. *(receive)* dar la bienvenida a. 2. *(approve, support)* recibir bien ◊ *excl* ¡bienvenido(da)!

weld [weld] ◊ *n* soldadura *f.* ◊ *vt* soldar.

welfare ['welfeə'] ◊ *adj* de asistencia social. ◊ *n* 1. *(state of well-being)* bienestar *m.* 2. *Am (income support)* subsidio *m* de la seguridad social.

welfare state *n:* **the ~** el Estado de bienestar.

well [wel] *(compar* **better,** *superl* **best)** ◊ *adj* bien; to be ~ *(healthy)* estar bien (de salud); to get ~ mejorarse; all is ~ todo va bien; (it's) just as ~ menos mal ◊ *adv* 1. *(satisfactorily, thoroughly)* bien; they were ~ beaten fueron ampliamente derrotados; to go ~ ir bien; ~ done! ¡muy bien!; ~ and truly completamente. 2. *(definitely, certainly)* claramente, definitivamente; it was ~ worth it sí que valió la pena. 3. *(as emphasis):* you know perfectly ~ (that) sabes de sobra (que). 4. *(very* *possibly*): **it could ~ rain** es muy posible que llueva. ◇ *n* pozo *m*. ◇ *excl* **1.** *(gen)* bueno; **oh ~!** ¡en fin! **2.** *(in surprise)* ¡vaya! ♦ **as well** *adv* **1.** *(in addition)* también. **2.** *(with same result)*: **you may as ~ (do it)** ¿y por qué no (lo haces)? ♦ **as well as** *conj* además de. ♦ **well up** *vi* brotar.

we'll [wiːl] = **we shall, we will**.

well-advised [-əd'vaɪzd] *adj* sensato (ta); **you would be ~ to do it** sería aconsejable que lo hicieras.

well-behaved [-bɪ'heɪvd] *adj* formal, bien educado(da).

wellbeing [ˌwel'biːɪŋ] *n* bienestar *m*.

well-built *adj* fornido(da).

well-done *adj* *(thoroughly cooked)* muy hecho(cha).

well-dressed [-'drest] *adj* bien vestido(da).

well-earned [-'ɜːnd] *adj* bien merecido(da).

well-heeled [-hiːld] *adj inf* ricachón (ona).

wellington boots ['welɪŋtən-], **wellingtons** ['welɪŋtənz] *npl* botas *fpl* de agua.

well-kept *adj* **1.** *(neat, tidy)* bien cuidado(da). **2.** *(not revealed)* bien guardado(da).

well-known *adj* conocido(da).

well-mannered [-'mænəd] *adj* de buenos modales.

well-meaning *adj* bienintencionado (da).

well-nigh [-naɪ] *adv* casi.

well-off *adj* **1.** *(rich)* acomodado(da), rico(ca). **2.** *(well-provided)*: **to be ~ for sthg** tener bastante de algo.

well-read [-'red] *adj* instruido(da), culto(ta).

well-rounded [-'raundɪd] *adj* *(varied)* completo(ta).

well-timed *adj* oportuno(na).

well-to-do *adj* adinerado(da).

wellwisher ['welˌwɪʃər] *n* simpatizante *m y f* (que da muestras de apoyo).

Welsh [welʃ] ◇ *adj* galés(esa). ◇ *n* *(language)* galés *m*. ◇ *npl*: **the ~** los galeses.

Welshman ['welʃmən] (*pl* -men [-mən]) *n* galés *m*.

Welshwoman ['welʃˌwumən] (*pl* -women [-ˌwɪmɪn]) *n* galesa *f*.

went [went] *pt* → **go**.

wept [wept] *pt & pp* → **weep**.

were [wɜːr] *pt* → **be**.

we're [wɪər] = **we are**.

weren't [wɜːnt] = **were not**

west [west] ◇ *n* **1.** *(direction)* oeste *m*. **2.** *(region)*: **the West** el Oeste. ◇ *adj* del oeste. ◇ *adv*: **~ (of)** al oeste (de). ♦ **West** *n* (POL): **the West** Occidente.

West Bank *n*: **the ~** Cisjordania.

West Country *n Br*: **the ~** el sudoeste de Inglaterra.

West End *n Br*: **the ~** zona central de Londres, famosa por sus teatros, tiendas etc.

westerly ['westəlɪ] *adj* del oeste.

western ['westən] ◇ *adj* occidental. ◇ *n* *(book)* novela *f* del oeste; *(film)* película *f* del oeste, western *m*.

West German ◇ *adj* de la Alemania Occidental. ◇ *n* *(person)* alemán *m*, -ana *f* occidental.

West Germany *n*: **(the former) ~** (la antigua) Alemania Occidental.

West Indian ◇ *adj* antillano(na). ◇ *n* *(person)* antillano *m*, -na *f*

West Indies [-'ɪndiːz] *npl*: **the ~** las Antillas.

Westminster ['westmɪnstər] *n* barrio londinense en que se encuentra el parlamento británico; por extensión éste.

westward ['westwəd] ◇ *adj* hacia el oeste. ◇ *adv* = **westwards**.

westwards ['westwədz] *adv* hacia el oeste.

wet [wet] (*pt & pp* **wet** OR **-ted**) ◇ *adj* **1.** *(soaked)* mojado(da); *(damp)* húmedo(da). **2.** *(rainy)* lluvioso(sa). **3.** *(paint, cement)* fresco(ca). **4.** *Br inf pej* *(weak, feeble)* ñoño(ña). ◇ *n inf* (POL) político conservador moderado. ◇ *vt* *(soak)* mojar; *(dampen)* humedecer.

wet blanket *n inf pej* aguafiestas *m y f*.

wet suit *n* traje *m* de submarinista.

we've [wiːv] = **we have**

whack [wæk] *n inf (hit)* castañazo *m*.

whale [weɪl] *n (animal)* ballena *f*.

wharf [wɔːf] (*pl* -s OR **wharves** [wɔːvz]) *n* muelle *m*, embarcadero *m*

what [wɒt] ◇ *adj* **1.** *(in direct, indirect questions)* qué; **~ shape is it?** ¿qué forma tiene?; **he asked me ~ shape it was** me preguntó qué forma tenía; **~ colour is it?** ¿de qué color es? **2.** *(in exclamations)* qué; **~ a surprise!** ¡qué sorpresa!; **~ a stupid idea!** ¡qué idea más tonta! ◇ *pron* **1.** *(interrogative)* qué; **~ are they doing?** ¿qué hacen?; **~ are they talking about?** ¿de qué están hablando?; **~ is it called?** ¿cómo se llama?; **~ does it cost?** ¿cuánto cuesta?; **~ is it like?** ¿cómo es?; **~'s the Spanish for 'book'?** ¿cómo se dice 'book' en español?; ~ **about another drink/going out for a meal?** ¿qué tal otra copa/si salimos a comer?; ~ **about me?** ¿y yo qué?; ~ **if nobody comes?** ¿y si no viene nadie, qué? **2.** (relative) lo que; **I saw ~ happened/he did** yo vi lo que ocurrió/hizo; **I don't know ~ to do** no sé qué hacer. ◇ excl (expressing disbelief) ¿qué?; ~, **no milk!** ¿cómo? ¿que no hay leche?

whatever [wɒtˈevər] ◇ adj cualquier; **eat ~ food you find** come lo que encuentres; **no chance ~** ni la más remota posibilidad; **nothing ~** nada en absoluto. ◇ pron **1.** (no matter what): ~ **they may offer** ofrezcan lo que ofrezcan; ~ **you like** lo que (tú) quieras; ~ **happens** pase lo que pase. **2.** (indicating surprise): ~ **do you mean?** ¿qué diablos quieres decir? **3.** (indicating ignorance): ~ **that is** OR **may be** sea lo que sea eso; **or ~** o lo que sea.

whatsoever [ˌwɒtsəʊˈevər] adj: **nothing ~** nada en absoluto; **none ~** ni uno.

wheat [wiːt] n trigo m.

wheedle [ˈwiːdl] vt decir con zalamería; **to ~ sb into doing sthg** camelar OR engatusar a alguien para que haga algo; **to ~ sthg out of sb** sonsacarle algo a alguien.

wheel [wiːl] ◇ n **1.** (gen) rueda f. **2.** (steering wheel) volante m. ◇ vt empujar (algo sobre ruedas). ◇ vi **1.** (move in circle) dar vueltas. **2.** (turn round): **to ~ round** darse la vuelta.

wheelbarrow [ˈwiːlˌbærəʊ] n carretilla f.

wheelchair [ˈwiːlˌtʃeər] n silla f de ruedas.

wheelclamp [ˈwiːlˌklæmp] n cepo m.

wheeze [wiːz] vi resollar.

whelk [welk] n buccino m.

when [wen] ◇ adv (in direct, indirect question) cuándo; ~ **does the plane arrive?** ¿cuándo llega el avión?; **he asked me ~ I would be in London** me preguntó cuándo estaría en Londres. ◇ conj cuando; **tell me ~ you've read it** avísame cuando lo hayas leído; **on the day ~ it happened** el día (en) que pasó; **you said it was black ~ it was actually white** dijiste que era negro cuando en realidad era blanco.

whenever [wenˈevər] ◇ conj (no matter when) cuando; (every time) cada vez que; ~ **you like** cuando quieras. ◇ adv cuando sea.

where [weər] ◇ adv (in direct, indirect questions) dónde; ~ **do you live?** ¿dónde vives?; **do you know ~ he lives?** ¿sabes dónde vive?; ~ **are we going?** ¿adónde vamos?; **I don't know ~ to start** no sé por dónde empezar. ◇ conj (referring to place, situation) donde; **this is ~ ...** es aquí donde ...; **go ~ you like** vete (a) donde quieras.

whereabouts [adv ˌweərəˈbaʊts, n ˈweərəbaʊts] ◇ adv (por) dónde. ◇ npl paradero m.

whereas [weərˈæz] conj mientras que.

whereby [weəˈbaɪ] conj fml por el/la cual

whereupon [ˌweərəˈpɒn] conj fml tras OR con lo cual.

wherever [weərˈevər] ◇ conj (no matter where) dondequiera que; ~ **you go** dondequiera que vayas; **sit ~ you like** siéntate donde quieras. ◇ adv **1.** (no matter where) en cualquier parte. **2.** (indicating surprise): ~ **did you hear that?** ¿dónde diablos habrás oído eso?

wherewithal [ˈweəwɪðɔːl] n fml: **to have the ~ to do sthg** disponer de los medios para hacer algo.

whet [wet] vt: **to ~ sb's appetite (for sthg)** despertar el interés de alguien (por algo).

whether [ˈweðər] conj **1.** (indicating choice, doubt) si; **I doubt ~ she'll do it** dudo que lo haga. **2.** (no matter if): ~ **I want to or not** tanto si quiero como si no.

which [wɪtʃ] ◇ adj **1.** (in direct, indirect questions) qué; ~ **house is yours?** ¿cuál es tu casa?; ~ **one?** ¿cuál?; ~ **ones?** ¿cuáles? **2.** (to refer back to): **in ~ case** en cuyo caso. ◇ pron **1.** (in direct, indirect questions) cuál, cuáles (pl); ~ **do you prefer?** ¿cuál prefieres?; **I can't decide ~ to have** no sé cuál coger. **2.** (in relative clause replacing noun) que; **the table, ~ was made of wood, ...** la mesa, que OR la cual era de madera, ...; **the world in ~ we live** el mundo en que OR en el cual vivimos. **3.** (to refer back to a clause) lo cual; **she denied it, ~ surprised me** lo negó, lo cual me sorprendió

whichever [wɪtʃˈevər] ◇ adj **1.** (no matter which): ~ **route you take** vayas por donde vayas. **2.** (the one which): ~ **colour you prefer** el color que prefieras. ◇ pron el que (la que), los que (las que) (pl); **take ~ you like** coge el que quieras

whiff [wɪf] *n (smell)* olorcillo *m.*

while [waɪl] ◇ *n* rato *m*; **it's a long ~ since I did that** hace mucho que no hago eso; **for a ~** un rato; **after a ~** después de un rato; **in a ~** dentro de poco; **once in a ~** de vez en cuando. ◇ *conj* **1.** *(during the time that)* mientras. **2.** *(whereas)* mientras que. **3.** *(although)* aunque. ◆ **while away** *vt sep* pasar.

whilst [waɪlst] *conj* = **while**.

whim [wɪm] *n* capricho *m.*

whimper ['wɪmpər] *vt & vi* gimotear.

whimsical ['wɪmzɪkl] *adj (idea, story)* fantasioso(sa); *(remark)* juguetón(ona)

whine [waɪn] *vi (child, dog)* gemir; *(siren)* ulular

whinge [wɪndʒ] *vi Br*: **to ~ (about)** quejarse (de).

whip [wɪp] ◇ *n* **1.** *(for hitting)* látigo *m*; *(for horse)* fusta *f.* **2.** *Br (POL)* miembro de un partido encargado de asegurar que otros miembros voten en el parlamento. ◇ *vt* **1.** *(gen)* azotar. **2.** *(take quickly)*: **to ~ sthg out/off** sacar/quitar algo rápidamente. **3.** *(whisk)* batir.

whipped cream [wɪpt-] *n* nata *f* montada.

whip-round *n Br inf*: **to have a ~** hacer una colecta.

whirl [wɜːl] ◇ *n fig (of activity, events)* torbellino *m.* ◇ *vt*: **to ~ sb/sthg round** hacer dar vueltas a alguien/algo. ◇ *vi (move around)* arremolinarse; *(dancers)* girar vertiginosamente.

whirlpool ['wɜːlpuːl] *n* remolino *m.*

whirlwind ['wɜːlwɪnd] *n* torbellino *m.*

whirr [wɜːr] *vi* zumbar.

whisk [wɪsk] ◇ *n (CULIN)* varilla *f.* ◇ *vt* **1.** *(move quickly)*: **to ~ sthg away/out** llevarse/sacar algo rápidamente. **2.** *(CULIN)* batir.

whisker ['wɪskər] *n (pelo m del)* bigote *m.* ◆ **whiskers** *npl (of person)* patillas *fpl*; *(of cat)* bigotes *mpl*

whisky *Br*, **whiskey** *Am & Irish (pl* **whiskeys)** ['wɪskɪ] *n* whisky *m*

whisper ['wɪspər] ◇ *vt* susurrar. ◇ *vi* cuchichear.

whistle ['wɪsl] ◇ *n* **1.** *(sound)* silbido *m*, pitido *m* **2.** *(device)* silbato *m*, pito *m.* ◇ *vt* silbar. ◇ *vi (person)* silbar, chiflar *Amer*; *(referee)* pitar; *(bird)* piar.

white [waɪt] ◇ *adj* **1.** *(gen)* blanco(ca). **2.** *(coffee, tea)* con leche. ◇ *n* **1.** *(colour)* blanco *m.* **2.** *(person)* blanco *m*, -ca *f.* **3.** *(of egg)* clara *f.* **4.** *(of eye)* blanco *m.*

white-collar *adj* de oficina; **~ worker** oficinista *m y f.*

white elephant *n fig* mamotreto *m (caro e inútil).*

Whitehall ['waɪtɔːl] *n calle londinense en que se encuentra la Administración británica; por extensión ésta.*

white-hot *adj* incandescente.

White House *n*: **the ~** la Casa Blanca.

white lie *n* mentira *f* piadosa.

whiteness ['waɪtnɪs] *n* blancura *f.*

white paper *n (POL)* libro *m* blanco.

white sauce *n (salsa f)* bechamel *f*

white spirit *n Br especie de aguarrás.*

whitewash ['waɪtwɒʃ] ◇ *n* **1.** *(U) (paint)* blanqueo *m*, lechada *f (de cal).* **2.** *pej (cover-up)* encubrimiento *m.* ◇ *vt (paint)* blanquear.

whiting ['waɪtɪŋ] *(pl inv* OR **-s)** *n* pescadilla *f.*

Whitsun ['wɪtsn] *n (day)* Pentecostés *m.*

whittle ['wɪtl] *vt (reduce)*: **to ~ down** OR **away** reducir gradualmente.

whiz, whizz [wɪz] *vi*: **to ~ past** OR **by** pasar muy rápido OR zumbando

whiz(z) kid *n inf* genio *m*, prodigio *m.*

who [huː] *pron* **1.** *(in direct, indirect questions)* quién, quiénes *(pl)*; **~ are you?** ¿quién eres tú?; **~ did you see?** ¿a quién viste?; **I didn't know ~ she was** no sabía quién era. **2.** *(in relative clauses)* que; **he's the doctor ~ treated me** es el médico que me atendió; **those ~ are in favour** los que están a favor.

who'd [huːd] = **who had**, **who would**.

whodu(n)nit [,huːˈdʌnɪt] *n inf* historia *f* policíaca de misterio.

whoever [huːˈevər] *pron* **1.** *(unknown person)* quienquiera; *(pl)* quienesquiera; **~ finds it** quienquiera que lo encuentre; **tell ~ you like** díselo a quien quieras. **2.** *(indicating surprise, astonishment)*: **~ can that be?** ¿quién podrá ser? **3.** *(no matter who)*: **come in, ~ you are** pasa, seas quién seas.

whole [həʊl] ◇ *adj* **1.** *(entire, complete)* entero(ra). **2.** *(for emphasis)*: **a ~ lot taller** muchísimo más alto; **a ~ new idea** una idea totalmente nueva ◇ *n* **1.** *(all)*: **the ~ of the school/summer** el colegio/verano entero. **2.** *(unit, complete thing)* todo *m.* ◆ **as a whole** *adv* en conjunto. ◆ **on the whole** *adv* en general

wholefood ['həʊlfuːd] *n Br* comida *f* integral.

whole-hearted [-'hɔːtɪd] *adj* profundo(da).

wholemeal ['həʊlmiːl] *adj Br* integral.

wholesale ['həʊlseɪl] ◇ *adj* **1.** (COMM) al por mayor. **2.** *pej (indiscriminate)* indiscriminado(da). ◇ *adv* **1.** (COMM) al por mayor. **2.** *pej (indiscriminately)* indiscriminadamente.

wholesaler ['həʊl,seɪləʳ] *n* mayorista *m y f*.

wholesome ['həʊlsəm] *adj* sano(na).

whole wheat *Am* = **wholemeal**.

who'll [huːl] = **who will**.

wholly ['həʊlɪ] *adv* completamente.

whom [huːm] *pron* **1.** *(in direct, indirect questions) fml* quién, quiénes (*pl*); **from ~ did you receive it?** ¿de quién lo recibiste?; **for/of/to ~** por/de/a quién. **2.** *(in relative clauses)* que; **the man ~ I saw** el hombre que vi; **the man to ~ I gave it** el hombre al que se lo di; **several people came, none of ~ I knew** vinieron varias personas, de las que no conocía a ninguna.

whooping cough ['huːpɪŋ-] *n* tos *f* ferina.

whopping ['wɒpɪŋ] *inf* ◇ *adj* enorme. ◇ *adv*: **a ~ great lorry/lie, a ~ big lorry/lie** un camión/una mentira enorme.

whore [hɔːʳ] *n pej* zorra *f*, puta *f*.

who're ['huːəʳ] = **who are**.

whose [huːz] ◇ *pron (in direct, indirect questions)* de quién, (*pl*) de quiénes; **~ is this?** ¿de quién es esto?; **I wonder ~ they are** me pregunto de quién serán. ◇ *adj* **1.** *(in direct, indirect questions)* de quién; **~ car is that?** ¿de quién es ese coche? **2.** *(in relative clauses)* cuyo(ya), cuyos(yas) (*pl*); **that's the boy ~ father's an MP** ese es el chico cuyo padre es diputado; **the woman ~ daughters are twins** la mujer cuyas hijas son gemelas.

who's who [huːz-] *n (book)* Quién es Quién *m*.

who've [huːv] = **who have**.

why [waɪ] ◇ *adv* por qué; **~ did you lie to me?** ¿por qué me mentiste?; **~ don't you all come?** ¿por qué no venís todos?; **~ not?** ¿por qué no? ◇ *conj* por qué; **I don't know ~ he said** that no sé por qué dijo eso. ◇ *pron*: **there are several reasons ~ he left** hay varias razones por las que se marchó; **that's ~ she did it** por eso es por lo que lo hizo; **I don't know the reason ~** no se por qué razón. ◇ *excl* ¡hombre!, ¡vaya! ◆ **why ever** *adv*: **~ ever did you do that?** ¿por

qué diablos has hecho eso?

wick [wɪk] *n* mecha *f*.

wicked ['wɪkɪd] *adj* **1.** *(evil)* malvado (da). **2.** *(mischievous, devilish)* travieso (sa).

wicker ['wɪkəʳ] *adj* de mimbre.

wickerwork ['wɪkəwɜːk] *n (U)* artículos *mpl* de mimbre.

wicket ['wɪkɪt] *n* (CRICKET) *(stumps)* palos *mpl*.

wide [waɪd] ◇ *adj* **1.** *(broad)* ancho (cha); **it's 50 cm ~** tiene 50 cm de ancho. **2.** *(range, choice etc)* amplio (plia). **3.** *(gap, difference, implications)* grande, considerable. **4.** *(off-target)* desviado(da). ◇ *adv* **1.** *(broadly)*: **to open/spread sthg ~** abrir/desplegar algo completamente. **2.** *(off target)*: **to go** OR **be ~** salir desviado.

wide-angle lens *n* gran angular *m*.

wide-awake *adj* completamente despierto(ta).

widely ['waɪdlɪ] *adv* **1.** *(travel, read)* extensamente **2.** *(believed, known, loved)* generalmente. **3.** *(differ, vary)* mucho.

widen ['waɪdn] *vt (gen)* ampliar; *(road, bridge)* ensanchar.

wide open *adj* **1.** *(window, door)* abierto(ta) de par en par. **2.** *(eyes)* completamente abierto(ta).

wide-ranging [-'reɪndʒɪŋ] *adj (changes, survey, consequences)* de gran alcance; *(discussion, interests)* de gran variedad; *(selection)* amplio(plia).

widespread ['waɪdspred] *adj* extendido(da), general.

widow ['wɪdəʊ] *n (woman)* viuda *f*.

widowed ['wɪdəʊd] *adj* viudo(da).

widower ['wɪdəʊəʳ] *n* viudo *m*.

width [wɪdθ] *n* **1.** *(breadth)* anchura *f*; **it's 50 cm in ~** tiene 50 cm de ancho. **2.** *(in swimming pool)* ancho *m*.

wield [wiːld] *vt* **1.** *(weapon)* esgrimir; *(implement)* manejar. **2.** *(power)* ejercer.

wife [waɪf] *(pl* **wives)** *n* mujer *f*, esposa *f*.

wig [wɪg] *n* peluca *f*.

wiggle ['wɪgl] *vt inf* menear; *(hips etc)* contonear.

wild [waɪld] *adj* **1.** *(gen)* salvaje; *(plant, flower)* silvestre; *(bull)* bravo(va). **2.** *(landscape, scenery)* agreste. **3.** *(weather, sea)* borrascoso(sa). **4.** *(crowd, laughter, applause)* frenético(ca). **5.** *(hair)* alborotado(da). **6.** *(hope, idea, plan)* descabellado(da). **7.** *(guess, exaggeration)* extravagante. ◆ **wilds** *npl*:

the ~s las tierras remotas

wilderness ['wɪldənɪs] *n* **1.** *(barren land)* yermo *m*, desierto *m*. **2.** *(overgrown land)* jungla *f*.

wild-goose chase *n inf* búsqueda *f* infructuosa

wildlife ['waɪldlaɪf] *n (U)* fauna *f*

wildly ['waɪldlɪ] *adv* **1.** *(enthusiastically)* frenéticamente. **2.** *(without discipline, inaccurately)* a lo loco. **3.** *(very)* extremadamente.

wilful *Br*, **willful** *Am* ['wɪlful] *adj* **1.** *(stubborn)* que siempre se tiene que salir con la suya. **2.** *(deliberate)* deliberado(da).

will¹ [wɪl] ◇ *n* **1.** *(gen)* voluntad *f*. **2.** *(document)* testamento *m*. ◇ *vt*: to ~ sth to happen desear mucho que ocurra algo; to ~ sb to do sth desear mucho que alguien haga algo.

will² [wɪl] *modal vb* **1.** *(to express future tense)*: they say it ~ rain tomorrow dicen que lloverá OR va a llover mañana; when ~ we get paid? ¿cuándo nos pagarán?; ~ they come? – yes, they ~ ¿vendrán? – sí. **2.** *(indicating willingness)*: ~ you have some more tea? ¿te apetece más té?; I won't do it no lo haré. **3.** *(in commands, requests)*: you ~ leave this house at once vas a salir de esta casa ahora mismo; close that window, ~ you? cierra la ventana, ¿quieres?; ~ you be quiet! ¿queréis hacer el favor de callaros? **4.** *(indicating possibility, what usually happens)*: the hall ~ hold up to 1,000 people la sala tiene cabida para 1.000 personas. **5.** *(expressing an assumption)*: that'll be your father ese va a ser OR será tu padre. **6.** *(indicating irritation)*: she ~ keep phoning me ¡y venga a llamarme!

willful *Am* = **wilful**

willing ['wɪlɪŋ] *adj* **1.** *(prepared)*: to be ~ (to do sth) estar dispuesto(ta) a hacer algo). **2.** *(eager)* servicial.

willingly ['wɪlɪŋlɪ] *adv* de buena gana.

willow (tree) ['wɪləʊ-] *n* sauce *m*.

willpower ['wɪl‚paʊəʳ] *n* fuerza *f* de voluntad.

willy-nilly [‚wɪlɪ'nɪlɪ] *adv* pase lo que pase.

wilt [wɪlt] *vi (plant)* marchitarse; *(person)* desfallecer, extenuarse.

wily ['waɪlɪ] *adj* astuto(ta).

wimp [wɪmp] *n pej inf* blandengue *m y f*.

win [wɪn] *(pt & pp won)* ◇ *n* victoria *f*, triunfo *m*. ◇ *vt* ganar. ◇ *vi* ganar ♦ **win over, win round** *vt sep* convencer.

wince [wɪns] *vi* hacer una mueca de dolor; to ~ at/with sthg estremecerse ante/de algo.

winch [wɪntʃ] *n* torno *m*.

wind¹ [wɪnd] ◇ *n* **1.** (METEOR) viento *m*. **2.** *(breath)* aliento *m*, resuello *m*. **3.** *(U) (in stomach)* gases *mpl*. ◇ *vt (knock breath out of)* dejar sin aliento.

wind² [waɪnd] *(pt & pp wound)* ◇ *vt* **1.** *(string, thread)* enrollar; to ~ sthg around sthg enrollar algo alrededor de algo. **2.** *(clock, watch)* dar cuerda a. ◇ *vi* serpentear. ♦ **wind down** *vt sep* **1.** *(car window)* bajar. **2.** *(business)* cerrar poco a poco. ◇ *vi (person)* relajarse, descansar ♦ **wind up** *vt sep* **1.** *(finish - activity)* finalizar, concluir; *(business)* liquidar. **2.** *(clock, watch)* dar cuerda a. **3.** *(car window)* subir. **4.** *Br inf (annoy)* vacilar, tomar el pelo a. ◇ *vi inf (end up)* terminar, acabar.

windfall ['wɪndfɔːl] *n (unexpected gift)* dinero *m* llovido del cielo.

winding ['waɪndɪŋ] *adj* tortuoso(sa).

wind instrument [wɪnd-] *n* instrumento *m* de viento.

windmill ['wɪndmɪl] *n (building)* molino *m* de viento.

window ['wɪndəʊ] *n* **1.** *(gen & COMPUT)* ventana *f*. **2.** (AUT) ventanilla *f*. **3.** *(of shop)* escaparate *m*.

window box *n* jardinera *f* (de ventana).

window cleaner *n* limpiacristales *m y f inv*.

window ledge *n* alféizar *m*.

window pane *n* cristal *m* (de la ventana).

windowsill ['wɪndəʊsɪl] *n* alféizar *m*.

windpipe ['wɪndpaɪp] *n* tráquea *f*.

windscreen *Br* ['wɪndskriːn], **windshield** *Am* ['wɪndʃiːld] *n* parabrisas *m inv*

windscreen washer *n* lavaparabrisas *m inv*.

windscreen wiper *n* limpiaparabrisas *m inv*.

windshield *Am* = **windscreen**.

windsurfing ['wɪnd‚sɜːfɪŋ] *n* windsurf *m*.

windswept ['wɪndswept] *adj (scenery)* azotado(da) por el viento.

windy ['wɪndɪ] *adj (day, weather)* ventoso(sa), de mucho viento; *(place)* expuesto(ta) al viento; it's ~ hace viento.

wine [waɪn] *n* vino *m*; red/white ~ vino tinto/blanco.

wine bar n Br bar de cierta elegancia especializado en vinos que suele servir comidas.

wine cellar n bodega f.

wineglass ['waɪnglɑːs] n copa f OR vaso m (de vino).

wine list n lista f de vinos.

wine merchant n Br vinatero m, -ra f.

wine tasting [-ˌteɪstɪŋ] n cata f de vinos.

wine waiter n sommelier m.

wing [wɪŋ] n 1. (gen) ala f. 2. (AUT) guardabarros m inv. 3. (SPORT) (side of pitch) banda f; (winger) extremo m. ◆ **wings** npl (THEATRE): **the ~s** los bastidores.

winger ['wɪŋər] n (SPORT) extremo m.

wing mirror n retrovisor m.

wink [wɪŋk] ◇ n guiño m. ◇ vi (eye): **to ~ (at sb)** guiñar (a alguien).

winkle ['wɪŋkl] n bígaro m.

winner ['wɪnər] n ganador m, -ra f.

winning ['wɪnɪŋ] adj 1. (team, competitor) vencedor(ra); (goal, point) de la victoria; (ticket, number) premiado(da). 2. (smile, ways) atractivo(va). ◆ **winnings** npl ganancias fpl.

winning post n meta f.

winter ['wɪntər] ◇ n (U) invierno m. ◇ comp de invierno, invernal.

winter sports npl deportes mpl de invierno.

wintertime ['wɪntətaɪm] n (U) invierno m.

wint(e)ry ['wɪntrɪ] adj (gen) de invierno, invernal; (showers) con nieve.

wipe [waɪp] ◇ n: **give the table a ~** pásale un trapo a la mesa. ◇ vt (rub to clean) limpiar, pasar un trapo a; (rub to dry) secar. ◆ **wipe out** vt sep 1. (erase) borrar. 2. (eradicate) aniquilar. ◆ **wipe up** vt sep empapar, limpiar.

wire [waɪər] ◇ n 1. (gen) alambre m; (ELEC) cable m. 2. (telegram) telegrama m. ◇ vt 1. (connect): **to ~ sthg to sthg** conectar algo a algo. 2. (ELEC - house) poner la instalación eléctrica de; (- plug) conectar el cable a. 3. (send telegram to) enviar un telegrama a.

wireless ['waɪəlɪs] n dated radio f.

wiring ['waɪərɪŋ] n (U) instalación f eléctrica.

wiry ['waɪərɪ] adj 1. (hair) estropajoso (sa). 2. (body, man) nervudo(da).

wisdom ['wɪzdəm] n 1. (learning) sabiduría f. 2. (good sense) sensatez f.

wisdom tooth n muela f del juicio.

wise [waɪz] adj 1. (learned) sabio(bia). 2. (sensible) prudente.

wisecrack ['waɪzkræk] n pej broma f, chiste m.

wish [wɪʃ] ◇ n: **~ (for sthg/to do sthg)** deseo m (de algo/de hacer algo). ◇ vt: **to ~ to do sthg** fml desear hacer algo; **to ~ sb sthg** desear a alguien algo; **I ~ (that) you had told me before!** ¡ojalá me lo hubieras dicho antes!; **I ~ (that) I were** OR **was rich** ojalá fuera rico. ◇ vi (by magic): **to ~ for sthg** pedir (como deseo) algo. ◆ **wishes** npl: **(with) best ~es** (in letter) muchos recuerdos.

wishful thinking [ˌwɪʃful-] n (U): **it's just ~** no son más que (vanas) ilusiones.

wishy-washy ['wɪʃɪˌwɒʃɪ] adj inf pej soso(sa), insípido(da).

wisp [wɪsp] n 1. (of hair) mechón m; (of grass) brizna f. 2. (cloud) nubecilla f; (of smoke) voluta f.

wistful ['wɪstful] adj melancólico(ca).

wit [wɪt] n 1. (humour) ingenio m, agudeza f. 2. (intelligence): **to have the ~ to do sthg** tener el buen juicio de hacer algo. ◆ **wits** npl: **to have** OR **keep one's ~s about one** mantenerse alerta.

witch [wɪtʃ] n bruja f

with [wɪð] prep 1. (in company of) con; **we stayed ~ them for a week** estuvimos con ellos una semana; **~ me** conmigo; **~ you** contigo, **~ himself/herself** consigo. 2. (indicating opposition) con; **to argue ~ sb** discutir con alguien. 3. (indicating means, manner, feelings) con; **I washed it ~ detergent** lo lavé con detergente; **he filled it ~ wine** lo llenó de vino; **covered ~ mud** cubierto de barro; **she was trembling ~ fear** temblaba de miedo. 4. (having - gen) con; **a man ~ a beard** un hombre con barba; **the woman ~ the black hair/big dog** la señora del pelo negro/perro grande 5. (regarding) con; **he's very mean ~ money** es muy tacaño con el dinero; **the trouble ~ her is that ...** su problema es que ... 6. (because of) con; **~ my luck, I'll probably lose** con la suerte que tengo seguro que pierdo. 7. (indicating understanding): **are you ~ me?** ¿me sigues? 8. (indicating support) con; **I'm ~ Dad on this** en eso estoy con papá.

withdraw [wɪð'drɔː] (pt **-drew**, pp **-drawn**) ◇ vt 1. (gen): **to ~ sthg (from)** retirar algo (de). 2. (money) sacar. ◇ vi: **to ~ (from/to)** retirarse (de/a).

withdrawal [wɪð'drɔːəl] n 1. (gen &

MIL) retirada f. **2.** (retraction) retractación f. **3.** (FIN) reintegro m.

withdrawal symptoms npl síndrome m de abstinencia.

withdrawn [wɪð'drɔːn] ◇ pp → **withdraw**. ◇ adj (shy, quiet) reservado(da).

withdrew [wɪð'druː] pt → **withdraw**.

wither ['wɪðəʳ] vi **1.** (dry up) marchitarse. **2.** (become weak) debilitarse.

withhold [wɪð'həʊld] (pt & pp **-held** [-'held]) vt (gen) retener; (consent, permission) negar

within [wɪ'ðɪn] ◇ prep **1.** (gen) dentro de; ~ **reach** al alcance de la mano. **2.** (less than - distance) a menos de; (- time) en menos de; **it's a ~ walking distance** se puede ir andando; ~ **the next six months** en los próximos seis meses; **it arrived** ~ **a week** llegó en una semana. ◇ adv dentro

without [wɪð'aʊt] ◇ prep sin; ~ **sthg/ doing sthg** sin algo/hacer algo; **it happened** ~ **my realizing** pasó sin que me diera cuenta. ◇ adv: **to go** OR **do** ~ **sthg** pasar sin algo.

withstand [wɪð'stænd] (pt & pp **-stood** [-'stʊd]) vt resistir, aguantar.

witness ['wɪtnɪs] ◇ n **1.** (person) testigo m y f **2.** (testimony): **to bear** ~ **to sthg** atestiguar algo, dar fe de algo. ◇ vt **1.** (see) presenciar. **2.** (countersign) firmar (como testigo).

witness box Br, **witness stand** Am n tribuna f (de los testigos).

witticism ['wɪtɪsɪzm] n ocurrencia f.

witty ['wɪtɪ] adj ingenioso(sa), ocurrente.

wives [waɪvz] pl → **wife**.

wizard ['wɪzəd] n **1.** (magician) mago m (en cuentos). **2.** (skilled person) genio m.

wobble ['wɒbl] vi (gen) tambalearse; (furniture) cojear; (legs) temblar.

woe [wəʊ] n literary aflicción f.

woke [wəʊk] pt → **wake**.

woken ['wəʊkn] pp → **wake**

wolf [wʊlf] (pl **wolves**) n (ZOOL) lobo m.

wolves [wʊlvz] pl → **wolf**.

woman ['wʊmən] (pl **women**) ◇ n **1.** (female) mujer f. **2.** (womanhood) la mujer. ◇ comp: ~ **doctor** médica f.

womanly ['wʊmənlɪ] adj femenino (na).

womb [wuːm] n matriz f, útero m.

women ['wɪmɪn] pl → **woman**.

women's lib [-'lɪb] n liberación f de la mujer

women's liberation n liberación f de la mujer

won [wʌn] pt & pp → **win**.

wonder ['wʌndəʳ] ◇ n **1.** (amazement) asombro m, admiración f **2.** (cause for surprise): **it's a ~ (that)** ... es un milagro que .. ; **no** OR **little** OR **small ~** ... no es de extrañar que ... **3.** (amazing thing, person) maravilla f. ◇ vt **1.** (speculate): **to ~ (if** OR **whether)** preguntarse (si). **2.** (in polite requests): **I ~ if** OR **whether I could ask you a question?** ¿le importaría que me hiciera una pregunta? ◇ vi (speculate): **I was only ~ing** (preguntaba) sólo por curiosidad; **to ~ about sthg** preguntarse por algo

wonderful ['wʌndəful] adj maravilloso(sa), estupendo(da).

wonderfully ['wʌndəfulɪ] adv **1.** (very well) estupendamente. **2.** (very) extremadamente.

won't [wəʊnt] = **will not**.

woo [wuː] vt **1.** literary (court) cortejar. **2.** (try to win over) granjearse el apoyo de.

wood [wʊd] n **1.** (timber) madera f; (for fire) leña f. **2.** (group of trees) bosque m. ◆ **woods** npl bosque m.

wooded ['wʊdɪd] adj arbolado(da).

wooden ['wʊdn] adj **1.** (of wood) de madera. **2.** pej (actor) envarado(da).

woodpecker ['wʊd,pekəʳ] n pájaro m carpintero

woodwind ['wʊdwɪnd] n: **the ~** los instrumentos de viento de madera.

woodwork ['wʊdwɜːk] n carpintería f.

woodworm ['wʊdwɜːm] n carcoma f.

wool [wʊl] n lana f; **to pull the ~ over sb's eyes** inf fig dar a alguien gato por liebre.

woollen Br, **woolen** Am ['wʊlən] adj de lana. ◆ **woollens** npl géneros mpl de lana.

woolly ['wʊlɪ] adj **1.** (woollen) de lana **2.** inf (fuzzy, unclear) confuso(sa).

word [wɜːd] ◇ n **1.** (LING) palabra f; ~ **for ~** palabra por palabra; **in other ~s** en otras palabras; **in a ~** en una palabra; **too ... for ~s** de lo más .. ; **she doesn't mince her ~s** no tiene pelos en la lengua; **to have a ~ with sb** hablar con alguien; **I couldn't get a ~ in edgeways** no pude meter baza **2.** (U) (news) noticia f. **3.** (promise) palabra f; **to give sb one's ~** dar (uno) su palabra a alguien. ◇ vt redactar, expresar.

wording ['wɜːdɪŋ] *n (U)* términos *mpl*, forma *f* (de expresión).

word processing *n (U)* proceso *m* de textos.

word processor [-'prəʊsesə^r] *n* procesador *m* de textos.

wore [wɔː^r] *pt →* wear.

work [wɜːk] ◇ *n* **1.** *(U) (employment)* trabajo *m*, empleo *m*; **to be out of ~** estar desempleado; **at ~** en el trabajo. **2.** *(activity, tasks)* trabajo *m*; **at ~** trabajando. **3.** *(of art, literature etc)* obra *f.* ◇ *vt* **1.** *(employees, subordinates)* hacer trabajar. **2.** *(machine)* manejar, operar. **3.** *(wood, metal, land)* trabajar. ◇ *vi* **1.** *(person)*: **to ~ (on sthg)** trabajar (en algo). **2.** *(machine, system, idea)* funcionar. **3.** *(drug)* surtir efecto. **4.** *(become by movement)*: **to ~ loose** soltarse; **to ~ free** desprenderse. ◆ **works** ◇ *n (factory)* fábrica *f* ◇ *npl (mechanism)* mecanismo *m.* ◆ **work on** *vt fus* **1.** *(pay attention to)* trabajar en. **2.** *(take as basis)* partir de. ◆ **work out** ◇ *vt sep* **1.** *(plan, schedule)* elaborar. **2.** *(total, amount)* calcular; *(answer)* dar con. ◇ *vi* **1.** *(figure etc)*: **to ~ out at** salir a. **2.** *(turn out)* resolverse. **3.** *(be successful)* salir bien. **4.** *(train, exercise)* hacer ejercicio. ◆ **work up** *vt sep* **1.** *(excite)*: **to ~ o.s. up into a frenzy** ponerse frenético(ca). **2.** *(generate)* despertar.

workable ['wɜːkəbl] *adj* factible, viable.

workaholic [ˌwɜːkə'hɒlɪk] *n* adicto *m*, -ta *f* al trabajo.

workday ['wɜːkdeɪ] *n (not weekend)* día *m* laborable.

worked up [ˌwɜːkt-] *adj* nervioso(sa).

worker ['wɜːkə^r] *n (person who works)* trabajador *m*, -ra *f*; *(manual worker)* obrero *m*, -ra *f.*

workforce ['wɜːkfɔːs] *n* mano *f* de obra.

working ['wɜːkɪŋ] *adj* **1.** *(in operation)* funcionando. **2.** *(having employment)* empleado(da). **3.** *(relating to work - gen)* laboral; *(- day)* laborable. ◆ **workings** *npl* mecanismo *m.*

working class *n*: **the ~** la clase obrera. ◆ **working-class** *adj* obrero(ra).

working order *n*: **to be in (good) ~** funcionar (bien).

workload ['wɜːkləʊd] *n* cantidad *f* de trabajo.

workman ['wɜːkmən] *(pl* **-men** [-mən]) *n* obrero *m.*

workmanship ['wɜːkmənʃɪp] *n* artesanía *f.*

workmate ['wɜːkmeɪt] *n* compañero

m, -ra *f* de trabajo, colega *m* y *f.*

work permit [-ˌpɜːmɪt] *n* permiso *m* de trabajo.

workplace ['wɜːkpleɪs] *n* lugar *m* de trabajo.

workshop ['wɜːkʃɒp] *n* taller *m.*

workstation ['wɜːkˌsteɪʃn] *n* (COMPUT) estación *f* de trabajo.

worktop ['wɜːktɒp] *n Br* mármol *m*, encimera *f.*

work-to-rule *n Br* huelga *f* de celo.

world [wɜːld] ◇ *n* mundo *m*; **the best in the ~** el mejor del mundo; **to think the ~ of sb** querer a alguien con locura; **a ~ of difference** una diferencia enorme. ◇ *comp* mundial

world-class *adj* de primera categoría.

world-famous *adj* famoso(sa) en el mundo entero.

worldly ['wɜːldlɪ] *adj literary* mundano(na).

World War I *n* la Primera Guerra Mundial.

World War II *n* la Segunda Guerra Mundial.

worldwide ['wɜːldwaɪd] ◇ *adj* mundial. ◇ *adv* en todo el mundo.

World Wide Web *n*: **the ~** la World Wide Web.

worm [wɜːm] *n (animal)* gusano *m*; *(earthworm)* lombriz *f* (de tierra).

worn [wɔːn] ◇ *pp →* wear. ◇ *adj* **1.** *(threadbare)* gastado(da). **2.** *(tired)* ajado(da).

worn-out *adj* **1.** *(old, threadbare)*: **to be ~** estar ya para tirar. **2.** *(tired)* agotado(da).

worried ['wʌrɪd] *adj* preocupado(da).

worry ['wʌrɪ] ◇ *n* preocupación *f.* ◇ *vt (trouble)* preocupar. ◇ *vi*: **to ~ (about)** preocuparse (por); **not to ~!** ¡no importa!

worrying ['wʌrɪɪŋ] *adj* preocupante.

worse [wɜːs] ◇ *adj* peor; **to get ~** empeorar. ◇ *adv* peor; **~ off** *(gen)* en peor situación; *(financially)* peor económicamente. ◇ *n*: **~ was to come** lo peor estaba aún por venir; **for the ~** para peor.

worsen ['wɜːsn] *vt & vi* empeorar.

worship ['wɜːʃɪp] ◇ *vt lit & fig* adorar. ◇ *n lit & fig*: **~ (of)** culto *m* (a), adoración *f* (por). ◆ **Worship** *n*: **Your/Her/His Worship** su señoría; **his Worship the Mayor** el Excelentísimo Señor alcalde.

worst [wɜːst] ◇ *adj* peor; **the ~ thing is ...** lo peor es que ... ◇ *adv* peor; **the**

~ affected area la región más afectada. ◇ *n*: **the ~** *(thing)* lo peor; *(person)* el peor *m*, la peor *f*; **if the ~ comes to the ~** en último extremo. ◆ **at (the) worst** *adv* en el peor de los casos.

worth [wɜ:θ] ◇ *prep* **1.** *(having the value of)*: **it's ~ £50** vale 50 libras; **how much is it ~?** ¿cuánto vale? **2.** *(deserving of)* digno(na) de; **the museum is ~ visiting** OR **a visit, it's ~ visiting the museum** el museo merece una visita. ◇ *n* **1.** *(amount)*: **£50,000 ~ of antiques** antigüedades por valor de 50 000 libras; **a month's ~ of groceries** provisiones para un mes. **2.** *fml (value)* valor *m*.

worthless ['wɜ:θlɪs] *adj* **1.** *(object)* sin valor. **2.** *(person)* despreciable.

worthwhile [,wɜ:θ'waɪl] *adj* que vale la pena; *(cause)* noble, digno(na).

worthy ['wɜ:ðɪ] *adj* **1.** *(gen)* digno(na). **2.** *(good but unexciting)* encomiable.

would [wʊd] *modal vb* **1.** *(in reported speech)*: **she said she ~ come** dijo que vendría. **2.** *(indicating likelihood)*: **what ~ you do?** ¿qué harías?; **~ you mind closing the window?** ¿le importaría cerrar la ventana?; **help me shut this suitcase, ~ you?** ayúdame a cerrar esta maleta, ¿quieres? **5.** *(indicating inevitability)*: **he WOULD say that, ~n't he?** hombre, era de esperar que dijera eso, ¿no? **6.** *(expressing opinions)*: **I ~ have thought (that) it ~ be easy** hubiera pensado que sería fácil; **I ~ prefer ...** preferiría ...; **I ~ like ...** quisiera .. , quiero ... **7.** *(giving advice)*: **I ~ report it if I were you** yo en tu lugar lo denunciaría. **8.** *(indicating habit)*: **he ~ smoke a cigar after dinner** solía fumar un puro después de la cena; **she ~ often complain about the neighbours** se quejaba a menudo de los vecinos.

would-be *adj*: **a ~ author** un aspirante a literato.

wouldn't ['wʊdnt] = **would not**.

would've ['wʊdəv] = **would have**.

wound¹ [wu:nd] ◇ *n* herida *f*. ◇ *vt lit & fig* herir.

wound² [waʊnd] *pt & pp* → **wind²**.

wove [wəʊv] *pt* → **weave**.

woven ['wəʊvn] *pp* → **weave**.

WP 1. *abbr of* **word processing. 2.**

abbr of **word processor.**

wrangle ['ræŋgl] ◇ *n* disputa *f*. ◇ *vi*: **to ~ (with sb over sthg)** discutir OR pelearse (con alguien por algo).

wrap [ræp] ◇ *vt* **1.** *(cover)* envolver; **to ~ sthg in sthg** envolver algo en algo; **to ~ sthg around** OR **round sthg** liar algo alrededor de algo **2.** *(encircle)*: **he wrapped his hands around it** lo rodeó con sus manos. ◇ *n (garment)* echarpe *m*. ◆ **wrap up** ◇ *vt sep (cover)* envolver. ◇ *vi (put warm clothes on)*: **~ up well** OR **warmly** abrígate bien.

wrapper ['ræpə'] *n* envoltorio *m*.

wrapping ['ræpɪŋ] *n* envoltorio *m*.

wrapping paper *n (U)* papel *m* de envolver

wrath [rɒθ] *n literary* ira *f*, cólera *f*

wreak [ri:k] *vt* causar; **to ~ havoc** hacer estragos; **to ~ revenge** OR **vengeance** tomar la revancha.

wreath [ri:θ] *n* corona *f* (de flores).

wreck [rek] ◇ *n* **1.** *(of car, plane)* restos *mpl* del siniestro; *(of ship)* restos del naufragio. **2.** *inf (person)* guiñapo *m*. ◇ *vt* **1.** *(destroy)* destrozar. **2.** NAUT hacer naufragar; **to be ~ed** naufragar. **3.** *(spoil)* dar al traste con; *(health)* acabar con.

wreckage ['rekɪdʒ] *n (U) (of plane, car)* restos *mpl*; *(of building)* escombros *mpl*.

wren [ren] *n* chochín *m*.

wrench [rentʃ] ◇ *n* **1.** *(tool)* llave *f* inglesa. **2.** *(injury)* torcedura *f*. ◇ *vt* **1.** *(pull violently)*: **to ~ sthg (off)** arrancar algo; **to ~ sthg open** abrir algo de un tirón. **2.** *(twist and injure)* torcer.

wrestle ['resl] *vi lit & fig*: **to ~ (with)** luchar (con).

wrestler ['reslə'] *n* luchador *m*, -ra *f*.

wrestling ['reslɪŋ] *n* lucha *f* libre.

wretch [retʃ] *n* desgraciado *m*, -da *f*.

wretched ['retʃɪd] *adj* **1.** *(miserable)* miserable. **2.** *inf (damned)* maldito(ta).

wriggle ['rɪgl] *vi* **1.** *(move about)* menearse. **2.** *(twist)* escurrirse, deslizarse.

wring [rɪŋ] *(pt & pp* **wrung)** *vt* **1.** *(wet clothes etc)* estrujar, escurrir. **2.** *(neck)* retorcer

wringing ['rɪŋɪŋ] *adj*: **~ (wet)** empapado(da).

wrinkle ['rɪŋkl] ◇ *n* arruga *f*. ◇ *vt* arrugar ◇ *vi* arrugarse.

wrist [rɪst] *n* muñeca *f*

wristwatch ['rɪstwɒtʃ] *n* reloj *m* de pulsera.

writ [rɪt] *n* mandato *m* judicial

write [raɪt] (*pt* **wrote**, *pp* **written**) ◇ *vt* **1.** (*gen & COMPUT*) escribir. **2.** *Am* (*person*) escribir a. ◇ *vi* (*gen & COMPUT*) escribir. ◆ **write back** *vt sep & vi* contestar. ◆ **write down** *vt sep* apuntar. ◆ **write into** *vt sep* incluir en. ◆ **write off** *vt sep* **1.** (*plan, hopes*) abandonar. **2.** (*debt*) cancelar, anular. **3.** (*person - as failure*) considerar un fracaso. **4.** *Br inf* (*wreck*) cargarse. ◆ **write up** *vt sep* redactar.

write-off *n*: the car was a ~ el coche quedó totalmente destrozado

writer ['raɪtəʳ] *n* **1.** (*as profession*) escritor *m*, -ra *f*. **2.** (*of letter, article, story*) autor *m*, -ra *f*.

writhe [raɪð] *vi* retorcerse.

writing ['raɪtɪŋ] *n* **1.** (*U*) (*handwriting*) letra *f*, caligrafía *f*. **2.** (*something written*) escrito *m*; in ~ por escrito. **3.** (*activity*) escritura *f*.

writing paper *n* (*U*) papel *m* de carta.

written ['rɪtn] ◇ *pp* → **write**. ◇ *adj* **1.** (*not oral*) escrito(ta). **2.** (*official*) por escrito.

wrong [rɒŋ] ◇ *adj* **1.** (*not normal, not satisfactory*) malo(la); **the clock's** ~ el reloj anda mal; **what's** ~? ¿qué pasa?; **there's nothing** ~ **with me** no me pasa nada. **2.** (*not suitable, not correct*) equivocado(da); (*moment, time*) inoportuno(na); **to be** ~ equivocarse; **to be** ~ **to do sthg** cometer un error al hacer algo. **3.** (*morally bad*) malo(la); **it's** ~ **to steal/lie** robar/mentir está mal; **what's** ~ **with being a communist?** ¿qué tiene de malo ser comunista? ◇ *adv* (*incorrectly*) mal; **to get sthg** ~ entender mal algo; **to go** ~ (*make a mistake*) cometer un error; (*stop functioning*) estropearse. ◇ *n* **1.** (*evil*) mal *m*; **to be in the** ~ haber hecho mal. **2.** (*injustice*) injusticia *f*. ◇ *vt* ser injusto(ta) con, agraviar.

wrongful ['rɒŋful] *adj* (*dismissal*) improcedente; (*arrest, imprisonment*) ilegal.

wrongly ['rɒŋlɪ] *adv* equivocadamente

wrong number *n*: sorry, ~ lo siento, se ha equivocado de número.

wrote [rəʊt] *pt* → **write**.

wrought iron [rɔːt-] *n* hierro *m* forjado.

wrung [rʌŋ] *pt & pp* → **wring**.

wry [raɪ] *adj* **1.** (*amused*) irónico(ca). **2.** (*displeased*) de asco.

WWW (*abbr of* **World Wide Web**) *n* WWW *f*.

XYZ

x (*pl* **x's** OR **xs**), **X** (*pl* **X's** OR **Xs**) [eks] *n* (*letter*) x *f inv*, X *f inv*.

xenophobia [ˌzenəˈfəʊbjə] *n* xenofobia *f*.

Xmas ['eksməs] ◇ *n* Navidad *f*. ◇ *comp* de Navidad.

X-ray ◇ *n* **1.** (*ray*) rayo *m* X. **2.** (*picture*) radiografía *f*. ◇ *vt* examinar con rayos X, radiografiar.

xylophone ['zaɪləfəʊn] *n* xilofón *m*.

y (*pl* **y's** OR **ys**), **Y** (*pl* **Y's** OR **Ys**) [waɪ] *n* (*letter*) y *f*, Y *f*.

yacht [jɒt] *n* yate *m*; (*for racing*) balandro *m*.

yachting ['jɒtɪŋ] *n* balandrismo *m*.

yachtsman ['jɒtsmən] (*pl* **-men** [-mən]) *n* balandrista *m*.

Yank [jæŋk] *n inf término peyorativo que designa a un estadounidense*, yanqui *m* y *f*.

Yankee ['jæŋkɪ] *n Br inf término peyorativo que designa a un estadounidense*, yanqui *m* y *f*.

yap [jæp] *vi* (*dog*) ladrar.

yard [jɑːd] *n* **1.** (*unit of measurement*) = 91,44 cm, yarda *f*. **2.** (*walled area*) patio *m*. **3.** (*shipyard*) astillero *m*; **builder's/ goods** ~ depósito *m* de materiales/de mercancías. **4.** *Am* (*attached to house*) jardín *m*.

yardstick ['jɑːdstɪk] *n* criterio *m*, ✦uta *f*.

yarn [jɑːn] *n* (*thread*) hilo *m*, hilaza *f*.

yawn [jɔːn] ◇ *n* (*when tired*) bostezo *m* ◇ *vi* **1.** (*when tired*) bostezar. **2.** (*gap, chasm*) abrirse.

yd *abbr of* **yard**.

yeah [jeə] *adv inf* sí

year [jɪəʳ] *n* **1.** (*gen*) año *m*; **he's 25** ~s **old** tiene 25 años; **all (the)** ~ **round** todo el año. **2.** (*SCH*) curso *m*; **he's in (his) first** ~ está en primero. ◆ **years** *npl* (*ages*) años *mpl*; **it's** ~s **since I last saw you** hace siglos que no te veo.

yearly ['jɪəlɪ] ◇ *adj* anual. ◇ *adv* **1.** (*once a year*) una vez al año. **2.** (*every year*) cada año.

yearn [jɜːn] *vi*: **to** ~ **for sthg/to do sthg** ansiar algo/hacer algo.

yearning ['jɜːnɪŋ] n: ~ (for sb/sthg) anhelo m (de alguien/algo).

yeast [jiːst] n levadura f.

yell [jel] ◇ n grito m, alarido m ◇ vt & vi vociferar.

yellow ['jeləu] ◇ adj (in colour) amari-llo(lla) ◇ n amarillo m.

yellow card n (FTBL) tarjeta f amarilla.

yelp [jelp] ◇ n aullido m. ◇ vi aullar.

yeoman of the guard ['jəumən-] (pl **yeomen of the guard** ['jəumən-]) n alabardero de la Casa Real británica.

yes [jes] ◇ adv sí; **to say** ~ decir que sí; **to say** ~ **to sthg** consentir algo. ◇ n sí m

yesterday ['jestədɪ] ◇ n ayer m. ◇ adv ayer; ~ **afternoon** ayer por la tarde; **the day before** ~ anteayer.

yet [jet] ◇ adv 1. (gen) todavía, aún; **have you had lunch** ~? ¿has comido ya?; **their worst defeat** ~ la mayor derrota que han sufrido hasta la fecha; **as** ~ de momento, hasta ahora; **not** ~ todavía OR aún no. 2. (even): ~ **another car** otro coche más; ~ **again** otra vez más; ~ **more** aún más. ◇ conj pero, sin embargo.

yew [juː] n tejo m.

Yiddish ['jɪdɪʃ] ◇ adj yídish (inv). ◇ n yídish m.

yield [jiːld] ◇ n 1. (AGR) cosecha f. 2. (FIN) rédito m. ◇ vt 1. (gen) producir, dar 2. (give up) ceder. ◇ vi 1. (shelf, lock etc) ceder. 2. fml (person, enemy) rendirse; **to** ~ **to sb/sthg** claudicar ante alguien/algo. 3. Am (AUT) (give way): '~' 'ceda el paso'.

YMCA (abbr of **Young Men's Christian Association**) n asociación internacional de jóvenes cristianos.

yoga ['jəugə] n yoga m

yoghourt, yoghurt, yogurt [Br 'jɒgət, Am 'jəugərt] n yogur m.

yoke [jəuk] n lit & fig yugo m.

yolk [jəuk] n yema f.

you [juː] pers pron 1. (subject - sg) tú, vos CAm & CSur; (- formal use) usted; (- pl) vosotros mpl, -tras fpl Esp, ustedes (pl) Amer; (- formal use) ustedes (pl); **~'re a good cook** eres/usted es un buen cocinero; **are** ~ **French?** ¿eres/es usted francés?; ~ **idiot!** ¡imbécil!; **if I were** OR **was** ~ si (yo) fuera tú/usted, yo en tu/su lugar; **excuse me, Madam, have** ~ **got the time?** perdone, señora, ¿tiene usted hora?; **there** ~ **are** (you've appeared) ¡ya estás/está usted aquí!; (have this) ahí tienes/tiene; **that jacket isn't really** ~ esa chaqueta no te/le pega. 2. (direct object - unstressed - sg) te; (-pl) os Esp, los mpl, las fpl Amer; (- formal use) lo m, la f; (- pl) los mpl, las fpl; **I can see** ~ te/os veo; **yes, Madam, I understand** ~ sí, señora, la comprendo. 3. (direct object - stressed): **I don't expect YOU to do it** no te voy a pedir que TÚ lo hagas. 4. (indirect object - sg) te; (- pl) os Esp, les Amer; (- formal use) le; (- pl) les; **she gave it to** ~ te/os/se lo dio; **can I get** ~ **a chair, sir?** ¿le traigo una silla, señor? 5. (after prep, in comparisons etc - sg) ti, vos CAm & CSur; (- pl) vosotros mpl, -tras fpl Esp, ustedes (pl) Amer; (- formal use) usted; (- pl) ustedes; **we shall go with/without** ~ iremos contigo/sin ti, iremos con/sin vosotros (pl)/ustedes (pl); **I'm shorter than** ~ soy más bajo que tú/vosotros (pl)/ustedes (pl). 6. (anyone, one) uno; ~ **wouldn't have thought so** uno no lo habría pensado; **exercise is good for** ~ el ejercicio es bueno.

you'd [juːd] = **you had, you would**.

you'll [juːl] = **you will**.

young [jʌŋ] ◇ adj (not old) joven. ◇ npl 1. (young people): **the** ~ los jóvenes. 2. (baby animals) crías fpl.

younger ['jʌŋgər] adj: **Pitt the** ~ Pitt el joven, Pitt hijo.

youngster ['jʌŋstər] n joven m y f.

your [jɔːr] poss adj 1. (everyday use - referring to one person) tu; (- referring to more than one person) vuestro(tra) Esp, su Amer; ~ **dog** tu/vuestro/su perro; ~ **children** tus niños; **what's** ~ **name?** ¿cómo te llamas?; **it wasn't YOUR fault** no fue culpa tuya/vuestra/suya; **you didn't wash** ~ **hair** no te lavaste/os lavasteis/se lavaron el pelo. 2. (formal use) su; ~ **dog** su perro; **what are** ~ **names?** ¿cuáles son sus nombres? 3. (impersonal - one's): ~ **attitude changes as you get older** la actitud de uno cambia con la vejez; **it's good for** ~ **teeth/hair** es bueno para los dientes/el pelo; ~ **average Englishman** el inglés medio

you're [jɔːr] = **you are**

yours [jɔːz] poss pron 1. (everyday use - referring to one person) tuyo (tuya); (- referring to more than one person) vuestro (vuestra) Esp, suyo (suya) Amer; **that money is** ~ ese dinero es tuyo/vuestro/suyo; **those keys are** ~ esas llaves son tuyas/vuestras/suyas; **my car hit** ~ mi coche chocó contra el tuyo/el vuestro/el suyo; **it wasn't her fault, it was YOURS** no fue culpa de ella sino

TUYA/VUESTRA/SUYA; **a friend of** ~ un amigo tuyo/vuestro/suyo. **2.** *(formal use)* suyo (suya). ◆ **Yours** *adv (in letter)* un saludo; *see also* **faithfully, sincerely** *etc.*

yourself [jɔːˈself] *(pl* **-selves** [-ˈselvz]) *pron* **1.** *(as reflexive - sg)* te; *(- pl)* os *Esp,* se *Amer; (- formal use)* se; **did you hurt ~?** ¿te hiciste/se hizo daño? **2.** *(after prep - sg)* ti mismo (ti misma); *(- pl)* vosotros mismos (vosotras mismas) *Esp,* ustedes mismos(mas) *Amer; (- formal use)* usted mismo (usted misma); **with ~** contigo mismo/misma. **3.** *(for emphasis):* **you ~** tú mismo (tú misma); *(formal use)* usted mismo(ma); **you yourselves** vosotros mismos (vosotras mismas) *Esp,* ustedes mismos(mas) *Amer; (formal use)* ustedes mismos (mas). **4.** *(without help)* solo(la); **did you do it (by) ~?** ¿lo hiciste solo?

youth [juːθ] *n* **1.** *(gen)* juventud *f.* **2.** *(boy, young man)* joven *m.*

youth club *n* club *m* juvenil.

youthful [ˈjuːθfʊl] *adj* juvenil.

youth hostel *n* albergue *m* juvenil.

you've [juːv] = **you have.**

YTS *(abbr of* **Youth Training Scheme)** *n programa gubernamental de promoción del empleo juvenil en Gran Bretaña.*

Yugoslav = **Yugoslavian.**

Yugoslavia [ˌjuːgəˈslɑːvɪə] *n* Yugoslavia.

Yugoslavian [ˌjuːgəˈslɑːvɪən], **Yugoslav** [ˈjuːgəˈslɑːv] ◇ *adj* yugoslavo(va). ◇ *n* yugoslavo *m,* -va *f.*

yuppie, yuppy [ˈjʌpɪ] *(abbr of* **young urban professional)** *n* yuppy *m* y *f.*

YWCA *(abbr of* **Young Women's Christian Association)** *n* asociación internacional de jóvenes cristianas

z *(pl* **z's** OR **zs), Z** *(pl* **Z's** OR **Zs)** [Br zed, Am ziː] *n (letter)* z *f,* Z *f.*

Zambia [ˈzæmbɪə] *n* Zambia.

zany [ˈzeɪnɪ] *adj inf (humour, trick)* disparatado(da); *(person)* loco(ca).

zap [zæp] *vi inf:* **to ~ off (somewhere)** hacer una escapada (a algún sitio).

zeal [ziːl] *n fml* celo *m.*

zealous [ˈzeləs] *adj fml* entusiasta.

zebra [Br ˈzebrə, Am ˈziːbrə] *(pl inv* OR **-s)** *n* cebra *f.*

zebra crossing *n Br* paso *m* cebra.

zenith [Br ˈzenɪθ, Am ˈziːnəθ] *n* (ASTRON *& fig)* cenit *m.*

zero [Br ˈzɪərəʊ, Am ˈziːrəʊ] *(pl inv* OR **-es)** ◇ *adj* cero *(inv),* nulo(la). ◇ *n* cero *m;* **below ~** bajo cero.

zest [zest] *n (U)* **1.** *(excitement, eagerness)* entusiasmo *m.* **2.** *(of orange, lemon)* cáscara *f.*

zigzag [ˈzɪgzæg] ◇ *n* zigzag *m.* ◇ *vi* zigzaguear.

Zimbabwe [zɪmˈbɑːbwɪ] *n* Zimbabue.

zinc [zɪŋk] *n* cinc *m,* zinc *m.*

zip [zɪp] *n Br (fastener)* cremallera *f,* cierre *m Amer,* zíper *m Méx.* ◆ **zip up** *vt sep* cerrar la cremallera de.

zip code *n Am* código *m* postal.

zip fastener *Br* = **zip.**

zipper [ˈzɪpər] *n Am* = **zip.**

zodiac [ˈzəʊdɪæk] *n:* **the ~** el zodiaco.

zone [zəʊn] *n* zona *f.*

zoo [zuː] *n* zoo *m.*

zoology [zəʊˈɒlədʒɪ] *n* zoología *f.*

zoom [zuːm] *vi inf (move quickly):* **to ~ past** pasar zumbando.

zoom lens *n* zoom *m.*

zucchini [zuːˈkiːnɪ] *(pl inv)* *n Am* calabacín *m,* zapallito *m CSur,* calabacita *f Méx.*